LE ROBERT DES GRANDS ÉCRIVAINS
DE LANGUE FRANÇAISE

ISBN 978-2-84902-987-9

LE ROBERT
DES
GRANDS ÉCRIVAINS
DE LANGUE FRANÇAISE

sous la direction de
PHILIPPE HAMON
et
DENIS ROGER-VASSELIN

Dictionnaires
LE ROBERT

DIRECTION DE LA PUBLICATION
Société Dictionnaires Le Robert
représentée par
Pierre Varrod
Directeur général

RÉDACTION
sous la direction de

Philippe Hamon
Professeur à l'Université Paris III/Sorbonne nouvelle

Denis Roger-Vasselin
Dictionnaires Le Robert

COMITÉ DE RÉDACTION
sous la direction de
Philippe Hamon

Annie Becq
Professeur émérite à l'Université de Caen

Jean Céard
Professeur à l'Université Paris X/Nanterre

Daniel Couégnas
Maître de conférences à l'Université de Nantes

Marc Dambre
Professeur à l'Université Paris III/Sorbonne nouvelle

René Démoris
Professeur à l'Université Paris III/Sorbonne nouvelle

Jacques Dubois
Professeur émérite à l'Université de Liège (Belgique)

Jean Dufournet
Professeur émérite à l'Université Paris III/
Sorbonne nouvelle

Georges Forestier
Professeur à l'Université Paris IV/Sorbonne

Jean-Louis Joubert
Professeur à l'Université Paris XIII/Villetaneuse

Jean-Marie Klinkenberg
Professeur ordinaire à l'Université de Liège (Belgique)

Jean-Pierre Leduc-Adine
Maître de conférences à l'Université Paris III/
Sorbonne nouvelle

Pierre-Louis Rey
Professeur à l'Université Paris III/Sorbonne nouvelle

Denis Saint-Jacques
Professeur au Centre de recherche
en littérature québécoise (CRELIQ)
de l'Université Laval à Québec (Canada)

Daniel Sangsue
Professeur à l'Université de Neuchâtel (Suisse)

Bruno Vercier
Maître de conférences à l'Université Paris III/
Sorbonne nouvelle

Alain Viala
Professeur à l'Université Paris III/Sorbonne nouvelle
et à Oxford University (Grande-Bretagne)

Ont collaboré à la rédaction

Pascale Alexandre
Michèle Aquien
Paul Aron
Hélène Baby
Simone Balayé
Annie Becq
Henri Béhar
Roger Bellet
Georges Benrekassa
Philippe Berthier
Dominique Bertrand
Jean-Pierre Bertrand
Roland Beyen
Pierre-Marc de Biasi
Christian Biet
Jacques Birnberg
Neil Bishop
Bruno Blanckeman
Charles Bonn
Annick Bouillaguet
Arlette Bouloumié
Brigitte Buffard-Moret
Françoise Buisson
Jean-Louis Cabanès
Alain Cantillon
Jean Céard
Françoise Charpentier
Chantal Colomb
Daniel Compère
Daniel Couégnas
Marc Dambre
Patrick Dandrey

Xavier DARCOS
Claude DEBON
Jacques DEGUY
Daniel DELAS
Marie-Luce DEMONET
René DÉMORIS
François DOLLÉANS
Jean-François DOMENGET
Jacques DUBOIS
Véronique DUCHEMIN
Roger DUCHÊNE
Jean DUFOURNET
Francine DUGAST-PORTES
Liliane DULAC
Jean EHRARD
Roland ELUERD
Brunella ERULI
Marc ESCOLA
Éric FAUQUET
Marcel FAURE
Claude FILTEAU
Georges FORESTIER
Louis FORESTIER
Marie-Madeleine FRAGONARD
Pierre FRANTZ
Gérard FROIDEVAUX
Gérard GASARIAN
Gérard GENGEMBRE
Violaine GÉRAUD
Françoise GEVREY
Henri GIDEL
Joëlle GLEIZE
Henri GODARD
Marie-Christine GOMEZ-GÉRAUD
Alain GOULET
Colette GUEDJ
Jean-Yves GUÉRIN
Jean-Pierre GUICCIARDI
Édouard GUITTON
Philippe HAMON
Pierre HARTMANN
Julien HERVIER
Étienne HUBERT
Danièle JAMES-RAOUL
Jean-Louis JOUBERT
Jean-Marie KLINKENBERG
Denis LABOURET
Henri LAFON
Jean-Marc LANTÉRI
Arnaud LASTER
Éric LE CALVEZ
Michel LECUREUR
Jean-Pierre LEDUC-ADINE
Marie-Dominique LEGRAND
Jean-Louis LEUTRAT
Marie-Thérèse LIGOT
Denis LOPEZ
Bernard MAGNÉ
Bertrand MARCHAL
Claude MARTIN
Serge MARTIN
William MARX
Bernard MASSON
Éric MÉCHOULAN
Marie-Thérèse de MEDEIROS
Daniel MÉNAGER
Christophe MERCIER
Christiane MERVAUD
Marie-Brigitte METTEAU
Kathleen MICHAM
Lise MICHEL
Christiane MOATTI
Sarah MOMBERT
Béatrice MOUSLI
Jacques NOIRAY
Alain PAGÈS
Michael PAKENHAM
Isabelle PANTIN
Sébastien PARÉ
Barbara PASCAREL
Éric PELLET
Marc QUAGHEBEUR
Paul RENARD
Pierre-Louis REY
Gilles ROGER-VASSELIN
Jean ROHOU
Olivier RONY
Guy ROSA
Colette ROUBAUD
Michel ROUSSE
Mireille SACOTTE
Jacques-Philippe SAINT-GÉRAND
Denis SAINT-JACQUES
Philippe-Joseph SALAZAR
Daniel SANGSUE
Jean-Paul SERMAIN
Catriona SETH
Jean-Luc STEINMETZ
Gerhardt STENGER
Emmanuelle TABET
Guy TEISSIER
Pierre TESTUD
Sylvie THOREL-CAILLETEAU
Jean TOUZOT
Maryse VASSEVIÈRE
Jérôme VÉRAIN
Bruno VERCIER
Alain VIALA
Roselyne de VILLENEUVE

DIRECTION ÉDITORIALE
Denis ROGER-VASSELIN
assisté de
Valérie HÜE

SECRÉTARIAT D'ÉDITION
Dominique LOPIN   Silke ZIMMERMANN

RÉVISION DES ARTICLES
Denis ROGER-VASSELIN
assisté de
Karol GOSKRZYNSKI
Élisabeth HUAULT

Bernard BARITAUD
Domitille BAYLE
Pierre-François BURGER
Michel HERON
Gilles ROGER-VASSELIN
Christine RUBY
Emmanuelle TABET
Jérôme VÉRAIN

DIRECTION INFORMATIQUE
Karol GOSKRZYNSKI

Monique HÉBRARD   Vanina LEBEAU   Kamal LOUDIYI
Claude SELLIN   Catherine VALAT

LECTURE CORRECTION
Élisabeth HUAULT
Brigitte ORCEL

Michel HERON
Anne-Marie LENTAIGNE
Nadine NOËL-LEFORT
Méryem PUILL-CHÂTILLON
Chantal RIEU-LABOURDETTE
Muriel ZARKA-RICHARD

MAQUETTE INTÉRIEURE
Pierre TAILLEMITE / *À la ligne*

COUVERTURE
Laetitia BERTRAND

ICONOGRAPHIE DE LA COUVERTURE
Bernadette de BEAUPUIS

DIRECTION TECHNIQUE
Gonzague RAYNAUD

REMERCIEMENTS

Nous remercions particulièrement Henri MITTERAND, professeur émérite à l'Université Paris III/Sorbonne nouvelle et professeur à Columbia University (New York), qui nous a fait l'amitié de relire plusieurs articles.

PRÉFACE

Le Robert des grands écrivains de langue française se propose de faire connaître les 150 auteurs qui, révélant la diversité et la vitalité de la littérature d'expression française, illustrent précisément « *toute la richesse de la langue* » — devise des Dictionnaires Le Robert.

Ce dictionnaire aurait pu se présenter comme un dictionnaire des « classiques » de la littérature francophone. Cette notion de classique, notion institutionnelle éminemment patrimoniale et consensuelle, nous a toutefois paru un peu trop ressortir à l'institution scolaire, à ses habitudes et à ses hiérarchies, qui transforment les classiques en des sortes de « modèles de première classe ». De même ce seul critère risquait-il d'accréditer l'idée d'un panthéon fixe et définitif, non modifiable, progressant par pure accumulation — les « classiques du xxe siècle » s'ajoutant aux « classiques du xixe siècle », etc. —, voire par référence latente à tel ou tel modèle historique limité, comme celui de la « *clarté française* » ou de l'« *adéquation du fond et de la forme* », qui caractériserait le xviie siècle en particulier et la littérature française en général. *Le Robert des grands écrivains de langue française*, pas plus qu'il ne prétend offrir une sorte de « minimum culturel vital » scolaire, académique, fermé et définitivement entériné, ne se présente comme un « musée des auteurs » de langue française.

Le critère que nous avons ici retenu, derrière la formulation un peu vague de « *grands écrivains* », est plutôt la notion d'auteur et d'œuvre-monument. Comme son étymologie l'indique — « *monument* » est formé à partir du verbe latin *monere* qui signifie « *faire penser, faire se souvenir de* », verbe contenant lui-même la racine *men-* : « *penser* » —, le *mon*ument est essentiellement *men*tal ; il est ce qui donne à penser, ce qui remémore, ce qui appelle la *men*tion, le com*men*taire et la ré*mini*scence, ce qui peut conseiller et guider l'action, devenir par conséquent *mon*iteur et pré*mon*itoire, ou même, éventuellement, devenir quasiment *mon*strueux. Ce champ sémantique, d'une très grande richesse, décline avec bonheur, et avec une certaine logique, les principales fonctions des grandes œuvres de la littérature, celles qui font partie du patrimoine d'une culture. Et, si le propre de ces grandes œuvres est de donner à penser ou de solliciter le commentaire, sans doute certaines sont-elles plus particulièrement *monitrices* de l'action (Beaumarchais, Malraux, Montaigne), *prémonitoires* (Marivaux, Rétif de La Bretonne, Jules Verne) ou *monstrueuses* (Céline, Rabelais, Sade), aptes à *faire se souvenir* (Chateaubriand, Proust, Rousseau) ou à faire *mention* (George

SAND, VOLTAIRE, ZOLA) — quelques plus rares réunissant la plupart de ces caractéristiques (BALZAC, DIDEROT, HUGO).

Ce fil conducteur de l'auteur-monument comme critère de sélection s'est d'autant mieux imposé que la métaphore de l'œuvre-monument apparaît fréquemment chez les écrivains, pour évoquer tant leurs propres œuvres que celles de leurs confrères : Proust assimilait la sienne à une « *cathédrale* » ; Zola parlait de l'œuvre de Balzac, dans *Les Romanciers naturalistes*, comme d'un « *édifice de masse monstrueuse* », d'un « *monument cyclopéen* », d'une « *tour de Babel* ». N'est-ce d'ailleurs pas un écrivain, Mérimée, qui a été chargé par un ministre-écrivain, Guizot, de faire le premier recensement des monuments historiques de la France ? Mais la tâche d'un inspecteur des monuments historiques, comme celle des responsables d'un *Robert des grands écrivains de langue française*, ne va pas de soi.

Pourquoi 150, et pas 200, ou 300 grands écrivains ? Le total retenu est le résultat d'une série de choix qualitatifs et quantitatifs. Notre souhait était d'offrir des articles suffisamment « copieux » pour refléter cette richesse de la littérature de langue française, évoquée en commençant. Ce choix, conjugué avec les contraintes matérielles d'un volume de quelque 1500 pages, explique ce total de 150 auteurs, permettant une moyenne — inhabituelle dans un dictionnaire — de 10 pages par article : moins d'écrivains donc, mais mieux traités.

Mais qui retenir, qui délaisser, pour n'arriver qu'à 150 écrivains ? Nous avons essayé, bien sûr, autant que faire se pouvait, de limiter l'arbitraire présidant à toute sélection. D'abord en restant fidèle à la logique même du champ sémantique « monumental » — esprit, souvenir, commentaire, prémonition, monstruosité, mention — rappelé plus haut. L'œuvre d'un grand écrivain ne saurait se réduire à un simple document sur son époque, ni à l'événement qu'elle fut à sa parution, ni aux anecdotes plus ou moins spectaculaires émaillant la biographie de son auteur, même si les fonctions documentaires, autobiographiques et événementielles de l'œuvre littéraire sont, à l'évidence, toujours importantes. Nous avons donc éliminé de notre sélection des écrivains remarquables, mais qui nous ont paru coïncider un peu trop exclusivement avec ces seules fonctions, tels Robert CHALLE, DUMAS fils, GENET, JEAN de MEUN, JOINVILLE, LOTI, MERCIER, RETZ ou SAINT-AMANT.

De plus, il y a dans le monument (d'architecture) un effet particulier, quelque chose qui impressionne par sa masse, par la quantité de travail qui y est accumulée et comme condensée, comme le rappelait Valéry : « *Un édifice vu d'un coup d'œil assène aux regards dans un instant tout le fruit de milliers d'heures, toutes les longueurs des architectes et des maçons. Et même l'action des siècles, l'usure, le travail de tassement, et encore les contrastes de civilisation, de modes, de goûts accumulés depuis l'origine. Et un coup d'œil suffit à ressentir l'essence composée de tout ceci, comme une cuillerée d'une mixture* » (*Autres Rhumbs*). Pour autant, nous n'avons pas privilégié les auteurs d'œuvres-fleuves : ce critère quantitatif de la somme monumentale a été corrigé par d'autres, plus qualitatifs, plus esthétiques, comme l'originalité radicale d'un style. C'est pourquoi nous avons éliminé notamment LEBLANC, LESAGE, MARTIN du GARD, Romain ROLLAND, Mme de SCUDÉRY, Eugène SUE ou Honoré d'URFÉ. Réciproquement, nous n'avons pas davantage retenu les écrivains d'un seul livre — fût-il remarquable —, ou à l'œuvre plus confidentielle, plus limitée, plus « rare », tels Aloysius BERTRAND, CONSTANT, FROMENTIN, GUILLOUX, LAFORGUE, RADIGUET ou SENANCOUR.

Hormis ces raisons à la fois intellectuelles et esthétiques, nous avons veillé à respecter certains équilibres : par siècles, par lieux, par sexes, mais aussi par genres.

Presque inévitablement dans ce type d'entreprise s'affirme une tendance à privilégier les auteurs des siècles les plus récents. Nous avons donc tenté de limiter la surreprésentation des XIXe et XXe siècles : avec respectivement 39 et 62 écrivains, soit un total de 101, ils couvrent encore plus des deux tiers de notre nomenclature. Les quatre autres périodes ou siècles se contentent donc de 49 auteurs ainsi répartis : 9 pour le Moyen Âge, 9 pour le XVIe, 18 pour le XVIIe et 13 pour le XVIIIe. On comprendra mieux pourquoi, dans ces conditions, nous n'avons pas retenu des noms aussi importants que AMIEL, BONNEFOY, BUTOR, CENDRARS, COURTELINE, FEYDEAU, GARY, Max JACOB, LABICHE, LEIRIS, MODIANO, MORAND, NIMIER, ROBBE-GRILLET, ROUSSEL, SUPERVIELLE ou Boris VIAN.

Qui plus est, notre souci de ne pas oublier les auteurs de langue française « non hexagonaux » nous a conduits à renforcer cette vigilante sélectivité, puisque 10 écrivains francophones – de CÉSAIRE à VERHAEREN en passant par MAETERLINCK, RAMUZ et SENGHOR — figurent parmi la centaine d'auteurs retenus pour les XIXe et XXe siècles.

En outre, à l'heure des débats publics sur la parité en politique, notre nomenclature ne rassemble que 13 femmes, soit 8,66 % de l'ensemble. Certains jugeront peut-être cette proportion trop faible, mais elle l'eût été davantage si nous n'avions décidé d'accueillir, parmi nos « *grands écrivains* », des femmes certes reconnues mais jusqu'alors — injustement, selon nous — reléguées au rang d'auteurs du second rayon, telles Simone de BEAUVOIR, CHRISTINE de PIZAN, Anne HÉBERT, Louise LABÉ, MARGUERITE de NAVARRE ou Mme de STAËL, ici présentes aux côtés de COLETTE, Marguerite DURAS, Mme de LAFAYETTE, George SAND, Nathalie SARRAUTE, Mme de SÉVIGNÉ et Marguerite YOURCENAR.

Enfin, nous avons veillé à ne privilégier aucun genre littéraire. Si le Moyen Âge comporte une majorité de poètes, il vit aussi l'éclosion des chroniqueurs, avec COMMYNES et FROISSART. Parce que le XVIIe siècle ne fut pas seulement celui du théâtre classique, nous avons aussi retenu l'éloquence sacrée de BOSSUET, la prose poétique de FÉNELON, l'inégalable art du portrait de SAINT-SIMON ou la savoureuse férocité burlesque de SCARRON. De même, si le XVIIIe fut notamment le siècle des Lumières encyclopédiques, il fut tout autant celui d'ombres que CRÉBILLON fils, LACLOS ou SADE ont diversement dessinées. Le XIXe fut certes le siècle des romanciers et des poètes, mais aussi celui des historiens, avec MICHELET, et des conteurs, avec NODIER ou VILLIERS de L'ISLE-ADAM. De même, notre choix, pour le XXe, tend-il à souligner combien ce siècle fut celui de tous les genres littéraires revisités : poésie, avec notamment APOLLINAIRE, MICHAUX et SAINT-JOHN PERSE ; théâtre, d'ANOUILH à SARTRE en passant par BECKETT, GIRAUDOUX et IONESCO ; roman, avec ARAGON, MALRAUX et Marguerite YOURCENAR ; nouvelle, d'AYMÉ à TOURNIER en passant par LARBAUD ; autobiographie, avec Simone de BEAUVOIR, COHEN et Nathalie SARRAUTE ; journal, de CLAUDEL à MAURIAC en passant par GIDE et GREEN.

Ce souci de ne privilégier aucun genre littéraire, joint au désir de faire connaître la richesse de la littérature de langue française dans son étonnante diversité, justifie aussi notre sélection d'auteurs comme PAGNOL, PAULHAN ou SIMENON, le plus souvent traités avec condescendance — en tout cas jamais rangés parmi les « *grands écrivains* » —, malgré l'importance de leurs influences culturelles respectives entre trilogie marseillaise, direction de la *NRF* et aventures du commissaire Maigret.

Ces multiples critères qualitatifs et quantitatifs expliquent le résultat auquel nous sommes parvenus dans l'établissement de notre nomenclature, véritable travail d'équilibristes... Bien sûr, les classiques attendus, de BALZAC à ZOLA en passant par HUGO, PROUST et VOLTAIRE, sont ici présents. Cependant, plutôt que de nous limiter aux seuls classiques d'« appellation contrôlée », nous avons retenu ici des auteurs et des œuvres certes connus mais pas reconnus comme tels, ou des écrivains longtemps méconnus, voire ignorés, mais que les patients efforts de quelques spécialistes passionnés ont fait (re)découvrir à un public de plus en plus vaste : Adam de LA HALLE, ARTAUD, AUBIGNÉ, AUDIBERTI, BARRÈS, CASANOVA, CHAR, CHÉNIER, COCTEAU, DESNOS, DRIEU LA ROCHELLE, DUMAS, les GONCOURT, GUILLAUME de MACHAUT, PEREC, PONGE, PRÉVERT, RENAN, RENARD, REVERDY, ROSTAND, ROTROU, SCÈVE ou VIAU sont donc également présents, sans oublier, hors de l'Hexagone, l'Algérien KATEB Yacine, le Belge GHELDERODE, le Canadien NELLIGAN et le Suisse Philippe JACCOTTET.

Pour autant, on ne devra pas s'étonner de certains déséquilibres dans la place — que l'on peut, éventuellement, mesurer en nombre de pages ou de signes — accordée à tel écrivain par rapport à tel autre. Les raisons de ces déséquilibres peuvent être purement techniques : les citations des vers d'un poète ou d'un dramaturge prennent nécessairement plus de place que les citations d'un prosateur ; ce n'est donc pas parce que l'article RACINE comporte plus de pages que l'article BALZAC que nous jugeons le dramaturge plus « considérable » que le romancier. D'autre part, plus on remonte dans le temps vers les auteurs du Moyen Âge, plus on risque de manquer d'informations biographiques, donc de matière : on ne sait presque rien de la vie de CHRÉTIEN de TROYES, alors qu'on connaît presque tout de celle d'ELUARD.

De même est-il inévitable que l'entrée réservée à un écrivain qui, tel MARIVAUX, a pratiqué plusieurs genres ou qui, comme HUGO, a en outre écrit pendant plus d'un demi-siècle, soit plus longue que celle réservée à un auteur qui a écrit pendant quelques années seulement, tels MAUPASSANT ou RIMBAUD. On aboutira à une disproportion analogue entre des écrivains qui, à l'instar de FLAUBERT ou de VALÉRY, ont été l'objet de multiples travaux critiques, et des auteurs plus négligés par la critique, tels DAUDET ou MÉRIMÉE. Enfin, comment l'article consacré à un auteur prolixe sur lui-même, qui, comme COCTEAU ou GIDE, s'est volontiers répandu en correspondances, journaux intimes ou entretiens, ne tiendrait-il pas plus de place que celui consacré à des écrivains plus discrets ou plus secrets, tels CHAR, GRACQ, ou MICHAUX ?

Indépendamment même de toutes ces raisons « objectives », nous ne nous sommes pas interdit des disparités plus subjectives — par exemple, en accordant davantage de place à DU BELLAY qu'à MAROT —, mais avons refusé l'obsession de l'égalitarisme millimétrique. Les différences quantitatives, dans le nombre de pages accordées respectivement aux 150 auteurs ici rassemblés, ne sauraient donc être interprétées comme une hiérarchie qualitative : que l'article qui leur est consacré fasse 4 ou 24 pages, leur seule présence ici côte à côte signifie, aux yeux des rédacteurs de ce dictionnaire, leur égalité de mérite parmi les « *grands écrivains de langue française* ».

Cette égalité qualitative se retrouve dans la manière dont nous les avons traités. Nous avons choisi de donner une place importante à l'information biographique, aussi complète et objective que possible. Ce faisant, nous avons voulu à la fois battre en brèche une certaine tendance formaliste de la critique littéraire du dernier tiers du XXe siècle, excessivement encline, selon nous, à réduire les écrivains à la liste désincarnée de leurs seuls textes, et en même temps éviter les dérives de biographies trop exclusivement hagiographiques. Nous avons donc signalé ici ou là, dans un égal rejet de tout « sensationnalisme » comme de toute « langue de bois », et en utilisant des recherches historiques incontestables, que tel écrivain fut plat courtisan, mauvais père, antisémite, misogyne, pédophile, escroc, collaborateur, belliciste ou morphinomane, dans la mesure — et dans la mesure seulement — où cette information biographique nous a paru éclairer un aspect important de son œuvre.

En somme, au terme d'un siècle durant lequel les études littéraires ont majoritairement adopté la démarche proustienne *(« Un livre est le produit d'un autre moi que celui que nous manifestons dans nos habitudes, dans la société, dans nos vices »)* et discrédité la critique beuvienne *(« Ne pas séparer l'homme et l'œuvre »)*, nous avons voulu réconcilier Proust et Sainte-Beuve, la seule prise en considération de l'originalité interne de l'œuvre d'une part, et l'explication exclusive par la biographie d'autre part, en donnant toute leur place aux quelque 350 œuvres ici analysées, tout en rétablissant les événements, même anecdotiques, qui ont émaillé les vies des 150 « auteurs-monuments » retenus.

Par ailleurs, nous avons voulu, dans deux rubriques distinctes, plus « techniques », d'une part circonscrire les particularités stylistiques de l'écriture — ou des écritures successives — de chaque écrivain, et d'autre part donner un aperçu de leur « poétique » personnelle, explicitée ou implicite. Ainsi — et pour la première fois dans un dictionnaire de ce type —, une rubrique spécifique expose la théorie littéraire de tout écrivain qui, à la faveur de préfaces, arts poétiques, correspondances, entretiens, articles ou traités, s'est préoccupé d'esthétique littéraire, que ces conceptions ou idées concernent le style, les genres littéraires, les missions, fonctions et modes de production de la littérature, ou encore les relations avec les lecteurs.

En outre, parce qu'une grande œuvre est une œuvre dont la lecture appelle la relecture et qui, par une complexité, un « défaut » (au sens artisanal du terme), un « jeu » (au sens mécanique), un « remords » (au sens pictural), une contradiction, une ambiguïté, un excès, une lacune, un tremblement existentiel, une possibilité latente de commentaire, n'épuise jamais le plaisir d'une lecture et d'une interprétation unique, nous avons aussi accompagné chaque article d'un choix de citations de l'écrivain, où les plus connues côtoient les plus inattendues.

Enfin, nous avons voulu, en commençant chaque article par un couple antithétique de jugements portés sur l'écrivain, comme en le concluant par un florilège de commentaires critiques, donner une place aussi large que possible à l'histoire de la réception de l'auteur et de son œuvre. Car l'œuvre d'un grand écrivain, comme un monument d'architecture, n'est pas un objet inerte. Elle vit par la visite des lecteurs-touristes, le rappel des mythes de fondation qui lui sont attachés — elle est lieu de commémoration — et par les campagnes, pieuses ou iconoclastes, de restauration ou de destruction qui en pérennisent la jeunesse ou, à l'inverse, en accélèrent le vieillissement.

Cette fonction de restauration ou de contestation permanente d'un sens et d'une valeur est assurée, pour les monuments littéraires, par les commentaires et jugements qu'ils inspirent, par le discours de la critique savante ou de la ferveur populaire, par les parodies ou pastiches qui les transfigurent, voire les défigurent, par les traductions ou adaptations au cinéma, à l'opéra ou dans d'autres systèmes de représentation, enfin par la censure ou le contresens — qui ne sont, en définitive, que des modes de « variation » et de « récriture » d'un texte — dont ces œuvres-monuments sont l'objet, toutes activités qui en prolongent, fût-ce en la modifiant et en la travestissant, l'existence. C'est pourquoi chaque article s'achève sur un florilège de jugements critiques sur l'écrivain, souvent contradictoires, parfois discutables, mais qui illustrent la propension de chacun de ces « monuments » littéraires à se disséminer, donc à vivre et à durer.

Ainsi défini, *Le Robert des grands écrivains de langue française* rassemble 150 biographies et quelque 350 œuvres, présentées dans toutes leurs nuances, saveurs et parfois contradictions, avec le souci de faire connaître ou reconnaître une réalité souvent plus contrastée, sinon moins flatteuse, que celle, volontiers sacralisée, dont on glorifie habituellement les « monuments » littéraires, qui font la richesse de notre patrimoine littéraire.

Philippe HAMON
Université Paris III/Sorbonne nouvelle

Denis ROGER-VASSELIN
Dictionnaires Le Robert

PRÉSENTATION DU DICTIONNAIRE

Dans l'adoption de l'ordre alphabétique, nous avons suivi les usages particuliers en vigueur pour les auteurs du Moyen Âge et de la Renaissance, répertoriés le plus souvent à leur prénom ; Adam de LA HALLE à A, Charles d'ORLÉANS, Chrétien de TROYES et Christine de PIZAN à C, Guillaume de MACHAUT à G, Marguerite de NAVARRE à M — mais Louise LABÉ à LABÉ et non à Louise, VILLON à V et non à François, etc.

Pour plus de clarté, les titres en ***italique gras*** désignent toutes les créations ou cocréations (ouvrages, traductions, revues, journaux, etc.) de l'écrivain auquel est consacré l'article ; ceux en *italique maigre*, toutes celles dont il n'est pas l'auteur.

Chaque article suit la même organisation :

L'ENTRÉE rassemble, outre les renseignements d'état civil, les remarques et commentaires patronymiques, et signale les éventuels pseudonymes ; les départements ne sont précisés entre parenthèses que pour les localités qui n'en sont pas les chefs-lieux.

Le cas échéant, les mentions ***Académicien***, *Grand Prix de Littérature* ou *de Poésie* ou *du Roman de l'Acad. franç.*, *Grand Prix Schiller* (Suisse), *Prix Femina*, *Prix Goncourt*, *Prix Goncourt des lycéens*, *Prix du Gouverneur général* (Canada), *Prix Interallié*, *Prix des Libraires*, *Prix du Livre Inter*, *Prix Médicis*, ***Prix Nobel***, *Prix Rambert* (Suisse), *Prix Ramuz* (Suisse), *Prix Renaudot*, ***Professeur au Collège de France*** précisent les distinctions littéraires obtenues par l'auteur.

L'ARTICLE proprement dit comprend :

• en guise d'*incipit*, deux **jugements**, l'un élogieux, l'autre dépréciatif, portés sur l'écrivain, qui offrent une sorte de **recto/verso** liminaire : dans quelques rares cas, où nous n'avons trouvé aucun jugement dépréciatif, l'emplacement prévu reste vide ;
• une rubrique bio-bibliographique, titrée et intertitrée, qui présente la **vie** et l'**œuvre**, selon l'**ordre chronologique**, et inclut éventuellement — pour la première fois dans un dictionnaire de littérature — un développement spécifique de **théorie littéraire**, résumant l'essentiel des prises de position esthétiques de l'auteur ;
• une autre rubrique titrée, qui offre une description, richement illustrée, du **style** ;

• une dernière rubrique titrée, qui évoque la **notoriété** et la **postérité** de l'auteur et de son œuvre, jusqu'à nos jours ;
• une analyse détaillée d'une ou plusieurs **œuvres**, rassemblées par **ordre alphabétique** ;
• un répertoire de **citations** de l'écrivain, des plus connues aux plus inattendues, rassemblées aussi **par ordre alphabétique d'œuvres-sources** (par exemple, selon les titres de recueils) : les citations extraites de divers chapitres, poèmes ou parties d'un même recueil ou ensemble sont présentées selon leur ordre d'apparition — et non par ordre alphabétique de poèmes ;
• en guise de conclusion, un florilège de **jugements**, commentaires, analyses portés sur l'auteur et son œuvre et reflétant la diversité des points de vue, présentés par **ordre alphabétique d'auteurs** des jugements.

L'ANNEXE DE L'ARTICLE rassemble :
• une rubrique **bibliographie** distinguant,
– d'une part, les **éditions**, où, après mention des ensembles les plus complets (*Œuvres complètes, Œuvres, Contes et Nouvelles, Correspondance, Poésies, Théâtre*, etc.), les titres individuels sont présentés **par ordre alphabétique et chronologique** : dans toute la mesure du possible, ont été prioritairement signalées les versions disponibles en collections de poche des titres faisant l'objet d'une notice spécifique dans le présent dictionnaire ;
– d'autre part, les **études**, où les références sont répertoriées **par ordre alphabétique d'auteur** : les titres les plus récents côtoient des contributions plus anciennes mais unanimement tenues pour décisives ; les revues ou contributions collectives sans responsable désigné sont mentionnées en fin de liste.
Les collections sont mentionnées entre guillemets.
Pour éviter toute confusion, les éditeurs personnes physiques sont indiqués en grandes et petites capitales (par ex. : J. DUFOURNET) ; les éditeurs personnes morales, en minuscules (par ex. : J.-M. Place) ou en grandes capitales (par ex. : SEDES).
Sauf précision contraire, le lieu de publication des titres est Paris.
• une rubrique **audio-vidéo**, mentionnant — pour la première fois aussi dans un dictionnaire de littérature — les **adaptations audio, vidéo et numériques** consacrées aux auteurs ou à leurs œuvres.
Nous ne mentionnons que les titres présentés comme disponibles par les divers éditeurs – et non pas toutes les adaptations réalisées. Sauf précision contraire, les vidéocassettes sont signalées en format VHS SECAM.

EN FIN DE VOLUME, le lecteur trouvera **deux index**, volontairement limités aux 150 écrivains ici répertoriés :
• index des **noms propres**
• index des **titres d'œuvres**.

Ainsi constitué, *Le Robert des grands écrivains de langue française* est à la fois :
• un dictionnaire biographique des grands écrivains
• un dictionnaire critique des œuvres majeures
• un dictionnaire des théories littéraires
• un dictionnaire de stylistique
• un dictionnaire de citations
• un dictionnaire de jugements
• un dictionnaire bibliographique.

ABRÉVIATIONS

1er	premier
1re	première
2^{de}	seconde
2nd	second
2e, 3e...	deuxième, troisième...
3/5^{es}	trois cinquièmes
Acad.	Académie
Acad. franç.	Académie française
act.	actuel(le)/actuellement
apr.	après
arr./arrond^{nt}	arrondissement
art. cit.	article cité
auj.	aujourd'hui
avr.	avril
BD	bande dessinée
BE	Belgique
BN/BNF	Bibliothèque nationale/Bibliothèque nationale de France
boul^{d}	boulevard
CA	Canada
Cf./cf.	Confer/confer
« CFNSP »	« Cahiers de la Fondation nationale des sciences politiques »
ch.	chant
CH	Confédération helvétique (Suisse)
chap.	chapitre
cit.	cité
CM	Cameroun
CMF	Compagnie méditerranéenne de films
collab.	collaborateur/collaboration
collect.	collectif, collection
Cie	Compagnie
DDB	Desclée de Brouwer
D^{r}	docteur
DE	Allemagne
déc.	décembre
dir.	direction
DK	Danemark
éd.	édition, éditeur
Éd.	Édition (maison d')
ES	Espagne
E.S.T.	Éditions Samuel Tastet
etc.	*et cœtera*
févr.	février
franç.	français(e)
GB	Grande-Bretagne
GCR	Gaumont-Columbia-Tristar Home Vidéo
« GF »	« Garnier-Flammarion »
ibid.	*ibidem*
id.	*idem*
illustr.	illustration
in	dans
INA	Institut national de l'audiovisuel
introd.	introduction
IT	Italie
janv.	janvier
JP	Japon
juil.	juillet
l.	ligne
« LdP »	« Le Livre de Poche »
LGF	Librairie générale française
M.	monsieur
MC	Monaco
M^{e}	maître
Mgr	monseigneur
Mlle	mademoiselle
MM.	messieurs
Mme	madame
Mmes	mesdames
M^{rs}	madame (en angl.)
« N.B.M.Â. »	« Nouvelle Bibliothèque du Moyen Âge »
NL	Pays-Bas
NO	Norvège
n^{o}/n^{os}	numéro/numéros
nouv.	nouveau, nouvelle
nov.	novembre
NRF	*La Nouvelle Revue française*
oct.	octobre
op.	*opus* [œuvre, ouvrage]
op. cit.	*opus citatum* [œuvre citée, ouvrage cité]
p.	page
P.	père
P.É.N.S.	Presses de l'École normale supérieure
PFC	Pathé Fox Vidéo
PFNSP	Presses de la Fondation nationale des sciences politiques
PFSCL	Papers on French Seventeenth Century Literature
photogr.	photographe/photographies
PL	Pologne
postf.	postface
posth.	posthume
pp.	pages
PP.	pères
P^{r}	professeur
préf.	préface
P.U.	Presses universitaires

PUF	Presses universitaires de France
« Qsj ? »	« Que sais-je ? »
rééd.	réédition
RHLF	*Revue d'histoire littéraire de la France*
RLM	*Revue des lettres modernes*
RO	Roumanie
R.P.	révérend père
RR.PP.	révérends pères
RSH	*Revue des sciences humaines*
SE	Suède
S.A.	Son Altesse/Sturmabteilung
s.d.	sans date
sc.	scène
sept.	septembre
séq[ce]	séquence
SK	Slovaquie
sqq.	*sequentesque* [et suivant(e)s]
str.	strophe
SVEC	*Studies on Voltaire and the Eighteenth Century*
t.	tome
« TLF »	« Textes littéraires français »
trad.	traduction
trad. franç.	traduction française
UGE	Union générale d'éditions
UP	University Press
UPV	Universal Pictures Vidéo
US	États-Unis
v.	vers
V.F.	version française
vol.	volume
V.O.S.T.	version originale sous-titrée
vv.	vers
WVF	Warner Vision France

LE ROBERT DES GRANDS ÉCRIVAINS DE LANGUE FRANÇAISE

ADAM DE LA HALLE

ADAM de LA HALLE

Dit Adam d'ARRAS — hors de sa ville natale — et Adam le BOSSU — difformité qu'il nia toujours. Les surnoms « *de la Halle* » et « *le Bossu* » étaient déjà ceux de son père.

Arras, seconde moitié du XIIIe siècle

« *Ces œuvres gaies* [les pièces de théâtre profanes médiévales], *ne nous sont pas toutes restées, loin de là. Citons la plus achevée, le* Jeu de la Feuillée, *bouffonnerie poétisée, d'Adam de La Halle* [...]. »
Jacques AUDIBERTI, « Mystères et Miracles », in *Tableau de la littérature française*, I, Gallimard, 1962.

« *Ce n'est certes pas un chef-d'œuvre que le* Jeu de la Feuillée. »
Robert BOSSUAT, *in* Jean CALVET (dir.), *Histoire de la littérature française*, I, *Le Moyen Âge*, Nizet, 1977.

Une vie très mal connue

Un poète et musicien

On ne sait pas grand-chose de ce poète et musicien, pas même sa date de naissance : il avait le titre de maître ès-arts, et il fut, vers 1280, au service du comte Robert II d'Artois, neveu de Louis IX, qu'il accompagna à Naples à la cour de Charles Ier d'Anjou, frère du futur saint Louis, roi de Naples et — provisoirement — de Sicile.

Son œuvre de musicien vaut davantage par l'originalité musicale que par une écriture qui s'inscrit dans la tradition courtoise ; ces pièces (chansons, motets, rondeaux), qui ont assuré sa réputation, mais qui nous touchent moins que son œuvre de poète, sont des ***Chansons*** (au nombre de 36) :

Ma douche dame et Amours
Me font tant amer me vie
C'uns ans me semble uns seus jours
Et ma souffranche est jolie.

[Ma douce dame et Amour
Me font tant aimer ma vie
Qu'un an me semble un jour
Et que souffrance m'est joie.]

(***Chansons***, XVII, éd. et trad. Badel)

Ainsi que des ***Rondeaux*** (au nombre de 16) :

A jointes mains vous proi,
Douche dame, merchi !
Liés sui quant je vous voi,
A jointes mains vous proi.
Aiiés merchi de moi,
Dame, je vous em pri.
A jointes mains vous proi,
Douche dame, merchi !

[Les mains jointes je demande,
Douce dame, ma grâce !
Heureux quand je vous vois,
Les mains jointes je demande,
Faites-moi donc grâce,
Dame, je vous en prie.
Les mains jointes je demande,
Douce dame, ma grâce !]

(***Rondeaux***, X, éd. et trad. Badel)

Comme ses ***Motets***, ces pièces ont une grande importance musicale : les motets sont les premières pièces polyphoniques à caractère profane, et les rondeaux sont parmi les compositions les plus originales du XIIIe siècle. Exploitant toujours la thématique courtoise, les ***Partures*** ou ***Jeux-partis*** (au nombre de 18) sont des « discussions scolastiques » sur ces thèmes convenus :

Adan, d'amour vous demant
Que m'en dichiés sans cheler
Dou quel pueent plus trouver
En amour li fin amant
Ou du bien ou du mal. Vous le devés
Mout bien savoir, car esprouvé l'avés.

Sire, je voi l'un dolant,
L'autre lié de bien amer ;
Mais je ne m'en doi blasmer,
Car j'en go ; et neporquant,
Comment que faite en soit mes volentés,
Li maus plus que li biens i est trouvés.

[Adam, je vous interroge sur l'amour :
Dites-moi franchement
Ce que peuvent le plus trouver
En amour les vrais amants :
Bien ou mal ? Vous devez bien le savoir,
Car vous en avez l'expérience.

Messire, je vois que bien aimer
Rend l'un tout triste, l'autre heureux ;
Mais je n'ai pas à m'en plaindre,
Car j'y trouve mon plaisir ; néanmoins,
Quoique j'en obtienne ce que je veux,
On trouve en amour plus de mal que de bien.]

(***Partures***, III, éd. et trad. Badel)

Dans la plupart de ces pièces, l'interlocuteur est le poète arrageois Jean Bretel, qui mourut en 1272 — date qui est l'un des rares repères biographiques sûrs que nous ayions. L'œuvre du poète comprend encore un ***Congé***, à la manière de ceux de Jean Bodel et Baude Fastoul, tous deux Arrageois également, une chanson — sans doute inachevée — du ***Roi de Sezile [Roi de Sicile]***, à savoir Charles d'Anjou, et enfin des ***Ver d'amours [Strophes d'amour]*** et des ***Ver de le mort [Strophes de la Mort]***, ces deux dernières œuvres reprenant la forme des *Vers de la mort* d'Hélinand de Froidmont :

On ne doit pas selonc l'escaille
Jugier li quels noiaus vaut miex.
On cuide que fisique i vaille,
Mais c'est tout trufe et devinaille :
Nus n'est fisiciens fors Dieux.

[On ne doit pas d'après l'écorce
Juger quelle noix est la meilleure.
On croit la médecine efficace,
Mais ce n'est que tromperie et chimère :
Il n'est de médecin que Dieu.]

(***Strophes de la Mort***, vv. 32 à 36).

Un dramaturge original

Mais ce sont surtout ses deux pièces de théâtre, les premières pièces profanes de notre littérature, qui manifestent la profonde originalité du poète, à commencer par ***Le Jeu de la Feuillée [Li jeus de le fuellie]***, représenté en 1276, et considéré comme le chef-d'œuvre d'Adam de La Halle.

L'autre pièce, ***Le Jeu de Robin et Marion [Li jeus de Robin et Marion]***, a été représentée en 1289 : ***Le Jeu du Pèlerin***, qui semble, dans certains manuscrits, faire office de prologue à ***Robin et Marion***, laisse entendre qu'Adam serait mort en Sicile après l'avoir composé. Mais certains commentateurs y voient une première approche des thèmes repris dans ***Le Jeu de la Feuillée*** : dans ce cas, sa composition serait à situer avant 1276.

Une note d'un de ses neveux, copiste à Arras, donne Adam de La Halle comme mort au début de 1289 ; mais un « *Adam le Boscu* » apparaît en 1306 lors des fêtes d'adoubement du prince Édouard, à Westminster :

On m'apele Bochu, mais je ne le sui mie !

(***Roi de Sicile***, v. 70)

Un comique amer et grave

Les chansons sont d'une structure qui n'a rien d'exceptionnelle, presque toutes articulées en 5 strophes suivies éventuellement d'une reprise, mais Adam a l'art de mélanger les rythmes et de manier les métaphores. Quant aux jeux-partis, ils gardent de la chanson la structure strophique et l'usage de la reprise. ***Le Jeu de Robin et Marion***, chanté comme une pastourelle, mêle citations et refrains-centons.

Une ambiguïté majeure règne sur l'interprétation du théâtre d'Adam de La Halle, et notamment de son chef-d'œuvre ***Le Jeu de la Feuillée*** : on y a longtemps vu une pièce décousue, une revue d'actualité, une sotie avant la lettre. Mais Alfred Adler, puis Jean Dufournet ont souligné que cette pièce, première comédie de notre répertoire, a des accents désenchantés et que l'auteur y laisse deviner une vision amère de l'existence et de la société qui l'entoure : satire et comédie, mascarades et folies carnavalesques sont certes présentes dans l'œuvre, mais l'échec y règne partout et les figures de femmes comme les figures de pères y sont inquiétantes ; elles imposent des contraintes, jouent sur les pulsions et les désirs, et enfoncent l'homme dans une inaction résignée. Adam-auteur a fait d'Adam-personnage le centre de sa pièce. Quelle que soit la réalité des faits et des propos, le ton est à la désespérance et à l'amertume. Au début de la pièce, Adam énonce certes l'espoir d'un départ qui doit changer sa vie :

Segneur, savés pour quoi j'ai mon abit cangiet ?
J'ai esté avec feme, or revois au clergiet :
Si avertirai chou que j'ai prècha songiet.

[Savez-vous pourquoi j'ai, messieurs, changé d'habit ?
J'ai vécu en mariage, je retourne aux études :
Je vais réaliser un rêve très ancien.]

(***Le Jeu de la Feuillée***, vv. 1 à 3, éd. et trad. Badel)

Mais sa femme, son père, ses amis, la société arrageoise, ses coutumes et ses valeurs mesquines, ont raison de cet espoir. Si l'on accepte cette lecture de l'œuvre, on ne peut qu'admirer le caractère éminemment original de cette écriture théâtrale : elle marie le comique au satirique, et, dans le rire, laisse sourdre la désillusion et l'angoisse.

On ne peut pourtant prendre la pièce comme le journal fidèle d'une expérience réellement vécue. Adam, en se présentant sous les traits méconnaissables de l'étudiant parisien qu'il dit vouloir devenir, ouvre le champ de la fiction. Nous apprenons certes que son père, Henri, avait servi l'échevinage d'Arras, et nous faisons connaissance de ses amis et de ses relations ; il nous présente lui-même l'histoire en deux volets de son amour pour Maroie, d'abord idyllique, puis cruel pour ce qu'elle serait devenue. Mais son père était-il avare, ses amis des égoïstes inconscients, sa femme dépourvue de toute séduction ? L'œuvre de fiction, dans le dialogue qu'elle engage avec la réalité qui lui sert de référence, autorise toutes les fantaisies créatrices. Il est probable qu'à ce niveau de lecture, Adam n'aurait guère pu compter sur l'appui du public arrageois pour lequel il écrivait. Il a tourné en dérision son désir de partir et l'échec de cette tentative, et le comique de la pièce ne réside pas seulement dans l'action représentée mais aussi dans la distance que le public, bourgeois et jongleurs de la confrérie Notre-Dame, pouvait constater entre les personnages, les débats, les scènes représentées, et la réalité dont il avait sa propre vision.
Aujourd'hui, privés que nous sommes de cette référence, nous pouvons peut-être plus aisément déceler, dans cette pièce, la trame de tristesse désenchantée qui sous-tend les différentes scènes :

Chascuns mes paroles despist,
Che me sanle, et giete mont lonc !
Mais, puis que che vient au besoing
Et que par moi m'estuet aidier,
Sachiés, je n'ai mie si chier
Le séjour d'Arras ne le joie
Que l'apprendre laissier en doie.

[Chacun méprise mes propos,
C'est clair ; chacun s'en moque.
Mais puisqu'il le faut,
Puisque je ne dois compter que sur moi,
Sachez-le bien, je ne tiens pas assez
À l'oisiveté d'Arras et à ses plaisirs
Pour renoncer aux études.]

(***Le Jeu de la Feuillée***, vv. 24 à 30,
éd. et trad. Badel)

Ce voyage vers Paris et son « *clergiet* » [la vie d'étude du clerc] ne serait-il pas ici dénoncé comme une illusion de plus ? Après les âpres accents des ***Congés*** où s'exprimaient à cru son désir de partir et la rancœur qu'il nourrissait pour Arras, mais aussi sa gratitude pour sa femme et ses protecteurs, ***Le Jeu de la Feuillée*** est une réflexion sur son échec, une façon de conjurer par l'écriture la déception qu'il ressent. Le « *clergiet* » rejoint la folie, et la vie est faite de ces relations ambivalentes : Fortune la capricieuse mène tout ; les fées de la feuillée ont pris la place de la Vierge dans la loge de feuillage ; elles sont d'une dérisoire féerie, vindicatives et rancunières comme les autres personnages féminins.
En cette société qui croit au prestige de multiples faux-semblants, — l'argent, l'amour, la science, la gloire littéraire, le pouvoir politique, la vertu des reliques, les croyances populaires, les réjouissances collectives, les plaisirs de la taverne —, le poète annonce qu'il choisit le silence : Adam, si prolixe en début de pièce, accompagne sans un mot son père et ses amis à la taverne. Mais l'écriture théâtrale est là pour laisser entendre, à ceux qui ont l'oreille assez fine, ses véritables sentiments. Il faut y compter, dans l'acte même d'écrire une pièce de théâtre, une indéniable confiance dans le public auquel elle est destinée ; ce serait la part d'espérance au sein de cette plongée dans les ombres.

Un précurseur oublié

Adam de La Halle est avant tout un précurseur : le ***Jeu de la Feuillée***, qui occupe dans le théâtre une place tout à fait à part, est la première pièce comique française que nous connaissons, écrite deux siècles environ avant l'épanouissement du genre. Le ***Jeu de Robin et Marion*** connut un grand succès au Moyen Âge, et a été envisagé quelquefois comme un des premiers opéras comiques. Par ailleurs, avec ses chansons, Adam de La Halle fut un des derniers trouvères, et de surcroît un excellent musicien : la plupart des manuscrits, qui conservent la mélodie de ses poésies écrites pour le chant, montrent qu'il fut l'un des plus grands musiciens de son temps. À la fin du XIIIe siècle, on mentionnait encore ses chansons, et, vers 1350, Adam était cité dans la *Chronique latine* de l'abbé de Saint-Martin de Tournai.

ŒUVRES

Le *Jeu de la Feuillée*

Pièce de théâtre de quelque 1 100 vers, jouée le 3 juin 1276, lors de l'assemblée de la Confrérie des jongleurs et bourgeois d'Arras.

Le principal personnage en est Adam lui-même, qui annonce qu'il part étudier à Paris : *J'ai esté avoec feme, or revois au clergiet* [J'ai vécu en mariage, je retourne aux études] (v. 2). Prenant prétexte de ce « *congé* », il met en scène ses amis, son père, des bourgeois d'Arras, la ville avec ses coutumes superstitieuses et sa taverne. La vigueur des propos n'épargne personne, pas même ses proches, comme dans ce double portrait de sa femme, qu'on lui reproche d'abandonner : *Adont me vint avisions / De cheli que j'ai a feme ore, / Qui or me sanle pale et sore. / Adont estoit blanke et vermeille, / Rians, amoureue et deugie. / Or le voi crasse, mautaillie, / Triste et tenchans* [C'est alors que je vis — la belle apparition — / Celle que j'ai maintenant pour femme / Mais qui me semble livide, jaunâtre. / Alors, elle était blanche et rose, / Rieuse, aimable et svelte. / Et je la vois toute empâtée, mal bâtie, / Grise et grondeuse] (vv. 68 à 74). En fait, le poète en dresse tout de même un portrait enchanté, au bout duquel il constate : *Et ele perchut bien de li / Que je l'amoie miex que mi ; / Si se tint vers moi fierement / Et, con plus fiere se tenoit, / Plus et plus croistre en mi faisoit / Amour et desir et talent. / Avoec se merla Jalousie, / Desesperanche et Derverie / Et, plus en plus fui en ardeur / Pour s'amour, et mains me connui* [Et elle s'aperçut bien toute seule / Que je l'aimais mieux que moi ; / Elle fit la fière envers moi / Et, plus elle faisait la fière, / Plus elle faisait grandir en moi / Amour, Désir et Passion. / S'en mêlèrent aussi Jalousie, / Désespoir et Folie / Et, plus je brûlai d'amour / Pour elle, moins je sus où j'en étais] (vv. 153 à 162). La mise en scène d'un prédicateur, d'un fou et de son père, est l'occasion d'une satire qui vise aussi bien Adam et ses amis que la politique des notables de sa ville — jusqu'à l'intervention de trois fées qui se révèlent être des commères, dont l'une, vexée par l'absence d'un couvert à sa table, jette un sort au « *malheureux* » : *De l'autre, qui se va vantant / D'aler a l'escole à Paris, / Vœil qu'i soit si atruandis / En le compaignie d'Arras / Et qu'il s'ouvlit entre les bras / Sa feme, qui est mole et tenre, / Si qu'il perge et hache l'aprenre / Et meche se voie en respit* [Quant à l'autre, qui se vante / D'aller étudier à Paris, / Je veux qu'il s'encanaille / Au milieu de ses compagnons d'Arras / Et qu'il s'oublie dans les bras / De sa femme, qui est grasse et tendre, / Au point de désapprendre et de détester l'étude / Et de renvoyer son voyage à plus tard] (vv. 684 à 691). Tout se termine à la taverne où Adam paraît oublier sa résolution de partir.

La folie est l'un des thèmes récurrents de l'œuvre, dont le titre peut aussi se comprendre, en picard, « *Jeu de la folie* » ***(Li jeus de le fuellie)*** : autour d'un moine prédicateur, porteur de reliques de saint Acaire (censées guérir la folie [acariâtre]), se pressent divers sots, dont un « *dervé* » (un fou furieux) ; c'est l'occasion, pour l'auteur, de propos et de scènes grotesques, mais il s'en sert aussi pour mettre en question la religion, la poésie, la vie sociale. On peut se demander, avec Jean Dufournet, si, à travers cette omniprésence de la folie et l'atmosphère de fête carnavalesque, Adam ne s'interroge pas amèrement sur la « *face nocturne* » de sa propre personnalité, incapable de mener à terme ses beaux projets ; le désir d'échapper à une vie médiocre ne mène finalement qu'à la taverne d'où l'on sort désabusé et silencieux au petit matin. Le monde est une farce absurde, la merveille n'a à produire que des fées mesquines et susceptibles, maîtresses capricieuses du destin de chacun.

Écrite à une époque où la prospérité d'Arras débouche sur des querelles intestines, la pièce, première comédie de notre répertoire, porte un jugement sévère sur l'atmosphère qui y règne ; bassesse, vulgarité, avidité, cupidité, avarice : aux yeux d'Adam, tout oppose Arras à Paris, ville du savoir auquel il aspire.

Le *Jeu de Robin et Marion*

Pièce de 777 vers, composée à une date incertaine (entre 1275 et 1289) et représentée en 1289.

Un chevalier tente de séduire la bergère Marion, dont le berger Robin est l'amoureux. Elle éconduit le fâcheux, puis rejoint Robin, et tous deux invitent leurs amis à festoyer avec eux : c'est l'occasion de nous faire assister aux divertissements naïfs et aux amours rustiques des bergers. On y badine, on y folâtre, on s'y aime, tout commence et tout finit par des chansons (une centaine de vers) : MARIONS. *Robins m'aime, Robins m'a, / Robins m'a demandee, si m'ara. / Robins m'acata cotele / D'escarlate bonne et bele, / Souskanie et chainturelle / Aleuriva ! / Robins m'aime, Robins m'a, / Robins m'a demandee, si m'ara* [Robin m'aime, Robin m'a, / Robin m'a demandée, il m'aura. / Robin m'acheta blousette / De drap bel et bon, / Robe longue et ceinturette. / Aleuriva ! / Robin m'aime, Robin m'a, / Robin m'a demandée, il m'aura] (vv. 1 à 7). Un gage autorise Robin à embrasser sa promise :

Li Rois. *Va, s'acole dont Marion / Si douchement que il li plaise. /* Marions. *Awar dou sot s'il ne me baise ! /* Robins. *Certes, non fac ! /* Marions. *Vous en mentés ! / Encore i pert il : esgardés ! / Je cuit que mors m'a ou visage /* Robins. *Je cuidai tenir un froumage, / Si te senti je tenre et mole ! / Vien avant, seur, et si m'acole / Par pais faisant. /* Marions. *Va, dyable, sos ! / Tu poises autant comme un blos. /* Robins. *Or, de par Dieu ! /* Marions. *Vous vous courchiés ! / Venés cha, si vous rapaisiés, / Biau sire, et je ne dirai plus* [Le Roi (de la fête). Va, embrasse donc Marion / Avec tant de douceur que ça lui plaise. / Marion. Regardez-moi le sot comme il me bécote ! / Robin. Mais non, pas du tout ! / Marion. Menteur ! / Ça se voit encore : regardez ! / Je crois bien qu'il m'a mordue à la joue. / Robin. J'ai cru que je tenais un fromage, / Tant je te sentais tendre et grasse ! / Approche-toi, chérie, et embrasse-moi / Pour faire la paix. / Marion. Va, diable, bêta ! / Tu es aussi lourd qu'un bloc. / Robin. Allons, pour l'amour de Dieu ! / Marion. Vous vous fâchez ? / Approchez et calmez-vous, / Cher monsieur, et je n'en dirai pas plus] (vv. 541 à 554). Leurs habits et leurs danses rustiques, pour ne pas dire rustaudes, leurs jeux et leurs plaisanteries sans finesse sont certes là pour amuser les spectateurs, mais, à travers leurs ébats et leurs maladresses, à travers les situations ainsi mises en action, c'est peut-être une satire de la vision courtoise qui se fait jour.

La structure de ***Robin et Marion*** repose sur une dramatisation des situations qui font le sujet du genre traditionnel de la pastourelle : on peut y voir un divertissement qui s'amuse de rêves champêtres où la vie n'a que l'épaisseur d'un instant et où l'amour est un jeu sans angoisse ; la nature se prête en riant à cette fête des sens qui miment l'innocence, et l'on serait loin de l'inquiétude amère qui se lit entre rire et folie dans ***La Feuillée***. Mais Jean Dufournet a montré comment, sous le comique, perce le grotesque, et comment, dès qu'ils prennent corps, les rêves idylliques deviennent dérisoires. Le spectacle était destiné à une élite sociale, noblesse ou bourgeoisie aisée : même si les personnages de paysans sont dessinés avec une certaine légèreté de trait, ils n'en restent pas moins grossiers, fanfarons et finalement ridicules — sauf Marion, qui se moque sans doute d'un chevalier qui la laisse indifférente, et qui tente de modérer la rusticité de ses compagnons.

CITATIONS

Celui qui travaille pour acquérir souffre plus de peine que celui qui dépense n'en a de plaisir.

Chansons.

On voit bien encore aux tessons ce que fut le pot.

Le Jeu de la Feuillée.

Robins m'aime, Robins m'a ;
Robins m'a demandee, si m'ara.
Robins m'acata cotele
D'escarlate boine et bele,
Souskanie et chainturele.
A leur i va !
Robins m'aime, Robins m'a ;
Robins m'a demandee, si m'ara.

[Robin m'aime, Robin m'a ;
Robin m'a demandée : il m'aura.
Robin m'a acheté une petite robe
de bonne et belle étoffe,
plus un manteau et une ceinture.
À leur y va.
Robin m'aime, Robin m'a ;
Robin m'a demandée : il m'aura.]

Le Jeu de Robin et Marion.

JUGEMENTS

« Plus près de nous on pense à Shakespeare et on pense à Musset, mais le rapprochement avec Aristophane reste cependant le plus juste. Toutefois, à quoi bon écraser maître Adam sous ces comparaisons un peu lourdes pour lui et ne pas se borner à souligner la nouveauté du fait littéraire que représente le Jeu de la Feuillée *[...]. »*

Gustave Cohen, *Le Théâtre en France au Moyen Âge*, t. II, *Le Théâtre profane*, Rieder, 1931.

« Adam est d'un temps où la marque personnelle donnée par un individu de talent à l'expression d'une pensée souvent largement répandue fait toujours davantage le prix de la littérature, où l'on se prend à aimer la reconnaître d'œuvre en œuvre, de genre en genre. En ce sens, il est l'un de nos premiers auteurs. »

Pierre-Yves Badel, éd. et trad. de Adam de La Halle, *Œuvres complètes*, « LdP/Lettres gothiques », LGF, 1995.

BIBLIOGRAPHIE

Éditions

Œuvres complètes, éd. et trad. P.-Y. BADEL, « LdP/Lettres gothiques », LGF, 1995.

Congés d'Arras, éd. P. RUELLE, « Travaux de la faculté de philosophie et lettres de Bruxelles », PUF, 1965.

Le Jeu de la Feuillée, éd. et trad. J. DUFOURNET, « GF », Flammarion, 1989.

Le Jeu de Robin et Marion, éd. et trad. J. DUFOURNET, « GF », Flammarion, 1989.

Études

A. ADLER, *Sens et Composition du « Jeu de la Feuillée »*, Ann Arbor, 1956.

R. BERGER, *Littérature et Société arrageoises au XIIIe siècle. Les Chansons et Dits artésiens*, « Mémoires de la Commission départementale des Monuments historiques du Pas-de-Calais », Arras, 1981.

N.R. CARTER, *Le Bossu désenchanté. Étude sur « Le Jeu de la Feuillée » d'Adam de La Halle*, Droz, Genève (CH), 1971.

J. DUFOURNET, *Adam de La Halle à la recherche de lui-même ou le Jeu dramatique de la Feuillée*, SEDES, 1974 ; *Sur « Le Jeu de la Feuillée ». Études complémentaires*, SEDES, 1977.

J. MAILLARD, *Adam de La Halle : perspective musicale*, Champion, 1982.

Ch. MAURON, *« Le Jeu de la Feuillée ». Étude psychocritique*, Corti, 1973.

G. MAYER, *Lexique des œuvres d'Adam de La Halle* , Slatkine, Genève (CH), 1974.

M. UNGUREANU, *La Bourgeoisie naissante. Société et Littérature bourgeoises d'Arras aux XIIe et XIIIe siècles*, « Mémoires de la Commission départementale des Monuments historiques du Pas-de-Calais », Arras, 1955.

ANOUILH

Jean ANOUILH

Bordeaux 1910 – Lausanne (Suisse) 1987

> *« Je pense décidément que Jean Anouilh est l'auteur dramatique de beaucoup le plus remarquable de sa génération. »*
> Gabriel MARCEL, *L'Heure théâtrale*, Plon, 1958.

> *« Anouilh ressemble à un étudiant, rit malgré lui aux bons passages de ses pièces, se tourmente pour un rien et possède évidemment un sale caractère : il n'aime pas Rubens, mais Lautrec. »*
> Roger NIMIER, *Journées de lecture*, Gallimard, 1965.

Une vie vouée au théâtre

Des débuts laborieux

Fils d'un tailleur et d'une musicienne (se produisant dans un orchestre itinérant, sur des scènes de casinos de province), Anouilh découvrit le théâtre tout jeune, dans les coulisses. Il a parlé avec émotion de sa découverte des grands classiques, au casino d'Arcachon : Molière, Marivaux, Musset. Plus tard, élève au lycée Chaptal, à Paris (où il fut le condisciple de Jean-Louis Barrault), il assista, émerveillé, à la représentation de *Siegfried* (1928) de Giraudoux, qui resta l'un de ses maîtres. Il décida alors de se consacrer au théâtre. Il entra d'abord dans une agence de publicité, puis devint le secrétaire de Louis Jouvet, avec lequel il entretint des rapports ambigus et tendus : celui-ci se reprocha, par la suite, de n'avoir pas découvert la passion du théâtre qui dévorait ce jeune homme maladroit, qu'il appelait « *le Miteux* ».

La carrière théâtrale d'Anouilh débuta en 1932, au théâtre de l'Œuvre, où Pierre Fresnay, enthousiaste, joua ***L'Hermine***, pièce déjà riche de ce « *pessimisme lyrique* » qui devint la marque d'un dramaturge si doué pour dire au mieux le pire : « *Je sais de quelles petitesses meurent les plus grandes amours.* [...] *On ne s'aime jamais comme dans les histoires, tout nus et pour toujours. S'aimer, c'est lutter constamment contre des milliers de forces cachées qui viennent de vous ou du monde. Contre d'autres hommes, contre d'autres femmes* » (acte II). Le débutant obtint, dès le départ, une reconnaissance critique. Mais ***Mandarine*** (1933) et ***Y avait un prisonnier*** (1935) furent des échecs.

Les succès de l'idéaliste

En 1937 et 1938, Ludmilla et Georges Pitoëff créèrent les deux premiers véritables succès d'Anouilh, ***Le Voyageur sans bagage*** et ***La Sauvage***. Le thème essentiel de son œuvre — une recherche de la pureté à travers les compromissions imposées par la vie — y était déjà présent : « *J'aurai beau tricher et fermer les yeux de toutes mes forces... Il y aura toujours un chien perdu quelque part qui m'empêchera d'être heureuse* » (***La Sauvage***, acte III). Avec ***Le Bal des voleurs***, créé par André Barsacq en 1938, Anouilh ajouta une nouvelle dimension à son théâtre : celle de la fantaisie pure, du jeu théâtral gratuit, de la bouffonnerie. Le jeune auteur était désormais lancé, et son succès ne se démentit pas : avec son complice André Barsacq, au théâtre de l'Atelier, il monta ***Léocadia*** (1940), fantaisie grave, qui resta l'une de ses plus grandes réussites. Vinrent ensuite ***Le Rendez-vous de Senlis*** (1941, pour lequel il retrouva Pierre Fresnay), puis ***Eurydice*** (1941), la première de ses modernisations des mythes antiques, dressant un implacable constat de faillite de l'amour : « *Vous êtes tous les mêmes. Vous avez soif d'éternité et dès le premier baiser vous êtes verts d'épouvante parce que vous sentez obscurément que cela ne pourra pas durer. Les serments sont vite épuisés. Alors vous vous bâtissez des maisons, parce que les pierres, elles, durent ; vous faites un enfant, comme d'autres les égorgeaient autrefois, pour rester aimés. Vous misez allégrement le bonheur de cette petite recrue innocente dans ce combat douteux sur ce qu'il y a de plus fragile au monde, sur votre amour d'homme et de femme... Et cela se dissout, cela s'effrite, cela se brise tout de même comme pour ceux qui n'avaient rien juré* » (acte IV). En 1944, ***Antigone***, variation sur la pièce de Sophocle fut jouée en costumes modernes.

Cette méditation sur l'impossible préservation de la pureté dans l'exercice du pouvoir, fut un triomphe. Le succès de la pièce, jamais démenti, a peut-être finalement porté préjudice à l'ensemble de l'œuvre d'Anouilh, que l'on a souvent réduit à la seule ***Antigone***.

L'amertume des *Pièces grinçantes*

Roméo et Jeannette (1946) fut la première de ses pièces jouée par Michel Bouquet, qui lui resta toujours fidèle, interprétant ***Pauvre Bitos***, ***Le Boulanger, la Boulangère et le Petit***

Mitron. Dès 1947, avec ***L'Invitation au château***, le ton d'Anouilh changea. Son théâtre devint plus stylisé, plus mordant. L'épuration l'avait marqué ; on lui reprocha ses succès sous l'occupation allemande : il prit alors parti pour ceux qui acceptent les souillures de la vie, contre les idéalistes généreux qui étaient au centre de ses œuvres antérieures. Ses premières pièces avaient été publiées sous les titres génériques de ***Pièces roses*** et ***Pièces noires***. Par la suite, les ***Pièces brillantes*** et les ***Pièces grinçantes*** dominèrent : ***Ardèle ou la Marguerite*** (1948), ***La Répétition ou l'Amour puni*** (montée par Jean-Louis Barrault en 1950, au théâtre Marigny, variation sur *La Double Inconstance* de Marivaux), ***Colombe*** (1951), ***La Valse des toréadors*** (1952). Le ton était plus amer, reflet du vécu de l'auteur et de son sentiment du caractère inévitable des compromissions. Avec ***L'Alouette*** (1952), où il mettait en scène Jeanne d'Arc, il inaugura les ***Pièces costumées***. ***Ornifle ou le Courant d'air*** (1955) donnait un grand rôle à Pierre Brasseur : avec cette pièce, Anouilh écrivit son propre *Don Juan*. ***Pauvre Bitos ou le Dîner de têtes*** (1956), satire violente des idéalismes qui avaient conduit aux excès de l'épuration, fit scandale. Suivirent ***L'Hurluberlu ou le Réactionnaire amoureux*** (1959), ***La Petite Molière*** (Compagnie Renaud-Barrault, au théâtre de l'Odéon, en 1959) et, surtout, ***Becket ou l'Honneur de Dieu*** (1959), pièce historique, drame de l'amitié et du devoir, où Anouilh rivalisait avec Shakespeare. Avec ***La Grotte*** (1961), tentative pirandellienne de « *théâtre dans le théâtre* », il connut un échec public et se tourna alors vers la mise en scène.

De la mise en scène au cinéma

Déjà, il avait milité pour une reconnaissance du jeune théâtre, écrivant sur *En attendant Godot* de Beckett (qu'il fut l'un des rares à défendre alors) et *Les Chaises* de Ionesco. Il monta alors Vitrac (*Victor ou les Enfants au pouvoir*, 1962, qu'il fit redécouvrir), Shakespeare (*Richard III*, 1964), Kleist (*La Petite Catherine de Heilbronn*, 1967). Il traduisit Graham Greene (*L'Amant complaisant*, 1962). Quand il revint à son propre théâtre, il se mit en scène lui-même, avec la collaboration de Roland Piétri. Jean-Denis Malclès signa tous ses décors.

Entre son « retour », avec ***Le Boulanger, la Boulangère et le Petit Mitron*** (1968), et sa dernière pièce, ***Le Nombril*** (1981, avec Bernard Blier), une quinzaine de pièces, rassemblées en 3 volumes de ***Pièces baroques***, ***Pièces secrètes***, ***Pièces farceuses***, se succédèrent, parmi les plus importantes, même si leur succès public fut contesté par une certaine critique qui trouvait le théâtre d'Anouilh insuffisamment d'avant-garde. ***Cher Antoine ou l'Amour raté*** (1969), qui offrit son dernier rôle à Françoise Rosay, était une belle pièce autobiographique, réflexion sur le théâtre, sur la vie et la mort, à laquelle fit écho ***Ne réveillez pas Madame*** (1970). Dans ***Les Poissons rouges ou Mon père ce héros*** (1970) et ***Le Directeur de l'Opéra*** (1972), Anouilh continua à régler de vieux comptes et se fit de plus en plus misanthrope et grinçant. ***Tu étais si gentil quand tu étais petit*** (1972) constituait une dernière variation sur un mythe antique, celui des Atrides.

Anouilh ne cessa pas non plus d'écrire pour le cinéma, rédigeant des scénarios et des dialogues, notamment de ***Vous n'avez rien à déclarer ?*** (1936, de Léo Joannon), interprété par Pierre Brasseur, Raimu, Pauline Carton ; ***Pattes blanches*** (1949), un des grands films de Jean Grémillon, avec Michel Bouquet ; ***La Ronde*** (1950) et ***Madame de...*** (1953) de Max Ophüls ; ***Le Jeune Homme et le Lion*** (1976), destiné à la télévision, réalisé par Jean Delannoy et interprété par Georges Wilson : dans cette histoire d'amitié avec pour héros Charlemagne, il retrouva la gravité de son ***Becket***. Il réalisa lui-même deux films, ***Le Voyageur sans bagage*** (1943, d'après sa pièce) et ***Deux sous de violette*** (scénario original, 1951).

Intéressé par toutes les formes d'expression théâtrale, Anouilh travailla aussi pour le café-théâtre : ***Monsieur Barnett*** (1974, création originale), ***L'Orchestre*** (reprise au café-théâtre en 1972 d'une de ses pièces les plus méchantes, qui datait de 1963). En 1975, ***L'Arrestation***, œuvre grave, très autobiographique, qui jouait de façon très subtile avec la chronologie, fut un échec. La critique, depuis longtemps, ne regardait plus de près les pièces d'Anouilh, se contentant de le cataloguer parmi les auteurs « de droite » et « démodés ». Ses dernières œuvres — ***Le Scénario***, ***Chers Zoiseaux*** (1976), ***Vive Henri IV*** (1977), ***La Culotte*** (1978) et ***Le Nombril*** (1981) — furent les ultimes variations, un peu désuètes, sur les thèmes devenus traditionnels de l'auteur.

Il publia, en 1987, un livre de souvenirs et d'anecdotes, ***La vicomtesse d'Eristal n'a pas reçu son balai mécanique***.

À sa mort, de nombreux comédiens rendirent hommage à Anouilh. C'est pour eux qu'il écrivait, en homme de métier pour qui écriture et représentation étaient indissociables.

Une écriture virtuose

Le théâtre d'Anouilh est avant tout celui d'un grand technicien qui a parfaitement assimilé les leçons de ses maîtres, ce qui lui permet de pousser assez loin les innovations formelles. Sa langue, pleine de souplesse, qui, parfois, ne se refuse pas les mots d'auteur, comme des clins d'œil à un théâtre passé qu'il savait apprécier, est avant tout faite pour être dite : « *Nous avons tous une fois une chance d'amour, il faut l'accrocher, cette chance, quand elle passe, et construire son amour humblement, impitoyablement, même si chaque pierre en est une année ou un crime* » (***L'Hermine***, acte I) ; « *Chaque volupté, chaque dévouement, chaque enthousiasme nous abrège* » (*ibid.*, acte III) ; « *Chacun de nous a un jour, plus ou moins triste, plus ou moins lointain, où il doit enfin accepter d'être un homme* » ***(Antigone)*** ; « *Mourir, ce n'est rien. Commence donc par vivre. C'est moins drôle et c'est plus long* » (***Roméo et Jeannette***, acte III).
Adepte de la réplique brève et cinglante, Anouilh ne dédaigne pas non plus le lyrisme et l'emphase de la tirade, comme dans les célèbres variations d'Antigone sur le bonheur, face à Créon :

> « *Quel sera-t-il, mon bonheur ? Quelle femme heureuse deviendra-t-elle, la petite Antigone ? Quelles pauvretés faudra-t-il qu'elle fasse elle aussi, jour par jour, pour arracher avec ses dents son petit lambeau de bonheur ? Dites, à qui devra-t-elle mentir, à qui sourire, à qui se vendre ? Qui devra-t-elle laisser mourir en détournant le regard ?* [...]
> *Non, je ne me tairai pas ! Je veux savoir comment je m'y prendrai, moi aussi, pour être heureuse. Tout de suite, puisque c'est tout de suite qu'il faut choisir. Vous dites que c'est si beau la vie. Je veux savoir comment je m'y prendrai pour vivre.* [...]
> *Vous me dégoûtez tous avec votre bonheur ! Avec votre vie qu'il faut aimer coûte que coûte. On dirait des chiens qui lèchent tout ce qu'ils trouvent. Et cette petite chance pour tous les jours, si on n'est pas trop exigeant. Moi, je veux tout, tout de suite, — et que ce soit entier — ou alors je refuse ! Je ne veux pas être modeste, moi, et me contenter d'un petit morceau si j'ai été bien sage. Je veux être sûre de tout aujourd'hui et que cela soit aussi beau que quand j'étais petite — ou mourir.* »

Les grands acteurs ne s'y sont pas trompés qui, presque tous, un jour ou l'autre, ont accepté un rôle dans une de ses pièces.

Une œuvre controversée

La critique, aveuglée par des partis pris politiques, n'a pas toujours compris ou voulu comprendre Anouilh : considéré par Brasillach, à ses débuts, comme un jeune gauchiste, il a vu ses dernières pièces méprisées, tenues pour les vestiges d'un théâtre « bourgeois » suranné. Malgré le succès de la pièce, on lui reprocha longtemps la longue tirade « collaborationniste » de Créon, « *hors de lui* », dans ***Antigone*** : « *Mais, bon Dieu ! Essaie de comprendre une minute, toi aussi, petite idiote ! J'ai bien essayé de te comprendre, moi. Il faut pourtant qu'il y en ait qui disent oui. Il faut pourtant qu'il y en ait qui mènent la barque. Cela prend l'eau de toutes parts, c'est plein de crimes, de bêtise, de misère... Et le gouvernail est là qui ballotte. L'équipage ne veut plus rien faire, il ne pense qu'à piller la cale et les officiers sont déjà en train de se construire un petit radeau confortable, rien que pour eux, avec toute la provision d'eau douce pour tirer au moins leurs os de là. Et le mât craque, et le vent siffle, et les voiles vont se déchirer, et toutes ces brutes vont crever toutes ensemble, parce qu'elles ne pensent qu'à leur peau, à leur précieuse peau et à leurs petites affaires. Crois-tu, alors, qu'on a le temps de faire le raffiné, de savoir s'il faut dire "oui" ou "non", de se demander s'il ne faudra pas payer trop cher un jour et si on pourra encore être un homme après ? On prend le bout de bois, on redresse devant la montagne d'eau, on gueule un ordre et on tire dans le tas, sur le premier qui s'avance. Dans le tas ! Cela n'a pas de nom. C'est comme la vague qui vient de s'abattre sur le pont devant vous ; le vent qui vous gifle, et la chose qui tombe dans le groupe n'a pas de nom. C'était peut-être celui qui t'avait donné du feu en souriant la veille. Il n'a plus de nom. Et toi non plus, tu n'as plus de nom, cramponné à la barre. Il n'y a plus que le bateau qui ait un nom et la tempête. Est-ce que tu le comprends, cela ?* »
Pourtant, dans les années cinquante, ses pièces imposèrent, en même temps qu'une exceptionnelle virtuosité, un ton original qu'Anouilh lui-même a appelé un « *comique grinçant* ». En fait, celui que Jacques Brenner définit comme un « *boulevardier d'avant-garde* » (*Histoire de la littérature française de 1940 à nos jours*, 1978) fut avant tout un anar-

chiste, qui fustigeait avec virulence l'hypocrisie bourgeoise — et, d'ailleurs, refusa, malgré de pressantes sollicitations, de se porter candidat à l'Académie française. Comme Labiche, Anouilh dissimula mal, sous les dehors d'un scepticisme amusé, un pessimisme profond. Son théâtre, qu'on ne saurait, sans injustice, réduire à son ***Antigone*** — même s'il s'agit de sa pièce la plus jouée —, reste à redécouvrir.

ŒUVRE

Antigone

Tragédie en prose, en un acte, créée le 4 février 1944, dans une mise en scène d'André Barsacq, au théâtre de l'Atelier, à Paris. Publiée à part en 1946 aux éditions de la Table ronde, elle figure dans les ***Nouvelles Pièces noires*** parues la même année.

De la pièce de Sophocle, Anouilh a conservé le Prologue et le Chœur, mais il a supprimé le personnage de Tirésias, le devin, afin de camper un tragique quotidien et sécularisé. Le ton est donné dès le ***Prologue***, incarné dans un acteur (*« Le Prologue se détache et s'avance »*), qui présente tous les personnages réunis sur la scène — Antigone, *« la maigre jeune fille noiraude et renfermée »* ; sa sœur Ismène ; son fiancé Hémon, fils de Créon, *« son oncle, qui est le roi »* ; la nourrice en train de tricoter ; et les gardes, *« les trois hommes rougeauds qui jouent aux cartes, leur chapeau sur la nuque »* —, rappelant brièvement les données du mythe grec. L'action commence alors, telle une immense machine dont les rouages se déclenchent et vont vers la mort, ce qui fait dire au Chœur : *« Et voilà. Maintenant le ressort est bandé. Cela n'a plus qu'à se dérouler tout seul. C'est cela qui est commode dans la tragédie. »* Face à la démission des adultes, la détermination farouche de la jeune Antigone à couvrir par deux fois de terre le corps du défunt Polynice, avec une pelle d'enfant, est un outrage à la loi de Thèbes. La confrontation de l'adolescente révoltée et de l'homme de pouvoir — lequel multiplie les tentatives pour sauver sa nièce — occupe la place centrale de cette tragédie : « CRÉON. *Tu penses bien que je l'aurais fait enterrer, ton frère, ne fût-ce que pour l'hygiène ! Mais pour que les brutes que je gouverne comprennent, il faut que cela pue le cadavre de Polynice dans toute la ville, pendant un mois.* ANTIGONE. *Vous êtes odieux !* CRÉON. *Oui, mon petit. C'est le métier qui le veut.* » À bout d'arguments, et Antigone persistant à vouloir être bel et bien punie pour son crime, Créon lui révèle l'égale ignominie de ses deux frères : *« Étéocle, ce prix de vertu, ne valait pas plus cher que Polynice. [...] Nous avions affaire à deux larrons en foire qui se trompaient l'un l'autre en nous trompant et qui se sont égorgés comme deux petits voyous qu'ils étaient, pour un règlement de comptes... Seulement, il s'est trouvé que j'ai eu besoin de faire un héros de l'un d'eux. »* Révélation qui est près de faire entendre raison à Antigone, lorsque Créon conclut son triomphe par une réflexion sur le bonheur : *« Rien n'est vrai que ce qu'on ne dit pas... [...] Tu vas me mépriser encore, mais de découvrir cela, tu verras, c'est la consolation dérisoire de vieillir, la vie, ce n'est peut-être tout de même que le bonheur. »* Mot de trop, goutte d'eau qui fait déborder l'impatience d'Antigone, revenue à son insolente obstination. Perdant patience, Créon appelle ses gardes. Ni les plaintes d'Ismène face à sa sœur, ni celles d'Hémon face à son père, ni celles du Chœur face au roi ne modifient le dénouement tragique : condamnée à être enterrée vivante, Antigone, sans attendre d'être recouverte, se pend ; Hémon se suicide — de même que sa mère Eurydice. Ne restent que Créon, avec son page, et les gardes : *« Eux, tout ça, cela leur est égal ; c'est pas leurs oignons. Ils continuent à jouer aux cartes... »*

L'écriture « politico-sociale » d'Anouilh le conduit à attribuer à chaque personnage le langage de sa condition ; ainsi, les gardes, fonctionnaires zélés, ne parlent que d'avancement : *« Moi, je suis "service". Je ne connais que ce qui est commandé. Mes supérieurs ils disent toujours : "Avec Jonas, on est tranquille" »*, déclare l'un d'eux à Créon. Même lors du dénouement, et alors qu'Antigone évoque son imminente exécution, se demandant si *« on a mal pour mourir »*, un garde lui répond : *« Je ne peux pas vous dire. Pendant la guerre, ceux qui étaient touchés au ventre, ils avaient mal. Moi, je n'ai jamais été blessé. Et, d'un sens, ça m'a nui pour l'avancement. »* Décalage qui est celui de l'humour noir, *« grinçant »*, caractéristique de l'écriture d'Anouilh.

La pièce fut créée dans une France occupée, où l'insoumission de la jeune fille qui *« dit non »* contre la raison d'État incarnée par Créon prenait toute sa valeur subversive. Dans sa préface aux *Tragédies* de Sophocle (1973), Pierre Vidal-Naquet voyait dans le Créon imaginé par Anouilh un second Pierre Laval. Depuis, indépendamment du contexte politique et historique de l'œuvre, des générations d'adolescents ont fait leur l'exigence de bonheur immédiat d'Antigone : « *Oui, j'aime Hémon. J'aime un Hémon dur et jeune ; un Hémon exigeant et fidèle, comme moi. Mais si votre vie, votre bonheur doivent passer sur lui avec leur usure, si Hémon ne doit plus pâlir quand je pâlis, s'il ne doit plus me croire morte quand je suis en retard de cinq minutes, s'il ne doit plus se sentir seul au monde et me détester quand je ris sans qu'il sache pourquoi, s'il doit devenir près de moi le monsieur Hémon, s'il doit apprendre à dire "oui", lui aussi, alors je n'aime plus Hémon !* »

CITATIONS

Comprendre ; toujours comprendre. Moi, je ne veux pas comprendre.

Antigone, in *Nouvelles Pièces noires*.

C'est bon pour les hommes de croire aux idées et de mourir pour elles.

Antigone, in *Nouvelles Pièces noires*.

C'est plein de disputes, un bonheur.

Antigone, in *Nouvelles Pièces noires*.

C'est propre, la tragédie. C'est reposant, c'est sûr... Dans le drame, avec ces traîtres, avec ces méchants acharnés, cette innocence persécutée, ces vengeurs, ces terre-neuve, ces lueurs d'espoir, cela devient épouvantable de mourir, comme un accident. [...] Dans la tragédie, on est tranquille. D'abord, on est entre soi. On est tous innocents, en somme !

Antigone, in *Nouvelles Pièces noires*.

Chacun de nous a un jour, plus ou moins triste, plus ou moins lointain, où il doit enfin accepter d'être un homme.

Antigone, in *Nouvelles Pièces noires*.

Mourir, ce n'est rien. Commence donc par vivre. C'est moins drôle et c'est plus long.

Roméo et Jeannette, III, in *Nouvelles Pièces noires*.

La mort ne fait jamais mal. La mort est douce... Ce qui fait souffrir avec certains poisons, certaines blessures maladroites, c'est la vie. C'est le reste de vie. Il faut se confier franchement à la mort comme une amie.

Eurydice, I, in *Pièces noires*.

Il ne faut pas croire exagérément au bonheur. Surtout quand on est de la bonne race. On ne se ménage que des déceptions.

Eurydice, II, in *Pièces noires*.

Vous êtes tous les mêmes. Vous avez soif d'éternité et dès le premier baiser vous êtes verts d'épouvante parce que vous sentez obscurément que cela ne pourra pas durer. Les serments sont vite épuisés. Alors vous vous bâtissez des maisons, parce que les pierres, elles, durent ; vous faites un enfant, comme d'autres les égorgeaient autrefois, pour rester aimés. Vous misez allégrement le bonheur de cette petite recrue innocente dans ce combat douteux sur ce qu'il y a de plus fragile au monde, sur votre amour d'homme et de femme... Et cela se dissout, cela s'effrite, cela se brise tout de même comme pour ceux qui n'avaient rien juré.

Eurydice, III, in *Pièces noires*.

Faire l'amour avec une femme qui ne vous plaît pas, c'est aussi triste que de travailler.

L'Hermine, I, in *Pièces noires*.

Je sais de quelles petitesses meurent les plus grandes amours.

L'Hermine, II, in *Pièces noires*.

On ne s'aime jamais comme dans les histoires, tout nus et pour toujours. S'aimer, c'est lutter constamment contre des milliers de forces cachées qui viennent de vous ou du monde. Contre d'autres hommes, contre d'autres femmes.

L'Hermine, II, in *Pièces noires*.

J'aurai beau tricher et fermer les yeux de toutes mes forces... Il y aura toujours un chien perdu quelque part qui m'empêchera d'être heureuse.

La Sauvage, III, in *Pièces noires*.

Nous voulons tous louer à l'année et nous ne pouvons jamais louer que pour une semaine ou pour un jour. C'est l'image de la vie.

Le Rendez-vous de Senlis, I, in *Pièces roses*.

JUGEMENTS

« Comme Giraudoux, Anouilh est [...] *un poète du théâtre parce qu'il échappe toujours au réalisme : ses pièces sont un travestissement fantaisiste ou burlesque de la réalité. Il n'utilise de sentiments vrais que transposés dans un registre dramatique violent. En grand créateur de tout un univers dramatique, il ne cesse d'inventer des situations surprenantes et des personnages comme on ne risque guère d'en rencontrer d'aussi fortement typés dans la vie quotidienne. Et il réussit ainsi des chefs-d'œuvre comme* Cher Antoine (1969) *sur la difficulté d'être heureux en amour. Nous l'avons appelé boulevardier d'avant-garde. C'est lui qui s'appelle parfois boulevardier, et même "vieux boulevardier honteux" (il est né en 1910), peut-être parce qu'il connaît toutes les ficelles du métier. Nous avons ajouté "d'avant-garde" pour indiquer que la part d'aventure est aussi importante chez lui que celle de la tradition. Il possède à la fois les ficelles et le génie de l'art dramatique. Un professionnel inspiré. »*

Jacques Brenner, *Histoire de la littérature française de 1940 à nos jours*, Fayard, 1978.

« Qu'a donc pu inventer Anouilh pour blesser à la fois tant de gens ¿ [...] *Qu'a-t-il pu écrire cette fois-ci qui a fait hurler la meute si fort que je l'ai entendue de Malagar ¿ »*

François Mauriac, *Journal*, 19 octobre 1956, in *Mémoires intérieurs*, Flammarion, 1959.

« Anouilh a une incontestable habileté de dramaturge et atteint parfois la puissance : son registre ne manque pas d'ampleur, puisqu'il va du romantisme de L'Hermine, *sa première pièce, au réalisme inquiétant du* Voyageur sans bagage *et au réalisme mythique d'*Antigone *; du pessimisme moral des* Pièces noires *à la fantaisie des* Pièces roses, *dont se détache le charmant* Bal des voleurs. *»*

Gaëtan Picon, *Panorama de la nouvelle littérature française*, Gallimard, 1960.

BIBLIOGRAPHIE

Éditions

L'ensemble des œuvres d'Anouilh ont été publiées aux éditions de La Table ronde.

Études

B. Beugnot, *Les Critiques de notre temps et Anouilh*, Garnier, 1977.

É. de Comminges, *Anouilh. Littérature et Politique*, Nizet, 1977.

M. Cornud-Peyron, *Mireille Cornud-Peyron commente « Le Voyageur sans bagage » et « Le Bal des voleurs » de Jean Anouilh*, « Foliothèque », Gallimard, 1993.

J. Harvey, *Jean Anouilh, a study in Theatries*, PUF, 1964.

R. Juan, *Le Thème de l'évasion dans le théâtre de Jean Anouilh*, Nizet, 1993.

R. de Luppé, *Jean Anouilh*, Éd. Universitaires, 1960.

Th. Malachy, *Jean Anouilh : les Problèmes de l'existence dans un théâtre de marionnettes*, Nizet, 1978.

Chr. Mercier, *Pour saluer Jean Anouilh*, Bartillat, 1996.

P. Vandromme, *Jean Anouilh, un auteur et ses personnages* [avec un recueil des rares textes « théoriques » d'Anouilh], La Table ronde, 1965.

J. Vier, *Le Théâtre de Jean Anouilh*, CDU/SEDES, 1976.

APOLLINAIRE

Guillaume APOLLINAIRE
De son vrai nom, Wilhelm Apollinaris de KOSTROWITZKY
Rome (Italie) 1880 – Paris 1918

« [...] *pour moi il y avait alors* [en 1915] *un homme dont le génie poétique m'éclipsait tous les autres, faisait à tout instant point de mire : c'était Guillaume Apollinaire.* [...] *C'était un très grand personnage, en tout cas comme je n'en ai plus vu depuis. Assez hagard, il est vrai. Le lyrisme en personne.* »
André BRETON, *Entretiens (1913-1952)*, Gallimard, 1952.

« [...] *Apollinaire. Non, ce n'est pas un grand poète. C'est un poète mineur. Il a du charme, de l'émotion, du pittoresque, une certaine étrangeté, un vagabondage très coloré, de l'esprit, un grand don d'évocation, mais sa poésie se borne à lui-même.* »
Paul LÉAUTAUD, *Journal littéraire*, 1er février 1944, Mercure de France, rééd. 1986.

Une existence fulgurante

« *Ton père fut un sphinx et ta mère une nuit* »

Ce vers tiré du ***Larron*** (in *Alcools*) résume assez bien les circonstances, pour le moins compliquées, de la naissance — et de la reconnaissance officielle — du futur Apollinaire. Cinq jours après sa venue au monde — la déclaration porte la date du 26 août 1880 —, l'enfant, dont la mère désirait conserver l'anonymat, fut enregistré à l'état civil par une sage-femme, sous le nom de Dulcigni, et les prénoms de Guglielmo Alberto. Le 29 septembre, il fut baptisé avec les prénoms latins de Guillelmus Apollinaris Albertus. En novembre, sa mère reconnut ce fils naturel devant notaire : l'acte notarié lui conféra l'identité de Guglielmo Alberto Wladimir Alexander Apollinaris de Kostrowitzky — le prénom Apollinaris semble avoir été choisi par référence au grand-père maternel polonais de l'enfant, que ses proches appelaient Wilhelm.

Wilhelm de Kostrowitzky savait qu'il était né à Rome, de père inconnu, et que sa mère, Angelica de Kostrowitzky, fille d'un camérier du pape, était d'origine italienne et russo-polonaise. L'ignorance dans laquelle fut tenu l'enfant de la véritable identité de son père — un aristocrate italien, Francesco Flugi d'Aspermont, selon Pierre-Marcel Adéma — et l'amplification de quelques bribes d'un antique passé slave formaient des conditions favorables à une angoisse que transfigurèrent, plus tard, le rire et l'imagination. La société n'était pas tendre, à l'époque, pour les « bâtards », encore moins lorsqu'ils avaient pour mère une femme qui ne devait ses ressources qu'à ses charmes — comme le prouvent les registres de police de Monaco. Cette origine romanesque ne cessa de susciter, chez le poète, des scénarios mythiques de la naissance, et un processus d'identification à des personnages héroïques, mi-dieux, mi-hommes, comme si la figure absente du père ne pouvait être que divine. Ainsi, dans ***Le Poète assassiné***, Apollinaire donna-t-il à son héros, Croniamantal, un père réel — le musicien ambulant Viersélin Tigoboth — et un père putatif — le baron François des Ygrées (« *baronnie postiche au demeurant* ») : la mère, Macarée, qui « *avait gagné beaucoup d'argent au baccarat* », y mourait en lui donnant le jour, après un périple qui l'avait menée de Spa à Paris, de Rome à Munich (*Monaco* en italien) et La Napoule.

De la Côte d'Azur aux Ardennes : une adolescence contrastée

Les années d'apprentissage d'Apollinaire furent marquées par la conversion à la langue française, la découverte de la Méditerranée et l'émergence d'une vocation littéraire. Angélique échoua à Monaco avec ses deux fils — Albert, de père également inconnu, était né deux ans après Wilhelm. Probablement protégée par la famille de son séducteur, elle inscrivit Wilhelm et son frère comme pensionnaires au collège catholique Saint-Charles. Excellent élève, régulièrement primé, l'aîné poursuivit ses études à Cannes en 1896 puis à Nice en 1897, sans pourtant obtenir le baccalauréat. Ses yeux d'enfant puis d'adolescent découvrirent un paysage qui resta associé, dans son imagination, à une constellation « *angélique* ». À l'école, il apprit le latin et le grec, découvrit la culture classique pour laquelle il marqua toujours une prédilection. Mais il aimait aussi les contes merveilleux du Moyen Âge et, peu à peu, il dévora tout : l'ancien et le nouveau, comme les poètes contemporains ignorés dans l'enseignement. C'est alors qu'il se donna le pseudonyme de Guillaume Macabre. À la fin de l'adolescence, en pleine affaire Dreyfus, il était anarchiste et athée. L'enfant voué à la Vierge, que sa mère n'habillait « *que de bleu et de blanc* » (***Zone***, in ***Alcools***), n'était plus catholique pratiquant.

Celle qui se faisait appeler Olga de Kostrowitzky depuis 1887 « émigra » à Paris — où elle se fit appeler Olga Karpoff — en

1899, après un bref passage à Aix-les-Bains et à Lyon. Amateur de jeux de hasard, elle décida de passer l'été à Spa, dans l'Ardenne belge. Les deux fils furent relégués à Stavelot, petite bourgade où l'on parlait encore le wallon. Ces trois mois furent décisifs pour la vocation poétique de celui qui signait déjà Guillaume Apollinaire les manuscrits de ses premiers poèmes — dont certains, avec d'autres, écrits ailleurs qu'à Stavelot, furent publiés, en 1901, dans *La Grande France*. Les paysages ardennais sont peuplés de légendes : les fagnes, l'Eau rouge, les pouhons, l'Amblève qui roule des perles sont à la fois vrais et imaginaires. Pour créer, il fallut toujours au poète ce contact direct avec le réel, joint à l'impression que ce dernier est insaisissable, hors de portée, déjà disparu. Apollinaire tomba amoureux de la fille d'un cafetier de Stavelot, Maria Dubois — première déception amoureuse dont témoignèrent ***Mareï***, dans ***Le Guetteur mélancolique*** mais aussi certains des ***Poèmes inédits***, comme *Mareye*.

À Stavelot, Apollinaire se mit à réécrire l'histoire d'un autre enfant sans père, un fils du diable, Merlin l'Enchanteur, après que celui-ci eut été enserré puis enterré vivant par Viviane, la Dame du lac : il ne publia ***L'Enchanteur pourrissant*** (d'abord paru dans *Le Festin d'Ésope*, en 1904) sous sa forme définitive qu'en 1909, grâce au marchand de tableaux Henry Kahnweiler, avec des gravures sur bois de Derain, après lui avoir ajouté *in extremis* un de ses textes les plus audacieux, ***Onirocritique***. Saturé de références, ce texte, manifestement inspiré de *La Tentation de saint Antoine*, formait la matrice de l'œuvre à venir : le poète y célébrait une cérémonie infernale en pratiquant l'inversion des valeurs traditionnelles — principe ironique qui domina sa création.

Paris 1900 : les débuts du journaliste

À l'aube du 5 octobre 1899, les deux frères quittèrent « *à la cloche de bois* », sur l'ordre de leur mère, la pension Constant de Stavelot. Lorsque Apollinaire revint à Paris, il dut gagner sa vie. Étranger, il ne pouvait songer à un emploi de fonctionnaire. La nécessité financière fut donc à l'origine de travaux « alimentaires » : il fut tour à tour « nègre » d'un feuilletoniste, commis aux écritures chez un remisier, employé de banque, rédacteur d'un périodique financier, pigiste (notamment à l'hebdomadaire *Je dis tout* et, à la fin de sa vie, à *Paris-Midi*, à *Excelsior*, à *L'Europe nouvelle*), animateur de collections érotiques comme « Les Maîtres de l'amour » ou « Le Coffret du bibliophile », dans lesquelles il publia les œuvres de Sade et préfaça plusieurs volumes — préfaces réunies sous le titre ***Les Diables amoureux*** (posth., 1964). Parallèlement, Apollinaire multiplia les contributions à des revues fondées ou animées par lui, avec l'aide d'amis — André Salmon, André Billy, André Tudesq, et surtout René Dupuy, dit René Dalize, l'ami d'enfance qui mourut au front — et de mécènes : ***Le Festin d'Ésope, revue des belles-lettres*** (9 numéros entre nov. 1903 et août 1904) — publication à laquelle collabora notamment Jarry —, ***La Revue immoraliste***, devenue ***Les Lettres modernes*** (2 numéros en 1905), et enfin, en 1912, ***Les Soirées de Paris***, mensuel dont le dernier numéro parut en juillet-août 1914. Apollinaire collabora aussi, entre autres, à *La Plume*, à *La Revue blanche*, à *Vers et Prose*, à *La Phalange*, au *Mercure de France*, et tint même, en 1909, sous le pseudonyme de Louise Lalanne, une rubrique sur la littérature féminine dans *Les Marges* : il poussa la supercherie jusqu'à faire croire à l'existence d'une poète portant ce nom, et la revue mit fin au canular en annonçant que sa collaboratrice avait été « *enlevée par un officier de cavalerie* » (janv. 1910) ! Ces publications lui offraient à la fois un espace de création et une occasion perpétuelle d'échanges : à Paris, les soirées littéraires de *La Plume*, dans un café de la place Saint-Michel, en 1903, ou celles organisées pour les rédacteurs des *Soirées de Paris* à Montparnasse, en 1913, fournirent à Apollinaire l'aliment de critiques littéraires et artistiques qui constituent une documentation exceptionnelle sur ces lieux essentiels de la vie littéraire du début du siècle : c'est le cas, en particulier, du ***Flâneur des deux rives*** (posth., 1919), recueil presque entièrement composé de chroniques parues dans *Le Mercure de France* sous le titre ***La Vie anecdotique***.

Annie, Marie, Lou, Madeleine, Jacqueline : les multiples visages de la femme aimée

En 1913, Apollinaire confiait à Henri Martineau : « *Je crois n'avoir point imité, car chacun de mes poèmes est la commémoration d'un événement de ma vie, et le plus souvent il s'agit de tristesse, mais j'ai des joies aussi que je chante.* » Ces événements — les « *merveilleuses rencontres de ma vie* » (***Il pleut***, in ***Ondes***, in ***Calligrammes***) — sont liés aux émotions fortes ressenties par le poète, celles de l'amour et celles de l'art.

Aux premières amours — Mareye, Linda Molina (la sœur d'un ami, en 1901) ou Yvonne (une voisine de palier, en 1903 — mais rencontrée dès l'année précédente) —, qui suscitèrent toutes des poèmes, succédèrent les grandes passions. En 1901, Apollinaire trouva un emploi de précepteur au service de la vicomtesse Elinor de Milhau, qui l'emmena sur les bords du Rhin. Il y rencontra la gouvernante anglaise de son élève Gabrielle, la belle Annie Playden. Celle-ci — non sans coquetterie, semble-t-il — se déroba à ses avances insistantes : Apollinaire poursuivit Annie jusqu'en Angleterre à deux reprises, et la jeune fille finit par émigrer aux États-Unis. Au printemps 1902, le jeune précepteur accomplit un voyage en Europe centrale. Dès 1903, un an après son retour de Rhénanie, Apollinaire écrivit la plupart des 59 quintils octosyllabiques (60 en comptant celui de l'épigraphe) de ***La Chanson du Mal-Aimé***, répartie en 7 séquences alternativement non titrées et composées en italique, et titrées et composées en romain : « *Un soir de demi-brume à Londres* » (14 quintils), ***Aubade chantée à Lætare un an passé*** (3 quintils), « *Beaucoup de ces dieux ont péri* » (6 quintils), ***Réponse des Cosaques Zaporogues au sultan de Constantinople*** (3 quintils), « *Voie lactée ô sœur lumineuse* » [1] (15 quintils), ***Les Sept Épées*** (7 quintils), « *Voie lactée ô sœur lumineuse* » [2] (11 quintils). Elle parut en 1909 dans le *Mercure de France* grâce à Léautaud (dédicataire du poème), avant d'être reprise au début d'***Alcools*** — après ***Zone*** et ***Le Pont Mirabeau*** —, avec notamment un célèbre *incipit* :

Un soir de demi-brume à Londres
Un voyou qui ressemblait à
Mon amour vint à ma rencontre
Et le regard qu'il me jeta
Me fit baisser les yeux de honte

[...]

Mon beau navire ô ma mémoire
Avons-nous assez navigué
Dans une onde mauvaise à boire
Avons-nous assez divagué
De la belle aube au triste soir

(***La Chanson du Mal-Aimé***, vv. 1 à 5 et 51 à 55, in ***Alcools***)

Le poème comportait, en guise d'épigraphe, ce 60e quintil :

Et je chantais cette romance
En 1903 sans savoir
Que mon amour à la semblance
Du beau Phénix s'il meurt un soir
Le matin voit sa renaissance

(***La Chanson du Mal-Aimé***, in ***Alcools***)

L'amour, pour Apollinaire, se vivait sur le mode du désir et surtout du regret. Comme à Stavelot, le paysage rhénan fut indissociable de ce choc émotif. D'autres légendes romantiques et populaires proposaient au poète un canevas à la fois visuel et littéraire qui appelait à de nouvelles broderies : certaines des ***Rhénanes*** furent intégrées plus tard dans ***Alcools*** (1913), la plupart des autres furent reprises sous le même titre, par Robert Mallet et Bernard Poissonnier, dans le recueil ***Le Guetteur mélancolique*** (posth., 1952), d'autres figurant également dans ***Il y a*** :

Le Rhin le Rhin est ivre où les vignes se mirent
Tout l'or des nuits tombe en tremblant s'y refléter
La voix chante toujours à en râle-mourir
Ces fées aux cheveux verts qui incantent l'été

Mon verre s'est brisé comme un éclat de rire

(***Nuit rhénane***, in ***Rhénanes***, in ***Alcools***)

Le mai le joli mai en barque sur le Rhin
Des dames regardaient du haut de la montagne
Vous êtes si jolies mais la barque s'éloigne
Qui donc a fait pleurer les saules riverains

(***Mai***, in ***Rhénanes***, in ***Alcools***)

Souvent, les poèmes d'Apollinaire paraissaient séparément en revue, de même d'ailleurs que ses récits. Il regroupa certains de ces derniers d'abord dans ***L'Hérésiarque et Cie*** en 1910 (recueil de contes — qui manqua de peu le prix Goncourt), puis dans ***Le Poète assassiné*** en 1916, dont la trame, unique en apparence, résulte d'une sorte de « collage » de textes antérieurs. Entre-temps, au printemps 1913, il publia ***Alcools***, son premier recueil majeur.

Apollinaire aima d'autres femmes qu'Annie Playden. La peintre Marie Laurencin, rencontrée en 1907, lui inspira ses plus beaux poèmes de « fin d'amour », ***Marie***, ***Le Pont Mirabeau***, ***Zone*** (1912, date de leur rupture) :

Vous y dansiez petite fille
Y danserez-vous mère-grand
C'est la maclotte qui sautille
Toutes les cloches sonneront
Quand donc reviendrez-vous Marie

(***Marie***, vv. 1 à 5, in ***Alcools***)

Sous le Pont Mirabeau coule la Seine
Et nos amours
Faut-il qu'il m'en souvienne
La joie venait toujours après la peine

Vienne la nuit sonne l'heure
Les jours s'en vont je demeure

[...]

L'amour s'en va comme cette eau courante
L'amour s'en va
Comme la vie est lente
Et comme l'Espérance est violente

Vienne la nuit sonne l'heure
Les jours s'en vont je demeure

Passent les jours et passent les semaines
Ni temps passé
Ni les amours reviennent
Sous le Pont Mirabeau coule la Seine

Vienne la nuit sonne l'heure
Les jours s'en vont je demeure

(***Le Pont Mirabeau***, vv. 1 à 6 et 13 à 24, in ***Alcools***)

Louise de Coligny-Châtillon, qu'il rencontra à Nice en septembre 1914 pour une brève mais intense liaison (fin 1914-début 1915), fut l'inspiratrice des ***Lettres à Lou*** (posth., 1969), d'une saisissante spontanéité : « *Je t'adore, mon p'tit Lou, toi qui fais l'amour avec l'ingénuité de saint François d'Assise parlant aux oiseaux* » (16 mai 1915). Le recueil comprenait en outre les ***Poèmes à Lou***, qui comptent parmi les plus violemment et superbement lyriques d'Apollinaire :

Si je mourais là-bas sur le front de l'armée
Tu pleurerais un jour ô Lou ma bien-aimée
Et puis mon souvenir s'éteindrait comme meurt
Un obus éclatant sur le front de l'armée
Un bel obus semblable aux mimosas en fleur

[...]

Souvenir oublié vivant dans toutes choses
Je rougirais le bout de tes jolis seins roses
Je rougirais ta bouche et tes cheveux sanglants
Tu ne vieillirais point toutes ces belles choses
Rajeuniraient toujours pour leurs destins galants

Le fatal giclement de mon sang sur le monde
Donnerait au soleil plus de vive clarté
Aux fleurs plus de couleur plus de vitesse à l'onde
Un amour inouï descendrait sur le monde
L'amant serait plus fort dans ton corps écarté

Lou si je meurs là-bas souvenir qu'on oublie
— Souviens-t'en quelquefois aux instants de folie
De jeunesse et d'amour et d'éclatante ardeur —
Mon sang c'est la fontaine ardente du bonheur
Et sois la plus heureuse étant la plus jolie

Ô mon unique amour et ma grande folie

(***Si je mourais là-bas...***, vv. 1 à 5 et 11 à 26, in ***Poèmes à Lou***)

En guise de *post-scriptum*, le poème comporte cet acrostiche :

L *a nuit descend*
O *n y pressent*
U *n long un long destin de sang*

Apollinaire fut encore, l'espace de quelques mois, fiancé à Madeleine Pagès, une jeune Niçoise enseignant à Oran, entrevue quelques heures dans le train, entre Nice et Marseille, en janvier 1915 :

Et cette petite voyageuse alerte inclina
brusquement la tête sur le quai de la gare à Marseille
Et s'en alla
Sans savoir
Que son souvenir planerait
Sur un petit bois de la Champagne où un soldat s'efforce
Devant le feu d'un bivouac d'évoquer cette apparition

(***L'Inscription anglaise***, in ***Lueurs des tirs***, in ***Calligrammes***)

Il composa pour elle une douzaine de poèmes recueillis pour certains — avec d'importantes modifications — dans ***Calligrammes***, et, pour la plupart, dans le volume ***Tendre comme le souvenir*** (posth., 1952), rassemblant en outre l'abondante correspondance qu'il lui adressa du front — l'intégralité des poèmes qu'elle lui inspira fut publiée sous le titre ***Poèmes à Madeleine*** (in ***Œuvres poétiques***, posth., 1956).

Jacqueline Kolb enfin, l'infirmière qui le soigna lors de sa congestion pulmonaire au début de 1918, alias « *Ruby* » et « *la Jolie Rousse* » de ***Calligrammes***, devint son épouse en mai 1918, quelques mois avant la mort du poète.

Au demeurant, d'une amoureuse à l'autre, Apollinaire n'hésita pas à recourir à une manière poétique absolument similaire. Ainsi de l'anaphore « *Il y a* » — qui servit de titre au premier recueil posthume du poète —, célébrant respectivement Lou puis Madeleine, durant la même année 1915 (l'une en avril, l'autre en septembre) :

Il y a des petits ponts épatants
Il y a mon cœur qui bat pour toi
Il y a une femme triste sur la route
[...]
Il y a mes yeux qui cherchent ton image

[...]
Il y a un poète qui rêve au p'tit Lou

Il y a un p'tit Lou exquis dans ce grand
Paris
[...]
Il y a mon amour
Il y a toute la vie
Je t'adore
(***Il y a***, in ***Poèmes à Lou***, XXXI)

Il y a un vaisseau qui a emporté ma
bien-aimée
Il y a dans le ciel six saucisses et la nuit
venant on dirait des asticots dont naîtraient
les étoiles
Il y a un sous-marin ennemi qui en voulait
à mon amour
[...]
Il y a que je languis après une lettre qui
tarde
Il y a dans mon porte-cartes plusieurs
photos de mon amour
(***Il y a***, in ***Obus couleur de lune***,
in ***Calligrammes***)

Le découvreur de l'art moderne

Cette vie amoureuse intense — à laquelle il faudrait ajouter mainte brève rencontre que laissent supposer les carnets et journaux intimes que l'on commence à connaître — fut pourtant loin de remplir la vie d'Apollinaire. Dès son arrivée à Paris, celui-ci avait eu un flair et une intuition admirables pour entrer en contact avec presque tous les esprits novateurs de l'époque. Il rencontra ainsi, au fil des ans, Max Jacob, Jules Romains, Marinetti, Cendrars, Albert-Birot (le directeur de la revue *SIC*), Tzara. Peu avant sa mort, il connut Breton et Soupault. Surtout, Apollinaire fut un grand ami des peintres, de Matisse à Van Dongen, de Braque à Derain, de Vlaminck au Douanier Rousseau, de Delaunay à Léger et Picabia, et un amateur passionné de leur art. Dès 1904, il rencontra Picasso, qui devint son ami, et il fréquentait les hauts lieux de l'avant-garde picturale, *Le Bateau-Lavoir*, *La Ruche*. Responsable de la chronique artistique de *L'Intransigeant* à partir de 1910, il avait publié, en 1913, ***Les Peintres cubistes. Méditations esthétiques***, ouvrage dans lequel il prenait la défense des tendances les plus nouvelles de la peinture : on constate aujourd'hui qu'aucun des artistes dont il dressait alors le portrait n'est tombé dans l'oubli. Ses amitiés lui valurent parfois de mémorables mésaventures : ainsi, ayant hébergé un jeune aventurier belge, Géry Piéret, qui avait dérobé des statuettes au musée du Louvre — épisode qui coïncidait avec l'affaire du vol de *La Joconde* —, Apollinaire avait été accusé de recel et emprisonné quelques jours à la Santé, en septembre 1911. Mais ni les aléas d'une existence plus que fournie ni ses nombreux voyages en Europe n'entravèrent la genèse d'une œuvre abondante et variée.

« *Une étoile de sang me couronne à jamais* »

La guerre surprit le poète à Deauville, où il se trouvait en reportage pour le quotidien *Comœdia*, avec son ami Rouveyre. Dès août 1914, Apollinaire résolut de s'engager, mais en fut, dans un premier temps, administrativement empêché : il passa l'automne chez des amis, à Nice, où il rencontra « *Lou* ». D'abord méprisante pour l'amour qu'il lui déclarait, elle le suivit en décembre à Nîmes, quand Apollinaire put rejoindre son régiment. La liaison tourna court dès le mois suivant. Artilleur, puis sous-lieutenant dans l'infanterie, il participa aux batailles les plus meurtrières en Champagne. Sans s'en être jamais réjoui, Apollinaire trouva néanmoins, dans cette expérience de la guerre, de quoi combler un sens du réel, dont son imagination se nourrissait en partie ; il y avait là du jamais vu, du neuf, de l'inouï :

Le ciel est étoilé par les obus des Boches
La forêt merveilleuse où je vis donne un bal
La mitrailleuse joue un air à triples-croches
Mais avez-vous le mot
Eh ! oui le mot fatal
Aux créneaux Aux créneaux Laissez là les
pioches

Comme un astre éperdu qui cherche ses
saisons
Cœur obus éclaté tu sifflais ta romance
Et tes mille soleils ont vidé les caissons
Que les dieux de mes yeux remplissent en
silence
(***La Nuit d'avril 1915***, vv. 1 à 10,
in ***Case d'Armons***, in ***Calligrammes***)

Gazé à plusieurs reprises, Apollinaire fut blessé à la tête en mars 1916 et trépané :

Une belle Minerve est l'enfant de ma tête
Une étoile de sang me couronne à jamais
(***Tristesse d'une étoile***, vv. 1-2,
in ***La Tête étoilée***, in ***Calligrammes***)

Pourtant, il n'interrompit presque pas ses activités, et parvint même à faire représenter, en pleine guerre, ***Les Mamelles de Tirésias***, un « *drame surréaliste en deux actes et un prologue* » dont il avait eu le projet dès 1903, avec un décor cubiste, des dialogues saugrenus, un sujet ambigu : un mari fait des enfants à la place de sa femme. Apollinaire obtint (24 juin 1917) le chahut escompté, dans une parfaite tradition « jarryque » : Breton raconta, dans *Les Pas perdus*, comment Jacques Vaché

« était entré dans la salle revolver au poing et [...] parlait de tirer à balles sur le public ». Muté aux services de la Censure militaire — paradoxale et savoureuse coïncidence ! — le lendemain de cette représentation houleuse, Apollinaire fit paraître, en novembre 1917, les 6 très brefs poèmes non titrés — composés respectivement de 2, 3, 2, 3, 2 et 5 quatrains octosyllabiques — de ***Vitam impendere amori*** (avec des dessins d'André Rouveyre), dont le dernier commence et s'achève ainsi :

Ô ma jeunesse abandonnée
Comme une guirlande fanée
Voici que s'en vient la saison
Et des dédains et du soupçon
[...]
Ô ma jeunesse abandonnée
Comme une guirlande fanée
Voici que s'en vient la saison
Des regrets et de la raison
(Vitam impendere amori)

Puis Apollinaire fut détaché au ministère des Colonies, en avril 1918, juste avant la parution de ***Calligrammes***, son second recueil majeur. Mais, malgré les soins reçus, la santé d'Apollinaire restait fragile. Il fut atteint, pendant l'hiver de 1917-1918, d'une congestion pulmonaire, aggravée par le mauvais état de ses bronches, avant d'être emporté par la grippe espagnole, le 9 novembre 1918 — l'avant-veille de l'armistice ponctuant une guerre qu'il avait si souverainement transfigurée et par laquelle lui-même avait été, au propre comme au figuré, si radicalement transfiguré. Il aurait dit, au moment de mourir : *« Je veux vivre. Je veux vivre. J'ai tant de choses à faire ! »* Moins d'un an plus tard moururent, à quelques mois d'intervalle, la mère et le frère du poète.

Peut-être sa disparition prématurée empêcha-t-elle Apollinaire de donner libre cours à l'une des seules veines qu'il n'ait pratiquement pas cultivées, celle de romancier. Le manuscrit de son premier essai, ***La Gloire de l'olive***, avait été, prétendait-il, égaré dans un train en 1901. Mais, outre ses deux récits érotiques anonymes, ***Les Exploits d'un jeune don Juan*** et ***Les Onze Mille Verges ou les Amours d'un hospodar*** (1907), il avait publié, dans la collection de « L'Histoire romanesque », ***La Fin de Babylone*** (1914) et ***Les Trois Don Juan*** (1915). En 1917, il écrivit le scénario d'un *« cinéma-drame »*, en collaboration avec André Billy, ***La Bréhatine***, et un court synopsis, ***C'est un oiseau qui vient de France*** : signes de l'intérêt du poète pour le septième art naissant, qu'il définissait comme *« un art d'où peut naître une sorte de sentiment épique [...], l'épopée véritable étant celle que l'on récitait au peuple assemblé, et rien n'est plus près du peuple que le cinéma »* (interview donnée à la revue *SIC*, 1916). Durant l'été 1918, il travaillait à plusieurs projets de romans : ***L'Abbé Maricotte***, où il s'attachait, selon Michel Décaudin, *« avec sérieux, voire gravité, au thème de l'incarnation perpétuelle »* (Apollinaire, ***Œuvres en prose***, I, « Pléiade », Gallimard, 1977), ***La Femme blanche des Hohenzollern*** (posth., 1977) ou encore ***Les Clowns d'Elvire ou les Caprices de Bellone***, dont le texte fut intégré à ***La Femme assise*** (posth., 1920), série de chroniques autour d'un curieux épisode mormon. En 1918, il travaillait aussi à un opéra bouffe en 3 actes, ***Casanova***, divertissement sur le thème de la métamorphose, inspiré par une conversation avec Diaghilev et Satie, et qui fut mis en musique par Henry Defosse, le chef d'orchestre des Ballets Russes. Au moment de sa mort, on répétait au conservatoire Renée-Maubel sa pièce ***Couleur du temps*** (créée le 24 nov. 1918), une sorte d'oratorio en vers.

Au total, 4 recueils poétiques furent publiés de son vivant : ***Le Bestiaire ou Cortège d'Orphée***, plaquette de 30 poèmes courts (25 quatrains, 2 sizains, 3 quintils) illustrés chacun par une gravure sur bois de Raoul Dufy (1911), ***Alcools*** (1913), ***Vitam impendere amori*** (1917) et ***Calligrammes*** (1918).

THÉORIE LITTÉRAIRE

Apollinaire annonçait, à bien des égards, le surréalisme, en particulier par un certain goût de la provocation : dans sa conférence sur *« l'esprit nouveau »* (lue par Pierre Bertin au Vieux-Colombier, le 26 novembre 1917, et publiée sous le titre ***L'Esprit nouveau et les Poètes*** par les éditions du Mercure de France en 1918 — Le Corbusier, avec Ozenfant et Paul Dermée, reprit ce titre pour sa revue *L'Esprit nouveau*, deux ans plus tard), il formula une véritable esthétique de la surprise, *« le grand ressort nouveau »* — que confirmèrent tels vers, non dépourvus d'ironie : *On veut de nouveaux sons de nouveaux sons de nouveaux sons / On veut des consonnes sans voyelles / Des consonnes qui pètent sourdement* (***La Victoire***, in ***La Tête étoilée***, in ***Calligrammes***). Surprise qu'il ne ménagea pas à son public : le nationalisme affiché dans la conférence, qui exaltait les vertus françaises *(« Il n'y a guère de poètes aujourd'hui que de langue française »)* et *« l'art national »*, ainsi que les réticences formulées à l'égard des *« surenchères futuristes, italienne et russe, filles excessives de l'esprit nouveau »*, créèrent, chez les auditeurs et les lecteurs — qui, sans doute, attendaient d'Apollinaire des déclarations plus iconoclastes —, une certaine déception. Sur le dernier point, le poète ne faisait pourtant que confirmer des prises de position antérieures : si son manifeste de ***L'Antitradition futuriste*** s'était fait l'écho, en 1913 — mais de façon d'ailleurs ambiguë et parodique —, des thèses de Marinetti, Apollinaire déclarait dès février 1914 : « *Les mots en liberté* [...] *amènent un renouvellement de la description et à ce titre ils ont de l'importance, ils amènent également un retour offensif de la description et ainsi ils sont didactiques et antilyriques* » (« Nos amis les futuristes », in *Les Soirées de Paris*).

Peu prodigue en textes théoriques et guère soucieux de rallier — encore moins de fonder — une école (« *Je suis d'une époque où mes camarades et moi nous n'aimions point nous ranger ni à la suite de quelqu'un ni en groupes arrivistes* », « Simultanisme-Librettisme », in *Les Soirées de Paris*, juin 1914), Apollinaire a pourtant résumé dans ***L'Esprit nouveau [...]*** l'essentiel de son art poétique. Après avoir rappelé les vertus de l'esprit classique (un « *solide bon sens, un esprit critique assuré, des vues d'ensemble sur l'univers* [...] *et le sens du devoir* ») et la richesse de l'héritage romantique *(« exalter la vie sous quelque forme qu'elle se présente »)*, il définit l'« *esprit nouveau* » comme la quête, dans tous les domaines, de « *la vérité* ». Les recherches formelles, comme les « *artifices typographiques* », l'exploration de tous les espaces humains liés aux inventions et aux découvertes modernes — aviation *(« Les airs se peuplent d'oiseaux étrangement humains... »)*, radiographie *(« J'ai vu, moi vivant, mon crâne... »)*, structure de la matière (« *Les savants scrutent sans cesse de nouveaux univers qui se découvrent à chaque carrefour de la matière* [...]. *Il y a mille et mille combinaisons naturelles qui n'ont jamais été composées* »), notamment — traduisent une extension sans précédent du domaine poétique : « *On peut prévoir le jour où le phonographe et le cinéma étant devenus les seules formes d'impression en usage, les poètes auront une liberté inconnue jusqu'à présent.* » Ces derniers doivent donc chercher « *les joies nouvelles qui jalonnent les énormes espaces imaginatifs* » désormais ouverts : « *chefs d'un orchestre d'une étendue inouïe* », ils auront dorénavant à leur disposition « *le monde entier, ses rumeurs et ses apparences, la pensée et le langage humain, le chant, la danse, tous les arts et tous les artifices, plus de mirages encore que ceux que pouvait faire surgir Morgane sur le mont Gibel* ». La formule plaisait décidément à Apollinaire, qui l'avait déjà utilisée dans le ***Prologue*** des ***Mamelles de Tirésias*** pour vanter *le grand déploiement de notre art moderne / Mariant souvent sans lien apparent comme dans la vie / Les sons les gestes les couleurs les cris les bruits*.

Les idées développées dans ***L'Esprit nouveau [...]*** témoignent de l'enthousiasme d'Apollinaire pour les possibilités créatrices des poètes, qu'il évoqua dans des formules demeurées célèbres : « *On peut partir d'un fait quotidien : un mouchoir qui tombe peut être pour le poète le levier avec lequel il soulèvera tout un univers.* » Cette liberté totale de l'imagination doit permettre, en particulier, de ne plus exclure le rire, qui s'est élevé, « *depuis Alfred Jarry* [...], *des basses régions où il se tordait* [pour] *fournir au poète un lyrisme tout neuf* ».

Toutefois, si « *poésie et création ne sont qu'une même chose* » à ses yeux, cela implique « *de revenir à la nature même, mais sans l'imiter à la manière des photographes* » (***Préface*** aux ***Mamelles de Tirésias***). C'est la source du « *surréalisme* » tel qu'Apollinaire — le premier à utiliser le terme, dans un sens assez différent de l'acception qui lui fut donnée ensuite — le concevait : « *Quand l'homme a voulu imiter la marche, il a créé la roue qui ne ressemble pas à la jambe. Il a fait ainsi du surréalisme sans le savoir* » *(ibid.)*. Rien ne lui paraissait plus haïssable que le « *trompe-l'œil* », « *la couleur locale de convention* » *(ibid.)*, « *le naturalisme* » et « *le symbolisme* » qui s'en tiennent « *à la représentation de natures mortes* » (interview donnée à *La Publicidad*, juil. 1918). En ce début du XXe siècle, la plate imitation de la réalité constituait plus que jamais pour les arts un danger mortel, puisque « *les comédiens, les virtuoses, les orchestres, les peintres qui se contentent de copier la nature peuvent être avantageusement remplacés par le phonographe, le cinématographe et la photographie* » : il s'agit « *d'exprimer le sublime qui échappe aux arts industrialisés* » (« La loi de Renaissance », in *La Démocratie sociale*, juil. 1912).

Loin de suivre le progrès scientifique, le poète doit donc le précéder par la puissance de son imagination : « *Les fables s'étant pour la plupart réalisées et au-delà, c'est au poète d'en imaginer de nouvelles que les inventeurs puissent à leur tour réaliser* »

(L'Esprit nouveau [...]). C'est en s'acquittant de « *ces tâches prophétiques* » *(ibid.)* qu'il remplira véritablement ce qu'il faut bien appeler une mission : *Voici s'élever les prophètes / Comme au loin les collines bleues / Ils sauront des choses précises / Comme croient savoir les savants / Et nous transporteront partout* (***Les Collines***, in ***Ondes***, in ***Calligrammes***). C'est aussi à cette condition qu'il pourra espérer conserver une sorte d'innocence perceptive, qui détermine la possibilité même de l'émotion : *Nous n'aimons pas assez la joie / De voir les belles choses neuves / Ô mon amie hâte-toi / Crains qu'un jour un train ne t'émeuve / Plus* (***La Victoire***, in ***La Tête étoilée***, in ***Calligrammes***).

THÉORIE LITTÉRAIRE

La mort d'Apollinaire laissait de nombreux poèmes inédits ou non repris en recueils, qui firent l'objet de publications posthumes, tels ***Il y a*** (anthologie réunie par Jean Royère, 1925), ***Ombre de mon amour*** (1948 — il s'agit des poèmes contenus dans la correspondance avec Louise de Coligny, et donc de la première mise en forme des ***Poèmes à Lou***) ou ***Le Guetteur mélancolique*** (1952). Le volume des ***Œuvres poétiques*** de la « Bibliothèque de la Pléiade » (Gallimard, 1956) permit de découvrir encore de nombreux inédits, les ***Poèmes retrouvés*** et les ***Poèmes inédits***. Quant à la correspondance d'Apollinaire, elle compte, à l'heure actuelle, près de 2 000 lettres recensées.
La voix d'Apollinaire perpétuait, au début du XXe siècle, la grande veine lyrico-élégiaque de la poésie française. Chantre de l'amour malheureux et du temps qui passe — thèmes dont son plus célèbre poème, ***Le Pont Mirabeau*** (1912), reste l'emblème —, Apollinaire est le frère de Villon. Mais sa vie au tournant du siècle, en pleine éclosion du monde industriel, plaça son œuvre sous le signe d'une disponibilité perpétuelle à l'aventure de la parole poétique, dont les fondements traditionnels furent irrémédiablement ébranlés.

Un « *nouveau lyrisme* »

Les premiers lecteurs d'Apollinaire eurent tendance à opposer prose et poésie : la première serait davantage tournée vers le monde extérieur ; la seconde, plus introvertie. L'aspect narratif des contes qui mettent en scène des personnages pittoresques, étranges, auxquels surviennent des aventures extravagantes ou merveilleuses, confirme, à première vue, cette opposition. En réalité, on peut aussi identifier, dans ces récits, des scénarios fantasmatiques qui mettent en représentation les obsessions, les angoisses du poète : fausseté des apparences, méprise généralisée, fantasme d'éternité, culpabilité... La matière des contes est la même que celle des poèmes. Mais le narrateur multiplie les écrans, démystifie, simule un théâtre burlesque d'où jaillit un rire libérateur.
Toutes les expériences humaines d'Apollinaire (naissance mystérieuse, absence du père, précarité de l'étranger dans la société française, amours déçues, guerre) sont présentes dans son œuvre, mais jamais sous la forme d'une transposition directe. Si la grande majorité de ses poèmes et de ses récits est écrite à la 1re personne du singulier, le « *je* » est toujours l'autre, le poète *enfin détaché / De toutes choses naturelles* (***Les Collines***, in ***Ondes***, in ***Calligrammes***), celui qui a mis entre lui et les autres la distance d'un regard venu des étoiles :

> *Oiseau tranquille au vol inverse oiseau*
> *Qui nidifie en l'air*
> *À la limite où notre sol brille déjà*
> *Baisse ta deuxième paupière la terre t'éblouit*
> *Quand tu lèves la tête*
>
> (***Cortège***, 1912, in ***Alcools***)

Ce qui rend sa poésie envoûtante, c'est le sentiment, qu'elle donne sans cesse, d'une puissance en péril, d'un pouvoir prêt à s'effondrer. C'est là son pathétique propre :

> *Mais riez riez de moi*
> *Hommes de partout surtout gens d'ici*
> *Car il y a tant de choses que je n'ose vous dire*
> *Tant de choses que vous ne me laisseriez pas dire*
> *Ayez pitié de moi*
>
> (***La Jolie Rousse***, in ***La Tête étoilée***, in ***Calligrammes***)

On a parfois reproché au poète-soldat d'avoir « *chanté la guerre* ». Nombres d'exégètes se sont même employés à nier dans ses vers l'existence d'un lyrisme de la guerre, par crainte sans doute que ce constat ne fût assimilé à l'affirmation d'un bellicisme d'Apollinaire. Tout au plus pourrait-on s'étonner qu'il ait pu chanter « à » la guerre, car ses poèmes ne sont nullement bellicistes — même ceux dont le titre pourrait laisser croire le contraire, comme ***Merveille de la guerre*** (poème liminaire de la section ***Obus couleur de lune***, in ***Calligrammes***) :

> *Que c'est beau ces fusées qui illuminent la nuit*
> *Elles montent sur leur propre cime et se penchent pour regarder*

Ce sont des dames qui dansent avec leurs
regards pour yeux bras et cœurs

[...]

Comme c'est beau toutes ces fusées
Mais ce serait bien plus beau s'il y en avait
plus encore
S'il y en avait des millions qui auraient un
sens complet et relatif comme les lettres d'un
livre
Pourtant c'est aussi beau que si la vie même
sortait des mourants

(**Merveille de la guerre**, in **Obus couleur de lune**, in **Calligrammes**)

On peut, à ce sujet, se ranger à l'analyse de Pascal Pia — prenant d'ailleurs appui sur ces mêmes vers : « *De sa montée en ligne jusqu'au jour de sa blessure, il semble* [...] *qu'Apollinaire n'ait que par exception fait paraître une humeur morose. Peut-être même a-t-il été, parmi la foule des combattants, le seul poète qui, sous le bombardement, ait eu le cœur de chanter le spectacle ; le seul à qui le danger ait imprimé une exaltation non pas guerrière ni chauvine, mais dionysiaque* » (*Apollinaire*, Seuil, 1954). Fidèle aux lois de sa création, Apollinaire tenta d'accomplir les gestes du magicien et de métamorphoser l'horreur des tranchées en un opéra fabuleux et douloureux :

Feu d'artifice en acier
Qu'il est charmant cet éclairage
Artifice d'artificier
Mêler quelque grâce au courage

(**Fête**, in **Case d'Armons**, in **Calligrammes**)

Aux yeux du poète, « *l'effroyable lutte* » (**La Jolie Rousse**, in **La Tête étoilée**, in **Calligrammes**) — qu'il ne s'agissait pas d'exalter mais qui métamorphosa son inspiration — devait, sans nul doute, déboucher sur un âge nouveau de l'humanité :

Nuit du 24 septembre
Demain l'assaut
Nuit violente ô nuit dont l'épouvantable cri
profond
devenait plus intense de minute en minute
Nuit qui criait comme une femme qui
accouche
Nuit des hommes seulement

(**Désir**, in **Lueurs des tirs**, in **Calligrammes**)

Et l'expérience de la guerre laissait place à l'un de ces

[...] *étranges domaines*
Où le mystère en fleurs s'offre à qui veut le
cueillir
Il y a là des feux nouveaux des couleurs
jamais vues
Mille phantasmes impondérables
Auxquels il faut donner de la réalité

(**La Jolie Rousse**, in **La Tête étoilée**, in **Calligrammes**)

La volonté d'Apollinaire d'« *explorer la bonté contrée énorme où tout se tait* » (**La Jolie Rousse**), de « *remplacer ce pessimisme vieux de plus d'un siècle / Ce qui est bien ancien pour une chose aussi ennuyeuse* » (**Prologue** des **Mamelles de Tirésias**), fut parfois comprise comme un soutien donné à l'ordre social — ne vantait-il pas, dans la même pièce, les mérites de la natalité ? — ou comme une concession excessive au culte de la forme. Pourtant, la recherche d'un « *art qui n'est pas le naturalisme photographique uniquement et qui cependant soit la nature* [...], *cette nature aux merveilles insoupçonnées, impondérables, impitoyables et joyeuses* » correspond à la définition même de l'« *orphisme* », ou « *surnaturalisme* », qui consiste à « *réagir contre le pessimisme,* [...] *exalter l'homme, et non pas le diminuer, le déprimer, le démoraliser. Il faut qu'il jouisse de tout, même de ses souffrances* » (entretien donné au *Pays*, juin 1917). C'est le même idéal d'une poésie inspirée par le réel qu'exprime la strophe fameuse des **Collines** :

C'est de souffrance et de bonté
Que sera faite la beauté
Plus parfaite que n'était celle
Qui venait des proportions
Il neige et je brûle et je tremble

(**Les Collines**, vv. 171 à 175, in **Ondes**, in **Calligrammes**)

La poésie d'Apollinaire emprunte volontiers à la chanson populaire une simplicité apparente de l'expression :

C'est le printemps viens-t'en Pâquette
Te promener au bois joli

(**Aubade chantée à Lætare l'an passé**, vv. 1-2, in **La Chanson du Mal-Aimé**, in **Alcools**)

Mais cette sobriété de moyens peut être trompeuse : le style d'Apollinaire conjugue la puissance des mots — en particulier le « *calembour créateur* » (Marie-Jeanne Durry) — et des images, identifications soudaines comme le fameux *Soleil cou coupé* qui termine **Zone**, ou comparaisons vertigineuses comme dans **Les Colchiques**.
Apollinaire utilise aussi les ressources visuelles et rythmiques de la poésie, lorsqu'il « détraque » volontairement les modèles, casse un alexandrin, déboîte un vers, maquille un sonnet. Pour lui, « *toutes les formes sont bonnes. Le vers peut être libre, régulier, libéré,*

calligrammatique » (entretien donné au *Pays*, 24 juin 1917).
Ses innovations les plus spectaculaires ne sont pas nombreuses, mais elles sont fondamentales et eurent une influence capitale sur la poésie française du XXe siècle. Au total, toute la poésie d'Apollinaire illustre la formule célèbre du poème ***La Victoire***, qui devint l'un des *credo* du surréalisme :

Ô bouches l'homme est à la recherche d'un nouveau langage
Auquel le grammairien d'aucune langue n'aura rien à dire
(***La Victoire***, in ***La Tête étoilée***, in ***Calligrammes***)

Il y eut d'abord ce grand geste symbolique qui consista à balayer d'un coup, à la veille de sa publication, toute la ponctuation d'***Alcools***. Cette suppression ne signifiait pas l'absence de pauses ou de changements de ton, elle était moins souvent qu'on ne l'a dit source d'ambiguïtés sémantiques et de cette polysémie si chère à la modernité. Elle était avant tout la prise de conscience du caractère visuel du poème, des barrières et des *impedimenta* créés par ces petits parasites des mots que sont les points et les virgules. Paradoxalement, le souffle et la diction s'en trouvaient valorisés, le fleuve des mots, même canalisé par la strophe, coulait sans entraves, le dernier vers n'avait plus de fin. Cette innovation fut adoptée par la plupart des poètes du XXe siècle.
En décembre 1913 parut, dans *Les Soirées de Paris*, le poème ***Lundi rue Christine*** (repris in ***Calligrammes***) :

Trois becs de gaz allumés
La patronne est poitrinaire
Quand tu auras fini nous jouerons une partie de jacquet
Un chef d'orchestre qui a mal à la gorge

Quand tu viendras à Tunis je te ferai fumer du kief

Ça a l'air de rimer
(***Lundi rue Christine***, in ***Ondes***, in ***Calligrammes***)

Apollinaire venait d'inventer le « *poème-conversation* » — à moins qu'on ne considère un autre poème, légèrement antérieur, ***Les Fenêtres***, comme le premier du genre :

Le pauvre jeune homme se mouchait dans sa cravate blanche
Tu soulèveras le rideau
Et maintenant voilà que s'ouvre la fenêtre
(***Les Fenêtres***, in ***Ondes***, in ***Calligrammes***)

L'audace consistait ici à ne plus assumer la parole poétique, mais à la déléguer au monde extérieur. Le poète se contentait d'« enregistrer » — ou faisait semblant de le faire. Le prélèvement d'un fragment du réel formait à lui seul un acte poétique. On est très proche ici des *ready-made* inaugurés la même année (1913) par Marcel Duchamp, manifestation à la fois de la « crise de l'objet » et des limites de l'art.
Autre exemple de « modernisation », sinon d'innovation — on trouvait déjà des monostiches chez Laforgue —, réduire un poème à un seul vers (en l'occurrence, un alexandrin) :

Et l'unique cordeau des trompettes marines
(***Chantre***, in ***Alcools***)

Autre coup de force : les calligrammes, ces poèmes dont les vers sont disposés de façon à former un dessin évoquant le même objet que le texte et reproduisant ici une étoile, une cravate, une montre, une harpe, etc. Le premier « *idéogramme lyrique* » parut en juin 1914 dans *Les Soirées de Paris*. Mais l'émergence des ressources visuelles de l'écriture n'est pas le fait du seul Apollinaire : l'art de l'affiche, le « *coup de dés* » mallarméen — d'ailleurs passé inaperçu avant sa résurrection par Thibaudet en 1913 —, les recherches des futuristes italiens et l'antique tradition du poème figuré l'avaient précédé. Il n'empêche que ces compositions calligrammatiques, d'une part, échappaient à une réduction à des modèles antérieurs par leur facture et leur fonctionnement, et, d'autre part répondaient, juste au bon moment, à la prépondérance des arts visuels qui envahirent ensuite le XXe siècle.

Une notoriété universelle

En dépit de certaines apparences qui lui valurent de son vivant une réputation de joyeux drille et de farceur (supercherie à propos de Louise Lalanne, événements liés à l'épisode du vol de *La Joconde*, chahut des ***Mamelles de Tirésias***, banquets littéraires bruyants et ébruités), cette quête perpétuelle de la nouveauté, qui fit d'Apollinaire une figure majeure de l'avant-garde, n'était pour lui ni surenchère, ni snobisme :

Je sais d'ancien et de nouveau autant qu'un homme seul pourrait des deux savoir
[...]
Soyez indulgents quand vous nous comparez
À ceux qui furent la perfection de l'ordre
Nous qui quêtons partout l'aventure
(***La Jolie Rousse***, in ***La Tête étoilée***, in ***Calligrammes***)

Sa position n'était donc pas révolutionnaire au sens de la « table rase ». Apollinaire s'abstint de prendre parti dans *cette longue querelle de la tradition et de l'invention / De l'Ordre et de l'Aventure (ibid.)* et prit, dans ***La Victoire***, en 1917, ses distances par rapport au dadaïsme — ce qui lui valut, juste après sa mort, les seules réticences du surréalisme naissant : « *Nous n'aimons ni l'art ni les artistes (à bas Apollinaire)* », s'exclama Jacques Vaché dans ses *Lettres de guerre* (1919).

Alcools fut néanmoins accueilli assez fraîchement par la critique. ***Calligrammes*** suscita des comptes rendus cruels. Duhamel vit dans la diversité érudite des sources du poète le fait d'un « *brocanteur hétéroclite* »; Léautaud, si décisif pour la publication de ***La Chanson du Mal-Aimé***, fut longtemps très élogieux, avant d'exprimer des réserves à l'encontre d'un poète trop égocentré, dont la « *poésie se borne à lui-même* ». Mais les jeunes poètes, dans leur grande majorité, ne s'y trompèrent pas : Cocteau, Cendrars, Reverdy, Aragon, Soupault reconnurent en Apollinaire un inspirateur, un magicien. « *L'avoir connu passera pour un rare bienfait* », déclara Breton dès 1917 (« Guillaume Apollinaire », in *Les Pas perdus*).

Le conte du ***Poète assassiné*** s'ouvre sur une phrase devenue célèbre : « *La gloire de Croniamantal est aujourd'hui universelle.* » L'œuvre de Croniamantal-Apollinaire a conquis en effet une place de tout premier plan dans la littérature mondiale.

ŒUVRES

Alcools

Recueil de 50 poèmes titrés mais non numérotés — 71 en comptant individuellement chacun des poèmes composant des regroupements : les 7 séquences (dont 3 titrées) de ***La Chanson du Mal-Aimé***, les 3 du ***Brasier***, les 9 (toutes titrées) de ***Rhénanes***, les 9 des ***Fiançailles***, les 6 (numérotées mais non titrées) de ***À la Santé*** —, publié aux éditions du Mercure de France, à Paris, le 20 avril 1913.

Alcools se présente d'abord comme une somme poétique disparate dont le lecteur ne saisit d'emblée que quelques unités : ***Rhénanes***, ***Les Fiançailles***, ***À la Santé***, ou bien les longs poèmes comme ***Zone***, pièce liminaire du recueil, et ***La Chanson du Mal-Aimé***, formée de 59 quintils d'octosyllabes répartis en 7 séquences. Différentes factures ne cessent de s'entrechoquer : une manière ancienne, de forme traditionnelle — par exemple, les quatrains d'alexandrins —, chargée de symboles et d'une érudition parfois absconse ; à côté, un chant limpide et comme naïf ; puis une prose découpée en vers, un poème en vers libres. Bref, toute la gamme des possibilités offertes par la versification au début du siècle. Les sujets et les tons ne sont pas moins divers : l'amour perdu, la fuite du temps, la mélancolie, grands thèmes lyriques et romantiques, alternent avec des poèmes parodiques, pittoresques. L'élégiaque et le scatologique ne s'excluent pas. Au-delà des différences formelles, on entend cependant une unité mélodique, sensible surtout à la finale du vers qui préserve la rime ou l'assonance jusque dans les vers libres de ***Zone*** : *À la fin tu es las de ce monde ancien // Bergère ô tour Eiffel le troupeau des ponts bêle ce matin // Tu en as assez de vivre dans l'antiquité grecque et romaine // Ici même les automobiles ont l'air d'être anciennes /*[...]*// Tu as fait de douloureux et de joyeux voyages / Avant de t'apercevoir du mensonge et de l'âge / Tu as souffert de l'amour à vingt et à trente ans / J'ai vécu comme un fou et j'ai perdu mon temps / Tu n'oses plus regarder tes mains et à tous moments je voudrais sangloter / Sur toi sur celle que j'aime sur tout ce qui t'a épouvanté //*[...]*// Adieu Adieu // Soleil cou coupé*. Le poète procède à un subtil dérèglement des *topoi*, comme dans ***Les Colchiques***, variation sur le thème du regard qui tue : *Le pré est vénéneux mais joli en automne / Les vaches y paissant / Lentement s'empoisonnent / Le colchique couleur de cerne et de lilas / Y fleurit tes yeux sont comme cette fleur-là / Violâtres comme leur cerne et comme cet automne / Et ma vie pour tes yeux lentement s'empoisonne*. Enfin, dans ses poèmes les plus ambitieux, le créateur se met en scène comme un démiurge animé d'une force dionysiaque et prométhéenne. Celle-ci pourrait être l'allégorie du pouvoir total que s'attribue le poète moderne : non plus de reproduire le réel, mais de produire du sens.

La plupart des poèmes d'***Alcools*** ont été d'abord publiés dans des revues — les plus anciens dès 1901 —, sous une forme quelquefois différente. ***Zone*** — dont un vers éclaire le titre du recueil : *Et tu bois cet alcool brûlant comme ta vie / Ta vie que tu bois comme une eau-de-vie* — est le dernier à avoir été écrit, en 1912. ***À la Santé*** fut composé pendant la brève incarcération d'Apollinaire à la suite des événements liés à l'épisode du vol de *La Joconde* au musée du Louvre : *Que lentement passent les heures / Comme passe un enterrement / / Tu pleureras* *l'heure où tu pleures / Qui passera trop vitement / Comme passent toutes les heures* (***À la Santé***, V). C'est seulement sur les épreuves que le poète supprima toute la ponctuation.

Alcools est l'ouvrage le plus célèbre d'Apollinaire. ***Le Pont Mirabeau***, ***La Chanson du Mal-Aimé*** sont unanimement reconnus comme faisant partie des plus grands poèmes de la langue française. Les éléments de modernité présents dans le recueil (déconstruction du réel par la technique simultanéiste, sensibilité au caractère visuel du poème, déponctuation libératrice, ruptures avec la lisibilité — dans la lignée de Rimbaud) ont eu une influence majeure sur toute la poésie du XXe siècle.

Calligrammes

Recueil poétique sous-titré ***Poèmes de la paix et de la guerre (1913-1916)***, divisé en 6 sections non numérotées — ***Ondes***, ***Étendards***, ***Case d'Armons***, ***Lueurs des tirs***, ***Obus couleur de lune***, ***La Tête étoilée*** — totalisant 84 poèmes (16+9+21+15+10+13), et publié aux éditions du Mercure de France le 15 avril 1918. Le recueil s'ouvre sur la dédicace suivante : « *À la mémoire / du plus ancien de mes camarades / RENÉ DALIZE / mort au Champ d'Honneur / le 7 mai 1917.* »

Les 6 parties qui composent ***Calligrammes*** reflètent les expériences vécues par Apollinaire avant et pendant la Première Guerre mondiale. La section ***Ondes*** rassemble les poèmes les plus neufs écrits depuis ***Alcools***. Les autres poèmes furent écrits à la caserne de Nîmes (section ***Étendards***), puis dans l'attente des vrais engagements (section ***Case d'Armons***), enfin sur les terrains meurtriers (sections ***Lueurs des tirs***, ***Obus couleur de lune***, ***La Tête étoilée***), jusqu'au retour du poète à Paris, après sa blessure à la tête, en mars 1916. Le recueil comprend les derniers grands poèmes écrits avant sa mort, ***Les Collines*** (in ***Ondes***), ***La Victoire*** et ***La Jolie Rousse*** (l'un et l'autre in ***La Tête étoilée***) : *Certains hommes sont des collines / Qui s'élèvent d'entre les hommes / Et voient au loin tout l'avenir / Mieux que s'il était le présent / Plus net que s'il était passé* ***(Les Collines)***. *La Victoire avant tout sera / De bien voir au loin / De tout voir / De près / Et que tout ait un nom nouveau* ***(La Victoire)***. *Voici que vient l'été la saison violente / Et ma jeunesse est morte ainsi que le printemps / Ô Soleil c'est le temps de la Raison ardente / Et j'attends / Pour la suivre toujours la forme noble et douce / Qu'elle prend afin que je l'aime seulement / Elle vient et m'attire ainsi qu'un fer l'aimant / Elle a l'aspect charmant / D'une adorable rousse* ***(La Jolie Rousse)***.

La section ***Ondes*** représente l'avancée la plus audacieuse de l'écriture poétique d'Apollinaire : esthétique nouvelle des ***Fenêtres*** fondée sur des rythmes colorés *(Du rouge au vert tout le jaune se meurt)* ; « *poème-conversation* » comme ***Lundi rue Christine***, censé capter les propos échangés dans un café ; un tiers — à savoir ***Paysage***, ***Lettre-Océan***, ***La Cravate et la Montre***, ***Cœur Couronne et Miroir***, ***Voyage*** et ***Il pleut*** — de la vingtaine de calligrammes (soit moins d'un quart de tous les poèmes présents) que comporte le recueil. Les autres poèmes calligrammatiques sont ***La Petite Auto***, ***La Mandoline***, ***L'Œillet et le Bambou***, ***La Colombe poignardée et le Jet d'eau***, ***2e Canonnier conducteur*** (in ***Étendards***), ***Loin du pigeonnier***, ***SP***, ***Visée***, ***1915***, ***Carte postale***, ***Madeleine***, ***Venu de Dieuze*** (in ***Case d'Armons***), ***Aussi bien que les cigales***, ***Du coton dans les oreilles*** (in ***Obus couleur de lune***), enfin ***Éventail des saveurs*** (in ***La Tête étoilée***).

Les poèmes de guerre ne rompirent pas tous avec cet esprit d'innovation, mais l'expérience de la souffrance vint progressivement fêler la voix poétique. Si l'on entend par là qu'il l'aurait célébrée et s'en serait réjoui, on peut affirmer qu'Apollinaire n'a jamais « chanté la guerre » : néanmoins, il a délibérément tenté de transformer l'horreur en poésie.

Une double hypothèque a longtemps pesé sur ***Calligrammes*** : une modernité remettant en cause la lisibilité des poèmes et un engagement moral que les surréalistes ne pardonnèrent pas à son auteur. La notoriété du recueil, cependant, ne cesse de grandir.

CITATIONS

Sous le pont Mirabeau coule la Seine
Et nos amours
Faut-il qu'il m'en souvienne
La joie venait toujours après la peine

Vienne la nuit sonne l'heure
Les jours s'en vont je demeure

Le Pont Mirabeau, in *Alcools*.

Comme la vie est lente
Et comme l'Espérance est violente

Le Pont Mirabeau, in *Alcools*.

Mon beau navire ô ma mémoire
Avons-nous assez navigué
Dans une onde mauvaise à boire
Avons-nous assez divagué
De la belle aube au triste soir

La Chanson du mal-aimé, in *Alcools*.

Mon verre s'est brisé comme un éclat de rire

Nuit rhénane, in *Alcools*.

Incertitude ô mes délices
Vous et moi nous nous en allons
Comme s'en vont les écrevisses
À reculons à reculons.

L'Écrevisse, in *Le Bestiaire ou Cortège d'Orphée*.

Les fables s'étant pour la plupart réalisées et au-delà, c'est au poète d'en imaginer des nouvelles, que les inventeurs puissent à leur tour réaliser.

L'Esprit nouveau et les Poètes.

On peut être poète dans tous les domaines : il suffit que l'on soit aventureux et que l'on aille à la découverte.

L'Esprit nouveau et les Poètes.

Il est grand temps de rallumer les étoiles.

Prologue, in *Les Mamelles de Tirésias*.

Avant tout, les artistes sont des hommes qui veulent devenir inhumains.

Sur la peinture, I, in *Les Peintres cubistes. Méditations esthétiques*.

La géométrie est aux arts plastiques ce que la grammaire est à l'art de l'écrivain.

Sur la peinture, III, in *Les Peintres cubistes. Méditations esthétiques*.

C'est par la quantité de travail fournie par l'artiste, que l'on mesure la valeur d'une œuvre d'art.

Picasso, in *Les Peintres cubistes. Peintres nouveaux*.

Si je mourais là-bas sur le front de l'armée
Tu pleurerais un jour ô Lou ma bien-aimée
Et puis mon souvenir s'éteindrait comme meurt
Un obus éclatant sur le front de l'armée
Un bel obus semblable aux mimosas en fleur

Si je mourais là-bas..., in *Poèmes à Lou*.

Ô ma jeunesse abandonnée
Comme une guirlande fanée
Voici que s'en vient la saison
Des regrets et de la raison

Vitam impendere amori.

JUGEMENTS

« Il avait choisi pour devise : "J'émerveille" et j'estime encore aujourd'hui que de sa part ce n'était pas trop prétendre, muni des connaissances étendues qu'il était presque seul à avoir dans des domaines spéciaux [...] et ne s'en montrant pas moins tout ouvert sur l'avenir. »

André Breton, *Entretiens (1913-1952)*, Gallimard, 1952.

« L'œuvre entière d'Apollinaire est un témoignage d'amour. [...] L'œuvre de Guillaume Apollinaire en érotisme est la plus importante de ces vingt dernières années. Il n'apparaît pas cependant comme un grand écrivain érotique. Il relève davantage de la poésie. »

Robert Desnos, *Nouvelles Hébrides (1922-1930)*, Gallimard, posthume, 1978.

« Insubordonné, il ne l'est qu'en matière d'art. Et là encore, moins révolté, moins iconoclaste qu'aventureux. Changer la vie, *pour lui, c'est ajouter quelque chose à l'univers afin de l'avoir devant soi plus distrayant, plus mouvementé, plus coloré, plus inattendu. »*

Marie-Jeanne Durry, *« Alcools » d'Apollinaire*, t. III, SEDES, 1964.

« Tout ce qui fait le poète et qui est la vraie poésie : la rêverie, la mélancolie profonde, le don du rythme intérieur et des mots qui suggèrent, l'art de peindre un paysage ou d'exprimer un état d'âme avec quelques mots, un certain bohémianisme de l'esprit, la fantaisie, l'imagination embellissant la réalité, tout cela, auquel il joignait le goût de la plus extrême nouveauté, Guillaume Apollinaire l'avait de façon remarquable. [...] Il y a dans sa vie, comme il y avait dans sa personne et comme il y a dans son œuvre, quelque chose d'un enchanteur énigmatique, savant en mille choses qu'ignore le vulgaire, et qui créait de la beauté d'un coup de sa baguette magique. [...] Il était un homme charmant, un camarade exquis, un esprit délicieux, un vrai poète, sensible et subtil, un écrivain plein d'évocation, d'étrangeté et de merveilleux, un lettré dans le sens le plus curieux et le plus séduisant du mot. La malice, la finesse, l'ironie accomplies ! »

Paul Léautaud, *Passe-Temps II*, Mercure de France, 1964.

« L'unité indiscutable de l'œuvre et de la poétique se fonde sur la permanence d'Orphée, comme figure mythique du lyrisme dionysien-apollinien tel que le décrit Nietzsche. Orphée *connaissant le chaos, la mort, la démesure, auxquels il impose l'ordre de la lumière apollinienne. Orphée, comme figure du poète créateur, emblème de ce lyrisme* humaniste, *qui aura été l'ambition constante d'Apollinaire.*

Ambition moderne au plus haut point, car elle préfigure deux soucis essentiels de toute la poésie du XXe siècle jusqu'à nos jours : prendre en charge le monde en sa réalité, et balayer les clôtures normatives des genres, pour faire du poétique un agir qui sera en avant, tirera profit de tout, y compris des découvertes scientifiques et technologiques [...]. »

Marie-Louise Lentengre, *Apollinaire. Le Nouveau Lyrisme*, Jean-Michel Place, 1996.

« J'ignore si Apollinaire eut conscience des conséquences négatives d'une doctrine qui ruinait dans ces œuvres cela même qu'elle exaltait en théorie : le mouvement. »

Octavio PAZ, *La Fleur saxifrage : langue et littérature*, trad. franç. Jean-Claude MASSON, Gallimard, 1984.

« Guillaume était extraordinairement brillant, et, de quelque sujet qu'on parlât, qu'il le connût ou ne le connût pas, tout de suite il voyait de quoi il retournait, et, grâce à son imagination prompte et féconde, il en disait, il en savait plus que tous les autres, plus même que ceux qui connaissaient le sujet à fond. Et c'est drôle, mais il se trompait rarement. »

Gertrude STEIN, *Autobiographie d'Alice Toklas*, trad. franç. Bertrand FAY, Gallimard, 1934, rééd. 1973.

BIBLIOGRAPHIE

Éditions

Œuvres poétiques complètes, éd. M. ADÉMA et M. DÉCAUDIN, « Pléiade », Gallimard, 1956, rééd. 1994.

Œuvres en prose complètes, t. I, éd. M. DÉCAUDIN, « Pléiade », Gallimard, 1977, rééd. 1993 ; t. II et III, éd. M. DÉCAUDIN et P. CAIZERGUES, « Pléiade », Gallimard, 1991 et 1993.

Alcools et *Calligrammes*, éd. Cl. DEBON, illustr. A. SEGUI, Imprimerie Nationale, 1991 [texte annoté].

Alcools, suivi du *Bestiaire* et de *Vitam impendere amori*, « Poésie », Gallimard, 1971.

Calligrammes, préf. M. BUTOR, « Poésie », Gallimard, 1966.

Chroniques d'art, « Folio Essais », Gallimard, 1993.

Journal intime 1897-1918, éd. M. DÉCAUDIN, Limon, 1991.

Lettres à Lou, « L'Imaginaire », Gallimard, 1990.

Soldes [poèmes inédits], éd. G. BOUDAR, P. CAIZERGUES et M. DÉCAUDIN, Fata Morgana, Montpellier, 1985.

Souvenirs de la Grande Guerre [texte inédit], éd. G. BOUDAR, Fata Morgana, Montpellier, 1980.

Tendre comme le souvenir, « L'Imaginaire », Gallimard, 1997.

Études

M. ADÉMA, *Guillaume Apollinaire*, La Table ronde, 1968.

A. BILLY, *Avec Apollinaire*, La Palatine, 1966.

M. BOISSON, *Apollinaire et les Mythologies antiques*, Schena/Nizet, 1989.

W. BOHN, *Apollinaire, Visual Poetry and Art Criticism*, Bucknell University Press, Londres (GB)/Toronto (CA), 1993.

G. BOUDAR, *La Bibliothèque de Guillaume Apollinaire*, CNRS, 1983 et 1987, 2 vol.

J. BURGOS, Cl. DEBON, M. DÉCAUDIN, *Apollinaire, en somme*, Champion/Slatkine, Paris/Genève (CH), 1998.

P. CAIZERGUES, *Apollinaire journaliste. Les débuts et la formation du journaliste (1900-1909)*, « Lettres modernes », Minard, 1981.

L. CAMPA, *L'Esthétique d'Apollinaire*, SEDES, 1996.

J.-Cl. CHEVALIER, *« Alcools » d'Apollinaire. Essai d'analyse des formes poétiques*, Minard, 1970.

Cl. DEBON, *Apollinaire après « Alcools »*, t. I, *Le Poète et la Guerre*, « Lettres modernes », Minard, 1981.

M. DÉCAUDIN, *Le Dossier d'« Alcools »*, Minard/Droz, Paris/Genève (CH), 1960, rééd. 1996 ; *Apollinaire*, Éd. Séguier/Vagabondages, 1986.

D. DELBREIL, *Apollinaire et ses récits*, Schena/Didier Érudition, 1999.

M.-J. DURRY, *Guillaume Apollinaire, « Alcools »*, SEDES, 1956 à 1964, 3 vol.

M.-L. LENTENGRE, *Apollinaire. Le Nouveau Lyrisme*, Mucchi editore, Modena (IT), 1984, rééd. J.-M. Place, 1996.

Cl. LÉVI-STRAUSS, « Une petite énigme mythico-littéraire » [sur *Les Colchiques*], in *Le Regard éloigné*, Plon, 1983.

D. OSTER, *Guillaume Apollinaire*, Seghers, 1975.

P. PIA, *Apollinaire*, « Écrivains de toujours », Seuil, 1954, rééd. 1988.

Ph. RENAUD, *Lecture d'Apollinaire*, L'Âge d'Homme, Lausanne (CH), 1969, rééd. 1976.

P. SACKS-GALEY, *Calligramme ou Écriture figurée, Apollinaire inventeur de formes*, « Lettres modernes », Minard, 1988.

M. WIJK, *Guillaume Apollinaire et l'Esprit nouveau*, CWK Gleerup, Lund (SE), 1982.

Apollinaire enregistré et filmé en 1914, Éd. A. Dimanche, Marseille, 1993.

Deux périodiques sont entièrement consacrés à Apollinaire : la série *Guillaume Apollinaire*, in *RLM* (depuis 1962) et *Que vlo-ve ?*, bulletin international des études sur Apollinaire, publié en Belgique.

AUDIO & VIDÉO

CD

Encyclopédie de la littérature française, Bibliopolis, 1998.

ARAGON

Louis ARAGON

ARAGON est le nom sous lequel il fut déclaré par son père, Louis ANDRIEUX, qui, ne reconnaissant pas sa paternité, ne se présenta que comme tuteur de l'enfant.

Écrivit aussi sous les pseudonymes d'Arnaud de SAINT-ROMAN, de Jacques DESTAING, de Georges MEYZARGUES et de François LA COLÈRE.

Paris 1897 - *ibid.* 1982
Prix Renaudot

« [...] *de beaucoup le plus intelligent des trois* [avec Soupault et Breton], *le plus délicat, le plus fin, mais aussi le plus fragile, car j'entendais battre le pouls de la poésie sous ses paroles fiévreuses, un révolté qui a versé dans l'hystérie.* »
Blaise CENDRARS, *Blaise Cendrars vous parle*, 1950, in *Œuvres complètes*, t. XIII, Club français du livre, 1969.

« *Malraux, qui adhère à un engagement politique, est un grand écrivain. On aimerait pouvoir en dire autant d'Aragon.* »
Albert CAMUS, « *La Conspiration* de Paul Nizan », in *Essais*, Gallimard, posthume, 1965.

Un être de blessures

Du bâtard au révolté surréaliste

Toute la vie d'Aragon s'enracine dans les blessures de l'enfance, que l'œuvre s'attache à la fois à masquer et à retrouver. Fils illégitime à une époque où la bâtardise ne pouvait être assumée, l'enfant — élevé comme le frère de sa mère — connut les mensonges du roman familial et les humiliations du bâtard, ajoutées à celles de la pauvreté. Touchant à la haute bourgeoisie par ses origines, Aragon en fut tenu éloigné par les aléas de son histoire personnelle : son père, Louis Andrieux, était un notable bien établi de la IIIe République — il fut député, préfet de police, ambassadeur en Espagne —, mais il ne fut que le « *tuteur* », aux yeux du monde ; sa mère, Marguerite, était issue de la vieille bourgeoisie provençale, celle des Toucas-Massillon — apparentée au prédicateur qui prononça l'oraison funèbre de Louis XIV —, mais elle faisait vivre une famille désargentée en tenant une pension de famille dans « *les beaux quartiers* » (titre d'un roman de 1936), avenue Carnot (act. XVIIe arrond^t). L'enfant apprit à se taire, à cicatriser ses blessures. La névrose familiale le conduisit à faire l'expérience des masques, contrebalancée par l'amour des femmes : l'amour de sa mère, celui des tantes qui l'élevaient et à qui il dicta ses premiers écrits, celui des belles étrangères qui vivaient à la pension — ouverte en 1900, vendue en 1904, date à laquelle la famille s'installa à Neuilly-sur-Seine. L'enfant, comme l'adulte plus tard, trouva dans les secrets et les plaisirs de l'écriture la réponse à toutes les humiliations. Le jeune bachelier (1914-1915) et étudiant en médecine (à partir de 1916), qui, décoré de la croix de guerre, revenait des champs de batailles en 1919 le savait bien, en se lançant, parallèlement à ses études de médecine, dans la grande révolte dada et surréaliste.

Aragon, qui avait connu Breton jeune médecin auxiliaire au Val-de-Grâce en 1917, participa avec lui, Soupault, Eluard et les autres, au mouvement surréaliste. À la fois avec la sincérité de qui se cherche une famille et la certitude de trouver sa place dans l'avant-garde de la littérature. ***Une vague de rêves*** (1924) montre qu'il ne semble pas avoir été séduit outre mesure par l'écriture automatique ; les rares spécimens conservés expriment d'ailleurs, trop bien peut-être, ses obsessions futures : « *La beauté de la femme m'émeut davantage que le loup garou l'explosion de grisou le chant du coucou hibou pou genou...* » (***Au Café du commerce***, Commercy, 1919). Il apporta pourtant, sur le versant de l'imaginaire et des jeux de l'écriture, une importante contribution au surréalisme. De cette période — durant laquelle, abandonnant la médecine, il devint, grâce à Breton, conseiller littéraire du couturier Jacques Doucet (janv. 1922), travailla chez Hébertot au Théâtre des Champs-Élysées (1922-1923) et multiplia les voyages à l'étranger — datent la création, avec Philippe Soupault, de la revue ***Littérature*** (1919), les romans ***Anicet ou le Panorama, roman*** (1921) — où l'amitié avec Breton est transposée — et ***Le Paysan de Paris*** (1926), ainsi que ***Les Aventures de Télémaque*** (1922) — où l'auteur voyait moins un roman qu'un « *manifeste de l'écriture* ». C'est aussi durant cette décennie que furent publiés les poèmes de ***Feu de joie*** (1919), ***Le Mouvement perpétuel*** (1926), ***La Grande Gaîté*** (1929) et la traduction de ***La Chasse au snark*** de Lewis Carroll (1929).

Aragon constitua donc d'abord un versant majeur du surréalisme, si bien qu'on a pu parler d'un « *côté Aragon* » et d'un « *côté Breton* » (Jacqueline Chénieux-Gendron). Ce « *côté Aragon* », qui serait un surréalisme encore profondément dada dans son essence de révolte et de jeu avec le langage, se caractérise par l'extrême ductilité de l'écriture — qui recourt pourtant peu à l'automatisme — et par le brio dans l'utilisation du collage, de l'*incipit*, de la réécriture à la Maldoror — ***Lautréamont et nous*** est d'ailleurs le titre d'un article sur Breton paru en 1967 dans *Les Lettres françaises* —, ainsi que de toutes les formes d'invention poussées jusqu'au vertige, comme en témoignent ***Le Libertinage*** (1924), et ***Traité du style*** (1928) : « *La parole n'a pas été donnée à l'homme : il l'a prise* » ***(Le Libertinage)***. Mais il y a, au-delà de la virtuosité de cette écriture première, une angoisse face au temps et au monde, ainsi qu'une attente de l'amour qui lui donnent une poignante coloration lyrique :

C'est à la poésie que tend l'homme.
Il n'y a de connaissance que du particulier.
Il n'y a de poésie que du concret.

(Le Paysan de Paris)

Sais-tu quand cela devient vraiment une histoire
L'amour ?

(La Grande Gaîté)

L'écrivain « soviétique »

Faisant le pari de l'Union soviétique et du Parti communiste français, dont, à la suite de Breton, il était membre depuis 1927, Aragon vécut la fin des années 1920 dans les affres d'une crise à la fois sentimentale et politico-littéraire. Sentimentale d'abord, marquée par une rupture avec Nancy Cunard, riche héritière anglaise connue en 1926 — et dont ***Théâtre/Roman*** (1974) raviva l'ineffaçable souvenir —, et une tentative de suicide à Venise en 1928 ; politico-littéraire ensuite, sous la forme d'une rupture, vers 1925, avec Drieu La Rochelle, jusqu'alors l'un de ses meilleurs amis — qui lui dédia néanmoins son premier roman, *L'Homme couvert de femmes*, puis, malgré cette rupture sans doute plus sentimentale que politique, le dépeignit dans *Gilles* sous les traits de Galant —, avec Breton aussi, à la suite du Congrès des écrivains révolutionnaires de Kharkov où, en 1930, Aragon et Georges Sadoul désavouèrent « *l'idéalisme bourgeois* » de leurs camarades. La rencontre alors, fin 1928, à la célèbre brasserie parisienne *La Coupole*, avec Elsa Triolet — née Kagan, séparée d'André Triolet, sœur de Lili Brick, la muse et maîtresse du poète soviétique Maïakovski — qui, à la seule lecture du ***Paysan de Paris***, avait voulu en connaître et aimer l'auteur, et avait dans ce but organisé la rencontre, apporta à Aragon ce socle dont sa vie agitée avait besoin et l'orienta vers « *le monde réel* » : tel est le titre de l'immense fresque romanesque illustrant les thèses du réalisme socialiste qui inclut ***Les Cloches de Bâle*** (1934), ***Les Beaux Quartiers*** (prix Renaudot 1936), ***Les Voyageurs de l'impériale*** (1942), ***Aurélien*** (1944) et ***Les Communistes*** (6 vol., 1949 à 1951 et 1966-1967).

La « *volonté de roman* » d'Aragon « *allait à contre-pied de cette conspiration au grand jour qui prit forme avec Dada, et se poursuivit dans le surréalisme* » (***Avant-lire*** au ***Libertinage***). Dans la ***Postface*** de 1936 aux ***Beaux Quartiers***, l'auteur s'explique sur le grand cycle romanesque entrepris dans les années trente : « *Je dédie* Le Monde réel *à Elsa Triolet, à qui je dois d'être ce que je suis, à qui je dois d'avoir trouvé, du fond de mes nuages, l'entrée du monde réel où cela vaut la peine de vivre et de mourir.* »

Cette tension vers le réalisme, Aragon l'avait déjà manifestée dans l'écriture surréaliste, avec les collages et les descriptions du Passage-de-l'Opéra dans ***Le Paysan de Paris***, et surtout dans les chapitres épars de ***La Défense de l'infini***, ce roman impossible qu'il avait fini par brûler, une nuit de novembre 1927, dans un hôtel de Madrid, en compagnie de Nancy Cunard — les chapitres rescapés ne furent publiés qu'après sa mort, en 1986, et une édition complète, miraculeusement reconstituée, parut en 1997. L'autodafé de ce roman demeure un mystère sur lequel Aragon s'est partiellement expliqué dans ***Je n'ai jamais appris à écrire ou les Incipit*** (1969) : interdits de Breton, incapacité de structurer des récits et des textes multiples, publication séparée, dans une collection érotique et anonymement, d'un chapitre de ***La Défense de l'infini***, devenu le récit pornographique ***Le Con d'Irène*** (1928).

Commencés au moment où le couple Aragon-Elsa Triolet se consolidait après des débuts difficiles, alors que l'écrivain découvrait l'expérience du journalisme, les romans du ***Monde réel*** dessinaient une vaste fresque de la société française, parisienne et provinciale, bourgeoise et populaire, de la Belle Époque, dans ***Les Cloches de Bâle***, ***Les Beaux Quartiers***, ***Les Voyageurs de l'impériale***, aux deux guerres mondiales avec ***Aurélien*** et ***Les Communistes***. Dans ces œuvres inspirées par le réalisme socialiste et la leçon de Maïakovski, la peinture critique de la société bourgeoise s'ouvrait sur l'espoir d'une transformation révolutionnaire : « *Là commence la nouvelle romance. Ici finit le roman de chevalerie. Ici pour la première fois dans le monde la place est faite au véritable amour. Celui qui n'est pas souillé par la hiérarchie de l'homme et de la femme, par la sordide histoire des robes et des* *baisers, par la domination d'argent de l'homme sur la femme ou de la femme sur l'homme. La femme des temps modernes est née, et c'est elle que je chante. Et c'est elle que je chanterai »* ***(Les Cloches de Bâle)***. Pourtant, ces romans ne reflètent pas le seul point de vue de la classe ouvrière : ils apportent, sur les débuts de la Seconde Guerre mondiale, outre un témoignage personnel de première importance, les explications politiques qu'Aragon partage avec le Parti communiste français, et mettent surtout en évidence le caractère français et personnel du réalisme socialiste aragonien. Ainsi, par bien des points, ces récits, qui font revivre en filigrane le roman familial et l'univers du père et du grand-père, réécrivent-ils l'intertexte romanesque fondateur (Balzac, Zola, Hugo), parfois même jusqu'à la parodie : *« La vie est un voyageur qui laisse traîner son manteau derrière lui, pour effacer ses traces.* [...] *Je pensais que cette impériale était une bonne image de l'existence, ou plutôt l'omnibus tout entier, car il y a deux sortes d'hommes dans le monde, ceux qui, pareils aux gens de l'impériale, sont emportés sans rien savoir de la machine qu'ils habitent et les autres qui connaissent le mécanisme du monstre, qui jouent à y tripoter... Et jamais les premiers ne peuvent rien comprendre de ce que sont les seconds, parce que de l'impériale on ne peut que regarder les cafés, les réverbères et les étoiles »* ***(Les Voyageurs de l'impériale)***. Par ailleurs, on y découvre la *« permanence de l'imaginaire surréaliste »* (Jacqueline Bernard) dans la thématique et les images, ainsi que dans l'écriture : rôle de l'automatisme et des rythmes, fonction de l'*incipit*, pratique du collage. Sous les traits d'Elsa, la femme absente et désirée était enfin venue, qui fit se lever le chant majeur du poète et qui s'employa à la mise en œuvre, dans le double sens de l'expression, de la mythologie officielle du couple exemplaire, malgré les démentis d'une réalité biographique autrement contrastée, connus depuis l'origine mais reconnus bien après la mort même d'Elsa (1970). Durant les deux premières années (1929-1930) de leur liaison, Aragon fit commerce de colliers qu'elle fabriquait. Après trois voyages en Union soviétique avec Elsa (1930, 1932 et 1934), Aragon, désormais écrivain communiste engagé, auteur du poème ***Front rouge*** (1931) — qui lui valut une inculpation, notamment pour la fameuse exhortation *« Feu sur Léon Blum »* —, des recueils ***Persécuté persécuteur*** (1930-1931), ***Hourra l'Oural*** (1934), et de l'essai ***Pour un réalisme socialiste*** (1935), devint journaliste à *L'Humanité*, puis secrétaire de rédaction de la revue *Commune*. Avec Jean-Richard Bloch, il fonda, en 1937, le quotidien ***Ce soir***, dont il assura la direction : deux ans plus tard, il y justifia le pacte germano-soviétique, ce qui provoqua l'interdiction du journal fin août 1939. Mobilisé, capturé en 1941, Aragon entra dans la Résistance cette même année. Il chanta Elsa — qu'il avait épousée en 1939 — dans les poèmes du ***Crève-Cœur*** (1941), suivi du ***Nouveau Crève-Cœur*** (1948), dans le ***Cantique à Elsa*** (1942) publié séparément à Alger par la revue *Fontaine*, puis recueilli dans ***Les Yeux d'Elsa*** (1942) :

Ô mon amour ô mon amour toi seule existes
À cette heure pour moi du crépuscule triste
Où je perds à la fois le fil de mon poème
Et celui de ma vie et la joie et la voix
Parce que j'ai voulu te redire Je t'aime
Et que ce mot fait mal quand il est dit sans toi.

(***Vingt Ans après***, vv. 45 à 50, in ***Le Crève-Cœur***)

Et l'on verra tomber du front du Fils de l'Homme
La couronne de sang symbole du malheur
Et l'Homme chantera tout haut cette fois comme
Si la vie était belle et l'aubépine en fleur.

(***Santa Espina***, vv. 33 à 36, in ***Deux Poèmes d'outre-tombe***, II, in ***Le Crève-Cœur***)

En étrange pays dans mon pays lui-même
Je sais bien ce que c'est qu'un amour malheureux.

(***Lancelot***, vv. 87-88, in ***Les Yeux d'Elsa***)

Comme ***Les Yeux d'Elsa***, les autres recueils de cette période — marquée aussi par la mort, en 1942, de la mère d'Aragon —, tels ***Brocéliande*** (1942), ***Le Musée Grévin*** (1943, sous le pseudonyme de François la Colère), ***La Diane française*** (1944, rééd. 1945-1946) et ***En étrange pays dans mon pays lui-même*** (1945), dépeignent la femme aimée comme le symbole de la Résistance et de la patrie torturée :

« Jamais peut-être faire chanter les choses n'a été plus urgente et noble mission à l'homme, qu'à cette heure où il est le plus profondément humilié, plus entièrement dégradé que jamais. Et nous sommes sans doute plusieurs à en avoir conscience, qui aurons le courage de maintenir, même dans le fracas de l'indignité, la véritable parole humaine et son orchestre à faire pâlir les rossignols. »

(***La Rime en 1940***, in ***Le Crève-Cœur***)

« Je chante parce que l'orage n'est pas assez fort pour couvrir mon chant et que quoi que

demain l'on fasse, on pourra m'ôter cette vie, mais on n'éteindra pas mon chant. [...]
Mon amour tu es ma seule famille avouée, et je vois par tes yeux le monde et c'est toi qui me rends cet univers sensible et qui donnes sens en moi aux sentiments humains. Tous ceux qui, d'un même blasphème, nient et l'amour, et ce que j'aime, fussent-ils puissants à écraser la dernière étincelle de ce feu de France, j'élève devant eux ce petit livre de papier, cette misère des mots, ce grimoire perdu ; et qu'importe ce qu'il en adviendra, si, à l'heure de la plus grande haine, j'ai un instant montré à ce pays déchiré le visage resplendissant de l'amour. »

(***Arma virumque cano. Préface*** aux ***Yeux d'Elsa***)

Patrie également à la colombe ou l'aigle
De l'audace et du chant doublement habitée
Je vous salue ma France où les blés et les seigles
Mûrissent au soleil de la diversité.

(Le Musée Grévin)

Fuyez les bois et les fontaines
Taisez-vous oiseaux querelleurs
Vos chants sont mis en quarantaine
C'est le règne de l'oiseleur
Je reste roi de mes douleurs

(***Richard II quarante***, in ***Le Crève-Cœur***)

Sous d'autres pseudonymes — Arnaud de Saint-Roman, Jacques Destaing, Georges Meyzargues —, Aragon multiplia les publications clandestines, notamment la revue ***Les Étoiles***, avec, entre autres, René Tavernier et Jean Prévost : revue ainsi intitulée, parce que la diffusion en était assurée par des groupes strictement cloisonnés de 5 lecteurs dont chaque membre recopiait et faisait circuler 5 exemplaires nouveaux de la revue, selon le principe de la boule de neige. Le couple Aragon fut alors beaucoup aidé par Pierre Seghers, rencontré à Carcassonne, fin 1940, et qui avait fondé la revue *Poètes casqués*, un an plus tôt.

C'est dans ***La Diane française*** que figurent les deux poèmes les plus connus d'Aragon, appris par des générations d'écoliers, ***La Rose et le Réséda*** — hommage conjoint au catholique Honoré d'Estienne d'Orves et au communiste Gabriel Péri — et ***Il n'y a pas d'amour heureux*** — mis plus tard en musique par Brassens :

Celui qui croyait au ciel
Celui qui n'y croyait pas
Tous deux adoraient la belle
Prisonnière des soldats
Lequel montait à l'échelle
Et lequel guettait en bas
Celui qui croyait au ciel
Celui qui n'y croyait pas
Qu'importe comment s'appelle
Cette clarté sur leur pas
Que l'un fût de la chapelle
Et l'autre s'y dérobât
Celui qui croyait au ciel
Celui qui n'y croyait pas
Tous les deux étaient fidèles
Des lèvres du cœur des bras

Et tous les deux disaient qu'elle
Vive et qui vivra verra
Celui qui croyait au ciel
Celui qui n'y croyait pas
Quand les blés sont sous la grêle
Fou qui fait le délicat
Fou qui songe à ses querelles
Au cœur du commun combat
Celui qui croyait au ciel
Celui qui n'y croyait pas
Du haut de la citadelle
La sentinelle tira
Par deux fois et l'un chancelle
L'autre tombe qui mourra
Celui qui croyait au ciel
Celui qui n'y croyait pas
Ils sont en prison Lequel
A le plus triste grabat

Lequel plus que l'autre gèle
Lequel préfère les rats
Celui qui croyait au ciel
Celui qui n'y croyait pas
Un rebelle est un rebelle
Nos sanglots font un seul glas
Et quand vient l'aube cruelle
Passent de vie à trépas
Celui qui croyait au ciel
Celui qui n'y croyait pas
Répétant le nom de celle
Qu'aucun des deux ne trompa
Et leur sang rouge ruisselle
Même couleur même éclat
Celui qui croyait au ciel
Celui qui n'y croyait pas
Il coule il coule et se mêle
À la terre qu'il aima
Pour qu'à la saison nouvelle
Mûrisse un raisin muscat
Celui qui croyait au ciel
Celui qui n'y croyait pas
L'un court et l'autre a des ailes
De Bretagne ou du Jura
Et framboise ou mirabelle
Le grillon rechantera
Dites flûte ou violoncelle
Le double amour qui brûla
L'alouette et l'hirondelle
La rose et le réséda

(***La Rose et le Réséda***, in ***La Diane française***)

Rien n'est jamais acquis à l'homme Ni sa force
Ni sa faiblesse ni son cœur Et quand il croit
Ouvrir ses bras son ombre est celle d'une croix
Et quand il croit serrer son bonheur il le broie
Sa vie est un étrange et douloureux divorce
Il n'y a pas d'amour heureux

Sa vie Elle ressemble à ces soldats sans armes
Qu'on avait habillés pour un autre destin
À quoi peut leur servir de se lever matin
Eux qu'on retrouve au soir désœuvrés incertains
Dites ces mots Ma vie Et retenez vos larmes
Il n'y a pas d'amour heureux

Mon bel amour mon cher amour ma déchirure
Je te porte dans moi comme un oiseau blessé
Et ceux-là sans savoir nous regardent passer
Répétant après moi les mots que j'ai tressés
Et qui pour tes grands yeux tout aussitôt moururent
Il n'y a pas d'amour heureux

Le temps d'apprendre à vivre il est déjà trop tard
Que pleurent dans la nuit nos cœurs à l'unisson
Ce qu'il faut de malheur pour la moindre chanson
Ce qu'il faut de regrets pour payer un frisson
Ce qu'il faut de sanglots pour un air de guitare
Il n'y a pas d'amour heureux

Il n'y a pas d'amour qui ne soit à douleur
Il n'y a pas d'amour dont on ne soit meurtri
Il n'y a pas d'amour dont on ne soit flétri
Et pas plus que de toi l'amour de la patrie
Il n'y a pas d'amour qui ne vive de pleurs
Il n'y a pas d'amour heureux
Mais c'est notre amour à tous deux

(***Il n'y a pas d'amour heureux***, in ***La Diane française***)

Avec Elsa, Aragon fut, en 1943, l'organisateur du Comité national des écrivains pour la zone Sud. S'il fit surtout paraître des poèmes durant la guerre (une dizaine de recueils), il publia en outre ***Les Voyageurs de l'impériale*** (corrigés par la censure en 1942) et ***Aurélien*** (1944), 3e et 4e tomes du cycle romanesque du ***Monde réel***.

Au lendemain de la Seconde Guerre mondiale, Aragon revint à la direction de ***Ce soir*** (1947), fut élu membre suppléant (1950) puis titulaire (1954) du Comité central du PCF — assistant, à ce titre, au triomphe de Staline lors du XIXe Congrès du PCUS (1952), puis pleurant sa disparition (mars 1953), survenue un mois après son retour de Moscou avec Elsa — et dirigea, à partir de 1953 et jusqu'à leur dissolution en 1972, *Les Lettres françaises*, auxquelles il collaborait depuis leur fondation en 1942.

Les repentirs du « *mentir-vrai* »

Après les certitudes de la Résistance, les coups portés à l'utopie révolutionnaire dans l'après-guerre et les années 1950 grippèrent l'écriture du ***Monde réel*** : ***Les Communistes*** furent interrompus en 1951 avant leur fin annoncée — ils devaient comporter l'histoire de la guerre et la saga de la Résistance — et furent réécrits en 1966-1967 : dix ans après avoir été couronné par le prix Lénine de la Paix 1957, Aragon supprima en particulier la figure du « *traître* » Orfilat/Nizan. ***La Semaine sainte*** (1958), roman charnière qui raconte la chevauchée de Louis XVIII au printemps 1815 du point de vue multiple de la Cour, des militaires, du peuple picard et du peintre Géricault, alors soldat du roi, rompait avec la perspective réaliste socialiste, en avouant que l'avenir n'est que « *le printemps des cimetières* ». Dès lors, revenu sur sa propre histoire, Aragon fit, dans ses trois derniers romans, ***La Mise à mort*** (1965), ***Blanche ou l'Oubli*** (1967) et ***Théâtre/Roman*** (1974), le récit de ses démêlés avec le temps. Il était certes resté fidèle à l'engagement communiste, assumé avec ses joies et ses déchirures, ses erreurs aussi, dont la conscience vint progressivement et trouva à s'exprimer dans ces œuvres de la dernière période, ouverte par le bilan critique mené dans les poèmes du ***Roman inachevé*** (1956) :

Ce qu'il m'aura fallu de temps pour tout comprendre
Je vois souvent mon ignorance en d'autres yeux
Je reconnais ma nuit Je reconnais ma cendre
Ce qu'à la fin j'ai su comment le faire entendre
Comment ce que je sais le dire de mon mieux.

(***Ce qu'il m'aura fallu...***, vv. 1 à 5, in ***La Beauté du Diable***, in ***Le Roman inachevé***, 1)

Pardonnez-moi cette amertume
Mais l'âge d'aimer quand nous l'eûmes
Comme le regain sous la faux
Tout y sonnait mortel et faux
Et qu'opposer sinon nos songes
Aux pas triomphants du mensonge

Nous qui n'avions pour horizon
Qu'hypocrisie et trahison.
(***C'était un temps de solitude***, vv. 17 à 24, in ***Classe 17***, in ***Le Roman inachevé***, 1)

Pauvres bonheurs pauvres vertiges
Il s'est tant perdu de prodiges
Que je ne m'y reconnais plus
Rencontres Partances hâtives
Est-ce ainsi que les hommes vivent
Et leurs baisers au loin les suivent
Comme des soleils révolus.
(***Bierstube Magie allemande***, vv. 26 à 32, in ***La Guerre et ce qui s'en suivit***, in ***Le Roman inachevé***, 1)

Moi j'ai tout donné mes illusions
Et ma vie et mes hontes
Pour vous épargner la dérision
De n'être au bout du compte
Que ce qu'à la fin nous aurons été.
(***Comme il a vite entre les doigts passé***, vv. 61 à 65, in ***Le Roman inachevé***, 2)

Et le roman s'achève de lui-même
J'ai déchiré ma vie et mon poème

Plus tard plus tard on dira qui je fus

J'ai déchiré des pages et des pages
Dans le miroir j'ai brisé mon visage

Le grand soleil ne me reconnaît plus

J'ai déchiré mon livre et ma mémoire
Il y avait dedans trop d'heures noires
[...]
Déchiré mon cœur déchiré mes rêves
Que de leurs débris une aube se lève

Qui n'ait jamais vu ce que moi j'ai vu.
(***Et le roman s'achève***, vv. 1 à 8 et 13 à 15, in ***Les Pages lacérées***, in ***Le Roman inachevé***, 3)

Toutefois, la tragédie de l'écrivain communiste, révélée et accrue par la déstalinisation, les événements de Hongrie en 1956 et ceux de 1968 en France et en Tchécoslovaquie, donna tout son sens aux aveux contenus dans les derniers romans : « *Je joue toujours perdant. Avec les femmes, avec la jeunesse, avec le public, avec moi-même. J'ai le mépris de ceux à chaque fois qui prétendent avoir prévu l'imprévisible. L'histoire n'est pas un tiercé. Je n'ai d'estime que de ceux qui savent perdre* » ***(Théâtre/ Roman)***. La « *troisième carrière* » d'Aragon (Pierre Daix) fut ainsi un retour sur le passé pour dire, par le biais du roman, mais aussi du poème, l'indicible : celui de l'enfance, celui de la rupture avec Breton (décédé en 1966) et des drames de l'amour — Elsa, mais aussi les autres femmes aimées : Nancy Cunard (décédée en 1965) et Denise Naville —, celui d'une bisexualité tardivement assumée, celui enfin de l'écrivain « soviétique » pris dans la contradiction de la fidélité au communisme et de l'exigence de vérité. La spécificité de ces trois ultimes romans, où s'affiche en outre une intention critique et métatextuelle, est donc de développer une stratégie du secret et de l'aveu, où fonctionnent simultanément ce qu'Aragon a théorisé sous le nom de « *mentir-vrai* » — titre d'une nouvelle de 1964, repris en titre d'un recueil de nouvelles publié en 1980 — et l'intertextualité. Ainsi, dans ***Blanche ou l'Oubli***, avec le mentir-vrai d'un couple désuni — le vieux linguiste Gaiffier que Blanche a quitté parce qu'il n'a pas su reconnaître son désir d'écrire — et l'intertexte hölderlinien d'*Hypérion*, peut se formuler le double aveu d'une culpabilité face à la femme aimée et de la honte éprouvée en 1956, au moment de l'occupation de Budapest par les troupes soviétiques.
Avec ***Elsa*** (1959), ***Il ne m'est Paris que d'Elsa*** (1964) et ***Les Chambres, poème du temps qui ne passe pas*** (1969), le poète dressa une statue à la femme aimée, en même temps qu'il la détruisait :

Nous étions faits pour êtres libres
Nous étions faits pour être heureux
Le monde l'est lui pour y vivre
Et tout le reste est de l'hébreu.
(Elsa)

Je ne suis pas de ceux qui trichent avec l'univers
J'appartiens tout entier à ce troupeau grandiose et triste des hommes
On ne m'a jamais vu me dérober à la tempête
J'ai battu de mes bras chaque fois l'incendie
J'ai connu la tranchée et les chars
J'ai toujours dit sans prudence au grand jour mes pires pensées
[...]
Mais il y a sous le cuir de ma face et les lanières tannées de mon apparence
Autre chose sans quoi je ne serais que pierre parmi les pierres
[...]
Il y a ce qui est ma vie
Il y a toi ma tragédie
Mon grand théâtre intérieur.
(Elsa)

Un soir d'aubépines en fleurs aux confins des parfums et de la nuit
Un soir profond comme la terre de se taire
Un soir si beau que je vais croire jusqu'au bout
Dormir du sommeil de tes bras

Dans le pays sans nom sans éveil et sans rêves
Le lieu de nous où toute chose se dénoue.
(*Les Chambres*)

Ce double mouvement est particulièrement net dans ***Le Fou d'Elsa*** (1963). Cette œuvre-monument écrite pendant la guerre d'Algérie, tour à tour poème et roman, qui brasse les cultures arabe, juive et chrétienne en racontant la chute de Grenade en 1492, est aussi le roman d'un fou : le vieux Keis, appelé Madjnoun — « *fou* », comme le « *fou d'amour* » de l'histoire arabe de *Madjnûn et Laylâ* —, chante une femme absente, une Elsa de l'avenir ou, mieux, de « *l'outre-azur* », et ses chants, commentés par le jeune scribe Zaïd et par le narrateur, lui valent la condamnation pour hérésie — l'amour d'une femme imaginaire, et non celui de Dieu — et la mort. Cet étrange jeu d'Aragon avec le temps dit simultanément l'amour et la mort, l'espoir de l'avenir et son absence :

L'avenir c'est ce qui dépasse
La main tendue et c'est l'espace
Au-delà du chemin battu
C'est l'homme vainqueur par l'espèce
Abattant sa propre statue
Debout sur ce qu'il imagine
Comme un chasseur de sauvagines
Dénombrant les oiseaux qu'il tue

À lui j'emprunte mon ivresse
Il est ma coupe et ma maîtresse
Il est mon inverse Chaldée
Le mystère que je détrousse
Comme une lèvre défardée
Il est l'œil ouvert dans la tête
Mes entrailles et ma conquête
Le genou sur Dieu de l'idée
[...]
L'avenir de l'homme est la femme
Elle est la couleur de son âme
Elle est sa rumeur et son bruit
Et sans elle il n'est qu'un blasphème
Il n'est qu'un noyau sans le fruit
Sa bouche souffle un vent sauvage
Sa vie appartient aux ravages
Et sa propre main le détruit

Je vous dis que l'homme est né pour
La femme et né pour l'amour
Tout du monde ancien va changer
D'abord la vie et puis la mort
Et toutes choses partagées
Le pain blanc les baisers qui saignent
On verra le couple et son règne
Neiger comme les orangers.

(***Zadjal de l'avenir***, in ***Les Falâssifa***, IV, in ***Le Fou d'Elsa***, III)

Si Elsa Triolet fut l'inspiratrice du poète, elle fut aussi une romancière dont l'œuvre s'est élaborée à côté de celle d'Aragon, s'en nourrissant et l'alimentant à son tour. De ce croisement des œuvres témoigne l'entreprise originale de l'édition des ***Œuvres romanesques croisées*** (à partir de 1964), avec tout son appareil de postfaces éclairant les circonstances d'écriture de ces deux œuvres et leurs liens — croisement qui devint même le sujet de ***Blanche ou l'Oubli***.

Parallèlement, Aragon poursuivit jusqu'au bout son œuvre poétique, avec ***Mes Caravanes et autres poèmes*** (1954), ***Les Yeux et la Mémoire*** (1954), ***Les Poètes*** (1960), ***Le Voyage de Hollande*** (1964-1965), ***Élégie à Pablo Neruda*** (1966) et — seul recueil publié après la mort d'Elsa (1970) — ***Les Adieux et autres poèmes*** (1982). Outre des essais de critique littéraire ou de critique d'art tels ***L'Exemple de Courbet*** (1952), ***Hugo, poète réaliste*** (1952), ***Le Neveu de M. Duval*** (1953), ***La Lumière de Stendhal*** (1954), ***Henri Matisse, roman*** (1971) — largement autobiographique — et des essais politiques comme ***L'Homme communiste I*** et ***II*** (1946 et 1953) et ***Il faut appeler les choses par leur nom*** (1959), il publia une ***Introduction aux littératures soviétiques*** (1956) et une ***Histoire de l'U.R.S.S. de 1917 à 1960*** (1962), ainsi que des ***Entretiens avec Francis Crémieux*** (1964), suivis de ***Aragon parle avec Dominique Arban*** (1968). Dans cette profusion de publications, celles qui éclairent le mieux — quoique partiellement — l'inspiration de l'écrivain restent, séparées d'une décennie l'une de l'autre, ***J'abats mon jeu*** (1959), ***Je n'ai jamais appris à écrire ou les Incipit*** (1969) et ***Le Mentir-Vrai*** (1980).

Durant cette troisième et ultime période, Aragon multiplia les interventions publiques et les coups d'éclat. Après avoir dénoncé le colonialisme français durant la guerre d'Algérie, il dénonça — comme le PCF — l'intervention soviétique à Prague, en 1968, trois mois après avoir offert tout un numéro des *Lettres françaises*, en guise de tribune libre, aux intervenants — étudiants et professeurs — des événements parisiens de Mai 1968. La même année, il démissionna bruyamment de l'Académie Goncourt — où il avait succédé au couvert de Gérard Bauër en 1967 —, au motif que le prix avait été attribué à Bernard Clavel, préféré à son protégé François Nourissier. Démission d'autant plus paradoxale que le roman primé de Clavel, *Les Fruits de l'hiver*, relevait beaucoup plus du « réalisme socialiste » cher à l'auteur du ***Monde réel***, que le roman si peu prolétarien de Nourissier, *Le Maître de maison*, relatant les états d'âme d'un bourgeois parisien se retrouvant propriétaire en province. Dans cette « *affaire Clavel/Aragon* », Bernard Pivot, par un article dans *Le Figaro littéraire*, joua un rôle décisif, puisqu'il révélait une singulière manœuvre d'Aragon, qui aurait largement contribué à éliminer le roman de Clavel de la course au Goncourt, en lui faisant attribuer, quelques semaines auparavant, le Grand Prix littéraire de la Ville de Paris, à force d'amicales pressions sur les conseillers municipaux « progressistes ». Les interventions d'Aragon en faveur des intellectuels tchécoslovaques et soviétiques censurés ou emprisonnés provoquèrent l'annulation, en 1969, de tous les abonnements soviétiques aux *Lettres françaises*, qui ne survécurent que trois ans : le PCF mit fin à leur parution à l'automne 1972.

Après la mort d'Elsa (1970) — évoquée splendidement dans la nouvelle ***Le Contraire-Dit*** du recueil ***Le Mentir-Vrai*** —, Aragon publia encore ***Théâtre/Roman*** (1974), qu'il tenait pour son « *œuvre posthume* », et s'employa surtout, avec l'aide de son ultime compagnon — et futur exécuteur testamentaire —, le poète Jean Ristat, à publier une édition intégrale des œuvres du « *couple ambigu* » (Dominique Desanti). En 1977, deux ans après un grave accident de la circulation, Aragon fit don de tous ses manuscrits et de ceux d'Elsa au CNRS. Il mourut cinq ans plus tard, la veille de Noël, en prononçant comme dernières paroles : « *Je fais ce que je peux.* » Il fut enterré, aux côtés d'Elsa, dans leur propriété de Saint-Arnoult-en-Yvelines, acquise en 1951 — devenue désormais un musée et le siège de la Fondation Elsa Triolet/Aragon.

Après la mort d'Aragon — et conformément à sa volonté de rendre public tout ce qu'il avait écrit —, a été publié, grâce à Michel Apel-Muller, un texte très bref, écrit entre 1943 et 1945 et appartenant « *à ce domaine qu'Aragon vivant n'*[avait] *pas voulu donner à lire* ». Par respect pour celui qui souligna le rôle des *incipit*, ce texte fut intitulé ***Pour expliquer ce que j'étais*** (posth., 1989) — titre correspondant précisément à son *incipit* : « *Pour expliquer ce que j'étais et ce que je suis devenu, il est probable qu'un romancier commencerait par s'en prendre à ma famille, y trouverait les sources de mes idées et les raisons de mes révoltes ; et moi-même, lorsque je veux mettre en place un personnage, je n'agis pas autrement* » (I). Texte présenté comme un « *genre de confession* », entrepris après la mort de la mère : « [...] *l'avouerai-je ? moi qui ai, dans ma jeunesse, passablement affecté ce mépris de la famille en général, bafoué ce concept si souvent utilisé à des fins sociales discutables, il me répugne de dire, d'écrire de ma propre famille des choses, peut-être vraies, qui viendraient corroborer ce mépris dont je faisais profession. Non, je n'ai pas envie que ma propre famille soit un argument qui me justifie. J'ai plutôt l'envie de prendre sa défense, tout à coup, de voir en elle et d'y montrer justement ce que tout autre que moi n'y pourrait voir, ses traits idylliques et touchants, non pas ses tares. Je puis bien porter mes erreurs sur mes propres épaules. Que ma mère, que les miens dorment en paix. Pour ce qui est de mon père, la loi me donne le droit de le considérer comme un étranger.* [...] / *Quand j'y songe, et que j'essaye de surmonter l'anecdote de ma jeunesse, ce qui me frappe, c'est la banalité, la vulgarité même, devrais-je dire, de ma réaction, en face du milieu familial, et de ce sentiment d'injustice où il baignait.* [...] *Car cette belle indépendance dont je me suis si péniblement fait gloriole, vers mes vingt ans, ressemble trait pour trait à celle dont firent montre vers la même époque, une légion de garçons de ma sorte, avec de petites variations qui nous paraissaient à tort essentielles, quand l'essentiel c'était bien ce lieu commun de la révolte contre sa propre famille, contre ce qu'elle supposait justement de mesquin, sans parler des obligations qu'elle entendait nous imposer, et dont nous prétendions nous débarrasser d'un coup d'éclat : car, en dénonçant les dettes du passé, nous imaginions nous rendre la vie plus facile et plus large, plus conforme à des rêves, parfois élevés, que nous faisions.* [...] / *Tout cela est vraiment la banalité même. / Pour moi, cela prit un tour un peu particulier, qui donna quelque air d'originalité à la banalité même, parce que j'avais dès le plus jeune âge une passion qui me singularisait, celle d'écrire, et le dirai-je moi-même ? que cette passion pourtant répandue, prenait chez moi un caractère sérieux, dramatique, qui me faisait, je crois, remettre plus profondément que les problèmes moraux toute chose en question, par le procès du langage.* [...] *Enfin, c'est à la clarté de ce doute-là que j'entreprenais le procès du monde qui m'était donné, que je concevais en face des gens tranquilles et moutonniers une idée superbe de moi-même, et que j'entrais dans une songerie que je devais préférer à tout.* / [...] *quand je me reporte en arrière, j'ai pour ce jeune homme que j'ai été deux sentiments opposés, comme pour ma famille : au moment même où je reconnais en lui, après tout, non point l'être d'exception qu'il croyait être, mais le* *banal personnage en série que l'histoire de la petite bourgeoisie jetait à la pelle sur la scène de ce siècle commençant, à ce moment même il m'est impossible de le condamner tout à fait sans être son avocat, parce que je l'ai trop bien connu, et que je sais bien qu'il y avait en lui bien des choses qui n'étaient pas mauvaises, et peut-être même un certain esprit de grandeur.* [...] */ Et c'est peut-être cela, qui fit la misère de beaucoup d'entre nous, qui fut en même temps notre grandeur. Si bien que, lorsque je revois ces jeunes gens dont je fus l'un, et que je réentends leurs bizarres paroles forcenées, je ne puis me retenir devant eux d'un certain sentiment de respect triste, car je sais bien, moi, ce qu'il y avait dans tout ce désordre, dans ces erreurs monstrueuses, dans ce délire blasphématoire, de conscience et d'angoisse, et au bout du compte, d'énergie, de talent et même de génie, prodigué, et glorieusement gâché.* [...] *La vie et les sentiments d'un homme sont à la fois plus simples et plus compliqués qu'on ne croit...* » (I).

THÉORIE LITTÉRAIRE

Comme Breton, Aragon ne fut pas avare d'explications théoriques ni de confidences sur son œuvre, bien que, notait-il, « *le poète qui dit comment il fait passe par là pour se vanter, ou manquer aux usages* » (***Arma virumque cano. Préface*** aux ***Yeux d'Elsa***). Des imprécations du jeune surréaliste aux interrogations inquiètes de l'écrivain solitaire et vieillissant, en passant par les prises de position de l'homme d'appareil, les contradictions ne peuvent manquer : ainsi l'auteur du ***Libertinage*** se moque-t-il de « *la clarté telle qu'on l'entend en France, avec un petit air de contentement national* » (***Préface*** de 1921), alors que l'intervenant au 2e Congrès des écrivains soviétiques (1954) dénonce la confusion entre poésie et « *imprécision du langage* » ***(J'abats mon jeu)***. Aragon revendique pourtant une certaine continuité du style : « *Mon langage ne serait pas ce qu'il est s'il n'était sorti du surréalisme* » *(ibid.)*. Sur certains points, sa pensée manifeste d'ailleurs de remarquables permanences : ainsi s'en prend-il dès le ***Traité du style*** au « *snobisme rimbaldien* » qui autorise à ne plus lire Hugo, Nerval ou Cros : « *Rimbaud n'était pas une machine à décerveler les poètes* ». Condamnation reprise trente ans plus tard pour fustiger « *l'exigence de la table rase de toute expérience poétique* » au nom d'un certain « *rimbaldisme* » ***(J'abats mon jeu)***.

En fait, Aragon inaugura très tôt un jeu de retours sur soi poussés jusqu'au dédoublement : ainsi justifiait-il, dans l'***Avant-lire*** de 1924 au ***Libertinage***, la violence de la ***Préface*** de 1921 par le souci de se faire pardonner, auprès de ses amis surréalistes, de sacrifier au genre honni du romanesque... Il n'accordait d'ailleurs à la théorie qu'une importance toute relative et soulignait que le dadaïsme même a engendré des « *banalités qu'on porte désormais à la place des fleurs de son chapeau* » ***(Traité du style)***. La vraie sincérité d'Aragon est donc à chercher dans une perpétuelle critique — et autocritique —, dont il fait par ailleurs un principe de création poétique et romanesque : « *Douter des mots, de leurs arrangements conventionnels m'a* [...] *entraîné plus loin que la philosophie qu'on m'enseignait sur les bancs de l'école ou celle que des aînés ou des amis m'engageaient à lire* » ***(Pour expliquer ce que j'étais)***. Le roman est pour lui une sorte de théâtre à trois protagonistes : l'écrivain, l'auteur — celui qui signe et « *parle en note* » —, le lecteur enfin, « *cette variété de l'acteur* », qui interprète l'intrigue et les personnages à sa façon. Dans ce jeu de masques, il serait vain de chercher l'homme véritable, « *mis en mots comme on dirait mis en pièces (mis en pièce)* », car son image se reflète à l'infini : « *Qui parle ainsi en bas de page ? Lui ou moi ? Ou, comme on dit le tiers état, le* tiers-auteur ? [...] *Pas un mot que je dis n'est de moi* » ***(Théâtre/Roman)***. Se penchant sur sa jeunesse, Aragon n'aperçoit plus qu'un « *pauvre gosse dans le miroir* [...], *un souvenir d'homme, plus tard* » ***(Le Mentir-Vrai)***. C'est pourquoi il récuse la prétention d'une certaine critique qui voudrait expliquer l'œuvre par l'homme, ramener « *sans cesse la tragédie à l'hypothétique découverte de secrets d'alcôve* » ***(Théâtre/Roman)***. Comment pourrait-on « *tenir le roman pour une compilation d'aveux de l'auteur* » *(ibid.)*, quand celui-ci, au jeu de la création, pratique sans cesse le « *maquillage des brêmes* » et « *constamment, fait sauter la coupe* » ***(Le Mentir-Vrai)*** ?

De tels aveux semblent paradoxaux chez un écrivain si soucieux de « *peindre l'actualité* » (***Sur Géricault***, in ***J'abats mon jeu***), qui assimile le roman moderne à « *une sorte de gigantesque entreprise comparable à la science* » (***Un perpétuel printemps***, *ibid.*) et la poésie à une « *méthode de connaissance* » (***La Rime en 1940***, in ***Le Crève-Cœur***). Aragon ne voit pourtant nulle contradiction entre l'affirmation que « *l'art* *du roman, c'est de savoir mentir* » (***Secrets de fabrication***, in ***J'abats mon jeu***) et le ralliement au réalisme socialiste, dont il se réclama jusqu'au bout. C'est que l'Histoire doit servir, à ses yeux, de « *marchepied à la fiction* » *(ibid.)* et que « *la bataille dans l'art a de tout temps été non point celle de l'invention pure, qui n'existe pas, contre l'observation dont on ne peut se passer, mais celle du* sens *de l'œuvre contre sa futilité* » (***Il faut appeler les choses par leur nom***, *ibid.*). Il ne s'agit donc pas « *de faire triompher un* style, *mais* [...] *une conception du monde* » *(ibid.)*, démarche qui vaut en poésie autant que pour le roman : « *La poésie est grande* [...] *de ce qu'elle contient de réalité* » *(ibid.)*. La coïncidence imparfaite de « *deux images d'un même homme,* [...] *qui jouent* dans le temps, *dans la profondeur de la vie de cet homme* » *(ibid.)* produit un effet de « *stéréoscopie mentale* » dont l'auteur exploite les diffractions et les réfractions infinies, que ce soit à propos du peintre Géricault — devenu personnage de roman dans ***La Semaine sainte*** — ou de lui-même. Le réalisme, fût-il socialiste, ne se confond pas, pour Aragon, avec une certaine littérature édifiante, fondée sur l'opposition manichéenne des bons ouvriers et des méchants exploiteurs, et s'adressant à un lectorat convaincu d'avance : « *Rien ne me paraît plus fou* [...] *que de croire que la pensée d'un autre homme peut coïncider avec la mienne* [...]. *Un livre sans ombre est un nonsens, et ne mérite pas d'être ouvert* » (***Il faut appeler [...]***, in ***J'abats mon jeu***). Aragon avoue donc « *le crime d'aimer la littérature bourgeoise* », en ajoutant ironiquement : « *Fabrice del Dongo ou Frédéric Moreau n'étaient pas syndiqués* » (***Un perpétuel printemps***, *ibid.*). C'est cette attention aux « *chemins multiples de tous les hommes* » ***(Il faut appeler [...])*** qui fonde l'intérêt porté par l'écrivain non seulement aux « *sources françaises du réalisme socialiste* » — c'est-à-dire, selon lui, Rabelais, Montaigne, Saint-Simon, Stendhal ou Zola — mais encore à des romanciers peu suspects d'appartenir à son camp : de Sollers à Roblès, de Colette à Bastide, de Robbe-Grillet à Butor. Ainsi le concept moderne d'intertextualité pourrait-il s'appliquer à la sensibilité, constamment manifestée chez lui, « *à ces pauvres mots merveilleux laissés dans notre nuit par quelques hommes* [qu'Aragon n'a pas] *connus* » ***(Traité du style)***. Ne se contentant pas d'admirer Omar Khayyam, Saadi, Dante, Hafiz, Valmore, Keats, Machado, Whitman et bien d'autres, évoqués dans ***Les Poètes*** (1960), il s'efforce de les imiter et revendique des emprunts à Camoëns, La Fontaine ou Florian : « *Car j'imite. Plusieurs personnes s'en sont scandalisées. La prétention de ne pas imiter ne va pas sans tartuferie, et camoufle mal le mauvais ouvrier. Tout le monde imite. Tout le monde ne le dit pas* » ***(Arma virumque cano)***. Plus profondément, le contact avec d'autres œuvres fournit parfois à Aragon le fameux *incipit*, le germe de l'œuvre à venir qui s'ébauche, « *la foulée de son, le* la *transmis* » ***(Je n'ai jamais appris à écrire ou les Incipit)*** dont un roman entier pourra découler : « *Il suffit d'une phrase, d'une de ces phrases où la tête part, où c'est une histoire qui vous prend* » ***(J'abats mon jeu)***, pour vaincre « *l'inquiétude qui s'empare nécessairement de l'écrivain devant le caractère conventionnel que semble nécessairement prendre l'amorce, l'*incipit *de tout récit* » ***(Je n'ai jamais appris [...])***. Ainsi *Anna Karenine* aurait-il été inspiré à Tolstoï par une phrase de Pouchkine ; ainsi ***Les Aventures de Télémaque*** s'ouvrent-elles par un début emprunté presque mot pour mot à Fénelon. L'un des principes du réalisme socialiste consiste justement, selon Aragon, dans une sorte de caractère collectif de la création littéraire : « *Leur travail personnel vaut par cela qu'il s'insère dans le travail de tous les autres* », dit-il des romanciers, qu'il compare aux bâtisseurs des cathédrales médiévales ***(J'abats mon jeu)***. De même en poésie : « *Pour moi, je n'écris jamais un poème qui ne soit la suite de réflexions portant sur chaque point de ce poème, et qui ne tienne compte de tous les poèmes que j'ai précédemment écrits, ni de tous les poèmes que j'ai précédemment lus* » ***(Arma virumque cano)***. Cet aveu paradoxal sur le mécanisme de la création, dont la métaphore du théâtre dit toute la complexité dans ***Théâtre/Roman***, suggère la part essentielle prise par le dialogue avec d'autres auteurs — Shakespeare, Pouchkine et Maïakovski in ***La Mise à mort*** ; Hölderlin, Flaubert et Elsa Triolet in ***Blanche ou l'Oubli*** ; Racine et Corneille mais aussi Montchrestien in ***Théâtre/Roman*** — dans l'écriture intertextuelle d'Aragon. Ce goût de citer un texte *"pour en partir"* éclaire aussi la fameuse formule — qui sans cela resterait mystérieuse — de ***Je n'ai jamais appris [...]*** : « *Mes livres, je les ais lus.* » Aragon fonde ainsi sa théorie du « *contexte national* » : « *Une œuvre valable ne se produit pas comme le fruit isolé d'un homme de génie sans lien avec ses contemporains* » *(ibid.)*. En tant que poète, il veut s'inscrire dans « *la longue histoire du vers français,* [...] *sanglot organique et profond de la France* » ***(Arma virumque cano)***. Même le « *sens épique* » ne lui semble « *pas autre chose que le nom en poésie du sens national* » (***Les Poissons noirs. Préface*** au ***Musée Grévin***). Peu tenté par « *l'affreux peigne à dents cassées du vers libre* » *(ibid.)*, par ce « *vers aberrant, individuel, décomposé, qui a perdu ses caractéristiques chantantes et que le peuple ne peut entendre* » ***(J'abats mon jeu)***, il fait, comme Valéry, l'apologie des contraintes formelles, notamment celles du *clus trover*, de « *l'art fermé* » des poètes provençaux du XIIe siècle : « *Le même demi-siècle engendre le vers français, l'assonance, la rime, les mètres qui pour huit siècles régiront nos rêves, l'octosyllabe, l'alexandrin, le décasyllabe (dont on a dit qu'il était le plus essentiellement français de tous). En un mot il crée la langue et la forme françaises, invente les genres poétiques, en complique les lois et les modes, fait apparaître la distinction des rimes féminines et masculines, imagine les strophes, tous les raffinements de la poétique, si bien que les poètes du dix-neuvième siècle cherchant du nouveau ne feront, de Hugo à Verlaine, que réinventer les trouvailles du douzième : ils auront beau appeler d'un nom embourgeoisé, rimes riches, les rimes "chères" des trouvères, ils ne dépasseront jamais, même dans les jours mallarméens, ni dans l'orchestration poétique d'un René Ghil, les jeux anciens de l'art fermé, ils n'atteindront que rarement ces rimes de trois et quatre syllabes que Chrétien de Troyes appelait superbement rimes "léonines"* » (***La Leçon de Ribérac ou l'Europe française. Appendice I*** aux ***Yeux d'Elsa***). Aragon célèbre et pratique la poésie ainsi définie : « *L'art des vers est l'alchimie qui transforme en beautés les faiblesses* » ***(Arma virumque cano)***. « *Pensée humaine portée au comble de son intensité* » ***(J'abats mon jeu)***, la poésie ne saurait, en particulier, se passer de la rime, « *aujourd'hui désaffectée, petite église de campagne après la séparation* », déplore l'auteur du ***Traité du style***. Rime qui pourtant « *à chaque vers apporte un peu de jour,* [qui] *trace des chemins entre les mots* [...], *fait apercevoir entre eux une nécessité* » ***(La Leçon de Ribérac)***. Et rime dont Aragon soulignait ainsi le rôle dans sa propre poétique : « [...] *rien de ce qui touche la rime ne me laisse froid* » (***Sur une définition de la poésie. Appendice III*** aux ***Yeux d'Elsa***).

THÉORIE LITTÉRAIRE

Comme Hugo — qu'il admirait —, Aragon aura été l'homme de tout un siècle qu'il traversa et anima dans ses multiples engagements. Poète et romancier, mais aussi essayiste, journaliste et militant communiste, Aragon a laissé une œuvre considérable dont il faut mesurer la continuité et l'unité derrière la variété, voire les contradictions et les revirements. C'est essentiellement l'œuvre du dernier peut-être des grands réalistes de notre temps, qui prétendait, sans paradoxe, qu'on devait faire entrer la réalité dans le poème et qu'elle pouvait avoir besoin des ressources de la poésie pour se manifester dans le roman. Bâtard inconsolable qui trouva dans le double mythe d'Elsa et du communisme la famille qui lui avait été refusée, Aragon fut et reste à la fois un homme inévitablement controversé et un incontestable écrivain-né.

Un style éblouissant

Comme poète surréaliste, Aragon a contribué avec Breton au grand renouvellement métaphorique de la poésie, mais il a apporté à cette « *vague de rêves* » l'insolence souveraine et l'humour du ***Traité du style***, ainsi que les méandres élégants et les virevoltes d'une prose lyrique : « *On sait que le propre du génie est de fournir des idées aux crétins une vingtaine d'années plus tard.* » Prétendant que toute poésie est « *réinvention du langage* », c'est surtout comme versificateur qu'il a bouleversé les règles du poème, en mélangeant modernité (abandon de la ponctuation) et classicisme (prédilection pour la rime). À côté des vers libres des première et dernière périodes, il a employé toutes les variétés du mètre. Ainsi, ***Le Roman inachevé*** joue de l'éloquence de l'alexandrin :

Ils étaient vingt et trois quand les fusils fleurirent
Vingt et trois qui donnaient leur cœur avant le temps
Vingt et trois étrangers et nos frères pourtant
Vingt et trois amoureux de vivre à en mourir
Vingt et trois qui criaient la France en s'abattant

(***Strophes pour se souvenir***, in ***Le Roman inachevé***, 3)

de la « *respiration profonde* » des vers de 16 ou 18 syllabes :

La mer la mer au loin dans les vallons où le regard s'enfonce
Par les sentes là-bas vers des romans qu'on n'aura jamais lus

(***Une respiration profonde***, vv. 21-22, in ***Le Roman inachevé***, 1)

des strophes propices au chant :

Il n'aurait fallu
Qu'un moment de plus
Pour que la mort vienne
Mais une main nue
Alors est venue
Qui a pris la mienne

(***Il n'aurait fallu***, vv. 1 à 6,
in ***L'Amour qui n'est pas un mot***,
in ***Le Roman inachevé***, 3)

C'est à la souplesse de son chant qu'il plie les formes anciennes héritées des poétiques française ou arabe, et qu'il faut rapporter une poétique d'abord gouvernée par le souffle et la diction, soucieuse d'obtenir un enchaînement aussi naturel que possible des rythmes et des propos :

Un garçon ne fait pas toujours ce qu'il lui plaît
Par exemple La fille de la blanchisseuse
Je ne pouvais la voir comme je le voulais

Mal tenue Avec ça vulgaire et paresseuse
Fatal avec des gens qui n'ont pas de piano
Et ne peuvent jouer aux enfants la Berceuse
De Gounod

(***Les Beaux Habits du soir***, vv. 79 à 85,
in ***Le Téméraire***,
in ***Le Roman inachevé***, 1)

Jouant en virtuose de toutes les ressources poétiques, Aragon pousse le paradoxe jusqu'à intituler ***Prose du bonheur et d'Elsa*** un des poèmes les plus lyriques et les moins prosaïques, chant d'amour qui conclut ***Le Roman inachevé*** :

Sa première pensée appelle son amour
Elsa L'aurore a bruit du ressac des marées
Elsa Je tombe Où suis-je Et comme un galet lourd
L'homme roule après l'eau sur les sables du jour
Donc une fois de plus la mort s'est retirée
Abandonnant ici ce corps à réméré

Ce cœur qui me meurtrit est-ce encore moi-même
Quel archet sur ma tempe accorde un violon
Elsa Tout reprend souffle à dire que je t'aime
Chaque aube qui se lève est un nouveau baptême
Et te remet vivante à ma lèvre de plomb
Elsa Tout reprend souffle à murmurer ton nom

Le monde auprès de toi recommence une enfance
Déchirant les lambeaux d'un songe mal éteint
Et je sors du sommeil et je sors de l'absence
Sans avoir jamais su trouver accoutumance
À rouvrir près de toi mes yeux tous les matins
À revenir vers toi de mes déserts lointains

Tout ce qui fut sera pour peu qu'on s'en souvienne
En dormant mon passé que ne l'ai-je perdu
Mais voilà je gardais une main dans les miennes
Il suffit d'une main que l'univers vous tienne
Toi que j'ai dans mes bras dis où m'entraînes-tu
Douleur et douceur d'être ensemble confondues
[...]
Comme un battoir laissé dans le bleu des lessives
Un chant dans la poitrine à jamais enfoui
L'ombre oblique d'un arbre abattu sur la rive
Que serais-je sans toi qu'un homme à la dérive
Au fil de l'étang mort une étoupe rouie
Ou l'épave à vau-l'eau d'un temps évanoui

J'étais celui qui sait seulement être contre
Celui qui sur le noir parie à tout moment
Que serais-je sans toi qui vins à ma rencontre
Que cette heure arrêtée au cadran de la montre
Que serais-je sans toi qu'un cœur au bois dormant
Que serais-je sans toi que ce balbutiement
[...]
J'ai tout appris de toi sur les choses humaines
Et j'ai vu désormais le monde à ta façon
J'ai tout appris de toi comme on boit aux fontaines
Comme on lit dans le ciel les étoiles lointaines
Comme au passant qui chante on reprend sa chanson
J'ai tout appris de toi jusqu'au sens du frisson

J'ai tout appris de toi pour ce qui me concerne
Qu'il fait jour à midi qu'un ciel peut être bleu
Que le bonheur n'est pas un quinquet de taverne
Tu m'as pris par la main dans cet enfer moderne
Où l'homme ne sait plus ce que c'est qu'être deux
Tu m'as pris par la main comme un amant heureux
[...]
Le bonheur c'est un mot terriblement amer

Quel monstre emprunte ici le masque d'une idée
Sa coiffure de sphinx et ses bras de chimère
Debout dans les tombeaux des couples qui s'aimèrent
Le bonheur comme l'or est un mot clabaudé
Il roule sur la dalle avec un bruit de dés

Qui parle du bonheur a souvent les yeux tristes
N'est-ce pas un sanglot de la déconvenue
Une corde brisée aux doigts du guitariste
Et pourtant je vous dis que le bonheur existe
Ailleurs que dans le rêve ailleurs que dans les nues
Terre terre voici ses rades inconnues

(***Prose du bonheur et d'Elsa***,
vv. 1 à 24, 67 à 78 et 115 à 126,
in ***Le Roman inachevé***, 3)

Ce sens du rythme qui caractérise sa langue, cet « *idiome enchanteur* » évoqué par Claudel, se retrouvent aussi dans l'écriture romanesque, et notamment dans le « *parler syncopé* » qu'adopte le narrateur, une syntaxe de l'oral qui déborde les dialogues et gagne le récit, témoignant de la discursivité fondamentale de l'écriture aragonienne : « *À quoi rêve-t-il, César de Chatellux ? Son cheval le porte, il ferme les yeux. Il reçoit Charles de La Bédoyère... Nous aussi notre oncle nous avait fait élever avec Jean-Jacques Rousseau. Mais les plus belles paroles ne justifient point l'infidèle... / Ah, fermons aussi les yeux. J'y porte ma paume lassée, j'écrase une après l'autre mes paupières. Voilà que c'est l'avenir qui se forme dans ce demi-sommeil éveillé. Cette fois, non plus l'avenir d'un homme. Et laissez-moi la paix avec votre beau-frère, M. de Chatellux, je ne sais pas de quoi il peut avoir l'air, ce La Bédoyère qu'on fusillera. Et ce sera comme si on vous fusillait vous-même. Non, pas votre avenir à vous. Non, l'avenir de ce paysage sur lequel je viens de fermer les yeux* » (***La Semaine sainte***).

Ce sens aigu de la conversation dans l'écriture, autrement dit ce dialogisme, tisse les trames du « *mentir-vrai* » et explique le développement à grande échelle dans le roman de pratiques intertextuelles de toutes sortes, depuis le croisement des œuvres avec Elsa jusqu'au dialogue constant avec les écrivains (Fénelon, Zola, Diderot, Shakespeare, Montchrestien, Hölderlin, Flaubert). Chez Aragon, la lecture précède toujours l'écriture.

Une gloire controversée

Avec ses trois périodes, « *l'itinéraire d'Aragon* » a donné lieu à des interprétations contrastées, si bien qu'on a pu parler d'une « *énigme Aragon* » (Daniel Bougnoux). La révolte dada et surréaliste contre l'institution littéraire finit par être légitimée au moment où, en devenant écrivain communiste, Aragon choisit une autre stratégie du refus. Les œuvres de la deuxième période, marquées par l'engagement politique (romans du ***Monde réel***, poésie de la Résistance), posent le problème du double lectorat : pour les uns, le « public restreint » des lecteurs communistes, l'œuvre est celle d'un révolutionnaire qui invite à ne pas s'accommoder des injustices ; pour les autres, le « public élargi », l'œuvre est celle d'un stalinien qui n'a pas réussi à se démarquer de la passion de servir. Mais, dans sa troisième période, celle où Aragon opérait un bilan critique de sa vie et du stalinisme, la diversité de son œuvre, à la fois savante et populaire, suscita une admiration quasi unanime — à l'exception célèbre de Camus.

La postérité d'Aragon est longtemps restée marquée par l'intransigeance réciproque de ses admirateurs et de ses détracteurs — semblable d'ailleurs à celle dont lui-même, notamment à la tête des *Lettres françaises*, s'était montré aussi friand que coutumier, comme face à Gide après son *Retour d'U.R.S.S.* —, et qui suspectait d'anticommunisme primaire la moindre réserve à l'encontre du chantre d'Elsa ou, inversement, d'aveuglement partisan pour le stalinien orthodoxe le moindre mouvement d'enthousiasme pour l'écrivain : intransigeance aussi stérile et absurde que celle qui soupçonne d'antisémitisme tout lecteur élogieux de l'œuvre célinienne. Il a fallu attendre la disparition d'Aragon pour voir publier des biographies débarrassées des œillères hagiographiques jusqu'alors de mise : la célébration du centenaire de sa naissance, en 1997, s'est traduite par une floraison de publications de qualité — car sans complaisance ni concession —, attestant la vitalité de l'œuvre de celui qui ne fut pas seulement « *le Fou d'Elsa* », et qu'on ne cesse de redécouvrir, alors que les adaptations musicales de Brassens et de Ferrat ont depuis longtemps popularisé les vers du poète.

ŒUVRES

Aurélien

Roman publié à Fribourg chez Égloff en juin 1944, puis à Paris chez Gallimard en octobre de la même année. Il constitue le 4e tome du cycle ***Le Monde réel***, après ***Les Cloches de Bâle***, ***Les Beaux Quartiers***, ***Les Voyageurs de l'impériale***, et avant ***Les Communistes***.

Ce roman décrit l'épanouissement du sentiment amoureux d'un célibataire oisif, à partir du prénom d'une inconnue, Bérénice : « *La première fois qu'Aurélien vit Bérénice, il la trouva franchement laide.* [...] *Qu'elle se fût appelée Jeanne ou Marie, il n'y aurait pas repensé, après coup* » (chap. I). Deux trentenaires à l'allure sportive, issus de la bourgeoisie aisée et plaisant aux femmes sont au centre de cette chronique parisienne de l'entre-deux-guerres. Edmond Barbentane navigue dans le milieu des affaires et de la politique. Il a connu Aurélien Leurtillois sur le front, et le jette dans les bras de sa cousine Bérénice Morel, provinciale venue à Paris pour quelques jours. Ils fréquentent ensemble le salon de Mary de Perceval où le Tout-Paris s'amuse. Le milieu du spectacle (Cocteau, la tragédienne Rose Melrose) y côtoie celui de la jeune poésie surréaliste (Paul Denis) et de la musique d'avant-garde, ainsi que les peintres cubistes (Picabia décrit sous les traits de Zamora, Picasso). Cette société excentrique et insouciante semble conspirer à une brève et curieuse idylle entre Aurélien, le séduisant rentier, et Bérénice, la toute jeune épouse d'un pharmacien collectionneur d'assiettes. Un masque moulé sur le visage d'une noyée (« *l'inconnue de la Seine* »), sosie de Bérénice les yeux clos, masque qu'Aurélien a conservé dans sa garçonnière de l'île Saint-Louis, cristallise la poésie morbide de cette aventure sentimentale. La Seine reste un lien entre eux lorsque, par dépit, Bérénice accepte de vivre avec le jeune Paul Denis une liaison près de Giverny. Là, elle retrouve Aurélien par hasard : leur trouble laisse supposer une passion réciproque et inavouée. Séparés alors durant dix-sept ans, ils conservent en mémoire cet amour qui se teinte de nostalgie : « *Mais il faut à l'homme un certain taux de chimères. Il lui faut un rêve pour supporter la réalité. Ce rêve c'était Bérénice identifiée à toutes les idées nobles, à tout ce que le monde peut contenir de fier et de hautain* » (chap. LXVIII). L'épilogue situe les retrouvailles accidentelles et grotesques du capitaine Leurtillois et de la famille Morel en Charente, pendant la Seconde Guerre mondiale. Le temps a forgé chez Bérénice une conscience politique qu'Aurélien ne peut comprendre : marié, père de deux enfants, employé dans l'usine de son beau-frère, il s'est rangé. Une nuit, enivrés de cognac, ils font une promenade en voiture ; une automitrailleuse de l'ennemi touche Bérénice, qui meurt contre l'épaule d'Aurélien.

Le style indirect libre permet une contamination du ton des personnages à la voix du narrateur omniscient, qui privilégie la rêverie et la sensation.

Écrit de 1942 à 1944 pendant l'Occupation, période où Aragon était contraint à la clandestinité, ce roman d'amour ne défend pas de thèse idéologique : il observe un personnage d'« *ancien combattant* » déboussolé, qui emprunte des traits à Drieu La Rochelle, mais aussi, selon son propre aveu, à l'auteur lui-même. Il a été tièdement accueilli par les admirateurs de l'Aragon engagé.

Blanche ou l'Oubli

Roman en 3 parties non titrées — comportant respectivement 9, 10 et 4 chapitres titrés et numérotés —, publié à Paris chez Gallimard, en septembre 1967.

Ce long roman met en scène deux personnages principaux : une jeune fille des années 60, Marie-Noire (I, I, ***Ceci n'est pas un roman d'anticipation***), et l'un de ses amis, le narrateur, nommé Geoffroy Gaiffier, linguiste spécialiste des dialectes indonésiens, né la même année qu'Aragon (I, II, **Le je et le vous**). Leurs conversations, l'aventure de Marie-Noire et de Philippe, son amant, s'entretissent avec le discours omniprésent de Gaiffier, fait d'interrogations sur son propre passé : « *Est-ce bien cela, oublier ? Un cache-cache avec soi-même* » (I, III, ***Berceuse pour un éléphant***). Fidèle au principe du « *mentir-vrai* », il mêle allusions autobiographiques et fiction, personnages réels et imaginaires : ainsi Léon-Paul Fargue, qui semble appartenir aux deux catégories en même temps ; ou encore Joë Bousquet qui apparaît sous le nom de Jim Labadie, un poète infirme dont la chambre, pendant la guerre, est le refuge où l'on peut oublier l'Histoire. Marie-Noire devient momentanément narratrice (et Gaiffier personnage inventé par Marie-Noire), peut-être afin que Blanche puisse être nommée pour la première fois dans le livre (I, VII, ***Changer de dieu***). Elle suscite aussi une interrogation sur le « *moi* » du roman, « *tour à tour auteur et lecteur, le moi dont le pluriel est ce nous variable qui s'éteint si le roman cesse d'exister, ce nous extension du moi vers la mer ou la source, entre l'imagination et l'oubli* [...] » *(ibid.)*. Dans sa tentative d'expliquer comment son couple s'est défait, Gaiffier remonte à ce moment, à Java en 1931, où il n'a pas demandé à Blanche, sa femme, ce qu'elle écrivait en cachette (II, v, ***Ne dérangez pas M. Zitrone !***). Le linguiste fait l'amer constat de son incapacité à comprendre celle qu'il aimait : « *Même ce langage de nous, celui qui m'a formé le vivre à deux, au bout du compte était un mur de verre, un trompe-l'œil (ou l'oreille) par quoi l'échange est feint, les mots me reviennent, humiliés, comme d'avoir heurté la cloison qui nous sépare* » (II, VI, ***J'écoute seul ma langue intérieure***). Personnage inventé par un narrateur fictif — « *J'ai inventé Marie-Noire pour, par ses yeux, regarder Blanche sans souffrir* » (*ibid.*) —, Marie-Noire incarnerait l'écriture, médiatrice entre le moi et la mémoire, pour le temps de son inscription « noir sur blanc » : « *Marie-Noire est une hypothèse suffisante pour imaginer Java en 1930-1933, ou faire sentir le caractère spécifique quotidien de la période de septembre à février 1966* » (II, IX, ***Parenthèse-Hypothèse***). Les événements passés et présents, les faits du « *monde réel* » — le Front populaire, l'affaire Ben Barka, la révolution indonésienne, le passage d'une comète — sont brassés dans une réflexion sur le langage, qui se réfère à Darmesteter, Damourette et Pichon, Foucault, Popper, et s'illustre brillamment dans une longue rêverie sur le mot « *trèfle* » (III, I, ***Un perpétuel mourir***). Aragon emploie certains procédés chers au Nouveau Roman, dont il n'avait pas attendu la théorie pour en jouer auparavant, mais qui atteignent ici une grande virtuosité : l'exposition critique des techniques narratives, la mise en abyme, l'intertextualité proliférante — Flaubert, Hölderlin, Shakespeare, Stendhal, Goethe, Elsa Triolet, Roussel sont cités et commentés — jusqu'au palimpseste : la scène des retrouvailles avec Blanche reproduit celle de la fin de *L'Éducation sentimentale* (III, III, ***Une mèche de cheveux n'est pas une hypothèse***).

Dans ce roman mis en pièces, œuvre de bilan et de rupture (dix ans après Budapest), le thème amoureux reste central : l'amour qui unissait jadis Gaiffier et sa femme, et celui, moderne et observé avec un brin de scepticisme, de Philippe pour Marie-Noire. Se souvenant de son propre échec, Gaiffier écrivait : « *Il y a les bateaux qui font naufrage et ceux qui vont interminablement à la dérive. Tant de fois cela aurait pu donner un meurtre, et cela n'a fait que mendier un baiser* » (II, v). Le couple que forme symétriquement Marie-Noire et son amant finira, lui, dans le meurtre, moins sur le mode de la tragédie d'Othello que du fait divers lu dans les journaux du soir : « *Le drame de l'avenue Mozart* » (III, IV, ***Qui êtes-vous M. Bonheur ?***). Le retour du narrateur sur la Côte d'Azur à la recherche de Blanche, avec, comme guide Baedecker, son exemplaire de *Luna-Park* d'Elsa Triolet, la rencontre imprévue avec Philippe qui lui avoue avoir étranglé Marie-Noire... : les dernières pages jouent encore avec les codes du roman, voire du roman policier.

Au-delà du désenchantement envers l'engagement politique et la communication entre les êtres, de l'angoisse face à la vieillesse et à la solitude, ***Blanche ou l'Oubli*** manifeste surtout l'authentique liberté du romancier. Une parenthèse désinvolte suffit à la revendiquer : « *La science a encore fort à faire, avant de pouvoir intégrer dans ses classifications l'aventure humaine. Ce qui, dans ce domaine, lui échappe encore, porte le nom de* roman » (I, VI, ***Le Nom de la violette***). Si Aragon apprécie *Les Mots et les Choses* de Foucault, et rend hommage aux linguistes, il sourit de « *leurs efforts pour s'annexer le roman comme une prairie à leur labour* » (*ibid.*). Son écriture affranchie des contraintes narratives et réalistes marque une sorte de retour au premier Aragon, celui du ***Paysan de Paris***, et, par la grâce de l'oubli, renoue avec le jeu surréaliste : « *C'est extraordinaire, la vie : comme si on se faisait une bibliothèque pour y mettre le feu* » (*ibid.*).

Sans connaître le grand succès du cycle du ***Monde réel***, le livre sortit dans un contexte critique favorable qui en souligna la modernité : Sollers salua ce « *roman situé par rapport à la grande aventure intellectuelle de notre époque (la linguistique)* » (*Le Monde*, 13 sept. 1967).

Le *Paysan de Paris*

Récit poétique en 2 parties totalisant 17 sections, paru chez Gallimard, en 1926, et dont 2 extraits furent publiés dans la *Revue européenne* : ***Le Passage de l'Opéra***, en 1924, et ***Le Sentiment de la nature aux Buttes-Chaumont***, au printemps 1925. L'épilogue, ***Le Songe du paysan***, publié dans *La Révolution surréaliste* en avril 1925, compléta, avec la ***Préface à une mythologie moderne***, les deux textes précédents.

Sorte de paradoxal « *Paysan de Paris* », tel est l'arpenteur qui, posant un regard neuf sur le paysage parisien, découvre « *à la lumière moderne de l'insolite* » toute une « *mythologie moderne* » surgie à travers « *le merveilleux quotidien* » d'une ville. Du « *passage de l'Opéra* », avec ses galeries, jusqu'au « *Théâtre moderne* », la réalité laisse place aux songes, pour peu que le poète sache deviner, dans le désordre et la vulgarité de « *cet alhambra de putains* », les éléments d'une cohérence étrange, par laquelle ce monde se déréalise peu à peu pour s'ouvrir à un hommage lyrique et équivoque, à la blondeur, à la mort, à l'amour. L'errance au sein d'un lieu syncrétique devient un parcours initiatique au terme duquel le promeneur accomplit un chemin intérieur et

« converse avec ses facultés ». Pastichant le bateleur, le narrateur élabore la définition d'un nouveau surréalisme autour des textes centraux, la ***Fable des réalités***, la scène de ***L'homme converse avec ses facultés***, et surtout le ***Discours de l'imagination***. Avec ***Le Sentiment de la nature aux Buttes-Chaumont***, 2e partie du récit, le texte opère sa propre critique par le pastiche de la description topographique, l'emploi déréglé de la page, par les collages qui fragmentent l'ordre du récit. Avec l'apparition mystérieuse de la *« femme des Buttes-Chaumont »*, la fable philosophique se mue en hymne à l'amour. Paris, lieu de toutes les métamorphoses, épouse les sinuosités et les courbes nées des artifices du langage par lesquels s'insinue le désir : *« Mais ce que tu veux, ce que tu aimes, ce serpent sonore, c'est une phrase où les mots épris de tout toi-même aient l'inflexion heureuse, et le poids du baiser »* (XIV). L'embrasement fait place à l'apostrophe au lecteur (XVI) et à l'éditeur — Philippe Soupault (XVII) : le narrateur proteste de l'inachèvement de son projet *« d'exposer une imagination* [qu'il avait] *du divin, et des lieux où il se manifeste »*. Il tire sa propre leçon des *« erreurs »* que la narration a introduites en libérant les instincts, pour offrir un nouveau *« printemps »* créateur. *« Le Songe du paysan »* clôt le livre sur une explication théorique des fluctuations de la création poétique que le narrateur, réconcilié avec sa sensibilité profonde, revendique comme moyen de connaissance : *« poussez* [dit-il] *à la limite l'idée de la destruction des personnes, et dépassez-la. »*

Aragon avait tenté dans ***Anicet*** une exploration de l'inconscient en déchiffrant la topographie parisienne. Suivant la démarche de Breton dans *Les Pas perdus*, il suscite, par le langage, l'invention d'un imaginaire issu du réel le plus banal, mais, à l'inverse de Breton qui codifia cette démarche dans le *Manifeste du surréalisme*, Aragon illustre ici sa conviction que la création poétique ne procède pas d'un postulat. Soumis aux mouvements de la rêverie, aux variations de la pensée, le récit opère sa propre quête de sens par l'expérimentation des infinies possibilités du langage. Aragon réinvente pour lui-même une esthétique poétique, par l'utilisation de procédés littéraires comme le pastiche, l'*incipit*, la juxtaposition de dialogues, de saynètes. L'usage des prosopopées, citations, jeux de mots, le mélange d'archaïsmes et de préciosité, le jeu sur le classicisme des vers blancs en écho avec les anaphores, les collages d'articles de presse, publicitaires ou littéraires, confèrent au récit fragmenté sa puissante musicalité et son unité paradoxale dans la vision lyrique du monde, exaltée par les métaphores : *« Je me promène dans mes demeures mentales par le moyen de l'écriture. »* Aragon résout les tensions contradictoires entre la tentation d'*« abstractions vides »*, la gratuité d'une écriture exploitant les possibilités de sa propre logique poétique, et le pouvoir herméneutique du récit pour atteindre une réalité *« supérieure »*, une connaissance objective. Ainsi s'expriment les visées morales et métaphysiques d'un surréalisme qui procède moins, selon Aragon, de la *« voyance »* du présent pur que de la recherche de l'absolu, révélé par les forces de l'inconscient, car *« le mythe est une nécessité de l'esprit, le chemin de la conscience »* (XV). Dans ses oscillations entre l'abstraction et le lyrisme, le texte unissait deux visions antagonistes, entre la proclamation d'un surréalisme scintillant et un surréalisme emprunt de romantisme et de l'idéalisme allemand, sensible dans le mystérieux envoûtement produit sur le passant des Buttes-Chaumont par la *« nature »* et la rencontre de la femme. La recherche d'une *« vie poétique »* devient alors le véritable enjeu de l'écriture, par cet effet de rencontre amoureuse, parfait accord *« du réel et du merveilleux »*. Avec l'épilogue du ***Songe du paysan***, le récit bascule d'un kaléidoscope d'images d'une réalité *« concrète »* aux contours incertains, vers la recherche d'*« une plus réelle réalité »*.

Contemporain du *Manifeste du surréalisme* de Breton, ***Le Paysan de Paris*** tient une place centrale dans la fondation du surréalisme. Si ***Une vague de rêves*** (1924), apparut en son temps comme le *« manifeste »* d'Aragon, ***Le Paysan de Paris*** fut l'affirmation la plus étincelante de l'avant-garde, avant que le ***Traité du style*** (1928) n'introduise une critique radicale du mouvement surréaliste dans ses visées littéraires et politiques.

De fait, ***Le Paysan de Paris*** enchanta les premiers lecteurs, livrés au plaisir de parcourir des lieux chers aux surréalistes. S'il est aisé d'attribuer rétrospectivement à l'œuvre une esthétique *« réaliste »*, ce texte permet surtout de comprendre l'évolution d'Aragon depuis l'influence de la prose éclatée de Dada, l'approfondissement de l'analyse critique qui jalonna les étapes de la rupture avec le surréalisme en 1932, jusqu'au cycle romanesque du ***Monde réel***, avec notamment, ***Les Cloches de Bâle*** (1933) et ***Les Beaux Quartiers*** (1936).

Les ***Yeux d'Elsa***

Recueil composé d'un ensemble de 21 poèmes — titrés mais non numérotés, dont 4 constituent la section ***Les Nuits***, et 3, ***Les Plaintes*** — encadrés de textes théoriques et publié le 15 mars 1942, aux éditions de la Baconnière, en Suisse.

En guise de ***Préface***, ***Arma virumque cano*** [« *Je chante les armes et l'homme* » — premiers mots de l'*Énéide* de Virgile] est un art poétique qui traite des problèmes de la prosodie et du vers. Aragon y revendique « *l'héritage français des siècles* », jusque dans son emprunt à la « *poésie populaire* » de la chanson, dont il récuse tout usage « *folklorique* » : « *On nous scie les pieds avec le folklore ces temps-ci.* » Des 3 textes qui figurent dans l'***Appendice*** et poursuivent sa réflexion sur la langue poétique, le plus important est ***La Leçon de Ribérac ou l'Europe française*** (article paru en juin 1941 dans la revue *Fontaine*). Aragon fait l'éloge de l'héroïsme national à travers la suprématie des lettres françaises qui, au début du XIIe siècle, imposèrent l'éclat de leurs formes et l'élévation de la morale courtoise au reste de l'Europe. Dans l'exaltation du poète pour le Perceval justicier se lit l'enthousiasme pour un héroïsme de l'engagement, opposé à l'individualisme hédoniste du Parsifal de Wagner : « *Perceval est le porteur de vérité* [...]. *Il est l'incarnation la plus haute du Français, tel qu'on voudrait qu'il soit, tel qu'il est quand il est digne de ce nom.* » Dans les poèmes qui constituent la partie centrale du recueil, Aragon s'attache à réinventer une poésie amoureuse, sur le modèle de l'amour courtois médiéval, où domine l'éloge de la femme. Elle est à la fois symbole d'une liberté perdue et d'une patrie bafouée. ***Les Yeux d'Elsa***, poème liminaire, en donne l'illustration, avec son célèbre *incipit* : *Tes yeux sont si profonds qu'en me penchant pour boire / J'ai vu tous les soleils y venir s'y mirer / S'y jeter à mourir tous les désespérés / Tes yeux sont si profonds que j'y perds la mémoire*. Titre lui-même triplement répété au dernier vers de ce poème liminaire : *Il advint qu'un beau soir l'univers se brisa / Sur des récifs que les naufrageurs enflammèrent / Moi je voyais briller au-dessus de la mer / Les yeux d'Elsa les yeux d'Elsa les yeux d'Elsa* (vv. 37 à 40). Mais le portrait de l'aimée n'est pas désincarné, c'est avec une Elsa Triolet bien vivante que le poète dialogue dans le dernier poème du recueil, ***Cantique à Elsa*** : *Je te touche et je vois ton corps et tu respires / Ce ne sont plus les jours du vivre séparés / C'est toi tu vas tu viens et je suis ton empire / Pour le meilleur et pour le pire / Et jamais tu ne fus si lointaine à mon gré* (***1. Ouverture***, vv. 1 à 5). La poésie amoureuse est surtout un acte de résistance, vision accusatrice des horreurs de la guerre, comme dans les distiques de ***La Nuit de Dunkerque :*** *Les soldats ont creusé des trous grandeur nature / Et semblent essayer l'ombre des sépultures / Visages de cailloux Postures de déments / Leur sommeil a toujours l'air d'un pressentiment*. Et même appel voilé à l'insoumission, comme dans ***Plus belle que les larmes*** : *Vous pouvez condamner un poète au silence / Et faire d'un oiseau du ciel un galérien / Mais pour lui refuser le droit d'aimer la France, / Il vous faudrait savoir que vous n'y pouvez rien*.

De formes strophiques variées, les poèmes privilégient les alexandrins et les décasyllabes — sans oublier les octosyllabes —, avec un raffinement de la métrique et de la rime qui ressuscite l'art du « *clus trover* », l'art fermé des troubadours évoqué dans la ***Préface*** et vanté dans ***La Leçon de Ribérac***, et une prédilection pour l'allitération : *Aucun mot n'est trop grand trop fou quand c'est pour elle / Je lui songe une robe en nuages filés / Et je rendrai jaloux les anges de ses ailes / De ses bijoux les hirondelles / Sur la terre les fleurs se croiront exilées // Je tresserai mes vers de verre et de verveine / Je tisserai ma rime au métier de la fée / Et trouvère du vent je verserai la vaine / Avoine verte de mes veines / Pour récolter la strophe et t'offrir ce trophée* (***La Constellation***, vv. 1 à 10, in ***Cantique à Elsa***, 3). Leur musicalité évoque souvent la chanson (***Chanson de récréance***) ou la danse (l'***Elsa-Valse*** de ***Cantique à Elsa***).

Les textes de ce recueil ont été composés de décembre 1940 à février 1942. La plupart d'entre eux ont été publiés entre 1940 et 1942 dans des revues paraissant en zone libre (*Poètes casqués 40*, *Poésie 41*, *Fontaine*, *Les Cahiers du Rhône*) ou à l'étranger (*Tunis-Soir*, *Suisse contemporaine*), et connurent rapidement un public nombreux, sensible au message politique de cette poésie « *de contrebande* » : l'hebdomadaire *Candide* affirmait, en décembre 1942, que des milliers de lecteurs en savaient des vers par cœur. Le recueil fut bien accueilli par la critique suisse et française, même si on lui reprocha parfois son classicisme.

CITATIONS

Je dédie *Le Monde réel* à Elsa Triolet à qui je dois d'être ce que je suis, à qui je dois d'avoir trouvé, au fond de mes nuages, l'entrée du monde réel où cela vaut la peine de vivre et de mourir.

Dédicace, in *Les Beaux Quartiers*.

Il y a une chose qui est interdite aux critiques, c'est de déposer des commentaires le long des images.

Chronique du Bel-Canto.

Là commence la nouvelle romance. Ici finit le roman de chevalerie. Ici pour la première fois dans le monde la place est faite au véritable amour. Celui qui n'est pas souillé par la hiérarchie de l'homme et de la femme, par la sordide histoire des robes et des baisers, par la domination d'argent de l'homme sur la femme ou de la femme sur l'homme. La femme des temps modernes est née, et c'est elle que je chante. Et c'est elle que je chanterai.

Les Cloches de Bâle.

Il y a des livres qui ferment un monde. Ils sont un point final ; on les laisse ou on s'en va. Plus loin, ailleurs, n'importe. Il en est d'autres qui sont les portes de notre propre pays.

Les Cloches de Bâle.

L'extraordinaire du roman, c'est que pour comprendre le réel objectif, il invente d'inventer. Ce qui est *menti* dans le roman libère l'écrivain, lui permet de montrer le réel dans sa nudité. Ce qui est menti dans le roman est l'ombre sans quoi vous ne verriez pas la lumière. Ce qui est menti dans le roman sert de substratum à la vérité. On ne se passera jamais du roman, pour cette raison que la vérité fera toujours peur, et que le mensonge romanesque est le seul moyen de tourner l'épouvante des ignorantins dans le domaine propre au romancier. Le roman, c'est la clef des chambres interdites de notre maison.

Préface aux *Cloches de Bâle*
(in *Œuvres romanesques croisées*).

Ô mon amour ô mon amour toi seule existes
À cette heure pour moi du crépuscule triste
Où je perds à la fois le fil de mon poème
Et celui de ma vie et la joie et la voix
Parce que j'ai voulu te redire Je t'aime
Et que ce mot fait mal quand il est dit sans toi.

Le Crève-Cœur.

Jamais peut-être faire chanter les choses n'a été plus urgente et noble mission à l'homme, qu'à cette heure où il est le plus profondément humilié, plus entièrement dégradé que jamais. Et nous sommes sans doute plusieurs à en avoir conscience, qui aurons le courage de maintenir, même dans le fracas de l'indignité, la véritable parole humaine et son orchestre à faire pâlir les rossignols.

Le Crève-Cœur.

L'avenir de l'homme est la femme
Elle est la couleur de son âme
Elle est sa rumeur et son bruit
Et sans elle il n'est qu'un blasphème
Il n'est qu'un noyau sans le fruit
Sa bouche souffle un vent sauvage
Sa vie appartient aux ravages
Et sa propre main le détruit

Le Fou d'Elsa.

Si minutieux qu'ait pu être le travail de l'auteur pour, à chaque étape, restituer l'atmosphère historique des lieux, il ne suffit pas à y créer la vie, c'est-à-dire le roman. L'histoire linéaire, superficielle, ne suffit pas à donner la profondeur à ce qu'on appelle le roman. Il faut ici inventer, créer, c'est-à-dire mentir. L'art du roman est de savoir mentir.

J'abats mon jeu.

La critique devrait, en matière de littérature, être une sorte de pédagogie de l'enthousiasme.

J'abats mon jeu.

Il n'y a pas de lumière sans ombre. Un livre sans ombre est un non-sens, et ne mérite pas d'être ouvert. Rien n'est dangereux comme les belles images. C'est avec cela qu'on pervertit les esprits.

J'abats mon jeu.

Je crois encore qu'on pense à partir de ce qu'on écrit et pas le contraire.

Je n'ai jamais appris à écrire ou les Incipit.

Patrie également à la colombe ou l'aigle
De l'audace et du chant doublement habitée
Je vous salue ma France où les blés et les seigles
Mûrissent au soleil de la diversité.

Le Musée Grévin.

C'est à la poésie que tend l'homme.
Il n'y a de connaissance que du particulier.
Il n'y a de poésie que du concret.

Le Paysan de Paris.

La rose naît du mal qu'a le rosier
Mais elle est la rose.
[...]
Ce qu'il m'aura fallu de temps pour tout comprendre
Je vois souvent mon ignorance en d'autres yeux
Je reconnais ma nuit Je reconnais ma cendre

Ce qu'à la fin j'ai su comment le faire entendre
Comment ce que je sais le dire de mon mieux.

Le Roman inachevé.

On sait que le propre du génie est de fournir des idées aux crétins une vingtaine d'années plus tard.

Traité du style.

La vie est un voyageur qui laisse traîner son manteau derrière lui, pour effacer ses traces.

Les Voyageurs de l'impériale.

Mon amour tu es ma seule famille avouée, et je vois par tes yeux le monde et c'est toi qui me rends cet univers sensible et qui donnes sens en moi aux sentiments humains. Tous ceux qui, d'un même blasphème, nient et l'amour, et ce que j'aime, fussent-ils puissants à écraser la dernière étincelle de ce feu de France, j'élève devant eux ce petit livre de papier, cette misère des mots, ce grimoire perdu ; et qu'importe ce qu'il en adviendra, si, à l'heure de la plus grande haine, j'ai un instant montré à ce pays déchiré le visage resplendissant de l'amour.

Les Yeux d'Elsa.

JUGEMENTS

« Il aspirait fort honnêtement au sérieux et se prêtait une envergure qu'il n'avait pas. Je crois qu'il joue au grand homme de la même façon qu'à dix ans je galopais en pensée devant des Sioux. »

Georges BATAILLE, *Le Surréalisme au jour le jour*, in *Œuvres complètes*, t. VIII, Gallimard, posthume, 1976.

« Dès cette époque [1918], *il a vraiment tout lu. Une mémoire à toute épreuve lui retrace à longue distance les intrigues de romans innombrables. Sa mobilité d'esprit est sans égale, d'où peut-être l'assez grande laxité de ses opinions et, aussi, une certaine suggestibilité. Extrêmement chaleureux et se livrant sans réserve dans l'amitié. Le seul danger qu'il court est son trop grand désir de plaire.* Étincelant... [...] *Aragon ¿* [...] *il a toujours aimé les acrobates ; nul ne s'entend comme lui à prendre le vent ; vous n'avez pas décidé, même contre son avis, de gravir une colline qu'il est déjà au sommet... Le sentiment général, parmi nous, est qu'il reste très "littérateur" : même cheminement avec vous parmi les rues, il est rare qu'il vous épargne la lecture d'un texte achevé ou non. Fatalement ces textes en viennent à être de plus en plus à* effets *: tout comme il aime, en parlant dans les cafés, à ne rien perdre de ses attitudes dans les miroirs. À l'époque* [1924], *cela n'est tenu que pour un travers et ne porte qu'un léger préjudice à ses interventions, toujours remarquablement intelligentes et déliées. »*

André BRETON, *Entretiens (1913-1952)*, Gallimard, 1952.

« Aragon : tant et tant d'arrivisme pour arriver si peu ! »

Salvador DALÍ, *Les Cocus du vieil art moderne*, Grasset, 1956.

« Louis Aragon [...] *est un sentimental. J'imagine que c'est sans honte qu'il donne à son intelligence qui est grande, très grande, le droit de s'en apercevoir. »*

Robert DESNOS, *Nouvelles Hébrides (1922-1930)*, Gallimard, posthume, 1978.

« [...] *en France comme ailleurs, le communisme fait appel chez les individus, en même temps qu'à l'idéalisme et à l'ignorance, à un goût caché du pouvoir, qui peut être joint à une passion masochiste de la force. Aragon en est, dans la culture française, à la fois la victime la plus illustre et le manipulateur le plus accompli. »*

François FURET, *Le Passé d'une illusion. Essai sur l'idée communiste au XX*e *siècle*, chap. 11, Laffont/Calmann-Lévy, 1995.

« Un nouveau fascicule de Poésie 41 *m'apporte de surprenants poèmes d'Aragon. C'est, en poésie, ce que j'ai lu de mieux depuis longtemps et de plus authentiquement neuf. J'éprouve le besoin de l'écrire ici, car je n'avais pas du tout goûté ses derniers livres et craignais qu'il ne fût désormais à peu près perdu pour nous. »*

André GIDE, *Journal*, 20 juillet 1941, Gallimard, 1954.

« Ce qui [en 1937] *me surprit d'abord chez lui c'était son incroyable capacité de travail et d'organisation. Il dictait toutes les lettres, les corrigeait, s'en souvenait. Pas un détail ne lui échappait. Il restait de longues heures à travailler dans notre petit bureau. Et après, on le sait, il écrit de gros livres en prose et sa poésie est la plus belle de la langue française. Je l'ai vu corriger les épreuves de traductions qu'il venait de faire du russe et de l'anglais, et les refaire sur le même papier d'imprimerie. Il s'agit, en vérité, d'un homme prodigieux* [...]. *»*

Pablo NERUDA, *J'avoue que j'ai vécu*, trad. franç. Claude COUFFON, Messidor/Temps actuels, 1975.

« Dans la litanie amoureuse d'Aragon, la réduction de soi, l'écrasement de soi, la réification de soi descendent sans relâche vers la mortification volontaire, tous les degrés de la vie. »

Claude ROY, *Nous*, Gallimard, 1972.

« Autant Breton était sur ses gardes, autant Aragon cherchait à plaire. Et il plaisait. Trop peut-être... [...]
Aragon était le plus généreux des hommes, jusqu'à la prodigalité, et d'une fidélité exemplaire. J'admirais sa facilité, son étonnante virtuosité qu'on ne lui pardonnait pas parce

qu'on l'enviait. Il refusait les avantages qu'on lui proposait. Il aurait pu, s'il avait voulu, être, selon ses chefs de clinique, un très bon médecin.
[...]
Aragon étourdissant, infatigable "parleur", détecteur de l'insolite à tous les coins de rue. Il faisait toujours de grands gestes et ne pouvait s'empêcher de se regarder dans toutes les glaces et tous les miroirs. »

Philippe SOUPAULT, *Mémoires de l'oubli*, t. I. *1914-1923*, Lachenal et Ritter, 1981.

BIBLIOGRAPHIE

Éditions

Les œuvres d'Aragon sont publiées soit chez Gallimard soit chez Stock.

L'Œuvre poétique, éd. J. RISTAT, Stock, 1997, 7 vol.

Œuvres romanesques complètes, éd. D. BOUGNOUX, « Pléiade », Gallimard, 1997 et 2000, 2 vol.

E. TRIOLET/L. ARAGON, *Œuvres romanesques croisées*, Laffont, 1964 à 1974, 42 vol.

Aurélien, éd. M. MEYER, « Folio Plus », Gallimard, 1996.

Chroniques I. 1918-1932, éd. B. LEUILLIOT, Stock, 1998.

La Défense de l'Infini, éd. L. FOLLET, Gallimard, 1997.

Le Paysan de Paris, « Folio », Gallimard, 1978.

Pour expliquer ce que j'étais, Gallimard, posth., 1989.

L. ARAGON, E. TRIOLET, J. PAULHAN, *Le Temps traversé. Correspondance 1920-1964*, « Cahiers de la *NRF* », Gallimard, 1994.

Les Yeux d'Elsa, Seghers, rééd. 1995.

Études

O. BARBARANT, *Aragon, La Mémoire et l'Excès*, « Champ poétique », Champ Vallon, 1997.

J. BERNARD, *La Permanence du surréalisme dans le cycle du « Monde réel »*, Corti, 1984.

L. BRIK, E. TRIOLET, *Correspondance 1921-1970*, éd. L. ROBEL, Gallimard, 2000.

Ph. CAUBÈRE, *Le Communiste et le Fou*, Belles Lettres, 1997.

J. CHÉNIEUX-GENDRON, *Le Surréalisme et le Roman*, L'Âge d'Homme, Lausanne (CH), 1983.

P. DAIX, *Aragon, une vie à changer*, Seuil, 1975, rééd. sous le titre *Aragon*, Flammarion, 1994.

D. DESANTI, *Les Clés d'Elsa. Aragon-Triolet*, Ramsay, 1988 ; *Elsa-Aragon, le Couple ambigu*, Belfond, 1994 ; *Les Aragonautes. Les Cercles du poète disparu*, Calmann-Lévy, 1997.

Fr. FERNEY, *Aragon, la seule façon d'exister*, Grasset, 1997.

L. FOLLET, *« Aurélien » : le fantasme et l'Histoire*, Éditeurs français réunis, 1980, rééd. Belles Lettres, 1985.

C. HAROCHE, *L'Idée de l'amour dans « Le Fou d'Elsa » et dans l'œuvre d'Aragon*, Gallimard, 1966.

P. HULIN, *Elsa et Aragon. Souvenirs croisés*, Ramsay, 1997.

B. LECHERBONNIER et J. GIRAULT (dir.), *Les Engagements d'Aragon*, Université Paris XIII, L'Harmattan, 1997.

N. PIEGAY-GROS, *L'Esthétique d'Aragon*, SEDES, 1997.

J. RISTAT, *Aragon, Commencez par me lire !*, « Découvertes », Gallimard, 1997 ; *Album Aragon*, « Pléiade », Gallimard, 1997 ; *Aragon : sur Henri Matisse*, entretiens avec J. RISTAT, Stock, 1999 ; *Pour en finir avec Aragon*, Stock, 1999.

A. SMILEY, *L'Écriture de la Terre dans l'œuvre romanesque d'Aragon*, Champion, 1994.

V. STARASELSKI, *Aragon l'Inclassable*, L'Harmattan, 1997.

F. TAILLANDIER, *Aragon, 1897-1982 « Quel est celui qu'on prend pour moi ? »*, Fayard, 1997.

C. TRÉVISAN, *« Aurélien » d'Aragon. Un « nouveau mal du siècle »*, Annales littéraires de l'Université de Besançon, 1996 ; *id.* (dir.), « Aragon. Le Souci de soi », in *Textuel*, n° 35, Université Paris VII, 1999.

M. VASSEVIÈRE, *Aragon romancier intertextuel*, L'Harmattan, 1998.

Revue *Aragon* du CNRS, *Recherches croisées Aragon-Elsa Triolet*, Annales littéraires de l'Université de Besançon, depuis 1989.

Lire Aragon, actes du colloque du centenaire Aragon, Champion, 2000.

ARTAUD

Antonin ARTAUD
Antoine Marie Joseph ARTAUD
Écrivit aussi sous le pseudonyme de John FORESTER et la signature *« le révélé »*.

Marseille 1896 – Ivry-sur-Seine (act. Val-de-Marne) 1948

« Étouffant dans son informe solitude, Artaud l'a vaincue pourtant, puisque sa parole nous ébranle au plus profond de l'âme et de la chair. »
Gaëtan PICON, *Panorama de la nouvelle littérature française*, Gallimard, rééd. 1960.

« Antonin Artaud, un écrivain surréaliste, je crois [...]. *»*
Paul LÉAUTAUD, *Journal littéraire*, 7 mai 1934, Mercure de France, rééd. 1986.

La vie déchirée d'un écorché vif

Une jeunesse maladive

Né dans une famille aisée d'armateurs d'origine grecque — son père était capitaine au long cours, et sa mère Euphrasie Nalpas, était native de Smyrne —, Artaud, aîné de 9 enfants dont 6 moururent en bas âge, contracta, à l'âge de 5 ans, une fièvre cérébrale — probablement une méningite — qui lui laissa une fragilité nerveuse et des douleurs mal diagnostiquées. Dès 1915, il dut se soumettre à des séjours répétés dans des hôpitaux psychiatriques et à l'usage de plus en plus massif de l'opium. Le Dr Toulouse, directeur de l'hôpital psychiatrique de Villejuif, perçut le génie de son patient et lui ouvrit les portes de la littérature. Artaud, au contact de Lugné Poe, découvrit qu'il voulait être acteur — il était physiquement très beau, et son regard, intense, « crevait l'écran » — et débuta à L'Œuvre en 1920, avec un rôle muet dans *Les Scrupules de Sganarelle* de Henri de Régnier. Chez Dullin, au Théâtre de l'Atelier, il se fit remarquer par la critique dans plusieurs productions et rencontra le grand amour de sa vie, Genica Athanasiou, une jeune comédienne roumaine. Leur liaison passionnée dura quatre ans, jusqu'à la découverte du surréalisme par Artaud : Genica inaugurait une vie de rencontres soit amoureuses, soit amicales mais toujours passionnelles, et qui, d'Anaïs Nin à Paule Thévenin en passant par Cécile Schramme — brièvement fiancée à Artaud en 1937 —, Anne Manson et Marthe Robert, entre bien d'autres, confirmèrent l'intensité et la complexité des relations du comédien-écrivain avec les femmes. Artaud rejoignit les Pitoëff et fit du cinéma sans toutefois négliger l'écriture : ***Tric-trac du ciel*** parut en 1922, édité par le mécène Daniel-Henry Kahnweiler qu'Artaud avait connu grâce à ses amis peintres Mir, Masson, Lascaux. La rencontre de Jacques Rivière, directeur de la *NRF*, qui, dans une lettre du 1er mai 1923, refusa de publier ses poèmes, fut décisive pour l'artiste. Dans 6 lettres étalées sur une année (entre le 5 juin 1923 et le 6 juin 1924), Artaud exprima ses angoisses sur sa difficulté à traduire en mots sa pensée. Alors que Rivière insistait sur la possibilité de cerner une idée dans des formes littéraires, Artaud, convaincu que *« toute l'écriture est de la cochonnerie »* ***(Le Pèse-Nerfs)***, décrivait l'*« effondrement central de l'âme »*, l'impossibilité de fixer sa pensée et affirmait son droit de tout dire au nom de son énorme souffrance : *« Je suis un homme qui a beaucoup souffert de l'esprit, et à ce titre j'ai le* droit *de parler. Je sais comment ça se trafique là-dedans »* (post-scriptum à la lettre du 29 janv. 1924, à Jacques Rivière).

L'expérience du surréalisme

En 1924, Artaud entra en contact, grâce à André Masson, avec le surréalisme qu'il définissait non pas comme *« une forme poétique »* mais comme *« un cri de l'esprit qui retourne vers lui-même et est bien décidé à broyer désespérément ses entraves »*. En janvier 1925, il devint le directeur de la Centrale du Bureau de recherches surréalistes et rédigea presque entièrement le 3e numéro (15 avr. 1925) de *La Révolution surréaliste* qui annonçait en couverture *« 1925 : la fin de l'ère chrétienne »* : il y publia anonymement des textes qui montraient son refus radical de la société, notamment une ***Lettre aux recteurs des universités européennes***, contre la logique occidentale, une ***Adresse au Pape*** (*« Au nom de la patrie, au nom de la famille, tu pousses à la vente des âmes, à la libre trituration des corps »*), une ***Adresse au Dalaï Lama***, une ***Lettre aux Écoles de Bouddha*** — où il invoquait la pureté de l'*« esprit »* oriental contre la putréfaction de la raison occidentale —, enfin une ***Lettre aux médecins-chefs des asiles de fous***, que l'on peut considérer comme le premier manifeste de l'antipsychiatrie : *« Nous ne nous étonnons pas de vous trouver inférieurs à une tâche pour laquelle il n'y a que peu de prédestinés. Mais nous nous élevons contre le droit attribué à des hommes, bornés ou non, de sanctionner par l'incarcération perpétuelle leurs investigations* *dans le domaine de l'esprit.* » C'est dans le 2e numéro de *La Révolution surréaliste* (15 janv. 1925) qu'Artaud avait fait paraître sa réponse à une « *enquête* » de la revue qui posait la question : « *Le suicide est-il une solution ?* » Réponse mémorable, en son début comme en sa fin : « *Non, le suicide est encore une hypothèse. Je prétends avoir le droit de douter du suicide comme de tout le reste de la réalité.* Il faut *pour l'instant et jusqu'à nouvel ordre douter affreusement non pas à proprement parler de l'existence, ce qui est à la portée de n'importe qui, mais de l'ébranlement intérieur et de la sensibilité profonde des choses, des actes, de la réalité.* [...] *Je souffre affreusement de la vie. Il n'y a pas d'état que je puisse atteindre. Et très certainement je suis mort depuis longtemps, je suis déjà suicidé.* On *m'a suicidé, c'est-à-dire. Mais que penseriez-vous d'un* suicide antérieur, *d'un suicide qui nous ferait rebrousser chemin, mais de l'autre côté de l'existence, et non pas du côté de la mort. Celui-là seul aurait pour moi une valeur. Je ne sens pas l'appétit de la mort, je sens l'appétit* du ne pas être, *de n'être jamais tombé dans ce déduit d'imbécillités, d'abdications, de renonciations et d'obtuses rencontres qui est le moi d'Antonin Artaud, bien plus faible que lui. Le moi de cet infirme errant et qui de temps en temps vient proposer son ombre sur laquelle lui-même a craché, et depuis longtemps, ce moi béquillard, et traînant, ce moi virtuel, impossible, et qui se retrouve tout de même dans la réalité. Personne comme lui n'a senti sa faiblesse qui est la faiblesse principale, essentielle de l'humanité. À détruire, à ne pas exister.* »

Avec les recueils ***L'Ombilic des Limbes*** et ***Le Pèse-Nerfs*** (1925), formellement très disparates, Artaud renonçait à l'idée même d'une œuvre :

> *Là où d'autres proposent des œuvres je ne prétends pas autre chose que de montrer mon esprit.*
> *La vie est de brûler des questions.*
> *Je ne conçois pas d'œuvre comme détachée de la vie.*
> *Je n'aime pas la création détachée. Je ne conçois pas non plus l'esprit comme détaché de lui-même. Chacune de mes œuvres, chacun des plans de moi-même, chacune des floraisons glacières de mon âme intérieure bave sur moi.*
>
> (***L'Ombilic des Limbes***, *incipit*)

Pour lui, il s'agissait d'enregistrer, dans des formes éclatées, les procédés de la pensée d'un sujet fragmentaire créant une langue qui ne les falsifiât pas :

> *Il me manque une concordance des mots avec la minute de mes états.*
> [...]
> *Je me considère dans ma minutie. Je mets le doigt sur le point précis de la faille, du glissement inavoué. Car l'esprit est plus reptilien que vous-même* [sic], *Messieurs, il se dérobe comme les serpents, il se dérobe jusqu'à attenter à nos langues, je veux dire à les laisser en suspens.*
> *Je suis celui qui a le mieux senti le désarroi stupéfiant de sa langue dans ses relations avec la pensée. Je suis celui qui a le mieux repéré la minute de ses plus intimes, de ses plus insoupçonnables glissements. Je me perds dans ma pensée en vérité comme on rêve, comme on rentre subitement dans sa pensée. Je suis celui qui connaît les recoins de la perte.*
>
> ***(Le Pèse-Nerfs)***

L'exclusion d'Artaud du groupe surréaliste, en novembre 1926, annoncée dans le document *Au grand jour* et justifiée par la prétendue violence de ses écrits, coïncida avec l'adhésion de ses amis au parti communiste. Dans ***À la grande nuit ou le Bluff surréaliste*** (été 1927), Artaud répondit que le seul véritable changement était celui « *qui ne pouvait normalement se dérouler que dans le cadre intime du cerveau* ». À « *l'optimisme béat* » des surréalistes, il opposait son pessimisme intégral. Néanmoins, même après la rupture, certains textes d'Artaud furent encore publiés dans *La Révolution surréaliste*, et des réconciliations passagères semblèrent se dessiner à l'occasion des manifestations contre Claudel, ou contre la réalisation, par Germaine Dulac, du scénario d'Artaud ***La Coquille et le Clergyman*** (1927) : « *La peau humaine des choses, le derme de la réalité, voilà avec quoi le cinéma joue d'abord.* » Mais les conflits se ravivèrent avec l'affaire du *Songe* de Strindberg (1928), lorsque, pour empêcher les interventions des anciens camarades au cours de la représentation, Artaud et Robert Aron n'hésitèrent pas à appeler la police.

Le cofondateur du Théâtre Alfred Jarry

En 1926, aidé par le Dr Allendy, psychiatre et psychanalyste chez qui il fut en traitement jusqu'en 1927, Artaud, avec Vitrac et Aron, se lança dans l'aventure du Théâtre Alfred Jarry pour développer un théâtre du rêve et du grotesque dont Jarry avait ouvert le chemin. Le ***Premier Manifeste du Théâtre Alfred Jarry***, publié par Paulhan dans la *NRF*, définit une nouvelle idée de cet art : « *Si nous faisons du théâtre ce n'est pas pour jouer des pièces mais* *pour arriver à ce que tout ce qu'il y a d'obscur dans l'esprit, d'enfoui, d'irrévélé se manifeste en une sorte de projection matérielle.* » Le théâtre devient ainsi le lieu de la vie, du danger, du risque : « *Le spectateur qui vient chez nous sait qu'il vient s'offrir à une opération véritable, où non seulement son esprit mais ses sens et sa chair sont en jeu. Il ira désormais au théâtre comme il va chez le chirurgien ou le dentiste.* » Ils ne réussirent à monter que 4 séries de spectacles : ***Ventre brûlé ou la Mère folle*** d'Artaud, *Les Mystères de l'amour* de Vitrac, *Gigone* de Max Robur (pseudonyme de Robert Aron), en juin 1927 ; *La Mère* de Pudovkin, le troisième acte de *Partage de Midi* de Claudel — représenté sans la permission de l'auteur qui fut appelé « *infâme traître* » —, le 14 janvier 1928 ; *Le Songe* de Strindberg, en juin 1928 ; *Victor ou les Enfants au pouvoir* de Vitrac les 28 et 29 décembre 1928 et le 5 janvier 1929.

Du cinéma au « *théâtre total* »

Grâce à son oncle maternel, producteur influent, Artaud fit du cinéma pour gagner sa vie : il tint des rôles remarquables dans *Napoléon* (1927) de Gance — Marat — et *La Passion de Jeanne d'Arc* (1928) de Dreyer — Jean Massieu — notamment, tournant une demi-douzaine de films entre 1924 et 1934. Le cinéma l'intéressait parce qu'il permettait de traduire en images les mouvements du rêve et d'états psychiques complexes : « *Le cinéma se rapprochera de plus en plus du fantastique, ce fantastique dont on s'aperçoit toujours plus qu'il est en réalité tout le réel, ou alors il ne vivra pas* » ***(Sorcellerie et Cinéma)***. Aussi Artaud écrivit-il plusieurs scénarios, mais le théâtre resta le champ privilégié de sa recherche expressive : « *Créer des Mythes voilà le véritable objet du théâtre, traduire la vie sous son aspect universel.* »

En 1931, à l'occasion de l'exposition coloniale de Vincennes, Artaud assista à des danses balinaises dans lesquelles toutes ses idées sur le théâtre comme manifestation non-verbale et magique semblaient se réaliser : la *NRF* publia, en 1931, son article ***Sur le théâtre Balinais***. Le financement du *Woyzeck* de Büchner, bien que soutenu par Paulhan, échoua après la publication, dans la *NRF* en 1932, des 2 manifestes du ***Théâtre de la cruauté*** où Artaud affirmait que le théâtre, étant un art visuel, devait se passer du texte écrit et renouer avec la cruauté physique originelle : « *Sans un élément de cruauté à la base de tout spectacle, le théâtre n'est pas possible. Dans l'état de dégénérescence où nous sommes c'est par la peau qu'on fera rentrer la métaphysique dans les esprits.* » Le théâtre de la cruauté a parfois engendré des malentendus. Par cette formule, Artaud entendait exercer une rigueur vis-à-vis de soi-même pour confronter le spectateur à une « *action vraie, mais sans conséquences pratiques* », plutôt que de recourir à la violence physique sur scène : l'image d'un crime est, pour l'esprit, « *infiniment plus redoutable que ce même crime réalisé* ». Les idées sur la fonction de la cruauté, intellectuelle et non physique, proche de « *la terreur qui accompagne les rêves* », se retrouvèrent aussi dans ***Héliogabale, ou l'Anarchiste couronné*** (1934) — peut-être l'œuvre la plus autobiographique d'Artaud : « *L'Anarchie, au point où Héliogabale la pousse, c'est de la poésie réalisée.* » ***Héliogabale*** fut publié chez Denoël, qui tentait ainsi de « prendre » Artaud à Gaston Gallimard et dont il édita ensuite ***La Race des hommes perdus*** (sous le pseudonyme de John Forester) et ***Les Nouvelles Révélations de l'Être*** (sous la signature « *le révélé* »).

La lucidité métaphysique qui soutient le théâtre de la cruauté orientait aussi la pièce ***Les Cenci*** (1935), mêlant la tragédie de Shelley à la chronique de Stendhal. Le comte Cenci ne fait que révéler la loi cruelle qui régit le monde : « *Je suis une force de la nature. Pour moi, il n'y a ni vie, ni mort, ni dieu, ni inceste, ni repentir, ni crime. J'obéis à ma loi.* » Le classicisme apparent de cette tragédie, souvent reproché à Artaud, est contrecarré par l'utilisation démesurée des sons et des bruits — les cloches d'Amiens retransmises par haut-parleurs dans la salle lors des 17 représentations — qui créent chez le spectateur l'état d'hallucination et de peur théorisé dans les manifestes et dans les ***Lettres sur la cruauté*** adressées à Paulhan.

Du Mexique à l'Irlande

Dégoûté par l'insuccès de la pièce, Artaud décida de quitter la France. Paulhan obtint pour lui une aide ministérielle qui lui permit de se rendre au Mexique où il voulait étudier la culture précolombienne et le culte du peyotl. Le voyage au pays des Tarahumaras fut pénible — Artaud, malade, pour se préparer au peyotl, avait abandonné toute autre drogue —, mais l'expérience décisive de l'au-delà était enfin expérimentée à vif : « *On a vu d'où l'on vient et qui l'on est et on ne doute plus de ce qu'on est.* » Les textes relatifs à ce voyage, écrits entre 1936 et 1948, ne furent publiés qu'en 1955, sous le titre ***D'un voyage au pays des Tarahumaras*** — usuellement abrégé en ***Les Tarahumaras*** —, et dont certains se signalaient par leur violence : « *Ce n'est pas Jésus-Christ que je suis allé chercher chez les Tarahumaras mais moi-même, moi, M. Antonin Artaud, né le 4 septembre 1896 à Marseille, 4, rue du Jardin-des-Plantes, d'un utérus où je n'avais que faire et dont je n'avais rien eu à faire même avant, parce que ce n'est pas une façon de naître, que d'être copulé et masturbé neuf mois par la membrane, la membrane bâillante qui dévore sans dents comme disent les* UPANISHADS, *et je sais que j'étais né autrement, de mes œuvres et non d'une mère, mais la* MÈRE *a voulu me prendre et vous en voyez le résultat dans ma vie.* »

Le retour à Paris coïncida avec une crise profonde. Les bouffées de délire — délire de persécution — s'intensifièrent, ainsi que les obsessions des signes et des pratiques magiques et religieuses. Artaud étudia le tarot. En 1937, deux semaines avant un voyage en Irlande, il publia, sans autre nom d'auteur que « *le révélé* », ***Les Nouvelles Révélations de l'Être***, où il décrivait une vision de destruction apocalyptique : « *Notre destin à tous est un Destin de Mort. Un cycle du Monde est achevé.* » Il partit pour l'Irlande dans l'intention de ramener ce qu'il considérait comme la canne de saint Patrick. Au cours du voyage de retour — retour forcé : la police de Dublin le « réexpédia » pour des raisons mal éclaircies — en France, fin 1937, ses crises empirèrent. « Accueilli » au Havre avec une camisole de force, il fut interné à l'asile psychiatrique de Quatremare, à Sotteville-lès-Rouen, avant d'être transféré à Sainte-Anne, à Paris, en avril 1938, deux mois après la parution du ***Théâtre et son Double***.

Avec la publication du ***Théâtre et son Double***, recueil de textes dont les plus anciens remontaient à 1931, s'achevait un cycle éditorial qui avait vu un artiste toujours souffrant — parfois jusqu'à la folie — multiplier les créations les plus diverses. À partir de 1938, la vie et l'œuvre d'Artaud sombrèrent dans l'enfer de l'aliénation.

L'aliénation finale

De 1938 à 1942, les asiles « parisiens » de Sainte-Anne puis Ville-Évrard (act. Seine-Saint-Denis) furent le cadre d'un homme considéré comme incurable. En février 1943, grâce à Desnos, Artaud arriva à Rodez, en zone libre, chez le Dr Ferdière : il expliqua qu'Antonin Artaud était mort et qu'il s'appelait Antonin Nalpas — du nom de jeune fille de sa mère. De 1943 à 1945, il subit de nombreux électrochocs qui le jetèrent dans un désespoir profond dont témoignèrent les lettres à Henri Parisot, où il affirme sa volonté de vivre la poésie, et ses ***Lettres de Rodez*** (1946). En 1945, il reprit les contacts avec le monde : Marthe Robert et Arthur Adamov s'employèrent à négocier sa sortie de l'asile, qui fut effective à la fin de 1946. Pour permettre à Artaud de vivre une fois rentré à Paris, un comité se forma — qui comprenait Picasso, Giacometti, Sartre, Masson, Arp, Léger, Braque, Duchamp, Gide, Eluard, Char, Tzara, Supervielle —, et un gala fut organisé par Barrault, Blin, Dullin, Jouvet, Cuny et Vilar. Artaud lut ses poèmes au Vieux-Colombier : ce fut ***Artaud le Mômo***, où l'obsession d'un corps dispersé se traduisait en onomatopées niant tout langage structuré. À l'occasion d'une rétrospective, il écrivit ***Van Gogh ou le Suicidé de la société*** (1947) comme un acte d'accusation contre la psychiatrie : « *Un aliéné est aussi un homme que la société n'a pas voulu entendre et qu'elle a voulu empêcher d'émettre d'insupportables vérités.* » Invité à lire ses poèmes à la radio, Artaud enregistra l'émission ***Pour en finir avec le jugement de Dieu***, qui ne fut toutefois pas diffusée — notamment en raison de certaines affirmations :

> *Là où ça sent la merde*
> *Ça sent l'être.*
>
> (***La Recherche de la fécalité***, in ***Pour en finir avec le jugement de Dieu***)

Atteint d'un cancer diagnostiqué trop tard, Artaud dicta à Paule Thévenin ses derniers textes, ***Suppôts et Suppliciations***, où, pour lutter contre le danger du style, il aboutit à une écriture onomatopéique. Il mourut à l'hôpital d'Ivry, à moins de 52 ans.

THÉORIE LITTÉRAIRE

En matière de théorie littéraire, les positions d'Artaud concernent le théâtre et ont été rassemblées dans ***Le Théâtre et son Double*** (1938). Il s'agit d'abord de dénoncer une culture occidentale coupable de s'être éloignée de la vie réelle et physique, à force de promouvoir un théâtre chargé seulement de « *résoudre des conflits sociaux ou psychologiques, de servir de champ de bataille à des passions morales* » (***Théâtre oriental et Théâtre occidental***, in ***Le Théâtre et son Double***). Il s'agit aussi de renoncer à l'alternative extrême du divertissement lucratif et du chef-d'œuvre édifiant, qui ont en commun une désastreuse inclination pour la parole, aux dépens de la mise en scène : « [...] *un théâtre qui soumet* *la mise en scène et la réalisation, c'est-à-dire tout ce qu'il y a en lui de spécifiquement théâtral, au texte, est un théâtre d'idiot, de fou, d'inverti, de grammairien, d'épicier, d'anti-poète et de positiviste, c'est-à-dire d'Occidental* » (**La Mise en scène et la Métaphysique**, *ibid.*). Il s'agit enfin de promouvoir un « *théâtre total* », c'est-à-dire et mental et physique — et non pas uniquement métaphysique —, seul à même de libérer, chez les acteurs comme chez les spectateurs, la « *cruauté* » magique de leurs pulsions originelles — refoulées dans le théâtre occidental, mais préservées dans le théâtre extrême-oriental : « *La révélation du théâtre Balinais a été de nous fournir du théâtre une idée physique et non verbale, où le théâtre est contenu dans les limites de tout ce qui peut se passer sur une scène, indépendamment du texte écrit, au lieu que le théâtre tel que nous le concevons en Occident, a partie liée avec le texte et se trouve limité par lui. Pour nous, au théâtre la Parole est tout et il n'y a pas de possibilité en dehors d'elle* » (**Théâtre oriental et Théâtre occidental**, *ibid.*).

Sa recherche d'un langage théâtral concret, physique, pulsionnel, jointe à celle d'un codage rationnel du geste, qu'Artaud trouvait dans le théâtre oriental, contient une contradiction féconde qui aboutit à des interprétations opposées de ses théories. On retrouve aussi son influence sur le théâtre contemporain dans l'idée d'un « *théâtre total* », mélange de genres s'exprimant tous avec un langage visuel : le texte écrit n'est pour Artaud qu'une trace que le metteur en scène doit restituer selon le langage du corps, seul capable de rendre « *sa vieille efficacité magique, son efficacité envoûtante, intégrale à la parole* » et dont on a oublié les mystérieuses possibilités. Retrouver le véritable langage physique à base de signes et non plus de mots, tel sera le but de l'acteur qui par des rapports ou des dissonances entre le son, le geste et la voix doit faire vivre l'espace « *magiquement* ». Placer le spectateur au centre de la salle, dans « *un bain constant de lumière, d'images, de mouvements et de bruits* », est aussi une idée d'Artaud qui a profondément inspiré le théâtre contemporain.

En dehors du seul théâtre, celui qui se baptisait « *poète noir* » (titre d'un poème de **L'Ombilic des Limbes**) n'hésita pas à condamner la littérature en général : *Un acteur on le voit comme à travers des cristaux. / L'inspiration à paliers. / Il ne faut pas trop laisser passer la littérature* (**Le Pèse-Nerfs**). Condamnation qui prit parfois une forme très virulente : *Toute l'écriture est de la cochonnerie. / Les gens qui sortent du vague pour essayer de préciser quoi que ce soit de ce qui se passe dans leur pensée, sont des cochons. / Toute la gent littéraire est cochonne, et spécialement celle de ce temps-ci. / Tous ceux qui ont des points de repère dans l'esprit, je veux dire d'un certain côté de la tête, sur des emplacements bien localisés de leur cerveau, tous ceux qui sont maîtres de leur langue, tous ceux pour qui les mots ont un sens, tous ceux pour qui il existe des altitudes dans l'âme, et des courants dans la pensée, ceux qui sont l'esprit de l'époque, et qui ont nommé ces courants de pensée, je pense à leurs besognes précises, et à ce grincement d'automate que rend à tous vents leur esprit, / — sont des cochons. /* [...] *Et je vous l'ai dit : pas d'œuvres, pas de langue, pas de parole, pas d'esprit, rien. / Rien, sinon un beau Pèse-Nerfs. / Une sorte de station incompréhensible et toute droite au milieu de tout dans l'esprit* (**Le Pèse-Nerfs**).

Poète, écrivain, acteur, comédien et théoricien du théâtre, Antonin Artaud incarne le mythe contemporain de l'artiste « *suicidé de la société* ». La folie a été pour lui le moyen de sonder des formes expressives proches des pulsions de l'être. Ses théories théâtrales ont influencé la scène contemporaine.

Un style dense et tendu

L'écriture d'Artaud — à l'image de l'homme — se caractérise par une constante tension que contribue à créer ou à renforcer un usage très fréquent du présent, quel que soit le genre (poésie, théâtre, essai) :

> *La Grille est un moment terrible pour la sensibilité, la matière.*
>
> **(Le Pèse-Nerfs)**

> *« Ce qui distingue les forfaits de la vie de ceux du théâtre, c'est que dans la vie on fait plus et on dit moins, et qu'au théâtre on parle beaucoup pour faire une toute petite chose. Eh bien, moi, je rétablirai l'équilibre, et je le rétablirai au détriment de la vie. »*
>
> (**Les Cenci**, I, 1)

Autre signe de la densité de ce style, le goût pour la mise en valeur typographique de certains mots (en grandes ou petites capitales) :

> *« La* MYSTIQUE *n'a jamais été qu'une copulation d'une tartufferie très savante et très raffinée contre laquelle le* PEYOTL *tout entier proteste, car avec lui l'*HOMME *est seul, et raclant désespérément la musique de son squelette, sans père, mère, famille, amour, dieu ou société. »*
>
> **(Les Tarahumaras)**

Cette tension et cette densité du style culminent dans des formulations nominales, souvent lapidaires :

> *Se retrouver dans un état d'extrême secousse, éclaircie d'irréalité, avec dans un coin de soi-même des morceaux du monde réel.*
>
> **(Le Pèse-Nerfs)**
>
> *Une espèce de déperdition constante du niveau normal de la réalité.*
>
> **(Le Pèse-Nerfs)**
>
> *Un impouvoir à cristalliser inconsciemment, le point rompu de l'automatisme à quelque degré que ce soit.*
>
> **(Le Pèse-Nerfs)**

Recourant paradoxalement à un vocabulaire souvent très précis, l'écriture d'Artaud lutte ainsi contre les prestiges du langage, veut briser la syntaxe, triturer le style : au besoin, la ponctuation, jamais absente, peut se révéler surprenante — notamment dans le remplacement, presque systématique, du point d'interrogation par le point final.

Une influence décisive

Considérée comme l'antidote d'un certain théâtre engagé brechtien, l'œuvre d'Artaud a été la source d'inspiration de nombreux metteurs en scène : Brook *(Marat-Sade)*, Grotowski, Lavelli, Savary, Garcia au Bread and Puppet, le Living Theatre, Serban et Ronconi. Mais, au-delà de cette influence théâtrale décisive, Artaud a reçu l'hommage quasi unanime de ses contemporains — écrivains, comédiens, peintres —, de Breton à Gide, en passant par Henry Miller, Bataille et Jean-Louis Barrault. La critique la plus éminente — Barthes et Blanchot en tête — a souligné l'importance de son œuvre. En 1994, le réalisateur Gérard Mordillat a doublement anticipé — de deux ans — le centenaire de la naissance de l'écrivain, avec le documentaire *La Véritable Histoire d'Artaud le Mômo* (coréalisé avec Jérôme Prieur, et en collaboration avec Annie Besnard, Marthe Robert, Paule Thévenin et Henri Thomas) et le film *En compagnie d'Antonin Artaud* (avec Sami Frey dans le rôle-titre). Néanmoins, Artaud reste plus célèbre — pour sa folie — que réellement connu : son œuvre, loin d'être devenue classique — *a fortiori* populaire —, demeure l'apanage de quelques initiés émerveillés.

ŒUVRE

Le **Théâtre et son Double**

Recueil de textes (conférences, manifestes, pamphlets, extraits de lettres) sur le théâtre, écrits à partir de 1931, publiés chez Gallimard en 1938. Le recueil, qui devait à l'origine inclure aussi le ***Théâtre de Séraphin*** (publié en 1948), comprend : 2 conférences prononcées en 1931 à la Sorbonne, ***Le Théâtre et la Peste*** et ***La Mise en scène et la Métaphysique*** ; ***Le Théâtre alchimique*** (1932) ; ***Sur le théâtre Balinais*** (paru en 1931 *in* la *NRF*) ; ***Théâtre oriental et Théâtre occidental*** (1935) ; ***En finir avec les chefs-d'œuvre*** (écrit fin 1933, mentionné par Artaud dans une lettre à Paulhan, du 6 janv. 1936) ; ***Le Théâtre et la Cruauté*** (lui aussi mentionné dans cette même lettre) ; ***Le Théâtre de la cruauté (Premier Manifeste)*** (publié *in* la *NRF* en 1932) ; ***Lettres sur la cruauté*** (écrites à Paulhan en 1932) ; ***Lettres sur le langage*** (adressées à Crémieux en 1931 et à Paulhan en 1932) ; ***Le Théâtre de la cruauté (Second Manifeste)*** (publié en 1933 chez Denoël) ; ***Un athlétisme affectif*** (destiné à la revue *Mesures* en 1936) ; et ***Deux Notes***, l'une intitulée ***Les Frères Marx***, sur les Marx Brothers (publiée en 1932), et l'autre, ***« Autour d'une mère », action dramatique de Jean-Louis Barrault*** (publiée en 1935 *in* la *NRF*). La ***Préface***, intitulée ***Le Théâtre et la Culture***, fut probablement écrite après le séjour au Mexique en avril 1936.

Dans la lettre écrite à Jean Paulhan (6 janv. 1936) avant le départ pour le Mexique, Artaud donnait un plan détaillé de l'œuvre qui devait exprimer ses idées concrètes pour *« mettre par terre toute l'ossature matérielle du théâtre »*.

Par le théâtre, on pourra libérer la culture *« pétrifiée »* de l'Occident. Pour cela, il faut *« briser le langage pour toucher la vie »* : *« Il y a longtemps que l'Éros platonicien, le sens génésique, la liberté de vie, a disparu sous le revêtement sombre de la* Libido *que l'on identifie avec tout ce qu'il y a de sale, d'abject, d'infamant dans le fait de vivre, de se précipiter avec une vigueur naturelle et impure, avec une force toujours renouvelée vers la vie.* » L'emploi du mot « *cruauté* » engendra, dès le début, des malentendus qu'Artaud tâcha de dissoudre : « *D'ailleurs pourquoi avoir limité le mot "cruauté" à l'exercice de ce qui est sang : il s'agit d'un appétit métaphysique de cruauté qui est celui par lequel se refont les mondes. Et tout mon manifeste explique cette acception* » (**Lettres sur la cruauté**, 1er sept. 1932). Artaud rapproche le théâtre de la peste, paradoxalement bienfaisante — ou du moins bénéfique : « *Si le théâtre essentiel est comme la peste, ce n'est pas parce qu'il est contagieux, mais parce que comme la peste il est la révélation, la mise en avant, la poussée vers l'extérieur d'un fond de cruauté latente par lequel se localisent sur un individu ou sur un peuple toutes les possibilités perverses de l'esprit. Comme la peste il est le temps du mal, le triomphe des forces noires, qu'une force encore plus profonde alimente jusqu'à l'extinction. [...] Poussant les hommes à se voir tels qu'ils sont, elle fait tomber le masque, le mensonge, la veulerie, la bassesse, la tartuferie* » **(Le Théâtre et la Peste)**, car il ne peut y avoir du théâtre qu'à partir du moment où commence réellement l'impossible.

Cette conception du théâtre comme une « *crise* » qui se dénoue par la mort ou la guérison, ou comme un délire communicatif a exercé une profonde influence sur le théâtre des années 1960, du Living Theatre à Grotowski. Cet aspect a mis au second plan la volonté d'Artaud de lutter contre la psychologie au théâtre et de créer un nouveau langage du corps, comme dans le théâtre balinais qui remplace la centralité de la parole écrite par une « *parole concrète, manipulable comme un objet solide* ».

CITATIONS

Ce qui distingue les forfaits de la vie de ceux du théâtre, c'est que dans la vie on fait plus et on dit moins, et qu'au théâtre on parle beaucoup pour faire une toute petite chose. Eh bien, moi, je rétablirai l'équilibre, et je le rétablirai au détriment de la vie.

Les Cenci, I, I.

Je ne sens pas l'appétit de la mort, je sens l'appétit *du ne pas être,* de n'être jamais tombé dans ce déduit d'imbécillités, d'abdications, de renonciations et d'obtuses rencontres qui est le moi d'Antonin Artaud, bien plus faible que lui.

Enquête : Le Suicide est-il une solution ?

Là où ça sent la merde
ça sent l'être

La Recherche de la fécalité,
in *Pour en finir avec le jugement de Dieu.*

Le cinéma se rapprochera de plus en plus du fantastique, ce fantastique dont on s'aperçoit toujours plus qu'il est en réalité tout le réel, ou alors il ne vivra pas.

Sorcellerie et Cinéma.

Jamais, quand c'est la vie elle-même qui s'en va, on n'a autant parlé de civilisation et de culture.

Préface au *Théâtre et son Double.*

Un théâtre qui soumet la mise en scène et la réalisation, c'est-à-dire tout ce qu'il y a en lui de spécifiquement théâtral, au texte, est un théâtre d'idiot, de fou, d'inverti, de grammairien, d'épicier, d'anti-poète et de positiviste, c'est-à-dire d'Occidental.

La Mise en scène et la Métaphysique,
in *Le Théâtre et son Double.*

JUGEMENTS

« *Tout être doué d'une imagination fertile "passe de l'autre côté". Il* sort de son propre cercle, *mais il en est conscient. Et cela lui permet de revenir, de rentrer en lui. Artaud n'arrêtait pas de se quitter. Tant qu'il gardait sa lucidité, il était fantastique. Royal. Prodigieux dans ses visions. Drôle dans ses reparties. Il était tout huilé d'humour. Mais quand, sous l'effet de la drogue ou de la souffrance, ses échappées le submergeaient, la machine se mettait à grincer, c'était pénible, douloureux. On souffrait pour lui. Son corps était raidi, retourné comme quelqu'un qui se déforme sous la torture. Ses dents s'usaient à se manger les lèvres. Sa boîte crânienne se développait outre mesure comme sous la poussée du cerveau. Ses orbites apparaissaient d'autant plus grandes que le regard portait loin — comme un laser. Il avait été particulièrement beau mais son feu intérieur le calcinait. La fréquence des vibrations de son diaphragme faisait taper sa voix sur les régions frontales les plus avancées de ses résonateurs. Sa voix était à la fois rauque et haute. Un enfant incendié par lui-même.* »

Jean-Louis BARRAULT, *Souvenirs pour demain*,
Seuil, 1972.

« L'écriture d'Artaud est située à un tel niveau d'incandescence, d'incendie, et de transgression, qu'au fond il n'y a rien à dire sur Artaud. Il n'y a pas de livre à écrire sur Artaud. Il n'y a pas de critique à faire sur Artaud. La seule solution serait d'écrire comme lui, d'entrer dans le plagiat d'Artaud. »

Roland BARTHES, *Sur la littérature* [entretien avec Maurice NADEAU, 13 mars 1973], P.U. Grenoble, 1980.

« [...] il était beau, efflanqué, sombre ; il avait assez d'argent, que lui rapportait le théâtre, mais il n'en avait pas moins l'air famélique ; il ne riait pas, il n'était jamais puéril, et bien qu'il parlât peu, il y avait quelque chose de pathétiquement éloquent dans le silence un peu grave et terriblement agacé qu'il observait. Il était calme : cette éloquence muette n'était pas convulsive, elle était triste, au contraire, abattue, intérieurement rongée. Il ressemblait à un rapace trapu, de plumage poussiéreux, ramassé au moment de prendre son vol, mais figé dans cette position. [...] J'ai entrevu Artaud après son retour de Rodez à la terrasse des Deux-Magots. Il ne me reconnut pas et je ne cherchai pas à me faire reconnaître de lui : il était dans un état de délabrement qui effrayait, l'un des hommes les plus vieux que j'aie jamais vus. »

Georges BATAILLE, *Le Surréalisme au jour le jour*, in *Œuvres complètes*, t. VIII, Gallimard, 1976.

« [...] l'avoir entendu lire ses propres textes, les accompagnant de cris, de bruits, de rythmes, nous a indiqué comment opérer une fusion du son et du mot, comment faire gicler le phonème, lorsque le mot n'en peut plus, en bref, comment organiser le délire. »

Pierre BOULEZ, *Relevés d'apprenti*, Seuil, 1966.

« Très beau, comme il était alors [1924], en se déplaçant il entraînait avec lui un paysage de roman noir, tout transpercé d'éclairs. Il était possédé par une sorte de fureur qui n'épargnait pour ainsi dire aucune des institutions humaines, mais qui pouvait, à l'occasion, se résoudre en un rire où tout le défi de la jeunesse passait. N'empêche que cette fureur, par l'étonnante puissance de contagion dont elle disposait, a profondément influencé la démarche surréaliste. »

André BRETON, *Entretiens (1913 à 1952)*, Gallimard, 1952.

« De son être matériel plus rien ne subsistait que d'expressif. Sa grande silhouette dégingandée, son visage consumé par la flamme intérieure, ses mains de qui se noie, soit tendues vers un insaisissable secours, soit tordues dans l'angoisse, soit le plus souvent enveloppant étroitement sa face, la cachant et la révélant tour à tour, tout en lui racontait l'abominable détresse humaine, une sorte de damnation sans recours, sans échappement possible que dans un lyrisme forcené dont ne parvenaient au public que des éclats orduriers, imprécatoires et blasphématoires. Et certes l'on retrouvait [...] l'acteur merveilleux que cet artiste pouvait devenir ; mais c'est son personnage même qu'il offrait au public, avec une sorte de cabotinage éhonté, où transparaissait une authenticité totale. »

André GIDE, *Feuillets d'automne*, mars 1948, Mercure de France, 1949.

BIBLIOGRAPHIE

Éditions

Œuvres complètes, Gallimard, 1956 à 1994, 26 vol.

Études

M. BLANCHOT, *Le Livre à venir*, Gallimard, 1959.

C. BOUTHORS-PAILLART, *Antonin Artaud : l'Énonciation ou l'Épreuve de la cruauté*, Droz, Genève (CH), 1996.

J.-L. BRAU, *Antonin Artaud*, « Les Vies perpendiculaires », La Table ronde, 1971.

P. BRUNO, *Antonin Artaud, réalité et poésie*, L'Harmattan, 1999.

G. CHARBONNIER, *Antonin Artaud*, Seghers, 1980.

R. DADOUN, « Sur le nom d'*Héliogabale* dans le texte d'Artaud », in *Littérature*, n° 3, oct. 1971.

J. DERRIDA, *L'Écriture et la Différence*, Seuil, 1967.

C. DUMOULIÉ, *Antonin Artaud*, Seuil, 1996.

L. JENNY, « Le Souffle et le Soleil : rythme et symbolicité chez Artaud », in *Littérature*, n° 35, oct. 1979.

P. THÉVENIN, *Antonin Artaud, ce désespéré qui vous parle*, Seuil, 1993.

T. TODOROV, « L'Art selon Artaud », in *Poétique de la prose*, Seuil, 1971.

A. VIRMAUX, *Antonin Artaud et le Théâtre*, « 10/18 », UGE, 1977 ; *id.* et O. VIRMAUX, *Antonin Artaud*, « Qui êtes-vous ? », La Manufacture, 1986, rééd. 1996.

AUDIO & VIDÉO

Vidéo

G. MORDILLAT et J. PRIEUR, *La Véritable Histoire d'Artaud le Mômo*, Arte Vidéo, 1993, 2 cassettes.

G. MORDILLAT, *En compagnie d'Antonin Artaud*, 1994.

AUBIGNÉ

Théodore-Agrippa d'AUBIGNÉ

Pons-en-Archiac (auj. Pons, act. Charente-Maritime) 1552 – Genève (Suisse) 1630

« Parmi d'autres qualités du protagoniste, son habileté rhétorique éblouit sans cesse. D'Aubigné forge sa destinée avec ses harangues autant qu'avec son épée. De chaque danger mortel naissent des paroles autant efficaces que bien formées — l'éloquence s'épanouit au seuil du tombeau... »

Ulrich LANGER, *« Les Tragiques » d'Agrippa d'Aubigné*, « Biblio 17 », PFSCL, 1983.

« [...] le reste [de l'œuvre]*, y compris l'*Histoire Universelle *et les* Mémoires*, ne manqueraient pas à notre littérature si d'Aubigné l'avait laissé dans l'encrier. Ce sont là justifications et plaidoyers qui n'ont point valeur de création, qu'on peut, tout au plus, consulter pour recouper les œuvres des chroniqueurs et des historiens. Non sans prudence. »*

Jean ROUSSELOT, *Agrippa d'Aubigné*, Seghers, 1966.

Un combattant-né

Du militaire au militant

Grâce à son père protestant, l'énergique Jean d'Aubigné — juriste (roturier) devenu chef de guerre avec les troubles —, Agrippa d'Aubigné, qui perdit sa mère à sa naissance, reçut une éducation trilingue (latin, grec et hébreu) très soignée — il fut en pension chez Mathieu Brouard, père de Béroalde de Verville, et aurait traduit le ***Criton*** de Platon dès l'âge de 7 ans — qu'il poursuivit à l'académie de Genève, auprès de Théodore de Bèze, après 1567. Mais la guerre l'attirait : le traumatisme du souvenir des exécutions d'Amboise (1560), puis la mort de son père — à qui il avait juré de venger les victimes d'Amboise — au siège d'Orléans (1563) le déterminèrent à prendre les armes, notamment lors de la déroute protestante de Jarnac (1569), puis à servir dans l'armée du roi de Navarre, futur Henri IV, dont il fut un fidèle (et encombrant) compagnon. Après la paix de Saint-Germain (1570), Aubigné s'installa sur les possessions maternelles beauceronnes, près de Talcy (act. Loir-et-Cher), où résidait Diane Salviati, nièce de la Cassandre de Ronsard : passionnément épris de sa voisine, qui lui inspira les 100 sonnets d'une ***Hécatombe à Diane*** (composés dès 1571), il en fit l'éphémère conquête. Échappant à la Saint-Barthélemy (1572) dans sa fuite précipitée de Paris pour avoir blessé un sergent du guet, il termina l'année 1572 sur une grave blessure qu'il soigna chez Diane, six mois avant une rupture (été 1573) dont il ne se remit jamais totalement, Diane ayant choisi un autre époux, avant de mourir prématurément en 1575. Paradoxalement, c'est aux côtés des catholiques qu'Aubigné passa les décisives années 1573 à 1575, combattant même les troupes protestantes de Montgomery — auteur involontaire de la blessure mortelle d'Henri II en tournoi —, en 1574 : il connut, pendant trois ans, la cour d'Henri III, ses « princes » débauchés et sa vie culturelle raffinée. Il reprit la lutte armée en 1576, dans les rangs protestants, préparant notamment l'évasion d'Henri de Navarre, prisonnier à la Cour (févr. 1576), avant d'être de nouveau grièvement blessé à Casteljaloux (1577). Une carrière variée, mêlant entreprises hardies et temps de marasme, le conduisit jusqu'au grade de maréchal de camp, récompense de 17 blessures.

Du militant au réfractaire

Toutefois les convictions de D'Aubigné s'accommodaient mal de l'idée que le roi de Navarre devenu roi de France dût se convertir. Après 1593 — date de cette abjuration —, il milita constamment, lors des Assemblées politiques protestantes, dans les rangs des « *Fermes* » contre les « *Politiques* » négociateurs, et le fit davantage encore après la mort d'Henri IV (1610). Marié en 1583, veuf en 1595, Aubigné éleva ses 3 enfants — une fille « entourée » de 2 garçons, dont l'un, joueur et ivrogne, poignarda femme et amant de celle-ci, et dont l'autre eut pour fille la future Mme de Maintenon. Il fortifia ses places (près de Niort et à Maillezais, en Vendée), et, sans enthousiasme d'ailleurs, prit part aux révoltes de 1615-1616 et 1620, avec Condé et le duc de Rohan contre Marie de Médicis, puis contre le duc de Luynes, favori de Louis XIII.

Un écrivain multiple

Si les publications portent la marque de son esprit d'opposition, l'écriture — à laquelle il s'était consacré dès les années 1570 — fut bien pour lui un extraordinaire système de mythographie personnelle (le héros intransigeant vaincu par la banalité louche d'un siècle d'apostats), révélant un écrivain autrement multiple que l'homme trop aisément réduit au réfractaire univoque. Entre 1598 et 1620, d'Aubigné mit au point l'essentiel de son œuvre littéraire, abondante et commencée de longue main : sans doute, pendant cette période, a-t-il fréquemment retouché ses manuscrits, si bien qu'il est souvent difficile de dater un mouvement d'indignation ou une allusion. Il publia anonymement ***Les Tragiques***, après la révolte de 1616, pour clamer le grand scandale de la décadence du parti huguenot.

C'est sous son nom que parut l'***Histoire universelle*** (1618 à 1620), qui fut condamnée à être brûlée : on y trouvait, en 15 livres, le récit des guerres de Religion, jusqu'à l'édit de Nantes — une 2e édition augmentée parut en 1626. C'est également sous son nom que parut le début des ***Aventures du baron de Faeneste*** (1617, 4 livres en 1630), récit burlesque que fait de ses prouesses un Gascon vantard, Faeneste — dont le nom, dérivé du grec *phainô*, signifie « *paraître* » : la forme *phaineste* renvoie à l'épître aux Philippiens, 2, 15 — à son hôte le sieur Enay — patronyme formé sur le grec *einai*, signifiant « *être* » : tout le livre joue sur l'opposition entre l'être et le paraître —, récit haut en couleurs : « ENAY. *Comment, monsieur le Baron, fûtes-vous poursuivi ? Fûtes-vous contraint de fuir ?* FAENESTE. *Fuir, fuir... Non pas tant fuir, c'est une retraite ; mais j'abois le cur enflai, et mesprisois tant ces couquins qui nous crioient : Demure, demure, canaille ! que je ne daignai faire la courtoisie de tourner le bisage pour les regarder* » (IV, 2).

Pour ces trois ouvrages (et la diffusion de quelques libelles, comme ***Du debvoir mutuel du roy et des subjects***, 1621), il logea dans sa forteresse de Maillé un imprimeur personnel, Jean Moussat. Aubigné paya sa conspiration contre Luynes d'une condamnation à mort et d'un exil à Genève, où il se remaria et continua la lutte concrète (fortification de Berne, diplomatie, écrits) : il y publia une version augmentée des ***Tragiques*** (1620), les ***Petites Œuvres meslées*** (1630, dont ***Meditations sur les psaumes*** et ***L'Hiver***), en même temps que le dernier livre du ***Faeneste***, que Genève condamna pour obscénité. Les manuscrits, quant à eux, conservaient toujours son ***Printemps*** (édité seulement en 1874) — recueil de poésie amoureuse inspiré par Diane Salviati, dont la plus grande part date de 1573-1574 —, des ***Épigrammes*** français et latins, un pamphlet religieux, ***La Confession catholique du sieur de Sancy*** (publié en 1660) — dont la cause fut, en 1597, la conversion au catholicisme de Harlay de Sancy, président du parlement de Paris —, 200 ***Lettres***, une ***Création*** commentant la Genèse, en vers, qui est d'attribution douteuse, enfin une autobiographie, ***Sa Vie à ses enfants*** (parue en 1660 sous le titre de ***Mémoires***).

Cette œuvre énorme et variée, qui s'illustre dans tous les genres modernes sans échec stylistique, en style bouffon ou tragique, en prose ou en vers, révèle un sens aigu de la poétique spécifique des genres — fût-ce pour la bousculer — et des possibilités du langage (jeux de mots, effets sonores, rimes obsédantes, calembours). Elle est pourtant d'une grande cohérence, unifiée par des reprises de thèmes entre des genres différents — foi religieuse, conviction monarchique et critique du pouvoir réel, proclamation de la vérité contre le paraître et le mensonge, hantise de la mort, appels à Dieu —, par des autocitations et, surtout, par la construction de son mythe personnel.

Une écriture baroque

La langue de D'Aubigné, riche et volontairement travaillée, réunit des archaïsmes et des termes d'introduction alors récente, et pratique des mélanges de niveaux qui donnent force à la satire. Ainsi de la vertu :

La voici pour ce temps : bien prendre une querelle
Pour un oiseau ou chien, pour garce ou maquerelle

(***Les Tragiques***, I, vv. 1133-1134)

Ou des mœurs des souverains :

Je reviens à ce siècle où nos mignons vieillis,
À leur dernier métier voués et accueillis,
Pipent les jeunes gens, les gagnent, les courtisent ,
Eux, autrefois produits, à la fin les produisent,
Faisant, plus avisés, moins glorieux que toi,
Par le cul d'un coquin, chemin au cœur d'un Roi.

(***Les Tragiques***, II, vv. 1313 à 1318)

Une bonne part de la saveur du ***Faeneste*** tient ainsi aux gasconismes scrupuleusement reproduits dans leur prononciation même : « FAENESTE. *Or ça, Monsur, comment allez-bous de cette feçon, sulet, sans espeio ?* [tout seul, sans épée] » (I, 1).

Syntaxe, rhétorique et poésie sont au service de la colère, par détachement ou déplacement des constituants de la phrase, constructions binaires et antithétiques :

Les Rois, qui sont du peuple et les Rois et les peres,
Du troupeau domesticq sont les loups sanguinaires
(***Les Tragiques***, II, vv. 197-198)

La poésie de D'Aubigné est caractérisée par l'abondance des métaphores, aussi bien dans sa poésie amoureuse que dans ses ***Tragiques*** où leur retour — le feu, comme dans la Bible image de la présence de Dieu, apparaît aux chants I (vv. 5, 27, 36), IV (vv. 194, 904, 963), VI (v. 124) — joue avec intensité : *Nos desirs sont d'amour la devorante braise* (***Le Printemps***, LXXIII).

Dans les sonnets de ***L'Hécatombe à Diane*** (recueillis in ***Le Printemps***), nombre de métaphores reposent sur un parallèle entre tourments amoureux et massacres des guerres civiles qui hantent l'imagination du poète :

Pardonne moy, chere maitresse,
Si mes vers sentent la destresse
Le soldat, la peine et l'esmoy :

Car depuis qu'en aimant je souffre,
Il faut qu'ils sentent comme moy
La poudre, la mesche et le soufre.
(***L'Hécatombe à Diane***, sonnet IV, vv. 9 à 14, in ***Le Printemps***)

Elles donnent ici une force particulière à l'évocation du combat entre amour et fortune :

Je suis le champ sanglant où la fureur hostile
Vomit le meurtre rouge, et la scytique horreur
Qui saccage le sang, richesse de mon cœur,
Et en se debattant [en se battant] *font leur terre sterile*
(***L'Hécatombe à Diane***, sonnet VIII, vv. 4 à 7, *ibid.*)

Les images corporelles sont violentes, en particulier pour graver les tableaux de la guerre civile et des persécutions :

Les corps nuds tenaillez, ou les plaintes pressantes
De leurs enfans pendus par les pieds, arrachez
Du sein qu'ils empoignoyent, des tétins assechez.
(***Les Tragiques***, I, vv. 350 à 352)

Pour décrire la résurrection, l'alexandrin s'attarde sur les mots monosyllabiques, les assonances des voyelles ouvertes et nasales [o, ɑ̃, ɔ̃] associées aux allitérations en *p*, *m*, *s*, *r* :

Comme un nageur venant du profond de son plonge,
Tous sortent de la mort comme l'on sort d'un songe.
(***Les Tragiques***, VII, vv. 675-676)

La prose aubinienne a une structure globale plus confuse, mais qui s'accorde à plusieurs genres. Là encore, c'est l'énergie des choses à dire qui inspire les meilleures formules des pamphlets et des lettres-déclarations : « *Comme David, nous avons fui aux Royaumes estrangers et mesmes outre les mers : comme luy nous avons cachés nos vies dans les cavernes et les forests, et là présenté nos cœurs et nos requestes à Dieu pour luy, et puis pour nous* » (***Debvoir des roys et des subjects***, III).

Enfin, la lecture directe qu'Aubigné pouvait faire de la Bible dans son texte hébreu marque un style riche en constructions empruntées, telle la transposition du génitif hébraïque à valeur qualificative (« *arche d'élection* », « *bannière d'orgueil* ») ou de superlatif (« *haut des hauts cieux* »). La fréquentation de la geste du « *Dieu des armées* » a ainsi permis au vieux soldat de créer une très riche langue baroque. Mais on trouve d'autres richesses dans les paraphrases de psaumes en vers mesurés, publiées dans ***Petites Œuvres meslées*** (1630) :

Voici le plaisir
Entier et parfait
C'est de voir en paix
Freres et voisins
Tous bien accordés
S'esgayer entre eux.
(***Pseaume CXXXIII***, vv. 1 à 6, in ***Petites Œuvres meslées***)

Un illustre méconnu

C'est l'***Histoire universelle*** qui marqua l'époque de D'Aubigné, puis le ***Sancy*** (qui circulait manuscrit) et le ***Faeneste***. L'auteur fut critiqué pour sa partialité, puis oublié. Toutefois, la fortune capricieuse, ayant fait de lui le grand-père de Mme de Maintenon, lui garda un nom et une image : honneur au soldat d'Henri IV ! Le renouveau du protestantisme au XIXe siècle modifiant l'historiographie de la

Renaissance et de la Réforme, le remit en honneur comme militant — non sans réserves face à un auteur qui n'est en rien classique. C'est à l'historien que Sainte-Beuve consacra les *Causeries du lundi* des 17 et 24 juillet 1854 : « *D'Aubigné était de cette race cassante qui ne se refuse jamais un coup de langue, et qui pour un bon mot va perdre vingt amis ou compromettre une utile carrière.* » Mérimée présenta les ***Aventures du baron de Faeneste*** dans la « Bibliothèque elzévirienne », en 1855. C'est à la même époque que ***Les Tragiques*** commencèrent à être connus : dès 1855, Baudelaire plaçait, en tête des pièces des *Fleurs du Mal* parues dans la *Revue des Deux Mondes*, l'épigraphe extraite de ***Princes***, conservée dans l'édition du recueil en 1857 — année où Ludovic Lalanne donna une édition des ***Tragiques***. Aubigné émet des accents pré-baudelairiens, dans ces vers qui font songer aux « *lits pleins d'odeurs légères* » de *La Mort des amants* :

Ces licts, pièges fumants, non pas licts, mais tombeaux
Où l'amour et la mort troquerent des flambeaux

(***Les Tragiques***, V, vv. 863-864)

Hugo plaça le poète parmi les plus grands dans son *Discours aux Parisiens* de 1870 (in *Actes et Paroles*) et s'en était peut-être souvenu dans *La Légende des siècles*, dont *La Conscience* rappelle le Caïn de ***Vengeances***, ainsi décrit par Aubigné :

Ses cheveux vers le ciel hérissés en furie,
Le grincement de dents et la bouche flestrie,
[...]
Vif il ne vescyt point, mort il ne mourut pas.
Il fuit d'effroi transi, troublé tremblant et blesme,
Il fuit de tout le monde, il s'enfuit de soy-mesme.

(***Les Tragiques***, VI, vv. 189-190 et 200 à 202)

Tout comme le célèbre zeugme de *Booz endormi* (« *Vêtu de probité candide et de lin blanc* ») rappelle celui de ***Feux*** :

Les uns qui tous chenus d'ans et de saincteté
Mouroyent blancs de la teste et de la piété

(***Les Tragiques***, IV, vv. 1287-1288)

Néanmoins, Brunetière, à la fin du XIXe siècle, ignorait encore D'Aubigné, absent de son *Manuel de l'histoire de la littérature française* (1898). Depuis le romantisme — et la réévaluation du baroque —, le poète, enfin redécouvert, est hautement apprécié pour son caractère exceptionnellement puissant, varié et visionnaire. Réhabilitation à laquelle a contribué le commentaire inspiré que lui a consacré Marguerite Yourcenar : « *La grandeur de d'Aubigné consiste à avoir essayé d'enfermer dans la forme résistante du poème non la plainte, mais le cri de certitude des martyrs de sa cause, leur chant adressé à leur Dieu ; il a parlé pour des voix réduites au silence ; il a aussi vomi sa fureur à l'égard de ceux qui lui semblaient avoir commis ou n'avoir pas empêché l'injustice. Agrippa d'Aubigné n'a su être ni le grand capitaine, ni le grand politique dont son parti aurait eu besoin pour s'imposer en France, ni le grand modérateur qui lui eût été encore plus nécessaire. Ce solide vivant n'en a pas été lui-même l'un des saints ni l'un des martyrs. Il a été trop passionné pour être, comme il l'aurait voulu, l'historien définitif de la Réforme. Mais ce poète qui dans son enfance avait promis à son père de se souvenir des pendus d'Amboise, a du moins magnifiquement rempli la fonction de témoin* » (« Théodore-Agrippa d'Aubigné », in *Tableau de la littérature française*, I, Gallimard, 1962).

ŒUVRE

Les ***Tragiques***

Poème héroïque, satirique et prophétique, en 9 302 alexandrins groupés en 7 chants, paru en 1616 sans nom d'auteur, « *au Désert, par L.B.D.D.* » [« *Le bouc du désert* », surnom de l'auteur]. Une 2de édition augmentée parut à Genève, lieu de son exil, en 1620.

Il s'agit d'une longue méditation sur l'histoire du parti huguenot, cherchant aux malheurs (I, ***Miseres***) des explications terrestres — les mauvais princes (II, ***Princes***), les mauvais juges (III, ***La Chambre doree***) —, puis une explication plus large dans le péché des peuples qui persécutent les martyrs (IV, ***Les Feux***) et tuent les justes (V, ***Les Fers***), au sein d'une histoire totale de l'humanité, du premier pécheur, Caïn, sur qui s'exerce la prime vengeance de Dieu (VI, ***Vengeances***), jusqu'au Jugement dernier qui mettra à leur juste place bons et réprouvés (VII, ***Jugement***).

Ce poème enthousiaste et partisan prétend à un réalisme non pas littéraire mais visionnaire, capable d'aller au-delà des apparences trompeuses et des mensonges d'autrui. Il est caractérisé par une énonciation singulière. D'une part, l'énonciateur se pose à la fois comme un être humain « biographique » (guerrier, témoin, converti, visionnaire) et comme un délégué directement inspiré par la parole divine, en contemplation, par réminiscence ou par prophétie, des réalités surnaturelles, et parfois identifié au propre regard de Dieu. Souffrant de graves blessures — allusion sans doute à celles dont il fut victime en 1572 : *Parmi ces aspres temps, l'esprit, ayant laissé / Aux assassins mon corps en divers lieux percé* (V, vv. 1195-1196) —, le poète dit vivre [...] *les beaux secrets et tableaux que j'escris, / Soit qu'un songe au matin m'ait donné ces images, / Soit qu'en la pamoison l'esprit fit ces voyages* (V, vv. 1200 à 1202). D'autre part, il use, pour inciter à la lutte les tièdes descendants des héros, de moyens frappants — visions, allégories, scènes au Paradis, portraits, cantiques, apostrophes qui tournent à l'invective lorsqu'elles s'adressent aux princes : *Degenere Henri, hypocrite bigot, / Qui ame moins jouër le roy que le cagot, / Tu voles un faux gibier, de ton droit tu t'eslongne ; / Ces corbeaux se paistront un jour de ta charongne* (II, vv. 985 à 988). Sa langue très travaillée, où les termes triviaux voisinent avec le vocabulaire de la philosophie, obéit à une esthétique de la *terribilità* [terreur] et de la surprise par choc et contraste, notamment dans la fameuse comparaison du pays avec le corps ensanglanté d'une mère dont les fils, à l'instar d'Esaü et Jacob, se livrent un combat acharné : *Je veux peindre la France une mere affligee, / Qui est entre ses bras de deux enfans chargee* (I, vv. 97-98). Comparaison à laquelle s'ajoute celle du navire qui se saborde : *La France donc encor est pareille au vaisseau / Qui outragé des vents, des rochers et de l'eau / Loge deux ennemis : l'un tient avec sa troupe / La prouë, et l'autre a pris sa retraite à la pouppe. / De canons et de feux chacun met en esclats / La moitié qui s'oppose, et font verser en bas, / L'un et l'autre enyvré des eaux et de l'envie, / Ensemble le navire, et la charge, et la vie* (I, vv. 179 à 186).

Le poème est fortement structuré par des oppositions idéologiquement simplificatrices mais pédagogiquement efficaces, où l'énergie du message se joint à la force de la conviction : fondée sur la doctrine de la prédestination, l'opposition des justes et des impies trouve une traduction politique simple. Ainsi, dans ***La Chambre doree***, le poète dénonce une justice fondée sur « *La force et non le droit* » (III, v. 236), et les mauvais juges, [...] *gent cannibale, / Qui de son vif gibier le sang tout chaud avalle* (III, vv. 197-198). La partie centrale de l'œuvre, long martyrologe protestant (ch. IV), amène le récit épique des guerres, dont le pivot est la Saint-Barthélemy, « *la tragédie / qui efface le reste* » (V, vv. 702-703). Dans ***Vengeances***, Aubigné oppose aux souffrances de l'impossible mort des damnés, un appel à [...] *l'heureuse mort, gage pour tout jamais / De la fin de la guerre et de la douce paix* (VI, vv. 735-736). Dans ***Jugement***, se dresse un grandiose tableau de la résurrection : *La terre ouvre son sein, du ventre des tombeaux / Naissent des enterrés des visages nouveaux : / [...] / Comme un nageur venant du profond de son plonge, / Tous sortent de la mort comme l'on sort d'un songe* (VII, vv. 666-667 et 675-676). Tableau qui accompagne le procédé récurrent de la personnification, dans la vision d'apocalypse de la dernière partie, où les damnés sont dévorés par « *l'enfer glouton* » (VII, v. 896), et jusque dans l'extase finale : *Tout meurt, l'ame s'enfuit, et reprenant son lieu / Exstatique se pasme au giron de son Dieu* (VII, vv. 1217-1218). Le poème déploie ainsi un imaginaire de l'épouvante, fondé sur des glissements métaphoriques et autres oxymores constants, qui associent abstrait et concret : mal, puanteur, maladie, sodomie, argent, animalité, diable... La recherche des effets visuels et l'appel à la sensibilité, le mélange des lexiques et des tons visent globalement au style sublime.

Publié sans nom d'auteur, le poème conserva cet anonymat jusqu'à sa découverte, au XIXe siècle, notamment par Hugo, puis sa redécouverte, au XXe, en particulier par Marguerite Yourcenar : « [...] *si* Les Tragiques *n'avaient pas existé, Hugo n'aurait jamais produit cet extraordinaire mélange de narration épique, d'explosions lyriques et de sauvage satire qui constitue* Les Châtiments. [...] *Il en est des* Tragiques *comme de ces monuments où les plus riches matériaux ont été réunis et amenés à pied d'œuvre sans que l'édifice rêvé ait jamais été définitivement accompli, et qui abandonnés, béants, et presque inépuisables, ont servi de mines aux générations suivantes* » (« Théodore-Agrippa d'Aubigné », in *Tableau de la littérature française*, I, Gallimard, 1962).

CITATIONS

Nous sommes ennuyés de livres qui enseignent, donnez-nous-en pour émouvoir, en un siècle où tout zèle chrétien est péri, où la différence du vrai et du mensonge est comme abolie [...].

Aux lecteurs, in *Les Tragiques*.

Il y a de la peine oisive,
Et du loisir qui est labeur.

Préface, vv. 311-312, in *Les Tragiques*.

Les temples du païen, du Turc, de l'idolâtre,
Haussent au ciel l'orgueil du marbre et de l'albâtre ;
Et Dieu seul, au désert pauvrement hébergé,
A bâti tout le monde et n'y est pas logé.

Misères, in *Les Tragiques*, I, vv. 1305 à 1308.

Nos anciens, amateurs de la franche justice,
Avaient de fâcheux noms nommé l'horrible vice :
Ils appelaient brigand ce qu'on dit entre nous
Homme qui s'accommode, et ce nom est plus doux
[...]
Ils nommaient trahison ce qui est un bon tour,
Ils appelaient putain une femme d'amour.

Les Princes, in *Les Tragiques*, II, vv. 241 à 244 et 247-248.

Mais le vice n'a point pour mère la science,
Et la vertu n'est pas fille de l'ignorance.

Les Princes, in *Les Tragiques*, II, vv. 1087-1088.

Je reviens à ce siècle où nos mignons vieillis,
À leur dernier métier voués et accueillis,
Pipent les jeunes gens, les gagnent, les courtisent ;
Eux, autrefois produits, à la fin les produisent,
Faisant, plus avisés, moins glorieux que toi,
Par le cul d'un coquin, chemin au cœur d'un Roi.

Les Princes, in *Les Tragiques*, II, vv. 1313 à 1318.

Une rose d'automne est plus qu'une autre exquise.

Des feux, in *Les Tragiques*, IV, v. 1233.

Comme un nageur venant du profond de son plonge,
Tous sortent de la mort comme l'on sort d'un songe.

Jugement, in *Les Tragiques*, VII, vv. 675-676.

Criez après l'enfer : de l'enfer il ne sort
Que l'éternelle soif de l'impossible mort.

Jugement, in *Les Tragiques*, VII, vv. 1021-1022.

Tout meurt, l'âme s'enfuit, et, reprenant son lieu,
Extatique, se pâme au giron de son Dieu.

Jugement, in *Les Tragiques*, VII, vv. 1217-1218.

JUGEMENTS

*« Tant en ce qui concerne les images de la dénaturation des victimes que la représentation des contradictions de la rébellion, prisme où se réfracte le drame d'Agrippa, celui de l'*aegre partus*, le tableau du royaume déploie donc non pas un sens univoque, mais un nœud de significations divergentes et mobiles, cristallisées sous des formes différentes dans le développement de la narration. Sa perspective s'en trouve d'autant modifiée. Si la démonstration des méfaits de la tyrannie s'accompagne de la découverte d'une culpabilité étendue au corps social tout entier, et assumée par le poète lui-même, alors les principes fondamentaux de la* narratio-probatio *tombent d'eux-mêmes. Le Ronsard des* Discours *avait pour lui la légitimité politique et la justification religieuse, et toute la responsabilité des misères incombait ainsi aux Protestants. Le procureur qu'était le poète de* Miseres*, une fois exprimée la facile évidence de la responsabilité première de la tyrannie, se retrouve face à un spectacle où la notion même de l'innocence semble brouillée, et où il est impliqué en personne. Dès lors, le problème sera de savoir comment opérer le tri, au nom de quelle instance, pour arracher le poème au vertige de ces figures spéculaires et permutables, et découvrir le sens de la tragédie. »*

Jean Raymond Fanlo, *Tracés, ruptures : la composition instable des « Tragiques »*, Champion, 1990.

« Élasticité [...] *de nos approches ; nous savons et découvrons la précarité de nos savoirs. Que dire alors pour réconforter ceux qui y sont en apprentissage... ¿*
Et pourtant ce texte [Les Tragiques] *reste : le moins sensible des lecteurs, le plus hérissé des adversaires, lui découvre (lui concède ¿) pourtant grandeur et violence. Ce texte à passion suscite en retour la passion, dans une admiration terrifiée. Le texte survit, au-delà des difficultés et des rejets, par les affects qu'il véhicule, seuls perceptibles hors de la problématique, voire de la littéralité, qui échappent souvent. Rarement la lecture, comme communication à travers le temps, ne semble se faire par des modes aussi tordus : une transmission non pas nulle, mais bizarre, dans une survie par les passions du texte et non par les significations, par une pragmatique qui se développe aux dépens du message. L'affect mêlé à l'idéologie est un mélange détonant, et d'une actualité terrible, fâcheuse par les ressemblances imprévues*

que notre temps suggère, d'intolérance à intolérance [...]. Le recul historique des critiques, qui explique les violences chez d'Aubigné sans les rendre d'ailleurs plus méritoires, est une forme de schizophrénie volontaire, séparant ce qui fut de ce qui est, acceptant comme représentation de monstres anciens ce qu'il nous faut refuser de notre présent. La lecture du Printemps, *pour difficile qu'elle soit et d'une sensibilité elle aussi bien datée, laisse moins de place au choc.* »

Marie-Madeleine FRAGONARD, « Les *"chemins enlacez"* des *Tragiques* », in *RHLF*, n° spécial *Aubigné*, juillet-août 1992.

« *Il y a bien dans les* Mémoires *un désir de se grandir aux dépens des autres serviteurs du roi, de se poser en victime de l'ingratitude royale, de prêter au roi, contre son vieil et fidèle ami, les plus noirs desseins. La partie (très brève d'ailleurs) des* Mémoires *qui va de 1589 à 1610 n'est pas autre chose qu'une série de renvois sans suite, et parfois même sans ordre, aux passages de l'Histoire où il est question plus ou moins explicitement d'un rôle personnel de d'Aubigné. La rancune de l'ambitieux qui ne croit pas avoir reçu toute sa mesure trouble plus d'une fois ici le regard de l'historien.* »

Henri HAUSER, *Les Sources de l'Histoire de France, XVIe siècle*, t. IV, Picard, 1916.

« *La confluence de rhétorique et poétique soulève certaines questions qui formeront une sorte de problématique dans laquelle s'intègre d'une manière spécifique la situation rhétorique quelque peu compliquée des* Tragiques. *Nous proposons de voir le poème de d'Aubigné comme fondamentalement influencé par cette confluence entre rhétorique et poétique, c'est-à-dire comme un discours oratoire, une oraison, mais une oraison monstrueuse dans son étendue et sa présomption, une oraison proprement extravagante.*
La petite autobiographie tumultueuse de d'Aubigné, Sa vie à ses enfants, *nous donne un certain avant-goût du caractère rhétorique de sa poésie.* »

Ulrich LANGER, « *Les Tragiques* » *d'Agrippa d'Aubigné*, « Biblio 17 », PFSCL, 1983.

« *C'est en définitive à peine un paradoxe si, tout en se situant dans le camp de ses ennemis, le poète des* Tragiques *révère en Ronsard un maître,* "lequel il estimoit par dessus son siecle en sa profession". *Celui qu'il appelle* "le bonhomme Ronsard" *(le vieux Ronsard) est le modèle suprême en matière de poésie et de langue. La référence est aussi tactique. En recourant à un modèle démodé, en lui attribuant de surcroît une apologie des* "vocables qui sont françois naturels, qui sentent le vieux, mais le libre françois", *d'Aubigné fait profession de foi d'archaïsme. De la sorte il se situe ouvertement hors du temps présent et tourne le dos à une actualité politique et littéraire décevante de toutes les manières.*
On le constate alors, d'Aubigné s'écarte sensiblement de la norme admise par les polémistes huguenots qui l'ont précédé. La fidélité hautement proclamée envers Ronsard tend à isoler celui-ci de son contexte historique et, par voie de conséquence, à tirer de cet exemple une attitude condescendante de séparation et de refus. L'engagement au service du parti protestant coexiste de bien curieuse façon avec un "dégagement" sur les plans esthétique et culturel. L'isolement superbe de d'Aubigné, héraut ultime d'une Cause oubliée et bientôt perdue, et chantre d'une poétique surrannée, le place en fait aux antipodes des versificateurs pressés des années 1562-1563, lorsque, de part et d'autre, les libelles s'entresuivaient de près, et que les huguenots, s'improvisant poètes, pastichaient à qui mieux mieux les formules ronsardiennes en vogue. »

Frank LESTRINGANT, « La Cosmologie de Ronsard et de D'Aubigné », in « *Les Tragiques* » *d'Agrippa d'Aubigné*, Cahiers Textuels, 1990.

« *Revivant le massacre des Innocents, toujours recommencé par le même bourreau, Aubigné écrit sa propre histoire, réactive le traumatisme d'une naissance qui fixa son destin d'exilé. Et de persécuté. Depuis la nuit où fut rompu le premier contrat, depuis le jour où il connut la première infidélité, le premier reniement. Le petit faon orphelin, qui déteste voir* "la biche folle aux sauts de ses enfants", *aime sa mère, la jamais vue, d'un amour exclusif qui ne tolère ni la séparation ni le partage ; la branche orpheline du saule mi-mangé rêve obstinément de retrouver son arbre, petite branche d'un bon saule. Un saule au bord des eaux mères, un saule au bord de l'étang.* »

Gisèle MATHIEU-CASTELLANI, *Agrippa d'Aubigné, Le Corps de Jézabel*, PUF, 1991.

« *Je ne puis oublier que d'Aubigné avoit une grande hardiesse, une merveilleuse présence d'esprit, une agréable connoissance des belles lettres, et ne manquoit d'expérience ni de courage au fait de la guerre : mais il étoit véhément outre mesure pour sa nouvelle religion, licencieux en paroles, et se laissoit emporter par sa passion au-delà du bon sens et de la vérité, comme ses écrits le témoignent assez, quand même nous ne l'aurions pas appris de ceux qui l'ont bien connu.* »

François Eudes de MÉZERAY, *Histoire de France*, II, Alais, 1884.

« *Si jamais l'on pouvait en idée personnifier un siècle dans un individu, d'Aubigné serait, à lui seul, le type vivant, l'image abrégée du sien. Études, passions, vertus, croyances, préjugés, tournure d'esprit d'alors, il réunit tout à un éminent degré ; et il nous apparaît aujourd'hui comme l'une des plus expressives figures de cette race d'autrefois.* »

Charles Augustin SAINTE-BEUVE, *Causeries du lundi*, t. X, 1855.

« *Il y a là* [dans *Les Tragiques*] *plus qu'une fiction poétique : au temps où ses coreligionnaires étaient en proie au désespoir, Agrippa d'Aubigné, assuré de son élection, s'est demandé quelle était sa place dans le plan de Dieu, il l'a trouvée dans ce rôle de prophète qui devait ranimer les faibles en la foi en leur certifiant que Dieu ouvre une voie au cœur du désert.* »

Marguerite SOULIÉ, « L'Inspiration biblique dans *Les Tragiques* », in *Europe*, mars 1976.

« [...] *le vocabulaire de d'Aubigné, sa forme, son rythme sont essentiellement, comme sa pensée elle-même, d'un homme du* XVIe *siècle. Une des raisons de son échec final de poète épique tient peut-être à ce que la langue dont il s'est servi n'était pas encore assez définitivement fixée pour la grande œuvre soutenue qu'il prétendait accomplir : il n'a pas su être pour l'épopée cet ordonnateur que Corneille quelques années plus tard a été pour la tragédie ; peut-être était-il trop tôt, comme il était déjà trop tard au contraire à l'époque où Voltaire dans* La Henriade *essayera de prendre la suite des* Tragiques. *Il a fallu attendre le romantisme pour que l'œuvre de d'Aubigné, comme d'ailleurs celle de tous les poètes du* XVIe *siècle, s'impose de nouveau à l'amateur de poésie française, et en effet ce grand livre chaotique, ce torrent désordonné de violence oratoire appartient déjà par bien des aspects au préromantisme. C'est que cette œuvre épique est en réalité toute lyrique, unique par son mélange de transcendance et de réalisme passionné, sublime surtout par ses brusques départs et ses soudains arrêts, par ces vers qui tout à coup fusent comme des voix, montent et s'entrecroisent comme au cours d'un motet de la Renaissance.* [...] *Personne ne se douterait que l'un des vers les plus délicieux de la langue française,* Une rose d'automne est plus qu'une autre exquise, *a été écrit, non par Ronsard pour célébrer une beauté vieillie, mais par d'Aubigné pour glorifier un des derniers martyrs de la Réforme.* »

Marguerite YOURCENAR, « Théodore-Agrippa d'Aubigné », in *Tableau de la littérature française*, I, Gallimard, 1962.

BIBLIOGRAPHIE

Éditions

Œuvres poétiques complètes et *Lettres*, éd. E. REAUME et F. de CAUSSADE, Lemerre, 1873 à 1892, rééd. Slatkine, Genève (CH), 1967, 6 vol.

Œuvres, éd. H. WEBER, J. BAILBÉ, M. SOULIÉ, « Pléiade », Gallimard, 1969 [bibliographie actualisée en 1990].

Histoire universelle, éd. A. THIERRY, « TLF », Droz, Genève (CH), 10 vol. parus entre 1981 et 1999 [remplace l'éd. RUBLÉ, 1886 à 1909].

Printemps, t. I, *Hécatombe à Diane*, éd. B. GAGNEBIN, Droz, Genève (CH), 1948 ; t. II, *Stances et Odes*, éd. F. DESONAY, Droz, Genève (CH), 1952.

La Responce de Michau l'aveugle, éd. J.-R. FANLO, Champion, 1996.

Sa Vie à ses enfants, éd. G. SCHRENCK, STFM, 1986.

Les Tragiques, éd. A. GARNIER et J. PLATTARD, Droz, Genève (CH), 1932-1933, rééd. [avec supplément bibliographique] Fr. LESTRINGANT, 1990 ; éd. Fr. LESTRINGANT, « Poésie », Gallimard, 1994 ; éd. J.-R. FANLO, Champion, 1995.

Études

J. BAILBÉ, *Agrippa d'Aubigné, poète des « Tragiques »*, P.U. Caen, 1968.

Fr. CHARPENTIER (dir.), *« Les Tragiques » d'Agrippa d'Aubigné*, actes de la journée d'étude du 9 nov. 1990, Cahiers *Textuels*, Paris VII, 1991.

S. CHISOGNE, « Poétique de l'accumulation », in *Poétique*, n° 115, sept. 1998.

J. CUBELIER de BEYNAC et Cl.-G. DUBOIS (dir.), *Monluc, D'Aubigné : Deux Épées, Deux Plumes*, actes du colloque « Monluc, D'Aubigné, les Événements en Aquitaine après 1560 », Centre Matteo Bandello, Agen, 1999.

J.-R. FANLO, *Tracés, Ruptures : la Composition instable des « Tragiques »*, Champion, 1990.

M.-M. FRAGONARD, *La Pensée religieuse de d'Aubigné et son expression*, Didier Érudition, 1986 ; *Essai sur l'univers religieux d'Agrippa d'Aubigné*, Éd. InterUniversitaires, 1991 ; *id.*, Fr. LESTRINGANT, G. SCHRENCK, *La Justice des Princes*, Éd. InterUniversitaires, SPEC, 1990 ; M.-M. FRAGONARD et M. LAZARD (dir.), *« Les Tragiques » d'Agrippa d'Aubigné*, « Unichamp », Champion, 1990.

M. LAZARD, *Agrippa d'Aubigné*, Fayard, 1998.

A. LEBOIS, *La Fortune littéraire des « Tragiques »*, « Archives des lettres modernes », n° 5, Minard, 1957.

Fr. LESTRINGANT, *La Cause des Martyrs*, Éd. InterUniversitaires, 1991 ; *Agrippa d'Aubigné, « Les Tragiques »*, « Études littéraires », PUF, 1992.

G. MATHIEU-CASTELLANI, *Le Corps de Jézabel*, PUF, 1991 ; *Poétiques d'Agrippa d'Aubigné*, Droz, Genève (CH), 1999.

M.-H. PRAT, *Les Mots du corps. Un imaginaire lexical dans « Les Tragiques »*, Droz, Genève (CH), 1996.

G. SCHRENCK, *La Réception d'Agrippa d'Aubigné (*XVIe*-*XXe* siècles) : Contribution à l'étude du mythe personnel*, Champion, 1995.

M. SOULIÉ, *L'Inspiration biblique dans la poésie religieuse d'Agrippa d'Aubigné*, Klincksieck, 1977.

A. THIERRY, *Agrippa d'Aubigné, auteur de l'Histoire universelle*, thèse, Lille III, 1982.

H. WEBER, *La Création poétique au* XVIe *siècle*, Nizet, 1956.

M. YOURCENAR, « Théodore-Agrippa d'Aubigné », in *Tableau de la littérature française*, I, Gallimard, 1962, pp. 500 à 513.

« Agrippa d'Aubigné », in *RHLF*, vol. 4, Colin, 1992.

AUDIBERTI

Jacques AUDIBERTI

Antibes (act. Alpes-Maritimes) 1899 – Paris 1965

> « *Une langue qui chante en dansant, qui a tour à tour des ailes et de gros souliers. Qui fait songer, dans ses meilleurs moments, à Rutebeuf et à Villon.* »
> Jean PAULHAN, *Les Amis, les Voisins*,
> in *Œuvres complètes*, t. IV,
> Cercle du livre précieux, posthume, 1969.

> « *Ah ! celui-là, non par exemple. J'ai horreur des chinoiseries, des tarabiscotages littéraires.* »
> Paul LÉAUTAUD, *Journal littéraire*, 8 juin 1943,
> Mercure de France, rééd. 1986.

Une existence riche d'expériences

Un « *troubadour naturalisé* »

Fils d'un entrepreneur en maçonnerie, Audiberti grandit à Antibes, où il entendit très tôt les cadences du provençal local, ce « *dialecte rustique* » appelé l'*antiboulenc*, qu'il aimait parler « *par jeu* » avec son père (***Dimanche m'attend***, posth., 1965). Celui qu'on appela plus tard le « *colosse antibois* » fut un enfant inquiet et timide, auquel l'agitation sauvage de la cour de récréation inspirait une crainte dont le romancier se souvint dans ***Monorail*** (1947). Du reste, les études d'Audiberti furent interrompues par ses problèmes de santé. Après avoir exercé quelque temps la fonction de greffier au tribunal de la ville, il devint chroniqueur au quotidien *Le Réveil d'Antibes*, où furent publiés ses premiers poèmes, inspirés par la guerre ; il en envoya quelques-uns à Rostand, illustre aîné provençal qu'il admirait. Le jeune autodidacte lut avec passion Hugo, Baudelaire, les parnassiens, ignorant encore les avant-gardes qu'il découvrit à Paris, en même temps que « *la liberté mentale* » ***(Cent Jours)***. En 1924, Audiberti quitta en effet sa ville natale, à laquelle pourtant il resta attaché toute sa vie, et où il revint régulièrement : « *Je n'ai jamais quitté Antibes, je suis toujours le petit employé de la mairie d'Antibes* » ***(La Nâ)***. Ce jeune « *troubadour naturalisé* », comme l'appela Georges Perros (préface à ***Poésies 1934-1943***, 1976), fit ses débuts dans la presse parisienne au *Journal* puis, l'année suivante, à la rubrique des faits divers du *Petit Parisien*, où il resta pendant quinze ans : le contact avec la vie des banlieues, la criminalité et la misère nourrirent le réalisme de son roman ***Marie Dubois*** (1952), « *le plus beau* » selon Truffaut : « *La plus forte œuvre consacrée à la femme, toute la femme, la même femme. Marie Dubois, c'est la femme entre toutes les femmes, c'est elle qui travaille en usine où, communiste, elle milite, c'est elle qui prépare une agrégation de lettres, c'est elle qui tapine dans un terrain vague à Villejuif et qui inspire, après sa mort, le plus absolu amour à l'humble petit inspecteur qui s'est engagé dans la police parce qu'il avait peur des flics* » (*Le Plaisir des yeux*, 1961). C'est au *Petit Parisien* qu'Audiberti rencontra Péret, alors jeune correcteur, qui représenta pour lui « *un monde, un genre, un espoir mystérieux* » ***(Cent Jours)*** et l'initia au surréalisme, auquel lui-même s'intéressa, sans y adhérer.

Les débuts d'une inspiration multiforme

Parallèlement à son activité de journaliste, Audiberti commença dès cette époque une œuvre littéraire abondante, où poésie, roman et théâtre se partagèrent une inspiration multiforme, sans cesse renouvelée, qui emprunta à tous les répertoires et toutes les esthétiques : roman-feuilleton, science-fiction, mélodrame, opéra, épopée, vaudeville, mémoires, cinéma (il fut critique aux *Cahiers du cinéma* de 1954 à 1956).

Son premier recueil poétique, ***L'Empire et la Trappe***, édité à compte d'auteur en 1930, attira l'attention de Larbaud qui lui ouvrit les portes de la *NRF*. L'influence conjointe de Hugo et de Mallarmé était manifeste dans cette première œuvre, hermétique et entièrement composée en alexandrins :

> *Et dans la cire, je gravais des mots étranges.*
> *Je fuis, embarrassé de monstres et de franges.*

Également remarqué par Cassou et Paulhan, Audiberti collabora, pendant les années trente, à des revues littéraires de qualité : *Mesures*, *Le Minotaure*, *Cahiers du Sud*. Dans ***Race des hommes*** (1937), qui lui valut le premier prix de l'académie Mallarmé en 1938, il poursuivit un travail formel de versification avec un brio et une fantaisie proches des Rhétoriqueurs — ne lança-t-il pas dans ***Monorail*** cette boutade : « *Je suis un poète du XVe siècle* » ? Fantaisie dont témoignent ces vers :

> *En belles belons, décloses clovisses*
> *Je vais te fournir le tournant des cuisses*
> (***Repas***, in ***Race des hommes***)

En 1938 parut ***Abraxas***, fresque poétique exubérante dont l'action se situe dans le Portugal du XVe siècle. Ce premier roman inaugurait une féconde série comportant, entre autres, ***Septième*** (1939), ***Urujac*** (1941), ***Carnage*** (1942), ***Le Retour du divin*** (1943), ***La Fin du monde*** (nouvelle, 1943), ***La Nâ*** (1944), ***Talent*** (1947), ***L'Opéra du monde*** (roman en 9 actes, 1947), ***Cent Jours*** (1950), ***Le Maître de Milan*** (1950), ***Les Jardins et les Fleuves*** (1954), ***La Beauté de l'amour*** (roman en vers, 1955), ***La Poupée*** (1956), ***Infanticide préconisé*** (1958).
Pendant la guerre, Audiberti donna des articles aux publications autorisées par la censure (chroniques à *Aujourd'hui*, critiques de cinéma dans *Comœdia*), fit paraître ***Paroles d'éclaircissement*** (1940), collabora à la *NRF* de Drieu La Rochelle et, après la mort de son père, retourna à Antibes à la fin de la guerre. Moins requis par ses travaux de journalisme, il publia, outre ses romans, des recueils de poèmes : ***Des tonnes de semence*** (1941), ***Toujours*** (1943). Il fréquenta des jeunes poètes (Guillevic, Rolland de Renéville, Ganzo...) avec lesquels il forma un groupe éphémère qui donna son nom à un manifeste, où Audiberti exposait son esthétique et sa conception du poète : ***La Nouvelle Origine*** (1942).

Après-guerre : l'éclosion du dramaturge

La publication de son œuvre poétique se poursuivit après-guerre avec le poème ***La Pluie sur les boulevards*** (écrit en 1933, publié en 1950) et les recueils ***Vive Guitare*** (1946), ***Rempart*** (1953) et ***Ange aux entrailles*** (1964). Mais c'est surtout comme dramaturge qu'il se révéla alors. Si l'intérêt d'Audiberti pour le théâtre remontait aux années trente, sa carrière d'auteur dramatique ne commença réellement qu'après la guerre. En 1936, il avait écrit ***L'Ampélour*** (publiée sans écho dès 1937, créée avec succès en 1950), comédie de l'attente dont le Godot n'est autre que Napoléon, et ***La Bête noire*** (publiée en 1945, créée en 1948 sous le titre ***La Fête noire***). Sa carrière connut un tournant en 1946, lorsque son « *poème dialogué* » ***Quoat-Quoat*** (publié en 1945), parabole fantaisiste sur le thème du péché originel, dont l'action se situe au XIXe siècle sur un bateau en partance pour le Mexique, fut monté par André Reybaz et Catherine Toth.
L'œuvre dramatique d'Audiberti s'affirmait d'emblée comme un théâtre du verbe, par l'inflation de l'écriture poétique, les ruptures dramaturgiques, l'appel au mythe. L'auteur, néanmoins, sut vite prendre en compte l'impératif de la représentation. Le verbe appelait le geste, la danse, la fête, et la fête des mots s'inscrivait bien dans l'espace scénique — ce dont témoignait la pièce suivante, ***Le Mal court***, publiée en 1946 et mise en scène par Georges Vitaly, en 1947.
La gloire théâtrale d'Audiberti se traduisit par l'entrée des ***Femmes du bœuf*** (1948) et de ***La Fourmi dans le corps*** (1961) au répertoire de la Comédie-Française (respectivement, en 1948 et 1962) — la seconde pièce, récit des aventures tumultueuses d'une chanoinesse et d'un « libertin », ayant provoqué un scandale à sa création.
C'est à Georges Vitaly, couronné pour sa mise en scène de ***Le Mal court*** que le dramaturge confia ensuite la plupart de ses pièces : ***La Fête noire*** (1948, qui triompha), ***Pucelle*** (1950), ***Les Naturels du Bordelais*** (1953), ***L'Effet Glapion, parapsychomédie*** (1959), ***Pomme, Pomme, Pomme*** (1962). Marcel Maréchal prit le relais en montant, en 1963, ***Le Cavalier seul*** (pièce publiée en 1955, mais non jouée) puis l'adaptation théâtrale de ***La Poupée*** (posth., 1968), roman (1956) dont Audiberti avait aussi tiré le scénario d'un film tourné par Jacques Baratier en 1962 — année qui fut d'ailleurs celle d'Audiberti, puisque, outre ce film, trois de ses pièces furent alors créées : ***Pomme, Pomme, Pomme*** au Théâtre La Bruyère ; ***La Fourmi dans le corps*** au Français ; ***La Brigitta*** à l'Athénée. C'est qu'Audiberti ne cessa de voyager d'un genre à l'autre, déployant partout avec jubilation la virtuosité d'un « *langage en transhumance* », selon la formule de Georges Perros. Il fut aussi le traducteur d'Eduardo de Filippo (***Filumena Marturano***, 1952) et l'adaptateur de Shakespeare (***La Mégère apprivoisée***, 1957).
Foncièrement sceptique, volontiers ironique, Audiberti brassait les matériaux thématiques et les codes avec un joyeux irrespect, mettant l'imagerie héroïque au service de ses propres obsessions : quelques figures mythiques ou historiques — le Christ, Napoléon, Jeanne d'Arc, Adam, Bouddha — peuplèrent une mythologie personnelle qui se prêtait mal aux lectures idéologiques pratiquées après la Libération. La conjoncture favorisait alors une littérature sérieuse et militante. Mais l'ami de Paulhan ne vit dans l'engagement qu'un embrigadement, fût-il au nom de principes humanistes. Par refus de toute doctrine, Audiberti avait élaboré, en 1946, à partir d'un terme emprunté à l'écrivain sicilien Benjamino Joppolo (1906-1963) — dont il traduisit plusieurs ouvrages —, la notion d'*abhumanisme* : « *Nous rejetons ce carcan humaniste*

caméléon », écrivait-il dans ***L'Abhumanisme*** (1955), recueil d'essais et d'articles mettant en relief la complexité d'une vision du monde dont témoignait déjà ***L'Ouvre-Boîte*** (1952). Audiberti, plus visionnaire que théoricien, se souciait moins de raisonner que de faire résonner les vocables, et de poser inlassablement des questions sans réponses : il demeurait résolument du côté du doute, prônant « *l'active passivité d'une méfiance totale* ».

THÉORIE LITTÉRAIRE

Dramatique ou poétique, en vers ou en prose, l'œuvre d'Audiberti est hantée par le conflit du bien et du mal, la souffrance, et le malheur fondamental de l'incarnation qu'il semble désespérément tenter de conjurer par l'écriture. Les dernières lignes du roman ***Le Victorieux*** (1947), dont le héros est un comédien, illustrent ce thème récurrent : « *Matinales, matinales, matinales, par la beauté, par l'unité, par la santé, que soient submergés ce livre et vos mains. / Que soit épuisée l'incarnation.* »

Le poète, ou plutôt le « *théope* », son double anagrammatique auquel Audiberti a ajouté un « *h* » « *pour lui ramener Dieu* » (***Préface*** à ***La Pluie sur les boulevards***), mêle un lyrisme noir, qui va au plus profond de l'expérience humaine, à l'expression d'une joie vitale qui semble procurée par les mots eux-mêmes ; la gravité et l'émotion voisinent avec l'humour ou la simplicité enfantine de la chanson, parfois dans un même poème : *Et patin, patin, patin... / Et patin, turnette. / Et patin, patin, patin, patin, / Et patin turnin... // La mort, nous y vivons. La mort, / C'est toi, l'arme, l'ombre, la mère, / L'éternité de l'éphémère. / Je l'aime on ne sache plus fort* (***Dieu, la Femme***, in ***Des tonnes de semence***).

Audiberti, comme dramaturge, prit place dans la contestation moderniste d'un réalisme traditionnel ou renouvelé, perçu comme une contrainte stérilisante. Avec Ionesco et Beckett, il préférait en détraquer les lois : les effets de réel sont autant de leurres. Des comédies apparemment réalistes, telles que ***La Logeuse*** (publiée in ***Théâtre III***, 1956, et créée en 1960) et ***L'Effet Glapion***, font la part belle au fantastique. Comme dans les romans, la dynamique farfelue de l'imaginaire brise la vraisemblance, dissémine la communication du sens jusqu'à faire obstacle à la lisibilité de la forme. Les digressions (souvent reprochées par la critique) comme le monologue du Prieur dans ***La Hobereaute ou Opéra parlé*** (1957) — souvent tenu pour l'un de ses chefs-d'œuvre —, ou l'histoire drôle sur la Sainte Vierge racontée par l'ermite dans ***La Fête noire***, les dénouements multiples qui s'étagent à plusieurs niveaux de l'action, l'ambivalence des mythes et des symboles, tout concourt à créer une esthétique de la rupture, qui agit sur la logique dramatique, sur le langage (par les ruptures de ton) et même sur les personnages : dans ***Pucelle***, Joannine et Jeannette sont des figures de Jeanne d'Arc, sans se confondre avec elle, et ***L'Ampélour*** s'incarne successivement en un boucher, un prêtre et un aveugle. Les significations s'enchevêtrent, se brouillent, parfois se neutralisent. « *Vapeur à voile et serpent à plume sont deux compères. Mais ils peuvent se tirer dans les pattes* », lance le Capitaine dans ***Quoat-Quoat***, où se mêlent le Mexique d'Artaud, le *Procès* de Kafka, un voyage de Jules Verne, le complexe d'Électre et le mythe d'Adam. Dans ***La Fête noire***, un Don Juan déchu engendre... la bête du Gévaudan. La comédie de mœurs, ***Les Naturels du Bordelais***, associait la satire sociale, l'utopie fantastique et la science-fiction avec l'invasion finale de la scène par les grillons, et une épidémie de métamorphoses qui préfigurait la « *rhinocérite* » de Ionesco...

LITTÉRAIRE THÉORIE

Lauréat du Grand Prix national des Lettres en 1964, Audiberti mourut l'année suivante, laissant l'ultime témoignage de ses ***Entretiens avec Georges Charbonnier*** (1965) et un récit autobiographique ***Dimanche m'attend*** — au titre singulièrement juste pour un écrivain mort un samedi.

Écrivain prolifique et débordant, mais homme pudique et discret — tout juste sait-on qu'il eut 2 filles —, il reste l'exemple, rare au XXe siècle, d'un véritable aventurier de la littérature, dont il a exploré tous les genres et tenté toutes les expressions — comme il l'a fait de la culture : c'est pourquoi il fut certes inégal, mais demeure surtout inégalé, inclassable touche-à-tout d'une étonnante fécondité.

Le « *dégustateur de mots* »

« *Pour Hugo, les mots valent comme des objets* » (***Préface*** à ***La Pluie sur les boulevards***). Audiberti aurait pu appliquer à son œuvre propre cette remarque de son modèle et maître, lui qui proclamait déjà dans ***La Nouvelle Origine*** : « *Revocabulons le* *monde !* » Non seulement il revendiquait volontiers l'héritage du XIXe siècle, mais il nourrissait une véritable passion pour le langage, qu'il manipulait avec virtuosité :

Je devrais m'exécrer, caduque la surface,
de revenir courbé sur l'antique établi
pour lustrer, tous promis aux vallons de l'oubli,
les mots huit mille fois grognons qu'on les refasse.

(***Stèle aux mots***, in ***Toujours***)

Délibérément à contre-courant de son siècle, Audiberti poète se montra constamment fidèle aux règles de la prosodie classique, alliées à une syntaxe certes hardie, voire tourmentée, mais parfaitement maîtrisée :

Hommes, les hommes, cette race à la jointure
du crime et du pardon, du jour et de minuit,
Sublime au ras de la ténèbre, la torture
sa faim, lucide ou non, du ciel qu'elle poursuit.

(***Dignité de l'homme***, in ***Des tonnes de semence***)

Cet « *amateur, connaisseur, dégustateur de mots* » (Georges Perros) joua, comme Queneau, de tous les claviers linguistiques. Dans ***Le Cavalier seul***, le mélange des registres et des niveaux de langue sert l'intention parodique : le croisé Grapassoul — dont l'épée se nomme non pas Durandal mais Briselacolle —, arrivé à Jérusalem, ne sait que dire : « *J'ai envie de dégueuler* [...]. *De ma nature, pourtant, je ne prise pas cruauté, lubricité, ni la malice, ni l'avarice* » ; à quoi l'Adjudant ajoute : « *J'ai les molletières toutes compromises par le sang sarrasin où j'ai manœuvré dedans.* » Loin de rechercher l'unité de ton, Audiberti affectionnait les dissonances et les contrastes, faisant cohabiter langue écrite et langue orale : « *Je rentre par la plage. Pleine. Des femmes, de plus en plus. Tout Londres. Tout Paris. Tout Zurich. Tout Antibes. Ça frugue. Ça jumpe. Ça craule. Ça s'écartèle. Se dore. Se mouille. Se flanque. S'étend* » ***(Cent Jours)***. Dans ***Le Ouallou*** (publié in ***Théâtre III*** — le titre désigne « *le cachot* »), l'argot de Glinglin-les-dormantes répond au langage châtié de l'Ordonnateur (qui vient de déclarer, à propos de son prédécesseur Milador : « *Nous l'embastillâmes* ») : « *Ce nave en fleur, il prenait son pied à se régaler de la beauté du condé, la police* [...] *tout ça de effe jusqu'à zède dans les étranglevieilles* [il montre ses mains] *de Glinglin.* » Audiberti fait jouer les uns contre les autres archaïsmes, néologismes ou provençalismes, produisant ce qu'il appelait lui-même son « *impressionnisme verbal* » ***(Talent)***.

Comme Molière — auquel il consacra un essai en 1954 : ***Molière dramaturge*** —, Audiberti était un auditif. Il s'amuse à accumuler calembours, jeux phoniques, zeugmes (« *Les talons qui chaussent mes dames sont les piliers de mon style et de mon règne* », ***Le Mal court***). Il introduit fréquemment des chansons dans ses pièces : les airs lyriques forment, dans ***La Hobereaute***, un discours parallèle au dialogue parlé ; les chansons sentimentales d'Alarica dans ***Le Mal court***, le chœur invisible de ***Pucelle*** sont autant de contrepoints à l'action. Souvent sources de comique ou d'insolite, les allitérations et néologismes contribuent aussi à la musicalité de la langue poétique :

De magiques tatous le ciel couvre la nouit.
O plus I devient toi qui, sous moi, chantes : « oui ! »

(***Chanson pour mourir un jour***, in ***Race des hommes***)

Dans ses romans, Audiberti répugnait aux disciplines de la description et de la narration réalistes, ou de la construction du Nouveau Roman, préférant l'aventure de l'écriture à l'écriture d'une aventure. Épisodes saugrenus, péripéties rocambolesques, digressions et ratiocinations obsessionnelles sapent, disloquent, démultiplient une fable naturaliste déjà précaire, et contribuent à créer un « *anti-récit* » (Roselyne Koren). De fait, l'action ne progresse pas avec plus de cohérence que les personnages, dénués de psychologie. L'autobiographie, avouée dans ***La Nâ*** (inspirée par un voyage réel en Savoie pendant la guerre) ou ***Monorail*** (souvenirs de jeunesse), parasite sans cesse la fiction : ***Urujac*** — dont le héros éponyme est un homme préhistorique à la recherche duquel part le narrateur journaliste — est un roman à la 1re personne.

Procédant par « *affabulation autobiographique* » (Roselyne Koren), le romancier plaça ses récits dans les cadres historiques et géographiques les plus variés, d'une révolution sud-américaine de 1917 ***(La Poupée)*** à l'Italie contemporaine ***(Le Maître de Milan)***, en passant par le Saint-Germain-des-Prés de l'après-guerre ***(Talent)***. Le merveilleux surgit sous la forme d'êtres hybrides (l'ondine de ***Carnage***), de métamorphoses ***(La Poupée)***, et va jusqu'à la négation de la mort dans ***Les tombeaux ferment mal*** (1963), où une femme parvient à ressusciter un homme par amour... « *Audiberti ne crée pas de personnages à proprement parler, il poursuit un rêve d'obsédé* » (Jean Duvignaud). Le principal personnage des romans-poèmes d'Audiberti semble être non pas l'auteur lui-même, mais son angoisse, qui renvoie à celle de tous les hommes :

La vie, à fond, me touche enfin.
Je dois crever, puisque j'existe.

(***La Fin de l'ère du capital***,
in ***Des tonnes de semence***)

Il semble en donner le mode d'emploi dans ***Cent Jours*** : « *Moi, ma vie, moi, les mots, tout ça mâché au même sac, resalivé, re-tapissé, prenez-le comme ça vient, prenez-moi comme je suis* [...], *un jalon au chaos de notre humanité perplexe.* »

Un auteur controversé

L'inflation verbale, l'excès baroque des signes ont souvent déconcerté les spectateurs et les lecteurs d'Audiberti. Si le romancier trouva en Vialatte et Arland des défenseurs, c'est vers le poète qu'allait la préférence de Cassou et surtout de Pieyre de Mandiargues qui, en 1968, dans sa préface à la réédition de ***Race des hommes***, salua « *tel génie* [...] *se donnant libre cours dans la poésie avec une fraîcheur, un bondissement altier et une force saugrenue qui passent de loin ses plus belles prouesses ultérieures dans la prose de la narration ou du dialogue* ».

Éreinté par une partie de la critique, son théâtre sut toutefois séduire ceux qui voulurent faire l'effort d'y pénétrer, et de voir, au-delà des « *défaillances du sens* », la cohérence d'une dynamique théâtrale (comme le fit Gérard-Denis Farcy in *Les Théâtres d'Audiberti*, 1989). Jacques Lemarchand, Guy Dumur et la revue *Théâtre populaire* le défendirent dans les années cinquante. Boris Vian témoigna de son enthousiasme dès 1953 (in *Arts*) pour les très contestés ***Naturels du Bordelais***. Quelques mois avant sa propre mort, Cocteau lui confiait sa « *tendre et fidèle admiration* » (lettre du 3 fév. 1963). Audiberti a longtemps eu un public de *happy few*. Mais sa position de « *cavalier seul* », pris entre tradition et invention, le coupa du mouvement du Nouveau Théâtre. Attaqué par les défenseurs de Brecht et les tenants d'un théâtre politiquement engagé, boudé un temps par des metteurs en scène comme Vilar ou Barrault, Audiberti retrouva la faveur du public grâce à Marcel Maréchal, en 1963 : ***Le Cavalier seul*** est aujourd'hui, avec ***Le Mal court***, sa pièce la plus jouée.

ŒUVRES

Le **Mal court**

Pièce en 3 actes, publiée chez Gallimard en 1946 et créée le 25 juin 1947 à Paris, au théâtre de Poche, dans une mise en scène de Georges Vitaly.

Au XVIIIe siècle, dans un territoire de l'électeur de Saxe, la princesse de Courtelande cherche le sommeil. Venue en Occident pour épouser le roi Parfait, elle fait part de son agitation à sa gouvernante Toulouse. Un inconnu parvient à pénétrer dans la chambre en se présentant comme le roi d'Occident et déclare sa flamme à « *la plus royale des créatures, cette princesse dont je veux qu'elle ne règne sur mon peuple qu'après avoir, dans le tête-à-tête et sans le concours des huiles, régné sur mon cœur* » (I). Le Maréchal de la noblesse Silvestrius, appelé par la gouvernante, démasque l'imposteur qui tente de fuir par la fenêtre. Atteint par une balle de pistolet tirée par un lieutenant, Fernand est ramené dans la chambre d'Alarica, qui s'est éprise du jeune homme, mais se résigne à son devoir : « *Je l'aime, sans doute, à jamais. Mais je ne le verrai plus. Je serai une épouse droite, une reine limpide* » (I). Le premier acte se termine avec l'entrée en scène du vrai roi d'Occident, accompagné d'un cardinal. Le roi Parfait est attendri par la jolie princesse, et lui avoue en sanglotant qu'il ne l'épousera pas, car, pour des raisons politiques, son mariage est arrangé avec l'héritière du trône d'Espagne. L'annonce des noces avec la princesse de Courtelande n'était qu'un leurre destiné à précipiter l'alliance. Ému par la beauté et la fraîcheur de la jeune fille, Parfait lui propose toutefois de s'enfuir avec lui. Elle refuse en invoquant la médiocrité de sa condition, indigne du roi d'Occident, mais lui offre son corps. Parfait ne croit pas à la perversité d'Alarica ; celle-ci présente Fernand comme son amant, et exige qu'il le demeure si elle consent à épouser Parfait. Alarica et Fernand ont passé la nuit ensemble. Le désenchantement continue : Fernand, en fait, était aussi un agent d'Occident, chargé de compromettre la princesse, avec la complicité même de la gouvernante. Alarica apprend alors de la bouche de son amant que ses déclarations passionnées étaient un texte appris (difficilement) par cœur : « *Ainsi, partout l'on fait comme si... c'est insupportable. C'est horrible* » (III). Le père d'Alarica, le roi Célestincic, ce roi d'opérette spécialiste des salades, était également intéressé à l'affaire en percevant un dédommagement : « *Avec ces trois mille florins, cinq cent mille si nous vendons les deux châteaux, j'achète des guêtres pour toute l'armée et j'engage un orchestre pour nous jouer Mozart. La la li la la* » (III). En une nuit, la petite princesse de porcelaine, la vertueuse fiancée, a fait l'apprentissage du mensonge et du mal, qui passe et repasse, comme le furet de la chanson enfantine : « *Le mal court. Vous le voyez ? Comme il court bien ! Furet ! C'est un plaisir* », dit Alarica, ajoutant : « *Le crime serait de prétendre l'arrêter* » (III). Le renversement final inscrit l'entrée d'Alarica dans cette course du mal : sous les vagues auspices de Catherine de Russie, elle destitue son père, se proclame reine de Courtelande, et s'adjoint son amant Fernand, « *ce beau garçon que, désormais, je promeus mon cheval, mon danseur, mon filleul et mon cavalier* » (III). Elle se révèle femme de pouvoir (« *les enfants prieront à genoux devant mon image* »), au grand désarroi de Célestincic qui ne reconnaît plus sa « *petite fille* ».

Le Mal court connut dès sa création un grand succès public et critique — Georges Vitaly recevant le Prix des jeunes compagnies pour sa mise en scène —, qui s'est confirmé lors de sa reprise en 1955 et ne s'est jamais démenti.

Quoat-Quoat

Pièce en 2 tableaux, publiée chez Gallimard en 1945 et créée le 28 janvier 1946 à Paris, au théâtre de la Gaîté-Montparnasse, dans une mise en scène d'André Reybaz et de Catherine Toth.

L'intrigue de la pièce se situe dans une cabine du *Mirmidon*, paquebot naviguant vers le Mexique. Un jeune archéologue, Amédée — en fait, agent secret chargé de ramener le trésor de l'empereur Maximilien —, reçoit la visite du Capitaine. Ce dernier l'informe que le « *règlement* », dont la toute-puissance et l'arbitraire ont une saveur kafkaïenne, interdit toute relation amoureuse avec les voyageuses, sous peine de mort. La tentation s'incarne aussitôt en la personne de Clarisse, la fille du Capitaine, une amie d'enfance qui lui rappelle leurs jeux, et la fleur de pommier qu'il lui avait offerte... Ce nouvel Adam est conscient du danger (« *Et vous êtes là, toute gentille, toute rose comme un crocodile* ») et résiste dans un premier temps, en invoquant sa vocation scientifique et le but de ses recherches, « *le principe de tous mes désirs, le dieu Quoat-Quoat, là-bas, dans son temple perdu, en dehors de l'Histoire, à l'écart de la politique comme un soleil oublié dans un lieu sauvage* ». Mais il cède bientôt et déclare son amour à Clarisse. Rêvant tout haut, il s'imagine au Mexique avec elle (« *Je suis debout sur ma pensée concrète. Je tiens dans mes bras la raison de l'homme, une femme* ») et se voit découvrant le trésor. Tandis que le couple mime l'ouverture du coffre, le Capitaine survient : Amédée sera fusillé à l'aube, pour avoir divulgué l'objet de sa mission. Clarisse se soumet au jugement de son père chéri. Reflétant la perplexité du lecteur (ou du spectateur), Amédée semble toujours se demander si les paroles du Capitaine sont à prendre au sérieux ou si elles participent de « *l'esprit de moquerie* » qu'il appelle « *le ziblume* ». Au début du second tableau, Amédée attend son exécution en jouant aux cartes avec un gendarme. Une belle Mexicaine surgit, pistolet au point : partisane de la révolution aux côtés du colonel Mascaral, elle veut s'emparer du trésor, pour « *la cause proprement sublime du Mascaralisme* ». Sa monnaie d'échange est la fameuse pierre magique de Quoat-Quoat, aux pouvoirs destructeurs, qui permettrait au condamné de couler le bateau et de s'enfuir. Mais il refuse d'utiliser cette arme et donne la pierre au Capitaine. Intervient alors une voyageuse bordelaise, Mme Batrilant : c'est elle qui est envoyée par le gouvernement pour récupérer le trésor, Amédée n'étant qu'un « *homme de paille* » destiné à attirer sur lui les suspicions éventuelles. Le jeune homme va donc échapper à sa peine, alors que tout est prêt pour l'exécution. Mais il rejette sa grâce, qui met en doute l'authenticité de sa mission, et se précipite sur le pont en verrouillant la cabine, d'où l'on entend la fusillade. Tel un dieu fatigué des hommes, le Capitaine soupire qu'il en a assez : « *Au commencement, c'était varié, pittoresque, cette bataille insoluble entre mon règlement et les passagers. Mais ça commence à sentir mauvais* [...]. *Si nous en finissions ?* » La pièce s'achève sur le geste du Capitaine levant le bras pour jeter au sol la pierre de Quoat-Quoat : « *Cramponnez-vous ! ! !* »

La représentation de ce texte qui n'avait pas été composé pour la scène fut tièdement accueillie par la critique, probablement déroutée par la désinvolture et l'humour noir avec lesquels l'auteur traitait, entre sublime et *ziblume*, des thèmes comme le péché et la grâce, la loi, le rapport de l'homme à Dieu, sans proposer pour autant de réponses à ses interrogations.

CITATIONS

La vie, à fond, me touche enfin.
Je dois crever, puisque j'existe.

La Fin de l'ère du capital, in *Des tonnes de semence.*

Le mariage, c'est l'état, c'est le trône de la femme.

Le Mal court, I.

Méfions-nous des mots qui disent d'avance, pour ainsi dire, ce qu'ils veulent dire, et qui le tuent dans l'œuf, des mots qui sont une musique, une propagande, une fumée.

Le Mal court, II.

Il faut que le monde soit clair. Si les cœurs étaient clairs, le monde serait clair.

Le Mal court, III.

Un trésor, c'est pour qu'on y touche.

Martyrs, in *Race des Hommes.*

JUGEMENTS

« *Voilà un quart de siècle — et vingt-cinq livres : bonne mesure, un par an de moyenne — qu'il m'intrigue, qu'il me charme et qu'il m'irrite. C'est salutaire, les pugilats avec les œuvres qu'on a une raison d'aimer, de détester, d'aimer parce qu'on les déteste sans savoir pourquoi et, parfois, en le sachant fort bien. J'ai d'abord adoré ses poèmes : je disparaissais sous leurs fruits, leurs fleurs et leurs légumes, un potager de sensations et de pétarades irrésistibles.*

Ensuite, j'ai essayé de comprendre — péché de jeunesse — ses romans, Abraxas *et* La Nâ, *entre autres, qui m'ont laissé le plus vif souvenir. Je partageais le monde en choses claires et en choses secrètes : Audiberti me persuada que les évidences sont parfois cachottières et que les brumes savent rigoler, donc se dissiper pour que la lumière les baigne.* »

Alain BOSQUET, in *Combat*, 28 août 1963.

« *Dans la marmite bouillonnante de M. Audiberti, il y a toujours des morceaux succulents.* »

Jacques BRENNER, in *Paris-Normandie*, 8 août 1958.

« *C'est à lui seul Queneau et Cocteau, Claudel et Victor Hugo, et Céline, et Giraudoux, et Shakespeare et d'autres. Bien sûr, pas toujours, pas tout le temps.*

Jacques Audiberti n'a jamais écrit de chefs-d'œuvre ; c'est lui qui, par moments, est génial. Nuance ! On dirait que soudain le verbe, la magie du vocabulaire le saisissent, le possèdent. Transporté, survolté, il s'abandonne pendant une page, deux pages, à la musique des mots.

Ce courage ne mérite-t-il pas plus qu'un sourire ¿ Audiberti n'est pas un enfant espiègle et attardé qui s'amuse à grouper les mots sans ordre et sans raison, comme les cubes d'un jeu de construction. Il s'agirait plutôt d'une sorte de pythie visitée par les dieux, à l'heure de l'oracle.

Ce n'est pas maintenant que nous allons le changer. Il faut le prendre comme il est, ce devin, ce possédé, ce poète, ce visionnaire, ce moraliste joyeux, ce bavard, ce colosse, ce magicien, ce Gaudissart habité par Victor Hugo, ce monument baroque et surprenant "qui vaut le détour". »

Matthieu GALEY, in *Arts*, 11 septembre 1963.

« *Il faut bien admettre ces dissemblances à l'intérieur de l'espèce humaine, mais c'est assez triste, car je n'ai jamais eu l'impression de me cogner à une mentalité et à une sensibilité qui me demeurassent aussi impénétrables !* »

Jean-Jacques GAUTIER,
in *Le Figaro*, 26 septembre 1962.

« *Comme toujours, sa conversation à la fois désordonnée, très humaine (pleine de remarques justes, et d'une critique de lui-même surtout, d'autres aussi, souvent profonde) et* instable, *m'a laissé une impression un peu déprimante.* [...] *L'abondance d'Audiberti m'effraie pour lui.* »

Valery LARBAUD, *Journal (1912-1935)*,
Gallimard, 1955.

« *Quelle m'apparaît la passion qui soutient le souffle d'Audiberti ¿ Très exactement la curiosité de l'homme, dans son plus quotidien fantastique.* [...] *Ce qu'offre de plus précieux cette œuvre est peut-être une redécouverte méditerranéenne de l'homme, une réinvention des temps où les dieux apparaissaient volontiers aux mortels, conversaient avec eux sans fadaises, supprimaient les distances.* »

Jacques LEMARCHAND, in *Livres de France*, mars 1963.

« *Audiberti* [...] *se débat contre les mots qui lui viennent en trop grand nombre. Il pense qu'à force de les réduire, de les manier et de les remanier, il leur laissera prendre un sens qu'ils possèdent sans le savoir. Il les essaie, il les tâte, il les risque. Que trouve-t-il au bout de tant d'efforts ¿ C'est une sorte de langue dorée, une langue faite de proverbes et de maximes, qui ressemble à un rite plus encore qu'au langage courant.* »

Jean PAULHAN, *Les Amis, les Voisins*,
in *Œuvres complètes*, t. IV,
Cercle du livre précieux, posthume, 1969.

« [...] *Audiberti, pour moi, était un prodigieux réservoir de mots* [...] *perpétuellement chauffé à une température et porté à une pression telles que les mots en jaillissaient d'abondance, avec une violence et un éclat qui ont laissé dans sa poésie, dans ses romans et dans son théâtre les marques d'une origine volcanique, comme dans les roches que l'on dit de nature ignée.* [...] *Devant les foisons de mots qui montaient du fond de lui [...], Audiberti me semble avoir vécu dans une solitude illuminée. Un monde peuplé moins par les hommes que par les mots des hommes. »*

André PIEYRE de MANDIARGUES, *Troisième Belvédère*, Gallimard, 1971.

« Car le kaléidoscope mental dont Audiberti s'est fait un jouet et un art lui sert aussi de raison. Tout en jonglant il tient pour une sérieuse hypothèse que la matière livre ses secrets au gré d'assonances gratuites. Qui sait, après tout, si les syllabes folles que produisent nos délires singuliers ne sont pas les neutrons flottants d'une pensée "globale", si leurs rencontres insensées ne donneront pas la clef du monde ? »

Bertrand POIROT-DELPECH, in *Le Monde*, 7 septembre 1962.

« Audiberti, c'est mon frère. Je me sens en fraternité permanente avec lui. »

Yann QUEFFÉLEC, cité *in* Bernard GÉNIÈS, « L'Artisan étoilé », in *TéléObs*, 3 avril 1998.

« Pour qui, comme moi, ne raffole pas de ce qu'il est convenu d'appeler l'Audiberti grand cru, de La Hobereaute, *du* Mal court, *de* La Fourmi, *qui place bien au-dessus de ces pétulances irisées tombées* "goutte de sueur à goutte de sueur" *de la plume contournée de leur auteur, une simple pochade comme* Le Ouallou, La Brigitta *a tout pour plaire. Elle vaut la peine d'être vue. Je vous parlais l'autre jour de la difficulté qu'il y a à réussir une comédie de mœurs. En voici une, et qui ne doit rien à Molière. »*

Claude SARRAUTE, in *France-Observateur*, 4 octobre 1962.

« Urticaire géant. »

Georges SION, in *Beaux-Arts* (Bruxelles), 28 mars 1958.

« Avec sa bobine couturée de vieux loup de mer en vacances, Jacques Audiberti est un colosse antibois, beau et puissant comme ses livres, lesquels posent inlassablement la même question : pourquoi les femmes ne nous désirent-elles pas comme nous les désirons, a priori, systématiquement, physiquement et abstraitement et toujours pour ce qu'elles sont : les bossues pour leur bosse, les bourgeoises pour leur chapeau, les putains pour leurs genoux, les prudes pour leur vertu, les grosses pour leurs bourrelets et les maigres pour leurs os ? [...]

Pour Audiberti, la femme est magique, la femme est suprême. C'est à lui que je pense quand je filme un homme, à son œuvre quand je filme une femme. C'est encore à lui que je pense en regardant une belle paire de jambes dans la rue [...]. »

François TRUFFAUT, *Le Plaisir des yeux*, 1961, Cahiers du cinéma, 1987.

BIBLIOGRAPHIE

Éditions

La plupart des œuvres d'AUDIBERTI ont été publiées aux éditions Gallimard, en particulier les 5 volumes de son théâtre : *Théâtre I* (1948), *Théâtre II* (1952), *Théâtre III* (1956), *Théâtre IV* (1961), *Théâtre V* (1962).

Le Mal court, éd. J. GUÉRIN, « Folio Théâtre », Gallimard, 1996.

Race des hommes, suivi de *L'Empire et la Trappe* [extraits], « Poésie », Gallimard, 1968.

Des tonnes de semence, suivi de *Toujours*, et de *La Nouvelle Origine*, « Poésie », Gallimard, 1972.

Études

H. AMER, « Audiberti romancier de l'Incarnation », in *NRF*, oct.-nov. 1956.

H. BOUILLIER, *Audiberti cavalier seul*, BN, 1992.

A. DESLANDES, *Audiberti*, « La Bibliothèque idéale », Gallimard, 1964.

G.-D. FARCY, *Les Théâtres d'Audiberti*, PUF, 1989.

M. GIROUD, *Audiberti*, Seghers, 1973.

J. GUÉRIN, *Le Théâtre d'Audiberti et le Baroque*, Klincksieck, 1976 ; *Bibliographie des écrits de Jacques Audiberti*, in *L'Ouvre-Boîte*, n° 18, déc. 1995 ; *Audiberti. Cent Ans de solitude*, Champion, 1999.

R. KOREN, *L'Anti-Récit. Les Procédés de style dans l'œuvre romanesque d'Audiberti*, Champion/Slatkine, 1983.

C. TOLOUDIS, *Audiberti*, Twayne, Boston (US), 1980.

Audiberti le trouble-fête, colloque de Cerisy 1976, Éd. J.-M. Place, 1979.

L'Association des Amis d'Audiberti publie des *Cahiers* depuis 1973, sous le titre *L'Ouvre-Boîte* (Meudon).

AYMÉ

Marcel AYMÉ

Joigny (act. Yonne) 1902 – Paris 1967
Prix Renaudot

« *Chez Marcel Aymé, les juments parlent, les chiens font de l'arithmétique et les bouchers traduisent Virgile. Trop sceptique pour être militant, ce La Fontaine d'un siècle de catastrophes reste notre meilleur fournisseur de songes.* »
Renaud MATIGNON, « Marcel Aymé : la pétanque du philosophe », in *Le Figaro*, 7 janvier 1989.

« *L'œuvre de Marcel Aymé caractérise bien la littérature française de cette période : elle traduisait, sur un mode ironique, léger et mélancolique, le manque d'ouverture ainsi que l'étroitesse d'un horizon limité.* »
Nina BERBEROVA, *C'est moi qui souligne*, 1950, trad. franç. Anne et René MISSLIN, Actes Sud, 1989.

Une vie libre et controversée

Une jeunesse contrariée

Jusqu'à ses 24 ans — âge où il publia son premier roman —, Marcel Aymé, cadet des 6 enfants d'un maréchal-ferrant et, dès l'âge de 2 ans, orphelin de mère, n'avait ressenti aucune vocation particulière. Après l'école primaire de Villers-Robert, village du Jura où il avait grandi, élevé par ses grands-parents maternels, il était allé suivre les cours du collège de l'Arc à Dole, la ville voisine, et n'y avait manifesté qu'un intérêt très moyen. Sans être vraiment un cancre, puisqu'il obtint son baccalauréat à 17 ans, il n'en préférait pas moins les flâneries au bord du Doubs et les soirées entre amis. Il envisagea d'abord de devenir ingénieur, puis se détourna de cette carrière, sa santé ayant été altérée par l'épidémie de grippe espagnole de 1919. Rétabli, il partit pour Paris tenter sa chance en médecine (1923). Mais on le vit plus souvent, à cette époque, dans les brasseries et dans les bals qu'à la faculté. À nouveau malade, il revint à Dole en 1925 pour s'y faire soigner. C'est alors que l'une de ses sœurs, Camille, lui suggéra d'écrire l'histoire d'un clochard attachant qui portait les valises à la gare de Dole et qui avait un penchant avéré pour l'alcool : Marcel Aymé en fit le sujet de son premier roman, ***Brûlebois***, qui parut en août 1926 à Poitiers, dans les *Cahiers de France*. Le succès obtenu l'encouragea à poursuivre dans la voie de la littérature, ce qu'il fit tout en se livrant, pour subvenir à ses besoins, à de petites activités : après avoir renoncé à la médecine, il fut successivement employé de banque, courtier en assurances, manœuvre, figurant de cinéma, employé de bureau, notamment. En 1927, ***Aller-Retour*** confirma le succès précédent, mais il n'en fut pas de même en 1928 avec ***Les Jumeaux du Diable***, roman qu'il ne voulut jamais laisser réimprimer.

Après cet échec, il se tourna vers la littérature régionaliste pour dépeindre les paysans qui avaient vécu autour de lui à Villers-Robert. ***La Table-aux-Crevés***, qui dépeint la vie rude de la campagne et, déjà, les affrontements entre laïques et cléricaux (catalysés par l'enterrement civil d'une femme suicidée), se termine par un affrontement tragique dans le champ clos appelé *La Table-aux-Crevés*. Ce roman fut un succès : il manqua le prix Goncourt en 1929 mais remporta le Renaudot. Consacré auteur régionaliste, Aymé refusa de se laisser réduire à cette étiquette et publia, l'année suivante, un roman à la manière populiste, situé dans un faubourg ouvrier et misérable : ***La Rue sans nom***. Certains critiques furent déconcertés, d'autres crièrent au génie devant ce jeune romancier qui pouvait ainsi changer de genre et se renoûveler d'une œuvre à l'autre. La notoriété de Marcel Aymé s'affermit alors : l'écrivain s'installa à Paris en bordure du square Carpeaux (act. XVIIIe arr.), avec sa compagne Marie-Antoinette et la fille de celle-ci, Colette. Même si ***Le Vaurien*** (1931) fut un demi-échec, l'auteur put commencer à vivre de sa plume : des périodiques comme *Les Nouvelles littéraires*, *Candide* ou *La Revue du cinéma* lui ouvrirent leurs colonnes ; la plupart des nouvelles du recueil ***Le Puits aux images*** (1932) parurent ainsi dans la presse et contribuèrent à le faire connaître.

Les triomphes d'un narrateur

Un succès éclatant vint couronner, en 1933, ***La Jument verte***, roman situé dans un petit village, au temps du boulangisme. Le portrait d'une jument verte, ayant appartenu au père Hardouin, révèle des secrets de famille (comportant viols et incestes), et, tandis que des rivalités politiques et religieuses divisent le village, commente les mœurs de la population : « *Il se pratiquait à Claquebue quatorze manières de faire l'amour, que le curé n'approuvait pas toutes* » (chap. VII). En contrepoint des intrigues qui tourmentent les familles Hardouin et Maloret, les « *Propos de la jument* » complètent épisodiquement le récit, analysant l'importance des motivations sexuelles dans les comportements sociaux, jusqu'à cette conclusion ironique : « *Il est bien* *heureux qu'une jument verte se soit trouvée là pour tirer de ce roman un robuste et honnête enseignement, à savoir qu'il n'y a point d'amour durable, partant point de bonheur, en dehors de la famille* » (chap. XV).

En fait, ce livre provoqua d'abord un scandale, car une partie du public fut choquée par la truculence et la verdeur de certains propos. Dès la première page, Aymé écrivait — et Gallimard éditait : « *Dans le courant de l'année, à force de sauter sa femme, il arrivait toujours bien à lui en faire un autre* [enfant]. » La propre sœur de l'auteur, Camille, lui reprocha ses obscénités, les ligues de vertu se mobilisèrent et faillirent obtenir l'interdiction de l'ouvrage. Mais le chiffre des ventes atteignit les 76 000 exemplaires au bout d'un an. Aymé connut dès lors une certaine aisance : toujours fidèle au XVIIIe arrondissement, le Jurassien de Paris s'installa rue Paul Féval — il y resta trente ans, jusqu'à son emménagement rue Norvins, située entre la place qui porte désormais son nom et la place du Tertre.

Le succès de ***La Jument verte*** conduisit Emmanuel Berl, qui dirigeait l'hebdomadaire *Marianne*, à confier une chronique à l'écrivain, de 1933 à 1938. Aymé y publia de nombreux articles en rapport avec l'actualité. En octobre 1935 cependant, il s'opposa à la rédaction de *Marianne*, qui souhaitait des sanctions contre l'Italie dans l'affaire éthiopienne. Très attaché à la paix, Aymé ne voulait pas courir le risque d'une guerre ; on le situa politiquement à droite au motif qu'il partageait alors le point de vue de la droite sur cette question. Son succès n'en diminua pas pour autant, puisqu'il fut sollicité pour écrire les dialogues de films de Pierre Chenal : ***La Rue sans nom*** (1933), ***Crime et Châtiment*** (1935), ***Les Mutinés de l'Elseneur*** (1936). Il signa en outre ceux du film d'Herbert Selpin et Henri Decoin, ***Le Domino vert*** (1935). Parallèlement, Aymé continua à publier des recueils de nouvelles où le merveilleux prit une importance croissante : ***Le Nain*** (1934), ***Derrière chez Martin*** (1938) ; ainsi que des romans régionalistes comme ***Le Moulin de la Sourdine*** (1936), ***Gustalin*** (1937). Parisien des populaires quartiers Nord depuis 1929, il développa naturellement le thème de la ville, montrant des aspects contrastés de la capitale dans des ouvrages comme ***Maison basse*** (1935) — qui observe les mœurs des bourgeois du XVIIe arrondissement —, et ***Le Bœuf clandestin*** (1939), situé dans le quartier populaire du canal Saint-Martin (act. X^{e} arr.), non loin des secteurs familiers à l'écrivain. Durant cette intense période de création, Aymé commença à écrire ses célèbres ***Contes du chat perché***, dont une 1re édition, contenant 4 contes, parut en 1934.

Rentré de province à Paris quelques mois après la déclaration de guerre, et réformé pour raisons de santé, Aymé y reprit ses activités littéraires et cinématographiques pendant l'Occupation. Il signa les dialogues ou l'adaptation de 3 films de Louis Daquin : ***Nous les gosses*** (1941), ***Le Voyageur de la Toussaint*** (1942) et ***Madame et le Mort*** (1942). Ainsi que le scénario d'un film de Maurice Gleize, ***Le Club des soupirants*** (1941) — qui lui valut d'être inquiété à la Libération. Il renoua avec la littérature régionaliste dans ***La Vouivre*** (1943), continua son œuvre de nouvelliste avec ***Le Passe-Muraille*** (1943) et celle de romancier avec ***La Belle Image*** (1941) et ***Travelingue*** (1941), situé à l'époque du Front populaire.

Les ouvrages qu'Aymé fit paraître pendant l'Occupation ne lui valurent aucun ennui : il ne fut pas inscrit sur la liste noire du Comité national des écrivains, à la Libération. En revanche, il lui fut reproché d'avoir signé quelques textes dans *Je suis partout*, puis dans la revue mensuelle *Chronique de Paris*, organes de la collaboration. S'abstenant de toute coloration politique, comme dans ses chroniques d'*Aujourd'hui*, il y publia surtout des fictions — notamment des extraits de ***Travelingue*** en 1941, et un des ***Contes du chat perché***, intitulé ***La Patte du chat***, en 1943 — et 5 articles (entre 1942 et 1945) qui traitaient tous de sujets artistiques (Chas Laborde, Brillat-Savarin, Jodelet, Ralph Soupault et Paul Bourg). À la Libération, il reçut également un blâme pour avoir vendu à la firme allemande *Continental-Films* le scénario du ***Club des soupirants*** (1941), farce un peu grosse qui raconte les efforts déployés par quelques jeunes gens pour épouser la fille d'un milliardaire.

Certaines des œuvres d'après-guerre ne firent que renforcer l'opinion de ses détracteurs. Romancier, il se permit de dénoncer les compromissions et le marché noir dans ***Le Chemin des écoliers*** (1946), mais tout autant certaines basses manœuvres de l'épuration dans ***Uranus*** (1948) : ces romans brossaient un tableau sans concession de la France de l'Occupation pour le premier (« *En temps de guerre, le malheur qui ne doit rien à la guerre, qui n'a pas de référence nationale, est déjà un peu honteux* »), et des lendemains de la Libération pour le second (« *On ne peut rien penser de plus beau, de plus doux que les hommes.* [...] *Leurs guerres, leurs camps de concentration,*

leurs œuvres de justice, je les vois comme des espiègleries et des turbulences », chap. 6).
Un an après, l'essai intitulé ***Le Confort intellectuel*** aggravait le cas d'Aymé, qui y développait un portrait satirique de prétendus intellectuels représentés par la gouvernante Anaïs Coiffard, dont les discours stéréotypés reflétaient les idées à la mode, parfois issues de la Résistance, avec un snobisme résolument conformiste. En face d'elle, M. Lepage incarnait le bon sens bourgeois, lucide et cultivé. Au cours des entretiens accordés au narrateur — et qui forment la trame du livre —, M. Lepage attribue la dégénérescence de la littérature et du langage à la « *peste romantique* », et se livre à des commentaires rationalistes et féroces de poèmes de Baudelaire (des « *âneries accumulées* [...] *sous une apparence séduisante* »), afin d'affirmer son goût pour le « *confort intellectuel* », c'est-à-dire « *ce qui assure la santé de l'esprit, son bien-être et ses joies dans la sécurité* ». À la lecture de certaines pages, on peut comprendre que, selon la formule délicieusement euphémistique de Nimier, « *dans le domaine des idées,* Le Confort intellectuel *a produit quelque trouble* » : « *Baudelaire reste en effet le sommet de cent cinquante ans de romantisme. Ce n'est pas qu'il n'y ait eu d'autres poètes d'un souffle plus large, d'une inspiration plus personnelle, d'un métier plus sûr aussi. Il y en a eu beaucoup au contraire et s'il l'emporte sur eux, c'est qu'il réunit en lui, poussées à l'extrême, toutes les caractéristiques du romantisme : le flou, le mou, le ténébreux, le narcissisme, les infinis faciles. Ce qui ne l'empêche pas, soyons juste, d'avoir un petit fumet assez personnel de viande décomposée et de savonnette. Romantique, il l'est au maximum, mais avec une certaine hypocrisie et c'est précisément de quoi je lui en veux. Son flou, son mou et ses ténèbres et toutes les conquêtes faciles de ses aînés, il nous les présente sous un uniforme classique, comme militairement ajusté et tellement sanglé et avec tant de sacerdotale gravité que le lecteur n'y voit que du feu et les critiques que profondeur. Victor Hugo passe aujourd'hui pour une grosse nature de niais moitié rigolo, moitié attendrissant. Vigny passe pour un raseur — les gens du monde disent plus volontiers : un emmerdeur. — Lamartine est considéré comme un poète de pensionnat, pour jeunes filles en fleur, et Musset un déliquescent, un gâteux précoce. Baudelaire, lui, abrité par sa défroque de classique et sa farouche gravité de tireuse de cartes, demeure incontesté. Même les littérateurs de bonne bourgeoisie, de gauche ou de droite, qu'ils soient catholiques, protestants, juifs, athées, anarcho-mondains ou fils de familles révolutionnaires, se prosternent devant lui. Ni Rimbaud, ni Mallarmé, ni Valéry, autres romantiques des époques suivantes, tous trois formidables, mais peu lus et n'ayant d'influence que sur les spécialistes, n'ont le prestige et l'ascendant de Baudelaire. Je vous dis qu'il est le grand maître, le prince noir du romantisme, le plus nocif et le plus contagieux de nos poètes, celui dont l'art nous aura préparés à comprendre la poésie d'un docteur Petiot. Ne vous étonnez donc pas si j'exècre l'homme qui aura le plus contribué à ruiner notre confort intellectuel* » (***Le Confort intellectuel***, chap. V).
Même s'il se gardait bien de prendre lui-même la parole directement, Aymé — qui prit la défense de Brasillach condamné à mort — persistait et signait une œuvre avant tout destinée à fustiger l'hypocrisie sous toutes ses formes — du « *confort intellectuel* » des « *bourgeois poussiéreux* » au terrorisme intellectuel des avant-gardes littéraires — et à honorer la liberté de pensée, ce que beaucoup n'ont pas compris. Il s'ensuivit un isolement de l'auteur dans le monde des lettres de l'après-guerre, alors qu'il partageait certaines des préoccupations de l'existentialisme : une nouvelle comme ***L'Indifférent***, publiée dans ***Le Vin de Paris*** en 1947, reprend ainsi le thème de *L'Étranger* de Camus, publié cinq ans plus tôt.

Après-guerre : un dramaturge à succès

Après ***Uranus***, Aymé se détourna du roman pour entamer une remarquable carrière d'auteur dramatique. Ses principaux succès furent ***Lucienne et le Boucher*** (1947) et surtout ***Clérambard*** (1950), dans lequel un tyran domestique désargenté, visité par saint François d'Assise, faisait le vœu de marier son fils à une prostituée, la Langouste — en fait le personnage le moins pervers de cette farce. ***La Tête des autres*** (1952) s'inscrivit dans la vague du théâtre politique des années cinquante, en conservant le ton particulier, fait d'humour à froid et de causticité, propre aux dialogues de Marcel Aymé, de même que ***Les Oiseaux de lune*** (1956) et ***Les Maxibules*** (1961). D'autres pièces, moins prisées des contemporains, méritent toutefois d'être citées : ***Les Quatre Vérités*** (1954), puis ***La Mouche bleue*** (1957) et ***Louisiane*** (1961), qui visaient les États-Unis, enfin ***La Convention Belzébir*** (1967). Auteur dramatique à la mode, Aymé se vit confier quelques adaptations : ***Les Sorcières de Salem*** (1955) et ***Vu du pont*** (1958) d'Arthur Miller, ***La Nuit de l'iguane*** (parue en 1972) de Tennessee Williams et ***Le Météore*** (inédit) de Friedrich Dürrenmatt. Parallèlement, il poursuivit l'écriture cinématographique : après les dialogues de ***Belles vacances*** (1946), film de René Arcy-Hennery, il cosigna le scénario de 3 réalisations de Jean-Paul Le Chanois : ***Papa, Maman, la bonne et moi*** (1954), ***Papa, Maman, ma femme et moi*** (1955) et ***La Femme seule***, l'un des sketches de *La Française et l'Amour* (1960).

En 1960, Aymé renoua avec le roman en publiant ***Les Tiroirs de l'inconnu***, ouvrage curieux par sa construction, dans lequel il a parfois privilégié les descriptions d'objets, à l'image des tenants du Nouveau Roman. Jusqu'à sa mort, en 1967, Marcel Aymé a continué ses recherches en matière de techniques narratives. De 1945 à 1967, il a également poursuivi sa carrière de journaliste dans des quotidiens (*L'Intransigeant*, *Carrefour*, *Le Figaro*, *Combat*), des hebdomadaires (*Les Nouvelles littéraires*, *Arts*) ou des revues (*La Parisienne*). Alors que beaucoup de ses articles de *Marianne* avant 1939 n'étaient pas engagés dans la vie publique, ceux d'après-guerre furent beaucoup plus polémiques. Ils s'en prenaient parfois violemment à des critiques comme François Mauriac qui avait éreinté ***La Tête des autres***, ou comme Robert Kanters qui avait attaqué l'un de ses amis, Roger Nimier. Fidèle en amitié, Aymé n'a pas désarmé durant l'après-guerre pour défendre Céline et imposer de jeunes auteurs qu'il appréciait, notamment Nimier et Blondin. Un an avant sa mort, il signa les dialogues d'un des premiers films de Jean-Pierre Mocky — et l'un des derniers de Fernandel : ***La Bourse et la Vie*** (1966).

Auteur d'une œuvre, somme toute, abondante — une dizaine de pièces de théâtre, une petite vingtaine de romans, des dizaines de nouvelles, des essais et plus de 150 articles, auxquels s'ajoutèrent les dialogues ou le scénario d'une quinzaine de films —, Marcel Aymé reste un cas dans les lettres françaises du XXe siècle : en dépit d'une popularité jamais démentie depuis ***La Jument verte*** — dont le succès lui permit de vivre de sa plume —, et malgré la valeur littéraire d'une œuvre aussi diverse qu'originale, mêlant rêve et humour, saveur et férocité, il a été — et reste encore largement — ignoré des « professionnels » de la littérature.

Style classique et humour féroce

S'il partage avec Céline une certaine vision pessimiste de l'humanité — dont il montre les lâchetés, la bêtise, l'égoïsme et parfois la misère —, Aymé n'en a jamais la véhémence. De facture classique, son écriture se caractérise surtout par la maîtrise de la litote, souvent mêlée à une allègre truculence : « *Il y avait des garçons plein les prés d'alentour, et autant de cuisses aux étoiles que le bonhomme avait de filles sur la liste, ou plutôt le double d'autant* » (***La Liste***) ; ou, lorsqu'il s'agit de dépeindre des personnages, par l'art de la silhouette : « *Le nouveau venu, qui portait une valise dans chaque main, était un homme court et râblé, d'environ quarante-cinq ans, sanglé dans un pardessus marron, très usé et si étroitement ajusté qu'il collait à la raie des fesses et faisait jaillir ses puissantes omoplates* » (***Traversée de Paris***, in ***Le Vin de Paris***). Toujours distant, il répugne aux envolées lyriques, comme son personnage, Watrin : « *Le lyrisme, même sincère, même émouvant, lui paraissait toujours ridicule* [...]. *Dans son enfance, pourtant, il avait aimé les descriptions fleuries, les belles oraisons funèbres, les discours de quatorze-juillet, l'abondance émue de son grand-père évoquant la guerre de 70,* [...] *ou le vêlement mémorable d'une certaine vache nommée Lunette* » (***Uranus***, chap. 10). Il suggère plus qu'il ne dit et cultive volontiers un humour souriant ou grinçant, mais en tout cas plein de retenue, qu'il joue sur les commentaires du narrateur ou sur les propos rapportés au style indirect : « *Le directeur du personnel de la Banque expliquait, avec l'aisance que donne l'habitude, la nécessité où se trouvait l'établissement de réduire ses frais généraux* » (***Je suis renvoyé***). De même, le traitement du surnaturel, très présent dans son œuvre, est toujours d'une extrême sobriété, même lorsque dix-sept ans se passent en une fraction de seconde (***Le Décret***, in ***Le Passe-Muraille***) ou que M. Dutilleul se met à traverser les murs (***Le Passe-Muraille***)... Les *incipit* de ses nouvelles sont exemplaires de sa façon de poser une situation fantastique comme un point de départ parfaitement admis : « *Il y avait à Montmartre, dans la rue de l'Abreuvoir, une jeune femme prénommée Sabine, qui possédait le don d'ubiquité* » (***Les Sabines***, in ***Le Passe-Muraille***).

Un écrivain seulement populaire

Marcel Aymé est resté farouchement indépendant à l'égard des mouvements ou des écoles littéraires : inclassable à force d'être à contre-courant, il fut paradoxalement un écrivain à la fois réellement populaire et notoirement méprisé par la plupart de ses pairs. Certains de ses ouvrages permettent de le présenter comme un auteur régionaliste, à la manière d'un Pagnol ou d'un Giono, et il reste pour beaucoup l'auteur de ce classique de la littérature enfantine que sont devenus ***Les Contes du chat perché*** — auquel on le relègue volontiers. Mais il a su évoquer aussi la ville et ses quartiers misérables, comme les populistes. Il s'est tenu à l'écart du surréalisme et de l'existentialisme, même si l'influence de ces deux mouvements se manifeste parfois dans son œuvre romanesque. Revendiqué par les hussards après guerre, il n'a jamais vraiment appartenu à leur courant de pensée. Il détestait être enrégimenté, et l'on a pu parler à son sujet d'« *anarchisme de droite* » (Yves-Alain Favre, *Préface* aux ***Œuvres romanesques complètes***) : il se caractérisait surtout par une grande liberté de pensée, de création et d'expression, ce qui lui a valu bien des inimitiés et une désaffection — qui dure encore — des milieux intellectuels et notamment universitaires. Il est vrai que ceux-ci furent l'une des cibles favorites et constantes de l'écrivain, et pas seulement dans ses essais. C'est ainsi qu'on peut lire dans ***Uranus*** : « *Une certaine sentimentalité peut, au même titre qu'un certain romantisme, être considérée comme un excellent matériau révolutionnaire* » (chap. 7) ; « *On vient nous parler de la poésie de la nature. Quelle blague ! Il n'y a que la poésie de l'homme et il est lui-même toute la poésie* » (chap. 10) ; « *Le grand ennemi de la France, c'est la culture générale qui poétise et dramatise l'univers et nous en dérobe la réalité* » (chap. 15). La critique était parfois moins directe : « [...] *un garçon qui étudie jusqu'à vingt ou vingt-cinq ans est un petit monsieur qui capitalise sa jeunesse au lieu d'en faire un usage normal, immédiat* » (***Le Chemin des écoliers***). Dans les œuvres plus polémiques, voire pamphlétaires, Aymé redoublait de férocité : « *C'est la faiblesse de presque tous les écrivains qu'ils donneraient le meilleur d'eux-mêmes et ce qu'ils ont écrit de plus propre pour obtenir un emploi de cireur de bottes dans la politique* » (***Silhouette du scandale***) ; « *En France, même nos écrivains communistes sont depuis longtemps très ouverts à la notion de confort intellectuel. Ils savent que la poésie est un alcool et que moins on en prend, mieux on se porte* » (***Le Confort intellectuel***, chap. II).

C'est surtout le cinéma qui a entretenu la popularité de Marcel Aymé : Jean Boyer fit triompher Bourvil dans ***Le Passe-Muraille*** (1950) ; Claude Heymann adapta ***La Belle Image*** (1951) ; Henri Verneuil réalisa ***La Table-aux-Crevés*** (1951), avec Fernandel ; Claude Autant-Lara tourna avec succès *La Traversée de Paris*, d'après la nouvelle ***Traversée de Paris*** du ***Vin de Paris*** (1956), puis ***La Jument verte*** (1958) ; Michel Boisrond réalisa ***Le Chemin des écoliers*** (1959) ; Pierre Tchernia adapta pour la télévision ***Le Passe-Muraille*** (1977), avec Michel Serrault, et, plus récemment, Georges Wilson a réalisé ***La Vouivre*** (1989), et Claude Berri, ***Uranus*** (1990).

ŒUVRES

Les **Contes du chat perché**

Recueil comprenant à l'origine 4 contes, paru chez Gallimard en 1934. Suivirent régulièrement, jusqu'en 1946, 13 autres contes au total, publiés en revues et en éditions séparées. Des recueils de contenus variables se succédèrent, jalonnés par une édition augmentée de 5 contes (1939), puis par 5 nouveaux ***Autres Contes du chat perché*** (1950), et enfin par les ***Derniers Contes du chat perché*** (1958), comprenant 5 contes qui figuraient déjà dans la volumineuse édition collective de ***Contes et Nouvelles*** illustrée par Gus Bofa (1953) : ce volume comportait, réunis pour la première fois, les 17 contes qui composent l'édition définitive portant le titre ***Les Contes du chat perché*** (posth., 1969). ***Les Contes rouges du chat perché*** et ***Les Contes bleus du chat perché*** (1963) désignent 2 volumes contenant respectivement 8 et 7 contes.

Marcel Aymé destinait cet ouvrage aux « *enfants âgés de quatre à soixante-quinze ans* » ***(Prière d'insérer)***. De fait, il prend résolument le parti de l'enfance, incarnée par deux petites campagnardes, Delphine et Marinette, complices des animaux — doués de parole — contre la bêtise matérialiste des parents : le chat Arsène passe sa patte derrière l'oreille pour faire pleuvoir et leur éviter une visite chez l'affreuse tante Mélina ***(La Patte du chat)***, et le loup vient jouer en cachette avec elles l'après-midi ***(Le Loup)***. Mais l'auteur n'est jamais naïf, et les bonnes intentions des fillettes se retournent souvent contre elles : à force de faire pleuvoir, Arsène est jeté à la rivière, et le loup les avale, mais tout finit par s'arranger, de façon généralement imprévue. Contes sans fées, mais riches en prodiges — dessiné de profil, l'âne se retrouve réellement sur deux pattes ***(La Boîte de peinture)*** —, ces fables sans moralités distillent la morale caustique propre à Aymé, avec tous les charmes de ce qu'on nomme le *« mauvais esprit »* : le bœuf, que l'on avait cru libérer de sa servitude en le faisant accéder à la culture, ne garde la vie sauve qu'en entrant dans un cirque ***(Les Bœufs)*** ; et le loup ne devient bon que pour le plaisir égoïste de se répéter : *« Je suis bon »*. Tout l'art de l'auteur est de fondre cette morale dans des récits limpides, aux dialogues pleins d'humour, où le merveilleux paraît toujours naturel, même lorsqu'un cochon voulant jouer au policier met une fausse barbe pour rechercher des vaches volées ***(Les Vaches)***.

Cette fantaisie teintée d'une discrète insolence a influencé la littérature enfantine contemporaine, et Pierre Gripari a donné, avec *Les Contes de la rue Broca* (1967), un brillant exemple de son héritage.

*La **Jument verte***

Roman en 17 chapitres — numérotés et titrés —, publié chez Gallimard en 1933.

Dans le village de Claquebue, sous le Second Empire, une jolie jument verte assure la prospérité de la famille de Jules Haudouin, maquignon ambitieux mais malchanceux. Immortalisée grâce à son portrait peint, la jument est éveillée *« à une vie mystérieuse et demi-humaine »*. À la mort de Jules, elle devient le témoin des rivalités entre les deux fils de la famille — Ferdinand, vétérinaire puritain mais notable ambitieux, et Honoré, simple cultivateur — autour de la candidature de Zèphe Maloret à la mairie. Valtier, un ancien boulangiste et député du Vars qui entretient une liaison avec Marguerite, la fille de Zèphe, se déclare prêt à favoriser l'ascension de Maloret. Valtier pourrait bien aussi assurer l'avenir du fils de Ferdinand Haudouin, qui tente en vain de rallier son frère Honoré à ses intérêts, lesquels exigent de soutenir la candidature de Maloret. Honoré, sourd aux arguments de Ferdinand, lui révèle les raisons de son hostilité : lors de l'invasion prussienne, Maloret a dénoncé la famille Haudouin comme un repaire de francs-tireurs, et un sergent bavarois a obligé leur mère à subir ses assauts, alors que lui, Honoré, était caché sous le lit. Ferdinand tente pourtant de faire oublier ses rancœurs à son frère Honoré par une lettre dans laquelle il relate l'histoire, subordonnant l'honneur familial à celui des Républicains. Mais la lettre se perd. Ferdinand redoute de voir la lettre tomber entre les mains de Maloret. En réalité, la lettre a été dissimulée par Juliette, la fille d'Honoré, qui espère épouser Noël, le fils de Zèphe. Juliette échappe de justesse aux avances de Noël Maloret et de son père, grâce à l'arrivée inopinée du facteur. De son côté, Marguerite, la fille de Maloret, tente de séduire Honoré Haudouin, qui découvre par hasard la lettre cachée par sa fille Juliette dans la pendule de la maison. Honoré se venge alors en enfermant Zèphe Maloret dans un placard et, rejouant la scène du sergent prussien, « possède » Anaïs, la femme de Maloret. La famille Haudouin crie alors victoire devant Ferdinand, confondu, et élit le maire de son choix.

Erreur de la nature, *« prisonnière dans le cadre de deux dimensions »*, la jument verte apparaît comme une figure allégorique mais demeurant énigmatique. Le récit lui confère une double personnalité : tout à la fois incluse dans l'histoire comme personnage familier et étrange, provocatrice, la jument domine ses impulsions et ses interventions subreptices par sa position d'observatrice figée dans son cadre. Elle apparaît comme un double du narrateur dont le récit, alternant avec *« les propos de la jument »*, met en scène une microsociété, représentative des luttes idéologiques opposant cléricaux, républicains et boulangistes, juste après l'invasion prussienne de 1870. Cette chronique de la vie paysanne sous le Second Empire — partie visible du nœud de l'action — s'inscrit dans une double perspective romanesque, celle de l'éclairage des comportements sociaux et du dévoilement progressif des véritables mobiles des protagonistes. Les conflits des frères ennemis relèvent d'une opposition morale plus que politique. L'un, Ferdinand, est un arriviste hypocrite, un puritain emprisonné dans ses carcans moraux, tandis que l'autre, Honoré, est un homme de la terre, un adepte du paganisme : *« Quand* [il] *caressait sa femme, il invitait les blés de la plaine, la rivière et les bois du Raicart »* (chap. III). Au-delà de la critique ironique et amusée du puritanisme, se dessine, à travers les procédés narratifs, une éthique de la liberté sexuelle, affranchie des règles qui régissent les conventions. Le récit par lettre des assauts du prussien à l'égard de l'aïeule est le déclencheur de l'action. Il éclaire le sens des disputes paysannes. Loin d'accuser la barbarie guerrière et de dramatiser le récit par le souvenir d'une humiliation, cette scène clef est significative de la nature rabelaisienne des conflits entre les deux familles. La lettre circulant entre les différents protagonistes et devenant l'arme de la revanche agit comme un révélateur des comportements de concupiscence. Honoré se venge de Zèphe Maloret par un châtiment de nature sexuelle qui reproduit la scène à l'origine des conflits familiaux. Au-delà de la morale, les pulsions déterminent les comportements individuels qui se reproduisent d'une génération à l'autre. Le réalisme noir de cette image impitoyable du monde paysan traditionnel, proche du naturalisme de Zola, est tempéré par la truculence des dialogues, la cocasserie des situations et l'impertinence de la critique. La fantaisie domine, avec l'irruption du merveilleux incarné par la jument verte, née de l'imagination d'un conteur original.

L'anticléricalisme affiché, conjugué au caractère licencieux du roman, assura à celui-ci un succès de scandale lors de sa parution. Aujourd'hui, ces aspects retiennent moins l'attention que la satire acerbe et la liberté de ton qui font l'attrait de ***La Jument verte***. Ce premier triomphe littéraire, qui permit à Aymé de vivre désormais de sa plume, fut porté à l'écran par Claude Autant-Lara en 1958, avec pour acteur principal Bourvil.

La ***Vouivre***

Roman publié chez Gallimard en 1943.

Dans les bois d'un petit village du Jura, Arsène Muselier rencontre une jeune fille dans laquelle il reconnaît la Vouivre, la *« fille aux serpents »* de la mythologie jurassienne, portant au front un diadème orné d'un rubis : quiconque tentera de s'emparer de la pierre sera dévoré par les vipères qui suivent la jeune femme. Il devient son amant, sans se mêler aux disputes sur la nature diabolique de la Vouivre, qui lui confie elle-même : *« J'aime les bois, l'étang, les rivières, les saisons. Je suis sans souci, je vais mon plaisir et mes jeux, tout simplement. Il n'y a pas assez de mystère en moi pour abriter le démon »* (chap. 9). Mais la Vouivre, aperçue par d'autres villageois, perturbe les esprits : *« [...] elle était la dévorante, la ravageuse, la tempête, l'useuse d'hommes et la mangeuse de pucelages »*. Tandis que le curé entreprend d'organiser une procession avec la dérisoire relique de la paroisse — une mâchoire anonyme attribuée pour l'occasion à Sainte-Ursule —, le maire radical, Voiturier, éprouve des conflits intérieurs d'un ridicule grandiose : *« La tragédie antique, la shakespearienne et les drames d'Alexandre Dumas proposent des situations d'une horreur médiocre, comparées à celle où se débattait Voiturier depuis l'apparition de la Vouivre »* (chap. 13). Arsène convoite aussi Juliette, la fille des Mindeur (ennemis de toujours des Muselier), et Rose, la fille du maire, promise au fils Beuillat, et se console, en attendant, avec la servante Belette. Après avoir provoqué la mort du futur gendre du maire, en l'incitant à s'emparer du rubis — tentative punie par les serpents —, Arsène, découvrant son frère Victor chez elle, délaisse Belette, et, au comble du désespoir, quitte sa famille, renonce à épouser Rose désormais « libre » et en vient à demander la main de Juliette. Elle-même désespérée, Belette tente, à la fin du roman, de saisir le rubis ; accouru à son secours, Arsène saisit la jeune fille dans ses bras et meurt dévoré par les serpents.

Cette fable cruelle met en scène les thèmes chers à Marcel Aymé depuis ***La Jument verte*** : la dureté des rapports humains dans une petite communauté, la violence des désirs enfouis. Dans cette galerie de portraits souvent féroces (Victor le frère brutal, Requiem le fossoyeur amoureux d'une prostituée) émerge la personnalité complexe d'Arsène Muselier : ce paysan soucieux d'accroître ses biens par un riche mariage avec la fille du maire néglige la fortune que lui apporterait le rubis de la Vouivre, en qui il voit surtout la femme désirable, et ressent une affection maladroite mais touchante pour Belette, au point de se sacrifier pour elle ; il n'hésite pas à congédier le vieux Urbain lorsque celui-ci n'a plus la force de faire les foins, mais l'aide à construire sa maison. Quant à la Vouivre, créature immortelle, dont chacun admet l'existence avec fascination, crainte ou convoitise, elle introduit le merveilleux dans cette fresque villageoise sans indulgence — comme le portrait magique dans ***La Jument verte*** — mais cette fois d'une manière poétique et ambiguë : incarnation de l'esprit et des légendes de la Franche-Comté, dont elle connaît les paysages depuis *« des millions d'années »*, elle permet d'épingler la lâcheté et la superstition qui n'épargnent ni les « cléricaux » ni les « radicaux » ; elle fait aussi entrevoir, dans un monde livré à la jalousie et aux haines, le mirage d'un amour absolu.

Bien moins connue que ***Le Passe-Muraille***, publié la même année, ***La Vouivre*** a quitté son relatif anonymat à la faveur du film qu'en a tiré Georges Wilson en 1989 (avec son fils Lambert Wilson dans le rôle d'Arsène).

CITATIONS

Les sentiments des femmes, voire les plus spontanés, se décident presque toujours sur des considérations raisonnables, et [...] l'argent fait partie du sex-appeal masculin.

Le Chemin des écoliers.

[Baudelaire] réunit en lui, poussées à l'extrême, toutes les caractéristiques du romantisme : le flou, le mou, le ténébreux, le narcissisme, les infinis faciles. Ce qui ne l'empêche pas, soyons juste, d'avoir un petit fumet assez personnel de viande décomposée et de savonnette.

Le Confort intellectuel, V.

La vie d'une femme doit être une alerte perpétuelle, une dépense de chaque instant, sans quoi l'homme se vautrera dans sa vie comme il se vautre sur son corps.

Gustalin.

Le journaliste : Ma profession ne me permet pas de dire la vérité.

Les Quatre Vérités.

L'écrivain devrait être non plus le témoin, mais, la conscience de son temps.

Réponse de Marcel Aymé à Michel de Saint-Pierre.

Quand Paris se sent morveux, c'est la France tout entière qui se mouche.

Silhouette du scandale.

Les idées scandaleuses sont de vieilles rengaines qui passent inaperçues en s'abritant sous des habitudes.

Silhouette du scandale.

Bertolier : Avoir fait condamner un innocent, et cela par les seules ressources de votre talent, c'est tout simplement magnifique.

La Tête des autres.

Une certaine sentimentalité peut, au même titre qu'un certain romantisme, être considérée comme un excellent matériau révolutionnaire.

Uranus.

Seules, les femmes voient vraiment les choses. Les hommes n'ont jamais qu'une idée.

Uranus.

Le grand ennemi de la France, c'est la culture générale qui poétise et dramatise l'univers et nous en dérobe la réalité.

Uranus.

Le surnaturel n'étant pas d'un usage pratique ni régulier, il *[est]* sage et décent de n'en pas tenir compte.

La Vouivre.

La nature ne se perd pas. Ce qui se défait d'un côté se refait d'un autre.

La Vouivre.

JUGEMENTS

« Et il est bien certain que cet écrivain multiple, également doué pour les géorgiques truculentes et pour l'apesanteur des contes de fée, restera parmi les meilleurs et les plus originaux de ce temps. »

Jean Fayard, in *Le Figaro*, 14 octobre 1967.

« Je sais bien que Michaux [sic] *et Lagarde classent Marcel Aymé parmi les humoristes mais on est tenté de se demander s'ils ont jamais lu* Le Chemin des écoliers *ou* Uranus *où la drôlerie est toujours le cruel contre-champ du pathétique. »*

Jacques Laurent, *Roman du roman*, Gallimard, 1977.

« Jean-Jacques Pauvert, qui m'a un jour parlé de lui, m'a dit qu'il parle très peu et écoute ce qu'on lui dit, sans guère un mot. [...] *Il a un visage curieux, pittoresque, un peu d'homme de la campagne, et paraît être fort timide. Il est Jurassien et comme je m'étonnais que, de cette origine, il ait dans ses écrits cette fantaisie et cet humour, il m'a dit que l'un et l'autre sont très courants dans cette région. »*

Paul Léautaud, *Journal littéraire*, 12 février 1948, Mercure de France, rééd. 1986.

« [...] *définitivement affecté d'une bizarrerie de la perception qui lui interdisait de faire la moindre distinction entre la féerie et la réalité, cet homme qui avait le rêve dans les veines et le quotidien dans l'épiderme, curieux de tout sans s'étonner de rien, était, sans guérison possible, libre des pieds à la tête et de la rétine au stylo. Il fut écrivain, raconta des juments qui parlent, des chiens qui font de l'arithmétique et des bouchers qui traduisent Virgile et, La Fontaine d'un siècle de catastrophes et de massacres, amusa chacun et gêna tout le monde. Marcel Aymé, c'est, malicieux et intraitables, la vérité flâneuse et le scandale ingénu.* [...]

On l'a dit anarchiste. Réputation sommaire : c'est dans le réel, chez les hommes, qu'il rencontre l'incohérence, la satisfaction brouillonne, l'anarchie véritable. Le bourgeois béat et apeuré des années trente lui paraît tout simplement fermer les yeux sur les menaces d'un vilain remue-ménage et d'un avenir qui n'est pas joli du tout. Il lui préfère alors les inquiétudes devant les tornades totalitaires et il écrit à un cousin, en 1935 : "Je fais des vœux pour le socialisme." Mais que viennent le Front populaire et son déferlement de niaiserie, il publie Travelingue *: la cause du peuple, comme naguère celle d'Hitler, est devenue un snobisme. Quand le mot d'ordre politique se fait coopérative de la sottise, le naturaliste Marcel Aymé ouvre son carnet à dessin et croque.*

Situation inconfortable : il est alors étiqueté à droite. Mais s'il collabore — le mot resservira contre lui — à La Gerbe, *c'est pour y publier sa nouvelle* En attendant, *où douze personnes font la queue devant la boulangerie, avec la phrase célèbre : "Moi, dit le Juif, je suis juif."*

Bouleversé par la condamnation à mort de Robert Brasillach, Marcel Aymé, avec Jean Anouilh, fait du porte-à-porte pour obtenir des signatures en faveur de sa grâce. Il ne pardonnera pas à Picasso son refus de s'associer à la pétition, ni au général de Gaulle d'avoir permis l'exécution. Et, pour que personne ne soit oublié, voici les lâchetés de l'Occupation, dans La Traversée de Paris, *bientôt suivies par les complaisances de l'épuration, avec* Le Chemin des écoliers *et* Uranus.

Il n'en faut pas plus pour enfermer Marcel Aymé, non plus à droite, mais dans les commandos d'une extrême-droite imaginaire. C'est l'époque où il intervient avec éclat en faveur du colonel Bastien-Thiry, lui aussi condamné à mort. Les salons, qui sont de gauche, se ferment. Marcel Aymé n'en a cure : il leur préfère la butte Montmartre, leurs souvenirs communs de Céline et Le Vigan, le laconisme et la pétanque du philosophe. Ce qu'on appelle la droite, du reste, regarde d'un œil méfiant cette espèce de Diogène chaleureux et imprévisible : dix ans plus tôt, il a foudroyé la bourgeoisie conservatrice et les sombres facéties de sa justice avec La Tête des autres, *qui a scandalisé la magistrature.*
[...]
Lorsque, en 1957, dans Arts, *Marcel Aymé avait dénoncé tout ensemble les démissions françaises et les torpeurs confortables de l'anticommunisme, on avait compris qu'il déplairait toujours à tout le monde. Trop sceptique pour être militant, trop désabusé — et trop écrivain — pour être tout à fait subversif, il resterait un suspect. Voilà ce qu'il en coûte d'amuser au point d'être pris pour un amuseur, d'être grave au point de passer pour futile, de regarder ailleurs pour mieux voir ici et d'avoir hier pris son temps, promeneur attardé, pour être plus fidèlement au rendez-vous d'aujourd'hui.* »

Renaud MATIGNON, « Marcel Aymé : la pétanque du philosophe », in *Le Figaro*, 7 janvier 1989.

« *En somme, le pessimisme de La Rochefoucauld dans l'univers velu et rapiécé du dessinateur Dubout. Cette œuvre dure, âpre et drôle, qu'on la prenne à l'envers, elle devient un conte de fées. Charles Perrault remplace Jules Renard.* [...] *en règle générale, il n'a aucune confiance dans les grandes personnes et tient les hommes pour de mauvais cons. Il a ses héros, ses prodiges, ses ambassadeurs, qui sont les enfants.* [...] *Le meilleur Marcel Aymé est baroque, non pas dans le* Passe-Muraille, *mais dans* L'Indifférent, *non pas dans les délicieux* Contes du chat perché, *mais dans* Traversée de Paris. »

Roger NIMIER, *Journées de lecture*, Gallimard, 1965.

« *J'ai fait la connaissance de Marcel Aymé au cours de la première moitié du* XXe *siècle. À cette époque la littérature connaissait une prospérité sans égale.* [...]
Je devais revoir Marcel Aymé en plusieurs circonstances, sous différents climats, seul, en famille, en présence d'amis ou de Sud-Américains ou de chats ou de cartes à jouer, avec et sans lunettes noires, debout, assis (mais jamais vautré, ce qui est à son honneur), et de ces différentes observations j'ai pu tirer quelques conclusions. Bon mari, bon père, mais mauvais Français [...], *Marcel Aymé est une belle figure de chez nous. Tôt levé, généralement vêtu d'un blouson de daim écru et de pantalons gris, il parcourt l'avenue Junot, où son quartier général est établi. Il consacre une partie de l'après-midi à la lecture alternée des journaux et du Littré. Comme il est très joueur, je le soupçonne de faire une partie de bridge, de manille, de jacquet ou de nain jaune, entre-temps. Sa petite fille, âgée de cinq ans, lui dicte parfois un conte du chat perché. Ses romans pour grandes personnes, il les tire de son propre fond.* [...]
Il écrit lentement et avec soin. Cette lenteur l'afflige. Je crois qu'il caresse secrètement l'envie d'écrire une épopée de deux mille vers, en trois nuits, sous la dictée des Muses.
Mais les Muses de Marcel Aymé savent bien ce qu'elles font. Elles n'ont pas tout à fait le visage de personnes humaines. [...] *elles ne sont pas tellement actuelles puisque ce grand écrivain est si modeste, puisque cet "indifférent" est si courageux et puisque les derniers mots de son œuvre, au lieu de s'appeler la transcendance ou l'immanence sont la poésie et la sensibilité.* »

Roger NIMIER, *Marcel Aymé-Portrait*, in *L'Élève d'Aristote*, Gallimard, 1982.

BIBLIOGRAPHIE

Éditions

À l'exception de quelques pièces de théâtre parues chez Grasset, les principaux titres de Marcel Aymé ont été publiés chez Gallimard.

Œuvres romanesques complètes, t. I, éd. Y.-A. FAVRE, t. II et III, éd. M. LÉCUREUR, « Pléiade », Gallimard, 1988 et 1998.

Antoine Blondin, Librairie La Vouivre, 1992.

Le Commissaire, in *Cahiers Marcel Aymé*, n° 16, Belles Lettres, 1998.

Confidences et Propos littéraires, Belles Lettres, 1996.

Les Contes du chat perché, « Folio », Gallimard, 1973.

Le Cortège, in *Cahiers Marcel Aymé*, n° 17, Belles Lettres, 2000.

De l'amour et des femmes, Belles Lettres, 1997.

Du côté de chez Marianne, Gallimard, 1989.

La Fille du Shérif, Gallimard, 1987.

La Jument verte, « Folio », Gallimard, 1976.

Lettres d'Amérique, Les Neuf Muses, 1999.

La Vouivre, « Folio », Gallimard, 1972.

Études

M.-Fr. BRISELANCE, *Marcel Aymé ou l'Infernale Complexité*, in *Cahiers Marcel Aymé*, n° spécial, Belles Lettres, 2000.

A. CRESCIUCCI (dir.), *Marcel Aymé*, in *Littératures contemporaines*, vol. 5, Klincksieck, 1999.

M. LÉCUREUR, *La Comédie humaine de Marcel Aymé*, Manufacture, Lyon, 1985 ; *Marcel Aymé*, Manufacture, Lyon, 1988 ; *Marcel Aymé, un honnête homme*, Belles Lettres, 1997.

D. MULLER, *Discours réaliste et Discours satirique : l'écriture dans les romans politiques de Marcel Aymé*, Champion/Slatkine, 1993.

L. NUCÉRA, *Une bouffée d'air frais*, Le Cherche Midi, 2000.

P. PARDO-JIMENEZ, *Transgressions de la narration*, thèse, Université de Cadiz, 1993.

L. PROGUIDIS (dir.), *Marcel Aymé*, in *L'Atelier du roman*, n° 14, Belles Lettres, 1998.

R. ROUFFIANGE, *Le Parler paysan dans les romans de Marcel Aymé*, Association bourguignonne de dialectologie et d'onomastique, 1989.

E. SPANG-HANSSEN, *La Docte Ignorance de Marcel Aymé*, Klincksieck, 1999.

P. VANDROMME, *Marcel Aymé*, Gallimard, 1960.

J.-C. VÉNIEL, *L'Œuvre de Marcel Aymé, de la quête du Père au triomphe de l'Écrivain*, Aux amateurs de livres, 1990.

Cahiers Marcel Aymé, distribution Belles Lettres.

AUDIO & VIDÉO

CD

Le Passe-Muraille, Sony Music, 1997.

Vidéo

Cl. AUTANT-LARA, *La Jument verte*, 1959, René Chateau, 1992.

Cl. BERRI, *Uranus*, Pathé, 1990.

J. COLOMBAT, *Les Contes du chat perché*, dessin animé, GCR, 1994, 6 cassettes.

Cl. et R. SABATIER, *Les Contes du chat perché*, dessin animé, Gallimard, s.d., 6 cassettes.

G. WILSON, *La Vouivre*, GCR, 1988.

BALZAC

Honoré de BALZAC
De son vrai nom, Honoré BALZAC
Écrivit aussi sous le pseudonyme d'Horace de SAINT-AUBIN et signa « de BALZAC » à partir de 1830.
Tours 1799 – Paris 1850

« Shakespeare seul a enfanté une humanité aussi large et aussi vivante. »
Émile ZOLA, *Les Romanciers naturalistes*, 1881.

« Tout comme Hugo, Balzac a trop de confiance en son génie ; souvent pressé par le besoin sans doute, il bâcle. »
André GIDE, *Journal*, 14 mai 1935, Gallimard, 1939.

Sa vie fut un roman

Un enfant mal aimé

Bernard-François Balzac — nom substitué à celui de Balssa et doté plus tard d'une particule — avait 53 ans et était, depuis quatre ans, directeur des Vivres, à Tours, quand naquit son fils Honoré, le 20 mai 1799 ; sa femme, née Anne-Charlotte-Laure Sallambier, avait 21 ans. Mis en nourrice, puis en demi-pension, Honoré reporta sur sa jeune sœur Laure son besoin de tendresse. À 8 ans, il fut envoyé au collège des oratoriens de Vendôme, l'année même où sa mère, sans doute séduite par Jean de Margonne, propriétaire du château de Saché (act. Indre-et-Loire), accoucha d'un second fils, Henry — *« l'enfant de l'amour »* —, dont Honoré fut jaloux. Bien avant d'être romancier, le futur Balzac put donc composer, entre un père trop vieux et une mère trop absente, son « roman familial ».

En 1814, la famille Balzac s'installa à Paris. Honoré fit des études de droit, devint clerc de notaire et mena une existence laborieuse, mais à l'abri du besoin. Vers 1820, il composa ***Sténie*** (inachevé) et ***Falthurne***, romans révélant son goût pour le romantisme et pour une philosophie orientée vers l'exploration des forces occultes. En 1822, il commença une liaison avec Mme de Berny — la *Dilecta*, l'*« aimée »* —, de vingt-deux ans son aînée, en qui probablement il recherchait la mère qui lui avait manqué. Leur amour fut transposé dans ***Wann-Chlore*** (1825). Entre-temps, Balzac écrivit, en collaboration et sous des pseudonymes, des romans où s'ébauchaient des types de la future ***Comédie humaine***, notamment ***Annette et le Criminel*** (1824), publié sous le pseudonyme de Horace de Saint-Aubin.

Des ambitions sociales et littéraires

Dès 1825 se dessinait la physionomie de l'artiste, indissociable de sa création. Sa cour assidue et finalement triomphante auprès d'une duchesse, Laure d'Abrantès, relevait de la stratégie plus que de la passion. Son appétit de gain se traduisit par des tentatives dans le métier d'éditeur (notamment des œuvres complètes de Molière et de La Fontaine, 1825) et d'imprimeur. Mais l'expérience de l'imprimerie Laurens, de 1826 à 1828, se solda par un désastre financier qui l'endetta à vie et le jeta dans la production littéraire jusqu'à la mort. Son goût des lettres le poussait à devenir le Walter Scott français, et, en attendant, sa réflexion sur l'état de la société contemporaine le conduisit à rédiger une première *« physiologie du mariage »*. L'année 1829 constitua un tournant marqué à la fois par la mort de son père et le couronnement de ses ambitions d'écrivain avec ***Le Dernier Chouan*** — réintitulé ***Les Chouans ou la Bretagne en 1799*** (1834) —, premier roman signé de son nom (sans particule).

La ***Physiologie du mariage***, inaugurant les ***Études analytiques***, parut la même année (1829). Cette *« autopsie sarcastique de la vie conjugale »* (Maurice Bardèche) offrait, au-delà de la satire, une méditation sur le sort réservé aux femmes dans la société, aussi bien que sur la nature d'une institution imparfaite dont, affirmait Balzac, il faut savoir se délivrer par le divorce, quand celui-ci est la seule issue : tout au plus, le mariage, selon lui, tendant à prévenir la débauche autant que l'abstinence, pouvait jouer un rôle de régulateur pour l'individu et la société. En 1830 parurent les premières ***Scènes de la vie privée***, illustrations modestes d'un ambitieux dessein auquel ***La Peau de chagrin*** (1831) donna une dimension fantastique : le héros de ce *« conte oriental »*, Raphaël de Valentin, expérimentait à ses dépens l'usure que les désirs infligent à l'espérance de vie de l'homme.

En 1831, parurent également ***La Femme de trente ans*** (repris in ***Scènes de la vie privée***, in ***Études de mœurs***) et ***Le Chef-d'œuvre inconnu*** (in ***Études philosophiques***), récit de l'impossible poursuite d'un peintre en quête d'absolu, et, en 1832, ***Le Curé de Tours*** (in ***Scènes de la vie de province***, in ***Études de mœurs***) et ***Le Colonel Chabert*** (in ***Scènes de la vie privée***, *ibid.*), histoire fantastique d'un officier laissé pour mort à Eylau, et reparaissant au foyer de sa femme remariée.

La rencontre décisive de « *l'Étrangère* »

Balzac, avant même d'écrire son ***Traité de la vie élégante*** (1833), devint un dandy. Il meubla à grands frais sa maison de la rue Cassini (act. XIVe arrondnt), courtisa la marquise de Castries et adopta en politique des opinions légitimistes. Pourtant, plus que vers les derniers représentants des Bourbons, ce fut vers la figure de Napoléon Ier, modèle d'énergie, qu'alla toujours son admiration. Il s'isola parfois à Saché — dans une maison devenue depuis le musée Balzac — et s'engagea, en 1832, dans une incroyable aventure : une mystérieuse correspondante d'Odessa, Ève Hanska, qui signait *« l'Étrangère »*, avait cru déceler dans ses œuvres une *« âme d'ange »* ; Balzac l'entretint dans sa ferveur avant de la rencontrer en 1833, à Neuchâtel. Les *Lettres à l'Étrangère* — nom sous lequel on les publia de 1906 à 1950 —, bientôt la *« Bien-aimée »*, veuve du comte Hanski en 1841, remariée à Balzac cinq mois avant la mort de l'écrivain, sont la meilleure chronique de la gestation de ***La Comédie humaine***. Les deux *« anges »* s'enivrèrent d'une philosophie un peu fumeuse héritée de Swedenborg, qui reliait la sphère terrestre à la sphère céleste : ***Séraphîta***, partie du ***Livre mystique*** (1835, in ***Études philosophiques***), en offrit un traité par l'intermédiaire d'une figure d'androgyne Séraphitus-Séraphîta, dont s'éprenaient les deux jeunes amoureux ; l'androgyne, appartenant à un autre monde, révélait en fait à Wilfrid et à Minna la profondeur de leur amour.

Dès 1832, ***Louis Lambert*** *(ibid.)* avait illustré la tentation à la fois prométhéenne et fragile de Balzac : Louis, écolier ébauchant un génial *Traité de la volonté* avant de mourir à 27 ans, dévasté par ses pensées, modulait le thème récurrent de la dépense d'énergie qui use l'individu. Roman de portée philosophique, ***Louis Lambert*** eut, au grand dépit de Balzac, beaucoup moins de lecteurs que *« cette bonne petite nouvelle, facile à vendre »* intitulée ***Eugénie Grandet*** (1833, in ***Scènes de la vie de province***, in ***Études de mœurs***).

En 1833 également, parurent ***L'Illustre Gaudissart*** (in ***Scènes de la vie de province***, in ***Études de mœurs***), dominé par la figure d'un commis-voyageur — et constituant le 1er volet du diptyque ***Les Parisiens en province*** —, et ***Le Médecin de campagne*** (in ***Scènes de la vie de campagne***, *ibid.*), histoire d'un bienfaiteur qui, avec le génie d'un Napoléon pacifique, apporte la prospérité et l'instruction à un canton déshérité. Mais le goût du succès et la frénésie du luxe dévoyèrent l'idéal de l'*« ange »*. Dans l'ensemble de ***La Comédie humaine***, alors que les ***Études philosophiques*** et les ***Études analytiques*** furent réduites à la portion congrue, la masse des fictions romanesques, constituant les ***Études de mœurs***, assura à Balzac gloire et argent.

La machine romanesque et financière

Motif privilégié de ses intrigues, l'argent fut aussi, pour Balzac, le moteur de sa création, et en devint même l'aliment, jusque dans la moindre comparaison : « [...] *il était calme comme un failli, le lendemain du bilan déposé »* ***(La Cousine Bette)***. Autant que l'activité sexuelle ou mentale, l'argent mettait en jeu, chez Balzac, un principe d'économie : à trop le chérir, comme Grandet, ou à le dilapider, comme Goriot, on se place hors des règles de la société.

« Je n'ai jamais eu de mère », écrivit-il à Mme Hanska (2 janv. 1846) : cette lettre donnait un tour autobiographique aux plaintes de Félix de Vandenesse sur son enfance, au début du ***Lys dans la vallée*** (1835, in ***Scènes de la vie de campagne***, *ibid.*).

Trouvant, dans la presse en plein essor, un précieux allié — ***La Vieille Fille***, 1er volet du diptyque ***Les Rivalités*** (in ***Scènes de la vie de province***, in ***Études de mœurs***) et paru dans *La Presse* à l'automne de 1836, fut le premier roman-feuilleton —, mais s'engageant pour des romans à venir quand le chantier du présent était à peine ouvert, s'endettant à mesure qu'il s'enrichissait, se lançant dans de désastreuses spéculations, échappant même de peu à la prison pour dettes en 1837, Balzac connut des déboires dont ses intrigues romanesques offraient sans doute des transpositions : ainsi, l'***Histoire de la grandeur et de la décadence de César Birotteau*** (1837, in ***Scènes de la vie parisienne***, *ibid.*), récit de la faillite d'un parfumeur. C'est après avoir dû liquider sa maison des Jardies, à Sèvres, en 1840, qu'il s'installa à Passy, rue Basse (auj. rue Raynouard), dans une maison qu'on visite, de nos jours, sous le nom de Maison de Balzac.

L'inépuisable retour des personnages

À dater du ***Père Goriot*** (1835), le romancier mit en œuvre le procédé du retour des personnages : âgé de 25 ans dans ***La Peau de chagrin***, Rastignac en avait 18 dans ***Le Père Goriot***, où débutait sa carrière parisienne ; on le retrouva dans ***La Maison Nucingen*** (1838, *ibid.*), et il s'élevait jusqu'au rang de ministre dans des romans ultérieurs. L'existence de

Lucien de Rubempré se déployait au long d'***Illusions perdues*** (1837 et 1843, in ***Scènes de la vie de province***, in ***Études de mœurs***), de ***Splendeurs et Misères des courtisanes*** (1838 et 1847, in ***Scènes de la vie parisienne***, *ibid.*), accessoirement dans d'autres œuvres. Ancien bagnard devenu rentier, de nouveau bagnard, puis abbé et chef de la police, Vautrin donna, sous des noms et des visages différents, la mesure du pouvoir d'invention de Balzac et des ressources qu'offrait, mieux encore que les livraisons d'un feuilleton, cette « *idée de génie* » que Proust reprocha à Sainte-Beuve d'avoir méconnue.

Le retour des personnages avait une autre fonction, plus concrète : quoiqu'elle fît « *concurrence à l'état civil* » (***Avant-Propos*** de ***La Comédie humaine***), l'entreprise de Balzac se devait de limiter la prolifération de ses personnages, qui atteignent pourtant un chiffre voisin de 2 500 (exactement 2 472) !

Des descriptions signifiantes

De cette façon se créèrent des types : cité dans plus de 20 romans, Bianchon devint « le médecin » de ***La Comédie humaine***. Mais, en nous faisant perdre de vue un personnage pour le redécouvrir ensuite, bâtissant un monde où, à l'instar du monde réel, ce qui est caché n'en continue pas moins d'exister, l'auteur de ***La Comédie humaine*** augmentait surtout cette illusion de réalité que ne dédaigne aucun vrai romancier.

Les types balzaciens sont tributaires de la foi de leur créateur en la physiognomonie (Lavater) et en la phrénologie (Von Gall), suivant lesquelles le caractère d'un individu se devine d'après son apparence physique. Ainsi, les portraits de ***La Comédie humaine*** sont-ils prémonitoires de l'intrigue pour un lecteur éclairé. De même, les descriptions des vêtements, du mobilier, des lieux où vivent les personnages ont-elles valeur d'explication. « *L'architecture est l'expression des mœurs* », lit-on dans ***La Fausse Maîtresse*** (1841, in ***Scènes de la vie privée***, in ***Études de mœurs***), et, dans ***Le Père Goriot***, à propos de Mme Vauquer : « *Toute sa personne explique la pension, comme la pension implique sa personne.* » On ne saurait toutefois réduire à cette fonction l'intérêt des descriptions de Balzac : décrire, c'est d'abord, pour le romancier, mettre en mots la réalité, l'approprier à son style, au point qu'aux yeux du lecteur qui attend de toute œuvre littéraire autre chose qu'un simple document, cette recréation du monde aboutit à un double étrange. « *Le prince aperçut un de ces personnages à qui personne ne veut croire dès qu'on les fait passer de l'état réel où nous les admirons, à l'état fantastique d'une description plus ou moins littéraire* », écrivait Balzac dans ***Massimilla Doni*** (1839, in ***Études philosophiques***). S'il était désireux de découvrir le mystère derrière les apparences (par exemple, derrière les murs de la pension Vauquer), Balzac exprimait aussi ce que ces apparences elles-mêmes pouvaient avoir de troublant. C'est au reste un « *fantastique social* » qu'on trouvait déjà dans le triptyque ***Histoire des treize*** (1834-1835, in ***Scènes de la vie parisienne***, in ***Études de mœurs***), regroupant ***Ferragus, chef des dévorants***, ***La Duchesse de Langeais*** et ***La Fille aux yeux d'or***.

L'édifice inachevé

Les années 1839-1840 ne furent pas seulement marquées, pour Balzac, par de mauvaises affaires financières : si ses romans connaissaient de gros tirages, il voulait obtenir aussi une reconnaissance littéraire, qui tardait à venir. Il fut nommé président de la Société des gens de lettres en 1839, mais tenta vainement d'être élu à l'Académie française. ***Vautrin*** (1840), drame tiré du ***Père Goriot*** et joué au Théâtre de la Porte Saint-Martin, fut bientôt interdit par la censure ; la ***Revue parisienne***, que Balzac avait fondée, en 1840, et dont il fut l'unique rédacteur — il y publia un article célèbre sur *La Chartreuse de Parme* —, disparut au bout de 3 numéros.

Ce fut pourtant autour de 1840 que ***La Comédie humaine*** prit définitivement forme. Dans un monde en voie d'industrialisation, où l'économie était conditionnée par les besoins croissants de la consommation, et dont Balzac décrivait les mécanismes tantôt par expérience (monde de la basoche, de la presse, de l'édition), tantôt en s'instruisant (monde des paysans, des militaires ou des négociants), la « *comédie* » était un moyen de survie. À l'opposé de Vautrin, dont la destinée rebondissait grâce aux masques qu'il prenait successivement, Eugénie Grandet, Goriot, ou bientôt le cousin Pons végétaient ou périssaient, victimes de la pureté de leurs sentiments. Enrichie d'***Ursule Mirouët*** (1841, in ***Scènes de la vie de province***, *ibid.*) et d'***Une ténébreuse affaire*** (1841, in ***Scènes de la vie politique***, *ibid.*), sorte de roman policier dont l'intrigue se déroule sous la Révolution, puis de ***La Rabouilleuse*** (1841-1842, dernier volet du triptyque ***Les Célibataires***, in ***Scènes de la vie de province***, *ibid.*), où Flore, qui « *rabouille* », c'est-à-dire remue les ruisseaux, est tirée de la misère par un bienfaiteur avant d'être séduite et abandonnée, ***La Comédie humaine*** parut sous ce titre à partir de 1842. L'immensité de ***La Comédie humaine*** ne doit pas faire oublier les ***Contes drolatiques*** (publiés entre 1832 et 1837), où Balzac tentait de restituer la langue du XVIe siècle, ni les pièces de théâtre, dont la principale est ***Le Faiseur*** (créée en 1851), comédie présentant un type d'homme d'affaires sympathique, ainsi que la foule d'articles, chroniques, physiologies dont beaucoup, il est vrai, nourrirent plus ou moins directement ***La Comédie humaine***.

En 1845, Balzac inscrivit pour lui-même, sous chaque titre de section de ***La Comédie humaine***, les titres des ouvrages parus ou à paraître. Parmi ces derniers, la plupart ne virent jamais le jour. En revanche, ***La Cousine Bette*** et ***Le Cousin Pons***, constituant le diptyque ***Les Parents pauvres*** (in ***Scènes de la vie parisienne***, *ibid.*), qui n'étaient pas encore inscrits au programme, parurent en 1846 et 1847. C'est en 1848 que ***La Cousine Bette*** et ***Le Cousin Pons*** furent rassemblés sous le titre ***Les Parents pauvres***.

Une fin prématurée

En 1846, Mme Hanska fit une fausse couche qui affecta profondément Balzac. Celui-ci acheta alors un hôtel particulier rue Fortunée (auj. rue Balzac), dans le quartier des Champs-Élysées (act. VIIIe arrondnt), avec l'intention d'y installer sa maîtresse après l'avoir épousée. L'aménagement de cet hôtel lui causa, en 1847, de nouveaux soucis financiers. Sa santé s'altéra : il souffrit de graves troubles cardiaques. De septembre 1847 à février 1848, et de septembre 1848 à mai 1850, il fit deux séjours en Ukraine chez Mme Hanska. Dans l'intervalle, il retourna, une dernière fois, à sa maison de Saché. Il était en Ukraine quand, en janvier 1849, il fut refusé de nouveau à l'Académie française (aux fauteuils de Chateaubriand et de Vatout), n'obtenant, la seconde fois, que les voix de Hugo et de Vigny. Le 14 mars 1850, à Berditchev (Ukraine), il épousa enfin Ève Hanska. Les époux rentrèrent en mai à Paris, où Balzac mourut le 18 août 1850, à l'issue d'une terrible agonie, à 51 ans. Le 21 août, il fut inhumé au Père-Lachaise, où Hugo prononça son oraison funèbre.

THÉORIE LITTÉRAIRE

Les mots d'auteur que l'on relève souvent dans les romans de Balzac constituent des confidences sur sa vie de créateur ; ainsi évoque-t-il, dans ***La Cousine Bette***, le « *labeur effrayant* » de l'artiste, qui doit travailler « *comme le soldat dans la redoute, sans réfléchir* », ou « *comme le mineur enfoui, sous un éboulement* », et dans ***Modeste Mignon***, le « *continuel sacrifice* » que représente « *la vie du poète* » : il est « *le jouet d'une force éminemment capricieuse* » ***(Des artistes)***.

Un passage célèbre du ***Chef-d'œuvre inconnu*** est plus explicite et plus précis sur la méthode balzacienne : « *La mission de l'art n'est pas de copier la nature, mais de l'exprimer* [...]. *Nous avons à saisir l'esprit, l'âme, la physionomie des choses et des êtres.* » Selon la ***Préface*** à ***La Peau de chagrin***, l'écrivain est donc obligé « *d'avoir en lui je ne sais quel miroir concentrique où, suivant sa fantaisie, l'univers vient se réfléchir* ».

C'est, bien entendu, le célèbre ***Avant-Propos*** de ***La Comédie humaine*** (1842) qui définit le plus complètement l'entreprise littéraire, historique et philosophique de Balzac. L'auteur s'y défend d'abord du « *reproche d'immoralité* » qui fut si souvent adressé, par la suite, aux écrivains réalistes : loin de se plaire à la description du vice, il a fait usage de sa liberté de romancier (et de son devoir de « *tendre vers le beau idéal* ») pour multiplier les exemples de personnages vertueux, donnant à ceux-ci une représentation bien supérieure à la réalité.

L'usage du merveilleux et la fameuse « *concurrence à l'état civil avec Daphnis et Chloé, Roland, Amadis, Panurge* » lui semblent plus difficiles, d'ailleurs, que la simple description historique ou l'essai politique. S'il revendique l'héritage de Scott, qui savait réunir « *le drame, le dialogue, le portrait, le paysage, la description* » en un tout narratif unique, Balzac se fait gloire d'avoir inventé le retour cyclique des personnages, et d'avoir pu ainsi « *coordonner une histoire complète, dont chaque chapitre* [est] *un roman* ».

Ainsi s'affirme son ambition d'être un historien des mœurs ; si « *le hasard est le plus grand romancier du monde* », Balzac ne pense pas suffisant d'enregistrer les faits comme un « *archéologue du mobilier social* », un « *nomenclateur des professions* ». Il s'agit de « *surprendre le sens caché dans cet immense assemblage de figures, de passions et d'événements* ». On sait qu'il cherchait celui-ci dans une sorte de transposition des thèses de Geoffroy Saint-Hilaire, qui affirmait, contre Cuvier, l'unité de composition organique de toutes les espèces et le déterminisme du milieu : « *Il existera* [...] *de tout temps des Espèces Sociales comme il y a des Espèces Zoologiques* [...]. *Lovelace a mille formes, car la corruption sociale prend les couleurs de tous les milieux où elle se développe.* »

C'est parce que la famille, plus que l'individu, lui paraît « *le véritable moteur social* » que Balzac ne voit pas de contradiction entre ses convictions conservatrices affichées et sa confiance dans la science, dont les résultats, à ses yeux, « *démontrent l'existence d'un nouveau monde moral* ».

La ***Préface*** à ***La Peau de chagrin*** évoque le pouvoir qu'ont les hommes « *de faire venir l'univers dans leur cerveau* », véritable « *talisman* » susceptible d'abolir « *les lois du temps et de l'espace* ». L'***Avant-Propos*** se contente de suggérer le rôle « *destructeur* » de la pensée ; un passage d'une œuvre inachevée ***(Les Martyrs ignorés)*** manifeste combien Balzac y voyait un élément matériel, aux effets très concrets : « *Plus puissante que ne l'est le corps,* [la pensée] *le mange, l'absorbe, et le détruit* ». On sait quel usage romanesque l'auteur de ***Louis Lambert*** et de ***La Peau de chagrin*** fit de cette thèse.

THÉORIE LITTÉRAIRE

Malgré une production abondante et variée (chroniques de presse, pièces de théâtre, contes...), Balzac est surtout l'auteur titanesque de ***La Comédie humaine***, fresque essentiellement romanesque qui l'occupa jusqu'à l'épuisement, pendant la seconde moitié de sa vie. Souvent salué comme le premier des grands romanciers « réalistes » — lui-même s'était défini, dans l'*Avant-Propos* de ***La Comédie humaine***, comme le « *secrétaire* » de la société —, il s'impose aussi comme un visionnaire : ses figures, ses intrigues, ses décors offrent du monde réel, grâce à la puissance et à la cohérence de la création romanesque, un simulacre troublant et, à certains égards, fantastique.

Un génie épique

On peut lire isolément tel roman de ***La Comédie humaine*** : s'y prêtent, par exemple, ***Eugénie Grandet***, ***Le Médecin de campagne***, ***La Rabouilleuse***, ***Une ténébreuse affaire***, dont les principaux personnages ne reparaissent guère dans les autres œuvres ; ***Le Père Goriot***, si on y retient d'abord le destin du héros éponyme ; ***Le Lys dans la vallée***, auquel la confession de Félix donne son unité de ton. La force d'invention et d'écriture de Balzac ressort toutefois mieux d'une vision d'ensemble de la fresque, où se résout l'apparente contradiction entre un optimisme fondé sur la foi en l'énergie humaine et le pessimisme engendré par la dégradation des valeurs sociales. C'est pourquoi ce catholique légitimiste fut fasciné par Napoléon — se qualifiant de « *Napoléon des lettres* ». On justifie aussi certaines mièvreries des discours amoureux, du moment qu'elles ressortent comme des anachronismes porteurs de nostalgie, dans une société où le mariage se réduit trop souvent à un contrat. On admet enfin que, pour refléter l'éclatement de la société, Balzac recoure à des dialogues — où se perçoit la diversité des accents, des conditions sociales, des types humains —, à d'austères explications sur les métiers ou les conditions de la production économique ; voire à certains collages (par exemple, le prospectus de ***César Birotteau***, la partition de musique de ***Modeste Mignon***). Splendeur et misère du roman : ce « *conteur arabe* » (Bardèche), qui enchante par son verbe et son goût du surnaturel, a voulu prendre aussi en compte les subtilités du Code civil, les coulisses du monde de la presse ou les perfectionnements techniques de l'imprimerie. Si, suivant la boutade de Jacques Le Goff, le Moyen Âge a duré jusqu'au XIXe siècle, Balzac est notre premier romancier des temps modernes. Mais sa vocation était moins celle d'un secrétaire que d'un « *Prométhée* » (pour reprendre le titre de la biographie que lui consacra Maurois). Employant sa propre énergie à créer plutôt qu'à refléter, il a, grâce à son œuvre, joué un rôle essentiel parmi ceux qui inventaient un nouvel ordre social.

Beaucoup l'ont dit, et ce fut longtemps une idée admise de la critique littéraire : Balzac écrivait trop pour écrire bien. *Le Charivari* du 26 juin 1837 le félicitait déjà de pratiquer, entre autres langues, « *le Tartare, le Mantchou, et surtout le Charabias* ». Ces opinions ont pu paraître confortées par la critique génétique qui montrait un Balzac ajoutant sans cesse au premier jet de son texte, apparemment incapable d'élaguer, d'affiner, de peaufiner. Les analyses récentes, moins étroitement puristes, ont rendu justice à la puissance et à l'originalité de son style.

Il est vain de relever ses prétendues fautes de grammaire (« *en* » renvoyant à une personne, ambiguïté des participes passés en tête de phrase...). Il est plus utile d'apprécier l'étendue du vocabulaire : néologismes, termes techniques d'architecture, de médecine, de marine, d'horticulture... jargons des métiers (tel le parler des vendeurs des Halles, dans ***César Birotteau***), argots, concepts philosophiques ou empruntés à l'occultisme, qui rendent parfois difficile la lecture d'une édition non annotée. Les comparaisons, souvent filées, sont fréquemment ironiques — « *Elle était héroïque et immobile dans ses guimpes comme un soldat dans sa guérite* » ***(La Vieille Fille)*** —, comme sont ironiques les emprunts aux « sciences » de l'époque (dans le style des Physiologies), ou les intrusions plus ou moins fracassantes d'un narrateur qui dialogue avec ses lecteurs (souvent ses lectrices), alternant avec les généralisations aux allures de maximes : « [...] *le temps est le seul capital des gens qui n'ont que leur intelligence pour fortune* [...] » ***(Illusions perdues)***. Dans leur singularité, les mots servent pour leurs saveur et couleur propres (les archaïsmes des ***Contes drolatiques***) : « *Moi, je suis un bon vivant, un bon enfant, sans préjugés, et je vais vous dire tout bonifacement les choses.* » ***(La Cousine Bette)***. Et l'écriture joue, comme l'usage ordinaire, sur toutes les ressources du mot jusqu'au calembour inclus : « ... *quoique nous soyons dévorés par les mythes* » ***(La Vieille Fille)***. D'où l'importance du choix des noms propres : Godefroid de Beaudenord, Clochegourde, Gobseck, Lenoncourt, Mortsauf, Roguin... ; ou des reprises qui sont autant de modulations du mot, telle la lettre de Mme de Mortsauf à Félix : « *Le jour où elles vous quitteront, elles vous diront que le mot* je n'aime plus *justifie l'abandon, comme le mot* j'aime *excusait leur amour, que l'amour est involontaire* » ***(Le Lys dans la vallée)***.

Proust voyait juste quand, ayant défini le style comme « *la marque de la transformation que la pensée de l'écrivain fait subir à la réalité* », il ajoutait : « *Dans Balzac, il n'y a pas à proprement parler de style.* [...] *Au contraire coexistent non digérés, non encore transformés, tous les éléments d'un style à venir qui n'existe pas* », un style qui « *explique* [...] *à l'aide d'images les plus saisissantes, mais non fondues avec le reste* » (*Contre Sainte-Beuve*, posth., 1954). Néanmoins, qu'il traduise la fusion des sensations et des émotions — « *Venise, cette Londres au Moyen Âge, tombait pierre à pierre, homme à homme. La sinistre verdure que la mer entretient et caresse au bas des palais, était alors aux yeux du prince comme une frange noire que la nature y attachait en signe de mort* » ***(Massimilla Doni)*** —, ou qu'il établisse des correspondances entre le cœur humain et la beauté d'un paysage — « *En pensant que mon élue vivait en Touraine, j'aspirais l'air avec délices, je trouvai au bleu du temps une couleur que je ne lui ai plus vue nulle part ailleurs* » ***(Le Lys dans la vallée)*** —, Balzac est un poète. Parce que le monde qu'il crée trouve, au-delà de son morcellement et grâce à l'ampleur de la fresque, une unité dans l'imagination du lecteur, on reconnaît en lui une sorte de génie épique.

Un visionnaire ou un observateur ?

Dès 1844, Gobineau prédisait : « *Nous ne serions point surpris que la postérité en fît quelque jour le type même de l'auteur de romans.* » La prophétie s'est réalisée. Plus goûté du public que respecté par la critique de son vivant, Balzac bénéficia, après sa mort, du triomphe du « réalisme » dans le roman. Mais, si Champfleury le comparait à Homère, c'est parce que tous deux avaient été les grands « naturalistes » de leur temps. Héraut de la modernité, Baudelaire se montra plus pénétrant : « *Car les héros de l'*Iliade *ne vont qu'à votre cheville, ô Vautrin, ô Rastignac, ô Birotteau !* » Et d'ajouter : « *J'ai maintes fois été étonné que la grande gloire de Balzac fût de passer pour un observateur ; il m'avait toujours semblé que son principal mérite était d'être visionnaire* » (*L'Art romantique*). Zola, de son côté, déplorait que « *la peinture exacte de la nature humaine* » le cédât trop souvent, dans ***La Comédie humaine***, à une « *imagination déréglée* ».

Au XXe siècle, Balzac s'imposa d'abord comme un génial observateur de la société précapitaliste, au point que son œuvre, écrite « *à la lueur de deux Vérités éternelles : la Religion, la Monarchie* » (***Avant-Propos*** de ***La Comédie humaine***), apparut à des critiques d'inspiration marxiste (Georg Lukacs, André Wurmser, Pierre Barbéris) comme la meilleure analyse des rouages d'un système économique où triomphent des égoïsmes qui ne s'assouvissent que par l'exploitation d'autrui. Aux défenseurs du Nouveau Roman, dans les années 1950, le roman balzacien servit trop souvent de bouc émissaire, soit qu'on vît en lui le représentant de « *notions périmées* » (Robbe-Grillet) comme le personnage ou l'intrigue, soit qu'on reprochât à ses descriptions d'être redondantes par rapport aux dialogues ou à l'observation des comportements (Ricardou). Que n'a-t-on dit à son propos sur l'omniscience du narrateur, symbole des conventions du roman traditionnel, alors que ***La Comédie humaine*** varie les points de vue à l'intérieur de ses récits et offre même une intéressante diversité formelle (roman par lettres comme ***Mémoires de deux jeunes mariées***, à la 1re personne comme ***Le Lys dans la vallée***) ! Pour avoir suscité des « dictionnaires » de ses personnages fictifs aussi bien que des études inspirées par la sémiotique (*S/Z* de Barthes, 1970), celui que l'un de ses meilleurs biographes, André Maurois, rebaptisa Prométhée (*Prométhée ou la Vie de Balzac*, 1965) a, en somme, réalisé le rêve de tout romancier ambitieux : créer l'illusion que ce qu'il invente est vrai, et inciter les meilleurs critiques à analyser comment il y est parvenu. C'est aussi pourquoi Balzac reste l'un des auteurs les plus souvent adaptés à l'écran, tant au cinéma qu'à la télévision.

Depuis les années 1949-1950, commémorant consécutivement le 150e anniversaire de sa naissance et le centenaire de sa mort, les études balzaciennes ont connu un prodigieux essor, concrétisé par la création des revues *Le Courrier balzacien* (déc. 1948), *Les Études balzaciennes* (1951) et *L'Année balzacienne* (1960), et par une nouvelle édition de ***La Comédie humaine***, sous la direction de Pierre-Georges Castex, dans la « Bibliothèque de la Pléiade » (1976 à 1981, 12 vol.), complétée par une édition des ***Œuvres diverses*** (1990 et 1996, 2 vol.). Entre-temps, Roger Pierrot a mené à bien les monumentales éditions de la ***Correspondance*** de Balzac (1960 à 1969, 5 vol.), puis de l'intégralité des ***Lettres à Madame Hanska*** (1967 à 1971, 4 vol.). En 1999, les célébrations du bicentenaire de la naissance de Balzac — avec notamment le téléfilm *Balzac* de Josée Dayan, interprété par Gérard Depardieu — ont confirmé la vitalité d'une œuvre et d'un écrivain passionnément admirés.

ŒUVRES

Les ***Chouans*** *ou la Bretagne en 1799*

Roman en 3 chapitres numérotés et titrés publié d'abord sous le titre ***Le Dernier Chouan ou la Bretagne en 1799***, chez Urbain Canel, en 1829 ; puis, avec quelques modifications, sous son titre définitif, chez Vimont, en 1834, avant de prendre place dans l'édition Furne de ***La Comédie humaine*** (t. XIII, 1845). Dédiés *« à Monsieur Théodore Dablin, négociant : au premier ami, le premier ouvrage »*, ***Les Chouans*** font partie, à l'intérieur des ***Études de mœurs***, des ***Scènes de la vie militaire***.

Située à la fin de l'an VII (1799), aux confins de la Normandie et de la Bretagne, l'action évoque les derniers soubresauts de la lutte des Chouans contre les républicains, commandés par Hulot, lui-même assisté du fourbe policier Corentin : *« Autant l'œil bleu du militaire était franc, autant l'œil vert de Corentin annonçait de malice et de fausseté ; l'un possédait nativement des manières nobles, l'autre n'avait que des façons insinuantes ; l'un s'élançait, l'autre se courbait ; l'un commandait le respect, l'autre cherchait à l'obtenir* [...] ». Bonaparte vient de réussir son coup d'État. Fouché, ministre de la Police, dépêche une espionne, Marie de Verneuil, pour séduire le marquis de Montauran (surnommé le Gars), dont le prestige anime les troupes rebelles. L'amour finit par unir les deux jeunes gens dans une mort héroïque.

Balzac a séjourné à Fougères, en 1828, pour reconnaître les lieux. Son roman s'inscrit dans un projet de composer des scènes historiques de la France sur le modèle de Walter Scott. Mais les événements sont trop récents pour qu'il mêle, comme Scott, figures réelles et inventées : Fouché et Cadoudal ne sont qu'évoqués. Au reste, il voulut plus tard que la société fût dépeinte de manière à *« porter avec elle la raison de son mouvement »* (***Avant-Propos*** de ***La Comédie humaine***). Aussi, dans l'édition de 1845, ajouta-t-il à la fin de l'intrigue deux paragraphes qui présentent, en l'année 1827, les survivants prosaïques d'une époque héroïque. ***Les Chouans***, qui s'achevaient avec le XVIIIe siècle dans les éditions précédentes, eurent désormais pour rôle de mettre au jour les racines de l'histoire contemporaine.

Légitimiste (du moins après 1830), Balzac décrit sans concession cette insurrection royaliste qui dégénère en brigandage. Si, à la différence de Scott, il donne à des ressorts amoureux la primauté sur l'Histoire, c'est moins par complaisance pour le lecteur que parce qu'en cette période finissante de la première République, les idéologies sont brouillées. Se profile dans ***Les Chouans*** la figure de celui qui concentra à son profit, sinon au profit de la France, les énergies dispersées, et qui hanta ***La Comédie humaine*** : Napoléon Bonaparte. Le roman fut plusieurs fois adapté au cinéma.

La ***Comédie humaine***

Titre sous lequel furent regroupés des ouvrages publiés à partir de 1829 et dont le nombre dépassa finalement la centaine, en comptant les ébauches rattachées à l'ensemble — constitué de 93 titres, que peuplent 2 472 personnages. Ce titre servit pour la première fois à l'édition Furne (16 vol. parus de 1842 à 1846, et un volume complémentaire en 1848). C'est vers la fin de 1840 que, songeant peut-être à *La Divine Comédie* de Dante, Balzac eut l'idée d'afficher ainsi l'unité d'inspiration d'une œuvre essentiellement romanesque, mais qui comprend aussi des parties philosophiques et historiques.

Le retour de nombreux personnages d'un ouvrage à un autre avait, depuis 1835, contribué à unifier l'ensemble. Dès le 26 octobre 1834 (lettre à Mme Hanska), Balzac avait annoncé que son projet se distribuerait en 3 grandes sections : ***Études de mœurs***, ***Études philosophiques***, ***Études analytiques***, les unes mettant en scène les effets sociaux, les autres faisant apparaître les causes de ces effets, et les dernières révélant les principes de l'ensemble. Ainsi devait être construite la « *cathédrale* » (lettre à Zulma Carraud, 1844). Quand ***La Comédie humaine*** fut publiée en 1842, elle était précédée d'un ***Avant-propos*** où Balzac expliquait le fondement de son œuvre, qui prolongeait celle de Buffon et consacrait le triomphe des idées évolutionnistes de Geoffroy Saint-Hilaire sur les idées fixistes de Cuvier : à partir d'une comparaison entre l'Humanité et l'Animalité et de l'assimilation de la Société à la Nature, Balzac souhaitait mettre en valeur l'unité du monde au-delà de ses espèces. Les ***Études de mœurs***, qui regroupent les 6 sections ***Scènes de la vie privée*** (27 titres, sur 32 prévus, dont ***Gobseck***, ***La Femme de trente ans***, ***Le Père Goriot*** et ***Le Colonel Chabert***), ***Scènes de la vie de province*** (10 titres, sur 19 prévus, dont ***Eugénie Grandet*** et ***Illusions perdues*** — en comptabilisant chacun des titres composant les ensembles ***Les Célibataires*** [3], ***Les Parisiens en province*** [2] et ***Les Rivalités*** [2]), ***Scènes de la vie parisienne*** (20 titres, sur 20 prévus, dont ***César Birotteau***, ***Splendeurs et Misères des courtisanes*** et ***Le Cousin Pons*** — en comptabilisant chacun des titres composant les ensembles ***Histoires des treize*** [3], ***Les Parents pauvres*** [2] et ***L'Envers de l'Histoire contemporaine*** [2]), ***Scènes de la vie politique*** (4 titres, sur 8 prévus, dont ***Une ténébreuse affaire***), ***Scènes de la vie militaire*** (2 titres, sur 25 prévus, dont ***Les Chouans***), ***Scènes de la vie de campagne*** (4 titres, sur 5 prévus, dont ***Le Lys dans la vallée***), rassemblent 67 titres couvrant environ 10 000 pages. Les ***Études philosophiques*** (21 titres, sur 26 prévus dont ***La Peau de chagrin***, ***Le Chef-d'œuvre inconnu*** et ***La Recherche de l'absolu***) et les ***Études analytiques*** (5 titres, sur 5 prévus, dont ***Petites Misères de la vie conjugale*** et ***Traité des excitants modernes*** — en comptabilisant chacun des titres composant l'ensemble ***Pathologie de la vie sociale*** [3]), un peu plus de 2 000 à elles deux. Parmi les ***Études de mœurs***, les ***Scènes de la vie de campagne*** s'étoffèrent après la mort de Balzac (publication posthume, en 1855, des ***Paysans***, dont seule la 1re partie avait paru en 1844). Quant aux ***Scènes de la vie militaire***, composées seulement de 2 œuvres (***Les Chouans*** et ***Une passion dans le désert***), Balzac avait prévu de les grossir de 23 titres, projet resté sans suite. Signalons enfin que Charles Rabou acheva ***Le Député d'Arcis*** (in ***Scènes de la vie politique***) et ***Les Petits Bourgeois*** (in ***Scènes de la vie parisienne***), publiés eux aussi à titre posthume, en 1854 et en 1856-1857. La part relativement modeste des ***Études philosophiques*** et des ***Études analytiques*** au sein de l'ensemble est significative de l'orientation romanesque que Balzac a donnée à son projet vers 1835. Si la peinture de la province (10 titres) et de la campagne (4 titres) équilibre à peu près celle de Paris (20 titres) dans les ***Études de mœurs***, Balzac y est plus expert à représenter des hommes de loi ou des banquiers que le monde rural, à plus forte raison que le monde ouvrier, qui fait totalement défaut à la fresque.

La **Cousine Bette**

Roman publié en feuilleton dans *Le Constitutionnel*, du 8 oct. au 3 déc. 1846 ; en volume chez Chlendowski et Pétion, couplé avec ***Le Cousin Pons*** — l'ensemble étant intitulé ***Les Parents pauvres*** —, en 1848 ; puis dans l'édition Furne de ***La Comédie humaine*** (t. XVII, 1848). Dédiée « *à Don Michele Angelo Cajetani, prince de Téano* [...], *savant commentateur de Dante* », ***La Cousine Bette*** fait partie, à l'intérieur des ***Études de mœurs***, des ***Scènes de la vie parisienne***.

L'action se déroule de 1838 à 1843. Délaissée par son mari, le baron Hulot, chez qui l'âge n'a pas émoussé les désirs, Adeline fait venir à Paris sa cousine, Lisbeth Fischer *(Bette)*, vieille fille aigrie qui va, avec la complicité de la séduisante Valérie Marneffe, conspirer à la ruine de la famille. Cette ruine ne lui profite pas : elle meurt alors qu'Adeline croit avoir remis son mari dans le droit chemin. Mais quand Adeline veut ramener au foyer le vieillard qui s'est installé en ménage avec une toute jeune fille, celui-ci a ce mot terrible : « *Pourrai-je emmener la petite ?* » Un ultime outrage va tuer Adeline : « *Et l'on vit, ce qui doit être rare, des larmes sortir des yeux de la morte.* »

« La Cousine Bette *est un chef-d'œuvre* », confiait Balzac à Mme Hanska, le 1er novembre 1846. Il est difficile de lui donner tort. Aux yeux de Maurois, « *Balzac n'a rien écrit de plus atroce ni de plus beau* ». Derrière la peinture de la déchéance d'une famille causée par la passion d'un individu (thème fréquent dans ***La Comédie humaine***), se profile, au tournant de la monarchie de Juillet, la décadence qui menace les valeurs de la bourgeoisie : « *Se destiner à la carrière honteuse des courtisanes, avec l'intention d'en palper les avantages, tout en gardant la robe d'une honnête bourgeoise mariée* [...]. »

Le ***Cousin Pons***

Roman publié en feuilleton dans *Le Constitutionnel*, du 18 mars au 10 mai 1847 ; en volume chez Chlendowski et Pétion, couplé avec ***La Cousine Bette*** — l'ensemble étant intitulé ***Les Parents pauvres*** —, en 1848 ; puis dans l'édition Furne de ***La Comédie humaine*** (t. XVII, 1848). Dédié « *à Don Michele Angelo Cajetani, prince de Téano* [...], *savant commentateur de Dante* », ***Le Cousin Pons*** fait partie, à l'intérieur des ***Études de mœurs***, des ***Scènes de la vie parisienne***.

Musicien de talent, Sylvain Pons accumule avec passion toutes sortes d'objets d'art. Quand il tombe malade, sa collection excite les convoitises les plus monstrueuses de sa famille et de son entourage. Il la lègue avant de mourir à son ami Schmucke, ancien maître de chapelle qui, aussi candide que Pons, se laisse dépouiller avant de mourir à son tour.

Conçu d'abord comme une nouvelle — Balzac songea à l'appeler, entre autres titres, ***Les Deux Musiciens*** —, ***Le Cousin Pons*** prit de l'ampleur après l'achèvement de ***La Cousine Bette*** : « *C'est pour moi du moins, un de ces chefs-d'œuvre d'une excessive simplicité qui contiennent tout le cœur humain* », écrivait Balzac à Mme Hanska, le 28 juin 1846. ***Le Cousin Pons*** est son dernier roman achevé.

Pons s'inscrit, à la suite d'Eugénie Grandet et du Père Goriot, dans la lignée des cœurs purs, victimes de la société : « *Ce grain de sable, qui lui déchirait les fibres du cœur, ne s'était jamais arrondi ; les angles en devenaient de plus en plus aigus, et les gens de cette maison en ravivaient incessamment les arêtes.* » À cette figure qui apparaît pour la première fois dans ***La Comédie humaine*** s'oppose une meute de personnages familiers aux lecteurs de la fresque (les Camusot, Cardot, la Cibot, l'usurier Magus...). Le déséquilibre des forces nourrit l'atrocité de l'intrigue : « *Elle laissa Pons confus, en proie à des remords, admirant le dévouement criard de sa garde-malade, se faisant des reproches, et ne sentant pas le mal horrible par lequel il venait d'aggraver sa maladie en tombant ainsi sur les dalles de la salle à manger.* » Mais, dans le couple que Pons forme avec Schmucke (les deux « *casse-noisettes* »), on peut voir une préfiguration de ce grotesque triste que Flaubert illustra en particulier dans *Bouvard et Pécuchet*.

Eugénie Grandet

Roman — sans parties ni chapitres — publié chez Mme Charles Béchet en 1834 (mis en vente dès le 15 déc. 1833), puis séparément chez Charpentier (1839), avant de se retrouver dans l'édition Furne de ***La Comédie humaine*** (t. V, 1843). En septembre 1833, *L'Europe littéraire* avait publié les premières pages du roman, sous le titre ***Eugénie Grandet, histoire de province***. Dédié « *à Maria* », il fait partie, à l'intérieur des ***Études de mœurs***, des ***Scènes de la vie de province***.

Fille d'un propriétaire de Saumur immensément riche et avare, Eugénie Grandet tombe amoureuse de son cousin Charles, frivole dandy à qui elle donne ses pièces d'or. Cette générosité déclenche la fureur de son père. Parti pour faire fortune dans la traite des Noirs, Charles oublie sa cousine. Dans les derniers jours de sa vie, Grandet ne trouve plus d'autre satisfaction que de compter son or : « [...] *son avarice s'était accrue comme s'accroissent toutes les passions persistantes de l'homme. Suivant une observation faite sur les avares, sur les ambitieux, sur tous les gens dont la vie a été consacrée à une idée dominante, son sentiment avait affectionné plus particulièrement un symbole de sa passion.* » Blessée à jamais, enfin mariée, puis veuve, ne jouissant que de l'affection de la vieille Nanon, sa servante, Eugénie poursuit son existence dans la médiocrité et l'indifférence.

De ce tableau de la vie provinciale sous la Restauration émerge le père Grandet, figure d'avare aussi typique que l'Harpagon de Molière. Si son attachement à l'or relève du fétichisme, Grandet sait aussi le faire fructifier ; à ce titre, il préfigure les grands spéculateurs de l'ère industrielle : « [...] *quatre phrases exactes autant que des formules algébriques lui servaient habituellement à embrasser, à résoudre toutes les difficultés de la vie et du commerce : Je ne sais pas. Je ne puis pas. Je ne veux pas. Nous verrons cela.* » Quant à Eugénie, elle fait partie de ces cœurs purs que lamine, dans l'œuvre de Balzac, une société sans pitié.

« *Cela se vend comme du pain* », fit savoir son libraire à Balzac, dès février 1834. À Mme Hanska, Balzac écrivit, le 10 février 1838 : « *Eugénie Grandet, avec laquelle on a assassiné tant de choses de moi* [...]. » Avide de succès, il n'en eut pas moins conscience que celui d'***Eugénie Grandet*** avait marqué un tournant dans l'évolution d'une création dont il aurait aimé voir reconnaître les mérites philosophiques. Dans *La Nausée*, Sartre cite ***Eugénie Grandet*** comme une sorte de repoussoir de sa propre conception du roman. Mais c'est aussi pour le meilleur qu'on peut y voir le type même du roman balzacien : description chargée de sens de la maison de l'avare, peinture des caractères poussée au paroxysme, intrigue fortement nouée autour d'une passion destructrice.

Illusions perdues

Roman en 3 parties numérotées et titrées. La 1re a été publiée, sous le titre ***Illusions perdues***, chez Werdet, en 1837 ; la 2e, sous le titre ***Un grand homme de province à Paris***, chez Souverain, en 1839 ; la 3e, ***Ève et David***, s'est ajoutée aux précédentes pour former le roman intitulé ***Illusions perdues*** dans l'édition Furne de ***La Comédie humaine*** (t. VIII, 1843). Dans cette édition, le titre de la 1re partie devint ***Les Deux Poètes***, tandis que celui de la 3e n'est devenu ***Les Souffrances de l'inventeur*** que dans l'édition Furne corrigée par l'auteur. Dédié *« à Monsieur Victor Hugo,* [...] *déjà grand poète à l'âge où les hommes sont encore si petits,* [et qui a] *comme Chateaubriand, comme tous les vrais talents, lutté contre les envieux embusqués derrière les colonnes, ou tapis dans les souterrains du Journal »*, de la part de son *« sincère admirateur et ami »*, ***Illusions perdues*** fait partie, à l'intérieur des ***Études de mœurs***, des ***Scènes de la vie de province***.

Les Deux Poètes évoque les destinées différentes, à Angoulême, de David Séchard, imprimeur qui rêve de découvrir le secret de l'invention du papier végétal, et de son ami Lucien Chardon qui, ayant pris le nom de Rubempré, va chercher à Paris la gloire littéraire, la fortune et l'amour. ***Un grand homme de province à Paris*** évoque les compromissions de Lucien avec le monde de la presse (*« Le Chantage est une invention de la presse anglaise, importée récemment en France* [...]. *Si l'homme compromis ne donne pas une somme quelconque, le Chanteur lui montre la presse prête à l'entamer, à dévoiler ses secrets. L'homme riche a peur, il finance »*) et son amour pour l'actrice Coralie, qui meurt misérablement. De retour à Angoulême, Lucien tente vainement d'aider David, ruiné puis arrêté ; au bord du suicide, il rencontre alors l'abbé Carlos Herrera — lequel n'est autre que Vautrin, comme le lecteur l'apprendra dans ***Splendeurs et Misères des courtisanes*** — qui lui promet fortune et plaisirs. Réhabilité, David renonce, sur les conseils de sa femme Ève (sœur de Lucien), à la *« terrible vocation »* des inventeurs, ces *« Moïse dévorés par leur buisson d'Horeb »*, pour mener une paisible vie de propriétaire.

Dans une préface à la 3e partie (retranchée, ainsi que les autres préfaces, de l'édition Furne), Balzac oppose l'ambition de Lucien de Rubempré, qui succombe, à celle de Rastignac, qui réussit. On peut l'opposer aussi à la probité de David ou à celle de Daniel d'Arthez, figure importante de la deuxième partie du roman et qui donne, dans l'ensemble de ***La Comédie humaine***, l'image d'un écrivain dévoué à son art.

« Peu de personnes voudront croire que [...] *huit années aient été nécessaires pour, je ne dis pas exécuter ce long ouvrage, mais en disposer les masses et en trouver les incidents »*, écrivit Balzac, dans une ***Préface*** de 1843. Au terme de ce travail, il a livré l'un de ses romans les plus richement documentés sur le monde frelaté de la presse à l'époque de la Restauration ; l'un des plus émouvants aussi (avec la mort de Coralie), qui s'achève au *« plus haut lieu, en France, de la géographie romanesque »* (Mauriac, *Mémoires intérieurs*), cet endroit proche de Ruffec d'où Rastignac est parti à la conquête de Paris et où Rubempré signe avec Carlos Herrera un pacte le liant au crime et à la mort.

Le *Lys dans la vallée*

Roman en 5 parties — titrées mais non numérotées —, publié chez Werdet en 1836, puis chez Charpentier en 1839, avant de prendre place dans l'édition Furne de ***La Comédie humaine*** (t. VII, 1844). Les 1re et 2e parties du roman furent prépubliées dans la *Revue de Paris*, pendant le dernier trimestre de l'année 1835. Dédié *« à Monsieur J.-B. Nacquart, membre de l'Académie royale de médecine,* [...] *autant pour remercier le savant qui me sauva jadis, que pour célébrer l'ami de tous les jours »*, ***Le Lys dans la vallée*** fait partie, à l'intérieur des ***Études de mœurs***, des ***Scènes de la vie de campagne*** — après avoir été temporairement déplacé par Balzac, en 1844, dans les ***Scènes de la vie de province***.

Félix de Vandenesse confie par écrit son passé à Natalie de Manerville. Après une enfance malheureuse, il est tombé amoureux, à Tours, d'Henriette de Mortsauf, femme d'un émigré hypocondriaque, qu'il retrouve à la campagne, dans une vallée de l'Indre. Henriette communie avec Félix dans les mêmes sentiments, mais lui interdit de parler d'amour. De retour à Paris en octobre 1814, lors de la première Restauration, Félix a, avec Arabelle Dudley, une liaison dont Henriette est informée. Il retrouve celle-ci mourante. Peu après, il s'éprend de Natalie. Découvrant sa *« sécheresse »* de cœur, Natalie décide de le quitter sans rancune.

Composé presque entièrement d'une lettre de 300 pages, ***Le Lys*** est en fait un roman à la 1re personne. Trois parties (***Les Deux Enfances***, ***Les Premières Amours*** et ***Les Deux Femmes***) sont encadrées par deux courts textes, ***À madame la***

comtesse Natalie de Manerville et ***À monsieur le comte de Vandenesse***. Son sujet reprend celui de *Volupté* (1834) de Sainte-Beuve, et prolonge d'anciennes réflexions de Balzac sur le mariage. Un scrupule ténu, qu'elle en arrive à regretter, protège Henriette de l'adultère. Quant à sa mort, elle est « *la lutte de la matière et de l'esprit qui est le fond du christianisme* » (Balzac à Mme Hanska, 22 août 1836).

Plutôt mal accueilli par la critique, ***Le Lys*** se vit longtemps reprocher son « *pathos* » (Brunetière et Faguet), sa « *phraséologie pompeuse, ornée de métaphores boursouflées ou banales* » (Lanson). On rend mieux hommage, aujourd'hui, au difficile projet que Balzac s'était fixé : « *Faire du dramatique avec la vertu.* » Maurice Bardèche aimait particulièrement ce titre qui, désignant l'héroïne, traduit la « *destination séraphique secrète qui fait de certaines âmes, dès cette vie, les sujets d'un autre royaume* ».

*La **Peau de chagrin***

Roman en 3 parties numérotées et titrées, publié chez Gosselin-Canel en 1831. Des fragments avaient paru, en décembre 1830, dans *La Caricature*, et, au printemps 1831, dans la *Revue de Paris* et la *Revue des Deux Mondes*. Plusieurs fois réédité avec des modifications (de noms, notamment), il figure dans l'édition Furne de ***La Comédie humaine*** (t. XIV, 1845), parmi les ***Études philosophiques***.

La 1re partie s'intitule ***Le Talisman***. À l'automne de 1830, le jeune Raphaël de Valentin, au bord du suicide, accepte d'un antiquaire une peau de chagrin capable de réaliser, en se rétrécissant au fur et à mesure de leur accomplissement, tous ses désirs. La 2e partie, ***La Femme sans cœur***, reproduit le récit de Raphaël à des amis de rencontre qui l'ont entraîné dans une orgie : après une existence misérable et studieuse, éclairée par l'amour que lui vouait Pauline, il a tourné ses désirs et ses sentiments vers Fœdora, dont la froideur l'a réduit au désespoir. Le retour au présent a lieu dans la 3e partie, ***L'Agonie***. Raphaël retrouve Pauline et mène une existence heureuse avec elle, mais la peau se rétrécit à ses moindres volontés, et il finit par mourir, fou de désir pour Pauline.

Selon Balzac lui-même, « La Peau de chagrin *relie en quelque sorte les* Études de mœurs *aux* Études philosophiques *par l'anneau d'une fantaisie presque orientale où la Vie elle-même est peinte aux prises avec le Désir, principe de toute Passion* » (***Avant-Propos*** de ***La Comédie humaine***). Au sein d'un récit qui ne déroge guère autrement au réalisme, le talisman a une valeur surtout symbolique. Il contribue pourtant à faire du roman une fable, qui illustre l'égoïsme de la société autant que le pouvoir autodestructeur de la volonté chez l'individu : « *Les petites créatures qui passent leur vie à essayer des cachemires ou qui se font les portemanteaux de la mode n'ont pas de dévouement, elles en exigent et voient dans l'amour le plaisir de commander, non celui d'obéir.* »

La critique fut divisée — on soupçonna l'aspect fantastique du roman de viser un effet de mode —, mais le succès en librairie fut éclatant. Aujourd'hui, Pierre Citron voit dans ***La Peau de chagrin*** le « *porche* » de « *cette cathédrale qu'est* La Comédie humaine ».

*Le **Père Goriot***

Roman — sans parties ni chapitres — publié chez Werdet en 1835 ; revu et corrigé, chez Charpentier, en 1839 ; à nouveau revu et corrigé, dans l'édition Furne de ***La Comédie humaine*** (t. IX, 1843). Le début de l'ouvrage avait également paru dans la *Revue de Paris*, en décembre 1834. Dédié « *au grand et illustre Geoffroy-Saint-Hilaire, comme un témoignage d'admiration de ses travaux et de son génie* », ***Le Père Goriot*** fait partie, à l'intérieur des ***Études de mœurs***, des ***Scènes de la vie privée***.

L'action, qui débute en novembre 1819, a pour cadre la pension Vauquer, rue Neuve-Sainte-Geneviève (actuelle rue Tournefort, dans le Ve arrondissement de Paris). On y découvre Eugène de Rastignac, jeune étudiant en droit ; Vautrin, quadragénaire hâbleur et mystérieux ; et le père Goriot, vieillard qu'on soupçonne d'entretenir des maîtresses et qui se ruine en réalité pour ses deux filles. Vautrin, qui tente d'assurer la fortune de Rastignac, s'éclipse quand son passé de bagnard est mis au jour, tandis que Goriot va tomber dans l'hébétude et mourir, abandonné par ses filles. Révolté par l'égoïsme de la société parisienne, Rastignac, à l'enterrement de Goriot, lance, du cimetière du Père-Lachaise, son fameux défi à la capitale : « *À nous deux maintenant !* »

Le Père Goriot est précédé, dans la 1re édition, d'une ***Préface*** où Balzac se justifie de présenter des femmes peu vertueuses : Anastasie de Restaud et Delphine de Nucingen, les filles de Goriot, dont la conduite ôte à Rastignac ses illusions, ont été imaginées d'après nature. « *Ce drame n'est ni une fiction, ni un roman :* All is true », prévient aussi, en citant Shakespeare, le narrateur. La figure de Goriot (« *Christ de la Paternité* », selon Balzac), la rencontre de Rastignac et de Vautrin (les deux personnages les plus présents dans l'ensemble de ***La Comédie humaine***) nourrissent autant l'intérêt du roman que les mystères longtemps entretenus de l'intrigue. « *Cette œuvre a été faite en 40 jours, je n'ai pas dormi dans ces 40 jours 80 heures* », écrivit

Balzac à Mme Hanska, le 10 février 1835. Il regrettait pourtant que son succès (les 1 200 exemplaires de l'édition originale avaient été aussitôt vendus) l'emportât sur celui de **La Recherche de l'Absolu** (1834), au propos plus ambitieux. Mais, plus que dans des rêveries métaphysiques, la « philosophie » de Balzac réside dans son pouvoir de révéler les mystères de la vie quotidienne. Au-delà de la situation d'un père trahi par ses filles — qui fait songer au *Roi Lear* —, c'est une dramaturgie sociale effectivement digne de Shakespeare que Balzac impose ici.

Splendeurs et Misères des courtisanes

Roman en 4 parties — numérotées et titrées —, dont la 1re, initialement intitulée **La Torpille**, fut publiée chez Werdet, en 1838, et la 2e partie, initialement intitulée **Esther ou les Amours d'un vieux banquier**, parut en feuilleton dans *Le Parisien*, du 21 mai au 1er juillet 1843. **Splendeurs et Misères des courtisanes** parut en 3 volumes, chez de Potter (1844), puis dans l'édition Furne de **La Comédie humaine**, t. XI (1re partie : **Esther heureuse**, puis, dans l'édition corrigée par l'auteur, **Comment aiment les filles** ; 2e partie : **À combien l'amour revient aux vieillards**, 1844) et t. XII (3e partie : **Où mènent les mauvais chemins**, 1846). Une 4e partie, **La Dernière Incarnation de Vautrin**, parue dans *La Presse* du 13 avril au 17 mai 1847, fut publiée avec le reste du roman au t. XVIII de **La Comédie humaine**, chez Houssiaux, en 1885. Dédié *« à S.A. le prince Alfonso Serafino di Porcia »*, **Splendeurs et Misères des courtisanes** fait partie, à l'intérieur des **Études de mœurs**, des **Scènes de la vie parisienne**.

En 1824, Lucien de Rubempré, après avoir failli se suicider (voir **Illusions perdues**), revient à Paris. L'abbé Carlos Herrera (*alias* Collin ou Vautrin), voyant la passion du vieux banquier Nucingen pour Esther *(« la Torpille »)*, veut en profiter pour assurer la fortune de Lucien. Après s'être donnée à Nucingen, Esther se suicide. Un faux testament écrit par Carlos Herrera en faveur de Lucien mène les deux hommes en prison. Lucien se donne la mort après avoir révélé l'identité de son protecteur. La dernière partie du roman raconte comment le faux abbé, ancien bagnard, devient chef de la Sûreté.

« Peut-être rendra-t-on plus tard justice à l'auteur en voyant avec quels soins il a mis en scène ces figures, si curieuses, de la courtisane, du criminel, et de leurs entourages, avec quelle patience il est allé chercher le comique, avec quel amour du vrai il a trouvé les côtés beaux de ces caractères, par quels liens il les a rattachés à l'étude générale du cœur humain » (**Préface**, 1845). Proust, dans son essai *Sainte-Beuve et Balzac*, insista sur la force de **Splendeurs et Misères des courtisanes** et rappela qu'Oscar Wilde tenait la mort de Lucien de Rubempré pour le *« plus grand chagrin de* [sa] *vie » (Contre Sainte-Beuve)*. Où sont les *« côtés beaux »* des caractères ? Seule Esther, l'ancienne prostituée, donne une image de pureté. Toutes les autres figures illustrent les faiblesses ou les noirceurs d'une *« comédie »* qui n'est jamais plus sombre que quand elle a pour théâtre l'*« enfer »* parisien. Si, par ses rebondissements d'intrigue, **Splendeurs et Misères des courtisanes** s'apparente plus qu'aucun autre grand roman de Balzac au roman populaire, jamais peut-être l'auteur ne s'est aussi peu soucié, contrairement aux habitudes des feuilletonistes, d'équilibrer par des aspirations au Bien la plongée de ses contemporains dans le Mal.

CITATIONS

La douleur est comme cette tige de fer que les sculpteurs mettent au sein de leur glaise, elle soutient, c'est une force !

Béatrix ou les Amours forcées.

Un grand amour est un crédit ouvert à une puissance si vorace, que le moment de la faillite arrive toujours.

Béatrix ou les Amours forcées.

Il y a des douleurs muettes d'une éloquence despotique.

Béatrix ou les Amours forcées.

Privilège semblable à celui de la noblesse, la beauté ne se peut acquérir, elle est partout reconnue, et vaut souvent plus que la fortune et le talent, elle n'a besoin que d'être montrée pour triompher, on ne lui demande que d'exister.

Le Cabinet des Antiques.

Dans ces temps de révolution, chacun faisait, au profit de son parti, une arme de ce qu'il possédait, et la croix pacifique de Jésus devenait un instrument de guerre aussi bien que le soc nourricier des charrues.

Les Chouans.

Peu d'œuvres donne beaucoup d'amour-propre, beaucoup de travail donne infiniment de modestie.

Avant-Propos à *La Comédie humaine.*

Le hasard est le plus grand romancier du monde : pour être fécond, il n'y a qu'à l'étudier.

Avant-Propos à *La Comédie humaine*.

La passion est toute l'humanité. Sans elle, la religion, l'Histoire, le roman, l'art seraient inutiles.

Avant-Propos à *La Comédie humaine*.

Dans les révolutions comme dans les tempêtes maritimes, les valeurs solides vont à fond, le flot met les choses légères à fleur d'eau.

La Cousine Bette.

Penser, rêver, concevoir de belles œuvres est une occupation délicieuse. C'est fumer des cigares enchantés, c'est mener la vie de la courtisane occupée à sa fantaisie. L'œuvre apparaît alors dans la grâce de l'enfance, dans la joie folle de la génération, avec les couleurs embaumées de la fleur et les sucs rapides du fruit dégusté par avance. Telle est la Conception et ses plaisirs. Celui qui peut dessiner son plan par la parole, passe déjà pour un homme extraordinaire. Cette faculté, tous les artistes et les écrivains la possèdent. Mais produire ! mais accoucher ! mais élever laborieusement l'enfant, le coucher gorgé de lait tous les soirs, l'embrasser tous les matins avec le cœur inépuisé de la mère, le lécher sale, le vêtir cent fois des plus belles jaquettes qu'il déchire incessamment ; mais ne pas se rebuter des convulsions de cette folle vie et en faire le chef-d'œuvre animé qui parle à tous les regards en sculpture, à toutes les intelligences en littérature, à tous les souvenirs en peinture, à tous les cœurs en musique, c'est l'Exécution et ses travaux. La main doit s'avancer à tout moment, prête à tout moment à obéir à la tête. Or, la tête n'a pas plus les dispositions créatrices à commandement que l'amour n'est continu.

La Cousine Bette.

Les libertins, ces gens que la nature a doués de la faculté précieuse d'aimer au-delà des limites qu'elle fixe à l'amour, n'ont presque jamais leur âge.

La Cousine Bette.

L'ignorance est la mère de tous les crimes. Un crime est, avant tout, un manque de raisonnement.

La Cousine Bette.

Les amis véritables jouissent, dans l'ordre moral, de la perfection dont est doué l'odorat des chiens ; ils flairent les chagrins de leurs amis, ils en devinent les causes, ils s'en préoccupent.

Le Cousin Pons.

La misère, cette divine marâtre, fit pour ces deux jeunes gens ce que leur mère n'avait pu faire : elle leur apprit l'économie, le monde et la vie ; elle leur donna cette grande, cette forte éducation qu'elle dispense à coups d'étrivières aux grands hommes tous malheureux dans leur enfance.

Le Cousin Pons.

Il n'y a que les grandes croyances qui donnent de grandes émotions.

Le Cousin Pons.

Un assez grand nombre de gens du monde qui devraient savoir, puisque c'est là toute leur science, ces délicatesses du savoir-vivre, ignorent que la qualification *d'homme de lettres* est la plus cruelle injure qu'on puisse faire à un auteur.

Le Cousin Pons.

La jeunesse a d'étonnants privilèges ; elle n'effraye pas.

Le Cousin Pons.

Un homme de génie ou un intrigant seuls se disent : « *J'ai eu tort.* » L'intérêt et le talent sont les seuls conseillers consciencieux et lucides.

Le Curé de Tours.

La corruption est relative. Il est des natures vierges et sublimes qu'une seule pensée corrompt, elle y fait d'autant plus de dégâts que la nécessité d'une résistance n'a pas été prévue.

Le Curé de village.

[...] les supérieurs ne pardonnent jamais à leurs inférieurs de posséder les dehors de la grandeur, ni de déployer cette majesté tant prisée des anciens et qui manque si souvent aux organes du pouvoir moderne.

Le Curé de village.

La beauté fraîche, colorée, unie, le JOLI en un mot, est l'attrait vulgaire auquel se prend la médiocrité.

La Duchesse de Langeais.

La mort est aussi soudaine dans ses caprices qu'une courtisane l'est dans ses dédains, mais plus fidèle, elle n'a jamais trompé personne.

L'Élixir de longue vie.

Sans l'illusion où irions-nous ? Elle donne la puissance de manger *la vache enragée* des Arts, de dévorer les commencements de toute science en nous donnant la croyance. L'illusion est une foi démesurée !

Les Employés.

Être propriétaire d'un journal, c'est devenir un personnage : on exploite l'intelligence, on en partage les plaisirs sans en épouser les travaux. Rien n'est plus tentant pour des esprits inférieurs que de s'élever ainsi sur le talent d'autrui. Paris a vu deux ou trois parvenus de ce genre, dont le succès est une honte et pour l'époque et pour ceux qui leur ont prêté leurs épaules.

Madame de la Chanterie,
in *L'Envers de l'histoire contemporaine*.

De même que le mal, le sublime a sa contagion.

L'Initié, in *L'Envers de l'histoire contemporaine*.

Affreuse condition de l'homme ! il n'y a pas un de ses bonheurs qui ne vienne d'une ignorance quelconque.

Eugénie Grandet.

L'innocence ose seule de telles hardiesses. Instruite, la Vertu calcule aussi bien que le Vice.

Eugénie Grandet.

La raison est toujours mesquine auprès du sentiment ; l'une est naturellement bornée, comme tout ce qui est positif, et l'autre est infini. Raisonner là où il faut sentir est le propre des âmes sans portée.

La Femme de trente ans.

Le cœur d'une mère est un abîme au fond duquel se trouve toujours un pardon.

La Femme de trente ans.

Ô Paris ! qui n'a pas admiré tes sombres paysages, tes échappées de lumière, tes culs-de-sac profonds et silencieux ; qui n'a pas entendu tes murmures entre minuit et deux heures du matin ne connaît encore rien de la vraie poésie, ni de tes bizarres et larges contrastes.

Ferragus.

Il y a les poètes qui sentent et les poètes qui expriment ; les premiers sont les plus heureux.

Ferragus.

Mais pour le désespoir de l'homme, il ne peut rien faire que d'imparfait, soit en bien, soit en mal. Toutes ses œuvres intellectuelles ou physiques sont signées par une marque de destruction.

La Fille aux yeux d'or.

La haine sans désir de vengeance est un grain tombé sur du granit.

Grandeur et Décadence de César Birotteau.

L'avarice commence où la pauvreté cesse.

Les Deux Poètes, in *Illusions perdues*.

Ce qui rend les amitiés indissolubles et double leur charme, est un sentiment qui manque à l'amour, la certitude.

Un grand homme de province à Paris, in *Illusions perdues*.

Les partis sont ingrats envers leurs vedettes, ils abandonnent volontiers leurs enfants perdus. Surtout en politique, il est nécessaire à ceux qui veulent parvenir d'aller avec le gros de l'armée.

Un grand homme de province à Paris, in *Illusions perdues*.

Choisir ! c'est l'éclair de l'intelligence. Hésitez-vous ?... tout est dit, vous vous trompez. Le goût n'a pas deux inspirations.

L'Illustre Gaudissart, II.

Les parvenus sont comme les singes desquels ils ont l'adresse : on les voit en hauteur, on admire leur agilité pendant l'escalade ; mais, arrivés à la cime, on n'aperçoit plus que leurs côtés honteux.

Le Lys dans la vallée.

Dans ces grandes crises, le cœur se brise ou se bronze.

La Maison du chat-qui-pelote.

L'amour crée dans la femme une femme nouvelle : celle de la veille n'existe plus le lendemain. En revêtant la robe nuptiale d'une passion où il y va de toute la vie, une femme la revêt pure et blanche. Renaissant vertueuse et pudique, il n'y a plus de passé pour elle ; elle est tout avenir et doit tout oublier, pour tout réapprendre.

Les Marana.

Le Français fit ce qu'en toute occasion font les Français, il se mit à rire.

Massimilla Doni.

Pour ne point rougir devant sa victime, l'homme qui a commencé par la blesser, la tue.

Le Médecin de campagne.

L'amour qui économise n'est jamais le véritable amour.

Melmoth réconcilié.

La passion est sourde et muette de naissance.

La Muse du département.

Jamais la police n'aura d'espions comparables à ceux qui se mettent au service de la Haine.

Les Paysans.

En France, nous savons cautériser une plaie, mais nous ne connaissons pas encore de remède au mal que produit une phrase.

La Peau de chagrin.

Le sentiment que l'homme supporte le plus difficilement est la pitié, surtout quand il la mérite. La haine est un tonique, elle fait vivre, elle inspire la vengeance ; mais la pitié tue, elle affaiblit encore notre faiblesse.

La Peau de chagrin.

Paris est un véritable océan. Jetez-y la sonde, vous n'en connaîtrez jamais la profondeur. Parcourez-le, décrivez-le ! quelque soin que vous mettiez à le parcourir, à le décrire, quelque nombreux et intéressés que soient les explorateurs de cette mer, il s'y rencontrera toujours un lieu vierge, un antre inconnu, des fleurs, des perles, des monstres, quelque chose d'inouï, oublié par les plongeurs littéraires.

Le Père Goriot.

« *Je réussirai !* » Le mot du joueur, du grand capitaine, mot fataliste qui perd plus d'hommes qu'il n'en sauve.

Le Père Goriot.

Il n'y a peut-être que ceux qui croient en Dieu qui font le bien en secret...

Le Père Goriot.

L'amour n'est peut-être que la reconnaissance du plaisir.

Le Père Goriot.

La femme est un délicieux instrument de plaisir, mais il faut en connaître les frémissantes cordes, en étudier la pose, le clavier timide, le doigté changeant et capricieux.

Physiologie du mariage.

Ne commencez jamais le mariage par un viol.

Physiologie du mariage.

La mère qui laisse voir toute sa tendresse à ses enfants crée en eux l'ingratitude ; l'ingratitude vient peut-être de l'impossibilité où l'on est de s'acquitter.

Physiologie du mariage.

Nier l'existence de la pudeur parce qu'elle disparaît au milieu des crises où presque tous les sentiments humains périssent, c'est vouloir nier que la vie a lieu parce que la mort arrive.

Physiologie du mariage.

Pour être heureux en ménage, il faut être ou homme de génie marié à une femme tendre et spirituelle, ou se trouver, par l'effet d'un hasard qui n'est pas aussi commun qu'on pourrait le penser, tous les deux excessivement bêtes.

Physiologie du mariage.

Beaucoup d'hommes ont un orgueil qui les pousse à cacher leurs combats et à ne se montrer que victorieux.

La Recherche de l'absolu.

La gloire est le soleil des morts.

La Recherche de l'absolu.

Là [à Paris], les écus même tachés de sang ou de boue ne trahissent rien et représentent tout. Pourvu que la haute société sache le chiffre de votre fortune, vous êtes classé parmi les sommes qui vous sont égales, et personne ne vous demande à voir vos parchemins, parce que tout le monde sait combien peu ils coûtent. Dans une ville où les problèmes sociaux se résolvent par des équations algébriques, les aventuriers ont en leur faveur d'excellentes chances.

Sarrasine.

Tout principe extrême porte en soi l'apparence d'une négation et les symptômes de la mort : la vie n'est-elle pas le combat de deux forces ?

Séraphîta.

Le remords, cette vertu des faibles, ne l'atteignait pas. Le Remords est une impuissance, il recommencera sa faute. Le Repentir seul est une force, il termine tout.

Séraphîta.

La connaissance du visage d'un homme est, chez la femme qui l'aime, comme celle de la pleine mer pour un marin.

À combien l'amour revient aux vieillards,
in *Splendeurs et Misères des courtisanes.*

Rien ne grise comme le vin du malheur.

À combien l'amour revient aux vieillards,
in *Splendeurs et Misères des courtisanes.*

On voit qu'à tous les étages de la société, les usages se ressemblent et ne diffèrent que par les manières, les façons, les nuances. Le grand monde a son argot. Mais cet argot s'appelle le style.

La Dernière Incarnation de Vautrin,
in *Splendeurs et Misères des courtisanes.*

La malheureuse tendance de notre temps à tout chiffrer rend un assassinat d'autant plus frappant que la somme volée est plus considérable.

La Dernière Incarnation de Vautrin,
in *Splendeurs et Misères des courtisanes.*

Le pouvoir est une *action,* et le principe électif est la *discussion.* Il n'y a pas de politique possible avec la discussion en permanence.

Sur Catherine de Médicis.

Ainsi va le monde littéraire. On n'y aime que ses inférieurs. Chacun est l'ennemi de quiconque tend à s'élever. Cette envie générale décuple les chances des gens médiocres, qui n'excitent ni l'envie, ni le soupçon, font leur chemin à la manière des taupes, et, quelque sots qu'ils soient, se trouvent casés au *Moniteur* dans trois ou quatre places au moment où les gens de talent se battent encore à la porte pour s'empêcher d'entrer.

Une fille d'Ève.

Chez les sots le vide ressemble à la profondeur. Pour le vulgaire, la profondeur est incompréhensible. De là vient peut-être l'admiration du peuple pour tout ce qu'il ne comprend pas.

Une ténébreuse affaire.

En France, tout est du domaine de la plaisanterie, elle y est reine : on plaisante sur l'échafaud, à la Bérésina, aux barricades, et quelque Français plaisantera sans doute aux grandes assises du Jugement dernier.

Une ténébreuse affaire.

La joie ne peut éclater que parmi des gens qui se sentent égaux.

La Vendetta.

JUGEMENTS

« Balzac n'est pas seulement un grand poète, un faiseur, dans le sens antique du mot, [...] il est surtout un penseur d'une force et d'une variété infinies, qui se joue dans les généralités les plus hautes et ne se diminue pas dans les aperçus les plus fins. »

Jules BARBEY d'AUREVILLY, « Balzac », in *Le Pays*, 25 mai 1854.

« Balzac avait trois rêves : une grande édition bien ordonnée de ses œuvres, l'acquittement de ses dettes, et un mariage depuis longtemps choyé et caressé au fond de son esprit ; grâce à des travaux dont la somme effraye l'imagination des plus ambitieux et des plus laborieux, l'édition se fait, les dettes se payent, le mariage s'accomplit. Balzac est heureux sans doute. Mais la destinée malicieuse, qui lui avait permis de mettre un pied dans sa terre promise, l'en arracha violemment tout d'abord. Balzac eut une agonie horrible et digne de ses forces. »

Charles BAUDELAIRE, *Études sur Poe*, 1858.

« Malgré l'opinion surfaite du mérite de Balzac, je persiste à trouver son genre faux d'abord et faux ensuite ses caractères. Il dépeint les personnages [...] par des dictons de profession, par les dehors, en un mot ; il sait les mots de portière, d'employé, l'argot, en un mot, de chaque type. Mais quoi de plus faux que ces caractères arrangés et tout d'une pièce ? »

Eugène DELACROIX, *Journal*, 22 juillet 1860.

« Si la mélancolie est chez Balzac, c'est celle du titan trop attardé au travail terrestre, qui peut-être à la fin se sent prisonnier des limites où il convulse ses forces. [...] Il y a des heures où Balzac est las de décrire des Birotteau, et où, pour les avoir décrits avec un zèle trop complice, les musiques profondes de la philosophie, de la religion, de l'art ne lui fournissent plus les secours ultimement triomphants qu'ils fournissent à Shakespeare.
Toute la Comédie humaine *paraît assez dispersée et bâclée ; mais l'esprit de Balzac est supérieur à son œuvre. »*

Pierre DRIEU LA ROCHELLE, *Notes pour comprendre le siècle*, in *Sur les écrivains*, Gallimard, posthume, 1964.

« La Comédie humaine *est un Gil Blas sur une grande échelle. Voilà pour la moralité de cet ouvrage. »*

Gustave FLAUBERT, *Les Gloires du romantisme*, 1859, in *Le Second Volume de Bouvard et Pécuchet*, posthume, 1881.

« Balzac, cet immense cerveau, ce physiologiste si pénétrant, cet observateur si profond, cet esprit si intuitif, ne possédait pas le don littéraire : chez lui s'ouvrait un abîme entre la pensée et la forme. »

Théophile GAUTIER, article in *L'Artiste*, 1858.

« Je déteste Balzac. L'œuvre et l'homme. Il y a là tout ce que je n'aime pas, que je ne veux pas, que je ne peux pas supporter. Il est trop en contradiction avec lui-même et ses contradictions ont je ne sais quoi de répugnant et de stupide ! Un sage, mais quel balourd ! Un artiste, mais le plus mauvais goût de la plus insipide des époques. Ventripotent, coureur, don juan, séducteur visqueux. Homme éminent, mais d'une vulgarité de petit bourgeois, d'une insolence de parvenu ! »

Witold GOMBROWICZ, *Journal, 1957-1960*, trad. franç. Christophe JEREWSKI et Dominique AUTRAND, Denoël, 1978.

« Modèle du roman français comme Hugo est celui de la poésie, on tend à lui accorder la même fonction essentielle de référence et le même genre de désintérêt per se *qu'on accorde au mètre-étalon. »*

Julien GRACQ, *En lisant en écrivant*, Corti, 1981.

« La Vieille Fille. *Prodigieux : l'histoire, et la description morale des personnages. On se sent bien petit écrivain devant de pareils livres.*
Balzac, soutien du trône et de l'autel ? Du trône, oui. Mais de l'autel ? Le passage où il pose cette question : Si c'est la stupidité qui mène à la religion ou la religion qui mène à la stupidité ? »

Paul LÉAUTAUD, *Journal littéraire*, 25 janvier 1941, Mercure de France, rééd. 1986.

« C'est la puissance transfiguratrice du réel, la qualité atteinte par cette transfiguration qui font son talent ; il est évidemment un poète. Et en cela Zola n'est pas l'égal de Balzac. »

André MALRAUX, *in* Gaëtan PICON, *Malraux par lui-même*, Seuil, 1956.

« Balzac a l'énergie fécondante, débordante, immodérée, stupéfiante d'un dieu, mais avec les hâtes, les violences, les imprudences, les conceptions incomplètes, les disproportions d'un créateur qui n'a pas le temps de s'arrêter pour chercher la perfection. »

Guy de MAUPASSANT, *Chroniques*, octobre 1889.

« Pendant qu'il édifie pierre à pierre le gigantesque monument de La Comédie humaine, *Balzac écrit, en plusieurs fois, un livre irrésistible qui est un pastiche de la langue de Rabelais, et que devait illustrer Gustave Doré : les* Contes drolatiques. *C'est un chef-d'œuvre de légèreté qui se lit encore avec un immense plaisir. Ce génie laborieux était capable de drôlerie. Et ce géant de mauvais goût et de vulgarité était le plus fin et le plus perspicace des critiques. On se souvient de l'article célèbre, et plutôt isolé, écrit par Balzac, en 1839, sur* La Chartreuse de Parme : "M. Beyle a fait un livre où le sublime éclate de chapitre en chapitre..."
Avec tant de faiblesses criantes, tant de défauts si évidents, Balzac ne se contentait pas d'avoir du génie : il était aussi capable, avant tout le monde et presque seul, de discerner celui des autres. »

Jean d'ORMESSON, « Balzac. Le Visionnaire », in *Une autre histoire de la littérature française*, I, NiL, 1997.

« En réduisant la description à un ornement inutile à l'intelligence du texte, Balzac a renforcé le piètre préjugé assurant

que doivent être passées, dans un roman, toutes pages descriptives. »

Jean RICARDOU, *Problèmes du nouveau roman*, Seuil, 1967.

« Balzac est en train de finir comme il a commencé, par cent volumes que personne ne lira. On n'aura vu que son milieu, comme le dos de certains gros poissons en mer. [...] *Balzac, jusqu'en ses meilleurs romans, a toujours gardé quelque chose de la bassesse et, pour ainsi dire, de la crapule de ses débuts. »*

Charles Augustin SAINTE-BEUVE, *Portraits littéraires*, 1844.

« Tout le monde sait comme le contentement de lui-même, contentement si bien fondé qu'on le lui pardonnait, débordait en lui ; comme il aimait à parler de ses ouvrages, à les raconter d'avance, à les faire en causant, à les lire en brouillons ou en épreuves. Naïf et bon enfant *au possible, il demandait conseil aux enfants, n'écoutait pas la réponse, ou s'en servait pour la combattre avec l'obstination de sa supériorité. Il n'enseignait jamais, il parlait de lui, de lui seul. »*

George SAND, *Histoire de ma vie*, in *Œuvres autobiographiques*, t. II, 1854.

« Que j'admire cet auteur ! Qu'il a bien su énumérer les malheurs et les petitesses de la province ! Je voudrais un style plus simple ; mais dans ce cas les provinciaux l'achèteraient-ils ¿ Je suppose qu'il fait ses romans en deux temps, d'abord raisonnablement, puis il les habille en beau style néologique, avec les patiments de l'âme, il neige dans mon cœur, *et autres belles choses. »*

STENDHAL, *Mémoires d'un touriste*, t. I, 27 avril 1837.

« Balzac fut un véritable industriel, qui fabriqua des livres pour faire honneur à sa signature. Accablé de dettes, ruiné par des entreprises malheureuses, il reprit la plume, comme le seul outil qu'il connût bien et qui pût le sauver. Voilà la question d'argent posée avec carrure. Ce n'est pas seulement son pain de tous les jours que Balzac demande à ses livres ; il leur demande de combler les pertes faites par lui dans l'industrie. »

Émile ZOLA, *Le Roman expérimental*, 1880.

BIBLIOGRAPHIE

Éditions

La Comédie humaine, éd. P.-G. CASTEX (dir.), « Pléiade », Gallimard, 1976 à 1981, 12 vol. [contient un dictionnaire].

Œuvres diverses, éd. P.-G. CASTEX (dir.), « Pléiade », Gallimard, 1990 et 1996, 2 vol.

Correspondance, éd. R. PIERROT, « Classiques Garnier », Garnier, 1960 à 1969, 5 vol.

Lettres à Madame Hanska, éd. R. PIERROT, « Bouquins », Laffont, 1990, 2 vol.

Premiers Romans, « Bouquins », Laffont, 1999, 2 vol.

Les titres les plus connus de *La Comédie humaine* sont disponibles individuellement en collections de poche, en des éditions critiques le plus souvent excellentes.

Études

M. AMBIÈRE-FARGEAUD, *Balzac et « La Recherche de l'Absolu »*, Hachette, 1968, rééd. « Quadrige », PUF, 1999.

P. BARBÉRIS, *Aux sources de Balzac : les romans de jeunesse*, Bibliophile de l'Originale, 1965 ; *Balzac et le Mal du siècle*, Gallimard, 1970, 2 vol. ; *Le Monde de Balzac*, Arthaud, 1971, rééd. Kimé, 1999.

M. BARDÈCHE, *Balzac romancier. La Formation de l'art du roman chez Balzac jusqu'à la publication du « Père Goriot »*, Plon, 1940, rééd. J. GIVRY, Slatkine, Genève (CH), 1967 ; *Balzac*, Julliard, 1980.

A.-M. BARON, *Balzac cinéaste*, Klincksieck, 1990 ; *Le Fils prodige. L'Inconscient de « La Comédie humaine »*, Nathan, 1993 ; *Balzac ou l'Auguste Mensonge*, « Le Texte à l'œuvre », Nathan, 1998.

P. BERTHIER, *Balzac et l'Imprimerie*, Imprimerie nationale, 1999 ; *id.* et G. GENGEMBRE, *ABCdaire de Balzac*, Flammarion/Paris Musées, 1998.

Ph. BERTHIER, *La Vie quotidienne dans « La Comédie humaine » de Balzac*, Hachette Littératures, 1998.

É. BORDAS, *Balzac, Discours et Détours. Pour une stylistique de l'énonciation romanesque*, P.U. du Mirail, Toulouse, 1996.

Cl. BRÉMOND et Th. PAVEL, *De Barthes à Balzac. Fictions d'un critique, Critiques d'une fiction*, Albin Michel, 1999.

M. BUTOR, *Improvisations sur Balzac*, La Différence, 1999, 3 vol.

R. CHOLLET, *Balzac journaliste. Le Tournant de 1830*, Klincksieck, 1983, rééd. Champion/Slatkine, Paris/Genève (CH), 1999.

P. CITRON, *Dans Balzac*, Seuil, 1986.

R.-A. COURTEIX, *Balzac et la Révolution française. Aspects idéologiques et politiques*, PUF, 1999.

E.-R. CURTIUS, *Balzac*, rééd. Éd. des Syrtes, 1999.

L. DÄLLENBACH, *La Canne de Balzac*, Corti, 1996.

J.-L. DÉGA, *La Vie prodigieuse de Bernard François Balssa (le père d'Honoré de Balzac). Aux sources historiques de « La Comédie humaine »*, préf. R. PIERROT, Subervie (Rodez), 1999.

Cl. DUCHET (dir.), *Balzac, Œuvres complètes : le Moment de « La Comédie humaine »*, P.U. Vincennes, 1993 ; *id.* et I. TOURNIER (dir.), *Genèses des fins : de Balzac à Beckett, de Michelet à Ponge*, P.U. Vincennes, 1996.

J.-A. DUCOURNEAU, *Album Balzac*, « Pléiade », Gallimard, 1962.

Cl. et D. DUFRESNE, *Balzac et les Femmes*, Taillandier, 1999.

N. FELKAY, *Balzac et ses éditeurs (1822-1837). Essai pour la librairie romantique*, Promodis, 1987.

L. FINAS, *Le Toucher du rayon*, Nizet, 1998.

P. GADENNE, *Trois Préfaces à Balzac*, Le temps qu'il fait, 1992.

G. GENGEMBRE, *Balzac, le Napoléon des lettres*, « Découvertes », Gallimard, 1992.

J. GLEIZE, *Honoré de Balzac : bilan critique*, « 128 », Nathan, 1994 ; « *La Comédie humaine*, un livre aux sentiers qui bifurquent », in *Poétique*, n° 119, sept. 1998.

A. HERSCHBERG-PIERROT (dir.), *Balzac et le Style*, SEDES/Nathan, 1998.

P. LAUBRIET, *L'Intelligence de l'art chez Balzac*, rééd. Slatkine, Genève (CH), 1980.

F. LOTTE, *Dictionnaire biographique des personnages fictifs de « La Comédie humaine »*, Corti, 1952.

R. MATHIEU et F. SCHUEREWEGEN (dir.), *Balzac ou la Tentation de l'impossible*, SEDES, 1998.

A. MAUROIS, *Prométhée ou la Vie de Balzac*, Hachette, 1965, rééd. « Bouquins », Laffont, 1993.

I. MIMOUNI, *Balzac et les Arts*, Adam Biro, 1999.

H. MITTERAND, *L'Illusion réaliste*, PUF, 1994.

N. MOZET, *La Ville de province dans l'œuvre de Balzac. L'Espace romanesque : Fantasmes et Idéologies*, SEDES/CDU, 1982, rééd. Slatkine, Genève (CH), 1998 ; *Balzac au pluriel*, PUF, 1990.

P. NYKROG, *La Pensée de Balzac*, Munskgaard, Copenhague (DK), 1966.

G. PICON, *Balzac par lui-même*, « Écrivains de toujours », Seuil, 1956.

R. PIERROT, *Honoré de Balzac*, Fayard, 1994, rééd. 1999 ; *Ève de Balzac, biographie*, Stock, 1999.

M. ROBILLARD, *Sous la plume de l'ange : de Balzac à Valéry*, Droz, Genève (CH), 1998.

N. SATIAT, *Balzac ou la Fureur d'écrire*, Hachette Littératures, 1999 ; *Balzac*, ADPF Publications, 1999.

G. SIMENON, *Portrait-souvenir de Balzac*, Bourgois, 1991.

P. SIPRIOT, *Balzac sans masque*, Laffont, 1992 ; *Honoré de Balzac 1799-1850*, L'Archipel, 1999.

Ch. SPOELBERCH de LOVENJOUL, *Histoire des œuvres de H. de Balzac*, Calmann-Lévy, 1879, rééd. 1888, rééd. Slatkine, Genève (CH), 1968.

I. TOURNIER, *Balzac ou le Hasard romancier*, ENS Fontenay/Saint-Cloud, 1999.

St. VACHON, *Les Travaux et les Jours d'Honoré de Balzac. Chronologie de la création balzacienne*, P.U. Vincennes/CNRS/XYZ, Paris/Montréal (CA), 1992 ; *Balzac, une poétique du roman*, P.U. Vincennes/XYZ, Paris/Montréal (CA), 1996 ; *Balzac*, « Mémoire de la critique », P.U. Paris-Sorbonne, 1999.

G. de ZÉLINCOURT, *Le Monde de « La Comédie humaine ». Clefs pour l'œuvre romanesque de Balzac*, Seghers, 1979.

St. ZWEIG, *Balzac, le roman de sa vie*, trad. franç. F. DELMAS, Albin Michel, 1950, rééd. 1998.

Pour Balzac et pour les livres. Hommage à Roger Pierrot, Klincksieck, 1999.

L'Année balzacienne, Garnier, puis PUF : un numéro par an, depuis 1960 [comprenant une bibliographie exhaustive mise à jour des éditions et études].

Le Courrier balzacien, revue de la Société des Amis d'Honoré de Balzac et de la Maison de Balzac, 1re série, nos 1 à 10, déc. 1948 à 1950 ; 2e série, depuis 1964 [trimestrielle depuis 1985].

Études balzaciennes, 1951 à 1960.

Magazine littéraire, février 1999, pp. 18 à 68.

AUDIO & VIDÉO

Vidéo

Y. ANGELO, *Le Colonel Chabert*, TF1 Vidéo, 1994, rééd. 1999 (DVD).

Ph. de BROCA, *Chouans !*, GCR, 1988.

H. CALEF, *Les Chouans*, 1947, René Château, s.d.

J. DAYAN, *Balzac*, TF1 Vidéo, 1999, 2 cassettes.

R. LE HÉNAFF, *Le Colonel Chabert*, 1943, René Château, s.d.

E. LUBITSCH, *Illusions perdues*, 1941, Fil à film, s.d., 2 cassettes (V.O.S.T.).

J. RIVETTE, *La Belle Noiseuse*, UPV, 1991.

J.-D. VERHAEGHE, *Eugénie Grandet*, 1993, in *Coffret Jean Carmet [La Controverse de Valladolid, Bouvard et Pécuchet, Eugénie Grandet]*, Warner, 1998, 3 cassettes.

R. VERNAY, *Le Père Goriot*, 1945, René Château, s.d.

CD-ROM

La Comédie humaine, « Références », Catalogue des Lettres/Bibliopolis, 1998 ; éd. GIRB [Groupe international de recherches balzaciennes], Acamédia, 1999 ; éd. GIRB, « Corpus », Champion, 2000.

Les Romanciers réalistes et naturalistes 1820-1910, Bibliopolis, 1997.

Encyclopédie de la littérature française, Bibliopolis.

Barbey d'Aurevilly

Jules BARBEY d'AUREVILLY
De son vrai nom, Jules Amédée BARBEY
Il a rajouté à son nom, en 1838, celui de d'AUREVILLY, emprunté à l'un de ses oncles.

Saint-Sauveur-le-Vicomte (act. Manche) 1808 – Paris 1889

« J'ai prononcé le nom de Barbey d'Aurevilly. Le public a été deux fois injuste envers lui : d'abord en ne lui accordant pas la considérable place à laquelle il avait certainement droit ; ensuite en grossissant sa légende de dandy ridicule, au détriment de son singulier génie. »
Léon DAUDET, *Fantômes et Vivants*, Grasset, 1914.

« Sainte-Beuve exécrait Barbey. Il disait : "Cet homme est une infection de goût et de mœurs." [...] *Magnifique définition de Barbey d'Aurevilly par Paul Arène : "Un Saint-Simon qui n'a rien vu." »*
Maurice BARRÈS, *Mes Cahiers*, 1896, Plon, posthume, 1929.

Un aristocrate misérable

De la Normandie à Paris : de blessures en ruptures

Celui que les Goncourt définirent comme *« un lettré de race dans la débine »* (*Journal*, 9 mai 1875) était né le jour des Morts, dans une famille de vieille souche normande récemment anoblie (1756), dont la Révolution avait brisé l'ascension et qui refusa les chances offertes par la Restauration. Barbey, enfant mal aimé, aîné d'une famille de quatre garçons, était d'emblée un perdant de l'Histoire. À Valognes, où il commença ses études (1816), il s'ouvrit à l'influence d'un oncle médecin, libéral, incroyant, qui lui révéla l'envers clandestin de la petite ville : il s'en souvint dans *Les Diaboliques*. En 1827, il vint à Paris, au collège Stanislas, où il se lia avec Maurice de Guérin — sans doute l'être qu'il aima le plus : ensemble, ils découvrirent Byron et Walter Scott, deux références majeures que, sans souci des modes, Barbey reconnut pour siennes jusqu'à la fin. Étudiant en droit à Caen (1829), il noua une mystérieuse liaison avec une cousine mariée et rencontra Guillaume-Stanislas Trebutien, alors libraire, qui joua un rôle décisif dans l'édition de ses premières œuvres, et avec lequel il échangea une correspondance essentielle. Il écrivit d'abord des nouvelles : ***Le Cachet d'onyx*** (1831), ***Léa*** (publiée dans l'éphémère ***Revue de Caen*** qu'il fonda avec Trebutien et avec son cousin Édelestand du Méril, 1832), où se manifestait déjà un goût prononcé pour la mise en scène de la cruauté. En 1833, rompant avec sa Normandie natale étroitement provinciale, il revint s'installer à Paris, où il continua à écrire : ***La Bague d'Annibal*** (1834, publié en 1843), exercice de cynisme désinvolte ; ***Amaïdée*** (1835, paru en 1889), poème en prose assez boursouflé offert à Guérin ; et, surtout, un étrange roman, ***Germaine ou la Pitié***, qui ne fut publié qu'en 1883 sous le titre ***Ce qui ne meurt pas***, à un moment où la morbidité de ses tropismes psychologiques sans issue s'accordait de manière inattendue avec l'asphyxie « fin de siècle ». En 1836, il rompit avec sa famille pour vingt ans.

Du dandy au polémiste intransigeant

Barbey commença alors une pénible carrière journalistique, tout en fréquentant quelques salons où il pensait subjuguer par son verbe et son élégance l'élite du faubourg Saint-Germain. Après la mort de Maurice de Guérin (1839), il se lia avec sa sœur Eugénie, avant de se brouiller avec elle, sous l'influence de la baronne de Maistre (cousine de Joseph de Maistre) dont il fréquentait le salon. En 1841, il publia ***L'Amour impossible***, récit très pessimiste sous son apparente mondanité, et dont le titre pourrait servir d'exergue à toute l'œuvre ultérieure. L'écrivain passait de journal en journal (*Le Globe*, *Le Journal des Débats*...) sans trouver de situation stable, mais se signala par son essai ***Du dandysme et de George Brummel*** (1845), qui se recommande aujourd'hui encore par la maturité de sa réflexion sur un phénomène auquel Barbey redonnait toute sa signification de refus esthétique et éthique de la médiocratie moderne. En 1846, à la suite des difficultés persistantes qu'il rencontrait pour être reconnu, mais aussi par suite de sa lecture de Joseph de Maistre (à qui, en 1849, il consacra le premier de ses articles sur ***Les Prophètes du passé***), commença le travail intérieur qui le ramena progressivement à ses valeurs fondatrices : le trône, l'autel, le sol natal. Rédacteur en chef, en 1847, de l'éphémère *Revue du monde catholique* (programme : *« l'Ordre par-dessus tout »*), il se signala par des prises de position extrémistes, « intégristes » et réactionnaires. Tel fut toujours son sort : partout où il passait, il indisposait par ses excès ; aussi stigmatisa-t-il sans faiblir les compromis idéologiques, moraux, artistiques de ses *« flasques »* contemporains. En 1850, il défendit l'Inquisition et publia, dans *La Mode*, ***Le Dessous de***

cartes d'une partie de whist, première des futures ***Diaboliques***.

En 1851, parurent à la fois ***Les Prophètes du passé***, où il analysait les racines de la désagrégation dix-neuviémiste, et son premier grand chef-d'œuvre romanesque, ***Une vieille maîtresse***, histoire cynique d'un homme entre deux femmes, dont l'une a « [...] *cette mélancolie qu'ont les femmes qui ont cherché le bonheur et qui n'ont trouvé que l'amour* », et qui consacre la victoire immorale de la laideur luxurieuse sur l'amour céleste, dans un décor exploitant pour la première fois les ressources des paysages, des superstitions et du patois normands : « *Pourquoi cesse-t-on d'aimer une femme ? On attend encore* l'homme de génie *qui doit répondre à cette question.* » Cette même année, Barbey rencontra la baronne de Bouglon, « *l'Ange blanc* », éternelle fiancée qu'il n'épousa pas. L'année suivante, deuxième chef-d'œuvre avec ***L'Ensorcelée***, où il se flattait d'avoir fait « *du Shakespeare dans un fossé du Cotentin* » : le fantastique des vieilles légendes s'y marie avec la *furia* de passions d'autant plus déchaînées qu'elles se savent condamnées, et une douloureuse méditation sur l'impasse historique où végètent ceux qui, comme lui, n'ont pas pris leur parti de la Révolution. En 1852 toujours, Barbey entra au *Pays*, organe bonapartiste (il s'était rallié à Napoléon III), où il assura la critique littéraire pendant dix ans. En 1854, il fit la rencontre de Baudelaire : malgré tout ce qui les séparait, les deux écrivains se retrouvèrent dans un même vertige devant les gouffres en miroir des « *deux postulations simultanées, l'une vers Dieu, l'autre vers Satan* » (Baudelaire, *Mon cœur mis à nu*) et surent s'apprécier mutuellement ; Barbey fut l'un des très rares confrères à prendre publiquement, en 1857, la défense des *Fleurs du Mal*. En 1855-1856, il revint à la pratique religieuse et se réconcilia avec ses parents.

Du Diable à Dieu : un écrivain insaisissable

En 1863, il donna, dans *Le Nain jaune*, ***Le Chevalier Des Touches*** (en vol. en 1864), chronique chouanne, et, en 1864 dans *Le Pays*, ***Un prêtre marié*** (en vol. en 1865), abrupt roman métaphysique — dont les autorités ecclésiastiques demandèrent la mise au pilon — sur l'expiation et sur la réversibilité des mérites, qui révélait son attirance pour les damnés et où il choquait de front les prétentions de l'humanisme athée, annonçant ainsi Bernanos. En 1867, il rencontra Bloy qui, converti par lui, demeura jusqu'à la mort son plus proche disciple.

Devenu critique envers le régime, Barbey entra en 1869 au *Constitutionnel* où, succédant à Sainte-Beuve — l'un de ses meilleurs ennemis... —, il assura pendant vingt ans le feuilleton littéraire : ce fut enfin pour lui une forme de consécration. Dès lors, il partagea son temps entre Paris et la Normandie, où il revint séjourner chaque année. En 1874, parurent ***Les Diaboliques***, recueil de 6 nouvelles « *scandaleuses* » où, au faîte de son art, il illustrait magistralement ses thèmes transgressifs favoris ; le livre fut poursuivi et retiré de la vente, mais Barbey bénéficia d'un non-lieu (1875), en partie grâce à Gambetta qu'il avait souvent rencontré, dix ans auparavant, et qui intervint en sa faveur auprès du garde des Sceaux.

En 1882, ***Une histoire sans nom***, roman bref et saisissant, qui rôde, une fois encore, autour de la culpabilité sexuelle et des énigmes de la rédemption, donna sur le tard à Barbey son premier vrai succès : « *Les plus grandes séductions peut-être que l'histoire des passions pourrait raconter ont été accomplies par des voyageurs qui n'ont fait que passer et dont cela fut la seule puissance.* » C'est sur ***Une page d'Histoire*** (1886), esquisse incestueuse troublante et troublée, toute en suggestion, que se boucla une œuvre demeurée attachée à la prégnance de certains rêves apparemment peu « catholiques », toujours revisités parce qu'ils sont électivement matière d'art, et parce que le romancier chrétien, loin de toute bondieuserie « édifiante », doit tamiser jusqu'à la lie le limon de l'âme humaine afin de le rendre signifiant pour Dieu.

À sa mort, dans sa chambre de pauvre, Barbey d'Aurevilly, sans avoir jamais conquis un vaste lectorat, était entouré de jeunes amis (Bloy, Bourget, Richepin, Coppée, Huysmans, Péladan, Lorrain, Hello, Rollinat) qui, au-delà des disparates, se retrouvaient dans leur admiration pour une figure d'écrivain irrécupérable par quelque groupe que ce fût (royaliste et catholique, il s'écriait : « *Qu'y a-t-il de plus bête que les royalistes, si ce n'est les catholiques ?* ») et d'une absolue intégrité.

THÉORIE LITTÉRAIRE

Dès 1860, Barbey commença à réunir en volumes ses articles de critique dans la série ***Les Œuvres et les Hommes***, qu'il édifia patiemment et qui fut poursuivie après sa mort par Louise Read, sa secrétaire, à partir de 1879 : cet énorme ensemble (26 volumes en 1909), qu'il estimait organiquement solidaire de sa production romanesque, est à présent délaissé ; on l'y retrouve tout entier, avec ses humeurs, ses injustices, son panache, sa militance infatigable contre tout ce qui lui paraît menacer le Vrai et le Beau (autant dire l'époque en son entier). Il a ses têtes de Turc : Hugo, Flaubert, Sand, Zola ; ses admirations : Balzac, Stendhal, Baudelaire, qu'il fut l'un des premiers à mettre à leur vraie place ; et des adversaires qui le séduisent malgré tout, tel Michelet.

Dans quelques-unes de ses préfaces ou dans les prologues qui ouvrent certains de ses récits, Barbey défend son œuvre propre et en explique les lignes directrices. Tout d'abord, *« l'auteur croit au Diable et à ses influences dans le monde »* (***Préface*** de 1874 aux ***Diaboliques***), et s'applique à sonder *« les reins et les cœurs, deux cloaques remplis, comme tous les cloaques, d'un phosphore incendiaire »* (***Préface*** de 1865 à ***Une vieille maîtresse***).

Barbey écarte avec vigueur l'accusation d'immoralité qu'on adresse volontiers à ce champion sourcilleux de la morale, pour qui *« les crimes de l'extrême civilisation sont, certainement, plus atroces que ceux de l'extrême barbarie, par le fait de leur raffinement, de la corruption qu'ils supposent, et de leur degré supérieur d'intellectualité »* ***(La Vengeance d'une femme)***. C'est ce dernier critère, l'intellectualité, qui justifie aux yeux de Barbey les rigueurs de l'Inquisition et ses propres fureurs contre les *« doctrines abjectes ou perverses »* de Rousseau ou Sand (***Préface*** à ***Une vieille maîtresse***). Mais condamner n'est pas censurer ; le choix du sujet pose la question *« du roman lui-même, auquel les ennemis du Catholicisme nous défendent, à nous, Catholiques, de toucher » (ibid.)* ; comment un écrivain pourrait-il éviter de peindre *« les ivresses de la passion* [...], *sans laquelle il n'y aurait ni art, ni littérature, ni vie morale » (ibid.)* ? Un romancier n'est pas *« un préfet de police d'idées »* ; il se doit, comme Shakespeare, de *« ne rien diminuer du péché ou du crime » (ibid.)* : *« La moralité de l'artiste est dans la force et la vérité de sa peinture. En peignant la réalité, en lui infiltrant, en lui insufflant la vie, il a été assez moral : il a été vrai » (ibid.)*. Et Barbey de revendiquer la liberté descriptive d'un Tacite ou d'un Suétone : le roman n'est rien d'autre qu'une *« histoire possible » (ibid.)*, une *« histoire des mœurs mise en récit ou en drame »* ***(La Vengeance d'une femme)***. Loin de voir là une contradiction avec ses convictions religieuses (*« Le Catholicisme n'a rien de prude, de bégueule, de pédant, d'inquiet »*, ***Préface*** à ***Une vieille maîtresse***), il regrette le manque de hardiesse de la littérature française, *« qui n'exprime pas la moitié des crimes que la société commet mystérieusement et impunément tous les jours »* ***(La Vengeance d'une femme)***.

Ainsi se dessine une esthétique justifiée par le devoir d'objectivité et les principes mêmes de la religion chrétienne (*« fille des catacombes,* [...] *elle a toujours quelque chose en elle des mélancolies de son berceau »*, ***À un dîner d'athées***, in ***Les Diaboliques***), où le tempérament de Barbey donne toute sa mesure. Il trouve dans *« les plaisirs impersonnels et solitaires de l'observateur »* (***Le Bonheur dans le crime***, in ***Les Diaboliques***) les éléments d'un *« sublime à la renverse »*, d'un *« sublime infernal »* ***(La Vengeance d'une femme)***. C'est le resserrement de l'intrigue (le Diable, comme Dieu, se reconnaît *« à l'emploi des moyens les plus simples »*, ***Préface*** aux ***Diaboliques***) et de la perspective (*« l'enfer vu par un soupirail »*, ***Le Dessous de cartes [...]***) qui explique le rapprochement, souvent opéré par Barbey, entre le roman et le drame : l'un et l'autre laissent le lecteur — et les personnages — dans une *« espèce d'horreur rêveuse » (ibid.)*. L'hypocrisie est ainsi élevée au rang de ressort narratif, dans ces *« drames cachés, étouffés,* [...] *à transpiration rentrée » (ibid.)*. De même Barbey rapproche-t-il romanciers et poètes, lesquels *« voient encore, quand les historiens ne voient plus »* ***(Une page d'Histoire)*** : *« Le romancier est, en effet, créateur à la manière des poètes. Il peut être lyrique, dramatique comme le poète, et même c'est notre dernier poète actuel dans la prose qui monte, déferle et engloutit tout. En cet instant de mœurs littéraires et de civilisation prosaïque, le romancier pourrait être notre dernier poète épique s'il avait la langue spéciale et nécessaire du vers »* ***(Goethe et Diderot)***.

Individu majuscule préfigurant, par ses outrances publiques et ses défaillances privées, le Cyrano de Rostand, Barbey, dont la devise était *« Trop tard ! »*, ne transigea jamais avec ses convictions, poursuivant, non sans délectation à savoir le combat perdu d'avance, une œuvre délibérément à contre-courant, pétrie d'énergie désirante, ouverte à la fois sur la vocation à la transcendance et le voyeurisme de l'Enfer : de ses multiples frustrations mondaines, il sut faire l'aliment de réussites littéraires absolument uniques.

Un conteur fasciné par le Mal

Barbey ne sait pas écrire pour un public anonyme : « *J'écris pour les absents* », déclare-t-il, et il parle plutôt qu'il n'écrit, car il est avant tout un conteur, qui a toujours exprimé, comme Stendhal, sa nostalgie pour le « salon », lieu idyllique de la « *conversation* », ce grand art perdu de la socialité française, pour ces « *ricochets de conversation* » (titre prévu pour ***Les Diaboliques***) qui lui servent de modèles d'écriture (comme au début du ***Dessous de cartes [...]***). La présence du « *je* » est constante, à l'image du sujet d'étude principal que se donne l'écrivain (la « passion » dans toutes ses intensités), même dans les œuvres où le récit n'est pas à la première personne : la narration est éminemment subjective, dans le choix des qualificatifs et des adverbes, comme par la présence des modalités exclamative et interrogative, les parenthèses, les incidentes, les points de suspension, les mots ou phrases en italiques (comme chez Flaubert), qui semblent vouloir différer la suite du récit : « *Malheureusement, les hasards de la vie sont affreusement plats, et jadis (car c'est jadis déjà) on montait vingt fois en voiture publique, comme aujourd'hui vingt fois en wagon, sans rencontrer un causeur animé et intéressant* » (***Le Rideau cramoisi***, in ***Les Diaboliques***).

Dans ce discours à la première personne, plus féroce qu'ironique (« *Il n'y a d'immoral que les Impassibles et les Ricaneurs* », dit la ***Préface*** de la première édition des ***Diaboliques***), qui n'est pas tant un discours de confidence qu'un témoignage, le lecteur-auditeur est sans cesse pris à partie : la présence du « *vous* » est, elle aussi, récurrente. Le jeu de l'écrivain est souvent subtil car il arrive fréquemment que le narrateur se dédouble et devienne auditeur face à un autre narrateur ou héros. Ces procédés visent à créer, par la lenteur d'un récit foisonnant de digressions, un sentiment d'angoisse, une esthétique de « l'étonnement », jusqu'au dénouement, toujours inattendu, qui dépasse cette attente.

L'écriture de Barbey privilégie ainsi l'intensité des images, la véhémence du mouvement, et sacrifie volontiers à un goût du baroque (« *girandoles* », « *écailles d'huîtres* », disait lui-même l'intéressé) provoquant parfois l'allergie. Dramaturge d'une habileté consommée, l'écrivain fasciné par le Mal, s'attache à déployer, avec un sens infaillible de l'effet, les grands éclaboussements de passion spectaculaire, mais aussi les sillages criminels enfouis dans le secret, dans une langue vibrante, fortement marquée des saveurs du terroir et des affects d'une impérieuse oralité, qui transforme le lecteur en auditeur envoûté. Cette luxuriance du style, née d'un tempérament, mais aussi cultivée de manière polémique (il s'agit de protester et de faire saillie dans l'arasement ambiant), après avoir passé pour archaïque, fut consacrée par les symbolistes et autres « décadents » de la fin du XIXe siècle.

Une œuvre longtemps méconnue

Le peu commode Barbey ne manqua pas d'ennemis, à commencer par Sainte-Beuve, « *ce crapaud qui voudrait tant être une vipère* », mais aussi Zola, qu'il avait éreinté avant même le début des *Rougon-Macquart* : « *Être ridicule aux yeux de M. Zola, c'est mon honneur à moi.* » Il s'était mis également à dos Hugo qui le trouvait « *beaucoup plus barbet qu'il n'est d'Aurevilly* » ; et dont il avait éreinté *Les Contemplations* puis *Les Misérables* — qu'il jugeait inférieurs aux *Mystères de Paris* d'Eugène Sue. Il ne s'était d'ailleurs pas montré meilleur juge avec Flaubert dont il trouvait l'œuvre « *d'une épouvantable sécheresse* » et à qui il conseillait d'arrêter d'écrire... L'un de ses plus chaleureux admirateurs fut Léon Daudet, qui l'a souvent évoqué dans ses souvenirs — Barbey et Alphonse Daudet ayant de fréquentes discussions passionnées, notamment sur Flaubert qui, « *chez nous, était roi* » : « *Quoi qu'on ait raconté sur ses origines, Barbey d'Aurevilly, au temps de Lemerre, avait une héroïque noblesse, une allure, un ton et des mots inoubliables. Pauvre et fier comme Artaban, illusionné de la Manche française comme l'autre de la Manche espagnole, mais d'un à-pic extraordinaire dans quelques-uns de ses jugements, ferme en ses opinions et croyances, à une époque où tout vacillait dans l'épaisse sottise démocratique, éloquent et spirituel à la façon d'un Rivarol, aéré comme Chateaubriand, bien plus logique que lui, visionnaire des paysages de son Cotentin comme un vieil aigle, le maître du* Chevalier Des Touches *et de* Une vieille maîtresse *inspirait au gamin que j'étais une profonde admiration. Il avait la tête dans les cieux. Il ne ressemblait pas aux autres hommes de lettres. Ses aphorismes, ses condamnations, ses éloges tombaient de haut.* [...] *Somme toute, une admirable personnalité, un diamant que rien ne pouvait rayer, sinon un autre diamant de même taille et de même cli-*

vage. On l'eût vainement cherché parmi ceux de sa génération » (*Fantômes et Vivants*, 1914). Longtemps envisagé comme un personnage folklorique,dont les excentricités vestimentaires occupaient la chronique mais occultaient les écrits, ou confisqué par ses compatriotes normands au risque de l'épuiser dans un étiquetage régionaliste, le « *Connétable des Lettres* » (comme l'avait nommé Bloy) a dû attendre les années 1960, avec la thèse de Jacques Petit sur son œuvre critique et, surtout, l'édition des ***Œuvres romanesques*** par le même spécialiste, pour connaître une réévaluation à partir de laquelle il a sollicité de plus en plus l'intérêt des universitaires : d'abord dans le domaine thématique et psychanalytique, auquel s'offre avec élection un univers dont la fantasmatique dense et violente avait déjà arrêté Proust, mais aussi du point de vue des stratégies narratives, en particulier dans ***Les Diaboliques***, avec leurs jeux subtils d'enchâssements et leurs mises en abyme retorses. On s'est rendu compte que le provocant réactionnaire était un technicien d'une intelligence hors pair, dont l'attachement aux thèmes passéistes s'accompagnait d'une recherche formelle redoutablement efficace et très novatrice. On ne le considère plus aujourd'hui comme un « original » mineur, mais comme un grand artiste du récit, d'une cohérence imaginaire entraînante qui, s'il n'a pas eu de postérité, brille d'un vif éclat dans la constellation d'un spiritualisme postromantique tourmenté, partagé entre le besoin du sens religieux et « *la suavité du mal et de la nuit* ».

ŒUVRE

Les ***Diaboliques***

Recueil de 6 nouvelles paru chez Dentu, à Paris, en novembre 1874.

Les six nouvelles, précédées d'une ***Préface*** de Barbey, s'organisent autour de figures féminines, toutes peu ou prou désorientantes par leur mystère ou leur provocation. Dans ***Le Rideau cramoisi***, une jeune fille, Alberte, décente le jour, va rejoindre son amant, le vicomte de Brassard, la nuit, en prenant tous les risques, et meurt en plein orgasme : « *La veille d'un être humain — ne fût-ce qu'une sentinelle — quand tous les autres êtres sont plongés dans cet assoupissement qui est l'assoupissement de l'animalité fatiguée, a toujours quelque chose d'imposant. Mais l'ignorance de ce qui fait veiller derrière une fenêtre aux rideaux baissés, où la lumière indique la vie et la pensée, ajoute la poésie du rêve à la poésie de la réalité.* » ***Le Plus Bel Amour de Don Juan*** met en scène une adolescente qui, désirant sans l'avouer l'amant de sa mère, se croit enceinte de lui : « *C'est un rude spiritualiste que Don Juan. Il l'est comme le démon lui-même, qui aime les âmes encore plus que les corps et qui fait même cette traite-là de préférence à l'autre, le négrier infernal.* » Hauteclaire Stassin, l'héroïne du ***Bonheur dans le crime***, empoisonne la femme de son amant, avant de goûter avec lui une félicité sans aucun remords : « *J'avais déjà remarqué que les êtres heureux sont graves. Ils portent en eux attentivement leur cœur, comme un verre plein que le moindre mouvement peut faire déborder ou briser.* » Dans ***Le Dessous de cartes d'une partie de whist***, un homme, Marmor de Karkoël, qui ne fait que passer, séduit à la fois une mère et sa fille, intrigue clandestine où l'une et l'autre meurent et d'où naît un enfant dont on retrouve plus tard le cadavre : « *Comme toutes les choses haïes et enviées, la naissance exerce physiquement sur ceux qui la détestent une action qui est peut-être la meilleure preuve de son droit.* » ***À un dîner d'athées*** évoque la Pudica, une fille à soldats qui rougit comme une vierge au sein même de la luxure la plus éhontée, et à qui son amant jaloux jette le cœur embaumé de leur enfant, avant de la mutiler atrocement : « *Il y a plus loin d'une femme à son premier amant, que de son premier au dixième.* » ***La Vengeance d'une femme*** est l'histoire d'une duchesse espagnole qui, pour punir son mari d'avoir tué son amant, déshonore son nom en se prostituant à Paris : « *Les marbres sont nus, et la nudité est chaste. C'est même la bravoure de la chasteté.* » Autant de personnages scandaleux par lesquels Barbey entend ausculter la présence du Mal et réinstaller, sous l'optimisme positiviste, les vertiges de l'Enfer, ce « *Ciel en creux* ».

Les Diaboliques ont été composées entre 1849 (***Le Dessous de cartes [...]***, publié dès 1850 dans *La Mode*) et 1874 ***(La Vengeance d'une femme)***. ***Le Plus Bel Amour [...]*** avait d'abord paru dans *La Situation*, en 1867. Dès sa publication, le recueil attira l'attention de la justice, qui ordonna une saisie. Interrogé, Barbey protesta de la pureté de ses intentions moralisatrices, et un non-lieu fut finalement prononcé, mais les exemplaires saisis furent détruits, et l'ouvrage ne fut réimprimé qu'en 1882. ***Le Rideau cramoisi*** a été adapté au cinéma par Alexandre Astruc (en 1953). Sous le même titre que l'ensemble du recueil, Henri-Georges Clouzot a réalisé un célèbre film (en 1955), sans lien toutefois avec l'œuvre de Barbey (puisque tiré d'un récit de Boileau-Narcejac : *Celle qui n'était plus*).

Les Diaboliques sont l'œuvre « emblématique » de Barbey, saluée comme telle par Bloy : « Les Diaboliques *parurent pour la première fois en 1874, c'est-à-dire en pleine effervescence des pèlerinages propitiatoires, des comités catholiques et royaux, pour organiser l'ordre moral et régénérer la patrie. [...] L'immoralité des* Diaboliques *fut notifiée surprenante, et des multitudes équitables, à qui toute lecture du livre avait échappé, reconnurent, en bavant de pudeur, que jamais aucun romancier n'avait aussi dangereusement excité la muqueuse des magistrats les plus austères. [...] une monographie* pénale *du Crime et de la FÉLICITÉ dans les bras du crime — document implacable qu'aucun moraliste n'avait apporté jusqu'ici, dans un ciboire de terreur d'une aussi paradoxale magnificence* » (*Histoires désobligeantes*). L'œuvre a récemment suscité un grand intérêt chez les narratologues, plus sensibles à la subtilité extrême de ses agencements narratifs qu'à sa protestation, au nom des abîmes de l'âme humaine, contre le matérialisme contemporain.

CITATIONS

[...] les êtres heureux sont graves. Ils portent en eux attentivement leur cœur, comme un verre plein, que le moindre mouvement peut faire déborder ou briser.

Le Bonheur dans le crime, in *Les Diaboliques*.

C'est un rude spiritualiste que Don Juan. Il l'est comme le démon lui-même, qui aime les âmes encore plus que les corps et qui fait même cette traite-là de préférence à l'autre, le négrier infernal.

Le Plus Bel Amour de Don Juan, in *Les Diaboliques*.

Les passions [...] font moins de mal que l'ennui, car les passions tendent toujours à diminuer, tandis que l'ennui tend toujours à s'accroître.

Une vieille maîtresse.

JUGEMENTS

« *Il arrive que* [des] *dehors excentriques masquent un cœur réservé, et même réticent. C'était le cas chez Barbey, qui avait des délicatesses de femme et savait se tenir à la hauteur de toutes les circonstances de la vie,* [et s'imposait] *par son caractère généreux, autant que par son magnifique talent* [...]. »

Léon DAUDET, *La Femme et l'Amour*, Grasset, 1930.

« *Il* [Barbey d'Aurevilly] *a ses ennemis, qui n'ont d'yeux que pour l'excès, l'enflure, la phrase, coruscantée et cambrée sur son busc.* »

Julien GRACQ, *Préface* aux *Diaboliques*.

« *M. Barbey d'Aurevilly appartient à cette race d'originaux à outrance qui se jouent des formes connues et aiment à s'ensanglanter, tout fiers, presque joyeux, aux difficultés de la lutte : il y a beaucoup de fanfaronnade dans leur histoire, de la puérilité quelquefois, de l'intolérance souvent, mais aussi de la conscience. De leur force naît leur talent et leur audace leur arrache la victoire* [...]. »

Jules VALLÈS, in *Le Progrès de Lyon*, 19 avril 1864.

« *Je puis affirmer que M. Barbey d'Aurevilly, le catholique hystérique* [...] *n'a rien qui ressemble à du génie, et je dois déclarer* [...] *que l'esprit de cet écrivain est en proie à une fièvre nerveuse terrible.* [...] *je reconnais en lui des désordres graves : il y a eu ici abus de mysticisme et abus de passion ; le corps brûle et l'âme est folle ; cet être exalté a des besoins de chair et des besoins d'encens.* »

Émile ZOLA, *Mes Haines*, 1866.

BIBLIOGRAPHIE

Éditions

Œuvres romanesques complètes, éd. J. PETIT, « Pléiade », Gallimard, 1964 et 1966, 2 vol.

Correspondance générale, éd. J. PETIT, A. HIRSCHI, Ph. BERTHIER, Belles Lettres, 1980 à 1989, 9 vol.

Les Diaboliques, éd. J. PETIT, « Folio », Gallimard, 1987 ; éd. M. CROUZET, « Lettres françaises », Imprimerie nationale, 1989 ; éd. J.-Y. BORNECQUE, revue et complétée Ph. BERTHIER, « Classiques Garnier », Bordas, 1991 ; éd. P. GLAUDES, « LdP », LGF, 1999.

Les Œuvres et les Hommes, rééd. Slatkine, Genève (CH), 1968, 26 vol.

Le XIXe siècle des « Œuvres et des Hommes », choix de textes, éd. J. PETIT, Mercure de France, 1964 et 1966, 2 vol.

Études

P. AURAIX-JONCHIÈRE, *L'Unité impossible. Essai sur la mythologie de Barbey d'Aurevilly*, Nizet, 1997.

J. BELLEMIN-NOËL, *« Diaboliques » au divan*, Ombres, Toulouse, 1991.

Ph. BERTHIER, *Barbey d'Aurevilly et l'Imagination*, Droz, Genève (CH), 1978 ; *« L'Ensorcelée », « Les Diaboliques » de Barbey d'Aurevilly. Une écriture du désir*, Champion, 1987 ; *id.* (dir), *Barbey d'Aurevilly cent ans après (1889-1989)*, Droz, Genève (CH), 1990.

P. COLLA, *L'Univers tragique de Barbey d'Aurevilly*, La Renaissance du livre, Bruxelles (BE), 1965.

N. DODILLE, « Biographies et Autobiographie mêlées », in *Poétique*, n° 63, 1985 ; *Le Texte autobiographique de Barbey d'Aurevilly*, Droz, Genève (CH), 1987.

J. DUVIGNAUD, « Barbey d'Aurevilly », in *Tableau de la littérature française*, III, Gallimard, 1974, pp. 184 à 190.

J. GRACQ, *Ricochets de conversation*, in *Préférences*, Corti, 1961.

J. PETIT, *Barbey d'Aurevilly critique*, Belles Lettres, 1964 ; « Essais de lecture des *Diaboliques* de Barbey d'Aurevilly », in *Situation* n° 31, « Lettres modernes », Minard, 1974.

M.-Cl. ROPARS-WUILLEUMIER, « *Le Plus Bel Amour de Don Juan* : Narration et Signification », in *Littérature*, n° 9, févr. 1973.

P. TRANOUEZ, *Fascination et Narration dans l'œuvre romanesque de Barbey d'Aurevilly. La scène capitale*, Minard, 1987.

J. VERRIER, « Les Dessous d'une Diabolique », in *Poétique*, n° 9, févr. 1972.

Série *Barbey d'Aurevilly*, éd. J. PETIT, Ph. BERTHIER, in *RLM*, depuis 1969.

AUDIO & VIDÉO

CD-ROM

Autour du romantisme. Le Roman, 1792-1886, Bibliopolis, 1999.

Encyclopédie de la littérature française, Bibliopolis, 1998.

BARRÈS

Maurice BARRÈS

Charmes (act. Vosges) 1862 – Neuilly-sur-Seine (act. Hauts-de-Seine) 1923

Académicien

> « *Barrès n'est pas supportable lorsqu'il veut être léger. [...] On songe à un croque-mort qui dirait des inconvenances [...]. À côté de cela, des phrases splendides, un sens continu de la beauté. Il dépasse de toute la tête ceux qui se sont le plus moqués de lui.* »
> Julien GREEN, *Journal*, 23 juillet 1948, Plon, 1949.

> « *Barrès a été un maître détestable pour la forme, avec ses phrases heurtées, nuageuses. Quant à ses idées ! Aucune à lui. On ne peut guère l'aimer quand on aime la netteté, le style qui court vite.* »
> Paul LÉAUTAUD, *Journal littéraire*, 26 janvier 1906, Mercure de France, rééd. 1986.

Une vie de gloire et de malentendus

De l'anarchisme à l'égotisme

Issu d'une famille de notables lorrains, Barrès passa son enfance dans sa petite commune natale. Enfant nerveux et tourmenté, choyé par sa mère, il se passionna très tôt pour la lecture. Si la défaite de 1870 et le spectacle de la débâcle le marquèrent d'une forte empreinte qui orienta ses idées nationalistes ultérieures, il cultiva d'abord l'anticonformisme, volontiers anarchisant, de l'individualiste révolté contre son milieu, après d'ennuyeuses années d'internat à Nancy (1873-1880) ; celles-ci lui permirent cependant d'étendre ses lectures (notamment la découverte de Baudelaire), sous l'influence de son professeur de lettres Albert Collignon et de son condisciple Stanislas de Guaita. Élève d'Auguste Burdeau (traducteur de Schopenhauer et futur homme politique), qui le fascinait mais dont il se détourna plus tard violemment (il est le professeur Bouteiller des ***Déracinés***), il s'initia à la philosophie. Ayant commencé, pour satisfaire son père, des études de droit, il s'installa à Paris en 1883, où il publia des articles dans *La Jeune France* : il y fit la connaissance d'Anatole France (à qui il consacra un article devenu une plaquette intitulée ***Anatole France***, 1883), qui l'introduisit auprès de Leconte de Lisle. Très déterminé à faire carrière et à cultiver d'utiles amitiés, Barrès, alors jeune ambitieux mêlant désinvolture et nervosité fin de siècle, se consacra à sa revue ***Les Taches d'encre*** (1884), dont il était l'unique rédacteur et dans laquelle il publia une étude de la sensation en littérature, portant successivement sur Baudelaire, Verlaine, Rollinat (l'auteur des *Névroses*) et Mallarmé. La revue disparut après le quatrième numéro, en 1885, mais Barrès ne renonça pas au journalisme : il collabora, de 1886 à 1888, au *Voltaire*, anticlérical et républicain, où il dénonçait le nationalisme cocardier de Déroulède et célébrait la culture germanique. D'une visite de dix minutes à Renan, l'année suivante, il tira la matière de ***Huit jours chez M. Renan*** (1888), opuscule assez sarcastique et mal accueilli par l'intéressé, mais qui remporta un certain succès.

C'est aussi et surtout l'époque où il ébaucha ***Le Culte du moi*** : en 1888 parut, chez Lemerre et à compte d'auteur (après le refus de 3 autres éditeurs), ***Sous l'œil des Barbares***, premier volume de la trilogie égotiste, défense et illustration de l'individualisme extrême (est « *barbare* » quiconque n'est pas « *moi* »), qui lui valut, même de la part de son ami Guaita, le reproche de hiératisme et d'excessive abstraction. Dans sa préface, qui présente le livre comme « *une courte monographie réaliste* », l'auteur précise son intention : « *Je décris un être jeune et sensible dont la vision de l'univers se transforme fréquemment.* [...] *C'est ici l'histoire des années d'apprentissage d'un Moi, âme ou esprit.* » La description d'une conscience changeante, de sa difficulté à « *saisir ses propres subtilités* » (chap. II), traduit, chez le héros, le souhait exaspéré d'une « *vraie vie sérieuse, ferme, utile* », et l'« *oraison* » finale du roman constitue un appel à un maître désiré, qu'il puisse aimer et servir : « *Toi seul, ô maître, si tu existes quelque part, axiome, religion ou prince des hommes* » (chap. VII). Seul Bourget défendit le volume dans *Le Journal des Débats*, saluant « *une acuité surprenante de la vision intérieure, une saveur de pathétique intellectuel* ».

L'engagement politique

À cette époque, Barrès, soucieux de trouver des repères et de défendre des valeurs, s'engagea vigoureusement en faveur du général Boulanger, en publiant, en avril 1888, dans *La Revue indépendante*, un article intitulé « M. le général Boulanger et la nouvelle génération », où il dénonçait l'attitude du pouvoir en place face au « *général La Revanche* », plaidant pour l'unité nationale, tout en se montrant attentif au problème social. Il fit campagne dans *Le Courrier de l'Est*, où son antisémitisme fustigeait « *l'opportunisme, parti des Juifs* », et fut élu député de Nancy en 1889, à 27 ans, sous l'étiquette « *socialiste révisionniste* », siégeant à l'extrême gauche : l'une de ses premières initiatives de parlementaire fut le lancement d'une pétition contre « *le monopole Hachette* » (qui dura jusqu'en 1897), sur les bibliothèques de gare, en vertu duquel la maison d'édition, liée par contrat aux compagnies de chemin de fer, décidait des ouvrages diffusés (exerçant une censure de fait).

Pendant la campagne électorale avait paru ***Un homme libre***, deuxième volume du ***Culte du moi***, où Barrès s'était attaché à dépasser l'individualisme étroit pour exalter la maîtrise de la sensibilité et de l'énergie : « *L'âme qui habite aujourd'hui en moi est faite de parcelles qui survécurent à des milliers de morts* » ; son héros, Philippe, mettait cette morale en action en conciliant sensation et réflexion dans un aller et retour entre deux pôles géographiques complémentaires, Venise et la Lorraine. Le roman, dédié « *à quelques collégiens de Paris et de la province* », sut toucher une génération en quête d'un idéal de vie — ce que Barrès appelait le « *fondement philosophique de leur activité* » — et qu'il exhortait ainsi : « *Amusons-nous aux moyens sans souci du but. Faisons des rêves chaque matin, et avec une extrême énergie, mais sachons qu'ils n'aboutiront pas. Soyons ardents et sceptiques* » (***Préface*** à l'édition de 1904). Si cet ouvrage riche en « *exercices spirituels* » fut raillé par les Goncourt, qui le jugèrent écrit par « *un casuiste jésuite mélangé d'apothicaire* » (*Journal*, 22 juin 1889), le jeune Maurras (qui devint plus tard l'ami de Barrès) en fit un vibrant éloge dans *L'Observateur français*.

Ce livre tint, dans la carrière de Barrès, une place déterminante ; c'est alors qu'il acquit la gloire et se mit à fréquenter les milieux les plus mondains, comme le salon de son amie, la femme de lettres Gyp. Il poursuivit ses activités politiques en défendant cette forme de socialisme d'État, xénophobe et antisémite, qui ne résista pas à l'affaire Dreyfus. La revue *La Plume* le sacra, en 1891, « *prince de la jeunesse* », l'année même de son mariage avec une jeune fille de la bourgeoisie, Paule Couche, et de la publication du ***Jardin de Bérénice***, dernier volet du ***Culte du moi*** : il y exalte, une nouvelle fois, l'énergie et la sensibilité contre l'intellect, à travers le personnage d'une fille simple et instinctive représentant la sensibilité du peuple, les aspirations des électeurs. « *Ai-je tort de la tenir pour une incarnation de l'âme populaire ?* », s'interroge le narrateur (chap. VIII). Bérénice est aussi le reflet d'un paysage (la tour de Constance, à Aigues-Mortes), suivant une analogie, élaborée en « *reconstitution synthétique d'Aigues-Mortes* », d'une grande force poétique : « *Pour désigner l'âme de cette contrée et l'âme de cette enfant, pour indiquer la culture dont elles sont le type, je me sers d'un même mot :* Le Jardin de Bérénice » (chap. VI). L'œuvre marqua durablement Léautaud, qui prit pourtant très tôt ses distances avec Barrès, pour des raisons politiques : « Le Jardin de Bérénice *garde tout mon amour, alors que son auteur, par ses idées présentes, m'est devenu un étranger* » (*Journal littéraire*, nov. 1900).

En 1892, Barrès expliqua, dans ***Examen des trois romans idéologiques***, le « système » qui assurait une cohérence à sa trilogie, à laquelle il donna pour la première fois le titre général de ***Culte du moi*** : il y célèbre, encore et toujours, ce « moi » contraint de vivre parmi les « *barbares* », c'est-à-dire « *des êtres qui de la vie possèdent un rêve opposé à celui qu'il s'en compose* », et proclame : « *Il nous faut le défendre chaque jour et chaque jour le créer.* »

De l'égotisme au nationalisme

Une période s'achevait, avec la publication de ***L'Ennemi des lois*** (1893), roman dans lequel Barrès, sous les traits de son héros André Maltère, semble glisser vers une forme de scepticisme et de quête du bonheur par la contemplation des œuvres humaines : « *Il y a, plus loin que la satisfaction matérielle, le plaisir de partager de la mélancolie. Au-delà d'une amante avec laquelle on jouit de la vie, il y a une sœur avec qui l'on pleure* » (chap. IV). Sans rien renier, toutefois, de son antisémitisme : « *Le Juif ne s'attache à aucune façon de voir ; il n'est que plus habile à les classer toutes, c'est l'état d'esprit d'un homme habitué à manier des valeurs. Le Juif est un logicien incomparable. Ses raisonnements sont nets et impersonnels, comme un compte en banque* » *(ibid.)*.

En Espagne et en Italie, il trouva l'inspiration d'un livre qui compte parmi ses plus importants : ***Du sang, de la volupté, de la mort*** (1894), recueil lyrique d'« *idéologies passionnées* » (titre de la première partie) suscitées par ses voyages dans Parme « *tout imprégnée de Stendhal* » (partie III) ou au cœur d'une Espagne tragique : « *Il n'est point d'intensité véritable où ne se mêle l'idée de la mort* » (partie II). Et livre qui offre une singulière apologie de la haine : « *La haine n'est pas un bas sentiment, si l'on veut bien réfléchir qu'elle ramasse notre plus grande énergie dans une direction unique, et qu'ainsi, nécessairement, elle nous donne sur d'autres points d'admirables désintéressements.* » Mais vie littéraire et vie politique ne cessaient, pour Barrès, de s'entrelacer : cette même année, il échouait aux élections législatives de 1893. Il prit, durant quelques mois, la direction de *La Cocarde*, revue où se côtoyaient juifs, antisémites, anarchistes, socialistes et futurs membres de l'Action française, et il se rapprocha, par ses idées décentralisatrices et fédéralistes, de Maurras.

Le Roman de l'énergie nationale, titre de sa deuxième trilogie qui réunit ***Les Déracinés*** (1897), ***L'Appel au soldat*** (1900) et ***Leurs Figures*** (1902), commença d'être conçu à cette époque, en pleine affaire Dreyfus. À partir de l'observation d'un groupe d'étudiants lorrains installés à Paris, et dont le personnage central, François Sturel, est une sorte de double de Barrès, l'auteur y analyse les causes de la décadence française et prône, à l'opposé de l'universalisme kantien, l'enracinement — dans la terre, la culture, la tradition. Ces thèses, marquées par l'influence de Taine, connurent une certaine fortune, et l'on peut considérer, avec Aragon, que ces trois livres « *constituent les premiers exemples, en France, du roman politique moderne* » (*La Lumière de Stendhal*, 1954).

Malgré son amitié pour Léon Blum, Barrès s'engagea très rapidement contre Dreyfus, non sans d'ultimes hésitations, que Blum relata, quarante ans plus tard, évoquant sa dernière rencontre, en 1898, avec celui qui était encore son ami : « *Il me répondit ni oui ni non. Il ne me cacha pas son trouble.* "Je suis à peu près au fait, *me dit-il.* Jamais je n'ai rencontré plus fréquemment Zola. J'ai encore déjeuné avec lui ces jours passés... Zola a du courage. C'est un homme. Mais pourquoi ne dit-il pas tout ce qu'il sait, et, au fond, que sait-il ?..." *Il se tut un instant et continua :* "Il y a un souvenir qui m'obsède. J'ai assisté, il y a trois ans, à la dégradation de Dreyfus. J'ai écrit un article, dans *Le Journal*, vous vous rappelez... Eh bien ! je me demande si je ne me suis pas mépris. Je me rends compte que chacune des attitudes, chacune des expressions de visage, que j'interprétais comme le signe d'une scélératesse ne pouvait être que d'un stoïque, d'un martyr... Je n'en sais plus rien..." *Je me souviens de ses paroles, non des miennes. Sans doute, j'essayai d'exploiter l'avantage, mais il coupa court :* "Non, je suis troublé et je veux réfléchir encore, je vous écrirai..." *Barrès m'écrivit quelques jours plus tard : dans le doute, c'est l'instinct national qu'il choisissait pour point de ralliement... Cette lettre tomba sur moi comme un deuil. Quelque chose était brisé, fini ; une des aventures de ma jeunesse était close* » (*Souvenirs sur l'Affaire*, 1935).

Barrès soutint la Ligue des patriotes de Déroulède, puis devint membre de la Ligue de la patrie française, et se sépara de cette jeunesse qui l'avait naguère sacré prince. La publication de ***L'Appel au soldat***, chronique de l'aventure boulangiste, puis celle de ***Leurs Figures***, dénonçant le scandale de Panama, le rapprochèrent de l'Action française, mais il ne cessa de se déclarer républicain, même après un second échec aux élections de 1902 ; Gide nota plus tard : « *Hier, rouvert au hasard* L'Appel au soldat — *avec une admiration très vive, mais un peu de ce sentiment qu'enfant j'avais devant les livres que je sentais écrits "pour les grandes personnes"* » (*Journal*, 20 oct. 1910). L'activité de Barrès ne fut cependant pas exclusivement politique ; un voyage en Italie lui inspira ***La Mort de Venise***, bientôt insérée dans ***Amori et dolori sacrum*** (1903), « *le livre des vrais* barrésiens », selon Maurras (*Gazette de France*, 19 mars 1903), et qui suscita l'admiration de Gide et de Blum. Avec ce livre « *consacré à l'amour et à la douleur* », comme l'indique son titre provenant d'une inscription latine lue « *sur la façade rococo de Santa Maria della Passione* », à Milan, Barrès renouait avec un certain lyrisme romantique, parmi les ombres de Chateaubriand, Byron, Musset, Gautier, Wagner ou du peintre Léopold Robert. Son parcours, de chapitre en chapitre, relie à nouveau deux lieux élus : parti de Venise où il écoute « *le chant d'une beauté qui s'en va vers la mort* » ***(La Mort de Venise)***, il rend hommage à un ami disparu ***(Stanislas de Guaita)***, songe à Élisabeth de Bavière ***(Une impératrice de la solitude)*** ; et retourne enfin à ses racines, au contact de « *la pensée profonde de la Lorraine* » et de sa beauté : « *Ô mon pays, ils disent que tes formes sont mesquines ! je te connais chargé de poésie* » ***(Le 2 Novembre en Lorraine)***. Refermant la boucle que la ***Préface*** ouvrait ainsi : « *Ce qui fait les dessous de ma pensée, ma nappe inépuisable, c'est ma Lorraine.* » Et, dans ***Le Voyage de Sparte*** (1906), dédié à Anna de Noailles (avec qui il avait noué, en 1903, une liaison aussi platonique et complexe que malheureuse et durable), Barrès dressait le bilan d'un séjour en Grèce qui l'avait déçu et ramené encore à sa terre et à son héritage propres : « *Il est trop certain que la vie n'a pas de but et que l'homme pourtant a besoin de poursuivre un rêve.* »

Le monument du patriotisme officiel

Un an avant ***Le Voyage de Sparte*** avait paru ***Au service de l'Allemagne*** (1905), premier volume d'une troisième trilogie intitulée ***Les Bastions de l'Est*** et qui comporta aussi ***Colette Baudoche*** (1909) et ***Le Génie du Rhin*** (1921) : le titre évoque le service militaire accompli par un jeune Alsacien dans l'armée allemande d'occupation, et l'œuvre, édifiante à souhait (Ehrmann, le narrateur, réussissant à faire respecter, même par ses supérieurs hiérarchiques, « *l'esprit français* »), continue de nourrir la propagande revancharde des vaincus de 1870, contribuant à fournir à Barrès un début de statue (en reconnaissance de la patrie) et de statut (l'écrivain officiel de la nation).

Élu à l'Académie française en 1906, au fauteuil de Heredia, il triompha de nouveau dans la vie politique, en étant réélu : il combattit notamment les lois sur la séparation de l'Église et de l'État. Il mena de front son mandat de député de Paris et son activité d'écrivain jusqu'à sa mort. Se succédèrent ***Greco ou le Secret de Tolède*** (1911), hymne à cette Espagne aussi contradictoire et tourmentée, entre langueur et énergie, que Barrès lui-même : « *Ce coucher de soleil sur Tolède* [...] *assemble toutes les formes, toutes les couleurs, tous les rêves, pour nous parler d'une vraie vie à laquelle nous nous croyons prédestinés et qu'il nous reste à conquérir.* » Et, deux ans plus tard, ***La Colline inspirée*** (1913), récit de la grandeur et de la décadence de trois frères lorrains, les Baillard, tous trois prêtres, qui, à la tête d'une entreprise de restauration de monuments, constituent un empire spirituel guère apprécié de leur hiérarchie religieuse : la reprise en main va jusqu'à l'excommunication des frères qui, entretemps, ont sombré dans le mysticisme d'une secte, prélude à leur ruine, puis à leur désunion, seul Léopold, l'aîné, survivant et réintégrant l'Église avant de rendre son dernier soupir ; l'auteur y ouvre, entre le paganisme ***(La Prairie)*** et le christianisme ***(La Chapelle)***, un débat qui ne fut jamais achevé : « "Je suis, *dit la prairie*, l'esprit de la terre et des ancêtres les plus lointains, la liberté, l'inspiration." *Et la chapelle répond :* "Je suis la règle, l'autorité, le lien, je suis un corps de pensées fixes et la cité ordonnée des *âmes*." »

En 1914, Barrès commença (d'Alexandrie à Constantinople) un long voyage en Orient — la vraie grande passion de ce soi-disant enraciné lorrain — pendant lequel il écrivit les notes d'***Une enquête aux pays du Levant*** (1923). Durant la guerre, où il prôna l'union sacrée, il tenta, par ses articles dans *L'Écho de Paris*, réunis dans ***L'Âme française et la Guerre*** (14 vol., 1915 à 1924), devenue ***Chronique de la Grande Guerre*** (à partir de 1920), de soutenir le moral des combattants, ce qui fut diversement apprécié, certains, tel Léautaud, reprochant à Barrès la confortable facilité de « *ces patriotes à gages, qui crient à tue-tête :* "Tue et assomme", *bien tranquilles chez eux, pendant que les autres se font tuer* » (*Journal littéraire*, 15 sept. 1915), et rapportant même le jugement d'un journaliste italien, Diego Angeli, du *Giornale d'Italia*, ainsi restitué par Léautaud : « *D'après Diego Angeli,* [...] *le cas de M. Barrès est typique. Cet homme robuste, président de la Ligue des patriotes, qui depuis des années ne cesse d'insister sur la nécessité de reconquérir les frontières ethnographiques de la France, n'avait qu'un devoir : s'enrôler aussitôt la mobilisation décrétée. C'est ce que Déroulède, nationaliste sincère, aurait fait » (ibid.).*

Dès 1914, Barrès avait publié ***La Grande Pitié des églises de France***, ouvrage défendant le patrimoine architectural des églises, dont la survie lui paraissait compromise par la loi de séparation de l'Église et de l'État (1905), et contenant quelques-unes des pensées les plus barrésiennes : « *Il y a tout au fond de nous un domaine, le plus riche domaine d'inspirations confuses, un domaine obscur, et ces psychologues scientifiques le reconnaissent comme la nappe profonde qui alimente nos pensées claires. Les plus grandes et les plus fortes pensées dont nous prenons conscience sont comme des pointes d'îlots qui émergent, mais qui ont des stratifications immenses sous la mer* » (chap. V) ; « *Ce n'est pas la raison qui nous fournit une direction morale, c'est la sensibilité* » (chap. XVI) ; « *La caresse d'une mère, une belle promenade, des heures émerveillées par des récits heureux agissent sur toute l'existence* » *(ibid.)* ; « *Où manque la force, le droit disparaît ; où apparaît la force, le droit commence de rayonner* » (chap. XVIII). En 1917, il publia ***Les Diverses Familles spirituelles de la France***, réunification de toutes les « confessions », des catholiques aux libres penseurs en passant par les protestants et les juifs, autour d'un même amour de la patrie.

Au sortir de la guerre, il se préoccupa du rétablissement d'un équilibre entre France et Allemagne, au profit toutefois de l'une, chargée de sauver l'autre de son propre « *teutonisme* », grâce à leur « *esprit rhénan* » commun : tel était le thème des cinq conférences prononcées à Strasbourg en 1920 et qui constituèrent ***Le Génie du Rhin*** (1921). Avec ***Un jardin sur***

l'Oronte (1922), Barrès fit scandale, en particulier auprès des catholiques, qui l'accusèrent de mollesse, d'esthétisme et d'immoralité, reproches motivés par tel passage : « *Préférer à soi-même une autre qui, elle-même, nous préfère à soi ; désirer de mourir à deux, pour épanouir une seule vie plus belle ; appeler la volupté avec la certitude d'y tuer nos humanités et d'en surgir créature céleste... premières minutes sublimes d'un* [...] *amour comblé.* » Ce roman sulfureux se présente comme « *une histoire d'amour et de religion* », issue d'un manuscrit arabe lu devant l'auteur par un jeune savant irlandais qui orne son récit, en excellent conteur, comme l'était son compatriote Oscar Wilde, auquel Barrès rend un discret hommage. Le conte arabe se déroule au temps des croisades, narrant les amours de Sire Guillaume et d'Oriante, une Sarrasine « *à la fois chaste et brûlante* » (chap. II), dont le « *sourire d'azur et d'argent* » donnait « *un plaisir plus profond que la mort quand elle se glissait jusqu'à son abri. Jamais un refus, parfaite envers lui* » (chap. XIV). C'est à Oriante (en grande partie inspirée par Anna de Noailles) que le héros adresse ses dernières paroles avant de mourir : « *Ce n'est pas vous que j'aime, et même en vous, je hais bien des choses, mais vous m'avez donné sur terre l'idée du ciel, et j'aime en vous cet ange invisible, pareil à vous, mais parfait, qui se tient au côté de votre humanité imparfaite* » (chap. XVII).

Barrès mourut en décembre 1923, d'une crise cardiaque, au sommet de sa gloire. Ses obsèques furent nationales. Le monument du patriotisme officiel, chantre de l'Union sacrée, recevait ainsi de la nation le même hommage que Gambetta (en 1879) et Hugo (en 1885), dont les obsèques encadraient la chronologie des ***Déracinés***. Comble de gloire, mais aussi comble de malentendu : asphyxiée sous les fleurs de la patrie orpheline et inconsolable, l'œuvre de Barrès se réduisit à celle du nationaliste. Réduction sommaire et trop conformiste pour rendre fidèlement compte d'une diversité autrement complexe et contradictoire, à l'image des relations personnelles très fortes que Barrès entretint avec des figures qui lui étaient idéologiquement très opposées, notamment Anna de Noailles — d'emblée dreyfusarde — et Jaurès.

La publication posthume de ***Mes Cahiers*** (14 vol. de 1929 à 1957), sorte de journal tenu de 1896 à la mort, a permis de rectifier le « cliché officiel » et de mieux comprendre les singularités d'un catholique prêchant le syncrétisme, d'un « *professeur d'énergie* » (comme le définissait Jules Renard — qui précisait : « *comme on l'est de philosophie : ça n'oblige pas à être sage* », in *Journal*, 19 avr. 1899) attiré par l'anéantissement du moi, d'un chantre de l'enracinement local fasciné par l'Orient. Toutes contradictions qui peuvent expliquer que Barrès, entre 1890 et 1920, ait tenu un rôle intellectuel et moral comparable à celui d'un Gide dans l'entre-deux-guerres, et d'un Sartre après 1945. Et contradictions qu'on retrouve dans une œuvre, au total, assez disparate, entre trois trilogies menant du dilettantisme décadent de l'égotiste au militantisme incandescent du nationaliste, et plusieurs récits de voyages célébrant un Orient délicieusement déracinant. Production contrastée d'où émerge ***La Colline inspirée*** (la bien nommée), considérée, par beaucoup, comme le chef-d'œuvre de Barrès.

Une écriture brillamment violente

On peut qualifier Barrès de styliste. Sa langue est précise et de facture assez classique, avec parfois une tendance à la préciosité qui se manifeste, par exemple, dans ***Un jardin sur l'Oronte***, à propos notamment des « *cadences caressantes* » du chant d'Oriante : « *Les mots mal discrets, sa voix les enveloppait d'un tendre mystère. Jamais elle ne désignait tout droit un sentiment ; elle l'entourait, le dessinait, comme font les pas d'une danseuse, et le jetait de ses deux mains tout vif dans les âmes.* » Barrès ébauche lentement ses phrases, rature beaucoup, avant d'atteindre ce qu'il appelait son « *rythme propre* » ; la musicalité de sa prose tient probablement plus à ce souci de « cadence » qu'à des recherches rhétoriques et lyriques. Néanmoins, on peut ranger parmi ses tics d'écrivain la multiplication des digressions au présent, où s'exprime au mieux une écriture brillamment violente, mais très sobre, la subordination, minimale, s'y faisant plus rare que la juxtaposition : « *Un état d'esprit, non des lois, voilà ce que réclame le monde ; une réforme mentale plus qu'une réforme matérielle. Il ne faut pas rêver d'installer les hommes dans une règle qui leur impose le bonheur, mais de leur suggérer un état d'esprit qui comporte le bonheur* » ***(L'Ennemi des lois)*** ; « *J'entends servir les intérêts de notre race. Je continue la chanson de nos pères. Mais nous sommes au deuxième couplet. Ils ont conquis le sol ; à nous de conquérir les fruits du sol* » ***(Colette Baudoche)*** ; « *Les quatre vents de la Lorraine et le souffle inspirateur qui s'exhale d'un lieu éternellement consacré au divin, ravivent en nous une énergie indéfinissa-*

*ble : rien qui relève de la pensée, mais plutôt une vertu » (**La Colline inspirée**).*

Ces digressions ne sont pas toujours limitées aux seules considérations « idéologiques » : *« Nous sommes étonnés, quand nous lisons les vieux chefs-d'œuvre, de voir que des sentiments subtils, délicats, poétiques, que nous croyons rares aujourd'hui existaient chez les hommes d'il y a des siècles » (**La Grande Pitié des églises de France**)*. Elles se conjuguent avec un goût prononcé pour la maxime brillamment frappée, dont la plus célèbre de l'œuvre de Barrès reste sans doute : *« Il est des lieux où souffle l'esprit »* (titre du 1er chapitre de ***La Colline inspirée***).

Une légende très controversée

L'ascendant idéologique que Barrès a exercé sur ses contemporains, son engagement contre Dreyfus et ses succès mondains ont en grande partie occulté l'œuvre du romancier, du critique ou du chroniqueur. Le témoignage le plus symptomatique de cette emprise de Barrès reste celui de Léautaud, qui lui a consacré des dizaines de pages de son *Journal littéraire*, où se lit le passage de l'admiration pour l'égotiste au mépris pour le nationaliste antidreyfusard : *« Les goûts de l'esprit ne dépendent en rien du tempérament qu'on a. J'en trouve une preuve dans mon indifférence actuelle pour tout ce qu'écrit maintenant Barrès. Et pourtant, combien j'ai aimé ses livres :* Sous l'œil des Barbares, Un homme libre, Le Jardin de Bérénice, *et combien je demeure aimer ce dernier ! Mais l'attitude, les idées, toute la conduite de Barrès dans l'affaire Dreyfus m'ont tout à fait détourné de lui. J'aurais cru pourtant que mon goût pour ses écrits influencerait ma pensée et déciderait de mon attitude dans toute cette affaire et me ferait aller où lui-même irait. Et voici qu'il n'en est rien. J'ai lu sans beaucoup de plaisir* Les Déracinés, *j'ai acheté* L'Appel au soldat *que j'ai revendu après en avoir lu trois pages, et je sens bien que je n'achèterai plus les livres de Barrès... »* (nov. 1900). Mépris transformé en dégoût pour l'attitude de Barrès pendant la Grande Guerre : *« Je n'ai jamais entendu suspecter l'honorabilité civile, pour ainsi dire, de Maurice Barrès. J'ai exprimé mon opinion sur un écrivain que j'ai connu anarchiste, nihiliste, écrivant dans un article sur l'exécution d'Émile Henry à laquelle il avait assisté que, devant un tel spectacle, on se sentait violemment du côté de la victime contre la société, et devenu ensuite nationaliste, militariste, et défenseur et soutien de ce même ordre social. Je n'ai que mépris, de plus, aujourd'hui, pour les écrivains qui pendant quatre ans ont écrit des phrases guerrières, assis bien tranquilles dans leur fauteuil, et Maurice Barrès a été au premier rang de ces héros sans danger. J'estime que ce qu'écrit un homme emporte jugement sur son moral, et j'ai exprimé le mien. Si le mot mépris choque M. Philippe Barrès* [fils de Maurice] *je le remplacerai volontiers par un autre. J'écrirai : dégoût »* (26 oct. 1935).

À l'opposé de Léautaud, Léon Daudet, politiquement très proche de Barrès, en a fait une figure centrale de ses différents livres de souvenirs, insistant sur les aspects méconnus du personnage, comme telle séance mémorable d'improvisation dialectique, copieusement arrosée, dans un café parisien, avec Mallarmé : *« À force de faire alterner le champagne doux et le champagne sec, histoire de comparer leurs pointes brillantes, nous étions arrivés à une grande béatitude, à une conception presque musicale — ou du moins nous paraissant telle — de l'univers et de la destinée. On se sépara avec mélancolie entre deux et trois heures du matin. Ce Barrès, gai, fantaisiste, prenant le bon de la vie ainsi qu'un gai flâneur de Calderon ou de Cervantès, est moins connu que le Barrès combatif des couloirs de la Chambre et du renouveau national. C'est pourquoi je vous montre ici cet aspect d'une nature souple et riche, aux plissements soyeux comme son style. C'est quand il est en confiance, avec des camarades éprouvés, qu'il est le plus à son avantage »* (Léon Daudet, *L'Entre-Deux-Guerres*, 1915).

Même Rostand, amant (plus heureux que son rival) d'Anna de Noailles et antidreyfusard de la première heure, célébra l'auteur de ***Greco*** — où Barrès rappelait les démêlés du peintre avec les théologiens de l'Inquisition *« sur ce qu'il agrandissait les ailes des anges »* —, passage auquel font allusion ces vers de Rostand :

> [...] *Dans ton livre ardent tu me révèles*
> *Le nom de mon métier, Barrès :*
> *« Allongeur d'ailes »,*
> *Je chante, et, n'étant pas ton Greco pâle et noir,*
>
> *Je ne peins qu'avec des accents et des diphtongues...*
> *Mais puissé-je être un jour condamné pour avoir*
> *Aux hommes d'aujourd'hui fait les ailes plus longues !*

(Rostand, *Le Cantique de l'Aile*, posth., 1922)

Le « Procès Barrès » organisé par les surréalistes le 13 mai 1921, où Barrès (représenté par un mannequin) fut jugé « *pour atteinte à la sûreté de l'esprit* » (avec Ribemont-Dessaignes en accusateur, contre Aragon et Soupault en avocats de la défense), est significatif de son influence et des polémiques qu'il suscita.

Révélatrice aussi, l'opposition, à son sujet, de Gide et de Maurice Martin du Gard — cousin éloigné de Roger —, veillant l'un sur la *NRF*, l'autre sur *les Nouvelles littéraires* : « *La pernicieuse, la déplorable influence de Barrès. Il n'y a pas eu plus néfaste éducateur et tout ce qui reste marqué par son influence est déjà moribond, déjà mort. On a monstrueusement surfait ses qualités d'artiste ; tout ce qu'il a de meilleur ne se trouve-t-il pas déjà dans Chateaubriand ? Rien ne montre mieux ses limites que ces* Cahiers, *qui, à cet égard, sont d'un puissant intérêt. Son goût de la mort, du néant, son asiatisme ; son désir de popularité, d'acclamation, qu'il prend pour amour de la gloire ; son incuriosité, son ignorance, ses dédains ; le choix de ses dieux ; mais ce qui me déplaît par-dessus tout : la mièvrerie, la molle joliesse de certaines phrases, où respire une âme de Mimi Pinson...* » (Gide, *Journal*, 29 févr. 1930). Tandis que Martin du Gard s'enthousiasmait : « *Penché vers le feu, à la lumière des flammes minces, son profil prenait son relief ; l'impérieuse arête du nez, le front vaste, point si haut que debout, l'œil par contre plus gros qu'il ne m'avait semblé tout à l'heure mais plus mystérieux encore sous la paupière lourde dans cette sorte de rêverie inattendue et de silence crépusculaire, la moustache brève et rugueuse, barrant une lèvre épaisse, cette figure qui flambait, longue et ravagée, souveraine, ah ! tout à fait le Grand Condé qui m'avait frappé dans son cadre quand j'étais entré et que j'avais vu Barrès à sa table, juste au-dessous !* » (Maurice Martin du Gard, « Barrès. Ma première visite boulevard Maillot », in *Les Mémorables*, t. I, Flammarion, 1957).

La publication de ***Mes Cahiers*** a révélé un observateur attentif de son temps et un être plus complexe et plus riche qu'on ne croyait : Mauriac a analysé cette complexité avec finesse, décelant un « *désespoir métaphysique* » derrière le Barrès « *moqueur, gai, presque enfant, ce gamin irrévérencieux que j'ai moi-même entrevu ; et aussi l'ambitieux nanti, qui a refermé sa forte mâchoire sur tout ce dont le monde dispose pour les vainqueurs* » (*La Rencontre avec Barrès*, 1945).

Et Cocteau, sans aveuglement sur l'homme public, ne cessa jamais de saluer le talent de l'écrivain, « *ces phrases habiles qui jouent dans le style un peu épais, sec et brun de Barrès le rôle de l'angélique dans le pain d'épice* » (*Portraits-Souvenirs*, 1935).

De nos jours, le nom de Barrès est cependant obscurci par le souvenir d'engagements détestables et de préoccupations douteuses. Il a pu toutefois être regardé comme un maître, tant par Mauriac, Montherlant, Malraux, que par Aragon, qui exprima toujours à son endroit « *une admiration qui n'est pas sans mélange* » (lettre à Barrès, mars 1923).

ŒUVRE

Les ***Déracinés***

Roman paru, à Paris, en 1897 et constituant le premier volume de la trilogie ***Le Roman de l'énergie nationale***, les deux autres étant ***L'Appel au soldat*** (1900) et ***Leurs Figures*** (1902).

Sept jeunes gens, naguère élèves, à Nancy, du très kantien professeur de philosophie Paul Bouteiller, se conformant à son éloge du déracinement, quittent leur Lorraine natale pour Paris où ils fondent un journal : ***La Vraie République***. Mais les divisions tournent vite à la désunion : Racadot, le héros d'origine prolétaire, qui avait consacré son héritage au financement du journal, est ruiné, et, pour quelques bijoux, tue Astiné Aravian, l'ex-maîtresse de son ami Sturel, le narrateur. Suret-Lefort, pour sa première grande affaire, défend son camarade devant la cour d'assises, sans réussir à lui éviter l'échafaud. Mais, de retour à Nancy, il travaille à l'élection à la députation de leur ancien professeur : la victoire de Bouteiller est bien celle de l'hypocrite déracinement qui crée, « *avec des petits Lorrains, avec des enfants de la tradition, des citoyens de l'univers, des hommes selon la raison pure* ».

Barrès donne une analyse pessimiste et polémique de la société de l'époque : mœurs de l'Université, de la presse, des milieux politiques. Par l'apologie de l'enracinement nécessaire à la formation de l'identité nationale, par la dénonciation de tout ce qui le rend impossible, en particulier la défaite de Sedan et le régime parlementaire, par la caractérisation biologique et antisémite de certains personnages (par exemple, Racadot), ***Les Déracinés*** ont pu être considérés comme à l'origine d'une forme de fascisme. Toutefois, ce roman de formation, en majeure partie autobiographique, fait aussi écho, à travers les sept personnages, en particulier Sturel, aux divers aspects de la personnalité de Barrès, à son expérience de la vie provinciale et parisienne, à son passé d'élève et à certaines de ses blessures.

De ce fait et malgré son aspect de roman à thèse, malgré la lourdeur de certains développements, l'œuvre présente une structure à plusieurs voix qui ne manque pas d'intérêt. Elle met aussi en valeur une lecture historique d'un siècle finissant : « *La grande affaire pour les générations précédentes fut le passage de l'absolu au relatif : il s'agit aujourd'hui de passer des certitudes à la négation sans y perdre toute valeur symbolique.* » Au moment de sa parution, et même après, le livre fit beaucoup parler de lui, suscitant des opinions très tranchées, notamment celle, fameuse, de Gide : « *Né à Paris, d'un père uzétien et d'une mère normande, où voulez-vous, monsieur Barrès, que je m'enracine ? J'ai donc pris le parti de voyager* » (*Prétextes*, 1903). Réaction que Cocteau, qui voyait dans ***Les Déracinés*** et ***La Colline inspirée*** (publiée une quinzaine d'années plus tard), « *deux livres magnifiques* » (*Le Passé défini*, 30 juil. 1951), commenta ainsi : « *Il est incroyable que Gide l'emporte sur de tels chefs-d'œuvre que la jeunesse idiote refuse de lire* » (*Journal*, 12 mars 1942). Quant à la composition de l'œuvre, mêlant analyse et récit, elle inspira, entre autres romanciers du XXe siècle, le Gide des *Faux-Monnayeurs* et le Drieu La Rochelle de *Gilles*.

CITATIONS

Il est des lieux où souffle l'esprit.

La Colline inspirée.

La haine n'est pas un bas sentiment, si l'on veut bien réfléchir qu'elle ramasse notre plus grande énergie dans une direction unique, et qu'ainsi, nécessairement, elle nous donne sur d'autres points d'admirables désintéressements.

La haine emporte tout, in *Du sang, de la volupté et de la mort.*

Il y a tout au fond de nous [...] un domaine obscur, et ces psychologues scientifiques le reconnaissent comme la nappe profonde qui alimente nos pensées claires. Les plus grandes et les plus fortes pensées dont nous prenons conscience sont comme des pointes d'îlots qui émergent, mais qui ont des stratifications immenses sous la mer.

La Grande Pitié des églises de France.

Ce n'est pas la raison qui nous fournit une direction morale, c'est la sensibilité.

La Grande Pitié des églises de France.

Je sens depuis des mois que je glisse du nationalisme au catholicisme. C'est que le nationalisme manque d'infini.

Mes Cahiers.

Une poignée d'hommes mettent çà et là de légers points de pourriture sur notre admirable race. Garde à nous, patriotes !

Sciences et Doctrines du nationalisme.

Le sens de l'ironie est une forte garantie de liberté.

Sous l'œil des Barbares.

D'une certaine manière, des gens qui renoncent à tout et des gens qui désirent tout sont bien faits pour s'entendre.

Trois Stations de psychothérapie.

Quelque jour un statisticien dressera la théorie des émotions, afin que l'homme à volonté les crée toutes en lui et toutes au même moment.

Un homme libre.

Il est trop certain que la vie n'a pas de but et que l'homme pourtant a besoin de poursuivre un rêve.

Le Voyage de Sparte.

JUGEMENTS

« *C'est* La Colline inspirée *peut-être, de tous les livres de Barrès, le plus difficile, mais aussi le plus profond.* »

Pierre BENOIT, *Œuvres diverses*, Albin Michel, 1923.

« *Le Purgatoire, Barrès y est.* Colette Baudoche *empêche le Barrès de* Leurs Figures *d'être monté en épingle. C'est sa sauvegarde et ce qui lui protège* Les Déracinés, La Colline, Le Voyage de Sparte. »

Jean COCTEAU, *Journal*, 12 mars 1942, Gallimard, posthume, 1989.

« *Barrès a perdu sa place d'individualiste en faisant de la politique, et, comme sa politique était artificielle, il a perdu toutes les places. Il lui faudra du temps pour remonter avec* Les Déracinés *et* La Colline, *deux livres magnifiques.* »

Jean COCTEAU, *Le Passé défini*, t. I, 30 juillet 1951, Gallimard, posthume, 1983.

« *Maurice Barrès venait d'avoir un vif succès littéraire avec* Le Jardin de Bérénice. *Il était long, mince, d'une souveraine élégance intellectuelle, avide de gloire et plein d'esprit. Il parlait d'une forte voix grave, avec un accent lorrain pro-*

noncé, assis, les jambes croisées l'une sur l'autre, relevant de temps en temps la mèche noire qui retombait sur son large front. Quel beau regard, doux à l'occasion, chargé de finesse et d'ironie, éclairé de reflets d'un bleu de prune : déjà à cette époque il manquait de vénération pour les imbéciles ou les coquins en place. Déjà à cette époque, en dépit de sa métaphysique du moi — relief de la classe de Burdeau —, il célébrait les vertus du sol et la puissance des caractéristiques françaises héréditaires. Sa première rencontre avec Mistral fut empreinte d'une émotion contenue, qui séduisit l'auteur de Mireille. *Barrès, dédaigneux de sa nature et se fichant de mécontenter, fut jalousé et dénigré, dès ses débuts, par un certain nombre de poux littéraires, qui l'ont poursuivi plus tard de leurs débiles rancunes. Il se contentait de les ridiculiser par un de ces silences, de ces soulignements discrets d'une bévue, de ces sourires rapides, où il excelle.* [...] *Ces qualités, le piquant de ses remarques et de son attitude, sa prodigieuse compréhension ouverte ou tacite le rendaient cher à mon père et à Goncourt, qui en étaient très vite arrivés à ne plus pouvoir se passer de lui.* [...] *Nous avons fait alors, en compagnie de Barrès, de bonnes parties de rire, comme des collégiens en vacances, et le souvenir m'en revient chaque fois que je le retrouve, après tant d'années écoulées. À peine au sortir des* Taches d'encre, *qui furent ses débuts littéraires, il ambitionnait l'Académie, et comme je m'en étonnais :* "C'est que vous êtes né à Paris. Si vous aviez vécu jeune dans les milieux de province, vous jugeriez différemment." [...] *Enfin j'aime sa bravoure naturelle, allant jusqu'à la témérité froide, et son art de fronder les sots. Mon père disait de lui qu'il serait dans l'avenir une des grandes ressources de son pays. Il ne s'était pas trompé. Maurice Barrès a donné aux ennemis de la France un fameux fil à retordre. »*

Léon DAUDET, *L'Entre-Deux-Guerres*, 1915.

« Grand souci de son personnage ; il sait garder le silence pour ne rien dire que d'important. Il a beaucoup changé, depuis bientôt dix ans que je ne l'ai vu ; mais il reste toujours de séduction très pressante, quoique très en retrait et sachant garder réserve et distance. Quelle prudence ! quelle économie ! Ce n'est pas une grande intelligence, pas un "grand homme", mais habile, *industrieux de soi jusqu'à l'apparence même du génie. Industrieux surtout des circonstances, et sachant tirer parti de ce qu'il a, au point de cacher ce qui lui manque. »*

André GIDE, *Journal*, 27 mars 1911, Gallimard, 1939.

« Je dis que, pour ma part, en tant qu'homme, je préfère encore un Coppée à un Barrès, véritable arlequin, qui aurait été aussi bien anarchiste et internationaliste s'il l'avait fallu pour sa réussite.

[...] *Et ce que je dis là pour Barrès, je le pense joliment. Cet arlequin guerrier me répugne.*

[...] *Quand je lis certaines pages de Maurice Barrès, comme son voyage aux lieux où Renan écrivit sa* Vie de Jésus, *cette forme qui enchante, sous laquelle des vues si originales, des sensations si profondes, des descriptions si sensibles, des traits ramassés de rêveries, de contemplations qu'on sent si vivement ressenties, certains tours d'expression qui ne sont qu'à lui, je me dis : voilà un grand écrivain. »*

Paul LÉAUTAUD, *Journal littéraire*, 1er juin 1908, 20 mars 1923 et 25 février 1948, Mercure de France, rééd. 1986.

« [...] je le trouve bien fripé, la mèche dans l'œil, des dents gâtées, l'air tzigane. »

Paul MORAND, *Journal d'un attaché d'ambassade*, 2 octobre 1916, Gallimard, 1963.

« À bien des égards, Maurice Barrès nous semble un écrivain assez contestable ; mais sur Malraux et sur Aragon, sur Drieu et sur Montherlant son influence est indéniable. Et par l'écriture elle-même, à la fois brillante et violente, mais surtout par l'exemple d'une œuvre soumise à une volonté de direction de conscience, ainsi que par la confusion soigneusement entretenue entre l'œuvre de l'écrivain et la légende du personnage. Quelque réserve que l'on puisse faire sur la valeur de l'héroïsme barrésien (car la tradition et la Lorraine semblent plutôt ici l'abri d'un moi soucieux de ne pas se perdre hors des limites que la source d'une vivante énergie), il reste que Barrès a donné au thème de l'héroïsme une séduction décisive et une autorité sans précédent. »

Gaëtan PICON, *Panorama de la nouvelle littérature française*, Gallimard, rééd. 1960.

« Barrès, un grand écrivain. Il ne lui manque que de savoir être médiocre. De là, ses échecs aux élections nationales et cette fatigue que ceux qui l'aiment le mieux éprouvent à le lire.

[...] *Barrès est un homme qui joue de la raison, comme, d'autres, de la flûte. »*

Jules RENARD, *Journal*, 8 août 1898 et 7 janvier 1899.

« Dans la mémoire commune, Maurice Barrès tient le rôle du coryphée de la patrie, digne des caricatures du Canard enchaîné. *Pourtant, même à la fin de sa vie, son dernier roman,* Le Jardin sur l'Oronte, *démontrait le ressourcement toujours possible de l'écrivain. Il avait régné sur le début du siècle et attiré à lui les esprits les plus différents. Il avait surtout créé un modèle ou, si l'on veut, repris le modèle de l'écrivain doublé de l'homme politique, le moulineur mélodique de fiction et d'action, à la Chateaubriand. »*

Michel WINOCK, *Le Siècle des intellectuels*, Seuil, 1997.

BIBLIOGRAPHIE

Éditions

L'Œuvre de Maurice Barrès, éd. Ph. Barrès, Club de l'Honnête Homme, 1965 à 1968, 20 vol.

Romans et Voyages, éd. V. Rambaud, « Bouquins », Laffont, 1994.

Les Déracinés, « 10/18 », UGE, 1986 ; préf. J. Borie, « Folio », Gallimard, 1988.

Mes Cahiers (1896-1923), éd. G. Dupré, Plon, 1994.

Études

M. Bonnet (dir.), *L'Affaire Barrès*, Corti, 1987.

F. Broche, *Maurice Barrès : biographie*, Lattès, 1987.

M. Davanture, *La Jeunesse de Maurice Barrès 1862-1888*, Atelier national de reproduction des thèses, Lille, 1975, 2 vol.

J.-M. Domenach, *Barrès par lui-même*, « Écrivains de toujours », Seuil, 1954.

I.-M. Frandon, *L'Orient de Maurice Barrès. Étude de genèse*, Droz, Genève (CH), 1952.

J. Godfrin, *Barrès mystique*, À la Baconnière, Neuchâtel (CH), 1962.

E. Godo, *« La Mort de Venise ». Barrès et la Tentation de l'écriture*, P. U. du Septentrion, Villeneuve-d'Ascq (Nord), 1996 ; *id.* (dir.), *Ego scriptor : Maurice Barrès et l'Écriture de soi*, actes du colloque des 6-7 déc. 1996 organisé à l'Université catholique de Lille, Kimé, 1997.

A. Guyaux, J. Jurt et R. Kopp (dir.), *Barrès : une tradition dans la modernité*, actes du colloque du 10 au 12 avr. 1989 organisé à Mulhouse, Fribourg (CH) et Bâle (CH), Champion, 1991.

Z. Sternhell, *Maurice Barrès et le Nationalisme français*, « CFNSP », n° 182, Colin, 1972.

M. Winock, « Les Années Barrès », in *Le Siècle des intellectuels*, Seuil, 1997, pp. 9 à 153.

J.-M. Wittmann, *Barrès romancier. Une nosographie de la décadence*, Champion, 2000.

BATAILLE

Georges BATAILLE
Écrivit aussi sous le pseudonyme de lord AUCH.
Billom (act. Puy-de-Dôme) 1897 – Paris 1962

> « *Nous devons à Bataille une grande part du moment où nous sommes.* »
> Michel FOUCAULT, *in* Georges BATAILLE, *Œuvres complètes*, Gallimard, posthume, 1970.

> « *L'érotisme chez Bataille est agressivement obscène et répugnant. Sa fascination pour l'ordure en tant qu'ordure laisse supposer que l'auteur dut être un puritain à ses débuts.* »
> Jacques BRENNER, *Histoire de la littérature française de 1940 à nos jours*, Fayard, 1978.

Du vertige de la vie à la fascination de la mort

Une jeunesse crucifiée

Né d'un père simple employé de bureau, devenu aveugle et syphilitique à la naissance de son fils, Bataille fut très tôt mis en internat au lycée Clemenceau de Reims — que fréquenta plus tard Caillois — et y demeura jusqu'en 1913. Ayant très tôt manifesté des tendances au mysticisme, il se convertit au catholicisme en août 1914, au moment où sa mère et lui, fuyant Reims bombardée par les Allemands, y laissaient le père, paralytique, confié à une femme de ménage : jamais il ne le revit vivant ; jamais ce fils de 17 ans ne se remit de ce qu'il considéra toujours comme un « *abandon* ». Bataille pensa devenir prêtre et fut séminariste à Saint-Flour. En 1918, il entra à l'École nationale des chartes, et édita une première plaquette, ***Notre-Dame de Rheims***, dont on ne connut l'existence qu'après sa mort, dans une notice nécrologique rédigée par un condisciple bibliothécaire, André Masson (exact homonyme du peintre). Ce dernier définit cette tentative littéraire imprégnée de la lecture du *Latin mystique* de Gourmont comme « *du mauvais Huysmans, empreinte d'une ferveur qui devait se tourner bientôt vers un autre idéal* » (*Bulletin de la Bibliothèque de l'école des Chartes*, n° 122, 1964). La même période fut aussi marquée par la rencontre avec Bergson — qui le déçut —, par la lecture de Proust et par un amour grandissant pour le Moyen Âge. Ses études achevées, Bataille fit un séjour en Espagne, où le spectacle de la tauromachie et du flamenco commença peut-être à lui inspirer sa théorie de la fête rituelle, du sacré et de la mort. Au retour de ce voyage, il lut Hegel, Nietzsche et Heidegger. En 1920, il semble qu'il ait perdu définitivement la foi au cours d'un séjour chez les bénédictins de l'île de Wight, mais il resta marqué par l'expérience des mystiques.

De la passion des livres à l'ivresse du Mal

Après une édition critique (à titre de thèse) d'un conte en vers du XIIIe siècle, *L'Ordre de Chevalerie*, Bataille fut nommé, en 1924, au Département des médailles de la Bibliothèque nationale et collabora à *Aréthuse*, une revue de numismatique (de 1926 à 1929) ; il fut ensuite affecté au Département des imprimés, à partir de 1930. Entre 1926 et 1927, Bataille suivit une cure psychanalytique auprès du docteur Borel. C'est à cette époque qu'il commença l'écriture et la publication — souvent confidentielle — de livres ayant pour thèmes le mysticisme et la violence : ***Histoire de l'œil*** (1928), un récit érotique publié sous le pseudonyme de lord Auch, et ***L'Anus solaire*** (écrit en 1927, publié en 1931 à 100 exemplaires), bref recueil d'aphorismes illustré par le peintre surréaliste André Masson, où s'annonçait, sous une forme hermétique, la quête du « *fil d'Ariane* » conduisant « *la pensée dans son propre labyrinthe* ». La lecture du *Manifeste du surréalisme* et la rencontre avec Leiris et Queneau lui firent côtoyer, un moment, les surréalistes. Mais les relations de Bataille et de Breton furent souvent houleuses, le second reprochant au premier sa délectation supposée pour les immondices, et surtout de préférer l'analyse à l'action révolutionnaire : Breton prit à partie l'« *assis de bibliothèque* » dans le *Second manifeste* (déc. 1929) ; quant à Bataille, il fut, en 1930, l'un des coauteurs — avec Desnos — d'***Un cadavre***, stigmatisant l'« *entreprise religieuse* » du surréalisme. À partir de 1928, la revue ***Documents*** — que Bataille anima de 1929 jusqu'à sa dernière parution, en 1931 —, consacrée à l'ethnologie, aux beaux-arts et à l'archéologie, devint le « refuge » de nombreux surréalistes « excommuniés ». Beaucoup d'autres revues reçurent sa participation, parmi lesquelles *Minotaure*, *Verve*, *Mesures*, la *NRF*, les *Cahiers d'art* et *La Critique sociale*, où il fit paraître en 1933 une importante étude, ***La Notion de dépense***, préfiguration de ***La Part maudite*** (1949).

Le cofondateur du Collège de sociologie

Bataille suivait depuis quelques années en Sorbonne les séminaires de Kojève sur Hegel lorsqu'il se lia, en 1934, avec d'autres auditeurs qui constituèrent, avec Leiris et lui-même, le Collège de sociologie sacrée : Klossowski, Lacan, Caillois et Merleau-Ponty. En juillet 1938, ***L'Apprenti sorcier*** fut — avec *Le Vent d'hiver* de Caillois et *Le Sacré dans la vie quotidienne* de Leiris, publiés dans le même numéro de la *NRF* — l'un des textes fondateurs du Collège de sociologie. En 1936, la revue ***Acéphale*** (*« sans tête »*, en grec), fondée par Bataille, regroupa Klossowski et Caillois, Jean Wahl et Jules Monnerot ; toutefois, Caillois et Leiris refusèrent de faire partie de la *« société secrète »* du même nom, dont l'activité se poursuivit jusqu'en 1939. Malgré une vie de plus en plus dissolue — il hantait les bordels et multipliait les maîtresses —, Bataille eut une relation privilégiée avec Colette Peignot, *alias* Laure, rencontrée vers 1931, alors qu'elle fréquentait le Cercle communiste démocratique, éditeur de *La Critique sociale*. Ils eurent une liaison de 1934 à la mort de Laure en 1938, qui laissait des écrits que Bataille et Leiris souhaitèrent éditer : ils publièrent sous le manteau deux plaquettes publiées à tout petit tirage (en 1939 et 1943), qui furent reprises dans les *Écrits de Laure* (1971), établis par Jérôme Peignot et contenant une ***Vie de Laure*** rédigée par Bataille en 1942.

L'antinazi précoce et l'écrivain tardif

Dans les années trente, l'activité de Bataille comportait aussi un versant politique. Indigné de la récupération de Nietzsche par l'idéologie totalitaire, l'auteur se lança dans une lutte contre le nazisme qui suscita, en octobre 1935, un rapprochement avec les surréalistes : Breton et Eluard rejoignirent ainsi Bataille et Klossowski dans la politique antinationaliste et anticapitaliste prônée par l'éphémère Union des intellectuels révolutionnaires (groupe Contre-Attaque). Il n'y eut, toutefois, qu'un numéro des ***Cahiers de Contre-Attaque***, en mai 1936, car Breton reprocha aux amis de Bataille de revendiquer un *« sur-fascisme »*, comme il y avait un surréalisme.

C'est pendant la guerre que Bataille commença à éditer ses livres les plus importants, qui longtemps parurent quasi clandestinement. Il publia ***Madame Edwarda*** (1941, sous le pseudonyme de Pierre Angélique), ***Le Coupable***, ***Le Mort***, et surtout ***L'Expérience intérieure*** (tous en 1943, sauf ***Le Coupable***, en 1944), recueil qui reprenait divers textes parus en revue, du ***Labyrinthe*** (1935) au ***Bleu du ciel*** (1936), ou en édition de luxe, comme ***Sacrifices*** (1936), et qui est l'une des expressions les plus importantes de sa pensée philosophique, *« un voyage au bout du possible de l'homme »* (***L'Expérience intérieure, seule autorité, seule valeur***, I, II). Suivirent ***L'Archangélique*** (1944), ***Sur Nietzsche*** (1945) et ***Dirty*** (1945), devenu ***Le Bleu du ciel*** en 1957 : le thème directeur de ce roman, où l'héroïne-initiatrice porte un nom (Dirty) symbolique de l'amour et de l'ordure, est la transgression des tabous qui occultent la sexualité et son rapport avec la mort.

Après la guerre parut ***Critique*** (1946), revue *« idéale »* que Bataille contribua à fonder, fruit de l'expérience des années passées au milieu des périodiques de la Bibliothèque nationale.

Les années orléanaises

Entre 1951 et 1961, Bataille dirigea la bibliothèque municipale d'Orléans. Sous le titre ***Somme athéologique*** (1954) furent regroupés ***L'Expérience intérieure***, ***Le Coupable*** et ***Sur Nietzsche***. Le dernier livre qu'il publia de son vivant, ***L'Impossible*** (1962), reprenant ***Haine de la Poésie*** (1947), résumait sa pensée — atteindre l'inaccessible, accomplir l'impossible, que ce fût en amour, en religion ou en économie : *« L'outrance du désir et de la mort permet seule d'atteindre la vérité. »* Il définissait ce *« graal »* par la rencontre des contraires que sont la peur et le désir — *« L'homme véritable a deux désirs, le danger et le jeu : aussi veut-il la femme comme le jouet le plus dangereux »*, est-il écrit dans *Memorandum*, maximes et textes de Nietzsche qu'il publia en 1945 —, la fascination et la haine, la jouissance et la mort. Pour arriver à l'impossible, il faut aller vers l'extrême (***Le Procès de Gilles de Rais***, 1959).

Sa carrière de bibliothécaire l'avait mené à Carpentras et à Orléans, mais Bataille fut ensuite à nouveau affecté à la Bibliothèque nationale — poste qu'il n'occupa jamais —, et c'est à Paris qu'il mourut, en 1962.

Parmi les textes posthumes, ***Ma mère*** (1966, texte complet en 1971), où la tentation de l'inceste aboutit à la folie et à l'autodestruction, reprend les thèmes de ce que Sarane Alexandrian (*Histoire de la littérature érotique*, 1989) a pu — en référence à *L'Amour fou* de Breton — qualifier d'*« érotisme fou »*.

THÉORIE LITTÉRAIRE

D'une remarquable cohérence malgré la diversité de ses applications et de ses expressions littéraires, politiques et philosophiques, la pensée de Bataille s'organise autour de deux axes fondamentaux : une théorie, formulée dès 1933 dans l'essai portant ce titre, de *« la notion de dépense »*, et une théorie du sacré à laquelle fut consacrée ***La Somme athéologique*** — titre donné dès 1943 à un projet qui ne fut pas achevé, mais qui aboutit à la publication de ***L'Expérience intérieure***.

La Notion de dépense est un essai inspiré par les travaux de Marcel Mauss (*Essai sur le don*, 1925) sur le potlatch, cette coutume de populations primitives consistant à rivaliser de cadeaux, révélée à Bataille par Alfred Métraux. L'auteur donne à cette *« perte somptuaire des objets cédés »* une importance cosmique *(« Le soleil donne sans jamais recevoir »)* et formule l'hypothèse qu'une partie essentielle de l'activité humaine, *« le luxe, les deuils, les guerres, les cultes, les constructions de monuments somptuaires, les jeux, les spectacles, les arts, l'activité sexuelle perverse (c'est-à-dire détournée de la finalité génitale) »*, est vouée à *« la part maudite »*, à la dépense gratuite, non productive et cérémonielle. Cette notion clé permet à Bataille de *« poser la question de la totalité* [...] *dans toute son ampleur »* ***(L'Apprenti sorcier)*** : *« Même ce qui peut être dit de l'art, de la littérature, de la poésie est en rapport* [...] *avec le mouvement* [...] *de l'énergie excédante* [sic] *traduit dans l'effervescence de la vie »* ***(La Part maudite)***. Ainsi oppose-t-il — selon un néologisme dont il est l'auteur — les sociétés de *« consumation »* (la civilisation aztèque), aux sociétés militaires (l'Islam) ou productivistes (le capitalisme industriel né de la Réforme) : dans leur utilitarisme et leur fascination de l'objet, celles-ci ont oublié *« le caractère secondaire de la production et de l'acquisition par rapport à la dépense »*. La morale bourgeoise, qui fait de l'avarice et de la condamnation des jouissances immédiates sa raison d'être, lui semble en particulier une *« sinistre annulation »*. Car *« passer des perspectives de l'économie restreinte à celles de l'économie générale réalise* [...] *un changement copernicien : la mise à l'envers de la pensée et de la morale »* ***(La Part maudite)***. C'est pourquoi le Mal, dont la littérature sera l'expression, a *« valeur souveraine. Mais cette conception ne commande pas l'absence de morale, elle exige une "hypermorale" »* (***Avant-propos*** à ***La Littérature et le Mal***, 1957). Selon Bataille, *« l'humanité poursuit deux fins, dont l'une, négative, est de conserver la vie* [...], *l'autre, positive, d'en accroître l'intensité »* (article sur Michelet, in ***La Littérature et le Mal***). Dans sa réflexion sur l'art et sur la littérature, objet de ***La Peinture préhistorique : Lascaux ou la Naissance de l'art*** et de ***Manet*** (1955), il caractérise donc toute création comme une sorte de mysticisme inverse, où l'homme se plonge dans un néant pour atteindre l'absolu, se transcende dans *« un dépassement atterrant »* (***Préface*** à ***Madame Edwarda***), une *« projection convulsive du moi »* ***(Sacrifices)***, transgresse tous les tabous — qui sont, par là, nécessaires —, notamment grâce à l'érotisme, au centre de ***L'Abbé C*** (roman, 1950) et de ***L'Érotisme*** (essai de 1957, largement consacré au marquis de Sade), et à la mort, sujet des ***Larmes d'Éros*** (1961). Ce qui ne va pas sans tricherie, le plus souvent ; car nous tentons *« d'accéder à la joie tout en nous approchant le moins possible de l'horreur* [...]. *Le domaine de l'érotisme est voué sans échappatoire à la ruse »* (***Préface*** à ***Madame Edwarda***). On retrouve ainsi la double postulation — *« Il y a dans tout homme, à toute heure, deux postulations simultanées, l'une vers Dieu, l'autre vers Satan » (Mon Cœur mis à nu)* — chère à l'auteur des *Fleurs du Mal* : *« un parfait mouvement d'extase et d'horreur mêlées »* (article sur Baudelaire, in ***La Littérature et le Mal***).

Bataille revient souvent à *« cette banalité écœurante : que l'amour a l'odeur de la mort »* (***Le Langage des fleurs***, in *Documents*, juin 1929 — où l'auteur cite l'anecdote de Sade effeuillant une rose sur du purin), mais lui donne le sens d'une libération : *« C'est seulement à la limite de la mort que se révèle avec violence le déchirement qui constitue la nature même du* moi *immensément libre »* ***(Sacrifices)***. C'est pourquoi *« le coït est la parodie du crime »* ***(L'Anus solaire)*** : la mort et la sexualité sont des luxes conçus *« d'abord comme une négation de nous-mêmes, puis, en un renversement soudain, comme la vérité profonde du mouvement dont la vie est l'exposition »* ***(La Part maudite)***. L'érotisme, défini comme *« l'approbation de la vie jusque dans la mort »* ***(L'Érotisme)***, est donc toujours *« infraction à la règle des interdits »*, ces interdits dont *« les plus communs frappent les uns la vie sexuelle et les autres la mort, si bien que l'une et l'autre ont formé un domaine sacré, qui relève de la religion »* (***Préface*** à ***Madame Edwarda***).

Ainsi se trouve établi le lien avec l'autre versant théorique de l'œuvre de Bataille. Si certains arts (architecture, danse, musique) supposent des « *dépenses réelles* », théâtre et littérature constituent une « *dépense symbolique* » qui provoque « *l'angoisse et l'horreur par des représentations* [...] *de la perte tragique* » ***(La Notion de dépense)*** : « *le théâtre, comme le sommeil rouvre à la vie la profondeur chargée d'horreurs et de sang de l'intérieur des corps* » (***La Mère-Tragédie***, article paru en 1937). La poésie est sacrifice au sens propre, « *production de choses sacrées* » ***(La Part maudite)***, « *opération de perte* » ***(La Notion de dépense)***, puisque « *la beauté qui soulève un chant est l'infraction à la loi,* [...] *l'infraction à l'interdit* » (article sur Genet, in ***La Littérature et le Mal***). « *Le sacré n'étant qu'un moment d'unité communielle, moment de communication convulsive* » (***Le Sacré***, article paru in *Cahiers d'art*, 1939), la littérature elle aussi ne peut être que « *communication. Elle part d'un auteur souverain, par-delà les servitudes d'un lecteur isolé, elle s'adresse à l'humanité souveraine* » (article sur Genet, in ***La Littérature et le Mal***). Véritable sacrifice, elle suppose que « *l'auteur se nie lui-même* [et] *nie en même temps la particularité des lecteurs* » *(ibid.)*. Sa forme la plus haute, la poésie, suscite une « *fusion mystique* » que Bataille rapproche « *du* mystique *de Cassirer, du* primitif *de Lévy-Bruhl, du* puéril *de Piaget* » (article sur Baudelaire, in ***La Littérature et le Mal***). Cette « *attitude d'enfant* », ce « *jeu gratuit* » *(ibid.)*, cette « *intime fulguration* » libère le poète et son lecteur « *de ce qui d'habitude attache la conscience à l'intelligibilité durable et apaisante des objets* » (article sur Genet, in ***La Littérature et le Mal***) : « *La littérature, je l'ai, lentement, voulu montrer, c'est l'enfance enfin retrouvée* [...]. *À la fin, la littérature se devait de plaider coupable.* » Elle tente ainsi de rejoindre « *le mythe* vivant, *que la poussière intellectuelle ne connaît que* mort *et regarde comme la touchante erreur de l'ignorance* » ***(L'Apprenti sorcier)***. Encore la fiction — à la différence de la fable — ne crée-t-elle qu'un « *lien fugace* » *(ibid.)* entre l'auteur et le lecteur et échoue-t-elle par définition, « *puisque, ayant le périssable pour fin, elle le change en éternel* » (article sur Baudelaire, in ***La Littérature et le Mal***). L'art ne peut que fixer après coup « *l'instant sacré* » ***(Le Sacré)***, « *ce jeu de la fantaisie composant la vie* » ***(L'Apprenti sorcier)*** qui doit tout au hasard — « *Il n'est rien de beau, rien de grand* [...] *qui ne se rencontre pas par* chance *et qui ne soit pas* rare » (***La Chance***, article paru in *Verve*, 1938) — et rien à l'intellect : « *C'est seulement quand* [...] *la nuit tombe que le "hibou de Minerve" peut faire à la déesse le récit d'événements échus* » ***(Le Sacré)***. Le génie poétique s'apparente, selon Bataille, à ces « *irruptions sournoises* » de l'être que connaissent les amants dans l'acte érotique : « *Il n'est pas développement, mais naissance ; il est moins* [...] *certitude que blessure* » (***Les Mangeurs d'étoiles***, 1940). Il ne peut donc se contenter, comme le romantisme, « *d'étendre le domaine des mythes et, en général, des thèmes poétiques* donnés » ***(Le Sacré)***, de « *faire du malheur une forme nouvelle de carrière* » ***(L'Apprenti sorcier)***. Mais les *Illuminations* de Rimbaud, la peinture de Van Gogh ou l'entreprise surréaliste lui semblent exprimer un « *nouvel orage* », une inquiétude moderne qui « *s'est appliquée avec une sorte de vertige à la découverte de formules verbales figuratives* » ***(Le Sacré)*** : l'artiste « *ne peut plus admettre aucune limite à la figuration ou à l'écriture* » ; héritier de la puissance divine, « *il dispose tout à coup* seul *de toutes les convulsions humaines qui sont possibles* » ***(Le Sacré)***.

THÉORIE LITTÉRAIRE

Choisissant la transgression pour thème principal de ses écrits, de sa pensée et — du moins en intention — de sa vie, Bataille explora les affinités entre l'érotisme, le mysticisme et la mort, faisant de la littérature une sorte d'expérience des limites.

Un style d'une énergique rigueur

Vouée à la transgression de tous les impératifs moraux ou logiques, l'écriture de Bataille participe du souci constant d'une « *rédaction plus serrée* » (Leiris). Elle partage avec l'écriture sadienne l'observance de la grammaire, mais de « *soudaines effusions d'irrépressible énergie* » (projet d'une conclusion à ***L'Érotisme***) heurtent le développement continu du discours, qu'il s'agisse du « *Jésuve* » de ***L'Anus solaire***, des « *guenilles* » de l'héroïne éponyme de ***Madame Edwarda***, de l'univers de circonstances qui gouverne ou plagie la geste érotique — « *Cependant, les deux jeunes filles se branlaient avec un geste court et brusque, face à face dans cette nuit d'orage* » ***(Histoire de l'œil)*** — ou d'images soudaines : « *Le ciel érotique ouvert : coïncidence d'une musique de fête (frénésie perdue) et d'un silence de mort* »

(Le Petit). Ce « *mouvement de l'être* » ne peut que refuser le « *langage des fleurs* », naturelles ou rhétoriques, qui « *crèvent ridiculement sur les tiges qui semblaient les porter* ». À chaque ligne, il s'agit de « *combats dans lesquels la règle est de* perdre pied » ***(L'Érotisme)***. Néanmoins, Bataille n'ignorait rien des prestiges de la rhétorique, et son œuvre inclassable — puisque explorant tous les genres littéraires — abonde en formules définitives, avec une prédilection marquée pour les oppositions et les parallélismes, voire les oxymores, telle la fameuse « *joie suppliciante* » ***(Histoire de l'œil)*** définissant le désir : « *J'enseigne l'art de tourner l'angoisse en délice* » (***L'Expérience intérieure***, II, I) ; « *De la poésie, je dirai maintenant qu'elle est, je crois, le sacrifice où les mots sont victimes* » (*ibid.*, IV, VI) ; « *La "communication" est l'amour et l'amour souille ceux qu'il unit* » (***Sur Nietzsche***, II, I) ; « *Chaque livre est aussi la somme des malentendus dont il est l'occasion* » (*ibid.*, ***Appendice***, IV) ; « *Ce que l'art est tout d'abord, et ce qu'il demeure avant tout, c'est un jeu* » ***(Lascaux ou la Naissance de l'art)***.

Une gloire posthume et limitée

Bataille fut en relation avec tous les courants de pensée et d'écriture de la première moitié du XXe siècle. Néanmoins, de son vivant, son audience resta confidentielle, malgré les échos que donnèrent de son œuvre Leiris, Sartre et Blanchot. Son influence philosophique est sensible chez Foucault qui, présentant ses ***Œuvres complètes*** en 1970, notait que « *l'*Histoire de l'œil, Madame Edwarda *ont rompu le fil des récits pour raconter ce qui ne l'avait jamais été* ». Son œuvre a suscité en outre l'intérêt de Julia Kristeva et de Jacques Derrida, et sa conception de l'érotisme a profondément marqué nombre d'écrivains, comme Bernard Noël, Louis-René des Forêts ou, dans une certaine mesure, Philippe Sollers.
Le centenaire de sa naissance, en 1997, fut l'occasion de nombreuses commémorations, notamment éditoriales. Toutefois, s'il est aujourd'hui mieux connu, Bataille reste encore un écrivain plutôt confidentiel.

ŒUVRE

Le ***Bleu du ciel***

Roman publié en 1957 chez Jean-Jacques Pauvert.

Après un bref ***Avant-propos***, le roman s'ouvre sur une première scène de beuverie située dans un hôtel de Londres et dont les protagonistes sont le narrateur, Troppmann, et sa maîtresse, Dirty ***(Introduction)***. La ***Première Partie*** consiste en un court intermède en italique qui énonce l'enjeu du livre, le narrateur en proie à une exaltation extrême née d'une « *ignoble souffrance* » et d'un rire insolent, s'exclamant : « *Je triomphe !* ». La ***Deuxième Partie***, reprenant le fil du récit, décrit en 5 chapitres le parcours du narrateur à travers l'Europe, et sa relation impossible avec Dirty. Partout, l'alcool bu jusqu'à l'ivresse extrême, décrite dans ses détails les plus scabreux, est pour lui un moyen de supporter l'angoisse, de tenter de « *perdre la tête* ». À Paris, il rencontre Lazare, une militante révolutionnaire à la fascinante laideur ***(Le Mauvais Présage)***, puis Xénie, une jeune fille dévouée qui le veille durant sa maladie, et qu'il ne songe qu'à humilier ***(Les Pieds maternels)***. Tous se retrouvent à Barcelone où l'on assiste au soulèvement des anarchistes catalans et à son échec (***Histoire d'Antonio*** et ***Le Bleu du ciel***). Dirty, venue rejoindre Troppmann, l'accompagne alors en Allemagne, de Trèves (ville natale de Karl Marx) à Francfort. Une atmosphère de fièvre nazie et d'érotisme monstrueux s'incarne dans un groupe d'Hitlerjugend, ces enfants qui « *paraissaient en proie, raides comme des triques, à une exultation de cataclysme* » ***(Le Jour des morts)***.

Ce roman politique est aussi un roman à clés : Dirty — diminutif « *sali* » de Dorothea — est un double de Colette Peignot, *alias* Laure, qui partageait l'intérêt de Bataille pour la « *notion de dépense* » dont ***Le Bleu du ciel*** est une sorte d'application effrénée : cette jeune femme révoltée contre son milieu bourgeois a inspiré le personnage à la beauté frêle, à la pâleur mortelle, de Dirty. On a reconnu dans Lazare la personnalité de Simone Weil, qui collaborait à *La Critique sociale* de Souvarine en même temps que Bataille. Désignée par son patronyme macabre, Lazare évoque davantage la saleté repoussante d'un cadavre que l'idée d'une radieuse résurrection. L'autobiographie est donc étroitement mêlée à ce qui apparaît comme l'odyssée fantasmatique d'un homme voué à la souffrance, au dégoût de soi, un long naufrage dans lequel il entraîne les êtres les plus près de l'aimer, notamment la « *pauvre Xénie* », mais aussi Dirty avec laquelle Troppmann est impuissant jusqu'à cette nuit de la Toussaint où il la possède, à même la terre d'un cimetière : « *Nous sommes tombés sur le sol meuble et je m'enfonçais dans son corps humide comme une charrue bien manœuvrée s'enfonce dans la terre. La terre, sous ce corps, était ouverte comme une tombe fraîche* » **(Le Jour des morts)**. Les fantasmes nécrophiles sont récurrents, ainsi que le double thème de la culpabilité et de la transgression, véhiculé par la présence diffuse du mythe de Don Juan, axé sur le défi à la statue du Commandeur. Obstinément attiré vers le mal qui semble seul capable d'étancher sa soif d'absolu, le narrateur s'affirme comme l'homme de l'excès, de ce « *trop* », lisible dans son nom, Troppmann, qui fut aussi celui d'un assassin guillotiné en 1870 et célébré par Rimbaud dans l'*Album zutique*. L'existence individuelle du héros, comme la situation historique, sont imprégnées par l'omniprésence de la mort dont ce récit constitue « *l'apprentissage* », comme l'expliqua Bataille dans le prière d'insérer du livre, « *en dénudant au fond de chacun de nous cette fente, qui est la présence toujours latente de notre propre mort* ». Le « *bleu du ciel* » est alors « *ce qui apparaît à travers la fente* ».

Rédigée en 1935, cette œuvre est contemporaine des événements qu'elle relate, et reflète la tension et le malaise de l'entre-deux-guerres. Son auteur déclara en avoir « *en quelque sorte oublié l'existence* » (**Avant-propos** de 1957) lorsque, vingt-deux ans plus tard, il s'en remit « *au jugement de* [ses] *amis* » pour la publier. L'**Introduction** avait toutefois paru séparément en 1947 sous le titre **Dirty**, et la **Première Partie** est une version remaniée du chapitre intitulé **Le Bleu du ciel** (daté de 1934) dans **L'Expérience intérieure**.

CITATIONS

Qu'il est beau, qu'il est sale de savoir !

L'Abbé C..

De l'érotisme, il est possible de dire qu'il est l'approbation de la vie jusque dans la mort.

Introduction à *L'Érotisme*.

La poésie qui ne s'élève pas au non-sens de la poésie n'est que le vide de la poésie, que la belle poésie.

L'Orestie, in *L'Impossible*.

La littérature, je l'ai, lentement, voulu montrer, c'est l'enfance enfin retrouvée.

Avant-Propos à *La Littérature et le Mal*.

L'acte sexuel est dans le temps ce que le tigre est dans l'espace.

Avant-Propos à *La Part maudite*.

Qui ne « meurt » pas de n'être qu'un homme ne sera jamais qu'un homme.

L'Expérience intérieure, in *Somme athéologique*, I, II, 1.

La vie va se perdre dans la mort, les fleuves dans la mer et le connu dans l'inconnu. La connaissance est l'accès de l'inconnu. Le non-sens est l'aboutissement de chaque sens possible.

L'Expérience intérieure, in *Somme athéologique*, I, IV.

Je pense comme une fille enlève sa robe.

Méthode de méditation, I, in *Somme athéologique*, I.

Ce qui m'oblige d'écrire, j'imagine, est la crainte de devenir fou.

Préface à *Sur Nietzsche*.

JUGEMENTS

« *C'est dans chacun de ses livres que Bataille se montre, dans la même page, dans la même phrase, essayiste, poète et romancier, juxtaposant, mêlant indissolublement l'image et le concept, la maxime et le cri, l'aveu et la fiction. Comme s'il ne sacrifiait aux différents "genres" que pour mieux les sacrifier, tous ensemble, et la notion même de littérature, à une entreprise qui mérite, bien mieux encore que l'œuvre où elle s'inscrit, le qualificatif d'inclassable.* [...] *Au contraire des surréalistes qui ne vitupèrent contre le langage que pour mieux s'abandonner, une fois brisé le carcan du sens, à l'intarissable jaillissement des images, Bataille n'attend point son salut des mots : ils le fascinent et l'exaspèrent tout à la fois. Mais il sait que le langage est notre seule chance, même truquée, de communiquer, le seul moyen que nous ayons, même illusoire, de nous ressaisir dans ce qui nous dépossède : c'est pourquoi, par une* "haine de la poésie" *qui est à la mesure de l'amour toujours déçu mais toujours renaissant qu'il lui porte, il écrira. Il écrira contre l'écriture,* "pour annuler, *dit-il,* un jeu d'opérations subordonnées". [...] *Rien de gratuit : telle est peut-être la caractéristique essentielle d'une œuvre que son auteur a moins créée que subie.* »

Jacques Bersani, *in* Jacques Bersani, Michel Autrand, Jacques Lecarme et Bruno Vercier, *La Littérature en France de 1945 à 1968*, Bordas, 1970.

« *Curieux personnage, Georges Bataille ! Un savant par son érudition, l'étendue de son esprit ; un enfant par sa sensibilité et la fraîcheur de sa vision ; un libertin, petit-fils du marquis de Sade, mais dans la peau d'un anachorète en proie aux remords du péché, aux meurtrissures de la conscience, aux mortifications ; écartelé entre l'érotisme et le sentiment tragique de la vie... »*

BRASSAÏ, *Conversations avec Picasso*, Gallimard, 1964.

Il a mis à la mode chez les étudiants des années soixante les mots « transgression » *et* « consumation », *l'un n'allant pas sans l'autre. Il cherchait la réalisation d'une* « extase » *considérée comme fin en soi.* [...] *Des récits comme* Histoire de l'œil *ont rencontré un vif succès auprès des lycéens travaillés par la puberté.*

Jacques BRENNER, *Histoire de la littérature française de 1940 à nos jours*, Fayard, 1978.

« Georges Bataille, ce bibliothécaire de la Nationale qui prôna l'anarchie sous toutes ses formes comme la rencontre inévitable du désir avec l'utopie [...]. *»*

Pierre BRUNEL, *La Littérature française aujourd'hui*, Vuibert, 1997.

« Il bénéficiera post mortem des éclats d'une époque qui aura vu tomber les derniers remparts de la censure. De là vient peut-être aujourd'hui ce sentiment que l'œuvre de Georges Bataille paraît moins sulfureuse, moins vertigineuse. Reste qu'elle continue de témoigner de la quête féroce d'un absolu qui ressemble étrangement à cet infini si cher aux mathématiciens ou aux astrophysiciens : toujours en vue, jamais atteint. »

Bernard GÉNIÈS, « Le Soleil noir », in *TéléObs*, 30 avril 1997.

« [Devant des tableaux] *Son érudition, mise à vif, s'excitait : il suggérait provenances et dates. Sa jovialité régnait sur un monde de morts auxquels il pouvait accorder une misérable et provinciale résurrection. Quand il avait chassé la poussière (de son mouchoir ou d'un chiffon ?), ranimé la couleur du bout de doigts mouillés de salive, rien ne lui échappait d'un frémissement de touche, d'une sensualité de peau, d'une subtilité de lumière. Il humait avec délectation ou dégoût ces chairs de sainte, de bergère ou de soldat romain. Il entrait dans de sombres forêts, pour en sentir la vivante fraîcheur, ou la tiédeur de carton. Les regardant dans les yeux, il invitait les visages à lui parler. Il avait des façons de tâter les bras et les jambes, d'éprouver la vigueur des membres, de dégonfler des musculatures, de passer ses grosses mains d'étrangleur sous les étoffes pour voir ce qu'il y avait dessous. Il y prenait énormément plaisir, et y mettait autant de vice que de vertu. Il s'éloignait alors de ces vieilles toiles, insuffisamment habitées, vers d'autres sujets, et son imagination si vive et chaude, concrète et précise, lui prêtait un langage inspiré et surprenant, à la hauteur des images qu'il avait alors dans l'esprit. »*

Georges LIMBOUR, *Le Carnaval et les Civilisés*, Élocoquent, 1986.

« Bataille, le trangresseur, *ne pouvait prévoir que Breton, au moment où nous allions quitter* "L'Europe aux anciens parapets", *et où nous faisions tous deux le tour d'horizon des adeptes et des* "mitoyens", *me dirait :* "Le seul de nous qui soit vraiment *sadien*, c'est Bataille". »

André MASSON, *La Mémoire du monde*, Skira, Genève, 1974.

« Assez beau et fascinant, la mâchoire lourde, la parole non point tout à fait entravée mais lente, la démarche difficultueuse. »

Claude MAURIAC, *Le Temps immobile*, 4 octobre 1957, Grasset, 1974.

« Le mot d'impossibilité revient souvent sous sa plume : ce n'est pas par hasard. Il appartient sans aucun doute à cette famille d'esprits qui sont par-dessus tout sensibles au charme acide et épuisant des tentatives impossibles. »

Jean-Paul SARTRE, *Situations I*, Gallimard, 1947.

BIBLIOGRAPHIE

Éditions

Œuvres complètes, éd. Th. KLOSSOWSKI, D. HOLLIER, F. MARMANDE *et alii*, Gallimard, 1970 à 1988, 12 vol. parus.

Le Bleu du ciel, « 10/18 », UGE, 1991 ; « L'Imaginaire », Gallimard, 1991.

Choix de lettres, 1917-1962, éd. M. SURYA, Gallimard, 1997.

Études

M. BLANCHOT, *L'Entretien infini*, Gallimard, 1969.

L. FINAS, *La Crue*, Gallimard, 1972.

D. HOLLIER, *Georges Bataille après tout*, Belin, 1995.

A. LABARTHE, *Bataille à perte de vue*, Ciné-Fils, 1997.

M.-Chr. LALA, « La Pensée de Georges Bataille et l'Œuvre de la mort », in *Littérature*, n° 58, mai 1985.

M. LEIRIS, « À propos de Georges Bataille », articles repris in *Fourbis*, 1988.

F. MARMANDE, *L'Indifférence des ruines*, Parenthèses, 1985.

S. SULEIMAN, « La Pornographie de Bataille », in *Poétique*, n° 64, nov. 1985.

M. SURYA, *Georges Bataille : La Mort à l'œuvre*, Séguier, 1987.

« Hommage à Georges Bataille », in *Critique*, août-sept. 1963 (n° spécial).

« Georges Bataille », in *L'Arc*, n° 32, printemps 1967.

Bataille, actes du colloque de Cerisy, « 10/18 », UGE, 1973.

BAUDELAIRE

Charles BAUDELAIRE

Signa aussi parfois BAUDELAIRE-DUFAŸS.

Paris 1821 – *ibid.* 1867

> *« Avec Baudelaire, la poésie française sort enfin des frontières de la nation. Elle se fait lire dans le monde ; elle s'impose comme la poésie même de la modernité. »*
> Paul VALÉRY, « Situation de Baudelaire », in *Variété II*, Gallimard, 1930.

> « [Baudelaire] *réunit en lui, poussées à l'extrême, toutes les caractéristiques du romantisme : le flou, le mou, le ténébreux, le narcissisme, les infinis faciles.* »
> Marcel AYMÉ, *Le Confort intellectuel*, chap. V, Flammarion, 1949.

Une existence tourmentée

Un enfant meurtri

Fils unique — et malheureux — de François Baudelaire et de Caroline Archenbaut-Defayis (ou Archimbaut-Dufaÿs), Baudelaire naquit le 9 avril 1821. Son père, ancien prêtre défroqué et peintre amateur, « *détestable artiste* » (lettre de Baudelaire à sa mère, du 30 déc. 1857), mourut en 1827. La veuve — de trente-cinq ans plus jeune que son défunt époux — et l'enfant vécurent alors à Neuilly dans une maison qu'un poème des ***Fleurs du Mal*** évoque avec nostalgie :

Je n'ai pas oublié, voisine de la ville
Notre blanche maison, petite mais tranquille.

(poème sans titre, vv. 1-2, in ***Spleen et Idéal***, LXX, in ***Les Fleurs du Mal***, éd. 1857)

Dans l'œuvre (***Le Cygne***, ***Les Petites Vieilles***, ***Les Veuves***), plusieurs figures de veuves ravivèrent ce « *bon temps des tendresses maternelles* », fait de « *longues promenades* », de « *tendresses perpétuelles* » (lettre à sa mère, du 6 mai 1861), qui, dans la vie, fut bref, car un beau-père, le futur général Aupick, mit très vite un terme à ce « *vert paradis des amours enfantines* » (***Mœsta et errabunda***, in ***Spleen et Idéal***, LV, in ***Les Fleurs du Mal***, éd. 1857). Dès 1828, Mme Baudelaire se remaria, en partie par nécessité, accouchant presque aussitôt d'une fille mort-née. De cette demi-sœur qu'il faillit avoir, le futur poète ne sut jamais rien, sinon inconsciemment, à travers un complexe d'Oreste qui parfois se fit jour, comme à la fin du ***Voyage*** — *Pour rafraîchir ton cœur nage vers ton Électre ! / Dit celle dont jadis nous baisions les genoux* (VII, vv. 135-136, in ***La Mort***, CXXVI, in ***Les Fleurs du Mal***, éd. 1861) — et dans la dédicace des ***Paradis artificiels*** (1860). Froissé par ce remariage précipité de sa mère avec Jacques Aupick — chef de bataillon appelé à une brillante carrière de militaire, d'ambassadeur, puis de sénateur —, l'enfant souffrit d'un « *sentiment de solitude* » qui s'aggrava et se transforma en « *spleen* », ennui existentiel marquant ses vers comme sa prose, et s'accompagnant d'une impression de malédiction : « *Je crois que ma vie a été damnée dès le commencement, et qu'elle l'est toujours* » (lettre à sa mère, du 4 déc. 1854).

Aupick ayant été promu à Lyon, Baudelaire fut placé à la pension Delorme avant de devenir interne au Collège royal, dont il suivit les cours, de 1832 à 1836, à la satisfaction de ses parents — mais dont lui-même ne retint que « *coups, batailles avec les professeurs et les camarades, lourdes mélancolies* » (note autobiographique). De retour à Paris, il entra comme pensionnaire à Louis-le-Grand, où se déclarèrent ses premiers goûts littéraires : *Volupté* de Sainte-Beuve, *Drames et Poésies* de Hugo. Élève brillant, il remporta chaque année plusieurs prix, du moins jusqu'en 1839 — année où apparurent dans sa conduite des « *allures pleines de bizarrerie* » qui caractérisèrent aussi sa poésie, fondée sur le principe que « *le beau est toujours bizarre* » (***Exposition universelle***, 1855). Renvoyé de Louis-le-Grand en 1839, il fut pourtant reçu la même année au baccalauréat et s'inscrivit à la faculté de droit.

Le jeune bachelier s'engagea dans une « *vie libre* » où il contracta une maladie vénérienne avec Sarah, *alias* Louchette, jeune prostituée qui lui inspira, par contraste, le goût d'une beauté idéale et inaccessible :

Je n'ai pas pour maîtresse une lionne illustre :
La gueuse, de mon âme, emprunte tout son lustre ;
Invisible aux regards de l'univers moqueur,
Sa beauté ne fleurit que dans mon triste cœur.
[...]
Elle louche, et l'effet de ce regard étrange
Qu'ombragent des cils noirs plus longs que ceux d'un ange,
Est tel que tous les yeux pour qui l'on s'est damné

Ne valent pas pour moi son œil juif et cerné.
[...]
Ses grands yeux inquiets, durant la nuit cruelle,
Croient voir deux autres yeux au fond de la ruelle,
Car, ayant trop ouvert son cœur à tous venants,
Elle a peur sans lumière et croit aux revenants.
[...]
Si vous la rencontrez, bizarrement parée,
Se faufilant au coin d'une rue égarée,
Et la tête et l'œil bas comme un pigeon blessé,
Traînant dans les ruisseaux un talon déchaussé,
Messieurs, ne crachez pas de jurons ni d'ordure
Au visage fardé de cette pauvre impure
Que déesse Famine a, par un soir d'hiver,
Contrainte à relever ses jupons en plein air.
Cette bohème-là, c'est mon tout, ma richesse,
Ma perle, mon bijou, ma reine, ma duchesse,
Celle qui m'a bercé sur son giron vainqueur,
Et qui dans ses deux mains a réchauffé mon cœur.

(poème de jeunesse, sans titre, vv. 1 à 4, 13 à 16, 29 à 32 et 37 à 48, non recueilli)

Une nuit que j'étais près d'une affreuse Juive,
Comme au long d'un cadavre un cadavre étendu,
Je me pris à songer près de ce corps vendu
À la triste beauté dont un désir se prive.

(poème sans titre, vv. 1 à 4, in ***Spleen et Idéal***, XXXI, in ***Les Fleurs du Mal***, éd. 1857)

Pour oublier Vénus aux charmes empoisonnés, l'adolescent se plongea dans Virgile et s'exerça lui-même à rimer, en compagnie de camarades (Ernest Prarond, Gustave Le Vavasseur, Philippe de Chennevières, Jules Buisson, Auguste Dozon) avec qui il partageait alors, à la pension Bailly, sa nouvelle vie de bohème. Sous le nom d'« *École normande* », ces apprentis-poètes rivalisaient d'audace et de virtuosité, allant jusqu'à produire, en 1843, un recueil collectif de *Vers* auquel Baudelaire dédaigna de contribuer explicitement. Par souci de distinction, le jeune dandy ne voulait se mesurer qu'aux plus grands, dont il rechercha très tôt la compagnie, avant même d'avoir rien publié. À Hugo, dont il venait de voir *Marion Delorme* en 1840, il osa demander une audience, rechercha également l'attention de Nerval, de Balzac, de Gautier et de Sainte-Beuve. Mais, avant de faire réellement leur connaissance, il dut s'embarquer pour un voyage forcé vers les Indes.

Un exilé sous tutelle

Pour mettre un frein à la vie dissipée et dispendieuse de Charles, encore mineur, un conseil de famille décida de le « *dépayser* », avec l'espoir qu'un long périple le ferait « *rentrer dans le vrai* ». En 1841, le *Paquebot-des-Mers-du-Sud* quittait Bordeaux pour Calcutta, avec à bord un passager rétif qui profita d'une escale forcée à la Réunion — alors île Bourbon — pour faire demi-tour. Revenu de ce voyage forcé, Baudelaire n'en fit plus d'autres, sinon par l'imagination, préférant « *voyager sans vapeur et sans voile !* » (***Le Voyage***, v. 53, *op. cit.*), mais ces mers du Sud furent une source d'inspiration pour de nombreux poèmes « exotiques » (***La Vie antérieure***, ***Parfum exotique***, entre autres) des ***Fleurs du Mal***. Devenu majeur le 9 avril 1842, il réitéra son désir d'être « *auteur* » — *Moi qui vends ma pensée et qui veux être auteur* (poème sans titre « *Je n'ai pas pour maîtresse [...]* », v. 8, *op. cit.*) — et demanda à jouir sans délai d'un héritage paternel qui, se montant à 75 000 francs, suffisait à faire de lui un homme aisé. En deux ans, sa vie de dandy l'avait conduit à dilapider la moitié de son avoir, et avait contraint ses parents à solliciter qu'un conseil judiciaire gérât la somme restante. En 1844, le tribunal chargea Me Ancelle, notaire à Neuilly, de verser à Baudelaire des mensualités, qui n'évitèrent cependant pas au poète de s'endetter et de réclamer à sa mère qu'elle fît l'appoint. Pour ne pas payer ses loyers et mieux semer ses créanciers, il s'obligea en outre à errer sans fin dans Paris et à déménager une quarantaine de fois. En 1844, il était à l'hôtel Pimodan, dans l'île Saint-Louis, non loin du logis de la mulâtresse figurante dans un théâtre, Jeanne Duval, qu'il avait rencontrée en 1842. Elle lui inspira quelques-uns des plus beaux vers des ***Fleurs du Mal*** et, toute sa vie, non sans intermittences, resta sa compagne. Dans ce même hôtel Pimodan se tenaient des « *fantasias* » de haschisch organisées par le peintre Fernand Boissard de Boisdenier, sous le contrôle du docteur Moreau de Tours, auxquelles participaient régulièrement des hôtes tels que Balzac, Nerval ou Gautier. Baudelaire y allait surtout en observateur, se méfiant de la confiture verte, « *bien-heureux poison* » qu'il dénonça, plus tard, dans les ***Paradis artificiels*** : « [...] *Ne considérant que la volupté immédiate,* [l'homme] *a, sans s'inquiéter de violer les lois de sa constitution, cherché dans la science physique, dans la pharmaceutique, dans les plus grossières liqueurs, dans les parfums les plus subtils, sous tous les climats et dans tous les temps, les moyens de fuir, ne fût-ce que pour quelques heures, son habitacle de fange* [...]. » Aux excitants, Baudelaire préférait des stimulants plus naturels : les parfums, la musique. Pour trouver « *la béatitude poétique* », il suffisait qu'à « *l'enthousiasme* » — qui transporte hors de soi — se joignît la volonté — qui rend maître de soi —, selon une double exigence quelque peu contradictoire. Soumis à ces tendances opposées qui tantôt le « *vaporis*[ai]*ent* », tantôt le « *centralis*[ai]*ent* » (***Mon Cœur mis à nu***, posth., 1887), le moi baudelairien s'en plaignait tout en s'y complaisant. Bourreau de soi — *Je suis les membres et la roue, / Et la victime et le bourreau !* (***L'Héautontimorouménos***, vv. 23-24, in ***Spleen et Idéal***, LII, in ***Les Fleurs du Mal***, éd. 1857) — qui tenta même de se suicider d'un coup de couteau en juin 1845, Baudelaire aimait également souffrir d'une « *vorace Ironie* » qui tempérait d'amertume tout savoir, de froideur toute exaltation, de doute toute croyance. Cette conscience ironique était, chez lui, la marque du dandy. Soucieux de ne rien prendre au sérieux, il contenait ses émotions dans le carcan d'une mise impeccable : « *Le Dandy doit aspirer à être sublime, sans interruption. Il doit vivre et dormir devant un miroir* » (***Mon Cœur mis à nu***, IV, 119, éd. Béatrice Didier, 1972). De même eut-il très tôt le souci d'une perfection et d'une rigueur formelles qui le conduisirent à défendre, autour de 1860, l'idéal de l'art pour l'art prôné par les Parnassiens.

Critique d'art et traducteur

Dès 1845, ce parti pris esthétique l'avait mené à la peinture. Inspiré par Diderot et Stendhal, il exprima ses idées sur l'art à l'occasion des Salons qui se tenaient alors au Louvre. En 1845, 1846 et 1849, Baudelaire publia des ***Salons*** où il prit la défense des modernes : Delacroix — célébré aussi en 1855 dans l'***Exposition universelle*** —, Decamps, Courbet, Corot et Manet. Dans ces ouvrages, comme, plus tard, dans ***De l'essence du rire*** (1855 à 1857), prenait forme une idée de la « *modernité* » que Baudelaire développa pleinement dans ***Le Peintre de la vie moderne*** (1863), consacré à Constantin Guys et où il affirmait : « *La modernité, c'est le transitoire, le fugitif, le contingent, la moitié de l'art, dont l'autre moitié est l'éternel immuable* » (chap. IV). Toutefois, Baudelaire ne limita pas son amour de la peinture à l'exaltation des seuls peintres modernes, comme en témoigne son célèbre poème ***Les Phares***, où il célèbre successivement

Rubens, fleuve d'oubli, jardin de la paresse,
[...]
Léonard de Vinci, miroir profond et sombre,
[...]
Rembrandt, triste hôpital tout rempli de murmures,
[...]
Michel-Ange, lieu vague où l'on voit des Hercules
Se mêler à des Christs [...]
Puget, mélancolique empereur des forçats ;
Watteau, ce carnaval où bien des cœurs illustres,
Comme des papillons, errent en flamboyant,
[...]
Goya, cauchemar plein de choses inconnues,
[...]
Delacroix, lac de sang hanté des mauvais anges,
[...]

(***Les Phares***, vv. 1, 5, 9, 13-14, 20 à 22, 25 et 29, in ***Spleen et Idéal***, VI, in ***Les Fleurs du Mal***, éd. 1857)

Sous Louis-Philippe et Napoléon III, les grandes passions de l'âge romantique se heurtaient à un ordre bourgeois soucieux avant tout de confort matériel. Baudelaire mit en garde, dans ses ***Conseils aux jeunes littérateurs*** (1846), les auteurs débutants prompts à s'embourgeoiser. L'année suivante, une nouvelle, ***La Fanfarlo***, offrait la satire d'un poète manqué contrastant avec celui que Baudelaire venait de découvrir et qu'il défendit et traduisit plusieurs fois : Edgar Poe. Les traductions des ***Histoires extraordinaires*** et des ***Nouvelles Histoires extraordinaires*** furent publiées en feuilleton dans *Le Pays*, en 1854-1855, et en librairie en 1856-1857. Suivirent les ***Aventures d'Arthur Gordon Pym*** (1858), ***Eurêka*** (1864) et les ***Histoires grotesques et sérieuses*** (1865). À ces traductions qui fortifiaient sa propre créativité, Baudelaire travailla toute sa vie, s'inspirant, chez Poe, d'une rêverie lucide qu'il cultivait aussi à l'écoute de Wagner, dont il prit la défense en 1861, dans un long article, ***Richard Wagner et « Tannhäuser » à Paris***.

En février 1848, enivré par les idées républicaines, par le « *"goût" de la vengeance* » et par le « *plaisir "naturel" de la démolition* » ***(Mon Cœur mis à nu)***, Baudelaire monta sur les barricades, où il aurait crié : « *Il faut aller fusiller le général Aupick !* » Il participa à la fondation d'un journal révolutionnaire, ***Le Salut public*** et adhéra au projet de *Société républicaine centrale* formé par Blanqui. Mais le coup d'État du 2 décembre 1851 lui fit perdre tout optimisme et le laissa « *dépolitiqué* ». Avec Joseph de Maistre, qu'il venait de découvrir, et contre le néopanthéisme dénoncé dans ***L'École païenne*** (1852), il préféra croire désormais que le péché originel avait souillé jusqu'à la Nature. Tournant le dos à celle-ci, il choisit de chanter la cité bouleversée par « *la voierie* [qui] */ Pousse un sombre ouragan* » (***Le Cygne***, I, vv. 15-16, in ***Tableaux parisiens***, LXXXIX, in ***Les Fleurs du Mal***, éd. de 1861) du baron Haussmann, dans la section de poèmes ***Tableaux parisiens*** qui s'ajoutèrent, en 1861, à la 2e édition des ***Fleurs du Mal***. En 1851, celles-ci n'étaient encore intitulées que ***Limbes***, tenues en suspens par une procrastination dont le poète était coutumier.

De tous ses projets dramatiques, par exemple, aucun n'aboutit jamais, pas plus ***Idéolus*** (1843) que ***La Fin de Don Juan*** (1853) ou ***L'Ivrogne*** (1854). Ces deux dernières ébauches datent de sa liaison avec Marie Daubrun, actrice célèbre qui lui préféra Banville en 1856. Rendu à Jeanne Duval, Baudelaire s'efforça une nouvelle fois, sans plus de succès, de goûter auprès d'elle « *la douceur du foyer* ». Dès 1852, aimant déjà Marie Daubrun, il s'était épris d'une demimondaine, Apollonie Sabatier, à qui il envoya plusieurs poèmes anonymes — qui figurent dans ***Les Fleurs du Mal*** : ***À celle qui est trop gaie***, ***Confession***, ***Réversibilité***, ***Le Flambeau vivant***, ***L'Aube spirituelle***, « *Que diras-tu ce soir [...]* » — et dont il finit par être le très éphémère amant en 1857 — il renonça à elle le lendemain même de leur première nuit, déçu par la réalisation de son désir. Les rapports de Baudelaire avec les femmes furent pour le moins difficiles, oscillant entre répulsion et fascination. Pour le poète, la femme, c'est la Nature : « *La femme est le contraire du dandy. / Donc elle doit faire horreur. /* [...] */ La femme est* naturelle, *c'est-à-dire abominable. / Aussi est-elle toujours vulgaire, c'est-à-dire le contraire du dandy* » (***Mon Cœur mis à nu***, IV, 115). Mais la femme peut devenir « *idole* », si elle se transforme par le jeu de la séduction, en particulier par « *le maquillage* », dont Baudelaire fit l'éloge dans ***Le Peintre de la vie moderne***. Au-delà des quelques femmes de sa vie amoureuse, le poète tenta, dans ***Le Balcon***, de rendre compte du mythe féminin, conjuguant vénusté, volupté et poésie :

Mère des souvenirs, maîtresse des maîtresses,
Ô toi, tous mes plaisirs ! ô toi, tous mes devoirs !
Tu te rappelleras la beauté des caresses,
La douceur du foyer et le charme des soirs,
Mère des souvenirs, maîtresse des maîtresses !

(***Le Balcon***, vv. 1 à 5, in ***Spleen et Idéal***, XXXIV, in ***Les Fleurs du Mal***, éd. 1857)

Le tournant de 1857

Fastes pour l'œuvre, ces années furent difficiles pour le poète, pris dans les « *pièges du cœur* », partagé entre 3 amours qui lui inspirèrent chacun plusieurs poèmes. Grossi de ces 3 cycles, le recueil des ***Fleurs du Mal*** prenait forme. Baudelaire le publia fin juin 1857, moins de deux mois après la mort de son beau-père, le général Aupick — au moment où mourait aussi Musset.

Aussitôt publié, le recueil fut poursuivi par la justice impériale, pour « *offense à la morale religieuse* » — délit qui ne fut pas retenu — et « *offense à la morale publique et aux bonnes mœurs* », au motif que « *les pièces incriminées conduisaient nécessairement à l'excitation des sens* ». Sur les 11 poèmes visés, le Tribunal correctionnel de la Seine en condamna 6 — ***Les Bijoux***, ***Le Léthé***, ***À celle qui est trop gaie*** (in ***Spleen et Idéal***, XX, XXX et XXXIV), ***Lesbos***, ***Femmes damnées : Delphine et Hippolyte*** et ***Les Métamorphoses du vampire*** (in ***Fleurs du Mal***, LXXX, LXXXI et LXXXVII) —, à l'issue d'un procès qui succédait de peu à celui de *Madame Bovary*. Victime du même procureur, Ernest Pinard, mais moins chanceux que Flaubert qui avait été acquitté, Baudelaire fut jugé coupable d'« *un réalisme grossier et offensant pour la pudeur* » — condamnation qui le traumatisa.

Condamné mais consacré

De nouveau veuve, honteuse de la réputation acquise par son fils, Mme Aupick souffrit, mais loin de Paris, à Honfleur. Elle y vivait retirée dans une petite maison, la « *maison-joujou* », où Charles rêvait de la rejoindre. En 1859, il y fit quelques séjours prolongés, pendant lesquels il composa de nouvelles « *fleurs* » qui compensèrent largement, dans la 2e édition du recueil, celle de 1861 (grossie de 35 pièces), les pertes subies en 1857, dans la mesure où il s'agissait de certaines des plus grandes réussites du poète, de ***L'Albatros*** au ***Voyage***, en passant par ***La Chevelure***, ***Chant d'automne***, ***Obsession***, ***L'Horloge***, ***Le Cygne***, ***Les Aveugles*** et ***À une passante***, et qui assurèrent la consécration du poète condamné :

Le Poëte est semblable au prince des nuées
Qui hante la tempête et se rit de l'archer ;
Exilé sur le sol au milieu des huées,
Ses ailes de géant l'empêchent de marcher.

(***L'Albatros***, vv. 13 à 16,
in ***Spleen et Idéal***, II,
in ***Les Fleurs du Mal***, éd. 1861)

Ô toison moutonnant jusque sur l'encolure !
Ô boucles ! ô parfum chargé de nonchaloir !
Extase ! Pour peupler ce soir l'alcôve obscure
Des souvenirs dormant dans cette chevelure,
Je la veux agiter dans l'air comme un mouchoir !

(***La Chevelure***, vv. 1 à 5,
in ***Spleen et Idéal***, XXIII, *ibid.*)

Bientôt nous plongerons dans les froides ténèbres :
Adieu, vive clarté de nos étés trop courts !

(***Chant d'automne***, I, vv. 1-2,
in ***Spleen et Idéal***, LVI, *ibid.*)

Grands bois, vous m'effrayez comme des cathédrales ;
Vous hurlez comme l'orgue ; et dans nos cœurs maudits,
Chambres d'éternels deuils où vibrent de vieux râles
Répondent les échos de vos De profundis.

(***Obsession***, vv. 1 à 4,
in ***Spleen et Idéal***, LXXIX, *ibid.*)

Trois mille six cent fois par heure, la Seconde
Chuchote : Souviens-toi ! *— Rapide, avec sa voix*
D'insecte, Maintenant dit : je suis Autrefois,
Et j'ai pompé ta vie avec ma pompe immonde !

(***L'Horloge***, vv. 9 à 12,
in ***Spleen et Idéal***, LXXXV, *ibid.*)

Andromaque, je pense à vous ! Ce petit fleuve,
Pauvre et triste miroir où jadis resplendit
L'immense majesté de vos douleurs de veuve,
Ce Simoïs menteur qui par vos pleurs grandit,

A fécondé soudain ma mémoire fertile
Comme je traversais le nouveau Carrousel.

(***Le Cygne***, vv. 1 à 6,
in ***Tableaux parisiens***, LXXXIX, *ibid.*)

Contemple-les, mon âme ; ils sont vraiment affreux !
Pareils aux mannequins ; vaguement ridicules ;
Terribles, singuliers comme les somnambules ;
Dardant on ne sait où leurs globes ténébreux.

[...]

Ils traversent ainsi le noir illimité,
Ce père du silence éternel. Ô cité !
Pendant qu'autour de nous tu chantes, ris et beugles,

Éprise du plaisir jusqu'à l'atrocité,
Vois ! je me traîne aussi ! mais, plus qu'eux hébété,
Je dis : Que cherchent-ils au Ciel, tous ces aveugles ?

(***Les Aveugles***, vv. 1 à 4 et 9 à 14,
in ***Tableaux parisiens***, XCII, *ibid.*)

La rue assourdissante autour de moi hurlait.
Longue, mince, en grand deuil, douleur majestueuse,
Une femme passa, d'une main fastueuse
Soulevant, balançant le feston et l'ourlet ;

[...]

Ailleurs, bien loin d'ici ! trop tard ! jamais *peut-être !*
Car j'ignore où tu fuis, tu ne sais où je vais,
Ô toi que j'eusse aimée, ô toi qui le savais !

(***À une passante***, vv. 1 à 4 et 12 à 14, in ***Tableaux parisiens***, XCIII, *ibid.*)

Ah ! que le monde est grand à la clarté des lampes !
Aux yeux du souvenir, que le monde est petit !

[...]

Ô Mort, vieux capitaine, il est temps ! levons l'ancre !

[...]

Nous voulons, tant ce feu nous brûle le cerveau,
Plonger au fond du gouffre, Enfer ou Ciel, qu'importe ?
Au fond de l'Inconnu pour trouver du nouveau *!*

(***Le Voyage***, I, vv. 3-4, et VIII, vv. 137 et 142 à 144, in ***La Mort***, CXXVI, *ibid.*)

Mais les progrès de la syphilis ne lui permirent pas de goûter longtemps la féconde tranquillité de Honfleur. Son besoin quotidien de laudanum — pour calmer ses douleurs — le retenait à Paris, sans compter les soins qu'exigeait Jeanne Duval, atteinte, depuis avril 1859, d'une hémiplégie qui bientôt frappa à son tour le poète. Un an avant la 2e édition des ***Fleurs du Mal***, Baudelaire fit paraître ***Les Paradis artificiels*** (1860), rassemblant ***Le Poème du haschisch*** (1858) et ***Un mangeur d'opium***, compilation critique des *Confessions d'un opiomane anglais* de Quincey (1821) : il y développait à la fois une défense et illustration et une dénonciation des « *paradis artificiels* », aussi séduisants qu'illusoires, que sont le haschisch et l'opium.

La fin du voyage

Comme par avertissement, une première crise se déclara en janvier 1860, suivie, deux ans plus tard, d'une seconde. Toujours maître de ses facultés, Baudelaire continua d'accorder son talent de critique à Poe, mais aussi à Hugo, Desbordes-Valmore, Gautier, Banville, Pierre Dupont et Leconte de Lisle, auxquels il consacra plusieurs « notices » d'abord publiées dans la *Revue fantaisiste*, sous le titre général de ***Réflexions sur quelques-uns de mes contemporains*** (1861), et reprises dans le tome IV de l'anthologie d'Eugène Crépet, *Les Poètes français* (1862). Un premier essai sur Gautier, édité en 1859, était précédé d'une lettre où Hugo félicitait Baudelaire d'avoir créé « *un frisson nouveau* ». Cette émouvante nouveauté apparaît très bien dans ***Mon Cœur mis à nu***, « *confessions* » écrites, entre 1859 et 1866, sur des feuilles volantes qu'Eugène Crépet publia en 1887 dans un recueil d'***Œuvres posthumes***. Ce recueil comprenait aussi ***Fusées***, somme disparate de réflexions consignées de 1855 à 1862, et ***Hygiène***, court traité relatif aux règles de vie et de travail du poète — que lui-même ne réussit jamais à suivre. Ayant plus ou moins achevé son œuvre en vers, Baudelaire travaillait depuis 1857 à des « *élucubrations en prose* », dont la parution s'échelonna sur plusieurs années et dans divers journaux, pour atteindre finalement le nombre de 50. Baudelaire comptait aller jusqu'à 100 poèmes, dont le titre projeté était ***Le Spleen de Paris***, mais il en fut empêché par la mort. Posthumes, ces textes variés parurent en 1869 sous le simple titre de ***Petits Poèmes en prose***.

Vers la fin de sa vie, Baudelaire essuya de nombreux déboires qui aggravèrent son amertume et sa maladie. Une candidature avortée à l'Académie française, en 1862, l'avait forcé à plusieurs complaisances sans autre profit que la protection de Vigny, qui mourut l'année suivante. S'exposant à une nouvelle déception, il brigua ensuite vainement la direction du théâtre impérial de l'Odéon, position dont il attendait surtout un revenu. Aigri par ces revers, traqué par ses créanciers, il partit pour la Belgique dont il espérait revenir bientôt, enrichi par des « lectures » et par la vente de ses œuvres aux éditeurs Lacroix et Verbœckhoven. Mais ce fut un nouvel échec, dont il se vengea, au cours des années 1864 et 1865, en écrivant contre les Belges, traités de « *singes des Français* », les notes préparatoires d'un pamphlet ***(Pauvre Belgique)*** et des épigrammes ***(Amœnitates Belgicæ)***. Aggravé par une chute dans l'église Saint-Loup de Namur, l'état du poète empira en mars 1866. Paralysé du côté droit, incapable de proférer d'autres mots que « *crénom* », il fut ramené à Paris, où il mourut le 31 août 1867, dans les bras de sa mère.

THÉORIE LITTÉRAIRE

L'œuvre critique et théorique de Baudelaire, critique littéraire ou critique d'art, permet de mieux comprendre l'esthétique du poète : sa réflexion est située au cœur des grandes orientations de l'époque, entre la fin du romantisme et les débuts du réalisme et du positivisme. Elle s'exprime directement (***Correspondances***, ***La Beauté***, in ***Les Fleurs du Mal***) ou indirectement par l'allégorie (***Le Cygne***, ***L'Albatros***, *ibid.*), parfois ironiquement (***Paysage***, *ibid.* ; ***Le Mauvais Vitrier***, in ***Petits Poèmes en prose*** ; ***Aux Bourgeois***, texte tenant lieu de ***Préface*** au ***Salon de 1846***), dans des ***Salons*** ou des chroniques journalistiques consacrées à ses contemporains, aussi bien que dans les notes fragmentaires de ses textes autobiographiques, ***Fusées*** et ***Mon Cœur mis à nu***.

Le rôle de la poésie, à ses yeux, est de faire correspondre, par la vertu du verbe et de la rhétorique, tout ce qui semble séparé, éloigné, différent. On connaît les fameux quatrains des ***Correspondances*** : *La nature est un temple où de vivants piliers / Laissent parfois sortir de confuses paroles ; / L'homme y passe à travers des forêts de symboles / Qui l'observent avec des regards familiers // Comme de longs échos qui de loin se confondent / Dans une ténébreuse et profonde unité, / Vaste comme la nuit et comme la clarté, / Les parfums, les couleurs et les sons se répondent* (vv. 1 à 8, in ***Spleen et Idéal***, IV, in ***Les Fleurs du Mal***). Mais ces correspondances associent également sur le plan vertical, dans une seconde dimension et selon une relation analogique, les sensations elles-mêmes à des éléments surnaturels ; les parfums ont alors « *l'expansion des choses infinies* » (v. 12). Cette « *profonde unité* » est celle que visaient alors à retrouver, dans l'harmonie et le progrès, maintes utopies socialistes (Fourier, Proudhon).

Baudelaire comprenait fort bien les romantiques, les appréciait, s'en inspirait même, qu'il s'agît de Chateaubriand, de Balzac ou encore de Sainte-Beuve — dont les poèmes de *Vie, Poésies et Pensées de Joseph Delorme* lui apparaissaient comme un véritable modèle. Malgré des critiques violentes contre Musset, il considérait que celui-ci avait une « *véritable faculté poétique* », et c'est à Gautier, « *poëte impeccable* » — au sens étymologique de l'adjectif : *coupable d'aucune faute* [dans l'application de la doctrine de l'art pour l'art] —, qu'il dédia ***Les Fleurs du Mal***. Lui-même fut peut-être le plus grand et le dernier des romantiques. La dédicace ***À Arsène Houssaye***, qu'il fit figurer en tête des ***Petits Poèmes en prose*** et où Aloysius Bertrand est cité comme modèle, constitue un véritable art poétique d'un genre nouveau, lié étroitement à la « *vie moderne* », aux « *villes énormes* », et passant par une esthétique du fragment. Son « *idéal obsédant* » est « *le miracle d'une prose poétique, musicale sans rythme et sans rime, assez souple et assez heurtée pour s'adapter aux mouvements lyriques de l'âme, aux ondulations de la rêverie, aux soubresauts de la conscience* ».

La fonction de l'ironie et du comique, le pouvoir des images — à lire ou à voir — figurent parmi les pôles principaux de sa réflexion théorique.

C'est surtout dans sa critique d'art que Baudelaire a développé ses principes esthétiques, en particulier à propos de Constantin Guys, qui réussit, selon lui, à « *tirer l'éternel du transitoire* » ***(Le Peintre de la vie moderne)***. Le poète définit la modernité comme « *le transitoire, le fugitif, le contingent, la moitié de l'art, dont l'autre moitié est l'éternel, l'immuable* ». Il admire Delacroix, maître de « *la reine des facultés* », l'imagination, qui permet à l'artiste de reconstruire la réalité, selon son regard : « *Un bon tableau, fidèle et égal au rêve qui l'a enfanté, doit être produit comme un monde* » (***La Vie et l'Œuvre d'Eugène Delacroix***, 1863, in ***Curiosités esthétiques***). C'est au nom de ce principe qu'il condamna avec véhémence la photographie, art industriel et reproductible dont les images tuent l'imagination — bien que lui-même fût merveilleusement photographié par Nadar ou Carjat. Qu'elle soit la servante des sciences et des arts, comme l'imprimerie, mais, « *s'il lui est permis d'empiéter sur le domaine de l'impalpable et de l'imaginaire, sur tout ce qui ne vaut que parce que l'homme y ajoute de son âme, alors malheur à nous !* », écrivit-il dans le ***Salon de 1859***.

THÉORIE LITTÉRAIRE

Entre romantisme et symbolisme, idéalisme et décadence, Baudelaire fut toujours déchiré, écartelé, comme le fut son siècle, par des aspirations contraires dont l'incessant conflit constitue la matière même de son œuvre :

« *Tout enfant, j'ai senti dans mon cœur deux sentiments contradictoires, l'horreur de la vie et l'extase de la vie. / C'est bien le fait d'un paresseux nerveux* » (***Mon Cœur mis à nu***, I, 8). À la fois classique et novateur, résigné et révolté, réaliste et rêveur, lyrique et lucide, il est toujours double, sans qu'on puisse dire « *lequel est le vrai* », pour paraphraser le titre du poème ***Laquelle est la vraie ?*** (in ***Petits Poèmes en prose***, XXXVIII). Marquée par la conviction qu'« *il y a dans tout homme, à toute heure, deux postulations simultanées, l'une vers Dieu, l'autre vers Satan* » (***Mon Cœur mis à nu***, IV, 112), son œuvre hésite entre le romantisme et le formalisme, entre le Bien et le Mal, le beau et le bizarre, les refuges oniriques et l'abandon à la grande ville moderne, dans un questionnement qui ébranle toute certitude et empêche toute complaisance. Il est symptomatique que ce perpétuel écartèlement ait abouti à la création de deux chefs-d'œuvre, l'un en vers, l'autre en prose.

Un classicisme novateur

Nourri des anciens comme des modernes, Baudelaire reste attaché à une tradition classique qu'il perpétue en écrivant des poèmes à forme fixe, dont certains sont parmi les plus harmonieux de la langue française. Tout en respectant les formes régulières, il les investit souvent de contenus tels — érotisme, satanisme, sadisme ou réalisme — que le lecteur est d'abord dérouté par un tel hiatus entre la forme et le fond, au point que, de son vivant, on traita Baudelaire de « *Boileau hystérique* » (Alcide Dusolier).

Les discordances touchent parfois au style lui-même, indépendamment du sujet. Mêlant « *style racinien* » et « *style journaliste* » (Claudel), la langue baudelairienne combine archaïsmes et néologismes. Évoluant vers une beauté de plus en plus bizarre, cette langue n'en finit pas de surprendre. Par l'accumulation d'oxymores — *Ô fangeuse grandeur ! Sublime ignominie* (« *Tu mettrais l'univers entier dans ta ruelle...* », v. 18, in ***Spleen et Idéal***, XXIII, in ***Les Fleurs du Mal***, éd. 1857), les titres ***Le Mort joyeux*** et ***Horreur sympathique*** (*ibid.* LXXIII [1857]/LXXII [1861] et LXXXII [1861]) — et d'antithèses — « *infernal et divin* », « *le bienfait et le crime* », « *le couchant et l'aurore* », « *le héros lâche et l'enfant courageux* », « *la joie et les désastres* », « *tu gouvernes tout et ne réponds de rien* » (***Hymne à la beauté***, vv. 2, 3, 4, 8, 11-12, *ibid.*, XXI, éd. 1861) — qui traduit le plus souvent la lancinante sensation d'écartèlement de l'âme du poète entre deux pôles opposés et la dualité essentielle Dieu/Satan : « *Âmes de ceux que j'ai aimés, âmes de ceux que j'ai chantés, fortifiez-moi, soutenez-moi, éloignez de moi le mensonge et les vapeurs corruptrices du monde ; et vous, Seigneur mon Dieu ! accordez-moi la grâce de produire quelques beaux vers qui me prouvent à moi-même que je ne suis pas le dernier des hommes, que je ne suis pas inférieur à ceux que je méprise* » (***À une heure du matin***, in ***Petits Poèmes en prose***, X). Par l'abondance de métaphores inattendues qui mêlent systématiquement mots « poétiques » et triviaux pour « casser » les cadences et les images trop recherchées — ce que Laforgue, dans une remarquable étude stylistique, appelait les « *images américaines* » de Baudelaire —, comme en témoigne ce célèbre dénouement : « *À travers ces barreaux symboliques séparant deux mondes, la grande route et le château, l'enfant pauvre montrait à l'enfant riche son propre joujou, que celui-ci examinait avidement comme un objet rare et inconnu. Or, ce joujou, que le petit souillon agaçait, agitait et secouait dans une boîte grillée, c'était un rat vivant ! Les parents, par économie sans doute, avaient tiré le joujou de la vie elle-même. / Et les deux enfants se riaient l'un à l'autre fraternellement, avec des dents d'une* égale *blancheur* » (***Le Joujou du pauvre***, in ***Petits Poèmes en prose***, XIX). Enfin, par la fréquence de rythmes syntaxiques débordant le cadre clos des vers et même des strophes. Ainsi, dans la citation suivante, le rejet du dernier vers du 2e quatrain sur le 1er vers du tercet suivant ouvre un autre monde, celui du poète, à l'écart des autres hommes qui ne le comprennent pas :

Ma Douleur, donne-moi la main ; viens par ici,

Loin d'eux. Vois se pencher les défuntes Années

(***Recueillement***, vv. 8-9,
in ***Les Fleurs du Mal***, éd. 1868)

Cet « *irrégulier dans le régulier* », ce « *manque de correspondance dans la symétrie* », pour citer Gautier — que les incartades métriques de Baudelaire agaçaient malgré la grande admiration qu'il avait pour lui —, cette alternance de rythme prosaïque et de rythmes réguliers est telle que Baudelaire mêle dans la trame de son style, toujours selon Gautier, « *des fils de soie et d'or à des fils de chanvre rudes et forts* ». Son rêve d'« *une prose poétique, musicale sans rythme et sans rime* » (préface ***À Arsène Houssaye*** des ***Petits Poèmes en***

prose) l'a conduit jusqu'aux pièces de ce même recueil. De l'anecdote, du prosaïsme, il extrait la poésie : la musicalité est rendue par les images, comme celle de « *toute* [la] *pauvre fortune ambulatoire* [du mauvais vitrier,] *qui rendit le bruit éclatant d'un palais de cristal crevé par la foudre* » (***Le Mauvais Vitrier***, in ***Petits Poèmes en prose***, IX). Et par les associations de ces images faisant de la grande ville un symbole de la vie intérieure du poète : « *Partout la joie, le gain, la débauche ; partout la certitude du pain pour les lendemains ; partout l'explosion frénétique de la vitalité. Ici la misère absolue, la misère affublée, pour comble d'horreur, de haillons comiques, où la nécessité, bien plus que l'art, avait introduit le contraste* » (***Le Vieux Saltimbanque***, in ***Petits Poèmes en prose***, XIV). Dans ce poème, on retrouve l'idée de la dégradation du poète obligé de plaire coûte que coûte à son public pour échapper à la misère : sa « *Muse malade* » devient « *vénale* » — pour reprendre les titres des 2 sonnets ***La Muse malade*** et ***La Muse vénale*** (in ***Spleen et Idéal***, VII-VIII, in ***Les Fleurs du Mal***, éd. 1857). Il ne lui reste plus que son « *regard profond, inoubliable* », qu'il « *promèn*[e] *sur la foule et les lumières* »...

Le premier des modernes ?

Baudelaire ne connut la renommée qu'en 1861, grâce à la 2e édition des ***Fleurs du Mal***. Avec ce « *beau volume complet* » (Hugo), il s'imposa, sinon au grand public, du moins aux nouveaux poètes, dont il fut l'un des chefs de file, comme le concéda Sainte-Beuve en 1865. Dès 1861, Villiers de L'Isle-Adam célébrait « *l'humanité et la grandeur* » de cette poésie écrite sur un ton musical à la fois « *berceur* » et « *morbide* ». Sensible lui aussi à « *l'aspect étrange et puissant* » de l'œuvre, Leconte de Lisle en soulignait la « *conception neuve, une dans sa riche et sombre diversité* ». Peu après, dans sa *Symphonie littéraire* de 1865, Mallarmé parla du « *paysage surprenant* » que lui ouvrit ce livre — dont la « *profonde originalité* » n'échappa pas non plus, dans le même temps, à Verlaine, qui récusait l'image d'un Baudelaire charognard et exaltait en lui « *l'homme moderne* ». Sur tous ces éloges, Rimbaud renchérit en qualifiant le poète de « *premier voyant* », « *un vrai Dieu* ». Des Esseintes, le héros décadent d'*À rebours* (1884) de Huysmans, lui voue un véritable culte.

Au XXe siècle, la réputation de Baudelaire culmina au lendemain de la Grande Guerre, pour être quelque peu ternie ensuite par les surréalistes, qui ne toléraient pas ses complaisances envers Dieu. Valéry appréciait chez lui « *l'ingénieur littéraire* », Walter Benjamin le replaça dans le cadre architectural, psychologique et idéologique de la ville moderne — l'homme des foules, le flâneur, le poète de la rencontre —, et Jouve lui consacra un émouvant *Tombeau*. Toutes les anthologies, de Gide à Revel, en passant par Pompidou et Sabatier, lui accordent une place essentielle. En dépit des réserves formulées par Sartre sur la personnalité de leur auteur — coupable d'« *irresponsabilité* », dans l'optique de l'existentialisme —, ***Les Fleurs du Mal*** sont toujours considérées comme « *le maître livre de notre poésie* » (Yves Bonnefoy). Même la Justice a réparé l'affront de la condamnation de 1857 : un arrêt de la Cour de cassation, en 1949, a « *cass*[é] *et annul*[é] *le jugement rendu le 27 août 1857* » et « *décharg*[é] [la] *mémoire de Charles Baudelaire, de Poulet-Malassis et de De Broise de la condamnation prononcée contre eux* ». ***Les Fleurs du Mal*** et ***Petits Poèmes en prose*** figurent désormais parmi les œuvres les plus unanimement appréciées de notre littérature.

ŒUVRES

Les ***Fleurs du Mal***

Recueil de 100 poèmes numérotés de I à C et, à 9 exceptions près, titrés, répartis en 5 sections titrées et non numérotées — comportant respectivement 77, 12, 3, 5 et 3 poèmes —, précédés d'une dédicace à Gautier et du poème ***Au lecteur***, publié à Paris chez Poulet-Malassis et de Broise, le 25 juin 1857. La couverture reproduisant en épigraphe 6 vers extraits des *Tragiques* (livre II) d'Agrippa d'Aubigné et s'achevant ainsi : *Mais le vice n'a point pour mère la science, / Et la vertu n'est pas fille de l'ignorance.* Une 2e édition parut en février 1861, grossie d'une section inédite ***(Tableaux parisiens)*** et de 35 nouvelles pièces — 22 dans la section ***Spleen et Idéal***, 10 dans ***Tableaux parisiens*** et 3 dans ***La Mort*** : 4 de ces 35 poèmes constituent les 4 parties titrées et numérotées du long poème ***Un fantôme*** — remplaçant les 6 pièces — 3 dans ***Spleen et Idéal*** et 3 dans ***Fleurs du Mal*** — condamnées en 1857. Si l'édition de 1857 totalisait donc 101 poèmes — ***Au lecteur*** et les 100 poèmes numérotés —, celle de 1861 en comportait 130 — ***Au lecteur***, 94 poèmes non condamnés et 35 nouvelles pièces — ou 127 — si l'on ne comptabilise que pour une pièce les 4 poèmes constituant autant de parties de ***Un fantôme*** et que l'on totalise donc seulement 32 nouvelles pièces —, et les 6 sections de 1861 rassemblaient respectivement 88 — ou 85 —, 18, 5, 9, 3 et 6 poèmes, présentés dans un ordre et avec des variantes sensiblement différents. Une 3e édition, posthume, et révélant des choix éditoriaux très contestables, fut publiée en 1868, comportant 155 poèmes — le poème liminaire, rebaptisé ***Préface***, les 129 poèmes numérotés de 1861 et 25 pièces nouvelles — ou 152, selon les calculs évoqués —, les 154 — ou 151 — poèmes numérotés étant répartis selon les 6 sections de 1861, avec, respectivement 110 — ou 107 —, 20, 5, 10, 3 et 6 poèmes.

Pour des raisons aussi complexes que discutables, c'est la 2e édition qui s'est imposée comme définitive — au mépris du véritable traumatisme que constitua la condamnation de 1857. Il est certes probable que Baudelaire eût, de toute façon, publié tôt ou tard la plupart des poèmes nouveaux de 1861, aujourd'hui parmi les plus célèbres du recueil : ***L'Albatros***, ***La Chevelure***, ***L'Horloge***, ***Les Aveugles***, ***À une passante***, ou encore ***Le Voyage***. Mais, à de trop rares exceptions, presque aucune édition aujourd'hui ne propose le recueil dans la version — savamment élaborée, avec un total, évidemment symbolique, de 100 poèmes — que le poète publia spontanément et librement, alors que toutes les versions ultérieures étaient et restent celles d'un écrivain censuré, et d'un être profondément blessé. Dans l'édition de 1861, la structure du recueil poétique, sorte de drame en 6 « tableaux », pose le problème même de la tension et de la dynamique qui caractérisent la modernité, selon Baudelaire ; et, si les poèmes ne sont pas classées suivant un ordre clairement explicité — chronologique, par exemple —, ils semblent cependant répondre à « *une architecture secrète* » (Barbey d'Aurevilly) : « *Le seul éloge que je sollicite pour ce livre,* écrivait Baudelaire, *est qu'on reconnaisse qu'il n'est pas un pur album, et qu'il a un commencement et une fin* » (lettre à Vigny, 1861). Une adresse initiale, ***Au lecteur***, forme un préambule qui annonce la thématique centrale du recueil : *C'est L'Ennui ! — l'œil chargé d'un pleur involontaire / Il rêve d'échafauds en fumant son houka. / Tu le connais, lecteur, ce monstre délicat, / — Hypocrite lecteur, — mon semblable, — mon frère !* (vv. 37 à 40). La 1re section, ***Spleen et Idéal***, s'impose par sa longueur (les 2/3 du recueil) : exilé sur terre, le poète aspire à s'élever vers un idéal multiforme — paradis perdu, beauté surnaturelle ou intimité amoureuse — qui toujours se refuse en aggravant son « *spleen* », terme unique qui traduit et résume toutes ses souffrances physiques et morales — et qui donne leur titre à 4 poèmes consécutifs parmi les plus célèbres du recueil (LIX, LX, LXI et LXII, éd. 1857 ; LXXV, LXXVI, LXXVII et LXXVII, éd. 1861). Pour sortir de ce cercle vicieux, il se livre ensuite à la foule et à « *la fourmillante cité pleine de rêves* » (***Tableaux parisiens*** — 2e section ouverte par un ironique ***Paysage***), à l'ivresse (3e section : ***Le Vin***), à l'érotisme (4e section : ***Fleurs du Mal***), au blasphème (5e section : ***Révolte***) et au néant (6e section : ***La Mort***). Le 100e et dernier poème de l'édition de 1857, ***La Mort des artistes***, s'achevait par ces vers, éclairant partiellement le titre du recueil : *C'est que la Mort, planant comme un soleil nouveau, / Fera s'épanouir les fleurs de leur cerveau !* (vv. 13-14).

Si Baudelaire a privilégié l'alexandrin — seules 26 pièces de 1857 ne sont pas composées exclusivement d'alexandrins — et plus généralement, le vers pair — seuls 6 poèmes comportent des vers impairs : dans 5 cas, en alternance avec des vers pairs —, l'un des poèmes les plus célèbres, ***L'Invitation au voyage***, se trouve être le seul écrit uniquement en vers impairs (pentasyllabes et heptasyllabes) : *Mon enfant, ma sœur, / Songe à la douceur / D'aller là-bas vivre ensemble ! / Aimer à loisir, / Aimer et mourir, / Au pays qui te ressemble ! /* [...] */ Là, tout n'est qu'ordre et beauté, / Luxe, calme et volupté* (vv. 1 à 6 et 13-14, in ***Spleen et Idéal***, XLIX [1857]/LIII [1861]). La forme fixe la plus fréquente est ici le sonnet (42 poèmes, en 1857), marqué toutefois par une certaine variété : 6 de ces 42 sonnets ne sont pas en alexandrins mais en octosyllabes (4 pièces), octosyllabes et décasyllabes (1 poème) ou alexandrins et pentasyllabes (le célèbre poème ***La Musique***). Parmi les autres particularités formelles : 9 poèmes n'ont pas de titre ; 3 mêmes titres — ***Le Chat***, ***Spleen*** et ***Femmes damnées*** — sont utilisés pour respectivement 2, 4 et 2 poèmes différents ; 4 poèmes portent un titre latin, et l'un d'entre eux, ***Franciscæ meæ laudes***, est entièrement composé en latin. La modernité du recueil tient moins à ses thèmes — inspirés du réalisme baroque, du moralisme classique ou de l'idéalisme romantique — qu'à leur poétique : l'imagination, « *la plus scientifique des facultés* », permet au poète de mettre le monde en images, de l'inscrire dans la forme même du texte, en ayant recours, par exemple, à la théorie des « *correspondances* » — titre d'un célèbre sonnet du recueil — qui permet de retrouver, par le recours aux images, l'unicité du monde, où *Les* *parfums, les couleurs et les sons se répondent* (***Correspondances***, v. 8, in ***Spleen et Idéal***, IV).

À ce recueil conçu comme un « *livre* », Baudelaire travailla plus de vingt ans, remaniant souvent ses poèmes, leur ordre et leur titre. Ce dernier passa des ***Lesbiennes*** (1845) à ***Limbes*** (1851), avant de devenir, en 1855, ***Les Fleurs du Mal***, titre définitif, explicité dans un projet de ***Préface*** de l'auteur : « *Des poètes illustres s'étaient partagé depuis longtemps les provinces les plus fleuries du domaine poétique. Il m'a paru plus plaisant, et d'autant plus agréable que la tâche était plus difficile, d'extraire* la beauté *du* Mal. » Au-delà du succès de scandale qu'elle remporta d'abord, l'œuvre eut un immense retentissement esthétique et moral. En effet, elle fut perçue comme annonciatrice du symbolisme, tentant de trouver et d'établir des liens entre des réalités hétérogènes et dispersées. On peut la considérer aussi comme inspiratrice du surréalisme par son goût du « *bizarre* », du « *merveilleux* », à retrouver dans la réalité quotidienne ou dans les rêves. La critique récente — structuraliste avec Jakobson et Lévi-Strauss, psychanalytique, sociologique — s'est emparée de l'œuvre et, à la suite des travaux de Walter Benjamin, a plutôt déplacé l'attention du Baudelaire spleenétique au Baudelaire habitant de la grande ville moderne. On sait moins qu'un jugement de la Cour de cassation, en 1949, cassa et annula la condamnation de 1857. Réhabilitation judiciaire posthume pour le moins tardive (92 ans plus tard !), mais qui accompagna le succès ininterrompu d'une œuvre figurant aujourd'hui parmi les plus étudiées et appréciées de notre littérature.

Petits Poèmes en prose

Recueil posthume de 50 « *petits poèmes en prose* », précédés d'une lettre intitulée ***À Arsène Houssaye*** et tenant lieu à la fois de dédicace, de préface et de manifeste, paru dans le tome IV des ***Œuvres complètes de Charles Baudelaire***, chez Michel Lévy frères à Paris, le 19 juin 1869. Le texte inachevé fut établi par Asselineau et Banville, selon les dernières intentions de l'auteur. L'histoire de ces ***Petits Poèmes en prose*** est marquée par les difficultés qu'eut le poète pour les publier dans les revues de l'époque.

Le Spleen de Paris est l'autre titre, préféré par certains éditeurs, des ***Petits Poèmes en prose***. Succédant à ***Promeneur solitaire*** et ***Rôdeur parisien***, il apparut pour la première fois dans *Le Figaro* des 7 et 14 février 1864, sans pourtant s'imposer définitivement au poète, qui comptait ouvrir son recueil à d'autres thèmes que Paris. L'ouvrage étant resté inachevé, les critiques ont toujours été divisés quant à son titre.

Le recueil est composé de textes portant sur divers sujets — la solitude, la vieillesse, la pauvreté, l'incommunicabilité, la création artistique — qui se recoupent en plusieurs points, notamment l'inégalité — des conditions, des perceptions, des aspirations — et l'incompréhension : « *Tant il est difficile de s'entendre, mon cher ange, et tant la pensée est incommunicable, même entre gens qui s'aiment !* » (XXVI, ***Les Yeux des pauvres***). Il existe même une véritable continuité thématique entre l'œuvre en vers, ***Les Fleurs du Mal***, et les ***Petits Poèmes en prose***. Prenant le relais de ***Tableaux parisiens***, cette « *tortueuse fantaisie* » épouse les méandres d'une vie moderne pleine de chocs, de frustrations, de trivialités, mais aussi de surprises, de rêveries et de moralités — comme à la fin du poème liminaire, où « *l'étranger* » répond : « — *J'aime les nuages... les nuages qui passent... là-bas... les merveilleux nuages !* » (I, ***L'Étranger***).

Stimulé par les foules, Baudelaire œuvre à une poésie réalisant « *le miracle d'une prose poétique, musicale sans rythme et sans rime, assez souple et assez heurtée pour s'adapter aux mouvements lyriques de l'âme, aux ondulations de la rêverie, aux soubresauts de la conscience* » ***(À Arsène Houssaye)***. Tout en restant musicale, sa prose tend vers le conte — satirique et allégorique — et le récit — onirique ou autobiographique, souvent mêlés : « *Le soleil s'était couché. La nuit solennelle avait pris place. Les enfants se séparèrent, chacun allant, à son insu, selon les circonstances et les hasards, mûrir sa destinée, scandaliser ses proches et graviter vers la gloire ou vers le déshonneur* » (XXXI, ***Les Vocations***).

Dès 1857, Baudelaire avait écrit en prose des « *poèmes nocturnes* » redoublant certaines pièces des ***Fleurs du Mal*** : ***L'Invitation au voyage***, ***Le Crépuscule du soir*** ou ***Un hémisphère dans une chevelure***. La thématique parisienne apparut en 1862, avec 14 poèmes publiés dans *La Presse*. Ce thème, relativement peu exploité dans ***Les Fleurs du Mal*** — où la section ***Tableaux parisiens*** ne comprend que 10 poèmes — l'est beaucoup plus dans ***Petits Poèmes en prose***, en arrière-plan de la plupart des pièces et plus sensiblement dans ***À une heure du matin*** (X), ***Les Foules*** (XII) et ***Perte d'auréole*** (XLVI). L'espace de la ville, fascinant et paradoxal, est bien l'espace même de la « modernité ». D'autres thèmes suivirent, puisés dans le songe et la méditation. À la mort du poète en 1867, les 50 pièces qui avaient paru en revues formèrent les ***Petits Poèmes en prose***, titre dont le mérite est de ne pas limiter à l'évocation de la capitale française l'étonnante diversité du recueil.

Dans la lettre liminaire ***À Arsène Houssaye***, il se donne comme modèle Aloysius Bertrand et comme ambition de faire du poème en prose la forme par excellence de la poésie moderne et urbaine. Mieux que *Gaspard de la nuit*, dont les tableaux de genre restent inspirés du passé, cette œuvre marque la naissance d'un genre promis à un immense avenir. Dès 1862, Banville y voyait un *« véritable événement littéraire »*, genre poétique nouveau, dont Baudelaire ne déterminait pas encore totalement la spécificité, mais dont très vite s'inspirèrent Mallarmé, puis Rimbaud, Laforgue, Jacob, Reverdy et bien d'autres encore. La postérité a consacré le succès d'un recueil dont on s'accorde à dire qu'il est à la prose ce que ***Les Fleurs du Mal*** sont aux vers : un chef-d'œuvre.

CITATIONS

Tout homme bien portant peut se passer de manger pendant deux jours, — de poésie, jamais.

Conseils aux jeunes littérateurs, in *L'Art romantique.*

Le vice est séduisant, il faut le peindre séduisant ; mais il traîne avec lui des maladies et des douleurs morales singulières ; il faut les décrire.

Les Drames et les Romans honnêtes, in *L'Art romantique.*

Le temps n'est pas loin où l'on comprendra que toute littérature qui se refuse à marcher fraternellement entre la science et la philosophie est une littérature homicide et suicide.

L'École païenne, in *L'Art romantique.*

Une véritable œuvre d'art n'a pas besoin de réquisitoire. La logique de l'œuvre suffit à toutes les postulations de la morale, et c'est au lecteur à tirer les conclusions de la conclusion.

« Madame Bovary », in *L'Art romantique.*

Chaque écrivain est plus ou moins marqué par sa faculté principale. Chateaubriand a chanté la gloire douloureuse de la mélancolie et de l'ennui. Victor Hugo, grand, terrible, immense comme une création mythique, cyclopéen pour ainsi dire, représente les forces de la nature et leur lutte harmonieuse. Balzac, grand, terrible, complexe aussi, figure le monstre d'une civilisation, et toutes ses luttes, ses ambitions et ses fureurs. Gautier, c'est l'amour exclusif du Beau, avec toutes ses subdivisions, exprimé dans le langage le mieux approprié.

Théophile Gautier, in *L'Art romantique.*

Il y a dans le mot, dans le verbe, quelque chose de *sacré* qui nous défend d'en faire un jeu de hasard. Manier savamment une langue, c'est pratiquer une espèce de sorcellerie évocatoire.

Théophile Gautier, in *L'Art romantique.*

Il en est des vers comme de quelques belles femmes en qui se sont fondues l'originalité et la correction ; on ne les définit pas, on les *aime*.

Théophile Gautier, in *L'Art romantique.*

C'est de la force même et de la certitude qu'elle donne à celui qui la possède que dérive l'esprit de justice et de charité.

Victor Hugo, in *Réflexions sur quelques-uns de mes contemporains*, in *L'Art romantique.*

En décrivant ce qui est, le poète se dégrade et descend au rang de professeur ; en racontant le possible, il reste fidèle à sa fonction ; il est une âme collective qui interroge, qui pleure, qui espère et qui devine quelquefois.

Victor Hugo, in *Réflexions sur quelques-uns de mes contemporains*, in *L'Art romantique.*

Le cri du sentiment est toujours absurde ; mais il est sublime, parce qu'il est absurde.

Théophile Gautier, in *Réflexions sur quelques-uns de mes contemporains*, in *L'Art romantique.*

Le génie (si toutefois on peut appeler ainsi le germe indéfinissable du grand homme) doit, comme le saltimbanque apprenti, risquer de se rompre mille fois les os en secret avant de danser devant le public ; l'inspiration, en un mot, n'est que la récompense de l'exercice quotidien.

Les Martyrs ridicules, in *L'Art romantique.*

Toute phrase doit être en soi un monument bien coordonné, l'ensemble de tous ces monuments formant la ville qui est le Livre.

L'Esprit et le Style de M. Villemain, in *L'Art romantique.*

Moins l'ouvrier se laisse voir dans une œuvre et plus l'intention en est pure et claire, plus nous sommes charmés.

Salon de 1845, VII, in *Curiosités esthétiques.*

Il est une chose mille fois plus dangereuse que le bourgeois, c'est l'artiste bourgeois, qui a été créé pour s'interposer entre le public et le génie ; il les cache l'un à l'autre.

Bonne-Nouvelle, in *Curiosités esthétiques.*

Tout livre qui ne s'adresse pas à la majorité, — nombre et intelligence, — est un sot livre.

Salon de 1846, Aux bourgeois, in *Curiosités esthétiques.*

Pour moi, le romantisme est l'expression la plus récente, la plus actuelle du beau.

Salon de 1846, II, in *Curiosités esthétiques.*

L'idéal n'est pas cette chose vague, ce rêve ennuyeux et impalpable qui nage au plafond des académies ; un idéal, c'est l'individu redressé par l'individu, reconstruit et rendu par le pinceau ou le ciseau à l'éclatante vérité de son harmonie native.

Salon de 1846, VII, in *Curiosités esthétiques.*

Dans le sens le plus généralement adopté, Français veut dire vaudevilliste, et vaudevilliste un homme à qui Michel-Ange donne le vertige et que Delacroix remplit d'une stupeur bestiale, comme le tonnerre certains animaux. Tout ce qui est abîme, soit en haut, soit en bas, le fait fuir prudemment. Le sublime lui fait toujours l'effet d'une émeute, et il n'aborde même son Molière qu'en tremblant et parce qu'on lui a persuadé que c'était un auteur gai.

Salon de 1846, XI, in *Curiosités esthétiques.*

Un éclectique est un navire qui voudrait marcher avec quatre vents.

Salon de 1846, XII, in *Curiosités esthétiques.*

Le beau est toujours bizarre. Je ne veux pas dire qu'il soit volontairement, froidement bizarre, car dans ce cas il serait un monstre sorti des rails de la vie. Je dis qu'il contient toujours un peu de bizarrerie, bizarrerie naïve, non voulue, inconsciente, et que c'est cette bizarrerie qui le fait être particulièrement le Beau.

Exposition universelle de 1855, in *Curiosités esthétiques.*

Parce que le Beau est *toujours* étonnant, il serait absurde de supposer que ce qui est étonnant est *toujours* beau.

Salon de 1859, II, in *Curiosités esthétiques.*

La poésie et le progrès sont deux ambitieux qui se haïssent d'une haine instinctive, et, quand ils se rencontrent dans le même chemin, il faut que l'un des deux serve l'autre.

Salon de 1859, II, in *Curiosités esthétiques.*

Si tel assemblage d'arbres, de montagnes, d'eaux et de maisons, que nous appelons un paysage, est beau, ce n'est pas par lui-même, mais par moi, par ma grâce propre, par l'idée ou le sentiment que j'y attache.

Salon de 1859, VIII, in *Curiosités esthétiques.*

L'enfant voit tout en *nouveauté* ; il est toujours *ivre.* Rien ne ressemble plus à ce qu'on appelle l'inspiration, que la joie avec laquelle l'enfant absorbe la forme et la couleur.

Le Peintre de la vie moderne, III, in *Curiosités esthétiques.*

La modernité, c'est le transitoire, le fugitif, le contingent, la moitié de l'art, dont l'autre moitié est l'éternel immuable.

Le Peintre de la vie moderne, IV, in *Curiosités esthétiques.*

Le dandysme est le dernier éclat d'héroïsme dans les décadences. Le dandysme est un soleil couchant ; comme l'astre qui décline, il est superbe, sans chaleur et plein de mélancolie.

Le Peintre de la vie moderne, IX, in *Curiosités esthétiques.*

Le mal se fait sans effort, *naturellement,* par fatalité ; le bien est toujours le produit d'un art.

Le Peintre de la vie moderne, XI, in *Curiosités esthétiques.*

Le rouge et le noir représentent la vie, une vie surnaturelle et excessive ; ce cadre noir rend le regard plus profond et plus singulier, donne à l'œil une apparence plus décidée de fenêtre ouverte sur l'infini ; le rouge, qui enflamme la pommette, augmente encore la clarté de la prunelle et ajoute à un beau visage féminin la passion mystérieuse de la prêtresse.

Le Peintre de la vie moderne, XI, in *Curiosités esthétiques.*

Le vin est semblable à l'homme : on ne saura jamais jusqu'à quel point on peut l'estimer et le mépriser, l'aimer et le haïr, ni de combien d'actions sublimes ou de forfaits monstrueux il est capable. Ne soyons donc pas plus cruels envers lui qu'envers nous-mêmes, et traitons-le comme notre égal.

Du vin et du haschisch, II.

Le goût frénétique de l'homme pour toutes les substances, saines ou dangereuses, qui exaltent sa personnalité, témoigne de sa grandeur. Il aspire toujours à réchauffer ses espérances et à s'élever vers l'infini.

Du vin et du haschisch, VI.

La bêtise est souvent l'ornement de la beauté ; c'est elle qui donne aux yeux cette limpidité morne des étangs noirâtres, et ce calme huileux des mers tropicales. La bêtise est toujours la conservation de la beauté ; elle éloigne les rides.

Choix de maximes consolantes sur l'amour,
in *Essais et Notes.*

Soyez béni, mon Dieu, qui donnez la souffrance
Comme un divin remède à nos impuretés.

Bénédiction, in *Les Fleurs du Mal.*

Le Poète est semblable au prince des nuées
Qui hante la tempête et se rit de l'archer ;
Exilé sur le sol au milieu des huées,
Ses ailes de géant l'empêchent de marcher.

L'Albatros, in *Les Fleurs du Mal.*

Les parfums, les couleurs et les sons se
répondent.

Correspondances, in *Les Fleurs du Mal.*

Car c'est vraiment, Seigneur, le meilleur
témoignage
Que nous puissions donner de notre dignité,
Que cet ardent sanglot qui roule d'âge en âge
Et vient mourir au bord de votre éternité.

Les Phares, in *Les Fleurs du Mal.*

— Ô douleur ! ô douleur ! Le Temps mange la vie.

L'Ennemi, in *Les Fleurs du Mal.*

C'est là que j'ai vécu dans les voluptés calmes,
Au milieu de l'azur, des vagues, des splendeurs
Et des esclaves nus, tout imprégnés d'odeurs,

Qui me rafraîchissaient le front avec des palmes,
Et dont l'unique soin était d'approfondir
Le secret douloureux qui me faisait languir.

La Vie antérieure, in *Les Fleurs du Mal.*

Homme libre, toujours tu chériras la mer !

L'Homme et la Mer, in *Les Fleurs du Mal.*

Mon enfant, ma sœur,
Songe à la douceur,
D'aller là-bas vivre ensemble !
[...]
Là, tout n'est qu'ordre et beauté,
Luxe, calme et volupté.

L'Invitation au voyage, in *Les Fleurs du Mal.*

Mais le vert paradis des amours enfantines,
Les courses, les chansons, les baisers, les bouquets,
Les violons vibrant derrière les collines,
Avec les brocs de vin, le soir, dans les bosquets,

— Mais le vert paradis des amours enfantines,
L'innocent paradis, plein de plaisirs furtifs,
Est-il déjà plus loin que l'Inde et que la Chine ?

Mœsta et errabunda, in *Les Fleurs du Mal.*

J'ai plus de souvenirs que si j'avais mille ans.

Spleen, in *Les Fleurs du Mal.*

Je suis la plaie et le couteau !
Je suis le soufflet et la joue !
Je suis les membres et la roue,
Et la victime et le bourreau.

L'Héautontimorouménos, in *Les Fleurs du Mal.*

Dieu, touché de remords, avait fait le sommeil ;
L'Homme ajouta le Vin, fils sacré du Soleil !

Le Vin des chiffonniers, in *Les Fleurs du Mal.*

Nous aurons des lits pleins d'odeurs légères,
Des divans profonds comme des tombeaux,
Et d'étranges fleurs sur les étagères,
Écloses pour nous sous des cieux plus beaux.

La Mort des amants, in *Les Fleurs du Mal.*

Pour l'enfant, amoureux de cartes et d'estampes,
L'univers est égal à son vaste appétit.
Ah ! que le monde est grand à la clarté des lampes !
Aux yeux du souvenir que le monde est petit !

Le Voyage, in *Les Fleurs du Mal.*

Ô Mort, vieux capitaine, il est temps ! levons l'ancre !
Ce pays nous ennuie, ô Mort ! Appareillons !
Si le ciel et la mer sont noirs comme de l'encre,
Nos cœurs que tu connais sont remplis de rayons !

Verse-nous ton poison pour qu'il nous réconforte !
Nous voulons, tant ce feu nous brûle le cerveau,
Plonger au fond du gouffre, Enfer ou Ciel, qu'importe ?
Au fond de l'Inconnu pour trouver du *nouveau* !

Le Voyage, in *Les Fleurs du Mal.*

Ce livre, essentiellement inutile et absolument innocent, n'a pas été fait dans un autre but que de me divertir et d'exercer mon goût passionné de l'obstacle.

Projets de Préface pour *Les Fleurs du Mal*, II.

Dieu est le seul être qui, pour régner, n'ait même pas besoin d'exister.

Fusées, I, in *Journaux intimes.*

Aimer les femmes intelligentes est un plaisir de pédéraste.

Fusées, VI, in *Journaux intimes.*

La musique creuse le ciel.

Fusées, VIII, in *Journaux intimes.*

La femme est *naturelle*, c'est-à-dire abominable. Aussi est-elle toujours vulgaire, c'est-à-dire le contraire du Dandy.

Mon Cœur mis à nu, V, in *Journaux intimes.*

Il faut travailler sinon par goût, au moins par désespoir, puisque, tout bien vérifié, travailler est moins ennuyeux que s'amuser.

Mon Cœur mis à nu, XVIII, in *Journaux intimes.*

Il y a dans tout homme, à toute heure, deux postulations simultanées, l'une vers Dieu, l'autre vers Satan.
L'invocation à Dieu, ou spiritualité, est un désir de monter en grade ; celle de Satan, ou animalité, est une joie de descendre.

Mon Cœur mis à nu, XIX, in *Journaux intimes.*

Il n'existe que trois êtres respectables : le prêtre, le guerrier, le poète. Savoir, tuer et créer.

Mon Cœur mis à nu, XXII, in *Journaux intimes.*

Je m'ennuie en France, surtout parce que tout le monde y ressemble à Voltaire.

Mon Cœur mis à nu, XXIX, in *Journaux intimes.*

Ce qu'il y a d'ennuyeux dans l'amour, c'est que c'est un crime où l'on ne peut pas se passer d'un complice.

Mon Cœur mis à nu, XXXV, in *Journaux intimes.*

J'ai toujours été étonné qu'on laissât les femmes entrer dans les églises. Quelle conversation peuvent-elles avoir avec Dieu ?

Mon Cœur mis à nu, XLIX, in *Journaux intimes*.

La grammaire, l'aride grammaire elle-même, devient quelque chose comme une sorcellerie évocatoire ; les mots ressuscitent revêtus de chair et d'os, le substantif, dans sa majesté substantielle, l'adjectif, vêtement transparent qui l'habille et le colore comme un glacis, et le verbe, ange du mouvement qui donne le branle à la phrase.

Le Poème du haschisch, in *Les Paradis artificiels*.

Tout homme qui n'accepte pas les conditions de la vie, vend son âme.

Le Poème du haschisch, in *Les Paradis artificiels*.

La faculté de rêverie est une faculté divine et mystérieuse ; car c'est par le rêve que l'homme communique avec le monde ténébreux dont il est environné.

Un mangeur d'opium, in *Les Paradis artificiels*.

Le goût précoce du *monde* féminin, *mundi muliebris*, de tout cet appareil ondoyant, scintillant et parfumé, fait les génies supérieurs.

Un mangeur d'opium, in *Les Paradis artificiels*.

Quel est celui d'entre nous qui n'a pas, dans ses jours d'ambition, rêvé le miracle d'une prose poétique, musicale sans rythme et sans rime, assez souple et assez heurtée pour s'adapter aux mouvements lyriques de l'âme, aux ondulations de la rêverie, aux soubresauts de la conscience ?

Dédicace à Arsène Houssaye, in *Petits Poèmes en prose*.

— J'aime les nuages... les nuages qui passent... là-bas... là-bas... les merveilleux nuages !

L'Étranger, in *Petits Poèmes en prose*.

L'étude du beau est un duel où l'artiste crie de frayeur avant d'être vaincu.

Le « Confiteor » de l'artiste, in *Petits Poèmes en prose*.

Âmes de ceux que j'ai aimés, âmes de ceux que j'ai chantés, fortifiez-moi, soutenez-moi, éloignez de moi le mensonge et les vapeurs corruptrices du monde, et vous, Seigneur mon Dieu ! accordez-moi la grâce de produire quelques beaux vers qui me prouvent à moi-même que je ne suis pas le dernier des hommes, que je ne suis pas inférieur à ceux que je méprise.

À une heure du matin, in *Petits Poèmes en prose*.

Mon âme voyage sur le parfum comme l'âme des autres hommes sur la musique.

Un hémisphère dans une chevelure, in *Petits Poèmes en prose*.

Ô nuit ! ô rafraîchissantes ténèbres ! vous êtes pour moi le signal d'une fête intérieure, vous êtes la délivrance d'une angoisse ! Dans la solitude des plaines, dans les labyrinthes pierreux d'une capitale, scintillement des étoiles, explosion des lanternes, vous êtes le feu d'artifice de la déesse Liberté !

Le Crépuscule du soir, in *Petits Poèmes en prose*.

On n'est jamais excusable d'être méchant, mais il y a quelque mérite à savoir qu'on l'est ; et le plus irréparable des vices est de faire le mal par bêtise.

La Fausse Monnaie, in *Petits Poèmes en prose*.

« Il est l'heure de s'enivrer ! Pour n'être pas les esclaves martyrisés du Temps, enivrez-vous sans cesse ! De vin, de poésie ou de vertu, à votre guise.

Enivrez-vous, in *Petits Poèmes en prose*.

JUGEMENTS

« [...] Baudelaire reste [...] le sommet de cent cinquante ans de romantisme. Ce n'est pas qu'il y ait eu d'autres poètes d'un souffle plus large, d'une inspiration plus personnelle, d'un métier plus sûr aussi. Il y en a eu beaucoup au contraire et s'il l'emporte sur eux, c'est qu'il réunit en lui, poussées à l'extrême, toutes les caractéristiques du romantisme : le flou, le mou, le ténébreux, le narcissisme, les infinis faciles. Ce qui ne l'empêche pas, soyons juste, d'avoir un petit fumet assez personnel de viande décomposée et de savonnette. Romantique, il l'est au maximum, mais avec une certaine hypocrisie et c'est précisément de quoi je lui en veux. Son flou, son mou et ses ténèbres et toutes les conquêtes faciles de ses aînés, il nous les présente sous un uniforme classique, comme militairement ajusté et tellement sanglé et avec tant de sacerdotale gravité que le lecteur n'y voit que du feu et les critiques que profondeur. Victor Hugo passe aujourd'hui pour une grosse nature de niais moitié rigolo, moitié attendrissant. Vigny passe pour un raseur — les gens du monde disent plus volontiers : un emmerdeur. Lamartine est considéré comme un poète de pensionnat, pour jeunes filles en fleur, et Musset un déliquescent, un gâteux précoce. Baudelaire, lui, abrité par sa défroque de classique et sa farouche gravité de tireuse de cartes, demeure incontesté. Même les littérateurs de bonne bourgeoisie, de gauche ou de droite, qu'ils soient catholiques, protestants, juifs, athées, anarcho-mondains ou fils de familles révolutionnaires, se prosternent devant lui. Ni Rimbaud, ni Mallarmé, ni Valéry, autres romantiques des époques suivantes, tous trois formidables, mais peu lus et n'ayant d'influence que sur les spécialistes, n'ont le prestige et l'ascendant de Baudelaire. Je vous dis qu'il est le grand maître, le prince noir du romantisme, le plus nocif et le plus

contagieux de nos poètes, celui dont l'art nous aura préparés à comprendre la poésie d'un docteur Petiot. Ne vous étonnez donc pas si j'exècre l'homme qui aura le plus contribué à ruiner notre confort intellectuel. »

Marcel AYMÉ, *Le Confort intellectuel*, chap. V, Flammarion, 1949.

« [...] *Baudelaire choquait volontiers, dans le double mouvement d'une angoisse et d'une joie enfantines.* »

Georges BATAILLE, *Œuvres complètes*, t. IX, Gallimard, posthume, 1979.

« *Baudelaire n'est pas pessimiste. Il ne l'est pas, parce que chez lui l'avenir est frappé d'un tabou. C'est par là que son héroïsme le distingue le plus clairement de celui de Nietzsche.*

[...]

Baudelaire a été le premier à avoir eu l'idée d'une originalité adaptée au marché [...]. *Baudelaire voulait faire de la place pour ses poèmes et dut pour ce faire en refouler d'autres. Il déprécia certaines libertés et licences poétiques des romantiques par sa façon toute classique de manier l'alexandrin, et la poétique classique par les ruptures et les défaillances qui lui sont propres dans le vers classique lui-même. Bref, ses poèmes contenaient des dispositions particulières destinées à refouler les poèmes concurrents.*

[...]

On rencontre chez Baudelaire une foule de stéréotypes, comme chez les poètes baroques.

[...]

Il y a chez Baudelaire la crainte d'éveiller un écho — que ce soit dans l'âme ou dans l'espace. Il est parfois grossier, il n'est jamais sonore. Sa façon de parler se distingue aussi peu de son expérience que le geste d'un parfait prélat de sa personne.

[...]

La mystification chez Baudelaire est un charme apotropaïque, semblable au mensonge chez les prostituées. »

Walter BENJAMIN, *Charles Baudelaire : un poète lyrique à l'apogée du capitalisme*, trad. franç. Jean LACOSTE, Payot, 1982.

« *L'impuissance est la figure clé de la solitude de Baudelaire. Un abîme le sépare de ses semblables. C'est de cet abîme-là que parlent ses poèmes.* [...] *Baudelaire réunit la pauvreté du chiffonnier, le sarcasme du mendiant, le désespoir du parasite.* »

Walter BENJAMIN, *Paris, Capitale du XIXe siècle*, trad. franç. Jean LACOSTE, Cerf, 1989.

« *C'était* [Les Fleurs du Mal] *étrangement beau, puissant et convulsé, oppressant comme un cauchemar et parfait d'impiété. Il était difficile d'imaginer que Dieu pût être complètement outragé.* »

Léon BLOY, *Un poète athée*, in *Inédits*, Mercure de France, 1975.

« [...] *le Visité terrible* [...]

[...]

Ce poète gorgonien, devant l'amertume de qui les plus noires tristesses ont l'air de mirlitonner, parla constamment la grammaire du catholicisme, qu'il préférait à toute autre, et sa poésie d'impénitent supplicié fut si sacrilège qu'elle est devenue, par antinomie, suggestive de l'adoration.

[...]

Baudelaire fut un rebelle atroce et navré, blasphémateur compliqué, versatile et déconcertant, qui cherchait parfois la prière pour s'en faire une arme empoisonnée contre lui-même.

[...]

Les Fleurs du Mal *et les* Poèmes en prose *paraissent, à de certaines places, calcinés, comme des autels maudits que des langues d'enfer auraient pourléchés.* »

Léon BLOY, *Histoires désobligeantes*, 1894.

« *Baudelaire* [...] *a été le théoricien le plus profond du dandysme et donné des formules définitives à l'une des conclusions de la révolte romantique.* »

Albert CAMUS, *L'Homme révolté*, Gallimard, 1951.

« *C'est un très grand poète, mais c'est surtout un profond esprit catholique dans sa critique de la modernité. Comme critique c'était même un type étonnant, bien en avance sur son époque et je crois que durant longtemps encore, mettons jusqu'au bout du XXe siècle, il influencera les jeunes gens par sa critique et son dandysme. Ses plus beaux vers datent déjà.* »

Blaise CENDRARS, *Blaise Cendrars vous parle*, 1950, in *Œuvres complètes*, t. XIII, Club français du livre, 1971.

« *Baudelaire a parlé de la décadence comme personne. C'est la grande minute. L'extrême pointe des civilisations.* »

Jean COCTEAU, *Le Passé défini*, 28 septembre 1951, Gallimard, posthume, 1983.

« *Voici Charles Baudelaire, un grand poète tourmenté en art par le besoin de l'inexploré, en philosophie par la terreur de l'inconnu. Victor Hugo a dit de lui qu'il a inventé un frisson nouveau. Et personne, en effet, n'a fait parler comme lui l'âme des choses ; personne n'a rapporté de plus loin ces fleurs du mal, éclatantes et bizarres comme des fleurs tropicales qui poussent gonflées de poison, dans les mystérieuses profondeurs de l'âme humaine. Patient et délicat artiste, très préoccupé de la phrase et du mot, par une cruelle ironie du sort, Baudelaire est mort aphasique, gardant intacte son intelligence, ainsi que l'exprimait douloureusement la plainte de son œil noir, mais ne trouvant plus pour traduire ses pensées que le même juron confus, mécaniquement répété. Correct et froid, d'un esprit coupant comme l'acier anglais, d'une politesse paradoxale, à la brasserie il étonnait les habitués en buvant des liqueurs d'outre-Manche en compagnie de Constantin Guys le dessinateur ou de l'éditeur Malassis.* »

Alphonse DAUDET, *Trente Ans de Paris*, 1888.

« *Vous avez trouvé moyen de rajeunir le romantisme. Vous ne ressemblez à personne (ce qui est la première de toutes les qualités). L'originalité du style découle de la conception. La phrase est toute bourrée par l'idée, à en craquer* [...]. *Vous êtes résistant comme le marbre et pénétrant comme un brouillard d'Angleterre.* »

Gustave FLAUBERT, *Correspondance* [lettre à Baudelaire], 13 juillet 1857.

« Les Fleurs du mal *sont* [...] *d'étranges fleurs, ne ressemblant pas à celles qui composent habituellement les bouquets de poésies. Elles ont les couleurs métalliques, le feuillage noir et glauque, les calices bizarrement striés, et le parfum vertigineux de ces fleurs exotiques qu'on ne respire pas sans danger. Elles ont poussé sur l'humus noir des civilisations corrompues, ces fleurs qui semblent avoir été rapportées de l'Inde ou de Java, et le poète se plaît à les cultiver de préférence aux roses, aux lis, aux jasmins, aux violettes et aux vergiss-mein-nicht, innocente flore des petits volumes à couverture jaune paille ou gris de perle. Baudelaire, il faut l'avouer, manque d'ingénuité et de candeur ; c'est un esprit très subtil, très raffiné, très paradoxal, et qui fait intervenir la critique dans l'inspiration.* »

Théophile GAUTIER, *Les Progrès de la poésie française depuis 1830*, s.d.

« *L'un et l'autre* [Chopin et Baudelaire] *ont un semblable souci de perfection, une égale horreur de la rhétorique, de la déclamation et du développement oratoire ; mais surtout je voudrais dire que je retrouve chez l'un et chez l'autre un même emploi de la* surprise, *et des extraordinaires raccourcis qui l'obtiennent.* [...]
De plus, il me semble que Chopin, dans l'histoire de la musique, tient à peu près la même place (et joue le rôle) de Baudelaire dans l'histoire de la poésie, incompris d'abord l'un comme l'autre, et pour de semblables raisons. »

André GIDE, *Notes sur Chopin*, 1892, L'Arche, 1948.

« *Baudelaire soupe à côté, sans cravate, le col nu, la tête rasée, en vraie toilette de guillotiné. Une seule recherche : de petites mains lavées, écurées, mégissées. La tête d'un fou, la voix nette comme une lame. Une élocution pédantesque vise au Saint-Just et l'attrape.* »

Edmond et Jules de GONCOURT, *Journal*, octobre 1857.

« *Il est à remarquer que Baudelaire feint d'ignorer la puissance d'un dernier vers. Le dernier vers de la plupart de ses poèmes pourrait en être le premier — je ne parle pas du sens, mais du caractère. Voulu ou non, cela a quelque chose d'aristocratique. Cela vient un peu aussi de ce qu'il aime finir sur une rime féminine, ce qui empêche la sensation du définitif.* »

Reynaldo HAHN, *Journal d'un musicien*, Plon, 1933.

« *Il avait révélé la psychologie morbide de l'esprit qui a atteint l'octobre des sensations ; raconté les symptômes des âmes requises par la douleur, privilégiées par le spleen ; montré la carie grandissante des impressions, alors que les enthousiasmes, les croyances de la jeunesse sont taris, alors qu'il ne reste plus que l'aride souvenir des misères supportées, des intolérances subies, des froissements encourus par des intelligences qu'opprime un sort absurde.* »

Joris-Karl HUYSMANS, *À rebours*, 1884.

« *La poésie de Baudelaire, de Vigny, c'est de la déclamation.* »

Paul LÉAUTAUD, *Journal littéraire*, 29 novembre 1949, Mercure de France, rééd. 1986.

« *Baudelaire est le poète du réel, le moins romantique qui soit, au point que le langage que sa poésie a inventé est le plus proche de la prose qu'ait jamais osé le poète, le plus figuratif comme on dit aujourd'hui, soumis étroitement à l'objet, qu'il s'agisse d'une petite vieille hagarde, trébuchant sur un trottoir de Paris, ou d'une charogne aux pattes écartées et au ventre fourmillant.* »

François MAURIAC, *Mémoires intérieurs*, Flammarion, 1959.

« Les Fleurs du mal *! fleurs superbes dans leur dépérissement sublime.* »

George MOORE, *Confessions d'un jeune Anglais*, 1888.

« [...] *comment* [...] *déduire l'individualité si personnelle, comment l'étrangeté si naïvement et parfaitement sincère de cet alambiqué Baudelaire, natif du pays de l'Hippogriffe et né de la Chimère ?* »

NADAR, *Quand j'étais photographe*, 1900.

« *La phrase lourde, et comme chargée de fluides électriques, de Baudelaire.* »

Jules RENARD, *Journal*, 1887.

« [...] *Baudelaire est le premier voyant, roi des poètes,* un vrai Dieu. *Encore a-t-il vécu dans un milieu trop artiste ; et la forme si vantée en lui est mesquine : les inventions d'inconnu réclament des formes nouvelles* »

Arthur RIMBAUD, *Lettre à Paul Demeny*, 15 mai 1871.

« *Baudelaire est le Copernic de la poésie : il inaugure l'ère copernicienne de la poésie, laquelle, jusqu'alors, avait été, et de manière aussi exquise que péremptoire, ptolémaïque.* »

Alberto SAVINIO, *Encyclopédie nouvelle*, trad. franç. Nino FRANCK, Gallimard, 1980.

« *Baudelaire, au milieu du romantisme, fait songer à quelque classique* [...]. »

Paul VALÉRY, *Études littéraires*, in *Variété II*, Gallimard, 1929.

« *Le fanfaron d'immortalité* [...] *n'était que le niam-niam d'un mysticisme bêtasse et triste, où les anges avaient des ailes de chauves-souris avec des faces de catin : voilà tout ce qu'il avait inventé pour nous étonner, ce* Jeune-France *trop vieux, ce libre penseur gamin.* »

Jules VALLÈS, in *La Situation*, 5 septembre 1867.

« *Il avait en lui du prêtre, de la vieille femme et du cabotin. C'était surtout un cabotin.* »

Jules VALLÈS, article in *La Rue*, 7 septembre 1867.

« [...] *ce pauvre et étrange esprit qui a courtisé la Folie toute sa vie, et que la Folie a fini par aimer d'amour : Charles Baudelaire.*
[...]
Rien de plus délicat que de faire dans Baudelaire la part du tempérament et la part de l'affectation. »

Émile ZOLA, *Livres d'aujourd'hui et de demain*, in *Œuvres critiques*, t. I, Cercle du livre précieux, 1968.

BIBLIOGRAPHIE

Éditions

Œuvres complètes, éd. J. Crépet, Conard, 1922 à 1953, 19 vol. ; éd. Y. Florenne, Club français du Livre, 1966 ; éd. Y.-G. Le Dantec et Cl. Pichois, « Pléiade », Gallimard, 1975-1976, 2 vol.

Correspondance, éd. Cl. Pichois et J. Ziegler, « Pléiade », Gallimard, 1973, 2 vol.

Les Fleurs du Mal, éd. Y. Bonnefoy, « L'Improbable », Mercure de France, 1959 ; éd. J. Crépet, G. Blin et Cl. Pichois, Corti, 1968 [éd. 1861] ; éd. Y. Florenne, « LdP », LGF, 1972 [éd. 1857, complétée des pièces des éd. ultér.] ; éd. A. Natali, « Classiques Hachette », Hachette, 1992 [*id.*].

Petits Poèmes en prose, éd. R. Kopp, Corti, 1969 ; sous le titre *Le Spleen de Paris*, éd. Y. Florenne, « LdP », LGF, 1972 ; éd. R. Kopp, « Poésie », Gallimard, 1973.

Études

L.J. Austin, *L'Univers poétique de Baudelaire*, Mercure de France, 1956.

M. Aymé, *Le Confort intellectuel*, Flammarion, 1949, rééd. « LdP », LGF, 1973, chap. II à V.

S. Bernard, *Le Poème en prose de Baudelaire à nos jours*, Nizet, 1959.

L. Bersani, *Baudelaire et Freud*, Seuil, 1981.

G. Blin, *Baudelaire*, Gallimard, 1939.

Y. Bonnefoy, *L'Acte et le Lieu de la poésie*, Mercure de France, 1958 ; *L'Improbable*, Mercure de France, 1959 ; « Baudelaire contre Rubens », in *Le Nuage rouge*, Mercure de France, 1977.

P. Brunel, *Charles Baudelaire, « Les Fleurs du mal » : entre fleurir et défleurir*, Éd. du Temps, 1998.

M. Butor, *Histoire extraordinaire, essai sur un rêve de Baudelaire*, Gallimard, 1961.

P.-G. Castex, *Baudelaire critique d'art*, SEDES, 1969.

P. Daros, *Poètes du spleen : Leopardi, Baudelaire, Pessoa*, Champion, 1997.

Cl. Delarue, *Baudelaire, l'Enfant idiot*, Belfond, 1997.

H. Friedrich, « Baudelaire, le poète de la modernité », in *Structures de la poésie moderne*, Denoël/Gonthier, 1976.

G. Gasarian, « La Figure du poète hystérique », in *Poétique*, n° 86, 1991 ; « Diptyque parisien », in *L'Année Baudelaire 1*, Klincksieck, 1995 ; *De loin tendrement. Étude sur Baudelaire*, Champion, 1996 ; « Révolutions du récit chez Baudelaire », in *Poétique*, n° 110, 1997 ; « Baudelaire et ses sœurs », in *Littérature*, n° 107, 2000.

Th. Gautier, *Baudelaire*, éd. J.-L. Steinmetz, « Les Inattendus », Castor astral, 1991.

A. Hirt, *Baudelaire, l'Exposition de la poésie*, Kimé, 1998.

E. Jackson et Cl. Pichois, *L'Année Baudelaire*, vol. 2, *Baudelaire : figures de la mort, figures de l'éternité*, Klincksieck, 1996.

B. Johnson, *Défigurations du langage poétique : la Seconde Révolution baudelairienne*, Flammarion, 1979.

P.-J. Jouve, *Tombeau de Baudelaire*, Seuil, 1958.

R. Kemp, *Dandies, Baudelaire & Cie*, Seuil, 1977.

B.-H. Lévy, *Les Derniers Jours de Charles Baudelaire*, Grasset, 1988.

Ch. Mauron, *Le Dernier Baudelaire*, Corti, 1966.

M. Milner, *Baudelaire, « Enfer ou ciel qu'importe ? »*, Plon, 1967.

P. Pia, *Baudelaire*, « Écrivains de toujours », Seuil, 1952, rééd. 1995.

Cl. Pichois, *Album Baudelaire*, « Pléiade », Gallimard, 1974 ; *id.* et J. Ziegler, *Baudelaire*, Julliard, 1987, rééd. sous le titre *Charles Baudelaire*, Fayard, 1996.

G. Poulet, *Qui était Baudelaire ?*, Skira, Genève (CH), 1969 ; « Baudelaire », in *Les Métamorphoses du cercle*, « Champs », Flammarion, 1979, pp. 407 à 438 ; *La Poésie éclatée : Baudelaire, Rimbaud*, PUF, 1980.

J. Prévost, *Baudelaire. Essai sur l'inspiration et la création poétiques*, Mercure de France, 1953, rééd. Zulma, 1997.

M. Proust, « À propos de Baudelaire », in *Chroniques*, Gallimard, 1927.

M. Quesnel, *Baudelaire solaire et clandestin*, PUF, 1987.

M. Raymond, *De Baudelaire au surréalisme*, Corti, 1940.

J.-P. Richard, *Poésie et Profondeur*, Seuil, rééd. 1976.

D. Rincé, *Baudelaire et la Modernité poétique*, « Qsj ? », PUF, 1984.

G. Robb, *La Poésie de Baudelaire et la Poésie française*, Aubier, 1993.

M.A. Ruff, *L'Esprit du Mal et l'esthétique baudelairienne*, Colin, 1955 ; *Baudelaire*, « L'homme et l'œuvre », Boivin, rééd. « Connaissance des Lettres », Hatier, 1957.

J.-P. Sartre, *Baudelaire*, Gallimard, 1947.

Ph. Soupault, *Baudelaire*, Rieder, 1931.

J. Starobinski, *La Mélancolie au miroir : Trois Lectures de Baudelaire*, Julliard, 1989.

J. Thélot, *Baudelaire, Violence et Poésie*, Gallimard, 1993.

P. Valéry, « Situation de Baudelaire », in *Variété II*, Gallimard, 1930.

AUDIO & VIDÉO

CD-ROM

G. Casaril, *Gauguin, Baudelaire, Tchaïkovsky : Inaccessible Paradis*, 1998.

Encyclopédie de la littérature française, Bibliopolis, 1998.

BEAUMARCHAIS

Pierre-Augustin CARON de BEAUMARCHAIS
Paris 1732 – *ibid.* 1799

« Une des choses qui me charment et m'étonnent le plus dans Beaumarchais, c'est que son esprit ait conservé tant de grâce en étalant tant d'impudeur. »
Victor HUGO, *Tas de pierres*, posthume, 1942.

« Ce que Beaumarchais a fait de mal à la vérité au théâtre ! Boucheur de coins, monologues, paysan fadasse. »
Jules RENARD, *Journal*, 13 octobre 1908.

Une vie d'aventurier

Une jeunesse romanesque

Fils de l'horloger Caron, Beaumarchais connut une enfance puis une jeunesse heureuses dans ce milieu parisien d'artisans de luxe. L'aisance matérielle et l'appui moral de la famille contribuèrent à son assurance. Un père « *sensible* », calviniste opportunément converti à la religion catholique, 5 sœurs aimées et aimantes : les Caron étaient des bourgeois ouverts, chez qui on faisait de la musique, on lisait des romans, on causait interminablement. Pierre reçut en outre une formation technique et devint un excellent horloger. Son intelligence créative se signala, en 1753, lorsqu'il résolut un problème qui, depuis longtemps, préoccupait les horlogers, celui de l'échappement — dispositif distribuant l'énergie nécessaire à l'entretien des oscillations du balancier des montres et pendules. Un concurrent, Lepaute, tenta de lui voler sa découverte. Beaumarchais, trouvant la justice lente et paresseuse, décida d'en appeler à l'opinion : il inaugurait ainsi une tactique qui fut souvent la sienne — et qui caractérisa cette époque où naquit véritablement l'opinion publique. Écrivant au *Mercure*, il saisit l'Académie des sciences dans un ***Mémoire à l'Académie des sciences*** (1753), qui le reconnut seul inventeur du procédé. Son triomphe le rendit assez célèbre pour être introduit à la Cour. Harpiste de talent, il fut choisi en 1759 comme professeur de harpe des filles du roi, les tantes du futur Louis XVI. En 1756, il avait épousé la veuve d'un certain Francquet, à qui il venait d'acheter une charge de contrôleur-clerc d'office de la Maison du roi ; il acheta aussi, en 1761, une charge anoblissante de conseiller secrétaire du roi, et, en 1763, celle de Lieutenant-général des chasses (juge des délits de braconnage sur les terres royales). Sa première femme lui apportait, avec de l'argent, le fief qui permit à Pierre-Augustin Caron de prendre — ce que fit aussi sa sœur préférée, Julie — le nom de Beaumarchais : veuf un an après son mariage, il ne put hériter de sa femme. C'est alors qu'il fit deux rencontres importantes pour sa carrière, sa vie et son œuvre. En 1757, celle du banquier Le Normant d'Étioles, mari de la marquise de Pompadour : c'est pour la société de cet ami fortuné qu'il écrivit ses premières œuvres littéraires, de courtes pièces de théâtre destinées à des représentations privées pour le divertissement de ces amateurs fortunés — ces parades érotiques, composées jusqu'en 1763 et qui offrent un témoignage passionnant de ses premiers essais d'art dramatique, n'ont été révélées au lecteur moderne que dans la 2de moitié du XXe siècle. En 1759, Beaumarchais rencontra l'oncle de Le Normant, le financier Pâris-Duverney, qui joua un rôle essentiel dans la vie économique de la première moitié du siècle : il s'associa avec lui pour des affaires florissantes et mit à son service le crédit qu'il s'était acquis auprès de Mesdames, les filles du roi.

En 1764, frère attentionné, il vola en Espagne au secours de sa jeune sœur Julie, *alias* Lisette, que son fiancé, Clavijo, refusait d'épouser. Mais il ne négligeait pas les affaires : ce voyage lui permit de mener une négociation pour le financier Pâris-Duverney tout en assurant une mission d'agent secret. Il donna de cette escapade espagnole un savoureux récit dans le 4e des ***Mémoires contre Goëzman*** (1774), et Goethe y trouva la matière d'une pièce, *Clavigo* (1774). En 1770, Beaumarchais perdit à la fois sa seconde femme — une riche veuve épousée en 1768 et dont il avait eu un fils la même année, lequel mourut à l'âge de 4 ans — et son ami Pâris-Duverney. Alors commença une période délicate, car il s'était fait bien des ennemis. Un procès difficile l'opposa, dès 1771, au comte de La Blache, héritier de Pâris-Duverney, qui contestait les droits que Beaumarchais faisait valoir sur l'héritage, en vertu d'un « *arrêté de comptes* » signé avec le financier : il ne se conclut qu'en 1778, par une victoire de Beaumarchais. Une querelle et un pugilat avec le duc de Chaulnes, à qui il disputait une maîtresse, le menèrent en prison à un moment décisif de son procès, et une affaire de corruption menaça de le perdre : le juge Goëzman — dont le rapport, en 1773, avait donné tort à Beaumarchais face à La Blache —, après avoir accepté les « *épices* » du prisonnier, l'accusa de tentative de corruption — ce qui pouvait l'envoyer aux galères. Entre 1773 et 1774, Beaumarchais publia 4 ***Mémoires*** pour sa défense et parvint à se concilier l'opinion : lui-même fut « *blâmé* », et Goëzman, « *mis hors de cour* » ; dès 1776, Beaumarchais fut relevé de ce blâme qui le condamnait civilement. En quelques années, il était passé du statut d'écrivain de salon à celui d'homme de lettres connu du grand public.

La naissance d'un dramaturge

Son goût de la parade, du comique libre, qui caractérisait ses premières productions, se doubla d'une passion toute différente, celle du drame bourgeois. Il avait découvert Diderot avec enthousiasme et profita de la vogue de ce genre théâtral récent pour donner à la Comédie-Française ***Eugénie*** (1767), drame « *anglais* » qu'il fit précéder, à la publication, d'une importante préface, l'***Essai sur le genre dramatique sérieux***, manifeste de ce genre nouveau. Cette pièce, où se mêlaient les souvenirs de Richardson et une élaboration très romanesque des aventures espagnoles de la sœur de Beaumarchais, ne fut qu'un demi-succès.

À ce premier drame firent suite, en 1770, ***Les Deux Amis ou le Négociant de Lyon***. Ce fut un échec, sur lequel Beaumarchais revint, en 1785, dans la ***Préface*** au ***Mariage de Figaro***, en évoquant ainsi cette « *pièce dans laquelle un père avoue à sa prétendue nièce qu'elle est sa fille illégitime* » : « *Ce drame est aussi très moral, parce qu'à travers les sacrifices de la plus parfaite amitié, l'auteur s'attache à y montrer les devoirs qu'impose la nature sur les fruits d'un ancien amour, que la rigoureuse dureté des convenances sociales, ou plutôt leur abus, laisse trop souvent sans appui.* »

Cependant, dès son retour d'Espagne, en 1765, Beaumarchais avait composé un intermède sur un sujet espagnol, ***Le Sacristain***, première ébauche de la comédie ***Le Barbier de Séville ou la Précaution inutile***. Il développa son sujet et en fit un opéra-comique — refusé par les Comédiens-Italiens en 1771 —, puis une comédie en 5 actes qui fut reçue à la Comédie-Française en 1773 et créée seulement le 23 février 1775. Ce fut un nouvel échec, évoqué aussi dans la ***Préface*** au ***Mariage*** : « *Me livrant à mon gai caractère, j'ai* [...] *tenté, dans* Le Barbier de Séville, *de ramener au théâtre l'ancienne et franche gaieté, en l'alliant avec le ton léger de notre plaisanterie actuelle ; mais, comme cela même était une espèce de nouveauté, la pièce fut vivement poursuivie.* » Beaumarchais revint alors à la version primitive en 4 actes, qui triompha à la 2de représentation, le 26 février.

Après ***Le Barbier***, l'activité d'homme de lettres de Beaumarchais se diversifia, son écriture étant liée à une intense activité sociale et politique. À partir de 1774, devenu agent secret — sous le nom de M. de Ronac, anagramme de Caron — pour le compte de Louis XV, puis de Louis XVI, il était allé en Angleterre et en Hollande empêcher la diffusion de libelles gênants pour la monarchie. En 1775 — année où mourut son père —, il était de nouveau à Londres, où — sous son vrai nom, cette fois — il rencontra le chevalier d'Éon, agent secret de Louis XV, qui menaçait de révéler quelques affaires compromettantes pour le roi : Beaumarchais réussit cette négociation au mieux des intérêts de chacun. Il prit parti pour les *Insurgents* d'Amérique et s'entremit — mêlant idéologie et profit personnel — dans l'achat d'armes qui leur étaient destinées.

En outre, ayant fondé à Kehl la *Société littéraire et typographique*, il lança en 1780 le projet d'une édition des œuvres complètes de Voltaire, dont le prospectus parut en janvier 1781 : ce fut la grande édition dite « *de Kehl* » (70 vol.) dont la publication s'acheva en 1790 et qui fut un désastre financier. Enfin, entré en conflit avec la Comédie-Française, il avait fondé en 1777 la *Société des auteurs dramatiques* et parvint à regrouper un certain nombre d'auteurs autour de ce projet visant à assurer la propriété littéraire et la rémunération des auteurs. Le système alors en vigueur ne les rétribuait guère : il avantageait seulement les comédiens. Ses efforts portèrent leurs fruits : en 1780, le Conseil d'État, puis, en 1790, l'Assemblée constituante donnèrent satisfaction aux auteurs ; ce fut l'origine de la Société des auteurs et des compositeurs dramatiques.

La folle genèse du *Mariage*

En 1778, une nouvelle pièce reprit les personnages du ***Barbier de Séville*** pour en constituer une « *suite* » : ***La Folle Journée ou le Mariage de Figaro***, dont une première version fut reçue à la Comédie-Française en 1781. Son action se situait en France et contenait tant d'allusions directes et de mots d'esprit dirigés contre les abus du régime que le roi Louis XVI, alerté par la rumeur, et qui se l'était fait lire, en interdit la représentation en 1783. L'auteur revint à l'Espagne du ***Barbier*** et réécrivit son œuvre. Il entreprit une campagne de lectures, d'abord dans les salons de la grande noblesse : le comte d'Artois (frère du roi) pensa forcer la main à Louis XVI, et tenta de faire jouer ***Le Mariage*** devant la Cour. La création était prévue le 13 juin 1783, lorsque tomba la sentence royale : le renouvellement de l'interdiction.

Toutefois, Beaumarchais s'était acquis l'appui de la grande noblesse, qui voyait là l'une de ces occasions de fronde aristocratique qui resurgissaient périodiquement — et dont la multiplication n'était pas sans conséquences en ces dernières années de l'Ancien Régime. En septembre 1783, une représentation eut lieu en société, chez le comte de Vaudreuil, à Gennevilliers, en présence du comte d'Artois et d'une brillante assistance. La voie était désormais ouverte : le 27 avril 1784, ***Le Mariage de Figaro*** triompha à la Comédie-Française. Succès acquis d'avance, pourrait-on dire, puisque succès de scandale et de connivence, mais aussi succès d'une forme dramatique nouvelle, d'une œuvre qui réalisait une synthèse magistrale des idées, des attentes d'émotion et de rire de son époque. Succès enfin d'une distribution réussie.

Cette insolente réussite exposait à nouveau cet auteur turbulent : Beaumarchais fut emprisonné brièvement en 1785 à la suite d'une lettre injurieuse envers le roi, imprudemment adressée au *Journal de Paris*. De plus, l'affaire qui l'opposait au banquier Kornmann — dont il défendait depuis 1781 l'épouse persécutée — et à son avocat, Bergasse, rebondit : ses adversaires retournèrent contre lui la tactique d'appel à l'opinion publique, qui lui avait jusqu'alors si bien réussi. Il gagna son procès, mais perdit le soutien de l'opinion. Enfin, une polémique l'opposa à Mirabeau, à propos de la *Compagnie des eaux* des frères Périer — qu'il avait financée en 1781. Beaumarchais put se distraire de ces contrariétés en épousant en 1786 — l'année même de la création des *Nozze di Figaro* — Marie-Thérèse de Willermawlaz, sa compagne depuis 1774 — et le grand amour de sa vie.

L'épreuve de la Révolution

En 1787, Beaumarchais écrivit, en collaboration avec le compositeur Salieri, un opéra, ***Tarare*** (augmenté du ***Couronnement de Tarare*** en 1790) : il y cherchait une fusion de l'esthétique dramatique et de l'esthétique musicale — conformément au vœu de Gluck — et lui donna en outre un contenu idéologique antiabsolutiste, qu'il adapta plus tard aux circonstances politiques. L'année suivante, il entama une liaison avec Amélie Houret, comtesse de La Marinaie, *alias* Ninon.

Comme il avait écrit une suite du ***Barbier***, il écrivit une suite du ***Mariage*** : ***L'Autre Tartuffe ou la Mère coupable***, drame créé en 1792 avec peu de succès, mais qui en obtint davantage sous le Directoire (1793). D'***Eugénie*** à ***Tarare*** et des ***Deux Amis*** à ***La Mère coupable***, s'était affirmée sa « *passion du drame* » (Béatrice Didier), que l'on peut lire dans la trilogie — bien que les deux premières pièces soient des comédies. Beaumarchais est l'un des inventeurs d'une forme dramatique nouvelle, libérée des contraintes des genres traditionnels, adaptable à des contenus et à des publics variés — d'une forme qui a la plasticité du roman.

La thématique sérieuse du drame convenait à l'époque : les années de Révolution furent des temps d'épreuves pour Beaumarchais. Toujours attiré par les affaires risquées, il entreprit de procurer à la France en guerre, 60 000 fusils qui se trouvaient en Hollande (affaire « *des fusils de Hollande* »). Mais des obstacles surgirent, et Beaumarchais fut accusé de cacher ces armes. Le 11 août 1792, le peuple, à la recherche des fusils, envahit sa luxueuse demeure récemment construite à la lisière du Marais, près de la Bastille, qui n'avait pas manqué, en ces temps difficiles, d'attirer sur lui envie et ressentiment populaires. Incarcéré, il échappa de justesse aux massacres de septembre et partit pour Londres. Accusé d'émigration, il revint à Paris pour se justifier dans un ***Mémoire***. Il repartit pour la Hollande, nanti d'une mission officielle, mais, la Révolution se radicalisant, il fut tout de même considéré comme émigré. Les ***Mémoires sur l'affaire des fusils de Hollande*** regroupent une ***Pétition*** envoyée à la Convention (1792), un ***Mémoire*** divisé en 6 époques (1792) et un ***Commentaire*** sur le décret d'accusation dont il était l'objet (1793). Beaumarchais ne revint à Paris qu'en 1796 — année du mariage de sa fille Eugénie —, et y mourut en 1799.

THÉORIE LITTÉRAIRE

C'est surtout dans l'***Essai sur le genre dramatique sérieux*** (publié en tête de la 2e édition d'***Eugénie***, 1767), mais aussi dans la ***Lettre modérée sur la chute et la critique du « Barbier de Séville »*** (1775), ainsi que dans la ***Préface*** (1785) au ***Mariage de Figaro*** que Beaumarchais rassembla ce qui constitue son esthétique dramaturgique.

Suivant de près les orientations théoriques exposées par Diderot dans les *Entretiens sur « Le Fils naturel »* (1757), il défendait l'esthétique théâtrale du « *drame sérieux* » — genre intermédiaire entre comédie de mœurs et tragédie, refusant les effets farcesques de l'une comme le merveilleux et la mythologie de l'autre —, préféré à la trop frivole comédie : « [...] *il y a plus d'intérêt dans un drame sérieux que dans une pièce comique* [parce que] *les sujets touchants nous affectent davantage que les sujets plaisants à égalité de mérite* » ***(Essai)*** et que, si « *la moralité du genre plaisant est* [...] *ou peu profonde ou nulle* [...], *il n'en est pas ainsi de l'effet d'un drame touchant, puisé dans nos mœurs. Si le rire bruyant est ennemi de la réflexion, l'attendrissement, au contraire, est silencieux* [...] » *(ibid.)*. Ce qui suppose de n'être pas « *l'homme qui craint de pleurer, celui qui refuse de s'attendrir* [...]. *Je parle à l'homme sensible* » *(ibid.)*. Et le dramaturge affirmait préférer aussi le drame à la trop distante tragédie : « *Il est de l'essence du genre sérieux d'offrir un intérêt plus pressant, une moralité plus directe que la tragédie héroïque, et plus profonde que la comédie plaisante, toutes choses égales d'ailleurs* » *(ibid.)*.

Beaumarchais préconisait donc le choix de sujets proches, « modernes » et « populaires », traités en un style simple : « *Que me font à moi, sujet paisible d'un État monarchique du XVIIIe siècle, les révolutions d'Athènes et de Rome ?* [...] *la tragédie héroïque ne nous touche que par le point où elle se rapproche du genre sérieux, en nous peignant des hommes, et non des rois, et,* [...] *les sujets qu'elle met en action étant si loin de nos mœurs, et les personnages si étrangers à notre état civil, l'intérêt en est moins pressant que celui d'un drame sérieux, et la moralité moins directe, plus aride, souvent nulle et perdue pour nous* » *(ibid.)*. L'efficacité dramaturgique ne peut provenir, par conséquent, ni de la gravité du sujet ni de l'élévation du style, mais des situations mêmes : « *J'ai pensé, je pense encore, qu'on n'obtient ni grand pathétique, ni profonde moralité, ni bon et vrai comique au théâtre, sans des situations fortes, et qui naissent toujours d'une disconvenance sociale, dans le sujet qu'on veut traiter* » (***Préface*** au ***Mariage***). Par « *disconvenance sociale* », Beaumarchais, toujours fidèle à Diderot, entendait l'opposition entre la situation ou le caractère d'un personnage et le comportement que sa condition appellerait, opposition décisive à ses yeux : « *Ainsi, tout ce que l'ouvrage a d'utile et de bon naît du courage qu'eut l'auteur d'oser porter la disconvenance sociale au plus haut point de liberté* » *(ibid.)*.

Quant aux règles, sans en nier l'utilité, il les subordonnait à l'efficacité du résultat, en une définition de la comédie — « *cet art dont la loi première, et peut-être la seule règle, est d'amuser en instruisant* » *(ibid.)* — très voisine de la devise imaginée par Santeuil et « adoptée » par Molière : « *Castigat ridendo mores* » (« *Elle corrige les mœurs par le rire* ») — et que rappelle le personnage de Dorante dans *La Critique de « L'École des femmes »* (sc. 6) : « *Je voudrais bien savoir si la grande règle de toutes les règles n'est pas de plaire, et si une pièce de théâtre qui a attrapé son but n'a pas suivi un bon chemin.* » Même « souplesse » face à la trop rigide différenciation entre les genres dramatiques : « *Le genre d'une pièce, comme celui de toute action, dépend moins du fond des choses que des caractères qui les mettent en œuvres* » ***(Lettre modérée)***.

S'agissant enfin des accusations d'indécence d'un théâtre qui se proposait de peindre le vice, Beaumarchais y répondait en soulignant que c'est précisément par ce refus d'une peinture véridique des vices et des abus que se signale toujours l'hypocrisie : « *Qu'est-ce que* LA DÉCENCE THÉÂTRALE *?* [...] *Les vices, les abus, voilà ce qui ne change point, mais se déguise en mille formes sous le masque des mœurs dominantes : leur arracher ce masque et les montrer à découvert, telle est la noble tâche de l'homme qui se voue au théâtre. Soit qu'il moralise en riant, soit qu'il pleure en moralisant, Héraclite ou Démocrite, il n'a pas un autre devoir. Malheur à lui, s'il s'en écarte ! On ne peut corriger les hommes qu'en les faisant voir tels qu'ils sont. La comédie utile et véridique n'est point un éloge menteur, un vain discours d'académie.* [...] *Ce n'est donc ni le vice ni les incidents qu'il amène, qui font l'indécence théâtrale ; mais le défaut de leçon et de moralité* » (***Préface*** au ***Mariage***). S'en prenant à ses ennemis les plus virulents, les critiques, et autres « *gens de feuilles* [qui] *sont souvent ennemis des gens de lettres* », Beaumarchais s'en remettait au seul jugement des lecteurs et spectateurs : « *Je ne reconnais plus d'autre juge que vous* [lecteur], *sans excepter messieurs les spectateurs* » *(ibid.)*, pour les faire convenir de la difficulté de la tâche du dramaturge : « *Les ouvrages de théâtre, Monsieur, sont comme les enfants des femmes : conçus avec volupté, menés à terme avec fatigue, enfantés avec douleur et vivant rarement assez pour payer les parents de leurs soins, ils coûtent plus de chagrins qu'ils ne donnent de plaisirs* » *(ibid.)*.

En Beaumarchais se rencontrèrent toutes les forces vives de la littérature du XVIIIe siècle : elles ne se *« disputent »* pas plus son cœur que, chez Figaro, le vin et la paresse, elles se le *« partagent »*. Le courage, la ténacité et l'audace s'harmonisèrent, chez cet aventurier d'une épuisante vitalité, avec le goût de la famille et les prudences du bourgeois ; l'esprit, l'ardeur polémique, la gaieté de la satire, avec la passion du drame et la sensibilité. Guère moins corrompu que la société qu'il dénonçait, il illustra autant l'Ancien Régime par ses agissements qu'il le mit à mal par ses écrits, avec pour seul *credo* une énergie quasi maladive, et pour seul argument une ironie dévastatrice. C'est pourquoi il fut un dramaturge tout à la fois unique et exemplaire, mais aussi, avec Voltaire, le polémiste le plus remarquable de son siècle.

Un théâtre au style romanesque

Si le nom de Beaumarchais est l'un des rares que l'histoire littéraire ait retenus dans le dernier tiers du XVIIIe siècle, c'est que son œuvre proposait une réponse à la crise que connaissait le théâtre depuis la disparition de Marivaux, en 1763 : le classicisme étouffait la création dramatique de ses contraintes académiques ; Beaumarchais imposa un drame novateur, tant par ses résonances idéologiques que par ses solutions formelles, tant par le renouvellement des thèmes que par la poésie de sa prose : un traitement nouveau de l'espace, du temps et, plus généralement, du langage dramatique.

Qu'il écrive une comédie, un drame ou une farce, c'est avec une liberté semblable dans l'allure. Son système dramatique ne s'encombre pas de classifications génériques précises, même si, sans aucun doute, ses œuvres ont des « couleurs » différentes, du franc comique et du réalisme stylisé de la parade ***Jean Bête à la foire*** (1772, repris en 1774) au pathétique de ***La Mère coupable***, en passant par le mélange du ***Mariage de Figaro***. Avec Figaro, Beaumarchais inventa un héros nouveau, qui découvre et interroge son « je » sur la scène. Le théâtre explore un espace et un temps qui sont ceux du monde moderne.

Les deux comédies espagnoles de Beaumarchais, ***Le Barbier de Séville*** et ***Le Mariage de Figaro***, se caractérisent par une *« écriture économique »* (Gabriel Conesa). Les mots sont volontiers sacrifiés au double souci de l'expressivité et de la rapidité : *« Suzanne, il me renvoie. – Chérubin, quelle sottise ! »* (***Mariage***, I, 7). Le dramaturge construit 2 répliques parallèles et rigoureusement de même rythme. Il réduit en même temps l'information à sa plus concise expression, suscitant des ellipses, laissant au spectateur le soin ludique de rétablir la cohérence, en restituant les termes envolés. De la sorte, Beaumarchais joue sans cesse sur la présupposition et sur les limites de l'entente.

Souvent aussi, la phrase, sans cesse interrompue, recouvre plusieurs répliques : « SUZANNE. *Mais, monsieur, avez-vous songé ?...* FIGARO. *Oui, madame ; oui, j'ai songé.* SUZANNE. ... *Que pour la colère et l'amour...* FIGARO. ... *Tout ce qui se diffère est perdu* » (*ibid.*, V, 8). Ainsi, les limites de la phrase sont débordées, et la ponctuation n'a plus un rôle sémantiquement ni syntaxiquement démarcatif. Beaumarchais joue, non seulement sur les modulations propres aux divers types de phrases, mais sur les changements de voix. Au demeurant, les énoncés incomplets ont partie liée avec l'humour et l'ironie, omniprésents dans l'œuvre, et qui, eux aussi, frôlent les limites de la communication, en s'y appropriant le non-dit.

En outre, la verve de Beaumarchais introduit les formules lapidaires et mémorables qui, dans ***Le Mariage***, donnent de l'éclat à l'insolence : « [...] *sans la liberté de blâmer, il n'est pas d'éloge flatteur ; et* [...] *il n'y a que les petits hommes qui redoutent les petits écrits* » (V, 3). Définitoire et définitive, cette formule est construite pour frapper les consciences, et de tels aphorismes ont d'autant plus d'impact qu'ils profitent de l'élan de la pièce. Beaumarchais a su mettre dans son style l'énergie de sa propre vie, en multipliant les affirmations devenues proverbiales : « [...] *car toute vérité n'est pas bonne à dire ;* [...] *car toute vérité n'est pas bonne à croire* » (***Le Mariage***, IV, 1) ; *« En fait d'amour, vois-tu, trop n'est pas même assez » (ibid.)* ; *« L'amour... n'est que le roman du cœur : c'est le plaisir qui en est l'histoire ; il m'amène à tes genoux »* (*ibid.*, V, 7). En même temps, il entretint avec l'Ancien Régime une complicité profonde, qui contribua à détourner de lui les révolutionnaires. C'étaient l'esprit, le sens de la repartie spirituelle, le mot d'esprit et la noble insolence tels qu'on les aimait dans les salons, qui attachaient la noblesse au ***Mariage***. Les échanges de répliques brillantes donnent à des propos de salon leur caractère subversif et relèvent d'un art de vivre qui disparaît précisément avec la Révolution, et dont on eut la nostalgie au XIXe siècle. On peut comprendre l'insolence du valet Figaro comme une révolte de classe, mais il est bien plus probable qu'on la lisait, dans les années 1780-1790, à travers le prisme d'une ivresse frondeuse antiabsolutiste.

Qu'il s'agisse du style, du dialogue ou des mouvements de l'intrigue, le spectateur est ébloui par le mouvement rapide de l'œuvre, par son *tempo*. Et tout comédien rêve de jouer un jour le rôle de Figaro, à la fois impressionnant et fascinant — comme, à sa suite, Lorenzaccio ou Cyrano —, ne serait-ce que pour triompher du morceau de bravoure que constitue le fameux monologue de l'acte V : « *Ô bizarre suite d'événements ! Comment cela m'est-il arrivé ? Pourquoi ces choses et non pas d'autres ? Qui les a fixées sur ma tête ? Forcé de parcourir la route où je suis entré sans le savoir, comme j'en sortirai sans le vouloir, je l'ai jonchée d'autant de fleurs que ma gaieté me l'a permis : encore je dis ma gaieté sans savoir si elle est à moi plus que le reste, ni même quel est ce moi dont je m'occupe : un assemblage informe de parties inconnues ; puis un chétif être imbécile ; un petit animal folâtre ; un jeune homme ardent au plaisir, ayant tous les goûts pour jouir, faisant tous les métiers pour vivre ; maître ici, valet là, selon qu'il plaît à la fortune ; ambitieux par vanité, laborieux par nécessité, mais paresseux... avec délices ! orateur selon le danger ; poète par délassement ; musicien par occasion ; amoureux par folles bouffées, j'ai tout vu, tout fait, tout usé. Puis l'illusion s'est détruite et, trop désabusé... Désabusé... ! Suzon, Suzon, Suzon ! que tu me donnes de tourments !...* » (*ibid.*, V, 3). C'est là ce qui distingue ***Le Mariage de Figaro*** et ***Le Barbier de Séville*** des drames contemporains qu'encombre souvent une rhétorique excessive.

Une notoriété à éclipses

Avec 100 représentations entre 1784 et 1787, ***Le Mariage de Figaro*** fut le succès dramatique du siècle. Ce succès, tout autant que celui du ***Barbier de Séville***, ne s'est pas démenti. Plus que celui de Paisiello (*Il Barbiere di Seviglia*, 1782), ce sont les opéras de Mozart (*Le Nozze di Figaro*, 1786) et de Rossini (même titre, 1816), dont les livrets devaient l'essentiel aux pièces de Beaumarchais, qui contribuèrent à perpétuer leur souvenir. En revanche, les drames comme ***La Mère coupable*** disparurent de la scène dans la 2de moitié du XIXe siècle, car la critique était alors très sensible à la réputation sulfureuse d'un auteur à qui l'on attribuait la responsabilité de la Révolution, au même titre qu'aux philosophes des Lumières, mais assez réservée sur les qualités formelles et l'immoralité de ses pièces.

Toutefois, depuis la biographie de Loménie (en 1856), on a peu à peu mis en place une autre image de l'auteur et de son œuvre, aussi éloignée de celle du révolutionnaire conséquent que de celle de l'amuseur frivole. À la suite de Péguy (*Clio, dialogue de l'histoire et de l'âme païenne*, 1909), on a réévalué l'importance du drame, puis, à la suite de Jacques Schérer et de Pierre Larthomas, celle des parades, et les grandes scènes (la Comédie-Française et le théâtre de Chaillot) ont honoré la mémoire de Beaumarchais.

En 1996, Édouard Molinaro a réalisé le film *Beaumarchais l'Insolent* (selon un scénario écrit avec Jean-Claude Brisville, d'après une idée de Sacha Guitry), avec Fabrice Luchini dans le rôle-titre.

ŒUVRES

Le ***Barbier de Séville*** *ou la Précaution inutile*

Comédie en 4 actes — comprenant respectivement 6, 15, 14 et 8 scènes — et en prose, créée au Théâtre-Français, le 23 février 1775, et publiée — précédée de la ***Lettre modérée sur la chute et la critique du « Barbier de Séville »*** — chez Ruault, fin juillet 1775.

L'intrigue de cette comédie développe le canevas traditionnel du barbon amoureux de sa pupille et contrarié dans ses desseins par un jeune homme. Le comte Almaviva, grand d'Espagne, est arrivé à Séville où il tente de séduire, sous le nom de Lindor, une jeune fille, Rosine, quasiment séquestrée par son tuteur, le docteur Bartholo. Il est secondé par Figaro, son ancien valet, désormais barbier à Séville, homme de lettres à ses heures et homme à tout faire. Pour parvenir à communiquer avec la jeune recluse — tout l'acte I se situe *« sous les fenêtres de Rosine »*, et s'organise autour de l'ouverture de la si bien nommée *« jalousie du premier étage »* —, à s'introduire dans la demeure de Bartholo et à se faire aimer, le comte recourt à des déguisements successifs. Quelques gratifications aidant, avec de l'habileté tactique et beaucoup de chance, le jeune homme parvient à déjouer la vigilance jalouse de Bartholo et épouse la belle.

Le comique de la pièce — qui contient des chansons —, se fonde sur des situations romanesques, sur des quiproquos, sur quelques personnages de farce (les deux valets de Bartholo, l'Éveillé et la Jeunesse), et surtout sur un rythme enlevé. Plus frappante encore est la multiplication de formules insolentes : « [...] *un grand nous fait assez de bien quand il ne nous fait pas de mal* » (I, 2) ; « *Aux vertus qu'on exige dans un domestique, Votre Excellence connaît-elle beaucoup de maîtres qui fussent dignes d'être valets ?* » *(ibid.)* ; « *La calomnie, docteur, la calomnie ! Il faut toujours en venir là* » (IV, 1). Pourtant, la matière d'un drame y est sous-jacente, qui oppose la force de la jeunesse à la passion malheureuse de l'homme mûr, au détriment de ce dernier et malgré sa « *précaution* » en effet « *inutile* » : « *Mais soyons vrais, docteur ; quand la jeunesse et l'amour sont d'accord pour tromper un vieillard, tout ce qu'il fait pour l'empêcher peut bien s'appeler à bon droit* La Précaution inutile » (IV, 8, dernière réplique de la pièce, prononcée par Figaro). Néanmoins, Bartholo n'est pas un personnage complètement ridicule, car, chez lui, l'amour et la jalousie s'allient à une lucidité aiguë : « *Mais que de mensonges entassés pour cacher un seul fait !...* » (II, 11) ; « *Faites tout au monde pour plaire aux femmes ; si vous omettez un seul petit point... je dis un seul...* » (III, 1). Preuve que la « *philosophie aussi gaie* » de Figaro vaut pour toute la pièce : « *Je me presse de rire de tout, de peur d'être obligé d'en pleurer* » (I, 2).

Cette pièce a fourni le canevas du livret de deux opéras, l'un dû à Paisiello, créé à Saint-Pétersbourg en 1782, et l'autre de Rossini, créé à Rome en 1816. Inscrite depuis 1775 au répertoire de la Comédie-Française, la pièce y a toujours connu d'immenses succès, naguère dans les mises en scènes de Michel Etcheverry (avec Richard Berry dans le rôle de Figaro) et de Jean-Luc Boutté (avec Thierry Hancisse, dans des décors délibérément infidèles — plus aucune allusion au cadre espagnol, ni grilles ni jalousie — mais fortement symboliques).

La Folle Journée ou le ***Mariage de Figaro***

Comédie en 5 actes — comprenant respectivement 11, 26, 20, 16 et 19 scènes, plus un vaudeville final — et en prose, créée au Théâtre-Français, le 27 avril 1784, et publiée simultanément, précédée d'une ***Préface***, chez Ruault à Paris et à la Société littéraire et typographique à Kehl, en 1785.

Une intrigue fort complexe met en scène, au château d'Aguas-Frescas, à trois lieues de Séville, les personnages du ***Barbier de Séville***. Quelques années ont passé. Le comte Almaviva délaisse son épouse Rosine pour tous les cotillons qui passent, ce qui ne l'empêche nullement de se montrer extrêmement jaloux. Figaro, valet de chambre du comte et concierge du château, se prépare à épouser la jolie Suzanne, camériste de la comtesse. Le comte s'est mis en tête de précéder Figaro dans les faveurs de sa fiancée, arguant d'un « *droit du seigneur* » tombé en désuétude. La comédie montre ses différentes manœuvres pour empêcher le mariage de Figaro ou, du moins, vendre sa permission. Figaro, Suzanne et la comtesse jouent la partie contre lui. Figaro semble mener l'action, mais ce sont plutôt le hasard et les femmes qui le conduisent. Tout vient contrarier les plans des uns comme des autres. Marceline, femme de charge (sous-intendante), veut épouser Figaro qui lui doit de l'argent. Le comte favorise son dessein jusqu'à ce qu'un coup de théâtre révèle que Marceline et Bartholo sont les parents de Figaro. Le petit page Chérubin, toujours fourré dans les appartements des femmes, vient ajouter du trouble dans le couple menacé du comte et de la comtesse. Finalement, l'époux infidèle est pris au piège, « *la folle journée* » s'achève par une fête nocturne qui rétablit — provisoirement ? — l'ordre par une réconciliation générale.

Cette comédie sort de tous les canons du genre. Elle vise tour à tour, dans la même veine que les drames de l'auteur, à attendrir le spectateur sur les déboires d'une femme trahie — « *Je ne la suis plus, cette Rosine que vous avez tant poursuivie ! Je suis la pauvre comtesse Almaviva, la triste femme délaissée, que vous n'aimez plus* » (II, 19) —, à l'inquiéter devant les violences de son époux — « *Et vous vouliez garder votre chambre ! Indigne épouse ! ah ! vous la garderez longtemps* » (II, 16) —, à l'émouvoir et à le troubler devant les charmes du jeune Chérubin — à qui elle peut seulement dire : « *Puisqu'on ne peut vous garder seulement aujourd'hui, partez, jeune homme.* [...] *Souvenez-vous de cette maison, où vous avez trouvé tant d'indulgence.* [...] *nous prendrons part à vos succès* » (I, 10) —, à lui faire partager le désespoir de Figaro, dans ce qui reste le plus long monologue du répertoire français : « *Ô femme ! femme ! femme ! créature faible et décevante !...* [...] *Est-il rien de plus bizarre que ma destinée ?* » (V, 3).

Cette pièce suscite aussi le sourire, voire le rire de la farce, et, le plus souvent, elle sollicite la complicité du spectateur. Mais, marqué par l'esprit des Lumières, ***Le Mariage de Figaro*** est aussi un texte idéologiquement « *réactif* », malgré les démentis apportés par Beaumarchais dans sa ***Préface***, résumant ainsi la pièce : « *La plus badine des intrigues. Un grand seigneur espagnol, amoureux d'une jeune fille qu'il veut séduire, et les efforts que cette fiancée, celui qu'elle doit épouser, la femme du seigneur, réunissent pour faire échouer dans son dessein un maître absolu, que son rang, sa fortune et sa prodigalité rendent tout-puissant pour l'accomplir.*

Voilà tout, rien de plus. La pièce est sous vos yeux. » Son insolence a frappé les contemporains, sensibles à cette dénonciation des abus de la noblesse et des survivances du féodalisme, comme à cette défense et illustration du tiers état : « *Noblesse, fortune, un rang, des places, tout cela rend si fier ! Qu'avez-vous fait pour tant de biens ? vous vous êtes donné la peine de naître, et rien de plus* » (V, 3). La pièce traduisait aussi le travail sourd d'une réaction contre le futur Ancien Régime qui soumettait la noblesse.

La grande noblesse se bouscula à la première représentation, que son soutien actif avait contribué à rendre possible. C'est en effet au terme d'une véritable bataille d'opinion que la permission de jouer cette comédie fut arrachée à Louis XVI. Le succès extraordinaire qu'elle connut ne se prolongea pourtant pas pendant les événements révolutionnaires. Elle fut représentée au XIXe siècle, avec une réputation de moins en moins sulfureuse — ce qui fit écrire à Flaubert : « *Encore une des causes de la Révolution !* » (art. *Figaro [Le Mariage de]*, in *Dictionnaire des idées reçues*). Après une éclipse entre les deux guerres — la pièce fut interdite par la censure allemande durant l'Occupation —, on a rendu justice à cette comédie dans la 2de moitié du XXe siècle : Jean Vilar, Jean-Louis Barrault, Antoine Vitez et Jean-Pierre Vincent en ont proposé des mises en scène célèbres, cependant que Jean-Pierre Cassel, Richard Fontana et André Marcon ont campé des Figaro inoubliables. Mais c'est surtout l'opéra de Mozart, *Les Noces de Figaro (Le Nozze di Figaro)*, sur un livret de Da Ponte (1786), qui a contribué à immortaliser ***Le Mariage de Figaro***.

CITATIONS

On ne s'intéresse guère aux affaires des autres que lorsqu'on est sans inquiétude sur les siennes.

Lettre modérée sur la chute et la critique du « Barbier de Séville », in *Le Barbier de Séville.*

Au moindre échec, ô mes amis, souvenez-vous qu'il n'est plus d'amis.

Lettre modérée sur la chute et la critique du « Barbier de Séville », in *Le Barbier de Séville.*

Je suis las des conquêtes que l'intérêt, la convenance ou la vanité nous présentent sans cesse. Il est si doux d'être aimé pour soi-même.

Le Barbier de Séville, I, 1.

Aujourd'hui, ce qui ne vaut pas la peine d'être dit, on le chante.

Le Barbier de Séville, I, 2.

[...] un grand nous fait assez de bien quand il ne nous fait pas de mal.

Le Barbier de Séville, I, 2.

Aux vertus qu'on exige dans un domestique, Votre Excellence connaît-elle beaucoup de maîtres qui fussent dignes d'être valets ?

Le Barbier de Séville, I, 2.

Je me presse de rire de tout, de peur d'être obligé d'en pleurer.

Le Barbier de Séville, I, 2.

En occupant les gens de leur propre intérêt, on les empêche de nuire à l'intérêt d'autrui.

Le Barbier de Séville, I, 4.

[...] quand on cède à la peur du mal, on ressent déjà le mal de la peur.

Le Barbier de Séville, II, 2.

BARTHOLO. Vous le prenez bien haut, Monsieur ! Sachez que quand je dispute avec un fat, je ne lui cède jamais.

FIGARO *lui tourne le dos*. Nous différons en cela, Monsieur ! moi je lui cède toujours.

Le Barbier de Séville, III, 5.

Que poursuivrait-on au théâtre ? les travers et les ridicules ? cela vaut bien la peine d'écrire ! ils sont chez nous comme les modes ; on ne s'en corrige point, on en change.
Les vices, les abus, voilà ce qui ne change point, mais se déguise en mille formes sous le masque des mœurs dominantes : leur arracher ce masque et les montrer à découvert, telle est la noble tâche de l'homme qui se voue au théâtre.

Préface au *Mariage de Figaro.*

On ne peut corriger les hommes qu'en les faisant voir tels qu'ils sont.

Préface au *Mariage de Figaro.*

Nos jugements sur les mœurs se rapportent toujours aux femmes ; on n'estime pas assez les hommes pour tant exiger d'eux sur ce point délicat.

Préface au *Mariage de Figaro.*

Prouver que j'ai raison serait accorder que je puis avoir tort.

Le Mariage de Figaro, I, 1.

Mon sexe est ardent, mais timide : un certain charme a beau nous attirer vers le plaisir, la femme la plus aventurée sent en elle une voix qui lui dit : « *Sois belle si tu peux, sage si tu veux ; mais sois considérée, il le faut.* »

Le Mariage de Figaro, I, 4.

De toutes les choses sérieuses, le mariage étant la plus bouffonne [...].

Le Mariage de Figaro, I, 9.

Boire sans soif et faire l'amour en tout temps, Madame, il n'y a que ça qui nous distingue des autres bêtes.

Le Mariage de Figaro, II, 21.

Médiocre et rampant, et l'on arrive à tout.

Le Mariage de Figaro, III, 5.

FIGARO. Ma vérité la plus vraie !
SUZANNE. Fi donc, vilain ! en a-t-on plusieurs ?
FIGARO. Oh ! que oui. Depuis qu'on a remarqué qu'avec le temps vieilles folies deviennent sagesse, et qu'anciens petits mensonges assez mal plantés ont produit de grosses, grosses vérités, on en a de mille espèces ! et celles qu'on sait, sans oser les divulguer : car toute vérité n'est pas bonne à dire ; et celles qu'on vante, sans y ajouter foi : car toute vérité n'est pas bonne à croire ; et les serments passionnés, les menaces des mères, les protestations des buveurs, les promesses des gens en place, le dernier mot de nos marchands ; cela ne finit pas.

Le Mariage de Figaro, IV, 1.

FIGARO. En fait d'amour, vois-tu, trop n'est pas même assez.
SUZANNE. Je n'entends pas toutes ces finesses ; mais je n'aimerai que mon mari.
FIGARO. Tiens parole, et tu feras une belle exception à l'usage.

Le Mariage de Figaro, IV, 1.

Parce que vous êtes un grand seigneur, vous vous croyez un grand génie !... noblesse, fortune, un rang, des places ; tout cela rend si fier ! Qu'avez-vous fait pour tant de biens ! vous vous êtes donné la peine de naître, et rien de plus [...]. Tandis que moi, morbleu ! perdu dans la foule obscure, il m'a fallu déployer plus de science et de calculs pour subsister seulement, qu'on n'en a mis depuis cent ans à gouverner toutes les Espagnes.

Le Mariage de Figaro, V, 3.

L'amour... n'est que le roman du cœur : c'est le plaisir qui en est l'histoire.

Le Mariage de Figaro, V, 7.

SUZANNE. Quant à la politique ?...
BÉGEARSS. Ah ! c'est l'art de créer des faits ; de dominer, en se jouant, les événements et les hommes ; l'intérêt est son but ; l'intrigue son moyen : toujours sobre de vérités, ses vastes et riches conceptions sont un prisme qui éblouit. Aussi profonde que l'Etna, elle brûle et gronde longtemps avant d'éclater au dehors ; mais alors rien ne lui résiste : elle exige de hauts talents : le scrupule seul peut lui nuire ; c'est le secret des négociateurs.

La Mère coupable, IV, 4.

[...] la colère chez les bons cœurs, n'est qu'un besoin pressant de pardonner !

La Mère coupable, IV, 18.

JUGEMENTS

« [...] *Beaumarchais, la flamme de l'esprit faite homme, le passionné jusqu'à la pointe de ses beaux cheveux, qu'il avait beaux comme Mirabeau — se ressemblant par là ces deux Samsons du* XVIII*e siècle !* »

Jules BARBEY d'AUREVILLY, *Goethe et Diderot*, 1880.

« *En quoi le théâtre de Beaumarchais rompt-il avec le théâtre du* XVIII*e ? C'est que dans un schéma qui présente les mêmes apparences s'insinuent le grondement d'une voix personnelle, la menace, l'initiative.* »

Jean CASSOU, *Parti pris*, Albin Michel, 1963.

« *À force de méditer sur l'existence,* [...] *ces hommes qui nous font tant rire deviennent profondément tristes. Beaumarchais était morose, Molière était sombre, Shakespeare mélancolique.* »

Victor HUGO, *Préface* de *Cromwell*, 1827.

« *En mêlant au vieil esprit gaulois les goûts du moment, un peu de Rabelais et de Voltaire, en y jetant un léger déguisement espagnol et quelques rayons du soleil de l'Andalousie, il a su être le plus réjouissant et le plus remuant Parisien de son temps, le Gil Blas de l'époque encyclopédique à la veille de l'époque révolutionnaire.* »

Charles Augustin SAINTE-BEUVE,
Causeries du lundi, 1852.

« [...] *Beaumarchais.* [...] *cet homme si courageux et si gai. Je l'aime de tout mon cœur.* »

STENDHAL, *Correspondance*, 23 juin 1808.

« [...] *ce Beaumarchais. Quel homme ! il réunit tout, la bouffonnerie, le sérieux, la raison, la gaieté, la force, le touchant, tous les genres d'éloquence ; et il n'en recherche aucun ; et il confond tous ses adversaires ; et il donne des leçons à ses juges. Sa naïveté m'enchante. Je lui pardonne ses imprudences, et ses pétulances.* »

VOLTAIRE, *Correspondance*, 25 février 1774.

BIBLIOGRAPHIE

Éditions

Œuvres, éd. P. LARTHOMAS, avec la collaboration de J. LARTHOMAS, « Pléiade », Gallimard, 1988 [outre le théâtre, cette édition contient les œuvres polémiques].

Correspondance, éd. B.N. MORTON, 4 vol. parus [*1745 à 1778*], Nizet, 1969 à 1978.

Théâtre, éd. R. POMEAU, « GF », Flammarion, 1965 ; éd. J.-P. de BEAUMARCHAIS, « Classiques Garnier », Garnier, 1980 ; *Théâtre complet*, « LdP/Pochothèque », LGF, 1999.

Le Barbier de Séville, éd. R. NIKLAUS, E. ARNOLD, Londres (GB), 1968 ; éd B. COMBEAUD, « Classiques Hachette », Hachette, 1994 ; *Le Barbier de Séville, Jean Bête à la Foire*, éd. J. SCHERER, « Folio », Gallimard, 1982.

Lettres à une amoureuse, postf. Fr. WEYERGANS, Seuil, 1996.

Le Mariage de Figaro, éd. F. GAIFFE, Malfère, Amiens, 1928 ; éd. J. SCHERER, SEDES, 1966 ; éd. J.B. RATERMANIS, in *SVEC*, 63, Voltaire Foundation, Oxford (GB), 1968 [éd. critique avec reproduction des manuscrits] ; éd B. COMBEAUD, « Classiques Hachette », Hachette, 1991 ; éd. É. LAVEZZI, « GF », Flammarion, 1999 ; éd. P. LARTHOMAS, « Folio », Gallimard, 1999 ; *Le Mariage de Figaro, La Mère coupable*, éd. P. LARTHOMAS, « Folio », Gallimard, 1984.

Études

E.J. ARNOULD, *La Genèse du « Barbier de Séville »*, Dublin U.P., Minard, 1965 [avec la reproduction des trois manuscrits].

J.-P. de BEAUMARCHAIS, « Les *Mémoires contre Goëzman* et la morale rousseauiste de l'intention », in *SVEC*, 87, Voltaire Foundation, Oxford (GB), 1972 ; « *Le Mariage de Figaro*, une conquête de l'espace », in *Le Siècle de Voltaire*, I, Voltaire Foundation, Oxford (GB), 1987 ; *Beaumarchais, le Voltigeur des Lumières*, « Découvertes », Gallimard-Jeunesse, 1996 ; *Main droite, Main gauche*, PUF, 1997.

J.-Cl. BRISVILLE, *Beaumarchais l'Insolent*, « Folio », Gallimard, 1996.

G. CONESA, *La Trilogie de Beaumarchais*, PUF, 1985.

H. CORDIER, *Bibliographie des œuvres de Beaumarchais*, Slatkine, Genève (CH), 1967.

M. DESCOTES, *Les Grands Rôles du théâtre de Beaumarchais*, PUF, 1974.

B. DIDIER, *Beaumarchais ou la Passion du drame*, PUF, 1994.

J. EHRARD, « La société du *Mariage de Figaro* », in *Approches des Lumières. Mélanges offerts à Jean Fabre par ses élèves et amis français et étrangers*, Klincksieck, 1974.

J. GOLDZINK, *De chair et d'ombre. Essai sur Marivaux, Challe, Rousseau, Beaumarchais, Rétif, Goldoni*, Paradigme, Orléans, 1995.

P. LARTHOMAS, *Le Langage dramatique*, Colin, 1972, rééd. 1980 ; « La Fantaisie verbale dans les parades de Beaumarchais », in *Mélanges Charles Rostaing*, Association des romanistes de l'Université de Liège, Liège (BE), 1974 ; « Le style de Beaumarchais dans *Le Barbier de Séville* et *Le Mariage de Figaro* », in *L'Information littéraire*, n° 33, avr. 1981 ; « La Toise de Figaro ou Beaumarchais metteur en scène », in *Mélanges Francis Pruner, d'Eschyle à Genet*, Éd. univ. dijonnaises, Dijon, 1986.

S. LECARPENTIER, *La Langage dramatique dans la trilogie de Beaumarchais ; efficacité, gaieté, musicalité*, Nizet, 1998.

M. LEVER, *Pierre Augustin Caron de Beaumarchais*, t. I, *L'Irrésistible Ascension*, Fayard, 1999.

C. de MAN, *Beaumarchais, espion du roi*, rééd. Ramuel, Villeselve (Oise), 1997.

D. MORTIER, *Le Triomphe du valet de comédie : Plaute, Goldoni, Beaumarchais, Hofmannsthal*, Champion, 1998.

B.N. MORTON, *La Dernière Aventure de Beaumarchais : l'affaire des fusils de Hollande*, « Archives », n° 111, Minard, 1970 ; *id.* et D.C. SPINELLI, *Beaumarchais : A Bibliography*, The Olivia and Hill Press, Ann Arbor, Michigan (US), 1988.

R. POMEAU, *Beaumarchais*, Hatier, 1956, rééd. PUF, 1987 ; « *Le Barbier de Séville*, de l'intermède à la comédie », in *RHLF*, nov.-déc.1974 ; *Beaumarchais ou la Bizarre Destinée*, PUF, 1987.

G. von PROSCHWITZ, *Introduction à l'étude du vocabulaire de Beaumarchais*, Almqvist et Wiksell/Nizet, Stockholm (SE)/Paris, 1956, rééd. Slatkine, Genève (CH), 1981.

Ph. ROBINSON, « Beaumarchais et la Chanson », in *SVEC*, 275, Voltaire Foundation, Oxford (GB), 1990, rééd. 1999.

J. SCHERER, *La Dramaturgie de Beaumarchais*, Nizet, 1954, 4e éd., 1989.

D.C. SPINELLI, *L'Inventaire après décès de Beaumarchais*, Champion, 1997.

Ph. VAN TIEGHEM, *Beaumarchais par lui-même*, « Écrivains de toujours », Seuil, 1960, rééd. 1978.

AUDIO & VIDÉO

Vidéo

Cl. DOLBERT, *Le Barbier de Séville*, 1948, René Chateau, s.d.

É. MOLINARO, *Beaumarchais l'Insolent*, TF1 Vidéo, 1996.

CD-ROM

Encyclopédie de la littérature française, Bibliopolis, 1998.

BEAUVOIR

Simone de BEAUVOIR

De son vrai nom, Simone Lucie Ernestine Marie BERTRAND de BEAUVOIR

Paris 1908 – *ibid.* 1986

Prix Goncourt

> « *La force et la faiblesse de Beauvoir, c'était d'être absolument absolue.* »
> Claude ROY, *La Fleur du temps*, 15 avril 1986, Gallimard, 1988.

> « *Je commence* La Force des choses. *Je suis émerveillé ou presque par* l'assurance *de J.-P. Sartre 'et de sa compagne : ils ont toujours raison ; tous les autres se trompent (Camus, Merleau-Ponty et Koestler), eux seuls,* jamais [...]. *Quels gens heureux !...* »
> Mircea ELIADE, *Fragments d'un journal*, t. I, *1945-1969*, trad. franç. Luc BADESCO et Constantin GRIGORESCO, Gallimard, 1973.

Une femme peu « *rangée* »

Complicités intellectuelles et engagements

Simone de Beauvoir a raconté, dans ses ***Mémoires d'une jeune fille rangée*** (1958), son enfance partagée entre un père volage mais admiré et une mère pieuse qui vécut dans l'aigreur les revers de fortune d'une famille bourgeoise déclassée — après la banqueroute de son grand-père maternel, banquier à Verdun, en 1909. Au cours Désir, elle suivit un enseignement religieux jusqu'au baccalauréat, et se destina à l'enseignement de la philosophie. Dotée d'un solide appétit d'exister, joint à une intelligence critique qui s'éveilla très tôt, elle choisit de prendre par le travail scolaire une revanche sur un quotidien étriqué, et d'échapper au piège qui se referma sur son amie Élisabeth L..., *alias* Zaza Mabille, morte des compromis que lui imposait sa famille : « *Ensemble, nous avions lutté contre le destin fangeux qui nous guettait et j'ai pensé longtemps que j'avais payé ma liberté de sa mort* » (***Mémoires d'une jeune fille rangée***, IV).

« *Ma vie serait une belle histoire qui deviendrait vraie à mesure que je me la raconterais* » : tel est le précepte d'optimisme que suivit Beauvoir adolescente, en se libérant définitivement de son milieu, malgré l'affection qui la liait à sa sœur cadette Hélène, *alias* Poupette. Entrée à l'École normale supérieure, c'est en préparant l'oral de l'agrégation qu'elle fit la connaissance, en 1929, d'un clan de « *petits camarades* », parmi lesquels Nizan, Raymond Aron, et Sartre. Le « *castor* » — surnom trouvé par un camarade, André Herbaud, par analogie de « *Beauvoir* » avec le mot anglais *beaver* — écrivit, à propos de sa rencontre décisive avec Sartre, *alias* Poulou : « *C'était la première fois que je me sentais dominée intellectuellement par quelqu'un* » (***Mémoires d'une jeune fille rangée***, IV). Refusant le mariage, elle lia définitivement sa vie à ce « *double* » complice, dans une relation de connivence affective et intellectuelle qui n'excluait pas ce que tous deux nommèrent les « *amours contingentes* » : « *Entre nous, m'expliquait-il* [...], *il s'agit d'un amour nécessaire : il convient que nous connaissions aussi des amours contingentes* » (***La Force de l'âge***, chap. I).

Elle exerça, dans les années 1930, son métier de professeur à Marseille, Rouen, puis Paris. Elle s'essaya alors à l'écriture romanesque — un roman composé en 1935-1936 parut en 1979 sous le titre ***Quand prime le spirituel*** —, mais ne publia son premier roman qu'en 1943 : ***L'Invitée*** transposait, en la dramatisant, l'histoire d'un trio amoureux (Sartre, elle-même et l'une de ses anciennes élèves du lycée de Rouen, Olga Kosakiewícz — à qui le roman était dédié) et sa propre expérience de la jalousie. La même année, sa liaison avec une autre élève, Nathalie Sorokine, *alias* Lise Oblanoff, provoqua sa révocation de l'Éducation nationale. Encouragée par Sartre, Beauvoir accepta alors un poste à la radio de Vichy — ce qui, à la Libération, ne lui valut toutefois aucune poursuite de la part du Comité national des écrivains, chargé de dresser la liste des collaborateurs et où siégaient notamment Sartre et Aragon. Elle devint « *femme écrivain* [...], *quelqu'un dont toute la vie est* commandée *par l'écriture* » *(**La Force des choses**)*. En 1945, elle fit partie du premier comité de rédaction des *Temps modernes*. Elle publia alors des romans : ***Le Sang des autres*** (1945, dédié à Nathalie Sorokine), drame de la conscience individuelle inspiré par la Résistance, et ***Tous les hommes sont mortels*** (1946), récit fantastique où elle imaginait le parcours d'un immortel à travers l'Histoire. Elle s'essaya à l'écriture dramaturgique, avec ***Les Bouches inutiles*** (1945), et composa des essais théoriques : ***Pyrrhus et Cinéas*** (1944), ***Pour une morale de l'ambiguïté*** (1947, dédié à Bianca Biennenfeld — autre ancienne élève), puis un ouvrage fondamental sur la condition féminine, ***Le Deuxième Sexe*** (1949).

Comme l'écrivit Pierre Bourdieu en 1995 : « *L'œuvre de Simone de Beauvoir, notamment* Le Deuxième Sexe *qui, il y a bientôt un demi-siècle, inaugura le féminisme moderne, est beaucoup moins périmée que ne voudraient le croire beaucoup de femmes* » (*Préface* à Toril Moi, *Simone de Beauvoir [...]*, 1995).

Des voyages à l'entreprise autobiographique

Après avoir été prise avec Sartre dans le tourbillon existentialiste et l'euphorie de la Libération, Beauvoir concilia écriture et voyages, rapportant des récits « engagés » de ses séjours en Chine, qu'elle retraça dans ***La Longue Marche*** (1957), et en Amérique, dont elle témoigna dans ***L'Amérique au jour le jour*** (1948). C'est là qu'elle rencontra le romancier américain Nelson Algren, à qui elle écrivait : « *Je ne m'attendais nullement à un amour, je ne pensais pas être séduite, et vous ! vous m'avez rendue amoureuse de vous* » (lettre du 8 août 1948). Ce n'est qu'en 1997 — presque un demi-siècle après la parution du ***Deuxième Sexe*** — que fut révélée cette liaison passionnelle, par la publication des centaines de lettres, souvent brûlantes, que Beauvoir, entre 1947 et 1964, écrivit à son « *lointain mari bien aimé* ». À l'opposé de la dénonciation de la domination machiste, à l'œuvre dans ***Le Deuxième Sexe***, la porte-parole du féminisme naissant s'y définissait comme « *une obéissante épouse arabe* » et promettait : « *Je serai sage, je ferai la vaisselle, je balaierai, j'irai acheter moi-même des œufs et des gâteaux au rhum, je ne toucherai pas vos cheveux, vos joues ni votre épaule sans votre autorisation.* » En ajoutant : « *Je suis votre femme pour toujours.* »
Mais la consécration vint avec ***Les Mandarins***, qui obtint le prix Goncourt en 1954 — œuvre écrite au moment où la romancière commença une liaison passionnée avec Claude Lanzmann, de dix-sept ans son cadet. Ce roman du désenchantement des années d'après-guerre signait à sa façon la fin d'une époque, et installait dans l'œuvre le thème récurrent du temps qui passe. Il sembla alors nécessaire de sauver le passé, et surtout de le transmettre, dans une autobiographie détaillée qui commença avec ***Mémoires d'une jeune fille rangée*** (1958), ***La Force de l'âge*** (1960, dédié à Sartre), et se poursuivit avec ***La Force des choses*** (1963), et ***Tout compte fait*** (1972, dédié à Sylvie Lebon, normalienne rencontrée en 1963).
À ce vaste domaine de l'écriture du « moi » appartient le récit de la maladie et de la mort des autres : celle de sa mère, dans ***Une mort très douce*** (1964), et celle de Sartre, dans ***La Cérémonie des adieux*** (1981), témoignages sans concession sur « *l'horreur de finir* » que l'essai ***La Vieillesse*** (1970) replaçait dans une perspective de protestation sociale. Un certain pessimisme colore aussi ses derniers récits de fiction : ***Les Belles Images*** (1966) dénonce les mirages de la société de consommation qui s'installait en France, et ***La Femme rompue*** (1968) revient sur l'aliénation dans cette société, de la femme et des êtres que la jeunesse a fuis. L'épilogue de ***La Force de l'âge*** résume ce sentiment d'amertume qui parcourt l'œuvre autobiographique de Beauvoir : « *Rien n'aura eu lieu. Je revois la haie de noisetiers que le vent bousculait et les promesses dont j'affolais mon cœur quand je contemplais cette mine d'or à mes pieds, toute une vie à vivre. Elles ont été tenues. Cependant, tournant un regard incrédule vers cette crédule adolescente, je mesure à quel point j'ai été flouée.* »
Beauvoir établit l'édition de la correspondance que Sartre lui adressa de 1926 à 1963 : *Lettres au Castor et à quelques autres* (1983). Et ses propres lettres furent publiées après sa mort : ***Lettres à Sartre*** (1990), ***Un amour transatlantique, Lettres à Nelson Algren, 1947-1964*** (1997), ainsi que son ***Journal de guerre*** (1990).
À l'ombre — écrasante — de Sartre, la place littéraire de Simone de Beauvoir reste modeste. Comme l'a montré la commémoration, en 1999, du cinquantenaire de la parution du ***Deuxième Sexe***, c'est surtout la militante du féminisme qu'on célèbre en elle.

Un style direct et efficace

« *Je n'ai pas été une virtuose de l'écriture. Je n'ai pas, comme Virginia Woolf, Proust, Joyce, ressuscité le chatoiement des sensations et capté dans les mots le monde extérieur. Mais tel n'était pas mon dessein. Je voulais me faire exister pour les autres en leur communiquant, de la manière la plus directe, le goût de ma propre vie* » ***(Tout compte fait)***. Cet aveu de 1972 vaut pour une œuvre qui se voulait dévoilement sans fard du cours d'une existence et du cours du monde. Il en résulte un style précis, peu imagé, qui vise à la transparence maximale, au risque de la monotonie, même si les œuvres romanesques sont plus variées de ton et de technique que les mémoires, comme en témoigne l'utilisation du monologue intérieur dans ***La Femme rompue***.

Un modèle d'intellectuelle engagée

À vouloir privilégier la fonction référentielle, l'auteur se vit reprocher une confusion entre la littérature et le reportage, et une certaine indifférence aux ombres de la mémoire et aux intermittences du souvenir. En tournant ainsi le dos aux interrogations formelles qui furent celles des « nouveaux romanciers », elle s'aliéna l'estime d'une partie de la critique, tout en gagnant celle de nombreux lecteurs. Le succès de Simone de Beauvoir doit beaucoup à la sympathie que peut inspirer le récit de sa vie, avec ses choix tranchés en matière de morale et d'idéologie. Si ses romans ont contribué à sa notoriété, et composent de fait un univers riche et cohérent, ils souffrent de leur caractère didactique et sont encore peu étudiés (hormis les travaux de Terry Keefe et quelques tentatives françaises). En revanche, la mémorialiste et surtout l'essayiste continuent à intéresser non seulement les féministes, pour lesquelles elle reste un auteur majeur et parfois controversé, mais aussi tous ceux qui voient en elle une femme à la fois engagée et libre, qui voulut résoudre par l'écriture le « *conflit entre son propre désir de minimiser sa différence, de se représenter comme une intellectuelle consacrée, tout comme Sartre, et la réalité de sa marginalité relative de femme* » (Toril Moi).

ŒUVRES

*Le **Deuxième Sexe***

Essai en 2 volumes paru chez Gallimard en 1949 ; des extraits avaient été publiés dans *Les Temps modernes* fin 1948 et début 1949.

Le 1er volume, ***Les Faits et les Mythes***, analyse la situation de la femme définie comme l'Autre, cet être qui n'a d'existence que par rapport à l'homme, dans une histoire, une société et un imaginaire fondamentalement masculins. Après avoir exposé les points de vue de la physiologie, de la psychanalyse et du matérialisme historique ***(Destin)***, Beauvoir propose une histoire des femmes étayée par des données empruntées à l'anthropologie, à la littérature, à la législation, suivie d'une étude incisive des mythes forgés sur la prétendue nature féminine. Dans le 2nd volume, ***L'Expérience vécue***, elle considère le corps féminin tel qu'il est réellement vécu de l'enfance à l'âge mûr : « *On ne naît pas femme, on le devient.* » Elle dénonce le conditionnement qui maintient la femme dans un état d'infériorité, depuis les modèles imposés à la fillette jusqu'à l'aliénation de la femme dans le mariage et la vie sociale ***(Situation)*** : « *Les femmes d'aujourd'hui sont en train de détrôner le mythe de la féminité ; elles commencent à affirmer concrètement leur indépendance ; mais ce n'est pas sans peine qu'elles réussissent à vivre intégralement leur condition d'être humain.* » Après avoir écarté certains comportements qui donnent aux femmes l'illusion de transcender leur condition — narcissisme, amour, mysticisme ***(Justifications)*** — elle définit ce que pourrait être une émancipation véritable, accompagnée d'une indépendance économique. « *La femme libre est seulement en train de naître* » ***(Vers la liberté)***.

Dans cette somme de plus de 800 pages, Beauvoir, avec une grande maîtrise, démontait le mythe de l'Éternel féminin, abordait sans tabou la jouissance féminine, l'homosexualité, la vieillesse, l'avortement... Le livre eut d'abord un succès de scandale et, souvent lu de manière hâtive ou réduit à quelques formules, il créa ce que Susan Lilar a appelé *Le Malentendu du « Deuxième Sexe »* (1969). Il fut néanmoins une révélation pour de nombreuses lectrices dans le monde entier — notamment aux États-Unis, où il fut traduit en 1953 — et devint, à partir des années soixante, un manifeste pour une génération de féministes (Gisèle Halimi, Kate Millett...). Sévèrement critiqué par certaines intellectuelles — par exemple, la sociologue américaine Mary Evans dans *Simone de Beauvoir, A Feminist Mandarin* (1985) — qui lui reprochaient de n'avoir pas su valoriser les qualités spécifiques des femmes, cet essai n'a rien perdu de sa force polémique.

Mémoires d'une jeune fille rangée

Autobiographie en 4 parties publiée à Paris chez Gallimard en 1958. Elle constitua rétrospectivement le 1er volume d'une trilogie comprenant aussi ***La Force de l'âge*** (1960) et ***La Force des choses*** (1963).

Chronique des années de jeunesse, les ***Mémoires*** décrivent la trajectoire de Beauvoir, depuis l'enfance ouatée dans une famille bourgeoise jusqu'à la rencontre déterminante avec Jean-Paul Sartre, la figure du « *double* » émancipé. **I.** « *Aussi loin que je me souvienne, j'étais fière d'être l'aînée : la première.* » Cet aveu liminaire annonce la personnalité de l'enfant qui, élevée entre un père affectueux, « *à mi-chemin entre aristocrate et bourgeois* », et une mère dévote, s'affirme tôt brillante élève. Le passage du cercle familial étroit à la vie de collège marque un premier éveil au monde — *« de mon fauteuil studieux j'entendis l'harmonie des sphères »* —, en même temps que le rejet d'un milieu conformiste et de la foi en Dieu. **II.** Élève du cours Désir, Beauvoir se lie d'amitié avec Élisabeth Mabille, surnommée *« Zaza »*. Avec cette *« petite noiraude aux cheveux coupés court »*, son exact contraire, la jeune fille studieuse découvre les charmes — et les déceptions — de la désinvolture et de l'audace qui lui font défaut. Ses succès à la Sorbonne, où elle a fait, contre la volonté de son père, le choix de la philosophie, rassurent Beauvoir qui goûte comme un *« narcotique »* le travail, ainsi que les alcools et l'ivresse des conversations dans les cafés du quartier Latin, au cours d'incursions dans la vie étudiante — tentatives sans lendemain. **III.** Durant cette période de formation, elle croise Simone Weil, Vailland, Merleau-Ponty, Lévi-Strauss, Raymond Aron, mais ne se lie à aucun. Une connivence intellectuelle et amoureuse la rapproche néanmoins de son cousin Jacques. **IV.** Cette relation se dénoue lorsque Beauvoir, préparant l'agrégation à l'École normale supérieure, en 1928, fait la connaissance du groupe formé par Nizan, Sartre, Herbaud, qui le premier la surnomme le *« Castor »* — par analogie de son nom avec *beaver*, *« parce que les castors vont en bande et ont l'esprit constructeur »*. Avec Sartre surtout, elle découvre une vraie complicité intellectuelle : *« C'était la première fois que je me sentais dominée intellectuellement par quelqu'un. »* La mort de Zaza, avec l'amère conscience d'avoir échoué à se libérer du carcan familial, ranime en Beauvoir le sentiment coupable de s'être construite sur les cendres de son passé : *« Ensemble nous avions lutté contre le destin fangeux qui nous guettait et j'ai pensé longtemps que j'avais payé ma liberté de sa mort. »*

Autoportrait plus qu'autobiographie, ce récit commencé à l'âge mûr, vers la cinquantaine, obéissait au désir de ressusciter les étapes d'une formation morale et intellectuelle. Il englobait ainsi dans une même perspective l'entreprise d'écrire et de vivre, pour restituer le sens d'une existence : *« En écrivant une œuvre nourrie de mon histoire, je me créerais moi-même à neuf et je justifierais mon existence. »* De ce défi naquit ce récit linéaire dont la structure narrative, respectueuse de la chronologie, se voulait l'exploration d'un temps intérieur, le repérage des événements fondateurs d'une personnalité. La mise en forme de l'expérience vécue des années d'enfance, décrites avec une précision volontairement clinique et quasi documentaire, la neutralité du style, épuré et classique, le refus du pouvoir évocateur des images, procèdent dès lors moins d'une esthétique romanesque que d'une volonté de ressaisie du réel, par la confrontation de la vie immédiate à l'analyse sans concession des personnages successifs qu'endossa la jeune Simone. Avec détachement, elle décrit ses *« mutations »*, de la petite enfance nébuleuse, où, écrit-elle, *« je m'enroulais dans les ténèbres, [...] je n'étais qu'une conscience vacante, un regard distrait »*, à l'adolescence — *« dans l'espace fermé, dans le temps réservé aux adultes »* —, jusqu'aux années d'apprentissage de l'étudiante, encore emprisonnée dans l'écorce des tabous sexuels et moraux — *« je décourageais la lubricité »* —, retenue par la conscience obsédante d'une solitude consubstantielle : *« Il y avait longtemps que la solitude m'avait précipitée dans l'orgueil. [...] Je restais convaincue que le péché restait la face béante de Dieu... et je guettais l'aventure comme autrefois j'attendais l'extase. »* Ce parti pris de distanciation, qu'accentue la revendication d'un regard lucide, introduit une dialectique entre le singulier et l'universel, opère la transformation d'une aventure personnelle en démarche existentielle : *« La littérature prit dans mon existence la place qu'y avait occupée la religion : elle l'envahit tout entière et la transfigura. »* La vocation littéraire, née de ses lectures, confirmée par la rencontre avec Sartre, *« antibourgeois »* et *« intellectuel »*, qui couronne les tentatives de libération de la jeune fille, procède d'un dépassement de soi pour rejoindre *« l'harmonie des sphères »*, d'un idéal d'engagement qui devint la ligne de conduite de toute une vie. Attitude ambiguë que celle qui tout à la fois vise à transfigurer l'expérience individuelle et nie vouloir procéder d'une volonté de construire sa vie comme une œuvre d'art ; qui se veut refus du formalisme, mais recherche de vérité par une esthétique de la transparence.

Ce premier volume des ***Mémoires*** — sans doute le plus réussi, comme le pensait son auteur — se veut la pratique exemplaire d'une attitude morale et philosophique profondément ancrée dans son époque, de la guerre de 1914 aux années 1960. Moins didactique cependant que dans l'œuvre romanesque, l'écrivain se révèle aussi plus authentique au travers de ce récit qui s'enracine dans le vécu et met à nu un destin de femme. Tandis que l'autobiographie déroule le fil d'une existence, s'enrichissant de portraits, de réflexions, de témoignages, dans ***La Force de l'âge*** (1960), ***La Force des choses*** (1963), elle dévoile la trajectoire d'une pensée, depuis la quête d'absolu jusqu'au constat tragique de l'existentialisme : la contingence de l'existence.

Écrit juste après les ***Mandarins*** (prix Goncourt 1954), les ***Mémoires d'une jeune fille rangée*** constituèrent le socle d'un vaste ensemble autobiographique, dont ***Tout compte fait*** (1972), ***Une mort très douce*** (1964), ***La Cérémonie des adieux*** (1981) achevèrent le cycle, en même temps que l'œuvre d'une vie. Les ***Mémoires***, publiés par une personnalité alors reconnue du monde des lettres, suscitèrent l'intérêt immédiat du public et l'attente des épisodes suivants. Avec le temps, la part autobiographique de l'œuvre de Beauvoir finit par éclipser la romancière, dont l'audience s'estompa dans les derniers romans, ***Les Belles Images*** (1965) et ***La Femme rompue*** (1967). L'apport de son œuvre de mémorialiste, à travers la chronique d'une époque traversée par des courants qu'elle a incarnés, ainsi que sa correspondance avec Algren, qui révéla tardivement une amoureuse passionnée (1997), suscitèrent en revanche un regain d'intérêt. Tandis que l'épilogue amer des derniers volumes de l'autobiographie laissèrent la critique désorientée, les ***Mémoires d'une jeune fille rangée*** en demeurent la partie la moins contestée.

CITATIONS

Les femmes d'aujourd'hui sont en train de détrôner le mythe de la féminité ; elles commencent à affirmer concrètement leur indépendance ; mais ce n'est pas sans peine qu'elles réussissent à vivre intégralement leur condition d'être humain.
Le Deuxième Sexe, II.

Ce ne sont pas les individus qui sont responsables de l'échec du mariage : c'est [...] l'institution elle-même qui est originellement pervertie.
Le Deuxième Sexe, II, 5.

La femme pèse si lourdement sur l'homme parce qu'on lui interdit de se reposer sur soi : il se délivrera en la délivrant, c'est-à-dire en lui donnant quelque chose à « faire » en ce monde.
Le Deuxième Sexe, II, 5.

Atroce contradiction de la colère née de l'amour et qui tue l'amour.
L'Âge de discrétion, in *La Femme rompue*.

Qu'est-ce qu'un adulte ? Un enfant gonflé d'âge.
L'Âge de discrétion, in *La Femme rompue*.

« *Entre nous,* m'expliquait-il *[Sartre], il s'agit d'un amour nécessaire : il convient que nous connaissions aussi des amours contingentes.* »
La Force de l'âge, 1.

Ce sont les fascistes qui attachent plus d'importance à la façon de mourir qu'aux actes.
La Force des choses, 1.

Rien n'aura eu lieu. Je revois la haie de noisetiers que le vent bousculait et les promesses dont j'affolais mon cœur quand je contemplais cette mine d'or à mes pieds, toute une vie à vivre. Elles ont été tenues. Cependant, tournant un regard incrédule vers cette crédule adolescente, je mesure avec stupeur à quel point j'ai été flouée.
La Force des choses, épilogue.

Pour désirer laisser des traces dans le monde, il faut en être solidaire.
L'Invitée, I, 1.

Quand on respecte profondément quelqu'un, on se refuse à lui crocheter l'âme sans son aveu.
L'Invitée, I, 4.

Le privilège de l'enfance pour qui la beauté, le luxe, le bonheur sont des choses qui se mangent.
Mémoires d'une jeune fille rangée, I.

Renoncer à l'amour me paraissait aussi insensé que de se désintéresser de son salut quand on croit à l'éternité.
Mémoires d'une jeune fille rangée, II.

Un enfant, c'est un insurgé.
Mémoires d'une jeune fille rangée, III.

Bien loin que l'absence de Dieu autorise toute licence, c'est au contraire parce que l'homme est délaissé sur la terre que ses actes sont des engagements définitifs, absolus.
Pour une morale de l'ambiguïté, 1.

Se vouloir libre, c'est aussi vouloir les autres libres.
Pour une morale de l'ambiguïté, 2.

Le présent n'est pas un passé en puissance, il est le moment du choix et de l'action.
Pour une morale de l'ambiguïté, 3.

C'est au sein du transitoire que l'homme s'accomplit, ou jamais.
Pour une morale de l'ambiguïté, 3.

Est mien seulement ce en quoi je reconnais mon être, et je ne peux le reconnaître que là où il est engagé.
Le Jardin de Candide, in *Pyrrhus et Cinéas*.

On n'« est » le prochain de personne, on « fait » d'autrui un prochain en se faisant son prochain par un acte.
Le Jardin de Candide, in *Pyrrhus et Cinéas*.

L'humanité est une suite discontinue d'hommes libres qu'isole irrémédiablement leur subjectivité.
Dieu, in *Pyrrhus et Cinéas*.

Le respect de la liberté d'autrui n'est pas une règle abstraite : il est la condition première du succès de mon effort.

L'Action, in *Pyrrhus et Cinéas.*

Renoncer à la lutte, ce serait renoncer à la transcendance, renoncer à l'être. Mais cependant aucune réussite n'effacera jamais le scandale absolu de chaque échec singulier.

L'Action, in *Pyrrhus et Cinéas.*

On ne meurt pas d'être né, ni d'avoir vécu, ni de vieillesse. On meurt de *quelque chose.*

Une mort très douce.

JUGEMENTS

« Je l'avais vue pour la première fois en 1943-1944, elle était gaie, vive et jeune. Elle marchait dans la rue en balançant ses larges hanches, les cheveux tirés en arrière, les yeux pétillants de vie et d'intelligence. Vingt-deux ans avaient passé et je ne l'ai pas reconnue tout de suite. Elle jouait de ses gros doigts maladroits avec la fermeture cassée de son vieux sac ; son visage, penché, paraissait fané ; on aurait dit qu'il n'y avait plus d'yeux dans ce visage bouffi et morose, aux joues lourdes et aux paupières gonflées. [...] *Les gros doigts essayaient en vain de fermer le sac : une robe sombre et fermée moulait étroitement le grand corps pesant. »*

Nina BERBEROVA, *C'est moi qui souligne*, trad. franç. Anne et René MISSLIN, Actes Sud, Arles, 1989.

« [...] *le teint glabre, la gravité de l'expression que relevait une absence totale de fard, apparentaient son visage aux portraits chinois des meilleurs époques. »*

Marcel JOUHANDEAU, *Journaliers*, t. VIII, Gallimard, 1966.

« J'ai lu les Mandarins *de Simone de Beauvoir avec intérêt et admiration. Non que je croie à ce qu'elle expose, mais parce qu'elle dramatise si bien le cas, le sacrifice tragique de l'individu à une cause politique, et elle le fait objectivement, tout le drame de la politique, de la conscience, l'abdication de l'individu, le sacrifice de l'artiste, et sans aucune raison. Ce n'est pas cela qu'elle dit, mais le livre, pour moi, le prouve. La politique trahit chacun des personnages. Elle révèle que l'élément personnel n'est jamais annihilé, qu'il n'y a pas d'objectivité ni de véritable sacrifice de soi, mais que les individus se servent des idées politiques pour se faire du mal et lutter les uns contre les autres, que ce n'est pas du dévouement aux affamés ou aux pauvres, mais à une idéologie qui ferait de chaque homme l'ennemi de celui qui ne pense pas comme lui. »*

Anaïs NIN, *Journal*, t. VI, été 1956, Stock, 1977.

« Quand Simone de Beauvoir raconte ses voyages avec Sartre, c'est la famille Fenouillard existentialiste. Quand Sartre le raconte, c'est un ambassadeur extraordinaire en mission qui rend compte de son enquête planétaire. »

Claude ROY, *Somme toute*, Gallimard, 1976.

BIBLIOGRAPHIE

Éditions

Les œuvres de Simone de Beauvoir sont éditées chez Gallimard.

Le Deuxième Sexe, « Folio Essais », Gallimard, 1986, 2 vol.

Mémoires d'une jeune fille rangée, « Folio », Gallimard, 1972.

Études

D. BAIR, *Simone de Beauvoir*, Fayard, 1991.

M. DESCUBES, *Connaître Simone de Beauvoir*, Resma, 1974.

Cl. FRANCIS et F. GONTIER, *Les Écrits de Simone de Beauvoir*, Gallimard, 1979 [bio-bibliographie, avec textes inédits] ; *Simone de Beauvoir*, Perrin, 1985, rééd. 1997.

B.-H. LÉVY, *Le Siècle de Sartre*, Grasset, 2000.

T. MOI, *Simone de Beauvoir, conflits d'une intellectuelle*, Diderot, 1995.

A. SCHWARZER, *Simone de Beauvoir aujourd'hui*, Mercure de France, 1984.

J.J. ZEPHIR, *Le Néoféminisme de Simone de Beauvoir*, Denoël/Gonthier, 1982.

L'Arc, LXI, 1975 (n° spécial).

BECKETT

Samuel BECKETT
Samuel Barclay BECKETT
Bilingue, traduisit ses écrits de l'anglais en français, et réciproquement.
De nationalité irlandaise.

Foxrock (près de Dublin, Irlande) 1906 – Paris 1989
Prix Nobel

« Beckett est essentiellement tragique. Tragique parce que, justement, chez lui, c'est la totalité de la condition humaine qui entre en jeu [...]. »
Eugène IONESCO, *Notes et Contre-Notes*, Gallimard, 1962.

« Beckett est l'auteur de romans exquis et de pièces détestables dans la tradition de Maeterlinck. »
Vladimir NABOKOV, *Intransigeances*, trad. franç. Vladimir SIKORSKY, Julliard, 1985.

Une vie à l'écart

Entre l'Irlande et la France

Beckett naquit — un vendredi saint qui était aussi un vendredi 13 ! — dans la banlieue de Dublin, d'une mère au foyer, Mary, « *profondément religieuse* » selon ses propres dires — et avec qui il entretint des rapports conflictuels —, et d'un père métreur-vérificateur. À partir de 1920, il fut pensionnaire à la Portora Royal School, où il reçut une instruction rigoureuse et manifesta son goût pour le français. En 1923, il fut étudiant à Trinity College où il approfondit ses connaissances en français et apprit aussi l'allemand, l'espagnol et l'italien, se nourrissant de la lecture de Dante — *La Divine Comédie* resta jusqu'à sa mort son livre de chevet. En 1926, il effectua ses premiers voyages sur le continent, en Touraine puis à Florence. De son Irlande natale, Beckett conserva quelques passions durables : le sport — notamment le cricket, la boxe et le rugby : il n'allumait une télévision que pour des retransmissions sportives —, le whisky — avec une préférence pour le *Jameson* — et les longues marches méditatives. C'est seulement en 1928, après une première année d'enseignement à Belfast, qu'il découvrit Paris ; il devint pour deux ans lecteur d'anglais à l'École normale supérieure. Ce fut la période d'importantes rencontres, avec Ezra Pound en 1929, et surtout un an plus tôt avec Joyce — dont il traduisit, avec Alfred Péron, ***Anna Livia Plurabelle***, une section de la première ébauche de ***Finnegans Wake, Work in Progress***, auquel Beckett consacra aussi un commentaire : ***Dante... Bruno... Vico... Joyce*** (1929). Il commença à publier — en anglais — des textes dans différentes revues, dont une courte nouvelle, ***Assumption*** (1929), et le poème ***Whoroscope*** (1930) où déjà s'incarnait, sous l'identité hautement fantaisiste de René Descartes, un sujet en crise ; il rédigea également, sous le simple titre ***Proust*** (1931, traduit en français en 1990), un essai consacré à l'auteur de la *Recherche du temps perdu*. Après un bref retour, comme assistant de français, à Trinity College, où il prit conscience de son peu de goût pour l'enseignement, il voyagea en Allemagne, revint à Paris, puis regagna l'Irlande, en 1932, contraint de quitter une France agitée par une campagne xénophobe — ses papiers n'étaient pas en règle. À la mort de son père (1933), Beckett s'installa à Londres, où il survécut difficilement dans la solitude et le dénuement, entreprenant néanmoins une psychanalyse. Il traduisit ***Le Bateau ivre*** de Rimbaud (publié en 1976), ainsi que divers textes signés Eluard, Breton, Crevel, et composa un premier roman refusé par les éditeurs, ***Dream of Fair to Middling Women*** (publié seulement en 1992), dont il tira ***More Pricks than Kicks*** (1934) : ce recueil de nouvelles dublinoises, dont le héros, Belacqua, emprunte son nom, et son caractère indolent, à un personnage de *La Divine Comédie*, rencontra peu de succès et fut interdit en Irlande jusqu'en 1952, mais il contenait déjà en germe la plupart des thèmes et des personnages de son œuvre ; la traduction française, ***Bande et Sarabande***, ne parut qu'en 1994. Son premier recueil de poèmes, ***Echo's Bones and Other Precipitates***, fut publié à Paris (1935). En 1937, après un nouveau séjour en Allemagne pour échapper à la misère londonienne, il devint le secrétaire de Joyce et s'installa, définitivement cette fois, à Paris. Vivant de traductions, il se lia surtout avec des peintres : Giacometti, Duchamp et les frères Abraham (*alias* Bram) et Gerardus (*alias* Geer) Van Velde, auxquels il consacra les essais ***La Peinture des Van Velde ou le Monde et le Pantalon*** (1945) et ***Peintres de l'empêchement*** (1948). C'est dans le Montparnasse de la fin de ces années 1930 que Beckett devint l'amant de Peggy Guggenheim et rencontra Suzanne Deschevaux-Dumesnil, sa future femme, qui resta jusqu'à sa mort sa compagne nécessaire, à défaut de suffisante. Fréquentant quelques prostituées à l'occasion, il fut même poignardé par un souteneur irascible, quoique nommé Prudent : le pire fut évité de peu. Beckett composa ses premiers poèmes en français, ***Poèmes 37-39*** (1946), et entreprit en 1938 — toujours avec l'aide d'Alfred Péron —, la traduction française du roman ***Murphy*** (publiée en 1947), dont la version anglaise parut à Londres cette même année 1938. Surpris par la guerre, alors qu'il se trouvait en Irlande, Beckett regagna précipitamment la France. Dès 1940, il fit partie — sans grande conviction — d'un groupe de la Résistance et échappa de justesse à une arrestation en gagnant la zone libre ; c'est à Roussillon (Vaucluse) qu'il écrivit ***Watt*** en 1942, son dernier roman en anglais (1953, trad. franç. par l'auteur et Ludovic et Agnès Janvier en 1969), premier archétype du clochard métaphysique dont la figure parcourt toute son œuvre. Entre-temps, Joyce était mort à Zurich, début 1941.

Le grand œuvre

La Libération découvrit Beckett écrivain de langue française. Comme il le confia lui-même : « *Je me remis à écrire — en français — avec le désir de m'appauvrir encore davantage.* » Suivit une période d'intense production — et de vaches maigres : le couple ne survivait que grâce aux travaux de couture de Suzanne — avec le roman ***Mercier et Camier*** (composé en 1946 et publié en 1970), où le clochard fondamental se dédouble en deux protagonistes, les nouvelles ***Premier Amour*** et ***Suite*** (écrites en 1946, publiées en 1970), ainsi que les nouvelles ***L'Expulsé***, ***Le Calmant***, ***La Fin*** (version remaniée de ***Suite***) réunies dans ***Nouvelles et Textes pour rien*** (1955 — version anglaise dans ***No's Knife***, 1967), sans oublier une première pièce de théâtre, ***Éleuthéria***, écrite en 1947 (publiée en 1995). Tous ces travaux — durant la composition desquels Beckett perdit sa mère (sept. 1950) — annonçaient l'essor du génie beckettien, qui s'épanouit véritablement avec la trilogie romanesque de ***Molloy***, ***Malone meurt*** (composés en 1948 et publiés en 1951 par Jérôme Lindon aux Éditions de Minuit — après un refus de la plupart des éditeurs parisiens) et ***L'Innommable*** (écrit en 1949, publié en 1953).
Entre 1950 et 1952, Beckett effectua des traductions de l'espagnol pour le compte de l'Unesco, comme l'***Anthology of Mexican Poetry*** (1958), sous la direction d'Octavio Paz. Grâce au courage et à la persévérance de Roger Blin — qui joua un rôle déterminant pour la diffusion de l'œuvre de Beckett en France —, ***En attendant Godot*** (pièce écrite en 1948) fut créée en 1952, puis montée en 1953, contre vents et marées, au Théâtre de Babylone, à Paris ; la pièce remporta un succès de scandale, puis un succès tout court. Elle fut ensuite traduite et publiée à New York (1954) et représentée à Londres en 1955.
En 1956, pour ***All that fall***, pièce radiophonique commandée par la BBC, Beckett revint exceptionnellement à l'anglais : il la traduisit sous le titre de ***Tous ceux qui tombent*** (1957). À l'inverse, il transposa lui-même en anglais ***Fin de partie*** (créée à Londres en français, en 1957) sous le titre de ***Endgame*** (1958), et la pièce fut montée aux États-Unis par Alan Schneider. En 1958, fut publiée et créée en anglais ***Krapp's Last Tape*** : la version française, ***La Dernière Bande*** (créée en 1960), donna également lieu à un opéra créé en Allemagne, ***Krapp ou la Dernière Bande*** (1961). Sans se détourner du théâtre, puisqu'il écrivit ***Acte sans paroles I*** (écrit en 1956, publié en 1965) et ***Acte sans paroles II*** (écrit en 1959, publié en 1965), ainsi que d'autres pièces radiophoniques — ***Cendres*** (écrite et publiée en 1959), ***Paroles et Musique*** (écrite en 1962, publiée en 1965), ***Cascando*** (donnée en 1963) —, Beckett poursuivit son œuvre en prose avec ***Comment c'est*** (1961), l'un de ses romans les plus radicalement elliptiques et minimalistes. Ses poèmes parurent en Allemagne en édition trilingue, sous le simple titre ***Gedichte*** (1959). Il revint à l'anglais pour composer ***Happy Days*** (1961), qu'il traduisit sous le titre de ***Oh les beaux jours*** (1963), et dont la création fut marquée par l'interprétation de Madeleine Renaud.
Après ***Oh les beaux jours***, Beckett se cantonna de plus en plus à la forme brève. En 1963, il écrivit — en anglais — ***Play*** (créée en Allemagne en 1963, publiée en 1964), pièce qui fut traduite sous le titre de ***Comédie*** (créée en 1964, publiée en 1965 — sous le titre ***« Comédie » et Actes divers***, où étaient aussi recueillies des pièces écrites depuis 1956) : une variation cruelle sur le thème du ménage à trois. Avec ***Film***, tourné par Alan Schneider en 1964 avec Buster Keaton, Beckett recentra encore son art sur le vertige du sujet, érigeant le personnage central en victime du processus cinématographique et de la « traque » de l'œil de la caméra. Suivirent alors des variations sur des personnages qui explorent toute la gamme complexe du sujet beckettien, entre l'agonisant au seuil de la mort, dans le texte ***Imagination morte, imaginez*** (1965) ou dans les nouvelles de ***Pour en finir encore et autres foirades*** (1976), et le démiurge en chambre à l'œuvre dans les pièces ***Dis Joe*** (composée pour la télévision, publiée in ***« Comédie » et***

Actes divers, créée en 1968), ***Assez*** (1967, publiée in ***Têtes-mortes*** la même année), ***Le Dépeupleur*** (1970), ***Compagnie*** (1980), ***Mal vu mal dit*** (1981), ***Catastrophe et autres dramaticules*** (1982) — ultime œuvre écrite pour soutenir Vaclaw Havel, emprisonné à Prague. Mécontent de certaines mises en scène de ses pièces, Beckett assura lui-même un certain nombre d'entre elles à partir de 1967. Lauréat, en 1969, du prix Nobel de littérature — il accepta le prix, qu'il offrit à la bibliothèque du Trinity College de Dublin, mais refusa de se rendre à Stockholm, s'exclamant, pour qualifier cette consécration : « *Foutu jour !* » —, Beckett mourut en 1989, à Paris, à 83 ans, dans une gloire internationale et un dénuement presque complet.

THÉORIE LITTÉRAIRE

« *Faisons comme si j'étais le seul au monde, alors que j'en suis le seul absent* » ***(L'Innommable)***. Toute l'œuvre beckettienne illustre un constat — un choix ? — philosophique hérité de Schopenhauer : le monde n'a pas d'existence en dehors du regard d'un sujet, il n'est qu'une « *projection de la conscience de l'individu* » ***(Proust)***. Les objets n'ont donc pas plus de permanence que celui-ci, et le langage même est impuissant à les fixer : « *Pour Watt le besoin de soulas sémantique était parfois si grand qu'il se mettait à essayer des noms aux choses, et à lui-même, un peu comme une élégante des bibis. Ainsi du pseudo-pot il lui arrivait de dire, réflexion faite, / C'est une targe, ou, s'enhardissant, / C'est un choucas, et ainsi de suite. Mais le pot avait aussi peu de succès comme targe, ou comme choucas, ou sous tout autre nom soumis à son innommable réité, que comme pot* » ***(Watt)***. De même la voix anonyme du narrateur échoue-t-elle à conserver une identité fixe dans ***L'Innommable*** (Mahood ? Worm ?) ou dans ***Comment c'est*** (Pim, Bem, Bom, Kram...) : « *Nommer, non, rien n'est nommable, dire, non, rien n'est dicible* » ***(Nouvelles et Textes pour rien)***. Dans cette « *orgie de faux êtres* » ***(Comment c'est)***, « *tout langage est un écart de langage* » (Moran, dans ***Molloy***) : « *Plus la peine de faire le procès aux mots. Ils ne sont pas plus creux que ce qu'ils charrient* » ***(Malone meurt)***. L'homme ne sait que se plagier lui-même à l'infini, pour oublier que « *la création de l'univers n'a pas eu lieu une fois pour toutes,* [qu'] *elle a lieu chaque jour* » ***(Proust)*** : « *La vie est une succession d'habitudes dans la mesure où l'individu est une succession d'individus* » *(ibid.)*.

Or, si « *le devoir fondamental de l'habitude* [...] *consiste à ajuster et réajuster perpétuellement notre sensibilité viscérale aux conditions de ses mille univers,* [...] *la souffrance survient lorsque ce devoir n'est pas rempli* » ; et « *lorsqu'il est rempli, c'est l'ennui qui s'installe* » *(ibid.)*. Ainsi se met en place la tragédie : il ne s'agit pas de « *l'expiation minable de la violation d'une loi locale codifiée par des fripons à l'usage des imbéciles* », mais de « *l'expiation du péché originel* [...] *le péché d'être né* » *(ibid.)*. Cette philosophie pessimiste détermine en grande partie l'esthétique de Beckett : « *Loin* [...] *des bambochades du surréel* » ***(Le Monde et le Pantalon)***, l'écrivain n'a que mépris pour « *les réalistes et les naturalistes qui vénèrent les détritus de l'expérience,* [...] *satisfaits de transcrire la surface, la façade derrière laquelle l'Idée demeure prisonnière* » ***(Proust)***. Puisque le monde n'a ni sens ni intérêt — « *Quelle était cette quête d'une signification, dans cette indifférence envers la signification ?* » ***(Watt)*** —, il faut se garder des prétentions positivistes — ou surréalistes — à la « compréhension ». N'est-ce pas son œuvre propre qu'annonce l'auteur de ***Proust*** en qualifiant celui de la *Recherche* de « *romantique dans sa façon de substituer l'affectivité à l'intelligence,* [...] *dans son rejet du concept en faveur de l'Idée, dans son scepticisme à l'égard de la causalité* » ? S'il n'y a pas moyen d'échapper à la prison des mots — « *Je suis en mots, je suis fait de mots, des mots des autres* » ***(L'Innommable)*** —, du moins peut-on utiliser le langage contre lui-même, en faisant systématiquement suivre une affirmation de sa négation : « *Si je l'appelais Mag c'était qu'à mon idée, sans que j'eusse su dire pourquoi, la lettre g abolissait la syllabe ma, et pour ainsi dire crachait dessus* », dit de sa mère le narrateur de ***Molloy***. Ainsi les personnages sont-ils toujours « *en route, par oui et par non, vers un encore à nommer* » ***(Nouvelles et Textes pour rien)***. Selon Beckett, « *la pulsion artistique ne va pas dans le sens d'une expansion, mais d'une contraction. L'art est l'apothéose de la solitude* » ***(Proust)***. C'est pourquoi « *le trognon du chou-fleur ou le centre idéal de l'oignon constitueraient un hommage plus approprié aux labeurs de l'excavation poétique que la couronne de laurier* », car « *la seule recherche féconde est une* [...] *immersion, une concentration de l'esprit, une plongée en profondeur. L'artiste est certes actif, mais d'une manière négative : il se dérobe à la vanité des phénomènes* » *(ibid.)*. L'œuvre d'art n'est donc « *ni créée ni choisie mais découverte, dévoilée, tirée des obscurités intérieures* », et « *la seule réalité est celle que fournissent les hiéroglyphes tracés par la perception inspirée (l'identification du sujet et de l'objet)* » *(ibid.)*. C'est dans « *la boîte crânienne* [que] *le temps s'assoupit, comme la roue du compteur quand la dernière ampoule s'éteint. C'est là qu'on commence enfin à voir, dans le noir* » ***(Le Monde et le Pantalon)***.

L'esthétique de Beckett s'affirme donc résolument minimaliste, et s'ingénie à mettre à nu tous les artifices de la rhétorique, de la fiction et de la psychologie : « *Bien choisir son moment et se taire, serait-ce le seul moyen d'avoir être et habitat ?* » ***(Nouvelles et Textes pour rien)***.

Ce minimalisme se traduit par la remise en question de la notion même de récit. On peut dire que les romans de Beckett sont les premiers romans sans histoire, et ses pièces, les premières pièces sans fable. Dans cette optique, la narration est une utopie — « *Je suis davantage celui qui découvre que celui qui narre* », dit le narrateur de ***Molloy*** —, et le drame, une instance immobile : le temps lui-même est frappé d'irréalité. « *Les arts représentatifs* », dans leur ensemble, ne se sont-ils pas toujours attachés à « *arrêter le temps, en le représentant* » ***(Le Monde et le Pantalon)*** ? « *Peut-on parler encore de temps ?* », demande Winnie à Willie ***(Oh les beaux jours)***. « *Vous avez fini de m'empoisonner avec vos histoires de temps ?* », s'impatiente Pozzo à Vladimir et Estragon ***(En attendant Godot)***. Dans ***La Dernière Bande***, Knapp passe le sien à réécouter sur un magnétophone la narration d'anciens souvenirs enregistrés fort longtemps auparavant. La vision d'une existence entièrement consumée à impressionner sur un ruban de machine des souvenirs épars n'est pas sans rappeler Proust : celui-ci écrit « *comme il a vécu, immergé dans le temps* », à la différence de « *l'artiste classique* [qui] *s'arroge omniscience et omnipotence* [et] *se situe artificiellement hors du temps pour donner du relief à sa chronologie et une causalité à son développement* » ***(Proust)***.

Mais Beckett a aggravé le cas de ses propres personnages. Le temps de ***La Dernière Bande*** ou de ***Malone meurt*** est aussi épars et irréel que dans la *Recherche du temps perdu*, mais sa fixation sur le ruban de la machine apparaît tout à fait dérisoire. Pas de salut ni de « *vraie vie* » à attendre de la littérature : « *Ici tout bouge, nage, fuit, revient, se défait, se refait. Tout cesse, sans cesse. On dirait l'insurrection des molécules, l'intérieur d'une pierre un millième de seconde avant qu'elle ne se désagrège. C'est ça, la littérature* » ***(Le Monde et le Pantalon)***.

THÉORIE LITTÉRAIRE

À l'inverse de son œuvre — théâtrale et romanesque — délibérément minimaliste et épurée, l'existence de Beckett fut singulièrement animée : c'est qu'à défaut d'aimer la vie, cet inconsolable désespéré aimait les hommes. Jamais disposé à son propre bonheur, mais jamais indisponible au malheur d'autrui. Littérairement, le théâtre de Beckett est toujours en marche vers son double, un anti-théâtre ou un non-théâtre — mais quoi de plus théâtral qu'un théâtre qui se nie, et met ainsi au premier plan toutes les figures de son art propre ? —, et le récit beckettien est en marche vers l'anéantissement de toute fiction. Théâtre et récit sont ainsi les deux faces d'un même trajet existentiel, où le sujet découvrirait progressivement l'illusion de toutes ses incarnations scéniques, et substituerait progressivement le silence à la parole, l'immobilité au geste, la disparition à l'incarnation.

Métaphysique et dérision : une écriture minimaliste

L'œuvre de Beckett s'impose d'abord par son pessimisme fondamental, presque « pascalien », où l'homme apparaît sans Dieu, sans passé et sans avenir, où le sujet est victime d'une déréliction qui atteint son être intérieur et annule sa place dans la société et dans l'Histoire. Dans ***En attendant Godot***, le personnage éponyme, et pourtant absent de toute l'œuvre, ne désigne que trop clairement le vide de spiritualité qui entoure les êtres. Dans ***Watt***, le personnage de Knott, synthèse du Dieu allemand « *Gott* », mais aussi homonyme, dans la même langue, du « *nœud* » — nœud gordien de la destinée humaine ? —, est proprement insaisissable. Dans ***Compagnie*** (1980), l'un des derniers récits de Beckett, l'identité du narrateur, malgré les éléments autobiographiques disséminés dans le texte, est sciemment effacée : « *Une voix parvient à quelqu'un dans le noir. Imaginer.* » Comme dans ***L'Innommable***, le « *je* » est aboli ; il n'a jamais vécu, car il n'est jamais né : « *Je dis je en sachant que ce n'est pas moi.* » Mais ce vide métaphysique est vécu par les personnages avec un sens prononcé de la dérision. Hamm, l'un des protagonistes de ***Fin de partie***, peut dire, solidaire des autres personnages et avec une ironie assez féroce, à propos de Dieu : « *Le salaud : il n'existe pas.* » De même Winnie demande-t-elle, dans ***Oh les beaux jours*** : « *Peut-on mieux magnifier le Tout-Puissant qu'en riant avec lui de ses petites plaisanteries, surtout quand elles sont faibles ?* » S'il est une métaphysique chez Beckett, c'est celle qu'il a puisée dans ses lectures philosophiques, de Kant à Schopenhauer et Bergson : une métaphysique du sujet cantonné à un solipsisme à la fois ironique et désespéré.

À l'existence, le rien eût été préférable : « *Tout est faux, il n'y a personne... il n'y a rien* » ***(Nouvelles et Textes pour rien)***. Les héros de Beckett ont la nostalgie du néant, vécu à la fois comme châtiment originel et comme délivrance du traumatisme de l'incarnation. « *Sa naissance fut sa perte* », déclare en premier lieu le narrateur obscur de ***Solo***. « *Donc point d'amour... ni celui-là ni un autre... aucune sorte... ni alors ni après...* », avoue le personnage de ***Pas moi*** (1975). Et l'ironie à propos de l'amour éclate encore dans ***Comédie***. Il est loisible de reconstituer, à partir des paroles des personnages enfermés jusqu'au cou dans des jarres, une banale histoire d'adultère, mais le hachage des discours, l'entrecroisement des voix, jettent sur l'histoire d'amour un éclairage d'une ironie impitoyable. Dérision aussi de la sexualité, lorsque Winnie dit à Willie, dans ***Oh les beaux jours*** : « *La tristesse au sortir des rapports sexuels intimes, celle-là nous est familière certes.* » Si la créature n'est qu'une ombre vaine, le seul monologue l'assure de l'existence, et, chez Beckett, le langage affirme son primat sur le sujet : « *Les mots vous lâchent, il est des moments où même eux vous lâchent* » (***Oh les beaux jours***, acte I). Le sujet résiduel n'a au fond qu'une seule peau : sa voix. Tel est bien, en réalité, le sens de toute la dialectique infernale qui gouverne ***L'Innommable*** : « *Il faut dire des mots, tant qu'il y en a, il faut les dire, jusqu'à ce qu'ils me trouvent, jusqu'à ce qu'ils me disent, étrange peine, étrange faute, il faut continuer...* » Mettre en scène l'obligation de se taire et de parler, de sorte que le flux ininterrompu de ce roman-limite consiste parallèlement en une logorrhée salvatrice et les ratés d'une langue qui se censure elle-même. L'être beckettien, c'est, entre autres mais surtout, une bouche entrouverte : dans ***Pas moi***, tout le dispositif scénique laisse visible, pour le spectateur, la seule bouche de l'actrice.

À fable impossible, personnage absent, constitué uniquement de bribes de souvenirs, d'agrégats d'habitudes et de manies, et dont le plus souvent le nom ou le sobriquet mettent en lumière l'artifice et l'irréalité. D'où la fréquente figure du double. Mercier n'existe pas sans Camier, mais Camier relativise l'être de Mercier, et réciproquement. Dans ***Molloy***, la structure en diptyque rend les personnages hautement improbables. Avec leur quasi-homonymie, Molloy et Moran, les deux protagonistes qui littéralement se partagent le livre, remettent activement en question l'unicité même du personnage romanesque, puisque Moran part à la recherche de Molloy dans la 2e partie et qu'il ne le trouve jamais. Le seul destin du personnage (fors parler) c'est finalement l'immobilité, qui est la négation de toute fiction. Le Hamm de ***Fin de partie*** finit le « jeu » là où il avait commencé, bien au centre du plateau, sur son fauteuil roulant. Au 1er acte de ***Oh les beaux jours***, Winnie dispose d'un certain nombre d'accessoires, autant de leurres d'une immobilité fondamentale. Au 2e acte, elle est enterrée jusqu'au cou et ne peut, de fait, manipuler aucun accessoire, sauf ces accessoires vivants que sont ses lèvres et son nez. Le héros éponyme du ***Dépeupleur*** habite un cylindre. Un des seuls traits distinctifs du personnage qui demeure, c'est finalement l'infirmité. Et c'est généralement grâce à la figure de l'infirmité que Beckett met en œuvre le paradigme de l'immobilité. D'où la profusion, dans son œuvre, des éclopés et autres invalides, qui n'ont d'autre ressource que d'explorer la vacuité de leur être intérieur. Hamm est paralytique, Clov est à la limite du handicap, Nagg et Nell sont amputés ***(Fin de partie)***. Estragon est estropié par Lucky, Pozzo devient aveugle, et Lucky, sourd ***(En attendant Godot)***. Tous les personnages de Beckett sont infirmes, à la fois par malédiction et par vocation ; ils payent ainsi au destin la faute d'être nés. Mais c'est aussi par l'immobilité qu'ils trompent et déjouent l'imminence de la mort, affirment leur maîtrise du langage.

Réduit à un *no man's land*, l'espace théâtral beckettien n'est pas moins utopique que le temps, mais, conformément à ce que laisse augurer la méticulosité des didascalies — extraordinairement développées dans l'œuvre de Beckett —, il figure toujours un espace-piège, une toile d'araignée dont le personnage est soit la victime soit le manipulateur occulte soit les deux à la fois. Le héros d'***Acte sans paroles I*** (1957), par exemple, se démène, grâce à des accessoires scéniques et à des praticables, pour boire à une carafe d'eau située en hauteur ; mais, chaque fois, la machinerie des cintres empêche de boire ce Tantale contraint à un rôle de clown : lorsque, enfin, la carafe est à portée de sa bouche, le personnage se trouve soudain trop fatigué ou indifférent pour tendre les lèvres et boire. À l'inverse, Hamm gouverne tous les espaces de ***Fin de partie*** avec son sifflet. Mais rien n'a eu lieu que la machination du théâtre contre l'homme.

L'écriture de Beckett, visionnaire et minimaliste — mais où l'extrême précision n'exclut pas une saisissante poésie du quotidien et du souvenir —, reflète avec humour et gravité le tragique de la condition humaine. Elle porte la marque d'un auteur bilingue qui se confronte sans cesse, avec ironie, aux stéréotypes de l'autre langue mise à distance. Il parodie en permanence ce que Winnie appelle, avec une affection mêlée d'ironie, « *le vieux style* », et procède par détournement de la langue courante, des proverbes, maximes et lieux communs : « *Encore. Dire encore. Soit dit encore. Tant mal que pis encore. Jusqu'à plus mèche encore. Soit dit plus mèche encore* » (***Cap au pire***, publié en 1983 en anglais, traduit en 1991). Ainsi Watt se fait-il « *un oreiller de vieux mots, pour sa tête* ». Ainsi Vladimir et Estragon pratiquent-ils une véritable stichomythie de stéréotypes :

Estragon
– [...] *qu'a-t-il répondu ?*
Vladimir
– *Qu'il verrait.*
Estragon
– *Qu'il ne pouvait rien promettre.*
Vladimir
– *Qu'il lui fallait réfléchir.*
Estragon
– *À tête reposée.*
Vladimir
– *Consulter sa famille.*
Estragon
– *Ses amis.*
Vladimir
– *Ses agents.*
Estragon
– *Ses correspondants.*
Vladimir
– *Ses registres.*
Estragon
– *Son compte en banque.*
Vladimir
– *Avant de se prononcer.*
Estragon
– *C'est normal.*

(En attendant Godot)

Le lexique délibérément pauvre privilégie les termes indéfinis ou désémantisés (« *quelque chose* », « *ça* », « *rien* »...).

L'abondance des expressions purement phatiques marque l'angoisse du sujet qui n'a « rien à dire » et qui attend de la parole de l'autre un divertissement de cette angoisse :

Vladimir
– *Oh, pardon !*
Estragon
– *Je t'écoute.*
Vladimir
– *Mais non !*
Estragon
– *Mais si !*
Vladimir
– *Je t'ai coupé.*
Estragon
– *Au contraire.* (Ils se regardent avec colère.)

(En attendant Godot)

Dans les parodies de discours didactiques, comme celui de Lucky, les onomatopées régressives, les formules insolites, le recours à une fausse logique masquant la confusion de la pensée traduisent le rapport machinal ou aléatoire des personnages à leur propre langage.

Les récits comme les dialogues sont dominés par les formes rhétoriques de la brièveté : ellipse, parataxe, segmentation en une syntaxe rompue, un « *murmure ruisselant, sans hiatus, comme un seul mot sans fin et par conséquent sans signification* » ***(Nouvelles et Textes pour rien)***.

Hésitations, répétitions, corrections, silences, reprises en écho, miment, avec l'écoulement du temps, l'épuisement de la parole réduite à quelques mots sauvés du silence : « Clov, regard fixe, voix blanche. — *Fini, c'est fini, ça va finir, ça va peut-être finir.* (Un temps.) *Les grains s'ajoutent aux grains, un à un, et un jour, soudain, c'est un tas, un petit tas, l'impossible tas.* (Un temps.) » ***(Fin de partie)***.

Minimaliste, l'écriture théâtrale de Beckett est enfin un art de la respiration ; la didascalie, qui signale tous les silences, rapproche le texte d'une partition musicale : « *Si la raison sombrait.* (Un temps.) *Elle ne le fera pas bien sûr.* (Un temps.) *Pas tout à fait.* (Un temps.) *Pas la mienne.* (Sourire.) *Plus maintenant.*

(Sourire plus large.) *Non, non.* (Fin du sourire. Un temps.) » ***(Oh les beaux jours)***.
Encore classique dans ses premiers textes, la phrase ne cesse d'évoluer vers plus d'économie pour finalement disparaître, avec la ponctuation, dans ***Comment c'est*** : « [...] *cesser de haleter dire ce qu'on entend le voir un bras couleur de boue sortant du sac vite dire un bras puis un autre dire un autre bras le voir raide tendu comme trop court pour atteindre* [...] ».

Une influence considérable

Beckett s'est imposé dans le monde entier comme dramaturge et comme prosateur. Son influence sur la littérature contemporaine est considérable, et s'est fait sentir sur tous les auteurs du Nouveau Roman en France : Pinget lui a emprunté son sens de l'ellipse ; Butor, ses structures romanesques hypercomplexes ; Claude Simon, sa conception d'un temps mouvant et insaisissable ; Robbe-Grillet, ses grandes métaphores spatiotemporelles. Beckett dramaturge a non seulement influencé les auteurs qui relèvent de la sensibilité absurde, tels Pierre Bourgeade ou Éric Westphal, mais a également laissé sa marque sur le « *théâtre du quotidien* » de Michel Vinaver ou Michel Deutsch ou sur les œuvres, plus cruelles et cérémonielles, d'Enzo Cormann ou Philippe Minyana. Plus généralement, l'œuvre de Beckett s'insère dans cette tendance antihumaniste de la littérature du XXe siècle qui reflète l'enfermement du sujet dans la langue. Il a fallu attendre 1999 — dix ans après la mort de l'écrivain — pour voir paraître la monumentale biographie que le Britannique James Knowlson avait, avec son accord, entamée, quelques mois avant la disparition de Beckett — à raison d'un entretien hebdomadaire —, révélant l'intimité d'un auteur jusqu'alors réduit à sa seule œuvre, l'une des plus universellement étudiées de notre littérature.

ŒUVRES

En attendant Godot

Pièce en 2 actes en prose, parue en 1952 aux Éditions de Minuit et créée le 5 janvier 1953, au Théâtre de Babylone, à Paris, dans une mise en scène de Roger Blin.

Au 1er acte, deux clochards, Vladimir — surnommé Didi — et Estragon — *alias* Gogo —, se retrouvent dans la campagne. Ils attendent un certain Godot. Ils discutent à bâtons rompus, évoquant aussi bien leurs plaintes que des questions religieuses : « *Ne disons donc pas de mal de notre époque, elle n'est pas plus malheureuse que les précédentes.* (Silence.) *N'en disons pas de bien non plus.* (Silence.) *N'en parlons pas.* (Silence.) *Il est vrai que la population a augmenté.* » L'arrivée de deux autres personnages, Pozzo et Lucky — le maître tyrannisant le serviteur —, intrigue les deux compères. Après le départ de Lucky et Pozzo, arrive un jeune garçon qui prévient Vladimir et Estragon que Godot est empêché de venir aujourd'hui, mais qu'il viendra certainement demain. Au 2nd acte, le lendemain, Vladimir et Estragon se retrouvent au même endroit. Ils attendent Godot mais ne se rappellent plus ce qui s'est passé la veille. Pozzo et Lucky font bientôt leur réapparition, mais leur état s'est aggravé : Lucky est sourd, et Pozzo, aveugle. Le garçon revient pour délivrer le même message : Godot viendra sûrement le lendemain...

Pièce emblématique de ce que l'histoire littéraire retient parfois sous l'appellation de « *théâtre de l'absurde* » (Martin Esslin), ***En attendant Godot*** est surtout l'allégorie de la condition humaine, vouée au vide et au dépérissement : « *Nous naissons tous fous. Quelques-uns le demeurent* » (acte II).

Le style de Beckett, bâti le plus souvent sur des répliques courtes, s'illustre particulièrement dans la réécriture des lieux communs et le détournement des formules toutes faites : « *L'habitude est une grande sourdine* » (acte II). Beckett fait voler toutes les conventions du théâtre dramatique : l'attente sans objet de Godot, sobriquet dérisoire de *God* (« *Dieu* » en anglais) — mais aussi variante attestée du patronyme ou surnom français Godeau —, est le seul soutien de personnages voués à toutes les facéties capables de tromper un ennui absolu. S'appuyant sur une structure en miroir qui annihile l'unicité des événements, Beckett empêche toute fable et compromet toute réalité objective des personnages, à qui manque d'ailleurs le levier élémentaire de l'identité : la mémoire. Mais cette métaphysique tragique se corrige par l'humour le plus implacable : « *Voilà l'homme tout entier, s'en prenant à sa chaussure alors que c'est son pied le coupable* » (acte I). Vladimir et Estragon sont autant des créatures humiliées que des clowns de théâtre : de nombreux gags, verbaux ou gestuels, parsèment ces « *pensées de Pascal jouées par les Fratellini* » (Jean Anouilh, in *Le Figaro*).

Beckett a signalé qu'il avait commencé à écrire cette pièce pour se « *détendre* » de l'écriture de ***Malone meurt***, en 1948. Achevé en 1949, ***En attendant Godot*** constitue bien, par l'aspect désopilant de sa trame, un contrepoint à l'ascèse romanesque de toute la trilogie.

Roger Blin mit quatre ans à convaincre Jean-Marie Serreau de monter ***En attendant Godot***. Mais sa mise en scène fut reprise jusqu'au début des années 1980, et la pièce est, encore actuellement, jouée dans le monde entier. C'est un classique du théâtre du XXe siècle.

Molloy

Roman en 2 parties publié aux Éditions de Minuit, en 1951.

Le livre est divisé en 2 parties de longueur sensiblement égale, écrits à la première personne par 2 narrateurs distincts. Le 1er n'a qu'une idée vague de sa propre identité et de sa situation, excepté qu'il est venu s'installer chez sa mère après la mort de celle-ci, et que quelqu'un vient toutes les semaines prendre les pages qu'il a écrites : « *Voici mon commencement à moi. Ça doit signifier quelque chose, puisqu'ils le gardent. Le voici.* » Le récit, composé d'un seul paragraphe, se constitue des souvenirs lacunaires du narrateur, une sorte de clochard infirme qui attache ses béquilles sur sa bicyclette pour se rendre à la ville. Sur « *une route d'une nudité frappante* » commence l'errance qui constitue la trame de ce monologue incertain, émaillé de « *peut-être* », « *je ne sais pas* » et « *je crois* », comme si ni la sensation, ni la réflexion ne permettaient la moindre affirmation, qu'il s'agisse d'identifier des inconnus nommés A et B, ou même de décrire le paysage. On apprend son nom, Molloy, lorsqu'il se le rappelle soudain à la 32e page : son attitude étant suspecte, il est interrogé par la police. Il passe la nuit suivante dans un fossé humide : « [...] *je dis cette nuit, mais il y en eut plusieurs peut-être. Trahissons, trahissons la traître pensée.* » La description de petits événements triviaux peut prendre des proportions inattendues, comme la méthode permettant de sucer un par un 16 cailloux placés dans ses 4 poches, suivant une alternance parfaitement équitable. Émergent aussi des souvenirs intimes sur sa mère, qu'il appelait Mag, puis sur sa première expérience sexuelle. Il est hébergé quelque temps chez une femme prénommée Lousse, dont il a tué le chien accidentellement. Une « *voix* » lui ordonne de repartir vers le foyer maternel. Après la perte de sa bicyclette, la suite du voyage s'accompagne d'une progressive dégradation de sa santé. Enfin, il traverse péniblement une forêt sombre en rampant, avec l'espoir de « *rouler vers la maison de* [sa] *mère* », puis débouche sur un fossé dans lequel il se laisse dégringoler : « *Je ne me bilais pas, d'autres scènes de ma vie me revenaient.* »

Le 2nd narrateur — celui de la 2de partie du livre — est Jacques Moran, un « *agent* » dont l'existence paisible, qu'il mène entre son fils adolescent, sa gouvernante et ses poules, est perturbée par un messager porteur d'un ordre de mission. Son récit débute ainsi : « *Il est minuit. La pluie fouette les vitres. Je suis calme.* [...] *Mon rapport sera long. Je ne l'achèverai peut-être pas.* » Sa mission — partir à la recherche de Molloy — prend la forme d'une succession d'épreuves pour cet homme à l'esprit étroit et méthodique, qui perd peu à peu son assurance. Il est soudain atteint d'une douleur aux genoux, et souffre, comme Molloy, d'une difficulté grandissante à se déplacer, mais aussi de divers tourments, notamment intestinaux. Enfin, ce catholique est préoccupé par des interrogations théologiques comme « *Que penser du serment des Irlandais proféré la main droite sur les reliques des saints et la gauche sur le membre viril ?* », ou « *Que foutait Dieu avant la création ?* »... Abandonné par son fils dont il espérait de l'aide, Moran reçoit du messager Gaber l'ordre d'abandonner sa quête et rentre péniblement chez lui, inquiet et malade. Il lui semble enfin comprendre la « *voix* » qui lui avait ordonné de faire son rapport : « *Est-ce à dire que je suis plus libre maintenant ? Je ne sais pas. J'apprendrai. Alors je rentrais et j'écrivis. Il est minuit. La pluie fouette les vitres. Il n'était pas minuit. Il ne pleuvait pas.* »

Les thèmes de la solitude, de la dérisoire réalité du corps, de la « *voix* » intérieure qui dirige une conscience en quête d'elle-même s'expriment avec efficacité dans l'écriture âpre, antiromanesque de Beckett, où l'aporie de la narration tend à se faire pure parole. Beckett affirmait avoir conçu ce roman « *le jour où j'ai pris conscience de ma stupidité. Alors je me mis à écrire les choses que je sens* ». Il fait dire à Molloy : « *Ne pas vouloir dire, ne pas savoir ce qu'on veut dire, ne pas pouvoir ce qu'on croit qu'on veut dire, et toujours dire ou presque, voilà ce qu'il importe de ne pas perdre de vue, dans la chaleur de la rédaction.* »

Beckett écrivit directement en français, de septembre 1947 à janvier 1948, ce 1er volet de sa trilogie romanesque — qui comprend en outre ***Malone meurt*** et ***L'Innommable***.

Oh les beaux jours

Pièce en 2 actes, d'abord écrite en anglais sous le titre ***Happy Days***. Elle fut créée, en 1961, à New York, puis publiée par Grove Press. La pièce, traduite en français par l'auteur, parut aux

Éditions de Minuit en 1963. La même année, elle fut créée en français à Venise, dans une mise en scène de Roger Blin, avec Madeleine Renaud dans le rôle principal.

La pièce met aux prises un vieux couple — Winnie la femme, la cinquantaine, et Willie l'homme, la soixantaine —, dans un espace défini avec précision : un mamelon au centre d'une étendue *« d'herbe brûlée »*. Au 1er acte, Winnie, enterrée jusqu'à la taille, entame la journée qu'elle passera à l'exploration de son sac et l'usage de divers accessoires banals ou menaçants : la brosse à dents, les lunettes, l'ombrelle, le revolver... Elle prend régulièrement à témoin de ses actes son mari dissimulé derrière la butte de terre et se signalant par de laconiques reparties. Tentée de chanter, Winnie se retient. Au 2nd acte, Winnie est enterrée jusqu'au cou. Elle met en doute la réalité du monde et hésite de nouveau à chanter. Willie tente vainement de gravir la pente du monticule pour la rejoindre. Winnie chante enfin.

Oh les beaux jours : rien n'est plus ironique que ce titre qu'on retrouve plusieurs fois dans la bouche même de Winnie. C'est bien l'agonie lente et feutrée d'un couple, d'une jeunesse, d'un amour que décrit ici Beckett au travers de cette femme qui tente, par des gestes très quotidiens, de se convaincre d'un bonheur improbable. La pièce tend donc à un monologue fondamental et résume ce théâtre de l'immobilité qu'est celui de Beckett, avec son flottement temporel, l'évanescence de ses personnages, l'absence de toute fable autre que les bribes d'anecdotes qui remontent des mémoires défaillantes des protagonistes.

CITATIONS

Je suis comme ça. Ou j'oublie tout de suite ou je n'oublie jamais.

En attendant Godot, II.

Alors fous-moi la paix avec tes paysages ! Parle-moi du sous-sol !

En attendant Godot, II.

En attendant, essayons de converser sans nous exalter, puisque nous sommes incapables de nous taire.

En attendant Godot, II.

Nous naissons tous fous. Quelques-uns le demeurent.

En attendant Godot, II.

Je dis je en sachant que ce n'est pas moi.

L'Innommable.

Il faut dire des mots, tant qu'il y en a, il faut les dire, jusqu'à ce qu'ils me trouvent, jusqu'à ce qu'ils me disent, étrange peine, étrange faute, il faut continuer...

L'Innommable.

Le sujet s'éloigne du verbe et... le complément direct vient se poser quelque part dans le vide.

Malone meurt.

[...] je ne fais que me plier aux exigences d'une convention qui veut qu'on mente ou se taise.

Molloy.

Les mots vous lâchent, il est des moments où même eux vous lâchent.

Oh les beaux jours, I.

JUGEMENTS

« Pour deviner cet homme séparé *qu'est Beckett, il faudrait s'appesantir sur la locution "se tenir à l'écart", devise tacite de chacun de ses instants, sur ce qu'elle suppose de solitude et d'obstination souterraine, sur l'essence d'un être en dehors, qui poursuit un travail implacable et sans fin. »*

Emil Michel CIORAN, *Exercices d'admiration*, 1976, Gallimard, 1986.

« Fin de partie de Beckett, œuvre théâtrale dite d'avant-garde, est beaucoup plus près des lamentations de Job, des tragédies de Sophocle ou de Shakespeare que du théâtre de pacotille dit engagé ou dit de boulevard.

[...]

Beckett est essentiellement tragique. Tragique parce que, justement, chez lui, c'est la totalité de la condition humaine qui entre en jeu, et non pas l'homme de telle ou telle société, ni l'homme vu à travers et aliéné par une certaine idéologie qui, à la fois, simplifie et ampute la réalité historique et métaphysique, la réalité authentique dans laquelle l'homme est intégré. »

Eugène IONESCO, *Notes et Contre-Notes*, Gallimard, 1962.

« La trilogie est ce que je préfère chez lui, plus particulièrement Molloy. *Il y a une scène extraordinaire où il rampe à travers la forêt, en se traînant, en accrochant la poignée de sa canne, de sa béquille, à la végétation devant lui pour se tirer en avant, vêtu de trois manteaux et de journaux en guise de doublure. Puis il y a ces galets qu'il transfère laborieusement d'une poche à l'autre. Tout est gris, si inconforta-*

ble, on sent que sa vessie le gêne en permanence, comme parfois dans les rêves de vieilles gens. Cette condition abjecte comporte sans aucun doute certaines similitudes avec les personnages défraîchis et physiquement mal à leur aise de Kafka. C'est ce côté flasque qui est si intéressant dans l'œuvre de Beckett. [...]
Le français de Beckett est un français de maître d'école, un français de conserve ; en revanche, son anglais vous fait sentir la rosée de l'association verbale et la pousse des racines vives de sa prose. »

Vladimir NABOKOV, *Intransigeances*, trad. franç. Vladimir SIKORSKY, Julliard, 1985.

« En attendant Godot, *l'un de ces rares antipodes de l'esprit mystérieusement accepté par le grand public. Pourquoi ¿ Parce que ce rêveur et ce fou ont des pieds qui sentent mauvais, que l'esprit comique est commun, et que c'est l'imagination reconnaissable d'un clochard qui attend un sauveur qui le tirera de l'ennui. On néglige la folie de Lucky, son enfer. Le langage n'est pas authentique (aux antipodes on parle le langage des rêves) mais le public a l'illusion d'avoir vu un spectacle profond. Les intellectuels sont émoustillés.* [...]
En attendant Godot *ne manque pas de qualité, d'invention, du courage du "dépaysement". Certaines phrases sont émouvantes, d'autres suscitent le rire. C'est supérieur à la plupart des autres pièces et cela nous laisse bon goût, un goût de qualité. Je ne sais pourquoi ce n'est pas complètement émouvant, pas plus que Joyce. Est-ce parce que cela n'est pas né des vrais antipodes, mais est une fois de plus un simulacre intellectuel, l'irrationnel reproduit, une reproduction, non pas une expression directe ¿* »

Anaïs NIN, *Journal*, t. VI, printemps 1956, Stock, 1977.

« *Que nous propose* En attendant Godot ¿ *C'est peu dire qu'il ne s'y passe rien. Qu'il n'y ait ni engrenages ni intrigue d'aucune sorte, cela d'ailleurs s'est déjà vu sur d'autres scènes. Ici, c'est* moins que rien *qu'il faudrait écrire : comme si nous assistions à une espèce de régression au-delà du rien.* [...]
Nous saisissons tout à coup, en les regardant [Gogo et Didi], *cette fonction majeure de la représentation théâtrale : montrer en quoi consiste le fait d'*être là. *Car c'est cela, précisément, que nous n'avions pas encore vu sur une scène, ou en tout cas que nous n'avions pas vu avec autant de netteté, si peu de concessions et tant d'évidence. Le personnage de théâtre, le plus souvent, ne fait que* jouer un rôle, *comme le font autour de nous ceux qui se dérobent à leur propre existence. Dans la pièce de Beckett, au contraire, tout se passe comme si les deux vagabonds se trouvaient en scène* sans avoir de rôle. »

Alain ROBBE-GRILLET, *Pour un nouveau roman*, Minuit, 1963.

« *Il parlait fort peu et riait rarement.* [...]
je le trouvais flegmatique, distant même. »

Philippe SOUPAULT, *Vingt Mille et Un Jours*, Belfond, 1980.

BIBLIOGRAPHIE

Éditions

Toute l'œuvre de Beckett est publiée chez Minuit.

Études

D. BAIR, *Samuel Beckett*, Fayard, 1979.

G. BATAILLE, « Le Silence de *Molloy* », in *Critique*, n° 48, 1951.

B. BONHOMME (dir.), *Samuel Beckett*, Publications de la Faculté des Lettres de Nice, n° 56, 1999.

B. CLÉMENT, *L'Œuvre sans qualités, rhétorique de Samuel Beckett*, Seuil, 1994 ; « De bout en bout. La Construction de la fin d'après les manuscrits de Beckett », *in* Cl. DUCHET et I. TOURNIER (dir.), *Genèses des fins*, P.U. Vincennes, 1996.

X. GARNIER, « Les Personnages gigognes de Samuel Beckett », in *Poétique*, n° 117, févr. 1999.

G. GASARIAN, « Poésie et Poétique chez Beckett », in *Poétique*, n° 119, 1999.

L. JANVIER, *Pour Samuel Beckett*, « Arguments », Minuit, 1966 ; *Samuel Beckett par lui-même*, « Écrivains de toujours », Seuil, 1969.

Ch. JULIET, *Rencontres avec Samuel Beckett*, POL, 1999.

J. KNOWLSON, *Beckett, un illustre inconnu*, trad. franç. O. BONIS, Solin/Actes Sud, Malakoff (Hauts-de-Seine)/Arles (Bouches-du-Rhône), 1999.

F. MARTEL, « Jeux formels dans *Watt* », in *Poétique*, n° 10, 1972, pp. 153 à 175.

B. VOUILLOUX, « Tentative de description d'une écriture sérielle », in *Poétique*, n° 91, 1992, pp. 259 à 272.

A. WEBER-CAFLISH, *Chacun son dépeupleur*, Minuit, 1994.

Beckett, « Cahiers de l'Herne », n° 31, L'Herne, 1976, rééd. « LdP », LGF, 1985.

Revue d'esthétique, numéro consacré à Beckett, Privat, Toulouse, 1986, rééd. J.-M. Place, 1990.

DU BELLAY

Joachim du BELLAY

Château de La Turmelière (près de Liré, act. Maine-et-Loire) 1522 – Paris 1560

> *« Du Bellay est le poète le plus distingué et le plus original, non le plus grand du XVIe siècle. D'une imagination brillante, mais peu riche, c'est la sensibilité qui, chez lui, est la faculté maîtresse. »*
>
> Émile FAGUET, *XVIe siècle*, 1893.

> *« Si je fais moins pour moi en traduisant anciens auteurs qu'en cherchant inventions nouvelles, je ne suis toutefois tant à reprendre que celui qui se vante d'avoir trouvé ce qu'il a mot à mot traduit des autres »* [allusion au fait que *La Défense et Illustration* s'inspirait largement du *Dialogue des larges* (1542) de Sperone Speronie].
>
> Thomas SEBILLET, *Préface* à la traduction de l'*Iphigène* [*sic*] d'Euripide, 1549.

La vie foudroyée d'un poète fulgurant

Une enfance solitaire

Du Bellay était issu d'une fameuse famille dont la plus illustre branche était la cadette, celle des seigneurs de Langey : Guillaume, homme de guerre, Jean, cardinal évêque de Paris (ambassadeurs l'un de François Ier, l'autre de Henri II, et tous deux protecteurs de Rabelais), Martin, gouverneur général de Normandie, René, évêque du Mans, étaient ses oncles. Pour sa part, Joachim était de la branche aînée : son grand-père Eustache avait été chambellan du roi René d'Anjou, son père avait eu 4 enfants (René, Catherine, Jean et Joachim). René, l'aîné, né en 1508, compromit la fortune de la famille et causa ainsi de grands tourments à Joachim dont il fut le tuteur — leurs parents étant morts entre 1523 et 1531. Le futur poète eut une enfance désolée, solitaire et quasi sauvage à La Turmelière dont le château domine des bois touffus. Il se plaignit de n'avoir pas eu d'instruction, sauf peut-être celle, occasionnelle, de Jacques Michelet, procureur de l'université d'Angers et chapelain des Du Bellay :

Qu'ay-je depuis mon enfance
Sinon toute injuste offence
Senty de mes plus prochains ?
Qui ma jeunesse passée
Aux ténèbres ont laissée
Dont ores mes yeux sont pleins.

(***Complainte du désespéré***, vv. 121 à 126)

Il eut probablement pour épisodique camarade René d'Urvoy, presque un voisin, et fréquenta vers 1540 le salon de sa parente Louise de Clermont-Tonnerre. Dès cette époque, féru de poésie, il lut certainement les derniers Grands Rhétoriqueurs, ainsi que Marot et ses imitateurs : « *Combien que j'aye passé l'aage de mon enfance et la meilleure part de mon adolescence assez inutilement, lecteur, si est-ce que par je ne sçay quelle naturelle inclination j'ay toujours aimé les bonnes lettres : singulièrement nostre poësie française* [...] » (***Au lecteur***, in ***Olive***). Guillaume du Bellay mourut trop tôt (1543) pour lui ouvrir la carrière des armes ; Joachim songea à la protection de son cousin Jean, le cardinal : la tonsure, qu'il avait reçue très jeune, dut lui permettre d'espérer des bénéfices ecclésiastiques.

De la Brigade à la Pléiade

Sans doute pour trouver un emploi, il fit du droit à Poitiers vers 1546 et y découvrit un milieu lettré : il y rencontra Marc-Antoine Muret, et Salmon Macrin l'initia à la poésie néo-latine. La légende veut que Du Bellay, Ronsard et Peletier du Mans se soient rencontrés dans la cathédrale où étaient célébrées, par René, évêque du Mans, les obsèques de Guillaume du Bellay : ils auraient pu y rencontrer aussi Rabelais qui, au chapitre 27 du *Quart Livre*, évoque de façon saisissante l'émotion provoquée par la mort de ce « *héros* ». En tout cas, dès 1546, Jacques Peletier entraîna Du Bellay vers les modèles antiques et la pratique française de l'ode. Le jeune Angevin fit la connaissance de Ronsard en 1547 au plus tard (dans une hôtellerie poitevine ?) et fut dès lors son condisciple au collège de Coqueret, à Paris, sous la férule du grand helléniste Dorat : il y rencontra également Baïf. En cette année 1547, où mourut François Ier, fut publié le premier poème de Du Bellay : un dizain en français, intitulé ***À la ville du Mans***, recueilli dans les *Œuvres poétiques* de Peletier. La Pléiade naquit de cette « *Brigade* » de jeunes poètes qui s'unirent, en 1553, à Jodelle, Belleau et Jean de La Péruse, du collège Boncourt, tout voisin. Dans ces années de collège, les heures studieuses (étude encore rare du grec, lecture des Latins, de Pétrarque, de Bembo, de Sannazar) et les heures consacrées à la poésie furent dominantes : Ronsard immortalisa, dans *Les Bacchanales, ou le Folastrissime voyage d'Arcueil* (1552), le fameux voyage d'Arcueil (1549) avec les divers membres de la « *Brigade* ». Il est en outre probable que Du Bellay visitait quelquefois son oncle le cardinal Jean dans son palais de Saint-Maur (inauguré en 1544), dont Rabelais loua la grandeur et la splendeur. Sans doute retourna-t-il au Mans et en Anjou : on sait qu'il alla voir Antonio Caracciolo, évêque de Troyes. On ne sait rien, en revanche, de ses possibles amours, même si, le même jour que ***La Deffence et Illustration de la langue françoyse*** (privilège du 20 mars 1549 — le titre de l'édition originale est bien ***La Deffence*** et non pas ***Deffence***), il publia 50 sonnets en un premier recueil de ***Cinquante Sonnetz à la louange de l'Olive, l'Anterotique de la vieille & de la jeune Amye, & Vers lyriques***, quelques mois avant un ***Recueil de poésie*** (privilège du 5 nov. 1549) : ces « *amours* » à la manière de Pétrarque constituaient une première en France et eurent un tel succès que ***L'Olive augmentée*** parut l'année suivante avec 65 sonnets de plus — précédée d'une longue ***Préface*** qui répondait aux objections que reçut ***La Deffence*** (principalement de la part de Barthélemy Aneau) :

Si nostre vie est moins qu'une journée
En l'éternel, si l'an qui faict le tour
Chasse noz jours sans espoir de retour,
Si perissable est toute chose née,

Que songes-tu, mon ame emprisonnée ?
Pourquoy te plaist l'obscur de nostre jour,
Si pour voler en un plus cler sejour,
Tu as au dos l'aele bien empanée ?

(***L'Olive***, CXIII, vv. 1 à 8)

Avec ***La Deffence***, Du Bellay faisait œuvre à la fois de théoricien littéraire et de polémiste : ripostant aux « *latinisants* » — notamment Sebillet — qui qualifiaient le français de « *barbare* », il prenait la « *deffence* » d'une langue effectivement pauvre mais capable de s'enrichir en recourant aux néologismes ou au rajeunissement des termes anciens, qui en assureraient ainsi l'« *illustration* » — comme se couvriraient de gloire les poètes qui apprendraient patiemment la pratique paradoxale de l'« *imitation originale* » des modèles antiques en « *langue françoyse* ». Ce manifeste constituait une véritable déclaration de guerre — à l'image de la très belliqueuse ***Conclusion de tout l'Œuvre*** : « *Or sommes nous, la grace à Dieu, par beaucoup de perilz & de flotz etrangers, renduz au port à seureté. Nous avons echappé du millieu des Grecz, & par les scadrons Romains penetré jusques au seing de la tant desirée France. La donq', Francoys, marchez couraigeusement vers cette superbe cité Romaine : & des serves depouilles d'elle (comme vous avez fait plus d'une fois) ornez vos temples & autelz. Ne craignez plus ces oyes cryardes, ce fier Manlie, & ce traitre Camile, qui soubz umbre de bonne foy vous surprenne tous nudz contans la rançon du Capitole. Donnez en cete Grece menteresse, & y semez encor' un coup la fameuse nation des Gallogrecz. Pillez moy sans conscience les sacrez thesors de ce temple Delphique, ainsi que vous avez fait autrefoys : & ne craignez plus ce muet Apollon, ses faulx oracles, ny ses fleches rebouchées. Vous souvienne de votre ancienne Marseille, secondes Athenes, & de votre Hercule Gallique, tirant les peuples apres luy par leurs oreilles avecques une chesne attachée à sa langue.* »

On se plut à lire dans « *Olive* » l'anagramme d'une dame de « *Viole* » — de même que « *L'Idée* » dans la « *Délie* » de Scève. ***L'Olive*** offre, en tout cas, un exemple remarquable de francisation des mythes gréco-latins : ainsi, la Loire revêt la couleur locale de la Méditerranée, et l'olivier prend racine en Anjou pour la gloire de la poésie nationale. Le laurier d'Apollon, florissant sur l'Acropole, est éclipsé par l'emblème d'Athéna (l'olivier donc), déesse assimilée par les poètes français à Marguerite de France. La surcharge allégorique quitte le Moyen Âge dans ce souci de création poétique où les noms trouvent une motivation interne.

La gloire souriait au jeune poète, désormais porte-parole de la poésie neuve de la Pléiade. Mais il tomba malade (tuberculose ?), et déjà — comme Ronsard — la surdité l'affectait : le ***Chant du désespéré*** (1549) et la ***Complainte du désespéré*** (1552) exprimèrent son désarroi. Il était harcelé par les soucis (procès, affaires de famille), d'autant plus qu'il devint en 1551 le tuteur de son neveu Claude, fils de son propre tuteur, René. Mais il poursuivit sa carrière poétique : sa participation au ***Tombeau de Marguerite de Valois, royne de Navarre*** (1551) témoigna, comme la ***Prosphonématique au roi très chrétien Henri II*** (1549), de sa place à la Cour, où la sœur du roi, Madame Marguerite, nouvelle Pallas à qui le poète dédia plusieurs de ses ***Odes***, protégeait les jeunes poètes des cabales des Anciens (Mellin de Saint-Gelais) et, telle Astarté, guidait le char de l'Âge d'or... Les publications de Du Bellay se succédèrent : traduction de Virgile accompagnée d'œuvres diverses, sous le titre ***Le Quatrième Livre de l'« Enéide » et Œuvres de l'invention du translateur*** (1552 — deux autres livres furent traduits, toujours en décasyllabes, en 1560), dont les 13 sonnets de l'***Honnête Amour*** ; 2e édition de son ***Recueil de poésie*** (1553), augmentée notamment du poème ***À une dame*** et de la satire ***Contre les pétrarquistes***.

Le désastreux séjour romain

En 1553, le poète partit pour Rome comme intendant, dans la suite de son oncle le cardinal Jean du Bellay. Mais ce pèlerinage humaniste fut un désastre, « *un malheur voyage* » (***Les Regrets***, XXXII), et le rêve de carrière s'évanouit en même temps que l'idéal romain : sans doute l'influence du cardinal n'était-elle plus celle d'autrefois, et la routine dominait-elle, même si la paix de Vaucelles (5 févr. 1556) vint ranimer un enthousiasme moribond, exprimé dans le ***Discours au roy sur la trefve de l'an M.D.LV.*** (1556 — 1555 est la date du traité en « *ancien style* »). Tout est ruine, tout est vice :

Et les Muses de moy comme estranges s'enfuyent
(***Les Regrets***, VI)

loin de cette Babylone et du cabinet du poète intendant. La Toison d'or conquise par « *cestuy là* » — comparé à l'« *heureux* » Ulysse, dans le célèbre sonnet « *Heureux qui, comme Ulysse* [...] » (***Les Regrets***, XXXI) — se résuma à une barbe blonde encore mais outragée par la pelade due à une maladie vénérienne (*ibid.*, XCIV) :

Heureux qui, comme Ulysse, a fait un beau voyage,
Ou comme cestuy là qui conquit la toison,
Et puis est retourné, plein d'usage et raison,
Vivre entre ses parents le reste de son aage !

Quand revoiray-je, helas, de mon petit village
Fumer la cheminée : et en quelle saison
Revoiray-je le clos de ma pauvre maison,
Qui m'est une province, et beaucoup d'avantage ?

Plus me plaist le séjour qu'ont basty mes ayeux,
Que des palais Romains le front audacieux :
Plus que le marbre dur me plaist l'ardoise fine,

Plus mon Loyre Gaulois, que le Tybre Latin,
Plus mon petit Lyré que le mont Palatin,
Et plus que l'air marin la doulceur Angevine.
(***Les Regrets***, XXXI)

Heureux qui sans soucy peult garder son tresor,
Sa femme sans souspçon, et plus encor'
Qui a peu sans peler vivre trois ans à Rome !
(*ibid.*, XCIV, vv. 12 à 14)

De cet enfer, le poète fit cependant un purgatoire lorsque, après quatre ans passés au « *bord ausonien* » (***Les Regrets***, XL), il retrouva, sur le chemin du retour, la Saône lyonnaise de Scève, bientôt la Seine parisienne et la cour du Louvre où, quelles que pussent être les turpitudes, demeuraient les astres de la Renaissance française en un palais qui honorait les artistes et d'abord ses architectes (Philibert Delorme et Pierre Lescot). Oubliées donc pour une part horreurs du voyage et rencontres infâmes — passage des Alpes, ripaille des Suisses, autant qu'inconvenante conduite des moines ou trop futiles journées de carnaval : le temps des grandes publications était arrivé.

La « résurrection » parisienne

De retour à Paris en 1558, Du Bellay donna 4 recueils : ***Le Premier Livre des Antiquitez de Rome***, ***Les Regrets***, ***Divers Jeux rustiques*** et, en latin, ***Ioachimi Bellaii [...] poematum libri quatuor***.
Certes, la revendication d'une poésie sans apprêt, comme celle des ***Regrets***, tout autant que la composition de poèmes latins, était en contradiction avec l'esprit de ***La Deffence***. Mais la traduction de Virgile l'était aussi, comme le fut encore, toujours en 1558, celle du *Banquet* de Platon, sous le titre ***Le Sympose de Platon*** : il faut sans doute y reconnaître, outre la permanence des valeurs humanistes, l'évolution propre du poète.

Une fin prématurée

La ***Lyre chrétienne***, parue en 1552, amorçait déjà la crise du lyrisme et le renouveau de l'inspiration — qui fut païenne pour la Pléiade gréco-latine. Les ***Divers Jeux rustiques*** (1558) furent une récréation qui mêlait les genres, privilégiant le burlesque, en marge de l'emphase des ***Antiquités***, et se rapprochant de la satire qu'on trouve dans ***Les Regrets*** :

Autre Bayser
Quand ton col de couleur de rose
Se donne à mon embrassement,

Et ton œil languist doulcement
D'une paupière à demy close,

Mon ame se fond du désir
Dont elle est ardentement pleine,
Et ne peult souffir à grand peine
La force d'un si grand plaisir.

Puis quand j'approche de la tienne
Ma lèvre, et que si près je suis,
Que la fleur recuillir je puis
De ton haleine ambrosienne :

Quand le souspir de ces odeurs,
Où noz deux langues qui se jouent
Moitement folastrent et nouënt,
Evente mes doulces ardeurs,

Il me semble estre assis à table
Avec les Dieux, tant suis heureux,
Et boire à longs traicts savoureux
Leur doulx breuvage délectable.

Si le bien qui au plus grand bien
Est plus prochain, prendre on me laisse,
Pourquoy ne permets-tu, maistresse,
Qu'encores le plus grand soit mien ?

As-tu peur que la jouissance
D'un si grand heur me face Dieu,
Et que sans toy je vole au lieu
D'éternelle resjouissance ?

Belle, n'aye peur de cela,
Par tout où sera ta demeure,
Mon ciel jusq'à tant que je meure,
Et mon paradis sera là.

(*Divers Jeux rustiques*)

Malgré les grandes publications de 1558, les derniers temps de Du Bellay furent assez sombres. De plus en plus mal portant, repris par l'affection pulmonaire, le poète fut, en outre, miné par les soucis, et maladroit dans ses démarches et dans la tenue de ses comptes — il semble qu'il ait laissé échapper la dignité de chanoine de Notre-Dame de Paris et que, malgré les prébendes du cardinal Jean du Bellay, le titre de protonotaire du Saint-Siège, le rapport d'un prieuré bordelais et d'une prébende du chapitre collégial de Saint-Pierre-La-Cour au Mans, il ait été accablé par les difficultés financières :

Las ! mais apres l'ennuy de si longue saison,
Mille souciz mordants je trouve en ma maison,
Qui me rongent le cœur sans espoir d'allegence.

(***Les Regrets***, CXXX, vv. 9 à 11)

À Paris, il logeait chez son ami Claude de Bize, qui, avec Jean Morel, compta parmi les dernières fréquentations du poète : chez Morel, il rencontra Jacques Grévin, Jean de La Taille et le poète polonais Jean Kochanowski. Mais sa gloire poétique n'était pas sans ombre : le cardinal Jean du Bellay était furieux des tableaux romains qu'on lit dans ***Les Regrets***, et il fallut l'intervention de Jérôme de La Rovère, évêque de Toulon (1559), pour que les choses s'arrangent. La maladie écarta le poète des fêtes du mariage de Madame Marguerite avec le duc de Savoie — ce qui causa son départ de France —, événement pour lequel Du Bellay composa un ***Épithalame sur le mariage de [...] Philibert Émanuel duc de Savoye, et [...] Marguerite de France*** (1559). À cette date, on ne communiquait plus que par écrit avec le poète et, si l'édition des œuvres se poursuivait, avec notamment ***La Nouvelle Manière de faire son profit des lettres, Ensemble le Poète courtisan*** (1559), on commençait à le délaisser.

Du Bellay mourut d'une apoplexie, à sa table de travail dit-on, au matin du 1er janvier 1560, après le réveillon, et fut inhumé à Paris en la chapelle de Saint-Crépin et Saint-Crépinien. Son tombeau, qui portait une inscription latine de Pierre Paschal, a disparu au milieu du XVIIIe siècle. Parmi les œuvres posthumes (1560 à 1569), on retiendra le ***Discours au roi sur la poësie*** (1560), l'***Ample Discours au roy, sur le faict des quatre estats du Royaume de France*** (1567) et les 29 sonnets des ***Amours de I. du Bellay*** parus dans l'édition de 1568-1569 des ***Œuvres françoises de Joachim du Bellay***.

THÉORIE LITTÉRAIRE

C'est dans ***La Deffence et Illustration de la langue françoyse*** que Du Bellay rassembla l'essentiel de ses positions théoriques : ce recueil, à la fois pamphlet et art poétique en 2 livres — comportant chacun 12 chapitres tous titrés — parut en 1549, à Paris, chez Arnoul l'Angelier, avec privilège.

On peut en résumer ainsi les thèses : les langues sont égales. En France, il s'agit de supplanter les Anciens et les Italiens en les imitant, car « [nos ancêtres] *nous ont laissé notre langue si pauvre et nue qu'elle a besoin des ornements, et (s'il faut parler ainsi) des plumes d'autrui* » (I, 3). Les traduire ne suffit pas, le poète doit pratiquer l'innutrition, « *devorant* » les auteurs antiques « *et après les avoir bien digérés, les convertissant en sang et nourriture* » (I, 8) ; il rendra mémorable l'âge d'or français et immortel son propre nom. Il est interdit de trahir la poésie en la traduisant : « *Mais que dirai-je d'aucuns, vraiment plus dignes d'être appelés traditeurs que traducteurs ? vu qu'ils trahissent ceux qu'ils entreprennent d'exposer* [...] » (I, 6). On peut galliciser les mots, les tours, en s'appropriant aussi le lexique des provinces ou des métiers : « *Ce n'est point chose vicieuse, mais grandement louable, emprunter d'une langue étrangère les sentences et les mots, et les approprier à la sienne* » (I, 8). En outre, la poésie doit désormais renoncer aux formes médiévales « *comme Rondeaux, Ballades, Virelais, Chants Royaux, Chansons et autres telles épiceries qui corrompent le goût de notre langue* » (II, 4) et privilégier les genres antiques issus d'Homère, de Pindare, d'Horace ou de Virgile, et repris par Pétrarque — l'épopée, le sonnet et l'ode, en particulier. C'est donc un travail sans relâche pour le poète, jardinier et soldat de la langue, qui « *doit, comme mort en soi-même, suer et trembler maintefois, et, autant que nos poètes courtisans boivent, mangent et dorment à leur aise, endurer de faim, de soif et de longues vigiles* », mais qui, sans l'enthousiaste fureur delphique, n'est que rimailleur.

Du Bellay termine son essai par une invocation à l'Hercule gaulois : dix ans après Villers-Cotterêts, l'entreprise était fidèle à la politique des Valois. En concurrence avec Sébillet, Du Bellay s'inspirait de lui et de Sperone Speroni ; il annonçait les grands traités de son siècle.

Aneau, avec son *Quintil horatian*, fut le principal détracteur de Du Bellay, qui répondit dans la seconde ***Olive*** (1550). Sainte-Beuve réhabilita cette œuvre *(Nouveaux Lundis)*, et Faguet (*Seizième Siècle, Études littéraires*, 1891 à 1898), en exposa les thèses : il avança le mot « *innutrition* ». Au XXe siècle, malgré la sévérité du grammairien Brunot et les avis mitigés de Chamard, cet essai de Du Bellay resta tenu pour une œuvre phare de la Renaissance. Du Bellay « illustra » sa virulente ***Deffence et Illustration*** avec ***L'Olive***, puis ***L'Olive augmentée*** dont les ***Préfaces***.

THÉORIE LITTÉRAIRE

Du Bellay fut, avec Ronsard, le grand poète de la Pléiade. Il préconisa d'adapter des formes antiques et italiennes en français : nouvel Ulysse, il sacra à jamais sa patrie angevine, faisant de son « *Loire gaulois* » et de son « *petit Liré* » (***Les Regrets***, XXXI) une nouvelle Ithaque ; en contrepoint, il inaugura le futur thème romantique des ruines, seuls vestiges de la Rome impériale. Mais, contrairement à son prestigieux cadet qui lui survécut un quart de siècle, il eut les ailes brisées dès l'âge de 38 ans.

Un imitateur original

La langue de Du Bellay est plus latine que celle de Ronsard, et son orthographe respecte plus « *le commun et antiq' usaige que la raison* » ***(La Deffence)***, car le poète se refusait à suivre les réformateurs auxquels il avait été un temps favorable. Ainsi, là où Ronsard écrit « *lire* » ou « *lis* », il écrit « *lyre* » ou « *lys* ». De plus, il était en général moins attentif au travail de l'imprimeur, derrière qui Ronsard se tint plus souvent. Les préceptes de l'art poétique énoncés dans ***La Deffence et Illustration de la langue françoyse*** se trouvent surtout illustrés dans ***L'Olive***, où s'affirme le souci de la perfection formelle, et dans ***Les Antiquités***, où l'on remarque particulièrement le travail sur l'épithète, l'usage de l'adjectif pris comme adverbe, les figures de l'antonomase et de la syllepse :

> *Nouveau venu qui cherches Rome en Rome,*
> *Et rien de Rome en Rome n'aperçois.*
> (***Les Antiquités***, III, vv. 1-2)

Les Regrets, en revanche, témoignent d'une poétique autre qui se veut être celle de « *papiers journaulx, ou bien de commentaires* » (***Les Regrets***, I), offrant « *une prose en ryme, ou une ryme en prose* » (***Les Regrets***, II) : dans la lignée du *sermo pedestris* (discours familier, « prosaïque ») d'Horace, Du Bellay affirme que désormais « [il se contentera] *de simplement escrire* » (***Les Regrets***, IV). De là le choix, non du décasyllabe, mais de l'alexandrin et de son apparente facilité de prosaïsme, l'utilisation de rimes discrètes, presque toujours pauvres ou suffisantes et sans surprises, en alternance régulière masculine/féminine — ce qui n'était pas le cas dans ***L'Olive*** —, disposées de façon beaucoup moins variée que dans les autres recueils — 176 sonnets marotiques sur un total de 191, contre 9 seulement dans ***L'Olive*** —, le renoncement enfin pour une bonne part au registre noble au bénéfice de mots neutres et plats, banals (récurrence des verbes « *faire* », « *dire* », « *aller* »). Le poète accorde sa faveur aux structures vocatives et dialogiques d'une part (dans les trois quarts des sonnets), aux formules à la fois anaphoriques et sentencieuses d'autre part :

Heureux celuy qui peult long temps suivre la guerre
Sans mort, ou sans blesseure, ou sans longue prison !
Heureux qui longuement vit hors de sa maison
Sans despendre son bien, ou sans vendre sa terre !

Heureux qui peult en Court quelque faveur acquerre
Sans crainte de l'envie ou de quelque traïson !
Heureux qui peult long temps sans danger de poison
Jouir d'un chapeau rouge, ou des clefz de sainct Pierre !

Heureux qui sans péril peult la mer fréquenter !
Heureux qui sans procez le palais peult hanter !
Heureux qui peult sans mal vivre l'aage d'un homme !
Qui est ami du cœur est ami de la bourse.

(***Les Regrets***, LXI)

La forme du sonnet enfin, « *non moins docte que plaisante invention* » ***(La Deffence)***, lui permet de jouer avec les sonorités et sur les mots, par l'usage de la paronomase (« *ce que Rome on nomme* », ***Les Antiquités***, III) ou de la polyptote — forme d'isolexisme morphologique ou syntaxique consistant en la réutilisation d'un même vocable à un autre cas ou à une autre fonction (*Pour dompter tout se dompta quelquefois*, *ibid.*), la composition (toujours soignée et signifiante), et en définitive, ***Les Regrets*** apparaissent comme un recueil varié où l'humour, dans le sillage de la satire, est tout aussi présent que la plainte ou l'éloge ; à l'instar des portraits de Janet (François Clouet, fils de Jean Clouet) ou des miniatures de l'école de Fontainebleau, les sonnets des ***Regrets*** sont de petits bijoux où le poète trouve sa gloire pour avoir renoncé à tout dire, suggérant ainsi mieux « *naïvement tout ce qu'au cœur* [lui] *touche* » (***Les Regrets***, XXI) :

Las où est maintenant ce mespris de Fortune ?
Où est ce cœur vainqueur de toute adversité,
Cest honneste désir de l'immortalité,
Et ceste honneste flamme au peuple non commune ?

Où sont ces doulx plaisirs, qu'au soir soubs la nuict brune
Les Muses me donnoient, alors qu'en liberté
Dessus le verd tapy d'un rivage esquarté
Je les menois danser aux rayons de la Lune ?

Maintenant la Fortune est maistresse de moy,
Et mon cœur qui souloit estre maistre de soy,
Est serf de mille maux et regrets qui m'ennuyent.

De la postérité je n'ay plus de souci,
Ceste divine ardeur, je ne l'ay plus aussi,
Et les Muses de moy, comme estranges, s'enfuyent.

(***Les Regrets***, VI)

Virulente satire et plainte élégiaque se mêlent donc pour faire entendre une voix singulière et presque étrangère en son siècle.

Une gloire contrastée

À l'image d'un poète contradictoire — qui sembla se désintéresser des audaces de sa propre ***Deffence***, en renonçant vite à poursuivre dans la voie du polémiste redoutable et de l'éminent critique qu'elle avait révélé, comme en multipliant les poésies latines après avoir célébré les mérites de « *la langue françoyse* », et qui, après les très pétrarquisants sonnets de ***L'Olive***, composa dans les ***Jeux rustiques***, 20 huitains intitulés ***Contre les pétrarquistes*** *(J'ai oublié l'art de pétrarquiser / Je veux d'amour franchement deviser, / Sans vous flatter et sans me déguiser)* —, la gloire de Du Bellay fut contrastée. Pasquier ne sauva que ***Les Regrets*** : « *Quant aux œuvres de Du Bellay, combien que du commencement son* Olive *fut favorisée, si crois-je que ce fut plutost pour la nouveauté que pour la bonté ; car, ostez trois ou quatre sonnets qu'il déroba de l'italien, le demeurant est fort faible. Il y a en lui plusieurs belles odes et chants lyriques, plusieurs belles traductions, comme les quatre et sixième livres de Virgile ; toutefois il n'y a rien de si beau que* ses Regrets *qu'il fit dans Rome, auxquels il surmonta soy-mesme* » (*Recherches de la France*, 1560). La principale consécration du poète lui vint d'avoir publié, avec ***L'Olive***, le premier recueil de sonnets pétrarquisants en français. L'autre célébrité de Du Bellay est d'avoir peut-être inspiré la poétique des ruines chez les Romantiques (Roland Mortier, *La Poétique des ruines en France*, 1974) : on dit que Chateaubriand s'en inspira directement. Il est certain que Sainte-Beuve (*Nouveaux Lundis*, XIII) le sauva de l'oubli dans lequel le siècle de Louis XIV et le siècle des Lumières l'avaient confiné, et sa lecture des ***Regrets*** permit une interprétation « romantique » du poète malheureux que révélait déjà la fin de la ***Complainte du désespéré*** et que confirmait le dernier vers du célèbre sonnet V (constitué de 13 vers commençant tous par « *Ceulx qui* ») : *Moy, qui suis malheureux, je plaindray mon malheur* (***Les Regrets***, V, v. 14).

Il revint à Émile Faguet d'avoir de nouveau alerté le public et surtout d'avoir clairement exposé les principes de ***La Deffence***. Les études et les éditions du XXe siècle ont fait honneur à Du Bellay au sein de la Renaissance française, mais la critique moderne, volontiers « *contre Sainte-Beuve* », privilégie davantage le poète prémallarméen de l'absence (Michel Deguy). Au sens propre, Du Bellay est resté un « classique » : on continue à l'étudier en classe. Toutefois, cette relative célébrité s'accompagne parfois de contresens. Ainsi, le fameux sonnet XXXI des ***Regrets***, dont l'*incipit (Heureux qui, comme Ulysse, a fait un beau voyage)* est devenu proverbial, constitue sans doute le poème à la fois le plus célèbre et le plus méconnu de l'auteur : à force d'être précisément réduit à ce seul *incipit*, ce sonnet a pu être interprété comme un hymne au dépaysement et à l'exploration aventureuse du monde, alors que le bonheur que le poète prête avec envie à Ulysse et à Jason est, à l'inverse, celui du retour au pays — et que tout ce sonnet fait l'éloge de la vie sédentaire, comme plusieurs autres des ***Regrets*** (IX, XXV, XXXVIII). Ce même sonnet XXXI, se renfermant sur une célébration de « *la douceur angevine* », a en outre contribué à répandre l'image d'un poète tendre et léger, alors que bien des vers révèlent, au contraire, un Du Bellay intense et grave, toujours souffrant, qui, conscient d'être « *né pour la Muse* » (***Les Regrets***, XXXIX, v. 13), n'a d'autre remède à son mal de vivre que l'écriture poétique :

> *Si les vers ont été l'abcez de ma jeunesse,*
> *Les vers seront aussy l'appuy de ma vieillesse,*
> *S'ils furent ma folie, ils seront ma raison,*
>
> *S'ils furent ma blessure, ils seront mon Achille*
> *S'ils furent mon venin, le scorpion utile*
> *Qui sera de mon mal la seule guerison.*
>
> (***Les Regrets***, XIII, vv. 9 à 14)

Supervielle a judicieusement analysé cette dualité d'un poète à la fois souriant et souffrant, qui « *sourit en poésie* [...] *par gentillesse naturelle et aussi parce qu'il est un de ces malades chroniques qui veulent oublier, faire oublier le despotisme de leurs infirmités* », et dont « [la] *peine fait encore battre le cœur de sa poésie et trouve dans l'ombre séculaire, le chemin du nôtre* » (« Du Bellay », in *Tableau de la littérature française*, I, Gallimard, 1962).

ŒUVRES

Les **Antiquités de Rome**

Recueil constitué de 32 sonnets (pour les ***Antiquités***) et 15 (pour le ***Songe***) composés alternativement en décasyllabes et en alexandrins, publié sous le titre ***Le Premier Livre des Antiquitez de Rome contenant une generale description de sa grandeur et comme une deploration de sa ruine. Plus un songe ou vision sur le mesme subject***, et paru chez Frédéric Morel, à Paris, en mars 1558, avec privilège.

Ce recueil imite Virgile, Horace, Lucain et les Italiens pour chanter la grandeur passée de la Ville éternelle et les ruines de la Rome contemporaine : *Rome n'est plus, et si l'architecture / Quelque umbre encor de Rome fait revoir, / C'est comme un corps par magique sçavoir / Tiré de nuict hors de sa sepulture* (V, vv. 5 à 8). Il procède par tableaux pittoresques et mythiques, comme dans le sonnet VI, qui paraphrase l'*Énéide* ; il multiplie les transpositions, qui recourent à une construction en deux mouvements du type « *Tel que lon vid jadis* » puis « *Et telz ores on void* » (XII), la plupart des sonnets s'articulant autour de l'antithèse entre la grandeur passée et la ruine présente : *Rome vivant fut l'ornement du monde / Et morte elle est du monde le tombeau* (XXIX). Le sonnet XXVIII est ainsi fondé sur l'analogie entre le chêne de la victoire qui domine, mort, le champ de bataille, et la ville évanouie qui supplante les cités vivantes : *Qui a veu quelquefois un grand chesne asseiché, / Qui pour son ornement quelque trophee porte, / Lever encor' au ciel sa vieille teste morte / Dont le pied fermement n'est en terre fiché // [...] // Qui tel chesne a peu voir, qu'il imagine encores / Comme entre les citez, qui plus florissent ores, / Ce vieil honneur pouldreux est le plus honnoré* (XXVIII, vv. 1 à 4 et 12 à 14). Mais Rome sait aussi renaître de ses cendres : *Rome fouillant son antique sejour, / Se rebatist de tant d'œuvres divines* (XXVII, vv. 10-11). Et surtout, si « *Le corps de Rome en cendre est dévallé* », Rome survit à travers le poète dont la gloire se prolonge par-delà la ruine du moment : *Mais ses escripts, qui son lez le plus beau / Malgré le temps arrachent le tombeau, / Font son idole errer parmy le monde* (V, vv. 12 à 14). Le poète sait aussi combiner les sources et les images, et tout concourt à gloser le mot-titre, à la fois péjoratif et noble. Le ***Songe*** propose des visions de l'Apocalypse. Continuité avec ***Les Antiquités*** ? Sans doute par la métrique, mais ici le poète est soumis au Démon qui l'inspire : *Quand un Démon apparut à mes yeux / dessus le bord du grand fleuve de Rome / Qui m'appellant du nom dont je me omme, / Me commanda regarder vers les cieux* (***Songe***, I, vv. 5 à 8) tandis que précédemment il sollicitait les esprits, les questionnant : *Palles esprits, & vous Umbres pouldreuses, // [...] // Ne sentez vous augmenter vostre peine ?* (***Les Antiquités***, XV, vv. 1 et 11). Le sens des poèmes du ***Songe*** est parfois obscur, particulièrement dans leur contenu politique, à l'interprétation difficile : dans l'évocation des papes, il semble être typiquement gallican.

Le recueil multiplie anaphores, apostrophes et relatives initiales. Le huitain et le sizain du sonnet, entre lesquels se répartissent volontiers les deux termes d'une comparaison, sont souvent en opposition. Impératifs et interrogations se combinent ou se contrarient. Les mêmes adjectifs répétés inaugurent la poétique des ruines : « *poudreux* », « *cendreux* », « *pâle(s)* ».

On redécouvre aujourd'hui ***Les Antiquités***, dont la rhétorique n'a plus toutefois le charme qu'elle eut pour les Romantiques (notamment Chateaubriand).

*Les **Regrets***

Recueil de 191 sonnets en alexandrins, publié sous le titre ***Les Regrets et Autres Œuvres poétiques*** et paru chez Frédéric Morel, à Paris, en 1558. Comment doit-on comprendre, dans le titre du recueil, la mention complémentaire « *autres œuvres poétiques* » ? Signifie-t-elle que ***Les Regrets*** prennent fin au sonnet CXXX ? Ainsi s'expliqueraient le pêle-mêle (CXXXI à CLVI) et l'éloge de la Maison de France (CLVII à CXCI) qui contredit la satire du Louvre (CXXXVIII à CLVI) après celle de la Curie (LXXX à CXXVII). Mais la gloire de Madame Marguerite et de Henri II (CLXXIV à CXCI) fait pendant à l'art poétique et aux élégies (CXXIII) : l'absence des souverains tarit l'inspiration. En France, ceux-ci dispensent les honneurs aussi nécessaires que les Muses.

À l'exemple d'Ovide, Du Bellay se propose, dans ***Les Regrets***, de pleurer et d'enchanter la douleur — *Puisque le seul chant peult mes ennuys enchanter* (XI, v. 13) —, en inventant une poésie quotidienne : *Voilà pourquoy (Magny) je chante jour & nuicts. // Ainsi chante l'ouvrier en faisant son ouvrage, / Ainsi le laboureur faisant son labourage, / Ainsi le pélerin regrettant sa maison, // [...] // Ainsi le prisonnier maudissant sa prison* (XII, vv. 8 à 11 et 14). Le recueil de sonnets est consacré, non plus à l'amour, comme chez Pétrarque, mais à l'exil, vécu comme un abandon cruel commis par la mère patrie que le poète appelle en vain dans l'un de ses plus célèbres poèmes (IX) : *France, mère des arts, des armes & des loix / Tu m'as nourri longtemps du lait de ta mamelle ! / [...] // France, France, responds à ma triste querelle : / Mais nul, sinon Echo, ne respond à ma voix* (vv. 1-2 et 7-8). Le plus souvent, un sourire railleur nuance la mélancolie du poète, lorsqu'il considère sa propre situation, en parodiant ici une image pétrarquiste : *Bref, je ne suis plus rien qu'un viel tronc animé, / Qui se pleint de se voir à ce bord transformé, / Comme le Myrte Anglois au rivage d'Alcine* (LXXXVII, vv. 12 à 14), ou quand il observe avec ironie la cour pontificale où seul importe de savoir « *seigneuriser chacun* » : *Marcher d'un grave pas, & d'un grave sourci, / Et d'un grave soubriz* [sourire] *à chacun faire feste, / Balancer tous ses mots, respondre de la teste, / Avec un Messer non, ou bien un Messer si* (LXXXVI, vv. 1 à 4). La satire s'inspire du Moderne italien Francesco Berni, plus que d'Horace, pour cultiver *Soit une prose en ryme, ou une ryme en prose* (II, v. 10), avec une apparente facilité, aux antipodes du lyrisme ambitieux de Pindare : *Et peult estre que tel se pense bien habile, / Qui trouvant de mes vers la ryme si facile, / En vain travaillera, me voulant imiter* (II, vv. 12 à 14). À la nostalgie de la patrie, de ce fameux « *petit Lyré* » préféré au mont Palatin dans le mémorable sonnet commençant par *Heureux qui comme Ulysse, a fait un beau voyage* (XXXI) répond la déception du retour : *Las mais apres l'ennuy de si longue saison, / Mille souciz mordants je trouve en ma maison, / Qui me rongent le cœur sans espoir d'allegence* (CXXX, vv. 9 à 11). Toutefois, le poète retrouve au Louvre l'enthousiasme, même si, sous couvert d'éloge, le sonnet conclusif décoche un trait au roi qui n'a qu'une puissance relative, puisque soumise au bon vouloir de Dieu (CXCI).

Le recueil frappe par une poésie à la fois lyrique et réaliste. Les figures d'élocution dominent. Les adages, les tours impersonnels, les infinitifs, les formes négatives, sont au compte d'un « *je* » en perte d'identité, que le poète éprouve parfois le besoin de marteler au début de chaque vers dans certains sonnets anaphoriques, répétant 3 fois « *Je ne veux point* » dès le sonnet liminaire (I, vv. 1 à 3) — qui ne comporte pas moins de 10 occurrences explicites de « *je* », ou 14 fois « *Je n'escris* » (LXXIX) ou encore « *Je hay* » (LXVIII). La majorité des sonnets sont des épîtres familières, la plupart étant adressées à des poètes (Baïf, Belleau, Gournay, Magny, Ronsard, entre autres).

Le recueil fut publié au retour du séjour de Du Bellay à Rome (1553 à 1557) comme intendant de son cousin le cardinal Jean du Bellay. Déception, contraintes du métier, découvertes des turpitudes de la vie et de la Curie romaines, permettaient de forger un mythe de l'exil — bien que Du Bellay fût parti de son plein gré —, qui plaça ce recueil en marge de la grande poésie de l'époque (Ronsard) ou des aspirations de la Pléiade.

Sainte-Beuve redécouvrit l'œuvre en en faisant une confidence touchante : « *il n'est jamais plus sincèrement poète que lorsqu'il dit de cet accent pénétré et plaintif qu'il ne l'est plus* » (*Tableau historique de la poésie du XVIe siècle*), et Faguet contribua encore à populariser ce point de vue romantique. Dans le dernier tiers du XXe siècle, une critique moins « biographique » a privilégié une lecture mallarméenne, où la poésie est le sujet des sonnets, et la déploration de l'exil, une métaphore de la condition du poète dans le monde (Michel Deguy, *Tombeau de Du Bellay*, 1968).

CITATIONS

Rome seule pouvait à Rome ressembler,
Rome seule pouvait Rome faire trembler.

Les Antiquités de Rome.

Mais que dirai-je d'aucuns, vraiment plus dignes d'être appelés traditeurs que traducteurs ? vu qu'ils trahissent ceux qu'ils entreprennent d'exposer, les frustrant de leur gloire, et par même moyen séduisent les lecteurs ignorants, leur montrant le blanc pour le noir.

La Défense et Illustration de la langue française, I, 6.

Déjà la nuit en son parc amassait
Un grand troupeau d'étoiles vagabondes,
Et pour entrer aux cavernes profondes,
Fuyant le jour, ses noirs chevaux chassait [...]

L'Olive.

Las ! où est maintenant ce mépris de fortune ?
Où est ce cœur vainqueur de toute adversité,
Cet honnête désir de l'immortalité,
Et cette honnête flamme au peuple non commune ?
Où sont ces doux plaisirs qu'au soir, sous la nuit brune,
Les Muses me donnaient, alors qu'en liberté
Dessus le vert tapis d'un rivage écarté
Je les menais danser aux rayons de la lune ?

Les Regrets.

France, mère des arts, des armes et des lois,
Tu m'as nourri longtemps du lait de ta mamelle.
[...]
France, France, réponds à ma triste querelle.
Mais nul, sinon Écho, ne répond à ma voix.

Les Regrets.

Heureux, qui comme Ulysse, a fait un beau voyage,
Ou comme celui-là qui conquit la toison,
Et puis est retourné, plein d'usage et raison,
Vivre entre ses parents le reste de son âge !

Les Regrets.

Celui vit seulement lequel vit aujourd'hui.

Les Regrets.

Heureux qui peut sans mal vivre l'âge d'un homme !

Les Regrets.

JUGEMENTS

« Cet auteur fut considéré comme l'un des plus grands ornements de son siècle et fait encore les délices du nôtre. C'est une chose étrange que, de toute cette fameuse pléiade d'excellents esprits qui parurent sous le règne de Henri second, je ne vois que celui-ci qui ait conservé sa réputation toute pure et tout entière ; car ceux-là mêmes qui, par un certain dégoût des bonnes choses et par un excès de délicatesse, ne sauraient souffrir les nobles hardiesses de Ronsard,

témoignent que celles de Du Bellay leur sont beaucoup plus supportables et qu'il revient mieux à leur façon d'écrire et à celle de notre temps. »

Guillaume COLLETET, *Biographies des poètes français*, 1655 (☡ [presque tout le manuscrit de ce recueil disparut dans l'incendie du Louvre en 1871]).

« Aux parties en quoi Ronsart et Du Bellay excellent, je ne les trouve guère éloignés de la perfection antique. »

MONTAIGNE, *Essais*, II, 17, 1580.

« Oh ! la joie, l'ivresse pour un poète, de chanter non plus en latin de bibliothèque et d'église, mais dans ce français que l'on respire avec l'air natal et que l'on parle !
[...] Du Bellay a un regard si personnel, si dessinant, si colorant quand il regarde le monde, il est si doué pour le mouvement, l'abandon, et la pente personnelle qu'il nous fait souvent regretter sa posture d'imitateur des anciens.
[...] tout ce qui coule de source [...] réussi[t] à merveille au poète essentiellement liquide qu'est Du Bellay. Ses vers ruissellent sous nos yeux d'eau courante et chantante ou deviennent cristal tout en continuant de couler merveilleusement par en dessous. [...]
Les vers de Du Bellay ne sont presque jamais ceux d'un solitaire. Sa poésie, parlante, est une quête d'amitié. [...]
On se prend à rêver d'un Du Bellay qui au retour de Rome aurait vécu en pure poésie dans son Anjou retrouvé, lui qui mourut si vite [...].
Que ne nous aurait donné ce poète si doué pour la délicatesse profonde, l'envol, la liberté.
Et tout ce qui se voit dans les champs de l'aurore. »

Jules SUPERVIELLE, « Du Bellay », in *Tableau de la littérature française*, I, Gallimard, 1962.

« Malgré la variété de ses tentatives, l'œuvre de Du Bellay, plus concentrée dans le temps, ne possède sans doute pas l'ampleur et la variété de celle de Ronsard. Mais peut-être aucun recueil de Ronsard ne présente-t-il autant d'intérêt, d'originalité que les Regrets*. Paradoxalement, Du Bellay qui, mieux que Ronsard, nous livre le plus intime de lui-même, est aussi un peintre de la réalité sociale plus aigu et plus pénétrant, peut-être parce qu'il a davantage souffert. »*

Henri WEBER et Jean-Charles PAYEN (dir.), *Des origines à 1600*, in Pierre ABRAHAM, Roland DESNÉ (dir.), *Histoire littéraire de la France*, t. I, Éd. Sociales, 1965.

BIBLIOGRAPHIE

Éditions

Œuvres poétiques, Société des anciens textes français, t. 1 à 6, 1909 [auj. en cours de mise à jour par Y. BELLENGER] ; éd. poursuivie avec 2 vol. de poésie néo-latine par G. DEMERSON.

Œuvres poétiques, éd. D. ARIS et F. JOUKOVSKY, « Classiques Garnier », Garnier, 1993, 2 vol.

Les Regrets précédé de *Les Antiquités* et suivi de *La Défense et Illustration de la langue française*, éd. S. de SACY, préf. J. BOREL, « Poésie », Gallimard, 1975.

Les Antiquités de Rome, éd. J. JOLIFFE et M.A. SCREECH, Droz, 1965 ; éd. Fr. JOUKOVSKY, « GF », Flammarion, 1994.

La Deffence et Illustration de la langue françoyse, éd. H. CHAMARD, S.T.F.M., Didier, 1948 ; éd. L. TERREAUX, Bordas, 1972.

Études

Y. BELLENGER, *Du Bellay : ses « Regrets » qu'il fit dans Rome*, Nizet, 1975.

W.J.A. BOTS, *Joachim du Bellay entre l'histoire littéraire et la stylistique*, Groningue (NL), 1970.

H. CHAMARD, *Du Bellay, 1522-1560*, 1901, rééd. Slatkine, Genève (CH), 1969.

M. DEGUY, *Tombeau de Du Bellay*, Gallimard, 1973.

G. GADOFFRE, *Du Bellay et le Sacré*, Gallimard, 1978.

A.L. GORDON, *Coronation of the Poet Joachim Du Bellay's Debt to the Trivium*, Los Angeles (US), 1969.

F. GOYET, *Traités de rhétorique et de poétique de la Renaissance*, « LdP », LGF, 1990.

F. GRAY, *La Poétique de Du Bellay*, Nizet, 1978.

R. JAKOBSON, « Si nostre vie », in *Questions de poétique*, Seuil, 1973.

Fr. JOUKOVSKY, *La Gloire dans la poésie française et néo-latine du XVIe siècle*, Droz, Genève (CH), 1969.

I.D. MC FARLANE, *Les Réseaux d'images dans l'œuvre de Joachim du Bellay*, in *Mélanges A. Glauser*, Nizet, 1979.

J. RIEU, *Esthétique de Du Bellay*, SEDES, 1994.

Fr. RIGOLOT, « Du Bellay et la Poésie du refus », in *Bibliothèque Humanisme et Renaissance*, 1974, pp. 489 sqq.

V.-L. SAULNIER, *Du Bellay*, « Connaissance des Lettres », Hatier, s.d.

J. VIANEY, *« Les Regrets » de Du Bellay*, Nizet, 1974.

H. WEBER, *La Création poétique au XVIe siècle en France*, Nizet, 1956.

Actes du colloque international Joachim du Bellay, Angers, 1990, 2 vol.

AUDIO & VIDÉO

CD-ROM
Encyclopédie de la littérature française, Bibliopolis, 1998.

BERNANOS

Georges BERNANOS
Louis Émile Clément Georges BERNANOS
Paris 1888 – *ibid.* 1948
Grand Prix du Roman de l'Acad. franç., prix Femina

> *« Il était véhément, mais d'une lucidité éblouissante. Anticonformiste, courageux, c'est le moins que l'on puisse dire. »*
> Philippe SOUPAULT, *Vingt Mille et Un Jours*, Belfond, 1980.

> *« C'était un être irrité, désespéré quelquefois et d'une extrême injustice. Il y avait en lui un saint et il y avait en lui un prêtre refoulé. »*
> François MAURIAC, *Les paroles restent*, 1968, Grasset, posthume, 1985.

Un insurgé toujours en rupture

Un débutant tardif

Né dans une famille bourgeoise catholique — son père, d'ascendance espagnole et lorraine, était tapissier-décorateur —, Bernanos fit ses études dans divers établissements religieux, à Paris, puis à Bourges, enfin à Aire-sur-la-Lys (Pas-de-Calais), où il redoubla sa rhétorique : doué mais très inégal, il fut un élève médiocre — avec 3 échecs à l'oral de la 1re partie du baccalauréat — qui sut toutefois tirer profit de sa solide formation littéraire et spirituelle. Avec sa sœur aînée Marie-Thérèse, il passait ses vacances à Fressin, dans le Pas-de-Calais — région où il situa l'action de quatre de ses romans : ***Sous le soleil de Satan***, ***Journal d'un curé de campagne***, ***Nouvelle Histoire de Mouchette*** et ***Monsieur Ouine***. C'est dans la grande maison familiale de Fressin que Bernanos, entre 10 et 13 ans, dévora toute *La Comédie humaine* de Balzac — lecture qui influença l'écriture du futur romancier. C'est aussi dès l'enfance et durant l'adolescence qu'il éprouva — et exprima dans des lettres à l'abbé Lagrange, son professeur de français à Bourges — une irrépressible angoisse de la mort, qui ne cessa de le tourmenter : « *Depuis longtemps — à cause de ma jeunesse maladive et des précautions qu'on me faisait prendre — je crains la mort, et par malheur, peut-être mon ange gardien dirait*[-il] *par bonheur, j'y pense toujours. La plus petite indisposition me semble le prélude de cette dernière maladie, dont j'ai si peur. Et ce sont des mélancolies sans fin, contre lesquelles je n'avais pendant longtemps, et encore l'année dernière, qu'un remède : m'étourdir. Et je m'en acquittais comme je pouvais, vous l'avez vu. Quand j'étais tout petit encore, et que je pensais à ces choses, je me disais que la vie était longue, et qu'en la remplissant de toutes sortes d'aventures, de gloire, de renom, de puissance, on pouvait la rendre si heureuse que cela valait presque la peine d'un peu de souffrance à la fin* » (***Lettres à l'abbé Lagrange***, mars 1905, posth., 1961). Étudiant en lettres et en droit à Paris de 1906 à 1913 — il obtint une double licence —, il participa par des actions violentes à l'agitation politique comme membre de l'Action française et fut incarcéré brièvement à la Santé en 1909 pour avoir troublé les cours de Thalamas, professeur en Sorbonne, qui démythifiait Jeanne d'Arc. En 1913-1914, il dirigea à Rouen *L'Avant-Garde de Normandie*, hebdomadaire maurrassien. Durant la guerre, quoique réformé, il s'engagea et apprécia la camaraderie des tranchées. La paix le déçut car, selon lui, les combattants étaient exclus et trahis par une république sans idéal. Marié en 1917 à Jeanne Talbert d'Arc, descendante d'un frère de Jeanne d'Arc, il devint inspecteur de la région Est, pour la compagnie d'assurances *La Nationale*. Il ne publia qu'en 1926, à 38 ans, son premier roman, ***Sous le soleil de Satan***, histoire d'un prêtre maladroit, Donissan, aux prises avec le Diable : « *Tel prêtre n'ose seulement prononcer le nom du diable. Que font-ils de la vie intérieure ? Le morne champ de bataille des instincts. De la morale ? Une hygiène des sens : la grâce n'est plus qu'un raisonnement juste qui sollicite l'intelligence* [...] » (I, 4).

Son succès fut aussi retentissant qu'inespéré et lui permit d'abandonner son métier. Ce fut pourtant le début d'une existence minée par l'éducation de ses 6 enfants, les soucis d'argent et des déménagements successifs, qui concernaient aussi le reste de sa nombreuse maisonnée : ses beaux-parents, une domestique, 4 bergers belges et un chat.

Entre écriture et précarité

En 1927 — année où mourut son père — et 1929 — un an avant le décès de sa mère — parurent ***L'Imposture*** et ***La Joie*** (couronnée par le prix Femina), romans où figurent les mêmes personnages : Cénabre, prêtre renégat ; Chevance, saint prêtre ; Chantal de Clergerie, jeune fille mystique qui offre sa vie pour sauver son prochain. On y trouve la confirmation des hantises de Bernanos, entre exigence de spiritualité et pessimisme fondamental : « [...] *il faut pleurer, parce que c'est la seule* *réponse efficace à certaines contradictions plus féroces, à certaines incompatibilités essentielles de la vie, simplement enfin parce que l'injustice existe, et qu'il est vain de la nier »* (***L'Imposture***, IV) ; *« Qui cherche la vérité de l'homme doit s'emparer de sa douleur, par un prodige de compassion, et qu'importe d'en connaître ou non la source impure ? »* (***La Joie***, I, 2). Dans ***La Grande Peur des bien-pensants*** (1931), Bernanos, abandonnant momentanément le roman, fit l'éloge de Drumont, l'auteur de *La France juive*, et dénonça violemment la république avec des arguments antisémites — qu'il renia presque totalement plus tard — et monarchistes — qu'il conserva toujours : *« Révolution, démocratie, laïcisme, c'était là pour nous, sous des noms divers, l'expression de ce même individualisme anarchique où a risqué de sombrer tant de fois le génie de notre race, et dont les brusques poussées* [...] *semblent marquer chaque grave défaillance du spirituel. En réalité, la société actuelle, société de transition, de compromis, dite moderne, n'a aucun plan, ne se propose aucun but déterminé, sinon de durer le plus longtemps possible grâce à la méthode qui l'a servie jusqu'ici, celle d'un dégoûtant empirisme »* ***(Conclusion)***. Handicapé par un grave accident de motocyclette, à Montbéliard (1933), et plongé dans une grande gêne matérielle, il écrivit difficilement des romans policiers pour lesquels il était payé à la page : ***Un crime*** (1935) et ***Un mauvais rêve*** (posth., 1950). L'échec de l'un explique que Bernanos ait refusé de publier l'autre de son vivant ; l'écrivain renia ces œuvres d'abord « alimentaires », malgré leurs indéniables qualités littéraires et leurs empreintes toutes bernanosiennes : *« Je vois maintenant que chaque crime crée autour de lui comme une sorte de tourbillon qui attire invinciblement vers son centre innocents ou coupables et dont personne ne saurait calculer à l'avance la force ni la durée »* (***Un crime***, I, 4). En 1936 parut ***Journal d'un curé de campagne*** qui obtint le Grand Prix du Roman de l'Académie française.

Cette œuvre est celle que Bernanos chérissait le plus à cause de son personnage principal, l'humble desservant de la paroisse d'Ambricourt qui meurt en disant : *« Tout est grâce. »*

De Majorque au Brésil

Bernanos s'était installé en 1934 à Palma de Majorque, parce que la vie y était moins chère qu'en France. D'abord favorable à l'insurrection franquiste en Espagne — un de ses fils combattit dans les rangs de la Phalange —, il fut rapidement horrifié par les violences des conservateurs et par les lâchetés de la hiérarchie ecclésiastique qu'il dénonça férocement dans ***Les Grands Cimetières sous la lune*** (1938), ouvrage rédigé à Toulon — où, de retour de Palma et après un séjour à Paris et à Nogent, marqué par un nouvel accident de motocyclette, il s'installa en 1938 — et qui l'éloigna définitivement des milieux d'extrême droite. D'autant plus que Bernanos reprochait à Maurras son paganisme et son cynisme : « [...] *les classes moyennes sont presque seules à fournir le véritable imbécile, la supérieure s'arrogeant le monopole d'un genre de sottise parfaitement inutilisable, d'une sottise de luxe, et l'inférieure ne réussissant que de grossières et parfois admirables ébauches d'animalité.* [...] *Les imbéciles sont travaillés par l'idée de rédemption.* [...] *On ne refera pas la France par les élites, on la refera par la base. Cela coûtera plus cher, tant pis ! Cela coûtera ce qu'il faudra. Cela coûtera moins cher que la guerre civile. »* La vue de paysans espagnols emmenés au poteau d'exécution avait déclenché la rédaction de ***Nouvelle Histoire de Mouchette*** (1937), court roman racontant la marche au suicide d'une adolescente démunie, prénommée Mouchette comme un personnage de ***Sous le soleil de Satan*** — mais qui, prévenait l'auteur en guise d'avertissement, *« n'a de commun avec* [elle] *que la même tragique solitude où je les ai vues toutes deux vivre et mourir »* — et dont la fin, qui est aussi celle du roman, est ainsi décrite : *« Mouchette se laissa glisser sur la côte jusqu'à ce qu'elle sentît le long de sa jambe et jusqu'à son flanc la douce morsure de l'eau froide. Le silence qui s'était fait soudain en elle était immense. C'était celui de la foule qui retient son haleine lorsque l'équilibriste atteint le dernier barreau de l'échelle vertigineuse. La volonté défaillante de Mouchette acheva de s'y perdre. Pour obéir, elle avança un peu plus, en rampant, une de ses mains posée contre la rive. La simple pression de sa paume suffisait à maintenir son corps à la surface de l'eau, pourtant peu profonde. Un moment, par une sorte de jeu sinistre, elle renversa la tête en arrière, fixant le point le plus haut du ciel. L'eau insidieuse glissa le long de sa nuque, remplit ses oreilles d'un joyeux murmure de fête. Et, pivotant doucement sur les reins, elle crut sentir la vie se dérober sous elle tandis que montait à ses narines l'odeur même de la tombe. »* Écœuré par les accords de Munich, Bernanos gagna le Paraguay puis s'installa au Brésil où il tenta de diriger une exploitation agricole, notamment à Pirapora, dans la province de Minas Gerais. Quand De Gaulle appela à la Résistance, il prit immédiatement parti pour le chef de la France libre et attaqua la politique collaborationniste de Pétain par des articles réunis dans ***Le Chemin de la Croix-des-Âmes*** (Rio de Janeiro, 1943 à 1945), par des messages de la B.B.C. et à Radio-Brazzaville, par des essais tels que ***Lettre aux Anglais*** (Rio de Janeiro, 1942) : « *Je ne me flatte pas de vous faire comprendre la France. J'ignore si je la comprends moi-même. Je n'essaie pas de la comprendre, parce qu'elle ne m'en laisse pas le loisir, elle m'emporte avec elle dans sa grande aventure* [...]. *Aujourd'hui, comme il y a vingt siècles, il s'agit de savoir qui l'emportera de la Justice selon l'Ordre ou de l'Ordre selon la Justice.* »

Du Brésil à la Tunisie

Rappelé en France par De Gaulle, il fut déçu par la Libération qui, selon lui, n'eut pas le courage de faire la révolution qu'il attendait. Son mépris de la IVe République s'exprima dans des articles — repris dans ***Français, si vous saviez...*** (1961) — et dans des conférences où il mettait en garde contre l'emprise du machinisme, contre le capitalisme et le marxisme, considérés comme coupables de faire passer la collectivité avant l'individu, l'économie avant la personne : « *La Civilisation des Machines est la civilisation de la quantité opposée à celles de la qualité. Les imbéciles y dominent donc par le nombre, ils y sont le nombre.* [...] *Un monde dominé par la Force est un monde abominable, mais le monde dominé par le Nombre est ignoble* » (***La France contre les robots***, VII). Ces conférences furent réunies dans ***La Liberté, pour quoi faire ?*** (1953) et ***Le Crépuscule des vieux*** (1956) : « *L'avenir est quelque chose qui se surmonte. On ne subit par l'avenir, on le fait.* [...] *L'optimisme est une fausse espérance à l'usage des lâches et des imbéciles. L'espérance est une vertu,* virtus, *une détermination héroïque de l'âme. La plus haute forme de l'espérance, c'est le désespoir surmonté* » (***La France devant le monde de demain***, in ***La Liberté, pour quoi faire ?***). Après avoir été publié au Brésil, ***Monsieur Ouine***, roman audacieux par sa technique lacunaire, parut à Paris en 1946 dans une édition défectueuse, et fut un échec ; dans ce roman, un prêtre ne réussit pas à réveiller sa « *paroisse morte* ».

En 1947, Bernanos quitta la France, où il se sentait mal à l'aise, pour la Tunisie ; il y rédigea le scénario et les dialogues d'un film, ***Dialogues des carmélites***, inspiré d'une nouvelle de Gertrud von Le Fort, *La Dernière à l'échafaud* (1931) et qui rappelait le sort de religieuses de Compiègne, exécutées pendant la Révolution de 1789, et particulièrement de l'une d'entre elles, Blanche de La Force, chez qui la peur de la mort est vaincue par la grâce divine et par la communion des saints : « *Qui s'aveugle volontairement sur le prochain, sous prétexte de charité, ne fait souvent rien autre chose que de briser le miroir afin de ne pas se voir dedans. Car l'infirmité de notre nature veut que ce soit d'abord en autrui que nous découvrions nos propres misères* » (2e tableau, sc. 1) ; « *Il n'est d'autre remède à la peur que de se jeter à corps perdu dans la volonté de Dieu* » (4e tableau, sc. 8). Publié en 1949 par Albert Béguin, ce scénario fut adapté pour l'opéra par Francis Poulenc — la création connut un vif succès à la Scala de Milan en 1957.

Bernanos décéda à Paris, où il avait été transféré de Tunisie, des suites d'une opération chirurgicale au foie. Durant ses derniers jours, il rédigeait une ***Vie de Jésus***. Après sa mort, la parution de nombreuses œuvres inédites, dont ***Les Enfants humiliés*** (1971), journal des années 1939-1940, entretint la mémoire d'un homme courageux, indépendant, et d'un écrivain dont les romans et les œuvres de combat manifestent une puissante vision politique et métaphysique. Les romans de Bernanos incarnent une vision surnaturelle de l'éternel conflit entre la grâce divine et le péché satanique. Ses « *œuvres de combat* » — expression qu'il préférait à « *pamphlets* » — dénoncent, au nom de l'honneur chrétien et monarchique, les impostures sociales et les compromissions politiques.

Décrire l'invisible

La prose bernanosienne se rapproche de la poésie par la recherche de cadences lyriques ou oratoires qui restituent la beauté surnaturelle du monde, et attaquent les impostures : « *Nous sommes mauvais juges en notre propre cause, et nous entretenons souvent l'illusion de certaines fautes, pour mieux nous dérober la vue de ce qui en nous est tout à fait pourri et doit être rejeté à peine de mort* » (***Sous le soleil de Satan***, I, 3) ; « *Les civilisations sont mortelles, les civilisations meurent comme les hommes, et cependant elles ne meurent pas à la manière des hommes. La décomposition, chez elles, précède leur mort, au lieu qu'elle suit la nôtre* » (***L'Esprit européen et le Monde des machines***, in ***La Liberté, pour quoi faire ?***). La tension de l'écriture bernanosienne est celle du mystère chrétien de l'Incarnation : « *J'affirme une fois de plus que l'avilissement de l'homme se marque à ce signe que les idées ne sont plus pour lui que des formules abstraites* *et conventionnelles, une espèce d'algèbre, comme si le Verbe ne se faisait plus chair* [...] » ***(La France contre les robots)***.

Ses romans contiennent de nombreuses scènes dialoguées où s'affrontent, en des combats dramatiques, des personnages qui représentent la quête de la sainteté et le désespoir du péché :

> « *Vous vous lasserez d'attendre des miracles, dit-elle, vous vous lasserez même d'en inventer... Vous vous lasserez de tout, même de la peine des autres. Il me semble que le mal est beaucoup moins compliqué que vous ne voulez croire. Ailleurs, ici, toujours, partout, il n'y eut qu'un seul péché.*
> *– Quel péché ?*
> *– Tenter Dieu, fit-elle. Et à quoi bon ? Je pense que vous êtes bien maladroit... Dieu regarde qui lui plaît. S'il ne vous regarde pas encore, à quoi bon ? À quoi bon le tenter ?*
> *– Je... en vérité... Je... Je n'y avais pas songé.* »
>
> (***La Joie***, I, 1)

Les images sont fréquentes (souvent des métaphores filées) comme celles du cancer, de la boue, de la route, de la nuit et de la lumière : « *La belle route ! La chère route ! Vertigineuse amie, promesse immense ! L'homme qui l'a faite de ses mains pouce à pouce, fouillée jusqu'au cœur, jusqu'à son cœur de pierre, puis enfin polie, caressée, ne la reconnaît plus, croit en elle. La grande chance, la chance suprême, la chance unique de sa vie est là, sous ses yeux, sous ses pas, brèche fabuleuse, déroulement sans fin, miracle de solitude et d'évasion, arche sublime lancée vers l'azur. Il l'a faite, il s'est donné à lui-même ce jouet magnifique et sitôt qu'il a foulé la piste couleur d'ambre, il oublie que son propre calcul en a tracé d'avance l'itinéraire inflexible. Au premier pas sur le sol magique arraché par son art à l'accablante, à la hideuse fertilité de la terre, nu et stérile, bombé comme une armure, le plus abandonné reprend patience et courage, rêve qu'il est peut-être une autre issue que la mort à son âme misérable... Qui n'a pas vu la route à l'aube, entre ses deux rangées d'arbres, toute fraîche, toute vivante, ne sait pas ce que c'est que l'espérance* » ***(Monsieur Ouine)***. Le rythme de ses phrases scande les cadences oratoires qui soutiennent l'attaque contre les impostures : « *L'Avenir n'appartient pas aux morts, mais à ceux qui font parler les morts, ceux qui expliquent pourquoi ils sont morts* » ***(Les Enfants humiliés)***.

Il se rapproche de la poésie par les cadences lyriques qui restituent la beauté surnaturelle du monde : « *Ai-je donc tant aimé les routes, nos routes, les routes du monde ? Quel enfant pauvre, élevé dans la poussière, ne leur a pas confié ses rêves ? Elles portent lentement, majestueusement, vers on ne sait quelles mers inconnues, ô grands fleuves de lumières et d'ombres qui portez le rêve des pauvres !* » (***Journal d'un curé de campagne***, III).

Un célèbre méconnu

Lancé par Léon Daudet qui loua ***Sous le soleil de Satan*** dans 2 articles retentissants de *L'Action française*, Bernanos obtint un vif succès de son vivant par ses romans, si l'on excepte ***Monsieur Ouine*** ; cependant, lorsqu'il s'éloigna de l'Action française, il fut honni comme un traître par l'extrême droite, à commencer par Léon Daudet qui essaya de le ridiculiser en le surnommant « *Bernan-de-l'Os* » (*L'Action française*, 19 nov. 1932). Son audience s'est étendue au-delà du public catholique, comme le prouvent diverses adaptations cinématographiques de ses œuvres : ***Journal d'un curé de campagne*** (1950), filmé par Robert Bresson qui réalisa aussi ***Mouchette*** (1967), ***Le Dialogue des carmélites*** par Philippe Agostini et le R.P. Bruckberger (1960), ***Sous le soleil de Satan*** par Maurice Pialat qui obtint, en 1988, le Grand Prix du festival de Cannes — année où Gildas Bourdet mit en scène ***Dialogues des carmélites*** à la Comédie-Française. Au demeurant, Bernanos ne fut guère en odeur de sainteté, si l'on ose cette formule, auprès des écrivains catholiques, tels que Claudel — il nota sur une photographie de lui-même : « *Hélas ! je ressemble à Claudel !* » — et surtout Mauriac, à qui il s'opposa constamment, par exemple sur la question de l'espérance : « *L'espérance est un risque à courir. C'est même le risque des risques. L'espérance n'est pas une complaisance envers soi-même. Elle est la plus grande et la plus difficile victoire qu'un homme puisse remporter sur son âme* » (***Mauriac et sa cornemuse***, in ***La Liberté, pour quoi faire ?***). L'étiquette réductrice d'« *écrivain catholique* », aggravée par son passé maurrassien et antisémite, valut à Bernanos d'être durablement mis à l'Index des Lettres : on oublia ainsi commodément que personne, mieux que ce catholique fervent, ne fustigea l'Église et ses silencieuses compromissions avec les régimes fascistes dans les années 1930, que cet ancien sectateur de Drumont dénonça l'antisémitisme nazi, que ce militant de l'Action française rompit avec Maurras et condamna le franquisme, et que ce monarchiste convaincu préféra De Gaulle à Pétain — contrairement à la plupart des « camelots du roi » —, enfin que cet acteur de la Résistance fut sans complaisance pour les excès de la Libération. En raison sans doute de ces innombrables ruptures apparemment contradictoires, Bernanos fut — et reste — plus célèbre que connu. Pourtant, loin de n'être qu'un auteur de bondieuseries tièdes et d'évocations surnaturelles, il est d'abord un écrivain d'un rare anticonformisme, pamphlétaire redoutable et styliste inspiré : les célébrations du cinquantenaire de sa mort, en 1998 — marquées notamment par la réédition de l'essai éclairant que lui avait consacré Gaëtan Picon quelques semaines avant le décès de l'écrivain —, ont partiellement rétabli ces vérités oubliées. Si Bernanos trouve un écho auprès des lecteurs actuels, c'est qu'il propose une interprétation prophétique, dénonciatrice et personnelle du monde moderne en des œuvres qui ne s'enferment pas dans les lois d'un genre (roman ou essai), mais qui inventent des techniques aptes à transmettre un regard surnaturel sur notre époque et sur l'homme éternel. Et si cet écho n'est toutefois pas plus large, c'est que ses vérités ne nous épargnent guère.

ŒUVRES

Journal d'un curé de campagne

Roman en 3 chapitres, paru chez Plon, en mars 1936.

Le roman prend la forme d'un journal tenu par le curé d'Ambricourt (Pas-de-Calais), qui, marqué par ses origines pauvres et une hérédité alcoolique, se sent mal à l'aise dans sa paroisse. Malgré des dons surnaturels qui lui font pénétrer les âmes pécheresses de la châtelaine et de sa fille, il doute de sa capacité à exercer sa charge de curé : *« Quel homme de prières a-t-il pourtant jamais avoué que la prière l'ait déçu ?* [...] *Le monde du péché fait face au monde de la grâce ainsi que l'image reflétée d'un paysage, au bord d'une eau noire et profonde. Il y a la communion des saints, il y a aussi une communion des pécheurs* » (II). Atteint d'un cancer de l'estomac, il meurt à Lille en offrant sa pauvreté et sa solitude pour sauver son prochain et en prononçant — empruntées à sainte Thérèse de Lisieux — ces ultimes paroles : *« Tout est grâce. »*

Le « curé de campagne », guidé dans la rédaction de son *« journal »* par une vision métaphysique des choses et des êtres, recourt à une écriture poétique qui reproduit les formes de la prière, et traduit, par la fragmentation caractéristique du journal, les doutes du diariste : *« La parole de Dieu ! c'est un fer rouge.* [...] *Dieu nous préserve des saints !* [...] *L'enfer, Madame, c'est de ne plus aimer* » (II) ; *« Le goût du suicide est un don, un sixième sens, je ne sais quoi, on naît avec.* [...] *La jeunesse est un don de Dieu, et comme tous les dons de Dieu, il est sans repentance. Ne sont jeunes, vraiment jeunes, que ceux qu'Il a désignés pour ne pas survivre à leur jeunesse.* [...] *Il est plus facile que l'on croit de se haïr. La grâce est de s'oublier* » (III).

Bernanos rédigea ***Journal d'un curé de campagne*** à Majorque, dans des cafés — comme il le faisait souvent —, de novembre 1934 à janvier 1936 ; il n'avait pas encore achevé ***Un crime*** — qu'il écrivait pour des raisons alimentaires et qui fut publié en 1935 —, et il travaillait déjà à ***Monsieur Ouine*** : des rapprochements peuvent être établis entre le curé de Fenouille, héros de ***Monsieur Ouine***, et celui d'Ambricourt. ***Journal d'un curé de campagne*** fut la seule œuvre que Bernanos écrivit dans la joie, alors que ses autres livres furent composés dans l'angoisse.

Ce roman obtint le Grand Prix du Roman de l'Académie française et fut adapté très fidèlement au cinéma par Robert Bresson en 1950, sous le même titre.

Monsieur Ouine

Roman sans parties ni chapitres, paru chez Plon, en mars 1946.

L'intrigue repose sur une énigme policière, l'assassinat d'un petit vacher, mais le lecteur ne connaîtra jamais le criminel. Dans le village de Fenouille, déserté par la grâce divine, devenu une *« paroisse morte »* (premier titre prévu pour le roman), ***Monsieur Ouine***, professeur en retraite d'un nihilisme absolu en qui on reconnut Gide — celui qui ne dit ni oui ni non —, corrompt, par sa curiosité et la vacuité de son âme, Steeny, adolescent fugueur, le châtelain de Néréis et la châtelaine — la débauchée Jambe-de-Laine — quasi fous, et toute la communauté, du repoussant Monsieur Arsène, maire en quête de pureté qui se livre à de permanentes ablutions, à l'énigmatique Michelle, mère de Steeny, en passant par Miss, la gouvernante. Tout ici n'est qu'énigmes et interrogations malsaines : comment est mort le père de Steeny ? Quels liens entretiennent vraiment Michelle et Miss, si étrangement proches ? Jambe-de-Laine et Monsieur Ouine sont-ils amants ? Le Mal est à l'œuvre dans Fenouille, en proie à la folie des dénonciations anonymes et des suicides inexpliqués, jusqu'à la mort, violente car expiatoire, de Jambe-de-Laine : « *Le diable, voyez-vous, c'est l'ami qui ne reste jamais jusqu'au bout.* [...] *Le berceau est moins profond que la tombe.* [...] *La haine qu'on se porte à soi-même est probablement celle entre toutes pour laquelle il n'est pas de pardon !* » La thématique de la pourriture s'exprime en une vision onirique d'un univers qui sombre dans le néant, et justifie *a contrario* l'éloge de la route — autre thématique majeure chez Bernanos —, comme promesse de délivrance et de libération face à l'oppression du Mal : « *Le vieil homme est loin maintenant, Dieu sait où — dans quel coin de cette maison morte ? Il aime mieux l'imaginer plus loin encore, à travers champs, sur la route douce. La route !... La route ?... Qui parle de route ? Non pas celle-ci, non pas l'une de ces routes pâles, mais la sienne, sa Route, qu'il a tant de fois vue en rêve, la route ouverte, infinie, gueule béante... La route ! La route ! Et face à il ne sait quelle brèche immense, pleine d'étoiles, il s'endort, les poings fermés.* »

Bernanos travailla à ***Monsieur Ouine*** de février 1931 à janvier 1934, quoiqu'il fût gêné par un accident de moto et la perte d'une partie du manuscrit. Il reprit la rédaction à Majorque en avril-mai 1936, et l'acheva en 1940 au Brésil. Le roman parut à Rio de Janeiro en 1943, puis en France en 1946, dans des éditions défectueuses et tronquées. Albert Béguin fit paraître la première édition fidèle en 1955, au Club des libraires de France.

Monsieur Ouine fut mal accueilli en 1946, si l'on excepte un article de Claude-Edmonde Magny (« *Monsieur Ouine*, le dernier roman de Bernanos », in *Poésie 46*) qui caractérisait le « monde » bernanosien comme « *décrit à l'envers, vu par l'envers,* [...] *en creux et non en relief* ». ***Monsieur Ouine*** est considéré maintenant comme un chef-d'œuvre, annonciateur du Nouveau Roman par sa technique lacunaire de la narration.

Sous le soleil de Satan

Roman constitué d'un ***Prologue*** et de 2 parties — tous titrés et comportant respectivement 4, 4 et 15 parties —, publié à Paris, chez Plon, dans la collection « Le Roseau d'or », en mars 1926.

Le ***Prologue***, intitulé ***Histoire de Mouchette***, se situe dans un petit village d'Artois, Campagne, peuplé de petits-bourgeois qui cachent la vulgarité de leurs mœurs sous un conformisme républicain (I). Dans cette médiocrité s'ennuie une adolescente de 16 ans, Germaine Malorthy, surnommée Mouchette : « *Dans les jardins aux ifs taillés, sous la véranda, toute nue, qui sent le mastic grillé, c'est là qu'elle s'est lassée d'attendre on ne sait quoi, qui ne vient jamais, la petite fille ambitieuse...* » Apprenant qu'elle est enceinte, son père demande au séducteur présumé, le marquis de Cadignan, de prendre ses responsabilités, mais il est éconduit (II). Après une altercation avec son père, Mouchette court chez le marquis, le harcèle pour qu'il l'emmène à Paris : « *Chaque mensonge était un nouveau délice dont sa gorge était resserrée comme d'une caresse ; elle eût menti cette nuit sous les injures, sous les coups, au péril même de sa vie ; elle eût menti pour mentir. Elle se souvint plus tard de cet étrange accès comme de la plus folle dépense qu'elle eût jamais faite d'elle-même, un cauchemar voluptueux* » (III). Dans sa colère, elle le tue d'un coup de fusil. On la retrouve chez son nouvel amant le Dr Gallet, autre personnage lâche et méprisable, qui refuse de l'avorter. Internée, elle accouchera d'un enfant mort-né (IV).

La 1re partie, intitulée ***La Tentation du désespoir*** — et qui constitue le 2e récit du roman —, a pour protagoniste l'abbé Donissan, jeune vicaire « *lourdaud* », récemment confié au vieux chanoine Menou-Segrais avec lequel il s'entretient pendant la nuit de Noël : « *J'imagine nos saints ainsi que des géants puissants et doux dont la force surnaturelle se développe avec harmonie, dans une mesure et selon un rythme que notre ignorance ne saurait percevoir, car elle n'est sensible qu'à la hauteur de l'obstacle, et ne juge point de l'ampleur et de la portée de l'élan* » (I). S'infligeant de cruelles mortifications, Donissan subit cette « *tentation du désespoir* » qui lui fait offrir le salut de son âme pour sauver celle de ses semblables : « *La Sainteté !* [...] *Vous n'ignorez pas ce qu'elle est : une vocation, un appel. Là où Dieu vous attend, il vous faudra monter, monter ou vous perdre. N'attendez aucun secours humain* » (II). Chargé de prêcher dans un village voisin, il part dans la nuit et s'égare sur la route. Épuisé par d'absurdes détours dans le froid et l'obscurité, il est abordé par un maquignon affable. C'est Satan, qui semble soudain prendre l'apparence de Donissan : en proie à une sorte de dédoublement, le vicaire se voit lui-même. Terrifié, il parvient à repousser l'Ennemi, mais celui-ci le menace une dernière fois : « *Que de fois tu me dorloteras, croyant presser* l'autre *contre ton cœur ! Car tel est ton signe.* » Alors se produit la rencontre avec Mouchette. Lisant dans son âme, il la convainc de l'inanité de ses péchés : « *Il lui parlait, comme il n'avait jamais parlé, comme il ne parlerait plus jamais, même à Lumbres, et dans la plénitude de ses dons, car elle était sa première proie.* » Rentrée chez elle, consciente d'avoir « *épuisé tout le mal dont elle était capable — à une faute près — la dernière* », Mouchette se tranche la gorge (IV). Obéissant aux volontés de l'agonisante, dont la conversion ultime donne son sens au sacrifice de Donissan — qui renvoie au dogme de la communion des saints —, le vicaire transporte le corps sanglant devant l'église. À la suite de ce scandale, il fera un séjour à la Trappe avant de se fixer à Lumbres.

La 2e partie — et 3e récit du roman —, intitulé ***Le Saint de Lumbres***, raconte les dernières années de Donissan, devenu prêtre exemplaire — certains de ses traits sont empruntés au curé d'Ars —, dont le combat intérieur entre « *l'esprit d'enfance* » et le Mal reste le thème central : « *Connaître pour détruire, et renouveler dans la destruction sa connaissance et son désir — ô soleil de Satan — désir du néant recherché pour lui-même, abominable effusion du cœur !* » (I). L'épisode principal, raconté par des narrateurs successifs, est sa tentative de ressusciter un enfant (V à VIII). Son échec n'empêche pas sa popularité de croître, et la satire de Bernanos s'exerce à la fois sur la méfiance du clergé et sur la superficialité des pèlerins (IX). Ainsi l'académicien Saint-Marin — inspiré par Anatole France — trouve dans la retraite le couronnement d'une carrière littéraire (XI) : dernière ironie, c'est en allant à la confession que l'auteur du *Cierge pascal* découvre le corps de Donissan, terrassé par une crise cardiaque (XV).

« *J'ai écrit ce livre* pour moi. *Je ne pensais pas qu'il fût jamais publié* », écrivait Bernanos à Paul Werrie, le 21 mars 1927. Il composa ***Sous le soleil de Satan*** de l'été 1919 à fin avril 1925, tout en exerçant son métier d'assureur, qui le contraignait à de nombreux voyages. Gravement malade en 1925, il entreprit de le faire éditer, grâce aux encouragements de Robert Vallery-Radot, auquel le livre est dédié. La critique remarqua aussitôt l'authenticité de ce romancier débutant de 38 ans, et le livre connut un succès durable. En 1988, le réalisateur Maurice Pialat en tira un film — avec Gérard Depardieu dans le rôle de Donissan —, qui obtint le Grand Prix du festival de Cannes.

CITATIONS

Une fois sorti de l'enfance, il faut très longtemps souffrir pour y rentrer, comme tout au bout de la nuit on retrouve une nouvelle aurore.

Dialogues des carmélites, II, 1.

Toute guerre civile tourne en guerre de religion.

Dialogues des carmélites, III, 9.

Le mot de *Révolution* n'est pas pour nous, Français, un mot vague. Nous savons que la Révolution est une rupture, la Révolution est un absolu. Il n'y a pas de révolution modérée [...].

La France contre les robots.

Je n'écris pas pour réjouir les dévots ni les dévotes, je les connais : ils s'aiment assez.

La Danse devant le buffet,
in *La Grande Peur des bien-pensants.*

Le monde va être jugé par les enfants. L'esprit d'enfance va juger le monde.

Les Grands Cimetières sous la lune.

[...] il faut pleurer, parce que c'est la seule réponse efficace à certaines contradictions plus féroces, à certaines incompatibilités essentielles de la vie, simplement enfin parce que l'injustice existe, et qu'il est vain de la nier.

L'Imposture, IV.

Qui cherche la vérité de l'homme doit s'emparer de sa douleur.

La Joie, I, 21.

L'enfer, [...] c'est de ne plus aimer.

Journal d'un curé de campagne, 2.

Il est plus facile que l'on croit de se haïr. La grâce est de s'oublier.

Journal d'un curé de campagne, 3.

Tout est grâce.

Journal d'un curé de campagne, 3.

L'avenir est quelque chose qui se surmonte. On ne subit pas l'avenir, on le fait.

La France devant le monde de demain,
in *La Liberté pour quoi faire ?*

L'optimisme est une fausse espérance à l'usage des lâches et des imbéciles.

La France devant le monde de demain,
in *La Liberté pour quoi faire ?*

Les civilisations sont mortelles, les civilisations meurent comme les hommes, et cependant elles ne meurent pas à la manière des hommes. La décomposition, chez elles, précède leur mort, au lieu qu'elle suit la nôtre.

L'Esprit européen et le monde des machines,
in *La Liberté pour quoi faire ?*

On parle toujours du feu de l'enfer, mais personne ne l'a vu [...]. L'enfer, c'est le froid.

Monsieur Ouine.

Le diable, voyez-vous, c'est l'ami qui ne reste jamais jusqu'au bout.

Monsieur Ouine.

La charité des grandes âmes, leur surnaturelle compassion, semblent les porter d'un coup au plus intime des êtres. La charité comme la raison, est un des éléments de notre connaissance.

La Tentation du désespoir, 3, in *Sous le soleil de Satan.*

Chacun de nous est tour à tour, de quelque manière, un criminel ou un saint.

La Tentation du désespoir, 4, in *Sous le soleil de Satan.*

JUGEMENTS

« Dieu merci, on ne trouve pas chez Bernanos ces charmes de sacristie ou de confessionnal dont s'alimentent tant d'œuvres délicatement torturées. On n'y trouve pas cet effarouchement, ces plaintes voluptueuses et, tout compte fait, cette connivence qu'inspirent à d'excellents romanciers la peinture du péché et surtout celle des pécheurs. On peut même douter qu'il ait, du péché, un sens très orthodoxe. Mais il a le sens de la vie et de la mort. Le sens, le tourment, et jusqu'à l'obsession. Il ne s'agit pas avec lui du péché, mais de l'authenticité des êtres. C'est assez dire que le problème fondamental de son œuvre est celui de la Grâce. »

Marcel ARLAND, *Mouchette et la Grâce, in* Georges BERNANOS, *Nous autres Français*, Gallimard, 1939.

« L'univers bernanosien ne se répartit pas entre les bons et les méchants, mais, ce qui est tout différent, entre les saints, qui ont gardé la fidélité à l'enfance, et les malheureux, qui l'ont perdue. D'un côté les puissances d'amour, où se manifeste la survie de l'esprit d'enfance ; de l'autre côté, l'impuissance à aimer — l'enfer, c'est de ne pas aimer *— qui est la malédiction issue de sources intérieures diverses : la curiosité insatiable, l'esprit de sérieux attaché à de vains objets, la pauvre bêtise des* "hommes dignes" — hombres dignos — *et des* "imbéciles" *avides de considération et d'honorabilité.* [...]
Georges Bernanos, c'est vraiment un homme qui chaque matin, tout au long d'une vie douloureuse, s'est engagé sur la route, avec au fond du cœur la certitude d'arriver le jour même aux portes du Royaume de Dieu. »

Albert BÉGUIN,
Bernanos, « Écrivains de toujours », Seuil, 1954.

« Je n'avais oublié qu'une chose, c'est que la motocyclette de Bernanos (comme l'on conçoit qu'il goûte et pratique ce mode de locomotion !) finit bien par vous entraîner dans son spasmodique et bruissant sillage. Entraînant, *parmi les écrivains contemporains nul ne l'est plus que Bernanos.* [...] *Noblesse, quand il s'agit de Bernanos, c'est le mot auquel il faut toujours revenir.* [...] *il est un degré où l'atroce assume un caractère* sacré, *et la noblesse de Bernanos éclate dans son respect pour ce sacré : il s'interdit tout commentaire parce que devant l'atrocité tout commentaire est sacrilège* [...]. *»*

Charles DU BOS, *Pages de journal, in* Georges BERNANOS, *Nous autres Français*, Gallimard, 1939.

« On ne le lit pas. On l'entend. Bernanos retrouvé, c'est ce qui manque le plus à la littérature d'aujourd'hui : une voix. En 1908, il a vingt ans : déjà c'est la soif de lumière. Engagé, enragé, il fonce. Il brusque ses amis, crie sa révolte, pourfend les tièdes, les sceptiques et les notables. Dans le plus humble visage, une discussion anodine, un événement politique devenu aujourd'hui dérisoire, il va chercher le feu. On attendait de ces Lettres retrouvées *des opinions littéraires et trois anecdotes biographiques. Un peu de notre vaudeville. On trouve un aventurier de Dieu égaré dans un western du divin.*
Ce qui frappe, chez ce grand mystique, c'est l'appétit des choses de la terre. [...] *Où est donc le secret de cette œuvre pourtant traversée par la grande fracture tragique du* XXe *siècle ¿ C'est peut-être que, jusque devant l'évidence de la tache noire du malheur, ce regard, cette main sont illuminés par la grâce. Dieu a veillé sur cette enfance d'avant-guerre, habitée des lectures de Balzac et de Barbey, de la prière de chaque jour et de la soupe familiale. C'est cette lueur de bonheur, où l'au-delà est humblement présent dans le premier sourire, que nous restitue la moindre ligne de Bernanos. Le plus pauvre sous-bois y recèle encore quelques bribes de sacré.*
D'où le respect de la langue et du style qui régissent même ses lettres les plus familières. Qu'on ne cherche pas ici — pas plus que dans ses romans — la joliesse ou les coquetteries d'auriculaire. Mais son orgueil d'écrivain, chez un homme qui pourtant s'en défendit toujours, le rend proche soudain des auteurs les plus dissemblables de lui. On ne lit pas sans émotion ses lettres à Roger Caillois, ou son admirable confidence à Frédéric Lefèvre.
C'est ce que les exégètes ont un peu trop oublié : ce poète français, cet enfant de France. Notre temps qui se repaît de mots ne semble pas avoir pris garde que cet écrivain-là en est un des plus grands magiciens. C'est ce qui rend si précieuses ces quelques feuilles volantes, tout éclaboussées de cette petite parcelle de divin que ce vagabond de l'absolu n'a jamais trahie, et qu'il nous jette fraternellement, caillou dérisoire sur la route des petits poucets égarés que nous sommes, avec l'éternelle jeunesse du désespoir. »

Renaud MATIGNON, « Georges Bernanos : enragé volontaire », in *Le Figaro*, 14 octobre 1983.

« Les prêtres de ses romans sont extraordinaires, quelques-uns sont inoubliables et ne ressemblent à aucun prêtre qu'on connaisse. D'ailleurs la plupart des prêtres détestent les prêtres de Bernanos. [...]
Quel a été le drame de Bernanos, pourquoi vivait-il dans cette agitation, ce désordre ¿ Je crois que c'était dans sa nature. Il partait pour l'Amérique, il achetait une ferme et faisait l'élevage des taureaux, il se ruinait. C'était un personnage comme ça, qui déchaînait la tempête. [...] *Tout repose dans Bernanos sur le fait que le mal est quelqu'un. »*

François MAURIAC, *Les paroles restent*, 1968, Grasset, posthume, 1985.

« Chrétien et romancier, Bernanos n'est pas un romancier chrétien. Ce qu'on désigne sous ce nom est trop souvent synonyme de fadeur ou d'édification, alors que Bernanos

s'apparente, par le génie de l'intrigue souvent policière, par la puissance visionnaire, par la préoccupation du salut et des valeurs spirituelles à un autre romancier dont on a fini par oublier qu'il était également chrétien : Dostoïevski. Sans avoir la puissance de celui-ci, ni ses aspects surprenants, il apparaît comme un des plus vigoureux romanciers de sa génération. Son influence s'est largement fait sentir sur des écrivains plus jeunes : Luc Estang, Jean Cayrol.

[...] À la différence de beaucoup de romanciers catholiques, ce ne sont pas ses faiblesses (le péché) qui intéressent l'auteur de Sous le soleil de Satan, *il en excuse facilement ses héros, mais la tension de l'âme pour parvenir à Dieu, et par des voies souvent inattendues. Le pire des péchés est celui de l'indifférence : indifférence à soi, indifférence au salut ; c'est le mal dont souffre Monsieur Ouine dans le roman qui porte ce nom ; semblable à un cancer qui ronge l'individu, l'indifférence se répand sur le monde et fait de l'homme un être creux, un robot. À tout prendre, le romancier préfère le voir habité par le Diable. »*

Maurice NADEAU, « Georges Bernanos », in *Le Roman français depuis la guerre*, chap. IV, « Idées », Gallimard, 1970.

« Bernanos n'avait pas le masque de Pascal, il y avait en lui du vivant, du bon vivant, un homme de forte carrure et de sang vif, qui aimait les plaisirs, les combats de la vie, la gifle du vent contre la motocyclette ou le cheval, les longues marches sur la route de campagne, le retour avec la veste mouillée par l'averse, les bottes fumantes devant l'âtre... Le constant retour à ce qui fut, le profond besoin d'écrire des livres où ce qui fut est évoqué, un instant élevé au-dessus du temps, expriment cette part sensuelle de l'homme qui regrette de mourir. [...]

Les romans de Bernanos, ai-je dit, ont délivré des images profanes de l'histoire la confrontation de la personne et du surnaturel. De cette confrontation, ils ne donnent pourtant que des images historiques. Ils racontent l'histoire de l'homme allant vers une mort qui peut être pour tous commune et rachetée, de l'homme mettant ses pas dans les pas du Christ, dont la Passion elle-même est Histoire. Ils ne dévoilent pas ce qui est hors de l'histoire : ce que l'Incarnation atteste, mais ne montre pas. En même temps que la vie, s'efface le visage du prochain, de l'intercesseur, de l'homme-Dieu. Il n'y a plus que la conscience qui s'éteint dans ce dont elle est venue, dans ce vers quoi elle revient. Nulle médiation dramatique ne peut se déployer dans la lumière qui brille encore sur l'enfance et se lève sur l'agonie. S'il y a, plus profond que l'événement que le romancier imagine, l'événement originel dont il est la répétition, cet événement originel lui-même renvoie à l'éternité sans origine et sans visage dont nous parle, à la source des images et des mots, immédiatement, inlassablement, la voix chargée d'obscure mémoire, armée d'impatiente joie. »

Gaëtan PICON, « Bernanos romancier », *in* Georges BERNANOS, *Œuvres romanesques*, « Pléiade », Plon/Seuil/Gallimard, 1961.

« Serait-ce par une identification inconsciente à la bergère de Domrémy que ce patriote dont la femme s'appelait réellement Jeanne Talbert d'Arc s'en est allé, juste avant la guerre, faire paître des vaches dans le sertão brésilien ¿ Avec Bernanos, tout est possible. Sa vie le prouve [...]. Il est probable que l'accueil réservé par le public à son Monsieur Ouine *a encore assombri sa fin et accru ses doutes. Il avait mis huit ans à rédiger ce policier où le meurtre n'est pas élucidé. Huit ans de lutte contre les problèmes, l'argent, les fatigues des déménagements, les tristesses d'un exil dont il ne s'est jamais accommodé et l'accaparement par un journalisme au service de la France libre. Car Bernanos a été gaulliste avant d'avoir entendu parler du Général. Il est aux antipodes de Paul Morand, dont on disait qu'il ne s'était pas vendu à la même époque que ses livres. D'emblée, il a détesté Pétain, ce* "vieillard bellâtre, plein de sentences et dont l'ambition féroce devenue avec l'âge un vice inavouable met dans le regard éteint une espèce de lueur lubrique"*. À ce moment-là, il revient de loin, Bernanos — des rivages de l'antisémitisme et de l'Action française. [...]*

On va le retrouver à Majorque, où, las du métier [d'assureur]*, il s'est établi avec les siens. Et le projet qui semble saugrenu, de prime abord, paraît, après coup, providentiel à la lettre, puisque couve le soulèvement franquiste et que, du spectacle des massacres effectués au nom de la religion, sortiront les* Grands Cimetières*. Un pamphlet qui établit son génie d'imprécateur et lui vaudra l'admiration de Simone Weil. C'est à sa façon d'entendre les paroles du Christ que Bernanos, au contact de l'Histoire et devant les compromissions des évêques, doit sa transformation.* "Devenir la bête noire des hommes libres et des pauvres avec un programme comme celui de l'Évangile, convenez qu'il y a de quoi rigoler." *Il rit aussi d'une morale uniquement fondée sur l'obsession du péché de "chair", qui n'est que la contraction d'un muscle quand il y a d'autres scandales, à commencer par le triomphe de la loi du plus fort en économie. [...] Il a suffi d'une phrase à Mauriac pour définir la supériorité de son confrère :* "Bernanos fait du Mal un personnage." *Dans un pays de tradition catholique, Huysmans excepté, il est le seul qui, par le style, réussit à persuader de la réalité de l'invisible. [...] Bernanos soupçonnait-il que sa formule décochée à Victor Hugo —* "Il se tient d'aplomb entre le grotesque et le sublime" *— il était possible de la lui retourner ¿ Ses méandres, ses oscillations autant que sa grandiloquence imposent un tri. M. Bothorel l'arrache aux "histoires de curés" et aux bondieuseries faciles, faisant de Georges un personnage de ses propres romans, tout en contrastes, et tamisant les cendres à peine refroidies de tant de querelles, il a récupéré quelques diamants. »*

Angelo RINALDI, « L'Évangile à moto », in *L'Express*, 14 mai 1998.

« Ses histoires de curés, de démons incarnés et de petites paysannes de l'Artois noyées au fond d'une mare n'attirent plus les foules. On n'a plus très envie d'humer ses odeurs de sacristie ni d'écouter dialoguer ses carmélites. On craint que ses livres ne dégagent un ennui aussi épais que les vêpres de jadis, le dimanche après-midi.

Naturellement, on se trompe. Bernanos, c'est au contraire l'antidote à l'ennui. C'est la saine colère, la générosité,

l'anticonformisme. Son style emporté compte parmi les plus réjouissants de ce siècle. [...]
Ses dons prophétiques sont aussi évidents dans ses essais que dans un roman comme le Journal d'un curé de campagne. *Il arrive qu'ils soient aveuglants. Au détour d'un paragraphe, on a souvent l'impression qu'il fustige le monde de 1998. Il a déjà prévu l'avènement de ce que nous nommons énarchie ou technocratie :* "L'aristocratie polytechnique, à laquelle seront finalement remis les destins de notre univers minuscule, apparaîtra bientôt ce qu'elle est réellement, la plus inhumaine de toutes, la plus fermée." *Dans le même ordre d'idées, on a peine à croire que les lignes suivantes datent de 1946 :* "L'État est une assurance contre les risques. Si vous prétendez vous faire garantir par lui contre les risques légitimes, indispensables — de ceux qu'un homme ne peut refuser sans déshonneur —, consentez à échanger le titre de Citoyen contre celui d'Assisté." *Et il fallait une sacrée lucidité pour radiographier dans* Les Grands Cimetières sous la lune *ce mélange de mièvrerie et d'indifférence glacée qui nous caractérise :* "L'homme de ce temps a le cœur dur et la tripe sensible." *C'est de nous que parle Bernanos, de nous autres les hypocrites, les* "monstres mous" *qui regardons tous les soirs des gens mourir à la télévision. Méfions-nous des écrivains démodés : plus ils paraissent en retard, plus ils sont en avance.* »

Didier Sénécal, « 50 ans de purgatoire »,
in *Lire*, mai 1998.

« Ce qui me fascina d'abord quand je rencontrai pour la première fois Georges Bernanos ce furent ses yeux d'un bleu que je n'avais jamais vu et que je n'ai jamais revu, ce fut son regard. Regard direct, sincère, perçant, lumineux, un regard qu'on ne pouvait pas oublier. Puis on l'écoutait, déjà fasciné. Une voix de tonnerre mais une voix chaude, amicale, une voix qui éveillait les échos. Et son rire. Un rire de géant. Un rire irrésistible et contagieux. »

Philippe Soupault, *Profils perdus*,
Mercure de France, 1963.

BIBLIOGRAPHIE

Éditions

Œuvres romanesques suivi de *Dialogues des carmélites*, éd. G. Picon, A. Béguin et M. Estève, « Pléiade », Plon/Seuil/Gallimard, 1961.

Essais et Écrits de combat, éd. M. Estève, Y. Bridel, J. Chabot, Fr. Frison, P. Gille, H. Sarrazin et J. Jurt, « Pléiade », Gallimard, 1972 et 1995, 2 vol.

Cahiers de « Monsieur Ouine », éd. D. Pezeril [prêtre qui assista Bernanos sur son lit de mort], Seuil, 1991.

Journal d'un curé de campagne, préf. inéd. A. Malraux, Pocket, 1984.

Monsieur Ouine, Pocket, 1985.

Sous le soleil de Satan, « Points Roman », Seuil, 1987 ; Pocket, 1994.

Études

A. Béguin, *Bernanos par lui-même*, « Écrivains de toujours », Seuil, 1954.

J.-L. Bernanos, *Georges Bernanos à la merci des passants* [biographie par un des fils de l'écrivain], Plon, 1986.

J. Bothorel, *Bernanos le mal pensant*, Grasset, 1998.

M. Calle-Gruber, « Figures de l'imposture », in *Littérature*, n° 40, déc. 1980.

R. Colonna d'Istria, *Bernanos, le Prophète et le Poète*, France-Empire, 1998.

M. Estève, *Bernanos*, Gallimard, 1965 ; *Bernanos, un triple itinéraire*, Hachette, 1981.

M. Gosselin et M. Milner (dir.), *Bernanos et le Monde moderne*, P.U. Lille, 1989.

S. Lapaque, *Georges Bernanos encore une fois*, L'Âge d'Homme, Lausanne (CH), 1998.

Cl.-Ed. Magny, « *Monsieur Ouine*, le dernier roman de Bernanos », in *Poésie 46*, repris in *Études bernanosiennes*, 5, « Lettres modernes », Minard, 1965.

M. Milner, *Georges Bernanos*, DDB, 1967.

L. Muron, *Bernanos*, Flammarion, 1996.

G. Picon, *Bernanos, l'Impatiente Joie*, 1948, rééd. « Coup double », Hachette, 1998 ; « Georges Bernanos », in *Panorama de la nouvelle littérature française*, I, II, 2, Gallimard, rééd. 1960, pp. 50 à 58.

P. Renard, *Bernanos ou l'Ombre lumineuse*, Ellug, Grenoble, 1990.

Études bernanosiennes, « Lettres modernes », Minard, depuis 1960.

Europe, 789-790, n° spécial, 1995.

AUDIO & VIDÉO

Vidéo

R. Bresson, *Journal d'un curé de campagne*, 1951, Film Office, s.d.
M. Pialat, *Sous le soleil de Satan*, 1986, Fil à film, 1987.

BOILEAU

Nicolas BOILEAU

Au XVIIe siècle, on appelait « *Boileau* » Gilles Boileau, et « *Boileau-Despréaux* », son frère Nicolas ; selon Louis Racine, « *les Préaux* » était le nom d'un petit pré, propriété de la famille Boileau, à Crosne (act. Essonne).

Paris 1636 – *ibid.* 1711
Académicien

> « *Boileau était une petite rivière, étroite, peu profonde, mais admirablement limpide et bien encaissée. C'est pourquoi cette onde ne se tarit pas. Rien ne se perd de ce qu'il veut dire. Mais que d'Art il a fallu pour faire cela, et avec si peu !* »
> Gustave FLAUBERT, *Correspondance*, 7 septembre 1853.

> « "... le vrai seul est aimable." — *C'est de là que proviennent les lacunes de la France, son refus du Flou et du Fumeux, son anti-poésie, son anti-métaphysique. Plus encore que Descartes, Boileau devait peser sur tout un peuple et en censurer le génie.* »
> Emil Michel CIORAN, *Atrophie du verbe*, in *Syllogismes de l'amertume*, Gallimard, 1952.

Le doctrinaire des Anciens

Un turbulent et redoutable satiriste

Avant-dernier des 16 enfants (10 d'un premier lit et 6 d'un second) d'un greffier au Parlement, de bonne bourgeoisie aisée, Boileau, orphelin de mère dès l'âge de 18 mois, étudia aux collèges d'Harcourt et de Beauvais, établissements parisiens de qualité, en contact avec les milieux jansénistes. Vers l'âge de 12 ans, il avait été attaqué par la maladie de la « pierre » (calculs de la vessie) dont il souffrit ensuite toute sa vie : une opération maladroite l'avait même laissé impuissant. Il fut reçu avocat en 1656, mais n'exerça guère, d'autant qu'il hérita de son père, en 1657, assez pour vivre de ses rentes. Un de ses frères aînés, Gilles, s'était engagé dans la carrière littéraire. Boileau suivit la même voie : dès 1657, il fréquenta les cercles de l'abbé d'Aubignac et de Marolles, y rencontra Patru, Cotin, Furetière, et s'exerça à la satire. Dans ce milieu hostile à la préciosité, il prit position contre Fouquet et pour Colbert, et prépara ce qui devint sa ***Satire I***, sur les auteurs flatteurs qui s'enrichissent. Mais, lorsque la liste des gratifications établie par Chapelain pour Colbert fut connue, en 1663, les frères Boileau n'y figuraient pas ; Boileau répliqua par une satire qui dit son hostilité aux poètes gratifiés :

> *Muse, changeons de style, et quittons la Satire.*
> *C'est un méchant métier que celui de médire.*
> *À l'auteur qui l'embrasse il est toûjours fatal* [...]

Satire qui circula avec un vif succès et qui devint, en 1666, la ***Satire VII*** (parmi les ***Satires du sieur D******). En 1663, également, Boileau donna, dans les *Délices de la poésie galante*, ses ***Stances à M. Moliere, sur sa comédie de l'Escole des femmes, que plusieurs gens frondoient*** qui marquent son admiration pour Molière — qu'il ne connaissait pas encore personnellement. C'est alors qu'il se mit à fréquenter le cabaret parisien de *La Croix blanche*, dont il fut l'un des piliers, avec notamment Des Barreaux et Chapelle. À la fin de cette même année 1663, il fut successivement présenté à Racine (sans doute par La Fontaine), puis à Molière — double rencontre décisive. Il entreprit ensuite la féroce parodie du *Cid*, ***Le Chapelain décoeffé*** (1665), composée avec quelques autres jeunes auteurs déçus, dont son frère Gilles, pourtant protégé de Chapelain (grâce à qui il était devenu académicien dès 1659, à 28 ans), et Furetière :

> LA SERRE
> [il s'agit de Puget de La Serre]
> *Enfin vous l'emportez, et la faveur du roi*
> *Vous accable de dons qui n'étaient dus qu'à moi.*
> *On voit rouler chez vous tout l'or de la Castille.*
> CHAPELAIN
> *Les trois fois mille francs qu'il met dans ma famille*
> *Témoignent mon mérite, et font connoître assez*
> *Qu'on ne hait pas mes vers, pour être* [bien qu'ils soient] *un peu forcés.*
> (***Le Chapelain décoeffé***, I, 1)

À cette irrévérence fit rapidement suite celle du ***Colbert enragé***, parodie des *Stances* du *Cid*, probablement due aux deux frères. Mais, d'un autre côté, Boileau élaborait la satire sur la noblesse (***Satire V***, publiée aussi en 1666), qui sollicite la bienveillance de la Cour : il conciliait ainsi révolte contre les hommes en place dans le monde littéraire et respect du roi. Cette position ambivalente se traduisit aussi par une brouille de deux ans avec son frère Gilles, qui avait accepté d'être gratifié en 1665. Après l'édition de 1666 (***Satires I*** à ***VII***), elle-même consécutive à une édition « *monstrueuse* » — car constituée de textes non revus — des ***Satires I, II, IV*** et ***V***, l'édition de 1668 des ***Satires du sieur D**** *** (***Satires I*** à ***IX***) eut du succès : Boileau fut reconnu comme l'héritier, en France, d'Horace et de Juvénal, et s'imposa dans le genre alors admiré de la poésie d'idées, non sans susciter toutefois de violents pamphlets le présentant comme un débauché notoire — ce que son propre frère aîné, l'abbé Jacques Boileau, ne contestait guère : « *Il était, en ce temps, fort dissipé dans le monde.* » Vers 1670, il composa sous l'anonymat (il ne s'en reconnut l'auteur qu'en 1701) un ***Arrêt burlesque*** (publié avec la *Requeste des maistres és arts, professeurs et régens de l'Université de Paris, présentée à la Cour souveraine du Parnasse [...]* de François Bernier, 1671) contre la Sorbonne et sa prétention à imposer en philosophie la seule tradition aristotélicienne. Il restait donc réticent aux pouvoirs culturels, et sa verve satirique persista jusqu'à sa mort. De même ses liens avec le courant janséniste se renforçaient-ils, surtout depuis la mort de son frère Gilles (1669), qui assagit sensiblement le « débauché satirique ». Mais, en même temps, comme son ami Racine, il recherchait l'appui du pouvoir royal.

Un classique assagi et rallié

Cela se manifesta par un changement de genre : de la satire, il passa à l'épître en vers. Dès 1670, l'***Épître I***, adressée au roi, faisait l'éloge de la paix conclue à la fin de la guerre contre la Hollande et se terminait ainsi :

> *Boileau, qui dans ses Vers pleins de sincérité,*
> *Jadis à tout son siècle a dit la vérité,*
> *Qui mit à tout blasmer son estude & sa gloire,*
> *A pourtant de ce Roi parlé comme l'Histoire.*

En même temps, il travaillait à son ***Art poétique*** et au ***Lutrin***, parus en 1674, dans les ***Œuvres diverses du sieur D***. Avec le traité du sublime ou du merveilleuz dans le discours, traduit du grec de Longin***.

THÉORIE LITTÉRAIRE

C'est dans ***L'Art poétique***, poème en 4 chants (de quelque 1 100 alexandrins) paru dans les ***Œuvres diverses*** de 1674, que Boileau a rassemblé l'essentiel de son œuvre de théoricien littéraire qui fait de lui un doctrinaire des Anciens. Après avoir rappelé au lecteur, dès le début du chant I, que *C'est en vain qu'au Parnasse un temeraire Autheur / Pense de l'Art des Vers atteindre la hauteur. / S'il ne sent point du Ciel l'influence secrette, / Si son Astre en naissant ne l'a formé Poëte* (I, vv. 1 à 4), il définit l'art comme assujetti à la raison : *La Rime est une esclave, & ne doit qu'obëir* (v. 30), [...] *Que tousjours, vos écrits / Empruntent d'elle seule & leur lustre & leur prix* (vv. 37-38) ; la façon d'y parvenir : *Hastez-vous lentement, & sans perdre courage. / Vingt fois sur le métier remettez votre ouvrage. / Polissez-le sans cesse & le repolissez. / Ajoûtez quelquefois, & souvent effacez* (vv. 171 à 174). En prenant garde à toute précipitation : *J'évite d'estre long, & je deviens obscur* (v. 66).

Des exemples et des contre-exemples (ces derniers, pas toujours nommés, restent faciles à identifier pour les connaisseurs) sont donnés, mais c'est une cavalière histoire littéraire qui constitue sans doute la partie la plus célèbre de l'œuvre (toujours au chant I) : méprisant le Moyen Âge *(« les premiers ans du Parnasse françois »)* où « *Le caprice tout seul faisoit toutes les lois* » (vv. 113-114), elle sauve Villon en en faisant un novateur — ce qu'il n'était en rien —, Marot, qui édita Villon et dont l'« *élégant badinage* » venait d'être opposé aux outrances du burlesque (vv. 96-97), et rabaisse Ronsard qui, *Reglant tout, broüilla tout, fit un Art à sa mode* (v. 124), afin de mieux mettre en valeur Malherbe : *Enfin Malherbe vint, & le premier en France, / Fit sentir dans les Vers une juste cadence* (vv. 131-132). Aux côtés de ce grand homme, ceux que nous considérons depuis comme des baroques — Dassoucy, Scudéry, Saint-Amant surtout qui, pour avoir délaissé le vin, sa seule source d'inspiration, *Court avec Pharaon se noyer dans les mers* (v. 26) avec son *Moyse sauvé* — ne font que servir, comme l'Italie du cavalier Marin, « *l'éclatante folie* » (v. 44).

Le chant II, éloge des Anciens, est une revue des petits genres poétiques (églogue, élégie, ode, épigramme, rondeau, ballade, madrigal, satire, vaudeville), où le sonnet aux « *rigoureuses loix* » (II, v. 84) apparaît comme une invention française destinée à combattre cette même folie : *Un Sonnet sans défauts vaut seul un long poëme* (v. 94).

Les genres divertissants sont d'autant moins interdits qu'ils semblent nécessaires à l'esprit du « *François né malin* » (v. 182) — le chant IV avoue d'ailleurs préférer aux vers ennuyeux, « *Bergerac & sa burlesque audace* » (IV, v. 39) — mais à condition de ne pas heurter la bienséance que Régnier, prédécesseur de Boileau dans l'art de la satire n'a pas toujours su garder ; seul *Le Latin, dans les mots, brave l'honnesteté* (II, v. 175), usage non conforme au français. Quant aux poésies sacrilèges qui font de « *Dieu le sujet d'un badinage affreux* » (v. 188), elles font au moins courir le péril de finir exécuté en place de Grève...

Le chant III traite des genres nobles, tragédie, épopée, comédie. Pour la première, « *Le secret est d'abord de plaire & de toucher* » (v. 25), en ne perdant pas de vue que « *Le vrai peut quelquefois n'estre pas vraisemblable* ». Le bon théâtre français est un art récent : le triste souvenir des mystères ne doit pas être ravivé par des pièces mettant en scène le merveilleux chrétien et cet art délicat doit se garder de la psychologie sommaire et de la rhétorique outrée des romans tels que la *Clélie* : anachronismes et invraisemblances ont amené Scudéry dans son *Alaric* ou Saint-Amant dans son *Moyse* à faire que « *La montagne en travail enfante une souris* » (v. 274). Défaut dû à la précipitation : il est encore rappelé que l'art est un métier qui « *Jamais d'un Escolier ne fut l'apprentissage* » (v. 12). De même, la comédie doit se garder de trop de vulgarité : c'est pour avoir été « *trop ami du peuple* » (v. 395), grossier et amateur de grimaces, que Molière a abandonné les « *doctes peintures* » *(ibid.)* qui en faisaient l'égal d'un Térence. D'où la célèbre condamnation : *Dans ce sac ridicule où Scapin s'enveloppe, / Je ne reconnois plus l'Autheur du Misanthrope* (vv. 399-400).

Enfin, le chant IV, s'ouvrant sur la fable d'un médecin « *sçavant hableur et celebre assassin* » devenu excellent architecte (attaque contre Claude Perrault, traducteur de Vitruve), rappelle les exigences morales du métier d'écrivain, qui doit être un esprit élevé, savoir s'entourer d'amis dont le jugement sûr l'aidera à s'améliorer, et être désintéressé : *Travaillez pour la Gloire, & qu'un sordide gain / Ne soit jamais l'objet d'un illustre Escrivain* (vv. 125-126).

Il faut certes avoir les moyens de vivre, mais justement, le mécénat du roi, nouvel Auguste, y pourvoit et rien ne devrait empêcher Corneille (à condition qu'il retrouve sa première manière), Racine, Benserade et Segrais d'en illustrer le règne.

Boileau a élaboré son ***Art poétique*** dans les salons qu'il fréquentait dans les années 1670. Depuis celui d'Horace, plusieurs Arts poétiques avaient été écrits en français, qu'ils portent ce nom (comme ceux de Sébillet, 1548, Peletier du Mans, 1555, Vauquelin de la Fresnaye, 1605) ou pas (*La Pratique du théâtre*, d'Hédelin d'Aubignac, 1653). On a d'ailleurs remarqué que le poème de Boileau est parfois moins un manifeste qu'une satire : la fin du chant I est un amusant portrait de l'auteur qui n'accepte pas les critiques : *De ce Vers, direz-vous, l'expression est basse, / Ah ! Monsieur, pour ce Vers je vous demande grâce, / Respondra-t-il d'abord* [...] (vv. 211 à 213).

Il n'en demeure pas moins que ***L'Art poétique*** a fait figure de modèle pour tout le temps classique : ainsi, Voltaire ne tarit-il pas d'éloges dans son *Dictionnaire philosophique* sur ce texte « *admirable, parce qu'il dit toujours agréablement des choses vraies et utiles, parce qu'il donne toujours le précepte et l'exemple* [...] » (art. *Art poétique*). Il était inévitable qu'il en subît le contre-coup — « *Que tu es petit, ô Boileau, que tu me parais sec, froid, minutieux* » lui reproche Mercier, (« Boileau », in *Mon Bonnet de nuit*) —, et qu'il fût dédaigné comme « *manifeste* » — au risque d'occulter la part proprement poétique de l'œuvre de Boileau.

Le Lutrin est une parodie de poème héroïque chargé de démontrer que, « *pour être excellent,* [ce genre] *devoit être chargé de peu de matière, et que c'étoit à l'invention de la soutenir et de l'étendre* » ***(Au lecteur)*** ; il narre donc, en 5 chants, la dérisoire dispute entre le trésorier et le chantre d'un chapitre qui entraînent les chanoines dans leur lutte :

Il dit. Du fond poudreux d'une armoire sacrée,
Par les mains de Girot, la Cresselle est tirée.
Ils sortent à l'instant, & par d'heureux efforts
Du lugubre instrument font crier les ressorts.

Pour augmenter l'effroy, la Discorde infernale
[...]
Fait sortir le Demon du tumulte & du bruit.

(***Le Lutrin***, chant IV, vv. 129 à 133 et 136)

S'y développe une critique féroce du clergé :

Pour moy, je lis la Bible autant que l'Alcoran.
Je sçay ce qu'un Fermier nous doit rendre par an :
Sur quelle vigne à Reims nous avons hypotheque.
Vingt muids rangez chez moy font ma Bibliotheque.

(***Le Lutrin***, chant IV, vv. 195 à 198)

Sur le plan politique, on peut y lire une invite au contrôle du clergé par la monarchie ; sur le plan poétique, le style héroïcomique y est opposé au burlesque, style usuel des opposants au régime, dont ***L'Art poétique*** dit, au même moment, le plus grand mal : Boileau voyait dans l'héroïcomique un registre convenant à la grandeur « louis-quatorzienne » dans l'humour même, choix formel impliquant une option politique. Avec la parution des ***Œuvres diverses***, le poète entra définitivement en grâce. ***L'Art poétique*** le faisait passer du statut de poète critique à celui de théoricien et marquait une inflexion dans le goût dominant : en prenant ses distances à l'égard du style galant, en glorifiant les Anciens, en prônant le rigorisme religieux, il suivait une tendance alors perceptible à la Cour. De plus, en appelant les écrivains à chanter la louange du roi, en faisant, paradoxalement, du mécénat le moyen de l'autonomie du poète, il proposait de fonder la poésie en raison, et d'en faire, dans une conception exigeante de sa grandeur, l'emblème de la grandeur du règne :

Et que craindre en ce siecle, où tousjours les beaux Arts
D'un Astre favorable éprouvent les regards :
Où d'un Prince esclairé la sage prévoyance
Fait partout au Merite ignorer l'indigence ?

(***L'Art poétique***, chant IV, vv. 189 à 192)

Ces formules en firent un doctrinaire du classicisme. Il fut alors, avec son ami Racine, nommé historiographe du roi (1677), puis élu à l'Académie française (1684) et nommé à l'Académie des inscriptions et belles-lettres (1685). C'est à l'Académie française qu'il critiqua un poème de Charles Perrault *(Le Siècle de Louis le Grand)* en 1687, et fit d'un désaccord — latent jusque-là — entre Anciens et Modernes, une Querelle bruyante même après la « réconciliation » de 1694, imposée par le Grand Arnauld — qu'il vénérait. L'un des épisodes de cette Querelle fut la publication, par Boileau, en 1693, de ***l'Ode sur la prise de Namur*** — célébrant la prise de Namur, par Louis XIV, le 5 juin 1692 —, précédée du ***Discours sur l'Ode***. En 17 dizains heptasyllabiques à la louange du roi, le poète réhabilitait Pindare, méprisé par Perrault dans son *Parallèle des Anciens et des Modernes* (t. I, 1688 ; t. III, 1692) :

Dans ses chansons immortelles,
Comme un aigle audacieux,
Pindare étendant ses aisles
Fuit loin des vulgaires yeux.

(***Ode sur la prise de Namur***, vv. 11 à 14)

Perrault répliqua par une *Ode au Roy* qu'il lut à l'Académie française, le 25 août 1693. Boileau se trouva, de fait, le chef de file des Anciens qui regroupaient Furetière, Racine, La Fontaine et La Bruyère. En 1694, il réédita ses ***Œuvres diverses [...]***, en y incluant des textes nouveaux ou inédits, comme son ***Dialogue des héros de roman***, antiprécieux, composé en 1666 et qui n'avait été publié, en 1688, que dans un recueil collectif sous le titre de ***Dialogue des morts*** (titre d'une œuvre du Grec Lucien de Samosate, IIe siècle de notre ère).
Affecté par la maladie, Boileau passa les dernières décennies de sa vie à l'écart de la Cour, jouissant d'une image de sage, un peu misanthrope, et d'une autorité littéraire forte. Sa dernière lutte fut contre les jésuites, qui l'empêchèrent d'éditer sa ***Satire XII de M. Boileau Despreaux sur les équivoques*** (1711 — intitulée ensuite ***Satire XII, sur l'equivoque***), qui les attaquait :

On entendit prêcher dans l'Ecole chrétienne
Que sous le joug du vice un pécheur abbatu [sic]
Pouvoit sans aimer Dieu, ni même la vertu,
Par la seule frayeur au Sacrement unie,
Admis au Ciel, joüir de la gloire infinie ;

(***Satire XII***, vv. 278 à 282)

Les éditions posthumes des ***Œuvres de Nicolas Boileau Despreaux*** parues d'abord en

1713 à Paris, puis, plus complètes en 1716 à Genève par les soins de Brossette, reprirent des textes comme la ***Dissertation sur Joconde*** (publiée dans les *Contes et Nouvelles* de La Fontaine en 1669), qui participait de la dispute sur le Sublime : les ***Réflexions sur Longin***, essentiellement dirigées contre Perrault, avaient accompagné l'édition séparée de la traduction du ***Traité du sublime*** de Longin, en 1694.

Un passionné de la raison

Le style de Boileau est souvent la matière même de son œuvre. Ainsi, la ***Satire XII sur l'équivoque*** dénonce celle-ci comme une calamité stylistique (par manque de clarté), rhétorique (c'est un piège tendu au destinataire) et idéologique (c'est une tromperie qu'il impute aux jésuites), ce que confirme le célèbre vers de l'***Épistre IX*** : *Rien n'est beau que le Vrai. Le Vrai seul est aimable* (***Épistre IX***, v. 43). Sa recherche de la clarté d'expression, qui se heurte souvent aux exigences de l'écriture poétique, est liée à sa hantise d'une liberté peut-être trop séduisante mais surtout trop vertigineuse, de l'illusion baroque à l'irrévérence burlesque, en passant par la surenchère précieuse — et à son corollaire, une passion pour la raison :

Ce que l'on conçoit bien, s'énonce clairement,
Et les mots pour le dire arrivent aisément.

(***L'Art poétique***, I, vv. 153-154)

Le vers tend souvent à une certaine sécheresse par ses formules cadencées qui conviennent à l'éloge :

Grand Roy, cesse de vaincre, ou je cesse d'écrire.

(***Épistre VIII***, v. 1)

Ces vers frappent la mémoire, tels ceux résumant la Querelle du *Cid* :

En vain contre le Cid un Ministre se ligue.
Tout Paris pour Chimene a les yeux de Rodrigue.

(***Satire IX***, vv. 231-232)

Mais ils sonnent souvent comme des préceptes, à l'image de ceux qui définissent la règle des « trois unités » du théâtre classique :

Qu'en un Lieu, qu'en un Jour, un seul Fait accompli
Tienne jusqu'à la fin le Theatre rempli.

(***L'Art poétique***, III, vv. 45-46)

Mais l'ironie frappe fort et juste :

Si je veux d'un Galant dépeindre la figure,
Ma plume pour rimer trouve l'Abbé de Pure :

Si je pense exprimer un Auteur sans defaut,
La Raison dit Virgile, & la Rime Quinaut.

(***Satire II***, vv. 17 à 20)

Une ironie qui sait devenir sarcasme :

Qui méprise Cotin, n'estime point son Roi,
Et n'a selon Cotin, ni Dieu, ni foi, ni loi.

(***Satire IX***, vv. 305-306)

Ces qualités se manifestent aussi dans les ***Épigrammes***, parfois indépassables de concision, telle celle — très célèbre et qui fut retirée de l'édition revue par l'auteur — qualifiant les dernières pièces de Corneille :

*Après l'*Agesilas,
Helas !
*Mais apres l'*Attila,
Hola.

Néanmoins, on trouve aussi chez Boileau des passages plus personnels, comme les deux tercets de ce ***Sonnet sur une de mes Parentes, qui mourut toute jeune entre les mains d'un Charlatan*** :

O qu'un si rude coup me fit verser de pleurs !
Bien-tost la plume en main signalant mes douleurs,
Je demandai raison d'un acte si perfide.

Ouï j'en fis dés quinze ans ma plainte à l'Univers ;
Et l'ardeur de venger ce barbare homicide
Fut le premier Démon qui m'inspira des Vers.

Et même, venant rompre la monotonie prosodique de l'alexandrin binaire, tel alexandrin ternaire, digne d'une tragédie :

Le Vice tousjours sombre aime l'obscurité.

(***Épistre IX***, v. 114)

Un soleil vite éclipsé

L'influence de Boileau, importante dans le dernier tiers du XVIIe siècle — même si le courant des Modernes était, en fait, majoritaire —, fut plus forte encore dans la diffusion scolaire du modèle ancien, dès le XVIIIe siècle, et surtout au XIXe : on le trouvait alors en tête des listes des auteurs au programme.

Au siècle des Lumières, c'est surtout l'auteur de ***L'Art poétique*** qu'on célébra, en véritable maître de la poésie didactique, de Vauvenargues jugeant que « *Boileau ne s'est pas contenté de mettre de la vérité et de la poésie dans ses ouvrages,* [qu']*il a enseigné son art aux autres,* [...] *a éclairé tout son siècle* [...] » *(Réflexions critiques sur quelques poètes)*, à Voltaire — plus sévère pour le satiriste — assurant qu'« *il égala et surpassa peut-être Horace dans la morale et dans l'art poétique* » *(Discours de réception à l'Académie française)*, enseignement « *où Corneille eût trouvé beaucoup à apprendre* » (*Le Siècle de Louis XIV*, chap. XXXII), et qui lui consacra même une élogieuse *Épître à Boileau* (1769), en passant par D'Alembert, auteur d'un *Éloge de Despréaux* où il souligne que Boileau « *a su faire passer dans ses vers les beautés propres à chaque genre dont il donne les règles* ». En revanche, l'auteur des ***Satires*** fut inégalement apprécié : si La Harpe avouait les lire « *toutes avec plaisir, excepté les trois dernières...* [...] *parce que j'aime la bonne poésie, la bonne plaisanterie et le bon sens* » (*Lycée*, II, I, 10), Marmontel jugeait que Boileau y déployait « *un sens droit, un jugement solide ;* [...] *tout le talent qu'on peut avoir sans la sensibilité et la chaleur de l'âme ; mais* [qu']*il lui manquait ces deux éléments du génie* » *(Éléments de littérature)*.

Mais celui « *à qui, à défaut de hautes qualités de poëte, nul ne peut refuser un bon sens cruel* » (Gautier, 1844, *Préface* aux *Grotesques*, consacrés à la réhabilitation des « *pauvres victimes de Boileau* ») prit, à l'époque romantique, la figure d'un homme de bon sens rassis : l'évolution des genres et des conceptions de la poésie, conçue après lui comme le lieu même des incertitudes du langage et de l'irrationnel, a ensuite amené son déclin. Ainsi Villiers de L'Isle-Adam mit-il en scène, dans *Virginie et Paul* (in *Contes cruels*), des personnages d'amoureux ridicules se récitant avec ravissement des vers de Boileau.

Au XXe siècle, seul Gide réhabilita partiellement Boileau — en le comparant d'ailleurs à Baudelaire (*Anthologie de la poésie française*, 1949).

CITATIONS

C'est en vain qu'au Parnasse un téméraire auteur
Pense de l'art des vers atteindre la hauteur :
S'il ne sent point du ciel l'influence secrète,
Si son astre en naissant ne l'a formé poète,
Dans son génie étroit il est toujours captif :
Pour lui Phébus est sourd, et Pégase est rétif.

L'Art poétique, I.

La rime est une esclave, et ne doit qu'obéir.

L'Art poétique, I.

Aimez donc la raison : que toujours vos écrits
Empruntent d'elle seule et leur lustre et leur prix.

L'Art poétique, I.

Heureux qui, dans ses vers, sait d'une voix légère
Passer du grave au doux, du plaisant au sévère !

L'Art poétique, I.

Imitons de Marot l'élégant badinage,
Et laissons le burlesque aux plaisants du pont Neuf.

L'Art poétique, I.

Que toujours dans vos vers le sens coupant les mots,
Suspende l'hémistiche, en marque le repos.

L'Art poétique, I.

Villon sut le premier dans ces siècles grossiers,
Débrouiller l'art confus de nos vieux romanciers.

L'Art poétique, I.

Ronsard, qui le suivit par une autre méthode,
Réglant tout, brouilla tout, fit un art à sa mode,
Et toutefois longtemps eut un heureux destin.
Mais sa muse, en français parlant grec et latin,
Vit dans l'âge suivant, par un retour grotesque,
Tomber de ses grands mots le faste pédantesque.

L'Art poétique, I.

Enfin Malherbe vint, et, le premier en France,
Fit sentir dans les vers une juste cadence.

L'Art poétique, I.

Avant donc que d'écrire apprenez à penser.

L'Art poétique, I.

Ce que l'on conçoit bien s'énonce clairement,
Et les mots pour le dire arrivent aisément.
L'Art poétique, I.

Hâtez-vous lentement ; et, sans perdre courage,
Vingt fois sur le métier remettez votre ouvrage :
Polissez-le sans cesse et le repolissez ;
Ajoutez quelquefois, et souvent effacez.
L'Art poétique, I.

Qu'en un lieu, qu'en un jour, un seul fait accompli
Tienne jusqu'à la fin le théâtre rempli.
L'Art poétique, III.

Le vrai peut quelquefois n'être pas vraisemblable.
L'Art poétique, III.

Chaque âge a ses plaisirs, son esprit et ses mœurs.
L'Art poétique, III.

Dans ce sac ridicule où Scapin s'enveloppe,
Je ne reconnais plus l'auteur du Misanthrope.
L'Art poétique, III.

Après l'*Agésilas*,
Hélas !
Mais après l'*Attila*,
Holà !
Épigrammes, VII, *Sur la première représentation de l'« Attila »*.

Qui vit content de rien possède toute chose.
Épître V.

La libre vérité fut toute mon étude.
Épître V.

Que tu sais bien, Racine, à l'aide d'un acteur,
Émouvoir, étonner, ravir un spectateur !
Jamais Iphigénie, en Aulide immolée,
N'a coûté tant de pleurs à la Grèce assemblée,
Que dans l'heureux spectacle à nos yeux étalé
En a fait sous son nom verser la Champmêlé.
Épître VII.

Au *Cid* persécuté *Cinna* doit sa naissance.
Épître VII.

Rien n'est beau que le vrai : le vrai seul est aimable.
Épître IX.

Je ne puis rien nommer, si ce n'est par son nom,
J'appelle un chat un chat, et Rolet un fripon.
Satire I.

Dans les combats d'esprit savant maître d'escrime,
Enseigne-moi, Molière, où tu trouves la rime.
Satire II.

Maudit soit le premier dont la verve insensée
Dans les bornes d'un vers renferma sa pensée,
Et, donnant à ses mots une étroite prison,
Voulut avec la rime enchaîner la raison !
Satire II.

Quel démon vous irrite et vous porte à médire ?
Un livre vous déplaît : qui vous force à le lire ?
Satire IX.

Il se tue à rimer : que n'écrit-il en prose ?
Satire IX.

En vain contre le Cid un ministre se ligue :
Tout Paris pour Chimène a les yeux de Rodrigue.
Satire IX.

Qui méprise Cotin n'estime point son roi,
Et n'a, selon Cotin, ni Dieu, ni foi, ni loi.
Satire IX.

C'est d'un roi que l'on tient cette maxime auguste,
Que jamais on n'est grand qu'autant que l'on est juste.
Satire XI.

Tout protestant fut pape, une bible à la main.
Satire XII.

JUGEMENTS

« L'Ode sur la prise de Namur *est une œuvre de commande qui sent l'effort et reste froide ; c'est en vain que Boileau s'y bat les flancs pour l'échauffer ; mais, dans le* Discours sur l'Ode *qui la précède, je relève une phrase où Boileau loue Pindare d'avoir évité* "avec grand soin cet ordre méthodique et ces exactes liaisons de sens qui ôteraient l'âme à la poésie lyrique". *Le grand tort de Boileau est de croire ensuite, dans la laborieuse confection de son* Ode *exemplaire, que le* "beau désordre" *qu'il prône (et qu'il reconnaît en Pindare comme d'essence divine et panique) se puisse obtenir par* "un effet de l'art", *ni que Malherbe lui-même, qu'il s'adjoint, s'y essayant dans ses* "sages emportements", *réussisse à nous donner le change. Racine qui, poète authentique, pressentait le péril que cette intrusion constante de l'intelligence faisait courir au lyrisme, écrivait judicieusement à Boileau :* "Chercherons-nous toujours de l'esprit dans les choses qui en demandent le moins ?" »

André GIDE, *Anthologie de la poésie française*, Gallimard, 1949.

« *Cet ouvrage excellent et vraiment classique,* L'Art poétique *français, fait tout ce qu'on peut attendre d'un poème : il donne une idée précise et lumineuse de tous les genres ; mais il n'en approfondit aucun.* »

Jean-François MARMONTEL, *Éléments de littérature,* posthume, 1804.

Là régnait Despréaux...
Lui qu'arma la raison des traits de la satire,
Qui, donnant le précepte et l'exemple à la fois,
Établit d'Apollon les rigoureuses lois.
Il revoit ses enfants avec un œil sévère :
De la triste Équivoque *il rougit d'être père,*
Et rit des traits manqués du pinceau faible et dur
Dont il défigura le vainqueur de Namur.
Lui-même il les efface, et semble encore nous dire :
Ou sachez vous connaître, ou gardez-vous d'écrire.

VOLTAIRE, *Le Temple du Goût,* 1733.

BIBLIOGRAPHIE

Éditions

Œuvres complètes, éd. A. ADAM et F. ESCAL, « Pléiade », Gallimard, 1966.

Traité du sublime, éd. F. GOYET, « LdP », LGF, 1995.

Études

B. BEUGNOT et R. ZUBER, *Boileau, Visages anciens, Visages nouveaux,* P.U. Montréal (CA), 1973.

R. BRAY, *Boileau,* « Connaissance des Lettres », Hatier, s.d.

P. JORET, *Nicolas Boileau-Despréaux, révolutionnaire et conformiste,* PFSCL, Seattle (US), 1989.

J. PINEAU, *L'Univers satirique de Boileau,* Droz, Genève (CH), 1990.

A.-G. WOOD, *Literary Satire and Theory (A Study of Horace, Boileau and Pope),* Garland, New York (US)/ Londres (GB), 1989.

AUDIO & VIDÉO

CD-ROM

Encyclopédie de la littérature française, Bibliopolis, 1998.

BOSSUET

Jacques Bénigne BOSSUET

Dijon 1627 – Paris 1704

Académicien

> *« Dans l'ordre des écrivains, je ne vois personne au-dessus de Bossuet : nul plus sûr de ses mots, plus fort de ses verbes, plus énergique et plus délié dans tous les actes du discours, plus hardi et plus heureux dans la syntaxe, et, en somme, plus maître du langage, c'est-à-dire de soi-même. »*
>
> Paul VALÉRY, *Variétés II*, Gallimard, 1930.

> *« Dans le grand naufrage du temps, c'est par la peau que les chefs-d'œuvre flottent. Et de même en littérature. Sans l'inégalable beauté de sa prose, qui s'intéresserait encore à Bossuet ? »*
>
> André GIDE, *Feuillets d'automne*, 1949, Gallimard, 1954.

Un militant de Dieu

La formation d'un « héritier »

Né dans une famille récemment promue à la bourgeoisie parlementaire, Bossuet était un « héritier » : protégé par son oncle Claude, maire de Dijon, qui assura son éducation, il fut tonsuré à huit ans (1635), suivit des études chez les jésuites de sa ville natale (1636-1642), tandis qu'il recevait de son père, membre du parlement de Metz, une prébende de chanoine, en 1640. Il fit la rentrée de 1642 au collège de Navarre, à Paris, sous Nicolas Cornet, un des plus influents théologiens de la Sorbonne, qui mena l'attaque contre l'*Augustinus* de Jansénius : Bossuet, son héritier spirituel, sut se souvenir de ses leçons. Introduit dans le « monde », le jeune homme prêcha à l'Hôtel de Rambouillet dès 1643, et soutint la première de ses thèses de théologie en 1648, en présence de Condé, à qui elle était dédiée. Dans le même temps, alors que la Fronde faisait rage (1648-1653), il rencontra Vincent de Paul et participa aux mardis où le futur saint enseignait aux membres de la Sorbonne un art oratoire au style simple et direct, « évangélique », et les principes d'une vie chrétienne aux antipodes du christianisme mondain que Bossuet attaqua plus tard. Sous cette influence, mais aussi respectueux des charges que sa famille lui avait assurées (à Langres et à Metz), il déclina la succession de Cornet et, après avoir été ordonné prêtre (1652) et avoir obtenu son doctorat en théologie, il s'installa à Metz, dans son canonicat. De 1652 à 1659, il donna ses premières œuvres oratoires, à Metz et à Paris, et, dans une région fortement protestante, il eut l'occasion de s'essayer à la controverse.

Un éloquent prédicateur

De 1659 à 1662, il revint à Paris, à la suggestion de Vincent de Paul et de la Compagnie du Saint-Sacrement : la Fronde était terminée, le pouvoir personnel de Louis XIV s'affirmait, et le parti de la reine mère voulait voir triompher une réforme des mœurs. Bossuet fut son orateur. Il présida en Sorbonne, prêcha, notamment le ***Sermon sur l'éminente dignité des pauvres dans l'église de Jésus-Christ*** (1659), dirigea les exercices des ordinands, disciples de Vincent, à Saint-Lazare, et donna, au carême de 1660 (chez les Minimes de la Place Royale, un foyer intellectuel), une série de sermons qui l'amena au Louvre pour l'avent, en 1662 : là, devant Louis XIV, il prononça ses plus mémorables sermons : ***Sur l'Impénitence finale*** ou ***Sur le mauvais riche*** (*« Ah ! Dieu est juste et équitable. Vous y viendrez vous-même, riche impitoyable, aux jours de besoin et d'angoisse »*), ***Sur la Providence*** (*« Cette sage et éternelle Providence* [...] *a établi cette loi, qu'aucun n'aurait de part aux biens suprêmes, qui aurait trop admiré les biens médiocres »*), ***Sur l'ambition*** (*« Ce qu'il y a d'assuré, c'est la peine de tes rapines, la vengeance éternelle de tes concussions et de ton ambition infinie »*), ***Sur la mort*** (*« Ô Dieu ! encore une fois, qu'est-ce que de nous ? »*), enfin ***Sur les devoirs des rois***, qui définit le respect dû à l'émanation royale de la majesté divine. Mais, sous cette jeune monarchie, l'effort de réforme des mœurs par l'éloquence de la chaire échoua, et Bossuet, de 1662 à 1669, se replia sur sa carrière d'Église. Grand Doyen de Metz (1664), familier d'Anne d'Autriche, instructeur spirituel, très actif docteur en Sorbonne, il essaya, dans ses sermons donnés devant la Cour, à Saint-Germain (carême de 1666) et à Saint-Thomas du Louvre (avent de 1668), de rappeler à celle-ci ses devoirs de charité et de justice.

L'évêque de la Cour

C'est la période où *Le Tartuffe* de Molière (1664) exposait le libertinage encouragé par la mort de la reine mère (1666) ; toutefois, le réseau d'amitiés dont Bossuet avait su s'entourer, son autorité doctrinale, le prestige de son art oratoire et l'éclat de la conversion de Turenne au catholicisme entre ses mains (1668), lui valurent, en 1669, sa nomination à l'évêché de Condom. En moins d'un an, il prononça l'***Oraison funèbre de Henriette-Marie de France, reine de la Grande-Bretagne*** (1669), devant Monsieur, frère du roi, et l'***Oraison funèbre de Henriette-Anne d'Angleterre, duchesse d'Orléans*** (1670), devant Condé : il s'agissait là d'une « investiture » presque politique.

Louis XIV nomma Bossuet précepteur du Dauphin. Élu à l'Académie française en 1671 (directeur en 1681), l'évêque de Condom tenta de convertir cette Cour sur laquelle régnait Mme de Montespan, en s'appuyant notamment sur « le petit Concile », un groupe important d'intellectuels qu'il avait su réunir autour de lui, tels que Fénelon, Fléchier, Fleury, Mabillon, Cordemoy, La Bruyère. Il composa le ***Discours sur l'histoire universelle, à Mgr le Dauphin, pour expliquer la suite de la religion et les changements des empires*** (1681), puis, toujours pour son élève, une ***Politique tirée des propres paroles de l'Écriture sainte*** (posth., 1709).

Les combats de « *l'Aigle de Meaux* »

L'éducation du Dauphin (marié en 1680) terminée, Bossuet, qui appartenait toujours à la Cour en qualité d'aumônier de la Dauphine et de Conseiller d'État, fut nommé évêque de Meaux (1681). Premier théologien du roi, très influent mais sans réel pouvoir — il ne devint pas cardinal —, il mit sa science doctrinale au service de l'unité spirituelle du royaume : il lutta contre les jansénistes — mais fut désavoué par l'Assemblée du clergé de France, en 1700 — et contre les protestants, cible de son ***Histoire des variations des églises protestantes*** (1688), en encourageant la révocation de l'édit de Nantes, consacrée par l'édit de Fontainebleau (1685). Adversaire décidé du critique Richard Simon dans ses ***Instructions sur la version du Nouveau Testament imprimée à Trévoux en l'année 1702*** (1702) et dans sa ***Défense de la tradition et des saints Pères*** (posth., 1763), il dénonça le quiétisme de Fénelon dans ses ***Réflexions sur le quiétisme*** (1698) et le cartésianisme de Malebranche dans son ***Introduction à la philosophie, ou De la connoissance de Dieu et de soi-même*** (posth., 1722). Enfin, il dirigea contre le théâtre ses ***Maximes et Réflexions sur la comédie*** (1694) : « *Il faudra donc que nous passions pour honnêtes les impiétés et les infamies dont sont pleines les comédies de Molière...* [...] *La représentation des passions agréables porte naturellement au péché, puisqu'elle flatte et nourrit de dessein prémédité la concupiscence qui en est le principe.* » Il dénonça les lettres en général dans son ***Traité du libre-arbitre et de la concupiscence*** (posth., 1731), accusées d'être un facteur de destruction morale. Toutes activités « politiques » qui n'empêchèrent pas l'éclosion d'une œuvre plus proprement religieuse : ***Méditations sur l'Évangile*** (posth., 1730) ; ***Élévations à Dieu sur tous les mystères de la religion chrétienne*** (posth., 1727), où Bossuet réaffirme : « *De toute éternité Dieu est : Dieu est parfait : Dieu est heureux : Dieu est un.* [...] *Dieu est celui en qui le non-être n'a pas de lieu...* » et où il rappelle : « *La sagesse humaine apprend beaucoup, si elle apprend à se taire.* » C'est en 1687 qu'il prononça sa dernière oraison funèbre, celle du Grand Condé. Sa carrière d'écrivain s'achevait sur l'extraordinaire péroraison : « *Au lieu de déplorer la mort des autres, grand prince, dorénavant je veux apprendre de vous à rendre la mienne sainte ; heureux si, averti par ces cheveux blancs du compte que je dois rendre de mon administration, je réserve au troupeau que je dois nourrir de la parole de vie les restes d'une voix qui tombe, et d'une ardeur qui s'éteint.* »

L'œuvre de Bossuet, prédicateur et théologien, est un parfait exemple des devoirs d'un prince de l'Église, dans l'univers catholique et monarchique du XVIIe siècle. Et son œuvre d'écrivain, un non moins parfait exemple de prose classique, de style mêlant éloquence et lyrisme.

Une prose divine

Au XVIIe siècle, sermons et oraisons funèbres étaient construits selon une structure rigide et immuable, reposant sur l'articulation du discours en deux ou trois points, annoncés à l'avance au moyen d'un double exorde et clos par la péroraison. Bossuet n'a pas toujours prononcé le texte même qu'il avait rédigé : son discours dépendait certes de sa préparation écrite, mais ensuite, comme l'indiqua son secrétaire, l'abbé Ledieu, « *il suivait l'impression de sa parole sur son auditoire* ». Les passages narratifs mêlent rapidité et dramatisation, par le double jeu des présents historiques et des parataxes : « *Son confesseur, qu'elle appelle, la trouve sans force, incapable d'application et prononçant à peine quelques mots entrecoupés : il fut contraint de remettre la confession au lendemain* » ***(Oraison funèbre d'Anne de Gonzague de Clèves)***. La déploration se marque par la fréquence des modalités exclamative et interrogative : « *Mais qui pourrait penser, sans verser une larme, aux marques d'estime et de tendresse que lui donna le roi son frère ?* » ***(Oraison***

funèbre d'Henriette-Anne d'Angleterre). Autre mode de dramatisation, l'apostrophe au défunt (que celui-ci soit ou non de moindre rang) : « *Princesse, le digne objet de l'admiration de deux grands royaumes, n'était-ce pas assez que l'Angleterre pleurât votre absence, sans être encore réduite à pleurer votre mort ?* » ***(Oraison funèbre d'Henriette-Anne d'Angleterre)*** ; « *Sortez, grand homme, de ce tombeau, aussi bien y êtes-vous descendu trop tôt pour nous* » ***(Oraison funèbre de Nicolas Cornet)***. Variante de ce procédé de dramatisation, l'apostrophe au défaut — voire au péché — à combattre : « *Parais donc ici, ô honneur du monde, vain fantôme des ambitieux et chimère des esprits superbes ; je t'appelle à un tribunal où ta condamnation est bien assurée* » ***(Sermon sur l'honneur du monde)***. L'assertion, elle, comporte de constants affleurements du haut degré et de l'hyperbole, dans les épithètes notamment, que Bossuet considérait comme propres à propager le sentiment, surtout dans l'opposition des puissances respectives des rois et de Dieu : « *Chrétiens, que la mémoire d'une grande reine, fille, femme, mère de rois si puissants, et souveraine de trois royaumes, appelle de tous côtés à cette triste cérémonie, ce discours vous fera paraître un de ces exemples redoutables qui étalent aux yeux du monde sa vanité tout entière* » ***(Oraison funèbre d'Henriette-Marie de France)***. Les images (comparaisons, métaphores, périphrases), les allégories relient souvent la nature à la mort et à la puissance de Dieu : « *Ô mort, nous te rendons grâces des lumières que tu répands sur notre ignorance : toi seule nous convaincs de notre bassesse, toi seule nous fais connaître notre dignité* » ***(Sermon sur la mort)*** ; « *Dieu veut que nous vivions au milieu du temps dans l'attente perpétuelle de l'éternité* » ***(Sermon sur la Providence)***. Subtilement intégrées, les citations des textes sacrés (en latin ou en français) parcourent l'œuvre de Bossuet, rappelant que l'éloquence n'est là que « *pour servir d'intermédiaire à la sagesse qui parle* » ***(Sermon sur la parole de Dieu)*** et conférant d'autant plus d'autorité à l'orateur sacré : « *Voilà, dit le grand saint Ambroise, la merveille de la mort dans les chrétiens : elle ne finit pas leur vie ; elle ne finit que leurs péchés* » ***(Oraison funèbre d'Henriette-Anne d'Angleterre)***. Parallélismes et répétitions — les anaphores, en particulier — participent à la construction de la période, cette unité de sens, de rythme et d'harmonie mélodique, en insistant sur les notions qui doivent dominer, comme en témoigne cet autre passage de la même oraison, l'un des plus célèbres de toute l'œuvre de Bossuet : « *Nous devrions être assez convaincus de notre néant : mais s'il faut des coups de surprise à nos cœurs enchantés de l'amour du monde, celui-ci est assez grand et assez terrible. Ô nuit désastreuse ! ô nuit effroyable ! où retentit tout à coup, comme un éclat de tonnerre, cette étonnante nouvelle : Madame se meurt ! Madame est morte !* » *(ibid.)*.

Un classique oublié

La plus grande partie de l'œuvre de Bossuet parut après sa mort, et plutôt que celle de l'historien ou du théologien de l'histoire, c'est son œuvre d'orateur qui a assuré sa réputation. Bossuet est devenu, immédiatement, un classique. Joubert le compara à Homère : « *Bossuet emploie tous nos idiomes comme Homère employa tous les dialectes. Le langage des rois, des politiques, des guerriers ; celui du peuple et du savant ; le village et l'école, le sanctuaire et le barreau, le vieux et le nouveau, le trivial et le pompeux, le sourd et le sonore, tout lui sert : et de tout cela il fait un style simple, grave, majestueux. Ses idées sont, comme ses mots, variées, communes et sublimes* » (*Pensées*, 1803). Sainte-Beuve qualifia son style de « *français neuf, plein, substantiel* [...] *et original* [...] *dans l'ampleur des tours, dans la forme des mouvements et des liaisons* » (*Nouveaux Lundis*, 1862). Gide, lui, au contraire de Valéry, resta toujours très partagé : « *Plongé dans les* Sermons *de Bossuet* [...]. *Ils dépassent dans l'excellent et dans le pire tout ce que j'espérais* » (*Journal*, 1er mars 1924). L'éloquence de Bossuet, c'est un art de la prose oratoire qui, par l'entremise de l'École, resta un modèle de composition et d'expression jusqu'aux réformes de la fin du XIXe siècle. La laïcisation de l'enseignement a progressivement fait disparaître « *l'Aigle de Meaux* » des listes d'auteurs classiques ; c'est d'ailleurs cette disparition qui a motivé son plus récent exégète, Michel Crépu, à le (faire) redécouvrir : « *Bossuet est notre antipode absolu. Le lire, c'est donc faire le plus long voyage* » (*Le Tombeau de Bossuet*, 1997).

ŒUVRES

Oraisons funèbres

Ensemble de 11 discours funèbres prononcés entre 1655 et 1687.

À 7 oraisons principales, d'**Anne d'Autriche** (1667), d'**Henriette-Marie de France, reine de la Grande-Bretagne** (1669), d'**Henriette-Anne d'Angleterre, duchesse d'Orléans** (1670), de **Marie-Thérèse d'Autriche, infante d'Espagne, reine de France et de Navarre** (1683), d'**Anne de Gonzague de Clèves, ·princesse Palatine** (1685), de **Michel Le Tellier, chancelier de France** (1686), et de **Louis de Bourbon, prince de Condé, premier prince du sang** (1687), s'ajoutent 4 oraisons pour des personnes de moins haut rang, dont celle du grand maître du Collège de Navarre, **Nicolas Cornet** (1663). Une oraison est perdue et une seconde, également perdue, a pu ne pas être prononcée (celle d'**Anne d'Autriche**). Les oraisons furent souvent prononcées plusieurs mois après la mort du défunt, et, parfois, dans des pompes telles que l'orateur y trouvait un théâtre pour la mise en scène des pouvoirs de l'éloquence de la chaire.

Bossuet, malgré les réserves que lui inspiraient les contraintes du genre (insincérité, inexactitudes, omissions, exagérations, en vertu de l'adage *« De mortuis aut bonum aut nihil »* [*« Des morts, on ne peut rien dire d'autre que du bien »*]), Bossuet donc mit l'oraison funèbre au premier plan de l'éloquence sacrée. Cette promotion affiche la double exigence d'édification (les Grands sont modèles de vie chrétienne) et d'éloge spectaculaire (propre aux liturgies politiques). L'oraison permet ainsi de célébrer la parole oratoire, parole inspirée mais se servant d'une langue française qui retrouve la clarté et l'efficacité du style cicéronien, en une variété de moyens et d'effets souverainement à même d'assurer la conversion des auditeurs, ainsi instruits et édifiés, de la période la plus dramatisée à la sentence la plus tranchante : *« Celui qui règne dans les cieux, et de qui relèvent tous les empires, à qui seul appartient la gloire, la majesté et l'indépendance, est aussi le seul qui se glorifie de faire la loi aux rois, et de leur donner, quand il lui plaît, de grandes et de terribles leçons »* **(Henriette-Marie de France)** ; *« De quelque superbe distinction que se flattent les hommes, ils ont tous une même origine ; et cette origine est petite »* **(Henriette-Anne d'Angleterre)** ; *« Nos vrais ennemis sont en nous-mêmes »* **(Marie-Thérèse d'Autriche)** ; *« La piété est le tout de l'homme »* **(Condé)**. Ainsi, Bossuet fit de ses oraisons de véritables sermons, et non plus de simples éloges funèbres : il a porté le genre à sa perfection, et, au-delà même du genre, ces pages restent un modèle de lyrisme en prose.

La postérité a d'emblée consacré les **Oraisons** comme un classique. La comtesse d'Agoult notait dans son *Journal* : *« Quelle magnifique chose que les* Oraisons funèbres *de Bossuet ! Quelle pompe, quelle grandeur, quelle ampleur et quelle cadence dans ce style vraiment royal ! Il semble qu'il parle d'une autre race d'hommes et à une autre race d'hommes »* (29 sept. 1837). Certes, Hugo évoqua *« ces boniments célèbres qu'on appelle les* Oraisons funèbres *de Bossuet »* (*L'Homme qui rit*, 1869), mais cette irrévérence reste un cas isolé. Aussi longtemps que l'Église était chargée de l'éducation, les ***Oraisons*** furent étudiées, au même titre que les tragédies de Corneille ou de Racine, ou que les *Pensées* de Pascal. Depuis la laïcisation officielle de l'enseignement, et surtout depuis les années 1970, Bossuet en général et les ***Oraisons*** en particulier n'ont plus guère d'audience, sans doute en raison d'une sorte d'allergie à l'auteur chrétien — et cela alors que personne ne conteste les beautés de cette prose.

CITATIONS

Le plus grand dérèglement de l'esprit, c'est de croire les choses parce qu'on veut qu'elles soient, et non parce qu'on a vu qu'elles sont en effet.

De la connaissance de Dieu et de soi-même, 1.

Le soleil jette d'un seul coup, sans se retenir, tout ce qu'il a de rayons : mais Dieu, qui agit par intelligence et avec une souveraine liberté, applique sa vertu où il lui plaît, et autant qu'il lui plaît.

Discours sur l'Histoire universelle, II, 1.

Dieu n'est pas un tout qui se partage.

Discours sur l'Histoire universelle, II, 1.

Ne parlons plus de hasard ni de fortune, ou parlons-en seulement comme d'un nom dont nous couvrons notre ignorance.

Discours sur l'Histoire universelle, III, 8.

Dieu est celui en qui le non-être n'a pas de lieu...

Première Semaine, Troisième Élévation,
in Élévations à Dieu sur tous les mystères.

L'excellence de la beauté appartient à l'homme, et c'est comme un admirable rejaillissement de l'image de Dieu sur sa face.

Quatrième Semaine, Dixième Élévation,
in *Élévations à Dieu sur tous les mystères.*

La sagesse humaine apprend beaucoup, si elle apprend à se taire.

Vingtième Semaine, Onzième Élévation,
in *Élévations à Dieu sur tous les mystères.*

Le propre de l'hérétique, c'est-à-dire de celui qui a une opinion particulière, est de s'attacher à ses propres pensées.

Préface à l'*Histoire des variations des Églises protestantes.*

Une étincelle d'amour de Dieu est capable de soutenir un cœur durant toute l'éternité.

Lettre XII, au maréchal de Bellefonds,
in *Lettres spirituelles.*

Tout passe : les dons de Dieu passent comme le reste, lui seul ne passe pas...

Lettre XXXVIII, à la sœur Cornuau, in *Lettres spirituelles.*

« La chair changera de nature, le corps prendra un autre nom ; même celui de cadavre, dit Tertullien, *ne lui demeurera pas longtemps ; il deviendra un je ne sais quoi, qui n'a point de nom dans aucune langue »* : tant il est vrai que tout meurt en nos corps, jusqu'à ces termes funèbres, par lesquels on exprimait nos malheureux restes.

Oraison funèbre du R.P. François Bourgoing.

Celui qui règne dans les cieux, et de qui relèvent tous les empires, à qui seul appartient la gloire, la majesté et l'indépendance, est aussi le seul qui se glorifie de faire la loi aux rois, et de leur donner, quand il lui plaît, de grandes et de terribles leçons.

Oraison funèbre de Henriette-Marie de France,
reine de la Grande-Bretagne.

Les mauvais succès sont les seuls maîtres qui peuvent nous reprendre utilement, et nous arracher cet aveu d'avoir failli, qui coûte tant à notre orgueil.

Oraison funèbre de Henriette-Marie de France,
reine de la Grande-Bretagne.

De quelque superbe distinction que se flattent les hommes, ils ont tous une même origine ; et cette origine est petite. [...] Ils vont tous ensemble se confondre dans un abîme où l'on ne reconnaît plus ni princes, ni rois, ni toutes ces autres qualités superbes qui distinguent les hommes ; de même que ces fleuves tant vantés demeurent sans nom et sans gloire, mêlés dans l'Océan avec les rivières les plus inconnues.

Oraison funèbre de Henriette-Anne d'Angleterre,
duchesse d'Orléans.

Nous devrions être assez convaincus de notre néant : mais s'il faut des coups de surprise à nos cœurs enchantés de l'amour du monde, celui-ci est assez grand et assez terrible. Ô nuit désastreuse ! ô nuit effroyable ! où retentit tout à coup, comme un éclat de tonnerre, cette étonnante nouvelle : Madame se meurt ! Madame est morte !

Oraison funèbre de Henriette-Anne d'Angleterre,
duchesse d'Orléans.

Voilà, dit le grand saint Ambroise, la merveille de la mort dans les chrétiens : elle ne finit pas leur vie ; elle ne finit que leurs péchés.

Oraison funèbre de Henriette-Anne d'Angleterre,
duchesse d'Orléans.

La piété est le tout de l'homme.

Oraison funèbre de Louis de Bourbon, prince de Condé.

Écoutez, c'est la maxime qui fait les grands hommes : que, dans les grandes actions, il faut uniquement songer à bien faire, et laisser venir la gloire après la vertu.

Oraison funèbre de Louis de Bourbon, prince de Condé.

Que si le Créateur trouve une joie si parfaite à mourir pour sa créature, quel contentement doit éprouver la créature de mourir pour son Créateur !

Saint François d'Assise, in *Panégyriques.*

Où il n'y a point de maître, tout le monde est maître ; où tout le monde est maître, tout le monde est esclave.

Politique tirée des propres paroles de l'Écriture sainte, I, 3.

J'entre dans la vie avec la loi d'en sortir, je viens faire mon personnage, je viens me montrer comme les autres ; après, il faudra disparaître.

Sermon sur la brièveté de la vie.

Parais donc ici, ô honneur du monde, vain fantôme des ambitieux et chimère des esprits superbes ; je t'appelle à un tribunal où ta condamnation est bien assurée.

Sermon sur l'honneur du monde.

La possession des richesses a des filets invisibles où le cœur se prend insensiblement.

Sermon sur la Providence.

Dieu veut que nous vivions au milieu du temps dans l'attente perpétuelle de l'éternité.

Sermon sur la Providence.

Ô mort, nous te rendons grâce des lumières que tu répands sur notre ignorance : toi seule nous convaincs de notre bassesse, toi seule nous fais connaître notre dignité.

Sermon sur la mort.

Les contraires se connaissent l'un par l'autre : l'injustice de l'amour-propre se connaît par la justice de la charité.

Traité de la concupiscence, 12.

JUGEMENTS

« Orateur sacré, Bossuet voulait d'abord éveiller, faire réfléchir, convaincre, "convertir" ses auditeurs, comme on disait alors, c'est-à-dire les ramener à une vie authentiquement chrétienne. Son éloquence unit la simplicité à la grandeur, elle vise à un sublime fait de dépouillement. Elle échappe à la froideur par la dramatisation, la mise en scène des mystères de la vie, de la mort, de la rédemption. Elle emprunte aux textes sacrés, inépuisable répertoire d'images, des éléments d'une grande densité poétique. Elle tire enfin de sa vocation à être prononcée en chaire un souffle, un rythme prenants. Ceux que rebute cette foi intransigeante pétrie de certitudes, ceux mêmes que rebute toute foi restent sensibles à la force et à la plénitude de cette prose, l'une des plus belles et des plus représentatives de son temps. »

Simone BERTIÈRE et Lucette VIDAL, *Anthologie de la littérature française, XVIIe siècle*, « LdP classique », LGF, 1993.

« Bossuet fut le dernier à réellement parler et écrire comme un Père de l'Église. »

Michel CRÉPU, *Le Tombeau de Bossuet*, Grasset, 1997.

« Dans son discours de réception à l'Académie française, il disait à ses nouveaux confrères : "Par vos travaux et votre exemple, les véritables beautés du style se découvrent de plus en plus dans les ouvrages français, puisqu'on y voit la hardiesse qui convient à la liberté, mêlée à la retenue qui est l'effet du jugement et du choix... *Vous prenez garde* qu'une trop scrupuleuse régularité, qu'une délicatesse trop molle n'éteigne le feu des esprits et n'affaiblisse la vigueur du style.*" Bossuet fait un peu ici comme dans ses* Oraisons funèbres *: il loue les écrivains de son temps des mérites qu'il leur eût souhaités ; mais cette formule de l'idéal classique de l'art d'écrire est bien celle que les* Oraisons funèbres *réalisent. »*

Alfred RÉBELLIAU, *in* BOSSUET, *Oraisons funèbres*, Hachette, 1931.

« Bossuet dit ce qu'il veut. Il est essentiellement volontaire, comme le sont tous ceux que l'on nomme classiques. *Il procède par constructions, tandis que nous procédons par accidents ; il spécule sur l'attente qu'il crée tandis que les modernes spéculent sur la surprise. Il part puissamment du silence, anime peu à peu, enfle, élève, organise sa phrase, qui parfois s'édifie en voûte, se soutient de propositions latérales distribuées à merveille autour de l'instant, se déclare et repousse ses incidentes qu'elle surmonte pour toucher enfin à sa clé, et redescendre après des prodiges de subordination et d'équilibre jusqu'au terme certain et à la résolution complète de ses forces. »*

Paul VALÉRY, *Variété II*, Gallimard, 1930.

BIBLIOGRAPHIE

Éditions

Œuvres complètes, éd. LACHAT, Paris, 1862 à 1866, 31 vol.

Œuvres oratoires, éd. J. LEBARCQ, C. URBAIN, E. LÉVESQUE, DDB, 1914 à 1926, 7 vol.

Correspondance, éd. C. URBAIN, E. LÉVESQUE, « Grands écrivains de la France », Hachette, 1909 à 1925, 15 vol.

Charles IX. Récit d'histoire par Louis Dauphin et Bossuet, éd. R. POUZET, préface Th. GOYET, Adosa, Clermont-Ferrand, 1993.

Politique tirée des propres paroles de l'Écriture sainte, éd. J. LEBRUN, Droz, Genève (CH), 1967.

Sermons et Oraisons funèbres, préf. M. CRÉPU, « Points Sagesses », Seuil, 1997.

Oraisons funèbres, éd. J. TRUCHET, « Classiques Garnier », Garnier, 1961.

Études

J. CALVET, *Bossuet, l'homme et l'œuvre*, éd. rev. par J. TRUCHET, Hatier, 1968.

G. COUTON, *La Chair et l'Âme. Louis XIV entre ses maîtresses et Bossuet*, P.U. Grenoble, 1995.

M. CRÉPU, *Le Tombeau de Bossuet*, Grasset, 1997.

J. LE BRUN, *Bossuet*, DDB, 1970 ; *La Spiritualité de Bossuet*, Klincksieck, 1972.

J.-A. QUILLACQ, *La Langue et la Syntaxe de Bossuet*, Tours, 1903.

J. TRUCHET, *La Prédication de Bossuet*, Cerf, 1960, 2 vol.

P. VALÉRY, « Sur Bossuet », in *Œuvres*, t. I, « Pléiade », Gallimard, 1957.

Journées Bossuet. La Prédication au XVIIe siècle, actes du colloque de Dijon des 2, 3, 4 déc. 1977, Nizet, 1980.

AUDIO & VIDÉO

CD-ROM

Encyclopédie de la littérature française, Bibliopolis, 1998.

BRETON

André BRETON

Tinchebray (act. Orne) 1896 – Paris 1966

> *« Le poète et le moraliste ne se sont jamais si bien accordés en lui que pour soutenir et pour illustrer deux causes qui dans son esprit n'en font qu'une : celle de la femme et celle de l'amour.*
> [...] *ce grand flamboyant était le moins timide de tous les écrivains français modernes. »*
> André PIEYRE de MANDIARGUES, *Troisième Belvédère*, Gallimard, 1971.

> *« Je regrette seulement qu'il ait si longtemps encombré le pavé avec ses idioties abrutissantes.*
> *Que la religion crève avec cette vieille vessie religieuse. Cela vaudrait la peine, cependant, de conserver le souvenir de ce gros abcès de phraséologie cléricale, ne serait-ce que pour dégoûter les jeunes gens de se châtrer dans des rêves. »*
> Georges BATAILLE, *Le Lion châtré*, in *Œuvres complètes*, t. I, Gallimard, posthume, 1970.

Une vie vouée au surréalisme

Le goût de la liberté

Fils d'un secrétaire de gendarmerie qui, en 1900, s'installa à Pantin comme comptable puis comme sous-directeur d'une cristallerie, Breton fut éduqué dans les principes de la petite bourgeoisie catholique par une mère très rigide : l'enfant connut un certain bonheur dans cette banlieue de jardins ouvriers et se distingua par son travail à l'école communale, où le maître lisait aux élèves des récits effrayants. Il poursuivit au collège Chaptal une scolarité « moderne » — sans latin ni grec —, qui le désignait, selon le vœu de sa mère, à une carrière d'ingénieur ou d'officier de marine, et il entra en poésie par la voie d'une revue d'élèves, *Vers l'idéal*. Le début d'***Arcane 17*** (1944) évoque le souvenir, à la suite d'octobre 1917, des premières émotions révolutionnaires et d'*« un certain goût de la liberté humaine »* qui saisit l'adolescent au spectacle, *« dans le ciel bas du Pré Saint-Gervais »*, de la *« mer flamboyante »* des drapeaux rouges *« trouée de l'envol de drapeaux noirs »* de l'anarchie : « [...] *NI DIEU NI MAÎTRE. La poésie et l'art garderont toujours un faible pour tout ce qui transfigure l'homme dans cette sommation désespérée, irréductible que de loin en loin il prend la chance dérisoire de faire à la vie. C'est qu'au-dessus de l'art, de la poésie, qu'on le veuille ou non, bat aussi un drapeau tour à tour rouge et noir.* » Alors qu'il était étudiant en médecine, Breton publia ses premiers poèmes dans *La Phalange*, la revue du symboliste Jean Royère. En 1914, celui-ci lui fit connaître Valéry, qu'il vénéra comme son maître à penser jusqu'à la publication de *La Jeune Parque* (1917). Happé par la guerre, Breton se retrouva, en 1915, interne en médecine à l'hôpital de Nantes et c'est alors qu'il écrivit sa première lettre à Apollinaire. Il rencontra en 1916 Jacques Vaché, qui le détourna définitivement de la carrière médicale. Littéralement investi par Rimbaud, qu'il lut en 1914, comme il le fut ensuite par Lautréamont — dont il eut la décisive révélation en 1917 —, découvrant, dans un manuel, ce qu'on nommait alors la *« psychoanalyse »* de Freud — il essaya vainement de convaincre Valéry et Apollinaire de l'utilité de cette *« psychoanalyse »* dans la recherche poétique —, il fut affecté, sur sa demande, dans un centre de neurologie à Saint-Dizier, où il pratiqua avec ses patients la méthode de l'association libre. En 1917, revenu à Paris, il fit au Val-de-Grâce la connaissance d'Aragon — qui fut longtemps son presque double — et, simultanément, de Soupault, que lui présenta Apollinaire. *« Les trois mousquetaires »*, comme les appelait Valéry, auxquels se joignit rapidement Eluard, fondèrent, deux mois après le suicide de leur ami Vaché, la revue ***Littérature*** (1919 à 1923), bientôt influencée, à distance, par Dada. Breton rêvait d'un coup d'État : la poésie devait faire pièce à la *« réclame »* et au cinéma, entrer dans la vie moderne. Il le réalisa, d'une certaine manière, en publiant avec Soupault ***Les Champs magnétiques*** (1920), juste après avoir fait paraître ***Mont de piété*** (1919), recueil de poèmes dont les premiers remontaient à 1913.

Lorsque Tzara arriva à Paris (1920), ***Littérature*** se rangea résolument sous la bannière Dada. Breton abandonna ses études médicales, et, afin d'épouser Simone Kahn, il occupa, à partir de 1921, la fonction de bibliothécaire-conseiller auprès du couturier-mécène Jacques Doucet, qu'il incita à acquérir *Les Demoiselles d'Avignon* de Picasso. À Vienne, en 1921, il rencontra Freud qui ne manifesta aucun intérêt envers les thèses annonciatrices du surréalisme. Considérant que, tour à tour, Valéry et Apollinaire avaient failli à leur mission, Breton, de retour à Paris, voulut organiser une rencontre internationale (janv. 1922) pour la détermination des tendances de l'esprit moderne. L'opposition de Tzara mit son initiative en échec : Breton se détacha alors de Dada, assumant à lui seul la direction de ***Littérature*** et, à l'instigation de Crevel, il lança l'expérience des sommeils hypnotiques — qui, si elle n'avait été souvent entachée de simulation, aurait dû permettre de libérer le discours de l'inconscient —, où s'illustra Desnos. Le recueil poétique suivant, ***Clair de terre*** (1923), porte trace de la déception ressentie à Vienne, puisque, côtoyant 5 rêves et des pièces savamment déconstruites lors de son adhésion sincère à Dada, y figurent d'autres tendant vers une reconstruction de l'individu : « *Plutôt la vie* » (titre d'un poème du recueil), fût-ce au prix du silence.

L'année suivante, ***Les Pas perdus*** rassemblaient ses articles parus depuis 1918, avec des études et le texte d'une conférence prononcée à Barcelone, ***Caractères de l'évolution moderne***, où Breton tentait de déterminer les traits d'un nouveau lyrisme.

« *Transformer le monde* » et « *changer la vie* »

Peu après, le surréalisme s'organisait : avec l'aide de Jacques Naville, Breton ouvrit le Bureau de recherches surréalistes (dirigé par Francis Gérard puis par Artaud), et publia le premier ***Manifeste du surréalisme*** : à l'origine, il s'agissait d'une préface aux textes automatiques réunis sous le titre de ***Poisson soluble*** (1924). C'était le premier écrit théorique instituant le mouvement : *Une vague de rêves*, contribution analogue d'Aragon, ne parut qu'à la fin de l'année. Instruisant le procès de l'attitude réaliste, Breton évoquait le chemin parcouru jusque-là, nommait ses nouveaux compagnons, alléguait les découvertes de Freud et définissait le nouveau concept de surréalisme — le mot ayant été créé par Apollinaire —, revendiquant les droits de l'imagination, plaidant pour le merveilleux, l'inspiration, l'enfance qui approche le plus de « *la vraie vie* » :

> « SURRÉALISME, *n. m. Automatisme psychique pur par lequel on se propose d'exprimer, soit verbalement soit par écrit, soit de toute autre manière, le fonctionnement réel de la pensée. Dictée de la pensée en l'absence de tout contrôle exercé par la raison, en dehors de toute préoccupation esthétique ou morale.*
> ENCYCL. Philos. *Le surréalisme repose sur la croyance à la réalité supérieure de certaines formes d'associations négligées jusqu'à lui, à la toute-puissance du rêve, au jeu désintéressé de la pensée. Il tend à ruiner définitivement tous les autres mécanismes psychiques et à se substituer à eux dans la résolution des principaux problèmes de la vie.* »

La revue ***La Révolution surréaliste*** (1924 à 1929), dont il prit la direction dès le 3e numéro, fut l'organe du groupe. ***Refus d'inhumer***, contribution de Breton au tract collectif ***Un cadavre***, dirigé contre Anatole France après sa mort (1924), lui fit perdre son emploi auprès de Jacques Doucet. Breton n'avait pas mâché ses mots : « *Loti, Barrès, France, marquons tout de même d'un beau signe blanc l'année qui coucha ces trois sinistres bonshommes : l'idiot, le traître et le policier.* [...] *Avec France, c'est un peu de la servilité humaine qui s'en va. Que soit fête le jour où l'on enterre la ruse, le traditionalisme, le patriotisme, l'opportunisme, le scepticisme, le réalisme et le manque de cœur !* » En octobre 1926, Breton rencontra Nadja, « *la créature toujours inspirée et inspirante* », à laquelle, parce qu'elle le lui avait demandé, il consacra un récit où il partait, en même temps, à la quête de lui-même : ce fut ***Nadja*** (1928), dont il commença la rédaction à l'été 1927, peu de temps après avoir adhéré au parti communiste. Entre la rédaction et la publication, Breton rencontra Suzanne Musard, pour qui il écrivit le dernier chapitre de ***Nadja***.

La même année parut, sous le titre ***Le Surréalisme et la Peinture*** (1928, nouv. éd. complétée en 1965), le recueil de ses articles sur la peinture, précédemment publiés dans ***La Révolution surréaliste*** : « *L'œil existe à l'état sauvage* » en était le 1er axiome ; le 2e axiome était qu'un tableau doit « *donner sur quelque chose* », c'est-à-dire un au-delà des apparences ; le 3e axiome était que le peintre doit transcrire son « *modèle intérieur* ». Il est remarquable que tous les peintres alors cités soient aujourd'hui encore parmi les plus importants de notre panthéon artistique.

D'abord ému par le *Lénine* de Trotski, lu en 1925, et farouche opposant à la guerre du Rif, Breton avait adhéré au parti communiste en 1927, avec Eluard, Aragon, Péret et Pierre Unik. Les exigences et les préventions bureaucratiques des dirigeants le rebutèrent vite mais, jusqu'en 1933, date de son exclusion de l'Association des écrivains et artistes révolutionnaires (AEAR), il ne désespéra pas de pouvoir orienter l'action culturelle du Parti. C'est pourquoi le ***Second Manifeste du surréalisme*** (1929), paru dans la dernière livraison de ***La Révolution surréaliste***, voulut relancer le mouvement par un effort de dépassement de la révolte fondatrice pour atteindre une meilleure connaissance du réel, en récupérant toutes les forces psychiques dispersées, en conciliant le freudisme avec le marxisme, dans l'espoir de servir le prolétariat : « *Notre adhésion au principe du matérialisme historique... il n'y a pas moyen de jouer sur ces mots.* » Se séparant des tièdes, des esthètes et des rebelles — et non des moindres : Artaud, Desnos et Soupault figuraient au nombre des victimes de l'« Inquisiteur » — coupables de ne pas partager l'intransigeance de celui qui se conduisait alors avec le fanatisme d'un véritable « *Pape du surréalisme* », n'hésitant pas à critiquer les instances dirigeantes du parti communiste, il en vint à cette définition de son objectif idéal : découvrir « *ce point de l'esprit d'où la vie et la mort, le réel et l'imaginaire, le passé et le futur, le communicable et l'incommunicable, le haut et le bas cessent d'être perçus contradictoirement* ». D'où aussi le titre de la revue qu'il fonda et anima de 1930 à 1933, ***Le Surréalisme au service de la Révolution***. L'ensemble des écrits de Breton ne se comprend pas sans cet arrière-plan politique, même lorsqu'il n'en faisait pas mention, dans la mesure où, pour lui, l'écriture n'était qu'une autre forme de l'action, inextricablement mêlée à la vie : c'est ainsi qu'en lisant au café, devant ses amis, la 1re partie de ***Nadja***, il fit la conquête de Suzanne Musard, à laquelle est dédiée la conclusion du récit. La souffrance que lui fit endurer cette femme, qui l'abandonna au moment même où il se séparait de son épouse (automne 1929), ne l'empêcha pas de célébrer sur le mode litanique les beautés du corps féminin dans ***Union libre*** (anonyme, 1931). Auparavant, il avait publié, avec Char et Eluard, ***Ralentir travaux***, puis, avec Eluard, ***L'Immaculée Conception*** (1930), recueil de textes dont une section simule les « *possessions* », autrement dit certaines maladies mentales : il s'agit, en quasi-totalité, de collages à peine retouchés, à la manière des *Chants de Maldoror* de Lautréamont, et le titre suggérerait que cette « *conception* » est demeurée sans tache. ***Le Revolver à cheveux blancs*** (1932), recueil de poèmes autrement travaillés, était précédé, en guise de préface, d'une prose intitulée « *Il y aura une fois* » où Breton affirmait, à nouveau, son espérance : « *L'imaginaire est ce qui tend à devenir réel.* » Parus la même année, ***Les Vases communicants***, qui portent la trace de l'égarement consécutif au départ de Suzanne, sont l'un de ses ouvrages les moins bien compris, partant les moins étudiés : il y tentait, par une analyse méticuleuse de ses propres rêves comme de certains épisodes de sa vie, de mettre en évidence l'interaction du monde intérieur et du monde extérieur. Sous forme de prédiction, Breton y livrait cette conviction à la fois théorique et pratique qui éclaire tout autant son œuvre propre que le surréalisme en général : « *Le poète à venir surmontera l'idée déprimante du divorce irréparable de l'action et du rêve.* »

En riposte à la tentative fasciste du 6 février 1934, Breton prit l'initiative d'un ***Appel à la lutte*** lancé auprès de toutes les organisations de gauche, signa l'appel du Comité de vigilance des intellectuels antifascistes, et rompit avec le parti communiste lors du Congrès des écrivains pour la défense de la culture (juin 1935). Le discours qu'il aurait dû y prononcer, si la parole ne lui avait été retirée parce qu'il avait giflé en public Ilya Ehrenbourg, le représentant de la délégation soviétique, se terminait ainsi : « *"Transformer le monde", a dit Marx ; "changer la vie", a dit Rimbaud ; ces deux mots d'ordre pour nous n'en font qu'un.* » Ces propos, ainsi que le texte des conférences prononcées à Prague et à Tenerife, lors de deux expositions, furent repris dans ***Position politique du surréalisme*** (1935) et témoignent de l'internationalisation du mouvement, de sa volonté de rassemblement au-delà de ses propres forces — d'où le rapprochement provisoire avec Bataille sous les auspices de *Contre-Attaque*, en 1936 —, et de son souci, maintes fois exprimé par la suite, de créer un mythe collectif conciliable avec « *le mouvement plus général de libération de l'homme* ». Ces écrits politiques sont à mettre en relation avec ***Point du jour*** (1934), où Breton rassembla ses articles parus dans la décennie précédente, singulièrement ceux qui discutaient la notion d'automatisme. C'est durant cette période que Breton rompit avec Aragon (1935), puis avec Eluard (1938).

Je chante la lumière unique de la coïncidence, proclame un vers de ***L'Air de l'eau*** (1934), recueil de poèmes traversés par une lumière d'aube, celle de la rencontre avec Jacqueline Lamba, qui devint sa deuxième épouse en 1934 et qui donna naissance à leur fille Aube, née fin 1935. Il relata leur liaison, surdéterminée par ses propres attentes et angoisses, dans ***L'Amour fou*** (1937).

En 1937, Breton dirigea un moment la galerie surréaliste *Gradiva*, rue de Seine. En 1938, année de l'Exposition internationale du surréalisme à Paris, Breton fit une conférence sur l'humour noir, alliance de termes auxquels il conférait un sens nouveau, prélude à une série d'articles recueillis en 1940 dans l'***Anthologie de l'humour noir*** (interdite par la censure de Vichy en 1940, parue en 1950) où figurent les « *têtes d'orage* », ses auteurs favoris : de Swift, Sade, Fourier, Borel et Lautréamont à Rimbaud, Synge, Cravan, Savinio ou Kafka. Toujours en 1938, celui qui avait été un des premiers à dénoncer le stalinisme et les procès de Moscou se rendit au Mexique, où il dialogua avec Trotski, rédigeant avec lui le manifeste ***Pour un art révolutionnaire indépendant*** (signé avec le peintre Diego Rivera), qui servit de base à la constitution, en 1939, d'une Fédération internationale de l'art révolutionnaire indépendant (FIARI) dont il anima la section française ; il y était proclamé « *toute licence en art* ».

De l'exil à l'insoumission

Mobilisé en 1939 comme médecin au centre de pilotage de Poitiers, Breton, craignant, après sa démobilisation, l'hostilité du régime de Vichy à son encontre, rejoignit Marseille où se reconstitua, momentanément, un petit groupe surréaliste (Brauner, Ernst, Masson, Péret), à la villa *Air Bel*. Après l'***Anthologie de l'humour noir***, c'est le poème ***Fata Morgana*** qui vit sa parution différée par la censure (1942). Le 25 mars 1941, Breton embarqua avec sa famille et quelques intellectuels — dont Lévi-Strauss — sur le dernier bateau en partance pour l'Amérique : interné à l'escale de Fort-de-France, libéré sous caution, il y fit la connaissance de Césaire. En août, il débarquait à New York, pour un long exil : commentateur à *La Voix de l'Amérique*, il sut rassembler autour de lui un groupe de peintres surréalistes, animer la revue *VVV*, implanter, avec le soutien de Marcel Duchamp, l'esprit du mouvement sur le continent américain. C'est peu après sa rupture avec sa deuxième épouse qu'il rencontra à New York, en 1944, Elisa Claro-Bindhoff, qu'il épousa en 1945. Durant un voyage en Gaspésie (Canada), il écrivit ***Arcane 17*** (1944), tout à la fois rêverie sur la destinée, sur les « *grandes orgues de l'amour humain* » et réflexion sur les événements contemporains, dans le but de restaurer certains mythes, affirmant sa confiance dans la femme pour « *rédimer cette époque sauvage* ». Ses propos sur la révolte, « *créatrice de lumière* », enflammèrent la jeunesse d'Haïti, où il séjourna un trimestre, de décembre 1945 à février 1946, à l'invitation de Pierre Mabille, alors attaché culturel : aussi lui attribua-t-on la responsabilité d'une révolution fomentée dans l'île à son insu.

À son retour en France, il tenta de rassembler les jeunes enthousiasmés par ses poèmes ***Pleine marge*** (1943) et ***Ode à Charles Fourier*** (1947), mais on parlait davantage de l'existentialisme de Sartre — ce qui ne l'empêcha pas de polémiquer avec Tzara (rixe à la Sorbonne, 1947) et avec Camus à propos du chapitre consacré à Lautréamont dans *L'Homme révolté* (1952). Breton soutint le mouvement de Garry Davis et créa la Compagnie de l'art brut, destinée à promouvoir les œuvres marginales. Il publia dans les journaux qui voulaient bien l'accueillir (*Arts*, *Le Libertaire*), défendant sa conception de Baudelaire, de Rimbaud — ***Flagrant délit*** (1949) —, de Roussel, ou d'Artaud — articles et conférences furent rassemblés dans ***La Clé des champs*** (1953). Entre-temps, il multiplia les entretiens radiophoniques avec André Parinaud, conversations qu'il publia sous le titre ***Entretiens*** (1952). Il anima aussi une série de revues surréalistes (***Médium***, ***Le Surréalisme même***, ***Bief***, ***La Brèche***). En 1957, ***L'Art magique***, dans lequel il publia, outre son propre texte, les réactions de Caillois, Paulhan, mais aussi Jean Wahl, Lévi-Strauss et Heidegger à ce nouveau concept, attira l'attention sur l'« art primitif » — Breton lui-même accumula une immense collection d'art africain — et témoigna de son intérêt pour l'occultisme. En 1959, les 22 proses poétiques de ***Constellations*** firent écho à des gouaches de Mir. Toujours soucieux de défendre la liberté sur tous les plans, Breton, qui avait pris position contre le régime gaulliste et pour l'objection de conscience dès 1958 — en défendant les déserteurs incarcérés —, fut, en 1960, l'un des promoteurs de la « *Déclaration des 121, sur le droit à l'insoumission* », relative à la guerre d'Algérie. En 1965 — un an après avoir jugé non représentative celle qu'avait organisée Patrick Waldberg, à la galerie parisienne Charpentier, sous le titre *Le Surréalisme* —, il suscita la IXe Exposition internationale du surréalisme, *L'Écart absolu*, en référence à l'utopie fouriériste. Breton mourut à Paris, l'année suivante, d'une crise cardiaque survenue à Saint-Cirq-Lapopie (Lot), où il séjournait régulièrement depuis 1950 : comme il se l'était promis, la mort ne le surprit point la plume à la main.

THÉORIE LITTÉRAIRE

Théoricien amoureux de la théorie, Breton fut, bien entendu et avant tout, celui qui donna dès l'origine au surréalisme sa définition, en même temps que sa portée philosophique et sociale : « *Dictée de la pensée, en l'absence de tout contrôle exercé par la raison, en dehors de toute préoccupation esthétique ou morale.* [...] *croyance à la réalité supérieure de certaines formes d'associa-*

*tions négligées jusqu'à lui, à la toute-puissance du rêve, au jeu désintéressé de la pensée » **(Manifeste du surréalisme)**.* Mais Breton fut aussi l'homme des « contre » : sa faculté critique s'exerça maintes fois, comme dans l'affaire de *La Chasse spirituelle* (1949), un faux Rimbaud prétendument inédit qu'il fut le premier à suspecter. Il expliquait : « *Sans doute y a-t-il trop de* nord *en moi pour que je sois jamais l'homme de la pleine adhésion... Séduit, oui, je peux l'être, mais jamais jusqu'à me dissimuler le* point faillible *de ce qu'*un homme comme moi *me donne pour vrai* » (***Prolégomènes à un troisième manifeste du surréalisme ou non***, 1942). Sous son impulsion, le « *dogme de la révolte absolue, de l'insoumission totale, du sabotage en règle* » ***(Second Manifeste du surréalisme)*** fut placé d'emblée au cœur du mouvement. Il s'agissait moins d'une volonté de « *libération* » — prompte à s'éteindre une fois son objectif atteint — que d'une soif permanente de « *liberté,* [...] *qui reflète une vue inconditionnelle de ce qui* qualifie *l'homme et prête seule un sens appréciable au* devenir *humain* » ***(Arcane 17)***. Tous les moyens sont donc « *bons à employer pour ruiner les idées de* famille, *de* patrie, *de* religion » ***(Second Manifeste du surréalisme)***, et pour battre en brèche le réalisme : Breton nourrit une haine qui ne se démentit jamais envers le roman, dont les auteurs lui donnent l'impression qu'ils « *s'amusent à* [ses] *dépens* » ***(Manifeste du surréalisme)*** ; elle fut à l'origine de ses invectives contre Loti, Barrès, France dans ***Un cadavre*** et de ses premières divergences avec Aragon. De manière générale, il se montre sévère à l'égard de « *l'esprit français* », fait « *de blasement, d'atonie profonde qui se dissimule sous le masque de la légèreté, de la suffisance, du sens commun le plus éculé se prenant pour le bon sens, du scepticisme non éclairé, de la "roublardise"* » ***(Arcane 17)***. Selon lui, ce sont avant tout les mots qui nous donnent « *ce goût de l'argent, ces craintes limitantes, ce sentiment de la "patrie", cette horreur de notre destinée.* [...] *Le langage peut et doit être arraché à son servage. Plus de descriptions d'après nature, plus d'études de mœurs* » ***(Point du jour)***. Il s'agissait donc « *de retrouver le secret d'un langage dont les éléments cessassent de se comporter en épaves à la surface d'une mer morte* » (***Du surréalisme en ses œuvres vives***, 1952). Pour cela, trois voies : « *la liberté, la poésie et l'amour* » ***(Arcane 17)***. La première lève les tabous qui entravent les désirs : « *La grenouille qui voulait se faire plus grosse que le bœuf n'a éclaté que dans la courte mémoire du fabuliste* » ***(Point du jour)***. La deuxième renoue avec le merveilleux, « *toujours beau* » ***(Manifeste du surréalisme)***, l'esprit d'enfance où « *tout concourait* [...] *à la possession efficace, et sans aléas, de soi-même* » *(ibid.)*. S'agissant de la troisième, Breton croit à cette étrange loi de compensation selon laquelle d'un extrême malheur ne peut venir qu'un grand bonheur : « *C'est précisément par l'amour et par lui seul que se réalise au plus haut degré la fusion de l'essence et de l'existence...* » ***(Arcane 17)*** ; « *il ouvre les portes d'un monde où, par définition, il ne saurait plus être question de mal, de chute ou de péché* » ***(Du surréalisme en ses œuvres vives)***. Bien plus, il lui semble du devoir de l'artiste de « *faire prédominer au maximum tout ce qui ressortit au système féminin du monde* », de donner « *résolument le pas au prétendu "irrationnel" féminin* » et de tenir farouchement « *pour ennemi tout ce qui, ayant l'outrecuidance de se donner pour sûr, pour solide, porte en réalité la marque de* [l']*intransigeance masculine* » ***(Arcane 17)***.

Si les produits de « *la vie passive de l'intelligence* » que sont « *l'écriture automatique et les récits de rêves* » ***(Second Manifeste du surréalisme)*** ainsi que l'imagination, qui « fait *à elle seule les choses réelles* » ***(Manifeste du surréalisme)***, occupent une telle place dans la théorie surréaliste, c'est qu'ils permettent de battre en brèche le rationalisme, si prompt à « *réduire à l'extrême* » la sensation ***(L'Amour fou)***, de faire barrage à cette connaissance qui « *tend à substituer progressivement à la plus étonnante forêt vierge le plus décourageant des déserts sans mirages* » ***(Point du jour)***. Breton cherche à réunifier une personnalité partagée entre de faux contraires, à retrouver l'unité du rêve et de la réalité « *en une sorte de réalité absolue, de* surréalité » ***(Manifeste du surréalisme)*** : « *Il m'a paru et il me paraît encore, c'est même tout ce dont ce livre fait foi, qu'en examinant de près le contenu de l'activité la plus irréfléchie de l'esprit,* [...] *il est possible de mettre au jour un tissu capillaire dans l'ignorance duquel on s'ingénierait en vain à vouloir se figurer la circulation mentale* » ***(Les Vases communicants)***. Pour abolir les illusions et les conformismes mentaux hérités de la logique, l'instrument poétique par excellence est l'image, dont Breton fait la théorie notamment dans ***Signe ascendant*** (1948), et qui résulte du

« rapprochement en quelque sorte fortuit de deux termes » de même que *« la beauté de l'étincelle obtenue* [dépend de] *la différence de potentiel entre les deux conducteurs »* ***(Manifeste du surréalisme)*** : *« Chère imagination, ce que j'aime surtout en toi, c'est que tu ne pardonnes pas. [...] Ce n'est pas la crainte de la folie qui nous forcera à laisser en berne le drapeau de l'imagination » (ibid.)*. Breton préfère à cet égard les raccourcis de la métaphore — *« Je demande à ce qu'on tienne pour un crétin celui qui se refuserait encore* [...] *à* voir *un cheval galoper sur une tomate »* ***(Point du jour)*** — à la comparaison et à l'analogie : *« L'intraitable manie qui consiste à ramener l'inconnu au connu, au classable, berce les cerveaux »* ***(Manifeste du surréalisme)***.

Telle est la source d'une esthétique fondée sur le hasard objectif, la surprise qui *« dresse une nouvelle échelle des choses »* ***(Nadja)***, la *« trouvaille* [analogue aux] *brusques condensations atmosphériques dont l'effet est de rendre conductrices des régions qui ne l'étaient point »* ***(L'Amour fou)***. Si, à l'instar de Reverdy, Breton suppose que l'image sera *« d'autant plus agissante que les réalités qu'elle met en présence sont plus éloignées »* (***L'Un dans l'autre***, 1953), il donne à cette association un sens *« aucunement réversible. De la première de ces réalités à la seconde, elle marque une tension vitale tournée au possible vers la santé, le plaisir, la quiétude, la grâce rendue, les usages consentis. Elle a pour ennemis mortels le dépréciatif et le dépressif »* ***(Signe ascendant)***.

On comprend que la réussite de l'entreprise poétique, tout comme *« l'événement dont chacun est en droit d'attendre la révélation du sens de sa propre vie »*, ne s'obtienne *« pas au prix du travail »* ***(Nadja)*** : *« Rien ne sert d'être vivant, s'il faut qu'on travaille » (ibid.)*. Il faut donc éviter tout contresens à propos de la métaphore célèbre du cristal : *« Le cristal... La maison que j'habite, ma vie, ce que j'écris : je rêve que cela apparaisse de loin comme apparaissent de près ces cubes de sel gemme »* ***(L'Amour fou)***. Car cette *« beauté formelle »*, loin de reposer *« sur un travail de perfectionnement volontaire » (ibid.)*, résulte d'une sécrétion naturelle et spontanée, immédiatement saisissante : *« La beauté sera* CONVULSIVE *ou ne sera pas »* ***(Nadja)***. Breton se fait l'apologue du premier jet, du *« langage sans réserve »* ***(Manifeste du surréalisme)***, et trouve vain de *« corriger, se corriger, polir, reprendre, trouver à redire et non puiser aveuglément dans le trésor subjectif pour la seule tentation de jeter de-ci de-là sur le sable une poignée d'algues écumeuses et d'émeraudes »* ***(Point du jour)***. C'est pourquoi il préconise une écriture sans relecture : *« Dites-vous bien que la littérature est un des plus tristes chemins qui mènent à tout. Écrivez vite sans sujet préconçu, assez vite pour ne pas retenir et ne pas être tenté de vous relire »* ***(Manifeste du surréalisme)***. Au total, les corrections d'auteur *« ne parviennent* [...] *qu'à porter gravement préjudice à l'authenticité »* ***(L'Amour fou)***.

THÉORIE LITTÉRAIRE

Le nom de Breton est indissociable du surréalisme, pour le meilleur — la réhabilitation de toutes les vertus et de tous les pouvoirs de la magie en littérature : imagination, inventivité, liberté — et pour le pire — les excès d'un dogmatisme doctrinaire. Reste qu'à défaut d'avoir réalisé le double mot d'ordre marxo-rimbaldien dont il se réclamait *(« Transformer le monde et changer la vie »)*, Breton a vraiment transformé la littérature et changé la culture de son siècle, notamment par le rôle décisif qu'il joua auprès des peintres.

Le magicien des images

L'écriture de Breton se signale d'abord par la tension née des métaphores inattendues : *« À nouveau le fouet de nuit des drapeaux. Les yeux se ferment, comme après un éblouissement. Sur quelle route cingle ce fouet ? Où va si tard le voiturier, peut-être ivre, qui n'a même pas l'air d'avoir de lanterne ? »* ***(Arcane 17)***. C'est cette tension que mettent en œuvre, spectaculairement, l'écriture automatique des débuts, les cadavres exquis et le recours aux collages : *« Il est même permis d'intituler POÈME ce qu'on obtient par l'assemblage aussi gratuit que possible (observons, si vous voulez, la syntaxe) de titres et de fragments de titres découpés dans les journaux »* ***(Manifeste du surréalisme)***. Et l'auteur de citer :

Un éclat de rire
de saphir dans l'île de Ceylan

ou :

Les plus belles pailles
ont le teint fané
sous les verrous

(Manifeste du surréalisme)

Outre l'automatisme, sur lequel se fonda sa propre poétique, Breton est l'inventeur d'une forme nouvelle, le *« recueil surréaliste »*, où il s'efforce de respecter deux *« impératifs anti-littéraires »* (***Avant-dire*** à ***Nadja***, 1962) : rester le plus proche possible du style de l'observation médicale ; refuser les descriptions, ces *« superpositions d'images de catalogue »* **(*Manifeste du surréalisme*)**, les remplacer au besoin par des photographies, comme dans ***Nadja*** ou ***Les Vases communicants***. Sa prose fait alterner les périodes longues, où la syntaxe est parfois poussée à la limite du point de rupture, et les phrases brèves et ciselées : *« Le Pic du Teide à Tenerife est fait des éclairs du petit poignard de plaisir que les jolies femmes de Tolède gardent jour et nuit contre leur sein »* **(*L'Amour fou*)**.

Le style de Breton se fait volontiers sentencieux, définitif et méprisant, la démarche inquisitoriale facilitant les anathèmes : *« L'acte surréaliste le plus simple consiste, revolvers aux poings, à descendre dans la rue et à tirer au hasard, tant qu'on peut, dans la foule. Qui n'a pas eu, au moins une fois, envie d'en finir de la sorte avec le petit système d'avilissement et de crétinisation en vigueur a sa place toute marquée dans cette foule, ventre à hauteur de canon. [...] Inutile de discuter encore sur Rimbaud : Rimbaud s'est trompé, Rimbaud a voulu nous tromper. Il est coupable devant nous d'avoir permis, de ne pas avoir rendu tout à fait impossibles certaines interprétations déshonorantes de sa pensée, genre Claudel. [...] Crachons, en passant, sur Edgar Poe »* **(*Second Manifeste du surréalisme*)**.

Julien Gracq a mis en lumière les caractéristiques d'un style qui a bien des points communs avec le sien propre et l'originalité de la syntaxe de Breton : *« Jamais lisse, hérissée au contraire de crochets, de palpes et d'épines, la phrase de Breton — dût même sa "ligne" parfois s'en embrouiller — est une de celles (et c'est peu dire) qui craignent le moins d'*accrocher. *[...] Jamais chez lui la phrase n'est calculée en vue de sa fin — jamais sa* résolution *finale, si brillante qu'elle puisse parfois apparaître, ne se présente autrement que comme un expédient improvisé sur-le-champ, une* dernière chance *qui permet de sortir comme par miracle de l'impasse syntaxique » (André Breton, quelques aspects de l'écrivain)*.

Sa thématique est celle de la transparence, du cristal, de l'agate — dont il faisait collection — et, à l'opposé, du nocturne, du désir dont il entendait préserver *« l'infracassable noyau de nuit »*, pour mieux célébrer les femmes et l'amour. Le style de Breton, c'est d'abord une voix majestueuse, un ton soutenu, qu'on peut entendre ou percevoir dans ses ***Entretiens*** radiophoniques avec André Parinaud et qui, quoi qu'il en dise, ne refuse pas toujours la description : *« Je n'aurai pu, cette fois, dénicher du regard le perroquet de mer, mais un* fou *est venu planer de très près, j'ai eu le temps d'admirer sa tête safranée, son œil double émeraude entre deux accolements de ses ailes blanches effilées de noir »* **(*Arcane 17*)**.

Un contestataire très contesté

Breton, dont l'autorité — voire l'autoritarisme — sur le mouvement surréaliste fut perpétuellement contestée, en apparaît cependant comme le principal créateur et l'inlassable animateur durant plus de quarante ans. Il sut en maintenir l'indépendance, en dépit des dérives possibles que représentaient la politique — *« Que nous importe* [la] *renaissance artistique ? Vive la Révolution sociale et elle seule ! »* **(*Point du jour*)** — ou l'esthétique pure : l'histoire de l'automatisme, après dix ans, lui semblait celle *« d'une infortune continue. [...] Beaucoup, en effet, n'ont voulu y voir qu'une nouvelle science littéraire des* effets, *qu'ils n'ont eu rien de plus pressé que d'adapter aux besoins de leur petite industrie » (ibid.)*. Se forgeant une philosophie unitaire de la vie, il s'efforça de libérer la création poétique : *« La beauté sera CONVULSIVE ou ne sera pas »* **(*Nadja*)**. Son influence déborde largement l'audience de ses propres ouvrages. Reconnu dès 1920 par Jacques Rivière comme un talent d'avenir, Breton n'eut de cesse de rompre là où on l'attendait. D'une certaine façon, ses adversaires — eux-mêmes anciens surréalistes, à commencer par Desnos — lui rendirent hommage en publiant, à son encontre, le pamphlet *Un cadavre* (1930). Il affecta de se refuser la célébrité à lui-même, ce qui ne l'empêcha pas de l'atteindre de son vivant, grâce à ses nombreux et jeunes amis, et surtout grâce aux essais que lui consacrèrent Michel Carrouges, Julien Gracq, Victor Crastre, Claude Mauriac. Moins indifférent à la notoriété qu'il ne le prétendait, préférant parfois la stérilité de coups d'éclat spectaculaires et sans lendemain et n'hésitant pas à sacrifier des écrivains talentueux mais dissidents à une orthodoxie quasi idéologique, Breton, tout aussi doctrinaire et dogmatique que militant, contribua aussi, ce faisant, à limiter la diffusion du surréaslime et suscita un nombre incalculable de polémiques et de règlements de comptes dus à autant d'ostracismes. Toutefois, celui qu'on appela péjorativement *« le Pape du surréalisme »* se voyait plutôt antipape en Avignon, de la famille des grands indésirables. Aujourd'hui, si la place éminente de Breton dans la littérature du XXe siècle n'est guère contestée et si l'on redécouvre son rôle d'éclaireur majeur en peinture, son œuvre fait l'objet d'un inventaire plus critique. Il n'est pas sûr que celui qui pourfendit toute forme d'ordre et de respectabilité se fût réjoui de voir publier ses œuvres dans la prestigieuse « Bibliothèque de la Pléiade », à peine plus de vingt ans après sa mort : on peut y voir à la fois, la reconnaissance de son importance et le signe d'une certaine limite de sa capacité de subversion.

ŒUVRES

*L'**Amour fou***

Récit illustré, en 7 parties, publié chez Gallimard, le 2 février 1937 dans la collection « Métamorphoses ».

Les 7 articles indépendants qui composent ce recueil forment un ensemble cohérent, comme si chacun des chapitres avait été conçu, des années auparavant, pour y prendre place. Le 1er prolonge la réflexion de **Nadja**, en proclamant : *« La beauté convulsive sera érotique-voilée, explosante-fixe, magique-circonstancielle ou ne sera pas. »* Les chapitres suivants en sont une démonstration : une enquête surréaliste sur *« la rencontre capitale de votre vie »* amène la définition du hasard objectif, profondément lié aux *« ruses »* du désir (II). La mystérieuse sympathie de l'objet cherché et de l'objet trouvé suscite un éloge de la *« trouvaille »* et de son *« rôle catalyseur »*, à partir de deux objets dénichés dans une brocante en compagnie de Giacometti — et dont les photographies sont reproduites : un masque de métal qu'ils imaginent être *« un descendant très évolué du heaume, qui se fût laissé entraîner à flirter avec le loup de velours »*, et une grande cuillère en bois au manche orné d'un petit soulier (III). Puis c'est le récit de la rencontre avec la femme aimée, au soir du 29 mai 1934, de leur promenade auprès de la tour Saint-Jacques *« sous son voile pâle d'échafaudages qui, depuis des années maintenant, contribue à en faire le grand monument du monde à l'irrévélé »*. De l'explication vers à vers, et presque mot à mot, d'un poème de 1923, ***Tournesol***, Breton conclut qu'il annonçait de façon prémonitoire sa rencontre avec Jacqueline, *« la toute-puissante ordonnatrice de la nuit du tournesol »* (IV). La magie érotique de certains lieux guide alors un voyage qui nous mène au Pic du Teide à Tenerife, *« fait des éclairs du petit poignard de plaisir que les jolies femmes de Tolède gardent jour et nuit contre leur sein »*, à l'Etna évoqué par Sade dans *La Nouvelle Justine* (V) et aux abords de Lorient (VI). L'ouvrage s'achève par une lettre que le poète adresse à *« Écusette de Noireuil »*, surnom de sa fille Aube, née en 1935, pour le jour où elle atteindra seize ans, *« prête alors à incarner cette puissance éternelle de la femme, la seule devant laquelle je me sois jamais incliné »*. Justifiant sa conception de *« l'amour absolu, comme seul principe de sélection physique et morale qui puisse répondre de la non-vanité du témoignage, du passage humains »*, il exprime l'espérance que les conflits qu'est appelé à connaître l'amour incarné pourront être transcendés : *« Je vous souhaite d'être follement aimée »* (VII).

L'écriture à la 1re personne, présente tout au long du livre, relève tantôt du récit autobiographique, tantôt de la réflexion théorique pour finir sur le genre épistolaire. Comme dans **Nadja**, la fonction descriptive est dévolue à l'illustration photographique, due en grande partie à Man Ray, Brassaï et Dora Maar.

Rédigés de l'hiver 1933 à fin 1936, ces textes furent prépubliés en revues à l'exception du dernier : les 5 premiers chapitres dans *Minotaure*, revue dont Breton était, avec Eluard, l'un des principaux animateurs, et le 6e dans *Mesures*.

*Les **Champs magnétiques***

Recueil coécrit avec Soupault, et publié par les Éditions Au Sans Pareil, à Paris, en 1920.

L'ouvrage, écrit durant quinze jours en mai 1919, est la pièce fondatrice du mythe surréaliste, le livre *« par quoi tout commence »* selon Aragon. Le manuscrit établit la part de chacun des scripteurs — celle de Soupault étant majoritaire — qui, en alternant leurs proses, à vitesse croissante, se sont donné pour but de remplir des pages d'une *« écriture sans sujet »* (Breton), en dehors de toute censure, au mépris de ce qui en résulterait. La publication procède d'un montage de proses poétiques, de dialogues et de poèmes dont Breton est le seul responsable : *« Ce soir nous sommes deux devant ce fleuve qui déborde de notre désespoir. »* Soupault donne le ton, reflétant l'état d'esprit qui animait les auteurs au début de l'expérience. On perçoit, dans cet assemblage, certains thèmes récurrents tels que le rapport de l'individu au monde, les souvenirs d'enfance et de jeunesse distanciés, l'obsession du voyage, la hantise du vide. Enfin, le dernier chapitre, intitulé **La Fin de tout**, et constitué uniquement d'une enseigne où l'on peut lire : *« André Breton et Philippe Soupault / Bois & Charbons »*, marque avec humour ce à quoi cette publication les fait échapper, malgré la dédicace finale à Jacques Vaché qui a choisi la mort.

La *« dictée magique »* à laquelle les deux expérimentateurs se sont livrés produit une écriture fusionnelle où la voix de chacun n'est plus identifiable. Elle inaugure l'écriture automatique, révélant chacun des scripteurs à lui-même, produisant à leurs yeux des phrases à effet hallucinant telles *« Pneus pattes de velours »*, ou hilarant, à en croire les auteurs : *« Sur ces plages de galets tachés de sang, on peut entendre les tendres murmures des astres. »* Quant au lecteur, désorienté par certaines alliances de mots sémantiquement incompatibles *(« Notre squelette transparaît à travers les aurores successives de la chair... »)*, il se réjouit de trouvailles verbales *(« Tu m'as blessé avec ta fine cravache équatoriale, beauté à la robe de feu »)*, d'images absolument neuves et d'une polyphonie délicieusement illogique.

Expliquant leur démarche, Breton se réfère à Freud, en évoquant l'application du processus de l'association d'idées, tandis que Soupault allègue sa lecture de *L'Automatisme psychologique* de Janet, hostile à la psychanalyse. Pourquoi n'auraient-ils pas tous deux raison, dans la mesure où chacun interprétait à sa façon les données scientifiques, détournées à des fins poétiques ? Ne s'agissait-il pas de déterminer les sources de l'inspiration, ce qui aurait fait dire à Breton : *« Si c'est ça le génie, c'est facile »* ? Dès lors, toute la littérature soigneusement concertée était disqualifiée à ses yeux.

À l'avènement du surréalisme, ce texte précurseur a été tenu pour le modèle canonique de l'écriture automatique. Il n'a toutefois connu qu'un tirage à 300 exemplaires, durant cinquante ans.

Clair de terre

Recueil de poèmes publié sans autre nom d'éditeur que la mention « Collection Littérature » et tiré à 240 exemplaires, avec un portrait par Picasso, en novembre 1923.

C'est avec 5 récits de rêves que s'ouvre le recueil, comme pour indiquer une distance par rapport à la « littérature » dans le sens restrictif raillé lors de l'adoption de ce titre par la revue du même nom, qui a assuré l'édition du livre. Le caractère « narratif » de ces rêves est présent dans plusieurs poèmes en prose, par exemple **Les Reptiles cambrioleurs**, inquiétante saynète qui met en scène une petite fille, Marie, dont la mère *« ne jouit plus de toutes ses facultés »* : *« Elle demande à boire du lait de volcan et on lui amène de l'eau minérale. »* La prose comme le vers libre mettent en œuvre l'écriture automatique pratiquée depuis **Les Champs magnétiques** — et qui trouva sa justification théorique dans le ***Manifeste du surréalisme***, un an plus tard —, dans des poèmes rythmés par le jeu musical des vocables, les analogies et la fulgurance d'images improbables : *La lettre cachetée aux trois coins d'un poisson / passait maintenant dans la lumière des faubourgs / Comme une enseigne de dompteur* **(Au regard des divinités)**. Dans cette œuvre apparemment disparate, Breton, comme *« penché sur l'ovale du désir intérieur »* ***(Il n'y a pas à sortir de là)***, livre une poésie souvent lumineuse : *Si seulement il faisait du soleil cette nuit / Si dans le fond de l'Opéra deux seins miroitants et clairs / Composaient pour le mot amour la plus merveilleuse lettrine vivante* ***(L'Aigrette)***. Mais aussi déconcertante dans ses associations et ses sonorités : *C'est la nouvelle Quelque Chose travaillé au socle et à l'archet l'arche / L'air est taillé comme un diamant* ***(« C'est aussi le bagne... »)***. Ou encore dans la désinvolture avec laquelle il pratique le collage — une page d'annuaire ouvert au nom « Breton » ***(Psst)*** —, ou les jeux typographiques — un poème constitué du seul mot *« Ile »* en grosses lettres renversées.

Partout s'y affirme la vocation subversive, mais aussi toujours « communicante » de la poésie, que ce soit entre les mondes de la veille et du rêve, ou à l'intérieur du temps. Ainsi, ***Tournesol*** est un poème prémonitoire (analysé ensuite dans ***L'Amour fou***), où *« la voyageuse qui traversa les Halles à la tombée de l'été »* est la femme que Breton rencontra dix ans plus tard. Ce recueil, marqué par Dada et le caractère expérimental des premiers travaux du futur groupe surréaliste, a déjà les accents d'un manifeste, et la puissance d'interrogation ontologique que l'on retrouve notamment dans **Nadja** : *Plutôt la vie avec ses draps conjuratoires / Ses cicatrices d'évasions / Plutôt la vie cette rosace sur ma tombe / La vie de la présence rien que de la présence / Où une voix me dit Es-tu là où une autre répond Es-tu là* ***(Plutôt la vie)***. Sans établir de lien thématique ou formel entre ces textes, Breton projette, dans ce *« clair de terre »* aux éclairages d'aurores boréales ou de *« lampes arctiques »* (***Le Soleil en laisse***, dédié à Picasso), des visions où les couleurs et le blanc, les phénomènes d'ombre et de lumière, donnent à ces variations une sorte d'unité, celle d'un regard : *Je ne suis le jouet d'aucune puissance sensorielle / Et pourtant le grillon qui chantait dans les cheveux de cendre / Un soir près la statue d'Étienne Marcel / M'a jeté* *un coup d'œil d'intelligence / André Breton a-t-il dit passe* **(Tournesol)**.

Breton composa ces poèmes en 1923 après avoir déclaré à Vitrac qu'il n'écrirait plus : cette nouvelle, annoncée dans le *Journal du peuple* en avril, est reproduite en épigraphe du dernier texte, ***À Rrose Sélavy***. Six de ces poèmes furent prépubliés dans la revue ***Littérature*** en octobre de la même année.

Nadja

Récit publié chez Gallimard le 25 mai 1928, et réédité en 1963 dans une version « *entièrement revue par l'auteur* », avec l'adjonction d'un ***Avant-dire*** et de notes de bas de page.

Ce texte autobiographique s'ouvre sur un long prologue né d'une question simple et insoluble : « *Qui suis-je ?* » Tournant le dos à la vieille « *affabulation romanesque* », la notation, à la fois volontairement objective et sans plan préconçu, de faits de la vie quotidienne du narrateur et de sa subjectivité nous plonge d'emblée dans une conception du surréalisme comme mode de vie : il est fait de déambulations au hasard, dans un Paris insolite, d'un narrateur seul ou en compagnie de ses amis, Aragon, Soupault ou Desnos, de sensations éprouvées devant certains lieux et objets dotés d'un magnétisme singulier, comme la statue d'Étienne Dolet, place Maubert, qui l'a « *toujours tout ensemble attiré et* [lui a] *causé un insupportable malaise* », une pièce de Grand-Guignol, ou un film vu, selon leur habitude, sans avoir consulté le programme.

Au 2e tiers du livre se produit « *l'entrée en scène* » de Nadja, et débute le récit de sa relation avec le narrateur. Qui est Nadja ? On sait qu'il s'agit d'une jeune fille pauvre venue de son Nord natal en 1923, Léona D., rencontrée dans la rue en 1926, internée dans un hôpital psychiatrique quelques mois plus tard, et dont les lettres et dessins ont été conservés : « *Elle me dit son nom, celui qu'elle s'est choisi : "Nadja parce qu'en russe c'est le commencement du mot espérance, et parce que ce n'en est que le commencement."* » À cette question posée par Breton, « *Qui êtes-vous ?* », Nadja répond : « *Je suis l'âme errante.* » Leur histoire, bien au-delà du cas clinique — qui donne l'occasion à Breton de manifester son mépris envers la psychiatrie —, est le conte même de l'expérience surréaliste : l'errance urbaine d'un guetteur à l'affût des signes et des ondes émis par les coïncidences et les analogies croise l'errance psychique d'une femme, fragile détentrice d'une vérité étrangère à celle de la rationalité. Elle s'exprime par phrases énigmatiques (« *Si vous vouliez, pour vous je ne serais rien, ou qu'une trace* ») et par images — qu'elle dessine parfois —, visions souvent effrayantes, et divinations : elle « reconnaît » un masque africain qu'elle n'a jamais vu. Lors de chaque rencontre, dans des cafés ou dans la rue, le narrateur observe et écoute Nadja, avec un mélange de fascination et d'inquiétude qui crée la tension tragique de cette relation : « *D'où vient que projetés ensemble, une fois pour toutes, si loin de la terre, dans les courts intervalles que nous laissait notre merveilleuse stupeur, nous ayons pu échanger quelques vues incroyablement concordantes par-dessus les décombres fumeux de la vieille pensée et de la sempiternelle vie ?* »

Ces échanges de signes entre deux « fantômes » sont les étapes d'une quête initiatique dont la médiatrice semble devoir disparaître pour qu'un nouvel amour soit possible. Les dernières pages sont adressées à la femme aimée (Suzanne Musard), comme celles de ***L'Amour fou*** le furent à la fille du poète : « *Tu n'es pas une énigme pour moi.* »

La forme du journal justifie l'emploi d'un mélange de présent et d'imparfait qui rappelle aussi celui des récits de rêves. Dans cette construction en séquences discontinues, le temps de l'écriture et celui des faits se télescopent. Les commentaires et analyses apportés par le narrateur sur les événements, la précision des lieux et des dates, les documents reproduits (programme de cinéma, photos et dessins) renforcent l'étrangeté de cette aventure dont la signification profonde ne peut se livrer, si ce n'est sous une forme interrogative ; c'est une suite de questions que suscite cette brève rencontre : « *Se peut-il qu'ici cette poursuite éperdue prenne fin ?* [...] *Qui étions-nous devant la réalité, cette réalité que je sais maintenant couchée aux pieds de Nadja, comme un chien fourbe ?* [...] *Est-ce vous Nadja ? Est-il vrai que l'*au-delà, *tout l'au-delà soit dans cette vie ? Qui vive ? Est-ce moi seul ? Est-ce moi-même ?* »

Breton commença la rédaction de ces textes au manoir d'Ango, près de Varengeville, en août 1927. Deux fragments furent prépubliés la même année dans *Commerce* et dans *La Révolution surréaliste*.

Le livre reçut les éloges attendus de Crevel dans *Comœdia*, de Daumal dans les *Cahiers du Sud*. Mais le succès de ***Nadja*** dépassa rapidement le cercle des amis de Breton, même si la critique fut parfois perplexe devant ce texte inclassable. Pour Morand, c'est avec cette œuvre que le surréalisme « *donne enfin sa fleur et cette fleur, Nadja, est un roman* » (*Nouvelles littéraires*, 10 déc. 1928).

CITATIONS

L'œuvre d'art, au même titre d'ailleurs que tel fragment de la vie humaine considérée dans sa signification la plus grave, me paraît dénuée de valeur si elle ne présente pas la dureté, la rigidité, la régularité, le lustre sur toutes ses faces extérieures, intérieures, du cristal.

L'Amour fou, I.

Je ne nie pas que l'amour ait maille à partir avec la vie. Je dis qu'il doit vaincre et pour cela s'être élevé à une telle conscience poétique de lui-même que tout ce qu'il rencontre nécessairement d'hostile se fonde au foyer de sa propre gloire.

L'Amour fou, VII.

Je vous souhaite d'être follement aimée.

L'Amour fou, VII.

Nous sommes à la recherche, nous sommes sur la trace d'une vérité morale dont le moins qu'on puisse dire est qu'elle nous interdit d'agir avec circonspection. Il faut que cette vérité soit aveuglante.

Lettre aux voyantes.

Chère imagination, ce que j'aime surtout en toi, c'est que tu ne pardonnes pas.

Manifeste du surréalisme.

Les confidences des fous, je passerais ma vie à les provoquer. Ce sont gens d'une honnêteté scrupuleuse, et dont l'innocence n'a d'égale que la mienne.

Manifeste du surréalisme.

Ce n'est pas la crainte de la folie qui nous forcera à laisser en berne le drapeau de l'imagination.

Manifeste du surréalisme.

Tranchons-en : le merveilleux est toujours beau, il n'y a même que le merveilleux qui soit beau.

Manifeste du surréalisme.

Ce qu'il y a d'admirable dans le fantastique, c'est qu'il n'y a plus de fantastique : il n'y a que le réel.

Note, in *Manifeste du surréalisme.*

SURRÉALISME, n. m. Automatisme psychique pur par lequel on se propose d'exprimer, soit verbalement, soit par écrit, soit de toute autre manière, le fonctionnement réel de la pensée. Dictée de la pensée, en l'absence de tout contrôle exercé par la raison, en dehors de toute préoccupation esthétique ou morale.
ENCYCL. *Philos.* Le surréalisme repose sur la croyance à la réalité supérieure de certaines formes d'associations négligées jusqu'à lui, à la toute puissance du rêve, au jeu désintéressé de la pensée. Il tend à ruiner définitivement tous les autres mécanismes psychiques et à se substituer à eux dans la résolution des principaux problèmes de la vie.

Note, in *Manifeste du surréalisme.*

Je demande, pour ma part, à être conduit au cimetière dans une voiture de déménagement.

Contre la mort, in *Manifeste du surréalisme.*

Elle me dit son nom, celui qu'elle s'est choisi : *« Nadja, parce qu'en russe c'est le commencement du mot* espérance, *et parce que ce n'en est que le commencement. »*

Nadja.

Je hais, moi, de toutes mes forces, cet asservissement qu'on veut me faire valoir. Je plains l'homme d'y être condamné, de ne pouvoir en général s'y soustraire, mais ce n'est pas la dureté de sa peine qui me dispose en sa faveur, c'est et ce ne saurait être que la vigueur de sa protestation.

Nadja.

Ne pas alourdir ses pensées du poids de ses souliers.

Nadja.

La beauté sera CONVULSIVE ou ne sera pas.

Nadja.

Il semble que de toutes parts la civilisation bourgeoise se trouve plus inexorablement condamnée du fait de son manque absolu de justification poétique.

Position politique de l'art d'aujourd'hui.

Tout porte à croire qu'il existe un certain point de l'esprit d'où la vie et la mort, le réel et l'imaginaire, le passé et le futur, le communicable et l'incommunicable, le haut et le bas cessent d'être perçus contradictoirement. Or, c'est en vain qu'on chercherait à l'activité surréaliste un autre mobile que l'espoir de détermination de ce point.

Second Manifeste du surréalisme.

En matière de révolte, aucun de nous ne doit avoir besoin d'ancêtres.

Second Manifeste du surréalisme.

Nous combattons sous toutes leurs formes l'indifférence poétique, la distraction d'art, la recherche érudite, la spéculation pure, nous ne voulons rien avoir de commun avec les petits ni avec les grands épargnants de l'esprit.

Second Manifeste du surréalisme.

Le problème de l'action sociale n'est, je tiens à y revenir et j'y insiste, qu'une des formes d'un problème plus général que le surréalisme s'est mis en devoir de soulever et qui est *celui de l'expression humaine sous toutes ses formes.*

Second Manifeste du surréalisme.

JUGEMENTS

« *Je n'ai pas grand-chose à dire sur la personne d'André Breton que je ne connais guère. Je ne m'intéressais pas à ses rapports de police.* [...]
Ci-gît le bœuf Breton, le vieil esthète, faux révolutionnaire à tête de Christ. [...]
Un homme qui a du respect plein la bouche n'est pas un homme mais un bœuf, un prêtre ou encore, un représentant d'une espèce innommable, animal à grande tignasse et tête à crachats, le Lion châtré. »

Georges Bataille, *Le Lion châtré*, in *Œuvres complètes*, t. I, Gallimard, posthume, 1970.

« *Avec son visage aux traits réguliers, au nez droit, aux yeux clairs, sa crinière d'artiste qui dégageait son front et retombait en boucles sur la nuque, il ressemblait à un Oscar Wilde, qu'une brusque substitution glandulaire aurait rendu plus énergique, plus mâle.* »

Brassaï, *Conversations avec Picasso*, Gallimard, 1964.

« *Les signes chez Breton ne s'arrêtent pas à l'univers visible : il les projette dans le monde fabuleux où s'épanouit sans vieillir la Femme-Enfant et où passent les Grands Transparents à la fois médiateurs de la réalité dérobée et ectoplasmes bienfaisants dont l'intercession silencieuse guide les voyants sensibilisés à la fascination des merveilles. L'univers tout entier se trouve balisé par les signes. Il s'agit de savoir les identifier ou plutôt d'apprendre à les* charger, *au sens que le mot prend en électricité, mais aussi en magie.* »

Roger Caillois, *Obliques*, Gallimard, 1987.

« [...] *faute de pouvoir se donner la morale et les valeurs dont il a clairement senti la nécessité, on sait assez que Breton a choisi l'amour. Dans la chiennerie de son temps, et ceci ne peut s'oublier, il est le seul à avoir parlé profondément de l'amour.* »

Albert Camus, *L'Homme révolté*, Gallimard, 1951.

« [...] *ce petit provincial d'André Breton, qui singe Lamennais comme un B.O.F. (beurre, œufs, fromages) le vieux Rothschild !* »

Blaise Cendrars, *Bourlinguer*, Denoël, 1948.

« [...] *le vavassal André Breton, qui portait* [...] *cet air ubuesque de grand homme de province à qui, un jour, la patrie SERAIT reconnaissante et qui n'a jamais pu se libérer de cette grossesse nerveuse de gloire anthume* [...]. »

Blaise Cendrars, *Blaise Cendrars vous parle*, 1950, in *Œuvres complètes*, t. XIII, Club français du livre, 1969.

« *Breton : tant et tant d'intransigeance pour une si petite déchéance !* »

Salvador Dalí, *Journal d'un génie*, 19 mai 1953, La Table ronde, 1964.

« *Breton a dit :* "La beauté sera convulsive ou ne sera pas." *Le nouvel âge surréaliste du "cannibalisme des objets" justifie également cette conclusion.* "La beauté sera comestible ou ne sera pas." »

Salvador Dalí, *Les Cocus du vieil art moderne*, Grasset, 1956.

« *Il est des hommes à propos desquels l'image d'une flamme se figure irrésistiblement. L'un deux est André Breton.*
[...]
Breton faisant des bénéfices sur le surréalisme n'est pas différent du Pape percevant, à son profit, le denier de Saint-Pierre.
[...]
Breton est le type du personnage qui vit sur l'idée de révolution et non sur l'acte. Aux premiers troubles, il partira à Coblence. »

Robert Desnos, *Nouvelles Hébrides (1922-1930)*, Gallimard, posthume, 1978.

« *S'il veut saisir à son niveau profond ce qu'un auteur récent a nommé* "le désarroi français en 1938", *le lecteur doit regarder davantage vers la critique littéraire ou philosophique que vers la politique. C'est là que le véritable éclatement du positivisme républicain qui a suivi la Première Guerre mondiale se laisse le mieux voir, en même temps que les fragments hétérogènes d'un nihilisme esthétique dont il a jonché l'espace culturel. Le plus beau de ces fragments, le surréalisme, s'est désintégré de l'intérieur sous l'effet de son propre éclectisme, et de l'extérieur par la concurrence du communisme. Il a légué Aragon aux campagnes du Komintern, et bientôt fait de Breton un prophète sans prophétie, un* "révolutionnaire sans révolution", *une grande voix qui très tôt n'a plus grand-chose à dire. Signe de ce siècle, l'écrivain français dont le type d'esprit était le plus adapté à exercer cette magistrature morale que la tradition nationale confie à la littérature, cet écrivain-là doit se taire, ou quasiment, à trente-cinq ans. Refus de mentir qui l'honore, mais qui révèle aussi l'étroitesse, la fragilité de sa philosophie : vienne à s'éteindre la flamme révolutionnaire à l'est de l'Europe, et le voici comme intimidé parce que l'histoire lui a manqué. S'il veut la ranimer, cette flamme, par ses propres moyens, quelle faiblesse ! et quelle solitude ! André Breton restera du siècle un témoin extraordinaire, grandi même par son retrait et par le consentement prématuré à l'oubli. L'époque l'a très tôt condamné à mesurer stoïquement l'échec de sa magistrature d'idées : plus réaliste, en ce sens, que son ami Trotski, autre exilé, autre indomptable, mais acharné, lui, à démentir les démentis de l'histoire.*
Le mouvement surréaliste est mort prématurément de n'avoir plus rien à dire sur la révolution, dont il avait fait son mot d'ordre. Le chantage communiste l'a brisé. L'histoire, en lui confisquant son gri-gri, a rendu ses affidés à la liberté aristocratique naturelle aux écrivains et aux artistes. Liberté qu'Aragon a abdiquée en choisissant une servitude beaucoup plus rigoureuse que celle de la condition bourgeoise ; au moins y retrouve-t-il à la fois des rôles politiques et les grands genres littéraires. Quant à Breton, roi privé de royaume, Trotski de la littérature, il est devenu un génie

sans emploi. Ce qui survit du surréalisme n'obéit plus à sa férule et d'ailleurs n'a rien gardé de la majesté classique de son style. C'est l'anathème antibourgeois, plus violent que jamais, mais délivré de tout usage politique, émancipé aussi des formes canoniques. Du Nietzsche et du Freud plutôt que du Marx, enveloppé dans une littérature d'éclats. »

François FURET, *Le Passé d'une illusion. Essai sur l'idée communiste au XXe siècle*, chap. 8, Laffont/Calmann-Lévy, 1995.

« *Rien ne pourrait être plus surréaliste qu'André Breton lui-même, avec toute la dignité et le maintien royal qu'il possède authentiquement, avec sa longue chevelure qu'il repousse de son visage léonin, ses grands yeux et ses traits hardis, se penchant sur ma main pour la baiser sur l'impériale d'un autobus dans la Cinquième Avenue.* »

Anaïs NIN, *Journal*, t. III, octobre 1941, Stock, 1971.

« *Breton est mort. Tout est à recommencer.* »

Jean PAULHAN, *Les Amis, les Voisins*, 1967, in *Œuvres complètes*, t. IV, Cercle du livre précieux, posthume, 1969.

« *L'écriture automatique n'est plus qu'un divertissement de week-end nuageux.* »

Angelo RINALDI, « André Breton », in *L'Express*, 27 mai 1988.

« *Le collier des perles surréalistes est surabondamment fourni. Il est vrai que je n'étais pas né à l'époque où Breton, Benjamin Péret, Pierre Unik, Soupault, Aragon, Eluard, et quelques autres transfuges du dadaïsme, expérimentaient leur nouveau joujou. On demeure confondu devant tant de niaiseries exprimées par des poètes suffisamment informés de ce qui, sous le couvert de la poésie, avait été publié antérieurement à leur intervention. Loin de moi l'idée de m'insurger contre l'usage le plus complet qui se soit fait ou se puisse faire de la liberté d'expression poétique. Nous devons à Tzara, à Breton et à leurs amis, toute une série de questions qui, si elles n'obtinrent pas souvent de réponses satisfaisantes de la part de ceux qui les posaient, méritaient d'être posées. Sans les surréalistes nous ne serions pas les poètes libres que nous sommes. Toutefois, cela ne saurait conduire à considérer qu'il suffit d'écrire* "savonnette parfumée" *sur la casquette d'un chef de gare, pour être Shakespeare. [...] J'éprouve le plus grand respect pour Eluard, Aragon, Desnos, René Char pour n'en citer que quelques-uns mais il n'empêche que Blaise Cendrars, Max Jacob, René-Guy Cadou, René Daumal, Audiberti, Saint-John Perse ou Marie Noël (il en est d'autres), me paraissent aussi fréquentables, bien que ne s'étant pas livrés à la provocation et à la proclamation péremptoire de théories présentées comme de nouvelles tables de la loi, intangibles et universelles.*

Ce qui, "ici comme ailleurs", dans l'aspect négatif du mouvement surréaliste, fut le plus dommageable à la poésie est "invisible", à savoir que par son tintamarre orchestré, ses scandales chroniques, érigés en système de promotion (durant plusieurs décennies), André Breton aura globalement capté et accaparé l'attention du public et de la critique, au détriment de poètes qui, pour avoir été moins tapageurs, n'en étaient peut-être pas moins décisifs. »

Jean-Pierre ROSNAY, *Préface* à *Vivre en Poésie*, n° 5, 1999.

« *André Breton, homme inexpugnable, méritait un beau nom de rocher, le mot* brisant. »

Claude ROY, *La Fleur du temps*, Gallimard, 1988.

« *Il était assez timide, un peu hautain mais très amical, fraternel même, attentif. Il était inquiet, se sentait et se savait très seul. Il ne se faisait pas d'illusions. [...] Il était aussi d'une extrême sensibilité. Me sachant assez malade, il me donnait, chaque fois que nous nous rencontrions, des conseils et me mettait en garde contre les excès que j'aurais pu commettre et que je commettais. D'une modestie que ses attitudes ne permettaient pas de discerner, il doutait de ses dons. Il s'enthousiasmait facilement mais aussi critiquait âprement. Ce qui surprenait, c'était qu'il était extrêmement poli, d'une amabilité inattendue alors qu'il pouvait parfois être violent. Il ne se livrait pas facilement et ne parlait jamais de son enfance, ni de son adolescence, ni de sa famille, ni de son éducation, ni de son instruction. Son écriture si nette, si appliquée, m'étonna lorsqu'il me fit lire ses poèmes.* »

Philippe SOUPAULT, *Mémoires de l'oubli*, t. I, *1914-1923*, Lachenal et Ritter, 1981.

BIBLIOGRAPHIE

Éditions

Œuvres complètes, éd. M. BONNET, « Pléiade », Gallimard, 1988 et 1992, 2 vol. parus.

L'Amour fou, « Folio », Gallimard, 1976.

Les Champs magnétiques, « Poésie », Gallimard, 1971 ; éd. L. LACHENAL et C. RITTER [manuscrit original fac-similé avec transcription et notes de S. FAUCHEREAU et L. LACHENAL], Lachenal et Ritter, 1988.

Clair de terre, préf. A. JOUFFROY, « Poésie », Gallimard, 1966.

Nadja, éd. M. MEYER, « Folio Plus », Gallimard, 1998.

Études

M. BALLABRIGA, *Sémiotique du surréalisme. André Breton ou la Cohérence*, « Champs du Signe », P.U. du Mirail, Toulouse, 1995.

A. de La Beaumelle et I. Monod-Fontaine, *Catalogue de l'exposition « André Breton. La Beauté convulsive »*, Musée national d'art moderne, Éd. du Centre Georges-Pompidou, 1991.

H. Béhar, *André Breton, le Grand Indésirable*, Calmann-Lévy, 1990.

M. Bonnet, *André Breton, naissance de l'aventure surréaliste*, Corti, 1975, rééd. 1992.

M. Carrouges, *André Breton et les Données fondamentales du surréalisme*, Gallimard, 1950.

M.-Cl. Dumas, *André Breton en perspective cavalière*, « Cahiers de la *NRF* », Gallimard, 1996.

M. Eigeldinger, *André Breton, essais et témoignages*, La Baconnière, Neuchâtel (CH), 1949.

G. Gasarian, « Vers et Prose chez Breton », in *Littérature*, n° 91, 1993 ; « La Rhétorique érotique chez Breton », in *Poétique*, n° 94, 1993.

J. Gracq, *André Breton, quelques aspects de l'écrivain*, Corti, 1948.

P. Mourier-Casile, *André Breton, explorateur de la mère-noire*, PUF, 1986.

M. Murat, *André Breton*, « Cahiers de l'Herne », L'Herne, 1998.

J. Pierre, *André Breton et la Peinture*, L'Âge d'Homme, Lausanne (CH), 1987.

M. Polizzotti, *André Breton. La Révolte supérieure de l'esprit*, trad. franç. J.-Fr. Sené, Gallimard, 1999.

M. Saporta, *André Breton ou le Surréalisme, même*, L'Âge d'Homme, Lausanne (CH), 1988.

V. Zotz, *André Breton*, Somogy, 1991.

CAMUS

Albert CAMUS

Mondovi (Algérie) 1913 – Villeblevin (act. Yonne) 1960

Prix Nobel

« [...] *sa mort laisse en moi un vide énorme. Nous avions tellement* besoin *de ce juste.* »

Eugène IONESCO, *Notes et Contre-Notes*, Gallimard, 1962.

« *En décernant son prix à Camus, le Nobel couronne une œuvre terminée.* »

Jacques LAURENT, in *Arts*, 24 octobre 1957.

Une vie de combats

Entre misère et beauté

Né en Algérie, Camus, entre le silence d'une mère incapable de lire ou d'écrire, et l'absence d'un père qu'il ne « connut » qu'en photographie, fut doublement étranger à l'intelligentsia française. Sa mère était illettrée, et son père, qui était ouvrier caviste dans une exploitation vinicole, blessé à la bataille de la Marne, mourut à Saint-Brieuc « *le crâne ouvert. Aveugle et agonisant pendant une semaine* [...]. *Il était mort au champ d'honneur, comme on dit* » ***(L'Envers et l'Endroit)***. Installée à Alger, dans le quartier populaire de Belcourt, sa mère faisait des ménages, parlant peu : « *Je n'ai pas appris la liberté dans Marx. Il est vrai : je l'ai apprise dans la misère* » ***(Actuelles I)***. Remarqué par un instituteur, Louis Germain — à qui Camus dédia les ***Discours de Suède***, au lendemain du Nobel —, encouragé à lire par un oncle boucher passionné de littérature, l'enfant pauvre obtint une bourse qui lui permit de suivre des études secondaires puis universitaires. Au poste de gardien de but, il fit partie de l'équipe de football, « *tant aimée* », du Racing universitaire d'Alger — Camus confia plus tard que, si sa santé le lui avait permis, il eût choisi de devenir footballeur. La tuberculose — contractée dès 1930 — lui interdit de passer l'agrégation de philosophie : « *Cette maladie sans doute ajoutait d'autres entraves, et les plus dures, à celles qui étaient déjà les miennes. Elle favorisait finalement cette liberté de cœur, cette légère distance à l'égard des intérêts humains qui m'a toujours préservé du ressentiment* » (***Préface*** à ***L'Envers et l'Endroit***). Il se tourna alors vers l'action culturelle et le journalisme. La troupe théâtrale dont il fut l'animateur à Alger annonçait, par son esthétique et sa programmation, le Théâtre national populaire de l'après-guerre. Entre 1935 et 1937 — année de son exclusion —, il fut membre du parti communiste, sans être marxiste, car l'enseignement de son maître Jean Grenier, son professeur en lettres supérieures en 1932, l'avait pour toujours immunisé contre l'esprit d'orthodoxie. En 1936, son diplôme d'études supérieures en philosophie était consacré aux rapports entre l'hellénisme et le christianisme : ***Entre Plotin et saint Augustin***. La même année, il se sépara de Simone Hié, épousée en 1934 et qui ne put jamais « *se défaire de son habitude de la drogue* » (***Carnets II***, posth., 1964). En 1937, Camus commença la rédaction de son premier roman, ***La Mort heureuse***, avec pour personnage principal Mersault : rédaction interrompue par celle de ***L'Étranger***, dont le protagoniste devint Meursault ; l'œuvre ne fut pas publiée du vivant de Camus. Cette même année, il fut nommé professeur de collège à Sidi Bel-Abbès : il fit le déplacement puis se ravisa, « *devant ce qu'avait de définitif une semblable installation* » (***Carnets I***, posth., 1962), sans même se présenter dans son établissement. Ses premiers écrits publiés, ***L'Envers et l'Endroit*** (1937) et ***Noces*** (1939), parurent chez le petit éditeur algérois Edmond Charlot. Dans ***L'Envers et l'Endroit***, il évoque sa mère, son enfance, « *le monde de pauvreté et de lumière* », où il a vécu : « *Pour corriger une indifférence naturelle, je fus placé à mi-distance de la misère et du soleil. La misère m'empêcha de croire que tout est bien sous le soleil et dans l'Histoire ; le soleil m'apprit que l'Histoire n'est pas tout.* » Mais Camus y développe aussi les thèmes majeurs de son œuvre future — la lucidité face à l'absurdité du réel, le scandale de la mort, le déchirement de la conscience —, explicitant ainsi un titre alternatif qui annonçait déjà celui, en forme de dilemme fondamental, de ***L'Exil et le Royaume*** : « *Il n'y a pas d'amour de vivre sans désespoir de vivre.* [...] *Je tiens au monde par tous mes gestes, aux hommes par toute ma pitié et ma reconnaissance. Entre cet endroit et cet envers du monde, je ne veux pas choisir, je n'aime pas qu'on choisisse* [...]. *Le grand courage c'est encore de tenir les yeux ouverts sur la lumière comme sur la mort* » (***Amour de vivre***, in ***L'Envers et l'Endroit***). ***Noces*** est un hymne à la mer et au soleil, à la sensualité, à la liberté, aux « *fêtes de la terre et de la beauté* » : « *Je comprends ici ce qu'on appelle gloire : le droit d'aimer, sans mesure.* [...] *Tout à l'heure,* *quand je me jetterai dans les absinthes pour me faire entrer leur parfum dans le corps, j'aurai conscience, contre tous les préjugés, d'accomplir une vérité qui est celle du soleil, et qui sera aussi celle de la mort* » (***Noces à Tipasa***, in ***Noces***). Entre-temps, en 1938, Camus publia, dans *Alger républicain*, un élogieux article sur *La Nausée* de Sartre, qui révélait néanmoins aussi leurs divergences futures : « *Un roman n'est jamais qu'une philosophie mise en images. [...] C'est ici un premier roman d'un écrivain dont on peut tout attendre. Une souplesse si naturelle à se maintenir aux extrémités de la pensée consciente, une lucidité si douloureuse, révèlent des dons sans limites. Cela suffit pour qu'on aime* La Nausée *comme le premier appel d'un esprit singulier et vigoureux dont nous attendons avec impatience les œuvres et les leçons à venir.* » La censure ayant eu raison des deux quotidiens *Alger républicain* et *Le Soir républicain* auxquels il collaborait, Camus s'installa à Paris en 1940, et travailla comme secrétaire de rédaction à *Paris-Soir*. De retour en Algérie en 1941-1942, après s'être remarié — fin 1940, avec Francine Faure, dont il eut 2 enfants, Catherine et Jean, nés en 1945 —, il enseigna quelque temps et tenta de mettre sur pied un mouvement de résistance, mais la maladie le contraignit à retourner en France pour se soigner. En 1942, les éditions Gallimard, sollicitées par Malraux, publièrent ***L'Étranger***.

L'Étranger et ***Le Mythe de Sisyphe***, essai publié quelques mois plus tard par Gallimard, en octobre 1942, firent aussitôt de Camus un écrivain majeur de sa génération. La narration de Meursault, dérangeante à force d'indifférence apparente, signala l'originalité du romancier, tandis que ***Sisyphe*** souligna la force de l'essayiste : « *Le suicide est une méconnaissance. L'homme absurde ne peut donc épuiser, et s'épuiser. L'absurde est sa tension la plus extrême, celle qu'il maintient constamment d'un effort solitaire, car il sait que, dans cette conscience et dans cette révolte au jour le jour, il témoigne de sa seule vérité qui est le défi.* [...] *Tous les héros de Dostoïevsky s'interrogent sur le sens de la vie. C'est en cela qu'ils sont modernes : ils ne craignent pas le ridicule.* [...] *La lutte elle-même vers les sommets suffit à remplir un cœur d'homme. Il faut imaginer Sisyphe heureux* » (***Le Mythe de Sisyphe***).

De la Résistance à toutes les résistances

On sut plus tard que, sa santé s'étant améliorée, Camus avait rejoint la Résistance, qu'il y avait été chargé du journal clandestin *Combat* et qu'il était l'auteur des ***Lettres à un ami allemand*** (1943-1944, publiées en volume en 1945) : « *L'héroïsme est peu de chose, le bonheur est plus difficile. [...] Qu'est-ce que l'homme ? Il est cette force qui finit toujours pas balancer les tyrans et les dieux. [...] Qu'est-ce sauver l'homme ? Mais je vous le crie de tout moi-même, c'est de ne pas le mutiler et c'est donner ses chances à la justice qu'il est le seul à concevoir.* » Il devint naturellement le rédacteur en chef de *Combat* à la Libération. À la même époque, il publia sa première pièce, ***Caligula***, dont il avait commencé la rédaction en 1938 et qu'il remania jusqu'en 1958.

Dès août 1944, Camus avait formulé la notion de « *journalisme critique* » et préconisé une déontologie stricte. Ses éditoriaux flamboyants en firent un des guides moraux de la France libérée. Tout en dénonçant la violence pour elle-même, il se prononça en faveur d'une épuration rigoureuse qui amènerait la relève des élites qui avaient failli. Un vif débat avec Mauriac l'amena à abandonner l'idée d'une rupture révolutionnaire qu'il jugeait contradictoire avec la démocratie restaurée. En novembre 1946, il tira les conséquences de cette révision politique dans une série d'articles intitulée ***Ni victimes ni bourreaux*** : il y rejetait définitivement toute philosophie progressiste de l'Histoire. Entre-temps, dans la collection « Espoir » qu'il dirigeait chez Gallimard — où il était entré comme lecteur dès 1943 —, il publia le retentissant recueil *Feuillets d'Hypnos* (juin 1946), de son meilleur ami, René Char. Alors que ***La Peste*** (1947), sa relation allégorique de la Résistance, faisait l'événement, Camus quitta *Combat* pour se consacrer à son œuvre d'écrivain.

Le succès de ***Caligula*** amena Camus à faire jouer deux nouvelles pièces : ***L'État de siège*** (1948), créé par la Compagnie Renaud-Barrault, et ***Les Justes*** (1949), pièce interprétée par Maria Casarès et Serge Reggiani. Si l'une fut un échec complet, l'autre eut plus de succès. L'auteur y aborde, à travers l'histoire d'un groupe de révolutionnaires russes des années 1905, la question suivante : faut-il, au nom de la cause qu'on défend, lancer une bombe contre le grand-duc alors qu'on sait que des enfants se trouvent dans la calèche ? Autrement dit, la fin justifie-t-elle les moyens ? Kaliayev finit par réussir son attentat, mais, condamné à mort, il refuse d'être gracié, car pour ces « *cœurs extrêmes* [...], *une vie est payée par une autre vie* ».

La révolte et le doute

En 1951, après divers voyages — en Algérie, en Amérique du Sud — et séjours — sur la Côte d'Azur, dans les Vosges — jalonnant une nette dégradation de son état de santé, Camus publia un long et touffu essai, ***L'Homme révolté***, qui mettait en cause la notion même de révolution : « *Tout révolutionnaire finit en oppresseur ou en hérétique.* »
Camus y proposait une généalogie intellectuelle des totalitarismes, où figurent Sade, Saint-Just et de nombreux auteurs allemands — dont Hegel et Marx. Qu'il osât incriminer l'auteur du *Capital* fit scandale en un temps où l'idéologie progressiste était toute-puissante : « *La seule question qu'on puisse poser à la révolution, la révolte seule est fondée à la poser, comme la révolution est seule fondée à questionner la révolte* » (***Défense de « L'Homme révolté »***, 1951). Francis Jeanson, appuyé par Sartre, exécuta sommairement le livre pour lèse-communisme et lèse-marxisme. Cette critique antitotalitaire du communisme réel, qui valut à Camus d'essuyer les foudres des *Temps modernes* — et provoqua sa rupture avec Sartre —, apparaît aujourd'hui comme le point fort de l'ouvrage : « *Une révolution qu'on sépare de l'honneur trahit ses origines qui sont du règne de l'honneur.* »
Les années qui suivirent furent, pour l'écrivain, une longue phase de doute et de dépression, accentuée par le déclenchement de la guerre d'Algérie en 1954, l'année même où il publia ***L'Été***, précisément riche en hommages à la terre natale : « *Après tout, la meilleure façon de parler de ce qu'on aime est d'en parler légèrement. En ce qui concerne l'Algérie, j'ai toujours peur d'appuyer sur cette corde intérieure qui lui correspond en moi et dont je connais le chant aveugle et grave. Mais je puis bien dire au moins qu'elle est ma vraie patrie et qu'en n'importe quel lieu du monde, je reconnais ses fils et mes frères à ce rire d'amitié qui me prend devant eux* » (***Petit Guide pour des villes sans passé***, in ***L'Été***). Citoyen déçu par les socialistes, Camus comptait sur Pierre Mendès France pour trouver un compromis acceptable par toutes les parties. Afin de favoriser son retour aux affaires, il rejoignit à *L'Express* son vieil adversaire Mauriac (1955-1956). Il s'efforça enfin de mettre sur pied, avec quelques amis, une trêve civile qui aurait limité l'effusion de sang. L'échec de son entreprise et le silence fait autour de ses ***Chroniques algériennes*** (1958) l'affectèrent considérablement.
Entre-temps, il avait pris à revers ses admirateurs comme ses détracteurs par un récit brillant et grinçant, ***La Chute*** (1956), qui exprimait, à travers le soliloque de Clamence, un cynisme déconcertant : « *"Maintenant encore, les matches du dimanche, dans un stade plein à craquer, et le théâtre, que j'ai aimé avec une passion sans égale, sont les seuls endroits du monde où je me sente innocent."* [...] *"Je verrais plutôt la religion comme une grande entreprise de blanchissage."* [...] *"La vérité, comme la lumière, aveugle. Le mensonge, au contraire, est un beau crépuscule qui met chaque objet en valeur."* [...] *"Je vais vous dire un grand secret, mon cher : N'attendez pas le jugement dernier. Il a lieu tous les jours."* » Il publia ensuite un recueil de nouvelles, ***L'Exil et le Royaume*** (1957), adapta de Faulkner ***Requiem pour une nonne*** (1956) et de Lope de Vega ***Le Chevalier d'Olmedo*** (1957), et plaida, avec Kœstler, pour l'abolition de la peine de mort dans ***Réflexions sur la peine capitale*** (1957). Quand il reçut, à 44 ans, vingt ans seulement après sa première publication, le prix Nobel de littérature — il était le plus jeune lauréat après Kipling —, ses détracteurs parisiens ricanèrent et proclamèrent que le jury avait couronné « *une œuvre terminée* » (Jacques Laurent). Les allocutions qu'il prononça à Stockholm, puis à Uppsala, furent de chaleureuses défenses de l'art et de la liberté. Ces ***Discours de Suède*** devinrent vite, à l'Est et au Sud, la bible des écrivains dissidents et persécutés. L'année suivante, en 1958, Camus acquit à Lourmarin, dans le Lubéron — non loin de chez Char —, une maison où il se retira. En 1959, il fit représenter son adaptation des ***Possédés*** de Dostoïevski. Il travaillait à un grand récit autobiographique, ***Le Premier Homme*** (posth., 1994), quand il se tua dans un accident automobile — on trouva le manuscrit dans la voiture à bord de laquelle il périt sur le coup, sur une route de l'Yonne —, aux côtés de Michel Gallimard, neveu de Gaston, qui ne survécut que quelques jours, tandis qu'en réchappèrent sa femme Jeanine et leur fille Anne Gallimard. Malraux venait de proposer à Camus de prendre la direction d'un théâtre parisien, qu'il aurait appelé le « *Nouveau Théâtre* ».

THÉORIE LITTÉRAIRE

La notion d'absurde donne son unité à l'univers dramaturgique et romanesque de Camus, et se trouve au centre de ses essais théoriques, aussi bien dans le cycle de la négation que dans celui, plus positif, consacré à la révolte. ***Le Mythe de Sisyphe*** distingue, à cet égard, la « *notion* » d'absurde, du « *sentiment* » : chacun est exposé à ce dernier, à la brusque conscience que le monde échappe aux cadres de l'explication rationnelle, que l'avenir n'obéit à aucune finalité, que nos projets sont vains ; le désespoir, qui en résulte d'abord, caractérise — au moins dans leur mouvement initial — les philosophies de Heidegger, Jaspers, Chestov ou Kierkegaard. Tout l'effort de Camus consiste à donner à l'absurde un statut conceptuel sans le vider de son contenu. Cherchant donc à en préciser la notion, il affirme que *« l'absurde n'est pas dans l'homme* [...] *ni dans le monde, mais dans leur présence commune »*, dans *« leur confrontation »*, et le définit comme *« l'indifférence à l'avenir et la passion d'épuiser tout ce qui est donné » (**Le Mythe de Sisyphe**)*. Loin de représenter un renoncement, une passivité, l'absurde devient donc une *« ascèse »* : il y a même *« un bonheur métaphysique à soutenir l'absurdité du monde » (ibid.)*, qu'illustrent à ses yeux des expériences aussi diverses que les débordements de Don Juan, le changement incessant de rôle chez l'acteur ou la soif de conquête d'Alexandre ; *« tous s'essaient à mimer, à répéter et à recréer la réalité qui est la leur » (ibid.)*, c'est-à-dire à démultiplier une identité sans consistance. Mais *« la joie absurde par excellence, c'est la création »*, dans la mesure où *« la création unique d'un homme se fortifie dans ces visages successifs et multiples que sont les œuvres »* : *« créer, c'est vivre deux fois »* ; *« l'œuvre absurde illustre le renoncement de la pensée à ses prestiges et sa résignation à n'être plus que l'intelligence qui met en œuvre les apparences et couvre d'images ce qui n'a pas de raison »* ; *« l'œuvre d'art naît du renoncement de l'intelligence à raisonner le concret. Elle marque le triomphe du charnel » (ibid.)*, en littérature aussi bien que dans les arts plastiques.

Le tréteau théâtral était, pour Camus qui fut acteur, metteur en scène et directeur de troupe, un espace de fraternité heureuse, voire le *« couvent »* où il se ressourçait périodiquement. Le triomphe de ***Caligula*** fut celui d'une pièce civique et sérieuse qui répondait à l'attente du public. Le dramaturge ne cessa par la suite de remettre en question son esthétique. Le point commun de ses entreprises réside dans la volonté de ramener le tragique sur la scène française. Il précisa plus tard ses vues, dans sa conférence d'Athènes, en 1955, insistant sur le partage des valeurs et la nécessité d'un langage élevé. Cependant, il semble que les réalisations de Camus n'aient pas été à la mesure de ses intentions. Bien qu'il eût tôt lu Artaud, son esthétique théâtrale demeurait celle de Copeau et du Cartel. Parce que le *« saint laïque »* en est resté à l'humanisme classique, l'artiste ne peut être ni Claudel ni Beckett. Il s'interdit ainsi les ruptures thématiques, rhétoriques, dramaturgiques, poétiques, qu'exige la métamorphose contemporaine de la tragédie. Il semble qu'il s'en soit persuadé, car, après l'échec de ***L'État de siège***, monté pourtant par Jean-Louis Barrault, et le demi-succès des ***Justes***, il n'écrivit plus que des traductions ou des adaptations scéniques d'auteurs admirés, Lope de Vega, Faulkner et Dostoïevski. Ses grandes préoccupations civiques et éthiques se retrouvent néanmoins dans ***Requiem pour une nonne*** et dans ***Les Possédés***. Le Mississippi de Faulkner ne ressemble-t-il pas à son Algérie, et les révoltés de Dostoïevski ne rappellent-ils pas ses *« justes »* ?

Dramaturge et romancier ne se distinguent pas, face à l'absurde, du commun des mortels, puisque, selon Camus, tous cherchent à *« saisir enfin la vie comme destin » (**L'Homme révolté**)*. Face à nos actes qui *« fuient comme l'eau de Tantale vers une embouchure encore ignorée »*, nous prêtons tous à la vie des autres *« une cohérence et une unité qu'elles ne peuvent avoir* [...]. *Nous faisons alors de l'art sur ces existences. De façon élémentaire, nous les romançons » (ibid.)*. C'est ainsi que, *« religion ou crime, tout effort humain obéit, finalement, à ce désir déraisonnable* [de durée, de cohérence] *et prétend donner à la vie une forme qu'elle n'a pas. Le même mouvement* [...] *mène aussi bien à la création romanesque* [...]. *Le roman fabrique du destin sur mesure » (ibid.)*. Mais des exigences particulières s'imposent au romancier, car *« on aurait tort* [...] *de croire que l'œuvre d'art puisse être considérée comme un refuge à l'absurde. Elle est elle-même un phénomène absurde » (**Le Mythe de Sisyphe**)*, et il y a une sorte d'héroïsme à refuser jusqu'au bout l'espoir toujours prêt à renaître : Melville, dans *Moby Dick*, lui paraît l'un des seuls à avoir assumé ce *« déchirement perpétuellement renouvelé »*, cette conception de l'art qui n'est *« ni le refus total, ni le consentement à ce qui est »*, cette tension entre *« le réel et le refus que l'homme oppose à ce réel, chacun faisant rebondir l'autre dans un incessant jaillissement »* (***L'Artiste et son temps***, conférence du 14 déc. 1957 à l'université d'Uppsala, reprise in ***Discours de Suède***). Cette position d'équilibre prise par le romancier est à l'image de son statut dans le siècle : l'artiste « *n'a pas droit à la solitude* », son art « *ne peut pas être un monologue* », dans la mesure où sa vocation « *est de rassembler* » *(ibid.)*. Il doit se forger « *dans cet aller-retour permanent de lui aux autres, à mi-chemin de la beauté dont il ne peut se passer et de la communauté à laquelle il ne peut s'arracher* » (***Discours de réception du prix Nobel***, 10 déc. 1957, repris in ***Discours de Suède***).

Bien que « *l'expression commence où la pensée finit* » *(ibid.)*, Camus récuse la distinction traditionnelle entre roman et philosophie. Si « *aucun philosophe n'a jamais fait plusieurs systèmes* [...] *aucun artiste n'a jamais exprimé plus d'une seule chose sous des visages différents* » *(ibid.)*. « *Les grands romanciers sont des romanciers philosophes* » *(ibid.)*, de Balzac à Sade, de Melville à Stendhal, de Dostoïevski à Proust, de Malraux à Kafka. « *C'est-à dire le contraire d'écrivains à thèse* », précisait aussitôt Camus, qui récusait aussi bien « *l'engagement* » prôné par Sartre que « *l'art pour l'art* ». Le second lui apparaissait comme la « *revendication* [d'une] *irresponsabilité* » encouragée par la « *société marchande* » du siècle dernier, qui conjuguait « *une liberté de principe* » à une « *oppression de fait* » et réclamait un art qui fût « *un exercice sans conséquence* » ***(L'Artiste et son temps)***. Quant à être « *engagé* », Camus se considérait plutôt comme « *embarqué* » *(ibid.)* : si l'écrivain ne saurait se dérober face à « *l'irruption des masses et de leur condition misérable devant la sensibilité contemporaine* » *(ibid.)*, sa fonction est plutôt de « *comprendre* » que de « *juger* » ***(Discours de réception du prix Nobel)***. Persuadé que « *la beauté* [...] *ne peut servir aucun parti* » et « *ne sert, à longue ou à brève échéance, que la douleur ou la liberté des hommes* », l'écrivain refuse « *de rejoindre les armées régulières* » ***(L'Artiste et son temps)***. Cette condamnation avait été formulée dans les termes les plus nets dès ***Le Mythe de Sisyphe*** : « *Le roman à thèse, l'œuvre qui prouve, la plus haïssable de toutes, est celle qui le plus souvent s'inspire d'une pensée satisfaite* [...]. *Les idées sont le contraire de la pensée.* »

Sensible à la complexité du monde, il posa très tôt une tension entre le oui et le non. Homme du doute et de l'inquiétude, il lançait des questions, mais n'assenait pas de réponse. Conscient de ses limites, ce modeste se voulait lucide, vigilant et responsable : « *Je ne suis pas un philosophe. Je ne crois pas assez à la raison pour croire à un système. Ce qui m'intéresse, c'est de savoir comment il faut se conduire* [...] *quand on ne croit ni en Dieu ni en la raison* » ***(L'Été)***. Camus ne se prenait pas pour un intellectuel ; il voulait être un artiste préférant les hommes engagés aux littératures engagées, auxquelles il reprochait d'être bavardes, édifiantes et conformistes : « *La véritable œuvre d'art* [...] *est essentiellement celle qui dit "moins"* » (***Carnets I***, 1938). Elle dit autre chose que celle qui entend dire tout : « *Si le monde était clair, l'art ne serait pas* » ***(Le Mythe de Sisyphe)***. Camus ne s'opposait pas frontalement aux injonctions sartriennes : ***La Peste*** est une œuvre qui parle d'elle-même. Le choix d'une allégorie ne délivrant pas un message univoque, mais des significations multiples, pour évoquer l'Occupation, traduisait une nette divergence que les existentialistes feignirent de découvrir dans les années 1950. Telle est la réplique de Camus au *Qu'est-ce que la littérature ?* de Sartre : le fils de pauvres venu d'ailleurs et qui, s'étant élevé par la culture, la valorise, entend qu'elle ne soit pas manipulée, asservie par les États et les partis. Le véritable artiste, selon lui, ne saurait être ni solitaire ni embrigadé : il n'est pas tenu de lâcher son œuvre pour l'Histoire ; il ne prêche pas, il témoigne ; s'il intervient dans les débats de la cité, c'est en tant que citoyen. Il est des moments de crise où le destin de la collectivité passe avant l'avancement d'une œuvre ; il en est aussi où le « franc-tireur » a le droit de déserter, de se mettre en congé d'engagement. Au total, l'artiste « *chemine entre deux abîmes, qui sont la frivolité et la propagande* » ***(L'Artiste et son temps)***.

« *Chez certains écrivains*, observait Camus, *il me semble que leurs œuvres forment un tout où chacune s'éclaire par les autres, et où toutes se regardent* » (***Actuelles II***, 1953). Tel est son propre cas : les mêmes matériaux nourrissent ses récits, ses essais et son théâtre. Sa thématique, par-delà cette diversité des genres, se révèle remarquablement stable et cohérente — même si, comme l'a noté Jacqueline Lévi-Valensi, la problématique de telle œuvre peut payer un tribut, parfois polémique, à la conjoncture. Dès les années 1930, il avait organisé ses écrits futurs en plusieurs cycles où fictions et réflexions se complétaient et s'enrichissaient mutuellement. Le cycle de l'absurde comprend ***Le Mythe de Sisyphe***, ***L'Étranger***, ***Caligula*** et ***Le Malentendu***. Le

cycle de la révolte, focalisé autour de la figure de Prométhée, rassemble ***L'Homme révolté***, ***La Peste***, ***L'État de siège*** et ***Les Justes***. Camus avait également prévu un cycle de Némésis, autour du thème du jugement.
Malgré sa mort prématurée — moins de deux mois après ses 46 ans —, ce prix Nobel de littérature, élevé par une mère *« qui ne savait même pas lire »*, a laissé une œuvre considérable qui, au-delà de ses hantises parfois sombres, illustre sa propre constatation : *« Au centre de notre œuvre, fût-elle noire, rayonne un soleil inépuisable, le même qui crie aujourd'hui à travers la plaine et les collines.* [...] *Une littérature désespérée est une contradiction dans les termes »* (***L'Énigme***, in ***L'Été***).

Un style propre à chaque œuvre

L'avortement de ***La Mort heureuse*** (posth., 1971), première ébauche de ce qui devint ***L'Étranger***, rendit Camus sensible aux exigences de la forme narrative. Chaque roman abouti a en effet la sienne propre. La 1re partie de ***L'Étranger*** relate des faits apparemment décousus, puis la 2nde montre comment la société leur impose une logique arbitraire. ***La Peste*** se compose de 5 moments qui sont autant d'actes. Enfin, ***La Chute*** se présente comme un discours circulaire. Camus privilégie en outre les récits à la 1re personne. Tout au long de son œuvre, il cherche la voix la plus juste. Ses narrateurs, Meursault, Rieux, Jacques Cormery et même Clamence, donnent leur témoignage, ils ne prétendent pas à l'omniscience. Ce qu'ils racontent n'a rien d'exceptionnel. ***L'Étranger*** est un récit sans autorité qui commence comme un journal sans date et s'achève comme un roman : *« Il me restait à souhaiter qu'il y ait beaucoup de spectateurs le jour de mon exécution et qu'ils m'accueillent avec des cris de haine. »* Le narrateur parle de lui comme d'un autre : la sacro-sainte analyse ayant été écartée et la causalité ayant été affaiblie, le personnage principal garde sa part de mystère. De ce récit fondateur à ***La Chute***, le réalisme camusien se charge de symboles. Il enracine des mythes dans l'épaisseur concrète du monde quotidien pour en dire l'ambiguïté. Camus, loin de s'enfermer dans une formule, adapte ses techniques et son écriture à ses sujets. Par souci d'objectivité, il masque ainsi l'identité du narrateur dans ***La Peste***, tandis qu'il efface, selon une technique théâtrale, l'interlocuteur de Clamence dans ***La Chute***.

Les procédés narratifs dans l'œuvre romanesque de Camus mystifient le lecteur. ***L'Étranger*** témoigne d'un refus des normes du récit avec l'utilisation du passé composé qui brouille les perspectives temporelles — ce roman est-il un récit rétrospectif (Brian T. Fich) ou un journal (Carl Viggiani) ? —, le choix d'un style impersonnel et maladroit, comme si le narrateur Meursault avait des difficultés à coordonner les phrases entre elles. Le chroniqueur de ***La Peste***, qui se veut un simple observateur au langage neutre, s'effaçant plusieurs fois pour reproduire une autre chronique, celle des carnets de Tarrou, se révèle à la fin être le personnage Rieux : dans cette mise en abyme, le narrateur entre dans l'histoire racontée, tandis qu'apparaît un « prénarrateur » sous la forme du pronom *« on »*. Le narrateur de ***La Chute***, Clamence, est un maître du langage, au sein d'un récit qui se présente sous la forme d'un pseudo-dialogue : un interlocuteur muet — mais néanmoins présent dès les premières lignes dans le discours de Clamence par le biais d'allusions à ses interrogations, à ses réactions — apparaît à la fin du roman comme un double du narrateur.
Le choix de ces narrateurs correspond à des orientations stylistiques de Camus. Comme Meursault, l'écrivain très souvent ne marque pas les articulations logiques entre les phrases, et les préoccupations d'auteur de Grand dans ***La Peste*** reflètent, sur le mode humoristique, celles de Camus : *« Comprenez bien, Docteur. À la rigueur, c'est assez facile de choisir entre* mais *et* et. *C'est déjà plus difficile d'opter entre* et *et* puis. *La difficulté grandit avec* puis *et* ensuite. *Mais, assurément, ce qu'il y a de plus difficile c'est de savoir s'il faut mettre* et *ou s'il ne faut pas »* ***(La Peste)***. Il emploie tantôt un style coupé, procédant par juxtaposition, auquel le *« romantisme méditerranéen »* (Meunier) de Camus se contraint, comme ici : *« Balducci surgit devant la fenêtre puis disparut. Ses pas étaient étouffés par la neige. Le cheval s'agita derrière la cloison, des poules s'effarèrent. Un moment après, Balducci repassa devant la fenêtre tirant le cheval par la bride »* ***(L'Exil et le Royaume)*** ; tantôt une phrase ample qui offre un contraste avec la sécheresse d'une langue « minimale », et permet de traduire une réflexion empreinte d'un certain lyrisme, ou peut encore constituer une marque d'ironie : *« Ils prient ces dieux grimaçants de l'Indonésie dont ils ont garni toutes leurs vitrines, et qui errent en ce moment au-dessus de nous, avant de s'accrocher, comme des singes somptueux, aux enseignes et aux toits en escaliers, pour rappeler à ces*

*colons nostalgiques que la Hollande n'est pas seulement l'Europe des marchands, mais la mer, la mer qui mène à Cipango, et à ces îles où les hommes meurent fous et heureux » **(La Chute)**.*

Quoi de moins « politique », à première lecture, que ***Noces*** ? Le même homme milite pour la justice et la liberté et fait l'éloge du bonheur et du plaisir entre deux hymnes au paysage algérien : « *Il n'y a pas de honte à être heureux. Mais aujourd'hui l'imbécile est roi, et j'appelle imbécile celui qui a peur de jouir.* [...] *J'aime cette vie avec abandon et veux en parler avec liberté : elle me donne l'orgueil de ma condition d'homme* » (***Noces à Tipasa***, in ***Noces***). L'on voit bien aujourd'hui que, loin d'être une inconséquence, il y a là une source essentielle des choix civiques futurs. C'est parce qu'il a écrit ce court recueil de proses païennes, lyriques et sensuelles que Camus put concevoir ***L'Homme révolté***. Pour ce lecteur de Nietzsche, la mort de Dieu laisse les hommes en face d'eux-mêmes, dans un monde ambigu qui n'offre aucune alternative. L'absurde camusien n'est ni dans l'homme ni dans le monde : il « *naît de leur confrontation* » ***(Le Mythe de Sisyphe)***. De ***Noces*** au ***Premier Homme***, le monde, c'est la nature, et cette nature a les couleurs, la lumière et les parfums de l'Algérie — dont la Grèce est une métaphore. Toutefois, si la nature est belle, la vie quotidienne des hommes, qu'elle soit ou non inscrite dans l'Histoire, est faite d'injustices insupportables : « *Oui, il y a la beauté et il y a les humiliés. Quelles que soient les difficultés de l'entreprise, je voudrais n'être jamais infidèle ni à l'une ni aux autres* » ***(L'Été)***. Et la pire de ces injustices est la souffrance des enfants : « *Ce n'est pas la souffrance de l'enfant qui est révoltante en elle-même, mais le fait que cette souffrance ne soit pas justifiée* » ***(L'Homme révolté)***. La douleur, la maladie et la mort fondent le tragique de la condition humaine et appellent la révolte.

La guerre et l'occupation obligèrent Camus à mettre sa pensée en situation : l'événement le rendit encore plus sensible à l'existence de l'autre. Constatant que l'absurde peut conduire à un nihilisme meurtrier, il donna au Caligula nietzschéen et « romantique » de 1938 à 1941 certains traits du dictateur totalitaire. C'est dans ***La Peste*** qu'il reformula son éthique et sa politique. La révolte, d'abord conçue sur un mode individuel, évolua vers une morale collective et altruiste : « *Il peut,* constate Rambert, *y avoir de la honte à être heureux tout seul.* » Sont ainsi rejetés, dans ***La Peste***, aussi bien la tour d'ivoire que l'efficacité à tout prix. Tarrou, passé d'une éthique de la conviction à une éthique de la responsabilité, juge désormais la fin sur les moyens ; il se soucie des conséquences de ses choix pragmatiques : les droits de l'homme se sont, pour lui, substitués à la révolution. La santé de l'homme, de même, importe plus à Rieux que son salut. Camus choisit la troisième voie, inconfortable, d'une « *mesure* » qui ne se traduit pas en demi-mesures.

Un auteur admiré mais contesté

Bien qu'il eût, dès 1945, rejeté catégoriquement l'étiquette existentialiste, Camus fut, dans un premier temps, amalgamé ou comparé à Sartre. Celui-ci, dès 1943, voyait en lui un continuateur des grands moralistes classiques. Il le redit dans un émouvant hommage posthume : « *Son humanisme têtu, étroit et pur, austère et sensuel, livrait un combat douteux contre les événements massifs de ce temps. Mais, inversement, par l'opiniâtreté de son refus, il réaffirmait, au cœur de notre époque, contre le veau d'or du réalisme, le fait moral* » *(Situations IV)*. La condamnation de ***L'Homme révolté*** par le même Sartre s'apparenta à un procès en sorcellerie : l'époque était manichéenne, le citoyen Camus ne l'était pas. De fait, la conjoncture politico-intellectuelle fut longtemps défavorable — du moins en France — à son réformisme social-démocrate. Sa philosophie de la liberté détonnait en un temps où les existentialistes se faisaient les apologistes du totalitarisme soviétique. Il fallut attendre la fin des années 1970 pour que la réhabilitation, par les dissidents, de la démocratie, des droits de l'homme et de l'éthique amenât un « *recours à Camus* ». Les hommages de Soljenitsyne, Czesław Miłosz, Octavio Paz, Mario Vargas Llosa et Ionesco prirent alors tout leur sens.

Peu d'œuvres ont suscité autant de gloses que celles de Camus. On peut distinguer la critique des écrivains de celle des universitaires. Les premiers ont donné la priorité aux récits : ***L'Étranger***, récit fondateur dont les procédés ont été vite banalisés, a plus inspiré ses pairs que ***La Peste*** ou ***La Chute***, qui ont pourtant eu pour avocats respectivement Bataille et Blanchot. Les pièces de Camus ont été soutenues par quelques critiques, dont Jacques Lemarchand et Guy Dumur. L'évolution de la scène française, dans les années 1950, était défavorable à ce « théâtre d'idées » qui restait enfermé dans la scène illusionniste, alors remise en question par l'antithéâtre et les théories brechtiennes. Quoi que puissent dire spécialistes et puristes, les pièces de Camus, hormis ***L'État de siège***, ne cessent pourtant d'être jouées dans de grands et petits théâtres. Elles ont très vite acquis le statut de classiques contemporains, tandis que triomphent des adaptations scéniques de ***La Peste*** et de ***La Chute***.

La fortune scolaire et universitaire de Camus est impressionnante par son universalité, au risque de lui donner l'image d'un « *philosophe pour classes terminales* » (Jean-Jacques Brochier). L'école nord-américaine, après avoir été pionnière avec Germaine Brée, puis Brian T. Fitch, a laissé le premier rôle à l'école française dans les années 1980. Les colloques se sont alors multipliés à mesure que s'affaiblissait l'interdit des « progressistes » sur son œuvre. Toutes les méthodes ont été mises à contribution, de la thématique à la sémiotique, de la stylistique à la psychanalyse. « *Écrivain plus que philosophe* », avait diagnostiqué René Poirier, un de ses maîtres algérois. Les philosophes du milieu du XXe siècle, parce qu'ils sont portés sur l'absolu et la totalité, ignorent un auteur qui a le tort de préférer la cohérence éthique au système globalisant. À de rares exceptions près — comme Emmanuel Mounier dans *L'Espoir des désespérés* et Paul Ricœur dans *Lectures 2* —, ils ont généralement refusé, avec Sartre, tout dialogue avec le penseur qu'ils décrétaient incompétent. Raymond Aron, qui estimait l'homme, jugea sa réflexion inconséquente. Les historiens de la philosophie, sauf Maurice Weyembergh ou André Comte-Sponville, se montrent réticents, voire méprisants, à l'égard d'un auteur qui préférait les images aux concepts et qui avait osé écrire : « *On ne pense que par images. Si tu veux être philosophe, écris des romans* » ***(Carnets I)***.

ŒUVRES

Caligula

Pièce en 4 actes et en prose, publiée chez Gallimard en 1944, et créée au Théâtre Hébertot le 26 septembre 1945.

Camus a emprunté à l'historien latin Suétone l'histoire d'un jeune empereur auquel la mort de sa sœur et maîtresse, Drusilla, révèle l'absurdité de la condition humaine : « *Les hommes meurent et ne sont pas heureux.* » Fort de cette certitude, Caligula décide d'instruire ses concitoyens : « *Faire souffrir est la seule façon de se tromper.* » Il accumule les extravagances et les crimes, jusqu'à ce qu'il tombe sous les coups de son ami Cherea et des patriciens qu'il a bafoués et humiliés depuis trois ans. L'histrion nihiliste, malgré le soutien du poète Scipion, de son esclave Hélicon et de sa maîtresse Caesiona, meurt sans résister aux conjurés dont le complot a été mis au jour, conscient que sa « *liberté n'est pas la bonne* » : « *Si sa vérité est de se révolter contre le destin, son erreur est de nier les hommes. On ne peut tout détruire sans se détruire soi-même* » (**Préface** à l'édition américaine).

On connaît plusieurs versions de la pièce. Celle de 1938 à 1941 est lyrique, nietzschéenne et ambiguë ; celle de 1943-1944, retouchée, est plus sobre et antitotalitaire. Sous la pression de l'événement, la thématique de l'absurde a basculé dans celle de la révolte. L'adolescent assoiffé d'absolu est devenu un despote sanguinaire auquel fait face un Cherea valorisé.

Gérard Philipe ayant créé le rôle-titre, les critiques ont comparé Caligula à Don Juan, Hamlet, Lorenzaccio et Rimbaud. Depuis 1945, la pièce — seul réel succès de Camus à la scène — a souvent été montée en France et à l'étranger, notamment par Michel Herbaut en 1950, au festival d'Angers en 1957. En 1992, Youssef Chahine, à la Comédie-Française, en a proposé une mise en scène controversée.

L'Étranger

Roman en 2 parties — comportant respectivement 6 et 5 chapitres numérotés mais non titrés —, publié chez Gallimard, en juin 1942.

Meursault est un employé algérois qui vit au présent. Un dimanche, entraîné dans une rixe, il tue un arabe. Parce qu'il a, auparavant, enterré sa mère sans manifester d'émotion puis noué aussitôt une liaison, l'institution judiciaire fait de lui un monstre insensible : il est condamné à mort. S'il avait accepté de mentir, de jouer le jeu des conventions sociales, il aurait été épargné. Dans sa cellule, cet homme, qui se sent innocent, prend du recul, et trouve la paix.

La 1re partie du roman présente des faits relatés au jour le jour par un narrateur minutieux, « *sans conscience apparente* », et qui parle de Meursault comme si c'était un autre, dès l'*incipit* : « *Aujourd'hui maman est morte. Ou peut-être hier, je ne sais pas. J'ai reçu un télégramme de l'asile : "Mère décédée. Enterrement demain. Salutations distinguées". Cela ne veut rien dire.*

C'était peut-être hier » (I, 1). La 2de partie, plus âpre, montre, en un récit continu, comment des juges de mauvaise foi imposent à ces faits un sens arbitraire. Ses gestes les plus insignifiants et les témoignages de ses amis retournés contre lui, l'acte irréfléchi de l'« *étranger* » se transforme en crime prémédité.

On a souvent noté l'influence, dans ce texte, du roman américain, l'emploi très concerté du passé composé, le grand nombre des procédés oraux et le souci des détails concrets. L'écriture laconique, longtemps neutre et impartiale du récit, se charge d'images lyriques pour relater les circonstances du meurtre et garde ensuite une plus grande ampleur.

Camus récuse toute explication, toute analyse psychologique. Il dit le plus en disant le moins. C'est pourquoi ***L'Étranger***, qui garde sa part obscure, a suscité tant de gloses philosophiques, sociopolitiques et formalistes, parmi lesquelles celles de Sartre, Blanchot, Barthes, Robbe-Grillet et René Girard. Traduit en 40 langues, vendu en France à plus de 6 millions d'exemplaires, ***L'Étranger*** est rapidement devenu l'un des classiques du XXe siècle les plus étudiés. Lucchino Visconti en a tiré un film en 1967, avec Marcello Mastroianni dans le rôle de Meursault, qui fut un relatif échec.

*L'**Homme révolté***

Essai en 5 parties, publié chez Gallimard en 1951. Un premier fragment, ***Remarque sur la révolte***, parut initialement dans *L'Existence* (ouvrage collectif), en 1945.

I. *L'Homme révolté*. Paradoxalement, la révolte individuelle exprime une solidarité universelle ; elle permet de comprendre que tous les hommes partagent un sentiment d'étrangeté devant le monde : « *Dans l'épreuve quotidienne qui est la nôtre, la révolte joue le même rôle que le "cogito" dans l'ordre de la pensée : elle est la première évidence. Mais cette évidence tire l'individu de sa solitude. Elle est un lien commun qui fonde sur tous les hommes la première valeur. Je me révolte, donc nous sommes.* » **II. *La Révolte métaphysique***. Les pensées modernes de la révolte sont vouées à l'échec, car elles ont été dévoyées. Alors que « *le génie grec* [...] *a su donner le modèle de l'insurrection* », que l'Occident chrétien a « résolu » le problème du mal et de la mort, Sade puis les romantiques (Vigny), les agnostiques, les poètes (Lautréamont, Rimbaud) et les surréalistes (Breton), se sont insurgés contre le Créateur et la condition humaine tout entière. Mais ces révoltes se révèlent, en définitive, réactionnaires : elles ne visent qu'à substituer un nouvel ordre à l'ordre contesté. **III. *La Révolte historique***. Toutes les formes de terrorisme, étatique ou individuel, ont emprunté au pouvoir sa tyrannie. La révolte se distingue de la révolution par sa pureté préservée : « *Tout révolutionnaire finit en oppresseur ou en hérétique.* » L'insurrection de Spartacus, les régicides, ne s'apparentent pas à cette volonté de nouveau « *contrat social* » qui sacralise le pouvoir. La Révolution aboutit à légitimer le principe de la Terreur érigé par Saint-Just au nom de la vertu. Hegel, en rationalisant par la dialectique les rapports du maître et de l'esclave, posa les jalons de l'idéologie marxiste et du terrorisme stalinien. Or l'échec de la prophétie marxiste démontre l'impossibilité, pour une doctrine, de s'incarner dans l'Histoire. Seul le recours à l'histoire « *de l'orgueil européen* » permet d'expliquer la démesure de notre temps : « *Le fascisme, c'est le mépris* [...]. *Inversement, toute forme de mépris, si elle intervient en politique, prépare ou instaure le fascisme.* » **IV. *Révolte et Art***. Le temps est nié dans l'art, comme le réel qu'il recrée cependant. Les idéologues de la révolution ont rejeté l'art, tandis que « *l'artiste refait le monde à son compte* ». Le genre romanesque en particulier participe d'une révolte esthétique contre l'incomplétude de l'existence. **V. *La Pensée de midi***. Pour échapper à l'enchaînement meurtrier des révolutions, l'homme révolté doit retrouver sa dimension humaine ; loin de s'ériger en nouveau Dieu justifiant l'horreur révolutionnaire, il doit faire sienne la mesure antique des Grecs : « *La mesure n'est pas le contraire de la révolte. C'est la révolte qui est la mesure, qui l'ordonne, la défend et la recrée à travers l'histoire et ses désordres.* » Contre la tentation du nihilisme, la révolte, expression lucide de la condition tragiquement solitaire et solidaire de l'homme, est un combat permanent qui impose de vivre « *pour créer ce que nous sommes* ».

L'Homme révolté, essai contemporain du ***Mythe de Sisyphe***, visait à prolonger, en l'amplifiant, la réflexion engagée sur l'absurde et le suicide, et qui totalisait une expérience et une recherche puisant leurs sources dans la philosophie de l'Histoire et la littérature. Ce livre, quelque peu encombré de références, cherchait donc moins à définir une théorie nouvelle qu'il ne synthétisait les courants de la pensée contemporaine. C'est néanmoins en un point de convergence entre la pensée grecque et la pensée chrétienne que Camus tentait de se placer. Pour déjouer le tragique de l'exil qui définit la condition humaine selon le christianisme, il préconisait un équilibre entre la raison, le « *logos* » grec, et l'irrationnel dans l'homme. Ce n'est donc pas une philosophie de l'absurde, selon un contresens courant, que prôna Camus. En distinguant la révolution de la révolte, il cherchait à montrer que cette dernière ne peut découler de la pensée seule, mais de l'expérience, et qu'elle doit se résoudre par des actes. Ainsi la réflexion engagée dans ***L'Homme révolté*** prit-elle sa source dans le constat d'un échec de l'idéologie marxiste et de l'horreur engendrée par les totalitarismes. Livre politique, il s'insurge contre la défaite de l'Histoire. En refusant le destin qui implique l'idée du tragique dans l'Histoire, Camus inscrit sa volonté de pas interpréter les malheurs qu'elle charrie comme l'effet d'une répétition fatale. Elle fonde au contraire la nécessité de s'inventer un « *destin sur mesure* ». Le révolutionnaire reproduit la logique de l'oppresseur, tandis que le révolté ne cède pas à la tentation d'ériger la protestation en système et introduit le « *soupçon qu'il existe une nature humaine* ». L'univers romanesque effectue « *la correction de ce monde-ci selon le désir profond de l'homme* ». Ainsi ***L'Homme révolté*** éclaire-t-il l'énigme des romans de Camus, comme la conclusion de ***L'Étranger*** sur la quête d'un sens de la vie à travers la révolte, la caricature des totalitarismes dans ***La Chute***, ou encore cette nécessité de résister au sentiment de l'absurde, auquel sont confrontés les personnages dans ***La Peste***.

Publié au moment de la guerre froide, le livre suscita de vives polémiques. La critique des totalitarismes — Camus fut l'un des tout premiers intellectuels à dénoncer indistinctement nazisme et stalinisme — fut interprétée par la tendance sartrienne, alors prééminente dans la vie intellectuelle française, comme une trahison des idéaux révolutionnaires. Breton s'insurgea contre la juste « *mesure* » préconisée par Camus, suspecte à ses yeux d'affaiblir la signification de la révolte, sans relever le tragique du dilemme posé par la recherche d'un équilibre. La postérité a fait justice à ***L'Homme révolté***, qui s'est imposé — y compris dans les ex-pays de l'Est — comme un essai emblématique des grands combats antitotalitaires du XXe siècle.

La **Peste**

Roman paru chez Gallimard en juin 1947.

Une épidémie de peste frappe Oran dans les années 1940. Les autorités légales ayant fait faillite, quelques hommes de bonne volonté mettent sur pied des « *formations sanitaires* ». Il y a là Rieux, un médecin, qui tient lieu de narrateur ; Tarrou, un déçu de la révolution ; Paneloux, un père jésuite qui déclare que la peste est un châtiment divin, mais qu'ébranle pourtant la mort d'un enfant « *innocent* » ; Rambert, un journaliste hédoniste qui comprend peu à peu qu'« *il peut y avoir de la honte à être heureux tout seul* ». Avec leur souci de « *sauver les corps* », ces volontaires annoncent les organisations humanitaires d'aujourd'hui. À l'heure de la littérature engagée, Camus montre la lente et difficile émergence du refus de ce qui est et de la solidarité, et propose une éthique de la responsabilité, un sens de la dignité humaine : « *Il y a dans les hommes plus de choses à admirer que de choses à mépriser.* »

D'abord conçu comme une chronique de l'Occupation, **La Peste** a vu son propos s'élargir, sa mise au point coïncidant précisément avec la rédaction de la série d'articles ***Ni victimes ni bourreaux*** (*Combat*, nov. 1946). À Barthes qui, alors proche du marxisme, critiquait sa représentation irénique de l'événement, Camus répondit en 1954 qu'il avait voulu que son roman pût « *servir à toutes les résistances contre toutes les tyrannies* ». Sa dernière page est un appel à la vigilance : « *le bacille de la peste ne meurt ni ne disparaît jamais* », aucune « *cité heureuse* » n'est à l'abri. **La Peste** dit à sa façon la banalité du mal et sa mobilité : il s'est déchaîné dans une ville ordinaire, il peut resurgir ailleurs. Nulle société n'en est préservée. Car il est en l'homme, en chaque homme.

Camus a choisi une écriture volontairement sobre et l'esthétique du « *réalisme symbolique* » pour cette « *fable du temps présent* » (Jacqueline Lévi-Valensi).

Son immense succès international fait de **La Peste** un classique de la littérature antitotalitaire. Francis Huster en a donné une adaptation scénique en 1989 et, en 1992, le cinéaste argentin Luis Puenzo en a — sans succès — transposé l'action de nos jours, en Amérique du Sud, dans un film interprété notamment par Jean-Marc Barr et Sandrine Bonnaire.

CITATIONS

La justice est à la fois une idée et une chaleur de l'âme. Sachons la prendre dans ce qu'elle a d'humain, sans la transformer en cette terrible passion abstraite qui a mutilé tant d'hommes.

Autocritique, in *Actuelles I.*

Sauver ce qui peut encore être sauvé pour rendre l'avenir seulement possible, voilà le grand mobile, la passion et le sacrifice demandés.

Morale et Politique, in *Actuelles I.*

Ce goût de l'homme sans quoi le monde ne sera jamais qu'une immense solitude.

Défense de l'intelligence, in *Actuelles I.*

[...] je n'ai pas appris la liberté dans Marx. Il est vrai : je l'ai apprise dans la misère.

Deux Réponses à Emmanuel d'Astier de La Vigerie, in *Actuelles I.*

Il y a l'Histoire et il y a autre chose, le simple bonheur, la passion des êtres, la beauté naturelle. Ce sont là aussi des racines, que l'Histoire ignore, et l'Europe, parce qu'elle les a perdues, est aujourd'hui un désert.

Deux Réponses à Emmanuel d'Astier de La Vigerie, in *Actuelles I.*

[...] ce succédané malheureux et déchaîné de l'amour, qui s'appelle la morale.

Le Témoin de la liberté, in *Actuelles I.*

Sans la culture, et la liberté relative qu'elle suppose, la société, même parfaite, n'est qu'une jungle. C'est pourquoi toute création authentique est un don à l'avenir.

L'Artiste et son Temps, in *Actuelles II.*

On ne pense que par image. Si tu veux être philosophe, écris des romans.

Carnets I.

Le seul problème moral vraiment sérieux, c'est le meurtre. Le reste vient après. Mais de savoir si je puis tuer cet autre devant moi, ou consentir à ce qu'il soit tué, savoir que je ne sais rien avant de savoir si je puis donner la mort, voilà ce qu'il faut apprendre.

Carnets II.

J'ai la plus haute idée, et la plus passionnée, de l'art. Bien trop haute pour consentir à le soumettre à rien. Bien trop passionnée pour vouloir le séparer de rien.

Carnets II.

Tout accomplissement est une servitude. Il oblige à un accomplissement plus haut.

Carnets II.

« Je vais vous dire un grand secret, mon cher : N'attendez pas le jugement dernier. Il a lieu tous les jours. »

La Chute.

[...] une œuvre d'homme n'est rien d'autre que ce long cheminement pour retrouver par les détours de l'art les deux ou trois images simples et grandes sur lesquelles le cœur une première fois s'est ouvert.

Préface à *L'Envers et l'Endroit.*

Pour corriger une indifférence naturelle, je fus placé à mi-distance de la misère et du soleil. La misère m'empêcha de croire que tout est bien sous le soleil et dans l'histoire ; le soleil m'apprit que l'histoire n'est pas tout.

Préface à *L'Envers et l'Endroit.*

Il n'y a pas d'amour de vivre sans désespoir de vivre.

Amour de vivre, in *L'Envers et l'Endroit.*

Le grand courage c'est encore de tenir les yeux ouverts sur la lumière comme sur la mort.

Amour de vivre, in *L'Envers et l'Endroit.*

Ce qui compte, c'est d'être vrai et alors tout s'y inscrit, l'humanité et la simplicité.

Entre oui et non, in *L'Envers et l'Endroit.*

DIEGO. Déshabille-toi ! Quand les hommes de la force quittent leur uniforme, ils ne sont pas beaux à voir !
LA PESTE. Peut-être. Mais leur force est d'avoir inventé l'uniforme !

L'État de siège, III.

LE PÊCHEUR. Ô vague, ô mer, patrie des insurgés, voici ton peuple qui ne cédera jamais. La grande lame de fond, nourrie dans l'amertume des eaux, emportera vos cités horribles.

L'État de siège, III.

Si la seule solution est la mort, nous ne sommes pas sur la bonne voie. La bonne voie est celle qui mène à la vie, au soleil.

Les Amandiers, in *L'Été.*

Je ne crois pas assez à la raison pour souscrire au progrès, ni à aucune philosophie de l'Histoire. Je crois du moins que les hommes n'ont jamais cessé d'avancer dans la conscience qu'ils prenaient de leur destin.

Les Amandiers, in *L'Été.*

Au centre de notre œuvre, fût-elle noire, rayonne un soleil inépuisable, le même qui crie aujourd'hui à travers la plaine et les collines.

L'Énigme, in *L'Été.*

À l'heure difficile où nous sommes, que puis-je désirer d'autre que de ne rien exclure et d'apprendre à tresser de fil blanc et de fil noir une même corde tendue à se rompre ? [...] Oui, il y a la beauté et il y a les humiliés. Quelles que soient les difficultés de l'entreprise, je voudrais n'être jamais infidèle ni à l'une ni aux autres.

Retour à Tipasa, in *L'Été.*

Grande mer, toujours labourée, toujours vierge, ma religion avec la nuit !

La Mer au plus près, in *L'Été.*

J'ai toujours eu l'impression de vivre en haute mer, menacé, au cœur d'un bonheur royal.

La Mer au plus près, in *L'Été.*

Il s'agit de savoir si l'innocence, à partir du moment où elle agit, ne peut s'empêcher de tuer.

Introduction à *L'Homme révolté.*

Dans l'épreuve quotidienne qui est la nôtre, la révolte joue le même rôle que le *cogito* dans l'ordre de la pensée : elle est la première évidence. Mais cette évidence tire l'individu de sa solitude. Elle est un lien commun qui fonde sur tous les hommes la première valeur. Je me révolte, donc nous sommes.

L'Homme révolté, in *L'Homme révolté*.

L'homme [...] cherche en vain cette forme qui lui donnerait les limites entre lesquelles il serait roi. Qu'une seule chose vivante ait sa forme en ce monde et il sera réconcilié !

Roman et Révolte, in *L'Homme révolté*.

[...] l'absolutisme historique, malgré ses triomphes, n'a jamais cessé de se heurter à une exigence invincible de la nature humaine, dont la Méditerranée, où l'intelligence est sœur de la dure lumière, garde le secret.

Mesure et Démesure, in *L'Homme révolté*.

La mesure n'est pas le contraire de la révolte. C'est la révolte qui est la mesure, qui l'ordonne, la défend et la recrée à travers l'histoire et ses désordres.

Mesure et Démesure, in *L'Homme révolté*.

La vraie générosité envers l'avenir consiste à tout donner au présent.

Au-delà du nihilisme, in *L'Homme révolté*.

La liberté est un bagne aussi longtemps qu'un seul homme est asservi sur la terre.

Les Justes, I, 1.

Mourir pour l'idée, c'est la seule façon d'être à la hauteur de l'idée. C'est la justification.

Les Justes, I, 1.

Qu'est-ce que l'homme ? Il est cette force qui finit toujours par balancer les tyrans et les dieux.

Lettres à un ami allemand.

Il n'y a qu'un problème philosophique vraiment sérieux : c'est le suicide. Juger que la vie vaut ou ne vaut pas la peine d'être vécue, c'est répondre à la question fondamentale de la philosophie.

L'Absurde et le Suicide, in *Le Mythe de Sisyphe*.

Je disais que le monde est absurde et j'allais trop vite. Ce monde en lui-même n'est pas raisonnable, c'est tout ce qu'on en peut dire. Mais ce qui est absurde c'est la confrontation de cet irrationnel et de ce désir éperdu de clarté dont l'appel résonne au plus profond de l'homme.

Les Murs absurdes, in *Le Mythe de Sisyphe*.

Vivre, c'est faire vivre l'absurde. Le faire vivre, c'est avant tout le regarder. Au contraire d'Eurydice, l'absurde ne meurt que lorsqu'on s'en détourne.

La Liberté absurde, in *Le Mythe de Sisyphe*.

J'installe ma lucidité au milieu de ce qui la nie. J'exalte l'homme devant ce qui l'écrase et ma liberté, ma révolte et ma passion se rejoignent alors dans cette tension, cette clairvoyance et cette répétition démesurée.

La Liberté absurde, in *Le Mythe de Sisyphe*.

La lutte elle-même vers les sommets suffit à remplir un cœur d'homme. Il faut imaginer Sisyphe heureux.

Le Mythe de Sisyphe, in *Le Mythe de Sisyphe*.

Il n'y a pas de honte à être heureux. Mais aujourd'hui l'imbécile est roi, et j'appelle imbécile celui qui a peur de jouir.

Noces à Tipasa, in *Noces*.

Pour moi, devant ce monde, je ne veux pas mentir ni qu'on me mente. Je veux porter ma lucidité jusqu'au bout et regarder ma fin avec toute la profusion de ma jalousie et de mon horreur.

Le Vent à Djémila, in *Noces*.

[...] s'il y a un péché contre la vie, ce n'est peut-être pas tant d'en désespérer que d'espérer une autre vie, et se dérober à l'implacable grandeur de celle-ci.

L'Été à Alger, in *Noces*.

Il y a dans les hommes plus de choses à admirer que de choses à mépriser.

La Peste.

JUGEMENTS

« Il revenait souvent sur un thème qui le préoccupait : il faudrait un jour écrire la vérité ! Le fait est que chez lui il y avait un fossé plus profond que chez beaucoup d'autres entre sa vie et son œuvre. »

Simone de Beauvoir, *La Force des choses*, Gallimard, 1963.

« Romantique méditerranéen par son insatiable nostalgie du fini, du palpable, des contours que la lumière ne ronge pas et que la nuit même respecte, il est tout proche des élégiaques latins dans son lyrisme, des tragiques grecs dans son pathos. [...] Sceptique par tempérament, non par conviction philosophique, sceptique en tant qu'artiste, il se trouve être de la descendance de Montaigne et de Saint-Évremond. Mais passionné aussi, sérieusement, virilement passionné, il peut se réclamer de Corneille et de Pascal. Aussi n'a-t-il rien à abjurer pour concilier en lui l'enseignement des classiques et celui de Kierkegaard, de Dostoïevsky et de Chestov. »

Rachel Bespaloff, in *Esprit*, janvier 1950.

« Cet Étranger *est, par rapport à lui-même comme si un autre le voyait et parlait de lui* [...]. *Il est tout à fait en dehors. Il est d'autant plus soi qu'il semble moins penser, moins sentir, être d'autant moins intime avec soi. L'image même de la réalité humaine lorsqu'on la dépouille de toutes les conventions psychologiques, lorsqu'on prétend la saisir par une description faite uniquement du dehors, privée de toutes les fausses explications subjectives. »*

Maurice BLANCHOT, *Faux Pas*, Gallimard, 1943.

« Parce qu'il s'exprime avec netteté, on veut enfermer Camus dans l'affirmation visible où il parvient. Parce qu'il est sans équivoque, on lui attribue une vérité sans ambiguïté. Parce qu'il dit extrêmement ce qu'il dit, on l'arrête, on l'immobilise en cette extrémité, mais s'il parle en faveur de la claire limite, on le réduit à cette parole limitée et sans ombre, lui qui, "né pour un jour limpide", *a saisi d'emblée cette trouée qu'est la lumière, cette ouverture secrète par laquelle elle écarte tout présent (même le présent de la lumière) dans sa présence alors obscure. »*

Maurice BLANCHOT, *L'Amitié*, Gallimard, 1971.

« Penseur morose, Albert Camus ¿... Il faut ne l'avoir jamais lu, ne l'avoir jamais vu sourire, pour continuer à le croire. On imagine très bien Ulysse avec le regard de Camus. »

Jean-Claude BRISVILLE, in *Le Figaro littéraire*, 26 octobre 1957.

« Albert Camus, philosophe pour classes terminales. »

Jean-Jacques BROCHIER, *Albert Camus : philosophe*, Balland, 1970.

« De l'œuvre de Camus, je crois pouvoir dire : "Ici, sur les champs malheureux, une charrue fervente ouvre la terre, malgré des défenses et malgré la peur." »

René CHAR, *Préface* à Albert CAMUS, *La Postérité du soleil*, Edwin Engelberts et Éd. de l'Aire, 1965.

« [...] L'État de siège *de Camus. Mauvaise pièce, confuse, déclamatoire, sans émotion. Une agitation frénétique qui fatigue sans impressionner. Rien de plus froid que ce symbolisme abstrait. »*

Paul CLAUDEL, *Journal*, 27 octobre 1948, Gallimard, posthume, 1969.

« [...] *la maigreur caractéristique de* L'Étranger *de Camus assurait la sécheresse de son coup de poing, en faisant un manifeste à peine romancé de la philosophie de l'absurde. »*

Julien GRACQ, *En lisant en écrivant*, Corti, 1981.

« Dimanche dernier, au couvent de Latour-Maubourg pour entendre Camus. [...] *On nous place au premier rang. Camus est assis à deux mètres en face de nous, derrière une petite table.* [...] *Malade et visiblement las, Camus parle cependant d'une façon que je trouve fort émouvante de ce qu'on attend des catholiques dans la France de 1946. Il est émouvant bien malgré lui, sans aucune tentative d'éloquence ; c'est son honnêteté qui fait cela. Il parle rapidement, simplement, avec des notes. Dans son visage un peu blême, le regard est triste, et triste également son sourire.* [...]

Déjeuné au restaurant avec une dizaine de personnes. Camus était assis en face de moi et j'ai essayé de lui parler. Sa figure si sensible et si humaine m'a vivement touché. Il y a chez cet homme une probité si évidente qu'elle inspire presque immédiatement le respect ; simplement, il n'est pas comme les autres. »

Julien GREEN, *Journal*, 3 décembre 1946 et 20 février 1948, Plon, 1949.

« Il est important de connaître son enfance. Le langage a été pour lui une conquête : son oncle quasi muet, sa mère qui ne parle pas, la grand-mère au langage utilitaire... Albert Camus a voulu parler pour eux. Les lectures, les études ont été pour lui une révolution : il a eu pour le langage le respect et l'amour dus au sacré. »

Jean GRENIER, *Carnets*, Seghers, 1991.

« Je pense à Camus : j'ai à peine connu Camus. Je lui ai parlé une fois, deux fois. Pourtant, sa mort laisse en moi un vide énorme. Nous avions tellement besoin *de ce juste. Il était, tout naturellement, dans la vérité. Il ne se laissait pas prendre par le courant ; il n'était pas une girouette ; il pouvait être un point de repère. »*

Eugène IONESCO, *Notes et Contre-Notes*, Gallimard, 1962.

« Albert Camus, croyant le flatter, aurait dit de François Mauriac qu'il était le Dostoïevski de la Gironde, ce qui amena François Mauriac à le traiter de Dostoïevski de rien du tout. »

Marcel JOUHANDEAU, *Journaliers*, t. XV, Gallimard, 1970.

« Classique jusqu'à la moelle, presque puritain dans son goût du dépouillement, classique, c'est-à-dire volontaire et ordonné. Il porte cependant le déchirement de la nuit. Barrès si l'on veut, mais souterrain et tragique plus que l'autre. [...] *Le premier climat, alors tout nouveau, de cette œuvre : un rationalisme de l'irrationnel, une philosophie sombre des lumières. »*

Emmanuel MOUNIER, in *Esprit*, janvier 1950.

« Il fallait bien que sa vertu fût visible, fût étonnante *pour qu'on lui pardonnât d'écrire des œuvres relevant de deux genres décriés : les plus éloignés de l'éclair de génie, ceux qui exigent le travail le plus patient mais la sincérité la plus irritable : je veux dire l'allégorie et la moralité. »*

Jean PAULHAN, *Les Amis, les Voisins*, 1967, in *Œuvres complètes*, t. IV, Cercle du livre précieux, posthume, 1969.

« [...] *je n'ai pas du tout aimé* L'Homme révolté *parce que c'est de la philosophie facile, c'est de la vulgarisation. C'est de la philosophie de journaliste... un bon journaliste, bien sûr. Et surtout il parle très mal des poètes. Il n'était pas sensible aux véritables valeurs poétiques, alors qu'il se prétend aussi poète. »*

Francis PONGE, *Entretien avec Loïs Dahlin*, in *Francis Ponge*, « Cahiers de l'Herne », L'Herne, 1979.

« La situation où s'est trouvé Albert Camus rappelle assez celle du roi Lear recueilli par la moins avantagée de ses filles. C'est à ce "psychologique", qu'il avait, par un minutieux sarclage, cherché à extirper et qui a repoussé de toutes parts comme l'ivraie, qu'il doit finalement son salut. »

Nathalie SARRAUTE, *L'Ère du soupçon*, Gallimard, 1956.

« Pour celui-ci [Camus], *la réponse à l'absurdité de sa condition n'est pas dans une grande rebellion romantique, mais dans une application quotidienne. Voir clair, tenir sa parole, faire son métier, voilà notre vraie révolte.* [...] *Ce que notre auteur* [Camus] *emprunte à Hemingway, c'est* [...] *la discontinuité de ses phrases hachées qui se calque sur la discontinuité du temps. »*

Jean-Paul SARTRE, *Situations I*, Gallimard, 1947.

BIBLIOGRAPHIE

Éditions

Théâtre, Récits et Nouvelles, éd. R. QUILLIOT, préf. de J. GRENIER, « Pléiade », Gallimard, 1962.

Essais, éd. R. QUILLIOT et L. FAUCON, « Pléiade », Gallimard, 1965.

Caligula, éd. P.-L. REY, « Folio Théâtre », Gallimard, 1993.

L'Étranger, éd. J. MALRIEU, « Folio Plus », Gallimard, 1996.

L'Homme révolté, « Folio Essais », Gallimard, 1985.

La Peste, éd. Y. ANSEL, « Folio Plus », Gallimard, 1996.

Cahiers Albert Camus, Gallimard, depuis 1971.

Études

A.-M. AMIOT et J.-Fr. MATTÉI (dir.), *Albert Camus et la Philosophie*, PUF, 1997.

F. BAGOT, *Albert Camus. « L'Étranger »*, « Études littéraires », PUF, 1993.

F. BARTFELD, *L'Effet tragique*, Champion/Slatkine, 1988.

P.-G. CASTEX, *Albert Camus et « L'Étranger »*, Corti, 1992.

U. EISENZWEIG, *Les Jeux de l'écriture dans « L'Étranger » d'Albert Camus*, Minard, 1983.

B.T. FITCH, *Narrateur et Narration dans « L'Étranger » d'Albert Camus*, Minard, 1968 ; *id.* et P.-C. HOY, *Essai de bibliographie des études consacrées à Albert Camus (1937-1970)*, Lettres modernes, 1969 ; *The Narcissist Text*, University of Toronto Press (CA), 1982.

P.A. FORTIER, *Une lecture de Camus : la valeur des éléments descriptifs dans l'œuvre romanesque*, Klincksieck, 1977.

J. GASSIN, *L'Univers symbolique d'Albert Camus. Essai d'interprétation psychanalytique*, Minard, 1981.

J. GRENIER, *Albert Camus. Souvenirs*, Gallimard, 1968.

R. GRENIER, *Albert Camus, Soleil et Ombre, une biographie intellectuelle,*, Gallimard, 1987.

J. GUÉRIN, *Camus et la Politique*, L'Harmattan, 1986 ; *Camus. Portrait de l'artiste en citoyen*, Bourin, 1993.

M. LEBESQUE, *Camus par lui-même*, « Écrivains de toujours », Seuil, 1963.

J. LENZINI, *L'Algérie de Camus*, Édisud, 1999.

J. LÉVI-VALENSI, *Les Critiques de notre temps et Albert Camus*, Garnier, 1970 ; *Jacqueline Lévi-Valensi présente « La Peste » d'Albert Camus*, « Foliothèque », Gallimard, 1991 ; *Albert Camus et le Théâtre*, IMEC, 1992 ; *Jacqueline Lévi-Valensi présente « La Chute » d'Albert Camus*, « Foliothèque », Gallimard, 1996 ; *id.* et A. SPIQUEL (dir.), *Albert Camus et le Lyrisme*, actes du colloque de Beauvais, 31 mai-1er juin 1996, SEDES, 1997.

H.R. LOTTMAN, *Albert Camus*, trad. franç. M. VÉRON, Seuil, 1978.

L. MAILHOT, *Albert Camus ou l'Imagination du désert*, P. U. Montréal (CA), 1973.

J. ONIMUS, *Camus*, DDB, 1965.

B. PINGAUD, *Bernard Pingaud commente « L'Étranger » d'Albert Camus*, « Foliothèque », Gallimard, 1992.

R. QUILLIOT, *La Mer et les Prisons*, Gallimard, 1970.

S. TARROW, *« Exile from the Kingdom ». A rereading of Camus*, The University of Alabama Press (US), 1985.

O. TODD, *Albert Camus, une vie*, Gallimard, 1996.

A. VIRCONDELET, *Albert Camus. Vérité et Légendes*, Chêne, 1998.

M. WEYEMBERGH, *Albert Camus ou la Mémoire des origines*, De Boeck, Bruxelles (BE), 1997.

CASANOVA

Giacomo Girolamo CASANOVA

CASANOVA se décerna à lui-même, en 1759, le titre de chevalier de SEINGALT, car « *l'alphabet est la propriété de tout le monde, c'est incontestable. J'ai pris huit lettres et je les ai combinées de façon à produire le mot Seingalt. Ce mot ainsi formé m'a plu et je l'ai adopté pour mon appellatif* ».

Venise (act. Italie) 1725 – Dux (Bohême, act. République tchèque) 1798

« [...] *Casanova charme, car la seule victime, c'est lui, jamais ignoble, charmant par un libertinage vrai, et admirable par sa faculté de désir, d'amour et d'aventure.* »

Robert DESNOS, *Nouvelles Hébrides (1922-1930)*, posthume, Gallimard, 1978.

« [Casanova] *se sent dans l'obligation* [de] *donner* [de ses aventures sexuelles] *une description sommaire, qui n'est ni détaillée ni* individualisée. *De là vient, pour le lecteur, le sentiment de la répétition : à tel point que la partie la plus ennuyeuse de l'œuvre finit par être celle qui décrit les étreintes amoureuses.* »

Leonardo SCIASCIA, *Casanova ou la Dissipation*, in *Mots croisés*, trad. franç. Mario FUSCO, Michel ORCEL et Jean-Noël SCHIFANO, Fayard, 1985.

Un aventurier-né

Une jeunesse dispersée

Né de parents comédiens, probablement enfant bâtard du patricien Michel Grimani et ayant pour cadet le peintre, bien connu en France, François Casanove, Casanova naquit dans une Venise en décadence, livrée au plaisir et rongée par la misère. Employé par un avocat, il suivit des cours de droit et de théologie à Padoue, reçut la tonsure en 1740, les ordres mineurs en 1741. Dès l'âge de 16 ans, il voyagea en Italie, au Levant, dans l'Europe entière, agrémentant ses itinéraires d'innombrables conquêtes amoureuses et exerçant à Venise ou ailleurs les métiers les plus divers : clerc d'avocats, secrétaire de cardinaux, soldat, officier, violoniste, imprésario de théâtre, traducteur secret d'ambassade, auteur, directeur d'une manufacture vite transformée en harem... Il savait aussi jouer l'entremetteur, passer pour magicien — il obtint ainsi, entre 1756 et 1763, de très grosses sommes de la marquise d'Urfé qui entendait renaître en petit garçon —, et recourait fréquemment au jeu de cartes. En 1750, à Lyon, il fut admis dans la franc-maçonnerie, puis sa réputation sulfureuse lui valut d'être arrêté par l'Inquisition, à Venise, en 1755. Incarcéré dans les Plombs (prison vénitienne), il réussit au bout d'un an une évasion devenue fameuse et reprit son infatigable course. Revenu à Paris, il fréquenta à nouveau la haute société et organisa même une loterie qui permit à l'État de terminer la construction de l'École militaire et qui fonctionna jusqu'en 1836. Souvent tenu pour indésirable, il parvint, entre 1759 et 1771, à se faire expulser 11 fois de 9 capitales différentes et, s'il aime à mentionner ses hautes fréquentations, ses contacts avec l'élite intellectuelle de l'Europe furent cependant réduits. Il fréquenta certes Bernis, en 1754, et Crébillon père fut son professeur de français, mais, se sentant à l'aise dans une société dont il savait tirer profit, il demeura hostile aux philosophes : « *Êtes-vous venu ici pour me parler ou pour que je vous parle ?* », lui demanda Voltaire lors de sa visite à Ferney, en 1760, résumant ainsi l'affrontement de deux fortes personnalités. Casanova avait des lettres sans être homme de lettres : plus qu'un brillant causeur, c'était un beau parleur qui entendait rentabiliser son bagout en narrant ses aventures. Jusqu'en 1764 — date de sa rupture avec Mme d'Urfé et de sa mésaventure avec Mme Charpillon —, Casanova fréquenta la bonne compagnie. Ensuite, en quête d'emploi, expulsé de toutes parts — notamment de Paris, en 1767 —, il ne rencontra plus guère que gens de théâtre ou aventuriers, comme Ange Goudar, avec qui il écrivit ***L'Espion chinois*** (1774) et avec lequel la police le confondit souvent. En 1764, de retour d'Angleterre, il prétendait avoir fait, à la bibliothèque de Wolfenbüttel, l'expérience apaisante du travail littéraire. Il songea dès lors à la ressource de l'écriture et publia en italien, les années suivantes, des textes historiques — une ***Confutazione della Storia del governo veneto d'Amelot de La Houssaie*** (1769) —, un traité sur les rapports de l'utérus et de l'esprit — ***Lana caprina. Epistola di un licantropo*** (1772) —, le premier tome d'une ***Dell'Iliade di Omero, tradotta in ottava rima [...]*** (1775). Il put revenir à Venise en 1774 — et y fut indicateur, en 1781, signalant à l'Inquisition les ouvrages « *philosophiques* » —, mais en fut définitivement banni en 1782 et erra de nouveau jusqu'à ce que le comte de Waldstein, neveu du prince de Ligne, l'accueillît comme bibliothécaire à Dux, en Bohême, en 1785.

Un écrivain tardif

Mettant en œuvre une culture vaste mais dispersée, il entreprit alors un énorme roman utopique — qui répondait à l'intérêt du temps pour la science et la magie —, ***L'Icosaméron, ou Histoire d'Édouard et d'Élisabeth, qui passèrent quatre-vingt-un ans chez les Mégamicres, habitans aborigènes du Protocosme, dans l'intérieur de notre globe*** (1787) : il s'agit d'un voyage imaginaire dans un univers d'androgynes où se déploie le fantasme préadamite d'une rêverie sexuelle — et délirante : Casanova n'en était pas dupe — sur un monde où la noblesse serait liée à la capacité de procréation. En 1788, l'***Histoire de ma fuite des prisons de la république de Venise qu'on appelle les Plombs*** prit une forme imprimée.

Mais ce qui poussa un Casanova vieillissant, qui avait perdu son indépendance et se retrouvait menacé par l'ennui, à écrire, entre 1790 et 1793, des mémoires qu'il mena jusqu'en 1774 — date du dernier retour à Venise —, fut sans doute la parution, en 1789, des *Confessions* de Rousseau. Casanova revendiquait ce titre de *Confessions*, en regrettant qu'il eût été « *profané par un extravagant* ». Tout en la supposant nécessaire à l'histoire de l'humanité, Rousseau avait osé l'histoire de l'individu privé. Il n'y avait rien de surprenant à ce que, compte tenu de la « *matière amoureuse* » dont il disposait — matière de roman qui fait défaut à l'œuvre de Rousseau —, Casanova eût estimé son existence plus intéressante que celle de Jean-Jacques. Si le vieil aventurier se prit tardivement d'une passion pour l'écriture, ce fut aussi pour distraire : « *À l'âge de soixante et douze ans, où je peux dire* vixi, *quoique je respire encore, je ne saurais me procurer un amusement plus agréable que celui de m'entretenir de mes bonnes affaires et de donner un noble sujet de rire à la bonne compagnie qui m'écoute.* » S'expose au lecteur, dans les ***Mémoires***, un « écrivant » plus qu'un écrivain, qui exhibe son plaisir d'écrire, en fait oublier le travail, laisse supposer l'innocence d'une écriture d'avant la chute dans l'ignominie d'une profession — c'est à la perte de ce plaisir que Casanova attribua l'arrêt du récit en 1774. Dérivé de Rousseau, le projet autobiographique n'en était pas moins pleinement neuf et sans précédent dans son genre. Il offrait cette séduction supplémentaire de ne prétendre ni appartenir à la littérature, ni partir à la recherche d'un moi hypothétique : « *Je suis fier parce que je ne suis rien* », disait Casanova au prince de Ligne. L'invention de Casanova, c'est aussi d'avoir présenté son écriture comme pure médiation de soi à soi, au terme de laquelle il n'y a peut-être qu'un consentement à la mort. A-t-il compris lui-même que, en 1790, il était en train de fixer l'image d'un univers en cours de disparition, d'un Ancien Régime qui fit ensuite beaucoup rêver ? Que l'« *objet perdu* » était en l'occurrence collectif ? Nul doute que ne se trouve en tout cas ici une des raisons de son succès. Les importantes corrections apportées en 1794 pour le prince de Ligne, lecteur enthousiaste, laissent penser que Casanova était décidé à une publication de son vivant ; mais sa mort, quatre ans plus tard, à 73 ans, l'en empêcha.

L'***Histoire de ma vie*** (posth., 1826 à 1838) est une galerie de femmes, non une collection : il se peut que Casanova nous en conte, mais au moins il ne compte pas, mêlant curieusement la générosité et la désinvolture. On retiendra quelques figures exemplaires : M.M., C.C. — et leur partage —, Manon Balletti, à qui il proposa le mariage et qu'il ne posséda jamais — cas unique —, Henriette, la femme aimée et perdue, Thérèse-Bellino, le faux travesti, sans oublier la terrible Charpillon, dont Casanova avoue sans fard qu'il a été la dupe et la victime. Que Casanova ait mis en scène un certain nombre de figures fantasmatiques dont a rêvé son siècle, sans doute, mais il a su échapper à l'alternative romanesque de l'idéalisation et de la dépréciation, en respectant la singularité de chacune de ces rencontres jusque dans le plus érotique détail.

Longtemps tenu dans l'ombre par toutes les censures, Casanova, depuis le début du XXe siècle, a acquis l'honorabilité de ces « *poètes de leur vie* » (Zweig). La critique casanovienne, toujours appliquée à traquer les moindres traces de son héros lucide et courageux, ne fait guère dans la litote : « *génie* », « *haute dignité spirituelle* », « *homme libre* », « *citoyen du monde* » ! Cet homme a vécu un roman : comment lui résister ?

Un romancier de sa vie

Comparé à Saint-Simon pour son goût du portrait, annonçant Balzac par sa peinture des mœurs, et Proust avec son génie de la mémoire, Casanova est un romancier qui fait de sa vie un art : « *Ma vie est ma matière.* » Il utilise les péripéties de ses voyages comme autant de ressorts de la narration : ainsi pour précipiter ses relations avec les femmes aimées, telles que Thérèse ou Bellino, le castrat qui se révèle enfin femme en partageant un lit d'auberge. Les émotions jaillies du passé agissent comme renouvelées par la vertu de l'écriture. Casanova avoue, se remémorant ses premiers exploits littéraires alors qu'il était enfant : « *On sema dans mon âme l'amour de la gloire qui dépend de la littérature* » *(Bettine)*. Le goût de l'instant retrouvé l'invite à bousculer l'ordre du temps, celui du désir savouré, des bouleversements sociaux, de la splendeur à la misère des courtisanes dévoilée en de saisissants raccourcis — ainsi décrit-il la jeune Bettine d'abord comme son premier amour, puis, quelques lignes plus loin, comme une femme devenue « *vieille, malade et mourante* », quarante ans plus tard. C'est de la vie mise à nu que l'écrivain se nourrit, choisissant de se décrire tel qu'il fut. Casanova ne s'apparente pas à des personnages comme Dom Juan ou Valmont, car l'amour n'est jamais pour lui un calcul né de la volonté de puissance. Il n'est pas lié non plus au péché, qui introduit le tragique. Le plaisir de la chair s'allie à celui de la table ; la saveur de la vie, à des goûts multiples et toujours renouvelés : « *Pour ce qui regarde les femmes, j'ai toujours trouvé que celle que j'aimais sentait bon, et plus sa transpiration était forte, plus elle me semblait suave.* » À travers les odeurs et l'émoi des sens, Casanova célèbre l'entrée tapageuse du corps en littérature. L'écrivain provoque par sa capacité à recréer une vie totalement affranchie des préjugés moraux et sociaux, que symbolise son évasion de la prison des « *Plombs* » — épisode clé des ***Mémoires***. L'inceste final de Casanova avec sa fille n'est pas un simple épisode, mais l'instant retrouvé d'une nuit magique qui l'unit au souvenir, vingt-sept ans plus tôt, de la mère de celle-ci, Lucrèce. L'écriture figure l'ultime revanche de Casanova sur les échecs. Elle conjure la mort en faisant d'une existence en constante métamorphose, la « *raison charnelle* » de son œuvre.

Une gloire enfin littéraire

Condamnée par Jules Janin, l'œuvre a soulevé l'enthousiasme de Musset, de Delacroix et même, prudemment, de Sainte-Beuve, qui le situait du côté de Catulle et de Bussy. On retrouve, par ailleurs, bien des traits du Vénitien Casanova dans *La Chartreuse de Parme* du « Milanais » Stendhal : l'évasion de Fabrice (chap. XX) s'inspire sans doute de l'***Histoire de ma fuite des prisons*** ; à tel point qu'en 1857, l'aventureux bibliophile Jacob exprimait la « *certitude morale* » que, puisque Casanova était sans doute incapable d'écrire en français, les ***Mémoires*** avaient été arrangés par un habile homme, « *Stendhal ou plutôt Beyle, dont l'esprit, le caractère, les idées et le style se retrouvent à chaque page dans les mémoires imprimés* » (cité in *Manuel de l'amateur de livres [...]* de Vicaire).

Le romantisme installa Casanova dans sa fonction de symbole d'un XVIIIe siècle libertin, paradis perdu odieux à certains, réservoir, pour d'autres, d'une inépuisable nostalgie. Après une éclipse sous le Second Empire, l'époque naturaliste fit de l'***Histoire de ma vie*** — texte au reste consonant avec les valeurs de la Belle Époque — un document de premier plan sur les mœurs, engageant une somme considérable d'érudition et de vérification, où l'objectif scientifique n'exclut pas la fascination : une « *religion casanovienne* », disait en 1913 Octave Uzanne. Le XXe siècle — d'Apollinaire à Sollers en passant par Zweig et Félicien Marceau — ne pouvait trouver que sympathique ce héros d'un amoralisme tranquille, qui séduit toutes les femmes sans jamais les faire pleurer et à qui il arrive d'échouer ou d'être lui-même trompé. L'Italien qui sait rire de lui-même est peut-être plus humain qu'un Don Juan en quête d'absolu ou que son contemporain, le marquis de Sade, qui brave Dieu et appelle une Révolution que Casanova, comme le Figaro qui lui ressemble tant, trouvait sans doute dangereuse. S'il semble plus facile à assouvir, Casanova paraît avoir tenté de vivre, et nous présente en tout cas, dans une œuvre née de la magie du verbe, l'existence d'un de ces hommes libres qui forcent l'admiration.

Depuis 1918, Casanova a inspiré de très nombreux films et productions télévisées, notamment, de Luigi Comencini, *Casanova, un adolescent à Venise* (1969), et, de Federico Fellini, *Le Casanova de Fellini* (1983), singulièrement hostile au héros.

Toutefois, Casanova, qui mobilise une critique universitaire passionnée, continue à intéresser davantage l'histoire biographique que l'histoire littéraire : si l'homme ne cesse de fasciner par son inépuisable vitalité, l'écrivain reste très méconnu — en raison, notamment, d'une censure durable de l'institution scolaire : il est encore ignoré de la quasi-totalité des manuels et autres anthologies littéraires. Et même le bicentenaire de sa mort, en 1998, n'a guère suscité de manifestations, hormis la publication d'une vibrante et « fraternelle » apologie, due à Philippe Sollers.

ŒUVRE

Histoire de ma vie

Mémoires écrits en français et dont la publication fut aussi aventureuse et romanesque que la vie de leur auteur.

À la mort de Casanova, en 1798, le manuscrit, élaboré entre 1790 et 1793 et partiellement corrigé, fut légué à un neveu et conservé par la famille, à Dresde. En 1820, il fut vendu à l'éditeur Brockhaus, qui publia à Leipzig, en 1822-1823, ***Aus den Memoiren des Venetianers Jacob Casanova de Seingalt [...]***, une traduction abrégée qui fut retraduite en français, sous le titre ***Mémoires du Vénitien Jacques Casanova de Seingalt [...]*** (1825). Ce piratage décida l'éditeur allemand à publier chez Ponthieu, à Paris, le texte original — non sans le faire réviser, et édulcorer, par un professeur en poste à Dresde, Jean Laforgue — avec pour nouveau titre ***Mémoires de Jacques Casanova de Seingalt, écrits par lui-même*** (1826 à 1838, 12 vol.). Le texte original intégral fut ensuite occulté jusqu'en 1960, date de parution, chez Brockhaus et Plon, de ***Histoire de ma vie (Mémoires). Édition intégrale*** (1960 à 1962). Si Laforgue avait relativement bien respecté le texte, il avait placé *« sur les images trop voluptueuses un voile qui n'enlève rien au piquant de la narration »*, qui, de fait, le signale comme un texte *« plus dix-huitième siècle que nature »* (René Démoris). Mais il en avait surtout gommé les italianismes, pour conférer une bonne tenue littéraire à une langue familière et orale dont notre époque ne peut manquer d'apprécier, au contraire, la saveur moins apprêtée.

Né à Venise de parents comédiens, c'est à Padoue que Giacomo Casanova est éduqué dans la maison du docteur Gozzi, où s'éveillent ses dons prodigieux pour l'étude en même temps que sa sensualité, au contact de la jeune sœur du docteur, Bettine. De retour à Venise, il entreprend sous la houlette d'un protecteur influent, M. de Malipiero, une carrière d'abbé mondain et s'entiche de *« dames surannées »*, jusqu'à un fiasco en chaire, puis son éviction du séminaire. L'ecclésiastique se mue en libertin, au gré d'un *« nouveau système de vie »* d'aventures entre Rome, Naples et Ancône. Tombant la soutane, il embrasse l'état qui symbolise alors la liberté : la carrière militaire. En garnison à Corfou, il s'enflamme pour une perle orientale, Mélulla. Puis il revient à Venise où, abandonnant l'épée pour le violon, il sauve la vie d'un sénateur qui le prend sous sa protection et le transforme en seigneur. Sous l'influence de l'ambassadeur et duc de Bernis, Casanova vit les amours croisées, au couvent, de C.C. et de M.M. Ses turpitudes lors de son apprentissage des sciences occultes et ses supercheries cabalistiques le précipitent dans la redoutable prison des *« Plombs »*. Miraculeusement évadé, il fuit Venise. Le récit de cet exploit prodigieux lui ouvre les portes du grand théâtre de l'Europe, où il est chargé d'une mission secrète à Dunkerque, rencontre Mme d'Urfé, Rousseau, Voltaire, à qui il déclare : *« Je vois enfin mon maître. »* Durant dix-huit années, il mène au grand galop une vie de libertin choyé des femmes, de joueur et d'intrigant, qui l'entraîne d'Italie — où il se baptise du nom de chevalier de Seingalt — en France — où il est receveur de la loterie à l'École militaire —, d'Allemagne en Suisse, en Russie, en Pologne puis de nouveau en Allemagne, à Prague et à Vienne. Il rencontre Frédéric II, fait halte dans les possessions des Habsbourg avant de retrouver l'Espagne, le midi de la France, l'Italie, Trieste, déroulant au cours de cette perpétuelle errance, le tableau des vicissitudes et des mœurs de son siècle.

Commencée vraisemblablement vers 1790, la rédaction des ***Mémoires*** relançait littérairement la course brillante de Casanova, interrompue depuis que, privé de ressources, amant fatigué, il avait abordé la soixantaine au château de Dux en Bohême, où il devint le bibliothécaire du comte Waldstein. Interrompues à l'année 1774, lorsqu'il obtint la grâce des inquisiteurs de Venise, les ***Mémoires*** le garantirent de l'amère défaite : *« En écrivant* [...], *j'ai empêché le noir chagrin de dévorer ma pauvre existence ou de me faire perdre la raison. »*. Pour tromper l'ennui, il entreprit le récit de sa vie en français, la langue alors internationale — avec quelques barbarismes et italianismes. Loin d'y mêler la nostalgie d'un Chateaubriand comparant le présent au passé, Casanova plongeait au contraire dans les instants d'une vie dédiée au bonheur : *« Si le plaisir existe,* dit-il, *et si on ne peut en jouir qu'en vie, la vie est donc un bonheur »* ***(Bellino-Thérèse)***. Ce n'est donc pas la chronologie qui régente l'ordre de la narration, mais celui des souvenirs retrouvés au gré d'une mémoire aussi infaillible que l'imagination de l'auteur est débordante. Casanova concentre, condense et recompose sa vie en scènes qu'il redistribue dans l'espace et dans le temps pour accorder toute leur intensité aux événements. Son récit très lisse, s'il fait une large place au libertinage, apparaît surtout comme une immense chronique de voyages nourrie des réflexions — aussi pénétrantes qu'insolentes — d'un moraliste, sur l'actualité de son temps. Casanova, amoureux épris surtout de lui-même, figure au centre du théâtre du monde : le décor de Venise, élargi ensuite à l'échelle des grandes capitales de l'Ancien Régime, où il côtoya les beaux esprits et les grands de son temps. Son sens de la mise en scène fait de ce récit l'un des témoignages les plus pénétrants sur l'Europe cosmopolite des Lumières.

La publication posthume d'un texte remanié et tronqué laissa douter, jusqu'à la fin du XIXe siècle, de l'authenticité du manuscrit, qui fut à tort attribué à Stendhal, souvent comparé à Casanova. Le succès remporté dès sa parution par l'édition intégrale ne se démentit pas depuis. Le personnage de Casanova fascina les écrivains les plus divers, comme Henri de Régnier ou Zweig, et dérouta la critique qui lui reprocha notamment son attitude réactionnaire à l'égard de la Révolution française, son *« absence d'inquiétude »* (Claude Roy). Fellini, dans son film *Le Casanova de Fellini* (1983), le montra comme le représentant d'une société décadente, tandis qu'il apparaissait comme l'image de la jeunesse, dans *Casanova, un adolescent à Venise* de Comencini (1969). Les études plus récentes mettent en lumière, avec la richesse documentaire, la valeur littéraire de l'***Histoire de ma vie***.

CITATIONS

Savoir mal est pire qu'ignorer.

Mémoires.

Les seuls espions avoués sont les ambassadeurs.

Mémoires.

Il y a une cinquantaine d'années qu'un sage me disait : *« Toutes les familles sont tracassées dans leur intérieur par quelque comédie qui en trouble la paix. C'est à la prudence de ceux qui sont en tête d'empêcher que la comédie ne devienne publique, car il faut éviter de faire rire et de fournir matière à de mauvais commentaires, et aux sifflets du public, toujours ignorant et toujours malin. »* Cette sagesse se nomme en France : Savoir laver son linge sale en famille.

Mémoires.

La théorie des mœurs et son utilité sur la vie de l'homme peuvent être comparées à l'avantage qu'on retire de parcourir l'index d'un livre avant de le lire ; quand on l'a lu, on ne se trouve informé que de la matière.

Mémoires.

JUGEMENTS

« [...] Casanova, une fois restitué à sa force première — [dans] *l'édition originale du texte* [...] *— est un des plus grands écrivains du* XVIIIe *siècle. Ne l'oublions pas, le siècle de Casanova est celui de Diderot et de Voltaire, de Rousseau et de Sterne, de Goethe et de Beaumarchais, de Mme de Staël et de Mozart, de Rétif de La Bretonne et de Schiller. Casanova est leur égal. »*

Gérard de CORTANZE, « Casanova, la recherche du plaisir pur », in *Le Magazine littéraire*, décembre 1998.

« Casanova considéré comme acteur. Enfant de comédiens, compagnon de comédiens. Son apparence, ses dentelles, ses diamants, ses tabatières, ses bijoux. Demande au pape s'il peut orner de diamants l'ordre de l'Éperon d'or qui lui a été décerné. Lorsque Bernis le charge d'une mission officielle, il s'en acquitte non pas en diplomate mais en acteur. Au banquet de Cologne c'est comme acteur qu'il l'emporte sur le brave Ketteler qui, par la valeur, lui était sans doute supérieur. »

Ernst JÜNGER, *Jardins et Routes*, 20 avril 1940, trad. franç. Henri PLARD, Bourgois, 1979.

« Près de cent trente femmes arrachées à l'oubli, avec leur nom, leur visage, leurs gestes, leurs propos ! Casanova : l'utopie de la mémoire. »

Milan KUNDERA, *L'Immortalité*, trad. franç. Eva BLOCH, Gallimard, 1990.

« Il y a un plaisir de Casanova comme il y a des adagios mozartiens ou une lumière de l'impressionnisme. Avec une différence, et de taille : il n'y a pas, pas un instant, pas un mot, pas une virgule, chez Casanova, qui soient porteurs de quoi que ce soit de sombre, ou de grave, ou de mélancolique. Il y a des bonheurs chez Mozart, de la joie chez Bach. Rien de tel ici : comme Rossini, peut-être, est le seul musicien gai, Casanova est le seul écrivain absolument gai, et dispensateur lui-même de gaieté. [...]
Sa langue : c'est le français de tout le monde — en tout cas de l'Europe. Casanova pratique un superbe dédain du bien écrit — cette autre forme du grand style, avec le grand style. Il n'y a qu'un gentilhomme pour aimer ainsi une lingère. Les boutiquiers la bousculent. Casanova, lui, soupe avec elle "en maigre", et le repas est un Chardin.
Nulle forfanterie, pas plus que de contrition. Une sensualité de tout, du champagne frais aux jeux de l'intelligence. La civilisation, la liberté même. Comme s'ouvre l'été, voici l'art de vivre en son solstice. »

Renaud MATIGNON, « Casanova. Le plaisir au grand galop », in *Le Figaro littéraire*, 2 juillet 1993.

« Ce Vénitien, issu de sang espagnol, qui compte dans sa généalogie force bâtards, religieuses enlevées, poètes latins satiriques, compagnons de Christophe Colomb, secrétaires de cardinaux, et une mère comédienne ; ce jeune abbé, qui débute

fraîchement comme Faublas et Chérubin, mais qui bientôt sent l'humeur croisée de Lazarille et de Pantalon bouillonner dans sa veine ; qui tente tous les métiers et parle toutes les langues comme Panurge ; dont la vie ressemble à une comédie mi-partie burlesque et mi-partie amoureuse, à un carnaval de son pays qu'interrompt une atroce captivité ; qui va un jour visiter M. de Bonneval à Constantinople, et vient à Paris connaître en passant Voisenon, Fontenelle, Carlin, et être l'écolier du vieux Crébillon ; ce coureur, échappé des Plombs, mort bibliothécaire en un vieux château de Bohême, y a écrit, vers 1797, à l'âge de soixante et douze ans, ses Mémoires *en français, et dans le meilleur et le plus facile, dans un français qu'on dirait naturellement contemporain de celui de Bussy. Il y raconte tout et peut-être au delà ; il s'y montre à nu, sans façon et d'assez bonne grâce pour un vieillard ; épicurien comme Horace, qu'il aime à citer, sensualiste ouvertement, sans trop de cynisme, quelque peu chrétien par là-dessus, à ce qu'il dit, je ne me chargerai pas d'expliquer comment ; plein de regrets pour le passé, mais sans trace de repentir, il va, il déroule à plaisir, il recommence sa jeunesse. »*

Charles Augustin SAINTE-BEUVE, « Mémoires de Casanova de Seingalt », in *Le National*, 1er juillet 1833, repris in *Premiers Lundis*, posthume, 1874.

« [...] *nous considérons Casanova, lorsqu'il écrit, lorsqu'il décrit, comme un homme doté d'une sexualité qui aboutit rarement à l'érotisme et qui d'autre part ne tombe pas dans la pornographie. Un écrivain érotique, c'est autre chose. Un pornographe, c'est autre chose. Trop sain et grossier pour être un écrivain érotique. Trop "formel" pour être un écrivain pornographique. Dans le fait de revoir et de revivre ses aventures sexuelles, il n'y a même pas en lui de "voyeurisme" sénile, comme on aurait pu s'y attendre. »*

Leonardo SCIASCIA, *Casanova ou la Dissipation*, in *Mots croisés*, trad. franç. Mario FUSCO, Michel ORCEL et Jean-Noël SCHIFANO, Fayard, 1985.

« Pas de poésie sans orgie, donc. Et, de même, pas d'orgie réussie sans poésie (sinon, on tombe au-dessous de la prose et tout devient réaliste, c'est-à-dire misérable). L'art de jouir est un art poétique, et réciproquement. De l'audace, du goût, du feu, une table, un lit et le sens du rythme. [...] Casanova est présent : c'est nous qui avons dérivé loin de lui, et de toute évidence, dans une impasse fatale. »

Philippe SOLLERS, *Casanova l'Admirable*, Plon, 1998.

BIBLIOGRAPHIE

Éditions

Mémoires, éd. R. ABIRACHED, « Pléiade », Gallimard, 1958 à 1960, 3 vol.

Jacques Casanova de Seingalt Vénitien. Histoire de ma vie. Édition intégrale, Brockhaus/Plon, Wiesbaden (DE)/ Paris, 1960 à 1962, 12 vol.

Mémoires 1744-1756, éd. R. DÉMORIS, « GF », Flammarion, 1977 [texte de J. LAFORGUE].

Histoire de ma vie, éd. F. LACASSIN, « Bouquins », Laffont, 1993, 3 vol. [reprend et complète l'édition Brockhaus/Plon établie d'après le manuscrit original].

Études

R. ABIRACHED, *Casanova ou la Dissipation*, Grasset, 1961, rééd. Titanic, 1996.

E. BARTOLINI, *Le Crépuscule de Casanova, 1774-1798*, trad. franç. I. ABRAMÉ, Desjonquères, 1995.

L. FLEM, *Casanova ou l'Exercice du bonheur*, Seuil, 1995.

É. HARMEGNIES, *Casanova ou l'Europe d'un libertin*, Presses interuniversitaires européennes, 1996.

G. LAHOUATI et M.-Fr. LUNA, « Casanova en 1998 », in *Dix-Huitième Siècle*, n° 30, 1998.

M.-Fr. LUNA, *Casanova mémorialiste*, Champion, 1998.

F. MARCEAU, *Une insolente liberté, les aventures de Casanova*, Gallimard, 1983 ; *Casanova ou l'Anti-Don Juan*, Gallimard, 1985.

F. ROUSTANG, *Le Bal masqué de Giacomo Casanova*, Minuit, 1984.

Ph. SOLLERS, *Casanova l'Admirable*, Plon, 1998.

A. STROEV, *Les Aventuriers des Lumières*, PUF, 1997.

Ch. THOMAS, *Casanova, un voyageur libertin*, Denoël, 1985, rééd. « Folio », Gallimard, 1998.

J.-D. VINCENT, *Casanova : la Contagion du plaisir, divertissement*, Odile Jacob, 1990, rééd. « Points », Seuil, 1992.

S. ZWEIG, *Trois poètes de leur vie, Stendhal, Casanova, Tolstoï*, trad. franç. A. HELLA, « LdP », LGF, 1992.

Casanova Gleanings, 1958 à 1980.

L'Intermédiaire des casanovistes, depuis 1984.

AUDIO & VIDÉO

Vidéo

J. BOYER, *Les Aventures de Casanova*, 1946, René Chateau, s.d., 2 cassettes.

L. COMENCINI, *Casanova, un adolescent à Venise*, 1969, Fil à film, s.d.

CÉLINE

Louis-Ferdinand CÉLINE
De son vrai nom, Louis Ferdinand Auguste DESTOUCHES
Céline était le prénom de sa grand-mère, Céline GUILLOU, et l'un des prénoms de sa mère.

Courbevoie (act. Hauts-de-Seine) 1894 – Meudon (act. Hauts-de-Seine) 1961
Prix Renaudot

« Je tiens Céline pour un génial inventeur, un poète [...] d'ampleur considérable, pas seulement à mes yeux le plus important de notre temps mais des plusieurs siècles qui forment les temps modernes, une des plus grandes charnières de l'histoire de l'écrire. Que ce ne soit pas apparu d'emblée aux intellectuels contemporains, pas tout au moins de manière suffisante pour imposer silence à leurs ressentiments et mauvaises chicanes, qu'ils aient fait bloc avec un si parfait ensemble pour dénigrer cette création monumentale et la transporter sur un misérable terrain politique est un phénomène peu croyable. »

Jean DUBUFFET, « Céline pilote », in *Louis-Ferdinand Céline*, Cahiers de l'Herne, octobre 1965.

« J'ai voulu démontrer à Combelle que Céline n'est qu'un Jehan Rictus en prose, que la grossièreté, la vulgarité sont faciles, que le ton populacier (à vomir) n'est pas le talent, qu'il y a chez Céline du dément (trépané), qu'il écrit pour ne rien dire, qu'il est victime d'une illusion dont il reviendra. Peine perdue, il en est féru jusqu'à l'absolu. »

Paul LÉAUTAUD, *Journal littéraire*, 12 mars 1941, Mercure de France, rééd. 1986.

Une vie agitée

« *C'est naître qu'il aurait pas fallu* »

Né dans cette banlieue parisienne dont il se réclama par la suite, Louis Destouches fut élevé en plein cœur de Paris, rue de Babylone, puis passage Choiseul, où sa mère tenait un commerce de dentelles : « *Elle a tout fait pour que je vive, c'est naître qu'il aurait pas fallu* », s'exclame le narrateur, au début de ***Mort à crédit***. Les souvenirs de sa jeunesse, marquée par la demi-pauvreté et surtout par les humiliations d'une vie familiale mesquine et étriquée, nourrirent toute la première partie de son œuvre. Ayant quitté l'école après son certificat d'études (1907), Destouches effectua des séjours en Allemagne et en Angleterre (1907 à nov. 1909), avant d'être placé comme apprenti en bonneterie, puis en joaillerie (1910 et 1911) — sans grand succès. Il s'engagea en 1912, pour trois ans, dans la cavalerie. Nommé brigadier en 1913, puis maréchal des logis en mai 1914, il avait 20 ans, en août 1914, quand la guerre éclata ; il y fut blessé dès le mois de novembre, ce qui lui valut la médaille militaire et la croix de guerre. Affecté un moment au consulat général de France à Londres, il fut démobilisé (sept. 1915), connut en Angleterre une brève expérience conjugale (janv. à mars 1916), et partit en Afrique de l'Ouest, où il fut surveillant de plantation à la Compagnie forestière Sangha-Oubangui, sans réussir à y faire la fortune qu'il espérait (1916-1917). À la fin de la guerre, qui fit de lui un pacifiste convaincu, Céline revint en France en raison de sa santé défaillante. Là, les mesures prises en faveur des anciens combattants lui permirent de passer son baccalauréat (1919), puis d'entreprendre des études de médecine. La même année, il épousa en secondes noces Édith Follet, fille d'un professeur de médecine, dont il eut une fille l'année suivante.

Après un cursus accéléré (1920 à 1924), il soutint une thèse de médecine, qui représentait un premier essai d'écriture, ***La Vie et l'Œuvre de Philippe-Ignace Semmelweis (1818-1865)***, consacrée à ce médecin hongrois qui, ayant découvert un moyen d'asepsie contre la mortalité due à la fièvre puerpérale, échoua à convaincre ses confrères et mourut fou — cette thèse fut d'ailleurs publiée sous son nom d'auteur en 1937. Destouches fut alors engagé à la section d'hygiène de la SDN à Genève, où il passa trois ans (1924 à 1927). Ce poste lui donna l'occasion de nouveaux voyages, à Cuba, aux États-Unis, au Canada et en Afrique. À l'expiration de son contrat, le Dr Destouches ouvrit un cabinet privé à Clichy (1927), auquel il renonça en 1929 pour travailler au dispensaire municipal de la même ville. Il avait divorcé en 1926, année de sa rencontre avec Elizabeth Craig, une Américaine avec laquelle il eut une liaison jusqu'en 1933 : c'est à elle qu'il dédia ***Voyage au bout de la nuit*** (1932).

Toutefois, au début des années 1930, en dehors de sa thèse, de quelques communications scientifiques — ***À propos du service sanitaire des usines Ford, Les Assurances sociales et une politique économique de la santé publique***, entre autres —, de deux poèmes écrits pendant le premier séjour en Afrique et d'une traduction de Kipling, rien encore ne semblait annoncer l'écrivain Céline. À Genève, il s'était, non sans gaucherie, essayé au théâtre, avec deux pièces, ***L'Église*** — écrite en 1926, elle fut publiée en 1933, avec d'importantes modifications, et créée en 1936, à Lyon — et ***Progrès*** — sans doute écrite en

1927, publiée posthume en 1978 —, dont le contenu préfigurait celui de ses deux premiers romans.

La déflagration de *Voyage*

« *Ça a débuté comme ça* » : ces mots, par lesquels commence ***Voyage au bout de la nuit*** (1932), donnent d'emblée le ton, à résonance populaire, du récit ; ils disent, en même temps, le rôle central de la guerre, sur laquelle s'ouvre le roman. L'adoption de cette langue argotique et rompue, d'un bout à l'autre d'un récit de 600 pages, était en soi la rupture d'un tabou ; que le narrateur fût, en plus, un médecin, augmentait le scandale. La publication de *Voyage* fit l'effet d'une bombe et apporta à Céline une célébrité immédiate.

Car ce « *voyage* » était une somme passant en revue, à travers trois continents, les aspects les plus marquants du 1er tiers du XXe siècle : la guerre de 14 et l'horreur des tranchées, la brutalité de la colonisation en Afrique, le capitalisme industriel et l'inhumanité du taylorisme aux États-Unis, les conditions de vie misérables dans les banlieues des grandes métropoles : « *La race* [...], *c'est seulement ce grand ramassis de miteux dans mon genre, chassieux, puceux, transis, qui ont échoué ici poursuivis par la faim, la peste, les tumeurs et le froid, venus vaincus des quatre coins du monde* » (1re séqce). De cette critique, Céline n'exceptait même pas les membres des classes opprimées : « *L'homme est nu, dépouillé de tout, même de sa foi en lui. C'est ça mon livre* » (interview de nov. 1932, repris in *Cahiers Céline*, no 1, 1976).

La déception de *Mort à crédit*

Après le succès de *Voyage*, dans lequel il avait fait passer ses expériences les plus aisément communicables, Céline — dont le père était mort en mars 1932, un mois avant que Denoël acceptât le manuscrit de *Voyage* — effectua précisément plusieurs voyages, en Belgique, aux États-Unis, en Allemagne, en Autriche, au Danemark, en URSS, en Europe de l'Est, au cours desquels il entama diverses liaisons amoureuses, en général peu durables (1932 à 1936) et rompit avec la dédicataire de *Voyage*, Elizabeth Craig, qui regagna définitivement les États-Unis en 1933. Durant ces mêmes années, Céline publia un dernier article « scientifique » intitulé ***Pour tuer le chômage, tueront-ils les chômeurs ?*** (1933) et poursuivit son activité médicale, notamment en élaborant un médicament régulant l'activité ovarienne (1933).

Sur le plan proprement littéraire, il reprit la transposition de ses souvenirs, en commençant, cette fois, par l'enfance. Le narrateur de ***Mort à crédit*** (1936), qui se nomme à nouveau Ferdinand, évoque sa vie difficile dans la boutique maternelle, puis comme apprenti dans le quartier du Palais-Royal, la courte embellie d'un séjour en Angleterre — qui tourna mal —, enfin ses aventures aux côtés d'un inventeur rocambolesque. Ce dernier personnage fut très probablement inspiré à Céline par son passage à la revue *Eurêka* (1917), où il avait été embauché par un certain Raoul Marquis, dit Henry de Graffigny. La fin du roman coïncide avec le départ de Ferdinand à la guerre, c'est-à-dire avec le début de *Voyage au bout de la nuit*.

Dès la victoire du Front populaire, Céline commença à s'engager politiquement, et sans ambiguïtés, aux côtés de l'extrême droite.

Les années ignominieuses

Dès lors, son œuvre romanesque s'accompagna de plusieurs séries d'autres textes : essais théâtraux, arguments de ballets — tels ceux de ***La Naissance d'une fée*** (1936) et de ***Voyou Paul. Brave Virginie*** (1937) —, chansons, synopsis de films — tel ***Progrès, suivi de Œuvres pour la scène et l'écran*** (in *Cahiers Céline*, no 8, 1988) —, mais surtout écrits polémiques connus pour leur virulent antisémitisme et leur engagement en faveur du fascisme. Céline s'inscrivait là dans une tradition française (Drumont, Léon Daudet) que l'affaire Dreyfus avait exacerbée. Le premier de ces écrits, *Mea culpa* (1936), constituait un « retour d'URSS » dans lequel l'auteur dressait un bilan sévère d'un séjour d'un mois dans ce pays, mais où l'on trouvait aussi un condensé de sa vision pessimiste de la nature humaine. L'année suivante, Céline, peu de temps après avoir démissionné de son poste au dispensaire de Clichy, publia ***Bagatelles pour un massacre*** (24 déc. 1937), nouveau pamphlet poursuivant en quelques images très fortes cette évocation de l'URSS, mais dont le centre de gravité était ailleurs. L'ouvrage naquit à la fois d'une déception ressentie devant le demi-succès de *Mort à crédit* et d'une réaction pacifiste à la menace de plus en plus probable d'une nouvelle guerre : c'est le « *massacre* » du titre, que les « *bagatelles* » des arguments de ballet inclus dans le texte sont censées accompagner ; la bande publicitaire du volume annonçait : « *Pour bien rire dans les tranchées.* » Très vite, cependant, Céline passait de cette double motivation à l'expression frénétique d'un antisémitisme qui

ne s'était auparavant manifesté dans l'œuvre que de façon limitée, intermittente — et même contradictoire, si l'on pense à la caricature qui en est faite, dans ***Mort à crédit***, en la personne du père. Dans ***Bagatelles pour un massacre***, au contraire, à propos de tout sujet, y compris les préférences en matière littéraire, son antisémitisme se déchaîna d'une manière ordurière et virulente.
La même année (1937), Céline poursuivit parallèlement son activité littéraire en écrivant un nouveau roman, ***Casse-pipe*** (qui ne fut publié qu'en 1949), dont le protagoniste était de nouveau Ferdinand, et qui, enchaînant sur la fin de ***Mort à crédit***, débutait par l'engagement de celui-ci en tant que cuirassier. On n'en connaît aujourd'hui que le début, seule partie qui avait été mise au point avant que Céline ne s'interrompît pour écrire ses œuvres polémiques. Des indications ultérieures confirment que, conformément à son titre, ce roman de l'expérience militaire de Ferdinand devait inclure la guerre de 1914.
Accusé par *L'Humanité* d'avoir participé à une réunion organisée par Darquier de Pellepoix fin 1938, et de rencontrer souvent Otto Abetz — le futur gouverneur militaire allemand de la capitale —, Céline publia sa réponse dans *Je suis partout*. ***L'École des cadavres*** (1938), dont le titre évoquait lui aussi la guerre, était presque entièrement consacrée à la dénonciation d'un prétendu lobby juif, que l'auteur présentait comme belliciste et tout-puissant dans les domaines politique, financier et culturel. Ce texte, dans lequel Céline exprimait son admiration pour Hitler, valut à l'auteur et à son éditeur, Denoël, une condamnation pour diffamation (1939). En décembre 1939, après une nouvelle tentative infructueuse pour ouvrir un cabinet privé, Céline fut embarqué comme médecin à bord d'un navire réquisitionné, le *Chella*. Ce dernier ayant subi de graves avaries, Céline reprit du service au dispensaire de Sartrouville, avant d'être entraîné dans l'exode. Retirés de la vente au printemps 1939, ***Bagatelles*** et ***L'École*** retrouvèrent le chemin des librairies en septembre 1940, après l'entrée à Paris des troupes allemandes.
Un nouveau pamphlet ordurier, en février 1941, ***Les Beaux Draps***, évoquait la défaite et l'exode : il fut interdit en zone non occupée. L'article ***Acte de foi***, publié le même mois dans *La Gerbe*, fut suivi de 34 autres articles favorables à la politique de collaboration et aux mesures antisémites du gouvernement de Vichy. En 1941 également, Céline cautionna de sa présence l'inauguration de l'Institut des questions juives, ainsi que de l'exposition *Le Juif et la France*, où étaient placardées des citations de ses pamphlets. Il soutint aussi Doriot lors du meeting du Vel' d'Hiv' l'année suivante, et bénéficia d'autorisations spéciales pour obtenir le papier nécessaire à la réimpression de ses œuvres.
Cette activité de pamphlétaire collaborationniste ne détourna cependant pas Céline de la production romanesque. Vers la fin de la guerre, un nouveau roman, ***Guignol's band***, faisant suite à ***Casse-pipe***, évoquait d'autres expériences. Une 1re partie fut publiée en 1944 : elle devint ***Guignol's band I*** après la parution posthume, en 1964, du ***Pont de Londres***, qui correspond en fait à ***Guignol's band II***, la 2de partie du roman achevée dès 1945. Ayant échappé au « *casse-pipe* » et étant passé en Angleterre dans des conditions irrégulières, Ferdinand y découvre un monde et un mode de vie qui sont le contraire de ceux qu'il a connus pendant son enfance. Le charme de Londres, de son fleuve et de son port, la fréquentation de souteneurs et de femmes peu farouches, dont la morale est à l'opposé de celle de ses parents, l'émerveillement ressenti enfin devant la jeune Virginie composent ce qui aurait pu être un paradis. Tout cela, pourtant, se dégrade, et Ferdinand se retrouve cerné par les menaces. Un passage célèbre du roman, écrit entre 1941 et 1945, évoque un bombardement pendant l'exode de juin 1940.

Un condamné condamnateur

Ce soutien public, constant et sans ambiguïté à la collaboration, quoique informel — il n'adhéra à aucun parti, ne remplit aucune fonction — valut à Céline de graves démêlés au lendemain de la guerre, et fit de lui, pour longtemps, une sorte d'auteur maudit : après sa mort, son ayant-droit continua de faire appliquer l'interdiction de l'auteur de republier les écrits de cette époque.
Au lendemain du débarquement américain de juin 1944, Céline se réfugia en Allemagne, à Sigmaringen, aux côtés du maréchal Pétain et des collaborateurs français, officiels ou particulièrement marqués. En mars 1945, alors qu'il élaborait le 2nd tome de ***Guignol's band***, il passa au Danemark ; à la suite d'une demande d'extradition de la France, il fut incarcéré à Copenhague (1945 à 1947), où il entretint une longue correspondance avec sa 3e femme, la danseuse Lucie Almansor, dite Lucette Almanzor — qu'il avait épousée en 1943 —, et quelques amis, notamment Jean-Gabriel Daragnès, graveur à Montmartre, Pierre Mounier, Albert Paraz, Charles Deshayes, Milton Hindus, Henri Mahé, Lucien

Descaves. Libéré en juin 1947, il demeura en exil au Danemark où, soutenu par des admirateurs et des appuis divers — dont certains étaient juifs, comme Paul Lévy —, il se préoccupa en priorité des moyens de se faire éditer ou rééditer ; condamné à l'indignité nationale et à la confiscation de ses biens en 1950, il bénéficia d'une amnistie et rentra en France l'année suivante.

Dans sa défense, l'auteur recourut plus que jamais à un style violemment polémique : « *Vous me direz* [...] *vos crimes là que vous en crevez, c'est rien à faire ! c'est votre malédiction vous-même ! votre* "Bagatelles" *! vos ignominies pataquès ! votre scélératesse imageuse, bouffonneuse ! La Justice vous arquinque ? garrotte ? Eh foutre, que plaignez ? Zigoto !* » (***Préface*** à la réédition de ***Voyage***, 1949). La même violence se retrouve dans une réplique à Jean-Paul Sartre — surnommé Jean-Baptiste, pour l'occasion ; ailleurs, « *l'agité du bocal* » ou « *le ténia des étrons* » — qui, dans *Les Temps modernes* de décembre 1945, avait accusé Céline d'avoir été payé par les nazis ; Céline reprocha à son accusateur de l'avoir pastiché... sans parvenir à l'égaler en ignominie : « *J'en traîne un certain nombre au cul de ces petits "Lamanièredeux"... Qu'y puis-je ? Étouffants, haineux, foireux, bien traîtres, demi-sangsues, demi-ténias, ils ne me font point honneur* [...] *Ah ! Quel avenir J.-B. S. ! Que vous en ferez des merveilles quand vous serez éclos, vrai Monstre !* » (***À l'agité du bocal***, lettre publiée par Albert Paraz in *Le Gala des vaches*, 1948).

Installé à Meudon, où il ouvrit une nouvelle fois un cabinet médical, Céline reçut les visites régulières d'amis divers, dont Nimier, Aymé et Arletty, et revint alors à l'écriture. Il avait eu très tôt le projet de raconter les deux années d'errances vécues en compagnie de Lucette, du chat Bébert et de leur ami le comédien Le Vigan. C'est à ce récit global, qui lui offrait aussi l'occasion de régler ses comptes avec ses ennemis et ses détracteurs, que Céline donna d'abord le titre ***Féerie pour une autre fois***, publié chez Gallimard en 1952 — date à laquelle l'écrivain signa avec son nouvel éditeur un contrat d'exclusivité. Il en attendait un retentissement égal à celui de ***Voyage au bout de la nuit***.

La publication des deux premiers volumes de ce nouveau cycle fut loin de répondre à l'attente de Céline. Seules les parutions suivantes lui permirent de retrouver un public, pourtant mal disposé à son égard — ***Voyage au bout de la nuit*** fut ainsi publié dans la collection « Le Livre de Poche » en 1956.

D'un château l'autre ou la résurrection

Céline s'avisa qu'il était vain de vouloir raconter quoi que ce soit avant d'avoir vidé sa querelle avec les lecteurs. Il le fit à sa manière, avec un minimum de défense et beaucoup d'attaque et de provocation. L'échec de ***Normance***, auprès des critiques et du public, l'incita à recourir à un surcroît de pittoresque et de scandale en évoquant directement l'épisode peu glorieux de Sigmaringen : ce fut ***D'un château l'autre*** (1957) qui, précédé d'une longue et retentissante interview dans *L'Express* et d'un passage à la très populaire émission télévisée *Lectures pour tous* de Pierre Dumayet, le ressuscita.

Céline reprit, dans ***Nord*** (1960) et dans ***Rigodon*** (posth., 1969), l'évocation des étapes précédant le séjour en Allemagne (Baden-Baden, Berlin, puis Zornhof, en Brandebourg), ainsi que le voyage de Sigmaringen à Copenhague. Dans ces romans d'un nouveau genre, il apparaissait sous son propre nom, dans des circonstances qui, de notoriété publique, avaient été celles de sa vie, mais transposées par l'imaginaire. La force de ces récits tient à ce que Céline avait trouvé dans l'Histoire — bombardement, spectacle de l'Allemagne aux abois de 1944-1945, ou réunion de réprouvés dans un village d'opérette — des objets accordés à cet imaginaire. Entre la 2de partie de ***Féerie pour une autre fois*** et ***D'un château l'autre***, il avait, dans les ***Entretiens avec le professeur Y*** (1955), abordé quelques points de sa poétique, mais de façon drolatique, sous forme d'une pseudo-interview tournant, pour finir, au roman le plus célinien. En mai 1960, il correspondit avec le cinéaste Claude Autant-Lara en vue d'une adaptation cinématographique de ***Voyage au bout de la nuit***.

Âgé de 67 ans, Céline mourut à Meudon, à la suite d'une hémorragie cérébrale, dans la maison où il s'était retiré en 1951. Il fut inhumé au cimetière de Meudon.

Un an après sa mort, l'écrivain entrait dans la prestigieuse « Bibliothèque de la Pléiade », sous la forme d'un volume rassemblant ses deux premiers romans.

THÉORIE LITTÉRAIRE

Céline n'est pas un théoricien, à la manière de Zola ou de Valéry, mais s'est expliqué dans différents textes sur la méthode et les principes de sa création. Bien sûr, il l'a fait dans son style habituel, mêlant provocation et ironie agressive, avec un sens aigu — aiguisé — de la formule : « *Le "genre Céline" ? Voici comment il procède... Un !*

deux ! trois ! n'en perdez pas un mot de ce qui va suivre ! [...] *La vie donc, je la retiens, entre mes deux mains, avec tout ce que je sais d'elle, tout ce qu'on peut soupçonner, qu'on aurait dû voir, qu'on a lu, du passé, du présent, pas trop d'avenir (rien ne fait divaguer comme l'avenir)* [...]. *C'est le bazar des chansons mortes ! Tant pis ! Mettez ce qui pue avec le reste.* [...] *Ayant amalgamé tant bien que mal* [...] *hommes, bêtes et choses au gré de nos sens, de notre mémoire infirme* [...], *nous étendons le tout* [...] *comme une pâte sur le métier* » (***Postface*** à ***Voyage***, 1933). C'est que le roman a perdu, aux yeux de Céline, son rôle ancien, « *le rôle documentaire, et même psychologique* », comme il le déclara dans ***Ma Grande Attaque contre le verbe***, interview d'octobre 1957 enregistrée sur disque. De fait, il ne s'agit plus que « *de se placer dans la ligne où vous place la vie, et puis de ne pas en sortir, de façon à recueillir tout ce qu'il y a, et puis de transposer en style* » *(ibid.)*. Le but à ses yeux n'est donc pas de construire une œuvre, mais de toucher le lecteur : « *Je ne veux pas narrer, je veux faire ressentir* » (lettre à André Rousseaux, 24 mai 1936). « *Émouvez-vous !* [...] *Émouvez bon Dieu ! Ratata ! Sautez ! Vibrochez ! Éclatez dans vos carapaces ! fouillez-vous crabes ! Éventrez !* », affirme Céline dans ***Préface*** à ***Guignol's band***. Rien ne lui est plus étranger que le projet d'instruire le lecteur, en quelque façon que ce soit : « *Au commencement était l'émotion. Le Verbe est venu ensuite pour remplacer l'émotion, comme le trot remplace le galop* [...]. *On a sorti l'homme de la poésie émotive pour le faire entrer dans la dialectique, c'est-à-dire le bafouillage* [...]. *Les idées, rien n'est plus vulgaire* [...]. *Je ne suis pas un homme à message. Je ne suis pas un homme à idées. Je suis un homme à style* » ***(Ma Grande Attaque contre le verbe)***.

Le style, bien entendu, « *ça demande énormément de travail* », il faut « *forcer les phrases à sortir légèrement de leur signification habituelle,* [...] *les sortir des gonds* » *(ibid.)*. Et Céline se défendit souvent d'écrire au fil de la plume, comme on parle ; au terme de la « recette » évoquée plus haut, la « *pâte* », dit-il, peut présenter des défauts : « *Du racontar, ni cuit ni fondu...* » (***Postface*** à ***Voyage***). Ce travail confine même dans sa violence à une sorte de torture : « *Ça hurle... Ça geint... Ça essaie de se dégager... On a du mal... Faut pas se laisser attendrir... Ça vous parle alors un drôle de langage d'écorché... Celui qu'on nous reproche...* » *(ibid.)*. Ainsi se trouve justifiée l'écriture tourmentée et tourmenteuse de Céline, qui revendique « *le Breughel, Greco, Goya* » comme ses vrais maîtres, « *les athlètes qui* [lui] *donnent le courage pour étirer la garce* » *(ibid.)* : « *Il faut que les âmes aussi passent à tabac* » *(ibid.)*. Ainsi se trouve, *a contrario*, condamné le style des romans classiques : « *Leur langue est* impossible, elle est morte, *aussi illisible (en ce sens émotif) que le latin* [...]. *Dans toute cette recherche d'un français absolu il existe une niaise prétention* [...] *à l'éternité d'une forme d'écrire, une seule, en français ! le joli style ! la jolie momie ! Bandelettes ! Ne rien risquer. Vite en momie ! C'est le mot d'ordre de tous les lycées !* » (lettre à André Rousseaux, 24 mai 1936). De ce point de vue, dit Céline, Rabelais, qui « *a vraiment voulu une langue extraordinaire et riche* », a perdu face à la « *langue de traduction* » d'Amyot (***Rabelais, il a raté son coup***, interview pour *Le Meilleur Livre du Mois*, 1957).

THÉORIE LITTÉRAIRE

La nouveauté de Céline n'est pas seulement son langage. Elle tient aussi aux voies ouvertes au roman, à une vision tragique de la condition humaine, à un imaginaire puissant qui concrétise cette vision, et au comique constant que Céline tire malgré tout du monde qu'il dépeint. Du point de vue des formes narratives, il met progressivement au point une formule nouvelle qui se veut à la fois autobiographie — par la référence aux faits notoires de sa vie — et roman, dans son parti pris d'exagération et d'invraisemblance. Céline a ainsi inauguré l'autobiographie fictive.

Une « *frénésie de l'invention verbale* »

Avec Céline, la langue populaire sort du pittoresque, du simple « effet de réel » renvoyant à la caractérisation d'une classe, comme dans le roman réaliste-naturaliste du XIXe siècle, et devient source d'une nouvelle écriture, caractérisée par ce que Malraux qualifia de « *frénésie de l'invention verbale* » (*Antimémoires*, 1967). L'*incipit* de ***Voyage*** peut d'ailleurs se lire comme l'irruption en littérature d'une parole qui n'a jamais eu voix au chapitre : « *Ça a débuté comme ça. Moi, j'avais jamais rien dit. Rien.* »

Le vocabulaire est marqué par les emprunts à l'argot parisien, les néologismes — l'humanité « *tartufienne et cocoricote* », « *vibrochez !* », etc. —, les mots-valises — pour les noms propres *« Compagnie Pordurière », « Rancy »* (mêlant Le Raincy, Drancy et *« ranci »*) — et, surtout à partir de ***Mort à crédit***, par la prédilection pour les registres tabous — scatologie, sexualité, corps malade, mort —, les métaphores agressives et dépréciatives propres au discours polémique : *« Toute la crasse, l'envie, la rogne d'un canton s'était exercée sur sa pomme. La hargne fielleuse des plumitifs de sa propre turne il l'avait sentie passer »* ***(Mort à crédit)***.

Mais c'est dans la syntaxe que Céline donne toute la mesure de sa violence subversive. Il emprunte à l'oral non seulement son mode d'énonciation — 1re personne, adhésion au présent de l'énonciation, exclamations, commentaires en incises — mais aussi sa cadence, ses ruptures de construction, sa progression par anticipations, ajouts et corrections, sa structure segmentée, pour en exploiter toutes les ressources stylistiques. Fasciné par la danse — la grande majorité de ses amantes furent des danseuses —, Céline a produit un texte musical, jouant de toutes les orchestrations du langage, orchestration parfois barbare, syncopée, violente : *« Il avait l'air de la saluer, lui, ce cavalier à pied, la guerre, en entrant »*, déclare Bardamu dans ***Voyage au bout de la nuit***. Tous ces éléments sont mis en valeur, dans les premières œuvres, par un saisissant contraste avec une tournure presque classique : *« Le Directeur, quelques instants plus tard, s'ouvrit un autre chemin, violent parmi les torses pressés, et disparut à son tour dans la poussière poivrée » (ibid.)*. Dans les œuvres plus tardives, la notion de phrase est quasiment abolie ; l'ellipse y devient la figure majeure, et la pratique de la dislocation se généralise : *« Voilà l'effet des vitamines ! Je l'interloque... tout ecto qu'il est ! plasme ! Ah, Louis XIV et patati ! Ah les apparitions ! je les traite ! — Article 75 je l'insulte ! »* ***(Féerie pour une autre fois)***.

Épousant la forme de l'invective, le récit-discours, constitué de segments juxtaposés, devient principalement exclamatif. La ponctuation expressive remplace les marques de rapports syntaxiques ; les énoncés sont réduits à un prédicat verbal ou à un caractérisant ; les compléments, dissociés de leur support par des apostrophes, des onomatopées. Dans la scansion haletante s'exprime l'ironie amère de l'auteur : *« Je veux les gifles clic ! clac ! les torgnioles ! quand les consommateurs s'empoignent, que c'est le conflit armé des goûts !... la lutte ! la fièvre ! que les terrasses houlent... que la police siffle ! que les carafes : pflac ! volent ! touchent ! les têtes tourneraient des années "vss ! vss ! vss !" après les films sans les carafes ! »* ***(Féerie pour une autre fois)***.

Son œuvre est en même temps la première à incarner avec tant d'ampleur et tant d'évidence un tragique de l'homme au XXe siècle, privé des recours qui avaient longtemps rendu la vie supportable. Au-delà même de la croyance religieuse, une confiance très générale en la rationalité du monde et en la nature de l'homme avait défini, dans l'histoire de la pensée européenne, une ère d'optimisme à laquelle la Première Guerre mondiale mit un terme définitif. Dans l'œuvre de Céline se manifeste à nu la condition nouvelle de l'homme, qui se retrouve seul face à un monde menaçant, dépourvu de sens, et à ses propres pulsions. Parmi celles-ci, Céline, comme Freud, soupçonne l'existence d'un désir de meurtre, mais aussi de mort, qui pourrait être la forme moderne du Mal : *« La vérité de ce monde, c'est la mort »*, dit-il dans ***Voyage au bout de la nuit***. Et encore : *« Le sadisme unanime actuel procède avant tout d'un désir de néant profondément installé dans l'homme et surtout dans la masse des hommes, une sorte d'impatience amoureuse à peu près irrésistible, unanime pour la mort.* [...] *l'âme de l'homme s'est définitivement cristallisée sous cette forme suicidaire »* (***Hommage à Zola***, discours prononcé à Médan en 1933, publié en 1936).

L'imaginaire de Céline recompose le monde pour lui faire illustrer jusque dans le moindre détail cette vision pessimiste. Le thème de la violence — sexuelle, politique, physique, langagière — gouverne l'œuvre de bout en bout. Chacun des deux cycles romanesques est dominé par une des guerres mondiales. Céline est l'écrivain qui a fait exister en littérature ce phénomène qui appartient en propre au XXe siècle : le bombardement. Même en temps de paix, la société, selon lui, par ses institutions et par les conditions de vie et de travail qu'elle inflige au plus grand nombre, se charge de perpétuer cette violence. Face à celle-ci, la psychologie ne compte plus guère. Les corps, en revanche, sont omniprésents — comme les « écorchés » qui ornaient son bureau. Ils sont le lieu d'une lutte perdue d'avance entre la vie et la matière, à laquelle ils retourneront un jour, après avoir eu sans cesse affaire à elle par leurs fonctions, que Céline évoque toujours crûment. Ils ont à se défendre contre la menace interne de la mort qu'ils portent en eux et les innombrables menaces venues de l'extérieur. L'univers célinien trouve peut-être son seul trait positif dans le thème de la danse, qui manifeste la seule joie du corps, dans le moment de sa jeunesse, ainsi que cela apparaît dans ***Ballets sans musique, sans personne, sans rien*** (1959).

Entre enthousiasme et indignation

L'œuvre de Céline est sans doute, au XXe siècle, celle qui a suscité — et suscite encore — à la fois le plus d'enthousiasme et le plus d'indignation. Elle n'est même pas « controversée », puisque la plupart de ses détracteurs eux-mêmes admettent, bien à contre-cœur, que Céline est un maître-écrivain : l'admiration vouée à son talent littéraire n'est pas le fait des seuls écrivains d'extrême droite — Léon Daudet, Drieu La Rochelle, Brasillach —, mais provient des auteurs les plus divers — Nizan, Bataille, Henry Miller, Gide, notamment.

Néanmoins, dès la parution de la « bombe » ***Voyage au bout de la nuit*** et jusqu'à nos jours, cette admiration a toujours été mêlée d'une gêne plus ou moins nettement avouée ou revendiquée, compte tenu des horreurs antisémites déversées par le collaborationniste déclaré, l'auteur de ***Bagatelles pour un massacre*** ou de ***L'École des cadavres***. Symptôme révélateur de cette réticence à admettre pleinement le nauséabond Céline dans notre panthéon littéraire : la place microscopique (5 pages sur 900, contre 47 à Claudel et à Proust, 45 à Gide ou 49 à Valéry) que lui accordait, même dans sa réédition de 1997, la fameuse anthologie littéraire de Lagarde et Michard. Et s'il a fallu attendre 1994 pour voir Céline inscrit au programme de l'agrégation de lettres — avec ***Voyage*** —, cette reconnaissance « institutionnelle » suscita des polémiques. Tout comme le choix du comédien Fabrice Luchini d'organiser un spectacle de lecture de ***Voyage*** (1996). À l'opposé, l'œuvre d'Aragon — même aux heures les plus aveuglément staliniennes de l'écrivain communiste — ne connut jamais un tel purgatoire. Il a fallu des années pour cesser d'être suspecté d'antisémitisme en célébrant l'inventeur de Bardamu — ou de stalinisme en saluant le chantre d'Elsa.

Ainsi la critique célinienne a-t-elle longtemps adopté le parti de voir en Céline un être double et énigmatique : un grand Céline — le romancier, et avant tout l'auteur de ***Voyage au bout de la nuit*** —, et, bien distinct du premier, un pamphlétaire dont la véhémence confinait au délire. Cette attitude, à bien des égards, reste la plus répandue aujourd'hui. Mais une nouvelle tendance se fait jour, sinon dans le grand public, du moins dans le milieu universitaire : prendre en considération l'ensemble de l'œuvre célinienne, et essayer d'en cerner la déconcertante unité (Henri Godard, Marie-Christine Bellosta).

ŒUVRES

D'un château l'autre

Roman publié chez Gallimard en 1957.

« Pour parler franc, là entre nous, je finis encore plus mal que j'ai commencé. » Imprécateur, virulent, Céline s'insurge contre son sort à l'heure de cette confession dans laquelle s'imbriquent les reproches à son éditeur, les démêlés de sa vie et de l'Histoire. À Sigmaringen, en Allemagne, Céline se réfugia en compagnie du gouvernement de Vichy pendant l'hiver 1944-1945, au milieu d'Allemands affolés, miséreux, piètres fantômes étreints par l'angoisse à mesure que se précisait leur échec face à l'Europe tout entière, tandis que les officiels, aveuglés comme Pétain, sûr qu'il *« incarne la France »*, ou *« Laval, l'orgueil même »*, furent *« les nababs du château qu'étaient encore plus nerveux »*. S'ensuivirent dix-huit mois de captivité au Danemark après la guerre. Céline revient sur ses *« souvenirs payés, même horriblement cher payés... »*, au regard de piètres fautes selon lui, lorsque, de retour à Meudon, il doit se reconstituer, à 63 ans, une clientèle, essentiellement pauvre, comme il l'est lui-même devenu, châtelain sans royaume.

Après ***Féerie pour une autre fois I*** et ***II***, Céline, dans ***D'un château l'autre***, s'attachait à une étape décisive de la guerre jusqu'à l'enterrement de Bichelonne, ultime cérémonie des derniers vestiges de l'État français. Ce texte constitua le 1er volume d'une trilogie, poursuivie avec ***Nord*** et ***Rigodon***, récits de ses pérégrinations durant la débâcle en Allemagne. Mais il s'agit tout autant d'un roman que d'un récit autobiographique, malgré le *« je »* par lequel Céline affirme être le témoin *« fidèle »* de la vie quotidienne à Sigmaringen. Historien soucieux de dater les événements, Céline n'en adopte pas moins une forme de narration subjective où les souvenirs s'enchevêtrent comme un *« puzzle »*, dans un texte qui fait place à une mise en scène d'*« un décor parfait »* de théâtre illusionniste. À Sigmaringen, *« vous attendez les sopranes, les* *ténors légers... pour les échos, toute la forêt »*. Le château compose, sous la plume de Céline, un univers *« fantastique biscornu, trompe l'œil »* peuplé de fantômes dont il égrène les noms, en une galerie de personnages de l'histoire récente ou passée, surgis au gré de sa mémoire — *« je suis un petit peu alchimiste, vous vous en êtes aperçu... »*. De quelques plans fixes quasi cinématographiques, se dégage une matière de rêve halluciné, plus impressionniste que réaliste. La psychologie régente le récit qui n'observe ni progression logique ni solution de continuité, mais procède par constantes analogies entre des événements et des êtres d'une humanité grouillante, perpétuellement abjecte. La substitution de la parataxe à la syntaxe de la phrase, l'ordre bousculé des majuscules et la ponctuation, créent un rythme haletant qui suscite l'émotion et accuse le caractère volontairement instinctif, irrationnel de sa prose. La morphologie reproduit les incorrections de la langue populaire : *« Oh ! que vous me direz... »*, *« Lili [...] total généreuse ! »*. Les néologismes — *« ah ! que Tartre m'appert puéril morvaillon raté tout pour tout !... »* —, la surimposition — *« je miragine »* (de *« mirage »* et *« imaginer »*) —, les métathèses — *« mais tout le monde peut pas prisonner l'existence ordinaire »* —, accentuent la force brutale de l'expérience rapportée. *« Un moment, à la fin des fins, ce perpétuel carrousel grondant fulminant, cette pétaraderie de "forteresses" au ras des toits... toute cette idiotie ronchonnerie tonnerre vous attriste... »* Dans ***D'un château l'autre***, se radicalise le travail de créativité verbale qui imposa Céline dès la sortie de ***Voyage au bout de la nuit***. Sigmaringen, lieu hanté par des spectres de la misère et de la haine, prend l'allure d'un conte peuplé de sorcières qui incarnent les fantasmes de mort de l'auteur, au centre de la narration. Ce texte, en apparence débridé, emporte, par la bouffonnerie, la dérision et le grotesque, toute la cavalcade macabre de la guerre et du désespoir.

Après la réédition par Gallimard de l'intégralité de ses écrits lors de son retour en France, lorsqu'il s'installa à Meudon en 1951, Céline, qui publiait désormais au gré de l'écriture de ses romans, fut redécouvert par le public. La parution de ***D'un château l'autre*** focalisa à nouveau l'attention de la critique sur son œuvre. Ce livre, qui renouvelait le succès de ***Voyage au bout de la nuit***, figurait le bout du voyage. Il relançait le débat autour de Céline, historien engagé dans une conception fasciste de l'Histoire et écrivain provoquant par sa vision de la *« nature humaine »*.

Féerie pour une autre fois

Roman en 2 parties, publiées séparément chez Gallimard en 1952 et 1954 : la 2de partie a d'abord été publiée et longtemps connue sous le titre de ***Normance***.

Dans la 1re partie, Céline prend appui sur une évocation de sa situation à Montmartre au printemps de 1944, et surtout des lieux mêmes où il écrit — sa cellule de prison à Copenhague essentiellement —, pour rétablir, sur le mode de l'agression, un contact avec son lecteur. Il termine par une scène sur laquelle enchaîne, non sans heurt, la 2de partie, qui est aux deux tiers consacrée à la seule vision d'une nuit de bombardement à Paris. À l'aube se lève une belle journée, mais les locataires de l'immeuble avec lesquels Céline a vécu cette nuit continuent à se disputer, comme si la violence se poursuivait à travers eux. Les versions antérieures montrent que Céline comptait évoquer ensuite sa dernière journée parisienne, avant de commencer le récit de ses expériences allemandes.

Conjuguant certains aspects du style polémique avec de nouvelles recherches de narration et d'écriture, déployant un imaginaire d'apocalypse, ce roman constitue sur plusieurs plans un aboutissement de l'art de Céline. Il inaugure le dernier état de sa prose, totalement libérée de la phrase écrite, caractérisée par sa souplesse, sa liberté, ses ellipses, sa densité.

La 1re partie n'ayant eu aucun succès, la 2de reçut pour titre ***Normance***, du nom d'un personnage, alors même que le titre ***Féerie pour une autre fois*** avait été imaginé pour se rapporter précisément à la scène du bombardement. Ce roman reste, malgré son importance, le moins connu dans l'œuvre de Céline.

Mort à crédit

Roman, en 168 séquences — ni numérotées ni titrées —, dédié à Lucien Descaves et publié chez Denoël et Steele, en 1936.

Mort à crédit est un récit d'enfance à la 1re personne. Le narrateur, Ferdinand, pratique *« la médecine, cette merde »*, dans une clinique de banlieue, la *« Fondation Linuty »*. Métier éprouvant : *« J'en ai bien marre des égrotants... En voici trente emmerdeurs que je rafistole depuis tantôt... J'en peux plus... Qu'ils toussent ! Qu'ils crachent ! Qu'ils se désossent ! Qu'ils s'empédèrent ! Qu'ils s'envolent avec trente mille gaz dans le croupion !... Je m'en tartine !... »* Son père est petit employé, et sa mère tient à Paris, *« passage des Bérésinas »*, un commerce de brocante et de réparation de dentelles. Leur moralisme petit-bourgeois met sans cesse Ferdinand en opposition avec eux : « [Ma mère] *pique des colères terribles si seulement je me mets à tousser, parce* *que mon père c'était un costaud de la caisse, il avait les poumons solides... Je veux plus la voir, elle me crève !* » Et leurs mésententes conjugales ne rendent pas moins étouffant le terne conformisme de la vie quotidienne : « *Si ma mère l'interrompait, l'appelait qu'il descende, il recommençait à râler. Ils se butaient dans le noir ensemble, dans la cage étroite, entre le premier et le deuxième. Elle écopait d'un ramponneau et d'une bordée d'engueulades. Ta ! ga ! dam ! Ta ! ga ! dam ! Pleurnichant sous la rafale elle redégringolait au sous-sol, compter sa camelote. "Je veux plus qu'on m'emmerde ! Bordel de Nom de Dieu ! Qu'ai-je donc fait au ciel ?..." La question vociférée ébranlait toute la cambuse.* » Il ne trouve de consolation qu'auprès de sa grand-mère Caroline et de son oncle Édouard. Tôt mis en apprentissage après son certificat d'études, il fait coup sur coup plusieurs expériences catastrophiques. Il est alors envoyé en Angleterre en séjour linguistique, temps de répit, éclairé par Nora, la jeune femme d'un directeur de pension. Mais la pension périclite, et Nora se suicide juste après s'être donnée à Ferdinand, dans un accouplement brutal et sans joie. Revenu en hâte à Paris, le héros reprend la recherche d'un travail et finit par tenter d'étrangler son père. L'oncle Édouard lui trouve un emploi chez un inventeur, Courtial des Pereires, propriétaire du « *Génitron* », une revue de vulgarisation scientifique. Une fois épuisés divers expédients, patron et employé s'installent à la campagne pour une expérience de culture assistée par l'électricité — la « *radio-tellurie* » — qui se révèle désastreuse. Courtial se suicide, Ferdinand annonce qu'il va s'engager.

Appuyé sur un fond d'autobiographie évident et à peine transposé, le roman présente une sorte d'envers de la Belle Époque. Il montre ce qui reste d'un roman d'apprentissage quand il n'y a plus qu'à constater les blocages d'une société, la dérision de la science et le néant de la vie.

Par rapport à ***Voyage au bout de la nuit***, ***Mort à crédit*** se caractérise par une vision certes aussi noire, mais équilibrée ici par une place plus large faite au comique, et d'autant plus sensible qu'elle s'impose progressivement à un enfant : « *Il n'est point de douceur en ce monde* », glisse le petit Ferdinand dans les dialogues qu'il improvise en racontant à son camarade la légende du roi Krogold en lutte contre la Christianie, qui revient comme un leitmotiv dans tout le début du roman. Sur le plan de l'écriture, Céline porte plus loin l'audace, tant dans la déconstruction de la phrase écrite que dans l'emploi de l'argot et du vocabulaire obscène, comme en témoigne la réaction de Ferdinand lorsqu'il vient d'apprendre, par la « modiste » Lucie Kerrigen, les ragots qu'on colporte sur lui : « *Elle m'a rapporté des cancans bien moches. Poissonneux à ce degré-là, ce pouvait être que la Mireille... [...] Ça parlait seulement que j'avais arrangé des partouzes avec des clientes du quartier. [...] J'attends donc la Mireille qu'elle rentre, je me planque dans l'Impasse Viviane, elle devait passer là fatalement. Je touchais pas encore assez de flouze pour faire l'écrivain... Je pouvais en reprendre dans la mistoufle. Je me sentais pas bon. Je la vois venir... elle passe devant. Je lui carre un tel envoi dans le pot qu'elle en a sauté du trottoir...* »

Publié en pleine euphorie du Front populaire, le roman scandalisa et reçut dès sa parution un accueil presque exclusivement — et évidemment — négatif, qui contribua à son demi-succès, mais marqua profondément Céline. Toutefois, dès novembre 1942, Henry Miller écrivait à Lawrence Durrell : « *Je viens de terminer la lecture de* Mort à crédit *de Céline. [...] J'ai couru à travers les deux cents dernières pages. Magnifiques. Féroces. Je suis persuadé qu'il est toujours le meilleur écrivain actuel. Quand ils auront battu les puissances de l'Axe, il faudra qu'ils règlent encore son compte à Céline, je crois. Il a plus de dynamite en lui qu'Hitler n'en a jamais eu. [...] Mais quel amusement ! [...] Un humour à faire cailler le sang* » (in Durrell/Miller, *Une correspondance privée*, trad. franç. Bernard Willerval, 1963). Par la suite, la popularité de ***Mort à crédit*** s'accrut progressivement — aboutissant à une publication en poche en 1958 —, sans jamais égaler toutefois, ni même approcher, celle de ***Voyage au bout de la nuit***.

Voyage au bout de la nuit

Roman en 45 séquences — ni numérotées ni titrées —, précédées de 2 textes — un quatrain intitulé *Chanson des Gardes Suisses*, daté de 1793, et un texte en prose sans titre ni date —, dédié à Elizabeth Craig et publié chez Denoël et Steele, en 1932.

Le narrateur, Ferdinand Bardamu, se trouve projeté dans la guerre au mois d'août 1914 : il s'est engagé sur un coup de tête, profitant du passage d'un régiment qui défilait. Blessé au front, réformé, il part pour l'Afrique comme employé de commerce, à la « *Compagnie Pordurière* », avant de se retrouver aux États-Unis, où il découvre une vie standardisée et un travail rationalisé. Ici et là, il a rencontré un même homme, Robinson, sorte de double. Dans la seconde moitié du roman, Bardamu, revenu à Paris, fait ses études de médecine et s'installe en banlieue, à « *Rancy* ». Malgré ses efforts, il ne réussit pas à guérir le jeune Bébert, qui meurt de la typhoïde. Après de multiples péripéties, Robinson, qui s'est blessé les yeux en tentant d'accomplir un meurtre crapuleux et grotesque, finit sous les balles d'une fiancée trop amoureuse, à laquelle il tentait d'échapper.

Voyage au bout de la nuit dut son retentissement au fait d'être le premier roman presque entièrement écrit dans un style oral, inspiré de la langue populaire, ainsi réintégrée à la littérature dont elle était bannie depuis l'époque classique. Le style oral est en effet très présent dans ***Voyage***, sans être exclusif de toute autre veine. On le trouve d'abord, bien sûr, dans les répliques des dialogues : ainsi le brigadier Pistil répond en ces termes à Bardamu, venu lui annoncer la mort du colonel : « *Et en attendant qu'on le remplace le colonel, va donc, eh carotte, toujours à la distribution de bidoche avec Empouille et Kerdoncuff* [...] » (2e séq^ce^). Même chose dans les propos de Madelon à Robinson, dans l'avant-dernière séquence du roman : « *Ça te suffit de répéter tout ce que bavent les autres... [...] Ça te suffit parce qu'ils t'ont raconté les autres qu'il y avait pas mieux que l'amour et que ça prendrait avec tout le monde et toujours... Eh bien moi je l'emmerde leur amour à tout le monde !... Tu m'entends ? Plus avec moi que ça prend ma fille... leur dégueulasse d'amour !...* » (44e séq^ce^). On trouve la même saveur orale dans l'évocation de la terne et prosaïque grisaille du quotidien, tel le trajet dans le tramway : « *Et on s'engueule dans le tramway déjà un bon coup pour se faire la bouche. Les femmes sont plus râleuses encore que des moutards.* [...] *"Combien les carottes ?" qu'elles demandent bien avant d'y arriver pour faire voir qu'elles ont de quoi. / Comprimés comme des ordures qu'on est dans la caisse en fer, on traverse tout Rancy et on odore ferme en même temps* [...] » (20e séq^ce^). La même tonalité se retrouve également dans les formules plus ou moins sentencieuses dont ***Voyage*** est richement doté : « *La grande défaite, en tout, c'est d'oublier, et surtout ce qui vous a fait crever, et de crever sans comprendre jamais jusqu'à quel point les hommes sont vaches* » (3e séq^ce^). Dans son *Guide de « Voyage au bout de la nuit »* (Nizet, 1993), le groupe de professeurs désigné sous le pseudonyme Hubert de Phalèse indique que les formes les plus fréquentes du roman, abstraction faite des mots grammaticaux, sont, par ordre décroissant : « *monde* », « *choses* », « *nuit* », « *aller* », « *gens* », « *jour* », « *mère* », « *air* », « *guerre* », « *mort* », « *hommes* », « *mois* », « *parler* », « *ans* », « *bout* », « *maison* », « *passer* », « *jours* », « *femmes* », « *fille* », « *matin* », « *femme* », « *homme* », « *cœur* », « *long* », « *année* », « *grande* », « *malade* ». Il n'est pas indifférent de noter que le mot « *juif* » est absent de ***Voyage***. Quant aux champs lexicaux les plus importants, ce sont le corps, la nausée, la maladie et la médecine, la sexualité, l'enfance, la folie, la nuit, la guerre, le courage et la lâcheté, le meurtre, la mort, riches et pauvres, le voyage, la ville.

Le héros, Bardamu, d'une naïveté encore assez grande au début, en arrive, au terme d'une sorte d'itinéraire initiatique, à une critique radicale de la société et de la civilisation, indissociable d'une mise en question de l'image de l'homme et de l'ordre du monde, jugée indûment optimiste : « *C'est des hommes et d'eux seulement, qu'il faut avoir peur, toujours* », déclare Bardamu au début de ***Voyage*** (2e séq^ce^), avant de confirmer, à la fin du roman : « [...] *je ne peux m'empêcher de mettre en doute qu'il existe d'autres véritables réalisations de nos profonds tempéraments que la guerre et la maladie, ces deux infinis du cauchemar* » (39e séq^ce^). Et le même antihumanisme ressort de la formule suivante : « *Faire confiance aux hommes, c'est déjà se faire tuer un peu.* » En fait, dès le début du roman, le discours de Bardamu rejette la conception humaniste d'un homme tourné vers le bien et d'un monde rationnel : « *La vérité, c'est une agonie qui n'en finit pas. La vérité de ce monde c'est la mort* » (16e séq^ce^).

Malgré le soutien de Lucien Descaves — auquel fut dédié le roman suivant, ***Mort à crédit*** —, l'œuvre manqua de peu le prix Goncourt, attribué, en 1932, aux *Loups* de Guy Mazeline, mais obtint le prix Renaudot. À la une du *Figaro* du 13 décembre 1932, Bernanos se réjouit en ces termes : « *M. Céline a raté le prix Goncourt. Tant mieux pour M. Céline.* » Dans *La Force des choses* (1960), Simone de Beauvoir qualifia le roman de « *livre français qui compta le plus pour nous cette année* », ajoutant : « *Nous en savions par cœur des tas de passages. Son anarchisme nous semblait proche du nôtre.* [...] *Céline avait forgé un instrument nouveau : une écriture aussi vivante que la parole.* [...] *Sartre en prit de la graine.* »

Tant par ses innovations langagières que par l'intensité de sa mise en accusation de la société, de l'homme et de la vie, ***Voyage au bout de la nuit*** est aujourd'hui considéré comme un des grands romans de notre littérature, dont les thématiques, la puissance descriptive et la structure de roman d'apprentissage peuvent être rapprochées de *Candide* de Voltaire, de *Germinal* et de *La Débâcle* de Zola, des *Thibault* de Martin du Gard ou des *Beaux Quartiers* d'Aragon. Il reste aujourd'hui, et de loin, le plus célèbre, le plus lu, et le plus commenté de tous les livres de Céline.

CITATIONS

La Rue, chez nous ?
Que fait-on dans la rue, le plus souvent ? On rêve. On rêve de choses plus ou moins précises, on se laisse porter par ses ambitions, par ses rancunes, par son passé. C'est un des lieux les plus méditatifs de notre époque, c'est notre sanctuaire moderne, la Rue.

Semmelweis.

La Musique, la Beauté sont en nous et nulle part ailleurs dans le monde insensible qui nous entoure.
Les grandes œuvres sont celles qui réveillent notre génie, les grands hommes sont ceux qui lui donnent une forme.

Semmelweis.

L'homme est un être sentimental. Point de grandes créations hors du sentiment, et l'enthousiasme vite s'épuise chez la plupart d'entre eux à mesure qu'ils s'éloignent de leur rêve.

Semmelweis.

L'amour c'est l'infini à la portée des caniches.

Voyage au bout de la nuit.

On est puceau de l'Horreur comme on l'est de la volupté.

Voyage au bout de la nuit.

Quand on a pas d'imagination, mourir c'est peu de chose, quand on en a, mourir c'est trop.

Voyage au bout de la nuit.

La grande défaite, en tout, c'est d'oublier, et surtout ce qui vous a fait crever, et de crever sans comprendre jamais jusqu'à quel point les hommes sont vaches.

Voyage au bout de la nuit.

Le mensonge, ce rêve pris sur le fait, et seul amour des hommes.

Voyage au bout de la nuit.

Faire confiance aux hommes c'est déjà se faire tuer un peu.

Voyage au bout de la nuit.

L'égoïsme des êtres qui furent mêlés à notre vie, quand on pense à eux, vieilli, se démontre indéniable, tel qu'il fut, c'est-à-dire, en acier, en platine, et bien plus durable encore que le temps lui-même.

Voyage au bout de la nuit.

C'est peut-être ça qu'on cherche à travers la vie, rien que cela, le plus grand chagrin possible pour devenir soi-même avant de mourir.

Voyage au bout de la nuit.

On n'est jamais très mécontent qu'un adulte s'en aille, ça fait toujours une vache de moins sur la terre, qu'on se dit, tandis que pour un enfant, c'est tout de même moins sûr. Il y a l'avenir.

Voyage au bout de la nuit.

J'étais comme arrivé au moment, à l'âge peut-être, où on sait bien ce qu'on perd à chaque heure qui passe.
[...] déjà on est moins fier d'elle, de sa jeunesse, on ose pas encore l'avouer en public que ce n'est peut-être que cela sa jeunesse, de l'entrain à vieillir.
On découvre dans tout son passé ridicule tellement de ridicule, de tromperie, de crédulité qu'on voudrait peut-être s'arrêter tout net d'être jeune, attendre de la jeunesse qu'elle se détache, attendre qu'elle vous dépasse, la voir s'en aller, s'éloigner, regarder toute sa vanité, porter la main dans son vide, la voir repasser encore devant soi, et puis soi partir, être sûr qu'elle s'en est bien allée sa jeunesse et tranquillement alors, de son côté, bien à soi, repasser tout doucement de l'autre côté du Temps pour regarder vraiment comment qu'ils sont les gens et les choses.

Voyage au bout de la nuit.

Le cinéma ce nouveau petit salarié de nos rêves on peut l'acheter lui, se le procurer pour une heure ou deux, comme un prostitué.

Voyage au bout de la nuit.

C'est la manie des jeunes de mettre toute l'humanité dans un derrière, un seul, le sacré rêve, la rage d'amour.

Voyage au bout de la nuit.

Après tout quand l'égoïsme nous relâche un peu, quand le temps d'en finir est venu, en fait de souvenir on ne garde au cœur que celui des femmes qui aimaient vraiment un peu les hommes, pas seulement un seul, même si c'était vous, mais tous.

Voyage au bout de la nuit.

Entre le pénis et les mathématiques [...] il n'existe rien. Rien ! C'est le vide !

Voyage au bout de la nuit.

Avec les mots on ne se méfie jamais suffisamment, ils ont l'air de rien les mots, pas l'air de dangers bien sûr, plutôt de petits vents, de petits sons de bouche, ni chauds, ni froids et facilement repris dès qu'ils arrivent par l'oreille par l'énorme ennui gris et mou du cerveau. On ne se méfie pas d'eux les mots et le malheur arrive.
[...]
Donc on ne se méfie jamais assez des mots, c'est ma conclusion.

Voyage au bout de la nuit.

JUGEMENTS

« Le roman déjà célèbre de Céline peut être considéré comme la description des rapports qu'un homme entretient avec sa propre mort, en quelque sorte présente dans chaque image de la misère humaine qui apparaît au cours du récit. [...]
[...] *la grandeur du* Voyage au bout de la nuit *consiste en ceci qu'il n'est fait* aucun *appel au sentiment de pitié démente que la servilité chrétienne avait lié à la conscience de la misère* [...].
Il n'est plus temps de jouer le jeu dérisoire de Zola empruntant sa grandeur au malheur des hommes et demeurant lui-même étranger aux misérables. Ce qui isole le Voyage au bout de la nuit *et lui donne sa signification humaine, c'est l'échange de vie pratiqué avec ceux que la misère rejette hors de l'humanité — échange de vie et de mort, de mort et de déchéance* [...]. »

Georges Bataille, *« Voyage au bout de la nuit »*, in *La Critique sociale*, janvier 1933, repris in *Œuvres complètes*, t. I, Gallimard, posthume, 1970.

« Tout ce qui arrive prend pour lui des proportions énormes. Comme tout paranoïaque, il reste très imprécis dans ses récits et donne l'impression qu'autour de lui grouille dangereusement une vie abjecte. [...]
[...] *On lit Céline comme on lirait un roman policier. Il ne recule devant aucune expression pénible, ce qui donne l'apparence d'une continuelle vérité.* [...]
C'est un fâcheux faussaire, ne serait-ce qu'à cause de la quantité et de l'énormité des scènes dont il se souvient. Mais on rencontre chez lui des récits comiques d'une grande vigueur et qui font penser à Rabelais [...]. *C'est un narrateur de la plus vieille trempe, et il vous donnerait presque l'envie d'écrire.* [...]
Il s'est presque toujours senti mal dans sa peau, et cela nous réconcilie un peu avec son fiel monstrueux et sans choix. »

Elias Canetti, *Le Territoire de l'homme*, 1970, trad. Armel Guerne, Albin Michel, 1978.

« La méchanceté de l'homme le répugne et le fascine car il y retrouve sa propre méchanceté. Au contraire de Rimbaud, autre révolté, il ne croit pas à la vraie vie. C'est bien son problème. Il ne croit en rien. Il ne voit que la bêtise, la bassesse, l'hypocrisie, les petites vies faites de grands mensonges. Et il se laisse emporter par ce torrent de boue pour en devenir le courant. Révolté, anarchiste, contestataire, désespéré, victime, bourreau : oui, tout pourrait lui aller comme un gant. Pourtant, son dégoût est si profond qu'il se contente d'assister, résigné, à la lamentable décomposition de la société dans laquelle il vit. Un paradoxe, vous dit-on. [...] *Mais Céline a voulu être maudit. Tirer une certaine délectation de cette malédiction. Or, à force de manier l'ironie, l'ironie s'est retournée contre lui. Céline est rentré dans son monde, comme si Goya était rentré dans sa peinture pour en devenir le personnage central. La laideur l'a submergé. »*

François Céresa, « L'Enragé volontaire », in *TéléObs*, 15 janvier 1998.

« Beaucoup de ce qu'ils racontent [Céline et Genet] *est atroce, mais leur authenticité autobiographique donne à cette littérature une dimension complètement différente de celle de la littérature de fiction. »*

Julio Cortázar, *Le Tour du jour en quatre-vingts mondes*, 1966, trad. Laure Guille-Bataillon, Karine Berriot, J.-C. Lepetit et Céline Zins, Gallimard, 1980.

« Céline : celui que je pensais, oui, l'homme du Voyage au bout de la nuit, *Bardamu. Mais plus jeune d'aspect, plus vif ; pas misérable du tout, l'œil clair, la voix vive, le geste net. Un homme, un camarade. Un voyageur solitaire.* [...] *Céline parle comme ceux du* Voyage au bout de la nuit, *un argot... »*

Eugène Dabit, *Journal intime (1928-1936)*, 26 avril 1933, Gallimard, 1939, rééd. 1989.

« [...] *il me semble que les livres de Céline sont essentiellement des* livres parlés. *Céline l'oral ! »*

Joseph Delteil, *Le Sacré Corps*, Grasset, 1978.

« Le style même de Céline se justifie par la nécessité. Comment montrer la vérité de notre temps dans tout son stupre démocratique et primaire, dans son immoralisme à la petite semaine, dans son épicurisme de faubourg, dans son obscène inculture de salon, dans sa désespérance qui feint d'être faraude. Si l'on ne rompt pas avec tout académisme, si l'on n'avoue pas par un procédé patent de la syntaxe le désastre de l'être usé et tordu ?
Céline manie le langage populaire avec une science consommée, une ruse supérieure. Céline se sert du célinisme comme les derniers peintres se sont servis du fauvisme et du cubisme. »

Pierre Drieu La Rochelle, article in *NRF*, mai 1941, in *Sur les écrivains*, Gallimard, posthume, 1964.

« Céline s'est jeté à corps perdu dans le seul chemin qui s'offrait (et qui a tenté dans quelque mesure Bernanos) : cracher, seulement cracher, mais mettre au moins tout le Niagara dans cette salivation. »

Pierre Drieu La Rochelle, *Préface* à *Gilles*, juillet 1942, in *Sur les écrivains*, Gallimard, posthume, 1964.

« Il a remis la littérature française dans une de ses veines les plus certaines, la veine médiévale, la plus profonde, voyante. Saisissant ce qui palpite dans son instant le plus convulsif, il le précipite dans l'abîme du dernier aveu par le coup de pied d'une colère surhumaine, d'un rire dont les derniers échos se font plutôt entendre dans les riches arcanes du ciel que sur les surfaces résiduelles de l'enfer. »

Pierre Drieu La Rochelle, *Notes pour comprendre le siècle*, in *Sur les écrivains*, Gallimard, posthume, 1964.

« Ce n'est pas la réalité que peint Céline ; c'est l'hallucination que la réalité provoque ; et c'est par là qu'il intéresse. »

André Gide, « Les Juifs, Céline et Maritain », in *NRF*, n° 295, avril 1938, repris in *Louis-Ferdinand Céline*, « Cahiers de l'Herne », L'Herne, 1965.

« [...] *ses distances et sa pauvreté de saint laïque imposent.* »

Marcel JOUHANDEAU, *Journaliers*, t. VIII, Gallimard, 1966.

« *C'est devenu un classique qu'on édite dans "la Pléiade", alors que d'autres ont été exécutés, comme Brasillach* [...]. »

Ernst Jünger, *in* Julien HERVIER, *Entretiens avec Ernst Jünger*, Gallimard, 1986.

« *Cette frénésie de l'invention verbale, je ne l'ai rencontrée qu'une fois, éblouissante et acoquinée à une gouaille de chauffeur parisien : chez Louis-Ferdinand Céline, vers 1935.* »

André MALRAUX, *Antimémoires*, Gallimard, 1967.

« *Aucun écrivain ne me procure un tel choc. Pour son style et sa liberté d'expression. Ses discours d'énergumène ne me gênent pas du tout — ils me font rire. Ne me dépriment pas.* »

Henry MILLER, *Lettres à Anaïs Nin*, trad. franç. Pierre ALIEN, Bourgois, 1967.

« *Céline, Bernanos. Deux prophètes, deux généreux, deux virils, deux solitaires, deux marqués, deux admirables invectifs, doués de la seule éloquence supportable, parce que, derrière les mots, le cœur ; s'il y a trop de mots, c'est qu'il y a trop de cœur.*

[...]

"Le monde a le feu dans les soutes et va probablement sauter" (Bernanos à Marianne, *le 17 avril 1935). Bernanos l'a dit, mais Céline l'a vécu, l'a hurlé, comme une bête blessée qui va mourir dans la neige de son exil.* [...]

Céline [...] *fut toujours seul ; ce n'est pas un médiéval attardé qui a la nostalgie du* XIIIe *siècle, c'est un homme moderne, dans la solitude des foules, puis des guerres, puis des migrations. Il n'a pas d'ancêtres, ne se réclame ni de Bloy, ni de Péguy, ni de Drumont. Il n'a pas d'amis, sur terre ni au ciel. Ce n'est qu'un médecin de quartier, et pas le quartier du paradis. Il ne possède que sa femme et son chat ; il n'a jamais eu à renier de parti, n'en ayant pas ; ni de maître, étant son maître. Son confesseur, c'est le lecteur. Il est l'homme parfaitement libre.*

[...]

Le voici dans le silence posthume, après l'autre : il ne suce pas ce sein rebondi qu'est la coupole du Panthéon ; c'est un pauvre chien d'aveugle qui s'est fait écraser, tout seul, pour sauver son maître infirme, cette France qui continue à tâter le bord du trottoir. »

Paul MORAND, *Monplaisir... en littérature*, Gallimard, 1982.

« Voyage au bout de la nuit *est un roman picaresque, ce n'est pas un roman révolutionnaire, mais un roman des "gueux", comme le fameux* Lazarille de Tormes *dont il rappelle parfois la bassesse et l'accent.* [...] *Il n'y a rien au monde que la bassesse, la pourriture, la marche vers la mort, avec quelques divertissements : les fêtes populaires, les bordels, l'onanisme. Céline ne voit dans ce roman du désespoir d'autre issue que la mort* [...]. »

Paul NIZAN, article sur « *Voyage au bout de la nuit* », in *L'Humanité*, 9 décembre 1932, repris in *Louis-Ferdinand Céline*, « Cahiers de l'Herne », L'Herne, 1965.

« *On a parfois essayé de distinguer dans l'œuvre de Céline les textes engagés et délirants des grands livres du romancier. C'est une approche qui n'a pas beaucoup de sens. Il faut prendre Céline comme un bloc et considérer l'ensemble de ses livres, qui portent d'ailleurs le nom de romans par une sorte d'abus. Les livres de Céline sont bien plutôt des chroniques — des chroniques dévastatrices pleines d'horreur et de catastrophes et où s'écroule tout un monde.*

Il y a une tentation de parler de Céline comme d'un anarchiste. D'un anarchiste de droite, évidemment. Il n'est pas sûr que la formule soit très heureuse. Mieux vaudrait peut-être évoquer un moraliste au pessimisme radical. Céline s'intéresse à l'histoire et à la société. Mais, déjà à son époque, il est farouchement hostile à toute forme d'humanisme et d'humanitarisme. Qu'est-ce qu'il dirait aujourd'hui ? Il refuse tout progrès, il refuse tout espoir, il refuse tout bonheur. Il n'y a rien à attendre du présent, et il n'y a rien à attendre de l'avenir. "Celui qui parle de l'avenir, *écrit-il,* est un coquin. Invoquer la postérité, c'est faire un discours aux asticots."

[...]

Le refus radical de tout bonheur et de tout espoir en un bonheur à venir pousse irrésistiblement Céline dans un monde d'abjection. Céline est le poète de l'abjection. De l'abjection et de la mort. [...]

Cette fascination de la mort fait de toute l'œuvre de Céline quelque chose qui ressemble à une sorte de suicide. Le remarquable est qu'on ne décèle dans ce goût du suicide et de la mort aucune trace de morosité. Un formidable rire éclate dans toute l'œuvre de Céline. Son rire vaut celui de Rabelais. Ce qui fait que son pessimisme si radical se renverse en un optimisme tragique. [...]

Sous les coups répétés d'une invention verbale ahurissante, tout "écroule" chez Céline. À côté de lui dont la violence radicale et la puissance vénéneuse se sont encore accrues avec le temps, le surréalisme fait figure d'institution moraliste et conservatrice. »

Jean d'ORMESSON, « Céline. Le Cavalier de l'Apocalypse », in *Une autre histoire de la littérature française*, I, NiL, 1997.

« *C'est gros, c'est riche, c'est flatteur, mais c'est aussi très ennuyeux. Au bout de quatre pages* [de *Bagatelles pour un massacre*], *on a compris. Un truc du genre de la pluie : monotone et régulier. M. Céline fait beaucoup penser à une dame qui aurait des difficultés périodiques ; ça lui fait mal, alors elle crie et elle accuse son mari. La force de ses hurlements et la verdeur de son langage amusent la première fois ; la deuxième fois, on bâille un peu ; les fois suivantes, on fiche le camp et on la laisse crier toute seule.*

[...]

[...] *Ce Gaudissart de l'antisémitisme* [...]. »

Jean RENOIR, 1938, in *Écrits 1926-1971*, Belfond, posthume, 1974.

« *Il faut relire Céline en le* voyant. *Céline a dit la vérité du siècle : ce qui est là est là, irréfutable, débile, monstrueux, rarement dansant et vivable.* »

Philippe SOLLERS, *in* CÉLINE, *Voyage au bout de la nuit*, illustré par TARDI, Gallimard/Futuropolis, 1988.

« *Le style de Céline est subordonné à sa perception du monde. À travers ce style rapide qui semblerait négligé, incorrect, passionné, vit, jaillit et palpite la réelle richesse de la culture française, l'expérience affective et intellectuelle d'une grande nation dans toute sa richesse et ses plus fines nuances. Et, en même temps, Céline écrit comme s'il était le premier à se colleter avec le langage. L'artiste secoue de fond en comble le vocabulaire de la littérature française.* »

Léon TROTSKI, *Littérature et Révolution*, repris in *Louis-Ferdinand Céline*, « Cahiers de l'Herne », L'Herne, 1965.

BIBLIOGRAPHIE

Éditions

Romans, éd. H. GODARD, « Pléiade », Gallimard, 1974 à 1993, 4 vol.

D'un château l'autre, « Folio », Gallimard, 1976.

Féerie pour une autre fois, préf. H. GODARD, « Folio », Gallimard, 1995.

Mort à crédit, « Folio », Gallimard, 1985.

Voyage au bout de la nuit, illustré par TARDI, préf. Ph. SOLLERS, Gallimard/Futuropolis, 1988 ; éd. Ph. DESTRUEL, « Folio Plus », Gallimard, 1996.

Divers textes théoriques sont recueillis dans *Le Style contre les idées*, Éd. Complexe, Bruxelles (BE), 1987.

Études

Ph. ALMÉRAS, *Les Idées de Céline*, Berg international, 1992 ; *Céline. Entre haines et passion*, Laffont, 1993.

M. ANGENOT, *La Parole pamphlétaire*, Payot, 1982.

M. BARDÈCHE, *Louis-Ferdinand Céline*, La Table ronde, 1987.

M.-Chr. BELLOSTA, *Le Capharnaüm célinien ou la Place des objets dans « Mort à crédit »*, Minard, 1976 ; *Céline ou l'Art de la contradiction*, PUF, 1990.

Ph. BONNEFILS, *Céline. Le Rappel des oiseaux*, Galilée, 1996.

M. BOUNAN, *L'Art de Céline et son temps*, Allia, 1998.

J.-P. DAUPHIN, *Les Critiques de notre temps et Céline*, Garnier, 1976 ; *id.* et J. BOUDILLET, *Album Céline*, « Pléiade », Gallimard, 1977 ; *id.* et P. FOUCHÉ, *Les Écrits de Céline*, bibliographie, BLCF Éd., 1985.

N. DEBRIE, *Il était une fois... Céline*, Aubier, 1990.

A. DERVAL, *70 critiques de « Voyage au bout de la nuit » (1932-1935)*, IMEC, 1993.

Cl. DUNETON, *Bal à Korsür : sur les traces de Louis-Ferdinand Céline*, « LdP », LGF, 1996.

A. GENESTRE, *Étude du vocabulaire des romans de Louis-Ferdinand Céline*, Indiana University (US), 1968.

F. GIBAULT, *Céline 1894-1932. Le Temps des espérances*, Mercure de France, 1977 ; *Céline 1932-1944. Délires et Persécutions*, Mercure de France, 1985 ; *Céline 1944-1961. Cavalier de l'Apocalypse*, Mercure de France, 1981.

H. GODARD, *Poétique de Céline*, Gallimard, 1985 ; *« Voyage au bout de la nuit » de Louis-Ferdinand Céline*, « Foliothèque », Gallimard, 1991 ; *« Mort à crédit » de Louis-Ferdinand Céline*, « Foliothèque », Gallimard, 1996 ; *Céline scandale*, « Folio », Gallimard, 1998.

A. HENRY, *Céline écrivain*, L'Harmattan, 1994.

M. HINDUS, *Louis-Ferdinand Céline tel que je l'ai vu*, L'Herne, 1969.

J.-Ch. HUCHET, *« Mort à crédit » de Céline : une naissance payée comptant*, PUF, 1993.

A. JUILLAND, *Elizabeth et Louis. Elizabeth Craig parle de Louis-Ferdinand Céline*, Gallimard, 1994.

H.-E. KAMINSKI, *Céline en chemise brune ou le Mal du présent*, 1938, rééd. Mille et Une Nuits, 1997.

J. KRISTEVA, *Pouvoirs de l'horreur*, Seuil, 1980.

D. LATIN, *« Le Voyage au bout de la nuit » de Céline : roman de la subversion et subversion du roman*, Palais des Académies, Bruxelles (BE), 1988.

J.-P. MARTIN, *Contre Céline*, Corti, 1997.

J. MORAND, *Les Idées politiques de Louis-Ferdinand Céline*, Pichon et Durand-Auzias, 1972.

Ph. MURAY, *Céline*, Seuil, 1981.

Y. PAGÈS, *Les Fictions du politique chez Louis-Ferdinand Céline*, Seuil, 1994.

J.-P. RICHARD, *Microlectures*, « Poétique », Seuil, 1979 ; *Nausée de Céline*, Fata Morgana, Fontfroide (Hérault), 1980.

C. ROUAYRENC, *C'est mon secret : la technique de l'écriture populaire dans « Voyage au bout de la nuit » et « Mort à crédit »*, Éd. du Lérot, 1994.

E. SACCOMANO, *Goncourt 32*, Flammarion, 1999.

R. TETTAMANZI, *Esthétique de l'outrance : esthétique et stylistique dans les pamphlets de Louis-Ferdinand Céline*, Éd. du Lérot, Tusson (Charente), 1999, 2 vol.

P. VANDROMME (dir.), *Céline et compagnie*, L'Âge d'homme, Lausanne (CH), 1996.

Fr. VITOUX, *Louis-Ferdinand Céline, Misère et Parole*, Gallimard, 1973, rééd. « Folio Essais », Gallimard, 1989 ; *Bébert, le chat de Louis-Ferdinand Céline*, Grasset, 1976, rééd. 1994 ; *Céline*, Belfond, 1978, rééd. 1987 ; *La Vie de Céline*, Grasset, 1988.

Le Bulletin célinien, dirigé par Marc LAUDELOUT, est publié à Bruxelles (BP 70, B 1 000 Bruxelles 22).

Les *Cahiers Céline*, Gallimard, depuis 1976, ont repris des œuvres diverses et des lettres.

CÉSAIRE

Aimé CÉSAIRE

Basse-Pointe (Martinique) 1913 – Fort-de-France (Martinique) 2008

> *« Impossible [...] d'aborder cette œuvre en feignant d'ignorer que toutes ses clefs se trouvent dans la vie de son auteur. Impossible de parler du poète en se taisant sur l'homme de couleur et le militant. Je ne vois pas dans l'histoire de la littérature française une personnalité qui ait à ce point intégré des éléments aussi divers que la conscience raciale, la création artistique et l'action politique. Je ne vois pas de personnalité aussi puissamment unifiée et à la fois aussi complexe que celle de Césaire. Et c'est là, sans doute, que réside le secret de l'exceptionnelle densité d'une poésie qui s'est, à un degré extrême, chargée de toute la cohérence d'une vie d'homme. »*
>
> Lilyan KESTELOOT, *Aimé Césaire*, « Poètes d'aujourd'hui », Seghers, 1962.

Le rebelle de la négritude

Un prestigieux intellectuel

Issu d'une famille modeste — son père était un petit fonctionnaire, et sa mère, couturière —, Aimé Césaire se signala par une brillante scolarité qui lui valut d'être reçu à l'École normale supérieure, en 1934. Contraint de quitter sa Martinique natale pour le Quartier latin de Paris, il se consola de cet exil forcé en côtoyant d'autres étudiants noirs provisoirement exilés des Antilles ou d'Afrique — et dont le plus célèbre fut Senghor, lui-même reçu à l'agrégation de grammaire en 1935. Aimé Césaire est d'abord un poète volcanique, *« péléen »*, comme il aime à se dénommer — d'après le nom du volcan (la montagne Pelée) qui anéantit en 1902, quelques années avant sa naissance, Saint-Pierre, alors capitale de la Martinique. Et c'est un poème volcanique que, sous le titre ***Cahier d'un retour au pays natal***, il composa durant son exil parisien et fit paraître en fragments dans la revue *Volontés*, en août 1939. Véritable acte de naissance de la négritude littéraire, ce poème est en outre largement autobiographique.

Brillant normalien, promis à une belle carrière de fonctionnaire, Césaire savait désormais, au terme de ce poème cathartique destiné à le purger de toute son indigeste culture blanche, qu'il lui fallait rentrer dans son île natale pour être *« la bouche des malheurs qui n'ont point de bouche »*, le héraut de ses frères noirs, accablés par des siècles d'esclavage, de peur et d'ignominie. Il y retourna donc en 1939 (quelques semaines après la première publication du ***Cahier***), enseigna cinq années au lycée Schoelcher de Fort-de-France — où il eut comme élèves Frantz Fanon et Édouard Glissant —, tout en fondant et animant ***Tropiques*** (1941 à 1945), revue culturelle d'avant-garde qui, dans une Martinique coloniale dépendant alors du régime de Vichy, appelait à la résistance et que Breton, de passage aux Antilles, découvrit ébloui : *« La parole d'Aimé Césaire, belle comme l'oxygène naissant. »*

Un politicien engagé

L'évolution personnelle et littéraire d'Aimé Césaire n'est pas dissociable d'un engagement politique auquel il a donné toutes ses forces et sa personne même. Député de la Martinique pendant près d'un demi-siècle (1945 à 1993), maire de Fort-de-France depuis 1945, il s'est d'abord engagé dans le camp anticolonialiste sous la bannière du parti communiste. C'est en son nom qu'il fit voter la loi de départementalisation (1946) donnant le statut de département français aux « vieilles » colonies (Guadeloupe, Guyane, Martinique, Réunion), loi qu'il lui fallut ensuite, pendant des années de combat acharné, tenter de faire entrer dans les faits, et dont l'adoption lui valut l'hostilité des partisans d'une libération politique plus radicale. Le violent pamphlet ***Discours sur le colonialisme*** (1953) montre l'âpreté du débat idéologique. Césaire rompit alors, sous la forme d'une virulente ***Lettre à Maurice Thorez*** (1956), avec un P.C.F. jugé internationaliste, assimilationniste et impérialiste, et il fonda son propre parti, le Parti progressiste martiniquais qui conserva une position dominante au fil des diverses élections.

Parallèlement, Césaire poursuivit son œuvre poétique. Il recueillit dans ***Les Armes miraculeuses*** (1946) les poèmes surréalistes publiés d'abord dans ***Tropiques***. Suivirent les recueils ***Soleil cou coupé*** (1948) et ***Corps perdu*** (1950, illustré par Picasso), dont le poète publia des versions refondues et augmentées dans ***Ferrements*** (1959) et ***Cadastre*** (1961), et où coexistent poèmes d'inspiration surréaliste et poèmes anticolonialistes :

batouque des yeux de court circuit
surpris de lait de vache
batouque des yeux sucrés de fièvre

batouque de la nuit au sexe d'aubergine
signalé de mercure
Maître des trois chemins, tu as en face de toi un homme
qui a beaucoup porté.
Depuis Élam. Depuis Akkad. Depuis Sumer.
J'ai porté le corps du commandant. J'ai porté le chemin de fer du commandant. J'ai porté la locomotive du commandant, le coton du commandant. J'ai porté sur ma tête laineuse qui se passe si bien de coussinet Dieu, la machine, la route — le Dieu du commandant.
Maître des trois chemins j'ai porté sous le soleil, j'ai porté dans le brouillard j'ai porté sur les tessons de braise des fourmis manians. J'ai porté le parasol j'ai porté l'explosif j'ai porté le carcan.
Depuis Akkad. Depuis Élam. Depuis Sumer.

(***Depuis Akkad, depuis Élam, depuis Sumer***, in ***Cadastre***)

Mon peuple
quand
hors des jours étrangers
germeras-tu une tête bien tienne sur tes épaules renouées
et ta parole

le congé dépêché aux traîtres
aux maîtres
le pain restitué la terre lavée
la terre donnée

quand
quand donc cesseras-tu d'être le jouet sombre
au carnaval des autres
ou dans les champs d'autrui
l'épouvantail désuet

demain
à quand demain mon peuple .
la déroute mercenaire
finie la fête

mais la rougeur de l'est au cœur de balisier

peuple de mauvais sommeil rompu
peuple d'abîmes remontés
peuple de cauchemars domptés
peuple nocturne amant des fureurs du tonnerre
demain plus haut plus doux plus large

et la houle torrentielle des terres
à la charrue salubre de l'orage

(***Hors des jours étrangers***, in ***Ferrements***)

Le recueil ***Ferrements*** imposa la richesse de son titre plurivoque mêlant ferveur — le titre se lit alors « *ferments* », à l'origine d'une salubre transformation —, espoir d'amélioration — le titre désigne alors l'action de ferrer un cheval, dont les sabots sont ainsi protégés — et indignation nègre — le titre évoque alors les « *fers* » de l'esclavage —, combinaison qui avait tonné dans le ***Cahier*** et qu'on retrouve, par exemple, dans les pages puissantes du *Mémorial de Louis Delgrès*.

Un dramaturge militant

C'est au cours de cette période d'intenses combats politiques qu'Aimé Césaire, après sa rupture avec le P.C.F., se tourna vers le théâtre, un théâtre militant qui expose les dilemmes dramatiques que rencontrent tous les pays précédemment colonisés et désormais libres : choix à la fois didactique et idéologique, dans la mesure où le dramaturge pouvait ainsi toucher directement le peuple non lettré et l'aider à se forger une mémoire culturelle et politique. ***La Tragédie du roi Christophe*** (1963) posait, à partir de l'exemple d'Haïti, le problème de la légitimité de la dictature, tandis que ***Une saison au Congo*** (1966) empruntait à l'histoire contemporaine en racontant l'élimination tragique, par les militaires, du leader charismatique Patrice Lumumba.
Avec ***Une tempête*** (1968), évocation des conflits raciaux, adaptée *« en noir (Caliban) et blanc (Prospero) »* de Shakespeare, Césaire prit plus de distance. Ces pièces ont joué — et jouent encore — un rôle important dans la prise de conscience, par les anciens peuples colonisés, des problèmes du pouvoir et de son exercice autocratique ou démocratique. L'influence de Shakespeare et de Brecht est sensible dans la conception dramaturgique de Césaire.

Une vieillesse plus résignée

Les derniers recueils de Césaire, dont ***Moi, laminaire*** (1982), rassemblent des poèmes très divers, écrits durant trente ans au fil des jours : méditations désenchantées sur la Martinique et les Martiniquais, autoanalyses sarcastiques, hommages divers (à des amis comme Damas, Asturias, Lam, Senghor...).

Le poète s'y joint à l'homme politique pour déplorer l'échec de la départementalisation qui n'a pas sorti la Martinique de la dépendance, tout en vidant peu à peu le pays de sa substance humaine et culturelle. Le mot d'ordre « *d'autonomie* » pour la « *nation martiniquaise* », défendu par le P.P.M., reste d'actualité, même si le développement de la régionalisation (loi Defferre de 1982) a répondu en partie à son attente : la situation sociale et économique des Antilles reste, selon Césaire, préoccupante.

Au poète « *péléen* », on pourra préférer ce Césaire plus intime, vibrant mais mesuré, toujours incisif mais désormais moins bouillonnant :

JOURNÉE
pour me distraire
vais-je prendre en charge encore cette journée
pour me distraire à mon ordinaire je bâtis.
quelques chicots — il ne reste plus que cela de dur —
quelques oiseaux au-dessus de la merde
quelques crachats

et c'est une ville harassée de nuages
que mégote goguenard
le museau d'un volcan inattentif

Poète éruptif, dramaturge shakespearien, polémiste incisif, Aimé Césaire est certes l'un des écrivains les plus prestigieux de la négritude, mais surtout l'un des plus inspirés en langue française.

Une parole belle et rebelle

La parole poétique de Césaire est d'abord appel, convocation :

vous oiseaux
vous sang
qui a dit que je ne serai pas là ?

Elle est aussi nomination :

ô pandanus muet peuplé de migrations
ô nils bleus ô prières naines ô ma mère ô piste

(***La Femme et le Couteau***, in ***Les Armes miraculeuses***)

Soucieuse d'une syntaxe rigoureuse, mais souvent libérée de la ponctuation, elle coule avec ampleur :

l'exil s'en va ainsi dans la mangeoire des astres
portant de malhabiles grains aux oiseaux nés du temps
qui jamais ne s'endorment jamais
aux espaces fertiles des enfances remuées

(***Oiseaux***, in ***Ferrements***)

scandée par la versification :

C'est cet émouchet qui blasonne le ciel de midi de nos mois cœurs planant
ce rapt
ce sac
ce vrac

cette tenue

(***Comptine***, in ***Ferrements***)

ou la typographie :

tête trophée membres lacérés
dard assassin beau sang giclé

(***Beau sang giclé***, in ***Ferrements***)

rythmée par les reprises — ainsi les « *Au bout du petit matin* » qui ouvrent le ***Cahier*** —, ou la prolifération des métaphores filées : homme-plante-arbre-feu-sang-sève-vert-rouge-jaune.

Le passage pivot du ***Cahier d'un retour au pays natal***, où le poète affirme sa « *négritude* », illustre cette diversité formelle :

Ô lumière amicale
ô fraîche source de la lumière
ceux qui n'ont inventé ni la poudre ni la boussole
ceux qui n'ont jamais su dompter la vapeur ni l'électricité
ceux qui n'ont exploré ni les mers ni le ciel
mais ceux sans qui la terre ne serait pas la terre
gibbosité d'autant plus bienfaisante que la terre déserte
davantage la terre
silo où se préserve et mûrit ce que la terre a de plus terre
ma négritude n'est pas une pierre, sa surdité ruée contre la clameur du jour
ma négritude n'est pas une taie d'eau morte sur l'œil

mort de la terre
ma négritude n'est ni une tour ni une cathédrale

elle plonge dans la chair rouge du sol
elle plonge dans la chair ardente du ciel
elle troue l'accablement opaque de sa droite patience.

Eia pour le Kaïlcédrat royal !
Eia pour ceux qui n'ont jamais rien inventé
pour ceux qui n'ont jamais rien exploré
pour ceux qui n'ont jamais rien dompté

mais ils s'abandonnent, saisis, à l'essence de toute chose
ignorants des surfaces mais saisis par le mouvement de toute chose
insoucieux de dompter, mais jouant le jeu du monde

véritablement les fils aînés du monde
poreux à tous les souffles du monde
aire fraternelle de tous les souffles du monde
lit sans drain de toutes les eaux du monde
étincelle du feu sacré du monde
chair de la chair du monde palpitant du mouvement même du monde !

(Cahier d'un retour au pays natal)

Les mêmes forces poétiques œuvrent dans l'expression théâtrale :

PREMIER BANQUIER
C'est foutu. Un gouvernement de traîtres nous brade notre Empire.
DEUXIÈME BANQUIER
Ainsi, de l'Indépendance ils ont fixé la date !
TROISIÈME BANQUIER
Hélas ! ils ont de ce macaque accepté le diktat !

(**Une saison au Congo**, I, 4)

Parole de poète assurément, c'est-à-dire de créateur :

je commanderai aux îles d'exister

(Corps perdu)

Un classique en devenir

Paradoxalement plus connu dans le monde qu'en France, tant pour son œuvre que pour sa participation à tous les grands débats et combats de son temps, Aimé Césaire jouit d'une notoriété de moins en moins marginale. Signe révélateur du chemin parcouru : le virulent ***Cahier d'un retour au pays natal*** a été inscrit au programme (national) de lettres des classes terminales en 1994 et 1995. Néanmoins, ce classique en devenir ne pourra être pleinement apprécié que lorsque toutes ses interventions culturelles et politiques auront été publiées, même si, d'ores et déjà, il compte parmi les poètes majeurs du XXe siècle, et si le dramaturge fut ainsi salué par Vitez : « *Nous avons un Shakespeare, et il est noir.* »

•

ŒUVRES

Cahier d'un retour au pays natal

Poème paru en fragments dans la revue *Volontés* (n° 20), à Paris, en août 1939, puis en volume, préfacé par Breton, simultanément chez Brentano's à New York, et chez Bordas, à Paris, en 1947.

Le ***Cahier*** est un long poème non versifié, divisé en strophes inégales. Modifié et enrichi au cours des éditions successives, il fut commencé par Césaire alors qu'il était élève de l'École normale supérieure, à Paris, et qu'il élaborait avec Senghor les thèmes de la négritude — dont le ***Cahier*** est en quelque sorte le manifeste poétique.

C'est un texte à caractère autobiographique qui, de la peinture sombre et véritablement infernale d'une Martinique miséreuse et artificielle, passe aux rêves de départ vers l'Europe. Une fois « assimilées » et « recrachées » les valeurs occidentales, une fois acceptée sa condition de Nègre abîmé par des siècles d'esclavage, le poète chante le retour au vrai pays natal africain et à ses valeurs : *c'est là que je veux pêcher maintenant la langue / maléfique de la nuit en son immobile verrition !* Césaire évoque, en 1re partie, son père, petit fonctionnaire des contributions, et sa mère, couturière, « *dont les jambes pour notre faim inlassable pédalent, pédalent de jour, de nuit, je suis même réveillé la nuit et la morsure âpre dans la chair molle de la nuit* », sa case natale « *gerçant d'ampoules, comme un pêcher tourmenté de la cloque* », et la ville de Fort-de-

France « *plate — étalée, trébuchée de son bon sens, inerte...* ». Mais ce long poème ne se complaît pas longtemps dans la nostalgie : bien vite, « *au bout du petit matin* », le ton monte, le poète prophétise la fin du monde blanc et du colonialisme et l'avènement du Nègre nouveau, fier de lui et des valeurs africaines ; il chante une « *négritude* » ardente qui « *troue l'accablement opaque de sa droite patience* », dénonçant avec une véhémence lyrique la traite et l'esclavage et appelant tous les Nègres du monde à se mettre debout. Cette défense et illustration de la négritude constitue même le vrai centre de gravité du poème, d'abord marqué par autant d'images négatives (maladie, silence, écroulement), puis transfiguré par le surgissement libératoire de l'expression « *ma négritude* ».

Rimbaud et Lautréamont plus encore que les surréalistes, Langston Hughes et Léon-Gontran Damas inspirèrent à Aimé Césaire des images violentes portées à l'incandescence par un rythme obsédant et un vocabulaire paroxystique.

À sa parution en 1939, le poème passa inaperçu ; la préface de Breton, intitulée *Un grand poète noir*, contribua au lancement des secondes éditions enrichies de 1947 avant que celle — à nouveau enrichie — de 1956 (Présence africaine, Paris) n'assure une gloire durable à son auteur. Salué par Breton comme « *le plus grand monument lyrique de ce temps* » et considéré comme le chef-d'œuvre de Césaire, le ***Cahier*** est devenu un grand classique de la littérature francophone, connu dans le monde entier.

La ***Tragédie du roi Christophe***

Tragédie en 3 actes — comportant respectivement 7, 4 et 6 scènes — complétés d'un prologue et de 2 intermèdes, publiée en 1963 aux éditions Présence africaine et créée par Jean-Marie Serreau au festival de Salzbourg en 1964, avec l'acteur Douta Seck dans le rôle principal. Modifié au cours des représentations, le texte, revu et corrigé par Césaire, fit l'objet d'une 2de édition en 1970.

Le héros de la pièce est le personnage historique Henri Christophe, esclave noir affranchi qui, après avoir combattu les Français en 1802, comme lieutenant puis général de Toussaint-Louverture lors de la guerre d'indépendance d'Haïti, dirigea, avec Pétion, l'insurrection où disparut, en 1806, Dessalines — qui s'était fait proclamer empereur sous le nom de Jacques Ier en 1804 —, puis, non content d'être proclamé président de la République en 1807, entreprit d'édifier, par la contrainte la plus cruelle, un royaume noir au nord de l'île (1811 à 1820), dont il fut, sous le titre de Henri Ier, le souverain. La pièce, conçue comme une vaste fresque historique où se succèdent, à la manière de Shakespeare ou de Hugo, des tableaux burlesques ou dramatiques, relate l'ascension, la gloire et la chute de l'autocrate visionnaire : après avoir mis son peuple au travail en lui faisant édifier une gigantesque citadelle, puis sombré dans la mégalomanie la plus brutale — dont sont victimes son archevêque et l'émissaire de Louis XVIII —, « *Papa Christophe* », paralysé par une attaque et abandonné de tous, finit par se suicider.

Christophe est un personnage complexe : « *Il y a chez lui du Prométhée, du Pierre le Grand et du Bourgeois gentilhomme* », disait Césaire. Flanqué de son bouffon Hugonin (Hugo nain ?), Christophe est profondément ambivalent, sans cesse balancé entre lucidité désespérée et sarcastique et orgueil lyrique et enthousiaste : « *Précisément, ce peuple doit se procurer, vouloir, réussir quelque chose d'impossible ! Contre le sort, contre l'Histoire, contre la nature, ah ! ah ! l'insolite attentat de nos mains nues !* » (I, 7). Son échec est celui de toutes les jeunes nations qui, nées de la décolonisation, ont développé leur indépendance avec les mêmes valeurs que les anciens colonisateurs.

Le public africain ne s'y est pas trompé qui, lors des représentations de la pièce sur son continent, y a vu un portrait juste de ses leaders, autocrates et parfois mégalomanes : d'où la censure qui, encore aujourd'hui, frappe cette pièce dans certains pays. Considérée comme la meilleure œuvre théâtrale de Césaire, la pièce est entrée au répertoire de la Comédie-Française en 1991, dans une mise en scène de l'écrivain burkinabé Issa Ouedraogo.

CITATIONS

Ma bouche sera la bouche des malheurs qui n'ont point de bouche, ma voix, la liberté de celles qui s'affaissent au cachot du désespoir.

Cahier d'un retour au pays natal.

Je vois l'Afrique multiple et une
verticale dans la tumultueuse péripétie
avec ses bourrelets, ses nodules,
un peu à part, mais à portée
du siècle, comme un cœur de réserve.

Pour saluer le Tiers-Monde, in *Ferrements.*

La connaissance poétique est celle où l'homme éclabousse l'objet de toutes ses richesses mobilisées.

Troisième Proposition, in *Sur la poésie*.

Le beau poétique n'est pas seulement beauté d'expression ou euphorie musculaire. Une conception trop apollinienne, ou trop gymnastique de la beauté risque paradoxalement d'empailler ou de durcir le beau.

Septième et Dernière Proposition, in *Sur la poésie*.

La musique de la poésie ne saurait être extérieure. La seule *acceptable* vient de plus loin que le son. La recherche de la musique est le crime contre la musique poétique qui ne peut être que le battement de la vague mentale contre le rocher du monde.

Corollaire, in *Sur la poésie*.

JUGEMENTS

« À la source de tout, il y a la révolte de Césaire, sa décision méditée de rompre avec l'Europe, qui trouble le sang noir dans ses veines, cette patrie de l'hygiène mentale, du gendarme et du marchand, de l'ordinaire raison et de l'arithmétique. Le retour aux Antilles, repli primordial qui gouverne l'orientation de l'écrivain, a bien sûr une signification politique et sociale, mais il est d'abord acte de poésie. »

Robert ABIRACHED, « Aimé Césaire », *in* Bernard PINGAUD (dir.), *Écrivains d'aujourd'hui*, Grasset, 1960.

« Ce que dit le révolté est plus grand que lui-même. Ce qu'il y a d'essentiel dans la poésie noire (je parle ici de Césaire, de Roumain, et de deux autres, au mieux), c'est cette manière qu'elle a de dépasser spontanément l'individualisme. Elle est immédiatement épique. Le poète ne parle pas que pour lui. Il parle pour son peuple. Et l'opération est singulière de voir comment une voix qui n'est plus seulement individuelle devient soudain la voix de chacun, comme si chacun redisait pour soi ces mots qui sont prononcés au niveau de tous. On a tenté de réduire la portée de cette voix noire en prétendant (avec un sourire en coin) qu'il s'agissait seulement de "négritude". Négritude ? C'est notre honte qui parle pour nous...
La langue française a dominé telle partie du monde. À l'intérieur de cette voix, des voix libres s'élèvent qui tournent contre elle-même cette voix et, ainsi, démasquent ceux qui se servent d'elle pour mentir. C'est le sens même de l'œuvre d'Aimé Césaire. »

Hubert JUIN, « Aimé Césaire », in *Dictionnaire de littérature contemporaine, 1900-1962*, Éd. universitaires, 1962.

BIBLIOGRAPHIE

Éditions

Œuvres complètes, Désormeaux, Fort-de-France, 1976, 3 vol.

Cahier d'un retour au pays natal, Présence africaine, 1971.

La Poésie, Seuil, 1994.

La Tragédie du roi Christophe, Présence africaine, 1970.

Études

A. ARNOLD, *Modernism and Negritude. The Poetry and Poetics of Aimé Césaire*, Cambridge, Massachusetts (US), et Harvard U.P., Londres (GB), 1981.

D. COMBE, *Aimé Césaire, « Cahier d'un retour au pays natal »*, « Études littéraires », PUF, 1993.

R. CONFIANT, *Aimé Césaire, une traversée paradoxale du siècle*, Stock, 1993.

D. DELAS, *Aimé Césaire ou le Verbe parturiant*, Hachette, 1991.

R. HÉNANE, *Aimé Césaire, le Chant blessé*, J.-M. Place, 2000.

L. KESTELOOT et B. KOTCHY, *Aimé Césaire, l'homme et l'œuvre*, Présence africaine, 1973.

J. LEINER (éd.), *Soleil éclaté. Mélanges offerts à Aimé Césaire pour son 70e anniversaire*, Günter Narr Verlag, Tübingen (DE), 1984.

M. a M. NGAL, *Aimé Césaire, un homme à la recherche d'une patrie*, Nouvelles Éditions Africaines, Abidjan (CI)/Dakar (SN), 1975.

M. a M. NGAL et M. STEINS (éd.), *Césaire 1970*, Silex, 1984.

R. TOUMSON et S. HENRY-VALMORE, *Aimé Césaire le Nègre inconsolé*, Syros/Vent des îles, Paris/Fort-de-France, 1994.

K.L. WALKER, *La Cohésion poétique de l'œuvre césairienne*, Günter Narr Verlag/J.-M. Place, Tübingen (DE)/Paris, 1979.

Aimé Césaire ou l'Athanor d'un alchimiste, actes du 1er colloque international sur l'œuvre littéraire d'Aimé Césaire, Éditions caribéennes/A.C.C.T., 1987.

CHAR

René CHAR
René-Émile CHAR
L'Isle-sur-la-Sorgue (act. Vaucluse) 1907 – Paris 1988

> *« Je ne sais si notre époque se rend exactement compte de ce que Char est en train de lui laisser. »*
> Pierre GUERRE, *René Char*, Seghers, 1952.

> *« Non, décidément, plus je lis les poètes français, moins j'aime René Char. »*
> François CROUZET, *Contre René Char*, Belles Lettres, 1992.

Une vie d'action : la poésie

Un Provençal initié au surréalisme

À la mort de son père (1918), qui était maire de L'Isle-sur-la-Sorgue et administrateur délégué des Plâtrières du Vaucluse, René Char, dernier d'une famille de quatre enfants et qui vécut une enfance heureuse aux *Névons*, la vaste maison familiale où il était né, fut mis en pension au lycée d'Avignon, où il poursuivit des études assez médiocres (ne montrant d'intérêt que pour la botanique). Après avoir suivi des cours à l'École de commerce de Marseille (1925), travaillé dans une maison d'expéditions à Cavaillon (1926) et effectué son service militaire à Nîmes (1927), Char fit publier un premier recueil de poèmes, ***Les Cloches sur le cœur*** (1928), dont il détruisit plus tard la plupart des exemplaires.
Sa véritable entrée en poésie date de l'année suivante, avec la publication, à L'Isle, de la revue ***Méridiens*** (dont il dirigea trois numéros), et la parution d'***Arsenal***, à Nîmes : la plaquette (tirée à 26 exemplaires !) lui valut une courte lettre (« *Cher Monsieur, n'est-il pas possible que nous nous connaissions mieux ? Ne pensez-vous pas venir à Paris ? Je serais heureux de vous dire combien j'aime vos poèmes — tout ce si beau livre* », 8 octobre 1929) et l'amitié d'Eluard, qui fit le voyage de L'Isle et l'introduisit dans le mouvement surréaliste ; ***Ralentir travaux***, poèmes écrits en commun avec Breton et Eluard, parut en 1930. L'adhésion de Char au surréalisme, aussi intense que brève, se manifesta par sa participation à la revue *Le Surréalisme au service de la révolution* et par les plaquettes et recueils poétiques publiés jusqu'en 1935 : ***Artine*** (1930), ***L'action de la justice est éteinte*** (1931), ***Le Marteau sans maître*** (1934). Fin 1934, Char s'éloigna définitivement du groupe, après avoir cosigné le tract ***Paillasse !*** (1932) qui dénonçait la tentative de « noyautage » du mouvement par Aragon (devenu communiste en 1932) — sans qu'il y eût toutefois « rupture » fracassante.
En 1936, le poète, qui avait épousé, quatre ans plus tôt, Georgette Goldstein, fut nommé administrateur de la Société des Plâtrières du Vaucluse, mais, immobilisé par une septicémie, il renonça à ses fonctions dès l'année suivante. Parurent alors, dans les *Cahiers G.L.M.*, ***Dépendance de l'adieu*** (mai 1936, avec un dessin de Picasso), ***Moulin premier*** (déc. 1936), premier recueil où Char faisait usage de l'aphorisme : « *Le chien errant n'atteint pas forcément la forêt.* » Les deux recueils suivants, ***Placard pour le chemin des écoliers*** (1937) et ***Dehors la nuit est gouvernée*** (1938), se firent l'écho de la guerre d'Espagne et de la lutte antifranquiste, annonçant ainsi une constante de Char : l'acte poétique est inséparable de l'action politique.

Un réfractaire engagé

Dès le début de la Seconde Guerre mondiale, il fut mobilisé à Nîmes ; puis il partit pour l'Alsace jusqu'en mai 1940. Après la débâcle, de retour à L'Isle, Char fut dénoncé comme militant d'extrême gauche : il réussit à prendre le maquis à Céreste, dans les Basses-Alpes (son lieu de convalescence après sa septicémie de 1936), noua rapidement des liens avec les résistants, adhéra à l'Armée secrète et devint, en 1942, chef du secteur Durance-Sud, sous le nom de Capitaine Alexandre, puis, en 1943, au sein des Forces françaises combattantes, chef départemental pour les Basses-Alpes de la Section Atterrissage Parachutage (SAP), où il se montra aussi courageux que charismatique, aussi intuitif que décisif. L'année 1944 fut marquée par la perte douloureuse de nombreux compagnons d'action et par une grave blessure que le poète — physiquement, un colosse — se fit en tombant de plusieurs mètres. Appelé, bien qu'à peine remis, à l'état-major interallié d'Afrique du Nord, à Alger, il y resta en juillet et en août 1944. Les revues *Fontaine*, *Cahiers d'art* et *L'Éternelle Revue* publièrent, à la fin de cette même année, des poèmes de Char, qui, volontairement (et contrairement à bien d'autres), s'était abstenu de toute publication depuis 1939, refusant de faire paraître la moindre ligne sous le régime nazi et des collaborateurs français. Il refusa, par la suite, de participer à la réorganisation du pouvoir politique en France, ne ressentant aucune attirance pour le général de Gaulle :

> *Nous avions peine à croire qu'un clairon de Saint-Cyr fût changé en clavecin de Diderot, un général de tombola en Ganymède, même aux yeux de témoins visionnaires.*
>
> (***Outrages***, in ***Recherche de la base et du sommet***)

Il confirmait ainsi une autre constante du poète et de l'homme : un réfractaire-né, c'est-à-dire l'inverse d'un anarchiste (il condamnait l'incivisme des abstentionnistes), comme d'un partisan (« *Nous n'appartenons à personne* », écrivait-il alors dans les futurs ***Feuillets d'Hypnos***). Exigence avec laquelle il ne transigea jamais, et qui fit qu'il inspira toujours le respect.

La parution de ***Seuls demeurent*** (Gallimard, 1945, recueil composé de poèmes écrits avant la guerre) valut à Char l'amitié durable de Braque et de Camus, qui publia, l'année suivante (dans sa collection « Espoir », toujours chez Gallimard), ***Feuillets d'Hypnos***, dont il était le dédicataire et dont la composition remontait à 1941 (pour les plus anciens des 237 « feuillets » composant le recueil, les plus récents datant de 1944) ; le recueil parut en juin 1946, avec un bandeau précisant : « *Je ne sais comment me taire ; je ne sais comment crier !* », et avec un prière d'insérer rédigé par Char, illustrant son dualisme de poète réfractaire et engagé : « *L'auteur des* Feuillets d'Hypnos *considère que le fait d'avoir été engagé dans une action dont les exigences ont circulé à travers des pouvoirs et des droits (certains demeurent encore inconnus), ne lui concède pas nécessairement une personnalité caractérisée ni ne l'autorise à se dire le porte-parole de sensibilités différentes de la sienne. L'auteur des* Feuillets d'Hypnos *affectionne les mots de Nietzsche :* "J'ai toujours mis dans mes écrits toute ma vie et toute ma personne. J'ignore ce que peuvent être des problèmes purement intellectuels." *La mémoire étant heureusement pleine de tournants comme de projets, la sensation et son corollaire la morale, passent pour avoir accompli leur révolution. Cependant, l'antinomie fondamentale subsiste, et l'homme continue d'agir, parmi les apparences de sa victoire, en écorché beaucoup plus qu'en guerrier. Le paradis s'évanouit, l'homme n'assouvit pas sa faim. Si un souhait restait à formuler, ce serait que le poète, dans sa marche en avant, gardât intacte son appréhension.* »

Dès lors, la vie du poète fut ponctuée d'amitiés multiples et créatrices : le ballet ***La Conjuration*** (musique de Porte, rideau et costumes de Braque) fut créé au Théâtre des Champs-Élysées en 1947 ; la même année, Char découvrait la peinture de Wilfredo Lam, multipliait les collaborations aux *Cahiers d'art*, tandis que Braque, profitant de l'exposition de peintures et de sculptures contemporaines organisée en Avignon par Yvonne Zervos (qui fut ensuite la compagne et la dédicataire de plusieurs poèmes de Char), séjournait longtemps dans le Vaucluse.

Vingt années d'une œuvre majeure

Entre 1948 et 1968, Char, de la quarantaine à la soixantaine, de ***Fureur et Mystère*** à ***Retour amont***, connut vingt années d'une exceptionnelle fécondité, en qualité d'inspiration comme en rencontres. Loin de s'enfermer dans la tour d'ivoire du poète — fût-elle, en l'occurrence, celle, de soleil et d'air pur, des Dentelles de Montmirail , qui donnèrent son titre à un recueil de 1960, ou du mont Ventoux —, celui qui célébra les « *fascinants* » (oiseaux, poissons, serpents, lézards) et les « *Transparents* » (bateleurs, rempailleurs et autres marginaux « *lunisolaires* ») de sa Provence natale, fut l'inverse d'un auteur régionaliste — d'un Mistral, par exemple. Il attira autour de lui peintres, musiciens, penseurs, aussi divers que Staël, Boulez et Heidegger, en vrai poète de l'univers — c'est-à-dire de tout et de tous : de toute forme d'art et de tous horizons.

En 1948, la pièce ***Le Soleil des eaux*** (publiée seulement deux ans plus tard) fit l'objet d'une création radiophonique, réalisée par Alain Trutat, sur une musique de Pierre Boulez. Cette même année parut ***Fureur et Mystère***, le premier recueil majeur de Char, avec un bandeau précisant : « *Le poète est la partie de l'homme réfractaire aux projets calculés.* »

En 1949, Char divorça, après avoir publié ***Claire***, pièce de théâtre dont le bandeau s'exclamait : « *Jeune fille, salut !* », et commença une collaboration avec la revue *Empédocle*. L'année suivante, il publia ***Les Matinaux***, nouvel hymne à l'élémentaire et fondamentale simplicité du réel le plus concret, celui de l'instantané animal ou végétal, de l'éphémère qui, dans sa fulgurance même, témoigne de l'éternité :

> *Au plus fort de l'orage, il y a toujours un oiseau pour nous rassurer.*
> *C'est l'oiseau inconnu. Il chante avant de voler.*
> *Allez à l'essentiel : n'avez-vous pas besoin de jeunes arbres pour reboiser votre forêt ?*

En 1951, année où il perdit sa mère, Char se lia d'amitié avec le peintre Nicolas de Staël et commença une longue collaboration avec l'éditeur Pierre-André Benoît, qui devint son bibliographe et qui multiplia les éditions, en format minuscule, de plaquettes du poète, sous le sigle « pab ». Révélatrices d'une sensibilité qui était aussi une disposition — Char ayant lui-même illustré (de dessins ou d'aquarelles) quantité de poèmes — les collaborations avec des peintres furent, au total, nombreuses et constantes : ***Le Marteau sans maître*** (1934), avec une pointe sèche de Kandinsky ; ***Le Poème pulvérisé*** (1947), avec une gravure de Matisse ; ***Fêtes des arbres et du chasseur*** (1948), avec une lithographie de Mir ; ***Le Soleil des eaux*** (1950), avec 4 eaux-fortes de Braque ; ***Poèmes*** (1951), avec 14 bois de Staël ; ***Le Rempart de brindilles*** (1953), avec 5 eaux-fortes de Lam ; ***Lettera amorosa*** (rééd. de 1963, avec 27 lithographies de Braque) ; ***Retour amont*** (1968), avec 4 eaux-fortes de Giacometti ; ***Au-dessus du vent*** (1981), manuscrit enluminé par Galpérine ; ***L'Inclémence lointaine*** (1987), exposition de poèmes illustrés par Vieira da Silva ; ***Le Gisant mis en lumière*** (1987), enluminé par Galpérine.

Outre ces livres d'artiste, Char publia, après guerre, ses grands recueils (tous chez Gallimard) : ***Fureur et Mystère*** (1948), ***Les Matinaux*** (1950), ***Lettera amorosa*** (1953), ***Recherche de la base et du sommet*** (1955, suivi de ***Pauvreté et Privilège*** ; édition augmentée en 1965 et 1971) et ***La Parole en archipel*** (1962) qui contient, notamment, ***La bibliothèque est en feu*** (1956, recueil dédié à Braque et dont le titre est constitué d'un message que répétait, depuis Londres, la radio de la France libre). À l'exception de ***Recherche de la base et du sommet***, où alternent préfaces, essais ou réflexions que Char avait consacrés à ses amis peintres et à l'expression artistique en général, les autres recueils reprennent et complètent les plaquettes publiées antérieurement, démarche génératrice de complications pour les bibliographes, mais, surtout, révélatrice d'une conception concentrique et non pas linéaire du temps et de la création, l'œuvre poétique étant constituée de renaissances plutôt que de naissances successives : ainsi, ***Feuillets d'Hypnos*** est inclus dans ***Fureur et Mystère*** ; ***Fêtes des arbres et du chasseur***, dans ***Les Matinaux*** ; et ***Lettera amorosa***, dans ***La Parole en archipel***. En 1955, année où fut mise en vente la propriété des *Névons*, sa maison natale (à laquelle il consacra le poème ***Le Deuil des Névons***, dans ***La Parole en archipel***, 1962), et grâce à Jean Beaufret, il rencontra, pour la première fois, le philosophe allemand Martin Heidegger — dont on ignorait alors les liens avec l'ordre nazi.

Ce fut aussi à cette époque que Pierre Boulez mit en musique 3 poèmes du ***Marteau sans maître*** (1955) et donna, à Cologne, la 2e version du ***Visage nuptial*** (1956 ; la 1re datait de 1938, la 3e fut achevée en 1989, après la mort du poète), collaboration illustrant cette autre constante de Char et de son œuvre : l'étroite liaison avec les autres arts, musique et peinture au premier chef. Dès 1964, le poète (installé depuis 1960 dans sa demeure des hauteurs de L'Isle, *Les Busclats*) fit paraître une anthologie — thématique et non pas chronologique — de son œuvre, sous le titre ***Commune présence*** (augmentée en 1978 — et qui reste un des meilleurs accès à sa poésie). L'année suivante, Char préfaça et postfaça *La Postérité du soleil*, recueil constitué d'un texte de Camus et de photographies d'Henriette Grindat (coédité par Edwin Engelberts, à Genève, et les Éditions de l'Aire), et publia ***La Provence point oméga***, plaquette de protestation contre l'implantation de fusées atomiques sur le plateau d'Albion ; cette même année, Char eut la douleur de perdre sa sœur Julia, à laquelle il était très lié. À son invitation, Heidegger séjourna au Thor, tout près de L'Isle, pendant trois étés (1966, 1968 et 1969), durant lesquels il tint séminaire.

Années cruciales, marquées aussi par une adaptation télévisuelle du ***Soleil des eaux***, diffusée à l'O.R.T.F. (1968) et par la publication, chez G.L.M., de ***Retour amont*** (1968), avec 4 eaux-fortes de Giacometti ; mais, surtout, par une grave maladie du poète, relatée en une page constituant le cœur du recueil ***Le Nu perdu***, dédié à Heidegger et publié trois ans plus tard (1971) :

> *Dans la nuit du 3 au 4 mai 1968, la foudre que j'avais si souvent regardée avec envie dans le ciel éclata dans ma tête, m'offrant sur un fonds de ténèbres propres à moi le visage aérien de l'éclair emprunté à l'orage le plus matériel qui fût. Je crus que la mort venait, mais une mort où, comblé par une compréhension sans exemple, j'aurais encore un pas à faire avant de m'endormir, d'être rendu éparpillé à l'univers pour toujours.*

Recueil en forme de tournant, où la tragédie personnelle détermine un double infléchissement, à la fois plus de dépouillement dans la forme, et plus de tendresse dans l'inspiration (c'est-à-dire moins d'outrances et de violences) :

> *Tout ce que nous accomplirons d'essentiel à partir d'aujourd'hui, nous l'accomplirons faute de mieux. Sans contentement ni désespoir.*

Recueil aussi où Char réitère « *la question à se poser sans cesse : par où et comment rendre la nuit du rêve aux hommes ?* »

Une irrésistible apothéose

Les vingt dernières années de Char furent jalonnées d'autant de « manifestations » (revues, hommages, expositions) qui contribuèrent à l'ériger, de son vivant, en véritable monument de notre littérature.

Char publia plusieurs recueils, d'inspiration plus « géorgique » que les précédents : ***La Nuit talismanique qui brillait dans son cercle*** (1972), ***Aromates chasseurs*** (1975), ***Chants de la Balandrane*** (1978) et ***Fenêtres dormantes et Porte sur le toit*** (1979). Si le registre de ces recueils se révèle globalement plus détendu, on y relève néanmoins, plus que jamais, une alternance accrue entre la relative simplicité de chansons presque enfantines et la rude formulation, sous une forme de plus en plus fragmentée, de l'inexprimable ; alternance incarnée par la figure d'Orion, dans ***Aromates chasseurs***, à la fois chasseur et fugitif, géant et aveugle, dont la beauté et l'éloquence dénoncent les laideurs du siècle, pour mieux célébrer l'imagination poétique :

> *Le présent-passé, le présent-futur. Rien qui précède et rien qui succède, seulement les offrandes de l'imagination.*

Fragmentation formelle accentuée dans ***Fenêtres dormantes [...]***, qui ne distingue plus du tout prose et poésie et où coexistent séquences, réflexions sur la peinture ou sur des peintres, et fragments isolés, proches de l'aphorisme :

> *On ne partage pas ses gouffres avec autrui, seulement ses chaises.*
>
> (***Venelles dans l'année 1978***, in ***Tous partis !***, I)

À son œuvre de poète ainsi poursuivie, Char ajouta, avec ***La Planche de vivre*** (1981), une œuvre de traducteur : écrit en collaboration avec Tina Jolas, le recueil rassemblait des traductions de poèmes étrangers (notamment Pétrarque, Shakespeare, Lope de Vega, mais aussi William Blake, Emily Brontë, Pasternak, Maïakovski).

Deux ans plus tard, consécration rarissime pour un auteur vivant, il eut les honneurs de la « Bibliothèque de la Pléiade », qui publia un volume d'***Œuvres complètes*** (1983), édition due à Jean Roudaut et à laquelle Char participa. Victime d'un grave accident cardiaque en 1985, il ne publia plus qu'un recueil, paru cette même année : ***Les Voisinages de Van Gogh***. Il mourut quelques mois après avoir épousé Marie-Claude de Saint Seine, rencontrée onze ans plus tôt aux éditions Gallimard et dédicataire de son ultime recueil, ***Éloge d'une soupçonnée*** (posth., 1988), qui contient l'un des plus beaux poèmes d'amour de Char, ***L'Amante*** (dédié à sa seconde épouse) :

> *Tant la passion m'avait saisi pour cette amante délectable, moi non exempt d'épanchement et d'oscillante lubricité, je devais, ne devais pas mourir en sourdine ou modifié, reconnu des seules paupières de mon amante. Les nuits de nouveauté sauvage avaient retrouvé l'ardente salive communicante, et parfumé son appartenance fiévreuse. Mille précautions altérées me conviaient à la plus voluptueuse chair qui soit. À nos mains un désir d'outre destin, quelle crainte à nos lèvres demain ?*

Une interrogation ouvre le poème ***Pour un Prométhée saxifrage*** (in ***La Parole en archipel***) :

> *La réalité sans l'énergie disloquante de la poésie, qu'est-ce ?*

Dans le même recueil, l'un des fragments de la section ***Nous avons*** résume, comme en réponse, tout l'art poétique de Char :

> *Faire un poème, c'est prendre possession d'un au-delà nuptial qui se trouve bien dans cette vie, très rattaché à elle, et cependant à proximité des urnes de la mort.*

Rarement poète a su unir avec une telle intensité l'écriture à l'action, la force du langage à l'épreuve du réel, le savoir du penseur au savoir-faire de l'artisan-poète, dont le métier « *est un métier de pointe* », et au savoir-vivre de l'homme « *élevé parmi les feux de bois au bord de braises qui ne finissaient pas cendres* » (***Le Bruit de l'allumette***, in ***Chants de la Balandrane***). Auteur d'une œuvre où théorie et pratique poétique sont inséparables, comme le sont musique et peinture, comme l'ont toujours été en lui l'homme et l'artiste, Char reste le singulier et lumineux exemple d'un poète à la fois physique et métaphysique, éthique et esthétique, solitaire et universel.

Une écriture de l'éclair

Le lecteur qui découvrirait aujourd'hui l'œuvre de Char serait simultanément surpris par la multiplicité et par la continuité de sa poétique. La poésie de Char, dès ***Le Marteau sans maître*** et ***Moulin premier***, avait trouvé la pleine maturité de son expression. Elle fait alterner textes en vers libres :

> *J'écoute marcher dans mes jambes*
> *La mer morte vagues par-dessus tête*
> (***Bel Édifice et les Pressentiments***,
> in ***Le Marteau sans maître***)

poèmes en prose souvent narratifs :

> *Jadis l'herbe, à l'heure où les routes de la terre s'accordaient dans leur déclin, élevait tendrement ses tiges et allumait ses clartés. Les cavaliers du jour naissaient au regard de leur amour et les châteaux de leurs bien-aimées comptaient autant de fenêtres que l'abîme porte d'orages légers.*
> (***Jacquemard et Julia***,
> in ***Fureur et Mystère***)

et aphorismes ou brefs fragments :

> *L'imprécision du temps a besoin, elle aussi, d'être vécue. Comme l'accrue du mot.*
> (***Pierres vertes***,
> in ***Les Voisinages de Van Gogh***)

Cette multiplicité de l'écriture ne doit donc pas masquer la continuité d'un travail de la langue qui vise à saisir le monde en ses contradictions, au moment où l'éclair poétique permet aux contraires de se rencontrer et de s'annuler :

> *Le meilleur étant durant quelque moment le crime en personne.*
> (***Hôte et Possédant***, in ***Le Nu perdu***)

Si l'expérience surréaliste a marqué la langue de Char en favorisant l'épanouissement d'une certaine violence d'expression, c'est l'épreuve de la guerre qui a permis au poète de compenser l'écart qui pouvait exister jusqu'alors entre le réel et l'écriture. La lecture des ***Feuillets d'Hypnos*** est, en ce sens, révélatrice : jamais poésie affectée « *par l'événement* », pour reprendre l'expression même du poète, n'aura retrouvé, avec une telle acuité, le sens du verbe grec *poiein (« faire, créer »)*, sans jamais toutefois tomber dans le travers d'une littérature engagée qui livrerait son sens de prime abord. Au contraire, cette poésie s'appuie sur un sens de l'image que la critique a souvent épinglé comme « hermétique », et qui se rattache, en fait, à l'aube de la pensée grecque (Parménide, Empédocle, et surtout Héraclite), où l'expression d'un réel toujours contradictoire et aux forces souvent antagonistes passe par des formes nécessairement tendues et fragmentaires, simples mais laconiques, rudes et denses : proximité qui peut expliquer l'amitié qui lia Char à Heidegger.

Rien d'étonnant, dans ces conditions, à ce qu'on y rencontre souvent la figure de l'oxymore : « *L'éclair me dure* » (***La bibliothèque est en feu***, in ***La Parole en archipel***) ; « *sérénité crispée* » (partie d'un titre de recueil de 1951) ; « *comme une épave heureuse* ».

Par ailleurs, la langue de Char témoigne d'une fréquentation de la poésie de Rimbaud (celle d'*Illuminations*, plus particulièrement) : à ce titre, il faut lire l'essai qu'il lui consacra dans ***Recherche de la base et du sommet***. Et c'est à une profonde connaissance de la peinture (des grottes de Lascaux à Vieira da Silva, en passant par Rembrandt, Georges de La Tour, Van Gogh, Matisse, Picasso, Braque...) que Char doit la force et la beauté des images qui traversent chacun de ses recueils :

> *Les pétales s'ouvrent et s'étendent, sortent de la ronde, escortés par la mort, adjoints un instant au cœur révoqué de la rose.*
> (***Le Regard à terre***,
> in ***Éloge d'une soupçonnée***)

Poésie fragmentée (rares sont les textes qui atteignent, plus rares encore sont ceux qui dépassent, une page), l'œuvre de Char déploie sa violente diversité dans une dialectique du clair-obscur dont la peinture d'un La Tour lui manifestait la perfection (notamment le tableau *Job raillé par sa femme*, alias *Le Prisonnier*, dont Char conserva une reproduction dans sa cachette, durant la Seconde Guerre mondiale, et auquel il consacra l'un des ***Feuillets d'Hypnos*** [178], s'achevant ainsi : *Reconnaissance à Georges de La Tour qui maîtrisa les ténèbres hitlériennes avec un dialogue d'êtres humains*). Poésie du clair-obscur, dont les thèmes essentiels — presque obsédants — sont l'éclair et la source, qui respectivement illumine la nuit et féconde le jour et qui seuls laissent au poète l'espérance d'un avenir, voire l'illusion d'une éternité :

> *Si nous habitons un éclair, il est le cœur de l'éternel.*
> (***À la santé du serpent***, XXIV,
> in ***Le Poème pulvérisé***,
> in ***Fureur et Mystère***)

Constante « *recherche de la base et du sommet* » du langage poétique, c'est-à-dire de l'homme et du monde, dans leur contradictoire vérité, la poésie de Char, même dans les œuvres les moins « héraclitéennes », n'abandonne jamais la tentation de la violence, brutalité concédée à l'impérieuse franchise :

Obéissez à vos porcs qui existent. Je me soumets à mes dieux qui n'existent pas. Nous restons gens d'inclémence.

(***Contrevenir***, in ***Quitter***, in ***La Parole en archipel***)

Violence qui peut aussi prendre la forme, toute positive, de la certitude sereine :

Impose ta chance. Serre ton bonheur et va vers ton risque. À te regarder, ils *s'habitueront.*

(***Rougeur des Matinaux***, III, in ***Les Matinaux***)

Aussi est-il vain de vouloir distinguer, en Char, une œuvre violemment obscure et une œuvre tendrement enfantine et rurale : sa poésie est indissociablement l'une et l'autre.

Une unanime consécration

La reconnaissance de l'importance de l'œuvre de Char, annoncée par Eluard avant guerre (« *Rien de ce que tu fais ne sera perdu* », lettre inédite du 10 juil. 1937), s'amplifia après guerre dans une éloquente unanimité, de Bataille à Camus en passant par Joë Bousquet, Blanchot et Reverdy, de Pasternak à Saint-John Perse en passant par André Rousseaux, Maurice Nadeau et Artaud qui, quelques semaines avant sa mort (1948), adressait au poète cette dédicace : « *Au cher, grand, violent et emporté, mais qui emportera, René Char.* » En 1963, la revue *L'Arc* consacra un numéro entier au poète : les diverses contributions émanaient notamment de Beaufret, Blanchot, Georges Blin, Gabriel Bounoure, Georges Poulet, Yves Battistini, Jacques Dupin, Jean Grenier ou Georges Mounin (futur auteur d'un important *Avez-vous lu Char ?*, 1969). L'année suivante, Pierre-André Benoit établit et édita la première *Bibliographie des œuvres de René Char de 1928 à 1963*. En 1969, la revue canadienne *Liberté* consacrait au poète un numéro spécial. Deux ans plus tard, c'était le cas des *Cahiers de l'Herne* (1971, sous la direction de Dominique Fourcade), avec, entre autres, les signatures de Bataille, Blanchot, Gilbert Lély, François Fédier, Beaufret, Heidegger ; la même année, la Fondation Maeght organisait une « *exposition René Char* », reprise ensuite au Musée d'Art moderne de la Ville de Paris. En 1980, les « *Manuscrits de Char enluminés par les peintres du XXe siècle* » étaient exposés à la Bibliothèque nationale. Enfin, le Musée Pétrarque, à Fontaine de Vaucluse, organisait successivement les expositions *Lettera amorosa* (1986) et *L'Inclémence lointaine* (1987), cette dernière exposition rassemblant des poèmes illustrés par Vieira da Silva. Impressionnante unanimité, dans la constance comme dans l'ampleur, dans la durée comme dans la diversité. Raison de plus pour signaler l'exception qui confirme la règle, le *Contre René Char* de François Crouzet (1992), seul pamphlet dirigé contre l'auteur de ***Fureur et Mystère*** : « *Le propre de René Char, c'est la verbigération. C'est-à-dire la production systématique et pathologique de textes dénués de sens.* » Autre singularité : cette quasi-unanimité parmi les artistes et les intellectuels s'est élargie aux hommes politiques qui, à gauche comme à droite, ont de plus en plus souvent cité des aphorismes de Char dans leurs discours. Ironique retournement, quand on se remémore la défiance que le poète manifesta toujours à leur égard, en raison, notamment, de leur soumission à la tyrannie de l'actualité :

L'obsession de la moisson et l'indifférence à l'Histoire sont les deux extrémités de mon arc.
L'ennemi le plus sournois est l'actualité.

(***À une sérénité crispée***, in ***Recherche de la base et du sommet***, IV)

Pour autant, Char n'était pas indifférent à la politique — et tous ses engagements l'ont prouvé, y compris son soutien à Israël, lors de la guerre des Six Jours (1967). Mais, allergique à toute forme d'embrigadement — d'où son éloignement du surréalisme — et de tyrannie, ce solitaire-né ne pouvait faire siennes les utopies collectivistes et autres promesses de bonheur pour tous ; il fut l'un des rares, dès 1950, à l'apogée du stalinisme politique intellectuel et culturel, à dénoncer le communisme : « *...Nous nous sommes imaginé, en 1945, que l'esprit totalitaire avait perdu, avec le nazisme, sa terreur, ses poisons souterrains et ses fours définitifs. Mais ses excréments sont enfouis dans l'inconscient fertile des hommes. Une espèce d'indifférence colossale à l'égard de la reconnaissance des autres et de leur expression vivante, parallèlement à nous, nous informe qu'il n'y a plus de principes généraux et de morale héréditaire. Un mouvement failli l'a emporté. On vivra en improvisant à ras de son prochain. La faim devenue soif, la soif ne se fait pas nuage. Une intolérance démente nous ceinture. Son cheval de Troie est le mot* bonheur. *Et je crois cela mortel. Je parle, homme sans faute originelle sur une terre présente. Je n'ai pas mille ans devant moi* [...] » (***Impressions***

anciennes, in ***Grands Astreignants [...]***, in ***Recherche de la base et du sommet***).
Au demeurant, Char fut presque le seul artiste en son siècle à être resté étranger à Marx et à Freud (leur préférant Sade et Nietzsche).
Trois événements récents, plutôt « sociologiques » qu'historiques, témoignent de la place de Char dans notre littérature. Anecdotiques en apparence, ils révèlent, en réalité, l'étendue de cette consécration, dans la mesure même où ils sont assez inattendus et méconnus : hommage officiel de l'Université, Char a été l'un des auteurs inscrits au programme de l'agrégation, en 1989 ; hommage officiel de la technocratie, la promotion 1994 de l'ENA a été baptisée « *Promotion René Char* » ; enfin, en 1994, Char a fait son entrée dans une collection de classiques scolaires (« Classiques Hachette ») sous la forme d'une anthologie critique, intitulée *La Sorgue et autres poèmes*, établie et annotée par son épouse, Marie-Claude Char, et son ami et voisin du mont Ventoux, Paul Veyne, professeur au Collège de France. À cette occasion fut organisée une soirée de prestige, à l'Odéon, avec lecture de poèmes par les acteurs Dominique Blanc et Michel Piccoli, qui découvraient le poète : contre toute attente, cette manifestation unique et parisienne s'est transformée en spectacle itinérant, tant en France qu'à l'étranger — Suisse, Brésil, Portugal —, la découverte de Char s'étant traduite en une révélation pour les deux acteurs.
Autant de signes de l'accomplissement du mot d'ordre fameux :

> *Un poète doit laisser des traces de son passage, non des preuves.*
> *Seules les traces font rêver.*
>
> (***Les Compagnons dans le jardin***, in ***La bibliothèque est en feu et autres poèmes***, in ***La Parole en archipel***)

ŒUVRE

Fureur et Mystère

Recueil paru chez Gallimard en 1948 et qui comprend la majeure partie des poèmes écrits par Char entre 1938 et 1947, y compris ceux qu'il écrivit pendant la Résistance. Certaines parties de l'ouvrage avaient paru dans des plaquettes séparées quelques années auparavant : ***Seuls demeurent***, chez Gallimard en 1945 ; ***Feuillets d'Hypnos***, chez Gallimard, en 1946 ; et ***Le Poème pulvérisé***, aux éditions Fontaine, en 1947. En outre, le recueil comprend deux parties inédites jusqu'alors : ***Les Loyaux Adversaires*** et ***La Fontaine narrative***.

Les trois sections de **Seuls demeurent** suivent la diversité formelle commune à tous les recueils de Char : ***L'Avant-Monde*** est composé de poèmes en prose, ***Le Visage nuptial*** présente cinq poèmes versifiés, et ***Partage formel*** est constitué d'aphorismes : « *Le poème est l'amour réalisé du désir demeuré désir.* » ***Feuillets d'Hypnos*** ponctue, avec précision, constance et pudeur, les activités de Char pendant la Résistance. ***Les Loyaux Adversaires*** évoquent, brièvement toujours, certains paysages des Vosges et du Midi, comme Le Thor, village voisin de L'Isle et qui donne son nom à un poème de la mémoire : *Le Thor s'exaltait sur la lyre de ses pierres. Le mont Ventoux, miroir des aigles, était en vue.* ***Le Poème pulvérisé*** retrouve l'alternance formelle de ***Seuls demeurent*** : aphorismes (« *Ce qui vient au monde pour ne rien troubler ne mérite ni égards ni patience* », in ***À la santé du serpent***, VII), poèmes versifiés et poèmes en prose, dont ***Jacquemard et Julia***, ***L'Extravagant***, ***J'habite une douleur***, ***Le Requin et la Mouette***, ***Suzerain***. Cette dernière forme est seule utilisée dans les neuf poèmes de **La Fontaine narrative**, dont ***La Sorgue, chanson pour Yvonne***, hymne à la rivière natale : *Rivière trop tôt partie, d'une traite, sans compagnon, / Donne aux enfants de mon pays le visage de ta passion.* La constitution de ce recueil lui confère la valeur de somme poétique. Il comprend, en effet, quelques-uns des plus célèbres poèmes de Char : ***Évadné***, ***Le Loriot*** et ***Congé au vent*** (in **Seuls demeurent**), ***Crayon du prisonnier*** (in **Les Loyaux Adversaires**), la section ***À la santé du serpent*** (in **Le Poème pulvérisé**), ***Tu as bien fait de partir, Arthur Rimbaud***, ***Madeleine à la veilleuse*** et ***Allégeance*** (in **La Fontaine narrative**). L'aphorisme impose un lyrisme concentré par la forme lapidaire : « *Dans nos ténèbres, il n'y a pas une place pour la Beauté. Toute la place est pour la Beauté* » (***Feuillets d'Hypnos***, 237). Ce lyrisme de la sobriété et de la densité est aussi celui des cinq poèmes du ***Visage nuptial***, section dont le poème éponyme commence ainsi : *À présent disparais, mon escorte, debout dans la distance ; / La douceur du nombre vient de se détruire. / Congé à vous, mes alliés, mes violents, mes indices. / Tout vous entraîne, tristesse obséquieuse. / J'aime.* En outre, ***Fureur et Mystère***, par l'énergie de son langage, traduit la pureté du verbe, selon Char, après qu'il eut rompu avec le surréalisme : « *La lucidité est la* *blessure la plus rapprochée du soleil* » (**Feuillets d'Hypnos**, 169).

Fureur et Mystère a imposé Char parmi les poètes majeurs de notre littérature, en partie grâce à la forme aphoristique de **Feuillets d'Hypnos** qui a contribué à le faire aimer de ceux qui ne goûtaient guère la poésie mais qui ont fait leurs maximes depuis (et même si Char, aux antipodes des sentences péremptoires d'un La Rochefoucauld, ne les composa jamais comme telles), d'aphorismes tels que : *Ne t'attarde pas à l'ornière des résultats* (2) ; *Nous n'appartenons à personne, sinon au point d'or de cette lampe inconnue de nous, inaccessible à nous, qui tient éveillés le courage et le silence* (5) ; *Notre héritage n'est précédé d'aucun testament* (62) ; *Agir en primitif et prévoir en stratège* (72) ; *Tiens vis-à-vis des autres ce que tu t'es promis à toi seul. Là est ton contrat* (161) ; ou *Être du bond. N'être pas du festin, son épilogue* (197).

CITATIONS

Le poème est l'amour réalisé du désir demeuré désir.

Partage formel, XXX, in *Fureur et Mystère*.

Il existe une sorte d'homme toujours en avance sur ses excréments.

Feuillets d'Hypnos, 28, in *Fureur et Mystère*.

Ce qui vient au monde pour ne rien troubler ne mérite ni égard ni patience.

À la santé du serpent, VII, in *Fureur et Mystère*.

Ne te courbe que pour aimer. Si tu meurs, tu aimes encore.

À la santé du serpent, XX, in *Fureur et Mystère*.

Si nous habitons un éclair, il est le cœur de l'éternel.

À la santé du serpent, XXIV, in *Fureur et Mystère*.

Tôt dépourvu serait l'ambitieux qui resterait incroyant en la femme.

Lettera amorosa, dédicace, in *La Parole en archipel*.

La sagesse aux yeux pleins de larmes.

Lascaux, VI, in *La Parole en archipel*.

Les poèmes sont des bouts d'existence incorruptibles que nous lançons à la gueule répugnante de la mort, mais assez haut pour que, ricochant sur elle, ils tombent dans le monde nominateur de l'unité.

Le Rempart de brindilles, in *La Parole en archipel*.

La poésie me volera ma mort.

La bibliothèque est en feu, in *La Parole en archipel*.

La réalité sans l'énergie disloquante de la poésie, qu'est-ce ?

Pour un Prométhée saxifrage, in *La Parole en archipel*.

L'homme fut sûrement le vœu le plus fou des ténèbres ; c'est pourquoi nous sommes ténébreux, envieux et fous sous le puissant soleil.

Nous avons, in *La Parole en archipel*.

Nous n'avons qu'une ressource avec la mort : faire de l'art avant elle.

Les Dentelles de Montmirail, in *La Parole en archipel*.

JUGEMENTS

« *Char représente une concentration du langage, une qualité, une fermeté qui, dans la poésie contemporaine, sont des modèles... J'aime par-dessus tout, la violence taillée de sa parole, son paroxysme exemplaire, sa pureté...* »

Pierre Boulez, *in* Antoine Golea, *Rencontre avec Pierre Boulez*, Julliard, 1958.

« *Char tient sa lumière de sa liberté et c'est magnifique. Il a usé de sa force contre toutes les facilités. Ainsi est-il un des plus grands et le plus sûr.* »

Joë Bousquet, lettre inédite à Gaston Puel, 2 février 1947.

« *Cette œuvre est parmi les plus grandes, oui vraiment les plus grandes, que la littérature ait produites. Depuis Apollinaire en tout cas, il n'y a pas eu, dans la poésie française, une révolution comparable à celle qu'a accomplie René Char.* »

Albert Camus, extrait de la conférence de presse donnée à Stockholm avant la remise du prix Nobel de littérature, décembre 1957.

« *Char. Calme bloc ici-bas chu d'un désastre obscur.* »

Albert Camus, in *Carnets*, t. II, Gallimard, posthume, 1964. (Cette formule de Camus pour définir Char est la reprise littérale d'un vers de Mallarmé, l'antépénultième du sonnet intitulé *Le Tombeau d'Edgar Poe*.)

« *Insurgé de nature, Char est capable de réprobations violentes, de critique serrée, quelquefois injuste, et de polémique savoureuse ; nullement un isolé de tour d'ivoire et de langage secret, malgré le goût qu'il a des mots où envelopper et dissimuler sa pensée ; mais un autoritaire défenseur de vastes domaines voulus et faits siens de droit de conquête et très certainement tout au moins en vertu d'une haute et légitime idée de soi. Conscient enfin de sa "mission d'éveiller".* »

Émile Henriot, « Petites clefs pour René Char », in *Le Figaro littéraire*, 1961.

« *La fréquentation de René Char tonifie et exalte, éveille en nous désirs et courage.* "Salut à celui qui marche en sûreté à mes côtés au terme du poème. Il passera demain DEBOUT sous le vent." *La promesse s'est réalisée parce que le guide a dissous murs et barrières, réuni nos têtes sous la couronne de ses pouvoirs. Avec lui, nous sommes compagnons, nous sommes frères.* »

Maurice Nadeau, « René Char, poète de l'échange », in *Combat*, 14 octobre 1948.

« *Poésie contre le discours, contre l'éloquence, plus proche du mot que de la phrase, plus proche du geste que du mot, elle n'est pas environnée par d'autres paroles, portée par un tissu verbal inconnu : c'est le silence qui la cerne. La phrase ne naît pas d'une phrase : elle émerge du silence, c'est-à-dire d'une profondeur intérieure qui ne vient à la surface que par une brusque et décisive explosion. On pense à la fleur soudaine que prépare une germination invisible.* »

Gaëtan Picon, *Panorama de la nouvelle littérature française*, Gallimard, rééd. 1960.

« *Vous êtes vous aussi dans le torrent, voilà pourquoi, toujours sous le regard de ceux que fascinent les remous d'eau claire, toujours présent dans la limpidité du ciel de l'atmosphère, vous écrire serait si vain, on ne saurait plus quoi vous dire. Il suffit de penser à vous, et si souvent, pour sentir la chaleur d'une poignée de mains, et la vôtre est pleine de grains. Je veux dire de beaux poèmes...* »

Pierre Reverdy, lettre inédite à René Char, 1955.

« *Le seul poète français contemporain dont le nom — sinon l'œuvre, admise récemment aux honneurs de la Pléiade — était parvenu au grand public est mort, à l'âge de 80 ans, le 19 février, à Paris. La disparition de René Char a suscité, pour un jour, des apparences de deuil national, comme si, par l'abondance dans l'éloge funèbre, on voulait se dédouaner de l'indifférence quasi générale à l'égard de la poésie, qui reste la mal-aimée de la littérature. Ceux qui la détestent, disait Borges, s'empressent de l'enseigner ; à l'occasion, ils commentent pour les besoins de l'actualité. On a donc proféré bien des choses solennelles au sujet d'un artiste dont le souci, dans chaque domaine, était de se dégager de la lourdeur de tout pour atteindre l'éternel par l'éclair d'une phrase. La foudre était l'arme favorite de René Char. Il y avait d'ailleurs en lui du Jupiter. Dans sa stature, sa générosité, sa rigueur et la violence de ses regrets. Lorsque, avec la seigneuriale courtoisie qui pouvait le caractériser, il accueillait son visiteur sur le seuil de sa maison, à L'Isle-sur-la-Sorgue (Vaucluse), où il a toujours vécu, il semblait que la maison — Les Busclats, les broussailles, en provençal — était plus petite que lui.*

Avant que se fixe son style, qui donne au lecteur l'impression qu'une sibylline inscription s'est détachée du fronton d'un temple grec, à la faveur d'un orage, pour tomber à ses pieds, Char avait fréquenté les surréalistes. Suffisamment pour aimer Eluard jusqu'à la fin et mépriser Aragon jusqu'au bout. Il tenait celui-ci pour responsable du suicide de René Crevel, à qui le futur auteur des Cloches de Bâle *— tout souvenir aboli entre eux — avait signifié, de la part du PC, la condamnation de sa vie privée. Char avait déjà écrit* Le Marteau sans maître *quand il entra dans la Résistance, y devenant le commandant Alexandre.* Feuillets d'Hypnos, *qui est considéré comme le sommet de son art, surgit de cette période où le mot et la balle font mouche. Char ne montera pas plus haut dans cette voie où il justifie lui-même la définition donnée à son ami Heidegger :* "La poésie est le sur-cerveau de l'action." *Il est permis de penser, sans diminuer ses victoires, qu'il s'est pastiché à partir des années 60, et qu'il en résulte souvent un laconisme emphatique.*

Menhir de Provence objet de pèlerinages, pauvre comme un orgueilleux et orgueilleux comme un pauvre, vivant de la vente de ses livres illustrés par de grands peintres, Char, dans sa retraite, n'en restait pas moins attentif à la marche du monde. On lit dans une lettre inédite du 28 juillet 1969, à propos d'un exploit d'astronautes : "Comme ils sont touchants, ces poussins d'hommes qui nous reviennent de la Lune avec leurs petits sacs de cailloux et leur grand sac de merde." *On a oublié que Char n'avait rien d'académique. Il ne se serait pas habillé de vert. Néanmoins, il possédait un smoking — celui que Maïakovski lui avait offert.* "Toi seul as la carrure pour le porter", *lui avait dit le poète russe, qui était, lui aussi, un géant. Ne serait-il pas injuste de croire que, du vivant d'un Jean Tortel et d'un Yves Bonnefoy — pour ne pas citer de plus jeunes — personne ne saurait ramasser l'habit abandonné par René Char ¿* »

Angelo Rinaldi, « Char : Jupiter poète », in *L'Express*, 26 février 1988.

« *Char, vous avez forcé l'éclair au nid, et sur l'éclair vous bâtissez.*

Les dieux coiffent le masque à l'approche du poète, et leurs voies sont obscures. Mais vous, d'avoir un jour, sur votre face, senti passer le souffle de l'Insaisissable, vous n'avez jamais guéri.

Parmi la foule de besaciers, de chiffonniers et d'orpailleurs qui tiennent entre eux la cote des valeurs littéraires comme la cote immobilière, vous marchiez à grands pas vers vos lointains relais, sachant sur quelles pierres nues fut par instants posé le luth de l'étranger...

Et l'on aimait, entre poètes, vous savoir là, sans autre signe d'élection que cet éclat au front. Et vos aînés vous savaient gré de tenir haut et ferme la torche d'athlète qui chemine, sachant à quelle orée de France vous vous étiez un jour levé, seul et sans maître, au chant très sobre du loriot. »

Saint-John Perse, lettre à René Char, 4 août 1970, in *René Char*, « Cahiers de l'Herne », L'Herne, 1971.

« *Pour René Char, la poésie était à la fois de mémoire, de morale et de beauté. Elle était en somme le moyen de vivre droit. [...] Oui, René Char est là, géant au tumulte renaissant du matin, de l'éclair et de l'inconnu qui vient. »*

André VELTER, in *Le Monde*, numéro spécial sur René CHAR, pour un hommage rendu en Avignon en 1990.

« Un accent provençal à couper au couteau, une conversation raffinée, un vocabulaire choisi, beaucoup de politesse et un léger parfum d'eau de toilette qu'on percevait par bouffées. Ce colosse colérique et conquérant, aux yeux méditatifs et bons, parlait d'égal à égal aux petits comme aux grands, ne pontifiait pas, était éperdument généreux, violemment sympathique et à peu près invivable.

C'était aussi un charmeur accueillant, qui n'en mettait que mieux à la porte un antisémite en le menaçant d'un des gourdins qu'il avait toujours à portée de la main ; avec un ami, il piquait une colère à froid de deux heures, en tirades impeccablement rédigées (la bagarre était chez lui une des modalités de l'amitié) ; il faisait ensuite sa cour à une dame, en phrases si angéliques que la convoitée en restait éperdue, même quand l'épaisseur physique du personnage lui ôtait le courage de succomber ; il faisait rire de complicité une jolie fille de passage tout en lui serrant déjà l'avant-bras ; puis, avec un confident, il passait aux transes du remords ou aux larmes du mal-aimé, mais toujours avec une sorte de dignité épique.

Il avait l'anticonformisme et l'égocentrisme de tous les artistes, mais cela va de soi ; il pouvait aussi tout partager avec un ami, millions de centimes et maîtresses y compris. Il émanait de lui une vertu de force, une puissance morale et verbale dont je n'ai jamais vu l'équivalent. De cette magnanimité et de sa perpétuelle identité à lui-même (son ton de voix ne changeait en aucune circonstance) montait une majesté royale qui lui était si naturelle que ses interlocuteurs n'en prenaient pas toujours conscience. D'autant plus qu'il ne parlait pas volontiers de poésie, et jamais de sa propre poésie.

Seulement le roi René était aussi un écorché vif, déchiré, solitaire et secret. Réfractaire à toute société, jusqu'à ne pas exercer l'autorité qui émanait de lui, il ne pouvait prononcer sans dégoût le mot de "chef"*.*

Le plus amusant est que ce grizzli avait avalé un rossignol. Il ne rêvait que d'harmonie, de douceur, de grâce, bacchanales idylliques de Poussin, musiques de Mozart. Il se mettait alors à parler comme en rêve et, oubliant l'interlocuteur, à dire d'insaisissables choses suaves en cette langue hermétique dont il était le seul locuteur : la poésie et aussi l'Amour, son grand principe cosmique, tentaient en lui leur envol. »

Paul VEYNE, in *Le Monde*, juillet 1990.

BIBLIOGRAPHIE

Éditions

Œuvres complètes, éd. J. ROUDAUT, « Pléiade », Gallimard, 1983, nouv. éd. 1995.

Commune Présence, préf. G. BLIN, « Poésie », Gallimard, rééd. 1998.

Dans l'atelier du poète, éd. M.-Cl. CHAR, « Quarto », Gallimard, 1996.

Fureur et Mystère, suivi de *La Parole en archipel*, « Poésie », Gallimard, 1996.

La Sorgue et autres poèmes, éd. M.-Cl. CHAR et P. VEYNE, « Classiques Hachette », Hachette, 1994 [anthologie critique].

Études

D. ALEXANDRE, *Autour de René Char*, actes de la Journée René Char (10 mars 1990), PENS, 1992.

M.-Cl. CHAR, *René Char, faire du chemin avec...* [chronologie détaillée et iconographie], Gallimard, 1992.

Fr. CROUZET, *Contre René Char*, Belles Lettres, 1992.

É. MARTY, *René Char*, Seuil, 1990.

J.-Cl. MATHIEU, *La Poésie de René Char*, Corti, 1985.

G. MOUNIN, *La Communication poétique* précédé de *Avez-vous lu Char ?*, Gallimard, 1969.

S. VELAY, *René Char*, « Qui êtes-vous ? », La Manufacture, 1987, rééd. Olbia, 1998.

P. VEYNE, *René Char en ses poèmes*, Gallimard, 1990.

J. VOELLMY, *René Char ou le Mystère partagé*, « Champ poétique », Champ Vallon, 1988.

René Char, « Cahiers de l'Herne », L'Herne, 1971, rééd. « LdP/Biblio essais », LGF, 1988.

AUDIO & VIDÉO

CD-ROM

René Char, « Compagnie de l'écolière », in O. GERMAIN-THOMAS, J. d'ASTIER, *Voix de poètes*, vol. 3, *1950-1980*, INA/Radio France/France Culture, s.d.

Vidéo

M.-Cl. CHAR et J. MALATERRE, *René Char*, « Un siècle d'écrivains », FR3/Warner, 1998.

CHARLES D'ORLÉANS

CHARLES d'ORLÉANS

Paris 1394 – Amboise (act. Indre-et-Loire) 1465

« Je vois un homme d'autrefois, soudain redevenu jeune comme le jour. Il a consumé, rêvé sa vie pour en extraire quelques sons essentiels, c'est-à-dire pour détourner le cours des raisons du monde au profit d'un pressentiment d'une grande importance, l'un des premiers à avoir su (maladroit dans ses actes, mais savant en poésie) utiliser les mots de la langue française à des fins de magie. »

Jean TARDIEU, « Charles d'Orléans », in *Tableau de la littérature française*, I, Gallimard, 1962.

« Notre Béranger du XV*e siècle, tenu si longtemps en cage... C'est un Béranger un peu faible, peut-être ; toujours bienveillant, aimable, gracieux ; une douce gaieté qui ne passe jamais le sourire ; et ce sourire est près des larmes. On dirait que c'est pour cela que ces pièces sont si petites ; souvent il s'arrête à temps, sentant les larmes venir... Viennent-elles, elles ne durent guère, pas plus qu'une ondée d'avril. »*

Jules MICHELET, *Le Moyen Âge*, in *Histoire de France*, t. IV, 1840.

Prince du sang, prince des lettres

Une vie privée de jeunesse

Tout à la fois neveu du roi de France Charles VI, cousin germain de Charles VII et père du futur Louis XII, le duc Charles d'Orléans vécut dès son enfance dans un monde ouvert à la littérature. Ses parents, Louis d'Orléans et Valentine Visconti (fille du duc de Milan), étaient des mécènes éclairés qui surent reconnaître les grands poètes de leur temps : Eustache Deschamps, Jean Froissart, Christine de Pizan. Mais il fut aussi très tôt confronté à de dures réalités : Louis d'Orléans fut assassiné en 1407 par des sbires du duc de Bourgogne Jean sans Peur, sa mère mourut en 1408, et sa première femme, sa cousine germaine Isabelle de France (fille aînée de Charles VI et veuve de Richard II), en 1409. Investi de la lourde responsabilité de venger son père et d'assurer la continuité politique du parti rassemblé autour du défunt Louis d'Orléans, il fut secondé par Bernard VII d'Armagnac, père de sa seconde femme, Bonne d'Armagnac, et de ce fait l'antagonisme entre Orléans et Bourgogne se répercuta entre Armagnacs et Bourguignons. L'année 1414, qui le vit victorieux — le roi Charles VI reconnaissant son bon droit —, laissait entrevoir un jeune prince qui avait retrouvé la joie et qui déjà sans doute s'adonnait à la poésie. Mais la bataille d'Azincourt (1415 — l'année même où mourut sa seconde épouse) l'abattit *« de l'arbre de plaisance »* :

Ie fu en fleur ou temps passé d'enfance
Et puis aprés devins fruit en jeunesse ;
Lors m'abaty de l'arbre de plaisance,
Vert et non meur, Folïe ma maistresse.
Et pour cela Raison, qui tout redresse
A son plaisir, sans tort ou mesprison [méprise, erreur],
M'a a bon droit, par sa tresgrant sagesse,
Mis pour meurir ou feurre [paille] *de prison.*

(***Ballades***, 103-80, éd. Mühlethaler)

Fait prisonnier par les Anglais, il lui fallut attendre vingt-cinq ans sa libération.

Un quart de siècle en exil

Durant son exil en Angleterre, le prince put parfaire sa maîtrise du langage poétique : il composa quelques poèmes en anglais, et un poème latin, le ***Canticum amoris***, mais l'essentiel de son œuvre fut écrit en français. Cet homme encore jeune — il resta en captivité entre ses 24 et ses 49 ans — découvrit les vertus de la méditation et du repli sur soi ; il atteignit à une forme de sagesse fondée sur le « *Nonchaloir* », sorte d'ataraxie souriante :

Desormais en sains et seur lieux
Ordonne mon cueur demourer,
Et par Nonchaloir pour le mieulx
— Mon medicin — soy gouverner.

(***Ballades***, 119-96)

Cette indifférence, qui n'était pas exempte d'une touche de paresse ou de tiédeur — proche de l'attitude stoïcienne du *« mépris des choses fortuites »* que recommanda plus tard Rabelais (*Prologue* du *Quart livre*, 1552), après Budé — lui permit de repousser les assauts de Tristesse et de Mélancolie. Renvoient explicitement à l'exil le chant royal *« Priés pour paix, doulce Vierge Marie »* (***Ballades***, 99-76), les pièces *« Puis qu'ainsi est que vous alez en France »* et *En regardant vers le païs de France, / Un jour m'advint à Douvres sur la mer, / Qu'il me souvint de la douce plaisance / Que je soulais audit pays trouver* (***Ballades***, 106-83 et 98-75). Mais le thème amoureux est aussi largement présent dans les compositions du duc à cette époque, et ses biographes ont cherché à identifier, sans grand succès, la ou les dame(s) susceptible(s) d'être sa ou ses destinataires(s) — peut-être la France elle-même ?

De l'exil politique à l'envol poétique

Libéré contre une très forte rançon en 1440, à 49 ans, Charles d'Orléans, de retour en France, ne parvint pas à recouvrer un rôle politique digne de son rang, malgré une alliance avec Philippe le Bon, duc de Bourgogne, le propre fils de l'assassin de son père — attitude qui lui valut une défiance durable de Charles VII puis de Louis XI, et le désaveu posthume de certains médiévistes.

Partageant dès lors son temps entre ses résidences des bords de Loire, Orléans et Blois, il administra ses biens et se consacra à la poésie. Sa cour devint un véritable cénacle littéraire : témoin son album personnel, dans lequel, avec ses propres ***Ballades*** et ***Rondeaux***, prirent place ceux de ses familiers (dont René d'Anjou) ou de ses hôtes de passage ; la ballade de Villon « *Je meurs de seuf auprès de la fontaine* » s'inscrit dans ce contexte. C'est durant cette dernière période de son existence que Marie de Clèves, sa troisième femme, lui donna 3 enfants, dont une fille que Villon célébra, et le futur Louis XII.

Le duc Charles d'Orléans, le dernier et l'un des plus grands poètes courtois, mourut à Amboise en janvier 1465, non sans avoir pris congé par un dernier rondeau, empreint de cet art de la suggestion et des clairs-obscurs si caractéristiques de son écriture :

> *Salués moy toute la compaignie*
> *Ou a present estez a chiere lye* [vous faites bombance] !
> *Et leur dites que voulentiés seroye*
> *Avecques eulx, mais estre n'y pourroye*
> *Pour Viellesse qui m'a en sa ballie* [en son pouvoir].

Prince du sang dont la vie politique se résuma à un désastre, et la vie personnelle à une captivité d'un quart de siècle, Charles d'Orléans, entre Moyen Âge finissant et Renaissance en germe, durant ce sombre xve siècle riche en malheurs, fit entendre à la fois la dernière voix de la poésie courtoise et la première de la poésie lyrique et personnelle.

Le premier grand poète lyrique

Il est malaisé de dater avec précision les poèmes. Le précieux album du prince, le manuscrit qui contient l'ensemble de son œuvre, mime bien, dans sa première partie, l'écoulement d'une vie : introduites par ***La Retenue d'Amours [L'Hommage à l'Amour]***, temps de la jeunesse qui après l'enfance :

> *En ma chambre s'en vint un bien matin*
> *Et m'esveilla, le jour saint Valentin,*
> *En me disant :* « Tu dors trop longuement. »

Les ***Ballades*** 1 à 71 sont suivies de ***La Départie d'Amours*** (7 ballades) qui introduit les ***Ballades*** 72 — où le poète s'avoue « *Tout enroillié de nonchaloir* » — à 123. Mais cette organisation est plus thématique que chronologique : d'autres principes de classement, notamment un classement formel (complaintes, chansons, caroles, rondeaux) rendent problématique toute datation. Il est néanmoins certain que les dernières ballades du recueil et la majorité des rondeaux ont été composés après le retour en France du duc, et, pour une bonne part, après la période de 1440 à 1448, au cours de laquelle il échoua dans ses tentatives pour jouer un rôle politique important et pour reconquérir son héritage maternel en Italie.

Fidèle au lyrisme courtois, le style de Charles d'Orléans fait une large place à l'abstraction et à l'allégorie. Mais, si l'allégorisation de la « *nef d'Esperance* » (***Ballades***, 98-75), du « *molin de Pensee* » (***Rondeaux***, 279-285) ou de la « *forest de Longue Actente* », où, affirme le poète,

> *Chevauchant par divers sentiers,*
> *M'en voys* [Je m'en vais] *ceste annee presente*
> *Ou voyage de desiriers.*
> *Devant sont allez mes fourriers* [Mes serviteurs sont partis en avant]
> *Pour appareiller* [préparer] *mon logeis*
> *En la cité de destinee,*
> *Et pour mon cueur et moy ont pris*
> *L'ostellerie de pensee.*
>
> (***Ballades***, 79-105)

Si donc l'allégorisation relève encore de l'écriture courtoise — et de la tradition du *Roman de la Rose* —, le poète renouvelle cette écriture en mettant en scène, au lieu des personnifications anciennes (Bel Accueil, Dangier), des facettes de son moi (Mérencolie, Soucy), puis des éléments plus habituels :

> *Yver* [Hiver], *vous n'este q'un villain* [paysan] !
> *Esté* [Été] *est plaisant et gentil,*
> *En tesmoing de May et d'Avril*
> *Qui l'acompaignent soir et main* [matin].

Esté revest champs, bois et fleurs
De sa livree de verdure
Et de maintes autres couleurs
Par l'ordonnance de Nature.

Mais vous, Yver, trop estes plain
De nege, vent, pluye et grezil ;
On vous deust banir en essil [exil] *!*
Sans point flater je parle plain [simplement].

(***Rondeaux***, 37-333)

Souvent, il établit un jeu de correspondances entre activités extérieures et sentiments :

Le temps a laissié son manteau
De vent, de froidure et de pluye,
Et s'est vestu de brouderie
De soleil luyant cler et beau.

Il n'y a beste ne oyseau
Qu'en son jargon ne chante ou crie :
Le temps [etc.]

Riviere, fontaine et ruisseau
Portent, en livree jolie,
Gouttes d'argent d'orfaverie ;
Chascun s'abille de nouveau.
Le temps [etc.]

(***Rondeaux***, 103-31)

Parfois même, ce grand seigneur met en scène de petites gens :

Petit mercier, petit pannier !
Pour tant [Même si] *se je n'ay marchandise*
Qui soit du tout a vostre guise,
Ne blasmez pour ce mon mestier !

(***Rondeaux***, 34-330)

Ou il s'amuse, tel un jeune clerc, à *misc[ere] en potage / Latinum et françois langage* et à retrouver la veine gaillarde des fabliaux, comme dans la dernière ballade de son manuscrit :

Bon regime sanitatis [de santé]
Pro vobis neuf en mariage [Pour vous jeune marié] *:*
Ne de voloirs effrenatis [désirs démesurés]
Abusez nimis [trop] *en mesnage ;*
Sagaciter [Avec prudence] *menez l'ouvrage !*
Ainsi fait homo sapiens [l'homme sage],
Testibus de phisiciens [Les médecins en sont témoins].

Traditionnellement, aux ballades — écrites pour la plupart durant l'exil, et dont la structure rayonnante et souvent carrée se prête à l'amplification, à l'épanchement (*Las, Mort ! Qui t'a fait si hardie / De prendre la noble Princesse / Qui estoit mon confort, ma vie / Mon bien, mon plaisir, ma richesse !*, ***Ballades***, 57), au discours et aux dialogues —, on oppose les rondeaux — composés au retour en France et qu'on tient pour le meilleur de son œuvre (Tardieu les qualifia de « *danses de mots* ») — dont la répétition cyclique et la brièveté obligent à une recherche du détail juste, à un dynamisme des images, à une concision et à une densité qui frisent parfois l'obscurité :

Puis ça, puis la
Et sus et jus [En haut et en bas],
De plus en plus
Tout vient et va.

(***Rondeaux***, 42-337)

Allusive, mystérieuse ou transparente, dénuée d'emphase et recourant très volontiers aux proverbes, cette poésie, facile en apparence, est en fait le fruit d'un art maîtrisé.

Une gloire longtemps éclipsée

Reconnue par ses contemporains, notamment par son cousin le roi René d'Anjou, par Martin Le Franc, Olivier de La Marche, Jean Robertet, l'œuvre du duc a survécu dans une douzaine de manuscrits ; certaines pièces ont été publiées dans des recueils de poésie de la première moitié du XVIe siècle. Totalement oubliée pendant deux siècles, elle fut redécouverte au XVIIIe siècle par Claude Sallier qui, dans les *Mémoires de l'Académie des inscriptions et belles-lettres* (XIII, 1734 à 1737), donna des « *Observations sur un recueil manuscrit des poésies de Charles d'Orléans* » qui permirent à l'abbé Goujet de lui consacrer une notice dans le volume 9 (1745) de sa *Bibliothèque françoise*. Le XIXe siècle — qui opposa souvent, comme Sallier, Charles d'Orléans à François Villon —, vit paraître plusieurs éditions des *Œuvres*.
Ce fut toutefois Pierre Champion, le grand spécialiste de Villon et du XVe siècle, qui signala l'existence du « manuscrit autographe » du poète (1907), donna une *Vie de Charles d'Orléans* (1911) et procura l'édition de référence (1923 et 1927). Si l'on trouve quelques échos de Charles d'Orléans chez le jeune Rimbaud, le XIXe siècle littéraire fut plus sensible à la légende du « *mauvais garçon* » Villon

qu'à celle de l'aristocrate malheureux. C'est toutefois ce dernier qui inspira les *Rondels composés à la manière de Charles d'Orléans* de Banville (1875). Si Gabriele d'Annunzio intégra dans un sonnet en français (*Le Fils de Valentine*, composé vers 1890) des extraits de rondeaux, Robert-Louis Stevenson reprochait au poète son manque de profondeur et de passion, « *cette incapacité à voir les choses avec grandeur, cette vision obscure et étroite* », alors que « *Villon était presque plus moderne encore que Banville* » (*Familiar Studies of Men and Books*, 1892). Toutefois, à la suite de Claude Debussy (*Trois Chansons de Charles d'Orléans*, 1898), nombre de musiciens français — Vincent d'Indy (*Madrigal*, 1928), Darius Milhaud (*Caroles*, 1961) — et étrangers se sont intéressés à cette poésie : la mise en musique par Francis Poulenc de la ballade 99 *(Priez pour la paix)*, en 1938, fit suffisamment d'effet pour que l'on comprît que les circonstances pouvaient augmenter l'intensité de « *ces joies pondérées et ces regrets souriants* » (Stevenson). Dans son *Anthologie de la poésie française* (1949), Gide, qualifiant de « *grand naufrage* » la poésie du Moyen Âge, concéda : « *De toute cette cohorte, Charles d'Orléans fut presque seul à faire entendre, à travers une mièvrerie parfois charmante, des accents de réel émoi.* » Douze ans plus tard, dans sa propre *Anthologie* (1961), Pompidou se montra beaucoup plus élogieux, qualifiant Charles d'Orléans de « *grand poète, le premier d'une illustre lignée, celle de Du Bellay, de Nerval et d'Apollinaire* ». Postérité plus inattendue, le célèbre rondeau 103 *(« Le temps a laissié son manteau »)* a été mis en musique par le chanteur Michel Polnareff.

ŒUVRE

Rondeaux

Recueil de quelque 350 rondeaux — 344 dans l'édition Mühlethaler (1992) —, constituant l'essentiel de la création poétique de Charles d'Orléans à partir de son retour en France (1440) : ce sont presque exclusivement des rondeaux quatrains et cinquains (ou quintils).

Thèmes et tons varient au gré de l'inspiration et des circonstances. Tantôt ce sont de rapides croquis tirés de la vie quotidienne ou du cycle des saisons ; ainsi du passage d'un marchand ambulant : *Riens ne valent ses mirlifiques / Et ses menues oberliques* (329, éd. Champion) ; ainsi de son « *cri* » : *Petit mercier, petit pannier* (330) ; et de l'aperçu sur un vieux chien de chasse : *Laissez baude buissonner / Le vieil briquet se repose* (394). Tantôt ce sont morceaux d'anthologie : *Yver, vous n'estes qu'un villain / Esté est plaisant et gentil* (333) ; *Le temps a laissié son manteau / De vent, de froidure et de pluye* (31) ; ou encore : *Les fourriers d'Esté sont venus / Pour appareillier son logis* (30) ; *En regardant ces belles fleurs / Que le temps nouveau d'Amours prie* (34). Poésie légère, comme divertissement, jeu de société. L'album personnel du prince consigne, à côté de rondeaux composés par le duc, ceux de ses hôtes de passage ou familiers de la cour de Blois, s'adonnant, à l'occasion, à de petites joutes courtoises. Ainsi des rondeaux 9 à 14, échange entre le duc et le roi René d'Anjou — et dont l'*incipit*, donc le refrain, des deux derniers poèmes, *Bien deffendu, bien assailly* (13), *Bien assailly, bien deffendu* (14), illustre bien ces échanges. Mais ces rondeaux ne se cantonnent pas à une poésie ludique, à fleur de peau. S'y inscrivent aussi des paysages intérieurs, où l'on retrouve les personnages favoris du prince : Souci, Merencolie, Tristesse, Vieillesse, Nonchaloir...

Charles d'Orléans tire parti de la brièveté du rondeau pour jouer de répétitions sonores, qui scandent un désir, par exemple celui du temps des espoirs réalisés : *Tous jours dictes : « Actendez, actendez » ; / Pas ne payez vos reconfors contens, / Joyeux Espoir, dont maints sont malcontens, / Qui ne scevent comment vous l'entendez* (319). Le retour du refrain, dans un espace poétique limité à 10 ou 13 vers, peut figurer la présence obsessionnelle d'un état d'âme douloureux : *Ou puis parfons de ma merencolie / L'eaue d'Espoir que ne cesse de tirer* (325). Cependant cette brièveté n'empêche pas l'emploi de figures mises en œuvre dans les ballades, notamment la métaphore filée : *En la forest de Longue Actente, / Forvoyé de joyeuse sente* (228), ou *L'eaue de Pleur, de Joye ou de Douleur, / Qui fait mouldre le molin de Pensee* (285), ou encore *Patron vous fays de la galee, / Toute chargee de pensee* (332). Celle-ci y acquiert un regain de force : concentration du sens et expression d'un mal être dont le charme tient en partie à sa discrétion et à sa retenue.

Oubliée pendant plus de deux siècles, l'œuvre de Charles d'Orléans fut redécouverte au XVIIIe siècle grâce à l'abbé Sallier, puis éditée au XIXe siècle — bien connue de Rimbaud et de Banville, qui le prend pour modèle dans ses *Rondels composés à la manière de Charles d'Orléans* (1875) —, enfin appréciée par Debussy et illustrée par Matisse.

CITATIONS

Nouvelles ont couru en France,
Par mains lieux, que j'estoye mort,
Dont avoient peu desplaisance
Aucuns qui me hayent *[haïssent]* a tort ;
Autres en ont eu desconfort,
Qui m'aiment de loyal vouloir,
Comme mes bons et vrais amis :
Si fais a toutes gens savoir
Qu'encore est vive la souris.

Je n'ay eu ne mal ne grevance *[maladie]*,
Dieu mercy, mais suis sain et fort,
Et passe temps en esperance
Que Paix, qui trop longuement dort,
S'esveillera, et par Accort
A tous fera liësse avoir ;
Pour ce de Dieu soient maudis
Ceux qui sont dolens de veoir
Qu'encore est vive la souris !

Jeunesse sur moy a puissance,
Mais Vieillesse fait son effort
De m'avoir en sa gouvernance ;
A present faillira son sort :
Je suis assez loing de son port.
De pleurer vueil *[je veux]* garder mon hoir *[héritier]* ;
Loué soit Dieu de paradis,
Qui m'a donné force et povoir
Qu'encore est vive la souris.

Nul ne porte pour moy le noir :
On vent meilleur marchié drap gris ;
Or tiengne *[tienne]* chascun pour tout voir *[très vrai]*
Qu'encore est vive la souris.

Ballades.

Je suis celui au cœur vêtu de noir.

Ballades, VIII.

Mon cœur est devenu ermite
En l'ermitage de Pensée.

Ballades, XIV.

C'est grand pitié qu'il faille que je sois
L'homme égaré qui ne sait où il va.

Ballades, XXI.

En regardant vers le pays de France,
Un jour m'advint, à Douvres, sur la mer,
Qu'il me souvint de la douce plaisance
Que je soulais *[avais coutume de]* au dit pays trouver.

Ballades, XXVI.

Je meurs de soif auprès de la fontaine,
Tremblant de froid au feu des amoureux

Ballades, XXXIV.

Le temps a laissé son manteau
De vent, de froidure et de pluie,
Et s'est vêtu de broderie,
De soleil riant, clair et beau.

Rondeaux, VI.

Hiver, vous n'êtes qu'un vilain.

Rondeaux, XXXII.

JUGEMENTS

« Il a de petits fragments d'idées, de fines pointes de sentiments, une mousse légère d'esprit. »

Gustave LANSON, *Histoire de la littérature française*, Hachette, 1894.

« Les historiens de la littérature ont fait montre en général d'une grande indulgence pour ce haut seigneur qui est un assez triste personnage. Fils du duc assassiné par le Bourguignon, il est fait prisonnier à Azincourt et reste vingt-cinq années captif en Angleterre. Cependant ni la tragédie familiale, ni ses malheurs personnels, ni l'effroyable détresse du royaume ne semblent avoir de prise sur son âme indifférente. Captif, une seule préoccupation paraît dominer toute sa conduite, la paix, non la paix qui libérera la France, mais la paix, quelle qu'elle soit, qui lui rendra la liberté et la jouissance de ses biens dans la vallée de Loire. Le voilà donc qui noue amitié avec Philippe le Bon, le duc de Bourgogne, le fils de l'assassin de son père. On comprend certes la défiance et même le mépris en lequel, après son retour, il fut tenu par les rois Charles VII et Louis XI.

Le prodigieux, c'est qu'on chercherait en vain — ou peu s'en faut —, dans son œuvre poétique, trace des immenses événements qu'il a traversés. Et l'on touche ici du doigt l'étrange conception que, à quelques rares exceptions près, ce temps s'est faite de la poésie. Celle-ci est une distraction, un passe-temps, un jeu supérieur, privilège d'une élite raffinée. Les ballades, les chansons, les complaintes, les rondeaux de Charles d'Orléans ne sont et n'ont été au fond, pour lui, rien de plus. Cet épicurien égoïste et nonchalant était-il capable de jeter autre chose dans leur petit creuset ? On peut légitimement en douter. Cette poésie est sans doute à la mesure de son âme, presque indifférente aux événements, amoureuse de l'amour, encline à la mélancolie, capable de quelque regret ou de quelque espérance, mais non d'une passion forte ou d'un élan puissant.

Ce qui n'empêche nullement Charles d'Orléans d'être un poète charmant et infiniment doué, qui manie le vers et la phrase avec une élégance suprême et une aisance pleine de distinction. Si toute poésie résidait dans la forme, dans le mouvement des rythmes, dans la grâce du verbe, Charles d'Orléans serait un grand nom de notre histoire poétique. On peut certes le goûter. Mais, pour ce faire, il faut comme lui oublier son temps, ses passions et ses misères, et se réfugier dans un monde d'artifices galants. Et pourtant on a pu écrire sans paradoxe que les menues poésies de Charles d'Orléans sont le commentaire permanent de la vie de son cœur, commentaire léger semblable aux rides irisées que fait onduler la brise à la surface d'une eau sans tempête et sans profondeur. »

Émile MIREAUX, « La Grande Pitié du royaume et les lettres françaises au XVe siècle », *in* Émile HENRIOT (dir.), *Neuf Siècles de littérature française*, I, IV, 4, Delagrave, 1958.

« Charles d'Orléans [...], vrai chevalier de notre littérature et maître souverain dans toutes les formes de poésie propres à son temps. Qu'il exprime simplement les sentiments simples — amour de la patrie, de la paix, de la femme —, qu'il utilise au contraire toutes les subtilités et les obscurités de l'allégorie, il apparaît comme une âme noble et sensible s'épanchant dans des vers pleins de musique et de clair-obscur. »

Georges POMPIDOU, *Les Poètes*, in *Anthologie de la poésie française*, Hachette, 1961.

« [...] si Charles d'Orléans semble à la fois si lointain et si proche, c'est qu'il offre lui-même, par sa situation dans le temps, un exemple de transition entre la légende "gothique" et cet autre concept également sommaire : la "Renaissance". Comme un être mythologique participant à la fois de la réalité et de la fiction, il est d'une part, plongé à demi, par ses habitudes de langage, dans le souvenir d'une période longtemps tenue pour fabuleuse, et, d'autre part, il semble pressentir, dans ses goûts teintés d'une légère ironie et dans sa conception "civile" de l'homme, un âge traditionnellement considéré comme la terre ferme du réveil et de la conscience, où l'on aborde après le rêve.

Ainsi ce musicien cultivé, curieux, modéré, qui annonçait l'âge de l'humanisme (sans être encore, heureusement pour lui et pour nous, gâté par le bric-à-brac archéologique) gardait dans sa mémoire un reflet du lac mystérieux au bord duquel fut élevé Lancelot. Mais, dorénavant, ce reflet, au lieu d'être porté par le flot innombrable d'un récit épique, devait être serti dans une fine pièce d'orfèvrerie, de telle façon qu'il pût être reconnu au premier coup d'œil. Les formes que préférait Charles d'Orléans pour y glisser un contenu original étaient les "formes fixes" les plus apprêtées, les plus artificielles : ballade, carole, rondeau.

[...]

De l'œuvre abondante de Charles d'Orléans, la part la plus admirable, celle qui a le plus à nous apprendre est cet ensemble de rondeaux qui comprend plusieurs centaines de pièces, presque toutes écrites pendant l'âge mûr et la vieillesse du poète, après son retour de captivité. C'est le moment de sa vie où il prend le plus nettement conscience de la tonalité dominante de son caractère et de son destin [...]. »

Jean TARDIEU, « Charles d'Orléans », in *Tableau de la littérature française*, I, Gallimard, 1962.

BIBLIOGRAPHIE

Éditions

Poésies, éd. P. CHAMPION, « CFMA », 34 et 56, Champion, 1923 et 1927, 2 vol., rééd. 1981 et 1983.

Ballades et Rondeaux [d'après le manuscrit personnel de Charles d'ORLÉANS], éd. J.-Cl. MÜHLETHALER, « LdP/Lettres gothiques », LGF, 1992.

Études

E. BOURASSIN, *Charles d'Orléans, prince des poètes*, Rocher, 1999.

P. CHAMPION, *Vie de Charles d'Orléans*, Champion, 1911.

S. CIGADA, *L'Opera poetica di Charles d'Orléans*, Vita e Pensiero, Milan (IT), 1960.

J. FOX, *La Poésie lyrique de Charles d'Orléans*, Nizet, 1972.

C. GALDERISI, *Le Lexique de Charles d'Orléans dans les « Rondeaux »*, « PRF », 206, Droz, Genève (CH), 1993 ; *Charles d'Orléans : « plus dire que penser »*, Adriatica Editrice, Bari (IT), 1994.

N.L. GOODRICH, *Charles, Duke of Orléans : a Literary Biography*, New York (US), 1963.

D.H. NELSON, *Charles d'Orléans, an Analytical Bibliography*, Grant and Cutler, Londres (GB), 1990.

A. PLANCHE, *Charles d'Orléans ou la Recherche d'un langage*, « Bibliothèque du XVe siècle », Champion, 1976.

D. POIRION, *Le Poète et le Prince. L'Évolution du lyrisme courtois de Guillaume de Machaut à Charles d'Orléans*, PUF, 1965, rééd. Slatkine, Genève (CH), 1978 ; *Le Lexique de Charles d'Orléans dans les « Ballades »*, « PRF », 91, Droz, Genève (CH), 1967.

S. SASAKI, *Sur le thème de Nonchaloir dans la poésie de Charles d'Orléans*, Nizet, 1974.

J. TARDIEU, « Charles d'Orléans », in *Tableau de la littérature française*, I, Gallimard, 1962, pp. 154 à 163.

CHATEAUBRIAND

François-René de CHATEAUBRIAND

Saint-Malo (act. Ille-et-Vilaine) 1768 – Paris 1848

Académicien

> *« Chateaubriand, incomparable virtuose, chanteur de rythmes écrits, pour qui la phrase exprime la pensée autant par la sonorité que par la valeur des mots, fut le grand continuateur du philosophe de Genève* [Rousseau]. »
>
> Guy de MAUPASSANT, *Chroniques*, octobre 1889.

> *« Chateaubriand pèche contre le bon ton en parlant trop de lui. Ses louanges sont des énigmes ; enfin il ne pense pas. Cet homme* shall not outlive his century. *Je parierais qu'en 1913 il ne sera plus question de ses écrits. »*
>
> STENDHAL, *Journal*, 21 mars 1813.

Un destin face à l'Histoire

Les exils d'un « *gentilhomme* »

Cadet de Bretagne issu d'une famille de vieille noblesse, dont son père, ancien capitaine devenu armateur, avait restauré la fortune grâce au commerce maritime et à la traite des « nègres », Chateaubriand, *« né gentilhomme »* (***Mémoires d'outre-tombe***, I, 1, éd. Berchet), partagea son adolescence entre les collèges bretons (Dol, Rennes, Dinan) et le domaine familial de Combourg, où les secrets de ses *« délires »* le liaient à Lucile, la sœur préférée — parmi les 5 aînés (un frère et 4 sœurs) de cette famille de 10 enfants dont 4 moururent en bas âge : *« La vie que nous menions à Combourg, ma sœur et moi, augmentait l'exaltation de notre âge et de notre caractère »* (*ibid.*, III, 5). Renonçant à l'état ecclésiastique et à celui de marin, officier cependant (1786-1787) sur ordre de son père — qui mourut un mois après le départ du fils pour rejoindre son régiment et qui fut durablement haï par lui —, témoin des premiers désordres parisiens de la Révolution — il assista à la prise de la Bastille —, il entama une carrière de voyageur en embarquant, le 8 avril 1791, pour l'Amérique, dégoûté par le spectacle des têtes des guillotinés portées au bout de piques : *« Ces têtes, et d'autres que je rencontrai bientôt après, changèrent mes dispositions politiques : j'eus horreur des festins de cannibales, et l'idée de quitter la France pour quelque pays lointain germa dans mon esprit »* (*ibid.*, V, 9). Débarqué à Baltimore, il longea d'abord la côte est de Boston à Philadelphie, puis remonta vers New York, d'où il gagna la région des Grands Lacs — se cassant un bras au bord de *« la cataracte de Niagara »* —, puis continua vers le sud-ouest, avant de regagner Philadelphie, où il aurait été reçu par Washington. Il en revint au tout début de 1792, après avoir appris l'arrestation du roi, ayant accumulé images et impressions qu'il sut exploiter plus tard : *« C'est dans ces nuits que m'apparut une muse inconnue, je recueillis quelques uns de ses accents* [...] » (*ibid.*, VII, 7).

Marié en hâte à Céleste de Lavigne, amie de sa sœur Lucile, il émigra à Jersey (1792), puis à Londres (1793), et mena en Angleterre une vie de paria après une brève expérience dans l'armée des Princes, au cours de laquelle, blessé par un éclat d'obus et atteint de petite vérole, il demeura *« quatre mois entre la vie et la mort »* (*ibid.*, X, 3). Comme il l'avait fait à Paris, il y fréquenta le milieu littéraire et se lia avec Fontanes, *« premier ami que j'aie compté dans ma vie »* (*ibid.*, XI, 3) ; il tomba amoureux de la jeune Charlotte Ives — *« rencontre extraordinaire »* (*ibid.*, X, 11) —, à laquelle il dut cependant renoncer. Il écrivit son premier grand ouvrage, l'***Essai historique, politique et moral sur les Révolutions anciennes et modernes, considérées dans leurs rapports avec la Révolution française*** (Londres, 1797), *« sorte d'encyclopédie historique »* (***Mémoires d'outre-tombe***, XI, 2), qui ne fut vraiment connu en France que revu et corrigé en 1826. Héritier des Lumières, le jeune Chateaubriand déjà mûri — notamment par les épreuves, comme l'exécution de son frère aîné, guillotiné le 22 avril 1794 — tentait d'y expliquer la Révolution française en la confrontant aux révolutions antiques et anglaises, mais y analysait surtout la naissance d'un siècle des *« infortunés »*, nés dans la violence d'une Histoire déboussolée : « compendium *de* [s]*on existence comme poète, comme moraliste, publiciste et politique » (ibid.)*, il définit à la fois le caractère irréversible de la Révolution, bien qu'elle répétât celles qui l'avaient précédée, et la naissance d'une génération perdue. Il s'agissait d'un ouvrage véritablement matriciel, car s'y mettait en place cette constante, le rapport indissoluble entre le sujet et l'Histoire, qui devient une dimension existentielle de l'être : *« Lorsque je quittai la France j'étais jeune : quatre ans de malheur m'ont vieilli. Depuis quatre ans* [...], *le jour travaillant pour vivre, la nuit écrivant ce que le chagrin et la pensée me dictaient, je suis parvenu à crayonner cet* Essai. *Je n'en ignore pas les défauts : si le* moi *y revient souvent, c'est que cet ouvrage a d'abord* *été entrepris pour* moi, *et pour* moi *seul* » (***Notice***, in ***Essai sur les Révolutions***). En 1798, mourut sa mère, « *jetée à soixante-douze ans dans des cachots* » (***Mémoires d'outre-tombe***, XI, 4), bientôt suivie de sa sœur, « *morte aussi des suites de son emprisonnement* » *(ibid.)*. C'est de cette époque que Chateaubriand date sa conversion : « *j'ai pleuré et j'ai cru* » *(ibid.)*.

Un écrivain face à l'Empereur

En mai 1800, le retour en France — « *j'abordai la France avec le siècle* » (*ibid.*, XII, 6) — fut un ralliement au Premier consul, que confirma, en 1802, ***Génie du christianisme***, contemporain du Concordat, et qu'avait préparé ***Atala*** (1801). ***René***, épisode inclus d'abord dans ***Génie*** puis séparé en 1805, recélait une force dont toute la puissance ne se révéla que quelques années plus tard.
Chateaubriand — éprouvant pour le futur Napoléon, né presque un an après lui, une fascination qui ne tarda pas à tourner à la haine — rêva de devenir la plume du nouveau régime. Rayé de la liste des émigrés en 1801, il se lia à Joubert, qui lui présenta Mme de Beaumont — « *la personne qui tint le plus de place dans mon existence à mon retour de l'émigration* » (***Mémoires d'outre-tombe***, XIII, 7) — et à Mme Récamier, rencontrée la même année grâce à Lamoignon : si l'une, décédée fin 1803, « *ouvr*[it] *la marche funèbre de ces femmes qui ont passé devant moi* » *(ibid.)*, l'autre fut sans doute, parmi les nombreuses conquêtes de l'écrivain, celle qu'il aima le plus.
Débuta alors une nouvelle carrière : Chateaubriand, présenté au Premier Consul — « *Bonaparte m'aperçut et me reconnut, j'ignore à quoi* » (*ibid.*, XIV, 4) —, fut nommé premier secrétaire d'ambassade à Rome, auprès du cardinal Fesch, l'oncle de Bonaparte (1803) ; Mme de Beaumont y vint mourir auprès de lui, et c'est alors qu'il conçut pour la première fois le projet d'écrire ses mémoires. Il renonça à cette carrière politique après l'exécution du duc d'Enghien sur ordre de Bonaparte en 1804 : « *osant quitter Bonaparte, je m'étais placé à son niveau, et il était animé contre moi de toute sa forfaiture, comme je l'étais contre lui de toute ma loyauté* » (*ibid.*, XVI, 1). Peu après, sa sœur Lucile mourut — sans doute un suicide : « *La mort de Lucile atteignit aux sources de mon âme : c'était mon enfance au milieu de ma famille, c'étaient les premiers vestiges de mon existence qui disparaissaient* » (*ibid.*, XVII, 6). Devenu un opposant, Chateaubriand voyagea en Orient — Grèce, Turquie, Égypte (1806-1807) —, puis se retira en un exil intérieur à la Vallée-aux-Loups (act. Hauts-de-Seine, près de Châtenay-Malabry), pour y écrire ***Les Martyrs*** (1809), l'***Itinéraire de Paris à Jérusalem et de Jérusalem à Paris*** (1811), ***Les Aventures du dernier Abencérage*** (1826), et ébaucher ses ***Mémoires d'outre-tombe*** dont la première idée remontait à 1803 et dont la version initiale, rédigée entre 1809 et 1822, s'intitulait ***Mémoires de ma vie***. De la douzaine de livres que comportait l'ensemble, de la naissance de l'écrivain jusqu'à 1800, seuls les 3 premiers nous sont parvenus. Commencée vers 1805, saturée de références, située sous Dioclétien — dont l'auteur dit dans ses ***Mémoires*** qu'il n'était autre que Napoléon —, l'épopée ***Les Martyrs ou le Triomphe de la religion chrétienne*** adoptait toutes les conventions du genre. Œuvre apologétique continuant ***Génie***, le récit reprenait l'histoire d'Atala avec le personnage de Velléda, jeune prêtresse gauloise qui meurt pour avoir rompu ses vœux de virginité avec Eudore, dont le repentir rappelle celui de René. Eudore forme avec une Cymodocée convertie un couple exemplaire, condamné au martyre dans l'amphithéâtre de Vespasien. L'épopée de Chateaubriand accumulait les tableaux, visant à la vérité historique et valant comme résurrection du passé.
« *J'ai fait mes adieux aux Muses dans* Les Martyrs, *et je les renouvelle dans ces* Mémoires *qui ne sont que la suite ou le commentaire de l'autre ouvrage* », écrivait-il à la fin de l'***Itinéraire***. Ce dernier, qui lui servit de « banque d'images » pour ***Les Martyrs***, retraçait le périple du voyageur de l'Italie à l'Espagne, en passant par la Grèce, la Turquie, le Levant et l'Afrique du Nord. Le pittoresque le disputait aux développements philosophiques et aux méditations historiques. Poétique des ruines, spectacle des mouvements de l'Histoire, l'***Itinéraire*** parcourait le cimetière des civilisations. ***Le Dernier Abencérage*** se déroulait à Grenade, avant-dernière étape du voyage en Orient, mais aussi terre des amours avec Natalie de Noailles, rencontrée en juillet 1805 — qu'il retrouva à Cordoue au printemps 1807 et avec qui il s'installa à la Vallée-aux-Loups, à l'automne de la même année. On y retrouvait, avec le couple Abenhamet et Blanca, la thématique des amants sacrifiés illustrée par Chactas et Atala ou Eudore et Cymodocée, ici colorée par la passion vécue de l'auteur.

De l'homme d'État au prince du moi

La chute de l'Empire donna à Chateaubriand — élu à l'Académie française en 1811, mais qui n'y fut pas reçu, son discours à la gloire de la liberté politique et artistique ayant indisposé Napoléon — l'occasion d'un fracassant pamphlet, ***De Buonaparte, des Bourbons, et de la nécessité de se rallier à nos princes légitimes*** (1814), qui lui ouvrit la carrière d'homme d'État. Ministre de l'Intérieur par intérim et pair de France (1815), il dut toutefois subir d'abord l'hostilité des « *rigides partisans de l'ancienne monarchie* » qui le jugeaient trop libéral et obtinrent sa disgrâce : rayé de la liste des ministres d'État, il dut vendre sa bibliothèque (1817) puis la Vallée-aux-Loups (1818). Ambassadeur à Berlin (1821), à Londres (1822), ministre des Affaires étrangères (1822 à 1824) qui obtint « sa » guerre en Espagne, derechef diplomate à Rome (1828-1829), l'auteur du « *catéchisme constitutionnel* » ***De la Monarchie selon la Charte*** (1816), le polémiste du ***Conservateur*** — qu'il avait fondé en 1818 — et des *Débats*, l'orateur à la Chambre se comporta plus en opposant qu'en serviteur. Il évolua vers une forme de libéralisme tout en publiant en 1826 — année où, privé de pension en raison de son « *opposition systématique* » au gouvernement de Villèle, il vendit ses ***Œuvres complètes*** à l'éditeur Ladvocat — un roman commencé dès 1796, ***Les Natchez***, épopée indienne commémorant le massacre d'une tribu rebelle de Louisiane en 1729, suivi de ***Voyage en Italie*** (1826) et de ***Voyage en Amérique*** (1827). Le 1er et le 3e de ces textes faisaient partie d'un énorme manuscrit oublié à Londres, retrouvé en 1816, restauré après avoir nourri l'*Essai*, ***Génie*** et ***Les Martyrs***. En dépit de ses mensonges, de ses affabulations et de ses embellissements flagrants, ***Voyage en Amérique*** se donnait comme une étonnante combinaison de souvenirs, d'expériences et de lectures, où l'auteur révélait l'envers du Nouveau Monde. Il constatait, sur un mode non romanesque, que l'utopie de la vie sauvage est détruite par la « civilisation » des colons.

Le roman ne dit pas autre chose : ***Les Natchez*** avait été initialement conçu dans une optique rousseauiste pour démontrer la supériorité de l'être sauvage sur l'homme civilisé. Chateaubriand en changea l'orientation et organisa le roman en 2 parties. La 1re alliait les prestiges de l'exotisme à ceux du merveilleux et racontait comment René, ayant quitté la France après que sa sœur Amélie eut pris le voile, est accueilli par la tribu des Natchez et s'éprend de Céluta, la nièce du vieux Chactas, lequel lui narre les souffrances qu'il a endurées après la mort d'Atala. Dans la 2de partie, « *le roman remplace le poème* » : René épouse Céluta, qui ne peut le rendre heureux ; ayant appris la mort d'Amélie, René, à son tour, fait à Chactas le récit de ses malheurs.

Durant ces années de la Restauration qui marquèrent son apogée politique, d'abord comme membre influent puis comme opposant du pouvoir — créateur notamment d'une antigouvernementale ***Société des amis de la presse*** (1827) —, Chateaubriand avait retrouvé Mme Récamier (mai 1817) qui, lorsqu'il commença une liaison avec Cordélia de Castellane (1823), partit pour l'Italie. Avec son épouse Céleste, qu'il était allé rechercher à Neuchâtel après une fugue (1824), il s'installa en 1826 tout près de l'Infirmerie Marie-Thérèse, maison de retraite fondée par Céleste en 1820, rue d'Enfer (act. boul^{d} Denfert-Rochereau), à Paris (act. XIVe arrond^{nt}). Mourut alors Delphine de Custine, avec qui Chateaubriand était lié depuis 1803 ; puis l'écrivain, durant son ambassade à Rome (1828-1829), commença une liaison avec Hortense Allart, tout en renouant avec Mme Récamier.

La révolution de Juillet — qui éclata alors qu'il était à Dieppe avec Mme Récamier — permit à l'idole de la jeunesse royaliste d'affirmer avec panache son légitimisme, de soutenir, au prix de 2 semaines d'incarcération pour complot contre la sûreté de l'État, la duchesse de Berry et d'effectuer une vaine mission auprès de Charles X en exil. Le parcours politique de l'aristocratique vicomte de Chateaubriand — chez qui dominent attachement à la monarchie et défense de la liberté — le conduisit pourtant à accepter l'inéluctable avènement des temps démocratiques : « *Sans doute la branche d'Orléans ne prendra pas racine ; ce ne sera pas pour ce résultat que tant de sang, de calamité et de génie aura été dépensé depuis un demi-siècle ! Mais Juillet, s'il n'amène pas la destruction finale de la France avec l'anéantissement de toutes les libertés, Juillet portera son fruit naturel : ce fruit est la démocratie. Ce fruit sera peut-être amer et sanglant ; mais la monarchie est une greffe étrangère qui ne prendra pas sur une tige républicaine* » (***Mémoires d'outre-tombe***, XXXIII, 9). Surtout, il entra résolument dans sa dernière carrière, celle d'écrivain à part entière. Tout occupé à la rédaction de ses ***Mémoires d'outre-tombe***, déjà bien avancés et qui éternisent sa vie en destin — il en publia la ***Conclusion*** en 1834 —, il ne négligea pas ses travaux d'historien — ***Études historiques*** (1831), ***Le Congrès de Vérone*** (1838) —, d'essayiste — ***Essai sur la littérature anglaise*** (1836) — et de biographe, métamorphosant son ouvrage en méditation sur la mort et sur le néant de l'homme avec ***Vie de Rancé*** (1844) : « *Jadis j'ai pu m'imaginer l'histoire d'Amélie, maintenant je suis réduit à tracer celle de Rancé : j'ai changé d'ange en changeant d'années.* » Sa ***Vie de Rancé*** s'imposa, en définitive, non seulement comme texte ultime, mais surtout comme retournement, ou comme subversion du monument mémorialiste. Chateaubriand s'y consacrait en effet à un travail biographique paradoxal : raconter la vie du restaurateur de la Trappe, donc de l'apôtre du silence. Anti-René, Rancé n'a rien laissé dans ses écrits qui permette d'atteindre l'intimité de son cœur : « *Rancé ne dira rien. Il emportera toute sa vie dans son tombeau. Il faut trembler devant un tel homme !* » Naguère chatoyant, le style de Chateaubriand vise ici à l'austérité, en une sorte d'abolition des effets enchanteurs. Apologie du néant, ce dernier ouvrage semblait annoncer une littérature du rien, et former avec les ***Mémoires*** un prodigieux diptyque : « *Souvent les hommes de génie ont annoncé leur fin par des chefs-d'œuvre : c'est leur âme qui s'envole.* » Celle de Chateaubriand toujours fut double : « *Je me suis rencontré entre les deux siècles comme au confluent de deux fleuves ; j'ai plongé dans leurs eaux troublées, m'éloignant à regret du vieux rivage où j'étais né, et nageant avec espérance vers la rive inconnue où vont aborder les générations nouvelles* » (***Préface testamentaire*** aux ***Mémoires d'outre-tombe***, 1833).

La mort le surprit le 4 juillet 1848, à 80 ans, dix-sept mois après le décès de sa femme — et moins d'un an avant celui de Mme Récamier. Il avait eu le temps de voir la révolution. Il ne lui restait plus qu'à « *descendr*[e] *hardiment, le crucifix à la main, dans l'éternité* » (dernière phrase de ***Mémoires***).

Ses obsèques solennelles eurent lieu à Saint-Malo : il fut inhumé sur l'îlot du Grand-Bé, face à l'océan qui l'avait vu naître. Son épitaphe tient en 5 lignes : « *Un grand écrivain français / a voulu reposer ici / pour n'entendre que la mer et le vent. / Passant, / respecte sa dernière volonté.* »

Après une prépublication en feuilleton dans *La Presse* entre octobre 1848 et juillet 1850, les ***Mémoires d'outre-tombe*** parurent en volumes de janvier 1849 à octobre 1850. Chateaubriand y résumait ainsi sa biographie : « *Depuis ma première jeunesse jusqu'en 1800, j'ai été soldat et voyageur ; depuis 1800 jusqu'en 1814, sous le Consulat et l'Empire, ma vie a été littéraire ; depuis la Restauration jusqu'à aujourd'hui, ma vie a été politique* » ***(Préface testamentaire)***.

« *Mes écrits ont teint de leur couleur grand nombre des écrits de mon temps* » : dans ses ***Mémoires d'outre-tombe***, Chateaubriand définit lui-même l'importance décisive qu'il eut dans la naissance du romantisme français.

THÉORIE LITTÉRAIRE

« *De toutes les religions qui ont jamais existé, la religion chrétienne est la plus poétique, la plus humaine, la plus favorable à la liberté, aux arts et aux lettres :* [...] *elle favorise le génie, épure le goût, développe les passions vertueuses, donne de la vigueur à la pensée, offre des formes nobles à l'écrivain et des moules parfaits à l'artiste* » ***(Génie du christianisme)***. Si la sincérité des convictions religieuses de Chateaubriand put être mise en doute — Sainte-Beuve vit en lui un défenseur de la tradition plus qu'un croyant, un amoureux des pompes catholiques plus qu'un chrétien fervent —, il est indubitable que le christianisme lui fournit une sorte de modèle esthétique universel, auquel il se réfère sans cesse dans ses jugements. Ainsi rend-il le rationalisme des Lumières responsable du déclin qu'il croit constater dans la vie littéraire : c'est qu'un écrivain athée, affirme l'auteur de ***Génie***, « *renferme sa pensée dans un cercle de boue, dont il ne peut plus sortir* ». Chateaubriand voyait donc dans « *l'incrédulité* [...] *la principale cause de la décadence du goût et du génie* », car elle « *introduit l'esprit raisonneur, les définitions abstraites, le style scientifique, et avec lui le néologisme, choses mortelles au goût et à l'éloquence* » *(ibid.)*. Très sévère envers Voltaire et Diderot, il critiquait chez Rousseau une poésie qui vient « *plus des sens que de l'âme* » : ce « *génie d'une grande beauté* [...] *tient plus de la terre que du ciel* ». De même est-ce parce que « *la société se déprave* » et que les vices s'y « *montrent à découvert* [...], *cessent d'être ridicules en devenant affreux* » ***(Mélanges littéraires)***, que le roman l'emporte sur la comédie au XIXe siècle.

C'est encore ***Génie du christianisme*** qui décrit et analyse le fameux mal du siècle, ce « *vague des passions* » propre aux civilisations avancées, où les livres trop nombreux pervertissent la jeunesse, « *rendent habile sans expérience* » et insufflent dans les âmes la « *coupable mélancolie* » des « *passions sans objet* ». Chateaubriand regretta, à cet égard, le mauvais exemple donné par ***René***, et les « *funestes conséquences de l'amour outré de la solitude* » (***Préface*** à ***René***, 1805) : « *Il n'a plus été question que de vents et d'orages, de maux inconnus livrés* *aux nuages et à la nuit ; il n'y a pas de grimaud sortant du collège qui n'ait rêvé d'être le plus malheureux des hommes* [...] » (***Mémoires d'outre-tombe***, XIII, 10).

Non seulement la religion chrétienne peut s'accommoder du merveilleux qui florissait dans la fable antique, mais elle est « *plus favorable au développement des caractères et au jeu des passions dans l'épopée* » (***Préface*** à ***Génie***). Même si l'application de ce principe dans ***Les Martyrs*** aboutit à un demi-échec — que Chateaubriand reconnut —, il soutint que la *Jérusalem délivrée* du Tasse l'emportait sur l'*Iliade* d'Homère par la conjonction d'une simplicité des mœurs, proche de la nature, et d'un idéal moral supérieur : « *La chevalerie seule offre le mélange de la vérité et de la fiction* » ***(Génie du christianisme)***. De même proposait-il d'« *ouvrir un nouveau chemin à la critique* », en montrant comment la force du sentiment maternel et l'humilité de l'Andromaque de Racine, traits inconnus de la tragédie antique, « *émanent d'un poète chrétien* » *(ibid.)* sans même qu'il l'ait voulu.

Paradoxalement, cette volonté de Chateaubriand de conformer tous ses jugements à un modèle religieux unique détermine les aspects les plus divers et les plus novateurs de son esthétique. Ainsi de l'enthousiasme pour la nature, pleine d'une « *Divinité immense* » ***(Génie)*** : alors qu'à ses yeux la mythologie des Anciens contrariait la communion avec les beaux paysages, le christianisme lui semblait avoir rendu à l'homme la fraîcheur et la spontanéité de ses perceptions en chassant « *ce peuple de faunes, de satyres et de nymphes* » ; désormais, les « *accidents de lumière* [...] *nous retracent chaque matin le miracle de la création* » *(ibid.)*. Son admiration pour le Moyen Âge, dont on sait l'influence qu'elle exerça sur tout le courant romantique, procède de la même idée : « *Tout retrace les labyrinthes des bois dans l'église gothique* » *(ibid.)*. Cette sensibilité de Chateaubriand au spectacle grandiose des forêts, des océans, des crépuscules peut surprendre quand on la rapproche de certaines confidences : « *Je ne suis point, comme Rousseau, un enthousiaste des sauvages* [...], *je ne crois point que la* pure nature *soit la plus belle chose du monde. Je l'ai toujours trouvée fort laide* [...] » (***Préface*** à ***Atala***). Mais la contradiction n'est qu'apparente : l'auteur ne veut s'intéresser qu'à « *la belle nature ; l'art ne doit pas s'occuper de l'imitation des monstres* » *(ibid.)*. Dans ***Génie du christianisme***, Chateaubriand définit en effet, selon une conception qui fut aussi celle de Vigny, le « *beau idéal* » comme « *l'art de choisir et de cacher* » ; principe qu'il étend aussi bien au « *beau idéal moral* » qu'au « *beau idéal physique* », car « *l'âme a ses besoins honteux et ses bassesses comme le corps* ».

Dernier paradoxe, ce grand rénovateur de la prose, dont les amples cadences et les périodes somptueuses ont durablement influencé la syntaxe de notre langue, donnait à la poésie une prééminence absolue : « *Des volumes entiers de prose descriptive ne valent pas cinquante beaux vers d'Homère, de Virgile ou de Racine* » (***Préface*** à ***Atala***).

THÉORIE LITTÉRAIRE

Au passage de deux siècles et de deux mondes — l'Ancien Régime et la France née de 1789 —, Chateaubrinad incarna toutes les contradictions qui marquèrent la disparition de la monarchie de droit divin au profit de la République laïque. En lui coexistèrent un christianisme souvent rigide et une prédilection pour l'adultère, un attachement à la tradition et une passion pour la liberté, une exceptionnelle vanité d'homme et une non moins exceptionnelle lucidité d'écrivain.
Son œuvre — d'une prodigieuse diversité — n'illustre pas seulement le romantisme français, elle annonce également des développements de la littérature du XXe siècle.

Le temps, la mort et l'écriture

Confronté à l'Histoire, le moi se situe dans un temps qui abolit tout : « *Ma mémoire oppose sans cesse mes voyages à mes voyages* [...] *et ma vie détruit ma vie. Même chose m'arrive à l'égard des sociétés et des hommes* » (***Mémoires***, XXXV, 13). Célébration du néant, l'écriture vise donc à se placer hors du temps en le maîtrisant, en le transmuant en durée où s'installe le sujet, devenu point de référence. Le verbe développe toutes les résonances d'une existence, par le jeu des comparaisons, par le rythme des phrases, par le travail poétique sur les sonorités — notamment les jeux d'assonance et de consonance —, par la maîtrise d'une rhétorique du sublime, par la fusion harmonique des éléments du langage qui abolit l'incertaine distinction entre prose et poésie.
Pour Chateaubriand, le style contient la vérité de la vie — « *On ne vit que par le style* » (***Mémoires***, XII, 2) — et en a la variété. En

témoigne la structure de la phrase, avec des constructions nominales qui, dans les passages descriptifs, ressemblent à des notes de voyage : « *Je m'arrête à Weisenbach : auberge solitaire, étroit vallon cultivé entre deux collines boisées* » (***Mémoires***, XXXVIII, 8). En témoigne aussi un style oratoire, où parfois lecteur ou abstractions sont pris à partie par des apostrophes, des interrogations, des changements de rythme : « *Cherchez les bois où brille l'épée de Washington : qu'y trouvez-vous ? Des tombeaux ? Non, un monde !* » (***Mémoires***, VI, 8). En témoignent enfin des périodes où dominent parallélismes, antithèses, structures binaires et ternaires en masses croissantes ou décroissantes : « *La transformation des ténèbres en lumière, avec ses changeantes merveilles, son aphonie et sa mélodie, ses étoiles éteintes tour à tour dans l'or et les roses du matin, ne s'est point opérée* » (***Mémoires***, XXXIX, 18 [livre sur Venise, retranché *in* éd. Berchet]).

L'image sans cesse rapproche l'abstrait du concret, le « *paysage extérieur* » du « *paysage intérieur* » (Merete Grevlund) : « [...] *on a filé devant moi, comme le temps file notre fragile vie, un mince cordon de verre* » (***Mémoires***, XXXIX, 10).

Chateaubriand abolit ainsi l'incertaine distinction entre prose et poésie. Ses corrections nombreuses révèlent l'attention qu'il portait à l'assonance et à l'allitération pour renforcer l'harmonie de ses phrases. Il aime aussi les « *grands mots sonores* », le rythme « *progressif* » (Jean Mourot) qui souvent se clôt sur un mot clé : « *Amélie, accablée de douleur, était retirée au fond d'une tour, d'où elle entendit retentir, sous les voûtes du château gothique, le chant des prêtres du convoi et les sons de la cloche funèbre* » ***(René)***.

Les clausules de phrases ou de paragraphes, qui contiennent souvent une sorte de maxime générale ou personnelle venant à la fois rompre une longue construction oratoire et synthétiser un sentiment, colorent rétrospectivement — et souvent nostalgiquement — la phrase qui vient d'être lue. Tous ces procédés stylistiques coïncident avec les thèmes qui hantent l'imagination de Chateaubriand : infini de l'Espace et du Temps, chute inéluctable vers la destruction et le néant.

Julien Gracq a superbement exprimé la principale caractéristique de ce style, parvenu au sommet de sa beauté dans les œuvres de la fin : « *Le mouvement de l'imagination de Chateaubriand est toujours commandé par la même pente : sur toute scène, sur tout paysage, sur tout lieu affectif qu'elle se propose, elle fait glisser successivement, comme autant de* négatifs *— et comme quand on fait tourner rapidement un disque peint aux couleurs du spectre, elle obtient par cette rapide superposition tonale une espèce d'annulation qui reste vibrante, un* blanc *tout frangé d'une subtile irisation marginale qui est la couleur du temps propre aux* Mémoires, *et qui fait d'eux et de la* Vie de Rancé *le plus chatoyant hymne à l'impermanence qui soit dans notre littérature* » (*Préférences*, 1961).

L'enchanteur et l'initiateur

« *Prince des songes* » aux yeux du XIXe siècle, « *grand Paon* » à qui nous devons « *presque tout* » selon Julien Gracq, Chateaubriand fut pour toute une génération un mythe vivant, emblématisé par la célèbre formule de Victor Hugo : « *Je veux être Chateaubriand ou rien* ». Lamartine n'affirmait-il pas qu'« *il en est peu d'entre nous qui ne lui doivent ce qu'il fut, ce qu'il est ou ce qu'il sera* » (*Destinées de la poésie*, 1831) ? Quant à Gautier, il plaçait l'époque sous le signe de l'inventeur et du prophète : « *Chateaubriand peut être considéré comme l'aïeul ou, si vous l'aimez mieux, comme le Sachem du Romantisme en France. Dans le* Génie du christianisme, *il restaura la cathédrale gothique ; dans* Les Natchez, *il rouvrit la grande nature fermée ; dans* René, *il inventa la mélancolie et la passion moderne* » (*Histoire du romantisme*, 1872). De nos jours, Chateaubriand s'impose avant tout par une écriture qui inaugure la modernité en fondant l'authenticité de l'imaginaire, en chantant d'outre-tombe la fugacité du temps et des êtres, en disposant somptueusement ses métaphores, ses échos et ses analogies. Même si le « classicisme » de l'auteur de ***Mémoires d'outre-tombe*** se réduit à l'étude de quelques pages très célèbres — « *Levez-vous vite, orages désirés* [...] » (in ***René***), ***Incantation*** (in ***Mémoires***, III, 13) —, même si sa prose d'un sublime un peu suranné passe aujourd'hui assez difficilement auprès des jeunes lecteurs, Chateaubriand reste l'un des écrivains les plus lus et commentés de notre littérature.

ŒUVRES

Atala*, ou les Amours de deux sauvages dans le désert*

Récit constitué d'une ***Préface*** — elle-même enrichie de divers ***Avis*** et ***Préfaces*** dans les éditions ultérieures — et d'un ensemble intitulé ***Le Récit***, divisé en 4 parties — titrées mais non numérotées —, précédé d'un ***Prologue*** et suivi d'un ***Épilogue***, devenu un épisode de ***Génie du christianisme*** mais publié avant celui-ci chez Migneret, à Paris, le 12 ou 13 germinal an IX (2 ou 3 avr. 1801).

Après un ***Prologue***, où le narrateur présente le décor, les rives du Meschacebé (Mississippi), Chactas, un vieillard de la tribu des Natchez, et *« un Français, nommé René, poussé par des passions et des malheurs »*, le récit est assuré par Chactas, qui raconte à René les aventures de sa jeunesse, en 4 moments. Capturé par une tribu ennemie, il a été sauvé du bûcher par Atala, une jeune fille indienne, qui lui révèle qu'elle est la fille chrétienne de Lopez, un Espagnol ***(Les Chasseurs)***. Un missionnaire, le père Aubry, les héberge, et ils semblent promis l'un à l'autre ***(Les Laboureurs)***. Mais Chactas et le prêtre trouvent Atala mourante : elle s'est empoisonnée pour ne pas briser le vœu que sa mère avait fait à sa naissance en la consacrant à la Vierge. Pour préparer Atala à la mort, le père Aubry entame alors une longue consolation ***(Le Drame)***. Avec Chactas, qui a promis d'embrasser la foi chrétienne, il préside aux obsèques d'Atala dans une grotte de la mission : *« Atala était couchée sur un gazon de sensitives de montagnes ; ses pieds, sa tête, ses épaules et une partie de son sein étaient découverts* [...]. *Elle paraissait enchantée par l'Ange de la mélancolie, et par le double sommeil de l'innocence et de la tombe* [...]. *La lune prêta son pâle flambeau à cette veillée funèbre »* ***(Les Funérailles)***. L'***Épilogue*** nous apprend que le prêtre a péri sous les coups des Indiens, et que Chactas a recueilli ses restes avec ceux d'Atala.

Conçu dès l'origine comme un épisode des ***Natchez*** (commencé en 1796, mais publié en 1826), ***Atala*** fut remanié pour ***Génie***, cette *« anecdote »* devant y illustrer *« l'harmonie de la religion chrétienne avec les scènes de la nature et les passions du cœur humain »*.

*« C'est de la publication d'*Atala *que date le bruit que j'ai fait dans le monde* [...]. *Le vieux siècle la repoussa, le nouveau l'accueillit »* (***Mémoires d'outre-tombe***, XIII, 6) : le récit séduisit les lecteurs fascinés par les prestiges de l'exotisme et l'histoire d'une passion en butte à l'interdit religieux. Phénomène de société, ***Atala*** ouvrit la voie au romantisme, inspira la mode et suscita une abondante iconographie, dont le célèbre *Atala au tombeau* de Girodet.

Génie du christianisme*, ou Beautés de la religion chrétienne*

Essai en 4 parties numérotées et titrées — totalisant 22 livres numérotés et titrés, à raison de respectivement 6, 5, 5 et 6 livres, et 177 chapitres numérotés et titrés, à raison de 45, 46, 33 et 53 chapitres —, paru chez Migneret, à Paris, le 24 germinal an X (14 avr. 1802). À partir de la 2ᵉ édition (1803), s'y ajouta une ***Défense du « Génie du christianisme » par l'auteur***. Retirés en 1804, ***Atala*** et ***René*** réapparurent pour la dernière fois dans l'édition de 1809.

L'essai s'organise selon les 4 parties suivantes : ***Dogmes et Doctrine***, ***Poétique du christianisme***, ***Beaux-Arts et Littérature*** et ***Culte***. Apologie de la religion chrétienne, ***Génie*** la place dans une perspective téléologique, et lui confère une fonction intégratrice où se trouvent finalisées l'Histoire, la nature, la culture — particulièrement dans sa dimension esthétique — et la conscience individuelle : *« Nous osons croire que cette manière d'envisager le christianisme présente des rapports peu connus : sublime par l'antiquité de ses souvenirs qui remontent au berceau du monde, ineffable dans ses mystères, adorable dans ses sacrements, intéressant dans son histoire, céleste dans sa morale, riche et charmant dans ses pompes, il réclame toutes les sortes de tableaux »* (I, I, 1).

Dédié au Premier consul en 1803, commencé durant l'exil londonien, ***Génie*** fut annoncé dans le *Mercure* du 22 décembre 1800 par une *Lettre au citoyen Fontanes* critiquant *De la littérature* de Mᵐᵉ de Staël. Sa parution coïncida avec la promulgation du Concordat. Alors que, dans son ***Essai sur les Révolutions*** (1797), Chateaubriand avait réduit le christianisme à un fait historique et social, ***Génie*** venait à son heure au moment où la France postrévolutionnaire aspirait à un renouveau religieux.

Le succès fut immense et précipita l'évolution de la sensibilité vers le romantisme.

Mémoires d'outre-tombe

Œuvre autobiographique en 4 parties — totalisant 42 livres numérotés de I à XLII mais non titrés, à raison de respectivement 12, 12, 9 et 9 livres, et 531 chapitres numérotés et titrés —, publiée posthume en feuilleton, du 21 octobre 1848 au 3 juillet 1850, dans *La Presse*, et en volumes de janvier 1849 à octobre 1850 par la Société Sala et Delloye, propriétaire du manuscrit.

Rédigés irrégulièrement et dans un ordre non chronologique à partir de 1809, les ***Mémoires*** retracent la vie de Chateaubriand de sa naissance à 1841. Voyages, carrière littéraire, carrière politique, rencontres, amours, tout vise à ériger le monument d'une personne et d'une époque. Chateaubriand y développe le dialogue entre le « *moi* », ses souvenirs, l'Histoire et la mort. Le « *moi* » unifie l'Histoire, qui ne prend sens que par rapport à lui, comme en témoignent plus d'un passage marqués par une vanité parfois pathétique : « *Le grand événement de ma carrière politique est la guerre d'Espagne. Elle fut pour moi, dans cette carrière, ce qu'avait été le* Génie du christianisme *dans ma carrière littéraire. Ma destinée me choisit pour me charger de la puissante aventure qui, sous la Restauration, aurait pu régulariser la marche du monde vers l'avenir. Elle m'enleva à mes songes, et me transforma en conducteur des faits. À la table où elle me fit jouer, elle plaça comme adversaires les deux premiers ministres du jour, le prince de Metternich et M. Canning ; je gagnai contre eux la partie. Tous les esprits sérieux que comptaient alors les cabinets convinrent qu'ils avaient rencontré en moi un homme d'État. Bonaparte l'avait prévu avant eux, malgré mes livres. Je pourrais donc, sans me vanter, croire que le politique a valu en moi l'écrivain ; mais je n'attache aucun prix à la renommée des affaires : c'est pour cela que je me suis permis d'en parler* » (XXXIII, 10). Chateaubriand fait de sa vie un théâtre, où il déploie ses passions changeantes et toujours reprises, à commencer par celle des femmes qui, de Pauline de Beaumont à Juliette Récamier en passant par Delphine de Custine, Cordélia de Castellane, Hortense Allard ou Natalie de Noailles, lui figurèrent peut-être cette Sylphide fantasmatique qu'il rêvait à Combourg. De ce théâtre, l'œuvre organise la mise en scène, inlassable recherche d'un « *moi* » insaisissable, d'un « *inexplicable cœur* » ***(Mémoires)***. En ce sens, Chateaubriand a parfaitement résumé le rapport essentiel entre l'écriture et l'existence : « *Des auteurs modernes français de ma date, je suis quasi le seul dont la vie ressemble à mes ouvrages* » ***(Préface testamentaire)***.

Conçu dès 1803, élargi à partir de 1830, le projet connut bien des vicissitudes. Des lectures furent faites chez Mme Récamier en 1834, et, en 1836, Chateaubriand vendit la propriété littéraire de son texte à une société d'édition chargée de le publier après sa mort. Cette société vendit à son tour les droits à *La Presse*. Le feuilleton fut censuré par les exécuteurs testamentaires. En 1847, Chateaubriand avait déposé chez un notaire une copie corrigée de son manuscrit, qui ne fut retrouvée qu'en 1931. L'histoire de l'édition des ***Mémoires*** fut tout aussi aventureuse et romanesque que la vie qu'ils relatent : jusqu'à l'édition de Jean-Claude Berchet (Garnier, 1989 à 1998, 4 vol.), le texte fut diversement « trafiqué » par rapport à la copie corrigée de 1847 et aboutissait à un total de 44 livres — au lieu de 42.

L'accueil fut d'abord fort réservé, Sainte-Beuve parlant en 1850 d'« *immense désappointement* ». La mise en scène romantique du « *moi* » suscita de nombreuses critiques. À partir de la première publication scientifique du texte en 1898, le jugement s'inversa, et les ***Mémoires*** sont aujourd'hui considérés comme l'un des plus grands textes littéraires du XIXe siècle, « *conjonction prodigieuse et solitaire d'une grande époque, d'un grand style et d'un grand format* » (Julien Gracq).

René

Récit — sans subdivisions — figurant dans ***Génie du christianisme***, paru chez Migneret, à Paris, le 24 germinal an X (14 avr. 1802). Il fut ensuite édité avec ***Atala*** chez Lenormant, à Paris, en 1805, précédé d'une ***Préface*** — édition considérée par Chateaubriand comme définitive.

Arrivé en Louisiane chez les Natchez, René raconte au vieux Chactas et au père Souël, un missionnaire, « *les sentiments secrets de son âme* ». Après une enfance loin du foyer, il a connu une adolescence éclairée par sa sœur Amélie, marquée par la rêverie et l'appel aux « *orages désirés* » dans la « *saison des tempêtes* ». Atteint d'une profonde mélancolie, il n'a pas trouvé dans les voyages l'apaisement, et a plus que jamais éprouvé dans sa patrie un sentiment d'exil et d'exclusion, d'autant qu'Amélie semblait le fuir : « *C'était donc bien vainement que j'avais espéré trouver dans mon pays de quoi calmer cette inquiétude, cette ardeur de désir qui me suit partout.* » Tenté par le suicide, saisi par « *ce dégoût de la vie qu*[il] *avai*[t] *ressenti dès* [s]*on enfance* », le jeune homme retrouve pourtant sa sœur, qui disparaît pour prendre le voile. Désespéré, René embarque pour l'Amérique où il apprendra par une lettre que sa sœur est morte en sainte. Chactas et Souël tirent la leçon de son histoire : la solitude est mauvaise sans Dieu, et le bonheur ne se trouve que dans les « *voies communes* ». Tous trois périront « *dans le massacre des Français et des Natchez à la Louisiane* ».

Épisode des ***Natchez*** (écrit à partir de 1796, mais publié en 1826), dans lesquels le même héros est un révolté, ***René*** fut remanié pour illustrer, dans ***Génie***, le chapitre consacré au « *vague des passions* » : « *Il reste à parler d'un état de l'âme qui, ce nous semble, n'a pas encore été observé : c'est celui qui précède le développement des grandes passions, lorsque toutes les* *facultés, jeunes, actives, entières, mais renfermées, ne sont exercées que sur elles-mêmes, sans but et sans objet* [...]. *L'imagination est riche, abondante et merveilleuse, l'existence pauvre, sèche et désenchantée. On habite, avec un cœur plein, un monde vide ; et sans avoir usé de rien, on est désabusé de tout.* » Mais le texte prit sa véritable signification en 1805 avec sa publication séparée. Exaltation du moi souffrant, frustration du désir, mélancolie, amour incestueux, dégoût de la vie : en ces années postrévolutionnaires, les thèmes romantiques prenaient ici toute leur force.

À partir de 1815, ***René*** devint l'emblème de toute une génération : « *J'ai lu* René *et j'ai frémi,* écrivit Sainte-Beuve [...]. *Je m'y suis reconnu tout entier.* » On vit en ***René*** ce que l'on n'appelait pas encore le « *mal du siècle* », et on lui prêta une telle valeur contestatrice que Chateaubriand mit plus tard ce texte à distance, affirmant qu'il ne l'écrirait pas à nouveau : « *Une famille de René poètes et de René prosateurs a pullulé : on n'a plus entendu que des phrases lamentables et décousues ; il n'a plus été question que de vents et d'orages, que de maux inconnus livrés aux nuages et à la nuit. Il n'y a pas de grimaud sorti du collège qui n'ait rêvé d'être le plus malheureux des hommes* [...] » (***Mémoires d'outre-tombe***, XIII, 10).

CITATIONS

Peignons la nature, mais la belle nature : l'art ne doit pas s'occuper de l'imitation des monstres.

Préface à Atala ou les Amours de deux sauvages dans le désert.

Combien j'ai douce souvenance
Du joli lieu de ma naissance !
Ma sœur, qu'ils étaient beaux, les jours
De France !
Ô mon pays, sois mes amours
Toujours !

Les Aventures du dernier Abencérage.

Shakespeare est au nombre des cinq ou six écrivains qui ont suffi aux besoins et à l'aliment de la pensée ; ces génies-mères semblent avoir enfanté et allaité tous les autres.

Essai sur la littérature anglaise, II.

Tous les hommes ont un secret attrait pour les ruines. Ce sentiment tient à la fragilité de notre nature, à une conformité secrète entre ces monuments détruits et la rapidité de notre existence. Il s'y joint en outre une idée qui console notre petitesse, en voyant que des peuples entiers, des hommes quelquefois si fameux, n'ont pu vivre cependant au-delà du peu de jours assignés à notre obscurité. Ainsi les ruines jettent une grande moralité au milieu des scènes de la nature.

Le Génie du christianisme ou Beautés de la religion chrétienne, III, V, 3.

C'était une de ces nuits dont les ombres transparentes semblent craindre de cacher le beau ciel de la Grèce : ce n'étaient point des ténèbres, c'était seulement l'absence du jour.

Les Martyrs ou le Triomphe de la religion chrétienne, I.

Ne serait-il pas possible qu'un homme marchant avec précaution entre les deux lignes [du classicisme et du romantisme], et se tenant toutefois beaucoup plus près de l'antique que du moderne, parvînt à marier les deux écoles et à en faire sortir le génie d'un nouveau siècle ?

Mélanges littéraires.

[...] la vie me sied mal ; la mort m'ira peut-être mieux.

Avant-Propos aux *Mémoires d'outre-tombe*, 1846.

[...] j'ai en moi une impossibilité d'obéir.

Mémoires d'outre-tombe, I, II, 8, éd. Berchet.

[...] tous mes jours sont des adieux.

Mémoires d'outre-tombe, I, III, 7.

La Révolution m'aurait entraîné, si elle n'eût débuté par des crimes : je vis la première tête portée au bout d'une pique, et je reculai. Jamais le meurtre ne sera à mes yeux un objet d'admiration et un argument de liberté ; je ne connais rien de plus servile, de plus méprisable, de plus lâche, de plus borné qu'un terroriste.

Mémoires d'outre-tombe, I, IV, 13.

[...] dans le cœur humain, les plaisirs ne gardent pas entre eux les relations que les chagrins y conservent : les joies nouvelles ne font point printaner les anciennes joies, mais les douleurs récentes font reverdir les vieilles douleurs.

Mémoires d'outre-tombe, I, X, 3.

L'empereur s'était transformé en un monarque de vieille race qui s'attribue tout, qui ne parle que de lui, qui croit récompenser ou punir en disant qu'il est satisfait ou mécontent.

Mémoires d'outre-tombe, II, XX, 11.

Moi, l'homme de toutes les chimères, j'ai la haine de la déraison, l'abomination du nébuleux et le dédain des jongleries ; on n'est pas parfait.

Mémoires d'outre-tombe, fragments retranchés, livre Récamier (III, X, 21).

Je vois les reflets d'une aurore dont je ne verrai pas se lever le soleil. Il ne me reste qu'à m'asseoir au bord de ma fosse ; après quoi je descendrai hardiment, le crucifix à la main, dans l'éternité.

Mémoires d'outre-tombe, IV, XLII, 18.

Il ne faut pas être plus royaliste que le roi.

La Monarchie selon la Charte.

Achille n'existe que par Homère. Ôtez de ce monde l'art d'écrire, il est probable que vous en ôterez la gloire.

Préface aux *Natchez.*

« Levez-vous vite, orages désirés qui devez emporter René dans les espaces d'une autre vie ! » Ainsi disant, je marchais à grands pas, le visage enflammé, le vent sifflant dans ma chevelure, ne sentant ni pluie, ni frimas, enchanté, tourmenté, et comme possédé par le démon de mon cœur.

René.

La musique tient le milieu entre la nature matérielle et la nature intellectuelle ; elle peut dépouiller l'amour de son enveloppe terrestre ou donner un corps à l'ange : selon les dispositions de celui qui écoute, ses accords sont des pensées ou des caresses.

Vie de Rancé, IV.

JUGEMENTS

« Grand artiste et non pas grand homme, immense talent, mais plus immense orgueil, dévoré d'ambition, mais n'ayant trouvé à aimer et à admirer dans le monde que sa personne, infatigable au travail, capable de tout, sauf de dévouement réel, d'abnégation et de foi. Jaloux de tout succès, il a toujours été de l'opposition, pour renier tout service reçu ou toute gloire autre que la sienne. »

Henri-Frédéric AMIEL, *Fragments d'un journal intime*, 24 septembre 1857.

« L'art détestable d'un Chateaubriand, art d'émigré s'il en fut jamais [...], est le produit le plus caractéristique de ce temps, qui est la première étape du romantisme. »

Louis ARAGON, *Écrits sur l'art moderne*, 1937, Flammarion, 1981.

« [...] la source, la vraie source du génie de Chateaubriand, c'est Chateaubriand ! Quand il est vraiment inspiré, il est sa propre Muse à lui-même. Il est un des plus éclatants exemples qu'on puisse citer de la fausseté du mot célèbre de Pascal, qui disait qu'il fallait haïr le moi et qu'il le haïssait. »

Jules BARBEY d'AUREVILLY, *Les Œuvres et les Hommes*, t. XVI, posthume, 1898.

« Chateaubriand est surréaliste dans l'exotisme. »

André BRETON, *Manifeste du surréalisme*, Kra, 1924.

« Chateaubriand est comme Voltaire. Ils ont fait (artistiquement) tout ce qu'ils ont pu pour gâter les plus admirables facultés que le bon Dieu leur avait données. »

Gustave FLAUBERT, *Correspondance*, 8 mai 1852.

« [...] repris encore une fois les Mémoires d'outre-tombe, *pour retrouver toujours les mêmes motifs d'admiration pour le prestigieux artiste, et d'exaspération pour l'acteur qui sans cesse se campe à son avantage et ni ne trébuche ni jamais se fait défaut. Comme il se préoccupe sans cesse de l'effet qu'il prétend produire, la signification de ses gestes et de ses paroles se limite à cet effet même. »*

André GIDE, *Journal*, 9 octobre 1940, Gallimard, 1954.

« Oui, je suis ainsi fait, je donnerais tous les vers, depuis le commencement du monde et dans toutes les langues, pour les deux premiers volumes des Mémoires d'outre-tombe *de Chateaubriand. »*

Edmond de GONCOURT, *Journal*, 24 février 1894.

« Chateaubriand vient de mourir. Une des splendeurs de ce siècle s'éteint. »

Victor HUGO, *Choses vues*, 5 juillet 1848.

« Dès que Chateaubriand n'est plus en personne dans le jeu, il a cette lucidité de la totale indifférence. »

François MAURIAC, *Nouveaux Mémoires intérieurs*, Flammarion, 1965.

« Chateaubriand. — Comme phraseur, nous n'avons pas mieux dans la littérature française. [...]
Il est aussi déconcertant que cet homme de naissance si sûre s'exprime très souvent en parvenu, et alors avec un bonheur tel qu'on dirait qu'il le fait exprès, qu'il s'amuse à jouer un rôle (encore un !) : le rôle du parvenu. »

Henry de MONTHERLANT, *Carnets*, Gallimard, 1957.

« Chateaubriand est à cheval sur deux siècles, et en vérité sur deux mondes : le XVIIIe et le XIXe, le libertinage et la passion, l'âge des lumières et le romantisme. [...] La révolution romantique sera entreprise par un conservateur d'Ancien Régime, fidèle à la monarchie légitime et à la religion catholique, attaché à la tradition. Ce n'est pas le seul paradoxe d'un écrivain dominé par la contradiction. Il fera profession de mépriser les honneurs, et il les recherchera, et les obtiendra, toute sa vie. Il sera à la fois un défenseur véhément de la liberté de presse et un ultra *convaincu. Il sera un chrétien authentique, un catholique soumis, et l'adultère et les femmes tiendront dans son existence une place considérable. »*

Jean d'ORMESSON, « Chateaubriand. Un épicurien à l'imagination catholique », in *Une autre histoire de la littérature française*, I, NiL, 1997.

« Et quand Chateaubriand, tandis qu'il se lamente, donne son essor à cette personne merveilleuse et transcendante

qu'il est, nous sourions, car, au moment même où il se dit anéanti, il s'évade, il vit d'une vie où on ne meurt point. »

Marcel PROUST, note non datée, recueillie in *Contre Sainte-Beuve*, Gallimard, posthume, 1954.

« Il faut lire Chateaubriand comme on prend un bain d'azur, y entrer la tête haute. »

Jules RENARD, *Journal*, 7 mai 1902.

« L'œuvre de Chateaubriand pourrait presque être considérée comme un seul livre se recommençant toujours, se faisant à lui-même écho, se variant, ne s'oubliant que pour se retrouver, se regardant lui-même, et ne nous offrant finalement point d'autre sens que la "voix", fuyante mais vivante, de son propre vide intérieur. »

Jean-Pierre RICHARD, *Paysage de Chateaubriand*, Seuil, 1967.

« M. de Chateaubriand a toujours manqué dans ses écrits d'un certain goût simple, et dans ses actions d'une certaine bienveillance naturelle. »

Charles Augustin SAINTE-BEUVE, *Portraits contemporains*, 1846.

« Je n'ai jamais pu lire 20 pages de M. de Chateaubriand : j'ai failli avoir un duel parce que je me moquais de la cime indéterminée des forêts. »

STENDHAL, *Correspondance*, 17-28 octobre 1840.

BIBLIOGRAPHIE

Éditions

Œuvres complètes, Garnier, 1859 à 1861, 12 vol., rééd. Kraus reprint, New York (US), s.d.

Œuvres romanesques et Voyages, éd. M. REGARD, « Pléiade », Gallimard, 1969, 2 vol.

Correspondance générale, éd. P. RIBERETTE, Gallimard, 5 vol. parus, en cours depuis 1977.

Atala, René,Les Natchez, éd. J.-Cl. BERCHET, « LdP », LGF, 1989.

Essai sur les révolutions, Génie du christianisme, éd. M. REGARD, « Pléiade », Gallimard, 1978.

Génie du christianisme, éd. P. REBOUL, « GF », Flammarion, 1966, 2 vol.

Grands Écrits politiques, éd. J.-P. CLÉMENT, Imprimerie nationale, 1993, 2 vol.

Lettres à Madame Récamier, éd. M. LEVAILLANT, Flammarion, 1998.

Mémoires d'outre-tombe, éd. M. LEVAILLANT et G. MOULINIER, « Pléiade », Gallimard, 1946, rééd. 1976, 2 vol. ; éd. M. LEVAILLANT, 1948, rééd. « GF/Grand format », Flammarion, 1982, 4 vol. ; éd. P. CLARAC, « LdP », LGF, 1973, rééd. « LdP Pochothèque », LGF, 1998 ; éd. J.-Cl. BERCHET, « Classiques Garnier », Garnier, 1989 à 1998, 4 vol. ; éd. J.-P. CLÉMENT, « Quarto », Gallimard, 1998, 2 vol.

Vie de Rancé, préf. R. BARTHES, « 10/18 », UGE, 1973.

Études

Ph. ANTOINE, *Les Récits de voyage de Chateaubriand : contribution à l'étude d'un genre*, Champion, 1997.

P. BARBÉRIS, *À la recherche d'une écriture. Chateaubriand*, Mame, 1976 ; *Chateaubriand, une réaction au monde moderne*, Larousse, 1976.

R. BARTHES, « La Voyageuse de nuit », préface à *Vie de Rancé*, « 10/18 », UGE, 1973.

P. BÉNICHOU, *Le Sacre de l'écrivain*, Corti, 1973 ; *Le Temps des prophètes*, Gallimard, 1977.

G. BENREKASSA, « Le Dit du moi : du roman personnel à l'autobiographie », in *Les Sujets de l'écriture*, P.U. Lille, 1981.

F. BERCEGOL, *La Poétique de Chateaubriand : le portrait dans les « Mémoires d'outre-tombe »*, Champion, 1996.

J.-Cl. BERCHET et Ph. BERTHIER (dir.), *Chateaubriand et le Tremblement du temps*, actes du colloque de Cerisy, 1993, P.U. du Mirail, Toulouse, 1994.

J. CABANIS, « Chateaubriand », in *Tableau de la littérature française*, III, Gallimard, 1974, pp. 23 à 34 ; *Chateaubriand*, « Qui êtes-vous ? », Manufacture, 1988, rééd. sous le titre *Chateaubriand : qui êtes-vous ?*, Gallimard, 1998.

J.-Chr. CAVALLIN, *Chateaubriand mythographe*, thèse dactylographiée, Univ. Paris IV-Sorbonne, 1999.

B. CHAOUAT, *Je meurs par morceaux : Chateaubriand*, P.U. du Septentrion, Villeneuve-d'Ascq (Nord), 1999.

P. CLARAC, *À la recherche de Chateaubriand*, Nizet, 1975.

J.-P. CLÉMENT, *Chateaubriand politique*, « Pluriel », Hachette, 1987 ; *Chateaubriand. Biographie morale et intellectuelle*, Flammarion, 1998 ; *id.* (dir.) *Les Deux Visages de Chateaubriand*, Maison de Chateaubriand, La Vallée-aux-Loups (Hauts-de-Seine), 1998.

P.H. et A. DUBÉ, *Bibliographie de la critique sur François-René de Chateaubriand, 1801-1986*, Nizet, 1988.

M.-J. DURRY, *La Vieillesse de Chateaubriand, 1830-1848*, Le Divan, 1933, 2 vol., rééd. Champion/Slatkine, Paris/Genève (CH), 1986, 1 vol.

M. FUMAROLI, *« Vie de Napoléon » de François-René de Chateaubriand précédé de « Le Poète et l'Empereur »*, Fallois, 1999 ; (dir.) *Chateaubriand et les Arts*, Fallois, 1999.

P. GLAUDE, *« Atala » : le Désir cannibale*, PUF, 1994.

J. GRACQ, « Le Grand Paon », in *Préférences*, Corti, 1961.

J. HOFFENBERG, *L'Enchanteur malgré lui : poétique de Chateaubriand*, L'Harmattan, 1998.

G. de La Tour du Pin, *Chateaubriand, lequel ¿*, La Table ronde, 1973, rééd. 1998.

Ph. Le Guillou, J. Hervoche, *Un donjon et l'océan : la Bretagne de Chateaubriand*, Artus, 1995.

M. Lelièvre, *Chateaubriand polémiste*, PUF, 1983.

M. Levaillant, *Chateaubriand, Madame Récamier et les « Mémoires d'outre-tombe », 1830-1850*, Delagrave, 1936 ; *Chateaubriand, prince des songes*, Hachette, 1960.

H.-P. Lund, *François-René de Chateaubriand. « Mémoires d'outre-tombe »*, « Études littéraires », PUF, 1986.

A. Maurois, *Chateaubriand*, Grasset, 1938 ; *René ou la Vie de Chateaubriand*, Grasset, 1956, rééd., 1985.

P. Moreau, *Chateaubriand*, « Connaissance des Lettres », Hatier, 1956, rééd. 1967 ; *Chateaubriand*, « Tels qu'en eux-mêmes », Ducros, Saint-Médard-en-Jalles (Gironde), 1969.

J.-P. Mourot, *Étude sur les premières œuvres de Chateaubriand*, Nizet, 1962 ; *Le Génie d'un style. Chateaubriand : rythme et sonorité dans les « Mémoires d'outre-tombe »*, Colin, 1969.

J. d'Ormesson, *Mon dernier rêve sera pour vous : une biographie sentimentale de Chateaubriand*, Lattès, 1982, rééd. 1998.

Ch. Penot, *Chateaubriand aujourd'hui*, Cristel, 1998.

M. Pinel, *Chateaubriand et le Renouveau épique : « Les Martyrs »*, Rumeur des âges, La Rochelle, 1995.

J.-P. Richard, *Paysage de Chateaubriand*, Seuil, 1967.

J.-M. Roulin, *Chateaubriand, l'Exil et la Gloire. Du roman familial à l'identité littéraire dans l'œuvre de Chateaubriand*, Champion, 1994.

J.-A. de Sédouy, *Madame de Chateaubriand*, Perrin, 1996.

B. Sève, « Chateaubriand, la Vanité du monde et la Mélancolie », in *Romantisme*, n°23, 1979, pp. 31 à 42.

V.-L. Tapié, *Chateaubriand*, « Écrivains de toujours », Seuil, 1965.

Y. Vadé, *L'Enchantement littéraire. Écriture et Magie de Chateaubriand à Rimbaud*, Gallimard, 1990.

A. Vial, *Chateaubriand et le Temps perdu. Devenir et conscience individuelle dans les « Mémoires d'outre-tombe »*, Julliard, 1963 ; *La Dialectique de Chateaubriand. Transformation et Changement dans les « Mémoires d'outre-tombe »*, SEDES, 1978.

Le Livre du centenaire, recueil d'études, Flammarion, 1948.

Bulletins annuels de la *Société Chateaubriand*.

AUDIO & VIDÉO

Vidéo

J. Pasquet, *Chateaubriand l'Indompté*, P.U. Rennes, 1998.

CD-ROM

Autour du romantisme. Le Roman, 1712-1886, Bibliopolis, 1999.

Encyclopédie de la littérature française, Bibliopolis, 1998.

François-René de Chateaubriand. Les Itinéraires du romantisme, Éd. Acamédia, 1997 [inclut l'intégralité des *Œuvres complètes* en 12 vol., Garnier, 1861].

CHÉNIER

André CHÉNIER
De son vrai nom, André-Marie de CHÉNIER
Constantinople (Empire ottoman, auj. Istanbul, act. Turquie) 1762 – Paris 1794

> *« On peut dater d'André Chénier la poésie moderne. »*
> Théophile GAUTIER, *Les Progrès de la poésie française depuis 1830*, in *Histoire du romantisme*, posthume, 1874.

> « [...] *le surfait André Chénier* [...]. »
> Robert DESNOS, *Nouvelles Hébrides (1922-1930)*, Gallimard, posthume, 1978.

Des ailes brisées en plein envol

Un enfant prodige de la Grèce

Chénier était le 3e fils (et le 4e enfant) d'un père français, marchand de drap, et d'une mère catholique d'origine italienne, qui se voulait grecque et orthodoxe :

Salut, Thrace, ma mère, et la mère d'Orphée,
Galata, que mes yeux désiraient dès longtemps.
Car c'est là qu'une Grecque, en son jeune printemps,
Belle, au lit d'un époux nourrisson de la France,
Me fit naître français dans le sein de Byzance.
(***Élégies***, XIX)

Son père, qui se targuait d'être noble — c'est pourquoi Marie-Joseph, frère d'André, est souvent dit de Chénier —, tenta de se reconvertir dans la diplomatie. La famille regagna la France en 1765, et André fut confié jusqu'en 1773 à son oncle, lui aussi marchand de drap, à Carcassonne. Pendant ce temps, son père était au Maroc consul de France, jusqu'en 1782, et sa mère tenait à Paris un « *salon grec* ». Chénier retira de ces années une connaissance intime et érudite de la littérature grecque classique, alexandrine et byzantine. Revenu à Paris, il entra au collège de Navarre, où il reçut un enseignement solide et hardiment moderne : grec et latin, mais aussi mathématiques, sciences de la nature, et philosophie fondée sur le sensualisme de Condillac. Il y fréquenta Louis et Michel Trudaine, fils de l'administrateur de Louis XV, qui demeurèrent ses amis, mais dont la richesse lui rendit plus insupportable sa pauvreté. Sa précocité littéraire semble avoir été fulgurante : à 16 ans, il obtint le 1er prix de français au concours général. De la même année 1778 datent ses plus anciens vers conservés : ce sont des « *imitations* » — notamment ***Imitation d'Homère***, ***Imitation de Virgile***, mais d'autres pièces imitent Théocrate, Sapho, Ovide —, préliminaires obligés pour un apprentissage du métier ; certains de ces vers s'organisent déjà en chants « *bucoliques* ». Le jeune homme semble avoir conçu avant 20 ans la plupart de ses projets. En 1781, il entama un recueil intitulé ***Art d'aimer***, à l'instar d'Ovide, et des « *élégies* » à Lycoris — femme dont l'identité reste inconnue —, songea aussi à des poèmes plus ambitieux sur le génie de l'homme ou sur la découverte du Nouveau Monde. Il adressa à ses amis des ***Épîtres*** ou ***Élégies*** qui témoignent d'un cœur fait pour l'amitié :

Depuis que de Pandore un regard téméraire
Versa sur les humains un trésor de misère,
Pensez-vous que du ciel l'indulgente pitié
Leur ait fait un présent plus beau que l'amitié ?
(***À Le Brun et au marquis de Brazais***, vv. 5 à 8, in ***Épîtres***)

Une jeunesse d'incertitudes

À la recherche d'une position sociale, il ne trouva pas dans la société de l'Ancien Régime un débouché digne de ses aspirations. Il soumit ses essais au poète Lebrun-Pindare, tenu alors pour un maître incontesté, qui lui lança : « *Oui, l'astre du génie éclaira ton berceau.* » Poussé par son père, il tenta une carrière militaire, mais, d'une part, la récente ordonnance Ségur (1781), qui exigeait des officiers des preuves de noblesse — en l'occurrence, incomplètes chez Chénier, ce dont toutefois sa hiérarchie s'accommoda —, lui différait ou compliquait tout avancement, et, d'autre part, la vie de garnison ne lui convenait manifestement pas : aussi ne demeura-t-il que six mois (de l'été 1782 au printemps 1783) au régiment d'Angoumois à Strasbourg.
Rentré à Paris, il eut une liaison mouvementée avec Michèle de Sentuary, épouse Bonneuil, appelée « *D'.Z.N.* » puis « *Camille* » dans les ***Élégies***. Ce recueil et celui des ***Bucoliques*** le retinrent particulièrement à cette étape de sa vie. En 1784, il voyagea en Suisse avec les frères Trudaine : à Zurich, il rendit visite au créateur de la physiognomonie, Johann Kaspar Lavater. À partir de 1786, abandonné par Camille, il travailla aux vastes poèmes ***Hermès***, ***L'Amérique***, et ***Suzanne***

— qui demeurèrent inachevés. Chénier fréquenta l'atelier du peintre David et les cercles libéraux, et prit Condorcet pour maître à penser. Un projet de voyage en Italie et en Grèce, prévu pour le printemps 1787 toujours avec les Trudaine, semble avoir avorté, à peine franchies les frontières françaises.

L'engagement prérévolutionnaire

Cette date marqua un tournant dans sa brève carrière : le refus de la Cour — insatisfaite de leur production littéraire — de répondre favorablement à la demande d'aide formulée par leur père (mis à la retraite), entraîna André et son cadet Marie-Joseph dans la voie de la révolte prérévolutionnaire. De cette crise témoignent des textes majeurs comme ***La Liberté***, ***Le Malade***, l'***Hymne à la Justice***, rebaptisé ***Hymne à la France*** :

LE BERGER

Je hais tous vos plaisirs : les fleurs, et la rosée,
Et de vos rossignols les soupirs caressants.
Rien ne plaît à mon cœur, rien ne flatte mes sens.
Je suis esclave.

LE CHEVRIER

Hélas ! que je te trouve à plaindre !
Oui, l'esclavage est dur. Oui, tout mortel doit craindre
De servir, de plier sous une injuste loi ;
De vivre pour autrui, de n'avoir rien à soi.
Protège-moi toujours, ô Liberté chérie,
Ô mère des vertus, mère de la patrie !

LE BERGER

Va, patrie et vertu ne sont que de vains noms.
Toutefois tes discours sont pour moi des affronts.
Ton prétendu bonheur et m'afflige et me brave.
Comme moi je voudrais que tu fusses esclave.

LE CHEVRIER

Et moi, je te voudrais libre, heureux comme moi.

(***La Liberté***, vv. 32 à 45, in ***Bucoliques***)

Dieu vainqueur de Python, Dieu jeune et triomphant,
Prends pitié de mon fils, de mon unique enfant ;
Prends pitié de sa mère aux larmes condamnée,
Qui ne vit que pour lui, qui meurt abandonnée,
Qui n'a pas dû rester pour voir mourir son fils ;
Dieu jeune, viens aider sa jeunesse.
Assoupis,
Assoupis dans son sein cette fièvre brûlante
Qui dévore la fleur de sa vie innocente.
[...]
Parle, parle, mon fils. Quel chagrin te consume ?
Les maux qu'on dissimule en ont plus d'amertume.
Ne lèveras-tu point ces yeux appesantis ?

– Ma mère, adieu. Je meurs, et tu n'as plus de fils.

Non, tu n'as plus de fils. Ma mère bien-aimée,
Je te perds. Une plaie ardente, envenimée,
Me ronge. Avec effort je respire, et je crois
Chaque fois respirer pour la dernière fois.
Je ne parlerai pas. Adieu. Ce lit me blesse.
Ce tapis qui me couvre accable ma faiblesse.
Tout me pèse, et me lasse. Aide-moi. Je me meurs.
Tourne-moi sur le flanc. Ah ! j'expire ! Ô douleurs !

(***Le Malade***, vv. 1 à 10 et 25 à 36, in ***Bucoliques***)

France ! ô belle contrée, ô terre généreuse
Que les dieux complaisants formaient pour être heureuse
Tu ne sens point du nord les glaçantes horreurs,
Le midi de ses feux t'épargne les fureurs.
Tes arbres innocents n'ont point d'ombres mortelles ;
Ni des poisons épars dans tes herbes nouvelles
Ne trompent une main crédule ; ni tes bois
Des tigres frémissants ne redoutent la voix ;
Ni les vastes serpents ne traînent sur tes plantes
En longs cercles hideux leurs écailles sonnantes.

(***Hymne à la France***, vv. 1 à 10, in ***Hymnes***)

Âgé de 25 ans, Chénier rencontra le poète italien Alfieri, l'écrivain et homme politique polonais Julian Niemcewicz, l'artisan de l'indépendance américaine Thomas Jefferson, et esquissa des pamphlets et des satires. Son cœur alla de la frivole et galante Camille à la coquette mais vertueuse Marie Cosway, jeune Italienne devenue anglaise par son mariage, rencontrée à Paris au cours de l'été de 1786 : il raviva pour elle l'entreprise des ***Bucoliques***, à laquelle il donna alors la forme d'un voyage archéologique et culturel menant le lecteur du Languedoc à l'Asie mineure, à travers l'Italie, la Sicile, la Méditerranée, la Grèce, les îles Ioniennes, Chio enfin d'où viendrait, assurait-il, un « *nouvel Homère* »

Faire encor disputer sur sa noble origine
Colophon Smyrne Rhode Athènes Salamine.

Parcours personnel et mythique à la fois. L'élégie, envisagée comme un journal de l'âme, devait elle aussi faire place au voyage italien et oriental, à côté des amours, des amitiés et des épreuves morales. Avec ***Hermès***, Chénier voulut écrire en 3 chants la genèse du monde, un *De natura rerum* moderne, depuis les premières secousses de la matière jusqu'à l'organisation de la société, le tout couronné par un rêve de paix universelle : « *Il faut magnifiquement représenter la terre sous l'emblème métaphorique d'un grand animal qui vit, se meut, est sujet à des changements, des révolutions, des fièvres.* » ***L'Amérique*** devait comprendre, en 12 000 vers, « *toute la géographie du globe aujourd'hui connue* », et narrer, avec recours aux recettes traditionnelles de l'épopée (merveilleux naturel et surnaturel, épisodes pathétiques, combats, amours), la découverte et la conquête du Nouveau Monde, « *cette foule de rois sujets du peuple-roi* » :

Pour moi [c'est un Inca qui parle], *je les crois* [les conquistadores] *fils de ces dieux malfaisants*
Pour qui nos maux, nos pleurs, sont le plus doux encens.
Loin d'être dieux eux-même [sic], *ils sont tels que nous sommes,*
Vieux malades, mortels. Mais, s'ils étaient des hommes,
Quel germe dans leur cœur peut avoir enfanté
Un tel excès de rage et de férocité ?
(***L'Amérique***, fragments)

Suzanne (6 chants prévus), sorte de drame sacré tiré d'un épisode de la Bible, aurait confronté la luxure sénile à la chaste innocence, et illustré, à mi-chemin entre Florian et Sade, les tiraillements de la sensibilité et les remous de la conscience à la fin d'un siècle en mal de certitudes :

Je dirai l'innocence en butte à l'imposture,
Et le pouvoir inique, et la vieillesse impure,
L'enfance auguste et sage, et Dieu, dans ses bienfaits,
Qui daigne la choisir pour venger les forfaits.
(***Suzanne***, I, vv. 1 à 4)

Le réveil de l'humour satirique après 1787 donna naissance à ***La République des lettres***, dénonciation cinglante des mœurs littéraires, qui fustigeait la morgue des Grands et leur prétention à régenter la culture, mais aussi la servilité des auteurs et la mesquinerie de leurs querelles : « *Les Arts indépendants veulent une âme libre* » — ce vers-devise donnait le ton. À la fin de 1787, Chénier se résigna à accepter un modeste emploi de secrétaire auprès de l'ambassadeur de France à Londres, où habitait Mrs Cosway. Son « *esclavage* » et le climat anglais lui pesèrent. Il revint chaque été à Paris et poursuivit ses travaux sans jamais rien publier, tandis que son frère Marie-Joseph, entreprenant et ambitieux, se faisait connaître par des poèmes et par des pièces de théâtre.

André regagna définitivement la France en juillet 1790 et se lança d'emblée dans la bataille des idées : gagné à la Révolution, certes, mais prompt à la mise en garde, tel il apparut dès l'***Avis au peuple français sur ses véritables ennemis*** (août 1790) qui le désignait déjà à la vindicte de ses concurrents. Le changement, oui ; les excès, non : telle fut jusqu'au bout sa ligne de conduite. L'ode intitulée ***Le Jeu de paume***, qu'il se décida à publier en avril 1791, ne disait pas autre chose. Un second écrivain venait de naître en lui, le polémiste, l'inventeur d'une prose frémissante, que son excès de lucidité acculait à un équilibrisme périlleux : à cette date, les ***Réflexions sur l'esprit de parti*** parurent en brochure, tandis que les saisissantes variations des ***Autels de la peur*** demeurèrent inédites jusqu'en 1819. L'année 1792 le vit se déchaîner dans le *Journal de Paris*, contre les jacobins — et accessoirement contre Marie-Joseph —, à propos de l'affaire des Suisses de Châteauvieux — la grâce accordée par les jacobins à des mercenaires qui s'étaient mutinés —, auxquels il dédia, le 15 avril, un hymne sarcastique, ***Sur l'entrée triomphale qu'on prépare aux Suisses de Châteauvieux***, usuellement abrégé en ***Hymne aux Suisses de Châteauvieux*** et appelé à devenir le premier des ***Iambes***.

Après le 10 août, il entra dans la clandestinité, participa à la défense du roi, exalta Charlotte Corday qui assassina Marat en juillet 1793 — il rompit avec David, qui peignit Marat mort —, fulmina en secret des odes politiques et des iambes vengeurs contre les « *bourreaux barbouilleurs de lois* ». Réfugié à Versailles d'avril à novembre 1793, il écrivit des odes dédiées à Fanny (Mme Le Couetteux), recueillies dans ***Les Amours*** :

Des livres d'une belle un seul mot échappé
Blesse d'une trace profonde
Le cœur d'un malheureux qui ne voit qu'elle au monde.

Son cœur pleure en secret frappé,
Quand sa bouche feint de sourire.
Il fuit ; et jusqu'au jour, de son trouble occupé,
Absente, il ose au moins lui dire :

« Fanny, belle adorée, aux yeux doux et sereins,
Heureux qui n'ayant d'autre envie
Que de vous voir, vous plaire et vous donner sa vie,
Oublié de tous les humains
Près d'aller rejoindre ses pères
Vous dira, vous pressant de ses mourantes mains :
« Crois-tu qu'il soit des cœurs sincères ? » »

(***À Fanny***, vv. 15 à 28)

Fanny, l'heureux mortel qui près de toi respire
Sait, à te voir parler, et rougir, et sourire
De quels hôtes divins le ciel est habité.

(Ode sans titre, vv. 1 à 3)

Fanny, pour moi ta vue est la clarté des cieux
Vivre est te regarder, et t'aimer, te le dire ;
Et quand tu daignes me sourire,
Le lit de Vénus même est sans prix à mes yeux.

(***À Fanny malade***, vv. 57 à 60)

Engagé dans la contre-révolution au nom de sa foi révolutionnaire, « *il sait qu'il doit mourir* ». Arrêté à Passy le 7 mars 1794, incarcéré à la prison Saint-Lazare, il y écrivit l'ode dite ***La Jeune Captive***, dédiée à Aimée de Coigny, prisonnière que Chénier aima sans retour — et qui parvint en définitive à réchapper, avec son amoureux, Montrond, à la guillotine —, et les derniers ***Iambes*** dont il put, avec la complicité d'un geôlier, faire sortir les manuscrits cachés dans des sacs de linge sale :

Ainsi, triste et captif, ma lyre toutefois
S'éveillait, écoutant ces plaintes, cette voix,
Ces vœux d'une jeune captive ;
Et secouant le faix de mes jours languissants,
Aux douces lois des vers je pliais les accents
De sa bouche aimable et naïve.

Ces chants, de ma prison témoins harmonieux,
Feront à quelque amant des loisirs studieux
Chercher quelle fut cette belle :
La grâce décorait son front et ses discours,
Et comme elle craindront de voir finir leurs jours
Ceux qui les passeront près d'elle.

(***La Jeune Captive***, vv. 1 à 12 et 19 à 54)

Le 7 thermidor an II (25 juillet) — deux jours avant Robespierre —, à 32 ans, Chénier fut condamné à mort et guillotiné en même temps que Roucher, le poète des *Mois*. La légende rapporte que, dans la charrette l'amenant à la guillotine, il aurait récité avec ce dernier le début d'*Andromaque* de Racine et composé ses ultimes vers :

Comme un dernier rayon, comme un dernier zéphyre
Animent la fin d'un beau jour
Au pied de l'échafaud j'essaie encore ma lyre.

Au pied de l'échafaud précisément, il se serait exclamé, la main sur son front : « *Mourir ? j'avais pourtant quelque chose là.* »
Le lutteur héroïque et isolé, qui était resté lucide jusqu'au dernier instant, entrait de plain-pied dans la légende et dans l'Histoire.

THÉORIE LITTÉRAIRE

C'est en vers que Chénier a exposé ses conceptions de l'art poétique, notamment dans les quelque 300 vers de son poème ***L'Invention*** — inspiré d'un traité du poète anglais Young, *Conjectures sur la composition originale* —, où il recommande un large renouvellement des modèles antiques, ainsi que dans quelques pièces isolées où il souligne la primauté de l'inspiration : *L'art des transports de l'âme est un faible interprète ; / L'art ne fait que des vers ; le cœur seul est poète. / Sous sa fécondité le génie opprimé / Ne peut garder l'ouvrage en sa tête formé. /* [...] */ Son cœur dicte ; il écrit. À ce maître divin / Il ne fait qu'obéir et que prêter sa main.*

La « *jeune poésie* » préconisée par Chénier suppose une refonte du vers. Une recherche d'images, de rythmes et de sonorités y pourvoit, avec référence aux modèles gréco-latins. Le langage poétique est conçu comme un chant dont les pulsations, sans renoncer pour autant aux lois de la métrique française, s'inspirent de la prosodie antique pour mieux y infuser une matière moderne : *Changeons en notre miel leurs plus antiques fleurs ; / Pour peindre notre idée, empruntons leurs couleurs ; / Allumons nos flambeaux à leurs feux poétiques ; / Sur des pensers nouveaux faisons des vers antiques* (***L'Invention***, vv. 181 à 184).

Cette modernité du poète passe aussi par une fonction de découvreur d'avenir ; loin de s'en tenir aux prestigieux modèles du passé, il a pour mission de pressentir et d'anticiper le monde futur : *Quoi ! faut-il ne s'armant que de timides voiles, / N'avoir que ces grands noms pour nord et pour étoiles, / Les côtoyer sans cesse, et n'oser un instant, / Seul et loin de tout bord, intrépide et flottant, / Aller sonder les flancs du plus lointain Nérée, / Et du premier sillon fendre une onde ignorée ?* (***L'Invention***, vv. 91 à 96). Véhémence et fluidité caractérisent des modulations appelées à traduire les « *transports de l'âme* » ou à refléter l'épanchement de la rêverie sensitive. Cette versification nouvelle invente le lyrisme à venir, soit que le vers aille « *par bonds, heurts, chocs et soubresauts* » (Heredia, dans l'introduction à son édition, posthume, de 1907 des ***Bucoliques*** de Chénier), soit qu'en symbiose avec la nature : *S'empressent de germer des vers mélodieux /* [...] *des vers doux, sonores, liquides, / Des vers s'ouvrant en foule aux regards du soleil* (***Bucoliques***). Enfin, quels que soient les mérites et les bonheurs de l'inspiration, rien ne saurait remplacer le travail : *Qui que tu sois enfin, ô toi, jeune poète, / Travaille ; ose achever cette illustre conquête. / De preuves, de raisons, qu'est-il encor besoin ? / Travaille. Un grand exemple est un puissant témoin. / Montre ce qu'on peut faire en le faisant toi-même* (***L'Invention***, vv. 251 à 255).

THÉORIE LITTÉRAIRE

Guillotiné à 32 ans, Chénier fut d'autant plus encensé qu'il fut martyr : sa gloire littéraire posthume prit les proportions d'une vaste entreprise de réhabilitation après l'injustice de son sort politique et personnel. Néanmoins, on ne peut nier chez lui, dans les milliers de vers qu'il a composés, la présence d'une inspiration réellement personnelle qui fait de lui, au crépuscule d'un siècle où les vers furent l'apanage de rimeurs, un véritable poète. En ce sens, Chénier, formé à l'école du sensualisme, qu'il inclina vers un matérialisme intégral, incarna l'espoir d'une relance de la poésie à la fin du XVIIIe siècle.

Une versification nouvelle

Dans ses ***Bucoliques*** comme dans ses ***Élégies***, Chénier concilie des thématiques antiques, et une recherche plus moderne du pathétique. Il met au service des émotions qu'il veut exprimer une rigoureuse musicalité, ou « *un langage sonore, aux douceurs souveraines* » *(**L'Invention**)*. Ainsi les premiers vers de la célèbre bucolique ***La Jeune Tarentine*** conjuguent-ils la régularité des mesures, un écho sonore de la rime de la sorte enrichie, et la reprise de part et d'autre de la césure du son [u] contenu dans « *doux* » et « *vous* », en même temps qu'un saisissant effet de chiasme avec la reprise inversée de l'*incipit* du vers 1 en conclusion du vers 2 :

> *Pleurez* /, d**ou**x alcyons /, ô v**ou**s /, oiseaux sac***rés***,
> Oiseaux chers à Thétis, doux alcyons, pleurez.
> (***La Jeune Tarentine***, vv. 1-2, in ***Bucoliques***)

Dans ce même poème, Chénier tire un puissant effet dramatique d'un décalage entre la syntaxe et la prosodie, produisant un rejet :

> *Mais, seule sur la proue, invoquant les étoiles,*
> *Le vent impétueux qui soufflait dans les voiles*
> *L'enveloppe. Étonnée, et loin des matelots,*
> *Elle crie, elle tombe, elle est au sein des flots.*
> (***La Jeune Tarentine***, vv. 11 à 14)

Le présent de narration et l'allitération en [t] se joignent à l'amplification du rythme, pour conférer à cette chute une irrésistible force expressive. Toujours dans ce même poème — sans doute le plus célèbre de Chénier, mais aussi l'un des plus révélateurs de sa virtuosité —, le poète crée une double effet d'écho, au vers 15 :

> *Elle est au sein des flots, la jeune Tarentine.*
> *Son beau corps a roulé sous la vague marine.*
> (***La Jeune Tarentine***, vv. 15-16)

Le 1er hémistiche est la reprise exacte du 2nd hémistiche du vers précédent (v. 14), tandis que le 2nd reproduit celui du vers 3 :

> *Elle a vécu, Myrto, la jeune Tarentine.*
> *Un vaisseau la portait au bord de Camarine.*
> (***La Jeune Tarentine***, vv. 3-4)

Par ce travail sur les rythmes, les sonorités et les ressources de la syntaxe, accordée ou non à la métrique, Chénier insuffle à ses imitations de l'Antiquité une nouvelle ferveur. C'est pourquoi, alors qu'il fut ignoré de son vivant, les romantiques le redécouvrirent et virent en lui l'un de leurs précurseurs.

Une reconnaissance posthume

À la mort de Chénier, presque rien n'avait paru de son œuvre poétique, hormis ***Le Jeu de***

paume et l'***Hymne aux Suisses [...]*** — et c'était d'ailleurs son frère qui se couvrait de gloire littéraire : ***La Jeune Captive*** parut en 1795, ***La Jeune Tarentine***, en 1801, et Henri de Latouche publia, en 1819, des ***Œuvres complètes***, abusivement nommées ainsi. L'interprétation de cette œuvre posthume souffrait d'un double handicap : l'inachèvement et l'anachronisme. Impubliables en l'état, les brouillons laissés par le poète devaient être triés et mis en ordre pour atteindre le public. La voie était ainsi ouverte aux méprises, qui ne manquèrent pas dans ce véritable roman-feuilleton que constitue l'histoire bibliographique du poète : romantique en 1820, Chénier devint parnassien après 1860. La très intelligente édition des ***Bucoliques*** établie par Heredia et parue en 1907 peu après sa mort, projeta le poète dans l'intemporel.

La conduite politique du « *citoyen* » sous la Révolution reste l'objet de malentendus navrants à gauche comme à droite : on en fit d'abord un ardent révolutionnaire, puis un nostalgique de l'Ancien Régime. Les historiens de la littérature y virent le « *dernier des classiques* » (Gustave Lanson), ou le « *premier des romantiques* ». Si Sainte-Beuve joua un rôle décisif dans une réhabilitation équitable de Chénier, la mort tragique et les amours de prison suffisaient à faire du poète un personnage de mélodrame (*André Chénier* de Jules Barbier, 1849), un mage romantique pour Hugo ou Balzac (*Illusions perdues*, 1846), puis un fils de la Grèce pour Leconte de Lisle (*Poèmes antiques*, 1852) et, plus encore, de la Grèce de la raison pour Moréas (*Réflexions sur quelques poètes*, 1912) et de la Grèce de l'ordre pour Maurras (*Poésie et Vérité*, 1944). Finalement, c'est dans les pays persécutés (Russie, Amérique du Sud) que la fortune du poète martyr a trouvé sa forme la plus émouvante et la moins infidèle. En dehors de la « *vibration d'âme à âme* » que l'on peut éprouver à sa lecture, la redécouverte de son œuvre ne peut passer que par un travail éditorial de longue haleine.

ŒUVRE

Élégies

De son vivant, Chénier n'a publié que 2 poèmes. Une partie de ses papiers nous est parvenue mais c'est, au mieux, un immense chantier de fragments sublimes et d'édifices inachevés. Même si, dans l'ensemble, les annotations marginales de l'auteur nous permettent de repérer les ***Élégies***, classement et datation posent des problèmes qu'aucune édition à ce jour n'a réussi à résoudre de façon satisfaisante.

Le Chénier des ***Élégies*** a pour maîtres les auteurs antiques mais n'en est point esclave. Il est élève de Le Brun et émule de Bertin. À « *La plaintive Élégie en longs habits de deuil* » de Boileau, il répond : « *Ta voix n'est pas toujours à gémir destinée.* » Renouvelant l'inspiration traditionnelle, il prépare un groupe d'élégies *italiennes* et *orientales*. Il y parle souvent en son nom propre, faisant de son poème une conversation univoque, l'infléchissant ainsi vers le genre de l'épître. Il s'y montre tiraillé entre l'aspiration à une vie champêtre, consacrée à l'étude, et les tentations offertes par les plaisirs sensuels : *Là, je veux, ignorant le monde et ses travaux, / Loin du superbe ennui que l'éclat environne, / Vivre comme jadis, aux champs de Babylone / [...] / Errer, un livre en main, de bocage en bocage ; / Savourer sans remords, sans crainte, sans désirs, / Une paix dont nul bien n'égale les plaisirs* (XIV). *Hâtons-nous, l'heure fuit. Hâtons-nous de saisir / L'instant, le seul instant donné pour le plaisir. / [...] / Cependant jouissons ; l'âge nous y convie. / Avant de la quitter, il faut user la vie. / Le moment d'être sage est voisin du tombeau. / [...] / Ah ! que ceux qui, plaignant l'amoureuse souffrance, / N'ont connu qu'une oisive et morne indifférence, / En bonheur, en plaisir pensent m'avoir vaincu : / Ils n'ont fait qu'exister, l'amant seul a vécu* (XXV). Il inclut des célébrations de l'amitié dans ses vers qui se dégagent en partie de l'influence, toujours très présente chez lui, de la mythologie.

Écrites en général en alexandrins à rimes plates, ses élégies sont une poésie en devenir. De la posture d'un jeune homme qui se met en scène dans des attitudes convenues et parfois peu sincères qui rappellent Ovide, Chénier passe à une équation entre élégie et poésie personnelle ou intime. La voix seule du poète importerait donc à la définition, l'élégie devenant, par excellence, la poésie-vérité. Il renoue en cela avec des contemporains comme Parny. Ses poèmes deviennent inspiration en eux-mêmes, et la ronde des muses, premier salut ou ultime adieu, peut ainsi se renouveler éternellement sous d'autres cieux : *Promptes dans tous mes pas à me suivre en tous lieux, / Le rire sur la bouche et les pleurs dans les yeux, / Partout autour de moi mes jeunes*

Élégies / Promenaient les éclats de leurs folles orgies ; / Et, les cheveux épars, se tenant par la main, / De leur danse élégante égayaient mon chemin.

« C'est surtout dans l'élégie qu'éclate le talent d'André Chénier. C'est là qu'il est original », s'exclama un Hugo enthousiaste au lendemain de la parution, en 1819, des œuvres du poète mort sur l'échafaud en 1794. Plus d'un siècle plus tard, l'un de ses commentateurs, Henri Cottez, soulignait : *« Les thèmes de ses* Élégies *et de ses* Épîtres *se retrouvent chez un Bertin ou chez un Parny. Mais ce qui appartient à Chénier, c'est l'exquise variété du ton, qui joint à une pudeur toute racinienne l'emphase de la sincérité, la foi, bien romantique, en la parenté de l'amour et du génie, le singulier mélange d'art et de naturel dans l'expression de la passion, les premiers accents, combien émouvants ! du lyrisme et de la mélancolie modernes. Chénier réalisait excellemment l'imitation inventrice dont il fut le théoricien »* (*Notice littéraire*, in André Chénier, *Poésies choisies*, « Classiques illustrés Vaubourdolle », Hachette, 1937).

CITATIONS

Pleurez, doux alcyons ! ô vous, oiseaux sacrés,
Oiseaux chers à Thétis, doux alcyons, pleurez !
Elle a vécu, Myrto, la jeune Tarentine !
Un vaisseau la portait aux bords de Camarine.

La Jeune Tarentine, in *Bucoliques*.

Aujourd'hui qu'au tombeau je suis prêt à descendre,
Mes amis, dans vos mains je dépose ma cendre.

Élégies, VII.

L'art, des transports de l'âme est un faible interprète :
L'art ne fait que des vers ; le cœur seul est poète.

Élégies, XXI.

Hâtons-nous, l'heure fuit. Hâtons-nous de saisir
L'instant, le seul instant donné pour le plaisir.

Élégies, XXV.

L'Amour seul dans mon âme a créé le génie ;
L'Amour est seul arbitre et seul dieu de ma vie.

Élégies, XXXIV.

Comme un dernier rayon, comme un dernier zéphire
Animent la fin d'un beau jour,
Au pied de l'échafaud, j'essaye encor ma lyre.

Iambes, IX.

Votre bouche dit non ; votre voix et vos yeux
Disent un mot plus doux, et le disent bien mieux.

L'Art d'aimer, VI, in *Poèmes*.

JUGEMENTS

« Ses vers [...] furent une vraie révélation. On sentit toute l'aridité de la versification descriptive et didactique en usage à cette époque. Un frais souffle venu de la Grèce traversa les imaginations, l'on respira avec délices ces fleurs au parfum enivrant qui auraient trompé les abeilles de l'Hymette. Il y avait si longtemps que les Muses tenaient à leurs mains des bouquets artificiels plus secs et plus inodores que les plantes des herbiers, où jamais ne tremblait ni une larme humaine ni une perle de rosée ! Ce retour à l'antiquité, éternellement jeune, fit éclore un nouveau printemps. »

Théophile GAUTIER, *Les Progrès de la poésie française depuis 1830*, in *Histoire du romantisme*, posthume, 1874.

« Robert comprend mal mon goût pour Chénier, cet ébéniste de Marie-Antoinette comme l'appelait Baudelaire. Je vois bien tout ce que ce poète a de suranné, d'artificiel, et suis le premier à envoyer promener toutes ses nymphes, mais sous cette glace néo-classique, il y a du feu et une rage amoureuse telle que je n'en connais pas d'autre exemple, sauf dans la littérature franchement érotique. »

Julien GREEN, *Journal*, 19 mars 1950, Plon, 1951.

« Il était tout le contraire d'un romantique. Il appartient au XVIIIe *siècle, et il est tout classique, le dernier des grands classiques [...] : il a le culte et l'ivresse de la raison, et son rêve a été de donner une expression poétique aux conquêtes de la raison. »*

Gustave LANSON, *Histoire de la littérature française*, 1894.

« Il se peut que Chénier fût précisément fait pour l'esquisse et le brouillon : dans ses meilleures œuvres, la couture demeure gauche, les fragments sont délicieux. Mais il y a plus : c'était un brouillon qu'attendait le siècle, sans trop le savoir. »

Jean PAULHAN, *Un embarras de langage en 1817*, 1945, in *Œuvres complètes*, t. III, Cercle du livre précieux, 1967.

« Personne plus que moi n'aime le délicieux André Chénier *— mais c'est un classique entre les classiques — on respire avec lui un parfum d'antique poésie grecque. »*

Alexandre POUCHKINE, 1824, in *Œuvres complètes*, Éd. André Bonne, 1958.

« André Chénier, non pas quant à l'action, mais quant à la couleur, a été pour nous un Walter Scott antique et poétique. »

Charles Augustin SAINTE-BEUVE, *Portraits littéraires*, 1846.

BIBLIOGRAPHIE

Éditions

Œuvres complètes, éd. G. WALTER, « Pléiade », Gallimard, 1940.

Œuvres poétiques, éd. P. DIMOFF, Delagrave, 1908 à 1912, 3 vol. [nombreuses rééditions depuis 1919].

Poésies, éd. L. BECQ de FOUQUIÈRES, « Poésie », Gallimard, 1994 [fac-similé de l'éd. Charpentier 1872].

Œuvres poétiques complètes, éd. G. BUISSON et É. GUITTON, « LdP », LGF [à paraître].

Études

L. BECQ de FOUQUIÈRES, *De l'utopie à la Terreur : 1789-1793, Œuvres politiques complètes. Étude sur la vie et les écrits politiques d'André Chénier*, Éd. du Trident, 1989.

P. DIMOFF, *La Vie et l'Œuvre d'André Chénier jusqu'à la Révolution française*, Droz, Genève (CH), 1936, 2 vol.

J. FABRE, *Chénier*, « Connaissance des Lettres », Hatier, 1955, 2e éd 1965.

Ch. MAURRAS, « André Chénier », in *Tableau de la littérature française*, II, Gallimard, 1939, pp. 400 à 442.

É. QUILLEN, *L'Angleterre et l'Amérique dans la vie et la poésie de Chénier*, Lang, Berne (CH), 1982.

G. WALTER, *André Chénier, son milieu et son temps*, Laffont, 1947.

« André Chénier », in *Cahiers de l'Association internationale des études françaises*, n° 42, mai 1990, pp. 193 à 316.

Cahiers Roucher-André Chénier, publiés par la Société des amis de J.A. Roucher et A. Chénier, depuis 1980.

AUDIO & VIDÉO

Vidéo

U. GIORDANO, *Andrea Chénier*, WVF, 1999.

CHRÉTIEN DE TROYES

CHRÉTIEN de TROYES

Seconde moitié du XIIe siècle

« Chrétien, en vérité, est le maître d'un ordre tout intérieur, dont les diverses projections s'agencent dans le cours de sa fiction. »

Charles MÉLA, *Introduction* à CHRÉTIEN de TROYES, ***Cligès***, « LdP/Lettres gothiques », LGF, 1994.

« Rien ne l'embarrasse : il clarifie tout, ne comprend rien, et rend tout inintelligible. »

Gustave LANSON, *Histoire de la littérature française*, Hachette, 1894.

Le premier romancier français

Une vie très mal connue

De la vie de Chrétien de Troyes, on ignore à peu près tout. Il écrivit dans les années 1165 à 1185 et résida quelques années à la cour de Champagne, auprès de la comtesse Marie, fille d'Aliénor d'Aquitaine et de Louis VII, et peut-être, à la fin de sa vie, à la cour de Philippe d'Alsace, comte de Flandre. Au début de son roman ***Cligès***, il énumère ce qu'il avait écrit antérieurement :

Cil qui fist d'Erec et d'Enide,
Et les comandemenz d'Ovide
Et l'art d'amors en romanz mist,
Et le mors de l'espaule fist,
Dou roi Marc et d'Iseut la Blonde,
Et de la hupe et de l'aronde
Et dou rousignol la muance,
.I. novel conte recomence

[Celui qui traita d'*Érec* et *Énide*,
mit les *Commandements* d'Ovide
et l'*Art d'aimer* en français,
fit la *Morsure de l'épaule*,
traita du roi Marc et d'Yseut la blonde,
et de la métamorphose du rossignol,
de la huppe et de l'hirondelle,
se remet à un nouveau conte]

(***Cligès***, vv. 1 à 8, éd. Méla et trad. Collet)

Une grande partie des œuvres citées par Chrétien dans ce prologue de ***Cligès*** est perdue : des traductions d'Ovide — les ***Commandements***, qui sont sans doute les ***Remedia Amoris***, et des récits inspirés des *Métamorphoses* —, le conte ***Du roi Marc et d'Iseut la Blonde***. Seule la ***Muance du rossignol*** a été retrouvée dans l'*Ovide Moralisé* sous le titre de ***Philomena***.

Une œuvre romanesque féconde

Chrétien est l'auteur de 5 romans arthuriens en octosyllabes, qui, eux, n'ont pas disparu : ***Érec et Énide*** (v. 1170), ***Cligès*** (v. 1176), ***Le Chevalier à la charrette**, alias **Lancelot***, composé à la cour de Champagne en même temps que ***Le Chevalier au lion**, alias **Yvain*** (entre 1176 et 1181), ***Le Conte du Graal**, alias **Perceval*** (apr. 1181), dédié à Philippe d'Alsace et resté inachevé, sans doute interrompu par la mort de l'auteur.
On doit aussi à Chrétien de Troyes quelques chansons, et on hésite à lui attribuer ***Guillaume d'Angleterre***, petit roman dont l'auteur se nomme Chrétien en début de récit.

La mise en écrit du folklore celtique

C'est dans les contes populaires et en particulier dans les légendes celtiques en provenance de la Petite Bretagne ou du Pays de Galles que Chrétien puise le matériau narratif qu'il met en œuvre, sans s'interdire d'y introduire des références savantes. À ces légendes, il emprunte des noms propres, un temps mythique — le règne du roi Arthur —, et un espace constitué par les pays celtes, tout en se jouant des contraintes d'une géographie trop précise. Tous ses romans restent fidèles à ce décor « breton » qui est mis en place dès ***Érec et Énide***, où figurent déjà Lancelot, Yvain, Perceval. Le roi Arthur, d'un roman à l'autre, joue sans vieillir un rôle qui ne se modifie pas : roi puissant, il réunit autour de lui l'élite des chevaliers et la Cour qu'il tient à Pâques, à l'Ascension ou à la Pentecôte, sert de point de départ à l'aventure du héros. Le récit s'achève par le retour de celui-ci à la Cour :

Un jor de Pasque, au tens novel,
A Caradigant son chastel
Ot li rois Artus cort tenue.
Onc si riche ne fu veüe,
Car mout i ot boens chevaliers,
Hardiz et corageus et fiers,
Et riches dames et puceles,
Filles de rois, gentes et beles.
Mais ainçois que la corz fausist,
Li rois a ses chevaliers dist
Qu'il voloit le blanc cerf chacier
Por la costume ressaucier.

[Un jour de Pâques, à la saison nouvelle,
à Caradigan, son château,
le roi Arthur avait tenu sa Cour.

Jamais, on n'en vit de plus riche,
car il y avait bon nombre de valeureux chevaliers,
hardis, courageux et fiers
et de riches dames et demoiselles,
filles de roi, gracieuses et belles.
Mais avant que la Cour ne se séparât,
le roi a dit à ses chevaliers
qu'il voulait chasser le blanc cerf
pour faire revivre la coutume.]

(***Érec et Énide***, vv. 27 à 38, éd. et trad. Fritz)

Les épisodes s'enchaînent selon le déroulement d'une errance à cheval ; ainsi se dessine la figure du « chevalier errant » qui va devenir un type de la littérature romanesque. Les pays parcourus se définissent par leur étrangeté : forêts profondes loin de toute vie civilisée, landes ingrates et solitaires, rivières tumultueuses impossibles à traverser, fontaines, gués ou ponts gardés par des guerriers vindicatifs, espaces sauvages qui sont parfois le cadre de la rencontre impromptue d'un chevalier qu'il faut combattre ou d'une demoiselle en bel équipage. Cette plongée dans un univers où l'étrange peut surgir à chaque instant mène le héros vers des lieux qui portent l'empreinte de l'Autre Monde des légendes celtes : l'eau d'une fontaine périlleuse ou d'une rivière torrentueuse en rend difficile l'accès ; mais le héros affronte les épreuves, passe l'eau sur la lame effilée d'une épée — le Pont de l'Épée dans ***Lancelot*** — et libère, après avoir vaincu les redoutables gardiens du lieu, les êtres qui y étaient emprisonnés sans espoir de délivrance — Joie de la Cour au château de Brandigan dans ***Érec et Énide***, château de Pesme Aventure dans ***Yvain***, Royaume de Gorre dans ***Lancelot***, la Roche de Canguin dans ***Perceval***. Une figure féminine intervient la plupart du temps au cœur des aventures, dont elle est d'abord le prix, puis la source et l'inspiratrice : des fées celtiques, elle garde la beauté et l'attrait invincible, elle en a aussi le mystère ; mais Chrétien, à travers les traits qu'il emprunte à ce fonds légendaire, cherche à tracer les contours de la femme qui prend place au centre du monde courtois : en elle, il explore et exalte les délicatesses et les mystères du monde féminin. Il se sert de la fascination qu'exerçait sur son auditoire les légendes celtiques pour faire une œuvre originale qui dépasse et transforme en profondeur le sens et les résonances de ces contes qu'il altère et modifie sans scrupule.

Chrétien avait en effet l'ambition de produire de beaux récits riches d'enseignement qui marquent les siècles à venir :

Por ce dit Crestïens de Troies
Que raisons est que totes voies
Doit chascuns penser et entendre
A bien dire et a bien aprendre

[C'est pourquoi Chrétien de Troyes affirme
que tout homme, s'il veut être raisonnable,
doit à tout moment penser et s'appliquer
à bien dire et à bien enseigner]

(***Érec et Énide***, vv. 9 à 12)

Ses lecteurs découvrent le raffinement d'un art de vivre courtois, mais ils ont aussi à déchiffrer un sens qui ne s'affiche pas et est à découvrir dans les échos que prodigue une construction raffinée : on peut y lire le rêve d'une aristocratie qui compense dans l'imaginaire les restrictions que l'époque lui impose ; on peut aussi y déceler une belle et fondamentale interrogation sur la place de l'amour dans l'histoire humaine et sur les mystères qui poussent l'homme à constamment se dépasser. L'auteur affectionne de paraître suivre en une première partie un schéma de conte populaire qui mène le héros à la rencontre d'une féerique jeune fille qu'il épousera (***Érec et Énide, Yvain***) ou qui lui permet de mériter la nuit d'amour convoitée ***(Lancelot)*** ; mais alors s'enclenche le déploiement d'une série de péripéties qui, nées d'une crise, conduisent le héros au dépassement de soi, à la prise de conscience de son rôle social et à la plénitude d'un amour véritable, respectueux de l'autre.

L'amour dans le mariage, qui sous-tend le développement d'***Érec et Énide***, de ***Cligès*** ou d'***Yvain***, est ainsi l'une des grandes interrogations auxquelles Chrétien s'efforce de répondre ; il inscrit son œuvre dans un dialogue continu avec le *Tristan* et avec les chansons des troubadours. Contre l'amour adultère, asocial et voué aux souffrances et à la mort, il veut croire à l'amour heureux, source de joie pour tous, et, par le mariage, gage d'un profit véritable pour la société. Mais il a appris des troubadours que la joie d'amour est difficile et, si son roman y aboutit, il se fait alors silence : l'essentiel du roman se nourrit des souffrances et des embûches dont l'amour a dû triompher. Ainsi, de la Joie de la Cour au Graal, le héros est sans cesse en quête d'une transformation profonde de son être et d'une purification de la société dont il est l'éminent représentant.

De cet auteur qui affirme avec fierté son nom Chrétien de Troyes, comme la griffe d'un style, on a coutume de dire qu'il est le premier grand écrivain français.

L'inventeur du roman moderne

Il avait eu des prédécesseurs : les auteurs anonymes du *Roman de Thèbes*, de l'*Énéas*, ou Benoît de Sainte-Maure dans le *Roman de Troie*, adaptant des œuvres latines, avaient donné à des figures féminines et à l'amour une place de choix dans leurs œuvres. Avec les romans de Chrétien, ce n'est plus le destin d'une nation, l'issue d'une guerre ou le sort d'une cité qui sont en question, mais le devenir d'un individu. Le héros n'est plus partie et emblème de tout un peuple, d'une armée ou d'une famille, il ne représente que lui-même, en proie à une histoire dont il ne connaît pas le cheminement. Les combats ont toujours une place, mais le déroulement de l'intrigue n'en dépend plus. La fierté des armes, la passion guerrière s'allient désormais à la passion amoureuse et s'y soumettent. L'amour livre le héros aux incertitudes d'un devenir lié à l'aventure. Le mot même d'« *aventure* » se charge d'un sens nouveau qui lui donne une fonction essentielle dans le déroulement de l'intrigue : l'aventure était hasard, elle devient la marque d'une élection et l'épreuve merveilleuse et mystérieuse qui révèle à lui-même le héros en quête de son accomplissement, grâce à des prouesses prodigieuses.
Les cinq romans de Chrétien de Troyes subsistent dans une trentaine de manuscrits. Les copies présentent presque toujours des graphies de l'Est et du Nord et les textes sont la plupart du temps regroupés à 2, 3, 4 ou en totalité, et souvent réunis à d'autres œuvres romanesques. Un manuscrit du XIIIe siècle donne le nom du copiste, Guiot, qui officiait à Provins. Chrétien plie son style au service de son ambition et, par un art fait de subtilité et de fantaisie raffinée, il renouvelle la versification, le ton, la construction, il façonne l'écriture romanesque. Le premier, il brise l'unité du couplet de 2 octosyllabes à rimes plates, il use de l'enjambement ou du rejet ; il dégage ainsi un modèle de phrase moins rigide, plus naturel, plus long aussi, étendu par la subordination :

Et cil de la charrete panse
Con cil qui force ne defanse
N'a vers Amors qui le justise.

[Et celui de la charrette est pris dans ses pensées
comme un être sans force ni défense
à l'endroit d'Amour qui le gouverne.]

(***Lancelot***, vv. 711 à 713, éd. et trad. Méla)

Chrétien sait aussi utiliser avec discernement, à des fins dramatiques ou symboliques, les couleurs traditionnelles de la rhétorique qui plaisent et instruisent (hyperboles, anaphores, répétitions, chiasmes, allégorie, recours à la forme sentencieuse), mais surtout il adopte à plaisir le ton de l'humour ou de l'ironie. On se souvient de Lunette invitant vivement, et non sans malice, le preux Yvain à se rapprocher de Laudine :

« *En sa vous traiez*
chevaliers, ne poour n'aiez
de ma dame qu'elle ne vous morde. »

[« Mettez-vous là,
chevalier, et n'ayez pas peur
que ma dame vous morde. »]

(***Yvain***, vv. 1967 à 1969, éd. et trad. Hult)

Chrétien place enfin au premier plan de son travail un art nouveau de l'agencement d'où naît le sens, la « *moult bele conjointure* » dont il se targue au début d'***Érec et Énide*** (v. 14). Plus que comme une collation de moyens préservant l'unité, la « *conjointure* » — terme qui fait figure d'hapax — se donne comme un effet d'ensemble : le *sen* [sens] de l'œuvre est à découvrir par le lecteur, il n'est pas donné tout uniment, il n'est que suggéré, il couve sous l'histoire telle qu'elle est racontée. À la construction bipartite qui caractérise ses romans, Chrétien ajoute le procédé de l'entrelacement qui, en permettant de suivre par fragments successifs les aventures simultanées, confère au récit une épaisseur neuve dans le genre, permet de suivre par fragments successifs les aventures simultanées de deux ou plusieurs personnages et s'applique à rendre la complexité du temps humain en ses espoirs et ses impatiences ; il met au point progressivement ce procédé narratif appelé à connaître une belle fortune dans les romans en prose, en en fixant la rhétorique. Depuis la commodité narrative offerte dans ***Érec et Énide*** (*Or redevons d'Erec parler* [Il nous faut maintenant reparler d'Érec], v. 1242), jusqu'au ***Conte du Graal*** (*De mon seignor Gauvain se taist / Atant li contes dou Graal, / Si commence de Perceval* [De monseigneur Gauvain ne parle plus / maintenant le Conte du Graal, / qui commence ici sur Perceval], vv. 6140 à 6142) ou dans les vers 6434-6435, qui attribuent le changement de

personnage à l'autorité du *« conte »*, on mesure le chemin parcouru.
Chrétien cultive ainsi la suggestion, la surprise, voire l'ambiguïté, très sensible en particulier dans son dernier roman, ***Le Conte du Graal***. Ses interventions au sein de la narration sont nombreuses, mais rares sont celles qui anticipent sur la suite de l'histoire, comme c'est le cas lors de la fatidique scène du Graal sur laquelle pèsent ses commentaires funestes :

Si crient qu'il n'i ait domaige,
Por ce qu'il l'a oï retraire
Ansin bien se puet en trop taire
Con trop parler a la foiee.

[J'ai bien peur que le mal ne soit fait,
car j'ai entendu dire
qu'on peut aussi bien trop se taire
que trop parler à l'occasion.]

(***Le Conte du Graal***, vv. 3186 à 3189, éd. et trad. Méla)

Il mêle récit, monologues et dialogues et en varie le rythme autant que le ton, refuse bientôt aux longues descriptions, fleurons obligés de la rhétorique, leur caractère systématique et convenu de naguère, pour leur sauvegarder une charge symbolique ou le poids de l'originalité, leur préférant les notations allusives qui esquissent mais permettent à l'image de s'épanouir, à l'imaginaire de se déployer, il laisse s'instaurer, par son choix récurrent de l'ellipse ou de la litote, des silences riches en mystères qui suscitent la multiplicité, voire la divergence, des interprétations. Ainsi a-t-il légué à la postérité le mythe d'un Graal dont on ne cesse de vouloir percer l'énigme.

Une influence considérable

Après Chrétien de Troyes, les romans arthuriens se sont multipliés ; il a servi de référence aux splendeurs de l'immense roman en prose du *Lancelot-Graal* ; on a donné des suites à son ***Conte du Graal*** laissé inachevé ; les procédés d'analyse et de composition qu'il avait explorés ont continué de vivifier le genre romanesque, même lorsque son influence ne s'est plus fait directement sentir.
La postérité a immortalisé notamment Lancelot, Yvain et Perceval, ces trois héros auxquels n'ont cessé de s'identifier des générations de jeunes lecteurs, à la faveur des innombrables adaptations de leurs épopées respectives en littérature de jeunesse, ainsi qu'au cinéma, avec notamment *Lancelot du Lac* de Robert Bresson (1974), *Perceval le Gallois* d'Éric Rohmer (1979) ou *Excalibur* de John Bormann (1981). Revers de la médaille : la forme poétique de ces « romans » est souvent méconnue de leurs lecteurs, qui n'accèdent à ces vers que par des « traductions » en prose.
Toujours est-il que, pour la plupart des non-spécialistes, Chrétien de Troyes reste l'écrivain majeur du Moyen Âge, celui dont les héros triomphants ont réussi à pérenniser l'image exaltante d'un monde rempli certes d'épreuves et de dangers, mais aussi de merveilles et d'enchantements.

ŒUVRES

Le *Chevalier à la charrette*

Roman arthurien — également connu sous le titre ***Le Chevalier de la charrette*** —, de quelque 4 000 octosyllabes, composé sans doute entre 1176 et 1181, à la cour de Champagne. L'usage s'est imposé d'intituler ce roman ***Lancelot***.

Le jour de l'Ascension, un chevalier mystérieux défie la cour d'Arthur : il vainc le sénéchal Keu, puis emmène la reine Guenièvre. Gauvain et un chevalier qui n'a pas dévoilé son nom — Lancelot, qui ne sera nommé, par la reine, qu'au v. 3660 — se lancent à la poursuite du ravisseur (Méléagant, fils du roi de Gorre). Lancelot hésite avant de monter dans une charrette infamante, car destinée au transport des criminels, conduite par un nain qui lui a promis de le mener à Guenièvre. Il va, dans sa quête, subir toute une série d'épreuves, comme le passage du Pont de l'Épée qui doit le mener au Royaume de Gorre : *Qu'ainz par home ne fu passez, / Qu'il est com espee tranchanz* [Jamais personne ne l'a franchi, / il est aussi tranchant qu'une épée] (vv. 670-671, éd. et trad. Ch. Méla). Gauvain, lui, passera le Pont sous l'eau. En chemin, Lancelot défend contre des agresseurs une demoiselle fort hospitalière, qui le fait coucher dans son lit, mais qu'il ne touche pas : *Mes ne li pleist ne n'atalante / Quanqu'est bel et gent a chascun. / Li chevaliers n'a cuer que un* [Mais ce qui est charmant pour tout un chacun / est sans attrait ni plaisir pour lui / car le chevalier n'a qu'un cœur] (vv. 1226 à 1228). Il trouve ensuite un peigne d'ivoire retenant quelques cheveux blonds de la reine, qui le plongent dans une extase décrite ironiquement par le poète : *Diamargareton desdaigne / Et pleüriche et tiriasque, / Neïs saint Martin et saint Jasque, / Car en ces chevox tant se fie / Qu'il n'a mestier de lor aïe* [Le voici qui méprise la poudre de perles, / l'archontique, la thériaque / et tout autant saint Martin et saint Jacques ! / Il n'a plus besoin de leur aide, / tant il a foi en ces cheveux] (vv. 1474 à 1478). Dans un cimetière dont les tombes portent les noms de ceux qui y reposeront un jour, il soulève sa propre dalle et délivre par ce geste les étrangers retenus prisonniers au Royaume de Gorre. Après avoir franchi le terrible Pont de l'Épée, *Mains et genolz et piez se blece, / Mes tot le rasoage et sainne / Amors qui le conduist et mainne, / Si li estoit a sofrir dolz* [Il se blesse aux mains, aux genoux et aux pieds, / mais amour qui tout au long le guide / lui verse un baume et tout entier le guérit] (vv. 3112 à 3115). Il atteint ce royaume où, bien accueilli par le roi Bademagu, il affronte Méléagant, son fils. Puis Lancelot se met à la recherche de Gauvain. À la nouvelle — fausse — de sa mort, la reine laisse voir ses sentiments, et accorde une nuit d'amour à celui à qui elle reprochait son hésitation à monter dans la charrette. Mais Lancelot est traîtreusement emprisonné par Méléagant. Libéré par la sœur de celui-ci, il tranche la tête de son adversaire.

Le roman, à l'image du *Tristan*, exalte l'amour adultère d'un chevalier pour la reine et reprend aux troubadours le thème de la *fin' amor*. L'extase, l'oubli de soi caractérisent cet amour sans mesure, qui peut même conduire à la mort. La Dame est maîtresse de la prouesse et de l'honneur du chevalier : Lancelot accepte l'humiliation de la charrette, et, sur l'ordre de Guenièvre, se conduit en lâche dans un tournoi. Mais il prend de plus une dimension messianique : la Tombe de Marbre le désigne comme le libérateur de tous les prisonniers du Royaume de Gorre, figuration de l'Autre Monde.

Le Chevalier à la Charrette fut composé à la demande de la comtesse de Champagne qui en fournit les données. Chrétien ne l'acheva pas et il fut terminé par Godefroi de Lagny.

Le roman connut un immense succès ; il fut développé dans le *Lancelot en prose*, et son héros appartient à l'imaginaire commun de la fin du Moyen Âge. Robert Bresson en a tiré un film, *Lancelot du Lac*, en 1974.

*Le **Chevalier au lion***

Roman de plus de 5 000 octosyllabes, sans doute composé entre 1176 et 1181, à la cour de Marie de Champagne, en même temps que ***Le Chevalier à la charrette***. L'usage s'est imposé d'intituler ce roman ***Yvain***.

À la Pentecôte, à la cour d'Arthur, le chevalier Calogrenant raconte la honte qu'il a subie dans la forêt de Brocéliande : guidé par un bouvier jusqu'à une fontaine, il en a renversé l'eau, déclenchant une tempête et l'apparition d'un chevalier qui l'a vaincu. Yvain part tenter l'aventure, il verse l'eau sur le perron de la fontaine, et blesse mortellement le défenseur, Esclados, qui fuit, poursuivi par Yvain jusque dans son château. Un piège l'y retient prisonnier : *Ainsi dui trebuchet estoient / Sous la porte, qui soustenoient / Amont une porte a coulant / De fer, esmolue et trenchant. / Quant riens chel engien adesoit, / Le porte d'amont descendoit, / S'estoit pris ou detrenchiés tous / Cui la porte ataignoit desous* [De même, il y avait deux trébuchets / sous le seuil qui maintenaient en place, / vers le haut, une porte à coulisse / en fer, aiguisée et tranchante. / Quand quelque chose touchait à ce mécanisme / la porte, de sa position haute, descendait, / et ainsi se trouvait capturé, ou même tranché de part en part, / celui qu'elle atteignait en-dessous] (vv. 919 à 926, éd. et trad. D.F. Hult). Devenu invisible grâce à une demoiselle du château, Lunette, qui lui donne un anneau magique, Yvain s'éprend de la femme du défunt, Laudine. Lunette la convainc d'épouser le vainqueur : — *Par foy, vous pöez bien entendre / Que je m'en voiz par mi le voir ; / Et si le pruis par estouvoir, / Que miex vaut icil qui conquist / Vostre segneur, quë il ne fist. / Il le conquist et cel quacha / Par hardement enduques cha, / Si que i l'enclost en sa meson* [— Ma foi, vous pouvez bien comprendre / que j'en passe par la vérité ; / ainsi, je le prouve sans discussion possible, / celui qui vainquit votre mari / fut plus vaillant que ce dernier. / Il le vainquit et puis le poursuivit / avec hardiesse jusqu'ici, / si bien qu'il l'enferma dans sa propre maison] (vv. 1702 à 1709). Après son mariage, parti avec Gauvain se couvrir de gloire dans les tournois, Yvain oublie le délai d'un an que Laudine lui a fixé pour son retour. Quand une messagère lui reprend l'anneau nuptial, il s'enfuit et sombre dans la démence : *Lors li monta .i. troubeillons / El chief, si grant quë il forsenne ; / Lors se desschire et se despenne / Et fuit par cans et par valees, / Si laisse ses gens esgarees* [Alors il lui monte un tourbillon / dans la tête, si puissant qu'il perd la raison ; / puis il déchire ses vêtements et s'en dépouille / et s'enfuit par les champs et les vallées, / laissant ses gens en plein désarroi] (vv. 2804 à 2808). Secouru et soigné par un ermite, il recouvre petit à petit la raison. Il sauve de l'attaque d'un serpent un lion qui s'attache à ses pas : *Et quant il parvint chele part, / Vit .i. lion en .i. essart / Et .i. serpent qui le tenoit / Par le keue, si li ardoit / Toutes les rains de flambe ardant* [Quand il fut parvenu à cet endroit, / il vit un lion dans un lieu défriché / et un serpent qui le tenait / par la queue, et qui lui brûlait / entièrement les reins d'une flamme ardente]. Sous le nom de « *Chevalier au lion* », il porte secours à des êtres opprimés ou en danger de mort ; il libérera en particulier 300 fileuses prisonnières au château de Pesme *(« Pire »)* Aventure en terrassant deux démons : *Et par entre les peus laiens / Voit pucheles jusqu'a trois chens / Qui dyverses oevres faisoient. / De fil d'or et de soie ouvroient / Chascune au mix qu'ele savoit. / Mais tel poverté y avoit / Que deslïees et deschaintes / En y ot de poverté maintes ; / Et les mameles et les keutes / Paroient par leur cotes routes* [Et à l'intérieur de cet enclos, à travers l'intervalle qui sépare les pieux, / il voit jusqu'à trois cents jeunes filles / qui faisaient divers ouvrages. / Elles tissaient avec des fils d'or et de soie, / chacune du mieux qu'elle pouvait. / Mais il y régnait une telle pauvreté / qu'il y en avait plusieurs qui avaient la tête nue / et qui manquaient de ceinture à cause de cette misère. / De plus, leurs seins et leurs coudes / paraissaient à travers leurs tuniques déchirées] (vv. 5189 à 5198). Et, pour défendre une jeune fille déshéritée, il combat sans le savoir Gauvain. Revenu à la fontaine, il n'est plus attaqué, et Laudine se désole de ne pouvoir compter sur le secours du fameux chevalier au lion. Grâce à une ruse de Lunette, il peut retrouver l'amour de Laudine et vivre avec elle un parfait amour.

Comme ***Érec et Énide***, ce roman prend pour thème l'amour conjugal, et le conflit qui peut surgir entre l'amour et la prouesse. Le merveilleux des mythes ajoute ses résonances aux scènes proches de la réalité, et le chevalier découvre, au-delà de son accomplissement personnel, la nécessité d'œuvrer au service d'une certaine idée de l'homme. Le gardien de bœufs sauvages, monstrueux de laideur, répond fièrement qu'il est un homme, comme le chevalier qui l'interroge et à qui il indique pour finir le chemin de la fontaine.

Ce roman fut adapté en allemand par Hartmann von Aue *(Iwein)* à la fin du XIIe siècle et en anglais *(Ywain and Gauwain)* au XIVe siècle ; au XIIIe siècle, un conte gallois, *Owein et Lunet*, s'en inspira sans doute ; au XVIe siècle, Pierre Sala en donna une adaptation en vers (entre 1515 et 1520).

Cligès

Roman de quelque 6 000 octosyllabes, traditionnellement daté de 1175. ***Cligès*** relève à la fois du roman breton et du roman byzantin, et il est fondé sur deux histoires consécutives : celle des amours du père de Cligès, Alexandre, et de Soredamors, puis celle des amours de Cligès et de Fénice.

Alexandre, fils de l'empereur de Constantinople, se rend à la cour d'Arthur pour y devenir chevalier et acquérir la gloire. Il s'y fait aimer de Soredamors, l'orgueilleuse d'amour : *Amors li a chaufé .I. beig / Qui molt l'eschaufe et molt la cuist. / Or li est boen et or li nuist, / Or le veult et or le refuse. / Ses euz de traïson acuse / Et dit : « Oeil, vos m'avez traïe !... »* [Amour lui a chauffé un bain / où elle étouffe et qui la brûle. / Tantôt il lui est doux et tantôt pénible, / tour à tour, elle le souhaite et le refuse. / Elle accuse ses yeux de trahison / et dit : *« Mes yeux, vous m'avez trahie !... »*] (vv. 470 à 475, éd. Ch. Méla, trad. O. Collet). Ils se marient et ont un fils, appelé Cligès. C'est alors que prend véritablement place le roman de Cligès, au 2e tiers du texte. Après la mort de l'empereur de Constantinople, un messager annonce à Alis, le frère d'Alexandre, que ce dernier a péri en mer. Alis prend alors le pouvoir, mais Alexandre, dont la nouvelle de la mort se révèle fausse, le lui conteste. À la suite d'un accord, Alis gardera la couronne, mais Alexandre exercera le pouvoir, à la condition qu'Alis ne se marie jamais, afin que Cligès hérite du trône. Alexandre mort, Alis transgresse sa promesse et décide d'épouser Fénice, fille de l'empereur d'Allemagne. Il va la chercher à Cologne, mais Cligès séduit Fénice par sa beauté, et elle décide de n'appartenir qu'à lui. La nourrice de Fénice, Thessala, fait servir à Alis, le soir de ses noces avec la jeune femme, un breuvage qui lui donne l'illusion de la posséder : *De la poison .I. grand tret boit, / Et maintenant la force sent / Qui del chief el cors li descent / Et del cors li remonte el chief, / Si le cerche de chief en chief. / Tout le cerche sanz rien grever, / Et quand vint as tables oster, / Ot l'empereres tant beü / Del boivre qui li ot pleü / Que ja mais n'en sera delivres* [Il boit une grande gorgée / et en sent aussitôt la force / qui, de la tête, lui descend dans le corps / puis lui remonte du corps à la tête / et le parcourt de part en part. / Elle le pénètre entier, sans dommage, / et quand vint le moment d'ôter les nappes, / l'empereur avait tant bu / de la boisson qui lui plaisait / qu'il ne pourra plus jamais s'en défaire] (vv. 3270 à 3279). Cligès triomphe du neveu du duc de Saxe puis du duc lui-même qui avait l'intention de prendre de force Fénice. Après avoir accompli son apprentissage chevaleresque à la cour d'Arthur, Cligès avoue son amour à Fénice, et, pour échapper à Alis, elle absorbe un « *boivre* » confectionné par Thessala et destiné à lui donner l'apparence d'une morte : *Un petit einz hore de none, / La poison a boivre li done, / Et lors quant ele l'a beüe / Li est troublee la veüe, / Si a le vis si pale et blanc / Com s'ele eüst perdu le sanc, / Ne pié ne main ne remeüst, / Qui vive escorchier la deüst, / Ne se croule ne ne dit mot* [Un peu avant la neuvième heure, / elle lui donne à boire la potion, / et lorsque celle-ci l'a bue, / sa vue s'est aussitôt troublée. / Elle a le visage aussi pâle et blanc / que si elle avait perdu tout son sang, / elle n'aurait pu remuer ni pied ni main, / eût-elle été écorchée vive ; / elle ne bouge plus ni ne dit mot] (vv. 5697 à 5705). Exhumée de son tombeau le soir-même, ranimée par Thessala, elle vit dans une tour donnant sur un verger où les amants sont surpris. Ils prennent la fuite et se réfugient à la cour d'Arthur. Alis meurt, et le roman se termine par le mariage de Cligès et de Fénice.

Considéré comme le second des romans de Chrétien de Troyes, ***Cligès*** pourrait être le premier, en raison du maniérisme et de l'intertextualité qu'aucune autre de ses œuvres ne laisse transparaître. On notera la présence de l'Allemagne (Cologne, Ratisbonne), et, à côté des enchantements de Thessala, l'absence de l'Autre Monde celtique. La naissance de l'amour est évoquée avec une finesse qui s'apparente à la préciosité, et avec une habileté rhétorique (monologues, jeux d'antithèses, dialogues pleins de vivacité) où l'on doit voir l'influence du *Roman d'Énéas*. À l'arrière-plan, on retrouve la légende de Tristan et d'Iseut. Le personnage de Soredamors, type de l'orgueilleuse d'amour, sera repris dans des romans comme *Amadas et Ydoine*, *Ipomédon*, *Blancandin*, *Le Bel Inconnu*, etc. Une mise en prose de ***Cligès*** date de 1454.

Le **Conte du Graal**

Roman arthurien de plus de 9 000 (exactement 9 066) octosyllabes, composé après 1181, dédié à Philippe d'Alsace et resté inachevé, sans doute à cause de la mort de Chrétien de Troyes. L'usage s'est imposé d'intituler ce texte ***Perceval***.

Le roman relate la triple formation — chevaleresque, amoureuse et religieuse — d'un adolescent que sa mère, endeuillée par la mort de ses deux fils aînés et de son mari, a choisi d'élever dans la plus complète ignorance. La rencontre de cinq chevaliers, après l'avoir apeuré, provoque le ravissement du jeune homme : *Et vit lo vert et lo vermoil / Reluire contre lo soloil / Et l'or et l'azur et l'argent, / Si li fu molt tres bel et gent / Et dit : « Biaus sire Dex, merci ! / Ce sont ange que je voi ci »* [Quand il vit le vert et le vermeil / reluire en plein soleil, / et l'or, et l'azur et l'argent, / il trouva cela vraiment beau et noble / et s'écria : *« Doux seigneur, mon Dieu, pardon ! / Ce sont des anges que je vois là ! »*] (vv. 127 à 132, trad. Ch. Méla). Sa conversation naïve avec les chevaliers le décide à devenir l'un d'entre eux. Au grand désespoir de sa mère, il se met en route pour Carduel, où il espère trouver le *« roi qui les chevaliers fait »*, et parvient à la cour du roi Arthur : *« Faites moi chevalier, fait-il, / Sire rois, car aler m'en voil »* [*« Faites-moi chevalier, monseigneur le roi ! /* dit-il, *car je veux m'en aller »*] (vv. 930-931). Ce *« vallet salvaige »* suscite les moqueries du sénéchal Keu, mais une jeune fille lui prédit : *« Q'an trestot lo monde n'avra / N'il n'iert ne l'an ni savra / Nul chevalier meillor de toi »* [*« Que dans le monde entier, il n'y aura pas, / on n'y verra pas, on n'y saura pas, / de meilleur chevalier que toi »*] (vv. 997 à 999). Tuant de sa lance le grossier chevalier Vermeil, qui a volé au roi une coupe d'or, puis revêtant — non sans mal, du fait de son inexpérience — son armure vermeille, le jeune homme se rend au château de Gornemant où il fait son apprentissage de chevalier. Adoubé par Gornemant, il requiert, devant Beaurepaire assiégée, l'hospitalité de la charmante Blanchefleur (la nièce de Gornemant) qui vient dormir avec lui dans son lit : *Ensin jurent tote la nuit / Li uns lez l'autre, boche a boche, / Jusqu'au main que li jorz aproche* [Ils sont ainsi restés toute la nuit / étendus l'un contre l'autre, bouche contre bouche, / jusqu'au matin, à l'approche du jour] (vv. 2022 à 2024). À la grande joie de Blanchefleur, qui ne réussit pas néanmoins à retenir le champion auprès d'elle, il s'illustre contre les assaillants (Aguingueron, puis Clamadieu) de la ville. Reprenant sa route en priant Dieu de retrouver sa mère en bonne santé, il est arrêté par une rivière où deux pêcheurs dans une barque lui confirment : *« Si n'i puet en passer cheval, / Qu'il n'i a bac ne pont ne gué »* [*« Impossible donc de passer un cheval, / car il n'y a ni bac ni pont ni gué »*] (vv. 2960-2961). Il accepte l'hospitalité de l'un d'entre eux : parvenu au château du Roi Pêcheur, il entre dans une salle carrée au milieu de laquelle est assis un homme infirme grisonnant et vêtu de noir, qui s'excuse de ne pouvoir le saluer. Assis à ses côtés, après avoir reçu une épée en cadeau, le jeune chevalier assiste alors à un mystérieux spectacle : *Uns vallez d'une chanbre vint, / Qui une blanche lance tint. / [...] / S'an ist une goute de sanc / Do fer de la lance an somet, / Et jusqu'a la main au vallet / Corroit cele goute vermoille* [Un jeune noble sortit d'une chambre, / porteur d'une lance blanche / [...] / Il sortait une goutte de sang / du fer, à la pointe de la lance, / et jusqu'à la main du jeune homme / coulait cette goutte vermeille] (vv. 3129-3130 et 3136 à 3139). Viennent ensuite de jeunes porteurs de candélabres, puis deux jeunes filles dont l'une est si belle que, *Atot lo graal qu'ele tint / Une si grant clartez i vint / Qu'ausin perdirent les chandoilles / Lor clarte comme les estoilles / qant li solaux luist o la lune* [avec le graal qu'elle tenait / il se fit une si grande clarté / que les chandelles en perdirent / leur éclat comme les étoiles / au lever du soleil ou de la lune] (vv. 3163 à 3167). Se souvenant qu'un chevalier se doit d'être réservé dans ses paroles, le jeune homme se garde de poser la moindre question sur ce « *graal* » qui repasse devant eux durant tout le repas. Le lendemain, il rencontre sa cousine qui pleure sur le corps de son ami tué par un chevalier. Elle l'interroge sur ce qu'il a vu chez le Roi Pêcheur et lui demande son nom : *Et cil qui son non ne savoit / Devine et dit que il avoit / Percevaus li Gualois a non, / Ne ne set s'il dit voir o non* [Et lui qui ne savait son nom / en a l'inspiration et il dit / que Perceval le Gallois est son nom / sans savoir s'il a dit vrai ou non] (vv. 3511 à 3514). Elle lui révèle que son silence a empêché la guérison du Roi Pêcheur ; son mutisme a pour cause le péché commis envers sa mère, morte de chagrin à son départ. Reprenant son chemin, Perceval combat l'Orgueilleux de la Lande, et se retrouve un matin dans une froide prairie. Une oie blessée par un faucon laisse tomber trois gouttes de sang sur la neige, et cette image lui rappelle son amie Blanchefleur : *Et panse tant que toz s'oblie, / Q'autresin estoit en son vis / Li vermauz sor lo blanc asis / Con ces III gotes de sanc furent / Qui sor la blanche noif parurent* [Tout à sa pensée, il s'en oublie lui-même. / Pareille était sur son visage / cette touche de vermeil, disposée sur le blanc, / à ce qu'étaient ces trois gouttes de sang / apparues sur la neige blanche] (vv. 4136 à 4140). Plusieurs chevaliers l'attaquent mais ne le détournent que momentanément de sa contemplation ; seul Gauvain le convainc de le suivre auprès du roi. À la cour du roi Arthur, une demoiselle effroyablement laide lui reproche son silence coupable, puis suggère aux chevaliers des exploits à leur mesure. Chacun se lance à l'aventure, Gauvain à la rescousse d'une demoiselle en détresse au Mont Esclaire, Guiflet au château Orgueilleux.. Les errances de Perceval, qui ne songe désormais qu'à résoudre l'énigme du graal et de la lance qui saigne, s'entrelacent avec les aventures chevaleresques et galantes de Gauvain — tournoi de Tintagel, démêlés avec le roi et les habitants d'Escavalon, quête de la lance qui saigne. On retrouve Perceval au bout de cinq années riches en actes de chevalerie, mais passées dans l'oubli de sa foi chrétienne : *Percevax, ce conte l'estoire, / A si perdue la memoire, / Que de Deu ne li sovient mais* [Perceval, nous raconte l'histoire, / a tant perdu la mémoire, / qu'il en a même oublié Dieu] (vv. 6143 à 6145). Des pénitents de rencontre lui en font le reproche, et lui enjoignent de se repentir en ce jour de vendredi saint. Perceval va en pleurant se confesser à un ermite, qui lui rappelle les conséquences de son silence chez le Roi Pêcheur, et aborde les mystères de la lance et du graal : « *Pechiez la laingue te traincha / Que lo fer qui ainz n'estaincha / Descovert devant toi veïs / Ne la raison n'an enqueïs, / Et tu del graal ne seüs / Cui l'an en sert, fol sans eüs. / Cil cui l'an en sert est mes frere, / Ma suer et soe fu ta mere* » [« *Le péché te trancha la langue / quand tu as vu devant toi le fer / dont le sang jamais n'a été étanché / et que tu n'en as pas demandé la raison. / Et pour le graal, quand tu n'as su / qui l'on en sert, tu fus un insensé. / Celui qu'on en sert est mon propre frère. / Ma sœur et la sienne fut ta mère* »] (vv. 6335 à 6342). En pénitence, Perceval partage pendant deux jours les maigres repas de son oncle, et communie le jour de Pâques. Jusqu'à la fin du roman, il n'est plus question ensuite que de Gauvain : ce dernier soigne un chevalier blessé, qui lui demande de prendre soin d'une demoiselle — et lui volera plus tard son cheval —, rencontre la « *male pucele* » [la jeune fille mauvaise] (v. 8330) et voyage un moment avec elle. Il arrive dans un château enchanté où il retrouve son aïeule, sa mère et sa sœur. D'abord accueilli avec les honneurs, il en devient le seigneur captif ; mais il profite de l'autorisation que lui donne la « *raïne as blanches treces* » [la reine aux blanches tresses], de partir le temps d'une journée, pour se lancer dans d'autres aventures qui s'interrompent avec le récit, alors qu'il s'apprêtait à se battre en duel avec Guiromelant.

Ce roman familial — puisque l'orphelin découvre, de son côté, deux oncles : l'ermite qui le confesse et le père du Roi Pêcheur qui se nourrit d'une hostie contenue dans le graal — offre une composition soignée où objets, couleurs et mots se répondent. Ce testament spirituel oppose deux chevaleries, l'une mondaine, incarnée par Gauvain, et l'autre chrétienne, illustrée par Perceval qui s'élève de l'ordre de la chair à celui de la charité, ouvrant enfin son cœur au repentir et à Dieu.

L'œuvre, connue par 15 manuscrits et 3 fragments, eut un immense retentissement, comme en témoignent les multiples prologues, continuations — 1re continuation anonyme appelée aussi *Continuation Gauvain*, 2e continuation quelquefois attribuée à Wauchier de Denain, 3e continuation de Manessier qui s'enchaîne à la 2e, continuation de Gerbert de Montreuil —, remaniements en vers et en prose, les adaptations étrangères en norrois, en anglais et en allemand (avec le *Parzifal* de Wolfram von Eschenbach). En 1979, Éric Rohmer en proposa même une version cinématographique, *Perceval le Gallois*.

Érec et Énide

Roman arthurien, de quelque 7 000 octosyllabes, composé vers 1170.

Un jour de Pâques, le bel et vaillant Érec, fils du roi Lac, suit la Chasse au Blanc Cerf menée par le roi Arthur. À l'écart de la chasse, le nain du chevalier Ydier frappe la suivante de Guenièvre et blesse Érec au visage. Ce dernier promet à la reine de la venger de l'offense, et se lance à la poursuite du chevalier, ce qui l'amène dans un bourg fortifié où se prépare la fête de l'épervier : *S'il i a chevalier tant os / qui vuille le pris et le los / De la plus bele desranier, / S'amie fera l'esprevier / devant tous a la perche prendre* [S'il se trouve chevalier assez hardi / pour oser revendiquer pour son amie / le prix et l'honneur de la plus belle / il fera prendre l'épervier / par elle sur la perche aux yeux de tous] (vv. 573 à 577, éd. et trad. J.-M. Fritz). Hébergé chez un pauvre vavasseur (petit noble), le jeune homme est émerveillé par la beauté de la fille de son hôte, Énide. Il vainc Ydier au tournoi, offre l'épervier à Énide et l'amène à la cour de Caradigan, où le roi Arthur s'apprête, selon *« l'usage et la droiture »* (v. 1838), à donner le *« baisier dou blanc cerf »* (v. 1815) à la plus belle fille du royaume : Énide fait l'unanimité, et les deux jeunes gens se marient. Après des noces magnifiques dont les réjouissances culminent avec le tournoi de Danebroc, le couple s'installe au royaume de Lac, où le père d'Érec et son peuple l'accueillent avec enthousiasme, admirant *« la grant beauté* [...] *et plus encor por la franchise »* (vv. 2400-2401) de la jeune femme. Mais, si Érec a le bonheur d'aimer une femme irréprochable, la passion lui fait oublier ses devoirs : *Mais tant l'ama Erec d'amors / que d'armes mais ne li chaloit, / N'a tornoiement mais n'aloit. /* [...] */ Tot met son cuer et s'entendue / En li acoler et baisier, / Ne se queroit d'el aaisier* [Mais Érec l'aimait d'un si grand amour / que les armes le laissaient indifférent / et qu'il ne participait plus aux tournois. / [...] / Il n'avait plus en son cœur que le désir / de l'embrasser et de la couvrir de baisers : / il ne cherchait plus d'autre plaisir] (vv. 2429 à 2431 et 2436 à 2438). Énide lui en fait le reproche — *Recreant vos apelent tuit* [Tous vous traitent de lâche] (v. 2551) —, et, vexé, Érec décide de partir, revêtu de son armure mais sans autre escorte que sa femme, à qui il défend de lui adresser la parole. Il est attaqué à plusieurs reprises par des brigands et des chevaliers ; Énide est partagée entre son obéissance et son désir de sauver son mari — *Qu'ele ne set lequel saisir, / Ou le parler ou le taisir.* [Elle ne sait quel parti prendre, / parler ou se taire] (vv. 3723-3724) — et, ne pouvant s'empêcher de l'alerter, elle provoque sa colère. Les épreuves se succèdent : Érec affronte le comte Galoain, furieux d'avoir été éconduit par Énide, se bat contre Guivret avant de s'en faire un ami, combat des géants... Vainqueur de tous ses adversaires, mais épuisé par ses blessures, il passe pour mort et, désespérée, Énide s'accuse : *Par ma parole l'ai ocis : /* [...] */ Ainz taisirs a home ne nut, / Mais parlers nuit mainte foïe* [Par ma parole je l'ai tué : / [...] / Le silence n'a jamais nui à personne / mais la parole cause mainte fois du tort] (vv. 4619 et 4624-4625). Puis elle prouve son amour en se rebellant contre le comte de Limors qui veut l'épouser de force. Revenu de sa mort apparente, dans la panique générale, Érec tue le comte, puis accorde son pardon à Énide, avant de partir avec elle dans la nuit : *Or n'est pas Enide a malaise, / Quant ses sire l'acole et baise, / Et de s'amor la raseüre* [Énide n'est plus à plaindre, / maintenant que son seigneur l'enlace et l'embrasse / et la rassure sur son amour] (vv. 4927 à 4929). Guivret, trompé par l'obscurité, tente d'abattre Érec, mais Énide intervient et arrête le combat. Cette dernière preuve d'amour achève la réconciliation : *Or ont lor amor refermee / Et lor grant dolor obliee, / Que petit mais lor en sovient* [À cette heure, ils ont raffermi leur amour / et oublié la douloureuse épreuve : / celle-ci n'est plus désormais qu'un lointain souvenir] (vv. 5249 à 5251). Au château de Brandigan, Érec doit encore vaincre, dans un verger magique, un chevalier d'une taille extraordinaire, Mabonagrain. Il le délivre en fait de l'enchantement qui le tenait prisonnier et sonne du cor, rendant la joie à tous les habitants du royaume : c'est la *« Joie de la Cour »*. À la mort du père d'Érec, Arthur couronne les deux jeunes gens à Nantes, à Noël, au cours d'une cérémonie que Chrétien de Troyes décrit avec virtuosité, s'attardant sur les costumes et les objets, notamment les couronnes d'or massif, *d'escharboncles enluminees, / Que quatre en avoit en chascune* [dont chacune resplendissait de quatre escarboucles] (vv. 6834-6835). Et la fin du roman montre Érec digne d'être roi : les épreuves ont amené les deux héros à l'accomplissement dans l'amour conjugal, source de vaillance et de joie.

Érec et Énide fut adapté en allemand par Hartman von Aue à la fin du XIIe siècle ***(Erec)*** et en norrois à la fin du XIIIe siècle ***(Erex Saga)***. Un conte gallois du XIIIe siècle, *Gereint et Enid*, s'inspire également du roman. Enfin, il a été mis en prose, en français, au XVe siècle.

CITATIONS

Qui a le cuer, si et le cors.

[Qui a le cœur, qu'il ait aussi le corps.]

Cligès ou la Fausse Morte.

Ce panse cuers que ne dit boche.

[La cœur a des pensées que ne dit pas la bouche.]

Érec et Énide.

Erec cele part esperone,
des esperons au cheval done,
vers le chevalier vient tot droit.
Li nains cuiverz venir le voit,
a l'encontre li est alez :
« *Vasax,* fet il, *arriers estez ;*
ça ne sai ge qu'a fere aiez ;
je vos lo qu'arriers vos traiez.
– Fui ! fet Erec, *nains enuieus,*
trop es fel et contralïeus ;
laisse m'aler. – Vos n'i iroiz.
– Je si ferai. – Vos nel feroiz. »

[Érec éperonne de ce côté,
Il donne de l'éperon à son cheval,
Il vient tout droit vers le chevalier.
Le méchant nain le voit venir,
Il marche à sa rencontre :
« Vassal, *dit-il,* allez-vous-en ;
Je ne sais ce que vous avez à faire ici ;
Je vous conseille de vous retirer.
– Sauve-toi, mauvais nain, *dit Érec,*
Tu es insolent et pervers ;
Laisse-moi passer. – Vous n'irez pas.
– Oh que si ! – Oh que non ! »*]*

Érec et Énide, vv. 205 à 216.

Li cors s'an vet, li cuers séjorne.

[Le corps s'en va, le cœur séjourne.]

Lancelot ou le Chevalier à la Charrette.

N'est pas el cuer, mes an la boche,
Reisons qui ce dire li ose ;
mes Amors est el cuer anclose
qui li comande et semont
que tost an la charrette mont.
Amors le vialt et il i saut,
que de la honte ne li chaut
puis qu'Amors le comande et vialt.

[Raison n'est pas dans son cœur, mais dans sa bouche,
Quand elle ose lui tenir ce langage ;
Amour, lui, est enfermé dans son cœur
Quand il lui commande impérativement
De monter sur la charrette.
Amour l'exige : il y bondit,
Et se moque bien d'être honni,
Puisque Amour le veut et le lui ordonne.]

Lancelot ou le Chevalier à la charrette, vv. 370 à 377.

Feme qui sa bouche abandone
Le surplus molt de legier done.

[Femme qui abandonne sa bouche
Accorde sans peine le surplus.]

Perceval ou le Conte du Graal.

Les mors as mors, les vis as vis !

[Les morts avec les morts, les vivants avec les vivants !]

Perceval ou le Conte du Graal.

Que molt est malvais qui oblie
S'on li fait honte ne laidure.

[Mauvais est l'homme qui oublie
Honte et vilenie qu'on lui fit.]

Perceval ou le Conte du Graal.

Qui trop parole, il se mesfait.

[Trop de paroles, péché certain.]

Perceval ou le Conte du Graal.

Plus a paroles an plain pot
De vin qu'an un mui de cervoise.

[Il y a plus de paroles en un plein pot
De vin qu'en un muid de cervoise.]

Yvain ou le Chevalier au Lion.

Quant mes sire Yvains voit blecié
son lÿon, molt a correcié
le cuer del vantre, et n'a pas tort ;
mais del vangier se poinne fort ;
si lor vet si estoutemant
que il les mainne si vilmant
que vers lui point ne se desfandent
et que a sa merci se randent
por l'aïde que li a feite
li lïons, que molt se desheite,
que bien devoit estre esmaiez,
car en deus leus estoit plaiez.

[Quand mon seigneur Yvain voit blessé
Son lion, il enrage
Jusqu'au fond du cœur, à juste titre ;
Mais il met toute sa peine à le venger ;
Il les attaque avec une telle vigueur
Qu'il les domine de façon écrasante,
Au point qu'ils ne lui résistent plus
Et se rendent à sa merci,
Grâce au secours qui lui a prêté
Le lion, qui souffre beaucoup,
Parce qu'il a de bonnes raisons de défaillir,
Après avoir reçu deux blessures graves.]

Yvain ou le Chevalier au Lion, vv. 4543 à 4554.

Toz jorz dras de soie tistrons
Ne ja n'an serons miauz vestues.
Toz jorz serons povres et nues
Et toz jorz fain et soif avrons ;
Ja tant gaeignier ne savrons,
Que miauz an aiiens a mangier.
Del pain avons a grant dangier
Au main petit et au soir mains,
Que ja de l'uevre de noz mains
N'avra chascune por son vivre
Que quatre deniers de la livre.
Et de ce ne poons nos pas
Assez avoir viande et dras ;
Car, qui gaaigne la semainne
Vint souz, n'est mie fors de painne.
Et bien sachiez vos a estroz
Que il n'i a celi de nos
Qui ne gaaint vint sous ou plus,
De ce seroit riches uns dus !
Et nos somes an grant poverte,
S'est riches de nostre deserte
Cil por cui nos nos traveillons.
Des nuiz grant partie veillons
Et toz les jorz por gaeignier ;
Qu'an nos menace a maheignier
Des manbres, quant nos reposons,
Et por ce reposer n'osons.

[Toujours draps de soie tisserons :
Jamais n'en serons mieux vêtues.
Toujours serons pauvres et nues
Et toujours faim et soif aurons ;
Jamais tant gagner ne saurons
Que mieux en ayons à manger.
Du pain avons à grand'peine,
Au matin peu et au soir moins :
Jamais de l'œuvre de nos mains
N'aura chacune pour son vivre
Que quatre deniers de la livre.
Et de ce ne pouvons-nous pas
Assez avoir nourriture et vêtements ;
Car, qui gagne [dans] *la semaine*
Vingt sous, n'est pas hors de peine.
Et sachez vraiment clairement
Qu'il n'y a aucune d'entre nous
Qui ne gagne vingt sous au plus :
De cela serait riche un duc !
Et nous sommes en grande pauvreté :
S'enrichit de notre mérite
Celui pour qui nous travaillons.
Des nuits grand'partie nous veillons
Et tout le jour, pour [y] *gagner ;*
On nous menace de mutiler
Nos membres, quand nous reposons,
Et pour ce reposer n'osons.]

Yvain ou le Chevalier au Lion, vv. 5298 à 5327.

JUGEMENTS

« Ce qu'a dit Chrétien de Troyes, tout le monde le sait. Mais on s'en souvient sans se souvenir de lui. »

Dominique Aury, « Chrétien de Troyes », in *Tableau de la littérature française*, I, Gallimard, 1962.

« Les voix individuelles [...], à l'occasion les dissonances mêmes, s'équilibrent dans une harmonie supérieure. Il se peut que cette harmonie soit la chance d'un monde privilégié : élite, aristocratie du cœur. N'oublions pas cependant que Chrétien ne l'a pas donnée dès le départ à ses personnages ; la perfection du bonheur est atteinte à travers les épreuves ; elle est une conquête héroïque, une victoire de l'homme sur lui-même. »

Jean Frappier, *Étude sur « Yvain ou le Chevalier au lion » de Chrétien de Troyes*, SEDES, 1969.

« Chrétien de Troyes est le premier auteur français qui, échappant enfin aux limbes de l'anonymat, mérite par la richesse de son œuvre, l'originalité de sa manière, la netteté des contours de sa personnalité littéraire, la profondeur de son influence, de prendre rang parmi les grands noms de notre histoire littéraire.

[...]

Sans doute on ne saurait affirmer que Chrétien ait eu une conscience très claire du sens mythologique de ses récits. Mais il serait peut-être aussi téméraire d'affirmer le contraire. Les démarches inexpliquées et humainement absurdes qu'il impose si volontiers à ses héros tendraient plutôt à faire penser qu'il a bien eu le sentiment que son récit était souvent conduit par une logique différente de la logique purement humaine. Il n'est pas du tout assuré qu'il n'ait pas délibérément voulu conduire ses lecteurs et auditeurs sur une terre de mystère élue et embellie par son imagination, loin de la vie quotidienne. Il est difficile en tout cas, même à un lecteur moderne, de ne pas se sentir peu à peu entraîné par lui dans un monde de rêve, à la fois vivant et irréel, où les personnages sont conduits vers des destinées étranges par des sentiments simples et irrésistibles, où tous les héros sont un peu des visionnaires et des possédés.

Car Chrétien de Troyes — et c'est là peut-être son plus grand titre littéraire — a créé un monde à part, un monde qui lui appartient, et qui vit d'une vie propre, comme celui que créeront plus tard un Balzac ou un Marcel Proust. La cour du roi Arthur et de la reine Guenièvre, protagonistes un peu falots, en constitue le centre. Autour s'agite, intrigue, combat surtout un cortège de chevaliers : Ké [sic] *le Sénéchal, à l'âme pleine d'arrière-pensées, et qui par contraste met en relief la personnalité des vrais héros de l'aventure, Gauvain, le parfait chevalier, Sagremor l'indomptable, Yvain, Calogrenant, Lancelot, Gornemant, Perceval et d'autres, en opposition avec quelques méchants, rares en vérité, comme le félon Méléaguant* [sic], *fils du loyal Bademagu, roi de ce pays de Gorre, d'où l'on ne revient pas. Dans cet univers courtois les femmes tiennent naturellement une belle place, moins importante cependant qu'on ne pourrait penser, car Chrétien se défend mal contre une certaine misogynie : la reine Guenièvre, la fidèle Énide, Laudine la susceptible et sa suivante, l'avenante, l'astucieuse et fine Linete* [sic], *sans compter les multiples pucelles épisodiques, laides ou belles, malveillantes ou serviables. La psychologie de tous ces personnages est au total assez mince, bien que Chrétien se complaise en des analyses sentimentales qui ne manquent ni de finesse, ni de pénétration. Malgré quoi, tout ce monde forme un ensemble qui s'impose à l'imagination.*

Si bien que Chrétien, qui n'est certes pas un dessinateur vigoureux de caractères, a légué à la tradition littéraire quelques types inoubliables : Tristan peut-être et certainement Perceval, l'ingénu sauvage et enthousiaste, possédé par son rêve de chevalerie. Il a surtout créé un type qui ne mourra plus et qui aura une postérité magnifique, celui du chevalier errant, du serviteur souvent déraisonnable de l'aventure désintéressée.

Pour toutes ces raisons, et aussi pour sa belle langue, simple, limpide, directe, transparente, sans bavures, il mérite de garder une place plus qu'honorable dans l'histoire de nos lettres et dans le souvenir des fervents des choses de l'esprit. »

Émile MIREAUX, « Les Romans bretons de Chrétien de Troyes », *in* Émile HENRIOT (dir.), *Neuf Siècles de littérature française*, I, II, 5, Delagrave, 1959.

BIBLIOGRAPHIE

Éditions

Œuvres complètes, éd. D. POIRION, « Pléiade », Gallimard, 1994.

Romans, éd. M. ZINK, « LdP/Pochothèque », LGF, 1994.

Érec et Énide, éd. M. ROQUES, « CFMA », 80, Champion, 1952 ; éd. et trad. M. ROUSSE, « GF », Flammarion, 1994 ; éd. et trad. J.-M. FRITZ, « LdP/Lettres gothiques », LGF, 1992.

Cligès, éd. A. MICHA, « CFMA », 84, Champion, 1957 ; éd. Ch. MÉLA et trad. O. COLLET, « LdP/Lettres gothiques », LGF, 1994.

Le Chevalier à la charrette (Lancelot), éd. M. ROQUES, « CFMA », 86, Champion, 1958 ; éd. et trad. A. FOULET et K.D. UITTI, « Classiques Garnier », rééd. Bordas, 1989 ; éd. et trad. J.C. AUTAILLY, « GF », Flammarion, 1991 ; éd. et trad. Ch. MÉLA, « LdP/Lettres gothiques », LGF, 1992.

Le Chevalier au lion (Yvain), éd. M. ROQUES, « CFMA », 89, Champion, 1960 ; éd. et trad. M. ROUSSE, « GF », Flammarion, 1992 ; éd. et trad. D.F. HULT, « LdP/Lettres gothiques », LGF, 1994.

Le Conte du Graal (Perceval), trad. L. FOULET, Stock, 1947 ; éd. W. ROACH, « TLF », 71, Droz, Genève (CH), 1959 ; éd. F. LECOY, « CFMA », 100 et 103, Champion, 1972 et 1975, 2 vol. ; éd. et trad. Ch. MÉLA, « LdP/Lettres gothiques », LGF, 1990 ; éd. et trad. J. DUFOURNET, « GF », Flammarion, 1997.

Études

E. BAUMGARTNER, *Yvain, Lancelot, la Charrette et le Lion*, PUF, 1992 ; *« Le Conte du Graal »*, PUF, 1999.

F. DUBOST, *« Le Conte du Graal ou l'Art de faire signe »*, « Unichamp », Champion, 1998.

J. DUFOURNET (dir.), *« Le Chevalier au lion ». Approches d'un chef-d'œuvre*, « Unichamp », Champion, 1988.

J. FRAPPIER, *Chrétien de Troyes, l'homme et l'œuvre*, rééd. Hatier, 1968 ; *Étude sur « Yvain ou le Chevalier au lion » de Chrétien de Troyes*, SEDES, 1969 ; *Chrétien de Troyes et le Mythe du Graal*, SEDES, 1972, rééd. 1979.

P. GALLAIS, *Perceval et l'Initiation*, Éd. du Sirac, 1972 ; *Dialectique du roman médiéval : Chrétien de Troyes et l'Hexagone logique*, Rodopi, Amsterdam (NL), 1982.

D. KELLY, *Sens and Conjointure in the « Chevalier de la charrette »*, Mouton, La Haye (NL), 1966 ; *Chrétien de Troyes : an Analytical Bibliography*, Grant & Cutler, Londres (GB), 1976.

C. LACHET (éd.), *L'Œuvre de Chrétien de Troyes dans la littérature française*, CEDIC, Lyon, 1997.

P. LE RIDER, *Le Chevalier dans « Le Conte du Graal »*, SEDES, 1978, rééd. 1996.

Ch. MÉLA, *La Reine et le Graal ; la conjointure dans les romans du Graal, de Chrétien de Troyes au livre de Lancelot*, Seuil, 1984.

P. MÉNARD, *De Chrétien de Troyes au Tristan en prose*, Droz, Genève (CH), 1999.

D. QUÉRUEL (éd.), *« Le Conte du Graal ». Chrétien de Troyes*, Ellipses, 1998.

Bulletin bibliographique de la Société internationale arthurienne, depuis 1949.

AUDIO & VIDÉO

Vidéo

J. BOORMAN, *Excalibur*, 1981, Warner, s.d.

É. ROHMER, *Perceval le Gallois*, 1978, Fil à film, s.d.

J. ZUCKER, *Lancelot*, GCR, 1995.

CD-ROM

Cl. BLUM, *Concordancier du « Conte du Graal » de Chrétien de Troyes*, Champion, 1999.

Encyclopédie de la littérature française, Bibliopolis, 1998.

CHRISTINE DE PIZAN

CHRISTINE de PIZAN

Son patronyme a longtemps été orthographié à tort PISAN, par confusion entre les villes de Pise (en italien, *Pisa*) — avec laquelle elle n'avait aucun lien — et de Pizan (en italien, *Pizzano*) — dont son père était originaire.

Venise (act. Italie) v. 1364 – sans doute Poissy (act. Yvelines) v. 1430

> *« Au total cette œuvre comporte les éléments d'une vaste synthèse idéologique. Mais il a manqué à cette femme, qui sans doute écrivait trop vite, la patience d'élaborer un chef-d'œuvre analogue à celui de Dante* [...]. *Elle avait besoin d'écrire pour gagner de l'argent, et elle a parfois abusé de sa facilité d'écriture. Pourtant il y a une unité, derrière cette diversité, et une qualité, sous cette quantité. Cette unité est celle de sa personnalité. Pour la première fois en France, nous ne pouvons pas séparer l'étude de l'œuvre et celle de l'écrivain. Voilà, au sens qui deviendra classique, notre premier* auteur, *et cet auteur est une femme. Et parce qu'elle est femme, elle évite bien des défauts, depuis ceux que Pascal dénoncera chez l'auteur professionnel, par contraste avec les qualités humaines, jusqu'au pédantisme féminin qui irrite Lanson, mais injustement, car celui-ci est trop pénétré de misogynie universitaire.*
> *En effet, aussi bien dans ses œuvres poétiques que dans ses œuvres philosophiques, elle a su faire de sa condition féminine une cause, et de son expérience personnelle un système et un style.*
> Daniel POIRION, « Christine de Pisan », in *Littérature française, Le Moyen Âge, II, 1370-1480,* Arthaud, 1971.

> *« Bonne fille, bonne épouse, bonne mère, au reste un des plus authentiques* bas-bleus *qu'il y ait eu dans notre littérature, la première de cette insupportable lignée de femmes auteurs à qui nul ouvrage ne coûte, et qui, pendant toute la vie que Dieu leur prête, n'ont affaire que de multiplier les preuves de leur infatigable facilité, égale à leur universelle médiocrité. »*
> Gustave LANSON, *Histoire de la littérature française,* Hachette, 1894.

Une vie de « *mutacion de fortune* »

L'enfance parisienne d'une Italienne

La vie et surtout la jeunesse de Christine de Pizan sont assez bien connues, parce qu'elle les a évoquées dans plusieurs de ses œuvres pour justifier son statut extraordinaire de femme écrivain, statut qui suscita l'intérêt, et parfois le scepticisme. Son père, Thomas, originaire de Pizzano, près de Bologne, avait étudié la médecine à l'université de cette ville, puis y avait enseigné l'astrologie avant de s'installer à Venise, d'où il avait été appelé en France par Charles V vers 1365 : « *physicien* » (médecin) et conseiller très en faveur auprès du roi, il avait fait venir sa famille, et c'est ainsi que Christine était arrivée à Paris vers 1368, à l'âge de 4 ans. Elle revendiqua plus tard ses origines italiennes : « *O Minerve, deesse d'armes et de chevalerie !* [...] *je suis comme toy femme ytalienne* » ***(Livre des Fais d'armes et de chevalerie)***. À 15 ans, vers 1379, elle épousa un jeune secrétaire du roi âgé de 25 ans, Étienne de Castel, qui fut un époux modèle et dont elle eut 3 enfants.

Dès 16 ans, le temps des malheurs

Cependant, la gêne, puis les malheurs atteignirent bientôt la famille : la mort du roi (1380) compromit la position de Thomas, qui mourut lui-même entre 1385 et 1390 ; les frères de la jeune femme retournèrent en Italie pour recueillir l'héritage ; enfin elle-même se retrouva veuve à 25 ans (1389), Étienne étant emporté par une épidémie survenue loin de Paris. Seule et chargée de famille, Christine fut en outre obligée de défendre ses biens en d'interminables procès et de courir après l'argent. Ses premiers poèmes datent de 1394 environ ; elle y évoque notamment le bonheur perdu, comme dans la pièce 14 de ses ***Cent Ballades*** :

Seulete m'a laissie en grant martyre,
En ce desert monde plein de tristece,
Mon doulz ami, qui en joye sanz yre
Tenoit mon cuer, et en toute leesce [liesse, joie].

(***Cent Ballades***, XIV, éd. Roy)

Ou comme dans sa déploration la plus connue, écrite après la mort de son époux :

Seulete suy et seulete vueil estre,
Seulete m'a mon doulz ami laissiee,
Seulete suy, sanz compaignon ne maistre,
Seulete suy, dolente et courrouciee,
Seulete suy, en languour mesaisiee [mal à l'aise],
Seulete suy, plus que nulle esgaree,
Seulete suy, sanz ami demouree.

Seulete suy a huis ou a fenetre,
Seulete suy en un anglet muciee [cachée],
Seulete suy pour moi de plours repaistre,
Seulete suy, dolente ou apaisiee ;
Seulete suy, riens n'est qui tant messiee [déplaît] ;

Seulete suy en ma chambre enserree,
Seulete suy, sanz ami demouree.

Seulete suy partout et en tout estre [lieu],
Seulete suy, ou je voise [que je marche] *ou je siee ;*
Seulete suy plus qu'autre riens terrestre,
Seulete suy, de chascun delaissiee,
Seulete suy, durement abaissiee,
Seulete suy, souvent toute esplouree,
Seulete suy, sans ami demouree.

Princes, or est ma doulour commenciee :
Seulete suy, de tout dueil [douleur] *menaciee,*
Seulete suy, plus tainte [sombre] *que moree* [étoffe noire],
Seulete suy, sanz ami demouree.

(***Cent Ballades***, XI, éd. Roy)

Une femme de lettres « professionnelle »

La jeune femme écrivit plusieurs centaines de pièces lyriques, tout en acquérant une culture surtout historique et philosophique qui lui permit d'entreprendre des œuvres à visée morale et politique, en vers puis en prose, composées en majeure partie entre 1400 et 1413. Elle écrivit pour de puissants protecteurs, notamment l'entourage de Charles V le Sage : Jean, duc de Berry, et Philippe II le Hardi, duc de Bourgogne — l'un et l'autre, avec Charles V, fils de Jean II le Bon —, mais aussi Jean sans Peur — fils de Philippe II le Hardi —, le duc Louis d'Orléans et son frère, le roi Charles VI le Fou — tous deux fils de Charles V —, la reine Isabeau de Bavière, à qui elle adressa une ***Epistre*** pour la presser d'empêcher la guerre entre les princes (1405). Elle participa avec d'autres écrivains à une réflexion sur le pouvoir monarchique. Mais la disparition successive de ses patrons, les vicissitudes des affrontements entre la Bourgogne et Orléans rendirent sa position précaire.

Et, quand, après 1400, les malheurs du royaume et l'attente de son public la poussèrent à s'engager davantage sur le terrain politique, elle dut inventer seule les moyens littéraires de faire reconnaître sa compétence singulière de *« fille d'escole » (**Livre du Chemin de long Estude**)*. La compilation, telle qu'elle la pratiquait systématiquement dans les domaines de l'Histoire et de la philosophie, surtout à partir de sources françaises — bien que certains textes latins lui fussent accessibles —, était un travail incessant d'appropriation dont elle tira une œuvre nouvelle, qui porte d'autant plus clairement sa marque que Christine se représentait volontiers à la tâche, comme dans le ***Livre de la Cité des Dames*** (1405).

Le caractère « professionnel » du travail de Christine de Pizan se traduisit aussi par le soin qu'elle apportait à la préparation matérielle de ses ouvrages : elle disposait d'un petit *scriptorium* et conçut elle-même le programme iconographique de certains manuscrits. Dans les recueils de ses œuvres qu'elle offrit à Jean de Berry et à Isabeau de Bavière, le classement était, dans l'ensemble, chronologique, et les pièces lyriques — ballades, rondeaux, virelais et complaintes amoureuses — venaient en tête.

L'***Epistre au Dieu d'amour*** (mai 1399) et le ***Dit de la Rose*** (févr. 1402) développaient le thème de l'apologie courtoise des femmes, mais ils furent rapprochés des ***Epistres*** à Jean de Montreuil et à Gontier Col qui constituaient les premières pièces du débat sur *Le Roman de la Rose* de Jean de Meun (1401-1402). Christine réfutait les allégations misogynes du *Roman de la Rose* — position qui reçut l'appui de Jean Gerson —, et la part qu'elle prit au déclenchement de la querelle contribua à l'imposer comme un écrivain de premier plan.

Bien des œuvres lyriques de Christine illustrèrent le malheur d'aimer, comme le ***Dit de Poissy*** (1401) ou le ***Dit de la Pastoure*** (1404) :

Or avez vous entendu
Coment j'avoye attendu
Longuement sanz m'entremetre
D'amer n'en nul mon cuer mettre,
Et comment depuis fu pris.

(***Dit de la Pastoure***, vv. 1886 à 1890, éd. Roy)

Dans ses recueils, Christine plaça ensuite des œuvres morales, comme l'***Epistre Othea*** (vers 1401), livre d'instruction pour un prince, sans doute dédié à Henri IV d'Angleterre : Othea, incarnation de la sagesse féminine, présentait au jeune Hector 100 exemples, dont chacun faisait l'objet d'une glose historique et morale, puis d'un commentaire en suggérant le sens mystique. Cet ouvrage, où l'apologie des femmes tenait une place notable, connut un vif succès.

Le ***Livre du Chemin de long Estude*** (1403), inspiré de Dante et de Boèce, était un long récit en vers, celui d'un rêve en forme de voyage allégorique se concluant par un débat sur le moyen de ramener la paix sur la terre :

Adont pour monter ou celestre
Lieu, me seignay [je me signai] *de ma main destre,*
Car moult me sembla merveilleux
Le passage et tres perilleux ;
Mais du veoir [spectacle] *j'estoie engrés* [désireuse] *;*
Sebille avant et moy aprés,
D'eschelon en autre eschelon
Ainsi lors le ciel [nous] *eschelon* [gravissons],
Tant que ja si hault je me vi
Qu'il me sembloit, je vous plevi [assure],
Que quant contre val [vers le bas] [je] *regardoie,*
Que toute la terre [je] *veoie*
Comme une petite pelote,
Aussi ronde q'une balote [petite balle].

(***Livre du Chemin de long Estude***, vv. 1687 à 1700, éd. Püschel)

Les œuvres majeures de la quarantaine

Parmi les grandes œuvres diffusées indépendamment des recueils, le ***Livre de la Mutacion de Fortune*** (1403) comportait une autobiographie allégorique. D'après Christine elle-même, ce fut le succès de la ***Mutacion*** qui amena le duc de Bourgogne Philippe II le Hardi à lui commander un ouvrage consacré à son frère, le roi de France Charles V le Sage, décédé en 1380. Le ***Livre des Fais et Bonnes Meurs du sage Roy Charles V*** (1404) proposait comme modèle politique la forme supérieure de sagesse que le roi avait acquise par une grande culture philosophique : « [...] *quant lui venoit a cognoisscence que aucun gentilhomme ou femme, envieillis ou cheus en maladie ou pouvreté ou fust en grant neccessité, pouvres religieux ou d'autre estat, ou pour aidier a marier povres filles, dont il fut informez que bien fust employé, pouvres femmes vesves, orphelins, en tous cas piteux donnoit tres largement du sien et de bonne voulenté* [...] » (éd. Solente). Christine utilisa tout à la fois des sources historiques, complétées par une enquête et des souvenirs personnels, des ouvrages de morale politique et le *Commentaire sur la Métaphysique d'Aristote* de saint Thomas d'Aquin. L'année suivante, elle composa le ***Livre de la Cité des Dames***, l'une de ses œuvres les plus fameuses où, poursuivant sa réhabilitation des femmes, elle affirmait l'égalité morale et intellectuelle des deux sexes.

Le ***Livre du Corps de Policie*** (1407) et le ***Livre de la Paix*** (1412) étaient également des traités de morale politique adressés aux princes. Dédié à Marguerite de Bourgogne, le ***Livre des trois Vertus ou Trésor de la Cité des Dames*** (1405) présentait des instructions destinées aux femmes des différentes conditions, des princesses aux femmes du peuple, mettant en valeur le rôle éminent que certaines doivent jouer dans de hautes positions, et conseillant la soumission à d'autres, si injustifiée que soit ls situation qui leur est faite, pour assurer la paix dans leur famille. Composée la même année, l'***Advision Cristine*** offrait, sous la forme d'un songe richement imagé, les éléments d'une autobiographie intellectuelle dominée par les figures de la France éplorée, d'Opinion et enfin de Philosophie, qui consolait Christine en lui assurant qu'elle n'aurait pu connaître meilleur destin que l'étude et l'écriture auxquelles l'avait conduite le malheur : « *Adonc cloy* [je fermai] *mes portes, c'est assavoir mes sens, que plus ne fussent tant vagues aux choses foraines* [afin qu'ils ne fussent tant accessibles aux choses extérieures] ; *et vous happay ces beaulx livres et volumes et dis que aucune chose recouvreroie de mes pertes passees* » (éd. Reno/Dulac).

C'est à la fin de la 1re décennie du xve siècle que Christine, à 45 ans environ, composa l'un de ses plus célèbres recueils, les ***Cent Ballades d'Amant et de Dame*** — dont le titre reprenait, en son début, celui du recueil composé après la mort de son époux. Aux œuvres majeures de la quarantaine succéda le silence — presque ininterrompu — d'une pieuse retraite à l'abbaye de Poissy.

Une vieillesse retirée

Ses dernières œuvres portèrent également témoignage des souffrances du temps : l'***Epistre de la Prison de Vie humaine*** (1418) était une consolation chrétienne et philosophique adressée à Marie de Berry après la défaite d'Azincourt (1415), et, au-delà, à toutes les femmes éprouvées par la guerre. Les ***Heures de Contemplacion sur la Passion de Nostre Seigneur*** (vers 1420), écrites alors que Christine était retirée à l'abbaye de Poissy, reprenaient un thème analogue en partant des Évangiles. Enfin, le ***Ditié de Jehanne d'Arc*** (juil. 1429), dernière œuvre connue de Christine — qui mourut sans doute peu après —, saluait l'intervention de la Pucelle et amplifiait son appel à aller délivrer Paris — ce fut, dans toute notre littérature, le seul poème célébrant Jeanne d'Arc de son vivant :

N'appercevez-vous, gent avugle,
Que Dieu a icy la main mise ?
(***Ditié de Jehanne d'Arc***, vv. 369-370,
éd. Kennedy/Varty)

Christine de Pizan fut, dans la littérature française, la première femme écrivain de profession : jouant sur une grande variété de registres, de la poésie courtoise aux traités politiques et aux pièces religieuses, elle produisit une œuvre étendue qui connut le succès. Dans une période désastreuse, elle aborda les plus graves problèmes posés au royaume et sut s'imposer sur le terrain de la culture savante traditionnellement réservée aux clercs.

Un style très inégal

La langue de Christine de Pizan est celle de la Cour, mais les mots savants y sont fréquents. Elle affectionne les diminutifs dont elle sait faire un usage subtil : dans ses œuvres lyriques, certains peuvent constituer un trait « popularisant » venu d'anciennes chansons de femmes, à côté d'autres marques de style simple, tandis qu'elle recourt ailleurs au registre le plus relevé de l'amour courtois. Dans ses traités en prose, elle use du style savant des chancelleries, et ses phrases longues et complexes sont souvent obscures, comme elle le note — et l'illustre — elle-même dans l'***Advision*** : « *Adonc me pris a forgier choses jolies, a mon commencement plus legieres, et tout ainsi comme l'ouvrier qui de plus en plus en son euvre se soubtille* [devient subtil] *comme plus il la frequente, ainsi tousjours estudiant diverses matieres, mon sens de plus en plus s'imbuait* [se pénétrait] *de choses estranges, amendant mon stille en plus grant soubtilleté et plus haulte matiere* » (éd. Reno/Dulac).

De la gloire à l'oubli

La notoriété de Christine de Pizan a été grande jusqu'au milieu du XVIe siècle : ses œuvres, qui ont été diffusées très tôt en Angleterre, ont été traduites en plusieurs langues, et certains traités ont été imprimés, tel le ***Livre des trois Vertus***, édité au moins trois fois entre 1497 et 1536. Aux XVIIe et XVIIIe siècles, des érudits s'intéressèrent à sa vie et à ses ouvrages, surtout au ***Charles V***, et, en 1787, Louise Guinement de Kéralio publia d'abondants extraits de ses œuvres. Des travaux et des éditions importants commencèrent à apparaître au siècle suivant — malgré la misogynie « ordinaire » de la plupart des médiévistes. Un remarquable renouveau des études sur Christine de Pizan a commencé vers 1950, notamment aux États-Unis — avec parfois une tendance excessive à l'impliquer dans les revendications du féminisme moderne — et en Angleterre, et se poursuit de nos jours.

ŒUVRES

Cent Ballades d'Amant et de Dame

Recueil de 100 ballades en vers hétérométriques — décasyllabes et octosyllabes notamment —, rédigé vers 1409-1410.

Ce recueil de 100 pièces compose une histoire sans récit, à la façon d'un roman par lettres, dont le projet est exposé dans la ballade-prologue : *Tout me convient conter, sans m'en retraire* [sans me rétracter], */ En ce livret ycy presentement / Ou j'escripray, de joye et du contraire, / Cent balades d'amoureux sentement* (éd. Cerquiglini). Faisant alterner les voix de la Dame et de l'Amant, Christine part de la situation courtoise de la « *Belle dame sans merci* » qui éconduit son soupirant, pour décrire ensuite la naissance de l'amour et son aveu : *Car je sens ja qu'en la doulce pourprise* [prison] */ D'Amours, par vous de qui je suis surprise / Grant joye aray, et que de l'entreprise / Bien doit m'en prendre* (XXVIII). Débuts heureux auxquels succèdent soupçons, malentendus et « *menteries* » : *Par quoy, congnois que vous savez bien l'art / De faulx semblant jouer* [...], insinue l'Amant (XCIII), qui se voit répondre : *Mais ne suis pas si comme toy faulsaire, / Qui deceveur* [trompeur] *es plain de menterie* (XCIV). L'échec de l'échange amoureux, qui survient inéluctablement dans le secret de la relation courtoise, conduit l'amante au désespoir et à la mort : *Pour autre suis delaissiee, / Dont durement suis bleciee* (XCVIII). La 100e — et dernière — ballade rapporte les adieux de la mourante qui sent son cœur défaillir, et l'amère leçon qu'elle tire de son aventure : *A Dieu cil qui aluchiee / M'a* [Adieu à celui qui m'a séduite], *puis faulsement me tue ; / Encore en soy je vengiee* [Puissé-je en être vengée], */ Car malement m'a deceue. / De toutes dames soit sceue / Ceste exemple, a fin que leurs / Cuers si* *faicte amour ne mue* [afin que leurs cœur ne connaissent un tel amour] / *Car ja me deffault li cuers (C).*

La marque principale de ce recueil est sa variété formelle : vers hétérométriques, multiplication des dialogues, diversité des registres — du grave au joyeux —, des rythmes et des tons. Il constitue l'une des œuvres les plus justement célèbres de Christine de Pizan.

Livre de la **Cité des Dames**

La « *Cité des Dames* » désigne une forteresse livresque, destinée à protéger la réputation des femmes, que Christine de Pizan bâtit à partir d'autres livres, en s'inspirant surtout de Boccace. L'auteur va donc construire sa cité « *ou champ des escriptures* », secondée dans sa tâche par trois vertus : Raison, Droiture et Justice. Raison lui conseille d'opposer aux calomniateurs des femmes la figure appelée antiphrase, et de tourner à son avantage leurs écrits : « *Car saches que tout mal dit si generaument des femmes empire* [est plus grave pour] *les diseurs et non pas elles mesmes* » (I, 2). Recherchant les causes de la misogynie, elle concède aux hommes de bonnes intentions : « *Mais diverses et differenciees sont les causes qui ont meu et meuvent plusieurs hommes a blasmer les femmes, et mesmement les aucteurs en leurs livres, ainsi que tu l'as trouvé. Car les aucuns l'ont fait en bonne entencion, c'est assavoir pour retraire* [ramener dans le droit chemin] *les fourvoyez hommes de la frequentacion d'aucunes femmes vicieuses et dissolues* [...], *et affin que tout homme fuye vie lubre* [lubrique] *et luxurieuse, ilz ont blasmees generaument toutes femmes pour leur cuidier faire de toutes abominacion* [pour les faire prendre toutes en abomination] » (I, 8). Mais elle condamne leur ignorance au sujet des femmes, dont dame Droiture rappelle les qualités et les œuvres, en citant d'illustres exemples. Aussi, Christine s'étonne qu'elles aient toléré si longtemps ces calomnies : « *Dame, assez m'avez demonstré grant constance et courage de femmes et toutes autres vertus, et tant que vrayement plus grant ne se pourroit dire de nul homme. Si me merveil trop comment tant de vaillans dames qui ont esté — et de si sages et de si lettrees, et qui le bel stile ont eu de dicter et faire beaulx livres — ont souffert si longuement sans contredire tant de horreurs estre tesmoignees contre elles par divers hommes, quant bien savoyent que a grant tort estoit* » (II, 53). Droiture lui répond que c'est précisément à elle, Christine, de réhabiliter les femmes au moyen de sa Cité, qui vient à son heure et trouve ici sa pleine justification : « *Cette œuvre a bastir estoit a toy reservee et non mie a elles, car par leurs œuvres estoient assez les femmes louees aux gens de bon entendement et de consideracion vraye, sans que autre escript elles en feissent. Et quant a la longueur du temps passé sans estre contrediz leurs accuseurs et mesdisans, je te di que toutes choses viennent bien a point et assez a heure au regart du lonc siecle.* [...] *Ainsi est il de maintes autres choses qui longuement sont souffertes, qui puis sont debatues et redarguees* [réfutées] » (II, 53). Contestant l'affirmation selon laquelle la plupart des femmes ne sont pas vertueuses, elle remarque que ce ne sont pas elles qui commettent les exactions qui bouleversent continuellement la terre, et prie les hommes de se juger eux-mêmes avant de condamner leurs compagnes : « [...] *que par elles ne viennent pas les grans orreurs et maulx que on fait au monde continuellement, est assez prouvé.* [...] *Mais je leur prie que ils se regardent en eux-mesmes, et cellui seul qui sera sans pechié, si giette la premiere pierre ! Mais eulx mesmes, que devroient ilz estre ? Certes, je tiens que quant ilz seroient parfais que les femmes les ensuivront* [les imiteront] ! » (II, 53, éd. Richards).

Le ***Livre de la Cité des Dames***, l'un des tout premiers textes « féministes » de notre littérature, réfute les généralisations méprisantes dont on accable les femmes, exalte leurs capacités dans tous les domaines et affirme que l'inégalité entre les sexes a des causes sociales, et non pas naturelles ; mais le point de vue réaliste qui l'emporte dans le ***Livre des trois Vertus*** conduit Christine à conseiller aux femmes de tirer le meilleur parti d'une condition qu'elles doivent accepter, tout en sauvegardant leur dignité. Le ***Livre de la Cité des Dames*** reste une œuvre majeure de la littérature médiévale.

Livre de la **Mutacion de Fortune**

Recueil de plus de 23 000 prosimètres (vers mêlés de prose) composé en 1403.

Christine y raconte comment, changée en homme, elle a pu sauver la nef familiale de la tempête : *Dont m'esbahi, mais j'esprouvay / Que vray homme fus devenu* (vv. 1360-1361, éd. Solente). L'œuvre se construit autour du personnage de Fortune et de ses aléas : *Je pris, tres le commencement / De ce dictié, pour de Fortune / Parler, comme elle est tres commune / De nuire aux uns et leur traictier / Mal assez, aux autres aidier / Lui plaist, je nommay cestui livre, / Parlant des cas qu'elle nous livre, / « La mutacion de Fortune », / Car muable est plus que la Lune* (vv. 6680 à 6688). Illustrant ensuite par des exemples le fait *Qu'on est « bien ou mal fortuné », / Selon les choses qui aviennent / Et qui d'aventure surviennent* (vv. 6800 à 6802), elle traite naturellement de l'infortune des femmes : *Mais pour ce que les destinees / Me semblent moult infortunees / Souvent avient dessus le sexe / Femenin, me plaist que j'ennexe / En mon dit un pou de la male* [un peu de la mauvaise] */ Fortune, qui femmes ravale, / Car Nature et pitié m'y tire, / Qui me fait plaindre leur martire* (vv. 6943 à 6950). La fin de l'œuvre retrace un essai d'histoire universelle, et la vision « féministe » de Christine réapparaît par exemple dans son évocation des « *Amasones* », peuple de femmes qui *Sanz subjection veulent estre. / En leur terre, ne roy, ne maistre / N'ara, ne de nul ne tendront, / Et leur regne bien maintendront / Et deffendront contre tout homme, / Ne jamais jour, pour nulle somme, / Ne souffreront homme tenir / Leur regne, non pas y venir* [et ne s'y rendront pas] (vv. 13549 à 13556).

Œuvre monumentale, sorte d'autobiographie-fleuve, le ***Livre de la Mutacion de Fortune*** valut une telle réputation à son auteur que le duc de Bourgogne Philippe II le Hardi commanda à Christine une œuvre en mémoire du roi Charles V le Sage, son frère décédé en 1380.

CITATIONS

Je ne sçay comment je dure,
Car mon dolent cuer font d'yre,
Et plaindre n'oze, ne dire
Ma doulereuse aventure,

Ma dolente vie obscure,
Riens, fors la mort, ne desire ;
Je ne sçay comment je dure.

Et me fault, par couverture *[par feinte]*,
Chanter quant mon cuer souspire
Et faire semblant de rire ;
Mais Dieux scet ce que j'endure.
Je ne sçay comment je dure.

Rondeau VII, éd. Roy.

Seulete suy et seulete vueil estre,
Seulete m'a mon doulz ami laissiee ;
Seulete suy, sanz compaignon ne maistre,
Seulete suy, dolente et courrouciee,
Seulete suy, en languour mesaisiee *[mal à l'aise]*
Seulete suy, plus que nulle esgaree,
Seulete suy, sanz ami demouree.

Seulete suy a huis ou a fenestre,
Seulete suy en un anglet muciee *[cachée]*,
Seulete suy pour moi de plours repaistre,
Seulete suy, dolente ou apaisiee ;
Seulete suy, riens n'est qui tant messiee *[déplaît]* ;
Seulete suy en ma chambre enserree,
Seulete suy, sanz ami demouree.

Seulete suy partout et en tout estre *[lieu]*,
Seulete suy, ou je voise *[que je marche]* ou je siee ;
Seulete suy plus qu'autre riens terrestre,
Seulete suy, de chascun delaissiee,
Seulete suy, durement abaissiee,
Seulete suy, souvent toute esplouree,
Seulete suy, sanz ami demouree.

Princes, or est ma doulour commenciee :
Seulete suy, de tout dueil *[douleur]* menaciee,
Seulete suy, plus tainte *[sombre]* que moree *[étoffe noire]*,
Seulete suy, sanz ami demouree.

Ballade XI, éd. Roy.

Doulce chose est que mariage,
Je le puis bien par moy prouver,
Voire a qui mary bon et sage
A, comme Dieu m'a fait trouver.
Louez en soit il qui sauver
Le me vueille, car son grant bien
De fait je puis bien esprouver,
Et certes le doulz m'aime bien.

La première nuit du mariage
Très lors poz je bien esprouver
Son grant bien, car oncques oultrage *[brutalité]*
Ne me fist, dont me deust grever *[blesser]*,
Mais, ains qu'il fust temps de lever,
Cent fois baisa, si com je tien,
Sanz villennie autre rouver,
Et certes le doulz m'aime bien.

Et disoit, par si doulz langage ;
« Dieux m'a fait a vous arriver
Doulce amie, et pour vostre usage
Je croy qu'il me fist eslever. »
Ainsi ne fina de resver
Toute nuit en si fait maintien
Sanz autrement soy desriver,
Et certes le doulz m'aime bien.

Princes, d'amours me fait desver *[devenir fou]*
Quant il me dit qu'il est tout mien ;
De doulçour me fera crever,
Et certes le doulz m'aime bien.

Autres Ballades, XXVI, éd. Roy.

JUGEMENTS

« On trouve en germe chez Christine de Pisan bien des revendications modernes. Elle les a rarement exprimées ; elle s'est bornée à constater la situation précaire des femmes, et le mépris dans lequel on les tient. Si elle n'a de cesse de prouver l'égalité intellectuelle de l'homme et de la femme, elle reste, par moments aussi, très traditionnelle. Elle conseille par exemple à son fils de se faire craindre de sa femme. Aux femmes qui voient leurs maris prendre une attitude de dureté, elle conseille la réserve et leur recommande de s'adresser à un homme d'Église, car il ne convient pas à leur sexe de faire des remarques de la sorte. C'est en quelque sorte le message du Livre des manières *qui réapparaît ici.*
Ainsi, il n'est pas raisonnable de faire dire à Christine de Pisan ce que ni l'époque ni le milieu social dans lequel elle évoluait ne l'autorisaient à dire. Mais il reste que son action s'est surtourt portée sur l'affirmation de l'égalité des sexes, en un temps où les invectives l'emportaient sur les panégyriques. Ses interventions publiques pour réhabiliter la femme en tant qu'être moral et social, ainsi que sa propre lutte pour conquérir son indépendance économique et sociale nous permettent de voir en elle la première femme émancipée de l'histoire du féminisme. »

Maïté ALBISTUR et Daniel ARMOGATHE, *Histoire du féminisme français du Moyen Âge à nos jours*, I, Des femmes, 1977.

Et les suivoit Christine l'ancienne,
Qui fut jadis grant rhétoricienne

Jean BOUCHET, *Tabernacle des Illustres Dames*, 1517.

Je n'obliray la subtile Janette
Fille a Nesson, qui de rithme tant necte
Sceut bien user. Christine par après
Mere a Castel qui estoit illec pres,
Qui sceut escrire en latin et vulgaire
Elegamment autant qu'on sçauroit faire.

Jean BOUCHET, *Jugement poetic de l'honneur féminin*, 1538.

« Contre Jean [de Meun, auteur du *Roman de la Rose*] *— car ce fut autour de son œuvre que s'anima la controverse — les mijaurées d'abord, Christine de Pisan s'apitoyant devant Isabeau de Bavière sur la* "pollution de péché", *et d'autre part les intégristes, Jean Gerson qui proposait de brûler le poème parce qu'il corrompait la jeunesse en incitant à mieux aimer. »*

Georges DUBY, *« Le Roman de la Rose »*, Flammarion, 1988.

Mais au fort, des choses passees
Jugons par ce que veons or,
Et que les dames trespassees
Eurent de clergie tresor
Plus precieux que ne soit or,
Aussy bien que dame Cristine
De laquelle a trompe et a cor
Le nom par tout va et ne fine.

Loer assez je ne la puis
Sans souspirs, regrets et clamours.
Non porroient ceulx qui au puis
Servent le gay prince d'amours.
Car vraiement toutes les flours
Avoit en son jardin joly
Dont les beaux dictiers longs et cours
Fait on en langage poly.

Aux estrangiers pouons la feste
Faire de la vaillant Cristine
Dont la vertu est manifeste
En lettre et en langue latine.
Et ne debvons pas soubs courtine
Mettre ses euvres et ses dis,
Affin que se mort encourtine
Le corps, son nom dure toudis.

Martin LE FRANC, *Le Champion des Dames*, IV, MMCCCLXVIII à MMCCCLXX, vv. 18937 à 18960, 1440 à 1442, éd. Robert DESCHAUX, Champion.

*« Elle rime sans originalité, mais non sans charme parfois et sans talent. L'*Epistre au dieu d'amour, *le* Débat des deux amants, *le* Dit de la Rose *peuvent se lire encore sans fatigue.*
[...]
La prodigieuse épopée de la Pucelle n'a ni renouvelé ni élargi son honnête talent, qui n'était pas à la mesure de l'immense drame. »

Émile MIREAUX, « Les lettres françaises au temps des premiers Valois », *in* Émile HENRIOT (dir.), *Neuf Siècles de littérature française*, I, IV, 4, Delagrave, 1958.

« Le caractère de Christine, comme Écrivain, est la science, la doctrine, l'élévation de sentiments, la moralité, le patriotisme, et des commencements d'éloquence. Mais on paie ces mérites sérieux par de l'ennui et du pédantisme. [...] *Pédante, didactique, logique, pleine de divisions et de subdivisions, moralisant à perte de vue, ennuyeuse enfin, je lui en demande bien pardon, tels sont les inconvénients de cette noble personne. »*

Charles Augustin SAINTE-BEUVE, « Les successeurs de Froissart : Christine de Pisan-Alain Chartier », in *Ancienne littérature* (partie médiévale), cours professé à l'université de Liège (1848-1849), 13e leçon.

« Ce fut la première femme qui assuma dans ce pays gaulois, donc misogyne, le rôle ingrat et toujours un peu ridicule de "femme de lettres". À ce titre, elle me tient à cœur : la partie, depuis cinq siècles, étant bien loin d'être gagnée. [...] *Au milieu de ce fatras qu'est la littérature du Moyen Âge, les vers de Christine méritent mieux que l'oubli.* [...] *C'est à*

elle qu'on doit le seul poème où l'on ait chanté Jeanne d'Arc de son vivant. Et sans doute ce poème est-il trop long et, comme ses autres œuvres, plein de verbiage. Mais j'aime assez qu'il soit de cette femme [...]. »

Édith THOMAS, « Christine de Pisan », in *Tableau de la littérature française*, I, Gallimard, 1962.

BIBLIOGRAPHIE

Éditions

Œuvres poétiques de Christine de Pisan, éd. M. ROY, « SATF », Didot, 1886 à 1896, 3 vol.

Advision Cristine, éd. Ch. RENO et L. DULAC, Champion, 2000.

Cent Ballades d'Amant et de Dame, éd. J. CERQUIGLINI, « 10/18 », UGE, 1982.

Ditié de Jehanne d'Arc, éd. A. J. KENNEDY et K. VARTY, Oxford U. P. (GB), 1977.

Epistre Othea, éd. G. PARUSSA, Droz, Genève (CH), 1999.

Livre de la Cité des Dames, éd. E.J. RICHARDS [avec trad. italienne de P. CARAFFI], Luni editrice, Milan (IT), 1997 ; trad. E. HICKS et Th. MOREAU, Stock, 1986.

Livre de la Mutacion de Fortune, éd. S. SOLENTE, Picard, 1959 à 1964, 4 vol.

Livre des Fais et Bonnes Meurs du sage Roy Charles V, éd. S. SOLENTE, Champion, 1936 à 1940, 2 vol. ; trad. E. HICKS et Th. MOREAU, Stock, 1997.

Livre des trois Vertus, éd. Ch. C. WILLARD et E. HICKS, Champion, 1989.

Livre du Chemin de long Estude, éd. R. PUSCHEL, rééd. Slatkine, Genève (CH), 1974 ; éd. et trad. A. TARNOWSKI, « LdP/Lettres gothiques », LGF, 2000.

Livre du Corps de Policie, éd. A. J. KENNEDY, Champion, 1999.

Études

B. K. ALTMANN, *The Love Debate Poems of Christine de Pizan*, U. P. of Florida (US), 1998.

J. BLANCHARD et M. QUÉREUIL, *Lexique de Christine de Pizan*, Klincksieck, 1999.

R. BROWN-GRANT, *Christine de Pizan and the Moral Defence of Women*, Cambridge U. P. (GB), 1999.

L. DULAC et J. DUFOURNET (dir.), « Christine de Pizan », in *Revue des langues romanes*, t. 92, n° 2, 1988 ; L. DULAC et B. RIBÉMONT (dir.), *Une femme de lettres au Moyen Âge. Études autour de Christine de Pizan*, Paradigme, Orléans, 1995.

Fr. DU CASTEL, *Damoiselle Christine de Pizan, veuve de Me Étienne de Castel (1364-1431)*, Picard, 1972.

A. KENNEDY, *Christine de Pizan, a Bibliographical Guide*, Grant et Cutler, Londres (GB), 1984 ; *Supplement I*, *ibid.*, 1994.

R. PERNOUD, *Christine de Pisan*, Calmann-Lévy, 1982, rééd. 1995.

S. SOLENTE, « Christine de Pisan », in *Histoire littéraire de la France*, XL, 1969, pp. 335 à 422.

É. THOMAS, « Christine de Pisan », in *Tableau de la littérature française*, I, Gallimard, 1962, pp. 146 à 149.

Ch.C. WILLARD, *Christine de Pizan : her Life and Works*, Persea Books, New York (US), 1984.

E. YENAL, *Christine de Pizan : a Bibliography*, Scarecrow, Metuchen et Londres (GB), 1989.

CLAUDEL

Paul CLAUDEL

Villeneuve-sur-Fère (act. Aisne) 1868 – Paris 1955

Académicien

« L'accent unique de sa voix magistrale [a] *bouleversé le monde et éclairé ma jeunesse. On ne conçoit plus sans lui le firmament de ce dernier demi-siècle, dont il était l'étoile, peut-être la plus brillante. »*

Marcel JOUHANDEAU, *Carnets de l'écrivain*, Gallimard, 1957.

« Claudel. Ce vieillard avide se ruant à la Table Sainte pour y bâfrer des honneurs... Misère ! »

Albert CAMUS, *Carnets*, septembre 1950, Gallimard, posthume, 1964.

Un ambassadeur de Dieu

De Rimbaud à l'Église

Fils du vosgien Louis Prosper Claudel, fonctionnaire de l'enregistrement, et de Louise Cerveaux, Claudel revendiqua son enracinement dans le terroir maternel, ce Tardenois natal aux confins de l'Île-de-France, de la Champagne et du Soissonnais, *« un pays extrêmement austère, un pays où le vent est continuel »* (***Mémoires improvisés***, 1954). Au gré des mutations paternelles, qui entraînèrent la famille à Bar-le-Duc (1870 à 1876), puis à Nogent-sur-Seine (1876 à 1879) et à Wassy-sur-Blaise (1879 à 1882), il reçut avec ses sœurs aînées, Camille — future maîtresse de Rodin, qui fut elle-même un grand sculpteur avant de sombrer dans la folie — et Louise, une éducation solide, marquée par l'influence peu conformiste du précepteur Colin. En 1882, la vocation artistique de Camille imposa l'installation à Paris. Claudel fit ses humanités au lycée Louis-le-Grand : il suivit les cours de philosophie du kantien Burdeau, traducteur de Schopenhauer, et s'engoua pour Beethoven et Wagner. Bachelier en 1885, il commença une licence de droit et s'inscrivit à l'École libre des sciences politiques. L'année 1886 transforma son existence : la découverte de Rimbaud — *Illuminations* puis *Une saison en enfer* — précéda de peu sa conversion à Notre-Dame de Paris, le jour de Noël. Durant quatre ans, ce jeune homme *« plutôt... antireligieux »* ***(Mémoires improvisés)***, baignant dans l'atmosphère scientiste de la fin du siècle — où dominait dans les lettres le « roman de mœurs » naturaliste à la Zola, dont l'hégémonie commençait à être battue en brèche par la montée des symbolismes et décadentismes divers —, résista et se débattit dans des luttes intérieures avant de se soumettre à Dieu. Parallèlement à cet itinéraire spirituel, il inaugura sa carrière littéraire : il fréquenta, dès 1887, les mardis de Mallarmé et se donna une culture personnelle, lisant Shakespeare, les tragiques grecs — il commença à traduire l'***Agamemnon*** d'Eschyle en 1892 —, Dante, Virgile, Dostoïevski. Après quelques essais, comme ***L'Endormie*** (publiée en 1925), ***Une mort prématurée***, il composa ses premiers drames : ***Tête d'Or*** (1re version, 1889), publiée en 1890, ***La Ville*** (1re version, 1890-1891), publiée en 1893, ***La Jeune Fille Violaine*** (version Mondor, 1892).

D'inspiration symboliste, ce théâtre à lire exprimait surtout la crise personnelle de son créateur — révolte ou soumission, besoin d'évasion — à travers un lyrisme parfaitement servi par l'emploi de ce vers libre qu'on appela plus tard le « *verset claudélien* ».

À la découverte du monde

Alors sonna l'heure du départ et d'un long exil. Reçu 1er au concours des Affaires étrangères en 1890, *« soumis à l'Église »* le 25 décembre de la même année, nommé vice-consul le 21 février 1893, Claudel débarqua à New York le 2 avril suivant. Devenu gérant du consulat de Boston en décembre 1893, il mena de front une double carrière. Il occupa ses loisirs à écrire ***L'Échange*** (1re version, 1893-1894, créée en 1914), drame américain en 3 actes où se noue, à travers les 4 personnages et le thème de l'indissolubilité du mariage, un dialogue conflictuel de Claudel avec lui-même. Il continua aussi à traduire l'***Agamemnon*** (publié en 1896), termina la 2e version de ***Tête d'Or*** en juillet 1894, procéda à une refonte de ***La Jeune Fille Violaine*** (1re version, 2e semestre de 1894, créée en 1959) et songea à remanier ***La Ville***.

Après un court passage en France, le voici en Chine pour un premier séjour (1895 à 1899) : il y occupa divers postes, à Shangaï, Hankéou et Fou-Tchéou, où il devint finalement consul en 1899. Le déracinement lui pesait, comme en témoignent les ***Vers d'exil***, composés entre 1895 et 1899 et publiés en 1912 : *Long l'exil ! Longue fut la route jusqu'ici*. Mais la Chine le fascinait, comme elle a fasciné un autre grand écrivain et poète qui, sur certains points, lui est proche et qu'il y rencontra : Segalen. S'essayant à la prose poétique, il composa ***Connaissance de l'Est*** (1900), qu'il compléta entre 1900 et 1905. Cette série d'études

— descriptives en apparence seulement — constitue autant de réponses du croyant à l'interrogation mallarméenne : « *Qu'est-ce que cela veut dire ?* » Il reprit aussi des pièces antérieures — 2e version de ***La Ville*** et de ***La Jeune Fille Violaine*** (1899) — et composa un drame oriental, ***Le Repos du septième jour*** (1896, créé en 1928), qui, à travers le parcours initiatique de l'empereur chinois, devenu figure emblématique du saint, mit un point final à ses luttes intérieures.

Les tentations vertigineuses

En janvier 1900, Claudel revint en France pour un congé d'un an. Il publia ***L'Arbre*** (1901), qui rassemblait ses 5 drames antérieurs, songea à l'***Art poétique*** (1907) et commença ***Les Muses***, texte qui ouvre les ***Cinq Grandes Odes*** (écrites de 1904 à 1908, publiées en 1910). Sa retraite chez les bénédictins (à Solesmes, puis à Ligugé) se solda par un retour au monde et à ses tentations. Sur le paquebot *Ernest-Simons* qui le ramenait peu après en Chine, il rencontra Rosalie Vetch, *alias* Ysé, femme mariée à un trafiquant peu recommandable dont Claudel avait couvert les tentatives d'expédition de *coolies* vers la Réunion et Madagascar. Ce fut alors le début d'une passion irraisonnée. ***Partage de midi*** (1re version publiée en 1906, créée en 1921), drame fortement autobiographique, fut composé après leur séparation, en 1905. Cette liaison défraya la chronique au point que Mme Vetch, installée avec ses 4 fils sous le toit de Claudel et attendant un enfant de ce dernier, dut quitter précipitamment Fou-Tchéou en août 1904. Sauvé du scandale par l'intervention de Philippe Berthelot, attaché à la Direction des consulats puis chef adjoint du cabinet du président du Conseil, Claudel arriva en France en avril 1905 sans avoir pu rejoindre Rosalie. Durant ces années, il se consacra à son ***Art poétique*** (1907), ouvrage capital qui, outre le ***Traité de la Co-naissance du monde et de soi-même***, reprenait des textes antérieurs : ***Connaissance du temps*** (1904), ***Développement de l'Église*** (1903). Le scientisme renanien, honni comme « *le tétrasyllable Taine-et-Renan* », y était vigoureusement condamné au profit d'un thomisme découvert page à page depuis 1895, pilier de la foi et de la poétique claudéliennes.

Les décennies glorieuses

Débuta alors une nouvelle phase, « *un changement de versant* » ***(Mémoires improvisés)***. En 1906, le poète diplomate épousa, à Lyon, Reine Sainte-Marie Perrin, la fille de l'architecte de Notre-Dame de Fourvière, qui lui donna 5 enfants. Après un troisième séjour en Chine (1906 à 1909), il marcha vers la consécration, à la fois professionnelle et littéraire. Consul à Prague (1910-1911), à Francfort-sur-le-Main (1911 à 1913), à Hambourg (1913-1914), chargé d'une mission économique à Rome (1915), ministre plénipotentiaire à Rio (1917-1918), ce « *Monsieur précaire* » dont le « *domicile est de n'être pas chez lui* » ***(La Messe là-bas)*** partit, après une courte mission à Copenhague et au Schlesvig-Holstein (1919-1920), pour les grandes ambassades : Tokyo (1922 à 1926), Washington (1927 à 1933) et Bruxelles (1933 à 1935).

L'écrivain, au faîte de la maturité, poursuivit son œuvre, réservant le lyrisme aux recueils poétiques : ***Cinq Grandes Odes*** et ***La Cantate à trois voix*** (1913), la ***Corona benignitatis anni dei*** (1915, ensemble d'hymnes liturgiques composées entre 1908 et 1913) et ***La Messe là-bas*** (1917, publiée en 1919).

Puis Claudel conçut un théâtre moins intérieur et davantage orienté vers la scène. Avec ***L'Otage*** (1911, créé en 1913), complété par ***Le Pain dur*** (1914, publié en 1918, créé en 1941) et ***Le Père humilié*** (1916, publié en 1920, créé en 1928), moderne trilogie qui fait pendant à ***L'Orestie*** d'Eschyle — qu'il avait traduite dès 1916 —, Claudel versa dans le drame historique, brossant une gigantesque fresque qui va de la Révolution au Second Empire. De même, ***La Jeune Fille Violaine*** devint ***L'Annonce faite à Marie*** (écrite en 1910-1911, créée en 1912), mystère médiéval solidement charpenté « *pour frapper le public* » ***(Mémoires improvisés)*** : sa représentation en Allemagne à l'Institut d'art d'Hellerau, près de Dresde (1913), inaugura une fructueuse collaboration du dramaturge avec les metteurs en scène. À cette inspiration austère, on trouve aisément des exceptions : une farce bouffonne, ***Protée*** (composé en 1913, créé en 1929), une fantaisie, ***L'Ours et la Lune*** (1917, créé en 1948), mais surtout ***Le Soulier de satin ou le pire n'est pas toujours sûr*** (composé entre 1919 et 1924, créé en 1943, dans une version plus courte, par Jean-Louis Barrault), « *testament dramatique* » monumental et inclassable qui déroule ses quatre « *journées* » sur le théâtre du monde. Proche de « *l'ancienne technique du théâtre élisabéthain ou de Calderon* » ***(Mémoires improvisés)***, cette œuvre baroque et somptueuse consacre à sa manière l'éternelle séparation des amants claudéliens — ici Prouhèze et Rodrigue —, réunis à jamais dans l'au-delà.

Claudel publia ensuite des œuvres de commande où le théâtre s'engageait sur des voies plus expérimentales : le texte était secondé par la musique, que composèrent Honegger et Milhaud — qui fut le secrétaire de Claudel à Rio, à partir de 1917 —, pour respectivement ***Jeanne d'Arc au bûcher*** (composée en 1934, créée en 1938) et ***Le Livre de Christophe Colomb*** (1re version composée en 1927, créée en 1930), drame qui faisait aussi intervenir le cinéma. Ce furent encore des œuvres inspirées de l'art oriental : ***La Femme et son Ombre*** (1re version écrite en 1922, publiée en 1927 ; 2e version, 1926), mimodrame venu tout droit du nô, ou les ***Cent Phrases pour éventails*** (1927), qui s'inscrivent dans la lignée du haïku japonais.

Le patriarche de Brangues

La retraite professionnelle, en 1935, ne tarit pas pour autant toute activité littéraire chez Claudel. Se partageant entre Paris et son château de Brangues, dans le Dauphiné, il publia articles — ***La Poésie française et l'Extrême-Orient*** (1938), ***Sur la musique*** (1943) —, critiques d'art — ***La Peinture espagnole, Le Retable portugais***, repris in ***L'œil écoute*** (1946) —, et souvenirs — ***Souvenirs de Pékin*** (1937), ***Au Brésil*** (1936), ***Mes Souvenirs sur Franklin Roosevelt*** (1945). Il composa encore quelques drames : ***L'Histoire de Tobie et de Sara*** (1938, créé en 1947) ou ***Le Ravissement de Scapin*** (1949, publié en 1952), remaniant certaines pièces à l'occasion des représentations, tels ***Le Soulier de satin*** (1943), ***Partage de midi*** (1948) ou ***L'Échange*** (1951). Entre-temps mourut sa sœur Camille (1943), après trente ans d'un internement dans lequel il joua un rôle qui lui fut longtemps reproché. Claudel rédigea aussi des commentaires exégétiques de la Bible, à la suite d'un texte inaugural, ***Au milieu des vitraux de l'Apocalypse*** (commencé en 1929, publié en 1966), le premier d'une longue série : ***Les Aventures de Sophie*** (1937), ***Un poëte regarde la croix*** (1938), ***L'Épée et le Miroir*** (1939), ***Présence et Prophétie*** (1941), ***La Rose et le Rosaire*** (1946).
La mort du poète, le 23 février 1955, vint interrompre cette prolixe conversation avec les Écritures, l'Ancien Testament en particulier. Ainsi s'édifia le dernier pan d'une œuvre colossale. Ces écrits — poèmes ou rêveries plutôt qu'exégèses proprement dites — naquirent d'une méditation journalière de la Bible, d'une interrogation inlassablement poursuivie : ***Paul Claudel interroge le Cantique des Cantiques*** (1948), ***Paul Claudel répond les Psaumes*** (1949), ***L'Évangile d'Isaïe*** (1951), ***Paul Claudel interrroge l'Apocalypse*** (1952). Explicitant, commentant, questionnant, intervenant très librement, sinon malicieusement, la voix de Claudel — qui s'en prenait volontiers aux exégèses « modernes » — s'élevait à chaque instant dans un dialogue familier avec les textes sacrés, dialogue qu'il mena d'une autre manière en « répondant les psaumes » bibliques — c'est-à-dire en les traduisant — tout aussi librement.
Décédé dans la nuit du mercredi des Cendres, Claudel eut droit à des obsèques à Notre-Dame de Paris, avant d'être inhumé à Brangues, avec pour épitaphe : « *Ici reposent les restes et la semence de Paul Claudel.* »

THÉORIE LITTÉRAIRE

« *Il ne faut pas comprendre, mon pauvre monsieur ! Il faut perdre connaissance* » : ainsi Claudel marquait-il, par le truchement de l'héroïne de ***Partage de midi***, la rupture avec le positivisme dans lequel avait baigné sa jeunesse. Ce qu'il confirma plus tard : « *Je croyais* [...] *que ce monde était un enchaînement dur d'effets et de causes que la science allait arriver après-demain à débrouiller parfaitement* » (***Contacts et Circonstances***, 1940). Paradoxalement, cette conversion ne l'éloignait pas des « *grandes œuvres* [...] *d'Héraclite et d'Empédocle* » (lettre à André Gide, 7 août 1903), de la poésie cosmique dont l'*Eureka* d'Edgar Poe lui donnait un exemple récent. Simplement, « *l'huître n'explique pas la perle* » ***(La Catastrophe d'Igitur)*** : Claudel se proposait non d'abolir, mais d'inverser le schéma habituel de la causalité, en mettant au centre de sa philosophie et de son esthétique la « *création* » plutôt que la « *science* », le « *particulier* » plutôt que le « *général* » ***(Art poétique)***.

Au lieu de l'« *affirmation générale et absolue* » *(ibid.)* qui attribue une fois pour toutes au sujet une qualité et un caractère, et crée ainsi des « *individus abstraits* », il s'agissait, à ses yeux, de comprendre « *que chaque chose ne subsiste pas sur elle seule, mais dans un rapport infini avec toutes les autres* » *(ibid.)*, de substituer à la logique de la « *nomination* » une « *seconde Logique* », de l'analogie et de la métaphore, qui ne se contente plus de « *la nature et la fonction des mots* » mais « *en est comme la syntaxe qui enseigne l'art de les assembler* » *(ibid.)*. Claudel en vint à soutenir que « *ce n'est pas l'espace qui permet le mouvement, c'est le mouvement qui est la condition même de tout ce qui existe et qui en se réalisant crée.* [...] *l'homme connaît le monde non point par ce qu'il y dérobe mais par ce qu'il y ajoute : lui-même » (ibid.).* Dans cette inversion de la perspective traditionnelle, la poésie, qui permet de plonger « *au fond du défini pour y toucher de l'inépuisable* » ***(Mémoires improvisés)*** prenait le pas sur le roman, susceptible seulement de « *substituer* [...] *des séquences fictives et logiques à des données incohérentes et incomplètes* », en répondant de façon superficielle à « *ce besoin latent* [...] *que toute chose soit expliquée et rendue intelligible* » (***Conversations dans le Loir-et-Cher***, composées entre 1925 et 1928, publiées en 1935). À l'impatience des « *romanciers* [...] *toujours trop pressés* » *(ibid.)*, Claudel opposait « *l'état de paix, de sympathie, de pure réceptivité* » *(ibid.)* du poète démiurge, « *l'Inspecteur de la Création, le Vérificateur de la chose présente* » ***(Connaissance de l'Est)***, car « *c'est l'homme seul qui est la clef et la transposition intelligible de la nature* » ***(Conversations dans le Loir-et-Cher)***. La mission du poète consistait désormais à nommer chaque chose, pour « *la produire inexterminable* » ***(Art poétique)*** : *Ainsi quand tu parles, ô poète, dans une énumération délectable / Proférant de chaque chose le nom / Comme un père tu l'appelles mystérieusement dans son principe...* ***(Cinq Grandes Odes)***. Nommer donc, et non expliquer, « *le mécanisme des choses de par dessous, comme un chauffeur qui rampe sur le dos sous la locomotive* » ***(Art poétique)***, comme « *ces parleurs de paroles* [qui] *du surplus de leurs adjectifs se sont fait des monstres sans substance* », des mots-idoles tels que « *la Justice, ou le Progrès, ou la Vérité, ou la Divinité, ou l'Humanité, ou les Lois de la Nature, ou l'Art, ou la Beauté* » ***(Cinq Grandes Odes)***. La parabole fameuse du « *ménage* » d'*Animus* et *Anima*, « *l'esprit et l'âme* », développée dans ***Positions et Propositions I*** (1928) traduisit parfaitement cet avantage donné par Claudel à la sensibilité sur l'intelligence, à l'émotion sur la raison, qu'exprimait aussi la ***Lettre à l'abbé Bremond sur l'Inspiration poétique*** (1927) : la raison n'a qu'« *une fonction d'appui et de contrôle* », car « *l'œuvre d'art est le résultat de la collaboration de l'imagination avec le désir* ». *Animus*, donc « *sait un tas de choses, il a lu un tas de choses dans les livres, il s'est appris à parler avec un petit caillou dans la bouche* » ; il lui est facile de réduire *Anima*, « *qui a apporté la dot* » mais « *est une ignorante et une sotte* », en une sorte d'esclavage. Or « *la poésie ne peut exister sans l'émotion* » : il faut donc remettre à sa place l'intelligence ; « *un poème n'est pas une froide horlogerie ajustée du dehors ou alors il n'y a plus qu'à versifier sur les échecs ou le jeu de billard* » ***(Lettre à l'abbé Bremond)***. Rien ne fut haïssable à Claudel autant que le progrès, pris dans le sens propre d'« *avancée* » : pour délivrer *Anima*, « *pour parvenir jusqu'à cette intérieure, ce qu'il nous faut trouver, ce n'est pas un chemin, c'est un rapport, c'est une dimension !* » ***(Conversations dans le Loir-et-Cher)***. À l'idée d'un monde ouvert et sans limites, il préférait celle d'un univers clos, substituant la verticalité à l'horizontalité : *Nous n'établirons aucun chantier ! nous ne pousserons, nous ne roulerons aucune trirème / Jusqu'à une grande Méditerranée de vers horizontaux, / Pleine d'îles, praticable aux marchands* ***(Cinq Grandes Odes)***. De la même manière, il privilégiait la plénitude de l'« *heure* » biblique aux dépens de la succession fugace des instants ; à univers clos, temps fermé sur lui-même : « *Le présent seul existe, étant la superficie de l'éternité permanente* » ***(La Ville)*** ; « *ce n'est point le futur que j'envisage, c'est le présent même qu'un dieu nous presse de déchiffrer* » ***(Art poétique)***.

Ainsi, « *la Nature est symbole et l'Histoire est parabole* » *(ibid.)*, et tout ce qui donne à l'homme l'illusion du changement, de la nouveauté, est condamnable : pas plus le sentiment de révolte, commune au romantisme et au surréalisme, qui ne « *conduit nulle part* » (***Positions et Propositions II***, 1934), que les « *bienfaits de l'instruction et d'une humanité à la fin devenue consciente,* [...] *comme si on nous proposait de rester jusqu'à la fin de nos jours en classe. Une population de types à lunettes et d'infirmières prenant des notes dans des lazarets aseptisés* » ***(Conversations dans le Loir-et-Cher)***. À toutes les formes d'émancipation, Claudel préférait un idéal de solidarité : entre les hommes — « *chaque individu naissant et se développant sous l'empire d'un contrat social, d'une charte continuelle avec tous ses semblables* » *(ibid.)* — et entre les choses : « *Pas une chose qui ne soit nécessaire aux autres* » ***(Cinq Grandes Odes)***. Le crime majeur lui semblait « *le particularisme* », qu'il mettait sur le même plan que « *le divorce ou le droit de libre examen ; dès qu'on l'a introduit dans la société* [...], *il met tout en mille briques* » ***(Conversations dans le Loir-et-Cher)***. Dans cet univers de la totalité et de la simultanéité, dans ce « *monde inépuisable et* *fermé » **(Cinq Grandes Odes)**,* tous les hommes, tous les événements, tous les objets sont « *fleurons commandés par le même dessin* » ***(Art poétique)*** et « *toute parole une répétition* » ***(Cinq Grandes Odes)***.

La ferveur catholique — là encore, au sens propre d'« *universalité* » — de Claudel établissait donc un accord profond et heureux entre l'homme et le monde : « *Nos œuvres et leurs moyens ne diffèrent pas de ceux de la nature* » ***(Art poétique)*** ; dans une telle vision, qui repose sur l'harmonie des pulsions humaines et naturelles, ce n'est pas seulement l'âme du poète qui se trouve à l'unisson du « *frisson primordial* » — « *notre corps est l'effet d'une horloge qui bat* » *(ibid.)* —, c'est, en retour, le monde matériel qui vibre et s'anime : « *Toute la peau de la terre est devenue sensible comme l'extrémité de nos doigts et télégraphie les nouvelles de la tempête et de la beauture* » *(ibid.)*. La métaphore musicale revint souvent sous la plume du poète pour exprimer cette solidarité, cette conception de la « *co-naissance* » : « *Nous sommes accordés à la mélodie de ce monde* » (***La Ville***, 2e version). Par elle s'explique la forme spécifique du vers claudélien, à mi-chemin de la contrainte métrique et du vers libre, le fameux verset, « *ïambe fondamental ou rapport d'une grave et d'une aiguë* » ***(Art poétique)***, ce « *vers substantiel, phrase ou acte,* [...] *ce rythme en nous par qui nous nous brûlons pour vivre, l'ancre de notre échappement* » *(ibid.)*, « *ce mouvement de vibration* [...] *de la brève et de la longue, la systole et la diastole du cœur* » ***(Mémoires improvisés)***. Ainsi se trouvait inventé « *ce vers qui n'avait ni rime ni mètre* », où s'exprimait *cette fonction double et réciproque / Par laquelle l'homme absorbe la vie, et restitue dans l'acte suprême de l'expiration / Une parole intelligible* (***La Ville***, 2e version). « *La répétition des sons, l'harmonie des syllabes, la régularité des rythmes et tout le chant prosodique* » ***(Lettre à l'abbé Bremond)*** n'ont d'autre rôle que d'endormir l'habitude, cette paresse de l'esprit *(Animus)*, et de délivrer ainsi l'âme *(Anima)*, seule capable « *d'amener la matière à la transparence* » ***(Conversations dans le Loir-et-Cher)***.

THÉORIE LITTÉRAIRE

« *Bon catholique, mais écrivain, diplomate, ambassadeur de France et poète* » : cette définition de Claudel par lui-même, proposée lors d'une interview au journal *Il Secolo* (***Supplément aux œuvres complètes***, t. 2), ne saurait épuiser la richesse déroutante d'un auteur qui, non sans une complaisance amusée, se décrivait encore dans ses ***Mémoires improvisés*** comme un « *aérolithe qui tombe du ciel* », clin d'œil au mallarméen *Tombeau d'Edgar Poe*. Durant une carrière littéraire qui dura quelque soixante-cinq ans, Claudel assura la transition du symbolisme fin de siècle à la modernité, collaborant avec Milhaud et Honegger, associant le cinéma au théâtre. Foisonnante et monumentale, son œuvre rassemble poèmes, drames, critiques d'art, traités, traductions, conversations, conférences mais aussi exégèses bibliques (près de 5 000 pages dans l'édition des ***Œuvres complètes***).

Dialogue et verset

La langue constituait aux yeux de Claudel l'instrument par excellence de « *la vie en commun* », cette « *expérience difficile exigeant infiniment de vertu et d'art* » ; il voyait dans le français le résultat, « *non pas des efforts d'un certain nombre de spécialistes, mais du besoin universel de tout un peuple en état incessant de parlement et de correspondance* » ***(Conversations dans le Loir-et-Cher)***. C'est pourquoi, sans doute, le dialogue constitue le trait majeur de son écriture. Parole plurielle, elle intègre diverses voix qui se confrontent et même s'affrontent : c'est le dialogue de Claudel avec lui-même au travers des personnages allégoriques qui peuplent les ***Conversations*** — par exemple, la ***Conversation sur Jean Racine*** (1955) —, ou le premier théâtre, au travers aussi des versions successives d'un même drame, qui constituent autant de relectures du dramaturge par lui-même ; c'est le dialogue de Claudel avec les grandes figures fin de siècle, honnies (Renan) ou admirées (Mallarmé) ; c'est le dialogue avec Eschyle, Virgile, Dante, saint Thomas... La tessiture du texte claudélien, lourde d'une inépuisable intertextualité, fait une place privilégiée à la Bible, qui nourrit l'imaginaire du poète. Dans les Écritures, Claudel puise des motifs récurrents tels que l'arbre — qui symbolise à la fois l'Arbre de vie et la Croix —, les quatre éléments ou, tirée du chapitre VIII des *Proverbes*, la Sagesse — en qui se confondent *Anima* (l'âme), la Grâce, l'Église et la Vierge. La liturgie fournit des modèles poétiques, par exemple à la ***Corona benignitatis anni dei*** ou aux ***Feuilles de saints*** ; elle organise en profondeur la structure spatio-temporelle, fortement symbolique, de ***L'Annonce faite à Marie*** qui lui emprunte jusqu'à son titre. Biblique encore, le schéma quasi obsessionnel selon lequel se déroule le drame humain, conçu à l'image de la Passion christique. Éternel crucifié, l'homme claudélien — Tête d'Or, Mésa, Rodrigue... — se voit révélé à lui-même par l'amour destructeur et salvateur d'une femme — la Princesse, Ysé, Prouhèze... — qui le conduit vers l'apothéose d'une union mystique dans l'au-delà. Ainsi s'édifie une véritable herméneutique — au sens littéral d'une « *interprétation et explication exactes des Écritures* » — qui, liant le poétique et le spirituel, affirme sa volonté de dépasser les impasses et apories mallarméennes pour célébrer l'univers dans sa totalité.

Le verset, outil capital — et notoire — de l'écriture claudélienne, ce « *vers essentiel et primordial* », façonné sur le modèle des tragiques grecs et de Shakespeare, cette « *idée isolée par du blanc* » ***(Réflexions et Propositions sur le vers français)***, unité à la fois émotive et sonore, s'assagit au fil du temps. Le poète de la maturité revient même à un vers plus régulier, rimé ou assonancé à l'occasion de la ***Corona benignitatis anni dei***.

Assagissement très relatif, car l'écriture claudélienne, qu'on aurait toutefois tort de réduire au seul verset — le ***Journal*** révèle aussi un styliste éminent —, se veut avant tout liberté : *Que mon vers ne soit rien d'esclave !* ***(Cinq Grandes Odes)***. Fondée sur le contraste, elle allie épique, lyrique et comique, associant les néologismes savants issus du latin, comme le « *énarrer* » des ***Psaumes*** — qui reprend le *Enarrationes in Psalmos* de saint Augustin — ou « *la grande chose joconde* » des ***Cinq Grandes Odes***, les termes dialectaux, tels que « *la cesse* » ou « *l'agache* » de ***L'Annonce***, à la splendeur des métaphores, comme « *la forte flamme fulminante, le grand mâle dans la gloire de Dieu* » de ***Partage de midi***. La syntaxe marie l'arabesque mallarméenne — dans les débuts surtout : *Et la rose pleine d'eau se, / Odorante, / tourne vers l'astre chaud* (***La Ville***, 1re version) — à l'incorrection délibérée : « *La journée qu'on voit clair et qui dure jusqu'à ce qu'elle soit finie !* » réplique qui ouvre ***L'Échange***. C'est le cosmos tout entier qui se décline ainsi, dans son horizontalité humaine comme dans sa verticalité divine, à travers cette écriture dynamique, à la fois énumérative et répétitive.

Une gloire controversée

D'abord connu d'un cercle étroit d'initiés et d'amis (Mallarmé, Schwob, Jules Renard, Léon Daudet, Gide, qui devint l'un de ses « meilleurs » ennemis), avec des publications confidentielles — la première version de ***Tête d'Or***, tirée à 100 exemplaires, parut à la librairie de l'Art indépendant en 1890 —, cet « *éléphant blanc* » ***(Mémoires improvisés)*** de Claudel parvint à une reconnaissance quasi unanime, y compris dans les milieux surréalistes, pourtant peu enclins à admirer l'homme qui les qualifia d'« *imbéciles qui essaient de se faire prendre pour des fous* » : « *Le plus grand poète vivant, c'est Claudel, nom de Dieu !* », déclarait Desnos, tandis qu'au théâtre Alfred-Jarry, en 1928, Artaud jouait — sans autorisation de l'auteur — un acte de ***Partage de midi***, de « *Paul Claudel, poète, ambassadeur et traître* ». Au demeurant, peu d'auteurs ont suscité des réactions aussi radicales, peut-être en raison même des éreintements terribles — et fort peu chrétiens ! — dont Claudel était lui-même aussi friand que coutumier, rassemblant Cocteau et Gide parmi « *tous ces hommes* foncièrement superficiels » ***(Journal)***, s'exclamant « *Quel ennui !* » à la lecture de Proust, et qualifiant Giraudoux de « *littérateur égrillard et voltairien qui est la figure dominante de notre littérature* », appelé à devenir un « *vieillard pimpant et aigrelet* » ***(Correspondance avec Darius Milhaud)***. Pour autant, l'importance littéraire de Claudel et sa place prépondérante furent de plus en plus reconnues, même de Gide pourtant si maltraité par l'auteur de ***Tête d'Or*** : « *Gide se figure qu'il est simple parce qu'il est plat et qu'il est classique parce qu'il est blafard. C'est un clair de lune sur un dépôt de mendicité* » ***(Journal)***. À la notoriété, qui débuta, discrète, avec les premières représentations de ***L'Annonce*** en 1912, succédèrent la gloire et la consécration officielles dans les dix dernières années, avec une élection à l'Académie française en 1946 — au fauteuil de Louis Gillet —, venue compenser l'échec de 1935 — où lui avait été préféré l'obscur Claude Farrère —, et à la faveur d'une quarantaine d'entretiens avec Jean Amrouche radiodiffusés entre mai et juillet 1951, puis entre octobre 1951 et février 1952, sur la chaîne nationale de la Radiodiffusion française et publiés sous le titre de ***Mémoires improvisés*** (1954, 2e éd. corrigée, posth., 1969), témoignage irremplaçable sur l'homme et sur l'écrivain.

Cette gloire fut à peine ternie par les condamnations sans appel que prononcèrent contre lui Camus ou Leiris, notamment pour quelques vers à la gloire de Pétain et pour son activité littéraire sous l'Occupation — alors même que Claudel, dès 1941, avait écrit au grand rabbin de France « *pour* [lui] *dire le dégoût, l'horreur, l'indignation qu'éprouvent, à l'égard des iniquités, des spoliations, des mauvais traitements de toutes sortes, dont sont actuellement victimes nos compatriotes israélites, tous les bons Français et spécialement les catholiques* » (lettre du 24 déc. 1941), et que Camus lui-même assista à la création des *Mouches* de Sartre, en juin 1943, autorisée par la censure allemande. Le 27 novembre 1943, la triomphale création du ***Soulier de satin*** à la Comédie-Française, devant les plus hauts dignitaires représentant le Reich — à commencer par l'ambassadeur Otto Abetz — qu'il ne manqua pas de saluer, valut à Claudel une quinzaine de rappels : « *Au dixième, il est seul sur scène à poursuivre ses courbettes, les acteurs s'étant retirés. Dans la salle, il ne reste plus que des Allemands qui continuent d'applaudir* » (Pierre Assouline, *Gaston Gallimard*, 1984). Néanmoins, dès la Libération, il s'empressa de célébrer De Gaulle.

Poète apprécié par ses pairs (Philippe Jaccottet, Michel Deguy ou Claude Esteban), Claudel reste avant tout pour le public un dramaturge, joué par les plus grands metteurs en scène, de Lugné-Poe à Desarthe en passant par Copeau, Barrault, Pitoëff et Vitez. Néanmoins, la relative difficulté de son œuvre explique sans doute que l'écrivain ne soit guère étudié avant l'Université et que sa popularité se réduise à un public clairsemé mais fervent d'inconditionnels.

ŒUVRES

Cinq Grandes Odes

Recueil poétique de 5 odes — intitulées respectivement ***Les Muses***, ***L'Esprit et l'Eau***, ***Magnificat***, ***La Muse qui est la Grâce*** et ***La Maison fermée*** —, publié chez Gallimard en 1913.

Cette œuvre dense est l'expression d'un parcours spirituel, d'une expérience mystique dont le déclencheur fut la conversion de 1886, évoquée en une longue louange à Dieu dans la troisième ode *(Et je fus devant vous comme un lutteur qui plie, / Non qu'il se croie faible mais parce que l'autre est plus fort)*, et par une allusion plus concrète dans la cinquième *(Moi tout seul, tout en bas, éclairant la face du grand Christ de bronze avec un cierge de 25 centimes)*. L'ensemble s'édifie suivant une construction polyphonique dont les composantes sont l'autobiographie, les références bibliques et antiques (Homère, Virgile), et une théorie de la parole que Claudel a exposée dans deux traités contemporains, ***Art poétique*** et ***Traité de la co-naissance du monde et de soi-même*** (1907), dont ces odes sont l'application lyrique.

Le cheminement du poète guidé par le « souffle » de l'inspiration, qui est aussi celui de la foi, commence par une invocation aux neuf muses antiques, de Terpsichore à Érato, contemplées sur un sarcophage romain du Louvre (1re ode, ***Les Muses***). Les odes suivantes sont précédées d'un ***Argument*** qui en résume la substance. ***L'Esprit et l'Eau*** (2e ode) nous plonge dans l'ivresse créatrice du poète : *Ainsi l'eau continue l'esprit, et le supporte, / Et l'alimente, / Et entre / Toutes vos créatures jusqu'à vous il y a comme un lien liquide*. L'élément aquatique revêt toute sa richesse symbolique, depuis la mer originelle de la Genèse jusqu'aux larmes du pénitent qui se souvient avoir « *connu l'amour de la femme* » — celui que Claudel éprouva pour Rose Vetch, l'Ysé de ***Partage de midi*** : *J'ai possédé l'interdiction. J'ai connu cette source de soif !* Le ***Magnificat*** (3e ode) célèbre une triple naissance — celle du Christ, celle de la fille de Claudel (née en 1907), celle de sa propre conversion, vécue comme une seconde naissance : *Soyez béni, mon Dieu, qui m'avez délivré des idoles*. Pour être libéré, il lui faut surmonter l'expérience de la passion amoureuse : *Ne me parlez plus de la rose !* ***La Muse qui est la Grâce*** (4e ode) est un dialogue, formé de strophes et d'antistrophes, entre le poète et une Muse tentatrice et moqueuse : *Que m'importent toutes vos machines et toutes vos œuvres d'esclaves et vos livres et vos écritures* [...]. *Ô face d'âne, apprends le grand rire divin !* Au terme de ce combat entre un « *fils de la terre* » et une « *immortelle* », le poète se détourne de celle dont l'autre nom est la Grâce *(« Laisse-moi être nécessaire ! »)*, et se « *retourne désespérément vers la terre* » pour accomplir son œuvre humaine. ***La Maison fermée*** (5e ode) fait l'apologie d'une vie apaisée, enclose dans les liens du mariage. Elle rejoint une conception essentielle de la poétique claudélienne, d'un monde « *inépuisable et fini* ». Tandis que l'on reproche au poète son embourgeoisement égoïste et l'obscurité de ses vers, cette maison protectrice, gardée par les quatre vertus cardinales (courage, justice, prudence, tempérance), rappelle que « *la lumière est à l'intérieur* » et que, comme le recommande saint Matthieu, il faut savoir « *fermer la porte de* [sa] *chambre* ».

Ces textes adoptent une forme spécifique de vers libre parfois nommé « *verset claudélien* », à la fois ample et rythmé, gouverné par une

« *rigueur sans règle* » dans une « *liberté sans désordre* » (Jean Grosjean, préface à l'édition de 1957), et seul capable de suivre les mouvements fluides ou tumultueux d'une « *âme sauvage* » : *Ô mon âme impatiente, pareille à l'aigle sans art ! comment ferions-nous pour ajuster aucun vers ? à l'aigle qui ne sait pas faire son nid même ? Que mon vers ne soit rien d'esclave !* [...] (1re ode).

Commencée à Paris dès 1900, la composition des odes se poursuivit en Chine jusqu'en 1908, et l'ensemble fut prépublié en 1910 dans la revue *L'Occident*.

Le **Soulier de satin** *ou Le pire n'est pas toujours sûr*

Drame en 4 « *journées* » — comprenant respectivement 14, 14, 13 et 11 scènes —, publié chez Gallimard en 1929, créé dans une version abrégée, le 27 novembre 1943, à la Comédie-Française, par Jean-Louis Barrault, sur une musique d'Arthur Honegger.

Le drame, qualifié d'« *action espagnole en quatre journées* », est situé au tournant des XVIe et XVIIe siècles, même si l'auteur prend des libertés avec la chronologie, rendant hommage au grand théâtre baroque espagnol du Siècle d'or. Sur l'océan Atlantique, un père jésuite attaché à un mât prie pour son frère Don Rodrigue dont il annonce la destinée : « *Faites de lui un homme blessé parce qu'une fois en cette vie il a vu la figure d'un ange !* » (I, 1). Le vieux Don Pélage, juge du roi, contraint de s'absenter pour marier sa parente, Doña Musique, avec le roi de Naples, a confié la garde de sa jeune épouse Doña Prouhèze à Don Balthazar. Prouhèze avoue à Balthazar sa passion pour Rodrigue (I, 2) et refuse l'amour de Don Camille, ainsi que sa proposition de vivre avec lui en Afrique (I, 3). Elle offre son soulier de satin à la Vierge pour se protéger de la tentation : « *Vierge mère, gardez dans votre main mon malheureux petit pied !* [...] *Quand j'essaierai de m'élancer vers le mal, que ce soit avec un pied boiteux !* » (I, 5). À la demande de Pélage — au courant de l'amour, encore pur, de sa femme et de Rodrigue —, le roi d'Espagne décide d'envoyer ce dernier en Amérique pour conquérir et évangéliser le Nouveau Monde (I, 6), et le futur conquistador proclame à son tour son amour pour Prouhèze (I, 7). Parallèlement, sont amorcées des intrigues secondaires, ayant pour cadre une auberge où Rodrigue et Prouhèze ne parviennent pas à se retrouver, où Balthazar est tué et d'où Musique s'enfuit ***(1re Journée)***. Tandis que Rodrigue et ses hommes se préparent à partir pour l'Amérique (II, 1), Prouhèze se voit ordonner par son époux — et sur ordre du roi — de partir pour l'Afrique garder avec Camille la place forte de Mogador (II, 4). Tandis qu'un lumineux duo d'amour unit Musique et le roi de Naples (II, 5 et 10), les navires de Prouhèze et de Rodrigue, sous la grande ombre de saint Jacques, voguent vers des continents opposés (II, 6). Mais Rodrigue, missionné par le Roi, doit repartir pour Mogador afin de ramener Prouhèze : celle-ci décide de rester, et lui demande, par écrit, de partir (II, 11). Rodrigue et Prouhèze se retrouvent unis, le bref instant d'un baiser, dans la scène poétique de « *l'ombre double* » projetée par la Lune : réelle ou symbolique, l'ombre de leurs corps enlacés est « *imprimée sur la page de l'éternité* » (II, 13). Le monologue de la Lune (II, 14) termine cette journée dans l'apaisement ***(2e Journée)***. Dix ans plus tard, Musique dialogue avec les saints de la cathédrale Saint-Nicolas de Prague : à travers cette conversation, l'auteur expose sa conception de l'Histoire dans une perspective catholique (III, 1), puis, par antiphrase, à travers les propos du pédant Léopold-Auguste, ses théories esthétiques (III, 2). La lettre envoyée par Prouhèze dix ans plus tôt à Rodrigue arrive enfin en Amérique, et l'on apprend que, devenue veuve, elle a épousé Camille entre-temps (III, 4). Les scènes suivantes montrent l'unité de la foi et de la liberté en Prouhèze, à qui son ange gardien parle dans son sommeil : « *N'as-tu point appris que c'est le cœur qui doit obéir et non pas matériellement la volonté par un obstacle astreinte ?* » (III, 8). Les âmes de Rodrigue et de Prouhèze se rejoignent à travers le cosmos, mais cette union mystique et désincarnée doit aussi être rejetée. Camille, devenu musulman sous le nom d'Ochiali, demande à Prouhèze l'ultime et total renoncement à Rodrigue : « *Ah ! cessez d'être une femme et laissez-moi voir sur votre visage enfin ce Dieu que vous êtes impuissante à contenir.* » En dépit de son refus répété *(« Non, je ne renoncerai pas à Rodrigue ! »)*, Prouhèze consent comme malgré elle à sauver l'âme du renégat Camille (III, 10). Avant de mourir dans la destruction de la citadelle de Mogador, elle rencontre une dernière fois celui qu'elle aime et lui confie sa fille, Doña Sept-Épées (III, 13), qu'elle a eue de Camille ***(3e Journée)***. Dix années se sont à nouveau écoulées : Rodrigue, disgracié, a perdu une jambe ; il peint des images pieuses et n'est plus qu'une sorte de marginal, mi-mendiant, mi-bouffon (IV, 1). Avant de rejoindre celui qu'elle aime, Don Juan (IV, 10), Sept-Épées tente de convaincre Rodrigue de l'accompagner en Afrique (IV, 8), mais il rêve de conquérir l'Angleterre, tenté par une proposition du roi d'Espagne qui a engagé une actrice pour jouer auprès de Rodrigue le rôle de Marie Stuart (IV, 4 et 9). Humilié par ce qui n'était qu'une machination, abandonnant toute ambition, Rodrigue atteint le dépouillement total de la grâce, comme serviteur dans un couvent ***(4e Journée)***.

Faite d'intrigues superposées, l'action — très complexe — suit une architecture semblable aux chemins qu'emprunte la grâce pour toucher les êtres, comme l'annonce le proverbe portugais mis en épigraphe et que l'on peut traduire par : « *Dieu écrit droit avec des lignes tordues.* » Elle reflète aussi une vision « catholique » du monde, conçu comme une totalité : « *Je veux la belle pomme parfaite* », dit Don Rodrigue (IV, 8). Cette œuvre d'une richesse incomparable tisse tous les thèmes chers à Claudel et résume son idéal poétique. Comme le dit Doña Musique : « *De tous ces mouvements épars je sais bien qu'il se prépare un accord, puisque déjà ils sont assez unis pour discorder* » (III, 2).

La diversité des registres de langue est extrême, à l'aune des personnages de la pièce, dont Claudel écrivait dès 1920 à Audrey Parr : « *Il y a aussi des pêcheurs, une négresse, un licencié en théologie chinoise, un proxénète napolitain, un renégat hollandais et toutes sortes de créatures comme il en passait sur l'Atlantique il y a deux siècles.* » Le parler argotique ou exotique, le néologisme, la fantaisie onomastique *(« Saint Adlibitum »)* servent le comique, tandis que le lyrisme est porté par le verset claudélien, défini par l'auteur comme « *une idée isolée par du blanc* », et qui retrouve le rythme particulier de sa poésie, notamment des ***Cinq Grandes Odes*** : *L'heure est minuit, — et que cette coupe de délices est pleine jusqu'aux bords que Dieu présente à toutes ses créatures. / Elle parle et je lui baise le cœur* (II, 14).

L'idée de la pièce remonte à 1919, projet d'une « *espèce de petit drame espagnol où l'on verra un vieux conquistador retour du Maroc où il a délivré mille captives et de l'Amérique du Sud* » (lettre à Audrey Parr, 21 mai 1919). Mais la rédaction proprement dite eut lieu au Japon, de novembre 1921 à janvier 1925 : « *Petit à petit, les idées s'en sont agrégées, et, suivant mon mode de composition, qui n'est jamais fait d'avance, et qui est pour ainsi dire, inspiré par la marche,* [...] *les différentes journées se sont placées l'une derrière l'autre* » ***(Mémoires improvisés)***. Claudel dut récrire entièrement la 3e journée, dont le manuscrit avait été détruit dans le tremblement de terre de Tokyo de 1923. La 1re journée parut en 1925 dans *Le Roseau d'or*. L'édition complète, publiée en 1929 chez Gallimard, fut suivie en 1944 d'une version réduite, en collaboration avec Jean-Louis Barrault, qui l'avait créée sous cette forme. Mais la version intégrale — dont la longueur suscita la fameuse boutade de Guitry : « *Heureusement qu'on n'avait pas la paire !* » — pouvait aussi aboutir à d'incontestables réussites : en 1987, la pièce fut montée avec succès par Antoine Vitez en Avignon, puis à Chaillot, en représentation continue (plus de 7 heures) ou en journées représentées séparément. Le cinéaste portugais Manoel de Oliveira transposa la pièce au cinéma en 1985. Considérée comme le chef-d'œuvre dramaturgique de Claudel, la pièce eut toutefois quelques détracteurs, tel Gide : « *Relu* Le Soulier de satin. *Consternant. On imagine malaisément que dans une autre religion, les défauts de Claudel eussent pu s'épanouir aussi à l'aise que dans le catholicisme* » (*Journal*, 30 oct. 1929).

Tête d'Or

Drame en 3 parties publié à la Librairie de l'Art indépendant, en novembre 1890 ; une 2e version fut publiée dans le recueil ***L'Arbre*** (Mercure de France, 1901) : les deux réunies parurent dans ***Théâtre I*** (Société du Mercure de France, 1911).

Avant d'être nommé Tête d'Or, le soldat Simon Agnel, de retour dans son village où ses parents sont morts, apparaît comme un homme désespéré qui creuse une fosse dans un champ pour enterrer sa femme. Il exprime sa douleur à Cébès, jeune fils de paysan et qui lui-même aimait cette femme : *Une femme m'a quitté la main, détournant de moi ses yeux funèbres ; Et je reste seul, homme, chair couverte d'un voile de crêpe.* Cébès lui confie à son tour son inquiétude et son attente, face à la guerre qui menace le vieil empire. Tous deux saluent la nature à la veille du printemps, et, sous un arbre, Cébès jure fidélité à Simon soudain résolu à la gloire militaire : *Puissé-je devenir terrible ! puissé-je épouvanter comme le vent et le feu !* (I). Dans le palais impérial, parmi les hommes endormis, près de Cébès souffrant, le vieil Empereur se lamente sur les défaites de son armée et la ruine de l'État. Angoissés, ils attendent des nouvelles de Tête d'Or, devenu général. Réclamée par le malade, la fille du roi, vêtue d'un costume fastueux, vient au chevet de Cébès, tandis que, dans l'ombre, un lugubre personnage, Eumère, fait entendre la voix du pessimisme absolu : *Souvenez-vous de votre vie affreuse, et, rejetant une habitude folle, confiez-vous au pur désespoir !* Le retour de Tête d'Or victorieux ne sauve pas Cébès qui meurt dans ses bras, au terme d'un duo poignant : TÊTE D'OR. — *Enfant, femme, frère, compagnon, tout l'homme ! moi et toi / — De quel ravissement je suis rempli de te voir, mon éternel bien, mon rire !* La mort de son ami anéantit en lui tout sentiment et exalte une aveugle volonté de conquête et de toute-puissance. Après avoir assassiné le roi — symbole du vieil ordre moribond —, face à la Cour ridiculisée, il prononce une furieuse harangue qui l'impose comme successeur au trône :

Par ces cheveux / Splendides, imprégnés par l'Aurore, toison trempée dans le sang de la Mer, / Voile d'or que je soulève avec mes mains ! / J'oserai, je tiendrai le pied, là où nulle feuille ni source qui tinte / Ne murmure plus de conseil ordinaire. Puis Tête d'Or, acclamé par la foule, bannit la princesse qui le maudit, laissant Eumère conclure sur cette « *volupté de la mort* » qui définit la vie : *Les hommes savent jouir et souffrir. / Engagés dans le calvaire du Jeu de l'oie, ils choquent leur chopine à l'enseigne de la Tombe ou de l'Amour ailé* (II). Dans une forêt située « *aux confins de l'Europe* » — où Tête d'Or cherche à étendre ses conquêtes —, la princesse erre comme une mendiante. Elle rencontre un cavalier en deuil — il lui donne son dernier morceau de pain et la couvre de son manteau, avant de se précipiter avec enthousiasme vers la bataille —, puis un déserteur qui, la reconnaissant, lui vole son pain, l'insulte et la crucifie à un sapin. Des soldats portent le corps du roi Tête d'Or blessé à mort durant les combats, qui veut être abandonné en un lieu inaccessible, réaffirmant son athéisme, mais aussi son échec : *À quoi bon ! L'affaire est entre moi et l'oubli ! / C'est ici que je gis pour pourrir, pour perdre mon visage comme un voile, / Mâchant la lune avec des nœuds de vers / [...] / Je pourrais dire que je sors non repu du théâtre. / J'entre cru dans la mort et avec un désir / Qui vit !* Resté seul, il entend non loin de lui la Princesse crucifiée. Rampant jusqu'à elle, il arrache les clous avec ses dents et, en la sauvant — la rétablissant symboliquement dans son droit —, entrevoit la Grâce. C'est toutefois dans un sursaut d'orgueil que Tête d'Or meurt, dans la lumière rouge du soleil couchant : *J'appelle cela bêtise puérile, un inutile remède. / Et toi, quand tu serais l'hymen même, je ne veux pas de toi. / Que je meure solitaire !* (III).

Cette œuvre de jeunesse — où Claudel se reprocha plus tard de s'être livré sans pudeur — transpose une violente conversation intérieure. Les personnages figurent les tendances antagonistes d'un moi en lutte, au centre d'un drame dont l'auteur écrivit en 1891 : « *L'idée de ce livre est : dans la privation de bonheur, le désir seul subsiste* » (lettre à Albert Mockel).

Cette version initiale du drame, composée en 1889, fut réécrite en 1893-1894 par Claudel, qui en condamnait les excès et les obscurités. Il jugeait toutefois, en 1911, « *la première version bien supérieure en majeure partie à la seconde* » (lettre à son père, in *Cahiers Paul Claudel*, 1, 1959). Si elle suit la même trame, la 2e version est d'une écriture plus sobre et légèrement édulcorée de ses hardiesses de langage : ainsi, l'exclamation de Simon, à la fin de la 1re partie, « *La nue se déchire et je vois par ce trou* » devient « *La nuée se déchire et l'on voit des étoiles par là* ». En revanche, certains développements dramatiques enrichissent le sens général du drame, comme l'importance accrue de l'arbre qui sert désormais de refuge à Simon au début de la pièce : *Ô arbre, accueille-moi ! c'est tout seul que je suis sorti de la protection de tes branches, et maintenant c'est tout seul que je m'en reviens vers toi, ô mon père immobile !* Les personnages secondaires sont mieux différenciés, et les didascalies plus précises. C'est sous cette forme que la pièce fut mise en scène en 1924 au Laboratoire de théâtre (2 représentations), puis en 1954 à Marigny sur l'insistance de Jean-Louis Barrault, pour lequel Claudel avait encore remanié la 1re partie en 1949 (version publiée dans les *Cahiers Renaud-Barrault* n° 25, 1958 et reprise en notes en « Pléiade », 1967).

CITATIONS

L'objet de la poésie, ce n'est donc pas, comme on le dit souvent, les rêves, les illusions ou les idées. C'est la sainte réalité, donnée une fois pour toutes, au centre de laquelle nous sommes placés. C'est l'univers des choses invisibles. C'est tout cela qui nous regarde et que nous regardons.

Introduction à un poème sur Dante, in *Accompagnements*.

[...] il y a une *poesis perennis* qui n'invente pas ses thèmes, mais qui reprend éternellement ceux que la Création lui fournit. [...] Le but de la poésie n'est pas, comme dit Baudelaire, de plonger « *au fond de l'Infini pour trouver du nouveau* », mais au fond du défini pour y trouver de l'inépuisable.

Introduction à un poème sur Dante, in *Accompagnements*.

Le drame de la vie de Mallarmé est celui de toute la poésie du XIXe siècle qui, séparée de Dieu, ne trouve plus que l'*absence réelle*.

Notes sur Mallarmé, in *Accompagnements*.

Arthur Rimbaud fut un mystique *à l'état sauvage*, une source perdue qui ressort d'un sol saturé.

Arthur Rimbaud, in *Accompagnements*.

Ô ma fiancée à travers les branches en fleurs, salut !

L'Annonce faite à Marie, II, 3.

De quel prix est le monde auprès de la vie ? et de quel prix la vie, sinon pour la donner ?

L'Annonce faite à Marie, IV, 5.

L'homme connaît le monde non point par ce qu'il y dérobe mais par ce qu'il y ajoute.

Connaissance du temps, I, in *Art poétique*.

Nous ne naissons pas seuls. Naître, pour tout, c'est connaître. Toute naissance est une connaissance.

Traité de la connaissance du monde et de soi-même, in *Art poétique*.

Le poème n'est point fait de ces lettres que je plante comme des clous, mais du blanc qui reste sur le papier.

Les Muses, in *Cinq Grandes Odes*.

Ô credo entier des choses visibles et invisibles, je vous accepte avec un cœur catholique !
Où que je tourne la tête
J'envisage l'immense octave de la Création !

L'Esprit et l'Eau, in *Cinq Grandes Odes*.

Soyez béni, mon Dieu, qui m'avez délivré des idoles,
Et qui faites que je n'adore que Vous seul, et non point Isis et Osiris,
Ou la Justice, ou le Progrès, ou la Vérité, ou la Divinité, ou l'Humanité, ou les lois de la Nature ou l'Art, ou la Beauté [...].

Magnificat, in *Cinq Grandes Odes*.

Les mots que j'emploie,
Ce sont les mots de tous les jours, et ce ne sont point les mêmes !

La muse qui est la grâce, in *Cinq Grandes Odes*.

Il est une conception dans la joie, je le veux, il est une vision dans le rire.

Tristesse de l'eau, in *Connaissance de l'Est*.

Quand je serai mort, on ne me fera plus souffrir.

Dissolution, in *Connaissance de l'Est*.

C'est la guerre qui nous a appris à aimer ce qui n'est pas à nous et à compter pour rien ce que nous possédons.

Conversation dans le Loir-et-Cher.

La femme sans l'homme, que ferait-elle ?
Mais de l'homme envers la pauvre femme, dans son cœur,
Il n'y a rien de nécessaire et de durable.

L'Échange, I.

Car le commerce tient
Une balance aussi, comme la justice ;
Et je suis l'aiguille qui est entre les plateaux.

L'Échange, I.

La chose qui a mis Rimbaud en marche et qui l'a chassé de lieu en lieu toute sa vie [...].

Consécration, in *La Messe là-bas*.

Il y a les Saints qui ont résolu la question une fois pour toutes. Il y a les Saints qui laissent le monde où il est et trouvent plus simple d'occuper immédiatement l'Éternel.

Ode jubilaire pour le six-centième anniversaire de la mort de Dante.

Celui-là est sans foi, qui n'est capable de rien d'éternel.

L'Otage, II, 1.

Ce n'est point le temps qui manque, c'est nous qui lui manquons.

Partage de midi, I.

Heureuse la femme qui trouve à qui se donner ! celle-là ne demande point à se reprendre !

Partage de midi, I.

Tant qu'on n'aura pas trouvé autre chose que les femmes pour en être les enfants, jusque-là sur un cœur d'homme elles conserveront leur droit et leur empire.

Le Père humilié, II, 2.

[...] le mariage n'est point le plaisir, c'est le sacrifice du plaisir, c'est l'étude de deux âmes qui pour toujours désormais et pour une fin hors d'elles-mêmes
Auront à se contenter l'une de l'autre.

Le Père humilié, II, 2.

On ne pense pas d'une manière continue, pas davantage qu'on ne sent d'une manière continue ou qu'on ne vit d'une manière continue. Il y a des coupures, il y a intervention du néant.

Réflexions et Propositions sur le vers français, in *Positions et Propositions*.

Le pire n'est pas toujours sûr.

Le Soulier de satin, titre.

[...] ce n'est pas l'esprit qui est dans le corps, c'est l'esprit qui contient le corps, et qui l'enveloppe tout entier.

Le Soulier de satin, I, 6.

C'est de ne rien espérer qui est beau ! c'est de savoir qu'on en a pour toujours !

Le Soulier de satin, II, 4.

Ce paradis que Dieu ne m'a pas ouvert et que tes bras pour moi ont refait un court moment, ah ! femme, tu ne me le donnes que pour me communiquer que j'en suis exclu.

Le Soulier de satin, II, 14.

Oui ! Quelle chose étonnante c'est que de vivre !
Celui qui vit et pose ses deux pieds sur la terre, qu'envie-t-il donc aux dieux ?

Tête d'Or, II.

Ô ce monde ennuyeux ! l'homme, comme un fœtus parmi les glaires,
Se repaît de son imbécillité.

Tête d'Or, II.

JUGEMENTS

« Claudel a dit quelque chose, sur les cathédrales, qui vaut bien qu'on lise L'Annonce faite à Marie, *quoique je ne voie rien à comprendre dans ce drame. Son naïf architecte de cathédrales dit bien qu'il ne s'en forme aucune idée d'avance ; mais il se met dedans, et il construit comme on construit ; c'est la pierre d'attente qui donne l'idée. »*

ALAIN, *Propos*, 24 août 1921, Gallimard, posthume, 1956.

« Quant à Claudel, ses palinodies, ses éloges successifs de Pétain et De Gaulle à quatre ans d'intervalle suffisent à juger l'homme à défaut du poète. »

Pierre ASSOULINE, *Gaston Gallimard. Un demi-siècle d'édition*, Balland, 1984.

« [...] Paul Claudel et [...] Cocteau, auteurs de poèmes patriotiques infâmes, de professions de foi catholiques nauséabondes, profiteurs ignominieux du régime et contre-révolutionnaires fieffés. »

André BRETON, *Point du jour*, Gallimard, 1934.

« [...] quand on sait que le gouvernement qui vient de décorer le poète chrétien Paul Claudel est celui-là même qui décora de l'ordre des Flèches Rouges Himmler, organisateur des crématoires, on est fondé à dire, en effet, que ce n'est pas Calderon ni Lope de Vega que les démocraties viennent d'accueillir dans leur société d'éducateurs mais Joseph Goebbels. »

Albert CAMUS, *Actuelles II*, Gallimard, 1953.

« Je sors de la Comédie-Française où j'étais passé pour jeter un coup d'œil sur la répétition du Soulier de satin*. Je tombe dans les vieilles toiles d'emballage et les décors minces. C'est sans doute très beau mais c'est très bête. D'une bêtise massive. [...] je voyais Claudel, au premier rang, de profil. Il avait l'air d'une motte de terre, d'un énorme pavé de pain d'épice bourré de trous et d'angélique. Il buvait du lait. Il se buvait. Il buvait le lait d'une plante grasse du Brésil. Bête. Sa bêtise ressemble aux fleurs et aux fruits monstrueux qui poussent en Amérique du Sud et qui ne sentent rien, qui perdent toute saveur.*
Bête comme le gros œil de Junon. Œil de plâtre. Œil de vache.
C'est le Bébé Cadum.
Il avance avec un grand rond de faille sur la tête, dans un "parc à roulettes". Il fait la grimace des enfants sur le pot et qui poussent. »

Jean COCTEAU, *Journal*, 20 novembre 1943, Gallimard, posthume, 1989.

« On parle de poésie : il est injuste et violent avec une certaine magnificence. Il est très amical et très à l'aise. Son parler est comme toujours fortement articulé. Il profère et parfois presque vocifère. [...] Puis il se lance dans une immense improvisation sur la foi, sur l'explication de la vie et de la nature. Parfois, ce sont presque des phrases de catéchisme, à d'autres moments, c'est presque sublime. [...] Et puis il se lance dans d'extravagantes explications sur les animaux à symétrie rayonnée, sur les radiolaires... Il délire et parfois c'est du meilleur Claudel. Il est touchant et surprenant en même temps. C'est une force inépuisée, inépuisable. [...] Mauriac dit parfois parlant de Claudel : "Ce grand homme est une brute !" *À vrai dire, je trouve qu'il brille par le naturel. Il a des opinions fortes et saugrenues qu'il ne cherche même pas à défendre, il se contente de les énoncer. »*

Georges DUHAMEL, *Le Livre de l'amertume*, 29 novembre 1935, Mercure de France, posthume, 1984.

« Jeune, il avait l'air d'un clou ; il a l'air maintenant d'un marteau-pilon. Front très peu haut, mais assez large ; visage sans nuances, comme taillé au couteau ; cou de taureau continué tout droit par la tête, où l'on sent que la passion monte congestionner aussitôt le cerveau [...], la tête fait corps avec le tronc [...]. Il me fait l'effet d'un cyclone figé. Quand il parle, on dirait que quelque chose en lui se déclenche ; il procède par affirmations brusques et garde le ton de l'hostilité même quand on est de son avis.
[...]
Sa parole est un flux continu qu'aucune objection, qu'aucune interrogation même, n'arrête. Toute autre opinion que la sienne n'a pas de raison d'être et presque pas d'excuse à ses yeux.
[...]
[Claudel] *me domine ; il me surplombe ; il a plus de base et de surface, plus de santé, d'argent, de puissance, d'enfants, de foi, etc. que moi. »*

André GIDE, *Journal*, 1er décembre 1905, 19 novembre 1912 et 15 mai 1925, Gallimard, 1939.

« Claudel est inexplicable. Il a dû tomber du ciel comme un aérolithe. Il ne représente ni son temps, ni son pays. Les grandes influences qu'il a subies viennent d'ailleurs que d'ici : les tragiques grecs, la Bible, Dante sans doute, Shakespeare. »

Julien GREEN, *Journal*, 2 mai 1949, Plon, 1951.

« On a rapporté à Claudel le mot de Gide : "Claudel est un monsieur qui croit qu'on va au ciel en pullman." *À quoi Claudel répond :* "Gide, lui, va en enfer dans le métro." *»*

Julien GREEN, *Dans la gueule du temps*, 10 avril 1948, Plon, 1978.

« PLUS JAMAIS CLAUDEL. Autrement dit : foin de ce gymnaste mammouthéen du verbe, ferme appui du statu quo bourgeois, sous le masque tantôt d'une ferveur de pastourelle illuminée, tantôt d'un exotisme très mandarin colonial, tantôt d'une mystique de fort-en-thème. »

Michel LEIRIS, *Frêle Bruit* (*La Règle du jeu*, IV), Gallimard, 1976.

« C'est vrai, Claudel a tellement aimé Dieu qu'il lui arrive de se prendre pour Lui. Il n'en finit pas de recommencer la création du monde, sans se lasser de son propre émerveille-

ment. D'où cette œuvre grandiose et boursouflée : c'est le chaudron d'un démiurge. »

Renaud MATIGNON, « Paul Claudel. Le Chaudron de Dieu », in *Le Figaro littéraire*, 25 novembre 1991.

« [...] *Claudel est unique : c'est le* Cervin, *au milieu du massif littéraire français.*
[...] *Claudel est essentiellement l'homme de l'*Ancien Testament. »

François MAURIAC, *Souvenirs retrouvés*, Fayard, posthume, 1981.

« [...] *cette force qui secoue le cœur humain, le tord, l'élève, l'apaise, l'emporte comme un élément de la nature dont on sent tour à tour la violence déchaînée, la rudesse, la poésie, la douceur : l'art de Paul Claudel. J'entendis parler de Claudel pour la première fois par Francis Jammes que j'étais allé voir à Orthez ; il me le représentait à la fois comme une espèce de saint et de croquemitaine terrible, ne pouvant supporter l'odeur de la vanille, vêtu d'une robe chinoise et coiffé d'un chapeau de consul général.* »

Darius MILHAUD, *Études*, Éd. Aveline, 1927.

« *Ce fut, pendant deux années, un émerveillement constant pour moi, que d'observer l'activité de Claudel : levé à six heures, il allait à la messe puis il travaillait jusqu'à dix heures ; après quoi il se livrait entièrement à sa fonction de diplomate jusqu'à cinq heures.* [...] *Aussitôt le dîner terminé, il se retirait dans sa chambre et se couchait tôt. Son esprit se détachait peu de la Bible ; il écrivait tous les jours des commentaires sur des Versets extraits des deux Testaments.* »

Darius MILHAUD, *Notes sans musique*, Julliard, 1949.

« *Il n'a rien de remarquable au premier abord, si ce n'est une façon frappante de mastiquer sa phrase, puis de cracher ses mots avec humeur et autorité.* [...]
Quand Claudel vous parle, il est si brusque qu'on a l'impression qu'il vous gifle. »

Paul MORAND, *Journal d'un attaché d'ambassade*, 28 octobre 1916, Gallimard, 1963.

« *Claudel est un aérolithe. C'est un être venu d'ailleurs pour se camper sur cette planète, les pieds enfoncés dans la terre. C'est une cathédrale anachronique dans le siècle de Gide, de Valéry et de Malraux. Il refuse avec violence les homosexuels et les athées, rejetés sans ménagement dans les ténèbres extérieures. Il assimile, avec hardiesse — et avec ignorance —, le surréalisme à la pédérastie. Il foudroie non seulement Gide, mais Racine et Stendhal, coupables de ne pas répondre à l'idée qu'il se fait de Dieu et des hommes. Jules Renard rapporte son mot tonitruant :* "La tolérance ? Il y a des maisons pour ça." *Le goût, la mesure, la médiocrité, les joliesses du style ou de la pensée, il les ignore avec superbe. Il est insupportable, magnifique et violent.* »

Jean d'ORMESSON, « Claudel. Un barbare dans l'Église », in *Une autre histoire de la littérature française*, I, NiL, 1997.

« *On peut opposer à Paul Claudel* [...] *bien des objections et bien des réserves. Il est difficile de ne pas reconnaître en lui l'une des plus convaincantes images du génie. Génial, Claudel l'est jusque dans ses défauts : ses outrances, sa complaisance à soi, la lourdeur de son goût, la brutalité de ses jugements. Il rappelle Hugo : il tombe dans des excès ou des faiblesses si évidents que seul l'aveuglement du génie peut les expliquer. Les autres doivent presque tout à l'intelligence, à l'habileté, au discernement. Claudel doit tout à une sève innocente et irrépressible : il a reçu une délégation de ce pouvoir qui crée et soulève les mondes. Cette œuvre n'est pas à la mesure de ce temps.* »

Gaëtan PICON, « Les Derniers Classiques », in *Panorama de la nouvelle littérature française*, I, I, 1, Gallimard, rééd. 1960.

« *Paul Claudel rompt résolument avec toutes les formes de notre tradition poétique. Il remplace le vers par la phrase mesurée et rythmée et supprime, bien sûr, la rime tout en gardant à l'occasion des effets d'assonance. Pour le reste, c'est une sorte d'auberge espagnole du* XVIe *siècle, pleine de confusion et de vacarme, où défile la terre entière : voyageurs avec leurs souvenirs, passants avec leurs passions, l'évêque et le mendiant, le roi et la sainte. Sa poésie fondamentalement dialoguée* [...] *devait tout naturellement aboutir au drame.* [...] *Génie inégal et qui ignore jusqu'à l'existence de la mesure, Claudel entraîne tout par la puissance de son souffle et de son verbe.* »

Georges POMPIDOU, *Les Poètes*, in *Anthologie de la poésie française*, Hachette, 1961.

« *Je lis l'*Échange *de Claudel. Je comprends très bien, et ça ne me fait aucun plaisir.* »

Jules RENARD, *Journal*, 10 janvier 1906.

« [...] *plus niais que Feydeau, il n'y a* [...] *que Claudel.* »

Angelo RINALDI, « Lagarde et Michard », in *L'Express*, 15 juillet 1988.

« *Vous dites* "Claudel", *et, immédiatement, les clichés déferlent : dogmatique, épais, pétrifié, pétainiste, papiste, couvert d'honneurs, imposteur, poète reconnu donc maudit, cul béni, homophobe, sexophobe, tank de la réaction, — l'horreur. La haine que suscite Claudel est, à la limite, presque plus intéressante que lui. Mais être ainsi constamment attaqué de partout, depuis un siècle, veut sans doute dire qu'on occupe une place centrale, surtout si le siècle en question s'est surpassé dans le mensonge, l'abjection, la terreur. Le problème est donc le suivant : que ne veut-on pas savoir de Claudel ? Pourquoi cette rapidité à se laisser piéger par ses masques ? Et d'ailleurs qu'a-t-il voulu lui-même cacher ou protéger ? Tout se passe en effet comme s'il n'avait pas hésité à en* remettre *dans le malentendu, la provocation, l'outrance. Il est invisible du dehors, Claudel. Il veut dissimuler un trésor.*
[...]
Claudel n'est pas bien dans son corps. Il a un appareil de perception merveilleux mais une enveloppe fâcheuse. Son histoire comique avec Gide vient de cet embarras. Gide est plutôt beau, Claudel voudrait le convertir à l'ascèse qui est la sienne, il est amoureux de Gide, disons les choses, puisque est amoureux tout individu qui veut intervenir dans la vie privée d'un (ou d'une) autre. [...]

Au fond, Claudel est un voluptueux à la fois très ancien et très moderne. Il prend les choses de plus loin et à la racine, pas de psychologie, une vie des mots en formation [...]. Claudel, papillon chinois enfermé dans un ours : étonnante plaisanterie de la nature. Mais l'ours danse comme personne, il a surtout une oreille très fine. Il est délicat et sûr dans ses goûts, même s'il n'aime pas particulièrement faire le beau devant les dames ou les éphèbes qui, les imbéciles, se moquent de son apparence. Ses fréquentations à lui, dans la montagne, ont pour nom Lao-tseu ou Isaïe, saint Jean ou Eschyle. Drôle de type, vraiment, qui a su que l'ignorance et la surdité, l'oppression et la vulgarité, allaient durer longtemps, très longtemps, dans une obscurité brutale, mais qu'il y avait aussi *des paroles qui ne passeraient jamais, des peintures, comme celles de Rembrandt, définitives. »*

Philippe SOLLERS, « Connaissance de Claudel », in *Le Monde des livres*, 18 décembre 1998.

BIBLIOGRAPHIE

Éditions

Œuvres complètes, Gallimard, 1950 à 1986, 29 vol.

Supplément aux Œuvres complètes, L'Âge d'Homme, Lausanne (CH), 1990 et 1991.

Œuvres en prose, éd. J. PETIT et Ch. GALPÉRINE, « Pléiade », Gallimard, 1965.

Œuvre poétique, éd. J. PETIT, « Pléiade », Gallimard, 1967.

Journal, éd. Fr. VARILLON et J. PETIT, « Pléiade », Gallimard, 1968-1969, 2 vol.

Théâtre, éd. J. MADAULE et J. PETIT, « Pléiade », Gallimard, 1947, rééd. 1965 et 1967, 2 vol.

Bibliographie des Œuvres de Paul Claudel, éd. J. PETIT, Belles Lettres, 1973 [bibliographie exhaustive].

Cinq Grandes Odes, « Poésie », Gallimard, 1966.

Mémoires improvisés, 1954, rééd. corr. « Idées », Gallimard, 1969. *Le Poëte et la Bible*, t. I, *1910 à 1946*, éd. M. MALICET, D. MILLET et X. TILLIETTE, Gallimard, 1998.

Le Soulier de satin, éd. M. AUTRAND, « Folio Théâtre », Gallimard, 1997.

Tête d'Or, « Folio », Gallimard, 1987.

Études

F. ANGELIER, *Claudel ou la Conversion sauvage*, Éd. Salvator, 1998.

G. ANTOINE, *Paul Claudel ou l'Enfer du génie*, Laffont, 1988.

J.-B. BARRÈRE, *Claudel : le Destin et l'Œuvre*, SEDES, 1979.

P. BRUNEL, *« Le Soulier de satin » devant la critique*, Lettres modernes, 1964 ; *Claudel et Shakespeare*, Colin, 1971.

M.-J. GUERS, *Paul Claudel*, Actes Sud, Arles (Bouches-du-Rhône) 1987 ; *La Maîtresse du consul*, Albin Michel, 1998.

H. GUILLEMIN, *Le « Converti » Paul Claudel*, Gallimard, 1968.

J. HOURIEZ, *L'Inscription scripturaire dans le théâtre et la poésie de Paul Claudel : les œuvres et la maturité*, Annales littéraires de l'université de Franche-Comté, Besançon, 1998.

P.-A. LESORT, *Claudel*, « Écrivains de toujours », Seuil, 1963, rééd. 1988.

M. LIOURE, *L'Esthétique dramatique de Paul Claudel*, Colin, 1971.

M. MALICET, *Psychanalyse de l'œuvre de Claudel*, Belles Lettres, 1978-1979, 3 vol.

D. MILLET-GÉRARD, *Anima et la Sagesse. Pour une poétique comparée de l'exégèse claudélienne*, Éd. Lethielleux, 1990.

J.-B. MORALY, *Claudel metteur en scène*, Annales littéraires de l'université de Franche-Comté, Besançon, 1998.

Ch.-P. PEREZ, *Le Visible et l'Invisible. Pour une archéologie de la poétique claudélienne*, P.U. Besançon/Belles Lettres, 1998.

J. PETIT, *Pour une explication du « Soulier de satin »*, Lettres modernes, 1965 ; *Claudel et l'Usurpateur*, DDB, 1971.

A. WEBER-CAFLISCH, *« Le Soulier de satin », dramaturgie et poésie*, Belles Lettres, 1986.

La Dramaturgie claudélienne, colloque de Cerisy-la-Salle (Manche), 31 août-10 sept. 1987, Klincksieck, 1988.

Écritures claudéliennes, actes du colloque de Besançon, 27-28 mai 1994, L'Âge d'Homme, Lausanne (CH), 1997.

Archives Paul Claudel, Minard.

Bulletin de la Société Paul Claudel.

Cahiers Paul Claudel, Gallimard.

Claudel Studies, Université de Dallas (US).

Paul Claudel, « Cahier de l'Herne », L'Herne, 1998.

RLM, série *Claudel*, Minard.

AUDIO & VIDÉO

CD

La Nuit de Pâques, *in* J. d'ASTIER, *Voix de poètes*, vol. I, INA/Radio France/France Culture, 1993.

COCTEAU

Jean COCTEAU

Maisons-Laffitte (act. Yvelines) 1889 – Milly-la-Forêt (act. Essonne) 1963

Académicien

> *« Chez Cocteau, il y avait par moments la grandeur ; une grandeur étrange, très près d'une sorte de pouvoir occulte. C'était un médium. »*
>
> Marguerite YOURCENAR, *Les Yeux ouverts*, Centurion, 1980.

> *« Rien ne m'est plus étranger que ce souci de modernisme qu'on sent incliner toutes les pensées et toutes les résolutions de Cocteau. »*
>
> André GIDE, *Journal*, 18 avril 1918, Gallimard, 1939.

La Poésie en personne

Le prince frivole

Cocteau était issu d'un milieu bourgeois et fortuné : sa mère appartenait à une famille parisienne d'agents de change ; quant à son père, avocat puis rentier, il se suicida pour des raisons mal élucidées alors que l'enfant n'avait que 9 ans. Nerveux, extrêmement sensible, Cocteau passa sa prime enfance avec sa sœur aînée, Marthe, et son petit frère Paul, soit à Maisons-Laffitte, soit à Paris, dans un hôtel particulier ; aussi disait-il : « *Je suis né parisien, je parle parisien, je prononce parisien* » ***(Portraits-Souvenir)***. Son grand-père, amateur éclairé, l'éveilla à la musique ; son père, qui dessinait et peignait volontiers, lui transmit ses dons picturaux ; sa mère l'emmena très tôt au théâtre, où il contracta « *le mal rouge et or* » (***La Difficulté d'être***, 1947). Du lycée Condorcet, d'où il fut renvoyé pour indiscipline en 1904, ce « mauvais élève » ne garda qu'un souvenir marquant, celui de la révélation de la beauté masculine, en la personne d'un condisciple, Dargelos :

> *Ces coups de poing durs des boules de neige,*
> *Que donne la beauté vite au cœur en passant.*
>
> (***Le Camarade***, poème écrit en 1929 et inclus dans le film ***Le Sang d'un poète***)

S'il eut une brève liaison avec l'actrice Madeleine Carlier — dont on trouve trace dans ***Le Grand Écart*** —, ce fut l'époque où il découvrit son homosexualité. Ses débuts littéraires — qualifiés plus tard de « *graves erreurs de jeunesse* » — le firent connaître rapidement, lui attirant un succès mondain. Présenté dès 1908 comme un jeune prodige par le comédien Édouard de Max et par Laurent Tailhade, lors d'une audition de ses poèmes au Théâtre Femina, il jouit d'abord en « *prince frivole* » de ses triomphes auprès des comédiens, des femmes du monde, des artistes et des écrivains en vue : Sarah Bernhardt, Mistinguett, Anna de Noailles, le portraitiste Lucien Daudet, Rostand, Martin du Gard, Proust, entre autres. Il en garda d'inoubliables ***Portraits-Souvenir*** (1935). Le jeune dandy écrivit des poèmes : ***La Lampe d'Aladin*** (1909), ***Le Prince frivole*** (1910), ***La Danse de Sophocle*** (1912) et dirigea, avec Maurice Rostand — fils aîné d'Edmond —, l'éphémère revue *Schéhérazade*. Lors des premières représentations des Ballets russes, il fut présenté à Serge de Diaghilev, leur créateur, qui lui lança le fameux « *Étonne-moi !* » (1912) : Cocteau y réussit cinq ans plus tard, à la première de ***Parade***. Il avait rédigé, dès 1911, le scénario du ***Dieu bleu***, ballet mis en musique par Reynaldo Hahn et dansé par Nijinski en 1912. Il se lia également avec le peintre Jacques-Émile Blanche, avec Guitry, Mauriac, et, toujours aux Ballets russes, rencontra Igor Stravinski : *Le Sacre du printemps*, mal reçu du grand public en 1913, « *déracina* » d'ailleurs le jeune poète, qui tira une leçon de l'échec subi par le musicien. La première du « *ballet réaliste* » ***Parade*** (mai 1917), préparé dès 1916 avec Diaghilev et le chorégraphe Léonide Massine, sur une musique d'Erik Satie et dans des décors de Picasso — pour qui Cocteau écrivit en 1919 une ***Ode à Picasso*** —, provoqua, elle aussi, un véritable tollé. Mais Cocteau ne trouva pas que des aspects négatifs à « *l'électricité* » dégagée par ce scandale. Au moment où, adulé, il pouvait tomber dans le piège du succès facile, il eut l'intelligence de se remettre en question, aiguillonné par les réactions qu'il provoquait. Ghéon lui reprochait sa futilité ; Gide glissait quelques perfidies : « *Chez Cocteau, l'art dégénère en artifice.* » Il proclama : « *Ce que le public te reproche, cultive-le, c'est toi* » ***(Le Coq et l'Arlequin)***.

« *Vers le grisou* »

Le Potomak, terminé à l'automne 1913 (publié en 1919) alors que Cocteau était auprès de Stravinski, constituait une manifestation évidente de cette transformation. Ce livre coupait les ponts avec un passé désormais renié : « *L'avenir n'appartient à personne. Il n'y a pas de précurseurs, il n'existe que des retardataires.* » Le poète s'ouvrait au « *neuf*

attelé de mystère » ; monté trop vite à *« l'échelle des valeurs officielles »*, il tentait de gravir *« l'échelle des valeurs secrètes »* pour s'enfoncer *« avec soi-même vers le diamant, vers le grisou »*, et tenter un *« rapt à l'inconnu »*. Dans un mouvement proche de l'écriture automatique, il cherchait à saisir ce qui lui était dicté, sans toujours le comprendre : des apologues, des anecdotes, des poèmes lui vinrent, dialoguant avec des dessins dans lesquels éclataient ses dons d'humoriste et de caricaturiste. Il obéit désormais à de nouveaux principes : *« Ne sois pas trop intelligent, car tu verrais quelle indigence ! » (**Le Potomak**)*.
Au lendemain de la déclaration de guerre, loin des salons, Cocteau, réformé, se fit ambulancier volontaire. Il connut le chaleureux compagnonnage des fusiliers marins sur le front belge, se fit expulser et apprit la mort de tous ses camarades : cette expérience transparaît dans un poème dédié à la mémoire de son ami Jean Le Roy, ***Discours du grand sommeil*** (1916 à 1918, publié en 1924), *« traduit de quoi ? de cette langue morte, de ce pays mort où mes amis sont morts »*. On la retrouve aussi dans l'« histoire » de ***Thomas l'Imposteur*** (1923) : Guillaume, le héros, qui se fait passer pour un fils de général, se prend au jeu de son mensonge et meurt en faisant *« semblant d'être mort »*.
Cocteau avait auparavant dédié les poèmes du ***Cap de Bonne-Espérance*** (1919) à Roland Garros, qui lui avait révélé l'ivresse des acrobaties aériennes. Un personnage fondamental de la mythologie de l'écrivain, personnifié ici par l'aviateur, s'y dessine : l'ange, qui n'a, comme le poète le précisa dans le ***Journal d'un inconnu*** (publié en 1952), *« aucun rapport avec une certaine imagerie religieuse »*. Cocteau fonda en 1918 les ***Éditions de la Sirène*** avec Cendrars, où il fit paraître ***Le Coq et l'Arlequin***, un manifeste de *« la musique nouvelle »*, après avoir organisé la première manifestation du groupe des Six, les musiciens Darius Milhaud, Arthur Honegger, Georges Auric, Francis Poulenc, Louis Durey et Germaine Tailleferre. De 1919 à 1921, la bande d'amis se retrouva chaque semaine en de folles soirées : Milhaud, Auric et Arthur Rubinstein jouaient à 6 mains, pendant que Paul Morand faisait le barman. En 1920, Cocteau monta, à Paris puis à Londres, ***Le Bœuf sur le toit or the Nothing Doing Bar***, spectacle burlesque sur une musique de Milhaud inspirée de la samba : le titre venait d'une enseigne brésilienne indiquée par Claudel, et allait servir de nom — comme d'autres œuvres du groupe des Six — à un cabaret parisien. L'année précédente, Cocteau avait fait la rencontre, pour lui capitale, d'un jeune inconnu de 15 ans, peu bavard et assez myope, présenté par Max Jacob ; ce garçon écrivait des poèmes et dévorait ses textes : c'était Raymond Radiguet.

« *Un nouvel ordre* »

Cocteau et Radiguet devinrent inséparables, mais ce fut l'enfant qui joua le rôle du maître. Avec lui, Cocteau chercha *« les règles d'un nouvel ordre, apte à vaincre les modes d'avant-garde »* (***Préface*** à ***La Règle du jeu***, 1952). Une poétique nouvelle se formula, que révéla le livre écrit auprès de Radiguet, ***Le Secret professionnel***, l'année même où paraissait ***Vocabulaire*** (1922). Il s'agissait de revenir au classicisme, à la simplicité . *« C'est par où nous ne pourrons copier que nous nous prouverons. »*
Avec Radiguet toujours, Cocteau commença ***Les Mariés de la tour Eiffel*** (1921), dont la première fut troublée par les dadaïstes ; auprès de lui encore, et dans une sobre forme classique, il écrivit son premier roman, celui de l'éducation sentimentale d'un adolescent, ***Le Grand Écart*** (1923), qui n'est pas sans analogie avec *Le Diable au corps*. Fidèle à ses nouveaux principes, il se tourna également vers les mythes grecs et transposa Sophocle, avec ***Antigone*** (1922), chahutée par les surréalistes, et ***Œdipe roi*** (1928), dont il utilisa aussi le thème dans le livret de l'oratorio *Œdipus Rex* de Stravinski (1927) et dans ***La Machine infernale*** (1934). La même indifférence envers l'esthétique d'avant-garde, *« nouveau conformisme » (**Le Secret professionnel**)*, caractérisait le poème d'amour ***Plain-Chant*** (1923), dont l'ampleur était soutenue par le mètre classique. La mort subite de Radiguet (1923) affecta si terriblement le poète qu'il déclara en 1924 à l'abbé Mugnier : *« Je n'écrirai plus. »*
Pour ne pas sombrer, poussé par Max Jacob ainsi que par Jacques et Raïssa Maritain, Cocteau chercha un appui dans la foi ; toutefois, avec la ***Lettre à Jacques Maritain*** (écrite en 1925, publiée en 1926), il prit ses distances. De façon continue, il s'adonna à l'opium — *« La Chine fume pour se rapprocher de ses morts » (**Opium**)* —, au point de devoir subir plusieurs cures de désintoxication. Il voulut également s'abstraire de Paris et séjourna longuement à Villefranche-sur-Mer : éloignement fécond puisqu'il y termina une tragédie, ***Orphée***, en septembre 1925 ; créée en 1926, cette œuvre-clé devait constituer le premier temps d'un véritable cycle orphique prolongé par deux films.

Ces épreuves furent lucidement racontées dans ***Opium*** (journal écrit lors de la désintoxication définitive de l'hiver 1928-1929, publié en 1930). Les difficultés nées de cette crise profonde n'avaient pas tari son inspiration : la Comédie-Française acceptait en 1929 ***La Voix humaine*** (représentée en 1930, avec Berthe Bovy dans le rôle unique), monodrame en un acte où l'on voit une femme abandonnée tenter, dans une ultime communication téléphonique, de reconquérir son amour perdu. Cocteau obtint avec cette pièce un immense succès, malgré l'amorce de scandale provoquée par Eluard. Il y réussissait en effet la mise en scène de ce qui semble le moins fait pour elle, l'intensité même du vide, du silence ; Rossellini en tira, en 1947, son film *L'Amore*, et Poulenc, un opéra en 1959. Tout en défendant le premier livre contesté de son ami Jean Desbordes (*J'adore*, 1928), Cocteau avait publié anonymement en 1928 un récit d'amours homosexuelles, ***Le Livre blanc*** : il le « signa » en 1930 en y joignant des dessins aussi crus que le texte. Quant au roman ***Les Enfants terribles*** (1929), il relatait sur le mode tragique (*« une fatalité de neige et de mort »*) la passion incestueuse de deux adolescents.

Désormais, Cocteau joua de tous les genres et de toutes les techniques, manifestant l'extraordinaire diversité de sa puissance créatrice.

« *Perfectionner, varier les appareils...* »

Comme pour changer de vitesse, il avait sans cesse besoin d'un autre mode d'écriture : *« Perfectionner, varier les appareils doit remplacer l'ancien problème de l'inspiration »* (***Appendice*** au ***Coq et l'Arlequin***, 1924). Dans certaines de ses œuvres, il adopta une facture analogue à celle du journal. ***Mon Premier Voyage-Tour du monde en 80 jours*** (1937) relate un périple accompli en 1936, à la suite d'un pari, sur les traces des héros de Jules Verne. Il écrivit aussi en 1939 une autobiographie masquée, ***La Fin du Potomak*** (1940), et, en 1947, ***La Difficulté d'être***.

Maalesh, Journal d'une tournée de théâtre (1949) raconte un voyage au Proche-Orient effectué avec Jean Marais et le peintre Édouard Dermit — qui devint son fils adoptif et tint le rôle de Paul, en 1950, dans le film tiré par Jean-Pierre Melville des ***Enfants terribles***. Quant à Jean Marais, Cocteau lui donna ses premiers grands rôles dans ***Les Chevaliers de la Table ronde*** (1937) et ***Les Parents terribles*** (1938), une pièce à la croisée du drame et du vaudeville. ***Les Monstres sacrés*** (1940) eurent pour lever de rideau ***Le Bel Indifférent***, nouvelle version de ***La Voix humaine*** écrite pour Édith Piaf — qui avait déjà interprété ***Le Fantôme de Marseille*** (1933). ***La Machine à écrire*** (1941) fut censurée par les autorités allemandes. ***Renaud et Armide***, qui transposait en alexandrins l'histoire de Tristan et Yseult, dans des décors et des costumes de Christian Bérard, refusée par la Comédie-Française sous les pressions de la presse collaborationniste, fut finalement créée en 1943. Dans ***L'Aigle à deux têtes*** (1946), drame romantique inspiré par Louis II de Bavière, Jean Marais donnait la réplique à Edwige Feuillère. ***Bacchus*** (1951), qui *« présentait le désarroi de la jeunesse qui se cherche »*, suscita une polémique avec Mauriac.

L'infatigable Cocteau se lança aussi dans l'aventure du *« cinématographe »*, autre *« véhicule »* qui se risquait là où l'écriture proprement dite ne pouvait s'aventurer. Il éclaboussa donc les écrans de son *« encre de lumière »* avec ***Le Sang d'un poète*** (tourné en 1930 sur une commande de Charles de Noailles, présenté en salle en 1932 — le scénario fut publié en 1948). S'il ne signa que les dialogues du film de Serge de Poligny, ***Le Baron fantôme*** (1943), Cocteau y tint un rôle. Il transposa à nouveau, cette fois à l'écran, l'histoire de Tristan et Yseult, avec ***L'Éternel Retour*** (1943), avant de réaliser ***La Belle et la Bête*** (1946), ***L'Aigle à deux têtes*** (1948) et ***Les Parents terribles*** (1948), donnant par ailleurs une version cinématographique d'***Orphée*** (1950) ; malgré l'échec commercial du film, Cocteau put conclure le cycle avec ***Le Testament d'Orphée*** (1960) où les enchaînements empruntaient *« au rêve son illogisme rigoureux, sa manière de rendre, la nuit, aux mensonges du jour, une sorte de fraîcheur que fane notre routine »* (***Préface*** de l'édition du scénario, 1960).

« *L'étrange proximité du visible et de l'invisible* »

L'envers des choses, le mystère de l'au-delà, l'imaginaire de la mort, *« l'étrange proximité du visible et de l'invisible »* (***La Poésie ou l'Invisibilité***), tels sont les territoires immenses qu'explora Cocteau dans sa poésie autant qu'au cinéma. L'un des protagonistes de cette œuvre initiatique, énigmatique messager de l'inconnu et transfiguration de Radiguet, avait pris forme dès 1925 dans ***L'Ange Heurtebise***. Il fut repris dans les poèmes d'***Opéra*** en 1927, et le ***Journal d'un inconnu*** dévoila une part de sa mystérieuse genèse. Dans ***L'Incendie*** (1938), poème central d'***Allégories*** (1941), dédié à Jean Marais, Cocteau avait eu l'intuition angoissée de l'embrasement européen. ***Léone*** (1945), création onirique, confirma le poète dans son nouveau souffle. L'intensité de la douleur éclate avec une violence incantatoire dans ***La Crucifixion*** (1946) : le poète, comme halluciné, y intériorise la scène du Golgotha. ***Le Chiffre sept*** (1952), œuvre « *née des noces du conscient et de l'inconscient* », se réfère à l'Apocalypse : le poète s'y exprime en une langue secrète, nécessitant d'être déchiffrée comme les hiéroglyphes, et il tente d'ouvrir les yeux à une humanité aveugle. ***Clair-Obscur*** (1954), au titre significatif, suit ***Appoggiatures*** (1953), qu'il faut rapprocher d'***Opéra***.

Le ***Journal d'un inconnu*** (1952) rappela qu'un Cocteau invisible se dissimulait sous le Cocteau visible. Dans ***Le Passé défini*** (posth., publié en 1983 et 1985), vrai journal celui-là, qu'il tint jusqu'à la fin de sa vie, et dans ***Le Cordon ombilical*** (1962), les nouvelles du monde retentissent en lui, ses notes se lient à l'actualité. Au privé, on y découvre un ami loyal et courageux qui aida, en 1937, le champion de boxe déchu Al Brown à remonter sur le ring et à redevenir champion du monde ; qui défendit Jean Genet, en 1943 en cour d'assises, puis en 1948 avec Jean-Paul Sartre ; qui tenta de faire libérer Max Jacob du camp de Drancy, où le poète mourut en mars 1944. L'écrivain, lui, passa plus d'une fois de l'adulation aux vindictes. À la fin de sa vie, une part de lui-même s'était retranchée, et deux êtres cohabitaient en lui, l'un visible, l'autre invisible : « *il y a dans tout créateur un* schizophrène », disait-il. Il reçut ce qu'il nomma « *une raclée d'honneurs* » : Légion d'honneur (commandeur en 1961), présidences diverses (festivals cinématographiques, Syndicat des auteurs et compositeurs), élection à l'Académie royale de Belgique, puis à l'Académie française (1955), doctorat *honoris causa* de l'université d'Oxford (1956)... Malgré les déplacements et les discours auxquels il était contraint — ***Lettre aux Américains*** (1949), ***La Poésie ou l'Invisibilité***, ***Discours d'Oxford*** (1956) —, Cocteau trouva encore le temps « *d'occuper ses mains* », de peindre ou de dessiner : depuis ***Le Potomak***, il avait su croquer en traits incisifs personnages ou silhouettes. Jouant de toutes les techniques (lithographie, poterie), il réalisa des cartons de tapisseries, « tatoua » les murs de la villa Santo-Sospir à Saint-Jean-Cap-Ferrat, décora la mairie de Menton, les chapelles de Villefranche-sur-Mer et de Milly-la-Forêt.

Il découvrit aussi, en 1953, les « *Phares* » d'une Espagne qui occupa une place de choix dans ses dernières œuvres. Son « *Musée imaginaire* » — que les ***Hommages et Poèmes espagnols*** (in ***Clair-Obscur***), nous permet de découvrir — est peuplé d'artistes du passé et du présent : Picasso y voisine avec le Greco, Gaudí ou Gngora. ***La Corrida du premier mai*** (1957), dédiée à Dominguín, avec l'***Hommage à Manolete*** et, un peu plus tard, le ***Cérémonial espagnol du Phénix*** suivi de ***La Partie d'échecs*** (1961), élèvent le rituel de la tauromachie au rang des mythes du poète qui, lui aussi, combat contre les forces obscures et connaît le secret des noces entre « *La Dame* » (la mort) et le torero (ou le poète). La poésie espagnole, de Gngora à García Lorca, a poussé Cocteau à introduire dans ses propres œuvres un mode d'expression nouveau et complexe où clarté et obscurité se rejoignent, où rigueur et mystère se conjuguent. Dans les ***Paraprosodies*** (1958) « *machines à faire des significations* » innombrables, précédées de ***Sept Dialogues*** « *avec Le Seigneur inconnu qui est en nous* », le poète évoque la construction d'un « *temple* [qui] *sera un livre* [et] *aura nom* Poésie ».

Ses monuments poétiques ultimes furent ***Le Cordon ombilical*** et ***Le Requiem*** (1962). Point d'orgue du cycle orphique, cette dernière œuvre est une rhapsodie de 4 000 vers non ponctués, dans laquelle tous les fils tissés au long d'une vie sont rassemblés : le poète prend le large, « *loin de la* foire d'empoigne ». Elle marque l'aboutissement d'un voyage : le poète, tourné vers les hommes de demain, cherche à leur infuser « *l'encre rouge de son cœur* ». Cocteau, qui « *à l'âge de 20 ans* [est] *entré dans la poésie comme on entre dans les ordres* », se laissa guider une dernière fois par la « *magnifique et sauvage déraison* » de la poésie. Ce grand texte au style « *oraculeux* » — pour reprendre un terme cher à Cocteau — devrait peut-être valoir à son auteur trop souvent « dévisagé » d'être enfin « envisagé ».

THÉORIE LITTÉRAIRE

L'éclectisme de Cocteau est à la source de bien des malentendus : s'il refusa — tôt — de s'enfermer dans « *le corset orthopédique des genres* » (***Le Secret professionnel***, 1922), c'est plus par exigence que par dilettantisme : *J'ai, pour tromper du temps la malsonnante horloge / Chanté de vingt façons. / Ainsi de l'habitude évitai-je l'éloge / Et les nobles glaçons **(Plain-Chant)***.

Ce choix, assumé avec constance, lui coûta souvent cher : « *L'homme aime l'uniforme et qu'on n'en change point* » *(ibid.)*, parce que « *tout notre système du plaisir s'étaye sur la comparaison* » (***D'un ordre considéré comme une anarchie***, discours au Collège de France, 1923, recueilli in ***Le Rappel à l'ordre***, 1926 — en même temps que ***Le Coq et l'Arlequin***, ***Le Secret professionnel*** et l'***Ode à Picasso***). On perçut donc volontiers celui qui refusait le « *mou de l'habitude* » (***Du travail et de la légende***, in ***La Difficulté d'être***) comme « *un velléitaire, un traître, un acrobate, un fantaisiste. Pour l'éloge : un magicien* » *(ibid.)*. Comble d'irrévérence, Cocteau se fit un système de fuir les systèmes, les écoles, les mots en « *-isme* », les « *dîners de famille. Picasso n'est pas cubiste. Mallarmé* [...] *n'était pas mallarméen, ni Debussy debussyste* » ***(D'un ordre [...])***. Toute avant-garde, « *mode hautaine qui n'en veut pas être une* » (***Préface*** à ***Opéra***, éd. de 1959), lui faisait horreur. Même l'éclectisme, cet habit d'Arlequin bariolé de paradoxes, lui sembla « *haïssable* » ***(Le Coq et l'Arlequin)***. Sous l'influence de Radiguet, il apprit à se méfier de l'originalité cultivée pour elle-même, qui donne « *l'air de mettre un costume neuf* » ***(Opium)***, et à rechercher plutôt l'authenticité du cri, de cette source qui « *désapprouve presque toujours l'itinéraire du fleuve* » ***(Le Coq et l'Arlequin)***. C'est pourquoi il tenta, à chaque ouvrage, d'oublier le précédent : « *Chacun guillotine l'autre. Ma seule méthode : je cherche à m'épargner Napoléon* » ***(Opium)***. Peu importe à Cocteau la variété d'écriture qui en résulte ; il la revendique : « *Je propose l'absence d'un style. Avoir du style au lieu d'avoir un style* » ***(D'un ordre [...])***.

Le style « *ne saurait être un point de départ. Il résulte.* [Il est] *une façon très simple de dire des choses compliquées* [...], *une manière d'épauler, de viser, de tirer vite et juste* » ***(Le Secret professionnel)***. La poésie doit donc cesser « *d'être une prose en robe du soir* » *(ibid.)*, elle doit éviter « *l'image pour l'image* » *(ibid.)*, l'excès des ornements : « *La richesse réside en une certaine pénurie* » ***(La Difficulté d'être)***. La langue française elle-même lui semble « *légère, compacte, étoilée, amassée comme une boule de neige* » ***(D'un ordre [...])*** ; rebelle « *à certaines douceurs* », c'est, selon l'expression de Gide reprise par Cocteau, un « *piano sans pédales* » dont la « *musique s'adresse plus à l'âme qu'à l'oreille* » ***(La Difficulté d'être)***.

C'est que Cocteau donne à la poésie une haute fonction : non « *convaincre et plaire* », ce « *péché originel* [...] *pareil à des fleurs qui pousseraient avec l'espoir de finir dans un vase* » (***Préface*** au ***Testament d'Orphée***, 1960) ; non le culte d'une forme pleine et agréable, comme dans la « *phrase voluptueuse, célèbre d'avance* » de Barrès, qui le « *fait penser aux cadavres gonflés de miel des embaumeurs grecs* » ***(Le Secret professionnel)*** ; mais la descente dans le « *silence noir* » (***Préface*** au ***Sang d'un poète***, éd. de 1948) de l'être. Le poème, ou le film, est une « *cloche à plongeur* » *(ibid.)* grâce à laquelle l'artiste recueille les « *scènes documentaires d'un autre règne* » *(ibid.)* ; il doit être son « *propre archéologue* » (***Entretiens avec André Fraigneau***, 1965), faire « *revivre le lieu commun* » remonté à la surface : « *Nettoyez-le, frottez-le, éclairez-le* » ***(Le Secret professionnel)*** — à l'exemple de Radiguet, qui « *rendait leur jeunesse aux vieilles formules* [...]. *Quand il y touchait, il semblait que ses mains maladroites remissent dans l'eau quelque coquillage* » ***(La Difficulté d'être)***. Cocteau assigne donc à la poésie le rôle de dévoiler, de montrer « *nues, sous une lumière qui secoue la torpeur, les choses surprenantes qui nous environnent et que nos sens enregistraient machinalement* » ***(Le Secret professionnel)***, conformément à sa célèbre définition : « *Le poète est un mensonge qui dit toujours la vérité* » ***(Secrets de beauté)***.

On reprocha à Cocteau l'apparente facilité des calembours d'***Opéra*** : « *Je suis la sève héritée. Je suis lasse et vérité. Je suis la sévérité.* » L'auteur y voyait au contraire « *un appareil distributeur d'oracles* » ***(Opium)***, l'expression d'un « *peuple de fantômes* » qu'il avait « *payé cher le droit d'abriter* » *(ibid.)*. Il prédisait même : « *On s'apercevra vite que mes calembours n'étaient pas l'esprit mais le cœur de mon livre* » ***(Essai de critique indirecte)***. Le rôle du génie, dit-il à propos de Stravinsky (***Appendice*** au ***Coq et l'Arlequin***, 1924), est de canaliser « *une puissance brute* [...] *;* [il] *lui ménage* [...] *des appareils qui vont de l'usine à la lampe de poche* ». Il s'agit d'ailleurs moins d' « *inspiration* » que d'« *expiration* » : « *Car ce souffle vient d'une zone de l'homme où l'homme ne peut descendre* » ***(La Difficulté d'être)***.

Le poète écrirait-il donc passivement, sous la dictée des Muses ? Pas davantage : « *Puisque ces mystères me dépassent, feignons d'en être l'organisateur* », dit le photographe des ***Mariés de la tour Eiffel***. Si le poète se fait devin, c'est en un sens bien modeste : *Accidents du mystère et fautes de calcul / Célestes, j'ai profité d'eux, je l'avoue. / Toute ma poésie est là : Je décalque / L'invisible (invisible à vous)* (***Par lui-même***, in ***Opéra***).

À la différence des surréalistes, qui tentent la transcription directe du rêve et de l'inconscient, Cocteau ne cherche qu'à en imiter le mécanisme : « *Langue vivante du rêve, langue morte du réveil... Il faut interpréter, traduire* » ***(Opium)***. À l'hypnose, il préfère le « *semi-sommeil, propice à des associations qui ne sont pas des associations d'idées, ni d'images, ni de souvenirs. Ce sont plutôt des monstres qui s'accouplent, des secrets qui passent dans la lumière, tout un monde équivoque, énigmatique* » (***Préface*** au ***Sang d'un poète***). C'est de là que procède la « *vitesse surprise par l'immobilité,* [...] *cet air changé en statue* » des toiles de Chirico (***Le Mystère laïc***, 1928, repris in ***Essai de critique indirecte***, 1932), ce « *paradoxe d'être visible et invisible* » ***(Discours d'Oxford)***, cette immobilité trompeuse du ventilateur et de l'hélice où il est déconseillé de « *mettre le doigt* » ***(Opium)***, ce « *durcissement de la pensée par le passage brutal de l'intérieur à l'extérieur. Avec cette halte ahurie du taureau sortant du toril. Exposer nos fantômes au jet d'une fontaine pétrifiante* » *(ibid.)*. Au total, la puissance de la poésie « *est de prendre ses sources dans la mort* » ***(Discours d'Oxford)***.

Archéologue, Cocteau se veut aussi compositeur et architecte, soucieux de « *la justesse des rapports* » ***(Le Mystère laïc)*** : « *Les personnages qui peuplent notre œuvre ont moins d'importance que son architecture* » ***(Le Cordon ombilical)***. Le poète, à ses yeux, « *ne rêve pas : il compte* » ***(Le Secret professionnel)***, telle Athéna dans ***Le Théâtre de Jean Cocteau*** (in ***Opéra***) ; il s'agit moins « *d'écrire bien ou mal* » que d'« *arriver au style des chiffres* » ***(Opium)***, loin de cette « *inexactitude* » que les gens trouvent « *poétique, romanesque* » ***(Le Mystère laïc)*** ; il s'agit de déployer cette « *feuille pliée un grand nombre de fois sur elle-même* » où « *intérieurement, mathématiquement, la symétrie s'organise* » ***(Discours du grand sommeil)***.

Seule compte donc pour Cocteau « *la ligne* » qui « *prime le fond et la forme. Elle traverse les mots* [que le poète] *assemble. Elle fait une note continue que ne perçoivent ni l'oreille ni l'œil* » ***(La Difficulté d'être)***. Ce « *tour de cartes exécuté par l'âme* » ***(D'un ordre [...])*** fait courir à l'écrivain tous les risques ; il « *habite les ruptures d'équilibre* » *(ibid.)* : « *La fausse beauté se tient assise sur un trône. La vraie beauté penche sur le vide en haut d'une pile de chaises* » ***(Le Secret professionnel)***. Il doit donc se mettre à l'« *école de travail, de force discrète, de grâce utile* » des artistes de cirque et de music-hall (***Préface*** au ***Rappel à l'ordre***).

Souvent taxé d'intellectualisme, Cocteau accorde en réalité peu de prix à l'intelligence : « *En art, toute valeur qui se prouve est vulgaire* » ***(Le Coq et l'Arlequin)*** et « *le génie ne s'analyse pas mieux que l'électricité* » (***Appendice*** au ***Coq et l'Arlequin***) ; il ne croit ni au symbole ni à l'allégorie consciemment utilisés. Tout cela compte moins que le « *progrès moral* » de l'artiste, « *le seul qui vaille* » ***(La Difficulté d'être)***. Écrire représente pour lui un « *acte d'amour* », qui « *consiste à obéir au mécanisme des plantes et des arbres et à projeter du sperme loin autour de nous* » *(ibid.)*. Il cherche donc « *cette* légèreté profonde *que l'opium imite un peu* » (dédicace d'***Opium*** à Jean Desbordes) du côté de l'enfance, qui porte en elle la faculté d'émerveillement, « *drogue naturelle* » ***(Opium)***, et du côté de l'image « *réaliste* », de la « *poésie de théâtre* », du « *plus vrai que le vrai* » *(ibid.)* où « *les scènes s'emboîtent comme les mots d'un poème* » (***Préface*** aux ***Mariés de la tour Eiffel***, éd. de 1922), où les effets grossissants nous présentent une « *goutte de poésie au microscope* » *(ibid.)*.

Dramaturge et romancier, cinéaste et essayiste, peintre et scénariste, Cocteau fit de la poésie le dénominateur commun d'une œuvre abondante et protéiforme. Enfant terrible des lettres, il passa avec éclat d'un domaine de la création artistique à un autre, avec un brio qu'on lui envia et lui reprocha à la fois. Arbitre de la vie intellectuelle, artistique et mondaine de son temps, il reste paradoxalement mal connu, sa légende de touche-à-tout surdoué et de « *Paganini du violon d'Ingres* » ayant peut-être masqué sa véritable stature.

Un virtuose du merveilleux

Les « mots » de Cocteau sont aussi célèbres qu'innombrables : « *Le tact dans l'audace, c'est de savoir jusqu'où on peut aller trop loin* » ***(Le Coq et l'Arlequin)*** ; « *Le génie est l'extrême pointe du sens pratique* » ***(Opium)*** ; « *Les miroirs feraient bien de réfléchir un peu plus avant de renvoyer les images* » ***(Essai de critique indirecte)*** ; « *Courir plus vite que la beauté.* [...] *Trouver d'abord, chercher après* » (***D'une conduite***, in ***Journal d'un inconnu***). De salon en réunion mondaine, on rapportait ses reparties : « – *Qu'emporteriez-vous,* lui demandait-on, *si votre maison prenait feu ? – J'emporterais le feu.* » Peut-être, par-delà l'indéniable virtuosité verbale, l'esprit, les jeux de mots, les « *calembours divins* » (« *La Grèce ? – Un pays mangé aux mythes* ») s'inscrivaient-ils dans une esthétique de la forme efficace et concise. Aux yeux de cet admirateur de Satie, la simplicité est d'ailleurs aussi susceptible de progrès que le raffinement : « *La simplicité de nos musiciens modernes n'est plus celle des clavecinistes* » (***Le Coq et l'Arlequin***). Le véritable écrivain, à ses yeux, « *est celui qui écrit mince, musclé* » (***Le Secret professionnel***), une minceur qui n'est que de tenue parce que l'espace ouvert est vaste :

Le cœur de l'homme s'encombre
Lourd de tout ce qu'il aima
Un d'eux a pendu son ombre
Contre un mur d'Hiroshima

(***Faire-part***)

Cocteau travaillait donc avec acharnement : « *J'ai peu de mots,* disait-il, *mais je les brasse à la manière d'un boulanger qui malaxe sa pâte — avec science et amour.* » Et de proposer cette équivalence : « *Écrire, surtout des poèmes, égale transpirer. L'œuvre est une sueur* » (***Le Secret professionnel***). Dès le ***Cap de Bonne-Espérance*** (in ***Poésie 1916-1923***, 1925) s'esquissent les traits originaux de sa poétique — syntaxe heurtée, mots retombant en combinaisons imprévues, collages, désarticulation mimétique des vers tendant à figurer typographiquement des loopings :

Je n'aime pas dormir quand ta figure habite,
La nuit, contre mon cou ;
Car je pense à la mort laquelle vient si vite
Nous endormir beaucoup.
[...]
Ah ! je voudrais, gardant ton profil sur ma gorge,
Par ta bouche qui dort
Entendre de tes seins la délicate forge
Souffler jusqu'à ma mort.
[...]
Notre entrelacs d'amour à des lettres ressemble
Sur un arbre se mélangeant ;
Et, sur ce lit, nos corps s'entortillent ensemble,
Comme à ton nom le nom de Jean.

(***Plain-Chant***, in ***Poésie 1916-1923***, t. II)

Sans doute l'influence de l'avant-garde de l'époque se faisait-elle sentir, mais il est clair que, s'il n'avait pas encore rompu toutes les amarres avec son passé, Cocteau se trouvait déjà sur une voie nouvelle, délibérément orientée vers ce qui serait sa « ligne » profonde : « *Les mots ne doivent pas couler : ils s'encastrent. C'est d'une rocaille où l'air circule librement qu'ils tirent leur verve* [...]. *La prose n'est pas une danse. Elle marche* » (***La Difficulté d'être***). Pratique exigeante qui allie classicisme et modernité, ordre et invention, science et instinct, inconscience et savoir : « *Outre que les mots signifient, ils jouissent d'une vertu magique, d'un pouvoir de* charme, *d'une faculté d'hypnose* » (***La Difficulté d'être***). La poésie, aux yeux de Cocteau, est donc « *une langue à part* » dont il faut chercher les « *chiffres secrets* », un « *fluide fabuleux* » (***Le Secret professionnel***), « *une électricité* » (***D'un ordre considéré comme une anarchie***). Ainsi s'explique sa fascination pour le merveilleux : « *Plus on est avide, plus il est indispensable de reculer coûte que coûte les bornes du merveilleux* » (***Opium***). Fascination qu'on retrouve dans sa passion des miroirs : « *Les miroirs sont les portes par lesquelles la Mort va et vient.* [...] *Du reste, regardez-vous toute votre vie dans une glace, et vous verrez la Mort travailler comme des abeilles dans une ruche de verre* » (***Orphée***, sc. 7). Tel le sphinx de ***La Machine infernale***, il aurait pu dire : « *Je parle, je travaille, je dévide, je déroule, je calcule, je médite, je tresse.* »

Un illustre méconnu

S'il fut couvert, de son vivant, tantôt d'honneurs, tantôt d'insultes, Cocteau a davantage survécu comme cinéaste que comme écrivain, auprès du public. L'homme, mondain jusqu'à la caricature — y compris dans les railleries d'une destinée le faisant disparaître le même jour qu'Édith Piaf —, fut sans doute trop célèbre pour ne pas éclipser durablement l'écrivain. Cordialement détesté de Gide, Breton, Desnos, Bernanos, Léautaud ou Mauriac, il trouva en Green, Kessel ou Yourcenar des admirateurs aussi fervents qu'inattendus. Après plus d'une décennie de purgatoire, Cocteau, depuis les années 1980, est l'objet d'une réhabilitation au moins éditoriale qui conforte le succès, jamais démenti, de son œuvre picturale et cinématographique — et permet à l'œuvre de l'illustre poète d'être de moins en moins méconnue.

ŒUVRES

La **Difficulté d'être**

Essai publié aux éditions Paul Morihien, en 1947.

Ce recueil appartient au domaine de la *« poésie critique »*, suivant la classification faite par Cocteau lui-même. La trentaine de brefs textes en prose qu'il contient, intitulés à la façon des traités des moralistes classiques, traitent de sujets généraux (***De la mort***, ***De la frivolité***, ***Du gouvernement de l'âme***, ***De la beauté***), ou plus personnels (***De Guillaume Apollinaire***, ***De Raymond Radiguet***), voire ouvertement autobiographiques (***De mon enfance***, ***De mon physique***, ***Du Palais-Royal***). Dans tous les cas, il s'agit de réflexions qui glissent sans cesse vers l'autoportrait intime d'un homme taraudé par sa *« difficulté d'être »*, selon la formule empruntée à Fontenelle — qui aurait prononcé sur son lit de mort la phrase *« Je sens une difficulté d'être »* —, pour définir ce malaise éprouvé par Cocteau depuis sa naissance ***(D'être sans être)***. Ainsi, il fait le constat douloureux qu'en dépit de ses efforts pour combattre les légendes bâties autour de son personnage, persiste en lui le sentiment d'être incompris : *« Ni dans l'éloge ni dans le blâme je ne rencontre la moindre tentative afin de démêler le vrai du faux* [...]*. J'ai toujours eu les cheveux plantés en plusieurs sens, et les dents, et les poils de la barbe. Or les nerfs et toute l'âme doivent être plantés comme cela. C'est ce qui me rend insoluble aux personnes qui sont plantées en un sens et ne peuvent concevoir une touffe d'épis »* ***(De la conversation)***. Par petites touches, en se fondant toujours sur sa propre expérience, il expose un art poétique fondé sur la recherche de la *« ligne »* : *«* [...] *le style de l'âme, en quelque sorte, et si cette ligne cesse de vivre en soi, si elle ne dessine qu'une arabesque, l'âme est absente et l'écrit mort »* ***(De la ligne)***. Il pose les bases d'une morale personnelle et d'une éducation sentimentale : *« L'amour est à base de spasmes brefs. Si ces spasmes nous déçoivent, l'amour meurt* [...]*. L'amitié est un spasme tranquille. Sans avarice »* ***(De l'amitié)***. Mais son propos n'est jamais didactique : *« Mon livre n'a d'autre projet que d'engager une conversation avec ceux qui le lisent. Il est l'inverse d'un cours »* ***(Des mots)***.

Dans cet essai où la pensée entend s'exprimer librement, par assertions *(« La France est un pays qui se dénigre »)* et par images *(« Sorti du sommeil le rêve se fane. C'est une plante sous-marine qui meurt hors de l'eau. Il meurt sur mes draps »)*, la syntaxe est serrée, nerveuse. La langue fuit à la fois l'abstraction théorique et le lyrisme : *« Je n'en possède pas moins ma méthode. Elle consiste à être rapide, dur, économe de vocables, à dirimer la prose, à viser longuement sans style de tir, et à faire mouche, coûte que coûte »* ***(De mon style)***.

Ces textes ont été composés à Morzine en 1946, dans la réclusion et la solitude d'un séjour ordonné par les médecins : Cocteau souffrait d'une maladie infectieuse de la peau, dont il décrit les symptômes dans le chapitre ***De la douleur***, l'écriture opérant à la façon d'*« un réflexe défensif contre le mal »*.

Les **Enfants terribles**

Roman en 2 parties — comportant respectivement 10 et 6 chapitres, numérotés en continu de 1 à 16 —, publié chez Grasset, en 1929.

Grâce à un territoire de jeu inscrit dans la chambre d'Élisabeth (âgée de 16 ans) et de Paul, son frère cadet, un groupe d'adolescents se coupe de la réalité pour y faire surgir un monde imaginaire et secret. Le roman s'ouvre dans la cité Monthiers, où, au cours d'une bataille de collégiens, Paul est blessé par une boule de neige lestée d'une pierre par le turbulent Dargelos dont il est amoureux. Il est ramené rue Montmartre par Gérard, qui pénètre ainsi dans l'intimité de la chambre : *« Le désordre* [...] *s'aggravait et formait des rues. Ces perspectives de caisses, ces lacs de papiers, ces montagnes de linge, étaient la ville du malade et son décor. Élisabeth se délectait de détruire les points de vue essentiels* [...] *et d'alimenter à pleines mains cette température d'orage sans laquelle ni l'un ni l'autre n'eussent pu vivre »* (chap. III). Les adultes de la famille, accaparés par leur malheur (la mère infirme, abandonnée par un époux alcoolique), ont permis à Élisabeth et Paul de donner libre cours au *« jeu »* qui s'éternise avec la convalescence de Paul, et dont Gérard devient le témoin. Au centre du jeu, un bric-à-brac poétique compose le *« trésor »* qui cristallise bientôt cet espace sacré. Dargelos, *« le coq du collège »*, dont la photo est une pièce maîtresse, en est l'idole incontestée. La timide Agathe, amie d'Élisabeth et sosie de Dargelos, remplace progressivement l'amour malheureux de Paul en un amour possible. La mort de la mère, puis celle de Michaël — le milliardaire qui épouse Élisabeth et, le jour même, se tue en voiture — font peser une malédiction sur le *« génie créateur de la chambre »* (chap. V). Dans la 2ᵉ partie du roman, trois ans ont passé. La chambre est recréée à l'hôtel de l'Étoile : Élisabeth, *« gardienne du temple »* et désormais riche héritière, en assure la pérennité. Véritable vierge sacrée, elle désamorce l'amour que lui porte Gérard et, à force de mensonges, crée de toute pièce un couple bourgeois, Gérard et Agathe.

Mariés, ils sortent du jeu, sauvegardant ainsi le couple incestueux. Mais Paul rencontre Dargelos qui le frappe à nouveau en lui offrant une boule noire, un poison mystérieux que Paul avale lorsqu'il croit avoir perdu l'amour d'Agathe. Celle-ci accourt à son chevet ; ils découvrent leur amour et la machination d'Élisabeth qui, en tragédienne superbe, se donne la mort au moment où Paul succombe : « *Ils montent côte à côte. Élisabeth emporte sa proie. Sur les hauts patins des acteurs grecs, ils quittent l'enfer des Atrides.* [...] *Encore quelques secondes de courage et ils aboutiront où les chairs se dissolvent, où les âmes s'épousent, où l'inceste ne rôde plus* » (chap. XIII).

Ce conte aux lisières du fantastique se déroule sur un rythme lent et selon une construction rigoureuse de tragédie. La langue conserve un style classique, aux périodes bien scandées — le concerto de Bach choisi par Cocteau pour le film de Melville pourrait en constituer un équivalent musical : « *Elle ressemblait à Paul* [...]. *Deux ans de plus accusaient certaines lignes, et, sous sa chevelure courte, bouclée, la figure de la sœur cessant d'être une ébauche, rendait celle du frère un peu molle, s'organisait, se hâtait en désordre vers la beauté* » (chap. II).

Cocteau écrivit ce roman durant un séjour à la clinique de Saint-Cloud où il faisait une cure de désintoxication dont le livre ***Opium*** constitue le journal.

Ce roman lu par toute une jeune génération, qui y reconnut les lois et les mécanismes de ce que Roger Lannes appela « *l'éthique de l'adolescence* » (in *Jean Cocteau*, 1947), toucha un vaste public. « *Ce livre,* écrivit Cocteau, *devint le bréviaire des mythomanes et de ceux qui veulent rêver debout* » (**De la lecture**, in **La Difficulté d'être**). En 1950, il fut adapté au cinéma par Jean-Pierre Melville avec des dialogues et un scénario de Jean Cocteau.

Thomas l'Imposteur

Récit en 48 chapitres, défini comme une « *histoire* » et publié chez Gallimard, en 1923.

La guerre qui vient d'éclater n'est, pour la princesse Clémence de Bormes, jeune veuve, qu'une période propice à la réalisation de ses fantaisies. Pour Guillaume Thomas, jeune orphelin de 16 ans qui vit avec sa tante dévote dans un modeste appartement de Montmartre, Paris déserté est aussi l'occasion de se divertir en se faisant passer pour Thomas de Fontenoy, neveu du célèbre général. Ce nom d'emprunt, véritable sésame, lui ouvre toutes les portes et lui permet d'entrer au service de la princesse, qui a trouvé à se rendre charitable en secourant les blessés, à proximité du front. Mais, lorsque Thomas tombe amoureux de la princesse puis de sa fille Henriette, il sent qu'il doit renoncer à son jeu sous peine de mériter le nom d'imposteur. Cependant, il s'engage volontairement sur le front belge et, en plein cœur des combats les plus violents, continue de croire en son mirage. La guerre n'est pour lui qu'une plaisanterie, et les tranchées que le décor d'un rêve. Henriette, quant à elle, prend conscience de son amour, et monte avec sa mère une pièce de théâtre aux armées. Après cette ultime rencontre des amants, le jeu bascule dans la tragédie avec la mort au combat de Thomas, auquel Henriette ne survit pas. Seule la croix de guerre donne accès à la légende du soldat, « *G.-T. de Fontenoy. Mort pour nous* » ***(État civil)***.

Cette « *histoire* », désignée aussi par l'auteur comme une « *poésie de roman* », s'inscrit sous le signe de la fantasmagorie. Le monde imaginaire dans lequel se replie Guillaume-Thomas est celui tout intérieur de l'enfance et de ses désirs. L'imposture n'est d'abord qu'un jeu innocent, qui ne se pervertit qu'au contact de la réalité de l'amour et de la mort. Lorsque Thomas, poussé à aller jusqu'au bout de son jeu, considère les dunes de Nieuport où se déroulent les combats les plus sanglants, il les voit comme les coulisses d'un théâtre, et les abris construits trop vite, comme des trompe-l'œil. Les obus « *ponctuent la fin de leur paraphe soyeux en pâté noir* » ***(Les Tranchées de mer)***. Le style lui-même poétise le réel, en le transfigurant. La vérité la plus crue se déréalise sous le regard du jeune fou, enfermé dans son mensonge. Les actes des protagonistes sont des chimères, qui font d'eux les acteurs de leur propre mise en scène. Ainsi des extravagances de la princesse, de la mascarade de Thomas que son exaltation entraîne vers un geste suicidaire. L'impression d'irréalité est accentuée par la référence constante au théâtre, métaphore qui jalonne le récit et renvoie à l'interrogation de Cocteau : « *Où est le vrai du faux ?* » Le monde n'est-il qu'illusion, ou bien cet artifice est-il nécessaire pour vivre et exorciser la guerre, en constant arrière-plan ? Thomas, face à l'ennemi se dit encore : « *Je suis perdu si je ne fais pas semblant d'être mort.* » Au final traditionnellement heureux du conte, se substitue la mort de Thomas. Brutale, solitaire, au milieu d'un champ de bataille, ne figure t-elle pas la fin d'un rêve dans laquelle la vie même réside ? Sous-jacente, d'abord à travers l'arrière-plan de la guerre, menaçante sous la parade légère et folle de la jeune princesse et de sa fille, la mort est en fait omniprésente, et le jeu ne prend fin qu'avec elle. Le récit tout entier est sous-tendu par le désir de faire exister une réalité intérieure, celle de la création d'un univers poétisé, qui s'inscrit par son symbolisme dans la tradition des légendes. ***Thomas l'Imposteur*** peut ainsi se lire comme une moderne allégorie de la jeunesse, magnifiée au miroir de la mort.

Inspirée d'une aventure vécue par Cocteau, après sa réforme, en 1915, cette œuvre est emblématique de l'univers poétique de l'auteur, qui se déroule dans l'ordre du merveilleux. Elle recèle toute la thématique — le merveilleux enfantin, le mythe de pureté et la perversion, l'amour et la mort — présente dans ***Le Grand Écart*** (1923), ***Les Enfants terribles*** (1925) ou ***Orphée*** (1926). Mais, dans ***Thomas l'Imposteur*** — où la part autobiographique est sans doute importante —, la réalité n'est pas évacuée par la magie, pas plus que le tragique n'est contourné par les lazzi qui clôturent ces trois récits.

Thomas l'Imposteur, lors de sa parution, put choquer par la légèreté apparente du traitement de la guerre, réduite à peu de signes. Le récit d'aventure, qui mêle onirisme et réalité, connut cependant un regain de faveur dans la première moitié du siècle, avec ces œuvres phares que furent les romans de Radiguet, *Enfantines* de Larbaud et surtout *Le Grand Meaulnes* d'Alain-Fournier. En 1965, le roman fut adapté au cinéma par Georges Franju.

Vocabulaire

Recueil de poèmes publié, en 1922, aux Éditions de la Sirène.

Troisième recueil poétique de son auteur, ***Vocabulaire*** est dédié à ses amis du groupe des Six. Il peut être identifié comme une œuvre charnière dans l'évolution du style de Cocteau. On y retrouve ce qui faisait l'originalité des premiers poèmes : nervosité et concision, humour qui l'apparente à Max Jacob — auquel ***Le Poète de Quimper*** fait sans doute allusion —, mots entrechoqués *(Écume de mer pain enchanté)* et juxtapositions comparables aux recherches verbales des surréalistes : *— Charme les pneus si tu l'oses, / Saut du lit, / Billard du printemps !* ***(Ciel d'avril)***. On croit même y entendre un écho discret du mot d'ordre lancé par Breton la même année dans *Littérature* : *Lâchez tout ! / Gambetta part en ballon captif* ***(Hôtel de France et de la poésie)***. Par ailleurs, une exigence de classicisme, sans doute liée à l'influence de Radiguet, l'amène à discipliner ses vers, notamment à la relecture des poètes du passé, vraisemblablement ceux de la Pléiade. Cocteau, âgé alors de 32 ans, ronsardise volontiers sur le thème de la jeunesse enfuie : *Je vois la mort en bas, du haut de ce bel âge / Où je me trouve, hélas ! au milieu du voyage ; / La jeunesse me quitte et j'ai son coup reçu. / Elle emporte en riant ma couronne de roses ; / Mort, à l'envers de nous vivante, tu composes / La trame de notre tissu* ***(L'Endroit et l'Envers)***. La trentaine est aussi vécue comme une étape, une mise au point des thèmes et mythes fondateurs de l'univers de l'auteur : comme l'indique son titre, ***Vocabulaire*** est un lexique de l'imaginaire de Cocteau, peuplé d'oiseleurs, de songes et de mensonges, d'anges et de marins : *Un matelot coupe une orange : / C'est la mer rouge. Le rideau / Fait l'autre matelot un ange / Ayant ses voiles dans le dos* ***(Myosotis)***. Ainsi, la méditation mélancolique *(À force de plaisirs, notre bonheur s'abîme. / Que fîtes-vous de mal, abeilles de ma vie ?)* voisine avec des tableaux insolites, comme cette ***Miss Aérogyne femme volante (Foire du trône)***, que Cocteau mit en scène dans une séquence du ***Sang d'un poète*** : *Pigeon vole ! Aérogyne / Elle ment avec son corps / Mieux que l'esprit n'imagine / Les mensonges du décor.*

S'il reste quelques traces de la dislocation du vers à laquelle Cocteau se livrait depuis ***Le Cap de Bonne-Espérance***, ces poèmes abandonnent les hardiesses typographiques au profit d'une nouvelle rigueur formelle. Le travail sur la métrique et la rime s'apparente à la rhétorique baroque, signalée par la rose ou l'olive : *Les cheveux gris, quand jeunesse les porte, / Font doux les yeux et le teint éclatant ; / Je trouve un plaisir de la sorte / À vous voir, beaux oliviers du printemps.*

Toutefois la recherche formelle n'est jamais essentielle chez Cocteau, pour qui le *« secret professionnel »* est ailleurs : *Ce poème en dix vers est-il beau, est-il laid ? / Il n'est ni laid ni beau, il a d'autres mérites* ***(Les Anges maladroits)***.

La plupart des poèmes furent composés en 1921. Des allusions aux circonstances de la liaison de Cocteau avec Radiguet — ils firent ensemble un séjour sur la Côte d'Azur — se glissent dans ***Hôtel de France et de la poésie***, et dans les mises en garde en forme de badinage équivoque des ***Mésaventures d'un rosier ou les Cachotteries de Watteau*** : *La Rose sans épines, / Dépêchez-vous garçons ; / Elle se ride. // Prenez garde à la berge. / Dans le fleuve de verre / Bouge l'ondine.*

CITATIONS

Le tact dans l'audace c'est de savoir *jusqu'où on peut aller trop loin.*

Le Coq et l'Arlequin.

Nous abritons un ange que nous choquons sans cesse. Nous devons être les gardiens de cet ange.

Le Coq et l'Arlequin.

La frivolité est un crime en cela qu'elle singe la légèreté [...].

De la frivolité, in *La Difficulté d'être.*

Comme le cœur et comme le sexe, le rire procède par érection.
Rien ne l'enfle qui ne l'excite. Il ne se dresse pas à volonté.

Du rire, in *La Difficulté d'être.*

L'enfance sait ce qu'elle veut. Elle veut sortir de l'enfance.

De la jeunesse, in *La Difficulté d'être.*

Adieu marins, naïfs adorateurs du vent.

L'Adieu aux fusiliers marins, in *Discours du grand sommeil.*

Les privilèges de la beauté sont immenses. Elle agit même sur ceux qui ne la constatent pas.

Les Enfants terribles, I.

On s'apercevra vite que mes calembours n'étaient pas l'esprit mais le cœur de mon livre.

Essai de critique indirecte.

Les miroirs feraient bien de réfléchir un peu plus avant de renvoyer les images.

Essai de critique indirecte.

La poésie est une religion sans espoir. Le poète s'y épuise en sachant que le chef-d'œuvre n'est, après tout, qu'un numéro de chien savant sur une terre peu solide.

De l'invisibilité, in *Journal d'un inconnu.*

Trouver d'abord, chercher après.

D'une conduite, in *Journal d'un inconnu.*

Qui s'affecte d'une insulte, s'infecte.

D'une conduite, in *Journal d'un inconnu.*

Plus on est avide, plus il est indispensable de reculer coûte que coûte les bornes du merveilleux.

Opium.

Je n'aime pas dormir quand ta figure habite,
La nuit, contre mon cou ;
Car je pense à la mort laquelle vient si vite
Nous endormir beaucoup.

Plain-Chant, II.

Ah ! je voudrais, gardant ton profil sur ma gorge,
Par ta bouche qui dort
Entendre de tes seins la délicate forge
Souffler jusqu'à ma mort.

Plain-Chant, II.

L'avenir n'appartient à personne. Il n'y a pas de précurseurs, il n'existe que des retardataires.

Après coup, in *Le Potomak.*

Ce que le public te reproche, cultive-le, c'est toi.

Après coup, in *Le Potomak.*

[Le style] est une façon très simple de dire des choses compliquées.

Le Secret professionnel.

C'est [...] cette manière d'épauler, de viser, de tirer vite et juste, que je nomme le style.

Le Secret professionnel.

Écrire, surtout des poèmes, égale transpirer. L'œuvre est une sueur.

Le Secret professionnel.

JUGEMENTS

« Charmant garçon, plein d'esprit et de dons. Tout le jugement à porter sur lui tient dans ces deux mots en apparence contradictoires : profondément superficiel. »

Paul Claudel, *Journal*, 11 juin 1954, Gallimard, 1969.

« M. Jean Cocteau est l'homme des portes de sortie. Dangereux apologiste, il ménage à ses éloges la possibilité d'un commentaire qui en détruise l'effet. Il place soigneusement au bout de ses phrases un petit en-cas d'antidote. Tout ceci la main sur le cœur et le cœur sur la main, n'est-ce pas ¿

[...]

Ce bâtard d'Oscar Wilde et d'Edmond Rostand réunissait autour de lui tout ce que la littérature, la peur des coups, la crainte de l'aventure et l'esprit petit-bourgeois pouvaient compter d'éphèbes équivoques. »

Robert Desnos, *Nouvelles Hébrides (1922-1930)*, Gallimard, posthume, 1978.

« C'est sans nul doute avec Jean Cocteau que les termes : poète et poésie ont pris leur définition la plus précise. Doué de tous les moyens d'expression, il a réalisé le vœu de Nietzsche qui rêvait que l'on fût "danseur dans la bataille" *et que l'on tendît sur le monde un ciel bleu plus terrible que les nuages et les fumées des enchanteurs suspects. »*

André Fraigneau, *Cocteau par lui-même*, Seuil, rééd. 1976.

« *C'est pourquoi je m'entends si bien avec lui : c'est une femme. C'est aussi le seul homme dont je fasse bien le portrait. J'en ai fait des tas de portraits de Cocteau. C'est toujours bien : il a une figure de femme.* »

Marie LAURENCIN, citée *in* Paul LÉAUTAUD, *Journal littéraire*, 12 janvier 1923, Mercure de France, rééd. 1986.

« *Toute sa vie, je puis dire toute ma vie puisque je le connaissais depuis 1910, Cocteau m'a vraiment agacé, m'a exaspéré, non par sa "difficulté d'être" mais par sa façon d'être. J'ai l'impression que, contrairement à ce qui se passe pour Barrès, justement parce qu'on était très sévère pour Cocteau vivant — tant ses défauts apparaissaient avec éclat — on a tendance à l'être moins pour Cocteau mort. On dirait que la mort lui a donné un caractère d'authenticité. Cocteau vivant donnait l'impression d'un funambule.* [...] *Tant d'autres s'imaginent plus importants et s'effaceront de l'histoire ! Le personnage Cocteau, peut-être, demeurera.* »

François MAURIAC, *Les paroles restent*, 1965, Grasset, posthume, 1985.

« *Cocteau est né avec un pli de pantalon dans son berceau. Il est né repassé.* »

Pablo PICASSO, *in* BRASSAÏ, *Conversations avec Picasso*, Gallimard, 1964.

« [...] *Comment ne pas répéter à ceux qui, à l'instar de Mauriac, reprochent à Cocteau d'être sorti du boulevard et de ne pas s'en être affranchi : le boulevard, oui, sans doute... Mais à la nuance près qu'il s'agit du boulevard du crime œdipien, qui demeure la voie d'accès à l'écriture.*

Les atouts de Cocteau, aujourd'hui, proviennent des aspects de lui-même qu'il niait et qui fournissaient des arguments à ses détracteurs : la légèreté, la grâce, l'élégance, et jusqu'à cette facilité qui l'entraîne parfois à parler pour ne rien dire — mais si joliment, toujours, qu'on lui pardonne.

En littérature, notre époque est sinistre, oscillant volontiers entre le commerce et l'obscur. Nul n'a envie de s'identifier aux écrivains officiellement proposés à notre admiration. Ils manquent de panache.

[...] *Au* XVIIIe *siècle se sont forgées les règles d'un certain savoir-vivre : aller vite et faire sec. Pour le meilleur et pour le pire, on n'est français, sous l'angle de l'intelligence, que si on le prolonge. Cocteau représente l'extrême pointe de cette tendance qui brille et étonne dans l'aphorisme, la maxime et la formule.* »

Angelo RINALDI, « Cocteau », in *L'Express*, 30 septembre 1983.

« "Méfiez-vous de Cocteau !, *nous avait dit Apollinaire,* c'est un tricheur et un caméléon." *Pour Pierre Reverdy, Cocteau était l'anti-poète. La vocation de Cocteau était de se compromettre. Il cherchait à être, à tout prix, l'homme à la mode. Exhibitionniste, imitateur, maniaque du succès, fourbe, spécialiste de l'embrouille.* »

Philippe SOUPAULT, *Mémoires de l'oubli*, t. II, *1923-1926*, Lachenal et Ritter, 1986.

« *Jean Cocteau qui s'est toujours battu contre l'accusation de mondanité qui le poursuivait (un cocktail, des Cocteaux, disait-on) a fait cause commune avec la mode. N'était-il pas toujours et partout le* "poète à la mode" ? *Il est vrai que l'accusation se détruisait elle-même, car on ne peut être justement à la mode* "toujours et partout". »

Michel TOURNIER, *Le Tabor et le Sinaï*, Belfond, 1988.

« [...] *souvent, cela déraillait dans la futilité, le désir de faire parisien, la gêne devant ses propres dons.*

Mais tout d'un coup ça explose. Par exemple, prenez La Machine infernale, *il y a des scènes inoubliables, comme le double moment de demi-sommeil du fils et de la mère, bien qu'il y ait aussi des platitudes de petit théâtre. C'était d'ailleurs peut-être inévitable, étant donné ce qu'était et ce qu'est le théâtre de notre temps, mais certaines légèretés gênent, parce qu'on y sent des concessions. Je connaissais un peu Cocteau* [...]. *Je l'aimais bien, et son jugement sur mes propres ouvrages (il était à ses heures très judicieux critique) comptait pour moi, mais j'avais l'impression qu'il était écartelé entre ses dons, j'ose dire son génie* (Plain-Chant *est certainement un des plus beaux poèmes de notre langue) et son effort pour rester le poète à la mode. Je crois qu'il ne s'est jamais lancé complètement sans filet, qu'il est resté attaché à cette chaîne.* »

Marguerite YOURCENAR, *Les Yeux ouverts*, Centurion, 1980.

BIBLIOGRAPHIE

Éditions

Œuvres complètes [édition loin d'être « *complète* »], Marguerat, Lausanne (CH), 1946 à 1951, 11 vol.

Œuvres poétiques complètes, éd. M. DÉCAUDIN (dir.) « Pléiade », Gallimard, 1999.

L'Aigle à deux têtes, Gallimard, 1946, rééd. « Folio », Gallimard, 1973.

La Difficulté d'être, « LdP », LGF, 1993.

Les Enfants terribles, « LdP », LGF, 1959 ; « Les Cahiers rouges », Grasset, 1990.

Journal 1942-1945, éd. J. TOUZOT, Gallimard, 1989.

Le Livre blanc et autres textes, « LdP », LGF, 1998.

Le Passé défini. Journal (1951-1954), Gallimard, 1983, 1985 et 1989, 3 vol.

Théâtre, Gallimard, 1948, 2 vol.

Thomas l'Imposteur, Gallimard, 1923, rééd. « Folio », Gallimard, 1982.

Vocabulaire, Plain-Chant et autres poèmes (1922-1946), « Poésie », Gallimard.

Études

P. Chanel, *Album Cocteau*, Tchou, 1970.

A. Fraigneau, *Entretiens avec Jean Cocteau*, Éd. du Rocher, Monaco (MC), 1988.

H. Gidel, *Cocteau*, Flammarion, 1998.

J.-J. Kihm, E. Sprigge, H.-C. Behar, *Jean Cocteau, l'homme et les miroirs*, La Table ronde, 1968.

R. Lannes, *Jean Cocteau*, « Poètes d'aujourd'hui », Seghers, 1945.

M. Martin du Gard, « Au théâtre des Champs-Élysées. Une grande sortie. La Pantomime inattendue : Béraud aux prises avec Jean Cocteau » [nov. 1921], « Le scandale de *J'adore* » [juin 1928], « Jean Cocteau à l'Académie française » [1955], in *Les Mémorables*, rééd. Gallimard, 1999, pp. 175 à 183, 603 à 607 et 1053 à 1057.

Cl.-J. Philippe, *Jean Cocteau*, « Les Noms du cinéma », Seghers, 1989.

N. Simsolo, *Jean Cocteau, mensonges et vérités*, 1996 [documentaire].

F. Steegmuller, *Cocteau*, Buchet-Chastel, 1973.

Cahiers Jean Cocteau, Gallimard, depuis 1985.

« Jean Cocteau », in *Quaderni del novecento francese*, Bulzoni, Rome (IT), 1992.

Jean Cocteau aujourd'hui, « Connaissance du XXe siècle », Méridiens/Klincksieck, 1993.

RLM, serie *Cocteau*, Minard, depuis 1970.

AUDIO & VIDÉO

CD

« Le Testament d'Orphée ». Journal sonore [reportage radiophonique sur le tournage du film de Cocteau, 1959-1960], « Les Grandes Heures », INA/Radio France, 2 CD.

Anthologie de l'œuvre enregistrée, Frémeaux & Cie, 1997, 4 CD.

Vidéo

L'Aigle à deux têtes, 1947, René Chateau, s.d.

La Belle et la Bête, 1945, René Chateau, s.d.

Les Enfants terribles, 1950, René Chateau, s.d.

L'Éternel Retour, 1943, René Chateau, s.d.

Orphée, 1950, René Chateau, s.d.

Les Parents terribles, 1948, René Chateau, s.d.

Le Testament d'Orphée, 1960, Film Office, s.d.

P. Seban, *Jean Cocteau. Entretien de Roger Stéphane*, FR3, 1988.

COHEN

Albert COHEN

De son vrai nom, Abraham Albert COEN : le *h* n'existant pas en grec, l'écrivain occidentalisa son patronyme en COHEN.

Citoyen de l'Empire ottoman, naturalisé suisse en 1919

Corfou (Grèce) 1895 – Genève (Suisse) 1981

Grand Prix du Roman de l'Acad. franç.

« Il avait l'innocence de la vraie intelligence, et une horreur lucide de l'amour idiot, de la bêtise méchante et de la méchanceté bête. »

Claude ROY, *Permis de séjour, 1977-1982*, Gallimard, 1983.

« Le type même de l'écrivain surfait. Clous immangeables, plates amours et Belle sans attraits. »

Angelo RINALDI, « Albert Cohen », in *L'Express*, 21 novembre 1986.

Une vie de fractures et de ferveurs

L'enfance marseillaise d'un émigré juif

Issu d'une des deux communautés juives de Corfou, la *pugliese*, d'origine italienne — où les dialectes en usage étaient celui des Pouilles et le vénitien ; l'autre était d'origine grecque et parlait le grec —, Cohen suivit ses parents à Marseille où, de 1907 à 1914, il fit ses études — médiocres, sauf en langues — et se lia d'amitié avec Pagnol, qui resta, toute leur vie, son meilleur ami. Cohen raconta plus tard cette arrivée dans la cité phocéenne, où sa famille ne connaissait personne : « *Pourquoi Marseille ? Le chef de l'expédition* [Mon père] *lui-même n'en savait rien. Il avait entendu dire que Marseille était une grande ville* » (***Le Livre de ma mère***, chap. V, 1954). Émigration à la fois politique — les relations étaient tendues entre les diverses communautés religieuses depuis un pogrom, en 1891 — et économique — l'activité de la savonnerie familiale était sur le déclin — qui constitua une « fracture fondatrice ». Il fut confronté, dès l'enfance, à l'antisémitisme, les injures d'un camelot lui révélant à quel peuple humilié il appartenait — deuxième fracture et épisode décisif qu'il relata dans ***Ô vous, frères humains*** (1972) : « *Quelques minutes auparavant, je m'étais avancé vers la table du camelot avec un sourire d'enfant et je partais maintenant avec un sourire de bossu. Je m'étais avancé en offrant les roses de mon cœur et on m'avait jeté au visage, à mon visage confiant et neuf, un paquet d'immondices.* » La conscience de ses origines détermina sa vocation : parler et agir au nom du peuple juif. Cette enfance marseillaise fut entrecoupée, à l'été 1908, d'un retour à Corfou, l'île natale que Cohen ne cessa de vénérer, pour un séjour de quinze jours qui furent « *les plus importants de* [sa] *vie* » (entretien radiophonique à Radio Lausanne, 1954). Bachelier en 1913, il dut séjourner à Divonne-les-Bains pour une cure : toute sa vie — troisième fracture —, Cohen eut une santé extrêmement fragile (multipliant notamment les crises d'asthme et les allergies). Mais c'est à l'occasion de cette cure qu'il rencontra une Genevoise qu'il suivit sur les bords du lac Léman — illustrant ainsi une constante de sa vie d'homme et d'écrivain, le rôle essentiel qu'y jouèrent les femmes.

Les débuts genevois

À Genève, il étudia le droit puis les lettres, de 1914 à 1919, année à la fin de laquelle — un mois après avoir obtenu la nationalité suisse et un mois avant sa prestation de serment d'avocat — il se maria avec la fille d'un pasteur, Élisabeth Brocher, rencontrée en 1918. Déclaré inapte au service militaire pour raisons de santé, Cohen, en octobre 1920, gagna l'Égypte, pour un emploi d'avocat stagiaire chez un cousin exerçant lui-même au barreau d'Alexandrie. L'aventure tourna à la mésaventure — le stage n'étant pas rémunéré —, mais fut rendue inoubliable par la découverte de Proust, dont Cohen put lire sur place *Du côté de chez Swann* et *À l'ombre des jeunes filles en fleurs* — lecture qui fut un émerveillement, comme l'avaient été, au lycée, celles de Virgile, Dante, Shakespeare, Stendhal, Poe, Dickens, Baudelaire, Dostoïevski, et comme le furent, pour toujours, celles de la Bible et des *Mille et Une Nuits*. Quelques semaines avant la naissance, à Marseille, de sa fille, Myriam, Cohen publia un recueil de poèmes, ***Paroles juives*** (1921), destiné notamment à expliquer le judaïsme à sa belle-famille protestante, et qui fut favorablement reçu par la critique. Ayant quitté Alexandrie pour Le Caire, il dut regagner l'Europe en raison d'un début de tuberculose : à bord du bateau du retour, il rencontra Chaïm Weizmann — futur premier président de l'État d'Israël — qui avait lu ***Paroles juives*** et avec qui il se lia durablement. Un an plus tard, en octobre 1922, Cohen fit paraître, à la *NRF*, un texte qui décida Jacques Rivière, directeur de la prestigieuse revue, à lui proposer un contrat pour un premier roman. Mais, dès 1923, sa jeune épouse, Élisabeth Cohen, tomba gravement malade : un an plus tard, elle succombait à un cancer, âgée seulement de 29 ans — première fracture de la vie d'adulte du jeune avocat.

Les années Yvonne

À la demande de son ami Weizmann, Cohen prit la direction de ***La Revue juive*** (1925), qu'il avait cofondée et où l'on retrouvait les signatures de Freud, Einstein, Spire, Max Jacob — qui devint un ami fervent —, Pierre Benoit : publiée par les éditions de la *NRF*, la revue cessa de paraître après 6 numéros, en novembre 1925.

C'est aussi en 1925 que Cohen — qui s'était installé à Paris jusqu'à l'été, pour les besoins de sa revue — rencontra une Genevoise, Yvonne Imer, ancienne amie de sa première épouse. Par l'intermédiaire de Rivière, en 1926, il trouva, à Genève, un poste au Bureau international du travail (B.I.T.), inaugurant ainsi une carrière de haut fonctionnaire international — et non de diplomate, comme on l'a trop souvent répété : professionnellement, la carrière de Cohen n'eut rien de comparable avec celles de Claudel ou de Saint-John Perse. Jusqu'à 1930, le fonctionnaire et l'écrivain alternèrent : en 1926, Cohen rencontra le musicien Darius Milhaud, et ils composèrent l'un les paroles l'autre la partition de deux hymnes, ***Hymne de Sion*** (dédié à Weizmann) et ***Israël est vivant***, créés à Paris (d'abord en 1926 pour leur version pour chant et piano, puis en 1927 pour leur version orchestrale) ; en 1927, le fonctionnaire se mit en congé près d'une année pour laisser l'écrivain entreprendre la rédaction d'une pièce, ***Ézéchiel***, et achever celle d'un roman, ***Solal***, commencé pour sa nouvelle compagne, Yvonne. Mais, nouveau coup du sort, celle-ci mourut d'une crise cardiaque, en 1929, à moins de 35 ans, avant l'achèvement du roman qu'elle avait inspiré. Un demi-siècle plus tard, Cohen revint sur cette genèse tragique : « [...] *j'ai écrit mon premier roman pour une merveilleuse amie. Je l'ai écrit parce qu'elle m'admirait aveuglément bien qu'elle fût très intelligente, m'admirait sans raison, comme elles font lorsqu'elles aiment. Cela m'agaçait un peu et je décidai d'écrire pour elle, afin qu'il y eût une raison un peu valable à cette admiration imméritée. Tous les soirs je lui dictai des pages, et c'était notre bonheur de chaque soir. C'était un don à l'aimée.* [...] *Morte, la bien-aimée, celle qui fut vivante, mère de mon premier roman* » (***Carnets 1978***, 1979). Un an après ce second deuil, et cette nouvelle fracture, le fonctionnaire se mit de nouveau en congé, au début de l'été 1930 : ***Solal*** — dédié à Yvonne sous la sobre et anonyme formule « *À sa mémoire* » — parut en août, peu avant l'installation de Cohen à Paris. Comme son créateur, le héros éponyme de ***Solal*** est un Juif venu d'une île grecque, promis à de hautes fonctions. Avec ce roman, Cohen imposait son univers : Solal, héros solaire et solitaire, connaît un sort tragique, déchiré entre la fidélité aux racines et la fascination de la réussite, entre le judaïsme des Solal (ces « *Valeureux* » exubérants, fabulateurs mais témoins du peuple élu) et la société des Gentils (incarnée par les femmes qu'il séduit, Adrienne et Aude). À la fin de la même année, ***Ézéchiel***, pièce en un acte, parut dans *Palestine. Nouvelle Revue juive* (couronnée par la Société des auteurs et compositeurs dramatiques).

Les années Marianne

Revenu à Genève, Cohen épousa en secondes noces, au début de 1931, Marianne Goss, Genevoise divorcée de huit ans sa cadette. Ensemble, ils élevèrent Myriam, la fille de l'écrivain — derrière lequel le fonctionnaire s'effaça d'ailleurs de plus en plus, Cohen renonçant, fin 1931, à son poste au B.I.T. De 1932 à 1939, le couple — accompagné de l'enfant — multiplia les allers et retours entre la Suisse et la France. En 1933, ***Ézéchiel*** — créée en 1931, pour une représentation unique à l'Odéon —, connut 10 représentations à la Comédie-Française mais reçut un accueil mitigé : aux rappels se mêlèrent des sifflets provenant de spectateurs antisémites, mais aussi de Juifs jugeant antisémite la pièce de l'auteur ! Nouvelle fracture — la première dans la vie de l'écrivain, mais elle atteignait aussi l'homme dans son intimité essentielle de témoin du judaïsme —, cet épisode fit renoncer Cohen à toute écriture dramaturgique, pour s'en tenir au monde romanesque. L'écrivain s'employa à composer une suite à ***Solal*** — envisagée dès 1930 mais effective seulement à partir de 1935, date où commença la dictée de cette suite, qui n'était toujours pas achevée trois ans plus tard. Devant l'impatience de Gaston Gallimard, son éditeur, Cohen amputa son manuscrit de tous les passages relatifs aux « *Valeureux* », qu'il rassembla en un roman plein de verve, ***Mangeclous*** (1938), dédié à son père et écrit pour sa fille. Ce « *vaste roman jovial et gaillard* [animé du] *souffle adorable des* Mille et Une Nuits » (prière d'insérer) fut bien reçu par la critique, à qui la jaquette annonçait une suite intitulée ***Belle du Seigneur*** — 3e volume de la saga des ***Solal***.

L'imminence de la Seconde Guerre mondiale obligea l'écrivain à s'effacer devant le fonctionnaire international. En 1939, avant la déclaration de guerre, Cohen, devenu représentant personnel de Weizmann à Paris, ainsi que délégué de l'Agence juive pour la Palestine — qui, siégeant à Londres, en fit son chargé de mission auprès du gouvernement français —, multiplia les rencontres politiques réciproquement marquantes, avec notamment Mandel, alors ministre des Colonies, et futur titulaire de l'Intérieur (en mai-juin 1940), et Mendès France, alors tout jeune sous-secrétaire d'État au Trésor dans le second cabinet Blum. En mai 1940, il gagna Bordeaux, chargé de trouver les sièges de la représentation de plusieurs organisations sionistes, puis, un mois plus tard, arriva à Londres, avec femme et « enfant » — sa fille avait alors 19 ans. Mandaté par l'Agence juive pour la Palestine afin d'établir divers liens avec les gouvernements en exil à Londres, Cohen rencontra le général de Gaulle en août 1940. Parallèlement, il continuait à écrire, collaborant notamment au mensuel *La France libre*, dont Raymond Aron était le jeune rédacteur en chef, et au journal *France*, dirigé par Pierre Comert — collaboration d'ailleurs familiale, la femme et la fille de l'écrivain assurant respectivement, dans les deux publications, des tâches de correctrices.

Au milieu de ces années londoniennes intensément graves, l'année 1943 commença par une nouvelle fracture, avec la mort, à Marseille, de la mère tant aimée : le travail de deuil prit la forme d'un hommage intitulé ***Chant de mort***, et publié en 4 parties dans *La France libre*, entre juin 1943 et mai 1944 — ébauche du futur ***Livre de ma mère*** (1954). Année de ferveur aussi : Cohen rencontra Paul Henri Spaak qui, après avoir été un éphémère Premier ministre entre 1938 et 1939, était alors ministre des Affaires étrangères du gouvernement belge en exil, et les deux hommes lièrent une réelle amitié. Surtout, Cohen, par l'intermédiaire de sa fille, fit alors la connaissance de Bella Berkowich, Londonienne de 24 ans qui commença à travailler pour l'écrivain — dont elle devint, douze ans plus tard, la troisième épouse. Après la capitulation allemande, il fit paraître, dans *La France libre*, en deux livraisons durant l'été 1945, ***Jour de mes dix ans***, qu'il reprit dans ***Ô vous, frères humains*** (1972). Travaillant, depuis septembre 1944, au Comité intergouvernemental pour les réfugiés (C.I.R.), où Bella le rejoignit, Cohen eut la satisfaction de voir adopté, en octobre 1946, un texte dont il était l'auteur : signé par les représentants des gouvernements membres du C.I.R., cet accord prévoyait la délivrance d'un « passeport » aux réfugiés. Cohen plaçait ce texte au sommet de ses « œuvres ». Au même moment, l'écrivain et sa deuxième épouse, Marianne, se séparèrent. C'est en juillet 1947 que l'écrivain regagna — définitivement — Genève, où il se retrouva haut fonctionnaire à l'Organisation internationale pour les réfugiés (O.I.R.) : Bella y travailla aussi. Retour néanmoins douloureux, dans la mesure où le père dut se séparer de sa fille qui choisit de vivre à Paris ; quelques années plus tard, Cohen fut encore plus affecté lorsque Myriam, mariée, s'installa aux États-Unis jusque dans les années 1970. À l'automne 1947, le divorce de Cohen et de Marianne officialisa leur séparation — ce qui ne les empêcha pas de rester en bons termes, jusqu'à la mort de Marianne, en 1973.

Les années Bella

Cohen était déjà quinquagénaire lorsque, au seuil des années 1950, il entama cette nouvelle vie — la quatrième, après les années partagées successivement avec Élisabeth, Yvonne et Marianne. Nouvelle vie mais aussi vie nouvelle, en ce sens que, très vite, le haut fonctionnaire céda la place à l'écrivain : étant passé de l'O.I.T. au B.I.T. en 1949 (qu'il retrouvait plus de vingt ans après y avoir entamé sa carrière), Cohen quitta définitivement cet organisme — et les fonctions internationales — au terme de l'année 1951. Entre-temps, sur les conseils de Spaak, il avait refusé un poste d'ambassadeur d'Israël. À partir de 1952, il ne vécut plus que par et pour la littérature.

Les débuts de cette vie désormais exclusivement littéraire furent néanmoins marqués par des deuils : après la mort de son père en 1952, Cohen se consacra à l'évocation de sa mère décédée en 1943. ***Le Livre de ma mère*** (1954), écrit aussi pour la nouvelle épouse qui ne put connaître sa belle-mère, était certes un hommage filial, mais surtout l'expression d'un remords posthume : « *Je ne lui écrivais pas assez.* [...] *Je n'avais qu'à écrire dix mots et elle était là, magiquement. J'étais le maître de cette magie et je l'ai si peu utilisée, idiotement occupé que j'étais par des nymphes. Tu n'as pas voulu écrire dix mots, écris-en quarante mille maintenant.* » Cette autobiographie connut vite plusieurs traductions (en espagnol, suédois, portugais). Marié depuis 1955, en troisièmes noces, avec Bella, Cohen assura une réédition d'***Ézéchiel*** (1956), version remaniée de sa pièce de 1930 et dédiée à Spaak : elle donna lieu à une nouvelle cabale de sionistes la jugeant antisémite — ce qui fit renoncer l'auteur aux représentations prévues. Cohen alors s'attelait surtout à la rédaction de la suite des aventures de Solal, mais ses problèmes de santé — il dut subir trois graves opérations en 1961, 1962 et 1964 — le retardèrent, et ce n'est qu'en 1967 qu'il remit à Gallimard l'imposant manuscrit : refusé tel quel, à cause de son ampleur, celui-ci fut amputé de la plupart des chapitres relatifs aux « *Valeureux* » — opération qui aboutit à deux publications successives, ***Belle du Seigneur*** (Grand Prix du Roman de l'Acad. franç. 1968) et ***Les Valeureux*** (1969). Satire des milieux diplomatiques, mais surtout « *fresque de l'éternelle aventure de l'homme et de la femme* » (prière d'insérer), tragédie de l'amour destructeur de Solal et de la belle Ariane, ***Belle du Seigneur*** — dédiée à Bella — révélait triomphalement charmes et contradictions, rouages et ruses d'une passion dévastatrice.

Suivit, en même temps que des rééditions — avec quelques modifications — de ***Solal*** et de ***Mangeclous***, ***Ô vous, frères humains*** (1972), qui reprenait partiellement ***Jour de mes dix ans*** (écrit durant la guerre), récit humaniste appelant à la pitié entre les hommes, à défaut de l'amour — impossible — du prochain, et qui rencontra un très nombreux public. Vivement frappé par la mort de son meilleur ami, Pagnol, en 1974, puis par la maladie qui l'empêcha d'écrire durant toute l'année 1976, Cohen « ressuscita » à la fin de 1977 : invité principal de l'émission télévisée *Apostrophes* de Bernard Pivot — un sommet d'audience —, il se fit largement connaître du grand public qui put ainsi découvrir le reclus genevois et son éternelle robe de chambre de soie rouge. L'année suivante faillit être la dernière, l'écrivain sombrant dans une dépression nerveuse aggravée d'une anorexie sévère : expérience relatée dans ***Carnets 1978*** (1979). Nouvelle « résurrection » en 1979 : jusqu'alors discret, voire secret, Cohen — qui avait si bien fait sienne la devise « *Pour vivre heureux, vivons cachés* » — accepta les entretiens et reçut les journalistes. Cette même année, lui fut remis, à Genève, le diplôme de docteur *honoris causa* de l'Université hébraïque de Jérusalem — distinction qui s'ajoutait notamment à la Légion d'honneur (ordre dans lequel il fut promu au grade de commandeur quelques mois avant sa mort).

Les amitiés liées depuis les années 1970, avec notamment Kessel — qui proposa officiellement d'attribuer le prix Nobel de littérature à Cohen —, Hubert Nyssen, Dominique de Roux — dont le beau-père, Max Brusset, alors chef de cabinet de Mandel, avait, en juin 1940, recommandé à Cohen de rejoindre l'Angleterre —, Claude Roy, agrémentèrent des années marquées surtout par la maladie et la vieillesse. La dernière publication de Cohen fut sa réponse à une enquête du *Nouvel Observateur* sur les écrivains engagés — réponse courte mais sèche et plutôt savoureuse : « *Un écrivain engagé est un moucheron qui croit pousser et culbuter une pyramide qui ne bouge pas, ne bougera pas, tandis que le moucheron continuera de bourdonner autour de la lourde pyramide et s'époumonera et se cambrera, athlète de l'inutile pensée et poussée. Je vous ai répondu que j'ai quatre-vingt-cinq ans et que je vais mourir bientôt, dans deux ans ou un an ou le mois prochain. Mais que je suis heureux d'aimer ma femme en ma vieillesse et d'être aimé par elle en ma vieillesse, et que seul cet amour donné et reçu m'importe, seul m'importe, car je vais mourir bientôt, car je vais bientôt connaître l'agonie, dame d'honneur de ma mort et disparition. Oui, être aimé et aimer à quatre-vingt-cinq ans et rire de bonheur alors que je sais que je vais mourir est ma seule réponse à votre lettre. Tout le reste est poussière soulevée par le vent. Oui, je le redis, être aimé et aimer à quatre-vingt-cinq ans, alors que je vais mourir dans six mois ou deux ans, est pour moi la seule importance et la seule réponse. La seule réponse sérieuse et gaie à votre austère journal* » (*Le Nouvel Observateur*, mai 1981). Moins de six mois plus tard, Cohen mourut, mal remis d'une mauvaise chute.

Au total, il avait publié moins de 10 ouvrages, selon un rythme d'ailleurs très irrégulier : ***Paroles juives***, ***Ézéchiel*** et ***Solal*** entre 1920 et 1930, ***Mangeclous*** en 1938, ***Le Livre de ma mère*** en 1954, ***Belle du Seigneur*** en 1968, ***Les Valeureux*** en 1969, ***Ô vous, frères humains*** en 1972, ***Carnets 1978*** en 1979. Curieusement, c'est à plus de 70 ans qu'il publia, en une dizaine d'années, ses quatre derniers titres, alors que la parution des cinq premiers s'étala sur une trentaine d'années.

De ce rythme singulier, et notamment de ces silences — huit ans entre les trois premières œuvres et ***Mangeclous***, seize ans entre ***Mangeclous*** et ***Le Livre de ma mère***, quatorze ans entre ***Le Livre de ma mère*** et ***Belle du Seigneur*** —, on a hâtivement conclu que Cohen écrivait peu. Jugement d'autant plus inexact qu'il néglige les données quantitatives : l'ampleur de ***Belle du Seigneur*** en fait aisément l'équivalent de 3 ou 4 romans de pagination « normale ». En fait, Cohen a beaucoup écrit mais, délibérément, très peu publié, victime, en cela, de son perfectionnisme

— confirmé par ses proches —, qui prit une autre forme : l'écrivain éliminait systématiquement ébauches, brouillons, manuscrits, épreuves des œuvres publiées, et en faisait autant des projets inaboutis, qui n'avaient pas atteint le degré d'élaboration qu'il leur souhaitait. C'est aussi ce qui fut fait après sa mort, conformément à ses volontés, pour les projets encore en cours, y compris pour la préparation de l'édition de ***Belle du Seigneur*** en « Pléiade » — dont Cohen fut informé l'année même de sa mort et se réjouit, tout en en redoutant les conséquences « philologiques » et « paratextuelles » : c'est pourquoi, contrairement aux usages érudits de cette prestigieuse collection, cette édition ne comporte aucune annotation.

Paresseux donc surmené, désespéré donc ironique et drôle, fragile donc féroce et perfectionniste, Cohen a construit une œuvre aussi banale dans ses thèmes de prédilection — la mort, l'amour, l'amitié, la mère, la fraternité, la vanité — qu'originale dans son écriture luxuriante et baroque, et qui frappe aussi par sa parfaite indifférence aux modèles, modes et courants littéraires de son siècle.

Une « *prolifération glorieusement cancéreuse* »

La langue de Cohen est toute en démesure baroque. Démesure liée à une pratique consistant à ajouter sans cesse sans jamais corriger et que Cohen commenta ainsi : « *Je ne crois pas avoir d'angoisses de style. Tout ce qui est ressenti n'a pas à être raturé, et les chutes de phrases, je ne m'en préoccupe guère. Je ne corrige, mais j'ajoute, c'est mon délice.* [...] *Oui, joie d'ajouter et non d'enlever, joie de découvrir de nouveaux détails vrais, crépitants, vivants. Et c'est alors une prolifération glorieusement cancéreuse* » (entretien avec Jacques Buenzod, in *Journal de Genève* , 20-21 déc. 1969). Pratique lisible dès l'*incipit* de ***Belle du Seigneur***, avec, notamment, les répétitions de « *allait* », « *riant* », « *soudain* » et « *dansant* » : « *Descendu de cheval, il allait le long des noisetiers et des églantiers, suivi des deux chevaux que le valet d'écurie tenait par les rênes, allait dans les craquements du silence, torse nu sous le soleil de midi, allait et souriait, étrange et princier, sûr d'une victoire. À deux reprises, hier et avant-hier, il avait été lâche et il n'avait pas osé. Aujourd'hui, en ce premier jour de mai, il oserait et elle l'aimerait. / Dans la forêt aux éclats dispersés de soleil, immobile forêt d'antique effroi, il allait le long des enchevêtrements, beau et non moins noble que son ancêtre Aaron, frère de Moïse, allait, soudain riant et le plus fou des fils de l'homme, riant d'insigne jeunesse et amour, soudain arrachant une fleur et la mordant, soudain dansant, haut seigneur aux longues bottes, dansant et riant au soleil aveuglant entre les branches, avec grâce dansant, suivi des deux raisonnables bêtes, d'amour et de victoire dansant tandis que ses sujets et créatures de la forêt s'affairaient irresponsablement* [...] » (***Belle du Seigneur***, I, I). Énumérations, incises, anaphores, répétitions, inversions, ajouts, citations et « *ressassements* » charrient la multiplicité romanesque des points de vue et des discours, le grotesque rabelaisien et la férocité du trait satirique : « *Sous les rires, les sourires et les plaisanteries cordiales, un sérieux profond régnait, tout d'inquiétude et d'attention, chaque invité veillant au grain de ses intérêts mondains. Remuant le glaçon de son verre ou se forçant à sourire, mais triste en réalité et dégoûté par l'inévitable inférieur qui lui cassait les pieds, chaque important se tenait prêt à s'approcher tendrement d'un surimportant enfin repéré, mais hélas déjà pris en main par un raseur, rival haï, surveillait sa proie future tout en feignant d'écouter le négligeable, se tenait sur le qui-vive, les yeux calculateurs et distraits, prêt à lâcher le bas de caste après un hâtif "à bientôt j'espère" (ne pas se faire d'ennemis, même chétifs) et à s'élancer, chasseur expert et prompt à saisir l'occasion, vers le surimportant, bientôt libre, il le sentait soudain. Aussi, ne le lâchait-il plus des yeux et tenait-il prêt un sourire. Mais le surimportant, pas bête, avait flairé le danger. S'étant brusquement débarrassé de son actuel raseur et faisant mine de n'avoir pas vu le regard et le sourire de l'humble important, regard d'aimante convoitise et sourire de vassalité à peine esquissé mais tout prêt à s'élargir, le surimportant, feignant donc la distraction, s'esbignait en douce et disparaissait dans la foule buvante et mastiquante, tandis que le pauvre important, déçu mais non découragé, triste mais tenace et ferme en son propos, s'apprêtait, débarrassé de son casse-pieds personnel, à forcer et traquer une nouvelle proie* » (***Belle du Seigneur***, II, XXVI). Au besoin, Cohen s'adonne à la provocation la plus cynique, notamment dans la démythification de la passion amoureuse et de ses grandes figures, exécutée à grands coups de termes impitoyablement crus : « *Petite remarque en passant. Si le pauvre Roméo avait eu tout à coup le nez coupé net par quelque accident, Juliette, le revoyant, aurait fui avec horreur. Trente grammes de viande de moins, et l'âme de*

Juliette n'éprouve plus de nobles émois. Trente grammes de moins et c'est fini, les sublimes gargarismes au clair de lune, les "ce n'est pas le jour, ce n'est pas l'alouette". Si Hamlet avait, à la suite de quelque trouble hypophysaire, maigri de trente kilos, Ophélie ne l'aimerait plus de toute son âme. L'âme d'Ophélie pour s'élever à de divins sentiments a besoin d'un minimum de soixante kilos de biftecks. Il est vrai que si Laure était devenue soudain cul-de-jatte, Pétrarque lui aurait dédié de moins mystiques poèmes. Et pourtant, la pauvre Laure, son regard serait resté le même et son âme aussi » (***Le Livre de ma mère***, chap. XII).

Démolition d'expert, parlant en pleine connaissance de cause, tant il est vrai que Cohen sut aussi évoquer avec un rare lyrisme les jouissances de cette même passion : « *Nuits des débuts, longues nuits balbutiantes, incessantes reprises du désir, enlacements, secrets murmures, chocs rapides et lourds, fureurs battantes, Ariane servile, autel et victime, parfois refermant ses dents sur le cou de l'aimé en une morsure plaintive. Ô ses yeux blancs de sainte extasiée, et elle lui demandait s'il était heureux en elle, s'il était bien en elle, lui demandait de la garder, la garder toujours. Nuits des débuts, mortelles chairs en lutte, rythme sacré, rythme premier, reins levés, reins abaissés, coups profonds, rapides coups impersonnels, implacabilité de l'homme, elle passionnément approuvant, soudain cambrée, allant au-devant de l'homme* » (***Belle du Seigneur***, III, XLII).

Pourtant, celui dont les phrases souvent très longues ont suscité des rapprochements fréquents avec le style de Proust ne dédaigna pas la sobriété des phrases brèves : « *Je ne veux pas qu'elle soit morte. Je veux un espoir, je demande un espoir. Qui me donnera la croyance en une merveilleuse vie où je retrouverai ma mère ?* [...] *Ce ciel où je veux revoir ma mère, je veux qu'il soit vrai et non une invention de mon malheur* » (***Le Livre de ma mère***, chap. XXIII).

Une œuvre encensée

Cohen acquit une audience internationale dès la publication de ***Solal***, dont l'édition allemande parut en 1932, et les éditions anglaise et américaine, l'année suivante — le roman ne fut traduit en hébreu qu'en 1978. L'édition anglaise de ***Mangeclous*** (dédiée à Weizmann) parut dès 1940. Et ***Le Livre de ma mère*** fut très vite traduit en plusieurs langues. En France, c'est avec ***Belle du Seigneur*** que Cohen connut la consécration. Néanmoins, de son vivant même, ses principales œuvres furent diffusées en collection de poche : ***Le Livre de ma mère*** en 1974, ***Mangeclous*** en 1980, ***Solal*** en 1981 — ***Les Valeureux***, ***Ô vous, frères humains***, ***Carnets 1978*** et ***Belle du Seigneur*** ne paraissant respectivement sous cette forme qu'en 1986, 1988, 1992 et 1998. En outre, Cohen est désormais devenu, au sens propre, un auteur « classique » : son nom apparaît de plus en plus souvent aux programmes de divers examens et concours. Le centenaire de sa naissance, en 1995, a été l'occasion de nombreuses manifestations et publications, témoignant d'un réel engouement. Au-delà d'une interprétation limitée aux traces anecdotiques d'une biographie, on s'intéresse aujourd'hui à la poétique complexe d'une œuvre où se rejoignent la tradition épique — au croisement d'Homère et de la Bible — et des techniques narratives qui rappellent Proust et Joyce.

ŒUVRE

Belle du Seigneur

Roman en 7 parties et 106 chapitres numérotés mais non titrés — ainsi distribués : I, I à IX ; II, X à XXXVII ; III, XXXVIII à LII ; IV, LIII à LXXX ; V, LXXXI à XCI ; VI, XCII à CII ; VII, CIII à CVI —, publié chez Gallimard, en 1968. ***Belle du Seigneur*** est le 3e volet d'une tétralogie. Entrepris dans les années 1935, il fait suite à ***Solal*** (1930) et à ***Mangeclous*** (1938). Le quatrième volume de cette suite, ***Les Valeureux*** (1969), aurait dû s'inscrire primitivement entre les 11e et 12e chapitres de ***Belle du Seigneur***, si l'éditeur puis l'auteur n'avaient décidé d'en faire une œuvre autonome. Mais, dans la mesure où les parutions de ***Mangeclous*** et des ***Valeureux*** répondirent d'abord à des demandes de l'éditeur — impatience dans un cas, refus de publier tel quel un manuscrit dans l'autre — et furent donc plutôt accidentelles, on peut considérer que la saga des ***Solal***, telle que l'aurait publiée Cohen s'il l'avait pu, se serait « réduite » à ***Solal*** d'un côté et, de l'autre, à l'énorme ensemble constitué de ***Mangeclous***, ***Belle du Seigneur*** et ***Les Valeureux***.

L'intrigue de ***Belle du Seigneur*** se déroule à Genève, entre le 1er mai 1935 et le 9 septembre 1936. Adrien Deume, petit-bourgeois qui travaille à la Société des Nations, a épousé une jeune aristocrate protestante, Ariane d'Auble, vite lassée par la vie routinière que lui propose son mari. Ariane est séduite par le supérieur d'Adrien, Solal, qui commence par s'introduire chez les Deume, sous les traits d'un vieux juif, pour déclarer sa flamme. En vain. Puis, après avoir envoyé Adrien en mission à l'étranger, Solal parvient à ses fins, au terme d'un immense discours sur la séduction — « déshonneur » dont il se dit lassé —, faisant suite au pari qu'il propose d'emblée à Ariane : « *Si dans trois heures vous n'êtes pas tombée en amour, je nomme votre mari directeur de section* » (II, XXXV). Ce discours prend place dans le chapitre le plus long du roman (plus de 50 pages !) et l'un des plus célèbres. Solal commence par y affirmer sa « *honte de devoir* [l'amour des femmes] *à* [sa] *beauté,* [son] *écœurante beauté* » et par dénoncer impitoyablement le rôle excessif que joue dans toute séduction cette beauté, « *c'est-à-dire une certaine longueur de viande, un certain poids de viande, et des osselets en bouche au complet, trente-deux* » : « *Alors, je vous le demande, quelle importance accorder à un sentiment qui dépend d'une demi-douzaine d'osselets dont les plus longs mesurent à peine deux centimètres ?* » Puis il énumère et commente les onze « *manèges* » de la séduction : « *Premier manège, avertir la bonne femme qu'on va la séduire.* [...] *Elle reste par défi, pour assister à la déconfiture du présomptueux. Deuxième manège, démolir le mari.* [...] *Troisième manège, la farce de poésie. Faire le grand seigneur insolent, le romantique hors du social,* [...] *pour que l'idiote déduise que je suis de l'espèce miraculeuse des amants, le contraire d'un mari à laxatifs, une promesse de vie sublime.* [...] *Quatrième manège, la farce de l'homme fort.* [...] *La force est leur obsession* [...], *babouines qu'elles sont.* [...] *Le gorille, toujours le gorille !* [...] *Babouins, tous !* [...] *Cinquième manège, la cruauté. Elles en veulent, il leur en faut.* [...] *Si tu veux connaître leur grand amour, paie le sale prix, remue le fumier des merveilles.* [...] *Sixième manège, la vulnérabilité.* [...] *Il faut que sous ta force elles découvrent une once de faiblesse. Sous le haut gaillard, elles adorent trouver l'enfant.* [...] *Bref, neuf dixièmes de gorille et un dixième d'orphelin leur font tourner la tête. Septième manège, le mépris d'avance. Il doit être témoigné au plus tôt mais point en paroles.* [...] *Huitième manège, les égards et les compliments. Si leur inconscient aime le mépris, leur conscient par contre veut des égards.* [...] *Neuvième manège, proche du septième, la sexualité indirecte. Dès la première rencontre, qu'elle te sente un mâle devant la femelle.* [...] *le dixième manège est justement la mise en concurrence. Panurgise-la donc sans tarder, dès le premier soir.* [...] *Et maintenant elle est mûre pour le dernier manège, la déclaration. Tous les clichés que tu voudras, mais veille à ta voix et à sa chaleur. Un timbre grave est utile.* [...] *Et n'oublie pas de parler de départ ivre vers la mer, elles adorent ça. Départ ivre vers la mer, retiens bien ces cinq mots. Leur effet est miraculeux. Tu verras alors frémir la pauvrette.* [...] *Partir est le maître mot, partir est leur vice. Dès que tu lui parles de départ, elle ferme les yeux et elle ouvre la bouche. Elle est cuite et tu peux la manger à la sauce tristesse. C'est fini. Voici la nomination de votre mari. Aimez-le, donnez-lui de beaux enfants. Adieu, madame* » (II, XXXV). Leur amour connaît d'abord « *le délire sublime des débuts* » (III, XXXVIII), couronnés par l'enlèvement — pour l'Italie puis la Côte d'Azur — d'Ariane, grâce à la complicité des cousins de Solal, les « *Valeureux* » de l'île de Céphalonie (I à IV). Mais, poussé par une logique d'échec et par un sentiment de solidarité, Solal, se fait exclure de la SDN et perd sa nationalité française pour avoir défendu la cause des juifs allemands. La passion s'épuise et tourne à l'ennui, ponctué par des scènes de plus en plus violentes. Et la déchéance sociale de Solal, malgré les démarches humiliantes qu'il entreprend à Genève, paraît inéluctable. Elle se double d'une dégradation morale, Solal ayant conscience d'avoir aussi trahi sa judéité — remords qui le ronge au rythme de cette litanie désabusée : « *Leur pauvre vie* » (VI, XCII — la formule inaugure 8 paragraphes consécutifs). Les amants, au terme de ce naufrage, finissent par se suicider au Ritz de Genève (V à VII).

Belle du Seigneur est souvent considérée comme le chef-d'œuvre de Cohen. C'est là, en tout cas, que se manifeste avec la plus grande maîtrise, l'esprit baroque de l'auteur, qui peut épouser tous les styles et tous les tons, depuis le monologue intérieur jusqu'à l'humour juif le plus cocasse. Alternant chapitres très longs — dont certains (II, XVIII ; IV, LXX), contenant les monologues intérieurs, ne sont même pas ponctués — et très brefs, il déploie la même aisance souveraine dans la description caustique et jubilatoire des milieux diplomatiques et cosmopolites que dans l'évocation enthousiaste de la passion amoureuse : « *Attentes, ô délices, attentes dès le matin et tout le long de la journée, attentes des heures du soir, délices de tout le temps savoir qu'il arriverait ce soir à neuf heures, et c'était déjà du bonheur* » (III, XXXIX) ; « *Soirées des débuts, ravissants entretiens par tant de baisers interrompus, trêves de chasteté, délice si intéressant de se raconter à l'autre, d'apprendre tout de l'autre, de lui plaire* » (III, XLI).

Couronnée, quelques mois après sa parution, par le Grand Prix du Roman de l'Académie française (le roman parut en mai 1968 — sa longueur et les événements politiques alors en cours expliquent que les premiers comptes rendus ne datent que de l'été — et fut couronné en novembre), **Belle du Seigneur** fut encensée par la critique et par le public — succès qui en a fait déjà un classique de notre littérature.

CITATIONS

Sous les rires, les sourires et les plaisanteries cordiales, un sérieux profond régnait, tout d'inquiétude et d'attention, chaque invité veillant au grain de ses intérêts mondains. Remuant le glaçon de son verre ou se forçant à sourire, mais triste en réalité et dégoûté par l'inévitable inférieur qui lui cassait les pieds, chaque important se tenait prêt à s'approcher tendrement d'un surimportant enfin repéré, mais hélas déjà pris en main par un raseur, rival haï, surveillait sa proie future tout en feignant d'écouter le négligeable, se tenait sur le qui-vive, les yeux calculateurs et distraits, prêt à lâcher le bas de caste après un hâtif *« à bientôt j'espère »* (ne pas se faire d'ennemis, même chétifs) et à s'élancer, chasseur expert et prompt à saisir l'occasion, vers le surimportant, bientôt libre, il le sentait soudain. Aussi, ne le lâchait-il plus des yeux et tenait-il prêt un sourire. Mais le surimportant, pas bête, avait flairé le danger. S'étant brusquement débarrassé de son actuel raseur et faisant mine de n'avoir pas vu le regard et le sourire de l'humble important, regard d'aimante convoitise et sourire de vassalité à peine esquissé mais tout prêt à s'élargir, le surimportant, feignant donc la distraction, s'esbignait en douce et disparaissait dans la foule buvante et mastiquante, tandis que le pauvre important, déçu mais non découragé, triste mais tenace et ferme en son propos, s'apprêtait, débarrassé de son casse-pieds personnel, à forcer et traquer une nouvelle proie.

Belle du Seigneur, II, XXVI.

Marche triomphale de l'amour. Auguste, elle allait, mue par l'amour comme autrefois ses sœurs des temps anciens, [...] Ariane solennelle, à peine souriante, accompagnée par quelle céleste musique, l'amour, l'amour en ses débuts.

Belle du Seigneur, IV, LXVII.

Elle toussa, et il la vit. Si lamentable, [...] avec son imperméable, sa combinaison, ses bas écroulés, son nez grossi, ses paupières enflées de larmes, ses beaux yeux cernés de bleu malade. Sa chérie, sa pauvre chérie. Ô maudit amour des corps, maudite passion.

Belle du Seigneur, VI, CII.

JUGEMENTS

« C'est sans doute cet amour de la langue française qui explique le plaisir évident avec lequel Albert Cohen se penchait sur un dictionnaire. Étrangère, je lui demandais parfois de m'expliquer le sens précis d'un mot ou d'une expression. Pour lui, rien n'eût été plus facile. Mais, à chaque fois, ravi du prétexte ainsi offert, il tendait la main vers Le Petit Robert *ou le* Dictionnaire des difficultés de la langue française, *me disait :* "Nous allons voir ce qu'en dit le dictionnaire." *Il me lisait alors la définition qui s'y trouvait, la commentait parfois. Sa sympathie pour les dictionnaires englobait ceux qui en assurent la compilation et avait donné lieu à ce credo : ceux qui travaillent à la compilation d'un dictionnaire doivent forcément être des gens bien. En somme, dans ce travail de compilation, Albert Cohen voyait une sorte de sacerdoce. »*

Bella COHEN, « Albert Cohen », *in* Albert COHEN, *Belle du Seigneur*, « Pléiade », Gallimard, 1986.

« C'est un livre extraordinaire, irritant, magnifique, propre à déclencher les passions. En somme le livre à offrir. De ma vie je n'ai assisté au spectacle d'une telle délectation d'un auteur en présence de la bêtise. [...] Votre sottise propre vous saute aux yeux, vous emplit la bouche d'un goût amer. Vous n'êtes plus rien. C'est une singulière expérience. [...] C'est un livre fait pour casser l'orgueil. Pour casser tout. Au passage, et dans son pessimisme absolu, il ramène à zéro la passion sexuelle. [...] Je crois saisir en cet esprit très religieux, très religieusement juif d'Albert Cohen, un immense désir de pureté. Qu'on soit ou non d'accord sur le principe sous-jacent, on constatera que ce n'est pas là un des aspects les moins intéressants du livre. Et puis, en dépit des longueurs, la démarche est splendide, royale peut-on dire. Ce qu'Albert Cohen ne met jamais en doute, et avec raison, c'est son pouvoir de création. Il avance et tout s'écarte devant lui. »

Jean FREUSTIÉ, in *Le Nouvel Observateur*, 23 décembre 1968.

« Quel morceau ! Quel monstre ! 845 pages, 32 francs et à peu près autant d'heures de lecture que de francs : on est terrorisé. Il faut aussi confesser que les murmures, la répu-

tation éclair et la vague de publicité qui accompagnent Belle du Seigneur *ont de quoi indisposer. On tente pourtant l'aventure. On plonge dans l'énorme histoire : alors le mécanisme joue et l'on est piégé. Des beautés éclatantes, des torrents de mauvais goût : on est emporté par l'un, ébloui par les autres. On sort de là un peu stupéfait, la tête vide — mais soyons francs : le jeu en valait la chandelle.* »

François NOURISSIER, in *Les Nouvelles littéraires*, 12 septembre 1968.

« *L'écrivain, qui, de son propre aveu, ne s'est pas intéressé au système narratif de ses devanciers, n'en a pas non plus inventé un qui innove. À moins de faire de pauvreté vertu. On essaie de comprendre, parce que la tristesse et la pitié de Cohen devant la misère du monde et des passions sans but ne sont pas contestables. N'était-il pas condamné à la platitude en décrivant, à longueur de chapitres, des personnages qui profèrent des bêtises ? Tout entier à ses proies attaché, le dénonciateur n'a-t-il pas négligé l'ombre nécessaire à la perspective dans la fiction ? Avec lui, tout est trop clair. Sauf son succès de naguère, et un enthousiasme que nous avions partagé. Celui-ci a diminué, comme s'est apaisé lui-même ce fleuve romanesque : coulant désormais entre les berges dorées de "La Pléiade", il montre, à la fois, son peu de profondeur et la continuité de son débit. Faut-il voir dans l'apothéose de Cohen l'illustration du "mauvais goût moyen" d'une époque ? Nous étions, hier, bien myopes. Aujourd'hui, serions-nous guéris ? Le jugement le plus sûr est le jugement rétrospectif, et les vrais classiques ne sont plus jugés.* »

Angelo RINALDI, « Albert Cohen », in *L'Express*, 21 novembre 1986.

« *On trouve* [...] *des trucs contestables, des traînées de prose de dix, vingt pages et plus, où le romancier se met à supprimer ponctuation et majuscules* [...] *et ça passe difficilement, il faut l'avouer, malgré un crépitement de trouvailles de plume* [...]. »

Pierre-Henri SIMON, in *Le Monde*, 9 novembre 1968 [à propos des monologues intérieurs de *Belle du Seigneur*].

BIBLIOGRAPHIE

Éditions

Œuvres [*Paroles juives, Solal, Mangeclous, Les Valeureux, Le Livre de ma mère, Ô vous, frères humains, Carnets 1978*], éd. Chr. PEYREFITTE et B. COHEN, « Pléiade », Gallimard, 1993 [tous ces titres, hormis *Paroles juives*, sont aussi disponibles en « Folio »].

Belle du Seigneur, éd. Chr. PEYREFITTE et B. COHEN, « Pléiade », Gallimard, 1986 ; « Folio », Gallimard, 1998.

Études

C. AUROY, *Albert Cohen : une quête solaire*, P.U. Paris-Sorbonne, 1996.

J. BLOT, *Albert Cohen*, Balland, 1986, rééd. 1995 ; *Albert Cohen ou Solal dans le siècle*, Albin Michel, 1995.

J. CHANCEL, « *Radioscopie* » *de Jacques Chancel : Albert Cohen*, Éd. du Rocher, 1999.

B. COHEN, *Autour d'Albert Cohen*, Gallimard, 1990 ; *Albert Cohen, Mythe et Réalité*, Gallimard, 1991.

V. DUPREY, *Albert Cohen, au nom du père et de la mère*, SEDES, 1999.

E. MIERNOWSKA, *Le Dialogue des discours dans les romans d'Albert Cohen*, P. Lang, Genève (CH), 1998.

H. NYSSEN, *Éloge de la lecture*, suivi de *Lecture d'Albert Cohen*, 1981, rééd. Fides, 1997.

Chr. PEYREFITTE, *Des rides à l'âme*, Gallimard, 1997.

A. SCHAFFNER, *Albert Cohen* [bibliographie], « Bibliographica », Memini, 1991 ; *Le Goût de l'absolu : l'Enjeu sacré de la littérature dans l'œuvre d'Albert Cohen*, Champion, 1999.

Cl. STOLZ, *La Polyphonie dans « Belle du Seigneur » d'Albert Cohen : pour une approche sémiostylistique*, Champion, 1998.

G. VALBERT, *Albert Cohen ou le Pouvoir de vie*, L'Âge d'Homme, Lausanne (CH), 1981 ; *Albert Cohen, le seigneur*, Grasset, 1990.

Ph. ZARD, *La Fiction de l'Occident : Thomas Mann, Franz Kafka, Albert Cohen*, PUF, 1999.

COLETTE

COLETTE
Sidonie Gabrielle COLETTE
Choisit comme pseudonyme définitif, en 1924, son nom de famille, le « *nom du père* », après avoir publié sous les pseudonymes de WILLY, puis de Colette WILLY, enfin de COLETTE (Colette WILLY).

Saint-Sauveur-en-Puisaye (act. Yonne) 1873 - Paris 1954

« *Avec les mots de tous les jours elle a su décrire toutes les sensations, peindre tous les paysages et, prodige plus rare, donner à sa prose une odeur* [...] *: on dirait qu'elle nous donne ses livres à respirer.* »
Roland DORGELÈS, *Images*, Albin Michel, posthume, 1975.

« *Flammarion vient de publier un volume des* Plus belles pages de Colette. *J'en ai lu beaucoup hier et aujourd'hui. Décidément, fichue littérature. C'est à peu près illisible pour moi, tant c'est long pour ne pas dire grand-chose.* »
Paul LÉAUTAUD, *Journal littéraire*, 23 janvier 1931, Mercure de France, rééd. 1986.

Une vie passionnément scandaleuse

Les années Willy

Née dans un village de Bourgogne, d'un militaire reconverti en percepteur et d'une mère cultivée et attachée à la nature, Colette y mena une vie heureuse d'écolière, puis d'adolescente — elle obtint son brevet élémentaire avec 17/20 en composition française —, jusqu'en 1889. Celle qu'on nommait alors « *Gabri* » ou « *Minet-Chéri* » était la dernière d'une famille de 4 enfants : d'un premier mariage, sa mère, la future « *Sido* », avait eu une fille, Juliette, « *sœur aux longs cheveux* », née en 1860, et un fils, Achille, « *l'aîné sans rivaux* », né en 1863 — qui n'était sans doute pas un vrai demi-frère : selon toute vraisemblance, son père était le propre père de Colette, ancien capitaine de zouaves, amputé d'une jambe à la suite de la bataille de Magenta en 1859 et qui, devenu percepteur à Saint-Sauveur en 1860, y épousa en 1865 la veuve Robineau-Duclos. De ce second mariage, était né un fils, Léopold, *alias* Léo, en 1866. La fin des années 1880 fut marquée par des difficultés matérielles aiguës : le percepteur se révéla mauvais gestionnaire de l'héritage de son épouse, et les Colette, en 1890, après avoir été contraints de vendre aux enchères une partie de leurs biens quittèrent Saint-Sauveur — la maison familiale ne fut mise en vente qu'en 1925 et les acquéreurs en laissèrent l'usufruit à Colette jusqu'en 1950 — pour Châtillon-Coligny (Loiret), chez Achille, qui venait d'y installer son cabinet de médecin. Ce début de ruine provoqua aussi la brouille des parents avec Juliette, l'aînée, qui s'était mariée en 1885 et ne supporta pas de voir ainsi dilapidé l'héritage de son propre père.

À 20 ans, Colette épousa le journaliste Henry Gauthier-Villars, *alias* Willy, de quatorze ans son aîné, rencontré en 1889, lors d'un voyage à Paris : « *Avant lui, tout ne me fut — sauf la ruine de mes parents et le mobilier vendu publiquement — que roses* » ***(Mes apprentissages)***. Ce mariage — sans dot — fut célébré à Châtillon-Coligny, où Willy, en 1892, à la mort de la mère de l'enfant, avait placé en nourrice son fils adultérin Jacques, né en 1889. Le couple s'installa d'abord chez Willy, à Paris, en bordure de Seine, puis dans le Jura, enfin de nouveau à Paris, où il déménagea encore en 1896 puis en 1902, selon une habitude qui devint, chez Colette, une véritable manie. Grâce à son mari, journaliste mondain, Mme Gauthier-Villars fréquenta les salons littéraires et musicaux de Rachilde, de Mmes de Caillavet et de Saint-Marceaux où elle rencontra Proust, France, Montesquiou, Schwob, Guitry, Fauré, Ravel, Debussy, Jacques-Émile Blanche. Souffrant de l'inconstance de son époux, Colette fut gravement malade, en 1894, et dut passer sa convalescence à Belle-Île : « *Il y a toujours un moment, dans la vie des êtres jeunes, où mourir leur est tout juste aussi normal et séduisant que vivre, et j'hésitais* » ***(Mes Apprentissages)***. Willy la poussa à écrire ***Claudine à l'école***, récit inspiré de sa jeunesse à Saint-Sauveur, qui parut en 1900 sous la signature de Willy. Présenté comme un manuscrit envoyé au signataire par une jeune fille, ce mélange d'éléments autobiographiques et de fiction déroule la chronique d'un village et, surtout, marque l'invention d'un personnage : « *Ni un roman, ni une thèse, ni un journal* », écrivit Rachilde, « *c'est une personne vivante et debout, terrible* » (*Mercure de France*, mai 1900). Trois autres livres suivirent, toujours signés Willy, qui confirmèrent ce succès initial : ***Claudine à Paris*** (1901) — « *Les femmes libres ne sont pas des femmes* » —, ***Claudine en ménage*** (1902) — « *Le vice, c'est le mal qu'on fait sans plaisir* » —, version remaniée de ***Claudine amoureuse***, parue quelques mois plus tôt mais dont toute l'édition avait été acquise et détruite par Georgie Raoul-Duval, *alias* « *Rézi* » dans les

Claudine, conquête de Colette rencontrée en 1901, enfin ***Claudine s'en va*** (1903). Un contrat stipulait que Willy détenait la propriété intellectuelle de la série des ***Claudine*** — pour laquelle, même beaucoup plus tard, Colette ne toucha aucun droit, victime d'une véritable escroquerie, Willy ayant vendu les droits en 1907.

Avec ***Dialogues de bêtes*** (1904), signés — comme toutes ses œuvres jusqu'en 1913 — Colette Willy, débuta vraiment la carrière d'écrivain de Colette. Elle se sépara de son mari en 1906 et mena une vie assez agitée : pantomimes qui firent scandale — au Moulin-Rouge, en 1907, où elle dansa nue —, liaison — qui dura quatre ans — avec la fille du duc de Morny, Missy, et avec Renée Vivien, ainsi qu'avec Auguste Hériot, conférences, écriture, avec ***La Retraite sentimentale*** (1907) — *« En somme, j'apprenais à vivre. On apprend donc à vivre ? Oui, si c'est sans bonheur. La béatitude n'enseigne rien. Vivre sans bonheur et n'en point dépérir, voilà une occupation, presque une profession »* —, ***Les Vrilles de la vigne*** (1908), ***L'Ingénue libertine*** (1909), ***La Vagabonde*** (1910), mise en scène avec ***En camarades*** (1909), pièce où elle tenait le premier rôle, enfin collaboration à des journaux (*Le Journal*, *Le Matin*). Dans ***L'Ingénue libertine***, née de la refonte de 2 ouvrages écrits en collaboration avec Willy, ***Minne*** (1904) et ***Les Égarements de Minne*** (1905), elle élimina les interventions de Willy — dont elle divorça la même année 1910 — et tenta de se détacher de son héroïne en adoptant la 3e personne, ce qui ne se produisit réellement qu'avec ***Mitsou***, dix ans plus tard.

Les années Jouvenel

Le début des années 1910 fut marqué par la rupture avec Missy, la passion pour Henry de Jouvenel, *alias « Sidi »*, rencontré fin 1910 au *Matin* et qu'elle épousa fin 1912, et diverses épreuves familiales : la mort de son père en 1905 et le suicide de sa demi-sœur Juliette en 1908, la mort de Sido, en 1912, et celle du frère aîné, Achille, en 1913. Terrible série de deuils, éclaircie par les bonheurs de la maternité : sa fille Colette de Jouvenel — qu'elle surnomma *« Bel-Gazou »* puis *« Minet-Chéri »* comme elle-même avait été surnommée — naquit en 1913, à la veille de la guerre. La mobilisation de *« Sidi »*, puis, à partir de 1916, ses fonctions officielles, provoquèrent, par contrecoup, un arrêt relatif dans l'écriture de Colette. Parurent pourtant ***L'Entrave***, en 1913, sous la signature Colette (Colette Willy) — qu'elle avait adoptée désormais —, et, en 1916, ***La Paix chez les bêtes***. Mais une grande partie de son activité était consacrée aux articles et chroniques, comme ***Les Heures longues***, ***Dans la foule*** ou ***La Chambre éclairée***, destinés aux journaux, notamment *Le Matin* et *La Vie parisienne*. Le goût de Colette pour les textes courts — qui s'est maintenu tout au long de sa vie d'écriture — a sans doute, en partie, son origine dans ce lien constant au feuilleton et à l'article. À partir de 1917, Colette travailla à des textes où récit et théâtre étaient étroitement liés, notamment ***Mitsou ou Comment l'esprit vient aux filles*** (1919) et ***Chéri*** (1920), qu'elle avait d'abord conçu comme une pièce de théâtre, et qui fut d'ailleurs joué en 1921 : ce roman, consacré à l'amour entre un adolescent et une ancienne courtisane, assura la notoriété de Colette, d'ailleurs renforcée par ses fonctions, depuis 1919, de directrice littéraire et de critique dramatique du *Matin*. ***Le Blé en herbe*** (1923) reprit la même thématique de l'initiation à l'amour, et correspondit à la liaison, à partir de 1921, de Colette avec Bertrand de Jouvenel, son beau-fils né en 1903 d'un premier mariage d'Henry de Jouvenel — avec qui la mésentente conjugale s'aggravait depuis 1920, ce qui aboutit à une séparation entourée de scandale, en 1923.

Parallèlement débutait l'écriture de ***La Maison de Claudine*** (publiée en 1922 et remaniée jusqu'en 1930), où rayonnait la figure de sa mère, Sido, *« personnage qui peu à peu s'est imposé à tout le reste de mon œuvre »* (***Préface*** de l'édition de 1948). Ce roman marqua un tournant important dans l'écriture de Colette : l'évocation directe du monde de l'enfance, et l'importance croissante de Sido, constituèrent un travail sur la mémoire autobiographique, centrée sur la présence de la mère. Parallèlement, Colette elle-même, qui tint le rôle de Léa dans l'adaptation théâtrale de ***Chéri*** (1926), faisait l'objet de multiples hommages : une plaque commémorative posée sur la maison de Saint-Sauveur, une biographie de Robert Sigl (1924), un numéro spécial de la revue *Le Capitole* (déc. 1924). Cette deuxième période de la vie de Colette prit fin en 1925, avec, coup sur coup, la rencontre de Maurice Goudeket, le divorce d'avec Henry de Jouvenel et la rupture avec Bertrand de Jouvenel.

Les années Maurice

Alors que Colette était en pleine idylle avec Maurice Goudeket, son *« meilleur ami »* — qu'elle épousa en 1935, l'année même de la mort d'Henry de Jouvenel —, ***La Naissance du jour*** (1928) et ***La Seconde*** (1929) traitaient du renoncement à l'amour : « *Une femme se réclame d'autant de pays natals qu'elle a eu d'amours heureux* » ***(La Naissance du jour)***.

Les années heureuses et productives se succédèrent : Colette avait collaboré avec Ravel pour le ballet ***L'Enfant et les Sortilèges***, créé en 1925 à Monte-Carlo — elle en avait écrit le livret dix ans plus tôt ; elle ne travaillait plus pour *Le Matin* depuis 1924 et sa séparation d'Henry de Jouvenel, mais continuait à écrire pour plusieurs autres journaux ; elle tint des conférences en Suisse (en 1926), voyagea, acheta à Saint-Tropez une propriété, *La Treille muscate*, qu'elle revendit en 1938.

La figure de la mère réapparut dans ***Sido ou les Points cardinaux*** (1929), dont le texte fut ensuite intégré à ***Sido*** (1930).

Entre les croisières, la critique dramatique régulière à *La Revue de Paris* puis au *Journal*, l'ouverture (éphémère) d'un magasin de produits de beauté en 1932, les scénarios — pour *Le Lac-aux-Dames* de Marc Allégret (1933) et pour *Divine* de Max Ophuls (1934) —, elle écrivit des récits assez intimistes : ***La Chatte*** (1933), ***Duo*** (1934), ***Le Toutounier*** (1939), et un règlement de comptes posthume avec Willy, mort en 1931, ***Mes Apprentissages*** (1936) : « *Qui donc conte volontiers ce qui a trait au véritable amour ?* » Période heureuse et féconde, contrariée seulement par une fracture du péroné, en 1931, qui, négligée sur le moment, lui valut sans doute les problèmes d'arthrite dont elle souffrit pendant quinze ans jusqu'à la contraindre à l'immobilité, à partir de 1947. En 1934 parut une version remaniée des ***Vrilles de la vigne***, mosaïque de textes de formes très diverses où le ton lyrique alternait avec l'humour de la chronique.

Dans ces années d'immédiat avant-guerre, Colette fut couverte de distinctions : reçue au sein de l'Académie royale de langue et de littérature française de Belgique — où elle succédait à Anna de Noailles — en 1936, elle fut promue, la même année, au rang de commandeur de la Légion d'honneur, ayant été chevalier en 1920 et officier en 1928. En 1937, après avoir séjourné plusieurs années sur les Champs-Élysées — à l'hôtel Claridge à partir de la fin 1930, puis dans l'immeuble Marignan, cinq ans plus tard —, elle emménagea au Palais-Royal dans un appartement qui fut son ultime demeure parisienne.

La guerre, en 1939, la fit se fixer presque constamment à Paris, où, de plus en plus immobilisée par l'arthrite, elle passa l'hiver à multiplier les entretiens radiophoniques pour l'outre-mer. Elle s'inquiétait pour Maurice Goudeket — qui était d'origine juive —, arrêté puis libéré, mais obligé de se cacher jusqu'en 1944. Elle publia, en 1941, ***Le Pur et l'Impur***, qui reprenait un texte de 1931, ***Ces plaisirs***, dont la publication en feuilleton avait dû être interrompue par le journal *Gringoire*, à cause de protestations de lecteurs. Elle acheva aussi ***Julie de Carneilhan*** (1941) — son ultime roman — et ***Gigi***, qui parut en feuilleton en 1942 dans un journal de Lyon. Durant la guerre étaient morts Léo, son autre frère, en 1940, et Missy, en 1944. En 1945, première femme élue (à l'unanimité) membre de l'académie Goncourt qu'elle ne tarda pas à présider — elle occupa le prestigieux 1er couvert où la précédèrent Léon Daudet de 1900 à 1942 et Jean de La Varende à partir de 1942, et où Giono lui succéda —, elle prépara la publication de ses ***Œuvres complètes*** en 15 volumes (1948 à 1950, aux Éditions du Fleuron créées par Maurice Goudeket). Elle réunit encore, à cette époque de sa vie où elle était à peu près immobilisée, deux recueils de textes parmi les plus beaux qu'elle ait écrits, ***L'Étoile Vesper*** (1946), et ***Le Fanal bleu*** (1949), exaltant la sensation, la mémoire qui la fait renaître et le travail parfois douloureux de l'écriture : « *Je ne m'amuse pas toujours. Une nuit entière me voit à la poursuite d'une bribe, d'un nom, d'un mot, qui ne servent même pas à mon travail. Un sport, un défi. D'autres malheureux, les écrivains, chassent-ils de même sorte ?* » ***(L'Étoile Vesper)***. Entre ces deux publications, Colette perdit sa plus ancienne amie — elle l'avait rencontrée au début de son mariage avec Willy —, Marguerite Moreno, décédée en 1948. Jusqu'à sa mort, entre plusieurs séjours à Versailles, Monte-Carlo et Deauville, elle vit se multiplier les adaptations cinématographiques ou théâtrales de son œuvre : aux films *Gigi* (1949) et *Minne* (1950) de Jacqueline Audry, *Chéri* (1950) de Pierre Billon, *Julie de Carneilhan* (1950) de Jacques Manuel, *Les Sept Péchés capitaux* (1953) de Roberto Rossellini qui, pour *L'Envie*, tira son inspiration de ***La Chatte***, *Le Blé en herbe* (1954) de Claude Autant-Lara — Colette ayant elle-même écrit les dialogues de *Gigi* et de *Chéri* —, s'ajoutèrent les reprises ou créations théâtrales de ***Chéri*** (1949), ***La Seconde*** (1951) et ***Gigi*** (1954), dont Audrey Hepburn joua le rôle-titre à Broadway et que Vincente Minelli adapta au cinéma, en 1958, avec Leslie Caron. En 1952, Colette elle-même fit l'objet d'un court métrage éponyme de Yannick Bellon — dont le tournage remontait à 1950 et dont le commentaire avait été écrit et était prononcé par la romancière. L'année suivante, pour son 80e anniversaire, Colette reçut de multiples hommages et honneurs, notamment une promotion au grade de grand-officier de la Légion d'honneur.

Elle mourut un an plus tard, au comble de la gloire : à défaut d'être religieuses — en raison de sa vie trop souvent scandaleuse —, ses funérailles furent nationales, jusqu'à sa dernière demeure, au cimetière parisien du Père-Lachaise.

Aussi à l'aise dans les mondanités parisiennes de la Belle Époque qu'au cœur de la nature la plus rurale, n'aimant pas moins les bêtes que les êtres humains, ni les femmes que les hommes, la danseuse nue de music-hall sut parfaitement entretenir une ambivalence — qu'elle incarnait jusqu'à la caricature — qui fit d'elle un véritable monument de la République, et non seulement de celle des Lettres, où sa place n'est peut-être pas tout à fait à la hauteur de son indéniable tempérament. Colette rejoint en cela le lot des écrivains qui mêlèrent intimement leur vie et leur œuvre, au point de faire de leur vie leur œuvre principale.

Une langue sensuelle et poétique

Parlant d'elle-même dans ***Le Pur et l'Impur***, Colette évoque son « *hermaphrodisme mental* ». Son écriture se partage en effet en deux « styles » : une manière sensuelle, « gourmande » d'appréhender le monde de la nature — « *Le flair subtil de la mère inquiète découvrait sur nous l'ail sauvage d'un ravin lointain ou la menthe des marais masqués d'herbe* » ***(La Maison de Claudine)*** —, et une analyse presque sèche de la psychologie des êtres, de l'amour entre hommes et femmes. La combinaison de ces deux « tons » différents, dans des textes courts mais souvent remaniés, réécrits, comme réajustés, donne à l'écriture de Colette un mouvement particulier, fait d'harmoniques et d'échos. Il y a chez elle une fascination pour les mots qui transparaît dans toute la nouvelle ***Le Curé sur le mur*** (in ***La Maison de Claudine***) : elle aime les mots savants pour désigner les fleurs étranges comme l'*aristolochia labiosa*, la *trichopilia tortilis* ***(Flore et Pomone)***, les archaïsmes comme « *aveindre* » pour « atteindre » ***(La Naissance du jour)***, les néologismes comme les adjectifs « *doguin* » (une « *doguine humeur* », in ***L'Étoile Vesper***), « *salonnière* » (la « *langue salonnière* », in ***Les Vrilles de la vigne***). Les images sont nombreuses, métaphores et comparaisons établissant des analogies constantes entre végétal, animal et humain : « *elle avait une manière étrange de relever les roses par le menton pour les regarder en plein visage* » ***(Sido)***.

Le vocabulaire de la végétation sert à métamorphoser le réel : « *Un corsage lilas, un buisson de cheveux crêpelés, d'un rose de cuivre, éclairèrent le haut de la rue* » ***(Sido)***.

À cela s'ajoute le travail sur le rythme, répétitions, structures parallèles créant une prose poétique pleine de lyrisme : « *Étés réverbérés par le gravier jaune et chaud, étés traversant le jonc tressé de mes grands chapeaux, étés presque sans nuits* » ***(Sido)***.

Écrire, dit Colette elle-même, c'est « *patiemment concilier le son et le nombre* » ***(Journal à rebours)***.

Une gloire mitigée

Femme scandaleuse à force d'être libre, Colette connut une gloire d'écrivain plus mitigée, précisément parce que les considérations morales furent longtemps indissociables des jugements littéraires et parce qu'elle-même, pourtant si effrontée personnellement, mit longtemps à se libérer vraiment en littérature. Le succès obtenu par la série des ***Claudine*** était dû pour partie aux relations de Willy dans la presse, pour partie à leur caractère licencieux. Colette mit longtemps à publier — toutefois sous la signature Colette Willy — son premier ouvrage « libre », ***Douze Dialogues de bêtes*** (1904), qu'apprécièrent Rachilde et Francis Jammes. Elle mit vingt ans de plus, avec le recueil de nouvelles justement intitulé ***La Femme cachée*** (1924), à publier sous son pseudonyme définitif. Néanmoins, dès 1910, ***La Vagabonde*** obtint des voix pour le prix Goncourt, et avec ***L'Entrave***, publiée en 1913, Colette fut saluée par les critiques (Maurice Donnay, Rachilde) comme un grand écrivain. Cette reconnaissance se confirma avec ***Mitsou***, puis ***Chéri*** qui fut très bien accueilli par les critiques et les écrivains — notamment Gide : « *D'un bout à l'autre du livre, pas une faiblesse, pas une redondance, pas un lieu commun* » —, comme le fut ***Le Blé en herbe***. Si ***La Maison de Claudine*** remporta un succès moins éclatant que celui de ***Chéri***, c'est toutefois cette veine de la production de Colette que retiennent les critiques jusqu'à aujourd'hui, suivant en cela la romancière elle-même, qui déclarait en 1927 : « La Maison de Claudine *est mon livre le plus véridique ; celui où il y a moins de transposition.* »

Pour son ami Fargue, elle incarnait « *la sensibilité féminine française* » (*Portraits de famille*,

1947), c'est-à-dire « *un désir lumière, une lutte constante et charnelle pour la volupté, une façon de dire les choses très vite avec le minimum de moyens et le maximum de musique* », et donnait une leçon de « *sagesse terrestre et païenne* », à laquelle Queneau fut lui aussi sensible quand il écrivit : « *Fait à peu près unique dans l'histoire des lettres et des idées, Colette a su exprimer les principes d'une sagesse authentiquement féminine. Non d'ailleurs, une sagesse* pour *les femmes, mais cette réflexion qui est libération* [...] » (*Le Figaro littéraire*, 24 janv. 1953). La reconnaissance officielle qu'elle obtint après 1935 fut souvent mêlée de réprobation morale : l'Église, à sa mort en 1954, refusa les obsèques religieuses. Inversement, Cocteau, si chaleureux pour l'effrontée, fut scandalisé par « *le plus gros mensonge de l'époque* », la Colette respectable de l'après-guerre. La réputation sulfureuse, qui accompagna une vie sentimentale compliquée et des écrits audacieux, n'a guère empêché critique et lecteurs de considérer Colette comme un grand écrivain, jusqu'à ses plus récents biographes — Jean Chalon (1998) la définissant comme « *l'éternelle apprentie* », et Claude Pichois et Alain Brunet (1999) en dressant un portrait volontiers iconoclaste. Toutefois, le classicisme de Colette — de préférence réduite à l'écrivain de la nature et des animaux — reste à la fois partiel et partial, à l'opposé de la redécouverte sans complaisance dont elle est l'objet depuis la fin des années 1990.

ŒUVRES

*Le **Blé en herbe***

Roman en 16 chapitres publié par la librairie Ernest Flammarion, à Paris, en 1923.

« *L'amour naissant et le dur passage de l'enfance à l'adolescence* » : ainsi Colette résumait-elle, en 1954, son roman. Phil et Vinca, 16 et 15 ans, amis depuis l'enfance, sont promis l'un à l'autre ; leur amour s'épanouit, une fin d'été en Bretagne, à travers — ou malgré — l'aventure de Phil avec « *la Dame en blanc* » (Mme Dalleray). La psychologie du très jeune homme, et la solitude des êtres jeunes dans le monde des adultes *(« les Ombres »)* sont analysées avec finesse et acuité dans ce récit sur l'adolescence, ses émotions et ses exigences.

La vivacité des dialogues, et le regard à la fois lucide et complice du narrateur, font le charme de ce roman d'apprentissage.

Une partie du roman avait été publiée dans *Le Matin*, du 29 juillet 1922 au 31 mars 1923. La publication fut interrompue après le 15e texte, pour des raisons « *morales* ». Le manuscrit, complété entre avril et juin 1923, portait le titre ***Le Seuil***, remplacé au dernier moment par ***Le Blé en herbe***.

La critique accueillit bien le roman : de Mme de Noailles à Paul Souday et Robert Brasillach, on loua la maîtrise et le tact de Colette, son écriture « *féminine* » (Benjamin Crémieux) et sa connaissance des adolescents. L'adaptation cinématographique de Claude Autant-Lara, en 1954, avec Edwige Feuillère dans le rôle de « *la Dame en blanc* », fut jugée immorale par l'Église et provoqua un scandale.

Sido

Suite de textes en 3 parties — titrées respectivement ***Sido***, ***Le Capitaine*** et ***Les Sauvages*** —, publiée en 1930, à Paris, aux éditions Ferenczi.

La figure centrale est Sido, la mère de Colette, qui était déjà devenue, en 1922, dans ***La Maison de Claudine***, l'axe d'une partie de l'œuvre. La 1re partie est consacrée à la mère, la 2e au père ***(Le Capitaine)***, la 3e aux enfants, et plus spécialement aux deux frères ***(Les Sauvages)***. L'évocation du monde familial, de l'univers de l'enfance, constitue l'essentiel de ces textes : paradis naturel objet de nostalgie, ressemblances trouvées au-delà de la mort, problèmes d'identité. La singularité de ce récit réside dans la célébration de la mère, de « *sa rurale sensibilité* » : « *Je la chante, de mon mieux. Je célèbre la clarté originelle qui, en elle, refoulait, éteignait souvent les petites lumières péniblement allumées au contact de ce qu'elle nommait "le commun des mortels".* »

Le lyrisme affleure dans ces pages sur Saint-Sauveur, associé à la familiarité des dialogues. Ce sont des « *vues* » sur le passé, des scènes ponctuelles groupées autour du jardin dominé par Sido, orienté par les points cardinaux. Le souvenir d'une promenade à l'aube est représentatif de cette poétique de la description liée à la sensualité de la narratrice : « *À trois heures et demie, tout dormait dans un bleu originel et confus* [...]. *C'est sur ce chemin, c'est à cette heure que je prenais conscience de mon prix, d'un état de grâce indicible et de ma connivence avec le premier souffle accouru, le premier oiseau, le soleil encore ovale, déformé par son éclosion.* » En même temps que l'attachement maternel est affirmé, l'identification au père se construit, en particulier dans l'écriture : elle accomplit ce que le père n'a pas fait. ***Sido*** est, avec ***Les Vrilles de la vigne***, le début d'un retour sur soi et sur la fonction de l'écriture.

Les deux premiers volets de ***Sido*** furent publiés, en mai 1929, sous le titre de ***Sido ou les Points cardinaux*** (éditions Kra). En novembre 1930, la version définitive du texte fut publiée chez Ferenczi.

*Les **Vrilles de la vigne***

Recueil de textes publié pour la première fois en volume en 1908 par *La Vie parisienne*, réédité en 1923, puis en 1934 — sous l'étiquette *« édition définitive »*, rassemblant 20 textes —, chez Ferenczi et fils, à Paris.

Les 20 textes de l'édition de 1934 s'organisent, entre esquisse de récit, confession, poème en prose, comme les facettes d'un miroir ou comme une mosaïque. Le recueil débute par un conte allégorique, ***Les Vrilles de la vigne***, qui exalte la souffrance et la joie de chanter, tel le rossignol, la liberté conquise. Se comparant au rossignol qui, s'étant éveillé les pattes ligotées à la vigne, *« ne s'évada qu'au prix de mille peines, et de tout le printemps se jura de ne plus dormir, tant que les vrilles de la vigne pousseraient »*, Colette parvient à cette affirmation finale : *« Je ne connais plus le somme heureux, mais je ne crains plus les vrilles de la vigne. »* Ce ton lyrique alterne avec l'humour de la chronique, proposant un regard complexe sur la vie de l'écrivain et les virtualités de son écriture. ***Le Miroir*** met en scène la rencontre de Colette et de Claudine, qui s'écrie en la voyant : *« Bonjour, mon Sosie. »* L'auteur se défend contre ce *« double orgueilleux »* : *« Je ne suis pas votre Sosie. N'avez-vous point assez de ce malentendu qui nous accorde l'une à l'autre, qui nous reflète l'une dans l'autre, qui nous masque l'une par l'autre ? »* ***Partie de pêche*** raconte une excursion en baie de Somme, détaillée heure par heure. ***Un rêve*** est un récit de rêve dialogué, où la narratrice converse avec une chienne...

Si le rapport étroit à la nature — aux animaux surtout — est ce qui a retenu le plus souvent l'attention des lecteurs, comme dans ***Toby-chien parle***, les textes font une large part à la confidence plus ou moins voilée, au mouvement vers l'enfance qui s'amorce déjà ***(Rêverie du nouvel an)***, à la recherche du mouvement de la vie qui bat.

À l'instar de nombreux textes de Colette, certains de ceux des ***Vrilles de la vigne*** ont d'abord été des articles : dans *Le Mercure musical*, en 1905 et 1906, parurent 6 textes, dont le conte du rossignol et ***Toby-chien et la Musique***, qui fut supprimé dans l'édition en volume. Colette remania encore son texte en 1950.

Les Vrilles de la vigne, publiées sous le nom de « Colette Willy » sont la confirmation de la qualité d'écrivain de Colette libérée de l'emprise de Willy, Henry Gauthier-Villars. Guillaume Apollinaire, critique sous le pseudonyme de Louise Lalanne, en salua *« la liberté d'esprit »* et des beautés *« qui ne sont rien d'autre que d'émouvants frissons de la chair »*.

CITATIONS

Le vice, c'est le mal qu'on fait sans plaisir.

Claudine en ménage.

Le visage humain fut toujours mon grand paysage.

En pays connu.

La belle avance que de définir, nommer ou prévoir ce que l'ignorance me permet de tenir pour merveilleux !

Gigi.

On n'écrit pas un roman d'amour pendant qu'on fait l'amour.

Lettres au petit corsaire.

Une femme se réclame d'autant de pays natals qu'elle a eu d'amours heureux.

La Naissance du jour.

On ne fait bien que ce qu'on aime. Ni la science ni la conscience ne modèlent un grand cuisinier. De quoi sert l'application où il faut l'inspiration ?

Prisons et Paradis.

En somme, j'apprenais à vivre. On apprend donc à vivre ? Oui, si c'est sans bonheur. La béatitude n'enseigne rien. Vivre sans bonheur et n'en point dépérir, voilà une occupation, presque une profession.

La Retraite sentimentale.

Il n'y a pas de peine irrémédiable, sauf la mort.

La Retraite sentimentale.

JUGEMENTS

« [...] *Colette, la* Grande Mademoiselle *des lettres françaises.* [...]
Rougeaude et le cheveu crêpelé, de type presque africain. Des yeux de chat des faubourgs, obliques et bordés de khôl : un visage tout de finesse, mobile comme l'eau. Les joues fardées de rouge. Les lèvres, d'une minceur et d'une ductilité de fil d'acier, mais rehaussées d'écarlate comme celles d'une vraie fille des rues. »

Truman CAPOTE, *Les chiens aboient*, 1970, trad. franç. Jean MALIGNON, Gallimard, 1977.

« *Colette, la bravoure, l'élégance mêmes.* »

Jean COCTEAU, *Journal*, Noël 1942, Gallimard, posthume, 1985.

« *Colette ou le plus gros mensonge de l'époque. Colette est le chef-d'œuvre du dontancrédisme par infirmité. Non seulement les taureaux l'évitent mais ils la couvrent de fleurs.* [...] *Quelle est la Colette que j'aime ? Une vieille danseuse nue du Lesbos-Palace. Quelle est la Colette des journalistes ?* "Notre grande Colette." *La reine de France.* La respectabilité. »

Jean COCTEAU, *Le Passé défini*, février 1954, Gallimard, posthume, 1989.

« *Étrangement réservée malgré ses façons libres et gardant de son enfance paysanne une méfiance instinctive qui l'empêchait de goûter les compliments, elle rompait l'entretien lorsqu'on lui parlait de son œuvre, ou bien se réfugiait alertement dans l'anecdote.* »

Roland DORGELÈS, *Images*, Albin Michel, posthume, 1975.

« *Une langue savoureuse à l'excès... ah ! combien me plaît la façon d'écrire de Colette ! Quelle sûreté dans le choix des mots ! Quel délicat sentiment de la nuance ! Et tout cela comme en se jouant, à la La Fontaine, et sans avoir l'air d'y toucher, résultat d'une élaboration assidue, résultat exquis.* »

André GIDE, *Journal*, 11 février 1941, Gallimard, 1954.

« [...] *on ne peut la voir sans l'aimer. Ses grands yeux sont les plus beaux yeux que je connaisse, des yeux beaux comme ceux d'un animal, remplis d'âme jusqu'au bord, et de tristesse.* »

Julien GREEN, *Journal*, 4 ou 5 décembre 1951, in *Œuvres complètes*, t. IV, Plon, 1953.

« *Ses ragoûts s'évadent du livre pour embaumer, ils ont des couleurs de chanvre, de chats, de pierres et souvent on assiste à leur préparation comme on écouterait de la musique.* »

Jacques LAURENT, *Roman du roman*, Gallimard, 1977.

« *Elle est* [...] *encore fort jolie, — et jolie n'est pas le mot. Ce qu'il faudrait dire c'est qu'elle respire la volupté, l'amour, la passion, la sensualité, avec un grand fond de mélancolie qu'on devine bien.* [...] *une femme extrêmement sensuelle, un peu chienne, même, une femme qui porte extrêmement à la peau... Elle porte l'amour physique sur son visage. Extrêmement grossière, même vulgaire.* »

Paul LÉAUTAUD, *Journal littéraire*, 16 juin 1925 et 24 octobre 1935, Mercure de France, rééd. 1986.

« *Nous vous aimons bien, l'unique écrivain matériel.*
[...]
Un murmure pudique, à peine audible, mais c'est à cause de lui que nous sommes retenus dans ce monde, et enchantés. »

Jean-Marie Gustave LE CLÉZIO, in *Le Monde*, 25 janvier 1973.

« *Elle apprend à vivre en même temps qu'à écrire, et trouve une sorte de plaisir à cet asservissement de luxe qui va, en retour, libérer cette merveille : sa vie, son œuvre, couple indissociable qui dit à la fois l'émerveillement et sa fuite.*
Elle ne chantera guère que cela : le plaisir, et son absence. Dira-t-on qu'elle n'est pas libre ? Souhaitons à toutes les dames libératrices de dames cette intelligence de sa prison, cette subtile animalité, cette sensualité de l'esprit. Colette écrit sans pudeur, qu'on peut parfaitement passer outre au dégoût et puiser son plaisir quand même. On ne saurait mieux dégonfler la vanité du mâle, tout en savourant ses bienfaits. Pour voir ? Pour savoir ? Pour retenir un peu de ce qui va mourir ? Il y a beaucoup de pitié et de sentiment de la mort dans ces phrases enchanteresses qui, elles aussi, à leur manière, quêtent le temps perdu et les instants retrouvés. [...] *Colette n'eut pas l'outrecuidance brouillonne des contestataires de la nature des choses, et ne crut pas bon d'imputer aux règlements de la société ce qui revient à la pauvreté de notre cœur et aux faiblesses de notre rire.*
De la sorte, elle n'est pas à la mode : elle est de toujours, et de maintenant, et notre frère, dans le bonheur et le malheur d'être, elle qui fait resurgir de très loin la vérité de la pluie d'une odeur d'herbe, et des amours déjà condamnées que multiplie l'évidence de leur fuite, dans le sépia des jardins anciens et le frémissement des soifs inextinguibles. »

Renaud MATIGNON, « Colette de toujours », in *Le Figaro*, 1er mars 1983.

« *Cette personne..., cette ogresse, avait un côté terriblement avide, dévorateur — mais je l'aimais beaucoup, Colette !* [...] *Quel curieux mélange ! Très intelligente, Colette, merveilleux écrivain, une créature très complexe, faite d'instincts, très singulière...* »

François MAURIAC, *Les paroles restent*, 1965, Grasset, posthume, 1985.

« *C'est écrit comme elle pense, comme elle sent, comme elle parle. Entre ce que nous lisons et ce qu'elle a pensé, senti, parlé, il n'y a rien. C'est le style naturel. Ne disons pas qu'il n'y a de grands écrivains qu'avec le style naturel : on connaît des exceptions. Mais disons, proclamons, répétons que l'écrivain de style naturel est le seul miracle des lettres.* »

Henry de MONTHERLANT, *Carnets*, 1934, Gallimard, 1957.

BIBLIOGRAPHIE

Éditions

Œuvres complètes, « Le Fleuron », Flammarion, 1948 à 1950, 16 vol.

Œuvres, éd. Cl. Pichois, « Pléiade », Gallimard, 1984, 4 vol.

Le Blé en herbe, « GF », Flammarion, 1969 ; J'ai lu, 1992.

Mes Vérités. Entretiens avec André Parinaud [entretiens radiodiffusés en 1950], in *Écriture*, 1996.

Sido, « LdP », LGF, 1961.

Les Vrilles de la vigne, « LdP », LGF, 1995.

Études

G. Beaumont et A. Parinaud, *Colette*, « Écrivains de toujours », Seuil, 1951.

F. Berthu-Courtivron, *Espace, Demeure, Écriture. La maison natale dans l'œuvre de Colette*, Nizet, 1992 ; *Mère et Fille : l'enjeu du pouvoir. Essai sur les écrits autobiographiques de Colette*, Droz, Genève (CH), 1993.

M. Biolley-Godino, *L'Homme-Objet chez Colette*, Klincksieck, 1972.

B. Bray (dir.), *Colette, nouvelles approches critiques*, actes du colloque de Sarrebruck, 22 et 23 juin 1984, Nizet, 1986.

J. Chalon, *Colette, l'Éternelle Apprentie*, Flammarion, 1998, rééd. « LdP », LGF, 1999.

M. Del Castillo, *Colette, une certaine France*, Stock, 1999.

R. Detambel, *Colette, comme une flore, comme un zoo*, Stock, 1997.

G. Dormann, *Amoureuse Colette*, Albin Michel, 1986.

Fr. Dugast-Portes, *Colette : les Pouvoirs de l'écriture*, P.U. Rennes, 1999.

J. Dupont, *Colette*, « Portraits littéraires », Hachette Supérieur, 1995.

J.-P. Duquette, *Colette, l'amour de l'amour*, Éd. Hurtebise, Québec (CA), 1984.

L. Forestier, *Chemins vers « La Maison de Claudine » et « Sido »*, SEDES, 1968.

Cl. Francis et F. Gontier, *Colette*, Perrin, 1997.

M. Gauthier, *La Poïétique de Colette*, Klincksieck, 1989.

Cl. Pichois et A. Brunet, *Colette*, Fallois, 1999.

Y. Resch, *Corps féminin, corps textuel : essai sur le personnage féminin dans l'œuvre de Colette*, Klincksieck, 1973.

M. Sarde, *Colette libre et entravée*, Seuil, 1984.

L. Spaddy, *Colette, ou les Amusements de bon ton*, « Lectures amoureuses de Jean-Jacques Pauvert », La Musardine, 1998.

S. Tinter, *Colette et le Temps surmonté*, Slatkine, Genève (CH), 1980.

AUDIO & VIDÉO

Vidéo

M. Allégret, *Lac aux dames*, 1934, René Chateau, s.d.

J. Audry, *Gigi*, 1948, René Chateau, s.d. ; *Minne, l'Ingénue Libertine*, 1950, René Chateau, s.d. ; *Mitsou (ou Comment l'esprit vient aux filles)*, 1956, René Chateau, s.d.

P. Billon, *Chéri*, 1950, René Chateau, s.d.

G. Grangier, *Le Blé en herbe*, 1953, René Chateau, s.d.

Colette, « Un siècle d'écrivains », FR3/Warner, 1998.

COMMYNES

Philippe de COMMYNES

Son patronyme s'écrit aussi parfois COMMINES ou COMINES.

Comines ou Renescure (act. Nord) 1447 – Argenton (auj. Argenton-Château, act. Deux-Sèvres) 1511

« Commynes n'est pas un témoin qui s'illusionne. Trop réaliste et aussi trop peu porté à penser grand bien de la nature humaine. C'est ainsi qu'il sera cet homme à la visière nette qu'a aimé Montaigne. »

Henri POURRAT, « Philippe de Commynes », in *Tableau de la littérature française*, I, Gallimard, 1962.

« Derrière ce réalisme un peu cynique, souvent fuyant et ironique, se profilent déjà, au loin, autrement solennelles et massives, les ombres de Bossuet et de Montesquieu. »

Jean d'ORMESSON, « Les Quatre Chroniqueurs. Courir le monde et l'admirer », in *Une autre histoire de la littérature française*, I, NiL, 1997.

Une vie vouée aux pouvoirs

Un traître tout-puissant

Né dans une famille de hauts fonctionnaires bourguignons, écuyer à partir de 1464, puis conseiller et chambellan du duc de Bourgogne Charles le Téméraire, Commynes trahit son protecteur, sans doute autant par politique que par cupidité, pour entrer, le 8 août 1472, au service de Louis XI dont il fut le ministre tout-puissant jusqu'en 1477. Seigneur d'Argenton (près de Bressuire) et prince de Talmont (en Vendée), il devint l'un des principaux acteurs de la politique européenne, spécialiste des affaires italiennes et familier des princes, dont il dressa plus tard un portrait sans complaisance.

De la disgrâce à l'écriture

Rallié au duc d'Orléans pendant la régence des Beaujeu, consécutive à la mort de Louis XI (30 août 1483), il fut emprisonné, à Loches puis à Paris, de janvier 1487 à mars 1489, puis exilé dans sa propriété de Dreux et dépouillé d'une grande partie de ses biens. Gracié, il prit part à l'expédition d'Italie (1494-1495), surtout comme négociateur à Florence, à Venise et à Milan, sans toutefois jamais retrouver, ni sous Charles VIII ni sous Louis XII, l'influence qu'il avait exercée sous Louis XI. Il rédigea ses ***Mémoires*** entre 1489 et 1498.

Commynes apparaît comme le premier des historiens modernes par son habileté à détruire les mythes médiévaux, par son style qui restitue les replis et les interrogations d'un monde ambigu, par son art d'exposer les affaires les plus obscures, par son souci de ne rien laisser échapper du réel et d'aller au-delà des apparences, par l'élaboration d'une sagesse politique fondée sur une analyse lucide de la condition humaine et sur une vision sans complaisance du monde, énoncée tantôt en clair dans ses digressions, tantôt par l'exposé de certaines situations ou le récit d'épisodes privilégiés, à l'occasion redoublés.

L'inventeur d'un nouveau genre

Intellectuel aimant les idées, formé au contact des hommes et des choses, inventeur, avec Olivier de La Marche, d'un nouveau genre historique, les mémoires, Commynes est étranger aux couleurs de la rhétorique, à l'emphase déclamatoire. Son style sec, sans élégance, parfois jugé embarrassé, n'est cependant pas dénué d'art, surtout si on le compare à celui des autres chroniqueurs de l'époque. La volonté d'écrire tout crûment s'accompagne d'un souci de précision apparent dans le lexique (fréquence de « *ledit* » ou du relatif composé « *lequel* » ; termes techniques, du vocabulaire des armes par exemple, ou pittoresques comme « *caque* », « *hacquenée* », « *fourraigeux* » ; mots nouveaux en prise sur la réalité du temps comme « *practiquer* » [négocier], « *marché* » [tractation]) et dans la démarche de ses phrases qui dessinent les nuances : Commynes procède souvent par reprises, lentement, en des phrases coupées de retouches, d'hésitations, de suspensions de jugement, repartant constamment sur des « *mais* », « *nonobstant que* », « *combien que* », modalisées par des « *presque* » ou le verbe « *pouvoir* ». Le recours à la litote ou à l'euphémisme, à l'ellipse ou à l'énumération, à la répétition, les jeux d'échos et de correspondances d'une scène ou d'un moment à l'autre, l'intrusion du discours, le choix de tours proverbiaux ou de maximes, de pointes ironiques ou piquantes animent la narration ; et, derrière le dessein affiché d'objectivité, Commynes réussit ainsi subrepticement à nous faire épouser son point de vue : « *Et pour conclusion, me semble que les grands princes ne se doivent jamais voir, s'ils veulent demourer amis, comme je l'ay dit, et voicy les occasions qui font les troubles. Les serviteurs ne se peuvent tenir de parler des choses passées. Les uns ou les autres le prennent en dépit. Il ne peut estre que les gens et le train de l'un ne soit mieux accoustré* [équipé] *que celuy de l'autre : dont s'engendrent moqueries, qui sont choses qui déplaisent merveilleusement à ceux qui sont moqués. Et quand ce sont deux nations différentes, leurs langages et habillemens sont différens, et ce qui plaist à l'un, ne plaist pas à l'autre. Des deux princes, il advient souvent que l'un a le personnage plus honneste et plus agréable aux gens que l'autre, dont il a gloire, et prend plaisir qu'on le loue ; et ne se fait point cela sans blasmer l'autre. Les premiers jours qu'ils se sont départis, tous ces bons contes se dient en l'oreille et bas ; et après, par inadvertance, et continuation, s'en parle en disnant, en souppant, et puis est rapporté des deux costés. Car peu de choses y a secrettes en ce monde, par especial de celles qui sont dites* » (II, 8).

Notre premier classique

La richesse de l'œuvre et de ses réflexions explique que Commynes ait été considéré comme notre Machiavel et, par son expérience des hommes, ses dons de moraliste et ses procédés d'écriture, comme le précurseur de Montaigne qui l'a beaucoup pratiqué. Témoin privilégié du règne de Louis XI, il a été comparé à Tacite pour sa description des dernières années du roi, à Bossuet pour sa philosophie de l'Histoire et pour ses réflexions sur la justice divine, à Montesquieu pour son éloge de la constitution anglaise et son choix du recours aux états généraux pour décider de la guerre et des impôts. Il a servi de modèle et de caution, avec César, aux mémorialistes et moralistes des XVIe et XVIIe siècles. Il a été lu par les princes autant que par les doctes : Charles Quint tenait les ***Mémoires*** pour une sorte de bréviaire politique ; Henri III en possédait un manuscrit, et, selon l'historien Pierre Matthieu, Henri IV les estimait fort. Auteur secret, retors, subtil, symbole, comme Villon, de la génération de Louis XI, qui est celle de la *Farce de maître Pierre Pathelin* avec sa triple tromperie, il n'a jamais cessé d'être lu et médité depuis la publication des ***Mémoires*** en 1524. Il fut l'objet de jugements nombreux et contradictoires : hanté par le souci de la vérité selon Ronsard, mais, pour Voltaire, traître repoussant qui craignait de dire le vrai même après la mort de Louis XI, il apparaît vaniteux aux yeux de Walter Scott, mais modeste, à en croire Montaigne. Qualifié tour à tour d'« *intellectuel* » (Gustave Lanson, Marcel Arland) et de « *paysan avisé* » (Henri Pourrat), d'« *anti-Machiavel* » (Innocent Gentillet) et de « *Machiavel en douceur* » (Sainte-Beuve), de « *cœur tendre* » (Casimir Delavigne) ou « *trop sec* » (Alfred Jeanroy), ce « *chrétien sincère et naïf* », selon Chateaubriand, fut un « *esprit hardi et dissimulé* », d'après Sainte-Beuve, qui voyait dans les ***Mémoires*** le premier monument de l'histoire politique en France, « *du Montesquieu pris à sa source, au naturel* » (*Causeries du lundi*, t. 9, p. 254). Pour la plupart des critiques, Commynes, qui est notre premier classique, a été à la fois un grand historien, de la lignée de Villehardouin mais plus ouvert, plus mûr, et un vrai politique possédant toutes les qualités pour réussir dans un domaine mouvant et confus : expérience, lucidité, discrétion, absence de scrupules.

ŒUVRE

Mémoires

Ensemble regroupant 8 livres — eux-mêmes divisés en chapitres —, écrits en 1489-1490 (livres I à V), en 1492-1493 (livre VI), enfin de 1495 à 1498 (livres VII-VIII).

Les livres I à VI sont consacrés à l'affrontement de Charles de Bourgogne et de Louis XI ; les deux derniers, à la première expédition d'Italie. À l'origine, il s'agit de simples mémoires sans prétention littéraire ni historique, composés pour Angelo Cato qui voulait écrire en latin une histoire de Louis XI ; mais, l'œuvre prenant de l'ampleur, Commynes y vit la possibilité de justifier ses choix, de s'exalter et de se venger, de continuer à exister en se racontant, au-delà de la mort sociale et politique, de donner une explication de sa vie et de lui-même, d'introduire des réflexions d'ordre moral et politique.

À bien des égards, les ***Mémoires*** annoncent *Le Prince* de Machiavel, écrit une quinzaine d'années plus tard (1513), mais, au-delà de cette évidente filiation, ils consacrent, en raison même de leur succès jamais démenti, la naissance de notre premier historien, voire écrivain classique. Cette relation exprime, en effet, un point de vue individuel : Commynes, acteur et auteur, témoin et interprète de l'Histoire vécue, se met souvent en scène. Aussi ses ***Mémoires*** prennent-ils la forme d'un plaidoyer et d'une mise en accusation : embarrassé par sa « trahison » et ses échecs, par une carrière n'ayant pas tenu ses promesses, il veut prouver qu'il a eu raison d'abandonner Charles le Téméraire, inférieur à Louis XI sur tous les plans (intellectuel, moral, politique, militaire), et que le roi a eu tort de ne pas toujours recourir à ses services pendant les dernières années de sa vie : « *Et entre tous ceux que j'ay jamais connu, le plus sage pour soy tirer d'un mauvais pas en temps d'adversité, c'estoit le roy Louis XI, nostre maistre, le plus humble en paroles et en habits, et qui plus travailloit à gaigner un homme qui le pouvoit servir, ou qui luy pouvoit nuire. Et ne s'ennuyoit point d'estre refusé une fois d'un homme qu'il prétendoit gaigner ; mais y continuoit, en luy promettant largement et donnant par effect argent et estats qu'il connoissoit luy plaire. Et quant à ceux qu'il avoit chassés et déboutés en temps de paix et de prospérité, il les rachetoit bien cher, quand il en avoit besoin, et s'en servoit, et ne les avoit en nulle hayne pour les choses passées* » (**Portrait de Louis XI**, I, 10, éd. Dufournet). « *Pour le temps que je l'ay connu, il n'estoit point cruel ; mais le devint peu avant sa mort* [...]. *Il estoit fort pompeux en habillemens, et en toutes autres choses, et un peu trop. Il portoit fort grand honneur aux ambassadeurs, et gens estrangers. Ils estoient fort bien festoyés et recueillis chez luy. Il désiroit grande gloire, qui estoit ce qui plus le mettoit en ses guerres que nulle autre chose, et eut bien voulu ressembler à ces anciens princes, dont il a esté tant parlé après leur mort ; et estoit autant hardy comme homme qui ait régné de son temps* » (**Portrait de Charles le Téméraire**, V, 9).

Le souci de rendre intelligible la réalité et celui de procurer aux Grands des règles de conduite ont amené Commynes à faire œuvre de moraliste et de politique, remettant en question le récit historique par un usage fréquent de la digression, laquelle peut apparaître comme la chair même de l'œuvre. Il nous donne un portrait pessimiste des princes et des hommes menés par les puissances trompeuses de l'« *ymaginacion* » (ou « *fantaisie* ») et de la « *volunté* », par la déloyauté, l'envie, la cruauté et la cupidité, par la défiance et la haine, sans grandeur ni bonheur, souvent châtiés par Dieu qui rend coup pour coup selon une implacable justice. Aussi recommande-t-il aux princes de ne pas se rencontrer et énonce-t-il les conditions de la réussite politique : être humble, méfiant, bien informé ; se défier des apparences et savoir les utiliser ; réduire la part du hasard dans un monde dangereux et opaque que caractérisent les mots « *haine* », « *travail* » [tourment], « *mutation* » [changement], « *pratiques* » [marchandages] ; éviter les batailles et préférer les patients travaux de la diplomatie ; prodiguer l'or et les promesses ; dissimuler ; conjuguer le « *sens* » et la « *vertu* » [force de caractère]. Recommandation que résume ce constat : « *Grand folie est à deux princes, qui sont comme esgaux en puissance, de s'entrevoir, sinon qu'ils fussent en grande jeunesse, qui est le temps qu'ils n'ont autres pensées qu'à leurs plaisirs ; mais depuis le temps que l'envie leur est venue d'accroistre les uns sur les autres, encore qu'il n'y eut nul péril de personnes (ce qui est quasi impossible) si accroist leur malveillance et leur envie ; parquoy vaudroit mieux qu'ils pacifiassent leurs différens par sages et bons serviteurs, comme j'ay dit ailleurs plus au long en ces Mémoires* » (II, 8).

Ainsi a-t-il créé le genre des mémoires historiques dont il a fixé les traits distinctifs. L'œuvre ne se soucie ni d'érudition ni de beau style, refusant les recherches des rhétoriqueurs et le ton oratoire des humanistes. Le mémorialiste, au champ d'application plus étroit, gagne en précision ce qu'il perd en extension, car il parle en témoin oculaire et privilégié : son apparente humilité cache un vif sentiment de la valeur de ses renseignements et une double méfiance à l'égard des chroniqueurs à gages et des gens de peu incapables de comprendre les Grands. À ce type d'Histoire, libéré de la chronologie, correspond un style précis et nuancé qui refuse les jugements abrupts et respecte la complexité ambiguë du réel. Écrire l'Histoire, pour Commynes, c'est mêler doute et certitude, osciller entre l'interrogation et l'explication.

CITATIONS

Grant follie est à ung prince de se soubmettre à la puissance d'un autre, par especial quant ilz sont en guerre, et est grand advantaige aux princes d'avoir veü des hystoires en leur jeunesse, èsquelles voyent largement de telles assemblées et de grans fraudes et tromperies et parjuremens que aucuns des anciens ont fait les ungs vers les autres, et prinz et tuéz ceulx qui en telles seüretéz s'estoient fiéz. Il n'est pas dit que tous en ayent usé, mais l'exemple d'ung est assez pour en faire saiges plusieurs et leur donner vouloir de se garder.

Et est, ce me semble (ad ce que j'ay veü par experience de ce monde, où j'ay esté autour des princes l'espace de dix huit ans ou plus, ayant clère congnoissance des plus grandes et secrètes matières qui se soient traictées en ce royaulme de France et seigneuries voysines), l'ung des grandz moyens de rendre ung homme saige, d'avoir leü les hystoires anciennes et apprendre à se conduyre et garder et entreprendre saigement par les hystoires et exemples de noz predecesseurs. Car nostre vie est si briefve qu'elle ne suffit à avoir de tant de choses experience.

Mémoires.

JUGEMENTS

« Complexé par sa trahison, ses échecs, par une carrière qui n'a pas tenu ses promesses, Commynes a entrepris de détruire les mythes de son temps qui empêchaient une intelligence exacte de la réalité, nécessaire à la réussite politique, sa préoccupation essentielle. S'insérant certes dans un courant de pensée qui va de Charles V à Machiavel, mais écrivain d'une très forte personnalité, il a exercé une sagacité un peu sadique sur tous les aspects du réel, et en particulier sur l'univers des princes que, d'entrée de jeu, il qualifie "d'hommes comme nous" *et qu'il a dépouillés de tous les masques trompeurs... »*

Jean DUFOURNET, *Préface* à COMMYNES, *Mémoires sur Louis XI (1464-1483)*, « Folio », Gallimard, 1979.

« Ce politique prudent et avisé est en même temps un moraliste qui médite volontiers sur la conditions humaine et singulièrement sur celle des grands du monde, qu'il trouve dure et misérable, faute de raison et de sagesse. [...]
Leçon de prudence, de modestie et de réalisme clairvoyant que cet homme de grand sens que fut Commines a inscrite dans le crépuscule d'un siècle de fer. »

Émile MIREAUX, « Les lettres françaises au temps des premiers Valois », *in* Émile HENRIOT (dir.), *Neuf Siècles de littérature française*, I, IV, 9, Delagrave, 1958.

« Avec Commynes, homme riche — surtout par sa femme —, raisonnable et important, à la vie agitée et souvent traversée, conseiller de plusieurs rois et chargé d'ambassades en Allemagne et en Italie, apparaît dans notre littérature quelque chose de neuf qui avait disparu depuis Thucydide et Tacite : une réflexion sur l'Histoire, une tentative de dégager, au milieu de méditations sur les desseins de la Providence et la conduite des princes, les raisons profondes des événements et des choses. »

Jean d'ORMESSON, « Les Quatre Chroniqueurs. Courir le monde et l'admirer », in *Une autre histoire de la littérature française*, I, NiL, 1997.

« Il n'est pas toujours très clair, tout en se répétant souvent. Il n'est pas aussi plaisant que d'autres. Mais il ne raconte pas pour raconter. Il renseigne, il enseigne. Et le beau parler quelquefois, robuste, imagé, bien frappé. Comme les rustiques, il parle par formules.
[...]
Le beau, c'est la façon dont il a pris son récit, le sens et le ton qu'il lui donne. Nulles recherches, nulles poses. Pas traces d'importance ni de complaisance. Un entier naturel. Et le goût même du vrai.
Certainement c'est paysan, cela, mais c'est davantage, c'est grand. »

Henri POURRAT, « Philippe de Commynes », in *Tableau de la littérature française*, I, Gallimard, 1962.

BIBLIOGRAPHIE

Éditions

Mémoires, éd. J. CALMETTE et G. DURVILLE, in *Classiques de l'Histoire de France au Moyen Âge*, Belles Lettres, 1924-1925, 3 vol. ; éd. Ph. CONTAMINE, Imprimerie nationale, 1994.

Mémoires sur Louis XI (1464-1483), éd. J. DUFOURNET, « Folio », Gallimard, 1979.

Lettres et Négociations, éd. K. de LETTENHOVE, Devaux, Bruxelles (BE), 1867-1874, 3 vol.

Édition de 7 lettres inédites,*in* J. BLANCHARD, *Commynes et les Italiens. Lettres inédites du mémorialiste*, Klincksieck, 1993.

Études

J. BLANCHARD, « Commynes et la Nouvelle Histoire », in *Poétique*, n° 79, sept. 1989 ; *Commynes l'Européen. L'Invention du politique*, « PRF », 216, Droz, Genève (CH), 1996.

J. DEMERS, *Commynes mémorialiste*, P.U. Montréal (CA), 1975.

J. DUFOURNET, *La Destruction des mythes dans les « Mémoires » de Philippe de Commynes*, « PRF », 89, Droz, Genève (CH), 1966 ; *La Vie de Philippe de Commynes*, SEDES, 1969 ; *Études sur Philippe de Commynes*, Champion, 1975 ; *Sur Philippe de Commynes. Quatre Études*, SEDES, 1982 ; *Philippe de Commynes (1447-1511) : un historien à l'aube des temps modernes*, De Boeck/Wesmael, Bruxelles (BE), 1994.

J. LINIGER, *Philippe de Commynes : un Machiavel en douceur*, Perrin, 1978.

H. POURRAT, « Philippe de Commynes », in *Tableau de la littérature française*, I, Gallimard, 1962, pp. 173 à 185.

CORNEILLE

Pierre CORNEILLE

Rouen 1606 – Paris 1684

Académicien

« C'est le génie, cette aptitude que rien ne peut remplacer, et qui tient lieu de tout, qui a produit le grand Corneille. »

Melchior de GRIMM, *Correspondance*, 15 janvier 1754.

« Corneille, sincèrement, m'ennuie. Nous ne l'aimons peut-être (sans y croire) que par habitude. Nous y sommes forcés. Il nous a été imposé en classe. »

Eugène IONESCO, *Notes et Contre-Notes*, Gallimard, 1962.

Un demi-siècle de passion théâtrale

La jeunesse de l'auteur comique et tragicomique : de *Mélite* au *Cid*

Né à Rouen dans une famille de la moyenne bourgeoisie, Pierre Corneille était le fils d'un maître des Eaux et Forêts. Après de brillantes études chez les jésuites de Rouen (1615-1622), il fut reçu, en 1624, avocat stagiaire au parlement de Rouen, et, en 1628, son père lui acheta deux offices d'avocat. Mais ces charges, médiocres sur le plan de la hiérarchie sociale, ne lui permirent pas d'épouser celle qu'il avait choisie. Blessure sentimentale que la poésie sut exprimer : ses premiers vers, écrits en 1625, furent publiés en 1632 dans les ***Mélanges poétiques***, et la déception amoureuse qui avait présidé à leur naissance fut évoquée dans un poème écrit en 1637, l'***Excuse à Ariste***. C'est aussi à cette aventure amoureuse qu'on rapporte l'inspiration de la première pièce, ***Mélite ou les Fausses Lettres***, une comédie jouée en 1629, à Paris, où elle connut un prodigieux succès. Nonobstant les scènes consacrées à la folie, cette pièce inaugurait un cycle de comédies qui, à partir du modèle de la pastorale, décrivent avec réalisme l'amour dans le milieu mondain de la capitale : ***La Veuve ou le Traistre trahy*** (1631), ***La Galerie du Palais ou l'Amie rivale*** (1632), ***La Suivante*** (1633). Comédies sentimentales et morales, elles évoquent avec humour et amertume les deux forces opposées : l'amour et l'argent. Parfaitement intégrée à cet univers impitoyable, la comédie de ***La Place Royale ou l'Amoureux extravagant*** (1634) s'en démarque pourtant par la figure exceptionnelle d'Alidor, personnage tourmenté et cruel.

Les créations de Corneille permirent la résurrection du genre comique*, confondu jusqu'alors avec la farce*, et méprisé pour la grossière bouffonnerie qui en était le principal ressort. Résurrection qui en fit rapidement un dramaturge connu ; en 1633, l'archevêque de Rouen l'invita à composer des vers en l'honneur du roi : ce fut le poème latin de l'***Excusatio*** qui, outre l'éloge officiel, développe la conception comique de Corneille,.et qui, avec celui de l'***Avis au lecteur*** de ***La Veuve***, pièce éditée en 1634, révèlent un théoricien derrière le praticien de la scène. Le cycle comique fut interrompu en 1631 par une tragicomédie, ***Clitandre ou l'Innocence délivrée***, qui illustre l'esthétique foisonnante des tragicomédies contemporaines et que Corneille a présentée comme le pari de faire tenir en vingt-quatre heures deux intrigues d'amour entrecroisées : des tentatives d'assassinat sur un premier couple d'amoureux entraînent l'incarcération et la condamnation d'un innocent et ont pour conséquence indirecte un autre assassinat manqué, après une tentative de viol et l'éborgnement du violeur par sa victime (le tout sur la scène même) ; mais le prince héritier arrête par hasard, en pleine forêt, le responsable de toutes ces violences et revient à temps au château pour sauver l'innocent Clitandre que le roi s'apprêtait à faire exécuter.

Toutefois, pour être célébré et reconnu comme dramaturge, il fallait toucher au style sérieux, c'est-à-dire à la tragédie : ce fut chose faite en 1635 avec ***Médée***, pièce aujourd'hui oubliée mais dont le succès est attesté. Elle confirma le renouveau du genre tragique, inauguré peu de temps auparavant avec *Hercule mourant* de Rotrou. Cependant, en 1636, fut jouée la pièce la plus baroque jamais écrite par Corneille, ***L'Illusion comique***, rebaptisée en 1660 ***L'Illusion*** et qualifiée de *« comédie »* par son auteur : cette création échappe pourtant à toute classification générique, et, avec elle, Corneille se révélait à la fois expérimentateur audacieux et praticien magistral.

À cette époque, Corneille faisait partie des dramaturges protégés par Richelieu, les « Cinq Auteurs », aux côtés de Rotrou, Colletet, Boisrobert et L'Estoile, mais la participation du poète reste difficile à repérer : on ne lui attribue avec certitude que le troisième acte de ***La Comédie des Tuileries*** (1635). C'est enfin avec ***Le Cid*** que Corneille s'imposa en janvier 1637, comme le plus grand dramaturge de son temps : le déchirant conflit intérieur de Rodrigue et de Chimène marquait l'apparition d'un nouveau ressort tragique, tandis que l'éclatant triomphe de cette tragi-comédie était amplifié par une querelle retentissante qui, partie des attaques jalouses des rivaux les plus directs (Mairet, Scudéry) de l'auteur, déboucha sur une condamnation des principes esthétiques de la pièce et d'où les théories dramatiques régulières sortirent renforcées et légitimées.

Même si des lettres de noblesse furent accordées à son père à la suite du ***Cid***, Corneille sortit meurtri de la bataille.

L'apogée de l'auteur tragique : d'*Horace* à *Andromède*

D'un silence de trois ans naquit la pièce qu'on considère comme sa première grande tragédie : ***Horace***, en 1640. Les réticences des doctes n'avaient pas influencé le poète, qui soutint avec fermeté une conception du vraisemblable extraordinaire, construite sur la fidélité à l'Histoire. Mais sa tragédie respecte les règles, et Corneille entérina ainsi la leçon tirée de la querelle du ***Cid***.

En 1641, Corneille épousa Marie de Lampérière, grâce à l'intervention de Richelieu, et son premier enfant, une fille, naquit l'année suivante. Sa légitimité de dramaturge s'accrut encore avec le triomphe de ***Cinna ou la Clémence d'Auguste***, à la fin de l'été 1642. Le succès public s'accompagna enfin de l'approbation des doctes, et Corneille s'imposa comme poète historien, par son aptitude, selon le mot de Guez de Balzac, à *« remplir d'un chef-d'œuvre les vides de l'histoire »* (lettre du 17 janv. 1643).

À la fin de l'année 1642, Corneille expérimenta la tragédie religieuse avec ***Polyeucte***, qui, cette fois, mettait en scène le christianisme : audace qui explique un succès moins éclatant. À la mort de Richelieu (décembre 1642), Corneille écrivit quelques vers qui résument ses relations délicates avec le ministre :

Il m'a fait trop de bien pour en dire du mal
Il m'a fait trop de mal pour en dire du bien.

En 1643, il présenta ***La Mort de Pompée***, tragédie originale par la présence-absence du personnage principal, Pompée, dont seules les cendres occupent la scène, et qui reprend l'étude de la politique romaine en dehors de Rome, inaugurée avec ***Polyeucte***. Peu de temps après, réaffirmant sa capacité à être un auteur comique, et prolongeant de la sorte ses toutes premières créations, il fit jouer, au Théâtre du Marais, ***Le Menteur***, comédie imitée de la *comedia* espagnole : on y retrouve les préoccupations amoureuses de la jeunesse parisienne, auxquelles s'ajoute la complexité de l'intrigue, due à la multiplicité des inventions d'un menteur virtuose. Les réalités du monde étaient plus rétives à Corneille : alors qu'il avait réussi à innover dans le domaine de la protection des droits d'auteur avec ***Cinna***, il tenta en vain d'obtenir l'exclusivité de la représentation pour certaines de ses pièces et fut candidat malheureux à l'Académie française en août 1644. Il fit néanmoins paraître, à la fin de l'année, une édition regroupant toutes ses premières œuvres. Le Théâtre du Marais, qui avait brûlé au mois de janvier 1644, accueillit à sa réouverture, en octobre suivant, deux nouvelles pièces : une comédie, ***La Suite du Menteur***, et une tragédie, ***Rodogune, princesse des Parthes***, qui fut l'un de ses plus grands succès et demeura sa pièce préférée.

Avec ***Rodogune***, Corneille renouait d'ailleurs avec sa première création tragique : le personnage de Cléopâtre, dans la pièce de 1645, prolongeait la jalousie infanticide de la ***Médée*** de 1635, et annonçait la cruauté de la Marcelle de ***Théodore, vierge et martyre***. Cette dernière tragédie, représentée pendant la saison 1645-1646 au Théâtre de Marais, fut un échec, attribué par les contemporains au choix d'un sujet jugé inconvenant (une vierge chrétienne, sauvée d'un bordel à soldats). Dans ces deux pièces, Corneille tirait le genre tragique vers la violence et le pathétique, avant de l'infléchir, un an plus tard, vers une nouvelle voie, avec la création d'***Héraclius, empereur d'Orient*** pendant la saison 1646-1647 : l'intrigue en repose sur un mystère d'identité qui autorise une extrême complexité. Considérée à tort comme une résurgence de la tragicomédie, cette pièce connut une grande postérité, dont le rejeton le plus célèbre fut *Timocrate*, la tragédie du jeune frère de Corneille, Thomas, en 1656 (le plus grand triomphe théâtral du XVIIe siècle).

Après un deuxième échec en novembre 1646, Corneille fut enfin élu à l'Académie française, le 22 janvier 1647. Son interprète favori, Floridor, ayant quitté cette année-là le Marais pour l'Hôtel de Bourgogne, le poète confia désormais son répertoire à la troupe des Comédiens du roi. La mode des pièces à grand spectacle se développant, Mazarin lui commanda une tragédie à machines, ***Andromède***, afin de donner une réplique française aux opéras italiens.

La Fronde : les expériences et la retraite

En 1648, parut la deuxième partie de l'édition collective de ses ***Œuvres***, dans laquelle la « tragicomédie » du ***Cid*** fut rebaptisée « tragédie ». Mais, cette année-là, les troubles politiques se multiplièrent avec la première vague de révolte, dite *Fronde parlementaire*. La saison théâtrale de 1648-1649 fut donc ruinée, et ***Andromède*** ne fut jouée qu'au début de l'année 1650, dans la salle du Petit-Bourbon. Les princes (Condé, Conti, Longueville) étaient alors arrêtés, et ce spectacle sembla signaler l'apaisement des tumultes politiques. Corneille, resté fidèle à Mazarin, vendit ses charges d'avocat pour pouvoir accepter sa nomination au poste de procureur des États de Normandie. Aussi Condé et ses alliés virent-ils, dans sa nouvelle pièce, jouée, elle aussi, pendant la saison 1649-1650, ***Don Sanche d'Aragon***, une œuvre favorable au cardinal, qui justifiait son rôle auprès de la reine : on y retrouve le mystère de l'identité, suivi de la reconnaissance finale, procédé qui a longtemps fait considérer la pièce comme un simple drame romanesque. C'est oublier sa qualité de *« comédie héroïque »*, première création de ce type par Corneille, qui en précisa la poétique dans le texte de ***l'Épître à M. Zuylichem***, publiée en 1650 avec la pièce : la comédie héroïque bannit le péril tragique qui touche les personnages liés par le sang, l'amour, ou l'affection. Un nouveau modèle tragique apparut dans ***Nicomède***, en février 1651 : le héros éponyme de la tragédie demeure parfait, maniant l'ironie avec grâce, se défendant noblement des complots, et refusant les tentations machiavéliques de la Cour. Mais sa fidélité politique desservit le dramaturge : à la faveur de la paix civile, le précédent gouverneur de Normandie reprit sa charge, et Corneille demeura privé de fonction officielle. La fin de l'année 1651 vit la première de ***Pertharite, roi des Lombards*** : la pièce fut un échec total, en partie pour des raisons d'actualité, la réflexion politique, centrée sur l'usurpation et le refus des maximes du machiavélisme, n'étant pas sans évoquer la situation de la France, à un moment où Condé, rebelle à son roi, cherchait l'alliance de l'Espagne et de l'Angleterre. En 1653, l'édition de la pièce permit à Corneille de tirer les leçons littéraires de cet échec et de dire adieu au théâtre. Le dramaturge abandonna en effet la scène pendant près de sept ans. Mais le poète mit à profit cette interruption pour travailler à la traduction de ***L'Imitation de Jésus-Christ*** (traduite en vers français), sans doute déjà commencée : s'il n'en fut pas le premier traducteur (il y eut des traductions dès le XVe siècle), c'est à lui que revint l'initiative d'une traduction en vers : publié en 1651 pour les livres 1 et 2, en 1654 pour le livre 3, l'ensemble fut imprimé en mars 1656, et le succès de cette œuvre fut prodigieux.

Le retour à la scène : du magistère théâtral à la désaffection relative du public

En 1658, grâce à Pellisson, Corneille fut présenté au surintendant Fouquet, qui lui proposa de renouer avec la scène (ce que le dramaturge refusa d'autant moins qu'il était alors pauvre et père de six enfants) : pièce de commande, la tragédie d'***Œdipe*** remporta un grand succès, le 24 janvier 1659, à l'Hôtel de Bourgogne ; elle appartient au cycle cornélien du mystère de l'identité, comme le souligne l'inflexion que Corneille confère au mythe en opposant deux personnages susceptibles d'être Œdipe. C'est aussi de ces années 1658-1659 qu'on date les célèbres ***Stances à Marquise*** (publiées en 1660, dans la 5e partie des *Poésies choisies* de Sercy), sorte de mise à jour du célèbre sonnet de Ronsard à Hélène (*« Quand vous serez bien vieille... »*) — stances dont la dédicataire serait Mlle du Parc, actrice de la troupe de Molière, qui s'était, tout récemment, produite à Rouen, en 1658. Sincère ou fictif, c'est un bel exemple littéraire de dépit amoureux qu'offrent ces vers :

Marquise, si mon visage
A quelques traits un peu vieux,
Souvenez-vous qu'à mon âge
Vous ne vaudrez guère mieux.

Le temps aux plus belles choses
Se plaît à faire un affront,
Et saura faner vos roses
Comme il a ridé mon front.

Le même cours des planètes
Règle nos jours et nos nuits :
On m'a vu ce que vous êtes ;
Vous serez ce que je suis.

Cependant, j'ai quelques charmes
Qui sont assez éclatants
Pour n'avoir pas trop d'alarmes
De ces ravages du temps.

Vous en avez qu'on adore ;
Mais ceux que vous méprisez
Pourraient bien durer encore
Quand ceux-là seront usés.

Ils pourraient sauver la gloire
Des yeux qui me semblent doux,
Et dans mille ans faire croire
Ce qu'il me plaira de vous.

Chez cette race nouvelle,
Où j'aurai quelque crédit,
Vous ne passerez pour belle
Qu'autant que je l'aurai dit.

Pensez-y, belle Marquise,
Quoiqu'un grison fasse effroi,
Il vaut bien qu'on le courtise
Quand il est fait comme moi.

En 1660, Corneille fit paraître ses œuvres complètes en trois volumes, introduisant chacun des volumes par un ***Discours sur l'art dramatique***, ainsi que par des ***Examens des pièces*** contenues dans le volume : cet ensemble de textes lui permettait de passer de la pratique à la théorie, afin de défendre ses choix dramaturgiques contre la critique. En 1661, il fit triompher au Marais une seconde pièce à machines, ***La Toison d'or***, pièce de commande, commencée depuis 1656 et dont la féerie et la magie illustrent avec faste la récente paix des Pyrénées (1659). Un autre grand succès salua la représentation de ***Sertorius*** au Marais, en février 1662 : Corneille y reprenait l'un de ses thèmes politiques favoris, avec l'analyse de la politique extérieure de Rome, et plaçait explicitement cette pièce dans la lignée de ***La Mort de Pompée***. La même année, les frères Corneille quittèrent définitivement Rouen pour s'installer à Paris. Avec ***Sophonisbe***, jouée à l'Hôtel de Bourgogne en janvier 1663, Corneille voulut réécrire à sa manière la tragédie la plus estimée de son ancien rival, Mairet, mais ne réussit pas à la faire oublier. D'Aubignac, qui n'avait pas supporté que Corneille eût contesté ses principes esthétiques dans ses ***Discours*** de 1660, en profita pour attaquer la pièce, et la querelle de la ***Sophonisbe*** fut l'occasion, pour Corneille, de préciser, dans l'avis ***Au lecteur***, une véritable poétique de l'Histoire. En juin 1663, il figura parmi les premiers bénéficiaires des gratifications royales accordées aux gens de lettres : il toucha une pension annuelle jusqu'en 1674. Après la révocation, pour vérification, de toutes les lettres de noblesse en 1664, il réussit, en 1665, à obtenir confirmation des siennes. Ayant déjà consacré des poèmes de louanges au roi en 1663 et 1665, le poète en dédia un chaque année au souverain à partir de 1667.

En 1664, Corneille donna ***Othon*** à l'Hôtel de Bourgogne : la pièce raconte la prise du pouvoir par un ancien compagnon de débauche de Néron, Othon, devenu vertueux au point d'être prêt à sacrifier son ambition à l'amour, mais qui, renonçant aux complexes stratégies matrimoniales, est acculé au coup d'État pour sauver sa vie menacée par les intrigants d'une cour corrompue. Le succès relatif de la pièce ne l'empêche pas de constituer une nouvelle formule dramatique, qui fait naître la tragédie dans l'équilibre d'une politique matrimoniale. C'est à cette veine que ressortissent les deux tragédies suivantes, ***Agésilas***, jouée en 1666 à l'Hôtel de Bourgogne, et ***Attila, roy des Huns***, créée en 1667 par la troupe de Molière. L'échec d'***Agésilas*** s'explique par la nouveauté d'un poème dramatique entièrement écrit en vers libres, et par l'absence du péril de mort, traditionnellement attendu dans le genre tragique. Quant à ***Attila***, qui eut un succès très honorable, la postérité, pour ravaler cette tragédie au rang de pièce ratée, œuvre d'un génie déclinant, lui a opposé le triomphe de l'*Andromaque* de Racine (qui ne fut créée que six mois plus tard), l'absence de toute nouvelle pièce de Corneille durant deux ans (découragement ?), enfin la cruelle, mais très tardive (1701) épigramme de Boileau :

*Après l'*Agésilas
Hélas !
*Mais après l'*Attila
Holà !

Élaborée à partir du dénouement quasi providentiel (mais historique) de la mort brutale d'Attila causée par une hémorragie nasale, cette belle tragédie s'organise autour de quatre personnages qu'Attila tient en son pouvoir : deux princesses, Honorie, sœur de l'empereur romain Valentinien, et Ildione, sœur du roi des Francs Méroüé, entre lesquelles il doit choisir ; deux rois, Ardaric et Valamir, qui sont, en apparence, ses alliés, mais, en fait, ses prisonniers. Au milieu de ces deux couples d'amoureux se tient la magnifique figure du tyran, monstre qui, sur la scène, contient ses fureurs et dissimule ses crimes sous le masque d'un diplomate retors et sadique, et qui paralyse ses victimes par les dilemmes auxquels il les confronte. L'outrance du héros et l'horreur qu'il inspire peuvent expliquer la tiédeur de l'accueil.

L'Office de la sainte Vierge, traduit en françois tant en vers qu'en prose [...] parut en 1670. À la fin de la même année, une semaine après la première de *Bérénice* de Racine, à l'Hôtel de Bourgogne, eut lieu celle de ***Tite et Bérénice***, intitulée « *comédie héroïque* » et confiée à la troupe de Molière. Devant le succès mitigé de sa pièce, Corneille accusa les comédiens de Molière et mit en cause leur incapacité dans le jeu tragique : aussi Molière refusa-t-il ***Pulchérie***, en 1672. Corneille et Molière collaborèrent pourtant pour la tragédie-ballet de *Psyché* (attribuée à Molière), créée en janvier 1671 et qui remporta un immense succès : Corneille versifia de façon éblouissante le canevas établi par Molière. En novembre 1672 donc, Corneille donna sa dernière comédie héroïque,

Pulchérie, à la troupe du Marais, et elle paraît avoir rencontré un succès honorable : cette belle pièce méconnue raconte comment l'héroïne, qui aurait épousé Léon si le Sénat l'avait élu empereur, décide de renoncer à lui dès lors que c'est elle qui a été élue impératrice ; contrainte de faire monter sur le trône un époux vraiment digne d'elle, elle doit se détacher de Léon, que de nombreuses voix jugent encore trop inexpérimenté, et elle épouse le vieux sénateur Martian, à condition de conserver sa virginité. Étonnante transformation d'un sujet issu de l'hagiographie chrétienne — Pulchérie avait, depuis toujours, consacré sa virginité à Dieu — et méditation sur les sacrifices impliqués par le pouvoir suprême :

Je suis Impératrice, et j'étais Pulchérie.
(***Pulchérie***, III, 1, v. 754)

La dernière pièce de Corneille fut une tragédie, ultime confrontation entre l'héroïsme et la raison d'État, où la simplicité de l'action rejoint la pureté de l'élégie : ***Suréna, général des Parthes*** fut jouée à l'Hôtel de Bourgogne en décembre 1674 ; ses extraordinaires qualités passèrent presque inaperçues, et elle céda la place, au bout de quelques semaines, à *Iphigénie* de Racine.

Dans sa relecture moderne de la *Poétique* d'Aristote, Corneille s'efforce de retourner aux sources des principes esthétiques du philosophe, pour les opposer aux interprétations étroites de ses commentateurs et continuateurs, en particulier l'abbé d'Aubignac, dont *La Pratique du théâtre* avait paru en 1657. Ainsi, Corneille fait du plaisir le but du poème dramatique ; contre l'interprétation réductrice du possible aristotélicien, il accepte tout ce qui peut aller au-delà du vraisemblable, dans la mesure où le sujet a la garantie de l'Histoire ou de la légende. Mais il se sépare aussi quelquefois d'Aristote, lorsque celui-ci n'a pas prévu les inflexions qu'il a fait subir à l'esthétique tragique : il justifie son choix de héros tout vertueux contre la conception du personnage ni tout à fait bon ni tout à fait méchant ; et cette nouvelle esthétique héroïque engage une poétique de l'admiration qui se combine avec les effets tragiques traditionnels que sont la frayeur et la pitié.

En juin 1675, Corneille disparut de la liste des gratifications royales, et, lorsque, en 1678, il sollicita Colbert, il ne reçut pas de réponse. Pourtant, son théâtre (du ***Cid*** à ***Sertorius***) avait retrouvé la faveur du roi et de la Cour, mais il lui fallut attendre ses toutes dernières années pour que les gratifications fussent rétablies. Assidu aux séances de travail de l'Académie française jusqu'à ses derniers mois, il mourut le 1er octobre 1684, dix ans après avoir cessé d'écrire pour le théâtre. C'est son frère Thomas qui, élu à l'unanimité, lui succéda sous la Coupole, au même fauteuil (occupé, deux siècles plus tard, par Hugo !), et, ironie de l'histoire littéraire, c'est son jeune et grand rival Racine qui, en sa qualité de directeur, prononçant la réponse au discours de réception de Thomas, proclama le plus vibrant éloge funèbre de Pierre, en des termes qui, au-delà des flatteries d'usage, disent assez la place centrale occupée alors et depuis par le seul que la postérité ait retenu sous le patronyme de Corneille : « *La scène retentit encore des acclamations qu'excitèrent à leur naissance* Le Cid, Horace, Cinna, Pompée, *tous ces chefs-d'œuvre représentés depuis sur tant de théâtres, traduits en tant de langues, et qui vivront à jamais dans la bouche des hommes. À dire vrai, où trouvera-t-on un poète qui ait possédé à la fois tant de grands talents, tant d'excellentes parties : l'art, la force, le jugement, l'esprit ? Quelle noblesse, quelle économie dans les sujets ! Quelle véhémence dans les passions ! Quelle dignité, et en même temps quelle prodigieuse variété dans les caractères !* [...] *Ainsi, lorsque dans les âges suivants on parlera avec étonnement des victoires prodigieuses et de toutes les grandes choses qui rendront notre siècle l'admiration de tous les siècles à venir, Corneille, n'en doutons point, Corneille tiendra sa place parmi toutes ces merveilles. La France se souviendra avec plaisir que sous le règne du plus grand de ses rois a fleuri le plus célèbre de ses poètes* » (*Réponse au Discours de réception de M. Thomas Corneille à l'Académie française*, 2 janv. 1685).

D'une vie longue de plus de trois quarts de siècle et riche de plus d'un demi-siècle de production littéraire, Corneille a laissé plus d'une trentaine de pièces de théâtre, dans tous les genres et les registres (sans compter quantité de poésies de circonstance) : variété exceptionnelle qu'on redécouvre enfin, après trois siècles où l'on se contenta de célébrer celui que Péguy, grand admirateur, tenait pour « *le plus grand de tous les tragiques* » (*Victor-Marie, comte Hugo*, 1910), et qu'on qualifia au moins de « père de la tragédie française », en un tenace et singulier mélange de respect (pour l'institution assurément vénérable) et de dédain (pour l'ancêtre un peu dépassé). On n'a, bien évidemment, jamais oublié d'associer à la célébration les deux grands rivaux : Molière pour le comique, et Racine pour le tragique « moderne ». Il est incontestable que ce trio représente les trois dramaturges les plus importants de la scène française du XVIIe siècle. Pour autant, il faut se ressouvenir que les souverainetés respectives de Molière et de Racine sur la comédie et la tragédie, Corneille les exerça sur tous les genres et que lui seul sut offrir une telle diversité, du rire aux larmes, dont l'exemple le plus étonnant, aujourd'hui encore, reste ***L'Illusion comique***, cette voluptueuse déclaration d'amour au théâtre.

Un théâtre de la mise à l'épreuve

Tout au long de sa carrière, Corneille n'a cessé d'inventer des formes ou des formules dramatiques nouvelles — en début de carrière, la comédie d'amour et de mœurs qui met la jeune amoureuse, presque absente de la comédie à l'italienne, sur un pied d'égalité avec le jeune premier, ce dont se souvint Marivaux ; vingt ans plus tard, la comédie héroïque —, d'exploiter, jusqu'à leurs plus extrêmes possibilités, les virtualités inscrites dans chacun des genres auxquels il s'attaquait (la tragicomédie avec ***Le Cid***, puis la tragédie), n'hésitant pas à heurter quelquefois les attentes du public et à s'aliéner les critiques savants, en pliant les préceptes de l'art à sa propre dramaturgie. S'il fut le dernier de sa génération à s'aventurer sur le terrain de la tragédie historique et politique, sa quête constante de la plus grande cohérence possible — notamment dans le rapport entre le statut des personnages et les actions qu'ils accomplissent : ainsi, mettre un roi sur le théâtre implique de le faire agir en roi — le conduisit à charger son théâtre, plus fortement que tous ses rivaux, de valeurs humaines, et tout particulièrement politiques. C'est pourquoi l'ensemble de son théâtre sérieux se donne à lire comme une série, constamment variée, de mises à l'épreuve du rapport de l'homme au monde, à la cité et à Dieu.

Mais, avant tout, la tragédie cornélienne est une constante mise à l'épreuve du genre même de la tragédie. Là où ses confrères considéraient simplement la tragédie comme le récit d'une illustre infortune fondée sur le renversement du bonheur au malheur, Corneille a trouvé, chez Aristote, la confirmation de ce qu'il avait déjà expérimenté dans ***Le Cid*** et que pourtant les théoriciens aristotéliciens de son temps lui avaient reproché au nom de la vraisemblance : que les violents conflits entre proches, par définition invraisemblables — il n'est pas vraisemblable qu'une fille continue d'aimer et accepte d'épouser le meurtrier de son père, ni qu'une mère songe à faire mourir ses enfants —, sont les plus susceptibles d'engendrer les émotions tragiques que sont la crainte et la pitié. Mais, en même temps, la conception moderne du héros « généreux », qui n'est pas propre à Corneille, issue de l'épopée, du roman et de la tragicomédie, et sa propre conception de l'identification théâtrale — le public aime les héros qui n'ont pas de sang sur les mains — l'empêchaient de mettre en scène ces héros coupables de crime par aveuglement ou par faiblesse — que reprit, pour sa part, Racine. Après avoir échoué à combiner harmonieusement ces deux paramètres dans ***Horace***, où le même personnage passe, en quelques heures, de l'exploit héroïque au crime infamant, Corneille s'est attaché à tenter de résoudre la contradiction qui consistait à créer une tragédie *héroïque*. Pour cela, il a exploré deux types d'intrigues, les unes établissant une distinction des plans qui permettent au héros de paraître coupable tout en restant innocent (notamment Cinna, Polyeucte, Suréna), les autres opposant des héros quasiment immobiles à des usurpateurs et des tyrans qui les oppriment et menacent leur vie (Rodogune, Héraclius, Nicomède, Attila). De là sa préférence pour des intrigues à situation bloquée (la forme la plus forte du fameux dilemme cornélien), génératrices d'un pathétique intense, et nécessitant (sauf exception : voir Suréna) un événement inattendu (coup de théâtre) pour sortir de l'impasse tragique. Dès lors, peu importe que la tragédie, pour se terminer de façon heureuse, exige un coup de théâtre qui sauve le héros. C'est que le tragique cornélien repose moins sur l'enchaînement des événements qui conduisent à une mort inéluctable que sur la situation porteuse de violence, et donc sur l'étendue des affrontements entre les personnages. En même temps, placer des héros parfaits au centre de ces intrigues fondées sur des violences entre proches permet de susciter, aux côtés de la crainte et de la pitié, une autre émotion : l'admiration devant la réponse fournie par le héros à la situation pitoyable dans laquelle il est placé. C'est ainsi que Corneille, en cherchant à adapter les préceptes d'Aristote au théâtre de son temps, a créé une tragédie moderne qui n'a d'équivalent ni dans l'Antiquité ni sur les autres scènes européennes.

Quant à l'originalité de son style, elle ne tient pas uniquement à quelques maximes de douze syllabes marmoréennes comme :

À vaincre sans péril, on triomphe sans gloire.
(***Le Cid***, II, 2, v. 434)

En effet, la rhétorique cornélienne est d'abord celle d'un public formé aux disciplines de l'art oratoire par les collèges des jésuites, et, surtout, elle est au service de la dramaturgie (comme l'a justement analysé Marc Fumaroli). Par exemple, la syntaxe de la phrase accompagne l'insinuante argumentation d'un Flaminius :

Songez mieux ce qu'est Rome et ce qu'elle peut faire,
Et si vous vous aimez, craignez de lui déplaire.
(***Nicomède***, II, 2, vv. 903-904)

Les constructions binaires et antithétiques explicitent les dilemmes, intensifient les conséquences, rationalisent les désirs et les sentiments d'une Chimène refusant

Qu'un même jour commence et finisse [son] *deuil,*
Mettre en [son] *lit Rodrigue et* [son] *père au cercueil.*
(***Le Cid***, V, 7, vv. 1833-1834 [texte de 1637])

Cependant, ce style baroque du premier ***Cid*** est celui que Corneille dut lisser pour suivre les doctes et le goût dominant. La contrainte s'exerça aussi sur son vocabulaire mais sans en effacer une diversité principalement créée par les comédies. S'éloignant des procédés comiques traditionnels, il s'efforce d'y imiter la « *conversation des honnêtes gens* » et, pour trois fois moins d'étendue de texte, y emploie autant de mots (3 532 en moyenne) que dans les tragédies (3 560). Dans le total, si « *amour* », « *cœur* » (renvoyant tantôt au courage, tantôt à l'amour), « *âme* », « *bien* », « *grand* », « *beau* », « *faire* », « *pouvoir* » et « *vouloir* » ont une fréquence globale particulièrement élevée, il est des mots attachés à une seule pièce, tels « *collation* » dans ***Le Menteur***, et « *baptême* » dans ***Polyeucte*** (d'après les minutieux relevés de Charles Müller).
La rhétorique elle-même trouve ses plus belles réussites quand elle ouvre l'espace de l'action à côté de celui du discours, comme lorsque Rodrigue jette au comte :

Marchons sans discourir,
(***Le Cid***, II, 2, v. 439)

quand elle exhibe la théâtralité dans la menace de Matamore :

Je vais t'assassiner d'un seul de mes regards
(***L'Illusion comique***, II, 2, v. 244)

quand elle dévoile la supériorité de la mort d'amour immédiate sur une prétendue survie assurée par les descendants :

Quand nous aurons perdu le jour qui nous éclaire,
Cette sorte de vie est bien imaginaire,
Et le moindre moment d'un bonheur souhaité
Vaut mieux qu'une si froide et vaine éternité.
(***Suréna***, I, 3, vv. 309 à 312)

quand le lyrisme associe d'autres mètres à l'alexandrin, comme le décasyllabe :

C'est à moi de m'en taire, à vous de me le dire,
Et cependant c'est moi qui vous le dis.
(***Psyché***, III, 3, vv. 1076-1077)

ou comme l'octosyllabe — association dont l'un des plus célèbres exemples reste les stances de Polyeucte :

Source délicieuse en misères féconde,
Que voulez-vous de moi, flatteuses voluptés ?
Honteux attachements de la chair et du monde,
Que ne me quittez-vous quand je vous ai quittés ?
Allez, honneurs, plaisirs, qui me livrez la guerre :
Toute votre félicité
Sujette à l'instabilité
En moins de rien tombe par terre,
Et comme elle a l'éclat du verre
Elle en a la fragilité.
(***Polyeucte***, IV, 2, vv. 1105-1114)

ou même l'octosyllabe et l'hexasyllabe, alternés dans les stances de Rodrigue :

Percé jusques au fond du cœur
D'une atteinte imprévue aussi bien que mortelle,
Misérable vengeur d'une juste querelle,
Et malheureux objet d'une injuste rigueur,
Je demeure immobile, et mon âme abattue
Cède au coup qui me tue.
Si près de voir mon feu récompensé,
Ô Dieu, l'étrange peine !
En cet affront mon père est l'offensé,
Et l'offenseur le père de Chimène !
(***Le Cid***, I, 6, vv. 291 à 300)

quand l'alexandrin porte le cri à quoi se résume toute l'action :

– Rodrigue, qui l'eût cru ? – Chimène, qui l'eût dit ?
(***Le Cid***, III, 4, v. 987)

Je te suis odieuse après m'être donnée !
(***Polyeucte***, IV, 3, v. 1252)

enfin, quand il se fait trimètre élégiaque, bien avant le romantisme :

Toujours aimer, toujours souffrir, toujours mourir.
(***Suréna***, I, 3, v. 268)

Théâtre de la mise à l'épreuve, l'œuvre de Corneille est aussi une mise à l'épreuve du théâtre, sous toutes ses formes : dramaturgie, scénographie, versification. Et si sa langue paraît parfois difficile, notamment par rapport à celle d'un Racine, c'est qu'une génération les sépare, Corneille étant un auteur déjà reconnu à la mort de Louis XIII (1643).

Une postérité injustement réductrice

Sa devise *(« Je sais ce que je vaux et crois ce qu'on m'en dit »)* — que Chateaubriand, dit-on, fit aussi sienne — explique qu'il n'ait pas eu que des amis... La gloire de Corneille fut néanmoins immédiate et ininterrompue, sa place dans notre panthéon littéraire étant d'emblée l'une des toutes premières, même si, de Voltaire — dont les avis varièrent beaucoup — à Léautaud en passant par Zola, les jugements plus ou moins acides ne manquèrent pas, qui reconnaissaient certes sa grandeur mais en soulignaient aussi les limites prétendues : artifice, convention, passéisme. Ses œuvres ont connu, elles, des postérités diverses, même si ***Le Cid***, ***Horace*** et ***Cinna*** ont longtemps constitué le trio majeur retenu par les générations. Telle est d'ailleurs l'une des ambiguités de cette gloire immense : Corneille fut exclusivement célébré comme tragédien. Il a fallu attendre le dernier quart du XXe siècle pour que soit réellement reconnu l'auteur de comédies. Reconnaissance qui s'est traduite par une mutation éditoriale et pédagogique décisive : les collections de « classiques scolaires », durant des décennies, ne proposaient que les tragédies — jusqu'aux années 1970, les programmes scolaires en prévoyaient l'étude d'une demi-douzaine, au trio majeur s'ajoutant ***Polyeucte***, ***Rodogune*** et ***Suréna*** ; désormais, elles se limitent au ***Cid*** et, plus rarement, à ***Horace***, mais proposent aussi ***L'Illusion comique*** ou ***La Place Royale***, signe probant de cette redécouverte de la variété dramaturgique de Corneille. Une forme, aussi amusante qu'inattendue, de cette reconnaissance fut la fin, imaginée par Tristan Bernard et chantée par Georges Brassens, des ***Stances à Marquise*** :

Peut-être que je serai vieille,
Reprit Marquise, cependant,
J'ai vingt-six ans, mon vieux Corneille,
Et je t'emmerde, en attendant.

Irrévérence qui reste aussi une forme d'hommage implicite à celui qui ne fut pas que le « grand » et « vieux » Corneille.

ŒUVRES

Le *Cid*

Tragicomédie en 5 actes — comportant respectivement 6, 8, 6, 5 et 7 scènes — et en vers (1840, dont 1 804 alexandrins), représentée pour la première fois au Théâtre du Marais, au début du mois de janvier 1637, et publiée à Paris le 23 mars 1637. L'intrigue est tirée d'une *comedia* de l'Espagnol Guillén de Castro, *Las Mocedades del Cid [Les Enfances du Cid]* (1612 ou 1618).

À Séville, alors que le projet de mariage entre Rodrigue et Chimène satisfait leurs deux familles, Don Gormas, père de Chimène, jaloux de Don Diègue, père de Rodrigue, le soufflette. Trop âgé pour riposter (*Ô rage, ô désespoir, ô vieillesse ennemie !* [I, 4, v. 237]), Don Diègue en appelle à son fils (*Rodrigue, as-tu du cœur ?* [I, 5, v. 261]). Ce dernier, déchiré entre son honneur et son amour, crie son écartèlement en de célèbres stances (I, 6), puis venge son père en tuant Don Gormas après l'avoir provoqué (*Je suis jeune, il est vrai ; mais aux âmes bien nées / La valeur n'attend point le nombre des années. / [...] À vaincre sans péril, on triomphe sans gloire* [II, 2, vv. 405-406 et 434]). Chimène, à son tour, obéit à son devoir, non sans réticence (*Va, je ne te hais point* [III, 4, v. 963]), et poursuit en justice le meurtrier de son père. Mais Rodrigue devient *« Le Cid »* (le « seigneur » ; le même mot a donné le maghrébin *sidi*) en sortant victorieux d'un combat contre les Mores, dont il fait lui-même le récit : *Sous moi donc cette troupe s'avance, / Et porte sur le front une mâle assurance. / Nous partîmes cinq cents ; mais par un prompt renfort / Nous nous vîmes trois mille en arrivant au port, /*

Tant, à nous voir marcher avec un tel visage, / Les plus épouvantés reprenaient leur courage (IV, 3, vv. 1257 à 1262). Chimène ne peut, dès lors, obtenir de la justice royale qu'un duel judiciaire, épreuve facilement surmontée par Rodrigue. Le roi donne alors Chimène à Rodrigue, tout en repoussant le mariage à une date ultérieure.

L'intérêt de la pièce réside dans la qualité de l'obstacle qui sépare les héros : l'intense conflit moral, qualifié, depuis, de dilemme « *cornélien* », inaugure le règne de l'obstacle intérieur, traçant ainsi la voie de la crise tragique.

Avec le célèbre comédien Mondory dans le rôle de Rodrigue, le succès fut tel que trois représentations eurent lieu au Louvre, et deux au Palais-Cardinal. Un si grand triomphe rendit Corneille orgueilleux, et ses ennemis, jaloux : une querelle très violente éclata, avec les contributions acerbes de Mairet et de Scudéry, le premier accusant Corneille de plagiat, et le second, d'incapacité. Tandis que les pamphlets se multipliaient, Scudéry réclama l'arbitrage de la jeune Académie française qui tenta de se dérober jusqu'à ce que Richelieu la contraignît à prendre position. En décembre 1637, elle fit connaître *Les Sentiments de l'Académie françoise sur la tragicomédie du Cid*, rédigés pour l'essentiel par Chapelain, et déclara que la pièce péchait contre la vraisemblance, tant sur le plan dramaturgique que sur le plan moral : trop d'événements s'entassaient en vingt-quatre heures, Chimène apparaissait comme une fille dénaturée et le sujet lui-même était jugé invraisemblable (une fille n'épouse pas le meurtrier de son père). ***Le Cid*** et sa querelle faisaient triompher les théories régulières et marquaient ainsi l'avènement de la tragédie classique : lors de la première édition collective de ses ***Œuvres***, en 1648, Corneille débaptisa sa pièce et la qualifia de « *tragédie* ».

Néanmoins, le succès de la pièce ne se démentit jamais. Le public eut raison des doctes : *En vain contre Le Cid un ministre se ligue, / Tout Paris pour Chimène a les yeux de Rodrigue* (Boileau, *Satires*, IX, vv. 231-232). La pièce devint, au sens propre, un classique, étudiée par des générations d'élèves ; de nos jours, le cas échéant, elle reste la seule œuvre de Corneille presque systématiquement étudiée en classe. En 1951, la représentation du ***Cid***, mis en scène par Jean Vilar, avec Gérard Philipe dans le rôle de Rodrigue, fut un véritable triomphe, que n'égala pas le succès de la mise en scène de Francis Huster en 1985.

Cinna ou la Clémence d'Auguste

Tragédie en 5 actes — comportant respectivement 4, 2, 5, 6 et 3 scènes — et en vers (1 780 alexandrins), représentée pour la première fois au Théâtre du Marais, en 1642, et publiée, à Paris, en janvier 1643. L'intrigue s'inspire du *De clementia* de Sénèque.

Émilie a demandé à Cinna la tête de l'empereur Auguste, afin de venger la mort de son père. Pour satisfaire la jeune fille, Cinna, aidé de son ami Maxime, favori, comme lui, de l'empereur, déconseille à Auguste, découragé, d'abdiquer et s'appuie sur les aspirations républicaines des Romains pour organiser une conjuration. Mais Maxime, secrètement amoureux d'Émilie, comprend les réelles motivations de Cinna et trahit les conjurés. Contre toute attente, Auguste se montre magnanime (*Prends un siège, Cinna, prends, et sur toute chose / Observe exactement la loi que je t'impose* [V, 1, vv. 1425-1426]) et pardonne à tous (*Tu trahis mes bienfaits, je les veux redoubler ; / Je t'en avais comblé, je t'en veux accabler* [...]. */ Et que vos conjurés entendent publier / Qu'Auguste a tout appris, et veut tout oublier* [V, 3, vv. 1707-1708 et 1779-1780]).

Le double intérêt de la tragédie réside, d'une part, dans l'évolution d'Auguste, qui passe du statut de tyran (*Si tel est le destin des grandeurs souveraines / Que leurs plus grands bienfaits n'attirent que des haines, /* [...] *Rentre en toi-même, Octave, et cesse de te plaindre. / Quoi ! Tu veux qu'on t'épargne, et n'as rien épargné !* [IV, 2, vv. 1125-1126 et 1130-1131]) à celui de prince légitime, comme dans le tragique du rôle de Cinna, écartelé entre sa fidélité à Émilie et son admiration pour l'empereur (*Le sort vous est propice autant qu'il m'est contraire ; / Je sais ce que j'ai fait, et ce qu'il vous faut faire* [V, 1, vv. 1553-1554]) ; et, d'autre part, dans une dramaturgie novatrice : ***Cinna*** marque l'avènement de la tragédie à retournement et à fin heureuse.

Corneille revendiqua, pour ***Cinna***, les mérites du style : il vanta les « *ornements de la Rhétorique* » **(*Examen*)**, et qualifia son style de « *fort* » et « *majestueux* » dans l'**Examen** de **Polyeucte**.

L'approbation unanime que reçut ***Cinna*** consacra Corneille comme le premier dramaturge de son temps. La publication de la pièce marqua une révolution dans le domaine de l'édition : Corneille fit établir le privilège à son nom, et imprimer la pièce à ses frais à Rouen, pour pouvoir revendre ensuite ses droits à un éditeur parisien.

Lors de la première édition collective de ses ***Œuvres***, en 1648, Corneille modifia le titre de sa pièce, qui devint simplement ***Cinna***. Le succès des premières représentations se maintint jusqu'à la fin du siècle. Au XIXe siècle, la pièce connut le succès grâce au comédien Talma, puis à la grande Rachel. Au XXe siècle, elle fut célébrée par Gide : « *Je relis une fois de plus* Cinna *avec un ravissement et une admiration extrêmes. Il me paraît de nouveau que c'est la pièce de Corneille* *que je préfère ; elle n'a point la soufflure de certaines autres et c'est tout naturellement qu'elle s'élève aux régions les plus sublimes. Écrivit-il jamais vers plus denses, d'une sonorité plus belle, d'une syntaxe plus hardie ?* » (*Journal*, 28 févr. 1941). Après Jean Vilar en 1954, Jean-Marie Villégier reprit la pièce en 1984, à la Comédie-Française. Tout comme ***Horace***, autre tragédie « romaine » de Corneille, ***Cinna*** fut un « classique » pour des générations d'élèves, dont beaucoup étaient latinistes. De nos jours, elle n'est presque plus étudiée, ce qui explique son absence (ou sa disparition) aux catalogues des « classiques scolaires ».

Horace

Tragédie en 5 actes — comportant respectivement 3, 8, 6, 7 et 3 scènes — et en vers (1 782 alexandrins), représentée pour la première fois au Théâtre du Marais, en mai 1639, et publiée à Paris, en janvier 1641. L'argument en est repris de Tite-Live.

Pour éviter l'horreur d'une guerre qui décimerait Rome et Albe, chaque ville décide de choisir trois champions chargés de la représenter. L'honneur de défendre leur ville revient aux trois Horaces, pour Rome, et aux trois Curiaces, pour Albe. Mais devoir déchirant pour ces champions unis par des liens d'amour et de parenté : Horace est l'époux de Sabine, sœur des Curiaces, et Curiace doit épouser Camille, sœur d'Horace. La victoire d'Horace, seul survivant du combat, après une fuite qui désespère son père, le vieil Horace (*Que vouliez-vous qu'il fît contre trois ? – Qu'il mourût, / Ou qu'un beau désespoir alors le secourût* [III, 6, vv. 1021-1022]), provoque la joie des Romains, mais le désespoir amoureux de Camille : celle-ci excite la colère de son frère en insultant Rome dans une tirade célèbre (*Rome, l'unique objet de mon ressentiment ! / Rome, à qui vient ton bras d'immoler mon amant ! / Rome, qui t'a vu naître, et que ton cœur adore ! / Rome, enfin, que je hais parce qu'elle t'honore !* [IV, 5, vv. 1301 à 1304]), et Horace la tue (*Périsse ainsi d'un châtiment soudain / Tout ennemi de Rome et du peuple romain* [IV, 5, vv. 1321-1322]). Son statut de héros, sauveur de l'État, lui permet d'échapper au châtiment judiciaire.

Outre la problématique politique qui esquisse les rapports entre le héros et la loi, l'intérêt de la pièce réside dans le caractère d'Horace, personnage accusé tantôt d'héroïsme et tantôt de barbarie, et dans la situation tragique, et proprement cornélienne, de personnages unis par les liens de l'amour et du sang, mais à jamais séparés par les exigences du devoir.

Après trois ans de silence, échaudé par la violence des critiques lors de la querelle du ***Cid***, Corneille soumit sa pièce à un comité d'académiciens qui désapprouva le meurtre de Camille, jugé invraisemblable, quoique historique, tandis qu'une représentation privée au Palais-Cardinal (en une sorte d'avant-première) gagnait l'approbation de Richelieu. Pourtant, la création de cette pièce fut loin de remporter le succès de la précédente, ***Le Cid***, et Corneille lui-même manifesta plus tard des réserves sur le plan technique.

Rapidement considérée comme l'une des grandes tragédies de Corneille, elle fut fréquemment reprise jusqu'à la fin du règne de Louis XIV. Tombée dans l'oubli au XVIIIe siècle, elle fut redécouverte au XIXe avec le comédien Talma sous l'Empire, et plus tard avec la comédienne Rachel. Au XXe siècle, la pièce fut jouée régulièrement, notamment par Jean-Pierre Miquel à la Comédie-Française, en 1971, ou par le Théâtre National de Chaillot, à la fin des années 1980. Pour des générations d'élèves, dont beaucoup étaient, en outre, latinistes, ***Horace*** constitua le second « classique » cornélien, étudié après ***Le Cid***, alors que, de nos jours, cette pièce l'est de moins en moins et connaît une désaffection marquée (parallèle, d'ailleurs, à celle de l'enseignement du latin).

*L'**Illusion comique***

Comédie en 5 actes — comportant respectivement 3, 10, 12, 10 et 5 scènes — et en vers (1 688 alexandrins), représentée au Théâtre du Marais pendant l'année théâtrale 1635-1636, et publiée en 1639, à Paris.

Dans le premier acte, Pridamant, à la recherche de son fils Clindor, vient consulter le mage Alcandre. Ce dernier fait alors apparaître, sous les yeux de Pridamant et des spectateurs, des « *fantômes parlants* » qui représentent la vie de Clindor. Les actes II, III et IV décrivent ainsi les aventures amoureuses de Clindor et de son maître, le capitaine Matamore, tandis que le dernier acte révèle un Clindor devenu grand seigneur : il meurt dans une embuscade. Mais, à la dernière scène, alors que Pridamant se désole de la mort de son fils, Alcandre dévoile les coulisses d'un théâtre : le dernier acte était la fin d'une tragédie jouée par la troupe de Clindor, devenu comédien.

Qualifiée d'« *étrange monstre* » par son auteur, la pièce est une habile fusion de plusieurs genres dramatiques, pastorale, comédie*, tragicomédie*, tragédie*. Outre l'apologie du théâtre qu'elle développe (*À présent le théâtre / Est en un point si haut que chacun l'idolâtre* [V, 5, vv. 1645-1646]), son intérêt réside dans la géniale utilisation du « théâtre dans le théâtre » qui enchâsse l'un dans l'autre trois niveaux dramatiques différents, et dans le personnage de Matamore, le plus brillant fanfaron de toute l'histoire du théâtre. Corneille n'était d'ailleurs pas l'inventeur de ce personnage, d'origine espagnole, et qui fut repris ensuite par Mareschal (1637), Scarron (1647), Rotrou, Cyrano et Tristan l'Hermite. Mais le succès de la pièce a beaucoup contribué à sa popularité tout au long du XVIIe siècle.

La pièce fut probablement une commande de la troupe du Marais qui venait d'engager le comédien Bellemore spécialisé dans les rôles de capitan, et elle remporta un grand succès.

Corneille se félicitait, en 1660, de voir encore sa pièce représentée malgré les irrégularités qui la mettaient aux antipodes des pièces « classiques ». Mais le XVIIIe siècle l'ignora, et le XIXe la méconnut. L'année 1937 marqua la résurrection de la pièce, avec la mise en scène de Louis Jouvet au Théâtre-Français. En 1984, Giorgio Strehler, au Théâtre de l'Europe, créa l'événement, en insistant sur le caractère magique de la pièce. Considérée aujourd'hui comme expression remarquable du baroque théâtral français, elle est souvent représentée.

La ***Place Royale*** *ou l'Amoureux extravagant*

Comédie en 5 actes — comportant respectivement 4, 7, 8, 8 et 8 scènes — et en vers (1 529, dont 1 505 alexandrins), représentée pour la première fois au Théâtre du Marais pendant la saison théâtrale 1633-1634, et publiée à Paris, en 1637.

Angélique et Alidor s'aiment : mais ce dernier refuse l'aliénation du mariage et prétend toujours *« que l'on soit libre au milieu de ses fers »* (I, 4, v. 212). Pour s'affranchir de l'amour d'Angélique, il manœuvre afin de la pousser à rompre, sans prévoir que le dépit conduira la jeune fille à envisager d'épouser le premier venu. Alidor, désireux de rester maître de la destinée d'Angélique, la reconquiert avec la secrète intention de la faire enlever par son ami Cléandre. Mais un quiproquo fait échouer le stratagème, et Angélique comprend enfin la traîtrise d'Alidor. Meurtrie, elle entre au couvent, tandis qu'Alidor se félicite d'être resté libre.

Outre la description des déchirements de cœur de la jeunesse dorée de la capitale (le titre de la pièce désigne l'actuelle Place des Vosges, en plein Marais, dans le IVe arrondissement de Paris, dont la construction, entre 1605 et 1612, était alors toute récente et qui constituait un haut lieu de la vie mondaine et aristocratique), l'intérêt de cette comédie se concentre sur la complexité du caractère *« extravagant »* d'Alidor, que sa mauvaise foi et ses palinodies empêchent d'atteindre la grandeur des futurs héros cornéliens.

Loin des procédés du comique traditionnel, le style de ***La Place Royale*** se caractérise par l'« enjouement » et la recherche du naturel, avec l'emploi d'expressions familières : *Vois-tu, je ne sais quoi me brouille la cervelle* (III, 8, v. 926). Dans ce souci de naturel, Corneille disloque facilement l'alexandrin (*– On a fait qu'Angélique... – Eh bien ? – Hait Alidor* [II, 6, v. 504] ; *– Alidor. – Qui m'appelle ? – Cléandre* [IV, 2, v. 1001]).

Sous le titre ***La Place Royale*** était annoncée une autre création par les comédiens du roi : la pièce de Corneille, destinée au Théâtre du Marais, lui fit concurrence et remporta un bon succès, comme Corneille le reconnaît dans son ***Excusatio*** de 1634.

Il semble que ***La Place Royale*** ne soit pas restée au répertoire au XVIIe siècle, car elle n'apparaît pas dans *Le Mémoire* de Mahelot, décorateur à l'Hôtel de Bourgogne. Après trois siècles d'oubli, le XXe siècle l'a redécouverte et jouée fréquemment.

Polyeucte *martyr*

« Tragédie chrétienne » en 5 actes — comportant respectivement 4, 6, 5, 6 et 6 scènes — et en vers (1 814 alexandrins), représentée au début de l'année 1643, et publiée, à Paris, cette même année. Corneille donne, dans son édition de la pièce, la traduction de sa source principale : la vie de Polyeucte reprise de Siméon Métaphraste (écrivain byzantin du Xe siècle) dans les *Vitae Sanctorum* de l'Allemand Laurent Surius (XVIe siècle).

Polyeucte, seigneur arménien, vient d'épouser Pauline, fille de Félix, gouverneur romain d'Arménie. Or Sévère, chevalier romain devenu favori de l'empereur, est de retour en Arménie : Pauline et lui s'étaient aimés, mais Félix avait refusé leur union. Pauline, dans une entrevue avec Sévère, tout en reconnaissant une attirance toujours vive (*Un je ne sais quel charme encor vers vous m'emporte* [II, 2, v. 505]), affirme sa fidélité à son époux (*– Adieu, trop vertueux objet, et trop charmant. / – Adieu, trop malheureux et trop parfait amant* [II, 2, vv. 571-572]). Entre-temps, on apprend que Polyeucte, à peine converti au christianisme, a renversé les idoles païennes. En dépit des supplications de Pauline et des menaces de Félix (*Une telle insolence avoir osé paraître ! / En public ! à ma vue ! Il en mourra, le traître !* [III, 3, vv. 865-866]), Polyeucte reste inébranlable dans sa foi, qu'il réaffirme en de célèbres stances (IV, 2), avant de trancher : *Vivez heureuse au monde, et me laissez en paix* (IV, 3, v. 1290). Mais, après son supplice précédé d'aucun remords (*Je le ferais encor, si j'avais à le faire* [V, 3, v. 1671]), la grâce touche Pauline et Félix, qui se convertissent (*Immolez à vos dieux ces deux nouveaux chrétiens. / Je le suis, elle l'est, suivez votre colère* [V, 6, vv. 1782-1783]), tandis que Sévère s'engage à défendre la cause des chrétiens auprès de l'empereur.

Outre l'originalité du traitement théâtral du problème de la grâce, ce sont les caractères de Pauline et de Polyeucte, deux personnages qui se distinguent par leur renoncement aux « *Honteux attachements de la chair et du monde* » (IV, 2, v. 1107), qui font tout l'intérêt de la pièce.

Corneille se flatta du caractère « *touchant* » du style de la pièce, résultat de l'« *agréable mélange* » des « *tendresses de l'amour humain* » avec « *la fermeté du divin* ».

Ce mélange audacieux du sacré et du profane, explique qu'une lecture privée de cette pièce, à l'Hôtel de Rambouillet, ait rencontré un accueil réservé. Mais la création de la pièce, au Théâtre du Marais, remporta un honnête succès.

Sa qualité de « *tragédie chrétienne* » explique aussi que ***Polyeucte*** fut la moins jouée des grandes tragédies de Corneille. Mais la pièce triompha sur scène grâce à ses interprètes, en particulier Rachel et Mounet-Sully au XIXe siècle. Le XXe siècle la reprit souvent, jusqu'à la représentation au festival de Versailles en 1987, et à la mise en scène de Jorge Lavelli. Si elle constituait encore un « classique » dans les années 1970, la pièce a « fait les frais » du double recul du christianisme et de l'enseignement du latin et n'est, pour ainsi dire, plus du tout étudiée dans le cadre scolaire. Des quelques jugements portés sur elle, l'un des plus inattendus (dans l'ironie et la dérision) fut celui de Claudel : « *Ce n'est nullement un chef-d'œuvre, oh là là, il s'en faut de beaucoup. Mais enfin c'est intéressant et l'action est bien menée, en dépit de toutes les invraisemblances, par un praticien qui sait son métier. Le style en dépit du sujet et de* [quelques] *passages assez fiers (bien peu) est d'une invraisemblable platitude et d'un bourgeoisisme cocasse.* [...] *les personnages (sauf Félix) sont psychologiquement inexistants.* [...] *le seul personnage vraiment vivant est Félix. Il est impayable. C'est un bourgeois de Labiche* » (*Journal*, nov. 1939). À l'inverse, celui de Péguy, un quart de siècle plus tôt, mêlait chaleur et gravité : « *Voilà l'éclatante et unique beauté de Polyeucte : ce magnifique dévêtement du Saint, du martyr et de Dieu même : nul manteau de vertu, de nos maigres vertus,* [...] *de nos fausses vertus. Nul manteau magique. Les tenants de la bonne cause ne reçoivent nul armement frauduleux. Il est si rare que les tenants de la bonne cause ne reçoivent pas une merveilleuse armure, c'est-à-dire une armure frauduleuse ; c'est-à-dire il est si rare que les tenants de la bonne cause n'aient pas peur* » (*Note conjointe sur M. Descartes*, 1914).

Rodogune, *princesse des Parthes*

Tragédie en 5 actes — comportant respectivement 5, 4, 6, 7 et 4 scènes — et en vers (1 844 alexandrins), représentée pour la première fois au Théâtre du Marais, pendant la saison théâtrale 1644-1645, imprimée à Rouen et publiée à Paris, en 1647.

L'histoire de ***Rodogune*** est reprise de l'historien grec Appien (IIe siècle).

Cléopâtre, reine de Syrie, doit désigner l'aîné de ses deux fils jumeaux, Séleucus et Antiochus : l'héritier du trône est assuré d'épouser la princesse parthe Rodogune. Tous deux aiment cette dernière, mais décident de s'en remettre au verdict maternel. Or Cléopâtre leur apprend qu'elle donnera le trône à celui de ses deux fils qui acceptera de mettre à mort Rodogune (*Point d'aîné, point de roi, qu'en m'apportant sa tête* [II, 3, v. 672]). Celle-ci, avertie du danger, renverse le marché, et promet d'épouser celui qui tuera la reine (*Vous devez la punir, si vous la condamnez ; / Vous devez l'imiter, si vous la soutenez* [III, 4, vv. 1037-1038]). Tandis que Séleucus renonce au trône et à l'amour, Antiochus parvient à fléchir Rodogune, qui avoue l'aimer (*J'aime ; n'abusez pas, prince, de mon secret : / Au milieu de ma haine, il m'échappe à regret* [IV, 1, vv. 1205-1206]). Cléopâtre, après avoir essayé vainement de dresser Séleucus contre son frère, le fait assassiner, puis tente d'empoisonner Antiochus et Rodogune au moment de leur cérémonie nuptiale : mais, contrainte, devant leur refus, de boire la coupe mortelle qu'elle leur destinait, elle meurt en maudissant les futurs époux (*Et pour vous souhaiter tous les malheurs ensemble, / Puisse naître de vous un fils qui me ressemble !* [V, 4, vv. 1823-1824]).

L'intérêt et la nouveauté radicale de la pièce résident dans le caractère de Cléopâtre, équivalent historique de la Médée mythique, et dans la situation des héros se débattant entre les mains d'un personnage qui les écrase.

Deux ans séparèrent la création de la pièce de sa publication en librairie, ce qui permit aux comédiens du Marais d'en conserver l'exclusivité, et obligea les comédiens rivaux de l'Hôtel de Bourgogne, désireux d'exploiter la faveur du public, à commander une tragicomédie à Gabriel Gilbert sur le même sujet (*Rhodogune*, représentée en 1645 et publiée en 1646).

Pièce préférée de Corneille, malgré une construction complexe, ***Rodogune*** fut l'un de ses plus grands succès. Ce dernier ne fut pas démenti jusqu'à la fin du XVIIIe siècle, époque à laquelle cette tragédie était encore l'une des œuvres de Corneille les plus fréquemment jouées. Mais le XIXe et le XXe siècles consacrèrent son déclin, confirmé par la quasi-disparition de l'œuvre aux catalogues des « classiques scolaires ».

***Suréna**, général des Parthes*

Tragédie en 5 actes — comportant respectivement 3, 3, 3, 4 et 5 scènes — et en vers (1 738 alexandrins), représentée pour la première fois au théâtre de l'Hôtel de Bourgogne, en décembre 1674, et publiée, à Paris, en janvier 1675. L'histoire est reprise du Grec Plutarque (Ier et IIe siècles).

En vertu d'un traité, la princesse d'Arménie Eurydice doit épouser le fils du roi des Parthes, Pacorus, mais elle aime Suréna, grand seigneur parthe auréolé de sa victoire sur les Romains de Crassus, et que le roi Orode voudrait s'attacher définitivement en le mariant à sa fille Mandane. Alarmé par la froideur d'Eurydice, Pacorus obtient d'elle l'aveu qu'elle en aime un autre (*– Dites, est-ce un héros ? est-ce un prince ? est-ce un roi ? – C'est ce que j'ai connu de plus digne de moi* [II, 2, vv. 565-566]). De son côté, Orode, devant la réticence de Suréna à épouser Mandane, se sent menacé par ce héros trop puissant : de plus, il apprend qu'Eurydice refuse d'épouser son fils Pacorus. Bien que de lourdes menaces pèsent désormais sur Suréna, les deux amants, malgré l'impasse de leur situation (*Que le Ciel n'a-t-il mis en ma main et la vôtre, / Ou de n'être à personne, ou d'être l'un à l'autre !* [V, 3, vv. 1541-1542]), refusent de céder aux exigences de la politique. À l'annonce de la mort de Suréna, assassiné par une flèche anonyme, Eurydice succombe au désespoir (*Généreux Suréna, reçois toute mon âme* [V, 5, v. 1734]).

L'intérêt de la pièce réside dans le tragique affrontement de l'héroïque et du politique, ainsi que dans la richesse et la pureté de l'histoire d'amour.

Le style de ***Suréna***, accordé au caractère élégiaque de cette tragédie, marque une inflexion dans l'écriture cornélienne qui paraît prendre les accents raciniens de la souffrance amoureuse : *Je ne serai qu'à vous, qui que ce soit que j'aime, / À moins qu'à vous quitter vous m'obligiez vous-même* (IV, 3, vv. 1201-1202). La langue se caractérise par la sobriété et la densité.

Ne rencontrant qu'un succès d'estime, la pièce ne tint que quelques semaines à l'affiche et fut publiée très rapidement avec une préface exceptionnellement courte.

Suréna, dernière pièce de l'auteur, ne fut plus jouée du vivant de Corneille. La Comédie-Française ne reprit cette tragédie que quatre fois au XVIIe siècle. Elle fut représentée une seule fois au XVIIIe siècle, à la Cour, devant Louis XIV. Il fallut attendre le XXe siècle pour qu'on y vît l'un des chefs-d'œuvre de Corneille et qu'elle fût à nouveau jouée, mais elle demeure rarement représentée — et plus rarement encore étudiée.

CITATIONS

Ô rage ! ô désespoir ! ô vieillesse ennemie !
N'ai-je donc tant vécu que pour cette infamie ?

Le Cid, I, 4.

Rodrigue, as-tu du cœur ?

Le Cid, I, 5.

Qui ne craint point la mort ne craint point les menaces.
J'ai le cœur au-dessus des plus fières disgrâces ;
Et l'on peut me réduire à vivre sans bonheur,
Mais non pas me résoudre à vivre sans honneur.

Le Cid, I, 6.

À moi, comte, deux mots.

Le Cid, II, 2.

Je suis jeune, il est vrai ; mais aux âmes bien nées
La valeur n'attend point le nombre des années.
[...]
Mes pareils à deux fois ne se font point connaître,
Et pour leurs coups d'essai veulent des coups de maître.

Le Cid, II, 2.

À qui venge son père il n'est rien d'impossible.
Ton bras est invaincu, mais non pas invincible.

Le Cid, II, 2.

À vaincre sans péril, on triomphe sans gloire.

Le Cid, II, 2.

CHIMÈNE
Va, je ne te hais point.

RODRIGUE
Tu le dois.

CHIMÈNE
Je ne puis.

Le Cid, III, 4.

CHIMÈNE
Rodrigue, qui l'eût cru ?

RODRIGUE
Chimène, qui l'eût dit ?

CHIMÈNE
Que notre heur fût si proche, et sitôt se perdît ?

Le Cid, III, 4.

L'infamie est pareille, et suit également
Le guerrier sans courage, et le perfide amant.
Le Cid, III, 6.

Et le combat cessa faute de combattants.
Le Cid, IV, 3.

Pour venger son honneur il perdit son amour,
Pour venger sa maîtresse il a quitté le jour,
Préférant (quelque espoir qu'eût son âme asservie)
Son honneur à Chimène, et Chimène à sa vie.
Le Cid, V, 1.

Si tel est le destin des grandeurs souveraines
Que leurs plus grands bienfaits n'attirent que des haines,
[...]
Pour elles rien n'est sûr ; qui peut tout doit tout craindre.
Rentre en toi-même, Octave, et cesse de te plaindre.
Quoi ! tu veux qu'on t'épargne, et n'as rien épargné !
Cinna, IV, 2.

Prends un siège, Cinna, prends, et sur toute chose
Observe exactement la loi que je t'impose...
Cinna, V, 1.

Je suis maître de moi comme de l'univers ;
Je le suis, je veux l'être. Ô siècles, ô mémoire !
Conservez à jamais ma dernière victoire !
Cinna, V, 3.

Je ne craindrai point d'avancer que le sujet d'une belle tragédie doit n'être pas vraisemblable.
Au lecteur, in *Héraclius*.

Devine, si tu peux, et choisis, si tu l'oses.
Héraclius, IV, 4.

Mourir pour le pays est un si digne sort,
Qu'on briguerait en foule une si belle mort.
Mais vouloir au public immoler ce qu'on aime,
S'attacher au combat contre un autre soi-même,
[...]
Une telle vertu n'appartenait qu'à nous.
Horace, II, 3.

Avant que d'être à vous je suis à mon pays.
Horace, II, 5.

Rome, l'unique objet de mon ressentiment !
Rome, à qui vient ton bras d'immoler mon amant !
Rome, qui t'a vu naître, et que ton cœur adore !
Rome enfin, que je hais parce qu'elle t'honore !
[...]
Voir le dernier Romain à son dernier soupir,
Moi seule en être cause, et mourir de plaisir !
Horace, IV, 5.

Le seul bruit de mon nom renverse les murailles,
Défait les escadrons, et gagne les batailles.
L'Illusion comique, II, 2.

Quand je veux, j'épouvante ; et quand je veux, je charme ;
Et selon qu'il me plaît, je remplis tour à tour
Les hommes de terreur, et les femmes d'amour.
L'Illusion comique, II, 2.

Un vieillard amoureux mérite qu'on en rie :
Mais le trône soutient la majesté des rois
Au-dessus des mépris, comme au-dessus des lois.
Médée, II, 3.

La façon de donner vaut mieux que ce qu'on donne.
Le Menteur, I, 1.

Monsieur, quand une femme a le don de se taire,
Elle a des qualités au-dessus du vulgaire.
Le Menteur, I, 4.

Un menteur est toujours prodigue de serments.
Le Menteur, III, 5.

Il faut bonne mémoire après qu'on a menti.
Le Menteur, IV, 5.

On n'aime point à voir ceux à qui l'on doit tant.
Nicomède, II, 1.

Je satisfais ensemble et peuple et courtisans,
Et mes vers en tous lieux sont mes seuls partisans ;
Par leur seule beauté ma plume est estimée :
Je ne dois qu'à moi seul toute ma renommée.
Excuse à Ariste, in *Poésies*.

Je ne veux que la voir, soupirer, et mourir.
Polyeucte, II, 1.

Une telle insolence avoir osé paraître !
En public ! à ma vue ! Il en mourra, le traître.
Polyeucte, III, 3.

Je vous aime,
Beaucoup moins que mon Dieu, mais bien plus que moi-même.
Polyeucte, IV, 3.

Il est des nœuds secrets, il est des sympathies,
Dont par le doux rapport les âmes assorties
S'attachent l'une à l'autre, et se laissent piquer
Par ces je ne sais quoi qu'on ne peut expliquer.
Rodogune, I, 5.

On a peine à haïr ce qu'on a bien aimé,
Et le feu mal éteint est bientôt rallumé.
Sertorius, I, 3.

Le temps est un grand maître, il règle bien des choses.
Sertorius, II, 4.

Ah ! pour être Romain, je n'en suis pas moins homme !
Sertorius, IV, 1.

La liberté n'est rien quand tout le monde est libre...
Sertorius, IV, 2.

Marquise, si mon visage
A quelques traits un peu vieux,
Souvenez-vous qu'à mon âge
Vous ne vaudrez guère mieux.

Le temps aux plus belles choses
Se plaît à faire un affront,
Et saura faner vos roses
Comme il a ridé mon front.
Stances à Marquise Du Parc.

Amour, sur ma vertu prends un peu moins d'empire !
Suréna, I, 2.

La tendresse n'est point de l'amour d'un héros,
Il est honteux pour lui d'écouter des sanglots ;
[...]
Un peu de dureté sied bien aux grandes âmes.
Suréna, V, 3.

Un bienfait perd sa grâce à le trop publier ;
Qui veut qu'on s'en souvienne, il le doit oublier.
Théodore, I, 2.

Un monarque a souvent des lois à s'imposer ;
Et qui veut pouvoir tout ne doit pas tout oser.
Tite et Bérénice, II, 2.

Nous mourons à toute heure ; et dans le plus doux sort
Chaque instant de la vie est un pas vers la mort.
Tite et Bérénice, V, 1.

JUGEMENTS

« *Il reste* [de Corneille] *une arête sans bavure, apparaissant abrupte à travers l'anecdote des tragédies, ces illustrations insensées, quoique pleines d'une infernale grandeur, de toutes les formes de la volonté de puissance, et aboutissant en surplomb à l'*amor fati, *l'acceptation souriante et affirmative du destin, où Nietzsche aussi parviendra, et par le même sentier de chèvre.* »

Roger CAILLOIS, article in *NRF*, 1er octobre 1938.

« *Bête comme un héros de Corneille, me disais-je ce matin. C'est une bonne définition de la bêtise.* »

Paul LÉAUTAUD, *Journal littéraire*, 22 novembre 1908, Mercure de France, rééd. 1986.

« *Corneille fut sans doute un esprit remarquable ; ce qu'il dit de l'amour l'est rarement.* »

André MALRAUX, *L'Homme précaire et la Littérature*, Gallimard, 1977.

« [...] *Corneille sait quelque chose de chaque passion ; ou plutôt, juge ce quelque chose important. Ses personnages sont donc agités par leur passion dans la mesure où ils l'énoncent.* »

Robert MUSIL, *Journaux*, t. II, trad. franç. Philippe JACCOTTET, Seuil, 1981.

« *Un génie peut être dessaisi par un talent, par le talent qui le parasite* [...]. *Ce qui fait de Corneille un cas unique, c'est peut-être cette pureté unique du génie, cette incapacité totale du talent* [...], *cette incapacité, quand le génie n'y était pas, de savoir y faire,* [...] *de substituer au génie le talent.* »

Charles PÉGUY, *Victor-Marie, comte Hugo*, 1910, Gallimard, 1934.

« *Les personnages de Corneille sont grands, généreux, vaillants, tout en dehors, hauts de têtes et nobles de cœur. Nourris la plupart dans une discipline austère, ils ont sans cesse à la bouche des maximes auxquelles ils rangent leur vie ; et comme ils ne s'en écartent jamais, on n'a pas de peine à les saisir ; un coup d'œil suffit : ce qui est presque le contraire des personnages de Shakespeare et des caractères humains en cette vie.* [...] *Les hommes de Corneille ont l'esprit formaliste et pointilleux : ils se querellent sur l'étiquette ; ils raisonnent longuement et ergotent à haute voix avec eux-mêmes jusque dans leur passion. Il y a du Normand. Auguste, Pompée et autres ont dû étudier la dialectique à Salamanque, et lire Aristote d'après les Arabes. Ses héroïnes, ses* adorables furies, *se ressemblent presque toutes : leur amour est subtil, combiné, alambiqué, et sort plus de la tête que du cœur. On sent que Corneille connaissait peu les femmes.* »

Charles Augustin SAINTE-BEUVE, *Premiers Lundis*, 1851.

« *Je relis cet infâme et cet excommunié Corneille avec une grande attention. Je l'admire plus que jamais en voyant d'où il est parti. C'est un créateur, il n'y a de gloire que pour ces gens-là. Nous ne sommes aujourd'hui que de petits écoliers.*

[...] *Corneille ne consultait personne, et Racine consultait Boileau.*

[...] *Quel exécrable fatras que quinze ou seize pièces de ce grand homme !*
[...] *Comment a-t-on pu préférer à un homme tel que Racine, un rabâcheur d'un si mauvais goût, qui jusque dans ses plus beaux morceaux, qui ne sont, après tout, que des déclamations, pèche continuellement contre la langue et est toujours ou trivial ou hors de la nature ¿ »*

VOLTAIRE, *Correspondance*, 26 juin 1761, 20 août 1761, 19 février 1763 et 20 novembre 1768.

« Il y a une grandeur rocailleuse de Corneille ; il y a une grandeur lisse de Racine. »

Marguerite YOURCENAR, *Les Yeux ouverts*, Centurion, 1980.

« Le grand tragique trouve qu'il est bon galant au théâtre. Moi, lorsque je lis une scène d'amour dans ses œuvres, il me semble toujours voir un éléphant qui veut marcher délicatement sur des roses. »

Émile ZOLA, *Livres d'aujourd'hui et de demain*, 1866.

« Il n' a qu'un levier pour toute mécanique, le patriotisme, et quelque chose même de plus raide encore, le fanatisme du Romain pour Rome. Le mot "Rome", *et le mot* "Romain" *reviennent à chaque ligne, comme des arguments suprêmes. Ils remplacent nos ficelles, nos habiletés, nos précautions. Ce sont eux qui amènent les péripéties et qui les dénouent. »*

Émile ZOLA, *Œuvres critiques*, t. II, 1881.

BIBLIOGRAPHIE

Éditions

Œuvres complètes, éd. Marty-Laveaux, « Grands Écrivains de la France », Hachette, 1862, 12 vol. ; éd. R. Lebègue et A. Stegmann, « L'Intégrale », Seuil, 1962, 1 vol. ; éd. G. Couton, « Pléiade », Gallimard, 1980 à 1987, 3 vol. ; éd. A. Niderst, P.U. Rouen, 1984 à 1986, 6 vol. ; « Classiques Garnier », Dunod, 1995, 2 vol.

Théâtre, « GF », Flammarion, 1968 et 1980, 2 vol.

Les principales pièces de Corneille sont disponibles en éditions de poche, annotées et commentées.

Études

M. BERTAUD et A. NIDERST (dir), *Onze Études sur la vieillesse de Corneille dédiées à la mémoire de Georges Couton*, ADIREL, 1994.

G. Conesa, *Pierre Corneille et la naissance du genre comique (1629-1636)*, SEDES, 1989.

G. Couton, *La Vieillesse de Corneille*, Maloine, 1949 ; *Corneille*, Hatier, 1958 ; *Corneille et la Tragédie politique*, « Qsj ¿ », PUF, 1984.

B. Dort, *Corneille dramaturge*, L'Arche, 1957.

S. Doubrovsky, *Corneille et la Dialectique du héros*, Gallimard, 1963, rééd. « Tel », Gallimard, 1982.

G. Forestier, *Essai de génétique théâtrale : Corneille à l'œuvre*, Klincksieck, 1996 ; *Corneille. Le Sens d'une dramaturgie*, SEDES, 1998.

M. Fumaroli, *Héros et Orateurs. Rhétorique et Dramaturgie cornéliennes*, Droz, Genève (CH), 1990, rééd. 1996.

L. Herland, *Corneille par lui-même*, « Écrivains de toujours », Seuil, 1954.

A. LE GALL, *Pierre Corneille en son temps et en son œuvre : enquête sur un poète du théâtre au XVIIe siècle*, Flammarion, 1997.

J. LYONS, *The Tragedy of Origins. Pierre Corneille and Historical Perspective*, Stanford U.P. (US), 1996.

J. MAURENS, *La Tragédie sans tragique. Le Néo-stoïcisme dans l'œuvre de Corneille*, Colin, 1966.

Ch. Müller, *Étude de statistique lexicale. Le Vocabulaire du théâtre de Pierre Corneille*, Larousse, 1967, rééd. Slatkine, Genève (CH), 1979 ; *Le Vocabulaire du théâtre de Pierre Corneille*, Champion, 1979.

O. Nadal, *Le Sentiment de l'amour dans l'œuvre de Pierre Corneille*, Gallimard, 1948, rééd. « Tel », Gallimard, 1991.

M. Prigent, *Le Héros et l'État dans la tragédie de Pierre Corneille*, PUF, 1986.

A. RATHÉ, *La Reine se marie : variations sur un thème dans l'œuvre de Corneille*, Droz, Genève (CH), 1991.

A. Stegmann, *L'Héroïsme cornélien. Genèse et Signification*, Colin, 1968, 2 vol.

M.-O. Sweetser, *La Dramaturgie de Corneille*, Droz, Genève (CH), 1977.

Les Cahiers de la Comédie-Française, n° spécial *Corneille*, POL, 1996.

AUDIO & VIDÉO

Vidéo

A. MANN, *Le Cid*, 1951, Fil à film, s.d. (V.O.S.T. et V.F.).

O. RICARD, *Horace*, 1971, Film Office, s.d.

A. VOLLERIN, *Corneille*, EMA, s.d.

CD-ROM

Corneille, Le Catalogue des lettres, 1998.

Encyclopédie de la littérature française, Bibliopolis, 1998.

Théâtre du Grand Siècle. Corneille, Molière, Racine, Bibliopolis, 1997.

CRÉBILLON

CRÉBILLON FILS

De son vrai nom, Claude Prosper JOLYOT de CRÉBILLON Dit CRÉBILLON fils, pour le distinguer de son père, dit lui-même CRÉBILLON père ou le Tragique.

Paris 1707 – *ibid.* 1777

« [Crébillon] *le fils, dans des romans pleins d'esprit, et dictés par une connaissance profonde de tous les replis honteux du cœur humain, a tracé au pinceau le plus délicat et le plus vrai, les raffinements, les nuances, et jusques aux grâces de nos vices.* »

D'ALEMBERT, « Éloge de Crébillon Père »,
in *Éloges académiques*, 1779.

« [Crébillon] *n'a consulté* [...] *que le goût pour la corruption. C'est un écrivain qui empoisonne les mœurs par le pinceau de la volupté !* »

Julien OFFRAY de LA METTRIE,
« Portrait de M. Crébillon le fils »,
in *Essai sur l'esprit et les beaux-esprits*, 1742.

Un brillant dilettante

Des débuts prometteurs

Bénéficiant de la notoriété littéraire de son père, qui fut académicien, Crébillon, orphelin de mère à l'âge de 4 ans, fit de brillantes études chez les jésuites du collège Louis-le-Grand, puis fut introduit très tôt dans les salons de l'élite aristocratique de la Régence. Il y acquit une sûre connaissance du milieu mondain le plus exclusif, avec le parfait maniement d'une langue formée par l'art délicat de la conversation. Ce monde fut l'unique objet de sa peinture. Parallèlement à cette éducation mondaine, il fit l'apprentissage d'une littérature alerte et satirique en créant la société dite *du Caveau* avec des esprits remuants tels que Piron ou Collé. Après s'être exercé dans les genres mineurs (chansons, vers de circonstance et parodies théâtrales destinées à la Foire), il opta définitivement pour la forme romanesque. Il publia en 1730 ***Le Sylphe, ou Songe de Mme de R******, bref conte érotique où il découvrit d'emblée sa manière : atmosphère sensuelle, travestissement ironique, liberté de ton et pénétration de l'analyse psychologique. Sous le masque transparent du sylphe, le libertin séducteur façon rococo faisait ainsi une entrée discrète en littérature : « *On dit à une belle qu'elle a des agréments, parce qu'en le lui répétant souvent, c'est une façon polie de l'exhorter à en faire usage.* » En 1732, Crébillon donna les ***Lettres de la marquise de M*** au comte de R******, monodie épistolaire inspirée des fameuses *Lettres portugaises* de Guilleragues (1669). Cette œuvre témoignait de l'évolution de la représentation littéraire de la passion amoureuse depuis un demi-siècle : « *On s'ennuie quand on aime médiocrement* » (lettre XXXI). Sous le regard acéré de Crébillon, le pathos du sentiment est impitoyablement analysé, disséqué et ramené à ses constituants prosaïques. Après quoi le romancier revint définitivement à l'analyse malicieuse des méandres et détours de l'amour-goût. En 1734 parut ***Tanzaï et Néadarné, histoire japonaise***, devenue ***L'Écumoire, histoire japonaise*** en 1743. Sous les dehors d'un conte oriental — genre à la mode —, le roman se déploie selon un registre double, politique et littéraire. Sur le plan de la satire politique d'abord, l'écumoire symbolise la bulle papale *Unigenitus* (1713), objet de la crise religieuse et parlementaire qui divisa l'opinion française dans les années 1730 : « *Il est rare qu'on n'abuse pas d'un pouvoir sans bornes et quiconque peut faire tout ce qui lui plaît, ne détermine pas toujours ses volontés sur la justice* » (I, 1). On reconnut sous le grand-prêtre Saugrenutio le cardinal Dubois, ancien ministre des Affaires étrangères du Régent, et il en résulta pour l'auteur une brève incarcération dans la forteresse de Vincennes. Sur le plan littéraire, ***L'Écumoire*** traite, sous une enveloppe féerique qui n'exclut pas l'obscénité, le thème romanesque cardinal de l'initiation sexuelle comme prélude obligé à l'entrée dans la vie adulte : « *Un amant à qui l'on craint de déplaire et qui n'a pas la même peur est plus fort par votre faiblesse, que vous n'êtes faible par sa force* » (I, 3). Dans ce roman, Crébillon parodiait le style de *La Vie de Marianne* de Marivaux : celui-ci répondit à Crébillon la même année dans la 4e partie du *Paysan parvenu*.

Le chef-d'œuvre de la trentaine

Ce thème de l'initiation sexuelle et sociale est le motif principal du roman suivant, le chef-d'œuvre de Crébillon : ***Les Égarements du cœur et de l'esprit*** (3 parties parues entre 1736 et 1738) sont, à l'instar des productions contemporaines de Marivaux et de Prévost, un roman d'éducation qui, dans la forme alors usuelle des mémoires, dépeint à la fois l'initiation mondaine d'un aristocrate confronté aux réalités sociales de sa caste et l'éducation sentimentale d'un jeune homme candide, soumis aux impératifs psychologiques de l'amour galant.

C'est dans ce roman, écrit à 30 ans à peine, qu'apparaît pour la première fois en pleine lumière, sous les traits du petit-maître Versac, le personnage du libertin comme maître à penser et dispensateur d'une prétendue « *science du monde* ». Justifiant le titre de l'ouvrage, la ***Préface*** prévoyait la fin des « *égarements* » du héros par sa conversion au véritable amour, incarné par la jeune Hortense de Théville. Il est loisible de voir dans l'inachèvement du chef-d'œuvre romanesque de Crébillon la limite de son projet d'écrivain et de moraliste : la peinture exclusive du monde du libertinage et de son corollaire axiologique, ce « *quiétisme de l'amour* » ironiquement évoqué dans les dernières pages de l'œuvre. Il faut rattacher à la même période la conception et l'écriture de deux dialogues qui pourtant ne paraîtront que beaucoup plus tard : ***La Nuit et le Moment ou Les Matinées de Cythère*** (1755) et ***Le Hazard du coin du feu, dialogue moral*** (1763), instantanés dans lesquels Crébillon donne toute la mesure de son talent de miniaturiste. Il s'agit, dans l'un et l'autre cas, de la description d'une entreprise de séduction, déployant la succession de ses phases conventionnelles : approches, déclaration, résistance, aveu, chute et négociations conclusives. C'est la grammaire de la séduction libertine : « *On sait aujourd'hui que le goût seul existe ; et si l'on se dit encore qu'on s'aime, c'est bien moins parce qu'on le croit, que parce que c'est une façon plus polie de se demander réciproquement ce dont on sent qu'on a besoin* » *(**La Nuit et le Moment**)*. Le rapprochement des termes contenus dans les titres de ces dialogues définit exactement l'objet de l'analyse crébillonienne : dans l'espace-temps d'une nuit d'alcôve, les jeux du hasard et du moment, formes idoines de l'érotisme galant. Circulait par ailleurs sous le manteau, une autre œuvre licencieuse, ***Le Sopha couleur de rose, conte moral***, dont la publication en 1742 valut à son auteur un éloge de Voltaire *(« Je ne sais rien de si fou que ce livre »)* et un exil de trois mois hors de la capitale : « [...] *s'il est vrai qu'il y ait peu de héros pour les gens qui les voient de près, je puis dire aussi qu'il y a, pour leur sopha, peu de femmes vertueuses* » *(**Introduction**)*. Quatre ans plus tard (1746), naquit l'unique fils connu de Crébillon, fils qui mourut à 4 ans. Crébillon épousa en 1748 la mère de cet enfant, Marie-Henriette Stafford, qui mourut vraisemblablement en 1756.

Au tournant du siècle : le début du déclin

Mais déjà prend fin, au tournant du siècle, la décennie des chefs-d'œuvre, après laquelle Crébillon ne fait que « *survivre à sa réputation* » (Diderot). Dans ***Les Heureux Orphelins, histoire imitée de l'anglois*** (1754), Crébillon tente pourtant la greffe, sur un roman de Mme Haywood, d'un procédé narratif original : l'histoire d'une séduction racontée une première fois par la victime (Mme de Suffolk), une seconde fois par le séducteur (le comte de Chester). La même année, parut aussi ***Ah, quel conte !***, récit oriental dans lequel Crébillon brosse un portrait satirique de Diderot en réplique aux coups de griffe que ce dernier avait adressés, dans *Les Bijoux indiscrets* (1748), à l'auteur de ***Tanzaï*** et du ***Sopha***. En 1768 parurent encore les ***Lettres de la duchesse de *** au duc de ******, et en 1771 les ***Lettres athéniennes, extraites du portefeuille d'Alcibiade***, œuvre touffue et insolite dans laquelle Crébillon transplantait en l'Athènes classique la figure du libertin, dont il ne cessa de creuser les contours.

THÉORIE LITTÉRAIRE

La courte ***Préface*** des ***Égarements*** se présente comme une justification du roman, « *si méprisé des personnes sensées, et souvent avec justice* ». Crébillon y voit pourtant « *celui de tous les genres qu'on pourrait rendre le plus utile* ». Il s'agit d'abord de joindre « *l'utile et l'amusant* », en évitant le double écueil de la frivolité et de la sécheresse. Surtout, l'auteur condamne l'abus « *de situations ténébreuses et forcées, de héros dont les caractères et les aventures sont toujours hors du vraisemblable* » ; à l'attirail des enlèvements, des Turcs, des sultanes et des eunuques, des sérails et des souterrains, bref à toutes les « *puérilités fastueuses* » estimées du public de l'époque, il propose de substituer « *le tableau de la vie humaine* », avec « *les vices et les ridicules* » qu'il s'agit de censurer — de réformer —, comme à la comédie. Rien ne doit donc empêcher un auteur « *de puiser ses caractères et ses portraits dans le sein de la Nature* », pas même le danger des « clés », du petit jeu mondain des devinettes sur la ressemblance de tel ou tel personnage avec une personne réelle.

Cependant, l'évolution du goût eut provisoirement raison de l'œuvre de Crébillon : en dépit de l'obtention, en 1759, d'une charge — héritée de son père — de censeur royal pour les belles-lettres, c'est dans la pauvreté et l'oubli que disparut, douze ans plus tard, cet écrivain de grand talent.

Un maître de la langue classique

Comme chez tout grand auteur, l'écriture est chez Crébillon étroitement solidaire d'une morale. Parodiée en son temps par le Diderot des *Bijoux indiscrets*, elle est assurément l'une des plus fines et des plus acérées que nous possédions : le peintre par excellence de la galanterie française et le représentant le plus séduisant d'un style rococo en littérature reste, à n'en pas douter, par la précision de son vocabulaire et la subtilité de sa syntaxe, l'un des maîtres de la langue classique.

Certains critiques ont insisté sur l'ambiguïté de Crébillon fils, auteur apparemment insaisissable parce qu'il satirise les vices à la mode avec autant de verve qu'il semble par ailleurs les défendre. Il a beau s'ingénier à euphémiser l'érotisme, élégamment converti en galanterie, celui-ci envahit ses œuvres, au point qu'il passe pour un auteur exclusivement libertin. Dans ***La Nuit et le Moment*** notamment, dialogue de séduction entre un homme et une femme se déroulant dans la chambre à coucher, puis dans le lit, l'auteur intervient pour raconter, et en même temps escamoter, les moments où le couple se tait : « *Clitandre, toujours plus honnête que Cidalise ne voudrait, croit devoir encore la remercier des preuves de passion qu'elle lui donne ; mais elle s'oppose si sérieusement à cette politesse qu'il est forcé de renoncer à ses projets.* » Crébillon euphémise ici la sexualité en usant, pour l'exprimer, du lexique de la courtoisie mondaine.

S'il aime à se servir des termes propres à la bienséance pour évoquer précisément ce qu'elle enjoint de taire, son art de masquer l'indécence détourne aussi bien le vocabulaire de la controverse ; ainsi, dans le même dialogue, Clitandre se vante-t-il en ces termes d'une érection que l'une de ses partenaires jugeait impossible, du fait d'une écrasante canicule : « *Je donnais dans le moment même le plus furieux démenti du monde à son opinion.* » Avec la même spirituelle obscénité, Crébillon peut détourner presque tous les champs lexicaux pour les ouvrir à ses allusions érotiques. Au demeurant, cette prédilection pour les jeux sémantiques autour de « *l'amour-goût* », et des « *égarements* » du « *moment* », coexiste avec le discours de l'amour-passion, au nom duquel meurt l'épistolière des ***Lettres de la marquise*** *[...]*. Pour autant, Crébillon n'adhère véritablement à aucun de ces discours amoureux, pas plus qu'aux attitudes morales qui les induisent. Il les laisse dialoguer dans son œuvre, au travers d'incessantes conversations qui envahissent tous ses récits, et font seules la substance de ***La Nuit et le Moment***, et du ***Hasard au coin du feu***. Avec ces deux dialogues, Crébillon trouve une forme libérée du théâtre comme du romanesque, parfaitement adéquate à son esthétique, et à la vision du monde dont elle découle : « *Je lui montrais peu de sentiments, mais beaucoup d'ardeur, et il n'est que trop ordinaire que l'un remplace l'autre, et mène même beaucoup plus loin* » *(**La Nuit et le Moment**)*.

Crébillon dissocie constamment l'esprit de la lettre, et les laisse si volontiers se contredire qu'on est en droit de penser que son écriture est essentiellement ironique. Sa syntaxe reproduit en tout cas le dialogisme de l'ensemble de l'œuvre, d'où son obsédante prédilection pour les subordonnées concessives et adversatives, comme dans cet extrait des ***Égarements*** : « *Quelque vivacité que Madame de Lursay employât à me peindre Versac si désavantageusement, elle ne me persuada pas que ce portrait pût lui ressembler* » (I).

Cette prolifération des concessions exprime les atermoiements psychologiques et l'ambivalence foncière de toute relation humaine, *a fortiori* lorsqu'elle devient désirante. À observer de plus près son élégance abstraite, le style de Crébillon fils semble refléter dans son organisation grammaticale l'ambivalence propre à la figure d'ironie, laquelle jaillit constamment dans ses dialogues, pour confronter les vérités, sans toujours parvenir à décider d'une signification finale.

Une gloire longtemps éclipsée

L'œuvre de Crébillon est liée à l'un des maîtres mots de la littérature du XVIIIe siècle : celui de libertinage. L'étroitesse délibérée de son champ d'investigation, la subtilité de ses analyses psychologiques, l'ambiguïté de sa morale et l'extrême raffinement d'une écriture constamment ironique en font le représentant typique de l'esprit de la Régence, à la fois rationaliste, frivole et satirique. Crébillon lui a donné sa coloration érotique particulière, en forgeant la notion d'« *amour-goût* », parfaite antithèse de l'amour-passion qui domine la littérature du siècle précédent.

Inspirant sympathie ou rejet, Crébillon a exercé sur les romanciers de son temps une influence importante : Mercier, dans son *Tableau de Paris*, en dressa un chaleureux portrait ; à l'inverse, Grimm en fit l'une de ses cibles favorites ; Diderot, dans *Les Bijoux indiscrets*, considérait la lecture des ***Égarements*** comme un puissant antisomnifère, tout en dénigrant le style entortillé de leur auteur, précisément transposé sous les traits d'un écrivain baptisé « *Girgiro l'Entortillé* ». Une verve satirique s'exerçant à tout propos, un ton constamment ironique, un dispositif narratif excluant le plus souvent toute prise en charge, par un personnage électif, de l'instance de vérité : l'ensemble de ces traits concourt à un brouillage de la signification morale, qui explique la nature contradictoire de la réception du romancier.

Oublié pendant près de deux siècles, tenu pour un écrivain du second rayon, un auteur scandaleux (Lanson par exemple), l'auteur des ***Égarements*** a pu être lu, à l'inverse, comme un censeur et un moraliste, au sens le plus strict de ces termes : Stendhal mit « *les romans trop négligés* » de Crébillon sur le même plan que *Les Liaisons dangereuses* de Laclos. Au XXe siècle, la réhabilitation de Crébillon dut beaucoup à des lecteurs aussi différents que Pierre Lièvre — qui, en 1929-1930, publia une édition des ***Œuvres complètes*** en 5 volumes —, Édouard Henriot et surtout Étiemble, selon qui « *le "licencieux" Crébillon se borne à présenter un tableau de son temps* ». La critique la plus récente a souligné le caractère indécidable de l'éthique crébillonienne, dû à un style qui, recourant aux plus subtils paradoxes, résiste à toute interprétation unilatérale. C'est ainsi que, pour Bernadette Fort, « *Crébillon goûte les artifices de langage de ses personnages autant qu'il les condamne pour leur fausseté* » *(Le Langage de l'ambiguïté dans le roman de Crébillon fils)*. Ernest Sturm, remarquant pour sa part le lien qui unit indissolublement « *l'ambiguïté fondamentale du libertin et celle de l'écrivain* », voit dans Crébillon un annonciateur du freudisme *(Crébillon fils et le Libertinage au dix-huitième siècle)*.

Par ailleurs, la concision et le parfait agencement des ébats et des débats que l'on trouve dans ses dialogues a incité récemment à les porter à la scène. Ce fut le cas notamment de ***La Nuit et le Moment***.

ŒUVRE

Les ***Égarements du cœur et de l'esprit*** *ou Mémoires de Monsieur de Meilcour*

Roman en 3 parties, précédées d'une dédicace « *À M. de Crébillon de l'Académie Française* » — le père de l'auteur — et d'une ***Préface*** qui annonçait d'autres parties, jamais rédigées. La 1re partie fut publiée à Paris, par Prault fils en 1736, les 2e et 3e par Gausse et Néaulme, à La Haye, en 1738.

Homme d'âge mûr, M. de Meilcour raconte son « *entrée dans le monde* » à 17 ans, c'est-à-dire son initiation amoureuse. « *Attaché* » à une amie de sa mère, Mme de Lursay, qui est prête à faire discrètement son « *éducation* », il ne sait pas saisir les occasions qu'elle lui offre. Cependant, il rencontre, à l'Opéra, puis aux Tuileries, une belle inconnue dont il tombe amoureux. Un jeune libertin, le comte de Versac, lui apprend que la « *vertu* » de Mme de Lursay n'est qu'un leurre (I). Présumant de ses propres aptitudes au cynisme du libertinage, Meilcour se conduit de façon sotte et maladroite chez elle, mais y retrouve sa belle inconnue, Hortense de Théville, dont il essaie timidement de se faire aimer : il est en même temps l'objet des avances décidées de Mme de Sénanges, « *coquette délabrée* » et impudente, qui déclenchent la jalousie de Mme de Lursay (II). Tout ce petit monde se retrouve aux Tuileries, où Meilcour — que se disputent Mme de Lursay et Mme de Senanges — se compromet aux yeux d'Hortense. Puis, comme il a malencontreusement refusé une partie de campagne où il aurait rencontré la jeune fille, Versac l'entraîne à l'Étoile et lui fait la leçon — longue théorie du libertinage mondain : « *De toutes les vertus, celle qui, dans le monde, m'a toujours paru réussir le moins à celui qui la pratique, c'est la modestie.* [...] *Tout homme qui vous blâme de trop parler de vous, ne le fait que parce que vous ne lui laissez pas toujours le temps de parler de lui : plus modeste, vous seriez martyr de sa vanité.* [...] *C'est avouer que nous croyons qu'un homme nous est supérieur, que d'être timide devant lui. Cette crainte de lui déplaire, même en le flattant, ne nous le gagne pas.* » Enfin, Mme de Lursay, qui l'a retenu en tête-à-tête à la fin d'une longue soirée, finit par l'amener à se rendre « *aussi coupable qu'il* [peut] *l'être* » sans qu'il cesse pour autant d'aimer Hortense (III).

Crébillon a voulu un roman dépouillé de ses « *puérilités fastueuses* » ***(Préface)*** : l'action se laisse découper rigoureusement en actes et en scènes, couvrant 5 ou 6 jours pris sur une durée globale de 15, dans un espace fonctionnel et stylisé, celui du « *monde* ». Le récit, qui se donne à la fin comme suspendu et délibérément inachevé, comporte une moitié de scènes dialoguées — impitoyables rapports de force, où l'on entend aussi le jargon d'un micromilieu : « [...] *il allait souper tête à tête avec la vieille Mme de ***.*

*Ah, mon Dieu ! s'écria Mme de Senanges, est-il vrai, Pranzi ? Quelle horreur ! Mme de *** ! Mais cela a cent ans !* » (II). La narration maîtrise parfaitement le jeu des différents points de vue, celui du jeune héros ignorant, celui des autres personnages, celui — ironique — du narrateur plus âgé : « *On disait trois fois à une femme qu'elle était jolie, car il n'en fallait pas plus : dès la première, assurément elle vous croyait, vous remerciait à la seconde, et assez communément vous en récompensait à la troisième. Il arrivait même quelquefois qu'un homme n'avait point besoin de parler, et, ce qui, dans un siècle aussi sage que le nôtre, surprendra peut-être plus, souvent on n'attendait pas qu'il répondît* » (I) ; « *On ne pouvait pas résister plus mollement qu'elle venait de faire ; cependant, je crus que je ne la vaincrais jamais : je me repentis de lui avoir parlé, je lui voulus mal de m'y avoir engagé, je la haïs quelques instants* » (I). Le style, soucieux à l'extrême d'harmonie et de précision, peut paraître celui d'un romancier moraliste, parce que sa matière est en grande partie psychologique et que quantité de maximes jalonnent le discours : « [...] *ce qu'on croit la dernière fantaisie d'une femme est bien souvent sa première passion* » (I) ; « *On partage toujours le déshonneur des personnes à qui l'on s'attache ; un mauvais choix marque un mauvais fonds* [...] » (II) ; « *La modestie anéantit les grâces et les talents ; en songeant à ce que l'on a à dire, on perd le temps de parler, et pour persuader, il faut étourdir* » (III). Cette écriture est plutôt celle d'un ironiste qui tient à distance le jeu des mots et du désir : « [...] *il la surprit un jour avec D..., le lendemain avec un autre, et deux jours après avec un troisième, et enfin, ennuyé de toutes ces surprises qui ne finissaient pas, il mourut, pour ne pas avoir le déplaisir de retomber dans cet inconvénient* » (I) ; « *Je ne pouvais cependant pas dire que ce qu'elle m'inspirait fût de l'amour : j'étais entraîné pas des mouvements que je ne connaissais point, et que je n'aurais pas pu me définir ; ils étaient violents sans être tendres ; aucun désir ne s'y mêlait, et j'étais piqué, sans être amoureux* » (III).

Les Égarements font partie, avec ***Le Sopha*** et ***L'Écumoire***, des œuvres qui établirent la notoriété de Crébillon comme romancier de l'« amour galant », dans un style assez original pour être parodié comme « crébillonnage ». Bien que son succès auprès du public eût décliné dans la 2de moitié du siècle, on rééditait encore ***Les Égarements*** en 1782. Le XIXe siècle — Stendhal mis à part — se détourna de Crébillon ; on préféra rééditer ce qui pouvait le faire passer pour un « *conteur licencieux* ». L'édition de Pierre Lièvre (1929-1930), celles d'Étiemble (1953, 1965 et 1977), marquèrent les principales étapes d'une réhabilitation désormais complète. Aujourd'hui, les travaux universitaires consacrés à ce roman sont très nombreux, on le trouve dans les principales collections de poche, et même — situation inimaginable jusque dans les années 1970 — des extraits figurent dans les manuels scolaires.

CITATIONS

Plus on a, plus on veut avoir. Un désir satisfait en fait naître un autre dans le cœur d'un amant. Sur ce qu'on lui permet, il voit ce qu'on peut encore lui permettre.

L'Écumoire, I, 3.

Un peuple sans religion est bientôt sans obéissance.

L'Écumoire, II, 18.

[...] avec quelque ardeur que les hommes poursuivent la victoire, ils aiment toujours à l'acheter.

Les Égarements du cœur et de l'esprit, I.

Une femme, quand elle est jeune, est plus sensible au plaisir d'inspirer des passions, qu'à celui d'en prendre.

Les Égarements du cœur et de l'esprit, I.

[...] ce qu'on croit la dernière fantaisie d'une femme est bien souvent sa première passion.

Les Égarements du cœur et de l'esprit, I.

Tout paraît passion à qui n'en a point éprouvé.

Les Égarements du cœur et de l'esprit, I.

Les conquêtes les plus méprisables sont quelquefois celles qui coûtent le plus de soin ; et l'hypocrisie montre souvent plus de scrupules que la vertu même.

Les Égarements du cœur et de l'esprit, I.

[...] toute femme qui, en pareille occasion, parle de sa vertu, s'en pare moins pour vous ôter l'espoir du triomphe que pour vous le faire paraître plus grand.

Les Égarements du cœur et de l'esprit, I.

J'estime cent fois plus une femme galante qui l'est de bonne foi. Je lui trouve un vice de moins.

Les Égarements du cœur et de l'esprit, I.

Si l'on ne voyait que les gens qu'on estime, on ne verrait personne.

Les Égarements du cœur et de l'esprit, II.

L'esprit qu'on emploie ordinairement dans le monde est borné, quoi qu'on en dise, et ce ton charmant qu'on appelle le ton de la bonne compagnie, n'est le plus souvent que le ton de l'ignorance, du précieux et de l'affectation.

Les Égarements du cœur et de l'esprit, II.

Un mauvais choix marque un mauvais fonds.

Les Égarements du cœur et de l'esprit, II.

Nous vivons ordinairement plus avec les gens qui nous plaisent qu'avec ceux que nous estimons.

Les Égarements du cœur et de l'esprit, II.

Pour moi, je n'ai encore vu personne, quelque modestie qu'il affectât, qui ne trouvât toujours en fort peu de temps le secret de m'apprendre à quel point il s'estimait, et combien je devais l'estimer moi-même.

Les Égarements du cœur et de l'esprit, III.

De toutes les vertus, celle qui, dans le monde, m'a toujours paru réussir le moins à celui qui la pratique, c'est la modestie.

Les Égarements du cœur et de l'esprit, III.

Tout homme qui vous blâme de trop parler de vous, ne le fait que parce que vous ne lui laissez pas toujours le temps de parler de lui.

Les Égarements du cœur et de l'esprit, III.

C'est avouer que nous croyons qu'un homme nous est supérieur, que d'être timide devant lui. Cette crainte de lui déplaire, même en le flattant, ne nous le gagne pas.

Les Égarements du cœur et de l'esprit, III.

Un sot qui se tourne vers la méchanceté est plus respecté qu'un homme d'esprit qui, trop supérieur à ces vils objets pour descendre jusqu'à eux, rit en secret des travers de son siècle et les méprise assez pour ne pas même les blâmer tout haut.

Les Égarements du cœur et de l'esprit, III.

Une profonde ignorance avec beaucoup de modestie serait à vérité fort incommode, mais, avec une extrême présomption, je puis vous assurer qu'elle n'a rien de gênant.

Les Égarements du cœur et de l'esprit, III.

Ignorer tout, et croire n'ignorer rien ; ne rien voir, quelque chose que ce puisse être, qu'on ne méprise ou ne loue à l'excès ; se croire également capable du sérieux et de la plaisanterie ; ne craindre jamais d'être ridicule, et l'être sans cesse ; mettre de la finesse dans ses tours et du péril dans ses idées ; prononcer des absurdités, les soutenir, les recommencer : voilà le ton de l'extrêmement bonne compagnie.

Les Égarements du cœur et de l'esprit, III.

Plus vous refuserez de vous prêter aux travers, plus on s'empressera à vous en donner. Je ne suis pas le seul qui ai senti que, pour ne point passer pour ridicule, il faut le devenir, ou le paraître du moins.

Les Égarements du cœur et de l'esprit, III.

Nous marquons trop nos désirs, ils agissent trop sensiblement sur nous, pour qu'ils puissent échapper à la femme même la moins habile.

Les Égarements du cœur et de l'esprit, III.

On s'ennuie quand on aime médiocrement.

*Lettres de la Marquise de M*** au Comte de R****, 31.

Je crois, à tout prendre, qu'il y a bien de la sagesse à sacrifier à tant de plaisirs quelques vieux préjugés qui rapportent assez peu d'estime, et beaucoup d'ennui à ceux qui en font encore la règle de leur conduite.

La Nuit et le Moment.

[...] s'il est vrai qu'il y ait peu de héros pour les gens qui les voient de près, je puis dire aussi qu'il y a, pour leur sopha, bien peu de femmes vertueuses.

Le Sopha, introduction.

On dit à une belle qu'elle a des agréments, parce qu'en le lui répétant souvent, c'est une façon polie de l'exhorter à en faire usage.

Le Sylphe.

JUGEMENTS

« L'éloge que nous avons donné aux ouvrages de Crébillon le fils ne tombe que sur ses premiers romans, bien supérieurs aux derniers, qui sont même indignes de l'auteur. On peut ajouter que dans les meilleurs romans de cet écrivain, le style prête beaucoup à la censure, et que le dessin y est bien préférable au coloris. »

D'ALEMBERT, « Éloge de Crébillon Père », in *Éloges académiques*, 1779.

« Le roman de Crébillon est un duel qui s'achève en corps à corps. Duel verbal, évidemment, échange, débat, dialogue. [...] *Sa conception du roman est l'une des plus fortes et des plus cohérentes qui soient. Ses œuvres combinent le plus subtil scepticisme avec l'érotisme le plus délicatement bouffon. Il a l'une des plus belles et des plus intelligentes proses du "grand siècle". »*

Jean DAGEN, *Préface* à CRÉBILLON, *Les Égarements du cœur et de l'esprit*, « GF », Flammarion, 1985.

« Crébillon fils est [...] *un exemple de réputation usurpée. »*

Robert DESNOS, *Nouvelles Hébrides (1922-1930)*, Gallimard, posthume, 1978.

« L'œuvre entier de Crébillon n'est qu'une conversation. En un siècle où les salons foisonnaient et ne s'occupaient pas seulement de politique, mais d'amour et de futilités, com-

ment s'étonner si un écrivain qui met "le monde" en scène fait beaucoup parler ses personnages. Aujourd'hui que nous avons désappris de parler, parce que la presse, la radio, la télé nous occupent, et nous fournissent un lot de propos de confection ; aujourd'hui que "carré", "chaud", "terrible" et "yéyé" résument le vocabulaire des "teens" et des "teenettes", on s'étonne de constater que, malgré toute sa gaucherie, le jeune Meilcour, qui n'est qu'un "teen", échange avec Mme de Lursay autre chose que des onomatopées. En 1963, ces dialogues ont un air incongru. En face des larves veules et balbutiantes dont le roman contemporain peuple son inaction, les personnages de Crébillon, bien nés qu'ils sont, bien embouchés, paraissent invraisemblables. Or ils étaient vrais. Ils ne s'emberlificotaient point, ces gens-là, dans la dialectique du silence et de la parole ; ils ne se suppliciaient point en se demandant vainement si la communication est métaphysiquement possible *ou* existentiellement valable, *pour se faire comprendre qu'ils s'aiment ou se désirent, ils n'avaient même pas besoin d'instruire d'abord le procès de tout langage et de fignoler une sémantique générale ou généralisée qui leur permette d'oser dire :* quelle heure est-il ? *Sans doute il leur advient de parler pour ne pas dire ce qu'ils pensent, ou de ne pouvoir exprimer tout ce qu'ils sentent. Ce n'est point le langage qui est en cause ; la vie sociale, plutôt, son hypocrisie, ou le caractère de celui-ci, ou encore les circonstances qui paralysent celui-là. »*

ÉTIEMBLE, *Préface* à *Crébillon fils*, « Les Plus Belles Pages », Mercure de France, 1964.

« La vie de Crébillon fils, peu féconde en événements, fut toute littéraire, si l'on peut appliquer cette épithète à des ouvrages qui ne sont qu'obscènes, à vrai dire, et qui en général, malgré leur réputation d'autrefois et celle même qu'ils ont conservée aujourd'hui près de certains lecteurs, ne satisfont pas plus le bon goût qu'ils n'excitent l'intérêt et la curiosité. »

Victor FOURNEL, *Nouvelle Biographie générale*, t. XII, 1856.

« M. de Crébillon fils a eu son moment de vogue [...], celle du genre dans lequel il s'est distingué devait durer moins qu'une autre. On ne saurait lui refuser le mérite d'avoir créé un genre de roman qui lui appartient [...]. La touche qui caractérise ses ouvrages est infiniment spirituelle, infiniment ingénieuse [...]. On trouve dans Les Égarements *des détails pleins de grâce et de délicatesse, une morale en général assez décente et des aperçus très fins sur l'esprit du monde et le caractère des femmes [...]. »*

Melchior de GRIMM, cité *in* Émile HENRIOT, *Les Livres du second rayon. Irréguliers et Libertins*, Grasset, 1948.

« Au reste il y a bien des analogies entre Proust et les romanciers du XVIIIe *siècle. Dès longtemps nous est apparu l'air de famille qui peut se découvrir entre* Le Paysan Parvenu *et* La Recherche du Temps perdu. *Entre ce même livre et* Les Égarements *on en aperçoit d'autres qui sont bien frappants.*

Faut-il insister sur le point que Crébillon, ainsi que l'abbé Prévost, Marivaux, et tant d'autres, fournit à Proust l'exemple de l'ouvrage où le narrateur est le héros de son récit ? Faut-il dire qu'en ce qui concerne la présentation matérielle de l'œuvre, les contemporains de Crébillon trouvaient, ainsi que nous le verrons plus tard, que son style était singulièrement entortillé, reproche que nous serions facilement enclins à adresser à Proust aussi ? Nous voulons encore indiquer que Crébillon, comme fera Proust, découvre dans la société qui l'environne des types qu'il caractérise de façon frappante. Un roman comme Les Égarements *semble avoir pour but de présenter leur réunion savoureuse et pittoresque. Madame de Lursay, Versac, madame de Senanges, madame de Mongennes composent une société abondante en singularités diverses, et l'on sent que la peinture du monde, que la description de la vie de société procure à Crébillon un plaisir exactement comparable à celui que dut connaître Proust en se livrant à la même entreprise.*

Irons-nous jusqu'à dire que Crébillon comme notre contemporain n'est pas exempt de tout snobisme ? La question est malaisément résoluble ; les variations du snobisme sont telles qu'on cesse de le distinguer si l'on sort de l'époque où il s'est manifesté. Ce que nous désignons du nom de snobisme correspond cependant avec assez d'exactitude à ce que Crébillon appelait les ridicules en crédit *et dont il fait une si plaisante théorie au cours même des* Égarements. *Le héros des* Égarements, *le jeune Meilcour, ne fait point son entrée dans la meilleure société, à laquelle il appartient cependant, sans un peu d'éblouissement, ni sans parvenir à dissimuler le gré qu'il s'en sait à lui-même.*

Le caractère mondain des deux ouvrages suscite dans l'un comme dans l'autre une grande abondance de portraits. S'il est possible, chez Proust, de mettre des noms sur les figures, la chose est moins aisée chez Crébillon : la clé des Égarements *est perdue. Qui la retrouvera ? La chose ne serait pas impossible à quelque chercheur patient. La preuve de son existence se déduirait du soin même avec lequel, dans la préface de son livre, l'auteur se défend d'avoir fait un roman à clé. Mais on sent que sa peinture est faite sur le vif. Elle fait l'effet de ces figures qui donnent l'impression de la ressemblance à ceux-là même qui n'en connaissent point les modèles.*

Une dernière similitude entre Proust et Crébillon se découvre dans l'importance que prennent à leurs yeux ce que Molière appelait les réalités. Le passage du sentimental au sensuel excite leur curiosité la plus vive, et ils se proposent l'un comme l'autre de le saisir.

Toutes ces analogies, pour frappantes qu'elles soient, que l'on aperçoit dans l'un et l'autre auteur ne créeraient entre eux qu'une ressemblance superficielle si l'on n'était pas en état de discerner qu'ils sont unis par un lien plus profond. Tous deux analysent les mouvements psychologiques avec une minutie infinie. Au moindre incident, ils savent consacrer un vaste développement : ils content lentement. Un grand nombre de pages leur est nécessaire pour modifier insensiblement une situation, pour énoncer l'évolution fort minime d'un sentiment ou même pour représenter le station-

nement et le non changement, au contraire de ce que font les narrateurs rapides qui en une page ou deux retournent leurs positions ou bouleversent leurs données sentimentales, en moins d'une page bien souvent, et d'aventure en quelques mots.

Cependant il faut noter que Crébillon est un psychologue classique qui essaie de voir clair dans les cœurs par les moyens que lui fournit l'intelligence, tandis que c'est bien plutôt par ceux que lui offre l'intuition, que Proust se propose d'atteindre la vérité qu'il souhaite dépeindre.

Mais il n'y a point lieu de poursuivre cette comparaison par un rigoureux parallèle. Suffit de l'avoir indiquée, et nous n'irons pas jusqu'à dire que dans leur inachèvement respectif, ces deux livres laissent dans l'esprit la curiosité de ce qu'ils seraient devenus si leurs auteurs y avaient mis la dernière main. »

Pierre LIÈVRE, *Préface* à CRÉBILLON fils, *Les Égarements du cœur et de l'esprit*, Le Divan, 1929.

« [...] Crébillon fils toutefois, dans ses ouvrages, plus estimables qu'on ne le croit communément, a tracé plus d'une analyse de cœur ingénieuse et civilisée qui soutiendrait assez bien le parallèle avec quelques passages de Diderot. »

Charles Augustin SAINTE-BEUVE, « Diderot », 1830, in *Premiers Lundis*, posthume, 1874.

« C'est l'amour-goût qui a fait la fortune des romans si spirituels de Laclos et des romans trop négligés de Crébillon. »

STENDHAL, *De l'amour*, 1822.

« Crébillon le père avait du génie et point d'esprit ; Crébillon le fils avait de l'esprit et point de talent. »

Abbé VOISENON, cité *in* Victor FOURNEL, *Nouvelle Biographie générale*, 1856.

« Crébillon le fils ne s'est distingué que par des romans très libres et sans imagination, si on en excepte Tenzaï et Néardané. *Il composa le* Sopha, *où il y a de l'esprit, et même de la philosophie dans quelques chapitres ;* Les Égarements du cœur et de l'esprit, *qu'il n'a point finis : ce fut Madame Staford qui, en l'épousant, les acheva, à ce qu'on dit dans le temps. Il passait pour être insolent avec les femmes sans avoir de quoi justifier son insolence. »*

Abbé VOISENON, 1764, in *Anecdotes littéraires*, publiées par le Bibliophile JACOB en 1880.

BIBLIOGRAPHIE

Éditions

Œuvres complètes, éd. P. LIÈVRE, Le Divan, 1929-1930, 5 vol.

Œuvres, éd. E. STURM, François Bourin, 1992 [comprend l'ensemble des œuvres majeures, à l'exception des romans de la dernière période].

Œuvres complètes, éd. J. SGARD, P.U. Grenoble [en cours].

Les Égarements du cœur et de l'esprit, éd. ÉTIEMBLE, in *Romanciers du XVIIIe siècle*, t. II, « Pléiade », Gallimard, 1965, 2e éd. 1969 ; éd. ÉTIEMBLE, « Folio », Gallimard, 1977 ; éd. J. DAGEN, « GF », Flammarion, 1985 ; éd. R. TROUSSON, in *Romans libertins du XVIIIe siècle*, « Bouquins », Laffont, 1993.

Études

C. DORNIER, *Le Discours de maîtrise du libertin*, Klincksieck, 1994 ; *id.* (dir.), *Les Mémoires d'un désenchanté : Crébillon fils, « Les Égarements du cœur et de l'esprit »*, Paradigme, Orléans, 1995.

B. FORT, *Le Langage de l'ambiguïté dans l'œuvre de Crébillon fils*, Klincksieck, 1978.

M. FOUCAULT, « Un si cruel savoir », in *Critique*, juil. 1962, pp. 597 à 611.

H.G. FUNKE, *Crébillon fils als Moralist und Gesellschaftskritiker*, C. Winter, Heidelberg (DE), 1972.

V. GÉRAUD, *La Lettre et l'Esprit de Crébillon fils*, SEDES, 1994.

A. GIARD, *Savoir et Récit chez Crébillon fils*, Droz, 1986.

H. LAFON, « Les Décors et les Choses dans les romans de Crébillon », in *Poétique*, n° 16, 1973, pp. 455 à 465.

P. RÉTAT (dir.), *Les Paradoxes du romancier : « Les Égarements » de Crébillon*, P.U. Grenoble, 1975.

J. SGARD, « La Notion d'égarement chez Crébillon », in *Dix-Huitième Siècle*, n° 1, 1969, pp. 241 à 249.

A. SIEMEK, *La Recherche esthétique et morale dans l'œuvre de Crébillon fils*, Voltaire Foundation, Oxford (GB), 1981.

E. STURM, *Crébillon fils et le Libertinage au dix-huitième siècle*, Nizet, 1970.

R. WALD-LASOWSKI, « Crébillon fils et le Libertinage galant », in *Littérature*, n° 47, oct. 1982.

AUDIO & VIDÉO

Vidéo

N. COMPANEEZ, *La Nuit et le Moment*, 1977, Film Office, s.d.

DAUDET

Alphonse DAUDET

Nîmes 1840 – Paris 1897

> *Le charme de M. Alphonse Daudet, ce charme profond qui lui a valu une si haute place dans notre littérature contemporaine, vient de la saveur originale qu'il donne au moindre bout de phrase. Il ne peut conter un fait, présenter un personnage sans se mettre tout entier dans ce fait ou dans ce personnage, avec la vivacité de son ironie et la douceur de sa tendresse.*
>
> Émile ZOLA, *Le Roman expérimental*, 1880.

> *Alphonse Daudet a su conquérir une grande situation d'« artiste ». Les femmes pour lesquelles il a toujours exclusivement travaillé, lui savent gré de larmoyer perpétuellement dans le carrefour des idées banales, de n'avoir jamais écrit une page virile et, surtout, de posséder ce style visqueux et blanchâtre que les romanciers pour dames se font passer — comme un morceau de savon dans un lavoir de pauvresses —, depuis Saintine jusqu'à Paul Bourget.*
>
> Léon BLOY, *Belluaires et Porchers*, 1905.

Une volonté de revanche sur la vie

De la déchéance à la bohème

Engagée au plus bas d'une courbe sociale descendante, la carrière de Daudet porta tous les signes d'une volonté de revanche. S'il est issu de la haute bourgeoisie (catholique et légitimiste), ses années d'enfance, à Nîmes puis à Lyon, se sont déroulées sur le fond sombre d'une faillite annoncée, son père conduisant rapidement à la ruine la fabrique de soierie familiale. De santé délicate, le jeune Daudet, un des quatre survivants des dix-sept enfants mis au monde par sa mère, dut, dès 1856, abandonner ses études, avant le bac : plutôt bon élève, il avait même obtenu un premier prix de vers latins. Il occupa alors un poste de « pion » au collège d'Alès : les brimades et humiliations qu'il y reçut — et dont il s'est souvenu dans ***Le Petit Chose*** (1868) — le déterminèrent à tenter sa chance à Paris, où il rejoignit son frère Ernest, fin 1857. Deux années de bohème misérable suivirent, au cours desquelles Daudet s'activa à maintes besognes dans le petit journalisme (à *Paris-Journal* ou au *Figaro*). Chroniques, « fantaisies », récits brefs constituèrent ses véritables classes littéraires, assurant l'apprentissage et l'incorporation d'un style (plutôt oral) et d'un ton (doucement ironique), que célébra plus tard Maupassant dans le chaleureux portrait qu'il dressa de l'écrivain : « *Puis, c'est Alphonse Daudet, qui apporte l'air de Paris, du Paris vivant, viveur, remuant et gai. Il trace en quelques mots des silhouettes infiniment drôles, promène sur tout et sur tous son ironie charmante, méridionale et personnelle, accentuant les finesses de son esprit verveux par la séduction de sa figure et de son geste et la science de ses récits, toujours composés comme des contes écrits. Sa tête, jolie, très fine, est couverte d'un flot de cheveux d'ébène qui descendent sur les épaules, se mêlant à la barbe frisée dont il roule souvent les pointes aiguës. L'œil, longuement fendu, mais peu ouvert, laisse passer un regard noir comme de l'encre, vague quelquefois par suite d'une myopie excessive. Sa voix chante un peu ; il a le geste vif, l'allure mobile, tous les signes d'un fils du midi* » (*Études littéraires et Chroniques parisiennes*, in *Chroniques*, 1884). Entre-temps, en 1858, Daudet avait fait paraître un mince recueil de poèmes, ***Les Amoureuses***, captant l'attention de quelques lettrés et la bienveillance de l'impératrice Eugénie. Deux ans plus tard, l'apprenti écrivain, vivant avec Marie Rieu une liaison qu'il transposa plus tard dans ***Sapho*** (1884), entrait au cabinet du duc de Morny (demi-frère de Napoléon III) comme secrétaire, grâce à son ami Lépine. Sa subsistance assurée, il put se vouer à l'écriture, tentant de s'imposer au théâtre avec plusieurs pièces, notamment ***La Dernière Idole*** (1862), ***Les Absents*** (1864), ***L'Œillet blanc*** (1865, avec Lépine), qui lui firent grossir le nombre des « *auteurs sifflés* » (avec Flaubert, Zola et les Goncourt) évoqués dans un recueil de souvenirs, ***Trente Ans de Paris*** (1888).

Des débuts sans succès

Entre 1864 et 1865, plusieurs séjours en Provence puis un voyage de santé en Algérie et en Corse éveillèrent son imaginaire personnel, lui ouvrant deux voies : celle de l'autobiographie romancée, avec ***Le Petit Chose*** (1868), et celle des récits provençaux avec, à partir de 1866, les ***Lettres de mon moulin*** (publiées en recueil en 1869 — Paul Arène apportant sa collaboration à la première des deux séries) et, en 1872, ***Les Aventures prodigieuses de Tartarin de Tarascon***.

Le succès ne fut pas au rendez-vous, pas plus que pour ***L'Arlésienne***, en 1872 (drame en 3 actes, mis en musique par Bizet), mais Daudet prit figure d'écrivain et obtint la reconnaissance mondaine, en même temps que se multipliaient contre lui, les accusations de plagiat (pas toutes injustifiées, d'ailleurs).

Une reconnaissance tardive

Épaulé par Julie Allard, qu'il avait épousée en 1867 — et dont il eut, la même année, un premier fils qui sut se faire un prénom dans les lettres : Léon —, enchaînant (sans plus de réussite) avec les ***Contes du lundi*** (1873), où s'articulaient récits militaires et contes de Noël, Daudet obtint son premier succès éclatant avec le roman ***Fromont jeune et Risler aîné*** (1874), couronné par l'Académie française et qui assura la fortune matérielle de son auteur : sans doute le mélange de réalisme et de fantaisie convenait-il au public distingué. La parution de ***Jack*** (1876), mélodrame dickensien, élargit l'ouverture : Daudet n'eut qu'à satisfaire les attentes de son lectorat en contribuant, par les vertus croisées de l'ironie et du pathos, à une peinture de la société moderne qui évitât les excès naturalistes. Il s'ensuivit alors — recoupées par l'autre veine, celle du cycle de Tartarin : ***Tartarin sur les Alpes*** (1885), ***Port-Tarascon*** (1890) — une série d'études de mœurs contemporaines, pour lesquelles Daudet (père d'un second fils, Lucien, en 1878) mit à profit, y glissant quelques clés, sa connaissance des coulisses du grand monde : ***Le Nabab*** (1877), évoquant l'univers des « requins » de la finance ; ***Les Rois en exil*** (1879), histoire d'une famille royale de fantaisie réfugiée à Paris ; ***Numa Roumestan*** (1881), où l'on s'émut de reconnaître Gambetta ; ***L'Évangéliste*** (1883), portrait d'une dévote hystérique ; ***Sapho*** (1884), qui reprend le thème de la séductrice vieillissante s'éprenant ici d'un jeune provençal ; et ***L'Immortel*** (1888), tableau caustique d'une élection à l'Académie française — à laquelle Daudet vouait une haine si tenace qu'il ne s'y présenta jamais. Ami de Mistral et intime d'Edmond de Goncourt, jouant de deux registres esthétiques et mêlant, dans le traitement de ses sujets, cruauté et complaisance ***(Le Petit Chose)***, cynisme et compassion ***(Jack)***, distance et mélodrame (***L'Évangéliste***, roman d'une « *secte* » protestante et de son pouvoir sur les âmes faibles), Daudet ne cessa pas d'apparaître à ses contemporains comme un *homo duplex*. Assombries par un état physique très délabré, en raison d'une maladie incurable de la moelle épinière — décrépitude dont il tint le journal dans ***La Doulou*** (posth., 1931) —, ses dernières années le virent publier, parmi quelques recueils de souvenirs, les romans ***Rose et Ninette*** (1892), ***La Petite Paroisse*** (1895), et surtout un ultime récit d'inspiration provençale, ***Le Trésor d'Arlatan*** (1897), dans lequel il a peut-être donné le meilleur de son talent. Personnalité parmi les plus reconnues, l'un des fondateurs de l'Académie Goncourt (sa mort prématurée l'empêcha d'en être membre : il fut remplacé par Léon Hennique et représenté par son fils Léon), Daudet vieillissant versa dans l'antisémitisme jusqu'à financer la parution de *La France juive* de Drumont et à prendre rang parmi les antidreyfusards. Son dernier mot fut pour dire son souhait de voir *Cyrano de Bergerac* de Rostand, créé le 28 décembre 1897, moins de deux semaines après son décès et, à son enterrement, le pleuraient côte à côte les adversaires les plus opposés (dans l'affaire Dreyfus) : Drumont et Zola. Très aimée du grand public, qui voit d'abord en son auteur le chantre ironique et tendre d'une Provence idéale en même temps qu'un Dickens à la française, l'œuvre de Daudet, romancier, conteur, dramaturge et poète, constitue, pour l'histoire littéraire, un hybride de l'esthétique réaliste et de l'inspiration fantaisiste qui ont respectivement dominé, dans la seconde moitié du XIXe siècle, le roman lettré et la littérature de divertissement.

Style oral et ton ironique

Par la vivacité d'expression qu'il impose dans la saisie d'un fait ou d'une scène et par la priorité qu'il accorde au clin d'œil et à l'allusion, le petit journalisme pratiqué par Daudet, à ses débuts, semble avoir marqué profondément son écriture et la forme de ses narrations (structure brève du conte, de la « lettre », construction fragmentaire des romans). Daudet écrivain aime à faire valoir sa maîtrise par une désinvolture très étudiée du ton et de la syntaxe proches des structures « orales » du conte, et manque rarement, dans ses récits, l'occasion d'ironiser sur les poses, les attitudes ou les filières qu'il a lui-même adoptées ou suivies. Il sait alterner humour : « *Où serait le mérite, si les héros n'avaient jamais peur ?* » (***Tartarin***, III, 5) ; ironie : « *À quinze ans, vingt ans tout au plus, on est achevé d'imprimer. Le reste n'est que des tirages de la première impression* » ***(Notes sur la vie)*** ; et lyrisme : « *Le jour, c'est la vie des êtres, mais la nuit, c'est la vie des choses* » (***Les Étoiles***, in ***Lettres de mon moulin***). À l'occasion, Daudet développe des descriptions d'un pittoresque quasi cinématographique, comme dans cette scène des ***Trois Messes basses*** (II, in ***Lettres de mon moulin***) où le révérend dom Balaguère, tenu de célébrer trois messes consécutives le soir de Noël et impatient de réveillonner enfin, « expédie » son office : « *Mais comment pourrait-il aller* *plus vite ? Ses lèvres remuent à peine. Il ne prononce plus les mots... À moins de tricher tout à fait le bon Dieu et de lui escamoter sa messe... Et c'est ce qu'il fait, le malheureux !... De tentation en tentation, il commence par sauter un verset, puis deux. Puis l'Épître est trop longue, il ne la finit pas, effleure l'Évangile, passe devant le* Credo *sans entrer, saute le* Pater, *salue de loin la préface, et par bonds et par élans se précipite ainsi dans la damnation éternelle, toujours suivi de l'infâme Garrigou* (vade retro, Satanas !), *qui le seconde avec une merveilleuse entente, lui relève sa chasuble, tourne les feuillets deux à deux, bouscule les pupitres, renverse les burettes, et sans cesse secoue la petite sonnette de plus en plus fort, de plus en plus vite.* » L'adaptation cinématographique de Pagnol tira le meilleur parti de cette scène. Mais la variété de Daudet se traduit aussi par des tournures plus sentencieuses et plus graves : « *Le prisonnier voit la liberté plus belle qu'elle n'est. Le malade se représente la santé comme une source de joies ineffables — ce qu'elle n'est pas. Tout ce qui nous manque est le divin* » ***(La Doulou)***.

Le folklore imaginaire de la littérature

Tardivement reconnu, Daudet, de son vivant, était soutenu par Mistral, Zola, Maupassant et les Goncourt, mais trouva en Bloy un implacable procureur, qui dénonçait surtout le plagiaire : « *Veut-on savoir, maintenant, les noms des écrivains qu'il a démarqués : Balzac, Dickens, Barbey d'Aurevilly, Goncourt, Flaubert, Zola, Paul Arène — jusqu'à Paul Arène, justes cieux ! — et je ne sais combien d'autres encore, dont la multitude m'effare.* [...] *Ce qui peut confondre, par exemple, c'est le toupet du plagiaire, crochetant les livres les plus connus, tels ceux du fameux Dickens. Dans* Fromont jeune, *par exemple, cette Désirée Delobelle, apprêteuse d'oiseaux-mouches, qui lui a valu tant d'éloges, est identiquement décalquée sur l'habilleuse de poupées de* L'Ami commun *et dans* Jack, *imité presque tout entier de* David Copperfield, *on rencontre des morceaux énormes qui font penser à la besogne de quelque malheureux expéditionnaire. Si, du moins, il ne châtrait pas ceux qu'il dévalise !* [...] *Voyez comme il a joliment émasculé M. de Goncourt et le Crotoniate Flaubert dans* Sapho, *et ce que devient, à travers le personnage de son praliné Gaussin, le Frédéric Moreau de* L'Éducation sentimentale » (*Belluaires et Porchers*, 1905). Mauvaise réputation confirmée par Octave Mirbeau qui dénonçait « *ce talent pillard et gascon qui s'en va grappillant un peu partout* », puis relayée par Léautaud.

Tout un pan de l'œuvre de Daudet, les études de mœurs, est aujourd'hui ignoré, laissant la place, d'un côté, aux récits d'inspiration méridionale, ***Lettres de mon moulin*** ou épopée parodique des ***Tartarin***, qui lui valent une réputation — trop réductrice — d'auteur régionaliste, et, de l'autre au ***Petit Chose*** et, dans une moindre mesure, à ***Jack***, qui le rangent au rayon des romanciers de l'enfance malheureuse. Bien des lieux ou des figures (humaines, animales) qui peuplent son œuvre sont désormais inscrits dans le folklore imaginaire de la littérature.

Le succès de ces classiques que sont devenus les ***Lettres de mon moulin*** et ***Tartarin*** ont réduit Daudet au rang de chantre charmant d'une Provence enchanteresse, éclipsant l'auteur de romans autrement graves (mais absents des programmes scolaires comme des catalogues de littérature de jeunesse) : c'est pourquoi Daudet est, paradoxalement, le plus méconnu des auteurs populaires.

ŒUVRES

Lettres de mon moulin

Suite de « lettres » (ou de nouvelles) composée en partie avec Paul Arène, entre 1866 et 1869, et publiée d'abord dans la presse (*L'Événement, Le Figaro*) puis en recueil chez Hetzel en 1869, sous le titre de **Lettres de mon moulin** ; une nouvelle édition revue et augmentée parut chez Lemerre en 1879.

Il s'agit d'une suite de 24 récits à la première personne précédés par un avant-propos qui est l'acte de vente par lequel le narrateur achète son moulin. La plupart de ces récits se déroulent en Provence : ***La Diligence de Beaucaire*** (un rémouleur cocu est la risée des autres voyageurs d'une diligence), ***Le Secret de Maître Cornille*** (un meunier sans plus aucun client fait croire que son activité dure encore), ***La Chèvre de Monsieur Seguin*** (une chèvre éprise de liberté finit, après une nuit entière de combat, par être dévorée par un loup), ***Les Étoiles*** (où « *la belle Stéphanette* » s'endort sur l'épaule d'un berger à force de contempler les astres nocturnes), ***L'Arlésienne*** (le dilemme d'un jeune homme d'honneur amoureux d'une femme déshonorante), ***La Mule du pape*** (une mule se venge, sept ans plus tard, d'un *« bandit »* qui l'avait maltraitée), ***Le Curé de Cucugnan*** (le *« cauchemar pédagogique »* de l'abbé Martin : ni au paradis ni même au purgatoire il ne trouve le moindre de ses paroissiens ; ils sont tous en enfer ; alors *« blême de peur »*, l'auditoire de ce sermon consent à se confesser sans délai), ***Les Vieux*** (le narrateur, *« l'ami de Maurice »*, est reçu par les grands-parents de celui-ci), ***Les Trois Messes basses*** (un curé trop impatient de réveillonner « expédie » ses trois messes de Noël et s'en trouve puni par Dieu), ***En Camargue*** (l'apprentissage de la chasse *« à l'espère »* [à l'affût] et l'évocation de *« ces bœufs de Camargue »* que sont les taureaux des *« courses »*), etc., pour les plus connus. Daudet, ami de Mistral, à qui est consacré le récit ***Le Poète Mistral***, magnifie telle province ou région, par des descriptions pittoresques qui saisissent non seulement les couleurs, mais aussi les odeurs, par exemple dans ***Les Oranges*** (évocation de l'Algérie et de la Corse), et les animaux, dont la présence emblématique est soulignée, dès la première lettre, par les lapins *« étonnés... »* à l'arrivée du narrateur au moulin ***(Installation)***. Il a recours aussi à des personnages « typiques » de la Provence, le berger, le joueur de fifre, sans oublier... le mistral.

Daudet donne une sorte de transcription du provençal, par l'utilisation de certains termes empruntés à la langue d'oc : *« miarro »* [garçon de ferme], *« ménager »* [fermier], *« Adessias ! »* [Adieu !] ; ou de certains procédés syntaxiques, comme à la fin de ***La Chèvre de Monsieur Seguin*** : *« Tu m'entends bien, Gringoire :* E piei lou matin lou loup la mangé ». Quelques récits sont situés en Corse : ***Le Phare des Sanguinaires***, ***L'Agonie de « La Sémillante »***, ***Les Douaniers***, ou en Algérie, ***À Milianah***, ***Les Sauterelles***. La présence du narrateur y est quasi constante — certains épisodes sont presque autobiographiques (***Les Vieux*** et les récits du cycle corse) —, d'où un ton extrêmement varié, en particulier dans les positions du narrateur.

Ce sont ces traits qui, probablement, ont fait des ***Lettres*** l'œuvre de Daudet la plus connue, à la fois du public et des écoles, alors que, à la parution, elle passa totalement inaperçue, de l'aveu même de l'auteur : *« Le volume parut chez Hetzel en 1869, se vendit péniblement à deux mille exemplaires, attendant, comme les autres œuvres de mon début, que la vogue des romans leur fît un regain de vente et de publicité. N'importe ! c'est encore là mon livre préféré, non pas au point de vue littéraire, mais parce qu'il me rappelle les plus belles heures de ma jeunesse, rires fous, ivresses sans remords, des visages et des aspects amis que je ne reverrai plus jamais »* ***(Histoire de mes livres)***. Une adaptation cinématographique de 1997 ne rencontra aucun succès, au contraire du film de Marcel Pagnol, en 1954, mettant en scène ***Les Trois Messes basses***, ***L'Élixir du Révérend Père Gaucher*** et ***Le Secret de Maître Cornille***.

Le **Petit Chose**, *histoire d'un enfant*

Ouvrage de jeunesse, composé en 1866 et publié en 1868.

Le Petit Chose est, pour une bonne part, un ouvrage autobiographique, écrit à la première personne, roman en deux parties qui raconte essentiellement les malheurs du héros, Daniel Eyssette, surnommé *« le petit chose »*. Sa famille, ruinée, réfugiée à Lyon, est contrainte à se séparer. Le héros ne peut plus continuer ses études et, à seize ans, il devient pion dans un collège, à Sarlande : après des débuts plutôt agréables dans l'étude des petits, il devient la cible des élèves dans l'étude des moyens, en particulier de Boucoyran. Victime d'un maître d'escrime et de ses manœuvres sournoises, il n'est soutenu que par l'abbé Germane qui lui permet, en l'aidant à régler ses dettes, de quitter la ville pour Paris. Dans la seconde partie, la vie à Paris — où *« le petit chose »* retrouve son frère Jacques — est difficile, d'autant que Daniel souhaite devenir poète ; il lit ses vers aux invités du salon des Pierrotte, commerçants dont il aime la fille. Après le départ de son frère pour l'Italie, il devient amoureux d'une belle créole, qui le trompe dans tous les sens du terme. À son retour, Jacques règle les dettes de son frère et, avant de mourir d'une phtisie galopante, le confie à Pierrotte qui lui propose d'épouser sa fille et de devenir son associé. Un manichéisme et un pessimisme évidents président à l'ensemble de l'œuvre, où les méchants l'emportent presque toujours sur les bons : Daniel est ainsi contraint de quitter le collège et la ville de Sarlande, à cause de toutes les méchancetés et persécutions qu'il subit, puis il est victime de cette belle créole qui se moque de lui. Seule, la fin paraît plus optimiste, quoiqu'elle consacre, en fait, le renoncement de Daniel à tous ses projets comme à tous ses désirs, puisque ses poèmes, invendus, sont réutilisés pour emballer des coquetiers à destination de Madagascar. Mais ce pessimisme est néanmoins empreint aussi de tendresse, le héros, au sein des pires drames, trouvant une aide et un sauveteur : l'abbé Germane, son frère Jacques et enfin le boutiquier Pierrotte.

Sur le plan narratif, un certain brouillage de l'énonciation (le *« je »* narrateur, *« Daniel Eys-*

sette », « *le petit chose* ») fait de ce texte autobiographique un texte riche et parfois ambigu.

Ce roman a été adapté par Daudet pour l'éditeur Hetzel, en 1878, dans une édition pour enfants, un peu édulcorée, mais où l'on retrouve toujours un sentimentalisme marqué par un vocabulaire très affectif et par un constant appel au lecteur à prendre parti pour le héros malheureux. Le roman a été porté au cinéma en 1938 par Maurice Cloche.

Les Aventures prodigieuses de ***Tartarin de Tarascon***

Roman en 3 parties, publié à Paris, chez Dentu, en 1872. Esquissé dans la presse (*Le Petit Moniteur universel*, *Le Figaro* en 1869 et 1870) avec un héros nommé Barbarin de Tarascon, préfiguré par ***Chapatin le tueur de lions*** (1863), le roman se compose de 3 parties, selon un découpage chronologique qui suit les aventures de Tartarin, à Tarascon d'abord, en Algérie ensuite, et enfin en Provence à nouveau, après son retour.

Tartarin, amateur d'exotisme, cultive un baobab en pot dans son jardin, aime les armes et les livres d'aventures ; et on lui reconnaît, dans sa ville, des qualités de chasseur ; la venue d'un cirque qui présente un lion le décide à partir pour l'Atlas. Au cours de son séjour en Algérie, il lui arrive de nombreuses aventures burlesques dues à ses erreurs de jugement ou à ses méprises : il prend les portefaix du port pour des sauvages, un âne pour un lion, un aigrefin pour un prince du Monténégro et une Marseillaise pour une Mauresque ! Il réussit à tuer un lion aveugle et apprivoisé, et, suivi par un chameau, revient vers Alger, puis vers Tarascon, où il jouit désormais d'une certaine célébrité, grâce à la peau du lion offerte à la ville.

Dans ce livre, ironisant certes (à l'image de l'épigraphe : « *En France, tout le monde est un peu de Tarascon* »), on retrouve un trait assez fréquent chez les personnages de Daudet : ils sont toujours à la recherche de la réalisation d'un rêve, rêve ridicule ou touchant — même si l'on tombe dans la farce, avec les déconvenues de Tartarin en Algérie. Tartarin, au cours de toutes ses aventures, rêve sa vie et vit un rêve, sans jamais se décourager devant les désillusions ou les échecs.

Comme dans plusieurs autres de ses œuvres (***Lettres de mon moulin***, ***Le Nabab***, ***Numa Roumestan***), Daudet accorde une large place au Midi et aux personnages méridionaux dans ce roman qui montre les plaisirs de la vie en société, des histoires où les héros affabulent sans avoir conscience de mentir. Tartarin, variante, en « galéjade », de Don Quichotte (souvent évoqué dans le livre) ou du personnage de « Matamore », est devenu le méridional type, comme ses tartarinades, et l'œuvre de Pagnol fit sienne, on le sait, cette thématique. Daudet reprit son personnage dans ***Tartarin sur les Alpes*** (1885, écrit, en fait, par un « nègre » : Hubert Le Roux) et ***Port-Tarascon*** (1890), satire des aventures coloniales.

CITATIONS

Quand un peuple tombe esclave, tant qu'il tient bien sa langue, c'est comme s'il tenait la clé de sa prison.

La Dernière Classe, in *Contes du lundi*, I.

La haine, c'est la colère des faibles !

La Diligence de Beaucaire, in *Lettres de mon moulin*.

[...] les ailes de notre dernier moulin cessèrent de virer [...]. Que voulez-vous, monsieur !... tout a une fin en ce monde, et il faut croire que le temps des moulins à vent était passé, comme celui des coches sur le Rhône, des parlements et des jaquettes à grandes fleurs.

Le Secret de maître Cornille, in *Lettres de mon moulin*.

À quinze lieues autour de mon moulin, quand on parle d'un homme rancunier, vindicatif, on dit : « *Cet homme-là ! méfiez-vous !... il est comme la mule du pape, qui garde sept ans son coup de pied.* »

La Mule du pape, in *Lettres de mon moulin*.

Le roman est l'histoire des hommes et l'Histoire le roman des rois.

Les Rois en exil, in *Souvenirs d'un homme de lettres*.

En France, tout le monde est un peu de Tarascon.

Tartarin de Tarascon, épigraphe.

Où serait le mérite, si les héros n'avaient jamais peur ?

Tartarin de Tarascon, III, 5.

JUGEMENTS

« Les livres des autres sont les grands chemins par lesquels il rôde, et sa besace est toujours pleine quand il a fini sa tournée. [...] C'est l'homme-orchestre de la littérature qui s'assimile tous les instruments. »

Léon BLOY, *Histoires désobligeantes*, 1883.

« Daudet m'étonne tous les jours par sa haute bonté, par ses qualités d'entière abnégation, par l'apitoiement et les générosités de sa charité envers ses confrères malheureux, enfin par l'exercice de vertus vraiment chrétiennes que moi, qui suis au fond un être bon, je ne sens pas avoir au degré où il les a. Et aujourd'hui, en l'état de maladie où il est et où, dans l'insomnie, il examine, scrute la vie, il arrive, comme en ces heures qui précèdent la mort, à avoir un peu du pardonnement de Jésus-Christ à l'égard de ceux qui ont été les plus cruels pour lui. »

Edmond de GONCOURT, *Journal*, 1887 à 1896.

« A-t-il pitié, l'auteur qui conduit jusqu'à la destruction totale la plupart de ses héros ? Je ne connais pas d'autre écrivain qui ait peint autant de victimes absolues [...]. *Qui ait peint des canailles aussi ignobles* [...]. *Qui ait imaginé romans plus noirs et finissant plus mal* [...]. *Même les ratés, si nombreux dans cette œuvre, sont décrits sans tendresse aucune : vaniteux, envieux, incapables, malhonnêtes ? »*

Roger GRENIER, « Alphonse Daudet », in *Tableau de la littérature française*, III, Gallimard, 1974.

« Se peut-il qu'un homme ait écrit ces niaiseries, ces bavardages sentimentaux, interminables, coco, romance ? Si c'est cela qui a fait de lui un grand écrivain, c'est pitoyable. »

Paul LÉAUTAUD, *Journal littéraire*, 3 février 1948, Mercure de France, rééd. 1986.

« Les livres de Daudet constituent des casse-têtes pour les trois quarts des lecteurs qui passent des soirs à discuter et à chercher les noms véritables, comme on passe des soirs en certaines familles à deviner les énigmes et les mots carrés des journaux. »

Guy de MAUPASSANT, *Chroniques*, t. II, 5 juin 1883.

« Oh, Daudet, c'est de la bouillabaisse. *»*

George MOORE, *Confession d'un jeune Anglais*, 1888.

BIBLIOGRAPHIE

Éditions

Œuvres, éd. R. RIPOLL, « Pléiade », Gallimard, 1986, 1990 et 1994, 3 vol.

Les Aventures prodigieuses de Tartarin de Tarascon, éd. D. BERGEZ, « Folio », Gallimard, 1987.

Lettres de mon moulin, éd. C. BECKER, « GF », Flammarion, 1968 ; éd. Br. RÉAUTÉ, « Classiques Hachette », Hachette, 1991 ; éd. L. FORESTIER, « LdP », LGF, 1994 ; éd. J.-Fr. DUBOIS et Fr. MOREAU, « Folio Plus », Gallimard, 1997 ; éd. D. BERGEZ, « Folio », Gallimard, 1999.

Le Petit Chose, éd. P. BERTHIER, « Folio », Gallimard, 1977 ; éd. C. EUGÈNE, Pocket, 1998.

Études

W. BANNOUR, *Alphonse Daudet, bohème et bourgeois*, Perrin, 1990.

C. BECKER (dir.), *Permanence d'Alphonse Daudet*, P.U. Paris X, 1997.

J.-H. BORNECQUE, *Les Années d'apprentissage d'Alphonse Daudet*, Nizet, 1951 ; *Daudet, Mistral. Histoire d'une amitié*, Julliard, 1969.

J.-P. CLÉBERT, *Une famille bien française. Les Daudet. 1840-1940*, Presses de la Renaissance, 1988.

L. DAUDET, *Fantômes et Vivants*, Nouvelle librairie nationale, 1914.

J. DUBOIS, *Romanciers français de l'instantané au XIXe siècle*, Palais des Académies, Bruxelles (BE), 1963.

A.-S. DUFIEF, *Alphonse Daudet romancier*, Champion, 1997.

A. GÉRARD, *Le Midi de Daudet*, Edisud, 1988.

R. GRENIER, « Alphonse Daudet », in *Tableau de la littérature française*, III, Gallimard, 1974.

L. MICHEL, *Le Langage méridional dans l'œuvre d'Alphonse Daudet*, Éd. d'Artrey, 1961.

A.V. ROCHE, *Alphonse Daudet*, Twayne, Boston (US), 1976.

É. ZOLA, *Les Romanciers naturalistes*, Charpentier, 1881, rééd. in *Œuvres complètes*, t. XI, Générale du livre précieux, 1968, pp. 177 à 220.

AUDIO & VIDÉO

CD

Lettres de mon moulin, Marshall Cavendish, 1998.

Vidéo

P. BADEL, *Les Lettres de mon moulin* [*Le Secret de Maître Cornille, L'Élixir du R.P. Gaucher, La Diligence de Beaucaire, Le Sous-Préfet aux champs, Les Trois Messes basses*], 1970, LCJ/INA, 1999.

M. PAGNOL, *Les Lettres de mon moulin*, Arcades, s.d.

CD-ROM

Encyclopédie de la littérature française, Bibliopolis, 1998.

Les Romanciers réalistes et naturalistes 1820-1910, Bibliopolis, 1997.

DESNOS

Robert DESNOS [dɛsnɔs]

Robert Pierre DESNOS

Écrivit — durant la Résistance — sous les pseudonymes de Pierre ANDIER, de Lucien GALLOIS et de Valentin GUILLOIS.

Paris 1900 – camp de concentration de Terezín (Tchécoslovaquie, act. République tchèque) 1945

« *Robert Desnos était un grand poète. Un vrai. Relisez* Quartier Saint-Merri. *C'est de la même veine que Villon.* »
Blaise CENDRARS, *Blaise Cendrars vous parle*, 1950, in *Œuvres complètes*, Club français du livre, 1969.

« *Une grande complaisance envers soi-même, c'est essentiellement ce que je reproche à Desnos.* »
André BRETON, *Second Manifeste du surréalisme*, 1929, Pauvert, 1979.

Un autodidacte passionnément libre

L'incarnation du premier surréalisme

Paris, les images et les mots : telle fut la triple passion native de Desnos qui, toute sa vie, célébra l'une, dévora les autres et savoura les troisièmes. Né tout près de la Bastille (dans le XIe arrond^nt) mais élevé dans ce quartier des Halles (IVe arrond^nt) où son père était mandataire en volaille et gibier et qu'il apprit à connaître comme sa poche, Desnos, second enfant — il avait une sœur — d'une famille de la petite bourgeoisie — première communion mais école laïque —, prit, très jeune, l'habitude de noter ses rêves, ainsi que le goût de lire et de dessiner. Préférant l'école de la rue à celle de la classe, il arrêta ses études après l'obtention de son brevet élémentaire, à 16 ans, et refusa de prendre la suite de son père — lequel l'obligea, dès lors, à s'assumer. Ce qu'il fit, d'abord comme commis dans une droguerie, puis comme secrétaire de Jean de Bonnefon, écrivain catholique anticlérical dont il mit à profit la riche bibliothèque pour assouvir sa passion des livres. Cette émancipation, concomitante avec la fin de la Première Guerre mondiale, se traduisit par la composition de premiers poèmes, tels ***Le Fard des Argonautes*** et ***L'Ode à Coco*** (1919, repris tous deux in ***Corps et Biens***, 1930), où l'influence d'Apollinaire ne masquait pas une « *voix* » déjà très personnelle :

Les putains de Marseille ont des sœurs océanes
Dont les baisers malsains moisiront votre chair.
Dans leur taverne basse un orchestre tzigane
Fait valser les péris au bruit lourd de la mer.

(***Le Fard des Argonautes***, vv. 1 à 4)

Desnos devint alors l'ami de Jeanson, de Salacrou, du poète Louis de Gonzague Frick qui l'introduisit dans les milieux d'avant-garde : il découvrit Dada, rencontra Vitrac, Aragon et Péret — et même Breton, une fois. De ces années datent les poèmes dadaïstes du recueil ***Prospectus*** (1919, repris in ***Destinée arbitraire***, posth., 1975). Deux années de service militaire (1920 en Haute-Marne, 1921 au Maroc) obligèrent Desnos à quitter provisoirement ses passions : Paris — surtout le quartier Saint-Merri —, les bandes dessinées, les anarchistes de la bande à Bonnot.

À son retour, il fut présenté par Péret aux surréalistes. Sa participation exemplaire aux expériences des sommeils hypnotiques — fort de son double prénom Robert Pierre, il affirmait communiquer avec Robespierre —, publiées dans la 2e série de *Littérature* (1922-1923), lui valut d'être compté parmi ceux qui firent « *acte de surréalisme absolu* » : « *Le surréalisme est à l'ordre du jour et Desnos est son prophète* », déclara Breton dans son *Journal littéraire* (5 juil. 1924). Sous le titre de ***Rrose Sélavy*** — l'un des pseudonymes de Marcel Duchamp, alias « *le marchand du sel* » (phrase n° 13) —, il écrivit 150 phrases courtes fondées sur divers jeux du langage (contrepèteries, anagrammes, calembours, etc.), porteurs le plus souvent d'une charge subversive (in *Littérature*, déc. 1922, repris in ***Corps et Biens***) :

2. Rrose Sélavy demande si les Fleurs du Mal *ont modifié les mœurs du phalle : qu'en pense Omphale ?*
4. La solution d'un sage est-elle la pollution d'un page ?
Questions aux astronomes :
6. Rrose Sélavy inscrira-t-elle longtemps au cadran des astres le cadastre des ans ?
50. Rrose Sélavy n'est pas persuadée que la culture du moi puisse amener la moiteur du cul.
51. Rrose Sélavy s'étonne que de la contagion des reliques soit née la religion catholique.
Devise de Rrose Sélavy :
53. Plus que poli pour être honnête

Plus que poète pour être honni
62. Habitants de Sodome, au feu du ciel préférez le fiel de la queue.
77. Le mépris des chansons ouvre la prison des méchants.
96. L'acte des sexes est l'axe des sectes.
100. Le parfum des déesses berce la paresse des défunts.
109. Les lois de nos désirs sont des dés sans loisir.

En 1923, à la demande du couturier-collectionneur Jacques Doucet, qui s'adressait à lui sur les indications de Breton, Desnos publia un panorama de l'érotisme dans la littérature jusqu'à Apollinaire, ***De l'érotisme considéré dans ses manifestations écrites et du point de vue de l'esprit moderne*** (posth., 1953), dont Sade était la figure centrale et où Rabelais était qualifié d'« *esprit le plus incroyablement fermé à la poésie* [...] *et le moins apte à comprendre l'amour* ». Il vendit au même mécène le manuscrit de ***Nouvelles Hébrides*** (1922, posth., 1978), complétant ainsi sa maigre subsistance de commis de librairie.
À partir de 1924, Desnos devint le principal animateur du *Bureau central de recherches surréalistes* et collabora à *La Révolution surréaliste*, notamment avec ***Journal d'une apparition*** (publié en 1927 in *La Révolution surréaliste* ; repris in ***Domaine public***, posth., 1953), récits de rêves et d'hallucinations — liés notamment à l'usage de la drogue. Dans le même temps, il assouvit sa passion pour le cinéma en publiant des chroniques, d'abord à *Paris-Journal* puis au *Journal littéraire*, ou en écrivant divers scénarios, dont ***Minuit à quatorze heures*** (1925). Pour autant, Desnos n'abandonnait pas la littérature. ***Deuil pour deuil*** (1924) donnait libre cours, en une écriture quasi automatique, à l'onirisme. ***C'est les bottes de 7 lieues cette phrase : « Je me vois »*** (1926), recueil de poèmes illustré par André Masson, abondait en images surréalistes révélant avec humour l'insolite et le merveilleux :

Le nom de Dieu est une plaque de cuivre bien astiquée à la porte du ciel.
Mais essuyez vos mains avant de prier.

(***Mais je ne fus pas compris***, in ***C'est les bottes de 7 lieues [...]***)

La Liberté ou l'Amour ! (1927), récit poétique, mêlait lyrisme, érotisme et subversion — Desnos, imaginant un Club des buveurs de sperme, y défendait les droits de l'homme à une totale liberté sexuelle — dans un Paris interlope ; il s'ouvrait par le *strip-tease* de Louise Lame : « *La femme nue marche environnée de claquements d'invisibles étoffes ; Paris ferme portes et fenêtres, éteint ses lampadaires. Un assassin dans un quartier lointain se donne beaucoup de mal pour tuer un impassible promeneur.* » Cet ouvrage valut à Desnos d'être jugé en correctionnelle pour « *immoralité* » et fut condamné et censuré par le tribunal correctionnel de la Seine.

Le tournant de 1930

L'année 1930 forma un tournant décisif dans l'itinéraire de Desnos. Cette année-là, mourut prématurément la chanteuse de music-hall Yvonne George, qu'il aimait d'un amour sans retour et qui lui avait inspiré les poèmes des recueils repris in ***À la mystérieuse*** (1926) et ***Les Ténèbres*** (1927) — ***Corps et Biens*** —, ainsi qu'une pièce de théâtre, ***La Place de l'Étoile*** (écrite en 1928, remaniée en 1944 et publiée en 1945, sous le qualificatif d'« *anti-poème* »), et le poème ***L'Étoile de mer***, mis en images par Man Ray (1928). Loin des virtuosités fantaisistes antérieures, Desnos y déployait un lyrisme sobre et grave :

[...]
Dis-toi qu'il ne faut pas regretter les choses : Ronsard avant moi et Baudelaire ont chanté le regret des vieilles et des mortes qui méprisèrent le plus pur amour.
Toi, quand tu seras morte,
Tu seras belle et toujours désirable.
Je serai mort déjà, enclos tout entier en ton corps immortel, en ton image étonnante présente à jamais parmi les merveilles perpétuelles de la vie et de l'éternité, mais si je vis
Ta voix et son accent, ton regard et ses rayons,
L'odeur de toi et celle de tes cheveux et beaucoup d'autres choses encore vivront en moi,
En moi qui ne suis ni Ronsard ni Baudelaire,
Moi qui suis Robert Desnos et qui, pour t'avoir connue et aimée,
Les vaux bien.
Moi qui suis Robert Desnos, pour t'aimer
Et qui ne veux pas attacher d'autre réputation à ma mémoire sur la terre méprisable.

(***Non l'amour n'est pas mort***, in ***À la mystérieuse***)

En outre, depuis 1927, date de l'adhésion de plusieurs d'entre eux — notamment Breton, Sadoul, Aragon, Péret (après Eluard en 1926) — au Parti communiste français, Desnos, trop authentiquement anarchiste et foncièrement libre, entretenait des relations tendues avec les surréalistes. Dès 1929, il avait collaboré aux revues « dissidentes » *Bifur* de Ribemont-Dessaignes et *Documents* de Bataille. Parallèlement — nécessité « alimentaire » autant que signe d'indépendance —, il se consacrait de plus en plus, et volontiers, au journalisme, notamment pour *Paris-Soir*, *Paris matinal* et *Le Soir*. Exclu du groupe surréaliste en 1930, il participa au collectif *Un cadavre* (1930), riposte aux critiques acerbes de Breton dans le *Second Manifeste du surréalisme* — riposte d'autant plus cinglante qu'elle reprenait le titre même de l'oraison funèbre au vitriol par laquelle Breton et ses amis avaient « salué » la mort d'Anatole France et la naissance du surréalisme (oct. 1924). Il prit lui-même l'initiative d'un ***Troisième Manifeste du surréalisme***, paru dans la revue *Le Courrier littéraire* : « *Le surréalisme tel qu'il est formulé par Breton est un des plus graves dangers que l'on puisse faire courir à la libre pensée, le piège le plus sournois où l'on puisse faire tomber l'athéisme, le meilleur auxiliaire d'une renaissance du catholicisme et du cléricalisme.* [...] *Le surréalisme est tombé dans le domaine public, à la disposition des hérésiarques, des schismatiques et des athées.* [...] *Moi qui ai quelque droit à parler du surréalisme, je le déclare ici, le surréel n'existe que pour les non-surréalistes. Pour les surréalistes, il n'y a qu'une réalité unique, entière, ouverte à tous.* [...] *Croire au surréel, c'est repaver le chemin de Dieu.* » C'est encore en 1930 qu'il commença à vivre avec sa future femme, Youki Foujita — célèbre modèle et ex-compagne du peintre d'origine japonaise —, et composa pour elle plusieurs recueils poétiques, à commencer par ***Youki 1930 Poésie*** (repris in ***Destinée arbitraire*** [titre de l'éditeur, emprunté au premier poème de ***C'est les bottes de 7 lieues***], posth., 1975). Enfin, la même année, Desnos réunit l'ensemble de ses écrits poétiques dans ***Corps et Biens***, son recueil majeur.
La publication de ***Corps et Biens*** marquait à la fois le terme d'une période dans la vie comme dans l'œuvre de Desnos et le début d'une nouvelle existence.

Après 1930 : la décennie radiophonique

S'il composa encore, après 1930, pour ou avec Youki, ***Le Livre secret*** (1932, poèmes et peintures) et ***Les Nuits blanches*** (1932, poèmes et chansons) — les deux recueils ne furent publiés que dans ***Fortunes*** (1942) — Desnos se lança surtout dans la radiophonie, à Radio-Luxembourg et Radio-Paris, où il réalisa, avec Paul Deharme, la célèbre émission ***La Grande Complainte de Fantômas*** (1933), puis en tant que rédacteur de slogans poétiques pour la publicité, avec Salacrou. Il adapta notamment ***Le Salut au monde*** (1936, poème de Walt Whitman), avec Alejo Carpentier, et ***La Clef des songes*** (1938) de Georges Neveux. Toujours passionné de cinéma, il continua aussi à écrire des scénarios et des critiques cinématographiques, rassemblés dans ***Cinéma*** (posth., 1966), ainsi que des commentaires de films documentaires. Durant cette décennie radiophonique entamée dans les affres de la crise économique — le poète se fit gérant d'immeubles — et achevée dans celles d'une guerre qu'il fut l'un des premiers — au point de passer pour belliciste — à juger inévitable, Desnos ne publia qu'un recueil, ***Les Sans Cou*** (1934), plaquette hors commerce illustrée par André Masson, témoignant d'un humour noir intact :

> *Ils étaient quatre qui n'avaient plus de tête,*
> *Quatre à qui l'on avait coupé le cou,*
> *On les appelait les quatre sans cou.*

Sa passion pour la radio et la publicité se doublait d'une passion pour la musique : de ***La Cantate pour l'inauguration du musée de l'Homme*** (mise en musique par Milhaud) à des chansons de variétés (composées, pour la plupart, par Cliquet-Pleyel), Desnos multiplia les textes destinés aux notes, jusqu'à l'écriture de lyrics pour des films, notamment ***Panurge*** (1932, de Michel Bernheim, avec Danielle Darrieux) — conjuguant ainsi ces passions naissantes avec son amour natif du cinéma. Parallèlement, Desnos s'engagea très tôt dans la dénonciation de tous les totalitarismes : dès 1934, il adhérait au Front commun de Bergery, contre le fascisme et contre le dogme marxiste de la lutte des classes ; en 1936, il soutint le Front populaire ; en 1937, il s'impliqua dans l'organisation du deuxième congrès de l'Association internationale des écrivains pour la défense de la culture, commencé en Espagne républicaine et achevé durant l'été à Paris — Desnos était d'autant plus « atteint » par la guerre civile espagnole qu'il avait séjourné en Espagne en 1932 et 1935, où il avait lié amitié avec plusieurs républicains. Dans le même temps, il multipliait les chroniques de disques dans *Ce Soir* (le quotidien d'Aragon), *Commune* et *Europe*. Convaincu du caractère inéluctable de la guerre après la victoire de Franco en Espagne, Desnos s'employa à convaincre ses auditeurs et ses lecteurs de refuser tout défaitisme, de se préparer à la lutte et à la victoire, en une exaltation nationaliste qui lui fut reprochée.

Un pacifiste mort à la guerre

Passant la « *drôle de guerre* » en Lorraine, puis se retrouvant en Dordogne avec son régiment, lors de la débâcle de juin 1940, le poète, jamais découragé ni désespéré — « [...] *je suis dès maintenant sûr d'en sortir en deux ou trois ans* », écrivait-il à Youki le 3 juillet 1940 —, était à Paris à la fin de l'été 1940. Il entra alors comme rédacteur à *Aujourd'hui*, le journal que venait de créer Jeanson. À peine plus de deux mois plus tard, l'occupant en prenait le contrôle : Jeanson partit en novembre, mais Desnos resta, se limitant à des comptes rendus littéraires — avec quelques accès, dont une polémique avec Céline en 1941 —, puis mettant à profit sa discrète présence au journal pour transmettre au réseau *Agir* — dont il fut membre à partir de juillet 1942 — les informations qu'il y glanait. En 1942, il recueillit ses poèmes de 1930 à 1937 dans ***Fortunes***, avec entre autres ***The Night of Loveless Nights*** (1930) — recueil érotique initialement paru avec des illustrations du peintre Malkine — et ***La Complainte de Fantômas*** (partie lyrique de la pièce radiophonique de 1933, mise en musique par Kurt Weill et mise en scène par Artaud). En 1943, il publia son seul roman — en partie autobiographique —, ***Le vin est tiré...***, dans lequel il dénonçait les effets destructeurs de la drogue. La même année, il recueillit, sous le titre ***État de veille***, 20 poèmes écrits entre 1936 et 1942, dont le dernier, ***Demain***, s'achevait par ce troisième quatrain refusant le renoncement :

Or, du fond de la nuit, nous témoignons encore
De la splendeur du jour et de tous ses présents.
Si nous ne dormons pas c'est pour guetter l'aurore
Qui prouvera qu'enfin nous vivons au présent.

(***Demain***, in ***État de veille***)

Le recueil comprenait en outre une postface expliquant la genèse de l'ensemble et insistant notamment sur l'importance de l'expérience radiophonique : « *Les premiers poèmes de ce recueil datent de 1936. Durant toute cette année et jusqu'au printemps 1937, je m'étais contraint à écrire un poème chaque soir, avant de m'endormir. Avec ou sans sujet, fatigué ou non, j'observai fidèlement cette discipline. J'emplis ainsi une série de cahiers où, on l'imagine, le déchet fut grand quand, en 1940, j'entrepris de les relire.* [...] *Le résultat d'une telle entreprise fut une "purge" intellectuelle complète qui m'aurait fait sans doute renoncer définitivement à la poésie si je n'avais eu à l'époque la chance d'être un des plus féconds rédacteurs de slogans et indicatifs publicitaires radiophoniques.* » Cette « *purge* » aboutit à la coexistence de « *poèmes forcés* » — expression que Desnos employait lui-même entre guillemets —, c'est-à-dire revus selon les « *règles proprement populaires en matière de rythme* », et de « *"couplets" composés avec l'ambition de proposer aux musiciens des textes du genre des "coplas" espagnoles, des "sons" cubains ou des "blues" américains* », ainsi que de « *quelques poèmes, en apparence plus classiques* ». Et Desnos terminait sa postface par cette sentence : « *En définitive ce n'est pas la poésie qui doit être libre, c'est le poète.* » Desnos, tout en continuant à écrire pour le cinéma, redoublait d'activité éditoriale, préparant des recueils et publiant dans la clandestinité, sous le pseudonyme de Valentin Guillois, des poèmes engagés qui comptent parmi les plus beaux de la littérature de Résistance, tel ***Le Veilleur du Pont-au-Change*** (paru in *L'Honneur des poètes II*, en mai 1944), long poème en vers libres exhortant ainsi les résistants :

Je vous salue vous qui dormez
Après le dur travail clandestin,
Imprimeurs, porteurs de bombes, déboulonneurs de rails, incendiaires,
Distributeurs de tracts, contrebandiers, porteurs de messages,
Je vous salue vous tous qui résistez, enfants de vingt ans au sourire de source
Vieillards plus chenus que les ponts, hommes robustes, images des saisons,
Je vous salue au seuil du nouveau matin.

(***Le Veilleur du Pont-au-Change***, in *L'Honneur des poètes II*)

Desnos fut arrêté en février 1944, avant la parution, la même année, des recueils ***Contrée*** (avec une eau-forte de Picasso), ***Le Bain avec Andromède*** (illustré par Félix Labisse) et ***Trente Chantefables pour les enfants sages*** (en deux versions, illustrées l'une par Félix Labisse, l'autre par Olga Kowalewsky). Il avait eu le temps de remanier sa pièce de 1927, ***La Place de l'Étoile*** (posth., 1945) et de composer divers poèmes publiés dans des revues clandestines, sous différents pseudonymes. Déporté à Auschwitz, Buchenwald, Flossenburg et Floha — où il resta près d'un an —, Desnos échoua, en avril 1945, au camp de concentration de Terezín, en Tchécoslovaquie : il y mourut du typhus deux mois plus tard, alors que les Alliés venaient de libérer le camp. Il avait moins de 45 ans.

Parmi ses derniers poèmes — clandestins —, deux méritent d'être cités pour leur valeur de témoignage et de bilan d'une vie, au terme de laquelle la liberté fut moins un mot définitif qu'un acte permanent. L'un est écrit en vers libres, qui commencent et s'achèvent ainsi :

Ce cœur qui haïssait la guerre voilà qu'il bat pour le combat et la bataille !
Ce cœur qui ne battait qu'au rythme des marées, à celui des saisons, à celui des heures du jour et de la nuit,
Voilà qu'il se gonfle et qu'il envoie dans les veines un sang brûlant de salpêtre et de haine
[...]
Car ces cœurs qui haïssaient la guerre battaient pour la liberté au rythme même des saisons et des marées, du jour et de la nuit.

(***Ce cœur qui haïssait la guerre...***, in *L'Honneur des poètes*, 14 juil. 1943, sous le pseudonyme de Pierre Andier)

L'autre — sans titre — est constitué de 4 quatrains, composés chacun de 3 octosyllabes suivis d'un décasyllabe :

Vaincre le jour, vaincre la nuit,
Vaincre le temps qui colle à moi,
Tout ce silence, tout ce bruit,
Ma faim, mon destin, mon horrible froid.

Vaincre ce cœur, le mettre à nu,
Écraser ce corps plein de fables
Pour le plonger dans l'inconnu,
Dans l'insensible, dans l'impénétrable.

Briser enfin, jeter au noir
Des égouts ces vieilles idoles,
Convertir la haine en espoir,
En de saintes les mauvaises paroles.

Mais mon temps n'est-il pas perdu ?
Tu m'as pris tout le sang, Paris.
À ton cou je suis ce pendu,
Ce libertaire qui pleure et qui rit.

(in *Les Regrets de Paris*, posth., 1947)

Après la mort de Desnos parurent, entre autres, ***Félix Labisse*** (1945), essai consacré à son ami illustrateur des ***Chantefables***, ***Les Regrets de Paris*** (1947), ***Chantefables et Chantefleurs*** (1952), illustrés par Christiane Laran, ***Domaine public*** (1953, reprenant notamment ***Corps et Biens*** et ***Fortunes***), ***Calixto*** suivi de ***Contrée*** (1962), ***Destinée arbitraire*** (1975 — titre d'un poème de 1926, mais qui ne fut jamais celui d'un recueil, ce choix n'étant donc que celui de l'éditeur —, incluant nombre de plaquettes ou de poèmes inédits ou méconnus) et ***Nouvelles Hébrides*** (1978).

THÉORIE LITTÉRAIRE

S'il fut le contraire d'un doctrinaire ou d'un dogmatique, Desnos ne dédaigna pas exprimer ses préférences théoriques en matière d'écriture poétique. Il le fit notamment dans la postface du recueil ***État de veille*** (1943) où il soulignait l'importance du rythme et de la musicalité des vers : « [...] *je me livrai avec passion au travail quasi mathématique mais cependant intuitif de l'adaptation des paroles à la musique.* » Il le fit aussi dans ***Art poétique***, poème liminaire du recueil ***Sens*** — qu'il était en train de préparer lorsqu'il fut arrêté —, sous la forme de vers libres — et même très libres : *Par le travers de la gueule / Ramassée dans la boue et la gadoue / Crachée, vomie, rejetée — /* [...] */ Pas pure, pas vierge / Mais baisée dans tous les coins / Baisée enfilée sucée enculée violée* —, ponctués par un alexandrin anaphorique qui réaffirme la vitalité de l'inspiration : *Je suis le vers témoin du souffle de mon maître* (in ***Destinée arbitraire***). Il le fit enfin dans les 10 paragraphes constituant ses ***Réflexions sur la poésie***, composées un mois avant son arrestation (in ***Les Regrets de Paris***) : « *Chacun trouve son aliment poétique où il lui plaît. //* [...] *La grande poésie peut être nécessairement actuelle, de circonstances... elle peut donc être fugitive. // La poésie peut être ceci ou cela. Elle ne doit pas être forcément ceci ou cela... sauf délirante et lucide. //* [...] *La poésie peut parler de tout en toute liberté.* » Préoccupation constante de Desnos — moins « cultivé » que ses illustres aînés Aragon ou Breton —, la défense et illustration du « *langage populaire* », que, très paradoxalement, il place sous l'égide de poètes réputés difficiles et guère accessibles, dont Nerval et surtout Gongora : « *Il suffit de dire que je tente de revenir à Nerval, peut-être aussi à Gongora, ou plutôt de repartir de leurs œuvres par des chemins différents de ceux qui ont conduit la poésie à*

> *travers des paysages si émouvants jusqu'au domaine contemporain trop cultivé peut-être »* ***(État de veille)***. Tentative ainsi explicitée : *« Villon, Gérard de Nerval, Gongora me paraissent avec le grand Baffo des sujets de réflexions actuelles quant à la technique poétique. Unir le langage populaire, le plus populaire, à une atmosphère inexprimable, à une imagerie aiguë ; annexer des domaines qui, même de nos jours, paraissent incompatibles avec le satané "langage noble" qui renaît sans cesse des langues arrachées du cerbère galeux qui défend l'entrée du domaine poétique, voilà qui me paraît besogne souhaitable sans oublier, je le répète, certains motifs impérieux d'inspiration actuelle... // [...] Il me semble qu'au-delà du surréalisme il y a quelque chose de très mystérieux à réduire, au-delà de l'automatisme il y a le délibéré, au-delà de la poésie il y a le poème, au-delà de la poésie subie il y a la poésie imposée, au-delà de la poésie libre il y a le poète libre. // Ce mystérieux domaine dont je viens de parler, je le sens derrière Nerval de qui il faudra bien repartir pour se libérer de Mallarmé, de Rimbaud, de Lautréamont. Mais les portes de ce domaine ne s'ouvriront peut-être qu'avec un mot trouvé dans les ballades en jargon de Villon »* ***(Réflexions sur la poésie)***.

THÉORIE LITTÉRAIRE

Prodigieusement inventif et fécond, d'une étonnante diversité et d'une rare indépendance, Desnos fut bien *« ce libertaire qui pleure et qui rit »* (***Les Regrets de Paris***), à la fois grave et drôle, lyrique et populaire, sincère et libre.

Le manipulateur de mots

La période surréaliste de Desnos lui permit de développer ses dons exceptionnels de manipulateur de mots, comme en témoignent en particulier — outre ***Rrose Sélavy*** — ***L'Aumonyme*** et ***Langage cuit*** :

84. Nul ne connaîtrait la magie des
boules sans la bougie des mâles.

(***Rrose Sélavy***, in ***Corps et Biens***)

Hommes mangés aux mythes
il est trop tard pour soupeser vos tares
aux cinq blancs seins si saints de n'être
pas sains
nous sommes soumis.

(***Blanc Seing***, in ***L'Aumonyme***, *ibid.*)

Aime haine
Et n'aime
haine aime
aimai ne
M N
N M
N M
M N

(***Élégant Cantique de Salomé Salomon***, in ***Langage cuit***, *ibid.*)

Repoussant les limites du sens, Desnos — sans hésiter à se nommer dans tel poème (***Non l'amour n'est pas mort***, in ***À la mystérieuse***) ou tel titre (***I. La Voix de Robert Desnos***, in ***Les Ténèbres***) — multipliait alors les dérèglements syntaxiques, dont ***Au mocassin le verbe*** offre le meilleur exemple :

Tu me suicides, si docilement.
Je te mourrai pourtant un jour.
Je connaîtrons cette femme idéale
et lentement je neigerai sur sa bouche.
Et je pleuvrai sans doute même si je fais
tard, même si je fais beau temps.
Nous aimez si peu nos yeux
et s'écroulerai cette larme sans
raison bien entendu et sans tristesse.
Sans.

(***Au mocassin le verbe***, *ibid.*)

Même goût du « contresens » délibéré dans des recueils plus graves :

Dans bien longtemps tu m'as aimé.

(***XX. Dans bien longtemps***, in ***Les Ténèbres***, *ibid.*)

L'amour inspira à Desnos ses poèmes les plus oniriques, dans lesquels une image fondatrice — l'étoile pour Yvonne George ou la sirène pour Youki — fait naître des constellations à la fois lyriques et insolites, où entrent en composition les grands motifs poétiques des éléments naturels. Dans ***Siramour*** (1931), écrit après la mort d'Yvonne et la rencontre de Youki, c'est la synthèse de cette double inspiration qui se réalisait :

Sais-tu quelle chaîne effrayante de
symboles m'a conduit
de toi qui fus l'étoile à elle qui est la
sirène ?
Ô sœurs parallèles du ciel et de l'Océan !

(Siramour)

Au demeurant — et contrairement à ce que pourraient laisser croire les simplifications chronologiques selon lesquelles une écriture plus libre marquerait la période surréaliste, et une plus classique, les suivantes —, dans tous les recueils de Desnos coexistent formes libérées (vers libres, poèmes en prose, fantaisies typographiques, dislocation des vers, jeux de mots — comme dans le titre ***Un jour qu'il faisait nuit***, in ***Langage cuit***) et poèmes de facture plus classique (avec strophes, rimes et divers mètres : hexasyllabe, octosyllabe, alexandrin). Certains poèmes, comme ***Sirène-Anémone*** (in ***Corps et Biens***), présentent même cette coexistence interne : début en hexasyllabes, suite en vers libres, fin en alexandrins. De même les poèmes clandestins alternent-ils forme fixe — tel le sonnet ***Le Legs*** (in *L'Honneur des poètes*, 14 juil. 1943, sous le pseudonyme de Lucien Gallois) — et forme libre.

En outre, cette variété formelle s'accompagna d'une variété de ton et d'inspiration. Desnos mêla souvent lyrisme grave et humour volontiers argotique, registre élevé et style plus populaire, comme dans les chansons fantaisistes et malicieuses des ***Trente Chantefables pour les enfants sages***, avec la célèbre ***Fourmi*** :

> *Une fourmi de dix-huit mètres*
> *Avec un chapeau sur la tête,*
> *Ça n'existe pas, ça n'existe pas.*
> [...]
> *Eh ! Pourquoi pas ?*
>
> (***La Fourmi***, in ***Chantefables et Chantefleurs***)

Un auteur enfin redécouvert

Desnos fut d'abord adulé par Breton : « *Il n'est depuis 1921, aucune personnalité qui en poésie ait marqué aussi fortement son empreinte que celle de Robert Desnos* » (*Journal littéraire*, 5 juil. 1924). Si le « pape du surréalisme » prononça ensuite son « excommunication », les autres témoins de cette période, de Soupault à Man Ray en passant par Brassaï, rendirent toujours hommage au poète et à l'homme.

Néanmoins, en dépit du rôle de premier plan que Desnos joua dans l'histoire du surréalisme, on se souvient davantage du poète lyrique, résistant et populaire que de l'avant-gardiste. La large diffusion de ses poèmes pour les enfants dans les écoles y a probablement contribué. La redécouverte de son œuvre, restée longtemps méconnue, doit beaucoup aux travaux de Marie-Claire Dumas, grâce à qui furent publiés de nombreux textes dispersés — même si, curieusement, aucune édition des œuvres complètes n'a été encore établie — et qui a fait paraître en 1999 un volume d'***Œuvres***. Malgré ses multiples dons de dessinateur et d'écrivain, de cinéphile et de créateur radiophonique, de musicien et de publicitaire, on n'a guère mesuré, semble-t-il, combien Desnos fut, avant l'heure du numérique, un poète du multimédia.

ŒUVRE

Corps et Biens

Recueil poétique regroupant, en 12 sections — non numérotées mais titrées et suivant un ordre chronologique —, des poèmes ou des recueils datés de 1919 à 1929, et publié chez Gallimard, en 1930.

Les deux premières parties, datées de 1919, sont constituées chacune d'un long poème versifié : ***Le Fard des Argonautes*** et ***L'Ode à Coco***. Le ton y est volontairement provocateur, comme le prouve le dernier quatrain du ***Fard des Argonautes*** : — *Va-t'en, va-t'en, va-t'en, qu'un peuple ne t'entraîne / Qui voudrait, le goujat, fellateur clandestin, / Au phallus de la vie collant sa bouche blême, / Fût-ce de jours honteux prolonger son destin !* (vv. 100 à 103). La partie suivante, datée de 1922-1923, est intitulée ***Rrose Sélavy***. Il s'agit de 150 courts fragments où l'aspect énigmatique de la formulation prend des allures à la fois comiques et polémiques. Le surréalisme, par ses jeux anagrammatiques, y déstabilise avec force le langage : 7. *Ô mon crâne, étoile de nacre qui s'étiole. // 95. La mort dans les flots est-elle le dernier mot des forts ? // 101. La milice des déesses se préoccupe peu des délices de la messe. // 112. Phallange des anges, aux angélus préférez des phallus.* La même volonté de court-circuiter le langage par des jeux de mots est développée dans les deux parties suivantes, datées de 1923, ***L'Aumonyme*** et ***Langage cuit***. Dans l'une, on trouve une parodie fameuse du *Notre Père* : *Notre paire quiète, ô yeux ! / que votre « non » soit sang (t'y fier ?) / que votre araignée rie, / que votre vol honteux soit fête (au fait) / sur la terre (commotion). // Donnez-nous, aux joues réduites, / notre pain quotidien. / Part, donnez-nous, de nos œufs foncés / comme nous part donnons / à ceux qui nous ont offensés. / Nou-*

nou laissez-nous succomber à la tentation / et d'aile ivrez-nous du mal. Dans l'autre, le poème **L'Asile ami** donne l'idée de cette saturation du sens par la sonorité : *Là ! L'Asie. Sol miré, phare d'haut, phalle ami docile à la femme, il l'adore, et dos ci dos là mille a mis ! Phare effaré la femme y résolut d'odorer la cire et la fade eau. L'art est facile à dorer : fard raide aux mimis, domicile à lazzi. Dodo l'amie outrée !* Et le poème est complété par la reproduction, sur 5 portées — une pour le titre et 4 pour le texte —, de toutes les notes dont il constitue la scrupuleuse et malicieuse transcription. Les deux parties suivantes, **À la mystérieuse** (1926) et **Les Ténèbres** (1927), comprennent respectivement 7 et 24 poèmes, numérotés seulement dans la seconde. Desnos y développe — les seuls titres des poèmes de **À la mystérieuse** sont éloquents : **Ô douleurs de l'amour !**, **J'ai tant rêvé de toi**, **Les Espaces du sommeil**, **Si tu savais**, **Non l'amour n'est pas mort**, **Comme une main à l'instant de la mort**, **À la faveur de la nuit** — un lyrisme qui, par un sens des images fortes, martèle une quête de l'amour absolu : *Jamais d'autre que toi en dépit des étoiles et des solitudes / En dépit des mutilations d'arbre à la tombée de la nuit / Jamais d'autre que toi ne poursuivra son chemin qui est le mien* (**XXI. Jamais d'autre que toi**, in **Les Ténèbres**). Les cinq autres parties, datées de 1929, sont chacune constituées d'un long poème versifié. Dans **Sirène-Anémone** alternent hexasyllabes, vers libres et alexandrins : *Je suis marqué par mes amours et pour la vie.* **L'Aveugle** (18 quatrains d'alexandrins) s'achève ainsi : *Lits éventrés nuit éternelle éclair des crimes / Incendie allumé dans les maisons des fous / Voici venir l'amour du fin fond des abîmes / Voici venir l'amour lampes éteignez-vous.* **Mouchoirs au nadir** (11 quatrains d'alexandrins) déplorent que *tous les chemins / Conduisent à l'amour marqué sur chaque porte / Conduisent à la mort marquée dans chaque main.* **De silex et de feu** (où alternent alexandrins, hexasyllabes et octosyllabes) exprime l'ivresse, tour à tour grave et joyeuse, des marins : *Où donc est ma gonzesse / Dit le second marin / L'est encore à la messe / À prier tous les saints.* **Le Poème à Florence** (13 quatrains d'alexandrins) s'achève par une double exhortation à boire « *joyeusement* », justifiée par ce constat : *Voici venir les jours où les œuvres sont vaines / Où nul bientôt ne comprendra ces mots écrits / Mais je bois goulûment les larmes de nos peines / Quitte à briser mon verre à l'écho de tes cris.* C'est aussi ce dernier poème qui éclaire le titre du recueil : *J'inscris ici ton nom hors des deuils anonymes / Où tant d'amantes ont sombré corps âme et biens / Pour perpétuer un soir où dépouilles ultimes / Nous jetions tels des os nos souvenirs aux chiens.*

Refusant toute stabilité au langage, Desnos créa, dans **Corps et Biens**, une poétique qui renouvelait le sens de l'émotion, par la sincérité et la force de son verbe. C'est pour cette raison que ce recueil est souvent considéré comme son œuvre maîtresse.

CITATIONS

Une fourmi parlant français,
Parlant latin et javanais,
Ça n'existe pas, ça n'existe pas.
Eh ! Pourquoi pas ?

La Fourmi, in *Chantefables et Chantefleurs*.

Rrose Selavy demande si les Fleurs du Mal ont modifié les mœurs du phalle : qu'en pense Omphale ?

Rrose Selavy, in *Corps et Biens*.

Plus que poli pour être honnête
Plus que poète pour être honni.

Rrose Selavy, in *Corps et Biens*.

Si nous ne dormons pas c'est pour guetter l'aurore
Qui prouvera qu'enfin nous vivons au présent.

Demain, in *État de veille*.

Puis-je défendre ma mémoire contre l'oubli.
Comme une seiche qui s'enfuit à perdre sang, à perdre haleine ?
Puis-je défendre ma mémoire contre l'oubli ?

Le Cimetière, in *État de veille*.

J'ai vécu dans ces temps et depuis mille années
Je suis mort. Je vivais, non déchu mais traqué.
Toute noblesse humaine étant emprisonnée
J'étais libre parmi les esclaves masqués.

L'Épitaphe, in *État de veille*.

Ils étaient quatre qui n'avaient plus de tête,
Quatre à qui l'on avait coupé le cou,
On les appelait les quatre sans cou.

Les Quatre sans cou.

JUGEMENTS

« Il était l'amitié, la fraternité, la générosité même. »

BRASSAÏ, *Conversations avec Picasso*, Gallimard, 1964.

« Le poète Robert Desnos fut, pendant un certain temps, un des interprètes les plus brillants du surréalisme. Lors d'une réunion chez Breton, il était capable d'entrer en transe, de dégoiser des anagrammes, des séries entières de poèmes, qu'il écrivait même en les récitant. Certains contestaient l'authenticité de ces séances. Mais elles auraient été miraculeuses même si elles avaient été préparées à l'avance et apprises par cœur. Et la fin de chaque séance avait quelque chose de très troublant : Robert mettait longtemps à sortir de sa transe. Dans son état normal, il était imprévisible : tantôt doux et courtois, tantôt violent et vindicatif ; il réagissait, ainsi, brusquement, devant tout acte injuste ou stupide. Dans les réunions publiques, il donnait libre cours à ses passions, s'exposant à une raclée administrée par quelque voisin outragé. Souvent, dans mon atelier, il s'effondrait dans un fauteuil et somnolait paisiblement pendant une demi-heure. Puis il ouvrait les yeux et reprenait la conversation comme s'il n'y avait pas eu d'interruption. C'était une parfaite illustration d'une maxime surréaliste : il n'y a pas de frontière entre le sommeil et l'état de veille. »

Man RAY, *Autoportrait*, trad. franç. A. GUÉRIN, Seghers, 1964.

« Desnos était un enthousiaste. L'homme le plus passionné que j'aie jamais connu. C'était aussi, au sens le plus fort et le plus noble du mot, un vrai "copain". Mais par contre le plus violent des ennemis. Capable des colères les plus noires et des éloges dithyrambiques. La mesure n'était pas son fort. Il avait une passion pour le cinéma (je crois que chaque jour, ou chaque soir, il allait voir un film) et, pendant un certain temps, il gagna sa vie, difficilement il est vrai, en écrivant des critiques de films, un peu au hasard. Mais avant tout, il était poète, un poète lyrique et passionné. Il était même sentimental et aussi d'une étonnante fécondité. [...] *Il avait gardé, plus ou moins volontairement, l'allure et le langage du gamin de Paris, né dans le quartier de la rue Saint-Martin. Il en connaissait et en aimait les coutumes. Aucune timidité, du moins en apparence mais, paradoxalement, ce qu'on pourrait appeler de la pudeur. »*

Philippe SOUPAULT, *Mémoires de l'oubli*, t. II, *1923-1926*, Lachenal et Ritter, 1986.

« Pendant le second acte, un de mes adversaires ayant crié à ceux qui applaudissaient : "Hardi la claque", *Robert Desnos répondit :* "Nous sommes la claque et vous êtes la joue". *»*

Raymond ROUSSEL, *Comment j'ai écrit certains de mes livres*, posthume, 1935, rééd. Pauvert, 1985.

BIBLIOGRAPHIE

Éditions

Œuvres, éd. M.-Cl. DUMAS, « Quarto », Gallimard, 1999.

Corps et Biens, éd. R. BERTELÉ, « Poésie », Gallimard, 1968.

Destinée arbitraire, éd. M.-Cl. DUMAS, « Poésie », Gallimard, 1975.

Fortunes, suivi de *Cantate pour l'inauguration du Musée de l'Homme*, « Poésie », Gallimard, 1969.

Nouvelles Hébrides (1922-1930), éd. M.-Cl. DUMAS, Gallimard, 1978.

Études

P. BERGER, *Robert Desnos*, Seghers, 1970.

M.-A. CAWS, *The Surrealist Voice of Robert Desnos*, University of Massachusetts Press (US), 1977.

D. DESANTI, *Robert Desnos, le Roman d'une vie (1900-1945)*, Mercure de France, 1999.

Y. DESNOS, *Les Confidences de Youki*, Fayard, 1999.

M.-Cl. DUMAS, *Robert Desnos ou l'Exploration des limites*, éd. Klincksieck, 1980 ; *Études de « Corps et Biens »*, Champion/Slatkine, 1984 ; *id.* (dir.), *Robert Desnos*, « Cahiers de l'Herne », L'Herne, 1987, rééd. Fayard, 1999.

K. ISHIKAWA, *Paris dans quatre textes narratifs du surréalisme : Aragon, Breton, Desnos, Soupault*, L'Harmattan, 1999.

P. LABORIE, *Robert Desnos. Son œuvre dans l'éclairage de Arthur Rimbaud et Guillaume Apollinaire*, Nizet, 1975.

M. MURAT, *Robert Desnos. Les Grands Jours du poète*, Corti, 1988.

DIDEROT

Denis DIDEROT •

Langres (act. Haute-Marne) 1713 – Paris 1784

« [...] *c'est le vrai Prométhée. Il fit plus que des œuvres. Il fit surtout des hommes. Il souffla sur la France, souffla sur l'Allemagne. Celle-ci l'adopta plus que la France encore, par la voix solennelle de Goethe.* »

Jules MICHELET, *Histoire de France*, t. XV, *La Régence et Louis XV*, 1863.

« *Par la déclamation, l'enflure, la prêcherie, le pédantisme, l'ouverture et la pesanteur des mâchoires, Diderot a dénationalisé le génie français.* »

Jules BARBEY d'AUREVILLY, *Goethe et Diderot*, 1880.

Un esprit des Lumières, d'une éblouissante vitalité

Les débuts d'un philosophe

Fils de Didier Diderot, maître coutelier aisé, et d'Angélique Vigneron, Denis Diderot était l'aîné d'une fratrie de 7 enfants. Sa famille le destinant à prendre la succession de son oncle au canonicat, il reçut la tonsure en 1726. Brillant élève du collège des jésuites de Langres, il vint, vers l'âge de 16 ans, poursuivre ses études à Paris, probablement au collège d'Harcourt ou à Louis-le-Grand. Il fut reçu maître ès arts en 1732 et, après cette date, mena une vie de bohème dont on sait peu de choses : il étudia la théologie, apprit l'anglais, se passionna pour le théâtre et fréquenta assidûment les cafés, où, en 1742, il rencontra Rousseau avec qui il se lia d'amitié. La même année, il commença une carrière de traducteur qui établit sa réputation chez les libraires parisiens et se brouilla avec son père qui lui refusait l'autorisation d'épouser la lingère Anne-Toinette Champion — rencontrée en 1741 — et qui le fit même enfermer dans un couvent ; après s'être enfui, il se maria clandestinement en 1743 avec la jeune femme, dont il eut, en 1744, une première fille, Angélique, qui mourut à un mois. Il se lança ensuite, avec Marc-Antoine Eidous et François-Vincent Toussaint, dans la traduction de l'anglais du ***Dictionnaire universel de médecine et de chirurgie*** de Robert James (1746 à 1748). En 1745, Diderot, qui avait alors une liaison avec Mme de Puisieux, publia sa traduction des ***Principes de la philosophie morale, ou Essai de M.S*** sur le mérite et la vertu*** de Shaftesbury, communément considérée comme sa première œuvre originale : non seulement Diderot adapta librement la version anglaise, mais il composa quelque 80 notes personnelles grâce auxquelles s'ébauche un véritable dialogue entre le traducteur et son modèle. En 1746 lui naquit un premier fils d'Anne-Toinette Champion, François-Jacques-Denis. La même année, il rencontra D'Alembert et publia un autre « dialogue » philosophique, les ***Pensées philosophiques***, opposant, dans des aphorismes à la manière de Pascal, les opinions religieuses d'un chrétien, d'un déiste, d'un sceptique et d'un athée. Même si le combat d'idées reste indécis — Diderot n'essaie jamais d'imposer son opinion —, on décèle, dans cet ouvrage, une préférence certaine de l'auteur pour le système naturaliste de l'athée. Le parlement de Paris condamna au bûcher ces ***Pensées philosophiques*** coupables de placer « *toutes les religions au même rang pour finir par n'en reconnaître aucune* », ce qui accrut sans doute leur notoriété.

Enhardi par le succès — l'ouvrage connut une douzaine d'éditions en un demi-siècle —, Diderot donna en 1749 la ***Lettre sur les aveugles, à l'usage de ceux qui voyent***, dans laquelle il présente une philosophie révolutionnaire. L'univers n'apparaît pas comme un « *mécanisme admirable* », mais comme un ensemble chaotique en évolution constante, « *une symétrie passagère, un ordre momentané* ». Les espèces animales — y compris l'homme — ne sont pas sorties telles que nous les voyons des mains du Créateur ; au contraire, elles résultent du mouvement de l'évolution qui combine « *des amas de matière jusqu'à ce qu'ils aient obtenu quelque arrangement dans lequel ils puissent persévérer* ». Dans une telle perspective, le normal n'est qu'un cas particulier du monstrueux. Ce qui est premier, ce n'est pas la règle ou la norme, à quoi pourraient se ramener les exceptions, mais le désordre : « *Si nous remontions à la naissance des choses et des temps, et que nous sentissions la matière se mouvoir et le chaos se débrouiller, nous rencontrerions une multitude d'êtres informes, pour quelques êtres bien organisés.* »

Cette vision grandiose de l'évolution du cosmos a été mise par Diderot dans la bouche de l'Anglais Saunderson, aveugle et grand mathématicien : il dénonce l'ordre prétendu de l'univers comme une construction de l'esprit géométrique qui s'en tient aux apparences. Or Diderot se méfie des perceptions sensorielles qui nous informent de la réalité : d'une certaine manière, estime-t-il, nous sommes aussi aveugles que les non-voyants, car le sens de la vue ne nous assure pas forcément une meilleure intelligence de la réalité. Diderot n'a aucun mal à vanter la supériorité des aveugles dans beaucoup de domaines, supériorité qui provient de l'excellence de leur sens du toucher que les voyants, eux, tiennent « *barricadé par le défaut de signes* ». Par ailleurs, le concours de plusieurs sens dans la perception de la réalité provoque plutôt la confusion : « *Ajouter le toucher à la vue, quand on a assez de ses yeux, c'est à deux chevaux qui sont déjà fort vifs, en atteler un troisième en arbalète, qui tire d'un côté, tandis que les autres tirent de l'autre.* » Diderot estime, avec Berkeley, que l'image que nos sens nous transmettent de la réalité n'est pas une représentation exacte de celle-ci, mais une construction de notre esprit : « *C'est l'expérience seule qui nous apprend à comparer les sensations avec ce qui les occasionne ;* [...] *les sensations n'ayant rien qui ressemble essentiellement aux objets, c'est à l'expérience à nous instruire sur des analogies qui semblent être de pure institution.* »

Cette « *critique de la raison aveugle* » trouva son prolongement dans ***De l'interprétation de la nature*** (1753, devenu ***Pensées sur l'interprétation de la nature*** en 1754). Sa réflexion amena Diderot à estimer que la nature, en dernier lieu, est irréductible à toute classification, à toute systématisation absolues ; si certains phénomènes semblent se conformer à des lois, il convient d'y voir l'effet d'une perspective mal choisie, la conséquence d'une observation partiale effectuée par un chercheur désireux de vérifier à tout prix une hypothèse préconçue : « *L'entêtement des principes répand sur tout ce qui environne un prestige qui défigure les objets.* » Le véritable interprète de la nature doit parfois savoir mettre en veilleuse sa raison et abandonner son esprit aux « *rêveries* », en une espèce de « *déraison* » attentive aux analogies fortuites, aux rapports bizarres qui lui dévoilent une autre nature derrière l'ordre des phénomènes observables : cette nature-là fut l'objet du ***Rêve de d'Alembert***.

Mais, avec la ***Lettre sur les aveugles***, Diderot avait dépassé les bornes de ce qui était tolérable : le 24 juillet 1749, il fut conduit, en vertu d'une lettre de cachet, au donjon de Vincennes. Déjà affecté par la mort de sa mère l'année précédente, et par la santé chancelante de son fils qui mourut l'année suivante, il promit, à la veille de sa libération, « *de ne rien faire à l'avenir qui puisse être contraire en la moindre chose à la religion et aux bonnes mœurs* ». Rousseau vint lui rendre visite, et reçut en chemin « *l'illumination de Vincennes* » — c'est-à-dire les intuitions fondamentales qui donnèrent naissance à son *Discours sur les Sciences et les Arts*. Diderot ne passa que trois mois en prison : sa libération fut obtenue grâce à la pression des libraires parisiens — au premier rang desquels Le Breton — qui avaient besoin du maître d'œuvre de l'*Encyclopédie* qu'ils avaient en chantier.

Autour de l'*Encyclopédie*

L'association de Diderot à ce monument remonte sans doute à 1745. Il fut d'abord chargé de la traduction de la *Cyclopaedia* de Chambers et ce n'est qu'en 1747 que les quatre libraires parisiens éditeurs de la future ***Encyclopédie*** passèrent contrat avec D'Alembert et lui pour diriger l'entreprise, laquelle occupa la plus grande partie du temps et de l'énergie de Diderot pendant plus de vingt ans. De 1751 à 1757, l'***Encyclopédie, ou Dictionnaire raisonné des sciences, des arts et des métiers, par une société de gens de lettres*** parut régulièrement à raison d'un volume par an. Diderot — qui, après avoir perdu un 3e enfant en bas âge, devint en 1753 le père d'une Marie-Angélique qui, elle, survécut — fut secondé par plus de 200 collaborateurs, dont le plus important fut le chevalier de Jaucourt. Les articles qu'il rédigea lui-même se répartissent *grosso modo* en 3 ensembles : ceux de la ***Description des arts***, section qu'il a dirigée et rédigée en grande partie seul dans les premières années, et qu'il a continué à diriger jusqu'à la publication de l'ultime volume de planches (1772) ; ceux de l'***Histoire de la philosophie***, qui est plus qu'une simple adaptation d'un ouvrage en langue latine de l'érudit luthérien Jacob Brucker : la matière est celle du modèle allemand, mais l'ensemble porte indiscutablement la marque de Diderot, celle du rationalisme non dogmatique, de l'athéisme et du matérialisme, et constitue une étape importante entre les ouvrages de la jeunesse et les grandes œuvres de la vieillesse du philosophe ; ceux, enfin, constituant les éléments d'une ***Philosophie politique***, où Diderot exprime les principales aspirations de la bourgeoisie éclairée et active de son temps. Le volume VII (1757), contenant l'article *Genève* de D'Alembert, provoqua des protestations de la part des Genevois, ainsi que la rupture avec Rousseau et, après la condamnation du livre d'Helvétius *De l'esprit* (1758), l'***Encyclopédie*** fut interdite en 1759. L'achèvement de l'entreprise fut cependant, de fait, toléré : Diderot fut obligé de continuer dans la clandestinité, et les 10 volumes de textes qui restaient en chantier ne furent publiés qu'en 1766.

Pendant les années de préparation de l'*Encyclopédie*, Diderot fit la connaissance de nombreuses personnalités, dont trois jouèrent un grand rôle dans sa vie. La première fut le baron d'Holbach, dont le salon de la rue Royale et la maison de campagne au Grandval (auj. Sucy-en-Brie, act. Val-de-Marne) offrirent à Diderot, pendant trente ans, des conditions idéales de travail et de commerce intellectuel. En contrepartie, il aida le baron dans son travail d'éditeur clandestin et corrigea ses ouvrages subversifs, comme le *Système de la nature* (1770). La deuxième amitié fut celle de Melchior de Grimm, dont la *Correspondance littéraire* lui permit de soumettre la plupart de ses écrits aux abonnés princiers sans égard pour la censure. Enfin, l'amour, puis l'amitié qui dura jusqu'à leur mort, pour une femme selon son cœur rencontrée en 1755, nous a procuré l'accès, avec les célèbres ***Lettres à Sophie Volland*** dont beaucoup ne furent publiées qu'en 1930, non seulement à une mine de renseignements sur la biographie de l'homme, du penseur et de l'écrivain, mais aussi au creuset, au laboratoire d'où sortirent plusieurs des contes de Diderot.

Parallèlement à son engagement pour l'*Encyclopédie*, Diderot travailla activement à l'élargissement de son horizon intellectuel : en même temps que les ***Pensées sur l'interprétation de la nature***, il composa une ***Lettre sur les sourds et les muets, à l'usage de ceux qui entendent et qui parlent*** (1751) qui constitue, avec l'article ***Beau*** (1751) de l'*Encyclopédie*, ses premiers pas dans le domaine de l'esthétique. En 1757 et 1758, il écrivit coup sur coup deux drames bourgeois, ***Le Fils naturel ou les Épreuves de la vertu*** (publié en 1757, créé en 1771) et ***Le Père de famille*** (publié en 1758, créé en 1761). Plutôt médiocres — ***Le Fils naturel*** ne connut qu'une représentation (26 sept. 1771) —, ces pièces sont surtout importantes par les réflexions théoriques qui les accompagnaient, les ***Entretiens avec Dorval sur « Le Fils naturel »*** (1757) et le ***Discours sur la poésie dramatique*** (1758) : ces deux textes analysent le drame bourgeois ou « *genre sérieux* », nouvelle forme dramatique privilégiant, à côté de la comédie larmoyante, simplicité, naturel et sincérité de personnages ordinaires, qui triompha plus tard avec Sedaine et Mercier. Sur un plan personnel, c'est une réplique du ***Fils naturel***, prononcée par Constance, et où Rousseau se sentit visé, qui provoqua la brouille des deux écrivains : « *Vous, renoncer à la société, j'en appelle à votre cœur : interrogez-le ; et il vous dira que l'homme de bien est dans la société et qu'il n'y a que le méchant qui soit seul* » (IV, 3). Enfin, Diderot commença dès 1759, encouragé par Grimm, une féconde carrière de critique d'art, en rendant compte dans les ***Salons***, à l'intention des lecteurs de la *Correspondance littéraire*, des expositions au salon Carré du Louvre.

L'art et la nature

En 1765, le philosophe, qui avait besoin d'argent pour doter sa fille, vendit sa bibliothèque à l'impératrice Catherine II de Russie : le contrat en garantissait à Diderot la propriété jusqu'à sa mort, et le versement d'une pension. La publication des derniers volumes de texte de l'*Encyclopédie* le libéra d'une tâche immense. Ce labeur ne l'avait pas empêché de réformer le théâtre français — avec l'introduction du drame bourgeois — et de donner ses lettres de noblesse à la critique d'art, qui atteignit son apogée avec le ***Salon de 1765*** (publié en 1766 dans la *Correspondance littéraire*), et les ***Essais sur la peinture*** de 1766. Mais l'achèvement de l'*Encyclopédie* permit à Diderot, non seulement de mettre au point sa pensée philosophique et esthétique, mais aussi d'élaborer une véritable doctrine politique qui ne constitue pas l'aspect le moins original de son œuvre.

Le ***Salon de 1767*** (publié en 1768), qui termine une première série de comptes rendus, marqua de manière éclatante la réorientation de la pensée de Diderot : la forme traditionnelle y était détournée de sa vocation première pour devenir un véritable laboratoire où l'écrivain, sous prétexte de décrire des tableaux, se livrait à l'expérimentation d'une machinerie narrative nouvelle, ensuite mise en œuvre dans des romans, comme ***Jacques le Fataliste***, et des contes, tels que ***Ceci n'est pas un conte***.

Le penseur, en précisant sa réflexion esthétique, jetait les bases d'un matérialisme nouveau, développé un an plus tard dans ***Le Rêve de d'Alembert*** (1769, publié en 1831).

Au même moment, Diderot poursuivait son interrogation sur les rapports entre l'art et la nature, en commençant la rédaction de ***Paradoxe sur le comédien*** (posth., 1830), selon lequel « *c'est le manque absolu de sensibilité qui prépare les acteurs sublimes* ».

L'idée que l'œuvre d'art créée d'après un modèle idéal est supérieure à la nature « *subsistante* » trouvait son analogie philosophique dans la distinction entre l'ordre général et l'ordre subsistant : ce dernier y désigne la nature accessible à la recherche scientifique, où les phénomènes sont isolés et entretiennent entre eux des rapports idéalement calculables, voire prévisibles ; en revanche, l'ordre général se réfère à l'univers dans sa totalité spatiale et temporelle — ce que Diderot, par la bouche de D'Alembert, appelle le « *Tout* ». Le Tout, c'est la totalité de ce qui existe, a existé et existera ; dans cette « *masse générale* », rien n'est isolable, rien n'est défini, la nature continue relie sans interruption les productions les plus rudimentaires de la vie aux animaux supérieurs et à l'homme : « *Tous les êtres circulent les uns dans les autres* [...], *tout est en un flux perpétuel. Tout animal est plus ou moins homme ; tout minéral est plus ou moins plante ; toute plante est plus ou moins animal. Il n'y a rien de précis en nature.* » Dans cet « *ordre général* », tout est lié, rien n'existe en soi et pour soi, il n'y a ni objets, ni individus, mais seulement des relations et des relations de relations. L'« *ordre* » du Tout est un ordre qui change sans cesse, un ordre profondément instable, chaotique et flou. Cet ordre-là n'est pas ordonné, car l'ordre, au sens courant du mot, a besoin de stabilité et de régularité. Mais Diderot garde pourtant le terme d'« *ordre* », aussi bien dans ***Le Rêve de d'Alembert*** que dans ses derniers ouvrages philosophiques, intitulés ***Réfutation d'Helvétius***, ***Commentaire d'Hemsterhuis*** et ***Éléments de physiologie*** : c'est qu'il ne croit pas au désordre proprement dit, identifié à l'absence de causalité. Or Diderot n'a jamais remis en question le principe de causalité, l'idée d'une connexion indissoluble entre les existences et les événements : elle suit des lois qui ne sont pas celles de l'ancienne causalité linéaire, mais des lois imprévisibles, d'une causalité complexe, comme celles qu'a formulées la physique au XXe siècle.

Littérature politique

Longtemps considérée comme mineure, la pensée politique de Diderot commence seulement à être appréciée à sa juste valeur. Sollicité par l'abbé Raynal pour collaborer à sa monumentale ***Histoire des deux Indes*** (1772 à 1780), véritable encyclopédie du colonialisme européen dans le Nouveau Monde, Diderot s'engagea à fond dans cette entreprise après son voyage en Russie (1773-1774), qui le vit perdre ses illusions sur la politique « éclairée » de l'impératrice Catherine II. À côté de sa collaboration anonyme à cet ouvrage, Diderot composa des romans et des contes où les questions morales et politiques jouent un rôle prépondérant. Le thème qui revient le plus souvent sous sa plume, c'est la « *théorie des trois codes* » qu'il considérait comme le modèle idéal de toute société : dans le ***Supplément au Voyage de Bougainville*** (1772, publié en 1796), il décrit la société fictive des Tahitiens chez qui les codes civil et religieux sont calqués sur celui de la nature ; or le code de la nature n'est pas, chez Diderot, un ensemble de lois naturelles invariables et universelles, mais la règle du juste et de l'injuste dans une société donnée : « *Il n'y a proprement qu'une vertu, c'est la justice, et qu'un devoir, c'est de se rendre heureux. L'homme vertueux est celui qui a les notions les plus exactes de la justice et du bonheur, et qui y conforme le plus rigoureusement sa conduite* » ***(Histoire des deux Indes)***.

Le conteur et le romancier

La production narrative de Diderot fut particulièrement riche pendant cette dernière période de sa vie. Après ***Les Bijoux indiscrets*** (1748), première tentative de jeunesse dans un registre licencieux, il avait déjà composé, en 1760, ***La Religieuse***, publiée en 1780 dans la *Correspondance littéraire*, puis en 1797, qui racontait sur le mode pathétique, les malheurs d'une jeune fille désireuse de faire résilier ses vœux, prononcés sous la contrainte de ses parents, et dénonçait la cruauté et les perversions qu'implique l'isolement dans un milieu clos : « *L'homme est né pour la société ; séparez-le, isolez-le, ses idées se désuniront, son caractère se tournera, mille affections ridicules s'élèveront dans son cœur ; des pensées extravagantes germeront dans son esprit, comme les ronces dans une terre sauvage.* » Avec le conte ***Les Deux Amis de Bourbonne*** — publié en 1770 dans la *Correspondance littéraire*, puis recueilli en 1773 dans les **Contes moraux et *Nouvelles Idylles de Diderot et Salomon Gessner*** —, Diderot revint, magistralement, à la fiction romanesque et composa coup sur coup les romans ***Jacques le Fataliste et son Maître*** (publié de 1778 à 1780 dans la *Correspondance littéraire*, puis en 1796) et ***Le Neveu de Rameau*** (posth., 1823 puis 1891), ainsi que ses grands contes.

Goethe, en 1805, traduisit en allemand ce « *chef-d'œuvre qui suscite d'autant plus d'admiration qu'on le connaît mieux* », en soulignant le rôle essentiel qu'y tiennent les développements du Neveu sur la musique française : « *Aussi hétérogène que puisse paraître ce dernier élément dans la composition, c'est lui pourtant qui donne au tout sa tenue et sa dignité : car s'il est vrai que le personnage du Neveu de Rameau trahit une nature décidément servile, que les influences extérieures peuvent pousser à toutes le perversités, et qui sus-*

cite par là notre mépris, voire notre aversion, ces sentiments seront tempérés par le fait qu'il se montre aussi sous les traits d'un musicien qui n'est pas totalement dépourvu de talent, mi-visionnaire, mi-virtuose » (*Rameaus Neffe : Ein Dialog von Diderot*, 1805, cité et traduit par Jacques Proust, *Lectures de Diderot*, Colin, 1972). Considéré comme l'œuvre la plus personnelle de Diderot — et très souvent tenu pour son chef-d'œuvre —, ***Le Neveu de Rameau*** n'a cessé, depuis sa tardive et rocambolesque publication, de susciter interrogations, commentaires et analyses, notamment le célèbre développement de Michel Foucault replaçant le Neveu dans l'immémoriale lignée des fous, depuis le bouffon médiéval jusqu'aux figures modernes de l'aliénation, de Nerval à Artaud en passant par Nietzsche : « *Le personnage du fou fait sa réapparition dans* Le Neveu de Rameau. *Une réapparition en forme de bouffonnerie. Comme le bouffon du Moyen Âge, il vit au milieu des formes de la raison, un peu en marge sans doute puisqu'il n'est point comme les autres, mais intégré pourtant puisqu'il est là comme une chose, à la disposition des gens raisonnables, propriété qu'on se montre et qu'on se transmet. On le possède comme un objet. Mais aussitôt lui-même dénonce l'équivoque de cette possession. Car s'il est pour la raison objet d'appropriation, c'est qu'il est pour elle objet de besoin* » (*Histoire de la folie à l'âge classique*, Gallimard, 1972). Pierre Fresnay (en 1963 au théâtre, avec Jacques-Henri Duval, puis en 1968 à la télévision, avec Julien Bertheau) et Michel Bouquet (en 1980 à la télévision, puis en 1983 au théâtre, toujours avec Teddy Billis), ont immortalisé le personnage du Neveu.

Diderot consignait là l'essentiel de sa pensée philosophique, politique et morale : le malheur de l'homme civilisé provient d'une morale contre nature, qui a attaché « *les noms de vices et de vertus à des actions qui n'étaient susceptibles d'aucune moralité* » ***(Supplément au Voyage de Bougainville)***. Contrairement à Rousseau qui considérait que c'est « *le fer et le blé* » qui ont « *perdu le genre humain* » (*Discours sur l'origine de l'inégalité*, 1755), Diderot soutint que la dépravation de la société n'était pas due à l'invention de la métallurgie et de l'agriculture : la misère de la civilisation occidentale, disait-il, ne provient pas de la propriété privée ; c'est une affaire de morale, et plus particulièrement de morale sexuelle.

À la fin des années 1770, Diderot songea à la postérité. Avec les ***Pensées détachées sur la peinture, la sculpture et la poésie*** (1776 à 1780), en partie inspirées d'un ouvrage d'Hagedorn, il ébaucha, sous une forme aphoristique qui rappelait les ***Pensées philosophiques*** du début, une synthèse de ses conceptions esthétiques. Il retoucha et recopia beaucoup de ses manuscrits, dont les différents états ont compliqué la tâche des éditeurs. L'***Entretien d'un philosophe avec M***^me^ ***la duchesse de ****** (in *Pensées philosophiques en français et en italien* de Crudeli, 1777) — d'abord paru sous le titre ***Entretien d'un philosophe avec la maréchale de ****** (in *Correspondance littéraire*, 1775) — défendait l'idée que l'on pouvait être athée et vertueux. En 1782, Diderot écrivit deux textes qui proposaient, chacun à sa manière, une réflexion sur sa vie et son action : la comédie ***Est-il bon ? Est-il méchant ?*** (posth., 1831) et l'***Essai sur les règnes de Claude et de Néron, et sur les mœurs et les écrits de Sénèque pour servir d'introduction à la lecture de ce philosophe***, version remaniée d'un ***Essai sur la vie de Sénèque*** de 1778 (publié en 1779 dans une édition des *Œuvres complètes* de Sénèque), dans laquelle Diderot s'interroge sur la place du philosophe au sein de la société et face au pouvoir. Sophie Volland mourut en février 1784 ; il rejoignit sa maîtresse trois mois plus tard. Où ? « *Est-ce que l'on sait où l'on va ?* » ***(Jacques le Fataliste)***.

THÉORIE LITTÉRAIRE

Les théories esthétiques et littéraires de Diderot apparaissent dans des ***Essais*** consacrés à des écrivains — ***Éloge de Richardson*** (1762) —, au travers d'apartés dans des contes (comme ses conseils ironiques à l'écrivain qui veut « faire vrai » aux dernières lignes des ***Deux Amis de Bourbonne***), à travers sa critique d'art dans ses ***Salons*** — une réflexion sur le « *détail* » ou une « *poétique des ruines* » —, ou encore dans ses lettres à des correspondants privilégiés. C'est peut-être le théâtre qui a retenu, le plus continûment, sa réflexion. On a souvent reproché à Diderot l'allure moralisante de son théâtre, son goût pour la peinture édifiante de Greuze, la fusion qui s'opère entre la « *vertu* » et le « *sublime* » dans sa conception du drame bourgeois. Tant et si bien que certains ont pu qualifier son esthétique de préromantique. La théorie du genre « *sérieux* », qui fonde le courant d'écriture « *réaliste* » (Auerbach), est pourtant au cœur d'un système philosophique et esthétique qui s'exprime dès les ***Entretiens avec Dorval*** : de même qu'il ne voit que continuité du minéral au végétal, à l'animal... et à l'humain, l'auteur du ***Fils naturel*** établit une échelle des genres, sans rupture qualitative, qui va du burlesque au comique, au sérieux, au tragique puis au merveilleux ; la différence n'est que d'accent. S'il préfère la peinture des « *conditions* » à celle des « *caractères* », les « *tableaux* » aux « *coups de théâtre* », c'est que les « *cris, mots inarticulés, voix rompues* », bref la « *pantomime* », en disent plus que la rhétorique : Diderot préfère l'éloquence du geste à celle de la parole, et réaffirme dans l'***Éloge de Richardson*** la supériorité du théâtre sur la maxime, qui « *n'imprime par elle-même aucune image dans notre esprit* ».

Le ***Discours sur la poésie dramatique*** reprend la même argumentation : le poète doit être « *honnête* », c'est-à-dire se mettre à l'écoute de la nature où « *tout est bon* ». Le théâtre peut et doit, à l'exemple de Corneille, évoquer les grandes questions morales « *du suicide, de l'honneur, du duel, de la fortune, des dignités* », parce qu'il a la faculté de frapper l'âme « *d'autant plus sûrement et plus fortement qu'elle s'étend et s'offre d'elle-même au coup* ». Diderot y formule déjà sa conception d'une poésie qui « *veut quelque chose d'énorme, de barbare et de sauvage* », une poésie dont les peuples policés ont tendance à se détourner.

La ***Lettre sur les sourds et les muets*** développe la thèse d'un art « *emblématique* », du sublime de situation illustré par Shakespeare — « *la somnambule Mackbett* » tentant d'effacer de ses mains un sang imaginaire —, du langage des gestes qui frappe l'âme mieux que l'enchaînement linéaire des mots : « *La langue se traîne sans cesse après l'esprit.* » À partir d'un problème stylistique — l'ordre syntaxique « *naturel* » et l'inversion —, Diderot élargit le débat en distinguant un « *ordre d'institution* » et un « *ordre naturel* » de présentation des idées et des perceptions. Si le français cartésien lui semble mieux convenir aux sciences, le grec, le latin, l'italien ou l'anglais lui paraissent plus appropriés à l'expression littéraire et artistique ; notre langue aurait perdu en chaleur et en énergie ce qu'elle a gagné en clarté et en précision. Autre conséquence : la traduction d'un poème est impossible aux yeux de Diderot, dans la mesure où les traits physiques de la langue (allitérations, rythmes...) sont inséparables des émotions qu'elle éveille ; la thèse fut ensuite reprise dans l'***Éloge de Térence*** (1769) : « *Les traits épars d'une belle femme ne font pas une belle femme.* »

Directement inspiré par la ***Lettre sur les sourds et les muets***, l'article ***Beau*** de l'***Encyclopédie*** (1752) — qui fit l'admiration de Kant — affirme que le but de l'art n'est pas de copier servilement la nature : il s'agit de recréer, à l'aide des éléments qu'elle nous offre, une « *belle nature* » qui doit autant à l'imagination de l'homme de génie qu'à l'esprit observateur du philosophe. Selon une théorie déjà exprimée dans les ***Mémoires sur différents sujets de mathématiques*** (1748), le beau, comme le goût — ou, tout simplement, le plaisir — consiste « *dans la perception des rapports* » ; il tient, non à des caractéristiques propres de l'objet, mais à l'excitation d'un « *sens interne* ». C'est pourquoi son domaine est sans limite : il y a un beau « *moral* » et un beau « *naturel* » à côté du beau « *littéraire* », « *musical* » ou pictural.

Les ***Salons de 1765*** et ***1767*** et le ***Rêve de d'Alembert*** amorcèrent une évolution décisive dans l'esthétique de Diderot, qui opposait désormais le génie lucide à l'être sensible : dans son enthousiasme, ce dernier « *ne discerne plus* » ***(Essai sur la peinture)***. Pour faire beau, l'artiste ne doit pas prendre pour modèle la nature « *subsistante* », celle qui se présente à ses yeux, mais un « *modèle idéal* » construit inductivement à partir de la réalité : « *Le soleil de l'artiste n'est pas celui de l'univers* » ***(Salon de 1767)***. Plus que simple copiste, l'artiste, « *abandonné à sa propre imagination* », devient créateur à l'image de Dieu. La doctrine ne s'applique pas seulement aux arts plastiques, mais également au genre romanesque et à l'art dramatique ; elle constitue la base même du ***Paradoxe sur le comédien***, dont Diderot écrivit un premier jet en 1769, qu'il remania sans cesse jusqu'à sa mort et qui ne fut publié qu'en 1830. Au théâtre, affirme Diderot, il ne faut pas « *montrer les choses comme elles sont en nature* » ; le vrai de la scène, c'est la « *singerie sublime,* [...] *la conformité des actions, des discours, de la figure, de la voix, du mouvement, du geste, avec un modèle idéal imaginé par le poète, et souvent exagéré par le comédien* ». Le titre s'explicite ainsi : « *C'est l'extrême sensibilité qui fait les acteurs médiocres ; c'est la sensibilité médiocre qui fait la multitude des mauvais acteurs ; et c'est le manque absolu de sensibilité qui prépare les acteurs sublimes.* » Le paradoxe de l'insensibilité du comédien est discuté depuis plus d'un siècle par les acteurs et les théoriciens du théâtre. Il est l'expression profonde d'une pensée qui relie sans cesse les enjeux artistiques aux enjeux politiques : « *Il en est du spectacle comme d'une société bien ordonnée, où chacun sacrifie ses droits pour le bien de l'ensemble et du tout.* »

THÉORIE LITTÉRAIRE

Principal maître d'œuvre de l'*Encyclopédie*, théoricien du théâtre et plus grand critique d'art français avant Baudelaire, Diderot s'est illustré dans tous les genres littéraires. À la fois philosophe et écrivain, auteur d'une puissante synthèse de la pensée littéraire, politique et esthétique de son siècle, il a été, avec une œuvre en grande partie méconnue, l'un des plus éminents représentants des Lumières.

L'art de la conversation

Dès la ***Lettre sur les sourds et les muets***, Diderot soulignait l'inaptitude du langage discursif à rendre fidèlement les idées : « *L'âme éprouve une foule de perceptions, sinon à la fois, du moins avec une rapidité si tumultueuse, qu'il n'est guère possible d'en découvrir la loi.* » La conversation est une réponse à cette inadéquation, et, quand Diderot parle de la conversation, il parle aussi de son style. Par exemple, dans cette lettre à Sophie Volland (20 oct. 1760) : « [...] *comme il n'y a rien de décousu dans la tête d'un homme qui rêve, ni dans celle d'un fou, tout se tient aussi dans la conversation ; mais il serait quelquefois bien difficile de retrouver les chaînons imperceptibles qui ont attiré tant d'idées disparates.* » Pour écrire sa philosophie, Diderot rejette le langage philosophique traditionnel au profit du langage poétique, dans lequel la succession des idées est remplacée par une trame complexe d'images et de pensées simultanées et fondues qui reflète la multiplicité de l'âme. Dans ***Le Rêve de d'Alembert***, le discours brisé du rêveur, caractérisé par des sauts, des interruptions, des trous, est le seul moyen de « traduire » le système complexe du grand Tout dans le système complexe du langage, de rendre l'inextricable cohésion des choses.
La quasi-totalité de l'œuvre de Diderot se présente sous forme dialoguée, que ce soit avec un auteur qu'il traduit, adapte ou commente, que ce soit en introduisant des personnages qui dialoguent entre eux, ou parfois même les deux à la fois. Deux versants complémentaires se dessinent : le « *décousu* », le « *disparate* », et le « *tout se tient* », « *les chaînons imperceptibles* ». On les retrouve dans l'œuvre entière de Diderot. Ils participent de son organisation dialogique explicite (***Le Neveu de Rameau***, ***Jacques le Fataliste***), implicite (les ***Lettres***) ou presque imperceptible, non par dissimulation mais par naturel de la manière (par exemple, dans nombre d'articles de l'*Encyclopédie*). À cet égard, la structure narrative de ***Ceci n'est pas un conte*** (1772) est exemplaire. Les deux interlocuteurs ont les mêmes informations, mais ils interprètent différemment la même histoire. La structure dialogique n'est donc pas un artifice ornemental, mais permet d'échanger des interprétations et, de gré ou de force, introduit dans le jeu le lecteur qui, de consommateur passif, devient un personnage au même titre que les autres, en apportant à ce qu'il lit sa propre interprétation.
Le « *décousu* » et le « *tout se tient* » participent également de la dynamique d'un style où l'on a distingué un « *processus de développement en série* [...] *enrayé par les formes binaires du couple* » (Georges Daniel). Cette dynamique s'exprime dans un vocabulaire attentif à « *prendre la totalité du monde sensible et intelligible dans le filet des mots* » (Jacques Proust). Elle s'exprime aussi dans la diversité de la syntaxe : pénétration de la langue parlée dans la langue écrite ; phrases courtes, segmentées, elliptiques ; préférence pour les structures ouvertes et asyndétiques, la parataxe ; « style coupé » au service de l'articulation des plans énonciatifs ; extrême énergie des apostrophes directes au lecteur, tel le début de ***Jacques le Fataliste*** : « *Comment s'appelaient-ils ? Que vous importe ?* » Cette dynamique s'exprime enfin dans la prédilection de Diderot pour le paradoxe, qu'on retrouve dans ses titres, explicitement ***(Paradoxe sur le comédien)*** ou ironiquement (le conte intitulé ***Ceci n'est pas un conte***), comme dans les innombrables répliques de ses œuvres dialoguées :

> « JACQUES. *On ne fait jamais tant d'enfants que dans les temps de misère.*
> LE MAÎTRE. *Rien ne peuple comme les gueux.* »
>
> **(Jacques le Fataliste et son Maître)**

> « LUI. [...] *Le temps s'est écoulé ; et c'est toujours autant d'amassé.*
> MOI. *Vous voulez dire de perdu.*
> LUI. *Non, non, d'amassé. On s'enrichit à chaque instant. Un jour de moins à vivre ou un écu de plus ; c'est tout un.* [...] »
>
> **(Le Neveu de Rameau)**

En corollaire, il est important de considérer la ponctuation de Diderot sur les autographes chaque fois que cela est possible.

En combinant le « *décousu* » à l'unité profonde d'une voix qui sollicite toujours sa reconnaissance par le destinataire, la « *dominante persuasive* » (Jean-Pierre Seguin) du style de Diderot met admirablement en scène l'espérance des Lumières et le pressentiment angoissant de leurs limites.

Un écrivain redécouvert

Diderot, de son vivant, n'était connu ni comme critique ni comme romancier. Ses contemporains rendaient surtout hommage au directeur de l'***Encyclopédie*** et au dramaturge ; seule la petite élite abonnée à la *Correspondance littéraire* eut la primeur des ***Salons***, de ***Jacques le Fataliste***, de ***La Religieuse***. Diderot ne manqua toutefois pas d'ennemis, à commencer par l'abbé Sabatier de Castres — visé dans ***Le Neveu de Rameau*** — qui l'éreinta dans ses *Trois Siècles de littérature française* (1772). Ses romans, les grandes œuvres philosophiques et politiques de sa maturité, ont été révélés au public dans les quatre-vingt-dix années qui ont suivi sa mort. Au XIXe siècle, Diderot divisait les lecteurs au fur et à mesure que paraissaient ses écrits. Pour Villemain, il restait avant tout l'apôtre de l'athéisme, alors que Sainte-Beuve découvrait un grand écrivain. De même fut-il célébré par Stendhal, par Zola qui y voyait un lointain ancêtre de son naturalisme, mais éreinté par Barbey d'Aurevilly qui lui reprochait — non sans admirer toutefois son infatigable inspiration — d'avoir vendu son âme au diable : « *Ce singulier homme qui, un jour de faim, avait fait dix-huit sermons pour dix-huit louis, avec sa facilité bouillonnante, aurait pu être un magnifique prédicateur, si le diable ne l'avait pas confisqué... Seulement, il garda le don. Il fut un prédicateur retourné, et prêcha pour la philosophie.* » Pierre Larousse lui consacra, dans son *Grand Dictionnaire universel du XIXe siècle*, un article — 9 pages sur 4 colonnes — enthousiaste : « *le génie le plus puissant, la personnalité la mieux marquée* [...], *l'artiste le plus fortement constitué du XVIIIe siècle* ». Le mérite revient à la critique marxiste d'avoir présenté pour la première fois, de façon systématique, l'ensemble de la philosophie de Diderot, tandis que les écrivains du Nouveau Roman (Butor, Sarraute) se sont réclamés de son écriture ouverte, en perpétuel dialogue avec elle-même et avec les œuvres d'autrui, qui implique le lecteur dans le récit et fait appel à ses interprétations critiques. La prodigieuse diversité de l'œuvre de Diderot — d'ailleurs si étendue qu'aucune édition intégrale n'est encore disponible, malgré quelques prétendues ***Œuvres complètes*** — suscite de nos jours, tant en France qu'à l'étranger, d'innombrables recherches et publications consacrées aux multiples facettes — le romancier, le dramaturge, l'essayiste, le philosophe, le musicien, le critique d'art, le polémiste, l'épistolier, le scientifique — d'un écrivain tout aussi divers que son ***Encyclopédie*** et qui ne cesse d'être redécouvert. Ses plus fervents commentateurs soutiennent qu'il rassemble les qualités de ses plus illustres contemporains — la profondeur de Montesquieu, la subtilité de Marivaux, la vivacité de Voltaire, la sensibilité de Rousseau et la vitalité de Beaumarchais. Ses œuvres les plus diffusées, dans les classes comme auprès du grand public, se limitent toutefois au trio ***La Religieuse*** — dont Jacques Rivette tira un film en 1965 —, ***Le Neveu de Rameau*** — dont le personnage éponyme a été immortalisé, à la scène comme à la télévision, par Pierre Fresnay dans les années 1960, puis par Michel Bouquet dans les années 1980 — et ***Jacques le Fataliste***. En 1997, Éric-Emmanuel Schmitt a publié un essai, *Diderot ou la Philosophie de la séduction*, et écrit une pièce, *Le Libertin*, dont Gabriel Aghion a tiré, en 2000, un film sous le même titre, l'une et l'autre peu dignes de l'auteur des ***Lettres à Sophie Volland*** — elles-mêmes de plus en plus souvent placées au premier rang des œuvres de Diderot.

ŒUVRES

Jacques le Fataliste *et son Maître*

Roman que Diderot lut à des amis en 1771, puis publia dans la *Correspondance littéraire* entre 1778 et 1780, sans cesser de le remanier, comme en témoignent les additions publiées en 1786. La 1re édition en volume parut chez Buisson en 1796.

C'est partiellement un anti-roman, avouant sa dette à l'égard de *Tristram Shandy* de Sterne, que cette « *rapsodie* » de contes, d'histoires, de réflexions, de digressions, qui se coud et se découd au fil de l'errance et du dialogue de Jacques et de son maître, et du récit toujours retardé des amours du « *Fataliste* ». Le texte se présente comme un texte de théâtre, coupé par les interventions d'un narrateur désinvolte jusqu'à la provocation, qui ne cesse d'interpeller son lecteur pour lui rappeler que dans ce roman mal fait, il s'agit de fiction où il pourrait pourtant trouver sa vérité. L'*incipit* en est célèbre : « *Comment s'étaient-ils rencontrés ? Par hasard, comme tout le monde. Comment s'appelaient-ils ? Que vous importe ? D'où venaient-ils ? Du lieu le plus prochain. Où allaient-ils ? Est-ce que l'on sait où l'on va ? Que disaient-ils ? Le maître ne disait rien ; et Jacques disait que son capitaine disait que tout ce qui nous arrive de bien et de mal ici-bas était écrit là-haut.* » Le terme « *Fataliste* » renvoie au déterminisme que professe Jacques — ici porte-parole de Diderot —, objet de controverses tant entre philosophes qu'entre Jacques et son maître, en apparente contradiction avec l'exigence morale : aporie que Jacques résout en marchant, au sens propre comme au figuré, quitte à trouver, dans l'impossibilité de lire le « *grand livre* [...] *écrit là-haut* » — perpétuellement évoqué tout au long du roman —, une raison de plus à son insouciance et à son courage. L'incorrigible bavard hérite une philosophie pratique représentée dans une tradition qui passe par Rabelais, les fabliaux, Boccace et les picaresques. Car la littérature est ici partout présente, dans cette œuvre où triomphe le plaisir de conter — sans cesse mis en scène —, plus encore que de raconter, Diderot instituant avec son lecteur la fiction d'un rapport oral. Même si l'on touche aux scélératesses libertines de la bonne société avec l'histoire de Mme de La Pommeraye, c'est dans le registre du « comique » et du tableau de genre que Jacques se situe, pour l'essentiel. Choix qu'illustre emblématiquement la maîtrise du valet sur un maître que son propre statut voue à l'aliénation. Aussi le marquis des Arcis trouve-t-il son bonheur à aimer la prostituée que son ex-maîtresse — prototype de la Merteuil —, voulant lui jouer un mauvais tour, lui a infligée pour épouse. Revenu du pathétique et des grands sentiments, Diderot se penche sur les heurs et malheurs du quotidien et les surprises qu'il révèle, en nouveau Diogène à qui le cynisme même semble superflu. Il y exhibe une maîtrise d'écrivain qui feint d'être désarçonné par les écarts de son esprit, analogues, en somme, à ceux de la nature même. À travers la sagesse heureuse et dynamique de Jacques se lit le renoncement à maîtriser intellectuellement cette nature, à prétendre avoir sur elle le dernier mot. Mieux vaut sans doute avoir le mot pour rire, dont Jacques et son créateur ne sont pas avares. Traduisant peut-être dans sa pratique d'écrivain les leçons apprises au contact des peintres, Diderot élabore ici le roman philosophique qui dirait à la fois la vanité et le bon usage de la philosophie.

À la suite de Sterne, ***Jacques le Fataliste*** inaugurait une longue descendance de « *récits excentriques* » (Daniel Sangsue) : Gautier, De Maistre, Nerval, Nodier, jusqu'aux « romans du roman » du XXe siècle — dont le plus remarquable est l'œuvre d'Italo Calvino, *Si par une nuit d'hiver un voyageur...* L'histoire de Mme de La Pommeraye a inspiré le film de Robert Bresson, *Les Dames du bois de Boulogne* (1945).

Le **Neveu de Rameau**

Récit dialogué, intitulé à l'origine ***Satire seconde*** — exactement ***Satire 2de***, par allusion à une ***Satire première*** parue dans la *Correspondance littéraire* en octobre 1778 —, écrit pour l'essentiel en 1761, dont le texte se perdit jusqu'en 1805, où il fut connu d'abord par une traduction allemande d'un Goethe admiratif, puis, sous forme de copie, publié au t. XXI et dernier des ***Œuvres*** de Diderot dans l'éd. Brière (1823), le manuscrit original autographe étant retrouvé par hasard en 1890, chez un bouquiniste parisien, par Georges Monval, bibliothécaire de la Comédie-Française, et publié en 1891.

Satire seconde, tel est le titre que donna Diderot à cette œuvre peu classable : à l'heure où il l'entreprit — après ***La Religieuse***, la rupture avec Rousseau (musicien lui aussi) et le semi-échec du ***Père de famille*** —, elle visait en effet nommément — selon les us de l'ancienne satire — les antiphilosophes, Palissot et consorts, qui le malmenaient. La forme littéraire n'en est pas la moindre originalité : la coprésence du récit, d'une part, et du dialogue, d'autre part, lui-même présenté comme un texte de théâtre opposant MOI et LUI, fait de cet ouvrage un objet générique assez singulier, ni véritable roman — car la présence du dialogue est trop massive, et ce sous une forme trop théâtrale —, ni vraiment pièce de théâtre en raison de la trop forte présence du récit. Le titre du livre fait référence à un personnage bien réel, Jean-François Rameau, neveu de l'illustre musicien mais musicien raté lui-même. L'action se passe durant le printemps 1761 et se situe au *Café de la Régence*, place du Palais-Royal, à Paris, café favori des joueurs d'échecs que prend plaisir à venir voir, « *si le temps est trop froid, ou trop pluvieux* », le narrateur philosophe qui commence son récit en s'exclamant : « *Mes pensées, ce sont mes catins.* » C'est là que, « *un après-dîner* », il rencontre le Neveu, « *un des plus bizarres personnages de ce pays où Dieu n'en a pas laissé manquer* [...], *un composé de hauteur et de bassesse, de bon sens et de déraison* ». L'ombre de l'oncle grand homme pèse sur ce demi-fou — auquel Cazotte consacra des pages émouvantes —, auteur d'une *Raméide*, parasite glouton qui plaide et illustre la cause de la mastication, de l'universelle dévoration — « *Dans la nature, toutes les espèces se dévorent ; toutes les conditions se dévorent dans la société* » —, de la prostitution : « *Il est dur d'être gueux, tandis qu'il y a tant de sots opulents aux dépens desquels on peut vivre.* » C'est devant un MOI moralisant, mais fasciné, que LUI met en scène sa propre abjection, non sans se perdre tout entier parfois dans l'extase de sa pantomime musicale, rendue avec une virtuosité descriptive étourdissante de vivacité et de brio : « *Puis il se met à sourire, à contrefaire l'homme admirateur, l'homme suppliant, l'homme complaisant ; il a le pied droit en avant, le gauche en arrière, le dos courbé, la tête relevée, le regard comme attaché sur d'autres yeux, la bouche entrouverte, les bras portés vers quelque objet ; il attend un ordre, il le reçoit ; il part comme un trait ; il revient, il est exécuté ; il en rend compte. Il est attentif à tout ; il ramasse ce qui tombe, il place un oreiller ou un tabouret sous des pieds ; il tient une soucoupe, il approche une chaise, il ouvre une porte ; il ferme une fenêtre ; il tire des rideaux ; il observe le maître et la maîtresse ; il est immobile, les bras pendants ; les jambes parallèles ; il écoute ; il cherche à lire sur des visages ; et il ajoute : Voilà ma pantomime, à peu près la même que celle des flatteurs, des courtisans, des valets et des gueux.* » Et non sans évoquer de façon brève, mais déchirante, l'amour d'une épouse perdue : « *Elle avait du courage comme un lion. Quelquefois nous manquions de pain, et nous étions sans le sol. Nous avions vendu presque toutes nos nippes. Je m'étais jeté sur les pieds de notre lit, là je me creusais à chercher quelqu'un qui me prêtât un écu que je ne lui rendrais pas. Elle gaie comme un pinson, se mettait à son clavecin, chantait et s'accompagnait. C'était un gosier de rossignol, je regrette que vous ne l'ayez pas entendue. Quand j'étais de quelque concert, je l'emmenais avec moi. Chemin faisant, je lui disais : Allons, madame, faites-vous admirer ; déployez votre talent et vos charmes. Enlevez. Renversez. Nous arrivions : elle chantait, elle enlevait, elle renversait. Hélas, je l'ai perdue, la pauvre petite. Outre son talent, c'est qu'elle avait une bouche à recevoir à peine le petit doigt ; des dents, une rangée de perles ; des yeux, des pieds, une peau, des joues ,des tétons, des jambes de cerf, des cuisses et des fesses à modeler. Elle aurait eu, tôt ou tard, le fermier général, tout au moins. C'était une démarche, une croupe ! ah Dieu, quelle croupe ! /* [...] *Ceux qui la suivaient, qui la regardaient trotter avec ses petits pieds ; et qui mesuraient cette large croupe dont ses jupons légers dessinaient la forme, doublaient le pas ; elle les laissait arriver ; puis elle détournait prestement sur eux, ses deux grands yeux noirs et brillants qui les arrêtaient tout court. C'est que l'endroit de la médaille ne déparait pas le revers. Mais hélas je l'ai perdue ; et mes espérances de fortune se sont toutes évanouies avec elle. Je ne l'avais prise que pour cela ; je lui avais confié mes projets ; et elle avait trop de sagacité pour n'en pas concevoir la certitude, et trop de jugement pour ne les pas approuver. / Et puis le voilà qui sanglote et qui pleure, en disant : Non, non, je ne m'en consolerai jamais. Depuis, j'ai pris le rabat et la calotte.* » On se gardera d'identifier trop vite MOI à Diderot lui-même qui semble bien ici régler ses comptes avec un double en cet emblème de la dispersion, placé dès l'épigraphe — *Vertumnis, quotquot sunt, natus iniquis* [« *Voué par nature aux capricieux Vertumnes, si nombreux fussent-ils* »] (Horace, *Satires*, II, 7) — sous le signe de Vertumne, qui est au moins l'une des faces de la nature. Cruelle satire en effet de la bassesse des milieux littéraires, ***Le Neveu de Rameau*** met aussi en question le mythe de l'artiste comme celui du grand homme et les ravages qu'ils peuvent provoquer : « *Quiconque a besoin d'un autre est indigent et prend une position. Le roi prend une position devant sa maîtresse et devant Dieu ; il fait son pas de pantomime. Le ministre fait le pas courtisan, de flatteur, de valet ou de gueux devant son roi. La foule des ambitieux danse vos positions, en cent manières plus viles les unes que les autres, devant le ministre.* [...] *Ma foi, ce que vous appelez la pantomime des gueux est le grand branle de la terre.* » Enjeu fort personnel pour Diderot et qui explique, peut-être mieux que les attaques nominales, le total silence qu'il a gardé sur ce texte célèbre aussi pour ses derniers mots énigmatiques : « *Rira bien qui rira le dernier.* » Par définition, œuvre inorganisée, ***Le Neveu de Rameau*** ne comporte certes aucune partie mais plusieurs temps forts cependant : la scène du proxénète, les idiotismes moraux, la ménagerie Bertin, le renégat d'Avignon illustrant le sublime dans le mal, la querelle musicale des Bouffons et la pantomime universelle des gueux. Il ne s'agit pas d'un roman, même si Diderot se souvient des picaresques et de Pétrone : le Protée-Diogène ne saurait avoir d'histoire. Mais c'est pourtant un bâtard du roman que ce dialogue vif et nerveux, d'une composition toute musicale, où Diderot semble avoir rêvé de faire l'économie de la fiction pour montrer la question philosophique en train de s'incarner dans un corps aux prises avec l'imaginaire. Il n'est pas exclu, après tout, que le Neveu soit l'homme de la Nature.

Paradoxe sur le comédien

Essai sous forme de dialogue, composé entre 1769 et 1773, et publié à Paris, chez Sautelet, en 1830.

En 1769, Diderot lut une brochure — intitulée *Garrick ou les Acteurs anglais* — que lui avait adressée Grimm, et eut l'idée du « *paradoxe* », qui donna lieu à 16 pages d'observations dans la *Correspondance littéraire* d'octobre et de novembre 1770. Une 2e version fut rédigée en Hollande en 1773 et 2 remaniements eurent lieu en 1777-1778, puis un 3e, très tardif, soit dix ans d'élaboration, la première publication ayant lieu en 1830.

Diderot s'élève contre la thèse la plus communément reçue, et répandue notamment par l'abbé du Bos, selon laquelle c'est grâce à une émotion réellement éprouvée que l'acteur touche son public : lieu d'une communion effective, le théâtre porte trace et preuve d'une sociabilité naturelle. Cette opinion avait cependant déjà été mise en question, contre Rémond de Saint-Albine, par l'acteur Antoine Riccoboni en 1752. Elle était celle de Diderot au temps des ***Entretiens avec Dorval*** en 1757, où le héros incarnait exemplairement cette proximité du personnage réel avec celui qui le représente, puisqu'il jouait son propre rôle dans une pièce dont il était l'auteur, le metteur en scène et le critique : le génie créateur était alors en même temps l'homme sensible — et donc vertueux — capable d'extase et d'expansion vers les autres comme vers la nature. Diderot se détacha de cette position après un parcours complexe : ***Le Neveu de Rameau*** pourrait offrir l'exemple d'une sensibilité égarée et stérile, d'un enthousiasme conduisant à la dispersion ; l'expérience de la critique picturale des ***Salons***, entre 1759 et 1769, mit en évidence l'importance de la volonté et du métier dans l'activité artistique, et le thème du génie « *froid* » apparaît à la fin de l'***Essai sur la peinture*** de 1766 ; dans ***Le Rêve de d'Alembert***, la réflexion sur le rapport entre centre et périphérie, entre « *cerveau* » (système nerveux volontaire) et « *diaphragme* » (système sympathique) fait apparaître la domination de ce dernier comme une faiblesse. Ainsi s'élabora une conception du grand comédien comme être froid, capable, à partir d'un « *magasin* » d'observations préalables, d'inventer et de fabriquer le grand « *mannequin* » de son personnage et d'en tirer les ficelles, sans rien éprouver — idée comiquement illustrée par les doubles dialogues que Diderot attribue aux acteurs tragiques. L'homme sensible est au parterre, de fait dominé par l'acteur, du moins si celui-ci est parvenu à atteindre le « *modèle idéal* » (terme qui vient du ***Salon de 1767***) de son personnage et à lui donner corps. La thèse excède largement le domaine esthétique : le grand homme, c'est-à-dire le créateur, mais aussi l'homme d'État, l'homme vertueux qui maintient l'ordre dans la société, ont la capacité de maîtriser leurs émotions individuelles, et la sensibilité fait aussi bien les mauvais comédiens que les fanatiques. C'est là en finir avec une vertu fondée sur l'enthousiasme, avec la croyance en une pitié naturelle : un corollaire de la théorie est que, si la douleur théâtrale et feinte émeut, la véritable laisse indifférent. Chez Diderot s'exprime ici comme ailleurs, à ce moment, la hantise d'une absence de communication réelle entre les individus dans un univers où prévaut une relation de pouvoir — le texte s'ouvrant du reste par des considérations sur l'impossibilité de traduire. Diderot pose la question de la véritable nature de la sociabilité, tout en restant fasciné par l'idée de grandeur. Peut-être l'homme sensible aura-t-il été plus heureux. Et l'auteur ne manque pas d'opposer sa propre dispersion à l'efficacité et à la maîtrise de Voltaire, le « *grand homme* » par excellence, l'application de la théorie restant cependant plus floue pour ce qui concerne gens de lettres ou artistes. Elle est particulièrement sévère pour le comédien que la nature même de son activité de simulacre condamne à la nullité existentielle, à quelques rares exceptions près.

La composition sous forme d'un dialogue étonnamment alerte et fertile en digressions, au moins apparentes, permet à Diderot de garder à sa thèse un visage problématique et d'éviter peut-être l'énoncé de ses possibles conséquences sur le plan moral. Brûlant en partie au moins ce qu'il avait adoré, exaltant, mais comme à regret, le règne de la volonté et de la raison, Diderot produit là une pièce maîtresse de son anthropologie, à mettre en rapport avec l'épanouissement, en cette fin de XVIIIe siècle, de la volonté de puissance et des passions égocentrées, d'un idéal de maîtrise à retrouver aussi bien chez David que dans *Les Liaisons dangereuses*.

Des acteurs, entre autres, ne manquèrent pas de discuter la thèse de Diderot : Coquelin, Sarah Bernhardt, Copeau, Dussane, Jouvet en 1954 dans *Le Comédien désincarné*.

Salons

Recueil de 9 écrits sur l'art destinés à la *Correspondance littéraire* de Grimm, puis de Meister, rédigés et publiés entre 1759 et 1781, à raison d'un ***Salon*** tous les deux ans pour les 7 premiers, puis après respectivement quatre et six années d'intervalle pour les 8e et 9e.

Lorsqu'en 1759 Diderot entreprit son premier ***Salon***, le genre même — lancé par les *Réflexions* de La Font de Saint-Yenne, bientôt suivi par Gougenot, Le Blanc, Baillet, Laugier et bien d'autres — était déjà florissant. Le philosophe y trouva une forme autorisant une diversité qui lui convenait, car elle permettait la digression morale, sociale ou politique. Mais Diderot ne joua pas le jeu de ses prédécesseurs, exposés aux attaques de leurs confrères et des peintres : il n'écrivit que pour la douzaine d'abonnés — généralement des têtes couronnées — de la *Correspondance littéraire*, sous le sceau du secret qu'il recommandait à Grimm. Diderot s'adressait ainsi à des destinataires lointains, ce qui explique la place prise par la description, alors que le salonnier écrivait aussi pour un public proche, qui avait vu l'exposition. Comme l'a montré Jacques Proust, Diderot avait lu de Piles, Webb, et Du Bos, bien entendu. Mais l'article *Peinture* de l'***Encyclopédie***, dû à Jaucourt, accepté par Diderot, où la peinture italienne se voit expédiée en une colonne, laissait supposer une familiarité limitée avec les œuvres, d'autant que Diderot n'avait pas fait le voyage d'Italie. Tout au plus avait-il produit l'article sur la peinture en cire dans une polémique où intervint Caylus. C'est donc en homme de lettres qu'il abordait la peinture, en ces années pour lui critiques, au cours desquelles il se brouilla avec Rousseau, produisit ses deux grandes pièces et leurs compléments critiques, écrivit ***La Religieuse*** et commença ***Le Neveu de Rameau***. Les trois premiers salons (1759, 1761 et 1763) sont relativement brefs. Mais un intérêt certain, soutenu par la fréquentation des artistes, se mua peu à peu en passion, que traduisit le ***Salon de 1765***, augmenté de l'***Essai sur la peinture*** (1766), et des ***Salons de 1767*** et ***1769*** : « *J'ai compris ce que c'était que finesse de dessin et vérité de nature. J'ai connu la magie de la lumière et des ombres. J'ai connu la couleur ; j'ai acquis le sentiment de la chair. Seul, j'ai médité ce que j'ai vu et entendu ; et ces termes de l'art, unité, variété, contraste, symétrie, ordonnance, composition, caractères, expression, si familiers dans ma bouche, si vagues dans mon esprit, se sont fixés* » ***(Préambule)***. Les suivants (1771, 1775, 1781) laissent percevoir une fatigue, et sont souvent un simple travail de chroniqueur.

Il est impossible de résumer la foisonnante richesse de ces textes. Il s'agit, sans aucun doute, d'un tour de force littéraire, puisque Diderot parvint à masquer la monotonie de ces *ekphrasis* répétées par la vigueur d'une critique d'une rosserie sans pareille. Amateur de pathétique et de sang versé, il reproche volontiers aux artistes contemporains leur déficit d'idée ou d'inspiration, qui lui importe beaucoup plus que le faire, et ne manque pas de se présenter en donneur de sujets. Il participe de la réaction antirococo — d'où son agressivité à l'égard de Boucher —, et ne met finalement pas en question le clivage entre peinture d'histoire et peinture de genre — sauf à trouver, de cette dernière, une version dramatique dans les tableaux de Greuze, commentés avec enthousiasme entre 1765 et 1769. C'est dire que la catégorie dominante pour Diderot est celle de l'expression des passions, dont il trouve un équivalent dans les paysages tourmentés de Joseph Vernet : « *S'il suscite une tempête, vous entendez siffler les vents et mugir les flots* [...]. *Les matelots crient ; les flancs du bâtiment s'entr'ouvrent* [...] ; *là, une mère presse son enfant contre son sein ; d'autres s'exposent à périr pour sauver leurs amis ou leurs proches* [...], *et des passagers sont entraînés au fond des gouffres* » ***(Salon de 1763)***. Sensible à la magie de Chardin sans pouvoir s'expliquer ses moyens, Diderot opéra, en 1767, sous l'influence de Winckelmann — qu'il connaissait depuis 1756 —, un tournant néo-classique où devint essentielle la notion de « *modèle idéal* », extérieur à la nature visible, accessible à l'artiste plus par cheminement intérieur que par imitation de modèles. Dans une certaine mesure, Diderot s'écartait alors d'une prédominance de l'expression, ou plutôt présentait ses effets comme le résultat d'un *artefact* : sous cet angle, l'expérience de la peinture joua sans aucun doute un rôle capital dans l'élaboration de la thèse du ***Paradoxe [...]***, et de la figure du génie froid opposé à l'homme sensible, autre thèse qui apparaît dès la fin de l'***Essai sur la peinture***. Il médita également à cette époque sur la poésie des ruines qui se dégage de la peinture mélancolique d'Hubert Robert : « *Les idées que les ruines réveillent en moi sont grandes. Tout s'anéantit, tout périt, tout passe* [...]. *Je marche entre deux éternités* » ***(Salon de 1767)***.

L'immense intérêt des ***Salons*** et de l'***Essai***, dû à leur liberté d'écriture, ne saurait dissimuler la relative incapacité de Diderot à théoriser les contradictions où il se trouve pris face à la peinture de son temps, qu'il a néanmoins le mérite de mettre en scène, quitte à en faire un chef-d'œuvre littéraire. On se gardera, comme on l'a fait parfois, de voir en Diderot l'apôtre d'une modernité aux contours imprécis. Sans exercer d'influence sur son temps — mais donnant de celui-ci une passionnante vision de près —, sans inventer le « salon » — déjà existant —, la critique d'art de Diderot constitua en revanche un modèle essentiel pour ce genre littéraire à partir du XIXe siècle.

CITATIONS

Égaré dans une forêt immense pendant la nuit, je n'ai qu'une petite lumière pour me conduire. Survient un inconnu qui me dit : *Mon ami, souffle la chandelle pour mieux trouver ton chemin.* Cet inconnu est un théologien.

Addition aux Pensées philosophiques, VIII.

Ôtez la crainte de l'enfer à un chrétien, et vous lui ôterez sa croyance.

Addition aux Pensées philosophiques, XVII.

Dieu le père juge les hommes dignes de sa vengeance éternelle ; Dieu le fils les juge dignes de sa miséricorde infinie ; le Saint-Esprit reste neutre. Comment accorder ce verbiage catholique avec l'unité de la volonté divine ?

Addition aux Pensées philosophiques, XLVII.

Une jeune fille vivait fort retirée : un jour elle reçut la visite d'un jeune homme qui portait un oiseau ; elle devint grosse : et l'on demande qui est-ce qui a fait l'enfant ? Belle question ! c'est l'oiseau.

Addition aux Pensées philosophiques, LXII.

Le dialogue permet des repos et des écarts. Le dialogue est la vraie manière instructive ; car que font le maître et le disciple ? Ils dialoguent sans cesse.

Apologie de l'abbé Galiani.

[...] quoi de plus commun que de se croire deux nez au visage, et de se moquer de celui qui se croit deux trous au cul ?

Les Bijoux indiscrets, 16.

[...] dans notre monde rien n'est plus conforme aux lois qu'un mariage ; et rien n'est souvent plus contraire au bonheur et à la raison.

Les Bijoux indiscrets, 18.

Il faut une terrible passion pour tenir contre une humiliation qui ne finit point.

Les Bijoux indiscrets, 19.

J'ai remarqué dans plus d'une occasion, que telle qui croyait suivre sa tête, obéissait à son bijou. Un grand philosophe plaçait l'âme, la nôtre s'entend, dans la glande pinéale. Si j'en accordais une aux femmes, je sais bien, moi, où je la placerais.

Les Bijoux indiscrets, 25.

De la façon dont elle est tournée, elle a dû sortir du sein de la nature comme un boulet de la bouche d'un canon.

Les Bijoux indiscrets, 39.

Si l'estime n'enivre pas, elle ajoute du moins beaucoup à l'ivresse.

Les Bijoux indiscrets, 43.

Tout bien calculé, je conclus qu'il vaut encore mieux aimer comme on aime à présent ; en prendre à son aise ; tenir tant qu'on s'amuse ; quitter dès qu'on s'ennuie, ou que la fantaisie parle pour un autre. L'inconstance offre une variété de plaisirs inconnus à vous autres transis.

Les Bijoux indiscrets, 43.

Nos vertus ne sont pas plus désintéressées que nos vices. Le brave poursuit la gloire en s'exposant à des dangers ; le lâche aime le repos et la vie ; et l'amant veut jouir.

Les Bijoux indiscrets, 53.

Regardez-y de près et vous verrez que le mot *liberté* est un mot vide de sens, qu'il n'y a point et qu'il ne peut y avoir d'êtres libres, que nous ne sommes que ce qui convient à l'ordre général, à l'organisation, à l'éducation et à la chaîne des événements... Ce qui nous trompe, c'est la prodigieuse variété de nos actions, jointe à l'habitude que nous avons prise tout en naissant de confondre le volontaire avec le libre.

Correspondance, à Landois, 29 juin 1756.

S'il était permis à quelques auteurs d'être obscurs, dût-on m'accuser de faire ici mon apologie, j'oserais dire que c'est aux seuls métaphysiciens proprement dits. Les grandes abstractions ne comportent qu'une lueur sombre. L'acte de la généralisation tend à dépouiller les concepts de tout ce qu'ils ont de sensible. À mesure que cet acte s'avance, les spectres corporels s'évanouissent ; les notions se retirent peu à peu de l'imagination vers l'entendement ; et les idées deviennent purement intellectuelles. Alors le philosophe spéculatif ressemble à celui qui regarde du haut de ces montagnes dont les sommets se perdent dans les nues : les objets de la plaine ont disparu devant lui ; il ne lui reste plus que le spectacle de ses pensées, et que la conscience de la hauteur à laquelle il s'est élevé et où il n'est peut-être pas donné à tous de le suivre et de respirer.

De l'interprétation de la nature, XL.

[...] une des principales différences de l'observateur de la nature et de son interprète, c'est que celui-ci part du point où les sens et les instruments abandonnent l'autre ; il conjecture, par ce qui est, ce qui doit être encore ; il tire de l'ordre des choses des conclusions abstraites et générales, qui ont pour lui toute l'évidence des vérités sensibles et particulières ; il s'élève à l'essence même de l'ordre ; il voit que la coexistence *pure et simple* d'un être sensible et pensant, avec un enchaînement quelconque de causes et d'effets, ne lui suffit pas pour en porter un jugement absolu ; il s'arrête là ; s'il faisait un pas de plus, il sortirait de la nature.

De l'interprétation de la nature, LVI.

Si les phénomènes ne sont pas enchaînés les uns aux autres, il n'y a point de philosophie. Les phénomènes seraient tous enchaînés, que l'état de chacun d'eux pourrait être sans permanence. Mais si l'état des êtres est dans une vicissitude perpétuelle ; si la nature est encore à l'ouvrage, malgré la chaîne qui lie les phénomènes, il n'y a point de philosophie. Toute notre science naturelle devient aussi transitoire que les mots. Ce que nous prenons pour l'histoire de la nature n'est que l'histoire très incomplète d'un instant. Je demande donc si les métaux ont toujours été et seront toujours tels qu'ils sont ; si les plantes ont toujours été et seront toujours telles qu'elles sont ; si les animaux ont toujours été et seront toujours tels qu'ils sont, etc. ? Après avoir médité profondément sur certains phénomènes, un doute qu'on vous pardonnerait peut-être, ô sceptiques, ce n'est pas que le monde ait été créé, mais qu'il soit tel qu'il a été et qu'il sera.

De l'interprétation de la nature, LVIII.

[...] en général il ne peut guère y avoir d'amitiés entières et solides qu'entre des hommes qui n'ont rien. Un homme alors est toute la fortune de son ami, et son ami est toute la sienne. De là la vérité de l'expérience, que le malheur resserre les liens.

Les Deux Amis de Bourbonne.

Qu'il est doux d'avoir bien vécu, lorsqu'on est sur le point de mourir !

Discours sur la poésie dramatique.

Ô combien l'homme qui pense le plus est encore automate !

Discours sur la poésie dramatique.

Le génie se sent ; mais il ne s'imite point.

Discours sur la poésie dramatique.

Qu'un auteur intelligent fasse entrer dans son ouvrage des traits que le spectateur s'applique, j'y consens ; qu'il y rappelle des ridicules en vogue, des vices dominants, des événements publics ; qu'il instruise et qu'il plaise, mais que ce soit sans y penser. Si l'on remarque son but, il le manque ; il cesse de dialoguer, il prêche.

Discours sur la poésie dramatique.

[...] quelque génie qu'ait un poète, il lui faut un censeur.

Discours sur la poésie dramatique.

Le rôle d'un auteur est un rôle assez vain ; c'est celui d'un homme qui se croit en état de donner des leçons au public. Et le rôle du critique ? Il est bien plus vain encore ; c'est celui d'un homme qui se croit en état de donner des leçons à celui qui se croit en état d'en donner au public.

Discours sur la poésie dramatique.

Aucun homme n'a reçu de la nature le droit de commander aux autres. La liberté est un présent du ciel, et chaque individu de la même espèce a le droit d'en jouir aussitôt qu'il jouit de la raison.

Autorité politique, in *Encyclopédie.*

L'enthousiasme naît d'un objet de la nature. Si l'esprit l'a vu sous des aspects frappants et divers, il en est occupé, agité, tourmenté. L'imagination s'échauffe ; la passion s'émeut. On est successivement étonné, attendri, indigné, courroucé. Sans l'enthousiasme, ou l'idée véritable ne se présente point, ou si, par hasard, on la rencontre, on ne peut la poursuivre... Le poète sent le moment de l'enthousiasme ; c'est après qu'il a médité. Il s'annonce en lui par un frémissement qui part de sa poitrine, et qui passe, d'une manière délicieuse et rapide, jusqu'aux extrémités de son corps. Bientôt ce n'est plus un frémissement ; c'est une chaleur forte et permanente qui l'embrase, qui le fait haleter, qui le consume, qui le tue ; mais qui donne l'âme, la vie à tout ce qu'il touche. Si cette chaleur s'accroissait encore, les spectres se multiplieraient devant lui. Sa passion s'élèverait presque au degré de la fureur. Il ne connaîtrait de soulagement qu'à verser au dehors un torrent d'idées qui se pressent, se heurtent et se chassent.

Entretiens sur « Le Fils naturel », II.

Les parents ont pour leurs enfants un amour inquiet et pusillanime qui les gâte. Il en est un autre attentif et tranquille, qui les rend honnêtes ; et c'est celui-ci, qui est le véritable amour de père.

Entretiens sur « Le Fils naturel », II.

Il y a un tact moral qui s'étend à tout, et que le méchant n'a point.

Entretiens sur « Le Fils naturel », II.

L'homme le plus heureux est celui qui fait le bonheur d'un plus grand nombre d'autres.

Entretiens sur « Le Fils naturel », II.

Des hommes de génie ont ramené, de nos jours, la philosophie du monde intelligible dans le monde réel. Ne s'en trouvera-t-il point un qui rende le même service à la poésie lyrique et qui la fasse descendre, des régions enchantées, sur la terre que nous habitons ?

Entretiens sur « Le Fils naturel », III.

Une danse est un poème.

Entretiens sur « Le Fils naturel », III.

Je pense qu'il faut faire un grand mal d'un moment pour un grand bien qui dure.

Entretiens avec Catherine II.

Quel homme ç'aurait été que ce saint Louis ! Je lui passerais, je crois, son esprit intolérant s'il eût fait par politique ce qu'il fit par sottise pieuse.

Entretiens avec Catherine II.

Et quand je serais devenu amoureux d'elle, qu'est-ce qu'il y aurait à dire ? Est-ce qu'on est maître de devenir ou de ne pas devenir amoureux ? Et quand on l'est, est-on maître d'agir comme si on ne l'était pas ?

Jacques le Fataliste et son Maître.

Il cherchait à faire concevoir à son maître que le mot *douleur* était sans idée, et qu'il ne commençait à signifier quelque chose qu'au moment où il rappelait à notre mémoire une sensation que nous avions éprouvée. Son maître lui demanda s'il avait déjà accouché.

Jacques le Fataliste et son Maître.

JACQUES. On ne fait jamais tant d'enfants que dans les temps de misère.
LE MAÎTRE. Rien ne peuple comme les gueux.

Jacques le Fataliste et son Maître.

Tous les jours on couche avec des femmes qu'on n'aime pas, et l'on ne couche pas avec des femmes qu'on aime...

Jacques le Fataliste et son Maître.

– Et vos enfants ?
– À merveille !
– Et celui qui a de si beaux yeux, un si bel embonpoint, une si belle peau ?
– Beaucoup mieux que les autres ; il est mort.

Jacques le Fataliste et son Maître.

Il y a longtemps que le rôle de sage est dangereux parmi les fous.

Jacques le Fataliste et son Maître.

On ne sait jamais ce que le ciel veut ou ne veut pas, et il n'en sait peut-être rien lui-même.

Jacques le Fataliste et son Maître.

« Considérez, monsieur Holmes, ajouta-t-il, combien il faut que j'aie de confiance en votre parole et dans celle de Newton. Je ne vois rien, cependant j'admets en tout un ordre admirable ; mais je compte que vous n'en exigerez pas davantage. Je vous le cède sur l'état actuel de l'univers, pour obtenir de vous en revanche la liberté de penser ce qu'il me plaira de son ancien et premier état, sur lequel vous n'êtes pas moins aveugle que moi *[c'est l'aveugle Saunderson qui parle]*. Vous n'avez point ici de témoins à m'opposer ; et vos yeux ne vous sont d'aucune ressource. Imaginez donc, si vous voulez, que l'ordre qui vous frappe a toujours subsisté ; mais laissez-moi croire qu'il n'en est rien ; et que si nous remontions à la naissance des choses et des temps, et que nous sentissions la matière se mouvoir et le chaos se débrouiller, nous rencontrerions une multitude d'êtres informes pour quelques êtres bien organisés. »

Lettre sur les aveugles à l'usage de ceux qui voient.

Si tout ici-bas était excellent, il n'y aurait rien d'excellent [...].

Le Neveu de Rameau.

Il est dur d'être gueux, tandis qu'il y a tant de sots opulents aux dépens desquels on peut vivre.

Le Neveu de Rameau.

Celui qui serait sage n'aurait point de fou ; celui donc qui a un fou n'est pas sage ; s'il n'est pas sage il est fou et peut être, fût-il le roi, le fou de son fou.

Le Neveu de Rameau.

S'il importe d'être sublime en quelque genre, c'est surtout en mal. On crache sur un petit filou, mais on ne peut refuser une sorte de considération à un grand criminel : son courage vous étonne, son atrocité vous fait frémir. On prise en tout l'unité de caractère.

Le Neveu de Rameau.

Madame une telle est accouchée de deux enfants à la fois ; chaque père aura le sien [...].

Le Neveu de Rameau.

Quiconque a besoin d'un autre est indigent et prend une position. Le roi prend une position devant sa maîtresse et devant Dieu ; il fait son pas de pantomime. Le ministre fait le pas courtisan, de flatteur, de valet ou de gueux devant son roi. La foule des ambitieux danse vos positions, en cent manières plus viles les unes que les autres, devant le ministre. [...] Ma foi, ce que vous appelez la pantomime des gueux est le grand branle de la terre [...].

Le Neveu de Rameau.

Voulez-vous que je vous dise un beau paradoxe ? C'est que je suis convaincu qu'il ne peut y avoir de vrai bonheur pour l'espèce humaine que dans un état social où il n'y aurait ni roi, ni magistrats, ni prêtres, ni lois, ni tien, ni mien, ni propriété mobilière, ni propriété foncière, ni vices, ni vertus, et cet état social est diablement idéal.

Note sur « Le Temple du bonheur », in *Œuvres complètes*, Club français du Livre, t. VIII, 1969 à 1973.

Le paradoxe n'est point une opinion contraire à une vérité d'expérience, car le paradoxe serait toujours faux : or il arrive assez souvent que c'est une vérité. Le paradoxe n'est donc qu'une proposition contraire à l'opinion commune ; or l'opinion commune pouvant être fausse, le paradoxe peut être vrai.

Pages contre un tyran.

La sensibilité n'est guère la qualité d'un grand génie.

Paradoxe sur le comédien.

Ce n'est pas que la pure nature n'ait ses moments sublimes ; mais je pense que s'il est quelqu'un sûr de saisir et de conserver leur sublimité, c'est celui qui les aura pressentis d'imagination ou de génie, et qui les rendra de sang-froid.

Paradoxe sur le comédien.

On ne retient presque rien sans le secours des mots, et les mots ne suffisent presque jamais pour rendre précisément ce que l'on sent.

Du goût, in *Pensées détachées sur la peinture, la sculpture et la poésie.*

On croirait faire injure à la raison, si l'on disait un mot en faveur de ses rivales. Cependant il n'y a que les passions, et les grandes passions, qui puissent élever l'âme aux grandes choses. Sans elles, plus de sublime, soit dans les mœurs, soit dans les ouvrages ; les beaux-arts retournent en enfance, et la vertu devient minutieuse.

Pensées philosophiques, I.

Pascal avait de la droiture ; mais il était peureux et crédule. Élégant écrivain et raisonneur profond, il eût sans doute éclairé l'univers, si la Providence ne l'eût abandonné à des gens qui sacrifièrent ses talents à leurs haines. [...] On pourrait bien lui appliquer ce que l'ingénieux La Mothe disait de La Fontaine : Qu'il fut assez bête pour croire qu'Arnaud, de Sacy et Nicole valaient mieux que lui.

Pensées philosophiques, XIV.

On demandait un jour à quelqu'un s'il y avait de vrais athées. Croyez-vous, répondit-il, qu'il y ait de vrais chrétiens ?

Pensées philosophiques, XVI.

[...] si quelque chose doit répugner à la raison, c'est la supposition que, la matière s'étant mue de toute éternité, et qu'y ayant peut-être dans la somme infinie des combinaisons possibles un nombre infini d'arrangements admirables, il ne se soit rencontré aucun de ces arrangements admirables dans la multitude infinie de ceux qu'elle a pris successivement. Donc, l'esprit doit être plus étonné de la durée hypothétique du chaos que de la naissance réelle de l'univers.

Pensées philosophiques, XXI.

On nous parle trop tôt de Dieu ; autre défaut : on n'insiste pas assez sur sa présence. Les hommes ont banni la Divinité d'entre eux ; ils l'ont reléguée dans un sanctuaire ; les murs d'un temple bornent sa vue ; elle n'existe point au-delà. Insensés que vous êtes ; détruisez ces enceintes qui rétrécissent vos idées ; élargissez Dieu ; voyez-le partout où il est, ou dites qu'il n'est point.

Pensées philosophiques, XXV.

L'ignorance et l'*incuriosité* sont deux oreillers fort doux ; mais pour les trouver tels, il faut avoir *la tête aussi bien faite* que Montaigne.

Pensées philosophiques, XXVII.

Je suis plus sûr de mon jugement que de mes yeux.

Pensées philosophiques, L.

Tout raisonnement qui prouve pour deux partis ne prouve ni pour l'un ni pour l'autre. Si le fanatisme a ses martyrs, ainsi que la vraie religion, et si, entre ceux qui sont morts pour la vraie religion, il y a eu des fanatiques ; ou comptons, si nous le pouvons, le nombre des morts, et croyons, ou cherchons d'autres motifs de crédibilité.

Pensées philosophiques, LV.

Rugir quelquefois, cela est essentiel ; sans cette précaution le souverain est souvent exposé à une familiarité injurieuse.

Principes de politique des souverains, LVI.

Quand on sert les grands, toujours avoir moins d'esprit qu'eux.

Principes de politique des souverains, CXXV.

Savoir dire *non*, pour un souverain ; pouvoir dire *non*, pour un particulier.

Principes de politique des souverains, CL.

Les femmes ne sont, nulle part, aussi avilies que dans une nation où le souverain peut faire asseoir sur le trône, à côté de lui, la femme qui lui plaît le plus : là, elles ne sont rien qu'un sexe dont on a besoin.

Principes de politique des souverains, CLIII.

La bonne religieuse est celle qui apporte dans le cloître quelque grande faute à expier.

La Religieuse.

Vous avez deux grands phénomènes, le passage de l'état d'inertie à l'état de sensibilité, et les générations spontanées ; qu'ils vous suffisent : tirez-en de justes conséquences, et dans un ordre de choses où il n'y a ni grand ni petit, ni durable, ni passager absolus, garantissez-vous du sophisme de l'éphémère...

Le Rêve de D'Alembert.

Tous les êtres circulent les uns dans les autres, par conséquent toutes les espèces... tout est en un flux perpétuel... Tout animal est plus ou moins homme ; tout minéral est plus ou moins plante ; toute plante est plus ou moins animal. Il n'y a rien de précis en nature... [...] Toute chose est plus ou moins une chose quelconque, plus ou moins terre, plus ou moins eau, plus ou moins air, plus ou moins feu ; plus ou moins d'un règne ou d'un autre... donc rien n'est de l'essence d'un être particulier... Non, sans doute, puisqu'il n'y a aucune qualité dont aucun être ne soit participant... et que c'est le rapport plus ou moins grand de cette qualité qui nous la fait attribuer à un être exclusivement à un autre... Et vous parlez d'individus, pauvres philosophes ! laissez là vos individus [...].

Le Rêve de D'Alembert.

Tu es en délire, si tu crois qu'il y ait rien, soit en haut, soit en bas, dans l'univers, qui puisse ajouter ou retrancher aux lois de la nature. Sa volonté éternelle est que le bien soit préféré au mal, et le bien général au bien particulier. Tu ordonneras le contraire ; mais tu ne seras pas obéi. Tu multiplieras les malfaiteurs et les malheureux par la crainte, par le châtiment et par les remords ; tu dépraveras les consciences ; tu corrompras les esprits ; ils ne sauront plus ce qu'ils ont à faire ou à éviter. Troublés dans l'état d'innocence, tranquilles dans le forfait, ils auront perdu de vue l'étoile polaire, leur chemin. Réponds-moi sincèrement ; en dépit des ordres exprès de tes trois législateurs *[le grand ouvrier, le prêtre, le magistrat]*, un jeune homme, dans ton pays, ne couche-t-il jamais sans leur permission, avec une jeune fille ?

Supplément au Voyage de Bougainville.

Nous parlerons contre les lois insensées jusqu'à ce qu'on les réforme ; et, en attendant, nous nous y soumettrons. Celui qui, de son autorité privée, enfreint une loi mauvaise, autorise tout autre à enfreindre les bonnes. Il y a moins d'inconvénients à être fou avec des fous, qu'à être sage tout seul.

Supplément au Voyage de Bougainville.

JUGEMENTS

« *On a trop oublié* les Salons *de cet écrivain singulier, qui fut le meilleur critique d'art de tous les temps.*

[...]

Jacques le Fataliste *demeure, jusqu'à aujourd'hui, en face et au-dessus des œuvres vulgairement réalistes, l'un des plus hauts essais de rendre la vie telle qu'elle est, dans sa complexité désespérante et merveilleuse.* »

Louis ARAGON, *Écrits sur l'art moderne*, Flammarion, 1981.

« *C'est la vérité : Diderot, ce charlatan éblouissant qui joue l'inspiré et fait la Pythie dans sa robe de chambre, cesse d'être saltimbanque quand il s'agit d'art.* [...] *Cet esprit faux en tant de choses avait la sensibilité juste.*

[...] *le Pascal à la renverse qu'a voulu être Diderot, qui n'a été que le Jocrisse de l'impiété.*

[...]

Il ressemblait à ces fontaines qui dégorgent incessamment et puissamment une eau violente par la bouche de quelque figure de lion rugissante, et toute oreille était pour lui une vasque qu'il inondait et qu'il remplissait... Ce déclamateur, improvisateur, prédicateur, car, chose étrange ! il était, de nature, prédicateur !

[...] *Diderot, c'est la vie ! C'est un épouseur de sujets. Il entre en eux et les féconde.*

[...] *Nul écrivain ne fut mieux d'un seul jet que cet écrivain qui ne fut lui-même qu'un jet, toute sa vie.*

[...] *Diderot, ce derviche tourneur, qui tourne dans tous les sens, pour revenir sur lui-même.* »

Jules BARBEY d'AUREVILLY, *Goethe et Diderot*, 1880.

« [...] *Diderot est un intellectuel et un bourgeois. Il a eu ses années de bohème et il a eu ses audaces ; mais il a aussi ses prudences pour préparer et maintenir ses vingt dernières années de travail libre, ce en quoi il est un vrai bourgeois et un vrai intellectuel.*

[...]

Diderot est des premiers qui acceptent la littérature comme un travail salarié et attendent presque tout de la hausse de ce salaire. Il y réussit moins bien que Voltaire, spéculateur de haute volée, mais à la longue pas si mal et mieux que Rousseau. Il précède tout le XIXe *— en cela comme en tout — le* XIXe *des grands besogneux (Lamartine, Balzac, Zola).*

[...] *Tout ce qu'il a fait de mieux — cela seul que nous relisons — il n'ose pas le publier ou il retarde de le faire. Il n'ose pas. Il avait gardé le souvenir de la Bastille et il voulait profiter jusqu'au bout de ce moyen terme depuis longtemps établi entre lui et cette société qu'il attaquait et où il voulait rester. Or, il y avait ses audaces les plus directes dans* La Religieuse, Jacques le Fataliste, Le Supplément au Voyage de Bougainville, Le Songe de d'Alembert, *etc. Il a été le plus violent et le plus brutal des anticléricaux, des antireligieux. Aussi passionné que Rabelais, Voltaire, Michelet dans l'anticléricalisme et plus décisif que tous ceux-ci dans l'antireligion.*

[...]

Diderot est le plus français de tous les Français, si, en dépit de Stendhal, Balzac, Zola et Proust, on va répétant que les Français n'inventent pas. Incapable d'inventer, il ne raconte visiblement que ce qu'on lui a raconté ou ce qu'il a vu. Du moins est-il ainsi dans ses contes et c'est pourquoi il y est meilleur que dans ses romans où il lui a fallu faire effort. Il est court, très court. Son récit manque tout à fait d'air et de silences. Aucune surprise, aucune rémission ; cela rend le son mat de la chose rapportée.

[...]

Pourquoi est-ce si vivant ? À cause du style. Qui a jamais pu séparer le style de l'homme ? Le style d'un homme c'est son tempérament, son sexe, son courage, sa palpitation. Aussi toute l'expérience, tous les dons, tout l'amour, donc toute la poésie dont est fait Diderot, tout cela arrive au secours de ces personnages modestes, pris dans le quotidien et qui y restent. Les voilà empoignés par le remous d'une intervention furibonde : le dialogue n'est que l'irruption dans le récit de Diderot qui l'interrompt. Soudain Diderot lui-même est là. »

Pierre DRIEU LA ROCHELLE, « Diderot », in *Tableau de la littérature française*, II, Gallimard, 1939.

« *Diderot Denis.* Les Bijoux indiscrets *et* La Religieuse. *J'avoue que je n'ai même pas ouvert les deux manuscrits, mais je crois qu'un critique doit aussi savoir infailliblement ce qu'il faut lire ou non. Ce Diderot, je le connais : c'est quelqu'un qui fait des encyclopédies (il a corrigé un jour des épreuves chez nous) et il a maintenant en chantier une œuvre énorme en je ne sais combien de volumes qui ne sortira sans doute jamais. Il cherche partout des dessinateurs qui soient capables de copier l'intérieur d'une horloge ou les fils d'une tapisserie des Gobelins, et il finira par ruiner son éditeur. C'est un fichu enfileur de mouches et je ne crois vraiment pas qu'il soit homme à écrire quelque chose d'amusant dans le genre narratif, surtout pour une collection comme la nôtre, où nous avons toujours choisi des petites choses délicates, un peu émoustillantes, du genre* Restif de La Bretonne. *Comme on dit dans mon pays,* "chacun son métier". »

Umberto ECO, *Nous sommes au regret de ne pouvoir publier votre ouvrage...*, in *Pastiches et Postiches*, 1960, trad. franç. Bernard GUYADER, Messidor, 1988.

« [...] *Diderot n'est qu'une sorte de chroniqueur spirituel et diffus, ou un* novelliste *à qui manque ce qui est le charme même de la nouvelle, le concentré et le ramassé vigoureux. Il est, sauf ce* Neveu de Rameau, *un romancier qu'on se rappelle avoir lu avec amusement, mais qui ne fait ni penser ni se souvenir.* »

Émile FAGUET, *Dix-Huitième Siècle. Études littéraires*, 1890.

« *DIDEROT. Toujours suivi de "d'Alembert".* »

Gustave FLAUBERT, *Dictionnaire des idées reçues*, in *Le Second Volume de Bouvard et Pécuchet*, posthume, 1881.

« *La grande valeur, la grande originalité de Diderot — et personne ne l'a remarqué —, c'est d'avoir introduit dans la grave et ordonnée prose du livre, la vivacité, le* brig, *le sautillement, le désordre un peu fou, le tintamarre, la vie fiévreuse de la conversation, de la conversation des hommes de lettres, ou plutôt encore des artistes, avec lesquels il est le premier écrivain français qui ait vécu en relations tout à fait intimes.* »

Edmond et Jules de GONCOURT, *Journal*, 24 février 1886.

« *Ce génie, le plus fécond et le plus singulier qui ait peut-être jamais été, toujours créateur, toujours neuf dans ses opérations, a porté dans toute la partie philosophique, dans les arts, dans les métiers dont il s'est principalement chargé* [dans l'*Encyclopédie*], *cette lumière, cette fécondité prodigieuse qui caractérise tous ses ouvrages.* »

Frédéric-Melchior GRIMM, *Correspondance littéraire*, 15 novembre 1753.

« *Cher Diderot, grand et merveilleux bavard* [...]. »

Jean GUÉHENNO, *Carnets du vieil écrivain*, Grasset, 1971.

« *Il n'y a pas plus intelligent que Diderot. Ni plus désordonné.*

[...]

Si Diderot est si actuel, s'il est si moderne, c'est parce qu'il est d'abord et avant tout romancier et philosophe.

[...]

Tout est vif, chez Diderot. Tout pétarade. Tout s'en va dans tous les sens. On ne s'ennuie jamais avec lui. S'il est grand aujourd'hui, c'est d'abord parce que son matérialisme est très en avance sur son temps. »

Jean d'ORMESSON, « Diderot. Le Goût du désordre », in *Une autre histoire de la littérature française*, I, NiL, 1997.

« *Je m'émerveille de certains livres marxistes sur Diderot : de tant de richesses d'idées, de vues nouvelles et pénétrantes, et au demeurant tant de froideur : on croirait à les lire que Diderot n'a eu de cœur qu'accessoirement, qu'il était un théoricien génial, froid comme du poisson en gelée. Le cœur est-il une infrastructure ? Marx, ni Engels, ni Lénine n'étaient pourtant des âmes de glace ?* »

Claude ROY, « Diderot », in *Descriptions critiques. Le Commerce des classiques*, Gallimard, 1953.

« *Diderot est mon maître. Maître de la recherche du constant dans l'inconstance, du vrai dans la versalité, du pur dans le mélange. Maître du zigzag d'aigle, de la diagonale vertigineuse qui saisit le fil des choses dans la transversale du multiple* [...]. »

Claude ROY, *Moi je*, Gallimard, 1969.

« *Auteur plus prôné que savant, plus savant qu'homme d'esprit, plus homme d'esprit qu'homme de génie ; écrivain incorrect, traducteur infidèle, métaphysicien hardi, moraliste dangereux, mauvais géomètre, physicien médiocre, philosophe enthousiaste, littérateur enfin qui a fait beaucoup d'ouvrages, sans qu'on puisse dire que nous ayons de lui un bon livre.* »

Abbé SABATIER de CASTRES, *Trois Siècles de littérature française*, 1772.

« *Les seuls ouvrages d'art sur l'art qui aient de l'importance et qui puissent être utiles sont ceux qui s'attachent à développer les qualités de sentiment des grandes choses et qui par là élèvent et élargissent le sentiment des lecteurs. Sous ce point de vue, Diderot a été grand critique* [...]. *Hors de là, il n'y a qu'efforts perdus et pédantisme puéril.* »

George SAND, *Histoire de ma vie*, 1855.

« [...] *je me suis mis hier à Diderot, qui m'enchante positivement, et qui a mis mon esprit en branle jusqu'en son fond. Chacun de ses aphorismes, ou peu s'en faut, est comme un éclair qui illumine les profondeurs secrètes de l'art* [...]. »

Friedrich von SCHILLER, *Correspondance entre Schiller et Goethe*, 10 décembre 1796, Plon, 1933.

« *Diderot est la clef du siècle. Cet homme qui ne voulait être rien,* "mais rien du tout", *a comme inventé ce siècle dans ce que nous lui reconnaissons de plus individuel, de plus original, de plus irremplaçable. Il ne voulait être rien* [...] *eu égard à ce qu'il était déjà ; il a été tout, eu égard à ce qu'il n'était pas. Il a inventé une profession : la plus libre qu'on puisse imaginer — et pour n'en avoir aucune.* [...]

Pour n'en avoir aucune, Diderot a donc inventé une profession : celle de l'intellectuel. »

Leonardo SCIASCIA, *Un siècle éducateur*, in *Mots croisés*, trad. franç. Mario FUSCO, Michel ORCEL, Jean-Noël SCHIFANO, Fayard, 1985.

« [...] *sans doute cet écrivain a de l'emphase, mais combien en 1850 ne paraîtra-t-il pas supérieur à la plupart des* emphatiques *actuels ! Son emphase à lui ne vient pas de pauvreté d'idées, et du besoin de la cacher ! Bien au contraire, il est embarrassé de tout ce que son cœur lui fournit. Il faut arracher six pages à* Jacques le Fataliste *; mais, cette épuration accomplie, quel ouvrage de notre temps est comparable à celui-là ? Il ne manqua au talent de Diderot que le bonheur de faire la cour, à vingt ans, à une femme comme il faut, et la hardiesse de paraître dans son salon. Son emphase eût disparu : elle n'est qu'un reste des habitudes de la province.* »

STENDHAL, *Mémoires d'un touriste*, 9 mai 1837.

« *Il ne possède pas ses idées, mais ses idées le possèdent ; il les subit ; pour en réprimer la fougue et les ravages, il n'a pas ce fond solide de bon sens pratique, cette digue intérieure de prudence sociale qui, chez Montesquieu et même chez Voltaire, barre la voie aux débordements* [...]. *La crudité chez lui n'est point atténuée par la malice ou recouverte par l'élégance. Il n'est ni fin ni piquant ; il ne sait point, comme Crébillon fils, peindre de jolis polissons. C'est un nouveau venu, un parvenu dans le vrai monde* [...]. »

Hippolyte TAINE, *Les Origines de la France contemporaine*, t. I, *L'Ancien Régime*, 1876.

« [...] *quel pauvre auteur dramatique que Diderot. Lisant* Le Père de famille, *je pensais à ce peintre dont on ne connaît pas la peinture, mais qui a des vues si justes, un jugement si sûr quand il parle des maîtres, qu'on se dit :* "Sa peinture doit être très bien." *On vient à connaître celle-ci. Elle est très mauvaise ou sans rapport avec les idées du peintre.* »

Charles VILDRAC, *Pages de journal*, février 1928, Gallimard, 1968.

« *Diderot reste surtout la grande figure du siècle, il entrevoit toutes les vérités, il va en avant de son âge, faisant une guerre continuelle à l'édifice vermoulu des conventions et des règles.* »

Émile ZOLA, *Le Roman expérimental*, 1880.

BIBLIOGRAPHIE

Éditions

Aucune édition n'est complète jusqu'à présent.

Œuvres complètes, éd. R. LEWINTER, Club français du livre, 1969 à 1973, 15 vol. ; éd. H. DIECKMANN, J. PROUST, J. VARLOOT, Hermann, 18 vol. parus depuis 1975 sur les 34 prévus.

Œuvres, éd. A. BILLY, « Pléiade », Gallimard, 1935 ; éd. L. VERSINI, « Bouquins », Laffont, 1994 à 1997, 5 vol.

Œuvres esthétiques, éd. P. VERNIÈRE, « Classiques Garnier », Garnier, 1959, rééd. 1988.

Œuvres philosophiques, éd. P. VERNIÈRE, « Classiques Garnier », Garnier, 1956, rééd. 1977.

Œuvres politiques, éd. P. VERNIÈRE, « Classiques Garnier », Garnier, 1959.

Œuvres romanesques, éd. H. BÉNAC, « Classiques Garnier », Garnier, 1962, rééd. 1982.

Contes, éd. B. DIDIER, « LdP », LGF, 1998 ; *Contes et Entretiens*, éd. L. PÉROL, « GF », Flammarion, 1977 ; *Quatre Contes*, éd. J. PROUST, Droz, Genève, 1964.

Correspondance, éd. G. ROTH puis J. VARLOOT, Minuit, 1955 à 1970, 16 vol.

Éléments de physiologie, éd. J. MAYER, STFM/Didier, 1964.

Essais sur la peinture. Salons de 1759, 1761, 1763, éd. J. CHOUILLET et G[ita] MAY, « Savoir-Lettres », Hermann, 1984.

Héros et Martyrs. Salons de 1769, 1771, 1775, 1781, Pensées détachées sur la peinture, « Savoir-Lettres », Hermann, 1996.

Jacques le Fataliste, éd. J. et A.-M. CHOUILLET, « LdP », LGF, 1967 ; éd. Y. BELAVAL, « Folio », Gallimard, 1976 ; éd. S. LECOINTRE et J. LE GALLIOT, Droz, Genève (CH), 1977 ; éd. J. PROUST, in *Œuvres complètes*, t. XXIII, Hermann, 1981.

Lettres à Sophie Volland, éd. A. BABELON, Gallimard, 1930, rééd. 1938, 2 vol. ; éd. J. VARLOOT, « Folio », Gallimard, 1994 [extraits].

Lettre sur les aveugles, éd. R. NIKLAUS, Droz, Genève (CH), 1951, rééd. 1963 ; *Lettre sur les sourds et muets*, éd. P.-H. MEYER, « Diderot Studies », VII, Droz, Genève (CH), 1965.

Le Neveu de Rameau, éd. J. FABRE, Droz, Genève (CH), 1950, rééd. 1977 ; éd. J. VARLOOT, « Folio », Gallimard, 1976 [avec les *autres dialogues philosophiques*] ; éd. J. CHOUILLET, « Lettres françaises », Imprimerie nationale, 1982 ; éd. J.-Cl. BONNET, « GF », Flammarion, 1983 ; éd. J. et A.-M. CHOUILLET, « LdP », LGF, 1985 ; éd. H. COULET, in *Œuvres complètes*, t. XII, Hermann, 1989 ; éd. Br. ROGER-VASSELIN, « Classiques Hachette », Hachette, 1998.

Le Paradoxe sur le comédien, éd. R. LAUBRAUX, « GF », Flammarion, 1967.

Pensées philosophiques, éd. R. NIKLAUS, Droz, Genève (CH), 1950, rééd. 1965 ; éd. R. MORTIER, « Babel », Actes Sud, Arles (Bouches-du-Rhône), 1998.

La Religieuse, éd. R. MAUZI, « Folio », Gallimard, 1972 ; éd. J. et A.-M. CHOUILLET, « LdP », LGF, 1973.

Le Rêve de d'Alembert, éd. J. VARLOOT, Éd. Sociales, 1962 ; éd. J. et A.-M. CHOUILLET, « LdP », LGF, 1984.

Supplément au Voyage de Bougainville, éd. H. DIECKMANN, Droz, Genève (CH), 1955 ; éd. A. ADAM, « GF », Flammarion, 1972 ; éd. É. TASSIN, « Agora », Pockett, 1992.

Études

Y. BELAVAL, *L'Esthétique sans paradoxe de Diderot*, Gallimard, 1950, rééd. 1973.

Y. BENOT, *Diderot : de l'athéisme à l'anticolonialisme*, Maspero, 1970, rééd. La Découverte, 1981.

G. Benrekassa, M. Buffat, P. Chartier, « Études sur *Le Neveu de Rameau* et le *Paradoxe sur le comédien* », in Cahiers *Textuels*, n° 11, P.U. Paris VII, 1992.

J.-Cl. Bonnet, *Diderot*, « LdP/Biblio Essais/Textes et Débats », LGF, 1984.

J.-Cl. Bourdin, *Diderot. Le Matérialisme*, PUF, 1998.

E.M. Bukdahl, *Diderot, critique d'art*, Rosenkilde et Bagger, Copenhague (DK), 1980 et 1982, 2 vol.

A.-M. Chouillet (dir.), *Autour du « Neveu de Rameau » de Diderot*, « Unichamp », Champion, 1991 ; *Les Ennemis de Diderot*, actes du colloque organisé par la Société Diderot, Hôtel de Sully, Paris, 25-26 oct. 1991, Klincksieck, 1993.

J. Chouillet, *La Formation des idées esthétiques de Diderot, 1745-1763*, Colin, 1973 ; *Diderot*, CDU/SEDES, 1977 ; *Diderot poète de l'énergie*, PUF, 1984 ; *Denis Diderot/Sophie Volland : un dialogue à une voix*, « Unichamp », Champion, 1986.

G. Daniel, *Le Style de Diderot. Légende et Structure*, Droz, Genève (CH), 1986.

R. Darnton, *L'Aventure de l'« Encyclopédie » : 1775-1800. Un best-seller au siècle des Lumières*, trad. franç. M.-A. Revellat, Perrin, 1982, rééd. « Points Histoire », Seuil, 1992.

B. Didier, J. Neefs (dir.), *Diderot : autographes, copies, éditions*, P.U. Vincennes, 1987.

H. Dieckmann, *Cinq Leçons sur Diderot*, Droz/Minard, Genève (CH)/Paris, 1959.

M. Duchet et M. Launay, *Entretiens sur « Le Neveu de Rameau »*, Nizet, 1967.

G. Dulac, « Éditer Diderot », in *SVEC*, 254, Voltaire Foundation, Oxford (GB), 1988.

B. Durand-Sendrail, *La Musique de Diderot : essai sur le hiéroglyphe musical*, Kimé, 1994.

E. de Fontenay, *Diderot ou le Matérialisme enchanté*, Grasset, 1981, rééd. « LdP/Biblio Essais », LGF, 1984 ; *id.* et J. Proust (dir.), *Interpréter Diderot aujourd'hui*, actes du colloque de Cerisy-la-Salle (Manche), Le Sycomore, 1984.

J. Geffriaud Rosso, *Diderot et le Portrait*, Goliardica, 1998.

A. Ibrahim (dir.), *Diderot et la Question de la forme*, « Débats philosophiques », PUF, 1999.

R. Kempf, *Diderot et le Roman ou le Démon de la présence*, Seuil, 1964, rééd. 1984.

P. Lepape, *Diderot*, Flammarion, 1991, rééd. « Champs », Flammarion, 1994.

A. Magnan, *Rameau le neveu*, CNRS, Saint-Étienne, 1993.

É. Martin-Haag, *Diderot ou l'Inquiétude de la raison*, Ellipses-Marketing, 1998.

J. Mayer, *Diderot, homme de science*, Imprimerie bretonne, Rennes, 1959.

B. Melançon, *Diderot épistolier : contribution à une poétique de la lettre familière au* XVIII*e siècle*, Fides, 1996.

R. Mortier, *Diderot en Allemagne : 1750-1850*, rééd. Slatkine, Genève (CH), 1986 ; *id.* et R. Trousson (dir.), *Dictionnaire de Diderot*, Champion, 1999.

R. Pomeau, *Diderot, sa vie, son œuvre, avec un exposé de sa philosophie*, « Philosophes », PUF, 1967.

G. Poulet, « Diderot », in *Études sur le temps humain*, I, Plon, 1953.

J. Proust, *Diderot et l'« Encyclopédie »*, Colin, 1962, rééd. Slatkine, Genève (CH), 1982, rééd. Albin Michel, 1995 ; *L'« Encyclopédie »*, Colin, 1965 ; *Lectures de Diderot*, Colin, 1974 ; *L'Objet et le Texte. Pour une poétique de la prose française du* XVIII*e siècle*, Droz, Genève (CH), 1980.

P. Rétat, « Le Défi dans *Le Neveu de Rameau* », in *Approches des Lumières. Mélanges offerts à Jean Fabre par ses élèves et amis français et étrangers*, Klincksieck, 1974.

N. Rousseau, *Diderot. L'Écriture romanesque à l'épreuve du sensible*, Champion, 1996.

P. Saint-Amand, *Diderot. Le Labyrinthe de la relation*, Vrin, 1984.

D. Sangsue, *Le Récit excentrique*, Corti, 1987.

C. Sherman, *Diderot and the Art of Dialogue*, Droz, Genève (CH), 1976.

É.-E. Schmitt, *Diderot ou la Philosophie de la séduction*, Albin Michel, 1997.

J.-P. Seguin, *Diderot, le Discours et les Choses*, Klincksieck, 1978.

F.A. Spear, *Bibliographie de Diderot*, Droz, Genève (CH), 1980 et 1988, 2 vol.

J. Starobinski, « Diderot et la Parole des autres », in *Critique*, n° 296, janv. 1972, pp. 3 à 22 ; *Diderot dans l'espace des peintres*, 1984, rééd. RMN, 1991.

G. Stenger, *Nature et Liberté chez Diderot après l'« Encyclopédie »*, Universitas, 1994.

Y. Sumi, *« Le Neveu de Rameau » : Caprices et Logiques du jeu*, Nizet, 1975.

F. Venturi, *La Jeunesse de Diderot (1713 à 1753)*, Skira, 1939.

P. Vernière, *Lumières ou Clair-Obscur ? Trente Essais sur Diderot et quelques autres*, PUF, 1988.

A.M. Wilson, *Diderot, sa vie et son œuvre*, Oxford, 1957 à 1972, trad. franç. Ramsay/Laffont, 1985.

Diderot, 1784-1984, actes du colloque international du bicentenaire, Aux amateurs de livres, 1985.

Diderot et l'Art de Boucher à David : les « Salons » 1759-1781, RMN, 1984.

Revue de Métaphysique et de Morale, n° spécial *Diderot*, avr.-juin 1984.

Diderot Studies, Droz, Genève (CH), depuis 1949.

Recherches sur Diderot et sur l'« Encyclopédie », publication semestrielle de la Société Diderot, Klincksieck, depuis 1986.

AUDIO & VIDÉO

CD-ROM

Encyclopédie de la littérature française, Bibliopolis, 1998.

Drieu La Rochelle

Pierre Drieu La Rochelle

Paris 1893 – *ibid.* 1945

« [...] *un des plus brillants écrivains de la nouvelle génération. Drieu La Rochelle, poète, essayiste, romancier, qu'une partie de la jeunesse regarde comme son messager.* »

Roland Dorgelès, *Images*, Albin Michel, posthume, 1975.

« *Il est venu au nazisme par affinité élective : au fond de son cœur comme au fond du nazisme, il y a la haine de soi — et la haine de l'homme qu'elle engendre.* »

Jean-Paul Sartre, « Drieu La Rochelle ou la Haine de soi », in *Les Lettres françaises* [clandestines], n° 6, avril 1943.

Une vie de contradictions

Un dandy malheureux

Drieu naquit dans une famille bourgeoise, désunie par les infidélités et l'incompétence professionnelle d'un père « *dans les affaires* », qui alla d'échec en échec et gaspilla la dot de sa femme. Pris dans les scènes de jalousie et les disputes d'argent, l'enfant en garda une haine du père, qu'il ne put exorciser qu'après la mort de celui-ci en 1934, avec la rédaction du grand roman familial ***Rêveuse Bourgeoisie*** (1937). Cet ouvrage faisait suite aux confessions d'***État civil*** (1921), à l'*incipit* désespérément autobiographique, où le désir de fiction cédait à l'impossibilité de dissocier vie et œuvre : « *J'ai envie de raconter une histoire. Saurai-je un jour raconter autre chose que mon histoire ?* » La plus grande terreur de Drieu fut de reproduire comme une fatalité l'exemple paternel en épousant une héritière pour son argent. C'est pourtant ce qu'il fit : tombé amoureux d'une jeune juive fort riche, Colette Jéramec, il espéra compenser par une éclatante réussite personnelle la médiocrité croissante de sa situation de fortune. Son amour ne résista pas au choc de la guerre — où il fut blessé — et de la séparation. Cela ne l'empêcha pas d'épouser Colette Jéramec en 1917 ; ce mariage désastreux, qui aboutit au divorce en 1921, donna matière à une inexorable confession dans la 1re partie de ***Gilles*** (1939) : « *Il était riche ; et il pourrait divorcer quand il le voudrait, car les choses étaient arrangées de telle façon qu'il pouvait quitter sa femme sans retomber dans la pauvreté.* [...] *Elle savait qu'il ne l'aimait pas, elle se représentait maintenant comment il avait été tenté, comment il s'était jeté sur la tentation, puis comme il avait frémi aux premières souillures du crime, aux premières atteintes de l'irréparable.* » Et l'on peut se demander si cette culpabilité mal assumée ne contribua pas pour une large part au futur antisémitisme de l'écrivain.

Autre contradiction : le futur admirateur de l'Allemagne hitlérienne n'apprit jamais l'allemand et était, au contraire, un angliciste remarquable — il prépara une licence d'anglais à la Sorbonne —, dont l'amour pour l'Angleterre se traduisait notamment par une élégance vestimentaire toute britannique. Étudiant brillant aux lectures désordonnées, il subit en 1913 un échec retentissant à l'examen de sortie de l'École des sciences politiques, échec qui lui parut injuste, mais qui, en tout cas, révélait une autre dualité : la passion de la littérature et la tentation de la politique.

Le traumatisme de la Grande Guerre

La Première Guerre mondiale constitua une expérience fondamentale : dans l'élan de la charge et du courage militaires, Drieu crut trouver une extase comparable à celle des mystiques. Influencé par la lecture du *Zarathoustra* de Nietzsche, ainsi que des *Cinq Grandes Odes* de Claudel, il composa ses premiers poèmes, publiés par Pierre Albert-Birot dans sa revue *Sic* en 1916, avant d'être repris dans un recueil de 17 poèmes de guerre, ***Interrogation*** (1917) — au titre révélateur, car annonciateur de toute une vie de velléités, de doutes et de contradictions —, et où Drieu s'extasiait : « *Que soit bénie la foi des hommes qui osent renouveler la figure du monde selon l'idéal qu'ils chérissent.* » Le pacifisme d'***Interrogation*** (notamment de la ***Plainte des soldats européens***) provoqua son interdiction par la censure militaire.

Toutefois, ce premier recueil, suivi par un second, ***Fond de cantine*** (1920), d'un lyrisme plus énergique, introduisit Drieu dans le monde littéraire parisien. Il écrivit de 1919 à 1921 dans la revue *Littérature* dirigée par Breton, Soupault et Aragon — que Colette Jéramec lui avait présenté en 1917 —, puis devint un collaborateur régulier de la *NRF* à partir de 1923. Autour de 1920, il se sentit proche du groupe surréaliste naissant, en lequel il sentait souffler « *l'esprit de révolte* ». Cette période fut aussi marquée par la fréquentation d'Aragon, auquel Drieu fut lié d'une amitié intime, qualifiée plus tard de « *courte et impressive amitié* » (***Intermède romain***, in ***Histoires déplaisantes***, posth., 1963), dans l'atmosphère du Paris nocturne des années 1920, dont il garda la nostalgie : *« Délicieux Paris des bordels, quelle douce vie furtive j'ai mené dans tes lumières secrètes »* (***Journal 1944-1945***, posth., 1961). Cette liaison orageuse, dont on trouve le reflet dans la pièce ***Gilles*** (écrite en 1931, inédite), *« comédie sur la jalousie des hommes dans l'amitié »*, prit fin en 1925, en même temps que ses relations avec les surréalistes, rompues à la suite du banquet Saint-Pol Roux (***La Véritable Erreur des surréalistes***, *NRF*, août 1925). Drieu revint deux ans plus tard sur ce qui le séparait radicalement du groupe, auquel il reprochait de céder à *« une tradition trop connue pour ses faiblesses : le culte du tumulte »* (***Deuxième Lettre aux surréalistes***, fév. 1927).

Toute son œuvre constitua alors un réquisitoire contre la société qui l'entourait et une exaltation de tout ce qui pouvait la renouveler : c'est ainsi que, dans un article de la *NRF*, en 1930, il célébra *Les Conquérants*, premier roman de son ami Malraux, qu'il révéla au public en le qualifiant d'*« homme nouveau* [qui] *pose l'homme nouveau »*. Avant Sartre, il développa une théorie de l'engagement de l'écrivain, et insista sur la nécessité de se salir les mains, notamment dans ***Le Chef*** (pièce créée en 1934). Essais politiques et fictions romanesques se succédèrent, toujours centrés sur la personnalité de l'auteur qui se donnait pour le meilleur exemple de la décadence qu'il voulait combattre — son dandysme et son donjuanisme personnels lui paraissant symptomatiques de la décadence morale, politique et sociale de l'Europe : *« Chez moi, à cause de mon idée de décadence, l'introspection prenait une signification morale »*, expliqua-t-il plus tard, dans sa ***Préface*** à ***Gilles***. On lui reprocha d'être trop présent dans ses réflexions d'essayiste, ce qu'il considérait comme une garantie de leur justesse. Depuis l'essai politique ***Mesure de la France*** (1922), il avait le sentiment de la faiblesse de son pays qui n'avait vaincu l'Allemagne que grâce à l'aide de puissants alliés, *« Amérique et Russie, ces deux moitiés immenses d'un horizon d'airain* [...]. *L'Europe se fédérera ou elle se dévorera ou elle sera dévorée. »* Il milita pour la Société des nations *(« L'idée de patrie est liée à l'idée de guerre. Étant donné ce qu'est devenue la guerre dans le monde actuel, elle fait de la Patrie la force la plus immédiatement dangereuse qui circule au milieu de nous »)* dans ***Genève ou Moscou*** (1927), écrit sous l'influence de Maurras *(« Donc si je ne suis pas communiste, je suis d'Action Française »)*, et pour l'Europe, qui lui semblait le seul remède aux nationalismes chauvins et le seul espoir d'éviter de futurs conflits, dans ***L'Europe contre les patries*** (1931).

Jusqu'au début des années 1930 — précisément jusqu'aux événements de février 1934 —, Drieu, après une brève parenthèse maurassienne, et par conviction que les épisodes mussoliniens et hitlériens ne constituaient qu'un réveil des nationalismes abhorrés, milita à gauche : durant le 1er semestre 1927, il se joignit à Berl pour publier, en 7 livraisons, le pamphlet ***Les Derniers Jours*** (devenu ***L'Apocalypse*** dans ***Gilles***), puis participa, entre 1929 et 1933, aux tentatives de rajeunissement du parti radical autour de Gaston Bergery (*alias* Clérences, dans ***Gilles***), qui avait lui-même dirigé le cabinet d'Édouard Herriot.

L'engagement fasciste

Dans une méditation rétrospective sur la guerre et la technique, Drieu revint sur le premier conflit mondial avec son recueil de nouvelles le plus incisif, ***La Comédie de Charleroi*** (1934), où, à l'exaltation des premiers assauts, étaient opposés le hurlement de peur de Verdun, l'horreur de la guerre industrielle et l'enlisement dans la politique bourgeoise d'un après-guerre dont les anciens combattants avaient, naïvement, attendu une renaissance : *« La guerre moderne est une révolte maléfique de la matière asservie par l'homme. »*

En 1934, il voyait le monde partagé entre deux idéologies, le communisme et le fascisme, entre lesquelles il fallait impérativement choisir — la démocratie capitaliste ne constituant, selon lui, qu'une survivance dont les scandales et les émeutes de février 1934 étaient les derniers soubresauts. Un séjour à Berlin, où il rencontra de jeunes S.A. et se lia avec Otto Abetz, lui fit entrevoir dans le nazisme une promesse, et il en rapporta des reportages pour *Vu* et la *NRF*. Il s'engagea alors nettement, avec l'essai ***Socialisme fasciste*** (1934), et, l'année suivante, fit un nouveau voyage en Allemagne et assista au congrès de Nuremberg, où il fut exalté par les fêtes nazies, spectacle *« écrasant de beauté »*, qui lui fit noter : *« Je n'ai rien eu de pareil comme émotion artistique depuis les ballets russes »* (12 sept. 1935). C'est cette *« émotion artistique »* qui lui fit préférer le régime de Berlin à celui de Moscou, où il séjourna la même année. Il entra au Parti populaire français de Jacques Doriot (1936), pour lequel il écrivit des articles simplistes, recueillis sous le titre ***Avec Doriot*** (1937). Il quitta pourtant ce parti dès janvier 1939, lorsqu'il apprit que

Doriot recevait des subsides de Mussolini, avant d'y rentrer par bravade en novembre 1942. Entre-temps, la débâcle de 1940 avait confirmé ses prédictions les plus sinistres. Il crut n'avoir d'autre issue que la collaboration, sans nourrir toutefois la moindre illusion sur le régime de Vichy et sur l'issue de la guerre, mais sans jamais non plus renier son engagement clairement antisémite et pronazi, dont témoigna sa rayonnante présence dans la délégation des écrivains français participant au Congrès des écrivains européens à Weimar, en 1941, à l'invitation des nazis : il dirigea la *NRF* de décembre 1940 à juin 1943, sous le regard des Allemands et la protection d'Otto Abetz, protection dont il fit, à l'occasion, bénéficier ses amis, collaborateurs comme résistants — notamment Paulhan, qui avait refusé de continuer à publier la *NRF* sous la censure de l'occupant, était entré dans le réseau du Musée de l'Homme et qu'il sauva de la Gestapo.

Simultanément, il composa une importante œuvre de fiction : nouvelles, romans, pièces de théâtre traduisirent, à travers son personnage-miroir Gilles (parfois Gille), ses propres expériences en même temps que le désarroi d'une génération : « *La vérité, c'est que tous les romans sont à clé* » (***Préface*** à ***Gilles***). Séducteur envié mais controversé — d'aucunes le prétendaient peu gaillard, d'autres assuraient que Drieu lui-même alimentait la controverse pour mieux inciter certaines à vérifier —, il accumula les maîtresses, non sans une nouvelle tentative de mariage, vouée à l'échec, avec Alexandra Sienkiewicz (entre 1927 et 1931), car il avait la nostalgie de l'amour unique, comme en témoignèrent les courts romans ***L'Homme couvert de femmes*** (1925) et ***Une femme à sa fenêtre*** (1928), et de la paternité. L'une de ses liaisons les plus célèbres fut celle qu'il eut, vers 1935, avec l'une des femmes les plus en vues de la capitale, Christiane Renault (épouse de l'industriel de l'automobile), dont il fit l'héroïne de ***Beloukia*** (1936) : « *On doute finalement de ce qu'on a pris quand on est visité par le sentiment qu'on n'a pas tout donné.* » Elle fut sa plus prestigieuse conquête, entre quantité de femmes (dont Victoria Ocampo, future compagne de Caillois) toutes plus riches les unes que les autres — autre hantise remontant à l'enfance. Aragon alla jusqu'à déclarer : « *Au fond, une biographie de Drieu, ça n'existe pas : c'est la biographie des femmes qu'il a aimées* » (Frédéric Grover, *Conversation avec Aragon*, 1962).

Cette instabilité sentimentale et sexuelle fut pour Drieu l'un des symptômes les plus aigus d'une crise de civilisation qui achoppait en tout premier lieu sur la dégradation du rapport entre les sexes : hanté par la faiblesse et par l'impuissance, Drieu fut d'abord attiré, dans le fascisme, par l'exaltation de la force virile et de l'efficacité. Certains romans, comme ***Drôle de voyage*** (1933), traitèrent le thème avec désinvolture : « *Plus tu cours après les femmes par peur de rester seul, plus tu négliges cette curieuse intrigue de ta vie emmêlée à la vie de l'Europe, donc plus tu abandonnes ton destin à la dispersion.* » Mais le malaise pouvait aboutir à un désespoir suicidaire : avec ***Le Feu follet*** (1931), inspiré par la mort de son ami Jacques Rigaut, Drieu écrivit le premier roman français consacré à la drogue, d'une concision tragique qui en fait l'une de ses œuvres les plus fortes. Pour son héros, Alain, l'incapacité de vivre et de ressentir, cette impuissance face à « *la sensation toujours insaisissable comme une couleuvre entre deux cailloux* » qui l'a conduit vers la drogue, se résout dans la mort volontaire qui achève le récit : « *Un revolver, c'est solide, c'est en acier. C'est un objet. Se heurter enfin à l'objet.* » Drieu fut moins talentueux au théâtre — ***L'Eau fraîche*** (1931), ***Charlotte Corday*** (1942) —, où ses intrigues manquaient d'action et ses dialogues étaient souvent plats. Mais il perfectionna sa technique romanesque : d'abord vouée à la description de moments de crise, elle conquit la durée avec ***Rêveuse Bourgeoisie*** et ***Gilles***, dénonciation partisane et ravageuse de « *la terrible insuffisance française* » ***(Préface)*** sous la IIIe République.

Le désastre de 1940 apporta paradoxalement à Drieu une sorte d'apaisement désespéré. Le roman ***L'Homme à cheval*** (1943) transpose, avec une grande efficacité de moyens, dans une Amérique du Sud de légende, à la fin du XIXe siècle, l'échec presque heureux *(« Je serai l'homme qui aura essayé tous ses rêves »)* d'un dictateur fasciste doué de toutes les perfections, excepté l'aptitude à réussir : « *Je n'ai jamais vu la dignité de l'homme que dans la sincérité de ses passions.* [...] *Donnez-nous de grands hommes et de grandes actions pour que nous retrouvions le sens des grandes choses.* » Plus sombre — et plus confus — est le roman ***Les Chiens de paille*** (1944) où un évadé, aventurier blasé en quête de sagesse orientale, improvisé gardien d'une propriété recélant un dépôt d'armes que convoitent les hommes de main de groupes politiques divers, s'oppose à un jeune chef nationaliste, avant un dénouement doublement tragique, dû à une bombe larguée par un avion anglais : « *L'extrême civilisation engendre l'extrême barbarie.* » Ce roman de la désillusion fut saisi et détruit un mois après sa parution, à la Libération de Paris : il ne fut réédité qu'en 1964. L'amertume envahit le ***Journal 1939-1945*** (posth., 1992) où un antisémitisme violent *(« Je hais les juifs. J'ai toujours su que je les haïssais »)* se joint à une vague misogynie, à la hantise de l'impuissance, en un mélange trouble et déconcertant. Ce journal témoigne aussi que Drieu se plongea de plus en plus dans les religions orientales, les méditations sur le bouddhisme, alternant avec la hargne envers ses contemporains et les souvenirs voluptueux. Les ***Mémoires de Dirk Raspe*** (posth., 1966), roman inachevé où Drieu put exprimer son amour pour la peinture à travers une figure proche de Van Gogh, illustre également cette ultime évolution.

Un traître suicidé

Aigri et déçu de tout, fasciné par le non-être, emprisonné mais refusant les possibilités d'évasion qu'on lui offrait, Drieu, en mars 1945, après deux tentatives de suicide, se donna à cette mort avec laquelle il rusait depuis son enfance et se suicida au gaz, dès qu'il apprit qu'il allait être arrêté — joignant ainsi le geste à la parole, lui qui écrivait dès 1931 : *« Le suicide, c'est la ressource des hommes dont le ressort a été rongé par la rouille. Ils sont nés pour l'action, mais ils ont retardé l'action ; alors l'action revient sur eux en retour de bâton... Le suicide, c'est un acte de ceux qui n'ont pu en accomplir d'autres »* ***(Le Feu follet)***. Il avait 52 ans, donc à peine plus que la limite qu'il s'était fixée dès l'âge de 20 ans : *« Je m'étais mis en tête qu'il ne fallait pas mourir plus tard que cinquante ans. »* Il avait confié dans son journal posthume cet aveu d'enfant puni : *« Oui, je suis un traître. Oui, j'ai été d'intelligence avec l'ennemi. J'ai apporté l'intelligence française à l'ennemi. Ce n'est pas ma faute si cet ennemi n'a pas été intelligent »* (***Récit secret***, posth., 1951).
Bouleversé par le traumatisme de la Grande Guerre, Drieu La Rochelle rassembla toutes les contradictions de l'intellectuel — catégorie qu'il ne cessa d'ailleurs de dénigrer — de l'entre-deux-guerres, tel qu'il le définit lui-même, dans un article des *Nouvelles littéraires* : *« Un véritable intellectuel est toujours un partisan, mais toujours un partisan exilé : toujours un homme de foi, mais toujours un hérétique »* (28 janv. 1933). Ces contradictions, aussi indissociables que le furent sa vie et son œuvre, et où se mêlaient aveuglement et lucidité, dissimulation et sincérité, cynisme et désenchantement, trouvèrent une singulière illustration dans l'amitié durable que lui témoignèrent, malgré tout, Aragon et Malraux — au risque de décevoir les amateurs de réductions manichéennes.

Une esthétique de l'authenticité

Sans être un créateur de formes, Drieu échappe à l'académisme par la force d'un témoignage qui se réclame d'une esthétique de l'authenticité : *« Moi, je me situe entre Céline et Montherlant et Malraux »*, affirme-t-il dans sa ***Préface*** à ***Gilles***. C'est un maître de la nouvelle et du roman bref, servi par le rythme d'une écriture souvent ironique : « [...] *monsieur était le camarade de mon fils Claude Pragen (pour voir l'effet de ce nom, elle dévisagea encore le couple qui manifesta en même temps son ignorance et sa honte), il l'a vu mourir, le pauvre petit, et il va me guider sur les champs de bataille. Pourquoi disait-elle les champs de bataille ? »* ***(La Comédie de Charleroi)***.
Mais cette écriture a aussi des rythmes qu'on peut qualifier de nietzschéens, en prélude à d'autres exaltations : *« Dans le sport, l'homme reprend ses droits. Il reconquiert la discipline, la seule liberté qui soit douce »* ***(État civil)*** ; *« Un chef, c'est un homme à son plein ; l'homme qui donne et qui prend dans la même éjaculation »* ***(La Comédie de Charleroi)*** ; *« L'homme n'existe que dans le combat, l'homme ne vit que s'il risque la mort »* ***(Le Feu follet)*** ; *« Très joli d'être un vrai fantassin, avec des brisques et une croix et de porter la fourragère d'un célèbre régiment de choc, mais encore faut-il montrer qu'on n'est pas un péquenot »* ***(Gilles)***.
À côté de ces affirmations « viriles », l'œuvre de Drieu abonde en notations certes toujours affirmatives, mais sur le mode du désenchantement, voire du dégoût : *« Le snobisme est la seule démarche possible pour des gens qui ne vivent plus guère qu'en imagination, toute tournée vers le passé. Le snobisme c'est une retombée sur un passé quelconque »* ***(La Comédie de Charleroi)*** ; *« La ville, ce n'est pas la solitude parce que la ville anéantit tout ce qui peuple la solitude. La ville c'est le vide »* ***(Gilles)*** ; *« Jamais je ne pardonnerai aux religions, aux philosophies, aux politiques d'avoir laissé se perpétrer cette ignominie du corps des hommes »* ***(Histoires déplaisantes)***. En écho à ce désenchantement, le cynisme est l'une des constantes de l'œuvre de Drieu : *« Enfin, marie-toi sous le régime de la séparation de biens. Du reste, ça ne l'empêchera pas de te ruiner, si le cœur lui en dit »* ***(Gilles)***. En jouant

sur une utilisation parfois précieuse d'adverbes rares, et un sens aigu des sonorités et des rythmes, l'écrivain transfigure l'expression romanesque en prose poétique, comme dans ce passage où allitérations (en [s] et en [f]) et assonances (en [ɑ̃]) se conjuguent pour mieux préserver l'effet de surprise — pour le son comme pour le sens — de la chute finale : « *Il se sentait flotter comme un fantôme pernicieusement léger, fallacieusement transparent autour de Myriam et de son père que la vertu rendait opaques* » *(ibid.)*.

Aragon le créditait d'écrire véritablement « *en français* », c'est-à-dire un français « *vivant* », opposé à celui de Gide, enfermé dans une « *langue morte* » (Frédéric Grover, *Conversation avec Aragon*, 1962).

Un prestige longtemps intact

Apprécié de son vivant par des écrivains tels que Malraux, Mauriac, Aragon — lequel, malgré leur brouille, ne se laissa pas entraîner à l'accabler pour ses choix politiques —, Drieu n'obtint jamais un grand succès public. Paradoxalement, malgré son engagement fasciste, son aura posthume tint longtemps à sa personnalité presque autant qu'à son œuvre. Séducteur adulé, dandy suicidaire, activiste désespéré, Drieu semble avoir impressionné par son suicide jusqu'à ses ennemis politiques. Les « hussards » de l'après-guerre voyaient en lui une sorte de grand frère boudeur et malheureux, et Bernard Frank pouvait écrire en 1958 : « *L'antisémitisme de Drieu est une affaire personnelle, une façon de se haïr, un nom qu'il donnait à sa maladie* » (« Drieu La Rochelle et notre temps », in *France-Observateur*). Des publications posthumes de grande tenue — ***Récit secret***, ***Mémoires de Dirk Raspe*** — renforcèrent son prestige littéraire, conforté par les adaptations cinématographiques du ***Feu follet*** par Louis Malle (1963) et d'***Une femme à sa fenêtre*** par Pierre Granier-Deferre (1976). L'antisémitisme virulent de son ***Journal 1939-1945*** a suscité à sa parution, en 1992, un renversement d'opinion chez beaucoup d'intellectuels qui ont brusquement redécouvert le Drieu fasciste — pourtant présent dès ***La Comédie de Charleroi*** et dont l'écrivain ne fit jamais mystère à partir de 1934, pas plus que du collaborationniste antisémite durant l'Occupation. Au-delà de la polémique, aujourd'hui, l'influence littéraire — et non point idéologique — de Drieu se retrouve, entre autres, chez François Nourissier ou Jean-Marie Rouart, et se traduit par de nombreuses publications, notamment universitaires. Enfin, juste retour des choses pour un écrivain qui s'intéressa très tôt aux travaux de Freud et fréquenta Lacan dès le début des années 1930, Drieu La Rochelle suscite aussi des études en psychanalyse.

ŒUVRE

Gilles

Roman en 3 parties — intitulées ***La Permission***, ***L'Élysée***, ***L'Apocalypse*** et comportant respectivement 25, 30 et 12 chapitres — et un ***Épilogue***, paru chez Gallimard, en décembre 1939. Une nouvelle édition, réintégrant des passages supprimés par la censure en 1939, fut publiée en 1942, avec une ***Préface***.

Le roman expose les tribulations parisiennes (1re et 2e parties), puis algéroises (3e partie) et enfin espagnoles ***(Épilogue)*** de Gilles Gambier dans les milieux littéraires et politiques de l'entre-deux-guerres — précisément de l'hiver 1917 à la guerre civile espagnole.

Après l'échec de son mariage avec Myriam Falkenberg — en réalité, Colette Jéramec —, Gilles, en proie à l'inconstance et au cynisme, oscillant entre courage et lâcheté, repentir et bassesse, tentation mystique et vie dissolue — malgré Dora et surtout Pauline, qu'il épouse mais qui meurt d'un cancer alors qu'elle était enceinte —, est mêlé à des intrigues sordides, d'une invention rocambolesque, visant à compromettre le président de la République, et se brouille définitivement avec « *les Tartarins de la Révolution* » que sont ses médiocres amis du groupe *Révolte* — transparente transposition de la coterie surréaliste. On reconnaît, sous des pseudonymes transparents, Breton (*alias* Caël), Aragon (*alias* Cyrille Galant) et le président Millerand (*alias* Paul Morel), que Drieu a bien connus. L'angoisse d'une catastrophe imminente éclate au moment des sanglantes émeutes de février 1934 : la revue *L'Apocalypse*, qu'il crée en Alger, est un cri d'alarme lancé dans le désert. L'***Épilogue*** montre un double artificiel de Gilles, Walter, engagé avec des convictions d'un fascisme simpliste dans les rangs du franquisme. Le héros choisit finalement de mourir en défendant une *plaza de toros* contre les républicains : « *Il était follement lui-même comme un homme ivre qui* *s'arrête entre deux verres et qui jouit une seconde de la suspension* » ***(Épilogue)***.

Le personnage de Gilles — qui doit son nom au *Gilles* de Watteau — a déjà servi, dans plusieurs œuvres, de porte-parole à Drieu qui se livre, à travers lui, à une autobiographie distancée. Drieu s'en explique dans l'importante ***Préface*** au roman, où il s'exprime aussi sur l'art du romancier et définit ***Gilles*** comme un « *roman majeur et polyphone* » dont le fond est « *l'idée de la décadence* ». ***Gilles*** constitue dans cette filiation un livre-somme, radicalement désespéré, à mi-chemin entre la confession personnelle et le pamphlet politique, et abonde en notations cyniques ou désabusées : « *Quelle était la part de l'entreteneur dans ce luxe tempéré ? Il regarda la femme. C'était une matière magnifique* » (I) ; « *Gilles mena son interrogatoire avec un sans-façon qui aurait paru indécent à une fille moins asservie par l'amour* » *(ibid.)*. Avec une force d'indignation nourrie par la passion, Drieu s'y abandonne à toutes ses hantises personnelles : le traumatisme et le regret de la guerre, épreuve d'authenticité et de courage ; la culpabilité d'un mariage d'argent par rapport auquel la transcription romanesque joue un rôle cathartique ; l'obsession de la décadence de la France, de l'Occident et finalement du monde entier.

Drieu avait commencé la rédaction de son roman au début de 1936. La 1re partie fut publiée dans la *Revue de Paris* de juillet-septembre 1939, et l'***Épilogue***, dans *Gringoire* en août-septembre 1939, sous le titre ***Le Faux Belge***. L'édition « Folio » (Gallimard), la plus complète actuellement disponible, reprend la totalité des passages supprimés en 1939 et partiellement rétablis en 1942.

Mauriac, qui admirait surtout la 1re partie, vit dans ***Gilles*** « *un livre important, essentiel, vraiment chargé d'un terrible poids de souffrance et d'erreur* » (lettre du 14 janv. 1940). Le roman reçut un accueil critique mitigé sur le plan littéraire et apparut comme une illustration typique de l'idéologie fasciste. Il suscita, en tout cas, l'écriture d'*Aurélien*, souveraine réplique littéraire d'Aragon à sa mise en cause personnelle — allant jusqu'à des soupçons d'homosexualité —, sous les traits du personnage de Galant par celui dont il était pourtant alors le meilleur ami. Le lecteur ne peut que tirer profit à lire parallèlement cette sorte de diptyque (***Gilles*** et *Aurélien*), qui s'élargit en passionnant triptyque si l'on y ajoute *L'Espoir* de Malraux (publié en 1936, au moment de l'écriture de ***Gilles***), réponse « positive » — dans le dépassement héroïque et exemplaire — à la crise née du traumatisme de la Grande Guerre, et dont ***Gilles*** constitue l'exacte antithèse, à force de désespoir et de médiocrité.

CITATIONS

On doute finalement de ce qu'on a pris quand on est visité par le sentiment qu'on n'a pas tout donné.

Beloukia.

L'extrême civilisation engendre l'extrême barbarie.

Les Chiens de paille.

La guerre moderne est une révolte maléfique de la matière asservie par l'homme.

La Comédie de Charleroi.

Le snobisme est la seule démarche possible pour des gens qui ne vivent plus guère qu'en imagination, toute tournée vers le passé. Le snobisme c'est une retombée sur un passé quelconque.

La Comédie de Charleroi.

Dans le sport, l'homme reprend ses droits. Il reconquiert la discipline, la seule liberté qui soit douce.

État civil.

L'homme n'existe que dans le combat, l'homme ne vit que s'il risque la mort.

Le Feu follet.

L'idée de patrie est liée à l'idée de guerre. Étant donné ce qu'est devenue la guerre dans le monde actuel, elle fait de la Patrie la force la plus immédiatement dangereuse qui circule au milieu de nous.

Genève ou Moscou.

La ville, ce n'est pas la solitude parce que la ville anéantit tout ce qui peuple la solitude. La ville c'est le vide.

Gilles.

Je n'ai jamais vu la dignité de l'homme que dans la sincérité de ses passions.

L'Homme à cheval.

Donnez-nous de grands hommes et de grandes actions pour que nous retrouvions le sens des grandes choses.

L'Homme à cheval.

Que soit bénie la foi des hommes qui osent renouveler la figure du monde selon l'idéal qu'ils chérissent.

Interrogation.

L'art aide à mieux vivre, à mieux mûrir la vie ; si d'abord on a su vivre, plus tard quand certaines sources se tarissent, alors il est temps de rechercher le temps perdu.

Article in *NRF*, janvier 1923.

Un véritable intellectuel est toujours un partisan, mais toujours un partisan exilé : toujours un homme de foi, mais toujours un hérétique.

Article in *Nouvelles littéraires*, 28 janvier 1933.

JUGEMENTS

« C'était un esprit superbe, je veux dire, d'une superbe *incroyable dans ses jugements. »*

Louis Aragon, *Écrits sur l'art moderne*, Flammarion, 1981.

« Une foi profonde existe en lui, elle monte à ses lèvres avec exaltation, mais il ne sait en quoi la mettre : Dieu ? Il n'en parle point. La Patrie ? On n'est pas sûr qu'il ne cherche pas à se tromper lui-même. »

Robert Desnos, *Nouvelles Hébrides (1922-1930)*, Gallimard, posthume, 1978.

« Entré dans l'âge d'homme par la guerre de 14, il a traversé l'Action française et flirté aussi avec le surréalisme. Jeune ancien combattant, à la fois patriote et pacifiste, il a été l'ami de Raymond Lefebvre, l'un des fondateurs du communisme français. Ses écrits politiques des années vingt plaident pour une Europe fédérale, seule capable de sauver les plus vieilles nations du monde, coincées entre l'URSS et les États-Unis, de la guerre ou de la décadence. Ils sont tous empreints d'hostilité au capitalisme et à l'anarchie libérale. Au début des années trente, Drieu est encore plutôt à gauche, proche de Bergery et de son "Front commun" antifasciste, mais il appartient plus que jamais à toute cette mouvance de l'opinion intellectuelle incertaine sur ce qui sépare la gauche et la droite, et formant un va-et-vient constant d'opinions et d'hommes : antibourgeoise, antilibérale, réclamant à cor et à cri planification et renaissance nationale, mais tiraillée entre les deux pôles communiste et fasciste. Au moment où se forme le Front populaire, Drieu penche vers le second, mais au nom de l'idéal du premier [...].

Ainsi Drieu traduit à sa manière la toute-puissance de l'idée révolutionnaire sur les esprits. Aux révolutions, il confère, comme la gauche, l'honneur d'être des événements nécessaires, revêtus d'une dignité historique particulière. Mais, pour les besoins de sa comparaison, il est amené à en déplacer le point d'application de la classe vers le Parti, cette nouvelle divinité de l'époque. Bolchevisme et fascisme ne sont pas séparés, à ses yeux, par les catégories marxistes du prolétariat et de la bourgeoisie. Ils sont au contraire réunis par la recherche commune d'une solution à la "gouvernementabilité" des nations modernes. La bourgeoisie n'est qu'une classe économique, incapable par définition de former une élite politique. Il en va de même pour la classe ouvrière ; il n'existe pas plus de classes gouvernantes que de classes révolutionnaires. Les révolutions du XX*e siècle cherchent à substituer à ce vide le Parti unique, constitué par choix délibéré, pépinière de chefs autour du grand chef. Drieu le paresseux, Drieu l'aboulique, ne cesse d'interroger l'énigme de la volonté politique, qui est aussi l'obsession de son époque. »*

François Furet, *La Culture antifasciste*, in *Le Passé d'une illusion. Essai sur l'idée communiste au* XX*e siècle*, Laffont/Calmann-Lévy, 1995.

« Lorsque Drieu La Rochelle posait en 1942 "la question de la responsabilité de l'écrivain"*, il abordait, à sa manière, une problématique qui resterait inconnue des écrivains de* "son bord"*. Il est une autre différence entre Drieu et le reste des écrivains de la collaboration. S'il ne cesse de s'interroger sur le mélange du politique et du littéraire dans son œuvre, ce n'est pas pour mettre en question la primauté de la littérature.*

S'il tente de disqualifier un certain type d'écrivains, ceux qu'il appelle les "littérateurs"*, c'est en ridiculisant leur relation à l'action et non leur création. Drieu a perçu l'antagonisme de la littérature et de la politique comme un mélange risquant de remettre en question le statut littéraire de son œuvre. Cette inquiétude qu'il met sans cesse au centre de sa réflexion sur son œuvre masque mal son origine réelle. Tout le tragique du destin littéraire de Drieu est moins dans cette dualité entre le littéraire et le politique que dans la tentation constante de légitimer une littérature mercenaire au service d'une idéologie, puis une politique radicalement ennemie des valeurs de la littérature, engagée ou non, sans jamais cesser de se proclamer écrivain. Dans sa quête de l'*"homme complet"*, Drieu avait des accents de renégat. »*

Gérard Loiseaux, « Drieu ou la Nostalgie de "l'homme complet" », in *La Littérature de la Défaite et de la Collaboration*, chap. IV, Fayard, 1995.

« D'où vient cette fureur de l'anéantissement qui semble dévorer le paysage intérieur de Drieu ? Le freudisme prétend expliquer nos âmes par notre sexe. C'est peut-être l'interprétation inverse qui est ici la plus féconde : la fuite en amour, chez Drieu, n'est sans doute que l'autre face d'une haine de la vie qui lui est venue très tôt et qui lui fait rechercher désespérément la désertion. Entre une famille aux petits secrets misérables et un père dérisoire, entre argent et bassesses, entre l'enfant déçu et le bonheur coupable, Drieu fuit. Ce qu'il cherchera durant toute la guerre, c'est à assassiner son enfer en s'en faisant le responsable. À donner une

cause juste à un châtiment absurde. Drieu, c'est, depuis très longtemps dans sa propre vie, le choix de la trahison. "Oui, je suis un traître." *C'est le mot pathétique de la fin. C'est pour payer cette trahison que Drieu La Rochelle, méthodiquement, minutieusement, a fait les brouillons de son suicide, innocence retrouvée peut-être, page blanche au bord du gouffre.* »

Renaud MATIGNON, « Pierre Drieu La Rochelle : autoportrait d'un naufragé », in *Le Figaro littéraire*, 4 mai 1992.

« *Drieu pensait vivre la décadence d'un monde, d'une classe sociale, d'un pays, sans pouvoir échapper pour son compte à la contagion autrement que par des sursauts qu'il juge lui-même puérils. Dans une certaine mesure il a peint cette décadence, et c'est par là que son œuvre surnage. Il l'a fait cependant avec trop de désinvolture, trop de complaisance, trop d'attachement à ce monde, à cette classe, à ce pays, pour passer les limites de la satire de salon. Alors que nous sommes en pleine tragédie, comme en témoignent au même moment Malraux ou Céline, chez Drieu la comédie se mêle au drame sur le mode mineur. Ce qu'il aura réussi — et c'est ce qui le rend sympathique — c'est, dans un incroyable gaspillage de dons, à faire de son œuvre un ratage semblable à celui de sa vie. En perdant sur tous les tableaux il gagnera toujours plus de cœurs dans les générations qui lui succèdent et qui ont appris, très tôt, le cas qu'il convenait de faire et de la vie et des œuvres.* »

Maurice NADEAU, « Pierre Drieu La Rochelle », in *Le Roman français depuis la guerre*, chap. II, « Idées », Gallimard, 1970.

« *Accepter la vie, telle était la tentation. Mais rejeter la vie, sans pitié pour personne, n'était pas mal non plus. [...] Et maintenant, le voici qui s'avance et parle d'une voix sourde. Quand il dit :* "Je jette en arrière, sur les autres comme sur moi, un regard plus dédaigneux que charitable", *ça, c'est Drieu.* »

Roger NIMIER, *Journées de lecture*, 1965, rééd. Gallimard, 1995.

« *L'erreur aura été l'inséparable compagne de Drieu et, quand on examine le parcours en zigzags de ce dandy qui n'a que trop bien réussi à déplaire, on découvre l'itinéraire d'un homme qui a cherché le cul-de-sac, la voie sans issue, le mur contre lequel on vous colle, aussi obstinément que certains la sortie au soleil. Les procureurs perdent leur temps à accabler cet accusé qui supplie ses juges de frapper fort et qui, pour plus de sûreté, choisit de se faire justice lui-même. Personne ne dira de lui autant de mal qu'il en a dit, la plume à la main, et ne le fustigera plus durement qu'il ne s'est fustigé. Son œuvre, aux réussites inégales, n'est que le ressassement du dégoût né d'un perpétuel examen de conscience effectué avec cette honnêteté meurtrière qui, d'ailleurs, fausse la balance dans la même mesure que l'aveuglement. Car ce sont toujours les généreux qui parlent de leur avarice, les courageux, de leur lâcheté. Drieu, qui se détestait avec application, et qui, à travers sa personne, haïssait également son milieu d'origine, ne s'est rien pardonné. Et comme il s'est trompé en tout, doutant à l'extrême de son talent, il n'a pas vu davantage qu'il avait fondé la confession moderne et notre romantisme sec. Que, dans la mise à nu de l'âme et de l'inavouable, précédant Michel Leiris, il venait immédiatement après Rousseau.* »

Angelo RINALDI, « Pierre Drieu La Rochelle », in *L'Express*, 31 juillet 1978.

« "Je me suis trouvé, *écrit-il*, devant un fait écrasant : celui de la décadence". *Voilà du bon travail. Il est toujours plus agréable d'être la victime innocente d'un cataclysme social que tout simplement un individu qui s'est raté lui-même.* »

Jean-Paul SARTRE, « Drieu La Rochelle ou la Haine de soi », in *Les Lettres françaises*, avril 1943.

« *Il voulait apparaître indolent, paresseux, indifférent. Ce n'était qu'une attitude de "dandy". Nous savions bien qu'il ne cessait de s'interroger.* [...] *Entre l'ambition et la crainte de l'impuissance sexuelle, il ne parvenait pas à choisir. Il désirait jouer un rôle mais il ne savait pas lequel.* »

Philippe SOUPAULT, *Mémoires de l'oubli*, t. I, *1914-1923*, Lachenal et Ritter, 1981.

« *Le* "charme" *de Drieu a longtemps masqué ou minimisé cette dimension funèbre de sa personnalité et de son œuvre.* Gilles, *un des romans les plus antisémites du patrimoine français, fut accueilli avec bienveillance par les confrères, la critique, à peu d'exceptions près. Malgré ses articles pronazis, des dizaines d'écrivains français sous l'Occupation n'ont pas jugé infamant de publier leurs textes sous sa conduite. De sorte que l'histoire singulière et tragique de Pierre Drieu La Rochelle dépasse sa propre personne et continue à nous soumettre à une interrogation lancinante. Pourquoi tant de bienveillance, pourquoi tant de complicité ? Sans aucun doute, notre perception de la vie intellectuelle et politique est dictée par notre connaissance du passé — et d'abord des* "années noires". *Venus* après, *nous jugeons d'autant plus sévèrement. Le numéro de haute voltige que joua un Jean Paulhan pendant l'Occupation, résistant d'un côté, protecteur de la* NRF *de l'autre, éreinteur clandestin des collaborateurs, et ami très fidèle de certains d'entre eux, devrait nous prévenir contre des condamnations sans appel. Il n'y eut pas que des* "héros" *et des* "salauds", *mais, entre les uns et les autres, la foule des hésitants, des oscillants, des prudents et des imprudents... On imagine, à la fin de la tourmente, l'archange saint Michel du tympan des cathédrales tenant le fléau de sa balance qui pèse les âmes : qui a mérité l'enfer, qui le paradis — et qui, le purgatoire ? Ces questions-là seront posées en termes moins imagés à la Libération.* »

Michel WINOCK, « La *NRF* sous la botte », in *Le Siècle des intellectuels*, II, 39, Seuil, 1997.

BIBLIOGRAPHIE

Éditions

Les œuvres de Drieu La Rochelle sont publiées chez Gallimard.

Gilles, « Folio », Gallimard, 1973.

Études

P. Andreu, *Drieu, témoin et visionnaire*, Grasset, 1952 ; *id.* et Fr. Grover, *Drieu La Rochelle*, Hachette, 1979, rééd. La Table ronde, 1989.

P. Assouline, *Gaston Gallimard. Un demi-siècle d'édition française*, Balland, 1984, pp. 263 à 398.

M. Balvet, *Itinéraire d'un intellectuel vers le fascisme, Drieu La Rochelle*, PUF, 1984.

J. Bastier, *Pierre Drieu La Rochelle soldat de la Grande Guerre : 1914-1918*, Albatros, 1989.

M. Dambre (dir.), *Pierre Drieu La Rochelle, écrivain et intellectuel*, actes du colloque organisé par le Centre de recherches « Études sur Nimier », Université Paris III-Sorbonne Nouvelle, 9 et 10 déc. 1993, Presses de la Sorbonne Nouvelle, 1995 ; *id.* et P. Renard, « *La Comédie de Charleroi* et *Gilles* de Pierre Drieu La Rochelle », in *Roman 20-50*, n° 24, Université de Lille III, déc. 1997.

D. Desanti, *Drieu La Rochelle ou le Séducteur mystifié : du dandy au nazi*, Flammarion, 1978, rééd. 1992.

Étiemble, « Politique de Drieu ou la Suite dans une idée », in *L'Écrivain et la Collaboration*, in *Littérature dégagée 1942-1953* (*Hygiène des Lettres*, II), Gallimard, 1952 *(sic)*, pp. 186 à 198.

Fr. Grover, *Drieu La Rochelle 1893-1945 : vie, œuvres, témoignages*, Gallimard, 1962, rééd. 1979.

M. Hanrez (dir.), *Drieu La Rochelle*, « Cahiers de l'Herne », L'Herne, 1982.

J. Hervier, *Deux Individus contre l'Histoire : Pierre Drieu La Rochelle, Ernst Jünger*, Klincksieck, 1978, rééd. 1992.

J. Lansard, *Drieu La Rochelle ou la Passion tragique de l'unité*, t. I et II, *Essai sur son théâtre joué et inédit*, t. III, *Bibliographie générale*, Aux amateurs de livres, 1985, 1987 et 1991.

B. Leal, *Drieu La Rochelle*, Twayne, New York (US), 1980.

S. Leibovici, *Le Sang et l'Encre. Pierre Drieu La Rochelle : une psychobiographie*, Rodopi, Amsterdam (NL), 1995.

D. Lindenberg, *Les Années souterraines 1937-1947*, La Découverte, 1990.

G. Loiseaux, *La Littérature de la Défaite et de la Collaboration*, Fayard, 1995.

G. et J.-R. Ragache, *La Vie quotidienne des écrivains et des artistes sous l'occupation 1940-1944*, Hachette, 1988.

J.-M. Rouart, *Ils ont choisi la nuit*, Grasset, 1985.

J.-L. Saint-Ygnan, *Drieu La Rochelle ou l'Obsession de la décadence*, N.É.L., 1984.

S.-R. Suleiman, *Le Roman à thèse*, PUF, 1983.

M. Winock, *Une parabole fasciste, « Gilles » de Drieu La Rochelle*, in *Le Mouvement social*, juil.-sept. 1972 ; « Drieu La Rochelle et la tentation fasciste » et « La *NRF* sous la botte », in *Le Siècle des intellectuels*, II, 25 et 39, Seuil, 1997, pp. 233 à 243 et 362 à 370.

AUDIO & VIDÉO

Vidéo

L. Malle, *Le Feu follet*, 1963, Fil à film, s.d.

DUMAS

Alexandre DUMAS

De son vrai nom, Alexandre DUMAS DAVY de LA PAILLETERIE

Parfois surnommé « *DUMAS père* » pour le distinguer de son fils — lui aussi prénommé Alexandre et lui aussi écrivain.

Villers-Cotterêts (act. Aisne) 1802 – Puys, près de Dieppe (act. Seine-Maritime) 1870

> « *On peut voir dans Dumas-Maquet le maître de la plus vieille et de la plus universelle conception du conte, celle qui est destinée à faire oublier la vie réelle pour des histoires inventées. Balzac voulait écrire les* Mille et Une Nuits *de l'Occident. Mais c'est Dumas et Maquet qui les ont contées, et il y fallait une goutte de sang africain.* »
>
> Albert THIBAUDET, *Histoire de la littérature française de 1789 à nos jours*, Stock, 1936.

> « *On sait quel intarissable conteur fut Alexandre Dumas : quelle prodigieuse et un peu puérile invention s'est développée dans les 257 volumes de ses romans, mémoires, voyages, etc. Toute cette écriture, si vulgaire de pensée et de forme, a bien vieilli. Les 25 volumes de pièces de théâtre qui s'y ajoutent, ont vieilli aussi : c'est pourtant par eux que Dumas mérite une place dans la littérature. Le cadre dramatique a contenu son imagination, ailleurs portée à multiplier la* copie *: elle a obligé ce grand délayeur à faire (relativement) court, serré, nerveux.* »
>
> Gustave LANSON, *Histoire de la littérature française*, Hachette, 1894.

Le roman-fleuve d'une vie mouvementée

La voie royale

Fils du général républicain Thomas-Alexandre Dumas, qui, né à Saint-Domingue et mulâtre — sa mère était une esclave noire —, avait épousé la fille d'un maître d'hôtel de Philippe d'Orléans, puis servi Bonaparte en Italie et en Égypte, Dumas fit de médiocres études dans sa ville natale de Villers-Cotterêts où, privé de ressources depuis la mort de son père en 1806 — survenue alors qu'il n'avait que 4 ans —, il devint clerc de notaire en 1817, métier qu'il exerça ensuite à Crépy-en-Valois (act. Oise). En 1823, année où il s'installa définitivement à Paris, il devint expéditionnaire à la chancellerie du duc d'Orléans — Ferdinand, fils aîné du futur roi Louis-Philippe Ier. L'année suivante naquit Alexandre Dumas fils — qui écrivit plus tard *La Dame aux camélias* —, enfant naturel de Dumas et d'une couturière, Catherine Labay. Dumas se lança alors dans le tourbillon de Paris, fermement décidé à conquérir le monde du théâtre que lui avaient révélé, quelques années auparavant, une représentation du *Hamlet* de Ducis et une brève rencontre avec Talma. Son modeste emploi dans les bureaux du duc d'Orléans lui permit de faire ses armes en littérature : quelques vaudevilles en collaboration avec son ami Adolphe de Leuven puis une ***Christine*** en vers (1828), qui, bien que reçue au Théâtre-Français sur la recommandation de Nodier et de son ami le baron Taylor, ne fut pas représentée, d'autres pièces concurrentes traitant le même sujet et la comédienne Mlle Mars se montrant capricieuse. Le succès récompensa en revanche le drame ***Henri III et sa cour*** (1829), qui l'intégra dans l'état-major des armées romantiques — Delacroix fit son portrait, Nodier le soutint — et noua son amitié — orageuse — avec Hugo. Le succès considérable d'***Henri III*** révéla Dumas, qui devint bibliothécaire adjoint du duc d'Orléans. Couvert de gloire et de fortune, le dramaturge participa aux événements de juillet 1830, mais, déçu de n'avoir pas été nommé ministre, alors que le père de son protecteur était devenu roi des Français, il démissionna de ses fonctions de bibliothécaire en 1831, année où il reconnut son fils naturel. L'événement que fut, deux ans plus tard, la première d'***Antony*** — « *le plus grand événement littéraire de son temps* », selon Maxime Du Camp —, drame fortement inspiré du *Don Carlos* de Schiller, nourrit son ambition et atténua les déceptions théâtrales, rencontrées avec l'échec, la même année, de ***Napoléon Bonaparte ou Trente Ans de l'histoire de France*** et de ***Charles VII chez ses grands vassaux***, autant que politiques, avec la fin du rêve ministériel d'après la révolution de Juillet.

Avec Antony, Dumas créait le type du héros romantique fatal et ténébreux. Le personnage d'Adèle lui avait été inspiré par Mélanie Waldor, rencontrée deux ans avant la création de la pièce, et qui fut l'une des nombreuses conquêtes de celui qui, ne s'étant passionné, enfant puis adolescent, que pour la chasse et l'amour, avait logiquement écrit en collaboration le vaudeville ***La Chasse et l'Amour*** (1825). Le triomphe d'***Antony*** consacra le dramaturge.

Dès lors, les directeurs des théâtres parisiens voulurent du Dumas à tout prix, quitte à lui faire retravailler et signer les pièces des autres : ***La Tour de Nesle*** (1832), drame en 5 actes et 9 tableaux, sur un manuscrit original de Gaillardet, obtint un énorme succès et lui valut l'un des nombreux procès en paternité littéraire de sa carrière. Avec ***Kean ou Désordre et Génie*** (1836), Dumas offrit à l'acteur Frédérick Lemaître l'un de ses principaux rôles. Seul ou en collaboration, il continua à explorer tous les registres théâtraux, de la comédie — ***Le Mari de la veuve*** (1832) — à l'opéra-comique — ***Piquillo***, avec Nerval (1837) —, du mystère — ***Don Juan de Maraña*** (1836) — à la tragédie — échec retentissant de ***Caligula*** (1837) —, tout en prenant acte de l'avènement de l'ère du roman. Entre-temps, la vie sentimentale agitée du dramaturge connut de nouvelles évolutions. À Mélanie Waldor avait succédé Bell Krebsamer, *alias* Mélanie II, qui, en 1833, mit au monde Marie-Alexandrine, *alias* Marie : Dumas la reconnut et vécut longtemps avec elle. Néanmoins, dans le même temps, la comédienne Ida Ferrier succéda à Mélanie II : Dumas l'épousa en 1840 — avec Chateaubriand pour témoin — mais le couple se sépara dès 1844.

L'aventure du roman

Depuis ***Christine***, l'Histoire constituait pour Dumas une inépuisable réserve d'épisodes à mettre en scène. En 1833, elle commença à nourrir des récits, sous forme de chroniques — réunies sous le titre ***Chroniques de France*** (1839) —, à partir d'***Isabel de Bavière*** (1835), et sous forme d'essais, avec ***Gaule et France*** (1833). Parallèlement, la création de *La Presse* et du *Siècle* (1836), qui familiarisèrent le public avec le feuilleton et s'imposèrent comme de formidables propagateurs du roman, permit à Dumas de publier ***Le Capitaine Paul*** (1838) et ***Acté*** (1839). Mais c'est seulement après la rencontre avec le jeune professeur d'histoire Auguste Maquet que la recette du roman dumasien s'élabora. Elle fut mise au point avec ***Le Chevalier d'Harmental*** (1842), premier succès du romancier : sur une ébauche — simple plan ou texte rédigé — de Maquet ou sur un canevas élaboré en commun, Dumas amplifiait et animait la « copie » fournie par son collaborateur en y introduisant personnages secondaires et dialogues. La publication en feuilleton autorisait des libertés par rapport au canevas primitif : des tiroirs s'ouvraient au dernier moment, des épisodes dilatoires venaient retarder un dénouement, un récit à succès recevait une suite, de manière à former un cycle, ou se prolongeait au gré de l'auteur. Fut ainsi publié en feuilleton le cycle des ***Mousquetaires*** — ***Les Trois Mousquetaires*** (1844), ***Vingt Ans après*** (1845), ***Le Vicomte de Bragelonne ou Dix Ans plus tard*** —, prévu en 6 volumes et qui en comporta finalement 14.

Ce cycle retrace les aventures des mousquetaires d'Artagnan, Athos, Porthos et Aramis, unis par leur devise « *Un pour tous, tous pour un* ». Soudé par l'amitié ou dispersé par les choix politiques, le quatuor traversait ainsi les intrigues du règne de Louis XIII — l'âge d'or des ***Trois Mousquetaires*** —, la Fronde et la révolution anglaise ***(Vingt Ans après)*** et les premières années du règne personnel de Louis XIV ***(Le Vicomte de Bragelonne)***. Avec l'âge, les héros s'individualisaient, de sorte que chacun représentait une facette du XVIIe siècle tel que le voyaient les romantiques : à la fois souvenir de l'ère des seigneurs et annonciateur de la France moderne. Mais le cycle fut aussi à l'origine du genre du roman de cape et d'épée.

Outre de très nombreuses publications qui se succédèrent à un rythme effréné entre 1841 et 1845 — ***Le Corricolo***, ***Un alchimiste au XIXe siècle***, ***Filles, Lorettes et Courtisanes***, ***Sylvanaire***, ***Histoire d'un casse-noisette***, ***Fernande***, ***La Bouillie de la comtesse Berthe***, ***Une fille du Régent*** —, Dumas publia également en feuilleton ce qui constitue pour certains le socle majeur de son œuvre, le cycle des Valois, histoire romancée de la Renaissance sur fond de guerres de Religion et de rivalités dynastiques — ***La Reine Margot*** (1845), ***La Dame de Montsoreau*** (1846), ***Les Quarante-Cinq*** (1847-1848) —, les ***Mémoires d'un médecin*** — qui comprennent ***Joseph Balsamo*** (1846 à 1848), ***Le Collier de la reine*** (1849-1850), ***Ange Pitou*** (1851) et ***La Comtesse de Charny*** (1852 à 1855) —, ainsi que l'un de ses chefs-d'œuvre, roman plus « contemporain » puisqu'il se passe sous la Restauration, ***Le Comte de Monte-Cristo*** (1844-1845), et ***Le Chevalier de Maison-Rouge*** (1845-1846). Pièges, quiproquos, incognitos, rebondissements, empoisonnements, travestissements, constituent la trame narrative de ces cycles d'une époustouflante virtuosité dans la mise en intrigue.

Successivement donnés en feuilleton, puis en volumes, adaptés pour la scène, les romans ont été l'occasion d'une occupation systématique du « marché » littéraire par Dumas et ses collaborateurs. La polémique sur « *les nègres du mulâtre* » et la « *littérature industrielle* » fut abondamment alimentée, dans ces années de production intense, par la caricature, les pamphlets — notamment celui d'Eugène de Mirecourt, *Fabrique de romans : Maison Alexandre Dumas et Compagnie* (1845) — et les procès — procès en paternité littéraire intenté par Maquet en 1858. Maquet, Souvestre, Nerval,

Gautier étaient nommés comme « nègres » de Dumas par Mirecourt, et Pierre Larousse, dans son *Dictionnaire*, y ajoutait — avec un ironique *« etc. »* terminal — Anicet-Bourgeois, Auger, Bocage, Brunswick, Leuven, Fiorentino, Nus, Feuillet, Meurice, Couailhac. Mais il fallait déjà à l'énergie débordante de Dumas d'autres exutoires que la polémique, et il ambitionna alors de diriger non seulement des collaborateurs mais aussi des acteurs et des journalistes.

Le théâtre historique et les journaux

L'activité prodigieuse de Dumas se déploya sur tous les fronts. Sa vie privée fut mouvementée, partagée entre les maîtresses du moment, celles qu'il quittait et celles qu'il convoitait, son épouse légitime (Ida Ferrier) et ses enfants, reconnus (Alexandre, Marie) ou non (Henry Baüer, né en 1851, Micaëlla Cordier en 1860). Obligé de fuir les jalousies des uns et des autres, il voyagea souvent (Italie, Espagne, Russie, Algérie, notamment) et en profita pour alimenter les journaux en ***Impressions de voyage*** (à partir de 1836), reportages avant la lettre. Il brigua, en vain, la députation (1848) et se construisit un château *« de Monte-Cristo »*, au Port-Marly (act. Yvelines), à partir de 1847. Surtout, il réalisa son vieux projet de diriger un théâtre : après la tentative malheureuse du Théâtre de la Renaissance en 1836, ce fut le Théâtre Historique, construit par privilège du duc de Montpensier pour jouer un drame historique. Inaugurée en 1847 avec ***La Reine Margot***, cette scène eut quelques mois de prospérité et accueillit plusieurs initiatives ambitieuses, telles qu'un ***Monte-Cristo*** en 2 soirées (2 et 3 févr. 1848), juste avant que le public ne quittât les salles pour les barricades. La révolution de Février annonça en effet le déclin du Théâtre Historique, en même temps que la ruine de son directeur, victime de sa légendaire prodigalité. Son château vendu et son théâtre fermé, Dumas saisit l'occasion du coup d'État de 1851 pour fuir à Bruxelles, où il partagea l'exil de son ami Hugo, les quelque 150 créanciers — 153 exactement — qui le poursuivaient. Au retour d'exil en 1853, outre le plus long de ses romans, ***Les Mohicans de Paris*** (1854 à 1859), vaste drame situé entre Fenimore Cooper et Eugène Sue, et préfigurant *Les Misérables*, grand roman-fleuve policier parisien, le journalisme offrit à l'écrivain l'occasion d'un nouveau départ : plus ambitieux que ***Le Mois*** (1848 à 1850 — sa précédente création de publiciste), ***Le Mousquetaire*** (1853 à 1857) rassemblait des collaborateurs prestigieux, qui toutefois abandonnèrent rapidement leur patron, mauvais payeur malgré le succès du journal, dans lequel Dumas dialoguait librement avec ses lecteurs, répondant à leurs questions. ***Le Mousquetaire*** était avant tout le support éditorial qu'il fallait à ses ***Mémoires*** écrits en exil (de 1852 à 1854), et Dumas eut toujours besoin d'un forum où déverser le trop-plein de son être. Il continua donc seul d'animer ***Le Monte-Cristo*** (1857 à 1860), qui succéda au ***Mousquetaire***, avant de multiplier les feuilles circonstancielles plus ou moins éphémères : ***L'Independente***, à Naples, en 1860 ; le 2e ***Mousquetaire***, qui parut pendant un an de 1866 à 1867 ; le ***Dartagnan***, moins de six mois en 1868. Il écrivit en outre pour *Le Grand Journal* de Villemessant plusieurs *« causeries familières »* en 1864, genre dans lequel il excella. Souvent commencées dans l'enthousiasme, ses entreprises se soldèrent par l'amère constatation que la bonne volonté n'était pas garante du succès. Paris se scandalisa des photos du vieil écrivain embrassé par Adah Menken — l'une des maîtresses, qu'il choisissait de plus en plus jeunes —, en petite tenue. L'Académie lui ferma ses portes ; les Napolitains, qui avaient bien accueilli l'aventurier compagnon de Garibaldi, se lassèrent de cet étranger investi de fonctions officielles — il fut un éphémère « directeur des beaux-arts » à Naples, s'occupant notamment des fouilles de Pompéi. Maxime Du Camp, dans ses *Mémoires littéraires*, raconta ses visites, en 1860, chez Dumas à Naples, lors de cet épisode italien de sa vie, dont le roman *La San Felice* (1863) se fit l'écho romanesque. Comme Stendhal, Dumas se passionna pour l'Italie et la cause de l'unité italienne ; il fit, à partir de l'histoire de la maison des Bourbons et de la maison de Savoie, ce qu'il avait fait pour le cycle des Valois : ***La Royale Maison de Savoie*** (1852 à 1856), ***Histoire des Bourbons de Naples*** (1862). S'il continua de produire, tout en éditant ses œuvres complètes chez Michel Lévy, Dumas laissa inachevés certains grands projets : ***Isaac Laquedem***, le roman du Juif errant qui devait retracer l'histoire de l'humanité des origines au XIXe siècle ne fut jamais repris après son interruption par la censure, en 1853. Et le ***Grand Dictionnaire de cuisine*** (posth., 1873) eut besoin, pour paraître, de l'intervention d'Anatole France, collaborateur posthume de celui qui, jusqu'à sa mort en 1870, avait voulu goûter à tous les plats figurant au menu de la vie.

Prolixité, naturel et efficacité

Assez piètre versificateur — il a pourtant produit un volume de ***Bouts rimés*** (1865), recueillis de ses lecteurs sollicités par voie de presse —, Dumas était en revanche un prosateur des plus efficaces, qui écrivit, seul ou en collaborations, d'innombrables articles de journaux et quelque 80 romans, totalisant plus de 250 volumes — sans compter une cinquantaine de volumes d'œuvres théâtrales. Les parodistes ont abondamment singé sa pratique du dialogue romanesque dont la brièveté des répliques se justifiait trop clairement par la rémunération à la ligne, habituelle dans le monde du feuilleton :

> *« – Ainsi vous tenez à coucher ici ?*
> *– Mais oui.*
> *– Cependant, attendez donc, il y aurait un moyen.*
> *– À quoi ?*
> *– À ce que vous ne fassiez pas la route à cheval.*
> *– Quelle route ?*
> *– La route qui mène d'ici à Bar-le-Duc. »*
>
> ***(Joseph Balsamo)***

Mais le naturel du style est aussi l'une des leçons de l'écriture dramatique :

> ADÈLE
> *– On monte l'escalier... On sonne... C'est lui... Fuis, fuis !*
> ANTONY, fermant la porte
> *– Eh ! je ne veux pas fuir moi.*
>
> ***(Antony)***

Et Dumas a compris la formidable vitalité que ce naturel pouvait insuffler au dialogue romanesque :

> *« – Qu'est-ce qu'Archimède ? demanda le baron.*
> *– Un brave homme de savant que j'ai connu il y a deux mille cent cinquante ans, dit Balsamo. »*
>
> ***(Joseph Balsamo)***

comme au rythme de la narration elle-même, où alternent description, récit événementiel et échange dialogué :

> *« Athos lui remit une somme d'argent.*
> *– Tenez, dit-il, voici le prix de l'exécution ; que l'on voie bien que nous agissons en juges.*
> *– C'est bien, dit le bourreau ; et que maintenant, à son tour, cette femme sache que je n'accomplis pas mon métier, mais mon devoir.*
> *Et il jeta l'argent dans la rivière.*
> *Le bateau s'éloigna vers la rive gauche de la Lys, emportant la coupable et l'exécuteur ; tous les autres demeurèrent sur la rive droite, où ils étaient tombés à genoux.*
> *Le bateau glissait lentement le long de la corde du bac, sous le reflet d'un nuage pâle qui surplombait l'eau en ce moment. »*
>
> ***(Les Trois Mousquetaires)***

Cette modulation de l'intensité dramatique des épisodes participe d'une écriture de la « captation » du lecteur par le roman-feuilleton, captation que le narrateur ne néglige pas d'entretenir lui-même, par de multiples interventions de « régie » ou de « commentaire », souvent humoristique :

> *« Et maintenant, emportés que nous sommes par notre récit, laissons nos trois amis rentrer chacun chez soi, et suivons, dans les détours du Louvre, le duc de BUCKINGHAM et son guide. »*
>
> (*ibid.*, fin du chap. XI)

Comme Gautier, son contemporain, comme Balzac, son grand rival, Dumas a le sens du détail (topographique, vestimentaire, psychologique), précis, réaliste, qui vient chez lui étayer une imagination narrative fertile, mais dont les rebondissements multiples sont eux-mêmes régis par l'implacable fatalité de l'Histoire déjà écrite, poussant inexorablement les personnages vers leur destin.

Du purgatoire au paradis

Souvent caricaturé — son physique de colosse mulâtre et jovial s'y prêtait —, photographié par les plus grands (Nadar, Carjat), Dumas connut, de son vivant, une popularité considérable. Il figura, bien sûr, en bonne position, dans la gigantesque caricature collective du « Panthéon Nadar » de 1854. Pierre Larousse le qualifia, dans son *Grand Dictionnaire universel*, de *« romancier et auteur dramatique le plus fécond et le plus populaire de France »*.
Certains aspects de l'écriture de Dumas qui témoignent de son engagement sans nuances dans la littérature de son époque, en particulier les outrances romantiques d'***Antony*** ou le recours systématique aux procédés du feuilleton, ont contribué, dès le XIXe siècle, à sa marginalisation par l'institution littéraire qui le regardait avec une certaine condescendance. Il était un peu le repoussoir de la « littérature de mœurs », réaliste et naturaliste, qui s'est imposée à partir de Flaubert, Goncourt et Zola, et il n'était souvent considéré par la critique que comme un *« amuseur »*, terme — plutôt péjoratif — qui revient souvent sous la plume de ses commentateurs. Toutefois, Lanson, sévère lui aussi pour le romancier,

célébrait en Dumas un dramaturge de premier rang.

Mais, au-delà de l'intérêt qu'il représente pour les historiens de la littérature, le roman dumasien apparaît comme un monument de notre littérature fictionnelle. En effet, la vulgarisation de l'histoire de France par le biais de la fiction romanesque telle que la pratique Dumas — « *Qu'importe de violer l'Histoire, pourvu qu'on lui fasse de beaux enfants* », selon sa propre formule — permet non seulement l'invention d'un genre, le roman de cape et d'épée, mais aussi la constitution d'un univers romanesque complet, dont les personnages et les situations ont fortement marqué l'imaginaire français et abondamment nourri la production littéraire et cinématographique — comme l'ont encore récemment montré les succès du film *La Reine Margot* (1994) de Patrice Chéreau, avec Isabelle Adjani, et du téléfilm *Le Comte de Monte-Cristo* (1998) de Josée Dayan, avec Gérard Depardieu. Le succès des traductions de ses romans dans à peu près toutes les langues du monde prouve que ces œuvres, pourtant fondées sur l'histoire de France, ont su captiver des lecteurs qui ignoraient tout de cette histoire. Le fait que le nom de « *Monte-Cristo* » ait été donné à une grande et célèbre marque de cigares cubains en est aussi l'une des preuves les plus tangibles.

Si la tentative de réaliser, dans le domaine de l'Histoire, un équivalent de l'entreprise balzacienne n'a pas abouti, Dumas laisse cependant une œuvre romanesque dont la richesse autorise une multitude d'approches, narratologiques, psychanalytiques, symboliques ou socio-historiques, aujourd'hui prises en compte par la critique. Longtemps cantonnée au « *cycle des Mousquetaires* », l'œuvre est, depuis quelques années, reconstituée et rééditée dans toute sa diversité et sa complexité, notamment grâce à l'inlassable activité critique de Claude Schopp.

Ainsi redécouvre-t-on des pans entiers de l'œuvre (les cycles « italiens », les ***Impressions de voyage***, la ***Correspondance***, les ***Mémoires***, les ***Causeries***, ***Les Mohicans de Paris***), comme des œuvres plus secrètes, d'inspiration plus personnelle, à l'instar de ***Georges*** (1843), sur le drame de l'esclavage et du mulâtre. Dumas n'est plus aujourd'hui considéré simplement comme « *le premier amuseur du siècle* » (Pierre Larousse), mais, à part entière, comme un véritable et très grand écrivain. Avec la collaboration de son biographe Claude Schopp, Mathias Ledoux et Antoine Gallien, sous le titre *Dumas le romantique* (1996), ont réalisé un documentaire télévisuel réhabilitant brillamment ce Dumas-là — le vrai.

ŒUVRES

Antony

Drame en 5 actes et en prose, créé à la Porte-Saint-Martin, le 3 mai 1831.

Après trois ans d'absence, le bâtard Antony revient auprès d'Adèle qui, dans l'intervalle, a épousé le colonel d'Hervey. Auprès de son mari, elle cherche à fuir les poursuites de son ancien amour, mais ce dernier la rattrape et la force à devenir sa maîtresse. Leur liaison découverte par M. d'Hervey, Adèle demande à son amant de la poignarder pour sauver son amour et son honneur — ce qu'il fait avant de déclarer à Hervey : « *Elle me résistait, je l'ai assassinée.* »

Cette pièce qui met brutalement en scène viol, adultère et meurtre, représente une étape importante de la constitution du héros romantique révolté contre la société, à travers la figure pleine d'« *ironie amère* » ***(Mes Mémoires)*** d'Antony.

La modernité du cadre et des sentiments représentés va de pair avec un dialogue plein d'émotions, écrit dans une prose haletante. Le langage se libère des normes du goût et de la syntaxe pour mimer les passions, comme dans le cri de terreur d'Adèle : « *Mais je suis perdue, moi* » (acte V).

Composée avant la révolution de Juillet, au cours de la liaison de Dumas avec Mélanie Waldor, la pièce ne put être représentée que deux ans plus tard, pendant une suspension momentanée de la censure. Mais, surtout, l'enthousiasme de ses interprètes (Marie Dorval et Bocage) fit oublier la mauvaise volonté évidente des acteurs du Français, à qui Dumas avait fini par retirer le manuscrit.

Quelques mois après la bataille d'*Hernani*, qu'elle prolongeait, la dernière représentation d'***Antony*** fut un véritable événement théâtral. Le succès sans précédent de cette pièce, saluée comme fondatrice du drame moderne, s'explique par sa parfaite concordance avec les attentes du public contemporain : entre audace et mode du jour — la violence héritée du mélodrame —, ***Antony*** reste une clé pour comprendre l'esthétique romantique.

Le **Comte de Monte-Cristo**

Roman historique, écrit en collaboration avec Maquet, publié d'abord en feuilleton dans le *Journal des Débats*, du 28 août au 18 octobre 1844, puis en 12 vol. chez Pétion, en 1845.

Le roman raconte l'emprisonnement du jeune capitaine Edmond Dantès, accusé, le jour de ses fiançailles, de diriger un complot bonapartiste, puis sa métamorphose entre les mains de l'abbé Faria, et enfin sa vengeance, programmée et méthodique, sous le nom de comte de Monte-Cristo. Sur une trame moderne, Dumas convoque la figure mythique du justicier, rendu omniscient et omnipotent par son immense fortune et par une mort symbolique — les quatorze années passées dans un cachot du château d'If. « *Grand roman populaire et progressiste* », selon Henri Clouard, ***Le Comte de Monte-Cristo*** est aussi une charge contre les vices de la société moderne : la bassesse mercantile (Caderousse), le pouvoir de la finance (Danglars), le dévoiement de l'honneur (Morcef) et l'injustice (Villefort). Monte-Cristo exerce contre eux un châtiment divin autant qu'une vengeance individuelle, puisqu'il se fait le défenseur des victimes des lois sociales (Valentine, Mercédès) ou politiques (Haydée, Noirtier). Mais, si la puissance du redresseur de torts semble outrepasser les limites de sa mission, le roman conclut, avec la devise « *Attendre et espérer* », à la victoire de l'ordre providentiel sur la liberté humaine.

Conçu pour rivaliser avec les succès récents d'Eugène Sue, le roman s'inspire des *Mémoires tirés des archives de la police de Paris* de Peuchet, dans lesquels Dumas avait trouvé l'histoire de la vengeance du cordonnier Picaud. Sur les conseils de Maquet, Dumas développa considérablement les épisodes antérieurs au retour du vengeur.

Le Comte de Monte-Cristo fut l'un des grands succès du roman-feuilleton, malgré la réaction négative de la critique qui dénonça son « *immoralité* ». L'œuvre fit recette, sous le même titre, au Théâtre Historique, dans une adaptation de Dumas et Maquet (drame en 5 actes, représenté en 2 soirées en févr. 1848). ***Monte-Cristo*** inspira Jules Verne pour *Mathias Sandorf*, et fit l'objet de très nombreuses adaptations cinématographiques et télévisuelles, françaises et étrangères, à partir de 1908 et jusqu'à celle de Josée Dayan, en 1998, avec Gérard Depardieu.

Les **Trois Mousquetaires**

Roman historique de cape et d'épée, écrit en collaboration avec Maquet, publié d'abord en feuilleton dans *Le Siècle*, du 14 mars au 14 juillet 1844, puis en 8 vol. *in-octavo*, chez Baudry en 1844, et constituant le 1er volet d'une trilogie qui se poursuivit avec ***Vingt Ans après*** (1845) et ***Le Vicomte de Bragelonne*** (1847 à 1850).

Arrivé au printemps de 1625 à Paris, le jeune d'Artagnan, cadet de Béarn, devient rapidement l'ami de trois mousquetaires, Athos, Porthos et Aramis. Le quatuor se forme à la suite d'un duel victorieux contre les gardes du cardinal de Richelieu. Sur le chemin de d'Artagnan se trouve Milady, une aventurière à la solde du cardinal, et ex-épouse d'Athos. La principale mission des quatre amis consiste à passer en Angleterre pour rapporter à la reine Anne d'Autriche les ferrets de diamants qu'elle a offerts à son amant, le duc de Buckingham. En effet, sur le conseil perfide de Richelieu, le roi a demandé à son épouse de porter ces bijoux lors d'un bal à la cour. L'opération réussit malgré les embûches que Milady place sur le chemin des héros. Ses crimes vaudront à l'aventurière d'être condamnée à mort et décapitée. D'Artagnan obtient son brevet de lieutenant aux mousquetaires.

Les auteurs utilisèrent notamment les apocryphes *Mémoires de M. d'Artagnan*, de Courtilz de Sandras, publiés en 1700. Si l'Histoire est fort maltraitée par Dumas, ce dernier sait procurer au lecteur l'illusion de pénétrer de plain-pied dans la vie d'une époque. Surtout, dialogues brillants et scènes d'action se succèdent avec rapidité, et Dumas semble s'enchanter de sa propre virtuosité narrative.

L'œuvre est l'une des plus traduites dans le monde, bien qu'elle ait souvent été considérée avec condescendance comme un simple « *roman pour la jeunesse* ». Elle a par ailleurs connu quantité d'adaptations cinématographiques, dont celle d'André Hunebelle (1953).

Le **Vicomte de Bragelonne** *ou Dix Ans plus tard*

Roman historique de cape et d'épée, écrit en collaboration avec Maquet, publié d'abord en feuilleton dans *Le Siècle*, du 20 octobre 1847 au 12 janvier 1850, puis en 26 vol. chez Michel Lévy frères, entre 1848 et 1850, et constituant le dernier volet de la trilogie des ***Mousquetaires***.

Le lecteur retrouve les héros des ***Trois Mousquetaires*** et de ***Vingt Ans après*** tout au long d'une sorte de chronique des débuts du règne de Louis XIV — l'Histoire occupe une place importante dans ce roman au ton désenchanté. D'Artagnan, qui a quitté les mousquetaires, se fixe pour tâche la restauration des Stuart en Angleterre et obtient la faveur du roi. Aramis essaie de substituer à Louis XIV le frère jumeau du roi, « *l'homme au masque de fer* ». Le fils d'Athos, Raoul de Bragelonne, qui aime depuis l'enfance Mlle de La Vallière, devenue la maîtresse du roi, se fait tuer au cours d'une bataille. Athos, désespéré, meurt. Porthos est écrasé sous des roches lors d'un combat. D'Artagnan est mortellement blessé par un boulet durant le siège de Maëstricht, et ses dernières paroles sont : « *Athos, Porthos, au revoir. — Aramis, à jamais, adieu !* »

Pour des générations de lecteurs, la mort des héros de la trilogie des ***Mousquetaires*** fut une expérience douloureuse. Ce dernier volet vaut surtout pour l'épisode du « *masque de fer* », plusieurs fois adapté au cinéma, notamment par Wallace Randall, sous le titre *L'Homme au masque de fer* (1997).

Vingt Ans après

Roman historique de cape et d'épée, écrit en collaboration avec Maquet — qui contribua aux recherches historiques et rédigea des ébauches —, publié d'abord en feuilleton dans *Le Siècle*, du 21 janvier au 2 août 1845, puis en 10 vol. chez Baudry, la même année, et constituant le 2e volet de la trilogie des **Mousquetaires**.

Sous la régence d'Anne d'Autriche, le rusé Mazarin a succédé à l'autoritaire Richelieu. La Fronde a scindé le quatuor : d'Artagnan et Porthos soutiennent Mazarin, alors qu'Athos et Aramis prennent le parti opposé. Les premiers sont envoyés auprès de Cromwell, les seconds tentent de sauver de l'échafaud Charles Ier d'Angleterre.

Combats, succès, mais aussi échecs : ces aventures sur fond historique ne retrouvent pas le ton ardent, insouciant, brillant des ***Trois Mousquetaires***. Cependant, la fiction, en s'inscrivant dans le temps, s'empreint de nostalgie et gagne en profondeur.

CITATIONS

Oui ! morte ! Elle me résistait... je l'ai assassinée !...

Antony, V, 4.

L'aigle bâtit son aire à la cime des rochers pour y voir de plus loin.

Henri III et sa Cour, I, 3.

On n'a pas été élevé dans un couvent sans être doué d'une certaine dose de rancune.

Mes Mémoires, 4.

Ceux qui ont fait la révolution de 1830, c'est cette jeunesse ardente du prolétariat héroïque qui allume l'incendie, il est vrai, mais qui l'éteint avec son sang ; ce sont ces hommes du peuple qu'on écarte quand l'œuvre est achevée, et qui, mourant de faim, après avoir monté la garde à la porte du Trésor, se haussent sur leurs pieds nus pour voir, de la rue, les convives parasites du pouvoir, admis, à leur détriment, à la curée des charges, au festin des places, au partage des honneurs.

Mes Mémoires, 22.

Supprimer la distance c'est augmenter la durée du temps. Désormais, on ne vivra pas plus longtemps ; seulement, on vivra plus vite.

Mes Mémoires, 35.

Il faut se servir de ses conquêtes pour conquérir.

Napoléon Bonaparte, III, 1.

Un bon courtisan peut, quand il est de race,
D'avance quinze jours flairer une disgrâce.

Prologue à *Stockholm, Fontainebleau et Rome*.

Si bien qu'à voir la reine entre eux, lorsqu'arrêtés,
Ils se tiennent debout tous deux à ses côtés,
De leur geste éternel applaudissant ses thèses,
On dirait une phrase entre deux parenthèses.

Prologue à *Stockholm, Fontainebleau et Rome*.

Dix contre un !... Dix manants contre un gentilhomme, c'est cinq de trop !

La Tour de Nesle, I, 2.

Tous pour un, un pour tous.

Les Trois Mousquetaires.

JUGEMENTS

« *Je me demande si Dumas n'est pas le seul historien* véritable. *Ce qu'il invente a l'air vrai. Le vrai des autres a l'air faux et il l'est à coup sûr. Tandis qu'il y a des chances pour que Dumas tombe juste.*

[...]

Charme et noblesse de Dumas. On n'a jamais mieux natté l'imagination et l'histoire. »

Jean Cocteau, *Le Passé défini*, 25 août 1951 et 30 août 1951, Gallimard, posthume, 1983.

« *Commencé* Le Comte de Monte-Cristo *: c'est fort amusant, sauf cependant les immenses dialogues qui remplissent les pages : mais quand on a lu cela, on n'a rien lu.* »

Eugène Delacroix, *Journal*, 5 février 1847.

« *Tandis qu'il faut à Victor Hugo les défroques de l'Histoire, le tombeau de Charlemagne, l'apparition de Barberousse, les cercueils de Lucrèce Borgia, il suffit à Alexandre Dumas d'une chambre d'auberge où se rencontrent des gens en redingote pour émouvoir l'âme jusqu'au dernier degré de la terreur ou de la pitié.* »

Maxime Du Camp, *Souvenirs littéraires*, chapitre XXII, 1882-1883.

« [...] *Alexandre Dumas père, cet honorable tierceron* [...]. »

Georges Duhamel, *Scènes de la vie future*, Mercure de France, 1930.

« *Alexandre Dumas* [...] *divertit à la manière d'une lanterne magique. Ses personnages, alertes comme des singes, forts comme des bœufs, gais comme des pinsons, entrent et partent brusquement, sautent des toits sur le pavé, reçoivent d'affreuses blessures dont ils guérissent, sont crus morts et reparaissent. Il y a des trappes sous les planchers, des antidotes, des déguisements — et tout se mêle, court et se débrouille, sans une minute pour la réflexion. L'amour conserve la décence, le fanatisme est gai, les massacres font sourire* [...]. *Pécuchet consultait la biographie universelle, et il entreprit de réviser Dumas du point de vue de la science* [...]. *Pécuchet n'eut plus confiance en Dumas.* »

Gustave Flaubert, *Bouvard et Pécuchet*, V, posthume, 1884.

« *Alexandre Dumas a été véritablement le professeur d'Histoire des masses.*

[...]

Entre, cravaté de blanc, gileté de blanc, énorme, soufflant, heureux comme la fortune d'un nègre, le père Dumas. Il arrive d'Autriche, de Hongrie, de Bohême. Il parle de Pesth, où on l'a joué en hongrois, de Vienne, où l'empereur lui a prêté une salle de son palais pour faire une conférence ; de ses romans, de son théâtre, de ses pièces [...]. *Un moi énorme, débordant, mais pétillant d'esprit et enveloppé agréablement dans une vanité d'enfant.*

[...]

Dumas a un grand talent : il a le secret de parler à son public, à ce public des premières, de putains, de boursiers et de femmes du monde tachées. Il est leur poète ; il leur sert, dans une langue à leur portée, l'idéal des lieux communs de leur cœur.

[...]

"Moi et Jésus-Christ", *c'est ainsi que Dumas aurait, ces jours-ci, commencé une phrase.* »

Edmond et Jules de Goncourt, *Journal*, 11 août 1863, 14 février 1866, 16 mars 1867 et 4 janvier 1876.

« [...] *Dumas ne "pense" pas. Il vaut mieux ne pas "penser" que d'être un faux penseur, comme tant d'écrivains. Il possède une telle richesse de vie, son tempérament est si fort qu'il nous entraîne malgré nous et qu'on lui pardonne de ne pas s'être livré à la prédication.*

[...]

La partie de l'œuvre de Dumas à laquelle nous sommes maintenant le plus attachés, celle qui peut rallier le suffrage des délicats à celui de la foule, c'est celle où il dit Je. »

Jean Grenier, « Dumas père », in *Tableau de la littérature française*, III, Gallimard, 1974.

« *Le nom d'Alexandre Dumas est plus que français, il est européen ; il est plus qu'européen, il est universel* [...]. [...] *il féconde les âmes, les cerveaux, les intelligences ; il crée la soif de lire* [...]. [...] *Toutes les émotions les plus pathétiques du drame, toutes les ironies et toutes les profondeurs de la comédie, toutes les analyses du roman, toutes les intuitions de l'Histoire, sont dans l'œuvre surprenante construite par ce vaste et agile architecte. Il n'y a pas de ténèbres dans cette œuvre, pas de mystère, pas de souterrain, pas d'énigme, pas de vertige ; rien de Dante, tout de Voltaire et de Molière, partout le rayonnement, partout le plein midi, partout la pénétration de la clarté.* »

Victor Hugo, *Correspondance*, 15 avril 1872 [à Alexandre Dumas fils, à la veille des obsèques de son père].

« *Dumas a fait plus pour l'Histoire que tous les professeurs.* »

Henri Langlois, *Trois Cents Ans de cinéma*, Cahiers du cinéma, FEMIS, 1987.

« *Sous l'étalage de la couleur locale, sous le déploiement des tirades emphatiques, Dumas trouve moyen de révéler le tempérament d'un dramaturge. Il a le sens de la scène, l'instinct des combinaisons qui font effet : cet art très particulier du théâtre, qui n'a rien de commun avec la littérature, qui n'a besoin ni de la poésie ni du style pour valoir, aucun romantique ne l'a possédé comme Dumas. Ses drames historiques sont des modèles de découpage adroit, et ses drames d'invention sont machinés à merveille pour la scène. Surtout Dumas a le sens de l'action : en dépit de la sentimentalité romantique, il fait agir plus encore que parler ses personnages ; les situations s'accumulent, les intrigues se croisent, les coups de théâtre se chassent. Point de caractères : des passions élémentaires, sans nuances, banales en leur formule, mais monstrueuses d'intensité, et agissantes : quand les curiosités de la couleur locale et les débordements de la rhétorique ne lui imposent pas trop d'arrêts, le drame va d'un mouvement violent, haletant, avec une raideur brutale, vers son dénouement.* Antony *est à cet égard un modèle.* »

Gustave Lanson, *Histoire de la littérature française*, Hachette, 1894.

« *Doué d'une activité et d'une organisation exceptionnelles, il peut passer pour le* juif errant *de la littérature et de son époque. Il marche, marche toujours, glisse parfois, mais se relève, grâce à une* étincelle *de sincérité et de cœur que tous ses travers n'ont pu éteindre.* »

Pierre Larousse, entrée *Dumas (Alexandre)*, in *Grand Dictionnaire universel du XIXe siècle*, 1864 à 1876.

« *Les bonheurs naïfs sont plus voluptueux aux pervers que nous sommes. Comme un vieil amant lassé des raffinements de satin plonge dans les bras d'une bergère et dans les amours de luzerne, on redécouvre l'émerveillement dans la lecture, réputé futile, d'Alexandre Dumas. Il était de bon ton d'y entrer jusqu'ici avec des précautions de malade. On aborde cette forêt. On se croyait des béquilles. C'étaient des ailes. Croyez-moi, j'en viens.* »

Renaud Matignon, « Alexandre Dumas. La Vie par les fenêtres », in *Le Figaro littéraire*, 14 janvier 1991.

« [...] *ce volcan en éruption de livres, qui se nommait Dumas.* »

Guy de MAUPASSANT, « L'Évolution du roman au XIXe siècle », in *Revue de l'Exposition universelle de 1889*, octobre 1889.

« *Restait l'exécution du travail, le* Hic : *transfigurer en* comicalities *ces centaines de visages divers en conservant à chacun l'imméconnaissable ressemblance physique des traits, l'allure personnelle, — et le caractère, c'est-à-dire la ressemblance morale, intellectuelle.*

Souligner, par exemple, dans le visage si sympathique de Dumas le père, de tous le plus populaire alors, les indications de la race exotique et forcer l'analogie simiesque d'un profil qui semble donner d'emblée raison à Darwin, en accentuant surtout la note prédominante dans le caractère *du personnage, c'est-à-dire l'extrême, l'infime bonté ; — écraser le nez trop fin chez le modèle, évaser ces narines délicatement incisées, obliquer encore le bienveillant sourire des paupières, exagérer selon la mode de Mésopotamie cette lèvre lippue toujours en avant pour le baiser, exaspérer la puissance de cette nuque de proconsul, — sans négliger de crêper davantage et floconner ce que Jules Janin appelait* "sa tignasse" *et sans oublier, dernier détail, de réduire encore la conque de la microscopique oreille.* »

NADAR, *Quand j'étais photographe*, 1900.

« *Précurseur et pionnier, avant Hugo, avant Vigny, du théâtre romantique, Dumas est d'abord et surtout le maître du roman-feuilleton. Il règne avec magnificence sur l'art de tirer à la ligne. Écrits en collaboration, le plus souvent avec un jeune professeur du lycée Charlemagne, Auguste Maquet, à qui finiront par l'opposer des procès retentissants,* Les Trois Mousquetaires, Vingt ans après, Le Vicomte de Bragelonne, La Dame de Montsoreau, Le Chevalier de Maison-Rouge, *et surtout* Le Comte de Monte-Cristo, *roman de l'injustice et de la vengeance sociales, connaissent des succès étourdissants. Le style n'est pas fameux, la psychologie bafouille, l'intrigue manque de rigueur —* "Qu'est-ce que l'histoire ? Un clou auquel j'accroche mes romans" *—, mais, à force de mouvement, de panache et de vie, les héros sont inoubliables. Nous ne nous sommes jamais ennuyés avec eux.* »

Jean d'ORMESSON, « Dumas. Une force de la nature », in *Une autre histoire de la littérature française*, II, NiL, 1998.

« *Les deux Dumas ont renversé la théorie de l'économie. C'est le père qui fut le prodigue, et le fils qui fut l'avare.* »

Jules RENARD, *Journal*, 17 avril 1890.

« *Alexandre Dumas disait hier :* "Mon cher, je suis arrivé à faire un volume en quatre jours. — Ah ! par exemple, c'est quand j'ai le sujet — quand je n'ai pas mon sujet, c'est autre chose, il me faut cinq jours."

Quelqu'un disait de Dumas (qui comme on sait est un peu nègre d'extraction), à le voir ainsi travailler à tour de bras à quatre romans à la fois : "Ce n'est pas étonnant, il travaille comme un nègre *; et un* nègre, *comme on sait, abat autant d'ouvrage que six blancs."*

[...]

Alexandre Dumas et sa bande aux courses de taureaux : littérature de matamore et de fier-à-bras.

[...]

C'est un des caractères du talent de Dumas de ne pouvoir respecter à aucun degré la vérité historique dans ses récits. Si peu qu'il en soit besoin, il n'en tient compte ; il n'est bon que dans les inventions et les hâbleries. »

Charles Augustin SAINTE-BEUVE, *Portraits contemporains*, 1846.

« *Toutes* [les femmes] *sont périlleuses aux hommes et mortelles aux enfants* [...]. *La phalange des mousquetaires constitue donc comme un refuge chaleureux, un continent viril qui se suffit à lui-même : les sorties que hasardent Aramis et d'Artagnan, poussés hors par l'amour comme l'Oiseau bleu, les abîment dans les* terrae incognitae *pleines de piques et de chausse-trappes disposées là par de redoutables sirènes.* »

Pierre TRANOUEZ, « *Cave filium !* Étude du cycle des *Mousquetaires* », in *Poétique* n° 71, septembre 1987.

« *Il part toujours pour l'audace, pour les grosses vérités que sa bouche d'airain peut seule souffler sur le monde épouvanté.*

[...]

Ce n'est ni un penseur ni un écrivain original. Il a un style absolument factice, manquant de véritable haleine, empruntant une fausse chaleur à tout un système de phrases exclamatives. [...] *On lui a fait dans la littérature contemporaine une place mensongère, où il ne se tient que par le gonflement de toute sa personne, il en descendra vite, et, sur la dalle de dissection, il ne restera de son talent qu'un cas curieux de don Quichotte bourgeois, hardi jusqu'à transpercer les moulins à vent, et persuadé des grâces de sa gloire jusqu'à faire prendre cette dame pour la plus belle princesse du monde.* »

Émile ZOLA, *Livres d'aujourd'hui et de demain*, 1866.

« *Alexandre Dumas père a traité notre histoire nationale en* contes des Mille et Une Nuits [...]. *Cela n'est pas fatigant à écouter, on s'y amuse encore.* »

Émile ZOLA, « Revue dramatique de *La Dame de Montsoreau* », in *Le Voltaire*, 15 avril 1879.

BIBLIOGRAPHIE

Éditions

Œuvres complètes, Lévy, à partir de 1860, 301 vol.

Romans et Mémoires, éd. Cl. SCHOPP, « Bouquins », Laffont, 1989.

Antony, La Table ronde, 1993.

Catherine Blum, préf. D. FERNANDEZ, « Les Cahiers rouges », Grasset, 1999.

Le Caucase, Bourin/Julliard, 1990.

Causeries familières, éd. Cl. SCHOPP, Fayard, 1997.

Les Compagnons de Jéhu, rééd. France-Empire, 1999.

Le Comte de Monte-Cristo, éd. Fr. TALLANDIER, « LdP », LGF, 1995, 2 vol. ; « Bouquins », Laffont, 1998 ; éd. G. SIGAUX, « Folio », Gallimard, 1998 ; éd. Cl. AZIZA, « Omnibus », Plon, 1998.

Georges, préf. C. BEYALA, Éditons nº 1, 1998.

Louis XIII et Richelieu, Belles Lettres, 1998.

Les Mohicans de Paris, éd. Cl. SCHOPP, « Quarto », Gallimard, 1998, 2 vol.

Mon Dictionnaire de cuisine, « 10/18 », UGE, 1998.

La Reine Margot, « LdP », LGF, 1994 ; « GF », Flammarion, 1994.

La Royale Maison de Savoie, La Fontaine de Siloe, 1998 et 1999, 2 vol.

La San Felice, éd. Cl. SCHOPP, « Quarto », Gallimard, 1996.

Les Trois Mousquetaires. Vingt Ans après, éd. G. SIGAUX, « Pléiade », Gallimard, 1962.

Le Vicomte de Bragelonne, éd. Cl. SCHOPP, « Bouquins », Laffont, 1991, 2 vol. ; rééd. J.-Y. TADIÉ, « Folio classique », 1997, 3 vol.

Études

O. AVNI, « Ils courent, ils courent, les ferrets (Mauss, Lacan et *Les Trois Mousquetaires*) », in *Poétique*, nº 62, avr. 1985.

F. BASSAN et Cl. SCHOPP (dir.), *Cent Cinquante Ans après : « Les Trois Mousquetaires » et « Le Comte de Monte-Cristo »*, actes du colloque de Marly-le-Roi, 3-4 sept. 1994, Champflour, 1996.

Fr. CÉRÉSA, *Les Trois Hussards : la Vie secrète d'Alexandre Dumas*, Plon, 1999.

P. CHÉREAU, D. THOMSON, L. ROUX, *« La Reine Margot » : un film de Patrice Chéreau d'après le roman d'Alexandre Dumas*, photogr. M. REBIÈRE, Grasset, 1994.

A. COLLET, *Alexandre Dumas et Naples*, CIRVI, 1995.

D. COMPÈRE, *« Le Comte de Monte-Cristo » d'Alexandre Dumas*, Encrage, 1998.

Ch. DANTZIG (dir.), *Le Grand Livre de Dumas*, Belles Lettres, 1997.

V. EISENZWEIG, « La Place de la fiction (l'État, la famille, et l'idée du roman dans *Les Trois Mousquetaires*) », in *Poétique*, nº 81, févr. 1990.

D. FERNANDEZ, *Les Douze Muses d'Alexandre Dumas*, Grasset, 1999.

H. GILLES, *Les Dumas : le Secret de Monte-Cristo*, France-Empire, 1999.

A. MAUROIS, *Les Trois Dumas*, Hachette, 1957.

D.S. NEAVE, *Iconographie d'Alexandre Dumas père*, préf. V. LAURENT, introd. Cl. SCHOPP, Champion, 1991.

Cl. SCHOPP, *Alexandre Dumas, le Génie de la vie*, Mazarine, 1985, rééd. Fayard, 1997.

Fr. TAILLANDIER, *Mémoires de Monte-Cristo*, Fallois, 1994, rééd. « LdP », LGF, 1996.

P. TRANOUEZ, « *"Cave filium"* (Étude du cycle des *Mousquetaires*) », in *Poétique*, nº 71, févr. 1980.

D. ZIMMERMAN, *Alexandre Dumas le Grand*, Julliard, 1993.

Alexandre Dumas, ses filles et leurs mères, « Cahiers Alexandre Dumas », nº 24, Amis d'Alexandre Dumas, 1998.

L'Arc, nº 71, nº spécial *Alexandre Dumas*, 1978.

Europe, nºs 490-491, nº spécial *Alexandre Dumas*, 1970.

AUDIO & VIDÉO

Vidéo

B. BORDERIE, *Les Trois Mousquetaires I* et *II*, 1961, Film Office, s.d., 2 cassettes.

F. CERCHIO, *Le Vicomte de Bragelonne*, 1954, Film Office, s.d.

P. CHÉREAU, *La Reine Margot*, PFC, 1993, rééd. DVD, 1999.

CHRISTIAN-JAQUE, *La Tulipe noire*, 1964, René Chateau, s.d.

J. DAYAN, *Le Comte de Monte-Cristo*, TF1 Vidéo, 1998, 3 cassettes/2 DVD.

D. GREENE, M. NEWELL, *Le Comte de Monte-Cristo, L'Homme au masque de fer*, 1974, Film Office, s.d.

St. HEREK, *Les Trois Mousquetaires*, 1993, Warner, DVD, 1999.

A. HUNEBELLE, *Les Trois Mousquetaires, Cadet Rousselle*, 1961, Film Office, s.d., 2 cassettes.

R. LESTER, *Les Trois Mousquetaires (Les Ferrets de la reine)*, 1973, Film Office, s.d.

G. SIDNEY, *Les Trois Mousquetaires*, 1958, Warner, s.d.

P. VERNAY, *Le Comte de Monte-Cristo*, 1942, René Chateau, s.d., 2 cassettes.

R. VERNAY, *Le Comte de Monte-Cristo*, 1955, René Chateau, s.d., 2 cassettes.

CD-ROM

Alexandre Dumas, un aventurier de génie, Acamédia, 1997.

Autour du romantisme. Le Roman, 1792-1886, Bibliopolis, 1999.

Le Comte de Monte-Cristo [texte intégral de l'œuvre et extraits commentés du téléfilm de Josée DAYAN], Acamédia, 1998.

Encyclopédie de la littérature française, Bibliopolis, 1998.

DURAS

Marguerite DURAS

De son vrai nom, Marguerite DONNADIEU

Gia-Dinh (Cochinchine franç., auj. Viêtnam) 1914 – Paris 1996

Prix Goncourt

« Elle a toujours écrit en épurant de plus en plus : chaque fois un peu moins de mots et un peu plus de silences, un peu moins de cantabile *et un peu plus de* moderato. *Elle a toujours vécu en ajoutant sans retrancher. »*

Claude ROY, *Nous*, Gallimard, 1972.

« Mme Duras est une romancière à qui les livres de ses débuts, outre deux pièces dont les spectateurs restés après l'entracte célèbrent encore la gravité, assureront une place au premier rang des écrivains mineurs de sa génération. »

Angelo RINALDI, « Duras », in *L'Express*, 28 novembre 1986.

Une vie de clairs-obscurs

De Saigon à Paris

Née de parents français, Marguerite Duras passa son enfance dans la région de Saigon (auj. Ho Chi Minh-Ville). Son père, professeur de mathématiques, mourut en 1918, alors qu'elle n'avait que 4 ans, et elle resta avec sa mère, institutrice et pianiste — qui complétait ses maigres ressources en jouant à l'Éden-Cinéma —, et ses 2 frères : Pierre, l'aîné — le préféré de la mère, au grand dam de sa sœur —, et « Paulo », le futur Joseph d'***Un barrage contre le Pacifique***. Ils s'installèrent tous les quatre à Sadec, dans l'intérieur des terres. Différents épisodes marquèrent les années qui suivirent : le renvoi du frère aîné en France, provoqué par son mauvais comportement ; l'achat, au Cambodge, d'une concession qui ruina la famille ; les études de Marguerite, qui devint pensionnaire au lycée de Saigon ; sa rencontre, vers 15 ans, d'un Chinois qui devint son amant. Tous ces éléments furent repris sous diverses formes dans plusieurs textes et entretiens, mais il est difficile de vérifier l'exactitude des détails.

Des débuts tourmentés

En 1932, Marguerite Duras vint en France, où elle fit des études de droit, de mathématiques et de sciences politiques. Mais elle avait, très jeune et malgré sa mère, décidé qu'elle serait écrivain. Elle épousa en 1939 Robert Antelme, dont elle eut, en 1942, un enfant qu'elle perdit à la naissance. Antelme fut arrêté puis déporté en 1944 : il fit le récit de sa déportation dans *L'Espèce humaine* (1947), et l'attente de son retour fut évoquée dans ***La Douleur*** (1985). Pendant la guerre, Marguerite Duras collabora jusqu'à fin 1942 avec l'Occupant — chargée de l'attribution du papier aux éditeurs, au sein d'une commission dirigée et surveillée par les Allemands —, puis fut agent de liaison dans la Résistance, rencontrant notamment le futur président Mitterrand, dont elle resta l'amie. Ses deux premiers romans, ***Les Impudents*** (1943) et ***La Vie tranquille*** (1944), étaient de facture encore classique. En 1944, elle s'inscrivit avec Antelme et Mascolo au parti communiste, dont ils furent exclus ou poussés à s'exclure, en décembre 1949, sur dénonciation : ils ne cessèrent d'accuser leur camarade de section Jorge Semprun, qui nia toujours être mêlé à leur exclusion. Puis Marguerite Duras fonda en 1945, avec Robert Antelme, une maison d'édition, La Cité universelle, rue Saint-Benoît, à Saint-Germain-des-Prés (act. VIe arrondnt), où ils résidaient. Le couple divorça en 1946, année où elle eut un fils de Dionys Mascolo, rencontré en 1942 : Jean, *alias* Outa. Pour autant, Antelme, Mascolo et Marguerite Duras restèrent inséparables. Plusieurs écrivains et philosophes se retrouvèrent chez eux, dont Edgar Morin et Claude Roy, puis, plus tard, Bataille, Blanchot. Ce groupe prit des positions politiques très nettes, en particulier lors de la guerre d'Algérie, où il soutenait le FLN, alors même que Marguerite Duras était auparavant une ardente partisane du colonialisme et de l'Empire français.

Le tournant de 1950

Les années 1950 furent une période importante pour l'écriture : ***Un barrage contre le Pacifique*** (1950) marquait le début des textes consacrés au Viêtnam, où s'affirma progressivement la veine autobiographique. Le récit, qui mettait en scène des personnages proches des êtres réels, relatait l'histoire folle d'une mère construisant un barrage contre les vagues du Pacifique, qui régulièrement détruisaient les récoltes de riz. Ce roman décrivait aussi, pour ses protagonistes adolescents, la recherche d'un amour absolu.

De même, ***Le Marin de Gibraltar*** (1952) — adapté à l'écran par Tony Richardson en 1967 — retraçait la quête in(dé)finie d'un être et d'un amour disparus. L'écriture romanesque se développa, avec ***Les Petits Chevaux de Tarquinia*** (1953), les nouvelles de ***Des journées entières dans les arbres*** (1954) et surtout

Moderato cantabile (1958), véritable tournant de sa création.

Désormais, la romancière avait trouvé sa véritable attitude d'écrivain, qui consistait non pas à organiser un texte mais à « *dominer ce qui survient tout à coup* », dans un espace où « *on se retire de soi-même* ». Cette exigence d'une écriture différente la rapprochait moins du Nouveau Roman — auquel elle refusa toujours d'être assimilée —, que de Bataille et surtout de Blanchot, dont elle partageait la préoccupation d'émettre une parole de l'indicible, entre silence et cri.

Du livre à la scène et au film

Elle mena cette recherche aussi bien à travers ses romans qu'au théâtre, revenant souvent sur les mêmes faits imaginaires, les mêmes personnages, dans plusieurs approches différentes. Tel fut le cas des ***Viaducs de la Seine-et-Oise,*** écrits pour la scène en 1959, repris sous le titre ***L'Amante anglaise***, d'abord sous forme de roman en 1967 puis de pièce l'année suivante. L'enquête sur un meurtre devenait ici, par la force de la réécriture, une quête interminable de la parole vraie. Justesse et justice qui motivèrent aussi l'activité de journaliste que Marguerite Duras amorça dès les années 1950, et qu'elle n'abandonna jamais complètement. Tel fut aussi le cas de ***Des journées entières dans les arbres*** (texte 1954, pièce 1968, film 1977). Mais la fiction faisait revivre dans la parole, et surtout dans la parole amoureuse, des situations traumatisantes, répétées et transformées. Ainsi le film ***Hiroshima mon amour*** (1960), réalisé par Alain Resnais sur un scénario et des dialogues de Marguerite Duras, présentait-il la guerre de 1940-1945 telle qu'elle était vécue à Nevers : l'amour interdit et tragique d'une jeune fille française pour un soldat allemand était confronté aux souvenirs d'un jeune Japonais qui avait connu l'explosion de la bombe atomique sur Hiroshima ; cette double histoire était revécue quinze ans après dans une rencontre passionnée. Le film provoqua une vive émotion.

C'est aussi une scène de choc émotionnel — une sorte de « scène primitive » — qui fut à l'origine du cycle qui s'organisa autour de la figure d'Anne-Marie Stretter, issue du souvenir d'une femme réelle connue en Cochinchine. Ce personnage fascinant, dont la présence introduisait la passion dévastatrice, provoquait ou révélait, dans ***Le Ravissement de Lol V. Stein*** (1964) — roman considéré dans beaucoup d'analyses comme l'un des plus importants de toute l'œuvre de Marguerite Duras —, une sorte de fêlure chez ceux qu'elle rencontrait : folie, désespoir, absence à soi.

On retrouva Anne-Marie Stretter dans ***Le Vice-Consul*** (1965), ***India Song*** (texte 1973, film 1975), et son ombre planait sur ***L'Amour*** (1971). Dans ***Détruire, dit-elle*** (texte et film en 1969), les échos des bouleversements de mai 68 étaient sensibles, renforçant une des lignes directrices de l'ensemble de l'œuvre, la préférence pour les êtres en marge : la mendiante du ***Vice-Consul***, la vieille dame du ***Camion*** (texte et film en 1977), que Marguerite Duras incarna elle-même dans le film, avec Gérard Depardieu, les juifs d'***Abâhn, Sabana, David*** (1970), d'où fut tiré le film ***Jaune le Soleil*** (1971) et des 3 textes intitulés ***Aurélia Steiner*** (1979). Le Stein de ***Détruire, dit-elle*** est juif, comme l'est Lol V. Stein, comme le sont tous les écorchés vifs dont la parole est toujours au bord du cri : « *des juifs allemands* », comme dit Alissa dans ***Détruire, dit-elle***.

Dans les années 1970, les films dominèrent dans son activité créatrice, avec notamment ***Nathalie Granger*** (1972), qu'elle tourna dans sa maison de Neauphle-le-Château (act. Yvelines), ***La Femme du Gange*** (1973) — ces 2 textes furent publiés ensemble la même année —, ***India Song*** (1975), ***Son nom de Venise dans Calcutta désert*** (1976), ***Baxter, Vera Baxter*** (1976), ***Le Navire Night*** (1978), ***Agatha et les Lectures illimitées*** (1981) — ***Agatha*** fut publié la même année —, tourné aux Roches Noires à Trouville, où elle résida par intervalles à partir de 1963. L'un de ces films, ***L'Homme Atlantique*** (1982), fit scandale par son utilisation de l'écran noir, jouant une fois encore sur l'absence de coïncidence entre l'image et le son, qui fut l'une des constantes de son œuvre cinématographique.

L'apothéose de *L'Amant*

Marguerite Duras rencontra en 1980 Yann Andrea, son ultime compagnon — de quelque quarante ans son cadet —, qui s'installa chez elle l'été où elle écrivit, à Trouville, ***L'Homme assis dans le couloir*** et ***L'Été 80***, sorte de journal où se mêlaient réflexions sur la politique et histoire de l'amour fou entre un enfant et une monitrice de colonie de vacances. ***Savannah Bay*** (1982) et ***La Maladie de la mort*** (1982) furent écrits alors que Marguerite Duras, abusant de l'alcool, se trouvait dans un état de santé très dégradé : elle dut subir, cette année-là, une cure de désintoxication dont elle eut beaucoup de mal à se remettre. La notoriété auprès du grand public lui vint avec

L'Amant (1984), qui lui valut le prix Goncourt, à 70 ans.
Si la fiction reprit ses droits dans ***La Pluie d'été*** (1990), qui racontait la banlieue, plusieurs textes, à partir de 1985, posèrent la question de l'écriture de façon de plus en plus pressante : dans ***Les Yeux Bleus Cheveux Noirs*** (1986), ***La Pute de la côte normande*** (1986), ***Emily L.*** (1987), qui avaient pour cadre la région de Trouville, la place de l'énonciation était chaque fois plus affirmée, jusqu'à ***Écrire*** (1993), où était interrogée la naissance même du désir d'écriture. De ***Outside*** (1981) à ***C'est tout*** (1996), en passant par ***La Vie matérielle*** (1987) et ***Yann Andrea Steiner*** (1992), Marguerite Duras en poursuivit jusqu'au bout l'exercice.

THÉORIE LITTÉRAIRE

Marguerite Duras revendiquait une « *écriture d'urgence* », refusant de faire « *une différence entre un langage parlé et un langage écrit* » et niant qu'on pût « *tout faire à la fois, découvrir ce qu'on écrit, d'une part, et d'autre part traduire dans un langage convenu cette émotion qui suit la découverte et qui vous est rigoureusement personnelle* » (entretien à *Libération*, 11 janv. 1990). À la différence des « *professionnels que sont à quatre-vingt pour cent les romanciers actuels* [...] *qui parlent le français châtié, excellent, de Passy-Neuilly ou des Deux Magots* », elle se déclarait incapable d'« *à la fois se retenir et assagir cette émotion* » *(ibid.)*. Émotion qui lui semblait s'évanouir une fois le livre achevé : « *Terminé et distribué* [...], *il rejoint l'innocence indéchiffrable de sa venue au monde* » ***(Écrire)***. Loin du « *naturalisme à la Céline* » ou des « *faux Proust* » (entretien à *Libération, art. cit.*), méprisant « *la recherche de la bonne forme* [qui produit] *des livres* charmants, *sans prolongement aucun, sans nuit. Sans silence. Autrement dit : sans véritable auteur* » ***(Écrire)***, elle revendiqua une spontanéité qui excluait l'analyse : « *Ne regrettez rien, rien, faites taire toute douleur, ne comprenez rien, dites-vous que vous serez alors au plus près de l'intelligence* » ***(L'Amour)***. La « *solitude de l'écriture* » ***(Écrire)*** lui était indispensable, « *cette solitude sans quoi l'écrit ne se produit pas, ou il s'émiette exsangue de chercher quoi écrire encore* » *(ibid.)*. Écrire, « *c'est être seule dans un abri pendant la guerre* » *(ibid.)*. L'écrivain a partie liée avec le silence : « *Écrire c'est aussi ne pas parler. C'est se taire. C'est hurler sans bruit* » *(ibid.)*. Il y a donc une sorte de « *folie* » à écrire, puisque « *l'écriture c'est l'inconnu.* [...] *Écrire c'est tenter de savoir ce qu'on écrirait si on écrivait — on ne le sait qu'après — avant, c'est la question la plus dangereuse que l'on puisse se poser* » *(ibid.)*.

THÉORIE LITTÉRAIRE

Quoi qu'en aient pu dire ses détracteurs — sensibles moins à ses ombres et à ses mensonges qu'à son obstination à les nier et à sa prétention à incarner l'exemplarité morale —, Marguerite Duras a laissé une œuvre à la fois considérable et diverse, sinon dans l'inspiration, du moins dans les approches suivies : à la fois romancière, dramaturge et cinéaste, elle a passionnément célébré dans la même ivresse l'amour, l'écriture et la vie.

Une écriture de l'indicible

Le point central de l'écriture, de la pensée du langage, est chez Duras — comme chez Blanchot — l'innommable : « *Ç'aurait été un mot-absence, un mot-trou, creusé en son centre d'un trou, de ce trou où tous les autres mots auraient été enterrés* » ***(Le Ravissement de Lol V. Stein)***. De là viennent sans doute le grand nombre de ruptures, d'ellipses, de cassures dans la chaîne logique, de blancs dans les textes, la tendance à la parataxe et à une écriture raréfiée — sans doute influencée aussi par la pratique du scénario —, qui mettent l'accent sur le non-dit : « *Il s'en va. Elle le laisse aller. Elle reste là. Là. / Il prend l'allée, ouvre la grille, sort. / Dehors. L'espace. Les mouettes de la mer qui traversent.* » ***(L'Amour)***.
Ce qu'on a appelé la « musique » durassienne se caractérise en outre par un usage privilégié du présent, exprimant à la fois l'instant et la durée, toute l'intensité du souvenir ressassé : « *Elle, sait, eux pas encore. Elle est impuissante à les empêcher de savoir. Et cela recommence : / À cet instant précis une chose, mais laquelle ? aurait dû être tentée qui ne l'a pas été. À cet instant précis Lol se tient, déchirée, sans voix pour appeler à l'aide, sans argument, sans la preuve de l'inimportance du jour en face de cette nuit, arrachée et portée de l'aurore à leur couple dans un affolement régulier et vain de tout son être. Elle n'est pas Dieu, elle n'est personne. / Elle sourit, certes, à cette minute pensée de sa vie. La naïveté d'une éventuelle douleur ou même d'une tristesse quelconque s'en est détachée. Il ne reste de cette minute que son temps pur, d'une blancheur d'os* » ***(Le Ravissement de Lol V. Stein)***.

Une gloire tardive et controversée

Si les premiers romans furent appréciés pour leurs qualités de maîtrise dans l'analyse et la construction des caractères, la critique ne s'est véritablement intéressée à Marguerite Duras qu'à partir des années 1970, avec les textes de Lacan et Blanchot, qui saluaient en elle un écrivain de l'inconscient et de l'indicible. C'est l'époque aussi où tenta de s'élaborer une problématique de l'écriture féminine, et des travaux comme ceux de Marcelle Marini ou Michèle Montrelay envisagèrent l'œuvre de Marguerite Duras en partie de ce point de vue. Elle-même, dans des entretiens avec Xavière Gauthier, ***Les Parleuses*** (1974), éclaira certains aspects de son travail d'écriture. Néanmoins, jusqu'à ***L'Amant***, elle était restée un écrivain confidentiel, inconnu du grand public. Devenue ensuite un personnage médiatique, elle s'illustra notamment en 1985 par un retentissant article dans *Libération*, consacré à Christine Villemin, alors soupçonnée d'infanticide, et ponctué par cette exclamation : « *Sublime ! forcément sublime !* »

La critique la plus récente s'est attachée à rendre compte du caractère autobiographique de ses textes. En 1998, sous le simple titre *Marguerite Duras*, Laure Adler a signé une biographie, commencée du vivant de l'auteur, qui rectifiait les nombreuses contre-vérités dont celle qu'on appelait Duras — sans prénom — s'était ingéniée à magnifier sa légende — au point de poursuivre en justice quiconque entreprenait d'écorner le mythe, comme le fit Frédérique Lebelley dans *Duras ou le Poids d'une plume* (1992), essai biographique sans complaisance que Duras tenta par tous les moyens d'empêcher de paraître. Personnage controversé, la romancière fut aussi pastichée, notamment par Patrick Rambaud dans *Virginie Q. de Marguerite Duraille* (1988). Néanmoins — et loin des médiatiques querelles testamentaires opposant son fils, Jean Mascolo, qui a édité *La Cuisine de Marguerite Duras* (1999), et son exécuteur littéraire, Yann Andrea, qui a publié *Cet amour-là* (1999) —, Marguerite Duras conserve aujourd'hui un public fervent de lecteurs et spectateurs.

ŒUVRES

L'Amant

Roman publié chez Minuit, en 1984.

Il s'agit d'une sorte de réécriture d'***Un barrage contre le Pacifique***, bien que la matière en soit radicalement différente. La narratrice semble volontairement se confondre avec l'auteur, qui paraît raconter là un souvenir autobiographique. Les barrages installés par la mère sont parfois évoqués, mais ils restent en arrière-plan. En revanche, la jeune adolescente, dont le prénom n'est jamais prononcé, a 2 frères : l'aîné est d'une rare violence ; le cadet, quant à lui, meurt rapidement. À 15 ans et demi, alors qu'elle se rend de Sadec à la pension de Saigon, la narratrice a rencontré au « *passage d'un bac sur le Mékong* » un « *Chinois de Cholen* », qui devient son premier amant. La narration, fragmentaire, bouleverse les données chronologiques et joue avec l'énonciation, passant régulièrement de la 1re à la 3e personne du singulier. La phrase y trouve un aplomb qui fut maintes fois pastiché : « *Et d'un seul coup c'est elle qui le supplie, elle ne dit pas de quoi, et lui, il lui crie de se taire, il crie qu'il ne veut plus d'elle, qu'il ne veut plus jouir d'elle, et les voici de nouveau pris entre eux, verrouillés entre eux dans l'épouvante, et voici que cette épouvante se défait encore, qu'ils lui cèdent encore, dans les larmes, le désespoir, le bonheur.* »

L'Amant reçut le prix Goncourt en 1984, consécration tardive — Marguerite Duras avait 70 ans ! — qui révéla au grand public un écrivain resté jusqu'alors confidentiel en termes de diffusion. Le roman fut adapté au cinéma en 1991 par le réalisateur Jean-Jacques Annaud, dont le film déplut à l'auteur — qui réécrivit son récit sous le titre ***L'Amant de la Chine du Nord*** (1991). La biographie de Laure Adler, *Marguerite Duras* (1998), a révélé que l'idylle du roman fut moins... idyllique : à la demande de sa mère, la jeune fille s'était vendue à l'amant, pour les besoins de son frère aîné qui se droguait.

Moderato cantabile

Roman en 8 chapitres, publié chez Minuit, en 1958.

Anne Desbaresdes, femme d'un riche industriel, fait donner des leçons de piano à son fils. Pendant une leçon, il se produit un fait divers dans le café au-dessous : une femme est tuée par son amant. Anne, troublée par cet événement, se rend sur les lieux du crime, entre dans le café, y rencontre Chauvin, un ancien ouvrier de son mari. Elle revient tous les jours, pour parler de ce meurtre, du cri poussé par la femme au moment de sa mort, et inventer avec Chauvin l'histoire des deux amants. La similitude de l'amour naissant entre

Anne et Chauvin et du fait divers tragique, dont ils ne cessent de parler, s'accentue de jour en jour. Anne boit de plus en plus, fait scandale lors d'une réception chez elle parce qu'elle est ivre et en proie au désir ; parallèlement, Chauvin erre dans la nuit près de la maison. Une dernière fois, ils se rencontrent dans le café, et décident d'achever leur histoire par une mort symbolique, rituelle : « *– Je voudrais que vous soyez morte, dit Chauvin. / – C'est fait, dit Anne Desbaresdes* ».

Le texte est dépouillé, comme évidé, constitué surtout de dialogues brefs, entre le professeur de piano et Anne Desbaresdes, à propos de la mauvaise volonté de l'enfant ; entre Anne et Chauvin, sur la passion amoureuse et les raisons de l'assassinat de la femme, morte, disent-ils, dans l'émerveillement : « *Elle avait beaucoup d'espoir qu'il y arriverait. — Il me semble que son espoir à lui d'y arriver devait être égal au sien. Je ne sais rien.* »

Dès 1958, le livre fut jugé magistral par les uns, creux par les autres. De nombreux critiques (Dominique Aury in la *Nouvelle NRF*, Madeleine Alleins in *Critique*) notèrent l'importance du statut social des deux personnages, qui contribuait à rendre leur amour impossible, mais aussi l'intensité de la présence des êtres mise en œuvre par une écriture allusive, faite de blancs et de trous. Le roman a été porté à l'écran en 1970 par Peter Brook, sur un scénario de Marguerite Duras.

Le ***Ravissement de Lol V. Stein***

Roman paru chez Gallimard, en 1964.

L'ensemble du récit est pris en charge par un narrateur, Jacques Hold, dont on apprend au tiers du texte qu'il en est aussi l'un des personnages essentiels. Il est, en effet, l'amant de Tatiana Karl, une amie de jeunesse de Lola Valérie — *alias* Lol V. — Stein, retrouvée plus de dix ans après l'événement qui a fait sombrer celle-ci dans une sorte de folie, de « *ravissement* ». Le bal de T. Beach, la fascination avec laquelle Lol a vu naître l'amour de Michael Richardson pour une autre, et l'abandon où il l'a laissée en partant avec Anne-Marie Stretter, qu'il a suivie jusqu'à Calcutta, sont à l'origine de l'histoire. Lol, mariée depuis dix ans, mère de famille apparemment tranquille, est en fait frappée d'une sorte de faux oubli, d'indifférence à tout, qui se manifeste dans sa manie de l'ordre. La passion avec laquelle elle suit Jacques Hold, puis observe l'amour qui le lie à Tatiana, est le début d'une traversée où elle revit son histoire passée, dans une relation triangulaire où elle est spectatrice — voyeuse — mais aussi actrice, puisque, liée à Jacques Hold d'un amour secret, elle devient sa maîtresse : « *Tatiana habillée d'une peau d'or embaume l'ambre, maintenant, le présent, le seul présent, qui tournoie, tournoie dans la poussière et qui se pose enfin dans le cri, le doux cri aux ailes brisées dont la fêlure n'est perceptible qu'à Lol V. Stein.* » C'est cet amour qui la mène vers le véritable oubli de son passé, en lui faisant retrouver les lieux de sa mémoire et la parole sur ses sentiments enfouis. Après avoir épié une ultime rencontre amoureuse entre Jacques et Tatiana, Lol V. Stein s'endort dans un champ de seigle.

La situation et les lieux sont traités de façon à en effacer le réalisme, et à leur donner une résonance mythique : « *Sa main ouverte sur mon bras préfigure un avenir multiforme et unique, main rayonnante et unie aux phalanges courbées, cassées, d'une légèreté de plume et qui ont, pour moi, la nouveauté d'une fleur.* » La structure du texte est fondée sur le ressassement, pour adhérer à cette démarche de transfert quasi psychanalytique. Histoire d'une séduction démultipliée — de Michael par Anne-Marie, de Lol elle-même par ce couple, de Jacques par Lol —, ce roman du regard à la fois insoutenable et « ravissant », jusqu'à la délivrance finale du sommeil, est scandé par le verbe « *voir* » : « *Elle se promène encore. Elle voit de plus en plus précisément, clairement ce qu'elle veut voir. Ce qu'elle rebâtit c'est la fin du monde. / Elle se voit, et c'est là sa pensée véritable, à la même place, dans cette fin, toujours, au centre d'une triangulation dont l'aurore et eux deux sont les termes éternels : elle vient d'apercevoir cette aurore alors qu'eux ne l'ont pas encore remarquée.* » Restée les yeux ouverts depuis son « *ravissement* » du bal de T. Beach, ne cessant ensuite d'épier Jacques et Tatiana, Lol n'échappe à la folie qu'en s'endormant vraiment, apaisée, les yeux enfin fermés. Cet exorcisme peut aussi se lire comme une métaphore de l'écriture : le regard insaisissable mais saisissant désigne le « *mot-absence* », disponible mais rétif et insuffisant à dire l'indicible ; et le désir des amants « ravis » illustre la quête de l'écrivain, que l'insaisissable langage condamne au « *ravissement* » de l'écriture.

En s'écartant de l'autobiographie, ***Le Ravissement de Lol V. Stein*** marqua un tournant dans la production romanesque de Marguerite Duras. Titre majeur de la création durassienne, elle est aujourd'hui presque unanimement reconnue — y compris par les détracteurs de la romancière — comme une œuvre importante du XXe siècle.

Un barrage contre le Pacifique

Roman en 2 parties, publié chez Gallimard, en 1950.

L'ouvrage relate la vie de 3 personnages principaux : la mère et ses 2 enfants, Joseph et Suzanne. La mère a été bernée par la Direction générale du cadastre : ignorante de la pratique coloniale des pots-de-vin, elle a investi toutes ses économies dans une concession incultivable, que les grandes marées du Pacifique inondent périodiquement. Elle s'est alors lancée dans une lutte vaine contre le Cadastre, puis a tenté de construire, avec l'aide des paysans de la région, un barrage permettant de retenir les grandes marées ; mais « *en juillet, la mer était montée comme d'habitude à l'assaut de la plaine. Les barrages n'étaient pas assez puissants. Ils avaient été rongés par les crabes nains des rizières. En une nuit, ils s'effondrèrent* » (1re partie). La rencontre du fils d'un richissime trafiquant de terrains chinois bouleverse les habitudes de la famille ruinée. Vêtu d'un costume de tussor, roulant dans une superbe Morris Léon Bollée, M. Jo tombe amoureux de Suzanne, dès qu'il la rencontre à la cantine de Ram. Le jugement que Joseph porte sur M. Jo résume l'accueil que lui réserve la famille : « *Merde quelle bagnole* [...]. *Pour le reste, c'est un singe* » (1re partie). M. Jo a beau rendre visite tous les jours à Suzanne, la couvrir de cadeaux, il n'obtient d'elle que la possibilité fugitive de la voir nue alors qu'elle se lave. Le cadeau d'un diamant achève de compromettre ses chances auprès de Suzanne. Il est prié de ne plus venir, tandis que la mère s'apprête à vendre le diamant dans « *une grande ville de cent mille habitants qui s'étendait de part et d'autre d'un large et beau fleuve* » (2de partie). Mais la vente est compliquée par le fait que le diamant a un crapaud. Joseph parvient cependant à en obtenir 20 000 francs : une femme dont il est amoureux lui donne cette somme, tout en replaçant le bijou dans la poche de Joseph. La mère peut alors payer les intérêts des prêts en retard. Puis Joseph quitte la concession avec la femme qu'il aime ; Suzanne est initiée à l'amour par Agosti, un trafiquant d'alcool. La mère finit par mourir. Joseph, qui est revenu pour enterrer sa mère, emmène Suzanne loin de la concession et de son bungalow attaqué par les vers.

L'ouvrage recèle une grande force pathétique. L'obstination de la mère sous-tend le développement narratif, tout en créant l'émotion, visible notamment dans la lettre à la direction du Cadastre : « *Si je n'ai même pas l'espoir que mes barrages peuvent tenir cette année, alors, il vaut mieux que je donne tout de suite ma fille à un bordel, que je presse mon fils à partir et que je fasse assassiner les trois agents du cadastre de Kam* » (2de partie).

Un barrage contre le Pacifique inaugure la série des œuvres qui ont pour cadre la Cochinchine. Marguerite Duras a révélé, dans ***C'est tout*** (1996), qu'il était son « *livre préféré absolument* ». D'une facture relativement classique, ce roman a été adapté au cinéma par René Clément, en 1957. Avec cette dénonciation du monde colonial, l'auteur commençait à construire une sorte de mythologie familiale qui se prolongea avec ***L'Amant*** (1984) et ***L'Amant de la Chine du Nord*** (1991).

CITATIONS

L'histoire de ma vie n'existe pas. Ça n'existe pas. Il n'y a jamais de centre, pas de chemin, pas de ligne.

L'Amant.

Tu me tues. Tu me fais du bien.

Hisroshima mon amour, incipit.

Elle : « *C'est comme l'intelligence, la folie, tu sais. On ne peut pas l'expliquer. Tout comme l'intelligence. Elle vous arrive dessus, elle vous remplit et alors on la comprend. Mais, quand elle vous quitte, on ne peut plus la comprendre du tout.* »

Hiroshima mon amour.

Même les plus grands de tes philosophes sont d'accord sur ce point qu'il est nécessaire de se retremper de temps en temps dans l'intelligence du monde.

Les Petits Chevaux de Tarquinia, 2.

Les erreurs de langage sont des crimes.

Les Petits Chevaux de Tarquinia, 2.

Aucun amour au monde ne peut tenir lieu de l'amour.

Les Petits Chevaux de Tarquinia, 3.

Il n'y a pas de vacances à l'amour [...], ça n'existe pas. L'amour, il faut le vivre complètement avec son ennui et tout, il n'y a pas de vacances possibles à ça.

Les Petits Chevaux de Tarquinia, 3.

JUGEMENTS

« [Les personnages] *ne se comprennent pas tout à fait. Ils n'ont pas entre eux l'espace commun où se réalise la compréhension, et tous leurs rapports ne reposent que sur le sentiment si intense et si simple d'être* également *l'un et l'autre en dehors du cercle commun des rapports. Cela est beaucoup. Cela crée une proximité instantanée et une sorte de complète entente où chacun prête à l'autre d'autant plus d'attention et s'exprime avec d'autant plus de scrupules et de patiente vérité que les choses à dire ne peuvent l'être qu'une fois.* »

Maurice Blanchot, *Le Livre à venir*, Gallimard, 1959.

« *À sa mort, au début de l'année 1996, Marguerite Duras était un écrivain à la fois célèbre et contesté. On lui a reproché ses sympathies politiques, sa relation avec l'alcool, sa vie privée. Certains l'ont dite difficile en tant qu'écrivain, d'autres lui ont reproché des facilités.*
J'ai voulu montrer qu'on ne pouvait lui en vouloir d'une platitude qui est le thème majeur de son œuvre, son paysage mental bien plus qu'un tour stylistique, qu'une écriture apparemment étale. Derrière tout cela se trouvent chez Marguerite Duras des barrages toujours prêts à se rompre. Et l'étonnante ductilité d'une écriture passe-barrage lui a permis, dans une approche toute moderne de la littérature, de ne rester confinée ni dans le roman ni dans ce qui pourrait parfois être tenu pour un avatar affaibli du Nouveau Roman. L'Amante anglaise *est passée du livre à la scène.* Le Square *(1957-1965) est un roman en forme de dialogue aussi bien qu'une possible pièce de théâtre.* India Song *est présenté comme* "texte-théâtre-film". *Et l'ensemble de cette œuvre peut être placé sous le signe de ce titre que Marguerite Duras a choisi comme titre de certaines de ses pièces et d'un de ses films :* La Musica. »

Pierre Brunel, *La Littérature française aujourd'hui*, chap. 4, Vuibert, 1997.

« *Marguerite Duras, vous en avez entendu parler quand même ?... Marguerite Duras, l'apologiste sénile des infanticides ruraux... Marguerite Duras n'a pas écrit que des conneries, elle en a aussi filmé.* »

Pierre Desproges, *Les Piles*, sketch du spectacle donné au Théâtre-Grévin à Paris, octobre 1986.

« *C'est un art de donner des allures définitives à la platitude, et de la solennité à un bulletin météo. Mme Duras crée ainsi la tension, avec sa voix hachée et cet air de dégoût infatué dont on ne sait jamais s'il exprime un vertige métaphysique ou un coryza persistant. L'amour, l'enfance, la littérature : les questions posées ne travaillaient pas dans la gaudriole. Marguerite Duras fait infuser.* [...]
[...] *Marguerite Duras n'a pas l'œil. Pas une chose vue, pas un mot juste ; ça va ensemble. On cherchait ce qui manquait à cette romancière des langueurs amoureuses et des coups de cafard de bistros. Comment s'étonner que ce soit la vision ?*
Restent des mots passe-partout et vagues, entre magie et démagogie, et qui opèrent : enfance, amour, folie, Mme Duras les dispense avec une superbe condescendance, comme le courrier du cœur aux jeunes filles tourmentées. Ce sera peut-être son plus grand mérite. Elle se meut comme personne dans les sentiments convenus et dans les passions molles. Littérairement, ce n'est rien. Mais, à l'enseigne de la psychologie de magazine, Mme Marguerite Duras, entre Ménie Grégoire et Rika Zaraï, s'installe noblement dans son rôle de maître à penser. »

Renaud Matignon, « Le Ravissement de Mme Duras », in *Le Figaro*, 19 juillet 1988.

« *À l'âge où Colette se contentait de décrire des fleurs et de faire des confitures, Mme Duras continue de raconter des histoires d'amour.* [...] *Le prodigieux succès d'un écrit autobiographique non dénué de charme —* L'Amant, *dont l'académie Goncourt, cette tapineuse des lettres, voulut se servir, en 1984, pour se reconstituer une virginité — n'a pas été sans retentissement sur son esprit. Depuis Sarah Bernhardt, aucun artiste n'avait étalé en public un pareil contentement de soi, et encore la comédienne avait-elle l'excuse de vivre avec un boa. Cohabiter avec un animal de ce genre — n'importe quel directeur de cirque ou Premier ministre le certifiera — ne va pas sans danger. Cela donne le droit de se hausser un peu du col. On croirait que Mme Duras a hérité du python d'Émile Ajar, à l'écouter se vanter devant des auditeurs qui acquiescent, muets de respect. Même quand ils sont président de la République.* »

Angelo Rinaldi, « Duras », in *L'Express*, 28 novembre 1986.

« *Elle possède avant tout cette intelligence animale que doivent garder les fées, quand on vient juste de transformer la chatte blanche en dame. Avec cela solide, gaiement vorace, les pieds sur la terre, anxieuse de garder, généreuse par instinct, possessive par peur, méfiante et dilapidée, toujours imprévisible, mais jamais décevante, l'intrépidité d'un petit soldat solitaire perdu en avant-garde ou flanc-droit. Et ce mélange, inimitable, de la Religieuse portugaise et d'Édith Piaf, la préciosité baroque* [...] *et la simplicité d'une paysanne qui va-t-aux champs avec sa petite serpette et son petit panier.* »

Claude Roy, *Nous*, Gallimard, 1972.

BIBLIOGRAPHIE

Éditions

La plupart des œuvres de Marguerite Duras ont été publiées chez Gallimard ou chez Minuit, quelques-unes au Mercure de France, ou, plus récemment, chez POL.

Romans, Cinéma, Théâtre : un parcours 1943-1993, « Quarto », Gallimard, 1997.

L'Amant, Minuit, 1984.

La Cuisine de Marguerite Duras, Benoît Jacob, 1999.

Dits à la télévision : entretiens avec Pierre Dumayet, EPEL, 1999.

Moderato cantabile, « Double », Minuit, 1980.

Le Ravissement de Lol V. Stein, « Folio », Gallimard, 1976.

Un barrage contre le Pacifique, éd. Fr. Maury, « Folio Plus », Gallimard, 1997.

Études

L. Adler, *Marguerite Duras*, Gallimard, 1998.

B. Alazet, *Le « Navire night » de Marguerite Duras : écrire l'effacement*, P.U. Lille, 1992.

M. Alleins, *Marguerite Duras, médium du réel*, L'Âge d'Homme, 1984.

Y. Andréa, *M. D.*, Minuit, 1983 ; *Cet amour-là*, Pauvert, 1999.

A. Armel, *Marguerite Duras et l'Autobiographie*, Le Castor astral, 1990, rééd. 1996 ; *Marguerite Duras. Les Trois Lieux de l'écrit*, Christian Pirot, 1998.

D. Bajomée, *Duras ou la Douleur*, Éd. universitaires, 1989, rééd. Duculot, 1999.

M. Blanchot, *La Communauté inavouable*, Minuit, 1983.

Chr. Blot-Labarrère, *Marguerite Duras*, Seuil, 1992.

M. Borgomano, *Duras, une lecture des fantasmes*, Cistre, 1985 ; *L'Écriture filmique de Marguerite Duras*, « Cinéma », Albatros, 1985 ; *Madeleine Borgomano présente « Le Ravissement de Lol V. Stein » de Marguerite Duras*, « Foliothèque », Gallimard, 1997.

Chr. Carlier, *Marguerite Duras, Alain Resnais. « Hiroshima mon amour »*, « Études littéraires », PUF, 1994.

N. Carruggi, *Marguerite Duras*, P. Lang, Berne (CH), 1996.

M. David, *Marguerite Duras, une écriture de la jouissance : psychanalyse de l'écriture*, DDB, 1996.

S. Ferrières-Pestureau, *Une étude psychanalytique de la figure du ravissement dans l'œuvre de Marguerite Duras : naissance d'une œuvre, origine d'un style*, L'Harmattan, 1997.

Y. Guers-Villate, *Continuité-Discontinuité de l'œuvre durassienne*, Éd. de l'Univ. de Bruxelles (BE), 1985.

J. Kristeva, « La maladie de la douleur : Duras », in *Soleil noir. Dépression et Mélancolie*, Gallimard, 1987.

J. Lacan, « Hommage fait à Marguerite Duras, du *Ravissement de Lol V. Stein* », in *Cahiers Renaud-Barrault*, n° 52, 1965.

S. Lamy et A. Roy, *Marguerite Duras à Montréal*, Solin/Spirales/La Besacière, Québec (CA), 1984.

Fr. Lebelley, *Marguerite Duras ou le Poids d'une plume*, Grasset, 1994, rééd. « LdP », LGF, 1996.

M.-Th. Ligot, *Marie-Thérèse Ligot commente « Un barrage contre le Pacifique » de Marguerite Duras*, « Foliothèque », Gallimard, 1992.

M. Manceaux, *L'Amie*, Albin Michel, 1997, rééd. « LdP », LGF, 1999.

J. Pierrot, *Marguerite Duras*, Corti, 1986, rééd. 1990.

C. Rodgers, *Duras, lectures plurielles*, Rodopi, Amsterdam (NL), 1998.

A. Rykner, *Théâtres du Nouveau Roman : Sarraute, Pinget, Duras*, Corti, 1988.

J.-L. Seylaz, *Les Romans de Marguerite Duras : essai sur une thématique de la durée*, Lettres modernes, 1984.

J.-M. Suzan, *Duras' road movie : l'Esthétique du pur désir*, Instants, 1999.

L. Van de Biezenbos, *Fantasmes maternels dans l'œuvre de Marguerite Duras*, Rodopi, Amsterdam (NL), 1995.

A. Vircondelet, *Marguerite Duras ou le Temps de détruire*, Seghers, 1972 ; *Duras, biographie*, Bourin/Julliard, 1991 ; *id.* (dir.), *Marguerite Duras*, rencontres de Cerisy, Éd. Écriture, 1994 ; *Pour Duras*, Calmann-Lévy, 1995 ; *Marguerite Duras, Vérité et Légendes*, Chêne, 1996 ; *Marguerite à Duras*, Éd. n° 1, 1998.

Cahiers Renaud-Barrault, n° 106, Gallimard, 1983.

Duras, Dieu et l'écrit, actes du colloque de l'Institut catholique de Paris, mars 1996, Rocher, 1998.

Marguerite Duras, « Portraits d'auteurs », Marval, 1997.

NRF, n° 542, Gallimard, 1998.

AUDIO & VIDÉO

Vidéo

J.-J. Annaud, *L'Amant*, Fil à film, 1992.

P. Brook, *Moderato cantabile*, 1960, CME, s. d.

J.-M. Carzon, *Savannah Bay*, FR3, 1986.

G. Lopez, L. Perrot, *Marguerite Duras « au-delà des pages »*, TF1 Vidéo, 1988, 4 cassettes.

Apostrophes Marguerite Duras, entretien avec B. Pivot, Seuil, 1990.

ELUARD

Paul ELUARD

De son vrai nom, Eugène Émile Paul GRINDEL
Écrivit notamment sous les pseudonymes de Jean du HAUT, Didier DESROCHES et BRUN.
Renseignement pris auprès de ses ayants droit, ELUARD n'accentuait jamais l'initiale de son nom d'écrivain.

Saint-Denis (act. Seine-Saint-Denis) 1895 - Charenton-le-Pont (act. Val-de-Marne) 1952

« La poésie d'Eluard est, comme la nuit, sans rivale. »
Jean PAULHAN, *Les Amis, les Voisins*, in *Œuvres complètes*, t. IV, Cercle du livre précieux, posthume, 1969.

« La poésie de Paul Eluard est vivement goûtée par une classe d'amateurs éclairés de littérature moderne, mais elle n'a rien à voir avec la poésie. »
Georges BATAILLE, article in *La Critique sociale*, janvier 1933.

Le double engagement d'une vie

Enfant malade et poète-né

Fils d'une couturière, catholique convaincue, et d'un comptable, socialiste et athée, Eluard fut très tôt atteint d'une tuberculose qui lui fit interrompre ses études en 1912 — et le contraignit toute sa vie à des séjours en montagne — et c'est pratiquement en autodidacte qu'il se familiarisa avec la littérature et la poésie. Très vite, il commença à écrire : plus tard, le poète détruisit les exemplaires de ***Premiers Poèmes***, publiés à compte d'auteur en 1913 sous la signature de Paul-Eugène Grindel, et du ***Dialogue des inutiles*** (1914), ne reprenant qu'un petit nombre de pièces dans ***Choix de poèmes 1916-1940*** (1941). La rencontre, en 1913, au sanatorium de Clavadel, près de Davos, en Suisse, avec Helena Dmitrievna Diakonova, une jeune Russe intelligente et cultivée qu'il surnomma Gala, eut sur sa vie autant que sur sa carrière poétique, une influence décisive : il l'épousa en 1917 et eut d'elle une fille, Cécile. Mobilisé comme infirmier en 1914, il fut versé ensuite dans l'infanterie ; au front, il fit paraître, à 17 exemplaires, un recueil polycopié par ses soins, ***Le Devoir*** (1916), dans lequel il exprimait cette horreur de la guerre qui ne le quitta jamais ; il signa pour la première fois du pseudonyme d'Eluard, du nom de sa grand-mère maternelle. ***Le Devoir et l'Inquiétude*** parut l'année suivante, cette fois avec un tirage de 200 exemplaires. Les ***Poèmes pour la paix*** (1918) lui valurent d'être remarqué par Paulhan qui lui présenta, l'année suivante, Aragon, Breton et Soupault. En 1920, Eluard lança la revue ***Proverbe*** — qui eut 6 numéros en tout —, à laquelle collaborèrent de nombreux dadaïstes. La même année, il fit paraître ***Les Animaux et leurs Hommes, les Hommes et leurs Animaux***, avec des dessins d'André Lhote. Jusqu'en 1923, date de la rupture avec Dada — lors de la fameuse bagarre au Théâtre Michel où le poète fit le coup de poing sur scène avec Tristan Tzara —, l'œuvre d'Eluard fut placée sous le double signe de la dérision dadaïste — il participa quasiment à tous les *happenings* orchestrés par Tzara — et de la mise à l'épreuve du langage, sous l'impulsion de Paulhan.

Les années surréalistes

L'année 1924 marqua un tournant dans la vie d'Eluard, inaugurant sa période surréaliste. En proie à des contradictions personnelles — conflit avec son père ; tensions avec Gala, amoureuse de Max Ernst, qui vivait près de Paris avec le couple depuis l'automne 1922 ; crise poétique —, il s'embarqua en mars pour un voyage autour du monde, non sans laisser un recueil qui parut au lendemain de sa fugue, ***Mourir de ne pas mourir*** (1924) : il annonça que c'était son dernier livre. Il revint sept mois plus tard à Paris, avec Ernst et Gala qui l'avaient rejoint durant l'été en Asie. Breton venait de faire paraître son premier *Manifeste du surréalisme*. Eluard en rédigea le prière d'insérer, où éclatait son enthousiasme : *« Ce livre a les apparences de vie et de diamant d'une merveilleuse catastrophe dans laquelle tous les réseaux du délire chantent juste, pendant que la lumière éclate d'un rire d'enclume, d'un bon rire digne à propos de tout... »* En octobre, il participa au fameux tract collectif contre Anatole France — qui venait de mourir —, ***Un cadavre***, avec un texte particulièrement violent intitulé ***Un vieillard comme les autres*** : *« Le scepticisme, l'ironie, la lâcheté, France, l'esprit français, qu'est-ce ? Un grand souffle d'oubli me traîne loin de tout cela. »*

À partir de cette date, il participa activement tant aux scandales provoqués par les surréalistes qu'à la production de textes collectifs virulents contre l'armée, les prisons ou la politique colonialiste au Maroc : la plupart de ces écrits furent publiés dans *La Révolution surréaliste* (1924 à 1929). En 1929, Eluard y cosigna, avec Breton, ***Notes sur la poésie*** (en vol.

en 1936). Leur collaboration se poursuivit avec ***L'Immaculée Conception*** et ***Ralentir travaux*** (1930) ; Char, rencontré l'année précédente et qui resta l'ami d'Eluard sa vie durant, participa aussi au second ouvrage. Un autre texte, écrit cette fois en collaboration avec Péret, ***152 Proverbes mis au goût du jour par Paul Eluard et Benjamin Péret*** (1925), offrait une illustration supplémentaire de cette pratique de l'écriture collective chère aux surréalistes. Quant aux recueils signés alors en propre par le poète, ***Capitale de la douleur*** (1926), ***Les Dessous d'une vie ou la Pyramide humaine*** (1926, repris in ***Donner à voir***), ***L'Amour la Poésie*** (1929), ils montrent qu'Eluard, s'il adhérait aux thèses du mouvement, avait cependant trouvé un ton très personnel de transparence poétique, bien éloigné de la rhétorique surréaliste :

Inconnue, elle était ma forme préférée,
Celle qui m'enlevait le souci d'être un homme,
Et je la vois et je la perds et je subis
Ma douleur, comme un peu de soleil dans l'eau froide

(***Les Petits Justes***, IX, in ***Capitale de la douleur***)

Je te l'ai dit pour les nuages
Je te l'ai dit pour l'arbre de la mer
Pour chaque vague pour les oiseaux dans les feuilles
Pour les cailloux du bruit
Pour les mains familières
Pour l'œil qui devient visage ou paysage
Et le sommeil lui rend le ciel de sa couleur
Pour toute la nuit bue
Pour la grille des routes
Pour la fenêtre ouverte pour un front découvert
Je te l'ai dit pour tes pensées pour tes paroles
Toute caresse toute confiance se survivent.

(***Premièrement***, IV, in ***L'Amour la Poésie***)

De Gala à Nusch

L'année 1930 marqua un second tournant dans la vie personnelle du poète : Gala, qui avait rencontré Salvador Dalí à Cadaquès en 1929, quitta définitivement Eluard pour devenir la compagne du peintre ; lui-même rencontra alors Maria Benz, *alias* Nusch, qu'il épousa en 1934 et qui lui inspira certains de ses plus beaux poèmes. D'une manière générale, Eluard aima passionnément les femmes — dont il ne limita pas le nombre aux célèbres prénoms (Gala, Nusch, Jacqueline et Dominique) de celles qui le marquèrent le plus. Les événements politiques des années qui suivirent (montée du fascisme, guerre d'Espagne) aggravèrent les tensions du groupe et suscitèrent des clivages, amenant Eluard à prendre position : en 1932, par exemple, il publia ***Certificat***, un texte sévère dans lequel il reprochait à Aragon d'avoir « *signé un texte désavouant l'activité surréaliste* » au congrès de Kharkov et d'avoir demandé l'exclusion de Dalí du mouvement, en un mot de mener « *double jeu* ». Il fut lui-même exclu en 1933 du parti communiste, qu'il avait rallié en 1924 en même temps qu'Aragon, Breton, Péret et Pierre Unik. Eluard participa au Congrès international contre la guerre (1933), signa *L'Appel collectif à la lutte contre le péril fasciste* (1934), entra au Comité de vigilance des intellectuels (1935). Il rompit avec Breton en 1938, à la suite du rapprochement de ce dernier avec Trotski, juste après avoir cosigné avec lui le ***Dictionnaire abrégé du surréalisme***.

L'activité poétique d'Eluard durant cette période ne fit que s'affermir au contact de la réalité : un lyrisme incantatoire toujours à son plus haut degré, illustré par ***La Vie immédiate*** (1932), ***Comme deux gouttes d'eau*** (1933), ***La Rose publique*** (1934) et ***Chanson complète*** (1939), mais chargé peu à peu des accents de la colère et du refus dans les poèmes dits « *de circonstance* » : ***Novembre 1936***, paru dans *L'Humanité* en décembre 1936, et surtout ***La Victoire de Guernica*** (recueilli in ***Cours naturel***, 1938), inspiré par le fameux tableau de Picasso, dont Eluard était devenu l'ami en 1936, et consacré au bombardement d'un bourg espagnol par l'aviation allemande en avril 1937 :

Visages bons à tout
Voici le vide qui vous fixe
Votre mort va servir d'exemple
[...]
Ils vous ont fait payer le pain
Le ciel la terre l'eau le sommeil
Et la misère
De votre vie

(***La Victoire de Guernica***, III et V, in ***Cours naturel***)

En 1939, reprenant à son compte la formule célèbre de Lautréamont « *La poésie doit être faite par tous non par un* », Eluard fit paraître le recueil ***Donner à voir***, composé d'une

mosaïque de textes — aux siens s'ajoutaient ceux de ses auteurs préférés — destinés à illustrer sa conception de la poésie, comprise d'abord comme une éthique de la lucidité.
Au passage, Eluard rappelait, par des poèmes consacrés à ses amis peintres — notamment Hans Arp, Braque, Masson, Mir, Leonor Fini, Delvaux —, l'étroite osmose entre sa poésie et la peinture, qui ne se démentit jamais. De fait, la plupart des éditions originales d'Eluard furent illustrées par des artistes : ***Répétitions***, puis ***Les Malheurs des immortels*** (1922) par Ernst, ***Défense de savoir*** (1928) par Giorgio De Chirico, ***Facile*** (1935) par Man Ray, ***Nuits partagées*** (1935 — le texte avait déjà paru dans ***La Vie immédiate***) par Dalí, ***La Barre d'appui*** et ***Les Yeux fertiles*** (1936) par Picasso, ***Médieuses*** (1938) par Valentine Hugo, ***Moralité du sommeil*** (1941) par Magritte ou encore ***Le Dur Désir de durer*** (1946) par Chagall. Réciproquement, pour bien marquer son refus d'accorder la primauté au mot sur l'image, Eluard dédia de très nombreux poèmes aux œuvres de Balthus, Giaccometti, Oscar Dominguez, Léger, aux aquarelles de Klee (catalogue de l'exposition de 1925, qui fit découvrir le peintre), aux tableaux de Tanguy (exposition de 1927), aux dessins de Man Ray, dans ***Les Mains libres*** (1937), aux photographies de Dora Maar, ou aux gravures d'Albert Flocon, dans le recueil ***Perspectives*** (1948) — publié l'année même où parut ***Voir***, autre recueil consacré aux artistes illustrés par le poète :

> *Je noue et je délie je donne et je refuse*
> *Je crée et je détruis j'adore et je punis*
> *Ma fleur est la pensée je caresse et je sème*
> *Je vois avec mes doigts je touche et je comprends*
>
> (***Perspectives***, I)

Avec ***Jeux vagues la poupée***, ***Donner à voir*** fut le dernier recueil publié d'Eluard avant la Seconde Guerre mondiale.

Le poète en guerre

S'ouvrit alors ce que l'on pourrait appeler la troisième période d'Eluard, celle de la poésie engagée. Loin d'être une étape ponctuellement politique, elle constitua une conquête lentement mûrie qui lui permit de « *passer de l'horizon d'un homme à l'horizon de tous* » (***Poèmes politiques***, 1948). Ses poèmes, comme le suggère le titre de l'un d'eux — qui donna d'ailleurs son titre à un recueil de 1944 et fut repris in ***Au rendez-vous allemand*** (1944) —, devinrent « *les armes de la douleur* » :

> *Une seule pensée une seule passion*
> *Et les armes de la douleur.*
>
> (***Les Armes de la douleur***, IV)

Dès 1940, tandis que Breton s'embarquait pour les États-Unis, Eluard entra dans la clandestinité avec Nusch : il séjourna notamment à Vézelay et à l'hôpital psychiatrique de Saint-Alban (Lozère), qui lui inspira les ***Souvenirs de la maison des fous*** (1946).
À l'automne 1940, il publia ***Le Livre ouvert I (1938-1940)***, recueil des poèmes de « *la blême avant-guerre, la guerre grise aux prises avec les éternels prodiges* », selon les termes mêmes du poète, quatre ans plus tard (in ***Raisons d'écrire***, in ***Au rendez-vous allemand***) et dont les titres, pour la plupart réduits à un seul terme — ***Vivre***, ***Seul***, ***Crier***, ***Justice***, ***Jouer***, ***Mourir***, ***Finir***, ***Passer***, ***Paille***, ***Enfants***, ***Bariolage***, ***Renoncement***, ***Indépassable***, ***Rencontres***, ***Règnes*** —, soulignaient, dans leur brièveté, le besoin d'exprimer l'essentiel face au désastre :

> *À droite du ciel sombre un arbre fleurirait*
> *Rieur tout flambant rose et le ciel en vivrait*
> *Moi j'en rêve perdu dans le jour ravagé*
> *Et de longs frissons froids blanchissent mes pensées.*
>
> (***Seul***, in ***Le Livre ouvert I***)

Suivit, début 1942, ***Le Livre ouvert II (1939-1941)***, dédié « *à toi, / Pablo Picasso, / mon ami sublime* », et reproduisant en épigraphe les 5 derniers vers du poème ***La Forme*** — qui constituait lui-même la 1re séquence du poème liminaire du recueil, ***En deçà clairvoyant déçu*** :

> *Pourrai-je prendre où elle est*
> *L'apparence qui me manque*
> *Sur les rives d'un visage*
> *Le jour la force éclatante*
>
> *Le dur besoin de durer.*
>
> (***La Forme***, in ***En deçà clairvoyant déçu***, in ***Le Livre ouvert II***)

Ce dernier vers, à un mot près, intitula, quatre ans plus tard, l'important recueil ***Le Dur Désir de durer*** (1946). Les titres des séquences du ***Livre ouvert II*** — notamment ***Draperies noires et blanches***, ***Rosaces***, ***Les Raisons de rêver***, ***Force et Faiblesse*** — révélaient un sursaut d'espérance illustré aussi par plusieurs poèmes, dont le célèbre ***Blason des fleurs et des fruits***, dédié à Paulhan et dont les 124 vers s'ouvraient et se fermaient ainsi :

À mi-chemin du fruit tendu
Que l'aube entoure de chair jeune
Abandonnée
De lumière indéfinie
La fleur ouvre ses portes d'or
[...]
Fleurs à l'haleine colorée
Fruits sans détours câlins et purs
Fleurs récitantes passionnées
Fruits confidents de la chaleur
J'ai beau vous unir vous mêler
Aux choses que je sais par cœur
Je vous perds le temps est passé
De penser en dehors des murs.

(***Blason des fleurs et des fruits***,
in ***Les Raisons de rêver***, *ibid.*)

Le recueil s'achevait sur un mémorable distique :

Être réel étant mort
Sinon vivre toujours.

(***Être réel***, *ibid.*)

Eluard avait prépublié 11 poèmes du ***Livre ouvert II*** dans son ***Choix de poèmes*** (1941), anthologie dont les premières pièces remontaient à 1914 et que le poète, sous le même titre, ne cessa de développer (2e éd. 1946, 3e éd. 1951) au gré de ses publications successives.

En 1943, il redevint membre — définitivement, cette fois — du parti communiste et renoua avec Aragon ; il fut l'un des fondateurs du Comité national des écrivains, pour la zone Nord, Aragon se chargeant de la zone Sud. Il avait publié, sous divers pseudonymes, d'autres recueils engagés dans la lutte : ***Sur les pentes inférieures*** (1941 — le recueil, préfacé par Paulhan, contenait les premiers poèmes de résistance), ***La Dernière Nuit*** (1942), et surtout ***Poésie et Vérité 1942*** (1942 — complété en 1943 et repris sous le titre ***Dignes de vivre*** en 1944, avec des illustrations de Jean Fautrier) où parut le très fameux ***Liberté*** :

Sur mes cahiers d'écolier
Sur mon pupitre et les arbres
Sur le sable sur la neige
J'écris ton nom

Sur toutes les pages lues
Sur toutes les pages blanches
Pierre sang papier ou cendre
J'écris ton nom

Sur les images dorées
Sur les armes des guerriers
Sur la couronne des rois
J'écris ton nom

Sur la jungle et le désert
Sur les nids sur les genêts
Sur l'écho de mon enfance
J'écris ton nom

Sur les merveilles des nuits
Sur le pain blanc des journées
Sur les saisons fiancées
J'écris ton nom

Sur tous mes chiffons d'azur
Sur l'étang soleil moisi
Sur le lac lune vivante
J'écris ton nom

Sur les champs sur l'horizon
Sur les ailes des oiseaux
Et sur le moulin des ombres
J'écris ton nom

Sur chaque bouffée d'aurore
Sur la mer sur les bateaux
Sur la montagne démente
J'écris ton nom

Sur la mousse des nuages
Sur les sueurs de l'orage
Sur la pluie épaisse et fade
J'écris ton nom

Sur les formes scintillantes
Sur les cloches des couleurs
Sur la vérité physique
J'écris ton nom

Sur les sentiers éveillés
Sur les routes déployées
Sur les places qui débordent
J'écris ton nom

Sur la lampe qui s'allume
Sur la lampe qui s'éteint
Sur mes maisons réunies
J'écris ton nom

Sur le fruit coupé en deux
Du miroir et de ma chambre
Sur mon lit coquille vide
J'écris ton nom

Sur mon chien gourmand et tendre
Sur ses oreilles dressées
Sur sa patte maladroite
J'écris ton nom

Sur le tremplin de ma porte
Sur les objets familiers
Sur le flot du feu béni
J'écris ton nom

Sur toute chair accordée
Sur le front de mes amis
Sur chaque main qui se tend
J'écris ton nom

Sur la vitre des surprises
Sur les lèvres attentives
Bien au-dessus du silence
J'écris ton nom

Sur mes refuges détruits
Sur mes phares écroulés
Sur les murs de mon ennui
J'écris ton nom

Sur l'absence sans désirs
Sur la solitude nue
Sur les marches de la mort
J'écris ton nom

Sur la santé revenue
Sur le risque disparu
Sur l'espoir sans souvenirs
J'écris ton nom

Et par le pouvoir d'un mot
Je recommence ma vie
Je suis né pour te connaître
Pour te nommer

Liberté.

(***Liberté***, in ***Poésie et Vérité 1942***)

Des milliers d'exemplaires du poème, publié par la revue *Fontaine* à Alger en 1942, furent parachutés par l'aviation anglaise. Durant la guerre, Eluard publia en outre ***Les Sept Poèmes d'amour en guerre*** (sous le pseudonyme de Jean du Haut, 1943), ***Le Lit la Table*** (1944), ***Au rendez-vous allemand*** (1944) et encore ***En avril 1944 : Paris respirait encore !*** (1945). Eluard fut également à l'origine, avec Jean Lescure, des recueils ***L'Honneur des poètes*** (1943 et 1944) et ***Domaine français*** (1943, avec André Frénaud).

De Nusch à Dominique

Après la guerre, il publia une demi-douzaine de recueils en une quinzaine de mois, dont ***Lingères légères*** (juil. 1945), ***Une longue réflexion amoureuse*** (nov. 1945), ***Poésie ininterrompue*** (janv. 1946), ***Le Dur Désir de durer*** (nov. 1946) et ***Objet des mots et des images*** (nov. 1946, quoique daté de 1947), regroupant les grands thèmes eluardiens, mais régénérés après l'expérience douloureuse de la guerre, et célébrant le bonheur de vivre et la confiance restaurée entre l'homme et le monde :

[...]
Pour qu'un seul baiser la retienne
Pour que l'entoure le plaisir
Comme un été blanc bleu et blanc
Pour qu'il lui soit règle d'or pur
Pour que sa gorge bouge douce
Sous la chaleur tirant la chair
Vers une caresse infinie
Pour qu'elle soit comme une plaine
Nue et visible de partout
Pour qu'elle soit comme une pluie
Miraculeuse sans nuage
Comme une pluie entre deux feux
Comme une larme entre deux rires
[...]

Je fortifierai mon délire
[...]

(***Poésie ininterrompue***, in ***Poésie ininterrompue***)

Nous vivons dans l'oubli de nos métamorphoses
Le jour est paresseux mais la nuit est active
Un bol d'air à midi la nuit le filtre et l'use
La nuit ne laisse pas de poussière sur nous

[...]

Nous sommes corps à corps nous sommes terre à terre
Nous naissons de partout nous sommes sans limites.

(***Notre Mouvement***, in ***Le Dur Désir de durer***)

Dans le même temps, Eluard voyageait en Europe (Tchécoslovaquie, Yougoslavie, Grèce, Italie), participant à des expositions, prononçant des conférences, notamment sur « *la poésie au service de la vérité pratique* » (Prague, 1945). Fin 1946, alors que venaient de paraître les recueils ***Le Dur Désir de durer*** et ***Objet des mots et des images***, et que lui-même, pour raisons de santé, séjournait seul en Suisse, Eluard reçut, par téléphone, la foudroyante nouvelle de la mort subite de Nusch. Le recueil ***Le temps déborde*** (1947), publié quelques mois plus tard sous le pseudonyme de Didier Desroches, rassemblait les poèmes écrits avant et après ce bouleversement. La veille de la disparition de Nusch, Eluard écrivait encore :

Je n'ai rien séparé mais j'ai doublé mon cœur.
D'aimer, j'ai tout créé : réel, imaginaire,
J'ai donné sa raison, sa forme, sa chaleur
Et son rôle immortel à celle qui m'éclaire.

(***En vertu de l'amour***, in ***Le temps déborde***)

Après la mort de Nusch, le poète écrivit notamment :

Notre vie tu l'as faite elle est ensevelie
Aurore d'une ville un beau matin de mai
Sur laquelle la terre a refermé son poing
Aurore en moi dix-sept années toujours plus claires
Et la mort entre en moi comme dans un moulin

Notre vie disais-tu si contente de vivre
Et de donner la vie à ce que nous aimions
Mais la mort a rompu l'équilibre du temps
La mort qui vient la mort qui va la mort vécue
La mort visible boit et mange à mes dépens

Morte visible Nusch invisible et plus dure
Que la soif et la faim à mon corps épuisé
Masque de neige sur la terre et sous la terre
Source des larmes dans la nuit masque d'aveugle
Mon passé se dissout je fais place au silence.

(***Notre Vie***, in ***Le temps déborde***)

À la fin de la même année, Eluard publia, sous le pseudonyme de Brun — par allusion au petit ours brun des enfants — le recueil ***Corps mémorable*** (1947, 2e éd. 1948), que suivirent notamment ***Picasso à Antibes*** (1948), commentaires de photographies du peintre dues à Michel Sima, ***Poèmes politiques*** (1948), avec une préface d'Aragon, ***Le Bestiaire*** (1948) et ***La Saison des amours*** (1949). Dans les mois qui suivirent la mort de Nusch, le poète trouva en Jacqueline Trutat un réconfort qui le détourna de ses tentations suicidaires.

En 1949, Eluard rendit visite, à dos de mulet, aux maquisards communistes grecs, harangua les troupes engagées contre eux, et publia, à son retour, ***Grèce ma rose de raison*** (été 1949).

Désormais, l'œuvre d'Eluard — qui multiplia les séjours dans les pays de l'Est — fut inséparable de sa foi dans le communisme exprimée dans ***Hommage aux combattants et aux martyrs du ghetto de Varsovie*** (1950) et ***Le Visage de la paix*** (1951), ainsi que dans ***Pouvoir tout dire*** (1951) :

Le tout est de tout dire et je manque de mots
Et je manque de temps et je manque d'audace
Et je rêve et je dévide au hasard mes images
J'ai mal vécu et mal appris à parler clair

[...]

Je veux montrer la foule et chaque homme en détail
Avec ce qui l'anime et qui le désespère
Et sous ses saisons d'homme tout ce qu'il éclaire
Son espoir et son sang son histoire et sa peine

Je veux montrer la foule immense divisée
La foule cloisonnée comme en un cimetière
Et la foule plus forte que son ombre impure
Ayant rompu ses murs ayant vaincu ses maîtres

[...]

Hommes continuement entre humains sans un pli
Un chant monte qui dit ce que toujours ont dit
Ceux qui dressaient notre avenir contre la mort
Contre les souterrains des nains et des déments

[...]

Il faudra rire mais on rira de santé
On rira d'être fraternel à tout moment
On sera bon avec les autres comme on l'est
Avec soi-même quand on s'aime d'être aimé

Les frissons délicats feront place à la houle
De la joie d'exister plus fraîche que la mer
Plus rien ne nous fera douter de ce poème
Que j'écris aujourd'hui pour effacer hier.

(***Tout dire***, in ***Pouvoir tout dire***)

Eluard partagea cette conviction avec sa troisième femme, Dominique Lemor, qu'il avait rencontrée à Mexico en 1949 et qu'il épousa en 1951. Elle fut la dédicataire du recueil ***Le Phénix*** (1951), qui célèbre, en une langue où l'alexandrin prête son équilibre à la sérénité retrouvée, l'amour du couple magnifié par le sentiment de son appartenance à la communauté des hommes :

Tu es venue j'étais très triste j'ai dit oui
C'est à partir de toi que j'ai dit oui au monde
Petite fille je t'aimais comme un garçon
Ne peut aimer que son enfance

[...]

Tu es venue plus haute au fond de ma douleur
Que l'arbre séparé de la forêt sans air
Et le cri du chagrin du doute s'est brisé
Devant le jour de notre amour

[...]
Ô toi mon agitée et ma calme pensée
Mon silence sonore et mon écho secret
Mon aveugle voyante et ma vue dépassée
Je n'ai plus eu que ta présence

Tu m'as couvert de ta confiance.

(***Dominique aujourd'hui présente***, in ***Le Phénix***)

Nous deux nous tenant par la main
Nous nous croyons partout chez nous
Sous l'arbre doux sous le ciel noir
Sous tous les toits au coin du feu
Dans la rue vide en plein soleil
Dans les yeux vagues de la foule
Auprès des sages et des fous
Parmi les enfants et les grands
L'amour n'a rien de mystérieux
Nous sommes l'évidence même
Les amoureux se croient chez nous.

(***Nous deux***, in ***Le Phénix***)

Du même optimisme témoignait déjà ***Une leçon de morale*** (1949). Un an après ***Le Phénix***, à la fin d'une année marquée par un dernier voyage à Moscou — pour célébrer Hugo et Gogol —, Eluard succomba à une crise cardiaque.

Deux mois avant sa mort, il avait fait paraître ***Les Sentiers et les Routes de la poésie***. Il avait eu le temps de préparer le recueil ***Poésie ininterrompue II*** (posth., 1953).

Devenu, par la force des circonstances, une sorte de testament poétique d'Eluard, ***Poésie ininterrompue II*** reste un recueil quelque peu méconnu.

THÉORIE LITTÉRAIRE

L'art poétique d'Eluard n'est dissociable ni de son engagement dans le mouvement surréaliste, dont il fut l'un des principaux représentants, ni de son adhésion à l'idéal communiste, particulièrement affirmé depuis l'époque de la Résistance jusqu'à la fin de sa vie. Cette double polarité détermina moins une contradiction ou une incohérence qu'une tension créative et constamment assumée entre « *Poésie involontaire et Poésie intentionnelle* », pour reprendre le titre d'un recueil de 1942.

Dans son cheminement sur « *les Sentiers et les Routes de la poésie* » — titre sous lequel parut, en 1952, la transcription d'entretiens radiophoniques de 1949 —, il trouva d'abord l'écriture automatique, qui « *ouvre sans cesse de nouvelles portes sur l'inconscient et, au fur et à mesure qu'elle le confronte avec la conscience, avec le monde, [...] en augmente le trésor* » (***Préface*** à *La Sauterelle arthritique* de Gisèle Prassinos, 1935).

Dans le prière d'insérer des ***Dessous d'une vie*** (in *Cahiers du Sud*, 1926), Eluard avait souhaité lever une « *confusion* » possible entre « *rêves, textes surréalistes et poèmes* » : si les rêves sont, « *pour un esprit préoccupé du merveilleux, la réalité vivante* », les poèmes « *sont la conséquence d'une volonté assez bien définie, l'écho d'un espoir ou d'un désespoir formulé* ». La distinction ne plut guère à Breton : Eluard y revint dans ***Donner à voir***, avouant qu'il n'écrirait plus le texte dans les mêmes termes : « *mais le même désir me reste d'établir les différences entre rêves, poèmes et textes automatiques* » ***(Premières Vues anciennes)***. Loin de rendre « *les poèmes inutiles* », la vertu fondamentale de l'écriture automatique est de développer « *le champ de l'examen de conscience poétique, en l'enrichissant* » *(ibid.)* ; elle est, d'ouvrir les portes de la prison mentale : « *En lisant les textes de* *cette fillette de quatorze ans, on y voit apparaître une morale* [...] *de dissociation, de suppression, de négation, de révolte, morale des enfants, des poètes qui se refusent à acquérir et qui resteront des phénomènes tant qu'ils n'auront pas redonné à tous les hommes l'envie de regarder en face ce qui les sépare d'eux-mêmes* » (***Préface*** à *La Sauterelle arthritique*).

Car l'esthétique d'Eluard fut d'abord celle du refus : « *L'homme a le respect du langage et le culte de la pensée ; s'il ouvre la bouche, on voit sa langue sous globe et la naphtaline de son cerveau empeste l'air* » (***Développement Dada***, in *Littérature*, mai 1920). Le poète exalta donc « *le génie de Sade, de Borel, de Lautréamont, de Rimbaud et de bien d'autres* », dont l'intelligence « *ne saurait avoir de maîtres* » (« L'Intelligence révolutionnaire », in *Clarté*, 1926 et 1927). Ces grands initiateurs sont constamment évoqués. Dans la conférence, intitulée ***L'Évidence poétique***, qu'il donna à Londres, en 1936, à l'occasion d'une Exposition internationale du surréalisme — texte fondamental, recueilli en 1937 et repris in ***Donner à voir*** —, Eluard louait leur lutte « *acharnée contre les artifices, qu'ils soient grossiers ou subtils, contre tous les pièges que nous tend cette fausse réalité besogneuse qui abaisse l'homme* ». De même Baudelaire s'était-il révolté, à ses yeux, « *contre la saine réalité, contre cette morale d'esclaves qui assure le bonheur et la tranquillité des prétendus hommes libres* » (***Le Miroir de Baudelaire***, in ***Donner à voir***). Dans ***Premières Vues anciennes*** *(ibid.)*, il évoquait encore Mallarmé ou Lewis Carroll au nombre des précurseurs : « *L'intelligence poétique voyait enfin ses frontières détruites et redonnait son unité au monde.* » Selon Eluard, « *entre 1866 et 1875* » *(ibid.)* était apparue, d'un coup, une nouvelle « *raison poétique* », permettant de s'affranchir de « *cet état stagnant* » qui veut que « *les animaux se domestiquent, les enfants atteignent l'âge de raison, les sauvages se civilisent, les fous guérissent, les poètes s'oublient* » (***Peintres***, *ibid.*).

Le langage est, pour lui, à la fois l'instrument et l'enjeu de cette libération : « *Et le langage déplaisant qui suffit aux bavards, langage aussi mort que les couronnes à nos fronts semblables, réduisons-le, transformons-le en un langage charmant, véritable, de commun échange entre nous* » (***Préface*** aux ***Animaux et leurs Hommes*** *[...]*). S'il « *nous faut peu de mots pour exprimer l'essentiel, il nous faut tous les mots pour le rendre réel* » : la formule, qui apparaît dans l'article « Langage » du ***Dictionnaire abrégé du surréalisme***, représente pour Eluard une véritable maxime, reprise dans ***Donner à voir***. Pas de mot tabou, pas de mot « non poétique », ou de mot mort. De nombreux poèmes, sorte d'arts poétiques présentés sous forme de listes de mots, reviennent sur ce culte du vocable — « *Quelques-uns des mots qui, jusqu'ici m'étaient mystérieusement interdits* » (***Blason des fleurs et des fruits***, 1940) — et explorent le potentiel poétique latent des mots les plus usuels. Une conséquence du premier principe est l'indispensable économie des moyens verbaux : « *La poésie enfante souvent sa plus grande ennemie, sa poétisation. Rien de plus affreux qu'un poème poétisé, où les mots s'ajoutent aux mots, pour détruire l'effet de surprise, pour atténuer l'audace de la simplicité, la vision crue d'une réalité inspirante et inspirée, élémentaire* » (conférence à l'Institut français de Prague, 9 avr. 1946, publiée *in* la revue tchèque *Les Feuilles*). Or le caractère principal de cette réalité est sa fluidité : « *Quelle est, à ma taille sans cesse en mouvement, sans cesse différente, la taille du monde ? Autant prendre la taille de l'eau. — Les rapports entre les choses, à peine établis, s'effacent pour en laisser intervenir d'autres, aussi fugitifs* » (***Physique de la poésie***, in ***Donner à voir***). Cette vision héraclitéenne d'un monde instable et fuyant s'exprime souvent poétiquement, elle est sa poésie même : « *Les séduisantes formes de la décomposition des genres dansent dans la nuit. L'oiseau prend racine dans la femme, l'homme dans un nid, ô vieille fée, fée Confuse qui mêles innocemment toutes choses, les couleurs et les formes, les rires et les larmes, les bêtes et les hommes, l'eau et le feu, le ciel et la terre, reste où tu es, j'irai* » (***Les Songes toujours immobiles***, *ibid.*). À la révolution poétique évoquée plus haut correspond une révolution picturale, car si « *la vanité des peintres* [...] *les a longtemps poussés à s'installer devant un paysage* [...] *pour le répéter* » (***Physique de la poésie***, *ibid.*) des artistes tels que Ernst ou Picasso ont eu le courage de s'attaquer « *à cette réalité que l'on proclame intangible, quand elle n'est qu'arbitraire* » (***Peintres***, *ibid.*). De même qu'« *un mot n'exprime jamais complètement son objet* [...], *une image peut se composer d'une multitude de termes, être tout un poème et même un long poème* » (***Premières Vues anciennes***, *ibid.*). Aux yeux d'Eluard, le péché majeur est l'imitation : « *Que la* *pensée ne se considère pas seulement comme un élément scrutateur ou réflecteur, mais comme un élément moteur, comme un élément panique, comme un élément universel, les rapports entre les choses étant infinis »* (***Peintres***, *ibid.*).

L'imagination, qui est « *la source et le torrent qu'on ne remonte pas* » (***L'Évidence poétique***, *ibid.*), permet seule d'échapper à la contemplation passive et aux stéréotypes : « *Voir c'est recevoir, refléter c'est donner à voir* » (***Premières Vues anciennes***, *ibid.*). Eluard lui accorde un rôle majeur dans sa poétique — « *Je n'invente pas les mots. Mais j'invente des objets, des êtres, des événements et mes sens sont capables de les percevoir.* [...] *L'objet de mes désirs est toujours réel, sensible » (ibid.)* —, parce qu'elle lui permet « *de vivre, non pas à la manière de ceux qui portent leur mort en eux, et qui sont déjà des murs ou des vides, mais en faisant corps avec l'univers, avec l'univers en mouvement, en devenir* », dit-il lors d'une conférence intitulée ***L'Avenir de la poésie***, dans le cadre de l'Exposition internationale d'octobre 1937. Il en conclut, dans une formule célèbre reprise dans ***Donner à voir***, que « *la poésie ne se fera chair et sang qu'à partir du moment où elle sera réciproque* ». Dès lors le lien est-il établi entre l'esthétique du poète et ses convictions politiques, car la poésie ainsi définie s'applique à « *refuser de servir un ordre qui n'est pas le sien* » (***L'Évidence poétique***, *ibid.*), « *milite insolemment pour un nouveau* régime, *celui de la logique liée à la vie non comme une ombre mais comme un astre.* [...] *poésie spécifiquement subversive qui a la couleur de l'avenir* » (prière d'insérer pour *De derrière les fagots*, de Péret, 1934). Si « *le développement de l'imagination est lié à la transformation sociale* », c'est que celle-ci « *change le monde* [...]. *Cette reine du monde est la mère du progrès* » (conférence de Prague, 1946). Ainsi, « *tout poète est un poète de* la circonstance *: il crée pour répondre à une situation donnée, dont il n'est pas le maître » (ibid.)*.

THÉORIE LITTÉRAIRE

Avec plus de 110 recueils — dont plusieurs constituaient des remaniements de recueils antérieurs — publiés entre 1916 et 1953 — soit une moyenne de 3 par an —, la fécondité poétique d'Eluard fut quantitativement exceptionnelle. Mais elle le fut, plus encore, qualitativement : de ses débuts surréalistes jusqu'à sa mort, de ***Mourir de ne pas mourir*** à ***Poésie ininterrompue II***, en passant par ***Capitale de la douleur***, ***L'Amour la Poésie***, ***La Vie immédiate***, ***Le Livre ouvert I*** et ***II***, ***Poésie et Vérité 1942***, ***Au rendez-vous allemand***, ***Le Dur Désir de durer***, ***Le temps déborde***, ***Pouvoir tout dire*** et ***Le Phénix***, Eluard a laissé une quinzaine de recueils majeurs qui le placent au tout premier rang des poètes de langue française.

Une poétique de l'évidence

La langue d'Eluard est celle même de « *l'évidence poétique* », pour reprendre le titre d'un recueil de 1937. Poésie de la présence, elle s'alimente aux images les plus élémentaires — *Clair avec mes deux yeux, / Comme l'eau et le feu* (***L'Invention***, in ***Répétitions***) —, qu'elle inscrit dans une sorte d'intemporalité. L'abondance de phrases nominales, l'emploi quasi constant du présent gnomique ou encore la syntaxe de l'assertion sont à cet égard significatifs. D'où l'importance de ces formules lapidaires, si caractéristiques de la poésie eluardienne, qu'elles tiennent de la maxime — *L'amour, c'est l'homme inachevé* (***À perte de vue dans le sens de mon corps***, in ***La Vie immédiate***) —, du proverbe — « *Vue donne vie* » (titre d'un poème recueilli, in ***Le Livre ouvert***) —, de l'aphorisme *(Force reste pourtant aux preuves de la vie)* ou de la parole oraculaire : *Je t'appellerai Visuelle / Et multiplierai ton image* (***L'Univers-Solitude***, 8, in ***À toute épreuve***, 1930). Eluard, qui, à partir de ***L'Amour la Poésie*** (1929), réduisait la ponctuation au seul point final, manifeste une prédilection pour les vers pairs — sans toutefois ignorer, comme le montre l'exemple célèbre de ***Liberté***, les vertus du vers impair — et pour l'anaphore, et privilégie volontiers l'assonance à la rime. Des thèmes, des archétypes pourrait-on dire, surgissent dans leur nudité, en une litanie sans cesse renouvelée : l'oiseau, la lumière, le vent, portés par la toute-puissance des « *Yeux fertiles* » (titre d'un recueil de 1936).

Précisément, le thème majeur de la poésie d'Eluard est celui du regard, leitmotiv lisible dès les titres de maints recueils — outre ***Les Yeux fertiles*** : ***L'Évidence poétique***, ***Premières Vues anciennes***, ***Donner à voir***, ***À l'intérieur de la vue***, ***Voir*** —, ou de poèmes, et dans d'innombrables vers multipliant les termes ou métaphores visuels (« *yeux* », « *paupières* », « *regard* », notamment) :

Elle est debout sur mes paupières
Et ses cheveux sont dans les miens,
Elle a la forme de mes mains,
Elle a la couleur de mes yeux,
Elle s'engloutit dans mon ombre
Comme une pierre sur le ciel.

Elle a toujours les yeux ouverts
Et ne me laisse pas dormir.
Ses rêves en pleine lumière
Font s'évaporer les soleils,
Me font rire, pleurer et rire,
Parler sans avoir rien à dire.

(***L'Amoureuse***,
in ***Mourir de ne pas mourir***)

La courbe de tes yeux fait le tour de mon cœur,
Un rond de danse et de douceur,
Auréole du temps, berceau nocturne et sûr,
Et si je ne sais plus tout ce que j'ai vécu
C'est que tes yeux ne m'ont pas toujours vu.

Feuilles de jour et mousse de rosée,
Roseaux du vent, sourires parfumés,
Ailes couvrant le monde de lumière,
Bateaux chargés du ciel et de la mer,
Chasseurs des bruits et sources des couleurs,

Parfums éclos d'une couvée d'aurores
Qui gît toujours sur la paille des astres,
Comme le jour dépend de l'innocence
Le monde entier dépend de tes yeux purs
Et tout mon sang coule dans leurs regards.

(poème sans titre,
in ***Capitale de la douleur***)

Le lyrisme d'Eluard se caractérise en outre par l'indissociabilité des dimensions personnelle et universelle. Aucune douleur individuelle — pas même la mort de Nusch — ne rend le poète oublieux du destin collectif de l'humanité :

Entre tous mes tourments entre la mort et moi
Entre mon désespoir et la raison de vivre
Il y a l'injustice et ce malheur des hommes
Que je ne peux admettre il y a ma colère

Il y a les maquis couleur de sang d'Espagne
Il y a les maquis couleur du ciel de Grèce
Le pain le sang le ciel et le droit à l'espoir
Pour tous les innocents qui haïssent le mal

La lumière toujours est tout près de s'éteindre
La vie toujours s'apprête à devenir fumier
Mais le printemps renaît qui n'en a pas fini
Un bourgeon sort du noir et la chaleur s'installe

Et la chaleur aura raison des égoïstes
Leurs sens atrophiés n'y résisteront pas
J'entends le feu parler en riant de tiédeur
J'entends un homme dire qu'il n'a pas souffert

Toi qui fus de ma chair la conscience sensible
Toi que j'aime à jamais toi qui m'as inventé
Tu ne supportais pas l'oppression ni l'injure
Tu chantais en rêvant le bonheur sur la terre

Tu rêvais d'être libre et je te continue.

(***Dit de la force de l'amour***,
in ***Le temps déborde***)

Inversement, Eluard ne se montre jamais insensible aux épreuves d'autrui — y compris aux malheurs des « coupables », comme dans ce célèbre poème écrit en hommage aux femmes tondues pour s'être compromises avec des soldats allemands durant l'Occupation :

> En ce temps-là, pour ne pas châtier les coupables, on maltraitait des filles. On allait même jusqu'à les tondre

Comprenne qui voudra
Moi mon remords ce fut
La malheureuse qui resta
Sur le pavé
La victime raisonnable
À la robe déchirée
Au regard d'enfant perdue
Découronnée défigurée
Celle qui ressemble aux morts
Qui sont morts pour être aimés

Une fille faite pour un bouquet
Et couverte
Du noir crachat des ténèbres

Une fille galante
Comme une aurore de premier mai
La plus aimable bête

Souillée et qui n'a pas compris
Qu'elle est souillée
Une bête prise au piège
Des amateurs de beauté

Et ma mère la femme
Voudrait bien dorloter
Cette image idéale
De son malheur sur terre.

(***Comprenne qui voudra***, in ***Au rendez-vous allemand***)

Cette langue dépouillée n'en cultive pas moins avec bonheur les trouvailles, dans le renouvellement d'expressions figées — *Les oiseaux maintenant volent de leurs propres ombres* (***Seconde Nature***, X, in ***L'Amour la Poésie***) —, dans les rencontres insolites entre les mots, sans pour autant jamais atteindre à ce plus haut « *degré d'arbitraire* » qui, pour Breton (*Manifeste du surréalisme*, 1924), constituait l'une des caractéristiques obligées de l'image surréaliste. Ainsi, le vers peut-être le plus célèbre d'Eluard, *La terre est bleue comme une orange* (***Premièrement***, VII, in ***L'Amour la Poésie***), au-delà de la distorsion sémantique, se donne à lire lumineusement comme l'heureuse alliance entre l'homme et le monde sensible.

Une œuvre encensée

Moins dogmatique que Breton, moins polémique qu'Aragon, Eluard est quasiment le seul des surréalistes à avoir été presque unanimement couvert de louanges par la critique de son époque : c'est qu'il eut, parmi eux, une place à part. Cette parole immédiate qui tend à nommer les choses plus qu'à produire les déflagrations entre les mots, la beauté pure de son chant qui perdure de la parole intimiste à la parole militante, ses réticences pour l'écriture automatique ne pouvaient qu'aller à l'encontre des mots d'ordre du surréalisme et notamment de ses « *impératifs anti-littéraires* » — selon les termes de Breton dans *Nadja* —, même si Eluard y a souscrit en théorie. Poète populaire, chantre de l'amour et du bonheur, ses images semblent nous habiter depuis l'enfance — comme celles d'Aragon, que séparait d'Eluard un communisme beaucoup plus doctrinaire et intransigeant.

C'est ce qui fit écrire à Gaëtan Picon que pour « *novatrice que soit cette poésie dans son langage et sa vision, elle est plus près de Lamartine* [...] *que de Michaux ou de Prévert* » (*Panorama de la littérature française*, 1960).

Eluard reste un poète encensé par toutes les générations : respecté par ses adversaires politiques pour son intégrité, il est l'un des auteurs les plus appréciés, même si son classicisme se révèle plus scolaire qu'universitaire, peu de recherches lui étant consacrées.

ŒUVRES

Au rendez-vous allemand

Recueil publié en décembre 1944, aux Éditions de Minuit. Les 3 autres éditions, augmentées soit de certains poèmes inédits, soit de recueils antérieurement parus, furent publiées successivement en 1945 (2ᵉ et 3ᵉ éditions) et en 1946 (4ᵉ édition).

La plupart des poèmes avait paru primitivement, soit en Suisse, soit en France, dans la clandestinité. Ainsi, ***Avis*** parut dans *Poèmes français* à Genève en 1943 ; ***Courage***, ***Les Belles Balances de l'ennemi*** et ***Chant nazi***, parurent dans ***L'Honneur des poètes*** en 1943 ; ***Un petit nombre d'intellectuels français s'est mis au service de l'ennemi*** parut dans *Les Lettres françaises*, en 1943 ; ***Les Sept Poèmes d'amour en guerre*** furent publiés clandestinement, sous le pseudonyme de Jean du Haut, etc. Au fur et à mesure de ces rééditions, le livre grossit avec l'ajout de poèmes inédits et la reprise de recueils antérieurs, comme ***Poésie et Vérité 1942***, primitivement publié aux éditions clandestines de la Main à plume. Ce recueil comprenait d'ailleurs le célèbre poème ***Liberté***. Au total, la dernière édition d'***Au rendez-vous allemand*** regroupe la quasi-totalité des poèmes de guerre d'Eluard. Le poème ***Avis***, qui ouvre l'ouvrage, donne le ton du travail d'Eluard : *La nuit qui précéda sa mort / Fut la plus courte de sa vie / L'idée qu'il existait encore / Lui brûlait le sang aux poignets / Le poids de son corps l'écœurait / Sa force le faisait gémir / C'est tout au fond de cette horreur / Qu'il a commencé à sourire / Il n'avait pas* UN *camarade / Mais des millions et des millions / Pour le venger il le savait / Et le jour se leva pour lui.* La simplicité du vocabulaire traduit la force d'un verbe poétique classique qui se plaît également à développer des répétitions facilement mémorisables : *Un homme est mort qui n'avait pour défense / Que ses bras ouverts à la vie / Un homme est mort qui n'avait d'autre route / Que celle où l'on hait les fusils / Un homme est mort qui continue la lutte / Contre la mort contre l'oubli* [...] *Péri est mort pour ce qui nous fait vivre / Tutoyons-le sa poitrine est trouée / Mais grâce à lui nous nous connaissons mieux / Tutoyons-nous son espoir est vivant* ***(Gabriel Péri)***.

On comprend alors aisément que des musiciens comme Roland Manuel, Georges Auric ou même Francis Poulenc se soient saisis de certains poèmes pour les mettre en musique. Toutefois, le fait d'attribuer, en plein combat, une vertu morale et militante à la poésie fut fortement reproché au poète par Péret, dans son pamphlet *Le Déshonneur des poètes* : « *Tout "poème" qui exalte une "liberté" volontairement indéfinie quand elle n'est pas décorée d'attributs religieux ou nationalistes, cesse d'abord d'être un poème et par suite constitue un obstacle à la libération totale de l'homme, car il le trompe en lui montrant une "liberté" qui dissimule de nouvelles chaînes.* »

Donner à voir

Recueil poétique publié chez Gallimard, en 1939. Comme à l'accoutumée, Eluard reprend dans ce recueil des textes publiés précédemment. Ainsi trouve-t-on, intégralement, dès l'ouverture de l'ouvrage, un recueil publié en 1926 dans les *Cahiers du Sud*, ***Les Dessous d'une vie ou la Pyramide humaine***, ainsi que 6 poèmes extraits d'un autre recueil, ***Les Nécessités de la vie et les Conséquences des rêves précédés d'Exemples*** (1921). À quoi s'ajoutent des textes extraits des recueils ***Répétitions*** (1922), ***Mourir de ne pas mourir*** (1924), ***Capitale de la douleur*** (1926), ***Dors*** (1931), ***La Vie immédiate*** (1932), ***La Rose publique*** (1934), ***Les Yeux fertiles*** (1936), ***L'Évidence poétique*** (1937), ***Les Mains libres*** (1937), ***Appliquée*** (1937), ***Cours naturel*** (1938) et ***Facile proie*** (1938), ainsi que le 1er alinéa de la ***Préface*** à l'anthologie de Baudelaire qu'Eluard établit en 1939, sous le titre ***Charles Baudelaire. Choix des textes et Préface par Paul Eluard***. En plus de ces reprises personnelles, des citations délimitent le champ d'investigation du poète, selon Eluard. Ainsi, un fragment de Novalis *(« L'homme entièrement conscient s'appelle le voyant »)* peut cotoyer une pensée de Joubert : « *Dans le langage ordinaire, les mots servent à rappeler les choses ; mais quand le langage est vraiment poétique, les choses servent toujours à rappeler les mots.* » Et l'on voit encore apparaître, pêle-mêle, Feurbach, Nerval, Laforgue, Apollinaire, William Blake, Goethe, Rimbaud, Lautréamont, Reverdy, Breton, etc.

Le sens de ces collages définit, en fait, une éthique de l'acte poétique. Ainsi, de la main d'Eluard, peut-on lire dans ***Vérité bien ordonnée***, le célèbre aphorisme suivant : « *Tu ne lis que pour découvrir, contrôler ou corriger ce que tu penses. Signe ce que tu approuves.* » Cette pensée, évidemment, souligne la rencontre entre politique et poétique, telle que pouvaient la rêver les surréalistes, à cette période. Eluard fait sien l'aphorisme de Lautréamont, qu'il rappelle à la fin de ***Vérité bien ordonnée*** : « *La poésie doit être faite par tous. Non par un.* » Le recueil est également placé sous le signe des peintres : Mir, Dalí, Masson, Ernst, mais surtout Picasso sont en effet à l'honneur dans ces textes. Aussi le poème ***À Pablo Picasso*** peut-il affirmer : *Toi tu as ouvert des yeux qui vont leur voie / Parmi les choses naturelles à tous les âges / Tu as fait la moisson des choses naturelles / Et tu sèmes pour tous les temps.* Le poète comme le peintre se rejoignent dans le titre. Poèmes et tableaux se conjuguent pour, en effet, « *donner à voir* ».

Poésie ininterrompue II

Recueil posthume en 5 parties, publié chez Gallimard en 1953, et présenté comme le second volet d'un autre recueil publié chez Pierre Bordas en 1946. ***Poésie ininterrompue II*** comprend les 5 parties : ***Ailleurs ici partout***, ***Blason dédoré de mes rêves***, ***Épitaphes***, ***Abolir les mystères*** et ***Le Château des pauvres***. À l'exception de la 4e partie qui comprend 2 poèmes, ***Ce ne sont pas mains de géants*** et ***Les Constructeurs***, chacune des sections de ce recueil est constituée d'un seul poème de taille assez longue. Bien que publié de façon posthume, l'ouvrage a été entièrement ordonné par le poète.

C'est l'ampleur du lyrisme de cette poésie qui surprend d'emblée : *La présence a pour moi les traits de ce que j'aime / C'est là tout mon secret ce que j'aime vivra / Ce que j'aime a toujours vécu dans l'unité / Les dangers et les deuils l'obscurité latente / N'ont jamais pu fausser mon désir enfantin* ***(Ailleurs ici partout)***. Il y a, dans ce qui est donc le dernier recueil composé par Eluard, une fraîcheur de l'image et une simplicité du verbe qui semblent conquises par le dépassement de la douleur : *J'avoue je viens de loin et j'en reste éprouvé / Il y a des moments où je renonce à tout / Sans raisons simplement parce que la fatigue / M'entraîne jusqu'au fond des brumes du passé / Et mon soleil se cache et mon* *ombre s'étend* ***(Le Château des pauvres)***. L'image de l'amour — inspiré par Dominique — domine ces poèmes, avec une sorte de naïveté qui fait toute la grâce du recueil : *Oui c'est pour aujourd'hui que je t'aime ma belle / Le présent pèse sur nous deux et nous soulève / Mieux que le ciel soulève un oiseau vent debout* ***(Le Château des pauvres)***.

CITATIONS

La terre est bleue comme une orange.

Premièrement, in *L'Amour la Poésie.*

On a pu penser que l'écriture automatique rendait les poèmes inutiles. Non : elle augmente, développe seulement le champ de l'examen de conscience poétique, en l'enrichissant.

Poésie pure, in *Donner à voir.*

Il faut des légumes frais aux missionnaires, car l'anthropophagie est contagieuse et l'on ne soupçonne que les sauvages.

Essai de simulation de la démence précoce, in *L'Immaculée Conception.*

Sur mes cahiers d'écolier
Sur mon pupitre et les arbres
Sur le sable sur la neige
J'écris ton nom

Sur toutes les pages lues
Sur toutes les pages blanches
Pierre sang papier ou cendre
J'écris ton nom

Sur les images dorées
Sur les armes des guerriers
Sur la couronne des rois
J'écris ton nom

Sur la santé revenue
Sur le risque disparu
Sur l'espoir sans souvenir
J'écris ton nom

Et par le pouvoir d'un mot
Je recommence ma vie
Je suis né pour te connaître
Pour te nommer

Liberté

Liberté, in *Poésie et Vérité.*

Une rose écorchée bleuit.

Du dedans, in *Poésie et Vérité.*

La Bêtise, essentiellement, milite. Elle sert des systèmes qui se prétendent de première utilité parce qu'ils sont exclusivement raisonnables. L'Innocence, elle, est capable d'attirer l'attention des hommes les meilleurs pour les persuader que, plus loin que les solutions hâtives à des problèmes mal connus et mal posés, une folle sagesse, plus savante que les livres, affirme tranquillement des vérités qui n'ont rien à faire avec le mensonge.

Invraisemblances et Hyperboles, in *Les Sentiers et les Routes de la poésie.*

JUGEMENTS

« *La poussée soudaine d'une sorte de sentiment "olympien" chez lui, s'appuyant sur une confiance toujours plus grande en sa propre valeur, voilà sur quoi notre entente venait, je crois, s'achopper.* »

André Breton, *Entretiens (1913-1952)*, octobre 1938, Gallimard, 1952.

« *Eluard : tant et tant de confusion pour rester si pur.* »

Salvador Dalí, *Journal d'un génie*, La Table ronde, 1964.

« [...] *Eluard est trop descriptif et manque de rythme, je le sens très clairement, tout est dans le rythme* [...]. »

Sonia Delaunay, *Nous irons jusqu'au soleil*, 25 février 1942, Laffont, 1978.

« [...] *Paul Eluard* [...] *dégage du geste le plus habituel une somme de mystère* [...]. »

Robert Desnos, *Nouvelles Hébrides (1922-1930)*, Gallimard, posthume, 1978.

« *Hier déjeuné chez un jeune peintre. Il y avait Eluard, grand, presque majestueux. Il parle lentement et gravement, avec une politesse dont nous perdons l'habitude. Son visage est le visage d'un poète. Autour de lui, une zone de solitude que je n'ai pas essayé de franchir ; on lui parlait beaucoup, mais il me semble que les plus bavards n'arrivaient pas à l'atteindre et j'ai admiré cette hauteur qui savait n'être jamais discourtoise.* »

Julien Green, *Journal*, 1er février 1946, Plon, 1949.

« *Cette homme tranquille était une tour française, couverte de fleurs. Il sortait du sol où lauriers et racines entrelacent leur patrimoine parfumé. Toute sa personne était faite de pierre et d'eau et un liseron ancien y grimpait, chargé de fleurs et de feux, de nids et de chants transparents.* »

Pablo Neruda, *Né pour naître*, trad. franç. Claude Couffon, Messidor/Temps actuel, 1975.

> *« Eluard possède un sens évident du rythme et du verbe.*
> *Dans ce corps maladif couve une sourde flamme.* [...]
> *J'ai noté ceci : Eluard ne pose jamais de question. »*
> Georges SÉFÉRIS, *Pages de journal*, 24 mai 1946, trad. franç. Denis KOHLER, Mercure de France, 1988.

BIBLIOGRAPHIE

Éditions

Œuvres complètes, éd. L. SCHELER et M. DUMAS, « Pléiade », Gallimard, 1968, 2 vol.

Au rendez-vous allemand, Minuit, 1976.

Donner à voir, « Poésie », Gallimard, 1978.

Poésie ininterrompue, « Poésie », Gallimard, 1969.

Études

D. BERGEZ, *Eluard ou le Rayonnement de l'être*, Champ Vallon, Seyssel (Ain), 1982.

N. BOULESTREAU, *La Poésie de Paul Eluard*, Klincksieck, 1985.

J.-Y. DEBREUILLE, *Eluard ou le Pouvoir du mot*, Nizet, 1977.

L. DECAUNES, *Eluard, l'amour, la révolte, le rêve*, Balland, 1982.

J.-Ch. GATEAU, *Paul Eluard ou le Frère voyant*, Laffont, 1988.

C. GUEDJ (dir.), *Eluard a cent ans*, actes du colloque de Nice, janv. 1996, L'Harmattan, 1998.

R. JEAN, *Eluard par lui-même*, « Écrivains de toujours », Seuil, 1968 ; *La Poétique du désir*, Seuil, 1974.

L. PARROT et J. MARCENAC, *Paul Eluard*, « Poètes d'aujourd'hui », Seghers, 1965.

E. REBOUL, *Paul Eluard, scintillements d'une étoile morte*, Lacour, 1997.

J.-P. RICHARD, *Onze Études sur la poésie moderne*, Seuil, 1964, rééd. 1973.

R.-J. SÉGALAT, *Album Eluard*, « Pléiade », Gallimard, 1968.

R.D. VALETTE, *Eluard, livre d'identité*, Tchou, 1967.

Paul Eluard et ses amis peintres, catalogue de l'exposition au Centre Georges Pompidou, nov. 1982-janv. 1983, BPI du Musée national d'art moderne, 1982.

AUDIO & VIDÉO

CD-ROM

Eluard, Eluard : Cent et Un Poèmes, Arte Éditions/Les Films d'ici/Havas Interactive/Softissimo, 1999.

FÉNELON

FÉNELON

De son vrai nom, François de SALIGNAC de LA MOTHE-FÉNELON

Château de Fénelon, Sainte-Mondane (act. Dordogne) 1651 – Cambrai (act. Nord) 1715

Académicien

« Le charme le plus touchant des ouvrages de Fénelon est ce sentiment de quiétude et de paix qu'il fait goûter à son lecteur ; c'est un ami qui s'approche de vous, et dont l'âme se répand dans la vôtre ; il tempère, il suspend au moins pour un moment vos douleurs et vos peines ; on pardonne à l'humanité tant d'hommes qui la font haïr, en faveur de Fénelon qui la fait aimer. »

D'ALEMBERT, *Éloge de Fénelon*, 1753.

« Je rabâche tes anciens livres ; je me viens d'imposer la contrainte de relire Télémaque. *Ma grand'maman, il est ennuyeux à la mort. Ce n'est pas du véritable bon temps du siècle de Louis XIV. Il avoisinait celui de Fontenelle et de Lamotte. Son style est long, lâche ; il vise à une certaine onction qui n'a point de chaleur. Toujours des préceptes, des descriptions, point de sentiments, point de mouvement, point de passion. »*

Madame du DEFFAND, *Lettre à la duchesse de Choiseul*, 23 octobre 1771.

L'homme du pur amour de Dieu

Un ecclésiastique attentif et dévoué

Issu d'une vieille famille de la noblesse provinciale, Fénelon, avant-dernier de 14 enfants, fit ses études à Cahors, puis à Paris, avant d'entrer au séminaire de Saint-Sulpice en 1676. Docteur en théologie, imprégné d'augustinisme, tout dévoué à sa charge évangélique, il devint, en 1678, supérieur des Nouvelles Catholiques (donc chargé de veiller au salut des protestantes récemment converties), et le resta pendant dix ans. Attentif à la force des émotions dans les discours, il en valorisa la pratique pour la prédication, dans ses ***Dialogues sur l'éloquence en général, et sur celle de la chaire en particulier*** (vers 1684, publiés en 1718 seulement) et s'en servit pour ses directions de conscience où il s'avéra fort persuasif. En relation avec Fleury, Mabillon et surtout Bossuet, il participa à leurs discussions théologiques et rédigea une ***Réfutation du système de Malebranche sur la nature et la grâce*** (1685, publiée dans les ***Œuvres philosophiques*** en 1843) où, déjà, le thème de l'abandon aux volontés divines comme source de la grâce et de la liberté humaine prend forme. En 1685-1686, c'est-à-dire peu après la révocation de l'édit de Nantes, il dirigea, en Saintonge et en Poitou, une mission contre les protestants où il obtint des résultats par la controverse, l'apologétique et la prédication, mais sans faire usage de la force des dragonnades. Soutenu par le duc de Chevreuse, puis par Mme de Maintenon, il composa, à la demande d'une des filles de Colbert, la duchesse de Beauvilliers, une méthode pédagogique intitulée ***Éducation des filles*** (1687), où il se prononce contre l'usage de la contrainte et pour l'exemplarité des choses agréables : « *cachons l'étude sous les fleurs* » ; il y manifeste aussi le souci de ne pas rendre les filles « *artificieuses* ».

Le précepteur du duc de Bourgogne

Ces activités de pédagogue novateur, de directeur attentionné et de savant subtil, ajoutées à sa fréquentation du monde de la Cour, le firent nommer, en 1689, précepteur du duc de Bourgogne, petit-fils de Louis XIV et héritier présomptif du trône. Quelques mois auparavant, à la fin de 1688, Fénelon avait fait la rencontre de Mme Guyon, veuve devenue ursuline en 1683 et qui avait déjà été assignée à résidence en 1688. Soutenue par plusieurs dames, dont Mme de Maintenon, introduite à Saint-Cyr, elle parut être au prélat l'une de ces mystiques qu'il ne connaissait que dans les écrits de saint Jean de la Croix, Benoît de Canfield ou Marie de l'Incarnation. Mais sa doctrine, reprise du pur amour de saint François de Sales (et de Jean-Pierre Camus) ne pouvait manquer d'inquiéter les autorités ecclésiastiques et rappeler les dangers du quiétisme du théologien espagnol Miguel de Molinos, condamné en 1687 après deux ans d'enquête. Les « *torrents spirituels* » (titre d'un ouvrage de Mme Guyon) paraissaient bien capables, à certains esprits catholiques, d'emporter sur leur passage les institutions aussi bien que la morale chrétiennes...

Mme de Maintenon, un moment subjuguée par la séduisante doctrine du pur amour, commença à douter de ses vertus pédagogiques lorsque certaines des novices de Saint-Cyr privilégièrent un peu trop radicalement l'oraison spirituelle par rapport aux devoirs religieux. Mais peut-être était-ce aussi une manœuvre politique pour défaire l'influence grandissante de Fénelon. En 1694-1695, Bossuet et deux autres ecclésiastiques examinèrent les écrits de la mystique. Fénelon tenta de faire entendre à Bossuet, rétif au mysticisme et à l'anti-intellectualisme implicite de Mme Guyon, certains de ses énoncés parfois paradoxaux. Le 10 mars 1695 furent signés ces « *articles d'Issy* » qui condamnaient mollement les écrits guyoniens. Mais, deux ans plus tard, Bossuet, soucieux de radicaliser la critique et de la faire porter aussi sur Fénelon, répliqua par une *Instruction pastorale sur les États d'oraison* à l'***Explication des maximes des saints sur la vie intérieure*** (1697), où Fénelon tentait de devancer les attaques. Celui-ci semblait au faîte de son autorité : élu à l'Académie française (1693), nommé évêque de Cambrai (février 1695), il était à peine « égratigné » par le colloque d'Issy.

La disgrâce du « *Cygne de Cambrai* »

Pourtant, en août 1697, le prélat tomba en disgrâce et dut se retirer dans son évêché de Cambrai. Deux ans plus tard encore, à la suite de l'acharnement de Bossuet et de Louis XIV, le Saint-Office condamnait, le plus légèrement possible, certaines propositions de l'***Explication***, condamnation que le prélat accepta en prêchant, le jour même où elle lui fut signifiée, l'obéissance et la soumission à l'autorité. Politiquement et théologiquement, Fénelon semblait vaincu. Au même moment, parut, sans doute sans son autorisation, la ***Suite du quatrième livre de l'« Odyssée » d'Homère ou les Avantures de Télémaque, fils d'Ulysse*** (1699). La question de savoir si la défaveur de Fénelon eut aussi des causes politiques est difficile à trancher. Depuis que D'Alembert l'a insérée dans son *Éloge de Fénelon* (1771), on a pris l'habitude de considérer avec lui comme admirable la ***Lettre à Louis XIV (Remontrances à ce prince sur divers points de son administration)*** où l'auteur du ***Télémaque*** ose dire au Roi-Soleil « [...] *vous avez passé votre vie entière hors du chemin de la vérité et de la justice, et par conséquent hors de celui de l'Évangile* » : « *liberté d'un ministre de l'Être suprême* » (D'Alembert). Écrite entre 1691 et 1695, cette lettre a-t-elle touché son destinataire ? Était-elle d'ailleurs composée dans ce but ? Elle fut sans doute lue par l'entourage du roi, et notamment par Mme de Maintenon. Quoi qu'il en soit, on retrouve les thèmes de cette lettre dans certains passages du ***Télémaque***. Peut-on alors considérer Fénelon comme gagnant — en littérature —, après avoir perdu en politique et en théologie ? Certes, le prélat fut exilé de fait, et la pression royale empêcha la curie romaine de lui accorder le chapeau de cardinal. Mais il serait trop simple de voir en Fénelon un vaincu et en Bossuet un vainqueur : leur « querelle théologique » s'étendit sur trois ans (1697 à 1699) et fut marquée de nombreuses *Lettres* de part et d'autre ; néanmoins, la rigueur de l'« *Aigle de Meaux* » finit par se lasser de la souplesse du « *Cygne de Cambrai* » : Bossuet ne voulut par courir le risque, avec le quiétisme, de « *ramener les grâces des* Provinciales »...

Une fin de vie inspirée

La production littéraire de Fénelon fut, en tout cas, importante dans les dernières années de sa vie, avec surtout les ***Dialogues des morts*** (***Dialogues divers [...]*** en 1700 ; ***Dialogues des morts, composez pour l'éducation d'un prince***, en 1712, fort augmentés). Malgré leur titre, ces dialogues sont assez peu dans la manière de Lucien : « *Accordons-nous* » ou « *Faisons compensation* » y apparaissent souvent. Démocrite le rieur, Timon le misanthrope et Lucien le railleur de philosophes n'y sont pas donnés comme plus respectables qu'Alcibiade le volage ou Crassus le prodigue ; mais Clitus y dit son fait à Alexandre *(« Parce que je t'aime, je ne t'épargnerai point »)*, et Commines réplique à Louis XI espérant la complaisance des historiens : « *Ceux qui veulent qu'on ne parle pas mal d'eux n'ont qu'une seule ressource, qui est de bien faire.* » À la fois religieuse, polémique (contre le jansénisme) et pastorale, avec les ***Réflexions saintes sur tous les jours du mois*** (1704), cette production se poursuivit, dans le souci pédagogique de former son royal élève, par les ***Directions pour la conscience d'un roi [...]*** (publiées en 1747 et prolongeant, en quelque sorte, la ***Lettre à Louis XIV***), mais aussi par des ***Fables*** et ***Contes***, en proses française et latine.

THÉORIE LITTÉRAIRE

L'académicien Fénelon adressa à ses collègues une ***Lettre à l'Académie*** (***Réflexions sur la grammaire, la rhétorique [...], ou Mémoire sur les travaux de l'Académie française, à M. Dacier [...]***, posth., 1716) où il proposait d'« *enrichir la langue* » : « *le vieux langage se fait regretter* », et il serait bon de l'intégrer, voire, à l'image des Grecs et des Latins, de composer des mots — position plus proche de celle de Mlle de Gournay que de celle de Malherbe ou de Bouhours. Par ailleurs, tout en répondant aux deux *Discours sur les travaux de l'Académie [...]* de l'abbé de Saint-Pierre (1714), et en encourageant des projets de rhétorique et de poétique, Fénelon prit parti dans la querelle des Anciens et des Modernes, alors finissante : la première tâche de l'Académie était le *Dictionnaire*, et « *la perfection des dictionnaires est même un point où il faut avouer que les Modernes ont enchéri sur les Anciens* » ; la partie de la lettre qui traite du sujet, commençant « *par souhaiter que les Modernes surpasseront les Anciens* » et s'achevant sur le souci de ne « *point ôter à personne l'espérance de les vaincre* » est une discrète mise en valeur desdits Anciens et un vigilant encouragement aux Modernes. Enfin, les ***Dialogues sur l'éloquence en général, et sur celle de la chaire en particulier*** affirment une recherche de la simplicité, accordée à la visée apologétique, sans pour autant refuser, quand il en est besoin, la force expressive : « *Il faut être grand dans les grandes choses, il faut être simple sans être bas dans les petites, il faut tantôt de la naïveté et de l'exactitude, tantôt de la sublimité et de la véhémence* » (II).

THÉORIE LITTÉRAIRE

Tout en menant cette activité littéraire, l'évêque de Cambrai ne négligeait pas les soins de son diocèse, ses contemporains remarquant sa charité et sa vie frugale qui contrastaient avec les mœurs de nombre de prélats d'alors. La mort du duc de Bourgogne (1711) l'affecta profondément, et il mourut très chrétiennement, la même année que Louis XIV, mais avant lui. Le chapitre de sa cathédrale et l'Académie n'osèrent pas lui rendre un hommage public.

Prêtre scrupuleux mais romancier « païen » du ***Télémaque***, précepteur du petit-fils de Louis XIV mais pourfendeur des excès de la monarchie absolue, Fénelon, aussi célèbre que méconnu, reste une énigme à force de contradictions : soucieux de son rôle d'éminence grise et ambitionnant de diriger la conduite du futur roi, il est pourtant le théologien du pur amour absolument désintéressé, de l'abandon aux volontés divines et de l'anéantissement mystique du moi. Et, si l'on a beaucoup vanté la « douceur » de son style, sa vie et son œuvre témoignent surtout d'une singulière constance dans l'ardeur.

La prose poétique

Fénelon lui-même ayant qualifié ***Télémaque*** de « *poème héroïque* », alors qu'il s'agit d'un roman en prose, beaucoup de commentateurs — et non des moindres : La Harpe, Voltaire — ont souligné le paradoxe de ce style, alors inédit, d'une prose poétique. Deux temps verbaux caractérisent les deux pôles — expressivité et simplicité — du style de Fénelon, notamment dans son ***Télémaque*** : l'imparfait et le présent, qui prolifèrent au détriment du temps du récit par excellence qu'est le passé simple. On trouvera ainsi l'imparfait dans un usage narratif et dramatique, à l'intérieur de phrases parataxiques (sans subordination), par exemple lors de la mort de la cruelle Astarbé : « [...] *ses yeux éteints roulaient dans sa tête et jetaient des regards farouches ; un mouvement convulsif agitait ses lèvres et tenait sa bouche ouverte d'une horrible grandeur* [...] » (***Télémaque***, livre VII). Même s'il peut, lui aussi, prendre une force dramatique, le présent permet surtout au mythe de l'âge d'or de se développer dans l'achronie de l'utopie. La Bétique est ainsi entièrement décrite au présent : « *Le fleuve Bétis coule dans un pays fertile et sous un ciel doux qui est toujours serein* » *(ibid.)*. L'usage de ces deux temps se justifie également par la structure narrative du ***Télémaque***, qui laisse le discours direct, celui de Télémaque à Calypso, ou de Mentor-Minerve à son disciple, modaliser les narrations. Quant à la fameuse « douceur » fénelonienne, elle procède autant du rythme ample et régulier de certaines périodes que du choix systématique d'images topiques : « *Une troupe de jeunes Phéniciens d'une rare beauté, et vêtus de fin lin plus blanc que la neige, dansèrent longtemps les danses de leur pays, puis celles d'Égypte et enfin celles de la Grèce.* [...] *Le silence de la nuit, le calme de la mer, la lumière tremblante de la lune répandue sur la face des ondes, le sombre azur du ciel semé de brillantes étoiles, servaient à rendre ce spectacle encore plus beau* » *(ibid.)*. La recherche de la simplicité, de la « naïveté », suscite des métaphores convenues, et les descriptions, notamment de paysages, usent volontiers des épithètes de nature (telles les « *brillantes étoiles* ») et des qualificatifs les plus attendus, au point que le stylisticien Albalat a pu faire, à la fin du XIXe siècle, du style de Fénelon le parangon du plus mauvais style, constitué uniquement de clichés. Mais l'écriture du ***Télémaque*** choisit une ornementation qui évite autant les heurts que les surprises, même si la « douceur » cède parfois le pas aux outrances épiques : « *Je voyais ce roi qui animait les siens par son exemple : il paraissait comme le dieu Mars : des ruisseaux de sang coulaient autour de lui ; les roues de son char étaient teintes d'un sang noir, épais et écumant ; à peine pouvaient-elles passer sur des tas de corps morts écrasés* » (livre II). Si de tels passages guerriers usent de l'hyperbole, c'est conformément aux conventions propres à l'épopée, et non pour véritablement étonner le lecteur.

Une gloire tardive et éphémère

Saint-Simon a dressé plusieurs portraits de Fénelon, insistant sur « *sa passion* [...] *de plaire*, [...] *de captiver* [autant] *les valets que les maîtres* [...] », et précisant qu'« *il avait pour cela des talents faits exprès* » (*Mémoires*, 1711). Il souligna aussi la singularité inoubliable du personnage : « *Ce prélat était un grand homme maigre, bien fait, pâle, avec un grand nez, des yeux dont le feu et l'esprit sortaient comme un torrent, et une physionomie telle que je n'en ai point vu qui y ressemblât, et qui ne se pouvait oublier quand on ne l'aurait vue qu'une fois* » (*Mémoires*, 1715). Très peu d'œuvres de Fénelon parurent de son vivant, et les ***Œuvres*** mêmes ne connurent pas d'édition avant... 1787. C'est par l'*Histoire de la vie de messire François de Salignac de la Mothe-Fénelon* (1723) du chevalier Ramsay, qui en fit un homme des Lumières, que le prélat fut connu, d'une façon passablement infidèle : c'est ainsi que le virent d'Alembert et les autres philosophes (dont Rousseau, admirateur du ***Télémaque***), et que l'immortalisa Marie-Joseph Chénier dans une tragédie en 5 actes (*Fénelon, ou les Religieuses de Cambrai*, 1793). Au XVIIIe siècle, Fénelon apparut comme une victime d'une cabale et de la jalousie de Bossuet (Voltaire, *Le Siècle de Louis XIV*, chap. 38) et comme l'auteur des ***Aventures de Télémaque***, qui, bien qu'attaquées par Nicolas Gueudeville (*Critique du premier [second, etc.] tome des « Aventures de Télémaque »*, 1700-1702), furent unanimement admirées. L'homme (*Histoire de Fénelon* du cardinal Bausset, 1808) et l'œuvre (***Œuvres [...] publiées d'après les manuscrits originaux [...]***, 1820 à 1824, 22 vol., et ***Correspondance de Fénelon [...]***, 1830, 11 vol.) ne furent toutefois véritablement connus qu'au XIXe siècle : si le théologien, le pédagogue, le philosophe furent appréciés, l'écrivain ne le fut que jusqu'à l'opinion « définitive » d'Albalat... Au XXe siècle, hormis la réécriture subversive des *Aventures de Télémaque* par Aragon en 1922, l'œuvre de Fénelon est tombée dans un oubli presque complet — autant qu'injuste : l'auteur n'est plus, au sens propre, un « classique ».

ŒUVRE

Les **Aventures de Télémaque**

Sorte de roman épique, paru subrepticement et incomplètement en 1699, sous le titre ***Suite du quatrième livre de l'« Odyssée » d'Homère ou les Avantures de Télémaque, fils d'Ulysse***. C'est en 1717, après la mort de l'auteur, que son neveu, le marquis de Fénelon, donna la « *première édition conforme au manuscrit original* ». Cette édition « autorisée » de 1717 divise le texte en 24 livres (nombre des chants de l'*Iliade* et de l'*Odyssée*, et d'ailleurs nombre des lettres de l'alphabet grec), précédés chacun d'un sommaire qui n'est pas de l'auteur, mais la seule copie manuscrite revue par Fénelon le divise en 18 livres, sans sommaire. L'ensemble se présente comme un roman d'éducation destiné au duc de Bourgogne, élève de Fénelon.

Télémaque, fils d'Ulysse, est le héros du chant IV de l'*Odyssée* d'Homère, où il part à la recherche de son père avec l'aide de la déesse Athéna (Minerve chez Fénelon, où les divinités ont leur nom latin) qui a pris l'apparence du vieux Mentor. Fénelon développe l'intrigue au fil des 18 livres du récit, Télémaque racontant ses aventures à Calypso, qui s'éprend de lui tandis qu'il est lui-même amoureux de la nymphe Eucharis (livres I à VI). Fuyant la colère de Calypso (« *Je ne crains plus ni mers, ni vents, ni tempestes ; je ne crains plus que mes passions. L'amour est lui seul plus à craindre que tous les naufrages* », fin du livre VI), le héros entend le capitaine Adoam leur décrire la sagesse des peuples de la Bétique, dont la vie patriarcale et communautaire les empêche de « *comprendre qu'on admire tant les conquérants qui subjuguent les grands empires* » (livre VII). À Salente, Mentor intervient dans le gouvernement du roi Idoménée, met fin à la guerre avec les Manduriens en négociant avec eux, et dissuade le souverain de s'engager dans une nouvelle guerre : c'est l'occasion, pour le vieillard, de critiquer vigoureusement l'administration d'Idoménée et sa philosophie : « *Mais quelle détestable maxime, que de ne croire trouver sa sûreté que dans l'oppression de ses peuples !* » (livre X). En fait, Idoménée est victime des mauvais conseils de Protésilas, courtisan qui a éloigné de lui Philoclès, le bon conseiller... (livre XI). Philoctète, compagnon d'Hercule, explique à Télémaque que le demi-dieu fut victime de sa passion amoureuse (livre XII). Une querelle avec le chef des Spartiates, Phalante, dégénère en un combat où Télémaque apprend l'art de la guerre, puis la magnanimité (livres XIII-XIV). Une expédition dans les Enfers, à la recherche de son père, permet au jeune homme de voir les châtiments qui frappent les mauvais souverains et les impies, même vertueux : « *"Quoi donc ! disait Minos, on passe pour un monstre quand on manque de reconnaissance pour son père* [...] *et on fait gloire d'être ingrat pour les dieux, de qui on tient la vie et tous les biens qu'elle renferme !* [...] *Plus tous ces crimes sont impunis et excusés sur la terre, plus ils sont dans les enfers l'objet d'une vengeance implacable à qui rien n'échappe"* » (livre XIV).

Il voit ensuite la félicité des hommes vertueux (livre XIV). Une nouvelle action militaire manifeste la valeur de Télémaque, qui rétablit la paix et, de retour à Salente, devient amoureux de la fille d'Idoménée, Antiope (livres XV à XVII). Relâchant dans une île, Télémaque rencontre son père qu'il ne reconnaît pas, reçoit de Mentor qui se fait reconnaître comme Minerve les derniers conseils de sagesse, arrive à Ithaque « *et reconnut son père chez le fidèle Eumée* » (livre XVIII).

Ce roman épique, qui fait passer, sous le manteau des « *aventures* », tout un savoir historique, géographique, économique et moral, abonde en conseils d'économie : « *Ô mon fils, tu régneras un jour ; alors souviens-toi de ramener les hommes à l'agriculture, d'honorer cet art, de soulager ceux qui s'y appliquent, et de ne souffrir point que des hommes vivent ni oisifs, ni occupés à des arts qui entretiennent le luxe et la mollesse* » (livre XIV) ; de morale pratique : « *Il faut étudier les hommes pour les connaître ; et pour les connaître, il en faut voir souvent, et traiter avec eux* [...]. *Un roi inaccessible aux hommes l'est aussi à la vérité : on noircit par d'infâmes rapports et on écarte de lui tout ce qui pourrait lui ouvrir les yeux* » (livre XVIII) ; de morale politique : « *Les rois qui ne songent qu'à se faire craindre et qu'à abattre leurs sujets pour les rendre plus soumis, sont les fléaux du genre humain. Ils sont craints, comme ils le veulent être, mais ils sont haïs, détestés ; et ils ont encore plus à craindre de leurs sujets que leurs sujets n'ont à craindre d'eux* » (livre II). Fénelon y tentait moins de donner une éducation héroïque à son élève, futur roi de France, que de promouvoir une héroïsation de l'éducation et du savoir. Souci pédagogique sans aucun doute, propre à cette époque où l'enfance devenait de plus en plus soumise à des modelages éducatifs. Et pourtant rien qui ne ressemble plus à un collage hétéroclite que ***Télémaque*** ; mais c'est justement cette recherche de la proportion dans la variété qui donne à l'œuvre sa cohérence et sa séduction.

Le ***Télémaque*** fut rédigé à une période où les enquêtes statistiques (*Le Détail de la France [...]*, de Boisguillebert, 1697) préludaient à une critique qui fut très mal reçue (*Projet d'une dixme royale*, de Vauban, 1707). Le Roi-Soleil, ayant cru se reconnaître dans le velléitaire Idoménée, fit interrompre l'impression de l'ouvrage ; bien des passages, il est vrai, favorisaient les soupçons de lèse-majesté : « *Nous avons horreur de cette brutalité, qui, sous de beaux noms d'ambition et de gloire, va follement ravager les provinces et répand le sang des hommes qui sont tous frères* » (livre X). Et Bossuet trouva indigne d'un prélat ce romanesque païen. C'est sans doute suffisant pour expliquer la disgrâce de Fénelon. Néanmoins, les nombreuses contrefaçons, parues dès 1699 sous le titre *Les Avantures de Télémaque, fils d'Ulysse [...]*, attestent du succès — de scandale — de l'ouvrage, dans lequel le XVIIIe siècle se reconnut et qui devint très vite un classique. De Montesquieu, qui y voyait « *l'ouvrage divin de ce siècle* » *(Pensées diverses)*, à Marie-Joseph Chénier qui le qualifiait de « *chef-d'œuvre* [...] *qui semble écrit par Platon d'après une composition d'Homère* » (*Tableau de la littérature française*, VI), en passant par Vauvenargues, Palissot et La Harpe, ***Télémaque*** fut presque unanimement célébré. Seule Mme du Deffand le jugea « *ennuyeux à la mort* » (lettre à Mme de Choiseul, 23 oct. 1771). Reproches auxquels l'abbé Barthélemy répondit ainsi : « *Le* Télémaque *est diffus à la vérité, un peu monotone et trop chargé de descriptions, mais il est plein d'une grande morale ; non de celle que tout le monde sait ou que tout le monde oublie à force de la savoir, mais de celle qui rendrait un roi et son peuple également heureux. Cette morale est l'unique objet de l'auteur et fait l'essence du livre. Si M. de Fénelon n'avait voulu faire qu'un ouvrage d'agrément, et que son état lui eût permis de mettre en jeu tous les intérêts du cœur, je suis persuadé qu'il aurait mieux réussi. Ce n'était pas un poème qu'il voulait fabriquer, mais un roi ; et comme il parlait à un prince destiné à le devenir, il fallait qu'il lui dît cent fois la même chose* » (lettre à Mme du Deffand, 27 oct. 1771). Quant à Marmontel, s'il jugeait « *l'auteur du* Télémaque [excellant] *dans les situations paisibles* », il le trouvait insuffisamment éloquent « *dans les moments où l'expression demanderait des mouvements brusques et rapides* » *(Éléments de littérature)*. Enfin, Voltaire s'employa beaucoup, dans ses multiples éloges de l'œuvre, à lui refuser « *le titre de poème épique* » (classification qui était devenue usuelle) au motif qu'on ne peut donner « *le nom de poème à la prose* » *(Essai sur le poème épique)*. D'Alembert a parfaitement résumé la fortune de cette œuvre de l'ombre, qui ne fut jamais mieux goûtée qu'au siècle des Lumières : « *La réputation du* Télémaque, *qui n'a jamais varié dans le reste de l'Europe, a souffert en France différentes révolutions. Quand l'ouvrage parut, la nouveauté du genre, l'intérêt du sujet, les grâces du style, et plus encore la cri-*

tique indirecte mais continuelle d'un monarque qui n'était plus le dieu de ses sujets, enlevèrent tous les suffrages. La corruption qu'amena la régence et qui rendit la nation moins sensible aux ouvrages où la vertu respire, le parti violent qui s'éleva contre Homère, dont le Télémaque *paraissait l'imitation ; enfin la monotonie qu'on crut y apercevoir dans la diction et dans les idées, le firent rabaisser assez longtemps à la classe des ouvrages dont le seul mérite est d'instruire agréablement la jeunesse. Ce livre a fort augmenté de prix dans notre siècle, qui, plus éclairé que le précédent sur les vrais principes du bonheur des États, semble les renfermer dans ces deux mots,* agriculture *et* tolérance *; il voudrait élever des autels au citoyen qui a tant recommandé la première, et à l'évêque qui a tant pratiqué la seconde » (Éloge de Fénelon).*

CITATIONS

Avant que de se jeter dans le péril, il faut le prévoir et le craindre ; mais, quand on y est, il ne reste plus qu'à le mépriser.

Les Aventures de Télémaque, I.

Quand tu seras le maître des autres hommes, souviens-toi que tu as été faible, pauvre et souffrant comme eux.

Les Aventures de Télémaque, II.

Quiconque est capable de mentir est indigne d'être compté au nombre des hommes, et quiconque ne sait pas se taire est indigne de gouverner.

Les Aventures de Télémaque, III.

Le vrai moyen de gagner beaucoup est de ne vouloir jamais trop gagner et de savoir perdre à propos.

Les Aventures de Télémaque, III.

Le plus libre de tous les hommes est celui qui peut être libre dans l'esclavage même.

Les Aventures de Télémaque, V.

Le plus malheureux de tous les hommes est un roi qui croit être heureux en rendant les autres hommes misérables. Il est doublement malheureux par son aveuglement ; ne connaissant pas son malheur, il ne peut s'en guérir ; il craint même de le connaître.

Les Aventures de Télémaque, V.

Celui qui n'a point senti sa faiblesse et la violence de ses passions n'est point encore sage ; car il ne se connaît point encore et ne sait point se défier de soi.

Les Aventures de Télémaque, VI.

Ces grands conquérants, qu'on nous dépeint avec tant de gloire, ressemblent à ces fleuves débordés qui paraissent majestueux, mais qui ravagent toutes les fertiles campagnes qu'ils devraient seulement arroser.

Les Aventures de Télémaque, VII.

Quiconque ne sait pas souffrir n'a point un grand cœur.

Les Aventures de Télémaque, VIII.

La valeur ne peut être une vertu qu'autant qu'elle est réglée par la prudence : autrement, c'est un mépris insensé de la vie et une ardeur brutale.

Les Aventures de Télémaque, X.

Accoutumez-vous donc, ô Télémaque, à n'attendre des plus grands hommes que ce que l'humanité est capable de faire.

Les Aventures de Télémaque, X.

Il est constant que la mauvaise éducation des femmes fait plus de mal que celle des hommes, puisque les désordres des hommes viennent souvent et de la mauvaise éducation qu'ils ont reçue de leurs mères, et des passions que d'autres femmes leur ont inspirées dans un âge plus avancé.

De l'importance de l'éducation des filles,
in *De l'éducation des filles.*

Les enfants sont bien plus pénétrants qu'on ne croit, et dès qu'ils ont aperçu quelque finesse dans ceux qui les gouvernent, ils perdent la simplicité et la confiance qui leur sont naturelles.

Instructions indirectes : il ne faut pas presser les enfants,
in *De l'éducation des filles.*

Après tout, il ne faut point s'opiniâtrer à faire goûter aux enfants certaines personnes pieuses dont l'extérieur est dégoûtant.

Instructions indirectes : il ne faut pas presser les enfants,
in *De l'éducation des filles.*

D'ordinaire ceux qui gouvernent les enfants ne leur pardonnent rien, et se pardonnent tout à eux-mêmes.

Instructions indirectes : il ne faut pas presser les enfants,
in *De l'éducation des filles.*

On courrait risque de décourager les enfants, si on ne les louait jamais lorsqu'ils font bien. Quoique les louanges soient à craindre à cause de la vanité, il faut tâcher de s'en servir pour animer les enfants sans les enivrer.

Instructions indirectes : il ne faut pas presser les enfants,
in *De l'éducation des filles.*

[...] la beauté trompe encore plus la personne qui la possède que ceux qui en sont éblouis ; elle trouble, elle enivre l'âme ; on est plus sottement idolâtre de soi-même que les amants les plus passionnés ne le sont de la personne qu'ils aiment.

La Vanité de la beauté et des ajustements, in *De l'éducation des filles.*

La jeunesse ressent un plaisir incroyable lorsqu'on commence à se fier à elle, et à la faire entrer dans quelque affaire sérieuse.

Suite des devoirs des femmes, in *De l'éducation des filles.*

Quand un prince manque d'un Homère, c'est qu'il n'est pas digne d'en avoir un...

Homère, in *Dialogue des morts,* 4.

Ah ! ne me parlez plus de l'homme : c'est le plus injuste, et par conséquent le plus déraisonnable, de tous les animaux.

Grillus, in *Dialogue des morts,* 6.

[...] l'art, quelque grand qu'il soit, ne parle point comme la passion véritable.

Dialogues sur l'éloquence, II.

La passion est l'âme de la parole.

Discours à l'Académie, 31 mars 1693.

Un ouvrage n'a une véritable unité, que quand on ne peut en rien ôter sans couper dans le vif.

Lettre à l'Académie, IV. *Projet de rhétorique.*

La rime ne nous donne que l'uniformité des finales, qui est ennuyeuse, et qu'on évite dans la prose, tant elle est loin de flatter l'oreille.

Lettre à l'Académie, V. *Projet de poétique.*

Le beau ne perdrait rien de son prix quand il serait commun à tout le genre humain ; il en serait plus estimable. La rareté est un défaut et une pauvreté de la nature.

Lettre à l'Académie, V. *Projet de poétique.*

Tout homme doit toujours parler humainement. Rien n'est plus ridicule pour un héros dans les plus grandes actions de sa vie, que de ne joindre pas à la noblesse et à la force une simplicité qui est très opposée à l'enflure...

Lettre à l'Académie, VI. *Projet d'un traité sur la tragédie.*

Presque tous les hommes sont médiocres et superficiels pour le mal comme pour le bien.

Lettre à l'Académie, VIII. *Projet d'un traité sur l'Histoire.*

Dieu ne donne aux passions humaines, lors même qu'elles semblent décider de tout, que ce qu'il leur faut pour être des instruments de ses desseins : ainsi l'homme s'agite, mais Dieu le mène.

Sermon sur la vocation des gentils, 6 janvier 1685.

JUGEMENTS

« De toutes les grandes figures du XVIIe *siècle, voici la plus complexe et la plus délaissée. On ne lit plus* Télémaque *et l'on a raison ; mais on réduisait Fénelon à* Télémaque, *et l'image que le public conserve encore de Fénelon est celle d'un prélat doucereux et fleuri. Il arrive qu'une femme d'esprit fasse allusion à* L'Éducation des Filles *; et l'on a entendu parler des lettres de direction et des écrits sur le quiétisme ; mais qui les a lus, qui les relit familièrement, sinon quelques amateurs d'âmes ou de questions religieuses ? Fénelon reste enseveli sous un amas de grâces désuètes. Tout ce qu'il y a dans sa langue de prolixe, de facile ou simplement d'agréable fait oublier la tension, la précision, la dureté qu'elle peut prendre. Son "bon goût" cache sa nouveauté. On songe à sa mesure, non pas à ses violences. On s'attendrit sur sa modestie et sa résignation finale ; mais son orgueil, mais son obstination jusque dans la soumission la plus sincère ? Il n'est pas moins chimérique que lucide et positif. Sage, il semble visité parfois par une sorte de folie, ne fût-ce que la folie de la sagesse. C'est bien ce disparate qui déconcerte et qui, dès qu'on veut le saisir, partage les esprits. — Ne peut-on donc trouver aucun lien entre ces aspirations opposées ? Il y en a un ; Fénelon, à toutes les heures de sa vie, garde la même sincérité et la même flamme. C'est l'homme le plus spontané de son époque. »*

Marcel ARLAND, « Fénelon », in *Tableau de la littérature française,* II, Gallimard, 1939.

« Les leçons que donnait Fénelon à son royal disciple sont celles que suivront tous les rois qui voudront être bons et aimés ; et il les fondit toutes dans un ouvrage d'une espèce unique, et qui jusqu'ici est demeuré le seul de sa classe, le Télémaque... »

Jean de LA HARPE, *Lycée,* IIe partie, livre II, III, 2, 1799.

« Le Racine de la prose par son immortel ouvrage de Télémaque, *qu'il composa pour l'éducation de M. le duc de Bourgogne, dont il était précepteur. Jamais homme ne fut plus digne que l'archevêque de Cambrai de présider à l'éducation d'un prince. Il avait trouvé dans son propre cœur le modèle de cette morale douce et pure que son* Télémaque *respire. On voit dans cet ouvrage, unique en son genre, qui se refuse au nom de roman, et qu'on ne peut cependant regarder comme un poème, combien Fénelon était nourri des beautés simples et nobles d'Homère et de Virgile. »*

Charles PALISSOT de MONTENOY, « Fénelon », in *Mémoires pour servir à l'histoire de notre littérature,* 1771.

« Je prends la liberté de défendre... le vertueux auteur de Télémaque, *homme né véritablement pour enseigner aux rois l'humanité, dont les paroles tendres et persuasives pénètrent le cœur, et qui, par la noblesse et la vérité de ses peintures, par les grâces touchantes de son style, se fait*

aisément pardonner d'avoir employé trop souvent les lieux communs de la poésie et un peu de déclamation. »

VAUVENARGUES, *Réflexions critiques sur quelques poètes*, in *Introduction à la connaissance de l'esprit humain*, 1746.

« Presque tous les ouvrages qui honorèrent ce siècle étaient dans un genre inconnu à l'antiquité. Le Télémaque *est de ce nombre. Fénelon, le disciple, l'ami de Bossuet, et depuis devenu malgré lui son rival et son ennemi, composa ce livre singulier, qui tient à la fois du roman et du poème, et qui substitue une prose cadencée à la versification. Il semble qu'il ait voulu traiter le roman comme M. de Meaux avait traité l'histoire, en lui donnant une dignité et des charmes inconnus, et surtout en tirant de ces fictions une morale utile au genre humain, morale entièrement négligée dans presque toutes les inventions fabuleuses.* [...] *Il ne fit cet ouvrage que lorsqu'il fut relégué dans son archevêché de Cambrai. Plein de la lecture des anciens, et né avec une imagination vive et tendre, il s'était fait un style qui n'était qu'à lui, et qui coulait de source avec abondance. J'ai vu son manuscrit original : il n'y a pas dix ratures. Il le composa en trois mois, au milieu de ses malheureuses disputes sur le quiétisme, ne se doutant pas combien ce délassement était supérieur à ses occupations. »*

VOLTAIRE, *Le Siècle de Louis XIV*, XXXII, 1751.

BIBLIOGRAPHIE

Éditions

Œuvres, éd. J. LE BRUN, « Pléiade », Gallimard, 1983 et 1997, 2 vol.

Les Aventures de Télémaque, éd. J.-L. GORÉ, « Classiques Garnier », Garnier, 1987 ; éd. J. LE BRUN, « Folio », Gallimard, 1995.

Études

A. ALBALAT, « Fénelon : les corrections manuscrites de *Télémaque* », in *Le Travail du style enseigné par les corrections manuscrites des grands écrivains*, Colin, 1903.

F. BERLAND, « Fénelon fin de règne », in *Fins de siècle*, actes du congrès national de la Société française de littérature générale et comparée, P.U. du Mirail, Toulouse, 1989.

H. BREMOND, *Apologie pour Fénelon*, Perrin, 1910.

E. CARCASSONNE, *Fénelon*, « L'homme et l'œuvre », Boivin, 1946.

C. CAVILLAC, « Fénelon et le Mythe de l'origine des arts », in *Poétique*, n° 85, 1991, pp. 17 à 34.

F.-X. CUCHE, *Une pensée sociale catholique : Fleury, La Bruyère, Fénelon*, Éd. du Cerf, 1991.

J.-L. GORÉ, *L'Itinéraire de Fénelon : Humanisme et Spiritualité*, PUF, 1957.

H. GOUHIER, *Fénelon philosophe*, Vrin, 1977.

V. KAPP, *« Télémaque » de Fénelon*, J.-M. Place, 1982.

G. POULET, « Fénelon », in *Études sur le temps humain*, t. IV, « 10/18 », UGE, 1968, pp. 79 à 104.

M. RAYMOND, *Fénelon*, « Les Écrivains devant Dieu », DDB, Bruges (BE)/Paris, 1967.

N° spécial de *Littératures classiques*, n° 23, janv. 1995, sur *Télémaque*.

AUDIO & VIDÉO

CD-ROM

Encyclopédie de la littérature française, Bibliopolis, 1998.

FLAUBERT

Gustave FLAUBERT

Rouen 1821 – Croisset (act. Seine-Maritime) 1880

« [Le style de Flaubert] *est fait d'images justes et d'images superbes. C'est la vérité habillée par un poète.* [...] *Un poète changé en naturaliste, Homère devenu Cuvier, reconstruisant les êtres avec des fragments d'os, au lieu de les évoquer et de les créer de toutes pièces ; tel est Gustave Flaubert, l'esprit double qui a produit des œuvres d'une réalité à la fois si minutieuse et si épique.* »

Émile ZOLA, *Œuvres critiques*, t. II, 1881.

« *Je n'ai pour Flaubert, je m'empresse de le déclarer, aucune admiration. S'il est une œuvre qui relève de la littérature la plus creuse, où le fatras des mots sonores dissimule la vacuité de la pensée et la cadence redondante des phrases, l'absence de toute sincérité, où l'énumération érigée en système prend l'allure d'un bric-à-brac, où le verbiage par excellence ne saurait illusionner ce que nos sens ont de plus grossier, c'est bien la sienne.* »

Robert DESNOS, *Nouvelles Hébrides (1922-1930)*, Gallimard, posthume, 1978.

Naissance de « *l'homme-plume* »

Un jeune ardemment romantique

Flaubert naquit le 12 décembre 1821, à l'hôpital de Rouen, où son père était chirurgien en chef. Élève plutôt doué mais indiscipliné, initié très jeune à la philosophie par son ami de cœur Alfred Le Poittevin, il fut un « *enfant du siècle* » exemplaire, passionné de romantisme (Hugo, Walter Scott, Byron), sujet au coup de foudre — pour Élisa Schlésinger, femme d'un éditeur de musique rencontrée en 1836 à Trouville, qui inspira le personnage de Marie Arnoux dans ***L'Éducation sentimentale*** — et convaincu très tôt de sa vocation d'écrivain. Après de très nombreux écrits de jeunesse (contes fantastiques et philosophiques, récits historiques) fortement inspirés par la thématique du romantisme noir (mort, folie, assassinat, monstre, victoire du mal), ses récits devinrent plus autobiographiques : ***Mémoires d'un fou*** (1838), ***Novembre*** (1842). Renvoyé en 1839 du collège de Rouen, il fut reçu bachelier l'année suivante en candidat libre. Pour le récompenser, ses parents lui offrirent un voyage aux Pyrénées et en Corse et une « année sabbatique », qu'il consacra à la lecture. Mais, en 1842-1843, son père l'envoya, contre son gré, faire son droit à Paris. Il y fit la rencontre de Maxime Du Camp et, au lieu de réviser ses cours, commença à rédiger la première version de ***L'Éducation sentimentale***.

Sa deuxième année universitaire fut un échec ; mais, surtout, en janvier 1844, une crise nerveuse épileptiforme — ce diagnostique d'épilepsie est devenu aujourd'hui assez incertain — d'une extrême violence obligea sa famille à accepter sa vocation littéraire. Désormais, la vie de ce malade de 23 ans fut celle de « *l'homme-plume* » (lettre à Louise Colet, 31 janv. 1852), une existence solitaire bientôt égayée par l'amitié d'un ancien camarade de collège, Louis Bouilhet, qui finit par devenir son véritable alter ego. Pour sa longue convalescence, on acheta à Croisset, près de Rouen, une grande maison au bord de la Seine. En 1845, il y terminait sa première ***Éducation sentimentale***, puis accompagna sa jeune sœur Caroline dans son voyage de noces en Italie : à Gênes, il remarqua un tableau de Bruegel, *La Tentation de saint Antoine*, qui lui inspira l'idée d'une œuvre théâtrale. Mais, en janvier 1846, la mort brusque de son père, suivie en mars de celle de Caroline, anéantirent tous ses projets de rédaction. En août, à Paris, Flaubert fit la rencontre de Louise Colet, femme de lettres à la mode : leur liaison, orageuse, se poursuivit jusqu'en 1848 pour renaître entre 1851 et 1854. Il écrivit en 1847, avec son ami Du Camp, ***Par les champs et par les grèves***, journal d'une randonnée en Touraine et en Bretagne, qu'ils renoncèrent à publier.

En 1848, Flaubert accourut à Paris pour assister à la révolution de février, puis, en mai, prit la décision d'écrire ***La Tentation de saint Antoine***, projet pour lequel il avait multiplié les recherches depuis 1846. Après un an et demi de rédaction, l'œuvre — inclassable et d'un lyrisme échevelé — fut jugée impubliable par Bouilhet et Du Camp : « *coup affreux* » qui n'empêcha pas Flaubert de s'embarquer aussitôt pour l'Orient avec Du Camp. De novembre 1849 à juin 1851, tout en méditant un nouveau « système » littéraire, Flaubert s'emplit la mémoire d'images et de sensations : Égypte, Palestine, Liban, Syrie. Regagnant la France par Constantinople, Athènes et Rome, Flaubert revint à Croisset, transformé par son voyage et décidé à donner sa mesure dans une œuvre de grande envergure.

Écrire un « *livre sur rien* »

Après avoir rédigé ses notes d'Orient, Flaubert — à l'instigation de ses amis Bouilhet et Du Camp — choisit, dès septembre 1851, un « sujet » aussi éloigné que possible de ***La Tentation de saint Antoine***, une histoire banale ayant pour cadre la Normandie contemporaine : la vie adultère d'une petite bourgeoise provinciale, Emma, mal mariée à un brave homme, Charles Bovary, qui ne parvient pas à satisfaire les rêves romanesques de son épouse, l'histoire s'achevant par leur fin tragique. À ce schéma, en partie dérivé d'un fait divers local (l'histoire d'Eugène et Delphine Delamare), Flaubert intégra quelques thèmes tirés de ses œuvres de jeunesse, ***Passion et Vertu*** (1837), ***Mémoires d'un fou*** (1838), ***Novembre*** (1842), ***L'Éducation*** (1845), des « *choses vues* », des « *faits* » empruntés notamment à la vie de son amie Louise Pradier. Le pari de Flaubert était de transformer ce « *rien* » en un chef-d'œuvre par les seules ressources d'une conception et d'un style qui parviendraient à dépasser le modèle balzacien en s'interdisant toute intervention d'auteur (impersonnalité) et en dotant le roman d'une prose aussi riche et maîtrisée que la langue poétique : « *Ce qui me semble beau, ce que je voudrais faire, c'est un livre sur rien, un livre sans attache extérieure, qui se tiendrait de lui-même par la force interne de son style* » (lettre à Louise Colet, 16 janv. 1852). ***Madame Bovary*** fut terminée en avril 1856, après 56 mois d'un travail acharné dont on peut suivre l'évolution dans les lettres à Louise Colet (jusqu'en 1854) et les manuscrits (9 vol., 3 814 folios). À sa sortie en librairie en 1857, le roman connut un grand succès largement dû au procès pour « *atteinte aux bonnes mœurs et à la religion* », qui avait été intenté contre le livre.

Après son acquittement, Flaubert était devenu un auteur célèbre, mais sur un malentendu : le public cherchait les passages scabreux du roman sans apercevoir que la véritable transgression portait sur la poétique du récit. Impersonnalité délibérée de la narration par multiplication des points de vue, plasticité des durées, ironie « dépassionnée » tournant en dérision le sens des événements, les personnages et la psychologie romanesque traditionnelle, problématisation des instances d'énonciation et des significations, nouvel empire des objets induit par l'accumulation des notations descriptives, jeu sur les stéréotypes de la langue, style inédit de prose narrative apparemment neutre, privilégiant le style indirect libre : en voulant faire du roman une œuvre d'art à part entière, Flaubert venait de bousculer les fondements du genre.

Le roman aux confins de l'Histoire

Après avoir retravaillé ***La Tentation de saint Antoine*** de 1849 dans une version plus courte qu'il renonça à publier, Flaubert se décida, en mars 1857, pour un projet ressemblant à un défi : « *Un roman dont l'action se passera trois siècles avant Jésus-Christ.* » De 1857 à 1862, Flaubert rédigea ***Carthage*** qu'il finit par intituler ***Salammbô***. L'image légendaire de la ville disparue le fascinait depuis toujours, mais il y vit surtout l'occasion de mettre en scène un univers d'obsessions personnelles : souvenirs d'Orient, étrangeté des cultes primitifs, luxe délirant, cruautés monstrueuses, vertiges confondus du désir érotique et du fantasme religieux. Il s'agissait pour Flaubert de diriger ses propres rêveries en les soumettant à l'exigence du « vrai » historique et narratif : « [...] *fixer un mirage en appliquant à l'Antiquité les procédés du roman moderne* » (lettre à Sainte-Beuve, 23 sept. 1862). Mais, en rédigeant, l'auteur découvrit aussi avec ***Salammbô*** les exigences d'une nouvelle méthode : celle de l'écrivain-chercheur qui, pour créer, doit faire l'immense détour de l'érudition et des archives, dans les domaines les plus divers du savoir. Deux mois de repérage sur place en Afrique du Nord, des centaines d'ouvrages mis en fiches, près de 2 000 folios de brouillons, 59 mois de travail furent nécessaires à l'achèvement de cette œuvre somptueuse et onirique qui, par la magie de ses évocations, libère un violent parfum de stupéfiant, conformément à l'idée de l'auteur qui y voyait un roman-drogue, une sorte de « *haschich historique* » — dont l'*incipit* devint vite célèbre : « *C'était à Mégara, faubourg de Carthage, dans les jardins d'Hamilcar.* » Parue en novembre 1862, l'œuvre connut un succès mondain, amplifié par la polémique avec Sainte-Beuve et l'archéologue Frœhner.

En 1863, Flaubert, très en vue, devint un habitué des « *dîners Magny* », où il se lia avec Renan, Tourgueniev et George Sand — avec qui il commença une correspondance affectueuse et suivie. Tout en rédigeant une féerie, ***Le Château des cœurs***, il esquissa plusieurs projets ***(Carnet 19)***, dont le plan initial de ***Bouvard et Pécuchet*** (sous le titre ***Les Deux Cloportes***). Après bien des hésitations, il opta, en 1864, pour l'idée d'un roman d'amour ***(Madame Moreau)*** auquel il finit par intégrer une vaste fresque historique, sous le titre ***L'Éducation sentimentale*** : « *Je veux faire l'histoire morale des hommes de ma génération ; sentimentale serait plus vrai. C'est un livre d'amour, de passion ; mais de passion telle qu'elle peut exister maintenant, c'est-à-dire inactive* » (lettre à Mlle Leroyer de Chantepie, 6 oct. 1864). Situant le récit à une époque (1840 à 1851) qui avait été celle de ses années de jeunesse, Flaubert transposa ses souvenirs personnels (notamment sa passion adolescente pour Mme Schlesinger) mais en les manipulant comme une matière documentaire, en appliquant à l'histoire contemporaine les méthodes des recherches inventées pour ***Salammbô***, et surtout en radicalisant sa poétique bien au-delà de ce qu'il avait tenté dans ***Madame Bovary***. Impersonnalité, relativité généralisée des points de vue et des lieux d'énonciation, style indirect libre, écriture non conclusive qui laisse au lecteur l'entière responsabilité de son interprétation du récit, personnages problématiques dont la subjectivité semble s'effacer, anti-héros au profil psychologique peu marqué, souvent dépassé par la logique du devenir social et historique, dissémination des stéréotypes et clichés véhiculés par la langue, rôle déterminant du hasard, ellipses, préfigurations, circularités et discontinuités temporelles : de proche en proche, Flaubert fut conduit à refondre les règles du roman historique et du récit réaliste dans la plupart de leurs composantes, de la structure générale de l'œuvre jusqu'au détail de la phrase. Après 56 mois de rédaction qui exigèrent près de 5 000 pages de notes et de brouillons, le roman, publié en décembre 1869, essuya les sarcasmes unanimes de la critique, avant de disparaître dans le naufrage du Second Empire. Au moment même où l'Histoire faisait basculer la France dans la Défaite, l'échec de ***L'Éducation sentimentale*** — aujourd'hui tenue pour un chef-d'œuvre — marqua pour Flaubert le début d'une période personnelle très difficile qui se prolongea jusqu'à la fin de ses jours.

Le sang des saints

L'insuccès du roman, les circonstances — la guerre de 1870, l'occupation prussienne (la présence des Prussiens à Croisset obligea Flaubert à se réfugier à Rouen) — la Commune, la réaction d'ordre moral et les deuils (Bouilhet en 1869, Duplan en 1870, la mère de Flaubert en 1872) assombrirent la rédaction de ***La Tentation*** qui, entre 1869 et 1872, fut pour l'écrivain une façon d'écrire « *malgré tout* ». Publiée en 1874, l'œuvre, encore aujourd'hui inclassable, s'éloignait du modèle théâtral qui avait dominé dans les textes de 1849 à 1856, pour se rapprocher du récit et du poème en prose, tandis que l'inspiration se faisait plus intellectuelle, plus savante, la « *tentation* » devenant surtout celle de la *libido sciendi*. Inventaire extravagant des délires engendrés par la philosophie et les religions révélées, tourbillon des croyances les plus insensées apparues au début de notre ère, ***La Tentation*** fut qualifiée par Baudelaire de « *capharnaüm pandémoniaque de la solitude* ». L'œuvre intriguait le public et semblait pouvoir faire un succès, mais tout s'effondra sous l'éreintement systématique de la critique qui réserva le même sort au ***Candidat***, comédie de 1873 qui tournait en dérision le milieu politique.

En 1875, l'horizon s'obscurcit encore : pour éviter la faillite à sa nièce Caroline, Flaubert dut sacrifier toute sa fortune. L'année suivante, à ces ennuis matériels s'ajoutèrent deux décès successifs : celui de Louise Colet, dont Flaubert fut très affecté, en mars, et celui de George Sand, en juin. Ruiné, écœuré par le réel, Flaubert se plongea dans un vieux projet de récit médiéval et merveilleux — ***La Légende de saint Julien l'Hospitalier*** — qu'il rédigea en six mois. Histoire effervescente, cruelle et énigmatique, le récit racontait, dans une langue d'une extrême limpidité, la vie sanglante de Julien le parricide, en se donnant comme le double littéraire d'un vitrail médiéval. Réconforté par la réussite de cette œuvre, Flaubert imagina aussitôt un autre récit de même dimension : ***Un cœur simple***, légende moderne sur la vie douloureuse d'une femme du peuple, Félicité, la servante au grand cœur. Enfin, pour compléter le triptyque — moderne, médiéval et antique —, Flaubert imagina dans ***Hérodias***, de reconstituer à partir de la Bible et autour du personnage de Salomé, l'intrigue politique, religieuse, érotique et sanglante qui avait abouti à la décapitation de Jean-Baptiste. Réunis en volume, les ***Trois Contes***, publiés en 1877, rencontrèrent un succès d'estime, fondé sur un contresens : le thème de la sainteté, commun aux trois récits et choisi par Flaubert pour ses ambiguïtés, fut salué par la critique bien-pensante comme un signe d'assagissement après trop d'œuvres incompréhensibles ou immorales.

Le « *livre des vengeances* »

L'écriture de ***Trois Contes*** n'avaient été qu'une parenthèse dans la rédaction qui obséda Flaubert pendant les huit dernières années de sa vie : ***Bouvard et Pécuchet***, imaginé dès 1863, d'après une idée antérieure à 1850, celle du ***Dictionnaire des idées reçues***. Livre d'un comique féroce, véritable encyclopédie de la bêtise humaine, ce roman contraignit Flaubert à une recherche documentaire sans précédent (plus de 2 000 volumes consultés) et devait comprendre 2 volumes (***Le Roman*** et ***La Copie***). L'auteur, installé à Paris depuis 1877, mourut d'épuisement en terminant le roman qui reste inachevé en son dernier chapitre. L'argument narratif est simple : deux greffiers, Bouvard et Pécuchet, délivrés de leur profession de copiste par un héritage providentiel, décident de se consacrer au savoir. Ils abordent, l'une après l'autre, toutes les disciplines mais, à chaque nouvelle tentative, les deux apprentis savants essuient le même échec : les vérités les mieux établies se révèlent pleines d'incertitudes et se contredisent, remettant en cause les fondements mêmes de toute idéologie. Finalement, dégoûtés de tout, déprimés par les prétentions abusives de la science et des discours de vérité, Bouvard et Pécuchet ne retrouvent leur joie de vivre qu'en revenant à leur première occupation : copier, mais cette fois, avec une arrière-pensée radicalement critique qui devait donner son sens au « *second volume* » laissé à l'état de chantier par la mort brusque de Flaubert, foudroyé par une hémorragie cérébrale au milieu de ses manuscrits, le 2 mai 1880. ***La Copie*** devait comporter des citations ineptes ou contradictoires trouvées chez les grands auteurs, des fragments narratifs relatant les perles de la Bêtise universelle, des textes « *aléatoires* » (« *vieux papiers achetés au poids à la manufacture* », lettres perdues) et un ensemble lexicographique, dont le ***Catalogue des idées chics*** et le ***Dictionnaire des idées reçues***, véritables inventaires de la bêtise faite langue, catalogue raisonné des clichés et des stéréotypes en usage. Monstre littéraire faisant éclater la forme traditionnelle du livre, le puzzle du second volume ne fut jamais reconstitué : à la mort de Flaubert, son disciple Maupassant, chargé de l'éditer, préféra déclarer forfait et, depuis, personne n'est parvenu à le publier. En 1881, seul le récit ***Bouvard et Pécuchet*** sortit en librairie, provoquant une consternation unanime.

Ultime consolation avant de mourir — d'épuisement autant que de chagrin —, Flaubert vit triompher *Boule de suif* de son protégé Maupassant, première publication (recueillie dans *Les Soirées de Médan*) et premier chef-d'œuvre : le maître s'éteignit moins de trois semaines après l'éclosion de son disciple.

THÉORIE LITTÉRAIRE

À la différence des Goncourt qui ont multiplié les préfaces-manifestes à leurs romans ou à leurs pièces de théâtre, de Maupassant qui s'est exprimé sur l'art du roman dans de nombreuses chroniques journalistiques, ou de Zola qui aimait rédiger des essais théoriques, Flaubert n'a pas produit d'œuvres spécifiquement consacrées à des questions de poétique littéraire. Cette poétique, on peut la chercher, avec circonspection, dans les témoignages des contemporains, dans telle ou telle chronique que lui consacra Maupassant, ou chez les Goncourt qui, dans leur *Journal*, ont recueilli certains de ses « mots ». Dans la préface, plus biographique que théorique, qu'il rédigea pour la publication posthume des dernières poésies de son ami bouilhet (1872), on voit Flaubert protester contre l'approche purement historique des œuvres : « *L'histoire absorbera bientôt toute la littérature. L'étude excessive de ce qui faisait l'atmosphère d'un écrivain nous empêche de considérer l'originalité même de son génie* [...]. *On s'imagine découvrir sa raison d'être quand on a bien détaillé toutes les circonstances qui l'environnent.* » Le portrait posthume qu'il trace de Bouilhet — haine de la platitude bourgeoise, souci du style, refus de la thèse ou de l'épanchement personnel — est, à bien des égards, un autoportrait. La poétique de Flaubert peut aussi se laisser ainsi deviner à travers la satire de l'esthétique romantique, du roman idéaliste ou à thèse, dans le chapitre 5 de ***Bouvard et Pécuchet*** ou dans l'évocation critique des lectures d'Emma Bovary. Mais, pour l'essentiel, la poétique de Flaubert se trouve exprimée avec une exceptionnelle précision dans son immense ***Correspondance*** qui constitue une sorte de journal continu de sa création. Outre telle ou telle « *lettre-réponse* » à un critique au sujet d'une de ses œuvres — comme la lettre à Sainte-Beuve au sujet de ***Salammbô*** en décembre 1862 —, c'est dans son œuvre épistolaire, et notamment dans les échanges qu'il a entretenus avec d'autres écrivains ou amis fidèles (George Sand, Louise Colet, Ernest Feydeau, Mme Roger des Genettes, Jules Duplan), que Flaubert définit le sens de son travail, ses techniques de recherche et de rédaction, ses goûts et son projet littéraire : des idées toutes centrées sur le travail du style plus que sur les « systèmes » ou les écoles : « *Ne me parlez plus du réalisme, du naturalisme, ou de l'expérimental. J'en suis gorgé. Quelles vides inepties !* » (à Maupassant, lettre du 21 oct. 1879).

Flaubert consacra sa vie à la « *sacro-sainte littérature* », et sa biographie reste indissociable de son métier d'écrivain. Mal comprise par ses contemporains, son expérience créatrice a suscité un intérêt croissant au XXe siècle, non seulement parce que ses œuvres ont marqué un tournant dans la forme et la conception du genre romanesque, mais aussi parce qu'il a laissé derrière lui une éblouissante ***Correspondance*** (4 000 lettres) — une sorte de journal de sa création — aux innombrables « coups de gueule » et autres exclamations volontiers obscènes — censurés par sa nièce Caroline, son exécutrice testamentaire jusqu'à sa propre mort en 1931, mais patiemment rétablies par l'édition de Jean Bruneau depuis 1973 —, et un fonds considérable de manuscrits de travail (près de 30 000 pages) qui ont largement contribué aux développements récents de la « critique génétique » et dont l'analyse permet d'élucider le sens de son travail et l'originalité de son écriture. Flaubert est considéré aujourd'hui comme l'un des fondateurs du roman moderne.

L'exigence du style

Flaubert fut l'un des premiers auteurs à utiliser le verbe « *écrire* » au sens intransitif (« *créer une œuvre littéraire* », « *être écrivain* ») et à définir le style comme une exigence synthétique, impliquant à la fois une éthique de l'œuvre, un style de vie — la littérature d'abord, le bonheur accessoirement —, une conception organique de l'écriture — le contenu étant indissociable de la forme — et une série de préceptes formant système : 1. Un « *idéal de prose* » : « *Une bonne phrase de prose doit être comme un bon vers,* inchangeable, *aussi rythmée, aussi sonore* » (à Louise Colet, 22 juil. 1852). 2. Une problématisation du sens et une structure non conclusive : « *L'ineptie est de vouloir conclure* » (à Louis Bouilhet, 4 sept. 1850). 3. Une impersonnalité et une relativité généralisées des points de vue, contribuant encore à l'éclatement du vrai : « *Nul lyrisme, pas de réflexions, personnalité de l'auteur absente* » (à Louise Colet, 3 avr. 1852). 4. Une évacuation de la question du « sujet » : « *En se posant du point de vue de l'Art pur, il n'y en a aucun, le style étant à lui tout seul une manière absolue de voir les choses* » (à Louise Colet, 16 janv. 1852). Ce sont les écrivains — notamment Proust — qui ont remarqué l'originalité de ce dispositif et ses singularités ; ils ont montré que les dialogues sont souvent réduits au strict minimum et dérivent vers le discours indirect libre : « *La réponse d'Arnoux ne variait pas ; "le mieux se continuait", sa femme, avec la petite serait de retour la semaine prochaine* » (***L'Éducation sentimentale***, I, V). Les frontières entre narration et discours sont floues : « *– Monsieur vous attend, madame ; la soupe est servie. / Et il fallut descendre ! il fallut se mettre à table ! / Elle essaya de manger* » (***Madame Bovary***, II, XIII). La description est en particulier le lieu où Flaubert met en œuvre toutes les ressources de la focalisation : ainsi l'*incipit* de ***Madame Bovary*** où apparaît un narrateur, condisciple de Charles, qui s'associe par le « *nous* » à tous les élèves de l'étude... mais disparaît après la présentation du héros, ou la première description d'Emma qui reflète le désir de Charles. Elle associe ressemblance à contiguïté, et tient souvent lieu d'analyse psychologique — Charles est aussi ridicule que sa casquette, « *comme le visage d'un imbécile* » —, multiplie les visions macroscopiques de détails et donne au monde des objets une présence étrangement indépendante. On remarque également un usage inédit du pronom indéfini « *on* », qui souvent contribue à un effet de brouillage comme un « *miroir grossissant de la vérité externe* » (à Louise Colet, 6 nov. 1853). La rupture ou dissonance de temps est habituelle chez Flaubert. « *L'éternel imparfait* » (Proust) est ainsi souvent coordonné au passé simple, et permet de « *dessiner l'attitude continuée qui sort d'un acte instantané* » (Thibaudet) : « *Éclatant d'une colère démesurée, il bondit sur eux à coups de poignard ; et il trépignait, écumait, avec des hurlements de bête fauve* » (***La Légende de saint Julien l'Hospitalier***, in ***Trois Contes***).

Dans la ponctuation, l'utilisation récurrente du tiret ménage des pauses de souffle ; la fréquence des alinéas et de courts paragraphes, notamment dans ***L'Éducation sentimentale*** et les ***Trois Contes***, crée des brisures, des blancs logiques ou chronologiques par lesquels le récit développe une véritable stratégie de l'ellipse. Flaubert ne veut pas, comme il l'écrit à Louise Colet, « *une série de paragraphes tournés, arrêtés, qui ne dévalent pas les uns sur les autres* [...]. *Il va falloir les dévisser, lâcher les joints, comme on fait aux mâts de navire quand on veut que les voiles prennent plus de vent* » : « *Il voyagea. / Il connut la mélancolie des paquebots, les froids réveils sous la tente, l'étourdissement des paysages et des ruines, l'amertume des sympathies interrompues. / Il revint* » (***L'Éducation sentimentale***, III, VI).

Il y a une véritable élaboration musicale de la phrase (rythme oral du « *gueuloir* », chasse aux répétitions et aux assonances), un travail d'intégration des stéréotypies verbales et une constante dissémination des clichés, syntagmes figés et idées reçues, employés « *tels quels* » pour leur effet de réel social, ou mis à distance par le jeu des italiques. En tous ces domaines, l'étude des manuscrits confirme que l'élaboration de la phrase flaubertienne reste, à chaque étape de l'écriture, indissociable d'une conception d'ensemble contrôlant la genèse narrative et symbolique du texte tout entier. Tout au long de son œuvre, Flaubert a ainsi tenté d'approcher au plus près l'idéal d'un style *« qui serait rythmé comme le rêve, précis comme le langage des sciences, et avec des ondulations, des ronflements de violoncelle, des aigrettes de feu ; un style qui vous entrerait dans l'idée comme un coup de stylet, et où votre pensée enfin voguerait sur des surfaces lisses »* (à Louise Colet, 24 avr. 1852).

Le romancier moderne

Pour Flaubert, un *« écrivain digne de ce nom »* n'écrit pas pour son époque, mais pour tous les lecteurs à venir, *« aussi longtemps que la langue vivra »*. Le succès de ***Madame Bovary*** reposa sur un malentendu qui permit au public de rejeter en bloc le reste de son œuvre, et, à l'exception de quelques amis (Maupassant, Baudelaire, Tourgueniev), ses contemporains virent en lui un réaliste (Sainte-Beuve) ou un naturaliste (Zola) — contresens qui se figea dans les vulgates scolaires jusqu'à une période très récente. Dans les milieux savants, la réévaluation commença tôt, entre 1890 et 1920 (Paul Bourget, Antoine Albalat, Jules de Gaultier, Henry James, James Joyce), et surtout dans les années 1920 (Proust malgré quelques réserves, Thibaudet — une discussion, *« à propos du "style" de Flaubert »*, s'engagea entre le romancier et le critique), lorsqu'on put lire la ***Correspondance***. Néanmoins, *« l'ermite de Croisset »* sut créer contre lui l'unanimité d'écrivains aussi différents que Desnos et Delteil — l'un détestait cordialement l'autre mais partageait la même aversion pour l'auteur de ***L'Éducation sentimentale*** —, ou que Drieu La Rochelle et Léautaud — lequel dénonçait *« l'insipide Flaubert, et l'ennui que dégage la perfection, la perfection de la forme »* (*Journal littéraire*, avr. 1900). La reconnaissance universitaire (Demorest, Dumesnil, Leleu) donna, dès l'après-guerre, un foisonnement d'études (Auerbach, Queneau, Sartre, Seznec, Pommier, Durry, Poulet), enrichies dans les années 1950 par les approches de Barthes, Richard, Pontalis, Poulet, Lukács, Borgès, entre autres. Mais c'est à partir de 1960 (Rousset, Fairlie, Blanchot, Bollème, Bruneau, Gothot-Mersch, Nadeau) que Flaubert, associé au Nouveau Roman — c'est alors ***L'Éducation sentimentale***, plus que ***Madame Bovary***, qui vient au premier plan de l'œuvre —, devint un mythe littéraire et un objet privilégié pour la nouvelle critique (Genette, Sartre, Foucault, Barthes). Montée en puissance qui se confirma dans les années 1970 par d'innombrables études critiques : *« La recherche de Flaubert,* écrit Jean Rousset, *est aujourd'hui d'actualité ; il est le premier en date des non-figuratifs du roman moderne »* (*Forme et Signification*, Corti, 1982). Parallèlement le travail de Jean Bruneau a révélé au public une image plus complète de l'éblouissant et savoureux épistolier de la ***Correspondance*** (4 vol. parus sur 5, entre 1973 et 1998). Sans souffrir du déclin du structuralisme, Flaubert, dans les années 1980 à 1990, s'est retrouvé au centre des recherches engagées par la jeune critique génétique pour renouveler l'édition et la connaissance des œuvres à la lumière de leur avant-texte (plans, scénarios, brouillons, etc.), et pour faire découvrir les aspects moins connus de l'écrivain, comme ses notes personnelles de recherche et d'enquête, son immense travail d'érudition et de documentation (*Carnets de travail*, 1988) et ses projets inédits. La critique s'intéresse aussi aux productions de Flaubert pour le théâtre (Alan Raitt) : tandis que plusieurs de ses œuvres narratives ont d'ailleurs été portées à la scène, comme ***La Légende de saint Julien l'Hospitalier***, par Christian Rist (Cartoucherie de Vincennes, 1999). Flaubert reste un des auteurs les plus étudiés et appréciés de notre littérature, tant au lycée qu'à l'université, et tant en France qu'à l'étranger — et aussi bien chez les créateurs que chez les chercheurs : en témoignent l'intérêt que lui portent les écrivains d'aujourd'hui et les œuvres qu'il continue à inspirer comme ce fut le cas pour l'écrivain anglais Julian Barnes, avec *Le Perroquet de Flaubert* (prix Médicis étranger 1991).

ŒUVRES

Bouvard et Pécuchet

Roman posthume en 10 chapitres inachevés, paru chez Lemerre, en mars 1881.

Le roman relate les aventures intellectuelles de Bouvard et Pécuchet, copistes se retirant à Chavignolles, en Normandie, pour se livrer à la quête du savoir. Échouant dans toutes leurs entreprises, ils sont successivement agriculteurs, chimistes, médecins, astronomes, géologues, archéologues, historiens, littérateurs, politiciens, amoureux, gymnastes, magnétiseurs, philosophes, religieux, pédagogues, avant de se remettre à copier. L'absence de progression d'un récit à la fois répétitif et circulaire, à la temporalité fantaisiste, a fait de ce roman encyclopédique (critique du savoir, de la méthode scientifique) l'un des ancêtres du Nouveau Roman.

Le style en est audacieux et systématique : phrases courtes, images rares, descriptions « plates », collages d'opinions contradictoires, nombreuses citations. Dialogue et style indirect libre sont omniprésents, avec le rythme binaire qui juxtapose les contradictions, empêchant toute conclusion décisive.

Ce projet de roman comique, « *encyclopédie de la bêtise* », était ancien (1863 ?) pour Flaubert qui, toutefois, ne se mit à l'écrire qu'en août 1874, redoutant la difficulté, croulant sous les documents. Il en abandonna la rédaction en 1875 et la reprit en 1877 (après ***Trois Contes***). Le roman fut interrompu par sa mort et parut en feuilleton, dans *La Nouvelle Revue*, du 15 décembre 1880 au 1er mars 1881, avant de sortir en librairie. Le ***Dictionnaire des idées reçues***, à la fois matériau et finalité du roman, reste inséparable de celui-ci.

La parution fut un échec public et critique. Le livre se vendit mal, et les journaux s'indignèrent : Barbey d'Aurevilly, dans *Le Constitutionnel*, l'interpréta comme le « *suicide littéraire* » de Flaubert. Seul Maupassant — qui ne parvint pas à en assurer l'édition complète — ne cessa de défendre l'œuvre : « *Ce livre touche à ce qu'il y a de plus grand, de plus curieux, de plus subtil et de plus* intéressant *dans l'homme : c'est l'histoire de l'*idée *sous toutes ses formes, dans toutes ses manifestations, avec toutes ses transformations, dans sa faiblesse et dans sa puissance. / Ici, il est curieux de remarquer la tendance constante de Gustave Flaubert vers un idéal de plus en plus abstrait et élevé.* [...] */ Les premiers romans de Flaubert ont été d'abord une étude de mœurs très vraie, très humaine, puis un poème éclatant, une suite d'images, de visions. Dans* Bouvard et Pécuchet, *les véritables personnages sont des systèmes et non plus des hommes* » (*Chroniques*, t. III, 1884). ***Bouvard et Pécuchet*** a été adapté pour la télévision par Jean-Daniel Verhaeghe en 1990 (avec Jean Carmet et Jean-Pierre Marielle).

L'Éducation sentimentale

Roman en 3 parties — comportant respectivement 6, 6 et 7 chapitres —, paru chez l'éditeur Michel Lévy, à Paris, le 17 novembre 1869.

Le roman raconte l'« *histoire d'un jeune homme* », Frédéric Moreau, parti de Nogent étudier le droit à Paris, qui combine enthousiasmes de la jeunesse romantique et ambitions sociales. Alors que se prépare puis se déclenche la révolution de 1848, il séduit la lorette Rosanette et l'aristocrate Mme Dambreuse, mais ne peut jamais atteindre sa véritable passion, Marie Arnoux, mariée et mère de famille, rencontrée dès le début du roman sous la forme d'un véritable coup de foudre : « *Ce fut comme une apparition : / Elle était assise, au milieu du banc, toute seule ; ou du moins il ne distingua personne, dans l'éblouissement que lui envoyèrent ses yeux. En même temps qu'il passait, elle leva la tête ; il fléchit involontairement les épaules ; et, quand il se fut mis plus loin, du même côté, il la regarda /* [...] */ Jamais il n'avait vu cette splendeur de sa peau brune, la séduction de sa taille, ni cette finesse des doigts que la lumière traversait. Il considérait son panier à ouvrage avec ébahissement, comme une chose extraordinaire. Quels étaient son nom, sa demeure, sa vie, son passé ? Il souhaitait connaître les meubles de sa chambre, toutes les robes qu'elle avait portées, les gens qu'elle fréquentait ; et le désir de la possession physique même disparaissait sous une envie plus profonde, dans une curiosité douloureuse qui n'avait pas de limites* » (I, I). Frédéric échoue dans ses velléités de carrière, par « *défaut de ligne droite* ». Grâce à une interaction entre histoire privée et Histoire publique, Flaubert a fait, dans ce qui est souvent considéré comme son chef-d'œuvre, le procès d'une génération manquée.

L'Éducation sentimentale frappe par son traitement particulier du temps (ellipse de 1851 à 1867), de l'espace (axe Paris/Nogent), des détails (allusions historiques), et par la complexité de sa structure : les morceaux du réel, loin d'être arrangés en une composition unificatrice et homogène, se retrouvent « *simplement juxtaposés dans leur dureté, leur incohérence, leur isolement* » (Georges Lukács). Proust admirait tout particulièrement les trous, les « béances » de ce récit : « *À mon avis la chose la plus belle de* L'Éducation sentimentale, *ce n'est pas une phrase, mais un blanc* [...]*, la mesure du temps devenant au lieu de quarts d'heures, des années, des décades* [...]. »

Écrit de septembre 1864 à mai 1869, le roman demanda de longs efforts à Flaubert, surtout pour l'organisation des documents et le travail du style : le roman de jeunesse de 1845, alors inédit, portant le même titre et en partie autobiographique, n'a que de lointains rapports — sinon quant au thème du héros velléitaire — avec l'œuvre de 1869.

L'immobilisme du récit, la mollesse des personnages et la vision pessimiste de l'Histoire expliquent l'échec de ***L'Éducation sentimentale*** à sa parution. Les critiques furent très dures. Barbey d'Aurevilly en reprocha la *« vulgarité »* : *« C'est cette école qui rit grossièrement de l'idéal en toutes choses, aussi bien en morale qu'en esthétique »* (*Le Constitutionnel*, nov. 1869). Bloy n'était pas en reste, qui fustigea *« l'effroyable* Éducation sentimentale*, d'un embêtement si olympien avec l'enfantillage sénile de son impalpable serpent d'amour, ténu comme un fil de soie et long comme les Amazones, qui met quarante ans à s'enrouler autour d'une Ève en mastic dont il n'est pas écouté »* (*Histoires désobligeantes*, 1894). Seuls Banville, Zola et George Sand défendirent Flaubert. Le livre se vendit très mal : un premier (et unique) tirage de 3 000 exemplaires n'était toujours pas épuisé en 1873. Il devint le modèle absolu du roman « moderne », grâce à Zola *(Les Romanciers naturalistes)*, grâce aussi à l'article de Proust, « À propos du style de Flaubert » (1920).

Madame Bovary

Roman en 3 parties — comportant respectivement 9, 15 et 11 chapitres —, sous-titré ***Mœurs de province*** et paru d'abord en feuilleton dans la *Revue de Paris*, du 1er octobre au 15 décembre 1856, puis en volume chez l'éditeur Michel Lévy, à Paris, le 15 avril 1857.

Situé en Normandie sous le règne de Louis-Philippe, le roman relate la vie d'Emma Rouault, fille de paysans enivrée de rêves romantiques, seconde épouse de Charles Bovary, médecin prématurément veuf d'une... veuve aussi *« laide »* que *« sèche »* (I, I). Exaspérée — la naissance d'une fille ne comblant pas sa frustration — par la platitude de la vie de province et la médiocrité de son mari, Emma rêve de Paris, d'Italie, d'amours fabuleuses et de luxe, et croit trouver une issue dans l'adultère avec Rodolphe Boulanger — qui s'empresse de rompre plutôt que d'accepter de fuir avec elle en Italie —, puis avec Léon Dupuis, clerc de notaire d'abord platoniquement rencontré qu'elle retrouve ensuite chaque semaine à Rouen. Criblée de dettes, désespérée et insatisfaite, Emma se suicide à l'arsenic devant son mari — qui se laisse lui-même mourir, après avoir découvert la double vie d'une épouse qu'il n'a cessé de vénérer, en s'exclamant : *« C'est la faute de la fatalité ! »* (III, XI).

Pour raconter ces *« Mœurs de provinces »*, Flaubert accorda une importance particulière à l'analyse psychologique, aux descriptions du décor, généralisant, de façon encore inédite, la technique de la focalisation — la vision des personnages oriente la représentation du monde —, l'emploi de l'imparfait et du style indirect libre, mêlés à une impitoyable ironie : *« Pauvre petite femme ! Ça bâille après l'amour comme une carpe après l'eau sur une table de cuisine »* (II, IV).

Écrit entre septembre 1851 et avril 1856 au prix d'un travail acharné sur le style, ***Madame Bovary*** portait dans son titre même l'ironique promesse d'une double déception : déception des lecteurs qui, en lieu et place des aventures de l'héroïne attendue, découvrent d'abord le ridicule collégien *« Charbovari »*, moqué par ses camarades, *« pauvre diable* [au] *nom inintelligible »* (I, I), puis la mère et enfin la première épouse du *« pauvre garçon »* ; déception surtout de l'héroïne éponyme, d'autant plus condamnée à ne jamais exister par elle-même qu'elle n'est que la 3e *« Madame Bovary »* du roman et dont tout le drame est résumé par cette exclamation de Rodolphe : *« Madame Bovary !...* [...] *Ce n'est pas votre nom d'ailleurs ; c'est le nom d'un autre »* (II, IX). La noirceur du milieu, l'immoralité ou la nullité des personnages, l'apparente neutralité narrative refusant toute norme et toute vérité définitive choquèrent les lecteurs et la censure : Flaubert fut poursuivi pour outrage aux mœurs — par ses *« tableaux lascifs »* (Me Pinard) — et à la religion — par ses *« images voluptueuses mêlées aux choses sacrées »*. Après un procès retentissant, il fut acquitté le 7 février 1857.

Le scandale du procès rendit vite célèbre le roman. Les articles abondèrent, parfois très critiques, mais reconnaissant généralement une nouvelle conception du roman. Le succès fut énorme : un 1er tirage de 6 750 exemplaires fut épuisé en 2 mois (29 150 vendus en 5 ans). La peinture du milieu provincial, la minutie des détails, ont fait de ***Madame Bovary*** l'archétype du réalisme, et plus tard du naturalisme : Emma, le pharmacien Homais, sont devenus des types. L'œuvre exerça une très grande influence sur les romanciers « réalistes » (Zola, Goncourt, Maupassant...), et Zola afficha sans détours sa dette à l'égard de ***Madame Bovary*** : *« Quand* Madame Bovary *parut, il y eut toute une révolution littéraire. Il sembla que la formule du roman moderne, éparse dans l'œuvre colossale de Balzac, venait d'être réduite et clairement énoncée dans les quatre cents pages d'un livre. Le code de l'art nouveau se trouvait écrit »* (*Les Romanciers naturalistes*, 1881). Contrairement à une légende persistante, Flaubert n'a nulle part écrit : « *Madame Bovary, c'est moi !* » Ni sa ***Correspondance*** ni d'autres sources majeures, tel le *Journal* des Goncourt, ne mentionnent cette affirmation. On en connaît l'existence par un biographe du début du XXe siècle, René Descharmes, auteur de *Flaubert avant 1857*, qui rapporte une confidence d'une romancière et journaliste rouennaise, correspondante de Flaubert, Amélie Bosquet, selon laquelle l'écrivain lui aurait répondu cette boutade, alors qu'elle lui demandait la source de son personnage. Le roman a été plusieurs fois adapté au cinéma, notamment par Jean Renoir (1934), Vincente Minnelli (1949) et Claude Chabrol (1991).

Salammbô

Roman en 15 chapitres, paru chez l'éditeur Michel Lévy, à Paris, le 24 novembre 1862.

Situé entre 241 et 237 av. J.-C., le roman raconte la lutte de Carthage contre ses mercenaires, révoltés par la victoire de Rome. Salammbô, fille d'un des dirigeants de Carthage, doit récupérer le zaïmph, voile sacré de la déesse Tanit que Mâtho, chef barbare, a volé. Elle y parvient en se donnant à lui ; mais Mâtho, capturé, torturé par la foule, succombe aux pieds de Salammbô, qui meurt à son tour, bouleversée par le supplice infligé à Mâtho.

Grâce à son souci d'exactitude et de couleur locale pour recréer un milieu disparu, Flaubert a renouvelé le genre du roman historique : Julien Gracq qualifia l'œuvre de « *péplum parodique* ». Voulant « *fixer un mirage en appliquant à l'Antiquité les procédés du roman moderne* » ***(Correspondance)***, Flaubert a préféré à l'analyse psychologique ou à la simple narration la profusion des descriptions, où les détails hauts en couleur, les termes techniques rares abondent, avec les métaphores, comme en témoigne le portrait de Salammbô : « *Des tresses de perles attachées à ses tempes descendaient jusqu'aux coins de sa bouche, rose comme une grenade entr'ouverte. Il y avait sur sa poitrine un assemblage de pierres lumineuses, imitant par leur bigarrure les écailles d'une murène* » (chap. I). On est là à l'opposé de la « *manière grise* » d'autres œuvres (***Un cœur simple***, ***Madame Bovary***) de l'écrivain.

Écrit de septembre 1857 à avril 1862, ***Salammbô*** parut après de longues négociations avec Lévy, concernant entre autres l'acceptation du roman sans lecture préalable et le refus de toute illustration.

La publication fit sensation. Les critiques furent virulentes. Flaubert répondit à Sainte-Beuve et polémiqua avec l'archéologue Frœhner qui lui reprocha ses erreurs, ou ses imprécisions ; mais son talent fut reconnu. Le public se passionna : 2 000 exemplaires furent vendus en 2 jours, le 2e tirage fut épuisé le 13 décembre, le 3e avant fin janvier 1863. Les parodies se multiplièrent : *La Vie parisienne* (janv. 1863), *Folammbô ou les Cocasseries carthaginoises*, opérette de Laurencin et Clairville (créée le 1er mai 1863). Le roman a inspiré également plusieurs peintres, et plusieurs adaptations musicales, de Moussorgsky (opéra inachevé, 1883), Reyer (opéra créé à Bruxelles en 1890), Florent Schmitt (3 suites d'orchestre tirées de la musique du film de Pierre Marodon, 1925).

La ***Tentation de saint Antoine***

Œuvre en 7 parties, parue chez Charpentier, le 1er avril 1874.

Ce texte, qui échappe aux classifications des genres (ni récit, ni pièce de théâtre, ni poème), relate une nuit de saint Antoine, anachorète retiré sur un mont de la Thébaïde, qui, dans sa volonté de savoir, de vérité et d'absolu, est livré à de multiples tentations prenant la forme d'un défilé, infini et hallucinatoire, de dieux et de rites anciens. Drame de la connaissance, ***La Tentation*** est aussi la reconstruction d'une civilisation antique : c'est, dit Flaubert, une « *exposition dramatique du monde alexandrin au Ier siècle* » ***(Correspondance)***.

Œuvre complexe, ***La Tentation*** frappe par l'absence apparente de liens logiques, le refus de toute explication, l'opacité de sa signification : « *Par cela même que je connais les choses, les choses n'existent plus. Pour moi, maintenant, il n'y a pas d'espoir et pas d'angoisse, pas de bonheur, pas de vertu, ni jour, ni nuit, ni toi, ni moi, absolument rien* » (chap. 4). Dialogue, description et récit se succèdent dans un perpétuel mouvement, avec une richesse d'images et de détails, mêlant réalisme et fantastique. La structure à épisodes est proche de celle de ***Bouvard et Pécuchet***.

Écrite de juillet 1870 à juin 1872, ***La Tentation*** est en fait la 3e version d'un texte inspiré par le tableau de Bruegel et achevé en septembre 1849 — mis de côté, car jugé trop « *romantique* », par les amis de Flaubert, Du Camp et Bouilhet —, repris ensuite en 1856 — 4 extraits de cette 2e version parurent dans *L'Artiste* du 21 décembre 1856 au 1er février 1857 : « *C'est l'œuvre de toute ma vie* », disait Flaubert.

À la parution, ce fut l'incompréhension. Les critiques furent dures, malveillantes même. Cependant, le public ne bouda pas tout à fait le livre : 2 000 exemplaires furent vendus en quelques jours, et un 2e tirage parut avant fin avril 1874 (suivi d'un 3e en 1875). ***La Tentation de saint Antoine*** a été montée par Maurice Béjart en 1966 pour la compagnie Renaud-Barrault.

Trois Contes

Recueil de 3 contes (***Un cœur simple***, ***La Légende de saint Julien l'Hospitalier*** et ***Hérodias***) — comprenant respectivement 5, 3 et 3 parties numérotées mais non titrées —, publié chez Charpentier, le 24 avril 1877.

Un cœur simple. Après une jeunesse difficile, Félicité, fille de ferme peu à peu privée ou séparée des membres de sa famille et bouleversée par une malheureuse histoire d'amour avec Théodore — jeune homme rencontré à Colleville —, devient servante à Pont-l'Évêque chez Mme Aubain, veuve et mère de deux enfants, Paul et Virginie. Tâches quotidiennes, visites des amis de Mme Aubain, bourdonnement du marché de Pont-l'Évêque, passion maternelle pour Virginie : telle est la vie active mais terne et fructe de Félicité. Ayant retrouvé une sœur et son neveu Victor lors d'un séjour à Trouville, Félicité s'éprend pour ce dernier d'une affection bientôt anéantie par la mort du jeune homme. La petite Virginie disparaît à son tour d'une pneumonie. « *Puis des années s'écoulèrent, toutes pareilles et sans autres épisodes que le retour des grandes fêtes* » (III). Un événement bouscule ce morne quotidien : l'arrivée du perroquet Loulou, sur lequel Félicité reporte son besoin d'affection. Mais Loulou meurt lui aussi ; Félicité le fait empailler et finit par le confondre avec le Saint-Esprit. Après le mariage de Paul, le décès de Mme Aubain plonge Félicité dans une solitude et un désœuvrement qui la mènent à la mort : en agonisant, Félicité croit voir, « *dans les cieux entrouverts, un perroquet gigantesque, planant au-dessus de sa tête* ».

« L'Histoire d'un cœur simple *(sic)*, écrivait Flaubert le 19 juin 1876, *est tout bonnement le récit d'une vie obscure, celle d'une pauvre fille de campagne, dévote mais mystique, dévouée sans exaltation et tendre comme du pain frais.* [...] *Ce n'est nullement ironique comme vous le supposez, mais au contraire très sérieux et très triste. Je veux apitoyer, faire pleurer les âmes sensibles, en étant une moi-même.* » Un tel projet, situé dans des lieux bien connus de l'écrivain, aurait pu conduire aux épanchements et aux confidences ; il n'en est rien : ***Un cœur simple*** ne déroge pas au principe d'impersonnalité. C'est par le récit des faits eux-mêmes, c'est-à-dire par le style, que Flaubert communique son aversion pour l'injustice, la cruauté sociale et parvient à émouvoir le lecteur. Le lexique, émaillé de termes qui sentent bon le terroir et de normandismes, se fond dans une langue d'une extrême pureté qui donne à l'histoire de cette vie toute simple la dimension d'un véritable destin.

L'élaboration d'***Un cœur simple*** occupa Flaubert pendant un peu moins de six mois (févr.-mars à août 1876 — la rédaction proprement dite commençant en avril 1876). Au cours de cette période, il effectua un voyage de repérage des lieux à Honfleur et à Pont-l'Évêque, et se livra à des recherches documentaires. On trouve la trace du canevas de ce conte dès 1836, dans ***Rage et Impuissance***, ainsi que dans l'évocation de Catherine Leroux, comparse d'Emma Bovary, qui apparaît dans le passage de ***Madame Bovary*** consacré aux comices agricoles.

La ***Légende de saint Julien l'Hospitalier***. Dès la naissance de leur fils, les parents de Julien, seigneurs de haut lignage, reçoivent séparément, et sans se le dire, deux prédictions annonçant le destin exceptionnel de leur descendant : chef de guerre et saint. Éduqué dans l'exaltation des prouesses guerrières par son père et dans la religion par sa mère, Julien s'écarte bientôt de ces deux vocations en s'adonnant totalement à la chasse dans laquelle il découvre la volupté de tuer : un jour, après un carnage d'animaux, un cerf lui prédit en mourant qu'il assassinera ses parents. Peu après, Julien manque de tuer sa mère par erreur. Pour échapper à son fatal destin, Julien quitte le château et part à l'aventure. Ses prouesses militaires le rendent vite célèbre, et il reçoit en mariage la fille d'un empereur ; mais, en cette vie désormais tranquille, il reste consumé par sa soif de carnage : un soir, il finit par y céder et part à la chasse. Pendant son absence, ses parents, partis à sa recherche et usés par de multiples errances, arrivent enfin à son palais. La femme de Julien les couche dans son propre lit. Après une nuit de chasse désastreuse, Julien, croyant trouver son épouse dans les bras d'un amant, les égorge. Julien le parricide abandonne tous ses biens et expie son crime par la mendicité. Devenu passeur sur un fleuve hostile, il recueille un soir un lépreux qu'il soulage de la soif, de la faim, et du froid en lui offrant tout ce qu'il possède et jusqu'à la chaleur de son propre corps. En agonisant entre ses bras, le lépreux, qui n'est autre que le Christ, l'emmène avec lui dans le ciel.

Le récit de la vie de Julien se signale par une abondance d'images et de termes médiévaux (« *destriers* », « *brocart* », « *béguin* », « *oliphants* », « *vélin* », « *roidissement* », « *affaiter* », « *déchaussures* », « *tiquetés* », « *refuites* », « *tiercelets* », « *chiens d'oysel* », « *camérières* », « *débûcher* », « *tartaret* », etc.) empruntés notamment au vocabulaire de la chasse. La construction de ce conte est très concertée, comme le montre, entre autres, le saisissant parallélisme qui rapproche et oppose à la fois les deux grandes scènes de chasse, dont tous les éléments sont point par point inversés : dans l'une, Julien effectue un triomphal carnage d'animaux dans un pays du Nord, en hiver, de l'aube au soir, et cette journée s'achève par la sombre prophétie du cerf maudissant Julien ; l'autre, au contraire, a lieu dans une région du Sud, en été, du soir au matin, et Julien, qui ne réussit à tuer aucune proie, y fait lui-même figure de victime, encerclé cette fois par des bêtes qui jouent le rôle de bourreaux ; enfin, cette seconde journée s'achève avec la réalisation du parricide annoncé par le cerf de la première chasse. Ainsi, le conte fourmille, tant au niveau des grandes structures narratives qu'à celui du détail du lexique, d'analogies, d'échos et de correspondances qui lui donnent une cohérence et une unité particulièrement complexes. Dans l'*excipit*, toute dernière phrase du conte, Flaubert précise, à la 1re personne *(« mon pays »)*, la similarité et l'écart *(« telle à peu près »)* qui font de ce texte l'équivalent littéraire d'un vitrail : *« Et voilà l'histoire de saint Julien l'Hospitalier, telle à peu près qu'on la trouve, sur un vitrail d'église, dans mon pays. »* Conclusion qui rappelle le colophon, par lequel le scribe signait son manuscrit en donnant le titre de l'ouvrage.

L'élaboration et la rédaction de ***La Légende de saint Julien l'Hospitalier*** durèrent environ six mois (sept. 1875 à févr. 1876) pendant lesquels Flaubert se consacra notamment à un travail intensif de documentation sur la vie domestique et la vénerie au Moyen Âge, même si, pour l'essentiel, ce travail préparatoire avait déjà été effectué beaucoup plus tôt, dès 1856, année où l'auteur conçut pour la première fois le projet d'écrire un ***Saint Julien***. Mais l'origine du projet est même encore beaucoup plus lointaine : elle remonte à 1835, date à laquelle l'écrivain avait visité l'église romane de Caudebec-en-Caux où se trouvaient une verrière sur saint Eustache et quelques fragments d'une fresque relative à saint Hubert ; à l'occasion de cette visite, son professeur d'arts plastiques au collège, Langlois, avait sans nul doute appelé l'attention du jeune Flaubert sur les ressemblances et les différences entre les légendes de saint Eustache et saint Hubert d'une part, et celle de saint Julien d'autre part, telle qu'elle était rapportée sur une verrière de la cathédrale de Rouen.

Hérodias. Gouverneur impopulaire de la Galilée, mis en place par le pouvoir impérial de Rome, en but aux intrigues politiques et religieuses de multiples communautés juives, Hérode Antipas, dans sa forteresse de Machærous, prépare la guerre contre le roi des Arabes. Cédant à sa femme Hérodias, par lassitude plus que par conviction, il a fait emprisonner Iaokanann (Jean-Baptiste), qui prédit la venue imminente du Christ et ne cesse d'insulter Hérodias, en dénonçant son mariage illicite avec Antipas. La visite inopinée du proconsul Vitellius met Antipas dans une situation difficile : les Romains découvrent un arsenal qui leur fait soupçonner une trahison possible du gouverneur. Le soir, celui-ci offre à Vitellius un festin au cours duquel Salomé, fille d'un premier mariage d'Hérodias, l'envoûte par une danse d'une irrésistible sensualité. Possédé par le spectacle, il s'engage publiquement à lui accorder ce qu'elle voudra : elle exige la tête de Iaokanann. Contraint par son serment, Antipas fait décapiter le prophète.

Littérairement, la difficulté était d'éviter de faire une leçon d'Histoire tout en donnant au lecteur les repères indispensables à la compréhension de l'intrigue. D'où le soin apporté par Flaubert à la composition du récit, traversé par de multiples thèmes mais construit sur un seul motif : la décollation de Jean-Baptiste. De là aussi quelques gauchissements apportés à la chronologie, pour resserrer l'action et l'inscrire dans une temporalité tragique. Les brouillons attestent que Flaubert, en rédigeant ce conte, suit une esthétique nettement dramaturgique, comme le confirment l'importante présence des dialogues, la vigueur des répliques, l'unité d'action — Jean-Baptiste sera-t-il ou non exécuté ? —, et l'unité de lieu — la forteresse. D'autres traits d'écriture — les nombreuses descriptions, l'usage abondant du style indirect comme de la focalisation interne, les retours en arrière dans la chronologie narrative — caractérisent toutefois ce texte comme un récit, dont le scénario même présente en outre une qualité visuelle très particulière, et qui fait appel à des techniques narratives annonçant celles du cinéma : cadrages subtilement variés, effets de *travelling*, *flash-back*, ellipses, fondu enchaîné, surimpression, notations des sons d'atmosphère, etc. Enfin, comme dans les deux autres contes, Flaubert a recours, dans ***Hérodias***, à certains termes donnant au texte une puissante coloration historique (*« simarre »*, *« peplum »*, *« buccins »*, *« laticlave »*, *« licteurs »*, *« umbo »*, etc.).

L'élaboration d'***Hérodias*** prit à Flaubert environ six mois (août 1876 à févr. 1877 — la rédaction proprement dite s'étalant de nov. 1876 à févr. 1877). Elle fut elle aussi accompagnée de copieuses recherches documentaires effectuées à Paris.

Contrairement aux 4 précédents ouvrages de Flaubert (***L'Éducation sentimentale, Le Candidat, Le Sexe faible*** et ***La Tentation de saint Antoine***), tous des échecs retentissants, ***Trois Contes*** fut bien accueilli par le public, même si, en raison d'une actualité riche en événements, le recueil mit quelque temps à se vendre bien et n'approcha jamais les tirages massifs que connaissait au même moment *L'Assommoir* de Zola. ***Trois Contes*** reçut même un accueil plus favorable encore de la critique, qui, toutes tendances confondues — à l'exception de Brunetière, ennemi juré de Flaubert —, mit l'ouvrage au rang de chef-d'œuvre ; Banville salua ainsi dans *Les Débats* ces « *trois chefs-d'œuvre absolus et parfaits, créés avec la puissance d'un poète sûr de son art et dont il ne faut parler qu'avec la respectueuse admiration due au génie* », et Jules Lemaître vit dans ***La Légende de saint Julien l'Hospitalier*** « *un joyau gothique d'une rare perfection* ». ***Trois Contes*** ne scandalisait plus, comme l'avait fait ***Madame Bovary***, et par là même rassurait les milieux bien-pensants. Dans la 1re moitié du XXe siècle, l'appréciation critique — à l'image de celle de Thibaudet par exemple — resta dans l'ensemble très favorable ; ensuite, le recueil, quoique toujours célébré, fut marginalisé par l'ombre imposante de ***Madame Bovary*** et de ***L'Éducation sentimentale***. Mais, en dégageant l'extrême complexité de ces textes, notamment grâce à l'analyse des manuscrits, les études critiques des trois dernières décennies du XXe siècle ont redonné à ***Trois Contes*** une place de premier plan dans l'œuvre de Flaubert : dernière œuvre publiée du vivant de l'auteur, le recueil peut être conçu comme une sorte de testament esthétique de l'écrivain — les 3 récits se rapprochant respectivement, par toute une série de liens intimes, de ***Madame Bovary***, de ***La Tentation de saint Antoine*** et de ***Salammbô***.

CITATIONS

Quelle merveille que de retrouver chez les êtres vivants les mêmes substances qui composent les minéraux ! Néanmoins, ils éprouvaient une sorte d'humiliation à l'idée que leur individu contenait du phosphore comme les allumettes, de l'albumine commes les blancs d'œufs, du gaz hydrogène comme les réverbères.

Bouvard et Pécuchet, 3.

Quant à l'idée de la patrie, c'est-à-dire d'une certaine portion de terrain dessinée sur la carte et séparée des autres par une ligne rouge ou bleue, non, la patrie est pour moi le pays que j'aime, c'est-à-dire celui que je rêve, celui où je me trouve bien. — je suis autant chinois que Française [...].

Correspondance, à Louise Colet, 8 août 1846.

Oui, la bêtise consiste à vouloir conclure. Nous sommes un fil et nous voulons savoir la trame. [...] Quel est l'esprit un peu fort qui ait conclu, à commencer par Homère ? Contentons-nous du tableau, c'est ainsi, bon.

Correspondance, à Louis Bouilhet, 4 septembre 1850.

Je suis un homme-plume. Je sens par elle, à cause d'elle, par rapport à elle et beaucoup plus avec elle.

Correspondance, à Louise Colet, 31 janvier 1852.

La censure quelle qu'elle soit me paraît une monstruosité, une chose pire que l'homicide ; l'attentat contre la pensée est un crime de lèse-âme. La mort de Socrate pèse encore sur le genre humain.

Correspondance, à Louise Colet, 1852.

La critique est au dernier échelon de la littérature, comme forme presque toujours et comme *valeur morale*, incontestablement elle passe après le bout rimé et l'acrostiche, lesquels demandent au moins un travail d'invention quelconque.

Correspondance, à Louise Colet, 1853.

Un livre est pour moi une manière spéciale de vivre. À propos d'un mot ou d'une idée, je fais des recherches, je me perds dans des lectures ou des rêveries sans fin...

Correspondance, à Mlle Leroyer de Chantepie, 18 décembre 1859.

Le style est autant *sous* les mots que *dans* les mots. C'est autant l'âme que la chair d'une œuvre.

Correspondance, à Ernest Feydeau, 1860.

Un romancier, selon moi, *n'a pas le droit* de dire son avis sur les choses de ce monde. Il doit, dans sa vocation, imiter Dieu dans la sienne, c'est-à-dire faire et se taire.

Correspondance, à Mlle Bosquet, 1866.

Quelle forme faut-il prendre pour exprimer parfois son opinion sur les choses de ce monde, sans risquer de passer plus tard pour un imbécile ? Cela est un rude problème. Il me semble que le mieux est de les peindre, tout bonnement, ces choses qui vous exaspèrent. Disséquer est une vengeance.

Correspondance, à George Sand, 19 décembre 1867.

Où connaissez-vous une critique qui s'inquiète de l'œuvre *en soi*, d'une façon intense ? On analyse très finement le milieu où elle s'est produite et les causes qui l'ont amenée ; mais la poétique *insciente* ? sa composition, son style ? le point de vue de l'auteur ? Jamais !

Correspondance, à George Sand, 2 février 1869.

Tous les drapeaux ont été tellement souillés de sang et de m... qu'il est temps de n'en plus avoir du tout. À bas les mots ! Plus de symboles ni de fétiches ! La grande moralité de ce règne-ci sera de prouver que le suffrage universel est aussi bête que le droit divin, quoique un peu moins odieux !

Correspondance, à George Sand, 1869.

Avez-vous jamais cru à l'existence des choses ? Est-ce que tout n'est pas une illusion ? Il n'y a de vrai que les « rapport », c'est-à-dire la façon dont nous percevons les objets.

Correspondance, à Guy de Maupassant, 15 août 1878.

Ce qui m'indigne ce sont ceux qui ont le bon Dieu dans leur poche et qui vous expliquent l'incompréhensible par l'absurde. Quel orgueil que celui d'un dogme quelconque !

Correspondance, à Mme Roger des Genettes, 1879.

Érection. — Ne se dit qu'en parlant des monuments.

Dictionnaire des idées reçues.

Ce fut comme une apparition. Elle était assise, au milieu du banc, toute seule ; ou du moins il ne distingua personne, dans l'éblouissement que lui envoyèrent ses yeux. En même temps qu'il passait, elle leva la tête ; il fléchit involontairement les épaules ; et, quand il se fut mis plus loin, du même côté, il la regarda.

L'Éducation sentimentale, I, 1.

La plupart des hommes qui étaient là avaient servi, au moins, quatre gouvernements ; et ils auraient vendu la France ou le genre humain, pour garantir leur fortune, s'épargner un malaise, un embarras, ou même par simple bassesse, adoration instinctive de la force [...].

L'Éducation sentimentale, II, 4.

« *Les héros ne sentent pas bon !* »

L'Éducation sentimentale, III, 1.

Tout bourgeois, dans l'échauffement de sa jeunesse, ne fût-ce qu'un jour, une minute, s'est cru capable d'immenses passions, de hautes entreprises. Le plus médiocre libertin a rêvé des sultanes ; chaque notaire porte en soi les débris d'un poète.

Madame Bovary, III, 6.

C'était à Mégara, faubourg de Carthage, dans les jardins d'Hamilcar.

Salammbô, 1.

La Forme est peut-être une erreur de tes sens, la Substance une imagination de ta pensée.
À moins que le monde étant un flux perpétuel des choses, l'apparence au contraire ne soit tout ce qu'il y a de plus vrai, l'illusion, la seule réalité.
Mais es-tu sûr de voir ? es-tu même sûr de vivre ? Peut-être qu'il n'y a rien !

La Tentation de saint Antoine, 6.

Alors, une faiblesse l'arrêta ; et la misère de son enfance, la déception du premier amour, le départ de son neveu, la mort de Virginie, comme les flots d'une marée, revinrent à la fois, et, lui montant à la gorge, l'étouffaient.

Un cœur simple, in *Trois Contes*.

Il était en chasse dans un pays quelconque, depuis un temps indéterminé, par le fait seul de sa propre existence, tout s'accomplissant avec la facilité que l'on éprouve dans les rêves.

La Légende de saint Julien l'Hospitalier, in *Trois Contes*.

Ses lèvres *[de Salomé]* étaient peintes, ses sourcils très noirs, ses yeux presque terribles, et des gouttelettes à son front semblaient une vapeur sur du marbre blanc.

Hérodias, in *Trois Contes*.

JUGEMENTS

« *Dumas disait de Flaubert :* "C'est un géant qui abat une forêt pour faire une boîte". »

Maurice Barrès, *Mes Cahiers*, Plon, posthume, 1929 à 1951.

« *L'homme qui forgea le roman réaliste avec* Madame Bovary *fut aussi le premier à le faire éclater.* »

Jorge Luis Borges, *Discussion*, trad. franç. Claire Staub, Gallimard, 1966.

« *L'œuvre de Flaubert est très picturale.* [...] *Il est facile d'isoler dans* Madame Bovary *des tableaux que l'on peut mettre en relation avec l'art de Gustave Courbet, et aussi les débuts de la photographie, car c'est un livre, peut-on dire, en noir et blanc. Au contraire* Salammbô *évoque la peinture la plus romantique, le* Sardanapale *de Delacroix avec ses couleurs très intenses.* L'Éducation sentimentale *nous fait irrésistiblement penser aux peintres impressionnistes, encore que Flaubert ne les ait guère connus et point appréciés* [...]. »

Michel Butor, *Improvisations sur Flaubert*, La Différence, 1984.

« *On a dit de Flaubert qu'il était un réaliste, un naturaliste ; on a voulu voir en lui une sorte de chirurgien des lettres disséquant les passions et faisant l'autopsie du cœur humain ; il était le premier à en sourire : c'était un lyrique.* »

Maxime Du Camp, *Souvenirs littéraires*, 1880.

« *C'était en 1873, un dimanche d'automne. J'allai le voir tout ému.* [...] *Il vint lui-même ouvrir. De ma vie je n'avais vu rien de semblable. Sa taille était haute, ses épaules larges ; il était vaste, éclatant et sonore* [...].
Il me tendit sa belle main de chef et d'artiste, me dit quelques bonnes paroles [...]. *Gustave Flaubert était très bon. Il avait une prodigieuse capacité d'enthousiasme et de sympathie. C'est pourquoi il était toujours furieux.* »

Anatole France, *La Vie littéraire*, t. II, 1898.

« *Flaubert, à la condition de lui abandonner les premiers rôles et de se laisser enrhumer par les fenêtres qu'il ouvre à tout moment, est un très agréable camarade. Il a une bonne gaieté et un rire d'enfant, qui sont contagieux ; et dans le contact de la vie de tous les jours se développe en lui une grosse affectuosité, qui n'est pas sans charme.* »

Edmond et Jules de GONCOURT, *Journal*, 20 septembre 1878.

« *Le* tempo *de Flaubert, dans* Madame Bovary *comme dans* L'Éducation [sentimentale], *est* [...] *tout entier celui d'un cheminement rétrospectif, celui d'un homme qui regarde par-dessus son épaule — beaucoup plus proche déjà par là de Proust que de Balzac* [...]. »

Julien GRACQ, *En lisant en écrivant*, Corti, 1981.

« *Comme elle est morne dans sa monotonie, la chute de phrase de Flaubert ! Quelquefois, il est vrai, il part d'un mouvement assez vif, mais c'est comme un ruisseau allègre qui court immanquablement se jeter dans une mare. Le rythme de l'anapeste : brève-brève-longue, étendu aux membres de la phrase, semble chez lui presque une nécessité respiratoire. Toute son écriture est une lutte plus d'une fois malheureuse pour faire vivre et relancer la page ou le paragraphe par-delà cette fatalité de retombement.* »

Julien GRACQ, *Flaubert*, in *Proust considéré comme terminus*, Éd. Complexe, 1986.

« *Il n'est pas absolument criminel pour un tuberculeux d'avoir des enfants. Le père de Flaubert était tuberculeux. Alternative : ou bien l'enfant aura des poumons qui se mettront à jouer de la flûte (très jolie expression pour désigner la musique que le médecin essaie d'entendre quand il vous pose l'oreille sur la poitrine), ou bien il sera Flaubert. Le père tremble, tandis qu'on en discute dans le vide.* »

Franz KAFKA, *Journal*, trad. franç. Marthe ROBERT, Grasset, 1956.

« *Flaubert a découvert la bêtise. J'ose dire que c'est là la plus grande découverte d'un siècle si fier de sa raison scientifique.*
[...] *le plus choquant, le plus scandaleux dans la vision flaubertienne de la bêtise est ceci : la bêtise ne s'efface pas devant la science, la technique, le progrès, la modernité, au contraire, avec le progrès, elle progresse elle aussi !* »

Milan KUNDERA, *L'Art du roman*, Gallimard, 1986.

« *Quand on songe qu'on dit : un grand écrivain, de ce pauvre Flaubert, qui ne fut qu'un ouvrier de style, — encore que ce style soit d'une uniformité désespérante et glacée —, sans intelligence ni sensibilité.* »

Paul LÉAUTAUD, *Journal littéraire*, 18 mars 1901, Mercure de France, rééd. 1986.

« [...] *les Français retrouvent en Flaubert ce qu'ils ont tant admiré chez Racine : le créateur d'une forme.* [...] *Flaubert a vécu avec la bibliothèque comme Victor Hugo avec Juliette Drouet.* »

André MALRAUX, *L'Homme précaire et la Littérature*, Gallimard, 1977.

« *Gustave Flaubert* [...] *fut le plus ardent apôtre de l'impersonnalité dans l'art. Il n'admettait pas que l'auteur fût jamais deviné, qu'il laissât tomber dans une page, dans une ligne, dans un mot, une seule parcelle de son opinion, rien qu'une apparence d'intention. Il devait être le miroir des faits, mais un miroir qui les reproduisait en leur donnant ce reflet inexprimable, ce je ne sais quoi de presque divin qui est l'art.*
Ce n'est pas impersonnel qu'on devrait dire, en parlant de cet impeccable artiste, mais impassible.
[...]
Gustave Flaubert fut dominé durant son existence entière par une passion unique et deux amours : cette passion fut celle de la Prose française ; un des amours pour sa mère, l'autre pour les livres. »

Guy de MAUPASSANT, *Chroniques*, t. III, 1884 et 1890.

« *Ce corps à corps avec la phrase, ces ahans de porteur d'eau durant ses veilles, les écroulements hébétés sur son divan pour quinze lignes qu'il supprimait au petit jour, cette absurde ascèse demeurait la seule qui fût à sa portée, comme Croisset lui proposait la seule cellule où vivre reclus, puisqu'il avait le malheur de ne pouvoir tendre à l'absolu que dans la phrase et par la phrase.* Salammbô, La Tentation *manifesteront plus tard comme des tumeurs énormes cette maladie d'une mystique sans objet.* »

François MAURIAC, *Mémoires intérieurs*, Flammarion, 1959.

« [...] *Flaubert, en s'attachant avec la dernière ténacité à poursuivre l'aventure ingrate de bâtir un roman, peut être qualifié de véritable Don Quichotte, par ce trait particulièrement caractéristique des très grands écrivains : la probité d'un art sans défaillance.* »

Vladimir NABOKOV, *Littératures III*, trad. franç. Hélène PASQUIER, Fayard, 1986.

« *L'on sait, depuis Flaubert et Bloy, qu'il n'est idée ni phrase "reçue" où la bêtise ne coudoie la méchanceté, où la grandeur ne se voie immolée à la sottise et les martyrs aux bourreaux.* »

Jean PAULHAN, *Les Fleurs de Tarbes ou la Terreur dans les Lettres*, Gallimard, 1941.

« *Flaubert, qui pour Sade, qu'il nommait familièrement* "le Vieux", *avait une admiration qui approchait l'amour filial, a confessé parfois qu'il ne lisait les romans que pour y trouver des passages érotiques.* »

André PIEYRE de MANDIARGUES, *Troisième Belvédère*, Gallimard, 1971.

« *Et il n'est pas possible à quiconque est un jour monté sur ce grand* Trottoir roulant *que sont les pages de Flaubert, au défilement continu, monotone, morne, indéfini, de méconnaître qu'elles sont sans précédent dans la littérature.*
[...]
La très lente acquisition [...] *de tant de particularités grammaticales* [...] *prouve à mon avis, non pas, comme le prétend le critique littéraire de* La Nouvelle Revue française, *que Flaubert n'est pas* "un écrivain de race", *mais au contraire qu'il en est un.* [...] *Ce qui étonne seulement chez un tel maître, c'est la médiocrité de sa correspondance.* »

Marcel PROUST, *Essais et Articles*, in *Contre Sainte-Beuve*, Gallimard, posthume, 1971.

« *Un cœur gros comme ça. Le Viking amer de Croisset, Pollux de la correspondance et Castor du roman, émerveille dans les deux genres. [...] Le style de la* Correspondance *est à l'opposé du style des romans. Autant l'un est tendu, prémédité, tiré à quatre épingles, autant l'autre est souple, naturel, plein d'abandons. Le génie est le même, mais il change de registre. Il ne se contrôle plus, il se déboutonne, maltraite, à l'occasion, l'orthographe avec une désinvolture qui nous console tous et, selon la formule, écrit à la diable pour l'éternité. »*

Angelo RINALDI, « Flaubert », in *L'Express*, 7 mai 1973.

« [...] *on pourra invoquer mille circonstances ténues et inconnues de nous qui ont façonné ce besoin de sentir en besoin d'agir* [chez Flaubert]. *Mais* [...] *c'est renoncer à expliquer et s'en remettre précisément à l'indécelable.* »

Jean-Paul SARTRE, *L'Être et le Néant*, Gallimard, 1943.

« *Emma ! Emma ! Et moi ¿ Personne avant moi, j'en suis sûr, ne s'est permis d'entendre* ovaire *dans Bovary* [...]. »

Philippe SOLLERS, *Femmes*, Gallimard, 1983.

« *Flaubert, le plus exigeant et le plus circonspect des grands romanciers* [...] *pourrait bien blêmir et voir d'un mauvais œil ce qu'il tiendrait pour une méprise de plus, vulgaire et bourgeoise : l'importance accordée par la postérité aux lettres qu'il griffonnait après minuit, au bout d'une longue journée de tortures pour quelques phrases de roman, afin de tenir à distance une maîtresse importune.*

[...]

L'influence de Flaubert comme théoricien et comme "figure du père" est immense ; elle n'est pas très loin de l'emporter sur l'impression que nous laissent ses livres. »

John UPDIKE, *Navigation littéraire*, trad. franç. Daria OLIVIER, Gallimard, 1986.

« *Je l'ai comparé* [Flaubert] *à Corneille, et ici la ressemblance s'affirme encore. C'était le même esprit épique auquel les papotages et les fines nuances échappaient* [...]. »

Émile ZOLA, *Les Romanciers naturalistes*, 1881.

BIBLIOGRAPHIE

Éditions

Œuvres complètes, Conard, 1910 à 1954, 26 vol. ; éd. B. MASSON et J. BRUNEAU, « L'Intégrale », Seuil, 1964, 2 vol. ; éd. M. NADEAU, Rencontre, Lausanne (CH), 1964-1965, 18 vol. ; éd. M. BARDÈCHE, Club de l'honnête homme, 1971 à 1975, 16 vol.

Bouvard et Pécuchet, éd. A. CENTO, Istituto Universitario Orientale et Nizet, Naples (IT), 1964 ; éd. Cl. GOTHOT-MERSCH, « Folio », Gallimard, 1979, rééd. 1999 ; éd. T. SAMOYAULT et St. DORD-CROUSLÉ, « GF », Flammarion, 1999 ; éd. P.-M. de BIASI, « LdP », LGF, 1999.

Carnets de travail, éd. P.-M. de BIASI, Balland, 1988.

Carnet de voyage à Carthage, éd. Cl.-M. DELAVOYE, P.U. Rouen, 1999.

Correspondance, éd. intégrale J. BRUNEAU, « Pléiade », Gallimard, 1973 à 1998, 4 vol. (vol. 5 à paraître) ; sous le titre *Préface à la vie d'écrivain*, éd. G. BOLLÈME, Seuil, 1963 [anthologie] ; éd. B. MASSON, « Folio », Gallimard, 1998 [anthologie] ; *Correspondance Flaubert/Goncourt*, éd. P.-J. DUFIEF, Flammarion, 1998 ; *Correspondance Flaubert/Maupassant*, éd. Y. LECLERC, Flammarion, 1994 ; *Correspondance Flaubert/Sand*, éd. A. JACOBS, Flammarion, 1981.

Dictionnaire des idées reçues, éd. A. HERSCHBERG-PIERROT, « LdP », LGF, 1997.

L'Éducation sentimentale, éd. A.W. RAITT, « Les Lettres françaises », Imprimerie nationale, 1979, 2 vol. ; éd. J. SUFFEL, « GF », Flammarion, 1980 [1re version] ; éd. P.M. WETHERILL, « Classiques Garnier », Garnier, 1984, 2 vol. ; éd. Cl. GOTHOT-MERSCH, « GF », Flammarion, 1985 ; éd. P.-M. de BIASI, « École des Lettres », Seuil, 1993.

Madame Bovary, éd. Cl. GOTHOT-MERSCH, « Classiques Garnier », Garnier, 1971 ; éd. G. GENGEMBRE, « Texte et Contexte », Magnard, 1988 ; éd. P.-M. de BIASI, « Lettres françaises », Imprimerie nationale, 1994 ; éd. J. NEEFS, « LdP », LGF, 2000 ; *Madame Bovary, Ébauches et Fragments inédits*, éd. G. LELEU, Conard, 1936, 2 vol. ; *Madame Bovary, nouvelle version précédée des scénarios inédits*, éd. J. POMMIER et G. LELEU, Corti, 1949.

Mémoires d'un fou... et Autres Textes de jeunesse, éd. Y. LECLERC, « GF », Flammarion, 1991.

Par les champs et par les grèves, éd. A. TOOKE, Droz, Genève (CH), 1987.

Salammbô, éd. J. SUFFEL, « GF », Flammarion, 1964 ; éd. P. MOREAU, « Folio », Gallimard, 1970 ;éd. P. MOURIER-CASILE et Cl. AZIZA, Pockett, 1998.

La Tentation de saint Antoine, éd. J. SUFFEL, « GF », Flammarion, 1964, rééd. 1990 ; éd. Cl. GOTHOT-MERSCH, « Folio », Gallimard, 1983.

Trois Contes, éd. P.-M. de BIASI, « GF », Flammarion, 1985 ; *id.*, « École des Lettres », Seuil, 1993 ; *id.*, « LdP », LGF, 1999 ; *Trois Contes (manuscrits)*, sous le titre *Corpus Flaubertianum*, éd. G. BONACCORSO, 1983 à 1998, 3 t. et 4 vol. : I. *Un cœur simple*, Belles Lettres, 1983 ; II. *Hérodias*, Nizet, 1991, et *Sicania*, Messine (IT), 1995, 2 vol. ; III. *La Légende de saint Julien l'Hospitalier*, Didier, 1998.

Voyage en Égypte, éd. P.-M. de BIASI, Grasset, 1991.

Études

J. BARNES, *Le Perroquet de Flaubert*, trad. franç. J. GUILOINEAU, Stock, 1991.

P.-M. de BIASI, *Flaubert. Les Secrets de l'homme-plume*, « Coup double », Hachette Littératures, 1995 ; « La poétique du *non-finito* », in *Le Manuscrit inachevé*, « Textes et Manuscrits », CNRS, 1986.

G. BOLLÈME, *La Leçon de Flaubert*, Julliard, 1963.

L. BOPP, *Commentaire de « Madame Bovary »*, La Baconnière, Neuchâtel (CH), 1950.

L. BOUILHET, *Lettres à Gustave Flaubert*, éd. M.-L. CAPPELLO, CNRS, 1996.

V. BROMBERT, *Flaubert par lui-même*, « Écrivains de toujours », Seuil, 1971.

J. BRUNEAU, *Les Débuts littéraires de Gustave Flaubert (1831-1845)*, Colin, 1962.

P.-G. Castex, *Flaubert. « L'Éducation sentimentale »*, CDU/SEDES, 1980.

A. Cento, *Commentaire de « Bouvard et Pécuchet »*, Liguori, Naples (IT), 1973.

J. Chessex, *Flaubert ou le Désert de l'abîme*, Grasset, 1991.

P. Danger, *Sensations et Objets dans le roman de Flaubert*, Colin, 1973.

R. Debray-Genette, « Métamorphoses du récit », in *Poétique*, Seuil, 1988 ; *id.* (dir.), « Flaubert », in *Europe* n°s 485-487, 1969 ; *id.* (dir.), « Flaubert », in *RHLF*, n°s 4-5, Colin, 1981 ; *Flaubert à l'œuvre*, « Textes et Manuscrits », Flammarion, 1980 ; *id.* et J. Neefs (dir.), *L'Œuvre de l'œuvre. Études sur la « Correspondance » de Flaubert*, P.U. Vincennes, 1993.

Ph. Dufour, *Flaubert ou la Prose du silence*, Nathan, 1997.

D. Fauvel et Y. Leclerc (dir.), *« Salambô » de Flaubert : Histoire, fiction*, Champion, 1999.

C. Franklin-Grout, *Heures d'autrefois*, éd. M. Desportes, P.U. Rouen, 1999.

J. de Gaultier, *Le Bovarysme*, Mercure de France, 1902.

G. Genette, « Silences de Flaubert », in *Figures I*, Seuil, 1966 ; *id.* (dir.), *Travail de Flaubert*, « Points », Seuil, 1983.

Cl. Gothot-Mersch, *La Genèse de « Madame Bovary »*, 1966, rééd. Slatkine, Genève (CH), 1980 ; *id.* (dir.), *Gustave Flaubert, Exposition du centenaire*, BN, 1980.

A. Green, *Flaubert and the Historical Novel*, Cambridge U.P. (GB), 1982.

A. Herschberg-Pierrot, *Le « Dictionnaire des idées reçues » de Gustave Flaubert*, P.U. Lille, 1987.

H. James, *Gustave Flaubert*, 1893, in *Du roman considéré comme l'un des Beaux-Arts*, trad. franç. Ch. de Biasi, Bourgois, 1987.

É. Le Calvez, *Flaubert topographe. « L'Éducation sentimentale » : essai de poétique génétique*, Rodopi, Amsterdam (NL), 1998.

F. Lecercle et S. Messina (dir.), *Flaubert, l'Autre* [pour Jean Bruneau], P.U. Lyon, 1989.

Y. Leclerc, *La Spirale et le Monument. Essai sur « Bouvard et Pécuchet »*, SEDES, 1988 ; *Gustave Flaubert, « L'Éducation sentimentale »*, « Études littéraires », PUF, 1997.

H.R. Lottman, « Modernité de Flaubert », in *Littérature*, n° 15, Balland, 1986 ; *Gustave Flaubert*, trad. franç. M. Véron, Fayard, 1989, rééd. « Pluriel », Hachette Littératures, 1990 ; *id.* (dir.), *La Production du sens chez Flaubert*, colloque de Cerisy, « 10/18 », UGE, 1975.

H.P. Lund, *Gustave Flaubert, « Trois Contes »*, « Études littéraires », PUF, 1994.

R. Matignon, « Gustave Flaubert et la sensibilité moderne », in *Tel Quel*, n° 1, 1960, repris in *La Liberté de blâmer...*, Bartillat, 1998, pp. 239 à 249.

G. de Maupassant, *Pour Gustave Flaubert* [recueil d'articles, titre de l'éditeur], « Le Regard littéraire », Complexe, Bruxelles (BE), 1986.

M. Mohrt, *« Bouvard et Pécuchet » de Flaubert : adaptation télévisée*, Gallimard, 1998.

Cl. Mouchard et J. Neefs, *Flaubert*, « Phares », Balland, 1986.

Vl. Nabokov, *Austen, Dickens, Flaubert, Stevenson*, 1948 à 1958, trad. franç. H. Pasquier, Stock, 1999.

J.-M. Privat, *Bovary-charivari. Essai d'ethno-critique*, CNRS, 1994.

M. Proust, « À propos du "style" de Flaubert », in *NRF*, 1920, pp. 72 à 90.

A. Raitt, *Flaubert et le Théâtre*, P. Lang, 1998.

P.-L. Rey, *Pierre-Louis Rey présente « Madame Bovary » de Gustave Flaubert*, « Foliothèque », Gallimard, 1996.

J.-P. Richard, « La Création de la forme chez Flaubert », in *Littérature et Sensation*, Seuil, 1954, repris in *Stendhal/Flaubert*, « Points », Seuil, 1970.

M. Robert, *En haine du roman*, Balland, 1982, rééd. « LdP/Biblio Essais », LGF, 1986.

J. Rousset, « *Madame Bovary* ou *"le livre sur rien"* », in *Forme et Signification*, Corti, 1982.

M. Sandras, « Le Blanc, l'Alinéa », in *Communications*, n° 19, 1972, pp. 105 à 114.

N. Sarraute, *Flaubert, le Précurseur*, Gallimard, 1986.

J.-P. Sartre, *L'Idiot de la famille : Gustave Flaubert de 1821 à 1857*, Gallimard, 1971-1972, 3 vol., rééd. « Tel », Gallimard, 1988.

G. Séginger, *Naissance et Métamorphoses d'un écrivain. Flaubert et « Les Tentations de saint Antoine »*, Champion, 1996.

J. Seznec, *Nouvelles Études sur « La Tentation de saint Antoine »*, The Warburg Institute, University of London, Londres (GB), 1949.

A. Thibaudet, *Gustave Flaubert*, Gallimard, 1935, rééd. « Tel », Gallimard, 1982.

Histoire et Langage dans « L'Éducation sentimentale » (collectif), CDU/SEDES, 1981.

Nouvelles recherches sur « Bouvard et Pécuchet » (collectif), CDU/SEDES, 1981.

Carnets d'écrivains : Hugo, Flaubert, Proust, Valéry, Gide, Du Bouchet, Perec (collectif), CNRS, 1991.

AUDIO & VIDÉO

Vidéo

P. Cardinal, *Madame Bovary*, 1980, LCJ/INA, 1999.

Cl. Chabrol, *Madame Bovary*, 1991, Warner, 1998.

J.-D. Verhaege, *Bouvard et Pécuchet*, Warner, 1998.

CD-ROM

Encyclopédie de la littérature française, Bibliopolis, 1998.

Gustave Flaubert : l'Œuvre romanesque, Bibliopolis, 1997.

Les Romanciers réalistes et naturalistes 1820-1910, Bibliopolis, 1997.

FRANCE

Anatole FRANCE

De son vrai nom, François-Anatole THIBAULT

Paris 1844 – Saint-Cyr-sur-Loire (act. Indre-et-Loire) 1924

Académicien, prix Nobel

« M. France est un aristocrate, il ne pouvait pas ne pas aimer le peuple ; il n'aime pas non plus souffrir et, quoi qu'on ait dit, il n'est pas assez égoïste pour que la souffrance des autres lui soit indifférente. Mais son bienfait est avant tout littéraire. Il faut voir comme on écrivait, romanciers, poètes, journalistes, lorsqu'il commença sa carrière. Vulgarité, prétention, toutes les vanités, toutes les bêtises, dans la pensée, dans le style ! Cela, il est vrai, est de toutes les époques. Périodiquement c'est un service à rendre aux Français : les convaincre de la barbarie où ils sombreraient à trop parler et penser ce langage, et leur prouver par un divertissant exemple que la beauté, le bonheur, la liberté, la vérité elle-même ont un tout autre charme, la raison pas de meilleure arme que l'ironie, la civilisation dont ils se prévalent, un ton de meilleure compagnie. M. France a rendu ce service. Il ne sera pas le dernier, on l'espère. »

Maurice MARTIN du GARD, « Le Premier Numéro », in *Les Mémorables*, I, 1922, rééd. Gallimard, 1999.

« Au fond, il n'est qu'un Joseph Prudhomme qui discourt sans cesse... à propos de tout et de rien.
Intelligent, oui... mais la sensibilité supérieure à l'intelligence.
Être un grand écrivain, n'est-ce pas créer ou avoir créé une façon de sentir, et, par suite, une façon de penser ?
Et presque sûrement ce ne sera point le fait de M. France.
L'insupportable agacement de ses citations.
Cet un peu vulgaire Jérôme Coignard.
Certes, M. France est un grand littérateur, mais un grand écrivain ?...
[...]
Il n'est pas une phrase parfaite de M. France qui donne autant d'émotion que la moindre phrase sèche, écrite sans souci, de ce tendre et troublant Stendhal.
Ce n'est pas tout de bien écrire, il faut encore que sous les mots passe une sensibilité. »

Paul LÉAUTAUD, *Journal littéraire*, 18 mars 1901, Mercure de France, rééd. 1986.

Une vie comblée d'honneurs

Des débuts laborieux

La mère du futur Anatole France, Antoinette Gallas, était la fille naturelle d'une petite bourgeoise ; son père, François-Noël Thibault, fils de cordonnier, tôt orphelin, avait été placé comme valet de ferme : ancien soldat partisan de la monarchie, illettré jusqu'à 20 ans, il était parvenu à devenir — sous le nom de Noël France — un libraire spécialiste des documents sur la Révolution et l'occultisme au XVIIIe siècle, mais sa culture était restée lacunaire. Son fils Anatole fut élève du collège religieux Stanislas, où il reçut d'excellentes bases classiques mais obtint des résultats inégaux, souffrant sans doute de la condition modeste de ses parents, dans un établissement fréquenté par les fils de la haute bourgeoisie et de l'aristocratie. Il puisait avec passion, dans la boutique paternelle du quai Malaquais, la *Librairie politique ancienne et moderne* — dite *Librairie France*, qui l'incita à reprendre le pseudonyme paternel —, les éléments d'une culture très personnelle. Il passa avec succès son baccalauréat en candidat libre, en 1864, et publia, la même année, quelques vers qu'il attribua à... André Chénier. Son œuvre — notamment ***Histoire comique*** (1903) — témoigna de quelques échecs sentimentaux, et particulièrement d'un amour sans espoir pour la comédienne Élise Devoyod à qui il envoya, à partir de 1865, quelques poèmes enflammés. Refusant de succéder à son père, Anatole France vécut de petits travaux chez l'éditeur des Parnassiens, Alphonse Lemerre. Poète lui-même, dans la mouvance de Louis Ménard, auteur aussi de notes et d'articles nombreux mais restés le plus souvent inaperçus, il publia, en mai 1868, son premier livre, ***Alfred de Vigny*** ; il eut aussi l'occasion de cotoyer de plus ou moins près Verlaine, Leconte de Lisle et Mallarmé. Mais il n'arriva à une certaine notoriété qu'avec la lecture publique de son poème ***La Part de Madeleine*** (1869), et plus encore avec son recueil ***Poèmes dorés*** (1873) et un poème dramatique, ***Les Noces corinthiennes*** (1876). Après quoi il se tourna, définitivement, vers la prose, avec ***Jocaste et le Chat maigre*** (1879).

Une progressive consécration

Auteur de ***Racine et Nicole, la Querelle des imaginaires*** (1875), collaborateur de plusieurs revues littéraires, auteur, chez Lemerre, de notes et de notices littéraires sur les grands auteurs (Molière, Bernardin de Saint-Pierre, entre autres), France s'éloigna alors de Mallarmé et de Verlaine, rencontra Maupassant, et entra en rapports avec Taine. Employé à la bibliothèque du Sénat à partir de 1876, il épousa, l'année suivante, Marie-Valérie Guérin de Sauville, fille richement dotée d'un commis principal au ministère des Finances. Cette union — dont naquit une fille, Suzanne, en 1881 — permit à France de mener d'abord l'existence douillette d'un notable tranquille.

Il s'installa en 1881 dans un petit hôtel particulier à Neuilly, fréquenta les salons, sympathisa vivement avec Renan dès leur première rencontre (1883), fut nommé chevalier de la Légion d'honneur (31 déc. 1884), continua à publier chez Lemerre des préfaces et des notices littéraires — sur Lesage, l'abbé Prévost, Chateaubriand, La Fontaine, notamment, ainsi qu'une ***Anthologie de la poésie française*** précédée d'un ***Traité de versification*** —, collabora à plusieurs revues — *Globe*, la *Nouvelle Revue*, *La Jeune France*, la *Fanfulla della Domenica*, la *Revue politique et littéraire*, *L'Artiste*, *L'Univers illustré*, *Les Lettres et les Arts* —, et occupa (de 1887 à 1893) l'importante tribune littéraire du *Temps* : ses chroniques furent publiées par la suite sous le titre ***La Vie littéraire*** (1888 à 1892, 5 vol.). Son premier roman important, ***Le Crime de Sylvestre Bonnard, membre de l'Institut*** (1881), qui se démarquait avec ostentation de la veine naturaliste, fut couronné par l'Académie française et lui apporta un début de célébrité.
Toutefois ses fictions « autobiographiques », ***Les Désirs de Jean Servien*** (1882) et ***Le Livre de mon ami*** (1885), révélaient déjà, sous un jour sombre dans un cas et enjolivé dans l'autre, un profond malaise personnel, tandis que ses articles manifestaient les germes d'un anticonformisme qui éclata avec force en 1890 : cette année-là, le roman historique ***Thaïs*** — qui fut ensuite mis en musique par Massenet — célébrait le désir sous toutes ses formes, contre un christianisme répressif, quelques mois après que France eut démissionné de son poste au Sénat (févr. 1890). En 1889 — année où il loua, sous le nom de Germain, une chambre au 45, rue de Washington pour y rencontrer sa maîtresse Mme de Caillavet —, une querelle autour du *Disciple* de Bourget avait opposé France, qui plaidait sans restriction pour le libre examen, à Brunetière, partisan du conservatisme social, fût-ce au prix de la liberté de pensée. En 1891, France, lié depuis peu à Barthou et à Maurras, répondit à l'enquête de Jules Huret sur la littérature contemporaine : ses propos irritèrent tant Leconte de Lisle que celui-ci proposa même un duel, qui n'eut pas lieu. En 1892, il abandonna le domicile conjugal, et la lettre outrageante qu'il adressa alors à son épouse conduisit peu après à un divorce aux torts de France. La même année, il publia en feuilleton, dans *L'Écho de Paris*, une sorte de conte philosophique, ***La Rôtisserie de la reine Pédauque***, satire dans le goût et le ton du XVIIIe siècle, où apparaissait le personnage de l'abbé Coignard, « *bon maître* » de Jacques Tournebroche, qui prêchait un anarchisme aimable, une morale de scepticisme tolérant : « *La vertu, comme le corbeau, niche dans les ruines.* » Véritable porte-parole de l'auteur, premier en date de ces « doubles » qui se multiplièrent dans son œuvre — de Pierre Nozière à M. Bergeret, sans oublier Brotteaux des Ilettes dans ***Les dieux ont soif*** ou Nectaire dans ***La Révolte des anges*** —, le personnage reparut dès 1893 dans ***Les Opinions de M. Jérôme Coignard sur les affaires de ce temps***, critique transposée — à nouveau au XVIIIe siècle — des institutions et des « affaires » de la IIIe République troublée par l'équipée du général Boulanger et le scandale de Panamá. Pour la première fois émergeait l'actualité dans un roman de France, jusqu'alors confinée aux articles. Surtout, l'écrivain exprimait déjà cet humanisme tempéré, fait de tolérance et de lucidité, qui imprégna désormais l'ensemble de son œuvre : « *J'ai toujours observé que les maux des hommes leur viennent de leurs préjugés, comme les araignées et les scorpions sortent de l'ombre des caveaux et de l'humidité des courtils* » ***(Les Opinions de M. Jérôme Coignard)***. Le scepticisme épicurien de l'écrivain se manifesta encore dans les nouvelles historiques de ***L'Étui de nacre*** (1892), dans les courts essais du ***Jardin d'Épicure*** (1894) et dans les contes du ***Puits de Sainte-Claire*** (1895). Héritier de Voltaire, France pondérait de pitié une ironie « *qui nous enseigne à nous moquer des méchants et des sots que nous pourrions, sans elle, avoir la faiblesse de haïr* » ***(Le Jardin d'Épicure)***. On trouve d'autres pages de satire politique dans le roman ***Le Lys rouge*** (1894), qui est avant tout une projection de la liaison ardente que l'écrivain avait nouée en 1888 avec Léontine de Caillavet.

Le temps des engagements

En 1895, France, qui avait acheté depuis peu un hôtel particulier, au 5, villa Saïd, fut promu officier de la Légion d'honneur (juil.), quelques mois avant d'être élu à l'Académie française (23 janv. 1896) et de préfacer *Les Plaisirs et les Jours*, premier livre de Marcel Proust. Mais, malgré cette consécration littéraire, France se retrouva bien seul, au milieu de ses collègues « immortels », lorsqu'il prit le parti de condamner les campagnes antisémites orchestrées par Drumont (*La France juive*, 1886), de se déclarer en faveur de Dreyfus dès 1897, puis de signer la pétition des « intellectuels », second après Zola, en janvier 1898. L'Affaire fit irruption dans les derniers volumes de sa tétralogie romanesque ***L'Histoire contemporaine*** — ***L'Orme du mail*** (1897), ***Le***

Mannequin d'osier (1897), *L'Anneau d'améthyste* (1898), *M. Bergeret à Paris* (1901) —, dont elle modifia l'intrigue en profondeur, substituant à un tableau critique de la vie ecclésiastique et provinciale une véritable chronique de la vie idéologique française. Une vie de militant commençait pour France, dans les meetings, puis dans les universités populaires. Partisan de Jaurès, il espérait qu'une profonde réforme spirituelle et sociale suivrait la révision du procès et de la condamnation du capitaine Dreyfus. ***Crainquebille***, paru en 1901 et repris en 1902 dans les *Cahiers de la Quinzaine*, constituait un plaidoyer pour la justice sociale développé ensuite dans ***Crainquebille, Putois, Riquet et plusieurs autres récits profitables*** (1903), ainsi que dans ***Opinions sociales*** (publié en 1902 chez Bellais — la librairie fondée par Péguy). Dans la même perspective, France prononça un discours militant aux obsèques de Zola (5 oct. 1902) et préfaça le livre de Combes — « père » de la loi de 1905 instaurant la séparation de l'Église et de l'État —, *Une campagne laïque* (1903).

Le temps des désillusions

Les illusions de l'écrivain s'estompèrent dès les années 1904-1905, alors que le « dreyfusisme » se décomposait, avec lequel disparut sa foi utopique en un progrès social imminent, ce qui ne l'empêcha pas de remplacer Joseph Reinach, en novembre 1904, dans le comité de la Ligue des droits de l'Homme. L'amertume, sensible dès la suite de dialogues intitulée ***Sur la pierre blanche*** et publiée dans *L'Humanité* en 1905 *(« Ce qui sera, c'est ce qui fut »)*, atteignit une grande violence dans ***L'Île des pingouins*** (1908), satire, sous le couvert de sociétés animales, de l'histoire de France tout entière, y compris de l'Affaire, et annonce troublante, dans sa partie anticipatrice, d'une destruction de la civilisation par la fission de la matière.

En mettant la dernière main à son ouvrage intitulé ***La Vie de Jeanne d'Arc*** (1908), qu'il préparait depuis trente ans et où il présentait la « *pucelle d'Orléans* » comme une hallucinée victime de l'Église, France manifestait par ailleurs un intérêt, paradoxal chez cet ennemi du clergé, pour les croyances naïves et populaires du Moyen Âge et du paganisme, déjà sensible dans la 3e partie de ***Pierre Nozière*** (1899) — paradoxe qu'il partageait d'ailleurs avec son ami Renan, ainsi qu'avec Combes, docteur en théologie qui renonça à la prêtrise, avant d'incarner l'anticléricalisme politique. Il montrait en même temps sa passion pour l'Histoire, dont témoignèrent également les récits de ***Clio*** (1899 — repris sous le titre ***Sous l'invocation de Clio*** en 1921), ***Les Contes de Jacques Tournebroche*** (1908) et ***Les Sept Femmes de la Barbe Bleue*** (1909), où la narration, solidement documentée, se tient à mi-chemin de la fiction littéraire et de la chronique érudite. Cette même année 1909, France séjourna quelques mois en Amérique du Sud : il eut alors une liaison avec la comédienne Jeanne Brindeau.

Son œuvre romanesque proprement dite aboutit à deux beaux récits de méditation sur le pouvoir : ***Les dieux ont soif*** (1912), remarquable reconstitution du Paris de la Terreur — que préfiguraient ***Les Autels de la peur***, récit paru en feuilleton dans le *Journal des Débats* en 1884 et inspiré par la vie d'André Chénier —, montrait comment s'installe une « langue de bois » et comment, sous prétexte de faire le bonheur des hommes, on en vient à les tuer.

Tout régime fort, quel qu'il soit, est menacé de tomber dans ce qu'on appellerait, à la fin du XXe siècle, le « totalitarisme » : c'est ce que dit encore ***La Révolte des anges*** (1913), roman tragicomique dans lequel Satan manque de peu de rétablir la tyrannie instituée par Jehovah.

Un prix Nobel désenchanté

Quand la guerre avec l'Allemagne, qu'il redoutait sans vouloir y croire, se révéla inéluctable, le désenchantement de France — déjà très fortement ébranlé par la mort de Mme de Caillavet, survenue en janvier 1910 à la suite d'une tentative de suicide — fut à son comble : en septembre 1914, il publia, dans le journal *La Guerre sociale*, un texte qui, mal compris, lui valut de nombreuses lettres de menace ; désespéré, il se retira définitivement dans sa propriété de La Béchellerie, près de Saint-Cyr-sur-Loire, et songea même au suicide. Fondamentalement pacifiste, il publia pourtant, durant les hostilités, des textes à forte connotation patriotique, tels ***Sur la voie glorieuse*** (1915) ou ***Ce que disent nos morts*** (1916), et reprit part, après une absence de seize ans, aux séances de l'Académie française (1916). Par la suite, France — affecté en octobre 1918 par la mort de sa fille Suzanne — épousa, en octobre 1920, Emma Laprévotte, ancienne femme de chambre de Mme de Caillavet, avec qui il vivait depuis 1910. Au cours de ces années, il ne publia plus que des autobiographies, avec ***Le Petit Pierre*** (1919) et ***La Vie en fleur*** (1922) — son tout dernier livre. Ses ultimes années furent marquées par l'inquiétude : la guerre s'était, selon lui, mal finie et était destinée à être suivie d'autres conflits. En recevant le prix Nobel (1921), « *en reconnaissance de ses brillantes réalisations littéraires qui sont caractérisées par un style noble et vigoureux, une sensibilité d'homme au grand cœur, une limpidité attrayante et un authentique tempérament français* », il dénonça l'Europe déchirée. S'il soutint les communistes lors de la scission du Congrès de Tours (1922) et collabora régulièrement à *L'Humanité*, il n'adhéra jamais au parti communiste. Il plaçait dans la Russie nouvelle un espoir qui se dissipa, lui aussi, lors des premières purges : dès décembre 1922, un mois à peine après son ***Salut aux Soviets*** paru dans *L'Humanité*, il rompit avec les journaux communistes. Mis à l'Index la même année par le Saint-Office, France, véritable figure tutélaire de la République, qu'il n'avait pourtant pas ménagée, eut le plaisir, quelques mois avant sa mort, de voir son 80e anniversaire ensoleillé par un hommage collectif, à Paris (avr. 1924) ; le 18 octobre 1924, il eut les honneurs de funérailles nationales.

THÉORIE LITTÉRAIRE

« *Un livre est, selon Littré, la réunion de plusieurs cahiers de pages manuscrites ou imprimées. Cette définition ne me contente pas. Je définirais le livre comme une œuvre de sorcellerie d'où s'échappent toutes sortes d'images qui troublent les esprits et changent les cœurs* [...] *: un petit appareil magique qui nous transporte au milieu des images du passé ou parmi des ombres surnaturelles.* » Ainsi le chroniqueur de ***La Vie littéraire*** s'insurge-t-il contre le positivisme et le culte rendu par son époque aux sciences exactes. « *Savoir n'est rien, imaginer est tout. Rien n'existe que ce qu'on imagine* », disait déjà la petite fée au narrateur du ***Crime de Sylvestre Bonnard***. Si ses contes et ses romans, bien souvent placés dans le cadre historique d'époques reculées, s'appuyaient sur de consciencieuses recherches documentaires — France récusait dans ***Clio***, par exemple, les embellissements de l'Antiquité à la mode parnassienne —, il ne donna jamais le pas à l'érudition sur l'imagination. La critique elle-même lui paraissait, « *comme la philosophie et l'histoire, une espèce de roman à l'usage des esprits avisés et curieux* » ***(La Vie littéraire)***. Loin de souscrire à la nécessité d'une « *critique objective* », d'un « *art objectif* », il soutint, contre Taine et Brunetière, que « *nous sommes enfermés dans notre personne comme dans une prison perpétuelle* » ; par voie de conséquence, « *tout roman, à le bien prendre, est une autobiographie* » *(ibid.)*. Plein de mépris pour les reconstitutions architecturales de Viollet-le-Duc — comme l'atteste la description du château de Pierrefonds dans ***Pierre Nozière*** — ou pour le naturalisme de Zola — dans un article de 1887, il qualifia *La Terre* de « Géorgiques *de la crapule* », ce qui ne l'empêcha pas d'écrire, cinq ans plus tard, un article élogieux sur *La Débâcle* du même Zola, qu'il défendit par ailleurs dans l'affaire Dreyfus —, France ne détestait pas moins ces révolutions jacobines qui cherchent à faire « table rase » du passé, et « *ces petits manuels civiques qui, pour nous faire aimer la patrie, nous la représentent plongée dans douze siècles de barbarie* [...]. *Ces ignorants* [demandent] *des fruits à des arbres sans racines* » (chronique in *L'Univers illustré*). Plus que l'exactitude factuelle, les héros du passé et les époques révolues attiraient la sympathie de l'auteur : « *Nous donnons la beauté aux choses en les aimant* » (article in *Le Temps*, 1888).

LITTÉRAIRE THÉORIE

C'est Valéry qui succéda à France à l'Académie du quai Conti — et qui, pour venger son maître Mallarmé dont *L'Après-Midi d'un faune* avait été écarté par France du recueil *Le Parnasse contemporain* en 1875, réussit l'« exploit » de ne pas prononcer, dans son éloge, le nom de son prédécesseur. Sans doute ce silence volontaire préfigurait-il l'oubli complet dans lequel France est tombé depuis.

Une écriture ironique

France écrit une langue travaillée, claire, dont il déploie les possibilités dans les limites de ce qu'il estime être le génie propre du français. Il s'agit pour lui de mettre au service de la distance qu'on nomme l'ironie, la précision du trait — « *J'avais, comme la cigogne, un long cou, qui, sortant de ce col évasé, prenait un aspect piteux et lamentable* » ***(Pierre Nozière)*** —, la vivacité du style coupé — « *Les examinateurs étaient fatigués et maussades. À cela près, tout se passa bien. On me demanda de prouver l'existence de Dieu ; je le fis aussitôt* » ***(La Vie en fleur)*** —, les échos de la paronomase — « *Le gouvernement apparent, composé de pauvres diables piteux, miteux, marmiteux et calamiteux, est aux gages des financiers* » ***(Le Lys rouge)*** —, voire, en pleine prose, un alexandrin de cadence mineure (8+4 syllabes) pour soigner la chute : « *Mon*

père était bon rôtisseur et craignait Dieu » **(*La Rôtisserie de la Reine Pédauque*)**.
France emploie aussi volontiers les mots dans leur sens étymologique, ce qui ne l'empêche pas d'être « de son temps », puisqu'il n'hésite pas devant le néologisme : c'est lui qui invente, en 1900, le mot « *trublion* ».
L'ironie de cette écriture peut être marquée d'une âpreté plus violente, en particulier dans les grandes polémiques du temps : « *Voilà quatre siècles que les nations chrétiennes se disputent entre elles l'extermination des races rouge, jaune et noire. C'est ce qu'on appelle la civilisation moderne* » **(*Discours politiques*)**.
Dans les romans, cette ironie sait se plier aux nécessités de la narration, jouer d'une douceur impressionniste — « *Les ormes du mail commençaient à verser leur ombre vers l'Orient. Un souffle frais, venu d'un lointain orage, passa dans les feuilles* » **(*L'Orme du mail*)** —, ou de la tension dramatique — « *Gamelin tourna vers Élodie un regard farouche : / – J'ai embrassé cet enfant ; peut-être ferai-je guillotiner sa mère* » **(*Les dieux ont soif*)**.

Une œuvre injustement oubliée ?

Un des auteurs français les plus attentifs à son temps, France posa sur le destin de l'homme et de la société des questions qui touchent à l'universel. Son humour, son écriture maîtrisée, sa culture à la fois classique et éclectique furent les autres raisons de son très grand succès auprès de ses contemporains : il suscita l'admiration du jeune Proust et de quantité d'écrivains du début du XXe siècle. Immensément célèbre de son vivant, il a connu, en particulier après les violentes attaques posthumes des surréalistes — assimilant à une « *fête le jour où l'on enterre la ruse, le traditionalisme, le patriotisme, l'opportunisme, le scepticisme, le réalisme et le manque de cœur* », dans le tract collectif *Un cadavre* (1924) —, un long purgatoire qui s'explique, selon Albert Thibaudet, par la cassure survenue dans une culture dont il était le représentant le plus éminent. On peut lire aujourd'hui cette œuvre avec bonheur, et être frappé, en outre, par la lucidité avec laquelle France avait perçu bien des problèmes restés actuels, des insuffisances ou des partialités de la justice aux excès du colonialisme, en passant par la corruption qui mine parfois les démocraties et les rapports souvent difficiles d'une nation avec son passé.
Néanmoins, le nom d'Anatole France, malgré les travaux de réhabilitation de Marie-Claire Bancquart, reste encore associé immédiatement à un académisme d'un autre âge et sonne — peut-être provisoirement — comme une curiosité du passé.

ŒUVRE

Les dieux ont soif

Roman en 29 chapitres — numérotés de I à XXIX mais non titrés — publié en feuilleton à la *Revue de Paris*, du 15 novembre 1911 au 15 février 1912, puis en volume — avec rétablissement de certains passages censurés par la revue — chez Calmann-Lévy, en juin 1912.

L'action se situe à Paris, entre 1793 et 1795. Le ressort essentiel en est l'ascension et la chute d'Évariste Gamelin, peintre médiocre, élève de David : son dévouement sans limite à Robespierre vaut à ce militant fervent de la section du Pont-Neuf de devenir membre du Tribunal révolutionnaire, sous la Terreur. Pauvre, austère jusqu'au fanatisme, le jeune homme, qui place les gravures allégoriques de Debucourt bien au-dessus des toiles de Watteau, rêve de porter la Révolution dans les arts. Juré impitoyable, il veut « *réveiller le peuple assoupi en lui donnant le choix de la liberté ou de la mort* ». Inflexible dans ses convictions, Évariste n'en tombe pas moins amoureux d'Élodie Blaise, la fille d'un éditeur d'estampes et marchand de tableaux. Dans le même immeuble que lui vit un « *ci-devant financier* », l'aristocrate Brotteaux des Ilettes, réduit à fabriquer des marionnettes dans son grenier pour survivre. Ce philosophe sceptique et épicurien, admirateur de Lucrèce — et qui sert visiblement de porte-parole à l'auteur —, a recueilli auprès de lui, malgré sa misère, le prêtre réfractaire Longuemare, ainsi qu'une prostituée. C'est l'ancienne maîtresse de Brotteaux, Mme de Rochemaure, qui assure, par une suite d'intrigues obscures, la promotion d'Évariste Gamelin. Par ailleurs Julie, la sœur de ce dernier, cherche à protéger un aristocrate condamné à mort par le Tribunal où siège son frère. Malgré le sacrifice de Julie, qui se donne à l'un des juges pour tenter d'obtenir sa grâce, son amant sera guillotiné, de même que Brotteaux, ses deux protégés et Mme de Rochemaure. Évariste Gamelin lui-même est exécuté en même temps que son idole après la chute de Robespierre, et la belle Élodie se trouve immédiatement de nouvelles amours, en la personne du sculpteur Desmahis. Aux atrocités de la Terreur succèdent les futilités et l'insouciance du Directoire...

Nourri d'une documentation abondante — France avait puisé dès sa jeunesse dans les journaux et les documents d'époque de la librairie paternelle —, le roman dépeint avec exactitude une période marquée par des événements dramatiques : l'assassinat de Marat, l'insurrection des chouans vendéens, les menaces d'invasion du territoire par les armées étrangères coalisées. Par le soin accordé aux détails de la chronique, l'œuvre — dont le titre reprend une formule authentique de Camille Desmoulins, dans un article du *Vieux Cordelier* — illustre une thèse chère à l'écrivain : les témoins directs des grands événements n'ont pas conscience de ce qu'ils voient, trop absorbés par leurs préoccupations individuelles, leurs ambitions ou leurs passions mesquines ; l'Histoire, dont le temps nous échappe, est toujours écrite après coup, elle est une reconstruction arbitraire. C'est dans cette perspective que France fait le procès de la *« métaphysique révolutionnaire »*, d'un régime qui a érigé la vertu républicaine en religion intransigeante et fanatique : le déisme d'État que la Terreur chercha à instaurer s'inspirait davantage, selon lui, de la rigueur utopique de Rousseau que du véritable esprit des Lumières.

France entreprit l'ouvrage pour répondre à une commande de Calmann, son éditeur, qui souhaitait un récit historique original pour compléter un recueil. De façon significative, l'auteur avait d'abord songé à placer son récit à l'époque de l'Inquisition : les excès de Robespierre semblent s'être substitués naturellement à l'intolérance sanguinaire de Torquemada. Ainsi se trouvait critiquée la thèse défendue par Clemenceau, pour qui la Révolution formait *« un bloc »* indivisible, et qui refusait toute mise en cause et toute critique de cette période. La prise de position de France, humaniste et dreyfusard, qui avait soutenu la politique anticléricale de Combes et apparaissait comme le patriarche de la gauche française, engagé de longue date aux côtés de Péguy et Jaurès, surprit ses amis, tandis que l'historien maurrassien Jacques Bainville, dans *Le Figaro*, applaudissait ce qu'il prenait pour une prise de distance avec les thèses les plus radicales du socialisme. En réalité, la dénonciation du sectarisme militant avait déjà fourni matière à ***L'Île des pingouins*** dès 1908, et les crimes de la Terreur elle-même avaient été évoqués plus de vingt ans auparavant dans un court roman, ***Les Autels de la peur***, publié en 1884 dans le *Journal des Débats* : France, qui refusa toujours de publier celui-ci en volume, en avait repris certains chapitres, transformés en nouvelles, dans ***L'Étui de nacre*** (1892).

Le succès des ***Dieux ont soif*** fut immédiat et quasi unanime. Le roman fut par la suite adapté au théâtre (Odéon, 1923) par Pierre Chaîne, avec l'autorisation de l'auteur. Ce roman — peut-être la seule œuvre de France qui mérite vraiment ce nom — demeure l'œuvre la plus célèbre et la plus lue de l'auteur.

CITATIONS

Quand l'homme qui témoigne est armé d'un sabre, c'est le sabre qu'il faut entendre et non l'homme.

Crainquebille, in *Crainquebille, Putois, Riquet et plusieurs autres récits profitables.*

La justice est la sanction des injustices établies.

Crainquebille, in *Crainquebille, Putois, Riquet et plusieurs autres récits profitables.*

On appelle gens de bien ceux qui font comme les autres.

Crainquebille, in *Crainquebille, Putois, Riquet et plusieurs autres récits profitables.*

Le christianisme a beaucoup fait pour l'amour en en faisant un péché.

Le Jardin d'Épicure.

L'artiste doit aimer la vie et nous montrer qu'elle est belle. Sans lui, nous en douterions.

Le Jardin d'Épicure.

Il y a toujours un moment où la curiosité devient un péché, et le diable s'est toujours mis du côté des savants.

Le Jardin d'Épicure.

L'Histoire n'est pas une science, c'est un art. On n'y réussit que par l'imagination.

Le Jardin d'Épicure.

Mourir, c'est accomplir un acte d'une portée incalculable.

Le Jardin d'Épicure.

L'État est comme le corps humain. Toutes les fonctions qu'il accomplit ne sont pas nobles.

Les Opinions de M. Jérôme Coignard, 4.

L'idée d'un Dieu à la fois parfait et créateur n'est qu'une rêverie gothique, d'une barbarie digne d'un Welche ou d'un Saxon.

La Rôtisserie de la reine Pédauque.

« Sainte mère de Dieu, vous qui avez conçu sans pécher, accordez-moi la grâce de pécher sans concevoir. »

Sur la pierre blanche, I.

Un peuple n'existe que par le sentiment qu'il a de son existence. Il y a trois cents millions de Chinois ; mais ils ne le savent pas. Tant qu'ils ne se seront pas comptés ils ne compteront pas.

Sur la pierre blanche, V.

Encore aujourd'hui le devoir des filles est déterminé, dans la morale religieuse, par cette vieille croyance que Dieu, le plus puissant des chefs de guerre, est polygame, qu'il se réserve tous les pucelages, et qu'on ne peut en prendre que ce qu'il en a laissé.

L'Île des pingouins, V, 3.

Le bon critique est celui qui raconte les aventures de son âme au milieu des chefs-d'œuvre.

Lettre-Préface à *La Vie littéraire*.

Le livre est l'opium de l'Occident.

Lettre-Préface à *La Vie littéraire*.

Le peuple fait bien les langues. Il les fait imagées et claires, vives et frappantes. Si les savants les faisaient, elles seraient sourdes et lourdes.

Propos de rentrée, in *La Vie littéraire*, I.

JUGEMENTS

« Il n'est pas nécessaire d'être obscur pour être un bon écrivain, ni d'être pédant pour avoir un point de vue intéressant sur le monde. Peut-être le temps est-il venu pour France, maintenant que les querelles suscitées autour de lui sont elles aussi entrées dans le passé, d'être mis à son rang. Jules Renard, Giraudoux, Huxley, Supervielle et Queneau estimaient que c'était un des premiers rangs. Ils ne sont pas des cautions négligeables. »

Marie-Claire BANCQUART, *Introduction* à Anatole FRANCE, *Œuvres*, t. I, « Pléiade », Gallimard, 1984.

« Avec France, c'est un peu de la servilité humaine qui s'en va. Que ce soit fête le jour où l'on enterre la ruse, le traditionalisme, le patriotisme, l'opportunisme, le scepticisme, le réalisme et le manque de cœur ! »

André BRETON, *Point du jour*, octobre 1924, Gallimard, 1934.

« [...] *l'étonnante figure longue et de travers de France, figure comme sculptée naïvement de la calotte à la barbiche, dans la courbe de quelque bûche du Moyen Âge ou de quelque ivoire japonais.* »

Jean COCTEAU, *Portraits-souvenirs*, Grasset, 1935.

« [...] *Anatole France, ce réfrigérant sous qui s'asphyxient les énergies révolutionnaires* [...]. »

Robert DESNOS, *Nouvelles Hébrides (1922 1930)*, Gallimard, posthume, 1978.

« Depuis que je suis né ou presque, j'ai toujours entendu dire qu'Anatole France était aujourd'hui bien oublié, que depuis sa mort il était passé du pinacle aux oubliettes. Et qu'il ne méritait d'ailleurs ni cet excès d'honneur ni cette indignité. Que plus personne ne lise France de nos jours, c'est une des phrases que j'ai le plus entendu répéter de ma vie. Et souvent par des écrivains dont l'avenir me semblait déjà limité. Et moi-même, j'ai dû le lire sans bien consulter mes tirages. Qu'on sache qu'il ne soit plus lu, qu'il soit condamné à ne plus l'être, à perpétuité en quelque sorte, c'est déjà quelque chose, c'est énorme ! Et puis, depuis 1994, c'est-à-dire soixante-dix ans après sa mort, non seulement Anatole France n'est plus lu, mais il est en Pléiade. En quatre volumes. Et ce ne sont pas ses Œuvres complètes, *mais ses* Œuvres. *L'espoir est permis. Et Anatole France a trouvé, pour l'éditer, le présenter, l'annoter, en Marie-Claire Bancquart, la meilleure femme de sa vie, la plus dévouée, la plus compétente.*
Je crois que ce qui a sauvé Anatole France de l'oubli, si je mets de côté un instant Marie-Claire Bancquart — France et elle, les choses étant ce qu'elles sont, ça durera bien tout le XXIe *siècle —, de l'oubli ou même de cette désagrégation lente qui ronge l'écrivain, on s'en prend à un livre, puis à un autre, après l'œuvre, c'est la vie, ce pan-là puis cet autre pan, ce fut ce fameux pamphlet surréaliste* Un cadavre, *qui fut distribué le jour même de l'enterrement, des obsèques nationales, le 18 octobre 1924, devant une foule énorme : 200 000 personnes. Et des écoliers, et des lycéens,. On n'a jamais revu ça. Oui, Anatole France ne fut pas miné pierre par pierre, il fut exécuté par toutes les modernités du monde : surréalisme, communisme, fascisme, freudisme, etc. Et par les anciennes Églises qui n'avaient pas de raison de le ménager. Et la masse des auteurs nouveaux, des techniques nouvelles qui sortait, hirsute, affamée de la guerre de 14-18. On avait besoin de place, il n'y aurait jamais assez de morts pour les vivants et les survivants. »*

Bernard FRANK, « Allez, France », in *Le Nouvel Observateur*, 17 mars 1999.

« *J'aimerais* [Anatole] *France avec plus d'abandon si certains imprudents n'en voulaient faire un écrivain considérable.* [...] *Il est disert, fin, élégant. C'est le triomphe de l'euphémisme. Mais il reste sans inquiétude ; on l'épuise du premier coup. Je ne crois pas beaucoup à la survie de ceux sur qui tout le monde s'entend. Je doute fort que nos petits-enfants, rouvrant ses livres, y trouvent à lire plus et mieux que nous n'y aurons lu. Je sais que, pour ma part, il n'a jamais précédé ma pensée. Au moins l'explique-t-il. C'est de cela que ses lecteurs lui savent gré. France les flatte.* »

André GIDE, *Journal*, 9 avril 1906, Gallimard, 1939.

« Anatole France : le talent d'un pion hypocritement sentimental.
[...]
Un talent vraiment bien misérablement vaudevillier que celui de M. Anatole France. »

Edmond et Jules de GONCOURT, *Journal*, 30 novembre 1885 et 25 décembre 1886.

« Grands rapports entre Anatole France et Saint-Saëns ; même nature de styliste, même savoir dissimulé, même application habile et heureuse des principes établis, même goût, même grâce discrète, même confiance en soi, en sa plume, même facilité fondée sur la possession complète et pour ainsi dire innée de sa technique. »

Reynaldo HAHN, *Journal d'un musicien*, Plon, 1933.

« L'intelligence circule dans toutes les pages de cette œuvre discrètement sensuelle ; le plus souvent sous la forme de l'humour, qui isole le détail saugrenu, ou de l'ironie qui dégonfle, sans avoir l'air d'y toucher, toutes les baudruches, — inconséquences ou pharisaïsmes. Philosophie purement négative et sceptique ? On l'a prétendu. Cependant il a proclamé l'utilité du scepticisme qui "ne nie que des négations, qui libère l'intelligence de ce qui l'abêtit, qui lutte contre l'erreur, la haine, la cruauté". *Et il a montré, quand il a fallu, que cet apparent détachement cachait un amour passionné de la raison et de la justice ; notamment quand il se fit le peintre des mœurs politiques de la France dans l'*Histoire contemporaine*, ou quand il conta l'histoire de* Crainquebille*, marchand-des-quatre-saisons victime d'une erreur judiciaire comme Dreyfus. Sa phrase alors a pris une tension, un nerf, une âpreté inattendus : les préoccupations et les passions de la lutte sociale ont élargi la facture de l'artiste.*
Par-dessus tout, France a en horreur tous les fanatismes, religieux ou politiques : il n'a pas craint, dans son plus beau roman, Les dieux ont soif*, de dénoncer, au risque de scandaliser ses amis politiques, les conséquences sanglantes de l'idéologie jacobine. »*

Gustave LANSON, *Histoire de la littérature française*, Hachette, 1894.

« M. Anatole France.
M. France est certainement l'un des dix écrivains qui comptent à notre époque.
Je crois bien que ce que je préfère dans toute l'œuvre de M. France, ce sont les études qu'on a écrites sur son auteur.
Si tous les écrivains avaient ressemblé à M. France, nous en serions encore à Homère.
Les plaisirs à trouver dans les livres de M. France sont selon l'érudition qu'on possède : à chaque page on retrouve des souvenirs de ses lectures.
Il vient de paraître un nouveau livre d'Anatole France : La Vie en fleur*, suite de ses souvenirs d'enfance et de jeunesse. [...] Ce style lent, soigné, orné, avec ses rappels d'humaniste est insupportable. C'est parfait, sans doute, et c'est plat. C'est le style et c'est l'esprit de ces gens qui ne peuvent pas voir une femme laver à un ruisseau sans parler de Nausicaa à la fontaine. »*

Paul LÉAUTAUD, *Journal littéraire*, 18 mars 1901 et 13 juillet 1922, Mercure de France, rééd. 1986.

« France, un homme qui écrit trop en grec, en prévu, veux-je dire. On est tranquille, avec lui : on n'espère pas qu'il manquera l'œuf.
[...]
France, le vieux chef bavard, à l'esprit subtil.
[...]
Anatole France n'est, au fond, que le premier des amateurs. »

Jules RENARD, *Journal*, 9 décembre 1901, 15 et 20 octobre 1908 et 25 janvier 1906.

BIBLIOGRAPHIE

Éditions

Œuvres complètes éd. J. SUFFEL, Cercle du bibliophile, 1968 à 1971.

Œuvres [œuvres romanesques et nouvelles], éd. M.-Cl. BANCQUART, « Pléiade », Gallimard, 1984 à 1994, 4 vol.

Les dieux ont soif, éd. D. LEUWERS, « GF », Flammarion, 1989 ; éd. M.-Cl. BANCQUART, « Folio », Gallimard, 1989.

Études

M.-Cl. BANCQUART, *Anatole France polémiste*, Nizet, 1963 ; *Anatole France, un sceptique passionné*, Calmann-Lévy, 1984 ; *Anatole France*, Julliard, 1994.

M. DANSEL, « Anatole France », in *Les Nobel français de littérature*, Éd. André BONNE, 1967, rééd. 1985, pp. 93 à 106.

J. LEVAILLANT, *Les Aventures du scepticisme. Essai sur l'évolution intellectuelle d'Anatole France*, Colin, 1965.

M. MARTIN du GARD, « La Mort d'Anatole France », in *Les Mémorables*, II, 1924, rééd. Gallimard, 1999, pp. 437 à 442 [et *passim*].

P. SILVAIN, « France », in *Tableau de la littérature française*, III, Gallimard, 1974, pp. 385 à 388.

J. SUFFEL, *Anatole France par lui-même*, « Écrivains de toujours », Seuil, 1956.

A. VANDEGANS, *Anatole France, les années de formation*, Nizet, 1954.

FROISSART

Jean FROISSART

Valenciennes v. 1337 – lieu indéterminé, sans doute en Hainaut v. 1405

*« Il n'y a pas d'information (*historia *dans le sens d'Hérodote) plus ample que la sienne. »*
Charles Augustin SAINTE-BEUVE, *Causeries du lundi*, t. IX, 1851 à 1862.

« On l'a comparé à Hérodote : mais qu'il en est loin, avec son enfantine conception de l'Histoire, sa philosophie vaine et sa moralité creuse. »
Gustave LANSON, *Histoire de la littérature française*, Hachette, 1894.

L'ancêtre des grands reporters

L'obligé de multiples protecteurs

Froissart commença très tôt une brillante carrière d'homme de lettres au service ou sous le patronage de grands personnages de son temps. Dès 1362, il fit partie des clercs de la chambre de la reine d'Angleterre Philippa, comme lui originaire du Hainaut. À la mort de celle-ci (1369) — qu'il appela jusqu'à la fin de sa vie « *la bonne roine* » ou « *la bonne dame* » —, il s'installa en Hainaut et reçut, pour son œuvre poétique, le soutien de Wenceslas, duc de Brabant, frère de l'empereur Charles IV, tandis qu'il bénéficia, pour son œuvre historique, de l'appui de Gui de Blois, petit-fils de Marguerite de Valois (sœur du roi de France Philippe VI), dont il fut le chapelain en 1383. Mais, à ces mécènes qui le soutinrent durant de longues années, s'ajoutèrent un nombre considérable d'autres bienfaiteurs aux largesses plus ponctuelles, appartenant à la noblesse anglaise, écossaise, française ou du Hainaut.

Du poète au chroniqueur

Surtout connu comme chroniqueur, Froissart fut aussi un important poète et l'auteur du dernier roman arthurien en vers, ***Meliador***. Son activité poétique se déploya sur plus de trente années (1362 à 1393), mais la plupart de ses compositions furent rédigées avant 1373. C'est le cas pour l'ensemble de ses dits d'inspiration courtoise, très marqués par l'influence de Guillaume de Machaut. ***Le Paradis d'amour*** (v. 1362), ***Le Temple d'honneur*** (1362 ou 1363), ***Le Joli Mois de mai*** (1363), ***Le Dit de la Marguerite*** (v. 1364), ***Le Dit dou bleu Chevalier*** (1364), ***L'Orloge amoureus*** (1368) correspondirent à la période anglaise du poète :

Je me puis bien comparer à l'orloge,
Car quant Amours, qui en mon coer se loge,
M'i fait penser et mettre y mon estude,
G'i aperçoi une similitude.
Dont moult me doi resjoïr et parer,
Car l'orloge est, au vrai considerer,
Un instrument tres bel et tres notable
Et s'est aussi plaisant et pourfitable,
Car nuit et jour les heures nous aprent
Par la soubtilleté qu'elle comprent,
En l'absense meïsme dou soleil.

(***Orloge amoureus***, vv. 1 à 11, éd. Fourrier)

Tandis que ses 3 grands dits à insertions lyriques, ***L'Espinette amoureuse*** (v. 1369), ***La Prison amoureuse*** (1372), ***Le Joli Buisson de jonece*** [jeunesse] (1373) se situaient — au moins pour les 2 derniers — après son retour sur le continent :

« *Et se je, qui sui* [Et si moi, qui suis] *rudes et ignorans en tous afaires, pooie* [pouvais] *estre cause, com petite qu'elle fust, que, ou nom de moi et par le vostre discretion et compagnie, chils livres fust appellés la* Prison amoureuse, *je le vorroie* [voudrais] *a mon pooir aidier a soustenir ; ja soit* [bien que] *ce cose que en ceste prison je languis attendans le grasce de ma dame, se m'en est la vie et li esperance si joieuse que je le doi bien appeller amoureuse et prison, car je me rench* [rends] *a ma dame et me tieng son prisonnier.* »

(***Prison amoureuse***, lettre XII, éd. Fourrier)

Dans le ***Dit dou florin***, distinct de cet ensemble par sa date tardive (1389) et par son inspiration bien éloignée des préoccupations amoureuses, Froissart, dialoguant avec un vieux florin rogné, retraçait quelques épisodes de sa vie, axés sur ses rapports avec l'argent et sur sa vie d'homme de lettres, et sollicitait la générosité de certains de ses mécènes :

Il est fols qui [fou celui qui] *preste sans gage.*
Argent scet maint divers langage,
Il est a toutes gens acointes [ami de tout le monde],

Il aime les beaus et les cointes [ceux qui sont agréables],
Les nobles et les orfrisiés [ceux qui sont couverts d'orfrois],
Les amourous, les envoisiés [ceux qui sont gais],
Les pelerins, les marchëans...

(***Dit dou florin***, vv. 23 à 29, éd. Fourrier)

Il n'est pas toujours facile de dater les pièces lyriques composées par Froissart — ballades, rondeaux, virelais essentiellement —, si ce n'est lorsqu'elles sont enchâssées dans un dit. En revanche, la datation de ses pastourelles est aisée, car ce sont des pièces de circonstance où bergers et bergères commentent des événements politiques contemporains. On ne sait pas non plus très bien à quel moment Froissart composa son ***Meliador***, roman de plus de 30 000 octosyllabes qui retraçait, dans les tout premiers temps du règne d'Arthur, les exploits héroïques accomplis par des chevaliers de divers pays d'Europe pour mériter la main de la belle Hermondine, fille du roi d'Écosse. On a supposé qu'une 1re version daterait de 1365, peu après le voyage de Froissart en Écosse. Pour la 2de, on sait, par les déclarations de Froissart dans ses ***Chroniques*** et aussi grâce au ***Dit dou florin***, qu'elle se situe entre 1383, date de la mort de Wenceslas de Brabant, et 1388, date du voyage de Froissart en Béarn. En effet, ce roman contient un certain nombre de pièces lyriques, « *toutes les chançons que jadis* [...] *fist le bon duc de Braibant* », mais le duc ne vit jamais l'œuvre achevée ; pourtant, l'ouvrage avait été mené à bien quand Froissart se trouvait en Béarn, et il en lisait chaque soir 7 feuilles à Gaston de Foix :

En ce temps que li rois Artus
Qui tant fu plains de grans vertus,
De sens, d'onneur et de larghece,
Regnoit au point de sa jonece,
Et qu'il commençoit a tenir
Grans festes et a retenir
Chevaliers pour emplir ses sales,
Avoit en le marce [sur Îles] *de Galles,*
Entre Escoce et Northombrelande,
Priés dou lac c'on dist de Berlande,
.I. chastiel moult fort et moult cointe
Seant doucement sus le pointe
D'un hault rocier et d'un grant bois.

(***Meliador***, vv. 1 à 13, éd. Longnon)

Car l'obtention de la cure des Estinnes-au-Mont (1373) et d'un canonicat à Chimay (dix ans plus tard) avait libéré Froissart de tout souci de subsistance et lui avait permis de continuer à parcourir l'Europe, comme au temps où il était attaché à la cour d'Angleterre. Du vivant de Philippa, en effet, il s'était rendu en Écosse (1365), à Bordeaux, où il se trouvait auprès du prince de Galles en 1367 lors de la naissance de son fils Richard — qui succéda à Édouard III sur le trône d'Angleterre —, en Italie, où il faisait partie de la suite de Lionel — 2e fils du roi anglais et de Philippa —, qui épousa Violante Visconti à Milan en 1368. En 1388, Froissart se rendit en Béarn à la cour du comte de Foix, Gaston Phébus, rentra par Avignon et Riom, assista à l'entrée d'Isabeau de Bavière à Paris (1389) ; il était aux Pays-Bas en 1390 et retourna en 1395 en Angleterre, muni d'un livre qui contenait l'ensemble de son œuvre poétique et qu'il offrit à Richard II.

À partir de 1373, Froissart semble s'être surtout consacré à ses ***Chroniques de France, d'Angleterre et des païs voisins***, entreprise de longue haleine, puisqu'il dit s'être informé sur son sujet — la guerre qui opposa la France et l'Angleterre, mais qui fit, par le jeu des alliances, intervenir d'autres pays — dès la bataille de Poitiers (1356).

Cette chronique, celle de la guerre de Cent Ans, était vue sous un angle bien particulier : l'auteur voulut immortaliser par l'écriture coups d'éclat et hauts faits d'armes qu'avait suscités cette guerre, tout en replaçant ses héros dans leur cadre ordinaire.

On trouve donc dans les ***Chroniques*** beaucoup plus qu'un mémorial ou un manuel militaire illustré : peinture d'un temps et d'une classe sociale — l'aristocratie du XIVe siècle —, elles révèlent le regard que le monde chevaleresque portait sur les événements contemporains, et s'enrichissent encore de la vision distanciée que le chroniqueur portait, à certains moments, sur les faits qu'il relatait.

À partir de 1395 — date d'un dernier séjour en Angleterre —, on perd presque toute trace de Froissart : on suppose qu'il mourut dans le Hainaut, vers 1405.

Si la postérité l'a réduit à un historien opportuniste — variant au gré de ses multiples protecteurs — et peu digne de confiance — l'objectivité ne saurait être sa préoccupation —, elle a injustement délaissé l'œuvre poétique de ce véritable bourreau de travail qui, non content de parcourir l'Europe à cheval, sorte de grand reporter avant l'heure, a composé une œuvre considérable d'écrivain.

Une écriture romanesque

On a souvent reproché à la poésie de Froissart de n'être qu'un pâle reflet de celle de Machaut. On y retrouve le goût pour l'allégorie, une abondante utilisation de la mythologie et l'intrusion du réel par le biais d'éléments autobiographiques ou la mention d'événements contemporains. Il sait pourtant se démarquer de l'œuvre de son illustre prédécesseur et apporter une touche personnelle, s'affirmant habile poète du quotidien, jouant avec son modèle quand il invente des mythes ou rompant avec la matière amoureuse dans ***Le Joli Buisson de jeunesse*** : le poète, à 35 ans, y faisait ses adieux à l'amour.

Son originalité en tant que romancier n'est pas non plus très marquée. On peut pourtant considérer que le fait d'écrire un roman arthurien en vers à la fin du XIVe siècle n'était pas anodin et que s'y exprimait le souci de séparer la prose, gage de récit véridique, du vers, vecteur de la fiction, voire une certaine nostalgie des temps premiers du roman.

C'est surtout dans ses ***Chroniques*** que Froissart se révèle un créateur, bénéficiant de la maîtrise du langage et du récit que lui conférait son expérience poétique. À leur propos, on peut parler d'écriture romanesque, quand il privilégie les épisodes courtois — Édouard III faisant jouer ses musiciens avant de livrer bataille au large de Winchelsea ; le prince de Galles servant à table le roi de France qui est son prisonnier... —, lorsqu'il multiplie dialogues et discours, s'arrête sur des circonstances pathétiques, telle la première crise de folie du roi Charles VI, où la polysyndète (multiplication des liaisons — en l'occurrence, du coordonnant « *et* ») mime le flot désordonné et de plus en plus surprenant des actions du souverain : « *En celle abusion, il se desroya par foiblesse de chef, et saillit avant en poignant son cheval, et trait s'espee et se tourna sur ses pages, et en perdit la connoissance et de tous autres hommes ; et cuida bien estre en une bataille et enclos de ses ennemis ; et* [...] *il s'escria et dit : "Avant, avant sur ces traïteurs !"* » (***Chroniques***, IV, XXIX).

Sur ce choix littéraire de rédiger pareilles scènes, il fut peut-être redevable à Jean le Bel, dont il utilisa la *Chronique* pour les années qui précèdaient la bataille de Poitiers (1356) et à qui il reprit la mort héroïque de Jacques Douglas et l'épisode des bourgeois de Calais. L'écriture des ***Chroniques***, loin d'être statique, se modifie au fil du temps ; à partir du livre III, qui s'ouvre sur le fameux voyage de Béarn, Froissart n'hésite pas à s'introduire dans son récit et à se peindre voyageant, enquêtant, prenant des notes pour édifier son œuvre : « *Je, sire Jehan Froissart, fais narration de ces besognes pour la cause de ce que, quand je fus en la comté de Foix et de Berne, je passai parmi la terre de Bigorre : si enquis et demandai de toutes nouvelles passees, des quelles je n'estois point informé* [...] » (***Chroniques***, III, VI).

Ce trait, qui rapproche le chroniqueur d'un mémorialiste, permet une plus grande liberté avec la chronologie, et surtout des variations de point de vue ou l'introduction de récits qui sont de véritables nouvelles. Les ***Chroniques*** sont donc, autant qu'une source pour l'Histoire, une authentique œuvre littéraire, ce que prouve encore l'existence de 3 rédactions pour le livre I — qu'on ne saurait se contenter de justifier par l'opportunisme de l'auteur, racontant les faits différemment en fonction de ses protecteurs.

Une gloire partielle et partiale

La réputation de Froissart poète n'a guère survécu à son époque, et il a fallu attendre la fin du XIXe siècle pour que fût redécouverte son œuvre poétique. En revanche, ses ***Chroniques*** lui ont valu de ne jamais sombrer dans l'oubli. On dénombre plus de 50 manuscrits du livre I, et les ***Chroniques***, imprimées dès la fin du XIe siècle, ont fait l'objet de plusieurs éditions au XVIe siècle. La critique moderne a longtemps reproché à l'auteur de n'être pas un véritable historien, par la vue partielle et partiale qu'il avait de son temps, par l'absence d'analyse face aux événements. Cependant, aucun des lecteurs des ***Chroniques*** n'a résisté au plaisir du texte. Les plus récentes études s'accordent à montrer combien Froissart sut fixer les traits les plus marquants de la classe chevaleresque de son époque, combien il avait perçu les mutations qui s'y opéraient, combien sur la surface lisse du texte se laisse deviner un certain regard critique.

ŒUVRE

***Chroniques** de France, d'Angleterre et des païs voisins*

Récit historique en prose, en 4 livres, rédigé dans le dernier quart du XIVe siècle, relatif au conflit qui opposait alors la France et l'Angleterre, donc aux soixante premières années de la guerre de Cent Ans.

La chronique s'étend sur trois quarts de siècle : elle s'ouvre sur la destitution et l'assassinat, en 1327, du roi Édouard II d'Angleterre au profit de son fils Édouard III ; elle s'achève sur la mort, en prison, de Richard II, arrière-petit-fils d'Édouard II, en 1400. Les événements sont relatés dans 4 livres : le 1er couvre les années 1325 à 1377 , le 2e se prolonge 1385 et fait une large place à l'insurrection flamande ; le 3e se prolonge jusqu'en 1389, mais revient sur des faits antérieurs à 1385 ; le 4e concerne la dernière décennie du XIVe siècle. Il existe plusieurs rédactions du livre I des ***Chroniques*** : la 1re, achevée vers 1373, ne couvrait que les années 1325 à 1350 ; la 2e, dite *« première rédaction révisée »* et achevée vers 1378, développait le récit jusqu'en 1377 ; enfin, la 3e, dite *« troisième rédaction »* et composée à la fin de la vie de Froissart, consistait en une refonte de la 1re rédaction. L'objectif premier de l'auteur, tel qu'il apparaît dans le prologue, est de fixer par l'écriture les actions d'éclat, les hauts faits d'armes de ceux qui se sont illustrés dans la guerre opposant Anglais et Français et dont le point de départ est la succession au trône de France. Récits d'aventures guerrières, les ***Chroniques*** dépassent largement ce cadre par la place qu'elles font à la représentation de la vie courtoise de leurs héros favoris — chevaliers et écuyers rivalisant de prouesse — et aux faits marquants de l'époque : grande peste de 1348 — à vrai dire, assez rapidement expédiée —, grand schisme d'Occident, révoltes paysannes ou urbaines. En effet, s'il est beaucoup question des exploits accomplis par les chevaliers et les écuyers — c'est d'eux et des hérauts d'armes que Froissart tient son information et, dans l'esprit de l'auteur et de son public chevaleresque, l'obscure *« piétaille »*, qui n'intervient qu'en toile de fond ou comme exécutrice de basses œuvres, ignore tout du rite guerrier et du code de l'honneur —, Froissart, bien loin de s'en tenir aux seuls faits militaires, réintègre ses héros dans leur cadre de vie (mariages princiers, fêtes et entrées royales) et s'attarde sur les faits qui ont frappé ses contemporains, notamment les soulèvements en Flandre, en Île-de-France, en Angleterre.

Écrit dans une prose claire et ample, le récit fait une large part aux discours des personnages, bien entendu reconstitués, et use de l'entrelacement cher aux romans en prose médiévaux. Il en retient deux de ses principaux effets : rendre l'épaisseur, le foisonnement du vécu dans une narration linéaire, et ménager des effets de suspens — par exemple, au livre IV, l'entrelacement du drame qui se noue dans la famille royale anglaise avec la mise en place de la croisade en Hongrie. Mais, à côté de cette unité de surface, apparaît une modification radicale dans l'écriture de l'Histoire. À partir du livre III, les ***Chroniques*** se font mémoires, et les faits historiques relatés par Froissart se trouvent enchâssés dans sa propre histoire. Cette nouvelle façon de raconter son temps apparaît de façon exemplaire dans le début du livre III avec le *« voyage en Béarn »*, quand le chroniqueur se montre en train de voyager et de mener son enquête, donnant un ton nouveau à un récit où se rencontrent la voix de l'auteur, la voix de Froissart personnage, la voix des témoins qu'il sollicite et la voix des personnages intervenant dans ces témoignages. La subtilité du procédé, qui mime la complexité du réel et la difficulté à parvenir à des certitudes, rend dès lors ridicules les reproches que l'on a pu faire à Froissart sur son manque de sens politique ou économique dans ses ***Chroniques***.

Le succès des ***Chroniques*** a été considérable à la fin du Moyen Âge : plus de 100 manuscrits nous sont parvenus, et elles ont figuré parmi les premiers textes imprimés. Jamais totalement oubliées, elles étaient bien connues d'historiens, comme Michelet, et d'auteurs de romans historiques (Walter Scott, Conan Doyle). Elles ont fait l'objet de deux éditions savantes à la fin du XIXe siècle, dont l'une encore inachevée aujourd'hui. Deux rédactions particulières — et qui ne concernent que le livre I — ont été éditées récemment par George T. Diller.

CITATIONS

Li vaillans et gentilz rois de Behagne, qui s'appeloit messires Jehans de Lussembourch, car il fu filz a l'empereour Henri de Lussembourch, entendi par ses gens que li bataille estoit commencie ; car quoique il fust la armés et en grant arroy, il ne veoit goutes et estoit aveules.

[...]

Adonc dist li vaillans rois a ses gens une grant vaillandise : « *Signeur, vous estes mi homme et mi ami et mi compagnon. A le journee d'ui, je vous pri et requier tres especialment que vous me menés si avant que je puisse ferir un cop d'espee.* » Et cil qui dalés lui estoient, et qui se honneur et leur avancement amoient, li acorderent. La estoit li Monnes de Basele a son frain, qui envis l'euist laissiet ; et ossi eussent pluiseur bon chevalier de le conté de Lussembourch, qui estoient tout dalés lui : si ques, pour yaus acquitter, et que il ne le perdesissent en le presse, il s'alloierent par les frains de leurs chevaus tous ensamble ; et misent le roy leur signeur tout devant, pour mieulz acomplir son desirier. Et ensi s'en alerent il sus leurs ennemis.

[...]

[...] il ala si avant sus ses ennemis que il feri un cop d'espee, voire trois, voire quatre, et se combati moult vaillamment. Et ossi fisent tout cil qui avoecques lui accompagniet estoient ; et si bien le servirent, et si avant se bouterent sus les Englès, que tout y demorerent. Ne onques nulz ne s'en parti, et furent trouvé a l'endemain, sus le place, autour dou roy leur signeur et leurs chevaus tous alloiiés ensamble.

[Le vaillant et noble roi de Bohême, qui s'appelait messire Jean de Luxembourg, car il était fils de l'empereur Henri de Luxembourg, apprit par ses gens que la bataille était engagée ; car quoiqu'il fût là en armes et en grand appareil guerrier, il n'y voyait goutte et était aveugle.

[...]

Alors le vaillant roi adressa à ses gens des paroles très valeureuses : « Seigneurs, vous êtes mes hommes, mes amis et mes compagnons. En cette présente journée, je vous prie et vous requiers très expressément que vous me meniez assez avant pour que je puisse donner un coup d'épée. » *Et ceux qui étaient auprès de lui, songeant à son honneur et à leur avancement, lui obéirent. Il y avait là, tenant son cheval par le frein, Le Moine de Basèle, qui jamais ne l'eût abandonné de son plein gré ; et il en était de même de plusieurs bons chevaliers du comté de Luxembourg, tous présents à ses côtés. Si bien que, pour s'acquitter (de leur mission) et ne pas le perdre dans la presse, ils se lièrent tous ensemble par les freins de leurs chevaux ; et ils placèrent le roi leur seigneur tout en avant, pour mieux satisfaire à son désir. Et ils marchèrent ainsi à l'ennemi.*

[...]

[...] *il marcha si avant sus aux ennemis qu'il donna un coup d'épée, voire trois, voire quatre, et se battit avec une extrême vaillance. Et ainsi firent tous ceux qui l'escortaient ; et ils le servirent si bien et se jetèrent si avant sur les Anglais que tous y restèrent. Pas un seul n'en revint et on les trouva le lendemain, sur la place, autour du roi leur seigneur, leurs chevaux tous liés ensemble.]*

Chroniques.

Tel pleure au main [matin] qui rit le soir.

Poésies.

Mon cœur s'esbat en odorant la rose
Et s'esjouit en regardant ma dame.
Trop mieux me vaut l'une que l'autre chose.
Mon cœur s'esbat en odorant la rose.

Poésies.

JUGEMENTS

« Froissart est plus près du roman d'Arthur que de Commynes. C'est moins un historien qu'un metteur en scène. [...] *il est pour son époque l'équivalent du cinémascope en couleurs. Il ne s'intéresse pas au mécanisme intérieur des événements ; il ne s'intéresse qu'à l'image. Il écrit pour donner des spectacles à ses patrons. Il se sert de souvenirs* [...], *mais il se sert surtout de son imagination. C'est un pur visuel, qui reconstitue après coup, de façon très subjective, ou qui ajoute sans scrupule, l'essentiel étant de donner à voir à ses clients ce qu'ils ont envie de voir. Son style est le mouvement même. »*

Jean GIONO, « Jean Froissart », in *Tableau de la littérature française*, I, Gallimard, 1962.

« Jamais homme n'a été plus satisfait de la fête offerte à ses yeux par ce pauvre monde. »

Gustave LANSON, *Histoire de la littérature française*, Hachette, 1894.

« Froissart, ce Walter Scott du Moyen Âge. »

Jules MICHELET, *Le Moyen Âge*, in *Histoire de France*, t. V, 1842.

« Voir et écouter, accumuler les notes, telle sera jusqu'à la fin la méthode de cet infatigable "reporter", de cet "interviewer" inlassable qu'a été Jean Froissart.

[...]

On commettrait un lourd contresens sur l'œuvre de Froissart, si on voulait voir en lui un historien, et le juger comme tel. De l'historien, il n'a pas l'impartialité, même feinte, dont il ne se soucie point. [...]
Froissart n'est pas un penseur ; encore moins un politique. Il n'essaie pas de démontrer, de décrire, de faire jouer les ressorts de la conduite du gouvernement et des peuples. C'est un artiste, un pur artiste, qui ressuscite le passé, qui sait émouvoir aussi et frapper l'imagination et le cœur. Cela lui a suffi pour survivre et pour durer. »

Émile MIREAUX, « Les Lettres françaises au temps des premiers Valois », *in* Émile HENRIOT (dir.), *Neuf Siècles de littérature française*, I, IV, 3, Delagrave, 1958.

« *Espèce de Passepartout ou de Pierre Lazareff à l'affût de l'événement, c'est un journaliste qui court après l'information, c'est notre envoyé spécial qui couvre les origines et la première moitié de la guerre de Cent Ans.* [...] *Il multiplie les interviews, il est le premier de nos grands reporters. C'est l'ancêtre de Cendrars ou de Kessel. L'histoire pour lui se confond avec le journalisme.* [...] *Il est crédule. Il est dénué de sens critique. Mais c'est un narrateur plein de couleur et de vivacité.* [...] *Le sens moral n'est pas son fort.* [...] *Un vrai journaliste. Et un historien en plus, et un artiste.* »

Jean d'ORMESSON, « Les Quatre Chroniqueurs. Courir le monde et l'admirer », in *Une autre histoire de la littérature française*, I, NiL, 1997.

« *D'abord louons Froissart d'avoir compris et embrassé dans toute son ampleur sa fonction de* chroniqueur, *qui était le véritable rôle de l'historien d'alors.* [...] *C'est, en effet, ce sentiment de* délectation, *très sensible chez Froissart dans la composition de son histoire et dans l'acquisition de tout ce qui peut y servir, qui le caractérise entre tous ses pareils et qui fait de lui le chroniqueur par vocation et par excellence.* »

Charles Augustin SAINTE-BEUVE, *Causeries du lundi*, t. IX, 1851 à 1862.

BIBLIOGRAPHIE

Éditions

Ballades et Rondeaux, éd. R.S. BAUDOUIN, Droz, Genève (CH), 1978.

Chroniques, éd. K. de LETTENHOVE, Devaux, Bruxelles (BE), 1867 à 1877, 28 vol. ; éd. S. LUCE, G. RAYNAUD, L. et A. MIROT, Publ. de la Société de l'Histoire de France, 15 vol. parus (éd. des livres I à III ; le livre IV n'a pas encore paru) ; éd. G.T. DILLER (dernière rédaction du livre I, manuscrit de Rome), « TLF », 194, Droz, Genève (CH), 1972 ; *id.* (éd. du manuscrit d'Amiens, livre I), « TLF », 407, 415, 424, 429, 499, Droz, Genève (CH), 1991 à 1998, 5 vol. parus ; extraits in *Historiens et Chroniqueurs du Moyen Âge*, éd. A. PAUPHILET et E. POGNON, « Pléiade », Gallimard, 1952, pp. 374 à 944 ; extraits traduits par D. POULET in *Chroniques de Flandre, de Hainaut et d'Artois au temps de la guerre de Cent Ans*, Corps 9, La Ferté-Milon (Aisne), 1986 ; éd. M.-Th. de MEDEIROS, « LdP », LGF, 1988 ; éd. et trad. A. DUBY, Stock, 1997.

Études

P.F. AINSWORTH, *Jean Froissart and the Fabric of History. Truth, Myth and Fiction in the « Chroniques »*, Clarendon press, Oxford (GB), 1990.

N. CHAREYON, *Jean le Bel : le maître de Froissart, grand imagier de la guerre de Cent Ans*, De Boeck/Wesmael, Bruxelles (BE), 1996.

P.F. DEMBOWSKI, *Jean Froissart and his « Meliador ». Context, Craft and Sens*, French forum, Lexington (US), 1983.

G.T. DILLER, *Attitudes chevaleresques et Réalités politiques chez Froissart. Microlectures du premier livre des « Chroniques »*, Droz, Genève (CH), 1984.

J. GIONO, « Jean Froissart », in *Tableau de la littérature française*, I, Gallimard, 1962, pp. 137 à 139.

D. KELLY, « Les Inventions ovidiennes de Froissart », in *Littérature*, n° 41, févr. 1981.

D. MADDOX, S. STURM-MADDOX (éd.), *Froissart across the Genres*, U.P. Florida (US), 1998.

J.J.N. PALMER, *Froissart : Historian*, Boydel press, Woodbridge, Suffolk et Totowa, New Jersey (US), 1981.

J. PICOCHE, *Le Vocabulaire psychologique dans les « Chroniques » de Froissart. Le Plaisir et la Douleur*, « Publications du Centre d'Études picardes », Amiens, 1984.

D. POIRION, *Le Poète et le Prince. L'Évolution du lyrisme courtois de Guillaume de Machaut à Charles d'Orléans*, PUF, 1965, rééd. Slatkine, Genève (CH), 1993.

M. ZINK, « Froissart et la Nuit du chasseur », in *Poétique*, n° 41, 1980, pp. 60 à 77 ; *Froissart et le Temps*, PUF, 1998.

GAUTIER

Théophile GAUTIER

Tarbes 1811 – Paris 1872

> *« Gautier, c'est l'amour exclusif du Beau, avec toutes ses subdivisions, exprimé dans le langage le plus approprié. »*
> Charles BAUDELAIRE, in *L'Artiste*, 13 mars 1859.

> *« [...] Gautier, un des plus inutiles péroreurs dont puisse s'encombrer une littérature. »*
> André GIDE, *Feuillets*, 1921, in *Journal*, Gallimard, 1939.

Une vie de bohème, d'amours et de voyages

Une jeunesse romantique

Né à Tarbes, Gautier était l'aîné d'une famille de 3 enfants qui s'installa à Paris à partir de 1814, son père ayant été nommé chef de la comptabilité de l'octroi de Paris. À partir de 1822, il entra comme interne au collège Louis-le-Grand mais dut en être retiré au bout d'un trimestre, car il ne supportait pas cette vie de pensionnaire : « *La brutalité et la turbulence de mes compagnons de bagne me faisaient horreur. Je mourais de froid, d'ennui et d'isolement entre ces grands murs tristes* [...] » ***(Portraits contemporains)***. Introduit également dès 1829 dans les milieux romantiques par Nerval, qui le présenta en particulier à Hugo, Gautier se lança avec enthousiasme dans la grande bataille esthétique de 1830. Jeune, épris de couleur, il arbora, à la première d'*Hernani*, un gilet du rouge le plus anticlassique : « *Le gilet rouge ! on en parle encore après plus de quarante ans, et l'on en parlera dans les âges futurs, tant cet éclair de couleur est entré profondément dans l'œil du public* » ***(Histoire du romantisme)***. Il décida, sous l'influence combinée de Hugo et de sa myopie, d'abandonner la peinture pour la poésie. Mais ses premières œuvres, regroupées sous le titre ***Poésies***, parues en pleine révolution de juillet 1830, furent entièrement occultées par les événements politiques. Les vrais débuts poétiques de Gautier eurent lieu en 1832, avec la parution d'***Albertus ou l'Âme et le Péché***. Dans ce long poème, sous-titré ***Légende théologique***, Gautier illustrait l'ambiguïté du destin de l'artiste, élu et maudit par sa dévotion à la beauté, comme son héros Albertus qui meurt d'avoir cru trouver l'amour idéal dans les bras de la sorcière Véronique. L'intrusion de l'imaginaire dans le réel fut aussi le principe des premiers contes de Gautier, ***La Cafetière*** (1831) et ***Onuphrius Wphly*** (1832). Mais, dans les premiers récits brefs, le fantastique, encore très proche de celui de Hoffmann, n'était pas l'inspiration dominante de Gautier. Le recueil ***Les Jeunes-France*** (1833) rassemblait des contes, ou « *romans goguenards* », consacrés au portrait ironique des « *précieuses ridicules du romantisme* », et témoignait du regard critique qu'il portait sur son entourage immédiat. Ce volume trouvait son origine dans le projet, élaboré par les amis du « *Petit Cénacle* » — où il fréquenta en 1832, outre Nerval, Auguste Maquet, Petrus Borel, Philotée O'Neddy —, d'un recueil collectif annoncé sous le titre de *Contes du Bousingot*, dont devait faire partie le récit de Nerval *La Main de gloire* ; en reprenant l'idée à son compte lors de la dispersion du groupe, Gautier accusa la satire. Mais, déjà, la ***Préface*** des ***Jeunes-France*** annonçait les principes esthétiques qui furent, en 1835, ceux de ***Mademoiselle de Maupin***. Ce roman, dont l'héroïne exprime l'idéal de son auteur, était assorti, lui aussi, d'une importante ***Préface*** dirigée contre les excès moyenâgeux du romantisme et contre l'utilitarisme bornant l'horizon de la critique littéraire de l'époque. Culte exclusif de la beauté, absence de portée politique ou morale de l'art, indépendance irréductible de l'artiste : Gautier énonçait, dès cette ***Préface***, les principes de l'école de « *l'art pour l'art* », auxquels les œuvres de la maturité demeurèrent fidèles.

À partir de 1836, Gautier s'éloigna du milieu bohème de ses années de jeunesse.

Voyages et écriture

Le départ de la rue du Doyenné, où il vivait entouré d'écrivains (Nerval, Houssaye) et de peintres (Camille Rogier), fut le premier pas vers une vie d'adulte qui conjugua les charges et les joies de la famille, du travail et du voyage. La même année 1836 fut celle de la naissance de son fils Théophile que lui donna sa maîtresse Eugénie Fort, de ses premières chroniques d'actualités artistique et théâtrale dans *La Presse*, le journal d'Émile de Girardin, et de son voyage en Belgique et en Hollande avec Nerval. L'instabilité caractérisa toujours la vie amoureuse de Gautier, en permanence tiraillé entre ses amours idéales et problématiques pour la Cydalise — qui était aimée également par Camille Rogier, et qui mourut de la poitrine en 1836 —, la danseuse Carlotta Grisi ou Marie Mattéi, et les liaisons durables mais orageuses avec la Victorine, puis la cantatrice Ernesta Grisi, la sœur de Carlotta, qui lui donna deux filles — Judith, née en 1845 et future académicienne Goncourt, et Estelle, en 1847. Ces présences féminines furent pour l'écrivain une source majeure d'inspiration, comme en témoignèrent le ballet ***Giselle*** (1841) et le roman ***Spirite*** (1865), écrits pour Carlotta, mais elles tissèrent aussi le lien financier qui l'enchaîna à la corvée journalistique.

Le voyage, loin d'être une libération, fut avant tout pour Gautier une forme de servitude littéraire. Le séjour en Belgique de 1836 fut en effet financé grâce à l'avance de l'éditeur Renduel pour « *les confessions galantes de deux gentilshommes périgourdins* » qui devinrent, après trente ans d'atermoiements et un procès, ***Le Capitaine Fracasse*** (1863).

Puis les visites de l'Espagne (1840), de l'Algérie (1845), de l'Italie (1850) et de Constantinople (1852) furent difficilement payées par des récits de voyage que Gautier livrait aux revues, et qu'il négligeait parfois d'achever une fois de retour à Paris. Le projet d'un livre sur l'art russe justifia encore deux expéditions en Russie (1858 et 1861). Si la plupart de ces entreprises furent des désastres financiers, Gautier y trouva une occasion d'affiner son talent pour l'observation et la description. Son œuvre poétique en rendit compte, comme par exemple ***España***, dans ***Poésies complètes*** (1845). La veine exotique de Gautier est par ailleurs abondamment nourrie de lectures et de rêveries. Ainsi, ***Le Roman de la momie*** (1858) fut composé dix ans avant que Gautier ne pût aller en Égypte, mais la documentation, appuyée sur *Le Nil : Égypte et Nubie* de Maxime Du Camp — qu'il rencontra, en même temps que Flaubert, en 1849 — et sur un ouvrage de l'érudit Ernest Feydeau, remplaça la connaissance précise des lieux, tandis que l'imagination compensait la sécheresse de l'évocation : « *L'amour n'est pas le même sous les chaudes régions qu'embrase un vent de feu, qu'aux rives hyperborées d'où le calme descend du ciel avec les frimas* » (***Le Roman de la momie***, chap. V). La réalité décevante du voyage en Égypte prouve, s'il en était besoin, que l'ailleurs de Gautier est rêvé plus que vécu. L'ailleurs peut se situer dans un paradis artificiel, plus que géographique. En 1845, Gautier fit partie du *Club des hachichins*, où il fit la connaissance de Baudelaire — qui lui dédia, douze ans plus tard, *Les Fleurs du Mal*, en qualité de « *poète impeccable* » —, et club qui lui inspira l'essai ***Le Club des hachichins*** (1846) : « *Je ne sentais plus mon corps ; les liens de la matière et de l'esprit étaient déliés* [...]. *Je compris alors le plaisir qu'éprouvent, suivant leur degré de perfection, les esprits et les anges en traversant les éthers et les lieux, et à quoi l'éternité pouvait s'occuper dans les paradis.* » La production de Gautier, quoique irrégulière, ne s'était en réalité jamais interrompue. En 1844, ***Les Grotesques*** avaient repris les ***Exhumations littéraires*** parues dès 1833 dans *La France Littéraire* : il y mettait en valeur des victimes des « *régents du Parnasse* » — au premier rang desquels Boileau —, telles que Cyrano, Scarron, Saint-Amant, Viau, et exaltait Villon ; mais le nouveau titre signalait une relative désaffection, ou un moindre enthousiasme. Le recueil ***Émaux et Camées*** (1852) offre un exemple analogue de cette créativité à la fois constante et paresseuse : les 6 éditions successives, régulièrement augmentées, suivirent le rythme d'une composition en pointillés, mais dévoilaient aussi une étonnante unité poétique.

Cette constance s'est aussi manifestée dans la veine fantastique, que Gautier pratiqua jusqu'à ***Spirite***, sa dernière grande œuvre de fiction, après ***Le Pied de momie*** (1840), ***Arria Marcella*** (1852), ***Avatar*** et ***Jettatura*** (1856).

Les récits fantastiques tendirent souvent vers la fiction historique, mais la reconstitution ne prit les dimensions du roman qu'avec ***Le Capitaine Fracasse*** (1863).

Ce roman resté pendant trente ans à l'état de projet et que Gautier qualifia de « *lettre de change de jeunesse tirée sur l'avenir* », ne suffit pas à assurer à son auteur la reconnaissance littéraire qu'il espérait : Gautier, qui était depuis 1868 le bibliothécaire de la princesse Mathilde, cousine et ancienne fiancée de Napoléon III, mourut en 1872, très affecté par son quadruple échec à l'Académie. Son éditeur, Lemerre, publia un ouvrage collectif, *Tombeau de Théophile Gautier*, auquel participèrent de nombreux poètes : Hugo avec le poème *À Théophile Gautier*, Mallarmé avec le célèbre *Toast funèbre*...

THÉORIE LITTÉRAIRE

Gautier exprima ses idées non seulement sur la littérature, mais sur la plupart des arts (peinture, architecture, sculpture, musique), à travers ses innombrables chroniques parues d'abord dans les journaux, puis réunies en volumes, dans ***L'Art moderne*** (1852), et dans l'***Histoire de l'art dramatique*** (1858), ou à travers ses récits de voyage. Mais c'est la ***Préface*** de ***Mademoiselle de Maupin***, datée de mai 1834, qui est devenue, aux yeux de l'histoire littéraire, le bréviaire des idées esthétiques de Gautier, au point d'éclipser ses autres critiques comme les beautés du roman lui-même. Il s'agit pourtant avant tout d'un texte d'humeur, dirigé contre les journalistes de l'époque : ainsi l'« *utilité spirituelle* » du roman se réduirait-elle à ce que, tant qu'on le lit, « *on dort, et on ne lit pas de journaux utiles, vertueux et progressifs, ou telles autres drogues indigestes et abrutissantes* ». Gautier y développait son *credo* de l'inutilité de l'œuvre d'art et sa défense de « *l'art pour l'art* » : « *Il n'y a de vraiment beau que ce qui ne peut servir à rien ; tout ce qui est utile est laid, car c'est l'expression de quelque besoin et ceux de l'homme sont ignobles et dégoûtants, comme sa pauvre et infirme nature. — L'endroit le plus utile d'une maison, ce sont les latrines.* » Charge contre l'esprit bourgeois de la monarchie de Juillet, cette ***Préface*** n'est guère plus tendre envers une certaine forme de romantisme maladif et languissant dont il avait déjà parodié les excès dans ses ***Jeunes-France***. Poète avant tout, c'est à travers des préfaces — comme par exemple celle de 1832 au recueil de ses ***Premières Poésies*** (1830-1832) — et à travers des poèmes que Gautier s'imposa comme le grand maître de « *l'art pour l'art* ». Dans plusieurs pièces d'***Albertus*** (stances 58, 68, 75, 76, 99), poème dont le héros est un peintre, ou d'***Émaux et Camées*** (***Préface***, ***Après le feuilleton***, ***L'Art***), il versifia l'idée qu'il se faisait d'un art exigeant : *Oui, l'œuvre sort plus belle / D'une forme au travail / Rebelle, / Vers, marbre, onyx, émail. // Point de contraintes fausses ! / Mais que pour marcher droit / Tu chausses, / Muse, un cothurne étroit ! // Fi du rythme commode, / Comme un soulier trop grand, / Du monde / Que tout pied quitte et prend ! //* [...] *// Les dieux eux-mêmes meurent. / Mais les vers souverains / Demeurent / Plus forts que les airains. // Sculpte, lime, cisèle ; / Que ton rêve flottant / Se scelle / Dans le bloc résistant !* (***L'Art***, vv. 1 à 12 et 49 à 56). ***Adieux à la poésie***, dernière pièce du recueil ***España*** (1845), évoquait comme une destinée de l'« *ange déchu* » le trajet qui le faisait « *tomber dans la prose* ». ***Les Progrès de la poésie française***, étude qui fut publiée en 1872 en annexe de son ***Histoire du romantisme***, laissait à la postérité le soin de décider qui de Lamartine, de Hugo ou de Musset occupait le sommet du Parnasse ; s'il saluait la singularité de Baudelaire, Gautier ne le jugeait pas digne d'un tel honneur. Les Goncourt, dans leur *Journal*, ont rapporté de nombreuses conversations et « mots » de Gautier sur l'art et sur la littérature qu'ils avaient entendus, soit dans les bureaux du journal *L'Artiste*, soit au restaurant Magny, soit chez eux dans leur salon (sur les images, sur l'art de la prose, sur la description, l'objectivité de l'artiste). Pour eux, Gautier avait « *le plus étonnant bon sens des choses littéraires, le jugement le plus sain, une lucidité terrible* » (12 mai 1857).

THÉORIE LITTÉRAIRE

Gautier se distingue, dans le champ littéraire du XIXe siècle, à la fois par sa fidélité aux engagements romantiques de sa jeunesse, par son détachement critique et ironique vis-à-vis des modes littéraires devenues systèmes, et par sa revendication de l'indépendance de l'artiste. Familier de la plupart des genres littéraires de son époque, il a laissé une œuvre variée, mais toujours en accord avec ses choix esthétiques fondamentaux.

Entre culte de la Beauté et verve parodique

En se définissant lui-même comme « *quelqu'un pour qui le monde extérieur existe* », Gautier privilégiait les qualités de « *netteté* » (Georges Poulet) de son écriture poétique. La précision de l'expression, qui fait d'abondants emprunts au lexique de l'architecture, de la peinture et de la sculpture, la rigueur du mètre et de la rime — le poète fait chausser à sa muse « *un cothurne étroit* » (***L'Art***, v. 8, in ***Émaux et Camées***), le plus souvent celui de l'octosyllabe organisé en quatrains de rimes croisées — caractérisent en effet le style d'***Émaux et Camées*** :

Sur les blancheurs de son épaule,
Paros au grain éblouissant,
Comme dans une nuit du pôle,
Un givre invisible descend.

(***Symphonie en blanc majeur***, vv. 25 à 28, in ***Émaux et Camées***)

Le poème liminaire met en valeur cette « *impassibilité* » annonciatrice de l'esthétique parnassienne :

Sans prendre garde à l'ouragan
Qui fouettait mes vitres fermées,
Moi, j'ai fait Émaux et Camées.

(***Préface***, vv. 12 à 14, *ibid.*)

Mais le projet poétique, conçu comme l'exercice d'un rigoureux savoir-faire artisanal, est la contrepartie d'une prose souvent ludique, qui s'autorise en permanence la transgression des règles des genres. La digression, le pastiche, la parodie et l'ironie contribuent largement à la fantaisie des romans et des contes de Gautier : « *Une fervente prière pour celui qui venait de s'engloutir si subitement dans la trappe de l'éternité monta sur les ailes de la foi dans les profondeurs du ciel obscur* » ***(Le Capitaine Fracasse)***. On les voit aussi à l'œuvre dans le recueil des ***Jeunes-France***, par exemple à travers la description d'une scène de séduction faite d'un collage de citations d'ouvrages romantiques ***(Celle-ci et Celle-là)***, le portrait d'un Jeune-France féru de Moyen Âge ***(Elias Wildmanstadius)***, la parodie d'une orgie romantique ***(Le Bol de punch)*** ou de préfaces et d'autobiographies ***(Préface)***. On les voit encore avec le portrait ironique de l'artiste en romantique échevelé dans la ***Préface*** de ***Mademoiselle de Maupin***.

Plus célèbre que connu

Malgré son extrême diversité, l'œuvre de Gautier est assez mal connue : seuls deux de ses romans, ***Le Capitaine Fracasse*** et, dans une moindre mesure, ***Le Roman de la momie***, ont eu un réel succès populaire. Encore ce succès est-il dû en grande partie à des éditions « *pour la jeunesse* », qui réduisent souvent le texte à l'anecdote. ***Le Capitaine Fracasse*** est un roman de cape et d'épée mêlant parfaitement, grâce à la précision et à l'alacrité de la langue, reconstitution historique et aventure. « *Œuvre purement pittoresque* » pour son auteur — qui avouait : « *Bien que l'action se passe sous Louis XIII,* Le Capitaine Fracasse *n'a d'historique que la couleur du style* » —, il se présente surtout comme une brillante variation sur le motif, qui était déjà celui des ***Grotesques***, de l'envers du Grand Siècle. C'est d'ailleurs le portrait de Cyrano de Bergerac, dans ***Les Grotesques***, qui inspira à Rostand sa célèbre « *comédie héroïque* » (1897), également influencée par certains épisodes de ***Fracasse*** : Rostand fut l'un des rares admirateurs de Gautier. Si elle est mieux connue, la poésie de celui que Baudelaire saluait, dans sa dédicace des *Fleurs du Mal*, comme « *le parfait magicien ès-langue française* », est encore trop souvent réduite à sa dimension descriptive. Au XXe siècle, Gautier est resté un auteur mineur, victime notamment des condamnations sans appel de Gide, qui y voyait l'archétype de l'écrivain artificiel. Depuis les années 1970, le renouveau de l'activité éditoriale et universitaire concernant Gautier indique cependant l'intérêt d'une relecture de son œuvre à l'aide de critères esthétiques modernes. L'ironie de ses romans, le fantastique parfaitement maîtrisé de ses contes, la justesse de ses goûts en matière d'art, une vaste culture jamais pesante et toujours distancée, peuvent en particulier séduire le lecteur contemporain. Enfin, son immense œuvre de critique artistique et littéraire constitue un irremplaçable panorama de la vie culturelle du XIXe siècle. On en trouve un aperçu dans son ***Histoire du romantisme*** (posth., 1872), où figure notamment un récit de la bataille d'*Hernani*.

ŒUVRES

Le **Capitaine Fracasse**

Roman en 22 chapitres — numérotés et titrés —, précédés d'un ***Avant-propos***, publié en feuilleton dans la *Revue nationale et étrangère*, de décembre 1861 à juin 1863, et en un volume chez Charpentier, en 1863.

Dans son château en ruines, situé entre Dax et Mont-de-Marsan, le jeune baron de Sigognac, beau mais pauvre descendant d'une famille autrefois riche et puissante, vit seul avec son vieux serviteur basque, un chien efflanqué et un maigre bidet.

Un soir d'hiver, il accorde l'hospitalité à des comédiens ambulants. Admiratif, séduit par Isabelle la jeune première, Sérafina la grande coquette, et Zerbine la soubrette, il décide, dès le lendemain, de suivre la troupe. Sigognac vit alors les amours et les tourments des comédiens, leurs péripéties cocasses ou dramatiques. Le Matamore meurt de froid dans la tourmente de l'hiver, et Sigognac, chevalier servant de la belle Isabelle, décide de jouer désormais le rôle vacant sous le nom de capitaine Fracasse. L'orgueilleux duc de Vallombreuse aperçoit à sa fenêtre la belle Isabelle et la poursuit de ses assiduités. À Poitiers, Sigognac doit affronter son rival. Après avoir mis en déroute les valets chargés de le rosser, Sigognac, en gentilhomme, venge son honneur en blessant le duc au cours d'un duel. Isabelle, sincèrement amoureuse de Sigognac, refuse pourtant par modestie, en sa qualité de comédienne, de l'épouser. Elle réussit à échapper à un enlèvement par Vallombreuse grâce à la complicité de Chiquita. À Paris, la troupe retrouve la fréquentation des tavernes et se mêle aux festivités populaires. Sigognac doit à son adresse à l'épée d'échapper à des guets-apens préparés par Vallombreuse et réussit à s'attirer la sympathie de Jacquemin Lampourde, joueur et ivrogne chargé de le tuer. Malartic, autre complice de Vallombreuse, réussit à s'emparer d'Isabelle, que Vallombreuse séquestre dans son château. Sigognac retrouve sa trace grâce à Chiquita, et les comédiens donnent vaillamment l'assaut au château. Sigognac pourfend le duc avant que son noble père ne reconnaisse en Isabelle sa propre fille et donc la sœur de Vallombreuse. Elle peut alors épouser Sigognac et restaurer sa vieille demeure, ainsi transformée en *« château du bonheur »*.

« Nous avons enfin payé cette lettre de change de jeunesse tirée sur l'avenir et [...] *que nous achevons dans mon âge mûr »*, avertit l'auteur en son ***Avant-propos***. Promis et annoncé dès 1836, ***Fracasse*** ne parut qu'en 1863 ! Sous les apparences d'un roman de cape et d'épée, dont les intrigues s'enchaînent allègrement selon les conventions du genre et les personnages restent sans grande épaisseur, Gautier revisite le genre. Dans cet alerte récit de fantaisie, où tout paraît gratuit, il manie avec brio la parodie. Sa manière de s'excuser auprès de son lecteur des invraisemblances de l'histoire — *« Bien que l'action se passe sous Louis XIII,* Le Capitaine Fracasse *n'a d'historique que le style et la couleur »* — ne révèle cependant que mieux la truculence de la peinture sociale de l'époque baroque. Pour décrire le Paris populaire, les milieux du théâtre surtout, Gautier prend appui sur une réalité qui modèle subtilement l'apparence des acteurs et des situations. La construction du récit emprunte à la mise en scène théâtrale ses décors, son comique, ses effets de surprise régulièrement ménagés d'une scène à l'autre. *« Passion d'esprit plutôt que de corps »*, le théâtre devient pour Gautier, comme dans *L'Illusion comique* de Corneille, sujet de réflexion, lorsque Sigognac, véritablement amoureux et plongé dans le mensonge théâtral, s'applique à rester vrai. Gautier, en conteur omniscient, ne comptait pas précipiter un pauvre gentilhomme dans un tourbillon d'aventures, où il devenait une fine lame et une figure héroïque, pour surprendre les lecteurs accoutumés aux romans historiques, à la mode depuis les années 1825. L'auteur romantique inspiré par des écrivains du XVIIe siècle comme Cyrano de Bergerac, Scudéry, Viau, en faisant sortir le pauvre Fracasse de son *« château de la misère »*, envisageait son parcours comme une quête d'un idéal de bonheur. L'aventure débouche sur une fin optimiste — parce que hyperromanesque —, où l'opulence retrouvée du héros s'allie à la réalisation de l'amour partagé. Gautier manifeste une pleine maîtrise de l'art du récit dans ce texte par trop méconnu. Sous couvert de roman de pur divertissement, de comique à la manière de Scarron et de pittoresque descriptif, il ménage un second niveau de lecture. Il révèle un récit d'une grande puissance évocatrice, liée à un souci tout esthétique d'expressivité : *« Figurez-vous que vous feuilletez les eaux-fortes de Callot ou des gravures d'Abraham Bosse historiées de légendes »* ***(Avant-propos)***.

Ce roman très attendu obtint un succès immédiat auprès du public et de la critique. Considéré par les contemporains de Gautier comme l'œuvre dans laquelle le prosateur mit le meilleur de lui-même, il est cependant resté célèbre dans les mémoires surtout comme un roman de cape et d'épée, sans doute à cause des adaptations cinématographiques que l'impeccable trame narrative du ***Capitaine Fracasse*** a inspirées, depuis *Le Capitaine Fracasse* d'Abel Gance (1952), celui de Pierre Gaspard-Huit avec Jean Marais (1961), puis d'Ettore Scola (1992). Proust, dans *Contre Sainte-Beuve*, a souligné l'influence du roman parmi ses lectures enfantines. Plusieurs pièces de théâtre, dont celles de Catulle Mendès (1878), d'Émile Bergerat (1890) et, plus près de nous, de Serge Ganzl, *Fracasse* avec Jean-Claude Drouot dans le rôle principal (1972), ont été tirées du roman, adapté également en bande dessinée par René Giffey (1976).

Émaux et Camées

Recueil de poésies, paru chez Eugène Didier, à Paris, le 17 juillet 1852. Cette 1re édition comportait 18 poèmes. Du vivant de Gautier, il y eut au total 6 éditions. En 1853, 2 autres poèmes furent rajoutés, chez le même éditeur. Une *« seconde édition »* fut publiée chez Poulet-Malassis et de Broise, en 1858. En 1863, ***Émaux et Camées*** fut inséré dans le recueil des ***Poésies nouvelles*** publié chez Charpentier, qui réédita ce recueil en 1866. En 1872, parurent ***Émaux et Camées, édition définitive avec une eau-forte par J. Jacquemart***, chez Charpentier.

L'édition définitive d'***Émaux et Camées*** comprend 53 poèmes, y compris celui intitulé ***Préface***, et qui est l'unique sonnet du recueil, composé d'octosyllabes. On ne trouve qu'un seul poème formé de sizains (***La Bonne Soirée***, avant-dernier poème), dont les vers 1, 2, 4 et 5 sont des octosyllabes, tandis que les vers 3 et 6 sont des tétrasyllabes (vers de 4 syllabes). Tous les autres poèmes sont des quatrains réguliers octosyllabiques, à rimes croisées, féminines et masculines.

Cette régularité dans la structure strophique et métrique confère au recueil une unité rigoureuse et claire, métaphorique du titre. Ce dernier peut se comprendre comme relevant d'une thématique du bijou, de la richesse et du travail de ciselure dont chacun des poèmes est le produit esthétique fini. Il s'agit à la fois d'un travail de la pierre fine *(« camée »)*, mais aussi du métal ou de l'orfèvrerie *(« émaux »)*. Ce travail du poète sculpteur relevant de l'esthétique parnassienne — on pense aux recueils poétiques des *Cariatides* ou des *Améthystes*, et au recueil en prose des *Camées parisiens* de Banville — se double d'une symbolique aristocratique, dans la mesure où le terme d'*« émaux »* appartient au lexique de l'héraldique désignant les *« couleurs »*.

La thématique du recueil est centrée sur la conception d'une séparation de nature entre l'œuvre d'art et la vie, évoluant d'une esthétique romantique flamboyante à un retrait d'impassibilité parnassienne, qui prend tout son sens avec le poème final ***L'Art***, publié dans *L'Artiste*, le 13 septembre 1857, et dont la forme est comme un défi, en réponse à l'odelette *À Théophile Gautier* de Banville, publiée dans *Paris*, le 30 septembre 1853. Cette pièce fait fonction d'art poétique : *Oui, l'œuvre sort plus belle / D'une forme au travail / Rebelle, / Vers, marbre, onyx, émail* (vv. 1 à 4). Ainsi la poésie se veut-elle sculpture et bijou, ciselure de la forme visuelle et du sens où le blanc ***(Symphonie en blanc majeur)*** se donne comme une allégorie du corps féminin, de la matière poétique marmoréenne, et de la mort omniprésente. Les poèmes forment autant de petits tableaux qui fixent la mémoire ***(Le château du souvenir)*** ou qui mettent en scène la beauté érotique ***(Le Poëme de la Femme)***. La rime contribue à donner un éclat particulièrement chatoyant, ainsi que les assonances internes, comme dans le premier quatrain de **La Fella** : *Caprice d'un pinceau fantasque / Et d'un impérial loisir, / Votre fellah, sphinx qui se masque, / Propose une énigme au désir.*

Les poèmes furent prépubliés dans la *Revue des Deux Mondes* entre le 15 janvier 1849 et le 1er janvier 1850 ; dans la *Revue de Paris*, entre le 1er janvier 1852 et le 15 novembre 1855 ; dans *La Presse*, le 6 janvier 1847 et le 4 août 1851 ; dans *L'Artiste*, entre le 1er décembre 1849 et le 24 janvier 1858 ; dans la *Revue Européenne*, le 1er novembre 1859 ; dans le *Moniteur universel*, le 19 septembre 1859 et le 30 décembre 1861 ; dans *Le Papillon*, le 10 janvier 1861 ; dans la *Revue nationale et étrangère*, le 10 décembre 1861 ; dans la *Revue du XIXe siècle*, le 1er juin 1866 et le 1er octobre 1866 ; et dans *Paris-Magazine*, le 22 mars 1868. Rares furent les poèmes publiés directement en même temps que le recueil. Les prépublications s'étagèrent donc sur une durée d'une vingtaine d'années.

Émaux et Camées, dernier recueil poétique de Gautier, ne semble pas avoir attiré l'attention bienveillante de la critique à sa publication. Alfred Campron, dans un article, du 1er octobre 1852, de la *Revue des Deux Mondes*, parla d'une poésie *« impuissante à trouver le chemin du cœur »*. Le vicomte Charles Spoelberch de Lovenjoul s'intéressa de près à ce recueil dans son *Histoire des œuvres de Théophile Gautier* (1887). La même année, une édition d'***Émaux et Camées*** fut précédée d'une préface de Maxime Du Camp, chez Conquet. Au XXe siècle, les éditions critiques valables furent rares et tardives : signalons celles de Jacques Madeleine (Hachette, 1927), d'Adolphe Boschot (Garnier, 1954), de Madeleine Cottin, *« avec une iconographie rassemblée et commentée »* (Minard, 1968), de René Jasinski, incluse dans son édition de référence des ***Poésies complètes*** (Nizet, 1970), enfin de Claudine Gothot-Mersch (Gallimard, 1981).

Mademoiselle de Maupin

Roman en 17 chapitres publié en 2 volumes chez Renduel en novembre 1835 et janvier 1836. Seules les deux premières éditions portent le sous-titre ***Double amour***.

Dans la célèbre ***Préface*** de son roman, Gautier se livre à une attaque virulente de la critique littéraire de son temps et formule les principes de *« l'art pour l'art »*, en particulier celui de l'inutilité de l'œuvre d'art.

Le roman met en pratique les règles esthétiques de la ***Préface***. Il retrace le parcours amoureux d'Albert, un enfant du siècle plein de vagues aspirations vers l'idéal, de sa maîtresse Rosette et de Madeleine de Maupin, travestie en homme pour percer à jour la nature masculine.

Bien que l'intrigue soit simple, le roman est fortement charpenté par le double motif de la quête de la Beauté pour Albert, de la Vérité pour Madeleine. Un tourbillon de dédoublements, de travestissements et de métamorphoses brouille cette structure linéaire et transforme le récit en une réflexion inquiète sur la réalité, la norme et l'identité : *« Je suis d'un troisième sexe à part qui n'a pas encore de nom »*, dit Madeleine, exprimant le fantasme qui hante toute l'œuvre.

Le pessimisme du roman est soutenu par l'ironie et la distance de la narration par rapport aux personnages. Mais la fantaisie et l'évidente jubilation verbale de Gautier apportent à ce récit une touche de légèreté, voire de frivolité. Car ***Mademoiselle de Maupin*** est avant tout pour Gautier une réaction contre le moralisme de l'ordre bourgeois instauré par la monarchie de Juillet, et pour l'éditeur Renduel l'occasion d'obtenir un succès de scandale. En réalité, le roman, très bien accueilli par le milieu littéraire, en particulier par Hugo et par Balzac, fut rapidement éclipsé par sa ***Préface***, qui fit l'objet d'éditions et de commentaires séparés.

Spirite

Nouvelle fantastique en 16 chapitres, publiée en feuilleton dans *Le Moniteur universel*, de novembre à décembre 1865, puis en un volume chez Charpentier, en 1866.

Guy de Malivert, jeune homme à la mode et cultivé, n'a pas encore connu l'amour ni l'heureuse fortune d'un mariage. Une jeune veuve, Mme d'Ymbercourt, lui manifeste son empressement, mais il se rend de mauvaise grâce à une soirée qu'elle donne (chap. II), où il rencontre le baron de Féroë, un *« compatriote de Swedenborg »* (chap. III). Épris de mysticisme, il avertit Malivert de la nécessité pour lui de *« rester libre pour l'amour »* et de ne s'engager *« dans aucun lien terrestre »* (chap. II). Dans le miroir du jeune homme, lui apparaît, tel *« un avertissement surnaturel »*, le visage d'une inconnue : *« la forme sous laquelle désirait se montrer Spirite »* (chap. V). Lors d'une promenade en traîneau sur la neige du Bois de Boulogne, Malivert perçoit comme *« l'apparition de la nuit »*, le visage mystérieux qui disparaît en traîneau. De retour chez lui, il voit *« sur le fond sombre du tapis se dessiner une main »* (chap. VII), et Spirite lui dicte le récit d'une jeune fille. La narratrice s'est mise à l'aimer, mais, devant les rumeurs de son mariage avec Mme d'Ymbercourt, elle est entrée au couvent et s'est éteinte peu après (chap. XI). Bouleversé, le jeune homme court sur la tombe de la jeune morte dont le baron de Féroë lui a révélé le nom : Lavinia d'Aufideni (chap. XII). Hanté par la présence de Spirite, toujours insaisissable, Malivert est au bord du suicide (chap. XIII). Lors d'un trajet en vapeur à Athènes, Malivert, monté au Parthénon, dialogue enfin avec Spirite (chap. XV). Au cours d'une excursion, il meurt sous les balles de bandits, et son âme libérée rejoint la jeune fille (chap. XVI).

Depuis longtemps adepte du magnétisme, Gautier y puisa l'idée première d'un récit rebaptisé ***Spirite***, tandis que le spiritisme, à la mode en France à partir de 1850, se greffait sur cette tradition. L'inspiration fantastique de la nouvelle se révèle par un procédé de mise en abîme : la lecture par Guy de Malivert d'*Évangéline*, long poème de Longfellow racontant la séparation de deux amants dans la mort. À *Séraphîta*, l'un des romans de Balzac qu'admirait le plus Gautier — inspiré lui-même de l'œuvre du mystique suédois, Swedenborg —, ***Spirite*** emprunte la coloration surnaturelle de ses décors. Au héros de Stendhal dans *Armance*, Guy de Malivert doit son nom et sa sensibilité particulière. Gautier fait en outre explicitement référence aux récits de Poe, notamment de résurrections de femmes. Il joue ainsi de la multiplicité des sources littéraires pour explorer le genre. ***Spirite***, *« conte »* dicté par l'amour que Gautier vouait à son amie Carlotta Grisi, pour laquelle il écrivit le ballet de ***Giselle***, métamorphose la danseuse en ange rédempteur. Cet *« ange d'amour »* permet la fusion mystique de deux âmes, l'union des esprits au-delà du corps, apothéose du cheminement intérieur du jeune esthète lettré et acmé du récit. Gautier ménage une progression vers le fantastique, sensible à travers la nouvelle. C'est d'abord par une série d'avertissements et de troubles intérieurs du héros, plongé dans un milieu concret, le grand monde du Second Empire, que se manifeste le surnaturel. Un personnage d'apparence conventionnelle, le comte de Féroë, est le messager du mystère. La propension de Malivert à l'idéalisme enfin, constitue le troisième facteur propice à la révélation de l'amour : *« À dater de ce jour, l'existence de Malivert se scinda en deux portions distinctes, l'une réelle, l'autre fantastique »* (chap. XIII). De la scission de son être, le jeune esthète doit payer son attirance vers des sphères inconnues. Comme le jeune prêtre de ***La Morte amoureuse***, il passe de l'autre côté du miroir, mais, cette fois, dans un monde de pureté et de limpidité, sous le signe de la blancheur, celle de la neige, mêlée à l'éclat solaire de *« la céleste, la vierge, l'immaculée Pallas-Athénée »*, au Parthénon (chap. XV). La sacralité imprègne le récit, qui renvoie les mondanités à une mascarade futile, à laquelle succède la révélation pour Malivert d'un idéal de beauté : *« Le génie est vraiment divin : il invente l'Idéal, il entrevoit la beauté supérieure et l'éternelle lumière. Où ne monte-t-il pas, lorsqu'il a pour ailes la foi et l'amour ? »* De sorte que la jeune veuve qu'incarne Mme d'Ymbercourt, s'estompe au fil du récit comme les contours de la chambre de Malivert deviennent incertains. Le vocabulaire du fantastique, utilisé pour dépeindre le monde des vivants, accentue le processus de déréalisation, à mesure que le jeune homme atteint une réalité transcendée. Au cours de son voyage symbolique vers les divinités de la Grèce et de son ascension du Parthénon, se brouillent les frontières du visible et de l'*« extramonde »*. Malivert meurt en abandonnant son corps aux bandits, tandis que son *« visage, loin d'exprimer les angoisses de l'agonie, rayonnait au contraire d'une joie céleste »* (chap. XVI). La transposition au piano d'une poésie de Malivert, les concerts, accompagnent comme une ligne mélodique ce récit poétique qui répond à la recherche d'un idéal d'expression, accordé à la quête d'un absolu figuré dans l'amour sublimé.

Reçue avec succès, ***Spirite***, dernière fiction de Gautier, peut être considérée comme un chef-d'œuvre de la littérature fantastique et comme son testament spirituel. Y sont réunies les thématiques chères à l'auteur, que l'on retrouve éparses dans différents récits. Mais, surtout, elle accorde une issue victorieuse à la volonté du poète de célébrer les vertus de l'imaginaire, de transgresser les lois humaines par la médiation de l'écriture qui recrée l'harmonie de deux âmes réunies par-delà la mort. Villiers de L'Isle-Adam s'en inspira pour sa nouvelle *Véra*.

CITATIONS

J'en préviens les mères de famille,
Ce que j'écris n'est pas pour les petites filles
Dont on coupe le pain en tartines. Mes vers
Sont des vers de jeune homme et non un catéchisme.

Albertus, XCVIII.

Oubli, seconde mort.

La Comédie de la Mort.

Reviens, reviens, bel art antique,
De ton paros étincelant
Couvrir le squelette gothique ;
Dévore-le, bûcher brûlant !

Bûchers et Tombeaux, in *Émaux et Camées*.

Oui, l'œuvre sort plus belle
D'une forme au travail
Rebelle,
Vers, marbre, onyx, émail.

L'Art, in *Émaux et Camées*.

Les dieux eux-mêmes meurent ;
Mais les vers souverains
Demeurent
Plus forts que les airains.
Sculpte, lime, cisèle ;
Que ton rêve flottant
Se scelle
Dans le bloc résistant !

L'Art, in *Émaux et Camées*.

Les plus grands cœurs, hélas ! ont les plus grandes peines.

Ribeira, in *España*.

Chaque heure fait sa plaie et la dernière achève.

L'Horloge, in *España*.

Le poète est ainsi dans les landes du monde ;
Lorsqu'il est sans blessure, il garde son trésor.
Il faut qu'il ait au cœur une entaille profonde
Pour épancher ses vers, divines larmes d'or !

Le Pin des Landes, in *España*.

Si l'on prononce le nom de Théophile Gautier devant un philistin, n'eût-il jamais lu de nous deux vers et une seule ligne, il nous connaît au moins par le gilet rouge que nous portions à la première représentation d'*Hernani*.

Histoire du romantisme.

La sphère de la littérature s'est élargie et renferme maintenant la sphère de l'art dans son orbe immense.

Histoire du romantisme.

Je suis un homme pour qui le monde extérieur existe.

Histoire du romantisme.

L'amour n'est pas le même sous les chaudes régions qu'embrase un vent de feu, qu'aux rives hyperborées d'où le calme descend du ciel avec les frimas.

Le Roman de la momie, 5.

JUGEMENTS

« Je m'étais présenté chez lui pour lui offrir un petit volume de vers de la part de deux amis absents. Je le trouvai, non pas aussi prestant qu'aujourd'hui, mais déjà majestueux, à l'aise et gracieux dans des vêtements flottants. Ce qui me frappa d'abord dans son acceuil, ce fut l'absence totale de cette sécheresse, si pardonnable d'ailleurs, chez tous les hommes accoutumés par position à craindre les visiteurs. Pour caractériser cet abord, je me servirais volontiers du mot bonhomie, *s'il n'était pas bien trivial ; il ne pourrait servir dans ce cas qu'assaisonné et relevé, selon la recette racinienne, d'un bel adjectif tel que* asiatique *ou* oriental *pour rendre un genre d'humeur tout à la fois simple, digne et moelleuse. »*

Charles Baudelaire, *Théophile Gautier*, 1859 à 1861.

« Gautier se situe à la naissance d'une longue ascèse poétique, qui va s'efforcer de transmuer en surcroît de grandeur un cuisant sentiment d'impuissance. »

Paul Bénichou, *Le Sacre de l'écrivain*, Corti, 1973.

« La question ne sera pas posée une fois de plus de savoir si, et pourquoi Théophile Gautier a ou n'a pas dans la littérature française la place qu'il mérite. La place qu'il mérite, il

l'a. Elle n'est pas au premier rang, à côté des plus grands ; elle est en retrait, mais elle n'est pas non plus d'un écrivain du second ordre. Elle est d'un bel écrivain qui n'a pas su se réaliser pleinement, mais qui, malgré les circonstances, a témoigné d'un prestigieux et abondant talent. À son époque, il était le premier des gens de talent. Est-il arrivé dix ans trop tard, ne pouvant figurer que comme disciple, ou dix ans trop tôt quand la partie dont il lui était réservé de fixer la règle, n'était pas encore engagée ¿ »

André BILLY, « Gautier », in *Tableau de la littérature française*, III, Gallimard, 1974.

« [...] *être désireux de la vie sans réussir à vivre, cela implique un fonds de nihilisme ou de pessimisme à l'hindoue, qui est un trait sur lequel l'on n'a pas assez insisté en Théophile Gautier.* »

Ferdinand BRUNETIÈRE, *Histoire de la littérature française*, t. IV, Delagrave, 1917.

« *Ce grand nigaud a quelquefois du charme. Mais il cherche le pittoresque, la "couleur locale" et ne voit jamais la singularité.*

[...]

Le pauvre Gautier est le contraire d'un poète. Il est poétique *en diable. Qui ne comprend pas cette différence ne comprendra jamais RIEN.* »

Jean COCTEAU, *Le Passé défini*, juillet 1954, Gallimard, posthume, 1989.

« *Il y avait chez lui un amour de la vie brutale, du "beefsteak saignant" qui l'aveugla. Bergerat raconte dans ses* Mémoires *que Théophile Gautier allait se disputer avec les lavandières de la Seine pour entretenir sa verve. Luimême a dit qu'à un moment de sa vie il allait se battre avec les maçons de la Barrière du Trône et mangeait pour s'entraîner "six livres" de viande par jour (¿).* »

Robert DESNOS, *Nouvelles Hébrides (1922-1930)*, Gallimard, posthume, 1978.

« *Il n'a jamais occupé la place qui était due à son talent hors de pair ; il le savait et s'en irritait.* »

Maxime DU CAMP, *Souvenirs littéraires*, 1880.

« *Ils* [les vers de Gautier] *sont très faibles. C'était pourtant un homme né, ce bon Gautier, et fait pour être un artiste exquis.*

[...]

Il est fort myope [...] *: c'est un gros homme fort pacifique et très putain.*

[...]

Théo est mort empoisonné par la charognerie *moderne ! Les gens exclusivement artistes comme lui n'ont que faire dans une société où la plèbe domine.* »

Gustave FLAUBERT, *Correspondance*, 24 avril 1852, 12 octobre 1853 et 30 octobre 1872.

« *De quel prestige s'auréolait encore en ce temps le nom de Gautier !* [...] *Gautier représentait pour moi, comme pour tant d'autres écoliers d'alors, le dédain du convenu, l'émancipation, la licence.* »

André GIDE, *Si le grain ne meurt*, Gallimard, 1924.

« *Gautier, face lourde, tous les traits tombés, un empâtement des lignes, un sommeil de la physionomie, une intelligence échouée dans un tonneau de matière, une lassitude d'hippopotame, des intermittences de compréhension : un sourd pour les idées, avec des hallucinations d'oreille, écoutant par derrière lui quand on lui parle devant.*

[...]

Théophile Gautier, un grand artiste, mais avec une syntaxe bête. »

Edmond et Jules de GONCOURT, *Journal*, 3 janvier 1857 et 25 mai 1868.

« [...] *ce malheureux Gautier se vantant de ses je ne sais combien de métaphores de suite et se tenant toutes les unes les autres, ce qui est bien, littérairement, complètement dénué d'intérêt.* »

Paul LÉAUTAUD, *Journal littéraire*, 1er juin 1947, Mercure de France, rééd. 1986.

« La phrase, *— plastique aux yeux des imbéciles —,* de Théophile Gautier, *mais qui, pour moi, est équilibrée miraculeusement, a une justesse de touche qui est de la justice, et offre le modèle parfait d'une âme qui vit dans la Beauté.* »

Stéphane MALLARMÉ, *Lettre à Henri Cazalis*, 25 avril 1864.

« *Que Théophile Gautier ait été fécond en bêtises, cela est sûr* [...]. »

Henri de MONTHERLANT, *Continuité de l'Espagne*, in *Coups de soleil (1925-1930)*, Gallimard, posthume, 1976.

« *Rien d'assommant comme les portraits de Gautier. La figure est dépeinte trait pour trait, avec des détails, des minuties encombrantes. Il n'en reste rien à l'esprit. C'est là une erreur du grand écrivain, où l'école moderne se garde de tomber.*

[...]

Il a le mot exact de la couleur qu'il faut. Il a les mots de toutes les couleurs, et il sait les choisir. D'ailleurs, il ne suggère pas : il peint directement. »

Jules RENARD, *Journal*, 12 août 1888 et 21 septembre 1908.

« *Théophile Gautier, qui a une figure assez agréable, assez noble, la chevelure parfumée, le gilet écarlate, a l'haleine gâtée, détestable : ainsi dans sa poésie : à travers toutes les couleurs et les formes spécieuses, il revient toujours un petit souffle fétide qui corrompt.* »

Charles Augustin SAINTE-BEUVE, *Portraits contemporains*, 1846.

« *Si j'étais roi — souhait que je prie le Ciel de ne pas exaucer — j'enverrais Théophile Gautier en face de tous les sublimes phénomènes de la nature, et je le prierais, au retour, de me raconter, dans mon journal officiel, ce qu'il aurait vu et ce qu'il aurait ressenti.* »

Émile ZOLA, *Livres d'aujourd'hui et de demain*, 1866.

BIBLIOGRAPHIE

Éditions

Œuvres [dites] *complètes*, Charpentier, 1865, en partie reproduites en 11 vol. par Slatkine, Genève (CH), 1978.

Œuvres (Choix de romans et de contes), éd. P. TORTONESE, « Bouquins », Laffont, 1995.

Poésies complètes, éd. R. JASINSKI, Nizet, 1970, 3 vol.

L'Œuvre fantastique, éd. M. CROUZET, t. 1, *Nouvelles*, t. 2, *Romans*, « Classiques Garnier », Bordas, 1992.

Correspondance générale, éd. Cl. LACOSTE-VEYSSEYRE, Droz, Genève (CH), 1985 à 1996, 11 vol. [sur 12 prévus].

Contes fantastiques, éd. H. ALVADO, « Classiques Hachette », Hachette, 1995.

Le Capitaine Fracasse, éd. G. Van den BOGAERT, « GF », Flammarion, 1967, rééd. 1990 ; éd. A. ADAM, « Folio », Gallimard, 1972 ; éd. J.-L. NOURISSIER, « LdP », LGF, 1985 ; éd. Cl. AZIZA, Pockett, 1991.

Émaux et Camées, éd. Cl. GOTHOT-MERSCH, « Poésie », Gallimard, 1981.

Mademoiselle de Maupin, éd. J. ROBICHEZ, Imprimerie nationale, 1979 ; éd. G. Van den BOGAERT, « GF », Flammarion, 1991 ; éd. A. BUISINE, « LdP », LGF, 1994.

Spirite, éd. M. EIGELDINGER, Nizet, 1970 ; « GF », Flammarion, 1992 ; « Petite bibliothèque Ombres », Ombres, 1992.

Études

Ch. BAUDELAIRE, « Théophile Gautier », in *Œuvres complètes*, t. II, éd. Cl. PICHOIX, « Pléiade », Gallimard, 1976.

P. BÉNICHOU, « Théophile Gautier », in *L'École du désenchantement, Sainte-Beuve, Nodier, Musset, Nerval, Gautier*, Gallimard, 1992.

A. BILLY, « Gautier », in *Tableau de la littérature française*, III, Gallimard, 1974, pp. 208 à 212.

P. BOURGET, « L'Art de Théophile Gautier », in *Pages de critique et de doctrine*, t. I, Plon, 1912.

P.-G. CASTEX, « Gautier et son angoisse », in *Le conte fantastique en France de Nodier à Maupassant*, Corti, 1951.

F. COURT-PEREZ, *Gautier, un romantique ironique : sur l'esprit de Gautier*, Champion, 1998.

N. DAVID-WEILL, *Rêve de pierre. La Quête de la famme chez Théophile Gautier*, Droz, Genève (CH), 1989.

M. DU CAMP, *Théophile Gautier*, Hachette, 1890.

R. JASINSKI, *Les Années romantiques de Théophile Gautier*, Vuibert, 1929.

G. POULET, « Théophile Gautier », in *Études sur le temps humain*, Plon, 1949 ; « Gautier », in *La Pensée indéterminée, II, Du Romantisme au XXe siècle*, PUF, 1987.

J. RICHER, *Études et recherches sur Théophile Gautier prosateur*, Nizet, 1981.

Ch.A. SAINTE-BEUVE, « Théophile Gautier », in *Nouveaux Lundis*, t. VI, 1866.

D. SANGSUE, *Le Récit excentrique*, Corti, 1987.

M.-C. SCHAPIRA, *Le Regard de Narcisse. Romans et Nouvelles de Théophile Gautier*, P.U. Lyon/CNRS, 1984.

Ch.-M. SENNINGER, *Théophile Gautier. Une vie, une œuvre*, SEDES, 1994.

C. SPOELBERCH de LOVENJOUL, *Histoire des œuvres de Théophile Gautier*, 1887, 2 vol., rééd. Slatkine, Genève (CH), 1968.

J. STAROBINSKI, *Portrait de l'artiste en saltimbanque*, Skira, 1970.

P. TORTONESE, *La Vie extérieure, essai sur l'œuvre narrative de Théophile Gautier*, « Archives des lettres modernes », Minard, n° 252, 1992.

A. UBERSFELD, *Théophile Gautier*, Stock, 1992.

M. VOISIN, *Le Soleil et la Nuit. L'Imaginaire dans l'œuvre de Théophile Gautier*, Éd. U.L.B., Bruxelles (BE), 1981.

É. ZOLA, « Théophile Gautier », in *Documents littéraires*, Charpentier, 1881.

Europe, n° spécial *Gautier*, mai 1979.

La *Société Théophile Gautier*, fondée à Montpellier en 1979, publie un bulletin annuel.

AUDIO & VIDÉO

Vidéo

P. GASPARD-HUIT, *Le Capitaine Fracasse*, 1960, René Chateau, s.d.

CD-ROM

Autour du romantisme. Le Roman, 1792-1886, Bibliopolis, 1999.

Encyclopédie de la littérature française, Bibliopolis, 1998.

GHELDERODE

Michel de GHELDERODE

Pseudonyme et, à partir de 1930, patronyme officiel d'Adhémar Adolphe Louis MARTENS

Écrivit aussi sous les pseudonymes de BABYLAS et de Philostène COSTENOBLE.

De nationalité belge

Ixelles (agglomération de Bruxelles, Belgique) 1898 – Schaerbeek *(ibid.)* 1962

« Un grand mouvement de verve populaire, généreuse, blagueuse, mais passionnée de justice et de saine équité : les amers, les avares, les longues figures, les méchants périssent, et survivent les amants jeunes, les rêveurs et les fous. Quelques soudards aussi : de quoi refaire toute l'histoire de l'humanité. »

Préface au *Théâtre complet* de Michel de GHELDERODE, Gallimard, 1950.

« Si l'homme de théâtre est incontestable, sa Flandre, toujours, m'a paru excessive, faussée, produit d'exportation au label attendu, marque déposée, pacotille pour touristes offerte au milieu d'objets authentiques. Une Flandre d'un exotisme douteux. Une exploitation massive de clichés. Un énorme poncif. Même en pleine pâte du langage, en pleine chair des personnages, on n'est pas à ce point flamand. Et, surtout : les Flamands ne sont pas ainsi. »

Liliane WOUTERS, in *Le Carnet et les Instants*, Lettres belges de langue française, n° 103, du 15 mai au 15 septembre 1998.

Une vie de théâtre

Une jeunesse maladive

Adhémar Martens, dit Adolphe, 4e et dernier enfant de parents flamands de condition modeste, fut élevé en français, langue de la promotion sociale. La fragilité de sa santé mit fin à ses études dès 1915, et il débuta en 1917-1918 comme chroniqueur artistique de *Mercredi-Bourse* et, en 1918, par la publication de 3 contes un peu mièvres, signés Michel de Ghelderode, dans le mensuel expressionniste *Résurrection* de Clément Pansaers. Le 29 avril 1918, il prononça, au théâtre de la Bonbonnière, une conférence sur Edgar Poe, suivie de la création de ***La mort regarde à la fenêtre***, *« drame poësque en un acte »* (inédit en français). Malgré le succès, en 1919, de sa deuxième pièce représentée, ***Le Repas des fauves*** — drame dont le texte est aujourd'hui perdu —, qui met en scène un anarchiste renonçant, après la mort héroïque d'un frère patriote, à haïr la société — et que Ghelderode écrivit en hommage à son frère mort au front en octobre 1918 —, il traversa une grave crise physique et sentimentale, qu'il essaya en vain de surmonter en devançant la date de son service militaire.

Rentré chez lui en 1921 sans doute traumatisé par ce passage à l'armée dont son œuvre conserva des traces quasi « céliniennes », il commença, pour se rééquilibrer, par achever ***Heiligen Antonius ou l'Admirable, Horrifique et Philosophique Histoire d'Antoine, saint de Flandre, et de ses tentations, relatée en quatre livres, sans souci de morale ni de beau langage pour les gens de Belgique***, mis en chantier en mars 1919. Le manuscrit de ce « *roman burlesque* » permet de mesurer les efforts de l'auteur pour se créer un style : il y évoque, en un français inspiré de Rabelais mais semé de mots flamands, des scènes représentées dans les toiles de Breughel et de Bosch. En 1922, Ghelderode interdit la publication de cette œuvre maladroite et blasphématoire et se contenta d'en révéler un extrait intitulé ***Kwiebe-Kwiebus*** (1926). Bien que ce fragment, réédité sous le titre de ***Voyage autour de ma Flandre*** (1947), constitue la partie la moins subversive de l'œuvre, il illustre l'importance de l'art, de l'histoire et du folklore flamands comme sources d'inspiration de toute l'œuvre de Ghelderode, pourtant rédigée entièrement en français. La certitude d'avoir trouvé sa voie en « *faisant flamand* » se retrouva à la base de son premier livre publié, ***L'Histoire comique de Keizer Karel telle que la perpétuèrent jusqu'à nos jours les gens de Brabant et de Flandre*** (1922), recueil d'anecdotes succulentes sur la vie de Charles Quint, suivi de 2 volumes de contes : ***La Halte catholique*** (1922) et ***L'Homme sous l'uniforme*** (1923).

Entre-temps, Ghelderode avait trouvé refuge dans l'administration communale de Schaerbeek — sinécure qui lui permit de se livrer pendant vingt ans à la littérature et d'assembler plus de 60 pièces de théâtre, plus de 20 jeux radiophoniques, une centaine de contes, autant d'articles et une volumineuse correspondance.

La période flamande

La fonction de chargé d'affaires de la galerie d'art contemporain *Le Cabinet Maldoror* lui permit de faire la connaissance de plusieurs peintres. Pendant la saison 1924-1925, il organisa, comme président du cercle de *La Renaissance d'Occident*, une trentaine de conférences et écrivit, pour son théâtre de marionnettes, 5 petites pièces qu'il publia comme « *reconstituées d'après le spectacle des marionnettes bruxelloises* » : ***Le Mystère de la Passion de notre Seigneur Jésus-Christ*** (1925, créée en flamand en 1933, en français en 1934), ***La Tentation de saint Antoine*** (1925, créée en 1963), ***Le Massacre des innocents*** (1926, créée en néerlandais en 1942), ***Duvelor ou la Farce du diable vieux*** (1931, créée en 1960) et ***La Farce de la mort qui faillit trépasser*** (publiée et créée en néerlandais en 1925, éditée et représentée en français en 1952).

La traduction de cette dernière pièce par l'écrivain flamand Jef Vervaecke valut à Ghelderode, en 1925, d'être découvert par le *Vlaamsche Volkstooneel (Théâtre populaire flamand)*, troupe catholique dont les spectacles itinérants, tantôt populaires tantôt modernistes, commençaient à galvaniser les foules flamandes, en en exploitant habilement les aspirations politiques et religieuses. Quelques mois après la création peu remarquée de ***La Farce de la mort qui faillit trépasser***, Ghelderode attira l'attention de Johan de Meester, le metteur en scène hollandais de la troupe, par la publication de ***La Mort du docteur Faust*** (1926, créée en 1928), « *tragédie pour le music-hall* » préfacée par le critique Camille Poupeye, qui avait beaucoup contribué à détourner Ghelderode du folklore et à l'orienter vers le théâtre d'avant-garde. Émerveillé par les qualités scéniques de la pièce, qui exploite à loisir le simultanéisme, le music-hall, le cinéma, le cirque, la pantomime, la marionnette, la peinture, De Meester commanda à Ghelderode un spectacle pour commémorer le septième centenaire de la mort de saint François d'Assise. Au début de 1927, les représentations de ***Beeldekens uit het leven van Sint Franciscus van Assisië*** (1927, publiée en français seulement en 1995 sous le titre original d'***Images de la vie de saint François d'Assise***) suscitèrent des réactions passionnées d'admiration, même si quelques franciscains crièrent à la profanation.

Enchanté, Ghelderode composa deux pièces importantes, refusées par le *Vlaamsche Volkstooneel* pour des raisons d'opportunité : ***Christophe Colomb*** (1928, créée à Paris en 1929), « *féerie dramatique* » en 3 tableaux vivement colorés, et ***Escurial*** (1928, créée en néerlandais en 1929, en français en 1930), « *drame en un acte* » d'une grande intensité. Outré par cet échec et par le refus de nouveaux projets, Ghelderode, qui s'était associé à un groupe d'anarchistes, dénonça, dans le mensuel *Haro !* et sous le pseudonyme de Babylas, les « *calotins de la haine basse, de la rancune évangélique* », avant d'accuser ouvertement le *Théâtre populaire*, dans *L'Indépendance belge*, de faire de la propagande catholique. En 1929, la réconciliation entre la troupe et le dramaturge fut à l'origine d'un immense succès populaire, ***Barabbas*** (publié en néerlandais en 1931, édité en français en 1933 et représenté en 1934), vaste Passion centrée — point de vue tout à fait insolite à l'époque — sur le bandit libéré à la place du Christ, et fort impressionné par la méthode de celui-ci.

En 1930, les représentations de ***Pantagleize*** (publié et créé en français en 1934), « *vaudeville attristant* » tournant en dérision toute révolution concrète, inévitablement souillée de sang, furent interrompues par un grave conflit politico-social qui scinda la compagnie en deux troupes rivales. Le noyau auquel Ghelderode était resté fidèle créa sans succès à la fin de 1930 le petit « *mélodrame sportif* » ***Atlantique*** (publié en français seulement en 1984), avant de se dissoudre en 1932 pendant les représentations de la « *féerie pour music-hall* » ***De Sterrendief*** (1932, inédite en français mais créée en 1982 sous le titre ***Le Voleur d'étoiles***, « *comédie musicale* »).

Après 1932, la période francophone

Après la disparition du *Vlaamsche Volkstooneel*, la Belgique francophone commença à s'intéresser à l'auteur : en 1932, il fut élu à l'académie Picard, et, en 1933, *La Nervie* lui consacra un numéro spécial (daté de 1932). En 1934, ***Barabbas*** et ***Pantagleize*** furent représentés par le « *laboratoire de théâtre* » Rataillon d'Albert Lepage, et Marcel de Beer créa ***Magie rouge*** (1935), sorte d'*Avare* où l'avarice a moins d'importance que l'inhibition sexuelle et la peur de la mort, rédigée en 1931 à un moment où le dramaturge, pressentant le déclin du *Théâtre populaire flamand*, avait, pour la première fois depuis ***Don Juan*** (1928, créé en 1962), « *drama-farce pour le music-hall* » rédigée en 1926, donné libre cours à ses obsessions sexuelles et métaphysiques, sans se préoccuper des exigences de la troupe catholique.

Ces succès en français n'apportèrent pas à Ghelderode les satisfactions espérées, mais l'hommage rédigé par James Ensor pour *La Nervie* lui inspira, en mai 1933, une époustouflante « *épopée militaire pour marionnettes* », ***Le Siège d'Ostende*** (publié seulement en 1980, créé en 1984), dont l'outrance scatologique choqua son dédicataire mais qui rendit à son auteur le goût de l'écriture théâtrale. Délivré du souci d'être joué, il composa en quatre ans une demi-douzaine d'œuvres importantes.

Ainsi, 1934 vit naître ***Sire Halewyn*** (créé en 1938, publié en 1943), adaptation libre de la vieille ballade flamande *Het Lied van Heer Halewyn*, où le courage du héros éponyme face au mal cède à la fascination érotique devant la mort, et ***La Balade du Grand Macabre*** (publiée en 1935, créée en 1953), grande farce ubuesque qui évoque la folie d'un homme essayant de profiter du passage d'une comète pour délivrer son pays de ses oppresseurs politiques, et lui-même, de sa femme tyrannique.

En 1935, Ghelderode acheva ***Mademoiselle Jaïre*** (1943, créée en 1949), mélange de plusieurs épisodes bibliques exprimant de façon insolite la solitude de l'enfance et le désir de la mort, et ***Sortie de l'acteur*** (1943, créée en polonais en 1960, en français en 1962), méditation sur les rapports entre vie, mort et théâtre, inspirée par la disparition de Renaat Verheyen, l'acteur préféré de l'auteur à l'époque du *Théâtre populaire flamand*. En 1936, Ghelderode rédigea d'abord ***D'un diable qui prêcha merveilles*** (publié en 1943, créé en 1964), satire burlesque de l'hypocrisie universelle, puis ***La Farce des ténébreux*** (publiée en 1943, créée en 1952), éloge de l'instinct sexuel, et ***Hop Signor !*** (publié en 1938, créé en 1942), drame de l'artiste dont l'œuvre déplaît et dont l'épouse frigide se venge cruellement.

Un quadragénaire malade

En octobre 1936, alors qu'il avait rédigé la moitié de ***Fastes d'enfer*** (publiés en 1943, créés en 1949), le dramaturge tomba malade. D'origine vraisemblablement psychosomatique, contraignant le patient à recourir à la morphine, ces problèmes de santé marquèrent durablement Ghelderode. Du reste, inquiété à la Libération — il avait collaboré durant la guerre à Radio-Bruxelles, alors sous contrôle allemand —, il quitta son emploi à la mairie de Schaerbeek et se fit pensionner pour maladie en 1946. Après l'achèvement de ***Fastes d'enfer***, « *tragédie-bouffe* » autour de l'empoisonnement d'un vieil évêque par sa satanique cour ecclésiastique, Ghelderode avait encore écrit, en décembre 1937, ***La Pie sur le gibet***, « *farce en un acte d'après un tableau de Breughel l'Ancien* » (1938, créée en 1969) : il avait officiellement cessé d'écrire pour le théâtre le 1er février 1939. Six mois plus tard, alors qu'il venait d'achever le 7e des 12 contes « *crépusculaires* » de ***Sortilèges*** (1941), il avait reçu le prix triennal de littérature dramatique 1936 à 1938 pour ***Escurial***, datant déjà de 1928 ! Malgré cette distinction, il ne composa plus pour le théâtre que ***L'École des bouffons*** (publiée en 1943, créée en 1953), pièce en un acte sur la nécessité de la cruauté chez l'artiste, conçue en 1937 mais rédigée en 1942, puis ***Le soleil se couche*** (publié en 1943, créé en 1951 en néerlandais, en 1972 en français), méditation sur la mort inspirée par la fin légendaire de Charles Quint, enfin ***Marie la Misérable*** (créée en 1952, publiée en 1955), « *mystère à jouer devant l'église de Woluwé-Saint-Lambert en Brabant* », œuvre de commande composée en 1951-1952, couronnée en 1954 par le prix triennal de littérature dramatique 1951 à 1953 : cette distinction compensa mal l'échec de la candidature du dramaturge à l'Académie royale de langue et de littérature françaises, deux ans auparavant.

Ghelderode mourut le 1er avril 1962, pauvre et souffrant de se sentir abandonné, ignorant que l'Académie suédoise, pressée entre autres par l'influent critique américain Eric Bentley, était en train d'examiner sa candidature au prix Nobel. Outre son abondant théâtre et les contes mentionnés ci-dessus, il avait publié 2 recueils de poèmes, ***La Corne d'abondance*** (1925) et ***Ixelles, mes amours...*** (1928, sous le pseudonyme de Philostène Costenoble), un volume d'impressions artistiques, ***Mes Statues*** (1943) et 3 volumes de chroniques : ***Choses et Gens de chez nous*** (1943), ***Petite Histoire marginale de Belgique*** (1943) et ***La Flandre est un songe*** (1953). Il laissait dans ses cartons 17 petites pièces inédites en français et autant de jeux radiophoniques dont la plupart avaient été diffusés au moins en néerlandais.

Influencé à ses débuts par ses compatriotes Maeterlinck et Crommelynck, Ghelderode s'en distingua par des qualités picturales qui lui valurent d'être qualifié de « *Bosch théâtral* » et de « *Breughel du théâtre contemporain* ».

Un orfèvre des mots

Dans ses chroniques, dont ***La Flandre est un songe*** (1953) offre un choix représentatif, l'écriture de Ghelderode est généralement ciselée, voire maniérée. Dans ses meilleures pièces, les mots sont souvent choisis davantage pour leur musique et leur pouvoir incantatoire que pour leur sens. Ainsi dans ***Escurial***, où pendant l'agonie de la reine, le roi répond au moine qui lui demande l'autorisation de laisser sonner les cloches : « *Plus de cloches ! Égorgez les cloches ! Elles ont battu pendant des nuits et des jours. Étranglez les sonneurs !...* (Outré.) *Tant de cérémonial pour* *mourir ?... Moine, je ferai rompre les flancs à tes cloches. Elles ont battu dans ma tête. Ma tête est pleine de chiens et de cloches. Nous mourrons bien sans cloches dans ce palais. Nous irons sans cloches et sans les prières de la populace pourrir pompeusement dans les cryptes armoriées de ce palais. On marche sur les morts, ici ! ça pue la Mort, ici !... Vous aimez la Mort et son odeur et ses fastes !... Moine, n'es-tu pas ce squelette baladeur qui me hante, sous un froc ?...* »

Cette tendance à subordonner la portée conceptuelle du langage dramatique à sa valeur incantatoire se renforce dans les pièces de la période francophone, inaugurée en 1931 par ***Magie rouge***. À partir de cette pièce, Ghelderode multiplie les énumérations rabelaisiennes, les tournures allitérantes, les archaïsmes lexicaux — « *aragne* » (pour « *araignée* »), « *déduit* » (pour « *amoureux passe-temps* »), « *adorner* », « *bailler* », « *se gaudir* », « *gésir* », « *gigantal* » ou « *punais* » (pour « *puant* ») — et syntaxiques — « *Où Mort y a, Luxure ne manque* » —, les néologismes de toutes sortes, les mots étrangers (flamands, latins, espagnols) dont le spectateur français ne comprend pas la signification mais dont il subit l'incantation. On trouve un bel exemple de ce langage pléthorique dans le boniment par lequel l'astrologue Videbolle annonce l'arrivée de Nekrozotar, dans ***La Balade du Grand Macabre*** : « *Alarme ! Il est arrivé !... Qui ? Le macabrant, le baladant, le malodorant, le désarmant, l'affligeant, l'épouvantant, le déflagrant, l'écartelant, le réfrigérant, le décomposant, l'abolissant, le craquelant, l'engloutissant Nekrozotar qui vous va mettre dans son sac à marionnettes, voire dans son moulin à saucisses : Nekrozotar, unique en son genre, infaillible, aux références incroyables, au doigté prodigieux, au record imbattable !* »

Mais le point culminant de cette fête verbale se situe à la fin du ***Siège d'Ostende***, dans le discours interminable prononcé à Flessingue par sir Jaime, l'ancêtre imaginaire du peintre James Ensor, le chef de la résistance ostendaise contre les assiégeants espagnols : « *Décrétons que seront chassés honteusement et à perpétuité de nos côtes et dunes et plages lumineuses tous gens d'Église, cafards, inquisiteurs, vivisecteurs, tortionnaires, architectes, moralistes à caleçon et à sécateur, croqueurs de blattes, voyeurs bigles, bêtes d'encre et de bénitiers, maculateurs, gorilles érotiques, gardes-civiques, pirouetteurs phalliques, et autres culs bénits qui par moyens chattemiteux empêchent l'Art et l'Amour, de faire l'un et l'autre, l'Amour de l'Art et l'Art de l'Amour...* [...] *Et maintenant que vous voilà masqués de joliesse et de franc bonheur carminé, que vous voilà trétous enflessingués, enflammés, entulipés, enfromagés, engueusaillés, excommuniés, émoustillés, encrapulés, amiralés, héroïsés, je vous veux charmer et exciter par la Grande Valse d'Amour qui est introduction à la mondiale fraternité des gueux et des gueuses en attendant les épousailles kamasoutratiques sur les édredons orangés...* »

Même les contes de ***Sortilèges*** doivent une partie de leur atmosphère insolite, « *crépusculaire* », au recours à des tours obsolètes et à des termes rares et même techniques : « [...] *suspendus aux murs, d'innombrables panneaux obituaires relatent les fastes mortuaires de la famille de Ruescas, et ces héraldiques remembrances égayent les murs blafards de ce vestibule* » (***Le Jardin malade***, in ***Sortilèges***).

Du laboratoire théâtral à la « *ghelderodite aiguë* »

Pendant la période de ses succès en Flandre (1925 à 1932), Ghelderode fut joué à deux reprises au « *laboratoire de théâtre* » parisien *Art et Action* de Louise et Edmond Autant-Lara, qui créa ***La Mort du docteur Faust*** en 1928 et ***Christophe Colomb*** en 1929. Après la disparition du *Théâtre populaire flamand*, Ghelderode cessa peu à peu de s'intéresser au sort de ses pièces sur les planches malgré leur succès éditorial qui lui avait valu en 1943 une anthologie de pièces en un acte intitulée ***Théâtre*** et, grâce à Louis Carette — le futur Félicien Marceau —, la parution des trois premiers volumes de son ***Théâtre complet***, prévu en 7 volumes mais arrêté par la guerre et ses séquelles.

Ghelderode avait renoncé à l'idée d'être joué, lorsque Catherine Toth et André Reybaz découvrirent son théâtre à Paris : en 1947, ils montèrent ***Hop Signor !*** ; l'année suivante, René Dupuy et Michel Vitold révélèrent ***Escurial***. En juillet 1949, au Concours des jeunes compagnies, le 1er prix fut remporté par ***Fastes d'enfer***, mis en scène par Reybaz ; le 3e par ***Mademoiselle Jaïre***, monté par Roger Iglésis. Sur l'invitation de Jean-Louis Barrault, la troupe victorieuse reprit ***Fastes d'enfer*** au théâtre Marigny le 20 octobre, mais le public jugea le spectacle « *sacrilège* » et « *démoniaque* ». Ce fut « *une nouvelle bataille d'*Hernani » (René Barjavel in *Carrefour* du 26 oct. 1949) : retirée de l'affiche, la pièce trouva refuge aux Noctambules, puis au Vieux-Colombier. Ce fut le début de ce qu'on appela la « *gelderodite aiguë* ». En 1950, Gallimard commença une nouvelle publication du ***Théâtre complet***. En 1951, la radio française confia à Alain Trutat et Roger Iglésis le soin d'enregistrer les confidences du dramaturge, que celui-ci remania en profondeur avant de les publier sous le titre ***Les Entretiens d'Ostende*** (1956). Les jeunes compagnies s'arrachèrent les pièces du « *Shakespeare flamand* » (Louis Pauwels in *Combat* du 1er nov. 1949), qui leur apportait ce théâtre à la fois physique et métaphysique qu'elles attendaient.

À partir de 1954, l'œuvre pâtit, d'une part, de la vogue de Ionesco, de Beckett et de Genet, qu'elle avait annoncée, d'autre part, de la révélation de Brecht. Mais l'auteur a suffisamment tenu l'affiche à Paris pour attirer l'attention de l'étranger, où il est non seulement beaucoup joué (notamment en Pologne) mais également beaucoup étudié, aux États-Unis surtout : depuis 1954, on lui a consacré plus de 30 thèses de doctorat. La *Fondation internationale Michel de Ghelderode* a été créée en 1980 pour mieux faire connaître la personnalité et l'œuvre de l'écrivain.

ŒUVRE

La Balade du Grand Macabre

Farce en 3 actes et 6 tableaux, publiée à Bruxelles, aux Éditions Tréteaux, en 1935. La pièce figure dans le tome 2 (1952) du ***Théâtre*** de Ghelderode en 6 volumes, publié chez Gallimard (1950 à 1982).

L'action se déroule en Flandre, dans la principauté imaginaire de Breugellande, à une période indéterminée. Un ivrogne, Porprenaz, rencontre dans un jardin un personnage cadavérique, Nekrozotar, qui se présente comme l'ange du mal et qui annonce la fin du monde, rendue plausible par le retour, prévu, d'une comète. Nekrozotar, chevauchant Porprenaz, prédit le cataclysme au roi Goulave et aux notables. Tout doit disparaître aux yeux des habitants de Breugellande, qui attendent l'inévitable en buvant. Il se produit, effectivement, un cataclysme météorique, mais pas la fin du monde, et la vie continue. Le visionnaire qui se croyait l'incarnation de la mort, meurt, lui, de saisissement.

On peut lire ***La Balade du Grand Macabre*** comme l'évocation de la folie d'un homme essayant de profiter du passage d'une comète pour se libérer de sa femme tyrannique et pour délivrer son pays de ses oppresseurs politiques. Mais la principauté de Breugellande n'est pas innocemment nommée. Breughel et la culture flamande imprègnent cette farce, dans un esprit de démesure et dans une atmosphère de carnaval. Burlesque, charriant un verbe torrentiel, ***La Balade du Grand Macabre*** associe puissamment les traditions et l'histoire d'une terre (la Flandre) au génie verbal, inventif et tonitruant du dramaturge qui les exprime, en français, de la façon la plus juste.

Si la dimension satirique de la pièce — en ce qui concerne la politique et le clergé — ne peut être niée, le thème de la déchéance des hommes, ayant perdu la joie et le goût de la liberté, est constant : un couple d'amoureux ne traverse la scène que pour aller s'aimer dans les ténèbres d'un tombeau. On note, enfin, que la mort revêt l'aspect d'un personnage burlesque, ce qui fait de ***La Balade du Grand Macabre*** le contrepoids de ***Mademoiselle Jaïre***, pièce écrite à la même époque. Dérision, esprit critique, puissance visionnaire et capacité de renouvellement de la langue française caractérisent ici, exemplairement, le génie de Ghelderode.

La Balade du Grand Macabre fut écrite en 1934, pendant une période de grande productivité — avec ***Magie rouge*** (1931) et ***Le Siège d'Ostende*** (1933) — caractérisée par un usage volontairement débridé et novateur de la langue française. La pièce ne fut créée par Roger Planchon qu'en 1953, à Lyon puis à Paris, par René Dupuy, à une époque où le théâtre de Ghelderode était très prisé en France. Le compositeur autrichien d'origine hongroise György Ligeti fit, avec Mickaël Meschke pour le texte, une adaptation de la pièce pour l'opéra. Cet opéra en langue allemande, *Le Grand Macabre* (2 actes et 4 tableaux), fut créé le 12 avril 1978 par l'Opéra royal de Stockholm.

CITATIONS

LE ROI. Oui, ce furent des amours étranges !... C'est par un soir d'orage, plein de mouches et d'odeurs fades, que vous avez rampé le long des couloirs... Moi, le bouffon, je rampais à votre suite... *(Soudainement presque aphone.)* Et j'ai connu l'atroce volupté d'être témoin de la vôtre, je me suis silencieusement tordu sur les dalles... *(Strident.)* Sire, les rois n'aiment pas, c'est une règle ; les rois de ce pays règnent dans l'universelle détestation !... *(Il monte encore quelques marches.)* Tant de bonheur appelait la vindicte du bouffon. Sire, vous m'écoutez ?... *(Tout contre Folial.)* La reine... étoile... abeille... musique... ange... La reine, comme dans les vieux romans surannés, elle meurt de cet amour !... Elle meurt à cause de ce monstrueux, de cet inconcevable amour !... Le savait-elle en respirant l'air de sa chambre, en mangeant ses fruits préférés ?... *(Il descend trois marches.)* Elle meurt comme meurent les grands de ce pays... *(Il hurle dans l'aigu.)* Elle meurt empoisonnée !... *(Rageur.)* L'amour n'entre pas dans ce palais !... Il est défendu d'aimer dans ce palais !... *(Il dégringole au bas des marches.)* Ah ! la farce...
FOLIAL *(comme ivre et descendant).* Bouffon, dois-je éclater de rire ? Ou proféras-tu la vérité ?...
LE ROI. Sur ma damnation ! Mais dis-moi ? qui de nous deux a du génie ?...
FOLIAL. Vous êtes grand acteur.
LE ROI. Grands acteurs sommes-nous ! Assez, la farce est finie. Reprenons notre identité.
FOLIAL *(fuyant sur les marches).* Ma couronne !... Je suis le roi !...
LE ROI *(le poursuivant).* Ma couronne !... Je suis le roi !...
FOLIAL. C'est moi le roi, puisque j'avais l'amour d'une reine !...
LE ROI *(s'agrippant au bouffon).* Gardez l'amour, rendez la couronne !...

Escurial, scène dernière.

(Seul au milieu de la salle, Simon Laquedeem a posé ses mains sur son ventre. Il ricane :)

SIMON LAQUEDEEM. Ces funérailles... Ho, ho ! Voir ça !... Qu'ils investissent la cathédrale, ils viendront vite nous chercher !... Seule l'Église enterre... *(Un silence. Et soudain, l'auxiliaire plie les genoux et chancelle.)* Aye-maye !...
REAL-TREMBLOR *(se précipite pour soutenir Laquedeem).* Monseigneur ?... Vos intestins ?...
SIMON LAQUEDEEM *(repousse Real-Tremblor).* Damnation !... *(Les prêtres se sont avancés et font cercle – l'auxiliaire se tord sur place.)* Aye-maye !... *(Un long frisson le secoue.)*
KRAKENBUS. Va-t-il crever ?
SODOMATI. Dans ce cas, je crois en Dieu ! *(Mais Laquedeem, qui venait de perdre son équilibre, se redresse de toute sa taille.)*
SIMON LAQUEDEEM. Délivrance !
KRAKENBUS. Délivrance ! Le cadavre dehors...
CARNIBOS. Reste l'odeur, pouah ! *(Il se bouche le nez.)*
SIMON LAQUEDEEM. L'odeur de la Mort !
SODOMATI. Croyez-vous ? (Carnibos disparaît par le fond.)
SIMON LAQUEDEEM. En vérité, ça ne sent pas bon !... Je dis l'odeur de la Mort ! Les morts puent.
REAL-TREMBLOR. Les vivants aussi.
SIMON LAQUEDEEM. En vérité, en vérité... ça pue !... *(Il rit grassement. Revient Carnibos qui balance un encensoir fumant.)* Parfait ! Encense !... De l'encens !... Beaucoup d'encens !...
CARNIBOS *(balançant l'encensoir, avec majesté).* J'encense !
SIMON LAQUEDEEM. Ouvrez le balcon ! Que dis-tu, Pikkedoncker ?
DOM PIKKEDONCKER. Caca !... *(Les rires cascadent. Les prêtres se reniflent l'un l'autre comme des chiens.)*
SIMON LAQUEDEEM. Caca ? Qui ?
DOM PIKKEDONCKER. Pas moi ! Lui !... Et vous, Monseigneur !... Caca !... *(Le rire panique se déchaîne, et cette hilarité s'accompagne de bourrades et de gesticulations simiesques. Les prêtres saisis d'une joie frénétique, sautillent bouffonnement dans les nuages d'encens, répétant sans arrêt :* « Caca !... caca !... »*)*
SIMON LAQUEDEEM *(tonitruant).* – Les porcs !... Ils ont chié plein leur soutane !... *(Il s'accroupit – robe troussée – son masque rabbinique exprimant une démoniaque félicité – tandis que descend lentement le rideau sur ces fastes d'enfer.)*

Fastes d'Enfer, scène finale.

JAÏRE. [...] Je souffre tant, heu, et plus, heu, et mes ampoules, heu, vont déborder, heu ! Il ne faut pourtant pas qu'on surprenne, heu, une larme perlant à mon œil droit, heu...

Mademoiselle Jaïre, première scène.

HIÉRONYMUS. [...] Je possède enfin un coffre en bronze aux serrures savantes contenant, rangées en bataille, quatre colonnes de dix florins à l'effigie de l'empereur et quatre item à l'effigie de l'impératrice... *(Il rêve.)* Ces colonnes d'or ne produisent rien, rien d'autre que l'enchantement de mes sens puisque, aussi bien, l'or je le regarde, le touche, l'entends, le renifle et le lèche. Mais pas d'intérêt. Le confier à un banquier, à un notaire ¿... Plutôt le jeter incontinent dans un gouffre sans fond !... *(Il rêve.)* Pourtant, l'or a des vertus magiques. Écoute, Hiéronymus ! Tu as des florins mâles, portant tête d'homme. Et des florins femelles avec des têtes de femme. Il est dans l'univers une loi souveraine qui veut que tout ce qui est mâle et femelle s'attire, s'accouple et reproduise. Le Créateur l'a voulu !... *(Il se lève.)* Cette nuit je mêlerai les pièces mâles et les pièces femelles. Mon coffre sera un lieu d'amour ; et après, je trouverai des jeunes, de naissants florins d'or qui grandiront comme leurs auteurs. Je les vais marier. *(Il se lève et va ouvrir son coffre. Agenouillé, il mélange les pièces à grand bruit.)* Aimez-vous ! Vos chairs d'or, vos désirs d'or, unissez-les !... Que l'or fasse l'or !... Profils impériaux, que vos lèvres hautaines se touchent, s'entr'ouvrent et s'humectent !... Langues d'or, nouez-vous !... Je ne ferai pas de trou dans le coffre pour épier votre mystérieux travail de procréation et d'enfantement. Concevez !... Soyez pleines à crever, pièces femelles !... Il est saint, il est juste que votre race magnifique se perpétue, car la domination du monde vous appartient !

Magie rouge, premier acte.

JUGEMENTS

« Le pathétique de Ghelderode s'alimente aux sources mêmes du tragique — la mort, la volupté, la haine —, il porte chaque passion à l'incandescence, dût-il brûler ses propres personnages, livrés aux flammes d'un enfer qui commence ici-bas. »

Pierre de Boisdeffre, *Une histoire vivante de la littérature d'aujourd'hui,* Le Livre contemporain, 1958.

« Si la révolte peut donc être attestée très tôt et si elle permet à l'écrivain de côtoyer les milieux artistiques les plus contradictoires, elle ne prend jamais les formes d'un quelconque engagement et trouve visiblement son seul et véritable espace dans les fastes et les frasques des mots. Fortes, les contradictions dans lesquelles se débat l'auteur ne doivent en effet nullement déboucher sur une solution concrète mais trouver une catharsis dans l'expression verbale. Celle-ci sera d'autant plus violente, fantasmatique et tourbillonnaire, que les conflits se déroulent entre des personnages marqués par une impuissance fondamentale à l'égard du réel. Toujours connotée négativement, l'altérité — qu'il s'agisse de la femme ou de la société — est une goule absurde et menaçante qu'il convient de conjurer par l'éructation ou le carnavalesque. Très célinien, ce principe va de pair avec une vision du monde grotesque, dominée par la fatalité et par la nostalgie de l'innocence. Broyé par la machinerie sociale et idéologique considérée comme la dispensatrice de tous les maux — et ce, quelle qu'elle soit —, l'individu se débat en vain dans ses rets. Il la rejette donc globalement mais ne cesse de composer avec elle. N'est-il pas littéralement hanté et vampirisé par ses fantômes qu'il exorcise en les ravalant sans cesse — parfois jusqu'à la scatologie — mais ne combat jamais vraiment ! »

Marc Quaghebeur, *Balises pour l'histoire des Lettres belges,* « Espace Nord », Labor, 1998.

« Tout se passe comme si Michel de Ghelderode s'était trompé de siècle, comme si la marche du monde s'était arrêtée pour lui à la fin du Moyen Âge. C'est un homme de la Renaissance flamande, obstiné, grave, intempérant, amoureux des grimaces sublimes ou dérisoires, et qui recense le folklore, la liturgie, les fables, les astres biscornus des pays d'entre-deux.

Il fallait un talent prodigieux, — et beaucoup plus que du talent : l'instinct d'une sorcellerie épique, d'un pays secret où la plus haute mystique s'accordait à la sensualité la plus vulgaire —, pour donner l'équivalent littéraire de ce qui semblait à jamais inséparable d'un certain art pictural. Michel de Ghelderode est un visionnaire inquiet, tonitruant, qui s'enfonce dans une espèce de délire occultiste sans rien renier du monde visible, et même en s'appuyant sur lui, — hanté tout ensemble par l'impétuosité des kermesses, les colloques de commères, les gargouilles des cathédrales, l'éclat bariolé d'une terre de ripailles, de francs buveurs délurés, de matrones épanouies ; et par les fêtes du magnétisme le plus fou, les rondes des suppliciés et des disgrâciés, les antichambres de l'enfer, les exorcismes, les bûchers, toute une cavalcade de rictus, de corps outragés, et les discordes intimes des solitaires. Monde mi-réel, mi-chimérique, où la souffrance et la mort donnent d'impérieux rendez-vous à des personnages qui se souviennent de l'Espagne de l'Inquisition, du théâtre élisabéthain, de ces carnavals qui promènent des masques collés comme des rêves sur le visage de la Flandre et qui, parfois, s'achevaient à l'aube dans la rumeur féroce des matines brugeoises.

*Cette œuvre, qui tient du bric-à-brac, qui n'évite pas toujours le mauvais goût ou la lourdeur (à côté d'*Escurial *et de* l'École des bouffons*, il y a, hélas, des pièces totalement manquées comme* Don Juan*) est le cadeau le plus étonnant que la Flandre baroque ait fait à la littérature française. »*

Pol Vandromme, « Michel de Ghelderode », in *Dictionnaire de littérature contemporaine, 1900-1962,* Éd. universitaires, 1962.

« C'est là son génie : il peint comme il voit (a cru voir, voulu donner à voir, faire croire qu'il voyait). Il impose sa vision, sa kermesse héroïque tel Ensor ses masques, Permeke ses butors. Quelle part de calcul ¿ d'utopie ¿ d'authencité ¿ Il

grossit le trait, réduit le propos, le montre chaque fois sous l'aspect convenu. Ce qui, chez un autre, serait procédé, s'élève chez lui au niveau d'un style, d'un chromo grandiose, grandissime, grandiloquent. Mais la question reste, insidieuse : y croyait-il, vraiment ? Dans quelle mesure en a-t-il remis ?

Le rouge avec l'or. La terre et le feu. Un air attisé... — Partie sur ce ton, serais-je, par hasard, en train d'écrire un poème ?

Le rouge avec l'or,
la terre et le feu,
De soufre et d'encens
un air attisé.
Mais il manque l'eau

Avez-vous remarqué combien l'eau manquait ? Elle qu'on trouve si souvent chez Maeterlinck et Crommelynck, quasiment toujours chez Willems ? Il n'y en a pas dans Ghelderode. Ou presque pas. Seulement la soif. La soif qui donne à l'œuvre sa dimension, son espace de désir et de tourments, sa vraie grandeur. »

Liliane Wouters, in *Le Carnet et les Instants*,
Lettres belges de langue française,
n° 103, du 15 mai au 15 septembre 1998.

BIBLIOGRAPHIE

Éditions

Théâtre complet, Gallimard, 1950 à 1982, 6 vol.

Correspondance de Michel de Ghelderode, éd. R. Beyen, Labor, Bruxelles (BE), 1991 à 2000, 6 vol. parus.

Les Entretiens d'Ostende, éd. R. Iglésis et A. Trutat, L'Éther vague/Patrice Thierry, Toulouse, 1992.

La Halte catholique. L'Homme sous l'Uniforme, Académie royale de langue et de littérature françaises, Bruxelles (BE), 1999.

L'Histoire comique de Keizer Karel, La Rose de Chêne, Bruxelles (BE), 1989.

L'Homme à la moustache d'or, suivi de *Visages et Paysages de la Flandre maritime*, Le Cri, Bruxelles (BE), 1997.

Images de la vie de saint François d'Assise, Lansman, Carnières (BE), 1995.

La Flandre est un songe, La Rose de Chêne, Bruxelles (BE), 1982.

Le Mystère de la Passion de Notre Seigneur Jésus-Christ, La Rose de Chêne, Bruxelles (BE), 1982.

Le Siège d'Ostende, Louis Musin, Bruxelles (BE), 1980.

Sortilèges, Les Éperonniers, Bruxelles (BE), 1986.

Voyage autour de ma Flandre, Les Éperonniers, Bruxelles (BE), 1988.

Études

R. Beyen, *Michel de Ghelderode ou la Hantise du masque, Essai de biographie critique*, Académie royale de langue et de littérature françaises, Bruxelles (BE), 1971 ; *Ghelderode, Présentation, choix de textes, chronologie, bibliographie*, Seghers, 1974 ; *Bibliographie de Michel de Ghelderode*, Académie royale de langue et de littérature françaises, Bruxelles (BE), 1987.

J. Blancart-Cassou, *Le Rire de Michel de Ghelderode*, Klincksieck, 1987.

R. Lascu-Pop et R. Baconsky (dir.), *Michel de Ghelderode... Trente Ans après*, actes du 3e colloque international organisé à Cluj-Napoca (Roumanie), les 22, 23 et 24 oct. 1992, « Sapientia », Éd. Clusium, Cluj-Napoca (RO), 1995.

GIDE

André GIDE

André Paul Guillaume GIDE

Paris 1869 – *ibid.* 1951

Prix Nobel

> « *On le croyait sacré et embaumé : il meurt et l'on découvre combien il restait vivant ; la gêne et le ressentiment qui transparaissent sous les couronnes mortuaires qu'on lui tresse de mauvaise grâce montrent qu'il déplaisait encore et déplaira longtemps : il a su réaliser contre lui l'union des bien-pensants de droite et de gauche, et il suffit d'imaginer la joie de quelques augustes momies* [...] *pour connaître de quel poids cet homme de quatre-vingts ans qui n'écrivait plus guère pesait encore sur les lettres d'aujourd'hui.* »
>
> Jean-Paul SARTRE, « Gide vivant », in *Les Temps modernes*, n° 65, mars 1951.

> « G[ide] *est flatté* q[ue] *je l'aie appelé un esprit en pente.* — *Je voulais dire un esprit marécageux, l'eau complaisante à la boue, une citerne empoisonnée.* [...] *Gide ou le Faux fuyant. Il est faux et il est fuyant.*
> [...]
> *Mort d'A*[ndré] *G*[ide]. *La moralité publique y gagne beaucoup et la littérature n'y perd pas grand-chose.* »
>
> Paul CLAUDEL, *Journal*, 9 août 1934, 26 janvier 1947 et février 1951, Gallimard, 1969.

Une vie d'expérimentations

Une éducation « *rompue* »

Né à Paris, enfant unique de Paul Gide, originaire d'Uzès, brillant professeur à la faculté de droit de Paris — reçu 1er à l'agrégation en 1859 —, et de Juliette Rondeaux, fille d'industriels rouennais du textile, Gide insista sur l'opposition, qu'il retrouvait en lui, des deux lignées dont il était issu, une lignée paternelle, huguenote, cévenole, sans fortune, et une branche maternelle, protestante, normande, aisée : « *Rien de plus différent que ces deux familles ; rien de plus différent que ces deux provinces de France qui conjuguent en moi leurs contradictoires influences. Souvent je me suis persuadé que j'avais été contraint à l'œuvre d'art, parce que je ne pouvais réaliser que par elle l'accord de ces éléments trop divers* [...] » ***(Si le grain ne meurt)***. Petit garçon émotif et maladif — la santé de Gide resta toujours précaire —, il était sujet à des « *suffocation*[s] *profonde*[s] », à des crises nerveuses — parfois à demi simulées —, qui lui valurent de nombreuses cures : « *Je ne suis qu'un petit garçon qui s'amuse, doublé d'un pasteur protestant qui l'ennuie* », dit-il dans son ***Journal*** (22 juin 1907). Il mena donc une « *vie irrégulière et désencadrée* », reçut une éducation « *rompue à laquelle* [il] *ne* [devait] *que trop prendre goût* » ***(Si le grain ne meurt)*** : élève assez médiocre, renvoyé quelques mois de l'École alsacienne pour « *mauvaises habitudes* », il fut confié, à partir de 1877, à diverses institutions ou à des précepteurs, à Paris, à Montpellier, dans les propriétés normandes de sa famille maternelle, le château de La Roque-Baignard (act. Calvados), près de Lisieux, et celui de Cuverville-en-Caux (act. Seine-Maritime).

Alors qu'il avait à peine 11 ans, la mort brutale de son père, en 1880, trois ans après celle d'un petit cousin — qui avait provoqué le premier *Schaudern* [« *frissonner d'épouvante* »] de Gide —, le livra à un entourage presque exclusivement féminin : sa mère et sa gouvernante-amie Anna Schackleton, ses tantes, ses cousines germaines. Il s'éprit d'un amour mystique pour l'une d'elles, Madeleine Rondeaux, elle-même tourmentée par la vie dissolue de sa mère, dont la révélation provoqua le second *Schaudern* de Gide et qui aboutit à une séparation juridique du couple parental en 1888 : « *J'avais erré jusqu'à ce jour à l'aventure ; je découvrais soudain un nouvel orient à ma vie* » ***(Si le grain ne meurt)*** ; « *Ivre d'amour, de pitié, d'un indistinct mélange d'abnégation, de vertu, j'en appelais à Dieu de toutes mes forces et m'offrais, ne concevant plus d'autre but à ma vie que d'abriter cet enfant contre la peur, contre le mal, contre la vie* » ***(La Porte étroite)***. Gide eut alors comme tuteur légal Élie Allégret, pasteur, lui-même père de 5 fils dont le 4e, Marc — le futur cinéaste —, devint le compagnon de l'écrivain quelque trente-cinq ans plus tard. Condisciple de Pierre Louÿs — à l'époque Pierre Louis —, alors que, de nouveau à l'École alsacienne (1887), il était en classe de rhétorique, puis de Léon Blum au lycée Henri-IV — où il ne resta qu'un trimestre, préférant étudier seul chez lui la philosophie —, enfin bachelier en 1889, Gide fit la connaissance de Valéry à Montpellier, fin 1890 : cette rencontre donna naissance à une amitié durable. Entre-temps, il eut le sentiment « *que s'étaient consacrées* [ses] *fiançailles* » avec Madeleine en veillant avec elle son oncle Émile Rondeaux, le père de celle-ci, mort le 1er mars 1890.

Des débuts prometteurs

Très tôt, Gide décida d'entrer en littérature. Revenu à Paris, il se mit à fréquenter assidûment les écrivains, dans les salons et cénacles du temps : Barrès — qui le présenta à Mallarmé —, Oscar Wilde — à qui il consacra un essai en 1904 —, Verlaine, Heredia. Après la publication de premiers poèmes dans la *Potache-Revue* ou dans la revue de Pierre Louÿs, *La Conque* (1889), son premier livre, ***Les Cahiers d'André Walter*** (1891), présenté comme une « *œuvre posthume* » dans la notice liminaire — signée P.C., c'est-à-dire Pierre Chrysis, *alias* Pierre Louÿs —, fut d'abord une déclaration d'amour à Madeleine, un moyen de pression, presque de chantage, montrant ce qui arriverait si elle persistait dans son refus de l'épouser. Édités anonymement et à compte d'auteur, à petit tirage, les ***Cahiers*** se présentaient comme le journal d'un jeune écrivain qui, après avoir dû renoncer à sa cousine Emmanuèle, était devenu fou et avait succombé à une fièvre cérébrale. Les ***Cahiers*** étaient aussi pour Gide une réflexion sur le roman, un « *théorème* », une contribution décisive au symbolisme alors triomphant : « *Mallarmé pour la poésie, Maeterlinck pour le drame — et quoique auprès d'eux je me sente bien un peu gringalet, j'ajoute Moi pour le roman* » (lettre à Valéry du 26 janv. 1891). Peu remarqués du grand public, les ***Cahiers*** valurent au jeune Gide l'estime d'un lectorat, certes encore très restreint, mais qui comptait dans la « république des lettres » : Maurras, Gourmont, Verhaeren, Schwob, Henri de Régnier, Huysmans, Bourget, Maeterlinck. ***Le Traité du Narcisse (Théorie du symbole)*** (1891), les ***Poésies d'André Walter (Œuvre posthume)*** (1892), ***La Tentative amoureuse ou le Traité du vain désir*** (1893) et ***Le Voyage d'Urien*** (1893), écrit « *en réaction contre l'école naturaliste* » (***Feuillets d'automne***, 1949), vinrent confirmer ces débuts prometteurs.

Une libération ambiguë

Réformé du service militaire en 1892 pour raison de santé, Gide entreprit un long voyage de neuf mois (d'oct. 1893 à juil. 1894) avec un ami peintre, Paul-Albert Laurens ; de ce périple en Tunisie, en Algérie et en Italie, il allait rapporter un « *secret de ressuscité* ». Parti avec une primo-infection, il lutta contre le mal et découvrit le goût et la joie de vivre, le culte du soleil, l'amour du désert... et le plaisir, sous la forme d'une première expérience homosexuelle à Sousse avec Ali, qu'il avait remarqué « *parmi la bande de vauriens qui fainéantisaient aux abords de l'autel* ». S'affirmait ainsi l'importance du voyage, qui marqua la vie et l'œuvre entières de Gide — toujours en partance, notamment pour l'Afrique et pour les pays d'Europe —, comme en témoignèrent ***Feuilles de route*** (1899) et ***Amyntas*** (1906), et qui provoqua la rupture avec l'austérité puritaine de sa jeunesse et la littérature du temps, qui « *sentait furieusement le factice et le renfermé* » (***Préface*** de 1927 à l'éd. définitive des ***Nourritures terrestres***). En mai-juin 1895, au retour d'un nouveau voyage en Algérie, quinze jours après la mort de sa mère, et au moment où enfin il se fiançait à sa cousine Madeleine, il publia ***Paludes***, vive satire du climat étouffant des milieux symbolistes. En octobre, il épousa Madeleine et entama un long voyage de noces (Italie, Suisse, Afrique du Nord), au retour duquel, en mai 1896, il fut élu maire de La Roque-Baignard. L'année suivante, ***Les Nourritures terrestres*** (1897) développèrent un ample lyrisme au service d'une liberté sans cesse conquise et reconquise. Gide s'y montrait en même temps ce qu'il n'allait jamais cesser d'être : un esprit irrémédiablement critique.

Plus tard, ***Saül*** (1899) et ***L'Immoraliste*** (1902) dirent les limites de la doctrine des ***Nourritures***, s'agissant de la complaisance dissolvante du roi Saül à ses désirs non maîtrisés ou de la morale nietzschéenne de Michel : « *Savoir se libérer n'est rien ; l'ordre, c'est savoir être libre* », dit le héros de ***L'Immoraliste***. De la même façon, en 1909, ***La Porte étroite***, transposition de l'amour de Gide pour Madeleine, fut encore un récit « *ironique* », dénonçant chez Alissa « *les dangers d'une certaine forme de mysticisme très précisément protestant* ». Ce livre, le premier que Gide — il avait alors 40 ans — n'ait pas publié à compte d'auteur, et le premier qui toucha un large public, parut d'abord dans la revue qu'il venait de fonder en 1908 avec quelques amis et dont il devint l'âme, ***La Nouvelle Revue française*** ; l'entreprise fut ensuite prolongée, en 1911, par une maison d'édition, et, en 1913, par une « annexe », le théâtre du Vieux-Colombier.

Le temps des crises

Gide n'avait pas pour autant interrompu sa production propre, qu'il enrichit d'un drame, ***Le Roi Candaule*** (1901), de récits, tels que ***Le Retour de l'enfant prodigue*** (1907) et ***Isabelle*** (1911), de notes sur son expérience de juré à Rouen, rassemblées dans ***Souvenirs de la cour d'assises*** (1914), des traductions des ***Cahiers de Malte Laurids Brigge*** de Rainer Maria Rilke (1911) et du *Gitanjali* de Rabindranath Tagore, sous le titre ***L'Offrande lyrique*** (1913). Il donna aussi, dès le début du siècle, de nombreuses conférences, pour la plupart recueillies dans ***Prétextes*** (1903) et ***Nouveaux Prétextes*** (1911). En 1914, il publia une « *sotie par l'auteur de* Paludes », ***Les Caves du Vatican*** : occasion de sa rupture avec Claudel, avec qui il poursuivait depuis quinze ans un dialogue qui, en 1905, l'avait conduit au bord de la conversion.

Pendant la Première Guerre mondiale, Gide s'occupa des réfugiés belges, aux côtés de Charles Du Bos. Il traversa, en 1916, une crise religieuse dont se firent l'écho les « *cahiers* » où il réfléchissait sur le sens et la portée des Évangiles, ***Numquid et tu... ?*** (1922), et le récit de ***La Symphonie pastorale*** (1919). Crise dénouée dans la joie de son amour pour le jeune Marc Allégret, âgé de 17 ans — Gide en avait 48 — au début de leur liaison, en 1917. C'est, peu après l'armistice, au retour du séjour qu'il fit avec celui-ci en Angleterre, durant l'été 1918, que Madeleine lui avoua avoir brûlé toutes les lettres qu'il lui avait écrites depuis leur adolescence : « *C'est le meilleur de moi qui disparaît ; et qui ne contrebalancera plus le pire.* [...] *Je souffre comme si elle avait tué notre enfant* » (***Journal***, 21 et 22 nov. 1918, éd. Éric Marty, 1996). En 1923, il eut une fille avec Élisabeth Van Rysselberghe, elle-même fille de ses vieux amis le peintre Théo et Maria Van Rysselberghe. Celle-ci, surnommée « *la Petite Dame* » — en raison de sa petite taille : 1,52 m — et rencontrée durant la guerre au Foyer franco-belge, fut, toute sa vie, son témoin le plus fidèle et le plus lucide. Gide ne reconnut cette enfant, Catherine, qu'en 1939, un an après la mort de Madeleine.

Le « *contemporain capital* »

Dans les années d'après-guerre, Gide apparut, selon la célèbre formule d'André Rouveyre — c'est le titre que celui-ci donna à 3 articles parus dans les *Nouvelles littéraires*, en octobre et novembre 1924 —, comme le « *contemporain capital* ». Mais sa façon d'explorer les *terrae incognitae* de la psychologie, qu'illustraient les 2 volumes de ***Morceaux choisis*** (1922), lui valut aussi de farouches détracteurs, tels Henri Béraud, qui immortalisa le fameux aphorisme « *La nature a horreur du Gide* », ou le très catholique Henri Massis, qui l'accusa de « *remettre en cause la notion même de l'homme sur laquelle nous vivons* ». C'est à cette époque que parurent ses œuvres majeures : les conférences données au Vieux-Colombier, sous l'intitulé ***Dostoïevsky*** (1923), quinze ans après un article important, ***Dostoïevsky d'après sa correspondance*** (1908) ; le retentissant ***Corydon*** (éd. confidentielle en 1911 ; éd. courante en 1924), qui s'attachait à démontrer le caractère naturel de l'homosexualité et où Gide — qui ne cessa de le tenir pour « *le plus important de* [ses] *livres* » (***Journal***, 1942) — distinguait entre « *pédérastes* », « *sodomites* » et « *invertis* » en se réclamant surtout des premiers, sur le modèle de la Grèce antique ; ***Si le grain ne meurt*** (1924 ; éd. courante en 1926), mémoires qui firent scandale par leur franchise sans complaisance. Dans la même période, Gide traduisit, entre autres, ***Typhon*** de Joseph Conrad, des ***Œuvres choisies*** de Walt Whitman (1918), ***Antoine et Cléopâtre*** de Shakespeare (1920), ***Le Mariage du ciel et de l'enfer*** de William Blake (1922), ***La Dame de pique*** (1923, avec Jacques Schiffrin) puis des ***Récits*** de Pouchkine (1935), le second ***Faust*** de Goethe (1932). Surtout, ***Les Faux-Monnayeurs*** (1926), accompagnés du ***Journal des « Faux-Monnayeurs »*** (1926), mettaient en question et renouvelaient profondément le genre romanesque.

L'année suivante, en 1927, Gide emménagea dans son célèbre appartement parisien au 1bis, rue Vaneau (act. VIIe arrond^{nt}), sur le même palier que « *la Petite Dame* », tandis que Madeleine ne quittait guère Cuverville. Gide acheva son œuvre romanesque avec la trilogie de ***L'École des femmes*** (1929), complétée par ***Robert*** (1930) et ***Geneviève ou la Confidence inachevée*** (1936). La critique de la « *fausse monnaie* » morale et sociale se prolongea aussi dans son théâtre, avec ***Œdipe*** (publié en 1930, créé en 1932), drame du héros qui refuse « *un bonheur fait d'erreur et d'ignorance* », et ***Perséphone*** (mélodrame en vers, avec une musique de Stravinski, 1934). L'écrivain continuait par ailleurs de prendre parti sur des affaires d'actualité, comme en témoignèrent ***La Séquestrée de Poitiers*** et ***L'Affaire Redureau*** (1930). Au retour du voyage d'un an en Afrique noire qu'il effectua avec Marc Allégret, Gide publia ***Voyage au Congo*** (1927) et ***Le Retour du Tchad*** (1928), ainsi que plusieurs articles qui dénonçaient les abus du système colonial et qui déclenchèrent polémiques, campagnes de presse, enquête administrative et débat à la Chambre. Le rôle et l'importance de l'écrivain débordèrent alors le domaine esthétique et prirent une autre dimension. Gide s'engagea résolument en politique : il proclama, dans les pages de son ***Journal***, publiées dans la *NRF* à partir de 1932, son admiration pour l'U.R.S.S. et son adhésion à l'idéal communiste — sans toutefois jamais prendre sa carte du Parti. En 1934, il se rendit à Berlin, en compagnie de Malraux, pour exiger la libération du dirigeant communiste Georges Dimitrov ; il présida aussi, avec le même Malraux, le Congrès international des écrivains pour la défense de la culture, l'année suivante. ***Les Nouvelles Nourritures*** (1935) s'articulèrent sur celles de 1897 comme un élargissement, un progrès dans la conception du bonheur de l'individu : « *En vérité, le bonheur qui prend élan sur la misère, je n'en veux pas... J'ai besoin du bonheur de tous pour être heureux.* » Gide fit donc, en tant qu'invité officiel du gouvernement soviétique, un voyage triomphal en U.R.S.S. (juin-août 1936). Il en rapporta une amère désillusion, qu'il publia dans ***Retour de l'U.R.S.S.*** (1936) et ***Retouches à mon*** « ***Retour de l'U.R.S.S.*** » (1937), qui consacrèrent une rupture retentissante avec le stalinisme : « *Oui : dictature, évidemment ; mais celle d'un homme, non plus celle des prolétaires unis, des Soviets. Il importe de ne point se leurrer, et force est de reconnaître tout net : ce n'est point là ce qu'on voulait. Un pas de plus et nous dirons même : c'est exactement ceci que l'on ne voulait pas.* » De même que sa « conversion » l'avait fait honnir par la droite, ce désaveu le fit traiter de renégat par la gauche...

Madeleine mourut le dimanche de Pâques 1938 : « *La partie est perdue, que je ne pouvais gagner qu'avec elle.* » Gide, l'année suivante, adopta légalement Catherine, l'enfant qu'il avait eue d'Élisabeth Van Rysselberghe, en 1923 — laquelle, en 1931, avait épousé Pierre Herbart, marginal homosexuel, amateur de drogue, d'alcool et de voyous, présenté à Gide par Cocteau et qui faisait depuis partie du cercle des intimes. En 1939, avec l'édition (presque) complète de son ***Journal 1889-1939***, Gide fut le premier écrivain à entrer de son vivant dans la collection « Bibliothèque de la Pléiade », qu'il avait contribué à créer chez Gallimard.

En 1940, l'écrivain donna d'abord raison au maréchal Pétain et à ceux qui voyaient dans la défaite la conséquence de l'affaiblissement moral du pays. Mais, bien vite, l'esprit de résistance le reprit : « *Comment,* notait-il dès le 24 juin dans son ***Journal***, *ne pas donner de tout cœur son adhésion à la déclaration du général de Gaulle ?* » Il rompit en 1941 avec la *NRF* qui, sous la direction de Drieu La Rochelle et avec la bénédiction de l'occupant, s'était engagée dans la voie de la collaboration : « *Un instinct m'avertit : je ne puis accepter d'être avec eux du "bon côté" ; je suis de l'autre* » (***Journal***, 30 mars 1941). La même année, à Nice, la Légion des anciens combattants l'empêcha de prononcer sa conférence intitulée ***Découvrons Henri Michaux*** (1941). En mai 1942, Gide quitta le Midi, où il séjournait depuis septembre 1939, pour un long exil à Tunis, puis en Algérie et au Maroc. De cette période datent les ***Interviews imaginaires*** (1943) et sa collaboration à la revue ***L'Arche***, qu'il fonda à Alger avec Camus et Blanchot.

De retour à Paris en mai 1945, il retrouva un milieu intellectuel que dominait l'existentialisme sartrien et l'impératif de la littérature engagée : il y reconnut certes ses propres idées, mais le temps du bilan était arrivé pour lui, alors âgé de 76 ans et grand-père d'une Isabelle, fille de Catherine Van Rysselberghe-Gide et du jeune écrivain Jean Lambert — qui se marièrent en août 1946, dix-huit mois après la naissance de l'enfant. Dans ***Thésée*** (1946), son œuvre « *testamentaire* », Gide mit en scène le héros qui, comparant son destin à celui d'Œdipe — lequel se fait gloire de ses yeux crevés qui ne lui laissent plus voir que la lumière surnaturelle —, s'estime « *content* » ; il est resté « *enfant de cette terre* », et confiant dans l'homme : « *Derrière moi, je laisse la cité d'Athènes* [...]. *J'ai fait ma ville. Après moi, saura l'habiter immortellement ma pensée. C'est consentant que j'approche la mort solitaire. J'ai goûté des biens de la terre. Il m'est doux de penser qu'après moi, grâce à moi, les hommes se reconnaîtront plus heureux, meilleurs et plus libres. Pour le bien de l'humanité future, j'ai fait mon œuvre. J'ai vécu.* »

Un monument vivant

Les dernières années de l'écrivain, qui n'avait cessé de lutter contre les idées reçues et l'ordre établi, furent celles de la gloire officielle et d'une consécration aux multiples formes : doctorat *honoris causa* d'Oxford et prix Nobel de littérature (1947) — à 78 ans, vingt ans après Bergson, dix ans après son ami Martin du Gard et dix ans avant Camus —, apothéose des ***Caves du Vatican*** (1948), « *farce en trois actes et dix-neuf tableaux* », créée à la Comédie-Française en présence du président de la République (1950), publication des ***Correspondance avec Francis Jammes*** (1948), ***Correspondance avec Paul Claudel*** (1949), ***Correspondance avec Charles Du Bos*** (1950) et de l'***Anthologie de la poésie française*** (1949), enregistrement — malgré une santé très chancelante — de 34 entretiens radiophoniques avec Jean Amrouche (1949), tournage du film de Nicole Vedrès, *La vie commence demain* (1949) — centré sur Gide, Sartre, Le Corbusier et Jean Rostand —, et réalisation du film de Marc Allégret, *Avec André Gide* (1951).

Gide connut une mort sereine le 19 février 1951, dans le petit lit de fer de la rue Vaneau, avec ces derniers mots ambigus : « *J'ai peur que mes phrases ne deviennent grammaticalement incorrectes. C'est toujours la lutte entre le raisonnable et ce qui ne l'est pas...* » Sa dernière phrase écrite fut la suivante : « *Ma propre position dans le ciel, par rapport au soleil, ne doit pas me faire trouver l'aurore moins belle.* »

Lors de l'inhumation à Cuverville, la bénédiction d'un pasteur demandée, au mépris des instructions de Gide, par les Rondeaux — la famille de Madeleine — donna lieu à une ultime polémique. Le 1er juin 1952, *L'Osservatore Romano* publia un décret du Saint-Office qui mettait à l'Index toute son œuvre.

En dehors de quelques ébauches de romans, de scénarios ou de pièces de théâtre, et de quelques notes de lecture, tel ***Subjectif*** (1969), ou de voyage comme ***Carnets d'Égypte*** (1951), ***Journal du voyage au Maroc*** (1970), ***Rouen*** (1973), ***À Naples*** (1992), Gide laissait peu de vrais inédits : ***Et nunc manet in te*** (écrit au lendemain de la mort de Madeleine et publié à 13 exemplaires en 1947, édité dès l'automne 1951) ; ***Ainsi soit-il ou Les jeux sont faits*** (1952), sorte de journal de ses dix-huit derniers mois, mêlé de souvenirs ; ***Conseils au jeune écrivain*** (publié par la *NRF* en 1956, repris en volume en 1992), ébauche d'un art poétique dont son ***Journal*** mentionne parfois le projet, et surtout l'immense massif de la correspondance, progressivement publiée jusqu'à aujourd'hui.

THÉORIE LITTÉRAIRE

« *Je suis un être de dialogue ; tout en moi combat et se contredit* » ***(Si le grain ne meurt)***. Donnant à ce trait de caractère personnel une portée plus générale, Gide a souvent contesté, à l'image de Montaigne, la « *constante et solide contexture* » de l'âme humaine, et souhaité dépasser la « *psychologie un peu sommaire* » du classicisme, où il « *fallait des amoureux qui soient bien amoureux, des avares qui soient bien avares...* » (***Essai sur Montaigne***, 1929). C'est pourquoi, à la différence du « *mauvais romancier* » qui « *construit ses personnages,* [...] *les dirige et les fait parler* », il préférait, comme dans le ***Journal des « Faux-Monnayeurs »***, les écouter, les regarder agir. Il en résulte que le lecteur doit participer à l'élaboration de la cohérence : « *Il sied de laisser le lecteur* [...] *croire qu'il est plus intelligent que l'auteur* » (***Journal des « Faux-Monnayeurs »***). Au-delà de la plaisanterie apparente, l'auteur appelle « *un livre manqué celui qui laisse intact le lecteur* » (***Préface*** de 1930 aux ***Cahiers d'André Walter***).

La spécificité du roman gidien tient donc à la subjectivité narrative qui l'organise : « *D'une part, l'événement, le fait, la donnée extérieure ; d'autre part, l'effort même du romancier pour faire un livre avec cela. Et c'est là le sujet principal, le centre nouveau qui désaxe le récit et l'entraîne vers l'imaginatif* » ***(Journal des « Faux-Monnayeurs »)***. Mais, précise l'auteur dans son ***Journal*** (août 1893) à propos de ***La Tentative amoureuse***, « *nulle action sur une chose, sans rétroaction de cette chose sur le sujet agissant* » ; cette « *réciprocité* » explique « *l'influence du livre sur celui qui écrit* », et justifie le fameux procédé de la « *mise en abyme* », défini comme une « *rétroaction du sujet sur lui-même* » à laquelle sont soumis le romancier aussi bien que ses personnages : « *J'aime assez qu'en une œuvre d'art, on retrouve ainsi transposé, à l'échelle des personnages, le sujet même de cette œuvre* » *(ibid.)*. Critiquant son ami Martin du Gard, dont « *la lanterne de romancier* », dans *Les Thibault*, « *éclaire toujours de face les événements qu'il considère* », Gide se propose d'étudier « *d'abord le point d'où doit affluer la lumière ; toutes les ombres en dépendent* » ***(Journal des « Faux-Monnayeurs »)***. Ce souci de la perspective est déjà présent dans le jeu de miroirs des ***Cahiers d'André Walter***, où le narrateur se donne un double, Allain, dont le destin préfigure le sien ; il voit son aboutissement dans ***Les Faux-Monnayeurs***, où l'un des protagonistes principaux, le romancier Édouard, développe à propos de son œuvre — qui doit s'appeler... *Les Faux-Monnayeurs* — une théorie qui est celle de Gide lui-même : « *Toute œuvre d'art n'est que la somme ou le produit des solutions d'une quantité de menues difficultés successives* » ; l'auteur des ***Conseils au jeune écrivain*** réutilise la formule terme pour terme. Gide l'avoua sans détour : « *Chacun de mes livres n'a point tant été le produit d'une disposition intérieure nouvelle, que sa cause.* [...] *le livre, sitôt conçu, dispose de moi tout entier.* [...] *j'ai commencé par devenir celui-là même que je voulais portraiturer* » (***Journal***, 22 juil. 1922).

Gide revendique ainsi paradoxalement l'influence sur lui-même de ses propres personnages, comme le souligne à son propos Blanchot dans *L'Espace littéraire* : « *Nous n'écrivons pas selon ce que nous sommes ; nous sommes selon ce que nous écrivons.* » Rien de tel, d'ailleurs, pour cette « *désinstruction* » prônée par les ***Nourritures ter-***

restres, que de s'ouvrir à toutes les influences, dont l'écrivain fit souvent l'apologie : non les « *influences communes* [...], *celles que toute une famille, un groupement d'hommes, un pays subit à la fois* », qui occupèrent Taine et les naturalistes ; mais les influences « *d'élection* » — lectures, rencontres, voyages — que « *l'on est seul à subir* » (***De l'influence***, conférence prononcée à Bruxelles en 1900 et reprise in ***Prétextes***) et qui éloignent au contraire l'individu de sa communauté. C'est qu'il importe avant tout d'échapper aux déterminismes de la société et de la nature : « *Les* limites *ne sont qu'en l'artiste : heureux celui qui les élargit en lui, les recule et qui* [...] *soumet le plus possible à lui, le plus possible de nature* » (***Les Limites de l'art***, 1901, repris in ***Prétextes***). L'auteur des ***Conseils au jeune écrivain*** proclame encore : « *Ce n'est pas ton métier qu'il sied de perfectionner : c'est toi-même.* » Rien d'étonnant, donc, à ce que Gide s'en tienne au « *paradoxe de Wilde : la nature imite l'art ; et la règle de l'artiste doit être, non point de s'en tenir aux propositions de la nature, mais de ne lui proposer rien qu'elle ne puisse, qu'elle ne doive bientôt imiter* » ***(Journal des « Faux-Monnayeurs »)***. L'une des conséquences de ce principe est le refus de l'autobiographie comme principe de création : « *Le difficile est d'inventer, là où le souvenir vous retient.* » Et un personnage imaginaire ne saurait se former que du « *rebut de soi-même.* [...] *Les sources de nos moindres gestes sont aussi multiples et retirées que celles du Nil* » *(ibid.)*.

Ainsi, « *l'œuvre d'art est œuvre volontaire. L'œuvre d'art est œuvre de raison* » ***(Les Limites de l'art)***, et, « *parmi les multiples phantasmes que l'imagination désordonnément nous propose, l'esprit critique doit choisir* » (***Souvenirs littéraires et Problèmes actuels***, conférence prononcée à Beyrouth en 1946, reprise in ***Feuillets d'automne***). D'où l'une des recommandations extraites des ***Conseils au jeune écrivain*** : « *Écris, si tu veux, dans l'ivresse ; mais quand tu te relis, sois à jeun.* » D'où l'éloge du « *bon ouvrier* » (***Dédicace*** du ***Journal des « Faux-Monnayeurs »***), la prééminence donnée par Gide à l'intelligence sur l'instinct et son admiration pour les œuvres classiques et leur « *romantisme dompté* » (***Lettres à Angèle***, 1900, texte repris in ***Incidences***, 1924).

« *Le premier des renoncements à obtenir de soi* » est donc « *celui d'étonner ses contemporains* » *(ibid.)*, puisque « *l'originalité la plus réelle est celle qui ne se connaît pas* », dit l'auteur des ***Conseils au jeune écrivain***, qui ajoute : « *Le véritable artiste* [...] *surprend toujours et déconcerte — oui, mais c'est à son corps défendant.* » Rien de plus étranger à l'idéal gidien que la recherche de la gloire littéraire — « *Persuade-toi que la louange relâche* [...] *et que l'attaque bien supportée fortifie* » *(ibid.)* —, ou même de la gloire due aux prises de position politiques ou philosophiques : même si une partie de son œuvre répond incontestablement au qualificatif de « *littérature engagée* » — titre d'un de ses derniers ouvrages publié en 1950, moins d'un an avant sa mort —, la démarche de Barrès ou celle des existentialistes lui semble une forme d'« *opportunisme* » ***(Feuillets d'automne)***. Il ne cherche que le « *laurier posthume* » de Keats, Baudelaire ou Verlaine : « *La confiance dans la survie de son œuvre confère à l'œuvre d'un artiste je ne sais quelle gravité dans la joie, quelle patience, quelle hautaine banalité, qui la distinguent de celles qui ne briguent que le succès* » ***(Conseils au jeune écrivain)***. Gide écrit pour « *mettre quelque chose à l'abri de la mort* » (***Journal***, 27 juil. 1922) : « *Depuis longtemps, je ne prétends gagner mon procès qu'en appel. Je n'écris que pour être* relu » ***(Journal des « Faux-Monnayeurs »)***.

THÉORIE LITTÉRAIRE

Notre littérature offre peu d'exemples d'écrivains dont la vie et l'œuvre soient aussi inextricablement mêlées que chez Gide. Être de contradictions multiples, qui suscita des réactions tout aussi diverses et passionnelles, il occupe, au XXe siècle — et pas seulement dans la 1re moitié du siècle —, une place tout aussi considérable que celle de Voltaire au XVIIIe ou de Hugo au XIXe : omniprésente, c'est-à-dire à la fois envahissante et indispensable.

Une langue classique

Dans le « *kaléidoscope de points de vue particuliers* » (Alain Goulet) qui caractérise le style et la pensée de Gide, qu'il s'agisse du ***Journal***, des romans, des « *soties* », des essais ou du théâtre, chaque instance d'écriture diffuse sa propre lumière sur les événements. Notes, lettres, récits, dialogues et monologues s'entrelacent avec les interventions de l'auteur, qui souligne sans cesse, à la manière d'un Scarron parodiant les vieilles épopées, le caractère fictif — et factice — de ce qu'il relate ou

explique : « *Puis, lentement, il revint vers la demeure de Lilian. Laissons-le, tandis que le diable amusé le regarde glisser sans bruit la petite clef dans la serrure...* » (***Les Faux-Monnayeurs***, I, v).
À cette multiplicité des points de focalisation répond une diversité apparente des styles. D'un côté, ***Les Nourritures terrestres*** manifestent une ferveur lyrique en accord avec l'être naturel que le poète veut retrouver : pour s'adresser à son disciple, Nathanaël, Gide a recours au verset biblique, où les figures de reprise et les apostrophes sont nombreuses :

Ne désire jamais, Nathanaël, regoûter les eaux du passé.
Nathanaël, ne cherche pas, dans l'avenir, à retrouver jamais le passé.
(***Les Nourritures terrestres***, livre II)

Les phrases nominales suggèrent des « feuilles de route » et permettent aux images de se succéder, mêlant objets, sensations et médiations :

Mer acharnée. Ruissellements sur le pont. Trépignements de l'hélice...
Ô ! sueur d'angoisse !
(*ibid.*, livre VII)

À l'opposé de cette prose poétique incantatoire, l'écriture de Gide peut devenir « *flasque prose* », comme l'auteur le revendique lui-même à propos de ***La Porte étroite***, pour être en harmonie avec le « *flasque caractère* » du héros. Il confie encore dans son ***Journal*** (20 oct. 1910) : « *Quand j'écrirai les* Caves, *à côté d'un ton plat, je poserai tout net un autre ton plat.* » « *Tout doit être dit de la manière la plus plate* », confirme le ***Journal des « Faux-Monnayeurs »***. Gide « *s'efforce vers la banalité* », marque du classicisme qui lui est cher, ce classicisme français qui « *tend tout entier vers la litote* » ***(Lettres à Angèle)***.
La contradiction n'est qu'apparente : « *Il* [...] *est peu* [d'écrivains] *dont la syntaxe, tout en restant correcte, sache se faire particulière.* [...] *Exprimer le plus succinctement sa pensée et non le plus éloquemment. Mais c'est lorsqu'elle est toute vive que ma phrase se plaît à l'étreindre* [...] » (***Journal***, 14 févr. 1932). Tout au long de son œuvre, Gide s'essaya à forger un style personnel, subtil dosage de langue savante — à base de mots rares, d'archaïsmes, de tours souvent ironiques et de figures recherchées —, d'une syntaxe et d'un lexique familiers : une écriture qu'on a qualifiée de « *baroque* », voire de « *précieuse* », et dont lui-même disait plutôt qu'elle visait à l'atticisme.
De fait, la langue de toutes ses œuvres, chaque fois nouvelle et adaptée au ton requis par la personnalité du narrateur et le climat moral de l'aventure, réunit les qualités qu'on s'accorde ordinairement à désigner du nom de « *classicisme* » : clarté, souplesse, rigueur.

Une référence intellectuelle

Aujourd'hui aussi présent que Proust — qu'on lui reprocha si longtemps d'avoir refusé de publier dans la *NRF*, au moment de *Swann* —, et plus que Claudel ou Valéry, Gide représente un phénomène assez exceptionnel dans notre littérature, car son œuvre est « devenue » d'accès sans doute difficile. Et cela, parce qu'il n'est pas seulement l'auteur de nombreux livres, mais qu'il est surtout une « figure », un ensemble vivant et indissociable, où la création strictement littéraire se juxtapose à tous les actes de sa vie — voyages, amitiés, combats, engagements, qui sont, comme ses écrits, autant d'« expériences », voire d'« expérimentations » : et Blanchot, dans un article recueilli dans *La Part du feu*, a justement défini l'œuvre de Gide comme une « *littérature d'expérience* » —, visant à « *assumer le plus possible d'humanité* ». Gide, ce fut un parcours, un devenir sinueux et complexe : comme l'a écrit Sartre dans *Les Temps modernes* de mars 1951 : « *Gide est un exemple irremplaçable, parce qu'il a choisi de devenir sa vérité.* » Ses contemporains, pour qui il était une référence obligée, prenaient naturellement « tout » en compte de lui : à chaque instant, il était pour eux la totalité de ce qu'il avait écrit, fait et été.
Depuis sa mort, on ne peut plus l'appréhender ainsi, en perpétuelle réorchestration de lui-même, et ses nouveaux lecteurs ne l'abordent que figé et éclaté en d'innombrables fragments : quelle image, partiellement vraie mais complètement fausse, se fait de Gide celui qui n'a lu que ***La Porte étroite*** ou ***L'Immoraliste***, ***Paludes*** ou ***La Symphonie pastorale***, ***Numquid et tu... ?*** ou ***Corydon*** ? Nul mieux que lui n'a illustré le mot de Malraux : « *Dès qu'il s'engage, l'écrivain contemporain écrit ses œuvres complètes ; et il n'écrit guère que cela* » (art. sur ***Les Nouvelles Nourritures***, in *NRF*, 1er déc. 1935). Enfin, Gide a été un écrivain essentiellement « critique », un écrivain de combat, et, si toutes les batailles qu'il a menées — contre la religion puritaine et moralisante, le conformisme hypocrite de la société bourgeoise, le traditionalisme en art,

les tabous sexuels, l'injustice coloniale, les totalitarismes de tous bords... — sont loin d'être aujourd'hui gagnées, du moins ses idéaux sont-ils désormais du domaine commun. Gide se trouve dépassé par ses victoires mêmes.

ŒUVRES

Les **Caves du Vatican**

« Sotie » en 5 *« livres »* numérotés et titrés — et comportant respectivement 7, 7, 4, 7 et 7 parties numérotées et non titrées —, dédiée à Jacques Copeau et publiée en 1914, dans *La Nouvelle Revue française*, puis aux Éditions de la *NRF*.

Dans les années 1911 à 1913, après ***L'Immoraliste***, ***La Porte étroite*** et ***Isabelle***, Gide voulait abandonner le récit linéaire pour écrire un roman, qui devait être une œuvre foisonnante, touffue, décentrée et ouverte — ce *« roman d'aventure »* que Jacques Rivière décrivit dans son célèbre article (*NRF*, mai-juil. 1913) ; mais, achevé le 24 juin 1913, le livre ne lui parut pas répondre à cette ambition et il en fit, reprenant le sous-titre de ***Paludes*** et du ***Prométhée mal enchaîné***, une *« sotie »* — redonnant vie au nom du genre dramatique médiéval lié à la fête des Fous : *« Récits, soties... il m'apparaît que je n'écrivis jusqu'aujourd'hui que des livres* ironiques *(ou critiques), [...] dont sans doute voici le dernier. »* Il utilisa un fait divers réel : une rumeur répandit, en 1893, que le pape Léon XIII, enlevé par des francs-maçons, était retenu prisonnier dans les caves du Vatican ; des escrocs s'emparèrent de l'affaire, abusant de la crédulité de riches bourgeois et aristocrates auxquels ils soutirèrent des fonds aux fins de délivrer et rétablir le chef de l'Église dans son pontificat. Mais Gide prit le parti de multiplier les scènes vivantes, drôles, souvent féroces, où, à l'aide de personnages manœuvrés comme des marionnettes, il dénonce les diverses formes de la *« fausse monnaie »* psychologique et sociale, tout en faisant la critique du roman traditionnel. Au centre de la sotie, un personnage hors normes, Lafcadio Wluiki, cherche à se prouver sa liberté en commettant un *« acte gratuit »* : un meurtre sans mobile — *« Sa raison de commettre le crime, c'est précisément de le commettre sans raison »* (V, III) ; la scène où il précipite un homme — qu'il croit être un inconnu — par la portière du train, fascina les surréalistes et plus d'une génération.

Dix ans avant ***Les Faux-Monnayeurs***, ***Les Caves du Vatican*** furent pour Gide une étape majeure dans son évolution de romancier : au-delà de la dérision, l'œuvre, de par la subversion de la narration, l'autonomie des personnages, ses structures et variations de point de vue, était novatrice. Presque trente-cinq ans plus tard, Gide publia, sous le même titre, une *« farce »* en 3 actes et 19 tableaux (1948), adaptée de la *« sotie »* de 1914.

Les **Faux-Monnayeurs**

Roman en 3 parties numérotées et titrées — comportant respectivement 18, 7 et 18 chapitres numérotés mais titrés seulement à la table des matières —, dédié à Martin du Gard et paru aux Éditions de la *NRF* en 1926 : l'achevé d'imprimer porte la date du 28 novembre 1925, mais le volume ne parut qu'en février 1926 ; il fut complété par le ***Journal des « Faux-Monnayeurs »***, publié aux Éditions Eos, en 1926, puis à celles de la *NRF*, en 1927.

Seule œuvre de Gide étiquetée *« roman »*, ***Les Faux-Monnayeurs*** sont tout à la fois un roman policier qui présente des enfants dévoyés passant du trafic de fausses pièces au crime ; un roman d'apprentissage, qui s'ouvre sur la fugue de Bernard Profitendieu lorsqu'il apprend qu'il est un bâtard, et qui se termine avec son retour auprès de son père, après une série d'épreuves qui le font passer de l'adolescence à la maturité ; un roman d'aventures qui suit au présent les révoltes et les interrogations d'adolescents déboussolés, qui se cherchent et souvent se perdent dans un monde où les valeurs et les références ont fait naufrage ; un roman de moraliste, un roman d'idées, à la recherche d'une éthique de la responsabilité personnelle qui se concentre dans la formule d'Édouard : *« Il est bon de suivre sa pente, pourvu que ce soit en montant »* (III, XIV) ; un roman de psychologue traquant la fausse monnaie, c'est-à-dire les manifestations de mensonge, d'hypocrisie ou d'inauthenticité dans les propos et les comportements ; le roman d'un romancier, Édouard, qui inscrit en abyme sa réflexion sur un nouveau roman intitulé aussi *Les Faux-Monnayeurs*, présente les différentes facettes de sa genèse, et s'interroge sur son rapport avec les réalités de la vie : *« Je commence à entrevoir ce que j'appellerais le "sujet profond" de mon livre. C'est, ce sera sans doute la rivalité du monde réel et de la représentation que nous nous en faisons. La manière dont le monde des apparences s'impose à nous et dont nous tentons d'imposer au monde notre interprétation particulière, fait le drame de notre vie. »*

Les Faux-Monnayeurs refusent les conventions du réalisme et placent au premier plan les problèmes et les réflexions sur la théorie et les techniques du roman, en particulier les modalités de la narration et de la perspective — éclatée entre les différents personnages —, la technique du double foyer — la réalité et le *Journal* d'Édouard, la mise en abyme du roman et la composition en contrepoint, véritable équivalent narratif de *L'Art de la fugue* de Bach.

Le roman représente la contamination de deux faits divers, publiés en appendice du ***Journal des « Faux-Monnayeurs »***, concernant une bande de faux-monnayeurs et le suicide d'un lycéen. Il fut écrit de 1919 à 1925, la réflexion théorique et critique du ***Journal des « Faux-Monnayeurs »*** précédant et accompagnant la rédaction.

La nouveauté et les audaces du roman — concernant notamment les relations homosexuelles — lui valurent un accueil réservé et critique. Mais il est devenu une référence fondamentale signalant, à côté de l'œuvre de Proust, l'entrée du roman français dans la modernité du XXe siècle.

Journal 1889-1939
Journal paru dans la « Bibliothèque de la Pléiade », chez Gallimard, en 1939.

Gide a tenu son journal sans doute dès sa 14e année, et jusqu'au 12 juin 1949, dix-huit mois avant sa mort. ***Ainsi soit-il ou Les jeux sont faits*** (posth., 1952) le complète d'une certaine manière pour les années 1949-1950. Des cahiers écrits avant sa 20e année, il fit la matière, et souvent le texte même, de son premier livre, ***Les Cahiers d'André Walter***. Après en avoir publié de loin en loin, à partir de 1909 et principalement dans la *NRF*, des fragments, il donna enfin le texte continu, sinon « complet », pour les années 1889 à 1932, dans la grande édition de ses **Œuvres complètes**, puis, en mai 1939 et complété jusqu'à cette date, en un volume de la « Pléiade ». Deux autres volumes furent publiés dans la « Collection blanche », pour les années 1939 à 1942 (1946) et 1942 à 1949 (1950), avant d'être réunis en 1954 dans un autre volume de la « Pléiade », augmenté des ***Carnets d'Égypte*** (écrits lors du voyage de févr.-mars 1939, publiés en 1951) et du ***Journal intime***, publié en appendice du posthume ***Et nunc manet in te*** (1re éd., privée, 1947 ; 2e éd., publique, posth., 1951) et constitué des passages concernant Madeleine, qu'il avait retranchés de la 1re édition de la « Pléiade ». Enfin, une édition définitive, non expurgée, du ***Journal***, pour les années 1887 à 1925 et 1926 à 1950, a été établie en 1996 (t. I) et 1997 (t. II).

Cendrars, dans *L'Homme foudroyé*, fut l'un des rares détracteurs du ***Journal*** : « *Je sors ahuri de cette lecture de 1 332 pages comme si j'avais relevé les inscriptions des 1 332 pissotières de Paris que sont les chapelles littéraires.* » Cocteau n'était guère plus élogieux : « *Son* Journal *est l'herbier le plus morne, la collection de plantes sèches la plus insignifiante, sous des étiquettes latines* » (***Journal***, 25 août 1951). Pour beaucoup, le ***Journal*** reste aujourd'hui ce que Gide a laissé de plus durable et de plus singulier, comme en témoigna Renaud Matignon, lors de la réédition de 1996 : « *On y entre comme dans un moulin. C'est le charme inépuisable du* Journal *de Gide. Rouvert au hasard, il livre les accents lyriques d'une ferveur qui se tourne avec une égale fébrilité vers Dieu, vers les jeunes garçons, les papillons des Pyrénées et les polonaises de Chopin. D'interminables débats religieux entre la foi et l'incroyance. Des lectures innombrables et une culture vertigineuse. Le roman des grandes amitiés : Valéry, Claudel, Pierre Louÿs, Jean Schlumberger, Charles-Louis Philippe, Henri Ghéon. Des échos, et parfois des cancans, sur la vie littéraire d'un Paris qui faisait querelle autour d'un article de presse, d'un poème ou d'un point-virgule, et qui grouillait d'intelligence, les dessous et les secrets d'une œuvre. Des paysages, des livres, des hommes. Une vie entière vouée à découvrir le monde comme on visite une maison, avec le regard sur la façade, mais aussi un œil indiscret sur la salle de bains et les livres de comptes — les notations d'argent, chez Gide, ont toujours des airs de polissonneries chuchotées, comme d'un gamin qui a vu des femmes nues. / Plaisir paradoxal : le* Journal *de Gide, que sa nature même fait tributaire du temps, abolit le temps. Toutes les périodes de Gide, tous les Gide y sont réconciliés et réunis. Sa vie devient ainsi comme un immense territoire où chaque lecteur retrouve un peu de lui-même. D'où, sans doute, la fascination qu'il continue d'exercer aujourd'hui et le maître à penser, presque le maître à vivre, que pourrait bien rester, en 1996, André Gide. Oui le* Journal *est intact, et c'est son charme en effet que ce primesaut — un primesaut très surveillé, voire organisé sous les dehors de la négligence —, avec ses bavardages et ses silences. Le* Journal *de Gide reste le livre le plus riche et le plus amical qui soit* [...] » (« André Gide : le *Journal* et les haricots verts », in *Le Figaro*). Irrésumable, indéfinissable sinon négativement, subjectif et objectif, attentif aux moindres détails de l'ego mais aussi inlassablement ouvert aux autres, au monde, le ***Journal*** est l'œuvre vertébrale de Gide, la tentative inlassable de l'homme cherchant à se saisir de lui-même et qui se dérobe pourtant en omissions volontaires ou non, quête incessante de vérité, narcissique assurément, mais également attentive aux autres. Le livre — qui a intégré certains *« carnets »* qui ont leur unité propre, ***Littérature et Morale***, ***La Marche turque***, ***Numquid et tu... ?*** — est d'ailleurs inséparable d'autres livres publiés isolément, tels les ***Souvenirs de la cour d'assises***, ***Voyage au Congo***, ***Retour de l'U.R.S.S.***, ***Carnets d'Égypte***, et aussi le ***Journal des « Faux-Monnayeurs »***. Mais l'œuvre entier de Gide n'est-il pas au fond un immense journal, dont les éléments constituent les très diverses aventures vécues ou imaginées par un homme qui n'a jamais dissocié la vie, la réflexion critique et la création artistique ?

Les ***Nourritures terrestres***

Œuvre lyrique en 8 livres — comportant un certain nombre de séquences ni numérotées ni titrées —, suivis d'un ***Hymne en guise de conclusion*** et d'un ***Envoi***, publiée en mai 1897, au Mercure de France.

Ce vaste poème en prose, entrecoupé de rondes et ballades versifiées, commencé par Gide dès son voyage libérateur de 1893-1894 en Afrique du Nord, vise à enseigner ce qu'il appela plus tard *« l'immoralisme »* à un disciple imaginaire, Nathanaël. Contre les attaches et les enracinements *(« Familles, je vous hais ! foyers clos ; portes refermées ; possessions jalouses du bonheur »)*, il prône le voyage et la sensualité, en un véritable évangile de la libération des désirs, de la *« ferveur »* — terme gidien par excellence *(« Nathanaël, je t'enseignerai la ferveur »)* —, de la disponibilité au monde, aux autres et à soi, du perpétuel détachement, afin que chacun crée en soi *« impatiemment ou patiemment, [...] le plus irremplaçable des êtres »*. La structure du livre — commencé sous forme de notes et de fragments épars — est efficace et didactique. Clairement articulé autour du récit central de Ménalque (IV, I, morceau narratif écrit et publié dès la fin de 1895), il est introduit par un premier livre d'exposition et se clôt sur un dernier livre (VIII) qui reprend l'ensemble des thèmes, et où pointent le sentiment de la fuite du temps et l'urgence de la conversion vers autrui. L'***Envoi*** final — *« Nathanaël, à présent jette mon livre. Émancipe-toi. Quitte-moi »* — fait ainsi écho à l'avertissement initial : *« Que mon livre t'enseigne à t'intéresser plus à toi qu'à lui-même, — puis à tout le reste plus qu'à toi. »*

S'il fallut près de vingt ans pour que fussent vendus les 1 650 exemplaires de la 1re édition, ***Les Nourritures terrestres*** devinrent l'un des livres-cultes des jeunes générations de la 1re moitié du XXe siècle.

CITATIONS

Sa raison de commettre le crime, c'est précisément de le commettre sans raison.

Les Caves du Vatican, V, 3.

Et nunc... C'est dans l'éternité que, dès à présent, il faut vivre. Et c'est *dès à présent* qu'il faut vivre dans l'éternité.

Dostoïevsky.

Il est bon de suivre sa pente, pourvu que ce soit en montant.

Les Faux-Monnayeurs.

Rien n'empêche le bonheur comme le souvenir du bonheur.

L'Immoraliste, I, VIII.

On ne peut à la fois être sincère et le paraître.

L'Immoraliste, II, II.

Le classicisme — et par là j'entends : le classicisme français — tend tout entier vers la litote. C'est l'art d'exprimer le plus en disant le moins.

Incidences.

L'homme est plus intéressant que les hommes ; c'est lui et non pas eux que Dieu a fait à son image. Chacun est plus précieux que tous.

Littérature et Morale, in *Journal*.

L'œuvre d'art, c'est une idée qu'on exagère.

Littérature et Morale, in *Journal*.

Je ne suis qu'un petit garçon qui s'amuse — doublé d'un pasteur protestant qui l'ennuie.

Journal, 22 juin 1907.

Certainement l'art hait la nature ; s'il la recherche toujours, c'est comme un chasseur en embuscade et comme son rival qui ne l'embrasse que pour l'étrangler.

Feuillets, in *Journal*, 1911.

Il y a et il y aura toujours en France (sinon sous la pressante menace d'un danger commun) divisions et partis ; c'est-à-dire dialogue. Grâce à quoi le bel équilibre de notre culture ; équilibre dans la diversité. Toujours, en regard d'un Pascal, un Montaigne ; et de nos jours, en face d'un Claudel, un Valéry. Parfois, c'est une des deux voix qui l'emporte, en force et en magnificence. Mais malheur aux temps où l'autre serait réduite au silence !

Journal, 13 février 1943.

Le monde ne sera sauvé, s'il peut l'être, que par des *insoumis*.

Journal, 24 février 1946.

Que l'*importance* soit dans ton regard, non dans la chose regardée.

Les Nourritures terrestres, I, I.

Nathanaël, je t'enseignerai la ferveur.

Les Nourritures terrestres, I, I.

Oh ! si tu savais, si tu savais, terre excessivement vieille et si jeune, le goût amer et doux, le goût délicieux qu'a la vie si brève de l'homme !

Les Nourritures terrestres, III.

Familles, je vous hais ! foyers clos ; portes refermées ; possessions jalouses du bonheur.

Les Nourritures terrestres, IV.

Nathanaël, jette mon livre ; ne t'y satisfais point. Ne crois pas que *ta* vérité puisse être trouvée par quelque autre ; plus que de tout, aie honte de cela.

Les Nourritures terrestres, envoi.

Que l'homme est né pour le bonheur, certes toute la nature l'enseigne.

Les Nouvelles Nourritures, I.

La sagesse n'est pas dans la raison, mais dans l'amour.

Les Nouvelles Nourritures, I.

Avenir, que je t'aimerais, infidèle !

Les Nouvelles Nourritures, I.

Connais-toi toi-même. Maxime aussi pernicieuse que laide. Quiconque s'observe arrête son développement. La chenille qui chercherait à « bien se connaître » ne deviendrait jamais papillon.

Les Nouvelles Nourritures, III.

Le plus précieux de nous-mêmes est ce qui reste informulé.

Les Nouvelles Nourritures, III.

La tristesse est une complication.

Journal d'Alissa, 27 mai, in *La Porte étroite*.

Je n'aime pas les hommes ; j'aime ce qui les dévore.

La Détention de Prométhée, III, in *Le Prométhée mal enchaîné*.

Nos actes les plus sincères sont aussi les moins calculés ; l'explication qu'on en cherche après coup reste vaine.

Si le grain ne meurt, II, II.

JUGEMENTS

« [...] *un faux grand écrivain, très en vogue à l'époque* [1931], *au style grammatical et incertain, infaillible dans l'erreur, et dont la complaisance éclairée aux préjugés du temps fait presque toute l'importance.* »

Roger CAILLOIS, cité *in* Michel ABESCAT et Jacques TRÉFOUËL, *Saint-Exupéry*, « Un siècle d'écrivains », France 3, 11 septembre 1996.

« *Gide n'a jamais ressenti le malaise du vaste. Que dis-je du vaste ? Le sens de l'abolition des valeurs proportionnelles. Ses malaises ne vinrent que du petit, des rapports entre des petitesses. Aucune bonté. Curiosité de botaniste. À la loupe.* »

Jean COCTEAU, *Le Passé défini*, 25 août 1951, Gallimard, posthume, 1983.

« *L'œuvre de Gide, lorsqu'on en reste un temps éloigné et qu'on le passe, ce temps, à lire des livres récents, combien elle apparaît merveilleusement simple, riche sans éclats, calme sans ennui, humaine sans fausse profondeur. Salutaire leçon qui rappelle bien des règles, qui fait souvenir mieux de la toute-puissance de l'âme. Dans l'œuvre de Gide je ne vois rien qui vive hors de l'homme, artificiellement.* »

Eugène DABIT, *Journal intime*, 15 décembre 1932, Gallimard, 1939, rééd. 1989.

« *Gide est par excellence l'auteur bourgeois antibourgeois. Son art a si constamment travaillé cette plaie ou ce filon que, d'une condition générale de l'écrivain moderne, il a tiré une littérature bourgeoisement subversive. Né dans une grande famille protestante, Gide a honte de ce privilège. Homosexuel, il a détesté l'hypocrisie morale des conventions. Voyageur philosophe, nouveau Montaigne, il a dénoncé les violences de la colonisation française en Afrique. Bien qu'il ait emprunté à Nietzsche des accents littéraires, le fond de son esprit est fait des Évangiles et d'une foi christique, mélange instable de révolte et de culpabilité, chemin classique vers les utopies révolutionnaires. À cet individualiste, à cet esthète, à ce patricien, le communisme apportera non seulement une vraie caution antibourgeoise, mais l'inestimable bienfait des retrouvailles avec la communauté. Enfin, pour peu qu'on tienne compte de ce rien de jobardise qu'on trouve si souvent chez les écrivains, même les plus grands, il étendra sa gloire aux dimensions de l'humanité. Quand il n'est pas un militant caché, un "sous-marin", le vrai compagnon de route est souvent séparé de ce qu'il croit servir par un malentendu radical : ce pourquoi l'association est si instable. Les hommes du Komintern, d'ailleurs, ne s'y trompent pas, qui en ont une conception strictement instrumentale.*

[...]

Parti compagnon de route, Gide revient avec la comparaison Staline-Hitler, et un diagnostic qui préfigure celui de Ciliga, deux ans après lui, ou, plus près de nous, ceux d'Orwell ou de Soljenitsyne : l'Union soviétique, pays du mensonge généralisé et obligatoire. L'auteur a-t-il prévu le scandale qu'allait provoquer son livre à gauche ? Sûrement.

Trop de gens lui en ont déconseillé la parution pour qu'il ait nourri des illusions à cet égard. De fait, les communistes sont au rendez-vous, avec leurs amis et leur plus grosse artillerie. Ils n'ont d'ailleurs pas le choix, si grand est le succès de ce Retour de l'U.R.S.S.*, qui s'envole dans les ventes, moins à cause du sujet que du nom de l'auteur, et de la curiosité suscitée par son retournement. Le* Retour de l'U.R.S.S. *est ce type d'événement politico-littéraire dont raffolent les Français et avant tout les Parisiens. Voici qu'un des plus grands noms de la littérature française, un des plus grands intellectuels du Front populaire, s'attaque au communisme, alors que l'euphorie du printemps dure encore.*
[...] *L'intérêt du cas Gide est d'illustrer sur l'exemple français ce que conserve de fragilité, en dépit de ses spectaculaires succès d'opinion, le communisme antifasciste. »*

François FURET, *Le Passé d'une illusion. Essai sur l'idée communiste au XXe siècle*, chap. 8, Laffont/Calmann-Lévy, 1995.

« On a beaucoup ri d'un télégramme que Mauriac a reçu peu de jours après la mort de Gide et ainsi rédigé : "Il n'y a pas d'enfer. Tu peux te dissiper. Préviens Claudel. André Gide." *»*

Julien GREEN, *Journal*, 28 février 1951, Plon, rééd. 1969.

« [...] *son ton chuchoté, ses attitudes penchées, sa physionomie si expressive, son ton de perpétuelle confidence.* [...] *Il a un très beau visage, des yeux d'une expression merveilleuse et un sourire délicieux, séduisant au possible, dans lequel il y a de la grâce d'une femme. »*

Paul LÉAUTAUD, *Journal littéraire*, 26 février 1922, Mercure de France, rééd. 1986.

« L'auteur des Nourritures terrestres *aimait trop la vie, toutes les formes de la vie, pour ne pas haïr la nostalgie. Qu'on ne le lise plus aujourd'hui avec la même passion, avec la même ferveur qu'on le faisait hier ne lui aurait pas arraché un mot de regret, ni un reproche contre la lourdeur et la pauvreté de l'époque où nous sommes. Il était patient. Il avait traversé une époque effroyable avec la certitude qu'au-delà des idéologies, des systèmes intellectuels, des constructions et des opinions politiques, des croyances religieuses, toutes choses périlleuses ou périssables, la littérature demeurait la manifestation vivante des efforts des hommes pour devenir enfin l'Homme — qu'il confondait avec Dieu. C'est cela, bien davantage qu'un engagement pour une cause politique ou une autre, qui fait de lui un "contemporain exemplaire", un intellectuel pour notre temps. »*

Pierre LEPAPE, *André Gide, le Messager*, Seuil, 1997.

« Il me semble que rien ne peut mieux donner l'étendue, la profondeur, l'ampleur, du désarroi de la France intellectuelle, que Gide.
[...]
Nous autres intellectuels, nous sommes tous plus ou moins responsables de la cruauté qui a sévi et sévit en Europe. André Gide plus que tout autre, car chez lui la cruauté prend un aspect métaphysique, un langage compréhensible par tous, surtout par les jeunes. Ce n'est pas Gide qui a inventé la cruauté. Elle était, elle est dans l'air. Il n'a fait que lui donner le caractère gidien, c'est-à-dire le caractère de la nécessité. Gide est le prêtre d'une religion dont les autels des sacrifices sont à Dachau. »

Curzio MALAPARTE, *Journal d'un étranger à Paris*, 15 mars 1948, trad. franç. Gabrielle CABRINI, Denoël, 1967.

« Dans le domaine du roman, André Gide a été un audacieux expérimentateur. Il a proclamé ce qu'il a cru juste et vrai ; il a été un moraliste de race. Avec le temps, sa figure n'a cessé de grandir, pour atteindre à cette haute dignité spirituelle qui rejoint le tourment philosophique. »

Thomas MANN, *L'Artiste et la Société*, 1951, trad. franç. Louise SERVICEN, Grasset, 1973.

« Gide a porté à sa perfection le système qui consiste à tirer gloire de tout ce qui diffame une vie. »

François MAURIAC, *Mémoires intérieurs*, Flammarion, 1959, chap. XII.

« [...] *je persiste à penser que* Les Faux-Monnayeurs *sont un très mauvais livre, un livre raté s'il en fut. Tout ce qui était volontaire chez Gide était mauvais. Il avait une note à lui que je comprenais, que j'entendais, mais il a voulu être un grand romancier, et il n'en était pas un. L'erreur littéraire de Gide, à mon avis, c'est d'avoir agité un drapeau sur l'homosexualité. L'homosexualité n'est pas une cause. C'est comme un bossu qui crierait* "Vive les bosses !" *; ça n'a pas de sens. »*

François MAURIAC, *Les paroles restent*, 1970, Grasset, posthume, 1985.

« Complexe, fuyant, dévoré d'inquiétude, écartelé entre des extrêmes qui se touchaient en lui, Gide est un puritain sensuel. Ses maîtres, dans son enfance, le croyaient demeuré : il couvait sa ferveur comme une fièvre contagieuse. [...]
Ferveur, inquiétude, fuite, disponibilité, acte gratuit, refus de tout choix : par un paradoxe qui n'en est pas un — notre littérature n'aime rien tant que d'accueillir des marginaux et de couronner des révoltés —, ce rebelle s'inscrit avec éclat dans la plus haute tradition du classicisme français. Offrant le monde d'une main, le refusant de l'autre, chantre du dépouillement et du désir à la fois, c'est un janséniste enivré de bonheur. Il arrive à des mollesses symbolistes de gâcher parfois son style. N'importe. Par son inquiétude toujours en éveil, par ses contradictions qui annoncent tout le siècle, par sa lucidité mêlée à tant de fièvre, par son intelligence qui ne fait jamais la bête parce qu'elle ne fait jamais l'ange, et qui ferait plutôt le diable, il n'est pas indigne du titre que [...] *André Rouveyre* [...] *lui avait décerné :* "le contemporain capital". *»*

Jean d'ORMESSON, « Gide. Un janséniste saisi par le désir », in *Une autre histoire de la littérature française*, I, NiL, 1997.

« La mort de Gide n'a pas été mal accueillie : elle a été accueillie par une bordée d'injures — tout au moins de sévérité. Que dirait Gide pourtant, s'il voyait réunis contre lui — sans compter quelques personnes du centre — ces esprits de l'extrême (extrême gauche, extrême droite) qui, à

l'entendre, le touchaient ¿ Je crois qu'il dirait quelque chose comme : "Tout de même" ou : "Ce n'est pas trop tôt." [...] Gide, ou le Sel et poivre de la terre. »

Jean PAULHAN, « La mort de Gide n'a pas été si mal accueillie », in *NRF*, novembre 1951.

« Courage et prudence : ce mélange bien dosé explique la tension intérieure de son œuvre. L'art de Gide veut établir un compromis entre le risque et la règle ; en lui s'équilibrent la loi protestante et le non-conformisme de l'homosexuel, l'individualisme orgueilleux du grand bourgeois et le goût puritain de la contrainte sociale ; une certaine sécheresse, une difficulté à communiquer et un humanisme d'origine chrétienne, une sensualité vive et qui se voudrait innocente ; l'observance de la règle s'y unit à la quête de la spontanéité. Ce jeu de contrepoids est à l'origine du service inestimable que Gide a rendu à la littérature contemporaine : c'est lui qui l'a tirée de l'ornière symboliste.
Oui, Gide était prudent [...]. Mais le même homme osa publier la profession de foi du Corydon, *le réquisitoire du* Voyage au Congo, *il eut le courage de se ranger au côté de l'U.R.S.S. quand il était dangereux de le faire et celui, plus grand encore, de se déjuger publiquement quand il estima, à tort ou à raison, qu'il s'était trompé. C'est peut-être ce mélange de cautèle et d'audace qui le rend exemplaire [...]. »*

Jean-Paul SARTRE, « Gide vivant », in *Les Temps modernes*, n° 65, mars 1951, repris in *Situations IV*, Gallimard, 1964.

« Mais cette croyance qu'il a dans sa propre valeur ! Cette place considérable qu'il donne à son œuvre, dans l'avenir ! C'en est souvent touchant. Je me demande en quoi consiste exactement son message, en fin de compte. Il fait un peu grand-homme-amateur.
C'est, plutôt qu'un romancier, un excellent écrivain critique penché surtout sur lui-même. Et un bel écrivain. »

Charles VILDRAC, *Pages de journal 1922-1966*, janvier 1941, Gallimard, 1968.

« Quels que soient les faiblesses de Corydon *et le narcissisme de* Si le grain ne meurt, *ces deux ouvrages hissaient Gide sur le pavois. Haï, détesté, méprisé par les uns, pour qui il incarnait souvent le diable, il devenait pour beaucoup celui qui osait le vrai, qui brisait la glace des convenances et le cercle des interdits. Peut-on comparer* Corydon *au* "J'accuse..." *de Zola ¿ Certes pas en raison de l'effet public. Le livre de Gide fut surtout commenté, admiré ou vilipendé dans les conversations. Mais, en profondeur, on ne peut dénier toute analogie entre les deux actes d'écriture de ces deux écrivains téméraires. Dans les deux cas, on cria au scandale. Henri Massis, gardien définitif des bonnes mœurs de son temps, jugea que Gide était "démoniaque". [...] Gide avait conscience qu'avec ce brûlot il avait réussi à faire avancer, avec ses moyens d'écrivain, ce que Freud défendait en scientifique. La sexualité, et pas seulement l'homosexualité, était demeurée trop longtemps l'objet de tous les mensonges, de toutes les répressions. Certes, Gide n'a pas réussi à faire admettre l'homosexualité par la société française, comme en témoigne parmi tant d'autres la vie secrète d'un Montherlant. Il n'est pas sûr, du reste, que nous soyons prêts, encore aujourd'hui, à admettre ce que nous appelons par euphémisme la pédophilie : des enfants sont en jeu, et les démonstrations "grecques" de Gide ne nous convainquent pas vraiment de l'innocuité de ces pratiques. Du moins, l'argumentation et la confession de Gidemarquent-elles une étape importante dans l'histoire de la connaissance : on ne pourra plus parler après son œuvre comme avant son œuvre de l'homosexualité en France. »*

Michel WINOCK, « André Gide le "démoniaque" », in *Le Siècle des intellectuels*, II, 17, Seuil, 1997.

« Je crois que la grande contribution de Gide a été de montrer aux jeunes écrivains d'alors qu'on pouvait employer cette forme ["à la française"] *qui paraissait démodée, contemporaine d'*Adolphe *ou même de* la Princesse de Clèves, *et que cela donnait encore quelque chose. »*

Marguerite YOURCENAR, *Les Yeux ouverts*, Centurion, 1980.

BIBLIOGRAPHIE

Éditions

Œuvres complètes, éd. L. MARTIN-CHAUFFIER, « NRF », Gallimard, 1932 à 1939, 15 vol., éd. ni complète ni sûre, même pour les textes d'avant 1930.

Correspondance André Gide/Roger Martin du Gard (1913-1954), Gallimard, 1968, 2 vol.

Correspondance André Gide/Paul Valéry (1890-1942), Gallimard, 1955.

Correspondance avec sa mère (1892-1939), Gallimard, 1988.

Essais critiques, éd. P. MASSON, « Pléiade », Gallimard, 1999.

Journal 1889-1939, « Pléiade », Gallimard, 1951.

Journal 1939-1949. Souvenirs, « Pléiade », Gallimard, 1954.

Journal 1887-1925, éd. É. MARTY, « Pléiade », Gallimard, 1996.

Journal 1926-1950, éd. M. SAGAERT, « Pléiade », Gallimard, 1997.

Romans, Récits et Soties, Œuvres lyriques, éd. Y. DAVET et J.-J. THIERRY, « Pléiade », Gallimard, 1989.

Théâtre complet, éd. R. HEYD, Ides et Calendes, Neuchâtel (CH), 1947 à 1949, 8 vol.

Les Nourritures terrestres, éd. Cl. MARTIN, « Univers des Lettres », Bordas, 1971 ; « Folio », Gallimard, 1989.

La Symphonie pastorale, éd. Cl. MARTIN, « Paralogue », Lettres modernes, 1970.

Études

A. ANGLÈS, *André Gide et le Premier Groupe de la « NRF »*, Gallimard, 1978 à 1986, 3 vol.

R. BASTIDE, *Anatomie d'André Gide*, PUF, 1972.

G. BRÉE, *André Gide, l'Insaisissable Protée*, Belles Lettres, 1953.

P. CHARTIER, *Pierre Chartier présente « Les Faux-Monnayeurs » d'André Gide*, « Foliothèque », Gallimard, 1991.

J. CLAUDE, *André Gide et le Théâtre*, Gallimard, 1992, 2 vol.

J. COTNAM, *Bibliographie chronologique de l'œuvre d'André Gide (1889-1973)*, G.K. Hall & Co., Boston (US), 1974.

M. DAMBRE, *Marc Dambre présente « La Symphonie pastorale » d'André Gide*, « Foliothèque », Gallimard, 1991.

Y. DAVET, *Autour des « Nourritures terrestres », histoire d'un livre*, Gallimard, 1948.

J. DELAY, *La Jeunesse d'André Gide*, Gallimard, 1956-1957, 2 vol.

R. FERNANDEZ, *André Gide ou le Courage de s'engager*, Corrêa, 1931, rééd. Klincksieck, 1985.

C. FOUCART, *Le Temps de la « gadouille » ou le Dernier Rendez-vous d'André Gide avec l'Allemagne*, Peter Lang, Bern (CH), 1997 ; *André Gide et l'Allemagne : à la recherche de la complémentarité (1889-1932)*, Romanistischer Verlag, Bonn (DE), 1997.

A. GOULET, *« Les Caves du Vatican » d'André Gide, étude méthodologique*, « Thèmes et textes », Larousse, 1972 ; *Fiction et Vie sociale dans l'œuvre d'André Gide*, Minard, 1986 ; *André Gide : « Les Faux-Monnayeurs » mode d'emploi*, SEDES, 1991 ; *Lire « Les Faux-Monnayeurs » d'André Gide*, Dunod, 1994.

P. HERBART, *À la recherche d'André Gide*, Gallimard, 1952 ; *Textes retrouvés*, Le Promeneur/Gallimard, 1999.

J. HYTIER, *André Gide*, Charlot, Alger, 1938, rééd. 1946.

R. KEMPF, *Avec André Gide*, Grasset, 2000.

P. LEPAPE, *André Gide le Messager*, Seuil, 1997.

Kl. MANN, *André Gide et la Crise de la pensée moderne*, trad. franç. M.-F. DEMET, Grasset, 1999.

Cl. MARTIN, *Gide*, « Écrivains de toujours », Seuil, 1963, rééd. 1995 ; *La Maturité d'André Gide*, Klincksieck, 1977 ; *La Correspondance générale d'André Gide, répertoire chronologique (1878-1951)*, Centre d'études gidiennes, Lyon, 1991 ; *Bibliographie chronologique des livres consacrés à André Gide (1918-1995)*, Centre d'études gidiennes, Lyon, 1995 ; *André Gide ou la Vocation du bonheur*, t. I *1869-1911*, Fayard, 1998.

R. MARTIN du GARD, *Notes sur André Gide 1913-1951*, Gallimard, 1951.

É. MARTY, *L'Écriture du jour : le « Journal » d'André Gide*, « Poétique », Seuil, 1985 ; *André Gide*, suivi des *Entretiens radiophoniques d'André Gide avec Jean Amrouche*, La Manufacture, Lyon, 1987, rééd. La Renaissance du Livre, 1998.

P. MASSON, *André Gide, voyage et écriture*, P.U. Lyon, 1983.

Cl. MAURIAC, *Conversations avec André Gide*, Albin Michel, 1951.

D. MOUTOTE, *Le Journal de Gide et les Problèmes du moi*, PUF, 1968 ; *Les Images végétales dans l'œuvre d'André Gide*, PUF, 1970 ; *André Gide : l'Engagement (1926-1939)*, SEDES, 1991 ; *André Gide : Esthétique de la création littéraire*, Champion, 1993.

M. RAIMOND, *Les Critiques de notre temps et André Gide*, Garnier, 1971.

A. SHERIDAN, *André Gide. A Life in the Present*, Hamish Hamilton, Londres (GB), 1998.

J. SCHLUMBERGER, *Madeleine et André Gide*, Gallimard, 1956 ; *Notes sur la vie littéraire*, « Les Cahiers de la *NRF* », Gallimard, 1999.

P. SCHNYDER, *Pré-textes. André Gide et la Tentation de la critique*, Intertextes, 1988.

N. SEGAL, *André Gide : Pederasty and Pedagogy*, Clarendon Press, Oxford U.P., Oxford (GB), 1998.

J.J. THIERRY, *Gide*, Gallimard, 1962, rééd. Hachette, 1986.

M. VAN RYSSELBERGHE, *Les Cahiers de la Petite Dame*, Gallimard, 1973 à 1977, 4 vol.

M. WINOCK, « Les Années Gide », in *Le Siècle des intellectuels*, Seuil, 1997, pp. 155 à 388.

Série *André Gide*, in *RLM*, Minard.

Bulletin des Amis d'André Gide, n° 82-83 (avr.-juil. 1989), « Le Centenaire du *Journal* ».

Lectures d'André Gide (collectif), P.U. Lyon, 1994.

AUDIO & VIDÉO

CD

Entretiens avec Jean Amrouche, 1949, rééd. INA/Radio-France, 4 CD-livres en 2 vol., vol. I, 1996, vol. II, 1997.

Vidéo

M. ALLÉGRET, *Avec André Gide*, 1951, Arte Vidéo, 1996.

J.-D. BREDIN et J.-P. PRÉVOST, *André Gide*, « Un siècle d'écrivains », France 3/Warner, 1996.

CD-ROM

A. GOULET, *Édition génétique des « Caves du Vatican »*, Univ. de Sheffield (GB)/Gallimard, 2001.

GIONO

Jean GIONO
Jean-Ferdinand GIONO

Manosque (act. Alpes-de-Haute-Provence) 1895 – *ibid.* 1970

> « *Jamais en défaut : sédentaire, il a tout flairé, exploré, retourné ; voyageur, il connaît Venise jusqu'aux trésors cachés dans la boue des canaux* [...]. »
> Paul MORAND, *Monplaisir... en littérature*, Gallimard, 1967.

> « *Les paysans imaginaires de Giono. Leur langue. Faux paysans qui vivent dans son atmosphère à Manosque et finissent par créer un faux village comme chez la reine à Trianon.* »
> Jean COCTEAU, *Journal (1942-1945)*, 13 avril 1942, Gallimard, posthume, 1989.

Un parcours complexe

Le « *voyageur immobile* »

Né dans une famille très modeste — son père, un Italien émigré, était cordonnier ; sa mère, repasseuse —, Giono quitta le lycée en fin de 2de pour devenir employé de banque et aider ainsi ses parents. Mais, dès l'enfance, il fut ce « *voyageur immobile* » qui, de très peu, savait faire beaucoup, comme le montra son autobiographie romancée, ***Jean le Bleu*** (1932). Son père lui lisait la Bible et lui disait : « *Si* [...] *tu connais ces deux choses : la poésie et la science d'éteindre les plaies, alors tu seras un homme* » (chap. IX) — ce qui n'empêcha pas le premier communiant de 1907 de cesser aussitôt toute pratique religieuse. Son père lui parlait aussi de son grand-père *carbonaro*. De quoi alimenter pour la vie, chez cet adolescent à moitié autodidacte, un rêve d'Italie et de liberté. Le jeune homme lisait beaucoup — dévorant les économiques « Classiques Garnier » —, et sa vision du monde passa souvent par le filtre des tragiques grecs et de Virgile. Après une première plaquette de poèmes en prose, ***Accompagnés de la flûte...*** (1924), il écrivit ***Naissance de l'« Odyssée »*** (roman achevé en 1927, publié en 1930) qui revisitait le mythe grec avec impertinence : Ulysse, pleutre et coureur de jupons, n'est plus qu'un beau parleur qui a inventé l'*Odyssée* pour justifier son absence. Le livre défendait déjà l'idée fondamentale que la littérature est un beau mensonge. Il fut publié après ***Colline*** (rédigée en 1927, éditée par Grasset en 1929) : ce roman, proche du poème en prose, est le premier de la trilogie de ***Pan***. Il met en évidence la puissance redoutable d'une terre vivante (« *C'est entre les collines, là où la chair de la terre se plie en bourrelets gras* »), qui suit ses lois propres, auxquelles les hommes doivent se soumettre — ici, la terre, pour se venger, tarit la source d'un village, éveillant ainsi le mal au cœur des hommes. Ces thèmes furent repris et approfondis dans la nouvelle ***Prélude de Pan*** (1929). ***Un de Baumugnes*** (écrit en 1928, paru en 1929 dans la *NRF*), deuxième volet de la trilogie, contait l'histoire d'une jeune campagnarde séduite par un proxénète marseillais, puis recluse avec son enfant dans la cave de la ferme familiale et enfin rachetée par le pur Albin ; celui-ci joue sur son harmonica une mélodie qui bouleverse le narrateur : « *parce que c'est ça qui faisait la force de toute la musique, combien on avait entassé de choses pures là-dedans* [...]. *On en était tout tremblant, on était à la fois dans une fleur et on avait une fleur dans soi, comme une abeille saoule qui se roule au fond d'une fleur. / Le plus fort, c'est que c'était dit avec nos mots et de notre manière à nous* » (chap. X). Le roman inaugurait la technique de la narration à la première personne par un témoin de l'action, et revenait sur le thème de la parole menteuse, opposée ici à la musique. D'ailleurs, Giono écrivait souvent sous l'effet d'émotions musicales : Mozart, Bach, Beethoven. Dans ***Regain*** (1930), récit de type mythologique, un village déserté par ses habitants renaît grâce à Panturle, homme primitif proche de Pan, et au dévouement d'une vieille Italienne, la Mamèche, qui conduit vers lui Arsule, compagne malmenée de Gédémus. À la fin du roman, Arsule attend un enfant de Panturle, qui connaît la joie de la victoire sur « *la terre ancienne, renfrognée et poilue avec ses aigres genêts et ses herbes en couteau* », dans une réconciliation finale : « *C'est une terre de beaucoup de bonne volonté.* » Cette fable, qui peut être lue aussi comme le passage de l'état premier d'une humanité chasseresse au stade de l'agriculture, insiste cependant sur le goût du sang qu'ont tous les hommes et sur la violence qui règne en eux comme dans le monde. On ne peut qu'y voir la trace de l'expérience de Giono qui, mobilisé à 20 ans comme soldat de deuxième classe, avait combattu de 1915 à 1918, des tranchées de Verdun au Chemin des Dames, épouvantable épreuve dont il sortit écœuré et d'où son meilleur ami ne revint pas. En témoignaient directement une nouvelle autobiographique écrite en 1925, ***Ivan Ivanovitch Kossiakoff***, l'une des nouvelles recueillies dans ***Solitude de la pitié*** (1932), et ***Le Grand Troupeau*** (1931), où alternent les scènes lyriques et « vitales » de transhumance et les visions horrifiées du troupeau des hommes mobilisés par la guerre dans un climat d'apocalypse — non sans quelque humour noir et cynique, comme à l'occasion d'une recette de lapin : « [...] *quand c'est cuit, juste avant de servir, tu verses le sang frais là-dedans, juste avant de servir, juste avant. Le sang frais, ça t'a un goût !* »

Le temps des utopies

Au retour de cette boucherie qui le traumatisa à jamais et le transforma en pacifiste irréductible, Giono, en 1920 — un mois après la mort de son père —, avait épousé Élise Maurin, professeur au collège de Manosque, rencontrée dès 1914 : le couple eut deux filles (nées en 1926 et 1934). Redevenu employé de banque, Giono, à la fin de 1929, grâce au succès de ***Colline***, couronnée par le prix Brentano, résolut de vivre exclusivement de sa plume. En 1930, il acheta la maison du Paraïs où il habita avec sa famille : ses contrats éditoriaux lui assuraient son indépendance matérielle — il se partagea, à partir de 1931, entre deux éditeurs : Grasset et Gallimard.
Commença alors une décennie glorieuse, marquée notamment par des débuts de dramaturge, avec ***Le Bout de la route*** (1931) et ***Lanceurs de graines*** (1932, pièce créée à Genève), par la reconnaissance officielle de la Légion d'honneur en 1932 — l'année même de la publication de ***Jean le Bleu*** —, enfin par plusieurs adaptations cinématographiques dues à Pagnol : en 1934, *Jofroi de la Maussan* et *Angèle*, d'après ***Un de Baumugnes*** ; en 1937, *Regain* (avec Fernandel) ; en 1938, *La Femme du boulanger* (avec Raimu), d'après ***Jean le Bleu***. Très sollicité, Giono adhéra brièvement, en 1934, à l'Association des écrivains et artistes révolutionnaires, aux côtés des antifascistes et des communistes. Toute une jeunesse militante se rassembla autour de lui — assisté du poète Jean Lescure, futur directeur de la revue *Messages* entre 1939 et 1946 —, au village du Contadour, pour des rencontres qui eurent lieu une dizaine de fois entre 1935 et 1939. Mais, très vite, Giono renvoya dos à dos les systèmes capitaliste et communiste qu'il jugeait également nocifs pour l'individu. Il écrivit de nombreux manifestes pacifistes, dont ***Refus d'obéissance*** (1937), ***Lettre aux paysans sur la pauvreté et la paix*** (1938), ***Recherche de la pureté*** (1939) — que confirma son engagement aux côtés des « munichois » lors de la crise de 1938. C'est surtout dans ses essais qu'il développa sa vision d'une société idéale faite de petites communautés de paysans et d'artisans convaincus de « *l'inanité de l'argent* » et de « *l'inutilité de la guerre* » ***(Lettre aux paysans)*** : seul, selon lui, un mode de vie simple, assurant le mélange harmonieux avec le monde naturel, pouvait procurer la joie. Dans la fin du ***Serpent d'étoiles*** (écrit en 1930, publié en 1933), des bergers réunis pour fêter la nuit de la Saint-Jean célèbrent l'harmonie cosmique en interprétant un drame lyrique en versets, au son des harpes éoliennes, de la gargoulette et du tympon. L'essai ***Les Vraies Richesses*** (1936) fut, un moment, la Bible d'une jeunesse révoltée par la société industrielle et l'urbanisation, qui puisait des raisons d'espérer dans l'apologie d'une vie paysanne héritée des bucoliques grecs et latins. ***Le Chant du monde*** (écrit en 1933, publié en 1934), avec le couple formé par Antonio, l'homme du fleuve, et l'aveugle Clara qu'il découvre au moment où elle accouche, proposait sa version d'Adam et Ève attachés au monde par toutes les fibres de leur corps et vivant la joie. Mais ***Que ma joie demeure*** (1935) se termine par le malheur et la mort de Bobi ; et saint Jean, le héros charismatique de ***Batailles dans la montagne*** (1937), décrit « *comme s'il était loin, seul, avec le mince regard très bleu, indéfiniment attaché aux grandes choses* », sauve son village de l'inondation, laisse la femme aimée à un autre et reprend sa vie d'errance solitaire.
Alors même que Giono se voulait « *professeur d'espérance* » et imprécateur prophétisant la disparition de la capitale — une nouvelle de ***Solitude de la pitié*** porte pour titre ***Destruction de Paris*** —, ses réalisations romanesques exprimaient les limites du culte de la joie paysanne.

L'épreuve du réel

La déclaration de guerre, en effet, mit fin à ses illusions. Arrêté en septembre 1939 en raison de ses activités pacifistes, il fut incarcéré deux mois au fort Saint-Nicolas de Marseille. Libéré grâce à une intervention de Gide et dispensé de toute obligation militaire, il rentra à Manosque. Mais il avait commis de graves imprudences : il avait publié ***Deux Cavaliers de l'orage*** (1942) dans le journal pro-allemand *La Gerbe* ; il s'était montré plusieurs fois à Paris en 1942 en compagnie de responsables allemands de la culture, c'est-à-dire de la censure ; enfin, durant toute l'Occupation, sa pièce ***Le Bout de la route*** (1941) avait été représentée à Paris. Il fut donc facile d'assimiler ses utopies sociales au projet pétainiste de retour à la terre, et tentant, au moment où d'autres risquaient leur vie dans la Résistance, de retenir contre lui des phrases dictées par l'horreur de la guerre de 1914. Aussi fut-il emprisonné quelques mois en 1944 ; mais son dossier était vide, et Giono ne fut pas jugé. Néanmoins, son passé continuait à lui porter tort, surtout auprès des communistes qu'il avait déçus. Aragon et *Les Lettres françaises* firent alors campagne contre lui et donnèrent de Giono l'image d'un collaborateur qu'il n'avait jamais été. Le Comité national des écrivains, qui, à la Libération, décidait du boycottage des collaborateurs, l'inscrivit sur la liste noire, ce qui l'interdit de publication pendant plusieurs années, en dépit du soutien de Gide et de Paulhan — rencontrés dès 1929, ainsi que Fargue et Adrienne Monnier, lors d'un court séjour parisien que Giono avait effectué à l'occasion de la parution de ***Colline***.

Amères évasions : le cycle du *Hussard [...]* et les *Chroniques*

Lors de sa première réclusion, Giono — qui avait déjà entrepris, dès 1936, avec son meilleur ami, Lucien Jacques, la traduction de *Moby Dick* de Melville —, avait conçu le projet de ***Pour saluer Melville*** (1940) : il publia cette autobiographie imaginaire — l'une de ses plus belles œuvres —, en même temps que sa traduction, ***Moby Dick*** (1940). Puis il fit paraître en Suisse ***Triomphe de la vie*** (1941), supplément aux ***Vraies Richesses***. En 1943 — année qui commença par un attentat contre sa maison —, il achevait ***Le Voyage en calèche***, pièce de théâtre interdite par la censure (elle ne fut publiée et créée qu'en 1947) : on y voit Julio, un jeune Italien de 1830, résister à l'occupant autrichien et aux révolutionnaires opportunistes. La même année, Giono fit paraître un recueil de nouvelles, ***L'Eau vive*** et un volume de ***Théâtre***. La veine du ***Voyage en calèche*** fut poursuivie par un ensemble d'œuvres qui formèrent le cycle du ***Hussard [...]***, dicté par le même désir d'évasion et soutenu par la relecture de Stendhal. ***Angelo*** (écrit en 1945, publié en 1958) met en scène le trio Pauline de Théus, son mari Laurent et le jeune Angelo Pardi — trois âmes d'élite —, et pose le climat de bonheur et d'enthousiasme qui accompagne le hussard où qu'il se dirige. ***Mort d'un personnage*** (1949) se situe chronologiquement à la fin du cycle puisque y est conté l'amour absolu du petit-fils, Angelo III, pour sa grand-mère Pauline réduite à ses fonctions physiologiques. ***Le Hussard sur le toit*** (1951), le plus connu, fut suivi du ***Bonheur fou*** (1957).

Parallèlement, Giono — qui perdit sa mère au début de l'année 1946 — se consacra aux ***Chroniques***, romans très noirs où il se livra à son travail d'écrivain avec une allégresse constamment perceptible. ***Un roi sans divertissement*** (1947), rédigé en deux mois, dérouta ses anciens admirateurs ; qualifié par Giono d'« *opéra-bouffe* » dans ***Carnets*** (1946), il combinait les genres du roman policier, du récit symbolique et moral, sous l'influence de lectures hétéroclites : Machiavel, Dostoïevski, Pascal — auquel il empruntait son titre : « [...] *un roi sans divertissement est un homme plein de misère* » (*Pensées*, Sellier, 169). Un fait divers vieux de cent ans survenu dans un village des Alpes est reconstitué à travers le puzzle de témoignages tardivement recueillis, peu fiables ou contradictoires *(« Les uns disent... cinquante histoires naturellement, pendant que la neige continue à tomber, tout décembre »)* et regroupés par un narrateur désinvolte qui invente lorsqu'il manque des pièces. Sa leçon n'est pas moins déroutante : « *On sent que* [les loups] *ce sont des bêtes avec lesquelles on peut s'entendre, sinon avec des paroles, en tout cas avec des coups de fusil.* » L'homme est donc un loup qui s'ennuie et ne demande qu'un peu de sang pour retourner à ses instincts sauvages, la cruauté n'étant en somme qu'un remède possible à l'ennui. Chacun des romans suivants utilisa un nouveau système de narration tout aussi générateur d'ambiguïtés. L'écrivain, soucieux de renouveler son style et ses techniques narratives, se dépeignit dans ***Noé*** (1948) comme le lieu d'un déluge d'histoires et de personnages, sur le modèle du musicien : « *Le musicien peut faire entendre simultanément un très grand nombre de timbres. Il y a évidemment une limite qu'il ne peut pas dépasser, mais nous, avec l'écriture, nous serions même bien contents de l'atteindre, cette limite. Car nous sommes obligés de raconter à la queue leu leu ; les mots s'écrivent les uns à la suite des autres, et, les histoires, tout ce qu'on peut faire, c'est de les faire enchaîner.* » Dans ***Les Âmes fortes*** (1950), au cours d'une veillée funèbre, deux personnages prennent tour à tour la parole pour donner des versions inconciliables du même fait. Le narrateur unique, dans ***Les Grands Chemins*** (1951), donne au présent sa version d'une étrange amitié qui le pousse à accompagner, secourir et finalement tuer son compagnon l'Artiste. ***Le Moulin de Pologne*** (1953) est le récit de la destinée tragique de la famille Coste dont le narrateur révèle à la fin une difformité qui a pu lui faire porter un regard malveillant sur l'histoire. Dans les ***Chroniques***, les personnages d'errants se multiplièrent, du Langlois d'***Un roi sans divertissement*** et des ***Récits de la demi-brigade*** (1972) à l'Artiste et au narrateur des ***Grands Chemins***, jusqu'au protagoniste du ***Déserteur*** (1966) ou d'***Ennemonde et Autres Caractères*** (écrit de 1960 à 1964, publié en 1968). Giono s'attarda aux monstruosités physiologiques et surtout morales, aux passions démesurées d'amour et de haine comme celle qui unit et fait s'entretuer les deux frères de ***Deux Cavaliers de l'orage*** (écrit de 1937 à 1942, publié en 1965). C'est sans doute pourquoi il s'est intéressé, pour l'hebdomadaire *Arts*, à l'affaire Dominici en 1954 : « *Je ne dis pas que Gaston Dominici n'est pas coupable, je dis qu'on ne m'a pas prouvé qu'il l'était* » (***Notes sur l'affaire Dominici***, 1955). À la fin de cette même année, il fut élu membre de l'Académie Goncourt, où — au prestigieux 1er couvert — il succéda à Colette. Durant ces années 1950 et 1960, Giono s'ouvrit largement aux autres, multipliant voyages (Italie, Grande-Bretagne, Baléares), entretiens radiophoniques (des ***Rencontres avec Jean Giono*** en 1953, aux ***Propos et Récits de Jean Giono*** en 1955), collaborations journalistiques (au *Dauphiné libéré* et à *Nice-Matin* en 1959) et activités cinématographiques (assurant le scénario et la réalisation du film ***Crésus*** en 1960 — tandis que, sur des scénarios établis par ses soins, ses œuvres ***L'Eau vive***, ***Un roi sans divertissement*** et ***Le Chant du monde*** étaient respectivement portées à l'écran par François Villiers [1958], François Leterrier [1963] et Marcel Camus [1965], avec notamment Charles Vanel).

L'Iris de Suse, qu'il acheva avant de mourir d'une crise cardiaque — un premier accident cardiaque l'avait frappé en 1962 et il avait subi une opération au début de l'année 1970 —, montre la conversion du bandit Tringlot à l'amour d'une Absente qui devient sa raison de vivre, écho de l'amour fou d'Angelo III pour sa grand-mère. Lorsqu'il fait dire à Tringlot : « *Je suis comblé maintenant, j'ai tout* », au moment où il choisit de se dévouer à celle qui précisément n'est rien ni personne, sans doute Giono nous livre-t-il la métaphore de ce que furent pour lui la vie, la conscience et l'amour.

Longtemps tenu pour un écrivain régionaliste et idéaliste, Giono est désormais reconnu comme l'un des plus importants auteurs de notre littérature. Le fils du cordonnier de Manosque — que le prière d'insérer de ***Colline*** résumait ainsi : « *Né à Manosque en 1895, sait lire et écrire, ne sait pas nager* » — s'est imposé comme un romancier d'une saveur et d'une liberté rares.

Une expression baroque

La luxuriance baroque des images est sans doute le trait le plus marquant de la prose — parfois poétique, comme dans ***Colline*** — de Giono : métaphores — souvent filées — et comparaisons créent un univers onirique où le végétal et le minéral se métamorphosent en animal, le solide en liquide, et réciproquement. Célébration lyrique qui atteint son apogée avec ***Le Chant du monde*** : « *Le fleuve roulait à coups d'épaules à travers la forêt, Antonio s'avança jusqu'à la pointe de l'île. D'un côté l'eau profonde, souple comme du poil de chat ; de l'autre côté les hennissements du gué.* » Les nombreuses références au corps, à la sensualité, les figures de synesthésie rappellent le lien charnel qui unit l'homme à la nature : « *Antonio toucha le chêne. Il écouta dans sa main les tremblements de l'arbre* » ***(Le Chant du monde)***. Les figures d'animation et de personnification font de la nature, peuplée d'êtres mythiques, l'inspiratrice et le miroir des passions humaines, à l'image du hêtre en prêtre-derviche d'un rite sacrificiel : « [...] *il ondulait autour de lui-même dans un entortillement d'écharpes, si frémissant, si mordoré, si inlassablement repétri par l'ivresse de son corps qu'on ne pouvait plus savoir s'il était enraciné par l'encramponnement de prodigieuses racines ou par la vitesse miraculeuse de la pointe de toupie sur laquelle reposent les dieux. Les forêts, assises sur les gradins de l'amphithéâtre des montagnes, dans leur grande toilette sacerdotale, n'osaient plus bouger* » ***(Un roi sans divertissement)***. D'autres traits contribuent au baroque de l'expression : la richesse du lexique, les néologismes et le style nominal. Sorte de pendant à cette exubérance nominale, la sobriété dans le choix des adjectifs (« *bon* », « *beau* », « *lourd* », « *grand* »...) mime la simplicité rustique des appréciations populaires : « *Au vif de la lune, dans ce rond d'herbe courte que le bois embrassait, un beau pin lyre dressait ses deux troncs* » ***(Le Serpent d'étoiles)***.

Sur le plan narratif, Giono a multiplié les procédés : narrateur omniscient et subjectif dans les premiers romans, héros-narrateur dans ***Mort d'un personnage***, emboîtements narratifs et polyphonie dans ***Un roi sans divertissement***, simultanéisme au début du ***Hussard***. Là où la narration est assumée par des témoins ***(Chroniques)***, les marques de l'énonciation abondent, le texte épouse la cadence et la syntaxe de l'oral : « *Ce qu'il y a de certain, c'est que la belle-sœur, la cousine, a hérité d'un Callas d'ici. Non. Je sais, attendez, voilà, ça m'a mis sur la voie. Ce n'est pas la belle-sœur ni la cousine, c'est la tante d'Honorius, la sœur de sa mère qui a hérité d'un Callas...* » ***(Un roi sans divertissement)***. Dans le cycle du ***Hussard***, l'influence stendhalienne infléchit le style de Giono vers un tour plus classique. La phrase se fait plus liée ; la métaphore, moins flamboyante ; les séquences descriptives, plus dépouillées ; la narration, plus détachée : « *La fontaine était dans le bosquet au bord de la route. D'un gros canon, une eau couleur d'aubépine coulait sans bruit dans un bassin rougi de lourdes mousses* » ***(Le Hussard sur le toit)***.

Enfin, l'écriture de Giono — surtout après-guerre — multiplie les sentences volontiers cyniques, provocatrices ou singulières : « *On ne peut pas vivre dans un monde où l'on croit que l'élégance exquise du plumage de la pintade est inutile* » ***(Un roi sans divertissement)*** ; « *"Méfiez-vous de la vérité, dit ce procureur (paraît-il), elle est vraie pour tout le monde"* » *(ibid.)* ; « *Imaginer, c'est choisir* » ***(Noé)*** ; « *"Je ne déteste pas les marchands de mort subite"* » ***(Le Hussard [...])*** ; « *L'homme est aussi un microbe têtu* » *(ibid.)*.

Un auteur populaire

L'accueil de la critique a d'abord été très élogieux. Les premières œuvres furent saluées par Gide, Guéhenno, par des critiques de toutes opinions — ainsi, les éloges unanimes d'Aragon et de Brasillach pour ***Le Chant du monde***, qualifié par Henry Miller de « *régal cosmique* » — et par de nombreux lecteurs. La Seconde Guerre mondiale changea les conditions de la réception en assujettissant le jugement littéraire au jugement politique. La critique ne redevint franchement favorable qu'avec ***Le Hussard sur le toit***. En 1953, Giono reçut, pour l'ensemble de son œuvre, le prix Prince Pierre de Monaco, un an avant son élection à l'Académie Goncourt. Pour autant, Giono ne fut jamais « du même monde » que ses confrères intellectuellement les plus prestigieux, tels Sartre et Camus qu'il « exécuta » dans un entretien avec Gilbert Ganne, paru dans *Les Nouvelles littéraires* d'avril 1965, à l'occasion de ses 70 ans : « *Sartre, ça n'existe pas. C'est Dubo, Dubon, Dubonnet.* [...] *C'est de la publicité. Aucun intérêt.* [...] *Qu'est-ce que c'est, ce pauvre c... de Camus ? Pourquoi la mort est-elle un scandale ? Ne faisons pas de littérature. C'est tellement beau, la mort, mes enfants ! Mais si elle n'existait pas, le monde s'effondrerait !* [...] *Je n'ai jamais lu une ligne de Camus. Ça ne m'intéresse pas du tout. J'ai jeté un coup d'œil dessus, ça m'a paru indigeste.* » C'est peut-être pourquoi Giono est longtemps resté un auteur de collège, avant d'être — sous l'impulsion de Robert Ricatte et de Pierre Citron — réhabilité par l'Université. Le grand public, lui, n'a jamais boudé son plaisir, d'autant moins que le cinéma a rendu l'œuvre populaire.

ŒUVRES

Le ***Hussard sur le toit***

Roman en 14 chapitres — numérotés mais non titrés —, paru chez Gallimard, à Paris, en novembre 1951.

Le roman raconte le parcours d'Angelo, colonel de hussards piémontais, dans une Provence ravagée par le choléra sous la monarchie de Juillet. Après avoir traversé des villages hantés par la mort, le héros arrive à Manosque où, ayant gagné les toits afin d'échapper à la foule qui le prend pour un empoisonneur, il rencontre la jeune marquise Pauline de Théus. De multiples aventures le conduisent à retrouver Pauline avec qui il fait route, séduit par le courage et la générosité de cette âme-sœur : « *Il était de ces hommes qui ont vingt-cinq ans pendant cinquante ans* » (chap. 6). Quand Pauline elle-même est atteinte par le mal, Angelo la soigne et la sauve, avant de la raccompagner à Théus et de repartir seul pour l'Italie.

Le Hussard sur le toit met en scène un héros stendhalien — « *Le mystère est toujours résolument italien* » (chap. 2) —, habité par le sens du sublime et le goût du bonheur, aux prises avec une épidémie qui met au jour deux maladies symétriques : la cruauté de l'égoïsme et la tentation de la perte. On trouve dans ***Le Hussard [...]*** l'évocation épique d'une épidémie qui ébranle le sens de l'univers, mais aussi une ironie et une allégresse d'écriture qui diffèrent du style gionien d'avant-guerre : « *"Crois-tu que la générosité soit toujours bonne ? Neuf fois sur dix, elle est impolie. Et elle n'est jamais virile"* » (chap. 8).

Giono rédigea ***Le Hussard sur le toit*** entre 1946 et 1951, parallèlement aux ***Chroniques*** : les chapitres 1 à 4 avaient paru dès 1947 sous le titre

Le Choléra en 1838, et les chapitres 6 à 8, dès 1949, dans *La Table ronde*. Depuis ***Batailles dans la montagne*** (1937), il n'avait engagé aucune œuvre d'une telle ampleur. Au cycle du ***Hussard*** appartiennent aussi ***Angelo*** (écrit dès 1945, publié en 1958), ***Mort d'un personnage*** (1949) et ***Le Bonheur fou*** (1957).

La critique vit dans ***Le Hussard sur le toit*** la confirmation de cette *« nouvelle manière »* remarquée dans les ***Chroniques*** (comme ***Un roi sans divertissement*** ou ***Noé***) et y reconnut un chef-d'œuvre. Après des années d'ostracisme, Giono renouait ainsi avec le succès (40 000 exemplaires vendus la première année, 70 000 en 1955). Le roman fit l'objet d'une adaptation radiophonique d'André Bourdil (1953), avec Jeanne Moreau et Gérard Philipe, puis — quarante ans plus tard — d'une somptueuse adaptation cinématographique de Jean-Paul Rappeneau (1994), avec Juliette Binoche et Olivier Martinez.

Que ma joie demeure

Roman en 25 chapitres — numérotés mais non titrés —, paru chez Grasset, à Paris, en avril 1935.

Le roman raconte les transformations provoquées chez les habitants du plateau Grémone, en Haute Provence, par l'arrivée d'un personnage venu guérir la *« lèpre »* de la solitude et de l'ennui. Bobi convertit les paysans, par son langage de poète et sa générosité communicative, au sens de la beauté et à la *« passion de l'inutile »*. La joie qu'il enseigne se trouve non dans le gain matériel, mais dans la réconciliation de l'homme avec la nature. Le bonheur retrouvé culmine dans un festin champêtre, et les paysans s'engagent sur la voie d'une mise en commun du travail et des terres. Mais la recherche de la joie se heurte aux lois du désir : aimé à la fois de la sensuelle Joséphine et de la jeune Aurore, Bobi est bouleversé quand cette dernière se suicide. Quittant alors le plateau par une nuit d'orage, il meurt foudroyé.

Roman cosmique qui célèbre la vie naturelle, ***Que ma joie demeure*** formule également, par la voix de son héros messianique, un idéal social fondé sur l'organisation autarcique d'une communauté rurale. Dans ***Que ma joie demeure*** s'épanouit un style lyrique, riche en métaphores, qui seul est en mesure de *« chanter le monde »*.

Avec le succès de ce roman — qui constitue un diptyque avec le suivant, ***Batailles dans la montagne*** (1937) —, dont la publication coïncidait avec un engagement antifasciste affirmé, Giono acquit l'influence d'un maître à penser (concrétisée par les rassemblements du Contadour à partir de 1935).

Parfois critiqué pour son didactisme trop explicite, le roman a cependant été jugé par plusieurs écrivains (Aragon, Delteil, Paulhan), à sa parution, comme le meilleur livre de Giono — qui le commenta ainsi : *« On m'a accusé de pessimisme pour* Que ma joie demeure*. Peut-être, car c'est le livre de la bataille des esprits ;* Batailles [dans la montagne] *est le livre de la bataille des corps »* (***Journal***, 4 févr. 1936). Il a surtout enthousiasmé un vaste public, souvent jeune, qui y trouvait une réponse aux angoisses du temps.

CITATIONS

Que je te dise pour le lapin. Ne fais pas de civet, le sang cuit trop, ça n'a pas de goût : voilà ce que tu fais : tu fais revenir la viande au poêlon avec des oignons et de la tomate, puis, quand c'est cuit, juste avant de servir, tu verses le sang frais là-dedans, juste avant de servir, juste avant. Le sang frais, ça t'a un goût !

La Mouche à viande, in *Le Grand Troupeau*.

« Je ne déteste pas les marchands de mort subite. »

Le Hussard sur le toit, 1.

Le mystère est toujours résolument italien.

Le Hussard sur le toit, 2.

Il était de ces hommes qui ont vingt-cinq ans pendant cinquante ans.

Le Hussard sur le toit, 6.

« La première vertu révolutionnaire, c'est l'art de faire foutre les autres au garde-à-vous. »

Le Hussard sur le toit, 6.

Prends donc l'habitude de considérer que les choses ordinaires arrivent aussi.

Le Hussard sur le toit, 8.

Le musicien peut faire entendre simultanément un très grand nombre de timbres. Il y a évidemment une limite qu'il ne peut pas dépasser, mais nous, avec l'écriture, nous serions même bien contents de l'atteindre, cette limite. Car nous sommes obligés de raconter à la queue leu leu ; les mots s'écrivent les uns à la suite des autres, et, les histoires, tout ce qu'on peut faire c'est de les faire enchaîner.

Noé.

Les spectateurs sont indispensables au bonheur des gourmands primaires de la volonté de puissance.

Noé.

L'incendie est un très beau personnage dramatique. Ce n'est pas, comme la tempête, ou le tremblement de terre, ou la foudre, les manifestations d'un dieu : c'est un dieu en chair et en os.

Noé.

Imaginer c'est choisir.

Noé.

Tout accusé disposant d'un vocabulaire de deux mille mots serait sorti à peu près indemne de ce procès. Si, en plus, il avait été doué du don de parole et d'un peu d'art de récit, il serait acquitté. Malgré les aveux.

Notes sur l'affaire Dominici.

On ne peut pas vivre dans un monde où l'on croit que l'élégance exquise du plumage de la pintade est inutile.

Un roi sans divertissement.

Méfiez-vous de la vérité, dit ce procureur (paraît-il), elle est vraie pour tout le monde.

Un roi sans divertissement.

JUGEMENTS

« [...] *Giono qui a repris, semble-t-il, des mains défaillantes de Claudel le flambeau du grand lyrisme mâle, du grand animisme spirituel, qui a écrit sur la nature figurante et symbolisante des pages de grande envergure* [...], *des pages d'une éloquence visionnaire comme on n'en avait pas lu depuis Michelet, Hugo et Bossuet, Giono tombe parfois dans le prêche, dans un galimatias philosophard à l'usage de ces "disciples" professionnels qui viennent volontiers essuyer leurs pieds plats sur le paillasson des prophètes.* »

Pierre DRIEU LA ROCHELLE, *Notes pour comprendre les écrivains*, in *Sur les écrivains*, Gallimard, posthume, 1964.

« *J'admirais en lui l'écrivain, mais je comprenais à présent pourquoi les nazis lui faisaient tant d'avances et lui envoyaient tant d'invitations dont il était ravi sans en saisir le sens. Les dirigeants allemands comptaient justement réduire la France à une économie purement agricole, pour mieux la dominer et y écouler leurs produits industriels. Giono me paraissait un homme de lettres bien naïf en politique.* »

Gisèle FREUND, *Le Monde et ma caméra*, Denoël, 1970.

« [...] *Giono, le Provençal* [...] *un peu menteur parce qu'il faut bien quelquefois mentir pour qu'on ait du plaisir, joyeux comme son soleil, rusé et gai comme un tambourinaire* [...]. »

Jean GUÉHENNO, *Carnets du vieil écrivain*, Grasset, 1971.

« *Observateur remarquable, qui tire d'un quart d'heure sur la place du marché, dans une ville étrangère, plus de profit qu'un autre en une année de séjour.* [...] *Giono connaît les délices de l'immobilité : il sait méditer, et trouver le bonheur.* »

Ernst JÜNGER, *Soixante-dix s'efface* [*Journal*, t. II, *1971-1980*], trad. franç. Henri PLARD, Gallimard, 1985.

« *Le vrai renouvellement pour un écrivain, c'est celui de Giono, par exemple, qui à cinquante ou cinquante-cinq ans, tout à coup donne autre chose, donne une autre forme de roman, qui est un épanouissement sur un autre plan.* »

François MAURIAC, *Souvenirs retrouvés*, Fayard, posthume, 1981.

« *Avec des mots, il multiplie les miracles. C'est vraiment un patron dans le ciel des lettres de ce siècle. Je ne résiste pas au plaisir d'un jeu de mots qui dit bien ce que beaucoup pensent : Jean Giono est un poète anti-char. Ce terme guerrier, appliqué à un ancien combattant devenu pacifiste par horreur, lui donnerait sans doute à sourire. Et j'aime bien le situer en contraste de René Char, poète officiel de la République (V^e à gauche), qui, en choisissant le système du succinct, est parvenu à épater les bourgeois. Mais à laisser perplexe le populo.*

Giono, lui, proche du peuple par sa simplicité (combien élaborée et profonde), fut emprisonné par deux Républiques pour cause de pacifisme, mais son œuvre tira mille profits de cette épreuve indue. »

Éric OLLIVIER, « Giono : poète anti-char », in *Le Figaro littéraire*, 30 avril 1998.

« *Le mouvement de régionalisme littéraire a conduit les écrivains* [...] *à prendre, beaucoup plus qu'on ne le faisait au* XIXe *siècle, cadres et sujets dans leur province. Il est* [...] *devenu banal de dresser une sorte de carte géographique* [...]. *On note comme un fait presque nouveau que certains auteurs, Francis Jammes et Jean Giono par exemple, conservent ou accroissent toute leur considération en habitant fidèlement la province de leurs livres.* »

Albert THIBAUDET, cité *in* Anatole de MONZIE, *Encyclopédie française*, Comité de l'Encyclopédie française, 1935.

BIBLIOGRAPHIE

Éditions

Œuvres romanesques complètes, éd. R. Ricatte, P. Citron, M. Godard, L. et J. Miallet, L. Ricatte, « Pléiade », Gallimard, 1971 à 1983, 6 vol.

Récits et Essais, éd. P. Citron, H. Godard, V. de Montmollin, M. Sacotte, « Pléiade », Gallimard, 1989.

Journal, Poèmes, Essais, éd. P. Citron, L. Fourcaut, H. Godard, V. de Montmollin, A. Morello, M. Sacotte, « Pléiade », Gallimard, 1995.

Œuvres cinématographiques de Giono (scénarios de la période 1938 à 1958), Cahiers du cinéma/Gallimard, 1980.

Le Hussard sur le toit, éd. M. Bigot et Br. Vercier, « Folio Plus », Gallimard, 1995.

Que ma joie demeure, « LdP », LGF, 1959, « Les Cahiers rouges », Grasset, 1996.

Études

A. Campozet, *Le Pain d'étoiles, Giono au Contadour*, Pierre Fanlac, Périgueux, 1980.

J. Chabot, *La Provence de Giono*, Édisud, Aix-en-Provence (Bouches-du-Rhône), 1980 ; *L'Imagionaire*, Actes Sud, Arles (Bouches-du-Rhône), 1990 ; *Noé ou le Bateau Livres*, PUF, 1990 ; *Giono, l'humeur belle*, Univ. de Provence, Aix-en-Provence (Bouches-du-Rhône), 1992.

P. Citron, *Giono 1895-1970*, Seuil, 1990 ; *Giono*, « Écrivains de toujours », Seuil, 1995.

A.-J. Clayton, *Pour une poétique de la parole chez Giono*, Minard, 1978.

L. Fourcaut, *Laurent Fourcaut présente « Le Chant du monde » de Jean Giono*, « Foliothèque », Gallimard, 1996.

H. Godard, *Album Giono*, « Pléiade », Gallimard, 1980.

J.-Y. Laurichesse, *Giono et Stendhal*, publications de l'Université de Provence, Aix-en-Provence (Bouches-du-Rhône), 1994.

J. Mény, *Jean Giono et le Cinéma*, « Poche cinéma », Ramsay, 1990.

C. Morzewski, *La Lampe et la Plaie (Le Mythe du guérisseur dans « Jean le Bleu »)*, P. U. du Septentrion, Villeneuve-d'Ascq (Nord), 1995.

M. Neveux, *Jean Giono ou le Bonheur d'écrire*, Éd. du Rocher, Monaco (MC), 1990.

M. Sacotte, *Mireille Sacotte commente « Un roi sans divertissement » de Jean Giono*, « Foliothèque », Gallimard, 1995 ; *id.* (dir.), *Giono l'Enchanteur*, actes du colloque international de Paris, BNF, oct. 1995, Grasset, 1996.

Giono aujourd'hui, Édisud, Aix-en-Provence (Bouches-du-Rhône), 1982.

Giono : imaginaire et écriture, Édisud, Aix-en-Provence (Bouches-du-Rhône), 1985.

Giono romancier, actes du IVe colloque international Jean Giono, colloque du centenaire, 14 au 17 juin 1995, publications de l'Université de Provence, Aix-en-Provence (Bouches-du-Rhône), 1999, 2 vol.

Jean Giono e la Storia, « Il confronto Letterario », n° 26, Schena, Bergame (IT), 1998.

Les Styles de Giono, in *Roman 20-50*, Université de Lille III, 1990.

AUDIO & VIDÉO

Vidéo

J. Mény, *Le Mystère Giono*, Arte Vidéo, 1995.

J.-P. Rappeneau, *Le Hussard sur le toit*, PFC, 1995.

GIRAUDOUX

Jean GIRAUDOUX

Bellac (Haute-Vienne) 1882 – Paris 1944

« Le joli nom de Giraudoux, nom si fluide qu'il évoque le tulle dont il a la transparente matière [...]. L'univers giralducien se situe entre la Création et la Chute. »
François TRUFFAUT, *Le Plaisir des yeux*, 1954,
Cahiers du cinéma, 1987.

« [...] ce n'est là que du style tarabiscoté, pour ne rien dire. Il y a longtemps que je me suis aperçu que c'est là tout le talent de Giraudoux. »
Paul LÉAUTAUD, *Journal littéraire*, 28 novembre 1922,
Mercure de France, rééd. 1986.

Entre écriture et diplomatie

Du Limousin au Quai d'Orsay

Dès son enfance à Bellac, Giraudoux, fils de percepteur et d'ascendance paysanne, devint familier des arbres et des animaux, des petites villageoises et des fonctionnaires qui peuplèrent son œuvre. Boursier, il eut une scolarité exemplaire qui le conduisit, après la communale de Pellevoisin, du lycée de Châteauroux (1893 à 1900) au lycée Lakanal (1900 à 1902), à Sceaux (act. Hauts-de-Seine), puis à l'École normale supérieure (1903 à 1907). Fasciné par la littérature, il lut Ronsard, Racine, La Fontaine, Marivaux, Nerval, traduisit les auteurs grecs et latins. Il se tourna ensuite vers l'Allemagne du Moyen Âge et du romantisme, Goethe, La Motte Fouqué, August Platen. Dans tous ces livres, il trouva le goût des mots et de l'écriture, mais pas celui de l'enseignement ; le plaisir du pastiche et non celui du commentaire. Voyages et séjours d'études le menèrent au centre de l'Europe : encore normalien, il connut à Munich (1905 à 1907), où il donna des leçons particulières au fils du prince de Saxe-Meinigen, une vie intellectuelle et artistique nouvelle — dont il sut se souvenir dans ***Siegfried et le Limousin*** —, parcourut l'Autriche-Hongrie et l'Italie, se lia d'amitié avec Paul Morand, Frank Wedekind. Boursier à Harvard (1907-1908), il découvrit l'Amérique des campus.

À 25 ans, de retour en France et transformé par ces expériences, Giraudoux hésita sur son avenir. Renonçant à l'enseignement — auquel le destinait son statut de normalien —, rêvant d'affaires « à l'américaine », il prépara le concours des ambassades, tout en assurant la rubrique des contes pour *Le Matin*. Dès 1904, il avait donné à plusieurs revues des textes brefs. En 1908, il rencontra le jeune éditeur Bernard Grasset, qui publia en mars 1909 son premier recueil de nouvelles, ***Provinciales***. Ignoré du public, mais salué par Gide dans la *NRF* où il publia, peu après, le début de ***L'École des indifférents***, Giraudoux entrait en « littérature ». Admis, en 1910, au *« petit »* concours des chancelleries, affecté au ministère des Affaires étrangères, il débutait aussi dans la carrière diplomatique.

Dans un monde en guerre

Les 3 nouvelles de ***L'École des indifférents*** (1911) peignaient son itinéraire intellectuel, ses incertitudes sentimentales. Il éprouvait alors pour une belle Cubaine de Paris, Rosalia Abreu *alias* Lilita — future compagne de Saint-John Perse —, une passion qui, en 1912, le déchira. Pour elle, il commença le futur ***Simon le Pathétique***, roman de leur difficile relation que reflétèrent les ***Lettres à Lilita*** (posth., 1989). En 1913, il rencontra Suzanne Pineau-Boland, qui devint sa maîtresse. Les premiers chapitres de ***Simon*** paraissaient dans *L'Opinion*, en 1914, lorsque la guerre éclata.

Le sergent Giraudoux fit la campagne d'Alsace, fut blessé à la bataille de la Marne, puis aux Dardanelles en 1915. Il travailla au ministère pour le Bureau de la propagande : de fréquentes hospitalisations lui permirent de rédiger des récits de guerre (***En Alsace*** et ***Cinq Soirs, Cinq Réveils***). En 1916, il participa à une mission militaire au Portugal ; en 1917, il retourna à Harvard former un régiment de volontaires. Plusieurs volumes rapportèrent ces expériences diverses : ***Lectures pour une ombre*** (1917) racontait avec stoïcisme campagnes et batailles, ***Amica America*** (1918) présentait une Amérique prête à la guerre. Giraudoux — qui avait achevé, non sans difficultés, ***Simon le Pathétique*** (1918) et rassemblé dans ***Elpénor*** (1919) 3 épisodes de l'*Odyssée* réécrits sur le mode ironique — dit, dans ***Adorable Clio*** (1920), adieu à la guerre : *« Ce que je fais ? Ce que je suis ? Je suis un vainqueur, le dimanche à midi. »* Son récit ***Nuit à Châteauroux*** (1919) était aussi un adieu à l'enfance. Après une jeunesse vagabonde et prolongée, Giraudoux, à 37 ans, s'installait dans la paix. Il fut intégré au *« grand cadre »* en 1919. Le 29 décembre, Suzanne Pineau-Boland mit au monde son fils, Jean-Pierre : le père épousa la mère treize mois plus tard.

Le sourcier de l'Éden

Giraudoux, « *le plus détaché des attachés* » selon Édouard Herriot, resta à Paris où, protégé par le secrétaire d'État aux Affaires étrangères, Philippe Berthelot — homme clé déjà de la double carrière de Claudel et à qui succéda Saint-John Perse à ce poste —, il poursuivit une carrière diplomatique qui ne l'empêcha pas de se consacrer à l'écriture. Ouvrant les horizons poétiques d'un périple odysséen à mi-chemin entre réalité et symbole, ses romans constituent une chronique imaginaire de l'après-guerre. Robinsonnade au féminin, ***Suzanne et le Pacifique*** (1921) évoquait une naufragée bellachonne vivant l'harmonie de son île avant de retrouver avec joie la France et son contrôleur des Poids et Mesures. ***Siegfried et le Limousin*** (1922) entraînait le lecteur de Munich à Berlin pour confronter l'âme de l'Allemagne à celle de la France. Dans ***Juliette au pays des hommes*** (1924), l'héroïne éponyme parcourait un itinéraire initiatique d'« hommes-symboles » pour revenir enfin à sa province. Éloignés du réalisme, du romanesque, de la psychologie, ces romans interrogeaient le bonheur de l'homme au sein de l'univers. Dans ***Prière sur la tour Eiffel*** (1923), Giraudoux, « *petit messie pour les taches de soleil* », confiait avec un optimisme volontaire : « *Je suis le sourcier de l'Éden !* »

Bella, en 1926, inaugura une nouvelle veine. En filigrane de ce « *Roméo et Juliette 1924* » se lisait la rivalité politique de Poincaré et Berthelot : le scandale affirma la célébrité du romancier. L'univers de Giraudoux, habité par des figures féminines de chair et de rêve, acceptait désormais la mort, la tragédie. ***Églantine***, partagée entre Orient et Occident, vint en 1927 achever cette ronde de jeunes filles à la croisée des destins.

Dès 1923, Giraudoux avait commencé à élaborer une version théâtrale de ***Siegfried et le Limousin***. En 1927, il rencontra Jouvet, qui monta ***Siegfried***, sa première pièce, après que l'auteur l'eut abondamment corrigée à la demande du metteur en scène. Giraudoux, à 45 ans, commençait une carrière d'auteur dramatique.

Les triomphes d'un dramaturge

Le triomphe de *Siegfried* (mai 1928) inaugura une collaboration exemplaire avec Jouvet que seule la guerre brisa : 12 grandes pièces et 4 pièces en un acte qui, presque toutes, connurent le succès. « *Je voudrais que chacune de mes pièces ne ressemble jamais à la précédente* » : conformément à ce vœu, Giraudoux, utilisant actualité et mythologie, histoire et légende, souvenirs d'enfance, de voyages et de lectures, situa ses pièces dans l'Allemagne de 1920 ou la Grèce antique, dans une cité « biblique », à la terrasse d'un café, dans la campagne limousine, sur une île du Pacifique... et même sur la scène de l'Athénée. À chaque fois, il mit son originalité, non dans le sujet, mais dans les inventions, parfois paradoxales ou anachroniques, souvent distanciées par l'humour, d'une écriture au second degré dont Gérard Genette a montré l'exemplarité (*Palimpsestes*, 1982).

Dans ***Siegfried***, à l'ombre de Wagner et des *Nibelungen*, Giraudoux évoquait les rapports franco-allemands de l'après-guerre. En 1929, ***Amphitryon 38*** — ainsi intitulée car présentée par son auteur comme la 38e adaptation du mythe —, célébrant la fidélité et l'humanité à travers le couple amoureux formé par Amphitryon et la belle Alcmène, laquelle tenait tête au dieu Jupiter, inaugurait ses variations ironiques sur un mythe classique. Dans la Bible, Giraudoux trouva l'intrigue de ***Judith*** (1931), qu'après Hebbel il métamorphosa en meurtrière par amour : ce fut un demi-échec. ***Intermezzo*** (1933) fut son « *songe d'une nuit d'été limousine* » : dans l'atmosphère de délire poétique qui avait frappé les habitants du bourg, où mandragore et revenant, esprits et diapasons mêlent l'étrange au fantastique, l'institutrice remplaçante Isabelle, amoureuse d'un mystérieux Spectre et qui s'était évanouie après l'avoir embrassé alors qu'il allait disparaître, était sauvée par l'harmonie villageoise et la tendresse des fonctionnaires — le Maire du bourg, l'Inspecteur venu de Limoges et le contrôleur des Poids et Mesures — ligués pour venir à bout du Spectre. ***Tessa*** (1934) mit une musique douce-amère sur les amours dramatiques imaginées par Margaret Kennedy dans sa pièce *La Nymphe au cœur fidèle*. En une sorte de prélude donné *a posteriori* à l'*Iliade*, ***La guerre de Troie n'aura pas lieu*** (1935) présentait un champion de la paix impuissant à contenir, aux ultimes moments précédant le conflit, les fanatismes nationaux, exprimés ici par le cynique Ulysse : « *À la veille de toute guerre, il est courant que deux chefs des peuples en conflit se rencontrent seuls dans quelque innocent village* [...]. *Et ils conviennent que la guerre est le pire fléau du monde, et tous deux,* [...] *ils sont pacifiques, modestes, loyaux. Et ils s'étudient. Ils se regardent. Et* [...] *ils ne trouvent dans le visage d'en face aucun trait qui justifie la haine, aucun trait qui n'appelle l'amour humain* [...]. *Et ils sont vraiment combles de paix, de désirs* *de paix. Et ils se quittent en se serrant les mains, en se sentant des frères.* [...] *Et le lendemain pourtant éclate la guerre...* [...] *Nos peuples* [...] *se taisent et s'écartent, mais ce n'est pas qu'ils attendent de nous une victoire sur l'inéluctable. C'est seulement qu'ils nous ont donné pleins pouvoirs, qu'ils nous ont isolés, pour que nous goûtions mieux, au-dessus de la catastrophe, notre fraternité d'ennemis. Goûtons-la. C'est un plat de riches. Savourons-la... Mais c'est tout* » (II, 13). Dans ***Électre*** (1937) s'affrontaient raison d'État et justice intégrale. Jouée dans le cadre de l'Exposition universelle, la pièce actualisait le mythe des Atrides, alors même que la guerre civile embrasait l'Espagne : Giraudoux se félicita d'avoir « *épousseté le buste* » de l'héroïne d'Euripide (*Le Figaro*, 11 mai 1937).

Au *Supplément au Voyage de Bougainville* de Diderot, Giraudoux emprunta le canevas de son ***Supplément au voyage de Cook*** (1935) pour ridiculiser l'hypocrisie coloniale ; à *L'Impromptu de Versailles* de Molière, la forme de ***L'Impromptu de Paris*** (1937) pour dénoncer l'aveuglement des critiques, l'indifférence du gouvernement à l'égard du théâtre. En 1939, ***Ondine***, adaptant le conte de La Motte Fouqué, actualisait par des innovations à la Pirandello, cette histoire d'amour et de mort entre le chevalier et la fille des eaux.

Métamorphosant l'intrigue en allégorie, ces pièces subvertissaient la légende pour proclamer, malgré toute la fatalité des destins et des mythes, la liberté certes limitée mais précieuse de l'auteur et du spectateur face à l'Histoire et à l'écriture : « *Le privilège des grands, c'est de voir les catastrophes d'une terrasse* », déclarait Ulysse dans ***La guerre de Troie n'aura pas lieu*** (II, 13).

Entre politique et métaphysique

Par le théâtre, Giraudoux toucha un public plus vaste, mais il n'abandonna pas le roman. En 1930, il avait publié ***Aventures de Jérôme Bardini***, triptyque sur la fuite, la solitude et l'orgueil. ***Combat avec l'ange*** (1934) mêlait politique et métaphysique sentimentale. Giraudoux commença, en 1936, ***La Menteuse***, roman relatant la vie privée de l'auteur et de proches à travers les aventures sentimentales du héros, Réginald. Publié partiellement en 1958 comme un roman « *inachevé* », il ne fut édité intégralement qu'en 1969. Son dernier roman, ***Choix des élues*** (1939), décrivait ce qu'il appelait « *la descente d'une sorte de grâce sur une famille de femmes* ». Sartre le commenta dans un article de la *NRF* (mars 1940) resté célèbre, « M. Giraudoux et la philosophie d'Aristote ». Il y voyait « *une philosophie du concept* [...], *une magie blanche qui est simplement l'aspect superficiel d'un logicisme rigoureux, une morale de l'équilibre, du bonheur, du juste milieu* ».

Nommé, à partir de 1934, inspecteur général des postes diplomatiques et consulaires, Giraudoux visita le Proche-Orient et l'Europe orientale (1935), l'Amérique (1936 et 1939), et fit le tour du monde en 1937-1938. Dans les journaux, il mena une réflexion politique, urbanistique, écologique. S'intéressant à la course, au tennis, au football, il avait publié en 1928 ***Le Sport*** et, en 1932-1933, tint, dans *Les Annales*, la chronique sportive. Fasciné par l'urbanisme, il consacra une plaquette à Berlin, en 1929, et, fondateur d'une Ligue urbaine, critiqua l'aménagement de Paris dans les colonnes de *Marianne* (1933-1934) et du *Figaro* (1934-1935) — articles réunis in *Cahiers Jean Giraudoux*, n° 22. Aux conférences des *Annales*, il aborda les sujets les plus divers ; les analyses littéraires sur le théâtre, sur La Fontaine — reprises in ***Les Cinq Tentations de La Fontaine*** (1938) —, alternaient avec des réflexions politiques : en 1934, sur le statut des femmes et la défense d'un véritable féminisme, avec ***La Française et la France*** (posth., 1951) ; en 1939, sur les travaux de France. Ces textes, destinés à analyser le « *vrai problème français* » (titre du 1er chapitre), parurent, remaniés, dans ***Pleins Pouvoirs*** (1939). Ce recueil d'articles parus dans les années 1930 révélait parfois une pensée politique raciale, voire raciste. Dans un texte intitulé ***La France peuplée***, consacré à la population étrangère en surnombre (« *Notre terre est devenue terre d'invasion* »), il reprochait à l'État d'avoir « *favorisé l'irruption et l'installation en France de races primitives ou imperméables* ». Faisant une distinction, devenue classique, entre une « bonne » immigration — qui lui fit écrire : « *Cette phrase, "La France aux Français", au lieu de m'enrichir me dépossède* » — et une immigration « clandestine » (les « *centaines de mille Askenasis* »), il prônait une politique raciale sélective : « *Nous sommes pleinement d'accord avec Hitler pour proclamer qu'une politique n'atteint sa forme supérieure que si elle est raciale.* » Son modèle n'était toutefois pas l'Allemagne, mais les États-Unis : il ne s'agissait pas « *d'obtenir dans son intégrité, par l'épuration, un type physique primitif, mais de constituer, au besoin avec des apports étrangers, un type moral et culturel* ».

En désespoir de cause

La guerre déclarée, Giraudoux fut nommé, le 29 juillet 1939, commissaire général à l'Information. Dans ses ***Messages du Continental*** (allocutions radiodiffusées, publiées in *Cahiers Jean Giraudoux*, n° 16, 1987), il stigmatisa l'agression « *la plus monstrueuse* » et les violences du nazisme. En 1940, il s'avouait « *sans pouvoirs* » devant la défaite. Ayant démissionné du Conseil supérieur de l'information en juin 1940, il fit valoir ses droits à la retraite en janvier 1941. Resté en France, vivant entre Paris et Cusset (Allier), il n'eut d'autre recours que l'écriture : il publia en 1941 un recueil d'articles intitulé ***Littérature***. Dans un pays occupé, avec une famille éclatée, sa vie sentimentale bouleversée, le travail théâtral interrompu par le départ de Jouvet, il écrivit ***L'Apollon de Marsac*** (créé et publié à Rio de Janeiro en 1942, joué à Paris et publié en 1946 sous le titre ***L'Apollon de Bellac***) et ***Sodome et Gomorrhe*** qui, fin 1943, présentait la crise du couple sur fond d'apocalypse. Il rédigea également ***La Folle de Chaillot***, « *utopie écologiste* », un des triomphes de l'après-guerre au théâtre de l'Athénée (posth., 1945). Sa dernière pièce fut ***Pour Lucrèce***, créée par Jean-Louis Barrault, en 1953, au théâtre Marigny.

Giraudoux se tourna vers le cinéma, adaptant Balzac avec ***La Duchesse de Langeais*** (1942), collaborant avec Bresson aux ***Anges du péché*** (1943). N'abandonnant pas la réflexion politique, il réfléchissait à « *l'avenir de la France* », quand il mourut d'un mystérieux empoisonnement, en janvier 1944 — trois mois après son 61e anniversaire —, sans voir cette paix à laquelle il proposait des valeurs nouvelles : dans ***Sans pouvoirs*** (posth., 1945), il mettait ses espoirs dans l'urbanisme et dans le sport, comme moyens de régénération du pays.

Avec le personnage de la Folle de Chaillot, créé par l'« *inimitable* » Marguerite Moreno en 1945, puis triomphalement repris par Edwige Feuillère vingt ans plus tard (au TNP, dans une mise en scène de Georges Wilson), Giraudoux achevait son œuvre dramaturgique sur un constat doux-amer : l'impossibilité de sauver notre monde de la corruption qui le gangrène, si ce n'est par le délire d'une folle à peine moins inquiétante — mais qui, néanmoins, ressuscitant le personnage médiéval du « Fou », révèle peut-être une véritable sagesse sous sa démence apparente : « *Il suffit d'une femme de sens pour que la folie du monde sur elle casse ses dents* » (II).

THÉORIE LITTÉRAIRE

Chez Giraudoux, la réflexion littéraire n'est jamais séparée de la réflexion politique, historique et sociale. S'il se montre, par exemple, réticent à l'égard de la technique stylistique du monologue intérieur, inventée par Édouard Dujardin, mise en vogue par l'*Ulysse* de Joyce et popularisée par Larbaud, c'est que cette « *bouillie du langage, nourriture qui ne nourrit pas* », qui diffère « *si peu des phrases que prononcent les vieillards qui parlent tout seuls* », déchaîne à ses yeux « *tout ce qu'un être garde et défend en se taisant vis-à-vis de soi-même* » et que « *tout humain qui n'est pas doublé à l'intérieur par un sourd-muet est la trappe par laquelle le mal inonde le monde* » ***(Juliette au pays des hommes)***. Il se montre aussi très hostile à la « *bourgeoisie littéraire* » (***Préface*** à ***Littérature***) que représentent pour lui les romantiques « officiels » : « *Malgré leurs désolations et leurs renoncements devant la nature, ils ont créé la Société des Gens de Lettres et régularisé la perception des droits d'auteur* » (***De siècle à siècle***, conférence prononcée en 1930, à l'occasion du centenaire d'*Hernani*, *ibid.*). Il leur reproche surtout d'avoir relancé la « *querelle des Précieuses* », en faisant porter leurs critiques du classicisme « *sur le langage, sur le vocabulaire, sur la versification* » : « *En 1830,* [...] *la littérature* [...] *devient, grâce à Hugo, une protection contre toute menace de réflexion littéraire,* [...] *le sublime devient le paratonnerre qui protège de la vérité et du simple* » *(ibid.)*. Ainsi un « *faux combat* » a-t-il remplacé cette « *bataille de la conscience* » *(ibid.)* qu'avaient menée les vrais romantiques, ceux de la Révolution et de l'Empire : Rétif, Chateaubriand, André Chénier, Mme de Staël, Bernardin de Saint-Pierre, Senancour, Constant, Joubert. Très critique envers toutes les formes d'académisme, Giraudoux voit dans « *le goût de la lecture* [...] *l'instinct national le plus pur* [...]. *Ce qui est le plus loin de Montaigne, de Marivaux, c'est le Français lettré, mais ce qui en est le plus près c'est le vigneron gascon ou la modiste parisienne* » (***Préface***, *ibid.*). Si « *le Français n'a pas le génie épique* » et si « *depuis des siècles, la légende ne monte pas plus haut chez nous que le brouillard au-dessus des labours d'automne* » (***Épilogue***, *ibid.*) c'est, pense Giraudoux, que « *ce goût optimiste du durable qui est la caractéristique de notre petit commerce et de notre franc-maçonnerie provinciale* [ne saurait] *contribuer à peupler notre esprit et notre sol* *de ces figures et de ces menaces qui sont l'essence du tragique »* (***Bellac et la Tragédie**, ibid.*). Si le héros tragique est « *le prototype du Français* » et assure « *les bases de la morale française, comme de la morale grecque, à savoir que les événements ne sont pas l'élément essentiel* » (***Épilogue**, **ibid.***), il n'y a jamais de véritable identification du public aux personnages : « *Le pays de la tragédie n'est pas le pays du tragique* [...]. *Alors que le spectateur allemand* [...] *se sent Werther ou Siegfried, jamais le Parisien ou l'Athénien ne se sont identifiés avec Œdipe ou avec Britannicus* » (***Bellac et la Tragédie***, *ibid.*). En France comme dans la Grèce antique, le spectacle est « *la digestion suprême* » *(ibid.)*. Ce dont l'auteur se félicite d'ailleurs, dans la mesure où « *le héros légendaire entraîne son peuple vers le grossissement et le redoublement de ses instincts* », alors que « *le héros tragique est seulement l'exemple du sacrifice personnel qui porte les sentiments et les conflits des hommes à ce point ardent où ils s'éliminent et se consument eux-mêmes* » (***Épilogue***, *ibid.*). Il en résulte pour l'écrivain des devoirs nouveaux : « *Il ne s'agit plus d'exciter par l'intrigue et l'imagination une société repue ; mais de recréer, dans tous ces alvéoles taris que sont nos cœurs, la sève où s'élaborera l'imagination de demain* » (***De siècle à siècle***, *ibid.*). Le spectacle théâtral est ainsi promu au rang de « *seule forme d'éducation morale ou artistique d'une nation* » (***Discours sur le théâtre***, conférence prononcée à Châteauroux en 1931), puisque le monde cherche « *beaucoup moins son équilibre que son langage* » (***De siècle à siècle***, *ibid.*), un langage compris au sens fort de système de valeurs ; c'est lui que le public attend de l'écrivain, bien plus que des œuvres, car « *la rue et la cour sont pleines de ce mobilier désaffecté* » ***(Discours sur le théâtre)***. Giraudoux tire de ce principe une conclusion paradoxale : « *Il n'y a pas d'auteur au théâtre. Les plus grands noms de la littérature sont des noms d'auteurs dramatiques, mais justement parce que ces noms éclatants recouvrent une époque, non un homme* » (***L'Auteur au théâtre***, in ***Littérature***).

THÉORIE LITTÉRAIRE

Le nom de Giraudoux évoque d'abord des pièces qui firent les beaux soirs des années 1930 et de l'après-guerre, un théâtre désormais classique, joué et lu dans le monde entier. Mais le reste de son œuvre, en partie méconnu, révèle, dans sa diversité — récits, romans, essais —, un univers complexe, dissimulé avec pudeur, sous des images qu'on dit « *précieuses* », par une écriture attentive à son fonctionnement. À la fois illustre et méconnu, Giraudoux reste l'un des écrivains les plus énigmatiques de son siècle.

Un style inimitable

Le style très personnel de Giraudoux se reconnaît d'abord à sa « *préciosité* », décelée par ses contemporains, de Pierre Lièvre (*Esquisses critiques II*, 1924) à Claude-Edmonde Magny (*Précieux Giraudoux*, 1945). Cette fameuse préciosité — qui rappelle Marivaux — se caractérise par une grande richesse lexicale, un emploi dominant des images — « *Toute l'île au moindre vent était ébouriffée* » ***(Suzanne et le Pacifique)*** —, une délicatesse et une pudeur dans le choix du vocabulaire, l'abondance des métaphores et des comparaisons, qui atténuent l'expression tout en la rendant vivante et permettent de fuir avec légèreté un réalisme discrédité : « *Je savourais ces boutiques ouvertes, ce ciel gris-bleu, ce cœur de Paris qui n'est vraiment comestible qu'après la première gelée* » ***(Bella)***.

Mais cette préciosité, jointe à un goût prononcé pour les formules péremptoires et paradoxales — « *L'humanité est une entreprise... surhumaine* » (***Intermezzo***, III, 1) ; « *C'est de là que vient tout le mal : Dieu est un homme* » (***Sodome et Gomorrhe***, I, 2) ; « *Il aime les femmes distantes, mais de près* » (***La guerre de Troie [...]***, I, 4) —, est aussi une manière de survivre en période de catastrophe, une légèreté de démarche nécessaire pour ne pas réveiller le destin, ce tigre qui dort, mais qui déjà « *se pourlèche* » de l'arrivée d'Hector victorieux, retrouvant Andromaque enceinte *(ibid.)*. Le meilleur allié de la préciosité giralducienne est alors l'humour. Un humour que Giraudoux applique à la préciosité elle-même en faisant dire à Suzanne : « *Être précieux, c'est mademoiselle de Rambouillet couvrant de sa blanche main tous les mots cruels, et nous les rendant ensuite, le mot Courroux, le mot Barbare, inoffensifs comme les détectives qui changent le revolver du bandit en un revolver porte-cigares* » ***(Suzanne et le Pacifique)***. Un humour qu'il oppose aux inspecteurs trop sérieux pour comprendre, comme Daisy, que « *la fleur est la plus noble conquête de l'homme* » ***(Intermezzo)***, et qu'il applique à sa propre narration : « *Les bruits de la ville s'étaient tus, car c'était l'heure du repas : le murmure du Niagara arrivait à la chambre*

*distinct et égal ; Jérôme restait assis, évitant de marcher bruyamment sur les eaux » **(Aventures de Jérôme Bardini)**.*
La préciosité de Giraudoux n'est donc pas une manière de ne pas dire, encore moins un aveuglement. Andromaque peut avoir « *le même battement de cils* » que Pénélope, la guerre de Troie n'en aura pas moins lieu. Que le thème soit antique ou étrange, ce qui doit être dit est dit, et dans une syntaxe limpide. Les dieux eux-mêmes doivent se faire une raison : « *Dans ce pays qui est le mien, on ne s'en remet pas aux dieux du soin de la justice. Les dieux ne sont que des artistes* » ***(Électre)***. Giraudoux reste aussi inimitable par son sens du rythme et de la musicalité, son goût du canular, son érudition fausse et vraie, ses tirades mémorables.

Un classique controversé

Détesté par les uns — Lucien Dubech et Léautaud —, admiré par d'autres — de Proust à Chris Marker —, Giraudoux ne laisse personne indifférent. La critique a souvent cherché à définir une philosophie propre à cet inclassable écrivain : platonicien pour Claude-Edmonde Magny, aristotélicien pour Sartre, il a plus récemment été lu selon une perspective hégélienne par Alain Niderst qui retrace dans son œuvre un « *itinéraire philosophique personnel et créatif* » à travers « *l'histoire d'un esprit humain* » (*Jean Giraudoux ou l'Impossible Éternité*, 1994). La réédition de ***De « Pleins Pouvoirs » à « Sans pouvoirs »***, en 1994, a alimenté les controverses sur l'idéologie de Giraudoux, indûment rangé du côté de Céline — qui le haïssait et dénonçait son gang juif au Continental — et de Drieu La Rochelle — qui le détestait tout autant et voyait en lui le représentant de l'art dégénéré de l'entre-deux-guerres — par les historiens de l'antisémitisme (Ralph Schorr, Léon Poliakov). C'était oublier que, dès la rentrée des classes 1939, Giraudoux avait publiquement dénoncé l'antisémitisme nazi inculqué aux élèves des écoles allemandes : « *Ils vont être près de quinze millions à entrer dans des salles tapissées de cartes qui parlent faux, de tableaux maquillés, et où ils ne trouveront aucun des grands Allemands qui ont pensé que les nations et les races étaient sœurs* » (rééd. in *Cahiers Jean Giraudoux*, n° 16). Le théâtre de Giraudoux, après la révélation des années 1930, triompha sur les scènes de l'après-guerre, puis connut une relative éclipse jusqu'en 1980. C'est désormais un classique, universellement apprécié. Son œuvre romanesque, longtemps restée dans l'ombre du théâtre, est actuellement redécouverte.

ŒUVRES

Aventures de Jérôme Bardini

Roman publié chez Émile-Paul en 1930.

Ce 7e roman décrit en triptyque le parcours psychologique et métaphysique d'un fonctionnaire provincial qui, las d'un foyer confortable, décide de fuir ***(Première Disparition de Jérôme Bardini)***. Confronté aux symboles de sexe et de mort, il revient vers sa femme, qui lui ordonne de partir. Dans ***Stéphy***, la jeune Stéphanie rencontre au Central Park de New York un inconnu ; par de multiples subterfuges, elle protège sa « *liaison infernale* » avec « *l'Ombre* ». Mais, après un faux mariage et une « *saison divine* » au bord d'un lac édénique, elle préfère quitter un Jérôme repris par la fuite. Dans ***The Kid***, le couple hors normes de Jérôme et Jack, enfant amnésique en fugue — nouveau messie —, suscite l'intervention de la société. Fontranges ramène Bardini désabusé : « *L'homme qui nous libérera de l'homme ne viendra plus.* »

Rattaché au cycle des Fontranges — ***Bella***, ***Églantine*** —, ce texte se déroule surtout en Amérique, de New York aux chutes du Niagara, avec référence explicite au film de Chaplin (1921), *The Kid [Le Gosse]*. Dans ce roman du mal de vivre, de la liberté proclamée contre famille et société, « *la fuite n'est plus uniquement dérobade devant l'existence mais engagement dans les incertitudes de la vie* » (Annie Besnard).

« *Message humaniste* » ou « *livre désespéré* » ? Les commentateurs restent divisés sur l'interprétation de ce triptyque, même si la plupart s'accordent à y entendre « *la voix la plus profonde d'un certain Giraudoux, disant la solitude et la déréliction de l'individu* » (Jacques Body), et à y lire « *le plus accompli, le plus exemplaire des romans de Giraudoux* » (André Job).

Électre

Pièce en 2 actes — comprenant respectivement 13 et 10 scènes — et un entracte, intitulé ***Lamento du Jardinier***, et en prose, représentée à l'Athénée, le 13 mai 1937, et publiée chez Grasset, en juin 1937.

De retour à Argos, où l'on prépare le mariage d'Électre — dont le père, Agamnemnon, est mort mystérieusement à son retour de Troie —, Oreste, sous les traits de l'Étranger, retrouve sa sœur Électre poursuivant leur mère Clytemnestre et — situation découverte par Électre seulement à l'acte II — l'amant de celle-ci, le régent Égisthe, d'une haine implacable dont elle ignore les raisons, que n'adoucissent pas les retrouvailles attendries entre Oreste et Clytemnestre, et que commente, sibyllin, un mendiant, peut-être un dieu (I). Le ***Lamento du Jardinier***, entre les 2 actes, explique la tragédie : « *C'est cela, la Tragédie, avec ses incestes, ses parricides : de la pureté, c'est-à-dire, en somme, de l'innocence.* » L'aube dévoile la vérité (II) : Électre a vu en rêve Agamemnon assassiné. Tous « *se déclarent* ». Face à l'attaque ennemie, Égisthe se mue en roi responsable — proposant d'épouser Clytemnestre, mais Électre envoie Oreste tuer les meurtriers : « *J'ai ma conscience, j'ai Oreste, j'ai la justice, j'ai tout //* [...] *// J'ai Oreste, j'ai la justice, j'ai tout. //* [...] *// J'ai la justice, j'ai tout* », conclut Électre, en réponse aux Euménides qui désormais poursuivent son frère (II, 10). La ville brûle, mise à sac par les Corinthiens. Alors qu'on lui demande de qualifier ce désastre *(« Comment cela s'appelle-t-il, quand le jour se lève, comme aujourd'hui, et que tout est gâché, que tout est saccagé* [...]*, que les innocents s'entretuent ? »)*, Électre fait répondre par le Mendiant : « *Cela s'appelle l'aurore* » (dernière réplique de la pièce).

Introduisant scènes de vaudeville, digressions poétiques — « *La terre est ronde pour ceux qui s'aiment* » (II, 3) — et politiques — « *Il est des vérités qui peuvent tuer un peuple* » (II, 8) —, Giraudoux donne une version « bourgeoise » de la tragédie grecque, mais en conserve un thème profond, celui de la vérité, dont Électre dit : « *C'est là ce qui est si beau et si dur dans la vérité, elle est éternelle mais ce n'est qu'un éclair* » *(ibid.)*. La question de l'innocence d'Électre, elle-même justicière absolue, est au centre de l'intrigue que Giraudoux comparait lui-même à une « *pièce policière* » (*Le Figaro*, 15 mars 1937).

Électre remporta un vif succès public (178 représentations), mais la critique fut mitigée, déconcertée notamment par le long monologue du Jardinier. Colette écrivit : « *On ne fait pas une œuvre théâtrale avec des jeux de l'esprit* » (*Le Journal*, 23 mai 1937). Paulhan, au contraire, y voyait « *une pièce admirable,* [...] *peut être une très grande chose* » (lettre à Étiemble, 9 juin 1937). Giraudoux répliqua par ***L'Impromptu de Paris*** (1937). À son ***Électre***, Sartre opposa *Les Mouches* (1943).

La ***Folle de Chaillot***

Pièce en 2 actes créée par Jouvet au théâtre de l'Athénée, le 19 décembre 1945, et publiée la même année chez Ides et Calendes à Neuchâtel, puis chez Grasset, en 1946.

À la terrasse de *Chez Francis*, place de l'Alma, le Baron boit son porto : « *Je me sens dans un de ces matins de Bagdad où les voleurs lient connaissance, et, avant de courir la chance nouvelle, se racontent leur vie.* » Ces paroles annoncent la conversation bientôt engagée entre 4 individus malhonnêtes : le Baron, le Président, le Coulissier et le Prospecteur. Le Baron, expert en chantage, entre au conseil d'administration de la société que fonde le Président, adjoint d'un Coulissier spécialiste d'opérations boursières crapuleuses et d'un Prospecteur qui suggère le titre et le but de leur entreprise, prospecter du pétrole dans le sous-sol de la colline de Chaillot. En contrepoint, font sans cesse irruption des personnages du petit peuple de Paris — chanteur des rues, mendiant sourd-muet, fleuriste, marchand de lacets —, tous ceux que le Président voudrait éliminer : « *Voilà nos vrais ennemis, Baron ! Ceux dont nous devons vider Paris, toute affaire cessante ! Ces fantoches tous dissemblables, de couleur, de taille, d'allure !* » Pour supprimer un ingénieur qui s'oppose à leur projet, les « *prospecteurs* » ont commandité le dynamitage de son immeuble, situé en face du café. Survient alors Aurélie, la « *Folle de Chaillot* », avec son visage poudré aux cernes noircis, son face-à-main et son chapeau Marie-Antoinette — qui restent associés à la créatrice du rôle, Marguerite Moreno. Amie du garçon de café et de la jeune plongeuse Irma, proche des humbles, de ceux qu'excluent leur pauvreté, leur âge ou leur folie, elle dit au sergent de ville : « *Vous guillotinez les assassins. Vous bousculez les marchandes des quatre-saisons. Vous empêchez les enfants d'écrire sur les murs. C'est que vous voulez la vie active, que vous la trouvez digne et propre* [...]. » Pierre, le garçon chargé de l'attentat, a préféré se jeter à la Seine, mais a été sauvé de la noyade puis porté dans le café. Ce ne sont pas les burlesques tentatives de réanimation du Sauveteur mais les paroles de la « *Folle* » qui le ramènent à la vie. Elle lui décrit son étrange bonheur, entre le souvenir d'un amour perdu et la lecture inlassable d'un numéro du *Gaulois* de 1896. Une lettre quotidienne qu'elle s'envoie à elle-même, l'épaisse couche d'amidon et de fard appliquée sur son visage lui donnent le courage de continuer à aimer la vie, dans une sorte de rêve. Mais son ami le Chiffonnier — dont le rôle fut créé par Jouvet — lui ouvre les yeux : partout, dans l'administration, les affaires, le commerce, de nouveaux « *méchants* » instaurent un proxénétisme généralisé. Les quatre escrocs sont exemplaires de l'invasion des « *mecs* » qui tiennent la société entière sous leur coupe : « *Maintenant tout ce qui se mange, tout ce qui se voit, tout ce qui s'entreprend, et le vin, et le spectacle, on dirait qu'ils ont un mec, qui les met sur le trottoir, et les surveille sans rien faire.* » Remarquant que leur avidité est aussi leur point faible, la « *Folle de Chaillot* » les invite par lettres à venir constater le soir même, dans sa cave, l'existence d'un gisement de pétrole (I). Le 2nd acte est situé chez Aurélie, « *la Folle* », dans un sous-sol de la rue de Chaillot. Un égoutier lui montre le mécanisme d'un souterrain secret qui donne sur un gouffre. Décidée à punir les « *méchants* », elle convoque ses consœurs, les « *Folles* » de Passy, de Saint-Sulpice et de la Concorde, afin de former un tribunal avec ses amis. Le Chiffonnier joue le rôle de l'avocat de la défense : il tient le discours cynique d'une de ces crapules pour qui tout s'achète, châteaux et femmes, et fait mine d'aimer les fleurs. Aurélie conclut : « *La cause me semble entendue, n'est-ce pas mes amis ? Vous êtes témoins. Il ne sait même pas le nom du camélia. L'argent est bien le mal du monde !* » La pièce est alors envahie par les représentants du pouvoir de l'argent, des « *syndicats d'exploitation* » et de la « *presse publicitaire* », profiteurs et exploiteurs... Tout à leurs bavardages mondains, ils descendent dans la cave, et le piège se referme sur eux. L'apparition de fantômes « *aimables* » surgis du passé, protecteurs de la nature et des animaux menacés, achève de donner à cette fable sa morale « *écologiste* », tandis que le baiser des amoureux Pierre et Irma apporte une contrepartie optimiste aux inquiétudes de Giraudoux sur l'avenir des villes et de leurs habitants.

En dépit des réserves de la critique, la pièce remporta un grand succès public au lendemain de la guerre, et perdure surtout par la création d'un personnage poétique qui reste absolument original.

Siegfried et le Limousin

Roman publié chez Grasset en 1922.

Au début de 1922, le narrateur part pour Munich à la recherche d'un certain S.V.K., plagiaire d'un ami écrivain disparu au front, Forestier. Aidé de son ami allemand le comte Zelten, et de l'ex-femme de celui-ci, Geneviève Prat, il retrouve Forestier qui, devenu amnésique, écrit sous le pseudonyme de Siegfried von Kleist. Munich rappelle au narrateur ses souvenirs de boursier. Il assiste au centenaire de Goethe, et explore un pays qu'il compare sans cesse à la France : « *L'Allemagne est un pays humain et poétique.* » Mêlant documentaire et fiction, invention et autobiographie, il confronte sans heurt le mythe et la réalité de l'Allemagne ; son côté mythique s'incarne dans le personnage romantique de Zelten : « [...] *il avait les cheveux en boucles, il sacrifiait chaque minute de sa vie à des chimères, il descendait habillé dans les bassins pour poser la main sur le jet d'eau ou remettre sous la bonne aile le bec du cygne endormi : il était l'Allemagne.* » Il découvre aussi une société en mutation, traverse une révolution menée par de jeunes israélites russes. Au cours des leçons de français qu'il donne à Siegfried-Forestier, il parvient, en dépit des résistances de la terrible infirmière Éva, à faire resurgir quelques souvenirs d'enfance. Le roman s'achève sur le retour en train avec Forestier, auquel le narrateur semble rendre son pays et son identité : « *Je vais le frapper à l'épaule de ma main gantée comme celle d'un contrôleur, et, pendant qu'il cherchera son billet, je lui tendrai, billet pour trente ans, sa photographie d'enfant avec le nom imprimé du photographe, et quoique à l'encre simplement, son nom.* »

Giraudoux se vanta d'avoir rédigé en moins d'un mois *(« vingt-sept jours »)* ce récit d'un retour au pays natal — comme Suzanne à Bellac ou Juliette à Aigueperse, rendu complexe par des digressions historiques ou politiques et les références à la culture allemande, maniées avec virtuosité. L'originalité tient au mélange d'ironie, de poésie et d'érudition qui imprègne cette œuvre que Giraudoux définissait à la fois comme une « *divagation poétique* » et « *un petit pamphlet* [...] *sur la nécessité de reprendre contact avec l'Allemagne* » (Frédéric Lefèvre, *Une heure avec...*, 1922).

Encouragé par le succès du roman, qui fut couronné par le prix Balzac, Giraudoux l'adapta pour le théâtre en en abrégeant le titre : ***Siegfried*** fut créé par Jouvet à la Comédie des Champs-Élysées en 1928. Le triomphe inattendu de la pièce détermina la carrière du dramaturge et marqua le début de sa collaboration avec Jouvet. Construit en 4 actes, ***Siegfried*** comporte d'importantes modifications par rapport au roman — dont de nombreuses à la demande du metteur en scène. La pièce place Siegfried, homme politique, entre deux femmes, sa fiancée française et son infirmière allemande, entre deux nations, entre passé et présent. Malgré les menaces de généraux nationalistes, il franchit la frontière. Geneviève l'accueille avec un « *Siegfried, je t'aime.* »

Siegfried, héros à l'âme partagée entre deux patries, incarnait l'Européen des années 1920, déchiré par les conflits nationaux, livrant une réflexion toujours actuelle sur l'identité, les cultures, les racines. ***Siegfried*** inspira le personnage de l'amnésique, Gaston, dans *Le Voyageur sans bagages* de Jean Anouilh (1937).

CITATIONS

La terre est ronde pour ceux qui s'aiment.

Électre, II, 3.

Il est des vérités qui peuvent tuer un peuple.

Électre, II, 8.

[...] nous ne commettons pas l'erreur des romanciers, qui se croient tenus, quand ils ont leur titre, d'écrire en supplément le roman lui-même.

La Folle de Chaillot, I.

L'humanité est... est une entreprise surhumaine.

Intermezzo, III, 1.

[Le destin], c'est simplement la forme accélérée du temps.

La guerre de Troie n'aura pas lieu, I, 1.

Il aime les femmes distantes, mais de près.

La guerre de Troie n'aura pas lieu, I, 4.

Un seul être vous manque, et tout est repeuplé...

La guerre de Troie n'aura pas lieu, I, 4.

Dès que la guerre est déclarée, impossible de tenir les poètes. La rime, c'est encore le meilleur tambour.

La guerre de Troie n'aura pas lieu, II, 4.

L'Allemagne n'est pas une entreprise sociale et humaine, c'est une conjuration poétique et démoniaque.

Siegfried, I, 2.

Le plagiat est la base de toutes les littératures, excepté de la première, qui d'ailleurs est inconnue.

Siegfried, I, 6.

Le mot France et le mot Allemagne ne sont à peu près plus, et n'ont jamais été pour le monde, des expressions géographiques ; ce sont des termes moraux.

Siegfried et le Limousin, 4.

C'est de là que vient tout le mal : Dieu est un homme.

Sodome et Gomorrhe, I, 2.

JUGEMENTS

« *Ce serait* [...] *une erreur complète de ne voir dans Giraudoux qu'un amateur et un amuseur, un promeneur superficiel, un butineur d'images, d'anecdotes et de bons mots, un constructeur d'attrapes psychologiques, de "surprises" verbales. Ce regard juste n'était pas étroit, et il était capable de larges aperçus. Cette vive intelligence qui s'amusait aux détails savait remonter aux causes.* [...] *Qu'il était gracieux !* [...] *quelqu'un pleinement à l'aise dans ce qu'il possède à la fois de natif et d'acquis, continuellement en état d'alerte et de trouvaille, c'était l'allure de Giraudoux, l'auteur et l'homme, ses gestes, le timbre de sa voix.* »

Paul Claudel, *Accompagnements*, Gallimard, 1949.

« *Giraudoux passé à l'état de fétiche.* [...] *Giraudoux brode sa pantoufle au petit point en regardant par le rétroviseur ce qui se passe dans sa rue de province — et, là, les critiques approuvent en bloc.*

[...]

Le style Giraudoux, c'est une permanente. Il n'est pas frisé naturellement. »

Jean Cocteau, *Journal (1942-1945)*, 17 avril 1943 et 31 octobre 1943, Gallimard, posthume, 1989.

« *Celui-ci offre au public les pièces disjointes du drame, pièces ramassées dans son esprit qui n'a pu en supporter le poids total et en a laissé choir l'ensemble que seul le génie peut concevoir et envisager. Pièces ramassées et justement retravaillées, vivement retaillées avec beaucoup de précieuses facettes et remontées dans plusieurs machines de théâtre fort prestigieuses.* »

Pierre Drieu La Rochelle, *Notes pour comprendre le siècle*, in *Sur les écrivains*, Gallimard, posthume, 1964.

« *Un auteur contemporain dont la tombe est encore fraîche, Giraudoux, ne passe plus toujours la rampe* [...]. [Son théâtre] *nous paraît factice, superficiel. Son brillant s'est terni.* [...] *procédés et ficelles de langage, ficelles distinguées, bien sûr, mais ficelles tout de même* [...]. »

Eugène Ionesco, *Notes et Contre-Notes*, Gallimard, 1962.

« Giraudoux : *impossible de savoir les mots, le sens des mots, et la phrase quand elle atteint sa pleine inspiration, n'est plus qu'un rythme respiratoire que l'on subit — qui nous emprisonne — ; on n'a de mémoire que ce phrasé de la respiration ; les mots ne peuvent pas s'inscrire dans l'esprit et n'y sont d'aucun secours ; on ne peut s'appuyer sur aucuns, ils n'aident pas, on ne les sait jamais.* »

Louis Jouvet, *Le Comédien désincarné*, 1943, Flammarion, 1954.

« [...] *Jean Giraudoux de qui Gide comparait les travaux à des marqueteries : chaque parcelle en est précieuse et d'une couleur différente — et ce prosateur est un unique poète.* »

François Mauriac, *Mauriac avant Mauriac*, Flammarion, posthume, 1977.

« Personne n'avait une plus glissante démarche, et toute sa vie il la conserva ; une foulée longue et pliée, très souple des reins, avec une avancée de l'épaule qui était la grâce même (plus tard, après l'Amérique, à cause des talons de caoutchouc qu'il en rapporta, son pas fut, de plus, silencieux, ce qui lui donna quelque chose de félin). »

Paul MORAND, *Monplaisir... en littérature*, Gallimard, 1967.

« C'était l'homme le plus poli, le plus aimable, au sens mondain du terme, que j'aie connu, mais aussi le plus distant, le plus mystérieux, le plus énigmatique. »

Philippe SOUPAULT, *Mémoires de l'oubli*, t. I, *1914-1923*, Lachenal et Ritter, 1981.

« Doué d'une facilité déconcertante, Giraudoux, nous dit-on, sortait de sa poche un manuscrit rédigé la veille, vierge de toutes ratures. Sa rapidité au travail n'avait d'égale que sa lenteur : il n'écrivit son premier roman qu'à vingt-neuf ans, sa première pièce à quarante-six ans et n'aborda le cinéma qu'âgé de cinquante-neuf ans. »

François TRUFFAUT, *Le Plaisir des yeux*, Cahiers du cinéma, 1987.

« Cocteau, que je place haut comme poète, me paraît avoir été beaucoup plus près du mythe que Giraudoux. Chez Giraudoux, il y a du dénigrement : ses personnages sont des caricatures de mythes plutôt que des mythes. »

Marguerite YOURCENAR, *Les Yeux ouverts*, Centurion, 1980.

BIBLIOGRAPHIE

Éditions

Théâtre complet, éd. J. BODY, « Pléiade », Gallimard, 1982.

Œuvres romanesques complètes, éd. J. BODY, I et II, « Pléiade », Gallimard, 1990 et 1994, 2 vol.

Œuvres littéraires diverses, Grasset, 1958.

Aventures de Jérôme Bardini, Grasset, 1979, rééd. « LdP », LGF, 1994.

De « Pleins Pouvoirs » à « Sans pouvoirs », Gallimard, 1950, rééd. P. d'ALMEIDA, Julliard, 1994.

Électre, préf. C. WEIL, « LdP », LGF, 1994.

La Folle de Chaillot, « LdP », LGF, 1968.

Siegfried et le Limousin, éd. J. BODY, « LdP », LGF, 1991.

Études

P. d'ALMEIDA, *L'Image de la littérature dans l'œuvre de Giraudoux*, Grasset, 1988 ; *id.* (dir), *Giraudoux pasticheur et pastiché*, in *Cahiers Jean Giraudoux*, n° 27, Grasset, 1999.

J. BODY, *Giraudoux et l'Allemagne*, Didier, 1975 ; *Jean Giraudoux. La Légende et le Secret*, PUF, 1986.

S. COYAULT, *Le Personnage dans l'œuvre romanesque de Giraudoux*, P. Lang, Berne (CH), 1992 ; *id.* et F. LIOURE, *Des « Provinciales » au « Pacifique » : les premières œuvres de Giraudoux*, P.U. Blaise-Pascal, Clermont-Ferrand, 1994 ; *id.* et C. HALLAK, *Et Giraudoux rêva la femme*, P.U. Blaise-Pascal, Clermont-Ferrand, 1999.

B. DAWSON, *Bibliographie de l'œuvre de Jean Giraudoux, 1899-1982*, Association des amis de Jean Giraudoux, Bellac (Haute-Vienne), 1982.

J. DELORT, « Paroles d'*Évangile* dans *Aventures de Jérôme Bardini* », in *Chemins ouverts*, P.U. du Mirail, Toulouse, 1998.

P. DUFAY, *Jean Giraudoux*, Julliard, 1993.

A. JOB, « L'Évasion, l'Invasion et le Neutre », in *Giraudoux Narcisse : genèse d'une écriture romanesque*, P.U. du Mirail, Toulouse, 1998.

Ch. MAURON, *Le Théâtre de Giraudoux. Étude psychocritique*, Corti, 1971.

A. NIDERST, *Jean Giraudoux ou l'Impossible Éternité*, Nizet, 1994.

J. ROBICHEZ, *Le Théâtre de Giraudoux*, SEDES, 1976.

E. SCHEELE, *Le Discours aux morts de Jean Giraudoux*, P. Lang, Berne (CH), 1997.

Jean Giraudoux, in *Europe*, n° 841, mai 199.

Les *Cahiers Jean Giraudoux* sont publiés depuis 1972 par l'Association des amis de Giraudoux (Bellac) et Grasset.

AUDIO & VIDÉO

Vidéo

R. ROULEAU, *Ondine*, Antenne 2, 1975, Film Office, 1983.

G. WILSON, G. PAUMIER, *Siegfried*, 1981, FR3, 1981.

GONCOURT

Edmond et Jules de GONCOURT
De leur vrai nom, Edmond Louis Antoine et Jules Alfred HUOT de GONCOURT

Edmond : Nancy (Meurthe-et-Moselle) 1822 – Champrosay (act. Essonne) 1896
Jules : Paris 1830 – *ibid.* 1870

> « *Ils ne sentent pas comme on a senti avant eux. Ils ont des nerfs d'une délicatesse excessive, qui décuplent les moindres impressions.* »
> Émile ZOLA, *Œuvres critiques*, t. II, 1881.

> « *Le style artiste qu'ils ont inventé, et qui miroite à la surface des choses, les rattache à cette espèce de peintres comme il n'en a jamais manqué, qui voient tout et ne comprennent rien.* »
> François MAURIAC, *Mémoires intérieurs*, Flammarion, 1959.

Les Dioscures de l'art et de la haine

Les « *inventeurs* » du XIXe siècle

Le père des Goncourt, Marc-Pierre Huot de Goncourt, officier de la grande armée, descendait d'une famille lorraine anoblie en 1787. Par leur mère, les deux frères étaient apparentés aux Villedeuil, aux Le Bas de Courmont, aux Lefebvre de Béhaine. Du milieu familial se détachait Nephtalie de Courmont qui donna à Edmond le goût des objets d'art. Au collège Henri-IV, où il fit ses études entre 1832 et 1840, Edmond se lia avec Pouthier, bohème qui fournit le modèle d'Anatole dans ***Manette Salomon*** ; Jules, lui, effectua sa scolarité secondaire de 1840 à 1848 au collège Bourbon, où il obtint les prix de latin et de grec au concours général, et eut pour condisciple Louis Passy qui, avec sa sœur Blanche, inspirèrent des types littéraires dans ***Renée Mauperin***. Si les souvenirs d'adolescence constituèrent donc des points d'ancrage pour la création romanesque, ce n'est qu'à la fin de l'année 1848, à la mort de leur mère, que les deux frères choisirent la vie d'artiste. Edmond abandonna l'emploi qu'il occupait depuis 1846 à la Caisse du Trésor, Jules « [prit] *son parti de ne rien faire* » (lettre à Louis Passy), et les deux frères s'installèrent à Paris. S'ouvrirent des années « *vagabondantes* » : voyage en Algérie (1849), en Suisse, en Belgique (1850), où, dans les carnets, se concurrençaient notes écrites et aquarelles. Le voyage en Italie, en 1855, accordait encore une part essentielle aux dessins. Entre-temps, une vocation littéraire s'était affirmée. Les deux frères commencèrent à écrire leur ***Journal*** dans le fracas du 2 décembre 1851 et firent paraître, le 5 du même mois, ***En 18...***, roman fantaisiste et excentrique influencé par Janin et par Gautier, qui ne fut publié qu'après avoir subi de nombreuses suppressions dues à la censure. En 1852, ils collaborèrent à *L'Éclair* et au *Paris*, journaux fondés par leur cousin Villedeuil. Ils y rencontrèrent le dessinateur Gavarni, leur père spirituel en misogynie, qui les fascina. Pour avoir à nouveau attiré l'attention de la censure en citant des vers de Tahureau, ils abandonnèrent le journalisme en avril 1853. Cette activité leur avait donné l'occasion d'exalter les paysagistes de l'école de Barbizon en des termes qui reparurent dans ***La Peinture à l'exposition de 1855***, et d'écrire des nouvelles recueillies en 1856 dans ***Une voiture de masques***, textes brefs influencés par Hoffmann qui, avec Heine, était l'une de leurs grandes admirations. Le réalisme des Goncourt rencontra d'abord l'ironie et la fantaisie. L'empreinte en fut durable sur les formes romanesques qui gardèrent toujours la marque de la discontinuité narrative.

La nostalgie du XVIIIe siècle

Au sortir du journalisme, si l'on excepte, en 1853, la rédaction d'une « *physiologie* », ***La Lorette*** — dédicacée à Gavarni et initialement intitulée ***Les Lèpres modernes*** —, les Goncourt se tournèrent vers l'Histoire. En 1854, parurent ***La Révolution dans les mœurs***, l'***Histoire de la Société française pendant la Révolution*** et, en 1855, ***Histoire de la Société française pendant le Directoire***. Divers articles centrés sur des personnalités du XVIIIe siècle furent regroupés en 1857 et en 1858 sous le titre de ***Portraits intimes du XVIIIe siècle***. Également en 1857, les Goncourt consacrèrent une monographie à la cantatrice Sophie Arnould et, en 1858, une autre à Marie-Antoinette, saluée par Sainte-Beuve. En 1859 parut le 1er fascicule de ***L'Art du XVIIIe siècle***, que suivirent 11 autres, exaltant Watteau, Chardin, La Tour, Fragonard, Prud'hon. Dans ces ouvrages historiques, les Goncourt se fondaient sur les manuscrits autographes et sur les mémoires pour pénétrer les secrets d'une époque ; ils scrutaient la surface des toiles pour analyser le processus créateur ; ils exprimaient surtout la nostalgie d'un XVIIIe siècle où se concilieraient art et vie sociale. Dans cette époque idéalisée, par rapport au XIXe siècle industriel et bourgeois qu'ils détestaient, la femme eût régné en maître, artificialisant la vie mondaine et devenant elle-même objet d'art dans les nombreux tableaux et textes qu'elle inspirait. Les autres œuvres historiques publiées en commun par les deux frères, ***Les Maîtresses de Louis XV*** (1860), ***La Femme au XVIIIe siècle*** (1862), témoignaient des mêmes orientations : l'histoire des mœurs et des mentalités y prévalait sur l'histoire politique. Les anecdotes qu'ils recueillaient, les manuscrits autographes qu'ils collectionnaient leur semblaient des indices leur permettant de pénétrer dans l'intimité d'une époque.

Réalisme et vaporisation du visible

À partir de 1860, les Goncourt abordèrent pour la première fois — si l'on excepte ***En 18...*** — le genre romanesque, sans pour autant renoncer en quoi que ce fût à leurs recherches historiques : au contraire, admirateurs de Balzac, ils souhaitaient que le roman, cette « *grande forme sérieuse* », devînt « *l'Histoire morale de l'humanité* » (***Préface*** à ***Germinie Lacerteux***), prônant ainsi une liaison directe et étroite entre création romanesque et recherche documentaire. Si donc cette année 1860 marquait assurément un cap nouveau dans la vie des Goncourt, elle ne constitua pas une coupure. En 1860, ils publièrent donc, dans cette perspective, ***Les Hommes de lettres***, roman à clefs devenu, en 1868, ***Charles Demailly***. En se souvenant d'*Illusions perdues*, ils y décrivaient la grande concurrence entre journalisme et littérature, et dressaient une galerie de portraits satiriques où l'on reconnaissait Scholl, Nadar, Champfleury. Ils observaient parallèlement la montée de la névrose chez un jeune écrivain, Charles Demailly, persécuté par sa femme Marthe, une actrice. En 1861, parut un second roman tiré de l'histoire véridique d'une infirmière de Rouen, que leur avait racontée Louis Bouilhet : ***Sœur Philomène***, monographie d'une sœur de charité qui, à l'hôpital, aimait un interne d'un amour silencieux. L'année suivante, ils fondèrent, avec Sainte-Beuve et Gavarni, les « *dîners Magny* » — qui se tenaient dans le restaurant du Quartier latin créé par Modeste Magny en 1842 —, dîners littéraires bimensuels qui cessèrent après la mort de Sainte-Beuve, en 1869, et dont témoigna abondamment le futur ***Journal***. En 1864, les Goncourt, qui, depuis plus d'un an, avaient commencé à prendre part aux littéraires « dîners Magny » en compagnie de Flaubert, Gautier, et Sainte-Beuve notamment, et à fréquenter régulièrement le salon de la princesse Mathilde, publièrent ***Renée Mauperin***, qu'ils avaient d'abord envisagé d'intituler ***La Jeune Bourgeoisie***, et qui resta longtemps leur roman le plus prisé ; dans cette étude sociale romanesque, traversée de souvenirs d'une amie d'enfance, l'évocation de la bourgeoisie illustrait les sentiments ambivalents que les auteurs nourrissaient à l'égard de cette classe sociale. Ils faisaient la satire du jeune homme moderne, féru d'économie libérale et prêt à tout pour arriver ; ils exaltaient la qualité d'âme de sa sœur gardant un fond d'honnêteté bourgeoise, toute libérée en paroles et fantasque qu'elle était. En 1865, dans ***Germinie Lacerteux***, les romanciers, selon les termes de la ***Préface***, procédèrent à une « *clinique de l'amour* » — Germinie est hystérique — et à l'exploration d'un « *monde sous un monde* » : les parcours du personnage, ses amours inspirées par celles de Rose Malingre, la servante des deux frères, offraient l'occasion de décrire le Paris des barrières et des faubourgs, dans ce livre qui est encore tenu, aujourd'hui, pour leur meilleur roman.

En 1867 — un an après ***Henriette Maréchal***, une tentative théâtrale peu fructueuse — parut ***Manette Salomon***, roman à clefs sur les milieux de la peinture, qui avait été initialement annoncé sous le titre ***L'Atelier Langibout*** ; ce roman, précédé d'une enquête documentaire dans une auberge de Barbizon, évoquait à nouveau le drame de l'artiste : pour avoir épousé son modèle, Coriolis voit son talent s'étioler. Cette thèse, selon laquelle la femme « tue » l'artiste — qui pourtant, par son côté « nerveux », lui ressemble physiologiquement — était centrale dans l'esthétique — et dans l'éthique — des Goncourt. Elle était commune à de nombreux écrivains de l'époque : Flaubert, Baudelaire, Daudet, Zola notamment. Dans ce roman important, qui retraçait l'histoire des pratiques picturales dans la 1re moitié du XIXe siècle, les écrivains s'interrogeaient sur l'originalité créatrice : Anatole le bohème « *blagueur* » qui échoue, Garnotelle l'académiste qui réussit, sont des « *copistes* », et un animal, un singe, apparaît tout au long du roman comme un reflet ironique de ces peintres-singes. L'année même où ils publièrent ***Manette Salomon***, les Goncourt firent un voyage à Rome (mai 1867) au cours duquel ils préparèrent leur roman suivant : ***Madame Gervaisais*** (1869). Dans ce roman très largement inspiré de la vie d'une de leurs tantes, les Goncourt, qui, à cette date, entretenaient depuis peu encore, des relations suivies et cordiales avec leur jeune disciple Zola, racontaient la conversion d'une agnostique qui, succombant aux troubles insidieux de la phtisie et aux charmes mortels de Rome, confondait élan mystique et aspiration névrotique à la souffrance. Violemment anticlérical, ce roman était celui d'une lente dépossession de soi. Le catholicisme y devenait instance de mort, exacerbant les penchants névrotiques de l'héroïne.

Jules, qui souffrait depuis 1868 de désordres nerveux, mourut d'une paralysie générale le 20 juin 1870.

Les romans écrits par les deux frères étaient ainsi fondés sur trois sortes de documents : les choses vues — les Goncourt se rendirent à l'hôpital de la Charité avant d'écrire ***Sœur Philomène*** —, les données autobiographiques — la névrose mystique de Mme Gervaisais s'inspirait de celle de leur tante Nephtalie —, les lectures « savantes » — les crises hystériques de Germinie étaient décrites à partir du *Traité de l'hystérie* de Brachet. Tels étaient les « *documents humains* » qui devaient être à la base du nouveau roman dont ils rêvaient, un roman débarrassé des prestiges de l'intrigue.

Sur un autre plan, les effets de picturalité abondent. Les décors sont tantôt voilés et tantôt embrasés au point que les contours se perdent. Clair-obscur, brouillard étincelant, fragmentation de la touche dans des descriptions « impressionnistes » — Monet trouva peut-être dans ***Manette Salomon*** le terme « *impression* » qu'il mit en titre dans son célèbre tableau *Impression soleil levant* (1874) —, voilà qui rappelle l'admiration des Goncourt pour Rembrandt ou pour Turner. Les deux frères ne se contentèrent donc pas de restituer le réel, ils évoquèrent aussi la vaporisation du visible et les vertiges affectant les personnages. Soucieux d'éclats et de couleurs, les Goncourt étaient aussi des décoloristes. Marqués par la « *vision entropique* » (David Bagreley), leurs romans conduisaient toujours à la mort, à l'aboulie, à une « *pathétique apathie* » (Guy Lanoux). Toute forme, pour les deux frères, s'enlevait sur fond négatif, et menaçait de retourner à l'informe dans l'éclat même de sa splendeur.

Edmond veuf de son frère

Après la mort de son frère, Edmond, le 14 juillet 1874, rédigea son testament qui posait la création d'une académie littéraire appelée à être financée par les ventes de ses collections, et composée de 10 membres nommés : Flaubert, Barbey d'Aurevilly, Fromentin, Louis Veuillot, Banville, Paul de Saint-Victor, Alphonse Daudet, Chennevières, Cladel, Zola ; dans les années suivantes, ce testament, dont l'existence ne fut publiquement dévoilée que huit ans plus tard (23 juin 1882), apporta quelques modifications aux noms déjà cités : Maupassant, Lok, Céard, Bourget, Jules Vallès et Huysmans remplacèrent respectivement Flaubert, Veuillot, Saint-Victor, Fromentin, Cladel et Chennevières. À partir de 1875 et de plus en plus au fil des années, Edmond, tout en gardant extérieurement des relations correctes et régulières avec Zola, confia à son ***Journal***, avec aigreur et virulence, ses rancœurs contre l'étoile montante du roman français, par qui il se jugeait copieusement plagié. Parallèlement, il sembla un temps souscrire à la formule naturaliste du roman. En 1877, dans ***La Fille Élisa*** — dernier roman conçu par les deux frères —, l'écrivain racontait la vie d'une prostituée tuant son amant dans une crise d'hystérie ; emprisonnée, condamnée au silence continu, elle devenait folle. La même année, invité au restaurant Trapp par Alexis, Céard, Maupassant, Huysmans, Hennique, Mirbeau, Edmond fut sacré l'un des « *maîtres de l'heure* » avec Flaubert et Zola — dont le tout récent triomphe de *L'Assommoir*, éclipsant quelque peu le succès d'***Élisa***, était en train de mettre le comble à son exaspération. Il chercha cependant à renouveler la thématique naturaliste, trop souvent associée, par les détracteurs de l'école — un Brunetière, par exemple —, à la seule évocation des basses classes et des sentiments bas. Il traça dans ***Les Frères Zemganno*** (1879), peinture des artistes de cirque et fiction allégorique, son portrait et celui de son frère. En 1882, il publia la première œuvre portant nettement son empreinte personnelle : ***La Faustin*** ; dans ce roman qui préfigurait un certain roman « décadent » fin de siècle — les fameux « *paons blancs* » du parc de l'héroïne, une actrice — et qui eut un très vif succès, il prônait « *l'introduction toute neuve de poésie et de fantastique dans l'étude du vrai* » *(**Journal**)*. La même année, Vallès, lorsqu'il apprit la création de l'académie d'Edmond, protesta publiquement contre sa création alors même qu'il en était l'un des membres désignés (3 juil. 1882). Dans ***Chérie*** (1884), Edmond de Goncourt chercha à représenter « *la réalité élégante* », dans la « *monographie* », faite de tableautins fragmentés, de sensations et d'impressions juxtaposées d'une jeune fille du grand monde. Il s'agissait, à cette époque, de rivaliser avec le courant du « *roman psychologique* » qui s'opposa bientôt au « *roman de mœurs* » naturaliste — situation expliquant la présence des Goncourt dans les *Nouveaux Essais de psychologie contemporaine* de Bourget. À la surprise d'Edmond lui-même, ***Chérie*** lui valut les louanges de Zola — en qui il continuait à voir un plagiaire d'idées et de style. La même année, le tout premier roman des Goncourt,

En 18..., qui avait été publié après censure en 1852, fut réédité sans coupures.

En contrepoint de cette activité romanesque, Edmond donnait un prolongement aux études d'art et d'histoire qu'il avait entreprises avec son frère. Il publia, en 1873, ***Gavarni, l'homme, l'œuvre*** ; il compléta de notules érudites, en 1874, la 2de édition de ***L'Art du XVIIIe siècle***. Dans ***La Maison d'un artiste*** (1881), il recensait les objets d'art, les dessins du XVIIIe siècle, les manuscrits autographes, qui avaient fait de la maison d'Auteuil — acquise en 1868 et quittée en 1871 — un lieu intime et une vitrine permanente, préfigurant l'univers personnel de Des Esseintes dans le roman de Huysmans, *À rebours*, paru trois ans plus tard en 1884. Revenant à des travaux d'historiographie, Edmond écrivit en outre 3 monographies consacrées à des femmes d'influence du XVIIIe siècle : ***La Saint-Huberty*** (1882), ***Mademoiselle Clairon*** (1890), ***La Guimard*** (1893). Il publia en outre ***Outamaro, le peintre des maisons vertes*** (1891) et ***Hokousaï*** (1896), tome II de ***L'Art japonais du XVIIIe siècle*** (1893), illustrant l'intérêt des deux frères pour les arts d'Extrême-Orient. Edmond adapta par ailleurs ***Germinie Lacerteux*** (1888) pour la scène en cherchant à compenser l'échec des drames qu'il avait écrits avec son frère : ***Henriette Maréchal*** (1865) avait été victime d'une cabale, et ***La Patrie en danger*** (1867) avait été refusée par la Comédie-Française. Enfin, aux extraits du futur ***Journal*** publiés en 1866 sous le titre ***Idées et Sensations***, s'ajoutèrent, en 1887 — après une prépublication (à partir de déc. 1885) dans *Le Figaro illustré* —, 2 volumes recouvrant la période allant de 1851 à 1867 : 7 autres suivirent jusqu'à la mort d'Edmond en 1896, à Champrosay, chez Alphonse Daudet.

Aujourd'hui, le ***Journal*** est encore, et de loin, l'ouvrage le plus célèbre et le plus admiré des Goncourt, nettement devant leurs romans les plus célèbres eux-mêmes, que sont ***Germinie Lacerteux*** et ***Renée Mauperin***. Cependant, on continue à y voir plutôt un document irremplaçable qu'une grande réussite littéraire, et le ***Journal*** des Goncourt garde encore un peu la réputation réductrice de n'être qu'une pluie de ragots anecdotiques et médisants.

THÉORIE LITTÉRAIRE

Les Goncourt, et Edmond seul après 1870, se sont exprimés à plusieurs reprises sur des questions d'esthétique générale, et sur des questions d'esthétique littéraire en particulier. D'abord par personnages interposés, dans plusieurs de leurs œuvres mêmes, dont certaines ont pour sujet le monde de l'art ***(Manette Salomon)***, celui du théâtre ***(La Faustin)***, du cirque ***(Les Frères Zemganno)***, des écrivains ***(Charles Demailly)***. Ensuite à l'occasion de nombreuses ***Préfaces*** à leurs romans, à leurs pièces de théâtre, à leurs essais historiques ou sur l'art, réunis en 1888, dans un volume intitulé ***Préfaces et Manifestes littéraires***, où ils précisaient leur conception du roman comme grande forme *« sérieuse, passionnée, vivante de l'étude littéraire et de l'enquête sociale »* et comme *« l'Histoire morale contemporaine »* (***Préface*** à ***Germinie Lacerteux***), où ils réclamaient, pour *« "les basses classes" »*, le *« droit au Roman » (ibid.)*, où ils revendiquaient « l'étude d'après nature », la *« collection de* documents humains », mais aussi *« l'écriture* artiste » et leur ambition d'écrire un *« roman réaliste de l'élégance »* (***Préface*** aux ***Frères Zemganno***), leur haine de *« "la fabulation" »* et des intrigues à péripéties (***Préface*** à ***Chérie***, à ***Renée Mauperin***), où ils s'exprimaient sur les machinations des cabales au théâtre et sur l'art théâtral (***Préfaces*** aux éditions diverses de ***Henriette Maréchal***), sur leur conception de l'Histoire (***Préfaces*** à leurs essais sur l'art ou sur la femme au XVIIIe siècle). C'est dans la ***Préface*** à ***La Faustin*** (1882) qu'Edmond donna cette définition : *« un romancier (qui n'est au fond qu'un historien des gens qui n'ont pas d'histoire) »* ; il ajoutait : « [...] *je veux faire un roman qui sera simplement une étude psychologique et physiologique de jeune fille, grandie et élevée dans la serre chaude d'une capitale, un roman bâti sur des* documents humains ». Mais c'est surtout dans leur ***Journal*** que se lisent, souvent sous la forme de médisances ou de formules vengeresses, leur culte d'un art exigeant, leur méfiance à l'égard du naturalisme de Zola ou à l'égard des écritures « décadentes », leur passion du XVIIIe siècle, leurs admirations picturales (l'art japonais, Gavarni), leur souci d'*« apporter du neuf »* dans le choix des sujets ; c'est aussi dans leur ***Journal*** qu'ils proclament leur fidélité à un réalisme *« artistique »* et à la méthode de collecte des *« documents »* qui doit étayer la création romanesque, comme le montrent leurs fameuses formules : *« L'histoire est un roman qui a été ; le roman est l'histoire qui aurait pu être »* (24 nov. 1861) et *« Les historiens sont des raconteurs du passé, les romanciers sont des raconteurs du présent »* (24 oct. 1864). La ***Préface*** à ***Chérie*** contient le rêve d'un livre de *« pure analyse*

[...], *sans péripéties, sans intrigue, sans bas amusement* », que l'on peut rapprocher de cet autre rêve contemporain, celui d'un Flaubert, songeant à écrire un « *livre sur rien* ». Mais c'est peut-être dans cette formule, tirée de la ***Préface*** aux ***Frères Zemganno***, que se trouve définie, de la manière à la fois la plus précise et la plus complète, l'esthétique romanesque des Goncourt : « *Le Réalisme, pour user du mot bête, du mot drapeau, n'a pas* [...] *l'unique mission de décrire ce qui est bas, ce qui est répugnant, ce qui pue ; il est venu au monde aussi, lui, pour définir, dans de l'écriture* artiste, *ce qui est élevé, ce qui est joli, ce qui sent bon* [...] *: mais cela, en une étude appliquée, rigoureuse, et non conventionnelle et non imaginative de la beauté* [...]. »

THÉORIE LITTÉRAIRE

Ces écrivains célibataires et misogynes qui ont voulu démythifier la femme — peut-être le mélange d'attraction et de répulsion qu'elle leur inspirait explique-t-il que tant de leurs romans portent en titre un nom de femme ou un terme féminin, comme ***Chérie***, où Edmond tenta de cerner « *l'inconnue* féminilité *du tréfonds de la femme* » —, les blagues libérales ou humanitaires, se sont faits les tenants d'une religion doloriste et glorifiante, celle de l'art ; ils ont opposé perpétuellement la prostitution du journalisme bâclé au sérieux de la grande forme romanesque. Position qui explique la fondation de l'académie Goncourt (créée en 1903) dont le testament d'Edmond prévoyait qu'elle serait financée par la vente de ses collections. Devenue aujourd'hui un nom commun désignant le prix littéraire français le plus renommé et le plus prisé (« *un Goncourt* », pour un livre récompensé par ce prix), le nom des deux frères est ainsi attaché à une récompense destinée à couronner uniquement des romanciers — Barbusse, Duhamel, Proust, Malraux, Gracq l'obtinrent —, même si, de nos jours, les lauréats sont souvent chroniqueurs ou collaborateurs occasionnels de cette presse honnie par les Goncourt.

Les Goncourt, tout au long de leur vie de collectionneurs de dessins et bibelots et d'historiens nostalgiques d'un XVIIIe siècle idéalisé, ne cessèrent de proclamer qu'ils avaient « inventé » le XIXe siècle : le naturalisme d'une part, le japonisme et l'impressionnisme d'autre part, le retour du XVIIIe siècle enfin. Témoignage exceptionnel sur l'évolution du milieu littéraire, le ***Journal*** est entièrement ordonné par l'idée que les deux frères se font du travail de l'artiste. Si leurs romans, fondés sur des documents et semblant convoquer le réel pour mieux le vaporiser, annoncent effectivement le naturalisme, le « style artiste » de leur écriture préfigure aussi décadentisme et symbolisme.

Les maîtres de l'écriture « *artiste* »

Les Goncourt tentèrent d'illustrer leur propre définition de l'art : « *L'art est l'éternisation, la fixation dans une forme suprême, absolue, définitive, d'un moment, d'une fugitivité, d'une particularité humaine* » ***(Journal)***.

L'écriture diariste multiplie les formes brèves, anecdotes, aphorismes, portraits : « *Catulle Mendès, en uniforme de volontaire, vient me donner la main chez Peters. C'est bien la tête d'un Christ qui aurait la chaude-pisse* » (10 sept. 1870) ; « *Musset ? Le jockey de Lord Byron* » (11 août 1863) ; « *Shakespeare : le bon Dieu jaloux de Dennery* » (1864) ; « *Baudelaire ? C'est Béranger à Charenton !* » (1865) ; « *Madame Sand, un sphinx ruminant une vache Apis* » (25 mai 1868) ; « *Napoléon à Sainte-Hélène : le Prométhée de la blague* » (27 août 1867).

Les romans, discontinus et composés de courts chapitres, loin de fondre récit d'événements, parole des personnages, description, en accusent plutôt les reliefs tout en variant les modalités de la narration : on passe ainsi brutalement du psycho-récit à la description des gestes du personnage. Fascination pour les objets, les décors, les modes vestimentaires, haine de l'intrigue, « sténographie » des conversations, refus du romanesque et de la péripétie, « collage » de « *documents humains* » — ***Chérie*** est composé à partir de lettres et de documents de lectrices —, impressionnisme et sensations brutes juxtaposées, cyclothymies et intermittences des psychologies, tels sont les traits majeurs d'une esthétique du discontinu que les Goncourt ont souvent présentée dans leurs ***Préfaces***.

À ces déconstructions thématiques et narratives correspond un style marqué par la surabondance des phrases nominales, des qualifiants, des dérivés verbaux en « *ment* », des adjectifs substantivés, des néologismes, par une syntaxe hachée et papillotante, et sur le plan des figures, par des hypallages, des images réciproques destinées à représenter « *l'espèce d'âme variable circulant autour de la sèche immobilité du motif* » ***(Manette Salomon)***. Il s'agit là des procédés visibles de l'écriture « *artiste* » : « *Elle finit par atteindre ainsi à des moitiés de journées d'anéantissement, dont elle ne sortait qu'à demi-éveillée* *avec une intelligence stupéfiée, des perceptions émoussées, des mains qui faisaient des choses par habitude, des gestes de somnambule, un corps et une âme où la pensée, la volonté, le souvenir semblaient avoir encore la somnolence et le vague des heures confuses du matin » (**Germinie Lacerteux**)*. Si l'écrivain est autre, si l'art tient d'une anti-nature, les Goncourt, conséquents avec eux-mêmes, cherchèrent à écrire différemment en créant une prose poétique où les distorsions syntaxiques tendaient à restituer le vif des sensations.

D'illustres méconnus

Leur œuvre, dont la critique reconnaît de plus en plus l'importance, est au carrefour de plusieurs esthétiques. Zola considérait ***Germinie Lacerteux*** comme un roman pré-naturaliste, mais n'aimait guère « *les ciselures artistiques* » de ***Madame Gervaisais***. En revanche, cette « *rhétorique nouvelle* » (Zola, *Les Romanciers naturalistes*) a fait école chez Rosny, Descaves, Paul Adam, Lemonnier, Geffroy, chez des écrivains décadents ou symbolistes (Poictevin, Montesquiou, Rodenbach) et surtout chez Huysmans — dont *À rebours* est une sorte d'hommage rendu aux frères. Ainsi l'œuvre des Goncourt constitue-t-elle une étape essentielle dans la voie qui conduit du réalisme balzacien au naturalisme, mais aussi dans la transmutation du romantisme en littérature décadente ou symboliste. Proust, qui leur doit beaucoup, eut recours au pastiche pour se libérer de cette influence.

Pour autant, on ne peut pas dire qu'au XXe siècle, la postérité des Goncourt — en tant qu'écrivains proprement dits du moins — soit restée à la hauteur de ce qu'elle était à la fin du XIXe : lorsqu'on évoque les maîtres du roman réaliste et naturaliste, ce sont Flaubert, Maupassant et Zola qui s'imposent d'emblée à l'esprit, plutôt que les Goncourt. Pour l'essentiel, ces derniers ne sont guère assimilés qu'à leur ***Journal*** et, qui pis est, exclusivement réduits à leur réputation vipérine — dont ils sont certes eux-mêmes entièrement responsables, mais qui laisse dans l'ombre une œuvre littéraire qui mériterait d'être redécouverte.

ŒUVRES

Germinie Lacerteux

Roman en 70 chapitres — numérotés et non titrés —, précédés d'une ***Préface***, publié en 1865.

L'intrigue de ***Germinie Lacerteux*** est volontairement simple. Elle s'apparente à un récit de cas pour lequel les deux frères s'inspirèrent de la vie de leur servante, Rose Malingre, et du *Traité de l'hystérie* du docteur Brachet. Venu de sa Lorraine natale à Paris, le personnage éponyme subit un viol dans son adolescence. Entrée au service de Mlle de Varandeuil — personnage qui doit beaucoup à l'une des cousines des Goncourt —, Germinie s'éprend de Jupillon, le fils d'une crémière. Celui-ci l'exploite, elle s'endette définitivement. Mère d'une petite fille qui meurt en nourrice, la servante est victime d'une attaque d'hystérie à l'annonce de cette mort. Abandonnée par son amant, elle se lie avec Gautruche, ouvrier-peintre alcoolique. Ce sont alors des amours paroxystiques dans lesquelles on décèle un appétit de s'avilir jusqu'à l'anéantissement de soi. Ayant quitté Gautruche sur un coup de tête, Germinie se tourne à nouveau vers Jupillon dont elle est jalouse. Elle l'épie toute une nuit pluvieuse. Victime d'une pleurésie devenue phtisie, elle meurt à l'hôpital Lariboisière avant d'être enterrée dans une fosse commune.

Les Goncourt ont voulu substituer aux traditionnelles vies des puissants et illustres le récit de la vie des humbles. Le tragique peut s'insinuer dans l'existence d'une servante dès lors que les fatalités de la chair deviennent figures du *fatum*. Nouvelle Phèdre, victime d'un amour-passion pour un tout jeune homme, livrée à ses fureurs érotiques et à ses remords, Germinie s'efforce de dérober aux regards de Mlle de Varandeuil ses désordres passionnels. Le pathos naît de cette contrainte, des mouvements antithétiques qui conduisent tantôt au plus extrême sentiment de culpabilité, tantôt au désir d'abolir la conscience de soi dans la torpeur de l'alcool, dans les fureurs de l'amour. Faire surgir le tragique dans le roman du peuple conduit les Goncourt à jouer des « *dénivelés de la représentation* » (Anne-Marie Perrin-Naffakh). Les procédés qui esthétisent les parcours de Germinie (errances sur les boulevards, promenades autour des fortifications), les allégories qui suscitent dans un registre élevé la présence de la mort entrent en conflit avec le prosaïsme des situations et des décors, présent notamment dans le récit de la promenade de Germinie et Jupillon dans la « *campagne* » proche de Paris : « *Ils* [Germinie et Jupillon] *passaient la porte, longeaient les débits de saucisson de Lorraine, les marchands de gaufres, les caba-*

rets en planches, les tonnelles sans verdure et au bois encore blanc où un pêle-mêle d'hommes, de femmes, d'enfants, mangeaient des pommes de terre frites, des moules et des crevettes, et ils arrivaient au premier champ, à la première herbe vivante [...] *Étrange campagne où tout se mêlait, la fumée de la friture à la vapeur du soir, le bruit des palets d'un jeu de taureau au silence versé du ciel, l'odeur de la poudrette à la senteur des blés verts, la barrière à l'idylle, et la foire à la Nature !* » (chap. XII). Le paysage urbain se poétise sous l'effet d'un lyrisme fondé sur la dissonance et qui donne une dignité au sordide tout en cultivant, à sa manière, « *les fleurs du mal* » : « *Quand ils* [Germinie et Jupillon] *revenaient, elle voulait remonter sur le talus. Il n'y avait plus de soleil. Le ciel était gris en bas, rose au milieu, bleuâtre en haut. Les horizons s'assombrissaient ; les verdures se fonçaient, s'assourdissaient, les toits de zinc des cabarets prenaient des lumières de lune, des feux commençaient à piquer l'ombre, la foule devenait grisâtre* [...]. *Tout peu à peu s'effaçait, s'estompait, se perdait dans un reste de jour sans couleur, et, de l'ombre qui s'épaississait, commençait à monter, avec le tapage des crécelles, le bruit d'un peuple qui s'anime à la nuit, et du vin qui commence à chanter* » *(ibid.)*. On est en effet tout proche de Baudelaire et de ses *Tableaux parisiens*. Sur un autre plan, l'intrigue de dégénérescence est ponctuée par des scènes (hallucinations, fantasmes) qui conduisent aux limites de la conscience de soi. En ce domaine, les Goncourt se montrent inventifs : les gestes parlent lorsque l'intériorité fait défaut. Ces romanciers s'efforcent également de restituer l'éloquence des rêves qui traversent Germinie hystérisée et endormie, devenue en quelque sorte un corps parlant. Les deux frères, qui évoquent sur un mode quasi expressionniste le langage du désir, ont su également styliser, avant *L'Assommoir*, la parlure populaire et en rythmer l'oralité.

Mal accueilli lors de sa publication, ce roman de la chair déchirée et souffrante, peut-être le premier roman naturaliste, reçut le soutien chaleureux du jeune Zola dans *Le Salut public* de Lyon (24 févr. 1865). Depuis lors, il est resté et demeure sans doute, le plus célèbre et le plus admiré des romans des Goncourt.

Journal*. Mémoires de la vie littéraire*

Œuvre en 9 tomes — numérotés de I à IX — parue chez Charpentier, entre 1887 et 1896. Publiée en 3 temps (1887, 1890, 1896), l'édition Charpentier — qui fut précédée d'une publication partielle intitulée ***Idées et Sensations*** (1866) et d'une parution dans *Le Figaro illustré* (à partir de déc. 1885) — pratiquait force coupures, Edmond atténuant l'audace des manuscrits. Robert Ricatte revint au texte original sans restituer tous les passages raturés (Monaco, Imprimerie nationale, 22 vol., 1956 à 1958, et Fasquelle/Flammarion, 1959-1960, 4 vol.). Jules tint la plume de 1851 jusqu'en janvier 1870 : Edmond parlait d'une « *dictée à deux* ». L'aîné prit le relais après que la maladie de son frère eut privé celui-ci du désir et de la possibilité d'écrire.

On rencontre dans le ***Journal*** les données habituelles de l'écriture diariste : la transcription des impressions et des états d'âme. Les Goncourt, toutefois, s'aventurent aussi vers des territoires plus inhabituels : récits de rêves, insistance sur l'interrelation du psychique et du somatique, part importante réservée aux malaises organiques, à la sexualité. Mais le ***Journal*** se désigne surtout, dans son titre même, comme « *Mémoires de la vie littéraire* ». Les Goncourt y sténographient les conversations des dîners Magny et Brébant, les propos de Sainte-Beuve, de Flaubert, de Zola. Ils cherchent à affirmer leur qualité de précurseurs dans trois domaines : ils auraient remis au goût du jour l'art du XVIIIe siècle, lancé la mode du japonisme, renouvelé les formes romanesques. Il ne faut donc pas se contenter de voir dans le ***Journal*** un admirable document — ou, comme on l'a beaucoup dit, un tissu d'anecdotes frivoles et de commérages futiles et malveillants. Comme l'a fait remarquer Claude Duchet, on y décèle une stratégie, un désir d'influer sur le champ littéraire qui incite les deux frères à se présenter comme des hommes de lettres exemplaires. C'est ce qui explique qu'ils convoquent dans leur ***Journal*** tous les textes qu'ils écrivent. Il en constitue souvent le creuset, il se situe à leur croisée et témoigne de leurs affres, d'un métier qui les voue à un labeur qu'ils disent douloureux et glorifiant. Le ***Journal*** illustre ainsi une double mutation : celle de l'image de l'écrivain, celle de la fonction habituellement assignée à l'écriture de soi. À l'inverse des mages romantiques, les Goncourt se définissent comme des hommes de lettres n'ayant d'existence que littéraire : à la suite des deux frères, les écrivains qui tinrent désormais un journal — Jules Renard, Claudel, Gide —, réservèrent une place essentielle à ce qui se rapporte au champ et aux institutions littéraires, à la genèse des œuvres. On découvre enfin dans cette œuvre marquante la conjonction de plusieurs formes brèves auxquelles les Goncourt donnent une nouvelle légitimité : férus d'anecdotes, de bons mots, amateurs inconditionnels de La Bruyère et de Saint-Simon, ils se plaisent à caricaturer leurs contemporains en en traçant des portraits rosses. Tous, ou presque, font les frais d'éreintement mémorables : « *Hugo, à l'heure qu'il est, c'est saint Jean dans l'île de*

Pathos » (11 avr. 1864) ; « *Théophile Gautier, un grand artiste, mais avec une syntaxe bête* » (25 mai 1868) ; « *Baudelaire n'est point, je le répète, un prosateur original. Il traduit toujours Poe, quand même il n'est plus son traducteur et qu'il aspire à faire du Baudelaire* » (1877) ; « *Décidément, c'est un jean-foutre que ce Loti ! Il a été, pour les antipathies imbéciles de l'Académie, d'un* lèche-culisme *dépassant tout ce qu'on peut imaginer* » (1892). Et Barbey d'Aurevilly, Coppée, Champfleury, Anatole France, Mæterlinck, Jules Lemaître, Mallarmé, Musset, George Sand, Verlaine, de même que Zola, Flaubert et Daudet ne sont pas davantage épargnés ; telle est, en résumé, la vision qu'avaient les Goncourt de la littérature de leur temps : « *Tourguéneff est un cochon dont la cochonnerie est teintée de sentimentalisme. / Zola est un cochon grossier et brute, dont la cochonnerie se dépense maintenant tout entière dans la copie. / Daudet est un cochon maladif, avec les foucades d'un cerveau chez lequel, un jour, pourrait bien entrer la folie. / Flaubert est un faux-cochon, se disant cochon et affectant de l'être, pour être à la hauteur des cochons vrais et sincères qui sont ses amis. / Et moi, je suis un cochon intermittent, avec des crises de salauderies, qui ont l'exaspération d'une chair mordue par l'animalcule spermatique* » (1876). Ils se veulent également paysagistes en prose sans jamais cesser de confronter le réel qu'ils cherchent à esthétiser aux réminiscences culturelles, picturales que celui-ci évoque pour eux. Le goût de fixer l'instant, de restituer le fugace et le contemporain a souvent pour contrepoint l'énoncé de vérités générales sous forme de maximes ou de traits d'esprit volontiers paradoxaux ou du moins frappants et singuliers : « *Ce qui entend le plus de bêtises dans le monde est peut-être un tableau de musée* » (1866) ; « *Les enfants sont comme la crème : les plus fouettés sont les meilleurs* » (1855) ; « *Elles sont bien noires, les pensées des nuits blanches* » (1869) ; « *L'excès en tout est la vertu de la femme* » (20-26 août 1857) ; « *Dans l'histoire du monde, c'est encore l'absurde qui a le plus de martyrs* » (31 oct. 1860) ; « *La statistique est la première des sciences inexactes* » (14 janv. 1861) ; « *Le peuple n'aime ni le vrai ni le simple. Il aime le roman et le charlatan* » (2 mars 1861) ; « *Ne pas s'occuper des autres, c'est toute la distinction ; s'en occuper, c'est toute la politesse* » (3 janv. 1864) ; « *Un bourgeois est l'océan du rien* » (5 sept. 1867). Si bien que le ***Journal. Mémoires de la vie littéraire***, aurait tout aussi bien pu porter le titre qui fut donné en 1866 à la publication partielle, à valeur d'anthologie, qui en fut donnée : ***Idées et Sensations***.

Dans ce miroir de deux vies « *inséparées* », les Goncourt ont représenté leurs contemporains, les dimanches de Flaubert, le salon de la princesse Mathilde, les libres propos des dîners Magny. Mais ils l'ont fait en déversant le plus souvent un fiel et une haine d'autant plus détestables qu'ils s'accompagnaient d'une rare hypocrisie sociale, les frères n'ayant pas leur pareil pour embrasser à un dîner celui ou celle qu'ils « assassinaient » dans leur ***Journal***, à l'instar de Sainte-Beuve — l'un de leurs meilleurs soutiens et l'une de leurs victimes préférées. Plus détestables encore, les pages d'un antisémitisme viscéral et odieux. On décèle dans ces ***Mémoires de la vie littéraire*** l'émergence du décadentisme, des romanciers dits « *psychologues* » (Bourget, Barrès). On y voit croître l'animosité d'Edmond à l'égard de Zola qui, accueilli comme un disciple en 1868, figura bientôt en rival dont on jalousait le succès et qu'Edmond ne cessa d'accuser de plagiat. Le ***Journal*** témoigne exemplairement d'un mythe auquel les Goncourt ont subordonné toute leur existence, celui de l'artiste isolé socialement, maladif par tempérament — l'allusion aux « *nerfs* » de l'artiste est leur référence obsédante —, crucifié par son œuvre : « *Nous avons été les premiers écrivains des nerfs* » (15 déc. 1868).

CITATIONS

Elle en était venue à considérer la vente et le débit de l'amour comme une profession un peu moins laborieuse, un peu moins pénible que les autres, une profession où il n'y avait pas de morte-saison.

La Fille Élisa, I, 7.

Qu'est-ce que la vie ? L'usufruit d'une agrégation de molécules.

Idées et Sensations.

L'Histoire est un roman qui a été ; le roman est de l'Histoire qui aurait pu être.

Idées et Sensations.

La religion est une partie du sexe de la femme.

Idées et Sensations.

Dieu a fait le coït, l'homme a fait l'amour.

Journal, 19 juillet 1855.

L'excès en tout est la vertu de la femme.

Journal, 20-26 août 1857.

Dans l'histoire du monde, c'est encore l'absurde qui a le plus de martyrs.

Journal, 31 octobre 1860.

La statistique est la première des sciences inexactes.

Journal, 14 janvier 1861.

Le peuple n'aime ni le vrai ni le simple. Il aime le roman et le charlatan.

Journal, 2 mars 1861.

Il faut retourner la phrase de Bonald : l'homme est une intelligence *trahie* par des organes.

Journal, 30 juillet 1861.

La pensée de la femme moud dans le vide, comme la pensée du roulier marchant à côté de son cheval.

Journal, 12 novembre 1861.

Le sceptique doit être reconnaissant aux Napoléon des progrès qu'ils ont fait faire à la bassesse humaine.

Journal, 8 avril 1862.

Un livre n'est jamais un chef-d'œuvre : il le devient.

Journal, 23 juillet 1864.

Il n'y a que les domestiques qui savent reconnaître les gens distingués.

Journal, 15 août 1867.

Nous avons été les premiers les écrivains des nerfs.

Journal, 15 décembre 1868.

JUGEMENTS

« Nulle littérature n'est autant que celle des Goncourt dénuée d'inconscient, de dessous. Ils ne voient la vie qu'avec le regard d'un professionnel de la littérature, aussi ne la voient-ils pas. Ils s'écoutent l'écouter ; ils se regardent l'observer. »

Maurice Barrès, *Mes Cahiers*, t. II, Plon, posthume, 1929 à 1956.

« M. de Goncourt [Edmond] *qui n'a pas de génie, mais qui est plein de cavernes sonores et ténébreuses, est illuminé à nos yeux par le mot* RIEN *qui se rencontre sous sa plume, toutes les fois qu'il lui faut exprimer une nuance quelconque rebelle à son analyse : un* rien *de beauté, un* rien *de mise, un* rien *d'émotion, un* rien *de collaboration (vieux farceur !), des* riens *délicieux, des* riens *spirituels, des* riens *pleins de grâce, etc., enfin le rien du rien qui est son livre même et le tréfonds de son esprit. »*

Léon Bloy, *Histoires désobligeantes*, 1894.

« Rien n'est plus drôle que le cri des Goncourt lorsqu'on leur disait que la terre n'avait plus que quelques milliers de siècles à vivre. "Alors ! Et nos livres ?" *Au fond ce n'était pas si bête. À moins d'écrire pour manger ou pour le succès immédiat, on se demande ce qui nous pousse à nous exténuer dans le vide et pourquoi chercher au loin des amis, puisque nous en avons de tout près et qui nous lisent à livre ouvert sans le véhicule de l'encre. »*

Jean Cocteau, *Le Passé défini*, t. II, 4 février 1953, Gallimard, posthume, 1985.

« Les Goncourt ont été les embaumeurs de leur époque, ils ont éternisé cinquante ans de vie littéraire, artistique, politique ou mondaine. »

Roland Dorgelès, *Images*, Albin Michel, posthume, 1975.

« Les volumes rédigés par Edmond seul n'ont pas le même intérêt que ceux rédigés par Jules... Attribuable peut-être au grand coup porté à Edmond par la mort de son frère. »

Isabelle Eberhardt, *Les Journaliers*, in *Écrits sur le sable*, juillet 1900.

« Mais, de quoi est mort Jules ? nous demandera-t-on. Il est mort de son métier, comme nous mourrons tous : de la perpétuelle tension de l'esprit, de l'effort sans repos, de la lutte avec la difficulté créée à plaisir, de la fatigue de rouler ce bloc de la phrase, plus pesant que celui de Sisyphe. À l'anémie s'ajoute bientôt la névrose, cette maladie toute moderne, qui naît des surexcitations de la vie civilisée, et contre laquelle la médecine est impuissante, car elle ne peut atteindre l'âme. »

Théophile Gautier, *Portraits contemporains*, 1881.

« La manière des Goncourt, par quoi ils paraissaient si "artistes" de leur temps, est cause aujourd'hui de leur ruine. Ils avaient des sens délicats ; mais une intelligence insuffisante les fit s'extasier sur la délicatesse de leurs sensations et mettre en avant ce qui doit être subordonné. On ne lit point une page d'eux où n'éclate entre les lignes cette bonne opinion qu'ils ont d'eux-mêmes [...]. *»*

André Gide, *Journal*, 1921, Gallimard, 1939.

« Ce fut la première originalité des Goncourt de créer de l'Histoire avec les détritus mêmes de l'Histoire. »

Rémy de Gourmont, *Le Deuxième Livre des masques*, 1896 à 1898.

« On retrouve en ces artistes, en ces gentilshommes, tous les travers des bourgeois de Labiche à Feydeau, antisémites, scatologiques, fins gourmets et peloteurs de bonnes, avec cela aigris contre tous les gouvernements, voyant des saletés partout comme les vieux messieurs de l'Action française. Ils voient le monde de l'œil myope du collectionneur réduisant tout à la taille d'un bibelot ; petit *est le mot qui revient le plus souvent sous leur plume.* [...]

[...]

Les Goncourt ont deux grandes qualités qui sont le plus contraires au génie : le goût qui chipote, qui arrange les personnages ou les mots comme des porcelaines sur une commode, et la curiosité qui disperse, qui furète, qui bien souvent s'égare, mais ils ont dans le goût et la curiosité l'œil le plus sensible et le plus fouilleur. »

Philippe JULLIAN, « Edmond et Jules de Goncourt », in *Tableau de la littérature française*, III, Gallimard, 1974.

« *MM. de Goncourt ont conscience d'avoir été* "des créatures passionnées, nerveuses, maladivement impressionnables" : *ils ont été en effet des maniaques littéraires. Sur leurs terribles carnets ils ont couché tout ce que leurs yeux et leurs oreilles ont rencontré, choses et hommes, meubles et idées ; plus sensitifs qu'intelligents, ils ont à l'ordinaire curieusement fixé l'aspect des choses, cruellement aplati les idées des hommes. Surtout ils ne se sont jamais doutés combien cette féroce application à tout convertir en notes pour des livres pouvait fausser les justes proportions, altérer la vraie couleur de la vie. Dans leur œuvre laborieuse, ils ont réussi surtout à exprimer certains types de détraqués et de déclassés, gens de lettres, artistes, acrobates ; ils ont rendu avec une singulière originalité les formes d'âmes les plus factices qu'une civilisation trop raffinée fait éclore, la jeune fille du grand monde parisien, par exemple, dans ce roman de* Renée Mauperin, *qui demeurera, je pense, l'une des œuvres caractéristiques de notre temps.*
Enfin, par leur style tourmenté, raffiné, souvent extravagant ou alambiqué, souvent aussi d'une intense et originale précision, MM. de Goncourt ont exercé une grande influence sur leurs contemporains. Ils ont créé vraiment le style impressionniste : *un style très artistique, qui sacrifie la grammaire à l'impression, qui, par la suppression de tous les mots incolores, inexpressifs, que réclamait l'ancienne régularité de la construction grammaticale, par l'élimination de tout ce qui n'est qu'articulation de la phrase et signe de rapport, ne laisse subsister, juxtaposés dans une sorte de* pointillé, *que les termes producteurs de sensations.* »

Gustave LANSON, *Histoire de la littérature française*, Hachette, 1894.

« *Au fond, je suis bien tenté de dire que c'est souvent écrit en charabia. Une invention de mots, à chaque instant, presque puérile. Je regrette de n'en avoir pas noté quelques-uns :* insomnieux, sensitiviste... *Et des fautes de français souvent, par-dessus le marché.* »

Paul LÉAUTAUD, *Journal littéraire*, t. II, 23 mai 1936, Mercure de France, rééd. 1986.

« *Voici trente ans environ, deux jeunes gens, deux frères, deux de ces garçons travaillés par des besoins d'art encore indécis, par cette démangeaison du Beau que portent en eux ceux qui seront plus tard de grands hommes, visitaient, avec passion, toutes les vieilles boutiques de Paris. Attirés par un invincible attrait vers ce* XVIIIe *siècle qui est et qui restera le grand siècle de la France, le siècle de l'art par excellence, de la grâce et de la beauté, ils cherchaient dans les cartons des marchands d'estampes tout ce qui venait de cette époque charmante alors méprisée. Ils trouvaient des dessins de Watteau, de Boucher, de Fragonard, de Chardin. Quand l'un mettait la main sur l'une de ces merveilles inconnues, d'un geste il prévenait l'autre, et, pâles tous deux, ils contemplaient la trouvaille et l'emportaient, le cœur battant. Leurs amis riaient.* [...] *Et il arrivait que parfois, leur fortune étant modeste, ils se trouvaient couverts de dettes. Alors, ne pouvant résister au désir de la trouvaille, ils disparaissaient, ils allaient s'enfermer dans quelque auberge de campagne, seuls tous deux, amassant de l'argent sou par sou, et du savoir heure par heure, car ils étudiaient sans relâche leur* XVIIIe *siècle bien-aimé, ils y pénétraient davantage chaque jour, le fouillaient, le parcouraient jusque dans les petits détails de la toilette et des coutumes. Bientôt ils le possédèrent comme personne, car ils le possédaient dans son art ; et ils réunirent une des plus belles collections qui soient de dessins des maîtres d'alors ; une collection où l'on retrouve toutes les manifestations du talent gracieux de cette époque.*
Ces deux collectionneurs s'appelaient Edmond et Jules de Goncourt. »

Guy de MAUPASSANT, *Chroniques*, 22 mars 1883.

« [Edmond de] *Goncourt n'est pas un artiste, malgré toute son affectation et ses prétentions. Ce n'est pas un artiste.* Il me fait l'effet *d'une vieille femme qui pousse des cris perçants, en quête de l'immortalité, et essaye d'en abattre quelques fragments avec un balai.* »

George MOORE, *Confessions d'un jeune Anglais*, 1888.

« *Ce qui caractérise au plus haut point le style des Goncourt, c'est le mépris hautain qu'ils ont pour l'harmonie, ce que Flaubert appelait les chutes de phrases. Elles sont encombrées, leurs phrases, de génitifs accouplés, de subjonctifs lourds, de tournures pâteuses qui ont l'air de sortir d'une bouche pleine de salive. Ils ont des mots qui sont comme des ronces, une syntaxe qui râcle la gorge, qui font au plus haut du palais l'impression d'une chose qu'on ne peut pas se décider à vomir.*
[...]
Ce qui manque peut-être aux Goncourt, c'est l'art de faire ressortir leurs mots, leurs curiosités de langage, de les mettre en vitrine afin que le badaud s'attarde. On ne s'aperçoit qu'ils ont de l'esprit — et du plus rare — qu'à la deuxième ou troisième lecture. Mais un honnête homme ne lit pas deux fois la même chose. »

Jules RENARD, *Journal*, 8 novembre 1887 et 27 mai 1890.

« *On ne feindra pas de s'être absenté pendant une semaine pour demeurer en compagnie d'Edmond (1822-1896) et de Jules Goncourt (1830-1870), qui, tels les scarabées, roulent leur boule de merde jusqu'à la fin des temps. Il faudrait — outre un masque à gaz — bien plus de loisirs que cela si l'on voulait absorber leurs Mémoires, qui, pour un tiers seulement, sont écrits à quatre mains.*[...].
[...] *Ils jugent les autres à leur aune, et n'aiment décrire leur prochain qu'à ce moment, inévitable pour tous, où soit on se rend à la selle, soit on se mouche. [...] La bassesse de l'inspiration culmine dans un antisémitisme pire que celui de Drumont, insupportable à leur protectrice, la Mathilde, brave femme sans illusions sur Son Altesse de saison :* "Si l'Oncle n'avait pas réussi à la guerre, je vendrais des

oranges dans les rues d'Ajaccio." *Par moments, on éprouve la même nausée qu'à la lecture de* Bagatelles pour un massacre, *de Céline. Encore celui-ci avait-il l'excuse du délire, si l'on doit admettre une excuse à ce sujet. Il a payé par la solitude, la douleur physique et morale. Il s'est exposé à la riposte de son vivant, tandis que les Goncourt, patelins fonctionnaires de la haine et du débinage, dînaient en ville avec leurs victimes, juives ou non, qu'ils caressaient de leurs compliments, flattaient de leurs courbettes. Avant de regagner leur bric-à-brac d'Auteuil pour nourrir leurs cahiers de ragots, dont ils comptaient qu'à la faveur du silence des morts ils feraient, plus tard, la vérité aux yeux du public. Le journal intime est assez souvent la revanche des ratés, qui espèrent que leur humeur sera prise pour l'élan vital qui leur a manqué.*

Alignant les anecdotes, filant le potin, les Goncourt apparaissent comme deux femmes de chambre envieuses qui se rinceraient l'œil par le trou de la serrure et n'auraient jamais du plaisir d'aimer et de créer que sa représentation. Tous leurs camarades, aînés ou cadets, de Flaubert à Maupassant, de Huysmans à Zola, flatté de vive voix et traîné dans la boue en secret, ont mieux réussi qu'eux-mêmes, si profondément convaincus de leur supériorité. Alors, ils en crèvent.

[...]

Les Goncourt n'obéissent qu'au dépit de n'avoir pas été lus de leur vivant autant qu'ils l'eussent souhaité. Ils ne s'étudient pas : ils se commentent dans un sempiternel gingin. Ils n'ont pas de vraies douleurs : ils ne saignent que dans la vanité de l'homme de lettres, laquelle est comme extérieure à l'âme et ne provoque pas les secousses d'où sortent les formules et les cris de l'artiste. [...] *En réalité, ces admirateurs des pastels du* XVIIIe *siècle trempent leur pinceau dans le bitume et, à partir du gris et du noir de leur courte palette, sont incapables, malgré les milliers de figurants, de créer la perspective dans la traversée de la société.*

[...]

[...] *Quand on sort de là, on éprouve, à l'air libre, l'impression de vivre une époque bienveillante, audacieuse, presque juste, en compagnie de contemporains ruisselant de délicatesse, de finesse et de bonté. C'est dire...* »

Angelo Rinaldi, « Les Goncourt »,
in *L'Express*, 20 octobre 1989.

« *MM. de Goncourt sont des artistes aussi distingués que convaincus et sincères, un talent rare en deux personnes, de parfaits gentilshommes de lettres. Ce sont des modernes et de purs modernes ; ils marchent hors rang, courageux et unis, à leurs risques et périls, se tenant pas goût aux avant-postes de l'art ; ils tentent constamment, ils cherchent sans cesse. Je les définirais encore comme deux hérétiques en littérature, des plus consciencieux et des plus aimables. Et qui est-ce qui n'est pas plus ou moins hérétique aujourd'hui ?* »

Charles Augustin Sainte-Beuve,
Portraits littéraires, 1863.

« *Ces bibelotiers du document sont aussi des bibelotiers du style. Ils n'ont pas créé le roman écrit documentairement puisqu'il y a Champfleury, mais ils ont créé le roman écrit artistement, soit la célèbre écriture artiste. Ils ont dit avec quelque exagération les tortures endurées à l'établi du style, et l'on ne peut pas contester. la somme incomparable de création que représente ce style cherché. Les Goncourt, par leurs romans et par les notations du* Journal *préparatoires aux romans, comptent fort dans l'histoire du style. Du bon style ? c'est une autre affaire.*

En tout cas, pas du bon style de roman. Ce style au pinceau, fait de notations qui papillotent et qui jouent leur partie sans plus entrer dans une ligne de phrase que les chapitres ne prétendent entrer dans une ligne de composition et dans un livre construit, a fait de leurs romans, au bout d'un demi-siècle, de singuliers phénomènes. Pour le public d'aujourd'hui, autant qu'un style à comprendre, il y a là une langue à apprendre, le Goncourt, — et la vie est courte. »

Albert Thibaudet, *Histoire de la littérature française de 1789 à nos jours*, Stock, posthume, 1936.

« [Edmond] *de Goncourt est toujours beau et sa manière de travailler si fidèle, et puis c'est tellement travaillé.* »

Vincent Van Gogh, *Lettres à son frère Théo*, lettre 426,
décembre 1883-novembre 1885, Grasset, 1937.

« *Je sais qu'ils ont une certaine façon à eux de dire la vérité ; ils ont leur rhétorique, ces révoltés, ils ne touchent à la nature qu'avec un tas de petites minauderies, d'œillades et de courts évanouissements. Ce sont de jolies femmes légèrement hystériques qui mettent des gants blancs pour toucher à la chair nue.*

Leur langage est celui d'un moribond qui, du seuil de la mort, voit distinctement la vie et la juge avec tous les effrois de la tombe.

[...]

[...] *ils abordent la réalité en gens courageux qui, par raisonnement, ne craignent pas les puanteurs, mais qui, par instinct, aiment les senteurs douces.* »

Émile Zola, *Œuvres critiques*, t. I, 1881.

« *Il y a, entre les lignes, une continuelle évocation, un mirage qui lève devant le lecteur la réalité des images.* »

Émile Zola, *Œuvres critiques*, t. II, 1881.

BIBLIOGRAPHIE

Éditions

Œuvres complètes, Slatkine, Genève (CH), 1985, 21 vol.

Œuvres, Flammarion/Fasquelle, 1921 à 1936, 46 vol.

Correspondance Flaubert/Goncourt, éd. P.-J. Dufief, Flammarion, 1998.

Journal. Mémoires de la vie littéraire, éd. R. Ricatte, Imprimerie nationale, Monaco (MC), 1956 à 1958 et Fasquelle/Flammarion, 1959-1960, 4 vol. ; rééd. R. Kopp, « Bouquins », Laffont, 1989, 3 vol.

Préfaces et Manifestes littéraires, Slatkine, Genève (CH), 1980.

L'Art du XVIII*e siècle et autres textes sur l'art*, éd. J.-P. Bouillon, Hermann, 1967.

Germinie Lacerteux, éd. N. Satiat, « GF », Flammarion, 1990.

Études

W. Bennour, *Edmond et Jules de Goncourt ou le Génie androgyne*, Persona, 1985.

A. Billy, *Les Frères Goncourt. La Vie littéraire à Paris pendant la seconde moitié du* XIX*e siècle*, Flammarion, 1954.

J. Borie, *Le Célibataire français*, Le Sagittaire, 1976.

J.-L. Cabanès (dir.), *Les Frères Goncourt : art et écriture*, P.U.B., Bordeaux, 1997.

E. Caramaschi, *Réalisme et Impressionnisme dans l'œuvre des Goncourt*, Nizet, 1971.

J. Dubois, *Les Romanciers français de l'instantané au* XIX*e siècle*, Palais des Académies, Bruxelles (BE), 1963.

M. Fuchs, *Lexique du* Journal *des Goncourt*, Slatkine, Genève (CH), 1972.

Ph. Jullian, « Edmond et Jules de Goncourt », in *Tableau de la littérature française*, III, Gallimard, 1974, pp. 279 à 284.

E. Launay, *Les Frères Goncourt collectionneurs de dessins*, Arthéna, 1991.

L. Prajs, *La Fallacité de l'œuvre romanesque des frères Goncourt*, Nizet, 1974.

R. Ricatte, *La Création romanesque chez les Goncourt*, Colin, 1953 ; *La Genèse de « La Fille Élisa »*, PUF, 1960.

J.-P. Richard, « Deux écrivains épidermiques : Edmond et Jules de Goncourt », in *Littérature et Sensation*, Seuil, 1954, rééd. « Points », Seuil, 1979.

P. Sabatier, *L'Esthétique des Goncourt*, Hachette, 1920, rééd. Slatkine, Genève (CH), 1970.

D. Thaler, *La Clinique de l'amour selon les frères Goncourt : peuple, femme, hystérie*, Naaman, Sherbrooke, Québec (CA), 1986.

B. Vouilloux, *L'Art des Goncourt. Une esthétique du style*, L'Harmattan, 1997.

É. Zola, *Le Roman expérimental*, in *Œuvres complètes*, Cercle du livre précieux, t. X ; *Mes Haines* et *Les Romanciers naturalistes*, in *Œuvres complètes*, Cercle du livre précieux, t. XI.

Les *Cahiers Edmond et Jules de Goncourt* sont publiés par la Société des amis des frères Goncourt, depuis 1992.

AUDIO & VIDÉO

CD-ROM

Encyclopédie de la littérature française, Bibliopolis, 1998.

Frères Goncourt : l'Œuvre romanesque, Bibliopolis, 1997.

Les Romanciers réalistes et naturalistes 1820-1910, Bibliopolis.

GRACQ

Julien GRACQ

De son vrai nom, Louis POIRIER

Saint-Florent-le-Vieil (Maine-et-Loire) 1910 – Angers 2007

Prix Goncourt (refusé)

> « [La] *recherche de la beauté jusqu'au plus absolu paroxysme.* »
>
> André PIEYRE de MANDIARGUES, « Le Château ardent », in *Julien Gracq*, « Cahiers de l'Herne », L'Herne, 1972.

> « *Ni son Dieu, ni son diable, ni son Graal ni sa grêle ne parviennent à m'exalter, ou à m'abattre.* »
>
> ÉTIEMBLE, in *Les Temps modernes*, 1947.

Une vie en retrait

Dans les ondes du surréel

Louis Poirier est né dans une famille d'artisans et de petits négociants enracinés depuis des générations dans la vallée de la Loire et la région des Mauges, où restait vif le souvenir des événements dont, sous la Révolution, la Vendée militaire avait été le théâtre. Il n'a cessé d'y revenir pour des séjours fréquents et réguliers. Il fut d'abord interne au lycée Clemenceau de Nantes, pendant sept années qui le marquèrent profondément et qu'il fit revivre dans ***La Forme d'une ville*** (1985) : « *Ordre, uniformité, hiérarchie, discipline, restaient les maîtres mots. C'était une institution rude, aux angles vifs et coupants, où tout mouvement spontané avait chance d'être une meurtrissure, où presque toutes les situations étaient d'inconfort, depuis le dortoir glacé jusqu'au linge parcimonieux et au poisson ammoniacal.* » Il lut beaucoup pendant ces années ; son « *premier amour* » en littérature, « *sauvage, ébloui, exclusif* », fut *Le Rouge et le Noir* : « *Je le lisais contre tout ce qui m'entourait, contre tout ce qu'on m'inculquait* [...]. *Mais cette fin de non-recevoir généralisé restait sans violence et sans révolte : elle était congé pris, séparation, froid recul* » ***(Lettrines 2)***. Il obtint plusieurs prix au concours général (thème latin, français...). Venu à Paris en 1928, il prépara au lycée Henri-IV le concours d'entrée à l'École normale supérieure, où il fut reçu en 1930, découvrit Wagner et le surréalisme. Il décida de se spécialiser en géographie, par désir de comprendre les lois secrètes de la structure des paysages, et par sentiment intense de la poétique spatiale. Reçu 5e à l'agrégation d'Histoire et géographie en 1934, un an après avoir été reçu 4e à l'examen final de la section diplomatique de l'École libre des sciences politiques, il commença sa carrière d'enseignant à Quimper et mena désormais l'existence discrète et apparemment ordinaire d'un célibataire, professeur d'histoire et de géographie — jusqu'à sa retraite en 1970. Il fut militant communiste de 1936 à 1939, mais renvoya sa carte au parti en signe de désaveu du pacte germano-soviétique, puis s'éloigna définitivement de tout engagement politique. En 1938, il publia son premier livre, ***Au château d'Argol***, récit foisonnant de mythes, placé sous le double ascendant du surréalisme et du genre « gothique ». Après un refus de Gallimard, il trouva en José Corti un éditeur auquel il resta désormais fidèle, ainsi qu'à sa devise : « *Rien de commun* ». Il adopta de manière également définitive un pseudonyme inspiré à la fois de Julien Sorel et des Gracques, choisi par passion pour un certain romanesque et par sensibilité à la sonorité musicale des mots.

Cette première publication valut à Gracq l'approbation chaleureuse puis la rencontre, qui se révéla fondatrice, de Breton, lequel lui écrivit le 13 mai 1939 : « *J'ai lu d'un seul trait, sans pouvoir une seconde m'en détacher,* Au château d'Argol, *et votre livre m'a laissé sous l'impression d'une communication d'un ordre absolument essentiel.* » Mobilisé en 1939, Gracq passa quelques mois de guerre en Hollande et en Belgique, puis de captivité en Silésie (de juin 1940 à févr. 1941), où il tomba malade. Libéré en raison d'une tuberculose présumée, il fut rapatrié et, bientôt, reprit l'enseignement — au lycée parisien Claude-Bernard (act. XVIe arrondnt), de 1947 à sa retraite — ainsi que l'écriture, tout en commençant une thèse intitulée ***La Morphologie de la Basse-Normandie***. En 1945 parut ***Un beau ténébreux***, dont le titre nervalien se référait au surnom d'un héros de roman de chevalerie (Amadis de Gaule, de Montalvo) et annonçait l'abondance des références culturelles de ce récit mettant en scène un petit groupe d'estivants lettrés en villégiature à l'*Hôtel des vagues*. Les conversations littéraires, les citations explicites y remplaçaient les réminiscences plus allusives d'***Au château d'Argol***. Dans le sillage de l'œuvre précédente, quoique dans un cadre plus réaliste, Gracq y proposait une variation « byronienne » sur la ravageuse attraction qu'exercent certains êtres doués d'une aura magnétique, dont la seule présence affole la « *limaille humaine* » et fait surgir un troublant appel à l'absolu du désir, c'est-à-dire à la mort. Allan, ce « *beau* *ténébreux* » charismatique, dont le suicide avait pour modèle celui de Kleist, était inspiré des figures de René Crevel et de Jacques Rigaut : « *Aussi loin que je remonte dans mes souvenirs, je ne puis me défaire de l'impression qu'Allan est un être* marqué *(pour quel but, pour quelle tâche ?), un de ceux qui sont faits pour encourager chez les têtes les plus froides je ne sais quelle démangeaison obscure de vaticination, de transe prophétique — dont ces pages vous paraîtront sans doute porter tristement la marque.* »

L'empreinte surréaliste marqua encore les poèmes en prose de ***Liberté grande*** (1946, augmentés de 6 textes en 1958 et d'un dernier en 1969). Sans relever de l'écriture automatique, ces textes courts revêtaient une spontanéité apparente et, à travers des paysages imaginaires ou réels, des villes transfigurées — « *l'œil sacrilège qui glisse à travers la nudité grelottante d'une aube dans les rues de Paris surprend quelque chose du scandale d'un fond de mer entrouverte* » ***(Paris à l'aube)*** —, des analogies mystérieuses proches des associations d'idées et d'images des surréalistes — « *Les yeux bougent comme le tournesol et l'héliotrope et sur les ruisseaux de lait du crépi de la chambre se diluent dans la tache d'encre d'un papillon noir* » ***(La Vallée de Josaphat)*** — faisaient apercevoir le reflet d'éblouissements rimbaldiens. Lors de l'Exposition internationale du surréalisme, Gracq publia dans *Le Surréalisme en 1947* une prose onirique, ***Un cauchemar***, et plus tard se joignit à Lise Deharme, Breton et Tardieu pour contribuer, d'un texte dialogué intitulé ***Les Yeux ouverts*** — repris dans ***Préférences*** (1961) — à un recueil à 4 voix issu d'émissions radiophoniques, ***Farouche à quatre feuilles*** (1954). Gracq ne fit jamais formellement partie du groupe surréaliste, mais resta toujours en sympathie élective avec les objectifs et surtout l'élan de ce qui lui apparaissait comme un magnifique « *mouvement* », dont « *l'âme* » était Breton, en qui il vit jusqu'à la fin « *un recours inépuisable* » (***André Breton. Quelques aspects de l'écrivain***, 1948). Très rapidement rédigé, son essai sur Breton — l'un des plus remarquables, sinon le meilleur, sur l'auteur de *Nadja* — exposait ce qui, aux yeux de Gracq, faisait le prix de la quête surréaliste, envisagée comme rafraîchissement magique et électrisation des images assoupies, dans « *un état naissant en constante puissance d'éveil* ». S'il étudiait finement Breton et son œuvre, Gracq parlait indirectement de lui-même : lorsqu'il analysait les « *phénomènes d'induction* » chez Breton, de son « *magnétisme personnel* » à « *l'aimantation ininterrompue* » de son œuvre, l'emploi de l'italique ou la récurrence du motif de la « *profanation* », il méditait aussi sur sa propre écriture et sur ses enjeux personnels. En 1949 fut représentée (dans une mise en scène de Marcel Herrand, avec Maria Casarès) sa pièce ***Le Roi pêcheur***, où il revisitait à sa manière le thème arthurien et wagnérien du Graal, qui n'a cessé de le hanter. Cette tentative théâtrale — restée sans lendemain, mise à part la traduction de la ***Penthésilée*** de Kleist en 1952 — reçut un accueil mitigé, voire négatif : « [...] *ruisselant d'ennui, c'est à la fois compliqué et sommaire* », estima Jean-Jacques Gautier dans *Le Figaro*. L'année suivante, Gracq réagissait contre certaines dérives des mœurs littéraires, avec ***La Littérature à l'estomac*** (1950) : « *On ne sait s'il y a une crise de la littérature, mais il crève les yeux qu'il existe une crise du jugement littéraire* », constatait l'auteur, inquiet devant la politisation d'une « *république des lettres* » divisée en deux « *planètes* », représentées par la presse de gauche et celle de droite, et surtout devant la mercantilisation croissante des valeurs intellectuelles. Ce pamphlet contre « *la fiesta rituelle et colorée qu'est devenue notre vie littéraire* » visait les prix littéraires et les écrivains serviles qui les briguent, le public abêti dont la destination est « *d'élire des présidents de la République des lettres* », ainsi que les convertis au surréalisme ou à l'existentialisme « *de peur de rater le dernier métro* »... Sa dénonciation du système des prix trouva son application lorsque ***Le Rivage des Syrtes*** (1951) reçut le prix Goncourt, qu'il refusa en toute cohérence ; cette affaire déclencha un petit scandale parisien qui agita la presse, et eut au moins le mérite de faire connaître Gracq d'un plus vaste public. Dans ce roman, il orchestrait, avec des échos d'Oswald Spengler et d'Ernst Jünger, une méditation sur la décadence des civilisations et l'aspiration à la catastrophe comme ultime sursaut du vivant.

Cette veine trouva un prolongement moins exotique, mais parfaitement accompli, dans ***Un balcon en forêt*** (1958), évocation de la drôle de guerre en Ardenne. La vacuité de l'attente de l'invasion — thème qu'avait déjà souverainement illustré *Le Désert des Tartares* (1940) de Buzzati —, dans l'immémoriale indifférence des arbres, désamarrait sourdement un temps immobile et délesté. Isolés dans un blockhaus, l'officier Grange et ses hommes menaient « *une vie presque paysanne, qui végétait très ralentie à l'extrême pointe d'un des nerfs les moins alertés parmi le grand corps de la guerre* ». Peu à peu, les signes annonciateurs se multipliaient, tandis que le temps paraissait s'accélérer, charriant de plus en plus fort les peurs et les rêves, jusqu'à une déflagration finale qui ne se distinguait guère de l'extase. Seule la relation amoureuse de Grange avec Mona, personnage enfantin et sensuel illuminant ce récit envahi par la « *maladie de langueur* » d'une guerre attendue, conjurait fugitivement le pressentiment oppressant de « *cette sensation finale de chute libre qui fauche le ventre dans les mauvais rêves* ». L'ouvrage fut adapté pour la télévision par Michel Mitrani en 1979.

Gracq délaissa ensuite la forme romanesque et l'affabulation narrative : il y avait coulé un nombre restreint, mais récurrent, d'obsessions intimes dont l'habillement évolua de la flamboyance au second degré des œuvres initiales, au lyrisme épuré d'***Un balcon en forêt***, et qui tournaient autour de la notion majeure du réveil de la capacité de désir, tant dans les relations privées que dans les grandes pulsions historiques. Il ne fit qu'un seul retour à la fiction, en 1970, avec ***La Presqu'île***, recueil de 3 nouvelles : ***La Route***, ***La Presqu'île***, ***Le Roi Cophetua***. La plus longue, qui donnait son titre à l'ensemble, auscultait à nouveau le motif lancinant de l'attente. L'itinéraire de Simon, roulant sur les routes de Bretagne en attendant l'arrivée de la femme qu'il aime, était à la fois dérive vers la mer et plongée en soi, dans un paysage théâtralisé dont les « *changements à vue* » épousaient les mouvements de l'âme du personnage : « *Droit devant la pointe seulement, le large se découvrait, avec au fond cette arche de lumière glauque qui coulissait sur la mer comme un rideau — et pourtant brusquement ici la vie changeait de clé.* »

Gracq parut de plus en plus sollicité par la résurgence des souvenirs d'enfance, comme en témoigna ***Les Eaux étroites*** (1976), œuvre ténue et limpide où l'auteur suit le cours de l'Èvre, et celui de sa mémoire imprégnée de lectures — Nerval, mais aussi Balzac, Proust, Alain-Fournier —, métamorphosant sa promenade en un « *voyage initiatique* » par la magie de la rêverie, par « *la puissance d'envoûtement des excursions magiques, comme l'a été pour moi celle de l'Èvre,* [qui] *tire sa force de ce qu'elles sont toutes à leur manière des "chemins de la vie"* [...] ».

Lire, écrire, voyager

Dès 1954, Gracq avait commencé à tenir des cahiers où il consignait ses impressions de lecture, des notations sur l'art du roman, des souvenirs, des images cueillies au hasard de ses voyages en France ou à l'étranger. Il en tira la matière d'un certain nombre de recueils qu'il publia sous des titres modestes : ***Préférences*** (1961), ***Lettrines*** (1967) et ***Lettrines 2*** (1974), ***En lisant en écrivant*** (1981). Côtoyant l'écriture romanesque, puis s'y substituant, ils inaugurèrent une pratique du fragment librement mosaïqué, fortement subjectif, aussi bien dans des aspects autobiographiques de plus en plus assumés que dans l'affirmation du principe de plaisir. Ces recueils rassemblèrent d'abord les confidences d'un lecteur passionné et éclectique faisant partager ses bonheurs, et qui, étant lui-même écrivain, diagnostiquait en connaisseur les difficultés du métier, et généralisait volontiers sa réflexion à partir de ce double point de vue. Si ses goûts de lecteur l'entraînaient essentiellement vers le XIXe siècle, sa conception de la lecture et de l'écriture, envisagées en deux pôles d'une activité ressentie comme très homogène, posait une problématique moderne et originale. À partir de sa position élue de lecteur, c'était son propre territoire de romancier qu'il explorait : « *Tout livre* [...] *restitue sous une forme inédite non pas le monde brut, mais plutôt l'énorme matière littéraire qui préexiste à lui* » (***Pourquoi la littérature respire mal***, in ***Préférences***). Ainsi se dégageait peu à peu, de remarques en analyses souplement entretissées, et aussi loin que possible de tout dogmatisme — à une époque où la théorie littéraire était en faveur —, une approche singulière et savoureuse de l'expérience littéraire, qui privilégiait les valeurs dynamiques des images, leur pouvoir de mobilisation et d'emportement, la littérature étant vécue comme conducteur des flux du désir. Qu'il célébrât Balzac, Stendhal, Verne ou Rimbaud pour l'intensité de leur imaginaire, qu'il reprochât à Flaubert la pesanteur d'une permanente retombée dans l'opaque, qu'il s'inquiétât chez Proust d'un pointillisme paralysant, c'était surtout autour d'un irréductible clivage entre les œuvres « *agitantes* » — qualificatif emprunté à Breton —, et celles qui ne lui semblaient pas traversées par la fébrilité du rêve, qu'il organisait sa vision critique.

Au fil des ans, ces notations s'ouvrirent plus largement aux invites du « *grand chemin* », à l'expérience d'un voyageur qui, loin de tout pittoresque, interrogeait le visage de la terre, en un mélange intime d'observation et d'autobiographie, jusqu'aux ***Carnets du grand chemin*** (1992) où des réflexions sur l'Histoire, sur la littérature, rejoignaient des souvenirs personnels de la drôle de guerre : « *Le grand chemin auquel se réfèrent les notes qui forment ce livre est, bien sûr, celui qui traverse et relie les*

paysages de la terre. Il est aussi, quelquefois, celui du rêve, et souvent celui de la mémoire, la mienne et aussi la mémoire collective, parfois la plus lointaine : l'Histoire, et par là il est aussi celui de la lecture et de l'art. »
Pour ce guetteur attentif aux secrets et aux virtualités du génie des lieux, le « *sentiment géographique* » est au cœur de l'émotion donnée par la littérature. Si toute écriture-lecture est un voyage, tout voyage aussi fait lire et écrire autrement. Qu'il vagabonde à New York, en Espagne, en Scandinavie, dans les vieilles provinces, à Nantes, célébrée dans ***La Forme d'une ville*** (1985), ou à travers la « *ville éternelle* » dont il brise les clichés touristiques dans ***Autour des sept collines*** (1988), il s'agit pour Gracq de se maintenir à l'écoute des promesses du réel, et de répondre au « *Qui vive ?* » de Breton, cité à la fin du ***Rivage des Syrtes***, dont il n'a cessé d'approfondir la sommation.

THÉORIE LITTÉRAIRE

Julien Gracq est loin de chercher à constituer une théorie littéraire systématique, dont les catégories figées, ainsi que « *tout ce qui généralise* », ne lui inspirent que méfiance : « *Que d'énergie gaspillée* [...] *à répartir les œuvres d'imagination entre les fichiers du* fantastique, *du* merveilleux, *de* l'étrange, *etc. !* » déplorait-il dans ***En lisant en écrivant***. « *Que dire à ces gens, qui, croyant posséder une clef, n'ont de cesse qu'ils aient disposé votre œuvre en forme de serrure ?* » ironisait déjà l'auteur de ***Lettrines*** (1967). C'est que rien ne remplace à ses yeux l'appréhension directe du texte, la familiarité issue d'une lecture personnelle. Peu soucieux pour lui-même des succès de librairie ostentatoires, il déclarait se contenter d'une cinquantaine de lecteurs « *sans cesse vibrionnant à la ronde* », qui devraient être « *autant de porteurs de virus filtrants* » suffisant « *à contaminer un vaste public* » ***(La Littérature à l'estomac)***. Dans ce pamphlet célèbre, il dénonça l'habitude prise par le public français de déléguer sa faculté de jugement à la presse et aux jurys de prix littéraires, « *à la manière d'un corps électoral* » qui s'en remet aux députés : « *La France, qui s'est si longtemps méfiée du billet de banque, est en littérature le pays d'élection des valeurs fiduciaires.* » C'est ainsi que les « *techniques d'obsession du journalisme et de la radio* » déterminent un « *ordre de préséances* [...] *qui n'est pas celui de la lecture* » *(ibid.)* ; il en résulte une « *transmutation bizarre du qualitatif en quantitatif* », une prééminence donnée à la « *surface* » sur le « *talent* » de l'écrivain *(ibid.)*. L'importance donnée à l'« actualité » a aussi pour conséquence une « *formidable manœuvre d'intimidation de la part du non-littéraire, et du non-littéraire le plus agressif* » *(ibid.)*. Dans une note ajoutée au texte (d'abord publié in *Empédocle*, la revue d'Albert Camus) lors de sa parution en volume, Julien Gracq précisa qu'il ne visait pas par là — ou pas seulement — l'existentialisme, ni même la littérature engagée, mais plus généralement « *une certaine métaphysique de la chaire* », la « *littérature de magisters* ».

Un beau livre, selon lui, représente un univers clos, autonome, et ne se comprend que par rapport à lui-même : « *Quand il n'est pas songe, et, comme tel, parfaitement établi dans sa vérité, le roman est mensonge* [...] *et d'autant plus mensonge qu'il cherche à se donner pour image authentique de ce qui est* » ***(Lettrines)***. Si la fiction s'inspire du réel et lui ressemble, c'est seulement « *dans la mesure à la fois très importante et très incomplète où une cloche ressemble à un chaudron* » *(ibid.)*. Véritable « *addendum à la création* », « *création parasitaire* », le roman doit sauvegarder, tel les orchidées épiphytes, « *l'autonomie de sa chimie spécifique* » ***(En lisant en écrivant)***. À la différence d'Aragon, qui se glorifiait d'avoir « *fait Dunkerque* », Gracq « *doute beaucoup de l'enrichissement que peut apporter à l'écrivain l'expérience directe de certains états-limites : la faim, le froid, la peur, la douleur physique* » ***(Lettrines)*** ; « *les réelles archives dont un romancier étoffe ses livres* » ne sont pas « *les documents, les "petits faits vrais", collectionnés à l'extérieur* », mais « *toute cette iconographie intime, secrète* » qui détermine « *une émotion sincère* » ; « *en fait de couleur locale, la seule qui puisse faire impression, c'est la sienne* » ***(En lisant en écrivant)***. Symétriquement, « *la lecture d'un roman* [...] *n'est pas réanimation ou sublimation d'une expérience déjà plus ou moins vécue par le lecteur : elle est une expérience, directe et inédite, au même titre qu'une rencontre, un voyage, une maladie ou un amour* » *(ibid.)*.

La littérature s'alimente donc elle-même, elle puise à un « *fonds de culture* » plus qu'à la réalité brute de l'Histoire ou de la biographie. L'auteur est souvent revenu à cette idée du « *mimétisme spontané* » : « *Pas d'écrivains sans insertion dans une* chaîne *d'écrivains ininterrompue* » *(ibid.)* ; « *tout livre* [...] *se nourrit* [...] *non seulement des matériaux que lui fournit la vie, mais aussi et peut-être surtout de l'épais terreau de la littérature qui l'a précédé* » (***Pourquoi la littérature respire mal***, conférence prononcée à l'École normale supérieure de la rue d'Ulm en 1960, reprise in ***Préférences***, 1961). Bien plus, l'introduction de noms de lieux réels ne fait qu'insérer des « *disparates dans la nature du matériau* » romanesque, de même qu'un personnage fictif « *perd instantanément souplesse et liberté* » s'il entre en contact dans le récit avec « *une figure historique véritable* » ***(En lisant en écrivant)***. Ce « *fonds de culture* » est désormais délaissé, selon Gracq, au profit des « *préoccupations techniques* », dont la part augmente « *aux dépens du registre laissé au libre jeu de la* voix *de l'écrivain* » ***(Pourquoi la littérature respire mal)***. Évolution d'autant plus dommageable que les techniques en question sont de plus en plus « *privatives* » — on remet en question le statut de l'auteur dans le roman existentialiste, puis celui des personnages dans le nouveau roman... — et que, surtout, « *aucune technique n'a jamais donné vraiment figure et vie à la littérature d'une époque* » *(ibid.)*.

L'auteur de ***Lettrines*** revendiquait déjà une « *liberté illimitée* », même si celle-ci pouvait être parfois « *fécondée* » : « *En art, il n'y a pas de règles, il n'y a que des exemples.* » L'écrivain, à ses yeux, ne « *compose* » pas son œuvre comme on « *construit* » un édifice, ce qui serait « *soumettre à la géométrie ce qui relève de la chimie* » ***(En lisant en écrivant)*** : en effet, « *l'œuvre d'art n'est pas, n'est jamais une combinatoire d'éléments allant, par exemple, du simple au complexe, elle est bien plutôt pour l'écrivain comme un volume pressenti dès le début dans toute son ampleur* [...] » *(ibid.)*, car « *un livre naît d'une insatisfaction, d'un vide dont les contours ne se révéleront précis qu'au cours du travail* » (« Un écrivain au travail », interview donnée à Jean Roudaut, in *Magazine littéraire*, déc. 1981). La lecture, comme l'écriture, repose d'ailleurs sur « *une totalisation indistincte* », semblable à « *la jouissance fondamentalement unitaire qui naît de l'écoute d'une symphonie* » ***(En lisant en écrivant)***. Cependant, on n'écrit pas pour le lecteur, mais pour se trouver soi-même, aller « *du moi confus et aphasique au moi informé par l'intermédiaire des mots* », et le public n'est « *admis à cet acte d'autosatisfaction qu'à titre de voyeur* » ***(En lisant en écrivant)***.

Reprenant la formule fameuse de Picasso (« *Je ne cherche pas, je trouve* »), Gracq soutient que le sujet s'affirme d'emblée : « *Dans la conception d'un livre, on trouve d'abord, et on cherche après.* [...] *le* pourquoi *n'est jamais un état d'esprit d'écrivain* » (« Un écrivain au travail », *op. cit.*). L'œuvre se développe selon un « *passage de l'os à la chair,* [...] *de "l'histoire" au texte écrit* », qui s'opère « *par un réseau, d'une ténacité inextricable, d'adhérences, de vaisseaux, de ligaments et d'aponévroses* » ***(En lisant en écrivant)***. C'est pourquoi, « *comme un organisme, un roman vit* d'échanges *multipliés : c'est le propos d'un des personnages qui fait descendre le crépuscule, et la fraîcheur d'une matinée qui rend soudain l'héroïne digne d'amour. Et comme toute œuvre d'art, il vit d'une* entrée en résonance universelle — *son secret est la création d'un milieu homogène, d'un éther romanesque où baignent gens et choses et qui transmet les vibrations de tous les sens* » ***(Lettrines)***. C'est « *une puissante charge affective, et jamais l'intelligence* », qui lui donne sa « *cohésion nucléaire* », sa « *force de gravitation* » *(ibid.)*. Celle-ci, dans le travail d'écriture, se fait plus forte vers la fin, et « *fait de la composition d'un roman quelque chose de moins proche d'un libre voyage de découverte, que plutôt du comportement délicatement guidé d'un véhicule spatial qui s'apprête à alunir* » ***(En lisant en écrivant)***.

Ainsi s'explique que l'écriture, « *dès qu'elle est utilisée poétiquement* », soit pour Gracq « *une forme d'expression* à halo » : « *Le mot, pour un écrivain, est avant tout tangence avec d'autres mots qu'il éveille à demi de proche en proche* » ***(Lettrines 2)***. La création littéraire est indissociable d'un élan ; elle est, affirme-t-il en paraphrasant Rimbaud, « *de l'âme appliquée sur de l'âme — et tirant* » ***(Pourquoi la littérature respire mal)***. Même les passages de description, dans un roman, valent moins par leur rôle informatif que par leur « *aptitude* [...] *à l'évocation. Ce que les mots* [...] *appellent à la vie, ce n'est presque jamais une image précise, mais toujours plutôt un système dynamique en mouvement* » ***(En lisant en écrivant)*** ; « *en littérature, toute description est un* chemin [...]. *Ayant toujours partie liée en profondeur avec les préliminaires d'une dramaturgie, la description tend non pas vers un dévoilement quiétiste de l'objet, mais vers le battement de cœur préparé d'un lever de rideau* » *(ibid.)*. C'est pourquoi « *il faut que le son sache tenir tête au sens* [...]. *L'écriture comme la lecture est mouvement, et le mot s'y comporte en conséquence comme un mobile dont la masse, à si peu qu'elle se réduise, ne peut jamais être tenue pour* *nulle* » *(ibid.)*. « *Ce qu'on nomme un style,* dit Julien Gracq, *est pour une part essentielle une mise en résonance* » (« Un écrivain au travail »).

THÉORIE LITTÉRAIRE

Très marqué par le surréalisme, mais en fait inclassable et délibérément resté hors de toute obédience, Julien Gracq témoigne, par sa fidélité à certaines exigences, de la persistance d'un héritage poétique appliqué à la prose et privilégiant les attraits de l'imaginaire.

Une écriture luxuriante

La voix de Gracq se reconnaît immédiatement à un « ton » — notion essentielle dans ses jugements critiques —, où se marient paradoxalement un détachement souverain et les emblèmes d'une langue ostensiblement littéraire jusqu'à la luxuriance : pas d'écriture moins « neutre » ou « blanche » que la sienne, mais au contraire profusion d'images, de métaphores, d'affects sensibles, dans la somptueuse texture d'une langue dense parfois jusqu'à la saturation.
Chacune des œuvres de Gracq — très échelonnées dans le temps — ouvre la voie à une écriture nouvelle. On passe ainsi d'un roman sans discours direct, ***Au château d'Argol***, où les phrases complexes dominent, et à l'écriture duquel Gracq se déclara plus tard étranger, à ***Un beau ténébreux***, où, par la juxtaposition du « *journal de Gérard* » et d'un récit à la 3e personne, différents points de vue narratifs se mêlent. Puis, dans ***Le Rivage des Syrtes***, qui construit l'image d'un Gracq « écrivain classique », abondent les longues périodes jouant des rythmes binaire, ternaire et de la cadence majeure : « *Et très haut, très loin au-dessus de ce vide noir, dressé à une verticale qui plombait la nuque, collé au ciel d'une ventouse obscène et vorace, émergeait d'une écume de néant une espèce de signe de fin des temps, une corne bleuâtre, d'une matière laiteuse et faiblement effulgente, qui semblait flotter, immobile et à jamais étrangère, finale, comme une concrétion étrange de l'air. Le silence autour de cette apparition qui appelait le cri angoissait l'oreille, comme si l'air tout à coup se fût révélé opaque à la transmission du son, ou encore, en face de cette paroi constellée, il évoquait la chute nauséeuse et molle des mauvais rêves où le monde bascule, et où le cri au-dessus de nous d'une bouche intarissablement ouverte ne nous rejoint plus.* » Enfin, avec ***Un balcon en forêt***, Gracq quitte définitivement, dans son travail syntaxique, la recherche de la facture rare.

Il n'en reste pas moins une « tonalité » permanente qui se marque par une ponctuation particulière. Y participent le deux-points, marque de « *tout style qui tend à faire sauter les chaînons intermédiaires* », le tiret et la parenthèse, donnant l'impression que la phrase se corrige sans cesse, l'usage récurrent de l'italique, au service d'une « *énergétique du mot* » : « *On ne se lasse pas — on ne se lasse pas de longtemps de voir que ces engrenages* mordent *: l'exhalaison de la matière humaine malaxée, je t'assure que c'est un fumet qui colle aux narines, c'est tout autre chose que de comprendre le fonctionnement du moulin* » ***(Le Rivage des Syrtes)***. Cette tonalité est également caractérisée par la « *présence obstinée* » de l'épithète qui établit une « *confusion primordiale* » (Blanchot, « Grève désolée, obscur malaise », in *Cahiers de la Pléiade*, avr. 1947) entre le substantif et les adjectifs, par une tendance — que Gracq a décrite en parlant de Breton — à la phrase « *ample, longue, sinueuse, fertile en incidentes, en rebondissements et en échos intérieurs, faite pour tenir à travers ses méandres l'attention en suspens et en incertitude jusqu'à sa résolution finale* » ***(André Breton. Quelques aspects de l'écrivain)***, enfin par la prédominance des images : « *Quand un mamelon un moment relevait le profil de la route, l'image qui surgissait de la campagne ensauvagée était celle d'un ciel qui caille et que commencent à envahir en désordre les filaments emmêlés de nuages* » ***(La Presqu'île)***. Métaphores, comparaisons, figures modalisées comme ces « *semblait-il* » ou « *il me semblait* », dans lesquelles « *le mode d'apparition de la "voix" de Gracq est paradoxalement celui du* retrait » (Michel Murat), caractérisant cette écriture luxuriante : « *Devant nous, pareil au paquebot illuminé qui mâte son arrière à la verticale avant de sombrer, se suspendait au-dessus de la mer vers des hauteurs de rêve un morceau de planète soulevé comme un couvercle, une banlieue verticale, criblée, étagée, piquetée jusqu'à une dispersion et une fixité d'étoile de buissons de feux et de girandoles de lumière. Comme les feux d'une façade qui se fût reflétée paisiblement, mais jusqu'à hauteur de nuage, sur la chaussée luisante, et si près, semblait-il, si distinctes dans l'air lavé qu'on croyait sentir l'odeur des jardins nocturnes et la fraîcheur vernissée de leurs routes humides, les lumières des avenues, des villas, des palais, des carrefours, enfin plus clairsemés, les feux des bourgades vertigineuses accrochées à leurs pentes de lave, montaient dans la nuit criblée par paliers, par falaises, par balcons sur la mer doucement phosphorescente, jusqu'à une ligne horizontale de brumes*

*flottantes qui jaunissait et brouillait les dernières lueurs, et parfois en laissait reparaître une, plus haute encore et presque improbable, comme reparaît dans le champ de la lunette un alpiniste un moment caché par un épaulement du glacier » **(Le Rivage des Syrtes)**. « Il ne songeait pas, il ne s'émeuvait pas, simplement il s'était fait en lui une sorte d'élargissement brusque et vibrant, comme quand le vent fait claquer et déplie une voile » **(La Presqu'île)**.*
L'analogie chez lui vise moins à rapprocher des objets qu'à échanger des qualités, et la description, ainsi placée sur la frange du réel, devient « *dérive* », « *retard enrichissant* » : « *Il semblait que le flux de cette grâce prenante et inconnue ne pût se prolonger un instant de plus sans rompre les vaisseaux du cœur à son rythme étouffant* » (***Le Bain***, in ***Au château d'Argol***, chap. V).
Tous ces procédés, qui oblitèrent une vision simple de l'univers, participent à l'émergence d'un monde transmué, auquel on accède toujours au sortir d'un voyage, ainsi que Gracq l'annonçait dès l'ouverture d'***Au château d'Argol*** : « *Quoique la campagne fût chaude encore de tout le soleil de l'après-midi, Albert s'engagea sur la longue route qui conduisait à Argol.* »

Une œuvre admirée

L'œuvre romanesque de Gracq a offert à la mythocritique, aux lectures thématiques et psychanalytiques, d'inspiration bachelardienne et jungienne, un champ privilégié d'investigation. Les commentaires se sont multipliés à partir des années 1970, notamment après la publication d'un des « Cahiers de l'Herne », en 1972, au fur et à mesure que l'écrivain, d'abord réputé difficile, sortait du cercle restreint d'amateurs passionnés et prosélytes — qui constitue pour un auteur la « *société secrète qu'il a peu ou prou créée* » ***(La Littérature à l'estomac)*** — pour conquérir un lectorat plus large. Les textes critiques, avec leur gisement très fécond de réflexions sur la littérature, ont séduit même ceux qui formulaient des réserves sur le caractère jugé académique et daté du romancier.
La publication de ses œuvres dans la « Bibliothèque de la Pléiade », en 1989, a achevé un processus lent et paradoxal — sauf à considérer que cette prestigieuse collection s'adresse, en fait, aux mêmes élites culturelles que le catalogue des éditions Corti — que l'on peut juger exemplaire, s'agissant d'un auteur qui s'est constamment tenu à l'écart de la scène médiatique et de la commercialisation, jusqu'à refuser d'entrer dans les collections de poche.
L'écriture cinématographique de Gracq a inspiré les réalisateurs Jean-Christophe Averty, qui a tourné *Un beau ténébreux* en 1967, André Delvaux, qui a tiré de la nouvelle ***La Presqu'île*** le film *Rendez-vous à Bray*, en 1971, et Michel Mitrani qui a porté à l'écran ***Un balcon en forêt***, en 1979. Les études consacrées aujourd'hui à ce moderne qui, de son vivant, est devenu classique sont à la fois très nombreuses et internationales.

ŒUVRES

Au château d'Argol

Récit en 10 chapitres, précédés d'un ***Avis au lecteur***, publié chez Corti, imprimé en décembre 1938, mis dans le commerce en janvier 1939.

Un jeune châtelain, Albert, reçoit la visite de son ami Herminien, accompagné de la belle Heide, qui s'éprend violemment d'Albert. Les relations passionnelles de ce trio « fatal » vont alors s'électriser et se ritualiser, dans une Bretagne fantasmatique et vibrante d'orages : « *Il semblait bizarrement à Albert que cette forêt* dût être *animée et que, semblable à une forêt de conte ou de rêve, elle* n'eût pas dit son premier mot » (I). Présenté comme une « *version démoniaque* » du *Parsifal* de Wagner, ce récit initiatique, en 10 chapitres brefs et denses, culmine avec le viol de Heide par Herminien qui, après le suicide de la jeune femme, est poignardé par Albert.

Dans l'***Avis au lecteur*** qui précède le récit, l'auteur nous guide — ou nous égare ? — dans le réseau de lectures dont son œuvre est nourrie : l'« *école littéraire* » du surréalisme, Edgar Poe, Horace Walpole... De fait, il y exacerbe, avec un mélange de connivence et de distanciation, les stéréotypes du roman « gothique » : « *Puissent ici être mobilisées les puissantes merveilles des Mystères d'Udolphe, du château d'Otrante, et de la maison Usher pour communiquer à ces faibles syllabes un peu de la force d'envoûtement qu'ont gardée leurs chaînes, leurs fantômes, et leurs cercueils.* » Le château et ses passages secrets, la forêt, le cimetière « *abandonné des hommes* » et la « *chapelle des abîmes* », avec ses « *gorges dangereuses* », ses « *rochers escarpés, voilés par le rideau épais des bois* », transcendent leur rôle de décors pour créer un univers magique et saturé de connotations, au sein d'une vision hégélienne du monde — le bien et le mal, la blessure et la guérison, la profanation et le salut représentant de façon dialectique les deux faces d'une même réalité. Le narrateur adopte alternativement le point de vue des 3 personnages. Le déroulement du récit est mu par les forces « magnétiques » du pressentiment et de la fatalité. Il procède par juxtaposition de tableaux qui semblent liés par le phénomène d'« aimantation » régissant aussi les rapports entre les personnages.

Au château d'Argol fut rédigé de juillet à novembre 1937. Refusé par Gallimard, le manuscrit fut accepté en 1938 par un jeune éditeur, José Corti, qui publia dorénavant toutes les œuvres de l'écrivain. La critique réagit vivement à cette écriture majestueuse et exaltée contrastant de manière éclatante, voire provocatrice, avec la production contemporaine qui comptait la parution récente de *La Nausée* de Sartre (1938). Certains furent rebutés par l'abondance des mythes et des intentions littéraires, qui fit écrire à Étiemble : *« Ni son Dieu, ni son diable, ni son Graal ni sa grêle ne parviennent à m'exalter, ou à m'abattre »* (*Les Temps modernes*, 1947). Mais le plus souvent, on salua l'originalité et la maîtrise de ce jeune auteur auquel Breton écrivit aussitôt pour exprimer son enthousiasme. André Pieyre de Mandiargues se souvint avoir aussitôt ressenti dans cette *« recherche de la beauté jusqu'au plus absolu paroxysme »* proche de la quête surréaliste, une *« puissance de fascination »* qui, loin de se dissiper avec le temps, conserva à ses yeux toute la force de son *« fulgurant modernisme »* (« Le Château ardent », in *Julien Gracq*, « Cahiers de l'Herne », 1972).

*Le **Rivage des Syrtes***

Roman en 12 chapitres, publié chez Corti en septembre 1951.

L'ouvrage raconte les derniers moments de la principauté d'Orsenna, avant sa destruction par le Farghestan, l'adversaire de toujours. Le climat qui précède cette fin funeste, à la fois redoutée et souhaitée — *« Ce vau-l'eau poignant d'une ville à son suprême échouage »* (chap. V) —, est décrit à travers l'expérience d'Aldo, observateur de la principauté sur le front des Syrtes, mais aussi agent de la chute de son pays, trop sollicité par des rêveries de transgression, par le sentiment que *« quand un État a connu trop de siècles, la peau épaissie devient un mur, une* grande muraille *: alors les temps sont venus, alors il est temps que les trompettes sonnent, que les murs s'écroulent, que les siècles se consomment et que les cavaliers entrent par la brèche, les beaux cavaliers qui sentent l'herbe sauvage et la nuit fraîche, avec leurs yeux d'ailleurs et leurs manteaux soulevés par le vent »* (chap. XII).

Ce récit à la 1re personne, fait rétrospectivement par Aldo, joue sur la tension entre les événements vécus au jour le jour par le narrateur, et leur projection vers une catastrophe accomplie.

La rédaction de l'ouvrage, commencée en 1947, était presque achevée en 1949. Les 60 dernières pages furent écrites au printemps de 1951. Le livre fut conçu entre deux voyages symboliques, l'un à Combourg en 1947 — la voix de Chateaubriand est, pour Gracq, *« celle des grandes mises au tombeau de l'Histoire »* — et l'autre à Gand — non loin de *« Bruges-la-morte »*, comme la surnomma Georges Rodenbach —, qui amena la découverte du décor ultime. *La Table ronde* prépublia 2 chapitres du roman dans ses numéros de mai et de juin 1951.

Après l'échec au théâtre de sa pièce ***Le Roi pêcheur*** (1949), la publication du pamphlet ***La Littérature à l'estomac*** (1950), a pu inciter les jurés du Goncourt à décerner le 2 décembre leur prix au ***Rivage des Syrtes***, alors que Gracq les avait prévenus que, dans cette éventualité, il refuserait le prix. La critique fut, à quelques exceptions près, très favorable au livre qui remporta un grand succès public : le 1er tirage, à 7 000 exemplaires, fut suivi, à la fin de l'année 1951, d'une réimpression à 127 000 exemplaires. ***Le Rivage des Syrtes***, *« Imprécis d'histoire et de géographie à l'usage des civilisations rêveuses »* (Blondin, in *Rivarol*, 6 déc. 1951), est resté le titre le plus souvent associé au nom de Gracq. Il fit l'objet de plusieurs ouvrages et de nombreux articles, bien que les fidèles de l'écrivain lui préfèrent le plus souvent d'autres livres.

CITATIONS

Le public français se conçoit à la manière d'un corps électoral où le vote est obligatoire, et où chaque écrivain, chaque livre un peu voyant, par sa seule apparition remet en route un perpétuel référendum.

La Littérature à l'estomac, in *Préférences*.

Toutes choses sont tuées deux fois : une fois dans la fonction et une fois dans le signe, une fois dans ce à quoi elles servent et une fois dans ce qu'elles continuent à désirer à travers nous.

Une conversation, in *Le Rivage des Syrtes*.

Le monde [...] fleurit par ceux qui cèdent à la tentation.

Les Instances secrètes de la ville, in *Le Rivage des Syrtes*.

Que j'aimerais qu'on s'accepte tel qu'on est, qu'on serve les fatalités de sa nature avec intelligence : il n'y a pas d'autre génie.

Journal de Gérard, in *Un beau ténébreux*.

Toute œuvre est un palimpseste — et si l'œuvre est réussie, le texte effacé est toujours un texte magique.

Journal de Gérard, in *Un beau ténébreux*.

L'intérêt est sans doute fort peu de chose pour mouvoir les hommes — mais leur instinct dramatique toujours en éveil, voilà un ressort auquel on ne fera presque jamais appel en vain.

Journal de Gérard, in *Un beau ténébreux*.

JUGEMENTS

« *Julien Gracq, avec une sobriété surprenante, une limpidité de ton et de style qui fait penser à l'eau glacée des diamants, construit autour de son personnage cette atmosphère de rêve périlleux, ce climat magique qu'à notre époque seuls nous offraient jusqu'à ce jour, à ce degré de perfection, quelques poèmes et quelques tableaux. Grâce à lui, le surréalisme dans ce qu'il a, pour ainsi dire, de traditionnel, possède son romancier.* »

Dominique Aury, article in *L'Arche*, septembre 1945.

« *Tout y est lourd, s'y défait. Les épithètes fréquentes de* "louche", "ténébreux", "inquiétant" *ne font que désigner le recul de la sensibilité devant cet effondrement des formes au bénéfice de quelque chose d'indéterminé, d'un marécage dans lequel il faut se perdre pour le reconnaître.*
Le monde de Julien Gracq est un monde de qualités, c'est-à-dire magique. »

Maurice Blanchot, « Grève désolée, obscur malaise », in *Les Cahiers de la Pléiade*, avril 1947.

« *Le style de M. Julien Gracq est particulièrement saisissant. Son auteur a visiblement l'intention de nous saisir par des effets plus musicaux qu'intellectuels, de nous mettre dans un état de disponibilité poétique, et presque de nous engourdir par le moyen de longues phrases captieuses et sonores, dont les harmonies solennelles et les lenteurs parfois redondantes produisent à la longue sur l'intelligence une influence presque opiacée.* »

Edmond Jaloux, article in *Excelsior*, 16 mars 1939.

« *Ainsi la société elle-même, apparemment si peu bavarde dans cette œuvre, s'y dessine pourtant à grands traits. Les sociologues, gens habiles à jargonner pour ne rien écrire, n'ont pas donné à saisir le dixième, dans leurs épais grimoires, de la prodigieuse intuition qui constitue le fondement de* La Littérature à l'estomac, *ce petit pamphlet qui, pour la première fois, vigie à marée basse, porte constat de la disparition de l'individu, c'est-à-dire, tout simplement, de l'écrivain, dans une production littéraire engloutie par une diffusion de masse qui en transforme la nature même.*
La poésie et l'humour sont décidément de mauvais passeports pour la lecture. Ils ont habillé l'œuvre de Gracq du halo maladif et quelque peu fin de siècle qui entoure les élégiaques et les violonistes du métro. Derrière ces langueurs feintes d'une écriture aux caprices de grand fleuve, il y a un rire de philosophe (il faudra un jour analyser le comique de Gracq, à la fois discret et constant : il signale un homme qui s'amuse bien) et un inventeur du langage, qui sait que les mondes imaginaires ont partie liée avec le journal du matin, le ciel d'aujourd'hui, le premier visage entrevu. Planète terre, planète songe, c'est tout un, elles ne se quittent pas. L'œuvre de Gracq chemine éblouie entre deux rêves comme entre deux verres un passant attardé. »

Renaud Matignon, « Julien Gracq. Un explorateur des grands fonds », in *Le Figaro littéraire*, 3 avril 1989.

« *Le Goncourt ne s'est jamais remis de son refus. Le voici dans "La Pléiade". Il reste le Patron. Pour les écrivains qui appliquent leur talent surtout à la carrière, Julien Gracq, qui, dans les lettres, exerce une sorte de sacerdoce, est une figure du remords.* [...] *Il leur fait honte, ce confrère qui publie au compte-gouttes, court, armé d'un pendule surréaliste, la lande de Chateaubriand plutôt que les salles de rédaction, évite récompenses, tribunes, discussions, disciplines et demeure fidèle à l'éditeur qui, dans sa boutique de la rue de Médicis, s'occupe lui-même de la manutention.* [...]
[...]
Les professionnels ne rateront pas la leçon du maître. On dit à dessein les professionnels, puisque Gracq — comme Stendhal de son vivant, Cioran, Michel Leiris, Nathalie Sarraute, Vialatte et Georges Perros, aujourd'hui — est le type même de l'écrivain pour écrivains.
C'est, à la fois, son infortune et sa chance. Infortune, parce que les écrivains n'assurent pas de gros tirages. Chance, parce qu'ils se révèlent, en fait, des contrebandiers habiles à faire passer aux marchandises qui ne se sont pas défraîchies à la devanture les frontières séparant les époques. Les écrivains, en définitive, aiment bien la littérature. Ils vont même jusqu'à l'adorer, quand celui qui la représente dans son éclat et sa pureté est quelqu'un dont la gloire ne les a pas gênés. »

Angelo Rinaldi, « Julien Gracq »,
in *L'Express*, 7 mars 1981.

« *Sans doute, le problème de la vie est-il ainsi posé beaucoup plus haut qu'on ne le voit parmi tant de romans qui se croient plus ou moins réalistes.* »

André Rousseaux, article in *Le Figaro littéraire*,
3 novembre 1951.

BIBLIOGRAPHIE

Éditions

Œuvres complètes, éd. B. Boié, « Pléiade », Gallimard, 1989 et 1995, 2 vol.

Individuellement, les œuvres de Gracq sont publiées chez Corti.

Études

H. Agel, *Le Beau Ténébreux dans la littérature : de Lancelot à Julien Gracq*, Éd. du CEFAL, 1999.

R. Amossy, *Parcours symboliques chez Julien Gracq : « Le Rivage des Syrtes »*, CDU/SEDES, 1982.

J. Bellemin-Noël, *Une balade en galère avec Julien Gracq*, P.U. du Mirail, Toulouse, 1995.

Ph. Berthier, *Julien Gracq, critique : d'un certain usage de la littérature*, P.U. Lyon, 1990.

Cl. Borgal, *Julien Gracq : l'Écrivain et les Sortilèges*, PUF, 1993.

E. Cardonne-Arlyck, *La métaphore raconte. Pratique de Julien Gracq*, Klincksieck, 1984.

J. Carrière, *Julien Gracq*, « Qui êtes-vous ? », La Manufacture, 1986.

G. Cesbron, *Julien Gracq, visages d'une œuvre*, P.U. Angers, 1981.

A. Coelho, *Julien Gracq, écrivain*, Siloé, Laval, 1988 ; *Julien Gracq, appareillage*, Joseph K., Nantes, 1997.

G. Cogez, *Julien Gracq. « Le Rivage des Syrtes »*, PUF, 1995.

A. Denis, *Julien Gracq*, « Poètes d'aujourd'hui », Seghers, 1978.

A.-Cl. Dobbs, *Dramaturgie et Liturgie dans l'œuvre de Julien Gracq*, Corti, 1972.

P. Drevet, *Le Vœu d'écriture. Petites Études*, Gallimard, 1998.

E. Faye, *Le Sanatorium des malades du temps : temps, attente et fiction autour de Julien Gracq, Dino Buzzati, Thomas Mann, Kôbô Abé*, Corti, 1996.

M. Francis, *Forme et Signification de l'attente dans l'œuvre romanesque de Julien Gracq*, Nizet, 1979.

M. Guiomar, *Trois Paysages du « Rivage des Syrtes »*, Corti, 1982.

P. Hoy, *Julien Gracq : essai de bibliographie (1938-1972)*, Grant and Cutler Ltd, Londres (GB), 1973 ; *Julien Gracq : Œuvres et Critiques (1988-1990)*, Minard, 1992.

P. Jourde, *Géographies imaginaires de quelques inventeurs de monde au XXe siècle : Gracq, Borges, Michaux, Tolkien*, Corti, 1991.

P. Lavelle, *Les Préférences historiques de Julien Gracq*, Osaka U.P. (JP), 1992.

Ph. Le Guillou, *Julien Gracq : fragment d'un visage scriptural*, La Table ronde, 1991.

J.-L. Leutrat (dir.), *Julien Gracq*, « Cahiers de l'Herne », L'Herne, 1972, rééd. « LdP/Biblio Essais », LGF, 1987, rééd. Fayard, 1997 ; *Julien Gracq*, Seuil, 1991.

P. Marot, *La Forme du passé. Écriture du temps et Poétique du fragment chez Julien Gracq*, « Lettres modernes », Minard, 1999.

M. Monballin, *Gracq. Création et Recréation de l'espace*, De Boeck, Bruxelles (BE), 1987.

M. Murat, *« Le Rivage des Syrtes » de Julien Gracq, Étude de style*, Corti, 1983, 2 vol. ; *Julien Gracq*, Belfond, 1991 ; *id.* (dir.), *Julien Gracq, un écrivain moderne*, actes des rencontres de Cerisy, 24 au 29 août 1991, Lettres modernes, 1994.

A. Peyronie, *La Pierre de scandale du « Château d'Argol » de Julien Gracq*, « Lettres modernes », Minard, 1972.

G. Plazy, *Voyage en Gracquoland*, L'Instant, 1989.

J.-L. Poitevin, *Julien Gracq*, photogr. Y. Guillot, Marval, 1990.

B. Tritsmans, *Livres de pierre : Segalen, Caillois, Le Clézio, Gracq*, Gunter Narr Verlag, Tübingen (DE), 1992.

B. Vouilloux, *Gracq : de la critique à la préférence*, Seuil, 1981 ; *Gracq autographe*, Corti, 1989 ; *De la peinture au texte : l'Image dans l'œuvre de Julien Gracq*, Droz, Genève (CH), 1989 ; *Mimesis : Sacrifice et Carnaval dans la fiction gracquienne*, Lettres modernes, 1991.

Julien Gracq, actes du colloque international d'Angers (21 au 23 mai 1981), P.U. Angers, 1982.

Qui vive ? Autour de Julien Gracq, Corti, 1989.

Julien Gracq 1. Une écriture en abyme, « Revue des Lettres modernes », Lettres modernes, 1991 ; *Julien Gracq 2. Un écrivain moderne*, actes des rencontres de Cerisy, 24 au 29 août 1991, « Revue des lettres modernes », Lettres modernes, 1994 ; *Julien Gracq 3. Temps, Histoire, Souvenir*, « Revue des lettres modernes », Lettres modernes, 1998.

AUDIO & VIDÉO

K7

Œuvres, Des Femmes, 1989 [contient *Lettrines 2*, *En lisant en écrivant*, *La Forme d'une ville*, *Un beau ténébreux* (prologue), *Le Rivage des Syrtes*].

Vidéo

A. Delvaux, *Rendez-vous à Bray*, 1971, s.d.

GREEN

Julien GREEN
Julian Hartridge GREEN
Écrivit aussi sous le pseudonyme de Théophile DELAPORTE.
De nationalité américaine
Paris 1900 – *ibid.* 1998
Académicien *(Grand Prix de Littérature de l'Acad. franç.)*

> *« Tout en lui me plaît ; il est de ceux pour qui l'on exigerait de soi le meilleur. »*
> André GIDE, *Journal*, 12 avril 1929, Gallimard, 1939.

> *« Son secret lui fit écrire des chefs-d'œuvre, mais, depuis ses aveux, le charme est rompu. »*
> Angelo RINALDI, « Julien Green », in *L'Express*, 29 avril 1983.

Un siècle d'écriture

Une double culture

Dernier d'une famille de 7 enfants, né en France de parents américains — « sudistes » aux ascendances écossaise et irlandaise —, orphelin de mère à 14 ans, Green était imprégné d'une double culture. D'origine protestante, il se convertit au catholicisme en 1916, à l'écoute d'une cantate de Bach. L'année suivante, il s'engagea dans l'*Americain Red Cross* qui l'envoya sur le front italien, comme ambulancier. En 1918, il s'engagea dans l'armée française : « *Au front, j'ai trouvé chez les soldats la fraternité, en Argonne comme sur le Piave. Ce fut un sentiment qui ne m'a jamais quitté et j'ai toujours eu cet élan vers les êtres sans distinction aucune* » (entretien in *Magazine littéraire*, mai 1998). Il partit ensuite étudier aux États-Unis, en Virginie, où il écrivit, en anglais, ses premiers textes, notamment un récit intitulé ***The Apprentice Psychiatrist [L'Apprenti psychiatre]*** (1920, in *The University of Virginia Magazine*), et eut la révélation de son homosexualité en la personne du jeune Mark. De retour en France en 1922, il se consacra à l'écriture. L'année suivante, il retrouva Mark à Paris : l'impossibilité de lui avouer son amour, lors d'une promenade en bord de Seine, détermina l'une des thématiques essentielles de l'écrivain. Cet épisode biographique de 1923 se retrouva en effet transposé dans la plupart des œuvres — romanesques ou théâtrales — de Green, désormais hanté par l'inavouable, à l'image de ses personnages incapables d'avouer faute ou désir, crime ou amour, péché ou passion. Cet épisode douloureux inspira cette autre thématique majeure : la rencontre de l'être « *qui vient d'ailleurs* », de l'inconnu dont le passage bouleverse — voire brise — une existence.

C'est ainsi que la décennie 1914 (mort de la mère) à 1923 (impossible aveu à Mark) transfigura la vie et l'œuvre de Green. Il publia un ***Pamphlet contre les catholiques de France*** (1924), sous le pseudonyme de Théophile Delaporte, puis les essais biographiques de ***Suite anglaise*** (1925), enfin son premier roman, ***Mont-Cinère*** (1926). Suivirent le recueil de nouvelles ***Le Voyageur sur la terre*** (1927) et surtout le roman ***Adrienne Mesurat*** (1927), qui imposèrent rapidement son nom, et lui valurent la reconnaissance d'autres écrivains, notamment Gide.

Le succès d'***Adrienne Mesurat*** confirma la naissance d'un jeune romancier qui, autour de la trentaine, publia ensuite ***Léviathan*** (1929), ***L'Autre Sommeil*** (1931), ***Épaves*** (1932), ***Le Visionnaire*** (1934) et ***Minuit*** (1936), qui furent aussitôt traduits : tous ces romans étaient le terrain de passions dévorantes, excessives, qui, sous l'apparence de romans traditionnels, évoquaient la folie, frôlaient le fantastique, comme ceux de Hawthorne, dont Green était un admirateur. Dès cette époque, il voyagea beaucoup, et tint régulièrement son ***Journal***, dont la publication commença en 1938, avec ***Les Années faciles***, et se poursuivit jusqu'en 1996, avec ***Pourquoi suis-je avec moi ?*** — 16e et dernier volume de ce qui reste le record « quantitatif » de la littérature diariste, même si, à bien des égards, le ***Journal*** de Green s'éloignait des règles du genre —, couvrant le XXe siècle depuis 1926.

Le romancier de l'impossible pureté

Se trouvant aux États-Unis lors de la déclaration de guerre, il y resta jusqu'en 1945. Entretemps, il publia le roman ***Varouna*** (1940) et un recueil de souvenirs, ***Quand nous habitions tous ensemble*** (1942). Avec ***Varouna*** — au titre énigmatique, emprunté à la mythologie védique, où Varuna (orthographe plus usuelle) désigne une divinité aux mille yeux qui la rendent omnisciente, chargée de la justice et gardienne de l'univers —, Green confirmait une réorientation de son inspiration romanesque vers le fantastique, entamée à partir du ***Visionnaire*** : les 3 récits de ***Varouna*** — ***Hoël***, ***Hélène*** et ***Jeanne*** — offraient une succession de lieux et d'époques — le Pays de Galles durant le haut Moyen Âge, la France de la Renaissance, la France au début du XXe siècle —, de portraits et d'intrigues — un joueur de cornemuse au service du diable, une jeune fille menacée par les tentations incestueuses de son père, enfin une romancière s'efforçant de faire un livre de ce secret familial découvert trois siècles plus tard —, unifiés par une chaîne magique transmise de génération en génération, et par le conflit du désir et de l'interdit. Mobilisé en 1942 comme sergent dans l'armée américaine, il refusa les grades — illustrant déjà une allergie « *aux institutions* » qui ne le quitta jamais : « *Rubans, titres, fanfreluches et colifichets, ça n'ajoute rien à un homme, sauf à ceux qui sont des ectoplasmes* » (entretien avec Philippe Vannini, in *Magazine littéraire*, juin 1998) —, et servit dans l'Office d'information de guerre, occupant ses loisirs à traduire, avec sa sœur Anne, des textes de Péguy. À son retour en France, le romancier donna ***Si j'étais vous...*** (1947), puis ***Moïra*** (1950), dans lequel il utilisa ses souvenirs d'étudiant aux États-Unis, et exprima les vertiges de la tentation de la chair et du péché chez un jeune puritain.

Après le triomphe de ***Moïra*** — d'emblée salué comme un chef-d'œuvre et tenu pour le roman le plus représentatif des hantises de Green, à l'image de l'épigraphe, empruntée à saint François de Sales : « *La pureté ne se trouve qu'en paradis ou en enfer* » —, le romancier publia ***Le Revenant*** en 1951, année où il fut élu à l'Académie royale de Belgique.

Le dramaturge de l'impasse

Sur les conseils de Jouvet, il écrivit alors aussi pour le théâtre : ***Sud*** (1953, à l'Athénée), ***L'Ennemi*** (1954, aux Bouffes-Parisiens), ***L'Ombre*** (1956, au Théâtre-Antoine). Inaugurant un cycle d'inspiration « sudiste » qui se prolongea, plus de quarante ans plus tard, avec la saga romanesque ***Dixie*** — comprenant ***Les Pays lointains*** (1987) et ***Les Étoiles du Sud*** (1989) —, les 3 actes en prose de ***Sud*** mettaient aux prises le jeune et superbe lieutenant Ian Wiczewski, le pur et rebelle Erik Mac Clure et la belle Angelina, victimes de l'impasse tragique de leurs désirs inavouables — de Ian pour Erik, d'Erik pour Angelina — ou avoués mais mensongers — de Ian pour Angelina — et en tout cas non partagés. Impasse que Green lui-même résuma ainsi : « *À la veille de la guerre de Sécession, un lieutenant américain a la révélation de sa nature profonde et de l'amour le plus impérieux en voyant paraître un jeune homme qu'il ne connaissait que de nom. Il est pris alors d'une peur en quelque sorte panique, mais qu'il réussit à dominer. Cherchant à fuir son destin, il demande la main d'une jeune fille, Angelina, à qui il n'avait prêté jusque-là que fort peu d'attention ; cependant il apparaît trop clairement qu'il n'est pas amoureux d'elle, et trois personnes le lui disent, chacune à sa manière : Angelina d'abord, puis le père de celle-ci et enfin Jimmy, un garçon de quatorze ans dont la candeur parle sans détours. Le lieutenant Wiczewski essaiera d'avouer sa passion à celui qui en est l'objet, mais il n'y parviendra pas tout à fait et, renouvelant le geste d'un de ses ancêtres dans une circonstance analogue, il tentera de tuer Erik Mac Clure. Pour le provoquer en duel, il l'insulte et il le gifle ; toutefois, au moment du combat singulier, il s'offre en victime à l'homme dont il a fait son ennemi et meurt de sa main.* »

Le tournant des années 1960

Green revient ensuite au roman avec ***Le Malfaiteur*** (1956), puis ***Chaque homme dans sa nuit*** (1960), véritable tournant dans l'inspiration de l'écrivain, en ce que le pardon final accordé par Max à Wilfred inaugurait l'exception d'un épilogue apaisant car apaisé, dans un cycle romanesque où la règle n'était jusqu'alors que conclusions tragiques et fins désespérées. Il commença à rédiger son ***Autobiographie***, inaugurée avec ***Partir avant le jour*** (1963) et qui occupa une grande part de son travail dans les années 1960 — et qui s'acheva avec ***La Fin d'un monde*** (1992, 5e et dernier vol.). Plus de dix ans s'écoulèrent en effet entre ***Chaque homme dans sa nuit*** et le roman suivant : ***L'Autre*** (1971). Les thèmes restaient les mêmes : les héros torturés de Green déambulaient dans un univers sombre, tentateur, indéchiffrable — en proie aux mêmes angoisses que leur créateur qui, comme il le révéla avec une rare franchise dans ***Jeunesse*** (1974, 4e vol. de son ***Autobiographie***), avait l'habitude d'errer chaque soir dans Paris « *en apparence au hasard, mais déjà instruit des itinéraires les plus favorables dans les lieux qu'un observateur moins attentif eût présumés déserts* », en quête de partenaires homosexuels, puis se retrouvait chaque matin rongé de remords et de honte, incapable de tenir les résolutions qu'il prenait alors. Entretemps, Green écrivit, avec son fils adoptif Éric Jourdan, ***La Dame de pique*** et ***La Mort d'Ivan Ilitch*** (l'un et l'autre en 1965), scénarios inspirés de Pouchkine et de Tolstoï.

Une féconde diversité

Élu triomphalement à l'Académie française en 1971 — tous les candidats au fauteuil de Mauriac, autre écrivain hanté par le péché, s'étaient retirés devant Green —, un an après en avoir été lauréat du Grand Prix de Littérature, il continua de beaucoup voyager, et, tout en diversifiant ses publications — du pamphlet ***Liberté chérie*** (1974) au journal de voyage ***Villes*** (1985), en passant par le récit pour enfant ***La Nuit des fantômes*** (1976), le roman ***Le Mauvais Lieu*** (1977), l'essai d'autobiographie spirituelle ***Ce qu'il faut d'amour à l'homme*** (1978), le portrait-souvenir ***Paris*** (1983) et les nouvelles recueillies dans ***Histoires de vertige*** (1984) —, se lança dans sa fresque romanesque évoquant le sud des États-Unis, berceau de sa famille, au moment de la guerre de Sécession, ***Dixie*** (1987 et 1989, 2 vol.).

Sous le titre de ***Jeunes Années*** (1984, 2 vol.), il fit paraître à nouveau, complétée de nombreux inédits, dont ***Fin de jeunesse***, son ***Autobiographie***. Il publia aussi d'anciennes pages retrouvées de son ***Journal*** : ***La Fin d'un monde*** (1992), journal de l'année 1940 ; ***On est si sérieux quand on a dix-neuf ans*** (1993), journal des années 1919 à 1924. Parallèlement, il fit éditer, sous le titre ***Une grande amitié*** (1979), sa correspondance avec Jacques Maritain — l'un de ses rares amis, en effet, avec Gide, Robert de Saint Jean et Gertrude Stein —, que suivirent ***Frère François*** (1983), biographie de François d'Assise, l'essai bilingue ***Le Langage et son Double*** (1985) et des pièces de théâtre écrites en 1979 et 1980 mais publiées plus tard : ***Demain n'existe pas*** (1985, en 3 actes) et ***L'Automate*** (1985, en 4 actes).

Tout en poursuivant la publication de son ***Journal***, il fit paraître encore ***Ralph et la Quatrième Dimension*** (1991), ***Dionysos*** (1994) et ***Jeunesse immortelle*** (1998) : « *Tout est joué à 16 ans, et singulièrement pour les poètes.* » Entre-temps, Green « *démissionna* » de l'Académie française en 1996 — ce que le règlement de l'institution ne permettait pas —, affirmant ainsi un rejet des honneurs, qu'il n'avait pourtant pas manifesté, un quart de siècle plus tôt, lors de son élection.

Green vécut assez longtemps pour voir paraître l'intégralité de ses ***Œuvres complètes*** dans la « Bibliothèque de la Pléiade » (1972 à 1998, 8 vol.) et fut même le premier écrivain à qui cette collection eût, de son vivant, consacré un *Album* : quelques mois avant sa mort parut un *Album Julien Green* (1998), dû à son fils Jean-Éric Green.

Green est l'un des principaux romanciers français de la grande génération des années 1930. Le catholicisme inquiet qui imprègne ses livres, sans que jamais y apparaisse une figure de prêtre, donne à ses romans leur tension. Et son monumental ***Journal*** offre un témoignage irremplaçable sur les convulsions de l'homme et de son siècle.

Une écriture de l'obsession

Green use d'une langue très classique. Son vocabulaire est commun, sans afféteries étymologiques ou artistiques. Sa phrase dispose avec ordre sujet, verbe et complément du verbe, jouant seulement sur la longueur (de l'adverbe à la subordonnée) et sur la relative liberté de place des compléments circonstanciels. Mais la surface presque lisse de ce réalisme de l'écriture est travaillée par une houle qui soulève tel mot ou qui se creuse après tel autre selon un registre quasi fantastique : « *La porte cochère se referma derrière Fabien avec un fracas sourd qui emplit le silence nocturne d'un coup de tonnerre* » (*incipit* de ***Si j'étais vous...***).

Dans les connotations et les échos ainsi suscités, on devine alors des angoisses ou des Léviathan capables d'aspirer les mots vers les profondeurs obscures des thèmes obsessionnels, le péché, la culpabilité, la chair, la quête de la sainteté dans un monde sans Grâce, habité par le Mal : « *Pourtant, depuis qu'Henriette lui avait dit le secret de son infidélité, Éliane constatait en elle-même les plus grands changements. Ainsi, ce soir, accroupie dans l'ombre aux pieds de sa sœur, elle se sentait l'âme vile et complice. Pour prononcer ce mot si plein et si mystérieux : la nuit, elle s'inclinait vers le sol et se cachait, mais son visage, presque au ras des flammes, souriait* » ***(Épaves)***.

Si la foi demeure au centre de l'écriture des romanciers comme Bernanos et Mauriac, elle devient source d'interrogations chez Green, dès lors que les protagonistes découvrent l'envers « *monstrueux* » de leur nature et que l'apparence conventionnelle de l'écriture révèle par contraste l'ambiguïté des personnages et des situations.

Une œuvre encensée

Le public de Green a toujours été très nombreux, et ses pairs n'ont cessé de le tenir pour l'un des romanciers français les plus importants du siècle. Malgré la durée et l'étendue de son activité d'écrivain, il ne connut jamais de périodes de désaffection de ses lecteurs : universellement honoré et traduit dès ses débuts, néanmoins réfractaire aux manifestations mondaines ou médiatiques, il fut et reste l'un des écrivains les plus lus de son siècle, y compris de ceux qui ne partageaient ni sa foi ni ses choix personnels. À l'image de Pierre Brunel, professeur en Sorbonne, auteur d'un pénétrant « *essai sur la littérature française dans la seconde moitié du XXe siècle* », intitulé *La Littérature française aujourd'hui* (1997), qui mentionnait une seule fois le nom de Green « *dont l'ensemble de l'œuvre* [...] *permet de mesurer l'étendue* [du genre autobiographique] », seuls les milieux universitaires continuent à ignorer l'auteur de ***Moïra***, loin d'être devenu un « classique » : même refondu en 1997, le volume *XXe Siècle* de la célèbre collection littéraire Lagarde et Michard ne lui accordait en tout et pour tout que 2 pages sur les quelque 900 du volume, soit très exactement autant qu'à Françoise Sagan ou qu'à François Nourissier et près de deux fois moins qu'à Françoise Mallet-Joris, — contre par exemple, 3 pages à Jouhandeau, plus de 4 à Tournier, et plus de 7 à Marguerite Yourcenar. Green présente ainsi le paradoxe d'être un écrivain à la fois les plus lus et les moins étudiés.

Sous le titre *Julien Green, un doux rebelle* et sous la forme d'une série de 4 épisodes, Jean-Michel Meurice, Catherine Blanchard et Philippe Alfonsi ont réalisé en 1997 un documentaire télévisuel de 4 heures à partir d'entretiens que Green leur avait accordés en 1995 et 1996.

ŒUVRES

Adrienne Mesurat

Roman en 3 parties (***Première***, ***Deuxième***, et ***Troisième Partie***) — comportant respectivement 16, 5 et 9 chapitres numérotés mais non titrés —, publié chez Plon, en 1927.

La villa des Charmes a été construite sous les ordres d'Antoine Mesurat dans un quartier résidentiel d'une petite ville de province, La Tour-l'Évêque. Veuf, professeur à la retraite, il soumet ses deux filles, Germaine, 35 ans, et Adrienne, 18 ans, à une tyrannie maniaque et quotidienne. Leur univers restreint est d'une régularité monacale, à peine entrecoupée par les quelques bruits de la vie extérieure, au-delà de la grille. La jolie Adrienne nourrit pour son aînée, vieille fille envieuse et malingre atteinte d'une mystérieuse maladie, une indifférence mêlée de répulsion physique. Germaine lui devient hostile lorsqu'elle se ligue avec leur père pour bannir de son univers le Dr Maurecours, voisin quadragénaire de santé fragile rencontré pendant une promenade et qui, selon ses rêves, doit la libérer de son calvaire. Cloîtrée, elle ne pourra plus se pencher par la fenêtre de la chambre de Germaine pour apercevoir en secret le « *pavillon blanc* » de cet amoureux chimérique : « *Devant cette petite maison blanche et sa fenêtre allumée, elle se sentait heureuse. "Il est là, pensait-elle, je le sais"* » (I, 3). Mais un jour, les alliances changent : Germaine, brimée par M. Mesurat, décide de secouer le joug et promet à sa cadette sa chambre-observatoire contre sa complicité. C'est grâce à Adrienne qui lui fournit les clés et une partie de sa dot que Germaine va chercher asile chez les sœurs (I, 10). Au cours d'une violente scène de dispute nocturne, Adrienne affronte seule son père. Il l'accuse d'avoir fomenté la fuite de Germaine, la soupçonne de fréquenter clandestinement le docteur et la menace de la déshériter. Terrorisée, elle le pousse dans l'escalier, il se tue sur le coup (I, 14). La police ayant conclu à un accident, elle ne sera pas inquiétée. Désormais seule, elle pense connaître la liberté et entreprend un voyage à Montfort-l'Amaury, dont elle revient malade et désenchantée (II, 1). Adrienne retrouve une maison vide et inquiétante. Sa mauvaise conscience lui ôte le sommeil. Elle développe alors une amitié ambiguë avec l'indiscrète locataire de la maison d'en face, Léontine Legras, cocotte parisienne qui la fascine par son mauvais goût : « *Le cailletage de sa voisine lui manquait.* » Par ses insinuations, Mme Legras exacerbe le sentiment de culpabilité d'Adrienne et la manipule afin de lui soutirer son héritage (II, 7). Malgré l'étroite surveillance de sa sœur, autre vieille fille jalouse, le docteur se rend au chevet de la jeune fille dont l'état de santé s'aggrave. À l'issue de cet entretien tant souhaité où il lui refuse son amour, Adrienne perd tout espoir et se laisse sombrer dans la folie : « *Dans la lumière indécise qui tombait du ciel, son beau visage était livide avec de grandes ombres qui arrondissaient les orbites et creusaient les joues.* [...] *Toute humanité s'était effacée de ce front pâle, de cette bouche exsangue qui parlait sans arrêt* » (II, 8).

Dans ce récit à la 3e personne, la description réaliste de la protagoniste n'est pas pour autant « objective » ; elle s'émaille souvent d'hypothèses d'ordre psychologique et de commentaires qui accompagnent le lecteur dans l'imaginaire du personnage : « *– Je rêve, pensa-t-elle. Je ne devrais pas rester ainsi. Mais une espèce d'engourdissement la tenait à sa place et elle restait immobile, la joue dans la main et le coude sur* *la barre d'appui. [...] elle eut le sentiment étrange qu'elle entrait en communication avec un monde inconnu, que sa volonté lui était ravie, et qu'elle était contrainte de demeurer passive* » (III, 5).

Ce deuxième roman a été publié dans la *Revue hebdomadaire* de janvier à mars 1927.

Moïra

Roman en 2 parties, publié à *La Table ronde* de mars à juin 1950, et chez Plon, la même année.

I. Joseph Day, beau jeune homme à la chevelure rousse, s'expose par son attitude renfermée aux sarcasmes ambigus de ses camarades de l'université américaine où il est inscrit. Poursuivi par les insultes de son camarade Bruce Praileau et tiraillé entre son désir de châtier et de sauver les âmes, il se bat avec lui. En réalité, tout un monde souterrain de passions s'agite en Joseph Day. Il feint d'ignorer les étudiants qui le nomment « *l'ange exterminateur* » et les considère comme des adeptes de la luxure et de la débauche, dont il se garde par la lecture des Écritures dans le texte. De sorte qu'il ne devine pas l'amour que lui voue Simon, son voisin de chambre, se suicide pour lui. **II.** Un ami, David Laird, conseille à Joseph de quitter la chambre qu'il loue. La révélation par sa logeuse de l'existence de la jeune et belle Moïra — au nom signifiant « *destinée* » en grec —, dont il occupe le lit en son absence, réveille en lui des obsessions qui le poursuivent. Ses camarades, convaincus qu'il est temps pour lui de connaître l'amour charnel, introduisent Moïra chez Joseph. Séduit par la jeune fille, il cède à son désir pour le regretter aussitôt. La culpabilité qui l'étreint le pousse à tuer Moïra. Au petit matin, il l'enterre dans le jardin. Bruce Praileau lui propose de s'enfuir, mais Joseph refuse de se dérober à la sentence qui l'attend, laissant entendre qu'il renonce à la liberté et au péché de chair.

Le roman est inspiré du même lancinant secret qui gouverna la jeunesse passionnée de l'auteur, et le drame de son impossibilité à dire un amour pour un jeune homme rencontré en 1919, lors d'un séjour à l'université de Virginie. ***Moïra*** reprend le thème de l'étranger dont l'irruption rompt l'équilibre précaire d'un être fragile. Déterminante pour la vocation de l'écrivain, le thème de l'éveil d'une passion secrète précipite le roman vers le tragique. L'intrusion de Moïra dans le monde de Joseph Day et de son univers intime dans celui de Moïra, vient faire éclater au jour les pulsions contradictoires que l'amour du jeune Simon pour lui n'avait pas éveillées. La révélation de l'amour s'assimile à l'acte criminel, confondus dans une même fascination pour l'amour et la mort, lorsque Joseph tue Moïra pour « *expier* » sa faute — reniement de son être profond entaché par son égarement charnel avec elle. Loin de se vouloir édifiant, ce roman d'un chrétien tranche avec les tendances littéraires contemporaines, entre réalisme et subjectivisme. ***Moïra***, roman écrit à la 3e personne et qui emprunte au roman balzacien ses situations, la précision psychologique de l'observation des comportements, s'inscrit dans une quête spirituelle de vérité. Dans le drame né de l'impossible aveu de l'amour — ici d'un jeune homme pour un autre jeune homme — est rejouée la scène clé du tragique des romans précédents de Green, ***Mont-Cinère*** (1926), ***Adrienne Mesurat*** (1927), ***L'Autre Sommeil*** (1931). Mais elle se dedouble du sentiment de culpabilité issu de la conscience du Bien et du Mal. De sorte que la dualité du personnage de Joseph dans ***Moïra***, à l'instar d'Adrienne Mesurat, atteint la dimension d'un mal métaphysique. Le tragique de l'existence apparaît au cœur du roman, avec la révélation de la vérité profonde que les êtres souffrants poursuivent inlassablement, au-delà de la réalité tangible, dans une tension vers le déchiffrement de l'invisible, au risque d'un vertige tournant à la folie. Une égale fascination de l'absolu traverse toute l'œuvre de Green.

Révélé au public et à la critique lors de la parution d'***Adrienne Mesurat*** (1927), Green connut un succès qui ne se démentit pas. L'écrivain imposa son univers personnel tout au long d'une œuvre qui ne cessa de sa développer et dont ***Moïra*** figura un tournant. Alors que dans ses romans de jeunesse apparaissait le thème de la confrontation violente des personnages avec le tragique de leur condition, dans ***Moïra*** s'ébaucha l'ambiguïté des sentiments, entre la tentation de fuite dans le rêve et le lâche repli dans la réalité quotidienne. Cette problématique nourrit les romans suivants, jusqu'à la tentative de conciliation entre quête de vérité romanesque et tentation de la foi, dans ***Chaque homme dans sa nuit*** (1960) et ***L'Autre*** (1971).

CITATIONS

On ne raconte pas le bonheur, on ne raconte pas l'amour.

Journal, 15 novembre 1920.

Rien ne nous vieillit comme la mort de ceux que nous avons connus depuis notre enfance. Je suis aujourd'hui plus vieux d'un mort.

Journal, 30 mars 1944.

On ne peut pas écrire quand on a la crainte perpétuelle de pécher en écrivant.

Journal, 26 mai 1945.

Il faut quelquefois se promener au fond de l'abîme. Même si je descends jusqu'en enfer, le bras de Dieu est assez long pour m'en retirer.

Journal, 31 mars 1950.

Il me paraît certain que l'aboutissement normal de l'érotisme est l'assassinat.

Journal, 27 octobre 1958.

La mort perd de sa terreur. Elle est la porte de sortie d'un monde qui devient plus effrayant que la mort ne le fut jamais.

Journal, 28 décembre 1958.

Un critique a dit que dans mon livre se voyait le petit jour de l'éternité.

Journal, 16 mai 1960.

JUGEMENTS

« Green si timide a de l'héroïsme dans sa chambre, seul avec son encre et son papier. »

Jean Cocteau, *Le Passé défini*, t. II, 24 mai 1953, Gallimard, posthume, 1985.

« Il était de ceux qui, comme le jeune Rimbaud, pouvait "asseoir la Beauté sur leurs genoux" *et l'injurier. Il l'a assise sur ses genoux, il ne l'a pas injuriée. Est-ce que l'on couche avec la Beauté ? L'amour platonique et les fureurs puritaines du désir qui font battre le sang aux tempes se sont disputé le cœur de ce faune qui écrivit un livre sur le* poverello *d'Assise. Car la conversion religieuse consiste parfois à calmer un volcan. Ce fut le cas de Claudel, et il n'est pas interdit de penser que, pour Green, il s'agissait également de calmer un volcan, en connaissance de cause. Du garçonnet dessinant des corps d'éphèbes asexués à l'esthète voyageur, amateur de formes, il y avait bien là comme une longue suite, la même histoire d'un corps aux prises avec ce que les philosophes nomment pudiquement le* "multiple"*. Là encore, en dépit des apparences, nous sommes sans doute plus près de Mauriac que de Bernanos, trop énervé, trop pressé d'en finir : Malagar est aussi un Deep South, et Green, tel Mauriac, sait une volupté qui fait peur au Curé de campagne. On a fait beaucoup de théologie sur cette littérature et l'on a eu tort. L'épure classique, merveilleuse, des pages du* Voyageur sur la terre, *que Borges plaçait aux côtés de James et de Kafka, est bien d'un homme qui sut donner une forme à la fureur. C'est l'art même. »*

Michel Crépu, « Julien Green, un Américain bien tranquille », in *L'Express*, 20 août 1998.

« Les romans de Julien Green ("les seuls romans baudelairiens"*, écrit José Cabanis) sont des histoires de vertige. Il y a chez lui des hommes et des femmes qui suffoquent dans les ténèbres de la frustration, des innocents effarés de découvrir dans la sexualité un affreux ravissement, des êtres meurtris par la douleur du désir et torturés par les affres de la grâce. Il y a des mains qui tuent, des cous qu'on étrangle, des yeux qui s'ouvrent à la fois sur la peur et l'émerveillement, des yeux qui cachent leur flamme obscure et font briller la double fascination de la perte et du salut. Il y a des corps insurgés et des âmes attirées par les béatitudes, des corps violés et des âmes nocturnes.* "Le corps a une ombre, l'âme a la sienne"*, dit Julien Green, qui* [...] *cite volontiers cette phrase qu'il attribue à son ami Jacques Maritain :* "S'il n'y avait pas de péché, il n'y aurait pas de roman." *»*

Jean-Luc Douin, « Julien Green et son Autre », in *Le Monde des livres*, 22 mai 1998.

« Julien Green [...] *est toujours passionnant, même lorsqu'il note des détails insignifiants. »*

Mircea Eliade, *Fragments d'un journal*, t. I, *1945-1969*, trad. franç. Luc Badesco et Constantin Grigoresco, Gallimard, 1973.

« Paradoxalement, cet écrivain si intemporel n'a jamais été indifférent à son siècle ; mais il en a toujours parlé comme un étranger, comme un témoin venu d'ailleurs. [...]
En dépit ou en raison de cette distance, Green a restitué l'air du temps, les cataclysmes et les poussières de l'Histoire ; il s'est révélé l'observateur passionné et attentif d'un monde qui, pour n'être pas le sien, n'a pas cessé cependant de l'étonner, de l'inquiéter et de l'amuser. »

Roland Jaccard, « Julien Green, chronique d'une âme déchirée », in *Le Monde*, 19 août 1998.

« Pour Julien Green, je pense que vous avez lu sa Moïra. *Je n'ai lu, moi, que le texte final, n'ayant plus les numéros précédents pour une lecture entière. J'ai lu ce texte final cinq fois de suite, avec chaque fois une forte impression. Et cette opinion : merveilleusement fait. »*

Paul Léautaud, *Lettres à Marie Dormoy*, 11 août 1950, Albin Michel, 1966.

« Que dirait le chrétien Julien Green de sa créature amoureuse et sensuelle ¿ Que le péché n'existe plus ici, et que les voluptés profanes elles-mêmes conspirent pour exalter ce sentiment — religieux — de joie dont Bernanos faisait un de ses livres. Peut-être le mal est-il une vue de l'esprit, quelque chose comme une erreur ou une maladresse, qu'on finit par surmonter. Rien n'est plus proche, au fond, de la sainte que l'aventurière et la gourgandine.

Une impression paradoxale de durée libérée du temps fait le charme puissant de la lecture de Dixie. *Le paradis perdu, ce n'était peut-être qu'une faute d'étourderie. »*

Renaud MATIGNON, « Julien Green. L'Invasion du bonheur », in *Le Figaro littéraire*, 5 janvier 1995.

« [À propos de *Chaque homme dans sa nuit*] *Julien Green ne se soucie que de répondre à une question qu'il se pose depuis qu'il est né à la vie consciente. Le roman est le moyen dont il use pour trouver cette réponse. Certes, l'œuvre existe à ses yeux en dehors du service qu'il en attend. Il ne serait pas l'artiste qu'il est s'il ne cherchait d'abord à faire une œuvre belle. Mais il exige quelque chose d'autre. Et que ce soit cette chose-là précisément, le lui reprocherons-nous ¿ Mais non, il faut accepter que le même beau jeune homme sombre traverse tous ses livres. Pour lui, Dieu demeure présent au secret de la vie la plus souillée. Faire le mal en sachant, comme seul un chrétien peut le savoir, ce qu'est le mal, en posséder la connaissance métaphysique, être impur et pourtant aimer Dieu et être aimé de lui, l'œuvre de Julien Green naît de cette douleur. »*

François MAURIAC, *Le Nouveau Bloc-Notes*, 1er mai 1960, Flammarion, 1961.

« Le diable, les jeunes corps, les fantômes, les règlements d'une vie pieuse et civile, cela fait beaucoup de drames dans un même bocal.

[...]

Ses personnages parlent, ils ne nous renseignent pas sur leurs intentions, à peine sur leurs émotions. Par contre, les visages, leurs grimaces, nous sont présents et je connais peu d'exemples de conversations aussi brûlantes : il faudrait revenir à Bernanos à Dostoïevski pour trouver cette ampleur des voix qui s'élèvent tout d'un coup. »

Roger NIMIER, *Journées de lecture*, Gallimard, 1965.

« Avec Mauriac et Bernanos, Green, aura été un des derniers romanciers catholiques pour qui la fiction postule un Dieu attentif aux secrets de chacun, la tentation, le péché, damnation et salut, soufre et encens.

Le miracle de l'art aura permis que son œuvre survive au règne de la permissivité et du freudisme, dissipateurs de précieux mystères, et bêtes noires de Green, à l'égal de Vatican II.

Tourmenté, jusqu'à l'horreur de soi, par son homosexualité, au temps où celle-ci était persécutée par la société comme par l'Église, Green s'est accommodé des tolérances et absolutions d'aujourd'hui, sans que l'œuvre perdît le sens qu'elle s'était cherché dans l'anomalie et la faute. »

Bertrand POIROT-DELPECH, « Le Soufre et l'Encens », in *Le Monde*, 19 août 1998.

BIBLIOGRAPHIE

Éditions

Œuvres complètes, éd. J. PETIT (t. I à V), G. LUCERA et M. RACLOT (t. VI à VIII), « Pléiade », Gallimard, 1972 à 1998, 8 vol.

Adrienne Mesurat, « Points Roman », Seuil, 1986 ; « LdP », LGF, 1996.

Jeunesse immortelle, Gallimard, 1998.

J. GREEN, J. MARITAIN, *Une grande amitié. Correspondance 1926-1972*, Gallimard, 1982.

Études

A. BRUDO, *Rêve et Fantastique chez Julien Green*, PUF, 1995.

J. CARREL, *L'Expérience du seuil dans l'œuvre de Julien Green*, Juris, 1967.

Ph. DERIVIÈRE, *Julien Green : les Chemins de l'errance*, Talus d'approche, 1994.

Y. FLOUCAT, *Julien Green et Jacques Maritain : l'Amour du vrai et la Fidélité du cœur*, Téqui, 1997.

J.-É. GREEN, *Album Julien Green*, « Pléiade », Gallimard, 1998.

J. MARITAIN, *Une grande amitié, correspondance 1926-1972*, « Idées », Gallimard, 1982.

W. MATZ, *Julien Green, le Siècle et son ombre*, trad. franç. J. ÉTORÉ et B. LORTHOLARY, Gallimard, 1998.

L.-H. PARIAS, *Julien Green, corps et âme*, Fayard, 1994.

J. PETIT, *Julien Green, l'homme qui venait d'ailleurs*, DDB, 1970 ; *Julien Green*, DDB, 1973.

M. RACLOT, *Le Sens du mystère dans l'œuvre romanesque de Julien Green*, Aux Amateurs de livres, 1988, 2 vol.

R. de SAINT JEAN, L. ESTANG, *Julien Green*, « Écrivains de toujours », Seuil, 1967, rééd. 1990.

C. TERRILE, *La Crise de la volonté ou le Romanesque en question : Borgese, Green, Perutz, Pirandello, Kafka*, Champion, 1997.

J. TOUZOT (dir.), *Littératures contemporaines*, vol. 4, *Julien Green*, Klincksieck, 1998.

GUILLAUME DE MACHAUT

GUILLAUME de MACHAUT
Prit le « *surnom* » de MACHAUT d'après son lieu de naissance.

Machaut (auj. Machault, act. Ardennes) 1300 – Reims 1377

> *Noble poete et faiseur renommé*
> *Plus qu'Ovide vray remede d'amours*
> *Qui m'a nourry et fait maintes douçours.*
> Eustache DESCHAMPS, *Ballades*, 447, vv. 3 à 5.

> « [...] *dans tout cet esprit, tout cet art, il n'y a pas un grain de poésie : ni intimité, ni personnalité : pas un mot qui sorte de l'âme ou la révèle.* »
> Gustave LANSON, *Histoire de la littérature française*, Hachette, 1894.

La vie obscure d'un illustre poète

Le protégé de Jean de Luxembourg

Issu d'une famille roturière, Guillaume de Machaut fut, grâce à sa culture — il était maître ès arts — et à son talent, reconnu par les plus grands princes de son temps. Vers 1323, il entra au service du roi de Bohême, Jean de Luxembourg, d'abord comme aumônier, puis comme notaire et secrétaire. Il l'accompagna dans ses voyages à travers l'Europe (notamment l'act. République tchèque), avant de se fixer à Reims (1340) où son protecteur lui avait obtenu du pape un canonicat.

Le chanoine de Reims

Après la mort héroïque, à Crécy en 1346, du « *bon roy de Behaingne* [Bohême] » — *alias* Jean l'Aveugle, depuis une incurable maladie des yeux survenue en 1337 —, il fut protégé par sa fille Bonne, épouse du duc de Normandie, le futur Jean II le Bon. Guillaume de Machaut fut un certain temps en rapport avec le roi de Navarre, Charles le Mauvais. Enfin, on compte parmi ses mécènes Jean de Berry, fils de Jean le Bon, le dauphin, puis le roi Charles V, et le roi de Chypre, Pierre Ier de Lusignan.

Pièces lyriques (environ 400) et dits constituent l'essentiel de l'œuvre de Machaut. Les premières furent en partie regroupées en un ensemble cohérent, ***La Louange des dames*** (50 ballades et rondeaux), mais on en retrouve aussi enchâssées dans la trame de certains dits, tels que ***Remede de Fortune***, ***Fonteinne amoureuse***, ***Voir Dit*** :

Helas ! dolens ! et que vaut ceste attente,
Ne ce qu'en vous ay mis toute m'entente,
Quant je ne say, ma douce dame gente,
S'il vous souvient
Comment Desirs pour vostre amour me tente,
Comment il m'art et m'assaut et tourmente,
Comment je vif en pensee dolente,
Quant il couvient
Que vo biauté, dont toute joie vient,
Et vo bonté, qui toute honneur soustient,
Que mes cuers sert, aimme, oubeïst et crient,
Ne m'est presente,
Ne vos gens corps ou riens ne mesavient,
Qui tous les jours gais et jolis devient,
Ne voy ? C'est ce qui me met et me tient
De mort en sente.

[Hélas ! malheureux ! que vaut cette attente,
Et le fait qu'en vous j'ai mis toute ma pensée,
Quand je ne sais, ma douce dame jolie,
S'il vous souvient
De la manière dont Désir, pour votre amour, me tente,
Comment il me brûle, m'assaille et me tourmente,
Comment je vis en pensée douloureuse,
Quand il faut
Que votre beauté, dont provient toute joie
Et que votre bonté, qui soutient tout honneur,
Que mon cœur sert, aime, à qui il obéit et qu'il craint,
Ne me soient présentes,
Et que je ne vois votre beau corps où rien ne messied,
Qui tous les jours se fait gai et alerte.
C'est ce qui me met et tient
Dans le sentier de la mort.]

(***Complainte de l'amant***, IX, éd. et trad. Cerquiglini)

Elles s'inscrivaient dans la continuité du grand chant courtois, hormis quelques poèmes relevant du type de la requête ou inspirés par le malheur des temps. C'est encore l'inspiration courtoise qui domine dans les dits, dès le ***Dit dou vergier*** (v. 1338), très directement inspiré du *Roman de la Rose* de Guillaume de Lorris. Le ***Jugement dou roy de Behaingne*** (v. 1340) et le ***Jugement dou roy de Navarre*** (1349) se fondaient sur un même problème de casuistique amoureuse : à qui décerner la palme du malheur entre une dame dont l'ami est mort et un chevalier trahi par celle qu'il aime ? Celui-ci et celle-là y répondaient de manière antithétique. Le ***Remede de Fortune*** (v. 1341) relatait les affres d'un amant n'osant se déclarer ouvertement et reçevant le réconfort d'Espérance ; le ***Dit dou Lyon*** (1342), le ***Dit de l'alérion*** — l'alérion est un rapace — étaient encore des variations sur l'art d'aimer, et le dit intitulé ***Fonteinne amoureuse*** (1361) indiquait d'emblée son sujet :

En maint lieu va sa renommee
Et pour c'elle est ditte et nommee
Partout la Fonteinne amoureuse.
Qui mainte dame a fait joieuse
Et maint amant pleindre et plourer,
Quant pour servir et äourer
Ne pooient avoir mercy,
Et si les faisoit amer si
Que pluseurs en ont esté mort,
Sans secours, de piteuse mort...

[Sa renommée court en maints lieux
Et pour cette raison, on l'appelle et la nomme
Partout la Fontaine amoureuse.
Elle a rendu plus d'une dame joyeuse
Et fait se plaindre et pleurer maints amants,
Lorsque malgré leur service et leur adoration
Ils ne pouvaient obtenir de grâce,
Et elle les faisait aimer tellement
Que plusieurs en sont morts
Sans remède, d'une mort pitoyable...]

(***Fonteinne amoureuse***, vv. 1411 à 1420, éd. et trad. Cerquiglini)

Enfin, l'une des dernières œuvres de Machaut — sa plus célèbre —, le ***Voir Dit [Dire vrai]*** (1364), prétendait retracer les amours du poète vieillissant et d'une jeune fille noble, séduite par sa réputation littéraire.
Deux compositions, toutefois, se démarquaient du thème amoureux : un dit, le ***Confort d'ami*** (1357), consolation adressée à Charles de Navarre, et la ***Prise d'Alexandrie***, poème narratif de quelque 8 900 octosyllabes à rimes plates retraçant la vie du roi de Chypre, Pierre Ier de Lusignan, peu après son assassinat en janvier 1369.

THÉORIE LITTÉRAIRE

À travers l'instance narrative en « *je* », de règle dans le dit, Machaut dessine l'image d'un clerc écrivain de plus en plus conscient de son art : c'est par l'exemple qu'il fonde des règles poétiques, proposant dans le ***Remede de Fortune*** des modèles pour le lai, le chant royal, la ballade, le rondeau, le virelai ; il se pose en maître de l'écriture dans le ***Voir Dit*** où, dans l'une de ses lettres, après avoir jugé de la qualité littéraire des réalisations poétiques de son admiratrice, il ajoute que, s'il était près d'elle, il lui apprendrait à faire encore mieux. Le ***Voir Dit*** apparaît d'ailleurs comme une sorte de testament littéraire, une tentative d'écriture totalisante où s'imbriquent et se complètent l'octosyllabe narratif, les pièces lyriques et la prose des lettres qu'échangent les amants. De manière plus explicite, le ***Prologue*** (v. 1371), que Machaut plaça en tête de ses œuvres, définit sa conception de la création poétique. Élu par Nature et Amour pour composer de « *nouviaus dis amoureus plaisans* », le poète reçoit, pour l'aider dans son entreprise, trois enfants de Nature : Sens qui est la raison en tant que principe organisateur ; Rhétorique, c'est-à-dire le rythme et la rime ; et Musique — tandis qu'Amour lui adjoint Doux Penser, Plaisance et Espérance. Aux origines de la poésie, il y a donc deux sources, Nature, se situant du côté de la forme, et Amour, du côté de la matière, sans oublier la musique indissolublement liée à la poésie lyrique ; mais Machaut fut le dernier poète musicien. On perçoit également la primauté chez lui de la forme sur l'inspiration puisque c'est Nature qui intervient la première. Cette attitude réflexive apparaît encore dans le souci d'organiser la présentation de ses œuvres, mentionnée par l'un des manuscrits qui note : « *Vesci* [Voici] *l'ordenance que G. de Machaut wet* [veut] *qu'il ait en son livre.* » Organisation, réflexion, maîtrise : l'écriture poétique comporte une autre composante fondamentale chez Machaut, qui est de s'effectuer dans la joie, voire de transformer la tristesse en joie.

THÉORIE LITTÉRAIRE

Grand musicien, poète remarquable, Machaut fut le premier écrivain en France à proposer de façon suivie une réflexion sur la poésie, marquant le passage d'un état spontané à un état réflexif de la littérature française.

Un poète et musicien virtuose

Machaut hérite très directement de la lyrique courtoise et du *Roman de la Rose*. Son goût de la forme travaillée l'amène à préciser les contraintes des genres à forme fixe, à s'attacher aux prouesses techniques en matière de rime (rimes *serpentine*, *équivoque*, *léonine*, énumérées dans son ***Prologue***) et à un travail sur les sonorités dont l'exemple le plus célèbre est le rondeau « *Quant Colette Colet colie...* », mais qui est aussi mis en œuvre dans les premiers vers de sa ***Fonteinne amoureuse*** :

Pour moy deduire et soulacier
Et pour ma pensee lacier
En loial amour qui me lace
En ses las, ou point ne me lasse,
Car jamais ne seroie las
D'estre y, ne n'en diroie « helas »,

[Pour me divertir et me réconforter
Et pour enserrer ma pensée
Dans un amour loyal qui m'enlace
En ses lacs dont je ne me lasse pas
— car jamais je ne serais lassé
D'y être, ni n'en dirais : « hélas » —]

(***Fonteinne amoureuse***, vv. 1 à 6, éd. et trad. Cerquiglini)

On peut considérer, à cet égard, qu'il est un lointain ancêtre des Grands Rhétoriqueurs. Du *Roman de la Rose* il hérite le motif du songe et de l'écriture allégorique. Son exaltation de la *fin' amor*, l'attention qu'il porte à la doctrine courtoise, l'utilisation à des fins poétiques de la mythologie gréco-latine le rapprochent de Guillaume de Lorris, tandis que ses développements didactiques et l'exploitation savante des mythes antiques en font un émule de Jean de Meun — double filiation qui est perceptible dans le double titre du roman dédié à Jean de Berry : ***Fonteinne amoureuse*** et ***Morpheus***.

Mais l'auteur ne se contente pas d'innover en renouvelant et codifiant l'héritage courtois, il innove encore en accordant dans ses dits une place considérable à l'actualité : le ***Jugement dou roy de Navarre*** s'ouvre sur un tableau de désolation, celui de la grande épidémie de peste — la « *Peste Noire* » — qui s'abattit sur l'Europe en 1348, avec ses cortèges de flagellants et ses persécutions de juifs ; dans le ***Confort d'ami***, l'histoire contemporaine joue un rôle important, puisque le poète tente de réconforter le roi de Navarre Charles le Mauvais, prisonnier de son beau-père, le roi de France Jean le Bon — qui l'était lui-même d'ailleurs des Anglais depuis la bataille de Poitiers — depuis avril 1356 ; la ***Fonteinne amoureuse***, de manière plus codée, a pour toile de fond le départ imminent du duc de Berry comme otage pour l'Angleterre, afin de permettre le retour en France de son père Jean le Bon ; et le ***Voir Dit*** insère dans sa trame des faits bien attestés dans la réalité : nouvelle épidémie de peste de 1363, insécurité des routes en raison des Compagnies, ces bandes de mercenaires que le traité de Brétigny avait laissées sans emploi et qui rançonnaient le pays et les voyageurs. Indice d'un nouveau rapport au temps et au monde, ce trait fut repris par les successeurs du poète.

De la gloire à l'oubli

L'influence de Machaut fut très perceptible sur les poètes du XIVe siècle : Froissart, Deschamps, Christine de Pizan, Othon de Grandson et, en Angleterre, Chaucer pour son *Livre de la Duchesse*, eurent tous quelque dette à l'égard du « *noble rhétorique* [rhétoriqueur] » dont Deschamps salua ainsi la mémoire :

Armes, Amours, Dames, Chevalerie,
Clers, musiciens, faititres [poètes] *en français,*
Tous sophistes [savants], *toute poeterie,*
Tous ceuls qui ont melodieuse voix,
Tous ceuls qui chantent en orgue aucune fois
Et qui ont chier [cher] *le doulz art de musique,*
Demenez dueil, plourez, car c'est bien drois,
La mort Machaut, le noble rethorique [rhétoriqueur].

Onques d'amours ne parla en folie,
Ains a esté en tous ses diz courtois,
Aussi a moult pleü sa chanterie
Aux grans seigneurs, a Dames et bourgeois.
Hé ! Orpheus, assez lamenter dois
Et regreter d'un regart autentique,
Arethusa et Alpheus, tous trois,
La mort Machaut, le noble rethorique.

(Eustache Deschamps, *Ballades*, 447)

En outre, son œuvre musicale — qui nous est sans doute parvenue dans sa totalité — fut reconnue à travers l'Europe de son vivant même et durant les trente ou quarante ans qui suivirent sa mort. Maître ès *ars antiqua* et *ars nova*, il composa la première messe polyphonique, 23 motets et nota musicalement une partie de son œuvre. Au XVe siècle, Alain Chartier, Martin le Franc, Michault Taillevent, René d'Anjou lui rendirent hommage.

Puis il sombra dans l'oubli, victime du mépris que professa le XVIe siècle pour les auteurs du Moyen Âge. Il fut redécouvert au XVIIIe siècle par l'abbé Lebeuf et le comte de Caylus. L'ensemble de son œuvre fut publié entre le dernier quart du XIXe siècle et le début du XXe. Néanmoins, Guillaume de Machaut ne reste connu — et reconnu — que des seuls médiévistes.

ŒUVRE

*Le **Livre du Voir Dit***

Dernier dit d'inspiration courtoise, en octosyllabes à rimes plates, dans lesquels s'insèrent des pièces lyriques à forme fixe et des lettres en prose, composé en 1364.

Le ***Voir Dit***, « le dit véritable », retrace l'histoire d'amour d'un poète vieillissant et d'une jeune aristocrate séduite par le renom de l'artiste. La jeune fille lui envoie un rondeau et lui offre son amour. Une correspondance sentimentale s'établit entre eux : ils échangent poèmes, lettres et cadeaux. Puis vient le temps des rencontres jusqu'à l'union. De nouveau séparés, les amants reprennent leur liaison épistolaire et poétique, mais le doute s'installe au cœur du poète, conforté par un rêve et les propos des *« losengiers »*, les médisants. Pensant avoir été trahi, il dépose dans un coffre le portrait que son amie lui a donné, pour l'en ressortir après un second rêve qui témoigne en faveur de celle-ci. Le poète, enfin, accepte la réconciliation sollicitée par la jeune fille, mais le récit s'achève sans qu'il leur soit donné de se rencontrer de nouveau.

On a pu croire un certain temps que le ***Voir Dit*** était un récit autobiographique et que Machaut y relatait ses amours d'arrière-saison avec une jeune fille noble, Péronne d'Armentières. Les travaux de Jacqueline Cerquiglini ont mis un terme à cette lecture réductrice. Ils ont fait apparaître la véritable dimension de ce dit, considéré comme l'œuvre majeure du maître champenois : une réflexion sur l'écriture, voir plus largement sur l'art, et une mise en œuvre dynamique de cette réflexion. En sollicitant et unissant des formes différentes — octosyllabes à rimes plates, pièces lyriques, prose —, le dit témoigne d'une recherche d'expression totalisante, reliant, pour lui donner plus de force, les divers modes du langage littéraire. Et au-delà s'affirme encore cette recherche de totalisation dans l'union de la littérature avec la peinture (portrait de la jeune fille) et la musique (pièces lyriques). La démarche réflexive de l'auteur apparaît également à travers le récit que propose le ***Voir Dit***, qui, plus qu'une histoire d'amour, est *« à vrai dire »*, l'histoire de la mise en écriture de cet amour : *Le Voir Dit vueil je qu'on appelle / Ce traité que je fais pour elle / Pour ce que ja n'i mentirai.* Cette mise à distance où l'important n'est plus l'histoire, mais la mise en récit de l'histoire, où la manière prime sur la matière *(Si que parfondement pensoie / Par quel maniere je feroie / Aucune chose de nouvel)*, traduit bien une interrogation sur la littérature, tandis que le titre annoncé invite à réfléchir sur les rapports entre littérature et vérité. Est aussi posé ici le problème du statut du clerc, et le mérite du ***Voir Dit*** est de fonder la dignité de l'écrivain à côté de celle du monde aristocratique : fascination d'une jeune fille noble non plus pour la prouesse chevaleresque, mais pour la prouesse littéraire, et plus encore réalisation même de l'œuvre. Œuvre qui, par la combinaison des langages, la multiplicité des questions abordées, souvent de manière oblique, révèle bien que Machaut, sur le plan de l'écriture tout autant que sur le plan musical, est un maître de la polyphonie.

Connu et très prisé aux XIVe et XVe siècles, le ***Voir Dit*** a manifestement influencé Froissart qui, dans *La Prison amoureuse* (1372), en reprend les combinaisons formelles à 3 termes. On retrouve par ailleurs « la mise en scène de l'acte d'écrire » dans *Le Joli Buisson de Jeunesse* du même auteur ou dans *Le Livre du duc des vrais amans* de Christine de Pizan. Encore bien connu du public lettré dans la 2de moitié du XVe siècle — comme en témoigne *Le Livre du Cœur d'Amour epris* de René d'Anjou —, ***Le Livre du Voir Dit*** est ensuite tombé dans l'oubli.

CITATIONS

C'est ma dame qui tient en sa prison
Mon loial cuer ; a trop bonne occoison
Y devint siens maugré li ; c'est raison
Qu'il oubeïsse
Et qu'il y soit en tele entencion
Que mis jamais n'i soit a raënçon
Et qu'il y muire ou qu'il ait guerredon
Qui le garisse,
Qu'amez ou mors sera, eins qu'il en isse.
Or vueille Dieus que pensee si nisse
Ne soit en li qu'il y pense malisse
Ne traïson,
Car il ne puet avoir milleur office ;
Et s'il la sert loyaument et sans vice,
Il porra bien avoir pour son service
De s'amour don.

[C'est ma dame qui tient dans sa prison
Mon cœur loyal ; c'est pour une très bonne raison
Qu'il devint sien malgré elle ; c'est juste
Qu'il obéisse
Et qu'il y soit à telle condition
Qu'on n'exige jamais de lui de rançon
Et qu'il meure là, ou qu'il ait en retour un don
Qui le guérisse,
Car il sera aimé ou mort, plutôt qu'il n'en sorte.
Que Dieu veuille qu'il n'y ait en lui
De pensée si sotte qu'il ne songe à malice
Ou à trahison
Car il ne peut avoir meilleure fonction.
Et s'il la sert loyalement et sans faute,
Il pourra bien avoir, en récompense de son service,
Le don de son amour.]

Fonteinne amoureuse, vv. 827 à 842.

De ce trop grant merveille avoit
Et plus de ce qu'il ne savoit
Que sa dame estoit devenue,
Car en l'heure l'avoit perdue.
Mais quant je le vi en ce point,
Je li ramentu trop a point
Qu'il li souvenist de l'image
Et dou tres gracieus langage,
Dou faitis point, dou cointe atour
Et dou gentil port fait a tour
De sa dame qui tant l'amoit
Que son dous amy le clamoit,
Et dou biau rubis d'Oriant
Qu'elle li changa en riant,
Et comment elle s'abaissa
Et en la bouche le baisa
Plus de vint fois, voire de trente,
Voire, par Dieu, plus de sexante.

[Il était très étonné de cela
Et plus encore de ce qu'il ne savait
Ce que sa dame était devenue,
Car sur l'heure, il l'avait perdue.
Mais quand je le vis en cet état,
Je lui rappelai bien à point
De se souvenir de l'image
Et du très gracieux langage,
De la belle apparence, de l'allure gracieuse
Et du noble port, fait au tour,
De sa dame qui l'aimait tant
Qu'elle l'appelait son doux ami,
Et du beau rubis d'Orient
Qu'elle échangea en riant,
Et comment elle s'abaissa
Et le baisa sur la bouche
Plus de vingt fois, voire de trente,
Voire, par Dieu, plus de soixante.]

Fonteinne amoureuse, vv. 2699 à 2716.

JUGEMENTS

« *Machaut pose en tout cas dans le* Voir Dit *des problèmes promis à un avenir qui n'est autre* [...] *que la littérature elle-même.* [...] *Comment écrire le vrai ? Il* [Guillaume de Machaut] *invente une théorie de l'écriture qui fixe la parole, toujours trompeuse, qui la garantit par l'expérience, le ressenti, qui revendique une authenticité qui trouve son emblème dans l'envers de la subtilité : la rudesse. Ultime subtilité ?* [...] *Nous sommes avec Guillaume de Machaut à une croisée des chemins, et l'on saisit les raisons de l'ambiguïté radicale de sa poésie. Carrefour de deux esthétiques : esthétique du direct, du chant, de l'amour, qui est celle du grand chant courtois et que le poète souhaite maintenir ; esthétique de l'indirect, de la vérité faillée, de l'union des contraires, de l'écriture oblique qu'il invente et qui est celle de sa position cléricale. Polyphème et Ulysse.* »

Jacqueline Cerquiglini, « *Un engin si soutil* ». *Guillaume de Machaut et l'écriture au* xiv*e siècle*, Champion, 1985.

« *Et qu'eût-il pu faire ? Il n'avait rien à dire. Je ne prétends pas qu'en ses 80 000 vers il n'y ait rien qui vaille. Il y a de l'esprit, et tel rondeau, telle ballade est d'une excellente facture : ce sont des bijoux faits de rien, et précieux.* »

Gustave Lanson, *Histoire de la littérature française*, Hachette, 1894.

« *Les amours dont ils* [Guillaume de Machaut et Eustache Deschamps] *parlent ne sont pas les leurs, sauf excep-*

tion. La casuistique amoureuse dans laquelle ils se complaisent (surtout Guillaume de Machaut) est celle qui enchante et distrait leur entourage. Les allégories dont ils abusent [...] *leur sont imposées par une mode que deux siècles n'ont pas vieillie. Bien rares sont les accents personnels, les élans de spontanéité. La convention et l'artifice sont rois dans cette versification abondante, stérile et au total insipide. »*

Émile MIREAUX, « Les lettres françaises au temps des premiers Valois », *in* Émile HENRIOT (dir.), *Neuf Siècles de littérature française*, I, IV, 2, Delagrave, 1958.

« Le XIVe siècle, âge des catastrophes, est aussi celui où la poésie largue la musique, et Guillaume de Machaut est, hélas ! le dernier des grands poètes chansonniers qui composaient en même temps le poème et sa mélodie. »

Jean Charles PAYEN, *Genèse de la littérature vernaculaire*, in Claude PICHOIS (dir.), *Histoire de la littérature française*, Arthaud, 1990, rééd. « GF », Flammarion, 1997.

BIBLIOGRAPHIE

Éditions

Œuvres, éd. E. HOEPFFNER, Didot, « SATF », 56, 1908 à 1921, 3 vol. [l'ensemble des dits sauf le *Voir Dit*].

Poésies lyriques, éd. V. CHICHMAREF, Champion, 1909, 2 vol., rééd. Slatkine, Genève (CH), 1973.

Le Confort d'ami, éd. et trad. anglaise R. BARTON PALMER, Garland, New York (US), 1990.

La Fontaine amoureuse, éd. et trad. J. CERQUIGLINI, Stock, 1993.

Le Jugement dou roy de Behaingne, éd. et trad. anglaise R. BARTON PALMER, Garland, New York (US), 1984.

Le Jugement dou roy de Behaingne and Remede de Fortune, éd. J.I. WIMSATT et W.W. KIBLER, University of Georgia Press, Athens (Georgia, US), 1988.

Le Jugement dou roy de Navarre, éd. R. BARTON PALMER, Garland, New York (US), 1988.

Le Livre du Voir Dit, éd. P. IMBS, J. CERQUIGLINI-TOULET, J. MUSSO, « LdP/Lettres gothiques », LGF, 1999.

La Prise d'Alexandrie, éd. L. de MAS LATRIE, Fick, Genève (CH), 1877.

Études

I. BETEMPS, *L'Imaginaire dans l'œuvre de Guillaume de Machaut*, Champion, 1998.

K. BROWNLEE, *Poetic Identity in Guillaume de Machaut*, University of Wisconsin Press, Madison (US), 1984.

W. CALIN, *A Poet at the Fountain. Essays on the Narrative Verse of Guillaume de Machaut*, U.P. Kentucky, Lexington (US), 1974.

J. CERQUIGLINI, *« Un engin si soutil ». Guillaume de Machaut au XIVe siècle*, Champion, 1985.

P. IMBS, *Le « Voir Dit » de Guillaume de Machaut, étude littéraire*, Klincksieck, 1991.

D. POIRION, *Le Poète et le Prince. L'Évolution du lyrisme courtois de Guillaume de Machaut à Charles d'Orléans*, PUF, 1965, rééd. Slatkine, Genève (CH), 1978.

Guillaume de Machaut, poète et compositeur, actes du colloque de Reims, 1978, Klincksieck, 1982.

HÉBERT

Anne HÉBERT
De nationalité canadienne
Sainte-Catherine-de-Fossambault (Canada) 1916 – Montréal *(ibid.)* 2000
Prix Femina, du Gouverneur général (à 3 reprises), *des Libraires*

> *« Le non-écrit, chez Anne Hébert, le non-dit derrière sa lumière étrange émettra longtemps les lueurs les plus hautes, des ciels d'une dure ténèbre, d'une dure clarté. On pourra longtemps, à partir de son œuvre, libérer ces ciels lumineux, ombrageux, orageux, amoureux. »*
>
> Yves PRÉFONTAINE, « La Poésie d'Anne Hébert : l'ancrage québécois d'une esthétique de la colère », in *Anne Hébert, parcours d'une œuvre* (collect.), L'Hexagone, Montréal, 1997.

> *« Nous assistons peut-être à la naissance d'un genre littéraire : le roman canadien ou québecois à l'usage des Français. Le plus bel exemple en est l'œuvre d'Anne Hébert depuis qu'elle s'est installée à Paris. La religion catholique au Québec est faite d'ignorance et de violence ¿ Allons-y d'un roman sur les couvents, pépinières de monstres sacrés. Nos cousins de France sont ravis, nous sommes bien ainsi. Violence et désespoir en bordure de mer ¿ Le tout saupoudré de conflits raciaux en puissance ¿ Allons-y pour* Les Fous de Bassan. *C'est ainsi que se perpétuent les mythes. Le Québec émerge de cette littérature comme un géant grisâtre, informe, encore prisonnier de la gangue d'une histoire qui n'aura jamais été la sienne. Le folklore n'est pas loin. Nous savons, nous, ici, en contact quotidien avec les œuvres, que la réalité est tout autre. »*
>
> Jean ÉHIER-BLAIS, « Des mythes canadiens comme les Français les aiment », in *Le Devoir*, 19 décembre 1987.

Une Québécoise universelle

Des débuts multiples

Issue d'une famille québécoise cultivée, Anne Hébert repoussa vite et loin toute frontière géographique et intellectuelle. Le pluralisme caractérisa en effet son écriture dès ses débuts. Alternaient textes dramatiques, nouvelles et poèmes écrits sans souci de ces distinctions génériques, et qui présentaient — contrairement aux œuvres plus tardives — tantôt une image stéréotypique des « rôles » féminins et masculins, comme ***La Boutique de monsieur Grinsec*** (1941), tantôt celle du catholicisme le plus conservateur — le monde aurait 4 000 ans, selon ***La Part faite à Suzanne*** (1938) —, tantôt la soumission absolue aux structures familiales traditionnelles, comme avec ***Les Songes en équilibre*** (1942). Anne Hébert travailla en outre comme scénariste à l'Office national du film à Ottawa. Elle rédigea, notamment, en 1958, le scénario de ***Saint-Denys Garneau*** (1960), consacré à son cousin — jeune poète au destin tragique (1912-1943), considéré comme le premier poète vraiment moderne du Québec. Une bourse permit à Anne Hébert de séjourner en France à partir de 1954. Ayant résidé alternativement en France et au Québec, elle se fixa à Paris vers le milieu des années 1960 sans cesser pour autant de revenir chaque année passer plusieurs mois au Canada ou de donner à ses principaux textes des cadres, des personnages et des problématiques québécois.

Le tournant des années 1950

Le pluralisme générique laissait poindre la puissante contestation de cette même société canadienne-française conservatrice dans des œuvres aussi diverses que le recueil de contes ***Le Torrent*** (1950), le décisif recueil ***Le Tombeau des Rois*** (1953), préfacé par Pierre Emmanuel et qui révéla Anne Hébert en France — le recueil fut repris, avec ***Mystère de la parole***, dans ***Poèmes*** (1960) — puis les romans ***Les Chambres de bois*** (1958), dont le titre désigne les lieux dans lequel un jeune seigneur névrosé cloître en vain son épouse, ***Kamouraska*** (1970, prix des Libraires 1971), dans lequel la rébellion d'une femme se superpose à celle du Canada en 1837. ***Les Enfants du sabbat*** (1975), où le fantastique a pour cadre la montagne des sorciers, et la vampirique ***Héloïse*** (1980), puis ***Les Fous de Bassan*** (prix Femina 1982), mêlant crimes horribles, récits entrecroisés et citations bibliques, entre 1936 et 1982, ainsi que ***Le Premier Jardin*** (1988), ***L'Enfant chargé de songes*** (1992) et ***Aurélien, Clara, Mademoiselle et le Lieutenant anglais*** (1995) — dans lesquels l'écrasement des femmes est inlassablement évoqué, dénoncé — relèvent de la même veine.
Théâtre et poésie ont continué néanmoins à accompagner ce flux romanesque, depuis ***Les Invités au procès*** (1952), où la hantise de la faute et de la mort développe un même cauchemar radiophonique, jusqu'au ***Temps sauvage*** (1966), en passant par l'enquête policière de ***La Mercière assassinée*** (1959), où coupables et victimes se révèlent victimes et coupables. La nostalgie de la Nouvelle-France, qu'affirme ***Le Premier Jardin***, vint faire contrepoint à la mise en cause de cet Éden dans la pièce radiophonique ***L'Île de la demoiselle*** (1979). Plus récemment, la pièce ***La Cage*** (1990) constitua un événement majeur en

donnant à la problématique féminine priorité sur la visée nationaliste : la très québécoise Ludivine Corriveau y vole à la rescousse de l'Anglaise Rosalinde Crebessa, par solidarité féminine. Rappelons encore le scénario du film ***La Canne à pêche*** qui, comme la nouvelle ***Un grand mariage***, revalorisait déjà l'image des Amérindiens dans l'imaginaire québécois, — parallèlement à une réflexion sur les langues : « *Si les langues mortes mènent à Dieu et aux humanités, moi je préfère l'anglais qui est vivant ; et si je suis adroit, je saurai bien, un jour, trafiquer dans cette langue, maîtresse, entre toutes, des biens de ce monde* » ***(Un grand mariage)***. Enfin, venant combler le fossé entre les versants québécois et français de l'expérience éditoriale d'Anne Hébert, tout en renouant avec la quête intérieure du ***Tombeau des Rois***, le recueil de poésie ***Le jour n'a d'égal que la nuit*** (1993, couronné par le prix Alain-Grandbois), ainsi qu'une rétrospective de l'œuvre poétique, publiés tous deux conjointement par les Éditions du Seuil (Paris) et par les Éditions Boréal (Montréal), constituent de nouveaux titres de renom. À ces titres s'ajoutent le recueil ***Poèmes pour la main gauche*** (1997) et un roman, ***Est-ce que je te dérange ?*** (1998), itinéraire rétrospectif d'une Delphine à la dérive et où se retrouvent les thèmes obsédants de l'écrivain : la mort — dès l'*incipit* —, la passion amoureuse, la rencontre bouleversante de l'inconnu(e), l'enfance meurtrie. En 1997, Anne Hébert est retournée vivre au Québec, où un Centre d'études sur son œuvre, destiné aux chercheurs, a été créé à l'université de Sherbrooke. C'est à Montréal qu'elle est décédée en janvier 2000, dans sa 84e année, quelques mois après la parution de son ultime roman, ***Un habit de lumière*** (1999).

Une écriture plurielle

Si sa notoriété vaut à Anne Hébert d'occuper une place centrale dans la littérature francophone, son œuvre même se situe à un carrefour. À un carrefour « *éclaté* » toutefois, eu égard à la contestation des élites d'antan et de la constante remise en cause, par l'auteure, des grandes structures des sociétés traditionnelles, notamment leur phallocentrisme : « *Mon arbre généalogique à moi, il commence avec moi, et tout le passé n'est que misère et sottise* » ***(Un grand mariage)***. Carrefour « *éclaté* » aussi, à cause de la pluralité des genres littéraires qui y prennent souffle et corps — poèmes, contes, nouvelles, romans, essais poétiques (parus dans des quotidiens), entretiens sans cesse passionnants —, autour des thèmes récurrents du malheur, de l'angoisse et de l'incommunicabilité :

> *Ce n'est que la profondeur de la mort qui persiste,*
> *Simulant le dernier tourment*
> *Cherchant son apaisement*
> *Et son éternité*
> *En un cliquetis léger de bracelets*
> *Cercles vains jeux d'ailleurs*
> *Autour de la chair sacrifiée.*
>
> ***(Le Tombeau des Rois)***

> « *Il faut des siècles de désœuvrement pour pouvoir supporter l'oisiveté du dimanche.* »
>
> ***(La Mercière assassinée)***

> « *Il ne faut jamais dire adieu, cela porte malheur.* »
>
> ***(Les Chambres de bois)***

> « *La seule chose qui me sépare de l'arbre ou de la motte, c'est l'angoisse.* »
>
> ***(Le Torrent)***

> « *Quelle heure sinistre que l'aube, ce moment vague entre le jour et la nuit, lorsque le corps et la tête flanchent tout à coup et nous livrent au pouvoir occulte de nos nerfs !* »
>
> ***(Kamouraska)***

> « *Je crois à la solitude rompue comme du pain par la poésie.* »
>
> (***Poésie, solitude rompue***, in ***Poèmes***)

Mais carrefour rassembleur enfin, « noyau » qui réunit les genres au sein d'une même œuvre, qui rapproche continents et cultures, parce que l'œuvre fut d'abord publiée au Canada (***Écrits du Canada français***, HMH, Beauchemin) pour ensuite paraître en France (Éditions du Seuil), et parce qu'elle ne se lasse jamais de mettre en texte des problématiques tant canadiennes-françaises qu'universelles :

> *Dans un pays tranquille nous avons reçu la passion du monde, épée nue sur nos deux mains posée.*
>
> (***Mystère de la parole***, in ***Poèmes***)

Et carrefour qui rassemble les idéologies : si le traditionalisme peut y trouver matière à se rassurer sous forme de nostalgie de la Nouvelle-France, le modernisme s'y affirme grâce au remplacement des stéréotypes sexuels conservateurs par un féminisme affirmé et conscient, en un style qui, pour être sobre et dépouillé, n'exclut jamais la véhémence ni le lyrisme.

Une gloire durable

Où pourrait-on situer l'œuvre d'Anne Hébert dans la littérature canadienne d'expression française ? Au centre, certes, du moins en termes institutionnels : trois fois récipiendaire du prix du Gouverneur Général du Canada, deux fois lauréate du prix Athanase-David, Anne Hébert a aussi obtenu le prix des Libraires (France), le prix Femina (France), le prix de l'Académie royale (Belgique), le prix du Prince Rainier (Monaco). Aucun auteur canadien n'a été plus largement reconnu par l'institution littéraire francophone. Au carrefour encore, « *place du monde qui flambe comme une forge* » pour citer son œuvre poétique, Anne Hébert s'est vue vilipender par telle lectrice, par tel prestigieux universitaire québécois, pour avoir trahi, selon eux, la réalité canadienne-française. Néanmoins, Anne Hébert est aujourd'hui l'une des toutes premières figures des lettres de langue française.

ŒUVRE

Kamouraska

Roman paru au Seuil, en 1970.

Découpé en courtes séquences, non numérotées, plutôt qu'en chapitres à proprement parler, le roman commence et s'achève sur l'agonie de M. Rolland, second mari de l'héroïne, dont l'histoire antérieure, sujet de l'intrigue, est reconstituée par fragments tout au long du livre. Son sujet a été inspiré à la romancière par un fait divers : au Québec, au XIXe siècle, une femme avait tué son mari avec la complicité de son amant. Mais, dans un avertissement au lecteur, Anne Hébert précise que ses personnages « *sont devenus* [ses] *créatures imaginaires, au cours d'un lent cheminement intérieur* ».

Élisabeth d'Aulnières a épousé, à 16 ans, Antoine Tassy, jeune seigneur de Kamouraska, possédant des terres, une saline, des îles, un manoir. Celui-ci se révèle un mari brutal et débauché. Élisabeth trouve réconfort et amour auprès du docteur George Nelson, un ancien condisciple de Tassy. Elle pousse son amant à tuer son mari. Nelson, l'amant meurtrier, fuit dans le Vermont : il ne reverra plus jamais Élisabeth. Celle-ci, emprisonnée à Montréal, sera libérée sous caution, puis disculpée et réhabilitée par son mariage, deux ans après le meurtre, avec un riche et honorable notaire du Québec, Jérôme Rolland.

L'art d'Anne Hébert consiste à reconstituer le passé de Mme Rolland, veillant son mari agonisant, par divers procédés dont la complexité s'oppose à la simplicité de l'histoire : l'alternance de narrations objectives et subjectives, qui déterminent l'axe présent/passé autour duquel s'articule l'intrigue ; la superposition et l'interpénétration du temps du récit — qui ne dure que les quelques heures de l'agonie de M. Rolland, en 1857 — et du temps du souvenir ; le recours aux 2e et 3e personnes du singulier, trahissant une sorte de refoulement, dans un récit qui suit, pour l'essentiel, la perception et le point de vue d'Élisabeth ; l'altérité — caractéristique, de façon générale, de l'art de la romancière. Derrière l'intrigue passionnelle du roman — le meurtre de Tassy a lieu en janvier 1839 —, se donne à lire la rébellion indépendantiste de 1837-1838. Mais, surtout, le personnage d'Élisabeth constitue, pour Anne Hébert, un exemple de la lutte de libération de la femme : « *C'est cela le mariage, la même peur partagée, le même besoin d'être consolé, la même vaine caresse dans le noir.* [...] *C'est cela une honnête femme : une dinde qui marche, fascinée par l'idée qu'elle se fait de son honneur.* »

Kamouraska, qui valut à Anne Hébert le prix des Libraires en 1971, a été traduit en une quinzaine de langues, et vendu à plus de 100 000 exemplaires. Considéré comme une des œuvres les plus importantes de la littérature canadienne francophone, le roman a fait l'objet de nombreuses communications dans les colloques consacrés à Anne Hébert. Une adaptation cinématographique de ***Kamouraska*** a été réalisée par Claude Jutra en 1973. Malgré l'importance des moyens mis en œuvre par cette coproduction franco-canadienne, on a parfois reproché au réalisateur d'avoir mieux rendu la beauté des images du livre que la complexité de son architecture.

CITATIONS

Il ne faut jamais dire adieu, cela porte malheur.

Les Chambres de bois.

Ce que j'ai à faire, ce que je me suis juré de faire est au-dessus de mes forces. Te dire la vérité, old Mic, toute la vérité, rien que la vérité. Plutôt tendre la main vers les cachets bienfaisants devant moi, sur la table. En finir une fois pour toutes, sous l'œil brillant des oiseaux de mer. Pluie de neige jacassante tout autour de moi.
Le fou de Bassan modère soudain sa vitesse, ferme à moitié ses ailes, se laisse tomber, tête première, comme une flèche, à la verticale. Ne ferme ses ailes qu'au moment de toucher l'eau, faisant gicler dans l'air un nuage d'écume. L'ai si souvent contemplé cet oiseau superbe. Le retrouver intact et bien dessiné. Il suffit d'une image trop précise pour que le reste suive, se réveille, recolle ses morceaux, se remette à exister, tout un pays vivant, repêché au fond des eaux obscures. Griffin Creek, remué dans ses eaux natales par une nuée d'oiseaux affamés, remonte à la surface, étale ses grèves, ses herbes marines, ses rochers abrupts là où autrefois grimpaient des escaliers de bois pour la pêche à la baleine. Viennent les maisons et les bâtiments, les hommes et les femmes, les enfants et les bêtes, l'arche de Noé s'ouvre sous la pression des eaux, laisse filer sa cargaison mâle et femelle sur la côte, entre cap Sec et cap Sauvagine.

Les Fous de Bassan.

Un homme s'acharne, à coups de crosse de pistolet, sur un mort couché, la face dans la neige. Il frappe jusqu'à l'usure de la force surhumaine en lui déchaînée. Maître de la vie et de la mort. Un instant le vainqueur essuie son visage sur ma manche. Cherche dans son cœur la femme pour laquelle... Désire s'accoupler immédiatement avec elle. Triomphalement. Avant que ne déclinent sa puissance et sa folie. Avant que ne s'apaise son ivresse. Déjà on pourrait croire que cet homme est cerné par les larmes. Un tel épuisement point en lui, comparable à celui des fous après leur crise, à celui des femmes après leur accouchement, à celui des amants après l'amour.

Kamouraska.

C'est cela le mariage, la même peur partagée, le même besoin d'être consolé, la même vaine caresse dans le noir.

Kamouraska.

Quelle heure sinistre que l'aube, ce moment vague entre le jour et la nuit, lorsque le corps et la tête flanchent tout à coup et nous livrent au pouvoir occulte de nos nerfs !

Kamouraska.

C'est cela une honnête femme : une dinde qui marche, fascinée par l'idée qu'elle se fait de son honneur.

Kamouraska.

Il faut des siècles de désœuvrement pour pouvoir supporter l'oisiveté du dimanche.

La Mercière assassinée.

Dans un pays tranquille nous avons reçu la
passion du monde, épée nue sur nos deux mains
posée.

[...]
Et moi, je crois à la vertu de la poésie, je crois au
salut qui vient de toute parole juste, vécue et
exprimée. Je crois à la solitude rompue comme
du pain par la poésie.

Mystère de la parole, in *Poèmes.*

Toi, chair de ma chair, matin, midi, nuit, toutes
mes heures et mes saisons ensemble

Toi, sang de mon sang, toutes mes fontaines, la
mer et mes larmes jaillissantes

Toi, les colonnes de ma maison, mes os, l'arbre
de ma vie, le mât de mes voiles et tout le voyage
au plus profond de moi

Toi, nerfs de mes nerfs, mes plus beaux bouquets
de joie, toutes couleurs éclatées,

Toi, souffle de mon souffle, vents et tempêtes, le
grand air de ce monde me soulève comme une
ville de toile

Toi, cœur de mes yeux, le plus large regard, la
plus riche moisson de villes et d'espaces du bout
de l'horizon ramenée

Toi, le goût du monde ; toi, l'odeur des chemins
mouillés, ciels et marées sur le sable confondus

Toi, corps de mon corps, ma terre, toutes mes
forêts, l'univers chavire entre mes bras

Toi, la vigne et le fruit ; toi, le vin et l'eau, toi, le
pain et la table, communion et connaissance aux
portes de la mort.

Toi, ma vie, ma vie qui se desserre, fuit d'un pas
léger sur la ligne de l'aube ; toi, l'instant et mes
bras dénoués

Toi, le mystère repris ; toi, mon doux visage
étranger et le cœur qui se lamente dans mes
veines comme une blessure.

Amour, in *Poèmes nouveaux.*

Ce n'est que la profondeur de la mort qui
persiste,
Simulant le dernier tourment

Cherchant son apaisement
Et son éternité
En un cliquetis léger de bracelets
Cercles vains jeux d'ailleurs
Autour de la chair sacrifiée.

Le Tombeau des Rois.

La seule chose qui me sépare de l'arbre ou de la motte, c'est l'angoisse.

Le Torrent.

Si les langues mortes mènent à Dieu et aux humanités, moi je préfère l'anglais qui est vivant ; et si je suis adroit, je saurai bien, un jour, trafiquer dans cette langue, maîtresse, entre toutes, des biens de ce monde.

Un grand mariage.

Mon arbre généalogique à moi, il commence avec moi, et tout le passé n'est que misère et sottises.

Un grand mariage.

JUGEMENTS

« *Fantastique, poétique et romanesque, l'œuvre d'Anne Hébert est un hymne à l'imagination et à ses pouvoirs libérateurs.* »

Tony CARTANO, « Anne Hébert », in *Dictionnaire de littérature française contemporaine*, Éd. Jean-Pierre Delarge, 1977.

« *Figure emblématique des lettres québécoises, Anne Hébert poursuit son œuvre dans une solitude préservée, à l'écart du microcosme littéraire ; une œuvre singulière, riche et complexe qui ne doit rien aux différents courants d'idées ni aux divers modes poétique et romanesque de la seconde partie du vingtième siècle ; une œuvre authentiquement de création, nourrie de passion et de tensions maîtrisées par la grâce et au prix d'une retenue et d'un dépouillement toujours plus exigeants.* »

Madeleine DUCROCQ-POIRIER, *Préface* à *Anne Hébert, parcours d'une œuvre* (collect.), L'Hexagone, Montréal, 1997.

« [...] *Anne Hébert surprend et séduit par le mélange des genres. Poésie de ses images, authenticité du ton de son vocabulaire, et angoissante réalité de son histoire. Nos rues ne manquent pas de Delphine* [héroïne de *Est-ce que je vous dérange ?*], *leur hantise du lendemain, leur tentation de l'impossible, la crainte de l'étrange qu'elles suscitent. Empreint de douceur et de mansuétude, ce récit, fort paradoxe littéraire, est des plus violents qu'on puisse lire sur la condition des êtres à la dérive, accrochés à un espoir qui n'est plus que leur imagination.* »

Pierre-Robert LECLERQ, « L'Art de la fugue », in *Le Monde des livres*, 10 avril 1998.

« *N'est-ce pas notre très belle dame qui tente de retisser* l'humilité du monde *pour son illusoire rédemption à laquelle, perpétuels Sisyphe, il nous faut pourtant croire, avec nos yeux désespérément avides, et à laquelle il nous faut travailler, bien qu'il y ait certainement, toujours et partout, quelqu'un qui se meurt en nous ou près de nous, ou quelqu'un qui veuille nous tuer ?* »

Yves PRÉFONTAINE, « La Poésie d'Anne Hébert : l'ancrage québécois d'une esthétique de la colère », in *Anne Hébert, parcours d'une œuvre* (collect.), L'Hexagone, Montréal, 1997.

BIBLIOGRAPHIE

Éditions

En France, les ouvrages d'Anne Hébert sont publiés au Seuil.

Œuvre poétique, Boréal, Montréal (CA), 1993.

Poèmes, Seuil, 1960, rééd. 1989.

Poèmes pour la main gauche, Boréal, Montréal (CA), 1997.

Théâtre, Hurtubise, Montréal (CA), 1970.

Dialogue sur la traduction à propos du « Tombeau des rois », Hurtubise, Montréal (CA), 1970.

Les Fous de Bassan, 1982, « Points », Seuil, 1998.

Kamouraska, 1970, rééd. « Points », Seuil, 1997.

Études

N. BISHOP, « Énergie textuelle et Production de sens : images de l'énergie dans *Les Fous de Bassan* d'Anne Hébert », in *University of Toronto Quarterly*, 64, 2, Feb. 1985, pp. 178 à 199, Toronto (CA) ; *Anne Hébert, son œuvre, leurs exils*, P.U. Bordeaux, Talence (Gironde), 1993.

A. BROCHU, *Anne Hébert. Le Secret de vie et de mort*, P.U. Ottawa (CA), 2000.

M. ÉMOND, *La Femme à la fenêtre. L'Univers symbolique d'Anne Hébert*, P.U. Laval, Québec (CA) 1984.

J. FÉRAL, « Clôture du moi, clôture du texte dans l'œuvre d'Anne Hébert », in *Littérature*, n° 20, déc. 1975, pp. 265 à 283.

K. KELLS, « From the Firts "Eve" to the New "Eve" : Anne Hebert's Rehabilitation of the Malevolent

Female Archetype », in *Studies in Canadian Literature*, 14, 1, 1983, pp. 125 à 133.

J.-M. Paterson, *Anne Hébert, architexture romanesque*, Éditions de l'Université d'Ottawa, Ottawa (CA), 1985.

D.W. Russel, *Anne Hébert*, Twayne Publishers, Boston (US), 1983.

A. Whitfield, « *Kamouraska* ou la Confession occultée », in *Le Je(u) illocutoire. Forme et Contestation dans le nouveau roman québecois*, P.U. Laval, Québec (CA), 1987.

Collectif, *Anne Hébert, parcours d'une œuvre*, actes du colloque organisé en mai 1996 par les Universités Paris III-Sorbonne nouvelle et Paris IV-Sorbonne, Hexagone, Montréal (CA), 1997.

Collectif, *Lectures d'Anne Hébert : Aliénation et Contestation*, in *Les Cahiers Anne Hébert*, n° 1, Fides, Montréal (CA), et Université de Sherbrooke (CA), 199.

HUGO

Victor HUGO

Besançon 1802 – Paris 1885

Académicien

> « *Sa prodigieuse imagination complète ce que sa raison n'aperçoit pas.* [...] *Comme un cyclope à peine dégagé de la matière, il a des secrets d'un monde perdu. Son œuvre immense est le mirage d'un univers qu'aucun œil ne saurait voir.* »
>
> Ernest RENAN, *Feuilles détachées*, 1892.

> « *Hugo est un grand poète, si on peut l'être sans intelligence, ni goût, ni sensibilité, ni ordre, ni cette forme la plus haute de l'imagination que j'appelle l'imagination de la proportion. Simplement une énorme capacité gazeuse résultant de la possession de beaucoup de mots. Imbécillité de ses petites histoires.* »
>
> Paul CLAUDEL, *Journal*, juin-juillet 1908, Gallimard, posthume, 1968.

Un destin de légende

« *Aurore* »

De ses parents, Hugo hérita une combativité ambitieuse, un esprit de résistance, un invincible goût de la liberté et l'expérience des déchirements conjugués de l'Histoire et du cœur. Ils étaient issus du peuple l'un et l'autre. Le père, Léopold Hugo, autodidacte engagé tout jeune dans les armées de la Révolution, finit, en 1815, au grade de général, une carrière de manieur d'hommes, illustrée dans la pacification des guérillas (Vendée, Italie, Espagne) et la discipline des sièges (Thionville). La piété filiale rendit légendaire sa bonté. Hugo porta quelque temps le titre de comte acquis par son père en Espagne, eut souvent à cœur de montrer le courage d'un soldat et ne refusa aucun commandement ni aucune bataille. La mère, Sophie Trébuchet, était issue de cette petite bourgeoisie nantaise, jacobine et voltairienne, qui avait fait bon accueil, en 1793, aux soldats de l'armée du Rhin envoyés en Vendée. Rencontre des parents sur fond de guerre civile ; union bientôt belliqueuse. Ils se trompèrent, se séparèrent, se disputèrent la tutelle des enfants, Abel né en 1798, Eugène en 1800, Victor en 1802 — « *Ce siècle avait deux ans !* [...] » (***Les Feuilles d'automne***, I) —, sans parvenir à divorcer, dans la haine et les injures, avant 1815. L'Histoire rationalisa et attisa cette violence : en mars 1814, Mme Hugo s'habilla de blanc et fit bivouaquer des Prussiens dans sa cour, pendant que son mari s'obstinait à défendre Thionville.

L'enfance de Hugo, son « *aurore* » — pour reprendre le titre du 1er livre des ***Contemplations*** —, fut cahotée, traversée de séjours en pension voulus par le père, de voyages pour le rejoindre : en Corse, en Italie (1807), à travers une Espagne ravagée par la guerre dont il garda des souvenirs éblouissants et sanglants (1810-1811). Même le bonheur des Feuillantines était trompeur. Dans ce couvent parisien désaffecté par la Révolution, où elle élevait ses fils avec une autorité libertaire et sauvage, Mme Hugo cachait l'homme aimé, le général Lahorie, opposant à l'Empire, arrêté en 1810 dans la maison, fusillé en 1812, parrain de Victor à qui il avait enseigné dans Tacite le latin et la liberté. Grandi dans les contradictions meurtrières de l'Histoire, Hugo croyait au progrès, mais, loin de l'optimisme béat qu'on lui prête, d'une foi pleine de perplexité en cet avenir meilleur reconnu plein de détours et de douleurs.

Longtemps avant la fin d'études brillantes et distraites, il était poète. Il se souvint avoir réinventé à 7 ans l'alternance des rimes masculines et féminines ; à 13 ans, il entamait son premier ***Cahier de vers français*** ; à 14 ans, il avait derrière lui une tragédie en 5 actes, un ***Déluge*** en 3 chants, un autre cahier de vers, des traductions et, mieux, une ambition : « *Être Chateaubriand ou rien.* » Chateaubriand : l'un des principaux écrivains d'alors et, surtout, le premier à vivre et fonder réciproquement l'action dans l'Histoire et l'écriture. Reconnaissance mutuelle : Chateaubriand le lança dans la vie littéraire, en 1820, couronné d'un mot : « *Enfant sublime.* »

« *L'âme en fleur* »

Hormis la précocité du savoir-faire, il devait y avoir chez le jeune Hugo, sous une réserve qui le fit souvent accuser de froideur, une ardeur, un ascendant, un éclat qui le distinguaient et signalaient en lui « *l'âme en fleur* » (titre du 2e livre des ***Contemplations***). Mais rien d'autre, apparemment, qu'une complète absence de fortune personnelle pour expliquer le conformisme de ses débuts. Poète lauréat (Acad. franç. en 1817 et 1820 ; Jeux floraux en 1818, 1819 et 1820), dûment patronné, membre de la Société des bonnes lettres, fondateur-rédacteur d'un bien nommé ***Conservateur littéraire*** (1819 à 1821), il noua des amitiés (Lamartine, Vigny) et des relations (le duc, futur cardinal de Rohan, Lamennais). Il fréquentait le cénacle de Nodier à l'Arsenal. Cet entourage, sa jeunesse et ses convictions

— celles de sa mère — l'enrôlèrent dans la rénovation idéologique voulue par la Restauration. Il était « ultra ». En une forme renouvelée de l'antique et dont il fut l'initiateur, l'ode, il célébra les fastes monarchiques — la mort du duc d'Enghien, le rétablissement de la statue d'Henri IV... — avec une certaine simplicité majestueuse, dans les recueils ***Odes et Poésies diverses*** (1822) et ***Nouvelles Odes*** (1824). Cela lui valut gratification royale, petite pension, Légion d'honneur et invitation au sacre de Charles X — avec une ode à la clé (1825).

Déjà pourtant, il donnait des signes de dissidence. Depuis 1820 en effet — un an après une déclaration d'amour réciproque —, il avait entretenu avec Adèle Foucher, son ancienne camarade de jeu aux Feuillantines, une correspondance secrète ; Mme Hugo s'opposait à leur liaison. Après la mort de sa mère, à la fin de cette même année 1820, Victor renoua avec Adèle. Il se décida même, en 1822, à un mariage qui ne lui apporterait pourtant ni dot ni protecteur, et défiait les vœux de la défunte. Il eut d'abord un fils, Léopold, né en juillet 1823 et mort quelques mois plus tard, puis une fille, Léopoldine, née le 28 août 1824, suivie, le 2 novembre 1826, par Charles Hugo. Les nécessités alimentaires excuseraient sans doute son ***Han d'Islande*** (1823) — roman du genre frénétique, fâcheusement populaire —, si l'ironie envers les horreurs attendues — boire le sang des ennemis dans leur crâne — ne signalait, par contraste, des monstruosités sérieuses : une grève insurrectionnelle de mineurs, un gardien de morgue érudit... Ses ***Odes*** étaient certes de facture néoclassique et d'inspiration sûre, mais leurs ***Préfaces*** successives accordaient la même dignité aux « *émotions d'une âme* » qu'aux « *révolutions d'un empire* » (1822), formulaient la mission du poète avec une hauteur exclusive de toute soumission et reconnaissaient dans le romantisme, sans s'y rallier, le « *résultat* » inéluctable de la Révolution : « *Les plus grands poètes du monde sont venus après de grandes calamités publiques* » (1824). Dès 1822, la censure avait inauguré la carrière dramatique d'Hugo en interdisant ***Inès de Castro***. Lorsque les autorités littéraires invitèrent, en 1824, la jeune *Muse française* à se saborder, Hugo fut le seul de ses fondateurs à tenter une résistance.

Le tournant fut pris en 1826, sous la convergence de motifs personnels — indépendance matérielle à peu près assurée, « découverte » du père (comme le Marius des ***Misérables***) — et de causes générales — dissidence de Chateaubriand, repli réactionnaire de la politique de Charles X, volte-face antiromantique du pouvoir qui fit basculer vers l'opposition libérale toute la jeune génération romantique, mettant ainsi fin à une longue méprise. Si le romantisme consistait en l'occupation de la position de sujet — sujet du Vrai, du Bien, du Beau... — par l'individu et non plus par une communauté sociale ou par une instance abstraite (la Raison, l'Esprit), il était bien la poursuite de la Révolution par d'autres moyens et son extension à toutes les représentations.

À peine Hugo avait-il rejoint son camp qu'il se mit à sa tête. Le détournement des anciennes ***Odes*** par leur juxtaposition avec les ***Ballades***, sous le titre ***Odes et Ballades*** (1826) — franchissement scandaleux de la frontière entre genres antinomiques, l'un noble et grave, l'autre populaire et ludique —, signala son ralliement au mouvement littéraire dont le drame ***Cromwell*** (1827) et sa ***Préface*** lui donnèrent la direction.

Cette même année 1827, Hugo et Adèle se lièrent d'amitié avec Sainte-Beuve, amitié rendue bientôt difficile par la longue liaison qui s'installa, à partir de 1830, entre Adèle et Sainte-Beuve, et qui conduisit à la rupture entre Sainte-Beuve et Hugo (1835). L'année suivante fut marquée à la fois par la mort du général Hugo (janv. 1828) et par la naissance de leur 3e fils — le 2nd survivant —, Victor-François, suivie, en 1830, par celle de leur 2de fille, Adèle. Le nouveau Cénacle se réunit chez eux, rue Notre-Dame-des-Champs (act. VIe arrond^nt^). L'évolution de Hugo vers une remise en cause fondamentale des schémas traditionnels se poursuivit en politique, avec l'ode ***À la colonne de la place Vendôme*** (1827), presque bonapartiste, et le refus public d'échanger l'interdiction de ***Marion de Lorme*** (1829) contre une grosse pension — la pièce avait été suspectée de s'en prendre au souverain régnant Charles X. ***Bug-Jargal*** (2de version 1826), ***Les Orientales*** (1829) et ***Le Dernier Jour d'un condamné*** (1829) approfondissaient le romantisme formel en vision du monde. Tous trois, respectivement un roman relatant l'épisode de l'insurrection des esclaves haïtiens lors de la Révolution, un recueil de poèmes apparemment pittoresques — avec l'apparition des célèbres ***Djinns*** —, et le journal de celui dont tous les autres ont résolu la mort, cassaient l'universalisme abstrait de la définition classique du sujet, éprouvaient l'irréductibilité du « *je* », et demandaient à l'Histoire, à la société et d'abord à l'art comment inventer la communauté réelle des hommes.

Murs, ville,
Et port,
Asile
De mort,
Mer grise
Où brise
La brise
Tout dort.

[...]

On doute
La nuit...
J'écoute :
Tout fuit,
Tout passe ;
L'espace
Efface
Le bruit.

(***Les Djinns***, in ***Les Orientales***, XXVIII)

« *Les luttes et les rêves* »

La double victoire de 1830, politique (révolution de Juillet) et littéraire *(Hernani)*, brisa cet élan en confrontant la conquête romantique à une responsabilité réelle, que résument 3 questions liées. Politique : par quelles institutions concrétiser et étendre à tous cette souveraineté de l'individu jusque-là revendiquée seulement dans l'art et la pensée ? Sociohistorique : la nature des liens sociaux permet-elle à l'autonomie de l'individu d'être autre chose qu'une illusion ou un privilège ? Littéraire : à quel public s'adresser, au nom de quelle légitimité ? Et quelle position de parole adopter ? La bataille d'***Hernani*** confirma qu'était venu le temps où « *les luttes et les rêves* » (titre du 3e livre des ***Contemplations***) ne se dissociaient plus.

Cette triple responsabilité — politique, sociohistorique et littéraire —, beaucoup s'y dérobèrent, à commencer par la bohème buveuse et pas bégueule qui s'étonnait d'avoir eu un chef chaste, glabre, père « bourgeois » de 4 enfants ; les autres n'en acceptèrent qu'une partie et divergèrent vite. Hugo la revendiqua pleinement, en déclarant dans ***Les Rayons et les Ombres*** :

Peuple ! écoutez le poète !
Écoutez le rêveur sacré !
Dans votre nuit, sans lui complète,
Lui seul a le front éclairé !

(***Fonction du Poète***,
in ***Les Rayons et les Ombres***)

De là vient qu'il incarna le romantisme à lui seul et qu'il fut en butte à toutes les attaques. De là encore la profusion des initiatives, mais aussi leur complexité et leurs contradictions.

Il privilégia le théâtre — ***Le roi s'amuse*** (interdit, 1832), ***Lucrèce Borgia*** (1833), ***Marie Tudor*** (1833), ***Angelo, tyran de Padoue*** (1835) — moins pour l'ampleur, l'éclat et les profits de son audience que pour la nature de celle-ci : le poète pouvait y fondre en « *bloc humain* » les consciences séparées, convertir, le temps d'un soir, la foule en peuple et infirmer ainsi ce qu'il lui montrait, son état réel, l'inaccomplissement crucifiant ou la détérioration monstrueuse des liens fondamentaux de l'humanité — maternité, paternité, filiation, amour, foi jurée, hospitalité... — par un ordre, social et politique, inégal. Mais cette stratégie du démenti du sens par l'effet, poussée jusqu'à faire jouer les pièces nobles, par leur sujet ou leur forme, devant les salles populaires — et réciproquement —, peut aussi se lire comme la reconnaissance implicite d'une illusion et d'un échec. Une fois trouvé le coup de génie de ***Ruy Blas*** (1838), mise en scène et en cause de la « *parole* », tout était dit.

Les Burgraves (1843) illustrèrent la tentative — et la tentation — d'un théâtre épique, de communion entre les personnages sur la scène comme entre la scène et la salle : l'échec mit fin à l'entreprise. Un rapport aussi complexe de l'auteur avec son œuvre, comme avec ses lecteurs, affecta le roman. L'effacement de l'auteur donnait sa force au monologue du ***Dernier Jour d'un condamné*** (1829) sur un lecteur contraint à la fois de s'identifier à l'agonisant et de se reconnaître son meurtrier ; Hugo renonça à cette irresponsabilité énonciative et la corrigea par des ***Préfaces*** qui firent du livre un plaidoyer contre la peine de mort. ***Claude Gueux*** (1834) le reprit, mais par la bouche de l'assassin-victime, et la reproduction d'une lettre de lecteur offrant d'envoyer un exemplaire à tous les députés acheva d'élargir l'émission de la parole, et de la brouiller. C'est aussi l'un des premiers textes littéraires à utiliser l'argot. Mais le premier grand chef-d'œuvre romanesque de Hugo fut ***Notre-Dame de Paris*** (1831), roman des « *temps incomplets où nous vivons* », à un double titre : par sa fable d'une érudition proliférante, et par le désaveu que s'infligeait un narrateur au ton « *ironique et railleur* ».

Parallèlement à ses grands succès dramatiques et romanesques, Hugo poursuivit son œuvre lyrique par la publication de 4 grands recueils : ***Les Feuilles d'automne*** (1831), ***Les***

Chants du crépuscule (1835), ***Les Voix intérieures*** (1837), et ***Les Rayons et les Ombres*** (1840). Les textes y étaient dispersés comme les feuilles automnales : inhérente au genre et par là moins sensible, la dissémination de la voix lyrique en poèmes distincts expliqua la réussite de ces 4 recueils, mais aussi leurs limites. Ils avaient à inventer, plus qu'à décrire, une manière neuve d'être au monde, face à la nature et à Dieu, dans la vie publique et dans l'expérience intime — amoureuse, familiale, amicale. Ils n'y parvinrent qu'au prix de contradictions nombreuses — Sainte-Beuve, jaloux, releva celle entre la dévotion conjugale et la jubilation adultère —, amorties par une tonalité de tristesse recueillie et splendide, assumées par la pratique de l'altérité intérieure ***(À Olympio)*** et de la vacuité du « *je* » :

> *Mon âme aux mille voix, que le Dieu que j'adore*
> *Mit au centre de tout comme un écho sonore !*
>
> (***Les Feuilles d'automne***, I)

Le Rhin (lettres de voyage avec une conclusion géopolitique, 1842 et 1845) participait de cette même voix disséminée et désenchantée : autour du fleuve se mêlaient impressions, souvenirs et rêves. Les douleurs vécues contribuèrent à cet assombrissement : double trahison de la femme et de l'ami Sainte-Beuve, inimitiés envieuses et, après la rencontre éblouie de Juliette Drouet (1833), cette séparation des genres qui, bénissant les liaisons gueuses et les passions nobles, s'indigna que le grand poète traitât la petite actrice en épouse et qui les condamna à la réclusion amoureuse. En outre, son frère Eugène, devenu fou, mourut à Charenton en 1837. Mais l'impasse était sociopolitique, la même où disparaissait le saint-simonisme, romantisme industriel. Entre la rébellion sans audience — républicaine ou socialiste, mais toujours virtuellement coercitive — et le conformisme réformiste — libéral ou « doctrinaire », de toute façon réducteur des droits de l'individu à l'individu bourgeois —, la société de la monarchie de Juillet ne laissait guère de place au progressisme libertaire des romantiques. Sauf prise du pouvoir spirituel par une sorte de coup d'État. Hugo en rêva : être le Mirabeau ou le Bonaparte des esprits ! Son ralliement au régime fut la réalisation dégradée et désabusée de ce rêve : dans le même temps où Hugo entrait en relations intimes avec la famille royale, ***Ruy Blas*** en avouait l'inanité.

« *L'âme de deuils en deuils* »

Léopoldine, la fille chérie, mourut, le 4 septembre 1843, à Villequier, noyée dans la Seine avec Charles Vacquerie, qu'elle avait épousé en février : comme il l'écrivit plus tard — à propos de Javert — dans ***Les Misérables***, « *il y a des effondrements intérieurs* » (IV, XV, 1). Celui-là dut rompre les devoirs : Hugo n'écrivit plus, sinon pour d'étranges entreprises d'écriture minimale, noyau des futures ***Choses vues***. Il s'éprit d'une jeune femme, Léonie d'Aunet, femme du peintre Auguste Biard, et, à peine entré à la Chambre des pairs — où le roi l'avait nommé après l'avoir fait académicien —, s'exposa, lui le poète de la famille, le défenseur des femmes tombées et le sauveur de Juliette, à la honte ridicule d'un constat de flagrant délit d'adultère (juil. 1845) et au remords de l'existence gâchée de son amie qui fut enfermée pendant deux mois à la prison Saint-Lazare.

Dans la retraite qu'imposa le scandale, il entreprit, en 1845, ce qui devint ***Les Misérables*** (1862). En 1846, le deuil rouvert par la mort de Claire Pradier, la fille de Juliette, devenue un peu la sienne, libéra les larmes et l'écriture. Quelques-uns des plus grands poèmes des futures ***Contemplations*** (1856) datent de cette période, notamment ***À Villequier***, évoquant « *l'âme de deuils en deuils* » (v. 39) du poète et de l'homme. La rédaction des ***Misérables*** reprit, dans la hâte. « *Il faut passer par les abîmes* », écrivit Hugo longtemps après ; sans doute l'avait-il découvert alors. Pour sa vie morale, son exil était déjà commencé ; pour son œuvre, il fallait que l'engagement politique lui donnât sens.

« *En marche* »

La révolution de février 1848 le trouva homme d'ordre et fidèle, « *en marche* » (titre du 5e livre des ***Contemplations***), proclamant la Régence en pleine rue jusqu'à ce qu'on le couchât en joue ; refusant les postes ministériels offerts par Lamartine ; acceptant à contrecœur, mais loyalement, une république qui lui était indifférente : il demandait depuis vingt ans « *la substitution des questions sociales aux questions politiques* ». À peine élu, dans les rangs modérés, il fut, en juin, l'un des 60 députés que l'Assemblée envoya sommer les insurgés de quitter leurs barricades. Un chapitre des ***Misérables*** décrit son anxiété devant cette « *révolte du peuple contre lui-même* » ; du moins s'efforça-t-il, contre son camp, d'atténuer la répression. La candidature de Louis-Napoléon Bonaparte lui sembla capable de ressouder la société : il la soutint, aidé par *L'Événement*, journal fondé par ses fils et bientôt interdit. Car, au fil des mois, Hugo se désolidarisa d'une majorité qui employait la souveraineté nationale à détruire la liberté par peur du peuple, adhérant à la république à mesure que la trahison de ses partisans la vidait de sa réalité juridique et montrait en elle un idéal. Devenu le porte-parole de l'opposition démocrate-socialiste, lorsque le Prince-Président voulut changer la Constitution pour conserver le pouvoir, il scella d'un mot leurs deux destins : *« Quoi ! parce que nous avons eu Napoléon le Grand, il faut que nous ayons Napoléon le Petit ! »*

Le coup d'État du 2 décembre 1851 consolidait la répression de juin 1848 : les possédants croyaient y avoir tout intérêt, et les ouvriers, rien à perdre. Échappant, avec l'aide de Juliette, à une arrestation qu'on aurait volontiers assortie de « bavure policière », Hugo tenta sans succès, avec une poignée de députés et de militants, de susciter une résistance. Proscrit par le décret du 11 janvier 1852, il se réfugia à Bruxelles et entreprit sans délai l'***Histoire d'un crime***, puis l'abandonna bientôt : une loi belge, adoptée sous la pression de la France et qui permettait d'expulser les auteurs d'écrits hostiles au régime de Paris, lui montra que sa proscription n'était pas la réplique à une action, mais la persécution d'une parole.

Il ne restait plus qu'à la faire entendre telle que l'exil l'instituait : non plus discussion et qualification constitutionnelle des faits, mais dénonciation et protestation au nom du droit, jugement au nom du peuple et rectification de l'événement par l'Histoire. ***Napoléon-le-Petit*** (1852) explorait, en les pratiquant, les pouvoirs de la parole exilée.

« *Au bord de l'infini* »

La vocation d'Hugo à l'exil était ancienne ; *« solitaire, solidaire »*, il y trouvait son *« atmosphère respirable »* et sa justification personnelle après la déréliction des années noires. Baudelaire lui dédia *Le Cygne* (*Les Fleurs du Mal*, 2e éd. 1861), ce poème allégorique de tout exil. À l'écrivain surtout, l'exil à Jersey, puis à Guernesey, offrait une position de parole où l'idéal prenait forme concrète. Identifié aux motifs nobles de son dévouement, ajouté aux listes légendaires des grands proscrits — Eschyle, Dante, Tacite, saint Jean —, le poète exilé n'était plus qu'une voix amplifiée par l'éloignement, et personne pourtant n'était plus que lui un individu, unique et libre dans sa solitude. Sa singularité attestait l'universalité de sa parole. La période de l'exil fut aussi celle des tables tournantes — avec pour initiatrice Mme de Girardin —, celle du dessin, celle de la photographie où Hugo prenait la pose sur ses rochers.

Ces vertus poétiques de l'exil se doublaient d'une pertinence politique. S'il est vrai qu'après juin 1848 et le coup d'État, le décalage grandissant entre la pratique de la classe dominante et son idéologie ne laissait de choix à l'écrivain qu'entre la mauvaise foi (Baudelaire), la révolte (Rimbaud), le suicide (Mallarmé) ou la reddition du divertissement, l'exil était l'unique solution tenable — mais coûteuse — de cette impasse. Parce qu'il n'était nulle part — et non plus dans l'entre-deux de naguère —, l'exilé pouvait être partout : champion et adversaire de sa classe, il la défendait contre elle-même, conservant son langage et ses anciennes convictions en même temps qu'il partageait les souffrances du peuple. La proscription ne chassait l'écrivain que d'une société fausse et amenée à disparaître tôt ou tard, et l'installait en plein centre de la société réelle, à venir, que son œuvre anticipait dans les consciences. Le poète était prophète, au plein sens du terme, mais d'une religion sans révélation ni Église, *« au bord de l'infini »* (titre du 6e et dernier livre des ***Contemplations***).

Tenir cette position inouïe — où la littérature n'a plus fonction de plaire et d'instruire mais de prévaloir contre le réel —, demandait une certaine audace — appelée bouffissure, orgueil et prétention par qui refuse de reconnaître sa logique — et de la persévérance. Hugo n'en manqua pas, refusant l'amnistie de 1859 *(« Quand la liberté rentrera, je rentrerai »)* et payant de sa propre expulsion sa solidarité avec les proscrits expulsés de Jersey — c'est alors qu'il s'installa à Guernesey (1855).

Achevant *Napoléon-le-Petit*, le recueil clandestin ***Châtiments*** (1853) — rebaptisé ***Les Châtiments*** dans sa version libre (1870) — accédait au plein exercice de la parole exilée.

Tout se passa ensuite comme si la parole exilée couvrait systématiquement les champs ouverts à son emprise : le moi dans ***Les Contemplations*** (1856), l'Histoire et l'avenir de l'humanité dans ***La Légende des siècles*** (***Première Série***, 1859), la transcendance dans ***La Fin de Satan*** et ***Dieu*** (inachevés, posth., 1886 et 1891), et la société du temps présent dans ***Les Misérables*** (1862).

Ce recouvrement accompli, la signature — ou le portrait joint au livre — furent donnés dans le triptyque que forment, avec ***Les Misérables***, autobiographie fictionnelle, allusive et cryptée, le ***Victor Hugo raconté par un témoin de***

sa vie (1863), biographie anonyme et chorale — narrée par l'auteur, écrite par l'épouse, corrigée par les amis —, et ***William Shakespeare*** (1864), autoportrait de l'artiste en 14 génies : Homère, Job, Eschyle, Isaïe, Ézéchiel... Shakespeare.

« *Les complications de l'idéal* »

Cet accomplissement ouvrait une seconde manière, apparemment moins ambitieuse et plus conforme aux habitudes littéraires, voire aux modes. Elle ne renonçait pourtant pas à la logique de la parole exilée, mais la retournait seulement : *Vox populi, vox dei* peut se lire à l'envers. L'athlète de l'infini laissait place au « *fonctionnaire de Dieu* » ; le génie se faisait écrivain mineur ; Hugo mettait « *Pégase au vert* ». Pâturage plus déconcertant que la chevauchée. ***Les Chansons des rues et des bois*** (1865) offraient comme l'envers — pas le contraire — et le complément des ***Contemplations*** ou de ***La Légende des siècles*** ; le vers court folklorique cassait l'alexandrin, et les tailles des Gotons faisaient craquer les corsets classiques :

> *L'ode même, superbe,*
> *Jamais ne renia*
> *Toute cette grande herbe*
> *Où rit Titania.*
>
> (***Herbe***, in ***Les Chansons des rues et des bois***)

L'ironie subversive de cette critique du naturalisme et du Parnasse ne fut guère comprise. Pas plus que la manière dont ***Les Travailleurs de la mer*** (1866) détournaient en l'exploitant la vogue combinée des romans maritime, régionaliste et policier.

Prenant les devants, Hugo ne publia pas les pièces du ***Théâtre en liberté*** (posth., 1886). « *Comédies où l'on meurt, tragédies où l'on ne meurt pas* », elles contredisaient systématiquement leur genre : en prose, ***Mille Francs de récompense*** (écrit en 1866), mélodrame anticipant le théâtre brechtien, et ***L'Intervention*** (rédigé la même année), apologue naturaliste ; en vers, ***La Grand'mère*** (1867), ***Mangeront-ils ?*** (1867), ***L'Épée...*** (1869), « *comédies symbolistes* ». L'échec complet du roman ***L'Homme qui rit*** (1869), qui influença pourtant Lautréamont et Rimbaud, eut d'autres causes. Extravagante et baroque, cette fresque historique allégorique exigeait l'interprétation : « *J'ai voulu,* reconnut Hugo, *forcer le lecteur à penser à chaque ligne. De là une sorte de colère du public contre moi.* » Elle aurait été moins grande si l'angoisse de l'interrogation qui s'y lisait sur la fonction du poète confronté aux contraintes de l'Histoire n'entraînait pas une dénonciation des riches et des puissants d'une violence effectivement impardonnable : « *C'est de l'enfer des pauvres qu'est fait le paradis des riches* » (II, II, 11), déclarait Gwynplaine, le héros de ***L'Homme qui rit***, « *le lord des pauvres,* [...] *le Verbe du Peuple* » (II, IX, 2), défiguré dans son enfance pour devenir un monstre de cirque et qui, révolté, proclamait la souveraineté du peuple et annonçait le retour à la République. Ainsi sombra pour longtemps dans l'oubli le moins connu des romans de Hugo — pourtant ni le moins abouti ni le moins séduisant.

De Hauteville House, grande maison d'où l'on voit la mer, devenue « *poème en trois étages* » sous la main bricoleuse de Hugo, tous étaient partis, même François-Victor, le traducteur de Shakespeare. Adèle, la fille, avait sombré dans la folie d'amours rêvées — sa passion pour le lieutenant Pinson a inspiré le film de Truffaut, *Adèle H.* Adèle, l'épouse, mourut à Bruxelles en août 1868, précédée par leur petit-fils, Georges, âgé d'un an, mort en avril. Vers Villequier où elle rejoignait Léopoldine, Hugo ne la raccompagna pas plus loin que la frontière. Face aux « *complications de l'idéal* » (***Les Chansons des rues et des bois***, I, 2), dans la vieillesse, la solitude, le deuil, l'épuisement de vingt ans d'exil, ***L'Homme qui rit*** fut un acte de révolte, accompli, comme toute révolte, en promesse et en désespoir de la Révolution.

« *Suprême ombre, suprême aurore* »

Promesse tenue et désespoir justifié par l'Histoire, malgré le retour triomphal qu'elle offrit à Hugo. Sedan, où Napoléon III hissa le drapeau blanc, vérifiait le pari initial de ***Châtiments*** : le régime du 2 décembre s'évanouit faute de racines dans la société française — c'était sa nature et ce qui lui avait permis de l'unifier illusoirement. Après quelques mois de fausse unanimité républicaine et patriotique, le gouvernement provisoire et l'Assemblée firent rejouer à la Commune, en vraie grandeur, la catastrophe finale de ***L'Homme qui rit*** : « *C'était l'accusation contre le bourreau qui se tournait en sentence contre la victime !* » (II, IX, 2). Instruit par février et juin 1848, Hugo s'attendait à la suite. Démissionnaire d'une Assemblée où il était insulté et impuissant, refusant son soutien à une insurrection visiblement suicidaire, physiquement agressé à Bruxelles puis expulsé de Belgique pour avoir offert l'asile de sa maison aux Communards en fuite, rejeté par leurs partisans, suspect aux bourgeois, battu aux élections de 1872, Hugo voyait se rouvrir la fracture historique de 1848, et cette répétition aurait contenu de quoi ruiner toute la construction idéologique qui soutenait sa pratique poétique de l'exil, si le reflux avait emporté les libertés individuelles et la forme républicaine de l'État. Hugo en prit acte — dans la ***Nouvelle Série*** de ***La Légende des siècles*** (1877) en particulier — et opposa une résistance patiente, tactique, tenace, modeste, militante, face à cette « *suprême ombre, suprême aurore* » (titre du livre IX de la partie V des *Misérables*).

Au plus près de l'actualité, l'œuvre abdiqua toute prétention d'originalité : ***Quatrevingt-Treize*** (1874) était l'un des 20 romans de la Terreur, période à travers laquelle des écrivains, inconnus le plus souvent, tentèrent de penser la Commune ; en poésie, Hugo publiait des plaquettes, lançait des discours, et chantait les événements publics et les fêtes familiales comme le faisaient tous les poètes amateurs d'alors.

La grisaille de ***L'Année terrible*** (1872), journal en vers du siège et de la Commune, recherchait la fraternité du peuple des poètes ; elle enregistrait aussi le désarroi de la pensée et la sidération du cœur ; elle sacrifiait l'éclat prophétique du poème et la gloire du poète à la réalité de l'Histoire et à l'efficacité du discours en faveur de l'amnistie des Communards. C'était la grande affaire, celle aussi de ***Quatrevingt-Treize*** et de toutes les interventions d'Hugo au Sénat — où il avait été élu en 1876 —, avec l'extrême gauche. Outre sa valeur « humanitaire », l'amnistie était la condition de l'ancrage du prolétariat des grandes villes dans la République. ***L'Art d'être grand-père*** (1877) s'y attacha aussi, assimilant tous les « petits » et cherchant dans une paternité sans autorité le modèle des liens du pouvoir au peuple :

> *L'homme est le vain drapeau d'un sinistre édifice ;*
> *Tout souffle qui frémit, flotte, serpente, glisse*
> *Et passe, il le subit, et le pardon est dû*
> *À ce haillon vivant dans les cieux éperdu.*

Le réemploi de textes écrits pendant l'exil pourvoyait au reste : ***Histoire d'un crime***, à l'étouffement dans l'œuf du coup d'État de Mac-Mahon (1877) ; 4 grands poèmes discursifs — ***Le Pape*** (1878), ***La Pitié suprême*** (1879), ***Religions et Religion*** (1880), ***L'Âne*** (1880) — et le drame ***Torquemada*** (1882), à l'orientation anticléricale mais spiritualiste, voulue pour la République naissante. Hugo savait qu'un État réduit à une gestion des choses finit par amputer le progrès et la liberté des hommes.

« *Les vieux sont faits pour sortir à propos* »

Plusieurs fois déjà, Hugo avait devancé les faits ; son apothéose aussi précéda sa mort, confirmant la formule qu'il avait choisie pour titrer l'un des chapitres des ***Misérables*** : « *Les vieux sont faits pour sortir à propos* » (IV, v, 6). Au fil des hommages, des ovations et des cortèges, la IIIe République s'appropria ce dieu. Sans doute, l'Église laïque, largement infidèle, barbouilla-t-elle les traits de son idole d'un encens impur. Mais lui-même se laissa faire, trouvant là peut-être le dernier moyen de n'être pas inutile.

Mort à 83 ans, Hugo — malgré ses dernières volontés — eut droit à des funérailles nationales grandioses : sa dépouille fut transportée au Panthéon.

THÉORIE LITTÉRAIRE

Hugo fut, en son siècle, une ressource et une présence. S'il n'a appartenu à aucune école — récusant même la qualification de « *romantique* » — et n'en a pas non plus fondé, son œuvre est jalonnée de manifestes théoriques — articles, essais, poèmes-arts poétiques, préfaces — qui en explicitent sans cesse l'intention et la portée. Esthétique de la polyphonie des voix, du mélange des genres et des systèmes de représentation — sa pratique du dessin est fondamentale —, de la figure de l'antithèse, telles sont les composantes majeures de sa théorie littéraire. Dès 1827, la célèbre ***Préface*** de ***Cromwell***, qui prône l'abandon des règles classiques, la réunion des genres, la coexistence du grotesque et du sublime (« [...] *ver de terre amoureux d'une étoile* »), fait de lui le chef du mouvement romantique : le poète ne trouve qu'en lui sa loi et sa raison.

Mais ce plaidoyer pour la liberté dans l'art s'exprimait déjà dans des articles antérieurs, tel celui consacré au *Quentin Durward* (1823) de Walter Scott, qui assimilait la vie à un « *drame bizarre où se mêlent le bon et le mauvais, le beau et le laid, le haut et le bas* ». Un autre article, sur *Eloa* (1824) de Vigny, qui fut intégré, comme le précédent, à ***Littérature et Philosophie mêlées*** (1834), définissait déjà le génie comme l'alliance de la méditation, *faculté* volontaire, et de l'inspiration, véritable *don* qui investit le poète d'une prescience de l'avenir.

Cette conception prophétique de la poésie, Hugo ne s'en départit jamais ; elle transparaît dans la préface et dans une pièce célèbre des ***Rayons et les Ombres*** en 1840 : *La nature est la grande lyre, / Le poëte est l'archet divin. /* [...] */ Il est l'homme des utopies, / Les pieds ici, les yeux ailleurs. /* [...] */ Car la poésie est l'étoile / Qui mène à Dieu rois et pasteurs !* ***(Fonction du poète)***. On la retrouve dans ***Ce que dit la bouche d'ombre*** (in ***Les Contemplations***) : seul le génie perce les significations cachées derrière les apparences. Dans ce recueil, le poème ***Réponse à un acte d'accusation*** constitue à la fois une biographie, un manifeste, et un art poétique « total » sur les puissances du mot comme « être vivant ».

« *Dans le poète et dans l'artiste, il y a de l'infini* », répète l'auteur de ***William Shakespeare***. Ce qui leur confère un véritable devoir social ; la muse est faite pour « *chanter l'idéal, aimer l'humanité, croire au progrès...* ». Ce refus de l'art pour l'art (« *l'amphore qui refuse d'aller à la fontaine mérite la huée des cruches* ») manifeste, là encore, une grande constante de l'esthétique hugolienne. La ***Préface*** de ***Lucrèce Borgia*** (1833) proclamait déjà qu'« *il y a beaucoup de questions sociales dans les questions littéraires* », et que « *le théâtre est une tribune* ». « *Tant qu'il y aura sur la terre ignorance et misère* », affirme encore la note liminaire des ***Misérables*** en 1862, l'écrivain se devra de dénoncer la « *damnation sociale* ». À ceux qui — tel Baudelaire — craignent les dérives avilissantes de « *l'art pour le progrès* », Hugo rétorque dans ***William Shakespeare*** que « *l'utile, loin de circonscrire le sublime, le grandit* ». Le romantisme, dit-il encore, n'est que la traduction littéraire du socialisme, même s'il se méfie de ces « *mots de combat* », militants et polémiques au sens propre des termes, qui bornent trop, à son goût, la signification d'un triple mouvement conçu comme « *un fait d'intelligence, un fait de civilisation, un fait d'âme* ».

En définitive, aux tenants de « *l'art pour l'art* » (Gautier et Baudelaire), inquiets de le voir promouvoir l'utilitarisme dégradant d'un « *art pour le peuple* », Hugo répond : « *Au fond, c'est la même chose !* » Réponse cohérente de la part de celui qui n'a cessé de définir la littérature non comme un objet mais comme une fonction.

THÉORIE LITTÉRAIRE

Chef — malgré lui — de l'école romantique, poète, romancier, dramaturge et dessinateur inspiré, animateur de la résistance démocratique à Louis-Napoléon Bonaparte puis, dans l'exil, figure emblématique du socialisme humanitaire, grand-père-fondateur enfin de la IIIe République, Hugo n'a jamais connu une gloire tranquille. Auteur d'une des œuvres les plus fécondes et les plus variées de notre littérature, il incarne la légende de son siècle, dont il a exprimé tous les élans.

La démesure du langage

Pour qualifier l'esprit de l'œuvre hugolienne, les critiques recourent souvent au terme de « *démesure* », comme du reste Hugo lui-même qui écrivait à propos des ***Misérables*** : « *Ici les proportions sont démesurées, le colosse Homme étant tout entier dans l'œuvre. De là ces grands horizons ouverts de tous les côtés* » (lettre à Lacroix, 20 mars 1862). Cette démesure apparaît dans le langage lui-même, surtout dans les hyperboles, avec notamment le choix des adjectifs comme « *terrible* », « *énorme* », « *monstrueux* », « *formidable* », « *immense* », dans les oxymores — ainsi Gavroche est une « *petite grande âme* » —, dans les antithèses soulignant la vision manichéenne que Hugo a du monde :

> *Hélas, le cygne est noir, le lys songe à ses crimes ;*
> *La perle est nuit, la neige est la fange des crimes.*
>
> (***Ce que dit la bouche d'ombre***, in ***Les Contemplations***)

L'abstrait et le concret, l'humain, le divin et le cosmique sont intimement liés au sein d'images — comme la lune devenant « *faucille d'or au milieu des étoiles* » (***Booz endormi***, in ***La Légende des siècles***) — qui créent le mythe et la vision, sont le moteur de la pensée et son contenu même. Les procédés d'accumulation traduisent une vie foisonnante, comme dans la description de Gavroche, le « *gamin-fée* » : « *Il rampait à plat ventre, galopait à quatre pattes, prenait son panier aux dents, se tordait, glissait, ondulait, serpentait d'un mort à l'autre, et vidait la giberne ou la cartouchière comme un singe ouvre une noix* » (***Les Misérables***, V, I, 15).

Oui, tout-puissant ! tel est le mot. Fou qui s'en joue !, écrivait Hugo dans ***Suite*** (in ***Les***

Contemplations). Et de déclarer les mots *« égaux, libres, majeurs »* (***Réponse à un acte d'accusation***, *ibid.*) : c'est ainsi que dans plusieurs de ses romans il célèbre l'argot, *« vestiaire où la langue, ayant quelque mauvaise action à faire, se déguise »* avec des *« métaphores haillons »* (***Les Misérables***, VI, VII, 1). Hugo novateur donc, qui libère le vers *« de la cage césure »* (***Réponse à un acte d'accusation***, in ***Les Contemplations***) et se vante d'avoir *« disloqué ce grand niais d'alexandrin »*, pour aboutir, lorsqu'il l'emploie dans son œuvre théâtrale, à un vers *« passant d'une naturelle allure de la comédie à la tragédie, du sublime au grotesque »* (***Préface*** de ***Cromwell***).

Dans ses romans, Hugo introduit d'importantes digressions qui donnent son sens à l'œuvre et ne sont plus une simple irrégularité. Le narrateur s'impose dans son récit, parfois en s'associant au lecteur — *« On se rappelle la cassette que Barkilphedro avait emportée »* (***L'Homme qui rit***, II, VI, 5) — et parfois en s'assimilant à Dieu : *« Alors on voyait qu'il vivait. Qui ? on ? Puisque Jean Valjean était seul et qu'il n'y avait personne là ? Le on qui est dans les ténèbres »* (***Les Misérables***, V, VI, 5). Le destinataire est lui aussi très présent, et Hugo use souvent d'un *« vous »* impersonnel pour le prendre à partie. Mais *« Hugo ne crée son lecteur que pour mieux le confondre »* (Marie-Hélène Prat), et, si les questionnements sont fréquents dans le roman hugolien, ils marquent la puissance du narrateur par rapport à son lecteur : *« La cour est un engrenage. Barkilphedro y devint moteur. Avez-vous remarqué dans certains mécanismes la petitesse de la roue motrice ? »* (***L'Homme qui rit***, II, I, 9).

Hugo se pose enfin en véritable metteur en scène dans l'usage qu'il fait du paragraphe dans ses romans. Le paragraphe court, réduit à une seule phrase, elle-même limitée à une proposition simple, voire minimale, est fréquent et correspond à des temps dramatiques de l'intrigue : *« Peu à peu, cette tache, qui n'était plus une forme, pâlit. / Puis elle s'amoindrit. / Puis elle se dissipa. / À l'instant où le navire s'effaça à l'horizon, la tête disparut sous l'eau. / Il n'y eut plus rien que la mer »* (derniers mots des ***Travailleurs de la mer***).

Parlant de lui-même, Hugo déclarait : *« Ce qu'il a plaidé* [...], *c'est la liberté de l'art contre le despotisme des systèmes, des codes et des règles »* (***Préface*** de ***Cromwell***).

Un monument vivant

L'influence littéraire de Hugo fut considérable. Elle s'exerça par ses nombreuses découvertes stylistiques : les vertus de l'oxymore, cette « antithèse » dont on lui reprocha d'ailleurs l'abus, ou la conjonction *« matérialiste »*, disait-on pour la lui reprocher également, de l'abstrait et du concret. Par ses innovations prosodiques : l'assouplissement du vers, la variété strophique, l'usage des mètres impairs... Enfin, et surtout, par ses audaces formelles : la construction du recueil poétique, l'ouverture du lexique, en particulier à la langue populaire, voire à l'argot, et le recours au style oral en poésie, le grincement du grotesque et, dans le roman, ces effets de cadrage et de saisie du mouvement — bien compris par Zola — qui préfiguraient le langage cinématographique. Son influence se traduisit en outre par l'extension de l'imaginaire — appréciée des surréalistes — et l'accession à des réalités spirituelles neuves : le vertige cosmique et le sens de l'immensité — enseignés à Claudel —, la *« morale des choses »* et le *« mystère de la vie »* exprimés, *« avec l'obscurité indispensable »*, dit Baudelaire. Qui précisait, reconnaissant : *« Quand on se figure ce qu'était la poésie française avant qu'il apparût, et quel rajeunissement elle a subi depuis qu'il est venu ; quand on imagine ce peu qu'elle eût été s'il n'était pas venu ; combien de sentiments mystérieux et profonds, qui ont été exprimés, seraient restés muets* [...], *il est impossible de ne pas le considérer comme un de ces esprits rares et providentiels qui opèrent, dans l'ordre littéraire, le salut de tous, comme d'autres dans l'ordre moral et d'autres dans l'ordre politique » (Réflexions sur quelques-uns de mes contemporains)*. *« Comme d'autres »* est de trop et pure dénégation. Aucun *« salut »* littéraire ne serait venu de Hugo s'il n'avait été, dans l'exil, moral aussi et politique — et Baudelaire ne fut pas toujours aussi élogieux à l'égard de Hugo, notamment romancier.

Telle fut bien la nature de sa présence et la source d'une « royauté », impatiemment supportée — le fameux *« Victor Hugo hélas ! »* de Gide interrogé sur l'identité du plus grand écrivain français —, en même temps que reconnue légitime par tous, de Lamartine à Mallarmé. Car c'était moins la sienne ou celle de son talent que de la littérature elle-même, sciemment compromise tout entière, dans son œuvre, son action et sa gloire, par *le* poète.

ŒUVRES

Châtiments

Recueil poétique en 7 livres numérotés et titrés — totalisant 98 poèmes de mètres variés, tous numérotés et, pour la plupart, titrés —, précédé d'un ***Avertissement des éditeurs*** et d'une ***Préface de l'auteur***, encadré, en introduction, d'un poème en 9 parties, intitulé ***Nox***, et, en conclusion, d'un poème en 5 parties, intitulé ***Lux***, recueil paru d'abord clandestinement à Bruxelles, en 1853, sous le titre ***Châtiments*** ; puis librement chez Hetzel, en 1870, sous le titre ***Les Châtiments***, en une édition augmentée d'un texte liminaire intitulé ***Au moment de rentrer en France*** et de 5 poèmes.

L'acte de parole est ici performatif : lorsque le peuple redevient foule, que le juste est châtié et le mensonge accepté pour vérité, la parole poétique doit équilibrer de son seul poids un monde perverti, où les valeurs et le langage lui-même sont frappés d'interdit ou de non-sens. La profération prophétique est condition nécessaire et suffisante du Vrai, de Dieu et du Progrès ; un sursaut d'énergie emporte le langage au-dessus de son référent et le substitue à l'illusion qu'il dénonce : *Ah ! quelqu'un parlera. La muse, c'est l'histoire. / Quelqu'un élèvera la voix dans la nuit noire. / Riez, bourreaux bouffons ! / Quelqu'un te vengera, pauvre France abattue, / Ma mère ! et l'on verra la parole qui tue / Sortir des cieux profonds ! // Ces gueux, pires brigands que ceux des vieilles races, / Rongeant le pauvre peuple avec leurs dents voraces, / Sans pitié, sans merci, / Vils, n'ayant pas de cœur, mais ayant deux visages, / Disent : – Bah ! le poëte ! il est dans les nuages ! – / Soit. Le tonnerre aussi* (***Joyeuse Vie***, V).

De là une innovation décisive : la construction du recueil, divisé en parties ; elle soustrait à l'aléatoire le poème ainsi subordonné à un sens plus vaste. Les 7 livres de ***Châtiments*** (I. ***La société est sauvée***, II. ***L'ordre est rétabli***, III. ***La famille est restaurée***, IV. ***La religion est glorifiée***, V. ***L'autorité est sacrée***, VI. ***La stabilité est assurée***, VII. ***Les sauveurs se sauveront***), précédés d'un préambule évoquant le coup d'État, sous le titre ***Nox*** — le plus long poème du recueil —, et terminés par un appendice annonçant les *« temps futurs »*, sous le titre ***Lux***, figurent la récidive criminelle et le surgissement répété de la parole vengeresse, finalement justicière, comme les parcours de Josué autour de Jéricho. À la différence de ceux d'avant l'exil, dont la diversité des objets demandait l'unité du ton, ce recueil logiquement répétitif voulait la variété. Élégie et fable, épopée et chanson, Hugo multiplie les tons et les mètres. Il y acquiert la souveraineté du vers : *« C'est avec* Les Châtiments *que naît ce plus grand poète : le Victor Hugo de l'exil »* (Pierre Albouy).

« Napoléon-le-Petit, *étant en prose, n'est que la moitié de la tâche. Ce misérable n'était cuit que d'un côté, je le retourne sur le gril »* (lettre à Alphonse Esquires, 5 mars 1853) : ***Napoléon-le-Petit*** répondait au coup d'État du 2 décembre 1851 ; le rétablissement de l'Empire provoqua ***Châtiments***. Si la prose pouvait discuter le président putschiste, il fallait le vers pour chasser le faux empereur d'une Histoire désormais non seulement dite, mais accomplie par le poète. Efficacement interdit, le livre resta clandestin jusqu'en 1870 ; alors on le récita et le chanta partout : il lavait les hontes. Depuis, l'oubli de l'Histoire l'a souvent fait lire comme une « satire » excessive. Mais le courage et la liberté firent de nouveau circuler, sous l'Occupation, ces « poèmes » redevenus tracts.

Les *Contemplations*

Recueil poétique en 2 parties titrées mais non numérotées — comportant chacune 3 livres numérotés et titrés, lesquels totalisent respectivement 29, 28, 30, 17, 26 et 26 poèmes de mètres variés, numérotés et titrés —, encadrées l'une et l'autre d'un poème titré mais non numéroté, recueil précédé d'une ***Préface***, publié à Bruxelles, chez Hetzel, et à Paris, chez Michel Lévy et Pagnerre, en 1856.

« Mémoires d'une âme », selon la ***Préface***, ***Les Contemplations*** assument la remémoration, traditionnelle dans le lyrisme — *« une destinée est écrite là, jour après jour »* —, mais élargie au-delà de l'esprit et du cœur et débordant le moi. De là une double dynamique du recueil. Dynamique linéaire : le cours des âges de la vie, qui rythme les 6 livres (I. ***Aurore***, II. ***L'Âme en fleur***, III. ***Les Luttes et les Rêves***, IV. ***Pauca meae***, V. ***En marche***, VI. ***Au bord de l'infini***), suit la trajectoire sans déclin d'un progrès — sensation, sentiment, pensée. Dynamique circulaire aussi : cette ascension spirituelle suscite l'*âme*, le poète, qui l'accomplit, et l'aboutissement biographique du livre — la *« contemplation »* — est aussi à son principe et peut l'intituler tout entier. La *« contemplation » est celle d'un esprit qui, « au bord de l'infini »*, accède à l'essence des êtres et des choses : *Nous contemplons l'obscur, l'inconnu, l'invisible. / Nous sondons le réel, l'idéal, le possible* [...] */ Et, par moments, perdus dans les nuits insondables / Nous voyons s'éclairer de lueurs formidables / La vitre de l'éternité* (VI, XIV).

Cela explique le jeu savant de la datation des poèmes, souvent « fausse » chronologiquement mais poétiquement vraie, et surtout que le recueil mette à son centre ce qui est à la fois son lieu d'émission et le terme de son parcours : la mort. Celle de sa fille Léopoldine, dont les inoubliables ***Pauca meae*** gardent le souvenir, celle aussi de l'exil assimilé au deuil par la césure du livre en 2 parties, ***Autrefois*** et ***Aujourd'hui***, qu'*« un abîme* [...] *sépare : le tombeau »*, celle enfin du *« moi »*, qui fonde l'universalité du *« je »* : *« Ce livre doit être lu comme on lirait le livre d'un mort... Insensé qui crois que je ne suis pas toi ! »* Juste avant le mot *« Fin »*, le dernier mot du dernier poème est *« commencement »*. Au-delà, l'envoi ***À celle qui est restée en France*** offre à une morte — Léopoldine, mais à chacun de nous tout aussi bien — le livre devenu celui d'un mort, celui d'une âme, éternelle et divine.

Les Contemplations, dont la rédaction commença dès 1834, réalisent un ancien projet, ajourné pour ***Châtiments***. Hugo songea à les lier en un même recueil (« Autrefois, *poésie pure ;* Aujourd'hui, *flagellation de tous les drôles... »)* avant de donner cette structure aux seules ***Contemplations***, parce que l'espace humain de la démocratie n'est pas moins infini que ceux de Dieu et de la nature.

Les Contemplations sont tenues pour le sommet de l'œuvre poétique de Hugo, peut-être de la poésie française régulièrement versifiée. À juste titre pour la maîtrise parfaite du vers, alexandrin — et mètres plus brefs — à rimes plates ou dans des formes strophiques très diverses. Mais les « extraits », interdits par Hugo de son vivant, défigurent souvent l'œuvre, réduite aux ***Pauca meae*** : (*Elle était pâle et pourtant rose ; Ô souvenirs ! printemps ! aurore !* ; *Demain, dès l'aube, à l'heure où blanchit la campagne*), au détriment de son ambition spirituelle : *J'irai lire la grande bible ; / J'entrerai nu / Jusqu'au tabernacle terrible / De l'inconnu* [...] */ Jusqu'aux portes visionnaires / Du ciel sacré ; / Et, si vous aboyez, tonnerres, / Je rugirai.*

Cromwell

Drame en 5 actes — comportant respectivement 11, 24, 17, 9 et 14 scènes — titrés (I. ***Les Conjurés***, II. ***Les Espions***, III. ***Les Fous***, IV. ***La Sentinelle***, V. ***Les Ouvriers***) et en vers — plus de 6 400, dont 24 seulement ne sont pas des alexandrins —, précédé d'une célèbre, longue et théorique ***Préface***, publié chez Ambroise Dupont, en 1827, et — partiellement — créé seulement en 1956.

Précédent souvent invoqué durant la Révolution, notamment par Robespierre, pour mettre en garde contre les militaires vainqueurs, l'histoire de Cromwell est, sous la Restauration, un lieu commun de l'historiographie (Guizot, Villemain, Chateaubriand) et de la dramaturgie (Gain-Montaignac, Mérimée, Balzac...) : l'échec du régicide prouve l'éternité de la monarchie. En montrant, au lieu de la mort de Charles Ier et de Cromwell méditant devant son cadavre, la scène — historique — où, après la découverte du complot monté contre lui, il refusa la couronne qu'il s'était fait offrir, Hugo déplace la pertinence du précédent : la légitimité du pouvoir peut-elle tenir dans son seul exercice ? Malgré ses qualités alliant souplesse du vers — le premier est une date : *Demain, vingt-cinq juin mil six cent cinquante-sept* —, grandeur de l'Histoire pourtant mise à hauteur d'homme, relief et exactitude du personnage central, pittoresque savoureux des « puritains », profondeur de l'intervention des Fous et du poète Milton, images antinomiques et convergentes du peuple, la pièce — dédiée par Hugo à son père —, qui se laissait exclure de la scène par l'intrépidité de ses quelque 6 400 vers, fut éclipsée par sa ***Préface***, sorte de manifeste du romantisme : l'auteur y exposait sa théorie des *« trois âges »* — l'âge primitif et lyrique ; l'âge épique des temps antiques ; l'âge chrétien, qui est celui de l'intériorité et de la mélancolie, du combat de la terre et du ciel, du drame donc. Hugo développa ensuite sa théorie du drame comme totalité, destiné à mêler, *« sans pourtant les confondre, l'ombre à la lumière, le grotesque au sublime, en d'autres termes, le corps à l'âme, la bête à l'esprit »*. Cette *« harmonie des contraires »*, qui implique un mélange des genres et l'exigence d'une peinture globale de la réalité, incluant les destinées historiques, conduit à l'abandon des unités de temps et de lieu.

L'école romantique y vit son *« phare »*, et en fit le manuel du romantisme. En effet, par sa doctrine de la liberté dans l'art et surtout par son ton intrépide et souverain, la ***Préface*** tranche, pour l'art, la question du drame : le poète ne trouve qu'en lui sa loi et sa raison. Par là, il l'emporte sur tous les pouvoirs, et la seule royauté est celle du génie.

Hernani ou l'Honneur castillan

Drame en 5 actes — comportant respectivement 4, 4, 7, 5 et 6 scènes — titrés (I. ***Le Roi***, II. ***Le Bandit***, III. ***Le Vieillard***, IV. ***Le Tombeau***, V. ***La Noce***) et en vers, précédé d'une ***Préface***, édité par Mame-Delaunay en 1830 et dont la création puis les représentations à la Comédie-Française donnèrent lieu à une bataille restée célèbre (2 févr. 1830-22 juin 1830).

L'existence et la validité du romantisme devaient se jouer sur scène parce que le public de théâtre, physiquement présent et nombreux, était un microcosme de la société, dont le romantisme contestait la prééminence sur l'individu — en art, celle des règles sur le « *génie* ». Le succès de *Henri III et sa cour* (févr. 1829) de Dumas restait latéral : en prose, il échappait au contrôle. ***Marion de Lorme*** ayant été interdite par la censure (août 1829), Hugo la remplaça en un mois par ***Hernani***.

La pièce se ressent de cette vitesse : elle perd en clarté ce qu'elle gagne en franchise. Comme dans ***Marion de Lorme***, l'amour (entre Hernani et Doña Sol) s'y brise sur l'ordre ancien, féodal (Ruy Gomez) ou monarchique (Don Carlos). Et la révolution intérieure qui convertit Don Carlos en Empereur, aube de temps nouveaux, ne permet pas aux amants d'échapper à l'« *éternelle présence du passé* ». Hernani a promis à son rival Ruy Gomez, qui lui a sauvé la vie après une enlèvement manqué de Doña Sol, de mourir dès qu'il l'exigera. Ruy Gomez et Hernani se sont alors associés pour tramer un complot contre le roi Don Carlos ; le complot échoue, et Don Carlos devient Charles Quint. Il pardonne aux conjurés, et permet à Hernani d'épouser Doña Sol, mais Hernani, le soir de sa nuit de noces, doit tenir sa promesse : il boit le poison, et Doña Sol le suit dans la mort ; Ruy Gomez se tue à son tour. Surtout, la même passion anime Hernani et ses rivaux, par là héros romantiques eux aussi, animés *« d'un souffle impétueux, d'un destin insensé » : Je suis,* déclare Hernani, *une force qui va ! / Agent aveugle et sourd de mystères funèbres ! / Une âme de malheur faite avec des ténèbres ! / Où vais-je ? je ne sais* (III, 4). Pas le moindre manichéisme donc, et l'acceptation des contradictions idéologiques libère l'expansion du désir, la sincérité du fantasme, l'énergie du langage.

Échaudée par la réplique de Hugo à l'interdiction de ***Marion***, la censure avait reculé et appelé aux armes : *« Il est bon que le public voie jusqu'à quel point d'égarement peut aller l'esprit humain affranchi de toute règle et de toute bienséance. »* La mobilisation fut égale dans la jeunesse romantique — poètes, étudiants, rapins surtout —, appelée à remplacer une « claque » suspecte pour défendre la pièce. Un mois durant, les quolibets répondirent aux exclamations indignées, les applaudissements aux sifflets, tout au long de chaque représentation. L'enjeu était la soirée suivante, car l'hostilité active d'un public moins respectueux qu'aujourd'hui faisait souvent « tomber » une pièce, immédiatement retirée de l'affiche, parfois dès la première. Pourquoi tant de haine — et de ferveur ? Pas pour le vers, semble-t-il. Le fameux enjambement de l'*incipit* de la pièce, « *escalier/Dérobé* », souleva moins de remous que ne le laisse supposer Gautier. Guère plus pour les « règles », qui nous paraissent aujourd'hui à peu près respectées ici, comme l'est aussi, au rebours du mélodrame, l'« élévation » du sujet : rentrée d'un prince dans ses droits et accession d'un roi à l'empire. Mais bien davantage pour la hardiesse de certaines images et surtout pour un vocabulaire dont la simplicité, appelée « *bassesse* », faisait entrer le peuple dans l'art — même si depuis un siècle d'assouplissement d'une tragédie agonisante, le public avait perdu le sentiment de sa forme. Une bataille donc surtout pour un principe aux conséquences esthétiques floues mais de conception claire : celui de la liberté dans l'art, du « libéralisme *en littérature* » ***(Préface)***. Dans une guerre engagée depuis longtemps et loin d'être achevée, cette bataille resta mémorable. Grandville l'immortalisa dans une célèbre illustration du *Jérôme Paturot à la recherche d'une position sociale* de Reybaud (1846). Gautier en garda la nostalgie : il était bien placé pour savoir que la révolution de 1830, divisant le romantisme en tenants de « *l'art pour l'art* » et de « *l'art pour le peuple* » avait, tout de suite, cassé cet élan.

La ***Légende des siècles***

Titre commun aux 3 recueils poétiques sous-titrés : ***Première Série, Histoire. Les Petites Épopées***, publié à Bruxelles, chez Hetzel, et à Paris, chez Michel Lévy, en 1859 ; ***Nouvelle Série***, publié chez Calmann-Lévy, en 1877 ; ***Dernière Série***, publié chez Calmann-Lévy, en 1883. Le recueil intégral, composé presque exclusivement en alexandrins, et précédé d'une dédicace ***À la France***, d'une ***Préface*** et d'un poème liminaire intitulé ***Vision d'où est sorti ce livre***, se divise en 61 sections numérotées et titrées, qui totalisent 251 poèmes pour la plupart titrés mais non numérotés — sauf pour 111 d'entre eux, qui constituent les sous-parties d'ensembles plus vastes.

Chacune de ces « *séries* » constitue un livre, reprenant, pour la série à partir de la donne du temps présent, toute l'histoire de l'Homme, mêlée à celle des pierres, des bêtes et des astres : il s'agit d'« *exprimer l'humanité dans une espèce d'œuvre cyclique ; la peindre successivement et simultanément sous tous ses aspects, histoire, fable, philosophie, religion, science.* »

Les Petites Épopées sont nées du constat, fait dans ***Châtiments***, de la carnavalisation de l'*épos* par « *Napoléon-le-Petit* ». Prenant acte de cette petitesse, ***Les Petites Épopées*** la retournent positivement. Le devenir est un sombre labyrinthe, où la conscience bute sans cesse sur les mêmes actes de tyrannie, d'usurpation et de spoliation. Mais ces répétitions ne reviennent jamais au même, elles montrent la lente, irrémissible transformation de l'épopée des glorieux en épopée des satyres « *fort mal famé*[s] », des enfants, des « *pauvres gens* ». Cette démocratisation passe par l'humiliation du chant épique en ***Petites Épopées***, récits courts, en alexandrins à rimes plates le plus souvent, pittoresques, tendus entre la mythification visionnaire de l'Histoire et la familiarité de la légende populaire.

Parue en 1877, en plein « Ordre moral », la ***Nouvelle Série*** n'est pas un hymne à la gloire du progrès. Aux ***Petites Épopées***, elle fait succéder « *l'épopée humaine, âpre, immense, — écroulée* ». Le morcellement de l'épopée dit maintenant que le travail du devenir est celui de la ruine, et la ***Nouvelle Série*** rassemble un Tout qui sans cesse se défait — Tout de l'Histoire et Tout de la poésie — en une épopée protéiforme faisant entendre la cacophonie bien peu familière des voix du monde. En 1883, Hugo, très affaibli, laisse vraisemblablement ses éditeurs concevoir la ***Dernière Série***, où l'Histoire est projetée dans l'éternel présent de l'indignation satirique. Enfin, la même année, Hugo met son paraphe à une ***Légende des siècles*** « *reclassée dans l'ordre collectif* », édition dite *Ne varietur*, pétrification des variations de l'œuvre en un monument figé dans son achèvement.

Le progressisme prométhéen de la ***Première Série*** et l'âpreté de sa mise en doute dans la ***Nouvelle Série*** ainsi effacés, ***La Légende*** vola en éclats, brillants et mémorables quoique moins signifiants, vignettes imaginaires pour les manuels d'Histoire de France — ***Aymerillot***, ***Le Petit Roi de Galice***, ***L'Aigle du casque***, ***La Rose de l'Infante***, ***Le Cimetière d'Eylau***, ***Après la bataille*** —, de morale — ***Les Pauvres Gens***, ***La Conscience*** *(L'œil était dans la tombe et regardait Caïn)* — et d'histoire sainte — ***Booz endormi*** *(Cette faucille d'or dans le champ des étoiles)*. Choix qui exclut de grandes beautés, comme ***Le Sacre de la femme*** : *L'aurore apparaissait ; quelle aurore ? Un abîme / D'éblouissement, vaste, insondable, sublime ; / Une ardente lueur de paix et de bonté. / C'était aux premiers temps du globe ; et la clarté / Brillait sereine au front du ciel inaccessible, / Étant tout ce que Dieu peut avoir de visible ; / Tout s'illuminait, l'ombre et le brouillard obscur ; / Des avalanches d'or s'écroulaient dans l'azur ; / Le jour en flamme, au fond de la terre ravie, / Embrasait les lointains splendides de la vie.*

Les **Misérables**

Roman en 5 parties numérotées et titrées — comprenant respectivement 7, 8, 8, 15 et 9 livres numérotés et titrés, lesquels rassemblent chacun 70, 76, 76, 76 et 66 chapitres numérotés et titrés —, publié à Bruxelles chez Lacroix, Verboeckhoven et Cie et, à Paris, chez Michel Lévy et Pagnerre, en 1862.

Somme et sommet, ce livre-barricade dépasse, en les mêlant, les éléments qui le forment. Commencé en 1845, repris en 1860, il tire valeur de sa propre histoire et, s'extrayant à la fois des prudences louis-philippardes et des âpretés de la parole exilée, s'impose au lecteur par sa souveraine cordialité. Fresque sociale complète, du gamin au roi, en même temps qu'histoire dramatique d'un destin, c'est un roman-modèle, très habilement construit d'emprunts au feuilleton d'Eugène Sue et au réalisme balzacien. Très complexe, il s'organise un peu autour de Jean Valjean — depuis l'asile qu'il trouve auprès de Mgr Myriel dans la 1re partie, jusqu'à sa mort dans les bras de Cosette et de Marius — et accomplit le vœu initial de Mgr Myriel : la rédemption du forçat. Mais, autour de la figure de Jean Valjean, convergent aussi les destinées d'autres misérables : Fantine, ouvrière tombée dans la déchéance, obligée de confier sa fille Cosette à un couple d'aubergistes, les Thénardier, qui la traitent comme une servante ; Javert, inspecteur de police poursuivant l'ancien forçat qui finit par se rendre pour éviter qu'un innocent ne soit condamné à sa place, mais s'échappe peu après ; Marius, qui à Paris rencontre Cosette — celle-ci vivant désormais avec Jean Valjean qui l'a recueillie — et tombe amoureux d'elle avant de s'engager sur les barricades lors de l'insurrection de 1832, où il serait mort si Jean Valjean ne l'avait sauvé ; Gavroche enfin, « *le gamin de Paris* », fils des Thénardier, tué sur une barricade. Mais cette grande fresque prend aussi les allures du roman didactique aux vastes digressions, de la saga populaire, du conte, de l'épopée, du mélodrame, et assume tous les langages : celui du peuple et celui d'Homère, l'argot, le poème, le latin. Absorbant en eux toute la littérature, ***Les Misérables*** s'offrent comme ce « *livre unique* » dont rêvait le romantisme. Cette ambition démesurée est explicite : « *faire le poème de la conscience humaine* » ; « *Ce livre est un drame dont le premier personnage est l'infini. L'homme est le second.* » Elle est fondée. Contre les savoirs séparés, et par là inhumains, de l'économie, de l'Histoire, de la métaphysique — « *encorbellement bâti sur le mystère pour le regarder à son aise* » —, Hugo invente un objet nouveau, la misère, infini d'en-bas qui réalise l'unité des confins de la société — égouts, bagnes et barrières —, de l'Histoire — bataille perdue et barricades suicidaires —, et de l'individu — « *effondrements intérieurs* » et « *émeutes de l'âme* » —, où les hommes accomplissent dans les abîmes leur appartenance à l'humanité.

Dans son *Dictionnaire des « Misérables »* (Nizet, 1994), Hubert de Phalèse souligne que ce gros roman compte à peine plus de mots que *Le Comte de Monte-Cristo* de Dumas et bien moins que *Les Mémoires d'outre-tombe* de Chateaubriand, et que *À la recherche du temps perdu* est deux fois plus *« volumineux »*. Son vocabulaire, si on le compare à celui de la production romanesque contemporaine, se caractérise par la plus grande fréquence de *« on »*, du point d'interrogation, des formes *« homme »*, *« deux »*, *« cela »*, *« rue »*, *« sous »*, *« autre »*, *« rien »*, *« monsieur »*, *« peu »*, *« père »*, *« chose »*, *« temps »*, *« porte »*, *« enfant »*. À l'opposé, les formes *« vous »*, *« nous »*, *« bien »*, *« moi »*, *« quand »*, *« encore »*, *« femme »*, *« après »*, *« yeux »*, *« alors »*, *« chez »*, *« toujours »*, *« jamais »*, *« jeune »* sont plus rares dans ***Les Misérables***, pour des raisons qui tiennent autant au style de Hugo qu'à la thématique de l'œuvre. On notera en particulier la rareté des indications temporelles.

Appelées par un succès, énorme et mondial, en librairie, d'innombrables adaptations, de tous types, virent le jour : théâtre, cinéma et même comédie musicale — de Charles Hugo et Paul Meurice, dès 1863, à Alain Boublil et Jean-Marc Natel en 1980, en passant par les films de Capellani, Fescourt, Raymond Bernard, Boleslawsky, Freda, Milestone, Le Chanois, Hossein, Lelouch. Mais elles ont détaché ce livre de son texte. En donnant à ses personnages, Gavroche, Cosette, Éponine, les Thénardier, Javert, la présence familière des héros de la légende ou du conte, en fixant dans la mémoire quelques grandes scènes — l'accueil du forçat par l'évêque, la libération de Fantine arrêtée par Javert, la *« tempête sous un crâne »*, Cosette chez les Thénardier ou dans la forêt, l'éléphant de la Bastille habité par Gavroche, sa mort sur la barricade, la fuite dans l'égout de Paris —, bref, en élevant *« l'histoire mélancolique de Jean Valjean »* à la valeur d'un mythe, vivant et universel, elles ont ratifié et accompli le statut que le livre recherchait auprès de ses lecteurs. Toutes ces adaptations se sont ainsi substituées à lui : pour les avoir vues, beaucoup croient l'avoir lu. Pas entièrement à tort. Car, quoique souvent au prix d'un plat conformisme humanitaire, elles conservent l'énergie des deux fantasmes adverses liés dans l'intrigue : celui, banal, du malheureux persécuté par la toute-puissance sociale, et celui, plus singulier, mais déjà lisible dans Cordélia aux côtés de Lear ou dans Antigone auprès d'Œdipe, de l'homme exclu de tout par sa violence, seulement rattaché à l'humanité dans l'amour d'une enfant.

Notre-Dame de Paris, *1482*

Roman en 11 livres numérotés mais non titrés, totalisant 56 chapitres numérotés mais non titrés, précédé d'un texte liminaire non titré, et publié chez Gosselin en 1831. Augmenté de 3 chapitres et précédé d'une ***Note ajoutée à l'édition définitive***, il parut chez Renduel, en 1832.

En juin 1830, Hugo entreprend de satisfaire aux obligations d'un contrat d'édition, au goût du public pour un Moyen Âge à la Walter Scott et à sa propre passion du gothique alors méprisé. Le désenchantement immédiat de la révolution de Juillet transforme le roman historique projeté en roman de la non-Histoire.

Vers la beauté d'Esméralda, mirage inaccessible — la Femme, l'Idéal, l'Autre —, convergent les désirs du prêtre Frollo, du soldat Phoebus et de Quasimodo, enfant du peuple et homme de peine. Tripartition sociale immémoriale, humaine aussi — passion destructrice, maîtrise possessive, amour sacrifié — et historique : féodalité théocratique en ruines, pâle aurore de l'absolutisme royal, peuple encore sourd et défiguré, simple *« à-peu-près »* (sens du latin *quasimodo*), esquisse inachevée de la souveraineté et de l'humanité qui résident en lui. Si Esméralda n'appartient à aucun, tous contribuent — et notamment sa propre mère —, malgré eux, à sa mort. Déjà le titre, par la date (1482), disait l'avortement de l'Histoire entre la persistance d'un Moyen Âge passé et les Temps modernes à venir. C'est aussi celui de la pensée et de l'art : science inutile et occulte de Frollo, spectacle creux de Gringoire, déserté pour la grimace de Quasimodo — qui ne montre que son visage. La cathédrale même est vide, sans sacre ni culte. Et son ton *« ironique et railleur »* rend absent le narrateur de l'histoire qu'il raconte. Parmi les chapitres-clés, on retiendra celui du *« Ceci tuera cela »* (livre V, chap. II) qui compare l'architecture, livre de pierre, avec le livre « moderne » qui la supplantera, comparaison reprise par Zola dans son *Ventre de Paris* (1873) : *« Du temps de l'architecture,* [la pensée] *se faisait montagne et s'emparait puissamment d'un siècle et d'un lieu. Maintenant, elle se fait troupe d'oiseaux, et occupe à la fois tous les points de l'air et de l'espace* [...]. *Elle passe de la durée à l'immortalité »* (***Notre-Dame de Paris***, V, II).

Le premier effet du livre fut de « lancer » la cathédrale gothique : son succès touristique date de Hugo. Les innombrables éditions illustrées, du *keepsake* de 1836 (Boulanger, Raffet, Johannot) à la bande dessinée de 1976 (Gotlib et Alexis), puis les adaptations scéniques — de l'opéra de Louise Bertin, dont le livret fut écrit par Hugo lui-même, suivi d'une vingtaine d'autres, au spectacle de Luc Plamondon et Richard Cocciante (1998), en passant par quelques ballets — et cinématographiques — Capellani (1911), Worsley (1923), Dieterle (1939), Delannoy (1956), sans oublier le dessin animé des studios Disney, *Le Bossu de Notre-Dame* (1994) —, ont immortalisé l'intrigue et ses scènes mémorables : la danse d'Esméralda et les « tours » de sa chèvre, Esméralda donnant à boire à Quasimodo torturé, le branle des cloches, l'attaque de la cathédrale par les truands, la chute de Frollo... Non sans faire quelque tort, parfois, à l'œuvre devenue réservoir d'images vidées de leur sens.

Ruy Blas

Drame en 5 actes — comportant respectivement 5, 5, 5, 8 et 4 scènes — titrés (I. ***Don Salluste***, II. ***La Reine d'Espagne***, III. ***Ruy Blas***, IV. ***Don César***, V. ***Le Tigre et le Lion***) et en vers, précédé d'une ***Préface***, publié par Delloye en 1838, et créé au Théâtre de la Renaissance, le 8 novembre 1838.

Ruy Blas est un valet amoureux de la Reine. Elle a chassé son maître, Don Salluste, grand seigneur et méchant homme. Avant de s'exiler, Salluste le fait entrer à la Cour sous le nom de César de Bazan, son cousin déclassé, et lui ordonne, en lui montrant la Reine, *De plaire à cette femme et d'être son amant*. Bientôt, la Reine lui donne le gouvernement de l'Espagne — dont il entreprend d'arrêter la décadence *(« Bon appétit ! messieurs !... »)* — et son amour : [...] *Don César, je vous donne mon âme. / Reine pour tous, pour vous je ne suis qu'une femme. /* [...] */ – Ô César ! un esprit sublime est dans ta tête. / Sois fier, car le génie est ta couronne à toi !* Salluste revient, rétablit son autorité sur son valet et va s'en servir pour se venger de la Reine ; Ruy Blas l'assassine, se tue ; la Reine lui pardonne. Le thème est celui des autres drames de Hugo : comment un ordre social artificiel, inhumain et caduc brise l'énergie neuve d'un individu authentique. Mais Hugo va jusqu'au bout de ses conséquences, avec une audace et une clarté sans précédent. Le héros, *« ver de terre amoureux d'une étoile »* (II, 2), vient du peuple, et, en lui, l'aspiration « humaine » — l'amour — et l'entreprise politique — le salut de l'Espagne —, maintenant confondus, conjuguent l'accomplissement de soi à celui de l'Histoire. Ou le feraient, si cette ambition n'était pas vouée à l'échec et intimement dégradée par l'emprunt à l'adversaire de ses moyens — noblesse usurpée et autorité du favori — et de ses fins : la Reine et le pouvoir. Cette contradiction reproduit celle du romantisme réformiste où Hugo s'engageait au même moment. Elle n'aurait que valeur anecdotique — on a pu reconnaître la duchesse d'Orléans dans Marie de Neubourg —, si elle ne figurait aussi le rapport de la scène à la salle, de l'œuvre à son public : invité à partager des passions qu'il condamne, à approuver ce qu'il censure et à espérer ce qu'il redoute. ***Ruy Blas*** est doublement un *« drame de la parole »* (Ubersfeld) : non seulement toute l'action passe par elle, mais le sens de la pièce assume son énonciation. L'illusion théâtrale n'y a plus rien d'illusoire. Cercle magique du très grand théâtre.

Du coup, le grotesque, qui, dans les autres pièces de Hugo, assumait de telles contradictions par la tonalité indécidable et grinçante de certaines répliques, bouffonnes et tragiques à la fois, peut paraître se résoudre en alternance, et le comique se cantonner aux 2 actes (II et IV) où dominent les personnages mis hors du drame par leur irresponsabilité dans l'Histoire, la Reine et Don César.

Pour l'ouverture du Théâtre de la Renaissance, dont il avait obtenu la direction, avec Dumas, afin que le drame romantique fût maître chez lui, Hugo écrivit ce que beaucoup considèrent aujourd'hui comme son chef-d'œuvre. Sa perfection dramatique, la clarté de ses enjeux et leur actualité, permanente parce que structurelle, ont fait de ***Ruy Blas*** la pièce la plus jouée du théâtre de Hugo, avec une réussite et un succès immanquables. Peut-être est-ce la raison pour laquelle les metteurs en scène contemporains les plus célèbres l'ont négligée — Vilar excepté, avec Gérard Philipe, en 1954, à l'aube du TNP et du retour de Hugo à la scène.

Les ***Travailleurs de la mer***

Roman en 3 parties numérotées et titrées — comprenant respectivement 7, 4 et 3 livres numérotés et titrés, lesquels rassemblent chacun 51, 37 et 9 chapitres numérotés et titrés —, précédées d'un prologue intitulé ***L'Archipel de la Manche***, publié simultanément à Paris et à Bruxelles, chez Lacroix, Verboeckhoven & Cie, en 1866.

À Guernesey, un jeune homme solitaire et mal vu, Gilliatt, au terme d'un combat épique contre l'océan — sa tempête, ses récifs, son céphalopode —, arrache à l'élément marin la machine du premier bateau à vapeur en service dans la Manche, *La Durande*, volontairement naufragé par son capitaine. L'armateur Lethierry avait offert sa nièce Déruchette en récompense de ce sauvetage. Gilliatt y renonce et se laisse submerger par la marée pour offrir celle qu'il aime, Déruchette, à celui qu'elle-même préfère, le pasteur Ebenezer.

Ce conte exploite la popularité récente d'autres formes narratives « mineures » — romans maritime, régionaliste, policier —, mais les détourne. Intitulé d'abord ***L'Abîme***, il mérite ses deux titres en magnifiant l'invention et l'industrie humaines pour elles-mêmes, mais aussi comme métaphores de toute rencontre avec l'infini — Dieu, la nature ou les abîmes du cœur —, et d'abord de l'aventure laborieuse du génie.

L'ambiguïté générique du roman — archaïsant et moderne, populaire et savant, « naturaliste » et philosophique — reproduit donc le sacrifice de son héros. Sa construction en recommence aussitôt le parcours : ***L'Archipel de la Manche*** est un prologue pittoresque et autobiographique ; dans ses 3 parties (I. ***Sieur Clubin***, II. ***Gilliatt le malin***, III. ***Déruchette***), le roman laisse ensuite entendre, dans l'ironie, l'épopée et la révélation impérieuse, la voix familière de Hugo ; enfin le récit, devenu impersonnel, s'achève dans le silence d'un narrateur disparu.

Hugo savait dessiner. En joignant au manuscrit ses propres dessins et lavis, il confectionna une sorte d'édition illustrée autographe des ***Travailleurs de la mer***. Pour ce roman comme pour les autres, le nombre et la qualité des illustrations et des adaptations cinématographiques témoignent de son génie visuel. La première version filmique des ***Travailleurs***, récemment retrouvée et restaurée, est due à Antoine, le metteur en scène naturaliste. L'épisode immédiatement célèbre du combat avec la pieuvre (II, IV, 1 à 3) — terme anglo-normand que Hugo contribua à imposer, à côté de « *poulpe* », jusqu'alors seul usité, dans la langue française — inaugura la curiosité sous-marine et la métaphore du « tentaculaire ».

CITATIONS

Il y a aujourd'hui une nationalité européenne, comme il y avait, au temps d'Eschyle, de Sophocle et d'Euripide, une nationalité grecque.

Préface aux *Burgraves*.

L'ombre, où se mêle une rumeur,
Semble élargir jusqu'aux étoiles
Le geste auguste du semeur.

Saison des semailles : le soir,
in *Les Chansons des rues et des bois*.

Aimer, c'est la moitié de croire.

Que nous avons le doute en nous,
in *Les Chants du crépuscule*, 38.

Waterloo ! Waterloo ! Waterloo ! morne plaine !

Châtiments, V, 13.

L'espoir changea de camp, le combat changea d'âme,
La mêlée en hurlant grandit comme une flamme.

Châtiments, V, 13.

Sonnez, sonnez toujours, clairons de la pensée.

Châtiments, VII, 1.

Si l'on n'est plus que mille, eh bien, j'en suis ! Si même
Ils ne sont plus que cent, je brave encor Sylla ;
S'il en demeure dix, je serai le dixième ;
Et s'il n'en reste qu'un, je serai celui-là !

Châtiments, VII, 17.

Je fis souffler un vent révolutionnaire.
Je mis un bonnet rouge au vieux dictionnaire.

Les Contemplations, I, 7.

Guerre à la rhétorique et paix à la syntaxe !

Les Contemplations, I, 7.

Car le mot, qu'on le sache, est un être vivant.

Les Contemplations, I, 8.

Les mots sont les passants mystérieux de l'âme.

Les Contemplations, I, 8.

Oui, brigand, jacobin, malandrin,
J'ai disloqué ce grand niais d'alexandrin.

Les Contemplations, I, 26.

L'homme injuste est celui qui fait des contresens.

Les Contemplations, III, 10.

Tout est plein d'âmes.

Les Contemplations, VI, 26.

Les temps primitifs sont lyriques, les temps antiques sont épiques, les temps modernes sont dramatiques.

Préface de *Cromwell*.

À force de méditer sur l'existence, [...] ces hommes qui nous font tant rire deviennent profondément tristes. Beaumarchais était morose, Molière était sombre, Shakespeare mélancolique.

Préface de *Cromwell*.

Si le poète doit *choisir* dans les choses (et il le doit), ce n'est pas le *beau*, mais le *caractéristique*.

Préface de *Cromwell*.

L'idée, trempée dans le vers, prend soudain quelque chose de plus incisif et de plus éclatant. C'est le fer qui devient acier.

Préface de *Cromwell*.

La langue française n'est point *fixée* et ne se fixera point.

Préface de *Cromwell*.

Ce siècle avait deux ans ! Rome remplaçait
Sparte,
Déjà Napoléon perçait sous Bonaparte,
[...]
Alors dans Besançon, vieille ville espagnole,
Jeté comme la graine au gré de l'air qui vole,
Naquit d'un sang breton et lorrain à la fois
Un enfant sans couleur, sans regard et sans voix.
[...]
Cet enfant que la vie effaçait de son livre,
Et qui n'avait pas même un lendemain à vivre,
C'est moi. —

Les Feuilles d'automne, 1.

Lorsque l'enfant paraît, le cercle de famille
Applaudit à grands cris. Son doux regard qui
brille
Fait briller tous les yeux [...]

Les Feuilles d'automne, 19.

L'enfer est tout entier dans ce mot : solitude.

La Judée, in *La Fin de Satan*.

[...] Le bonheur, amie, est chose grave.
Il veut des cœurs de bronze et lentement s'y
grave,
Le plaisir l'effarouche en lui jetant des fleurs.
Son sourire est moins près du rire que des pleurs.

Hernani, V, 3.

L'épanouissement du genre humain de siècle en siècle, l'homme montant des ténèbres à l'idéal, la transfiguration paradisiaque de l'enfer terrestre, l'éclosion lente et suprême de la liberté, droit pour cette vie, responsabilité pour l'autre ; une espèce d'hymne religieux à mille strophes, ayant dans ses entrailles une foi profonde et sur son sommet une haute prière ; le drame de la création éclairé par le visage du créateur, voilà ce que sera, terminé, ce poème dans son ensemble ; si Dieu, maître des existences humaines, y consent.

Préface à *La Légende des siècles*, version de 1859.

L'œil était dans la tombe et regardait Caïn.

La Conscience, in *La Légende des siècles*, II.

Cet homme marchait pur loin des sentiers
obliques,
Vêtu de probité candide et de lin blanc [...].

Booz endormi, in *La Légende des siècles*, II.

Un frais parfum sortait des touffes d'asphodèle ;
Les souffles de la nuit flottaient sur Galgala.
L'ombre était nuptiale, auguste et solennelle.

Booz endormi, in *La Légende des siècles*, II.

Une immense bonté tombait du firmament ;
C'était l'heure tranquille où les lions vont boire.
Tout reposait dans Ur et dans Jérimadeth.

Booz endormi, in *La Légende des siècles*, II.

La moitié d'un ami, c'est la moitié d'un traître.

Le Cid exilé, in *La Légende des siècles*, XI.

L'amour est une mer dont la femme est la rive.

Bion, in *La Légende des siècles*, XXXVI.

Un poète est un monde enfermé dans un
homme.

Un poète..., in *La Légende des siècles*, XLVII.

Mourir n'est pas finir, c'est le matin suprême.

Les Grandes Lois, in *La Légende des siècles*, LV.

Nul n'ira jusqu'au fond du rire d'un enfant.

Les Petits, in *La Légende des siècles*, LVII.

La Révolution française est le plus puissant pas du genre humain depuis l'avènement du Christ.

Les Misérables, I, I, 9.

Le calembour est la fiente de l'esprit qui vole.

Les Misérables, I, III, 6.

Le mariage est une greffe ; cela prend bien ou mal.

Les Misérables, I, III, 7.

On jugerait bien plus sûrement un homme d'après ce qu'il rêve que d'après ce qu'il pense.

Les Misérables, III, V, 5.

L'argot est tout ensemble un phénomène littéraire et un résultat social [...]. La misère a inventé une langue de combat qui est l'argot.

Les Misérables, IV, VII, 1.

Qui sait si l'homme n'est pas un repris de justice divine ?

Les Misérables, IV, VII, 1.

À voir tant de misère partout, je soupçonne que Dieu n'est pas riche. Il a des apparences, c'est vrai, mais je sens la gêne.

Les Misérables, IV, XII, 2.

Le dix-neuvième siècle est grand, mais le vingtième sera heureux.

Les Misérables, V, I, 4.

Gavroche n'était tombé que pour se redresser ; il resta assis sur son séant, un long filet de sang rayait son visage, il éleva ses deux bras en l'air, regarda du côté d'où était venu le coup et se mit à chanter.

Je suis tombé par terre,
C'est la faute à Voltaire,
Le nez dans le ruisseau,
C'est la faute à...

Il n'acheva point. Une seconde balle du même tireur l'arrêta court. Cette fois il s'abattit la face contre le pavé, et ne remua plus. Cette petite grande âme venait de s'envoler.

Les Misérables, V, I, 15.

Le suicide, cette mystérieuse voie de fait sur l'inconnu.

Les Misérables, V, III, 10.

Nos pères avaient un Paris de pierre, nos fils auront un Paris de plâtre.

Notre-Dame de Paris, III, 2.

Avant l'imprimerie, la Réforme n'eût été qu'un schisme, l'imprimerie la fait révolution. [...] Gutenberg est le précurseur de Luther.

Notre-Dame de Paris, V, 2.

La poésie, c'est tout ce qu'il y a d'intime dans tout.

Préface aux *Odes et Ballades*, version de 1822.

Plus on dédaigne la rhétorique, plus il sied de respecter la grammaire. [...] Le style est comme le cristal, sa pureté fait son éclat.

Préface aux *Odes et Ballades*, version de 1826.

Les Turcs ont passé là. Tout est ruine et deuil.
Chio, l'île des vins, n'est plus qu'un sombre écueil.
[...]
Tout est désert. Mais non ; seul près des murs noircis,
Un enfant aux yeux bleus, un enfant grec, assis,
Courbait sa tête humiliée.

L'Enfant, in *Les Orientales*, XVIII.

Dans « *connaître* », il y a « *naître* ».

Pierres, 4 mars 1869.

Les vrais grands écrivains sont ceux dont la pensée occupe tous les recoins de leur style.

Pierres, 4 mars 1869.

Communisme.
Une égalité d'aigles et de moineaux, de colibris et de chauves-souris, qui consisterait à mettre toutes les envergures dans la même cage et toutes les prunelles dans le même crépuscule, je n'en veux pas.

Pierres, 4 mars 1869.

Je suis de mon siècle et je l'aime !

Littérature, in *Les Quatre Vents de l'esprit*.

Mieux vaudrait encore un enfer intelligent qu'un paradis bête.

Quatrevingt-Treize, III, VII, 5.

Peuples ! écoutez le poète !
Écoutez le rêveur sacré !
Dans votre nuit, sans lui complète,
Lui seul a le front éclairé !

Fonction du poète, 2, in *Les Rayons et les Ombres*, I.

Que peu de temps suffit pour changer toutes choses !
Nature au front serein, comme vous oubliez !

Tristesse d'Olympio, in *Les Rayons et les Ombres*, XXXIV.

Oh ! combien de marins, combien de capitaines,
Qui sont partis joyeux pour des courses lointaines,
Dans ce morne horizon se sont évanouis !

Oceano nox, 2, in *Les Rayons et les Ombres*, XLII.

Le drame tient de la tragédie par la peinture des passions et de la comédie par la peinture des caractères. Le drame est la troisième grande forme de l'art.

Préface à *Ruy Blas*.

Hum ! visage de traître !
Quand la bouche dit oui, le regard dit peut-être.

Ruy Blas, I, 2.

Aujourd'hui je suis reine. Autrefois j'étais libre.

Ruy Blas, II, 1.

Madame, sous vos pieds, dans l'ombre, un homme est là
Qui vous aime, perdu dans la nuit qui le voile ;
Qui souffre, ver de terre amoureux d'une étoile ;
Qui pour vous donnera son âme, s'il le faut ;
Et qui se meurt en bas quand vous brillez en haut.

Ruy Blas, II, 2.

JUGEMENTS

« Quelle puissance philologique et littéraire que celle de Victor Hugo ! Il possède toutes les langues contenues dans notre idiome, langues du palais, de la bourse, de la marine et de la guerre, de la philosophie et du bagne, langues des métiers et de l'archéologie, du bouquiniste et du puisatier. Tous les bric-à-brac de l'histoire et des mœurs, toutes les curiosités du sol et du sous-sol lui sont connus et familiers. [...] mémoire prodigieuse, imagination fulgurante. C'est un visionnaire maître de ses rêves. »

Henri Frédéric AMIEL, *Fragments d'un journal intime*, 8 avril 1863.

« Il y a chez M. Hugo une forme absolue, dominatrice, une sorte de monotonie dans la conception que je voudrais voir disparaître. »

Honoré de BALZAC, in *Revue parisienne*, 25 juillet 1840.

« M. Victor Hugo a le génie des mots — et c'est là même tout son génie... Il n'a pas d'esprit. [...] Notre Shakespeare français, ce n'est pas Hugo... c'est Balzac. »

Jules-Amédée BARBEY d'AUREVILLY, *« Les Misérables » de Victor Hugo*, 1862.

« [...] *seul Hugo, par le poids de son style, a pu faire pression sur l'écriture classique et l'amener à la veille d'un éclatement.* »

Roland BARTHES, *Le Degré zéro de l'écriture*, Seuil, 1953.

« *Victor Hugo était, dès le principe, l'homme le mieux doué, le plus visiblement élu pour exprimer par la poésie ce que j'appellerai le* mystère de la vie. [...] *La musique des vers de Victor Hugo s'adapte aux profondes harmonies de la nature ; sculpteur, il découpe dans ses strophes la forme inoubliable des choses ; peintre, il les illumine de leur couleur propre.*

[...]

De cette faculté d'absorption de la vie extérieure, unique par son ampleur, et de cette autre faculté puissante de méditation est résulté, dans Victor Hugo, un caractère poétique très particulier, interrogatif, mystérieux et, comme la nature, immense et minutieux, calme et agité. [...] *En tout, il met la palpitation de la vie.*

[...]

Je vois dans la Bible un prophète à qui Dieu ordonne de manger un livre. J'ignore dans quel monde Victor Hugo a mangé préalablement le dictionnaire de la langue qu'il était appelé à parler ; mais je vois que le lexique français, en sortant de sa bouche, est devenu un monde, un univers coloré, mélodieux et mouvant. »

Charles BAUDELAIRE, *L'Art romantique*, 1868.

« *C'est en Hugo que s'est faite la fusion la plus vaste et la plus complète du romantisme poétique avec l'humanitarisme.* [...] *chez lui seul, l'idéal poético-humanitaire proposé à la société moderne s'affirma destiné à remplacer effectivement, en tant qu'objet de croyance commune, l'héritage des anciennes religions* [...], *lui seul a eu l'audace de couronner le déisme spiritualisé que proposaient ses contemporains d'une théologie du salut, d'une mythologie du Bien et du Mal, d'une cosmologie incluant et exaltant l'homme au sein de l'infini.* »

Paul BÉNICHOU, *Les Mages romantiques*, Gallimard, 1988.

« *Hugo fut le premier grand écrivain à donner des titres collectifs à ses œuvres —* Les Misérables, Les Travailleurs de la mer. *La foule, pour lui, était, presque au sens antique, la foule des clients — c'était la masse de ses lecteurs et de ses électeurs. En un mot, Hugo n'était pas un flâneur.* »

Walter BENJAMIN, *Le Paris du Second Empire chez Baudelaire*, in *Charles Baudelaire*, trad. franç. Jean LACOSTE, Payot, 1982.

« *Dans V*[ictor] *H*[ugo] *on trouve beaucoup de ch*[oses] *q*[ui] *plaisent, amusent, entraînent, transportent. Très peu q*[ui] *nourrissent l'esprit et le cœur.* »

Paul CLAUDEL, *Journal*, 25 mai 1935, Gallimard, posthume, 1969.

« *Hugo, en ce siècle, enfoncera tout le monde, quoiqu'il soit plein de mauvaises choses ; mais quel souffle ! quel souffle !... Les très grands hommes écrivent fort mal, et tant mieux pour eux. Ce n'est pas là qu'il faut chercher l'art de la forme, mais chez les seconds, Horace, La Bruyère...* »

Gustave FLAUBERT, *Correspondance*, 25 septembre 1852.

« *Il faut bien reconnaître qu'il a remué plus de mots que d'idées.*

— Il vécut ivre de sons et de couleurs, et il en saoûla le monde... »

Anatole FRANCE, *La Vie littéraire*, 1888.

« *Victor Hugo, s'il n'était pas poète, serait un peintre de premier ordre ; il excelle à mêler, dans des fantaisies sombres et farouches, les effets de clair-obscur de Goya à la terreur architecturale de Piranèse ; il sait, au milieu d'ombres menaçantes, ébaucher d'un rayon de lune ou d'un éclat de foudre, les tours d'un bourg démantelé, et sur un rayon livide de soleil couchant découper en noir la silhouette d'une ville lointaine avec sa série d'aiguilles, de clochers et de beffrois. Bien des décorateurs lui envieraient cette qualité étrange de créer des donjons, des vieilles rues, des châteaux, des églises en ruine ; d'un style insolite, d'une architecture inconnue, pleine d'amour et de mystère, dont l'aspect vous oppresse comme un cauchemar.* »

Théophile GAUTIER, *Notices romantiques*, 1852.

« *Hugo romancier me fait un peu l'effet d'un géant, qui donnerait une représentation à un théâtre de Guignol, à travers lequel il passerait perpétuellement les bras et la tête.* »

Edmond et Jules de GONCOURT, *Journal*, 7 avril 1866.

« *Quand je vois un écrivain de nos jours attaquer Hugo, j'ai l'impression d'assister aux efforts d'un enfant qui voudrait démolir l'Arc de Triomphe avec sa pelle à sable.* »

Julien GREEN, *Journal*, t. II., Plon, 1951.

« *Chose bizarre ! la qualité qui lui manque surtout est justement celle que les Français estiment le plus et dont ils sont particulièrement doués eux-mêmes. Je veux dire le goût* [...]. *Malgré tous ses moyens d'imagination et d'esprit, nous voyons chez lui la gaucherie d'un parvenu ou d'un sauvage* [...]. *Tout chez lui est barbarie baroque, dissonance criante et horrible difformité.* »

Henri HEINE, *Lutèce*, 1843.

« *Les drames sanglants de Victor Hugo nous font rire aux éclats.* »

Eugène IONESCO, *Notes et Contre-Notes*, Gallimard, 1962.

« *Victor Hugo croyait en Dieu.*

Il croyait en Dieu, par cette raison qu'il se considérait certainement comme une émanation importante et directe de Dieu. [...]

Poète admirable, inimitable poète, mais rien que poète, étranger à la science minutieuse autant qu'à la philosophie moderne, il concevait par grandes images un peu vagues, et son déisme paraît avoir été une sorte de panthéisme poétique. »

Guy de MAUPASSANT, *Chroniques*, 20 juin 1885.

« En France, je pense que ce serait avec Hugo que serait née la pêche aux jeunes : démagogie et tiroir-caisse, c'est bien Hugo (de qui je ne conteste nullement le génie). »

Henry de MONTHERLANT, *Tous Feux éteints*, Gallimard, 1975.

« Les écrivains qui n'aiment pas Victor Hugo me sont ennuyeux à lire, même quand ils n'en parlent pas.

[...]

Victor Hugo seul a parlé : le reste des hommes balbutie. [...] *si j'ouvre un livre de Victor Hugo, au hasard, car on ne saurait choisir* [...]. *Il est alors une montagne, une mer, ce qu'on voudra, excepté quelque chose à quoi puissent se comparer les autres hommes. »*

Jules RENARD, *Journal*, 24 août 1889, 13 juillet 1893 et 21 juillet 1899.

« Hugo, poète turgescent [...].

[...]

Hugo, organisation des plus puissantes, qui par malheur manque de finesse. C'est certes le plus grand tapageur *pindarique qui ait existé.*

[...]

Hugo a dans le talent du théâtral, ce n'est pas à dire qu'il ait du dramatique.

[...]

Hugo a de la grandeur et aussi de la grosseur. »

Charles Augustin SAINTE-BEUVE, *Portraits contemporains*, 1846.

« Cet homme a parcouru tout l'univers du vocabulaire, il s'est essayé dans tous les genres, de l'ode à la satire, du théâtre au roman, à la critique, à l'éloquence. Rien de plus beau, en somme, que de le voir déployer sa faculté incomparable d'organisation des vers et des mots. Jamais dans notre langue le pouvoir de tout dire en vers exacts n'a été possédé et exercé à ce degré. »

Paul VALÉRY, *Variété I*, Gallimard, 1924.

« Victor Hugo est royalement drapé depuis sa jeunesse dans le manteau qu'il s'est taillé en plein velours de la forme. »

Émile ZOLA, *Le Roman expérimental*, 1880.

BIBLIOGRAPHIE

Éditions

Œuvres complètes (édition chronologique), éd. J. MASSIN, Club français du livre, 1967 à 1970, 18 vol., dont 2 de « Dessins et Lavis ».

Œuvres complètes, éd. J. SEEBACHER, G. ROSA, « Bouquins », Laffont, 1985 à 1989, 15 vol.

Correspondance familiale et Écrits intimes, éd. J. et S. GAUDON, B. LEUILLIOT, « Bouquins », Laffont, 1988 et 1991, 2 vol.

La plupart des titres individuels (pièces, romans, recueils) sont disponibles en collections de poche.

Études

P. ALBOUY, *La Création mythologique chez Victor Hugo*, Corti, 1963.

L. ARAGON, *Avez-vous lu Victor Hugo ?* [anthologie commentée], Stock, 1997.

P. BÉNICHOU, *Le Sacre de l'écrivain : 1750-1830, essai sur l'avènement d'un pouvoir spirituel laïque dans la France moderne*, Corti, 1973, rééd. 1985 ; *Les Mages romantiques*, Gallimard, 1988.

M. BLONDEL et P. GEORGEL (dir.), *Victor Hugo et les Images*, actes du colloque de Dijon, Dijon, 1989.

V. BROMBERT, « Hugo : l'édifice du livre », in *Romantisme*, n° 44, juil. 1984 ; *Victor Hugo et le Roman visionnaire*, PUF, 1985.

L. CHARLES-WURTZ, *Poétique du sujet lyrique dans l'œuvre de Victor Hugo*, Champion, 1997.

Fr. CHENET-FAUGERAS (dir.), *Victor Hugo et l'Europe de la pensée*, actes du colloque de Thionville-Vianden, 8 au 10 oct. 1993, Nizet, 1995.

Ch. DÉDÉYAN, *Victor Hugo et l'Allemagne*, SEDES, 1977, 2 vol.

B. DEGOUT, *Le Sablier retourné : Victor Hugo (1816-1824) et le débat sur le romantisme*, Champion, 1998.

D. GASIGLIA-LASTER, *Femmes*, Lettres modernes, 1991.

J. GAUDON, *Le Temps de la contemplation*, Flammarion, 1969 ; *Victor Hugo et le Théâtre : Stratégie et Dramaturgie*, Suger, 1985.

Cl. GÉLY, *La Contemplation et le Rêve : Victor Hugo, poète de l'intimité*, Nizet, rééd. 1993.

P. GEORGEL (dir.), *La Gloire de Victor Hugo*, RMN, 1985.

S. GROSSIORD, *Victor Hugo. Et s'il n'en reste qu'un...*, « Découvertes », Gallimard-Jeunesse/Paris-Musées, 1998.

H. GUILLEMIN, *Victor Hugo par lui-même*, « Écrivains de toujours », Seuil, 1951, rééd. 1994.

A.W. HALSALL, *Victor Hugo et l'Art de convaincre. Le Récit hugolien : rhétorique, argumentation, persuasion*, Balzac, 1995.

H. von HOFMANNSTHAL, *Victor Hugo*, 1900, trad. franç. M. LEY-DEUTSCH, La Différence, 1990.

R. JOURNET, *Contribution aux études sur Victor Hugo*, « Annales littéraires de Besançon », Belles Lettres, 1981, 4 vol.

R. JOURNET et G. ROBERT, *Le Manuscrit des « Contemplations » ; Notes sur les « Contemplations » ; Le Manuscrit des « Misérables »*, Belles Lettres, 1956, 1958 et 1963, 3 vol.

H. JUIN, *Victor Hugo*, Flammarion, 1980, 1984 et 1986, 3 vol.

P. LAFORGUE, *Gavroche : étude sur « Les Misérables »*, SEDES, 1994 ; *Victor Hugo et « La Légende des siècles » : de la publication des « Contemplations » à l'abandon de « La Fin de Satan » (avril 1856-avril 1860)*, Paradigme, Orléans, 1997.

A. LASTER, *Pleins Feux sur Victor Hugo*, Comédie-Française, 1981.

J.-J. LEBEL, M.-L. PRÉVOST, P. GEORGEL, M. GISBOURNE, *Victor Hugo peintre*, Mazzatta, 1993.

R. LESCLIDE, *Victor Hugo chez lui*, 1885, rééd. R. Castells, 1998.

B. LEUILLIOT, « *Ceci tuera cela* : le roman et le paradoxe littéraire », in *Littérature*, n° 36, déc. 1979.

A. MAUROIS, *Olympio ou la Vie de Victor Hugo*, Hachette, 1954.

H. MESCHONNIC, *Écrire Hugo*, in *Pour la poétique*, t. IV, Gallimard, 1977, 2 vol.

C. MILLET, *Victor Hugo. « La Légende des siècles »*, « Études littéraires », PUF, 1995.

H. de PHALÈSE, *Dictionnaire des « Misérables »*, Nizet, 1994.

G. PIROUÉ, *Victor Hugo romancier ou les Dessus de l'inconnu*, Denoël, 1964 ; *Lui, Hugo : essais*, Denoël, 1985.

G. POULET, « Hugo », in *Études sur le temps humain*, t. II, « 10/18 », UGE, 1968, pp. 194 à 230.

M. ROMAN et M.-Chr. BELLOSTA, *« Les Misérables », roman pensif*, Belin, 1995.

A. ROSA, *Victor Hugo, l'Éclat d'un siècle*, Messidor, 1985.

G. ROSA, « Entre *Cromwell* et sa *Préface* : du grand homme au génie », in *RHL*, 1981 ; *« Les Misérables », parcours critique*, Klincksieck, 1995.

J. SABIANI (dir.), *Lectures de « Victor-Marie, comte Hugo »*, in *RLM*, série *Péguy*, 6, Lettres modernes, 1995.

J. SEEBACHER, *Victor Hugo ou le Calcul des profondeurs*, PUF, 1993.

W. TÉNINT, G. AAE, Ph. MARTINON, *Pour une métrique hugolienne*, rééd. Minard, 1992 [rééd. d'études de 1844, 1909 et 1912].

A. UBERSFELD, *Le Roi et le Bouffon*, Corti, 1974 ; *Paroles de Hugo*, Messidor, 1985 ; *Le Roman d'Hernani*, Mercure de France, 1985 ; *id.* et G. ROSA, *Lire « Les Misérables »*, Corti, 1985.

P.A. WARD, B.L. MURPHY, M. GRIMAUD, *Victor Hugo : Œuvres et Critique (1981-1983)*, Lettres modernes, 1993.

Victor Hugo. Linguistique de la strophe et du vers, in *RLM*, Lettres modernes, 1988.

Victor Hugo, photographies de l'exil, exposition Musée d'Orsay/Maison de Victor Hugo, RMN/Paris-Musées, 1998.

AUDIO & VIDÉO

CD

R. COCCIANTE, L. PLAMONDON, *Notre-Dame de Paris*, Sony, 1998.

Vidéo

B. AUGUST, *Les Misérables*, Gaumont, 1998, DVD, 1999.

R. BERNARD, *Les Misérables*, 1934, René Chateau, s.d.

P. BILLON, *Ruy Blas*, 1948, René Chateau, 1991.

R. COCCIANTE, L. PLAMONDON, *Notre-Dame de Paris*, Sony, 1999, DVD.

J. DELANNOY, *Notre-Dame de Paris*, 1956, CANAL + Vidéo, 1999, DVD.

R. HOSSEIN, *Les Misérables*, 1982, Warner, s.d., 2 cassettes.

M. JARRE, R. PETIT, *Notre-Dame de Paris*, 1996, Film Office, s.d.

Gl. JORDAN, *Les Misérables*, Film Office, 1978.

J.-P. LE CHANOIS, *Les Misérables*, 1958, René Chateau, s.d., 2 cassettes.

R. LEENHARDT, Y. GERBER, *Victor Hugo*, 1970, FR3, 1985.

Cl. LELOUCH, *Les Misérables*, TF1 Vidéo, 1996.

P. MEDAK, *Quasimodo, Notre-Dame de Paris*, GCR, 1997.

Y. PARD, *Victor Hugo ou le Combat du jour et de la nuit*, Radio-Canada, Montréal (CA), 1977, SSR, Genève (CH), 1985.

CD-ROM

Autour du romantisme. Le Roman, 1792-1886, Bibliopolis, 1999.

Encyclopédie de la littérature française, Bibliopolis, 1998.

J.-P. SOUSSIGNE, *Le XIXe Siècle, le Siècle de Victor Hugo*, Havas Interactive, 1997.

HUYSMANS

Joris-Karl HUYSMANS [ɥismɑ̃s]
Charles Marie Georges HUYSMANS
Paris 1848 – *ibid.* 1907

> *« Il est difficile de trouver un écrivain dont le vocabulaire soit plus étendu, plus constamment surprenant, plus vert, et en même temps plus exquisément faisandé, plus constamment heureux dans la trouvaille et même dans l'invention. La substance de la langue, et surtout l'adjectif, qui surgit chez lui non pas colorié, mais imbibé de couleur dans toute sa masse, a l'éclat, l'épaisseur de matière et le feu sourd des émaux cloisonnés. »*
> Julien GRACQ, *En lisant en écrivant*, Corti, 1981.

> *« [...] au fond, un bien pauvre bonhomme, Huysmans, un bonhomme bien médiocre, la médiocrité même. [...] à mon goût, c'est la preuve d'une bien grande médiocrité littéraire, cette recherche du vocable rare, ce culte de l'épithète, du style bizarre, etc. Et la fin de Huysmans, cet homme atteint d'une maladie affreuse, vivant dans les plus grandes souffrances, et demandant humblement à Dieu d'autres souffrances encore ! Cela touche à l'imbécillité. »*
> Paul LÉAUTAUD, *Journal littéraire*, 11 mai 1927, Mercure de France, rééd. 1986.

Une vie de ruptures continuelles

Des débuts de naturaliste orthodoxe

Huysmans naquit dans une famille confinée de petits artisans parisiens. D'origine hollandaise, le père, lithographe et peintre marginal, mourut huit ans après la naissance du fils. La mère, née Malvina Badin, se remaria avant de diriger un petit atelier de brochage. Pensionnaire puis lycéen, Georges fut reçu bachelier en 1866. Il entra très tôt dans l'administration (ministère de l'Intérieur) où il passa la plus grande partie de sa vie. C'est en jeune fonctionnaire qu'il fréquenta les cafés de la bohème et flâna dans les quartiers de Paris où l'attiraient paysages lépreux et promiscuités troubles. De ses observations, il tira un très pictural recueil de poèmes en prose, ***Le Drageoir à épices*** (1874), devenu ***Le Drageoir aux épices*** peu après, qui marquait ses débuts littéraires. C'est l'époque où il se lia avec Anna Meunier — qui fut sa maîtresse intermittente pendant de nombreuses années et finit dans la folie — et où il noua des relations durables avec l'avant-garde belge des lettres et des arts, Hannon et Rops notamment.

Au milieu des années 1870, Huysmans fit la connaissance de Zola grâce à Henry Céard. Il devint vite l'un des fidèles et des espoirs du groupe naturaliste, participant aux *Soirées de Médan*, avec la nouvelle ***Sac au dos*** (1880), qui fait écho à la brève présence de l'écrivain sous les armes durant la guerre. Quatre romans scandèrent cette période : ***Marthe, histoire d'une fille*** (1876 en Belgique, 1879 en France), roman « à faire » sur la prostitution ; ***Les Sœurs Vatard*** (1879), qui raconte de façon documentée la vie de deux ouvrières dans un atelier de brochage et de leurs amants artistes ; ***En ménage*** (1881), roman schopenhauerien d'un écrivain célibataire, André Jayant, qui, pour résoudre ses « *crises juponnières* », essaye de toutes les formules connues avant de renouer tristement avec le mariage ; et ***À vau-l'eau*** (1882) qui narre, sur un mode mi-mélancolique mi-cocasse, les déboires du célibataire Folantin dans des gargotes de bas étage où d'affreuses expériences culinaires le font balancer entre anorexie et haine du petit commerce. D'emblée, Huysmans avait choisi la voie d'un naturalisme du quotidien et des petits qui amenuisait la part du romanesque et le rangeait derrière Flaubert et Edmond de Goncourt. Il le relevait de traits sarcastiques et d'afféteries artistes. D'emblée aussi, son succès tenait du scandale : ainsi ***Le Gousset***, l'un de ses ***Croquis parisiens*** (1880), mêlant misogynie et crudité olfactive, en indigna plus d'un. Dans ***L'Art moderne*** (1883), puis dans ***Certains*** (1889), le romancier rassemblait ses travaux critiques, prenant le parti de la nouvelle peinture, celle des impressionnistes comme celle de Moreau, Redon ou Rops.

Le tournant d'*À rebours*

Publié en 1884, sans doute influencé par *La Maison d'un artiste* de Goncourt, ***À rebours*** fit sensation — en de petits cercles tout au moins. Ce roman hors normes, qui célébrait la décadence latine, consommait la rupture avec le naturalisme. Tout en narrant les expériences d'un dandy résolu à faire concurrence à la nature et à la vie en d'extravagants artifices de son cru, Huysmans dressait ici son palmarès des hérauts de la modernité (symbolisme, décadentisme) dans les différents arts. Son roman tenait du manifeste et du cours de littérature. Mais il trouvait son relief avec le personnage de Des Esseintes, cette haute figure en laquelle venaient comme échouer les grands mythes héroïques de l'Occident moderne, de don Quichotte à don Juan et de Robinson à Faust. Par-delà, s'y lisait un dédain hargneux de la démocratie.

Avec ***En rade*** (1887), autre récit d'une mise à l'écart, l'ennui urbain gagnait la vie campagnarde : Huysmans y faisait écho à son séjour au château de Lourps avec Anna Meunier, attribuant au couple de sa fiction, les Marles, une névrose angoissée, grosse d'éléments surnaturels.

L'écrivain converti au catholicisme

La tentation du sacré et l'intérêt pour les mystères de la religion — qui occupèrent Huysmans pendant près de vingt ans — furent stimulés par diverses circonstances : fréquentations de femmes « inspirées » (Henriette Maillat, Berthe Courrière, Julie Thibault), rencontres avec des médiateurs (l'ex-abbé Boullan pour la magie noire, l'abbé Mugnier pour l'orthodoxie catholique), séjours et retraites en des lieux élus (Trappe d'Igny, cathédrale de Chartres, abbaye de Saint-Wandrille...). À l'origine, il y eut l'amitié avec Bloy et la contemplation, à Cassel en 1888, de la *Crucifixion* de Grünewald (que décrivit ***Là-bas*** en 1891). Au terme de ce parcours, Huysmans se convertit au catholicisme (1892), s'installa à Ligugé et vécut à proximité du couvent bénédictin du Val Notre-Dame (1899), avant d'être fait solennellement oblat (1901), et de s'établir à Paris, dans l'annexe du couvent des bénédictines de la rue Monsieur, puis rue de Babylone.

Des œuvres ont scandé toute cette période, desquelles on retient surtout ***Là-bas***, récit de la « *descente aux égouts* » de Durtal en quête des âmes perdues — à l'origine de la brouille avec Bloy (qui n'y voyait rien de sincère ou de personnel) —, et ***En route*** (1895), relation du difficile cheminement de Durtal vers la lumière et la conversion, en une autobiographie très objectivée : « *Au moment de la conversion, c'est le printemps ; l'âme est en liesse et le Christ sème en elle ses graines ; puis viennent le froid et l'obscurité ; l'âme terrifiée se croit abandonnée et se plaint, mais sans qu'elle le sente, pendant ces épreuves de la vie purgative, les graines germent sous la neige ; elle lèvent dans la douceur contemplative des automnes, fleurissent enfin dans la vie unitive des étés* » (chap. XIII). En 1898, ***La Cathédrale*** se voua à décrire la symbolique de l'art de Chartres, tandis qu'en 1903, ***L'Oblat***, roman fatras, relatait au jour le jour la vie de Durtal-Huysmans à l'ombre de son couvent bénédictin : « [...] *le démon ne peut rien sur la volonté, très peu sur l'intelligence et tout sur l'imagination* » (chap. V).

C'est alors que Huysmans revint activement à la vie littéraire. Il fut le premier président de l'Académie Goncourt et participa à l'attribution des prix, tandis qu'il continuait à donner des ouvrages voués au catholicisme, dont ***Sainte Lydwine de Schiedam*** (1901) et ***Les Foules de Lourdes*** (1906). Tandis que l'âge et la maladie l'accablaient et qu'un cancer allait avoir raison de lui, il eut pour ultime admiratrice passionnée une très jeune fille, Henriette du Fresnel.

THÉORIE LITTÉRAIRE

Contrairement à Zola, Huysmans n'a pas écrit de traité ou d'essai théorique sur la littérature. Ses conceptions esthétiques et critiques s'affichent pourtant, dans le style souvent véhément et sarcastique qui lui est propre, à travers une abondante correspondance (avec Zola, Edmond de Goncourt, Hannon), à travers certaines préfaces à ses propres œuvres (***Préface*** de 1897 à ***En route***, ***Préface*** de 1903 à ***À rebours***) ou à celles d'autres écrivains (***Préface*** de 1881 aux *Rimes de Joie* de Hannon), à travers sa critique d'art dès 1867 (articles et *Salons*), et à travers les goûts et dégoûts, minutieusement catalogués, de ses principaux héros (Des Esseintes, Durtal) en matière d'architecture, de musique, de peinture ou de littérature. Le jeune Huysmans reconnaît sa dette envers Flaubert et Zola, qui ont rompu avec le romantisme, envers Baudelaire, « *le Dieu* » (lettre à Hannon, 27 mai 1878), dont la lecture l'aide à critiquer la poésie scientiste, archéologique et impossible des Parnassiens, qu'il déteste — contrairement aux autres écrivains réalistes et naturalistes, Huysmans est très sensible à la poésie « moderne » de son temps —, et envers Gautier qu'il récuse sur certains plans mais qui le fascine comme styliste : « *Au point de vue du style, nous dérivons tous plus ou moins de Gautier — avec l'observation et la couleur des mots nous espérons rendre les idées et épisodes qui nous hantent* » (lettre à Hannon, 16 déc. 1876). Très marqué par les nouveautés de la forme, notamment par le « *poème en prose* » de *La Faute de l'abbé Mouret* de Zola (le terme revient souvent sous sa plume) et par ***L'Assommoir***, associé en 1880 aux collectives *Soirées de Médan*, Huysmans, que tout embrigadement sous une bannière théorique hérissait, refusa, cette même année, de participer à un projet de revue d'obédience strictement zolienne *(La Comédie humaine)*, et se détacha progressivement de l'esthétique « *objective* » du roman naturaliste orthodoxe, tout en s'efforçant de conserver de bonnes relations avec Zola, Céard ou Goncourt, en gardant du naturalisme la méthode et le goût de la collecte de « *documents* » pour étayer l'essai ou la fiction, et en retenant de Goncourt le goût d'une prose nerveuse travaillée dans son rythme, sa syntaxe et son lexique. L'influence des derniers romans de Goncourt (comme *La Maison d'un artiste*) sur la maison de Des Esseintes, ou *La Faustin* et ses accents « fin de siècle » sur lui est évidente. C'est surtout la fadeur du style et le côté conventionnel des intrigues qui lui servent de cibles privilégiées : d'où ses attaques contre les « *pots de gomme tiède des Bourget* » (lettre à Edmond de Goncourt, fin oct. 1890) et toutes les « *glucoses idéalistes* » (lettre à Hannon, 18 nov. 1881), et son admiration pour des écrivains inclassables comme Barbey d'Aurevilly ou Villiers de L'Isle-Adam. Non dogmatiques, souvent contradictoires ou évoluant selon les époques ou les destinations de ses textes, les idées esthétiques de Huysmans sont volontiers provocatrices, quand il critique l'architecture de la modernité (la tour Eiffel de l'Exposition de 1889), ou décrète que les affiches de Chéret sont mille fois supérieures à tous les tableaux des Salons officiels, ou considère les « *faisandages* » des écritures marginales et décadentes préférables à celles de tous les classicismes reconnus. C'est sans doute la ***Préface*** d'***À rebours***, écrite en 1903, qui contient le mieux, en une sorte de bilan et d'itinéraire quasi autobiographique d'écrivain, les idées de Huysmans : critiques contre la grisaille des sujets et de l'écriture réaliste-naturaliste, mais réaffirmation d'une dette originaire envers cette école (*L'Éducation sentimentale* définie comme « *une véritable bible* »), rappel de son engouement pour Schopenhauer qu'il ne juge pas compatible avec son engagement catholique, réaffirmation de son admiration pour les poètes maudits (Corbière, Mallarmé, Verlaine) : « [...] *ce livre fut une amorce de mon œuvre catholique qui s'y trouve, tout entière, en germe* ». Si Des Esseintes, par certains côtés — une succession d'« expériences » esthétiques plus ou moins ratées — évoque et illustre Bouvard et Pécuchet à lui tout seul, on peut lire, ça et là, ce qui correspond sans doute à la « véritable » esthétique de Huysmans, notamment quand Des Esseintes parle du *Satyricon* de Pétrone : « *Ce roman réaliste, cette tranche découpée dans le vif de la vie romaine, sans préoccupation, quoi qu'on en puisse dire, de réforme et de satire, sans besoin de fin apprêtée et de morale ; cette histoire, sans intrigue, sans action, mettant en scène les aventures de gibiers de Sodome ;* [...] *dépeignant, en une langue splendidement orfévrie, sans que l'auteur se montre une seule fois, sans qu'il se livre à aucun commentaire, sans qu'il approuve ou maudisse les actes et les pensées de ses personnages, les vices d'une civilisation décrépite, d'un empire qui se fêle, poignait Des Esseintes et il entrevoyait dans le raffinement du style, dans l'acuité de l'observation, dans la fermeté de la méthode, de singuliers rapprochements, de curieuses analogies avec les quelques romans français modernes qu'il supportait* » (chap. III).

THÉORIE

On distingue habituellement trois périodes dans la carrière de Huysmans : la phase naturaliste, la phase décadente et la phase catholique. Si le trajet de cet écrivain tourmenté est constitué d'une succession de ruptures et bifurcations, une seule personnalité s'exprime pourtant au long de l'œuvre, nourrie de sensibilité exacerbée, de dégoût du monde et de quête désespérée d'un absolu. Certes, les ruptures renvoient aux postulations antagonistes qui le déchirèrent et l'entraînèrent tantôt vers le bordel tantôt vers le couvent. Mais on peut aussi bien les rapporter aux stratégies de positionnement d'un petit-bourgeois tout empreint d'incertitude et de ressentiment. Carrière et vie confondues, Huysmans est l'écrivain de tous les ratages, de tous les excès, celui qu'on ne lit plus guère — ***À rebours*** mis à part —, mais dont le dandysme ironique et négateur continue de fasciner.

Une écriture d'orfèvre jusqu'à l'outrance

Huysmans n'a pas cessé de cultiver la rareté et l'outrance d'un verbe accordé à la sensation, quelle que fût son esthétique ou son éthique du moment. Inséparable de la sensibilité fin de siècle et du raffinement dans « *les perfections* » où Valéry (*Tel quel, Rhumbs*) voyait la caractéristique d'une littérature de décadence, le style de Huysmans, « *style d'exception* » (Marcel Cressot), porte à incandescence les tendances de l'écriture artiste qu'ont inventée ses maîtres. Il abonde en termes rares empruntés aux vocabulaires spécialisés ; en « *fabriques de verbes aux sucs épurés* » (tels que « *s'éperdre* », « *s'évaguer* », « *décesser* », « *s'illimiter* ») ; en « *substantifs sentant l'encens* » (« *affusion* », « *effluence* », « *exoration* », « *dégoûtation* »), en « *adjectifs bizarres, taillés grossièrement dans l'or, avec le goût barbare et charmant des bijoux goths* » (« *diadémée* », « *hystérisé* », « *mélancolisé* », « *désassombrie* ») ; ou en adjectifs courants mais placés avant le nom (« *une légère pluie* », « *le silencieux paysage* », « *l'approximative somme* »).

Mais ni la quête de l'étymologie (« *le fleur* » désignant l'odeur, du latin populaire *flator*) ni l'abondance des dérivés ne sont de simples jeux verbaux : il s'agit de faire prévaloir les connotations de l'analogie sur la simple dénotation de la chose ou du fait. Ainsi, les noms d'action en *-ment* balisent un univers du mouvement incertain : « *exaucement* », « *trémulement* », « *excèdement* » ; les adjectifs préfixés en *-in*, un univers du manque, d'une absence faite de faiblesse et de passivité : « *inosé* », « *inclassé* », « *invu* », « *inému* », « *inéprouvé* », « *insexuel* »... Tous ces mots s'ordonnent en une syntaxe proliférante et variée, voire alambiquée, où jaillit parfois une liste étourdissante : « [...] *il insuffla une légère pluie d'essences humaines et quasi félines, sentant la jupe, annonçant la femme poudrée et fardée, le stéphanotis, l'ayapana, l'opopanax, le chypre, le champaka, le sarcanthus, sur lesquels il juxtaposa un soupçon de seringua, afin de donner dans la vie factice du maquillage qu'ils dégageaient, un fleur naturel de rires en sueur, de joies qui se démènent au plein soleil* » (**À rebours**, chap. X).

Sonnent également les formules incisives de la violence rageuse, de la répulsion, du sarcasme, ainsi pour dénoncer « *ces boucheries d'armées* » (***Sac au dos***) ou les écrivains catholiques que raille Des Esseintes : « *une langue si nauséeuse* », « *une parole aqueuse* », « *ce style public que ne pouvait soutenir aucune pensée qui fût imprévue, aucune thèse qui fût brave* » (***À rebours***).

Huysmans laisse en héritage un univers romanesque hors du commun. Jean Borie l'a défini comme étant par excellence celui du célibataire — Folantin, Des Esseintes ou Durtal — partagé entre ses rêves et la satisfaction médiocre de ses besoins et manies. Le célibat selon Huysmans, c'est l'impuissance et l'ennui, une sexualité exacerbée et réprouvée à la fois, un rapport dégoûté et quasi sadique au monde ; mais ce peut être également la capacité créative d'un Des Esseintes, la grandeur désespérée d'un Durtal ou la conscience de l'échec d'un Jayant.

Une œuvre aujourd'hui méconnue

Huysmans fut éreinté par Maupassant et par Zola pour ***À rebours***, comme il l'avait été par Renard pour ***Les Sœurs Vatard*** — « *c'est du Zola en zinc, du naturalisme en toc* » (*Journal*, 4 avr. 1889) — et comme il le fut par Bloy pour ***Là-bas*** — « *la plus monstrueusement futile des rapsodies contemporaines* [...] *qui pourrait encore avoir une certaine grandeur infernale, si l'audace d'une idée précise ne manquait pas essentiellement et, surtout, si on ne sentait pas, à chaque instant, l'impersonnalité d'un pauvre homme qui tient à placer tous ses documents* » (*L'Incarnation de l'Adverbe*, 1891). Léautaud ne fut pas en reste, de même que Drieu La Rochelle, évoquant « [...] *le faible Huysmans qui a eu au moins le mérite de détailler les traits de la caricature tracée déjà par de plus puissantes plumes* [...] » (*Notes pour comprendre le siècle*). Outre Barbey et Mallarmé, seul Valéry lui conserva son admiration, partagée, plus tard, par Vailland. Huysmans, aujourd'hui, a-t-il des lecteurs ? Des admirateurs et des partisans sans doute, mais pas un vrai public, ce qui peut expliquer que ses œuvres ne soient que chichement rééditées. Véhémente ou tarabiscotée, la forme fait obstacle. Cependant, avec toute sa singularité, avec son humour aussi, ***À rebours*** est devenu un classique et ***En ménage*** mériterait de l'être.

ŒUVRE

À rebours

Roman, en 16 chapitres, précédés d'une ***Notice***, paru chez Charpentier, à Paris, en mai 1884, et réédité en 1903 avec une importante ***Préface écrite vingt ans après le roman***.

En une quinzaine de chapitres dépourvus de lien et d'intrigue, le roman relate l'histoire du duc Jean Floressas Des Esseintes, dernier rejeton d'une illustre lignée dégénérée, qui, accablé par l'ennui et miné par la névrose « *de l'existence contemporaine* », décide, « *sans faire part à qui que ce fût de ses projets* », de vendre le château familial, de quitter Paris et de se retirer du monde « *sans laisser au concierge aucune adresse* ». Dans sa retraite de Fontenay-aux-Roses, ce dandy célibataire vit au milieu des poèmes et tableaux de son « musée imaginaire » et se livre à des expériences aussi artificielles qu'extravagantes : il aménage en cabine de bateau sa salle à manger *« tendue de noir »*, se délecte des auteurs latins de la décadence — fleuron de sa bibliothèque —, fait sertir de pierreries la carapace d'une tortue, use d'un orgue à liqueurs, choisit les tableaux — de Moreau et de Redon surtout — les mieux à même de le *« soustraire à une haïssable époque d'indignes muflements,* [...] *une peinture subtile, exquise, baignant dans un rêve ancien, dans une corruption antique, loin de nos mœurs, loin de nos jours »*. Le roman a pour seule péripétie véritable le détraquement croissant que connaît le système nerveux du héros au gré de ses orgies sensorielles, cauchemars et autres hallucinations — dégradation nerveuse qui l'amène à s'enivrer des artificielles fleurs rares de sa serre, puis de fragrances de plus en plus subtiles, comme autant de remèdes pires que le mal. Le projet d'un voyage réparateur à Londres n'aboutit qu'à un bar anglais de Paris et au retour à Fontenay, où la lecture tient lieu de calmant et d'aliment — et offre l'occasion de célébrer, *« avec Baudelaire, ces trois maîtres »* que sont Flaubert, Zola et les Goncourt, ainsi que Barbey, Verlaine, Corbière, Mallarmé, Poe et Villiers. Répit provisoire : victime d'hallucinations auditives — à la faveur desquelles il encense le plain-chant, le *« prodigieux Wagner »*, la musique de chambre de Schumann et les lieder de Schubert —, Des Esseintes se résout à se laisser traiter par un médecin qui le guérit de sa névrose, au prix toutefois d'*« une douche glacée sur la tête »*, à savoir un retour à Paris, où l'attendent, *« comme un raz de marée, les vagues de la médiocrité humaine »*.

Huysmans déploie, dans ***À rebours***, toute une rhétorique artiste, reflet de son programme esthétique qui s'exprime dans une langue où l'abondance des néologismes et des qualificatifs recherchés, l'empilement syntaxique des descriptions font écho, dans la forme, comme autant de bibelots symboliques, à la névrose et à la recherche de raffinement de Des Esseintes : *« Il avait voulu, pour la délectation de son esprit et la joie de ses yeux, quelques œuvres suggestives le jetant dans un monde inconnu, lui dévoilant les traces de nouvelles conjectures, lui ébranlant le système nerveux par d'érudites hystéries, par des cauchemars compliqués, par des visions nonchalantes et atroces. »* Plus que du roman, ***À rebours*** tient tantôt de l'essai et tantôt du poème en prose : *« En un mot, le poème en prose représentait, pour Des Esseintes, le suc concret, l'Osmazome de la littérature, l'huile essentielle de l'art »* (chap. XIV).

À rebours, que Zola — même s'il n'émit officiellement que des *« réserves »* — reçut comme une trahison, s'inscrit en rupture avec le naturalisme des premières œuvres de Huysmans, auquel l'auteur dit parodiquement adieu dans la ***Notice*** initiale consacrée à l'hérédité du héros, se tournant alors vers l'esthétique décadente. À sa parution, l'œuvre suscita quantité de comptes rendus moqueurs ou scandalisés, concentrés surtout autour de la clé du personnage de Des Esseintes : était-il ou non la transposition de l'extravagant écrivain Robert de Montesquiou ? Néanmoins, elle fut célébrée par plusieurs contemporains — et non des moindres —, à commencer par ceux qui y sont évoqués, d'Edmond de Goncourt parlant d'*« un joli névrosé »* et d'*« un livre qui apporte une petite fièvre à la cervelle »*, signe de son appartenance à la catégorie *« des livres d'hommes de talent »* (*Journal*, 16 mai 1884), à Barbey s'enthousiasmant pour « À rebours ! *Oui ! au rebours du sens commun, du sens moral, de la raison, de la nature,* [pour] *ce livre, qui coupe comme un rasoir — mais un rasoir empoisonné — sur les platitudes ineptes et impies de la littérature contemporaine* [...] » et soulignant que *« le névropathe de M. Huysmans est une âme malade d'infini dans une société qui ne croit plus qu'aux choses finies »*, avant de conclure qu'*« après un tel livre, il ne reste plus à l'auteur qu'à choisir entre la bouche d'un pistolet ou les pieds de la croix »* (article in *Le Constitutionnel*, 28 juil. 1884) — conclusion que Huysmans rappela lui-même à la fin de sa ***Préface*** en répondant : *« C'est fait »* —, en passant par Mallarmé saluant *« ce livre unique, qui devait être fait — l'est-il bien, par vous ! — cela à nul autre moment littéraire que maintenant ! »* (lettre à Huysmans, 18 mai 1884) — quelques mois avant de publier une élogieuse *Prose pour Des Esseintes* (1885). Même Bloy — qui se brouilla ensuite avec l'auteur — s'extasia : *« Quelqu'un a-t-il lu le dernier livre de Huysmans, œuvre morbide et désolée dont le titre,* À rebours, *ne montre pas, par malheur, l'effrayante profondeur de spiritualisme et la surprenante énergie de réprobation, au nom de l'idéal saccagé ?* [...] *À l'exception de Pascal, personne n'avait encore exhalé d'aussi pénétrantes lamentations »* (article in *Le Chat noir*, 14 juin 1884). Et le jeune Valéry de souligner, plus de cinq ans après la parution : *« Huysmans est celui d'aujourd'hui dont mon âme s'accommode le mieux. J'en suis toujours à relire* À rebours, *c'est ma bible et mon livre de chevet. Rien n'a été écrit de plus fort ces derniers vingt ans. C'est un des rares ouvrages qui créent un style, un type, presque un art nouveau. Des Esseintes est assez dépravé dans ses sens et assez mystique pour me séduire, et j'envie sans cesse son long repos dans les raffinements solitaires et dans les prestiges de l'esprit »* (lettre à Albert Ducrip, 1889).

La critique universitaire, si elle dénonça l'incongruité des palmarès de Des Esseintes en littératures latine et française, resta, somme toute, modérée, à l'image de Jules Lemaître : « [...] *c'est là le malheur de ce livre, d'ailleurs divertissant : il ressemble trop à une gageure et on a peur d'être dupe en le prenant trop au sérieux. L'impression totale est donc équivoque. On voit bien que Des Esseintes est un maniaque, un fou, ou tout bonnement un imbécile très compliqué. Mais (et de là notre malaise) l'auteur a tout l'air de nous présenter cet abruti comme un homme très fort dont le raffinement a des mystères qui ne sont accessibles qu'aux hommes forts comme lui.* [...] *Parmi beaucoup de naïvetés, d'enfantillages, de sottises, et tout en inventant quelquefois des choses inventées déjà depuis deux mille ans, ils ont de remarquables trouvailles. Il faut assister avec sympathie à cette invasion de barbares précieux : car peut-être que c'est la dernière poussée originale d'une littérature finissante et qu'après eux il n'y aura rien, plus rien* » (article in *La Revue contemporaine, littéraire, politique et philosophique*, 1885). L'œuvre fut aussi immortalisée par Oscar Wilde, dont le héros du *Portrait de Dorian Gray* se révèle un lecteur conquis des étrangetés de Des Esseintes, et par Breton, qui a rangé Huysmans, et sa drôlerie parfois féroce et décapante, dans son *Anthologie de l'humour noir*.

Aujourd'hui, ce roman est tenu pour l'expression quintessenciée du *credo* décadent et de la modernité naissante. À l'image de sa conclusion — « *Seigneur, prenez pitié du chrétien qui doute, de l'incrédule qui voudrait croire, du forçat de la vie qui s'embarque seul, dans la nuit, sous un firmament que n'éclairent plus les consolants fanaux du vieil espoir !* » —, elle révèle, par endroits, une gravité mystique qui est bien celle de la fin d'un siècle, mais aussi une angoisse qui fait de Des Esseintes l'aîné du Bardamu de Céline ou du Roquentin de Sartre, et d'***À rebours***, le premier antiroman du XXe siècle.

CITATIONS

Baudelaire était allé plus loin ; il était descendu jusqu'au fond de l'inépuisable mine, s'était engagé à travers des galeries abandonnées ou inconnues, avait abouti à ces districts de l'âme où se ramifient les végétations monstrueuses de la pensée.
Là, près de ces confins où séjournent les aberrations et les maladies, le tétanos mystique, la fièvre chaude de la luxure, les typhoïdes et les vomitos du crime, il avait trouvé, couvant sous la morne cloche de l'Ennui, l'effrayant retour d'âge des sentiments et des idées.

À rebours, 12.

En un mot, le poème en prose représentait, pour Des Esseintes, le suc concret, l'Osmazome de la littérature, l'huile essentielle de l'art.

À rebours, 14.

Ah ! la vraie preuve du catholicisme, c'était cet art qu'il avait fondé, cet art que nul n'a surpassé encore ! c'était, en peinture et en sculpture les Primitifs ; les mystiques dans les poésies et dans les proses ; en musique, c'était le plain-chant ; en architecture, c'était le roman et le gothique.

En route, I, 1.

Les ordres contemplatifs sont les paratonnerres de la société.

En route, I, 3.

L'ignorance du clergé, son manque d'éducation, son inintelligence des milieux, son mépris de la mystique, son incompréhension de l'art, lui ont enlevé toute influence sur le patriciat des âmes. Il n'agit plus que sur les cervelles infantiles des bigotes et des mômiers ; et, c'est sans doute providentiel, c'est sans doute mieux ainsi, car s'il devenait le maître, s'il parvenait à hisser, à vivifier la désolante tribu qu'il gère, ce serait la trombe de la bêtise cléricale s'abattant sur un pays, ce serait la fin de toute littérature, de tout art en France.

En route, II, 2.

L'âme est une sorte d'aérostat qui ne peut monter, atteindre ses fins dernières dans l'espace, qu'en jetant son lest.

En route, II, 5.

Toute partie d'église, tout objet matériel servant au culte est la traduction d'une vérité théologique. Dans l'architecture scripturale, tout est souvenir, tout est écho et reflet, et tout se tient.

En route, II, 6.

— Je ne reproche au naturalisme ni ses termes de pontons, ni son vocabulaire de latrines et d'hospices, car ce serait injuste et ce serait absurde ; d'abord, certains sujets les hèlent, puis avec des gravats d'expressions et du brai de mots, l'on peut exhausser d'énormes et de puissantes œuvres, *L'Assommoir*, de Zola, le prouve ; non, la question est autre ; ce que je reproche au naturalisme, ce n'est pas le lourd badigeon de son gros style ; c'est l'immondice de ses idées ; ce que je lui reproche, c'est d'avoir incarné le matérialisme dans la littérature, d'avoir glorifié la démocratie de l'art !

Là-bas, 1.

Il faudrait, se disait-il, garder la véracité du document, la précision du détail, la langue étoffée et nerveuse du réalisme, mais il faudrait aussi se faire puisatier d'âme et ne pas vouloir expliquer le mystère par les maladies des sens ; le roman, si cela se pouvait, devrait se diviser de lui-même en deux parts, néanmoins soudées ou plutôt confondues, comme elles le sont dans la vie, celle de l'âme, celle du corps, et s'occuper de leurs réactifs, de leurs conflits, de leur entente. Il faudrait en un mot, suivre la grande voie si profondément creusée par Zola, mais il serait nécessaire aussi de tracer en l'air un chemin parallèle, une autre route, d'atteindre les en deçà et les après, de faire, en un mot, un naturalisme spiritualiste ; ce serait autrement fier, autrement complet, autrement fort !

Là-bas, 1.

À l'heure actuelle, dans le raclage têtu des vieux cartons, l'Histoire ne sert plus qu'à étancher les soifs littéraires des hobereaux qui préparent ces rillettes de tiroirs auxquelles l'Institut décerne, en salivant, ses médailles d'honneurs et ses grands prix.

Là-bas, 2.

Aimer sans espoir, à blanc, ce serait parfait s'il ne fallait pas compter avec les intempéries de sa cervelle !

Là-bas, 14.

Le cœur qui est réputé la partie noble de l'homme a la même forme que le pénis qui en est, soi-disant, la partie vile ; c'est très symbolique, car tout amour de cœur finit par l'organe qui lui ressemble. L'imagination humaine, lorsqu'elle se mêle d'animer des êtres d'artifice, en est réduite à reproduire les mouvements des animaux qui se propagent. Vois les machines, le jeu des pistons dans les cylindres ; ce sont dans des Juliette en fonte des Roméo d'acier [...].

Là-bas, 14.

JUGEMENTS

« Arrivons maintenant à l'Adverbe.

Le goût passionné de Huysmans pour cette partie du discours *est étrangement et profondément caractéristique.*

Pour qui cherche dans les œuvres des écrivains autre chose qu'un délassement ou une trépidation nerveuse, le titre d'un livre a l'importance d'un ostensoir de grandeur et de vanité.

Qu'il le veuille ou non, l'auteur est forcé d'étaler là son espèce *que ne consacre pas toujours le ravissement du lecteur.*

À ce point de vue, les titres de Huysmans sont peut-être les plus étonnants qui existent : En ménage, À rebours, En rade, À vau-l'eau, Là-bas. *Remarquez bien que ce n'est pas même l'adverbe, c'est la locution adverbiale.*

Le dynamomètre de son esprit, c'est la locution adverbiale. Le simple adverbe serait encore trop précis, trop mâle, trop dogmatique et trop tranchant pour un appareil cérébral incapable de fonctionner autrement que dans un mode subjonctif et satellitaire. La pensée de cet homme a l'évolution triste et lointaine de la planète des calamités.

L'adverbe, selon la grammaire, est un mot invariable qui modifie *le verbe, l'adjectif ou un autre adverbe par une idée de lieu, de temps, de circonstance, etc. Ce dangereux subalterne est le chien de troupeau des phrases. Quand il commande, c'est pour dévorer.*

Le même adverbe, selon la littérature saturnienne, est un vocable de crépuscule qui se charge d'inféconder l'Affirmation, d'estomper à la plombagine les contours de la Parole et de favoriser d'un brouillard les monstrueux accouplements de l'Antinomie. C'est le bienfaiteur du Néant.

C'est pourquoi Huysmans idolâtre si jalousement jusqu'au simulacre *de l'Adverbe, qu'il lui a bâti des chapelles où ne peuvent entrer qu'en tremblant les génitives Prépositions ou les Conjonctions obscènes, mais d'où sont bannies avec rage les patibulaires Interjections. »*

Léon Bloy, *L'Incarnation de l'Adverbe*, 1891, in *Sur la tombe de Huysmans*, 1913.

« Peu d'écrivains ont plus peiné, peu d'hommes ont plus dignement souffert. »

Roland Dorgelès, *Images*, Albin Michel, posthume, 1975.

« Dans À vau-l'eau, À rebours, Là-bas, *il a montré l'homme des villes dans sa suprême immobilité, son épuisement dernier, son ennui définitif. »*

Pierre Drieu La Rochelle, *Notes pour comprendre le siècle*, in *Sur les écrivains*, Gallimard, posthume, 1964.

« Ah ! ces naturalistes, on ne pourra pas dire qu'ils ont péché par la finesse, l'esprit, le bon goût, et même la simple intelligence tout court. Huysmans, avec ses chinoiseries de style et de vocabulaire (il devait se prendre pour un grand linguiste) et avec sa bondieuserie, était peut-être le plus borné de tous. »

Paul Léautaud, *Journal littéraire*, 11 mai 1927, Mercure de France, rééd. 1986.

« Cet Ulysse des gargotes, dont l'odyssée se borne à des voyages entre des plats où graillonnent les beurres rancis autour de copeaux de chair inavalables, est navrant, poignant, désespérant, parce qu'il nous apparaît d'une effrayante vérité. »

Guy de Maupassant, *Chroniques*, t. II, 9 mars 1882.

« Huysmans va à mon âme comme un ornement d'or d'un travail byzantin : il y a dans son style le charme émouvant des arches, un sentiment de rituel, la passion du mural, des vitraux. »

George MOORE, *Confessions d'un jeune Anglais*, 1888.

« Achevé À rebours. *Aucun livre ne m'a davantage marqué. »*

Roger VAILLAND, *Écrits intimes*, Gallimard, posthume, 1968.

« La conversation de Huysmans était furieusement pittoresque. Il avait le langage le plus vert qui se pût entendre. Je ne saurais véritablement vous reproduire la plupart des propos qu'il m'a tenus. Il était rarement tendre et souvent satirique. Huysmans était le plus nerveux des hommes, au demeurant très fidèle et très serviable. Ses livres singuliers lui attiraient d'étranges visiteurs ou des correspondants bien extraordinaires. »

Paul VALÉRY, *Variété*, in *Œuvres*, t. I, « Pléiade », Gallimard, 1957.

BIBLIOGRAPHIE

Éditions

Œuvres complètes, Crès, 1929, rééd. Slatkine, 1972, 9 vol.

À rebours, éd. M. FUMAROLI, « Folio », Gallimard, 1974 ; éd. R. FORTASSIER, « Lettres françaises », Imprimerie nationale, 1981.

Études

R. BALDICK, *La Vie de J.-K. Huysmans*, trad. franç. M. THOMAS, Denoël, 1958.

L. BLOY, *Sur Huysmans*, « Le Regard littéraire », Complexe, Bruxelles (BE), 1986 [sous ce titre retenu par l'éditeur sont rassemblés *J.-K. Huysmans de l'Académie Goncourt*, paru en 1903 dans *Les Dernières Colonnes de l'Église*, et *Sur la tombe de Huysmans*, titre d'un recueil de 1913 rassemblant des articles parus entre 1884 et 1893].

J. BORIE, *Huysmans. Le Diable, le célibataire et Dieu*, Grasset, 1991.

P. BRUNEL et A. GUYAUX (dir.), *Huysmans*, « Cahiers de l'Herne », L'Herne, 1985.

P. BUVIK, *La Luxure et la Pureté. Essai sur l'œuvre de Joris-Karl Huysmans*, Solum Vorlag/Didier Érudition, Oslo (NO)/Paris, 1989.

P. COGNY, *J.-K. Huysmans à la recherche de l'unité*, Nizet, 1953.

Fr. COURT-PEREZ, *Joris-Karl Huysmans. À rebours*, PUF, 1987 ; *Joris-Karl Huysmans. À rebours*, PUF/SEDES, 1990.

M. CRESSOT, *La Phrase et le vocabulaire de J.-K. Huysmans*, Droz, Genève (CH), 1938, rééd. Slatkine, Genève (CH), 1975.

J. FREUSTIÉ, « Huysmans », in *Tableau de la littérature française*, III, Gallimard, 1974, pp. 417 à 422.

D. GROJNOWSKI, « Les lecteurs d'*À rebours* », in *Critique*, n°s 550-551, 1993 ; *Le Sujet d'« À rebours »*, P.U. du Septentrion, Villeneuve-d'Ascq (Nord), 1996 ; *Daniel Grojnowski présente « À rebours » de Joris-Karl Huysmans*, « Foliothèque », Gallimard, 1996.

P. JOURDE, *Huysmans, « À rebours »*, « Unichamp », Champion, 1991 ; *L'Alcool du silence : sur la décadence*, Champion, 1994.

N. LIMAT-LETELLIER, *Le Désir d'emprise dans « À rebours » de Joris-Karl Huysmans*, « Lettres modernes », Minard, 1990.

Fr. LIVI, *Huysmans, « À rebours » et l'esprit décadent*, La Renaissance du livre, Bruxelles (BE), 1976.

H. de PHALÈSE, *Comptes « À rebours », l'œuvre de Huysmans à travers les nouvelles technologies*, Nizet, 1991.

A. VIRCONDELET (dir.), *Huysmans : entre grâce et péché*, Beauchesne, 1995.

F. ZAYED, *Huysmans peintre de son époque*, Nizet, 1973.

« Huysmans », in *La Revue des Sciences humaines*, 3e trim. 1978.

« Joris-Karl Huysmans », *in* R. AMADOU (dir.), *La Tour Saint-Jacques*, n° 10, mai-juin 1957.

L'Information grammaticale, nos 52 et 53, 1992 .

AUDIO & VIDÉO

CD-ROM

Encyclopédie de la littérature française, Bibliopolis, 1998.

Les Romanciers réalistes et naturalistes 1820-1910, Bibliopolis, 1997.

IONESCO

Eugène IONESCO
De son vrai nom, Eugen IONESCU
De nationalité roumaine, naturalisé Français en 1950, sous le nom d'Eugène IONESCO
Slatina (Roumanie) 1909 – Paris 1994
Académicien

> *« Quel emploi merveilleux de l'imagination ! »*
> Anaïs NIN, *Journal*, hiver 1957-1958.

> « [Ionesco] *menue curiosité du théâtre d'aujourd'hui.* »
> Robert KEMP, article in *Le Monde*, 18 octobre 1955.

La vie d'un pessimiste gai

De Bucarest à Paris : du professeur à l'écrivain

Né dans une petite ville de la Roumanie méridionale, à 150 km de Bucarest, d'un père roumain — qui s'appelait aussi Eugen Ionescu et était juriste — et d'une mère française — Thérèse Ipcar —, le futur Ionesco se retrouva en France peu après sa naissance, en compagnie de sa jeune sœur Marilina, née en 1911, et d'un petit frère, Mircea, né en 1912 mais décédé d'une méningite à 18 mois. Installée à Paris où le père, achevant ses études, devint docteur en droit, la famille fut éclatée par la guerre : en 1916 — année de l'entrée de la Roumanie dans le conflit —, le père retourna à Bucarest, laissant femme et enfants au seul soutien de sa belle-famille. La santé fragile de Ionesco nécessita sa mise au vert : sa mère le plaça en pension à la Chapelle-Anthenaise (act. Mayenne), où il resta, avec sa sœur, entre 1917 et 1919, années dont il conserva le meilleur souvenir.
Sans nouvelles du père à la fin des hostilités, on le croyait mort à la guerre ; il n'en était rien. Pas même soldat, il était devenu inspecteur général de la sûreté à la police de Bucarest et s'était remarié en 1917, après avoir obtenu le divorce, au motif que sa femme s'était installée à l'étranger, et même la garde des enfants : aussi ces derniers regagnèrent-ils Bucarest en 1922, où les relations avec le père et la belle-mère furent si mauvaises que, dès 1926, Eugène rejoignit sa sœur, déjà repartie vivre chez leur mère, désormais employée de banque à Bucarest et à qui jamais son ex-mari — d'autant plus riche qu'il sut toujours être de la « couleur politique » du pouvoir en place — ne versa la moindre pension alimentaire. De 1929 à 1933, Ionesco étudia la littérature française à l'université et publia quelques poèmes. Parallèlement à une brève carrière de professeur de français — sa première langue — à Bucarest, il publia divers écrits, souvent iconoclastes, qui le situaient dans l'avant-garde roumaine. L'obtention, en 1938, d'une bourse de doctorat du gouvernement roumain pour une thèse intitulée ***Le Péché et la Mort dans la poésie française depuis Baudelaire*** — et jamais achevée — lui permit de faire de longs séjours à Paris. Deux ans après avoir épousé, en Roumanie, une étudiante en philosophie — en 1936, l'année même où mourut sa mère —, Ionesco revint donc en France en 1938, où, après un va-et-vient entre ses deux « patries », il se fixa définitivement en 1942 : le couple s'installa à Marseille, dans des conditions matérielles très difficiles, puis à Vichy, où Ionesco devint attaché culturel de la Légation royale de Roumanie. De retour à Paris en 1945 — un an après la naissance de sa fille Marie-France —, Ionesco y exerça divers métiers, dont celui de correcteur chez un éditeur de livres juridiques, et fut naturalisé en 1950, deux ans après la mort de son père. À partir de cette date — qui coïncida avec les rencontres décisives de Buñuel, Breton, Adamov, Gandillac, et de ses « compatriotes » Eliade et Cioran —, sa vie se confondit avec son œuvre.
En 1950, Ionesco fit jouer ***La Cantatrice chauve***. Les années suivantes, il donna ***La Leçon*** (1951), ***Les Chaises*** (1952) et ***Victimes du devoir*** (1953) que Gallimard publia avec une préface de Jacques Lemarchand — lequel ne cessa de défendre Ionesco contre une critique alors majoritairement défavorable, voire hostile.
C'est d'ailleurs pour s'opposer à une telle critique que, lors d'une reprise des ***Chaises*** en 1956, Anouilh publia un éloge retentissant *(« Six ans à peine après ses débuts dans la bohème, le réfugié roumain est déjà au rang des classiques français »)* à la une du *Figaro*, dont le critique théâtral attitré, Jean-Jacques Gautier, était violemment hostile au néophyte moderniste. Ionesco avait aussi le soutien de la *Nouvelle NRF* de Paulhan : dès 1954 parut chez Gallimard le 1er tome de son ***Théâtre*** (1954 à 1981, 7 vol.). Ces premières pièces, jouant avec les clichés thématiques et dramaturgiques de la scène naturaliste, furent représentées devant un public clairsemé. Elles traitaient souvent du couple, « *microcosme du monde* » (Jean Duvignaud), que ses querelles vouaient à l'échec.

De l'absurde à l'antitotalitarisme

Les parutions de ***Amédée ou Comment s'en débarrasser*** (1954), ***Jacques ou la Soumission*** (1954), ***Le Nouveau Locataire*** (1955) et ***L'avenir est dans les œufs*** (1957) trouvèrent un plus large public. Les pièces suivantes se chargèrent de symboles. Elles gagnèrent en clarté ce qu'elles perdaient en fantaisie. C'est durant ces années que se déclencha, en 1958, la « *controverse londonienne* », virulente polémique opposant Ionesco au critique anglais Kenneth Tynan, de *The Observer*. De l'appartement privé, l'espace dramatique s'étendit aux dimensions de la cité, dans la tétralogie où apparaissait le personnage de Bérenger — ***Tueur sans gages*** (1958), ***Rhinocéros*** (1959), ***Le Roi se meurt*** (1963) et ***Le Piéton de l'air*** (1963) —, puis dans ***La Soif et la Faim*** (1966), pièce à grand spectacle créée à la Comédie-Française, et enfin dans ***Jeux de massacre*** (1970). À la fin des années 1930, Ionesco avait assisté en Roumanie à la montée du fascisme. C'est à cette hystérie, qui avait gagné ses proches, qu'il s'en prit dans ***Rhinocéros*** (d'abord publié sous forme de nouvelle, dans *Les Lettres nouvelles*, en 1957).

Dès les années 1950, Ionesco eut des relations difficiles avec les metteurs en scène. Il refusa les coupures et aménagements qui lui étaient demandés pour tirer ses pièces, jugeait-il, du côté du réalisme. Ses didascalies leur laissaient une marge toujours plus étroite, comme si l'auteur entendait interdire toute représentation contraire à ses desseins. Il s'en expliqua notamment dans ***Notes et Contre-Notes*** (1962), le premier de ses livres de réflexion esthétique : « *Le metteur en scène doit se laisser faire. Il ne doit pas vouloir faire quelque chose de la pièce, il doit s'annuler, il doit être un parfait réceptacle. Un metteur en scène vaniteux voulant imposer sa personnalité n'a pas la vocation d'un metteur en scène. Tandis que le métier d'auteur au contraire demande que celui-ci soit vaniteux, imperméable aux autres, avec un ego hypertrophié.* » Le dramaturge continua à se faire l'exégète de ses créations dans ***Journal en miettes*** (1967), ***Présent passé, Passé présent*** (1968) et ***Découvertes*** (1969), essais plutôt autobiographiques, ainsi que dans ses ***Entretiens avec Claude Bonnefoy*** (1966), réédités sous le titre ***Entre le rêve et la vie*** (1977).

Ionesco considérait la scène de son temps de façon très binaire : il y avait d'un côté le théâtre de création, de l'autre la coalition, contre nature, du Boulevard et d'idéologues dogmatiques. Très vite, sa critique se focalisa contre les prétentions des « *scénocrates* » qui faisaient du tréteau une tribune. L'idéologie « progressiste » — en l'occurrence, le marxisme de Brecht et de Sartre — était, selon lui, un redoutable alibi, la rationalisation apparemment rassurante de passions et de pulsions dangereuses, qu'il dénonça dans ***L'Impromptu de l'Alma*** (1956), où il représenta les brechtiens en médecins de Molière. Impuissante face à la douleur, à la peur de la mort, cette idéologie, à ses yeux, stérilisait la création. Son intrusion dans le domaine de l'art produisit ce qu'il exécrait plus que tout : le théâtre à thèse. Car l'économie d'une pièce didactique, pensait-il, est ainsi programmée : elle « *impose des réponses avant de poser des questions* » *(ibid.)*. Or l'art est dans la surprise ; l'ennemi, c'est le conformisme, auquel n'échappent aucune classe, aucune société. Ionesco le traqua dans les stéréotypes des petits-bourgeois ***(La Cantatrice chauve)***, puis dans les clichés univoques de la propagande totalitaire dont la mère Pipe ***(Tueur sans gages)***, Botard ***(Rhinocéros)*** et Brechtoll ***(La Soif et la Faim)*** étaient les représentants.

Un iconoclaste à l'Académie

Ionesco fut élu à l'Académie française au siège de Paulhan, en 1970, un iconoclaste succédant en l'occurrence à un autre, au sein de ce « temple » de la tradition. Sa capacité d'invention s'émoussa ensuite : si ***Macbett*** (1972), parodie ironique du drame shakespearien, fut une réussite, on ne peut en dire autant des pièces qui suivirent : ***Ce formidable bordel !*** (1973), ***L'Homme aux valises*** (1975), ***Voyages chez les morts*** (1981). Avec le temps, son théâtre se fit plus pathétique et raisonneur, accordant une place croissante aux matériaux autobiographiques et oniriques. La thématique de la culpabilité, de la solitude, de l'exil, de la fatalité et de la mort, déjà présente dans les premières pièces, se fit de plus en plus obsédante. La crise de l'identité remplaçait celle, plus immédiatement efficace au théâtre, de la communication.

Devenu célèbre, couvert de distinctions et de récompenses internationales, Ionesco voyagea, donna de multiples conférences et écrivit de nombreux articles réunis dans ***Antidotes*** (1977) et ***Un homme en question*** (1979). S'il fut presque exclusivement dramaturge et essayiste, il publia toutefois le roman ***Le Solitaire*** (1973), ainsi que des ***Contes pour enfants de moins de trois ans*** (1976). Une décade lui fut consacrée à Cerisy-la-Salle, du 3 au 13 août 1978. Il fit traduire et republier ses écrits de jeunesse — ***Hugoliade*** (1982), ***Non*** (1986) —, et Gallimard publia en 1987 son journal intime, ***La Quête intermittente***. Il se mit aussi à la peinture, après avoir abordé le cinéma, avec ***La Vase*** (1970), téléfilm suisse de Heinz von Kramer, dont il signa le scénario et tint le rôle principal — le film, tourné surtout à La Chapelle-Anthenaise, fut diffusé à la télévision allemande début 1971 et projeté à la Cinémathèque du Palais de Chaillot, à Paris, à la fin de la même année. Entre 1982 et 1984, Ionesco monta même sur les planches : avec son épouse Rodica, ainsi que Jean-Paul Aron, Florence Delay, Guy Dumur, Viviane Forrester, Alain Jouffroy, auxquels se joignirent Alain Robbe-Grillet et Nathalie Sarraute, il interpréta la pièce *Freshwater*, adaptée et mise en scène par Simone Benmussa, pour commémorer le centenaire de Virginia Woolf. Créée au Centre Georges-Pompidou, à Paris, fin 1982, la pièce fut reprise quelques jours à la New York University, au Théâtre du Rond-Point, à Paris, puis au Riverside, à Londres, fin 1983, enfin au festival de Spolète, en Italie, à l'été 1984. Sensibilisé à la situation des pays du bloc communiste, Ionesco consacra une part importante de son temps à défendre les dissidents de l'Est. L'une de ses dernières joies fut la chute du régime communiste roumain, fin 1989.

Il mourut à son domicile parisien, dans sa 85e année. C'est Marc Fumaroli qui lui succéda à l'Académie française.

THÉORIE LITTÉRAIRE

Ionesco répugnait manifestement à l'idée qu'une œuvre pût échapper à son auteur. Soucieux d'être compris, il multiplia donc commentaires, confidences et entretiens. Il aimait s'expliquer et polémiquait volontiers, même si le débat théorique lui semblait moins important que la création proprement dite : « *L'œuvre d'art doit contenir en elle-même, et cristalliser, une plus grande complexité des débats dont elle est la réponse ou l'interrogation plus ample* [...]. *J'espère que mon théâtre a plus d'humour que mes polémiques* » ***(Notes et Contre-Notes)***. C'est pourquoi il s'institua son propre exégète, et livra les grands principes de sa dramaturgie dans ***Notes et Contre-Notes*** et des bribes de son autobiographie dans ***Journal en miettes***, ***Présent passé, Passé présent*** et ***Découvertes***. « *J'ai* [...] *toujours pensé que la vérité de la fiction est plus profonde, plus chargée de signification que la réalité quotidienne. Le réalisme, socialiste ou pas, est en deçà de la réalité* [...]. *Il n'y a de vrai que le mythe : l'histoire, en tentant de le réaliser, le défigure* » ***(Notes et Contre-Notes)***. Ionesco réserva donc ses flèches les plus acérées au « *théâtre à thèse* [...], *lié aux dirigismes et aux tyrannies de l'esprit et des pouvoirs installés* » *(ibid.)*. Refusant l'idée que le théâtre pût « *se faire le véhicule des idéologies* » *(ibid.)*, que l'art dût rechercher ou établir une vérité absolue comme dans le domaine scientifique, partisan donc d'un « *libéralisme métaphysique* » *(ibid.)*, il avait élaboré au fil des années une esthétique — ou plutôt une contre-esthétique — cohérente, fondée sur la subversion des grandes catégories « aristotéliciennes », donnant la priorité à la « forme » sur le « fond » et décourageant les lectures tant thématiques que psychosociologiques de ses pièces : « *Ce qui m'intéresse surtout au théâtre, c'est* la forme théâtrale. *La vraie pièce de théâtre, pour moi, est plutôt une construction qu'une histoire* » *(ibid.)*.

Ionesco aimait à jouer sur les contrepoints, sur la discordance entre le texte et le jeu : « *Aller à fond dans le grotesque, la caricature* [...]. *Pas de comédies de salon, mais la farce, la charge parodique extrême. Humour, oui, mais avec les moyens du burlesque. Un comique dur, sans finesse, excessif.* [...] *revenir à l'insoutenable. Pousser tout au paroxysme, là où sont les sources du tragique. Faire un théâtre de violence : violemment comique, violemment dramatique. Éviter la psychologie ou plutôt lui donner une dimension métaphysique. Le théâtre est dans l'exagération extrême des sentiments, exagération qui disloque la plate réalité quotidienne. Dislocation aussi, désarticulation du langage.* [...] *jouer contre le texte. Sur un texte insensé, absurde, comique, on peut greffer une mise en scène, une interprétation grave, solennelle, cérémonieuse. Par contre, pour éviter le ridicule des larmes faciles, de la sensiblerie, on peut, sur un texte dramatique, greffer une interprétation clownesque, souligner, par la farce, le sens tragique d'une pièce* » *(ibid.)*.

En bon pataphysicien, Ionesco n'envisage pas le comique et le tragique comme appartenant à deux sphères distinctes : « *Le comique étant l'intuition de l'absurde, il me semble plus désespérant que le tragique. Le comique n'offre pas d'issue.* [...] *Pour certains, le tragique peut paraître, en un sens, réconfortant, car, s'il veut exprimer l'impuissance de l'homme vaincu, brisé par la fatalité par exemple, le tragique reconnaît, par là même, la réalité d'une fatalité, d'un destin, de lois régissant l'Univers.* [...] *le comique est tragique, et la tragédie de l'homme, dérisoire* » *(ibid.)*. C'est justement dans l'antagonisme apparent — mais l'affinité réelle — entre « *tragique et farce, prosaïsme et poétique, réalisme et fantastique, quotidien et insolite* » que Ionesco chercha « *les bases d'une construction théâtrale possible* » *(ibid.)*. « *Prenez une tragédie, précipitez le mouvement, vous aurez une pièce comique* » *(ibid.)*, disait-il encore.

La déconstruction du langage est au cœur d'une esthétique de combat, de guerre menée aux clichés et aux stéréotypes : « *Le mot ne montre plus. Le mot bavarde. Le mot est littéraire. Le mot est une fuite. Le mot empêche le silence de parler* » ***(Journal en miettes)***. Ionesco s'attacha à « *théâtraliser la parole : en la portant à son paroxysme, pour donner au théâtre sa vraie mesure, qui est dans la démesure ;* [...] *le langage doit presque exploser, ou se détruire, dans son impossibilité de contenir les significations* » ***(Notes et Contre-Notes)***. C'est la parole qui lui permet de définir « *l'absurde* » comme « *la dénonciation du caractère dérisoire d'un langage vidé de sa substance, stérile, fait de clichés et de slogans* » *(ibid.)*, et d'assimiler, finalement, le « *classicisme* » à « *l'avant-garde* », dans la mesure où celle-ci revient à la « *découverte d'archétypes oubliés, immuables, renouvelés dans l'expression : tout vrai créateur est classique... Le petit-*bourgeois *est celui qui a oublié l'archétype pour se perdre dans le stéréotype.* [...] *Là réside donc le but, peut-être principal, de l'art : rendre au langage sa virginité* » *(ibid.)*.

THÉORIE LITTÉRAIRE

D'abord consacré à la satire des comportements et du langage petits-bourgeois, le théâtre de Ionesco s'est vite élargi à la représentation d'un monde déréglé, insolite plutôt qu'absurde : l'auteur y coule ses hantises — encerclement, chute, évasion —, détournant l'espace et le décor traditionnels de la fable naturaliste dont il mine les certitudes faciles. La critique universitaire a mis en lumière les sources d'un théâtre qui fait une large place aux mythes du paradis perdu et de l'éternel retour. Ionesco, pessimiste gai, fut, selon Henri Gouhier, le porte-parole d'un « *humanisme tragique* ». Il est aujourd'hui l'un des dramaturges français les plus joués dans le monde. Le jour de sa mort (28 mars 1994) coïncida avec la 11944e représentation de ***La Cantatrice chauve*** au Théâtre de la Huchette, à Paris, en plein Quartier latin, depuis la reprise de la pièce en 1957 — interrompue seulement durant mai 1968 et qui a dépassé les 14 000 représentations en 2000.

Une esthétique de la subversion

L'action linéaire ne fut longtemps qu'un élément mineur de la dramaturgie de Ionesco. Ainsi ***La Cantatrice chauve*** est-elle une succession de sketches qui ne mettent en scène aucune cantatrice. La seule allusion à ce personnage nous apprend qu'« *elle se coiffe toujours de la même façon* » (sc. 11). Ainsi les Martin prennent-ils la place des Smith à la fin de ***La Cantatrice chauve***. Le professeur de ***La Leçon*** en est à son 40e meurtre. Les chaises s'accumulent. Les rhinocéros se multiplient. Le théâtre est, pour Ionesco, le lieu où peuvent se projeter toutes les fantasmagories personnelles. L'insolite fait éclater le cadre quotidien. Le même professeur enseigne la philologie et les mathématiques à une élève obtuse qui veut passer le « *doctorat total* » ***(La Leçon)***. Un cadavre se met à grandir ***(Amédée)***. Roberte a 3 nez ***(Jacques)***. La même, mariée, pond des centaines d'œufs ***(L'avenir est dans les œufs)***.

On a repéré la récurrence de quelques schémas dramatiques — la répétition d'une séquence, l'accélération du rythme, la prolifération des objets. « *La répétition, chez Ionesco,* note Marie-Claude Hubert, *crée le comique comme dans la farce, parce qu'elle démonte les rouages du pantin, souligne les tics, les habitudes qui l'emprisonnent, son impossibilité d'adaptation. Mais elle est tragique, car cet automatisme de répétition prend l'aspect d'un destin implacable et funeste qui pèse sur le héros et auquel il ne peut échapper* » (*Eugène Ionesco*, 1990).

Ionesco l'individualiste est l'homme du doute, de l'incertitude. Sensible aux clichés, il tient le langage pour un instrument de communication peu fiable : on peut dire une chose et son contraire. Dans les premières pièces, la dissonance entre les messages textuel et scénique remet en cause l'idée rassurante d'une fable cohérente et finalisée. Tandis que 17 coups sonnent à la pendule de ***La Cantatrice chauve***, Mme Smith déclare tout naturellement : « *Tiens, il est neuf heures.* » L'écriture de Ionesco regorge de trouvailles savoureuses, comme ces pastiches des phrases-types de la méthode *Assimil* dont il s'inspira dans ***La Cantatrice chauve*** : « *J'aime mieux tuer un lapin que de chanter dans un jardin.* » Les mots-valises et néologismes abondent ainsi dans ***Jacques ou la Soumission*** : « *octogénique* », « *vilenain* », « *praticide* », « *aristocrave* », « *radiqueux* ». Truismes et lieux communs prolifèrent dans ***La Cantatrice chauve***, où le dialogue se vide de son sens jusqu'à la cacophonie. Ionesco multiplie les jeux phonétiques : « *Quand on en arrive à la grand-mère du prêtre, on s'empêtre* » ***(La Cantatrice chauve)*** ; « *Dire que tu te tais têtu* » ***(Jacques ou la Soumission)*** — sans oublier les phénomènes d'écholalie dans ***Les Chaises***.

La priorité semble donnée aux effets non seulement phonétiques, mais aussi rythmiques. L'écriture de Ionesco fait la part belle à la parataxe. La bonne de ***La Cantatrice chauve*** déclare ainsi :

> « *Je suis la bonne :*
> *J'ai passé un après-midi agréable*
> *J'ai été au cinéma avec un homme*
> *et j'ai vu un film avec des femmes.* »

Et le vieux des ***Chaises*** :

> « *Je ne suis pas comme les autres, j'ai un idéal dans la vie,*
> *je suis peut-être doué*
> *comme tu dis*
> *J'ai du talent, mais je n'ai pas de facilité.* »

De la rive gauche au monde entier

Les premières pièces de Ionesco, représentées dans de petites salles parisiennes de la rive gauche, eurent d'abord peu de spectateurs, mais ceux-ci s'appelaient Breton, Péret, Queneau, Audiberti, Tardieu, que l'irréalisme provocant des intrigues ne choquait pas. Supervielle, Queneau, Beckett et Adamov prirent la défense des ***Chaises*** dans *Arts*. Les surréalistes reconnurent en Ionesco un de leurs héritiers. Alain Robbe-Grillet, dans *Critique*, puis Anouilh dans *Le Figaro* vinrent en renfort. Les premières pièces, décriées par *Le Figaro* comme par *Le Monde*, avaient reçu un accueil favorable de la part de ceux qui y voyaient une satire de la société bourgeoise. Néanmoins, non seulement Ionesco se refusa à aller dans le sens souhaité par les brechtiens du *Théâtre populaire*, mais encore il se retourna contre eux, dans ***L'Impromptu de l'Alma***. Aux Bartholomeus de la pièce, il prêta en effet des citations de Roland Barthes et de Bernard Dort, auxquelles étaient associées malicieusement d'autres de Jean-Jacques Gautier, détracteur de son théâtre.

Voué aux gémonies par les progressistes, tel Gilles Sandier, qui fustigeaient son refus d'une critique sociale univoque, Ionesco élargit pourtant son audience internationale. On le joue désormais en Allemagne, en Italie, en Pologne, en Israël et surtout aux États-Unis où les universités accueillent ses pièces. La conjoncture historique semble avoir légitimé et même banalisé son humanisme antitotalitaire. En 1990, son ***Théâtre complet*** est entré dans la prestigieuse « Bibliothèque de la Pléiade ». Conformément à ses vœux, l'auteur d'avant-garde est devenu un classique, à l'audience universelle.

ŒUVRES

La *Cantatrice chauve*

« *Anti-pièce* » en un acte et 11 scènes, créée par Nicolas Bataille, au théâtre des Noctambules à Paris, en mai 1950. Elle parut dans 3 numéros des *Cahiers du Collège de Pataphysique*, en 1952.

Des échanges de banalités entre les époux Smith au capitaine des pompiers désolé parce qu'il ne trouve aucun incendie à éteindre, en passant par les époux Martin qui découvrent sur scène qu'ils sont mari et femme, et par une bonne hystérique, la pièce se développe en une série d'anecdotes absurdes qui n'ont d'autre but que de saper la logique du langage. La dernière scène finit dans un délire verbal qu'une réplique de Mme Martin permet sans doute de mesurer : « *Les cacaoyers des cacaoyères donnent pas des cacahuètes, donnent du cacao ! Les cacaoyers des cacaoyères donnent pas des cacahuètes, donnent du cacao ! Les cacaoyers des cacaoyères donnent pas des cacahuètes, donnent du cacao.* » Ce délire passé, la pièce reprend, mais, comme le précise la didascalie finale, ce sont « *les Martin, qui disent exactement les répliques des Smith dans la première scène* ».

Le titre lui-même dit cette volonté de destruction du sens par l'absurde. En effet, la cantatrice chauve n'est mentionnée qu'une seule fois, au moment de la sortie définitive du pompier (sc. 11). Celui-ci demande : « *À propos, et la Cantatrice chauve ?* » Devant le silence général, Mme Smith répond : « *Elle se coiffe toujours de la même façon !* » Et le spectateur n'en sait pas plus.

On a souvent considéré cette pièce — dont quantité de répliques pastichent délibérément les phrases-types de la méthode d'apprentissage des langues *Assimil* — comme une tragédie du langage parce qu'elle serait une mise en espace de l'aphasie. Peut-être est-il plus exact d'y voir une volonté comique de rendre le pouvoir à l'imagination, en abolissant toutes les contraintes du genre, et plus particulièrement celles de l'intrigue et du sens.

À sa création devant un maigre public, cette première pièce de Ionesco fut remarquée de quelques amateurs de ce théâtre d'avant-garde. Aujourd'hui, elle est l'une des pièces les plus jouées et les plus étudiées de notre répertoire dramatique.

Les ***Chaises***

« Farce tragique » créée au Théâtre Lancry, le 22 avril 1952 et publiée chez Gallimard, en 1958, au t. II du ***Théâtre***.

Deux vieillards séniles — *« le vieux »* et *« la vieille »* — remâchent leurs échecs. Il aurait pu être chef, il n'est qu'un modeste concierge de phare. Ils ont convoqué des représentants de l'humanité et l'empereur lui-même pour leur délivrer le message qui sauvera le monde. À la fin, nul n'étant venu, la pièce est encombrée de chaises vides. Le vieux et la vieille se jettent chacun par une fenêtre avec le sentiment de la mission accomplie. L'Orateur qu'ils ont engagé pour être leur porte-parole se révèle alors être un sourd-muet.

« J'ai d'abord eu, raconte l'auteur, *l'image de chaises, puis d'une personne apportant à toute vitesse des chaises sur le plateau vide. »* Une image fondamentale est donc à l'origine de la pièce. Ensuite est venu le travail de la fiction et de l'écriture.

Les vieux ne s'écoutent pas, ils se contredisent l'un l'autre. Ils s'adressent à des personnages invisibles figurés par les chaises. Leur logorrhée, l'accumulation de lieux communs et de phrases toutes faites, les jeux homophoniques, les manifestations d'écholalie disent la faillite de la communciation : « LE VIEUX. *J'ai mis au point tout un système.* (À part :) *L'Orateur devrait être là.* (Haut :) *J'ai énormément souffert. //* LA VIEILLE. *Nous avons beaucoup souffert.* (À part :) *L'Orateur devrait être là ! C'est l'heure pourtant. //* LE VIEUX. *Beaucoup souffert, beaucoup appris.* » Dans ce délire à deux, les mots perdent leur valeur référentielle, et le langage n'est plus qu'un élément de la représentation. Dans ***Les Chaises***, Ionesco a élaboré une écriture scénique qui privilégie le rythme aux dépens d'un signifié rationnel, récupérable et manipulable. La pièce rassemble les grandes obsessions de Ionesco : la chute, l'emprisonnement, le paradis perdu, la prolifération envahissante des objets, l'épouse-mère.

Défendue à sa création par Queneau, Supervielle et Beckett, puis en 1956 par Anouilh, elle a contribué à faire connaître son auteur. Souvent reprise depuis cette date, elle a été traduite et jouée dans de nombreux pays.

Rhinocéros

Pièce en 3 actes et 4 tableaux, publiée chez Gallimard en 1959 et créée à Düsseldorf en décembre 1959.

Un rhinocéros fait irruption sur la grand-place d'une petite ville provinciale, jusque-là tranquille, puis un second. Il apparaît bientôt qu'il s'agit d'une épidémie de métamorphoses. Jean, le grand bourgeois imbu de la supériorité de sa caste, persuadé qu'il faut *« retourner à l'intégrité primordiale »*, puisque *« l'humanisme est périmé »* (II, 2) ; Botard, le communiste obtus qui, après avoir nié la *« rhinocérite »*, prône — avec un vocabulaire tout stalinien — la lutte contre cette *« provocation »* conçue comme un *« complot »*, et veut dénoncer les *« traîtres »* (II, 1) ; Dudard, l'intellectuel sceptique qui trouve *« absurde de s'affoler »* et cède au conformisme en refusant de voir la réalité, car *« comprendre, c'est justifier »* (III) ; et finalement Daisy, la midinette qui n'a pas le courage ou l'amour nécessaire pour résister : tous ces personnages — mais aussi Saint-Simon et le cardinal de Retz — se transforment ainsi en brutaux et massifs périssodactyles. Seul l'apathique Bérenger résiste, mais instinctivement, plus solitaire que solidaire, à la séduction de la rhinocérite. Le premier venu se retrouve donc *« le dernier homme »*. Son ultime parole *(« Je ne capitule pas »)* est un défi aux monstres, qui fait un héros malgré lui de cet anti-héros souvent comparé à Charlot.

La pièce, commencée sur un registre insolite et comique, s'achève en drame tragique et fantastique. Le dramaturge y fait preuve d'une grande habileté dans l'utilisation de l'espace, du décor et des accessoires. Mise en scène et interprétée par Barrault à l'Odéon-Théâtre de France en 1960 — une première pour Ionesco, dont aucune pièce jusqu'alors n'avait été représentée dans un grand théâtre, qui plus est subventionné —, puis par Orson Welles, elle connut un immense succès international. L'auteur refusa d'en souligner la signification antinazie, comme l'en pressait la critique soviétique : le fanatisme totalitaire ne lui semblait l'apanage d'aucune idéologie. ***Rhinocéros*** est aujourd'hui, avec *La Peste* et *1984*, un classique mondial de la littérature antitotalitaire.

CITATIONS

C'est presque toujours le solitaire qui a raison.

Antidotes.

Ne pas penser comme les autres, cela veut dire simplement que l'on pense.

Antidotes.

Un médecin consciencieux doit mourir avec le malade s'ils ne peuvent pas guérir ensemble.

La Cantatrice chauve, 1.

Comme c'est bizarre, curieux, étrange ! alors, Madame, nous habitons dans la même chambre et nous dormons dans le même lit, chère Madame. C'est peut-être là que nous nous sommes rencontrés !

La Cantatrice chauve, 4.

Prenez un cercle, caressez-le, il deviendra vicieux !

La Cantatrice chauve, 11.

Je me sens tout brisé, j'ai mal, ma vocation me fait mal, elle s'est cassée.

Les Chaises.

En dehors de l'enfance et de l'oubli, il n'y a que la grâce qui puisse vous consoler d'exister [...].

Images d'enfance en mille morceaux, in *Journal en miettes.*

Une conscience inutile et qui ne peut pas ne pas être et qui se manifeste, c'est cela la littérature.

Images d'enfance en mille morceaux, in *Journal en miettes.*

Le mot ne montre plus. Le mot bavarde. Le mot est littéraire. Le mot est une fuite. Le mot empêche le silence de parler. Le mot assourdit. [...] La garantie du mot doit être le silence.

Chocs, in *Journal en miettes.*

Seuls, tombent les mots chargés de signification, alourdis par leur sens, qui finissent toujours par succomber, s'écrouler... dans les oreilles des sourds.

La Leçon.

Les racines des mots sont-elles carrées ?

La Leçon.

Plutôt que le maître d'école, le critique doit être l'élève de l'œuvre.

L'Auteur et ses Problèmes, in *Notes et Contre-Notes.*

Le comique étant l'intuition de l'absurde, il me semble plus désespérant que le tragique.

Expérience du théâtre, in *Notes et Contre-Notes.*

Seul le théâtre impopulaire a des chances de devenir populaire. Le « populaire » n'est pas le peuple.

Discours sur l'avant-garde, in *Notes et Contre-Notes.*

Ceux qui n'arrivent pas à bâtir une œuvre d'art ou simplement un pan de mur isolé, rêvent, mentent ou se jouent la comédie à eux-mêmes.

Entretiens, in *Notes et Contre-Notes.*

Où il n'y a pas d'humour, il n'y a pas d'humanité ; où il n'y a pas d'humour (cette liberté prise, ce détachement vis-à-vis de soi-même), il y a le camp de concentration.

Entretiens, in *Notes et Contre-Notes.*

Le *petit* bourgeois est celui qui a oublié l'archétype pour se perdre dans le stéréotype.

Entretiens, in *Notes et Contre-Notes.*

S'il faut absolument que l'art ou le théâtre serve à quelque chose, je dirai qu'il devrait servir à apprendre aux gens qu'il y a des activités qui ne servent à rien et qu'il est indispensable qu'il y en ait.

Communication pour une réunion d'écrivains, in *Notes et Contre-Notes.*

Penser contre son temps, c'est de l'héroïsme. Mais le dire, c'est de la folie.

Tueur sans gages.

JUGEMENTS

« La Cantatrice chauve *allait être mieux qu'un texte de théâtre : un théâtre du texte, un théâtre de la déconstruction du texte, un théâtre de mots que se jettent à la tête les époux Smith et leurs prétendus amis les époux Martin, un théâtre des mots en délire ou du délire qu'on fait avec les mots.* Rhinocéros (1959), Le Roi se meurt (1962), *ont vite fait figure de classiques.* »

Pierre Brunel, *La Littérature française aujourd'hui*, chap. 7, Vuibert, 1997.

« [...] *Ionesco doit se battre sur deux fronts. La critique rive droite le traite d'amateur et de potache, la critique brechtienne nouvelle née a décidé de voir en lui un bourgeois dépourvu de conscience de classe et privé du sens de l'Histoire. Avec pugnacité, il rend coup pour coup, et met souvent les rieurs de son côté.* »

Marc Fumaroli, *Discours de réception à l'Académie française*, Gallimard, 1996.

« *Eugène Ionesco semblait bien penser que cette folie* [en chacun de nous] *n'est pas si folle : il a répondu que les poètes, les révolutionnaires, les inventeurs avaient d'abord passé pour des fous. Que parfois, c'est la logique, c'est le bon sens qui se trompent. Qui est fou ? Dieu, pense Ionesco, nous a fait une mauvaise blague en oubliant de nous donner les moyens de répondre à cette question — ainsi qu'à quelques autres.*

[...]

Mais, au fond, c'est l'angoisse que respiraient ces deux visages encore secoués d'un grand rire et qui s'éloignaient l'un de l'autte sur le boulevard des Batignolles. Raymond Devos faisait un dernier geste de la main et retournait à son théâtre, la petite silhouette d'Eugène Ionesco se perdait parmi la foule.

Ils avaient beau continuer à rire, ils savaient : ce rire n'est peut-être qu'une façon de ruser avec la mort. »

Renaud MATIGNON, « Face à face Eugène Ionesco/Raymond Devos », in *Le Figaro*, 18 novembre 1974.

« *Celle* [la pièce] *qu'on donne en ce moment est l'une des moins intéressantes — le* Rhinocéros. Les Chaises *au contraire est une pièce formidable* [...]. »

Henry MILLER, *Lettres d'amour à Brenada Venus*, trad. franç. Denis AUTHIER, Presses de la Renaissance, 1985.

« *Je laisse de côté* [dans ma critique de l'Académie française] *le grand Ionesco, qui, bien qu'il fût reçu, vêtu, brodé, armé, bicorné, n'est jamais parvenu à se faire prendre pour un académicien.* »

Angelo RINALDI, « L'Académie française », in *L'Express*, 8 mars 1980.

BIBLIOGRAPHIE

Éditions

Théâtre complet, éd. E. JACQUART, « Pléiade », Gallimard, 1990.

La Cantatrice chauve, éd. E. JACQUART, « Folio Théâtre », Gallimard, 1993.

Les Chaises, éd. M. LIOURE, « Folio Théâtre », Gallimard, 1996.

Rhinocéros, éd. E. JACQUART, « Folio Théâtre », Gallimard, 1999.

Études

C. ABASTADO, *Eugène Ionesco*, Bordas, 1971.

M. BIGOT, M.-Fr. SAVÉAN, *Michel Bigot et Marie-France Savéan présentent « La Cantatrice chauve » et « La Leçon » de Ionesco*, « Foliothèque », Gallimard, 1991.

E. CLEYNEN-SERGHIEV, *La Jeunesse littéraire d'Eugène Ionesco*, PUF, 1993.

F. COUPRY, *Eugène Ionesco*, Julliard, 1994.

Y.-A. FAVRE, *Le Théâtre de Ionesco ou le Rire dans le labyrinthe*, Feijoo, 1991.

A. HAMDAN, *Ionescu avant Ionesco : portrait de l'artiste en jeune homme*, P. Lang, Genève (CH), 1993.

M.-Cl. HUBERT, *Eugène Ionesco*, Seuil, 1990.

M.-Fr. IONESCO, N. DODILLE et G. LIICEANU, *Lectures de Ionesco*, L'Harmattan, 1996.

E. JACQUART, *Le Théâtre de dérision : Beckett, Ionesco, Adamov*, 1974, rééd. « Tel », Gallimard, 1998.

W. LEINER, *Bibliographie et Index thématique des études sur Eugène Ionesco*, Éd. universitaires, Fribourg (DE), 1981.

G. LISTA, *Ionesco*, Henri Veyrier, 1989.

G. PLAZY, *Eugène Ionesco, le Rire et l'Espérance*, Julliard, 1994.

P. VERNOIS, *La Dynamique théâtrale d'Eugène Ionesco*, Klincksieck, 1972, rééd. 1991 ; *id.* et M.-Fr. IONESCO, *Ionesco. Situation et Perspectives*, actes du colloque de Cerisy, 1978, Belfond, 1980.

AUDIO & VIDÉO

Vidéo

Th. ZENO, *Eugène Ionesco, Voix et Silences*, déc. 1987, 1992.

J.-P. BARIZIEN, J.-L. BOTTÉ, *Les Chaises*, FR3/La Sept, 1989.

JACCOTTET

Philippe JACCOTTET
De nationalité suisse
Moudon (Suisse) 1925
Grand Prix de Poésie de l'Acad. franç., prix Ramuz, Rambert

> *« Philippe Jaccottet ne dit jamais que ce qu'il croit pouvoir dire. C'est là ce qu'il faut bien nommer le fondement éthique de cette poésie : Jaccottet n'estime pas que la vérité soit un vain mot, ni qu'il soit illusoire de tenter d'allier, en un pacte indissoluble, le vrai avec la parole poétique. La poésie de Jaccottet tirera sa force non de l'énergie improvisatrice ni de l'ingéniosité combinatoire, mais de l'exigence constante de la véracité : exigence d'autant plus impérieuse qu'elle ne prend appui sur aucun savoir présomptif, sur aucune conviction invariable. son seul garant est la relation interrogative qu'elle entretient avec le monde »*
> Jean STAROBINSKI, *Préface* à Philippe JACCOTTET, *Poésie 1946-1967*, « Poésies », Gallimard, 1971.

Une vie retirée

De la Suisse à Paris

Originaire du canton de Vaud, Jaccottet fit ses études à Lausanne où sa famille s'installa en 1933. Il y fut initié à la langue et à la civilisation grecques par Carl Stammelbach et André Bonnard. En 1941, il fit la connaissance du poète Gustave Roud qui lui révéla une certaine poésie de la nature, et le romantisme allemand. En 1944, il publia dans la revue *Cahiers de poésie* quelques poèmes sous le titre ***Pour les ombres*** et, en 1945, un premier livre de poèmes en prose, ***Trois Poèmes aux Démons***, puis ***Mémoire des otages***, qui fut intégré à ***Requiem*** (1947), recueil exprimant la révolte du poète devant l'exécution des maquisards du Vercors. Il était alors étudiant en lettres et commençait à rédiger des notes critiques pour des revues romandes (*Suisse contemporaine*, *Formes et Couleurs*, *Pour l'Art*). Il s'essaya aussi à l'écriture dramatique, au théâtre de marionnettes avec Gilbert Koull, et fréquenta l'atelier de la peintre Lélo Fiaux.

Lors d'un premier voyage en Italie en 1946 — beaucoup d'autres suivirent —, il rencontra le poète Giuseppe Ungaretti dont il devint l'ami et le traducteur. Cette même année, ayant achevé sa licence de lettres, il s'adressa au fameux éditeur Henry-Louis Mermod, à Lausanne, qui l'engagea et lui confia la traduction de ***La Mort à Venise*** de Thomas Mann (1947).

En septembre 1946, Jaccottet s'installa à Paris où il resta sept ans. Correspondant de Mermod, il fut amené à rencontrer de nombreux écrivains. Parmi ceux qui devinrent ses amis : Ponge, Du Bouchet, Bonnefoy et Jacques Dupin. Il fréquenta aussi le groupe formé autour de la *NRF* — Paulhan, Arland, Tardieu — et le groupe de la revue *84* où il découvrit André Dhôtel, Pierre Leyris et Henri Thomas. Ce dernier exerça une influence sur ***L'Effraie et Autres Poésies*** (1953, couronnée par le prix Rambert, l'un des principaux prix littéraires suisses), premier recueil de Jaccottet publié chez Gallimard, qui édita ensuite la majeure partie de son œuvre.

Un infatigable traducteur

En 1953, le poète épousa la peintre Anne-Marie Haesler, dont il eut 2 enfants (Antoine en 1954 et Marie en 1960) et s'installa à Grignan, dans la Drôme. Pour faire vivre sa famille, il écrivit de nombreuses chroniques destinées à plusieurs revues et quotidiens suisses (*Nouvelle Revue de Lausanne*, *Gazette de Lausanne*), ou à la *NRF*. Il signa aussi d'innombrables traductions, de l'allemand ou de l'italien, qu'il est impossible de citer intégralement, d'auteurs très divers : Hölderlin (***Hypérion***, 1957), Rilke — auquel il consacra un ouvrage (***Rilke par lui-même***, 1970) —, presque toute l'œuvre de Musil (***L'Homme sans qualités***, 1958 ; ***Les Désarrois de l'élève Tœrless***, 1960), Ingeborg Bachman (***Malina***, 1973), Giacomo Leopardi (***Canti***, 1964), Carlo Cassola (***Fausto et Anna***, 1961 ; ***La Ragazza***, 1962 ; ***La Coupe de bois***, 1963 ; ***Un cœur aride***, 1964), Eugenio Montale (***Les Occasions***, 1966), Ungaretti (***À partir du désert***, 1965 ; ***Innocence et Mémoire***, 1969), Góngora (***Les Solitudes***, 1984 ; ***Treize Sonnets et un Fragment***, 1985), Ossip Mandelstam (42 poèmes dans la *Revue de Belles Lettres* de Genève, 1981) ; sans oublier des classiques grecs : Platon (***Le Banquet ou De l'amour***, 1951) et Homère (***Odyssée***, 1955).

Un poète à l'épreuve

L'habitant de Grignan découvrit dans la proximité de la nature la possibilité d'entreprendre *« la difficile et patiente recherche d'une lumière indubitable et juste »*, recherche qui commença avec ***La Promenade sous les arbres*** (1957). À travers les lectures du poète irlandais George William Russell et de Hölderlin d'une part, et sa découverte des paysages de la Drôme d'autre part, Jaccottet tentait de cerner « *l'expérience poétique* », entreprise qui se poursuivit dans ***Éléments d'un songe*** (1961), méditations en prose dans lesquelles la poésie se définissait comme approche du silence divin, de l'insaisissable : « *Voici ce que nous avons éprouvé : que nous n'étions jamais plus vivants, plus réels, plus certains de notre réalité et de la réalité du monde que lorsque nous atteignions ce point où notre pensée s'arrête, lorsque nous atteignait, plutôt, ce lieu impossible.* [...] *Quel esprit resterait assuré dans un monde à la fois si complexe et si frêle ?* [...] *Plutôt dire une chose incomplète, incertaine que se taire, mais plutôt se taire que mentir* [...]. » En 1958, il rassembla, sous le titre ***L'Ignorant***, des poèmes publiés séparément de 1952 à 1956.

De 1956 à 1960, Jaccottet traversa une crise : il ne parvenait plus à écrire les vers aériens qu'il souhaitait. L'obsession de la mort, de l'absurdité de l'existence, rendait inaccessible la clarté nécessaire à la révélation de la beauté du monde visible ; il exprima cette angoisse à travers un récit, ***L'Obscurité*** (1961) : « *Après être apparue comme source de lumière* [...], *la mort devient la véritable obscurité. Alors l'élan se brise, comme la corde d'un instrument.* » Il sortit de cette période difficile par la découverte du haïku japonais, forme poétique qui correspondait à son idéal d'effacement devant le mystère de la nature : *L'âge regarde la neige/ s'éloigner sur les montagnes (Airs)*. De cette révélation poétique naquirent les poèmes courts et limpides d'***Airs*** (1967) et de ***Paysages avec figures absentes*** (1970, rééd. 1976), poèmes en prose qui s'attachaient à exprimer la transparence, « *l'énigmatique luminosité du crépuscule* ». Même si l'accord avec le monde n'était pas parfait, le poète devait se satisfaire « *des débris d'harmonie* ». Des deuils vinrent d'ailleurs interdire toute plénitude — notamment la disparition de son vieil ami Gustave Roud, auquel il consacra une étude en 1968, mais surtout le décès de son beau-père et de sa mère —, et ce furent les vers douloureux des ***Leçons*** (1969) et de ***Chants d'en bas*** (1974), auxquels vint s'ajouter ***À la lumière d'hiver*** dans l'édition définitive de 1977, qui reçut ce titre.

Dans ces chants des ténèbres, écrits dans une période où Jaccottet fut couronné (en 1970) par le très prestigieux prix Ramuz, la lumière avait perdu de son éclat, mais la tentation du nihilisme exposée dans ***L'Obscurité***, au titre antiphrastique, était bien loin.

Du doute à la lumière

À travers un verger (1975) confirma que l'espoir de dire la « *lumière inconnue* », perçue devant un verger d'amandiers, résistait aux assauts de la douleur et de la mort. Exprimer cette fragile lumière fut désormais la tâche du poète, celle qui se poursuivit dans ***Les Cormorans*** (1980) et ***Beauregard*** (1981), méditations en prose sur la beauté de différents paysages, ou encore dans ***Le Cerisier*** (1986), et dans le recueil de proses et de notes ***Des histoires de passage*** (1983). Dans cette période féconde, Jaccottet publia aussi un recueil de poèmes, ***Pensées sous les nuages*** (1983), qui exprimaient la menace de plus en plus proche de la mort et la difficulté d'« *espérer sous tant de nuages* ». Le poète repoussait la vision consolatrice d'un au-delà plein de lumière : la joie est dans ce monde, il faut en recueillir les fragments au contact de la beauté du visible. ***Cahier de verdure*** (1990) réunit des méditations en prose, comme celles du ***Cerisier*** reprises dans le recueil : des poèmes, des pensées, des notes. Dans cet ouvrage, le poète tentait de recueillir le moindre éclat du monde :

Le tronc ridé, taché
qu'étouffe, à force, le lierre du Temps,
si l'effleure une rose, reverdit.

Ce travail, cette « *expérience* », que Jaccottet livrait à son lecteur à travers proses et poèmes, devint aussi accessible grâce aux extraits de ses carnets : ***La Semaison*** (1963, rééd. 1971 et 1984) et ***La Seconde Semaison*** (1996). Ses lectures, sa recherche poétique, ses promenades constituèrent la matière essentielle des notes qu'il prit régulièrement depuis le début des années cinquante. Enfin, ses chroniques et articles de critique littéraire ont été rassemblés dans divers volumes : ***L'Entretien des Muses*** (1968), ***Une transaction secrète*** (1987) et ***Écrits pour papier journal*** (1994).

THÉORIE LITTÉRAIRE

Comme en témoignent encore ses derniers recueils — ***Cristal et Fumée*** (1993), ***Après beaucoup d'années*** (1994) —, Jaccottet est à la recherche d'une poésie de la transparence, dans laquelle le sujet s'efface pour mieux approcher le mystère du monde visible, « *une sorte de secret insaisissable et qui, justement parce qu'il est insaisissable, est nourrissant et exaltant* » (interview de Gérard Meudal, in *Libération*, 7 avr. 1994).

Persuadé « *qu'il y a une richesse cachée à l'intérieur des choses visibles, qui peuvent aussi être des visages, ou encore les activités de l'homme ou la vie urbaine* », il a entrepris de « *labourer le monde visible* » (entretien avec Michel Bory, juin 1978, cité par Jean Pierre Vidal). Dans cette quête, le poète est amené paradoxalement à se défier de ce qui semblerait être *a priori* ses instruments privilégiés : les mots et les images. En effet, « *la suggestion ne doit pas être abstraite de la chose,* [...] *elle doit rester à l'intérieur, donc cachée aussi dans le texte.* [...] *Autrement, on n'a plus qu'une formule qui intéresse l'intelligence, que l'on admet ou réfute, et nous voilà sortis du monde* [...], *engagés dans le labyrinthe cérébral d'où l'on ne ressort jamais que mutilé* » ***(Paysages avec figures absentes)***. Pour atteindre « *cette immédiateté qui est aussi la plus profonde profondeur, cette fragilité qui est la force durable, cette beauté qui ne doit pas être différente de la vérité* », il faut donc prendre garde au pouvoir des mots qui « *ne parviennent pas à la saisir, ou s'en écartent, ou l'altèrent* », puisque « *aucune vérité vivante ne peut se réduire à une formule ; celle-ci étant, au mieux, le passeport qui permet d'entrer dans un pays, après quoi sa découverte reste à faire* » *(ibid.)*. La poésie est donc, aux yeux de Jaccottet, « *plutôt un état qu'une façon de s'acharner sur les mots, de combattre avec les mots* » (entretien avec Michel Bory). Quant aux images, elles « *en disent toujours un peu trop* » et « *ne doivent pas se substituer aux choses* » ***(Paysages avec figures absentes)***. Le danger de cette « *dérive* » est d'autant plus grand qu'il s'agit des « *premières qui se présentent à l'esprit* », car ce sont alors « *les toutes faites, celles des autres* » *(ibid.)*. Elles ne doivent qu'indiquer « *des directions* », aider le poète à trouver « *une manière d'orientation,* [...] *l'ouverture d'une perspective* » *(ibid.)*. Tout le travail poétique, assimilé à une véritable ascèse, consiste dès lors à « *dépouiller le signe de tout ce qui ne lui serait pas rigoureusement intérieur* » *(ibid.)*.

Cette quête de « *l'immémoriale haleine divine* », même si Jaccottet la conçoit « *en dehors de toute référence à une morale ou à une religion* » *(ibid.)*, l'amène aux confins du mysticisme ; il reconnaît en être « *parfois assez proche* », dans les pages où s'affirme « *une espèce de montée vers quelque chose d'insaisissable* » (interview de Gérard Meudal, in *Libération*). Mais il s'agit surtout d'un conflit entre culture et innocence, que l'on ne « *devrait pas opposer comme incompatibles* » : en réalité, « *les œuvres ne nous éloignent pas de la vie, elles nous y ramènent* [...]. *Tout livre digne de ce nom s'ouvre comme une porte, ou une fenêtre* » ***(Paysages avec figures absentes)***. Même s'il se déclare hostile à « *la poésie de tract* » (entretien avec Michel Bory) et d'engagement systématique, Jaccottet ne prône pas le retrait du monde. Loin d'entraîner vers quelque au-delà, les poèmes réussis « *parlent aux autres hommes et non pas du tout aux arbres ou aux choses* » *(ibid.)*. C'est pourquoi sans doute leur « *capacité de faire briller dans les mots des moments d'émerveillement* » reste intacte à travers les siècles et les continents, alors que « *le roman suppose une connaissance du contexte social et historique* » ; ils reflètent « *un ordre de sensations et de joies qui est ce qui change le moins* » (interview de Gérard Meudal, in *Libération*).

THÉORIE LITTÉRAIRE

Conformément à son esthétique poétique de « *l'effacement* », Jaccottet reste un écrivain très méconnu, dont le nom est plus familier, comme traducteur, aux lecteurs de littérature étrangère, que comme poète et prosateur, aux amateurs de littérature de langue française.

Une « *musique de paroles communes* »

Rejetant emphase et envolées lyriques, Jaccottet s'efface devant les objets qu'il tente de nous révéler. La 1re personne cherche à disparaître du discours poétique. « *L'effacement soit ma façon de resplendir* », tel est le vœu qu'il exprime dans ***Que la fin nous illumine*** (in ***L'Ignorant***). En quête d'une objectivité capable de révéler le secret du monde visible, le poète gravite autour de son objet — un paysage de campagne de préférence —, à travers des méditations en prose, ne se lassant pas de reprendre une tâche inépuisable. Ses poèmes utilisent des mètres réguliers : octosyllabes, décasyllabes, alexandrins. Mais, pour saisir le réel, il donne à ces mesures codifiées l'apparence de la prose : les vers ne comportent pas de majuscule initiale et sont rarement rimés ; les vers longs sont, la plupart du temps, sans césure marquée et enjambent fréquemment sur le vers suivant ; l'accent intérieur et l'accent de fin de vers sont ainsi estompés, laissant place à « *une musique de paroles communes* » ***(La Semaison)*** :

Je ne fais pas grand-chose contre le
démon :
je travaille, et levant les yeux parfois de
mon
travail, je vois la lune avant qu'il fasse
clair.

(***L'Inattendu,*** in ***L'Ignorant***)

Le choix du mètre est déterminant : l'utilisation de vers et de poèmes courts vise à atteindre cette objectivité à la manière des auteurs de haïkus, sans pour autant se limiter à trois vers :

Poids des pierres, des pensées
Songes et montagnes
n'ont pas même balance
Nous habitons encore un autre monde
Peut-être l'intervalle

(***Monde***, in ***Airs***)

Mais la douleur du sujet peut faire écran, le vers s'allonge alors comme dans ***Chants d'en bas*** ou dans ***À la lumière d'hiver***. La parole « *n'atteint plus son objet* », elle devient tragique dans son incapacité à dépasser la menace de la mort.

Une gloire encore confidentielle

Bien que Jaccottet ait exprimé sa réserve à l'égard des interprétations savantes de ses poèmes — « *Je n'ai jamais eu l'ambition de bâtir une œuvre, mais seulement de répondre à des sollicitations intérieures* » (entretien à *Libération*) —, il a, depuis la fin des années 1950, éveillé l'intérêt admiratif de nombreux critiques, en tête desquels Jean Starobinski, Jean-Pierre Richard et Georges Poulet. Il a obtenu différents prix tant pour ses traductions que pour son œuvre poétique, notamment le Grand Prix de Poésie de l'Académie française en 1992, après le prix Rambert en 1956 et le Grand Prix Ramuz en 1970 — la plus prestigieuse distinction littéraire suisse, qui n'est décernée que tous les cinq ans —, qui attestent de sa place de tout premier écrivain suisse de langue française dans la 2de moitié du XXe siècle, après son illustre aîné Ramuz. Il reste toutefois considéré comme un auteur d'accès un peu difficile, et pour l'essentiel, son public est encore composé de critiques, d'érudits et d'étudiants en lettres.

ŒUVRE

À la lumière d'hiver

Recueil poétique de 15 poèmes en vers libres, composé d'une sorte de prologue, ***Dis encore cela...***, et de 2 parties numérotées — comportant respectivement 4 et 10 poèmes ni titrés ni numérotés —, paru chez Gallimard en 1977, dans un volume comprenant aussi ***Leçons*** et ***Chants d'en bas***. Le poème liminaire a été composé entre janvier et septembre 1974, la 1re section, ébauchée en septembre 1974, a été reprise de novembre 1975 à janvier 1976, période de l'élaboration de la 2de partie.

Le recueil, bref — aucun poème n'excède 50 vers, le dernier n'en compte que 5 —, s'ouvre sur une évocation violente, celle d'un fuyard tué d'une balle dans la nuque, qui ne doit pas nous faire oublier la beauté terrestre, même si pour une part elle reste indicible. Le dire se brise toujours sur l'impossible : *Les mots devraient-ils donc faire sentir ce qu'ils n'atteignent pas, qui leur échappe, dont ils ne sont pas maîtres, leur envers ? / De nouveau je m'égare en eux, de nouveau ils font écran, je n'en ai plus le juste usage, / quand toujours plus loin se dérobe le reste inconnu, la clef dorée, et déjà le jour baisse, le jour de mes yeux...* De fait, la reconnaissance de l'impuissance du langage, que le poète emploie faute de mieux, est l'un des leitmotive de l'œuvre de Jaccottet, en prose comme en vers. Et ses poèmes sont souvent ceux de « *l'essence du poème* », comme l'a dit Heidegger de Hölderlin, que l'on retrouve parfois à l'arrière-plan de ce recueil — Jaccottet l'a, du reste, beaucoup traduit.

Le titre du recueil a la double forme d'une invocation et d'une dédicace. L'intensité particulière de la clarté hivernale guide le poète à travers l'obscurité de l'incessant questionnement sur le temps, la mort, la douleur, le hasard. L'angoisse est tempérée, toutefois, par l'action apaisante de la nature. Le mystère affleure, avec le surgissement d'une femme rêvée en robe de soie noire, ou encore avec la trace de ces dieux qui peuplent l'imaginaire du poète, comme le prouve ***Paysages avec figures absentes*** (1970) : *La seule grâce à demander aux dieux lointains, / aux dieux muets, aveugles, détournés, / à ces fuyards, / ne serait-elle pas que toute larme répandue / sur le visage proche/ dans l'invisible terre fît germer un blé inépuisable ?* Souvent, le sujet se dédouble et s'adresse à lui-même, car la poésie de Jaccottet a une fonction dialogique. Mais de « l'autre », qui est soi-même, aucune réponse n'est attendue : seulement un acquiescement devant l'énigme de ce qui passe et de ce qui demeure.

CITATIONS

Le souci de la tourterelle
c'est le premier pas du jour

rompant ce que la nuit lie

Poème sans titre, in *Oiseaux, Fleurs et Fruits*, in *Airs*.

Oiseau sorti de la forge
Dans la poussière de l'après-midi
dans l'odeur du fumier
dans la lumière de la place

Puisses-tu seulement
l'avoir vu sans le comprendre
avant de changer de village

N'était-ce pas
l'indestructible ?

Viatique, in *Monde*, in *Airs*.

Aide-moi maintenant, air noir et frais, cristal
noir. Les légères feuilles bougent à peine,
comme pensées d'enfants endormis. Je traverse
la distance transparente, et c'est le temps
même qui marche ainsi dans ce jardin,
comme il marche plus haut de toit en toit, d'étoile
en étoile, c'est la nuit même qui passe.

Je fais ces quelques pas avant de remonter
là où je ne sais plus ce qui m'attend, compagne
tendre ou détournée, servantes si dociles
de nos rêves ou vieux visage suppliant...
la lumière du jour, en se retirant
— comme un voile
tombe et reste un instant visible autour
des beaux pieds nus —
découvre la femme d'ébène
et de cristal, la grande femme de soie noire
dont les regards brillent encore pour moi
de tous ses yeux peut-être éteints depuis longtemps.

La lumière du jour s'est retirée, elle révèle,
à mesure que le temps passe et que j'avance
en ce jardin, conduit par le temps,
autre chose
— au-delà de la belle sans relâche poursuivie,
de la reine du bal où nul ne fut jamais convié,
avec ses fermoirs d'or qui n'agrafent plus nulle robe —
autre chose de plus caché, mais de plus proche...

[...]

À la lumière d'hiver, II, in *À la lumière d'hiver*.

Sois tranquille, cela viendra ! Tu te rapproches,
tu brûles ! Car le mot qui sera à la fin
du poème, plus que le premier sera proche
de ta mort, qui ne s'arrête pas en chemin.

Ne crois pas qu'elle aille s'endormir sous des branches
ou reprendre souffle pendant que tu écris.
Même quand tu bois à la bouche qui étanche
la pire soif, la douce bouche avec ses cris

doux, même quand tu serres avec force le nœud
de vos quatre bras pour être bien immobiles
dans la brûlante obscurité de vos cheveux,

elle vient, Dieu sait par quels détours, vers vous deux,
de très loin ou déjà tout près, mais sois tranquille,
elle vient : d'un à l'autre mot tu es plus vieux.

Poème sans titre, in *L'Effraie*.

Le jour se carre en moi comme un taureau :
on serait près de croire qu'il est fort...

Si l'on pouvait lasser le torero
et retarder un peu la mise à mort !

La Semaison, IV, in *L'Effraie*.

L'hiver, l'arbre se recueille.

Puis le rire un jour bourdonne
et le murmure des feuilles,
ornement de nos jardins.

Pour qui n'aime plus personne,
La vie est toujours plus loin.

La Semaison, V, in *L'Effraie*.

Qui chante là quand toute voix se tait ? Qui chante
avec cette voix sourde et pure un si beau chant ?
Serait-ce hors de la ville, à Robinson, dans un
jardin couvert de neige ? Ou est-ce là tout près,
quelqu'un qui ne se doutait pas qu'on l'écoutât ?
Ne soyons pas impatients de le savoir
puisque le jour n'est pas autrement précédé
par l'invisible oiseau. Mais faisons seulement
silence. Une voix monte, et comme un vent de mars
aux bois vieillis porte leur force, elle nous vient
sans larmes, souriant plutôt devant la mort.

Qui chantait là quand notre lampe s'est éteinte ?
Nul ne le sait. Mais seul peut entendre le cœur
qui ne cherche la possession ni la victoire.

La Voix, in *L'Ignorant*.

Sombre ennemi qui nous combats et nous resserres,
laisse-moi, dans le peu de jours que je détiens,
vouer ma faiblesse et ma force à la lumière :
et que je sois changé en éclair à la fin.

Moins il y a d'avidité et de faconde
en nos propos, mieux on les néglige pour voir
jusque dans leur hésitation briller le monde
entre le matin ivre et la légèreté du soir.
Moins nos larmes apparaîtront brouillant nos yeux
et nos personnes par la crainte garrottées,
plus les regards iront s'éclaircissant et mieux
les égarés verront les portes enterrées.

L'effacement soit ma façon de resplendir,
la pauvreté surcharge de fruits notre table,
la mort, prochaine ou vague selon son désir,
soit l'aliment de la lumière inépuisable.

Que la fin nous illumine, in *L'Ignorant*.

JUGEMENTS

« *Chez Jaccottet, la prose est passage, mouvement ouvert et disponible, susceptible de détours, une démarche trébuchante et modeste et qui entraîne donc aménagement, développement, mesure. On devrait y reconnaître aussi* "cette précarité presque risible du chant, l'incertitude, l'effroi, le dénuement de celui qui s'est obstiné à le poursuivre" (Éléments d'un Songe). *La prose par elle-même doit exprimer le doute, l'imperfection, mais aussi l'espoir de la découverte* [...]. »

Andrea CADY, « La Mesure prosodique dans les poèmes de Philippe Jaccottet », *in* Marie-Claire DUMAS (dir.), *La Poésie de Philippe Jaccottet*, Champion, 1986.

« *La critique, suivant en cela les propos de Philippe Jaccottet, a volontiers analysé l'*"insaisissable" *pour dire l'effort qui travaille une création, saluée par Jean Starobinski dans sa verte originalité en ce* XXe *siècle si caïnite. On sait, cependant, qu'entre les poétiques exposées par leurs auteurs, et le désir profond qui anime leur plume, la relation n'est pas de transparence.* [...]

Transcendance, immancence. Tenir l'immanence, par exigence intellectuelle, chez Philippe Jaccottet, alors que la transcendance offrirait des consolations si précieuses, mais ressenties comme trop faciles. Et quel piège tendu par toute notre tradition où se précipiter ! Fascinante tentation où s'entendent des voix qui bouleversent, Novalis, Holderlin, et la musique qui ferait perdre pied : Forqueray ou Purcell !

Tout de suite il y a le constat : l'être pour la mort, le deuil où définitivement se brise Prométhée. D'emblée il n'y a aucun monde nouveau à créer par le langage, aucun nouveau sujet à découvrir au bout de la plume. Le deuil péremptoire établit en seule vérité humaine la modestie.

Ce qui n'est pas tuer le désir ! Cet invraisemblable entêtement qui fait encore écrire quand bien même on prend en horreur d'écrire, et qui fait de Philippe Jaccottet justement un poète. Mais dire quoi avec ce désir de dire qui ne renvoie qu'à lui ?

Et s'ouvre l'horizon de toutes les fascinations.

[...]

Retour à l'homme comme seule mesure de l'aventure humaine, malmené par le temps au sein de la merveille, mais sans céder ni au désespoir ni à l'extase, homme indéfectible tisserand face à la mort et à la splendeur. Très purement voici le texte d'un témoin dépris de tous les pièges. C'est à cette hauteur que nous laissent les textes de Philippe Jaccottet dans les années quatre-vingt.

Oser encore regarder et dire : la poésie de Philippe Jaccottet ose encore ne pas démissionner. Et voici l'homme nu face à son destin : n'a-t-il pas l'arme de sa pureté, le rythme, les sons, une langue et, de toute façon, la mesure de ce qui nous échappe de toute part ? »

Jean-Pierre GIUSTO, *Philippe Jaccottet ou le Désir d'inscription*, P.U. Lille, 1994.

« *L'œuvre poétique de Philippe Jaccottet se caractérise dès l'origine par sa vocation pour le regard, un regard sur ce qu'il nommera plus tard des* "paysages avec figures absentes". *Et cette vocation ne va pas sans ascèse puisqu'elle écarte non seulement les autres sens et le contact plus charnel qu'ils peuvent établir avec le monde, mais encore le sérieux des liens qui nous attachent à notre temps et à nos semblables, leurs techniques, leurs modes, leurs désirs, leurs affections, ou pour reprendre une expression de Lévinas : leur visage.* »

André LACAUX, « Le Regard et son éthique dans la poésie de Philippe Jaccottet », *in* Marie-Claire DUMAS (dir.), *La Poésie de Philippe Jaccottet*, Champion, 1986.

« *Jaccottet ne s'est jamais mésallié : Homère, Gongora, Leopardi, Ungaretti, Hölderlin, Rilke sont dignes de lui comme il est digne d'eux. Quand on voit qu'il traduit, on sait qui il est.* »

Jacques LEGRAND, « Philippe Jaccottet traducteur de Rilke », *in* Marie-Claire DUMAS (dir.), *La Poésie de Philippe Jaccottet*, Champion, 1986.

« Il est dans la poésie inquiète de Jaccottet, des moments privilégiés : moments où, dans la clarté de la lumière ou le secret de la nuit, semble se révéler la clé de tous les mystères. En ces moments, "la mort paraît vaine" (Airs), *l'harmonie du monde apparaît comme une certitude ; la sérénité, un instant, s'épanouit dans le cœur du poète. Décrivant cette expérience, la poésie de Jaccottet cherche à exorciser une angoisse, l'angoisse d'un monde privé d'unité, privé d'au-delà, privé de sacré. Mais, aussitôt cette expérience vécue et dite, le poète exprime un doute absolu face à cette expérience, témoigne d'un sentiment d'échec et de solitude. D'où, très souvent, ce double mouvement qui porte le poète vers l'esquisse d'une révélation qui donnerait corps à son sentiment fugace de sérénité, le poème donnant à d'autres le sentiment* "d'une plus grande réalité" (La Promenade sous les arbres), *puis reflue de cet espoir vers l'humilité, la tristesse, la désespérance. »*

Catherine MAYAUX, « L'Expérience du sacré chez Philippe Jaccottet », *in* Marie-Claire DUMAS (dir.), *La Poésie de Philippe Jaccottet*, Champion, 1986.

« Les œuvres authentiques sont si intimement liées à leur créateur qu'on ne peut les aborder sans le rencontrer lui-même. Chez Jaccottet cette présence est permanente, émouvante comme un témoignage, parfois un appel, l'attente d'une réponse. Non pas, certes, que le "personnage" s'impose à nous puisqu'il s'efface au contraire ; mais la discrétion attire et l'on participe d'autant plus que les circonstances, les contingences et les "rôles" s'estompent. Ici une conscience accède à la parole, une conscience émerveillée mais désarmée, aussi transparente et poreuse qu'il est possible. Le "personnage" demeure invisible, du moins évite d'attirer l'attention, ne cherchant ni à étonner, ni à séduire, ni à enseigner. Simplement, il voit et dit ce qu'il voit. Tout ce qu'il voit, c'est-à-dire, bien au-delà des apparences, ce qu'il faut bien appeler des "présences" : un indéfinissable, insaisissable mystère, chaque chose rencontrée étant noyée dans l'énigme universelle.

[...]

[...] *La poésie moderne nous a accoutumés à des violences verbales, à des gesticulations effrénées, cris de révolte, sarcasmes claironnants, célébrations, etc. Ici, rien de tel. Une voix sourde, presque terne, discrètement mesurée, une poésie à ras de prose, dont les "joyaux" linguistiques semblent se dissimuler. Pas de formules impérieuses et lapidaires comme chez un René Char, pas de vastes incantations comme chez Pierre Emmanuel ni, à l'autre extrémité, de précieuses recherches formelles à la façon d'un Jacques Dupin. Comme si l'auteur tenait à passer inaperçu, non point par quelque fausse vanité, mais par une réelle tendance à sous-évaluer son œuvre, à douter même de ses propres forces.* [...] *Curieusement, cette absence d'éclat, cette pudeur — parfois un peu crispée — cette réserve à la limite du silence attirent la sympathie et ouvrent à une relation plus personnelle que spécifiquement littéraire.*

Les œuvres sans fracas ne sont pas les moins profondes ; elles éveillent des échos et ne risquent jamais d'assourdir. Lire Jaccottet c'est apprendre à faire silence, à entrer en méditation [...]. *Ainsi entendue, la décence est un art d'écrire mais aussi un art de vivre, une sorte d'éthique ; c'est en tout cas un instrument de pénétration dans l'existence. Jaccottet tranche sur une époque où l'écriture poétique, trop souvent, se contorsionne dans le vide : il est simple, d'une simplicité raffinée qui ne vaut que par sa justesse. Loin des précieux et des bavards, la justesse s'élabore dans l'austérité* [...]. *»*

Jean ONIMUS, *Philippe Jaccottet : une poétique de l'insaisissable*, Champ Vallon, 1993.

« Mais si Jaccottet nous intéresse, n'est-ce pas ? c'est par sa poésie, par ce qu'il fait comme poète avec sa vie et ses rêves. C'est donc la place de ses rêves, des rêves et du rêve dans son œuvre qu'il faut essayer d'interroger ; et aussi, ce qui n'est pas exactement la même chose, essayer de comprendre ce qu'il pense des rêves, dans quelle mesure il pense trouver en eux et à leur occasion la substance même de sa poésie. Y a-t-il pour lui, dans le mode d'apparaître des rêves, dans la façon dont les images s'y présentent, quelque chose qui convienne à sa poésie et l'anticipe ? Plus précisément, le rêve est-il pour lui le lieu de "l'attachement à soi", *du comble de l'égocentrisme et donc de* "l'opacité" (La Semaison), *ou le moment d'une déchirure favorable au vrai ? »*

Pierre PACHET, « À la lumière du rêve », *in* Marie-Claire DUMAS (dir.), *La Poésie de Philippe Jaccottet*, Champion, 1986.

« On pourrait dire qu'il y a dans l'œuvre de Jaccottet des paysages très divers, des paysages qui reflètent à la fois des humeurs différentes et des lieux différents, des paysages qui sont tantôt apaisants, par un équilibre, une transparence, une lumière tels que s'y arrêter n'effraie pas, et même au contraire qu'on y est incité, et qu'une sorte de plénitude, même légère, y règne si fort que les couleurs, les arbres, les contours n'évoquent aucune disparition.

[...]

Il y a d'autres paysages, en revanche, d'autres moments de paysages, qui sont beaucoup plus inquiétants, sinon angoissants, même. On a, à plusieurs reprises, des sortes d'arrivées où, dirait-on, l'imagination enfantine revient devant le paysage avec toutes les figures qui pouvaient effrayer dans les cauchemars — que ce soit le Roi des Aulnes ou telle autre histoire. Tout tremble, les sentiers mystérieux sont ceux qui emmènent vers les gouffres ; on est presque tenté de fermer les yeux, de se détourner des paysages dans ces moments-là.

Le plus souvent, pourtant, dans l'œuvre de Jaccottet, ce qui frappe, c'est le rapide passage d'un paysage dans l'autre, d'une sorte dans une autre ; dans la plupart des cas, c'est comme si le paysage était lui-même insaisissable, et qu'on cherchait — il cherchait, dans le moment même où il essayait de le dire, à le faire arrêter un instant. Le paysage, en fait, n'est pas tant paysage — lieu de séjour, comme il est dit dans un certain nombre de textes, mais passage, comme on le voit bien dans À travers un verger. *Et ce paysage-passage, il constitue en quelque sorte, selon le mot qui commence le texte* L'Approche des montagnes, *une "énigme" que l'expression va essayer tout à la fois de désigner et de déchiffrer — bien que le mot soit ici prétentieux. »*

Jean-Yves Pouilloux, « Le Paysage », *in* Marie-Claire Dumas (dir.), *La Poésie de Philippe Jaccottet*, Champion, 1986.

« À l'approche de ces poèmes s'éveille une confiance. Notre regard, passant d'un mot à l'autre, voit se déployer une parole loyale, qui habite le sens, comme la voix juste habile la mélodie. Nulle feinte, nul apprêt, nul masque. Nous pouvons accueillir sans ruse interposée, cette parole qui s'offre à nous sans détour. Un émerveillement, une gratitude nous saisit : la diction poétique, le discours poétique (mais délivré de tout artifice oratoire) sont donc possibles, toujours possibles ! C'est ce dont, à considérer la plupart des productions du jour, il semblait qu'il fallût désespérer, pour ne plus rencontrer que le souvenir brisé de ce que fut la Poésie...

La confiance qu'il éveille en son lecteur, sans doute Philippe Jaccottet la doit-il à la règle qu'il s'impose à lui-même; et qui l'oblige à se porter caution de chaque mot qu'il écrit : il fait bonne garde contre l'outrance, la solennité, la grandiloquence ; il se défie des trop brillantes images ; il a horreur de la gratuité. Le péché majeur, pour lui, serait de ne pouvoir à tout instant contresigner sa poésie par les gestes de la vie, par les nuances authentiques du monde perçu, par les certitudes (le peu de certitude) de la pensée. Que nous sommes loin d'une poétique du libre abandon, de la rencontre hasardeuse, du tout venant ! Que nous sommes loin aussi de toute construction délibérée ! Nous discernons, en chaque mot, la faveur presque inespérée dont il procède, mais aussi l'assentiment (parfois tremblant) qui en assure la validité et qui l'autorise à s'inscrire sur la page. [...]

Nous sommes voués au limité : la dure leçon du châtiment des orgueilleux ne peut être oubliée. Non sans toutefois que persiste, vivace, le sentiment d'un illimité qui donne sens à notre limite, — d'un illimité dont nous ne pouvons rien dire, mais sans lequel non plus aucun de nos vocables limités ne pourrait prendre forme. L'illimité, c'est peut-être, selon Philippe Jaccottet, le seul nom que nous puissions réserver à ce qui fut précédemment nommé Dieu. Et si la poésie n'aspire plus à sa possession, elle ne s'en détourne pas non plus. »

Jean Starobinski, *Préface* à Philippe Jaccottet, *Poésie 1946-1967*, « Poésie », Gallimard, 1971.

BIBLIOGRAPHIE

Éditions

À la lumière d'hiver, précédé de *Leçons* et de *Chants d'en bas*, et suivi de *Pensées sous les nuages*, « Poésie », Gallimard, 1994.

Poésie, 1946-1967, préf. J. Starobinski, « Poésie », Gallimard, 1971.

Études

J. Borel, *Poésie et Nostalgie*, Berger-Levrault, 1979.

A. Clerval, *Philippe Jaccottet*, « Poètes d'aujourd'hui », Seghers, 1976.

M.-Cl. Dumas (dir.), *La Poésie de Philippe Jaccottet*, « Unichamp », Champion, 1986.

J.-P. Giusto, *Philippe Jaccottet ou le Désir d'inscription*, P.U. Lille, 1994.

A.-M. Hammer, *Philippe Jaccottet, ou l'Approche de l'insaisissable*, préf. M. Raymond, Éd. E. Vernay, Genève (CH), 1982.

J.-Cl. Mathieu, « Le Paysage de l'écriture dans les Carnets de Jaccottet », in *Littérature*, n° 61, févr. 1986.

J. Onimus, *Philippe Jaccottet, une poétique de l'insaisissable*, « Champ poétique », Champ Vallon, Seyssel (Ain), 1982.

J.-P. Richard, « Philippe Jaccottet » in *Onze Études sur la poésie moderne*, « Points », Seuil, 1964.

J.-L. Seylaz, *Philippe Jaccottet, une poésie et ses enjeux*, Éd. de l'Aire, Lausanne (CH), 1982.

J.P. Vidal (dir.), *Philippe Jaccottet* [comportant des *« pages retrouvées »*, des inédits, des entretiens, un dossier critique et une bibliographie], Payot, Lausanne (CH), 1990.

Écriture 40, automne 1992.

Revue de Belles-Lettres, 1976.

Sud, n° 32/33, 1980 et n° 80/81, 1989.

JARRY

Alfred JARRY

Laval 1873 – Paris 1907

> « [...] *Jarry* [...] *est un bizarre et ultime porte-parole de l'optimisme du* XIX*e siècle.* »
> John UPDIKE, *Navigation littéraire*, trad. franç. Daria OLIVIER, Gallimard, 1986.

> « *Jarry, sans cesse épateur, diseur de monstruosités ou de bizarreries* [...]. »
> Paul LÉAUTAUD, *Journal littéraire*, 18 décembre 1906, Mercure de France, rééd. 1986.

Une vie fulgurante et difficile

Un potache inspiré

Ses parents s'étant rapidement séparés, Jarry fut élevé, avec sa sœur Caroline — de huit ans son aînée et qu'on appelait Charlotte —, à Saint-Brieuc, chez son grand-père, par une mère fantasque. Écrivain précoce et narquois, imprégné de folklore breton, il composa les poésies et saynètes de ***Saint-Brieuc-des-Choux*** (posth., 1964), fragments d'un dossier, ***Ontogénie*** — honte au génie ? —, retrouvé longtemps après sa mort et contenant en germe plusieurs traits de son œuvre future. L'année de ses 15 ans, la famille quitta Saint-Brieuc pour Rennes. Au lycée de Rennes, où il fut élève entre 1888 et 1891, il fit représenter, dès décembre 1888, la comédie ***Les Polonais***, en marionnettes, puis en théâtre d'ombres, ébauche du futur ***Ubu roi*** — 1re pièce du cycle d'Ubu. C'étaient les éléments d'une geste élaborée par plusieurs générations d'élèves, particulièrement les frères Morin, prenant pour cible leur professeur de physique, M. Hébert, *alias* le « *P.H.* » ou « *père Heb* » ou « *père Ébé* », dont Jarry fit le père Ubu. En 1889, l'adolescent écrivit ***Onésime ou les Tribulations de Priou***, 1re ébauche du futur ***Ubu cocu*** (posth., 1944) — 2e pièce du cycle d'Ubu —, que suivirent ***L'Archéoptéryx*** (1897), 2e ébauche, et ***Ubu intime*** (posth., 1985), 3e ébauche.

Un Breton à Paris

Ayant passé son baccalauréat par anticipation, il entra au lycée Henri-IV, à Paris — où il eut Bergson comme professeur de philosophie —, pour y préparer, en vain — il subit 3 échecs —, le concours d'entrée à l'École normale supérieure, entre 1891 et 1893, année où mourut sa mère : c'est durant sa scolarité de khâgneux que Jarry donna au personnage de P.H. le nom d'Ubu. Il fréquenta, de loin, la Sorbonne, où il fut recalé à la licence ès lettres. Lié, à partir de 1893, d'une amitié sulfureuse avec Fargue, qui prit fin au début de 1895 — année où Jarry perdit son père —, il reçut très tôt le soutien du groupe du *Mercure de France*, réuni autour de Rachilde et de son mari Alfred Vallette, et fut accueilli chez Mallarmé aux Mardis de la rue de Rome. Il entra de manière originale dans la carrière littéraire par la voie des concours primés par les journaux. Avec Gourmont, l'éminence grise du *Mercure de France*, il fonda, en 1894, une luxueuse revue d'art, ***L'Ymagier*** — qui connut 7 numéros —, puis, à son propre compte, ***Perhinderion***, pour laquelle il fit composer des caractères spéciaux. Son premier recueil, ***Les Minutes de sable mémorial*** (1894), illustrait son esthétique — « *Suggérer au lieu de dire, faire dans la route des phrases un carrefour de tous les mots* » ***(Linteau)*** —, tout en annonçant de futurs « *éléments de pataphysique* » et en faisant apparaître Ubu dans ***Guignol***, l'un des fragments du recueil, prépublié dans *L'Écho de Paris* (avr. 1893), où le père Heb était devenu père Ubu, « *ancien roi de Pologne et d'Aragon, docteur en pataphysique* ». Un an après ***Les Minutes de sable mémorial***, ***César-Antechrist*** (1895), condensé d'***Ubu roi***, apparaissait comme une pièce magnifiquement symboliste.

Le créateur d'Ubu

Définitivement réformé par l'armée — où son ironie ne manqua pas de causer des dégâts —, fin 1895, il se fit employer par Lugné-Poe comme secrétaire du Théâtre de l'Œuvre où il n'eut de cesse de faire représenter ***Ubu roi*** — ainsi avait-il rebaptisé ***Les Polonais*** —, qui fut créé fin 1896, précédé d'une publication en revue puis en volume. Après quoi il put s'en aller, satisfait de l'effet produit : un énorme scandale.

Cependant « *l'immonde créature* » ne laissa plus Jarry en paix, jusqu'à sa mort. Comme Monnier avec son personnage Monsieur Prudhomme — caricature du bourgeois des années 1840, aussi solennel et sentencieux que niais et conformiste —, le créateur prit les tics de sa créature, sa façon de parler, et pour tous il fut le Père Ubu en personne. Les anecdotes, souvent controuvées, se multiplièrent sur son compte, lui prêtant plus de cynisme qu'il n'en avait, lui faisant identifier la vie à la littérature : « *N'est-ce pas que c'était beau comme littérature ?* », aurait-il dit après avoir tiré à balle sur le sculpteur Manolo. Le cycle d'Ubu se poursuivit avec ***Les Paralipomènes***

d'Ubu (vol. posth., 1921), publiés dans le *Mercure de France* (1896), puis ***Ubu cocu*** (posth., 1944), ***Ubu enchaîné*** (1900) — « *L'indiscipline aveugle et de tous les instants fait la force principale des hommes libres* » (I, 2), « *Vive l'armerdre !* » (I, 4) —, et les ***Almanachs du père Ubu*** (1899-1900), que Jarry écrivit au gré des déménagements imposés par des difficultés pécuniaires sans cesse aggravées : de l'incroyable appartement de la rue Cassette (act. VIe arrond^{nt}) — en 2 parties horizontales — (1897), au Phalanstère de Corbeil (act. Essonne), vaste demeure louée notamment avec Vallette et Rachilde (1898), puis à La Frette-sur-Seine (act. Val-d'Oise), toujours avec le couple dirigeant le *Mercure de France* (1899), enfin au Coudray (auj. Le Coudray-Montceaux, act. Seine-et-Marne), entre Corbeil et Melun (1900) — où, à partir de 1904, il se fit construire une cabane qu'il baptisa *Le Tripode*.

L'inventeur de la 'pataphysique

À l'exception — et encore ! — de ***L'Amour en visites*** (1898), recueil de littérature alimentaire qu'il aurait voulu « *écrit comme tout le monde* », les récits de Jarry obéissaient tous à une règle de production d'ordre mathématique, développant le principe d'équivalence des contraires. Ainsi, ***Les Jours et les Nuits, roman d'un déserteur*** (1897) présentaient un héros singulier quoique dédoublé, qui désertait la réalité externe pour s'évader dans ses rêveries, témoignant que le rêve éveillé supplée l'état de veille. Dans ***Gestes et Opinions du docteur Faustroll, pataphysicien, roman néo-scientifique*** (posth., 1911), composé dès 1898, Jarry définissait la 'pataphysique comme « *la science des solutions imaginaires, qui accorde symboliquement aux linéaments les propriétés des objets décrits par leur virtualité* » : constituant, en quelque sorte, le contraire de la science officielle, et son complément nécessaire, elle étudierait les exceptions et expliquerait l'univers qui doublerait le nôtre — comme les Grands Transparents que postula plus tard Breton. Suivaient un voyage immobile, une exploration des univers imaginaires conçus par les plus grands artistes contemporains, et un très savant calcul de la surface de Dieu, défini comme « *le point tangent de zéro et de l'infini* » que Vian reprit à son tour. ***L'Amour absolu*** (1899) — ancien chapitre de ***L'Amour en visites*** —, publié à compte d'auteur, racontait l'ultime rêverie d'un condamné à mort s'identifiant à Dieu, dans sa quête de la mère. Complémentairement, ***Messaline, roman de l'ancienne Rome*** (1901) et ***Le Surmâle, roman moderne*** (1902), se développaient en chiasme comme une représentation des limites des forces érotiques humaines pour l'un et l'autre sexes, indissolublement mêlés à la mort : « *L'amour est un acte sans importance, puisqu'on peut le faire indéfiniment* » (***Le Surmâle***, I).

Une fin prématurée

Ayant dilapidé son héritage, Jarry vécut misérablement, demandant à l'alcool et à l'éther — « *ça détache* », disait-il — la vitalité qu'il ne pouvait s'offrir autrement. Vivant le plus possible à la campagne — entre 1903 et 1904, il s'installa au Grand-Lemps (act. Isère) —, pêchant, faisant de longues courses à bicyclette — avec un révolver en guise d'avertisseur —, il pouvait se permettre des excès de boisson qui eussent terrassé des complexions plus faibles. Fin 1901, il fit représenter une version d'***Ubu roi*** réduite à 2 actes : il en publia le texte cinq ans plus tard, sous le titre ***Ubu sur la Butte*** (1906). De 1901 à 1903 — année où il commença à fréquenter Apollinaire —, il publia régulièrement des articles dans *La Revue blanche* — d'où il tira l'essentiel de ses revenus —, d'abord sous le titre ***Spéculations*** (1901, vol. posth., 1911), puis sous celui de ***Gestes*** (1902), articles marqués d'un humour froid, impassible, qui illustraient une logique rigoureuse, comme des exercices de pataphysique appliquée, s'opposant à la pragmatique quotidienne. Ils furent rassemblés sous le titre ***La Chandelle verte*** (posth., 1969). Avant sa mort, Jarry pensait en publier quelques-uns sous le titre ***Spéculations*** chez l'éditeur Sansot, qui avait publié son « *théâtre mirlitonesque* » : ***Par la taille*** (1906), ***Le Moutardier du pape*** (1907) — opérette inspirée par ***La Papesse Jeanne*** (posth., 1908), roman d'Emmanuel Rhoïdès, traduit du grec par Jarry et son médecin, le Grec Jean Saltas, à partir de 1905.

Outre ces travaux de plume, diverses opérettes écrites en collaboration — ***Léda*** (1900), ***Le Manoir de Cagliostro*** (1905) —, l'interminable opéra-bouffe ***Pantagruel*** (posth., 1911), entrepris, depuis 1898, à la demande du compositeur Claude Terrasse, quelques collaborations fugitives à des revues (*La Renaissance latine*, *La Plume*, *Le Canard sauvage*, *L'Œil* — et même au quotidien *Le Figaro*, en 1904), enfin un roman commencé en 1903 mais inachevé, ***La Dragonne*** (posth., 1943), marquant un retour à ses origines mythiques, ne firent qu'aggraver sa mauvaise santé. Jarry mourut d'une méningite tuberculeuse, à 34 ans, à l'hôpital parisien de la Charité — le jour de la

Toussaint (1er nov.), alors qu'il était né, comme il se plaisait à le rappeler, le jour de la nativité de la Vierge (8 sept.).

Un langage hermétique

Néanmoins, le journaliste Jarry a privilégié la figure du paradoxe, poussée parfois jusqu'à l'oxymore : « *Nous ne croyons qu'à l'applaudissement du silence* » (**Douze Arguments sur le théâtre**) ; « *L'oubli est la condition indispensable de la mémoire* » (**La Chandelle verte**) ; « *La plus noble conquête du cheval, c'est la femme* » *(ibid.)*. Enfin, cet alcoolique provocateur ne pouvait manquer de prononcer un virulent réquisitoire contre l'eau : « *Quand ne sera-t-il plus besoin de rappeler que les antialcooliques sont des malades en proie à ce poison, l'eau, si dissolvant et corrosif qu'on l'a choisi entre toutes substances pour les ablutions et lessives, et qu'une goutte versée dans un liquide pur, l'absinthe par exemple, le trouble ?* » *(ibid.)*.

Grand amateur de mots rares, usant d'images concentrées, préférant l'ellipse au développement, l'abstraction à la description mimétique, Jarry est un auteur difficile « [...] *quand les hiboux dans leurs simarres, aux yeux d'espoir, aux yeux menteurs, dans leurs simarres chamarrées, soulevant leurs ailes d'emphase, dardent leurs yeux de chrysoprase vers le ciel noir* » (**Les Minutes de sable mémorial**). Peut-être parce qu'il a voulu d'emblée se situer dans l'éternité : « *Si l'on veut que l'œuvre d'art devienne éternelle un jour, n'est-il pas plus simple, en la libérant soi-même des lisières du temps, de la faire éternelle tout de suite* », interrogeait-il au cours d'une conférence sur le temps dans l'art. Ce refus de se situer dans le réel et l'Histoire immédiate se double d'une véritable agression, contre les codes sociaux, contre la notion de personnage, réduit à l'état de « *marionnette* », contre le genre théâtral même, à l'image du titre provocateur de l'article ***De l'inutilité du théâtre au théâtre*** (1896), par la parodie systématique, la schématisation généralisée — des caractères, des actions, des décors —, le refus délibéré du réalisme et de la psychologie :

Voyez, voyez la machin' tourner,
Voyez, voyez la cervell' sauter,
Voyez, voyez les rentiers trembler ;
Hourra, cornes-au-cul, vive le Père Ubu !

(**Chanson de Memnon**, in **Ubu cocu**)

Un illustre méconnu

En dépit — ou à cause — de « *l'encombrant bonhomme* » qu'était le père Ubu, et du succès de l'adjectif dérivé « *ubuesque* », l'œuvre intégrale de Jarry ne fut longtemps reconnue que du petit nombre. Charles Chassé publia *Les Sources d'« Ubu roi »* (1921) ; Artaud fonda, avec Vitrac, le Théâtre Alfred-Jarry (1927) ; Gide trouvait admirables ses dialogues paradoxaux ; Breton et les surréalistes l'inscrivirent à leur panthéon, et le Collège de 'Pataphysique — qui se défend d'être une société vouée à la mémoire de l'écrivain — développa ses principes en étudiant son œuvre. Il fallut attendre 1972 pour voir paraître, dans la « Bibliothèque de la Pléiade », grâce à Michel Arrivé, le 1er volume des ***Œuvres complètes***, rassemblant le cycle d'Ubu, et une quinzaine d'années supplémentaires, pour les 2e (1987) et 3e (1988) volumes, assurés par Henri Bordillon.

Figure la plus originale du symbolisme, dont il cultiva les thèmes en les poussant à leurs plus extrêmes conséquences, créateur qui proposa une synthèse de toutes les cultures innées ou acquises, Jarry reste abusivement réduit à l'inventeur d'Ubu et de la 'pataphysique.

ŒUVRE

Ubu roi. *Restitué en son intégrité tel qu'il a été représenté par les marionnettes du théâtre des Phynances en 1888.*

Drame en 5 actes et en prose, prépublié à Paris, dans la revue *Le Livre d'art*, en avr. et mai 1896, puis en vol. — illustré par Jarry — au Mercure de France, et créé au Théâtre de l'Œuvre, le 10 déc. 1896.

Le sous-titre indique d'emblée l'origine juvénile et collective d'une œuvre élaborée par les lycéens de Rennes, dont Jarry s'est voulu le fidèle transcripteur et adaptateur, en passant du castelet (petit théâtre de marionnettes) à la scène adulte. Se coulant dans la forme de la tragédie shakespearienne — *Macbeth*, en l'occurence — tout en la parodiant, la pièce montre, schématiquement, comment Ubu, capitaine au passé autrefois glorieux, poussé par une femme ambitieuse, élimine le roi de Pologne Venceslas, et s'empare de son trône. Il conspire avec le capitaine Bordure, qu'il renie, une fois son forfait accompli. Toute la famille royale est massacrée. Seul en réchappe le jeune Bougrelas, qui, finalement, vengera ses aïeux. Ubu gouverne avec un programme simple : « *J'ai changé le gouvernement et j'ai fait mettre dans le journal qu'on paierait deux fois tous les impôts et trois fois ceux qui pourront être désignés ultérieurement. Avec ce système, j'aurai vite fait fortune, alors je tuerai tout le monde et je m'en irai* » (III, 4). Il extermine les nobles, les magistrats, les financiers qui lui résistaient. Le Czar de Russie lui déclare la guerre. Il part en campagne et confie la régence à la Mère Ubu. Celle-ci, chassée par Bougrelas et le peuple révolté, se réfugie dans une caverne où, par une étrange coïncidence, elle retrouve Ubu vaincu. Les époux réconciliés s'embarquent sur la Baltique et voguent vers de nouvelles aventures. Ubu regrette son pays : « *S'il n'y avait pas de Pologne, il n'y aurait pas de Polonais* » — allusion au titre primitif de la pièce (V).

Plus que par l'intrigue, l'œuvre fit date par sa gestuelle, sa langue et son style : le « *Merdre* » initial, le mélange de vocabulaire archaïque et d'expressions spécifiques au Père Ubu, depuis « *De par ma chandelle verte* » jusqu'au célèbre « *cornegidouille* », en passant par le « *croc à phynance* » et les inséparables « *palotins* ». Langage d'une telle efficacité théâtrale qu'il se communique infailliblement à tous les spectateurs qui, dès lors, se mettent à « *parler Ubu* ».

La création fut considérée comme une nouvelle bataille d'*Hernani*, par ses provocations répétées, sa scatologie, la débilité de l'intrigue et des personnages, tandis que la jeunesse y voyait une bonne farce.

Ubu roi — dont Jarry créa (1901) et publia (1906) une version en 2 actes, ***Ubu sur la Butte*** — inaugura un cycle qui comprit notamment ***Ubu cocu*** (posth., 1944), ***Ubu enchaîné*** (1900) et les ***Almanachs du père Ubu*** (1899-1900). La pièce, à sa création, fut mise en scène par Lugné-Poe et interprétée par Génier dans le rôle-titre, en présence de Mallarmé, Léautaud, Jules Renard et Copeau, entre autres. Au XXe siècle, elle suscita quantités d'adaptations, tant en France qu'à l'étranger, dont celles de Vilar (1958), Brook (1977) et Vitez (1985), y compris une mémorable version pour la télévision, due à Jean-Christophe Averty (1965). Considérée avec le recul de l'histoire littéraire, la pièce marque une révolution dramaturgique renvoyant dos à dos les esthétiques opposées du naturalisme et du symbolisme. Par erreur, de nombreux metteurs en scène ont voulu en faire une satire politique, ce qu'elle ne saurait être. Néanmoins, le seul personnage d'Ubu a immortalisé le nom de Jarry, aux dépens mêmes du reste de son œuvre, occultée par cette créature si mémorable qu'elle a donné lieu à la formation de l'adjectif « *ubuesque* » (1922) pour qualifier un mélange de cruauté et de couardise.

CITATIONS

Les femmes montent par le chemin des écoliers.

L'Amour absolu, XII.

Quand ne sera-t-il plus besoin de rappeler que les antialcooliques sont des malades en proie à ce poison, l'eau, si dissolvant et corrosif qu'on l'a choisi entre toutes substances pour les ablutions et lessives, et qu'une goutte versée dans un liquide pur, l'absinthe par exemple, le trouble ?

« *M. Faguet et l'Alcoolisme* », 1er mars 1901, in *La Chandelle verte*.

Chaque peuple se répète qu'il est le plus puissant et le plus courageux de la terre, qu'il est « à la tête » de l'humanité. Malheureusement, l'humanité est une espèce de bête ronde avec des têtes tout autour.

« *Essai de définition du courage* », 15 mai 1901, in *La Chandelle verte*.

La durée est chose trop transparente pour être perçue autrement que colorée de quelques divisions.

« *Livres d'étrennes : le calendrier du facteur* », 15 janvier 1903, in *La Chandelle verte*.

Les balances de la Justice trébuchent ; et pourtant l'on dit : Raide comme la justice. La justice serait-elle ivre ?

« *L'Affaire est l'Affaire* », 18-24 avril 1903, in *La Chandelle verte*.

Maintenir une tradition même valable est atrophier la pensée qui se transforme dans la durée ; et il est insensé de vouloir exprimer des sentiments nouveaux dans une forme « conservée ».

Douze Arguments sur le théâtre, in *Dossiers acénonètes du Collège de Pataphysique*, n° 10.

Nous ne croyons qu'à l'applaudissement du silence.

Douze Arguments sur le théâtre, in *Dossiers acénonètes du Collège de Pataphysique*, n° 10.

DÉFINITION. — La pataphysique est la science des solutions imaginaires.

Gestes et Opinions du docteur Faustroll pataphysicien, II, VIII.

Dieu est le point tangent de zéro et de l'infini.

Gestes et Opinions du docteur Faustroll pataphysicien, VIII, XLI.

« Dieu en vain tu ne jureras » est la seule courtoisie valable ; il est ridicule de cracher sur son miroir.

Roman d'un déserteur, in *Les Jours et les Nuits*, V, I.

Qu'on pèse donc les mots, polyèdres d'idées, avec des scrupules comme des diamants à la balance de ses oreilles, sans demander pourquoi telle et telle chose, car il n'y a qu'à regarder, et c'est écrit dessus.

Linteau, in *Les Minutes de sable mémorial*.

Voyez, voyez la machin' tourner,
Voyez, voyez la cervell' sauter,
Voyez, voyez les rentiers trembler ;
Hourra, cornes-au-cul, vive le père Ubu !

Chanson de Memnon, in *Ubu cocu*.

L'indiscipline aveugle et de tous les instants fait la force principale des hommes libres.

Ubu enchaîné, I, 2.

JUGEMENTS

« Ubu prophétise la mondialisation de la Phynance, qui elle-même déclenche l'apocalypse encéphalique. La phynance se substitue à la pensée. »

Daniel ACCURSI, *La Philosophie d'Ubu*, PUF, 1999.

« Cette œuvre [Ubu roi]*, si l'on regarde aux idées, est peu de chose. Si l'on songe aux vérités que Gargantua et Pantagruel ont su nous faire entendre, ou bien au sens profond de* Liluli*, on voudrait nier* Ubu roi*, qui ne dit rien que lui-même. [...] Ubu existe. Chacun l'habille à sa manière. C'est une racine qui grimace et qui veut retouche. Mais gare à la retouche. Vous gâterez la forte esquisse, je le parie. Jarry fut artiste en ceci surtout qu'à ses vingt ans il sut n'ajouter rien à cette œuvre d'enfance. On voit très bien comment la simplicité enfantine fait profondeur ; c'est que l'observation découvre la nature rugueuse qui est l'explication de tout. La mécanique, alors substituée aux intentions, est ce qui fait rire et ce qui dissout l'importance. Ainsi Ubu est vivant à la manière des contes. »*

ALAIN, *Propos*, 8 décembre 1921, Gallimard, posthume, 1956.

« La première fois que je vis Alfred Jarry, c'était aux soirées de La Plume *[...].*
Alfred Jarry, le soir dont il s'agit, m'apparut comme la personnification d'un fleuve, un jeune fleuve sans barbe, en vêtements mouillés de noyé. Les petites moustaches tombantes, la redingote dont les pans se balançaient, la chemise molle et les chaussures de cycliste, tout cela avait quelque chose de mou, de spongieux : le demi-dieu était encore humide, il paraissait que peu d'heures auparavant il était sorti trempé du lit où s'écoulait son onde. [...]
Il me parla des mariniers parmi lesquels il vivait une grande partie de l'année, des marionnettes auxquelles il avait fait jouer Ubu *pour la première fois. La voix d'Alfred Jarry était nette, grave, rapide et parfois emphatique. Il cessait tout à coup de parler pour sourire et brusquement redevenait sérieux. Son front remuait sans cesse, mais en largeur et non en hauteur comme cela se voit généralement. Vers quatre heures du matin, un homme s'approcha de nous pour nous demander le chemin de Plaisance. Jarry sortit prestement un revolver, intima au passant l'ordre de reculer de six pas et lui donna le renseignement. [...] Les espiègleries de Jarry firent le plus grand tort à sa gloire, et son talent, un des plus singuliers et des plus solides de son époque, ne lui rapportait pas assez pour vivre. Il vivait mal, se nourrissant à Paris de côtelettes de mouton crues et de cornichons. Il m'assura que, pour bonifier son estomac, il buvait souvent avant de se coucher, un grand verre dans lequel il avait versé par moitiés du vinaigre et de l'absinthe, mélange bizarre qu'il liait en y ajoutant une goutte d'encre. Les dévouements féminins ont manqué au pauvre Père Ubu. »*

Guillaume APOLLINAIRE, *Contemporains pittoresques*, in *Le Flâneur des deux rives*, 1919, Gallimard, posthume, 1975.

« Un jour, dans un jardin de Corbeil, Jarry s'amuse à déboucher le champagne à coups de revolver. Par-delà la clôture, la propriétaire de la villa veille sur ses enfants. Des balles s'égarent chez elle, provincialement vêtue elle accourt, s'introduit avec cérémonie. Elle fait observer à la maîtresse de maison qu'elle n'a pas loué un champ de tir et ajoute, très digne, que ses enfants pouvaient être victimes du jeu : "Eh ! *intervient Jarry,* qu'à cela ne tienne, madame, nous vous en ferons d'autres." »

André BRETON, *Les Pas perdus*, Gallimard, 1924.

« Hier mardi, au Mercure, j'ai vu Jarry, qui s'en va une seconde fois se retirer dans sa province, chez sa sœur, à Laval. J'ai parlé de lui avec Vallette. Fini, bien fini, ce pauvre Jarry. Malade, détraqué par les privations, l'alcoolisme et la masturbation, incapable de gagner sa vie en aucune façon, ni avec un emploi, ni par une collaboration quelconque à un journal. On l'avait fait entrer il y a deux ou trois ans au Figaro*. Il ne faisait rien, ou ce qu'il faisait était illisible. Couvert de dettes et déjà un peu fou, il y a un an on avait organisé au Mercure la publication, à tirage restreint et très cher, d'un mince ouvrage de lui. Cela lui avait fourni, toutes ses dettes payées, environ un billet de huit cents à mille francs. Il a tout mangé à boire, à courir les cafés, si*

bien qu'aujourd'hui, fourbu et fichu, il se résigne à repartir chez sa sœur. "Le mieux serait qu'il ne revienne jamais, *me disait Vallette.* Il est fichu. Pas même capable de faire une course." »

Paul LÉAUTAUD, *Journal littéraire*, 23 janvier 1907, Mercure de France, rééd. 1986.

« Ubu roi. *La journée d'enthousiasme finit dans le grotesque. Dès le milieu du premier acte on sent que ça va devenir sinistre. Au cri de* "Merdre", *quelqu'un répond :* "Mangre !". *Et tout sombre. Si Jarry n'écrit pas demain qu'il s'est moqué de nous, il ne s'en relèvera pas.* »

Jules RENARD, *Journal*, 10 décembre 1896.

« [...] *de tous ces héros* [Gargantua, Gulliver et Robinson], *Ubu est sans doute celui qui a le moins vieilli, et qui s'impose, jour après jour, comme prophète. Guignol ? Oui, mais bien davantage, puisque la guignolade, au fond, reste sentimentalement attendrie. Le rire pataphysique d'Ubu utilise le guignol pour dire autre chose, une catastrophe métaphysique, une énormité* verte *(de langue, de crudité, de peur). Dans le même tournant historique, le surhomme nietzschéen et le sous-homme buté paraissent sur la scène mondiale.* »

Philippe SOLLERS, « Le Triomphe d'Ubu », in *Le Monde des livres*, 6 août 1999.

BIBLIOGRAPHIE

Éditions

Œuvres complètes, éd. M. ARRIVÉ (t. I) et M. BORDILLON (t. II et III), « Pléiade », Gallimard, 1972 à 1988, 3 vol.

La Chandelle verte, éd. M. SAILLET, « LdP », LGF, 1969.

La Dragonne, Gallimard, 1943.

Gestes et Opinions du docteur Faustroll, pataphysicien / L'Amour absolu, éd. N. ARNAUD et H. BORDILLON, « Poésie », Gallimard, 1980 ; Cymbalum Pataphysicum, 1986.

Messaline / Le Surmâle, éd. Th. FOULC, Losfeld, 1977.

Les Minutes de sable mémorial / César-Antechrist, éd. Ph. AUDOIN, « Poésie », Gallimard, 1977.

Tout Ubu, éd. M. SAILLET, « LdP », LGF, 1962 ; sous le titre *Ubu*, éd. N. ARNAUD et H. BORDILLON,« Folio », Gallimard, 1978.

Études

D. ACCURSI, *La Philosophie d'Ubu*, PUF, 1999.

N. ARNAUD, *Alfred Jarry, d'« Ubu roi » au « docteur Faustroll »*, La Table ronde, 1974.

M. ARRIVÉ, *Les Langages de Jarry : essai de sémiotique littéraire*, Klincksieck, 1972 ; *Lire Jarry*, Complexe, Bruxelles (BE), 1976.

K. BEAUMONT, *Alfred Jarry*, Leicester U.P. (GB), 1984.

H. BÉHAR, *Jarry dramaturge*, Nizet, 1980 ; *Les Cultures de Jarry*, PUF, 1988.

P. BESNIER, *Alfred Jarry*, Plon, 1990.

H. BORDILLON (dir.), *Alfred Jarry*, colloque de Cerisy, Belfond, 1985 ; *Gestes et Opinions d'Alfred Jarry, écrivain*, Siloë, Laval, 1986.

A. BRETON, « Alfred Jarry, initiateur et éclaireur », in *La Clé des champs*, Sagittaire, 1953.

F. CARADEC, *À la recherche d'Alfred Jarry*, Seghers, 1974.

Ch. CHASSÉ, *Les Sources d'« Ubu roi »*, Floury, 1921.

G. DAMERVAL, *« Ubu roi » : la Bombe comique de 1896*, Nizet, 1984.

G. DEBORD, *Cette mauvaise réputation...*, Gallimard, 1993.

C. LAUNEY, *Avez-vous lu ? Alfred Jarry l'unique*, Siloé, Nantes, 1996.

J.-H. LEVESQUE, *Alfred Jarry*, « Poètes d'aujourd'hui », Seghers, 1951, rééd. 1987.

RACHILDE, *Alfred Jarry ou le Surmâle des lettres*, Grasset, 1928.

Ubu, 100 ans de règne, musée-galerie de la Seita, 1989.

« Jarry », in *Europe*, mars-avr. 1981.

Cahiers du Collège de 'Pataphysique, 1950 à 1959, suivis des *Dossiers acénonètes*, 1960 à 1964, et des *Subsidia pataphysica*, depuis 1965.

AUDIO & VIDÉO

Vidéo

J.-Chr. AVERTY, *Ubu roi*, 1965, INA, s.d.

CD-ROM

Encyclopédie de la littérature française, Bibliopolis, 1998.

KATEB

KATEB Yacine

KATEB Yacine a toujours tenu à décliner son nom en mettant le nom patronymique (KATEB) avant le prénom (Yacine) : souvenir du rituel de l'appel, à l'école française, et manière de souligner sa vocation ancestrale — le mot arabe « *kateb* » signifiant « *écrivain* ».
De nationalité algérienne

Constantine (act. Algérie) 1929 – Grenoble 1989

> *« Ce poète au chant bouleversant, soudainement émergé de l'Algérie profonde, a marqué de son étoile de sang toute la génération de l'après-Seconde Guerre mondiale. Il est urgent de lire, d'entendre aujourd'hui ce grand auteur de nous-mêmes, ce clandestin qui s'introduit dans notre mémoire à la faveur d'un équivoque passeport de langue française et nous dérange par tant de familiarité mêlée à tant d'étrangeté radicale. »*
>
> Jacqueline ARNAUD, *Préface* à KATEB Yacine, *L'Œuvre en fragments*, Sindbad, 1986.

L'étoile du Maghreb

Un adolescent rebelle

Issu d'une famille de lettrés — son père, *alias* Me Mohamed Gharib dans ***Nedjma***, était « *oukil* » [défenseur] dans les tribunaux de droit musulman, et sa mère, qui l'initia à la poésie, « *était à elle seule un théâtre* » ***(Le Polygone étoilé)*** —, Kateb Yacine garda de son enracinement dans une grande tribu de l'est de l'Algérie le sens de l'appartenance tribale. Après être passé par l'école coranique, il fut inscrit par son père à l'école française, « *dans la gueule du loup* » *(ibid.)*, écrivit Kateb plus tard. Élève du lycée de Sétif, il participa, le 8 mai 1945, à la manifestation de protestation des musulmans contre leur statut inégal. Lors de la terrible répression qui suivit, il fut arrêté et, un temps, maintenu en prison, puis renvoyé du lycée. Cependant, c'est dans cette épreuve, confessa-t-il plus tard, qu'il découvrit les « *deux choses qui* [lui] *sont les plus chères : la poésie et la révolution* ».

Kateb traversa alors une autre épreuve douloureuse : sa mère, qui l'avait cru fusillé, donna des signes de dérangement mental et dut être internée plusieurs années à l'hôpital psychiatrique de Blida. Réinscrit au lycée de Bône, il se sentit « *le chagrin au cœur* » à cause de sa passion impossible pour une cousine plus âgée que lui et déjà mariée : c'est elle qui fut transfigurée dans le personnage de Nedjma, omniprésent dans son œuvre.

Du reporter au prolétaire

Kateb commença à écrire et publia en 1946, à Bône, un premier recueil de poèmes, ***Soliloques***. À Constantine, il rencontra alors son « père spirituel », Si Mohamed Tahar Ben Lounissi — *alias* Si Mokhtar dans ***Nedjma*** —, qui l'encouragea dans sa création et l'aida à vendre son œuvre. Il fréquenta les milieux nationalistes et se rapprocha du Parti communiste algérien. Il était fasciné par le personnage de l'émir Abd el-Kader dans lequel il célébrait un héros de la résistance algérienne à la colonisation : il lui consacra une conférence qu'il prononça à Paris, en 1947, à l'occasion d'un premier bref voyage en France, et publia, l'année suivante, à Alger, sous le titre ***Abdelkader et l'Indépendance algérienne***. De 1948 à 1950, il fut journaliste à *Alger républicain*, où on lui confia des reportages qui le conduisirent jusqu'en Asie centrale. Il publia dans le *Mercure de France* un long poème inaugurant le cycle de Nedjma : ***Nedjma ou le Poème ou le Couteau***. D'esprit nomade et vivant dans des conditions matérielles souvent difficiles, Kateb partit pour la France en 1951 — un an après le décès de son père — où, travailleur manuel plutôt maladroit, il mena une existence de prolétaire. Il continua sa vie d'errance, notamment pendant les années où la guerre d'Algérie faisait rage. ***Le Cadavre encerclé***, pièce parue en 1953 dans la revue *Esprit*, créée en 1958 par Jean-Marie Serreau, révélait la force dramatique de son écriture. En 1954, à Paris, il rencontra Brecht : très proches sur le plan politique, les deux dramaturges conservèrent des conceptions théâtrales divergentes.

Le créateur de *Nedjma*

En 1956, la publication de *Nedjma* — le mot, en arabe, signifie « *étoile* » — imposa Kateb comme un des écrivains majeurs de la modernité littéraire en langue française. Le roman déconcerta par sa fragmentation, sa composition en cercles concentriques, son symbolisme complexe et fortement onirique. Il se présentait comme une « *autobiographie au pluriel* », évoquant le destin de quatre jeunes gens également fascinés par le personnage de Nedjma, elle-même figuration mythique de l'Algérie.

En 1966, dans ***Le Polygone étoilé***, Kateb reprit des textes publiés en revue ou des fragments inédits détachés de ***Nedjma***, dont on retrouva les personnages dans les pièces constituant l'ensemble du ***Cercle de représailles*** (1959). Cette constellation de textes se compose comme une « *anthropologie poétique* » de l'Algérie, devenue indépendante entre-temps (1962).

Un dramaturge universel

Après ***L'Homme aux sandales de caoutchouc*** (1970), pièce qui exaltait le Viêtnam en guerre et célébrait le personnage de Ho Chi Minh, Kateb poursuivit son œuvre théâtrale avec des pièces en arabe dialectal, qu'il mit lui-même en scène et qu'il fit jouer en France puis en Algérie, avec sa troupe de l'Action culturelle des travailleurs. ***Mohammed, prends ta valise*** (1971), qui dénonçait les pièges de l'immigration pour un public d'immigrés ou de candidats à l'immigration, fut suivi par ***La Voix des femmes*** (1972), ***La Guerre de 2 000 ans*** (1974), ***Le Roi de l'Ouest*** (1977), ***Palestine trahie*** (1978). Les audaces de ce théâtre politique et populaire ne pouvaient guère satisfaire le pouvoir algérien qui relégua Kateb avec sa troupe dans l'extrême Sud oranais.
Dans les dernières années de sa vie, Kateb revint de plus en plus souvent en France. Un gros recueil de textes inédits ou oubliés, ***L'Œuvre en fragments*** (1986), rassemblé par Jacqueline Arnaud, permit de mieux appréhender la continuité profonde d'une œuvre en apparence si dispersée. En 1987, le Grand Prix national des lettres, qui lui fut décerné pour l'ensemble de son œuvre, le consacra comme grand écrivain de langue française. En Algérie, sa fidélité maintenue aux exigences révolutionnaires de sa jeunesse, son rejet de la bureaucratie du pouvoir, son combat contre toutes les oppressions — notamment contre l'écrasement de la langue et de la culture berbères — en firent le symbole de l'opposant par excellence.

Une expression protéiforme

Kateb a écrit l'œuvre engagée que réclamait la situation algérienne des années 1950 sans cependant s'enfermer dans une littérature platement idéologique. Au lieu de s'en tenir aux modèles des romanciers réalistes français — qui sont ceux des premiers écrivains maghrébins de langue française : Mouloud Feraoun, Mouloud Mammeri, Ahmed Sefrioui, entre autres —, il invente un mode d'expression protéiforme, tournant volontairement le dos à la chronologie linéaire, et une écriture neuve, jouant sur des formules poétiquement abruptes, sur les ruptures et les ellipses, sur les lacunes (délibérées ?) du texte, sur le rythme tourbillonnant de phrases démesurées. Cette œuvre se ressource aux vieux mythes des tribus, qui habitent toujours l'imaginaire maghrébin, comme toujours revenait la turbulente tribu bédouine des Beni Hilal, venue d'Égypte au XIe siècle : « *Jamais on n'attendait le retour des Beni Hilal. Toujours ils revenaient bouleverser les stèles, et emporter les morts, jaloux de leur mystère, inconnus et méconnaissables* [...]. »

Une influence capitale et méconnue

Si l'œuvre de Kateb reste méconnue en France, son influence sur la littérature maghrébine de langue française est capitale. Lauréat, en 1963 — un an après l'indépendance de l'Algérie —, à Florence, du prix Jean Amrouche, décerné par le Congrès méditerranéen de la Culture, puis, presque un quart de siècle plus tard, du Grand Prix national des lettres, l'auteur de ***Nedjma***, loin de n'être qu'un éminent représentant de la création maghrébine francophone, est un écrivain majeur de la littérature de langue française.

ŒUVRE

Nedjma

Roman, écrit en 1945, publié à Paris, au Seuil, en 1956.

Plusieurs récits se répondent l'un à l'autre dans **Nedjma**, récusant ainsi toute unité apparente d'intrigue ou de personnage central. Il s'agit, pour les principaux, des récits de quatre amis, Rachid, Lakhdar, Mourad et Mustapha, manœuvres sur un chantier près de Bône, ville où habite la cousine inaccessible, Nedjma. Ainsi se conjuguent le récit de la manifestation du 8 mai 1945 et celui de sa répression, rapportés une fois par Lakhdar, une autre fois par Mustapha, et celui du voyage à La Mecque de Rachid en compagnie de Si Mokhtar — dans lequel s'insère la légende tribale commune à tous les personnages.

Nedjma, fille putative de Si Mokhtar, porte sur elle la photographie d'un soldat français qu'elle aime ou a aimé. Elle fait graviter le désir et la passion des quatre amis, dont elle finit par marquer tragiquement le destin. Ignorant tout de ses origines, Nedjma épouse son propre frère, Kamel. Finalement, elle est conduite au Nadhor, lieu d'origine de la tribu des Keblouti. Elle y vivra en recluse sous la garde vigilante du Nègre, délégué par la tribu.

Jouant de la forte condensation des figures poétiques, du croisement des langues et des généalogies, ainsi que de la fusion maîtrisée des genres, l'écriture de Kateb place au centre de l'ouvrage la figure de Nedjma : « *Brusque, câline et rare Nedjma ! Elle nage seule, rêve et lit dans les coins obscurs, amazone de débarras, vierge en retraite, Cendrillon aux souliers brodés au fil de fer ; le regard s'enrichit de secrètes nuances ; jeux d'enfants, dessin et mouvement des sourcils, répertoire de pleureuse, d'aimée ou de gamine.* »

Roman fondateur de la littérature algérienne en langue française, ***Nedjma*** est l'une des œuvres phares de la littérature contemporaine. Quand Kateb l'écrivit, il n'existait pas encore de récit de la nation algérienne. L'ensemble des textes composant le roman a probablement été écrit en 1945, bien avant le 1er novembre 1954, date du déclenchement de la révolution algérienne. Le personnage du roman qui pourrait symboliser la nation, Nedjma (« *étoile* », en arabe), figure au centre de la configuration spatiale du texte. Pourtant, c'est le seul personnage important qui ne soit jamais narrateur. Le noyau du roman est ainsi une parole absente, non encore advenue. Tout comme les quatre amants de Nedjma sont cette « *patrouille sacrifiée qui rampe à la découverte des lignes, assumant l'erreur et le risque comme des pions raflés dans les tâtonnements, afin qu'un autre engage la partie* [...] ». L'essentiel du roman vise à représenter paradoxalement le difficile surgissement des récits, la laborieuse reconquête de la mémoire, comme la nécessité de s'en libérer, pour inventer un langage de la nation et une écriture qui n'existent pas encore.

CITATIONS

Les pères tués dans les chevauchées d'Abd-el-Kader (seule ombre qui pût couvrir pareille étendue, homme de plume et d'épée, seul chef capable d'unifier les tribus pour s'élever au stade de la nation, si les Français n'étaient venus briser net son effort d'abord dirigé contre les Turcs ; mais la conquête était un mal nécessaire, une greffe douloureuse apportant une promesse de progrès à l'arbre de la nation entamé par la hache ; comme les Turcs, les Romains et les Arabes, les Français ne pouvaient que s'enraciner, otages de la patrie en gestation dont ils se disputaient les faveurs) n'avaient pas dressé d'inventaire : et les fils des chefs vaincus se trouvaient riches d'argent et de bijoux, mais frustrés ; ils n'étaient pas sans ressentir l'offense, sans garder au fond de leurs retraites le goût du combat qui leur était refusé.

Nedjma.

Ni les Numides ni les Barbaresques n'ont enfanté en paix dans leur patrie. Ils nous la laissent vierge dans un désert ennemi, tandis que se succèdent les colonisateurs, les prétendants sans titre et sans amour [...]
Et c'est à moi, Rachid, nomade en résidence forcée, d'entrevoir l'irrésistible forme de la vierge aux abois, mon sang et mon pays.

Nedjma.

Gloire aux cités vaincues ; elles n'ont pas livré le sel des larmes, pas plus que les guerriers n'ont versé notre sang : la primeur en revient aux épouses, les veuves éruptives qui peuplent toute mort, les veuves conservatrices qui transforment en paix la défaite, n'ayant jamais désespéré des semailles, car le terrain perdu sourit aux sépultures, de même que la nuit n'est qu'ardeur et parfum, ennemie de la couleur et du bruit, car ce pays [l'Algérie] n'est pas encore venu au monde : trop de pères pour naître au grand jour, trop d'ambitieuses races déçues, mêlées, confondues, contraintes de ramper dans les ruines...

Nedjma.

JUGEMENTS

« Alors que nous nous accrochons aux pans de notre identité, refusant de connaître que l'autre, depuis des siècles, est déjà en nous, Kateb nous force à nous décentrer, à entrer par mimétisme dans son jeu et son monde afin que, dans le Jardin parmi les flammes, notre cœur devienne capable de toutes les formes. »

Jacqueline ARNAUD, *Préface* à KATEB Yacine, *L'Œuvre en fragments*, Sindbad, 1986.

« Côté "engagement", il a toujours été d'une fidélité absolue. C'était parfois superbe, parfois un peu dur. [...] [Un jour], *à Alger, à l'invitation de l'ambassade russe, en pleine période de déstalinisation, devant tous les officiels, il se met à dire :* "Il manque quelqu'un ici ! Il est essentiel parce que sans lui vous ne seriez rien du tout : Staline !" *»*

Armand GATTI, « Salut à l'ami », in *Europe*, n° 828, avril 1998.

« Cette manière qui dépasse si considérablement la plate uniformité du réalisme intégral — lequel ne veut rien oublier et, n'oubliant rien, dépossède cependant le réel de sa vraie force — cette manière est bien celle du théâtre de Kateb Yacine : c'est, au meilleur sens du terme, le réalisme poétique. »

Édouard GLISSANT, « Le Chant profond de Kateb Yacine », introduction à KATEB Yacine, *Le Cercle des représailles*, Seuil, 1959.

« Chacun se reconnaissait en lui, en son œuvre, en ses propos virulents qui faisaient vibrer les murs comme autant de coups de pioche pour construire l'édifice de la renaissance scénique, dont il était fier de pouvoir porter l'emblème comme précurseur en quelque sorte de la résurgence du théâtre "algérien". Décrit comme l'"un des meilleurs écrivains-phares du Maghreb contemporain" *par Jack Lang, ex-ministre de la Culture, Kateb Yacine ne finira jamais de nous étonner par l'ardeur de son œuvre aux multiples facettes. C'est "incitation au soulèvement général" scandant d'une voix forte les "appels" à la liberté dont l'écho se fait entendre bien au-delà de l'horizon, du sommet des montagnes, des profondeurs océanes embrassant l'univers à l'infini. Même si Kateb Yacine reste pour quelques-uns un mystère, pour d'autres une "force mythique", il est pour nous tous humbles humains vivant sur terre, l'espoir qui fait corps avec notre devenir, alors libérés de notre carcan aux contours incertains, regardant au loin l'empreinte laissée par une mission hélas trop courte... Mouvement des femmes en Algérie, Mouvement du renouveau de la culture berbère... Et dans une certaine mesure, ceux qui continuent en Algérie à penser que la justice sociale n'est pas un vain mot. Tous sans exception ont pour emblème sur leur fronton inscrit en lettre d'or ce nom désormais entré dans la légende : Kateb Yacine, l'insoumis au service de son peuple. »*

Chantal GUIONNET, « Kateb Yacine », in *République Internationale des Lettres*, n° 4, juin 1994.

BIBLIOGRAPHIE

Éditions

Boucherie de l'espérance, Seuil, 1999.

Le Cercle des représailles, Seuil, 1959.

L'Homme aux sandales de caoutchouc, Seuil, 1970.

Minuit passé de douze heures, Seuil, 1999.

Nedjma, Seuil, 1956, rééd. « Points roman », Seuil, 1981.

L'Œuvre en fragments, Sindbad, 1986.

Le Polygone étoilé, Seuil, 1959.

Études

J. ARNAUD, *Recherches sur la littérature maghrébine de langue française. Le cas de Kateb Yacine*, rééd. Publisud, 1986, 2 vol.

Ch. BONN, *Kateb Yacine, « Nedjma »*, « Études littéraires », PUF, 1990 ; *id.* (dir.), *Bibliographie Kateb Yacine*, L'Harmattan, 1997.

O. CORPET, A. DICHY et M. DJAIDER, *Kateb Yacine, éclats de mémoire*, IMEC, 1994.

M. GONTARD, *« Nedjma » de Kateb Yacine. Essai sur la structure formelle du roman*, 1975, rééd. L'Harmattan/Seghers, 1992.

« Actualité de Kateb Yacine », in *Itinéraires et Contacts de cultures*, n° 17, L'Harmattan/Université Paris XIII, 1993.

Kateb Yacine, in *Europe*, n° 828, avr. 1998.

LABÉ

Louise LABÉ

Lyon, entre 1516 et 1523 – *ibid.* 1566

« On s'étonne qu'elle ait pu passer, aux yeux de certains, pour une indigne courtisane. On ne saurait trouver dans toute notre littérature des poèmes d'amour plus pudiques. Il est vrai que Louise Labé n'a pas le sens du péché : elle a l'innocence de la chair. Elle reste la plus grande poétesse qui soit née en France. »

Léopold Sedar SENGHOR, *Anthologie des poètes du seizième siècle*, 1955.

« [...] *on a, ces derniers temps, surfait à plaisir la valeur poétique de Louise Labé* [...]. *J'ai choisi* [dans cette *Anthologie*], *parmi ses sonnets, ceux qui m'ont paru les meilleurs et les cite en entier, en dépit des vers, d'une platitude et d'une gaucherie désolante, qui les déparent.*
[...]
Pour admirer pleinement ces appels amoureux, il faut certes quelque complaisance et je ne puis me retenir de croire que la figure même de "la belle Cordière" *entre pour beaucoup dans cette sorte de culte que certains lui vouent* [...]. »

André GIDE, *Anthologie de la poésie française*, Gallimard, 1949.

Une vie moins connue que son œuvre

Une famille particulière

Faut-il y voir une sorte d'atavisme ? Louise Labé, poète de l'amour le plus concrètement sensible, eut pour père un cordier lyonnais qui, deux fois veuf, se remaria deux fois, offrant l'exemple d'une vitalité amoureuse assez rare, qui lui valut d'avoir 5 de ses 7 enfants à plus de 50 ans, et les 2 derniers, à plus de 60 ! Né en 1465, Pierre Charly — ce père, veuf consolable — avait eu pour première épouse la veuve d'un Jacques Humbert, dit *Labé*, lui aussi cordier : décédée elle-même vers 1514, après une vingtaine d'années de mariage sans enfants, elle lui avait laissé, outre le surnom de *Labé*, la propriété d'un atelier et d'une opulente maison avec jardin qui faisaient de lui un cordier prospère. Remarié, vers 1515, avec une héritière possédant plusieurs biens immobiliers, il eut, de ce deuxième lit, 5 enfants dont Louise Labé, née entre 1516 et 1523, date à laquelle mourut cette deuxième épouse — la mère de Louise : ce second veuvage fit de lui un riche cordier. À plus de 60 ans, il contracta un troisième mariage avec, cette fois, la fille d'un maître-boucher, dont il eut encore 2 enfants : union qui lui permit d'améliorer encore sa situation sociale — le rang des cordiers étant alors inférieur à celui des bouchers —, jusqu'à sa mort entre 1548 et 1551, à quelque 85 ans. Telle fut donc la naissance de Louise Labé : un père d'une cinquantaine d'années, une mère vite disparue, et une jeune belle-mère.

Louise Labé reçut une éducation soignée : elle apprit la musique, l'italien, le latin, et, selon ses propres dires, l'équitation et l'escrime — elle était la sœur d'un maître d'armes. Dans sa 3e et dernière ***Elegie***, elle se comparait à la Bradamante de l'Arioste :

> *Qui m'ust vù lors en armes fiere aller,*
> *Porter la lance et bois faire voler,*
> *Le devoir faire en l'estour furieus,*
> *Piquer, volter le cheval glorieus.*
>
> (***Elegie III***, vv. 37 à 40)

Peut-être était-ce un souvenir de la simulation du siège de Perpignan — alors tenue par les Espagnols —, représentée à Lyon en 1542 lors du passage des troupes royales, en l'honneur du futur Henri II, et où elle aurait figuré.

La « *Belle Cordière Lionnoize* »

Beauté célèbre — le surnom de « *Belle Cordière* » lui fut donné de son vivant —, Louise vit sa réputation rapidement attaquée : Calvin, dans un écrit contre le chanoine lyonnais Gabriel de Saconay, la traita de « *vulgaire courtisane* » *(plebeia meretrix)*, méchant propos répété par d'autres, comme Antoine Du Verdier (in *Bibliothèque française*, 1585). Mariée à un modeste cordier, Ennemond Perrin, entre 1543 et 1545, elle passa pour avoir eu — et elle s'attribua elle-même dans ses œuvres — une riche vie amoureuse : une liaison avec le poète Olivier de Magny, qui séjourna à Lyon durant l'hiver 1554-1555, avant de passer en Italie, est, en tout cas, probable.

Les ***Euvres de Louïse Labé Lionnoize*** furent imprimées de son vivant, à Lyon, en 1555, avec une dédicace à une autre femme de lettres, Clémence de Bourges, fille du lieutenant-général du Piémont. Exprimant un féminisme bien tempéré, Louise Labé y justifiait sa démarche et invitait ses consœurs à l'imiter : « *Estant le tems venu, Madamoiselle, que les severes loix des hommes n'empeschent plus les femmes de s'apliquer aus sciences et disciplines* », elles ont le devoir d'apprendre « *et si quelcune parvient en tel degré, que de pouvoir mettre ses concepcions par escrit, le faire songneusement et non dédaigner la gloire, et s'en parer plustot que de chaines, anneaus et somptueus habits* » (***A M.C.D.B.L.*** [À Mademoiselle

Clémence de Bourges, Lyonnaise]). Le mince recueil comprenait, en sa 1re partie, les œuvres de Louise Labé : 3 ***Elegies*** et 24 ***Sonnets*** décasyllabiques — dont le 1er en italien —, le tout précédé d'une sorte de dialogue théâtral en prose, en 5 « *discours* » et à 6 personnages, le ***Debat de Folie et d'Amour***, illustrant un genre certes ancien — le débat, hérité du *conflictus* antique — mais ici traité magistralement, autour de l'argument suivant : à la porte du palais où Jupiter les a conviés à prendre part à l'assemblée des dieux, une bousculade oppose Folie et Amour ; celui-ci tente en vain de blesser celle-là d'une de ses flèches, et elle-même se venge en l'aveuglant ; saisi du différend, Jupiter charge Apollon de défendre Amour-Cupidon, et Mercure de plaider pour Folie. Le dernier mot revint évidemment à Jupiter, qui concluait ainsi le « *debat* » : « *Pour la dificulté et importance de vos diferens, et diversité d'opinions, nous avons remis votre afaire d'ici à trois fois, sept fois, neuf siecles. Et ce pendant commandons vivre amiablement ensemble, sans vous outrager l'un l'autre. Et guidera Folie l'aveugle Amour, et le conduira par tout ou bon lui semblera. Et sur la restitucion de ses yeus, apres en avoir parlé aus Parques, en sera ordonné.* » La 2e partie du volume était constituée par les *Escriz de divers Poëtes, à la louange de Louise Labé Lionnoize* où de multiples pièces en vers grecs, latins, italiens et français, témoignaient du rayonnement de Louise.

Plus que les subtilités dialectiques du ***Debat*** toutefois, c'est la spontanéité de l'amoureuse enflammée des ***Elegies*** et des ***Sonnets*** qui immortalisa le nom de Louise Labé. Jamais plaisir et douleur d'aimer — plaisir et douleur pas seulement physiques, comme on l'a parfois imprudemment affirmé, mais aussi « métaphysiques » — ne s'étaient écrits, ou plutôt criés, aussi violemment, impérieusement et souverainement :

PAR TOY, AMI, TANT, VESQUI [JE VÉCUS] *ENFLAMMEE*
QU'EN LANGUISSANT PAR FEU SUIS CONSUMEE,
QUI COUVE ENCOR SOUS MA CENDRE EMBRAZEE
SI NE LE RENS DE TES PLEURS APAIZEE.
(***Elegie II***, vv. 101 à 104)

Et quand je suis quasi toute cassee,
Et que me suis mise en mon lit lassee,
Crier me faut mon mal toute la nuit.
(***Sonnets***, V, vv. 12 à 14)

C'est à moy seule à qui ce bien est dù,
Pour tant de pleurs et tant de tems perdu :
Mais le voyant, tant lui feray de feste,
Tant emploiray de mes yeux le pouvoir,
Pour dessus lui plus de credit avoir,
Qu'en peu de temps feray grande conqueste.
(***Sonnets***, VI, vv. 9 à 14)

On voit mourir toute chose animee,
Lors que du corps l'ame sutile part :
Je suis le corps, toy la meilleure part :
Ou es tu donq, o ame bien aymee ?
(***Sonnets***, VII, vv. 1 à 4)

Baise m'encor, rebaise moy et baise :
Donne m'en un de tes plus savoureus,
Donne m'en un de tes plus amoureus :
Je t'en rendray quatre plus chaus que braise.

Las, te pleins tu ? ça que ce mal j'apaise,
En t'en donnant dix autres doucereus.
Ainsi meslans nos baisers tant heureus
Jouissons nous l'un de l'autre à notre aise.

Lors double vie à chacun en suivra.
Chacun en soy et son ami vivra.
Permets m'Amour penser quelque folie :

Tousjours suis mal, vivant discrettement,
Et ne me puis donner contentement,
Si hors de moy ne fay quelque saillie.
(***Sonnets***, XVIII)

Dès 1556, une 2de édition du recueil, revue et corrigée, fut publiée, toujours chez le fameux imprimeur lyonnais Jean de Tournes. L'ultime sonnet était adressé aux « *Dames* », à qui la « *Belle Cordière Lionnoize* » souhaitait de vivre des amours plus heureuses que les siennes :

Ne reprenez [Ne me critiquez pas], *Dames, si j'ay aymé :*
Si j'ay senti mile torches ardentes,
Mile travaus, mile douleurs mordentes :
Si en pleurant, j'ay mon tems consumé,

Las que mon nom n'en soit par vous blamé.
Si j'ay failli, les peines sont presentes,
N'aigrissez point leurs pointes violentes :
Mais estimez qu'Amour, à point nommé,

Sans votre ardeur d'un Vulcan excuser,
Sans la beauté d'Adonis acuser,
Pourra, s'il veut, plus vous rendre amoureuses :

En ayant moins que moy d'ocasion,
Et plus d'estrange et forte passion.
Et gardez vous d'estre plus malheureuses.
(***Sonnets***, XXIV)

Veuve depuis une dizaine d'années et sans enfants, Louise Labé testa le 28 avril 1565, « *étant au lit malade* », en la maison de son exécuteur testamentaire, Thomas Fortini, marchand et banquier florentin établi à Lyon, auprès de qui elle finit ses jours : après d'importants legs pieux et charitables, et des dons à d'anciens serviteurs et amis, elle laissait ses biens à ses neveux, Jacques et Pierre Charly, réservant à Fortini l'usufruit de son domaine de Parcieux (act. Ain) dans les Dombes, aux environs de Bourg-en-Bresse, acquis en 1557, puis complété en 1560 et 1562. Son vœu fut d'« *estre enterree sans pompe ni superstitions, à sçavoir de nuict, à la lanterne, accompagnee de quatre prestres, outre les porteurs de son corps* ». Elle avait entre 43 et 50 ans quand elle mourut, l'année suivante : le 30 août 1566, Thomas Fortini régla à un artisan le prix de sa pierre tombale.

Par passion de l'amour

Grande figure de la Renaissance lyonnaise, Louise Labé nous a laissé peut-être la poésie amoureuse la plus vivante du XVIe siècle, et la moins marquée par les archétypes littéraires. Son écriture s'explique, bien sûr, par un contexte : celui de la société lyonnaise, ouverte aux lettres et à la culture italienne, qui accordait aux femmes une place privilégiée. Les thèmes de ses sonnets, leur style se ressentent d'une lecture directe de Pétrarque, comme dans le célèbre sonnet des antithèses :

Je vis, je meurs : je me brule et me noye.
J'ay chaut estreme en endurant froidure :
La vie m'est et trop molle et trop dure.
J'ay grans ennuis entremeslez de joye :

Tout à un coup je ris et je larmoye,
Et en plaisir maint grief tourment j'endure :
Mon bien s'en va, et à jamais il dure :
Tout en un coup je seiche et je verdoye.

Ainsi Amour inconstamment me meine :
Et quand je pense avoir plus de douleur,
Sans y penser je me treuve hors de peine.

Puis quand je croy ma joye estre certeine,
Et estre au haut de mon desiré heur,
Il me remet en mon premier malheur.

(***Sonnets***, VIII)

Mais sa voix n'en est pas moins personnelle ; elle exprime la passion amoureuse et ses contradictions, dans une sorte d'immédiateté de la sensation et du sentiment, qui n'exclut pas la subtilité de l'analyse, même sous l'emprise du plus douloureux dépit :

Ou estes vous, pleurs de peu de duree ?
Et Mort par qui devoit estre honoree
Ta ferme amour et iteré serment ?
Donques c'estoit le but de ta malice
De m'asservir sous ombre de service ?
Pardonne moy, Ami, à cette fois,

Estant outree et de despit et d'ire :
Mais je m'assur', quelque part que tu sois,
Qu'autant que moy tu soufres de martire.

(***Sonnets***, XXIII, vv. 6 à 14)

Poète de l'amour fou, de l'aliénante passion, Louise Labé l'est aussi de l'amour défiant la mort, de l'amour si pleinement heureux — alliant corps et âme, chair et esprit — que le malheur même de la mort n'en est plus un :

Si de mes bras le tenant acollé,
Comme du Lierre est l'arbre encercelé,
La mort venoit, de mon aise envieuse :

Lors que souef plus il me baiseroit,
Et mon esprit sur ses levres fuiroit,
Bien je mourrois, plus que vivante, heureuse.

(***Sonnets***, XIII, vv. 9 à 14)

Avec le même sens de l'effet final — la chute du dernier vers —, Louise Labé utilise antithèses et parallélismes pour dire, à l'inverse, son souhait de mourir plutôt que de continuer à vivre sans aimer :

Tant que l'esprit se voudra contenter
De ne vouloir rien fors que toy comprendre :

Je ne souhaitte encore point mourir.
Mais quand mes yeus je sentiray tarir,
Ma voix cassee, et ma main impuissante,

Et mon esprit en ce mortel sejour
Ne pouvant plus montrer signe d'amante :
Prirey la Mort noircir mon plus cler jour.

(***Sonnets***, XIV, vv. 7 à 14)

Du scandale à la consécration

Longtemps, Louise Labé fut célèbre pour de mauvaises raisons : sa réputation sulfureuse de « *vulgaire courtisane* » tint souvent lieu de jugement littéraire. Même ses admirateurs, en limitant volontiers son œuvre au seul fameux sonnet XVIII *(Baise m'encor, rebaise moy et baise)* — qui pis est selon une interprétation le réduisant à une célébration de l'érotisme —, ont contribué à nourrir le scandale et le malentendu.

Néanmoins, de son vivant, Louise Labé fut célébrée par bien des poètes — à commencer par ceux qui, anonymement, rendirent hommage « *à Dame Louïze, la premiere ou plustost la diziéme des Muses, dont elle couronne le cor-*

tege », en composant les diverses pièces rassemblées dans la 2de partie de son recueil de 1555.

En définitive, sa valeur et son originalité littéraires ne furent jamais vraiment contestées, mais les considérations morales prévalurent longtemps pour justifier une sorte de purgatoire. Même si, de La Fontaine — dont la fable *L'Amour et la Folie* (*Fables*, XII, 14) est manifestement inspirée du ***Debat*** — à Senghor, en passant par Voltaire, Sainte-Beuve, Rilke et Fargue, les éloges furent constants, il fallut attendre les années 1980 pour voir les anthologies scolaires accorder une place entière à l'œuvre de Louise Labé. Cette réhabilitation — que Gide, toutefois, jugeait excessive — fut le fruit d'une multiplication des travaux universitaires, tant en France qu'à l'étranger, surtout à partir des années 1960, à la faveur, notamment, d'analyses effectuées selon les principes du structuralisme naissant, comme celles de Nicolas Ruwet. C'est cependant seulement depuis 1986 que, grâce à François Rigolot, le lecteur dispose enfin d'une édition de poche des ***Œuvres complètes***, en un volume. Excellente occasion de ne plus rien ignorer de celle qui fit de sa vie et de son œuvre l'illustration de cette réjouissante maxime : *« Brief, le plus grand plaisir qui soit apres amour, c'est d'en parler »* ***(Debat de Folie et d'Amour)***.

CITATIONS

Quelque rigueur qui loge en votre cœur,
Amour s'en peut un jour rendre vainqueur.

Elegie I.

Telle j'ay vù, qui avoit en jeunesse
Blamé Amour : apres en sa vieillesse,
Bruler d'ardeur, et pleindre tendrement
L'âpre rigueur de son tardif tourment.

Elegie I.

Crier me faut mon mal toute la nuit.

Sonnets, V.

On voit mourir toute chose animee,
Lors que du corps l'ame sutile part :
Je suis le corps, toy la meilleure part :
Ou es tu donq, o ame bien aymee ?

Sonnets, VII.

Oh si j'estois en ce beau sein ravie
De celui là pour lequel vois mourant :
Si avec lui vivre le demeurant
De mes cours jours ne m'empeschoit envie :

[...]

Bien je mourrois, plus que vivante, heureuse.

Sonnets, XIII.

Baise m'encor, rebaise moy et baise :
Donne m'en un de tes plus savoureus,
Donne m'en un de tes plus amoureus :
Je t'en rendray quatre plus chaus que braise.

Sonnets, XVIII.

JUGEMENTS

« Elle aima passionnément, voilà tout ce que nous pouvons dire ; et c'était la première fois qu'en notre langue la passion s'exprimait en se déchaînant avec cette véhémence et cette naïveté. »

Ferdinand Brunetière, « La Pléiade française et l'école lyonnaise », in *Revue des Deux Mondes*, 15 décembre 1900.

« Ce passe-temps — de festoyer avec des femmes habillées en hommes —, toi, Saconay, tu te l'es souvent offert avec cette vulgaire courtisane qu'on appelait "la Belle Cordière" tant à cause de sa beauté que du métier de son mari. »

Jean Calvin, *Pamphlet contre Gabriel de Saconay, précenteur de l'Église de Lyon*, 1560.

« [...] les plus beaux vers passionnés du monde. »

Émile Faguet, *Histoire de la littérature française*, t. I, 1900.

« J'aime profondément Louise Labé qui composa, il y a 400 ans, des vers exacts, quant à leur substance, d'une sensibilité discrète et prolongée, des vers chargés de pressentiments et de finesse [...].

[...]

Elle était mondaine, ardente, à la page. Et pourtant, elle reste révolutionnaire. Cette princesse d'école lyonnaise demeure une Antigone, une délicieuse rebelle. Pour elle, le secret du rythme et la langue musicale devenaient un moyen d'expression "plus naturel que la langue maternelle" *a dit quelqu'un. Elle parlait réellement par douleurs et par aspirations. De là, cette impression de timbre rare, de médaille introuvable que l'on éprouve en sa présence.*

[...] *Elle veut être tout autant une femme qu'une poétesse. Elle veut les droits du cœur, comme celles d'aujourd'hui veulent les droits de la citoyenne.* »

Léon-Paul FARGUE, « Louise Labé », in *Revue de Paris*, février 1950, repris in *Tableau de la littérature française*, I, Gallimard, 1962.

« *De l'Amour ou de la Folie, qui sera le vainqueur ? Telle est la question qui se pose implicitement à la fin des* Œuvres. *La sentence prononcée par Jupiter ne manquait pas d'ironie et rendait toute réponse illusoire : en principe, la Folie serait le guide, mais nul ne sait de qui elle recevrait ses ordres. Louise Labé se veut Jupiter écrivain, à la fois juge et partie au procès de l'écriture poétique : pour ou contre l'ordre apollinien ? pour ou contre l'ordre mercurien ? discours rassurant de la clôture ou discours de l'ouverture avec tous ses dangers ? Le texte des* Œuvres *nous condamne, nous lecteurs réels, comme il a condamné les* "Dames Lyonnoises", *à vivre désormais dans l'incertitude du désir — et ce n'est pas le moindre attrait d'une écriture qui nous parle aujourd'hui avec l'intensité d'une amoureuse folie.* »

François RIGOLOT, *Préface* à Louise LABÉ, *Œuvres complètes*, « GF », Flammarion, 1986.

« *Louise Labé ne craignit pas d'effrayer cette enfant* [Clémence de Bourges] *par les longues souffrances de l'amour. Elle lui montrait la montée nocturne du désir et lui promettait la douleur comme un univers agrandi ; et elle soupçonnait qu'avec sa douleur pleine d'expérience elle était loin d'atteindre cette attente obscure qui rendait cette adolescente si belle.* »

Rainer Maria RILKE, *Les Cahiers de Malte Laurids Brigge*, 1910, trad. franç. Maurice BETZ, Seuil, 1966.

« *Qu'importe qu'elle ait été docte, puisqu'elle a été passionnée et qu'elle parle à tout lecteur le langage de l'âme ?* »

Charles Augustin SAINTE-BEUVE, « Louise Labé », in *Revue des Deux Mondes*, 15 mars 1845.

« *Si le lecteur veut voir le discours de dame Loyse l'Abbé, dicte la Belle-Cordière (œuvre qui sent trop mieux l'érudite gaillardise de l'esprit de Maurice Sceve, que d'une simple Courtisane, encore que souvent doublée), il trouvera que les plus follastres sont les mieux venus avec les femmes.* »

Pierre de SAINT-JULIEN, *Gemmelles ou Pareilles, Recueillies de divers auteurs*, Lyon, 1584.

BIBLIOGRAPHIE

Éditions

Œuvres complètes, éd. E. GIUDICI, Droz, Genève (CH), 1981 ; éd. Fr. RIGOLOT, « GF », Flammarion, 1986 [orthographe du XVIe siècle].

Œuvres, J. de TOURNES, Lyon, 1555 ; reprod. de l'éd. corrigée de 1556, avec de nombreux documents, in *Œuvres de Louise Labé*, éd. Ch. BOY, Lemerre, 1887, rééd. Slatkine, Genève (CH), 1981.

Élégies, Sonnets, Débat de la Folie et de l'Amour [sic], éd. B. JOURDAN, Delmas, 1953 [orthographe du XVIe siècle].

Œuvres poétiques, éd. Fr. CHARPENTIER, « Poésie », Gallimard, 1983 [sans le *Débat de Folie et d'Amour*].

Études

L. BOURGEOIS, *Louise Labé (1523-1566) et les Poètes lyonnais de son temps*, Éd. lyonnaises d'Art et d'Histoire, Lyon, 1994.

G. DERMERSON, *Louise Labé, les Voix du lyrisme*, CNRS, 1990.

L.-P. FARGUE, « Louise Labé », in *Tableau de la littérature française*, I, Gallimard, 1962, pp. 282 à 292.

E. GIUDICI, *Louise Labé e l'École lyonnaise. Studi e ricerche con documenti inediti*, Naples (IT), 1964 ; *Louise Labé*, Nizet, 1981.

D. O'CONNOR, *Louise Labé : sa vie et son œuvre*, Les Presses françaises, 1926.

Fr. RIGOLOT, « Orphée aux mains des femmes. L'exemple de Louise Labé à la Renaissance », in *Versants*, 24, 1993, pp. 17 à 33 ; *Louise Labé Lyonnaise ou la Renaissance au féminin*, Champion, 1997.

N. RUWET, « Analyse de deux sonnets de Louise Labé ("*Ô beaux yeux...*" et "*Tant que mes yeux...*" », in *Langage, Musique, Poésie*, Seuil, 1972.

AUDIO & VIDÉO

CD-ROM

Encyclopédie de la littérature française, Bibliopolis, 1998.

LA BRUYÈRE

Jean de LA BRUYÈRE

Paris 1645 – Versailles (act. Yvelines) 1696

Académicien

« *Le soir, lu quelques pages de La Bruyère, qui m'ont lavé de toutes les agitations, les tourments, les médiocres et vaines contorsions de ce jour...* »

André GIDE, *Journal*, 21 octobre 1929, Gallimard, 1939.

« *Je n'aime pas trop* Les Caractères *de La Bruyère ; ce genre d'esprit me paraît trop recherché et fatigant. La morale n'est belle que dans ses grands traits.* »

Melchior de GRIMM, *Correspondance*, 15 novembre 1762.

L'homme d'une seule œuvre

Un courtisan de l'ombre

Fils d'un contrôleur des rentes sur l'Hôtel de Ville, La Bruyère grandit dans un milieu bourgeois sans éclat, et poursuivit des études classiques, avant d'entreprendre des études de droit qu'il acheva à Orléans en juin 1665. De son père, puis d'un oncle, il hérita de quoi acheter une charge de trésorier général à Caen, qui lui assura une sinécure. La Bruyère put, dès lors, se consacrer à « *l'oisiveté du sage* », telle qu'il la décrit dans le chapitre ***Du mérite personnel*** des ***Caractères*** : « *méditer, parler, lire, et être tranquille* [devrait s'appeler] *travailler* » (II, 12). Sans doute recommandé par Bossuet, il fut nommé, en 1684, précepteur du duc de Bourbon, le petit-fils du Grand Condé, à qui il enseigna, pendant quelques mois seulement, le latin, la philosophie, la géographie, l'histoire et la mythologie : à la mort du Grand Condé (1686), Louis de Bourbon devint duc d'Enghien, et La Bruyère entra alors définitivement dans la maison de Bourbon comme « *gentilhomme ordinaire de M. le Duc* », avec de nouvelles fonctions difficiles à déterminer (sans doute celles de bibliothécaire). Discret, timide et un peu gauche, selon les témoignages du temps, La Bruyère resta à l'écart de la vie mondaine, à laquelle il fut pourtant mêlé et dont il se révéla bientôt un exceptionnel observateur.

Les Caractères ou les Mœurs de ce siècle sont l'œuvre d'une vie : La Bruyère avait 43 ans lorsqu'en parut la première édition (1688), qu'il avait longuement mûrie (dès 1670 ?) et qu'il présenta d'abord comme une simple adaptation et continuation du Grec Théophraste (IVe siècle avant notre ère).

Plus que les maximes et les réflexions morales, ce sont surtout les « *caractères* » ou portraits moraux (éthopées), dont le nombre ne cessa lui aussi de croître, qui ont assuré à l'œuvre son vrai succès mondain : des « clés » manuscrites circulèrent bientôt qui prétendirent nommer les « modèles » de La Bruyère, lequel déplora tardivement (addition de 1694 à la ***Préface***) cette réduction de l'universalité de ses types : bien que le titre évoquât les « *caractères ou les mœurs de ce siècle* », et, précisait l'auteur, « *bien que je les tire souvent de la cour de France et des hommes de ma nation, on ne peut pas néanmoins les restreindre à une seule cour, ni les renfermer en un seul pays, sans que mon livre* [...] *ne s'écarte du plan que je me suis fait d'y peindre les hommes en général* ».

L'un des chefs de file des Anciens

L'auteur des ***Caractères*** dut faire face au scandale et affronter une véritable cabale : le *Mercure galant* de juin 1693 alla jusqu'à écrire que « *l'ouvrage de Mr de La Bruyere ne peut estre appellé Livre, que parce qu'il a une couverture, et qu'il est relié comme les autres Livres* » ; cette cabale ne parvint cependant pas à empêcher l'élection de La Bruyère, soutenu notamment par Boileau, à l'Académie française (1693), où les académiciens trouvèrent à leur place, dit-on, le quatrain suivant :

Quand, pour s'unir à vous, Alcippe se présente,
Pourquoi tant crier haro ?
Dans le nombre de quarante,
Ne faut-il pas un zéro ?

Il est vrai aussi que cette élection couronnait enfin une quatrième tentative, la première (1691) ayant valu à La Bruyère son plus cuisant échec, puisque l'heureux élu avait été Fontenelle, neveu du grand Corneille et l'un des chefs de file des Modernes. Ceux-ci furent d'ailleurs servis par le fracassant discours qu'il prononça, et qui marque une date dans la querelle des Anciens et des Modernes : car le nouvel académicien traça des « *caractères* » louangeurs pour ceux de son « parti », en expédiant assez cavalièrement les autres. Ce ***Discours de réception***, précédé d'une ***Préface*** polémique (« *Et en vérité, je ne doute point que le public ne soit enfin étourdi et fatigué d'entendre, depuis quelques années, de vieux corbeaux croasser autour de ceux qui, d'un vol libre et d'une plume légère, se sont élevés à quelque* *gloire par leurs écrits »)*, vint rejoindre, dès la huitième édition (1694), l'imposant paratexte de l'œuvre. Ami de Boileau (sans doute un des premiers lecteurs de son œuvre), ennemi de Thomas Corneille et donc de Fontenelle, La Bruyère devint l'un des chefs de file des Anciens ; le début des ***Caractères*** dit d'ailleurs, en écho à l'*Épître à Huet* de La Fontaine : « *Tout est dit, et l'on vient trop tard depuis plus de sept mille ans qu'il y a des hommes, et qui pensent.* »

Sans cesser de remanier ses ***Caractères*** (une neuvième édition, revue par l'auteur, parut l'année même de sa mort), La Bruyère, resté fidèle à Bossuet, s'engagea dans la lutte contre le quiétisme et prépara des ***Dialogues sur le quiétisme***, où il semble avoir cherché à égaler le style éblouissant du Pascal des *Provinciales* ; l'ouvrage fut terminé par Ellies du Pin et ne parut qu'après la mort de son auteur, sous le titre de ***Dialogues posthumes du sieur de La Bruyère sur le quiétisme [...]*** (1699).

THÉORIE LITTÉRAIRE

Sans avoir spécifiquement consacré une œuvre à la théorie littéraire, La Bruyère a rassemblé presque toutes ses réflexions théoriques dans le premier (et sans doute n'est-ce pas un hasard) des 16 chapitres des ***Caractères***, intitulé ***Des ouvrages de l'esprit***.

Il y souligne la singulière difficulté de l'écrivain : « *C'est un métier que de faire un livre, comme de faire une pendule ; il faut plus que de l'esprit pour être auteur* [...] » (I, 3). Ses observations et remarques constituent autant d'éléments d'un plaidoyer en faveur des Anciens et d'une sorte de défense et illustration de ce qu'on a, depuis, qualifié de « classicisme » : « *On a dû faire du style ce qu'on a fait de l'architecture : on a entièrement abandonné l'ordre gothique que la barbarie avait introduit pour les palais et pour les temples ; on a rappelé le dorique, l'ionique et le corinthien ; ce qu'on ne voyait plus dans les ruines de l'ancienne Rome et de la vieille Grèce, devenue moderne, éclate dans nos portiques et dans nos péristyles. De même on ne saurait, en écrivant, rencontrer le parfait, et, s'il se peut, surpasser les Anciens que par leur imitation* » (I, 15).

Une telle esthétique préconise d'aller directement aux textes plutôt qu'aux commentaires : « *Ayez les choses de la première main ; puisez à la source ;* [...] *c'est la paresse des hommes qui a encouragé le pédantisme* [...] *à faire périr le texte sous le poids des commentaires* [...] » (***De quelques usages***, XIV, 71). Elle assigne comme but à la littérature l'édification morale : « [...] *outre que l'approbation la plus sûre et la moins équivoque est le changement des mœurs et la réformation de ceux qui les* [les écrivains] *lisent ou qui les écoutent, on ne doit parler, on ne doit écrire, que pour l'instruction ; et, s'il arrive que l'on plaise, il ne faut pas néanmoins s'en repentir si cela sert à insinuer et à faire recevoir les vérités qui doivent instruire* » ***(Préface)*** ; et, comme moyen, l'expression de la vérité : « *Tout l'esprit d'un auteur consiste à bien définir et à bien peindre.* [...] *Il faut exprimer le vrai pour écrire naturellement, fortement, délicatement* » (***Des ouvrages de l'esprit***, I, 14) ; en un style qui, s'il est « *grave, sérieux, scrupuleux, va fort loin* » (*ibid.*, I, 45). Enfin, La Bruyère y multiplie les jugements sur les auteurs : « *Il n'a manqué à Molière que d'éviter le jargon et le barbarisme et d'écrire purement : quel feu, quelle naïveté, quelle source de la bonne plaisanterie, quelle imitation des mœurs, quelles images et quel fléau du ridicule !* » (*ibid.*, I, 38) ; « *Marot et Rabelais sont inexcusables d'avoir semé l'ordure dans leurs écrits : tous deux avaient assez de génie et de naturel pour pouvoir s'en passer, même à l'égard de ceux qui cherchent moins à admirer qu'à rire dans un auteur* » (*ibid.*, I, 43) ; « [...] *Corneille nous assujettit à ses caractères et à ses idées, Racine se conforme aux nôtres ; celui-là peint les hommes comme ils devraient être, celui-ci les peint tels qu'ils sont* » (*ibid.*, I, 54).

THÉORIE LITTÉRAIRE

Auteur d'une œuvre d'abord anonyme à laquelle son nom doit aujourd'hui toute sa célébrité, La Bruyère a laissé, avec ses ***Caractères***, une longue série de « *brèves remarques* » qui composent un incomparable portrait du Grand Siècle.

Un art de la fragmentation

La Bruyère passe pour être le premier à avoir composé de façon systématique un livre sous forme fragmentaire : « *découpe originale du réel* » (Roland Barthes), dans laquelle il s'adonne à une réflexion-description qui consigne les « choses vues » pour mieux les théoriser. D'où une perpétuelle et féconde tension entre le concret et l'abstrait, l'image et l'idée, le souci des particularismes et la volonté de généralisation ; l'emploi du présent offre une actualité sans bornage, les structures définitionnelles se mêlent à de nombreux dialogues avec des interlocuteurs variés (catégories humaines génériques, personnage portraituré, lecteur) : « *Arrias a tout lu, a tout vu, il veut le persuader ainsi ;* [...] *il aime mieux mentir que de se taire ou de paraître ignorer quelque chose. On parle à la table d'un grand d'une cour du Nord :* [...] *il discourt des mœurs de cette cour* [...]. *Quelqu'un se hasarde de le contredire et lui prouve nettement qu'il dit des choses qui ne sont pas vraies.* [...] "Je n'avance, *lui dit-il,* je ne raconte rien que je ne sache d'original ; je l'ai appris de Sethon, ambassadeur de France dans cette cour, revenu à Paris depuis quelques jours, que je connais familièrement, que j'ai fort interrogé, et qui ne m'a caché aucune circonstance." *Il reprenait le fil de sa narration avec plus de confiance qu'il ne l'avait commencée, lorsqu'un des conviés lui dit :* "C'est Sethon à qui vous parlez, lui-même, et qui arrive de son ambassade" » (***De la société et de la conversation***, V, 9). Souvent, la binarité organise la phrase, voire le texte : « *Il semble qu'une passion vive et tendre est morne et silencieuse, et que le plus pressant intérêt d'une femme qui n'est plus libre, celui qui l'agite davantage, est moins de persuader qu'elle aime, que de s'assurer si elle est aimée* » (***Des femmes***, III, 42). Antithèses et parallélismes débouchent sur la critique implicite, de même que le discours à plusieurs voix, dans les passages, nombreux, où se pose la question de savoir qui parle, du moraliste ou du personnage, laisse affleurer les jugements de valeur ; styliste à facettes, La Bruyère fait alterner le style coupé, qui juxtapose les phrases courtes accumulant les détails, les « signes », avec des enchaînements complexes, créant le suspens jusqu'à la surprise terminale de la clausule, comme dans le célèbre portrait croisé de Giton et de Phédon : « *Giton a le teint frais, le visage plein et les joues pendantes, l'œil fixe et assuré, les épaules larges, l'estomac haut, la démarche ferme et délibérée.* [...] *Il est enjoué, grand rieur, impatient, présomptueux, colère, libertin, politique, mystérieux sur les affaires du temps ; il se croit des talents et de l'esprit. Il est riche. Phédon a les yeux creux, le teint échauffé, le corps sec et le visage maigre* [...]. *Il n'ouvre la bouche que pour répondre ; il tousse, il se mouche sous son chapeau ; il crache presque sur soi, et il attend qu'il soit seul pour éternuer, ou, si cela lui arrive, c'est à l'insu de la compagnie ; il n'en coûte à personne ni salut ni compliment. Il est pauvre* » (***Des biens de fortune***, VI, 83).

L'écriture de La Bruyère est une véritable « *mise en scène* » (Jacqueline Hellegouarc'h) tendant à « *masquer le concept sous le percept* » (Roland Barthes) ; ainsi, le portrait de Ménalque (« *Ménalque descend son escalier, ouvre sa porte pour sortir ; il la referme. Il s'aperçoit qu'il est en bonnet de nuit* [...] », in ***De l'homme***, XI, 7) énumère tous les traits qui font de ce dernier un distrait, sans que le mot soit jamais prononcé.

Peut-être La Bruyère est-il venu assez « tard » pour tenter la synthèse des différents essais de renouvellement de la *dispositio* (les modèles logico-rhétoriques d'organisation du discours) qui ont marqué le discours moral depuis Montaigne et tout au long du siècle — et donner le vrai modèle d'une écriture discontinue dont les textes « fragmentaires » modernes ne seraient que des avatars.

Une postérité plurivoque

Cette perpétuelle recherche des effets a longtemps desservi La Bruyère : on n'a voulu voir dans l'auteur des ***Caractères*** qu'un esthète avant tout soucieux de beau langage, fasciné par les seules séductions rhétoriques de l'écriture — jusqu'à ce qu'on découvre que le style, pour La Bruyère, est la forme même de la pensée (Jules Brody). Les écrivains ne s'y sont pas trompés, à commencer par les moralistes du siècle des Lumières, tels Vauvenargues (« *Il n'y a presque point de tour dans l'éloquence qu'on ne trouve dans La Bruyère* », in *Fragments*) et Chamfort, qui ont su reconnaître en La Bruyère un modèle, et jusqu'à Balzac (dont les portraits doivent beaucoup à la technique des ***Caractères***), Proust (qui l'imita dans les « Fragments de comédie italienne » des *Plaisirs et les Jours*), Gide ou, plus récemment, Pascal Quignard. Cela n'a pas empêché que son côté « critique sociale » n'induise, dès le XVIIIe siècle, une lecture « philosophique » qui fut celle du curé Meslier. Ni qu'un Léautaud, pourtant grand amateur de moralistes, n'aimât point « *ce phraseur de La Bruyère* » (*Journal littéraire*, 7 déc. 1934), dont il commentait ainsi le fameux *incipit* de la ***Préface*** (« *Je rends au public ce qu'il m'a prêté* ») : « [...] *ce que peut dire tout écrivain* [...] » (*ibid.*, 8 avr. 1943).

La réévaluation de l'œuvre de La Bruyère n'est pourtant pas encore achevée : elle fait actuellement l'objet d'un vrai débat critique, entre une approche qui voit dans La Bruyère un représentant de « *l'anthropologie essentialiste* » du XVIIe siècle (Louis Van Delft, en France) et les tenants de la « *dissolution du caractère* » (critique anglo-saxonne).

ŒUVRE

***Les Caractères** de Théophraste, traduits du grec, avec les caractères ou les mœurs de ce siècle*

Recueil dont la première édition parut à Paris en 1688 et qui en connut 8 autres jusqu'à la mort de l'auteur, en 1699.

L'ouvrage est divisé en 16 chapitres (depuis ***Des ouvrages de l'esprit*** jusqu'à ***Des esprits forts***) dont l'ordre n'est pas apparent : même s'il a pu faire valoir (tardivement) qu'on y chemine de l'homme à Dieu (reconstitution *a posteriori* visiblement influencée par le plan de l'apologétique de Pascal), La Bruyère semble avoir opéré des regroupements thématiques. ***Des femmes*** (III) est suivi de ***Du cœur*** (IV) mais suit ***Du mérite personnel*** (II) ; ***De la ville*** (VII), ***Des Grands*** (IX) et ***Du Souverain*** (X) semblent avoir une progression logique, mais ***De l'homme*** (XI) aurait pu ouvrir le recueil, et ***De quelques usages*** (XIV) succéder à ***De la société et de la conversation*** (V)...

L'ouvrage est composé de réflexions ou de maximes dont beaucoup, le plus souvent extraites du chapitre ***Du cœur***, sont passées à la postérité : « *Les femmes sont extrêmes ; elles sont meilleures ou pires que les hommes* » (III, 27) ; « *Le temps, qui fortifie les amitiés, affaiblit l'amour* » (IV, 4) ; « *L'amour et l'amitié s'excluent l'un l'autre* » (IV, 7) ; « *L'on n'aime bien qu'une seule fois ; c'est la première : les amours qui suivent sont moins involontaires* » (IV, 11) ; « *Les amours meurent par dégoût, et l'oubli les enterre* » (IV, 32) ; « *Vouloir oublier quelqu'un, c'est y penser* [...] » (IV, 38) ; « *Il faut rire avant que d'être heureux, de peur de mourir sans avoir ri* » (IV, 63) ; « *Il y a une espèce de honte d'être heureux à la vue de certaines misères* » (XI, 82) ; « *Ne songer qu'à soi et au présent, source d'erreur dans la politique* » (XII, 87). Mais sa célébrité tient aussi, sans aucun doute, aux portraits de personnages désignés sous des noms assez souvent empruntés à la mythologie ou forgés du grec (Acis, amant de Galatée dans les *Métamorphoses* d'Ovide ; Ergaste, « le travailleur, l'artisan », ou plutôt l'homme d'affaires qui, si on le laisse faire, « *exigera un droit de tous ceux* [...] *qui marchent sur la terre ferme* », VI, 28). Certains de ces portraits demeurent inoubliables, tel celui d'Irène (XI, 35) qui « [...] *se transporte à grands frais en Épidaure, voit Esculape dans son temple, et le consulte sur tous ses maux* [...]. *Elle lui demande pourquoi elle devient pesante, et quel remède ; l'oracle répond qu'elle doit se lever avant midi, et quelquefois se servir de ses jambes pour marcher. Elle lui déclare que le vin lui est nuisible : l'oracle lui dit de boire de l'eau* [...] » ; ou celui du répugnant Gnathon, qui non seulement « *ne vit que pour soi* », mais qui, invité à un repas, voudrait « *pouvoir les savourer tous* [les plats] *à la fois.* [...] *Il ne leur* [aux autres convives] *épargne aucune de ces malpropretés dégoûtantes, capables d'ôter l'appétit aux plus affamés ; le jus et les sauces lui dégouttent du menton et de la barbe ; s'il enlève un ragoût de dessus un plat, il le répand en chemin dans un autre plat et sur la nappe ; on le suit à la trace* » (XI, 121). Dans le même chapitre ***De l'homme***, le portrait du distrait Ménalque, qui parle étourdiment à une jeune veuve de son mari décédé, ravivant ainsi sa douleur (« *Madame, lui demande Ménalque, qui l'avoit apparemment écoutée avec attention, n'aviez-vous que celui-là ?* »), s'étend sur plusieurs pages.

La manie des clés s'attacha à découvrir les modèles de ces personnages. Nous en avons plusieurs en manuscrits, certaines ont été imprimées séparément (*Clef du livre intitulé les Caractères ou les mœurs de ce siècle*, s.d., fin du XVIIe siècle), et plusieurs ont été reproduites en marge des éditions au XVIIIe siècle — recoupées par les témoignages de contemporains (Saint-Simon, Bussy-Rabutin, Mme de Sévigné...) : elles figurent encore dans les notes de la plupart des éditions.

L'apparente allégeance des ***Caractères*** à l'œuvre de Théophraste, dont La Bruyère donnait au public une nouvelle traduction, ne doit pas faire écran : La Fontaine avait fourni le modèle de ces opérations de patronage littéraire d'une œuvre moderne par un Ancien, et le ***Discours sur Théophraste***, qui ouvre le volume, s'achève dans un jeu d'allusions transparentes aux *Maximes* de La Rochefoucauld et aux *Pensées* de Pascal. La Bruyère avait pleinement conscience de s'inscrire dans une tradition littéraire qu'il renouvelait — celle-là même que l'historiographie littéraire constitua ultérieurement en un corpus des « moralistes classiques », mais qui ne fut d'abord perçue, par les contemporains, qu'en termes rhétoriques : un nouvel atticisme, une écriture « par morceaux détachés », qui rompt avec la forme du traité, pour valoriser les effets de lecture liés à la brièveté des énoncés.

Si son titre et, plus encore, son sous-titre inscrivent bien l'œuvre dans une tradition des discours de l'*ethos* (les « caractères » rhétoriques) qui remonte à Aristote (livre II de la *Rhétorique*), c'est sur la variété des formes que l'auteur insiste, dans la préface aux nouveaux ***Caractères***, où il énumère les différentes « *figures* » et les différents « *tours* » qu'il a mis en œuvre : « *sentence* » ou maxime, « *raisonnement* » ou bref essai littéraire ou philosophique, « *métaphore ou autre figure* », « *parallèle* » littéraire ou descriptif, « *simple comparaison* », « *fait tout entier* » (récit, anecdote), « *trait* » isolé (le récit ou la peinture d'un détail qui fait sens), « *description* » ou « *peinture* » (ce sont les authentiques « *caractères* », qui entrent dans le détail de la description, mais qui, à l'inverse de ceux de Théophraste, ne sont pas ancrés dans une définition préalable du vice, du ridicule ou du travers considéré).

La « variété » des formes, la discontinuité même d'une écriture qui juxtapose savamment les « *remarques* » sans les séparer par un blanc (le début de chaque remarque est simplement marqué d'un « pied de mouche » : ¶ ; la numérotation n'est qu'une facilité proposée aux lecteurs par les éditeurs modernes), le jeu des alinéas qui permet à La Bruyère de composer avec art certaines de ses remarques, n'est pas sans danger pour l'unité de l'œuvre : les détracteurs de l'ouvrage ne se sont pas fait faute de souligner sa dimension « rhapsodique », imputée à l'auteur comme un défaut de méthode et de composition.

Mais l'écriture discontinue de La Bruyère, à la différence de celle de Montaigne, de La Rochefoucauld ou de Pascal, ne rayonne pas à partir d'un centre ; on y perçoit la puissance d'un style et la singularité d'un regard, et non l'énergie d'une doctrine unificatrice. À l'intérieur même des chapitres, à défaut d'un principe rigoureux d'organisation, des jeux d'échos, des effets de série ou de clôture se laissent percevoir ; c'est dans cette orchestration des thèmes et des effets de lecture que résident sans doute l'unité de l'œuvre et son incontestable pouvoir de séduction sur le lecteur : apologie du « *mérite personnel* », opposé aux fausses qualités de la grandeur et pour lequel l'artisanat de l'écriture offre la norme la plus pure (les deux premiers chapitres doivent être lus comme un exact diptyque) ; critique des « *biens de fortune* », des nouveaux riches et des nouveaux pouvoirs, dans un siècle qui a vu l'émergence de nouvelles classes sociales ; nostalgie d'une nature enfuie ou recouverte par les fards, les fastes et les dissimulations de la société de cour ; amour d'une langue pure, qui se tient dans une proximité vivante avec les littératures et les mots d'autrefois (La Bruyère est contemporain des premiers dictionnaires de la langue française) ; et, surtout, une constante revendication de la dignité du métier d'écrivain et de la fonction critique du « *philosophe* ».

Le succès fut immédiat et ne se démentit pas. La Bruyère devint l'auteur à la mode, et le libraire Michallet dut réimprimer l'ouvrage 3 fois dans cette même année, si bien que 5 autres éditions copieusement augmentées se succédèrent ainsi jusqu'en 1696, et portèrent le nombre des « *remarques* » de 420 à 1 120 environ. Et l'œuvre, même si elle suscita des réserves chez Grimm ou chez Condillac (« *Malgré la réputation dont jouit cet écrivain, il y a beaucoup de négligences dans son style* », in *Traité de l'art d'écrire*), n'a jamais quitté le premier rayon de notre patrimoine littéraire, même si elle a cessé d'être, au sens propre, un « classique », n'étant plus guère étudiée avant l'entrée à l'Université.

CITATIONS

Je rends au public ce qu'il m'a prêté ; j'ai emprunté de lui la matière de cet ouvrage : il est juste que, l'ayant achevé avec toute l'attention pour la vérité dont je suis capable, et qu'il mérite de moi, je lui en fasse la restitution.

Préface aux *Caractères*.

On ne doit parler, on ne doit écrire que pour l'instruction ; et s'il arrive que l'on plaise, il ne faut pas néanmoins s'en repentir, si cela sert à insinuer et à faire recevoir les vérités qui doivent instruire.

Préface aux *Caractères*.

Tout est dit, et l'on vient trop tard depuis plus de sept mille ans qu'il y a des hommes et qui pensent.

Des ouvrages de l'esprit, 1, in *Les Caractères*, I.

C'est un métier que de faire un livre, comme de faire une pendule : il faut plus que de l'esprit pour être auteur.

Des ouvrages de l'esprit, 3, in *Les Caractères*, I.

Ne vouloir être ni conseillé ni corrigé sur son ouvrage est un pédantisme.

Des ouvrages de l'esprit, 16, in *Les Caractères*, I.

Entre toutes les différentes expressions qui peuvent rendre une seule de nos pensées, il n'y en a qu'une qui soit la bonne. On ne la rencontre pas toujours en parlant ou en écrivant ; il est vrai néanmoins qu'elle existe, que tout ce qui ne l'est point est faible, et ne satisfait point un homme d'esprit qui veut se faire entendre.

Des ouvrages de l'esprit, 17, in *Les Caractères*, I.

Quand une lecture vous élève l'esprit, et qu'elle vous inspire des sentiments nobles et courageux, ne cherchez pas une autre règle pour juger l'ouvrage ; il est bon, et fait de main d'ouvrier.

Des ouvrages de l'esprit, 31, in *Les Caractères*, I.

Il n'a manqué à Molière que d'éviter le jargon et le barbarisme, et d'écrire purement : quel feu, quelle naïveté, quelle source de la bonne plaisanterie, quelle imitation des mœurs, quelles images, et quel fléau du ridicule !

Des ouvrages de l'esprit, 38, in *Les Caractères*, I.

Corneille nous assujettit à ses caractères et à ses idées, Racine se conforme aux nôtres ; celui-là peint les hommes comme ils devraient être, celui-ci les peint tels qu'ils sont.

Des ouvrages de l'esprit, 54, in *Les Caractères*, I.

La critique souvent n'est pas une science ; c'est un métier, où il faut plus de santé que d'esprit, plus de travail que de capacité, plus d'habitude que de génie.

Des ouvrages de l'esprit, 63, in *Les Caractères*, I.

Un beau visage est le plus beau de tous les spectacles ; et l'harmonie la plus douce est le son de voix de celle que l'on aime.

Des femmes, 10, in *Les Caractères*, III.

Une belle femme qui a les qualités d'un honnête homme est ce qu'il y a au monde d'un commerce plus délicieux : l'on trouve en elle tout le mérite des deux sexes.

Des femmes, 13, in *Les Caractères*, III.

Une femme oublie d'un homme qu'elle n'aime plus jusques aux faveurs qu'il a reçues d'elle.

Des femmes, 17, in *Les Caractères*, III.

Une femme est aisée à gouverner, pourvu que ce soit un homme qui s'en donne la peine.

Des femmes, 45, in *Les Caractères*, III.

Les femmes sont extrêmes : elles sont meilleures ou pires que les hommes.

Des femmes, 53, in *Les Caractères*, III.

La plupart des femmes n'ont guère de principes ; elles se conduisent par le cœur, et dépendent pour leurs mœurs de ceux qu'elles aiment.

Des femmes, 54, in *Les Caractères*, III.

Il arrive quelquefois qu'une femme cache à un homme toute la passion qu'elle sent pour lui, pendant que de son côté il feint pour elle toute celle qu'il ne sent pas.

Des femmes, 67, in *Les Caractères*, III.

Un homme éclate contre une femme qui ne l'aime plus, et se console ; une femme fait moins de bruit quand elle est quittée, et demeure longtemps inconsolable.

Des femmes, 70, in *Les Caractères*, III.

Ne pourrait-on point découvrir l'art de se faire aimer de sa femme ?

Des femmes, 80, in *Les Caractères*, III.

Le temps, qui fortifie les amitiés, affaiblit l'amour.

Du cœur, 4, in *Les Caractères*, IV.

L'amour commence par l'amour ; et l'on ne saurait passer de la plus forte amitié qu'à un amour faible.

Du cœur, 9, in *Les Caractères*, IV.

L'amour qui naît subitement est le plus long à guérir.

Du cœur, 12, in *Les Caractères*, IV.

Il y a du plaisir à rencontrer les yeux de celui à qui l'on vient de se donner.

Du cœur, 45, in *Les Caractères*, IV.

Il faut rire avant que d'être heureux, de peur de mourir sans avoir ri.

Du cœur, 63, in *Les Caractères*, IV.

Un homme sage ni ne se laisse gouverner, ni ne cherche à gouverner les autres : il veut que la raison gouverne seule, et toujours.

Du cœur, 71, in *Les Caractères*, IV.

Il n'y a guère au monde un plus bel excès que celui de la reconnaissance.

Du cœur, 80, in *Les Caractères*, IV.

[...] le plaisir le plus délicat est de faire celui d'autrui.

De la société et de la conversation, 16, in *Les Caractères*, V.

C'est une grande misère que de n'avoir pas assez d'esprit pour bien parler, ni assez de jugement pour se taire. Voilà le principe de toute impertinence.

De la société et de la conversation, 18, in *Les Caractères*, V.

La moquerie est souvent indigence d'esprit.

De la société et de la conversation, 57, in *Les Caractères*, V.

C'est la profonde ignorance qui inspire le ton dogmatique.

De la société et de la conversation, 76, in *Les Caractères*, V.

Les plus grandes choses n'ont besoin que d'être dites simplement : elles se gâtent par l'emphase. Il faut dire noblement les plus petites : elles ne se soutiennent que par l'expression, le ton et la manière.

De la société et de la conversation, 77, in *Les Caractères*, V.

Si certains morts revenaient au monde, et s'ils voyaient leurs grands noms portés, et leurs terres les mieux titrées avec leurs châteaux et leurs maisons antiques, possédées par des gens dont les pères étaient peut-être leurs métayers, quelle opinion pourraient-ils avoir de notre siècle ?

Des biens de fortune, 23, in *Les Caractères*, VI.

Les passions tyrannisent l'homme : et l'ambition suspend en lui les autres passions, et lui donne pour un temps les apparences de toutes les vertus.

Des biens de fortune, 50, in *Les Caractères*, VI.

Il n'y a au monde que deux manières de s'élever, ou par sa propre industrie, ou par l'imbécillité des autres.

Des biens de fortune, 52, in *Les Caractères*, VI.

L'esclave n'a qu'un maître ; l'ambitieux en a autant qu'il y a de gens utiles à sa fortune.

De la Cour, 70, in *Les Caractères*, VIII.

Il y a quelques rencontres dans la vie où la vérité et la simplicité sont le meilleur manège du monde.

De la Cour, 89, in *Les Caractères*, VIII.

Le peuple n'a guère d'esprit, et les grands n'ont point d'âme : celui-là a un bon fond, et n'a point de dehors ; ceux-ci n'ont que des dehors et qu'une simple superficie. Faut-il opter ? Je ne balance pas : je veux être peuple.

Des Grands, 25, in *Les Caractères*, IX.

De tout temps les hommes, pour quelque morceau de terre de plus ou de moins, sont convenus entre eux de se dépouiller, se brûler, se tuer, s'égorger les uns les autres ; et pour le faire plus ingénieusement et avec plus de sûreté, ils ont inventé de belles règles qu'on appelle l'art militaire...

Du souverain ou de la république, 9, in *Les Caractères*, X.

Rien ne fait plus d'honneur au prince que la modestie de son favori.

Du souverain ou de la république, 17, in *Les Caractères*, X.

Ne nous emportons point contre les hommes en voyant leur dureté, leur ingratitude, leur injustice, leur fierté, l'amour d'eux-mêmes, et l'oubli des autres : ils sont ainsi faits, c'est leur nature, c'est ne pouvoir supporter que la pierre tombe ou que le feu s'élève.

De l'homme, 1, in *Les Caractères*, XI.

Si la pauvreté est la mère des crimes, le défaut d'esprit en est le père.

De l'homme, 13, in *Les Caractères*, XI.

Il n'y a pour l'homme que trois événements : naître, vivre et mourir. Il ne se sent pas naître, il souffre à mourir, et il oublie de vivre.

De l'homme, 48, in *Les Caractères*, XI.

Les enfants n'ont ni passé ni avenir, et, ce qui ne nous arrive guère, ils jouissent du présent.

De l'homme, 51, in *Les Caractères*, XI.

Une grande âme est au-dessus de l'injure, de l'injustice, de la douleur, de la moquerie ; et elle serait invulnérable si elle ne souffrait par la compassion.

De l'homme, 81, in *Les Caractères*, XI.

Il y a une espèce de honte d'être heureux à la vue de certaines misères.

De l'homme, 82, in *Les Caractères*, XI.

Tout notre mal vient de ne pouvoir être seuls : de là le jeu, le luxe, la dissipation, le vin, les femmes, l'ignorance, la médisance, l'envie, l'oubli de soi-même et de Dieu.

De l'homme, 99, in *Les Caractères*, XI.

La plupart des hommes emploient la meilleure partie de leur vie à rendre l'autre misérable.

De l'homme, 102, in *Les Caractères*, XI.

L'on voit certains animaux farouches, des mâles et des femelles, répandus par la campagne, noirs, livides et tout brûlés du soleil, attachés à la terre qu'ils fouillent et qu'ils remuent avec une opiniâtreté invincible ; ils ont comme une voix articulée, et quand ils se lèvent sur leurs pieds, ils montrent une face humaine, et en effet ils sont des hommes. Ils se retirent la nuit dans des tanières, où ils vivent de pain noir, d'eau et de racines ; ils épargnent aux autres hommes la peine de semer, de labourer et de recueillir pour vivre, et méritent ainsi de ne pas manquer de ce pain qu'ils ont semé.

De l'homme, 128, in *Les Caractères*, XI.

Ceux qui emploient mal leur temps sont les premiers à se plaindre de sa brièveté.

Des jugements, 101, in *Les Caractères*, XII.

Un philosophe se laisse habiller par son tailleur : il y a autant de faiblesse à fuir la mode qu'à l'affecter.

De la mode, 11, in *Les Caractères*, XIII.

Le devoir des juges est de rendre la justice ; leur métier, de la différer. Quelques-uns savent leur devoir, et font leur métier.

De quelques usages, 43, in *Les Caractères*, XIV.

Tant que les hommes pourront mourir, et qu'ils aimeront à vivre, le médecin sera raillé, et bien payé.

De quelques usages, 65, in *Les Caractères*, XIV.

JUGEMENTS

« De nos jours, faire le "La Bruyère" c'est pas commode. Tout l'inconscient se débine devant vous dès qu'on approche. »

Louis-Ferdinand CÉLINE, *Voyage au bout de la nuit*, Gallimard, 1932.

« Moi, je me suis bourré à outrance de La Bruyère. »

Gustave FLAUBERT, *Correspondance*, 6-7 juin 1853.

« Très souvent, [...] *on se demande si ce qu'il dit valait vraiment la peine d'être dit, tant cela paraît simple et raisonnable ; mais on lui sait gré de le dire pourtant, et si simplement. Il ne cherche ni à étonner ni à plaire ; mais à exprimer raisonnablement ce dont il est sûr. »*

André GIDE, *Journal*, 12 octobre 1921, Gallimard, 1939.

« C'est à la mode des portraits *qu'on doit* Les Caractères *de La Bruyère. Plus d'un mauvais genre a été en littérature l'origine d'un chef-d'œuvre. »*

Joseph JOUBERT, *Carnets*, 7 novembre 1806.

« [...] La Bruyère (je ne me suis jamais trompé, ne l'aimant pas pour sa rhétorique et sa préciosité) [...]. »

Paul LÉAUTAUD, *Journal littéraire*, 1er février 1943, Mercure de France, rééd. 1986.

« Chez La Bruyère, la pensée ressemble souvent à une femme plutôt bien mise que belle : elle a moins de corps que de tournure. »

Charles Augustin SAINTE-BEUVE, *Portraits littéraires*, 1844.

« Personne n'a peint les détails avec plus de feu, plus de force, plus d'imagination dans l'expression, qu'on n'en voit dans ses Caractères*. Il est vrai qu'on n'y trouve pas aussi souvent que dans les écrits de Bossuet et de Pascal, de ces traits qui caractérisent, non une passion ou les vices d'un particulier, mais le genre humain ; ses portraits les plus élevés ne sont jamais aussi grands que ceux de Fénelon et de Bossuet ; ce qui vient en grande partie de la différence des genres qu'ils ont traités. La Bruyère a cru, ce me semble, qu'on ne pouvait peindre les hommes assez petits ; et il s'est bien plus attaché à relever leurs ridicules que leur force. Je crois qu'il est permis de présumer qu'il n'avait ni l'élévation, ni la sagacité, ni la profondeur de quelques esprits du premier ordre ; mais on ne lui peut disputer sans injustice une forte imagination, un caractère véritablement original, et un génie créateur. »*

VAUVENARGUES, *Fragments*, in *Introduction à la connaissance de l'esprit humain*, 1746.

« [...] on l'aime parce qu'il est sans parti pris, sans système, et qu'il se contente d'enseigner la vertu en peignant nos travers. »

Émile ZOLA, *Mes Haines*, 1866.

BIBLIOGRAPHIE

Éditions

Œuvres complètes , éd. J. BENDA, « Pléiade », Gallimard, 1934.

Les Caractères, éd. R. GARAPON, « Classiques Garnier », Garnier, 1962, rééd. Dunod, 1995 ; éd. P. SOLER, in *Les Moralistes du XVIIe siècle : La Rochefoucauld, Pascal, La Bruyère, Du Fresny*, éd. J. LAFOND, « Bouquins », Laffont, 1992 ; éd. E. BURY, « LdP classique », LGF, 1995 ; éd. L. VAN DELFT, « La Salamandre », Imprimerie nationale, 1998 ; éd. M. ESCOLA, « Sources classiques », Champion, 1999.

Études

R. BARTHES, « Préface aux "Caractères" », reprise in *Essais critiques*, Seuil, 1966.

J. BRODY, *Du style à la pensée. Trois études sur « Les Caractères » de La Bruyère*, French Forum Publishers, Lexington (US), 1980.

E. BURY, *Littérature et Politesse. L'Invention de l'honnête homme (1580-1750)*, PUF, 1996.

Fr.-X. CUCHE, *Une pensée sociale catholique : Fleury, La Bruyère, Fénelon*, Cerf, 1991.

J. DAGEN, « Le Clair-Obscur de La Bruyère », in *Littératures classiques*, supplément au n° 13, 1991, pp. 25 à 42 ; *id.*, E. BOURGUINAT et M. ESCOLA (dir.), *Le Métier du moraliste*, actes du colloque du tricentenaire (1996), « Moralia », Champion, 2000.

R. DUCHÊNE, P. RONZEAUD (dir.), *La Bruyère, « Les Caractères »*, Journée d'étude organisée par le CMR 17, le 17 nov. 1990 à Marseille, Klincksieck, 1990.

M. ESCOLA, « Vrai caractère du faux dévot », in *Poétique*, n° 98, 1994, pp. 181 à 198 ; *Jean de La Bruyère*, « Bibliographie des écrivains français », Éd. Memini, 1996, rééd. 2001 ; *La Bruyère*, t. I : *Brèves Questions d'herméneutique*, t. II : *Rhétorique du discontinu*, « Moralia », Champion, 2001.

R. GARAPON, *« Les Caractères » de La Bruyère : La Bruyère au travail*, SEDES, 1978.

F. GRAY, *La Bruyère amateur de caractères*, Nizet, 1986.

Fr. JAOUËN, *De l'art de plaire en petits morceaux : Pascal, La Rochefoucauld, La Bruyère*, P.U. Vincennes, 1996.

M.-S. KOPPISCH, *The Dissolution of Character. Changing perspectives in La Bruyère's « Caractères »*, French Forum Publishers, Lexington (US), 1981.

B. PARMENTIER, *Le Siècle des moralistes*, « Points Essais », Seuil, 2000.

P. QUIGNARD, *Une gêne technique à l'égard des fragments*, Fata Morgana, Fontfroide (Hérault), 1986.

M. RICORD, *« Les Caractères » de La Bruyère ou les Exercices de l'esprit*, PUF, 2000.

B. ROUKHOMOSKY, *L'Esthétique de La Bruyère*, SEDES, 1997.

P. SOLER, *Jean de La Bruyère. « Les Caractères »*, « Études littéraires », PUF, 1994.

A. STEGMANN, *« Les Caractères » de La Bruyère, Bible de l'honnête homme*, Larousse, 1972.

L. VAN DELFT, *La Bruyère moraliste : quatre études sur « Les Caractères »*, Droz, Genève (CH), 1971 ; *Littérature et Anthropologie*, PUF, 1993.

AUDIO & VIDÉO

CD-ROM

Encyclopédie de la littérature française, Bibliopolis, 1998.

LACLOS

LACLOS

De son vrai nom, Pierre-Ambroise François CHODERLOS de LACLOS

Amiens 1741 – Tarente (Royaume de Naples, act. Italie) 1803

« Pour avoir une juste idée de tout le talent qu'on ne peut s'empêcher de reconnaître dans l'ouvrage [Les Liaisons dangereuses] *de M. de La Clos* [sic], *il faut le lire d'un bout à l'autre ; il n'y en a pas moins dans l'ensemble que dans les détails. Les caractères y sont parfaitement soutenus ; la naïveté de la petite de Volange est un peu bête, mais elle n'en est que plus vraie, et ce personnage contraste aussi heureusement avec l'esprit de madame de Merteuil que les vices de celle-ci avec la vertu romanesque de madame de Tourvel. »*

Melchior de GRIMM, *Correspondance*, t. XI, avril 1782.

« Je ne suis pas surprise qu'un fils de M. de Choderlos écrive bien. L'esprit est héréditaire dans cette famillle ; mais je ne puis le féliciter d'employer ses talents, sa facilité, les grâces de son style, à donner aux étrangers une idée si révoltante des mœurs de sa nation et du goût de ses compatriotes. Un écrivain distingué, comme M. de Laclos, doit avoir deux objets en se faisant imprimer, celui de plaire, et celui d'être utile. En remplir un, ce n'est pas assez pour un homme honnête. On n'a pas besoin de se mettre en garde contre des caractères qui ne peuvent exister, et j'invite M. de Laclos à ne jamais orner le vice des agréments qu'il a prêtés à Mme de Merteuil. »

Madame RICCOBONI, *Lettre à M. de Laclos*, avril 1782.

Un illustre méconnu

Un militaire en garnison

Né dans une famille de petite et récente noblesse, Choderlos de Laclos — que la postérité a retenu sous le seul nom de Laclos, mais qui, de son vivant, était appelé Choderlos — était le second fils, né trois ans après l'aîné Jean-Charles (futur consul de France), d'un secrétaire de l'Intendance de Picardie et d'Artois. Il se destina à l'armée et, à l'heure où celle-ci devenait de plus en plus réservée à l'ancienne noblesse, choisit l'artillerie, plus « technique ». Admis à l'école de La Fère (act. Aisne) en 1760, nommé sous-lieutenant (1761), puis lieutenant en second (1762), il obtint d'être affecté, cette même année, à La Rochelle, à la brigade des colonies. Mais, un an plus tard, le traité de Paris (1763) mettait un terme à la guerre de Sept Ans comme aux ambitions coloniales de la France, et condamnait la plupart des militaires à mener une vie de garnison. C'est ainsi que Laclos, faute de combats, séjourna à Toul (1763), Strasbourg (1765 à 1769), Grenoble (1769 à 1775), Besançon (1775-1776), Valence (1777) — avec mission d'installer l'école d'artillerie qui accueillit plus tard Bonaparte —, et de nouveau Besançon (1778), où il fut promu capitaine en second de sapeurs. Il employa son abondant temps libre à composer des pièces légères, madrigaux ou contes, dont une ***Épître à Margot*** (1770), ainsi que ***Les Souvenirs, épître à Églé*** (1773), la chanson ***Lison revenait au village*** et une ***Épître à la mort*** (1777). D'un roman de Mme Riccoboni, il tira l'opéra-comique ***Ernestine*** (1777), qui connut un échec retentissant : une unique représentation, cette même année, à la Comédie-Italienne.

C'est peut-être à partir de 1778 que Laclos commença la rédaction du roman qui l'immortalisa. L'année suivante, il dirigea les fortification de l'île d'Aix, mission pour laquelle il fut mis à la disposition du marquis de Montalembert, pour l'épouse duquel il composa une ***Épître à Mme la marquise de Montalembert*** (1779). À l'île d'Aix, Laclos poursuivit la rédaction des ***Liaisons dangereuses***. Nommé capitaine de bombardiers, il envoya une première demande de congé, qui lui fut accordée et lui permit de passer à Paris le premier semestre de l'année 1780, où il continua à travailler à son roman. Une autre demande, favorablement accueillie fin 1781, laissa à Laclos, promu entre-temps capitaine commandant de canonniers, le loisir d'achever ***Les Liaisons dangereuses***, qu'il publia à Paris en avril 1782.

Ce roman à voix multiples, qui, dans une action tendue et resserrée, fait partager au lecteur aussi bien les manipulations perverses d'un couple de libertins méthodiques, que leur psychologie et celle des victimes — une belle épouse vertueuse, et deux jeunes gens —, eut un succès de scandale immédiat. La maîtrise des libertins est victorieuse jusqu'à ce qu'interfèrent les sentiments : ceux qu'éprouve malgré lui le vicomte pour Mme de Tourvel, et la jalousie blessée de sa complice, la Marquise de Merteuil. Alors les masques tombent, la volonté de puissance devient destructrice. Avec les catastrophes finales, les méchants sont châtiés, mais le roman garde son ambiguïté, qui laisse face à face rationalité libertine et sentimentalité vertueuse : les Lumières sont entrées en crise.

Romancier scandaleux et époux modèle

Sur ordre de Ségur, ministre de la Guerre, Laclos, fin mai 1782, rejoignit son corps à Brest, où il tomba malade. Grâce à une intervention de Montalembert quelques jours plus tard, il fut mis à disposition du marquis et rentra à La Rochelle fin août. C'est là que, au plus tard début 1783, il commença une liaison avec Marie-Solange Duperré, aînée des 22 enfants du trésorier principal de la généralité de La Rochelle et de dix-huit ans la cadette de Laclos : après la naissance, trois mois avant le décès du père de Laclos, d'un fils illégitime en 1784, le mariage des parents fut célébré — et l'enfant, reconnu — en avril 1786, quelques semaines après la publication, sans autorisation, d'une sulfureuse ***Lettre à Messieurs de l'Académie française sur l'Éloge de M. le maréchal de Vauban, proposé pour sujet du prix d'éloquence de l'année 1787*** (1786), où Laclos osait critiquer la doctrine des fortifications de Vauban et qui lui valut d'être réintégré d'office dans sa compagnie, alors à Metz : il y séjourna quelques mois sans sa femme, qui put toutefois le rejoindre à La Fère, où il fut muté fin 1786, jusqu'à l'automne 1788.

Entre-temps, après le succès des ***Liaisons dangereuses***, au sujet desquelles il avait entamé une ***Correspondance*** avec Mme Riccoboni dès avril 1782, Laclos avait commencé, en réponse à une question (« *Quels seraient les meilleurs moyens de perfectionner l'éducation des femmes ?* ») posée par l'académie de Châlons-sur-Marne, le novateur discours ***Des femmes et de leur éducation*** (1783 — plusieurs fois repris et augmenté jusqu'en 1802, mais inachevé et resté sous forme de manuscrit jusqu'en 1903), où il étendait à la femme les thèses du *Discours sur l'inégalité* de Rousseau : opprimée dans une société qui a fait des hommes des tyrans, et des femmes des esclaves, « *la femme sociale n'est pas susceptible d'éducation* », à moins de changer cette société. Cela suppose une réhabilitation de la lecture dans l'éducation de la femme, à commencer « *par les moralistes, les historiens et les littérateurs* », indispensables pour lui faire atteindre « *ce triple objet* [...], *qu'elle eût de la raison, pour connaître le bien ; de la bonté pour vouloir le faire ; et de l'amabilité, pour en avoir les moyens* ». L'année suivante, Laclos avait rendu compte, dans le *Mercure de France* (avr. et mai 1784), du roman *Cécilia ou les Mémoires d'une riche héritière* (1782) de Miss Fanny Burney, qui lui fournit l'occasion d'évoquer sa conception du roman. Il avait ensuite composé deux poèmes ***À Mademoiselle de Sivry*** (1786), dont la destinataire, « *à l'âge de douze ans,* [savait] *le grec et le latin, et* [faisait] *de très jolis vers* », puis publié l'édition dite « *de Nantes* » de ses ***Œuvres*** (1787), comprenant ***Les Liaisons dangereuses***, des ***Pièces fugitives*** (divers poèmes) et la ***Correspondance entre Mme Riccoboni et M. de Laclos***, et proposé, la même année, un ***Projet de numérotage des rues de Paris*** publié dans *Le Journal de Paris*.

Dans la tourmente de la Révolution

Fin 1788, Laclos, disgracié par son ***Éloge de Vauban*** si peu élogieux et négativement auréolé du succès des ***Liaisons***, obtint d'être mis en congé de l'armée pour entrer au service du duc d'Orléans — le futur Philippe-Égalité, cousin de Louis XVI —, en tant que secrétaire de ses commandements, alors que naissait sa fille Catherine, son 2e enfant. Il s'enfuit à Londres avec son protecteur, pour échapper à ceux qui l'accusaient de complicité dans l'émeute des 5 et 6 octobre 1789 à Versailles, et rédigea ses textes politiques. De retour à Paris avec son maître en juillet 1790, il anima, comme rédacteur en chef, le *Journal des amis de la Constitution*, organe de la *Société* du même nom, alias le *Club des Jacobins*. Parce qu'il avait proposé, à la tribune des Jacobins, le 1er juillet 1791 — un mois après avoir été admis à la retraite —, de faire nommer régent le duc d'Orléans, on l'accusa d'être responsable de la rédaction de la pétition réclamant la déchéance de Louis XVI après Varennes, dont la signature, le 17 juillet, provoqua la fusillade parisienne du Champ-de-Mars, les gardes nationaux de La Fayette réprimant les sans-culottes. Loin d'être mêlé à cette pétition — hypothèse aujourd'hui abandonnée —, Laclos, dès le 21 juillet, démissionna du *Journal*. Mais l'échec de sa proposition lui mit à dos républicains et monarchistes.

En 1792, il fut élu commissaire à la municipalité provisoire de Paris par la section du quartier du Palais-Royal, rejeté par la Commune, puis réélu par sa section, avant d'être nommé, grâce à Danton, commissaire du pouvoir exécutif : chargé d'organiser la défense contre les Prussiens, il prépara la victoire de Kellermann à Valmy (20 sept.), ce qui lui valut, dès le surlendemain, d'être réintégré dans l'armée comme maréchal de camp (c'est-à-dire général de brigade) dans la ligne, puis, une semaine plus tard, d'être nommé d'abord chef d'état-major du ministre de la Guerre, Servan, et commandant en chef de l'armée des Pyrénées, basée à Toulouse, enfin gouverneur général des établissements français situés à l'est du cap de Bonne-Espérance, par

Monge, ministre de la Marine — nomination qui intervint quelques jours après le décès de sa fille Catherine, à Paris, fin 1792.

Les deux années suivantes furent celles des incarcérations, libérations ou évasions successives, en raison de son passé orléaniste — le duc d'Orléans étant exécuté le 7 novembre 1793 —, entrecoupées par la poursuite officielle des expérimentations des « *boulets creux* », c'est-à-dire des obus, que Laclos avait inventés dès 1786. Libéré fin 1794 après avoir échappé de peu à la guillotine, il ne put obtenir sa réintégration dans l'armée, dont il avait démissionné en septembre 1793. À la fin de 1795 — année de naissance de son 2nd fils et 3e enfant, Charles, conçu en prison —, Laclos fut nommé secrétaire général des Hypothèques. Son activité d'écrivain se réduisit alors à la rédaction d'un mémoire, ***De la Guerre et de la Paix*** (1795), pour le Comité de salut public, et à celle d'un ***Voyage de La Pérouse*** (1797), compte rendu, demandé par la Convention, des relations de l'explorateur.

Un ressuscité bonapartiste

Ce n'est qu'en octobre 1799 que Laclos obtint d'être réintégré comme général de brigade, mais seulement dans la ligne, sa réintégration dans l'artillerie étant refusée. Début 1800, Bonaparte, alors Premier consul, le récompensa de son rôle dans le coup d'État du 18 Brumaire en lui donnant le grade de général de brigade dans l'artillerie — avec effet rétroactif au 22 septembre 1792 —, puis en le plaçant à la tête de l'armée du Rhin, basée à Strasbourg. Laclos s'illustra dans les campagnes militaires de Bonaparte, notamment en Italie, entre l'été 1800 et le printemps 1801 — où, à en croire les *Souvenirs d'égotisme*, il rencontra Stendhal, à Milan. De retour à Paris, il fut nommé membre du Comité d'artillerie en septembre, un mois avant son 60e anniversaire, puis inspecteur général d'artillerie, début 1802, commandant de l'artillerie de Saint-Domingue — affectation finalement annulée —, enfin commandant de l'artillerie dans les États du Royaume de Naples. Il quitta Paris, en mai 1803, sans avoir achevé son ultime réalisation d'écrivain, les ***Observations du général de Laclos sur le roman théâtral de M. Lacretelle aîné*** (posth., 1824), qu'il avait rédigées à propos de la pièce *Charles Artaut Malherbe ou le Fils naturel* (1802), sous-titrée « *roman théâtral* », de son ami Lacretelle l'Aîné. Moins de deux mois après son arrivée à Tarente, il mourut de dysenterie et de malaria.

THÉORIE LITTÉRAIRE

C'est surtout dans son compte rendu ***Sur « Cécilia ou les Mémoires d'une héritière »*** que Laclos a exprimé ses positions en matière d'esthétique littéraire, caractérisées par une prédilection pour « *le Roman* », jugé supérieur à « *l'Histoire* », qui « *apprend les mœurs des Nations, mais non celle des Citoyens,* [...] *dit les mœurs publiques, et se tait sur les mœurs privées* [...], *peint les hommes tels qu'ils se montrent, et non tels qu'ils sont* », et au « *Théâtre* », qui « *offre sans doute des tableaux plus vrais et plus rapprochés de la Société* », mais où « *on ne peut pas tout peindre* » : « *Observer, sentir et peindre, sont les trois qualités nécessaires à tout Auteur de Romans. Qu'il ait donc à la fois de la finesse et de la profondeur, du tact et de la délicatesse, de la grâce et de la vérité ; mais que surtout il possède cette sensibilité précieuse, sans laquelle il n'existe point de talent, et qui elle seule peut les remplacer tous. / C'est d'après cette manière de penser que nous croyons les femmes particulièrement appelées à ce genre d'Ouvrages.* » On peut ainsi trouver des idées de Laclos sur la création romanesque dans quelques comptes rendus littéraires, comme celui de *La Vie privée du maréchal de Richelieu*, mémoires apocryphes d'un libertin célèbre, qui lui donne l'occasion de justifier en 1791 les ***Liaisons*** : « *On se convaincra que les fictions atroces ou scandaleuses, à l'aide desquelles les romanciers dévoilaient ou combattaient les caractères infâmes qu'ils mettaient en scène, étaient encore au-dessous de la réalité.* » Si la quarantaine de pages des ***Observations du général de Laclos sur le roman théâtral de M. Lacretelle aîné***, dernière œuvre entreprise par Laclos, n'a pu être publiée de son vivant, on peut y lire une réflexion sur le rapport entre roman, « *le plus libre de nos genres de littérature* », et théâtre, sur la présence de l'Histoire dans le texte du roman : « *On y voit déjà la révolution se préparer ; elle se peint dans les personnages ; on l'entrevoit comme à travers un nuage dans ce qu'ils font, dans ce qu'ils disent, dans ce qu'ils sentent ; ils participent, suivant leur caractère, de tout ce qui pouvait l'amener, la diriger ou l'égarer.* »

Laclos y souligne en outre son intérêt pour un personnage mettant les « *talents d'un intrigant supérieur* » au service de « *la vertu et du bien public* », qui serait, d'après Lacretelle, « *un caractère qu'il avait toute sa vie médité comme le sujet d'un second roman* ». Enfin, dans sa ***Correspondance***

entre Mme Riccoboni et M. de Laclos d'avril 1782, en réponse à la romancière dont le « *cœur* » avait été « *blessé* » par le « *caractère de Mme de Merteuil* » (« *Tant de dépravation irrite et n'instruit pas* »), Laclos avait répondu : « *Le tableau en est attristant, je l'avoue, mais il est vrai.* » Il confirmait ainsi sa conception didactique et pédagogique de la littérature en général et du roman en particulier.

THÉORIE LITTÉRAIRE

À l'inverse des protagonistes des ***Liaisons dangereuses***, Laclos mena une existence certes animée — sauf au début de sa carrière militaire, période désœuvrée où précisément il composa son chef-d'œuvre —, mais exemplairement vertueuse, et manifesta une sincère sollicitude à l'égard de ce qu'on n'appelait pas encore la condition féminine. Si bien qu'il put à bon droit se défendre : « *Peut-être ces mêmes* Liaisons dangereuses, *tant reprochées aujourd'hui par les femmes, sont une preuve assez forte que je me suis beaucoup occupé d'elles ; et comment s'en occuper et ne les aimer pas ?* » ***(Correspondance entre Mme Riccoboni et M. de Laclos)***. Tel est l'un des paradoxes de cet écrivain à la réputation sulfureuse, auteur d'une œuvre qui reste un sommet de cynisme et de libertinage, mais surtout un monument de notre littérature.

Un style introuvable ?

Ce n'est ni dans ses textes versifiés ni dans sa prose de journaliste politique, mais c'est naturellement dans ***Les Liaisons dangereuses*** que l'on sera tenté de chercher ce qui fait l'originalité de l'écriture de Laclos. Comme il se doit dans un roman épistolaire polyphonique qui a pour modèles Rousseau et Richardson, chaque personnage sera en principe caractérisé par un style reconnaissable. Or, comme le dit le « *Rédacteur* », « *presque tous les sentiments qu'on y exprime sont feints ou dissimulés* ». Comme l'affirme la marquise, écrire à quelqu'un, c'est « *chercher moins à lui dire ce que vous pensez, que ce qui lui plaît davantage* » (lettre CV). Chaque correspondant exprimera donc autant l'image qu'il veut donner de lui à son destinataire que la vérité de ce qu'il est, et la lettre sera souvent le résultat d'un geste de feinte, d'imitation. Enfin, l'écriture des lettres est infiltrée par les mots ou tournures qui sont à la mode dans les différents milieux que l'action met en contact, tel « *persiflage* » par exemple (lettres LII, LXXVI, CXXIX). Se croisent ainsi dans la « *variété des styles* » celles des individus, des milieux et des effets recherchés.

On reconnaît aisément Cécile à son « *petit radotage* » (lettre CXV) : « *J'ai pleuré que ça ne finissait pas* » (lettre XXVII). Ou Azolan, le « *chasseur* » de Valmont : « *Mais pourquoi donc est-ce qu'elle s'en est allée comme ça ? ça m'étonne, moi ! au reste, sûrement que Monsieur le sait bien ? et ce ne sont pas mes affaires* » (lettre CVII). L'archaïsme élégant de Mme de Rosemonde, les hébraïsmes du P. Anselme, les clichés mondains ou dévots de Mme de Volanges sont également caractéristiques.

Ce marquage des personnages n'empêche pas leur évolution : Cécile en vient à dire l'amour de façon touchante (lettre LXIX), Mme de Volanges devient, à la fin, grave et vraie (lettre CLXV). Mme de Tourvel, quant à elle, va du prêche et du sermon à la plainte aux accents raciniens — « *Que vous dirai-je enfin ? j'aime, oui, j'aime éperdument* » (lettre CII) —, voire à l'héroïde lyrique (lettre CVIII).

Avec Valmont et Mme de Merteuil, on passe dans le camp de l'ironie, de la citation détournée, de la double entente, dont l'exemple le plus éclatant est la lettre adressée par Valmont à Mme de Tourvel, *via* la marquise, et écrite sur le dos de la prostituée Émilie, après une nuit passée avec elle, lettre tout entière équivoque et poussant à la perfection l'art de la double entente : « *C'est après une nuit orageuse, et pendant laquelle je n'ai pas fermé l'œil ; c'est après avoir été sans cesse ou dans l'agitation d'une ardeur dévorante, ou dans l'entier anéantissement de toutes les facultés de mon âme, que je viens chercher auprès de vous, Madame, un calme dont j'ai besoin, et dont pourtant j'espère ne pas jouir encore. En effet, la situation où je suis en vous écrivant, me fait connaître, plus que jamais, la puissance irrépressible de l'amour ; j'ai peine à conserver assez d'empire sur moi pour mettre quelque ordre dans mes idées ; et déjà je prévois que je ne finirai pas cette Lettre, sans être obligé de l'interrompre.* [...] *Jamais je n'eus tant de plaisir en vous écrivant ; jamais je ne ressentis, dans cette occupation, une émotion si douce, et cependant si vive. Tout semble augmenter mes transports : l'air que je respire est brûlant de volupté ; la table même sur laquelle je vous écris, consacrée pour la première fois à cet usage, devient pour moi l'autel sacré de l'amour, combien elle va s'embellir à mes yeux ! j'aurai tracé sur elle le serment de vous aimer toujours ! Pardonnez, je vous en supplie, au désordre de mes sens. Je devrais peut-être m'abandonner moins à des transports que vous ne partagez pas : il faut vous quitter un moment pour dissiper une ivresse qui s'augmente à chaque instant, et qui devient plus forte que moi* » (lettre XLVIII).

Tous deux s'adaptent avec virtuosité à leur destinataire, à l'effet recherché. Valmont n'use pas de la même plume pour Mme de Tourvel, le P. Anselme ou Mme de Merteuil, et, comme l'a souligné Laurent Versini, on peut distinguer, chez la marquise, le style de la conversation, celui du récit et celui du combat.

Faut-il admettre, avec Jean Dagen, que le style du roman est justement dans ce « *polymorphisme de l'écriture qui fait flotter repères et structures conventionnels* » ?

S'ajoutant à ce que peut indiquer le travail de correction de Laclos, qui va dans le sens de la concision, de la simplicité et de l'« *honnêteté* » — « *coucher avec vous* » devient « *se rendre* » (lettre XXXIII) —, certaines constantes sont repérables. L'ironie, bien sûr, qui n'est pas seulement, chez les personnages, feinte naïveté ou antiphrase — « *ménagez davantage mon extrême timidité* » (lettre CLII) — et se manifeste au niveau de la composition, nous faisant percevoir l'ignorance d'un personnage (lettres CXXV-CXXVI), ou apprécier les variations de deux récits du même événement — le viol de Cécile (lettres XCVI-XCVII). Mais aussi, par exemple, au service de l'éloquence comme de l'analyse, un certain usage de la liaison par parataxe (ou juxtaposition) : « *Adieu, mon ange, je t'ai prise avec plaisir, je te quitte sans regret : je te reviendrai peut-être. Ainsi va le monde. Ce n'est pas ma faute* » (lettre CXLI). Enfin, une « *prédilection pour la séquence sans verbe conjugué* », selon la formule d'Éric Bordas : « *C'était un embarras dans le maintien ! une difficulté dans la marche ! des yeux toujours baissés, et si gros et si battus !* » (lettre XCVI). Toutes caractéristiques qui donnent à l'écriture du roman rythme et énergie.

Une censure durable

« *Peu de nouveautés* », écrivait Meister dans la *Correspondance littéraire* d'avril 1782, « *ont été reçues avec autant d'empressement* ». ***Les Liaisons*** se vendirent très bien, et les tirages se succédèrent après que le premier eut été épuisé en dix jours. Tout en accordant à l'ouvrage « *beaucoup d'esprit* », la critique resta prisonnière d'une conception moralisante du roman : « *Ces images continuelles de la dépravation la plus horrible, qui ne sont adoucies par aucun caractère opposé, ne sont-elles pas révoltantes, dégoûtantes ?* », interrogeait *L'Année littéraire* (1782, III). Mme Riccoboni, dès avril 1782, écrivit à Laclos sa double indignation de femme et de Française : « *C'est en ma qualité de femme, Monsieur, de Française, de patriote zélée pour l'honneur de ma nation, que j'ai senti mon cœur blessé du caractère de Mme de Merteuil.* » Et, comme toujours au XVIIIe siècle, le succès suscita des imitations, visibles notamment dans de nombreux titres ou sous-titres de romans, à la fin du siècle, comme *Les Nouvelles Liaisons dangereuses* de Nougaret (1792). Après la Révolution, le comte de Tilly, qui avait rencontré Laclos, fit du roman, dans ses *Mémoires*, « *un des flots révolutionnaires* [...] *tombés dans l'océan qui a submergé la Cour* ».

Baudelaire, dans un projet de *Préface*, y lisait aussi la Révolution, mais dans une perspective satanique : « *Ce livre, s'il brûle, ne peut brûler qu'à la manière de la glace. Livre d'histoire.* [...] / *La Révolution a été faite par des voluptueux.* [...] / *Les livres libertins commentent donc et expliquent la Révolution.* [...] / *La Présidente. Seule appartenant à la bourgeoisie. (Remarque importante.)* [...] / *La Ruine. Caractère général sinistre. La détestable humanité se fait un enfer préparatoire* » (*Notes sur « Les Liaisons dangereuses »*, 1866). Avec Stendhal, Baudelaire constitua une exception dans un XIXe siècle qui ne voulait voir dans ***Les Liaisons*** que la chronique scandaleuse d'une décadence. Les tribunaux laïques ou ecclésiastiques condamnèrent le roman pour outrage aux bonnes mœurs.

Ce sont des écrivains, des essayistes qui amorcèrent la redécouverte de Laclos : Bourget dans ses *Essais de psychologie contemporaine* (1881), Léon Blum dans un article de la *Grande Revue* (1908). Parurent également, en ce début de XXe siècle, une biographie remarquable due à Émile Dard (1905), les premières éditions des écrits sur les femmes, des lettres, des poésies. Le palmarès dressé par Gide dans *Les Dix Romans que je préfère* (1924) incluait ***Les Liaisons***. Carco (1925), Giraudoux (1932), Malraux (1939), Arland (1946), Vailland (1953), Butor (1964) en proposèrent des interprétations passionnées — et souvent passionnantes. Rigueur formelle et ambivalence du sens, virtuosité des jeux et enjeux de sexe et de pouvoir, ironie et autoréférence, acuité de la critique sociale : ces qualités reconnues font de Laclos un écrivain « moderne ».

Dans le monde universitaire, il a fallu attendre quarante ans pour que Laclos, à qui le manuel de Lagarde et Michard n'accordait que 7 lignes pincées en 1953, figure parmi les auteurs inscrits au programme de l'agrégation de lettres en 1982 ! Depuis les études décisives de Jean-Luc Seylaz (1958), René Pomeau (1964, 1968 et 1975), Jean Fabre (1973) et Laurent Versini (1968, 1977 et 1979) — qui a procuré la 1re édition des *Œuvres complètes* de Laclos dans la « Bibliothèque de la Pléiade » (1979), au catalogue de laquelle ne figurait jusqu'alors qu'une méritoire édition d'*Œuvres* due à Maurice Allem (1932) —, les travaux se sont multipliés. Avec l'exploitation de nouvelles archives, la biographie est mieux connue, et *Les Liaisons* sont maintenant mieux situées dans l'histoire des formes littéraires et dans celle de la société, étudiées dans leur écriture et leur poétique particulières, les chercheurs utilisant des outils d'analyse très divers dans une tension parfois polémique — Laclos, comme Racine, fut, dans les années 1960 à 1970, un champ de bataille entre les « formalistes », tel Todorov, et les autres —, sans que pour autant les contributions plus anciennes se soient trouvées toutes dépassées. Malgré l'obstacle de la forme épistolaire, le roman de Laclos, pour son aura de scandale, a été fréquemment et médiocrement adapté pour la scène, notamment par Paul Achard. Le cinéma a emboîté le pas, avec une adaptation « moderne » de Roger Vadim (1959), sur un scénario coécrit avec Vailland, réunissant Gérard Philipe et Jeanne Moreau, puis, quelque trente ans plus tard, une réalisation du cinéaste britannique Stephen Frears (1988), opposant John Malkovich et Glenn Close, et le film *Valmont* (1989) du réalisateur tchèque Miloš Forman, avec Colin Firth et Annette Bening : ces deux dernières réalisations, dans leurs différences mêmes, comme, par exemple, la « suite » écrite par Christiane Baroche, *L'Hiver de beauté* (1987), montrent combien ce roman reste stimulant pour les créateurs. Plus récemment, le réalisateur américain Roger Kumble en a proposé, sous le titre *Sex Intentions* (1999), une adaptation radicalement infidèle — les protagonistes ont tous 20 ans et s'affrontent, de nos jours, sur un campus universitaire aux États-Unis — qui ne fait nullement honneur à Laclos.

ŒUVRE

*Les **Liaisons dangereuses,** ou Lettres recueillies dans une société, et publiées pour l'instruction de quelques autres*

Roman épistolaire de 175 lettres — titrées et numérotées continûment de I à CLXXV —, rassemblées en 4 parties — comprenant respectivement 50, 37, 37 et 51 lettres —, paru chez Durand, en avril 1782. Les 175 lettres, datées du 3 août 17** au 14 janvier 17**, sont précédées d'un ***Avertissement de l'Éditeur*** au *« Public »*, qui livre ironiquement *« les fortes raisons de penser que ce n'est qu'un roman »*, avertissement suivi d'une ***Préface du Rédacteur***, dont des *« notes »* ponctuent certaines lettres, présentant au contraire l'ouvrage comme un recueil de letttres *« extrait »* d'une correspondance.

La marquise de Merteuil, libertine masquée en veuve respectable, demande à son ancien amant le vicomte de Valmont de séduire la jeune Cécile de Volanges avant son mariage avec M. de Gercourt, dont elle veut se venger. Mais Valmont est retenu à la campagne, chez sa tante Mme de Rosemonde, par un *« grand projet »* : *« avoir »* la belle et vertueuse Présidente Tourvel. Inquiète de la passion que Valmont met dans son entreprise, Mme de Merteuil lui promet que son succès avéré scellera entre eux un *« renouvellement de bail »*. Malgré les sages avis de Mme de Volanges, qui connaît le libertinage de Valmont et méconnaît celui de son amie Mme de Merteuil, Mme de Tourvel, après trois mois de résistance, finit par céder (CXXV). Chemin faisant, tout en favorisant ses amours avec le jeune Danceny, Valmont a forcé Cécile et lui a *« tout appris »* ; enceinte, elle fait une fausse-couche (CXL). Mme de Merteuil, dont Cécile est devenue la *« pupille »*, voyant Valmont passionnément amoureux de Mme de Tourvel (CXXXIV), lui impose une cruelle rupture (CXLI). Lorsqu'il lui rappelle leur *« traité »*, elle semble pourtant lui préférer Danceny, dont elle a fait son amant (CXLVI). Entre eux, désormais, c'est *« la guerre »* (CLIII). Pour se venger, Valmont ramène Danceny, dont il est le mentor, dans le lit de Cécile. Mme de Merteuil dit alors la vérité à Danceny, qui tue Valmont en duel. Mme de Tourvel en meurt dans un délire de passion et de culpabilité (CLXI). Mme de Merteuil, dévoilée par la divulgation de ses lettres, défigurée par la petite vérole, est bannie du *« monde »* et s'exile. Les jeunes se cloîtrent : Danceny à Malte, Cécile au couvent.

Même inspirée par certaines rencontres — plusieurs *« clés »* ont été proposées —, l'écriture du roman repose sur l'utilisation et le détournement de plusieurs « modèles » romanesques, notamment Dorat, Racine, Mme de Lafayette, Crébillon fils, Richardson, Rousseau — sous l'autorité duquel le roman est placé : l'épigraphe des ***Liaisons*** est une citation de la *Préface* de *La Nouvelle Héloïse*. Laclos exploite en virtuose les possibilités du roman épistolaire avec une ironie retorse qui en déplace considérablement les effets et le sens. Comme accès à une intimité interdite — féminine en particulier — faisant du lecteur un voyeur, comme preuve *(« on ne reçoit de preuves que par écrit »)* et même trace compromettante, la lettre est marquée par l'authenticité. Or, à l'évidence ici, la sincérité peut être jouée, et la lettre, même lorsqu'elle est narration (LXXXI, LXXXV), est aussi action sur autrui, manipulation parfois complexe, surtout lorsqu'elle est placée sur une trajectoire qui touche plusieurs lecteurs. L'ordre savant dans lequel les lettres sont données permet de jouer sur les échos — le *« danger des liaisons »* (XXII, XXXII, LXIII) —, les ruptures de ton (LXXX, LXXXI, LXXXII), les décalages (CXXVI). Il met en évidence, avec la multiplicité des points de vue (XXI et XXII), la duplicité et le calcul. La discontinuité de la *« variété des styles »*, annoncée dans la ***Préface***, va parfois jusqu'au pastiche pour caractériser les personnages secondaires (Cécile, Danceny, Azolan). Cependant, c'est dans les lettres du trio des protagonistes qu'on est tenté de rechercher le « style de Laclos », allant de l'ironie au lyrisme avec un goût marqué pour la concision et les antithèses.

Le roman eut un succès foudroyant, dont témoignent les éditions successives — les 2 000 exemplaires de la 1re édition furent si vite vendus qu'un nouveau contrat, pour une 2e édition de 2 000 exemplaires, fut signé dès le 21 avril 1782 — et les nombreuses imitations. Le XIXe siècle condamna le livre pour *« outrage aux bonnes mœurs »* ou en fit un roman pour *happy few* : Stendhal, et plus tard Baudelaire. Le XXe siècle redécouvrit l'art de Laclos, et, depuis Bourget et Léon Blum (1908), nombreux sont les écrivains qui ont été fascinés par le roman : Gide, Giraudoux, Malraux, Vailland, Butor. Il a été l'objet de nombreuses adaptations pour le théâtre — l'une des plus récentes étant *Quartet* de Heiner Müller (1985) —, pour l'opéra par Claude Prey (1974), pour la télévision par Charles Brabant (1979), pour le cinéma par Roger Vadim (1960), Stephen Frears (1988) et Miloš Forman (1989). Après l'avoir longtemps exclu, la recherche universitaire, depuis les années 1950, l'a analysé dans une grande diversité d'approches.

CITATIONS

Il me semble au moins que c'est rendre un service aux mœurs, que de dévoiler les moyens qu'emploient ceux qui en ont de mauvaises pour corrompre ceux qui en ont de bonnes, et je crois que ces lettres pourront concourir efficacement à ce but.

Préface aux *Liaisons dangereuses.*

Réservées au sein même du plaisir, [les prudes] ne vous offrent que des demi-jouissances. Cet entier abandon de soi-même, ce délire de la volupté où le plaisir s'épure par son excès, ces biens de l'amour, ne sont pas connus d'elles.

Les Liaisons dangereuses, I, V.

J'ai été étonné du plaisir qu'on éprouve en faisant le bien ; et je serais tenté de croire que ce que nous appelons les gens vertueux, n'ont pas tant de mérite qu'on se plaît à nous le dire.

Les Liaisons dangereuses, I, XXI.

L'humanité n'est parfaite dans aucun genre, pas plus dans le mal que dans le bien. Le scélérat a ses vertus, comme l'honnête homme a ses faiblesses.

Les Liaisons dangereuses, I, XXXII.

[...] il ne faut pas fâcher les vieilles femmes ; ce sont elles qui font la réputation des jeunes.

Les Liaisons dangereuses, II, LI.

[...] on a toujours assez vécu, quand on a eu le temps d'acquérir l'amour des femmes et l'estime des hommes.

Les Liaisons dangereuses, II, LXXIX.

Ah ! gardez vos conseils et vos craintes pour ces femmes à délire, et qui se disent *à sentiment* ; dont l'imagination exaltée ferait croire que la nature a placé leurs sens dans leur tête ; qui, n'ayant jamais réfléchi, confondent sans cesse l'amour et l'amant ; qui, dans leur folle illusion, croient que celui-là seul avec qui elles ont cherché le plaisir, en est l'unique dépositaire ; et vraies superstitieuses, ont pour le prêtre, le respect et la foi qui n'est dû qu'à la divinité.

Les Liaisons dangereuses, II, LXXXI.

Ce sont ces petits détails qui donnent la vraisemblance, et la vraisemblance rend les mensonges sans conséquence, en ôtant le désir de les vérifier.

Les Liaisons dangereuses, II, LXXXIV.

[...] ne craignez pas de lui faire quelques avances ; aussi bien apprendrez-vous bientôt, que si les hommes nous font les premières, nous sommes presque toujours obligées de faire les secondes.

Les Liaisons dangereuses, III, CV.

La haine est toujours plus clairvoyante et plus ingénieuse que l'amitié.

Les Liaisons dangereuses, III, CXIII.

Nous voilà donc à la campagne, ennuyeuse comme le sentiment, et triste comme la fidélité !

Les Liaisons dangereuses, III, CXV.

[...] en amour rien ne se finit que de très près.

Les Liaisons dangereuses, III, CXXV.

L'homme jouit du bonheur qu'il ressent, et la femme de celui qu'elle procure.

Les Liaisons dangereuses, III, CXXX.

Le plaisir de l'un est de satisfaire des désirs, celui de l'autre est surtout de les faire naître. Plaire n'est pour lui qu'un moyen de succès ; tandis que pour elle, c'est le succès lui-même.

Les Liaisons dangereuses, III, CXXX.

N'avez-vous pas encore remarqué que le plaisir, qui est bien en effet l'unique mobile de la réunion des deux sexes, ne suffit pourtant pas pour former une liaison entre eux ? et que, s'il est précédé du désir qui rapproche, il n'est pas moins suivi du dégoût qui repousse ? C'est une loi de la nature, que l'amour seul peut changer ; et de l'amour, en a-t-on quand on veut ? Il en faut pourtant toujours : et cela serait vraiment fort embarrassant, si on ne s'était pas aperçu qu'heureusement il suffisait qu'il en existât d'un côté. La difficulté est devenue par là de moitié moindre, et même sans qu'il y ait eu beaucoup à perdre ; en effet, l'un jouit du bonheur d'aimer, l'autre de celui de plaire, un peu moins vif à la vérité, mais auquel je joins le plaisir de tromper, ce qui fait équilibre ; et tout s'arrange.

Les Liaisons dangereuses, III, CXXXI.

[...] qu'on dise que l'amour rend ingénieux ! il abrutit au contraire ceux qu'il domine.

Les Liaisons dangereuses, III, CXXXIII.

Pour les hommes, l'infidélité n'est pas l'inconstance.

Les Liaisons dangereuses, III, CXXXIX.

JUGEMENTS

« *Ici, comme dans la vie, la palme de la perversité reste à la femme.* [...] *Beaucoup de sensualité. Très peu d'amour, excepté chez Mme de Tourvel.* [...]

[Merteuil, c'est] fœmina simplex *dans sa petite maison. La Merteuil, tartuffe femelle, tartuffe de mœurs, tartuffe du* XVIIIe *siècle.*

[Cécile, Belleroche ne sont que des] *manœuvres de l'Amour,* [des] *machines à plaisir.* [...] *Cécile, type parfait de la détestable jeune fille, niaise et sensuelle* [...] *tout près de l'ordure originelle. La Présidente.* [...] *Type simple, grandiose, attendrissant. Admirable création. Une femme naturelle. Une Ève touchante. — La Merteuil, une Ève satanique.*

Valmont est surtout un vaniteux. Il est d'ailleurs généreux, toutes les fois qu'il ne s'agit pas des femmes et de sa gloire. [...] *Valmont, ou la recherche du pouvoir par le Dandysme et la feinte de la dévotion. Don Juan* [...] *Don Juan devenant tartuffe et charitable par intérêt. Cet aveu prouve à la fois l'hypocrisie de Valmont, sa haine de la vertu, et, en même temps, un reste de sensibilité par quoi il est inférieur à la Merteuil, chez qui tout ce qui est humain est calciné.*

Le dénouement. La petite vérole (grand châtiment). La Ruine. Caractère général sinistre. La détestable humanité se fait un enfer préparatoire. [...] *La Merteuil a tué la Tourvel. Elle n'a plus rien à vouloir de Valmont. Valmont est dupe. Il dit à sa mort qu'il regrette la Tourvel, et de l'avoir sacrifiée. Il ne l'a sacrifiée qu'à son Dieu, à sa vanité, à sa gloire, et la Merteuil le lui dit même crûment, après avoir obtenu ce sacrifice. C'est la brouille de ces deux scélérats qui amène les dénouements.*

L'amour de la guerre et la guerre de l'amour. [...] *L'amour du combat. La tactique, les règles, les méthodes.* [...]

Puissance de l'analyse racinienne. Gradation. Transition. Progression. Talent rare aujourd'hui, excepté chez Stendhal, Sainte-Beuve et Balzac. Livre essentiellement français. [...] »

Charles BAUDELAIRE, *Notes sur « Les Liaisons dangereuses »*, 1866.

« [...] *Laclos a sur ses devanciers l'avantage d'un vocabulaire qui ne doit rien à l'indignation ou à la digestion, et* [...] *qui est aussi délimité et aussi originellement pur que celui de Racine.* [...] *La science de leur père artilleur a donné à la stratégie* [des personnages de Laclos] *un côté un peu pédant, mais invincible. C'est Racine aidé par Vauban.* [...] *L'originalité et le tragique de l'intrigue ne résident pas seulement dans le concours que se livrent Mme de Merteuil et Valmont, et dans la colère qu'éprouve la jeune veuve de voir que l'homme, malgré tous ses efforts, ne peut être aussi facile que la femme. Ils résident bien plutôt dans leur connivence. La beauté, le sujet et le scandale du livre, c'est le couple, le mariage du mal. Le libertinage n'est plus une occupation d'égoïste ou de solitaire, le mal n'est pas un Don Juan soutenu par un comparse ridicule et tremblant ; il est le couple parfait, celui que forment l'homme le plus beau et la femme la plus charmante et la plus fine. Couple qu'a scellé sur une ottomane, suivant les paroles de l'auteur, non l'amour mais l'accouplement. Couple qui a même échangé ses attributs, la femme se donnant aussitôt, au premier désir et à la première invite, l'homme se complaisant dans la résistance. C'est le spectacle de ce superbe assemblage lâché à la chasse au plaisir qui est nouveau, de l'égalité de la femme et de l'homme dans l'exercice de leurs passions. »*

Jean GIRAUDOUX, « Choderlos de Laclos », 1932, in *Littérature*, Grasset, 1941.

« LES LIAISONS [Les Liaisons dangereuses] *sont le récit d'une* intrigue.
(Comme par hasard, ce mot désigne à la fois l'organisation des faits dans un ouvrage de fiction, et un ensemble efficace et orienté de tromperies.)
Intriguer tend toujours à "faire croire" quelque chose à quelqu'un : toute intrigue est une architecture de mensonges ; croire à l'intrigue, c'est croire d'abord qu'on peut agir sur les hommes, — par leurs passions, qui sont leurs faiblesses.
[...] *chaque personnage de Laclos ne vit que par son ton, n'est que ton. Cela ne tient pas seulement à la forme du roman par lettres : car l'auteur, fier d'avoir "varié les voix de ses personnages", voyait dans ces voix écrites le grand moyen d'expression du romancier. Il joue sa partie sur elle : ses personnages existent à peine physiquement, et n'ont pas de biographie.*
[...]
Pour leurs deux personnages significatifs, LES LIAISONS sont une mythologie de la volonté ; et leur mélange permanent de volonté et de sexualité est leur plus puissant moyen d'action. [...]
LES LIAISONS sont une rêverie de jeune fille quittée, racontée par un homme intelligent qui voudrait faire croire que c'est arrivé. Dans la mesure où ces rêveries retrouvent, en chacun de nous, la rêverie plus profonde du mythe, combien des plus grands romans ne sont pas autre chose ! Presque toutes les fictions ne consistent qu'à faire croire d'une vieille rêverie qu'elle est ressuscitée ; mais nul, avant Laclos, n'avait tenté de le faire croire en mettant une psychologie au service d'une mythologie. »

André MALRAUX, « Laclos », 1939, in *Le Triangle noir. Laclos, Goya, Saint-Just*, Gallimard, 1970.

« [...] *on voit assez que Laclos est nourri d'une littérature — dont il tire le parti le plus malin : le plus intelligent.* Les Liaisons dangereuses, *c'est la joute de l'amour courtois (car tout le problème est de savoir si Valmont saura mériter Mme de Merteuil), menée par des héroïnes raciniennes (il n'y manque ni Phèdre ni Andromaque) dans la société facile des Crébillon, des Nerciat et des Vivant Denon (car enfin tout finit assez vite par des coucheries — tout est envisagé du moins du point de vue de la coucherie). Telle est la clef de leur mystère :* les Liaisons *enferment, discrètement, un petit cours d'histoire de la littérature à l'usage des grandes personnes. Car les auteurs les plus mystérieux sont en général les plus littéraires, dont l'étrangeté tient précisément à leur disparate : à cette rencontre de personnages, venus des milieux — des œuvres — les plus éloignés, et tout surpris de se rencontrer. Laclos n'a jamais pu recommencer cet effort surhumain. »*

Jean PAULHAN, *Les Primitifs et les Maîtres*, 1945, in *Œuvres complètes*, t. IV, Cercle du livre précieux, posthume, 1969.

« Ainsi s'introduit subrepticement, dans un roman qui est celui de la conquête préméditée d'une victime par un séducteur, un autre roman, inattendu, imprévisible, qui est celui de la conquête non préméditée du séducteur par la victime. Et pendant tout le cours des Liaisons dangereuses, *ces deux romans hostiles ne cesseront de s'entrepénétrer et de se combattre. Duel subtil, qui n'est pas seulement celui de deux personnes, mais de deux espèces différentes de destins. Car, à mesure que le séducteur approche de son triomphe, il approche aussi de sa défaite. Et si son triomphe était prédéterminé, sa défaite au contraire est tout accidentelle. »*

Georges POULET, *La Distance intérieure*, Plon, 1952.

« Oui sans doute, Monsieur, on a montré avant vous des monstres détestables, mais leur vice est puni par les lois. Tartuffe, que vous chargez à tort d'un désir incestueux, est un voleur adroit mis à la fin de la pièce entre les mains de la justice. [...] *Votre second exemple, Lovelace, est un être de raison.* [...] *Malgré* [...] *toute votre adresse à justifier vos intentions, on vous reprochera toujours, Monsieur, de présenter à vos lecteurs une vile créature, appliquée dès sa première jeunesse à se former au vice, à se faire des principes de noirceur, à se composer un masque pour cacher à tous les regards le dessein d'adopter les mœurs d'une de ces malheureuses que la misère réduit à vivre de leur infamie. Tant de dépravation n'instruit pas. On s'écrie à chaque page : cela n'est point, cela ne saurait être ! »*

Mme RICCOBONI, *Lettre à M. de Laclos*, avril 1782.

« Il faut tenir compte, pour interpréter correctement Les Liaisons, *de leur lien de filiation avec l'œuvre de Rousseau. Ce lien est indéniable pour quiconque a lu et pris au sérieux le traité de* L'Éducation des femmes, *qui s'inscrit en marge de Julie et du livre V de l'Émile, dans le prolongement des réflexions de Rousseau sur la femme naturelle et sa perversion dans la civilisation parisienne de son temps.* Les Liaisons *apparaissent alors comme une* Héloïse *renversée ; le mouvement ascendant vers l'ordre et l'harmonie autour de Julie s'inverse en un mouvement descendant vers le désordre et la discordance autour d'une figure féminine également dominatrice, la marquise de Merteuil, image négative et de Julie et de Mme de Tourvel, cette victime de l'homme qui est l'exact contre-pied de Saint-Preux : Valmont.* [...] *Puisque le style de la lettre est un élément du portrait d'un personnage, il y aura, en principe, autant de styles que de personnages.* [...] *C'est une ressource que Laclos, en particulier, utilisera avec un art consommé ; qu'on regarde, c'est un exemple entre cent, dans les premières lettres du recueil, deux lettres féminines : d'abord une lettre puérile et naïve de Cécile à son amie de pension, ensuite, sans transition, la première de Mme de Merteuil à Valmont. Après l'ingénuité, la rouerie ; l'opposition est brutale, et éloquente en elle-même ; la simple juxtaposition de deux tons aussi différents devient un moyen d'expression, une manière de dire sans qu'on ait besoin de rien formuler ; un blanc prend une signification ; les parties muettes entrent, elles aussi, dans la structure du livre. Et l'un des thèmes du roman est ainsi suggéré dès l'ouverture : la rencontre de*

l'innocence et de la cérébralité, la confrontation de la victime et du fauve. »

Jean ROUSSET, *Forme et Signification*, Corti, 1962.

« L'originalité de Laclos ne réside pas plus dans la forme que dans le titre de son roman, préparé par toute la réflexion d'un siècle sur le danger des liaisons, auquel expose la sociabilité ; devant l'une et l'autre à une tradition, l'alchimie de l'artiste confère à des habitudes, à des modes ou à des lieux communs une nécessité interne et des justifications esthétiques aussi fortes que l'art de Racine à la forme familière et codifiée de la tragédie. »

Laurent VERSINI, *Le Roman épistolaire*, PUF, 1979.

BIBLIOGRAPHIE

Éditions

Œuvres complètes, éd. L. VERSINI, « Pléiade », Gallimard, 1979.

Les Liaisons dangereuses, éd. R. POMEAU, « Lettres françaises », Imprimerie nationale, 1981, 2 vol. ; éd. Y. LE HIR, mise à jour par Y. STALLONI, « Classiques Garnier », Garnier, 1995 ; éd. B. COMBEAUD, « Classiques Hachette », Hachette, 1995 [extraits suivis] ; rééd. R. POMEAU, « GF », Flammarion, 1996.

Études

Ch. BAUDELAIRE, *Notes sur « Les Liaisons dangereuses »*, 1866, reprises in *Œuvres complètes*, t. II, éd. Cl. PICHOIS, « Pléiade », Gallimard, 1976, pp. 66 à 75.

P. BAYARD, *Le Paradoxe du menteur. Sur Laclos*, Minuit, 1993.

Y. BÉLAVAL, *Choderlos de Laclos*, Seghers, 1972.

É. BORDAS, « Les Dangereuses Liaisons parataxiques du libertinage », in *Faits de langue et sens des textes*, SEDES, 1998.

J. DAGEN, « D'une logique de l'écriture », in *Littératures*, n° 4, 1981.

M. DELON, *Laclos, « Les Liaisons Dangereuses »*, « Études littéraires », PUF, 1986.

H. DURANTON, « *Les Liaisons dangereuses* ou le Miroir ennemi », in *RSH*, n° 153, 1974.

J. FABRE, « *Les Liaisons Dangereuses*, roman de l'ironie », in *Missions et Démarches de la critique (Mélanges Vier)*, Klincksieck, 1973.

A. GIDE, « Les Dix Romans que je préfère », in *Incidences*, Gallimard, 1924.

J. GIRAUDOUX, « Choderlos de Laclos », in *NRF*, 1er déc. 1932, repris in *Littérature*, Grasset, 1941.

C. JACOT-GRAPPA, *Caroline Jacot-Grappa présente « Les Liaisons Dangereuses » de Choderlos de Laclos*, « Foliothèque », Gallimard, 1997.

R. LEFERE, « *Les Liaisons dangereuses* cinématographiées : modalités d'un retour au passé », in *Études sur le XVIIIe siècle*, XXII, Université de Bruxelles (BE), 1994.

P.-É. LEVAYER, « Les Écrits politiques de Laclos », in *RHLF*, janv.-févr. 1969, pp. 51 à 60.

A. MALRAUX, « Laclos », in *Tableau de la littérature française*, II, Gallimard, 1939, pp. 415 à 428, repris in *Le Triangle noir (Laclos, Goya, Saint-Just)*, Gallimard, 1970.

G. MOLINIÉ, « Comment analyser le style des *Liaisons dangereuses* ? », in *L'Information grammaticale*, n° 12, 1982.

G. POISSON, *Choderlos de Laclos ou l'Obstination*, Grasset, 1985.

R. POMEAU, « Le Mariage de Laclos », in *RHLF*, janv.-mars 1964, pp. 60 à 72 ; « D'*Ernestine* aux *Liaisons dangereuses* : le dessein de Laclos », in *RHLF*, mai-août 1968, pp. 618 à 632 ; *Laclos*, « Connaissance des Lettres », Hatier, 1975 ; *Laclos ou le Paradoxe*, Hachette, 1993.

M. ROELENS, « Le Texte et ses conditions d'existence : l'ensemble des *Liaisons dangereuses* », in *Littérature*, 1, 1971.

J.-L. SEYLAZ, *« Les Liaisons dangereuses » ou la Création romanesque chez Laclos*, Droz/Minard, Genève (CH)/ Paris, 1958.

T. TODOROV, *Littérature et Signification*, Larousse, 1967.

R. VAILLAND, *Laclos par lui-même*, « Écrivains de toujours », Seuil, 1953.

L. VERSINI, *Laclos et la Tradition. Essai sur les sources et la technique des « Liaisons dangereuses »*, Klincksieck, 1968 ; *Le Roman épistolaire*, PUF, 1979.

Laclos et le Libertinage. 1782-1982, actes du colloque du bicentenaire, Univ. de Picardie, PUF, 1983.

RHLF, n° spécial *Laclos*, juil.-août 1982.

AUDIO & VIDÉO

Vidéo

M. FORMAN, *Valmont*, 1989, Orion, 1990.

St. FREARS, *Les Liaisons dangereuses*, Warner, 1988.

CD-ROM

Encyclopédie de la littérature française, Bibliopolis, 1998.

LAFAYETTE

Madame de LAFAYETTE

Née Marie-Madeleine PIOCHE de LA VERGNE, devenue comtesse de LAFAYETTE

Le nom de Mme de LAFAYETTE est couramment écrit LA FAYETTE, alors que les signatures autographes indiquent le plus souvent LAFAYETTE.

Paris 1634 – *ibid.* 1693

> « [Mme de Lafayette] *a eu raison pendant sa vie, elle a eu raison après sa mort, et jamais elle n'a été sans cette divine raison, qui était sa qualité principale.* »
> Mme de SÉVIGNÉ, *Correspondance*, 3 juin 1693.

> « *Il y a plus de manières qu'on ne croit chez ces simples* [Mmes de Sévigné et de Lafayette] *et c'est peut-être à quoi elles tiennent le plus. Elles s'écoutent parler. Pas précieuses, je le veux bien, mais piquées par la mouche de la littérature, elles ne peuvent rien écrire que trop bien.* »
> Marcel JOUHANDEAU, *Carnets de l'écrivain*, Gallimard, 1957.

Une femme de Cour et de « *Brouillard* »

La formation d'une femme de lettres

On ne connaît guère les détails biographiques de celle qui fut surnommée « *le Brouillard* », mais ce seul surnom désigne parfaitement les paradoxes d'une femme de Cour et d'intrigues vantant repos et solitude, et d'un écrivain de la passion n'ayant guère connu l'amour et ne s'étant jamais dévoilée comme auteur. La naissance de la future romancière semblait, en effet, la destiner à entrer sur la scène de la Cour où elle fit évoluer ses héroïnes : son père, Marc Pioche de La Vergne, « écuyer » et ingénieur, appartenait à l'entourage de Richelieu ; sa mère, fille d'un médecin du roi, était au service de Mme de Combalet, nièce du cardinal. La famille vivait dans le quartier neuf proche du Luxembourg, un lieu dont Mme de Lafayette ne devait guère s'écarter. Après quelques années au Havre, la jeune Marie-Madeleine, revenue à Paris en 1640, fut introduite dans une société où elle rencontra les mathématiciens Jacques Le Pailleur et Étienne Pascal (le père de Blaise), et des doctes comme l'abbé d'Aubignac. Orpheline de père à l'âge de 15 ans et demi, elle vit sa mère se remarier, en 1650, avec René-Renaud de Sévigné, oncle par alliance de la marquise — qui devint rapidement son amie et lui manifesta sa fidélité jusqu'à sa mort. Nommée demoiselle d'honneur de la reine en 1650, la jeune fille fit alors la connaissance de Ménage, qui lui apprit latin, espagnol et italien, et avec qui elle eut des relations de tendre amitié pendant quatorze ans. Avec l'étude de l'italien et de l'Histoire, la lecture des romans de Mlle de Scudéry lui donna une culture moderne qui lui permit de faire le bel esprit dans la correspondance qu'elle échangea avec le poète lorsqu'elle dut suivre sa famille exilée en Anjou pendant la Fronde. Sans doute était-elle moins belle que Ménage l'écrit dans *Le Jardinier*, une idylle qu'il lui dédia. Sa santé fragile la contraignait à soigner des migraines par des cures thermales et des bouillons de vipère ; elle paraissait d'humeur mélancolique, tout en se montrant active et fidèle : « *Je suis ferme dans mes amitiés, les personnes d'esprit sont en estime auprès de moi ; j'en fais cas, encore que je ne le témoigne pas par de grandes caresses.* »

En 1655, la jeune femme fit un mariage d'intérêt avec le comte François de Lafayette, officier en retraite — il avait été maréchal — et veuf, de dix-sept ans son aîné. L'année suivante, Mme de Lafayette perdit sa mère. Elle séjourna d'abord en Auvergne, où naquit l'un de ses 2 fils, mais elle revint s'installer à Paris en 1659 pour suivre les affaires de la famille de son mari, fortement endetté, qui, lui, demeura sur ses terres. Mme de Lafayette sacrifia à la mode des portraits littéraires, fort prisés dans l'entourage de Mlle de Montpensier, en donnant, avec le sien, le ***Portrait de Mme la Marquise de Sévigné, par un inconnu***, qui parut à la fois dans les *Divers portraits* et dans le *Recueil des portraits et éloges en vers et en prose* réunis par Segrais en 1659 : « *Votre âme est grande, noble, propre à dispenser des trésors, et incapable de s'abaisser au soin d'en amasser* [...]. *Vous êtes naturellement tendre et passionnée ; mais, à la honte de notre sexe, cette tendresse nous a été inutile.* » En même temps que de Segrais, elle fit la connaissance de Pierre-Daniel Huet. Déjà remarquée par Scarron dans les salons où elle passait pour une précieuse, Mme de Lafayette figure, sous le nom de Féliciane, dans le *Grand Dictionnaire des prétieuses* de Somaize (1660) qui la décrit comme une femme « *aimable, jeune, spirituelle, d'un esprit enjoué, d'un abord agréable ; elle est civile, obligeante et un peu railleuse.* [...] *Elle écrit bien en prose, comme il est aisé de voir par le portrait qu'elle a fait de Sophronie* [Mme de Sévigné], *dont elle est intime amie.* »

De *La Princesse de Montpensier* à *Zayde*

Dès 1660, Mme de Lafayette avait pénétré le milieu des « augustiniens » : par l'intermédiaire de Mme de Sablé, elle rencontra le Grand Arnauld et La Rochefoucauld, et elle avait ses entrées à l'Hôtel de Nevers, dans le cercle de Mme du Plessis-Guénégaud (femme d'un secrétaire d'État), foyer d'opposition janséniste. En 1661, le mariage d'Henriette d'Angleterre, dont elle était l'amie, avec Philippe d'Orléans (Monsieur, frère du roi) lui permit d'observer les galanteries de la Cour, qu'elle transposa dans ses fictions. En août 1662 parut ***La Princesse de Montpensier*** : dans une lettre adressée à Ménage, la comtesse manifeste son désir de voir « *ses œuvres sortant de la presse* », et d'en faire un envoi à Mlle de Scudéry ; elle réclame des exemplaires reliés en maroquin et se plaint d'une faute « *épouvantable* ». Mais, à l'époque, les personnes de qualité ne signaient pas les romans, et ce jeune auteur ne voulait en aucun cas passer pour un « écrivain » auprès des amis de Huet. L'écriture collective de romans était un jeu de société sur lequel nous renseignent *La Maison des jeux* de Sorel (1642) ou *Les Nouvelles françoises* de Segrais (1657), et il est vraisemblable que Ménage et Segrais avaient collaboré à l'œuvre de leur amie, tant pour la documentation historique que pour le style.

Mme de Lafayette resta plusieurs années sans écrire, et noua, vers 1667, une relation d'amitié avec La Rochefoucauld ; encouragée par le succès de ***La Princesse de Montpensier***, toutefois, elle entreprit la composition de ***Zayde, histoire espagnole***, avec la collaboration de La Rochefoucauld, de Segrais et de Huet : c'est Segrais qui apparaît comme l'auteur sur la page de titre de la première édition (1669 et 1671), et l'ouvrage parut avec le *Traité de l'origine des romans* dû à Huet. Si l'on en croit une lettre dans laquelle Mme de Lafayette, lui faisant parvenir 2 cahiers, écrit « *Vous y trouverez bien à mordre, mais ne vous amusez guère aux expressions et prenez seulement garde aux choses* », l'évêque d'Avranches aurait, plus que le style *(élocution)*, revu l'*invention* et la *disposition* du roman. De fait, ***Zayde*** semble bien illustrer les thèses du *Traité* : modèle épique, prédominance du thème amoureux, « *fictions de choses qui ont pu être et qui n'ont point été* », style moins élevé et moins figuré que dans le roman héroïque. La structure d'ensemble rappelle en effet celle de l'épopée : le récit-cadre raconte l'histoire de Consalve et de Zayde ; leur amour naît à la suite d'un naufrage et sera récompensé par un mariage au dénouement. Mais, en contrepoint, on découvre les malheurs d'Alphonse qui est jaloux de Bélasire, ceux de Dom Garcie ou ceux de Félime et d'Alamir, prince de Tharse. Ainsi se multiplient points de vue et voix. Les personnages se considèrent comme d'« *illustres malheureux* » persécutés par la fortune. Le lecteur est transporté dans l'Espagne et l'Orient de la fin du Moyen Âge, inspirés de l'*Histoire des guerres civiles de Grenade* de Perez de Hita et de l'*Histoire générale d'Espagne* de Mariana, et dans lesquels est transposée l'atmosphère de la Fronde. La mer, théâtre de l'inconstance, reste toujours à l'horizon ; Consalve se conduit comme un autre Rodrigue : il assiège des villes, il se bat contre les Maures et contre des rivaux. Les aventures font intervenir les procédés de la pastorale : aveu surpris, lettre substituée, enlèvement, jeux sur l'identité. Les plaintes de Félime et les adieux de Bélasire se disent en des pages lyriques. Mais Mme de Lafayette cherche déjà à se distinguer de la tradition qu'elle imite : les longues conversations s'effacent devant des analyses souvent brèves et parfois énoncées en maximes ; la jalousie d'Alamir est peinte « *avec toutes les horreurs dont on la représente* », comme un « *dérèglement* » et un « *labyrinthe* » où s'égare la raison. Persuadée qu'« *on ne peut être heureux en aimant quelqu'un* », Bélasire préfère quitter son amant et prendre le voile plutôt que de souffrir sa jalousie : la formule qu'elle emploie lorsqu'elle se retire (une décision que j'ai retardée « *plus pour l'amour de moi que pour l'amour de vous* ») annonce le refus de Mme de Clèves. Nugna Bella oublie Consalve sans en éprouver de la culpabilité : « *Avons-nous pouvoir sur le commencement ni sur la fin de nos passions ?* » On ne peut se fier ni au langage ni aux promesses. Les analyses de ***Zayde*** préparent celles du chef-d'œuvre de Mme de Lafayette ; le roman se termine par les mots « *toute la galanterie des Maures et toute la politesse d'Espagne* » que semblent reprendre « *La magnificence et la galanterie n'ont jamais paru en France...* » par lesquels débute ***La Princesse de Clèves***.

Les années du chef-d'œuvre

Madame (Henriette d'Angleterre) mourut à Saint-Cloud le 29 juin 1670 : c'est à la demande de cette princesse, depuis longtemps son amie et sa protectrice, que Mme de Lafayette avait entrepris, dès 1665, d'écrire l'***Histoire de Madame Henriette d'Angleterre [...]*** (publiée en 1720). Cette biographie d'abord contée à haute voix, à laquelle la princesse avait collaboré, contribua au mythe qui s'est constitué autour de sa vie et de sa mort (son oraison funèbre est la plus célèbre de celles de Bossuet : « *Madame se meurt ! Madame est morte !* »). Si Mme de Lafayette est consciente des faiblesses de son héroïne, elle justifie son amie avec délicatesse : « *C'était un ouvrage assez difficile que de tourner la vérité, en de certains endroits, d'une manière qui la fît connaître, et qui ne fût pas néanmoins offensante ni désagréable à la princesse.* » Dans les bals, les médianoches et les déguisements, Madame s'abandonne à ses inclinations ; elle oublie Guiche au profit de Vardes, mais « *il est difficile de maltraiter un confident aimable, quand l'amant est absent* ». La narratrice ne retient plus que le « *charme* » et la « *douceur* » répandus sur la personne de Madame à l'approche de sa mort. Elle se montre sans complaisance pour Mlle de La Vallière, pour Monsieur ou pour les amants de Madame : on la sent prête à se détacher du monde de la Cour avec plus de sérénité au moment où la mort de la duchesse d'Orléans lui ôte tout espoir de s'y avancer.

C'est en 1671 que fut pris un privilège pour un roman intitulé ***Le Prince de Clèves*** ; la gestation de l'œuvre dura plusieurs années et, en 1677, un second privilège atteste d'un changement de perspective : ***La Princesse de Clèves*** (1678) eut pour héroïne un personnage qui prolonge celui de la princesse de Montpensier. L'ouvrage fut un succès de librairie et, dans le *Mercure galant*, Donneau de Visé lança une enquête à propos de l'« aveu » : « *La princesse de Clèves eut-elle raison ou tort de confesser à son mari sa passion pour le duc de Nemours ?* » Dans l'ensemble, on s'accorda à trouver la scène invraisemblable, d'où une polémique illustrée par les *Lettres à Mme la marquise de *** sur le sujet de « La Princesse de Clèves »* de Valincour (parues anonymement en 1678) et une réponse sans doute inspirée par les auteurs, les *Conversations sur la critique de « La Princesse de Clèves »* de l'abbé de Charnes (1679). Au milieu de tout cela, Mme de Lafayette ne déclara jamais formellement être l'auteur du roman. Au chevalier de Lescheraine, secrétaire des commandements de Madame Royale, elle écrivit, en avril 1678 : « *Pour moi, je suis flattée que l'on me soupçonne et je crois que j'avouerais le livre, si j'étais assurée que l'auteur ne vînt jamais me le redemander. Je le trouve très agréable, bien écrit sans être extrêmement châtié, plein de choses d'une délicatesse admirable et qu'il faut même relire plus d'une fois.* » En 1691, elle laissa encore Ménage dans un doute relatif lorsqu'elle n'accordait à Segrais et à La Rochefoucauld « *qu'un peu de correction* ». Tout porte cependant à croire qu'elle est bien l'auteur d'un livre qu'elle a pu soumettre à la lecture de ses amis. Les contemporains perçurent immédiatement la nouveauté de l'œuvre. Pour échapper à l'inquiétude de la passion, tout en préservant son idéal, l'héroïne fait deux choix provocants : l'aveu à son mari, et le renoncement au monde alors qu'elle est devenue libre d'épouser son « amant ». Le récit porte à la perfection la subtile alliance du roman, des mémoires et de la tragédie. Il infléchit les valeurs de la galanterie pour montrer les désordres de la Cour et de l'amour.

Politique, conversion et œuvres posthumes

Dans la société de Mademoiselle, Mme de Lafayette avait fait la connaissance de la fille de Charles-Amédée de Savoie, Jeanne-Baptiste de Savoie-Nemours, appelée à la régence de Savoie après la mort de son mari. La comtesse se chargea de répandre des nouvelles à la cour de France, dans le même temps qu'elle travaillait à établir ses fils, et se mêla d'intrigues qui ont quelque peu terni sa réputation. Après la mort de La Rochefoucauld en 1680, elle pensa à la conversion. Sa santé était altérée ; pour s'affranchir des chagrins du monde, elle écrivit à l'abbé de Rancé. Elle rencontra des disciples de Pascal et demanda conseil, plus tard, à un célèbre directeur de conscience, l'abbé du Guet. Elle mourut le 25 mai 1693, après avoir passé les dernières années de sa vie tantôt dans la résignation, tantôt dans une inquiétude et une mélancolie dont Mme de Sévigné fit le rapport : « *Ses infirmités depuis deux ans étaient devenues extrêmes ; je la défendois toujours car on disoit qu'elle était folle de ne vouloir point sortir ; elle avoit une tristesse mortelle* [...] » (lettre à la comtesse de Guitaut, 3 juin 1693).

En 1718, *Le Nouveau Mercure* publia sous l'anonymat, ***La Comtesse de Tende***, une « *historiette* » de 24 pages attribuée à Mme de Lafayette, six ans plus tard, lors d'une nouvelle publication. Cette attribution reste aussi douteuse que la date de rédaction (les critiques y voient une épure de ***La Princesse de Montpensier***). L'action se déroule entre 1560 et 1564 : Mlle Strozzi a épousé le comte de Tende, qui lui est infidèle, mais elle se laisse séduire par le chevalier de Navarre qui meurt alors qu'elle est enceinte. Après avoir fait l'aveu de sa faute à son mari, elle meurt de honte à la suite d'une fausse couche. On a souvent reconnu la destinée de la duchesse de Roquelaure dans cette histoire où la pénitence occupe plus de place que dans les autres œuvres de Mme de Lafayette.

En 1731, parurent à Amsterdam les ***Mémoires de la cour de France pour les années 1688 et 1689*** : l'éditeur prétendait utiliser les papiers dispersés par le fils de la romancière, mais il est peu probable que ces mémoires soient des extraits d'un ouvrage plus vaste, comme l'affirme la préface de la première édition. Mme de Lafayette s'y intéresse aux ressorts des intrigues de la Cour ; elle énumère les combats et célèbre, à plusieurs reprises, la politique de Louvois ; elle mentionne des bals, la réception des chevaliers de l'Ordre, la représentation d'*Esther* (1689) ; mais ces événements sont dépourvus du pittoresque qu'on apprécie dans les lettres de Mme de Sévigné.

Si ***La Princesse de Clèves*** nous apparaît comme le premier roman d'analyse, un texte fondateur par son esthétique et par sa morale, Mme de Lafayette ne doit cependant pas être tenue pour l'auteur d'un seul ouvrage : nouvelles historiques, roman hispano-mauresque, mémoires et correspondance constituent la véritable œuvre d'un écrivain majeur.

L'invention du roman d'analyse

Loin des fictions extravagantes — et extérieures — d'une imagination toute prévisible, Mme de Lafayette a, la première, dépeint les défaillances vraisemblables — et intérieures — d'une réalité tout humaine. Elle s'est attachée à « *écrire comme on parle* », selon l'expression de Charnes, que Sorel confirme dans son jugement sur ***La Princesse de Montpensier*** : « *Cela est accommodé à l'air d'une personne de qualité qui écrit de même qu'elle parle, et qui parle toujours fort bien et fort agréablement.* » Soucieuse de vérité humaine, elle refuse le style « *grimpé* », le sublime qui ne convient pas au ton des mémoires qu'elle adopte pour écrire des nouvelles ou des romans. Valincour, sans nier les qualités d'analyse de l'auteur *(« Il faut penser bien juste ce qui se passe dans le fond du cœur et savoir bien exprimer ce qu'on pense pour faire des portraits de cette sorte »)*, s'est montré sévère à l'égard d'un style qui ne satisfaisait pas les doctes, parce qu'il conservait trop d'usages de la préciosité dans la syntaxe et dans l'emploi des pronoms, et qu'il sacrifiait l'harmonie à la rigueur du raisonnement qui va de la cause à l'effet. Au synonyme, Mme de Lafayette préfère la répétition des mots dont le champ sémantique s'étend. Elle use peu des métaphores et des comparaisons, elle remplace le verbe par le substantif, et réserve les ornements aux lettres et aux plaintes. L'expression de ***La Princesse de Clèves*** est assourdie par les négations et les adverbes restrictifs souvent à l'origine de litotes ; c'est par des circonlocutions qui empruntent les voies détournées des généralités et des négations, que Nemours se déclare à la princesse de Clèves : « *Il y a des personnes à qui on n'ose donner d'autres marques de la passion qu'on a pour elles que par les choses qui ne les regardent point ; et, n'osant leur faire paraître qu'on les aime, on voudrait du moins qu'elles vissent que l'on ne veut être aimé de personne. L'on voudrait qu'elles sussent qu'il n'y a point de beauté, dans quelque rang qu'elle pût être, que l'on ne regardât avec indifférence, et qu'il n'y a point de couronne que l'on voulût acheter au prix de ne les avoir jamais* » (t. II).

Dans ce dernier exemple, les atténuations se marquent aussi par le mode verbal, et l'usage conjoint du conditionnel et du subjonctif. En outre, Mme de Lafayette sublime les sentiments par des hyperboles qui participent de l'art du portrait galant, légué par la préciosité, comme dans ce portrait du duc de Nemours : « *Mais ce prince était un chef-d'œuvre de la nature ; ce qu'il avait de moins admirable, c'était d'être l'homme du monde le mieux fait et le plus beau.* [...] *Ce prince était fait d'une sorte qu'il était difficile de n'être pas surprise de le voir quand on ne l'avait jamais vu, surtout ce soir-là, où le soin qu'il avait pris de se parer augmentait encore l'air brillant qui était dans sa personne ; mais il était difficile aussi de voir Mme de Clèves pour la première fois sans avoir un grand étonnement* » (t. I).

Litotes et hyperboles créent une tension qui n'exclut pas l'élégie : « *Que n'ai-je commencé à vous connaître depuis que je suis libre, ou pourquoi ne vous ai-je connu devant que d'être engagée ?* » (t. IV) ; ni la poésie des sonorités disposées en chiasme : « [...] *ces larmes n'étaient pas celles que la douleur seule fait répandre, elles étaient mêlées de douceur et de ce charme qui ne se trouve que dans l'amour* » *(ibid.)*.

Une postérité constante mais incomplète

Fontenelle, alors jeune et méconnu, rédigea une éloquente *Lettre sur « La Princesse de Clèves »* (1678), où se lit une admiration d'autant plus vive et flatteuse qu'elle est celle d'un « *géomètre* », et qui commence ainsi : « *Je sors presentement, Monsieur, d'une quatriéme lecture de la Princesse de Cleves, & c'est le seul Ouvrage de cette nature que j'aye pû lire quatre fois. Vous m'obligeriez fort, si vous vouliez bien que ce que je viens de vous en dire passât pour son Eloge, sans qu'il fut besoin de m'engager dans le détail des beautez que j'y ay trouvées. Il vous seroit aisé de juger qu'un Geométre comme moy, l'esprit tout remply de mesures & de proportions, ne quitte point son Euclide pour lire quatre fois une Nouvelle Galante, à moins qu'elle n'ait des charmes assez forts pour se faire sentir à des Mathématiciens mesmes, qui sont peut-estre les Gens du monde sur lesquels ces sortes de beautez trop fines & trop délicates, font le moins d'effet.* » Voltaire résuma le sentiment de son siècle à l'égard de Mme de Lafayette : « La Princesse de Clèves *et* Zaïde *furent les premiers romans où l'on vit les mœurs des honnêtes gens et des aventures naturelles décrites avec grâce. Avant elle, on écrivait d'un style ampoulé des choses peu vraisemblables.* » Et Stendhal vit dans le récit des malheurs de Mme de Clèves « *le premier des romans en date, et le premier en mérite* », qui continua, au XXe siècle, à susciter des commentaires inspirés, notamment d'Arland et de Camus. L'œuvre de Mme de Lafayette fut d'emblée tenue pour essentielle, mais reste dominée par la perfection de ***La Princesse de Clèves*** — bien qu'on s'attache aujourd'hui à retrouver l'unité de récits apparemment disparates qui raconteraient tous « *la tentation d'une honnête femme* » (Marie-Jeanne Durry).

ŒUVRES

La **Princesse de Clèves**

Roman divisé en 4 parties et publié sans nom d'auteur, à Paris, chez Claude Barbin, en 1678 (achevé d'imprimer du 8 mars).

L'action se déroule à la cour des Valois, où brillent « *la magnificence et la galanterie* ». Mlle de Chartres, que sa mère a élevée selon de rigoureux principes de morale, se marie avec le prince de Clèves, bien qu'elle n'ait aucune inclination pour lui. Un bal la met en présence du duc de Nemours, pour qui elle éprouve un amour immédiat et partagé. Dans une Cour où tout se transforme en conversation, Mme de Clèves n'a d'autre ressource que de fuir un sentiment qui lui paraît un désordre. Elle en vient à avouer sa passion à son époux, « *un aveu que l'on n'a jamais fait à son mari* » : « *Quelque dangereux que soit le parti que je prends, je le prends avec joie pour me conserver digne d'être à vous. Je vous demande mille pardons, si j'ai des sentiments qui vous déplaisent, du moins je ne vous déplairai jamais par mes actions* » (t. III).

Ce geste déclenche la catastrophe : le mari meurt de jalousie, et Mme de Clèves refuse d'épouser son « amant », au nom de son devoir et de son repos moral.

Le roman assimile la tradition tout en innovant beaucoup. Aux mémoires, il emprunte des portraits, des circonstances et un ton ; sous l'influence de la tragédie, il garde une unité d'action autour des grandes scènes dont la poésie n'est pas absente. L'une d'elles, remarquable par son atmosphère féerique et subtilement érotique, est celle où, par une nuit d'été, le duc de Nemours observe Mme de Clèves à son insu par la fenêtre de son pavillon : « *Il faisait chaud, et elle n'avait rien, sur sa tête et sur sa gorge, que ses cheveux confusément rattachés.* [...] *il y avait plusieurs corbeilles pleines de rubans ; elle en choisit quelques-uns, et M. de Nemours remarqua que c'étaient des mêmes couleurs qu'il avait portées au tournoi. Il vit qu'elle en faisait des nœuds à une canne des Indes, fort extraordinaire, qu'il avait portée quelque temps* [...] » (t. IV). Cette scène résume également la vision de l'amour que propose le roman, une passion qui s'épanouit dans la séparation, mieux encore peut-être que dans sa réalisation : « *Voir au milieu de la nuit, dans le plus beau lieu du monde, une personne qu'il adorait, la voir sans qu'elle sût qu'il la voyait, et la voir tout occupée de choses qui avaient du rapport à lui et à la passion qu'elle lui cachait, c'est ce qui n'a jamais été goûté ni imaginé par nul autre amant* » *(ibid.)*. L'analyse du cœur est assombrie par l'augustinisme et par la défiance à l'égard du langage. Avec une intelligence raffinée, ***La Princesse de Clèves*** retrouve — bien que ces références culturelles ne soient pas familières à l'auteur — l'héroïsme tragique du Moyen Âge (*Le Roman de la Rose*, *La Châtelaine de Vergy*, *Le Petit Jehan de Saintré*...) et illustre une nouvelle forme d'héroïsme que Racine — exact contemporain de Mme de Lafayette — mit en scène dans ses tragédies (*Phèdre*, 1677).

Plutôt que dans les romans des XIXe et XXe siècles, la véritable descendance de ***La Princesse*** se situe peut-être dans ses prolongements exacerbés du XVIIIe : *Manon Lescaut*, *Les Liaisons dangereuses*, Sade. L'abbé Prévost voyait dans ***La Princesse de Clèves*** une « *lecture trop tendre* » pour un jeune homme, et Rousseau comparait la

4e partie de sa *Julie* à l'œuvre de Mme de Lafayette. Le roman s'imposa vite comme un modèle : on l'imita souvent, comme le prouvent *Adolphe* de Constant (1816), *Le Lys dans la vallée* de Balzac (1835), *Armance* de Stendhal, *Dominique* de Fromentin (1863), ou *Le Bal du comte d'Orgel* de Radiguet (1924). Le xxe siècle l'a tenu pour le premier « roman d'analyse » : Gide ne voyait dans sa perfection *« aucun secret, aucun retrait, aucun détour »*, tandis que les lecteurs freudiens firent ressortir la part de l'instinct et des fantasmes. La *« divine Princesse de Clèves »* admirée par Stendhal reste une énigme pour les lecteurs du xxe siècle qui ont reconnu dans son histoire un *« drame de la liberté »* ou la *« mathématique du destin »*, et qui se plaisent à débattre du sens du renoncement de la princesse : certains y ont vu un féminisme hostile au mariage, d'autres y ont entendu l'écho des prédicateurs. Dans cette œuvre où tout paraît soumis à la raison, c'est du mystère que vient la séduction. L'exploration des sources historiques et du système narratif n'a pas épuisé la fascination qu'exerce un récit dont le sens est toujours à reconstruire. Jean Delannoy en donna, en 1961, une adaptation cinématographique, avec des dialogues de Jean Cocteau. Marcel Bozonnet en a proposé, seul en scène, une adaptation théâtrale (1938). Et le cinéaste portugais Manuel de Oliveira, sous le titre *La Lettre* (1999), en a tourné une version transposée à l'époque contemporaine.

La *Princesse de Montpensier*

Roman publié anonymement à Paris en août 1662.

L'héroïne, Mlle de Mézières, a été mariée au prince de Montpensier, alors qu'elle éprouve de l'inclination pour le duc de Guise. Bien qu'elle vive retirée à Champigny, un hasard la remet en présence de l'homme qu'elle aime, ils cèdent à leur passion, avouée à Chabanes, l'amant malheureux qui soupire sans espoir pour la princesse. Le mari surprend un rendez-vous nocturne : Chabanes se sacrifie alors en permettant au duc de Guise de s'enfuir, et en s'exposant à la jalousie du prince. Au dénouement on voit le pitoyable Chabanes mourir d'une façon absurde pendant la Saint-Barthélemy ; le duc de Guise se montre infidèle et la princesse meurt de douleur *« en peu de jours, dans la fleur de son âge »*.

Ce premier roman est le prototype de la nouvelle historique qui détrôna le roman héroïque : le récit se caractérise par sa brièveté et par son déroulement linéaire sans épisodes intercalés ; les noms des personnages et le décor sont empruntés à l'histoire des guerres de Religion, entre 1550 et 1572 (alors que les romans des Scudéry se déroulent dans une Antiquité fabuleuse) ; la fiction galante trouve son authenticité dans les faits empruntés à l'*Histoire des guerres civiles de France*, de l'Italien Davila, traduite en 1642 par Jean Baudoin ; mais le document sert de voile à une peinture du monde contemporain facilement reconnaissable pour les lecteurs habitués aux clés de Mlle de Scudéry. Une grande partie de l'action se déroule au château de Champigny que la Grande Mademoiselle faisait restaurer au moment où la nouvelle fut publiée. *L'Avis du libraire au lecteur* insiste d'autant plus sur le caractère *« fabuleux »* de ces *« aventures inventées à plaisir »*, que les noms de Montpensier, de Guise et d'Anjou évoquent les plus grandes maisons du royaume, et que, comme l'écrivit plus tard Charles Sorel dans sa *Bibliothèque française* (1664), « [on] *a cru y voir une aventure de ce siècle sous les noms de l'ancienne cour* ».

Cette histoire cruelle, qui connut d'emblée un vif succès, est la première ébauche de celle de Mme de Clèves : malgré quelques scènes de galanterie (ballets de cour, pêche en barque sur une rivière qui rappelle le Lignon), la nouvelle laisse une sombre image de la passion et des tourments de la jalousie. Sans s'appesantir sur les conflits intérieurs, l'auteur se hâte de condamner les conduites auxquelles on ne trouve pas d'excuse : Mme de Montpensier pourrait être un de ces exemples que Mme de Chartres, dans ***La Princesse de Clèves***, montre à sa fille pour la mettre en garde contre les dangers de l'amour.

CITATIONS

La plupart des mères s'imaginent qu'il suffit de ne parler jamais de galanterie devant les jeunes personnes pour les en éloigner.

La Princesse de Clèves, t. I.

[...] il n'y a point de femme que le soin de sa parure n'empêche de songer à son amant...

La Princesse de Clèves, t. I.

Ne craignez point de prendre des partis trop rudes et trop difficiles, quelque affreux qu'ils vous paraissent d'abord : ils seront plus doux dans les suites que les malheurs d'une galanterie.

La Princesse de Clèves, t. I.

[...] j'ai la même affliction de sa mort que si elle m'était fidèle et je sens son infidélité comme si elle n'était point morte.

La Princesse de Clèves, t. II.

Les paroles les plus obscures d'un homme qui plaît donnent plus d'agitation que des déclarations ouvertes d'un homme qui ne plaît pas.

La Princesse de Clèves, t. II.

Vous aviez donc oublié que je vous aimais éperdument et que j'étais votre mari ? L'un des deux peut porter aux extrémités : que ne peuvent point les deux ensemble ?

La Princesse de Clèves, t. IV.

[...] elle sentit bien que la honte est la plus violente de toutes les passions.

La Princesse de Clèves, t. IV.

S'il ne fut pas maître de son cœur, il le fut de ses actions. Le changement de son âme n'en apporta point dans sa conduite et personne ne soupçonna son amour.

La Princesse de Montpensier.

Quoiqu'ils ne se fussent point parlé depuis longtemps, ils se trouvèrent accoutumés l'un à l'autre et leurs cœurs se remirent aisément dans un chemin qui ne leur était pas inconnu.

La Princesse de Montpensier.

[...] et son esprit et sa personne avaient quelque chose de si admirable qu'il semblait que le ciel l'eût formé d'une manière différente du reste des hommes.

Zaïde, I.

[...] encore que je croie qu'on ne puisse être touché sans être surpris, je ne crois pas qu'on ne puisse être surpris sans être touché.

Histoire de Consalve, in *Zaïde.*

[...] comme il est dangereux de cacher quelque chose à nos amis, il l'est aussi beaucoup de ne leur cacher jamais rien.

Histoire de Consalve, in *Zaïde.*

[...] elle ne tenait plus à son amant que par l'amour, et ce n'était pas assez pour un cœur comme le sien.

Histoire de Consalve, in *Zaïde.*

[...] on ne connaît point les femmes, elles ne se connaissent pas elles-mêmes, et ce sont les occasions qui décident des sentiments de leur cœur.

Histoire de Consalve, in *Zaïde.*

[...] il n'y a de passions que celles qui nous frappent d'abord et qui nous surprennent ; les autres ne sont que des liaisons où nous portons volontairement notre cœur. Les véritables inclinations nous l'arrachent malgré nous.

Histoire de Consalve, in *Zaïde.*

[...] qui n'a point senti le plaisir de donner une violente passion à une personne qui n'en a jamais eu, même de médiocre, peut dire qu'il ignore les véritables plaisirs de l'amour.

Histoire de Consalve, in *Zaïde.*

JUGEMENTS

« *Ce goût, ce besoin de vérité se manifeste d'abord par le choix et la peinture des personnages, qui ne sont point des allégories ni des héros exemplaires, mais des hommes avec leur misère et leur grandeur.*
Roman du mariage, La Princesse de Clèves *doit à cette qualité une grande part de sa faveur actuelle... On n'avait jamais montré avec autant de délicatesse et de respect les rapports de deux époux, et, tout à la fois, leur distance et leur proximité.* »

Marcel ARLAND, cité par Antoine ADAM, *in* Mme de LAFAYETTE, *La Princesse de Clèves,* « GF », Flammarion, 1966.

« La Princesse de Clèves. *Pas si simple que ça. Elle rebondit en plusieurs récits. Elle débute dans la complication si elle se termine dans l'unité. À côté d'*Adolphe*, c'est un feuilleton complexe.*
Sa simplicité réelle est dans sa conception de l'amour : pour Mme de Lafayette, l'amour est un péril. C'est son postulat. Et ce qu'on sent dans tout son livre comme d'ailleurs dans La Princesse de Montpensier *ou* La Comtesse de Tende*, c'est une constante méfiance envers l'amour. (Ce qui, bien entendu, est le contraire de l'indifférence.)* »

Albert CAMUS, *Carnets*, t. II, Gallimard, posthume, 1964.

« *L'auteur avait connu peut-être comme un remords, un tel amour. M. de Lafayette qui adorait sa femme a beaucoup compté pour Mme de Lafayette. Et c'est bien sa propre vie qui donne aux trois quarts de ce récit, ce goût de vrai qui nous touche encore. Elle définissait tout son mérite quand elle disait de son œuvre : "Ce n'est pas un roman."*
C'est aussi un roman, l'un des plus beaux que je connaisse, un roman aristocratique par excellence, non point à cause de ses princes mais parce que rien n'y est outré. »

Jacques CHARDONNE, « Madame de Lafayette », in *Tableau de la littérature française*, III, Gallimard, 1939.

« [...] La Princesse de Clèves *est une des plus exquises choses qui soient sorties des mains françaises* [...]. »

Pierre DRIEU LA ROCHELLE, *Genève ou Moscou,* in *Sur les écrivains*, Gallimard, posthume, 1964.

« *Le premier roman qui offrit des aventures raisonnables écrites avec intérêt et élégance fut celui de* Zaïde, *et ce fut l'ouvrage d'une femme. Il était juste que l'on dût ce premier modèle au tact naturel et prompt qui distingue les femmes dont l'esprit a été cultivé.* [...] La Princesse de Clèves *est une autre production de madame de La Fayette, encore plus aimable et plus touchante que Zaïde. Jamais l'amour, combattu par le devoir, n'a été peint avec plus de délicatesse. »*

LA HARPE, *Lycée*, IIe partie, livre II, IV, 1, 1799.

« Que Mme de La Fayette soit le seul écrivain de son sexe à avoir dépeint et analysé minutieusement des batailles, c'est une originalité qui mérite attention. »

Bernard PINGAUD, *Mme de La Fayette*, Seuil, 1959.

« Ce style et ces sentiments sont si éloignés des nôtres que nous pouvons à peine les comprendre ; ils sont comme des parfums trop fins ; nous ne les sentons plus. Tant de délicatesse nous semble de la froideur ou de la fadeur. La société transformée a transformé l'âme. L'homme, comme toute chose vivante, change avec l'air qui le nourrit. »

Hippolyte TAINE, cité *in* Bernard PINGAUD, *Mme de La Fayette*, Seuil, 1959.

« [La Princesse de Clèves]
Pas un cheveu de sa tête n'a bougé. Je le trouve d'une très grande beauté, mais difficile à apprécier. Tous les personnages sont nobles. Le mouvement est majestueux, la mécanique un peu lourde. Il faut que des épisodes soient contés, des lettres perdues. Ce sont les mouvements du cœur que nous observons, jamais l'intervention d'une force brute ni du destin. »

Virginia WOOLF, *Journal*, t. II, 18 fév. 1922, trad. franç. C.-M. HUET, Stock, 1982.

BIBLIOGRAPHIE

Éditions

Œuvres complètes, éd. R. DUCHÊNE, François Bourin, 1990.

Romans et Nouvelles, éd. É. MAGNE, « Classiques Garnier », Garnier, 1970, rééd. A. NIDERST, Bordas, 1989, rééd. Dunod, 1997.

La Princesse de Clèves, éd. É. MAGNE, Droz, 1946, rééd. 1966 ; éd. A. ADAM, « GF », Flammarion, 1966, rééd. J. MESNARD, 1996 ; éd. M.-M. FRAGONARD, Pocket, 1989, rééd. 1998.

Études

H. ASHTON, *Madame de La Fayette, sa vie et ses œuvres*, U.P. Cambridge (GB), 1922.

A. BEAUNIER, *La Jeunesse de Madame de Lafayette*, Flammarion, 1921 ; *L'Amie de La Rochefoucauld*, Flammarion, 1927.

Chr. BIET et P. RONZEAUD, *Madame de Lafayette, « La Princesse de Montpensier », « La Princesse de Clèves »*, « Textes et Contextes », Magnard, 1989.

A. CAMUS, « L'Intelligence et l'Échafaud », in *Problèmes du roman*, éd. par la revue *Confluences*, Lyon, 1943.

R. DUCHÊNE, *Madame de La Fayette, la romancière aux cent bras*, Fayard, 1988.

M.-J. DURRY, *Madame de La Fayette*, Mercure de France, 1962.

J. FABRE, *L'Art de l'analyse dans « La Princesse de Clèves »*, Ophrys, 1970.

Fr. GEVREY, *L'Esthétique de Madame de Lafayette*, SEDES, 1997.

J. KREITER, *Le Problème du paraître dans l'œuvre de Madame de Lafayette*, Nizet, 1977.

R. FRANCILLON, *L'Œuvre romanesque de Madame de La Fayette*, Corti, 1973.

S. KIM, *Les Récits dans « La Princesse de Clèves » : tentative d'analyse structurale*, Nizet, Saint-Genouph (Indre-et-Loire), 1997.

M. LAUGAA, *Lectures de Madame de La Fayette*, Colin, 1971.

É. MAGNE, *Madame de Lafayette en ménage*, Émile-Paul, 1926 ; *Le Cœur et l'Esprit de Madame de Lafayette*, Émile-Paul, 1927.

P. MALANDAIN, *Madame de Lafayette, « La Princesse de Clèves »*, « Études littéraires », PUF, 1985.

J. MESNARD, *Introduction à La Princesse de Clèves*, « Lettres françaises », Imprimerie nationale, 1980.

B. PINGAUD, *Madame de La Fayette par elle-même*, « Écrivains de toujours », Seuil, 1959.

J. ROUSSET, *« La Princesse de Clèves »*, in *Forme et Signification*, Corti, 1962.

Ch. A. SAINTE-BEUVE, *Portraits de femmes*, 1845, éd. G. ANTOINE, Gallimard, 1998.

Autour de Mme de Lafayette, in *XVIIe Siècle*, n° 181, oct.-déc. 1993.

AUDIO & VIDÉO

CD

A. BOESSET et Mme de LAFAYETTE, *Airs de Cour. La Princesse de Clèves* [extraits], Adès, 1995.

Vidéo

J. DELANNOY, *La Princesse de Clèves*, 1960, René Chateau, s.d., rééd. Film Office, 1997.

CD-ROM

Encyclopédie de la littérature française, Bibliopolis, 1998.

LA FONTAINE

Jean de LA FONTAINE

Château-Thierry (act. Aisne) 1621 – Paris 1695

Académicien

> « *Jamais personne n'a mieux mérité d'être regardé comme original et comme le premier en son espèce.* »
> Charles PERRAULT, *Les Hommes illustres*, 1696.

> « [...] *La Fontaine est charmant dans ses bonnes fables ; je dis dans ses bonnes, car ses mauvaises sont bien mauvaises.* »
> VOLTAIRE, *Correspondance*, 16 novembre 1774.

Un épicurien clairvoyant

Des *Contes et Nouvelles* aux *Fables*

Fils aîné d'un conseiller du roi maître des Eaux et Forêts et maître des chasses, La Fontaine resta dans sa ville natale de Château-Thierry jusqu'à la classe de 3e. Venu à Paris vers 1635, il fut, pendant dix-huit mois, novice chez les oratoriens de la rue Saint-Honoré (1641), puis fit ses études de droit avec Maucroix et Furetière (1645) et devint avocat — suivant en cela le parcours d'un grand nombre d'hommes de lettres et de poètes du XVIIe siècle. Lecteur enthousiaste d'Urfé et de Malherbe, il se rapprocha, vers 1646, d'un cercle de jeunes poètes juristes, les chevaliers de la Table ronde (Tallemant des Réaux, Pellisson, Maucroix, Furetière, Antoine Rambouillet de La Sablière), qui lui firent connaître les autorités littéraires de cette époque, Patru, Conrart et Chapelain ; c'est à cette occasion qu'il lut ses premiers vers en public. En 1647, à 26 ans, il épousa Marie Héricart, jeune fille de 14 ans, dont l'oncle, Jacques Jannart, était substitut du surintendant Fouquet. Ce mariage ne semble pas avoir été très heureux : la séparation de biens des époux intervint dès 1659, et leur séparation effective, plus de vingt ans plus tard. En 1652, il acheta la charge de maître particulier triennal des Eaux et Forêts, et, en 1658, hérita de son père deux charges semblables. Ces fonctions — qu'il remplit jusqu'en 1670 — exigeaient de lui qu'il présidât aux coupes des bois autour de Château-Thierry, qu'il veillât à l'observation des édits sur la pêche et la chasse, qu'il jugeât les litiges et lui donnèrent donc l'occasion d'observer la vie rustique. En 1653, il devint père — un père lointain et insouciant — d'un fils nommé Charles. Dans le même temps, il se consacra aux lettres, avec ***L'Eunuque*** (1654), comédie adaptée de Térence, et entra, en 1657, dans le cercle de Fouquet, grâce à son oncle Jannart et à Pellisson. Après l'avoir beaucoup amusé par l'***Épître à l'abbesse de Mouzon*** (***Lettre à M.D.C.A.D.M.*** [à Mme de Coucy, abbesse de Mouzon], composée en 1657 et publiée *in* les ***Fables nouvelles*** de 1671), il lui dédia en 1658 le manuscrit calligraphié de son poème ***Adonis*** (publié en 1669, in ***Les Amours de Psiché et Cupidon***), inspiré d'Ovide, échangeant désormais le patronage du surintendant général des Finances contre des madrigaux, des ballades, sonnets et autres vers, et mettant en chantier ***Le Songe de Vaux***, que la disgrâce de Fouquet, en 1661, l'empêcha d'achever : reprenant *Le Songe de Poliphile* de Francesco Colonna (1499), cette description idéale du palais en construction montrait son désir de plaire à la Cour la plus brillante du temps, attestait du goût de l'époque pour l'imagination enjouée et merveilleuse et témoignait une esthétique déjà originale ; partiellement publiés par La Fontaine lui-même, ces fragments furent recueillis dans les ***Œuvres diverses*** (1729).

La disgrâce de Fouquet, arrêté en 1661, provoqua celle de La Fontaine : le poète prit la défense de son protecteur par l'***Élégie aux nymphes de Vaux pour le malheureux Oronte*** (1662), qui implorait en vain la clémence du roi. Il dut se replier et, sans renier sa fascination pour le ministre déchu, il fit tout pour durer sous le régime absolu du jeune monarque. Cet art du retrait demeura une caractéristique de la vie et de l'œuvre de La Fontaine : après une retraite prudente à Limoges, où il se réfugia avec Jannart — et d'où il adressa à sa femme des lettres devenues la ***Relation d'un voyage de Paris en Limousin*** (1663) —, il demeura dans une semi-retraite bien peu lucrative, devenant en 1664 le « *gentihomme servant* », au Palais du Luxembourg, de la duchesse douairière Marguerite de Lorraine (veuve de Gaston d'Orléans, frère de Louis XIII), ne fréquentant que quelques salons, dont celui de Marianne (née Mancini), duchesse de Bouillon et femme du seigneur de Château-Thierry, et celui de l'Hôtel de Nevers, toujours désespéré par la chute de Fouquet. C'est alors, entre 1664 et 1666, qu'il publia les premières séries de ***Contes et Nouvelles en vers*** (1665), vite connus pour leur légèreté, et tant appréciés qu'on attendait sans cesse de nouvelles livraisons et de prochaines lectures.

La Fontaine profita du succès des ses ***Contes et Nouvelles*** pour publier ses premières fables : en mars 1668 — il avait 46 ans —, il fit paraître chez Barbin, éditeur prestigieux de Boileau et de Racine, les 6 premiers livres des ***Fables choisies, mises en vers par M. de La Fontaine***. Le retentissement fut immédiat, comme l'atteste la parution, dès octobre, de la 2de édition en 2 tomes de format plus petit. Dès lors, La Fontaine ne cessa plus de composer des fables et d'en retirer une gloire constante, tout en continuant à écrire des contes et en cherchant à conquérir la consécration en d'autres genres plus prestigieux ou simplement différents. Trois ans plus tard, en 1671, une édition de ***Fables nouvelles et autres poésies*** mêla à une vingtaine de fables de l'édition originale, 8 fables inédites.

Désormais quinquagénaire, le fabuliste poursuivit sa glorieuse ascension, malgré l'hostilité de Louis XIV et grâce à Mme de La Sablière, l'une des femmes les plus cultivées et intelligentes de son temps.

Sous l'aile de la belle « *Iris* »

Après la mort de la duchesse d'Orléans (1672), et après avoir quitté sa charge aux Eaux et Forêts de Château-Thierry — rachetée par le duc de Bouillon —, La Fontaine devint en effet l'hôte de Mme de La Sablière (1673), *alias* la belle « *Iris* », qui avait épousé, à 18 ans, le secrétaire du roi, de vingt ans son aîné, homme fortuné et protecteur très éclairé des arts et des lettres : séparée de son mari en 1668, elle régnait sur le salon de la rue Neuve-des-Petits-Champs, où le poète rencontra les grands esprits du temps, mathématiciens, physiciens et astronomes, philosophes gassendistes et voyageurs de renom. De toutes les conversations qu'il put alors tenir, il garda les thèmes et les anecdotes qui nourrirent les ***Fables*** du 2nd recueil, et il dédia à sa protectrice un discours en vers sur l'âme des animaux (in ***Fables***, IX, 19) — ainsi qu'un autre qu'il lut à l'Académie lorsqu'il y fut reçu (1684). Fort de cette protection quasi maternelle qui, durant plus de vingt ans, lui épargna toute préoccupation matérielle, La Fontaine, après avoir publié et composé son roman ***Les Amours de Psiché et Cupidon*** (1669), une comédie mythologique, ***Clymène***, « *chose n'étant pas faite pour être représentée* » (publiée dans la 3e partie des ***Contes et Nouvelles en vers***, 1671), mena de front la publication de ses contes — les ***Nouveaux Contes*** de 1674, jugés licencieux, furent saisis par la police en 1675 —, et de poèmes de toutes sortes (sonnets, ballades, rondeaux, odes, épigrammes) ; parallèlement, il s'essaya à l'écriture d'œuvres édifiantes, avec le ***Recueil de poésies chrestiennes et diverses. Dédié à Monseigneur le prince de Conti par M. de La Fontaine*** (1671) ou ***La Captivité de saint Malc*** (1673). Les lecteurs de La Fontaine ressentirent cette variété comme une contradiction, et lui reprochèrent de ne pas se cantonner aux genres du conte ou de la fable où l'on disait qu'il excellait : ainsi Mme de Sévigné, dès 1671, trouvait-elle « *folie de vouloir chanter sur tous les tons* [...] *une mauvaise musique* » (lettre du 6 mai 1671). Mais La Fontaine se disait — *Diversité, c'est ma devise* (***Pâté d'anguille***, in ***Contes et Nouvelles***) — et se voulait divers et insaisissable, par politique personnelle ou par intention propre. Lié à des « libertins » tout en ayant des amis à Port-Royal, il toucha à tous les genres et s'approcha de toutes les idées du moment : profondément critique, il mit à profit cette diversité pour éroder, à l'intérieur de sa pratique littéraire, les dogmes et les vérités convenues ; profondément lié à la société, il se servit de ses succès et joua sur son habileté à passer d'un genre à un autre pour rencontrer toutes sortes de cercles sans être jamais pris pour un chef de file. Après 1674, au moment même où les libertins qu'il fréquentait et les salons les plus libres lui demandaient toujours plus de contes légers, il cessa d'en publier ou les plaça dans des recueils mêlés, comme pour les cacher. L'interdiction des ***Nouveaux Contes*** (1675) et sa volonté d'entrer à l'Académie n'expliquent pas tout : son désir de diversité l'a probablement empêché de poursuivre dans un genre auquel il n'apportait plus rien de neuf, alors qu'il n'abandonna jamais la fable, moyen de tout dire de toutes les manières.

En mai 1678, il publia les ***Fables choisies, mises en vers par M. de La Fontaine, et par luy reveues, corrigées et augmentées***, nouvelle édition des ***Fables*** de 1668 en 2 parties (les 2 tomes de la 2de édition), auxquelles était jointe une 3e partie qui contient l'équivalent des livres VII et VIII des ***Fables***. En juin 1679, il publia une 4e partie qui forma les livres IX, X et XI des ***Fables***, avec un ***Avertissement***, une nouvelle ***Dédicace*** (à Mme de Montespan) et un nouvel ***Épilogue*** (à la fin du livre XI) où il affirmait avoir ouvert le chemin et devoir désormais laisser sa place à d'autres auteurs. Mais il ne cessa jamais d'écrire des fables : en 1685, il en publia 10 nouvelles — qui parurent dans le livre XII, 14 à 23 — dans les ***Ouvrages de prose et de poésie des sieurs de Maucroix et de La Fontaine*** ; en 1690 et 1691, il en confia 3 au *Mercure galant* (XII, 1, 4 et 3) et, en 1693, il en donna une, ***Le Juge arbitre,*** *l'Hospitalier, et le Solitaire*, au P. Bouhours pour un *Recueil de vers choisis*.

Connu, respecté pour son esprit, le poète bénéficia d'une image d'homme de lettres distant et distrait, mais rusé, en marge : un observateur dilettante qui cachait, derrière cette apparence, une connaissance aiguë des questions essentielles. En 1675, Mme de Thiange, sœur de Mme de Montespan, offrit au duc du Maine, pour ses étrennes, *La Cabale sublime*, représentation d'une chambre où les grands auteurs du temps (La Rochefoucauld, Bossuet, Mme de Lafayette, Boileau) figuraient en cire, et dans laquelle Racine faisait signe à La Fontaine d'entrer. Admiré par Mme de Montespan, ce dernier écrivit à sa demande le livret d'un opéra pour Lully, qui régnait alors en maître absolu sur la musique française ; mais, comme beaucoup d'auteurs de cette époque, il se fâcha en 1674 avec le musicien qui lui refusa cette ***Daphné***, et Quinault le remplaça dans la dure tâche de collaborer avec le maître. La Fontaine tenta à nouveau de produire un livret d'opéra avec une ***Galatée*** qui resta inachevée et qui fut publiée avec ***Daphné*** en 1682, à la suite du ***Poème du quinquina***. Il se lança enfin, en 1683, dans le genre le plus noble du théâtre de l'époque avec une tragédie, ***Achille***, qu'il laissa en suspens au second acte.

Une vieillesse difficile

En 1680, il avait suivi sa protectrice, Mme de La Sablière, qui, veuve, délaissée par son amant La Fare, venait de renoncer à toute vie mondaine pour chercher à faire son salut en soignant les pauvres et les malades de l'hôpital des Incurables. Dans sa retraite de la rue Saint-Honoré, elle n'avait plus à ses côtés la compagnie brillante de la rue Neuve-des-Petits-Champs, avec son cortège de conversations et de jeux. Ce fut une nouvelle période pour La Fontaine, plus isolée et plus sombre, celle de la vieillesse qu'une partie de la critique donne pour « inquiète ». Cependant, ses fréquentations restèrent diverses et composites : il visitait à la fois des hommes d'Église qui étaient aussi des savants, comme le P. Bouhours et le P. Rapin, et les cabarets les plus en vogue. On peut aussi douter que l'exemple de sa protectrice l'ait réellement influencé, lorsqu'on lit la dernière fable de son dernier recueil, ***Le Juge arbitre, l'Hospitalier, et le Solitaire***, où il indique que la dévotion par les œuvres n'aboutit qu'à d'amères déceptions. Élu non sans mal à l'Académie en 1683, reçu en 1684 seulement — le roi l'ayant obligé à attendre l'élection de Boileau —, il y succéda à Colbert, l'adversaire de Fouquet. Traducteur des ***Epistres de Sénèque*** (1681), auteur d'opéras, d'une tragédie lyrique, ***Astrée*** (1691) — mise en musique par Calasse et qui fut un échec —, d'une comédie, ***Le Rendez-vous*** (1683) — qui ne nous est pas parvenue et qui échoua également —, de nouveaux contes, ***La Matrone d'Éphèse***, ***Belphégor*** — qui devinrent, en 1694, les fables 26 et 27 du livre XII —, et d'un ***Poème du quinquina*** célébrant en 300 vers les vertus d'une nouveauté, La Fontaine demeura toujours reconnu, avant tout et malgré lui, pour ses ***Fables*** : ses textes servirent aussi bien aux libertins qu'à Fénelon, qui utilisa ses fables pour instruire le duc de Bourgogne, petit-fils de Louis XIV — le poète ayant pris la précaution d'en dédier certaines au jeune héritier, comme il l'avait fait, auparavant, pour le Grand Dauphin. Il fréquentait partout, chez Boileau à Auteuil, chez Racine, auprès de Girardon le sculpteur, comme de Mignard le peintre, dans les dîners fort libres du Grand Prieur du Temple comme à Chantilly, chez Condé. Le roi, ses enfants et ses maîtresses appréciaient des œuvres qui, pourtant, les critiquaient parfois sévèrement. La Fontaine poursuivit une correspondance — qui ne nous est pas parvenue — avec des exilés comme Saint-Évremond et sut ne pas renier Maucroix qu'il retrouva à Reims. Lors du scandale du *Dictionnaire* de Furetière, en 1684, il soutint avec fureur la cause de l'Académie contre son ancien ami. Dans la querelle des Anciens et des Modernes, il se plaça du côté des Anciens avec beaucoup de circonspection : apparenté à Racine et ami de Perrault, peu enclin à apprécier Boileau, il voulut tenir une position médiane, en reconnaissant toute sa dette envers les auteurs antiques, sans toutefois négliger les beautés de la modernité, comme l'exposait l'***Epistre à Huet*** (***À Monseigneur l'évesque de Soissons en luy donnant un Quintilien de la traduction d'Oratio Toscanella***, 1687).

La Fontaine tomba gravement malade à la mi-décembre 1692 et reçut l'extrême-onction en février 1693 : on le pressa alors de revenir sur sa vie « *dissolue* » et sur ses textes licencieux ; dûment confessé par le P. Pouget, jeune oratorien, et devant une délégation de l'Académie et une nombreuse assistance, il aurait renié ses ***Contes*** et promis de n'en plus commettre. Il se rétablit, mais sa protectrice, Mme de La Sablière, avait disparu depuis janvier 1693, et La Fontaine fut recueilli par M. et Mme d'Hervart. Après avoir donné, la même année, une ***Traduction paraphrasée de***

la prose Dies irae (publiée in ***Les Œuvres posthumes*** de 1696), il fit paraître en 1694 l'actuel livre XII des ***Fables***, qui regroupe toutes les fables publiées isolément depuis 1678, ainsi qu'une dizaine de fables inédites : les « *fables* » — ou plutôt les « *textes* » ou « *contes* » — 24 à 28 sont en fait 5 pièces reprises à divers recueils de contes.

La Fontaine mourut le 13 avril 1695, à l'âge de 74 ans, et ***Les Œuvres posthumes*** parurent l'année suivante. Dès 1658, il avait composé cette ***Épitaphe d'un paresseux*** :

Jean s'en alla comme il était venu,
Mangea le fonds avec le revenu,
Tint les trésors chose peu nécessaire.
Quant à son temps, bien sut le dispenser :
Deux parts en fit dont il soulait passer
L'une à dormir, et l'autre à ne rien faire.

Un art de la diversité

La diversité du style de La Fontaine répond à sa diversité d'inspiration : du genre pastoral des premiers poèmes — mais sans rupture puisqu'il écrivit toujours des pièces bucoliques ou pastorales —, La Fontaine s'orienta vite vers la comédie et le registre comique, en théâtre comme en poésie, avec les ***Contes***. Tous les tons sont convoqués, en particulier dans les ***Fables***, et délibérément :

J'oppose quelquefois, par une double image,
Le vice à la vertu, la sottise au bon sens,
Les Agneaux aux Loups ravissants ;
La Mouche à la Fourmi ; faisant de cet ouvrage
Une ample comédie à cent actes divers,
Et dont la scène est l'Univers.

(***Le Bûcheron et Mercure***, vv. 23 à 28, in ***Fables***, V, 1)

La langue de La Fontaine se signale par une formidable virtuosité qui permet à l'auteur de passer d'un style à un autre en jouant sur les ruptures, ainsi que l'a parfaitement résumé Valéry : « *La forme par lui créée est d'une souplesse extraordinaire. Elle admet tous les tons du discours, passe du familier au solennel, du descriptif au dramatique, du plaisant au pathétique, et ménage ces modulations à tous les degrés qu'il faut, selon l'ampleur ou la minceur du thème à mettre en œuvre.* » Ce système suppose nécessairement que le lecteur connaisse bien les codes littéraires, et c'est dans le jeu des ruptures qu'on doit trouver souvent les failles qui produisent la réflexion : style burlesque, héroïcomique, style élevé (parodique ou non), lyrisme, formes dialogiques, versification et surprise de la rime, empilement de figures de rhétorique, inventions verbales — comme les « *volereaux* », petits voleurs, et « *la moutonnière créature* » (II, 16, vv. 14 et 24) —, tout est jeu et en même temps piège pour l'interprétation : ainsi la présence exceptionnelle de vers courts (dissyllabe, trisyllabe), soulignant un mot ou bloquant un développement :

L'homme au trésor arrive, et trouve son argent
Absent.

(***Le Trésor et les Deux Hommes***, v. 20, in ***Fables***, IX, 15)

La Fontaine affirme lui-même qu'il faut viser au naturel et à la simplicité pour instruire et plaire :

Une morale nue apporte de l'ennui :
Le conte fait passer le précepte avec lui.
En ces sortes de feinte il faut instruire et plaire,
Et conter pour conter me semble peu d'affaire.

(***Le Pâtre et le Lion***, vv. 3 à 6, in ***Fables***, VI, 1)

Sous la gaieté apparente et recherchée dans l'exécution, se cache souvent une attitude plus grave, plus philosophique et plus politique, tant l'humour, généralement maître de la forme, a bien des choses à montrer et à cacher :

Si la vérité vous offense,
La fable au moins se peut souffrir.

(***Le Lion amoureux***, vv. 13-14, in ***Fables***, IV, 1)

L'ostentation de la variété et de la gaieté, la revendication de l'ornementation n'ont pas seulement pour but d'orienter le lecteur vers un plaisir simple et superficiel, car, sous l'apparente clarté du récit, surgit la complexité de l'ordonnance des formes entremêlées. Le discours, chez La Fontaine, dans les ***Fables*** mais aussi dans les ***Contes***, s'intègre au récit et prend forme dans la mise en place du récit :

Il est un jeu divertissant sur tous.
Jeu dont l'ardeur souvent se renouvelle :
Il divertit & la laide & la belle.

Soit jour, soit nuit, à toute heure il est doux :
Devinez donc comment ce jeu s'appelle.

Le beau jeu n'est connu que de l'époux ;
C'est chez l'Amant que ce plaisir excelle :
De regardant pour y juger des coups,
Il n'en faut point, jamais on ne s'y querelle.
Devinez donc comment ce jeu s'appelle.

(***Comment l'esprit vient aux filles***, vv. 1 à 10, in ***Nouveaux Contes***)

C'est pourquoi chaque pièce peut être contradictoire, contenant à la fois un discours donné comme tel qui permet une première interprétation, mais aussi une multiplicité d'éléments discursifs venus du récit qui viennent contredire, modifier ou interdire la première analyse :

Les sages quelquefois, ainsi que l'Écrevisse,
Marchent à reculons, tournent le dos au port.
C'est l'art des Matelots : c'est aussi l'artifice
De ceux qui pour couvrir quelque puissant effort,
Envisagent un point directement contraire,
Et font vers ce lieu-là courir leur adversaire.

(***L'Écrevisse et sa Fille***, vv. 1 à 6, in ***Fables***, XII, 10)

Un moraliste tranquille ?

Les morales des apologues, très tôt reprises par les pédagogues, ont bien vite installé La Fontaine au rang des auteurs les plus connus des élèves ; à ce titre, il est par excellence ce qu'on appelle un « *classique* », au plein sens de ce terme. Son œuvre jouit en effet d'une réception immédiatement et unanimement favorable, et reçut un concert de louanges de la part des plus grands auteurs, de Molière à Gide, en passant par Mme de Sévigné, La Bruyère, Perrault, Vauvenargues, Chamfort — auteur d'un *Éloge de La Fontaine* (1774) —, Marmontel, Chateaubriand, Hugo, Flaubert, Sainte-Beuve, Amiel, Taine, Valéry, Giraudoux et Montherlant. Seuls ou presque, Voltaire et Rousseau mêlèrent des réserves à leurs éloges. Rarement, donc, un auteur, même classique, aura été aussi constamment, aussi durablement encensé que La Fontaine. Et, au XXe siècle encore, les universitaires qu'il a inspirés — aussi divers que René Bray, Pierre Clarac, Georges Couton, Marcel Gutwirth, René Jasinski, Patrick Dandrey, Marc Fumaroli, Jean-Charles Darmon, entre autres — sont autant de panégyristes.

Toutefois, les élèves le savent bien qui, habitués depuis l'enfance à réciter des fables, se retrouvent désarmés à l'âge des explications et autres commentaires littéraires : La Fontaine est un auteur faussement facile. Et ce consensus dans l'admiration n'est pas synonyme d'uniformité dans l'interprétation — comme le montre aussi la diversité des illustrations que ses œuvres ont inspirées, de Chauveau à Tremois en passant par Oudry et Doré. En raison même de la trompeuse simplicité de ses leçons morales comme de la diversité des facettes de son talent, La Fontaine a été l'objet des lectures les plus contradictoires. Ainsi, faute de pouvoir cerner les liens entre ses centres de réflexion, faute d'aboutir à une vue unique de ses idées, on l'a souvent défini comme un dilettante. Taine (*La Fontaine et ses Fables*, 1853) a essayé de l'ancrer dans une tradition gauloise, le prenant comme objet exemplaire de sa théorie de la race, du milieu, du moment. Mais la tendance la plus récurrente est de faire de lui un être polymorphe, insaisissable, contradictoire, et finalement épris d'ubiquité. Les travaux les plus récents tendent à montrer, d'une part, que la « philosophie » de La Fontaine « traduit » celle de son temps (Louis Marin, Michel Serres), d'autre part, que la question essentielle est la poétique de La Fontaine, qui serait en définitive l'expression la plus exacte et la plus juste de ses choix idéologiques profonds, choix qu'elle traduirait et refléterait adéquatement. Tout serait dans cette quête de la diversité et de la gaieté souriante vue comme une attitude philosophique tenant à la fois de la posture stoïcienne, du détachement moderne et de l'inquiétude face à cette quête désespérée de la gaieté. Cette analyse tend ainsi à marquer une autre leçon critique, plus radicale, qui voit en La Fontaine un épicurien libertin et gassendiste apte à dénoncer les écarts de la société et les excès dogmatiques (Jean-Charles Darmon). En tout cas, La Fontaine dénonce l'excès en tout, mais il montre aussi que la tendance du monde à l'excès est naturelle, comme peut aussi être naturelle la raison qui le condamne. Il prend pied sur cette opposition pour peindre un monde en tension qui ne peut être sauvé mais qu'on peut admettre en connaissance de cause et vivre à condition de se préserver soi-même, grâce au repli, à l'amitié, à la maîtrise de soi, dans l'enclos d'un lieu paisible, une sorte de jardin pour quelques-uns, où l'on peut tranquillement rire de tout, de peur d'être obligé d'en pleurer.

Telle est aussi la leçon qu'ont retenue maints parodistes de La Fontaine qui, de Pierre Péchin à Fabrice Luchini en passant par Pierre Desproges, en faisant triompher des versions argotiques ou en verlan des ***Fables***, ont masqué l'hommage sous l'irrévérence.

ŒUVRES

Contes et Nouvelles *en vers de M. de La Fontaine*

Recueil de quelque 70 contes — titrés mais non numérotés — publiés chez Barbin en 1665, suivi d'une ***Deuxième Partie [...]*** (1666), d'une ***[...] troisième Partie*** (1671), et de ***Nouveaux Contes [...]*** (1674). Quelques autres contes furent publiés dans des œuvres mêlées en 1685 et deux autres après la mort de l'auteur.

Placé sous le signe de l'esthétique *galante*, qui fleurissait depuis 1650, cet ensemble s'inscrit dans la tradition des conteurs — qui, à travers le *Décaméron*, l'*Heptaméron* et les *Cent Nouvelles Nouvelles*, remonte aux fabliaux du Moyen Âge —, c'est-à-dire dans la tradition « *gauloise* », au double sens du terme. D'emblée, La Fontaine s'était défendu préventivement contre l'objection que la nature de ses contes était licencieuse, en expliquant que la légèreté lui était imposée par la nature du genre, et qu'il ne s'agissait que d'un jeu littéraire : « *Ce n'est ni le vrai ni le vraisemblable qui font la beauté de ces choses-ci ; c'est seulement la manière de les conter.* » Mais s'il ne s'agit que de conter, pourquoi cette obstination dans le licencieux ? La réponse permet de comprendre l'origine du projet, son succès, et la persistance du poète dans le genre. En cette 2de moitié du XVIIe siècle où la bienséance est devenue le maître-mot, le jeu consiste à rendre acceptable par le langage ce qui est inacceptable sur le plan des mœurs : *Mais le meilleur de la bête, à mon sens, / N'est ce qu'on voit ; femmes ont maintes choses / Que je préfère, et qui sont lettres closes* (**Les Troqueurs**, vv. 49 à 51, in **Nouveaux Contes**). C'est pourquoi il est allé, au fil des années, de plus en plus loin, en choisissant les contes qui avaient des gens d'Église pour acteurs (nonnes, abbesses, confesseurs) : rendues plus scabreuses par leur contraste avec les personnages, ces situations nécessitaient une prouesse encore plus grande de la part du conteur.

Dans la mesure où ses sujets étaient empruntés aux « *vieux auteurs* », son intervention personnelle était essentiellement langagière. Par là, l'écriture des contes, érigés au statut de véritable genre poétique, ne consiste pas seulement en une transcription des thèmes de l'inconstance et de l'infidélité — les mots « *cocu* » et « *cocuage* » figurent parmi les plus fréquents du recueil — en langage honnête : *Même beauté, tant soit exquise, / Rassasie et soûle à la fin. / Il me faut d'un et d'autre pain ; / Diversité, c'est ma devise* (**Pâté d'anguille**, vv. 1 à 4, *ibid.*). Outre que l'on retrouve les qualités habituelles de la poésie de La Fontaine — grâce et ironie de l'énoncé, légèreté et subtilité de l'énonciation, présence du narrateur et du lecteur lui-même, versification qui s'autorise toutes les libertés —, le sel du jeu consiste à s'en tenir à la litote, à l'ellipse, ou à la périphrase et à la métaphore, insistant en même temps sur le détour qui permet de ne pas nommer l'innommable tout en le désignant : [...] *en l'amoureuse loi / Pain qu'on dérobe et qu'on mange en cachette, / Vaut mieux que pain qu'on cuit, ou qu'on achète* (**Les Troqueurs**, vv. 122 à 124, *ibid.*). Ainsi encore des **Lunettes** *(ibid.)* où, se disant « *court* [lui]-*même* » pour désigner le membre viril, le poète développe sur 22 vers un mythe imaginaire sur l'origine des sexes, avant de finir par utiliser, feignant d'être compris désormais, les termes de « *surplus* », « *reste de machine* » : *C'est ce surplus, ce reste de machine, / Bout de lacet aux hommes excédant* (vv. 83-84). La plupart des **Contes** sont en vers réguliers (de l'octosyllabe à l'alexandrin), certains, comme **Joconde**, sont en vers alternés : *Car en amour, comme à la table, / Si l'on en croit la Faculté, / Diversité de mets peut nuire à la santé* (vv. 307 à 309, in **Contes et Nouvelles**, I) ; *La clef du coffre-fort et des cœurs c'est la même : / Que si ce n'est celle des cœurs, / C'est du moins celle des faveurs* (***Le Petit Chien qui secoue de l'argent et des pierreries***, vv. 1 à 3, in **Contes et Nouvelles**, III).

Les **Contes** eurent un succès considérable et, tenus pour un « *chef-d'œuvre de l'art* », apportèrent la notoriété littéraire à La Fontaine. Ils lui ont cependant valu une solide réputation de grivoiserie. La vente du dernier recueil fut interdite, et il dut faire mine de renoncer au genre pour briguer un fauteuil à l'Académie. On le convainquit de les renier publiquement au seuil de la mort.

***Fables** choisies, mises en vers par M. de La Fontaine, et par luy reveues, corrigées et augmentées*

Recueil de 246 pièces en vers, comportant 240 fables numérotées et titrées, réparties en 12 livres — numérotés mais non titrés —, et 6 pièces titrées mais non numérotées — les dédicaces ***À Monseigneur le Dauphin*** (I), ***À Mme de Montespan*** (VII), un ***Épilogue*** (VI), un autre (XI), un ***Discours à Mme de La Sablière*** (IX) et la fable ***Les Deux Rats, le Renard et l'Œuf*** (IX) —, publié chez Barbin, pour les livres I à VI en 1668, pour les livres VII et VIII en 1678, pour les livres IX, X, XI en 1679, pour le livre XII en 1694.

Les fables du premier recueil reprennent assez clairement les schémas d'Ésope et de Phèdre, mettant en scène principalement des animaux et dégageant une ou plusieurs morales traditionnelles en début ou en fin de texte, aussi bien qu'à l'intérieur même des récits. C'est dans les 6 premiers livres que figurent les plus connues : ***La Cigale et la Fourmi*** (I, 1), ***Le Corbeau et le Renard*** (I, 2), ***Le Rat des villes et le Rat des champs*** (I, 9), ***Le Loup et l'Agneau*** (I, 10), ***Le Renard et la Cigogne*** (I, 18), ***Le Chêne et le Roseau*** (I, 22), ***Le Lion et le Moucheron*** (II, 9), ***Le Lion et le Rat*** (II, 11), ***Le Coq et le Renard*** (II, 15), ***Le Meunier, son Fils et l'Âne*** (III, 1), ***Le Renard et le Bouc*** (III, 5), ***Le Singe et le Dauphin*** (IV, 7), ***Le Pot de terre et le Pot de fer*** (V, 2), ***Le Petit Poisson et le Pêcheur*** (V, 3), ***Le Laboureur et ses Enfants*** (V, 9), ***La Poule aux œufs d'or*** (V, 13), ***Le Cerf se voyant dans l'eau*** (VI, 9), ***Le Lièvre et la Tortue*** (VI, 10), ***Le Charlatan*** (VI, 19), ***La Jeune veuve*** (VI, 21). Les livres suivants, et particulièrement le livre XII, débordent sur des sujets à caractère politique et philosophique (l'âme des animaux, la vérité, la guerre et la paix, la retraite...) en variant le personnel de la fable — les hommes apparaissent en plus grand nombre — et les emprunts — Ésope et Phèdre, mais aussi Pilpay, les fabliaux et les conteurs français et italiens. Ces recueils dégagent une morale plus sombre où les hommes sont esclaves d'eux-mêmes, soumis à l'excès qui les guide, qu'ils soient rois ou simples individus — tel l'Avare ainsi défini : *Ne possédait pas l'or mais l'or le possédait* (IV, 20, v. 11). De façon plus générale, les 12 livres de ***Fables*** se caractérisent par une grande richesse thématique et par la profonde finesse psychologique avec laquelle elles évoquent l'ensemble des aspects majeurs de la condition humaine : la lâcheté de l'homme et sa propension à l'abus de pouvoir — *La raison du plus fort est toujours la meilleure* (I, 10, v. 1) —, sa mauvaise foi — comme celle du renard souhaitant attraper des raisins mais n'y parvenant pas : *Ils sont trop verts, dit-il, et bons pour des goujats* (III, 11, v. 7) —, l'impuissance de l'homme devant l'emprise de l'amour — *Amour, Amour, quand tu nous tiens / On peut bien dire : « Adieu prudence »* (IV, 1, vv. 59-60) —, sa crainte insensée de déplaire — [...] *est bien fou du cerveau / Qui prétend contenter tout le monde et son père* (III, 1, vv. 64-65) —, son impéritie — *Nous n'écoutons d'instincts que ceux qui sont les nôtres, / Et ne croyons le mal que quand il est venu* (I, 8, vv. 57-58) —, son indécision volubile — *Ne faut-il que délibérer, / La Cour en conseillers foisonne ; / Est-il besoin d'exécuter, / L'on ne rencontre plus personne* (II, 2, vv. 29 à 32) —, sa vanité narcissique et envieuse — *Tout bourgeois veut bâtir comme les grands seigneurs, / Tout petit prince a des ambassadeurs, / Tout marquis veut avoir des pages* (I, 3, vv. 12 à 14) ; *La sotte vanité jointe avecque l'envie, / Deux pivots sur qui roule aujourd'hui notre vie* (V, 1, vv. 19-20) —, sa niaise crédulité envers les flatteurs — ainsi du Corbeau envers le Renard de la plus célèbre des ***Fables*** (I, 2) —, sa poltronnerie enfin — *Il n'est, je le vois bien, si poltron sur la terre / Qui ne puisse trouver un plus poltron que soi* (II, 14, vv. 32-33).

De cette vision assez sombre de l'humanité se dégagent une philosophie de l'existence et une sagesse modérées et sans illusion ; elles sont l'une et l'autre condensées dans des vers qui sont autant d'éclairs et qui, de nos jours encore, sont si profondément et si intimement ancrés dans notre mémoire littéraire qu'ils ont pratiquement passé au rang de proverbes de notre sagesse nationale : *On a souvent besoin d'un plus petit que soi* (II, 11, v. 2) ; *Patience et longueur de temps / Font plus que force ni que rage* (*ibid.*, vv. 17-18) ; *Car c'est double plaisir de tromper le trompeur* (II, 15, v. 32) ; *En toute chose il faut considérer la fin* (III, 5, v. 31) ; *Ne forçons point notre talent, / Nous ne ferions rien avec grâce : / Jamais un lourdaud, quoi qu'il fasse, / Ne saurait passer pour galant* (IV, 5, vv. 1 à 4) ; *Deux sûretés valent mieux qu'une* (IV, 15, v. 28) ; *Ne t'attends qu'à toi seul : c'est un commun proverbe* (IV, 22, v. 1) ; *Un tiens vaut, ce dit-on, mieux que deux tu l'auras : / L'un est sûr, l'autre ne l'est pas* (V, 3, vv. 24-25) ; [...] *il ne faut jamais / Vendre la peau de l'ours qu'on ne l'ait mis par terre* (V, 20, vv. 37-38) ; *Rien ne sert de courir ; il faut partir à point* (VI, 10, v. 1). Ainsi, dans les ***Fables***, il ne s'agit plus, comme dans les ***Contes***, de *« conter pour conter »*. La Fontaine tend un miroir aux hommes ; à eux d'en tirer une sagesse, comme il les y invite partout, et nulle part ailleurs mieux que dans ***Le Pouvoir des fables*** (VIII, 4) où l'assemblée athénienne *par l'apologue réveillée, / se donne entière à l'Orateur : / un trait de fable en eut l'honneur.*

Les ***Fables*** ont apporté un bouleversement majeur à la tradition en faisant d'un genre didactique traditionnel un genre littéraire neuf, situé par La Fontaine de plein droit dans la poésie. Discrète dans le 1er recueil, où elle se manifeste surtout dans l'art de conter — grâce et humour, liberté d'une versification éblouissante qui utilise les enjambements et alterne les mètres —, cette poésie se déploie à partir du 2e recueil, pour s'épanouir entièrement dans le livre XII. Peu à peu, les divers genres poétiques (madrigal, ode horatienne, idylle, épître, conte) qui, au début, ne servaient qu'à envelopper l'apologue ésopique en le dégageant de sa sécheresse, et d'une certaine manière se dissimulaient sous le récit traditionnel, reparaissent de façon indépendante. De manière générale, le caractère le plus net et le plus frappant du style des ***Fables*** est sa vivacité, liée à un usage très varié et très subtil des ressources métriques du vers (enjambements, rejets, utilisation des coupes secondaires).

Le succès des ***Fables*** fut immédiat et immense : les traductions en furent nombreuses, dès le XVIIe siècle. Quoique agacé de leur devoir l'essentiel de sa gloire d'auteur, La Fontaine ne cessa d'en composer que dans les toutes dernières années de sa vie.

Très tôt intégrées comme référence scolaire — le premier recueil était adressé au Grand Dauphin, et le dernier au duc de Bourgogne, son fils —, les ***Fables*** furent dénoncées par Rousseau, selon qui elles poussaient les enfants au vice, et elles scandalisèrent Napoléon Ier et Lamartine pour leur dureté et leur cruauté. Cependant, elles furent largement et durablement saluées comme l'œuvre majeure de La Fontaine, et le XIXe siècle en fit le support privilégié de la morale laïque, alors que notre époque, délaissant un peu leur aspect didactique, y voit surtout le sommet d'un art de l'écriture.

CITATIONS

Il me faut du nouveau, n'en fût-il point au monde.
Climène.

Car, comme l'on sait, le secret de plaire ne consiste pas toujours en l'ajustement, ni même en la régularité : il faut du piquant et de l'agréable, si l'on veut toucher.
Préface aux *Contes et Nouvelles en vers*, II.

Il est assez puni par son sort rigoureux ;
Et c'est être innocent que d'être malheureux.
Élégie pour M. Foucquet.

Je n'appelle pas gaieté ce qui excite le rire ; mais un certain charme, un air agréable qu'on peut donner à toutes sortes de sujets, même les plus sérieux.
Préface aux *Fables*.

Je me sers d'animaux pour instruire les hommes.
À Monseigneur le Dauphin, in *Fables*.

La Fourmi n'est pas prêteuse :
C'est là son moindre défaut.
[...]
Vous chantiez ? j'en suis fort aise :
Eh bien ! dansez maintenant.
La Cigale et la Fourmi, in *Fables*, I, 1.

Sans mentir, si votre ramage
Se rapporte à votre plumage,
Vous êtes le phénix des hôtes de ces bois.
[...]
Apprenez que tout flatteur
Vit aux dépens de celui qui l'écoute :
Cette leçon vaut bien un fromage, sans doute.
Le Corbeau et le Renard, in *Fables*, I, 2.

La Grenouille qui se veut faire aussi grosse que le bœuf.
Titre, in *Fables*, I, 3.

Fi du plaisir
Que la crainte peut corrompre !
Le Rat de ville et le Rat des champs, in *Fables*, I, 9.

La raison du plus fort est toujours la meilleure.
Le Loup et l'Agneau, in *Fables*, I, 10.

Si ce n'est toi, c'est donc ton frère.
Le Loup et l'Agneau, in *Fables*, I, 10.

Plutôt souffrir que mourir,
C'est la devise des hommes.
La Mort et le Bûcheron, in *Fables*, I, 16.

Deux Veuves sur son cœur eurent le plus de part :
L'une encor verte, et l'autre un peu bien mûre,
Mais qui réparait par son art
Ce qu'avait détruit la nature.
L'Homme entre deux âges et ses Deux Maîtresses, in *Fables*, I, 17.

Trompeurs, c'est pour vous que j'écris :
Attendez-vous à la pareille.
Le Renard et la Cigogne, in *Fables*, I, 18.

À l'œuvre on connaît l'artisan.
Les Frelons et les Mouches à miel, in *Fables*, I, 21.

Tout vous est aquilon, tout me semble zéphyr.
Le Chêne et le Roseau, in *Fables*, I, 22.

Je plie, et ne romps pas.
Le Chêne et le Roseau, in *Fables*, I, 22.

Les délicats sont malheureux :
Rien ne saurait les satisfaire.
Contre ceux qui ont le goût difficile, in *Fables*, II, 1.

Ne faut-il que délibérer,
La cour en conseillers foisonne ;
Est-il besoin d'exécuter,
L'on ne rencontre plus personne.
Conseil tenu par les Rats, in *Fables*, II, 2.

Laissez-leur prendre un pied chez vous,
Ils en auront bientôt pris quatre.
La Lice et sa Compagne, in *Fables*, II, 7.

[...] entre nos ennemis
Les plus à craindre sont souvent les plus petits [...].
Le Lion et le Moucheron, in *Fables*, II, 9.

Il faut, autant qu'on peut, obliger tout le monde :
On a souvent besoin d'un plus petit que soi.
Le Lion et le Rat, in *Fables*, II, 11.

Patience et longueur de temps
Font plus que force ni que rage.
Le Lion et le Rat, in *Fables*, II, 11.

[...] c'est double plaisir de tromper le trompeur.
Le Coq et le Renard, in *Fables*, II, 15.

En toute chose il faut considérer la fin.
Le Renard et le Bouc, in *Fables*, III, 5.

Je ne suis pas de ceux qui disent : « *Ce n'est rien,*
C'est une femme qui se noie. »
Je dis que c'est beaucoup ; et ce sexe vaut bien
Que nous le regrettions, puisqu'il fait notre joie.
La Femme noyée, in *Fables*, III, 16.

Amour, Amour, quand tu nous tiens
On peut bien dire : « *Adieu prudence.* »
Le Lion amoureux, in *Fables*, IV, 1.

« *Montrez-moi patte blanche, ou je n'ouvrirai point.* »
Le Loup, la Chèvre et le Chevreau, in *Fables*, IV, 15.

Chacun se dit ami ; mais fol qui s'y repose :
Rien n'est plus commun que ce nom,
Rien n'est plus rare que la chose.
Parole de Socrate, in *Fables*, IV, 17.

Il n'est, pour voir, que l'œil du maître.
Quant à moi, j'y mettrais encor l'œil de l'amant.
L'Œil du maître, in *Fables*, IV, 21.

Il n'est meilleur ami ni parent que soi-même.
L'Alouette et ses Petits avec le Maître d'un champ, in *Fables*, IV, 22.

Un auteur gâte tout quand il veut trop bien faire.
Le Bûcheron et Mercure, in *Fables*, V, 1.

Petit poisson deviendra grand,
Pourvu que Dieu lui prête vie.
Le Petit Poisson et le Pêcheur, in *Fables*, V, 3.

Un *Tiens* vaut, ce dit-on, mieux que deux *Tu l'auras*.
Le Petit Poisson et le Pêcheur, in *Fables*, V, 3.

Travaillez, prenez de la peine :
C'est le fonds qui manque le moins.
Le Laboureur et ses Enfants, in *Fables*, V, 9.

Plus fait douceur que violence.
Phébus et Borée, in *Fables*, VI, 3.

Garde-toi, tant que tu vivras,
De juger des gens sur la mine.
Le Cochet, le Chat et le Souriceau, in *Fables*, VI, 5.

Rien ne sert de courir ; il faut partir à point.
Le Lièvre et la Tortue, in *Fables*, VI, 10.

Aide-toi, le Ciel t'aidera.
Le Chartier embourbé, in *Fables*, VI, 18.

Selon que vous serez puissant ou misérable,
Les jugements de cour vous rendront blanc ou noir.
Les Animaux malades de la peste, in *Fables*, VII, 1.

Adieu veau, vache, cochon, couvée.
La Laitière et le Pot au lait, in *Fables*, VII, 10.

Quel esprit ne bat la campagne ?
Qui ne fait châteaux en Espagne ?
La Laitière et le Pot au lait, in *Fables*, VII, 10.

Quelque accident fait-il que je rentre en moi-même,
Je suis gros Jean comme devant.
La Laitière et le Pot au lait, in *Fables*, VII, 10.

Deux coqs vivaient en paix : une poule survint,
Et voilà la guerre allumée.
Les Deux Coqs, in *Fables*, VII, 13

Je voudrais qu'à cet âge
On sortît de la vie ainsi que d'un banquet,
Remerciant son hôte, et qu'on fît son paquet.
La Mort et le Mourant, in *Fables*, VIII, 1.

Si *Peau d'âne* m'était conté,
J'y prendrais un plaisir extrême.

Le monde est vieux, dit-on : je le crois ; cependant
Il le faut amuser encore comme un enfant.
Le Pouvoir des fables, in *Fables,* VIII, 4.

Tel est pris qui croyait prendre.
Le Rat et l'Huître, in *Fables,* VIII, 9.

Qu'un ami véritable est une douce chose !
Il cherche vos besoins au fond de votre cœur ;
Il vous épargne la pudeur
De les lui découvrir vous-même [...]
Les Deux Amis, in *Fables,* VIII, 11.

Se croire un personnage est fort commun en France.
Le Rat et l'Éléphant, in *Fables,* VIII, 15.

Deux pigeons s'aimaient d'amour tendre.
Les Deux Pigeons, in *Fables,* IX, 2.

Amants, heureux amants, voulez-vous voyager ?
Que ce soit aux rives prochaines.
Soyez-vous l'un à l'autre un monde toujours beau,
Toujours divers, toujours nouveau ;
Tenez-vous lieu de tout, comptez pour rien le reste.
Les Deux Pigeons, in *Fables,* IX, 2.

L'absence est le plus grand des maux.
Les Deux Pigeons, in *Fables,* IX, 2.

Ventre affamé n'a point d'oreilles.
Le Milan et le Rossignol, in *Fables,* IX, 18.

Quand le moment viendra d'aller trouver les morts,
J'aurai vécu sans soins, et mourrai sans remords.
Le Songe d'un habitant du Mogol, in *Fables,* XI, 4.

Il ne faut point juger des gens sur l'apparence.
Le Paysan du Danube, in *Fables,* XI, 7.

Toute sa personne velue
Représentait un ours, mais un ours mal léché...
Le Paysan du Danube, in *Fables,* XI, 7.

Un octogénaire plantait.
Passe encor de bâtir ; mais planter à cet âge !
Le Vieillard et les Trois Jeunes Hommes, in *Fables,* XI, 8.

Quittez le long espoir et les vastes pensées.
Le Vieillard et les Trois Jeunes Hommes, in *Fables,* XI, 8.

La jeunesse se flatte, et croit tout obtenir ;
La vieillesse est impitoyable.
Le Vieux Chat et la Jeune Souris, in *Fables,* XII, 5.

Mieux vaux goujat debout qu'empereur enterré.
La Matrone d'Éphèse, in *Fables,* XII, 26.

Le cœur fait tout, le reste est inutile.
Belphégor, in *Fables,* XII, 27.

Chez les amis, tout s'excuse, tout passe ;
Chez les amants, tout plaît, tout est parfait ;
Chez les époux, tout ennuie et tout lasse.
Le devoir nuit : chacun est ainsi fait.
Belphégor, in *Fables,* XII, 27.

Ô triste jalousie ! ô passion amère !
Fille d'un fol amour, que l'erreur a pour mère !
Ce qu'on voit par tes yeux cause assez d'embarras
Sans voir encor par eux ce que l'on ne voit pas !
Les Filles de Minée, in *Fables,* XII, 28.

Ô vous dont le public emporte tous les soins,
Magistrats, princes et ministres,
Vous que doivent troubler mille accidents sinistres,
Que le malheur abat, que le bonheur corrompt,
Vous ne vous voyez point, vous ne voyez personne.
Le Juge arbitre, l'Hospitalier et le Solitaire, in *Fables,* XII, 29.

Mais le meilleur de la bête, à mon sens,
N'est ce qu'on voit ; femmes ont maintes choses
Que je préfère, et qui sont lettres closes ;
Les Troqueurs, in *Nouveaux Contes.*

Mots dorés en amours font tout.
Pâté d'anguille, in *Nouveaux Contes.*

Dont je conclus qu'en amours faut
Battre le fer quand il est chaud,
Sans chercher ni détour ni ruse.
Janot et Catin, in *Nouveaux Contes.*

JUGEMENTS

« Pour le vocabulaire, les tours, les tons, les idiotismes, sa langue est peut-être la plus riche de la belle époque, car elle combine savamment l'archaïsme et le classique, le gaulois et le français. Variété, finesse, malice, sensibilité, rapidité, concision, gravité, grandeur, on trouve tout dans le fabuliste. Et le bonheur des épithètes, et l'adage piquant, et les croquis enlevés, et les audaces inattendues, et le trait qui reste ! On ne sait ce qui lui manque, tant il a d'aptitudes diverses. »

Henri Frédéric Amiel, *Fragments d'un journal intime,* 17 juillet 1877.

« [...] *La Fontaine, ce talent non seulement sans égal, mais sans analogue, l'enchanteur La Fontaine, n'est-il pas encore une énigme ¿... Moraliste sans moralité, poète négligé d'une perfection désespérante, La Fontaine, aussi fabuleux que ses fables, est-il un naïf ou un retors ; un simple ou une fleur concentrée ; un railleur ou un sérieux ; un Machiavel ou un Platon* [...] *¿ Était-ce un Tartuffe d'art, fin et rusé comme tous les renards, souple, gracieux et scélérat aussi, comme tous les chats de ses fables ¿ Était-ce un bonhomme, ou un enfant terrible* [...] *¿* »

Jules BARBEY d'AUREVILLY, *Les Œuvres et les Hommes*, t. XVI, posthume, 1898.

« *En France, la poésie a toujours dû suivre une voie difficile entre l'écueil de la facilité oratoire et celui du prosaïsme didactique. Sans "lui tordre le cou", La Fontaine évite l'éloquence, et son vers n'a jamais "rien en lui qui pèse ou qui pose".*

Son œuvre est à la croisée de tous nos chemins. Aux finesses de l'art le plus étudié elle unit l'abandon, la clarté, le rythme alerte des chansons rustiques. Il n'y a pas de note humaine qui ne s'y fasse entendre, l'ironie, l'émotion, la pitié, le courage, le goût du plaisir et de la retraite, l'acceptation de la vie et le besoin du rêve. On voudrait faire sentir pourquoi on l'aime ; mais on n'ose forcer la voix quand on parle du plus discret des poètes. »

Pierre CLARAC, *La Fontaine*, Boivin, 1947, rééd. « Connaissance des lettres », Hatier, 1959.

« *Avec cet effroyable cynisme d'emprerruqué mondain qui le caractérise, La Fontaine n'hésita pas à puiser largement dans les ysopets des autres pour les parodier grossièrement et les signer de son nom. Grâce à quoi, de nos jours encore, ce cuistre indélicat passe encore pour un authentique poète, voire pour un fin moraliste, alors qu'il ne fut qu'un pilleur d'idées sans scrupules, doublé d'un courtisan lèche-cul craquant des vertèbres et lumbagoté de partout à force de serviles courbettes et honteux léchages d'escarpins dans les boudoirs archiducaux où sa veulerie plate lui assura le gîte, le couvert et la baisouillette jusqu'à ce jour de 1695 où, sur un lit d'hôpital, le rat, la belette et le petit lapin lui broutèrent les nougats jusqu'à ce que mort s'ensuive, ce qui prouve qu'on a souvent besoin d'un plus petit que soi. Essayez de vous brouter vous-même les nougats, vous verrez que j'ai raison.* »

Pierre DESPROGES, *Dictionnaire superflu à l'usage de l'élite et des bien nantis*, Seuil, 1985.

« *De tous les écrivains français, La Fontaine est celui qui s'installe le premier dans une mémoire de Français. C'est le plus traduit, le plus estimé aussi, même de celles qui ne l'ont jamais lu, qui ne l'ont jamais pris pour un auteur,* [...] *et qui le confondent avec les saints du calendrier* [...].

Le bon La Fontaine n'est plus guère qu'un personnage de dissertation. On a toujours dit que c'était le meilleur des hommes, qu'il traversait la vie en grand enfant, [...] *mais on l'a trop dit. Je veux bien qu'il y ait quelque chose de vrai dans cette bonté dont s'est simultanément avisé tout un siècle. Mais n'est-ce pas plutôt une suprême rouerie du poète que d'avoir souscrit spontanément à une réputation qu'il trouvait heureuse et confortable ¿* »

Léon-Paul FARGUE, « La Fontaine », in *Tableau de la littérature française*, II, Gallimard, 1939.

« *La perfection de La Fontaine est plus subtile mais non moins exigeante que celle de Racine ; elle étend sur moins d'espace une apparence plus négligée ; mais il n'est que d'y prêter attention suffisante : la touche est si discrète qu'elle pourrait passer inaperçue. Rien n'est plus loin de l'insistance romantique. Il passe outre aussitôt ; et si vous n'avez pas compris, tant pis. On ne saurait rêver d'art plus discret, d'apparence moins volontaire.* »

André GIDE, *Journal*, 19 septembre 1939, Gallimard, 1954.

« *Il fait sa fleur et son fruit, fable et moralité, poésie et philosophie ; poésie étrange composée de tous les sens que la nature présente au rêveur, étrange philosophie qui sort des choses pour aller aux hommes.*

La Fontaine, c'est un arbre de plus dans le bois, le fablier. »

Victor HUGO, *Post-Scriptum de ma vie*, posthume, cité *in* Patrick DANDREY, *La Fontaine ou les Métamorphoses d'Orphée*, « Découvertes », Gallimard, 1995.

« *21 novembre 1805. Juste étendue. — La Fontaine l'a dans ses* Fables. *Ésope ne l'a pas, ni Phèdre. On trouve dans ces trois auteurs les trois opérations du peintre. Dans Ésope, le croquis ; dans Phèdre, le dessin arrêté (et lavé) ; dans La Fontaine le tableau.* »

Joseph JOUBERT, *Carnets*, 1805.

« *La Fontaine, il lui suffit de cinq mots pour tout dire. Il est encore plus fort que Baudelaire, qui fait parfois de la rhétorique. Lui, il maîtrise toutes les langues, la super-savante et le parler de bistrot. Il les mélange, il les arrange, il a des bonheurs d'écriture qui te mettent à genoux, mais jamais il ne nous les casse avec son matos littéraire. Céline a raison. C'est final, La Fontaine.* »

Fabrice LUCHINI, entretien in *Télérama*, janvier 1999.

« *C'est parce qu'on a découvert qu'il écrivait ses fables avec peine, qu'on pardonne à La Fontaine de les avoir réussies.* »

Henry de MONTHERLANT, *Carnets*, Gallimard, 1957.

« *Non seulement il a inventé le genre de poésie où il s'est appliqué, mais il l'a porté à sa dernière perfection ; de sorte qu'il est le premier, et pour l'avoir inventé, et pour y avoir tellement excellé que personne ne pourra jamais avoir que la seconde place dans ce genre d'écrire. Il a joint au bon sens d'Ésope des ornements de son invention si convenables, si judicieux et si réjouissants en même temps, qu'il est malaisé de faire une lecture plus utile et plus agréable tout ensemble. Il n'inventait pas les fables, mais il les choisissait bien, et les rendait presque toujours meilleures qu'elles n'étaient.* »

Charles PERRAULT, *Les Hommes illustres*, 1696.

« *On fait apprendre les fables* [sic] *de La Fontaine à tous les enfants, et il n'y en a pas un seul qui les entende. Quand ils les entendraient, ce serait encore pis ; car la morale en est tellement mêlée et si disproportionnée à leur âge, qu'elle les porterait plus au vice qu'à la vertu.* [...]

Composons, monsieur de La Fontaine. Je promets, quant à moi, de vous lire avec choix, de vous aimer, de m'instruire dans vos fables ; car j'espère ne pas me tromper sur leur objet ; mais, pour mon élève, permettez que je ne lui en laisse pas étudier une seule jusqu'à ce que vous m'ayez prouvé qu'il est bon pour lui d'apprendre des choses dont il ne comprendra pas le quart... »

Jean-Jacques ROUSSEAU, *Émile ou De l'éducation*, 1762.

« *La simplicité de La Fontaine donne de la grâce à son bon sens, et son bon sens rend sa simplicité piquante de sorte que le brillant de ses ouvrages naît peut-être essentiellement de ces deux sources réunies.* »

VAUVENARGUES, *Réflexions sur quelques poètes*, 1746.

« *Quel est donc le pouvoir des vers naturels, puisque, par ce seul charme, La Fontaine, avec de grandes négligences, a une réputation si universelle et si méritée, sans avoir jamais rien inventé !* »

VOLTAIRE, *Le Siècle de Louis XIV*, 1751.

« [...] *si on s'est servi du terme d'*instinct *pour caractériser La Fontaine, ce mot instinct signifioit génie. Le caractère de ce bon homme étoit si simple, que dans la conversation il n'étoit guères au-dessus des animaux qu'il faisoit parler, mais comme poète il avoit un instinct divin, et d'autant plus* instinct *qu'il n'avoit que ce talent. L'abeille est admirable, mais c'est dans sa ruche. Hors de là, l'abeille n'est qu'une mouche.* »

VOLTAIRE, *Correspondance*, 7 janvier 1744.

« *La Fontaine, le roi de nos conteurs, est un homme aimable, presque galant, un esprit fin et délicat, dont le grand mérite à mes yeux est d'avoir eu conscience de la nature à une époque où la nature était profondément dédaignée et incomprise.* »

Émile ZOLA, *Livres d'aujourd'hui et de demain*, 1866.

BIBLIOGRAPHIE

Éditions

Œuvres complètes, « Pléiade », Gallimard, t. I : *Fables, Contes et Nouvelles*, nouv. éd. J.-P. COLLINET, 1991 ; t. II, *Œuvres diverses*, éd. P. CLARAC, 1943.

Contes, éd. G. COUTON, « Classiques Garnier », Garnier, 1961 ; sous le titre *Contes et Nouvelles en vers*, éd. N. FERRIER et J.-P. COLLINET, « GF », Flammarion, 1980 ; éd. A.-M. BASSY, « Folio », Gallimard, 1982.

Fables, éd. R. RADOUANT, « Classiques Hachette », Hachette, 1929 ; éd. G. COUTON, « Classiques Garnier », Garnier, 1962 ; éd. M. FUMAROLI, « LdP/ Pochothèque », LGF, 1995.

Études

R. BARED, *La Fontaine*, « Écrivains de toujours », Seuil, 1995.

P. BORNECQUE, *La Fontaine fabuliste*, SEDES, 1973.

R. BRAY, *Les « Fables » de La Fontaine*, Nizet, 1946.

E. BURY, *L'Esthétique de La Fontaine*, SEDES, 1996.

P. CLARAC, *La Fontaine*, Boivin, 1947, rééd. « Connaissance des lettres », Hatier, 1959 ; *La Fontaine par lui-même*, « Écrivains de toujours », Seuil, 1961.

J.-P. COLLINET, *Le Monde littéraire de La Fontaine*, PUF, 1970.

G. COUTON, *La Poétique de La Fontaine*, PUF, 1957 ; *La Politique de La Fontaine*, Belles Lettres, 1959.

P. DANDREY, *La Fabrique des fables. Essai sur la poétique de La Fontaine*, Klincksieck, 1991 ; nouv. éd. sous le titre *Poétique de La Fontaine*, t. I, *La Fabrique des « Fables »*, « Quadrige », PUF, 1996 ; *La Fontaine ou les Métamorphoses d'Orphée*, « Découvertes », Gallimard, 1995.

J.-Ch. DARMON, *Philosophie épicurienne et littérature au XVIIe siècle*, PUF, 1998 ; *L'Ennui des Muses : La Fontaine et la Fable du Parnasse*, Hermann, 1999.

B. DONNÉ, *La Fontaine et la Poétique du songe*, Champion, 1995.

R. DUCHÊNE, *La Fontaine*, Fayard, 1995.

L.-P. FARGUE, « La Fontaine », in *Tableau de la littérature française*, II, Gallimard, 1939, pp. 52 à 66.

M. FUMAROLI, *Le Poète et le Roi. Jean de La Fontaine en son siècle*, Fallois, 1997.

A. GÉNETIOT, « La Poétique de La Fontaine et la Tradition mondaine : les six derniers livres des *Fables* », in *L'Information littéraire*, janv.-fév. 1992, pp. 8 à 27.

J. GIRAUDOUX, *Les Cinq Tentations de La Fontaine*, Grasset, 1938.

J. GRIMM, *Le Pouvoir des fables. Études lafontainiennes*, PFSCL, Tübingen (DE), 1994-1995, 2 vol.

M. GUTWIRTH, *Un merveilleux sans éclat : La Fontaine ou la poésie exilée*, Droz, Genève (CH), 1987.

R. KAHN, *Le Goût de La Fontaine*, PUF, 1962.

J.-C. LAPP, *The Esthetics of « Négligence ». La Fontaine's Contes*, Fall, New York (US), 1964.

L. MARIN, « La raison du plus fort est toujours la meilleure », in *La Parole mangée*, Klincksieck, 1986.

G. et C. MAURAUD, *Lire La Fontaine. Analyses de fables*, Colloque d'Albi, L'Union, Toulouse, 1992.

J. MAZALEYRAT, « Le Vers de La Fontaine », in *L'Information grammaticale*, n° 5, 1980, pp. 23 à 29.

O. de MOURGUES, *« Ô Muse, fuyante proie... » Essai sur la poésie de La Fontaine*, Corti, 1962.

J. ORIEUX, *La Fontaine ou La vie est un conte*, Flammarion, 1976.

M. Serres, *Le Parasite*, Grasset, 1980.

L. Spitzer, « L'Art de la transition chez La Fontaine », in *Études de style*, Gallimard, 1970, pp. 166 à 207.

P. Valéry, « Au sujet d'Adonis », in *Variété*, t. I, 1924, repris in *Œuvres*, t. I, « Pléiade », Gallimard, 1957.

La Fontaine et l'Orient : réception, réécriture, représentation, actes du colloque de Tunis (avr. 1995), éd. Alia Baccar, « Biblio 17 », PFSCL, Paris/Seattle (US)/Tübingen (DE), vol. 98, 1996.

Le Fablier, revue annuelle publiée par la Société des Amis de La Fontaine depuis 1989.

Supplément de la revue *Littératures classiques* consacré aux livres VII à XII des *Fables*, éd. P. Ronzeaud, Klincksieck, janv. 1992.

AUDIO & VIDÉO

CD-ROM

J.-M. Boileau, *La Fontaine, les « Fables », miroir de la nature humaine*, Immedia/Les temps qui courent/Warner, 1995.

Encyclopédie de la littérature française, Bibliopolis, 1998.

Jean de La Fontaine : les « Fables », illustr. G. Doré et J.-J. Granville, Ilias/Warner, 1995.

La Fontaine, Le Catalogue des Lettres, 1998.

La Fontaine pour mémoire, Les Temps qui courent, 1995.

Les Plus Belles Fables de La Fontaine, Saari/TLC/Édusoft, 1996.

LAMARTINE

Alphonse de LAMARTINE
Alphonse Marie Louis de LAMARTINE
Mâcon 1790 – Paris 1869
Académicien

« [Lamartine] *n'était pas seulement un poëte, c'était la poésie même. Sa nature chaste, élégante et noble semblait tout ignorer des laideurs et des trivialités de la vie : tel était le livre, tel était l'auteur, et le meilleur frontispice qu'on eût pu choisir pour ce volume* [Méditations poétiques] *de vers, c'était le portrait du poëte.* »
Théophile GAUTIER, « Lamartine », 8 mars 1869, in *Portraits contemporains*, 1881.

« *Non, je n'ai aucune sympathie pour cet écrivain sans rythme, pour cet homme d'État sans initiative. C'est à lui que nous devons tous les embêtements bleuâtres du lyrisme poitrinaire, et lui que nous devons remercier de l'Empire : homme qui va aux médiocres et qui les aime.* [...] *Et puis, un homme qui compare Fénelon à Homère, qui n'aime pas les vers de La Fontaine, est jugé comme littérateur. Il ne restera pas de Lamartine de quoi faire un demi-volume de pièces détachées. C'est un esprit eunuque, la couille lui manque, il n'a jamais pissé que de l'eau claire.* »
Gustave FLAUBERT, *Correspondance*, 6 avril 1853.

Entre lyrisme et politique

Les apprentissages d'un gentilhomme

Né dans une famille de petite noblesse, Lamartine demeura toute sa vie un gentilhomme. Son métier fut la diplomatie ou la politique. Lui qui écrivit tant se disait « *amateur de poésie* ». À l'âge de 7 ans, il partit vivre à Milly, « *parmi les pasteurs* » (XVI, ***Les Préludes***, in ***Nouvelles Méditations poétiques***), avant de retrouver, en pension, d'autres fils de notables, d'abord dans un collège de Lyon — dont il s'échappa, au grand désespoir de ses parents, en 1802 —, puis au collège jésuite de Belley, à partir de 1803. Brillant élève, il y découvrit l'œuvre de Chateaubriand : « *Un jeune homme nous lisait les plus beaux morceaux du* Génie du Christianisme *; nous écoutions, ravis comme par un langage inconnu, ce merveilleux style* » ***(Cours familier de littérature)***. Là s'éveilla une vocation poétique que confirmèrent d'immenses lectures et que facilita l'oisiveté : il n'était pas question, dans son milieu, de servir Napoléon Ier, *alias* l'Usurpateur. Il versifia des poèmes souvent légers, inspirés de ses aventures : la plus célèbre le lia pour quelques mois (1811-1812), à Naples, à une Antoniella que, dans un récit poétique éponyme, il appela « *Graziella* ». Il s'exerça aussi à des genres plus nobles, rêvant d'une épopée et écrivant des tragédies comme ***Médée*** ou ce ***Saül*** qu'il reprit sous la Restauration.

En 1814, il s'engagea comme garde du corps de Louis XVIII. Émigré pendant les Cent-Jours, il reprit ensuite du service, mais démissionna très vite. Rendu au loisir — et notamment à sa passion des chiens, dont son célèbre lévrier Fido —, il composa des « *élégies* » et rencontra, en 1816, à Aix-les-Bains, Julie Charles, jeune femme poitrinaire et épouse du célèbre physicien, secrétaire perpétuel de l'Académie des sciences — qui devint Elvire. Ce premier grand amour ne fut certes pas la clé des ***Méditations poétiques***, mais, après avoir aimé et perdu Julie — il l'attendit à Aix mais, trop malade, elle ne vint pas, et mourut quelques mois plus tard, en 1817 —, le poète n'était plus le même : il « se déclara », comme aurait dit Giraudoux. Ce deuil lui inspira de nombreux vers, dont ceux de ***L'Isolement***, célèbre poème de l'absence :

Que me font ces vallons, ces palais, ces chaumières ?
Vains objets dont pour moi le charme est envolé ;
Fleuves, rochers, forêts, solitudes si chères,
Un seul être vous manque, et tout est dépeuplé.

(***L'Isolement***, vv. 25 à 28, in ***Méditations poétiques***, I)

Au sortir d'un épisode sensuel avec Léna de Larche (la « *princesse italienne* »), Alphonse le libertin s'affirma catholique — « conversion » qui dura douze ans.

Le lyrique couronné

C'est à cette époque que parurent les ***Méditations***, lues un peu vite comme l'œuvre du chrétien qu'il venait de redevenir, et qui signalèrent la naissance d'un poète.

L'année 1820 vit le triomphe du poète et son établissement : mariage, « *par religion* » — à défaut d'amour —, avec l'Anglaise Marianne-Élisa Birch et nomination à Naples comme secrétaire de légation. Pendant ce second séjour italien, Lamartine écrivit une grande partie des ***Nouvelles Méditations poétiques*** et conçut un vaste poème épique : ***Les Visions***. Revenu en France avec Marianne et un premier fils, Alphonse, il eut en 1822 une fille, Julia, mais perdit bientôt son premier-né.

En septembre 1823 parut ***La Mort de Socrate*** où le sage athénien — conformément à l'exergue : « *La vérité, c'est Dieu !* » — entrevoit des vérités chrétiennes, vaste (plusieurs centaines de vers) beau poème qui, sous l'influence probable de Chénier, annonce parfois la plastique parnassienne :

Ses longs cils que la mort n'a fermés qu'à demi
Retombant en repos sur son œil endormi
Semblaient, comme autrefois, sous leur ombre abaissée
Recueillir le silence, ou voiler la pensée !

(***La Mort de Socrate***, vv. 813 à 816)

Publiées une semaine plus tard, les ***Nouvelles Méditations poétiques*** ne firent pas oublier les premières, malgré des pièces restées fameuses, comme ***Bonaparte***, ***Les Préludes*** ou ***Le Crucifix*** :

On dit qu'aux derniers jours de sa longue agonie,
Devant l'éternité seul avec son génie,
Son regard vers le ciel parut se soulever !
Le signe rédempteur toucha son front farouche !...
Et même on entendit commencer sur sa bouche
Un nom !... qu'il n'osait achever !

(***Bonaparte***, vv. 163 à 168, in ***Nouvelles Méditations poétiques***, III)

Tout naît, tout passe, tout arrive
Au terme ignoré de son sort :
À l'Océan l'onde plaintive,
Aux vents la feuille fugitive,
L'aurore au soir, l'homme à la mort.

(***Les Préludes***, vv. 61 à 65, in ***Nouvelles Méditations poétiques***, XVI)

Toi que j'ai recueilli sur sa bouche expirante
Avec son dernier souffle et son dernier adieu,
Symbole deux fois saint, don d'une main mourante,
Image de mon Dieu !

(***Le Crucifix***, vv. 1 à 4, in ***Nouvelles Méditations poétiques***, XXI)

Avec ce poème s'achevait le cycle de la seconde « *Elvire* ». Ailleurs ***(Ischia, Chant d'amour)***, l'époux amoureux célébrait Marianne :

Ah ! que nos longs regards se suivent, se prolongent,
Comme deux purs rayons l'un dans l'autre se plongent,
Et portent tour à tour
Dans le cœur l'un de l'autre une tremblante flamme,
Ce jour intérieur que donne seul à l'âme
Le regard de l'amour !

(***Chant d'amour***, vv. 55 à 60, in ***Nouvelles Méditations poétiques***, XXIV)

Un échec à l'Académie française, la disparition de deux de ses sœurs assombrirent l'année 1824. La mort héroïque de Byron, cette même année, au service de la Grèce, inspira au poète les quelque 2 000 vers, répartis en 49 sections, du ***Dernier Chant du pèlerinage d'Harold*** (1825), à peu près illisibles aujourd'hui — sinon comme témoignage d'un philhellénisme alors à son apogée —, à l'exception de quelques vers :

J'aimai ; je fus aimé : c'est assez pour ma tombe ;
Qu'on y grave ces mots, et qu'une larme y tombe !

(***Le Dernier Chant du Pèlerinage d'Harold***, II, vv. 5-6)

À l'automne, Lamartine retrouva l'Italie : il fut en effet nommé à la légation de Florence. Du bonheur toscan naquirent les ***Harmonies sacrées*** qui trouvèrent place dans le recueil de 1830. Le retour en France (1828) n'alla pas sans tristesse : Lamartine écrivit ***Novissima Verba***, poème du désespoir, sous-titré ***Mon âme est triste jusqu'à la mort !*** À peine élu à l'Académie — grâce, notamment, à l'appui de Chateaubriand —, il perdit sa mère (1829). Reçu le 1er avril 1830 sous la coupole — où il se révéla l'un des moins assidus —, il publia le 15 juin ses ***Harmonies poétiques et religieuses***.

Une cinquantaine de pièces — 47 exactement, réparties en 4 livres comportant respectivement 11, 13, 11 et 12 poèmes — donnent à l'ensemble une ampleur qu'on retrouve dans maint poème, comme ***Éternité de la nature, brièveté de l'homme***, sous-titré ***Cantique*** et composé de 11 dizains d'octosyllabes :

Roulez dans vos sentiers de flamme,
Astres, rois de l'immensité !
Insultez, écrasez mon âme
Par votre presque éternité !
Et vous, comètes vagabondes,
Du divin océan des mondes,

Débordement prodigieux,
Sortez des limites tracées,
Et révélez d'autres pensées
De celui qui pensa les cieux !

(***Éternité de la nature, Brièveté de l'homme***, vv. 1 à 10, in ***Harmonies poétiques et religieuses***, IV, IX)

L'inspiration est loin d'être uniforme, puisque, à côté des « *harmonies* » promises, le doute s'exprime et le ton rejoint parfois celui de la diatribe, comme dans ***Aux chrétiens dans les temps d'épreuves*** :

Levons-nous, et lançons le dernier anathème
Prenons les droits du ciel, et chargeons-nous nous-même
Des justices de Dieu.

(***Aux chrétiens dans les temps d'épreuves***, vv. 16 à 18, in ***Harmonies poétiques et religieuses***, I, VI)

Dieu est célébré dans son admirable création, mais on discerne jusque dans l'***Hymne au Christ*** — où alternent strophes longues et brèves, vers étendus et courts, et même pairs et impairs — les prodromes de la crise qui, bientôt, sépara ce catholique de l'Église :

Pour moi, soit que ton nom ressuscite ou succombe,
Ô dieu de mon berceau, sois le dieu de ma tombe !

(***Hymne au Christ***, vv. 369-370, in ***Harmonies poétiques et religieuses***, III, V)

Heurté par l'alliance du trône et de l'autel, Lamartine voulait croire plus qu'il n'adhérait au mystère, et le mal lui semblait incompatible avec la bonté divine. Le doute culmine dans l'avant-dernier poème du recueil, ***Novissima Verba*** — qui proclame : *La vérité qui fuit trompe l'espoir humain* (v. 240) —, où la douleur plonge le poète dans l'incertitude et l'égarement :

L'éternité vaut-elle une heure d'agonie ?
[...]
Alors je suis tenté de prendre l'existence
Pour un sarcasme amer d'une aveugle puissance,
De lui parler sa langue ! et semblable au mourant
Qui trompe l'agonie et rit en expirant,
D'abîmer ma raison dans un dernier délire,
Et de finir aussi par un éclat de rire !

(***Novissima Verba ou Mon âme est triste jusqu'à la mort !***, vv. 326 et 381 à 386, in ***Harmonies poétiques et religieuses***, IV, XI)

À l'élargissement du registre correspond aussi un enrichissement des techniques : on peut entendre l'***Hymne au Christ*** comme une symphonie de rythmes pairs et impairs orchestrés en strophes diverses et qui rompent avec les habitudes de la métrique classique. À la veille d'une révolution qu'il pressentait, l'auteur des ***Harmonies*** était parvenu au sommet de son art. Il allait bientôt avoir 40 ans. À cet âge, on peut devenir député : c'est la raison (inavouée) de la démission que le diplomate légitimiste, ou réputé tel, présenta à Louis-Philippe, le roi-citoyen — qui le surnommait, dit-on, « *le vain de Mâcon* ». Désormais commença une longue marche vers le pouvoir. Si sa candidature à la députation aboutit à un échec (1831), 3 odes politiques (***Contre la peine de mort, À Némésis, Les Révolutions***) ainsi qu'un essai-programme intitulé ***Sur la politique rationnelle*** (oct. 1831) témoignèrent d'une pensée désormais tournée vers le progrès.

Le tournant de 1832

Pourquoi, en 1832, Lamartine quitta-t-il la France pour l'Orient ? Officiellement, il voulait s'informer sur ces pays où se réveillaient les nationalités ; l'expérience acquise pourrait servir le parlementaire — il avait été, en son absence, élu à Bergues. Mais, en réalité, ce croyant plein de doute effectuait un pèlerinage, dans l'espoir de recouvrer une foi de plus en plus chancelante : une visite décevante au Saint-Sépulcre, la mort surtout de sa fille Julia, à Beyrouth, début décembre 1832 — quinze ans après la disparition de Julie Charles et trois ans après la mort de sa mère —, achevèrent de détacher de la foi catholique un homme qui, entre sa 27e et sa 42e année, avait perdu les trois êtres qu'il aimait le plus au monde. Il ne professa plus alors qu'un « *déisme rationnel* » — non sans avoir d'abord « hurlé » son chagrin et son désespoir, ainsi que sa révolte contre Dieu, dans les 24 huitains de ***Gethsémani, ou la Mort de Julia*** (poème composé entre 1833 et 1834, et publié en 1835, in ***Voyage en Orient***) :

Eh bien ! prends ! assouvis, implacable justice,
D'agonie et de mort ce besoin immortel ;

Moi-même, je l'étends sur ton funèbre autel ;
Si je l'ai tout vidé, brise enfin mon calice !
Ma fille ! mon enfant ! mon souffle ! la voilà !
La voilà ! j'ai coupé seulement ces deux tresses
Dont elle m'enchaînait hier dans ses caresses,
Et je n'ai gardé que cela !...

[...]

Maintenant, tout est mort dans ma maison aride,
Deux yeux toujours pleurant sont toujours devant moi ;
Je vais sans savoir où, j'attends sans savoir quoi ;
Mes bras s'ouvrent à rien et se ferment à vide.
Tous mes jours et mes nuits sont de même couleur,
La prière en mon sein avec l'espoir est morte,
Mais c'est Dieu qui t'écrase ; ô mon âme ! sois forte,
Baise sa main sous la douleur !

(***Gethsémani, ou la Mort de Julia***, vv. 169 à 176 et 185 à 192, in ***Voyage en Orient***)

Quelle que fût ensuite la gloire du poète héros de 1848, le comportement ultérieur de Lamartine, dans son action politique comme dans son activité d'écrivain, ne s'éclaire qu'à la lumière de cette tragédie personnelle de fin 1832 : le père inconsolable avait définitivement perdu la foi catholique, sans pour autant cesser d'être hanté par l'existence de Dieu — d'un Infini transcendant — qu'il sentait, à défaut de pouvoir l'aimer ou le comprendre, et qui détermina désormais sa conduite.

Épopée et politique

Le dernier objectif du périple au Moyen-Orient avait été littéraire : emmagasiner des images, des scènes qui nourrirent le récit ***Voyage en Orient*** (1835) et les vers des 15 monumentales « *Visions* » de ***La Chute d'un ange*** (1838). Cet ***Épisode*** (sous-titre du recueil) antédiluvien de l'épopée rêvée depuis 1821 — l'histoire de l'humanité à travers les réincarnations d'un ange tombé du ciel sur la terre par amour — avait été précédé, après 1836, d'un autre ***Épisode***, ***Jocelyn***, dont l'action se déroule en France, avant, pendant et après la Révolution : au cœur de ce poème de 8 000 vers répartis en 9 « *époques* », le sacrifice du héros éponyme qui, pour répondre à la demande de l'évêque de Grenoble, condamné à mort, renonce à son amour réciproque pour Laurence et accepte de devenir prêtre dans un cachot de la Terreur. Avant cette scène centrale, le séminariste réfugié dans une grotte des Alpes a, en effet, connu et aimé — chastement, mais passionnément — Laurence. Après le sacrifice, les thèmes idylliques cèdent la place à l'exaltation du renoncement et à une philosophie religieuse qui valut très vite à l'œuvre d'être inscrite à l'Index.

On trouve la même transposition en triptyque dans ***La Chute d'un ange*** (1838), poème en 15 « *Visions* » organisé autour d'une révélation (***Huitième Vision***, sous-titrée ***Fragment du livre primitif***) : avant, Cédar, l'ange déchu, vit parmi les pasteurs du Liban ; après, il est transporté dans une Balbek où règnent des tyrans-dieux. Mais les tonalités du poème sont bien différentes de celles de ***Jocelyn*** : couleur orientale, sensualité allant jusqu'au sadisme, révolte finale du héros *dont leur* [celui de divinités géantes] *mépris fut le dernier adieu, /* [Et qui] *À cet excès d'horreur se dressa contre Dieu* (XV). L'accueil de la critique ne fut pas moins contrasté : pour ***Jocelyn***, l'enthousiasme ; pour ***La Chute d'un ange***, l'indignation ou la moquerie. Les ***Recueillements poétiques*** (1839) furent, eux aussi, cruellement jugés, de trop nombreux vers d'album y voisinant avec de pourtant beaux poèmes comme celui (poème XIII) intitulé ***À M. Félix Guillemardet, sur sa maladie*** — *Frère ! le temps n'est plus où j'écoutais mon âme* (v. 1) — ou encore (poème XXV) ***Utopie*** :

Écoute, cependant ! Il est dans la nature
Je ne sais quelle voix sourde, profonde, obscure,
Et qui révèle à tous ce que nul n'a conçu.
Instinct mystérieux d'une âme collective
Qui pressent la lumière avant que l'aube arrive,
Lit au livre infini sans que le doigt écrive,
Et prophétise à son insu !

(***Utopie***, vv. 36 à 42, in ***Recueillements poétiques***)

L'épopée abandonnée, le lyrisme apparemment tari, le poète céda de plus en plus la place au politique qui défendit la liberté de la presse dès 1835, s'exclama « *La France est une nation qui s'ennuie* » à la Chambre des députés (10 janv. 1839), combattit en 1840 le bellicisme de Thiers, rompit avec le régime en 1843 — « "Périssent nos mémoires pourvu que nos idées triomphent" [...]. *Ce cri sera le mot d'ordre de ma vie politique* [...] » (discours à la Chambre, le 27 janv.) — et proposa, avec l'***Histoire des Girondins*** (1847), magistralement conduite et écrite, le modèle d'une révolution à venir qui renouvellerait les principes de 1789 sans sombrer dans la Terreur. En février 1848, Lamartine fut l'un des fondateurs de la IIe République, devint ministre des Affaires étrangères et chef effectif du gouvernement provisoire de la République. Mais il fut écarté après les journées de juin, en raison d'un désaccord fondamental entre les notables, résolus à « *substituer la domination de la richesse à la domination du trône, de sorte que le peuple, au lieu d'avoir un seul tyran, en eût plusieurs milliers* » ***(Histoire des Girondins)***, et lui-même qui, quoique châtelain, se disait convaincu que, « *si nous n'y prenons pas garde, la question des prolétaires est celle qui fera, en notre siècle, l'explosion la plus terrible* » *(ibid.)*. Le héros de la veille, triomphalement élu en juin (dans 10 départements avec 1 600 000 voix), n'obtint en décembre que quelques milliers de voix (moins de 18 000) à l'élection présidentielle. S'il demeurait député — battu à Mâcon en mai 1849, il fut élu en juillet à la fois en Saône-et-Loire et dans le Loiret, et choisit ce dernier département — et s'il réussit à fonder ***Le Conseiller du Peuple*** — qui parut entre avril 1849 et fin 1851, puis disparut après le coup d'État du 2 décembre —, il était, en politique, un vaincu.

Il ne l'était pas encore en littérature : dans « *l'Édition des Souscripteurs* » (1849-1850), il offrit au public des poèmes inédits et des ***Commentaires*** qui, largement autobiographiques, renforcèrent la légende lamartinienne née des ***Méditations***.

De sombres dernières années

Le déclin littéraire ne fut pas immédiat. Au théâtre, Frédérick Lemaître remporta un vrai succès dans ***Toussaint Louverture*** (1850), où Lamartine exaltait le héros qui tenta d'établir une république des Noirs : *Je suis de la couleur de ceux qu'on persécute* (II, 4). ***Les Confidences*** (publiées en feuilleton dans *La Presse* entre le 2 janv. et le 20 fév. 1849), où l'on trouve le roman ***Graziella*** (publié séparément en 1852), et ***Raphaël*** (1849), puis les ***Nouvelles Confidences*** (1851) confirmèrent les qualités du prosateur. Des romans populaires, ***Geneviève, histoire d'une servante*** (1851 — publié d'abord en 1850 dans ***Le Conseiller du Peuple***) et ***Le Tailleur de pierres de Saint-Point*** (1851), procédaient de la même ambition que ceux de George Sand : éduquer ce peuple pour qui la République était venue trop tôt.

À dater du coup d'État du 2 décembre 1851, qu'il déplora sans le condamner vraiment, Lamartine ne fut plus rien en politique et son activité d'écrivain désormais ruiné se transforma en « *travaux forcés littéraires* ». Il multiplia les livres d'histoire bâclés, des biographies — dont un ***Gutenberg, inventeur de l'imprimerie*** (biographie hagiographique écrite pour *Le Civilisateur* et publiée en 1853) —, et lança en 1856 un ***Cours familier de littérature*** dans lequel, à côté de jugements très sévères sur quelques illustres devanciers — dont « *l'infâme cynique Rabelais* » et La Fontaine, qualifié de « *génie de l'incurie, de la puérilité et de la licence* » —, figurent ses derniers grands poèmes, en particulier ***La Vigne et la Maison*** (1857), sous-titrée ***Psalmodies de l'âme***, composée d'un ***Dialogue entre mon âme et moi***, de 5 parties et d'une conclusion intitulée ***Moi***, et qui enthousiasma Michelet :

> *Pourtant le soir qui tombe a des langueurs sereines*
> *Que la fin donne à tout, aux bonheurs comme aux peines.*
>
> (***Dialogue entre mon âme et moi***, vv. 35-36, in ***La Vigne et la Maison***, in ***Cours familier de littérature***, IV)

> *Le passé, l'avenir, ces deux moitiés de vie,*
> *Dont l'une dit jamais et l'autre dit toujours.*
>
> (V, vv. 26-27, *ibid.*)

Ces dernières années furent marquées par un deuil cruel, la mort de sa femme Marianne en 1863, mais adoucies par la décision de Napoléon III, en 1867, d'allouer à l'auteur une rente viagère de 25 000 francs et par l'affection ardente de Valentine de Cessiat, nièce du poète qui, après sa mort, se consacra à son œuvre et publia de nombreux inédits, ainsi qu'un large choix de sa correspondance.

THÉORIE LITTÉRAIRE

L'originalité de la poétique de Lamartine, une poétique lucide, partiellement en rupture — en ce qu'elle imposait l'innovation d'une inspiration sincère — avec les académismes antérieurs, avec une « *mort de la poésie* » due aux « *hommes géométriques* » du XVIIIe siècle, a été longtemps méconnue. Il esquissa pourtant, dans la ***Préface*** (1849) à ses ***Méditations poétiques***, une définition moderne du lyrisme, qu'il faut compléter par sa *Préface* à *Des destinées de la poésie* (1834) : « *Je suis le premier qui ai fait descendre la poésie du Parnasse et qui ai donné à ce qu'on nommait la Muse, au lieu d'une lyre à sept cordes de convention, les fibres mêmes du cœur de l'homme, touchées et émues par les innombrables frissons de l'âme et de la nature* » (***Préface*** des ***Méditations poétiques***).

Lamartine définit le romantisme, dont il fut en France l'un des premiers représentants, comme l'avènement d'une nouvelle génération, celle des Idées. Dans son ***Discours de réception à l'Académie française*** (1830), il annonçait le règne de l'esprit. Cette conception, qu'il ne démentit plus, se précisa dans une formule célèbre tirée de ***Des destinées de la poésie*** (1834) : « *La poésie sera de la raison chantée* [...] *; elle sera philosophique, religieuse, politique, sociale, comme les époques que le genre humain va traverser ; elle sera intime surtout.* » Il ne s'agit pas seulement pour le poète de se faire « *l'écho profond, réel, sincère, des plus hautes conceptions de l'intelligence* » ; il faut aussi exprimer les « *plus mystérieuses impressions de l'âme* ». C'est chez Byron en particulier, dont Lamartine adapta ***Le Pèlerinage de Childe Harold*** en 1825, qu'il trouvait la meilleure illustration de cette fonction nouvelle du poème qui raconte, décrit, médite et enseigne à la fois — et du poète *semblable aux oiseaux de passage, / Qui ne bâtissent point leurs nids sur le rivage, / Qui ne se posent point sur les rameaux des bois ; / Nonchalamment bercés sur le courant de l'onde, / Ils passent en chantant loin des bords ; et le monde / Ne connaît rien d'eux, que leur voix* (XIII, ***Le Poète mourant***, vv. 31 à 36, in ***Nouvelles Méditations poétiques***).

La mission ainsi définie donne à la poésie un rôle quasi politique, semblable à celui de la presse : favoriser l'égalité, hâter l'avènement de la « *raison universelle* » en adoptant un langage simple, accessible au peuple. Déjà, se réjouit Lamartine, « *la poésie s'est faite chanson* » : désormais, elle « *doit se faire peuple* » ***(Des destinées de la poésie)***. Ainsi, chez cet admirateur de Voltaire, le culte du progrès épousait-il aisément une conception esthétique originale.

THÉORIE LITTÉRAIRE

Lamartine a publié des dizaines de volumes : poèmes, romans, livres d'histoire, discours, études littéraires ou artistiques, sans parler d'une monumentale correspondance. Aujourd'hui, on ne connaît — et d'ailleurs plutôt mal — que le poète. L'adjectif « *lamartinien* » signifie pour les uns « *mélodieux, mélancolique et religieux* », pour les autres « *facile, larmoyant et vague* ». Assurément inégal, Lamartine a pourtant restitué l'inspiration à une poésie alors devenue exercice : avec lui, elle s'est faite impression et musique.

Un classicisme suranné

Jamais Lamartine n'a, comme Hugo, « *mis un bonnet rouge au vieux dictionnaire* » : il est, écrit Henri Guillemin, « *un poète du XVIIIe siècle, avec du génie par surcroît* ». Jusque dans ses poèmes de vieillesse, il employait la langue de ses premières œuvres et affectionnait les figures de style néo-classique ; inversions et périphrases encombrent parfois ses vers. Pourtant, mots et figures comptaient moins pour lui que la mélodie, même s'il ne cherchait pas l'art pour l'art mais souhaitait transmettre le chant d'une âme et les « *visions* » d'un esprit absolument hanté par les questions métaphysiques :

Borné dans sa nature, infini dans ses vœux,
L'homme est un dieu tombé qui se souvient des Cieux ;
[...]
J'ai vu partout un Dieu sans jamais le comprendre !
[...]
Je marche dans la nuit par un chemin mauvais,
Ignorant d'où je viens, incertain où je vais.

(***L'Homme***, vv. 69-70, 136, 201-202, in ***Méditations poétiques***, II)

Quel crime avons-nous fait pour mériter de naître ?

(***Le Désespoir***, v. 67, *ibid.*, VII)

Je ne veux pas d'un monde où tout change, où tout passe.
[...]
Mon âme aura passé, sans guide et sans flambeau
De la nuit d'ici-bas dans la nuit du tombeau.

(***La Foi***, vv. 49 et 115-116, *ibid.*, XVIII)

Hantise métaphysique que l'on lit également dans les œuvres en prose : « *Je crois que Dieu se manifeste toujours au moment précis où tout ce qui est humain est insuffisant, où l'homme confesse qu'il ne peut rien pour lui-même* » (***Voyage en Orient***, IV) ; « *Quiconque ne comprend pas la tristesse ne comprend pas ce monde de larmes. La définition de l'univers, c'est la douleur d'être né, qui contient la douleur de mourir. Ajoutez-y la douleur de vivre* [...]. *La raison des choses est la tristesse, parce que la souffrance et la mort sont le chemin et le but final de tout dans ce monde* » ***(Cours familier de littérature)***.

Lamartine exploita en particulier toutes les ressources de la strophe : quatrain, douzain, vers impairs (***Les Préludes***, in ***Nouvelles Méditations poétiques***), strophes hétérométriques (***Le Lac***, in ***Méditations poétiques***), quintils (***Le Golfe de Baya***, in ***Méditations poétiques***) :

Ainsi tout change, ainsi tout passe ;
Ainsi nous-mêmes nous passons,
Hélas ! sans laisser plus de trace
Que cette barque où nous glissons
Sur cette mer où tout s'efface.

(***Le Golfe de Baya, près de Naples***, vv. 80 à 84, in ***Méditations poétiques***, XXI)

Jamais non plus il n'a récusé les genres traditionnels, écrivant, comme au XVIIIe siècle, des épîtres, des discours en vers, utilisant dans ***La Chute d'un ange*** les ingrédients de l'épopée classique : division en chants, énumérations, comparaisons filées. Néanmoins, la « *méditation* » lui appartient en propre, et, avec ***Jocelyn***, il a donné le chef-d'œuvre de cette poésie familière dont rêvait Sainte-Beuve.

Faut-il appliquer à l'œuvre entière la formule de Musset sur ***Jocelyn*** : « *Il y a certainement du génie, beaucoup de talent et de la facilité* » ? Cette « *facilité* » est trompeuse : elle peut trahir l'absence de travail comme masquer une maîtrise appliquée. ***Le Lac***, ***La Vigne et la Maison*** ont été bien des fois remis sur le métier. Ce soi-disant amateur sut être un artisan et un artiste de la langue, comme le montrent bien des vers devenus inoubliables :

Mais la nature est là qui t'invite et qui t'aime ;
Plonge-toi dans son sein qu'elle t'ouvre toujours ;
Quand tout change pour toi, la nature est la même,
Et le même soleil se lève sur tes jours.

(VI, ***Le Vallon***, vv. 49 à 52, in ***Méditations poétiques***)

Un seul désir suffit pour peupler tout un monde.

(***La Mort de Socrate***, v. 492)

Aimer, prier, chanter, voilà toute ma vie.

(***Le Poète mourant***, v. 103, in ***Nouvelles Méditations poétiques***, XIII)

Objets inanimés, avez-vous donc une âme
Qui s'attache à notre âme et la force d'aimer ?

(***Milly, ou la Terre natale***, vv. 15-16, in ***Harmonies poétiques et religieuses***, III, II)

Du rayonnement à l'oubli

La gloire de Lamartine a rayonné longtemps après sa mort : les ***Méditations***, ***Jocelyn***, ***Graziella*** ont connu de gros tirages et la faveur de lecteurs choisis, notamment Verlaine, Rimbaud — malgré ses réserves —, Barrès et même Claudel — qui se fit de plus en plus sévère. Mais son rayonnement n'a cessé de s'affaiblir. Si Henri Guillemin a vaillamment combattu pour lui, il a surtout appris à découvrir l'homme derrière la légende et les préjugés. Signe révélateur : il a fallu attendre 1963 pour que Lamartine, grâce au patient travail de Marius-François Guyard, entre dans la « Bibliothèque de la Pléiade » — et 1972 pour une 3e édition qui, à la faveur de la commémoration du centenaire de la mort du poète, en 1969, s'est considérablement enrichie (1 vol. de plus de 2 000 pages). Fascinée par des problèmes biographiques, la critique a peu à peu laissé échapper son objet : l'œuvre poétique et, plus encore, l'œuvre en prose, inégale mais méconnue. Rien ici qui rappelle les réévaluations dont Hugo a bénéficié — ou pâti. Toutefois, du centenaire de la mort au bicentenaire de la naissance, on a assisté à un lent mais certain regain d'intérêt, jusqu'aux États-Unis où a paru, en 1993, une traduction des ***Méditations***. Lamartine mérite ce retour en grâce : son personnage et ses écrits ne sont pas de simples références historiques. Mais, pour entendre le chant du poète, il faut abandonner toute idée alexandrine ou mallarméenne sur le ciselage des mots, sur une poésie précieuse, et admettre que la poésie, c'est aussi le souffle, l'ampleur ou, comme il le disait lui-même, « *la respiration de l'âme* ».

ŒUVRE

Méditations poétiques

Recueil de 24 poèmes titrés et numérotés, paru chez Nicolle, à Paris, le 11 mars 1820. L'édition originale comportait 24 pièces. Il y en eut 26, puis 30, dans les 2e (1820) et 9e (1823, chez Gosselin) éditions. En 1849, l'« *édition des souscripteurs* » ajouta 11 poèmes et des **Commentaires** écrits par l'auteur. C'est la 9e édition, comportant 30 poèmes, qui est aujourd'hui la plus couramment retenue.

Le titre définit une des originalités de l'œuvre : la méditation lamartinienne transpose en poésie le mouvement ternaire de la méditation religieuse (contemplation, réflexion, élévation). On trouve ces trois étapes dans **L'Isolement**, première pièce du recueil : *Je promène au hasard mes regards sur la plaine / [...] // Que me font ces vallons, ces palais, ces chaumières ? / [...] // Mais peut-être au-delà des bornes de sa sphère / [...]* (vv. 3, 25 et 37).

Le recueil comprend aussi des discours en vers (II, **L'Homme**), des paraphrases de la Bible (XXX, **La Poésie sacrée**), des poèmes politiques (X, **Ode**). L'ensemble ne suit pas l'ordre chronologique de la composition. Le poète semble en effet aller d'une aspiration confuse à une affirmation chrétienne, du « *vague objet de* [ses] *vœux* » (I, **L'Isolement**, v. 46) au chant des anges dans la nuit de Noël (XXX, **La Poésie sacrée**), en passant par l'hésitation au seuil du sanctuaire (XXVI, **La Semaine sainte à La Roche-Guyon**). Au thème religieux se mêle celui d'un amour brisé par la séparation et la mort, suivi de l'espoir encore timide d'un renouveau (XXIX, **L'Automne**). Enfin, si la politique n'est pas le thème majeur du recueil, on devine quel est l'idéal d'un poète qui choisit pour dédicataires Bonald et Lamennais. On a vu dans les **Méditations** l'acte de naissance du premier romantisme poétique : tel n'est pas le cas, si être romantique, c'est exhiber son moi en plus de l'exprimer. Le poète de 1820 gomme l'anecdote et fuit la confidence : le lac du Bourget devient **Le Lac** (XIII), et l'amoureux de Julie Charles ne parle que d'une « *Elvire* » (III, **À Elvire**).

La forme des **Méditations** est néo-classique, alliant un langage « noble » à des figures de style. Lamartine écrit souvent comme Parny, Jean-Baptiste Rousseau ou... Voltaire — auquel il rendit plus tard (dans l'édition des **Œuvres complètes** de 1843) un vibrant hommage : *Voltaire ! Quel que soit le nom dont on le nomme, / C'est un cycle vivant, c'est un siècle fait homme...* **(Ressouvenir du Lac Léman)**. Certaines accumulations de périphrases, comme « *le char vaporeux de la reine des ombres* » (I, **L'Isolement**, v. 11), font songer à Delille. La musique, grâce à la mélodie des vers et à l'orchestration des strophes, renouvelle « *la forme vieille* » dont parla plus tard négativement Rimbaud — qualifiant Lamartine de « *quelquefois voyant, mais étranglé par la forme vieille* » (lettre à Paul Demeny du 15 mai 1871, dite « *Lettre du voyant* »). Et le recueil abonde en vers mélancoliques ou désespérés devenus proverbiaux : *Le soleil des vivants n'échauffe plus les morts* (I, **L'Isolement**, v. 20) ; *Mon cœur lassé de tout, même de l'espérance / N'ira plus de ses vœux importuner le sort ; / Prêtez-moi seulement, vallons de mon enfance, / Un asile d'un jour pour attendre la mort* (VI, **Le Vallon**, vv. 1 à 4) ; *Ainsi toujours poussés vers de nouveaux rivages, / Dans la nuit éternelle emportés sans retour, / Ne pourrons-nous jamais sur l'océan des âges / Jeter l'ancre un seul jour ? // [...] // « Ô temps ! suspends ton vol, et vous, heures propices / Suspendez votre cours ! / Laissez-nous savourer les rapides délices / Des plus beaux de nos jours ! »* (XIII, **Le Lac**, vv. 1 à 4 et 21 à 24). *Salut ! bois couronnés d'un reste de verdure ! / Feuillages jaunissants sur les gazons épars ! / Salut, derniers beaux jours ! le deuil de la nature / Convient à la douleur et plaît à mes regards !* (XXIX, **L'Automne**, vv. 1 à 4).

Les **Méditations** regroupent des pièces écrites entre 1813 et 1820. Lamartine avait d'abord songé à un recueil d'« *élégies* », sous l'influence de Parny et de la future « *Graziella* ». La rencontre de Julie Charles, la découverte de l'amour vrai, l'expérience de la douleur, l'évolution vers des opinions légitimistes modifièrent ce premier dessein, dont on retrouve pourtant des vestiges dans l'œuvre définitive.

Le succès de Lamartine fut certes celui d'un jeune homme poussé par les salons bien-pensants, d'un poète dont le talent correspondait encore aux goûts littéraires de l'époque, timidement orientés vers la nouveauté. Ainsi, ce livre d'un âge de la vie était aussi celui d'un âge de la sensibilité française. Mais ce recueil faisait aussi entendre une voix authentiquement personnelle : « *Il y a là un homme* », prononça Talleyrand (lettre de mars 1820, à la princesse de Talmont). Plus tard, en partie à cause des **Commentaires** de l'auteur lui-même, on donna à ce mot un tout autre sens : les méditations d'« *un homme* » devinrent les confessions indiscrètes de M. de Lamartine, ou, pis, celles de la « *Cigogne-Larmoyante* » évoquée par Lautréamont dans ses *Poésies*. Aujourd'hui, où la biographie a tué la critique biographique, ce livre si daté demeure un des phares de notre poésie et continue d'offrir des images mélodieuses et mélancoliques qui n'ont pas d'âge.

CITATIONS

J'aimai, je fus aimé ; c'est assez pour ma tombe.
Le Dernier Chant du pèlerinage d'Harold, II.

La poésie sera de la raison chantée [...] ; elle sera philosophique, religieuse, politique, sociale, comme les époques que le genre humain va traverser ; elle sera intime surtout [...].
Des destinées de la poésie.

La France est une nation qui s'ennuie.
Discours à la Chambre des députés, 10 janvier 1839.

Objets inanimés, avez-vous donc une âme
Qui s'attache à notre âme et la force d'aimer ?
Milly ou la Terre natale, in *Harmonies poétiques et religieuses*, III, 2.

[Le christianisme] avait proclamé les trois mots que répétait à deux mille ans de distance la philosophie française : liberté, égalité, fraternité des hommes.
Histoire des Girondins, XIII.

Ma patrie est partout où rayonne la France,
Où son génie éclate aux regards éblouis !
Chacun est du climat de son intelligence :
Je suis concitoyen de toute âme qui pense :
La vérité, c'est mon pays !
La Marseillaise de la Paix.

L'homme est Dieu par la pensée.
Méditations poétiques, 1re préface.

Les fables de La Fontaine sont plutôt la philosophie dure, froide et égoïste d'un vieillard que la philosophie aimante, généreuse, naïve et bonne d'un enfant. C'est du fiel.
Méditations poétiques, 1re préface.

Le soleil des vivants n'échauffe plus les morts.
L'Isolement, in *Méditations poétiques*, I.

Un seul être vous manque, et tout est dépeuplé.
L'Isolement, in *Méditations poétiques*, I.

Borné dans sa nature, infini dans ses vœux,
L'homme est un dieu tombé qui se souvient des Cieux.
L'Homme, in *Méditations poétiques*, II.

Je marche dans la nuit par un chemin mauvais,
Ignorant d'où je viens, incertain où je vais.
L'Homme, in *Méditations poétiques*, II.

Mon cœur, lassé de tout, même de l'espérance,
N'ira plus de ses vœux importuner le sort.
Le Vallon, in *Méditations poétiques*, VI.

Mais la nature est là qui t'invite et qui t'aime ;
Plonge-toi dans son sein qu'elle t'ouvre toujours :
Quand tout change pour toi, la nature est la même,
Et le même soleil se lève sur tes jours.
Le Vallon, in *Méditations poétiques*, VI.

Ainsi, toujours poussés vers de nouveaux rivages,
Dans la nuit éternelle emportés sans retour,
Ne pourrons-nous jamais sur l'océan des âges
Jeter l'ancre un seul jour ?
Le Lac, in *Méditations poétiques*, XIII.

« Ô temps, suspends ton vol, et vous, heures propices !
Suspendez votre cours [...]. »
Le Lac, in *Méditations poétiques*, XIII.

Mon âme aura passé, sans guide et sans flambeau,
De la nuit d'ici-bas dans la nuit du tombeau.
La Foi, in *Méditations poétiques*, XVIII.

Ainsi tout change, ainsi tout passe ;
Ainsi nous-mêmes nous passons,
Hélas ! sans laisser plus de trace
Que cette barque où nous glissons
Sur cette mer où tout s'efface.
Le Golfe de Baya, près de Naples, in *Méditations poétiques*, XXI.

Salut ! bois couronnés d'un reste de verdure !
Feuillages jaunissants sur les gazons épars !
Salut, derniers beaux jours ! le deuil de la nature
Convient à la douleur et plaît à mes regards !
L'Automne, in *Méditations poétiques*, XXIX.

Un seul désir suffit pour peupler tout un monde.
La Mort de Socrate.

Aimer, prier, chanter, voilà toute ma vie.
Le Poète mourant, in *Nouvelles Méditations poétiques*, XIII.

Pourtant le soir qui tombe a des langueurs sereines
Que la fin donne à tout, aux bonheurs comme aux peines.
La Vigne et la Maison. Dialogue entre mon âme et moi, in *Poèmes du Cours familier de littérature.*

Efface ce séjour, ô Dieu ! de ma paupière,
Ou rends-le-moi semblable à celui d'autrefois,
Quand la maison vibrait comme un grand cœur de pierre.

De tous ces cœurs joyeux qui battaient sous ses toits !

La Vigne et la Maison.
Dialogue entre mon âme et moi,
in *Poèmes du Cours familier de littérature*, II.

Premier rayon du ciel vu dans des yeux de femmes,
Premier foyer d'une âme où s'allument nos âmes.

La Vigne et la Maison.
Dialogue entre mon âme et moi,
in *Poèmes du Cours familier de littérature*, IV.

Honte à qui peut chanter pendant que Rome brûle,
S'il n'a l'âme et le cœur et la voix de Néron.

Réponse à Némésis.

Voltaire ! Quel que soit le nom dont on le nomme,
C'est un cycle vivant, c'est un siècle fait homme !

Ressouvenir du lac Léman.

Le monde est un livre dont chaque pas nous ouvre une page.

Voyage en Orient, VIII.

JUGEMENTS

« *M. de la Martine* [sic] *a fait sans doute de beaux vers ; mais il veut toujours paraître avoir rêvé sur une autre planète que la nôtre. Pourquoi s'attacher à ne rien dire comme tout le monde, faire des idées les plus communes des énigmes inintelligibles, les envelopper pour déguiser leur nullité de nuages métaphysiques, de vapeurs mystiques et de brouillards mélancoliques, qui ne laissent plus voir que le vide de la pensée, quand un rayon de bon sens les dissipe ? Le néologisme romantique n'est pas de la poésie.* »

Paul CLAUDEL, *Journal*, avril 1920, Gallimard, posthume, 1968.

« *C'est un poète qui s'est peu soucié d'être versificateur, et comme un génie qui a dédaigné d'avoir du talent.* [...] *On sent qu'il y a dans ses défauts plus d'abandon que d'impuissance, comme il y a dans ses beautés et ses grandeurs plus de fécondité naturelle que de volonté.* »

Émile FAGUET, *XIXe Siècle*, s.d.

« *J'ai lu* Graziella. *Le malheureux ! Quelle belle histoire il a gâtée là. Cet homme, on a beau dire, n'a pas l'instinct du beau. Tel est du moins mon avis.* [...] *C'est un ouvrage médiocre, quoique la meilleure chose que Lamartine ait faite en prose.* [...] *Et d'abord, pour parler clair, la baise-t-il ou ne la baise-t-il pas ? Ce ne sont pas des êtres humains, mais des mannequins. Que c'est beau, ces histoires d'amour où la chose principale est tellement entourée de mystère que l'on ne sait à quoi s'en tenir, l'union sexuelle étant reléguée systématiquement dans l'ombre comme boire, manger, pisser, etc. ! Le parti pris m'agace. Voilà un gaillard qui vit continuellement avec une femme qui l'aime et qu'il aime, et jamais un désir ! Pas un nuage impur ne vient obscurcir ce lac bleuâtre ! Ô hypocrite ! S'il avait raconté l'histoire vraie, que ç'eût été plus beau ! Mais la vérité demande des mâles plus velus que M. de Lamartine.* »

Gustave FLAUBERT, *Correspondance*, 1852.

« *Lamartine, trop mou, privé de cette goutte d'amertume qui aide à bien vieillir, coule à pic avec la grâce un peu fade de la jeune Tarentine dans la tempête de 48.* »

Julien GRACQ, *Préférences*, Corti, 1961.

« *Essayé de relire du Lamartine et pris d'un ennui invincible dès la quatrième page.* [...] *il est ampoulé quand il n'est pas d'une platitude honteuse.* »

Julien GREEN, *Journal*, 27 juillet 1954, Plon, 1957.

« *Lamartine est un poète du XVIIIe siècle, avec du génie par surcroît.* [...] *C'est un homme plus grand que son œuvre, déjà si grande. Une tête-brûlée du Dieu inconnu.* »

Henri GUILLEMIN, *Lamartine, l'homme et l'œuvre*, Boivin et Cie, 1940.

« *Lamartine est mort. C'était le plus grand des Racine, sans excepter Racine.* »

Victor HUGO, *Pierres*, 1869.

« *Lamartine est un élégiaque. Il jette sur le monde un vêtement de lumière et toute sa poésie est l'état d'une âme tendre à huit heures du soir, en été* [...]. »

Jean d'ORMESSON, « Lamartine. Les soirs d'été », in *Une autre histoire de la littérature française*, I, NiL, 1997.

« *La poésie lamartinienne est une poésie de l'évanouissement. Elle nous fait assister à l'acte même par lequel les images que nous tirons du monde sensible, se dépouillent de leurs formes et de leurs attaches.* »

Georges POULET, « Lamartine », in *Études sur le temps humain*, IV, Éd. du Rocher, 1977.

« *Lamartine, poète de l'espace pur ; ou, plus exactement encore, poète dont les mots, les vers, les strophes, les poèmes semblent moins se succéder que se continuer indéfiniment les uns dans les autres, comme ces parties indifférenciées, sans substance et toujours similaires, qui toutes ensemble forment l'espace pur.* [...] *La poésie de* [Lamartine] *a pour principe, on le sait, l'amortissement, le pâlissement, c'est-à-dire non pas un* crescendo, *mais un* diminuendo, *et même finalement l'épuisement de la sensation.* »

Georges POULET, « Lamartine », in *Les Métamorphoses du Cercle*, « Champs », Flammarion, 1979.

« *Lamartine rêve cinq minutes et il écrit une heure. L'art, c'est le contraire.*

[...]

Lamartine est un grand poète qui n'a peut-être pas écrit vingt vers parfaits. »

Jules RENARD, *Journal*, 6 juin 1900 et 20 janvier 1903.

« *La poésie se rêve* [...] *le plus souvent chez Lamartine comme une coulée douce, d'ordre presque érotique, chargée tout à la fois de délivrer le moi et d'occuper en face de lui, disons presque de séduire, l'espace d'un paysage.* »

Jean-Pierre RICHARD, *Études sur le romantisme*, Seuil, 1970.

« *Lamartine est quelquefois voyant, mais étranglé par la forme vieille.* »

Arthur RIMBAUD, *Lettre à Paul Demeny*, 15 mai 1871.

« *Lamartine dit en parlant des poésies de de Vigny :* c'est bien léché ; *et de Vigny en parlant de celles de Lamartine :* c'est bien lâché. [...] *Ce qu'il y a surtout dans Lamartine c'est le talent immense, l'instrument merveilleux et le besoin d'en jouer : jeune, à une heure sublime de mystère et d'amour, dans ses premières* Méditations ; *plus tard et déjà à l'état de sonate, dans les* Harmonies ; *et aujourd'hui, encore à l'état de sonate, dans la lice oratoire.* [...] *Simple et immense, paisiblement irrésistible, il lui a été donné d'unir la profusion des peintures naturelles, l'esprit d'élévation des spiritualistes fervents, et l'ensemble des vérités en dépôt au fond des moindres cœurs. C'est une sensibilité reposée, méditative, avec le goût des mouvements et des spectacles de la vie, le génie de la solitude avec l'amour des hommes, une ravissante volupté sous les dogmes de la morale universelle.* »

Charles Augustin SAINTE-BEUVE, *Portraits contemporains*, 1846.

« [...] *Je l'ai trouvé excellent homme, un peu maniéré et très vaniteux.*

[...]

Lamartine, espèce de Lafayette naïf, qui veut être président de la République [...]. »

George SAND, *Correspondance*, 5 mai 1836 et 17 avril 1848.

« [...] *cet homme-là n'a jamais pu entendre parler d'un sujet quelque peu pathétique sans se répandre en eau. On aurait dû l'endiguer.* »

Mark TWAIN, *Le Voyage des innocents*, trad. franç. Fanchita GONZALEZ, Découverte, 1982.

BIBLIOGRAPHIE

Éditions

Œuvres poétiques, éd. M.-Fr. GUYARD, « Pléiade », Gallimard, 1963, rééd. 1972 et 1991.

Méditations, éd. LETESSIER, « Classiques Garnier », Garnier, 1968 (sous ce titre, cette édition procure les *Méditations poétiques*, appelées « *Premières Méditations poétiques* », les *Nouvelles Méditations poétiques*, recueil différent publié en 1823, ainsi que d'autres pièces baptisées aussi par LAMARTINE du nom de « *méditations* »).

Méditations poétiques. Nouvelles Méditations poétiques suivi de *Poésies diverses*, éd. M.-Fr. GUYARD, « Poésie », Gallimard, 1981.

Voyage en Orient (extraits), in *Anthologie des voyageurs français dans le Levant au* XIX*e siècle*, « Bouquins », Laffont, 1998.

Incomplètement éditée à la fin du XIXe siècle par V. de CESSIAT, la correspondance générale est dispersée en de nombreuses publications partielles. L'une est fondamentale :

Correspondance Lamartine/Virieu, éd. M.-R. MORIN, PUF, 1987, 2 vol. parus.

Études

P. BÉNICHOU, « Lamartine », in *Les Mages romantiques*, Gallimard, 1988, pp. 21 à 109.

C. CROISILLE, « Dossier Lamartine », in *Romantisme*, n° 1-2, 1971.

M. EDERY, *La Pensée religieuse de Lamartine*, thèse, Université Aix-Marseille, 1974.

H. GUILLEMIN, *Lamartine, l'homme et l'œuvre*, « Connaissance des Lettres », Boivin & Cie, 1940, rééd. « Écrivains de toujours », Seuil, 1987 ; *Connaissance de Lamartine*, Librairie de l'Université, Fribourg (CH), 1942 ; « Lamartine », in *Tableau de la littérature française*, III, Gallimard, 1974, pp. 92 à 102.

G. POULET, « Lamartine », in *Études sur le temps humain*, t. IV, Éd. du Rocher, 1977, pp. 213 à 225 ; « Lamartine », in *Les Métamorphoses du Cercle*, « Champs », Flammarion, 1979, pp. 211 à 233.

A. THIBAUDET, *Histoire de la littérature française de 1789 à nos jours*, II, III, Stock, 1936.

G. TRUC, *Lamartine*, La Renaissance du Livre, 1968.

G. UNGER, *Lamartine, poète et homme d'État*, Flammarion, 1998.

AUDIO & VIDÉO

CD-ROM

Autour du romantisme. Le Roman, 1792-1886, Bibliopolis, 1999.

Encyclopédie de la littérature française, Bibliopolis, 1998.

LARBAUD

Valery LARBAUD

Vichy 1881 – *ibid.* 1957

« *J'ai beau songer longuement à Valery Larbaud, il ne me vient en tête que des noms de mérites et de vertus : la noblesse, la générosité, le recueillement, le dévouement aux lettres, l'inflexible bon goût.* »

Jean PAULHAN, *Les Amis, les Voisins*, in *Œuvres complètes*, t. IV, Cercle du livre précieux, posthume, 1969.

« *Quelle triste vie ! Toute en lecture, curiosités et agitations inutiles !* »

Paul CLAUDEL, cité *in* Jean d'ORMESSON, « Larbaud. Bonsoir les choses d'ici-bas », in *Une autre histoire de la littérature française*, II, NiL, 1998.

Une vie de découvertes

« *J'étais comme un enfant plein d'angoisse et très sage* »

Fils unique et tardif d'un pharmacien — découvreur puis propriétaire de la source Saint-Yorre, à Vichy — et de la fille d'un avocat issu d'une vieille famille huguenote, Larbaud fut un enfant choyé et de santé fragile. Le vers cité ci-dessus (***Scheveningue, morte-saison***, in ***Poésies*** de ***Barnabooth***) traduit bien l'univers de sa prime enfance, une « *enfance propre et blanche, aux cheveux bien peignés* » (***Rachel Frutiger***, in ***Enfantines***), où, souvent alité, orphelin de père à l'âge de 8 ans, il s'efforça d'échapper, par la lecture, à l'omniprésence d'une mère possessive. De ses premières années, il garda une propension à la solitude et à l'étude. Il fut toutefois un élève médiocre, d'abord à Vichy, puis, de 1891 à 1894, à Fontenay-aux-Roses, au collège Sainte-Barbe-des-Champs, « *plus cosmopolite qu'une exposition universelle* », dont il s'inspira pour le « *collège Saint-Augustin* » qui sert de cadre à ***Fermina Márquez*** : il y eut la révélation du catholicisme, mais resta fidèle au protestantisme maternel — jusqu'à sa conversion, en 1910. Un court passage au lycée Henri-IV, à Paris, affermit sa vocation d'homme de lettres : il y écrivit ses premiers poèmes, grandement influencés par ses lectures parnassiennes. De retour en Bourbonnais pour l'été 1896, il mit en forme sa première plaquette de vers, ***Les Portiques***, publiée anonymement aux frais de sa mère. Sa scolarité se termina au lycée Banville, à Moulins, en 1899 : « *les trois plus mauvaises années* » de son adolescence (***Mon Itinéraire***, posth., 1986). Mais, dès 1897, un voyage en Espagne avec sa mère marqua le début de sa « carrière » de voyageur européen. L'année suivante, un tour d'Europe en compagnie d'un précepteur le mena jusqu'en Russie et dans les Balkans. À 18 ans, enfin, il découvrit vraiment l'Italie, dont un voyage d'enfance, en 1895, lui avait fait pressentir les charmes. La même année (1899), il se vit refuser son émancipation légale et abrégea son année scolaire comme pensionnaire au lycée Louis-le-Grand, à Paris, pour fugue et indiscipline : jusqu'à la mort de sa mère (1930), il vécut d'une rente prélevée sur l'immense fortune paternelle. En 1900, il publia, sous le pseudonyme de L. [Louis] Hagiosy et toujours à compte d'auteur, ***Les Archontes ou la Liberté religieuse***, comédie en prose à la manière d'Aristophane, dénonçant les processions — œuvre qu'il renia plus tard, de même que ***Les Portiques*** (dont il interdit la réimpression). Depuis 1898, il se passionnait pour la littérature et la poésie anglaises : en 1901 parut sa première traduction, ***La Complainte du vieux marin*** de Coleridge. Ayant obtenu tardivement, la même année, son baccalauréat de philosophie, il s'inscrivit en licence de langues étrangères à la Sorbonne. Toute sa vie, Larbaud se passionna pour les langues, dont l'apprentissage lui rappelait « *le développement et les suites d'un sentiment amoureux* » (***Divertissement philologique***, in ***Jaune bleu blanc***) ; il pratiqua d'ailleurs, outre l'anglais et l'allemand, le latin, le grec, l'italien, l'espagnol, le portugais, mettant un point d'honneur à lire les œuvres dans leur langue d'origine.

Les débuts multiples d'« *un riche amateur* »

1902 fut le début d'une vie nouvelle, où voyages et écriture s'entremêlèrent. Le jeune Larbaud commença la rédaction des ***Poésies*** et du ***Journal*** de ***A.O.*** [Archibald Olsson] ***Barnabooth***, sorte de double fictif de l'auteur, qui avait forgé son patronyme à partir d'une localité proche de Londres (Barnes) et d'une marque commerciale (les pharmacies Booth). Ce personnage de jeune milliardaire américain, d'abord un peu cynique (version de 1908), puis plus humain, symbolisait, aux yeux de l'auteur, un poète « *qui eût été le successeur à la fois de Laforgue, de Rimbaud et de Walt Whitman* » (***Conversation avec Léon-Paul Fargue***, 1921). Tout en continuant à parcourir

l'Europe (Angleterre, Italie, Espagne) ou le Maghreb en compagnie de sa mère, de son ami vichyssois Marcel Ray ou de jeunes femmes, il commença à tenir son ***Journal***, où il notait très peu ses sentiments personnels ou ses expériences intimes, mais transcrivait scrupuleusement les événements survenus pendant ses voyages. Ce ***Journal***, dont une partie seulement fut conservée (et publiée, en 1954-1955, sous le titre ***Journal inédit***), constitua souvent une première documentation pour ses écrits critiques ou romanesques : « [...] *ce journal n'est que cela : ce que j'ai vu, entendu ou fait, et non pas ce que j'ai pensé, ce que j'ai éprouvé, ce que j'ai senti. C'est le journal aide-mémoire, et non pas le journal confidentiel, sentimental, introspectif et "psychologique"* » (***Une journée***, in ***Jaune bleu blanc***).
Larbaud refusa de s'adonner exclusivement, comme le voulait sa mère, à la direction des affaires familiales. Quant aux études universitaires, elles se révélèrent bientôt inadaptées à son tour d'esprit : après avoir été reçu à sa licence (1907), il abandonna le projet de rédiger une thèse sur l'écrivain anglais Landor, auquel il consacra, néanmoins, de nombreux articles. Jaloux de son indépendance, le jeune écrivain se partageait entre Vichy (et la résidence familiale de Valbois) et Londres — son lieu de séjour favori —, Montpellier, Barcelone, Paris. Il travaillait à des textes qui furent publiés en revue et repris dans des recueils ultérieurs ; certains parurent fort tard, tel ***Gaston d'Ercoule***, nouvelle écrite en 1906, mais publiée en 1952.
La parution anonyme, et à compte d'auteur, des ***Poèmes par un riche amateur, ou Œuvres françaises de M. Barnabooth*** (titre figurant sur les exemplaires de presse), le 4 juillet 1908 (jour anniversaire de l'indépendance nord-américaine), ne suscita presque aucune réaction dans le monde littéraire. Le recueil comportait, outre les ***Poèmes*** et une ***Biographie de M. Barnabooth*** attribuée à un certain Xavier Maxence Tournier de Zamble, le conte ***Le Pauvre Chemisier***, écrit en 1902-1903, sorte de parodie des contes moraux du XVIIIe siècle : l'audace et la modernité des poèmes, qui chantaient les voyages en pullman, la magie des trains — l'un des plus célèbres poèmes est intitulé ***L'Ancienne Gare de Cahors*** : *Voyageuse ! ô cosmopolite ! à présent / Désaffectée, rangée, retirée des affaires* — et des bateaux, les vertus du luxe et du cosmopolitisme, avec une ironie et une liberté rares, fut pourtant remarquée par Mirbeau (qui vota pour l'œuvre au Goncourt — prix qui fut refusé à l'auteur en raison de sa fortune), Gide ou Charles-Louis Philippe, un ami de longue date. C'est à cette époque que se nouèrent des amitiés durables avec Gaston Gallimard, Fargue, Valéry et bien d'autres. L'équipe de la *NRF*, alors en formation sous l'impulsion de Gide, sollicita la collaboration de Larbaud : celui-ci, y donnant l'essentiel de ses textes de fiction (mais se réservant de publier ailleurs ses critiques), en devint l'un des piliers. Il tint aussi une chronique régulière de littérature anglaise dans les revues *La Phalange* puis *Le Manuscrit autographe* de Jean Royère. L'activité critique de l'écrivain se poursuivit trente ans durant au sein de nombreuses revues françaises et étrangères, de *La Revue européenne* à *La Nacin*, du *New Weekly* de Londres à la revue *Commerce*, financée par la princesse de Bassiano et dont Larbaud assura un moment la direction.

De *Fermina Márquez* à *Enfantines* : un écrivain majeur

En 1910, grâce au soutien de Gide, parut, aux éditions de la *NRF*, ***Fermina Márquez***, court roman où Larbaud évoquait ses souvenirs heureux de Sainte-Barbe-des-Champs. L'œuvre, en gestation depuis 1905, suscita immédiatement l'enthousiasme de Jammes, de Claudel et de nombreux critiques. Selon la formule du prière d'insérer (Fasquelle, 1911), il s'agissait d'un « *groupe d'enfants et de jeunes gens, pensionnaires dans un de ces célèbres collèges des environs de Paris,* [...] *que domine la figure charmante d'une très jeune Colombienne, sœur d'un des élèves* ».
C'est également à la *NRF* que parut, en 1913, une édition définitive — et, cette fois, signée — de ***A.O. Barnabooth. Ses Œuvres complètes, c'est-à-dire un Conte, ses Poésies et son Journal intime***. Ce dernier, ayant la forme du récit de voyage à laquelle Larbaud revint si souvent, remplaçait la ***Biographie*** de 1908. L'auteur y faisait, sur un ton très gidien, l'éloge de la ferveur et le procès d'une certaine sagesse, qui ne serait que « *la présence en nous d'une plus grande quantité de la sottise du monde* ». Les ***Poésies***, profondément remaniées, chantaient toujours l'Orient-Express,

> [...] *la respiration légère et facile*
> *Des locomotives hautes et minces, aux mouvements*
> *Si aisés, les locomotives des rapides*
> *Précédant sans effort quatre wagons jaunes à lettres d'or*
>
> (***Ode***, in ***A. O. Barnabooth [...]***)

Au début de la Première Guerre mondiale, Larbaud — pacifiste qui ne cessa pourtant de collectionner les soldats de plomb — tenta en vain de s'engager ; réformé pour raison de santé, il devint infirmier bénévole à Vichy, dans un hôpital réquisitionné qui appartenait à sa mère. En octobre 1915, il s'installa en Espagne, où il résida (principalement à Alicante) jusqu'en 1920. Il se consacra à la traduction des œuvres de Samuel Butler — ***Erewhon***, ***Nouveaux Voyages en Erewhon***, ***La Vie et l'Habitude***, ***Ainsi va toute chair*** et les ***Carnets***, parus chez Gallimard entre 1920 et 1934 — et perfectionna sa connaissance de la littérature espagnole. Ce fut lors de ce séjour qu'il découvrit Gmez de la Serna, prolifique inventeur des *greguerías*, sortes d'aphorismes ou de courts poèmes en prose : il en traduisit un recueil (***Échantillons***, 1923) avec une jeune agrégée d'espagnol, Mathilde Pomès. Larbaud, se refusant à traduire seul d'une autre langue que l'anglais, sollicita aussi par la suite l'aide de jeunes traducteurs comme Marcelle Auclair et Jean Cassou.

En 1918, parut un recueil de 8 nouvelles dont certaines avaient été publiées en revue entre 1908 et 1914 : ***Enfantines***. Larbaud, fidèle au style simple et limpide de ***Fermina Márquez***, y faisait preuve d'une grande acuité d'analyse et d'une réelle compréhension de l'âme, à la fois violente et fragile, des enfants : « *Pourquoi donc, à la maison, évitions-nous de rester longtemps seul* [sic] *avec nos parents ? Pourquoi craignions-nous de nous laisser aller à leur raconter les histoires du collège ? Était-ce parce que l'expérience d'anciens déboires nous avait instruit* [sic] *? On voit, dans les journaux amusants, des plaisanteries sur les "enfants terribles" ; pourquoi n'y a-t-il jamais de plaisanteries sur les "parents terribles" ? C'est peut-être parce qu'ils sont vraiment trop terribles... Mais il y a autre chose : on renonce, peu à peu, à se faire comprendre. La vie de collège nous a donné tant de souvenirs qui n'ont rien de commun avec ceux de nos parents : on dirait qu'ils ont tout oublié de leur enfance, eux... Et peu à peu, nous nous sommes aperçu* [sic] *que cette partie déjà ancienne de notre existence que nous avons vécue devant eux, près d'eux, sur leurs genoux, leur a été presque aussi étrangère que notre vie de collège : ils en ont une version qui diffère de la nôtre. On dirait qu'ils ne nous ont pas connu* [sic]*. Ils racontent aux étrangers des anecdotes sur notre petite enfance, dans lesquelles nous ne retrouvons rien de ce que notre souvenir a gardé. Ils nous calomnient. On dirait même parfois qu'ils ont pris, pour nous les attribuer, des mots d'enfants qu'ils ont lus dans des livres. Cela nous rend honteux, devant les gens ; mais comme nous sommes très lâches, nous rions de nous-même* [sic] *avec les grandes personnes* » ***(Devoirs de vacances)***.

Après-guerre : un éminent traducteur

Revenu à Paris, l'auteur fit la connaissance d'Adrienne Monnier, éditrice de la revue *Le Navire d'argent* et dont la librairie, *La Maison des Amis des livres*, sise rue de l'Odéon, était un lieu de rencontre pour les écrivains français et étrangers. C'est là qu'elle rencontra James Joyce, en 1920, dont il se fit immédiatement un ardent propagandiste de l'œuvre : après la publication en France, chez Sylvia Beach, d'*Ulysses* (1922), il se lança, avec Auguste Morel, dans la traduction de ce chef-d'œuvre, qui lui prit sept ans (***Ulysse***, 1929).

Tout en menant cette tâche, il publia, dès 1920, ***Beauté, mon beau souci...*** — nouvelle dédiée à la ville d'Alicante et dont le titre est inspiré d'un vers de Malherbe —, illustrant le thème, cher à l'auteur, du milliardaire rendu malheureux par son aisance même : « *"Et moi je penserai toujours que personne, ici-bas, n'aime le pauvre homme riche"* », disait déjà, ironiquement, le héros du ***Pauvre Chemisier*** (VI). En 1923, le texte fut repris en recueil avec ***Amants, heureux amants...***, qui donnait le titre à l'ensemble, et ***Mon Plus Secret Conseil...*** Larbaud dédia ***Amants [...]***, qui tient de la nouvelle, de l'essai et du récit autobiographique, à Joyce : il y reprenait, en effet, la technique du monologue intérieur, caractéristique d'*Ulysse*. Quant à ***Mon Plus Secret Conseil...***, il le dédia à Édouard Dujardin (1868-1946), « *auteur de* Les Lauriers sont coupés (1887) *a quo...* » — dont Joyce lui-même avait indiqué à Larbaud qu'il était le véritable « inventeur » de la technique.

Jaune bleu blanc (1927), dont le titre désigne les trois couleurs préférées de l'auteur (notamment pour ses cravates et ses boutons de manchette), rassemblait « *une liasse d'écrits* » inspirés par ses voyages, auxquels Larbaud refusa d'attribuer une qualification précise : « *Traité, Divagation, Esquisse,* [...] *Épître, Propos, Discours (familier), Notes...* » (prière d'insérer). Moins connues que ses récits, ces pages constituent peut-être le meilleur de son œuvre ; si ***Paris de France*** rappelle les enthousiasmes de sa jeunesse — « *Accueil fait à toute chose nouvelle ; et cela jusqu'à l'oubli de nous-mêmes dans notre recherche de tout ce qui était autre* » —, l'auteur confiait, dans ***Le Vain Travail de voir divers pays*** — dont le titre est emprunté au sonnet liminaire du *Microcosme* de Scève : *Le* *vain travail de voir divers pays / Apporte estime à qui vagabond erre / Combien qu'il perde, à changer ciel et terre, / Ses meilleurs jours, du temps larron trahis* —, un certain « *dégoût de voir du nouveau* [...], *ce qu'on peut appeler la conversion après la procession,* [un] *retour à l'immuable* », et évoquait, à propos des retraites imposées par la maladie, « *cette ombre limpide où on se voit mieux, où on se voit jusqu'au fond (tous les souvenirs repris, jugés)* » ***(200 Chambres, 200 Salles de bains)***. Parallèlement, entre 1924 et 1932, Larbaud dirigea, avec Fargue et Valéry, la revue *Commerce*. Pages prémonitoires, peut-être : en août 1935, Larbaud fut victime d'une attaque cérébrale qui le laissa aphasique — l'une des seules phrases qu'il parvînt à prononcer était : « *Bonsoir, les choses d'ici-bas* » —, partiellement paralysé jusqu'à sa mort, même s'il trouva encore la force de superviser certaines éditions, dont le recueil ***Aux couleurs de Rome*** (1938). Ultime hommage de son éditeur Gaston Gallimard, ses ***Œuvres complètes*** parurent de son vivant, et avec sa collaboration (10 vol., de 1950 à 1955, dont les deux derniers firent connaître le ***Journal***, encore inédit). De retour dans son Bourbonnais natal — auquel il avait régulièrement rendu hommage, notamment dans ***Allen*** (1929), récit d'un voyage automobile —, incapable d'écrire et presque de parler, il termina sa vie avec Maria Angela Nebbia, une Italienne qui était sa compagne depuis les années 1920.

THÉORIE LITTÉRAIRE

Si Larbaud ironisait volontiers sur « *la manie de faire des théories* [...], *façon de tuer le temps aussi morose et vaine que le jeu de solitaire* » ***(Le Vain Travail [...])***, de nombreux passages disséminés dans ses récits, ses essais, sa correspondance, son ***Journal*** livrent ses réflexions sur la création littéraire, sur son « commerce » avec les œuvres : les siennes et celles des autres. En premier lieu, dans ses textes critiques : Larbaud fut un infatigable préfacier, traducteur, introducteur, commentateur d'auteurs anglais, latino-américains, espagnols, portugais, italiens (de Chesterton à Bennett, de Whitman à Conrad, de Reyes à Guïraldes et à Queiroz), mais aussi d'écrivains français méconnus à son époque, comme Scève. Un grand nombre de ses articles et préfaces, parfois écrits en anglais ou en espagnol, furent réunis dans ***Ce vice impuni, la lecture*** (1924), titre repris ensuite avec des spécialisations par domaine : ***Domaine anglais*** (1925), ***Domaine français*** (1941), où se manifestaient son rejet des caractéristiques du roman traditionnel — intrigue, personnage, narration — et, plus largement, son refus de toute classification en genres littéraires, au profit de l'impérieuse liberté de mêler toutes les formes et tous les tons, pour constituer une œuvre bigarrée — vers, vers libres, prose dialoguée, nouvelle, essai, journal, roman — que sa diversité même, défiant les vaines tentatives d'étiquetage, rend aussi moderne que personnelle.

Son expérience de traducteur lui inspira aussi les essais théoriques qui furent repris dans ***Sous l'invocation de saint Jérôme*** (1945), regroupant plusieurs textes, en 3 parties. ***Le Patron des traducteurs*** évoque l'œuvre du traducteur de la Bible en latin, dont Larbaud fait un « *précurseur de Dante,* [le] *père de toute littérature romanesque* ». ***L'Art et le Métier***, véritable défense et illustration de la traduction, contient à la fois une définition *(« pour rendre le sens littéraire des ouvrages de littérature, il faut d'abord le saisir ; il ne suffit pas de le saisir : il faut encore le recréer »)* et une analyse *(« traduire un ouvrage qui nous a plu* [...], *c'est le posséder plus complètement, c'est en quelque sorte nous l'approprier. Or, c'est à cela que nous tendons toujours, plagiaires que nous sommes tous, à l'origine »)*. L'activité des *verborum pensitatores* (« *peseurs de mots* », selon la formule péjorative d'Aulu-Gelle à propos des détracteurs de Cicéron) ne se distinguait donc guère, à ses yeux, de la création : traducteur ou auteur, « *le véritable artiste, le professionnel de l'art, est sans cesse inquiet, mécontent de lui-même, jamais satisfait de l'expression, toujours à la recherche décevante du mot juste* » (d'après l'interlocuteur de Barnabooth, version de 1908).

Enfin, ***Technique*** — dont la plupart des textes avaient paru sous ce titre en 1932 — reprenait les griefs immémoriaux à propos des coquilles, cette « *couronne d'épines que l'imprimeur pose au front de l'auteur* », selon l'expression de Gomez de la Serna. Paradoxalement, Larbaud faisait à la fois l'apologie de l'exactitude typographique (la discipline est nécessaire aux « *Vingt-Cinq Soldats de Plomb qui finiront par en finir avec la Guerre* ») et le procès — ou plutôt la satire — de l'orthographe, cette « *superstition* ». Dans une lettre à l'éditeur Stols, à propos de Scève (16 déc. 1926, publiée en 1938), il prenait parti pour la modernisation graphique dans l'édition des textes anciens : le maintien de l'orthographe du temps « *distrait de la pensée de l'auteur* », qui paraît « *déguisé pour aller à un bal masqué* ».

Ce soin du « métier » participait moins d'une vanité sourcilleuse que d'une esthétique de l'attention, vertu cardinale pour ce voyageur ouvert aux visages, aux lumières, aux conversations surprises ; il y voyait le « *signe visible* » de l'amour du monde et des hommes ; son contraire, l'inattention, « *toujours augmentée, aboutit à l'aliénation en passant par la stupidité* » (***Sur le rebut***, in ***Aux couleurs de Rome***). C'est son regard préservé *D'enfant qui ne veut rien savoir, sinon / Espérer éternellement des choses vagues* (***Ode***, in ***Poésies***, in ***A.O. Barnabooth***, 1913) qui permettait à Larbaud de conserver intact l'enthousiasme nécessaire à la lecture comme à l'écriture : « [...] *tout ce qui est bon en littérature est en fin de compte hymne, action de grâces, alleluia. Ça monte, ça n'a pas d'autre raison d'être que de monter, comme un chant ; et ceux qui savent écouter, leur âme s'y associe, et monte avec le chant* » ***(Allen)***.

THÉORIE LITTÉRAIRE

Voyageur à la curiosité sans cesse en éveil, amateur de langues étrangères et « passeur » de littératures, critique avisé, traducteur attentif et passionné, Larbaud fut aussi un écrivain de l'enracinement : cet infatigable découvreur cosmopolite ne cessa de célébrer son Bourbonnais natal et d'évoquer son enfance étouffante de « fils à maman » privilégié. Son œuvre personnelle de romancier, de nouvelliste, d'essayiste et de poète ne peut se dissocier de son acharnement à faire (re)connaître les écrivains — français et étrangers — oubliés ou méconnus, que cet « *amateur* », au sens plein du terme, sut élire avec un goût très sûr. Homme délicatement marginal et volontiers secret, il ne fut jamais sur le devant de la scène ; écrivain discret, il laisse une œuvre riche, d'une liberté de ton et de forme aussi singulière qu'attachante.

Une langue libre et variée

Larbaud emploie volontiers les mots « *comme les enfants ceux des grandes personnes :* [il] *leur donne le sens qui* [le] *séduit le plus* » ***(Le Vain Travail [...])***. De facture très classique, son style ne s'interdit aucun jeu, aucun néologisme, aucune hardiesse. Même liberté dans l'inspiration, où l'espièglerie se fait volontiers iconoclaste : « *Qui sait si le latin même n'est pas une grande supercherie pédagogique ? Parfois nous avons pensé que tous les monuments des deux littératures classiques avaient péri, et que les textes qu'on nous faisait étudier étaient en réalité l'œuvre des humanistes, qui avaient feint de les avoir retrouvés, et qui les avaient reconstitués, ou plutôt inventés de toutes pièces, dans un grec et dans un latin fabriqués par eux. Tant de manuscrits importants qui ont été vus au* XVI*e siècle se sont mystérieusement perdus depuis ! C'étaient peut-être des faux, que leurs auteurs avaient intérêt à faire disparaître. Les humanistes avaient pu inventer ces textes pour se distraire : ce devaient être des gens qui avaient la plaisanterie lourde ; mais il était plus vraisemblable de penser qu'ils avaient eu en vue l'éducation des futures générations de jeunes élèves* » (***Devoirs de vacances***, in ***Enfantines***). Et même sens et goût de la surprise : « [...] *je n'ai jamais pu voir les épaules d'une jeune femme sans songer à fonder une famille* » (***Journal intime***, in ***A.O. Barnabooth***). Ce polyglotte aimait jouer avec les langues, et introduisait souvent des vocables étrangers dans ses phrases, sans affectation : un anglicisme qui lui échappe devient même élément narratif, dans la nouvelle ***Une nonnain*** (in ***Aux Couleurs de Rome***). Le mot lui apparaît comme un être animé de « *signes de vie qui vont jusqu'à modifier rythmiquement son poids* [...] *; des frémissements, des irisations le parcourent...* » ***(Sous l'invocation de saint Jérôme)***.

Une œuvre reconnue

Larbaud sut, en son temps, se constituer un public qui, s'il était restreint, lui était d'une fidélité à toute épreuve, et la critique, d'abord indifférente ou réticente, lui manifesta ensuite un intérêt soutenu. En 1922, un numéro de la revue *Intentions* lui fut entièrement consacré, premier d'une longue série de numéros spéciaux, d'articles et d'études. Célébré par des écrivains aussi différents que Paulhan ou Soupault, l'auteur de ***Barnabooth*** fit l'unanimité parmi ses pairs, comme en témoigne ce portrait dressé par Morand : « *Sa sensibilité très vieille et son cœur enfantin (personne n'a su parler comme Larbaud des petites filles, aimer les soldats de plomb jusqu'à un âge avancé, redouter autant sa mère et écrire à quarante ans passés des* Devoirs de Vacances*), sa délicatesse, sa timidité, lui ont fait prospecter d'abord cent talents étrangers, de Samuel Butler à James Joyce, de Gomez de la Serna à Savage Landor, puis mille pays, depuis les pampas* *sans horizon de son héros Barnabooth jusqu'à la minuscule nation d'étagère* [sic] *qu'est Saint-Marin, découvrir enfin et par-dessus tout un pays neuf dont il traça lui-même les frontières, cette République Larbaud sur laquelle flotte le drapeau jaune, bleu, blanc que l'auteur se choisit » (Monplaisir... en littérature)*. En 1949, G. Jean-Aubry, qui fut aussi, avec Robert Mallet, l'artisan de l'édition des *Œuvres* (« Pléiade », Gallimard, 1958), publia le 1er tome de sa biographie *Valery Larbaud. Sa vie, son œuvre. La jeunesse (1881-1920)*, mais il mourut avant d'avoir écrit le 2nd tome. Aujourd'hui, même s'il conserve un public plutôt restreint, Larbaud est l'objet de quantité de publications, notamment universitaires, et une importante biographie lui a été consacrée par Béatrice Mousli (1998).

ŒUVRES

A.O. ***Barnabooth.*** *Ses Œuvres complètes, c'est-à-dire un Conte, ses Poésies et son Journal intime*

Recueil publié aux éditions de la *NRF* en 1913.

Après les ***Poèmes***, précédés d'une ***Biographie*** (1908), les ***Œuvres complètes*** remettent en scène le « *riche amateur* », reprennent le ***Conte*** du ***Pauvre Chemisier*** et les ***Poèmes***, devenus ***Poésies***, mais non la ***Biographie***, qui est « remplacée » par le ***Journal intime***. ***Le Pauvre Chemisier*** est divisé en 8 chapitres ; les ***Poésies*** comportent 2 sections (I. ***Les Borborygmes***, II. ***Europe***) rassemblant respectivement 29 et 12 pièces ; et le ***Journal intime*** est divisé en 4 ***Cahiers*** (tous intitulés du nom d'une ou de plusieurs villes européennes — à savoir, respectivement : ***Florence*** ; ***Florence, Saint-Marin, Venise*** ; ***Trieste, Moscou, Serghiévo*** ; ***Saint-Pétersbourg, Copenhague, Londres***) et un ***Épilogue***.

Ouvrant le recueil, le petit conte moral du ***Pauvre Chemisier*** marque la distance ironique de Larbaud envers le milliardaire Barnabooth qui tente de séduire la fille d'un chemisier désargenté, Mlle Hildegarde « *Ah ! si tu savais quelles belles et secrètes façons d'aimer je sais ! (et quel cœur rempli de tendresse, en dépit de ma fâcheuse ressemblance, tout extérieure, avec Caton l'ancien)* » (chap. IV). Au moment où Hildegarde, pourtant éprise d'un « *Jeune Homme Pauvre* », va céder à la fortune de « *M. Barnabousse* », celui-ci renonce à l'épouser, mais donne au jeune couple la somme promise et assiste, en secret, aux noces : « *Il s'amusa prodigieusement, car il n'aimait déjà plus la fille du pauvre chemisier* » (chap. VII).

Les ***Poésies***, à la façon des ***Borborygmes*** (titre de la première partie) définis comme « *la seule voix humaine qui ne mente pas* » ***(Prologue)***, révèlent un personnage plus nuancé : le voyageur que berce l'Orient-Express au *grand bruit,* [à la] *grande allure si douce, /* [au] *glissement nocturne à travers l'Europe illuminée, / Ô train de luxe* [...] ***(Ode)***, est également sensible aux âpres paysages de la « *rude lucanie* » ***(Centomani)***, à « *cette odeur d'orange en brouillard frais !* » du Portugal ***(Nuit dans le fort)***, aux passantes anonymes, porteuse d'eau à Kharkow ***(Images I)*** ou jeune mendiante à Londres ***(Trafalgar Square la nuit)*** : *Restera-t-il dans ces poèmes quelques images / De tant de pays, de tant de regards, et de tous ces visages / Entrevus brusquement dans la foule mouvante ?* ***(L'Innommable)***. Mais il est aussi hanté par sa mauvaise conscience de riche oisif : *Vous voyez en moi un homme / Que le sentiment de l'injustice sociale / Et de la misère du monde / A rendu complètement fou ! /* [...] *Je veux baiser le mépris à pleines lèvres ; / Allez dire à la Honte que je meurs d'amour pour elle. /* [...] *Hélas, je suis trop riche ; le Mal / M'est à jamais interdit quoi que je fasse : / Je suis un Riche, naturellement bon et vertueux ; / Si j'étais plus riche encore, peut-être / Je pourrais acheter la Honte, / Et la douleur et la bassesse toute nue du monde ?* ***(L'Eterna Voluttà)***.

Développés dans ***Europe*** (titre de la seconde partie des ***Poésies***), les thèmes du voyage et de l'inquiétude profonde du poète sont repris dans le ***Journal intime***, tenu durant une année en Italie, en Angleterre, au Danemark et en Russie. On y trouve ses impressions sur les paysages toscans ou l'atmosphère londonienne, ses aventures sentimentales ou ses goûts littéraires. Même si Barnabooth, avec sa fortune démesurée, sa « *longue figure osseuse et* [son] *poil roux* » (***Deuxième Cahier***, 3 juin, Carlton) ne se confond nullement avec Larbaud, l'inspiration autobiographique est indéniable et presque avouée : « *C'est ainsi que les prétendus romans de Richardson sont en réalité des Confessions déguisées, tandis que* Les Confessions *de Rousseau sont un roman déguisé* » (***Premier Cahier***, 16 avr.). Ses conversations avec son administrateur, ses compagnons et son ami officier dans l'armée russe, complètent le portrait du narrateur : ses déclarations parfois provocatrices — « *Oh, je finirai par crier la vérité :* Je hais les pauvres ! *les ignobles Pauvres ! les infâmes Pauvres !* [...] *M'ont-ils assez piétiné, m'ont-ils assez craché au visage, les immondes* *pauvres !* » (**Premier Cahier**, 19 avr.) — contrastent avec ses accès de mélancolie : « *Je promène dans les rues de Copenhague mon petit désespoir usuel et domestique. Néant de ma vie ; mon inutilité parfaite* [...] » (**Quatrième Cahier**, [Copenhague], « *Lundi* » [octobre]). Au terme de ce périple au cours duquel le narrateur a conscience d'avoir mûri (« *Je n'étais déjà plus le jeune homme qui avait écrit ces pages* », commente-t-il), il se marie, renonce à écrire le nouveau recueil de « *pouâsies* » qu'il projetait d'intituler *Déjections*, et cesse de tenir son journal.

Alors que la première version (1908) de **Barnabooth** passa inaperçue, la seconde, caractéristique de la diversité et de la liberté de l'auteur, consacra Larbaud comme un écrivain majeur — même si sa diffusion resta plutôt mineure.

Fermina Márquez

Roman en 20 chapitres, publié aux éditions de la *NRF* en 1910 (1er mars, 1er avril, 1er mai, 1er juin) et paru en volume, chez Fasquelle, en 1911.

« [...] *une bande d'effrontés, de jeunes roués (entre seize et dix-neuf ans)* », élèves de Saint-Augustin, collège international (« [...] *la langue en usage entre les élèves était l'espagnol* »), est mise en émoi par l'apparition soudaine de Fermina, adolescente de 16 ans qui « *faisait penser à tous les bonheurs de la vie* », et de sa jeune sœur Pilar, avec leur tante Mama Doloré, dans un parc jouxtant l'établissement fréquenté par leur frère, « *Márquez, un nouveau, entré en cinquième depuis peu de jours* » (chap. I). Courtisée par le beau Santos, plus déluré que les autres, la jeune Colombienne a une relation amicale avec Joanny Léniot, « *un collégien fort en thème* », dévoré par une ambition « romaine » : « [...] *lui-même, comme César, était destiné à être admiré des hommes et à être aimé des femmes* » (chap. VIII) ; intellectuellement séduit par l'idée de conquérir une jeune fille — « *Il y avait les femmes* comme il faut *et les autres. Et ce qui faisait justement, à ses yeux, l'attrait des jeunes filles, c'est qu'elles formaient un troisième groupe. Elles avaient encore à choisir entre le vice et la vertu, et, au vice comme à la vertu, elles empruntaient des charmes* » (chap. IX) —, il se trouve étonné d'être « *allé à Fermina Márquez comme on marche à l'ennemi, plein de terreur, et aussi, plein de courage. Et l'ennemi s'était avancé vers lui la main tendue ; au lieu d'un guerrier armé, il avait trouvé un bon camarade ; et mieux : une bonne camarade* » (chap. X). Joanny, devenu le « *seul confident de Fermina Márquez* » (chap. IX), est plus dérouté encore de trouver une personne tentée par l'amour mystique dont le modèle est, pour elle, sainte Rose de Lima. Cet « intellectuel », qui veut tout soumettre à une froide rationalité, est en fait un sentimental : à un double cri du cœur (« *"Comment pouvez-vous parler de vous humilier, vous qui êtes si belle ?"* [...] *Mais elle pâlit et murmura d'un ton véhément : "Oh ! moi qui ne suis qu'un tas d'ordures"* »), il ne peut rien répondre, car « *il sentait vivement, et les expressions outrées ne le faisaient jamais sourire...* » (chap. XI). Finalement, la jeune fille tombe amoureuse de Santos et prend le parti de se laisser considérer comme un trésor : elle « *se plongea ardemment dans ce qu'elle appelait le péché* » (chap. XVIII), abandonnant les lectures pieuses pour les romans d'amour. Passant d'une description interne à une description externe de personnages romanesques, le récit oscille entre l'autobiographie de Joanny et la distance nostalgique du narrateur, qui revient, après plusieurs années, au collège fermé : « *Rien n'a changé ; il y a un peu plus de poussière sur les pupitres ; c'est tout* » (chap. XX). Pourtant, tout a disparu avec le temps des prix d'excellence, certains (comme Joanny) sont morts, et l'on ne sait ce qu'est devenue Fermina Márquez, dame ou demoiselle du temps jadis...

L'œuvre fut très favorablement accueillie par la critique : exactement contemporaine des *Idées modernes sur les enfants* (1911) de Binet — l'une des toutes premières études « scientifiques » consacrées à l'enfance —, elle est devenue, avec *Le Grand Meaulnes* d'Alain-Fournier, l'un des grands classiques de la littérature d'adolescence.

CITATIONS

Prête-moi ton grand bruit, ta grande allure si douce,
Ton glissement nocturne à travers l'Europe illuminée,
Ô train de luxe ! [...]

Ode, in *A.O. Barnabooth. Ses Œuvres complètes, c'est-à-dire un Conte, ses Poésies et son Journal intime.*

Assez de mots, assez de phrases ! ô vie réelle,
Sans art et sans métaphores, sois à moi.

Musique après une lecture, in *A.O. Barnabooth. Ses Œuvres complètes, c'est-à-dire un Conte, ses Poésies et son Journal intime.*

Et où que j'aille, dans l'univers entier,
Je rencontre toujours,

Hors de moi comme en moi,
L'irremplissable Vide,
L'inconquérable Rien.

Le Don de soi-même, in *A.O. Barnabooth. Ses Œuvres complètes, c'est-à-dire un Conte, ses Poésies et son Journal intime.*

[...] les liaisons commencent dans le champagne et finissent dans la camomille.

Journal intime, in *A.O. Barnabooth. Ses Œuvres complètes, c'est-à-dire un Conte, ses Poésies et son Journal intime.*

Qui sait si notre vie la plus réfléchie, et les ouvrages qu'elle produit, ne doivent pas autant à l'étude attentive du nu qu'à celle des livres et qu'à l'audition de la meilleure musique ? Pour moi, il m'arrive de distinguer à peine, quand je compose, les souvenirs et les images de la forme féminine de la matière linguistique que je mets en œuvre. Je crois les pétrir, les caresser, les recréer ensemble.

Lettre de Lisbonne, in *Jaune, Bleu, Blanc.*

JUGEMENTS

« [...] Fermina Márquez, *le deuxième livre de Valery Larbaud, apporte en 1911 un écho assourdi d'une société qui va s'écrouler : celle de l'ancienne France, riche et paisible, installée dans ses possessions comme dans l'éternité, pour qui la vie est un art et l'art une manière de vivre. Dans ce jardin miraculeusement protégé où l'absence de soucis matériels fait de chaque minute une exaltation de la beauté et un voyage parmi les salons, les trains de luxe et les musées, Valery Larbaud est le dernier prince.*
On ne trouve rien dans son récit de ce qui fait la vie quotidienne de ses lecteurs. Ils sont du reste peu nombreux : on ne se précipite pas sur l'histoire d'une jeune fille de l'aristocratie sud-américaine qui va, par son arrivée chez des adolescents, souffler sur leurs songes et sur leur épiderme les premiers émois de l'amour et les premiers vertiges du temps qui passe, du prix d'un regard, d'un sourire qui est déjà un adieu, d'un désir qui contient quelque chose du premier clin d'œil de la mort. Nul message ne s'en échappe, aucune idée générale capable d'ajouter un peu de bruit au bouillonnement du temps. C'est, comme dit Larbaud lui-même "un peu de prose française", *et voilà tout. Pour la beauté, pour le plaisir, pour rien. La poésie ici se suffit à elle-même, comme le luxe chez les riches.* »

Renaud Matignon, « Valery Larbaud. C'était à lire en ... 1911 », in *Le Figaro*, 21 juillet 1986.

« *Il était trop timide, trop modeste, trop généreux, trop érudit.* [...] *Il habitait rue du Cardinal-Lemoine dans ce qu'on pourrait appeler un jardin. La province à Paris. Il était confortablement "installé". Quand il revenait de ses voyages, il accueillait ses amis et leur montrait fièrement sa collection de soldats de plomb. Mais surtout il parlait de ses lectures. Il aimait découvrir des écrivains de tous les pays.* [...] *L'influence de Larbaud a été très importante mais parce qu'il était discret, secret même, on n'a pas su le reconnaître.* »

Philippe Soupault, *Vingt Mille et Un Jours (1978-1979)*, Belfond, 1980.

BIBLIOGRAPHIE

Éditions

Œuvres complètes, éd. R. Mallet, Gallimard, 1955, 10 vol.

Œuvres, éd. G. Jean-Aubry et R. Mallet, « Pléiade », Gallimard, 1958.

A. O. Barnabooth. Son Journal intime, « L'Imaginaire », Gallimard, 1982.

Correspondance André Gide/Valery Larbaud, 1905-1938, éd. F. Lioure, in *Cahiers André Gide*, n° 14, NRF, 1989.

Correspondance Valery Larbaud/Léon-Paul Fargue, 1910-1946, éd. Th. Alajouanine, Gallimard, 1971.

Fermina Márquez, « Folio », Gallimard, 1972.

Journal, éd. R. Mallet, in *Œuvres complètes*, t. IX et X, Gallimard, 1955 ; *D'Annecy à Corfou, Journal 1931-1932* [titre de l'éditeur], Éd. Claire Paulhan, 1998.

Les Poésies de A. O. Barnabooth, « Poésie », Gallimard, 1987.

Études

J. Bessière, *Valery Larbaud : La Prose du monde*, Univ. de Picardie, PUF, 1981.

A. Chevalier, « Valery Larbaud », in *Cahiers de L'Herne*, n° 61, 1992.

F. Lioure et A. Dezalay, *Valery Larbaud. Espaces et Temps de l'humanisme*, Éd. Univ. Blaise-Pascal, Clermont-Ferrand, 1995.

B. Mousli, *Valery Larbaud*, Flammarion, 1998.

Cahiers des Amis de Valery Larbaud, n° 1, 1967.

Europe, « Valery Larbaud », n° 798, oct. 1995.

Valery Larbaud et la France, Publications de l'Institut d'études du Massif-Central, fasc. XXXIX, 1990.

LA ROCHEFOUCAULD

LA ROCHEFOUCAULD
François VI, duc de LA ROCHEFOUCAULD
Prince de MARCILLAC jusqu'à la mort de son père (1650), il hérita de celui-ci le titre de duc et pair.
Paris 1613 – *ibid.* 1680

« *Je relis le livre des* Maximes *avec une admiration des plus vives.* »
André GIDE, *Journal*, 30 septembre 1921, Gallimard, 1939.

« *La Rochefoucauld est un moraliste bien triste et pas toujours vrai.* »
STENDHAL, *Correspondance*, 6 juillet 1804.

Une vie de combats et de complots

Du soldat au conspirateur

Sa naissance destinait le jeune prince de Marcillac, fils aîné d'une des plus vieilles familles de France, à la seule carrière des armes, où il sut précocement faire preuve de bravoure — en Italie (dès 1629, à 16 ans), puis en Belgique et dans le nord de la France pendant la guerre de Trente Ans (1635-1636) — et témoigner imprudemment de son indépendance aristocratique : mêlé à l'entourage de la reine Anne d'Autriche et de la duchesse de Chevreuse, il s'associa aux intrigues contre Richelieu, fomentant même un projet d'enlèvement pour « arracher » la reine aux persécutions du cardinal et Mlle de Hautefort — la future Mme de Schomberg — à l'affection de Louis XIII. Il connut la Bastille pendant une semaine (1637) et un long exil sur ses terres du Poitou, interrompu par ses séjours aux armées (1639) et agrémenté de quelques naissances : marié en 1628, avant ses 15 ans, il eut de sa femme — qu'il n'aimait guère — 8 enfants.

À la mort de Richelieu (1642), il espérait tout de la reconnaissance de la reine, qu'il ne put cependant soustraire à l'influence de Mazarin. D'abord fidèle à la couronne, il s'illustra dans de nombreuses campagnes, fut grièvement blessé à la bataille de Mardick (août 1646), et acheta, à la fin de cette même année, le gouvernement du Poitou, où il dut maintenir l'ordre au début de la Fronde (1648). De nouvelles déceptions le jetèrent dans le parti des princes, Condé et Conti : intimement lié à leur sœur, Mme de Longueville — dont il était l'amant et dont il eut un fils, le comte de Saint-Paul, né quelques jours avant que La Rochefoucauld ne reçût une seconde blessure, au siège de Lagny (janv. 1649) —, il anima la guerre civile durant les années troubles (1650 à 1652) et fut l'un des héros des principaux moments de la Fronde. En 1651, il faillit assassiner son éternel rival le cardinal de Retz en plein Parlement. La même année, Mme de Longueville lui préféra le duc de Nemours, mettant ainsi un terme à leur liaison, avant de se convertir définitivement en 1654 et de renoncer au monde. Quand le roi entra à Paris (oct. 1652), La Rochefoucauld était physiquement et moralement très diminué : une nouvelle blessure, reçue en juillet, l'avait rendu presque aveugle, tandis qu'à la ruine et à l'isolement — la reine avait fait raser son château en 1650 — s'ajoutait la menace d'être arrêté. Il fit néanmoins front : fidèle à Condé, il déclina l'offre d'amnistie et se laissa compter parmi les frondeurs coupables de lèse-majesté. Exilé au Luxembourg, il dut « *faire sa paix* » avec le roi pour rentrer en France en vaincu (1653).

Du conspirateur au mémorialiste

Il vécut dès lors surtout à Paris, fréquentant les cercles de Mme de Sablé, puis celui de Mme de Montespan. Il y connut La Fontaine, qui lui dédia l'une de ses premières *Fables* en 1668 (*L'Homme et son image*, in *Fables*, I, 11) et surtout Mme de Lafayette : on sait qu'il eut une part, difficile à préciser, dans la rédaction ou la conception de *Zayde* (1670) et de *La Princesse de Clèves* (1678). Le duc a confié sa propre vision de son histoire dans l'***Apologie de M. le prince de Marcillac***, qu'il composa en 1649 et que Victor Cousin publia en 1855, dans la 3e édition de sa *Jeunesse de Madame de Longueville*. Nous la connaissons encore par les différentes sections des ***Mémoires***, dont il fit interdire à plusieurs reprises la publication : une partie parut toutefois sans son aveu, en 1662, sous le titre de ***Mémoires de M.D.L.R., contenant les brigues pour le gouvernement à la mort de Louys XIII [...]*** ; une édition plus fidèle, à partir d'une des nombreuses copies manuscrites, a été donnée dans le tome II des ***Œuvres complètes*** (1874). Ces textes, fortement retravaillés pour les ***Mémoires***, offrent un irremplaçable témoignage sur un itinéraire exemplaire du destin de la haute noblesse française, risquant son indépendance dans l'aventure de la Fronde — où brillèrent les dernières lueurs d'un crépuscule des héros —, vaincue par l'affirmation progressive d'un pouvoir royal conçu comme absolu, réduite enfin à une vie de salon où elle ne pouvait plus participer au règne — sinon en délivrant l'image littéraire du grand siècle et du Roi-Soleil. La profonde mélancolie qu'avoue le célèbre ***Portrait de M.R.D. fait par lui-même*** (publié en 1659 dans *Recueil des portraits et éloges [...] dédié à S.A.R. Mademoiselle*), autoportrait de La Rochefoucauld en beau ténébreux, signale ce deuil des illusions, en même temps qu'il témoigne de la participation active de l'ancien frondeur aux salons et aux jeux littéraires collectifs : « *Premièrement, pour parler de mon humeur, je suis mélancolique, et je le suis à un point que depuis trois ou quatre ans à peine m'a-t-on vu rire trois ou quatre fois. J'aurais pourtant, ce me semble, une mélancolie assez supportable et assez douce, si je n'en avais point d'autre que celle qui me vient de mon tempérament ; mais il m'en vient tant d'ailleurs* [...]. »

Le militant des *Maximes*

Les ***Maximes*** sont elles-mêmes le fruit d'une réflexion, sinon d'une élaboration, collective, poursuivie, dès 1659, dans l'entourage de la marquise de Sablé. Mme de Sablé avait été une célèbre précieuse — la « *Parthénice* » du *Grand Cyrus* — et s'était, en 1656, « convertie » au jansénisme, comme on disait alors ; très lettrée, influencée par la littérature espagnole — et notamment par Balthazar Gracián —, elle aimait réunir autour d'elle, pour discuter littérature et de ce qu'on n'appelait pas encore « *psychologie* », un petit cercle d'amis. La Rochefoucauld y côtoya l'académicien Jacques Esprit, qu'il avait sans doute connu à l'Hôtel de Rambouillet dès 1634, et qui publia, plus tard, le volumineux traité sur la *Fausseté des vertus humaines* (1677-1678). Plusieurs lettres révèlent une collaboration entre la marquise, l'académicien et le duc, ce dernier semblant avoir orchestré l'entreprise : échanges de maximes par voie épistolaire, commentaires et gloses, corrections et réécriture.

Dès 1663, Mme de Sablé réunit sa propre série et sembla vouloir mettre un terme à l'exercice. Au cours de cette même année, La Rochefoucauld fit établir, sous son nom, des copies d'une collection de maximes. L'une de ces copies donna lieu à une première édition subreptice en Hollande dès la fin de 1663 (***Sentences et Maximes de morale***, 1664) : les maximes s'y trouvent regroupées en paragraphes plus substantiels, le recueil tendant ainsi vers la forme plus orthodoxe du traité moral. D'autres copies furent confiées à Mme de Sablé, qui organisa une « consultation » de lettrés, véritable « sondage d'opinion », dont certains avis épistolaires nous ont été conservés.

On doit sans doute admettre, avec Jacques Truchet, que ces réponses « *amenèrent La Rochefoucauld à modifier l'éclairage de son recueil et à présenter l'amour-propre comme le thème majeur de son œuvre* ». Elles avaient signalé le risque majeur d'un tel recueil : voir la dénonciation des fausses vertus laisser conclure à une négation radicale de l'idée de vertu, pouvant en cela menacer la vertu chrétienne elle-même. La Rochefoucauld hésita, puis se décida à modifier l'ouverture du volume, en reprenant un long développement sur l'amour-propre déjà publié en 1660 dans le *Recueil Sercy* (*Recueil de pièces en prose [...]*, 3e partie), qui se trouva ainsi éclairer les premières maximes consacrées à ce même thème : « *L'amour-propre est l'amour de soi-même, et de toutes choses pour soi ; il rend les hommes idolâtres d'eux-mêmes, et les rendrait les tyrans des autres si la fortune leur en donnait les moyens* [...]. » Il tenta de donner également une conclusion au recueil, sous la forme d'un texte assez développé sur le mépris de la mort. Le duc prit encore conseil des PP. Esprit et Rapin pour charger Henri de La Chapelle-Bessée de rédiger un *Discours* susceptible de servir de lettre-préface au recueil, sans révéler l'identité de l'auteur des ***Maximes***. La Rochefoucauld ne risqua qu'un avant-propos anonyme, où il affiche une désinvolture tout aristocratique à l'égard de l'œuvre elle-même et de ses futurs lecteurs.

S'il ne chercha pas à les faire publier de son vivant, La Rochefoucauld paraît avoir apporté un soin aussi grand au texte de ses 19 ***Réflexions*** qu'au recueil des ***Maximes***, mais les deux œuvres restent indépendantes, tant par leur structure et leur rhétorique propre que par leur thématique : pages d'Histoire ***(Des événements de ce siècle)*** et d'*exempla*, à la manière de Montaigne parfois ***(Des modèles de la nature et de la fortune)***, variations brillantes sur des motifs littéraires ***(De l'amour et de la mort)*** ou des idées à la mode (dont le célèbre ***Du rapport des hommes avec les animaux***), élaborations d'un art de vivre (réflexions II à V sur la société et la conversation).

La triste fin d'un grand vaincu

Les épreuves personnelles nourrirent sans doute aussi le pessimisme radical à l'œuvre dans les ***Maximes***, à commencer par cette terrible année 1672 où La Rochefoucauld, coup sur coup, perdit l'un de ses fils à la guerre, en eut un autre grièvement blessé, et subit aussi le deuil du comte de Saint-Paul, son fils illégitime. Atteint d'une goutte qui le paralysait de plus en plus depuis 1669, il souffrit aussi, moralement, de la désaffection de son fils aîné et ne se remit pas des disparitions de ses très proches « amis » Jacques Esprit et Mme de Sablé (la même année, 1678), puis de la mort de sa très chère Mme de Longueville (1679). C'est Bossuet qui l'assista et recueillit son dernier souffle.

Au terme d'une vie de combats et de complots, La Rochefoucauld a élevé la maxime au rang de genre littéraire. Singulière destinée que celle de ce grand seigneur d'une timidité si maladive qu'il refusa d'entrer à l'Académie française pour ne pas avoir à parler en public : ce prince qui craignait tant le ridicule à l'oral a immortalisé son nom dans l'un des genres les plus élaborés de l'écrit.

Un genre porté à sa perfection

Genre bref, discours assertif adoptant le mode de la généralité, la maxime se caractérise par une économie de moyens stylistiques au service de la densité et de l'exigence de clarté : les réfections des éditions successives vont le plus souvent dans le sens de la condensation (maximes 8, 32, 281, 293), du mot plus précis (« *libéralité* » devenant « *prodigalité* », 11) et tendent à éliminer les archaïsmes (« *fou* » plutôt que « *fol* », 7) ou à introduire des « modalisateurs » (« *souvent* », « *d'ordinaire* », « *la plupart des hommes* »). Ces choix n'excluent pas cependant les effets de surprise qui couronnent en pointe la maxime : « *Ce qui nous rend la vanité des autres insupportable, c'est qu'elle blesse la nôtre* » (389). Le matériel lexical du discours moraliste est plutôt réduit, dominé par la métaphore du trafic — imposée par le double sens du mot « *commerce* », dans la langue classique — qui dénonce le jeu social, organisé avec prédilection sur le mode binaire, autour d'une relation d'équivalence en affinité avec la forme négative, et surtout avec la tournure exceptive et restrictive « *ne... que* », qui signale la déception.

Le succès des ***Maximes***, immense du vivant même de La Rochefoucauld, ne s'est jamais démenti. Pièces maîtresses de la forme brève, elles constituent aussi un sommet de notre littérature. L'antithèse est, dans la maxime, « *le spectacle même du sens* » (Roland Barthes) et elle s'y exprime de façon variée, opposant l'actif au passif, le sujet à l'objet. Ainsi, l'homme ne s'appartient plus, qui « *croit souvent se conduire lorsqu'il est conduit* » (43) : caprices de l'humeur, heurs de la fortune, « *le caprice de notre humeur est encore plus bizarre que celui de la fortune* » (45). Les mots eux-mêmes doivent être retournés comme des gants : « *Le nom de la vertu sert l'intérêt aussi utilement que les vices* » (187) ; « *L'amour prête son nom à un nombre infini de commerces qu'on lui attribue, et où il n'a non plus de part que le Doge à ce qui se fait à Venise* » (77). Comble du retournement, la dissimulation de son savoir-faire devient le savoir-vivre suprême : « *C'est une grande habileté que de savoir cacher son habileté* » (245). Enserrée entre deux blancs typographiques qui concourent à son exhibition, la maxime est ainsi un discours à la fois clos et replié sur lui-même, mais aussi fondamentalement ouvert, ambigu car inachevé. C'est de ce retournement essentiel — et du miroitement de la forme qu'il suscite — que le lecteur peut attendre le surcroît de sens que promet la maxime et la révélation dynamique de l'aptitude du langage à travailler sur lui-même : peut-être est-ce précisément dans ce mouvement par lequel le lieu commun se trouve toujours déçu pour aboutir à une parole autre, que l'on peut approcher au plus près, avec La Rochefoucauld, l'effet-littérature.

Un classique inclassable

L'œuvre fut d'emblée abondamment et diversement commentée, mais surtout dans une optique religieuse : la lecture des ***Maximes*** pour préparer à l'Évangile ? La dévaluation radicale des vertus pourrait sans doute laisser intacte l'idée d'un possible salut, mais La Rochefoucauld n'est pas Pascal : il ne conclut pas de la misère de l'homme à la nécessité de la Rédemption. Il se borne à mettre au jour et à nu l'irrémédiable vanité humaine : « *Nous promettons selon nos espérances, et nous tenons selon nos craintes* » (38) ; « *Si nous résistons à nos passions, c'est plus par leur faiblesse que par notre force* » (122) ; « *On aime mieux dire du mal de soi-même que de n'en point parler* » (138). Entreprise systématique de destruction de l'héroïsme cornélien, loin de toute édification : « *Il y a des héros en mal comme en bien* » (185). Et quelques-uns des premiers lecteurs de la copie de 1663 n'ont pas manqué de souligner les risques d'une interprétation libertine du recueil, à la lecture de maximes aussi superbes que peu chrétiennes : « *Le soleil ni la mort ne se peuvent regarder fixement* » (6) ; « *Il n'appartient qu'aux* *grands hommes d'avoir de grands défauts »* (190) ; « *Qui vit sans folie n'est pas si sage qu'il croit* » (209).

Il est vrai que l'éthique la plus explicite des ***Maximes*** est celle de la simple « honnêteté », notion toute mondaine s'il en est ; les remaniements successifs du recueil ont abouti à l'élimination de quelques-unes des maximes à caractère religieux (mais que penser alors de celles que La Rochefoucauld a voulu conserver ?), et à une mise en évidence des notions d'humeur et de fortune, qui semblent laisser peu de place au pouvoir divin (mais ces 2 termes suffisent-ils à exclure l'idée d'une Providence ?), notamment dans l'évocation — d'une implacable sobriété — de la vieillesse : « *Peu de gens savent être vieux* » (423) ; « *L'enfer des femmes, c'est la vieillesse* » (***Maximes posthumes***, 59). La rhétorique du discontinu, qui anime la collection des maximes, ne permettait d'ailleurs pas un exposé doctrinal. N'est-ce pas au lecteur d'investir le silence et le « blanc » qui sépare chaque maxime ? Le XVIIIe siècle réserva aux ***Maximes*** un accueil très partagé. Si Voltaire en salua la justesse et la précision, Vauvenargues, pourtant si voltairien, et si proche de l'auteur de *Candide*, en dénonça le pessimisme, somme toute, esthétique, dans une *Critique de quelques maximes du duc de La Rochefoucauld* et dans quelques-unes des *Réflexions et Maximes* qui ponctuaient son *Introduction à la connaissance de l'esprit humain* (1747) : « *Si l'illustre auteur des* Maximes *eût été tel qu'il a tâché de peindre tous les hommes, mériterait-il nos hommages et le culte idolâtre de ses prosélytes ?* » (299). On conçoit cependant que la philosophie des Lumières ait pu reconnaître dans l'œuvre de La Rochefoucauld un moment proprement critique dans l'histoire de l'esprit et qu'un Helvétius (*De l'esprit*, 1758) ait proposé une interprétation utilitariste des ***Maximes*** : l'amour-propre ne peut pas être envisagé comme une puissance négative ; fondement de la dynamique même du progrès et des rapports sociaux, il est la valeur première d'une éthique humaine et rien qu'humaine, sous-jacente dans les maximes les plus introspectives : « *On est quelquefois aussi différent de soi-même que des autres* » (135) ; « *Les occasions nous font connaître aux autres, et encore plus à nous-mêmes* » (345). Pour autant, l'œuvre ne fut guère appréciée de Stendhal ni de Zola, qui y voyaient plus de dépit que de vérité, ni d'un Léautaud, qui déplorait : « *L'amour, c'est le physique. Et La Rochefoucauld l'a oublié : l'amour est encore une forme de l'intérêt. Ce qu'on aime dans un autre, c'est soi, c'est son plaisir, c'est le plaisir qu'on lui donne et qui est encore une forme du nôtre* » (*Amour*, in *Propos d'un jour*).

Néanmoins, la complexité de l'œuvre, sa fondamentale « ouverture », qui constitue le versant herméneutique de sa discontinuité, ont ainsi pu autoriser les interprétations les plus diverses et les plus contradictoires, et donner lieu à toutes les réappropriations : du recueil des maximes au texte fragmentaire, René Char voyant, dans La Rochefoucauld, un « *grand Ouvert* », précurseur de la modernité ; de l'amour-propre à l'inconscient freudien, chez Lacan, dans son *Séminaire* de 1954 ; du pessimisme augustinien au nihilisme contemporain d'un Cioran. Le *Discours* de La Chapelle-Bessée disait déjà des maximes qu'elles étaient les « *premiers traits du tableau* » et qu'il fallait « *se donner le loisir de pénétrer le sens et la force des paroles* » : « *Il faut que l'esprit parcoure toute l'étendue de leur signification avant que de se reposer pour en former le jugement.* » C'est peut-être cet espace de signification que la postérité des ***Maximes*** n'en finit pas de parcourir.

ŒUVRE

Maximes

Titre — réducteur — sous lequel on a pris l'habitude de présenter les ***Réflexions, ou Sentences et Maximes morales***, qui connurent 5 éditions du vivant de La Rochefoucauld.

La 1re édition autorisée parut à la fin de l'année 1664 (achevé d'imprimer : 27 oct. 1664 — édition datée de 1665) : elle comportait 317 maximes. La Rochefoucauld ne cessa pas, pour autant, de remanier son recueil. Dès 1666, il fit paraître une 2e édition : il avait retranché nombre de maximes, abrégé ou résumé celles qu'il voulait conserver, procédé à des aménagements stylistiques pour atténuer leur propos, et renoncé surtout à l'argumentation du *Discours* de La Chapelle-Bessée, intégralement supprimée, comme le développement initial sur l'amour-propre, remplacé par une maxime qui renoue avec le texte liminaire de la copie de 1663 : « *Ce que nous prenons pour des vertus n'est souvent qu'un assemblage de diverses actions et de divers intérêts, que la fortune ou notre industrie savent arranger ; et ce n'est pas toujours par valeur et par chasteté que les hommes sont vaillants, et que les femmes sont chastes.* » Deux autres éditions, en 1671 et 1675, parurent sans connaître d'autres corrections que l'addition de maximes, et notamment de séries supplémentaires à la fin du recueil. La 5e édition (1678) témoigne, en revanche, d'une nouvelle révision, qui supprime une quinzaine de maximes, remplacées par de nouvelles, et rajoute au volume la centaine de ***Nouvelles Réflexions ou Sentences et Maximes morales*** qui avaient aussi paru séparément en 1678. Enfin, la composition des ***Réflexions diverses***, qui ne furent publiées qu'en 1731 — dans un *Recueil de pièces d'histoire et de littérature*, de François Granet, tome I : elles ont été publiées à la suite des ***Maximes*** dans l'édition du P. Gabriel Brotier, en 1789 —, a vraisemblablement été parallèle à celle des ***Maximes*** et semble s'être prolongée sur une vingtaine d'années.

Il est évidemment tentant de rattacher le noir pessimisme des ***Maximes*** à la crise des idéaux du frondeur et à la mélancolie du vaincu : l'échec du héros aurait ainsi conduit à un spectaculaire « *retournement de la morale héroïque : l'affirmation de soi qui constituait le généreux — que l'on songe, chez Corneille, à Médée ou à Auguste — est marquée à présent d'un signe négatif et elle fait place à une critique aiguë du moi* » (Jean Lafond). Mais le pessimisme n'est-il pas lui-même une complaisance de la créature ? « *On n'est jamais si heureux ni si malheureux qu'on s'imagine* » (49)... Introduit dans les milieux jansénistes, La Rochefoucauld, comme il le souligna lui-même, put s'entretenir longuement avec Jacques Esprit, Mme de Sablé ou encore Arnaud d'Andilly, sur la dénonciation augustinienne de l'amour-propre et des « *vertus apparentes* », celles de la sagesse antique et des philosophes païens : dans l'allégorie reproduite en frontispice des ***Maximes***, c'est bien le masque impassible du stoïcien Sénèque que l'Amour de la Vérité arrache pour révéler la grimace du désarroi. La maxime qui sert d'épigraphe au recueil (à partir de 1675) généralise encore cette récusation de la philosophie morale de l'Antiquité (qu'est-ce qui sépare, en effet, la nature humaine, corrompue aujourd'hui comme hier, de l'errance morale des païens ?) : « *Nos vertus ne sont le plus souvent que des vices déguisés.* » Le genre de la maxime, sa forme rhétorique coïncidèrent, chez La Rochefoucauld, avec une psychologie démasquante, une analyse régressive seule susceptible d'exhiber, sous les apparences les plus lisses, le principe dynamique mais inavoué des comportements humains et de leur ressort principal : l'amour-propre. L'amour-propre a mille déguisements, des plus séduisants aux plus trompeurs : « *La vertu n'irait pas si loin si la vanité ne lui tenait compagnie* » (200) ; « *On ne loue d'ordinaire que pour être loué* » (146) ; « *L'amour de la justice n'est en la plupart des hommes que la crainte de souffrir l'injustice* » (78). La collaboration du lecteur face à un discours polémique est activement sollicitée, par le biais de l'ironie parfois : « *L'hypocrisie est un hommage que le vice rend à la vertu* » (218) ; « *Nous aimons toujours ceux qui nous admirent ; et nous n'aimons pas toujours ceux que nous admirons* » (294) ; « *Quelque bien qu'on nous dise de nous, on ne nous apprend rien de nouveau* » (303). Et l'allure paradoxale de la maxime n'est ainsi que le retournement d'un énoncé imputé à la naïveté du lecteur : « *Si l'on juge de l'amour par la plupart de ses effets, il ressemble plus à la haine qu'à l'amitié* » (72).

CITATIONS

Tout arrive en France.

Réflexions morales, in *Maximes*.

Nos vertus ne sont, le plus souvent, que des vices déguisés.

Maximes, exergue.

L'amour-propre est le plus grand de tous les flatteurs.

Maximes, 2.

La durée de nos passions ne dépend pas plus de nous que la durée de notre vie.

Maximes, 5.

Le soleil ni la mort ne se peuvent regarder fixement.

Maximes, 26.

On n'est jamais si heureux ni si malheureux qu'on s'imagine.

Maximes, 49.

Il est du véritable amour comme de l'apparition des esprits : tout le monde en parle, mais peu de gens en ont vu.

Maximes, 76.

L'esprit est toujours la dupe du cœur.

Maximes, 102.

On ne donne rien si libéralement que ses conseils.

Maximes, 110.

Il y a de bons mariages, mais il n'y en a point de délicieux.

Maximes, 113.

Si nous résistons à nos passions, c'est plus par leur faiblesse que par notre force.

Maximes, 122.

On aime mieux dire du mal de soi-même que de n'en point parler.

Maximes, 138.

Le monde récompense plus souvent les apparences du mérite que le mérite même.

Maximes, 166.

Les vertus se perdent dans l'intérêt, comme les fleuves se perdent dans la mer.

Maximes, 171.

Ce qui nous empêche souvent de nous abandonner à un seul vice est que nous en avons plusieurs.

Maximes, 195.

La vertu n'irait pas si loin si la vanité ne lui tenait compagnie.

Maximes, 200.

Le vrai honnête homme est celui qui ne se pique de rien.

Maximes, 203.

Qui vit sans folie n'est pas si sage qu'il croit.

Maximes, 209.

L'hypocrisie est un hommage que le vice rend à la vertu.

Maximes, 218.

Quelque bien qu'on nous dise de nous, on ne nous apprend rien de nouveau.

Maximes, 303.

Il arrive quelquefois des accidents dans la vie, d'où il faut être un peu fou pour se bien tirer.

Maximes, 310.

Il y a dans la jalousie plus d'amour-propre que d'amour.

Maximes, 324.

Nous n'avouons de petits défauts que pour persuader que nous n'en avons pas de grands.

Maximes, 327.

Lorsque notre haine est trop vive, elle nous met au-dessous de ceux que nous haïssons.

Maximes, 338.

On garde longtemps son premier amant, quand on n'en prend point de second.

Maximes, 396.

Il y a du mérite sans élévation, mais il n'y a point d'élévation sans quelque mérite.

Maximes, 400.

Nous aurions souvent honte de nos plus belles actions si le monde voyait tous les motifs qui les produisent.

Maximes, 409.

Peu de gens savent être vieux.

Maximes, 423.

Rien n'empêche tant d'être naturel que l'envie de le paraître.

Maximes, 431.

Dans les premières passions les femmes aiment l'amant, et dans les autres elles aiment l'amour.

Maximes, 471.

Quelque rare que soit le véritable amour, il l'est encore moins que la véritable amitié.

Maximes, 473.

Dans l'adversité de nos meilleurs amis, nous trouvons toujours quelque chose qui ne nous déplaît pas.

Réflexions supprimées par l'auteur, in *Maximes*.

JUGEMENTS

« On peut lire La Rochefoucauld de deux façons : par citations ou de suite. »

Roland Barthes, *Nouveaux Essais critiques*, I, Seuil, 1961.

« Le ratage est un paroxysme de la lucidité ; le monde devenu transparent à l'œil implacable de celui qui, stérile et clairvoyant, n'adhère plus à rien. Même inculte, le raté sait *tout, il voit à travers les choses, il démasque et annule toute la création. Le raté est un La Rochefoucauld sans génie. »*

Emil Michel Cioran, *Des larmes et des saints*, 1937, trad. franç. Sanda Stolojan, L'Herne, 1986.

« Le jour où La Rochefoucauld s'avisa de ramener et réduire aux incitations de l'amour-propre les mouvements de notre cœur, je doute s'il fit tant preuve d'une perspicacité singulière, ou plutôt s'il n'arrêta pas l'effort d'une plus indiscrète investigation. Une fois la formule trouvée, l'on s'y tint et, durant deux siècles et plus, on vécut avec cette explication. Le psychologue parut le plus averti, qui se montrait le plus sceptique et qui, devant les gestes les plus nobles, les plus exténuants, savait le mieux dénoncer le ressort secret de l'égoïsme. Grâce à quoi tout ce qu'il y a de contradictoire dans l'âme humaine lui échappe. Et je ne lui reproche pas de dénoncer "l'amour-propre" ; je lui reproche parfois de s'en tenir là ; je lui reproche de croire qu'il a tout fait, quand il a dénoncé l'amour-propre. Je reproche surtout à ceux qui l'ont suivi, de s'en être tenus là. »

André Gide, *Feuillets*, 1918, in *Journal*, Gallimard, 1939.

« Un moraliste ¿ Nullement. C'est un romancier, le premier en date de nos romanciers. Tout lui vient de l'imagination, de la brusque perception qu'il a d'un sentiment humain par la capture d'un regard ou d'un mot. Chacune de ses maximes est une intrigue découverte. Au lieu de développer l'histoire, il la réduit, lui donne une articulation, l'incline selon son humeur.

Cette humeur est sombre. C'est peut-être qu'il souffre d'avoir à se resserrer ainsi et qu'il y a du raté dans l'écrivain, qui s'ajoute au mécompte du courtisan. C'est aussi que, dans le monde, là où il vit, on ne pénètre un peu profondément les êtres que par les défaillances et les ruptures. »

Jacques de LACRETELLE, « La Rochefoucauld », in *Tableau de la littérature française*, II, Gallimard, 1939.

« Sa vue n'étoit pas étendue, et il ne voyoit pas même tout ensemble ce qui étoit à sa portée ; mais son bon sens, et très bon dans la spéculation, joint à sa douceur, à son insinuation et à sa facilité de mœurs, qui est admirable, devoit compenser plus qu'il n'a fait le défaut de sa pénétration. Il a toujours eu une irrésolution habituelle. [...] Elle n'a pu venir en lui de la fécondité de son imagination, qui n'est rien moins que vive. [...] Il n'a jamais été guerrier, quoiqu'il fût très soldat. Il n'a jamais été, par lui-même, bon courtisan, quoiqu'il ait eu toujours bonne intention de l'être. Il n'a jamais été bon homme de parti, quoique toute sa vie il y ait été engagé. [...] Il a voulu se mêler d'intrigues en un temps où il ne sentoit pas les petits intérêts, qui n'ont jamais été son faible, et où il ne connaissoit pas les grands, qui n'ont pas été son fort. »

Cardinal de RETZ, *Mémoires-Pamphlets*, posthume, 1717.

« Il y a cela de singulier dans certaines maximes de La Rochefoucauld, qu'on peut les retourner et avoir un sens tout aussi juste et piquant. Il a dit : "Nous n'avons pas assez de force pour suivre toute notre raison", *ce que Mme de Grignan retournait ainsi :* "Nous n'avons pas assez de raison pour employer toute notre force." *Il a dit :* "On pardonne tant que l'on aime", *on pourrait dire aussi bien :* "On ne pardonne pas tant que l'on aime." *Hermione s'écrie :* "Ah ! Je l'ai trop aimé, pour ne le point haïr."

Cette contradiction possible dans les Maximes *les justifie plus qu'elle ne les infirme, et ne fait que mieux exprimer la contradiction même du cœur. »*

Charles Augustin SAINTE-BEUVE, *Portraits littéraires*, 1846.

« M. de La Rochefoucauld avait beaucoup d'honneur, de valeur, de probité. Il était noble, bon, libéral, magnifique : il était obligeant et touché du malheur. Il savait et osait plus que personne rompre des glaces, et souvent forcer le Roi ; mais, à force de prodiguer ses services avec peu de choix et de discernement, il fatigua et lassa enfin le Roi ; mais ce ne fut que sur les derniers temps. D'ailleurs sans aucun esprit, sans discernement, glorieux au dernier point, rude et rustre en toutes ses manières, très volontiers brutal, désagréable en toutes ses façons, embarrassé avec tout ce qui n'était point ses complaisants, mais comme un homme qui ne sait pas recevoir une visite. [...] Il vivait chez lui avec un tel empire, qu'il n'y voyait personne [...] ; il n'y avait que des gens désœuvrés qui n'étaient guère, et la plupart point, reçus ailleurs, qu'on appelait les ennuyeux de M. de La Rochefoucauld, et ses valets, qui étaient ses maîtres, qui s'y mêlaient de la conversation, et pour lesquels il fallait avoir toutes sortes d'égards et de complaisances, si on avait envie de fréquenter la maison. »

SAINT-SIMON, *Mémoires*, t. IV, 1714.

« Que l'auteur des Maximes *soit un très bel esprit, et même supérieur dans la connaissance du monde, qui en doute ¿ Cependant, s'il a la vue la plus fine sur l'intérieur de la Cour, il ne voit guère au-delà, et il ignore la ville. Son monde se borne aux courtisans, à leurs passions et à leurs intrigues. Il y porte un génie chagrin, perçant et étroit, et l'humeur la moins dupe. On le croirait lui-même sans passion, tant il est désabusé. D'ailleurs, il écrit une langue de cristal et d'une concision admirable. Mais la force manque. La hauteur y est, mais non pas la grandeur. Il semble las et plein d'ennui, même quand il gronde et qu'il frappe. Je ne puis me rendre à cet ennui-là [...].*

La Rochefoucauld fait le dédaigneux plus qu'il ne l'est. Son rôle est de quitter un monde qui l'a d'abord quitté. Il traîne le dépit d'un échec dont il s'honore. On sent dans La Rochefoucauld la blessure qu'il cache, et l'impuissance secrète de l'homme qui se flattait de tout pouvoir, sans en avoir l'étoffe. Il n'est pas en colère d'être vaincu : il en est piqué. Point d'éclairs ni de fureur, des pointes. »

André SUARÈS, « Retz », in *Tableau de la littérature française*, II, Gallimard, 1939.

« La Bruyère était un grand peintre, et n'était peut-être pas un grand philosophe ; le duc de La Rochefoucauld était philosophe, et n'était pas peintre. »

VAUVENARGUES, *Maximes posthumes*, 337, 1747.

« La Rochefoucauld est un homme du monde qui, peu à peu, a perdu ses illusions en amour et en politique [...]. On ne saurait trop se défier de ce moraliste qui a toute la sournoiserie des gens chagrins. Heureusement, il n'a ni le charme qui attache, ni la passion qui émeut. »

Émile ZOLA, *Mes Haines*, 1866.

BIBLIOGRAPHIE

Éditions

Œuvres complètes, éd. L. Martin-Chauffier et J. Marchand, « Pléiade », Gallimard, 1964.

Maximes, éd. J. Truchet, « Classiques Garnier », Garnier, 1967 pour la 3e édition, revue et corrigée ; éd. J. Lafond, « Folio », Gallimard, 2e éd. revue et corrigée, 1976 [avec un reclassement des « maximes supprimées » qui fait autorité] ; sous le titre *Maximes, Réflexions, Mémoires,* éd. J. Truchet, M. Escola, A. Brunn, « LdP/Pochothèque », LGF, et « Nouveaux Classiques Garnier », Garnier [avec CD-ROM], 2001 ; éd. L. Plazenet-Hau, Champion, 2001.

Études

R. Barthes, préf. à La Rochefoucauld, *Maximes,* reprise in *Nouveaux Essais critiques,* « Points », Seuil, 1972.

M. Bénichou, « L'Intention des *Maximes* », in *L'Écrivain et ses Travaux,* Corti, 1967.

P. Campion, *Lectures de La Rochefoucauld,* P.U. Rennes, 1998 ; « La Maxime dans la lumière de la mort », in *Poétique,* n° 118, avr. 1999.

P. Dandrey (dir.), « La Rochefoucauld : *Maximes* et *Réflexions diverses* », actes de la journée d'étude en Sorbonne du 5 déc. 1998, in *Littératures classiques,* vol. 35, SLC, 1999.

R. Holman et J. Barchilon, *Concordance to the Maximes of La Rochefoucauld,* U.P. Colorado, Niwot (Colorado, US), 1997.

Fr. Jaouën, *De l'art de plaire en petits morceaux : Pascal, La Rochefoucauld, La Bruyère,* P.U. Vincennes, 1996.

J. Lafond, *La Rochefoucauld. Augustinisme et Littérature,* Klincksieck, 1977 ; *id.* et J. Mesnard, *Images de La Rochefoucauld,* actes du tricentenaire (1680-1980), PUF, 1984 ; *id., L'Homme et son Image. Morales et Littérature de Montaigne à Mandeville,* « Lumières classiques », Champion, 1996 ; *La Rochefoucauld : l'Homme et son Image,* « Unichamp », Champion, 1998 ; *Lire, vivre où mènent les mots. De Rabelais aux formes brèves de la prose,* « Lumières classiques », Champion, 1999.

S. Meleuc, « Structure de la maxime », in *Langage,* n° 13, 1969.

B. Parmentier, *Le Siècle des moralistes,* « Points Essais », Seuil, 2000.

C. Rosso, *Procès à La Rochefoucauld et à la maxime,* Nizet, 1986.

J. Starobinski, « La Rochefoucauld et les Mémoires substitutives », in *NRF,* juil.-août 1966.

T. Todorov, « La Comédie humaine selon La Rochefoucauld », in *Poétique,* n° 53, 1983.

P. Toffano, *Poétique de la maxime : la figure de l'antithèse chez La Rochefoucauld,* trad. franç. Cl. Bustarret, Paradigme, Orléans, 1998.

AUDIO & VIDÉO

CD-ROM

Encyclopédie de la littérature française, Bibliopolis, 1998.

LAUTRÉAMONT

LAUTRÉAMONT
De son vrai nom, Isidore DUCASSE
Signa d'abord ***, puis Comte de LAUTRÉAMONT (d'après un roman d'Eugène SUE, *Latréaumont*, 1837), enfin de son patronyme.

Montevideo (Uruguay) 1846 – Paris 1870

> « *Ducasse peut* [...] *porter ce nom merveilleux de libérateur. Il porte, plus haut que n'importe quel homme qui vient, cette immense flamme qu'on appelle* liberté. »
> Philippe SOUPAULT, *Histoire d'un Blanc, 1897-1927*, in *Mémoires de l'oubli*, Lachenal et Ritter, 1986.

> « *Lautréamont, salué ordinairement comme le chantre de la révolte pure, annonce au contraire le goût de l'asservissement intellectuel qui s'épanouit dans notre siècle.* »
> Albert CAMUS, *L'Homme révolté*, Gallimard, 1951.

Une vie mystérieuse et mythique

Une enfance écartelée

Isidore Ducasse naquit durant le siège de Montevideo par les Argentins : son père, d'origine tarbaise, y était commis-chancelier au consulat de France. Fils unique né deux mois après le mariage de ses parents et baptisé plus d'un an et demi après sa naissance, Isidore devint orphelin à l'âge de 20 mois — sa mère s'étant suicidée en décembre 1847. Élevé sur les bords du Rio de la Plata, il parlait aussi bien l'espagnol que le français. À 13 ans, l'enfant très turbulent, que son père destinait à Polytechnique, fut envoyé en France comme interne au lycée de Tarbes. Il acheva sa scolarité au lycée de Pau, à partir de 1863, après avoir vraisemblablement suivi une année de rattrapage dans une institution privée. Assez bon élève, il n'eut guère d'amis, semble-t-il. Il obtint son baccalauréat ès-lettres, fin 1865 (mention passable). Il retourna au moins une fois à Montevideo, en 1867, puis s'installa à Paris, dans le quartier de la Bourse (act. IIe arrond^{nt}), où il semble avoir vécu dans un isolement presque total, passant ses nuits à écrire — seul remède à ses incessantes migraines et insomnies.

Une œuvre contradictoire

Son père, qui poursuivait une brillante carrière de chancelier, lui versait une confortable pension, ce qui lui permit de faire éditer ***Les Chants de Maldoror*** à compte d'auteur, en 1869.

Parmi les très rares lecteurs du recueil de 1869 figurait Poulet-Malassis, l'éditeur — condamné — de Baudelaire, réfugié à Bruxelles depuis 1864 où il publiait un *Bulletin des publications défendues en France imprimées à l'étranger* : fin octobre 1869, il y avait annoncé la publication de ***Maldoror***. Cette annonce avait pris la forme d'une notice apparentant l'œuvre de Lautréamont à celles de Baudelaire et de Flaubert et confirmant ironiquement les craintes qui avaient motivé la dérobade des éditeurs de celui dont Poulet-Malassis révélait alors la véritable identité : « *M. Isidore Ducasse (nous avons eu la curiosité de connaître son nom) a eu tort de ne pas faire imprimer en France* Les Chants de Maldoror. *Le sacrement de la sixième chambre ne lui eût pas manqué.* »

En cette même fin d'octobre 1869, Ducasse écrivit, à moins d'une semaine d'intervalle, deux lettres à Verbœckhoven pour évoquer le sort à réserver au stock des recueils imprimés mais non diffusés. La première, datée du 23 octobre 1869, commençait par un intéressant commentaire de l'auteur sur la genèse de ***Maldoror*** : « *Laissez-moi d'abord vous expliquer ma situation. J'ai chanté le mal comme ont fait Mickiewicz, Byron, Milton, Southey, A. de Musset, Baudelaire, etc. Naturellement, j'ai un peu exagéré le diapason pour faire du nouveau dans le sens de cette littérature sublime qui ne chante le désespoir que pour opprimer le lecteur, et lui faire désirer le bien comme remède. Ainsi donc, c'est toujours le bien qu'on chante en somme, seulement par une méthode plus philosophique et moins naïve que l'ancienne école, dont Victor Hugo et quelques autres sont les seuls représentants qui soient encore vivants.* » Elle s'achevait par ces mots : « *Ainsi donc, ce que je désire avant tout, c'est être jugé par la critique, et, une fois connu, ça ira tout seul.* » Quelques mois plus tard, Ducasse adressait une troisième lettre au même Verbœckhoven, dont le post-scriptum contenait comme le reniement de ***Maldoror*** — comme si Ducasse condamnait Lautréamont — et annonçait un recueil radicalement nouveau : « *Vous savez, j'ai renié mon passé. Je ne chante plus que l'espoir ; mais, pour cela, il faut d'abord attaquer le doute de ce siècle (mélancolies, tristesses, douleurs, désespoirs, hennissements lugubres, méchancetés artificielles, orgueils puérils, malédictions cocasses etc., etc.). Dans un ouvrage que je porterai à Lacroix aux I*^{ers} *jours de Mars, je prends à part les plus belles poésies de Lamartine, de Victor*

Hugo, d'Alfred de Musset, de Byron et de Baudelaire, et je les corrige dans le sens de l'espoir ; j'indique comment il aurait fallu faire. J'y corrige en même temps 6 pièces des plus mauvaises de mon sacré bouquin » (lettre du 21 févr. 1870). Quelques semaines plus tard, Ducasse confirma cette révolution dans une lettre à son banquier, M. Darasse, qui commençait par l'évocation de sa mésaventure éditoriale et continuait ainsi : « *Les gémissements poétiques de ce siècle ne sont que des sophismes hideux. Chanter l'ennui, les douleurs, les tristesses, les mélancolies, la mort, l'ombre, le sombre, etc., c'est ne vouloir, à toute force, regarder que le puéril revers des choses. Lamartine, Hugo, Musset se sont métamorphosés volontairement en femmelettes. Ce sont les Grandes-Têtes-Molles de notre époque. Toujours pleurnicher ! Voilà pourquoi j'ai complètement changé de méthode, pour ne chanter exclusivement que* l'espoir, l'espérance, LE CALME, le bonheur, LE DEVOIR. *Et c'est ainsi que je renoue avec les Corneille et les Racine la chaîne du bon sens et du sang-froid, brusquement interrompue depuis les poseurs Voltaire et Jean-Jacques Rousseau. Mon volume ne sera terminé que dans 4 ou 5 mois. Mais, en attendant, je voudrais envoyer à mon père la préface, qui contiendra 60 pages ; chez Al. Lemerre* » (lettre du 12 mars 1870). En définitive, Ducasse ne publia rien chez Lemerre, et ce qu'il fit paraître chez les imprimeurs qui avaient publié le seul premier chant de ***Maldoror***, sous le titre de ***Poésies***, en 2 fascicules (l'un en avril, l'autre en juin 1870) — d'où l'appellation désormais usuelle de ***Poésies I*** et ***Poésies II*** —, ne correspondait guère avec le recueil radicalement nouveau si fermement annoncé, même si la rupture avec ***Maldoror*** se révélait assez spectaculaire. Les 2 fascicules offraient des contenus sensiblement différents : alors que les ***Poésies I*** proposaient une sorte d'art poétique en forme de réquisitoire contre le désespoir des poètes romantiques, les ***Poésies II*** rassemblaient quantité de maximes célèbres (de Pascal, La Rochefoucauld ou Vauvenargues notamment) parodiquement transformées et pastichées. Ainsi, la maxime de Pascal, « *Peu de chose nous console parce que peu de chose nous afflige* » (*Pensées*, Br. II, 136), était devenue : « *Peu de chose nous console. Beaucoup de chose nous afflige.* » Celle de La Rochefoucauld, « *C'est une preuve de peu d'amitié de ne s'apercevoir pas du refroidissement de celle de nos amis* » (*Maximes*, 590), aboutissait à : « *C'est une preuve d'amitié de ne pas s'apercevoir de l'augmentation de celle de nos amis.* » Enfin, celle de Vauvenargues, « *On ne peut être juste, si on n'est humain* » (*Réflexions et Maximes*, 28), était devenue : « *On peut être juste, si l'on n'est pas humain.* » Néanmoins, l'épigraphe de ***Poésies I*** semblait confirmer la rupture avec ***Maldoror*** : « *Je remplace la mélancolie par le courage, le doute par la certitude, le désespoir par l'espoir, la méchanceté par le bien, les plaintes par le devoir, le scepticisme par la foi, les sophismes par la froideur du calme et l'orgueil par la modestie.* » On en est réduit à supposer que les ***Poésies I*** ne représentent qu'un résumé confus de la préface de 60 pages projetée pour ce second recueil que Ducasse ne put mener à bien, et que les ***Poésies II***, dans l'attente de ce même recueil, constituaient un début de revue. Les ***Poésies I*** et ***II***, « *publication permanente* » dont le prix était laissé libre à chaque souscripteur et qui ne contiennent — malgré le titre — aucune poésie, ne furent identifiées qu'en 1891 par Gourmont et rééditées par Breton en 1919. La mort emporta Lautréamont pendant le siège de Paris, le 24 novembre 1870. L'attestation d'un service religieux prouve qu'il ne s'était pas suicidé. Écrivain génial et précoce ou ironiste supérieur ? L'œuvre très contradictoire qui nous reste de lui ne permet pas de qualifier un individu dont le vrai visage ne nous est apparu qu'en 1977 (avec *Le Visage de Lautréamont. Isidore Ducasse à Tarbes et à Pau*, Horay, 1977, de Jean-Jacques Lefrère, contenant la seule photographie connue de l'auteur de ***Maldoror***) ! Les archives ne conservent que d'infimes traces de son bref passage en France et nous ne disposons que de lettres. Seules demeurent deux œuvres antagonistes, ouvertes à toutes les interprétations, suscitant les mythes les plus fantaisistes, tendant le piège de leur contenu aux biographes.

Un feu d'artifices aux références multiples

Lautréamont-Ducasse écrivit contre son siècle : aux « *pleurnicheries* » romantiques, il opposait un lyrisme noir, violent, et — sur le mode négatif — profondément moral : « *Oui : je veux proclamer le beau sur une lyre d'or, défalcation faite des tristesses goîtreuses et des fiertés stupides qui décomposent, à sa source, la poésie marécageuse de ce siècle* » ***(Poésies I)***. L'intertexte y est donc au premier plan. Parmi des images inspirées de Byron ou du roman gothique, il pratique la parodie, la citation détournée, mêlant aux échos déformés de Baudelaire, Musset, Lamartine, Hugo, des

réminiscences de romans populaires, principalement médicaux ou zoologiques.
Faut-il attribuer les incertitudes de sa syntaxe à sa jeunesse ou à sa double culture ? Toujours est-il que sa prose présente des traits saillants. Les ruptures de tons, le mélange des discours — notations prosaïques, formules administratives, inserts encyclopédiques — subvertissent le « discours poétique », tout en ouvrant le champ de l'expérience poétique. La force des images, que revendiquèrent les surréalistes, est donnée dans la *« rencontre fortuite sur une table de dissection d'une machine à coudre et d'un parapluie »* (VI, I[3]) — dans l'une des séries de *« beau comme »*. Les emprunts à la rhétorique sacrée donnent à la parole poétique les formes de l'imprécation : périodes oratoires, apostrophes, métaphores épiques, épithètes violentes, souvent dépréciatives. Le goût baroque pour l'accumulation est à l'origine d'énumérations démesurées, d'hypertrophie des groupes nominaux et d'insertions de compléments détachés. Enfin, la pratique humoristique de l'autoréférence, du métadiscours, du paradoxe, annonce la littérature du XXe siècle et la problématique moderne du rapport de l'écrivain au texte : *« J'établirai dans quelques lignes comment Maldoror fut bon pendant ses premières années, où il vécut heureux ; c'est fait. Il s'aperçut ensuite qu'il était méchant : fatalité extraordinaire ! »* (***Les Chants de Maldoror***, I[3]). Lautréamont ne cessa d'appliquer la théorie du plagiat formulée dans ***Poésies II*** : *« Le plagiat est nécessaire. Le progrès l'implique. Il serre de près la phrase d'un auteur, se sert de ses expressions, efface une idée fausse, la remplace par l'idée juste. »*

Une caricature de poète maudit

Découvert en 1885 par les poètes de *La Jeune Belgique*, qui adressèrent ***Les Chants de Maldoror*** à leurs amis symbolistes parisiens, Lautréamont fut reconnu par Gourmont et — avec plus de réserves — par Bloy, et considéré comme un maître inégalable par les surréalistes. Larbaud, Jaloux, Bachelard, Blanchot, Caillois, Gracq, Le Clézio, entre bien d'autres, lui consacrèrent des préfaces ou des essais importants. Les membres de la revue *Tel Quel* (avec un essai de Marcelin Pleynet, des articles de Philippe Sollers et Julia Kristeva) s'attachèrent à montrer les phénomènes de textualité qu'il mit en œuvre, tandis que d'autres se moquaient de son enflure verbale. La dernière en date des lectures totalisantes cherche à montrer qu'il réalise le Grand Œuvre alchimique. Peut-être le potache de ***Maldoror*** et des ***Poésies*** aurait-il souri devant l'abondance et le sérieux des commentaires qu'il inspira durant tout le XXe siècle. Toujours est-il qu'aujourd'hui encore, Lautréamont-Ducasse — même si son retentissement et son audience sont moindres depuis les années 1980 — incarne jusqu'à la caricature la figure du poète maudit. Au point d'ailleurs, ironique retournement des destinées, qu'il est désormais iconoclaste de ne pas encenser cet... iconoclaste, sur lequel on a d'autant plus écrit — et à peu près tout et son contraire — que lui-même, mort à moins de 25 ans, n'avait que très peu écrit.

ŒUVRE

Les **Chants de Maldoror**

« Ouvrage de poésies », selon Isidore Ducasse, qui signa Comte de Lautréamont le recueil des six *« chants »* en prose — comportant respectivement 14, 16, 5, 8, 7 et 10 *« strophes »*, donc 60 au total, non numérotées à l'exception des huit dernières du chant VI, numérotées I à VIII —, imprimé à Bruxelles par l'éditeur parisien Albert Lacroix en 1869. Le pseudonyme Lautréamont provenait du roman *Latréaumont* de Sue (1837), récit des aventures d'un authentique seigneur de La Tréaumont, bouillant conspirateur du XVIIe siècle, à la fois cynique et blasphémateur — comme Maldoror. Le recueil ne fut pas mis en vente — Lacroix et son associé belge Verbœckhoven ayant redouté les foudres de la censure impériale —, avant 1874 par la librairie Rozez, à Bruxelles, sous une nouvelle couverture, et fut réédité à Paris, en 1890, par Genonceaux. De son vivant, Ducasse ne disposa que d'une vingtaine d'exemplaires.

Le chant premier, signé ***, parut séparément, à compte d'auteur, à Paris, en août 1868. Lautréamont (lettre du 9 nov. 1868) l'adressa à Hugo. Toujours anonymement, ce même chant fut repris, l'année suivante, à Bordeaux, dans un recueil collectif, *Parfums de l'âme*. On y relevait de nombreuses différences par rapport à l'édition définitive, notamment en ce qui concerne un camarade de l'auteur, Georges Dazet, devenu le

« poulpe au regard de soie » (I[9]). L'auteur s'identifiait au narrateur et au personnage principal d'un récit discontinu où l'on a, abusivement, voulu relever des indications autobiographiques. Rien n'autorise à faire de ces fragments poétiques, de ton et de style variés, une fable organisée et cohérente — ce qui n'a pas empêché la multiplication d'exégèses proposant notamment de lire l'œuvre comme une plongée dans la nuit (I à V), avant la délivrance de la lumière (VI). Le poète, lui-même différent, change de truchement, à chacun des 6 chants — *« C'est un homme ou une pierre ou un arbre qui va commencer le quatrième chant »* (IV[1]) —, et même à chaque strophe, voire de « genre » — ainsi, au début du chant VI, le narrateur proclame qu'il aura recours aux *« ficelles du roman »*. D'emblée, le destinataire de l'œuvre est défié de lire celle-ci jusqu'à son terme et d'en sortir indemne : *« Plût au ciel que le lecteur, enhardi et devenu momentanément féroce comme ce qu'il lit, trouve, sans se désorienter, son chemin abrupt et sauvage, à travers les marécages désolés de ces pages sombres et pleines de poison ; car, à moins qu'il n'apporte dans sa lecture une logique rigoureuse et une tension d'esprit égale au moins à sa défiance, les émanations mortelles de ce livre imbiberont son âme comme l'eau le sucre »* (I[1]). Maldoror se veut l'incarnation du mal : *« Moi, je fais servir mon génie à peindre les délices de la cruauté »* (I[4]). Il a engagé un combat définitif avec le Créateur ivre, représenté dans un lupanar, à qui le héros veut prouver *« qu'il n'est pas le seul maître de l'univers »* et il le défie superbement : *« J'ai reçu la vie comme une blessure, et j'ai défendu au suicide de guérir la cicatrice. Je veux que le Créateur en contemple, à chaque heure de son éternité, la crevasse béante »* (III[1]).

Par-delà un style frénétique, hyperbolique, parodiant tournures et ton épique, ironiquement grandiloquent, et une composition en ellipse, rompant la logique de la narration, ont fait date ici l'arbitraire des images, dans la série longuement et méthodiquement filée des *« beau comme »* (V[2], VI, I[3] et IV[6]) — *« Le scarabée, beau comme le tremblement des mains dans l'alcoolisme, disparaissait à l'horizon »* (V[2]) —, le déplacement de vision — *« Deux piliers, qu'il n'était pas difficile et encore moins possible de prendre pour des baobabs, s'apercevaient dans la vallée, plus grands que deux épingles »* (IV[2]) —, et surtout, de grandes scènes « zoologiques » comme celle de la copulation avec la requine (II[13]). Texte révolutionnaire, ***Les Chants*** offrent aussi la condensation et la transformation de toute une bibliothèque romantique, de Baudelaire et Byron à Wagner et Young, aussi bien que du roman populaire et de la littérature scientifique — notamment naturaliste et médicale — systématiquement pillée dans son lexique et dans son « sérieux » : *« Beau comme le vice de conformation congénital des organes sexuels de l'homme, consistant dans la brièveté relative du canal de l'urètre et la division ou l'absence de sa paroi inférieure, de telle sorte que ce canal s'ouvre à une distance variable du gland et au-dessous du pénis ; ou encore, comme la caroncule charnue, de forme conique, sillonnée par des rides transversales assez profondes, qui s'élève sur la base du bec supérieur du dindon ; ou plutôt, comme la vérité qui suit : "Le système des gammes, des modes et de leur enchaînement harmonique ne repose pas sur des lois naturelles invariables, mais il est, au contraire, la conséquence de principes esthétiques qui ont varié avec le développement progressif de l'humanité, et qui varieront encore" ; et surtout, comme une corvette cuirassée à tourelles »* (VI, IV[6]).

Découverts d'abord en Belgique, à partir de 1884, grâce au groupe de *La Jeune Belgique*, animé par Max Waller, puis en France par Bloy (article in *La Plume* du 1er sept. 1890) — à qui Verhaeren avait envoyé un exemplaire du recueil — et Gourmont, qui y virent d'abord le fruit de la folie, ***Les Chants*** ont inspiré Jarry *(César-Antechrist)* et surtout les surréalistes, qui en firent leur Bible, leur texte sacré. Bachelard en a étudié le bestiaire, y découvrant *« un complexe de l'agression »*. Marcel Jean puis Liliane Durand-Desset en ont analysé la transposition alchimique, Julia Kristeva et les animateurs du groupe *Tel Quel* en ont montré les opérations de transformation textuelle, tandis que Robert Faurisson dénonçait une entreprise de mystification du lecteur. L'œuvre n'a cessé de susciter les exégèses — universitaires ou non — les plus diverses et les plus passionnées, à défaut d'être toutes passionnantes.

CITATIONS

Il n'est pas bon que tout le monde lise les pages qui vont suivre ; quelques-uns seuls savoureront ce fruit amer sans danger.

Les Chants de Maldoror, I.

J'établirai dans quelques lignes comment Maldoror fut bon pendant ses premières années, où il vécut heureux ; c'est fait. Il s'aperçut ensuite qu'il était né méchant.

Les Chants de Maldoror, I.

Celui qui chante ne prétend pas que ses cavatines soient une chose inconnue ; au contraire, il se loue de ce que les pensées hautaines et méchantes de son héros soient dans tous les hommes.

Les Chants de Maldoror, I.

Oui, quel est le plus profond, le plus impénétrable des deux : l'océan ou le cœur humain ?

Les Chants de Maldoror, I.

Vieil océan, ô grand célibataire, quand tu parcours la solitude solennelle de tes royaumes flegmatiques, tu t'enorgueillis à juste titre de ta magnificence native, et des éloges vrais que je m'empresse de te donner.

Les Chants de Maldoror, I.

Ma poésie ne consistera qu'à attaquer, par tous les moyens, l'homme, cette bête fauve, et le Créateur, qui n'aurait pas dû engendrer une pareille vermine. Les volumes s'entasseront sur les volumes, jusqu'à la fin de ma vie, et, cependant, l'on n'y verra que cette seule idée, toujours présente à ma conscience !

Les Chants de Maldoror, II.

Ô mathématiques sévères, je ne vous ai pas oubliées, depuis que vos savantes leçons, plus douces que le miel, filtrèrent dans mon cœur, comme une onde rafraîchissante.

Les Chants de Maldoror, II.

Mais, je ne me plaindrai pas. J'ai reçu la vie comme une blessure, et j'ai défendu au suicide de guérir la cicatrice. Je veux que le Créateur en contemple, à chaque heure de son éternité, la crevasse béante.

Les Chants de Maldoror, III.

Ainsi donc, Maldoror, tu as été vainqueur ! Ainsi donc, Maldoror, tu as vaincu l'Espérance !

Les Chants de Maldoror, III.

Je ne puis m'empêcher de rire, me répondrez-vous ; j'accepte cette explication absurde, mais, alors, que ce soit un rire mélancolique. Riez, mais pleurez en même temps. Si vous ne pouvez pleurer par les yeux, pleurez par la bouche. Est-ce encore impossible, urinez ; mais, j'avertis qu'un liquide quelconque est ici nécessaire, pour atténuer la sécheresse que porte, dans ses flancs, le rire, aux traits fendus en arrière.

Les Chants de Maldoror, IV.

La frontière entre ton goût et le mien est invisible ; tu ne pourras jamais la saisir : preuve que cette frontière elle-même n'existe pas.

Les Chants de Maldoror, V.

Moi, je n'aime pas les femmes ! Ni même les hermaphrodites ! Il me faut des êtres qui me ressemblent, sur le front desquels la noblesse humaine soit marquée en caractères plus tranchés et ineffaçables !

Les Chants de Maldoror, V.

Je remplace la mélancolie par le courage, le doute par la certitude, le désespoir par l'espoir, la méchanceté par le bien, les plaintes par le devoir, le scepticisme par la foi, les sophismes par la froideur du calme et l'orgueil par la modestie.

Exergue, in *Poésies*.

Donc, laissez-moi tranquille avec les chercheurs. À bas les pattes, à bas chiennes cocasses, faiseurs d'embarras, poseurs. Ce qui souffre, ce qui dissèque les mystères qui nous entourent, n'espère pas.

Exergue, in *Poésies*.

La poésie personnelle a fait son temps de jongleries relatives et de contorsions contingentes. Reprenons le fil de la poésie impersonnelle, brusquement interrompu depuis la naissance du philosophe manqué de Ferney, depuis l'avortement du grand Voltaire.

Exergue, in *Poésies*.

La poésie est la géométrie par excellence. Depuis Racine, la poésie n'a pas progressé d'un millimètre. Elle a reculé. Grâce à qui ? aux Grandes-Têtes-Molles de notre époque. Grâce aux femmelettes, Chateaubriand, le Mohican-Mélancolique ; Senancour, l'Homme-en-Jupon ; Jean-Jacques Rousseau, le Socialiste Grincheur ; Ann Radcliffe, le Spectre-Toqué ; Edgar Poe, le Mameluck-des-Rêves-d'Alcool ; Maturin, le Compère-des-Ténèbres ; George Sand, l'Hermaphrodite-Circoncis ; Théophile Gautier, l'Incomparable-Épicier ; Leconte, le Captif-du-Diable ; Goethe, le Suicidé-pour-Pleurer ; Sainte-Beuve, le Suicidé-pour-Rire ; Lamartine, la Cigogne-Larmoyante ; Lermontoff, le Tigre-qui-Rugit ; Victor Hugo, le Funèbre-Échalas-Vert ; Mickiéwicz, l'Imitateur-de-Satan ; Musset, le Gandin-Sans-Chemise-Intellectuelle ; et Byron, l'Hippopotame-des-Jungles-Infernales.

Exergue, in *Poésies*.

L'homme est un chêne. La nature n'en compte pas de plus robuste.

Poésies, II.

Si la morale de Cléopâtre eût été moins courte, la face de la terre aurait changé. Son nez n'en serait pas devenu plus long.

Poésies, II.

La poésie doit avoir pour but la vérité pratique.

Poésies, II.

Une logique existe pour la poésie. Ce n'est pas la même que celle de la philosophie. Les philosophes ne sont pas autant que les poètes. Les poètes ont le droit de se considérer au-dessus des philosophes.

Poésies, II.

Rien n'est dit. L'on vient trop tôt depuis plus de sept mille ans qu'il y a des hommes.

Poésies, II.

JUGEMENTS

« *En lisant* Les Chants de Maldoror, *je n'ai pu me défendre à chaque page d'une singulière impression. L'auteur me faisait penser à un noble homme s'éveillant au milieu de la nuit dans le lit banal d'une immonde prostituée, toute ivresse finie, se sentant à sa merci, complètement nu, glacé de dégoût, agonisant de tristesse et forcé d'attendre le* jour. [...] *Le style des* Chants de Maldoror *est une sorte de poncif configuré à la divaguante passion d'un dément.* »

Léon Bloy, *Belluaires et Porchers*, in *Histoires désobligeantes*, 1894.

« *Lautréamont m'enthousiasma beaucoup plus que Rimbaud. Sa légende, du moins la version qu'en donnaient les surréalistes, était presque aussi fascinante que celle de Rimbaud, mais son œuvre, constamment violente et totalement dépourvue de stabilité, était d'un abord autrement plus facile.* »

Paul Bowles, *Mémoires d'un nomade*, trad. M. Gibot, Quai Voltaire, 1989.

« [...] *la découverte récente de Lautréamont, qui nous avait tous trois* [Breton, Aragon, Soupault] *transportés. Rien, pas même Rimbaud, ne m'avait agité à ce point... Aujourd'hui encore, je suis absolument incapable de considérer de sang-froid ce message fulgurant qui me paraît excéder de toutes parts les possibilités humaines. Pour savoir jusqu'où pouvait aller notre exaltation à son propos, il n'est que de se rappeler ces lignes de Soupault :* "Ce n'est pas à moi, ni à personne (entendez-vous, Messieurs, qui veut mes témoins ?) de juger M. le Comte. On ne juge pas M. de Lautréamont. On le reconnaît au passage et on salue jusqu'à terre. Je donne ma vie à celui ou à celle qui me le fera oublier à jamais." *Cette déclaration en forme de pacte, sans hésitation, je l'aurais contresignée.* »

André Breton, *Entretiens (1913-1952)*, Gallimard, 1952.

« *Il ne me paraît pas* [...] *que Lautréamont fût parfaitement responsable ; mais sa force étrange et sans précédents dans notre littérature, vient précisément d'avoir su protéger et maintenir en lui cet état d'irresponsabilité. Son influence au* XIXe *siècle a été nulle ; mais il est avec Rimbaud, plus que Rimbaud peut-être, le maître des écluses pour la littérature de demain.* »

André Gide, *Feuillet d'automne*, Mercure de France, 1949.

« *Unique ce livre* [Les Chants de Maldoror] *le demeurera, et dès maintenant, il reste acquis à la liste des œuvres qui, à l'exclusion de tout classicisme, forment la brève bibliothèque et la seule littérature admissibles pour ceux dont l'esprit, mal fait, se refuse aux joies, moins rares, du lieu commun et de la morale conventionnelle.* »

Remy de Gourmont, *Le Livre des masques*, 1896.

« *Je jette maintenant les yeux sur tel "portrait" de Lautréamont, bien entendu imaginaire, qu'on s'est parfois ingénié assez audacieusement à nous restituer par des moyens plastiques ou littéraires. La marge où se meut l'arbitraire personnel du peintre apparaît en fait extraordinairement réduite, et c'est inévitablement l'image de* l'archange *qui s'impose d'abord au crayon ou à la plume : le "très beau jeune homme au visage d'ange, au regarde acéré et puissant" de Félix Valloton (qui ne l'a pas connu), ou l'adolescent rayonnant que nous suggère Salvador Dali.* »

Julien Gracq, *Lautréamont toujours*, 1947, *in* Maurice Blanchot, Julien Gracq, Jean-Marie Gustave Le Clézio, *Sur Lautréamont*, Éd. Complexe, 1987.

« [...] *Lautréamont. Qui a déplacé comme lui d'aussi grandioses masses de mots ? Ses phrases déferlent comme des vagues. Il a toute l'énergie de l'enfance, il roule devant lui des rêves monstrueux comme le simoun des montagnes de sable.* »

Julien Green, *Journal*, t. VIII, 2 septembre 1961, Plon, 1967.

« [...] *les* Poésies *comme* Les Chants de Maldoror, *portent à leur seuil l'inscription : "Le grand public n'entre pas ici." Ce sont de ces livres en effet, au sujet desquels le grand public n'arrive pas à se faire une opinion : et le grand public aime à avoir une opinion bien nette sur les livres, il ne s'agit pas pour lui de savoir les goûter mais de savoir ce qu'il faut en penser.* »

Valery Larbaud, « Les Poésies d'Isidore Ducasse », in *La Phalange*, 20 février 1914.

« Ici, nulle ambiguïté littéraire n'est possible, car tous les doutes sont permis. Et c'est ce caractère fugace, non préhensible des Chants de Maldoror, *qui a irrité tant de lecteurs, et a fait prendre ce poème pour un canular ; en fait, le manque de sérieux, avant d'être un manquement, c'est-à-dire un affront, est plus simplement l'indice d'une inadéquation, d'une rupture, d'un éloignement physique. Lautréamont, ce potache de génie, dont le génie a été la seule sincérité possible. La maladresse, la grandiloquence, la haine, l'orgueil n'avaient rien de littéraire parce que celui qui les exprimait n'avait pas encore le pouvoir de plier son expression aux exigences communes de l'"art".*
Et c'est bien cela qui est émouvant dans les Chants de Maldoror, *et dans les* Poésies. *L'histoire aveugle a figé cet écolier dans son acte de rébellion malhabile, pour l'éternité humaine. La littérature n'avait que faire de ce brouillon outrancier, contradictoire, injurieux, car l'effort de celui qui l'avait rédigé était tout entier tourné contre elle. Lautréamont appartient à ce monde, irrémédiablement perdu pour quiconque accepte la comédie du langage adulte, de ce qui précède l'écriture. Ses imperfections, l'insécurité et la démesure de son système verbal, le continuel trébuchement de sa pensée, sont les véritables marques-frontière de son royaume : il s'agit d'un autre domaine, celui de la pré-littérature, place-forte hermétique où pouvait s'élaborer une œuvre qui n'est pas venue. Lautréamont y est le centre de sa propriété verbale, et il ne cesse pas d'y régner en maître absolu, nous livrant dans chaque mot incomplet, dans chaque phrase tremblée, dans chaque cri le secret de cette jouissance et de ce grand malheur : la solitude absolue. Et souvent aussi, vient l'espoir humiliant que cette aventure au pays des mots était vouée à une sorte de mort : lorsque, trahissant à jamais leur créateur, les phrases, rompant leur ancienne crispation léthargique, lentement déroulent leurs spires et bondissent vers nous, qui savons en faire nos esclaves. Les serpents gardent toujours leur venin. »*

Jean-Marie Gustave Le Clézio, « Lautréamont », in *Tableau de la littérature française*, III, Gallimard, 1974.

« Les Chants de Maldoror *constituent, si l'on réfléchit, un grand feuilleton. On ne doit pas oublier qu'Isidore Ducasse emprunta son pseudonyme à un roman du feuilletoniste Eugène Sue,* Latréaumont, *écrit à Châtenay en 1837. Mais Lautréamont, nous le savons, alla beaucoup plus loin que Latréaumont. Il descendit beaucoup plus bas, il voulut être infernal. Et il s'éleva beaucoup plus haut, en archange maudit. Maldoror, dans la plénitude du malheur, célèbre le "Mariage du Ciel et de l'Enfer". La furie, les dithyrambes et l'agonie forment les vagues engloutisseuses de la rhétorique de Ducasse. Maldoror : Maledouleur. »*

Pablo Neruda, *J'avoue que j'ai vécu* (1973), trad. franç. Claude Couffon, Messidor/Temps actuels, 1975.

« [Ducasse] *est tout ramassé, prêt à bondir, déjà brûlant. Les pages qu'il nous a laissées sont en quelque sorte ses premières et ses dernières volontés et elles nous disent d'oser, de ne plus craindre, de ne plus temporiser. Elles nous ordonnent de ne plus peser les mots et les idées dans la fausse balance de la logique, et de trouver enfin au fond de nous, non notre raison de vivre, mais notre vie saignante, indéfinie et chaude (pas la tiédeur des jours cousus). »*

Philippe Soupault, *Histoire d'un Blanc, 1897-1927*, in *Mémoires de l'oubli*, Lachenal et Ritter, 1986.

« La liberté de ses facultés, que rien ne lie, qu'il tourne de tous les côtés et surtout envers lui-même, la force de s'abaisser, de démolir, de s'accrocher à toutes les tares, avec une sincérité beaucoup trop intime pour nous intéresser, est la plus haute attitude humaine — parce que transformée en action, elle devrait aboutir à l'anéantissement de cet étrange mélange d'os, de farine et de végétation : l'humanité. »

Tristan Tzara, « Note sur le comte de Lautréamont et le cri », in *Littérature*, n° 1, 1919.

BIBLIOGRAPHIE

Éditions

Œuvres complètes, G.L.M., 1938 ; Corti, 1953 ; éd. M. Saillet, « LdP », LGF, 1963 ; éd. P.-O. Walzer, *in* Lautréamont, Nouveau, *Œuvres complètes*, « Pléiade », Gallimard, 1970 ; éd. H. Juin, « Poésie », Gallimard, 1973.

Études

L. Aragon, *Lautréamont et Nous* [titre de l'éditeur], Sables, 1992.

O. Avni, *Tics, tics et tics : figures, syllogismes, récit dans « Les Chants de Maldoror »*, Klincksieck, 1985.

G. Bachelard, *Lautréamont*, Corti, 1939.

M. Blanchot, *Lautréamont et Sade*, Minuit, 1949.

Cl. Bouché, *Lautréamont. Du lieu commun à la parodie*, Larousse, 1974.

A. Buisine, J.-P. Corsetti, J.-P. Ginsto (dir.), *Sur Lautréamont*, P.U. Valenciennes (Nord), 1994.

F. Caradec, *Isidore Ducasse, comte de Lautréamont* (1970), Gallimard, 1975.

L. Durant-Dessert, *La Guerre sainte : Lautréamont et Isidore Ducasse. Lecture des « Chants de Maldoror »*, P.U. Nancy, 1988, 2 vol.

R. Faurisson, *A-t-on lu Lautréamont ?*, Gallimard, 1972.

F. de Haes, *Images de Lautréamont*, Duculot, Gembloux (BE), 1970.

M. Jean et A. Mezei, *Maldoror*, 1947, rééd. Nizet, 1959.

J. KRISTEVA, *La Révolution du langage poétique*, Seuil, 1974.

J.-M.G. LE CLÉZIO, « Lautréamont », in *Tableau de la littérature française*, III, Gallimard, 1974.

J.-J. LEFRÈRE, *Le Visage de Lautréamont*, P. Horay, 1977 ; *Isidore Ducasse, auteur des « Chants de Maldoror » par le comte de Lautréamont*, Fayard, 1998.

M. NATHAN, R. BELLET, *Lautréamont feuilletoniste autophage. Poésies et Poétique*, Champ Vallon, Seyssel (Ain), 1992.

P. NESSELROTH, *Lautréamont's Imagery. A Stylistic Approach*, Droz, Genève (CH), 1969.

K. PHILIP, *Lectures de Lautréamont*, Colin, 1977.

R. PICKERING, *Lautréamont, Ducasse : thématique et écriture*, Lettres modernes, 1988.

M. PIERSSENS, *Éthique à Maldoror*, P.U. Lille, 1984.

M. PLEYNET, *Lautréamont*, « Écrivains de toujours », Seuil, 1967.

Ph. SOLLERS, « La science de Lautréamont » (1965), in *Logiques*, Seuil, 1968.

J.-P. SOULIER, *Lautréamont, génie ou maladie mentale ¿* (1984), suivi de *Nouveau Bilan psychopathologique*, Minard, 1978.

M. THUT, *Le Simulacre de l'énonciation : stratégies persuasives dans « Les Chants de Maldoror »*, Lang, Genève (CH), 1989.

P. ZWEIG, *Lautréamont ou les Violences du Narcisse*, Minard, 1967.

AUDIO & VIDÉO

CD-ROM

Encyclopédie de la littérature française, Bibliopolis, 1998.

LE CLÉZIO

Jean-Marie Gustave LE CLÉZIO
De nationalités britannique et française
Nice 1940
Grand Prix Paul-Morand de l'Acad. franç., prix Renaudot, ***prix Nobel***

« Il ne cherche pas à interpréter un rôle. Il ne se construit pas de personnage. Il est ce qu'il a toujours été : à lui-même sa propre énigme. Enrobée de nuages, dans un crépuscule dont on ne sait s'il est du soir ou du matin, sa silhouette de fantôme, se dégageant de tout ce qu'il dit, de tout ce qu'il écrit, a l'air de ne pas toucher terre et se déplace dans une lumière incertaine, entre chien et loup. Fidèle aux personnages de ses livres, aux images qu'il aime décrire et susciter, aux univers à la fois secrets et lumineux où il puise sans répit la matière de ses romans, il habite à l'évidence un autre monde, à la frontière du réel et de l'imaginaire, à la limite exacte de ces deux océans. »
Dominique BONA, « Le Clézio : la Nostalgie d'un âge d'or », in *Le Figaro littéraire*, 6 mai 1999.

« Le poseur taciturne des îles Sous-le-Vent a écrit de jolies nouvelles. Elles ne font pas oublier sa philosophie pour Signe de Piste et son lyrisme appliqué. Dans l'ensemble, les ouvrages de M. Le Clézio font songer au bulletin de la météo quand le présentateur annonce une persistance du temps couvert avec passage de très belles éclaircies. Car l'écrivain, volontiers enclin à des poses de prophète, s'attarde dans les brumes de ses "messages", mais, de-ci, de-là, pour notre plaisir, un souffle lyrique l'en arrache, écartant les nuées où il s'enveloppe. »
Angelo RINALDI, « Le Clézio », in *L'Express*, 22 février 1986.

Une vie d'errances et de rencontres

Des origines et des destinations multiples

Né d'un père britannique — issu d'une famille d'ascendance bretonne qui, au XVIIIe siècle, avait émigré à l'île Maurice — et d'une mère française — de souche picarde —, qui étaient cousins germains et avaient la même origine mauricienne, Jean-Marie Gustave Le Clézio passa ses premières années, jusqu'à la fin de la Seconde Guerre mondiale, dans l'arrière-pays niçois, réfugié avec sa mère et son frère aîné Yves-Marie. Il écrivit, dès l'âge de 7 ans, des récits de voyage, des romans, des bandes dessinées... Il confia même, beaucoup plus tard, à Jean-Louis Ezine : « *J'ai raté ma carrière. J'aurais aimé être dessinateur de bandes dessinées* [...]. *Et les bulles, malheureusement, ont avalé le dessin* » (***Ailleurs***, 1995). En 1948, il partit, avec sa mère et son frère, pour un long voyage en bateau vers le Nigeria, afin d'y retrouver son père, médecin de brousse pour le compte du gouvernement britannique, qu'il ne connaissait pas ; il y resta un an, avant de rentrer à Nice. À 19 ans, il partit vivre en Angleterre, où il épousa, en 1960, Marie-Rosalie, de mère polonaise et de père français dont il eut une fille, Patricia, l'année suivante. Il poursuivit des études de lettres qui l'amenèrent à rédiger un mémoire sur « *la solitude dans l'œuvre d'Henri Michaux* » et à préparer une thèse de doctorat — jamais soutenue ni publiée — sur Lautréamont. À 20 ans, Le Clézio avait donc déjà ces origines et destinations multiples — Nice, Maurice, Bretagne, Picardie, Nigeria, Grande-Bretagne, Pologne — qui s'élargirent ensuite à l'Amérique centrale et au Sud marocain.

Des débuts fulgurants

Dès son premier livre, ***Le Procès-Verbal*** (prix Renaudot 1963), à la fois roman et anti-roman, publié à 23 ans, Le Clézio se révéla comme un écrivain déroutant. Son style regorgeait d'influences sans toutefois en privilégier aucune : s'il reconnaissait avoir tiré une rigueur d'écriture de la lecture des auteurs du XIXe siècle (Verne, Flaubert, Baudelaire), le bouillonnement baroque, la précision des descriptions et des topographies, l'explosion verbale faisaient davantage penser à William Blake, à Lautréamont, au Nouveau Roman et, surtout, à Michaux.

L'écrivain devint le sismographe d'un univers en ébullition et découvrait ainsi cette folie du monde moderne, gangrenant peu à peu tous les personnages. Adam Pollo, dans ***Le Procès-Verbal***, François Besson dans ***Le Déluge*** (1966) et les héros de la trilogie contre la modernité que constituent ***La Guerre*** (1970), ***Les Géants*** (1973) et ***Voyages de l'autre côté*** (1975) déambulaient dans des villes s'étendant à la terre entière, avec « *beaucoup de machines, de bulldozers, de bétonneuses, de marteaux-pilons, de grues, de concasseurs, de rouleaux-compresseurs, de polisseuses* [...] ». Tout y était urbanisé à l'excès, surpeuplé. L'image réduite du supermarché dans ***Le Procès-Verbal*** devint une Hyperpolis gigantesque dans ***La Guerre***, un univers concentrationnaire faisant de Béa B., l'héroïne, « *un point, un chiffre, un numéro* ». Le thème des insectes dans l'œuvre métaphorisait cette multitude grouillante et uniforme qu'était devenue la foule. Les seuils — portes vitrées ou miroirs sans tain —, loin d'ouvrir sur un espace de liberté, n'apparaissaient que comme un simulacre : ils ne protégeaient pas l'individu de la masse qui l'absorbait. La *Métropolis* de Fritz Lang, les visions de George Orwell ou d'Aldous Huxley étaient présentes dans les « folie-fictions » de Le Clézio pour illustrer cette conviction mêlant angoisse et désespoir : l'enfer est sur la terre.

Que veut dire alors justement écrire, être ? Dans toutes ces œuvres où le personnage est en conflit avec la société, l'écrivain définissait un art d'écrire ressemblant aussi à un art de vivre : « *L'homme qui écrit maintient le réel au bout de son regard* [...], *il arrache les mots à l'incompréhensible, un à un, il propose des grilles. Lentement, il voit apparaître les dessins des rites, il recompose syllabe après syllabe la longue phrase dite par le monde.* » Les personnages devenaient ainsi des spectateurs privilégiés du spectacle de la planète. La nausée qui les envahit n'était plus celle du Roquentin de Sartre, mais elle naissait du rejet des éléments de la modernité : pour exister, il faut se retirer de la société. Plus encore, leur présence faite d'errances traçait des itinéraires, des lignes de fuite, déterminant un nouveau mode d'être. Dans ***Le Livre des fuites*** (1969), l'identité du protagoniste principal variait, de même que les repères temporels et spatiaux se confondaient, comme en témoignait Hoggan, le personnage principal : « *Je veux tracer ma route, pour la détruire, ainsi, sans repos. Je veux rompre ce que j'ai créé, pour créer d'autres choses, pour les rompre encore. C'est ce mouvement qui est le vrai mouvement de ma vie.* » Ce nouvel art de la fuite se heurtait, dans les premiers livres, aux limites d'un espace fini.

L'univers de Le Clézio circonscrivait ainsi un espace-temps tragique dans lequel des parias du monde et du langage se révoltaient, puis étaient anéantis. Mais la violence présente dans ces « *œuvres du conflit* » permet de dégager aussi une topique de la faute qui n'est plus la faute absurde de vivre pour mourir, comme la présente l'essai ***L'Extase matérielle*** (1967). Ces exclus, ces criminels sans crime passaient à l'acte pour prouver qu'ils existaient, tout comme l'écrivain tordait les mots pour ne pas souffrir. La violence faisait ainsi de la rupture un outil narratif. Le massacre d'un rat ou de doryphores, notamment, dans le recueil de nouvelles ***La Fièvre*** (1965), le meurtre d'un travailleur immigré, les viols accentuaient le caractère monstrueux d'un geste élevant cependant à la conscience d'être. Alors, comme dans la tragédie grecque, François Besson ***(Le Déluge)*** errait à travers le monde comme un mendiant et se crevait les yeux. Automutilation, folie, suicide étaient le lot de ceux qui s'élevaient contre un monde où l'être doit racheter une faute ancienne. Même Adam Pollo, le nouveau prophète, le nouveau Christ, ne pouvaient plus venir en aide aux hommes. Lucidité et conscience semblaient vouées à la damnation éternelle dans la société moderne.

La révélation du monde amérindien

Mais pour sortir de cette logique romanesque circulaire, l'écrivain dut s'échapper lui aussi hors des sociétés industrielles. Voyageur de par ses origines bretonnes et mauriciennes, autant que par ses lectures alliant évasion et rêveries (Conrad, Artaud, le mexicain Juán Rulfo), Le Clézio fut toujours un adepte du va-et-vient entre les mondes occidental et amérindien, lequel lui fut révélé en 1966, lorsqu'il était coopérant au Mexique comme enseignant — après dix-huit mois de coopération à Bangkok, d'où il avait été expulsé pour avoir dénoncé la prostitution enfantine — et qui bouleversa sa vie : il se mit alors à chanter la nature, à l'instar des cultures préhispaniques qui le fascinèrent. Une urgence : devenir indien, comme dans ***Haï*** (1970), parce que devenir molécule, c'est toujours « *s'exposer au danger d'être perverti, tué, englouti* ». Donner à l'existence un sens, un style de vie, une identité, c'est s'aventurer vers ces terres d'avant la Conquête, vivre dans un état d'immédiateté avec le monde et le langage, apprendre à regarder et à se taire. Des séjours au Panamá, où, entre 1970 et 1974, il partagea la vie des Emberas et des Waunanas, Indiens de la province du Darién, et au Mexique, où il s'installa à partir de 1975, à Jacona — au pied du volcan Paricutin, le plus jeune volcan du monde, né seulement en 1946 —, naquit une trilogie comportant ***Les Prophéties du Chilam Balam*** (1976) — recueil de textes mayas qui avaient déjà tenté Benjamin Péret, et qu'il traduisit en espagnol —, ***Relations du Michoacán*** (1984), ***Le Rêve mexicain ou la Pensée interrompue*** (1988), et qui éclaire ce deuxième volet de l'œuvre : « *Le miracle, c'est cette harmonie avec le temps, cet art de penser et de vivre qui unissait l'homme au reste de l'univers* » ***(Les Prophéties du Chilam Balam)***.

De la révolte à la célébration

En 1975, il se remaria avec Jemia, issue d'une famille originaire de la Saguia el-Hamra, vallée de l'extrême sud du Maroc, et dont il eut 2 filles : Alice-Marie-Yvonne, *alias* Amy, en 1977, et Anna, en 1982. À partir de ***Voyages de l'autre côté***, la quête des romans devint celle d'un monde vierge et d'un temps perdu. Le personnage emblématique de Naja Naja, le serpent doublement lové sur lui-même, symbolisait ce temps où le présent se repliait sur un passé mythique, l'avenir apparaissant notamment dans ***Trois Villes saintes*** (1980) comme une fuite vers un ailleurs qui n'existait plus. Dès ***Terra amata*** (1967), Le Clézio affirmait cette impossibilité d'échapper au dessein du monde. La seule voie désormais pour le scripteur de la modernité restait celle de la contemplation et du souvenir. Se succédèrent ainsi des livres d'initiation à la beauté terrestre dans lesquels « *l'extase matérielle* » (titre d'un essai de 1967) se vivait désormais non plus comme folie mais comme éveil, notamment, la même année 1978 : ***Vers les icebergs***, en hommage à Michaux, ***Mondo et autres histoires***, qui connut un grand succès, et ***L'Inconnu sur la terre***. L'enfant, symbole d'innocence et d'amour maintenant qu'il n'était plus dénaturé par le savoir, y tenait une place prépondérante, confirmée par des contes pour enfants : ***Lullaby*** (1979), ***Celui qui n'avait jamais vu la mer*** suivi de ***La Montagne du dieu vivant*** (1982), et ***Voyage au pays des arbres*** (1984). C'est aussi en 1978-1979 que le vagabond Le Clézio, depuis toujours rétif à l'optimisme occidental béat, connut quelques déconvenues avec l'Université : candidat, à 2 reprises, pour un poste de chercheur sur les mythes amérindiens, au CNRS, il fut refusé, au motif qu'un romancier ne pouvait guère avoir de compétences scientifiques. Il entra alors au comité de lecture de Gallimard, dont il démissionna quelques années plus tard, tout en continuant à y publier la quasi-totalité de ses livres. Avec ***Désert*** (1980), immense succès qui coïncida avec l'obtention du grand prix Paul-Morand de l'Académie française — dont il fut le 1er lauréat —, puis avec ***Onitsha*** (1991), inspiré par le voyage de 1948 vers le Nigeria et formant un diptyque avec ***Étoile errante*** (1992), on retrouva l'ouverture à la nature et l'opposition entre monde moderne et passé originel. Dans ces deux livres, comme plus tard dans ***La Quarantaine*** (1995), évocation de son grand-père mis en quarantaine au large de Maurice, la sexualité était, pour la première fois, vécue de façon positive et elle débouchait sur un enfantement : « *Cela monte le long des veines de la terre, jusqu'à la lèvre émergée de l'Océan, jusqu'au corps de Surya. Sur ses lèvres, je bois la vie, je respire son souffle, je prends la chaleur de ses mains* [...]. *Maintenant, nous avons un enfant* » *(**La Quarantaine**)*. La révolte et la solitude initiales cédaient la place à la réconciliation avec autrui, et l'œuvre de Le Clézio passait ainsi du déni violent de la société à la louange du monde par l'écriture. La femme, tout en demeurant insaisissable, devenait l'initiatrice suprême de cette renaissance à l'amour et à la vie. ***Le Chercheur d'or*** (1985), reprise d'un texte à la Conrad écrit vers 15 ans, et ***Voyage à Rodrigues*** (1986), journal d'une chasse au trésor entreprise par le grand-père britannique de l'île Maurice — « *le seul récit autobiographique que j'aie jamais eu envie d'écrire* » —, dont l'écriture coïncida avec la mort de son père en 1984, l'auteur livrait explicitement les clés de la quête. Éveillé au monde par deux femmes, Mam, la mère, et Ouma, une jeune *Manaf* — population sauvage des montagnes mauriciennes dans la région de Rodrigues —, Alexis trouvait son trésor en contemplant le ciel nocturne : « *Tout à coup, au-dessus de nous, sur la voûte céleste, glisse une pluie d'étoiles. De tous côtés, les traits de lumière rayent la nuit, puis s'éteignent, certains très brefs, d'autres si longs qu'ils restent marqués sur nos rétines.* » Ni mystère, ni trésor, en fait, mais une simple reconnaissance de la beauté et de l'éternité de la nature : « *Les ébènes aux troncs lisses, les térébinthes, les colophanes, les figuiers sauvages, les sycomores. Mes pieds s'enfoncent dans le tapis de feuilles, je sens l'odeur fade de la terre, l'humidité du ciel* ». Le retour des formes narratives et du sens de la quête renvoyait ainsi à un temps cyclique, à un univers fini que ne cessèrent d'évoquer les nouvelles recueillies dans ***La Ronde et autres faits divers*** (1982), puis ***Printemps et autres saisons*** (1989), et les romans ou récits poétiques, ***Étoile errante***, ***Pawara*** (1992), ***Poisson d'or*** (1997) et ***Hasard***, précédé de ***Angoli Mala*** (1999). La sagesse et la maturité, pour Le Clézio, consistèrent à se réconcilier avec le monde mais aussi à puiser dans le souvenir et les temps disparus pour fortifier vie et imaginaire : il voyagea à Haïti, en 1987 puis 1990 — année où il participa au 1er Festival du Livre de l'océan Indien, à Saint-Denis de la Réunion —, et réussit, en 1991, à lancer chez Gallimard la collection « L'Aube des peuples », avec Jean Grosjean, projet qu'il caressait depuis plusieurs années. En 1992, il s'installa aux États-Unis, à Albuquerque (Nouveau-Mexique). Biographie romancée de la passion qui lia Diego Rivera à Frida Kahlo, ***Diego et Frida*** (1993) attestait cette volonté de lier par l'écriture l'art, l'amour et l'Histoire. Roman d'apprentissage, ***Poisson d'or*** posait une regard lucide sur le monde moderne, ses exclus et ses déshérités, à travers le parcours de la jeune Laïla qui, après une longue errance ponctuée de rencontres dans le Paris des immigrés clandestins, regagnait finalement son Sahara natal : « *Maintenant je suis libre, tout peut commencer* [...]. *Je suis enfin sortie de l'âge de la famille, et j'entre dans celui de l'amour.* » C'est ce même Sahara que l'on retrouvait dans ***Gens des nuages*** (1997), ouvrage que Le Clézio écrivit avec sa femme Jemia et où il racontait son voyage initiatique à l'extrême sud du Maroc, à la recherche des ancêtres de Jemia, les nomades aroussiyines. Enfin, si, dans ***La Fête chantée*** (1997), il retrouvait l'univers amérindien qui, dit-il, a « *changé toute ma vie, mes idées sur le monde et sur l'art, ma façon d'être avec les autres, de marcher, de manger, d'aimer, de dormir, et jusqu'à mes rêves* », dans ***Hasard***, précédé de ***Angoli Mala***, il réunissait à la fois le thème de l'errance en mer et de l'exil, avec l'embarquement clandestin de la très jeune Nassima, à bord du *Azzar*, yacht du riche cinéaste Juan Moguer ***(Hasard)***, et celui de la fracture des civilisations occidentale et amérindienne, avec l'échec du retour au pays de Bravito, fils d'Indiens waunanas élevé à Panamá par un pasteur noir américain (***Angoli Mala*** — texte écrit en 1985).

Le Clézio a choisi de célébrer l'an 2000 avec ***Maroc***, évocation du pays de son épouse, sur des photographies de Bruno Barbey, qui avait déjà illustré ***Gens des nuages***.

Une écriture de la sensation

L'écriture de Le Clézio mit en cause dès son apparition la forme romanesque. Elle voulait inventer un langage qui bousculât les règles du discours et du roman. Le « *roman-puzzle* » regroupe jeu de voix, multiplication des points de vue, des références, lettres, poésie, pages de journaux, ratures, collages, photographies, formules mathématiques, colonnes d'injures, néologismes, notamment dans ***Le Procès-Verbal***. Puis, quand elle est impuissante à signifier autre chose qu'elle-même, l'écriture devient signe scriptural, comme dans ***L'Inconnu sur la terre***, où ce qui a été dit est systématiquement répété par le dessin. Comment atteindre « *ce silence qui n'est pas une absence de langage* » sans pousser la langue à ses limites « *pour que tout soit comme avant, sans affront, pareil au temps où il n'y avait pas encore de mots sur terre* » ***(Haï)*** ? Le style de Le Clézio fait alors un usage singulier de la répétition et de la métaphore. La répétition, présente dans la structure entière de l'œuvre, souligne notamment l'aspect obsessionnel du temps pensé comme éternel retour. La métaphore facilite la disparition de l'humain dans l'espace-temps matériel. Comparé et comparant ne font plus qu'un, évoquant peut-être l'« être » de Parménide, et renvoyant surtout à une écriture de la sensation qui rappelle l'état psychique d'osmose découvert par Nathalie Sarraute et qu'illustrent les hommes du désert qui se fondent dans le silence de l'espace minéral : « *Ils étaient les hommes et les femmes du sable, du vent, de la lumière, de la nuit. Ils étaient apparus, comme dans un rêve, en haut d'une dune, comme s'ils étaient nés d'un ciel sans nuages, et qu'ils avaient dans leurs membres la dureté de l'espace* » ***(Désert)***.

Un écrivain singulier

Le Clézio reste un écrivain controversé. Foucault (in *Critique*, en 1964) reconnut la modernité du ***Procès-Verbal*** qui ouvre le roman sur ce « *langage de l'espace* », capable d'enfanter une autre langue. Mais la déconstruction de la forme romanesque, omniprésente dans les livres, fut diversement appréciée. Pour Raymond Jean, l'originalité de Le Clézio, dans le roman, c'est de « *s'y être fourvoyé* » (colloque « J.-M. G. Le Clézio, Le Roman antiformaliste »). La philosophie de Le Clézio, parfois qualifiée d'écologie réactionnaire, fut comparée en 1971 par Jean Ricardou à celle d'« *un boy-scout, qui regarde vers l'Orient* » *(ibid.)*. Les études consacrées exclusivement à Le Clézio proviennent surtout d'Amérique du Nord... Mais, avec ***Désert***, l'écrivain fut reconnu par le grand public, et il jouit depuis d'une immense notoriété, entretenue par un public fervent et une critique le plus souvent élogieuse. De très nombreuses thèses universitaires lui sont consacrées depuis 1990. Les enfants connaissent le conteur : et de plus en plus d'élèves étudient le romancier, devenu — au sens propre — un classique. ***Le Livre des fuites*** a été adapté pour le théâtre par François Marthouret en 1992, Michèle Gazier et Jacques Malaterre ont réalisé, en 1996, dans la collection télévisuelle « Un siècle d'écrivains », un documentaire consacré au romancier, et Gérard de Cortanze, sous le titre *J.-M. G. Le Clézio, Vérité et Légendes* et sous forme d'entretiens avec l'auteur, a publié en 1999 la première biographie de cet écrivain discret jusqu'au secret, inlassablement en quête de mondes demeurés intacts.

ŒUVRE

Le ***Procès-Verbal***

Roman publié chez Gallimard, le 23 octobre 1963.

La richesse et la complexité du livre illustrent bien le « *Roman-Jeu* » cher à l'auteur, qui donne au lecteur, dans un **Avant-Propos**, la trame narrative initiale : « *l'histoire d'un homme qui ne savait trop s'il sortait de l'armée ou de l'asile* ». Le récit semble raconter deux journées de son personnage principal, Adam Pollo : jeté au monde, Adam « *squatte* » une maison dans une ville du Sud, erre, fait des rencontres, écrit un journal et, quand le monde extérieur est trop menaçant, essaie de se fondre dans la matière pour retrouver la paix et le silence. Mais ces brèves extases ne peuvent effacer la réalité aliénante de la société qui l'entoure. Un jour, il crie sa révolte et se retrouve à l'asile. La structure du livre — de l'expulsion première à l'enfermement final —, le prénom du protagoniste et l'évocation d'épisodes bibliques — la lèpre de Naaman, le jardin — révèlent l'omniprésence du mythe dans l'écriture de Le Clézio, et sa vision tragique de l'existence. Le personnage devient la figure emblématique d'une résistance. L'acte de transgression — le viol, la mort du rat, le délire public — est plus un signe d'autonomie envers l'ordre établi qu'une révolte face à l'absurde de la vie humaine. Il débouche sur l'internement qui, ironiquement, représente le dernier espace de liberté. Prisonnier de sa conscience dans le non-temps de la folie, Adam ressemble à un prophète aphasique, exclu du langage : désormais seuls le pouvoir et le discours rationnel, scientifique, médical, ont droit de parole.

Livre d'une révolte et d'un échec, ***Le Procès-Verbal*** invite à se méfier du discours, du roman, du langage lui-même : « *À mon sens, écrire et communiquer, c'est être capable de faire croire n'importe quoi à n'importe qui* » ***(Avant-Propos)***. Le jeu des voix et des genres crée des distorsions stylistiques et grammaticales qui tendent à repousser toute logique explicative et chronologique.

À une voix près, le roman manqua le prix Goncourt, mais obtint le prix Renaudot 1963 et valut à Le Clézio, dès cette œuvre initiale qui le consacrait à 23 ans, une grande notoriété.

CITATIONS

De l'autre côté du fleuve, les Indiens avaient commencé à reconstruire leurs maisons autour de la hutte du vieux Teclé. Ils s'arrêtèrent de travailler pour regarder passer la pirogue des gardes, dans un hurlement de moteur. Les hommes poussèrent des cris d'allégresse, ils gesticulaient en riant. Ce soir même, le village serait fini, et il y aurait une fête et une beuverie qui dureraient trois jours et trois nuits. Des enfants tout nus couraient le long de la berge sous la pluie. Personne n'entendait, au bord du fleuve, la chanson aiguë de la femme qui pleurnichait dans son éternelle solitude.

Angoli Mala.

J'irai sur le port pour choisir mon navire. Voici le mien : il est fin et léger, il est pareil à une frégate aux ailes immenses. Son nom est *Argo*. Il glisse lentement vers le large, sur la mer noire du crépuscule, entouré d'oiseaux. Et bientôt dans la nuit, il vogue sous les étoiles, selon sa destinée dans le ciel. Je suis sur le pont, à la poupe, enveloppé de vent, j'écoute les coups des vagues contre l'étrave et les détonations du vent dans les voiles. Le timonier chante pour lui seul, son chant monotone et sans fin, j'entends les voix des marins qui jouent aux dés dans la cale. Nous sommes seuls sur la mer, les seuls êtres vivants. Alors Ouma est avec moi de nouveau, je sens la chaleur de son corps, son souffle, j'entends battre son cœur. Jusqu'où irons-nous ensemble ? Agalega, Aldabra, Juan de Nova ? Les îles sont innombrables. Peut-être que nous braverons l'interdit, et nous irons jusqu'à Saint Brandon, là où le capitaine Bradmer et son timonier ont trouvé leur refuge ? De l'autre côté du monde, dans un lieu où l'on ne craint plus les signes du ciel, ni la guerre des hommes.

Il fait nuit à présent, j'entends jusqu'au fond de moi le bruit vivant de la mer qui arrive.

Le Chercheur d'or.

En serrant les dents pour ne pas se plaindre, Lalla entoure le tronc du figuier de ses bras, et lentement elle se hisse, elle se met debout sur ses genoux tremblants. La douleur à l'intérieur de son corps est maintenant comme une blessure, qui s'ouvre peu à peu et se déchire. Lalla ne peut plus penser à rien d'autre qu'à ce qu'elle voit, ce qu'elle entend, ce qu'elle sent. Le vieux Naman, le Hartani, Aamma, et même le photographe, qui sont-ils, que sont-ils devenus ? La douleur qui jaillit du ventre de la jeune femme et se répand sur toute l'étendue de la mer, sur toute l'étendue des dunes, jusque dans le ciel pâle, est plus forte que tout, elle efface tout, elle vide tout. La douleur emplit son corps, comme un bruit puissant, elle fait son corps grand comme une montagne, qui repose couchée sur la terre.

[...]

Puis elle s'allonge enfin au pied de l'arbre, la tête tout près du tronc si fort ; elle ouvre le manteau, elle prend le bébé dans ses bras et elle l'approche de ses seins gonflés. Quand l'enfant commence à téter, son visage minuscule aux yeux fermés appuyé sur son sein, Lalla cesse de résister à la fatigue. Elle regarde un instant la belle lumière du jour qui commence, et la mer si bleue, aux vagues obliques pareilles à des animaux qui courent. Ses yeux se ferment. Elle ne dort pas, mais c'est comme si elle flottait à la surface des eaux, longuement. Elle sent contre elle le petit être chaud qui se presse contre sa poitrine, qui veut vivre, qui suce goulûment son lait. « Hawa, fille de Hawa », pense Lalla, une seule fois, parce que cela est drôle, et lui fait du bien, comme un sourire, après tant de souffrance. Puis elle attend, sans impatience, que vienne quelqu'un de la Cité des planches et du papier goudronné, un jeune garçon pêcheur de crabes, une vieille à la chasse au bois mort, ou bien une petite fille qui aime simplement se promener sur les dunes pour regarder les oiseaux de mer. Ici, il finit toujours par venir quelqu'un, et l'ombre du figuier est bien douce et fraîche.

Désert.

Voilà. Le monde est vivant, ainsi, en minuscules coups de boutoir, en glissades, en suintements. Dans les arbustes, dans les grottes, dans le fouillis inextricable des plantes, il chante, avec la lumière ou avec l'ombre, il vit d'une vie explosive, sans repos, lourde de cataclysmes et de meurtres. Il faut vivre avec lui, comme ça, tous les jours, couchés la joue contre le sol, l'oreille aux aguets, prêts à entendre tous les galops et toutes les rumeurs. Les nerfs plongés jusque dans la terre comme des racines, et se nourrir de sa force guerrière, incohérente ; il faut boire longtemps à sa source de vie et de mort, et rester invincibles.

Le monde est vivant, in *La Fièvre.*

C'est un cône d'anéantissement qui s'est posé sur la ville, l'a rendue friable. Le bruit, la grande machine à faire du sable. Partout sont les moteurs tonitruants qui rongent les parois, détruisent les remparts. Ils ouvrent des brèches à l'invasion de la mer. Un jour, les murailles céderont, et le terrible flot entrera d'un seul bond, il recouvrira le monde en quelques fractions de seconde.

[...]

[...] Il y a tant de beauté hermétique, qui passe dans la rue, tandis que le bruit se déchaîne. Les mécaniques sont parfaites, elles ont des rouages secrets, des fils, des bobines, des muscles qui s'actionnent souplement. Les corps sont des carapaces de métal sur lesquelles glisse le vacarme. Tout est fermé. Il faudrait des ouvre-boîtes pour comprendre. Le bruit éclate sur les peaux polies et se répand en milliers de gouttelettes phosphorescentes. Mais peut-être est-ce le bruit qui fait avancer toutes les femmes et tous les hommes. Les grondements des moteurs poussent les silhouettes sur leurs ondes, en avant, comme au sommet de la lame, et elles vont déferler à l'autre bout du monde.

La Guerre.

Le *Azzar* s'enfonce rapidement à reculons dans la mer, un bref instant il dresse vers le ciel son avant effilé terminé par le bout-dehors, comme un animal qui va bondir. Mais il continue à reculer, il s'effondre, il plonge vers les fonds de deux cents mètres. Nassima cherche des yeux la baleinière noire de Saremito Joseph. Maintenant, elle ne pense plus qu'à Chérif, elle a hâte de mettre sa main dans la sienne, de partir, sans se retourner. Elle ne regarde même plus vers le large, de toute façon la mer est devenue encore plus lisse et calme, elle recouvre tout comme une peau.

Hasard.

Maintenant, tout est différent. La guerre efface les souvenirs, elle dévore les plaines d'herbes, les ravins, les maisons des villages, et même les noms qu'il a connus. Peut-être qu'il ne restera rien d'Onitsha. Ce sera comme si tout cela n'avait existé que dans les rêves, semblable au radeau qui emportait le peuple d'Arsinoë vers la nouvelle Meroë, sur le fleuve éternel.

Loin d'Onitsha, in *Onitsha.*

Que reste-t-il des émotions, des rêves, des désirs quand on disparaît ? L'homme d'Aden, l'empoisonneur de Harrar sont-ils les mêmes que l'adolescent furieux qui poussa une nuit la porte du café de la rue Madame, son regard sombre passant sur un enfant de neuf ans qui était mon grand-père ? Je marche dans toutes ces rues, j'entends le bruit de mes talons qui résonne dans la nuit, rue Victor-Cousin, rue Serpente, place Maubert, dans les rues de la Contrescarpe. Celui que je cherche n'a plus de nom. Il est moins qu'une ombre, moins qu'une trace, moins qu'un fantôme. Il est en moi, comme une vibration, comme un désir, un élan de l'imagination, un rebond du cœur, pour mieux m'envoler. D'ailleurs je prends demain l'avion pour l'autre bout du monde. L'autre extrémité du temps.

Le Voyageur sans fin, in *La Quarantaine.*

JUGEMENTS

« La mer et le désert, l'eau et le sable : comment ne pas être fasciné par cette vision d'un poète, happé par l'irréel et dont la plume n'a cependant de cesse de poursuivre avec une précision maniaque les détails les plus concrets, les plus minutieux de la vie. »

Dominique BONA, « Le Clézio : la Nostalgie d'un âge d'or », in *Le Figaro littéraire*, 6 mai 1999.

« Parce qu'il est nomade, J.-M. G. Le Clézio sait que le vrai voyage et celui qui se fait sans idée d'aller ni de retour. Il ne faut pas suivre l'exemple d'Ulysse et aspirer à retourner, plein d'usage et de raison, dans un chez-soi où l'on se laissera couler en pente douce, la tête pleine de souvenirs d'ailleurs, vers l'inéluctable mort. Nassima n'aura vécu sa vraie vie que dans le temps arrêté de la haute mer. Bravito dans celui de la fusion amoureuse avec Nina et avec la terre encore vierge de ses ancêtres. Pour raconter ces instants sacrés d'une vie, Le Clézio a retrouvé la prose poétique, ample, envoûtante, de ses plus beaux romans, et cette magie d'une écriture enchantée qui est celle, intemporelle et donc éternelle, des contes, des poèmes, des prières. »

Michèle GAZIER, « Voyages sans retour », in *Télérama*, 5 mai 1999.

« Il n'est jamais extérieur. Le Clézio n'a jamais été sur les bateaux des modes successives. Il a toujours écrit comme ça, mais aujourd'hui les lecteurs ont suivi l'ampleur prise par son œuvre. Je ne suis pas un bon critique, mais je vois surtout la conjonction de deux éléments. D'une part sa façon d'écrire permet aux gens qui lisent vite de ne rien perdre dans son texte, ils ne sont jamais dépaysés, exclus. Le Clézio n'explique pas beaucoup, il met en présence des faits. Les lecteurs n'ont pas d'effort considérable à faire ; ils se sentent pris tout à coup, et se retrouvent embarqués dans une histoire qui est venue jusqu'à eux. Ses livres qui sont souvent assez gros permettent aux gens de faire un vrai voyage : ils sont dedans un certain temps. La première raison du succès serait donc cette sorte d'imprégnation. La seconde vient du fait que ses sujets, bien que très différents, tournent tous autour du thème d'une vie saine. Ses personnages, incultes, pauvres, très modernes parfois, possèdent toujours un fond purement humain, de telle sorte que n'importe qui peut se sentir concerné. »

Jean GROSJEAN, entretien avec Gérard de CORTANZE, in *Magazine littéraire*, février 1998.

« Jean-Marie Le Clézio est arrivé dans notre littérature au moment — le début des années 60 — où le roman battait de l'aile. Souvenez-vous si vous pouvez : c'était à qui tirerait le boulets les plus pesants et les plus meurtriers sur la vieille citadelle de la littérature occidentale, si sûre d'elle-même et de ses pouvoirs, si dominatrice et si arrogante. On parlait d'avant-garde, le discours était celui de la violence et de la guerre, même chez les plus pacifiques. Il fallait en découdre avec la suffisance romanesque, assimilée à l'optimisme occidental.

[...] *Le Clézio n'a pas changé de combat. Le roman occidental n'est toujours pas son affaire. Cette obstination lui vaut le mépris des habiles. D'autant plus rageusement qu'elle s'accompagne des faveurs du public. Il est de bon ton que les grandes voix singulières et têtues soient un tantinet maudites. Il est vrai pourtant que Le Clézio a changé de "manière", comme on dit pour un peintre, c'est-à-dire de tactique. La violence est toujours là et l'homme occidental continue à se débattre, prisonnier de sa propre domination et des objets qu'il a créés pour l'assurer. Mais plutôt que de s'y affronter, dans la fièvre, au risque d'ajouter encore la guerre à la guerre, l'écrivain a choisi la déstabilisation, le décentrement du monde. Il déplace son regard.*

C'est sans doute pourquoi il n'est jamais complètement romancier. Le roman exige une construction, une architecture, un ordre chronologique, même s'il n'est pas linéaire. Le Clézio le nomade est mal à l'aise dans la maison-roman. Bâtir des fondations, monter des murs, ouvrir des fenêtres, et puis meubler, acheter des bibelots, orner les cloisons et astiquer l'argenterie, tout cela lui paraît bien fastidieux et inutile alors qu'il est si simple et tellement plus instructif de plier sa tente et d'aller voir ailleurs. Au Nigeria, au Mexique, au Panama, en Palestine, au Maroc, à Rodrigues ou à l'île Maurice. Le romancier est un propriétaire ou un locataire de longue durée, Le Clézio est un écrivain du fragment, que celui-ci prenne la forme de récits, de nouvelles, d'essais ou qu'il se rassemble en gerbes lâches dans un texte qu'on nommera, faute de mieux, roman. Le fragment est ce qui, dans la fiction en prose, approche le plus près de la poésie. »

Pierre LEPAPE, « Le Vertige de l'infini », in *Le Monde des livres*, 7 mai 1999.

« Il est recommandé à un romancier de nicher sa fiction à l'intérieur d'un mythe universel — ici, la Toison d'or — mais l'a b c du métier, si l'on prend ce parti, veut que l'on ne téléphone pas en PCV au lecteur pour l'en avertir. Ce que fait sans relâche M. Le Clézio, entre goyaves et cocotiers, dans un décor à mi-chemin de Paul et Virginie *et de la vitrine aux fruits d'outre-mer de Fauchon.* [...] *Ses hymnes à l'innocence des paradis perdus aboutissent surtout à un exotisme d'exposition coloniale — dans le meilleur des cas, à du Saint-John Perse délavé. La sincérité de M. Le Clézio est d'ailleurs hors de discussion. Elle n'a d'égale qu'une naïveté bien étonnante de la part d'un écrivain depuis vingt ans à la tâche. C'est que sans doute il s'est pris terriblement au sérieux dans l'intervalle — ce sérieux qui est l'exact contraire du tragique, né des secousses d'une vraie sensibilité.*

C'est qu'il a cédé, également, à son plus mauvais penchant. On avait déjà décelé en lui la propension du prédicateur de Hyde Park à se jucher sur une chaise. Le voilà aujourd'hui sur des échasses. On craindrait la chute, le ridicule sans retour, si l'on ne savait pas qu'un auteur entraîné — et qui excella dans les portraits de solitaires — est toujours susceptible de se rattraper à une branche. Et de revenir parmi nous, sur terre, avec modestie. »

Angelo RINALDI, « Le Clézio », in *L'Express*, 22 février 1986.

BIBLIOGRAPHIE

Éditions

La plupart des livres de Le Clézio sont publiés chez Gallimard, sauf :

Ailleurs, entretien avec J.-L. Ezine, Arléa, 1995.

Diego et Frida, Stock, 1993.

L'Extase matérielle, Rocher, 1999.

La Fête chantée et autres essais de thème amérindien, Le Promeneur, 1997.

Gens des nuages, Stock, 1997.

Haï, Skira, Genève (CH), 1970.

Maroc, illustr. Br. Barbey, Imprimerie nationale, 2000.

Études

S. Beckett, *De grands romanciers écrivent pour les enfants : Henri Bosco, Jean Giono, J.-M. G. Le Clézio, Michel Tournier, Marguerite Yourcenar*, Ellug/P.U. Montréal (CA), 1997.

G. Brée, *Le Monde fabuleux de J.-M. G. Le Clézio*, Rodopi, Amsterdam (NL), 1990.

G. de Cortanze, *J.-M. G. Le Clézio, Vérité et Mensonges*, Chêne, 1999.

T. Di Scanno, *La Vision du monde de Le Clézio*, Nizet, 1983.

S. Domange, *Le Clézio ou la Quête du désert*, Imago, 1993.

M. Foucault, « Le Langage de l'espace », in *Critique*, n° 203, avr. 1964, pp. 379-380.

R. Holzberg, *L'Œil du serpent. Dialectique du silence dans l'œuvre de J.-M. G. Le Clézio*, Naaman, Sherbrooke (CA), 1981.

M. Labbé, *Le Clézio. L'Écart romanesque*, L'Harmattan, 1999.

P. Lhoste, *Conversations* [transcriptions d'entretiens téléphoniques], Mercure de France, 1971.

G. Molinié et A. Viala, *Approches de la réception : sémio-stylistique et sociopoétique de Le Clézio*, PUF, 1993.

J. Onimus, *Pour lire Le Clézio*, PUF, 1994.

J.-X. Ridon, Michaux, *J.-M. G. Le Clézio : l'Exil des mots*, Kimé, 1995.

A. Viel, *L'Espace dans l'œuvre de J.-M. G. Le Clézio. La Dialectique du réel et de l'imaginaire*, Thebe, 1985.

J.R. Waelti-Walters, *Icare ou l'Évasion impossible, étude psychomythique de l'œuvre de J.-M. G. Le Clézio*, Naaman, Sherbrooke (CA), 1981.

G. Zeltner, « J.-M. G. Le Clézio, le Roman antiformaliste », in M. Mansuy (dir.), *Position et appositions sur le roman contemporain*, actes de colloque, Klincksieck, Strasbourg, 1971.

« J.-M. G. Le Clézio. Errances et Mythologies », in *Magazine littéraire*, févr. 1998, pp. 17 à 62.

AUDIO & VIDÉO

CD

Cette Autre Femme, in J. d'Astier, *Voix de poètes*, vol. III, *1950-1980*, INA/Radio France/France Culture, 1999.

J.-M. G. Le Clézio. Hier et Aujourd'hui. Entretiens avec Pierre Lhoste, Jean-Louis Ézine et Olivier Germain-Thomas, INA/Radio France, 1999, 2 CD-livres.

LECONTE DE LISLE

LECONTE de LISLE [lil]
De son vrai nom, Charles Marie LECONTE
Saint-Paul (Île Bourbon, act. La Réunion) 1818 – Louveciennes (act. Yvelines) 1894
Académicien

« *J'ai lu Leconte. Eh bien j'aime beaucoup ce gars-là : il a un grand souffle,* c'est un pur. »
Gustave FLAUBERT, *Correspondance*, 6 avril 1853.

« [...] *un caractère hideux. Leconte de Lisle n'était ingénieux que dans l'invective. Il excellait à renouveler sa mauvaise humeur.* »
Anatole FRANCE, cité *in* Jean-Jacques BROUSSON, *Anatole France en pantoufles*, 1924, rééd. L'Harmattan, 1994.

Une vie de nostalgies

Du militant au poète érudit

Créole de l'île Bourbon, le futur Leconte de Lisle naquit dans une famille esclavagiste mais « éclairée » : Diderot, Voltaire, Rousseau furent ses premières lectures, encouragées par un père « libre penseur ». Dès l'âge de 4 ans, il quitta son île natale ; il y revint, entre 1828 et 1837, le temps d'une adolescence, où d'autres lectures, de Bernardin de Saint-Pierre, puis des *Orientales* de Hugo, et du *Jocelyn* de Lamartine, forgèrent respectivement ses convictions antiesclavagistes et sa vocation de poète — qu'il conserva toute sa vie. À 19 ans, il débarqua en métropole, s'installa à Dinan dont un oncle paternel était le maire ; puis médiocrement reçu bachelier, il partit pour Rennes entamer des études de droit qu'il interrompit rapidement. Il tenta — en vain — de publier ***Le Cœur et l'Âme***, recueil composé avec un ami clerc de notaire, échec qui l'amena à reprendre ses études. À nouveau il y renonça au profit de la création, en 1840, d'une éphémère revue, ***La Variété***, arrêtée dès 1841 malgré le parrainage de Chateaubriand, puis d'un journal satirique, ***Le Scorpion***, en 1842, condamné en justice dès le premier numéro ! Il retourna alors dans son île natale, pour un ultime séjour (1843 à 1845) d'où il revint plus antiesclavagiste que jamais : après son retour définitif en métropole (1845), il collabora à des revues fouriéristes, *La Démocratie pacifique* et *La Phalange*, et prit position en faveur de l'émancipation des Noirs, mais l'échec de la révolution de 1848, à laquelle il prit une part active et qui faillit lui être fatale (appelant les électeurs bretons à la subversion, il échappa de peu à la lapidation), le détourna définitivement de la politique. Et l'abolition de l'esclavage, la même année, ruina sa famille qui rompit toute relation avec lui — ce qui le plongea dans une misère matérielle durable. Se réfugiant dans l'étude des poètes de l'Antiquité grecque, Leconte de Lisle réfuta « *cette étrange manie d'affubler de mauvaises rimes les découvertes industrielles modernes* » (Baudelaire, 1861). Son idéal politique prit les couleurs de la nostalgie. Anticlérical convaincu, il retrouvait dans le polythéisme grec une certaine idée de la démocratie. À ses yeux, le Moyen Âge chrétien incarnait surtout le triomphe du monothéisme et de l'intolérance — Leconte de Lisle propagea durablement le stéréotype d'un Moyen Âge obscurantiste. Dès ses premiers poèmes, il voulut puiser aux sources des grandes civilisations païennes : les ***Poèmes antiques*** (1852) associent des poèmes d'inspiration grecque et des poèmes hindous. Dès la préface à ce recueil (couronné avec le suivant, ***Poèmes et Poésies*** [1855], par l'Académie française en 1856), le poète avait choisi la voie de la froideur : « *Les émotions personnelles n'y ont laissé que peu de traces ; les passions et les faits contemporains n'y apparaissent point.* » Fut-il pour autant le poète de l'« impassibilité », comme le veut une certaine tradition ? Malgré son admiration pour la poésie grecque et latine, il ne pouvait ignorer l'héritage du romantisme, ni échapper à l'influence de Hugo.

Un faux impassible

La sensibilité du jeune écrivain, qui conservait le souvenir de son adolescence passée sur son île natale, le destinait davantage aux épanchements languides et nostalgiques. Pourtant, c'est contre les effusions lyriques du romantisme qu'il choisit d'emblée de bâtir son esthétique. En 1853, Leconte de Lisle conçut le projet de mettre en vers toutes les cosmogonies ; ce programme ambitieux, qui entendait ressusciter les légendes et le passé du monde civilisé, fut en partie mené à bien dans les ***Poèmes barbares*** (1862), qui s'inspirent des légendes bibliques ou des mythologies celtiques et scandinaves.
Si l'inspiration légendaire évoque les *Poèmes anciens et modernes* de Vigny, la puissance des images — de morts violentes notamment, qui se multiplient en une sorte de jubilation du désastre — et le choix d'une forme particulière, l'épopée, rapprochent les ***Poèmes bar-***

bares de *La Légende des siècles* de Hugo. Le recueil consacra Leconte de Lisle comme chef de file de cette nouvelle poésie philosophique dédaignant les épanchements romantiques du moi au profit du souffle mystique de l'humanité.

Une glorieuse fin de carrière

Reconnu, parce qu'il affirmait la supériorité du Beau sur l'Utile, comme chef de file par les jeunes poètes du *Parnasse contemporain*, Leconte de Lisle se fit aussi traducteur — notamment de Théocrite (1861) et surtout d'Homère (1877) — travaux d'érudition qui lui valurent un poste de sous-bibliothécaire au Sénat et une inscription, en 1864, sur la cassette impériale : cette indemnité de 3 600 francs, acceptée pour des raisons alimentaires et révélée à la chute du Second Empire, fut à l'origine d'une campagne de calomnies qui meurtrit profondément le poète et l'incita à publier quelques pamphlets anticléricaux, dont un ***Catéchisme républicain*** (1871). Un moment tenté par le théâtre, Leconte de Lisle écrivit ***Les Érinnyes*** (1873), une tragédie en vers dont Massenet composa la musique, avant de signer son troisième grand recueil, ***Poèmes tragiques*** (1884), où le lyrisme bien moins impassible que prévu, est celui, incendiaire et tourmenté, des cruautés sanguinaires et autres sauvageries spectaculaires.

Deux ans plus tard, il vit sa carrière couronnée par la Légion d'honneur et, surtout, son élection à l'Académie française — ironie du sort, au fauteuil de Hugo, son maître et son indéfectible soutien lors de ses précédentes candidatures (et l'un des rares contemporains, avec Baudelaire et Vigny, à avoir échappé aux condamnations sans appel de Leconte de Lisle). Au faîte de la gloire, le poète fut célébré comme un maître par les jeunes Barrès, Coppée, Rostand — qui épousa sa filleule, Rosemonde Gérard — et autres Régnier.

THÉORIE LITTÉRAIRE

La poétique de Leconte de Lisle se définit, avec celle d'un Gautier, dans la réaction au romantisme : culte de la forme, tendance à l'impersonnalité, intégration des références à divers arts (sculpture) et sciences (Histoire, archéologie, philologie), sujets exotiques, antiques ou « barbares », conscience critique et théorique qui s'exprime dans certaines ***Préfaces*** à ses recueils, dans ses articles du *Nain jaune* consacrés, en 1864, à des *« poètes modernes »* (Béranger, Lamartine, Vigny, Baudelaire), dans certains poèmes que l'on peut lire comme des portraits allégoriques du Poète ou de la Poésie. Sa ***Préface*** aux ***Poèmes antiques*** (1852) prône l'abandon des *« émotions personnelles »*, de toute allusion à des faits contemporains — Leconte de Lisle s'oppose donc totalement à l'esprit de Banville, celui des *Odes funambulesques* (1857) —, réclame *« l'impersonnalité et la neutralité »* — il est donc proche de Flaubert —, et raille les *« poètes instituteurs du genre humain »*. Le terme *« décadence »* est plusieurs fois mentionné, et Leconte de Lisle part du constat selon lequel *« le thème personnel et ses variations trop répétées ont épuisé l'attention »*, ajoutant que *« l'art et la science, longtemps séparés* [...] *doivent* [...] *tendre à s'unir étroitement, si ce n'est à se confondre »*. Sa ***Préface*** à un recueil de ***Poèmes et Poésies*** (1855) revint sur cette première ***Préface*** de 1852 pour en réaffirmer à nouveau l'esprit, déplorer la fin de l'épopée, l'impuissance de la poésie moderne à créer des figures féminines, refuser le *« tableau daguerréotypé des mœurs et des faits contemporains »*. Des poèmes comme ***Les Montreurs***, ***Aux Modernes*** (in ***Poèmes barbares***), ***À un poète mort*** (in ***Poèmes tragiques***), développent une image aristocratique et exigeante du poète éloigné de la foule, image qui passe aussi indirectement par de nombreux poèmes évoquant des animaux sauvages fiers et altiers (le jaguar, le loup, l'aigle, l'albatros, le lion, le taureau — notamment dans les ***Poèmes barbares***).

THÉORIE LITTÉRAIRE

Leconte de Lisle chercha dans une poésie impersonnelle, attachée à la beauté formelle, le refuge d'une sensibilité tourmentée. Chez ce poète de la décadence, la nostalgie des civilisations disparues et des mythes antiques s'exprime dans la quête d'une beauté originelle et intemporelle.

Des formes pures et maîtrisées

Précise, savante et maîtrisée, l'écriture de Leconte de Lisle, presque précieuse à force de mots rares ou recherchés, porte la marque d'une époque. Grand érudit, le poète se servait des travaux des philologues, des historiens et des folkloristes (pour écrire les noms propres, il avait mis au point son propre système de transcription). Outre les grands poèmes narratifs, comme ***Niobé*** (in ***Poèmes antiques***) ou ***Qaïn*** (in ***Poèmes barbares***), ses recueils contiennent de nombreux poèmes où dominent le goût de l'exotisme et l'interprétation symbolique de la nature, tels ***Les Éléphants***, ***La Forêt vierge***, ***Le Sommeil du condor***, ***Les Jungles*** (in ***Poèmes barbares***), et où abondent les descriptions qui ont fait la réputation du poète :

> *Laissant pendre sa flûte au bout de son bras nu,*
> *L'aigipan, renversé sur le rameau qui ploie,*
> *Rêve, les yeux mi-clos, avec un air de joie,*
> *Qu'il surprend l'oréade en son antre inconnu.*
>
> (***Paysage***, in ***Poèmes antiques***)

L'allure maîtrisée du vers n'empêche pas que s'exprime la sensualité ***(Le Manchy)***, la tristesse (***L'Aurore***, in ***Poèmes barbares***) ou le pessimisme (***L'Illusion suprême***, in ***Poèmes tragiques***) :

> *Ce sera quand le Globe et tout ce qui l'habite,*
> *Bloc stérile arraché de son immense orbite,*
> *Stupide, aveugle, plein d'un dernier hurlement*
> [...]
> *Ira fertiliser de ses restes immondes*
> *Les sillons de l'espace où fermentent les mondes.*
>
> (***Solvet seclum***, in ***Poèmes barbares***)

Mais partout, c'est l'ambition de la beauté formelle qui prévaut : la versification savante (recours au pantoum, par exemple) et la facture très classique du vers (presque toujours l'alexandrin) témoignent du statut privilégié que Leconte de Lisle entendait conférer à la poésie, considérée comme l'expression suprême de l'art.

Le chef de file du Parnasse

La renommée littéraire de Leconte de Lisle ne fut pas immédiate. Pendant longtemps, il vécut dans le plus grand dénuement, avant d'être nommé sous-bibliothécaire au Sénat. Après la publication des ***Poèmes barbares***, son œuvre s'imposa pourtant sur la scène littéraire. Alors que les érudits rendaient hommage à ses traductions d'helléniste, les poètes de la jeune génération (notamment Mendès, Sully Prudhomme, Coppée, Heredia) se groupaient sous son égide pour former le groupe des poètes parnassiens. Néanmoins, le très écouté chef de file du Parnasse, s'il fut célébré par Flaubert, Gautier, Baudelaire et Maupassant, fut moqué par Barbey d'Aurevilly : « *Il a le nez englouti dans le lotus bleu, et il s'asphyxie. Dévote à la mythologie du Gange, sa muse vit, une queue de vache à la main* ». Anatole France, lui, dénonça le traducteur : « *Je n'ai jamais connu plus grosse bête. Quel orgueil ! Quelle ignorance ! Ce soi-disant traducteur d'Homère ne savait pas un mot de grec. Pour forger les vers les plus rocailleux du siècle, il était obligé de recourir à des traductions latines ou françaises. Jamais il n'a étreint directement la belle forme grecque. C'était un sauvage endimanché* ». Celui en qui Baudelaire voyait un maître du lyrisme, dont l'« *instrument a le ton doux mais large et profond de l'alto* » (article paru dans *La Revue fantaisiste*, 1861), est tombé, au XXe siècle, dans un oubli qui tranche singulièrement avec la notoriété qui fut la sienne.

ŒUVRE

Poèmes barbares

Recueil poétique paru pour la première fois en 1862, à Paris, chez Poulet-Malassis, sous le nom de **Poésies barbares** et comprenant alors 36 pièces. De 1872 à 1889, les **Poèmes barbares** parurent chez Lemerre ; l'édition définitive rassemble 81 poèmes.

Les poèmes du recueil se suivent sans principe organisateur explicite. Cependant, quelques grands ensembles s'en dégagent, liés par des solidarités thématiques et par une inspiration commune. Le premier regroupe des fragments épiques qui retracent les origines de l'humanité en s'inspirant de toutes les grandes religions auxquelles s'intéressaient, à son époque, les études philologiques et archéologiques, et les grands travaux de mythologie comparée. Ainsi, **Qaïn**, qui ouvre le recueil, en annonce les grands thèmes : la révolte byronienne de l'homme contre un Dieu injuste, vengeur et cruel, la conscience du Mal et de la violence d'une humanité « *barbare* », la prophétie pessimiste annonçant des « *siècles obscurs* » plongés dans le chaos du Déluge, dans la fureur des éléments, le flamboiement d'un « *ciel convulsif* » et les cris des hommes dans « *l'abîme* *grondant* ». Mais l'auteur puise également dans la mystique solaire des Égyptiens ***(Néférou-Ra)***, dans la *Théogonie* d'Hésiode ***(Ekhidna)***, dans les légendes du Pacifique ***(La Genèse polynésienne)***, dans la rude Espagne du *Romancero* (***La Tête du comte***, ***L'Accident de Don Iñigo***, ***La Ximena***), dans l'Iran musulman ***(La Vérandah)*** ou dans l'Inde ancienne ***(Djihn-Arâ)***. Les cosmogonies celtiques et scandinaves le fascinent tout particulièrement : il évoque longuement le « *chaos ténébreux* » des glaces d'Islande où, à « *l'heure du premier jaillissement des âges* », « *le vent des steppes froides gèle nos pleurs épais* » ; les paysages que peuplent « *neige, brouillards et vents* » rappellent l'univers d'Ossian ***(La Légende des Nornes)***. Du reste, cette histoire du monde est surtout celle de la mort des peuples et des dieux : le christianisme a sauvagement détruit les mythes antiques, dont le *souffle a dissipé comme un peu de poussière / Et la science antique et les chants inspirés* ; pourtant, en mourant, « *le vieux roi du Nord* » déclare que le christianisme « *mourra à son tour* » ***(Le Runoïa)***. Aux légendes retraçant les origines de l'humanité répondent alors, dans la dernière partie du recueil, des visions apocalyptiques (***La Fin de l'homme***, ***Solvet seclum***). Mais à ces grands ensembles épiques vient s'ajouter une poésie plus descriptive : une série de poèmes animaliers associe à la cruauté des instincts primitifs le gémissement nostalgique de la bête face à un monde perdu, « *le cri désespéré de vos douleurs sauvages* » ***(Les Hurleurs)*** ; enfin, des paysages tantôt lumineux, « *félicité perdue où l'âme en pleurs se noie* » ***(L'Aurore)***, tantôt crépusculaires ou nocturnes, souvent exotiques, gardent la trace du chaos dont ils sont nés, « *monde difforme, abrupt, lourd et livide* » ***(Les Clairs de lune)***.

Cette poésie, souvent qualifiée d'impassible, est pourtant pénétrée d'une violence sombre et « barbare », et de l'écho des « *effroyables clameurs de l'éternel naufrage* » ***(Solvet seclum)***. Si l'auteur rêvait de fondre en une poésie savante l'art et la science, l'épopée légendaire et l'histoire des peuples et des religions, l'imagination prend souvent le pas sur l'érudition. Ainsi, il infléchit les textes anciens dans le sens d'un pessimisme fondamental ; sa poésie, épique et visionnaire, comporte en creux l'idée de sa propre impuissance : les mythes se sont tus, le barde et son peuple ont « *perdu la mémoire* » ***(Le Barde de Temrah)*** et le poète « *a désappris les hymnes d'autrefois* » ***(L'Aurore)***.

CITATIONS

Nous sommes une génération savante ; la vie instinctive, spontanée, aveuglément féconde de la jeunesse, s'est retirée de nous ; tel est le fait irréparable.

Préface aux *Poèmes antiques*.

Nul sanglot n'a brisé ton sein inaltérable,
Jamais les pleurs humains n'ont terni ta beauté.

La Vénus de Milo, in *Poèmes antiques*.

Midi, Roi des étés, épandu sur la plaine,
Tombe en nappes d'argent des hauteurs du ciel bleu.
Tout se tait. L'air flamboie et brûle sans haleine ;
La Terre est assoupie en sa robe de feu.

Midi, in *Poèmes antiques*.

[...] Mais nous, nous, consumés d'une impossible envie,
En proie au mal de croire et d'aimer sans retour,
Répondez, jours nouveaux ! nous rendrez-vous la vie ?
Dites, ô jours anciens ! nous rendrez-vous l'amour ?

Dies irae, in *Poèmes antiques*.

Ô vents ! emportez-nous vers les Dieux inconnus !

Dies irae, in *Poèmes antiques*.

La nature se rit des souffrances humaines ;
Ne contemplant jamais que sa propre grandeur,
Elle dispense à tous ses forces souveraines
Et garde pour sa part le calme et la splendeur.

La Fontaine aux lianes, in *Poèmes barbares*.

J'ai vécu, je suis mort. [...]
Inerte, blême, au fond d'un lugubre entonnoir
Je descends d'heure en heure et d'année en année,
À travers le Muet, l'Immobile, le Noir.

Le Dernier Souvenir, in *Poèmes barbares*, éd. de 1872.

JUGEMENTS

« Nostalgie de l'Île maternelle et chaleureuse, révolte virile, désir de la mort, en un mot, le bref effort de vivre entre deux néants, tel serait peut-être le sens personnel que Leconte de Lisle n'a pas laissé de donner à ses mythes antiques, barbares et tragiques. »

Pierre ALBOUY, *Mythes et Mythologies dans la littérature française*, Colin, 1969.

« Ce que je préfère parmi ses œuvres, c'est un certain filon tout nouveau qui est bien à lui [...]. *Je veux parler des poèmes où, sans préoccupation de la religion et des formes successives de la pensée humaine, le poète a décrit la beauté, telle qu'elle posait pour son œil original et individuel : les forces imposantes, écrasantes de la nature ; la majesté de l'animal dans sa course ou dans son repos ; la grâce de la femme dans les climats favorisés du soleil, enfin la divine sérénité du désert ou la redoutable magnificence de l'Océan. »*

Charles BAUDELAIRE, *L'Art romantique*, 1861.

« Il avait certes un beau masque glabre, âpre et railleur sous le monocle, mais il sentait le rond-de-cuir. C'était un fauve de bibliothèque, une sorte de fonctionnaire venu des îles, aigri, mécontent, et qui faisait des mots sur ses chefs. Le peuple de statues qui se pressent dans ses Poèmes barbares *a conquis, je le sais, de nombreux, d'ardents suffrages. Il m'a toujours laissé insensible, et ce tailleur de marbre, armé de son ciseau et de son marteau, ne m'a jamais été sympathique. Le plus bizarre de sa destinée, c'est qu'il n'ait point lâché en liberté le satiriste et le polémiste qui existaient certainement en lui, et qui se traduisaient par cette définition d'Hugo :* "bête comme l'Himalaya", *ou de Zola :* "le porc épique". [...] *On m'avait appris à le vénérer. Mais je le vénérais avec inquiétude. Il semblait quelqu'un qui déambule en souhaitant la mort et la peste à ses contemporains... et ce visage scellé comme une dalle ! Quant à ses ouvrages, ils me font l'effet d'une grotte de glace où pendent des stalactites en forme de trompe d'éléphant et de bonnet de fakir. Il a trouvé le moyen, l'éminent frappeur de carafes et marteleur d'alexandrins, de congeler l'*Iliade *et l'*Odyssée. *Sous sa traduction, les combats de l'*Iliade *ont l'air de morgues, et les aventures d'Ulysse de chambres de réfrigération à bord d'un paquebot. Il est de ces auteurs impeccables qu'il conviendrait de lire entre deux draps chauds, avec une boule aux pieds. J'ajoute, à ma honte, que, même ainsi muni, je dormirais bien vite. »*

Léon DAUDET, *Fantômes et Vivants*, Grasset, 1914.

« Pas de rapidité ni de netteté, et il lui manque la faculté de faire voir ; le relief est absent, la couleur même a une sorte de teinte grise. Mais de la grandeur ! de la grandeur ! et ce qui vaut mieux que tout, de l'aspiration ! »

Gustave FLAUBERT, *Correspondance*, 6 avril 1853.

« Il se dégage des vers de Leconte de Lisle, en dépit de ses aspirations antiques, un sentiment qu'on ne rencontre pas dans la poésie grecque et qui lui est personnel. C'est un désir d'absorption au sein de la nature, d'évanouissement dans l'éternel repos, de contemplation infinie et d'immobilité absolue qui touche de bien près au nirvana *indien. Il proscrit la passion, le drame, l'éloquence, comme indigènes de la poésie, et de sa main droite il arrêterait volontiers le cœur dans la poitrine marmoréenne de la Muse. »*

Théophile GAUTIER, *Les Progrès de la poésie française depuis 1830*, s.d.

« L'homme, avec ses yeux lumineux, le poli de marbre de la chair de sa figure, sa bouche sarcastique, ressemble beaucoup à un prélat de race supérieure, à un prélat romain. Je le trouve spirituel, méchant toutefois. Son esprit n'est pas tout à fait un esprit de Paris, il s'y mêle une espèce d'arriéré provincial. Puis sa conversation se tient trop dans les choses de son métier, il parle trop versification, syntaxe et laisse trop, trop passer le pion. »

Edmond et Jules de GONCOURT, *Journal*, 6 janvier 1878.

« Le poète n'est pas, comme on l'a dit, un impassible. C'est un désespéré. Il regarde la vie avec une tristesse qui naît d'un absolu, d'un incurable pessimisme. Tout est illusion, écoulement sans fin de phénomènes ; rien ne s'arrête, rien n'est, pas même Dieu. [...] *Les descriptions de M. Leconte de L'Isle* [sic] *sont puissamment objectives, d'une intensité de couleurs, d'une énergie de reliefs, à quoi rien dans la poésie contemporaine ne saurait se comparer. La personnalité du poète ne s'affirme plus que par l'élection de la forme : une forme belle et large, impeccable et précise, aveuglante parfois à force d'éclat, dure aussi à force de fermeté. Cette poésie, en sa continue perfection, a des reflets, un grain, une solidité de marbre. »*

Gustave LANSON, *Histoire de la littérature française*, Hachette, 1894.

« M. Leconte de Lisle est, et restera, un grand poète ignoré, pas même un académicien [Leconte de Lisle fut élu à l'Académie française en 1886], *mais plus immortel cependant que trente-huit au moins des quarante ; car les œuvres de cette envergure sont plus fortes que l'opinion des ignorants. »*

Guy de MAUPASSANT, *Chroniques*, 1882.

« [...] *long, désolé, fatigant, le Leconte de Lisle produit sur moi l'effet d'une promenade à travers le palais de justice, avec un continuel mais faible courant d'air balayant la salle d'un bout à l'autre. Oh ! le vil professeur de rhétorique. »*

George MOORE, *Confessions d'un jeune Anglais*, 1888, trad. franç. Bourgois, 1986.

« Démuni presque totalement des qualités du conteur, et plus encore de la finesse psychologique qui fait les bons biographes, il est en revanche merveilleusement doué du pouvoir de faire revivre les mentalités collectives. »

Edgard PICH, *Leconte de Lisle et sa création poétique*, P. U. Lyon II, 1975.

« Il est remarquable que ce poète des mythes n'ait créé aucun mythe vivant, n'ait eu ni son Centaure ni son Satyre. »

Albert THIBAUDET, *Histoire de la littérature française de 1789 à nos jours*, Stock, 1936.

BIBLIOGRAPHIE

Éditions

Œuvres poétiques, Lemerre, 1927-1928, rééd. Slatkine, Genève (CH), 1974.

Œuvres de Leconte de Lisle, éd. E. PICH, Belles Lettres, 1976 à 1981, 4 vol.

Articles. Préfaces. Discours, éd. E. PICH, Belles Lettres, 1971.

Poèmes antiques, éd. Cl. GOTHOT-MERSCH, « Poésie », Gallimard, 1994.

Poèmes barbares, éd. Cl. GOTHOT-MERSCH, « Poésie », Gallimard, 1985.

Études

L. ARMENGAUD, « Sept Poèmes hindous de Leconte de Lisle », in *Bulletin des études parnassiennes*, n°s 3 et 4, juin et déc. 1982.

J. DORNIS, *Essai sur Leconte de Lisle*, Ollendorff, 1909.

A. FAIRLIE, *Leconte de Lisle's Poems on the Barbarian Races*, Cambridge U.P., 1947.

P. FLOTTES, *Leconte de Lisle, l'homme et l'œuvre*, Hatier/Boivin, 1954.

E. PICH, *Leconte de Lisle et sa création poétique. « Poèmes antiques » et « Poèmes barbares » (1852-1874)*, chez l'auteur, Lyon, 1975.

J.-M. PRIOU, *Leconte de Lisle*, Seghers, 1966.

Ch. A. SAINTE-BEUVE, « De la poésie et des poètes en 1852 », in *Le Constitutionnel*, 9 févr. 1852, repris in *Causeries du lundi*, t. V, 1860.

J.-P. SARTRE, « Névrose et Prophétie », in *L'Idiot de la famille*, t. III, Gallimard, 1971.

MAETERLINCK

Maurice MAETERLINCK
Devenu comte en 1931
De nationalité belge
Gand (Belgique) 1862 – Nice 1949
Prix Nobel

« [...] on ne peut contester à cet écrivain l'honneur d'avoir créé le théâtre symboliste, restauré le goût de la vie intérieure, enseigné la poésie de la simplicité et, de façon générale, élevé la conscience commune en vulgarisant les grandes idées et les nobles inquiétudes. »
Gustave LANSON, *Histoire de la littérature française*
Hachette, 1894, 12e édition, 1912.

« D'avoir touché à tous les genres, Maeterlinck ne s'est imposé dans aucun. Maintenant [...], nous percevons de Maeterlinck le souvenir d'une personnalité attachante, d'un homme plus que d'un écrivain durable. »
Michel DANSEL, *Les Nobel français de littérature*,
Éd. André Bonne, 1967.

L'humilité d'un homme comblé

Une enfance protégée, mais duelle

Né dans une vieille famille patricienne de la Flandre scaldienne, aîné de 3 enfants, Maeterlinck fut l'un des rares écrivains belges à disposer d'une réelle fortune. Son père, fort opportunément prénommé Polydore [qui a reçu beaucoup de présents], était un rentier aisé qui se livrait aux joies de l'apiculture et de la création horticole — il donna son nom à un type de pêche et son prénom à une variété de raisin. La vie familiale se partageait entre l'hôtel particulier du boulevard Frère-Orban et le blanc château d'Oostakker, bordé par le canal Gand-Terneuzen. Là, l'univers se métamorphosait pour l'enfant robuste, secret et torturé, qui voyait magiquement surgir en ces jardins de grands et lointains vaisseaux ; il appréhenda aussi la mort à travers la noyade d'un de ses frères. ***Bulles bleues*** (1948) réévoqua, au soir de la vie de l'écrivain, scènes et personnages emblématiques de cette enfance soumise à une constante oscillation au sein d'une très grande stabilité.

Le père était autoritaire mais tendre, la mère austère et discrète. Francophone, la famille vivait parmi un peuple parlant un autre idiome, le flamand. Dans l'aristocratique collège jésuite Sainte-Barbe, pépinière des écrivains belges de la fin du siècle — Charles Van Lerberghe et Grégoire Le Roy y furent ses condisciples ; Verhaeren et Rodenbach, ses aînés — Maeterlinck reçut un enseignement classique solide et une éducation catholique marquée par l'obsession de la pureté et de la mort. Le futur prix Nobel révéla en revanche un goût pour le sport qu'il conserva, sa vie durant. Son père s'efforça en outre de tempérer l'aspect mortifère de cette formation, qui heurtait chez le jeune homme le goût des *« belles lignes et des belles couleurs, des fleurs et des grands arbres »* mais imprégna à tout jamais son imaginaire. Le partage des passions paternelles pour le monde naturel préparait en outre Maeterlinck à ses méditations ultérieures de naturaliste et fondait le propos qu'il ne cessa de développer dans ses essais : la similitude entre règne végétal et domaine humain.

Des contrastes de cette enfance, Maeterlinck tira une synthèse habile incarnant, mieux qu'aucune autre, l'espérance sociale, humaine et culturelle des enfants de la bourgeoisie belge, soucieux de prendre distance avec les formes de domination et le matérialisme de leur classe d'origine et d'y substituer une synthèse d'art en consonance avec les problématiques européennes du tournant du siècle. La réussite de l'écrivain apporta une aura et une consécration décisives au champ littéraire belge de langue française, alors en voie d'accéder à une forme d'autonomie.

Le laboratoire des années 1880

Tandis qu'il poursuivait des études de droit (1881 à 1885) — pour lesquelles il manifesta un intérêt plus que mitigé, mais qui l'amenèrent à effectuer son stage dans le cabinet d'Edmond Picard, figure essentielle des champs littéraire, culturel, politique et juridique de la fin de siècle en Belgique —, Maeterlinck publia, le 17 novembre 1883, dans *La Jeune Belgique*, un poème alangui : ***Dans les joncs***, seul survivant d'une énorme production post-parnassienne. Cofondateur de l'éphémère revue ***La Pléiade***, il y donna, en 1886, ***Le Massacre des innocents***. Transposition d'art du tableau de Bruegel, cette nouvelle ne rechignait pas aux notations réalistes — l'œuvre entière ne cessa d'ailleurs de les inscrire, même au cœur des dispositifs symbolistes les plus élaborés : Maeterlinck recourut encore, deux fois au moins, à la farce, dans ***Le Miracle de Saint-Antoine*** (1904) et ***Berniquel*** (1926), inversant donc les proportions des éléments qui président à la composition des œuvres —, mais comportait déjà une forme de mise à distance mélancolique du sujet. À la même époque, Maeterlinck rencontra Villiers de L'Isle-Adam et lut de façon approfondie le vieux mystique flamand du XIVe siècle, Ruysbroeck l'Admirable. Le premier lui ouvrit des « *yeux voilés d'énigmes, fanés de regarder dans l'âme ou dans l'au-delà et d'y voir ce que d'autres ne voient point et ne verront jamais* » ; le second « [joignait] *l'ignorance d'un enfant à la science de quelqu'un qui serait revenu de la mort* ». L'univers et le style de l'écrivain se précisèrent dès lors. Les 12 poèmes parus en 1887 dans *Le Parnasse de la Jeune Belgique* témoignèrent de cette mutation comme de l'évidente supériorité du jeune poète sur la plupart de ses pairs. La réflexion accéléra le processus. Fait d'annotations parfois lapidaires, le carnet de travail que constituait ***Le Cahier bleu*** (1888) révélait l'influence de Poe, Whitman, Shakespeare ou Rossetti, comme la volonté de l'auteur de sortir de ce qu'il considérait comme des formes désséchées dans la tradition française. Il en exceptait absolument Villon et Rimbaud ; et dégageait quelque peu dans ses notes le problème que posaient aux Belges les siècles d'élaboration de la langue classique et des modèles littéraires qui l'accompagnaient. Maeterlinck s'efforça de trouver, en français, les moyens de voir l'eau « *en tant qu'eau* » et de ne plus agir avec les mots « *comme envers des étrangers* ». Pour retrouver ces miracles d'enfance que la codification du français lui paraissait interdire, mais que l'anglais avait mieux préservés, selon lui, il se livra à de nombreuses réflexions sur le primitif ou sur les cultures germanique et anglo-saxonne.

Le tournant de 1889

De ce laboratoire surgirent coup sur coup, en 1889, 3 œuvres qui révélaient l'ampleur du chemin parcouru. ***Serres chaudes*** imposa la métamorphose. Dans ce recueil alternaient poèmes symbolistes à forme fixe, mais brève, et textes en vers libres où opéraient des associations d'images inédites en français. S'y lissait un art de la laisse qui influença jusqu'aux surréalistes. À la fois décadent et moderne, l'ouvrage incarnait la scission radicale entre monde extérieur et désir ; il figurait plus qu'il ne désignait l'abîme ; il disait l'individu condamné au regard et montrait la langue réduite au pouvoir de ses analogies — mais déployée et renouvelée par ce fait même. Cet « *univers d'inquiétante étrangeté* », empli de réminiscences, se retrouva dans la nouvelle ***Onirologie***, qui révélait clairement des systèmes de filiations perturbées — de nouveau présent dans presque toutes les œuvres à venir — et esquissait le jeu des grandes métaphores qu'immortalisa ***Pelléas et Mélisande***, celle du puits notamment. En revanche, Maeterlinck ne renouvelait pas la forme narrative. Tel ne fut pas le cas de ***La Princesse Maleine***, qui marquait certes la dette due à Shakespeare, mais sortait de la sclérose de la représentation théâtrale de l'époque en recourant à une féerie noire. La confirmation de son univers fictionnel — structures de pouvoir affaiblies mais paranoïdes, menace et pauvreté alentour, jeune femme étrangère et malade, soupirant faible et idéaliste, signes et animaux prémonitoires, domestiques aptes à une certaine forme de parole, action implacable de la mort — y allait de pair avec l'usage d'une langue minimale, réitérative et décalée, qui manifestait l'impuissance du langage et mettait en scène des sujets en décalage complet par rapport au discours et à l'expression du moi caractérisant le théâtre français depuis plusieurs siècles. L'auteur devint dès lors le porteur du théâtre nouveau postulé par Mallarmé. Mirbeau lui conféra ce rôle dans le célèbre article du *Figaro* du 24 août 1890, qui imposait le dramaturge inconnu comme la révélation de la fin du siècle.

Invention d'une esthétique

À travers l'écriture de 3 pièces brèves, ***L'Intruse***, ***Les Aveugles*** et ***Les Sept Princesses*** (1890-1891), rapidement jouées à Paris, Londres ou Vienne, la technique théâtrale se resserra. Péripéties et effets s'effaçaient au profit d'une dramaturgie de l'absence, statique, essentialiste. De rares événements y étaient les signes de l'Autre scène : celle qui meut, par devers eux, les personnages. Le héros sublime disparaissait. Les répétitions de réparties remplaçaient la tirade : c'était par elles qu'opérait le mystère.

Alors que l'auteur publiait la traduction de ***L'Ornement des Noces spirituelles*** de Ruysbroeck (1891), il transforma ces acquis en chef-d'œuvre dans ***Pelléas et Mélisande*** (Bruxelles, Lacomblez, 1892), pièce dans laquelle demeurait une trame fictionnelle que la dramaturgie dépassait.

À sa création, le 17 mai 1893, aux Bouffes-Parisiens, la pièce fut perçue comme une rupture complète avec le théâtre traditionnel ou naturaliste. Gide, comme Mallarmé, était dans la salle ; l'auteur du *Coup de dés* ne manqua d'ailleurs pas d'exprimer subtilement ce qui se passait dans cette pièce.

Si Pelléas conservait la structure de la tragédie en 5 actes, elle la minait. Le langage, fait de phrases simples, indéfiniment répétées, y était le lieu du vide, de l'impossible, ne se dépassant que par la métaphore et dans la mort. L'action ne s'effectuait donc qu'à travers un jeu de symboles (puits de la fontaine des aveugles, mer entrevue à travers les fenêtres, chevelure, pauvres, moutons...), véritables moteurs de la pièce mais paraissant encore nimbés — comme les personnages d'ailleurs — d'un parfum fin-de-siècle. C'est sans doute ce qui explique qu'on continue à occulter aujourd'hui la modernité de ce théâtre, alors que le jeu des personnages, l'usage de la langue ou de la dramaturgie préfigurent les pièces de Beckett ou de Duras. Mélisande porte en outre au mythe la pathologie schizoïde du temps et incarne, mieux qu'aucune autre, l'impasse de la condition de la femme fin-de-siècle.

Rassemblées sous le titre ***Trois Petits Drames pour marionnette*** (1894), les 3 pièces suivantes, ***Alladine et Palomides*** (créée en 1896), ***Intérieur*** (créée en 1895), ***La Mort de Tintagiles*** (créée en 1905) accentuaient le travail sur les conditions et les limites de la représentation théâtrale. Ces pièces, Maeterlinck — qui publiait parallèlement ses traductions commentées des ***Sept Essais*** d'Emerson (1894), des ***Disciples à Saïs*** de Novalis (1895) ou d'***Annabella*** de John Ford (1895), conformément au double mouvement de sa pulsion créatrice — en parla comme de « *poèmes* ».

L'écrivain européen

La sympathie active manifestée au Parti ouvrier belge ou à la revue progressiste *Le Coq rouge*, la rencontre en 1895 de la comédienne et cantatrice française Georgette Leblanc — sœur du créateur d'*Arsène Lupin* —, avec laquelle il vécut jusqu'en 1918 une liaison complexe et souvent orageuse, comme le départ pour la France (1897) coïncidèrent avec une évolution qui avait ses équivalents chez les amis belges de l'écrivain. Avec ***Aglavaine et Selysette*** (1896), la dramaturgie maeterlinckienne faisait entrer en scène un personnage soucieux d'échapper à la fatalité mortifère, mais n'y parvenant pas. Le poids des tirades sur le silence attestait cette évolution qu'accomplit ***Monna Vanna*** (1902). Cette pièce en 3 actes, qui fut inscrite au répertoire de la Comédie-Française, donnait un accomplissement presque néo-classique à cet espace spirituel où l'énigme reposait uniquement sur le jeu des âmes. À l'exception des ***Douze Chansons*** (1896), qui devinrent ***Quinze Chansons*** (1900), la poésie se fit rare ou secrète — elle privilégiait, de toute façon, cette forme touchant à l'oralité et se rattachant encore à Villon — mais s'inséra dans le théâtre : ainsi dans ***Sœur Béatrice*** (1901).

Pour conserver la force de l'énigme vitale et éviter l'impasse de la rationalisation à l'heure où son théâtre s'ouvrait à une possibilité de rédemption humaine, Maeterlinck recourut à des formes esthétiques anciennes, contemporaines de l'essor de la poésie. Les vieux univers du conte, dans les 3 actes d'***Ariane et Barbe-Bleue*** (1901), ou de la farce, avec les 2 actes du ***Miracle de Saint-Antoine*** (1904) furent ainsi convoqués. Ces genres anciens, pétris d'enfance, la féerie les accomplit dans ***L'Oiseau bleu*** (1908) : ici, loin des princes et des princesses d'antan, deux enfants pauvres, Tyltyl et Mytyl, rencontraient les grandes questions de la vie sans que l'effroi les anéantît ; les animaux étaient devenus leurs partenaires.

Parallèlement, Maeterlinck menait une carrière d'essayiste, qui supplanta désormais celle du traducteur, et s'ouvrait aux découvertes ou interrogations de son temps. Il les exposa et les reprit dans une langue limpide qu'il étirait comme vers l'infini — énigme oblige. Si ***Le Trésor des humbles*** (1896) privilégiait le silence et faisait de la préoccupation métaphysique une donnée quotidienne, ***La Sagesse et la Destinée*** (1898) s'efforçait de dépasser l'inquiétude morale en substituant la possibilité du bonheur à la torture du devoir. ***Le Mystère de la justice*** (1900) interrogeait la permanence de ce sens mystérieux dans un univers sécularisé et plaidait pour une justice sociale, tandis que ***La Vie des abeilles*** (1901), description minutieuse et récit haletant de la vie d'un essaim, élargissait la méditation de l'auteur par la description et l'interrogation d'une structure socialisée du monde naturel : le livre fut un triomphe. ***Le Temple enseveli*** (1902), ***Le Double Jardin*** (1904), ***L'Intelligence des fleurs*** (1907), comme, plus tard, ***La Mort*** (1913) confortèrent cette image de conscience morale d'un créateur que les jurés du prix Nobel consacrèrent en 1911, « *en reconnaissance de la valeur de ses activités littéraires et particulièrement de ses œuvres dramatiques qui se distinguent par une rare imagination et par une fantaisie poétique qui révèlent, parfois sous l'apparence d'un conte de fée, une inspiration profonde,* [et qui] *d'une manière mystérieuse font appel à la sensibilité et aux facultés imaginatives du lecteur* ». Maeterlinck était alors au diapason de l'espérance du siècle.

Sa gloire comme sa fortune lui permirent de vivre entre Sud et Septentrion. De beaux domaines, complémentaires — la villa méditerranéenne des Quatre chemins et le presbytère normand de Gruchet Saint-Siméon (act. Seine-Maritime) — relayèrent l'alternance originelle entre Gand et Oostakker. C'est d'ailleurs dans une demeure hors norme, l'ancienne abbaye normande des bénédictins de Saint-Wandrille, près d'Yvetot — et où il habita entre 1907 et 1919 — que l'auteur acheva le chef-d'œuvre de ces années de grâce : ***L'Oiseau bleu***. Le Théâtre artistique de Moscou créa la pièce en 1908 ; New York la joua en 1910, et Paris en 1911.

Traductions et adaptations musicales se multiplièrent. Non sans modifications notables dans certains cas, ni sans quelque transfert de renommée. Si Dukas (1907) reprit tels quels ***Ariane et Barbe-Bleue*** , Henry Février (1909) allégea et redynamisa les tirades de ***Monna Vanna*** tandis que Debussy (1902) supprima 4 scènes de ***Pelléas et Mélisande***, essentielles à la dimension symbolique et sociale. Le triomphe de l'opéra de Debussy finit par éclipser quelque peu le nom et le génie de Maeterlinck qui avait réalisé dans ***Pelléas [...]***, par le jeu des tirades, une œuvre quasiment musicale et construit un ensemble symbolique qui métamorphosait fondamentalement la bluette servant de support à l'intrigue. Accomplissant en somme, et à sa façon, le suspens élocutoire mallarméen, Maeterlinck s'imposait de conserver une trame fictionnelle, mais en sachant que l'essentiel ne s'y jouait plus. Il donna aux symboles et à la construction en écho un dynamisme et une autonomie jusque là inconnus.

Sagesse et survie

L'invasion de la Belgique en août 1914, et les atrocités allemandes dans le pays, heurtèrent l'Européen pacifiste qu'était Maeterlinck. Écarté, contre son gré, du service actif, l'écrivain mit prestige, plume et parole au service de sa patrie.

Tournées de conférences, avec entre autres Jules Destrée, et essais, recueillis notamment dans ***Les Débris de la guerre*** (1916), alternèrent avec l'écriture de pièces engagées, mais qui laissaient une part à l'énigme : ***Le Bourgmestre de Stilmonde*** (créé à Buenos-Aires en 1918) et ***Le Sel de la vie***. Publiées respectivement en 1919 et 1920, ces pièces avaient été interdites par la censure française durant la guerre.

Des décombres du conflit sortit un monde qui n'était plus vraiment celui de l'écrivain, et qui l'écœurait à bien des égards. L'homme qui n'avait cessé de plaider pour des idéaux progressistes marqua désormais le pas. Il s'inquiétait du devenir de l'Europe et éprouva quelque sympathie pour les formules de Salazar.

Séparé de Georgette Leblanc à la fin de la guerre, devenu l'époux, en 1919, de la comédienne française Renée Dahon — elle avait tenu, en 1911, les rôles de « Rhume de cerveau » et « Bonheur de printemps » dans la création française de ***L'Oiseau bleu*** au Théâtre Réjane —, nommé par le roi Albert membre de l'Académie royale de langue et de littérature françaises — aux séances de laquelle il n'assista jamais —, puis, fait comte en 1931, Maeterlinck se tourna de plus en plus vers les voyages et vers le cinéma. Il rata Proust mais salua le Michaux d'*Un barbare en Asie* ; et poursuivit sa quête de lieux de séjours renvoyant au double enracinement des demeures de l'enfance comme à la double tension de son œuvre : la villa Les Abeilles et le château de Médan, entre autres, acheté en 1924 et — ironie des voisinages antagonistes — proche du haut-lieu naturaliste que fut la maison de Zola.

Sa production théâtrale se poursuivit toutefois. Créé à New York en 1918, ***Les Fiançailles*** fut publié en 1922. Suivirent ***Le malheur passe*** (1925), ***Berniquel*** (1926), ***Marie Victoire*** (1927) et ***La Princesse Isabelle*** (1935). La production réflexive en prose occupa cependant toujours plus de place. Les études sur les insectes ou le cosmos n'étaient pas exemptes de réflexions sur l'organisation sociale. Au pessimisme de ***La Vie des termites*** (1926) succéda, dès ***La Vie des fourmis*** (1930), une vision plus harmonieuse de l'intelligence universelle, que ***L'Araignée de verre*** (1932) confirma. Réapparues dans ***La Grande Féerie*** (1929), les questions de Dieu et de l'infini étaient au cœur de ***La Grande Loi*** (1935), ***Devant Dieu*** (1937) ou ***La Grande Porte*** (1939). Au Dieu janséniste de jadis était substituée une transcendance cosmique élaborée par la conscience.

La Seconde Guerre mondiale conduisit l'auteur au Portugal, où il fit jouer en 1941, au Théâtre national de Lisbonne, ***L'Abbé Setubal***, puis aux États-Unis, où parut ***L'Autre Monde ou le Cadran stellaire*** (1942). Détachement, pragmatisme vital et sérénité s'efforçaient de conjurer le vieil effroi que continuaient de moduler les ***Chansons de l'âge mûr***. L'auteur y donnait comme conseil d'« *alle*[r] *où vos yeux vous mènent* » et affirmait que seule la mort « *est éternelle* » mais que « *rien ne meurt en elle* ».

Rentré en France en 1947, Maeterlinck publia, en 1948, la pièce ***Jeanne d'Arc***, qu'il avait composée aux États-Unis dans un esprit de résistance, et ***Bulles bleues***, chapelet de « *souvenirs heureux* » où le lecteur découvrait les désastres aquatiques de l'enfant, les conditions d'impression de ***La Princesse Maleine*** ou l'extraordinaire rencontre de Villiers de L'Isle-Adam dans une brasserie de Montmartre. Il publia en outre, dans la revue *Synthèses*, ***La Question sociale et la Bombe***, article qui demandait aux hommes de ne pas accuser le destin mais de voir en lui le résultat de « *ce que nous faisons* » et « *de découvrir enfin la vie* ».

C'est donc sur une note d'apaisement et d'espérance que s'achevait cette œuvre consubstantiellement double, et qui ne se résuma pas à la littérature. Et c'est sur les bords de la Méditerranée que prit fin, le 6 mai 1949, au milieu des jardins et des colonnades du fabuleux domaine niçois d'Orlamonde acquis en 1930, une vie que beaucoup ont pourtant confondue avec cette œuvre. Le fabuleux domaine n'avait certes pas entièrement circonvenu les spectres angoissés de l'enfance — comme en témoigna l'attitude, souvent rappelée par les amateurs d'anecdotes, de l'écrivain prostré dans le trône qu'il s'était fait fabriquer, attendant l'arme au poing d'hypothétiques importuns. Ultime paradoxe, l'urne contenant les cendres du défunt ne fut pas déposée, contrairement à ce qu'il avait souhaité, sur la falaise surplombant la mer, en un lieu inaccessible.

THÉORIE LITTÉRAIRE

C'est surtout dans ***Le Trésor des humbles*** que Maeterlinck a formulé ce qu'on peut considérer comme sa réflexion théorique sur le théâtre et sur l'essence du tragique. Si bien des personnages types de son théâtre (Hjalmar, Maleine, Mélisande) sont des êtres malades qui n'ont que leur langueur pour vivre, c'est qu'« *il y a un tragique quotidien qui est bien plus réel, bien plus profond et bien plus conforme à notre être véritable que le tragique des grandes aventures* ». D'où le rejet d'un théâtre des sentiments extrêmes, du sublime et de la passion tragique : « *Il s'agirait plutôt de faire voir ce qu'il y a d'étonnant dans le seul fait de vivre. Il s'agirait plutôt de faire voir l'existence d'une âme en elle-même, au milieu d'une immensité qui n'est jamais inactive.* »

Et Maeterlinck de continuer par une véritable accumulation de questions, d'autant plus décisives qu'elles dénoncent tout aussi bien les dogmes du théâtre classique que les outrances du drame romantique, renvoyés dos à dos pour ne jamais faire place au « *tragique quotidien* » : « *Est-il donc hasardeux d'affirmer que le véritable tragique de la vie, le tragique normal, profond et général, ne commence qu'au moment où ce qu'on appelle les aventures, les douleurs et les dangers sont passés ?* [...] *N'est-ce pas la tranquillité qui est terrible lorsqu'on y réfléchit et que les astres la surveillent ; et le sens de la vie se développe-t-il dans le tumulte ou le silence ? N'est-ce pas quand on nous dit à la fin des histoires "Ils furent heureux" que la grande inquiétude devrait faire son entrée ?* [...] *N'est-ce pas quand un homme se croit à l'abri de la mort extérieure que l'étrange et silencieuse tragédie de l'être et de l'immensité ouvre vraiment les portes de son théâtre ? Est-ce tandis que je fuis devant une épée nue que mon existence atteint son point le plus intéressant ? Est-ce toujours dans un baiser qu'elle est le plus sublime ?* »

Maeterlinck apporta cette réponse, assortie d'une terrible conclusion : « *On dirait qu'on l'a cru jusqu'ici. Presque tous nos auteurs tragiques n'aperçoivent que la vie d'autrefois, et l'on peut affirmer que tout notre théâtre est anachronique.* »

C'est que le sujet maeterlinckien, généralement condamné au regard, sait que la rencontre avec le monde et son énigme ne peut plus se satisfaire des mots et des formes tels qu'ils sont dans l'état de langue que l'auteur découvre à ses débuts. Rien d'étonnant dès lors à ce que les vers de ***Serres chaudes*** substituent les associations d'images impensables *(Tout le sel de la mer en herbe des prairies)* au contact que les mains et les mots ne permettent plus d'obtenir ; et que les ***Chansons*** cherchent ensuite à recréer ce contact par un retour aux formes de la vieille langue.

Ce qui se joue alors sur la scène maeterlinckienne va de pair avec un long travail sur des textes qui cherchent à atteindre l'en-deçà et l'au-delà des mots, qu'il s'agisse du mystique Ruysbroeck ou du romantique allemand Novalis. Puis viendra l'immense prosopopée des essais. Elle reproduit, poursuit et déplace cet objectif, en développant un style moins novateur, mais d'une étrange fluidité. Fait d'inlassables reprises autour des questions traitées, il indique en somme un parcours, celui d'un écrivain atypique qui ne se satisfait pas du champ littéraire. Si la quête et la gloire de Maeterlinck passent par la littérature, celle-ci n'a sans doute pas constitué pour autant l'essentiel de son projet. La masse immense des essais témoigne de ce hiatus apparent qui est en même temps la cohérence d'une vie.

Ces positions théoriques, radicales en leur temps — en 1896, soit un an avant le triomphe du si peu maeterlinckien *Cyrano de Bergerac* de Rostand —, sont directement à l'origine du Nouveau Théâtre et du théâtre de l'absurde d'un Ionesco ou d'un Beckett.

Enfin, dans ***La Vie de l'espace*** (1928), Maeterlinck poursuivit une réflexion sur les théories philosophiques et mathématiques de son temps (Poincaré, Einstein, Bergson) et sur certaines œuvres de science-fiction qui leur étaient contemporaines.

THÉORIE LITTÉRAIRE

Figure essentielle du courant anti-intellectualiste du tournant du XXe siècle, Maeterlinck inventa le théâtre de l'âme qu'attendaient symbolistes et décadents. En minant les formules théâtrales existantes, il esquissa les formes de la modernité dramatique. Sa réussite apporta une consécration décisive à la littérature belge de langue française.

Une langue poétique et accessible

Par sa langue, Maeterlinck tranche sur le style coruscant ou sur la raideur parnassienne de ses pairs belges confrontés à l'envie d'inventer hors de France une littérature spécifique en français. Soucieux de sortir poésie et théâtre de leur inaptitude à produire un vers qui pût « *être dansé* » ou un phrasé où l'on pût « *vivre, souffrir, être heureux et mourir dans l'image* » ***(Le Cahier bleu)***, Maeterlinck, loin d'être un symboliste abstrait et délibérément abscons, recourt volontiers aux termes concrets pour désigner les états d'âme, comme dans ce premier quatrain d'***Âme de serre***, désignant l'emprisonnement étouffant de l'âme du poète, dans l'attente que *la lune aux doigts bleus / Entr'ouvre en silence les portes* :

Je vois des songes dans mes yeux ;
Et mon âme enclose sous verre,
Éclairant ma mobile serre,
Affleure les vitrages bleus.

(***Âme de serre***, in ***Serres chaudes***)

Il multiplie aussi analogies, phrases balbutiantes ou suspendues, répliques légèrement modifiées ou tirades apparemment anodines — laissant juste entrevoir ce qu'il cherche — répétitions enfin, comme dans ces vers extraits de ***Chasses lasses***, où le mot « *malade* » — que beaucoup ont qualifié, avec « *mystère* », d'un des mots-clés de son œuvre —, au centre des vers, souligne une douleur lancinante :

Mon âme est malade aujourd'hui,
Mon âme est malade d'absences,
Mon âme a le mal des silences,
Et mes yeux l'éclairent d'ennui.

(***Chasses lasses***, in ***Serres chaudes***)

Langueur, maladie, détresse : Maeterlinck ne cesse de célébrer humbles et purs — aveugles, vieillards, enfants —, seuls capables de sentir et de comprendre les mystères éternels de l'âme. Car l'atmosphère irrespirable de la vie en « *serres chaudes* » peut se révéler également inexprimable. D'où l'importance de la ponctuation — et notamment des points de suspension — qui, surtout dans les textes théâtraux, marque le rôle primordial des silences : « *Oh ! oh ! qu'est-ce que c'est ?... Tes cheveux, tes cheveux descendent vers moi !... Toute ta chevelure, Mélisande, toute ta chevelure est tombée de la tour !... Je les tiens dans les mains, je les tiens dans ma bouche... Je les tiens dans les bras, je les mets autour de mon cou... Je n'ouvrirai plus les mains cette nuit...* » (***Pelléas et Mélisande***, III, 1).

La respiration même du texte dramatique, au travers des silences et de la ponctuation, indique en effet cette quête de ce que l'auteur s'interdit de désigner définitivement, et crée quelque espace nouveau pour un sujet nouveau, bien différent de celui du moi omniscient :

MÉLISANDE. *Je me suis enfuie !... enfuie.*
GOLAUD. *Oui, mais d'où vous êtes-vous enfuie ?*
MÉLISANDE. *Je suis perdue !... perdue ici... Je ne suis pas d'ici... Je ne suis pas née là...*
GOLAUD. *D'où êtes-vous ? Où êtes-vous née ?*
MÉLISANDE. *Oh ! oh ! loin d'ici... loin... loin.*
GOLAUD. *Qu'est-ce qui brille ainsi au fond de l'eau ?*

(***Pelléas et Mélisande***, I, 2)

Le type d'interrogation qui hante aussi ses essais — comment détruire les fausses certitudes qui nous confinent dans un univers impossible ou factice ? — prolonge les réflexions que l'écrivain consacre au théâtre, notamment dans ***Le Trésor des humbles***. La mise en scène d'êtres quelque peu perdus « *au milieu d'une immensité qui n'est jamais inactive* » devient ainsi le projet d'un homme bien décidé à sortir de l'anachronisme dans lequel se complaisaient un art et une époque.

Du rayonnement à l'éclipse

Dès leur parution, ***Serres chaudes*** et ***La Princesse Maleine*** furent placés par *La Jeune Belgique*, *La Wallonie*, *L'Art moderne* ou *La Société nouvelle* au firmament des lettres belges. En France, où ***L'Intruse*** fut portée à la scène dès 1891, Maeterlinck fit figure de porte-parole de la nouvelle génération : après un article dithyrambique de Mirbeau (*Le Figaro* du 9 août 1890), Gide, Mallarmé, Saint-Pol Roux prirent son parti, comme *La Revue blanche* et *Le Mercure de France*. Mallarmé en fit un éloge appuyé.

Rapidement traduit en Europe, en Amérique, au Japon — parfois par des écrivains majeurs : à Vienne, Hofmannsthal —, Maeterlinck marqua Rilke, Musil, D'Annunzio ou Pessoa comme, plus tard, Artaud, Breton, Gracq, Mandiargues ou Yourcenar. Son influence sur l'art théâtral est tout aussi avérée : reconnu par Meyerhold, Stanislavski et Kantor, comme par Max Reinhardt, Piscator et Vitez, il leur permit de créer une dramaturgie nouvelle — celle qui domina les recherches du XXe siècle — et inspira les décorateurs.

Dans *Histoire et Technique du théâtre*, le metteur en scène russe Meyerhold n'a pas manqué de relever les propos du dramaturge affirmant que ses pièces étaient montées de façon trop complexe, ni d'insister sur la nécessité de réduire à l'extrême les accessoires de la représentation maeterlinckienne et de laisser le jeu de l'acteur se dépouiller de son ostentation. Il a également souligné que le dialogue « *extérieurement nécessaire* » était rédigé, chez Maeterlinck, d'une « *telle façon que les personnages ont à prononcer un minimum de mots pour une tension maximale de l'action* ».

Par son art de miner le langage comme par son utilisation, en tant qu'objets dramatiques et symboliques, d'ingrédients (porte, chevelure, anneau...) qui sont bien plus que des fétiches du théâtre des années 1890 — auxquels ils renvoient en même temps —, ce théâtre étale a fondamentalement, mais subtilement, remis en cause les modes de représentation classiques, réalistes ou naturalistes. Il en a évacué le cri et le brouhaha, pour ouvrir l'espace scénique et la langue aux dimensions conjointes d'inscription et d'annulation qui caractérisent la modernité. Que Maeterlinck l'ait fait dans le halo des mystères fin-de-siècle explique pour une part l'ambiguïté relative d'une radicalité qui choisit cependant de s'inscrire toujours en sourdine. L'origine belge du dramaturge explique aussi cette singularité.

Contemporain des recherches scéniques de Craig et d'Appia, comme de la découverte de la psychanalyse, ce théâtre — comme les grandes ***Serres chaudes*** en vers libres d'ailleurs — donne à entrevoir et à découvrir le nouveau, mais l'enrobe dans quelque bulle qui atténue ou diffère son impact.

Si un public traditionnel a escorté jusqu'à sa mort l'essayiste de sa fidélité ou découvert ses grands mythes (***Pelléas [...]*** et ***L'Oiseau bleu***) grâce aux adaptations cinématographiques, on assiste, à la fin du XXe siècle, à une redécouverte de la dimension novatrice de cette œuvre. Et cela, de la part de dramaturges — notamment Claude Régy, dans sa mise en scène de ***La Mort de Tintagiles***, au Théâtre Gérard Philipe de Saint-Denis, en 1997, et Olivier Werner dans sa version de ***Pelléas et Mélisande***, à l'Athénée, également en 1997 —, de critiques et du public.

Néanmoins, Maeterlinck aujourd'hui — du moins en France — est davantage un écrivain prestigieux qu'un écrivain réellement populaire, plus reconnu que vraiment connu.

ŒUVRE

Pelléas et Mélisande

Drame lyrique en 5 actes, publié chez Lacomblez, à Bruxelles, en 1892, et créé à Paris, aux Bouffes-Parisiens, le 17 mai 1893.

Depuis longtemps, on n'a pas ouvert la grand-porte du château du vieux roi aveugle d'Allemonde, Arkël, ni approché la fontaine des aveugles. Les servantes veulent ouvrir la première pour que la lumière entre à pleines brassées. Au même moment, Golaud, petit-fils du roi, se perd dans une lointaine forêt. Il rencontre une princesse inconnue, elle aussi perdue, Mélisande. Il l'épouse et la conduit, six mois plus tard, au palais. Toutefois, Mélisande n'apporte pas la régénération attendue par le roi et les servantes. Une silencieuse idylle s'esquisse entre elle et Pelléas, demi-frère cadet de Golaud. La veille du départ de Pelléas, avant l'accouchement de Mélisande, survient l'aveu, près de la fontaine des aveugles — dans laquelle était tombé l'anneau nuptial de Mélisande lors de sa première rencontre avec Pelléas. Ce dernier, tué par Golaud, y tombe, tandis que meurt Mélisande, après avoir donné naissance à un fils : cet enfant, annonce Arkël, deviendra roi.

Un mélange subtil de mots et de phrases simples, indéfiniment répétés, laisse percevoir l'inadéquation du langage au réel et à l'âme. Motifs symboliques, l'eau ou la chevelure révèlent un horizon d'inatteignable plénitude. Seules accèdent au sens les métaphores, qui désignent la mort comme terme de la réconciliation.

Composé fin 1891-début 1892, le drame de Maeterlinck lui permit de fixer une technique théâtrale distanciée, dans laquelle objets et personnages sont des symboles actifs. Mise en scène par Lugné-Poe dans des décors de Vogler et sur une musique de Fauré, et créée par le théâtre de l'Œuvre dont elle inaugurait l'activité, la pièce rompait avec tout réalisme, ouvrant au théâtre de la modernité.

Rapidement traduite et créée à Londres puis à Berlin, la pièce influença les rénovateurs du théâtre russe. Jamais démenti dans les pays non francophones, son succès demeura limité en France. Créé le 30 avril 1902, l'opéra qu'en tira Debussy se substitua, pour beaucoup de Français, à l'œuvre originale — Rebatet, entre autres, évoquant dès lors la *« faiblesse du livret »*. Néanmoins, ***Pelléas et Mélisande*** reste considéré comme le chef-d'œuvre de Maeterlinck.

CITATIONS

Un Dieu qui d'un seul coup voudrait anéantir les mondes, n'aurait qu'à enlever à la matière sa force d'attraction. À l'instant tout se dissoudrait dans ce que nous ne pourrions plus appeler l'espace, puisqu'il n'y aurait plus d'espace, attendu que seuls les mouvements et les déplacements de la matière créent son existence.

La Gravitation universelle et la Force centripète, in *La Grande Loi.*

Il est assez probable qu'une descente au centre de la terre, si, grâce à je ne sais quelles découvertes, elle devenait un jour possible, nous révélerait sur la gravitation, noyau de toutes les énigmes, plus de secrets cosmiques qu'un voyage dans la lune.

La Gravitation universelle et la Force centripète, in *La Grande Loi.*

Le mot éther est comme le mot Dieu ; il masque et déguise somptueusement ce que nous ignorons.

L'Éther, in *La Grande Loi.*

Si j'étais Dieu, j'aurais pitié du cœur des hommes.

Pelléas et Mélisande.

Mon âme en est triste à la fin ;
Elle est triste enfin d'être lasse,
Elle est lasse enfin d'être en vain.
Elle est triste et lasse à la fin
Et j'attends vos mains sur ma face.

Âme de nuit, in *Serres chaudes.*

Nous n'avons pas d'exemple, en nos annales, qu'une république réellement démocratique ait duré plus de quelques années sans se décomposer et disparaître dans la défaite ou la tyrannie, car nos foules ont, en politique, le nez du chien qui n'aime que les mauvaises odeurs. Elles ne choisissent que les moins bons et leur flair est presque infaillible.

La Puissance occulte, in *La Vie des termites,* I.

L'intelligence est la faculté à l'aide de laquelle nous comprenons finalement que tout est incompréhensible.

Les Destinées, in *La Vie des termites,* III.

JUGEMENTS

« Les autres symbolistes renferment et agitent un certain bric-à-brac, concert de sensations et d'objets aimés par leur époque, mais Maeterlinck en émane l'âme même. Chez lui, le symbole n'est pas seulement un décor, mais une façon profonde de sentir. »

Antonin ARTAUD, *Préface* à Maurice MAETERLINCK, *Douze Chansons*, Stock, 1923.

« C'est un charme très exquis que de lire Maeterlinck dans le train-train monotone des chemins de fer russes. [...] *les roues tournent, adoucies par la neige, comme sur du velours, presque sans bruit, rien qu'avec un confus bourdonnement, immense, sourd, aheurté, sans rythme, comme la prose hésitante, monotone de Maeterlinck, où, de page en page des phrases à douze syllabes, lourdement, tombent. Pas*

d'arbres, pas de surprises, pas de pittoresque cher aux bourgeois. Un trouble immense, une confuse grandeur, du brouillard, des soupirs, le broum-roum-roum des roues, voix d'assoupissement. Maeterlinck est bien un écrivain russe. »

Blaise CENDRARS, *Inédits secrets* (novembre 1911), in *Œuvres complètes*, t. XVI, Le Club français du Livre, 1971.

« *On voit, des demi-ténèbres, émerger de petites ombres. On ne sait d'où elles viennent, elles ont à peine un nom ; c'est le vieillard, la mère, le mari, l'amoureuse, l'amoureux. Elles n'appartiennent à aucun pays et sont vêtues comme des personnages de contes très anciens. Elles se meuvent comme dans un rêve, avec des gestes lents. Elles ont l'air profondément étonné, elles font de toutes petites phrases — car elles ont l'haleine très courte — des phrases sans liaison entre elles avec, parfois, une image inattendue et vive* [...]. *Elles n'ont rien de ce qu'on appelle* caractère *dans les rhétoriques,* [...] *elles sont entièrement passives. Elles sont inexpliquées, puisque leur explication gît toute dans la destinée, qui est inexplicable.* »

Jules LEMAÎTRE, *Impressions de théâtre*, 8e série, 1895.

« *Ces tableaux, brefs, suprêmes : quoi que ce soit a été rejeté de préparatoire et machinal, en vue que paraisse, extrait, ce qui chez un spectateur se dégage de la représentation, l'essentiel. Il semble que soit jouée une variation sur l'admirable vieux mélodrame. Silencieusement presque et abstraitement au point que dans cet art, où tout devient musique dans le sens propre, la portée d'un instrument, même pensif, violon, nuirait, par inutilité.* »

Stéphane MALLARMÉ, *Planches et Feuillets*, in *Crayonné au théâtre*, 1886.

« *Tournons-nous vers toute l'œuvre de Maeterlinck, ses poèmes et ses drames, tournons-nous vers la préface qu'il a donnée à sa dernière édition, ou vers son livre* Le Trésor des humbles *dans lequel il parle du théâtre immobile, tout en nous pénétrant du coloris général, de la tonalité d'ensemble de ses œuvres. Nous voyons alors clairement que l'auteur lui-même ne vise pas à produire l'horreur sur scène, ne cherche pas à alarmer le spectateur ni à provoquer chez lui un hurlement hystérique, nous voyons qu'il ne veut pas que le public s'enfuie, terrorisé ou horrifié, mais que son but est tout à fait contraire. Ce qu'il veut, c'est couler dans l'âme du spectateur la contemplation de l'inéluctable, pleine de sagesse quoique palpitante, c'est faire pleurer le spectateur, le faire souffrir, mais en même temps l'attendrir et l'amener à un calme serein. Le but que se propose l'auteur, son intention fondamentale, c'est de* "soulager tous nos chagrins, en semant parmi eux l'espoir qui tantôt s'éteint, tantôt s'allume de nouveau". *Lorsque le spectateur sera sorti du théâtre, la vie de l'humanité recommencera à couler avec toutes ses passions, mais ces* passions *ne paraîtront* plus vaines, *la vie coulera avec ses joies et ses tristesses, avec ses devoirs, mais tout cela prendra un sens, car nous aurons compris qu'on peut sortir des ténèbres ou* les supporter sans amertume. *L'art de Maeterlinck est sain et vivifiant. Il appelle les hommes à une sage contemplation de la grandeur du Destin et son théâtre devient un Temple* ».

Vsevolod MEYERHOLD, *Écrits sur le théâtre*, t. I, *1891-1917*, L'Âge d'Homme, 1973.

« [...] *un admirable et pur et éternel chef-d'œuvre qui suffit à immortaliser un nom et à faire bénir ce nom par tous les affamés de beau et de grand... Enfin, M. Maurice Maeterlinck nous a donné l'œuvre la plus géniale de ce temps et la plus extraordinaire et la plus naïve aussi, comparable, et oserais-je le dire ¿ supérieure en beauté à ce qu'il y a de plus beau dans Shakespeare. Cette œuvre s'appelle* La Princesse Maleine. »

Octave MIRBEAU, article in *Le Figaro*, 9 août 1890.

« *Le géant comte belge au regard bleu et aux cheveux blonds, grand mangeur, grand sportif — capable de se déplacer en patins à roulettes dans son gigantesque palais Orlamonde ou d'aller gaiement boxer avec son grand copain Georges Carpentier —, se déclarait* "théoricien de l'inconnu", *apôtre de l'invisible, amoureux de la mort. Une quête hors norme, une odyssée dans l'insaisissable de l'être, qui ne peut que fasciner : Maeterlinck ou le champion de l'indicible, le transgresseur d'interdits* [...]. *L'homme était paradoxal. Une force de la nature, mais qui passait ses nuits éveillé, inquiet, assis sur une cathèdre au fond d'un des corridors de son palais à attendre, un pistolet automatique au poing, les voleurs ou les fantômes... D'ailleurs, il fut parmi les premiers à oser nourrir son théâtre d'incertitudes et de paradoxes. Alors que sur les scènes des années 1900 triomphent le verbe sonore, coloré et tapageur d'un Edmond Rostand ou le naturalisme d'un metteur en scène épris d'exactitude psychologique comme Antoine, Maeterlinck, lui, se risque à des pièces sans action, voire à des scènes muettes dans des espaces hantés d'ombres, de froid et de vent. Il offre à ses personnages impalpables, peu bavards et plutôt introvertis, de pauvres mots simplets, des dialogues tout en sous-entendus et points de suspension, comme troués, débouchant sur le vide. L'étude des "caractères" lui importe peu. Il rêve même d'acteurs marionnettes pour interpréter ses drames d'amour et de mort. Sans doute, les poupées de bois, immatérielles et froides, nous mettraient plus directement en contact avec l'irrationnel, l'au-delà. Le corps de l'acteur ne ferait plus écran...*

Et quelles étranges histoires, si proches du cauchemar ! Comme dans les nouvelles d'Edgar Poe, qu'il admirait, l'héroïne en est le plus souvent la mort en marche. [...] *Qu'on ne s'imagine pas pour autant Maeterlinck morbide ou macabre. Il fait surgir la vie par l'absence même de vie. Bien sûr, ses créatures s'affrontent constamment à des puissances mystérieuses et terribles ; bien sûr, il défriche avec cruauté les mouvements imperceptibles, les frayeurs insondables de nos consciences. Son théâtre n'apporte pas la paix, mais maintient constamment sur le qui-vive.* "N'est-ce pas la tranquillité qui est terrible ¿", *disait-il volontiers, affirmant encore que la vraie tragédie, c'est quand on rentre chez soi, qu'on se met sous la lampe et qu'il ne se passe rien...*

Dans ses pièces, tout frémit sans cesse, le vent, la mer, la nuit, le malheur. »

Fabienne PASCAUD, « L'homme qui aimait la mort », in *Télérama*, 5 février 1997.

« *Maeterlinck. Un grand artiste à qui c'est égal d'ennuyer son lecteur, et qui ne s'arrête pas pour si peu.* »

Jules RENARD, *Journal*, 17 décembre 1902.

« *On pourrait réunir tous ces drames sous l'appellation de* "drames de la mort", *car ils ne contiennent que des heures d'agonie, et sont la confession d'un poète qui voit dans la mort la seule certitude, l'unique assurance quotidienne et consolante de notre vie.* »

Rainer Maria RILKE, « Maurice Maeterlinck », in *Œuvres en prose. Récits et Essais*, « Pléiade », Gallimard, 1993.

« *Je lis Maeterlinck. J'ai lu ses* Aveugles, *son* Intruse, *je lis* Aglavaine et Sélysette. *Tout cela, ce sont des choses singulières, bizarres, mais elles font une impression énorme, et si j'avais un théâtre, je monterais sans faute* Les Aveugles. »

Anton TCHEKHOV, lettre du 12 juillet 1897, adressée à Souvarine, citée par Anne DUCREY, « Alexandre Blok, lecteur critique de Maurice Maeterlinck », *Annales de la Fondation M. Maeterlinck*, XXX, 1997.

« *Pour tracer une ligne, il faut deux points, et là il n'y en a qu'un. Cette femme (Mélisande) peut donc représenter toutes les femmes qui, à ce moment de l'histoire de la littérature européenne, disent aux hommes :* "Ne me touchez pas." *Tout, dans ce sens, est absolument symbolique. À la question :* "Qui vous a fait du mal ?", *elle répond* "Tous". *Elle est l'arrivée sur la scène du théâtre et de l'histoire de Nora dans* Maison de poupée, *de Hedda Gabler. C'est aussi Katia Kabanova d'Ostrovski, c'est Ysé de* Partage de midi, *la femme venue d'ailleurs (la juive polonaise, en l'occurrence), c'est la Mouette qui, à la fin, est trempée, en référence à Ophélie, c'est Ophélie elle-même, qui vient de l'eau du lac. En fait, la pièce écrite par Trepler, dans* La Mouette, *c'est une pièce de Maeterlinck.*

[...]

Le lieu de l'œuvre, c'est exactement la Belgique, mais c'est aussi un lieu impossible. C'est une utopie au sens étymologique du terme. Il n'y a aucun point où la forêt aille jusqu'à la mer. Pelléas, *c'est la Belgique imaginaire, l'idée de la Belgique. Rêveuse Belgique.* »

Antoine VITEZ, « Rêveuse Belgique », in *Le Monde de la Musique*, juillet-août 1986.

BIBLIOGRAPHIE

Éditions

Œuvres, Complexe, Bruxelles (BE), 1999.

Poésies complètes, éd. J. Hanse, La Renaissance du livre, Bruxelles (BE), 1965.

Théâtre complet, Slatkine, Paris/Genève (CH), 1979.

Théâtre inédit, Grasset, 1967.

Pelléas et Mélisande, Labor, Bruxelles (BE), 1983, rééd. 1986 ; éd. P. CITTI, « LdP », LGF, 1989.

Études

R. BRUCHER, *Maurice Maeterlinck, l'œuvre et son audience. Essai de bibliographie, 1883-1960*, Palais des académies, Bruxelles (BE), 1972.

G. COMPÈRE, *Maurice Maeterlinck*, La Manufacture, 1990 ; *Maeterlinck*, « Signatures », La Renaissance du Livre, 1999.

M. DANSEL, « Maurice Maeterlinck », in *Les Nobel français de littérature*, Éd. A. Bonne, 1967, rééd. 1985.

P. GORCEIX, *Les Affinités allemandes dans l'œuvre de Maurice Maeterlinck*, PUF, 1975.

J. HANSE, *Naissance d'une littérature*, Labor, Bruxelles (BE), 1993.

J. HANSE et R. VIVIER, *Maurice Maeterlinck*, La Renaissance du livre, Bruxelles (BE), 1962.

G. LEBLANC, *Souvenirs*, Grasset, 1931.

M. MARTIN du GARD, « Maurice Maeterlinck aux *Abeilles* », in *Les Mémorables*, t. 2 *(1924 à 1930)*, Flammarion, 1960, rééd. Gallimard, 1999.

M. POSTIC, *Maeterlinck et le Symbolisme*, Nizet, 1970.

M. RIFFATERRE, « Traits décadents dans la poésie de Maeterlinck », in *La Production du texte*, Seuil, 1979.

A. RYKNER, *Maurice Maeterlinck*, Memini, Rome (IT), 1998.

A. UBERSFELD, « Maeterlinck et l'objet théâtral », in *Romanica Wratislaviensa*, n° 18, Bratislava (SK), 1982.

MALHERBE

François de MALHERBE
Caen 1555 – Paris 1628

Enfin Malherbe vint, et le premier en France
Fit sentir dans les vers une juste cadence :
D'un mot mis en sa place enseigna le pouvoir
Et reduisit la Muse aux regles du devoir.
Nicolas BOILEAU, *L'Art poétique*, I, vv. 131 à 134, 1674.

« *Quand Malherbe vint, il y avait déjà eu des écrivains qui valaient mieux que lui.* »
Émile ZOLA, *Livres d'aujourd'hui et de demain*, 1866.

Un illustre méconnu

Un Normand en Provence

Fils aîné d'un conseiller protestant au présidial de Caen, Malherbe, de petite noblesse et de maigre fortune, reçut une formation soignée dans plusieurs universités françaises et étrangères. Après avoir abjuré le protestantisme, il fut, sur la recommandation de Le Fèvre de La Boderie, attaché au service du grand prieur Henri d'Angoulême, gouverneur de la Provence et fils bâtard d'Henri II. Il le suivit à Aix-en-Provence et découvrit avec lui un groupe actif de lettrés (La Ceppède, Nostredame, Galaup, La Roque) auquel il se joignit. C'est là qu'il épousa, en 1581, une jeune veuve, fille d'un magistrat humaniste aixois, dont il eut 3 enfants — tous prématurément disparus (un fils en bas âge, une fille frappée par la peste, en 1599, et un autre fils tué en duel à 20 ans, en 1627). Après l'assassinat de son protecteur, il revint à Caen pour y demeurer de 1586 à 1595 (il en fut échevin en 1594). À cette époque, son inspiration mêlait stoïcisme et baroque, et, en 1587, ***Les Larmes de saint Pierre, imitées du Tansille*** (l'Italien Luigi Tansillo) ne retinrent pas l'attention d'Henri III. Revenu en Provence de 1595 à 1598, il écrivit de façon plus suivie dans le même groupe, auquel s'étaient joints Du Vair, Du Périer et Peiresc. Un nouveau séjour à Caen lui permit de rencontrer Montchrestien, dont il influença sans doute la réécriture de la *Sophonisbe*. Enfin, ses poèmes sur les victoires d'Henri IV et l'***Ode du sieur Malherbe. À la reine, pour sa bienvenue en France*** (1600) intéressèrent Du Perron, qui le fit venir à Paris où il arriva en 1605, avec ses amis Du Vair et Peiresc.

Le poète officiel

Après sa ***Prière pour le roi Henri le Grand allant en Limousin*** (1606) et avec l'accord d'Henri IV, il entra dans la maison du duc de Bellegarde et s'imposa à la Cour par le ***Ballet de la reine*** (1609), tout en faisant des vers pour les amours du roi (sous le nom d'Alcandre) et de Charlotte de Montmorency. Sa faveur survécut à Henri IV : Marie de Médicis et Louis XIII firent de lui une sorte de poète officiel, qui s'employa à dénigrer son « prédécesseur » Desportes. Une grande part de sa production est liée aux événements du règne : ***Sur l'attentat commis en la personne de Henri le Grand le 19 de décembre 1605. Ode*** (1606), ***Au Roi Henri le Grand, sur l'heureux succez du voyage de Sedan. Ode*** (1607), ***Vers funèbres sur la mort de Henri le Grand. Stances*** (1610, publié en 1630), vers pour les ballets et fêtes du mariage de Louis XIII, ***Pour le Roi allant chastier la rébellion des Rochelois, et chasser les Anglois, qui en leur faveur estoient descendus de l'isle de Ré. Ode*** (1628). Il ponctua ainsi les grands faits du règne, dans une poésie encomiastique (« d'éloges »), de lieux communs politiques réconfortants, selon une idéologie de l'ordre, du pouvoir qui rétablit une paix d'âge d'or contre tous les fauteurs de troubles.

À l'origine de la doctrine classique

La poésie amoureuse ou morale de Malherbe est parfois convenue, comme le stoïcisme de ce que l'on regroupe sous le nom de ***Consolations***, dont la plus célèbre est la ***Consolation à Monsieur Du Périer, gentilhomme d'Aix-en-Provence, sur la mort de sa fille. Stances*** (1607) :

Ta douleur, Du Périer, sera donc éternelle,
Et les tristes discours
Que te met en l'esprit l'amitié paternelle
L'augmenteront toujours ?
[...]
La mort a des rigueurs à nulle autre pareilles ;
On a beau la prier,
La cruelle qu'elle est se bouche les oreilles,
Et nous laisse crier.
(*id.*, vv. 1 à 4 et 73 à 76)

S'y manifeste aussi une certaine brutalité en galanterie, comme dans ces vers — dont l'*incipit* fut repris par Larbaud en titre d'une nouvelle de 1920) :

Beauté, mon beau soucy, de qui l'ame incertaine
A, comme l'Ocean, son flux et son reflus,
Pensez de vous resoudre à soulager ma peine
Ou je me vois resoudre à ne le souffrir plus

(**Desgein [Dessein] de quitter une dame qui ne le contentait que de promesse**, 1599, vv. 1 à 4)

Cette brutalité est d'ailleurs une caractéristique du personnage tel que nous le décrit son élève Racan qui, avec Maynard, faisait partie des « *escoliers* » auquel le poète enseignait sa doctrine. Son rôle de prosateur est moins connu : outre des lettres (dont une bonne part adressées à Peiresc), ses traductions de Sénèque — ***Sénèque. Des bienfaits [...]*** (1630), ***Les Épistres [...]*** (1637) — et de Tite-Live montrent une expression claire, mais aussi mondaine, qui annonce le style de Guez de Balzac : « *Je sais bien le goût du collège, mais je m'arrête à celui du Louvre.* »

Vivant toujours difficilement, ce poète exigeant — qui commit pourtant nombre de pièces « licencieuses » — vit la fin de sa vie assombrie par la conduite, à l'issue fatale, de son dernier enfant. ***Les Œuvres de François de Malherbe*** furent publiées en 1630, deux ans après sa mort, avec un *Discours* de Godeau, alors que, de son vivant, ses vers n'avaient paru que dans le cadre d'éditions collectives, comme celle du ***Recueil des plus beaux vers de MM. de Malherbe, Racan, Monfuron, Maynard, Boisrobert, L'Estoille, Lingendes, Touvant, Motin, Mareschal. Et autres des plus fameux esprits de la Cour*** (1627), publié un an avant sa disparition et où, avec plus de 60 poèmes, il occupait une place centrale.

THÉORIE LITTÉRAIRE

En créant une sorte de langue poétique officielle à la versification et au vocabulaire « épurés », sans contrastes de langue, ni inspiration passionnée, Malherbe revendiquait une esthétique du travail et de la rigueur. Au-delà du résultat immédiat assez guindé, l'intérêt en est d'innover une conception de la poésie comme forme pure et difficile. Le poète ne cesse d'inventer des contraintes nouvelles, de « *captiver son inspiration dans un réseau plus serré de règles. Et ces règles, toujours plus nombreuses, toujours plus draconiennes, deviennent aussi toujours plus arbitraires* » (René Fromilhague, *Malherbe*, 1954). L'idée que l'obstacle fait le prix de la parole poétique est toute moderne. Il écrivit fort peu, à vrai dire, ce dont ses adversaires se gaussaient, mais il est représentatif du virage esthétique qui s'amorce pour « *dégasconniser* », disait-il — son patron, le duc de Bellegarde, était gascon —, (« dé-ronsardiser » ou « dé-desportiser », pourrait-on dire), la poésie française. Ses annotations pointilleuses sur Ronsard et Desportes, et ses querelles avec Régnier matérialisent l'évolution critique qui, sans toujours se théoriser de façon suivie, montre le changement d'esthétique entre les générations. Le premier témoin en serait l'*Art poétique* de Deimier (1610). Pour sa part, Malherbe réserva son art poétique aux annotations qu'il porta en marge de son édition de Desportes (***Commentaire sur Desportes*** — objet de la thèse de Ferdinand Brunot en 1901), et on trouve confirmation de cette évolution dans les propos rapportés par Racan dans la *Vie de Malherbe* (1672). Désavouant la primauté de l'inspiration et de l'invention pour mettre au premier plan le travail et la pureté de la forme, Malherbe ruine ce qui fut le point fort de la doctrine de Ronsard. Son appel à la rigueur formelle eut des prédécesseurs : à leur manière Desportes, puis Du Perron, avaient épuré le vocabulaire des termes rares, pourchassé les traces de pédantisme, promu la clarté d'expression sans égards pour le mystère. Mais ils n'étaient pas systématiques. Malherbe le devint, par rationalisme : le style, c'est la raison appliquée à la forme littéraire, qui doit toujours privilégier la clarté.

C'est pourquoi Malherbe préconisait d'abord une langue simple, compréhensible par tous, et rejetait tout ce qui pouvait l'obscurcir : imprécisions, archaïsmes, provincialismes, néologismes, inversions, ambiguïtés, omissions, anacoluthes. Langue simple, mais élégante aussi, s'interdisant cacophonies — comme le fameux « *parablamafla* » d'un hémistiche de Vauquelin des Yvetaux : « *Comparable à ma flamme* » —, hiatus, enjambements, rimes plates, rimes intérieures et rimes faciles — entre termes de même famille, comme un simple et un composé ou deux antonymes (« *facile* » et « *difficile* »).

Malgré sa forte culture classique, il fut aussi avant l'heure un « Moderne » : son usage de la mythologie est discret, et il fuit tout étalage et emprunt indiscret.

THÉORIE LITTÉRAIRE

Poète et théoricien systématique et précis de son art, Malherbe symbolise le mouvement progressif qui mène à la formulation de la doctrine classique.

Un stoïcien littéraire

Pour un semblable théoricien et censeur, l'écriture ne pouvait être qu'une épreuve redoutable. L'œuvre poétique est brève, mais elle est à la mesure des exigences exposées :

Nous sommes soubs un Roy si vaillant et si sage,
Et qui si dignement a faict l'apprentissage
De toutes les vertus propres à commander,
Qu'il semble que cet heur nous impose silence,
Et qu'asseurez par luy de toute violence,
Nous n'avons plus suject de te rien demander.

(**Prière pour le roi allant en Limousin. Stances**, v. 7 à 12)

Les vers de cette prière pour Henri IV sont frappés de la « *juste cadence* » qu'évoque Boileau (*L'Art poétique*, I, v. 132) : césures nettes, versification respectant la syntaxe, pas d'enjambements, ordre logique des termes et articulations logiques de la phrase qui coïncide avec la strophe, rimes riches (au moins deux sons identiques).
Cette convenance et cette majesté relèvent d'un idéal classique où la clarté de l'expression figure l'ordre de la pensée et l'ordre du monde. Le lecteur d'aujourd'hui peut y trouver quelque froideur et préférer, dans le même poème, cette célèbre évocation de la paix, où le respect des exigences s'accompagne de jeux subtils (entre assonances et allitérations, dans l'entrelacs des mots « *moisson* », « *lassera* », « *passeront* », « *promesse* », notamment) :

La moisson de nos champs lassera les faucilles
Et les fruits passeront la promesse des fleurs.

(**Prière pour le roi allant en Limousin. Stances**, vv. 83-84)

D'autres vers méritent d'être cités, que l'impair — bien avant Verlaine ! — fasse entendre sa musique

Il fait chaud, mais un feuillage sombre
Loin du bruit nous fournira quelque ombre.

(**Chanson**, 1615, vv. 17-18)

ou que l'alexandrin tout classique, joint à l'hexasyllabe, contienne une émotion sensible à chaque lecteur

Il n'est rien icy-bas d'éternelle durée.
Une chose qui plaît n'est jamais assurée.
L'épine suit la rose et ceux qui sont contents
Ne le sont pas longtemps.

(**Victoire de la constance. Stances**, vv. 13 à 16)

Stoïcien littéraire s'imposant les efforts patients et méthodiques requis par la perfection formelle sans cesse poursuivie, Malherbe a fait de l'antithèse et de l'hyperbole les figures de proue de la stylistique poétique classique :

N'esperons plus, mon ame, aux promesses du monde :
Sa lumiere est un verre, et sa faveur une onde,
Que tousjours quelque vent empesche de calmer ;
Quittons ces vanitez, lassons-nous de les suivre :
C'est Dieu qui nous faict vivre,
C'est Dieu qu'il faut aimer.

En vain, pour satisfaire à nos lasches envies,
Nous passons pres des rois tout le temps de nos vies,
A souffrir des mespris et ployer les genoux ;
Ce qu'il peuvent n'est rien : ils sont comme nous sommes,
Veritablement hommes,
Et meurent comme nous.

Ont-ils rendu l'esprit, ce n'est plus que poussiere
Que cette majesté si pompeuse et si fiere
Dont l'eclat orgueilleux estonne l'univers ;
Et dans ces grands tombeaux où leurs ames hautaines
Font encore les vaines,
Ils sont mangez des vers.

Là se perdent ces noms de maistres de la terre,

D'arbitres de la paix, de foudres de la guerre :
Comme ils n'ont plus de sceptre, ils n'ont plus de flatteurs,
Et tombent avecque eux d'une cheute commune
Tous ceux que leur fortune
Faisoit leurs serviteurs.

(*Paraphrase d'une partie du psaume CXLV. Stances*)

Un modèle oublié

Malherbe eut des détracteurs souvent très passionnés, comme Mlle de Gournay, ou Régnier, qui prit la défense de son oncle Desportes, et, plus tard, Fénelon l'accusait encore de faire de la prose rimée sans rien comprendre à la poésie. Mais il inspira très directement la génération des dramaturges de 1620 à 1630 (Racan, Mairet), qui adopta ses techniques de versification, et la première génération classique (Balzac, Chapelain, Godeau, Huet, Pellisson, Baillet) le consacra pour son art de la prose comme pour son art du vers et le commenta : Ménage édita ***Les Poésies de Malherbe, avec les Observations de M. Ménage*** (1666), Chevreau publia ***Les Œuvres de François de Malherbe, avec les Observations de M. Ménage et les Remarques de M. Chevreau*** (1722). Il bénéficia naturellement, au siècle suivant, de la réputation littéraire du classicisme : l'édition des ***Poésies de Malherbe rangées par ordre chronologique*** par Lefèvre de Saint-Marc, en 1757, fut un événement très commenté, et André Chénier lui reconnut du mérite, qui publia le recueil ***Poésies de François Malherbe, avec un commentaire inédit par André Chénier*** (1842). Son déclin commença, avec le romantisme, alors même que l'histoire littéraire confirmait son rôle historique : son importance dans les histoires de la littérature est demeurée immense, depuis le fameux

Enfin Malherbe vint, et, le premier en France
Fit sentir dans les vers une juste cadence.

de Boileau (*L'Art poétique*, I, vv. 132-133), qui le crédita du mérite qu'il devait partager avec d'autres lettrés comme Du Perron ou Pierre de Deimier et consacra une injustice envers ses prédécesseurs « grotesques » (Gautier tentant de corriger le « *bon sens cruel* » du critique en 1844) justement remis en honneur depuis. Si l'on peut trouver aujourd'hui à Malherbe quelque charme pour les aspects baroques de son art, ou partager comme Larbaud le « *seul souci* » de la beauté, seuls les tenants d'une poésie formelle, née de la contrainte (comme celle de Valéry ou de Ponge), continuent de se réclamer de lui.

ŒUVRE

Poésies

Titre usuellement retenu — faute de mieux — pour recueillir les diverses pièces poétiques de Malherbe, qui, de son vivant, ne parurent que dans des éditions collectives et lacunaires.

C'est seulement en 1627, un an avant sa mort, que Malherbe sembla s'occuper de donner au public un recueil de son œuvre poétique. Ses vers avaient d'abord circulé en manuscrits ; certains avaient été imprimés sous forme de plaquettes ou de feuilles volantes, d'autres insérés dans des recueils collectifs, des livres d'airs ou des livrets de ballets ; jamais encore ils n'avaient été rassemblés. Certes, le volume publié en 1627 par Toussaint Du Bray, le ***Recueil des plus beaux vers de MM. de Malherbe, Racan, Monfuron, Maynard, Boisrobert, L'Estoille, Lingendes, Touvant, Motin, Mareschal. Et autres des plus fameux esprits de la Cour***, était encore un ouvrage collectif ; mais Malherbe y occupait la place d'honneur. En tête parurent en effet 62 de ses poèmes, les plus fameux, qui sont comme la quintessence d'une œuvre aussi mince qu'exigeante. Agencés avec soin, ils mettent en valeur la diversité de sa lyre : se succèdent, selon une évidente hiérarchie, poésies religieuses (paraphrases de psaumes), poèmes consacrés aux rois, aux reines et aux grands, poésies galantes, poésies de Cour (vers de ballets), consolations, épitaphes. À la diversité des genres répond celle des formes, de la concision épigrammatique de telle épitaphe, de telle inscription, à l'ampleur majestueuse des grandes odes ou de la **Consolation à Monsieur Du Périer, gentilhomme d'Aix-en-Provence, sur la mort de sa fille** : *Ta douleur, Du Périer, sera donc éternelle, / Et les tristes discours / Que te met en l'esprit l'amitié paternelle / L'augmenteront toujours ? // [...] // Mais elle était du monde, où les plus belles choses / Ont le pire destin : / Et rose elle a vécu* *ce que vivent les roses, / L'espace d'un matin. // [...] // La mort a des rigueurs à nulle autre pareilles : / On a beau la prier, / La cruelle qu'elle est, se bouche les oreilles, / Et nous laisse crier* (vv. 1 à 4, 13 à 16 et 73 à 76). Du cadre le plus convenu, celui du sonnet, à l'invention de subtils systèmes strophiques dans les stances : *En vain pour satisfaire à nos lâches envies, / Nous passons près des rois tout le temps de nos vies, / À souffrir des mépris et ployer les genoux, / Ce qu'ils peuvent n'est rien : ils sont comme nous sommes / Véritablement hommes, / Et meurent comme nous. // Ont-ils rendu l'esprit, ce n'est plus que poussière / Que cette Majesté si pompeuse et si fière / Dont l'éclat orgueilleux étonne l'univers, / Et dans ces grands tombeaux où leurs âmes hautaines / Font encore les vaines, / Ils sont mangés des vers* (**Imitation du psaume « Lauda anima mea dominum »**, vv. 7 à 18). Ce florilège trahit pourtant le souci d'oblitérer toute une part de l'œuvre : écartées, les poésies de jeunesse, et surtout le premier grand chef-d'œuvre, **Les Larmes de saint Pierre, imitées du Tansille et dédiées au Roi, par le sieur Malherbe**, — à cause, sans doute, de son inspiration italianisante et des excès de son imagerie baroque ; occultées, les pièces lestes, « *satyriques* », que Malherbe ne dédaignait pas de trousser. Dans les poèmes retenus règnent gravité et solennité, le grand lyrisme de louange et l'inspiration stoïcienne désenchantée : *Dieu qui de ceux qu'il aime est la garde éternelle, / Me témoignant contre eux* [les méchants] *sa bonté paternelle, / A selon mes souhaits terminé mes douleurs : / Il a rompu leur piège, et de quelque artifice / Qu'ait usé leur malice, / Ses mains qui peuvent tout m'ont dégagé des leurs* (**Psaume CXXVIII « Saepe expugnaverunt me »**, vv. 13 à 18). Guère d'épanchement personnel, même dans les poésies amoureuses et galantes, qui déclinent quelques motifs lyriques de convention — le poète ne les a d'ailleurs pas toujours écrites en son nom propre, prêtant volontiers sa voix à ses protecteurs : *Beauté, mon beau souci, de qui l'âme incertaine / A comme l'Océan son flux et reflux : / Pensez de vous résoudre à soulager ma peine, / Ou je me vais résoudre à ne la souffrir plus. / / Vos yeux ont des appas que j'aime et que je prise, / Et qui peuvent beaucoup dessus ma liberté : / Mais pour me retenir, s'ils font cas de ma prise, / Il leur faut de l'amour autant que de beauté* (**Desgein [Dessein] de quitter une dame qui ne le contentait que de promesse**, vv. 1 à 8).

Néanmoins, ces œuvres denses et harmonieuses témoignent toutes du métier poétique sans défaut de leur auteur : limpidité de la pensée — certes réduite au répertoire des plus nobles lieux communs —, justesse et élégance de la formulation, parcimonie et simplicité des images, avec en outre un ton vigoureux, impérieux, qui n'est pourtant pas dépourvu de douceur et de séduction dans l'agencement étudié des sonorités. D'évidence, le recueil veut d'abord donner de Malherbe l'image d'un poète-rhéteur, voué aux sujets élevés et au service des grands : cette poésie d'apparat est liée à une certaine conception de la fonction sociale de l'écrivain, appui de l'ordre monarchique. Maître d'éloquence, Malherbe apparaît en même temps comme l'inventeur d'une langue poétique épurée, débarrassée de ses scories maniéristes ou baroques — le recueil de ses **Lettres**, paru la même année, témoignait du même souci dans l'ordre de la prose. Ce réformateur est tout naturellement élevé au rang de commandeur de la poésie française, repère inaltérable — comme en témoignent les vers célèbres ponctuant son sonnet ***Au Roi*** : *Tous vous savent louer, mais non également : / Les ouvrages communs vivent quelques années : / Ce que Malherbe écrit dure éternellement* (vv. 12 à 14) — et modèle pour les poètes à venir. À ses œuvres choisies font suite les poèmes de « *ceux qu'il avoue pour ses écoliers* » (selon l'*Avis du Libraire au Lecteur*), et d'abord Racan, le disciple le plus fidèle.

En faisant de Malherbe, de son vivant, un classique que l'on imitât, le volume de 1627 voulait marquer un renouveau de la poésie française, une origine symbolique pour les contemporains comme pour la postérité. Presque un demi-siècle plus tard, en 1674, Boileau, dans le jugement élogieux de *L'Art poétique — Enfin Malherbe vint, et le premier en France, / Fit sentir dans les vers une juste cadence : / D'un mot mis en sa place enseigna le pouvoir, / Et réduisit la Muse aux regles du devoir. /* [...] */ Tout reconnut ses loix, et ce guide fidele / Aux Auteurs de ce temps sert encor de modele. / Marchez donc sur ses pas, aimez sa pureté, / Et de son tour heureux imitez la clarté* (I, vv. 131 à 134 et 139 à 142) —, ne fit en somme qu'expliciter l'ambition exemplaire, sinon normative, qui avait présidé à la composition de ce recueil : celui-ci semblait déjà porter en lui l'épanouissement du classicisme — comme aussi les périls de l'académisme. Au XXᵉ siècle, Malherbe reçut l'hommage indirect de Larbaud, qui intitula son recueil *Beauté, mon beau souci* (1921) de l'*incipit* du poème ***Desgein [Dessein] de quitter une dame [...]***, et celui, plus direct, de Ponge, auteur de *Pour un Malherbe* (1965).

CITATIONS

Tous vous savent louer, mais non également :
Les ouvrages communs vivent quelques années,
Ce que Malherbe écrit dure éternellement.

Au Roi. Sonnet.

Mais elle était du monde où les plus belles choses
Ont le pire destin :
Et Rose elle a vécu ce que vivent les Roses,
L'espace d'un matin.

Consolation à Monsieur Du Périer, gentilhomme d'Aix-en-Provence, sur la mort de sa fille.

Il n'est faiblesse égale à nos infirmités :
Nos plus sages discours ne sont que vanités.

Paraphrase du sieur de Malherbe sur le psaume VIII, « Domine Dominus Noster ». Stances.

Je suis vaincu du temps : je cède à ses outrages.

Pour le Roi allant chastier la rébellion des Rochelois, et chasser les Anglais, qui en leur faveur estoient descendus de l'isle de Ré. Ode.

JUGEMENTS

« Malherbe, le père de notre poésie française, celui qui a le mieux entendu la fabrique et l'harmonie des vers [...]. »

Charles de Brosses, *Lettres familières écrites d'Italie en 1739 et 1740*, t. II.

« [...] qu'on se dise bien que Malherbe est encore moins un poète que Boileau ; qu'il faut lire ses préceptes et non ses œuvres ; que c'est un grammairien, un faiseur de prosodies et non un faiseur de vers ; et que, malgré sa sévérité exagérée, il a laissé une quantité d'inestimables enseignements. On ne frappe point une langue de stérilité en lui imposant des règles ; le génie audacieux et libre saura toujours bien l'en affranchir comme de lisières inutiles ; elles ne peuvent gêner que les poètes médiocres en les forçant à devenir insupportables. »

Guy de Maupassant, *Chroniques*, 17 janvier 1877.

« Son sentiment le plus vif a sans doute été l'amour de son art. [...] il voulait jusqu'à la mort maintenir la pureté de la langue française. Il a plus fait que de la maintenir, il l'a créée. [...] La langue de Montaigne, de Rabelais, de la Pléiade, est une langue riche, mais par là même primitive et tout enfoncée dans la matière. Malherbe, le premier, a su se servir de ce vocabulaire restreint, pauvre, sévèrement spirituel, à l'ascétique et douce vigueur duquel nous devons Racine et Valéry. »

André Maurois, « Malherbe », in *Tableau de la littérature française*, I, Gallimard, 1962.

« [...] je le considère comme le tronc de la littérature française. [...] il s'est trouvé dans une situation un peu comparable à la nôtre, en présence d'un désordre, d'un vacarme et d'un chaos, et [...] il a donné, non des règles mais des exemples, des modèles du bien-écrire, donc *du bien-penser et du bien-vivre. »*

Francis Ponge, *Entretien avec Carla Marzi*, in *Francis Ponge*, « Cahiers de l'Herne », L'Herne 1965.

« C'estoit le plus mauvais récitateur du monde. Il gastoit ses beaux vers en les prononçant ; outre qu'on ne l'entendoit presque point, à cause de l'empeschement de sa langue et de l'obscurité de sa voix ; avec cela, il crachoit au moins six fois en disant une stance de quatre vers. C'est pourquoy le cavalier Marin disoit qu'il n'avoit jamais veû d'homme plus humide ni de poëte plus sec. À cause de sa crachotterie, il se mettoit tousjours auprès de la cheminée [...]. »

Gédéon Tallemant des Réaux, *Malherbe*, in *Historiettes*, 1657 à 1659, posthume, 1960.

BIBLIOGRAPHIE

Éditions

Œuvres complètes, éd. L. Lalanne, Hachette, 1862, 5 vol.

Œuvres, éd. A. Adam, « Pléiade », Gallimard, 1971.

Poésies, éd. A. Adam, « Poésie », Gallimard, 1971 ; éd. J. Lavaud, revue A. Genetiot, STFM, 1999.

Études

R. Baustert, *L'Univers moral de Malherbe : étude de la pensée dans l'œuvre poétique*, P. Lang, Berne (CH), 1997, 2 vol.

F. Brunot, *La Doctrine de Malherbe d'après son commentaire sur Desportes*, 1901, rééd. Colin, 1969.

U. Chevreau, *Remarques sur les poésies de Malherbe*, éd. G. Boissière, Slatkine, Genève (CH), 1989.

R. Fromilhague, *La Vie de Malherbe, apprentissages et luttes, 1555-1610*, et *Malherbe, technique et création poétique*, Colin, 1954.

Fr. Ponge, *Pour un Malherbe*, Gallimard, 1965.

Racan, *Vie de Malherbe*, éd. M.F. Quignard, Gallimard, 1991.

N. Ruwet, « Malherbe : Hermogène on Cratyle ? », in *Poétique*, n° 42, avr. 1980.

« Malherbe et son temps », in *XVIIe Siècle*, 1956.

MALLARMÉ

Stéphane MALLARMÉ
Étienne MALLARMÉ
Le prénom Stéphane vient du surnom de sa grand-mère maternelle, Louise Étienne — dite Stéphanie ou Fanny — DESMOLINS.

Paris 1842 - Valvins (act. Seine-et-Marne) 1898

« [...] *comme il fut mal accueilli par la "critique", ce pur poète qui restera tant qu'il y aura une langue française pour témoigner de son effort gigantesque !* »
Paul VERLAINE, « Les Poètes maudits : Stéphane Mallarmé », in *Lutèce*, 17 novembre 1883.

« *Un autre esprit est à l'origine de certains tics du style contemporain, bientôt aussi démodé que toutes les affectations du décadentisme, c'est le Mallarmé de* Divagations. »
Antonin ARTAUD, *Bilboquet*, in *Œuvres complètes*, t. I, vol. 1, Gallimard, 1956, rééd. 1976.

Le poète de la modernité

Une « *âme lamartinienne* »

Fils d'un conservateur des hypothèques, et dernier rejeton d'une « *lignée ininterrompue de fonctionnaires dans l'Administration de l'Enregistrement* », l'adolescent élevé, dès l'âge de 5 ans, par ses grands-parents maternels depuis la mort de sa mère en 1847 — son père se remaria l'année suivante et eut 4 autres enfants —, et marqué par la perte de sa jeune sœur Maria, de deux ans sa cadette, en 1857, se reconnut très tôt une « *âme lamartinienne* » (lettre à Verlaine, du 16 nov. 1885). L'horizon poétique du turbulent pensionnaire du lycée de Sens — jugé « *insoumis et vain* », il fut néanmoins lauréat, chaque année entre ses 14 et ses 17 ans, de plusieurs prix et accessits en latin, grec, français et anglais —, qui composa, en 1859-1860, son recueil de poèmes ***Entre quatre murs***, c'était encore le romantisme, celui de l'emphase et de la fantaisie (Lamartine, Hugo, Musset), et son désir secret était de « *remplacer, un jour, Béranger* » *(ibid.)*. Dès 1860 cependant, année où il devint bachelier — seulement en novembre, après un échec inattendu en août, alors que divers prix et accessits de dissertation française, de version latine, d'excellence et de mathématiques l'avaient couronné dix jours auparavant —, il découvrit conjointement deux maîtres nouveaux : Baudelaire, qui exacerba son idéalisme, et Poe, qui révéla à ce romantique attardé la poétique de l'effet. Après un éphémère début dans l'Enregistrement, Mallarmé préféra, en 1862, la poésie à « *l'abrutissement* » d'une carrière prédestinée. Ce fut l'année de ses premiers articles ***(Hérésies artistiques)*** et poèmes (***Placet***, ***Le Sonneur***) et de la rencontre de ses meilleurs amis : Henri Cazalis, Eugène Lefébure, Henri Regnault. Ce fut aussi l'année où, sous l'alibi professionnel de l'enseignement de l'anglais, il partit pour l'Angleterre se perfectionner dans la langue de Poe et vivre des amours mouvementées avec une gouvernante allemande, Christina Maria Gehrard, qu'il épousa à Londres en août 1863, quelques mois après la mort de son père, Numa Mallarmé. De retour d'Angleterre, le couple s'installa, en septembre de la même année, à Tournon (act. Ardèche), où Mallarmé avait été nommé chargé de cours d'anglais ; commença alors pour le poète une vie d'exil — avec des nominations à Besançon (1866) puis Avignon (1867), avant une mise en congé, à sa demande, début 1870, et une installation à Sens (1871) — et d'ennui, égayée toutefois par la naissance de sa fille Geneviève en 1864, puis de son fils Anatole en 1871. Mais cette âme lamartinienne corrigée par le spleen baudelairien — la 2ᵉ édition des *Fleurs du Mal*, parue début 1861, bouleversa Mallarmé, qui composa, quelque trente ans plus tard, en 1893, le sonnet ***Le Tombeau de Charles Baudelaire*** (publié in *La Plume*, 15 janv. 1895) —, loin de se complaire aux effusions lyriques, invoquait la « *muse moderne de l'Impuissance* » (***Symphonie littéraire***, 1864) et manifestait déjà à l'égard du vers une exigence absolue qui ne voulait rien laisser au hasard, comme en témoigna maint poème, recueilli seulement en 1887 dans ***Poésies*** mais écrit durant ces années à Londres — ***Apparition*** (1863), ***Les Fenêtres*** (1863) —, à Sens — ***Renouveau*** (1862) — ou à Tournon — ***Angoisse*** (1864), intitulé d'abord ***À une putain***, « *Las de l'amer repos [...]* » (1864), ***L'Azur*** (1864), ***Brise marine*** (1865) —, et dont bien des vers immortalisèrent le nom d'un poète alors âgé seulement d'une vingtaine d'années :

La lune s'attristait. Des séraphins en pleurs
Rêvant, l'archet aux doigts, dans le calme des fleurs
Vaporeuses, tiraient de mourantes violes
De blancs sanglots glissant sur l'azur des corolles.
— C'était le jour béni de ton premier baiser.
(***Apparition***, vv. 1 à 5, in ***Poésies***)

Est-il moyen, ô Moi qui connais l'amertume,
D'enfoncer le cristal par le monstre insulté

Et de m'enfuir, avec mes deux ailes sans plume
— Au risque de tomber pendant l'éternité ?
(**Les Fenêtres**, vv. 37 à 40, *ibid.*)

Le printemps maladif a chassé tristement
L'hiver, saison de l'art serein, l'hiver lucide,
Et, dans mon être à qui le sang morne préside
L'impuissance s'étire en un long bâillement.
(**Renouveau**, vv. 1 à 4, *ibid.*)

Je ne viens pas ce soir vaincre ton corps, ô bête
En qui vont les péchés d'un peuple, ni creuser
Dans tes cheveux impurs une triste tempête
Sous l'incurable ennui que verse mon baiser :

Je demande à ton lit le lourd sommeil sans songes
Planant sous les rideaux inconnus du remords,
Et que tu peux goûter après tes noirs mensonges,
Toi qui sur le néant en sais plus que les morts.
(**Angoisse**, vv. 1 à 8, *ibid.*)

Las de l'amer repos où ma paresse offense
Une gloire pour qui jadis j'ai fui l'enfance
Adorable des bois de roses sous l'azur
Naturel, et plus las sept fois du pacte dur
De creuser par veillée une fosse nouvelle
Dans le terrain avare et froid de ma cervelle
(poème sans titre, vv. 1 à 6, *ibid.*)

De l'éternel azur la sereine ironie
Accable, belle indolemment comme les fleurs,
Le poëte impuissant qui maudit son génie
À travers un désert stérile de Douleurs.

[...]

Il roule par la brume, ancien et traverse
Ta native agonie ainsi qu'un glaive sûr ;
Où fuir dans la révolte inutile et perverse ?
Je suis hanté. *L'Azur ! l'Azur ! l'Azur ! l'Azur !*
(***L'Azur***, vv. 1 à 4 et 33 à 36, *ibid.*)

La chair est triste, hélas ! et j'ai lu tous les livres.
Fuir ! là-bas fuir ! Je sens que des oiseaux sont ivres
D'être parmi l'écume inconnue et les cieux !
[...]
Je partirai ! Steamer balançant ta mâture,
Lève l'ancre pour une exotique nature !

[...]

Mais, ô mon cœur, entends le chant des matelots !
(**Brise marine**, vv. 1 à 3, 9-10 et 16, *ibid.*)

La crise d'*Hérodiade*

Mallarmé, émule de Poe, se révéla très vite maître d'une poétique qui se formulait ainsi : « *Peindre, non la chose, mais l'effet qu'elle produit* » (lettre à Cazalis, du 30 oct. 1864). Cette poétique fut à l'origine du double projet, scénique d'abord, puis strictement poétique, d'***Hérodiade***, long poème auquel Mallarmé travailla à partir de 1864, et de ***Faune***, « *intermède héroïque* » dont une partie, le ***Monologue d'un faune***, parut en 1876 sous le titre ***L'Après-Midi d'un faune***. L'un et l'autre étaient conçus avant tout comme un travail sur le vers, et c'est à cette occasion qu'au printemps 1866 Mallarmé fit la découverte du néant, qui consacrait la ruine de l'idéalisme poétique traditionnel, et par là même de l'illusion lyrique du moi : « [...] *en creusant le vers, à ce point, j'ai rencontré deux abîmes qui me désespèrent. L'un est le Néant, auquel je suis arrivé sans connaître le bouddhisme, et je suis encore trop désolé pour pouvoir croire même à ma poésie et me remettre au travail* [...]. *Oui,* je le sais, *nous ne sommes que de vaines formes de la matière, mais bien sublimes pour avoir inventé Dieu et notre âme !* » (lettre à Cazalis, avr. 1866) — l'autre « *abîme* » étant celui de sa santé chancelante. Et Mallarmé de conclure : « [...] *je veux me donner ce spectacle de la matière ayant conscience d'elle et, cependant, s'élançant forcenément dans le Rêve qu'elle sait n'être pas, chantant l'Âme et toutes les divines impressions pareilles* [...] *et proclamant, devant le Rien qui est la vérité, ces glorieux mensonges !* [...] *Je chanterai en désespéré ! » (ibid.).* Suivit une crise de quatre années, au long desquelles Mallarmé chercha un nouveau rapport de la poésie au monde et au moi, et cela par une réflexivité du langage, comme en témoigna le célèbre poème écrit en 1868 et paru en 1887 sous le titre ***Sonnet allégorique de lui-même*** — qu'on appelle aujourd'hui le « *sonnet en -yx* » —, en une version qui, quelque vingt ans plus tard, n'avait que les rimes en commun avec la version originale :

La nuit approbatrice allume les onyx
De ses ongles au pur Crime lampadophore,
Du Soir aboli par le vespéral Phœnix
De qui la cendre n'a de cinéraire amphore

Sur des consoles, en le noir Salon : nul ptyx,
Insolite vaisseau d'inanité sonore,

Car le Maître est allé puiser l'eau du Styx
Avec tous ses objets dont le rêve s'honore.

Et selon la croisée au nord vacante, un or
Néfaste incite pour son beau cadre une rixe
Faite d'un dieu que croit emporter une nixe

En l'obscurcissement de la glace, Décor
De l'absence, sinon que sur la glace encor
De scintillation le septuor se fixe.

(« *Sonnet en -yx* », version de 1868)

Ses purs ongles très haut dédiant leur onyx,
L'Angoisse, ce minuit, soutient,
lampadophore,
Maint rêve vespéral brûlé par le Phénix
Que ne recueille pas de cinéraire amphore

Sur les crédences, au salon vide : nul ptyx,
Aboli bibelot d'inanité sonore,
Car le Maître est allé puiser des pleurs au
Styx
Avec ce seul objet dont le Néant s'honore.

Mais proche la croisée au nord vacante, un
or
Agonise selon peut-être le décor
Des licornes ruant du feu contre une nixe,

Elle, défunte nue en le miroir, encor
Que, dans l'oubli fermé par le cadre, se fixe
De scintillations sitôt le septuor.

(« *Sonnet en -yx* », version de 1887)

La lecture de Descartes en 1869, et l'apprentissage de la philologie, en permettant de théoriser l'idée de fiction, favorisèrent la résolution d'une crise que le poète voulut exorciser définitivement à travers le conte — resté inachevé — d'***Igitur ou la Folie d'Elbehnon***.

Un « *littérateur pur et simple* »

Après avoir obtenu, en 1869, un congé de vingt mois, Mallarmé retrouva un poste à Paris à la fin de 1871, au lycée Fontanes (act. lycée Condorcet). À cette date parut, dans le 2e *Parnasse contemporain*, la ***Scène*** d'***Hérodiade***, seule partie de cette œuvre — restée inachevée —, qui fût publiée du vivant de Mallarmé. Commença alors une vie nouvelle d'homme de lettres, aux activités multiples, de journaliste — depuis des articles sur l'Exposition de Londres à la rédaction, sous divers pseudonymes, d'un journal de mode, ***La Dernière Mode. Gazette du monde et de la famille*** (1874) —, de critique littéraire — avec les ***Gossips***, c'est-à-dire les potins, de l'*Athenaeum* — et pictural, défenseur de Manet et des impressionnistes — de traducteur des poèmes de Poe, d'éditeur du *Vathek* de Beckford, en 1876, pour lequel il rédigea une longue ***Préface*** —, d'auteur d'ouvrages scolaires — ***Les Mots anglais*** (1877), ***Les Dieux antiques*** (1880) —, et naturellement de poète, avec le collectif *Tombeau de Théophile Gautier* (1873), incluant son ***Toast funèbre***, ***L'Après-midi d'un faune***, refusé par Anatole France et le *Parnasse contemporain*, et publié en édition de luxe, illustré par Manet (avr. 1876), ***Le Tombeau d'Edgar Poe*** (déc. 1876) :

Tel qu'en Lui-même enfin l'éternité le
change,
Le Poëte suscite avec un glaive nu
Son siècle épouvanté de n'avoir pas connu
Que la Mort triomphait dans cette voix
étrange !

[...]

Du sol et de la nue hostiles, ô grief !
Si notre idée avec ne sculpte un bas-relief
Dont la tombe de Poe éblouissante s'orne,

Calme bloc ici-bas chu d'un désastre obscur,
Que ce granit du moins montre à jamais sa
borne
Aux noirs vols du Blasphème épars dans le
futur.

(***Le Tombeau d'Edgar Poe***, vv. 1 à 4 et 9 à 14)

Derrière cette activité publique ponctuée, à partir de 1874, par les étés à Valvins, près de Fontainebleau, où Mallarmé louait une maison en bord de Seine, et marquée par la rencontre, chez Manet, en 1876, de la demi-mondaine Méry Laurent — qu'il aima passionnément jusqu'à sa mort —, les années 1870 furent consacrées, dans la lignée d'un projet de thèse — avorté — sur le langage et la divinité, à l'élaboration d'une pensée qui devait servir, aux yeux du poète, de fondement scientifique à son œuvre. Mais cette décennie s'acheva surtout sur un drame personnel, avec la mort — des suites d'une endocardite — à 8 ans, en 1879, de son fils Anatole, drame dont témoignent des notes destinées à un ***Tombeau d'Anatole*** jamais achevé — et qui ont permis à Jean-Pierre Richard de publier *Pour un Tombeau d'Anatole* en 1961.

Le maître des Mardis

Malgré la diversité de ses activités, les années 1870 restèrent, pour Mallarmé, des années d'obscurité. C'est la publication des *Poètes maudits* de Verlaine (dans la revue *Lutèce* en 1883, puis en volume en 1884) et surtout celle d'*À rebours* de Huysmans (1884 — avec un chap. XIV tout à la gloire de l'auteur d'***Hérodiade***) qui le révélèrent à un public plus large et firent de lui le maître des générations nouvelles. Mallarmé répondit à l'hommage de Huysmans avec les 14 quatrains octosyllabiques de sa célèbre ***Prose*** sous-titrée ***pour Des Esseintes*** (in *La Revue indépendante*, janv. 1885), « *quintessence de l'inintelligible* » selon Thibaudet, mais véritable profession de foi littéraire mallarméenne. Au milieu des années 1880, Mallarmé — nommé, à la rentrée 1884, professeur d'anglais au lycée Janson-de-Sailly, à Paris (act. XVIe arrond^{nt}) — était au centre de l'effervescence poétique : s'il resta en retrait du tapage symboliste (Jean Moréas, René Ghil) qui se réclamait un peu abusivement de lui, il en formula les véritables enjeux. Inaugurés fin 1877, interrompus plusieurs années et repris en 1884, ses Mardis — expression désignant les réunions poétiques hebdomadaires qu'il tenait le soir dans son petit appartement parisien du 87, rue de Rome (act. XVIIe arrond^{nt}) — furent, pour les jeunes gens de la génération de 1870, une découverte de l'absolu littéraire : le maître y improvisait une « *divagation* » très chaleureuse et théâtralisée, avec des gestes « *un peu de prêtre, un peu de danseuse* » (Georges Rodenbach), à l'opposé de l'image de pure cérébralité qui lui reste aujourd'hui associée. Jarry, Claudel, Gide, Valéry entrèrent en littérature auprès de Mallarmé comme on entre en religion. Reconnu sans être toujours bien compris, le maître des Mardis se partagea désormais entre les servitudes de la renommée — réponses à des enquêtes, « *vers de circonstance* », pour reprendre le titre que la fille et le gendre du poète donnèrent à un recueil posthume de poèmes composés entre 1881 et 1898, paru en 1920 — et l'élaboration secrète de son œuvre, tout en donnant à divers journaux et revues des chroniques — reprises avec ses poèmes en prose, en 1897, sous le titre ***Divagations*** —, où il définissait sur le mode allusif sa doctrine poétique et levait parfois un coin du voile sur son ambition véritable, ou son utopie, celle du ***Livre*** qui serait « *l'explication orphique de la Terre, qui est le seul devoir du poète et le jeu littéraire par excellence* » (lettre à Verlaine, du 16 nov. 1885).

En ces années de gloire, le familier des Mistral, Aubanel, Mendès, Banville, Heredia, Villiers, Cros, qui avait jadis rencontré Rimbaud (en 1872) puis Zola (en 1874) et naguère été reçu par Hugo (en 1878) puis par Montesquiou Fezensac — modèle du Des Esseintes de Huysmans —, s'employa à honorer la mémoire de prestigieux disparus, dont certains étaient ses amis : Wagner (1883), pour qui il écrivit l'étude ***Richard Wagner. Rêverie d'un poète français*** (in *La Revue wagnérienne*, 8 août 1885) et le sonnet ***Hommage*** (*ibid.*, 1886) — célébrant *Le dieu Richard Wagner irradiant un sacre / Mal tu par l'encre même en sanglots sibyllins* (vv. 13-14) —, Manet (1883), Hugo (1885), Villiers de L'Isle Adam (1889) — sur les derniers mois duquel, avec Huysmans, il veilla fraternellement — Banville (1891). Entre-temps, en 1887, son ami Dujardin publia aux éditions de *La Revue indépendante* — qu'il dirigeait, de même que *La Revue wagnérienne* — le recueil ***Poésies de Stéphane Mallarmé***, édition photolithographiée à 47 exemplaires, parue en 9 « *cahiers* » reproduisant en fac-similé le manuscrit définitif de 35 poèmes, entre avril et octobre 1887. À la fin de cette même année, Mallarmé autorisa l'éditeur belge Albert de Nocée à publier le fascicule ***Album de Vers et de Prose***, reproduisant 9 pièces de ***Poésies***. Au début de 1888, il rencontra le peintre américain Whistler, dont il publia, dès la même année, sa traduction du ***Ten O'Clock***, puis Mirbeau. Début 1890, il fit une tournée de conférences en Belgique, sur son ami Villiers disparu six mois auparavant, puis prononça la même conférence, à son retour à Paris, chez Berthe Morisot (27 févr.) — peintre à la mort de laquelle, en 1895, Mallarmé devint le tuteur de la fille Julie. Cette même année 1890, il compta Pierre Louÿs parmi les « *Mardistes* » et reçut la première lettre de Valéry, fervent admirateur montpelliérain qui rendit visite au maître un an plus tard, tout comme Gide. Chroniqueur au *National Observer* entre mars 1892 et juillet 1893, Mallarmé publia chez Perrin, à Paris, ***Vers et Prose*** (1893), recueil qui reprenait 21 pièces de ***Poésies***. En congé pour maladie plus de six mois en 1891, puis de nouveau en 1893, enfin admis alors à la retraite, il séjourna en Angleterre, début 1894, invité à Oxford et à Cambridge. Deux ans plus tard, il fut élu « *Prince des Poètes* », succédant à son ami Verlaine, décédé le 8 janvier 1896, à la mémoire duquel il composa un ***Tombeau***, paru dans *La Revue blanche* pour le 1er anniversaire de cette disparition (janv. 1897), quelques jours avant la publication, chez Charpentier, de ***Divagations***. Entre-temps, le jeune Proust avait fait paraître « Contre l'obscurité » (in *La Revue blanche*, 15 juil. 1896), article hostile aux jeunes symbolistes, auquel le poète avait répliqué avec « Le Mystère dans les Lettres » (*id.*, 1er sept. 1896). Début 1897, les « *Mardistes* » célébrèrent leur maître sous la forme d'un banquet (2 févr.) organisé par Valéry, puis d'une cérémonie (23 mars) à l'occasion de laquelle 23 de ses disciples — dont Pierre Louÿs, Henri de Régnier, Claudel, Valéry, Rodenbach, Verhaeren — lui remirent un album constitué de 23 poèmes autographes, cinq jours après son 55e anniversaire. Mallarmé était alors occupé à la publication du poème en prose ***Un coup de dés jamais n'abolira le hasard*** (in *Cosmopolis*, 4 mai 1897), qui révélait une logique poétique nouvelle faisant du poème une partition spatiale.

S'agissait-il là d'un fragment du grand œuvre rêvé ou d'une œuvre à part ? La mort prématurée du poète — d'étouffement, à Valvins, le 9 septembre 1898 — laissa la question en suspens, et une œuvre inachevée : s'il put féliciter Zola pour son article « *J'Accuse !...* » en faveur de Dreyfus (13 janv. 1898), Mallarmé ne vit pas paraître l'édition définitive, chez l'éditeur belge Deman, de ses ***Poésies*** (posth., 1899), ni celle, conforme à ses vœux, du ***Coup de dés*** ; il n'acheva pas non plus les ***Noces*** d'***Hérodiade*** qui devaient compléter la ***Scène*** publiée en 1871, et ne subsistèrent, du rêve du ***Livre***, que des notes succinctes.

À ses obsèques, au cimetière de Samoreau (act. Seine-et-Marne), assistaient notamment les frères Natanson — responsables de *La Revue blanche* —, Rodin, Renoir, Heredia, Jarry et Valéry.

THÉORIE LITTÉRAIRE

La poétique de Mallarmé s'exprime non seulement dans des « lieux » théoriques traditionnels (préfaces), mais aussi dans la fidèle correspondance qu'il entretint avec quelques amis, dont le médecin-poète Cazalis, dans certains poèmes propres à l'autoréflexion critique — ses ***Tombeaux*** —, et surtout dans l'ensemble d'une œuvre dont les principaux thèmes (l'impuissance, la page blanche, la constellation, la virginité...) se prêtent à la description métaphorique de l'acte d'écrire par lui-même. Mieux même, Mallarmé a quasiment inventé un nouveau genre, le « poème en prose théorique », avec des textes comme ***Le Démon de l'analogie***. Dans sa lettre autobiographique à Verlaine, en 1885, il s'est plu à relever, en guise de mythe de l'origine, l'atavisme de deux écritures rivales, celle, instrumentale et laborieuse, des plumitifs, et celle, aimable et désintéressée, de l'écrivain, mettant ainsi, au principe de son destin de poète, l'éternel conflit de l'idéal et du réel. À 20 ans, il se scandalisait déjà que la poésie fût enseignée dans les collèges et diffusée en éditions à bon marché : « *Toute chose sacrée et qui veut demeurer sacrée s'enveloppe de mystère* » (art. — intitulé par dérision — « L'Art pour tous », in ***Hérésies artistiques***, 1862). Plus tard, Mallarmé s'est employé à définir un « *double état de la parole* » (***Crise de vers***, in ***Variations sur un sujet***, 1895), opposant la logique symbolique de la poésie à la logique économique du langage courant, la littérature à « *l'universel reportage* », et la conscience de soi du langage à toutes les illusions réalistes et naturalistes. L'hermétisme du poète, tels les « *fermoirs d'or des vieux missels* » (« L'Art pour tous », *op. cit*) trouve ici l'une de ses fonctions : tenir le profane à distance. Il résulte aussi de la fascination pour le néant, dont Mallarmé prit conscience lors de la crise métaphysique traversée en 1866, à Tournon : « *Nous ne sommes que de vaines formes de la matière, mais bien sublimes pour avoir inventé Dieu et notre âme* » (lettre à Cazalis, 28 oct. 1866). Il ne se soucia désormais que du « *spectacle de la matière ayant conscience d'elle et cependant, s'élançant forcenément dans le Rêve qu'elle sait n'être pas* ». Mallarmé étendit cette conception idéaliste à d'autres arts. Ainsi, « *la danseuse* n'est pas une femme qui danse, *pour ces motifs juxtaposés qu'elle* n'est pas une femme, *mais une métaphore résumant un des aspects élémentaires de notre forme, glaive, coupe, fleur, etc., et* qu'elle ne danse pas, *suggérant, par le prodige de raccourcis ou d'élans, avec une écriture corporelle ce qu'il faudrait des paragraphes en prose dialoguée autant que descriptive, pour exprimer, dans la rédaction : poëme dégagé de tout appareil du scribe* » (***Ballets***, in ***Crayonné au théâtre***). L'essence d'un objet, aux yeux de Mallarmé, c'est son absence : l'*évoquer* est l'unique but de la littérature, non en le nommant à la manière des Parnassiens, mais en le *suggérant* d'une façon qui oblige le lecteur à « *une série de déchiffrements* » (***Réponse à l'enquête de Jules Huret, sur l'évolution littéraire***, 1891).

Fasciné par le langage et par ses puissances incitatives, Mallarmé a songé un instant à faire une thèse de linguistique, et ses ***Mots anglais*** font partie, intégralement, de sa poétique. Cette esthétique où le poète paraît céder l'initiative au mot, où le verbe semble servir à congédier la réalité autant qu'à en susciter l'image est explicitée dans l'***Avant-Dire au « Traité du verbe » de René Ghil*** (1886) : « *À quoi bon la merveille de transposer un fait de nature en sa presque disparition vibratoire selon le jeu de la parole cependant, si ce n'est pour qu'en émane, sans la gêne d'un proche ou concret rappel, la notion pure ? / Je dis : une fleur ! et, hors de l'oubli où ma voix relègue aucun contour, en tant que quelque chose d'autre que les* *calices sus, musicalement se lève, idée même et suave, l'absente de tous bouquets.* »

C'est la vertu incantatoire du vers « *qui de plusieurs vocables refait un mot total, neuf, étranger à la langue* » *(ibid.)*, en une alchimie mystérieuse, une « retrempe » où éclatent les polyphonies sémantiques et sonores ; loin d'engendrer un formalisme stérile, les « *paroles inconnues* » (***Le Démon de l'analogie***, in ***Poèmes en prose***, 1864) surgies sur les lèvres du poète naissent d'un hasard qu'elles abolissent. Dans la poésie essentiellement musicale de Mallarmé, les silences — ou les blancs typographiques — jouent un rôle essentiel : « *Je* [...] *reconnus en le son* nul *la corde tendue de l'instrument* [...] » *(ibid.)*. Sa poétique culmine avec le rêve d'un texte où l'« *on évite le récit* » pour disposer sur la page les « *subdivisions prismatiques de l'Idée* » (***Préface*** au ***Coup de dés***).

THÉORIE LITTÉRAIRE

En disparaissant à 56 ans, l'ancien professeur d'anglais souvent chahuté par ses élèves, qui avait patienté plus de vingt ans avant de connaître la consécration littéraire, mourut en pleine gloire mais donna naissance à la poésie moderne. Sa hantise du Néant, de la page blanche, sa quête énigmatique d'absolu, son obsession de la musicalité comme son attachement à la présentation visuelle de ses poèmes — confirmant son ouverture constante à tous les autres arts : théâtre, musique, peinture —, ont dominé toute la création du XXe siècle : plus d'un siècle après sa disparition, Mallarmé n'était toujours pas mort.

La musique des mots

L'univers poétique de Mallarmé ne doit que peu à l'exotisme. Même l'« *exotique nature* » de ***Brise marine*** (v. 10), à l'époque où le poète multiplie les variations sur le spleen et l'idéal baudelairiens, n'a d'exotique que le mot, et la mythique « *Paphos* » sur laquelle se referme le recueil ***Poésies*** est moins un lieu qu'un nom qui rime avec « *faux* » (« *Mes bouquins refermés [...]* », vv. 1 et 8). L'auteur de ***L'Après-Midi d'un faune*** garde sans doute un rapport privilégié à la mythologie — sirènes, nymphes, licornes, nixes, sylphes ou chimères hantent ses poèmes —, mais celle-ci renvoie bien moins à une mythologie reconstituée ou rêvée qu'à des figures du langage, comme le rappelle cet aveu à propos d'***Hérodiade*** : « *Le peu d'inspiration que j'ai eu, je le dois à ce nom, et je crois que si mon héroïne s'était appelée Salomé, j'eusse inventé ce mot sombre et rouge comme une grenade ouverte, Hérodiade* » (lettre du 18 févr. 1865). Au commencement est le mot. Mais, si Mallarmé refuse les facilités de l'exotisme géographique, historique ou mythologique, s'il n'y a pas, dans son œuvre, de *Poèmes antiques* ou de *Légende des siècles*, il n'y a pas non plus de *Tableaux parisiens* — sauf dans ***Angoisse***, dans ***Le Tombeau de Charles Baudelaire***, ou dans les ***Chansons bas*** (reprises des ***Types de Paris*** et recueillies in ***Poésies***) :

> *Car le Vice, rongeant ma native noblesse*
> *M'a comme toi marqué de sa stérilité,*
> *Mais tandis que ton sein de pierre est habité*
>
> *Par un cœur que la dent d'aucun crime ne blesse,*
> *Je fuis, pâle, défait, hanté par mon linceul,*
> *Ayant peur de mourir lorsque je couche seul.*
>
> (***Angoisse***, vv. 9 à 14, in ***Poésies***)

Mallarmé est d'abord un poète de chambre ou de salon. L'espace poétique privilégié est domestique, espace familier à l'égal du traditionnel sonnet, et réduit à quelques éléments : crédence ou console, lit, tenture, lampe, fenêtre et miroir. C'est la chambre d'***Hérodiade***, d'***Igitur***, de « *Victorieusement fui [...]* » ou du triptyque des ***Sonnets I, II, III*** de « *la chambre ancienne* » — « *Tout orgueil fume-t-il du soir [...]* », « *Surgi de la croupe et du bond [...]* », « *Une dentelle s'abolit [...]* » (in ***Poésies***) —, le salon du « *sonnet en -yx* » ; chambre noire de l'écriture ou de la création, ouverte par la fenêtre sur un ciel crépusculaire ou nocturne, qui périme les rêves anciens de paradis, mais liée aussi à une profondeur souterraine ou subconsciente — rêverie minérale d'***Hérodiade***, descente dans les escaliers d'***Igitur***, descente aux enfers du « *sonnet en -yx* ». Cette descente aux enfers ne vise pas à ressusciter une Eurydice à jamais défunte, ni à retrouver un paradis perdu, mais fait du poème le lieu d'un ressaisissement en profondeur du langage :

> *Le vierge, le vivace et le bel aujourd'hui*
> *Va-t-il nous déchirer avec un coup d'aile ivre*
> *Ce lac dur oublié que hante sous le givre*
> *Le transparent glacier des vols qui n'ont pas fui !*
>
> (poème sans titre, vv. 1 à 4, *ibid.*)

C'est à ce prix que la poésie peut retrouver une dimension cosmique, celle du ***Coup de dés***, qui n'a pas d'autre lieu que l'espace, fictif, du poème, ni d'autre instrument, comme dans le « *sonnet en -yx* », que la réflexion poétique.

Au regard de cette logique, les nombreux ***Tombeaux*** et ***Éventails*** mallarméens ne sont pas que des concessions poétiques à la circonstance : le poème est à la fois lieu de mort, tombeau de mots, et, à l'égal de l'éventail, simulacre du vol *Dont le coup prisonnier / Recule l'horizon délicatement* (***Autre Éventail***, vv. 7-8, in ***Poésies***), suggérant ainsi un autre paradis, « *le ciel métaphorique qui se propage à l'entour de la foudre du vers* » ***(Crayonné au théâtre)***.
Si Mallarmé a imposé l'idée d'une poésie difficile, voire hermétique, il faut confronter cette « difficulté » à son admiration totale pour la musicalité verlainienne ou, paradoxale, pour la prose « informative » et sensuelle d'un Zola. Et d'abord en notant qu'elle ne tient pas, comme chez tant d'auteurs symbolistes ou décadents, à de simples artifices lexicaux : les mots rares n'apparaissent guère que par défi momentané à une difficulté préprogrammée, dans le « *sonnet en -yx* ». Mallarmé se voulait lui-même, plutôt, un « syntaxier ». De fait, son écriture joue de nombreuses disjonctions prosodiques — *Une ligne d'azur mince et pâle serait / Un lac* (« *Las de l'amer repos [...]* », vv. 24-25, *ibid.*) — et syntaxiques, que peut accompagner un tour archaïque jouant sur antépositions et postpositions de termes : *Ces nymphes, je les veux perpétuer* (***L'Après-Midi d'un faune***, v. 1, *ibid.*).
Mais, au travers d'une forme aussi resserrée que possible, il s'agit d'atteindre une tension qui permet l'échange de l'objet et de sa représentation :

> *Non loin de trois grands cils d'émeraude, roseaux*
> (« *Las de l'amer repos [...]* », v. 28, *ibid.*)

ou qui creuse d'un même mouvement d'emboîtements la syntaxe et le temps :

> *Et la bouche, fiévreuse et d'azur bleu vorace,*
> *Telle, jeune, elle alla respirer son trésor,*
> *Une peau virginale et de jadis ! encrasse*
> *D'un long baiser amer les tièdes carreaux d'or.*
> (***Les Fenêtres***, vv. 9 à 12, *ibid.*)

Le poète double ainsi les contraintes externes de la versification par une surmotivation interne des mots, qui peut jouer de l'allusion érotique, de l'ironie et des calembours :

> *Apte à ne point te cabrer, hue !*
> *Poste et j'ajouterai : dia !*
> *Si tu ne fuis 11 bis, rue*
> *Balzac chez cet Heredia.*
> (***Écrivains***, IV, vv. 13 à 16, in ***Les Loisirs de la poste***)

ou qui peut jouer sur l'étymologie (par exemple « *atterrant* », « *hagarde* » ou « *navrant* » dans ***L'Azur***, vv. 6 à 8) mais qui use surtout de toutes les ressources du contexte, notamment de l'hypallage :

> *Mordant au citron d'or de l'idéal amer.*
> (***Le Guignon***, v. 9, in ***Poésies***)

La quête mallarméenne consiste à rendre au langage, qui n'est plus l'écho de la parole divine, une densité, une opacité renvoyant, contre toutes les transparences illusoires, à un mystère originel — certes linguistiquement discutable — des lettres, en même temps qu'à une nécessité immanente capable de vaincre le hasard « *mot par mot* ». Cet autre usage de la parole qui « *cède l'initiative aux mots* » et veut « *reprendre à la musique son bien* », appelle évidemment une autre lecture que celle — linéaire et cursive — de la prose périssable du journal. Au nom de cette logique, qui accorde aux blancs du poème autant d'importance qu'au texte, Mallarmé, dès 1886, avait expérimenté l'absence de ponctuation avant d'inventer, dans le ***Coup de dés***, rêve du « *livre total* », une typographie spatiale ou musicale. On ne s'étonnera donc pas qu'après Debussy et Ravel, Boulez ait été séduit par le « *pli selon pli* » (***Remémoration d'amis belges***, v. 4, *ibid.*) de cette orchestration des mots sur la page devenue partition.

Une gloire obscurcie par la glose

Bien qu'elle eût suscité fort tôt la sagacité des exégètes, l'œuvre de Mallarmé dut attendre longtemps pour qu'on en prît une plus juste mesure : ce n'est qu'en 1945 en effet que furent rassemblées, par Henri Mondor et G. Jean-Aubry, ses ***Œuvres complètes*** (plus de 1 300 pages !). Encore fallut-il attendre la fin des années 1950 pour voir paraître les ultimes reliques des grands projets inaboutis : le ***Livre*** en 1957, ***Les Noces*** d'***Hérodiade*** en 1959, les notes du ***Tombeau d'Anatole*** publiées par Jean-Pierre Richard en 1961. Si la veine exégétique, acharnée à réduire les difficultés d'une poésie énigmatique entre toutes, voire à en donner platement les « clés », ne s'est guère tarie jusqu'à nos jours — au risque d'une surenchère dans l'obscurcissement, dont a témoigné, lors de la célébration du centenaire de la mort du poète, en 1998, la polémique nourrie par Henri Meschonnic contre Jacques Rancière et Yves Bonnefoy, jugés coupables d'accroître l'obscurité mallarméenne —, c'est que l'œuvre de Mallarmé contient toutes les grandes interrogations du XXᵉ siècle sur la littérature. Après le théoricien de la poésie pure popularisé par Valéry, après le héros de la négativité revu par Blanchot et corrigé par Sartre, Mallarmé devint, à la fin des années 1950, la figure par excellence d'une modernité qui visait à tout repenser de l'intérieur du langage, en même temps que son œuvre offrait un champ privilégié d'expérimentation à toutes les formes de la nouvelle critique : thématique avec Jean-Pierre Richard (*L'Univers imaginaire de Mallarmé*, 1961), psycho-critique avec Charles Mauron (*Introduction à la psychanalyse de Mallarmé*, 1950), sociologique et psychanalytique avec Julia Kristeva (*La Révolution du langage poétique*, 1974), philosophique avec Jacques Derrida (*La Dissémination*, 1972). Le centenaire de 1998, préparé par la contribution décisive de Paul Bénichou (*Selon Mallarmé*, 1995) — montrant que, pour être réelle, l'obscurité du poète n'est pas « *élitiste* » et qu'elle est délibérément accompagnée des clés de son élucidation —, a donné lieu à quantité de manifestations, colloques, animations et publications, dont une nouvelle édition des ***Œuvres complètes*** dans la « Bibliothèque de la Pléiade », par Bertrand Marchal, et une biographie remarquée due à Jean-Luc Steinmetz, quelque soixante ans après la monumentale *Vie de Mallarmé* d'Henri Mondor. Mais, par-delà ces variations liées aux modes intellectuelles, l'œuvre poétique et critique de Mallarmé demeure le lieu d'une réflexion fondamentale non seulement sur la poésie mais aussi sur l'homme, le langage et la société.

ŒUVRES

L'Après-Midi d'un faune

Poème constitué de 110 alexandrins, sous-titré ***Églogue*** et paru chez l'éditeur Derenne, le 27 avril 1876, puis recueilli dans le 6ᵉ des 9 cahiers de ***Poésies***, publiés entre avril et octobre 1887 aux éditions de *La Revue indépendante*, sous la direction d'Édouard Dujardin.

Le monologue qui donne sa forme au poème est celui d'un faune qui, à son réveil, est incertain de la réalité des deux nymphes dont il garde le souvenir ; cherchant à prolonger son illusion par la musique et la parole, le faune s'abandonne à un rêve qui se lit comme un hymne à la fiction et à la sensualité : *Ces nymphes, je les veux perpétuer. / Si clair, / Leur incarnat léger, qu'il voltige dans l'air / Assoupi de sommeils touffus. // Aimai-je un rêve ?* (vv. 1 à 3).

Par le traitement de l'alexandrin, par l'utilisation des blancs et la disposition des vers en escalier, par les variations typographiques (romains, italiques, petites capitales), ***L'Après-Midi d'un faune*** inaugure une modulation musicale de la forme poétique, et préfigure, de ce point de vue, la partition d'***Un coup de dés jamais n'abolira le hasard*** (1897).

Destiné à l'origine au théâtre, comme ***Hérodiade***, le ***Faune***, entrepris en juin 1865, fut refusé par la Comédie-Française en septembre de la même année et converti alors en poème. À cette date, il s'agissait d'un « *intermède héroïque* » (lettre à Cazalis, juin 1866) comportant 3 morceaux : ***Monologue d'un faune***, ***Dialogue des nymphes***, ***Réveil du faune***, et peut-être un finale — l'ensemble devant représenter près de 400 vers. Mallarmé se remit au ***Faune*** à l'été de 1866 après la crise décisive du printemps puis l'abandonna jusqu'en 1875 où le 1ᵉʳ morceau, rebaptisé ***Improvisation d'un faune***, fut envoyé à l'éditeur Lemerre pour le 3ᵉ *Parnasse contemporain*. Refusé en raison de l'opposition d'Anatole France, le poème fut publié l'année suivante en édition de luxe — papier fait à la main, caractères typographiques elzévirs spécialement gravés —, chez Alphonse Derenne, avec des illustrations de Manet, sous son titre définitif.

Avec ***Hérodiade***, ***L'Après-Midi d'un Faune*** fut le poème le plus souvent repris de Mallarmé. Par son érotisme — *Je t'adore, courroux des vierges, ô délice / Farouche du sacré fardeau sur qui se glisse / Pour fuir ma lèvre en feu buvant, comme un éclair / Tressaille ! la frayeur secrète de la chair* (vv. 75 à 78) —, il révéla aussi un Mallarmé précisément faunesque, poète solaire du désir. Dans *À rebours* (1884), Huysmans encensa cette « *églogue, où les subtilités des joies sensuelles se déroulaient en des vers mystérieux et câlins que trouaient tout à coup ce cri fauve et délirant du faune* [...] *cet extraordinaire poème,* [où] *des surprises d'images nouvelles et invues surgissaient, à tout bout de vers, alors que le poète décrivait les élans, les regrets du chèvre-pied contemplant sur le bord du marécage les touffes des roseaux gardant encore, en un moule éphémère, la forme creuse des naïades qui l'avaient empli* » (chap. XIV). ***L'Après-Midi d'un Faune*** connut plusieurs éditions du vivant du poète, et suscita, en 1894, le *Prélude à l'Après-midi d'un faune* de Debussy, dont Mallarmé déclara, après la première audition : « [...] *cette musique prolonge l'émotion de mon poème et* *en situe le décor plus passionnément que la couleur »* (lettre de Debussy à G. Jean-Aubry, 25 mars 1910).

***Un coup de dés** jamais n'abolira le hasard*

Poème paru en mai 1897 dans la revue *Cosmopolis*, sous le titre UN COUP DE DÉS, et publié posthume en volume aux Éditions de la *NRF*, en 1914.

Un thème repris du conte inachevé d'***Igitur*** — *« dans un acte où le hasard est en jeu, c'est toujours le hasard qui accomplit sa propre Idée en s'affirmant ou se niant »* — se trouve ici orchestré sous la forme d'un drame cosmique qui met en scène un nouvel Hamlet, maître d'un navire en perdition, hésitant à jeter les dés contre les éléments déchaînés, avant que, sur le naufrage avéré, n'apparaisse, comme au dernier vers du *« sonnet en -yx »*, un autre coup de dés, celui d'une constellation.

Si le thème est ancien, la nouveauté essentielle réside dans la forme, qui fait du poème, disposé sur l'espace de la double page, une partition, par les variations typographiques (italiques, romains, petites et grandes capitales, minuscules, taille des caractères), la ponctuation seulement spatiale, et un tableau en mouvement, par la disposition idéographique des mots. La phrase-titre du poème est constituée des éléments — en capitales — composés dans le corps et la graisse typographiquement les plus forts et séparés — entre *« JAMAIS »* et *« N'ABOLIRA »*, puis *« LE HASARD »* — par plusieurs pages de texte, ce qui aboutit à la lecture suivante : **UN COUP DE DÉS JAMAIS [...] N'ABOLIRA [...] LE HASARD**. Et la dernière phrase — pas plus ponctuée que les autres — affirme : *Toute Pensée émet un Coup de Dés.* ***Un coup de dés*** inaugure ainsi une forme poétique nouvelle qui transgresse les contraintes de la linéarité et de son support privilégié, le récit, pour servir une écriture de la pure virtualité.

Paru en édition préoriginale dans *Cosmopolis*, sous une forme restée contrainte par les normes d'une revue — disposition du texte sur la page simple et non sur la double page —, ***Un coup de dés*** devait être publié en édition de luxe chez Ambroise Vollard, avec des illustrations d'Odilon Redon. Mais le projet resta à l'état d'épreuves corrigées à la mort de Mallarmé, et l'édition originale ne parut qu'en 1914, sans les illustrations.

Fragment du grand œuvre rêvé ou simple exercice de style, ce poème, qui élevait, selon le mot de Valéry, *« une page à la puissance du ciel étoilé » (Variété II)*, ouvrit la voie aux *Calligrammes* d'Apollinaire et à toute une part de la modernité poétique vouée au texte-objet dans l'espace clos de la page blanche.

CITATIONS

Que tout poème composé autrement qu'en vue d'obéir au vieux génie du vers, n'en est pas un...
Solennité, in *Crayonné au théâtre*.

Le Néant parti, reste le château de la pureté
Igitur, V.

Oui, que la littérature existe et, si l'on veut, seule, à l'exception de tout.
La Musique et les Lettres.

[...] tout hasard doit être banni de l'œuvre moderne et n'y peut être que feint.
Le Corbeau, in *Les Poèmes d'Edgar Poe*.

Ô Mort le seul baiser aux bouches taciturnes !
Le Guignon, in *Poésies*.

La cueillaison d'un Rêve au cœur qui l'a cueilli.
Apparition, in *Poésies*.

L'hiver, saison de l'art serein, l'hiver lucide.
Renouveau, in *Poésies*.

De l'éternel azur la sereine ironie
Accable, belle indolemment comme les fleurs,
Le poète impuissant qui maudit son génie
À travers un désert stérile de Douleurs.
L'Azur, in *Poésies*.

J'aime l'horreur d'être vierge [...]
Hérodiade, in *Poésies*.

Le vierge, le vivace et le bel aujourd'hui
Plusieurs Sonnets, in *Poésies*, II.

Fantôme qu'à ce lieu son pur éclat assigne,
Il s'immobilise au songe froid de mépris
Que vêt parmi l'exil inutile le Cygne.
Plusieurs Sonnets, in *Poésies*, II.

Aboli bibelot d'inanité sonore
Plusieurs Sonnets, in *Poésies*, V.

Tel qu'en Lui-même enfin l'éternité le change,
Le Poète suscite avec un glaive nu
Son siècle épouvanté de n'avoir pas connu
Que la mort triomphait dans cette voix étrange !
Le Tombeau d'Edgar Poe, in *Poésies*.

Calme bloc ici-bas chu d'un désastre obscur.
Le Tombeau d'Edgar Poe, in *Poésies*.

Nommer un objet, c'est supprimer les trois quarts de la jouissance du poème qui est faite de deviner peu à peu : le *suggérer*, voilà le rêve.
Sur l'évolution littéraire, in *Proses diverses*.

Au fond, voyez-vous [...] le monde est fait pour aboutir à un beau livre.
Sur l'évolution littéraire, in *Proses diverses*.

Sait-on ce que c'est qu'écrire ? Une ancienne et très vague mais jalouse pratique, dont gît le sens au mystère du cœur.
Villiers de L'Isle-Adam, in *Quelques médaillons et Portraits en pied*.

Je dis : une fleur ! et, hors de l'oubli où ma voix relègue aucun contour, en tant que quelque chose d'autre que les calices sus, musicalement se lève, idée même et suave, l'absente de tous bouquets.
Crise de vers, in *Variations sur un sujet*.

JUGEMENTS

« *Par son acuité, l'œuvre de Mallarmé pénétrera des coins secrets de notre tempérament ; elle nous intéressera toujours à cause de son esthétique.* [...] *Paisible,* [...] *il aspire simplement à ramasser dans un vers tout un poème, à formuler la vie et le tumulte d'une époque dans un mot* [...].
Des vers d'une fière venue semés çà et là acquièrent un éclat superbe de l'obscurité même du fond. [...] *Cette poésie symbolique est un excitant qui n'assouvit pas. Que demandez-vous ici de la passion, d'éloquents lieux communs ! Allez à d'autres clairons !* [...] *Il faut lire ces poèmes avec des lunettes au cerveau, pour ainsi dire.* »
Maurice BARRÈS, in *Les Taches d'encre*, n° 2, décembre 1884.

« *Mallarmé, sorte de Hamlet de l'écriture, exprime bien ce moment fragile de l'Histoire, où le langage littéraire ne se soutient que pour mieux chanter sa nécessité de mourir.* »
Roland BARTHES, *Le Degré zéro de l'écriture*, Seuil, 1953.

« *On se demande pourquoi Mallarmé a voulu être obscur. Il faudrait aussi se demander pourquoi, cent ans après sa mort, certains de ses admirateurs tiennent tant à ce qu'il le reste.* [...]
[...] *il faut absolument partir de ce fait : Mallarmé a inclus lui-même dans ses vers, en l'occultant par divers procédés formels, un sens logique. Il y a là un évident message à notre intention, auquel il serait aberrant de vouloir rester sourd. Ce sens, qui est de lui, est une partie intégrante du poème.* »
Paul BÉNICHOU, « Paul Bénichou : sens et obscurité selon Mallarmé », entretien avec Jean-Luc STEINMETZ, in *Magazine littéraire*, septembre 1998.

« *M. Stéphane Mallarmé qui, dès ses débuts, s'est révélé inintelligible, est toujours resté égal à lui-même.* [...]
Non seulement M. Mallarmé a rencontré des lecteurs qui le comprennent, ce qui est déjà une preuve bien convaincante de l'infinie bonté de Dieu, mais il a trouvé des admirateurs d'autant plus fanatiques qu'ils sentent que l'objet de leur admiration est plus inaccessible. [...] *Tant que M. Mallarmé restera le plus haut représentant de la poésie nouvelle, vous pourrez dormir tranquille sur votre Littré, elle ne sera pas contagieuse.* »
Paul BOURDE, in *Le Temps*, 6 août 1885.

« *Mallarmé a sans doute plus de complicités historiques avec eux* [les Grands Rhétoriqueurs] *qu'avec nombre de ses "contemporains", voire de ses "successeurs". Mais c'est pour avoir rompu avec les bonnes règles de la rhétorique, c'est-à-dire avec la représentation classique, philosophique, assagie, que la tradition rhétorique s'est donnée d'elle-même, disons depuis Platon et Aristote. Son texte échappe au contrôle de cette représentation, il en démontre* pratiquement *la non-pertinence. Si au contraire on appelle rhéteur non plus celui qui soumet son discours aux bonnes règles du sens, de la philosophie, de la dialectique philosophique, de la vérité, non plus celui en somme que la rhétorique philosophique accepte en lui prescrivant ses règles de bienséance, mais au contraire celui que Platon — alors excédé — voulait chasser de la cité comme un sophiste ou un anti-philosophe, Mallarmé est peut-être alors un très grand rhétoriqueur ; un sophiste, sans doute, mais celui qui ne se laisse pas encore prendre par l'image que la philosophie a voulu nous laisser de lui en le captant dans un speculum platonicien et en même temps, ce qui n'est nullement contradictoire, en le mettant hors la loi. On sait que comme tant de lecteurs de Mallarmé, Platon doublait alors son active méconnaissance d'une admiration déclarée.* »
Jacques DERRIDA, « Mallarmé », in *Tableau de la littérature française*, III, Gallimard, 1974.

« *Il y a chez Mallarmé le dernier degré de la déchéance du corps, la déchéance sexuelle. C'est dans les œuvres les plus délicates et les plus profondes qu'on perçoit le mieux la vibration du nerf qui claque. La poésie de Mallarmé est le chef-d'œuvre de l'onanisme.* »
Pierre DRIEU LA ROCHELLE, *Notes pour comprendre le siècle*, in *Sur les écrivains*, Gallimard, posthume, 1964.

« [Des Esseintes] *aimait les œuvres de ce poète qui, dans un siècle de suffrage universel et dans un temps de lucre, vivait à l'écart des lettres, abrité de la sottise environnante par son dédain, se complaisant, loin du monde, aux surprises de l'intellect, aux visions de sa cervelle, raffinant sur des*

pensées déjà spécieuses, les greffant de finesses byzantines, les perpétuant en des déductions légèrement indiquées que reliait à peine un imperceptible fil.
Ces idées nattées et précieuses, il les nouait avec une langue adhésive, solitaire et secrète, pleine de rétractations de phrases, de tournures elliptiques, d'audacieux tropes. »

Joris-Karl HUYSMANS, *À rebours*, chap. XIV, 1884.

« Les vers de Mallarmé sont une merveille inépuisable de rêve et de transparence.
[...]
À quel point je suis revenu de cette poésie ! Il n'y a plus guère que les fameux sonnets obscurs qui tiennent encore un peu, par leur musique. Le reste, Les Fenêtres, L'Azur, Don des poèmes, Hérodiade, *même le* Tombeau d'Edgar Poe, *tout cela me paraît uniquement laborieux, pénible, heurté, sans aucun souffle, bien inutilement bizarre et contourné. Un jeu de patience. Un jeu d'art. De la vraie poésie, non. Quant à la prose de Mallarmé, je n'ai jamais pu comprendre qu'on s'amuse à torturer à ce point la langue. »*

Paul LÉAUTAUD, *Journal littéraire*, 10 septembre 1898 et 3 juin 1908, Mercure de France, rééd., 1986.

« Mallarmé, intraduisible, même en français. »

Jules RENARD, *Journal*, 1er mars 1898.

« Il fallait donc qu'un jour, à la mort de Dieu, le vieux rêve d'Absolu s'affrontât dans toute son intransigeance à son absolu démenti ; il fallait que ce mélange détonant explosât enfin, produisant tous ses conflits dans une déflagration mémorable.
Mallarmé n'est rien d'autre que cette déflagration. »

Jean-Paul SARTRE, *Mallarmé. La Lucidité et sa face d'ombre*, Gallimard, posthume, 1986.

*« L'œuvre de Mallarmé reste méconnue. Quelques adjectifs fâcheux l'ont qualifiée. Inlassablement celui d'"*obscur*" revient qui lui vaut une gloire paradoxale et suffit pour écarter les lecteurs potentiels. Secrète, multiple, publiée par bribes, elle demeure inachevée. L'attention se porte couramment sur les* Poésies *auxquelles on concède une beauté rare et sur les* Vers de circonstance *dont on aime l'esprit. Mais le rêve de l'Œuvre perdure, mal élucidé. En détailler la substance, pour peu qu'on parvienne à la recomposer, fait partie de ces urgences que trop souvent la critique néglige. »*

Jean-Luc STEINMETZ, « Le Mirage de l'œuvre », in *Magazine littéraire*, septembre 1998.

« Préoccupé, certes ! de la beauté, mais surtout de l'intense dans la beauté, il considérait la clarté comme une grâce secondaire, et pourvu que son vers fût nombreux, musical, rare, et, quand il le fallait, languide ou excessif, il se moquait de tout pour plaire aux délicats dont il était, lui, le plus difficile. »

Paul VERLAINE, « Les Poètes maudits : Stéphane Mallarmé », in *Lutèce*, 17 novembre 1883.

« L'esthétique de M. Mallarmé est de donner la sensation des idées avec des sons et des images. Ce n'est là, en somme, que la théorie des Parnassiens, mais poussée jusqu'à ce point où une cervelle se fêle... »

Émile ZOLA, in *Le Messager de l'Europe*, 1876.

BIBLIOGRAPHIE

Éditions

Œuvres complètes, éd. H. MONDOR, G. JEAN-AUBRY, « Pléiade », Gallimard, 1945 ; nouv. éd. B. MARCHAL, « Pléiade », Gallimard, 1998-1999, 2 vol. ; *Œuvres complètes*, t. I, *Poésies*, éd. C.-P. BARBIER, Ch.-G. MILLAN, Flammarion, 1983.

Œuvres, éd. Y.-A. FAVRE, « Classiques Garnier », Garnier, 1985.

Correspondance, éd. H. MONDOR, J.-P. RICHARD (t. I), éd. H. MONDOR, L.J. AUSTIN (t. II à XI), Gallimard, 1959 à 1985 ; *Correspondance complète (1862-1871)* suivi de *Lettres sur la poésie*, éd. B. MARCHAL, préf. Y. BONNEFOY, « Folio », Gallimard, 1995.

Écrits sur l'art, éd. M. DRAGUET, « GF », Flammarion, 1998.

Igitur. Divagations. Un coup de dés..., éd. Y. BONNEFOY, « Poésie », Gallimard, 1976.

Poésies, éd. P. CITRON, Imprimerie nationale, 1987 ; éd. L.J. AUSTIN, « GF », Flammarion, 1989 ; éd. B. MARCHAL, préf. Y. BONNEFOY, « Poésie », Gallimard, 1992 ; éd. D. LEUWERS, « LdP », LGF, rééd. 1998.

Vers de circonstance, éd. B. MARCHAL, préf. Y. BONNEFOY, « Poésie », Gallimard, 1996.

Vers et Proses, éd. J.-L. STEINMETZ, « Les Inattendus », Le Castor astral, 1998.

Études

P. AUDI, *La Tentative de Mallarmé*, PUF, 1997.

L.J. AUSTIN, « *L'Après-Midi d'un faune*. Essai d'explication », in *Synthèses*, Bruxelles (BE), déc. 1967-janv. 1968.

P. BÉNICHOU, *Selon Mallarmé*, Gallimard, 1995, rééd. « Folio Essais », Gallimard, 1999.

E. BENOIT, *Mallarmé et le Mystère du « Livre »*, Champion, 1998.

P. BESNIER, *Mallarmé, le Théâtre de la rue de Rome*, Éd. du Limon, 1998.

M. BLANCHOT, *La Part du feu*, Gallimard, 1949 ; *L'Espace littéraire*, Gallimard, 1955 ; *Le Livre à venir*, Gallimard, 1959.

L. CELLIER, *Mallarmé et la Morte qui parle*, PUF, 1959.

R.-G. Cohn, *L'Œuvre de Mallarmé : « Un coup de dés »*, Les Lettres, 1951 ; *Vues sur Mallarmé*, Nizet, 1991.

G. Davies, *Vers une explication rationnelle du « Coup de dés »*, Corti, 1953, rééd. 1992 ; *Les « Tombeaux » de Mallarmé*, Corti, 1988 ; *Mallarmé et le Rêve d'« Hérodiade »*, Corti, 1978.

J. Derrida, *La Dissémination*, Seuil, 1972.

J. Kristeva, *La Révolution du langage poétique*, Seuil, 1974.

B. Marchal, *La Religion de Mallarmé*, Corti, 1985.

Ch. Mauron, *Mallarmé l'Obscur*, Denoël, 1941, rééd. Corti, 1968 ; *Introduction à la psychanalyse de Mallarmé*, La Baconnière, Neuchâtel (CH), 1950 ; *Mallarmé par lui-même*, « Écrivains de toujours », Seuil, 1964.

S. Meitinger, *Stéphane Mallarmé*, Hachette, 1995.

G. Michaud, *Mallarmé*, Hatier, 1971.

Ch.G. Millan, *Mallarmé. A Throw of the Dice*, Secker & Warburg, Londres (GB), 1994.

H. Mondor, *L'Amitié de Verlaine et Mallarmé*, Gallimard, 1940 ; *Vie de Mallarmé*, Gallimard, 1941 ; *Mallarmé plus intime*, Gallimard, 1944 ; *Histoire d'un faune*, Gallimard, 1948 ; *Mallarmé lycéen*, Gallimard, 1954 ; *Autres Précisions sur Mallarmé et Inédits*, Gallimard, 1961.

J.-M. Nectoux, *Mallarmé. « Un clair regard dans les ténèbres » : peinture, musique, poésie*, Adam Biro, 1998.

D. Oster, *Stéphane*, POL, 1991 ; *La Gloire*, POL, 1997.

J. Rancière, *Mallarmé. La Politique de la sirène*, Hachette Littératures, 1996.

J.-P. Richard, *Le Tombeau d'Anatole*, Seuil, 1961 ; *L'Univers imaginaire de Mallarmé*, Seuil, 1961.

J.-P. Sartre, *Mallarmé. La Lucidité et sa face d'ombre*, Gallimard, posth., 1986.

J. Scherer, *Grammaire de Mallarmé*, Nizet, 1977.

J.-L. Steinmetz, *Stéphane Mallarmé. L'Absolu au jour le jour*, Fayard, 1998.

A. Thibaudet, *La Poésie de Stéphane Mallarmé*, Gallimard, 1912.

P. Valéry, *Variété II*, Gallimard, 1930, pp. 161 à 202.

« Mallarmé », in *Magazine littéraire*, sept. 1998 ; in *Po&sie*, oct. 1998 ; in *Action poétique*, n° 152, 1998.

AUDIO & VIDÉO

CD-ROM

Encyclopédie de la littérature française, Bibliopolis, 1998.

MALRAUX

André MALRAUX
Georges André MALRAUX
Paris 1901 – Créteil 1976
Prix Goncourt, Interallié

« [...] *le ton vertigineux qui est le sien (dix idées à la seconde et dont aucune n'a encore jamais servi)* [...], *je fais de nouveau une plongée dans les flots tumultueux du fleuve Malraux, et ses rapides tournoyants se ressaisissant de moi m'emmènent on ne sait où, le long de paysages sans cesse renouvelés, à la vitesse d'un avion-fusée.* »

Claude MAURIAC, *Le Temps immobile*, octobre 1946, Grasset, 1974.

« *Malraux.* Psychologie de l'Art.
Qu'est-ce qu'un esprit faux ? coupé, débrayé, qui "s'emballe" : cela se manifeste toujours par des tics, etc., dramatiquement c'est la folie qu'on enferme. C'est aussi le "cérebelleux" : entre les calembours d'un commis voyageur cérebelleux et Malraux, il n'y a pas de différence de qualité. »

Roger VAILLAND, *Écrits intimes*, Gallimard, 1968.

Une vie héroïque et tragique

De l'enfance détestée aux débuts « *farfelus* »

Fils unique — après le décès, au bout de trois mois, d'un petit frère né fin 1902 — de parents séparés dès 1905, Malraux, d'origines dunkerquoise par son père et parisienne par sa mère, fut élevé par trois femmes — sa mère, sa grand-mère qui tenait une petite épicerie avec sa seconde fille —, à Bondy, dans la banlieue parisienne, où il habita jusqu'en 1920. De cet univers durablement pesant — « *Presque tous les écrivains que je connais aiment leur enfance, je déteste la mienne* », écrivit-il plus tard au début d'***Antimémoires*** —, l'enfant s'évada par la lecture : Dumas, Hugo, Flaubert. Le remariage de son père lui donna 2 demi-frères : Roland (en 1912), puis Claude (en 1920). En 1914, trop jeune pour combattre, il participa à la guerre à travers l'expérience de son père sous-lieutenant dans les chars — qui se suicida, en 1930, comme l'avait fait le grand-père de l'enfant. À 17 ans, face au refus du lycée Condorcet de l'inscrire, il abandonna les études secondaires, mais acquit très vite seul une vaste culture, de Corneille à Nietzsche, en passant par Michelet, Baudelaire, Loti, Barrès, Tolstoï et Dostoïevski. Sa boulimie de lecture fit de lui un bibliophile averti : il se livra alors à des activités de « chineur » pour le compte du libraire-éditeur René-Louis Doyon qui lançait une revue, *La Connaissance*, dans laquelle parut le premier article du jeune homme — ***Des origines de la poésie cubiste*** (janv. 1920) —, et pénétra dans les milieux littéraires et artistiques parisiens, fréquentant Max Jacob, Morand, Salmon, Cocteau, Radiguet, Reverdy, Suarès et les peintres Vlaminck, Ensor, Derain et Léger, avec ses amis Pia et Arland. Devenu, à 19 ans, directeur artistique des Éditions Sagittaire, détenues par le libraire Simon Kra, il collabora à *Action*, nouvelle revue d'avant-garde de Florent Fels, où il publia notamment des articles relatifs aux *Chants de Maldoror* de Lautréamont et aux *Champs magnétiques* de Breton et Soupault. En 1921, Max Jacob le présenta au marchand de tableaux Kanhweiler, qui engagea Malraux comme éditeur à la Galerie Simon : c'est là que parut son premier ouvrage, ***Lunes en papier***, illustré par Fernand Léger et dédié à Max Jacob, sorte de poème en prose qui, avec ironie, mettait déjà en scène la mort. La même veine, dite « *farfelue* », lui inspira d'autres courts récits, dont le dernier publié fut ***Royaume-Farfelu*** (1928).

De l'Asie à la reine de Saba

À 20 ans, Malraux épousa Clara Goldschmidt, de quatre ans son aînée, juive d'origine allemande, née à Paris, vive et cultivée, rencontrée au cours d'un banquet des collaborateurs de la revue *Action*, quelques mois auparavant. En 1922 commença sa collaboration à la *NRF*. Sa vie de voyages (Allemagne, Tunisie, Sicile, Belgique) et de visites des musées d'Europe (Prague, Vienne, Magdebourg — berceau de la famille de Clara —, Berlin) fut interrompue par une ruine financière due à des spéculations boursières malheureuses faites avec l'argent de Clara et survenue quelques semaines après qu'il obtint, grâce à des relations familiales, d'être réformé du service militaire, en 1923. Sa passion pour l'art khmer et son désir de recouvrer une certaine indépendance matérielle lui firent entreprendre, fin 1923, une expédition archéologique dans la jungle cambodgienne. Il y découvrit des bas-reliefs dans le temple abandonné de Banteai-Srey, qu'il découpa dans l'intention de les vendre en Europe — cependant qu'à Paris paraissait une réédition de *Mademoiselle Monk suivi de Invitation à Minerve* de Maurras, avec une préface de sa main. Mais la grisante aventure tourna mal. Arrêté et soumis à un procès pour pillage de ruines, il fut condamné à trois ans de prison ferme (juil. 1924), puis, en appel, à un an avec sursis (oct. 1924) — grâce notamment à une pétition parue dans *Les Nouvelles littéraires* (6 sept. 1924), à l'initiative de Clara revenue entre-temps au bénéfice d'un non-lieu, et signée par Gide, Mauriac, Breton, Aragon, Mac Orlan, Max Jacob, Arland, Gallimard, alors même que Malraux n'avait publié qu'un livre, d'inspiration « *farfelue* ». À peine rentré d'Indochine (nov. 1924), il y repartit aussitôt (janv. 1925) pour fonder à Saïgon, avec l'avocat Paul Monin, un « *journal de rapprochement franco-annamite* », ***L'Indochine***, rebaptisée par la suite — après 49 numéros parus (du 17 juin au 14 août 1925) — ***L'Indochine enchaînée***, qui disparut au bout de 23 numéros (de nov. 1925 à févr. 1926), à la suite des tracasseries de l'administration coloniale française, hostile à cette presse d'opposition qui prenait le parti des indigènes. Malade, Malraux dut renoncer et rentrer à Paris (30 déc. 1925). Mais cette double expérience de la société coloniale et du journalisme d'opinion joua un rôle décisif dans sa vie : il en tira, parallèlement à sa découverte de l'Orient, une prise de conscience des réalités politiques et sociales et réputation d'écrivain engagé en actes, à l'origine du mythe qui orienta sa vie comme son œuvre.

À son retour, Malraux publia chez Grasset — avec qui il avait signé, avant son départ, un contrat pour 3 livres — ***La Tentation de l'Occident*** (1926), échange épistolaire entre deux jeunes gens, le Français A.D. découvrant l'Asie et le Chinois Ling visitant l'Europe. Cet « *essai-roman* », à l'écriture brillante mais composite, confrontait un Orient de sagesse et un Occident en crise, car las d'un individualisme de conquérant triste et à la recherche de nouvelles valeurs : « *Europe, grand cimetière où ne dorment plus que des conquérants morts et dont la tristesse devient plus profonde en se parant de leurs noms illustres, tu ne laisses autour de moi qu'un horizon nu et le miroir qu'apporte le désespoir, vieux maître de la solitude.* » ***La Tentation [...]*** fournit la clé des 3 romans qui suivirent, également inspirés par les contacts de Malraux avec l'Asie : ***Les Conquérants*** (1928), ***La Voie royale*** (1er prix Interallié, 1930), parus chez Grasset, et ***La Condition humaine*** (prix Goncourt 1933), parue chez Gallimard — maison d'édition dont Malraux était devenu membre du comité de lecture en 1928 et directeur artistique en 1929, et où il publia désormais tous ses livres. Nourri de Nietzsche et de Dostoïevski, l'auteur y mettait en scène des hommes refusant une vie sans signification, dominée par l'angoisse de la mort, et tentant, par leurs actions héroïques, de transformer un destin subi en un destin dominé parce que voulu. ***La Voie royale***, roman d'aventures lié à l'expérience vécue dans la forêt cambodgienne, sorte de voyage au bout de la nuit inspiré par Conrad, contait les exploits d'un aventurier, fondateur d'un royaume, qui finit tragiquement. ***Les Conquérants*** et ***La Condition humaine***, à travers deux épisodes successifs de la révolution chinoise — à Canton en 1925, à Shanghai en 1927 —, posaient la même interrogation sur l'Homme et sur l'absurdité de sa condition, mais avec pour héros des révolutionnaires fraternels, engagés dans le combat communiste jusqu'à la mort.

Ces romans d'aventures et de guerre, existentialistes avant l'heure — l'essai de Sartre *L'existentialisme est un humanisme* ne parut qu'en 1946 —, où convergeaient actualité politique et méditation métaphysique et qui abordaient sans détours les grands problèmes éthiques du XXe siècle, firent de Malraux, dès la trentaine, un écrivain de premier plan. Entre ***Les Conquérants*** et ***La Condition humaine***, sa vie personnelle fut marquée par un quasi-tour du monde avec Clara — ils se rendirent à Ispahan à 3 reprises, entre 1929 et 1931, *via* Naples, Constantinople, Bakon, l'Irak, la Syrie, le Liban, et poursuivirent, la dernière année, jusqu'en Afghanistan et en Inde, puis, grâce au soutien financier de Gallimard, en Asie et aux États-Unis, de Singapour à New York, *via* Hongkong, la Chine, le Japon, Vancouver et Chicago —, puis par la mort de sa mère (mars 1932), quelques mois avant la rencontre de Josette Clotis, enfin par la naissance, un mois avant la parution de ***La Condition humaine***, de sa fille Florence (mars 1933). Cette même année 1933, après une brève liaison avec Louise de Vilmorin — qu'il retrouva une trentaine d'années plus tard —, il commença à partager sa vie entre Clara et Josette. Dès l'obtention du Goncourt, il se lança dans une nouvelle aventure dangereuse : le survol, en 1934, du désert du Yémen avec l'aviateur Édouard Corniglion-Molinier, à la recherche des vestiges de la capitale de la reine de Saba.

Le « *compagnon de route* » au secours de l'Espagne

Au début de 1933, l'arrivée d'Hitler au pouvoir avait conduit Malraux, avec d'autres intellectuels, à un engagement fiévreux qu'il voulut efficace. Devenu « compagnon de route » du parti communiste, il se rendit à Berlin avec Gide, en janvier 1934, pour demander la libé-

ration du Bulgare Georgi Dimitrov, accusé par les nazis d'avoir incendié le Reichstag. Invité au premier Congrès des écrivains soviétiques, à Moscou, il put y rencontrer, entre juin et septembre 1934, Staline, Gorki mais aussi Eisenstein, Pasternak. ***Le Temps du mépris*** (1935), dédié aux victimes du nazisme, ouvrit un nouveau cycle romanesque, lié, cette fois, à la lutte contre les fascismes. Avec Gide, de nouveau, Malraux organisa et présida le Congrès international des écrivains pour la défense de la culture, à la Mutualité, à Paris, en 1935, tandis qu'il préfaçait, la même année, le recueil d'articles anticolonialistes d'Andrée Viollis, *Indochine S.O.S.*, destinés à sensibiliser les Français à la situation des Annamites.
Dès les premiers jours de la guerre civile espagnole, en 1936, il apporta son concours aux républicains, participant à plusieurs combats aériens à la tête de l'escadrille internationale *España* qu'il avait constituée. Dans le feu de l'action puis durant une tournée de conférences aux États-Unis, au printemps 1937, destinée à livrer des fonds en faveur des républicains espagnols, il conçut un roman épique, ***L'Espoir*** (1937), vaste tableau éclaté des engagements : à travers les innombrables acteurs incarnant la diversité des tendances dans le camp antifasciste, il y exaltait la fraternité militante, mais s'interrogeait aussi sur la difficile recherche, dans l'action, d'un équilibre entre l'efficacité et le respect humain, entre « *l'Être et le Faire* ».
En 1938 — année où fut consommée sa rupture avec Clara —, Malraux réalisa une libre adaptation cinématographique de ***L'Espoir***, intitulée ***Sierra de Teruel***, qui, après bien des difficultés — à la faveur desquelles il écrivit l'article « Laclos » du *Tableau de la littérature française de Corneille à Chénier* (1939) préfacé par Gide —, ne fut achevée qu'au printemps 1939 puis censurée en septembre, et qui obtint après la guerre le prix Louis-Delluc, sous le titre ***Espoir***. Cette expérience lui inspira des réflexions sur la spécificité comparative du langage cinématographique et romanesque, recueillies dans ***Esquisse d'une psychologie du cinéma*** (in *Verve*, 1940).

Un résistant tardif mais décisif

La victoire de Franco, puis la signature du pacte germano-soviétique en 1939 — qu'il se refusa toutefois à dénoncer —, troublèrent profondément Malraux qui finit par être engagé dans une unité de chars. En avril 1940, ce colonel de l'armée d'Espagne fut enfin mobilisé, comme simple soldat volontaire en France. Incorporé au dépôt de cavalerie motorisée de Provins et capturé dès le mois de juin, il fut d'abord interné dans la cathédrale de Sens — où il rencontra Jean Grosjean — puis, d'août à octobre, fut laissé libre de travailler à Collemiers, se faisant tour à tour moissonneur, bûcheron, bibliothécaire, instituteur. Le 5 novembre, grâce à son demi-frère Roland, il parvint en zone libre, le jour même où, à Neuilly (act. Hauts-de-Seine), Josette mettait au monde leur fils Pierre-Gauthier — usuellement prénommé Gauthier. La nouvelle famille s'installa sur la Côte d'Azur.
Malraux — en raison d'une méfiance face à l'emprise des communistes sur la Résistance, et malgré les visites pressantes de Roger Stéphane, de Sartre et de Simone de Beauvoir — refusa de s'engager contre l'occupant. Il se consacra à l'écriture de deux récits restés inachevés — et demeurés inédits jusqu'en 1996 —, ***Le Règne du malin*** et ***Le Démon de l'absolu***, liés aux figures légendaires des aventuriers David de Mayrena, éphémère « *roi des Sédangs* » en Indochine en 1888, et Lawrence d'Arabie. Il travailla également aux ***Noyers de l'Altenburg***, premier et unique volume de ***La Lutte avec l'Ange*** — dont la suite annoncée ne fut pas réalisée —, qui parut à Lausanne en 1943, peu après la naissance de Vincent, frère cadet de Gauthier. Ce roman mettait en scène trois générations d'une famille alsacienne, les Berger, mêlées à l'histoire de la Turquie avant 1914, puis aux deux guerres mondiales, et témoins des premières expériences des gaz de combat et des blindés. Dans ce même texte, l'auteur s'interrogeait aussi, à travers les voix de quelques grands intellectuels participant à un colloque, sur le rêve humaniste d'une « nature humaine » stable, malgré la diversité des civilisations et des cultures éphémères.
Rentré finalement dans la Résistance au printemps 1944, sous le nom de « *colonel Berger* », tandis que ses demi-frères Claude et Roland, résistants de la première heure, étaient arrêtés puis exécutés, Malraux tenta de devenir le fédérateur des maquis de Corrèze : tenu pour un tardif transfuge par les résistants gaullistes comme communistes, il ne s'imposa qu'à un groupe d'Alsaciens. Arrêté en juillet par la Gestapo à Toulouse, après une embuscade au cours de laquelle il fut blessé, il dut sa libération, en août, au départ précipité des Allemands. En septembre, à la tête de la brigade Alsace-Lorraine, il participa activement à la libération de Strasbourg, tandis que Josette mourait accidentellement, à Brive, les jambes broyées par un train (12 nov. 1944). Début

1945, Malraux s'installa à Boulogne-Billancourt (act. Hauts-de-Seine) avec ses 2 fils, sa belle-sœur Madeleine, veuve de Roland, et Alain, fils de Madeleine, né en 1944.

En août 1945 eut lieu la rencontre de l'écrivain-homme d'action et du général-écrivain, Charles de Gaulle : le premier resta fasciné par cet « *homme de l'Histoire* », et le Général demeura fidèle à celui qu'il appelait son « *ami génial* » dans ses *Mémoires d'espoir*. Très éphémère ministre de l'Information (nov. 1945 à janv. 1946) — avec Raymond Aron comme directeur de cabinet — dans le gouvernement formé par De Gaulle à la Libération, Malraux fut ensuite l'un des fondateurs du Rassemblement du peuple français : délégué à la propagande (1947 à 1953), il mit son talent d'orateur au service du Général, et dénonça publiquement l'emprise du communisme et la propagande stalinienne dans la ***Postface*** des ***Conquérants*** (1948). Parallèlement, son divorce avec Clara fut prononcé en janvier 1946, et, deux ans plus tard, il épousa Madeleine ; entre-temps, un volume de ses ***Romans*** parut dans la « Bibliothèque de la Pléiade » (1947).

Pendant la « traversée du désert » du Général, qui dura jusqu'en 1958, l'écrivain se consacra à d'importants essais de réflexions sur la création artistique où il définissait l'art comme « *anti-destin* ». Le même défi à la mort, le même espoir mis dans l'inventivité humaine inspirèrent cette quête esthétique, appuyée sur un héritage culturel mondial. Malraux ne cessa d'approfondir et d'étendre ses écrits : la publication d'une première somme, ***Les Voix du silence*** (1951), regroupa, avec un ajout ***(Les Métamorphoses d'Apollon)***, les 3 volumes de ***La Psychologie de l'art*** (1947 à 1949), dont le 1er, ***Le Musée imaginaire***, soulignait l'importance de la reproduction photographique pour la confrontation de chefs-d'œuvre. Par la suite, Malraux interrogea et fit dialoguer les musées et les œuvres du monde entier, avec toutefois une prédilection pour Rembrandt, Vermeer, Michel-Ange, Goya — objet de ***Saturne, essai sur Goya*** (1950, rééd. 1978, sous le titre ***Saturne, le Destin, l'Art et Goya***), et de nouveau étudié dans ***Le Triangle noir. Laclos, Goya, Saint-Just*** (1970) —, pour l'art roman, et l'art moderne, de Manet à Picasso. Il consacra également 3 volumes au ***Musée imaginaire de la sculpture mondiale*** (1952 à 1955) et donna enfin la 1re partie de ce qui devint une grande épopée des arts : ***La Métamorphose des dieux*** (1957). En outre, il collabora au *Malraux par lui-même* (1953) de Gaëtan Picon et créa, chez Gallimard, la collection ***L'Univers des formes*** (1955), tandis qu'il recommençait à voyager, seul avec Madeleine — Grèce, Égypte, Iran (1952), New York (1954), Égypte (1955) — ou en famille — Italie avec Madeleine, Florence et Alain (1954), puis avec Madeleine et Alain (1956).

Le ministre gaulliste et le mémorialiste

Après le retour au pouvoir du général De Gaulle en 1958, Malraux devint ministre d'État chargé des Affaires culturelles (1959 à 1969) : il fut à l'origine de la loi du 4 août 1962 — dite « *loi Malraux* » — assurant la sauvegarde des quartiers anciens et la création des maisons de la culture — la 1re fut inaugurée à Bourges, le 18 avril 1964 —, et prit l'initiative de grandes expositions internationales — *Trésors de l'Inde* (1960), *7 000 ans d'art en Iran* (1961), *Chefs-d'œuvre de l'art mexicain* (1962) et *Toutankhamon* (1967) — et la virulente défense à l'Assemblée nationale (27 oct. 1966) de la création des *Paravents* de Genet au Théâtre de France. Ce grand voyageur, ambassadeur de la culture française, put s'entretenir avec ceux qu'il appelait les « *hommes de l'Histoire* » : Kennedy (janv. 1963), Senghor, Nehru, Mao-Zedong (1965). Ses fonctions l'amenèrent à prononcer de mémorables discours, notamment de vibrants éloges funèbres — recueillis dans ***Oraisons funèbres*** (1971) — de Braque (1963), dont il avait facilité la première grande exposition rétrospective au Louvre en 1962, de Jean Moulin (1964) — « *[...] entre ici, Jean Moulin, avec ton terrible cortège* » —, de Le Corbusier (1965).

Bien qu'il eût été signataire, en 1958, avec Sartre, Mauriac et Martin du Gard, d'une lettre au président de la République contre la torture en Algérie, Malraux rompit, en 1960, toute relation avec sa fille Florence, au motif qu'elle avait signé le *Manifeste des 121* favorable à l'insoumission des jeunes appelés en Algérie — le père ne se réconcilia avec sa fille qu'en 1968. Quelques mois après cette rupture, Malraux, en mai 1961, perdit ses 2 fils Gauthier et Vincent, morts, à 20 et 18 ans, dans un accident de voiture, en Bourgogne. Moins d'un an plus tard, en février 1962, son domicile fut plastiqué — sans doute par l'OAS : l'attentat blessa grièvement la fille de son propriétaire ; avec Madeleine et Alain, Malraux s'installa au Pavillon de la Lanterne, à Versailles. Toutefois, quatre ans plus tard, le couple se sépara : Malraux consacra sa solitude à son activité d'écrivain. La publication d'***Antimémoires*** (1967), où il mêlait subtilement réalité et fiction, fut ainsi accueillie comme le retour éclatant du ministre d'État à l'écriture.

L'essayiste des dernières années

Après le départ du général De Gaulle, en 1969, Malraux se retira à Verrières-le-Buisson (act. Essonne), chez la romancière Louise de Vilmorin qui mourut à la fin de l'année. Moins d'un an plus tard, il assista aux obsèques du Général à Colombey-les-Deux-Églises, où, fin 1969, il avait été l'un des rares visiteurs reçus. De 1968 à 1976, parallèlement à son inlassable activité de militant politique — signant, avec Sartre et Mauriac, une pétition en faveur de Régis Debray détenu en Bolivie (1969), interpellant le président Nixon pour réclamer l'indépendance du Bengale (1971), séjournant au Bangladesh (1973) avec son ultime compagne, Sophie de Vilmorin, nièce de Louise —, il produisit une œuvre considérable : il publia ***Les Chênes qu'on abat...*** (1971) — au titre emprunté à un vers de Hugo tiré de l'élégie *À Théophile Gautier* —, récit de son dernier entretien en 1969, à Colombey, avec le Général, ***La Tête d'obsidienne*** (1974), dominé par la personnalité de Picasso qui venait de disparaître et où il s'interrogeait sur le génie de l'artiste et sur l'art moderne, puis ***Lazare*** (1974), ultime méditation sur la vie et la mort, sur la conscience de soi — liée à une récente expérience (nov. 1972) durant laquelle cet écrivain agnostique avait frôlé la mort —, et enfin ***Hôtes de passage*** (1975). Avant de mourir, il réunit dans les 2 tomes du ***Miroir des limbes*** (1976), d'une part ces 4 essais, eux-mêmes groupés sous le titre ***La Corde et les Souris*** (t. II), et d'autre part les ***Antimémoires*** (t. I), véritable épopée de son siècle : ainsi constitué, ***Le Miroir des Limbes*** — augmenté des ***Oraisons funèbres*** — parut en un volume dans la « Bibliothèque de la Pléiade », un mois avant le décès de l'écrivain.

Outre ces essais autobiographiques, Malraux donna une 2e partie à ***La Métamorphose des dieux***, intitulée ***L'Irréel*** (1974), puis une 3e, ***L'Intemporel*** (1976). Jusqu'à ses derniers jours, il corrigea les épreuves du seul ouvrage qu'il eût jamais consacré à la création littéraire, synthèse d'innombrables préfaces et articles dispersés, rejoignant, en bien des points, ses réflexions sur les arts plastiques : ***L'Homme précaire et la Littérature*** (posth., 1977).

Victime d'une congestion pulmonaire, Malraux mourut à l'hôpital Henri-Mondor de Créteil. Inhumé à Verrières-le-Buisson, il reçut un hommage national, dans la cour Carrée du Louvre. Vingt ans après sa mort, ses cendres furent solennellement transférées au Panthéon, le 23 novembre 1996 — le jour même de l'anniversaire de sa disparition.

THÉORIE LITTÉRAIRE

C'est en se déployant « *en anti-destin* » que le roman opère, selon Malraux, « *sa mutation décisive* » ***(L'Homme précaire et la Littérature)***. Ainsi ses analyses dans le domaine littéraire rejoignent-elles la théorie que l'auteur applique à l'ensemble des arts : toutes les grandes œuvres et l'acte même de la création traduisent, à ses yeux, la « *transformation du destin subi en destin dominé* » *(ibid.)*. Ce n'est pas à l'état civil que l'écrivain fait concurrence, selon la formule souvent citée à propos de Balzac, mais « *à la réalité qui lui est imposée, celle de "la vie", tantôt en semblant s'y soumettre et tantôt en la transformant* » (cité par Gaëtan Picon, *Malraux par lui-même*, 1953). Il « *n'est pas le transcripteur du monde, il en est le rival* » ***(L'Homme précaire et la Littérature)***. La matière qu'il emprunte au vécu (situations, décors, caractères) n'est rien sans la refonte qu'il lui fait subir : « *Un souvenir d'amour n'est pas un poème, un témoignage devant le tribunal n'est pas un roman, une miniature de famille n'est pas un tableau* » ***(Les Voix du silence)***. Il use en cela d'une liberté souveraine. Malraux cite à plusieurs reprises l'exemple de *L'Idiot*, où l'assassin, dans une première version, est le prince Muichkine, et non Rogojine : « *Peu importe à Dostoïevski que la pierre batte le briquet ou le briquet la pierre, si l'étincelle est la même* » *(ibid.)*. Tout chef-d'œuvre procède donc d'une transfiguration, et non d'une imitation — il n'y a pas plus de « modèle » à un roman, selon Malraux, qu'à un tableau cubiste —, et « *la création bouleverse plus qu'elle ne perfectionne* » ***(L'Homme précaire et la Littérature)***.

Ainsi se crée « *l'élément spécifique d'un chef-d'œuvre, qu'on l'appelle musique, parfum, palette, ou de tout autre mot allusif* » *(ibid.)*. Un ouvrage littéraire possède, à ses yeux, une lumière, une couleur, une composition originales, bref un style, exactement comme une toile de maître ou un morceau de musique : « *Le livre est le résultat d'une élaboration, d'une suite de parties, tantôt gouvernées et tantôt instinctives, dont chacune se répercute ; dans lesquelles le grand romancier trouve une coordination qui lui appartient comme le timbre de sa voix* » *(ibid.)*. L'interprétation ou plutôt la reconnaissance de ces « schèmes » fait d'ailleurs appel à la sensibilité plus qu'à l'intelligence du lecteur, car « *"comprendre une œuvre" n'est pas une expression moins confuse que "comprendre un homme"* » *(ibid.)*. Même si le roman « *longe la frontière des formes* » et, si l'on peut en décrire au cas par cas certaines caractéristiques — par exemple, la construction de l'intrigue, ou les rapports entre les personnages —, « *il leur échappe, d'abord par sa fluidité : nous y trouvons un domaine plutôt qu'un genre* » *(ibid.)*. Du reste, l'acuité du regard porté sur le réel n'est pas, selon Malraux, déterminante, à tel point que les fins observateurs — de La Bruyère à Jules Renard — font plus souvent œuvre de moralistes que de romanciers inspirés, tandis qu'un Balzac ou un Stendhal empruntent l'essentiel à leur imagination : « *Le rôle joué par la bibliothèque intérieure semble beaucoup plus considérable que celui de l'attention* » *(ibid.)*. Contre Sainte-Beuve et Taine, qui prétendaient expliquer les productions artistiques par les déterminismes du milieu, de la race et du moment, Malraux revendique les droits de l'irréductible et de l'inexplicable, « *de la dimension mystérieuse qu'apporte l'irréalité de l'art* » (*in* Gaëtan Picon, *op. cit.*) : « *Le génie du romancier est dans la part du roman qui ne peut être ramenée au récit,* [et] *le roman moderne est un combat entre l'auteur et la part du personnage qu'il poursuit toujours en vain, car cette part est le mystère de l'homme* » ***(L'Homme précaire et la Littérature)***.

Pour Malraux, l'imaginaire romanesque n'a vraiment conquis son autonomie qu'au milieu du XIXe siècle, et l'histoire littéraire nous trompe, « *qui parle sans rire de* La Table ronde *comme s'il s'agissait d'un état primitif de* La Comédie humaine » *(ibid.)*. Cette « *promotion du roman au rang d'art majeur* », avec Flaubert, Stendhal — quand on le « découvrit » —, les romanciers anglais postérieurs à Dickens et le roman russe, se traduit en particulier par la substitution des « personnages » aux « caractères » ; l'auteur s'efface derrière ceux-ci, et rompt avec la logique ancienne du théâtre, genre royal jusque-là : « *Le personnage est suscité par le drame et non le drame par le personnage* » (*in* Gaëtan Picon, *op. cit.*).

Malraux prédit que cette « *métamorphose de l'imaginaire* » va bientôt laisser place à une autre, caractérisée par la prééminence de l'image sur le texte : le triomphe de la télévision, plus encore que celui du cinéma — qui n'a pas, selon lui, tenu toutes ses promesses —, va substituer au « *monde-du-roman* » un « *monde audio-visuel* » où l'on constatera « *un niveau de création de plus en plus faible, d'illusionnisme de plus en plus fort* » ***(L'Homme précaire et la Littérature)***.

LITTÉRAIRE

THÉORIE

Intelligence brillante et personnalité entreprenante qui tint, pendant près de cinquante ans, le devant de la scène, Malraux doit sa notoriété internationale au double prestige de ses activités politiques et d'une œuvre littéraire considérable. Sous leur diversité, ses écrits — et ses dessins — témoignent d'une profonde unité de pensée, fondée sur la hantise de la mort et le besoin de faire face à toutes les tragédies — y compris personnelles, dont sa propre « *vie sanglante et vaine* », d'homme réduisant toute biographie à « *un misérable petit tas de secret* », ne manqua pas. Dans l'entre-deux-guerres, intellectuel engagé et romancier de l'action, il servit de modèle à une jeunesse qui eut, entre 1935 et 1945, ***La Condition humaine*** et ***L'Espoir*** pour livres de chevet. Après la Seconde Guerre mondiale, ayant choisi de se placer dans le sillage du général De Gaulle, il orienta durablement la politique culturelle française et le discours sur les arts plastiques. Sans attendre qu'ils deviennent des mots d'ordre à la mode ou redeviennent des thèmes littéraires, Malraux a fait de l'engagement une nécessité, du courage un impératif et de la fraternité la seule réponse viable aux défaillances de Dieu. D'une vie légendaire, à la fois publiquement héroïque et personnellement tragique, rythmée par une triple passion — l'art, la liberté, De Gaulle —, il a tiré l'une des œuvres les plus riches de notre littérature.

Un style multiple

À la manière de Picasso, Malraux n'a pas eu un style, mais des styles, adaptés à la nature des expériences. Ses premiers écrits, marqués par l'abstraction, le goût du mot rare, de l'image insolite, sont encore emprunts d'un symbolisme maniériste où se lit l'influence de ses maîtres : Barrès, Gourmont, Laforgue. À partir des ***Conquérants***, Malraux trouve son style : nerveux, heurté, fondé sur la diversité et les ruptures de rythme. Les dialogues y sont concis, elliptiques ; la narration, souvent paratactique, mêlant à l'ampleur des tableaux historiques la brièveté de l'aphorisme, subit de brusques modifications du point de vue, passant du « gros plan » sur un détail à une version épique capable d'embrasser l'humanité. La technique narrative, fondée sur l'esthétique de la discontinuité, doit beaucoup au langage cinématographique ; elle multiplie cadrages insolites, clairs-obscurs, fondus enchaînés, montages-chocs : « *La seule lumière venait du building voisin : un grand rectangle d'électricité pâle, coupé par les barreaux de la fenêtre dont l'un rayait le lit juste au-dessus du pied comme pour en accentuer le volume et la vie. Quatre ou cinq klaxons grincèrent à la fois. Découvert ! Combattre, combattre des ennemis qui se défendent, des ennemis éveillés* » (***La Condition humaine***, I).

Dans les épisodes pathétiques où le destin de quelques-uns incarne l'universel, la prose de Malraux, lyrique, incantatoire, marquée par des constructions nominales, des cadences régulières, des métaphores filées, s'apparente au vers libre : « *Mort saturée de ce chevrotement fraternel, assemblée de vaincus où des multitudes reconnaîtraient leurs martyrs, légende sanglante dont se font les légendes dorées ! Comment, déjà regardé par la mort, ne pas entendre ce murmure de sacrifice humain qui lui criait que le cœur viril des hommes est un refuge à morts qui vaut bien l'esprit ?* » (*ibid.*, VI).

Si l'on retrouve, dans les écrits sur l'art, le goût du raccourci, de la maxime et du tableau épique, la phrase, parfois dense jusqu'à l'obscurité, se fait plus oratoire et se développe en périodes rappelant Châteaubriand : « [...] *car l'homme ne devient homme que dans la poursuite de sa part la plus haute ; mais il est beau que l'animal qui sait qu'il doit mourir, arrache à l'ironie des nébuleuses le chant des constellations, et qu'il le lance au hasard des siècles, auxquels il imposera des paroles inconnues* » ***(Les Voix du silence)***.

Une postérité renouvelée

« *Le plus grand écrivain vivant et à coup sûr le plus singulier* », écrivait Mauriac en 1969, au sujet de Malraux ; en tout cas l'un des plus lucides face au destin de l'œuvre d'art et à sa métamorphose devant la postérité. La sienne n'a cessé de se transformer : ce sont les écrits de la fin de sa vie qui sont aujourd'hui les plus proches de la littérature vivante. L'horizon d'action de ses romans — en leur temps, de grands succès traduits en plusieurs langues — s'est éloigné de nous. Leur actualité allusive fait partie aujourd'hui de l'Histoire ; comme l'écrit l'auteur dans la ***Postface*** aux ***Conquérants*** : « *Beaucoup d'eau a passé sous combien de ponts brisés.* » Néanmoins, les problèmes humains soulevés restent toujours actuels. L'écriture, ressentie comme révolutionnaire au cours de l'entre-deux-guerres, n'a pas vieilli ; mais, assimilée par la génération suivante dont elle a contribué à changer la manière de sentir, elle a perdu de son pouvoir de surprendre.

En revanche, les derniers essais autobiographiques qui soulèvent les grandes questions du XXe siècle, demeurent en parfaite résonance avec l'esthétique de la discontinuité, du fragment, de notre monde devenu « aléatoire ». Les textes sur l'art, totalement atypiques avec leurs envolées lyriques ou oratoires, leurs images flamboyantes, leurs torrents d'évocation d'œuvres et d'artistes, laissent perplexes les spécialistes et sont d'une lecture suivie difficile, mais la passion pour l'art qui les habite est communicative. Ils sont d'une richesse inépuisable par le choc des idées et par leurs illustrations magistralement choisies et agencées.

ŒUVRES

La *Condition humaine*

Roman en 7 parties numérotées — et, pour les 1re, 2e, 3e et 4e, titrées sous la forme d'une date —, publié chez Gallimard, en 1933.

L'action du roman se situe en Chine, deux ans après les événements rapportés dans ***Les Conquérants***. Le cadre n'est plus Canton mais Shanghai, et le contexte historique se rapporte à l'insurrection communiste réprimée par le général Chang Kaï-Shek rallié à l'aile droite du Kuomintang. L'action se concentre sur quelques jours du printemps 1927, juste avant l'arrivée des troupes de Chang Kaï-Shek. ***I. 21 mars 1927***. L'assassinat par Tchen d'un marchand d'armes, qui permet de s'emparer de la cargaison d'un bateau est le point de départ du soulèvement révolutionnaire mené par Kyo Gisors, un intellectuel d'origine franco-japonaise, avec l'aide de ses camarades (le Russe Katow, le Belge Hemmelrich...) et d'un aventurier mythomane, le baron Clappique. Un dialogue entre Kyo et May, sa compagne, révèle une relation amoureuse intense, faite d'une profonde complicité dans l'engagement. ***II. 22 mars***. La grève générale et l'insurrection gagnent toute la ville. Le financier Ferral, président du Consortium franco-asiatique, défend les intérêts de la bourgeoisie locale en même temps que les siens, et négocie un accord anti-communiste avec Chang Kaï-Shek. ***III. 29 mars***. À Han-Kéou, Kyo reçoit confirmation des délégués russes que le Komintern préconise une alliance provisoire avec le Kuomintang et le désarmement des insurgés. Kyo rencontre Tchen qui, dans sa volonté de tuer Chang Kaï-Shek quelle que soit l'opinion de Moscou, incarne une certaine mystique du terrorisme : « *Ce camarade maintenant silencieux rêvassant à ses familières visions d'épouvante avait quelque chose de fou, mais aussi quelque chose de sacré — ce qu'a toujours de sacré la présence de l'inhumain.* » ***IV. 11 avril***. Tandis que les combats entre l'armée et les insurgés font rage, Tchen prépare son attentat-suicide avec deux jeunes Chinois communistes, Peï et Souen, décidés à améliorer le sort du prolétariat : « *Les pauvres. C'est pour eux que j'accepte de mourir, de tuer. Pour eux seulement...* », déclare Souen. Tchen se jette avec sa bombe sur la voiture du Général — qui ne s'y trouvait pas. ***V.*** Occupé à essayer de gagner au jeu l'argent qui lui permettra de fuir, Clappique ne prévient pas Kyo à temps du danger qui le menace. L'arrestation de Kyo, l'assassinat de la femme et des enfants d'Hemmelrich précipitent la tragédie. ***VI.*** Emprisonné, Kyo, ayant refusé de collaborer avec la police, est condamné à être brûlé vif avec ses camarades. Une expérience essentielle de la fraternité renvoie à la représentation pascalienne des condamnés à mort enchaînés les uns aux autres, figurant « *l'image de la condition des hommes* » (*Pensées*, 199, éd. Brunschvicg) : couché près de Kyo dans ce préau où les prisonniers attendent la torture et la mort, Katow est « *relié à lui par l'amitié absolue, sans réticence et sans examen, que donne seule la mort : vie condamnée échouée contre la sienne dans l'ombre pleine de menaces et de blessures, parmi tous ces frères dans l'ordre mendiant de la Révolution* ». Kyo se suicide en avalant son cyanure, mais Katow donne le sien à Peï et Souen : cadeau d'une mort plus précieuse que la vie. ***VII.*** Dans le cabinet du ministre des finances à Paris, se joue l'avenir du Consortium de Ferral. Dans sa retraite japonaise de Kobé, Gisors accueille May qui lui annonce son départ pour la Russie soviétique. Ce bref épilogue jette un éclairage étrange sur les événements passés : « *L'humanité était épaisse et lourde, lourde de chair, de sang, de souffrance, éternellement collée à elle-même comme tout ce qui meurt ; même le sang, même la chair, même la douleur, même la mort se résorbaient là-haut dans la lumière comme la musique dans la nuit silencieuse.* »

Ce « *roman-reportage* » est marqué, dès son titre, d'intentions philosophiques : interrogations sur la « volonté de puissance », la liberté, le destin individuel et collectif... Elles apparaissent de manière parfois presque didactique dans les dialogues, l'utilisation du monologue intérieur leur réservant une expression plus lyrique. Ainsi, le vieux professeur Gisors dit au cynique Ferral : « *Il est très rare qu'un homme puisse supporter comment dirais-je ? sa condition d'homme... Il pensa à l'une des idées de Kyo : tout ce pour quoi les hommes acceptent de se faire tuer, au-delà de l'intérêt, tend plus ou moins confusément à justifier cette condition en la fondant en dignité : christianisme pour l'esclavage, nation pour le citoyen, communisme pour l'ouvrier* » (chap. V). Le découpage en séquences s'apparente à la fois au roman américain et aux techniques du montage cinématographique : coupes brusques, ellipses, effets de gros plans y abondent.

Prépublié dans l'hebdomadaire *Marianne* et dans la *NRF*, ce roman, couronné par le prix Goncourt 1933, reste l'une des œuvres les plus lues de notre littérature.

L'Espoir

Roman en 3 parties numérotées et titrées — totalisant 59 chapitres numérotés mais non titrés —, publié chez Gallimard, en 1937. Cette chronique de la première période de la guerre d'Espagne (de juil. 1936 à mars 1937) est construite suivant une structure très fragmentée : la 1re partie comprend 2 sous-parties numérotées et titrées, contenant l'une 3 subdivisions — avec respectivement 4, 5 et 3 chapitres —, et l'autre 2 subdivisions — avec 5 et 10 chapitres ; la 2e partie comprend 2 sous-parties numérotées et titrées — contenant respectivement 9 et 17 chapitres ; la 3e partie comprend 6 chapitres.

I. L'Illusion lyrique. ***i. L'Illusion lyrique***. De Barcelone à Madrid, le déclenchement de la guerre civile unit, dans la fièvre de la lutte révolutionnaire contre les troupes franquistes, une immense variété d'opposants : des communistes comme Manuel, des anarchistes comme Puig, des socialistes comme Magnin — dont l'escadrille internationale remporte plusieurs combats aériens —, des militaires et fonctionnaires, dont le chef des renseignements Garcia... Mais « *l'illusion lyrique* » se heurte à la réalité : les républicains n'ont pas su, comme le réclamait Garcia, « *organiser l'apocalypse* ». ***ii. Exercice de l'apocalypse***. Face à la supériorité militaire des fascistes — avec l'intervention des alliés allemands et italiens —, ils subissent de lourdes défaites à Tolède, au cours d'une bataille menée héroïquement par l'anarchiste Sils et le capitaine Hernandez. ***II. Le Manzanarès***. ***i. Être et Faire***. Menées par Manuel à Aranjuez et par Magnin à Alcala de Hénarès, de nouvelles batailles permettent de redresser la situation à Tolède, tandis qu'à Madrid bombardée, la 1re brigade internationale apporte son soutien. *II. « Sang de gauche »*. La presse, représentée par Shade, se fait l'écho des défaites fascistes. La reprise en main des opérations par les communistes, en particulier de Manuel s'avère efficace. Les républicains parviennent à repousser les « Maures » au-delà du Manzanarès. ***III. L'Espoir***. Dans la Sierra de Teruel, l'ennemi bombarde les avions de Magnin, faisant de nombreux blessés que les paysans transportent sur des brancards au cours d'une scène impressionnante, au lyrisme d'oraison funèbre : *« Obsédés par les pierres du sentier, ne pensant qu'à ne pas secouer les civières, ils avançaient au pas, d'un pas ordonné et ralenti à chaque rampe ; et ce rythme accordé à la douleur sur un si long chemin semblait emplir cette gorge immense où criaient là-haut les derniers oiseaux, comme l'eût emplie le battement solennel des tambours d'une marche funèbre. Mais ce n'était pas la mort qui, en ce moment, s'accordait aux montagnes : c'était la volonté des hommes »* (chap. 3). L'espoir renaît à la fin du livre, avec l'intervention des alliés soviétiques auprès de Manuel, à Guadalajara.

Rédigé à la suite immédiate des événements qu'il relate, ce roman en partie autobiographique a aussitôt fait figure de document. Il dépasse le genre du reportage par ses réflexions métaphysiques et esthétiques. Fidèle aux grands thèmes de ***La Condition humaine*** — la fraternité, la mort choisie, l'efficacité dans l'organisation d'une révolution, le passage problématique de l'insurrection à la guerre —, méditant aussi sur le rôle de l'intellectuel, ou encore sur le pouvoir de l'art, Malraux choisit de traiter toutes ces questions à travers une multiplicité d'épisodes et de personnages fortement caractérisés, qui incarnent les diverses parties en présence : le colonel catholique Ximénès est confronté à l'anarchiste Puig, le journaliste américain Shade au sculpteur Lopez, l'aviateur Scali à l'historien d'art Alvéar — *« Aucun tableau ne tient en face de taches de sang »*, réplique Scali à Alvéar, convaincu des vertus consolatrices des œuvres d'art (II, I, 7). D'abondants dialogues qui transposent sous forme de débats d'idées les interrogations personnelles de l'auteur — dont on entend parfois les accents d'orateur —, des scènes de combats restituées avec une énergie visuelle riche en effets cinématographiques — dont les célèbres *« vues d'avion »* — composent une vaste mosaïque où se dessine, au-delà de la peinture des massacres de la guerre et des conflits idéologiques, l'espoir d'une réconciliation entre révolution et liberté, et surtout, la confiance en l'homme : *« Manuel entendait pour la première fois la voix de ce qui est plus grave que le sang des hommes, plus inquiétant que leur présence sur la terre : — la possibilité infinie de leur destin ; [...]. »* (III, 6).

En 1938, Malraux réalisa à partir de son roman, en collaboration avec Denis Marion, une adaptation cinématographique, ***Sierra de Teruel***, tournée en grande partie en Catalogne. Après une présentation privée en juillet 1939, le film ne connut une sortie publique qu'à la Libération, sous le titre ***Espoir***, et fut couronné par le prix Louis-Delluc. ***L'Espoir*** a consacré l'homme Malraux autant que l'écrivain et figure parmi les œuvres phares de notre littérature.

CITATIONS

Presque tous les écrivains que je connais aiment leur enfance, je déteste la mienne.

Antimémoires, 1.

La vraie barbarie, c'est Dachau ; la vraie civilisation, c'est d'abord la part de l'homme que les camps ont voulu détruire.

La Condition humaine, in *Antimémoires*, 2.

Connaître un homme aujourd'hui, veut surtout dire connaître ce qu'il y a en lui d'irrationnel, ce qu'il ne contrôle pas, ce qu'il effacerait de l'image qu'il se fait de lui.

Antimémoires, 3.

« Tous souffrent, [...] et chacun souffre parce qu'il pense. Tout au fond, l'esprit ne pense l'homme que dans l'éternel, et la conscience de la vie ne peut être qu'angoisse. »

La Condition humaine, VII.

« Quels livres valent d'être écrits, hormis les Mémoires *¿ »*

Les Approches, in *Les Conquérants*, I.

Si l'humanité porte en elle une donnée éternelle, c'est bien cette hésitation tragique de l'homme qu'on appellera ensuite, pour des siècles, un artiste — en face de l'œuvre qu'il ressent plus profondément qu'aucun, qu'il admire comme personne, mais que seul au monde il veut en même temps souterrainement détruire.

Les Approches, in *Les Conquérants*, postface.

J'ai vu les démocraties intervenir contre à peu près tout, sauf contre les fascismes.

L'Illusion lyrique, III, 3, in *L'Espoir*, I, I.

[...] les fascistes, au fond, croient toujours à la race de celui qui commande. Ce n'est pas parce que les Allemands sont racistes qu'ils sont fascistes, c'est parce qu'ils sont fascistes qu'ils sont racistes. Tout fasciste commande de droit divin.

Exercice de l'Apocalypse, II, 1, in *L'Espoir*, I, II.

« *Le courage est une chose* qui s'organise, *qui vit et qui meurt, qu'il faut entretenir comme les fusils...* »

Exercice de l'Apocalypse, II, 1, in *L'Espoir*, I, II.

« *Le grand intellectuel est l'homme de la nuance, du degré, de la qualité, de la vérité en soi, de la complexité. Il est par définition, par essence, antimanichéen. Or, les moyens de l'action sont manichéens parce que* toute action est manichéenne. *À l'état aigu dès qu'elle touche les masses ; mais même si elle ne les touche pas. Tout vrai révolutionnaire est un manichéen-né. Et tout politique.* »

« *Sang de gauche* », 12, in *L'Espoir*, II, II.

« *Il y a des guerres justes,* [...] *il n'y a pas d'armées justes.* [...] *Il y a une politique de la justice, mais il n'y a pas de parti juste.* »

« *Sang de gauche* », 12, in *L'Espoir*, II, II.

L'œuvre surgit dans son temps et de son temps, mais elle devient œuvre d'art par ce qui lui échappe.

La Métamorphose des dieux, I, introduction.

Le coup d'État du christianisme, c'est d'avoir installé la fatalité *dans* l'homme. De l'avoir fondée sur notre nature. Un Grec était concerné par ses héros historiquement — quand il l'était. Il extériorisait ses démons en mythes, et le chrétien intériorise ses mythes en démons.

Les Noyers de l'Altenburg, II, 3.

« *Quand je dis que chaque homme ressent avec force la présence du destin, j'entends qu'il ressent — et presque toujours tragiquement, du moins à certains instants — l'indépendance du monde à son égard.* »

Les Noyers de l'Altenburg, II, 3.

« *Jusqu'à la quarantaine, on se trompe, on ne sait pas se délivrer de l'amour : un homme qui pense, non à une femme comme au complément d'un sexe, mais au sexe comme au complément d'une femme, est mûr pour l'amour : tant pis pour lui.* »

La Voie royale, I, I.

À : « *Qu'est-ce que l'art ?* » nous sommes portés à répondre : « *Ce par quoi les formes deviennent style.* »

Les Métamorphoses d'Apollon, in *Les Voix du silence*, II, I.

L'artiste naît [...] prisonnier du style, qui lui a permis de ne plus l'être du monde.

La Création artistique, in *Les Voix du silence*, III, III.

Ô monde épars, monde éphémère et éternel qui, pour se survivre au lieu de se répéter, a tellement besoin des hommes !

La Création artistique, in *Les Voix du silence*, III, VI.

[...] le destin n'est pas la mort, il est fait de tout ce qui impose à l'homme la conscience de sa condition ; même la joie de Rubens ne l'ignore pas, car le destin est plus profond que le malheur.

La Monnaie de l'absolu, in *Les Voix du silence*, IV, VII.

L'art est un anti-destin.

La Monnaie de l'absolu, in *Les Voix du silence*, IV, VII.

L'humanisme, ce n'est pas dire : « *Ce que j'ai fait, aucun animal ne l'aurait fait* », c'est dire : « *Nous avons refusé ce que voulait en nous la bête, et nous voulons retrouver l'homme partout où nous avons trouvé ce qui l'écrase.* »

La Monnaie de l'absolu, in *Les Voix du silence*, IV, VII.

JUGEMENTS

« *Je ne doute pas que Malraux fût à sa manière un progressiste, ou qu'il ne cherchât de bonne foi à nous aider. Peut-être aspirait-il à tenir chez nous un rôle analogue à celui que joua lord Byron en Grèce ? Je ne sais, mais ce que je peux affirmer, c'est que si l'adhésion de Malraux, écrivain de grand renom, pouvait utilement servir notre cause, sa contribution en tant que chef d'escadrille s'avéra tout à fait négative.* »

Ignacio de Cisneros [chef de l'aviation républicaine durant la guerre d'Espagne], *Virage sur l'aile*, Éditeurs français réunis, 1965.

« *Nous ne sommes pas les héritiers de Malraux. Ni ses victimes. Nous sommes ses vaincus. J'admire sa victoire, mais je ne la respecte pas. Passons sur l'écœurant spectacle de tous les paons de haute et bonne cour faisant la roue devant un cadavre. Le culte de Malraux est l'opium de la bourgeoisie française, l'âme du monde sans âme, le ciel des terre-à-terre. Que les notaires aient besoin de rêver ne nous empêchera pas de dormir. La vraie souffrance est ailleurs : Malraux a gagné et nous avons perdu.*

Voilà donc un homme qui s'est toujours fichu de la vérité (du savoir en général et des sciences de l'Histoire en particulier), qui décida, dès son adolescence, que le monde réel n'existait pas, sinon comme encadrement d'images et accroche-mythes, promu cinquante ans après au rôle de modèle pour ceux dont toute la vie repose ou a reposé sur les deux postulats contraires : la recherche de la vérité et la transformation du monde réel. Je veux parler des militants. Malraux leur a tourné le dos un demi-siècle et à peine s'il ne se retrouve

pas leur chef. S'il rit de nous en ce moment, c'est bien pour avoir réussi ce coup superbe. Ce faux retardataire, qui n'a cessé d'appréhender le XXe *siècle avec une philosophie du* XIXe *siècle, s'est, en fait, installé le premier au cœur de ce qui vient et nous submerge déjà : le mythologique.*
Cet homme a longtemps pu se faire prendre pour un communiste, lui qui n'avait jamais mis son nez dans l'opus marxiste ni dans la théorie du socialisme. Lui qui ne s'est jamais demandé si une idée était juste ou non, mais si elle faisait ou non de l'effet, le voilà au sommet de l'intelligence. Mythomane sagace, Malraux a le premier compris que le mensonge n'existait plus au XXe *siècle, pas plus que la vérité. Il a le premier sacrifié l'idée et le réel à l'image. Or tout pouvoir sérieux repose sur l'imaginaire, et Malraux, homme de cinéma, de mise en scène et de décor, était un homme de pouvoir-né. Il a compris avant nous tous que la littérature romanesque était finie et qu'aucune fiction n'avait de valeur si elle ne se faisait passer pour témoignage. Cette ambiguïté délibérée et organisée entre la vie de l'écrivain et son œuvre a définitivement indexé l'œuvre d'art sur le pathétique de sa présentation, comme elle a indexé la justesse d'une politique sur la théâtralité de ses apparences. L'intrusion des techniques publicitaires au royaume des belles-lettres, c'est aussi le coup de génie de Malraux dans les années 20. Il savait avant nous que la légende aurait raison de la lecture.*
[...]
Reste que cet agnostique fut le dernier religieux dans un monde d'incrédules. Religieux étant celui qui sait parfois sacrifier ses différences à une communion ; celui qui sait qu'il y a des guerres justes, mais qu'il n'y a pas d'armée innocente, et qui, le sachant, accepte de s'enrôler dans une armée pour faire la guerre. En un temps sans fraternité, d'où le combat a disparu, avec ses moines et ses soldats, en un temps où il n'y a plus que des moustiques très intelligents, c'est ce Malraux-là que je respecte : par-delà le bien et le mal, en deçà du vrai et du faux, sans doute, mais jamais entre deux chaises. »

Régis DEBRAY, « Le Siècle ou sa Légende ¿ »,
in *Le Monde*, 27 novembre 1976.

« *Jamais, dans mon expérience humaine, je n'ai connu d'être aussi acharné à chercher une éthique dans l'esthétique, d'homme pour qui l'action fût avant tout une tentative de mettre fin à la mortelle aliénation de la beauté. À ceux qui lui reprochaient son interminable pérégrination à travers les musées, au cours de la deuxième partie de sa vie, je rappelle que la culture fait toujours passer ce qui nourrit les hommes avant ce qui nourrit la culture. Mauriac avait dit, lui, dans les années 50 :* "Il s'est retiré sous sa tente avec des cartes postales." *Peut-être, mais la tente était celle de l'éternel nomade à la recherche d'un sens au désert, et les* "cartes postales" *de chefs-d'œuvre étaient des points de repère dans ces cheminements.*
[...]
Je ne connais pas de lutte plus acharnée dans l'histoire de l'art et de la littérature que celle de l'auteur des Voix du silence *pour faire de la culture un* "anti-néant".
[...]
[...] *Que ce soit en Indochine où, dès 1924, il publiait un journal qui réclamait la fin de la colonisation, en Espagne, dans la Résistance ou à la brigade Alsace-Lorraine, notre compagnon ne cessait de répondre* "au néant au fond de l'homme" *par une conception de la vie et de la mort qui était peut-être moins la recherche d'un sens qu'une empoignade perpétuelle et poignante avec son absence.* »

Romain GARY, « L'Honneur d'être un homme »,
in *Le Monde*, 18 novembre 1977.

« [...] *Malraux, un peu énigmatique, dont on ne connaissait pas le pays mais qui pouvait être de partout. Il y avait en lui de l'aventurier, et cela gênait un peu, mais quand il donna pour titre à l'un de ses romans ces mots :* La Condition humaine, *beaucoup d'entre nous y virent, quelquefois avec un peu d'envie, un signe de cette espèce de génie rapide qu'il a.* »

Jean GUÉHENNO, *Carnets du vieil écrivain*,
Grasset, 1971.

« *Chez Malraux, le dualisme du prophète et du poseur est plus en évidence que chez les autres grands aventuriers dont les noms viennent à l'esprit* [...]. »

Arthur KOETSLER, *Le Démon de Socrate*, trad. franç.
Rémi LAUREILLARD, Calmann-Lévy, 1955.

« *Nulle part le concept de classe n'apparaît dans l'œuvre de Malraux. Les très rares prolétaires qu'on y aperçoit sont des terroristes ou des anarchistes. Ces révolutions sont faites par des intellectuels sans patrie, sans enracinement ni environnement social. [...]*
Mais on peut être le moins marxiste des intellectuels de son temps — moins que Drieu, par exemple —, et faire un excellent "compagnon de route" de la IIIe Internationale. Ce que fut Malraux de 1932 à 1939, environ. À cela plusieurs raisons : le procès qu'il fait à la société bourgeoise, surtout depuis qu'elle l'a maltraité en Indochine ; l'impact qu'a sur lui le romantisme révolutionnaire soviétique, qui s'incarne à ses yeux en Léon Trotski ; et une réaction très saine contre la montée des fascismes en Europe. [...]
[...]
Et pourtant, c'est de cette époque [1937] *que date la fêlure entre André Malraux et ses compagnons de lutte. Certes, il a désapprouvé la publication du* Retour d'URSS *d'André Gide, et, rencontrant Bernanos à la fin de la guerre d'Espagne, il se dit encore communiste. Mais Gaëtan Picon, l'interrogeant en 1938, le trouve plutôt méfiant à l'égard de ses compagnons de combat. L'année suivante, en août 1939, c'est la signature du pacte entre Hitler et Staline. Il refuse à Raymond Aron, qui lui en fait la demande, de s'associer à une dénonciation publique du pacte, pour ne pas se désolidariser des communistes alors qu'ils sont isolés et pourchassés. Mais la dénonciation par le PCF de l'écrivain Paul Nizan, son ami, qui a eu le courage de s'élever contre le soutien accordé par la plupart de ses camarades au geste de Staline, ne peut que renforcer sa désapprobation et approfondir le différend.* »

Jean LACOUTURE, « Révolutionnaire avant tout,
communiste un temps, marxiste jamais »,
in *Le Monde*, 25 novembre 1976.

« On peut en refaire aujourd'hui l'expérience : lire les romans de Malraux, c'est suivre un récit très construit dans son grouillement et dans son désordre apparent, et c'est bel et bien s'introduire dans la fiction, non dans un essai philosophique déguisé en roman à thèse. Parfois, des longueurs du dialogue, des solennités d'expression, des inflations oratoires, trahissent le goût de l'homme public pour la parade et le drapé, gênent le déroulement du drame, et datent l'écriture, la transformant en une voix de vieilles actualités, comme un cachet de la poste sur une enveloppe retrouvée. Mais l'obsession du temps sauve le romancier : il lui faut revenir à l'urgence et le style redevient bref. Cette sécheresse culminera dans L'Espoir, *où la tragédie s'exprime comme un téléscripteur, avec les saccades d'une dépêche d'agence. Ainsi passe-t-on sans cesse des gros plans aux vues panoramiques. On ne trouve que ces deux moyens de voir les hommes dans les romans de Malraux. Comme s'il répondait à Eisenstein et à ses escaliers géants, à Orson Welles et à ses contre-plongées. Il en résulte quelque chose de brumeux et d'âcre, où l'on s'immerge à la fois dans les visages et dans l'histoire, et qui est en tous cas très visuel, très sensoriel, très riche en alcool.*
C'est tout le contraire de ce que l'on a tant répété : ce qui sauve le roman de Malraux, ce ne sont pas les idées, ce ne sont pas les abstractions, c'est le romanesque. »

Renaud MATIGNON, « André Malraux : Jules Verne chez Tchang Kaï-chek », in *Le Figaro littéraire*, 21 novembre 1996.

« Servi par une mémoire prodigieuse et par l'intelligence la plus vive, comblé de dons par toutes les fées, Malraux est l'homme de trois dieux, aimés inégalement : l'art, la révolution et le général de Gaulle.
[...]
Le risque, pour Malraux, est de voir son œuvre étouffée par sa vie tumultueuse. Le Panthéon est un triomphe, mais ce n'est pas au Panthéon, c'est dans le cœur et la mémoire que survivent les écrivains. »

Jean d'ORMESSON, « Malraux. Le Roi de Saba », in *Une autre histoire de la littérature française*, I, NiL, 1997.

« Les mouches qu'André Malraux semblait chasser sans cesse des yeux et des mains, les voici donc libres de se poser sur son visage, où toute l'angoisse et toute l'intelligence humaines ont fini de tressaillir. Voici éteinte la voix syncopée où se bousculaient à tout propos les dieux et les millénaires. Voici réconciliés le pilleur de temples et le ministre des musées, le terroriste et l'ami des rois, l'aventurier ivre d'action et l'écrivain saoulé de prose. L'homme qui disparaît et l'œuvre qu'il laisse sont parmi les plus représentatifs de leur pays et de leur temps, les plus exemplaires de notre civilisation en ruine. En eux pourra se lire toute l'aventure de ce siècle pantelant, que la mort de Dieu et l'échec moral des sciences ont obligé à fonder la grandeur de l'homme sur le néant qui l'écrase.
[...]
Cet art de convoquer à tout moment les hauts faits et les chefs-d'œuvre de l'humanité n'a pas que des admirateurs fascinés. On trouve des historiens de l'art pour contester l'érudition époustouflante de Malraux et le sérieux de son comparatisme à tout-va.
C'est pourtant un fait que les plus grands esprits du demi-siècle sont restés pantois devant les acrobaties du causeur que sa femme Clara qualifiait, dès 1925, de "mirobolant" [...].
[...]
[...] *Hugo d'un siècle dont Sartre serait le Voltaire, Malraux en aura vécu et écrit, à lui seul, la légende. »*

Bertrand POIROT-DELPECH, « L'Aventure d'un siècle écrasé par le néant », in *Le Monde*, 24 novembre 1976.

« [...] *monument de style empire dont De Gaulle fut le principal locataire... L'univers romanesque de Malraux se lézarde. »*

Angelo RINALDI, « André Malraux », in *L'Express*, 29 novembre 1976.

« Malraux avait l'intelligence impatiente, comme un robinet sous pression si forte qu'il "crache". »

Claude ROY, *La Fleur du temps*, 10 juillet 1984, Gallimard, 1988.

« Vivant, brillant, il n'hésitait jamais à répondre à une question et ses réponses étaient toujours péremptoires. Ce qui était parfois agaçant car quand il avait exprimé son opinion on n'avait plus qu'à se taire. Pourtant, il cherchait à plaire et il y réussissait, sans se soucier de ce qu'on pensait de lui. Il était très courageux et ne se plaignait jamais, alors qu'il avait à surmonter des difficultés de toutes sortes. Sans qu'il le proclamât (au contraire), il était fidèle et défendait avec énergie ses amis, ce qui n'était pas toujours réciproque. Peu lui importait. Il était aussi obstiné et refusait toujours de s'avouer vaincu. Il ne cachait pas qu'il était ambitieux, mais pas arriviste. Il était, comme l'on disait alors, très pur. Il se savait plus lucide et plus intelligent que la plupart de ses contemporains et je crois qu'il souffrait d'être bien obligé de reconnaître impartialement cette supériorité. »

Philippe SOUPAULT, *Mémoires de l'oubli*, t. II, *1923-1926*, Lachenal et Ritter, 1986.

BIBLIOGRAPHIE

Éditions

Œuvres complètes, « Pléiade », 6 vol., Gallimard : t. 1, éd. P. BRUNEL, 1989, t. 2 et 3, éd. M.-Fr. GUYARD, 1996 ; t. 4 à 6, à paraître.

La Condition humaine, éd. Y. ANCEL, « Folio Plus », Gallimard, 1996.

Espoir, Sierra de Teruel, éd. Fr. TRÉCOURT et N. BURCH, « Folio », Gallimard, 1997.

L'Espoir, éd. G. SOUBIGOU, « Folio Plus », Gallimard, 1996.

La Voie royale, éd. Chr. MOATTI, « LdP », LGF, 1992.

Études

R. AUBERT, *L'Absolu et la Métamorphose : théologiques sur André Malraux*, Labor et Fides, Genève (CH), 1985.

Chr. BIET, D. BRIGHELLI, J. RISPAIL, *Malraux, la Création d'un destin*, « Découvertes », Gallimard, 1987.

P. de BOISDEFFRE, *André Malraux*, Éd. universitaires, 1963.

J. BONHOMME, *André Malraux ou le Conformisme*, Desforges, 1977, rééd. 1986.

A. BRINCOURT, *André Malraux ou le Temps du silence*, La Table ronde, 1966 ; *Malraux le Malentendu*, Grasset, 1986 ; *Messagers de la nuit : Roger Martin du Gard, Saint-John Perse, André Malraux*, Grasset, 1995.

A. et J. BRINCOURT, *Les Œuvres et les Lumières : à la recherche de l'esthétique à travers Bergson, Proust et Malraux*, La Table ronde, 1955.

C. CATE, *André Malraux*, trad. franç. M.-A. REVELLAT, Flammarion, 1994.

S. CHANTAL, *Le Cœur battant : Josette Clotis/André Malraux*, Grasset, 1976, rééd. « LdP », LGF, 1978.

M. COOL, *André Malraux : l'Aventure de la fraternité*, DDB, 1996.

M. de COURCEL (dir.), *Malraux : Être et Dire*, suivi de A. MALRAUX, *Néocritique*, Plon, 1976.

R. DEBRAY, *Malraux ou l'Impératif du mensonge*, 1977, in *Éloges*, Gallimard, 1986.

F. DORENLOT, *Malraux ou l'Unité de la pensée*, Gallimard, 1970.

H. GODARD, *L'Autre Face de la littérature. Essai sur Malraux et la littérature*, Gallimard, 1990.

B. GROETHUYSEN, *Malraux*, 1929, in *Autres Portraits*, Gallimard, 1995.

G.T. HARRIS, *André Malraux : l'Éthique comme fonction de l'Esthétique*, « Lettres modernes », Minard, 1972.

F. HÉBERT, *Triptyque de la mort : une lecture des romans de Malraux*, P.U. Montréal (CA), 1978.

P. HOVALD, *Toutes ces années et André Malraux*, Cerf, 1978.

J. LACOUTURE, *Malraux, une vie dans le siècle*, Seuil, 1973, rééd. « Points/Histoire », 1976.

W.G. LANGLOIS et Chr. MOATTI (dir.), série *André Malraux*, n°s 1 à 10, « Lettres modernes », Minard, 1972 à 1999.

J.-Cl. LARRAT, *Malraux théoricien de la littérature (1920-1951)*, PUF, 1996.

L. LEMIRE, *André Malraux : antibiographie*, Lattès, 1995.

J. LESCURE, *Album Malraux*, « Pléiade », Gallimard, 1986.

A[lain] MALRAUX, *Les Marronniers de Boulogne*, Plon, 1978, rééd. 1989.

Cl. MALRAUX, *Le Bruit de nos pas*, Grasset, 1963 à 1979, 6 vol.

Chr. MOATTI, *Malraux, une vision de la personne à travers ses personnages de roman*, P.U. Paris IV, 1979 ; *Le Prédicateur et ses masques. Les Personnages d'André Malraux*, Publications de la Sorbonne, 1987.

S. MORAWSKI, *L'Absolu et la Forme : l'Esthétique d'André Malraux*, trad. franç. Y. LAMY-GRUN, Klincksieck, 1972.

J. MOSSUZ-LAVAU, *André Malraux et le Gaullisme*, Colin, 1970 ; *André Malraux*, « Qui êtes-vous ? », La Manufacture, Lyon, 1987.

R. PAYNE, *André Malraux*, trad. franç. P. ROCHERON, Buchet-Chastel, 1973.

G. PENAUD, *André Malraux et la Résistance*, Fanlac, Périgueux, 1986.

G. PICON, *Malraux par lui-même* [annoté par MALRAUX], Seuil, 1959, rééd. 1979.

Fr. de SAINT-CHERON, *L'Esthétique de Malraux*, SEDES, 1996.

M. et Fr. de SAINT-CHERON, *Notre Malraux*, Albin Michel, 1979.

R. STÉPHANE, *Portrait de l'aventurier : T.E. Lawrence, Malraux, von Salomon*, Sagittaire, 1950, rééd. Grasset, 1995 ; *André Malraux, Entretiens et Précisions*, Gallimard, 1984 ; *Malraux, premier dans le siècle*, Gallimard, 1996.

G. SUARÈS, *Malraux, celui qui vient*, Stock, 1974 ; *Malraux, la voix de l'Occident*, Guilde du Livre, Lausanne (CH), 1974.

C. TANNERY, *André Malraux, l'Agnostique absolu ou la Métamorphose comme loi du monde*, Gallimard, 1985.

M. TISON-BRAUN, *Ce monstre incomparable... Malraux ou l'Énigme du moi*, Colin, 1983.

A. VANDEGANS, *La Jeunesse littéraire d'André Malraux. Essai sur l'inspiration farfelue*, Pauvert, 1964.

S. de VILMORIN, *Aimer encore*, Gallimard, 1999.

M. WINOCK, *Le Siècle des intellectuels*, II, 27 et 30, III, 55, Seuil, 1997, pp. 254 à 262, 280 à 286 et 524 à 532.

De Gaulle et Malraux, colloque organisé par l'Institut Charles-de-Gaulle, 13, 14 et 15 nov. 1986, Plon, 1987.

« Hommage à André Malraux, 1901-1976 », in *NRF*, 1991.

Malraux (collectif), « Génies et Réalités », Hachette, 1979.

Malraux, « Cahiers de l'Herne », n° 43, L'Herne, 1982.

AUDIO & VIDÉO

CD

L'Art et l'Histoire. Entretiens avec Pierre de Boisdeffre (1967), Jean-Marie Drot (1974), Guy Suarès (1973), INA/Radio France, 1996, 2 CD-livres.

Vidéo

J.-D. BONAN, M. CAZENAVE, *Malraux « Œuvres »*, FR3, 1989, 2 cassettes.

J.-M. CARZOU, O. GERMAIN-THOMAS, *De Gaulle/ Malraux, portraits croisés*, INA/FR3, 1990.

R. DARBOIS, R. STÉPHANE, *Les Antimémoires improvisés*, 1967, ORTF/INA, s.d.

J.-M. DROT, *Journal de voyage avec André Malraux : à la recherche des arts du monde entier*, émissions n°s 2, 5 et 9 [sur 13 tournées], 1976, 1977 et 1979, 3 cassettes

A. FERRARI, D. RONDEAU, *André Malraux ou la « Grande Vie »*, Sept/Arte/INA, 1995.

Chr. de MONTRICHARD et M. VUILLERMET, *André Malraux*, « Un siècle d'écrivains », France 3, 1996.

Cl. PRÉVOST, *Les Métamorphoses du regard*, ORTF/INA, 1974, 3 cassettes.

B. QUEYSANNE, *André Malraux*, Ministère des Affaires étrangères, 1977.

Cl. SANTELLI, Fr. VERNY, *André Malraux, la Légende du siècle*, A2/INA, 1972, 9 cassettes.

CD-ROM

A. BRAUN, *Panthéon : de Voltaire à Malraux. Aux grands hommes la patrie reconnaissante*, CNMHS/Monte Cristo Multimédia/Ubi-Soft, 1997.

Malraux, Titus Interactive, 1995.

MARGUERITE DE NAVARRE

MARGUERITE de NAVARRE

Née Marguerite d'ANGOULÊME, devenue duchesse d'ALENÇON puis de BERRY par son premier mariage (1509), reine de NAVARRE par le second (1527)

Angoulême (act. Charente) 1492 – Odos (act. Hautes-Pyrénées) 1549

« Elle promène sur le monde tel qu'il lui apparaît un regard clair, désabusé, honnête et scrupuleux. Ni indulgence aveugle, ni sévérité fanatique. Une honnêteté de grande dame, d'une vraie noblesse, d'une réelle délicatesse d'âme. »

Lucien FEBVRE, *Autour de l'« Heptaméron », amour sacré, amour profane*, Gallimard, 1944.

« Dans la diffusion languissante [de son œuvre] *et son abondance un peu sèche, on retrouve à la fois l'inculture esthétique du Moyen Âge et la facture lâche de l'amateur. »*

Gustave LANSON, *Histoire de la littérature française*, Hachette, 1894.

Une vie de pouvoir et de deuils

L'aimante et influente sœur de François Ier

Fille de Charles d'Angoulême, descendant de Charles V, et petite-nièce du poète Charles d'Orléans, Marguerite d'Angoulême fut élevée, dès 1496 (date de la mort de son père), dans l'espoir de sa mère, Louise de Savoie, veuve à 19 ans, que son frère François succédât un jour au futur Louis XII — dont, par le jeu des cousinages, il était l'héritier présomptif, et qui devint le tuteur des deux enfants. Marguerite nourrit ce rêve, comme elle partagea la vie et les études de ce frère, son cadet de deux ans. Lorsqu'elle épousa, à 17 ans, le duc d'Alençon, elle était déjà plus savante que la plupart des dames, et pour toujours liée à sa mère et à son frère — dans cette « trinité » qui étonna les contemporains. En 1515, François d'Angoulême devint François Ier : Marguerite aussitôt triompha auprès de lui, bien plus active, bien mieux en lumière que la discrète reine Claude (fille de Louis XII). De 1521 à 1524, elle eut avec Guillaume Briçonnet, alors évêque de Meaux — et, à travers lui, avec Lefèvre d'Étaples —, une correspondance où les soucis temporels de la nomination des évêques et de la réforme de l'Église importaient moins que la méditation sur les textes de l'Écriture et le salut de l'âme. Elle écouta alors cette rigoureuse leçon sur la nécessité de mourir au monde pour vivre en Dieu, qu'elle n'oublia jamais. En écho, elle écrivit, vers 1524, ce qui fut peut-être son premier poème, un poème de deuil pour la mort d'une enfant, le ***Dialogue en forme de vision nocturne*** (publié en 1533 avec ***Le Miroir***), où l'évocation de l'ombre de sa nièce, la petite princesse Charlotte (fille de François Ier), lui imposait, comme l'exigeait Briçonnet, de changer son deuil en joie. C'est bien un « *dialogue* », et Marguerite de Navarre y parlait déjà, comme elle fit souvent, d'une voix double, divisée entre ses attachements humains et l'appel de la vie en Dieu.

Le temps des épreuves était d'ailleurs venu pour elle : la reine Claude mourut en 1524 ; le roi, vaincu à Pavie (1525), fut fait prisonnier ; son mari, Charles d'Alençon, mourut la même année, à Lyon. Sa vie publique fut alors très remplie : elle joua un rôle de premier plan — notamment en réunissant les sommes exigées pour la rançon de François Ier — et, bien que remariée en 1527 à un roi quasi sans royaume, le jeune Henri d'Albret — union qui donna naissance en 1529 à Jeanne d'Albret, future mère d'Henri IV —, elle garda longtemps ce rôle. Attentive à la rénovation de l'Église, elle protégea les « *évangéliques* » du groupe de Meaux, comme elle protégea Marot, son « *valet de chambre* » depuis 1519, ainsi que Dolet, qu'elle connut en 1536. Vers 1530, elle écrivit, pour le théâtre, ce qu'on appelle sa « *tétralogie biblique* », comprenant ***La Nativité***, ***Les Trois Rois***, ***Les Innocents*** et ***Le Désert*** (publiée seulement en 1547). En 1531, année de la mort de sa mère, Louise de Savoie — et un an après le décès, en très bas âge, de son fils Jean —, parut, sous un demi-anonymat, ***Le Miroir de l'âme pécheresse*** : en 1533, ce poème fut réimprimé sous son nom et censuré par les théologiens de la Sorbonne qui soupçonnaient Marguerite d'être favorable aux thèses des réformés, ce qui amena le roi à intervenir directement en sa faveur. Après l'affaire des Placards (1534), elle se retira en Navarre et, à partir de 1536 — année d'un nouveau deuil familial : la mort du dauphin François —, sa faveur et son influence connurent des éclipses : son projet de reconstituer le royaume de Navarre, notamment par une alliance avec Charles Quint, heurtait de front la politique de son frère — qui fit « emprisonner » Jeanne d'Albret, en 1538 : il imposa le mariage de sa nièce avec le duc de Clèves, en 1541, mais en accepta l'annulation, quatre ans plus tard. Après 1542, Marguerite vécut souvent dans ses diverses terres, à

Nérac, à Mont-de-Marsan, à Pau : elle y accueillit quelques « *libertins spirituels* » — que Calvin traitait en 1545 de « *secte phantastique* » —, sans forcément partager leur très radical quiétisme, indifférent au salut comme au péché.

Les consolations littéraires d'une inconsolable sœur

En 1547, deux ans après la mort de Charles — fils préféré du roi, dont la mort s'ajouta à celle des filles, Louise et Madeleine —, mourut le frère tant aimé, qu'elle pleura, retirée plusieurs mois dans un monastère ; ce fut pourtant l'année où furent publiées ***Les Marguerites de la Marguerite des princesses*** — le titre joue sur le nom de la reine et sur le sens de « *marguerite* », la perle, en grec et en latin — et leur ***Suyte***, tout un trésor poétique où paraissaient beaucoup de pièces jusque-là inédites. On y trouve tous les genres : les 4 « comédies » de la « tétralogie biblique », sur la nativité du Christ, et la farce énigmatique de ***Trop, Prou, Peu et Moins*** (1544), qui met en scène 4 personnages allégoriques : Trop et Prou sont de riches seigneurs attachés aux seuls biens terrestres, et minés par le souci de dissimuler leurs grandes oreilles (signe de sottise, référence explicite à Midas — affublé d'oreilles d'âne par Apollon pour avoir préféré à celui-ci Marsyas au titre de meilleur musicien —, mais aussi symbole des « espions » de l'Église) ; Peu et Moins, pauvres mais toujours joyeux — car leurs cornes, « *gentes cornes de nostre front* » (v. 923) les protègent des attaques (et représentent peut-être la vraie foi réformée) —, tentent de leur montrer la voie. On trouve également un débat de casuistique amoureuse — ***La Coche*** — et, méditation quasi théologique du ***Miroir***, le long poème du ***Triomphe de l'agneau***, ainsi que les brèves pièces lyriques des ***Chansons spirituelles***, pour la plupart composées sur des modèles populaires ; elles traitent les thèmes de l'âme pécheresse, de la rédemption et de la grâce, de la dévotion au Christ, en adaptant notamment des chansons d'amour profane :

Hélas, je languis d'amours
Pour Jésuschrist, mon espoux.

Filles, âmes bien heureuses,
De Jésuchrist amoureuses,
Oyez mes piteux propous,
Hélas.

(chanson 28, vv. 1 à 6)

Si leur chronologie reste incertaine, ces ***Marguerites*** marquent du moins la place, en son temps, de la reine poète.

Une abondante œuvre posthume

Encore n'était-ce là qu'une part de son œuvre poétique : à sa mort, elle laissait en manuscrits, non seulement des pièces évidemment tardives — la ***Comédie sur le trépas du roy***, ***La Navire***, où l'ombre de son frère mort lui parle comme autrefois celle de Charlotte, la ***Comédie de Mont-de-Marsan***, jouée par les filles de sa cour en 1548 —, mais aussi, outre le très long poème des ***Prisons***, de petites « *farces* » satiriques et le ***Petit Œuvre dévot*** qui passent pour dater de sa jeunesse.

Telle est, réduite à ses grands titres, une œuvre en vers qui garde dans sa diversité une très visible cohérence : partout, ou presque, une âme qui cherche l'union mystique avec Dieu. Mais, dans son prosaïque ***Heptaméron*** (publié neuf ans après sa mort, en 1558), la même femme sut aussi rassembler de très terrestres histoires — tragiques, comiques, gaillardes ou raffinées — et faire débattre entre eux les très mondains « *devisants* » qui se les racontent.

Marguerite de Navarre fut à la fois mondaine et tournée vers la plus exigeante spiritualité. Femme et princesse, la sœur de François Ier avait mieux à faire qu'à écrire, et pourtant elle écrivit sans cesse, en vers et en prose. On admirait la science et la sagesse de la « *Minerve de France* », mais aussi sa piété. Marot, qui fut à son service, l'a mieux dit que tout autre : en elle, on voyait « *Corps féminin, cœur d'homme et teste d'ange* ».

Une excessive simplicité

De l'obstiné labeur d'écriture de Marguerite de Navarre, reste-t-il un style ? En vers, nulle image rare et guère d'effets sonores ; relative pauvreté du vocabulaire. Quand la reine joue, comme les rhétoriqueurs, sur les rimes — sans doute son point faible — et les mots, ce n'est pas sans maladresse, et ses élans les plus inspirés se perdent parfois dans de lassantes reprises. Mais elle sait inventer des lieux et des voyages symboliques, et sa piété quasi mystique trouve assez souvent un langage pour s'exprimer, tout de simplicité et de touchante familiarité : l'antithèse domine dans les ***Chansons spirituelles***, disant toute la distance qui sépare de Dieu la créature,

Préférant sa chambrière
À la maistresse d'honneur
(chanson XXXIX, vv. 34-35)

Traduisant une expérience personnelle, ces chansons aux accents parfois naïfs, visant la sincérité et la simplicité, font de la reine de Navarre un de nos premiers poètes lyriques :

Mes larmes, mes souspirs, mes criz,
Dont tant bien je sais la pratique,
Sont mon parler et mes escritz,
Car je n'ay d'autre rhétorique.
(chanson I, vv. 17 à 20)

Sa prose est plus sûrement, plus constamment maîtrisée, en dépit ou à cause de la défiance, voire du rejet, affirmés dans le prologue de l'***Heptaméron***, de « *la beaulté de la rethoricque* », qui fait « *tort en quelque partye à la vérité de l'histoire* ». La rhétorique de l'***Heptaméron*** est ainsi celle d'une subtile convenance : dans les contes, stricte économie du récit ; dans les débats, apparente liberté et cohésion des propos. Et dans l'équilibre réalisé triomphe la multiplicité des points de vue, des enchaînements narratifs, des traitements d'un même thème organisateur (l'amour), des registres de langue, des tons adoptés, moralisateurs, comiques ou férocement satiriques, qui donne toute sa richesse et son aisance facile au style d'une œuvre qui se veut dite plutôt qu'écrite : « *Au temps du Roy François premier, y avoit une dame de sang roial, accompaignée d'honneur, de vertu et de beaulté, et qui sçavoit bien dire un compte* [conte] *et de bonne grace, et en rire aussy, quant on luy en disoit quelcun* » (62e nouvelle).

De la gloire à l'oubli

Restent les paradoxes du destin d'écrivain de la reine de Navarre. De son vivant, on vanta bien sûr la protectrice, mais aussi — et sans doute avec sincérité — le poète, et c'est avec un humour respectueux que Rabelais dédia à l'« *esprit de la royne de Navarre* »,

Esprit abstraict, ravy, et ecstatic
Qui frequentant les cieulx, ton origine,
As delaissé ton hoste et domestic,
Ton corps concords [harmonieux], *qui tant se morigine* [se morigène, règle ses mœurs]
A tes edictz, en vie peregrine [étrangère]
Sans sentement, et comme en Apathie,

le *Tiers Livre*, lui proposant une « *sortie* » de ce « *manoir divin, perpétuel* » afin de s'amuser de ces joyeusetés — à vrai dire, plus « philosophiques » que les premières. Après sa mort, Marguerite fut l'une des dames de Brantôme — dont la mère était de l'entourage de la reine —, mais on oublia vite ses ***Marguerites***, et presque tous les poèmes manuscrits demeurèrent ignorés jusqu'à l'édition, donnée par Abel Lefranc, des ***Dernières Poésies***, en 1896 : c'est en conteur qu'elle triompha pendant trois siècles. Mais, de son ***Heptaméron***, on n'a guère retenu que les récits et les péripéties violentes ou scabreuses, au point qu'il a paru incroyable qu'une reine si vertueuse eût pu les écrire. Les débats qui, à la suite de la Première Guerre mondiale, ont porté sur l'« évangélisme » français et ses liens avec la Réforme, ont fait de ce poète si religieux — et de cette femme si politique — un sujet d'étude pour les historiens, mais c'est tout récemment que la complexité de l'***Heptaméron***, entre contes et débats, a été mise en évidence ou que l'œuvre du poète a retenu l'attention.

ŒUVRES

Heptaméron

Nouvelles en prose, parues pour la première fois en 1558, sous le titre ***Histoire des amans fortunez***, édition sans nom d'auteur et très fautive, donnée par Pierre Boaistuau ; puis, l'année suivante, par les soins de Claude Gruget, sous le titre ***Heptaméron des nouvelles de Marguerite de Valois remis en son vray ordre*** (1559).

Dix seigneurs et dames, isolés dix jours par un orage dans une abbaye près de Cauterets, dans les Pyrénées, se racontent des histoires : dans le prologue, Parlamente (qui représente l'auteur soi-même) propose à ses compagnons le « *passetemps* » suivant, en attendant que le pont soit réparé : « *Et s'il vous plaist que tous les jours, depuis midy jusques à qatre heures, nous allions dans ce beau pré le long de la rivière du gave* [...] *; là, assiz à noz aises, dira chascun quelque histoire qu'il aura veue ou bien oy dire à quelque homme digne de foy.* »

La série, inachevée, s'arrête à la 72e histoire, au 7e jour (d'où le titre). Ces contes sans merveilleux mêlent des anecdotes de Cour, des faits divers récents et des reprises de motifs médiévaux. S'y ajoutent, entre les histoires, des débats où chacun tient son rôle, image probable du cercle qui entourait la reine : le matin, avant la messe, la plus âgée des dames, Oisille (identifiée à Louise de Savoie) lit et commente la Bible ; pour elle, les histoires les plus noires rappellent la nécessité de la grâce divine, et l'espoir en « *Celluy seul qui est parfaict et sans lequel tout homme n'est que imperfection* » (5e journée, 48e nouvelle). L'écriture varie : récits rapides que ralentissent des discours ou parfois des épîtres en vers, essentiels à l'action et aux portraits moraux ; débats d'un savant naturel enchaînant tirades et brèves reparties, allant du plaisant au grave avec une très mondaine aisance. La reine a voulu rivaliser avec le *Décaméron* de Boccace, qu'elle avait fait traduire en 1545 par Antoine Le Maçon, mais en cherchant dans les contes matière à réflexion morale.

Le texte est difficile à établir : pas d'édition que la reine ait surveillée, pas de copie qu'elle ait corrigée, beaucoup de détails divergents dans les manuscrits. En 1559, Gruget — qui agissait à la demande de Jeanne d'Albret, fille de Marguerite — a rajouté les titres des nouvelles, coupé les formules proches de la doctrine réformée et, pour supprimer des débats d'idées, a même remplacé 3 récits par d'autres d'origine inconnue. Ce n'est qu'en 1854 que Leroux de Lincy a rétabli l'intégralité du texte d'après un manuscrit resté de référence. En dehors de l'impulsion décisive que l'exemple de la reine donna au genre des Histoires tragiques, les contes furent souvent réédités dans la version de Gruget, puis, de 1698 à 1827, dans une mise en « *beau langage accommodé au goût du temps* » — la mention disparut toutefois à partir de 1777 : on goûtait leur violence et leurs gaillardises, sans s'inquiéter de la portée des débats. Au XXe siècle, l'étude littéraire fut attentive à la « polyphonie » de cette œuvre tenue pour « *un des plus grands chefs-d'œuvre du roman psychologique en France* » (Henri Coulet) et où l'on a longtemps, par contraste, trop voulu entendre la voix de la seule Parlamente.

C'est le plus célèbre recueil de nouvelles du XVIe siècle en France : il met en évidence, chez la reine de Navarre, un paradoxe entre amour sacré et amour profane, qui a nourri la curiosité des historiens des mentalités (tel Lucien Febvre).

Les ***Prisons***

Poème allégorique en 3 livres, de 618, 1 096 et 3 214 décasyllabes, composé vers 1547.

Sous forme d'une épître de l'Ami à son Amie, c'est l'aventure d'une âme qui passe par 3 « *prisons* » (l'amour, le monde, les livres) avant de contempler en silence la divine Trinité ; pour évoquer la prison d'amour, où l'ami est « *vray captif du dieu des amoureux* » (I, v. 292) sans rien attendre de sa dame, l'auteur ne se démarque guère de la lyrique courtoise, employant antithèses et oxymores : *Ténèbre lors me sembloit lumineuse / Et le soleil lumière ténébreuse* (I, vv. 7-8). On y voit le héros s'acharner à consolider les murs de sa tour, et tenter de combattre le temps pour rendre son amour éternel. Trahi par son amie, il retrouve sa liberté, s'exclamant : *Adieu l'abisme où j'estois englouty ! / Adieu le feu où souvent fuz rosty ! / Adieu la glace où maincte nuit tremblay ! / Adieu le lac de larmes assemblé !* (I, vv. 611 à 614). Il découvre alors le monde, ébahi par les beautés de « *l'ouvrage grand de ceste pomme ronde* » (II, v. 17). Mais il s'agit d'une seconde prison, qui captive par la triple « *concupiscence* » (II, v. 409) de Plaisir, Richesse et Ambition... Il s'enferme ensuite dans la prison du savoir, dont les piliers sont des livres. Il étudie nuit et jour toutes les disciplines : philosophie, poésie, lois, rhétorique, médecine, théologie, sans discerner le péché déguisé en vertu, *Car plus péché ressemble à la vertu / Et plus il est de ses habitz vestu, / Plus dangereux il est à decevoir* [tromper] (III, vv. 431 à 433). Mais son orgueil est anéanti par la seule parole de l'Esprit qui lui apparaît dans toute sa clarté et fait « *L'enfer rompu, péché mort, et mort morte* » (III, v. 473).

Dans cette histoire symbolique, nul progrès de l'âme, qui va d'erreur en erreur, et que la grâce divine vient trois fois libérer : par l'inconstance de la dame aimée, par les conseils d'un vieillard « *de science Amateur* » (II, v. 937), et enfin par l'illumination de l'Esprit-Saint. Le poème s'achève sur une célébration de la liberté procurée par l'Esprit, et une méditation sur le Tout et le Rien.

CITATIONS

Plus j'ai d'amour plus j'ai de fâcherie.

Dizains.

Si notre amour est fondée sur la beauté, bonne grâce, amour et faveur d'une femme, et que notre fin soit plaisir, honneur ou profit, l'amour ne peut longtemps durer ; car, si la chose sur quoi nous la fondons vient à manquer, notre amour s'envole hors de nous.

Heptaméron, 8e nouvelle.

Les hommes recouvrent leur diable du plus bel ange qu'ils peuvent trouver.

Heptaméron, 12e nouvelle.

Seulement les sots sont punis, et non les vicieux.

Heptaméron, 13e nouvelle.

Jamais homme n'aimera parfaitement Dieu qu'il n'ait parfaitement aimé quelque créature en ce monde.

Heptaméron, 19e nouvelle.

Il n'est point de diable plus insupportable qu'une dame bien aimée et qui ne veut point aimer.

Heptaméron, 24e nouvelle.

Votre plaisir gît à déshonorer les femmes, et votre honneur à tuer les hommes en guerre ; qui sont deux points formellement contraires à la loi de Dieu.

Heptaméron, 26e nouvelle.

Elle pensait que l'occasion faisait le péché, et ne savait pas que le péché forge l'occasion.

Heptaméron, 30e nouvelle.

N'avez-vous pas ouï dire que Dieu aide aux fols, aux amoureux et aux ivrognes ?

Heptaméron, 38e nouvelle.

Mariage est un état de si longue durée qu'il ne doit être commencé légèrement, ni sans l'opinion de nos meilleurs amis et parents.

Heptaméron, 40e nouvelle.

Qui ne peut voir ce qu'il aime n'a nul plus grand bien que d'y penser incessamment.

Heptaméron, 40e nouvelle.

Les sages philosophes tiennent que le moindre homme de tous vaut mieux que la plus grande et vertueuse femme qui soit.

Heptaméron, 40e nouvelle.

L'habit est si loin de faire le moine, que bien souvent, par orgueil, il le défait.

Heptaméron, 48e nouvelle.

Croyez que c'est grand plaisir aux pauvres femmes craintives et secrètes de pécher avec ceux qui les peuvent absoudre, car il y en a qui ont plus de honte de confesser une chose que de la faire.

Heptaméron, 60e nouvelle.

Ô Dieu qui les vôtres aimez,
J'adresse à vous seul ma complainte ;
Vous qui les amis estimez,
Voyez l'amour que j'ai sans feinte...

Pensées de la Reine de Navarre, étant en sa litière durant la maladie du Roi.

JUGEMENTS

« Plus cultivée qu'aucune femme de son temps, du moins en France, elle qui connaît l'italien, l'espagnol et l'allemand, le latin, le grec et l'hébreu, qui ne cesse de s'instruire jusque dans sa vieillesse, qui fait traduire et étudier autour d'elle Platon et les néoplatoniciens, qui demande secours aux lettres de sainte Catherine de Sienne et correspond avec Vittoria Colonna la divine — sa culture pourtant ne semble jamais pédante ; elle n'est pas un ornement de l'esprit, mais son libre épanouissement. Et peut-être rien ne nous frappe-t-il plus chez Marguerite, que son naturel, son jaillissement, on pourrait dire sa naïveté. *C'est une femme "vraie". »*

Marcel Arland, « Marguerite de Navarre », in *Tableau de la littérature française*, I, Gallimard, 1962.

« Il n'y a peut-être pas, avant la Nouvelle Héloïse, *de roman* [à propos de *L'Heptaméron*] *qui soit plus authentiquement une œuvre de recherche et où l'auteur se soit autant engagé. »*

Henri Coulet, *Le Roman jusqu'à la Révolution*, Colin, 1967.

« Cultivée en lettres profanes et modernes, cultivée en lettres saintes et en philosophie sacrée — Marguerite reste libre vis-à-vis de sa culture. Elle ne voit pas les hommes à travers les livres et les textes, les Grecs et les Romains, les moralistes catholiques ou les théologiens protestants. »

Lucien Febvre, *Autour de l'« Heptaméron », amour sacré, amour profane*, Gallimard, 1944.

« Au Moyen Âge appartiennent [chez Marguerite de Navarre] *je ne sais quelle raideur encore gothique, une héraldique complication de lignes entortillées sans souplesse. »*

Gustave Lanson, *Histoire de la littérature française*, Hachette, 1894.

« Comme poète et comme écrivain, son originalité est peu de chose, ou, pour parler nettement, elle n'en a aucune : son intelligence, au contraire, est grande, active, avide, généreuse. »

Charles Augustin Sainte-Beuve, *Le Moniteur universel*, 18 février 1853.

BIBLIOGRAPHIE

Éditions

Théâtre profane, éd. V.-L. Saulnier, Droz, Genève (CH), 1946.

La Navire, Champion, 1956.

Chansons spirituelles, éd. G. Dottin, Droz, Genève (CH), 1971.

Les Prisons, éd. S. Glasson, Droz, Genève (CH), 1978.

Heptaméron, éd. M. François, « Classiques Garnier », Garnier, 1967 ; éd. S. de Reyff, « GF », Flammarion, 1982 ; éd. G. Mathieu-Castellani, « LdP », LGF, 1999.

Études

M. Arland, « Marguerite de Navarre », in *Tableau de la littérature française*, I, Gallimard, 1962, pp. 213 à 232.

N. Cazauran, *L'« Heptaméron » de Marguerite de Navarre*, SEDES, 1991.

R.D. Cotrelle, *The Grammar of Silence : a Reading of Marguerite de Navarre's Poetry*, Catholic University of America Press, Washington (US), 1986.

J.-L. Déjean, *Marguerite de Navarre*, Fayard, 1983.

L. Febvre, *Autour de l'« Heptaméron », amour sacré, amour profane*, Gallimard, 1944, rééd. « Folio », 1996.

P. Jourda, *Marguerite d'Angoulême [...]*, Champion, 1930, rééd. Slatkine, Genève (CH), 1978.

AUDIO & VIDÉO

CD-ROM

Encyclopédie de la littérature française, Bibliopolis, 1998.

MARIVAUX

MARIVAUX
De son vrai nom, Pierre CARLET de CHAMBLAIN de MARIVAUX
Signa MARIVAUX à partir de 1710.

Paris 1688 – *ibid.* 1763
Académicien

> *« Marivaux et ses phrases pures comme du cristal, et ses jolis drames d'amour qui sont comme des torrents emprisonnés.*
> [...]
> *Il n'y a guère qu'une cinquantaine de mots qui, à une comédie de Marivaux, donnent l'air de n'avoir pas été écrite à notre époque.*
> [...]
> *Le style de Marivaux, c'est de la soie. »*
> Jules RENARD, *Journal*, 2 décembre 1893, 13 mai 1901 et 9 novembre 1902.

> *« C'est le mélange le plus bizarre de métaphysique subtile et de locutions triviales, de sentiments alambiqués et de dictons populaires ; jamais on n'a mis autant d'apprêt à vouloir paraître simple ; jamais on n'a retourné de pensées communes de tant de manières plus affectées les unes que les autres. »*
> Jean-François de LA HARPE, *Lycée ou Cours de littérature ancienne et moderne*, 1799.

Une vie cachée derrière une œuvre

Les débuts d'un Moderne

À Paris, jusqu'en 1698, puis à Riom où il suivit son père nommé contrôleur puis directeur de la Monnaie, Marivaux connut les années sombres de la fin du règne de Louis XIV. Issu d'une famille de la bourgeoisie financière, neveu et cousin d'architectes célèbres (Pierre et Jean-Baptiste Bullet), il fit sans doute ses études chez les Oratoriens de Riom jusqu'en 1707. Trois ans plus tard, il s'inscrivit à l'école de droit, à Paris mais se consacra surtout à la littérature. Il fréquenta vraisemblablement les salons littéraires comme ceux de Mme de Lambert et de Mme de Tencin. On ne sait trop si une première comédie, ***Le Père prudent et équitable ou Crispin l'heureux fourbe*** (un acte en vers), publiée anonymement en 1712, fut représentée, mais, protégé de Fontenelle, Marivaux prit le parti des Modernes dans la finissante querelle qui les opposait aux Anciens. En 1716, ***L'Homère travesti ou l'« Iliade » en vers burlesques*** parut trop tard, les adversaires — Houdar de La Motte et Mme Dacier — s'étant réconciliés, et ***Le Télémaque travesti*** parut plus tardivement encore (1736), contre le gré de l'auteur : y étaient mis en scène deux paysans d'Ile-de-France qui croyaient revivre les épisodes du *Télémaque* de Fénelon (1699). On y trouvait une satire sociale des effets du genre romanesque sur ses lecteurs, qui en faisait un « roman critique », à la manière du *Don Quichotte*.
C'est de la même veine que procédait ***Pharsamon ou les Nouvelles Folies romanesques*** (achevé fin 1712, publié seulement en 1737) : un jeune noble de province, intoxiqué par ses lectures, courait les aventures en compagnie de son valet, surnommé Cliton — aventures comiques et parfois grivoises, d'une inspiration quasi rabelaisienne, et avec des réminiscences de Scarron. L'ouvrage se souciait peu de vraisemblance, mais manifestait parfois un réalisme inattendu — celui, par exemple, d'un témoignage sur la guerre des Cévennes. En 1714, même « *extravagance* » avec ***La Voiture embourbée*** : cinq voyageurs immobilisés par un accident de voiture, la nuit, à la campagne, passaient le temps à inventer tour à tour un « *roman impromptu* », où se mêlaient trivial et fantastique. De la même manière, ***Les Aventures de *** ou les Effets surprenants de la sympathie*** (1713-1714) donnaient plein essor aux tendances baroques de cette fin de règne, en célébrant la sympathie comme une sorte d'« amour fou », dans une forme romanesque pastichant Scudéry ou Gomberville, en une enfilade de récits à tiroirs où le lecteur se perd, avec enlèvements, corsaires, voyages au long cours, châteaux-prisons, et de grandes âmes capables de cornéliens sacrifices.

Du romancier burlesque au « journaliste » fou

En 1717, Marivaux fit un beau mariage avec Colombe Bologne, fille d'un avocat et richement dotée. Il eut d'elle une fille en 1719, année où il perdit son père — il demanda en vain de lui succéder dans sa charge. En 1720, il se retrouva ruiné par la faillite de Law. Bien que reçu avocat en 1721, il n'exerça jamais réellement et ne semble pas même s'être soucié de réussir par la littérature : dissipateur à raison de sa fortune, Marivaux ne fit jamais fortune, même s'il accepta aides et pensions (Helvetius, Mme de Pompadour, entre autres) parfois estimées déshonorantes. Il perdit sa femme en 1723. Homme de lettres et de salons, il y passa, d'après les contemporains, pour un homme de beaucoup d'esprit, d'amour-propre fort chatouilleux, mais ménageant celui des autres, soucieux d'être à la hauteur de sa réputation d'esprit subtil, quitte

à mettre les idées « *à l'alambic* » (Marmontel) et à fatiguer ses interlocuteurs.
Il chercha alors sa voie dans un « journalisme » où, signant Théophraste — le naturaliste qui inspira les *Caractères* de La Bruyère —, il donna dans *Le Nouveau Mercure* ***Les Mœurs de Paris par le Théophraste moderne*** (d'août à oct. 1717) et la ***Suite des Caractères des dames de qualité*** (de mars à juin 1718) — publications que Frédéric Deloffre et Michel Gilot, dans leur savante édition des *Journaux et Œuvres diverses* (1969), ont réunies sous le titre *Lettre sur les habitants de Paris* —, puis les ***Pensées sur différents sujets*** (mars 1719), enfin, de novembre 1719 à avril 1720, la ***Lettre de M. de M*** contenant une aventure***, qui était déjà un roman dialogué, croquis à la Watteau ou à la Gillot — il n'y manquait pas l'écouteur indiscret. Marivaux voulut poursuivre cette entreprise en lançant ***Le Spectateur françois***, au départ hebdomadaire inspiré du *Spectator* d'Addison, mais en portant bien vite le regard du domaine de la réalité à celui de la fiction. L'entreprise tourna court et, entre 1721 et 1724, connut 25 livraisons. Le texte fragmenté y fonctionnait sous le régime d'une perpétuelle rupture, accumulant réflexions, rencontres, contes, lettres (supposées) à l'éditeur, pour permettre à l'homme orchestre qu'était l'unique rédacteur, plus encore que d'imiter la nature, de rendre compte de ce qui se passait dans un esprit, lorsque cet esprit n'entendait pas faire un livre. Foisonnant et désordonné, avec un art qui ne cessait de se nier lui-même, ***Le Spectateur françois*** peut faire figure de laboratoire des romans de la maturité — les deux derniers épisodes prirent les proportions de romans inachevés.
En 1727, à l'observateur philosophe succéda le clochard dionysiaque de ***L'Indigent Philosophe***, autre « journal », où un Diogène heureux entendait un musicien ivre, héritier de Scarron, raconter un morceau de son existence. Toujours inachevée, la série fut close par ***Le Cabinet du philosophe***, en 1734, qui relevait plus nettement du genre moraliste, mais où l'unité du propos tenait encore au moi de l'écrivain et à la parole vive qu'il entendait faire passer.

De la Régence à 1730 : un dramaturge inspiré

Marivaux connut davantage le succès grâce au théâtre — uniquement dans le registre comique. En 1720, ***Annibal***, tragédie — la seule de l'auteur — en 5 actes et en vers, jouée par les Comédiens-Français, fut un échec, mais ***Arlequin poli par l'amour***, comédie en un acte et — comme toutes les comédies suivantes de Marivaux — en prose, jouée en 1719 par les Comédiens-Italiens rappelés par le Régent, avait été une réussite qui fit de son auteur le fournisseur de cette troupe, animée par Luigi Riccoboni, *alias* Lélio, le Dorante du futur ***Jeu***, avec Tomasso Vicentini, *alias* Thomassin, Arlequin plutôt délicat, et avec surtout Gianetta Benozzi, incomparable Silvia : dans ce conte de fées marqué du souvenir du théâtre de la Foire, un jeune sauvage, Arlequin, accédait simultanément à la sexualité, à l'esprit et à l'amour, triomphant de la fée qui entendait le séduire, grâce à la trahison de Trivelin, serviteur qui sait que le pouvoir de la fée tient à sa baguette et qu'il suffit de s'en emparer.
Naissance de l'amour, rapport serviteur-maître, problématique sociale : tout le théâtre de Marivaux était en germe dans ce seul acte qui était aussi un acte unique. Marivaux demeura fidèle à la Comédie-Italienne, dont les comédiens lui paraissaient plus aptes que les Français à laisser démêler aux spectateurs « *l'espèce de nuage dont l'auteur a dû envelopper leurs discours* » (D'Alembert, *Éloge de Marivaux*, 1779), et la plupart des pièces qui firent sa célébrité parurent en une quinzaine d'années. En 1722, ***La Surprise de l'amour*** (3 actes et un divertissement) fut un succès — que tenta de reprendre ***La Seconde Surprise de l'amour***, elle aussi en 3 actes, créée en 1727 par les Comédiens-Français. Dès 1723, ***La Double Inconstance*** (3 actes) transposait de la féerie vers un royaume moins idéal le thème de l'***Arlequin*** : le prince qui enlevait la jeune Silvia avait assez de pouvoir et de domestiques pour la faire renoncer de bon gré à sa fidélité à Arlequin, et la critique en règle, par ce dernier, de l'immoralité de la Cour — « *Je vois bien à présent que c'est qu'on fait ici tout l'honneur aux gens considérables, riches, et à celui qui n'est qu'honnête homme, rien* » (I, 10) — ne changea rien au dénouement, car il s'était, lui aussi, laissé corrompre, fût-ce, et c'était le plus ironique, par sa propre sensibilité — « [...] *puisque notre cœur s'est mécompté et que nous nous aimons par mégarde, nous prendrons patience et nous nous accommoderons à l'avenant* » (III, 7). Fin heureuse, mais légèrement grinçante, tout comme dans ***Le Prince travesti ou l'Aventurier illustre*** (3 actes, 1724), proche de la comédie héroïque, où la grandeur cornélienne de la Princesse ne parvenait pas à faire oublier la bassesse de ses partenaires, notamment celle de l'intrigant Frédéric, ministre

tentant toutefois de se justifier en une longue tirade — « [...] *j'ai cru bien servir l'État et la Princesse en tâchant d'arrêter votre fortune ;* [...] *Vous m'avez cru jaloux de vous quand je n'étais inquiet que pour le bien public* » — que ponctuait la courte réplique désabusée d'Arlequin : « *Il n'y aura donc que moi qui resterai un fripon, faute de savoir faire une harangue* » (II, 13).

La même année 1724, le chevalier, héroïne travestie de ***La Fausse Suivante ou le Fourbe puni*** (3 actes et un divertissement), défendait légitimement son bien contre Lélio, le libertin cupide auquel elle était promise, mais séduisait en outre la maîtresse de celui-ci, la Comtesse, avant de lui révéler son sexe. Pièce sans amour — sinon celui qui se trompe d'adresse —, mais non sans cynisme, comme en témoignait Lélio : « *En fait d'amour, j'en fais assez ce que je veux. J'aimais la Comtesse, parce qu'elle est aimable ; je devais l'épouser, parce qu'elle est riche, et que je n'avais rien de mieux à faire ; mais dernièrement, pendant que j'étais à ma terre, on m'a proposé en mariage une demoiselle de Paris, que je ne connais point, et qui me donne douze mille livres de rente ; la Comtesse n'en a que six. J'ai donc calculé que six valaient moins que douze. Oh ! l'amour que j'avais pour elle pouvait-il honnêtement tenir bon contre un calcul si raisonnable ? Cela aurait été ridicule. Six doivent reculer devant douze ; n'est-il pas vrai ? tu ne réponds rien !* » (I, 7). Pièce du masque et du secret, loin des douceurs du marivaudage.

Marivaux avait sans doute plus de sympathie pour Blaise, héros de ***L'Héritier de village*** (un acte, 1725), paysan soudain enrichi ne songeant qu'à se cultiver et menacé d'être vite dépouillé par les Arlequins, chevaliers et autres comtesses, si la fortune évaporée ne le renvoyait à la sagesse d'aller boire ce qui restait de « *vin dans le pot* » (sc. 15). Faut-il être indigent pour être philosophe ? Le *picaro* qu'est le Trivelin de ***La Fausse Suivante***, marginal et valet d'occasion — prototype de Figaro —, était déjà, à tout prendre, plus honnête que ses maîtres :

> « LÉLIO. – *Je t'entends ; tu me demandes quelque argent pour récompense de l'avis que tu vas me donner ?*
>
> TRIVELIN. – *Vous y êtes ; les âmes généreuses ont cela de bon, qu'elles devinent ce qu'il vous faut et vous épargnent la honte d'expliquer vos besoins ; que cela est beau !* »
>
> (***La Fausse Suivante***, II, 3)

Dans ce théâtre d'une surprenante variété, dont témoigne l'extrême diversité des distributions — sur 34 pièces, dont une tragédie, on en dénombre 18 qualifiables de « nobles », 4 « mythologiques », 2 « paysannes » et 10 « bourgeoises » —, aimer fait peur en somme, à tous ces jeunes gens — et gens jeunes — qui n'entendent ni quitter au hasard une famille où ils sont heureux ni renouveler la blessure de l'expérience amoureuse. Rien de plus naturel, chez Marivaux, que la résistance à l'amour. Parents et serviteurs prêtent donc la main à la nature pour que le candidat à l'amour puisse mettre à l'« *épreuve* », pour reprendre le titre d'une comédie de 1740 — la dernière donnée aux Italiens et d'une tonalité plus grave —, pouvant qualifier et résumer tout le théâtre de Marivaux, le partenaire qu'on lui destine et qui lui plaît, sans qu'il veuille se l'avouer. Épreuve utile : l'amour de soi est aussi désir légitime d'être heureux, souci de se respecter et donc de respecter les autres. En ces pièces « *de l'épreuve et non du conflit* » (Bernard Dort), face rose d'un théâtre marivaudien alors seulement doux-amer, où le ridicule s'absente, où fait sourire le cheminement des héros vers l'acceptation d'une harmonie presque parfaitement préétablie, Marivaux excellait à traduire les glissements insensibles de chaque introspection jusqu'à l'aveu d'une lucidité recouvrée.

C'est ailleurs que se trouvaient les conflits, dans une série de pièces philosophiques, invitant au débat d'idées, où Marivaux met en scène la différence sociale. ***L'Île des esclaves*** (un acte, 1725) décrivait un lieu utopique où maîtres et esclaves prennaient une conscience critique de leur différence. Deux ans plus tard, ***L'Île de la raison ou les Petits Hommes*** (un prologue, 3 actes et un divertissement, créée par les Comédiens-Français, 1727) empruntait à *Gulliver* pour faire du paysan le modèle de la raison naturelle, pervertie chez le courtisan, mais surtout chez le poète et le philosophe, décidément incurables :

> « LE PHILOSOPHE. – *Ah ! tu parles, toi, manant. Comment t'es-tu guéri ?*
>
> BLAISE. – *En devenant sage.* (Aux autres.) *Laissez-nous un peu dire.*
>
> LE PHILOSOPHE. – *Et qu'est-ce que c'est que cette sagesse ?*
>
> BLAISE. – *C'est de n'être pas fou.*
>
> LE PHILOSOPHE. – *Mais je ne suis pas fou, moi, et je ne guéris pourtant pas.*
>
> LE POÈTE. – *Ni ne guériras.*

BLAISE, au poète. – *Taisez-vous, petit sarpent.* (Au philosophe.) *Vous dites que vous n'êtes pas fou, pauvre rêveux : qu'en savez-vous si vous ne l'êtes pas ? Quand un homme est fou, en sait-il queuque chose ?* »

(***L'Île de la raison***, III, 4)

Le Triomphe de Plutus (un acte et un divertissement, 1728) désignait celui de l'argent roi — Plutus, ou Ploutos, est le dieu de la richesse. En 1729, ***La Nouvelle Colonie ou la Ligue des femmes*** (un acte) s'inspirait de l'Aristophane de *Lysistrata* et de *L'Assemblée des femmes* pour traiter de l'égalité politique des sexes. Les conclusions étaient réformistes : le renversement provisoire des rôles, par compréhension mutuelle, pourrait transformer l'oppression en complémentarité. Trop réformistes sans doute : la pièce ne connut qu'une représentation. Enfin, en janvier 1730, ***Le Jeu de l'amour et du hasard*** fut mieux accueilli, et fut représenté chaque année jusqu'en 1761.

Aujourd'hui encore, ***Le Jeu***, œuvre emblématique du dramaturge, reste — sans être sans doute la meilleure — la pièce la plus étudiée et la plus jouée de Marivaux.

Après 1730 : du romancier innovant au dramaturge plus grave

C'est seulement vers 1730 que Marivaux fréquenta véritablement les salons, celui de Mme de Lambert, puis de Mme de Tencin (1733) et, plus tard (1750), de Mme de Geoffrin. En 1731, parut la 1re partie de ***La Vie de Marianne ou les Aventures de Madame la Comtesse de ****** : la suite — constituée de 10 parties — parut de 1734 à 1742, par livraisons d'une centaine de pages à chaque fois. Parallèlement, Marivaux composa ***Le Paysan parvenu ou les Mémoires de M******, dont les 5 parties parurent entre 1734 et 1735. Aboutissement à la fois des « romans critiques » et des « journaux », les deux romans majeurs et inachevés imposèrent à l'époque leur thématique et la forme du roman-mémoires.

Dans le même temps, au théâtre, sans renoncer aux œuvres légères — ***L'Heureux Stratagème*** (3 actes, 1733), ***La Méprise*** (un acte, 1734), ***La Joie imprévue*** (un acte, 1738) —, mais abandonnant le genre allégorique ou philosophique des pièces d'avant 1730 qui se voulaient surtout divertissantes, Marivaux adopta un comique de plus en plus grave. Ainsi dans ***Le Triomphe de l'amour*** (3 actes, 1732) — triomphe surtout de l'alliance du pouvoir et de la cruauté — où, pour rendre son trône au bel et innocent Agis qui lui plaisait, la princesse Léonide, sous le nom de Phocion, réduisait — inutilement — au désespoir les parents adoptifs de celui-ci, un philosophe (Hermocrate) et sa sœur (Léontine), tous deux séduits par elle, avec une cruauté qu'elle résumait ainsi à Agis : « *J'ai tout employé pour abuser des cœurs dont la tendresse était l'unique voie qui me restait pour obtenir la vôtre, et vous étiez l'unique objet de tout ce qu'on m'a vue faire* » (III, 9).

Marivaux se pencha aussi sur des situations familiales ou sociales complexes, dont l'interprétation était laissée pour une large part au gré du spectateur, comme dans ***La Mère confidente*** (3 actes, 1735), où une mère trop aimante, Mme Argante, parvenait à faire renoncer à leur amour sa fille Angélique et l'amant de celle-ci, Dorante, avant de leur donner son accord : « *Mon parti est pris, Monsieur, j'accorde ma fille à Dorante que vous voyez. Il n'est pas riche, mais il vient de me montrer un caractère qui me charme, et qui fera le bonheur d'Angélique* » (III, 12). Dénouement sensible et vertueux, qui pouvait aussi masquer un abus de pouvoir. L'abus était plus évident encore dans ***L'Épreuve*** (un acte, 1740) où Lucidor, riche fils de financier, soumettait à une épreuve inutile et douloureuse Angélique, la fille de concierge qu'il aimait, pour s'assurer d'un désintéressement dont personne ne doutait : « *Adieu, Angélique ; j'aurai enfin la satisfaction de vous avoir mariée selon votre cœur, quelque chose qu'il m'en coûte. – Je crois que cet homme-là me fera mourir de chagrin* » (sc. 18). La fin en était heureuse, mais grinçante. Celle du ***Legs*** (un acte, 1736) l'était aussi, mais dans un univers d'âmes assez médiocres (le chevalier, la Comtesse), de héros déjà mûrs paralysés par la peur de perdre un argent dont ils n'avaient nul besoin (Hortense, le Marquis), où se détachait seul le valet Lépine, cynique et honnête, gardant la ressource d'un humour passablement noir : « *Cette prudence ne vous rit pas, elle vous répugne ; votre belle âme de Comtesse s'en scandalise ; mais tout le monde n'est pas Comtesse : c'est une pensée de soubrette que je rapporte. Il faut excuser la servitude. Se fâche-t-on qu'une fourmi rampe ? La médiocrité de l'état fait que les pensées sont médiocres. Lisette n'a point de bien ; et c'est avec de petits sentiments qu'on en amasse* » (sc. 21).

Dans ce même registre — gris sinon noir — figuraient ***Les Sincères*** (un acte, 1739), tableau d'un snobisme libertin où l'amour se faisait et se défaisait au gré des vanités blessées et des affectations à la mode, malgré l'innovation d'une situation où les deux valets, Frontin et Lisette, s'accommodaient de ne pas s'aimer et ne s'en trouvaient que mieux disposés à « [s']*entendre pour rompre l'union de* [leurs] *maîtres* » respectifs, Ergaste et la Marquise, les deux « *sincères* » qui « *s'imaginent sympathiser ensemble, à cause de leur prétendu caractère de sincérité* » (sc. 1). S'il est une grande âme, elle est bien seule : c'est déjà ce que disaient, en 1737, ***Les Fausses Confidences*** (3 actes). Rien de plus étranger au larmoyant à la mode que ce théâtre de l'ambivalence, où Marivaux autorisait le spectateur à prendre sur la fable le point de vue critique du lecteur de roman sur le discours de Marianne et de Jacob.

C'était la dernière étape d'une invention dramaturgique échappant aux classements traditionnels : Marivaux fit plus que d'inventer un type nouveau de comédie — celui du ***Jeu***, par exemple, auquel on l'a trop souvent réduit. Renonçant, au profit du sourire, au maniement agressif du ridicule — le rire, chez lui, glissant volontiers vers le carnavalesque —, il fournit au spectateur des moyens d'identification *positive* avec ses personnages. C'était faire entrer, au sens le plus large, le cœur sur la scène comique, mais un cœur ne cessant d'avoir affaire et de se mesurer à l'esprit, comme le clamait haut et fort Cléanthis, à la fin de ***L'Île des esclaves*** (sc. 10) : « *Il s'agit de vous pardonner, et pour avoir cette bonté-là, que faut-il être, s'il vous plaît ? Riche ? non ; noble ? non ; grand seigneur ? point du tout. Vous étiez tout cela ; en valiez-vous mieux ? Et que faut-il donc ? Ah ! nous y voici. Il faut avoir le cœur bon, de la vertu et de la raison ; voilà ce qu'il faut, voilà ce qui est estimable, ce qui distingue, ce qui fait qu'un homme est plus qu'un autre. Entendez-vous, Messieurs les honnêtes gens du monde ?* » Point de pathétique, donc. Mais de quoi laisser supposer qu'il n'est pas besoin de scène tragique pour connaître admiration, pitié et même terreur. Le Moderne des débuts sut, dans le théâtre, tenir son pari.

Après 1740 : un Académicien effacé

Élu à l'Académie française en 1742 — contre Voltaire et à l'instigation de Mme de Tencin —, Marivaux entendit, en février 1743, Jean Joseph Languet de La Villeneuve de Lergy lui dire que son élection n'était pas due à « *la multitude d'ouvrages que le public a*[vait] *lus avec avidité* » mais « *à l'amabilité de* [son] *caractère* ». En 1741, il avait donné les trois dernières parties de ***La Vie de Marianne***, l'histoire de l'infortunée Tervire, proche du roman noir. En 1742, si l'on en croit Rousseau lui-même (*Les Confessions*, II, 3, 1742), Marivaux aida le philosophe à retoucher son *Narcisse* (représenté en 1752). Hébergé en 1744 chez une « *Mademoiselle de Saint-Jean* » avec laquelle il entretint une relation amicale ou amoureuse et dont il fit sa légataire, il vit sa fille entrer au couvent en 1745 et produisit peu pendant les vingt années qui le séparaient de sa mort.

Quelques pièces encore, comme ***La Dispute*** (un acte, 1744), dont les mises en scène modernes ont restitué l'insupportable cruauté : une reconstitution artificielle de l'origine du monde, où 2 garçons (Azor et Mesrin) et 2 filles (Églé et Adine), 4 cobayes humains, isolés et soustraits à la société depuis leur naissance et élevés dans une forêt par un frère et une sœur de race noire (Mesrou et Carisse), étaient mis aux prises, âgés désormais d'une vingtaine d'années, pour que les maîtres, le prince et sa maîtresse Hermiane, pussent enfin savoir qui, de l'homme ou de la femme, avait « *le premier donné l'exemple de l'inconstance et de l'infidélité en amour* » (sc. 1). Le résultat était peu supportable, tant il disait le féroce épanouissement d'un narcissisme générateur d'inconstance, malgré l'apparition, à l'ultime scène, du couple fidèle que formaient Meslis et Dina.

En 1748 et 1749, Marivaux lut à l'Académie des textes théoriques que le *Mercure* publia en 1755 et en 1757 sous les titres respectifs de ***Fragments d'un ouvrage de M. de Marivaux qui a pour titre « Réflexions sur l'esprit humain »*** et de ***Suite des « Réflexions sur l'esprit humain » à l'occasion de Corneille et de Racine***. En 1754, le même *Mercure* publia un dialogue, ***L'Éducation d'un prince***. L'année suivante, ***La Femme fidèle*** (un acte) mettait en scène une reconnaissance semblable à celle d'Ulysse par Pénélope, sous les traits d'un marquis prisonnier après un mois de mariage et attendu dix ans par sa femme. En 1757, ***Les Acteurs de bonne foi*** (un acte publié dans le *Mercure*) montraient un Marivaux méditant une dernière fois, à propos de théâtre amateur, sur la capacité des êtres humains à se prendre et à se déprendre des rôles qu'ils jouaient — « *car ils font semblant de faire semblant* », soulignait Blaise (sc. 12) —, dans un monde où tout était théâtre.

Marivaux publia encore une édition des ***Œuvres de théâtre de M. de Marivaux*** en 1758, puis, malade, mourut en 1763, ne laissant que des dettes et une trentaine de superbes habits.

Espion du cœur humain, longtemps tenu pour l'analyste délicat de la naissance de l'amour et de la coquetterie féminine, Marivaux, à la fois dramaturge, romancier, « journaliste » et critique, apparaît aujourd'hui, grâce à la réédition de ses romans et de ses journaux, comme le représentant d'une anthropologie moderne, un explorateur du moi et de l'intersubjectivité, un inventeur de fables et mythes de son siècle, et un extraordinaire expérimentateur littéraire, dont la modernité rejoint la nôtre.

THÉORIE LITTÉRAIRE

Même dans ses œuvres les moins théoriques et les plus « *extravagantes* », Marivaux n'a cessé de « réfléchir tout haut » sur son métier d'écrivain, prenant toujours, au nom du naturel et de l'imaginaire, le contre-pied des dogmes esthétiques les plus classiques. Dès ***Pharsamon***, sous le signe d'un rire tournant volontiers à la bacchanale, il n'en théorisait pas moins, proclamant le peu d'importance du sujet et le triomphe de la manière sur la matière, dans une tirade corrosive sur les « *riens* » : « [...] *ne savez-vous pas, grand raisonneur, que le Rien est le motif de toutes les catastrophes qui arrivent parmi les hommes ?* [...] *que c'est toujours le Rien qui commence les plus grands Riens qui le suivent, et qui finissent par le Rien ?* » (6e partie). ***La Voiture embourbée***, confirmant cette réflexion sur le roman, se présentait comme une fable emblématique du rôle de l'imaginaire dans la vie la plus quotidienne et, du même coup, de la fonction de l'écrivain. De même ***Les Effets surprenants de la sympathie*** étaient-ils précédés d'un plaidoyer en règle pour le roman, genre méprisé : à ceux qui « *ne lisent un livre, pour ainsi dire, qu'avec la règle et le compas dans l'esprit* », Marivaux opposait « *le roman* [qui] *n'est fait que pour le cœur* » ***(Avis au lecteur)***. Histoires folles ou histoires de fous, ces premiers textes s'en prenaient à l'artifice de la littérature, mais célébraient aussi ses pouvoirs, montrant qu'il n'est d'élaboration du moi qu'appuyée sur la dynamique de l'imaginaire : exceptionnels dans la littérature française, préfigurant le *Jacques le Fataliste* de Diderot (publié en 1778), ils annonçaient la maîtrise d'un écrivain ayant de l'homme une vue « anti-classique » (l'imagination plutôt que la raison), et qui manifestait une extraordinaire allégresse narrative et discursive. Dans les « journalistiques » ***Pensées sur la clarté du discours*** (in ***Pensées sur divers sujets***, mars 1719), Marivaux prônait, contre Boileau, sa clarté et ses règles, une esthétique de la suggestion, de l'image vive plus subtile et nuancée (1re feuille). De même, dans la 6e feuille du ***Cabinet du philosophe***, revendiquait-il le droit, sinon de recourir à la néologie (mal jugée par les doctes), du moins d'user de « *mots propres* » qui ne fussent pas « *recherchés* », mais simplement aptes à exprimer « *une pensée* [qui] *n'est pas commune* ». Enfin, c'est surtout dans l'***Avertissement*** aux ***Serments indiscrets*** (comédie en 5 actes, datant de 1731 mais jouée et publiée seulement en 1732), que Marivaux répondit à ceux qui lui reprochaient la singularité et la répétitivité de son style, en une sorte de défense et illustration de ce qui était en train de devenir le marivaudage : « *On est accoutumé au style des auteurs, car ils en ont un qui leur est particulier : on n'écrit presque jamais comme on parle ; la composition donne un autre tour à l'esprit ;* [...] *mais si par hasard vous quittez ce style, et que vous portiez le langage des hommes dans un ouvrage, et surtout dans une comédie, il est sûr que vous serez d'abord remarqué ; et, si vous plaisez, vous plaisez beaucoup, d'autant plus que vous paraissez nouveau : mais revenez-y souvent, ce langage des hommes ne vous réussira plus, car on ne l'a pas remarqué comme tel, mais simplement comme le vôtre, et on croira que vous vous répétez.* » Pour Marivaux, le travail sur la langue auquel se livre l'écrivain découlait directement de l'activité de l'être parlant : chez l'un comme chez l'autre, il a valeur heuristique. Être naturel, c'est « *se ressembler fidèlement à soi-même* », et cette ressemblance s'atteint à travers la recherche sur la langue, contre les pesanteurs de cette langue déjà morte qui est celle de la littérature, utilisable, dès lors, au second degré. Que cette entreprise ne se réduise pas aux élégances du discours mondain ou aux virtuosités d'esprit des personnages du ***Jeu*** et des ***Surprises***, on s'en convaincra devant les bacchanales verbales de ***Pharsamon*** aussi bien que devant la discrétion d'effets qui caractérise le théâtre dans sa phase finale.

THÉORIE LITTÉRAIRE

L'homme s'étant volontiers effacé derrière l'écrivain, la vie de Marivaux reste méconnue, alors que son œuvre est l'une des plus abondantes et des plus riches de notre littérature, tant quantitativement — des milliers de pages — que qualitativement — ses multiples innovations touchèrent simultanément le roman, le théâtre et le « journalisme ». L'apport de Marivaux à la littérature s'est matérialisé — cas resté unique — dans un néologisme forgé d'après son nom, le marivaudage, cette façon unique de révéler et faire dire à chacun la vérité de son cœur.

L'inimitable marivaudage

Les ressources langagières de Marivaux sont d'une grande complexité et ont donné à ses contemporains le sentiment d'une inimitable singularité. Certains traits sont vite repérés, comme l'usage des abstractions en cascade : « *À quelque chose nos défauts sont bons. On voudrait bien que nous ne les eussions pas, mais on les supporte, et on nous trouve plus aimables de nous en corriger quelquefois, que nous ne le paraîtrions avec les qualités contraires* » (***La Vie de Marianne***, IV). Ou l'écriture « *à retouches* » : « *Parle ; si la chose est faisable, je te l'accorde. – Elle est très faisable ; mais je crains que ce ne soit abuser de vos bontés. – Eh bien, abuse ; va, dans ce monde, il faut être un peu trop bon pour l'être assez* » (***Le Jeu de l'amour et du hasard***, I, 2). On trouve aussi fréquemment le télescopage d'un style élevé et d'un style familier : « *Je voudrais donc que, pour dégoûter le futur, elle affectât une sorte de maladie, un dérangement, comme qui dirait des vapeurs. – Dites à la franquette qu'ous voudriais qu'alle fît la folle. Velà bian de quoi !* » (***Le Dénouement imprévu***, sc. 1). Ou celui du concret et de l'abstrait : « *Je vous rends votre paquet de noblesse ; mon honneur n'est pas fait pour être noble ; il est trop raisonnable pour cela* » (***La Double Inconstance***, III, 4). L'écriture témoigne en outre d'un penchant pour l'allégorie : « [...] *nous disons que le monde est une ferme, les dieux là-haut en sont les seigneurs, et vous autres hommes, depuis que la vie dure, en avez toujours été les fermiers tout seuls, et cela n'est pas juste, rendez-nous notre part de la ferme* [...] » (***La Colonie***, sc. 14). Elle se caractérise enfin par de fréquents emprunts au langage oral : « *oui ; ta petite figure me revient assez* » (***La Surprise de l'amour***, II, 3). Et par la recherche de la surprise : « *Moi, l'épouser ! Je t'assure que non ; c'est bien assez qu'il m'épouse* » (***L'École des Mères***, sc. 6). S'y ajoute une singulière constante : l'usage presque systématique de l'article défini dans les titres d'œuvres.

Tous ces traits ont le plus souvent été retenus comme autant de charges contre le style de leur auteur, d'après le nom duquel on a forgé « *marivaudage* » — néologisme longtemps péjoratif désignant le bavardage précieux d'un dramaturge plus soucieux d'analyser les sentiments que de conduire les actions ou de peindre des caractères. Depuis la réhabilitation de Frédéric Deloffre le définissant comme une « *préciosité nouvelle* » (*Marivaux et le Marivaudage*, 1955), le marivaudage ne désigne plus une tare stylistique de l'auteur du ***Jeu*** et de ***Marianne***, mais le signale comme un écrivain inimitable — l'un des plus singuliers et des plus subtils de notre littérature.

Du purgatoire à la gloire

Dès ***Le Spectateur*** *[...]*, c'est le Moderne et le représentant d'une nouvelle préciosité qu'on attaqua en Marivaux — en particulier Desfontaines, dans la 2e édition du *Dictionnaire néologique* (1728). Excès d'esprit, affectation, style recherché, métaphysique du cœur, « *myopie* » — que Crébillon attribuait à la taupe Moustache (*L'Écumoire*, 1734, livre III, chap. 4 à 6) — qui conduisent à « *trop détailler les passions* ». Dans la foulée, D'Argens (*Réflexions historiques et critiques sur le goût*, 1743) et Palissot (*Nécrologie des hommes célèbres de la France*, 1775) réduisirent le théâtre à la répétition d'une « *surprise de l'amour* ». Très tôt, les philosophes rejettèrent Marivaux du côté du *petit* et du *féminin* : « *Il a eu parmi nous la destinée d'une jolie femme, et qui n'est que cela...* » (Grimm, *Correspondance littéraire*, 1763). Phrase qui, comme l'appréciation de Diderot qualifiant Marivaux — ainsi que Crébillon fils et Rameau —, au début du *Neveu de Rameau*, d'« *auteur menacé de survivre à sa réputation* », ferait oublier que Marivaux, pour le nombre des représentations, arrive en tête aux Italiens, et en second après Voltaire pour l'ensemble des théâtres. Que ***Le spectateur*** *[...]* — pour ne pas parler des romans aussitôt imités — a eu 9 éditions entre 1724 et 1761. De fait, avec des succès inégaux, les pièces s'imposèrent au répertoire, à partir de 1730. La distorsion fut évidente entre le public et une critique — puristes et philosophes mêlés — qui répugnait aux recherches formelles, au mélange des tons que pratiquait Marivaux et à sa vocation aux genres « bas » (comédie en prose et roman). Presque seul, Prévost, en 1736, rappela que « *le cœur a son analyse comme l'esprit* » (*Le Pour et le Contre*, oct. 1736) et, comparant Marivaux à Descartes et Malebranche, le justifiait — au nom des voies nouvelles qu'il prenait — d'employer « *des termes et des figures* *aussi extraordinaires que ses découvertes* ». Et, dès 1753, Chevrier le qualifia de « *Racine du théâtre comique* » *(Quart d'heure d'une jolie femme)*. Le rejet n'exclut pas l'influence, évidemment déniée : sur Rousseau (thématique de l'origine et de l'amour de soi) comme sur Diderot (du côté du drame bourgeois comme de *La Religieuse*). Reste reconnue une irréductible originalité. Le néoclassicisme ne pouvait servir la fortune de Marivaux. Le XIXe siècle le maintint au Panthéon comme spécialiste du « *gracieux labyrinthe de la vanité féminine* » (Sainte-Beuve), et, avec Larroumet et Lanson, comme représentant antiphilosophique d'une pure littérature — à ce titre, un « classique ». Ce qui mena tout droit à la formule du « *théâtre abstrait* » de Louis Jouvet — « *Marivaux a porté à un point d'excellence jamais atteint jusqu'alors cette convention raffinée au point d'être dépouillée de tout réalisme, jusqu'à la notion du symbole* » —, qui sut pourtant reconnaître ses vertus théâtrales. Au début du XXe siècle, sa figure d'auteur « bien français » a plus servi le théâtre que les romans — que Gide (in *Incidences*, 1924, « Les dix romans français que... ») rougissait de ne pas connaître encore. En 1939, Edmond Jaloux proféra à son égard le nom de Freud. Mais c'est après la Seconde Guerre mondiale, à la suite de la réédition des romans de la maturité par Frédéric Deloffre, que critiques, universitaires et hommes de théâtre réévaluèrent la portée de l'œuvre — de façon d'ailleurs divergente : les uns s'intéressèrent à la critique sociale, d'autres à l'écriture et à ce « *marivaudage* » dont Frédéric Deloffre a montré la portée et dont Michel Deguy a plaisamment décrypté la forme d'anagramme en suggérant de lire, dans le mot « *marivaudage* », le « *mariage de rivaux* » à la conclusion de presque toutes les comédies —, d'autres à la dimension existentielle (Georges Poulet) ou aux intrications des subjectivités. Depuis 1730, la plupart des grands acteurs se sont mesurés au théâtre de Marivaux, et, depuis 1950, la plupart des grands metteurs en scène, dans un domaine qui avait été celui, par excellence, de la Comédie-Française et de la compagnie Renaud-Barrault : non sans arbitraire, on signalera quelques étapes significatives, telles que ***La Surprise de l'amour*** mise en scène par Roger Planchon (1959, provocante et brechtienne), ***Le Triomphe de l'amour*** par Jean Vilar (1959, le pouvoir, le philosophe et le désir), ***La Dispute*** par Patrice Chéreau (1972, les horreurs du narcissisme), ***Les Fausses Confidences*** par Jacques Lassalle (1979, la folie d'aimer) puis par Jean-Pierre Miquel (1996, le pouvoir de l'argent). Dans le dernier quart du XXe siècle, Marivaux a été l'un des auteurs les plus souvent joués, tant dans les grandes salles nationales que par les petites troupes peu connues. De même a-t-on vu quelque peu évoluer les programmes scolaires — longtemps réduits au seul ***Jeu*** — vers les pièces moins connues. Si l'on connaît de mieux en mieux le dramaturge, le Marivaux des journaux et des romans ne cesse d'être redécouvert. De petits éditeurs, certaines troupes de théâtre ont tiré les *Journaux* hors de l'enceinte universitaire. Quant aux romans, publiés dans plusieurs éditions de poche et de plus en plus étudiés, ils ont même connu la récente consécration d'une mise en images pour la télévision, avec l'adaptation que Benoît Jacquot a réalisée — sous le même titre — de ***La Vie de Marianne***, en 1998.

ŒUVRES

Les *Fausses Confidences*

Comédie en 3 actes et en prose, créée le 16 mars 1737 aux Italiens et publiée à Paris en 1738.

Amoureux fou d'Araminte, riche veuve roturière, Dorante, fils d'avocat ruiné, réussit, grâce à la complicité du valet Dubois — qui a été autrefois le sien — et avec le soutien de son oncle procureur, M. Rémy — qui le destine plutôt à la suivante d'Araminte, Mlle Marton, elle-même fille de procureur —, à se faire engager chez elle comme intendant. Au premier regard, elle est séduite. Il ne s'agit pas ici de voir clair dans son cœur, mais bien d'oser le satisfaire. Il n'y faudrait qu'un peu de temps, celui du roman : le théâtre ne l'a pas. Le valet démiurge, Dubois, héritier des Scapin et des Scaramouche, entend que, dans la journée même, le comte Dorimont, qui offre à la riche veuve de la débarrasser de sa roture, soit congédié, malgré l'opposition de Mme Argante, mère avide de n'être plus bourgeoise, et qu'Araminte avoue sa passion à la face du monde. De sa romanesque donnée initiale, la pièce dérive étrangement. Car l'intendant romanesque obéit sans sourciller aux injonctions du valet, feint d'aimer Mlle Marton, et, sous prétexte de respect, en vient à ne dire à sa belle que mensonges, alors qu'il se sait aimé. Araminte passe donc par une série de scènes humiliantes et douloureuses, où il lui faut avouer en public son désir, scènes provoquées par un Dubois dont on peut se demander à quoi correspond la rage presque meurtrière qu'il déploie à son égard — « *Oh ! oui, point de quartier : il faut l'achever pendant qu'elle est étourdie* » (III, 1) — et qui semble trouver un étrange plaisir, non dénué de ressentiment, au renversement des rôles : devenu protecteur de son premier maître et arbitre des amours d'Araminte, le voilà véritable maître d'œuvre — « *Allons faire jouer toutes nos batteries* » (I, 17) — qui s'emploie à rester le plus souvent en coulisses — n'apparaissant que dans moins d'un tiers des scènes (15 sur 47). Inquiétante aussi, l'étrange passivité du beau Dorante qui, avant la scène ultime, n'aura pas dit à Araminte un mot de vrai. À introduire la richesse des indications romanesques au théâtre, Marivaux débouche dans un univers pétri d'ambiguïtés, où l'on peut se demander si le jeune homme est un imbécile ou un parfait scélérat en train de faire sa fortune grâce à ses beaux sentiments — car la différence d'âge et de fortune n'est pas sans rappeler ***Le Paysan parvenu***. S'affirme, en tout cas, la grandeur du personnage principal, cette Araminte peut-être déjà mûre, que tout le monde (Dubois, Dorante, mais aussi Mlle Marton, la suivante tenue pour amie), au cours de la pièce, aura trompée et qui, après l'aveu du stratagème, se donne à corps perdu à cet amant qu'elle n'a pu, de fait, mettre à l'épreuve : « *Après tout, puisque vous m'aimez véritablement, ce que vous avez fait pour gagner mon cœur n'est point blâmable ; il est permis à un amant de chercher les moyens de plaire, et on doit lui pardonner, lorsqu'il a réussi* » (III, 12).

C'est un Marivaux plongé dans le roman qui écrivit ***Les Fausses Confidences*** — qui sont « *fausses* » de n'être qu'apparemment des confidences. Indications de lieux, informations sur le statut social, didascalies, renoncement à la virtuosité des dialogues : tout concourt à un renouvellement profond de la scène. On est loin ici, dans cette pièce souvent cruelle, des prudences et précautions du ***Jeu*** et des ***Surprises***, et, d'ailleurs, si l'amour triomphe, le mot « *mariage* » n'est pas prononcé. Il revient à un personnage éminemment *blessé* — « [...] *ce n'est pas par attachement pour moi que vous m'avez appris qu'il m'aimait, ce n'est que par le plaisir de faire le mal* [...] », dit-elle à Dubois (III, 9) — d'incarner un nouvel héroïsme qui consiste à affronter à la fois le mépris — notamment maternel : « *Ah ! la belle chute ! Ah ! ce maudit intendant ! Qu'il soit votre mari tant qu'il vous plaira ; mais il ne sera jamais mon gendre* » (III, 13) — et éventuellement le ridicule, et aussi cet inconnu que constitue l'objet de l'amour.

Décevant le public lors des premières représentations, la pièce a vite connu un succès constant qui ne s'est pas démenti. Sa complexité a été bien rendue dans les mises en scène de Jacques Lassalle (1979), de Gildas Bourdet (1987) et de Jean-Pierre Miquel (1996).

Le ***Jeu de l'amour et du hasard***

Comédie en 3 actes et en prose, créée le 23 janvier 1730 aux Italiens et publiée à Paris en février.

Silvia, jeune fille hésitant devant le mariage, veut éprouver son futur époux, Dorante : Orgon, bon père, accepte que sa fille et Lisette, sa soubrette, échangent leurs rôles. Mais Dorante, le prétendant, a eu la même idée et prévu le même stratagème avec son valet Arlequin — sous l'identité de Bourguignon : Silvia, « *inquiète de son côté sur le chapitre de Dorante* », son « *amant* », se travestit en soubrette, « *pour observer Dorante, comme Dorante veut l'observer* » en étant lui-même déguisé « *sous la figure de son valet* » (I, 4). Le faux Bourguignon s'éprend de la fausse Lisette qui, comme le lui rappelle son frère taquin, Mario, ne se montre pas insensible, tandis qu'Arlequin et Lisette, dupes du déguisement de leur partenaire, n'osent croire à leur chance — sous l'œil amusé d'un père et d'un frère favorables à cette naissance de l'amour, Mario confiant à Orgon : « *Il faudra bien qu'ils se parlent souvent tous deux sous ce déguisement ; voyons si leur cœur ne les avertirait pas de ce qu'ils valent* » (I, 4). Dorante donne une preuve de son amour en se faisant reconnaître et en n'hésitant pas à offrir sa main à une servante : « [...] *je hais la maîtresse dont je devais être l'époux, et j'aime la suivante qui ne devait trouver en moi qu'un nouveau maître* [...] » (II, 12). Valet et soubrette s'arrangeront, dans le rire, de leur déconvenue : « *Venons-en au fait. M'aimes-tu ? – Pardi ! oui : en changeant de nom tu n'as pas changé de visage, et tu sais bien que nous nous sommes promis fidélité en dépit de toutes les fautes d'orthographe* » (III, 6). À peine s'apercevrait-on que cette déconvenue paie le supplément d'amour fou que s'offrent les maîtres, dont le moi précieux vaut bien qu'on s'attarde longtemps à détailler les lents progrès de l'amour dans le cœur d'une jeune fille heureuse, que traduisent — comme autant de révélateurs du « *jeu* » qu'y opèrent amour et hasard — les apartés : « *Quel homme pour un valet !* » (I, 7), « *Mais, en vérité, voilà un garçon qui me surprend, malgré que j'en aie* » *(ibid.)*, « *Malgré tout ce qu'il m'a dit, je ne suis point partie, je ne pars point, me voilà encore, et je réponds ! En vérité, cela passe la raillerie » (ibid.)*, « *Que dire à cela ? Quand je me fâcherais, il n'en serait ni plus ni moins* » (II, 9), « *J'ai besoin d'oublier à tout moment que je l'écoute* » *(ibid.)*, « *J'étouffe !* » (II, 11), « *Ah ! je vois clair dans mon cœur* » (II, 12), « *Allons, j'avais grand besoin que ce fût là Dorante* » *(ibid.)* — aveu qui souligne combien Marivaux ne conteste guère le « poids social » dans l'amour —, « *S'il part, je ne l'aime plus, je ne l'épouserai jamais...* » (III, 8). Car cet univers éminemment protégé où la transgression s'abrite de l'affection d'un père idéal — a-t-il besoin d'autorité ? —, qui sait bien qu'il s'agit là de saturnales pour rire, et sans risques, est celui d'un bonheur familial, quotidien, et qui accorde au romanesque le droit d'embellir l'existence : « *Tiens, ma chère enfant, tu sais combien je t'aime. [...] je te défends toute complaisance à mon égard : si Dorante ne te convient point, tu n'as qu'à le dire, et il repart ; si tu ne lui convenais pas, il repart de même* » (I, 2). Ce père n'en remplit pas moins son rôle de donneur de femmes. Plus que l'invention en miroir des deux jeunes gens — *topos* traditionnel —, c'est bien le rapport du parent à l'enfant — en ce qu'il a, lui aussi, de romanesque et de mystérieux, dans cette rencontre de la désignation, par le père, du choix amoureux de la fille — qui, s'il n'était pas tenu pour le fruit du hasard, renverrait à d'étranges confusions.

Il est assez probable que le charme singulier de cette œuvre, où les grands sentiments ne sont pas de mise, tient à ce qu'elle donne corps au rêve de devenir grand et de rester enfant — rêve dont il faudrait trouver la face conflictuelle du côté de ***La Mère confidente***. Telle est Silvia qui finit par se rendre à l'évidence de l'aveu — marivaudien par excellence : « *Ah ! je vois clair dans mon cœur* » (II, 12).

Sans s'attarder à cet aspect de l'œuvre, la tradition théâtrale et critique, en conférant à cette pièce qui marquait le retour des grands succès dramaturgiques de son auteur une extraordinaire notoriété — au point, excessif, d'y réduire le théâtre de Marivaux —, s'est attachée à cette peinture des sentiments délicats et d'un bonheur qu'un conflit illusoire ne sert qu'à mieux sentir et à arracher à la banalité. Depuis la Silvia de Marivaux (Giovanna Baletti), de grandes actrices se sont succédé dans ce rôle, et la pièce qui avait triomphé aux Italiens est devenue l'un des classiques favoris de la Comédie-Française.

Le ***Paysan parvenu*** *ou les Mémoires de M****

Roman en 5 parties, publié à Paris en 1734 (1re, 2e, 3e et 4e parties) et en 1735 (5e partie).

De mai 1734 à avril 1735, Marivaux abandonna ***La Vie de Marianne*** pour donner successivement les 5 parties du ***Paysan parvenu***.

Sujet scandaleux que celui de ces prétendus mémoires : Mlle Habert, une bourgeoise parisienne, dévote et quinquagénaire, vivant avec une sœur aînée, décide d'épouser Jacob, un paysan de moins de 20 ans entré à son service après leur rencontre sur le Pont-Neuf alors qu'elle s'y trouvait mal. Jacob était auparavant valet chez un seigneur qui avait vainement tenté d'en faire le mari accommodant de Geneviève, une servante-maîtresse enceinte de lui — situation dont il se vit délivré par la mort et la ruine du maître, lesquelles provoquèrent aussi sa mise à la rue. Une telle histoire semble vouée au registre cynique, d'autant qu'à peine marié, le héros se laisse volontiers tenter par des dames de plus haut vol : Mmes de Fécour et de Ferval. Or Marivaux en fait un récit plein d'humour et de tendresse, où la dévote épanouit une sensualité jusque là confinée à la gourmandise, à quoi le paysan point trop naïf, devenu M. de La Vallée — qui sait jouer de son charme rustique — répond par une affection à la fois filiale et désirante : « *Quand on aime, on a l'œil à tout, et son âme se partageait entre le souci de me voir si aimé et la satisfaction de me voir si aimable* » (2e partie). Un roman de quelques semaines, mais c'est assez pour qu'en ce Jacob plein d'appétit se révèle un être généreux, se montrant, comme dans un roman, digne de l'épée qu'il porte, en venant au secours d'un inconnu attaqué dans la rue (le comte d'Orsan, neveu du Premier ministre), capable aussi de refuser, par pitié pour un malheureux (Dorville), une place lucrative, sous l'œil désabusé, mais approbateur, d'un financier providentiellement nommé Bono. Dans ce récit rapide, le financier et le paysan — lui-même futur financier — prennent la relève des vertus qu'a perdues l'aristocratie. Optimisme sans naïveté : être resté étranger à l'argent comme à l'ambition fait la réussite d'un héros sympathique, qui a su garder intactes les ressources du sentiment comme celles du désir — « *C'est bien un plaisir que d'être riche ; mais ce n'est pas une gloire hormis pour les sots* » (3e partie).

Plus audacieux que ***Marianne***, ***Le Paysan parvenu*** pose ouvertement les questions brûlantes de la mobilité sociale et du rapport de la sexualité à l'affect. Avec moins de brillant que dans l'œuvre jumelle, et une diction inspirée de la langue quotidienne et parfois populaire, Marivaux retrouve, en la civilisant, la verve dionysiaque de ses premiers romans. Inachèvement apparent, encore une fois, de cette histoire qui n'est pas d'amour, mais témoigne d'un rapport heureux au monde : à la fin du texte, Jacob, que le comte d'Orsan, son nouveau protecteur, emmène à la Comédie, a l'avenir pour lui.

Dès sa publication, l'œuvre connut le succès, et le thème en fut maintes fois repris, le « *parvenu* » figurant souvent au titre chez Mouhy, Gaillard de La Bataille, Mauvillon, entre autres — quitte à se « pervertir » avec Rétif. Son influence s'étendit à Fielding, Balzac et Stendhal, malgré l'oubli où la plongea le XIXe siècle, jusqu'à l'édition critique de Frédéric Deloffre en 1959.

La ***Vie de Marianne*** *ou les Aventures de Madame la Comtesse de* ***

Roman en 11 parties, commencé en 1727 ou 1728 et publié entre 1731 et 1742. Il fallut dix ans à Marivaux pour venir à bout des 11 parties de ***La Vie de Marianne*** : la 1re fut publiée en 1731 — mais sans doute déjà rédigée en 1728 —, la 2e, en 1734 — Marivaux écrivait alors ***Le Paysan parvenu*** —, la 3e, fin 1735, chacune des 4 parties suivantes fut publiée séparément jusqu'en janvier 1738, les 3 dernières — groupées et constituant l'histoire de l'infortunée Tervire —, en 1742.

L'action racontée est censée se passer « *il y a quarante ans* », donc entre 1640 et 1655 environ, la narration se situant vers 1690, alors que Marianne est âgée d'une cinquantaine d'années : l'œuvre, plus encore que celle de Prévost, installait ainsi dans un récit contemporain la formule du roman-mémoires et la thématique de l'enfant trouvé — même si le récit se présente sous la forme de lettres adressées à une amie, destinataire anonyme. Ignorant qui sont ses parents tués par des bandits dans sa tendre enfance, recueillie par un curé de campagne et sa sœur, Marianne se retrouve, à la suite de leur brutale disparition, seule à Paris à l'âge d'environ 15 ans. Le récit, loin de confirmer l'exhaustivité du titre, se concentre sur les quelques semaines où elle va repousser, non sans ambiguïté d'abord, les propositions de M. de Climal, le faux dévot qui veut la séduire, puis rencontrer Valville, le jeune homme qui l'aime, et Mme de Miran, la dame de condition qui la protégera — le hasard voulant que le premier soit l'oncle du second qui est lui-même le fils de la troisième. S'ensuivent les remords et la mort de M. de Climal, l'enlèvement de Marianne, réduite à l'alternative du couvent ou d'un mariage forcé avec un autre que Valville, le coup de foudre de celui-ci pour une autre pensionnaire du couvent, Mlle Varthon, la longue discussion des deux rivales, enfin le récit dissuasif que fait de sa vie, à Marianne soucieuse de l'imiter, Mlle de Tervire qui a pris le voile. Romanesque non dépourvu d'humour, et n'excluant pas le réalisme de la scène de genre, mais qui permet à Marivaux d'analyser les ressources dont dispose un être jeune, sans nom et sans fortune, mais pourvu d'une bonne éducation, pour pénétrer dans la société aisée : « *C'est que vous êtes belle, et que dans le monde, avec la beauté que vous avez, et quelque vertueuse qu'on soit, on est toujours exposée soi-même, à force d'exposer les autres...* » (6e partie).

Usant du « *double registre* » dont Jean Rousset a souligné l'importance, Marivaux montre une narratrice qui n'entend pas, dit-elle, faire un roman, mais plutôt, en multipliant les réflexions psychologiques et morales, débrouiller quelque peu les voies obscures par où passe le sentiment — à la fois émotion et intuition — pour guider le sujet vers ce qui lui est bon : « *Je pense, pour moi, qu'il n'y a que le sentiment qui nous puisse donner des nouvelles un peu sûres de nous, et qu'il ne faut pas trop se fier à celle que notre esprit veut faire à sa guise, car je le crois un grand visionnaire* [qui a des visions] » (1re partie). L'extraordinaire richesse du roman tient à cette vision de près, à cette myopie que l'on reprocha à Marivaux, et qui lui fait analyser les mouvements imperceptibles de la psychologie, dont la coquetterie — « *l'esprit que la vanité de plaire donne* » aux femmes (2e partie) — n'est que l'aspect le plus voyant : « *Notre orgueil et nous, ce n'est qu'un, au lieu que nous et notre vertu, c'est deux* » (1re partie). Marianne cherche-t-elle à épanouir une nature fondamentalement aristocratique, comme le pense Léo Spitzer ? Il semble bien plutôt que Marivaux, anticipant les analyses freudiennes, insiste sur l'importance du mythe d'origine que chacun se trouve, et que ce soit sur cette fable que se construit un moi qui prend consistance — encore que jamais définitivement — dans l'échange, surtout langagier, avec les autres. Dans cette affaire, l'amour n'est peut-être pas l'objet central de la demande, et, dans le roman, c'est bien la relation entre Marianne et sa mère adoptive, Mme de Miran, qui occupe assez vite tout l'espace — comme, plus largement, les relations entre les femmes, dans ces mémoires d'une femme à une autre —, au point que l'infidélité du jeune homme est, en somme, bien tolérée : « *Qu'un amant nous quitte et nous en préfère une autre, eh bien ! soit ; mais du moins qu'il ait tort de nous la préférer ; que ce soit la faute de son inconstance, et non pas de nos charmes ; enfin, que ce soit une injustice qu'il nous fasse ; c'est bien la moindre chose...* » (8e partie). Plus brève et proche, à certains égards, du roman noir, l'histoire de Mlle de Tervire pourrait apparaître comme le négatif de celle de Marianne, d'une fille pourvue d'un nom, mais en quête de la mère qui l'a autrefois délaissée.

Objet des critiques de Crébillon pour les réflexions excessives — critiques auxquelles Marivaux répondit dans la quatrième partie du ***Paysan parvenu*** — et de Desfontaines pour la bassesse de certains épisodes, admirée par Prévost, l'œuvre occupe une place fondatrice dans l'imaginaire du XVIIIe siècle et suscita, avant même d'être achevée, des imitations et des répliques ayant valeur d'hommage : il n'est guère d'œuvres romanesques, en ce siècle, qui ne trahissent la présence — souvent inavouée — de ***Marianne***. Il peut paraître surprenant que le XIXe siècle et le début du XXe l'aient laissée dans un relatif oubli — Gide ne l'avait pas lue —, par fétichisation d'un Marivaux de fêtes galantes dont les philosophes avaient déjà répandu l'image. Il a fallu attendre 1957 pour que Frédéric Deloffre en procure une bonne édition — le texte des œuvres complètes avait été corrigé scandaleusement sous l'Empire — et que soit reconnue la portée, tout autant que l'immense influence qu'elle a eue, de cette œuvre — peut-être l'œuvre majeure de Marivaux.

CITATIONS

J'appelai vainement la raison à mon aide :
Elle irrite l'amour, loin d'y porter remède.
Quand sur ma folle ardeur elle m'ouvrit les yeux,
En rougissant d'aimer, je n'en aimais que mieux.

Annibal, I, 1.

Femme tentée et femme vaincue, c'est tout un.

Arlequin poli par l'amour, 1.

Hé ! que voulez-vous ? On nous crie [à nous, les femmes] dès le berceau : « *Vous n'êtes capables de rien, ne vous mêlez de rien, vous n'êtes bonnes à rien qu'à être sages.* » On l'a dit à nos mères qui l'ont cru, qui nous le répètent ; on a les oreilles rebattues de ces mauvais propos ; nous sommes douces, la paresse s'en mêle, on nous mène comme des moutons.

La Colonie, 9.

[...] il n'y a point de nation qui ne se plaigne des défauts de son gouvernement ; d'où viennent-ils, ces défauts ? C'est que notre esprit [celui des femmes] manque à la terre dans l'institution de ses lois, c'est que vous ne faites rien de la moitié de l'esprit humain que nous avons, et que vous n'employez jamais que la vôtre, qui est la plus faible.

La Colonie, 13.

[...] le mariage qui se fait entre les hommes et nous, devrait aussi se faire entre leurs pensées et les nôtres ; c'était l'intention des dieux, elle n'est pas remplie, et voilà la source de l'imperfection des lois.

La Colonie, 13.

Lorsque je l'ai aimé, c'était un amour qui m'était venu ; à cette heure je ne l'aime plus, c'est un amour qui s'en est allé ; il est venu sans mon avis, il s'en retourne de même ; je ne crois pas être blâmable.

La Double Inconstance, III, 8.

Moi l'épouser ! Je t'assure que non ; c'est bien assez qu'il m'épouse.

L'École des mères, 6.

Mes créanciers sont de deux espèces : les uns ne savent pas que je leur dois ; les autres le savent et le sauront longtemps.

La Fausse Suivante, I, 1.

Il faut avoir bien du jugement pour sentir que nous n'en avons point.

L'Île de la raison, prologue, 1.

[...] tu badines de ta propre vanité : il n'y a peut-être que le Français au monde capable de cela.

L'Île de la raison, prologue, 1.

[...] on va te faire esclave à ton tour ; on te dira aussi que cela est juste ; et nous verrons ce que tu penseras de cette justice-là ; tu m'en diras ton sentiment, je t'attends là. Quand tu auras souffert, tu seras plus raisonnable ; tu sauras mieux ce qu'il est permis de faire souffrir aux autres.

L'Île des esclaves, 1.

Un mari porte un masque avec le monde, et une grimace avec sa femme.

Le Jeu de l'amour et du hasard, I, 2.

Dans ce monde, il faut être un peu trop bon pour l'être assez.

Le Jeu de l'amour et du hasard, I, 2.

MARIO. Je ne saurais empêcher qu'il ne t'aime, belle Lisette ; mais je ne veux pas qu'il te le dise.
SILVIA. Il ne me le dit plus ; il ne fait que me le répéter.

Le Jeu de l'amour et du hasard, III, 3.

[...] toutes les dévotes [...] se dédommagent des péchés qu'elles ne font pas par le plaisir de savoir les péchés des autres ; c'est toujours autant de pris...

Le Paysan parvenu, II.

C'est une chose admirable que la nourriture, lorsqu'on a du chagrin ; il est certain qu'elle met du calme dans l'esprit ; on ne saurait être bien triste pendant que l'estomac digère [...].

Le Paysan parvenu, III.

Il n'y a point de plaisir qui ne perde à être connu.

Le Paysan parvenu, IV.

Je songeais à être honnête et respectueux ; c'était tout ce que cet aimable visage me permettait d'être ; on n'est pas ce qu'on veut avec de certaines mines, il y en a qui vous en imposent.

Le Paysan parvenu, IV.

À Paris, ma chère enfant, les cœurs, on ne se les donne pas, on se les prête, on ne fait que des essais.

Le Petit Maître corrigé, I, 3.

Nous marier ? Des gens qui s'aiment ! Y songez-vous ? Que vous a fait l'amour pour le pousser à bout ?

Le Petit Maître corrigé, II, 6.

Lui parlez-vous, toutes ses réponses sont des monosyllabes, oui, non ; car le dégoût est laconique.

Le Prince travesti, I, 2.

Parbleu, il faut quelques sentiments dans une femme. Vous hait-elle ? on combat sa haine ; ne lui déplaisez-vous pas ? on espère ; mais une femme qui ne répond rien, comment se conduire avec elle ? par où prendre son cœur ? un cœur qui ne se remue ni pour ni contre, qui n'est ni ami, ni ennemi, qui n'est rien, qui est mort, le ressuscite-t-on ?

La Seconde Suprise de l'amour, III, 6.

Quand quelqu'un me vante une femme aimable, et l'amour qu'il a pour elle, je crois voir un frénétique qui me fait l'éloge d'une vipère, qui me dit qu'elle est charmante, et qu'il a le bonheur d'en être mordu.

La Surprise de l'amour, I, 2.

Vive l'amour, mon cher maître, et faites chorus, car il n'y a pas deux chemins : il faut passer par là, ou par la fenêtre.

La Surprise de l'amour, III, 5.

Si de chaque femme volage
L'amant allait planter des choux
Par la ventrebille ! je gage
Que nous serions condamnés tous
À travailler au jardinage.

La Surprise de l'amour, divertissement.

J'aurais cru que la gloire de pardonner à ses ennemis valait bien l'honneur de les haïr toujours [...].

Le Triomphe de l'amour, III, 3.

Je pense, pour moi, qu'il n'y a que le sentiment qui nous puisse donner des nouvelles un peu sûres de nous, et qu'il ne faut pas trop se fier à celles que notre esprit veut faire à sa guise, car je le crois un grand visionnaire.

La Vie de Marianne, I.

[...] qu'est-ce qu'une charité qui n'a point de pudeur avec le misérable, et qui, avant que de le soulager, commence par écraser son amour-propre ? La belle chose qu'une vertu qui fait le désespoir de celui sur qui elle tombe !

La Vie de Marianne, I.

[...] qu'importe que notre cœur souffre, pourvu que notre vanité soit servie ? Ne se passe-t-on pas de tout, et de repos, et de plaisirs, et d'honneur même, et quelquefois de la vie, pour avoir la paix avec elle ?

La Vie de Marianne, II.

Le peuple, à Paris, n'est pas comme ailleurs : en d'autres endroits, vous le verrez quelquefois commencer par être méchant, et puis finir par être humain. Se querelle-t-on, il excite, il anime ; veut-on se battre, il sépare. En d'autres pays, il laisse faire, parce qu'il continue d'être méchant. Celui de Paris n'est pas de même ; il est moins canaille, et plus peuple que les autres peuples.

La Vie de Marianne, II.

[...] en général, il faut se redresser pour être grand : il n'y a qu'à rester comme on est pour être petit...

La Vie de Marianne, III.

À quelque chose nos défauts sont bons. On voudrait bien que nous ne les eussions pas, mais on les supporte, et on nous trouve plus aimables de nous en corriger quelquefois, que nous ne le paraîtrions avec les qualités contraires.

La Vie de Marianne, IV.

[...] il me semble que mon âme, en mille occasions, en sait plus qu'elle n'en peut dire, et qu'elle a un esprit à part, qui est bien supérieur à l'esprit que j'ai d'ordinaire. Je crois aussi que les hommes sont bien au-dessus de tous les livres qu'ils font.

La Vie de Marianne, IV.

C'est presque toujours le péché qui prêche la vertu dans nos chaires.

La Vie de Marianne, IV.

Quand un malheur, qu'on a cru extrême, et qui nous désespère, devient encore plus grand, il semble que notre âme renonce à s'en affliger ; l'excès qu'elle y voit la met à la raison, ce n'est plus la peine qu'elle s'en désole ; elle lui cède et se tait.

La Vie de Marianne, VIII.

Nous qui sommes bornées en tout, comment le sommes-nous si peu quand il s'agit de souffrir ?

La Vie de Marianne, IX.

JUGEMENTS

« Il croyait être naturel dans ses comédies, parce que le style qu'il prête à ses acteurs est celui qu'il avait lui-même. À travers ce jargon si précieux, si éloigné de la nature [...], *les acteurs se répondent toujours ce qu'ils doivent dire et se répondre dans la situation où ils se trouvent. M. de Marivaux, en voulant mettre dans ses tableaux populaires trop de vérité, s'est permis quelques détails ignobles, qui détonnent avec la finesse de ses autres desseins. Un autre inconvénient de cet esprit et de ce style, c'est d'entraîner l'auteur dans une suite continue et fatigante de réflexions qui, tout ingénieuses qu'elles peuvent être, ralentissent l'action et refroidissent la marche. Si M. de Marivaux n'était un modèle ni de style ni de goût, du moins il avait racheté ce défaut par beaucoup d'esprit, et par une manière qu'il n'avait empruntée à personne. »*

D'ALEMBERT, *Éloge de Marivaux*, 1779.

« Parmi les écrivains du XVIIIe *siècle, au moins avant Rousseau, on peut penser que c'est Marivaux qui a le mieux dénoncé deux maux assez étroitement liés, quoique inégalement virulents : l'exclusion sociale et l'aliénation. »*

Henri COULET, Michel GILOT, *Introduction* à MARIVAUX, *Théâtre complet*, « Pléiade », Gallimard, 1993.

« [...] *le logos comme dialogue, cela peut guérir les sujets de la rivalité des amours-propres, les arracher à soi, parce que le se-parler d'amour, l'interlocution galante, confie les désirs à la loi de l'Autre, les assujettit au logos, au symbolique où deux peuvent être ensemble, s'échangeant ce qu'ils sont. Le théâtre de Marivaux fait confiance à la cure par le langage ; il marque une place dans une histoire du salut par les échanges verbaux, qui va du gymnase au divan.*

[...]

Tel est le vertige de liberté qui s'ouvre à la conscience des êtres marivaldiens à la mesure et à l'occasion de la question du mariage : affaire de la différence d'un oui à un non où "se joue la vie" *; du retournement d'un non initial à un oui final par la médiation* [...] *d'un pseudo-oui, d'un oui à faux, d'une erreur et errance, duperie, où le sujet apprend à reconjuguer le verbe aimer... »*

Michel DEGUY, *La Machine matrimoniale ou Marivaux*, Gallimard, 1981, rééd. 1986.

« Sa distance à l'égard de ce qu'il voit, le recul que tous ses personnages prennent par rapport à ce qui leur advient peuvent être signe de désinvolture ou bien de rigueur critique. Cette distance, ce recul deviennent tour à tour retenue féminine, timidité adolescente, pudeur d'âmes bien nées, mais aussi second degré, théâtre dans le théâtre, roman qui se moque du romanesque, refus de se laisser piéger par les apparences. »

Michel DELON, « Désinvolture et Engagement », in *Europe*, novembre-décembre 1996.

*« Plutôt que de marivaudage, parlons donc d'*épreuve *: déchiré entre ce qu'il est et ce qu'il a été, entre son moi et son sur-moi social, entre ce qu'il voudrait dire et ce qu'il dit, le personnage marivaudien joue pour éprouver l'autre et pour s'éprouver lui-même face à l'autre.*

[...]

Au lieu de célébrer une unité (unité que le conflit ne trouble que pour mieux la restaurer), le théâtre marivaudien décrit un équilibre *— équilibre sans cesse menacé qui ne se perpétue que par le jeu. »*

Bernard DORT, « À la recherche de l'amour et de la vérité. Esquisse d'un système marivaudien », in *Les Temps modernes*, janvier 1962, repris in *Théâtre public*, Seuil, 1967.

« Les petits drames musqués de Marivaux. »

Alexandre DUMAS, *Le Corricolo*, in *Impressions de voyage*, in *Œuvres complètes*, posthume, 1898.

« L'élégance du style, la fantaisie des personnages ne doivent pas nous tromper. Le débat du héros et de l'héroïne n'est pas le jeu d'une coquetterie ou d'une crise, mais la recherche d'un assentiment puissant qui les liera pour une vie commune de levers, de repas et de repos. Pas d'ingénue. Aucune prude. Les femmes de Marivaux sont les aînées, plus loyales mais à peine moins averties, des femmes de Laclos. Leurs balancements, leurs décisions ne puisent pas leur valeur dans leur inconsistance, mais au contraire dans la vie que leur confère un corps toujours présent. Qui a cherché l'imaginaire chez Marivaux ? Ses scènes sont les scènes de ménage ou de fiançailles du monde vrai. »

Jean GIRAUDOUX, *Hommage à Marivaux* [lu à la Comédie-Française le 4 février 1943, à l'occasion du 255e anniversaire de Marivaux], in MARIVAUX, *Théâtre complet*, Éditions nationales, 1946.

« Ce qu'on appelle marivaudage *est l'insincérité même.* [...] *Or que voyons-nous chez Marivaux et à quoi correspond cette interprétation qu'on a donnée de son œuvre et qu'il ne reconnaîtrait pas ?* [...] *Réduire ce mécanisme* [des hésitations amoureuses] *à une formalité de salon, c'est enlever à Marivaux tout ce qu'il a et tout ce qui fait de lui un des plus grands auteurs français, c'est-à-dire cette sincérité perpétuellement douloureuse et cependant si maîtresse d'elle-même qu'on a pu voir une discipline et presque un jeu dans un désordre de sensibilité. »*

Edmond JALOUX, 1939, cité *in* Paul GAZAGNE, *Marivaux*, Seuil, 1954, rééd. 1997.

« Son style est unique, ou plutôt son style n'en est pas un : pour écrire comme il écrit, il faut être lui-même : il écrit comme peint Chardin ; c'est un genre, un goût que l'on admire et que personne ne peut atteindre : leurs copistes ne peuvent faire que des monstres. »

Thomas LAFFICHARD, *Caprice romanesque*, 1745.

« Dans Marivaux, l'impatience de faire preuve de finesse et de sagacité perçait visiblement. »

Jean-François MARMONTEL, *Éléments de littérature*, 1787.

« Marivaux, au théâtre, c'est le triomphe du langage, c'est la victoire de la littérature.
Il y a autre chose encore qui triomphe chez Marivaux. Ce n'est pas la morale. La morale n'embarrasse pas beaucoup les personnages de Marivaux. Ils pensent d'abord à leur plaisir. Ils sont d'une folle gaieté jusque dans les épreuves et à travers les obstacles. Sous le déguisement du valet et de la soubrette, sous le masque du prince ou de l'intendant, dans une lumière de Watteau, ils se cherchent, ils se fuient, ils se retrouvent, ils se devinent. "J'ai guetté dans le cœur humain, *écrit Marivaux,* toutes les niches différentes où peut se cacher l'amour lorsqu'il craint de se montrer, et chacune de mes comédies a pour objet de le faire sortir d'une de ses niches." *Ce dont témoigne à chaque regard le théâtre de Marivaux, c'est du triomphe de l'amour.*
Joué par des acteurs italiens, ce triomphe de l'amour et du langage est merveilleusement français. Il revivra dans les comédies de Musset, dans le théâtre ou les romans de Giraudoux, dans La Répétition ou l'Amour puni *de Jean Anouilh. Il est permis de soutenir que Marivaux ne cesse jamais de tourner autour du même sujet. Mais il ne se répète jamais. Ses déguisements, ses couples parallèles et mêlés de maîtres et de domestiques annoncent déjà au loin une critique de l'inégalité et des préjugés sociaux. Sous le charme et le sourire, il y a chez Marivaux, dans le langage et dans les situations, une complexité moderne qui permet des éclairages sans cesse différents et sans cesse renouvelés. Il a le droit d'écrire dans sa* Vie de Marianne *qu'il n'y a* "que le sentiment qui puisse nous donner des nouvelles un peu sûres de nous". *Il nous les donne avec un charme, avec une émotion, avec une poésie qui n'excluent ni l'audace, ni la cruauté, ni un sens extraordinairement moderne du vertige sentimental. »*

Jean d'ORMESSON, « Marivaux. Triomphe du langage et triomphe de l'amour », in *Une autre histoire de la littérature française*, II, NiL, 1998.

« Le grouillement sentimental qu'il y a dans les moindres pièces de Marivaux. »

Jules RENARD, *Journal*, 7 juin 1901.

« La chance et la malchance de Marivaux ont la même origine. Une si parfaite coïncidence entre sa vie et son œuvre, entre les conventions qu'il accepte au théâtre et l'objet d'étude qu'il se fixe, entre les nécessités de sa langue et les habitudes de son temps, une absence de décalage et de désaccord si frappante entre ses dons et ceux de son siècle, entre son message personnel et les moyens d'expression qu'ont forgés pour lui ses contemporains — tout cela fait de Marivaux, en apparence, l'incarnation même de la plus brillante banalité, la figure la plus attendue, la plus ordinaire et la plus nécessaire d'une civilisation définie. »

Claude ROY, *Lire Marivaux*, « Les Cahiers du Rhône », La Baconnière, 1947.

« Marivaux met la difficulté et le nœud dans le scrupule même, dans la curiosité, la timidité ou l'ignorance, ou dans l'amour-propre et le point d'honneur piqué des amants. Ce sont des chicanes de cœur qu'ils se font, c'est une guerre d'escarmouches morales. De tous les hommes, Marivaux est celui qui cherche le plus à se rendre compte. C'est un théoricien et un philosophe, beaucoup plus perçant qu'on ne croit sous sa mine coquette. Marivaux est un de ces écrivains auxquels il suffirait de retrancher pour ajouter ce qui leur manque. »

Charles Augustin SAINTE-BEUVE, *Portraits littéraires*, 1846.

« Marivaux est prérévolutionnaire plus que Beaumarchais et avant lui. »

Charles VILDRAC, *Pages de journal*, janvier 1954, Gallimard, 1968.

« Il passait sa vie à peser des riens dans des balances de toiles d'araignée. »

VOLTAIRE, *Correspondance*, 27 avril 1761.

BIBLIOGRAPHIE

Éditions

Journaux et Œuvres diverses, éd. Fr. DELOFFRE et M. GILOT, « Classiques Garnier », Garnier, 1969.

Œuvres de jeunesse, éd. Fr. DELOFFRE, « Pléiade », Gallimard, 1972.

*Le Paysan parvenu ou les Mémoires de M****, éd. Fr. DELOFFRE, « Classiques Garnier », Garnier, 1959, rééd. 1990 ; éd. M. GILOT, « GF », Flammarion, 1965 ; éd. R. MAUZI, « 10/18 », UGE, 1965.

*La Vie de Marianne ou les Aventures de Madame la Comtesse de ****, éd. Fr. DELOFFRE, « Classiques Garnier », Garnier, 1957, rééd. 1990 ; éd. H. COULET et M. GILOT, « GF », Flammarion, 1978 ; éd. J. DAGEN, « Folio », Gallimard, 1997.

Théâtre complet de Marivaux, éd. J. FOURNIER et M. BASTIDE, « Les Classiques verts », dir. R. GROOS, Éditions nationales, 1946 ; éd. J. SCHERER et B. DORT, « L'Intégrale », Seuil, 1964 ; éd. Fr. DELOFFRE, « Classiques Garnier », Garnier, 1969, rééd. 1989 et 1996, 2 vol. ; éd. H. COULET et M. GILOT, « Pléiade », Gallimard, 1993-1994, 2 vol.

De nombreuses éditions scolaires sont disponibles pour le texte et le commentaire de chaque pièce.

Études

D'ALEMBERT, *Éloge de Marivaux*, in MARIVAUX, *Théâtre complet*, « L'Intégrale », Seuil, 1964.

M. ARLAND, *Marivaux*, Gallimard, 1950.

N. BONHOTE, *Marivaux ou les Machines de l'opéra*, L'Âge d'Homme, Lausanne (CH), 1974.

H. COULET, *Marivaux romancier. Essai sur l'esprit et le cœur dans les romans de Marivaux*, Colin, 1975.

H. Coulet et M. Gilot, *Marivaux, un humanisme expérimental*, « Thèmes et Textes », Larousse, 1973.

H. Coulet, J. Ehrard, F. Rubellin (dir.), *Marivaux d'hier, Marivaux d'aujourd'hui*, CNRS, 1991.

Ch. Dabbah El Jamal, *Le Vocabulaire du sentiment dans le théâtre de Marivaux*, Champion, 1995.

M. Deguy, *Marivaux ou la Machine matrimoniale*, Gallimard, 1981, rééd. 1986.

Fr. Deloffre, *Une préciosité nouvelle. Marivaux et le Marivaudage*, Belles Lettres, 1955, rééd. Colin 1971, rééd. Slatkine, Genève (CH), 1993.

R. Démoris, *Le Roman à la première personne du classicisme aux Lumières*, Colin, 1975 [4e partie].

M. Descotes, *Les Grands Rôles du théâtre de Marivaux*, PUF, 1972.

L. Desvignes, *Marivaux et l'Angleterre*, Klincksieck, 1970.

B. Didier, *Les Voix de Marianne. Essai sur Marivaux*, PUF, 1988.

B. Dort, « À la recherche de l'amour et de la vérité, esquisse d'un système marivaudien », in *Les Temps modernes*, 1962, rééd. in *Théâtre public*, Seuil, 1967.

P. Gazagne, *Marivaux*, « Écrivains de toujours », Seuil, 1954, rééd. 1997.

M. Gilot, *Les Journaux de Marivaux, itinéraire moral et accomplissement esthétique*, Champion, 1975, 2 vol. ; *L'Esthétique de Marivaux*, SEDES, 1998.

J. Goldzink, *De chair et d'ombre. Essais sur Marivaux, Challe, Rousseau, Beaumarchais, Rétif, Goldoni*, Paradigme, Orléans, 1995.

L. Gossman, « Literature and Society in the Early Enlightment : the Case of Marivaux », in *MLN*, 1982, mai 1967.

E.J.H. Greene, *Marivaux*, Univ. of Toronto Press, Toronto (CA), 1965.

M.-H. Huet, *Le Héros et son double : essai sur le roman de l'ascension sociale au dix-huitième siècle*, Corti, 1975.

R. Joly, *Le « Pharsamon » de Marivaux ou Comment s'inventer un sexe*, PUF, 1995.

H. Lagrave, *Marivaux et sa fortune littéraire*, Ducros, Saint-Médard-en-Jalles (Gironde), 1970.

M. Matucci, *L'opera narrativa de Marivaux*, Pironti, Naples (IT), 1962.

P. Pavis, *Marivaux à l'épreuve de la scène*, P.U. Sorbonne, 1986.

G. Poulet, « Marivaux », in *Études sur le temps humain*, II, Plon, 1952.

A. Rivara, « Les Sœurs de Marianne : suites, imitations, variations (1731-1761) », in *SVEC*, 285, Voltaire Foundation, Oxford (GB), 1991 ; *id.* (dir.), *Masques italiens et Comédie moderne : Marivaux, « La Double Inconstance », « Le Jeu de l'amour et du hasard »*, Paradigme, Orléans, 1996.

J. Rousset, « Marivaux et la Structure du double registre », in *Forme et Signification*, Corti, 1962.

Cl. Roy, *Lire Marivaux*, « Les Cahiers du Rhône », La Baconnière, Neuchâtel (CH), 1947.

Fr. Rubellin, *Marivaux dramaturge : « La Double Inconstance », « Le Jeu de l'amour et du hasard »*, Champion, 1996.

J.K. Sanaker, *Le Discours mal apprivoisé. Essai sur le dialogue de Marivaux*, Solum, Oslo (NO), 1987.

J.-P. Sermain, « Rhétorique et Roman au XVIIIe siècle : l'exemple de Prévost et de Marivaux : 1728-1742, in *SVEC*, 233, Voltaire Foundation, Oxford (GB), 1985 ; « Le Singe de Don Quichotte : Marivaux, Cervantes et le roman postcritique », in *SVEC*, 368, Voltaire Foundation, Oxford (GB), 1999.

A. Spacagna, *Entre le oui et le non. Essai sur la structure profonde du théâtre de Marivaux*, P. Lang, Berne (CH)/ Las Vegas (US), 1978.

L. Spitzer, *Études de style*, Gallimard, 1970.

H. Verhoeff, *Marivaux ou le Dialogue avec la femme : une psycholecture de ses comédies et de ses journaux*, Paradigme, Orléans, 1994.

B. Yon, A. Rivara, A. Mac Kenna, *Le Roman des années trente : la Génération de Prévost et de Marivaux*, P.U. Saint-Étienne, 1998.

AUDIO & VIDÉO

Vidéo

P. Badel, S. Eine, *Le Jeu de l'amour et du hasard*, 1976, Film Office, s.d.

M. Bluwal, *La Double Inconstance*, 1985 ; *Les Fausses Confidences*, TSR, Genève (CH), 1984 ; *Le Jeu de l'amour et du hasard*, 1967, TSR, Genève (CH), 1981.

P. Bureau, J.-P. Miquel, *La Seconde Surprise de l'amour*, Antenne 2, 1983.

J.-R. Cadet, J.-L. Boutté, *La Double Inconstance*, TF1 Vidéo, 1981, rééd. Film Office, 1982.

Fr. Chatel, J. Charon, *Le Prince Travesti*, 1972, INA/FR3, 1987 ; *Les Acteurs de bonne foi*, 1979, Film Office, s.d.

P. Chéreau, *La Fausse Suivante*, Antenne 2, 1985.

J.-M. Coldefy, J. Piat, *Les Fausses Confidences*, 1971, INA/FR3, 1987.

Ph. Ducrest, A. Vitez, *Le Prince travesti*, TF1 Vidéo, 1984, 2 cassettes.

N. Licenstein, J.-P. Roussillon, *La Commère*, 1976, INA/FR3, 1987.

CD-ROM

Encyclopédie de la littérature française, Bibliopolis, 1998.

MAROT

Clément MAROT

Cahors 1496 – Turin (act. Italie) 1544

« On peut dire, sans le flatter, non seulement que la poésie française n'avait jamais paru avec les charmes et les beautés naturelles dont il l'orna, mais aussi que, dans toute la suite du seizième siècle, il ne parut rien qui approchast de l'heureux génie, et des agréments naïfs, et du sel de ses ouvrages. »

Pierre BAYLE, *Dictionnaire historique et critique*, 1697.

« Maître Clément n'était pas un poète de génie [...]. *Une causerie facile, semée par intervalles de mots vifs et fins, est presque le seul mérite qui le distingue. »*

Charles Augustin SAINTE-BEUVE, *Tableau historique et critique de la poésie française et du théâtre français au seizième siècle*, 1828.

Un insaisissable courtisan

Le fils de son père

Fils d'un chapelier de Cahors qui passa de sa boutique à la cour du roi Louis XII où il exerça ses talents poétiques à partir de 1506, Clément Marot eut la Cour pour première « maîtresse d'école ». Vers 1511-1512, le jeune homme embrassa à son tour la carrière poétique, adaptant en français la première églogue de Virgile et s'inspirant de Lucien pour ***Le Jugement de Minos*** (in ***Adolescence clémentine***). Il était page au service du sieur de Neufville quand il rédigea sa première œuvre originale, imprégnée de l'atmosphère du *Roman de la Rose* (qu'il édita en 1526) : ***Le Temple de Cupido*** (1515), composé en 1514 à l'occasion des noces de François d'Angoulême et de Claude de France. Entré en 1518 au service de Marguerite d'Angoulême à qui il avait habilement adressé l'***Epistre du despourveu*** (publiée en 1532), il se consacra alors essentiellement à une poésie de cour, riche en lettres de requête, comme la savoureuse ***Petite Epistre au Roy*** (1532) toute en rimes équivoquées :

Et quand vous plaist, mieux que moy, rimassez
Des biens avez, et de la rime assez.

Ces poèmes de circonstance célébraient, à l'occasion, les grands événements du royaume — comme la ballade VIII ***Du triumphe d'Ardres et Guignes [...]*** (reprise en 1532), chantant l'entrevue du Camp du Drap d'or :

Pour empescher que Discorde n'apporte
La Pomme d'or, dont vint guerre inhumaine.

Cette période heureuse et tranquille s'interrompit en 1526 : l'imprudent poète, accusé d'avoir mangé du lard en carême (signe de « luthéranisme »), fut incarcéré. Il fut tiré d'affaire grâce à l'intervention de son ami Lyon (Léon) Jamet, seigneur de Chambrun, à qui il adressa la célèbre épître dite du ***Lion et du Rat*** (***À son ami Lyon***, publiée seulement en 1534) :

Secouru m'as fort lyonneusement ;
Or secouru seras rateusement.

Il composa alors ***L'Enfer***, qui fut publié en 1539 (in ***Adolescence clémentine***) à Anvers, puis en 1542 en France, par Étienne Dolet et sans l'accord du poète. Dans cette cinglante satire des pratiques judiciaires de son époque, Marot récusait, non sans équivoque, ses sympathies pour les thèses luthériennes. La même année 1526 s'acheva sur la douloureuse disparition de celui qui lui avait appris les rudiments de l'art de rimer : son père, Jean.

Le poète de son roi

L'année suivante amorça, pour le poète, une ère de faveur à la Cour, où il occupait la charge de valet de chambre du roi. Durant cette période sereine, il conclut un serment d'« *alliance* » avec Anne d'Alençon, « *dame* » aimée d'un amour platonique qu'il célébra dans de nombreux poèmes :

Anne (par jeu) me jecta de la neige,
Que je cuydois froide, certainement :
Mais c'estoit feu, l'experience en ay je,
Car embrasé je fuz soudainement.

(***Epigrammes***, XXIV, in ***Adolescence clémentine***)

Dans un autre registre, ses productions officielles traduisent une foi teintée d'érasmisme et des aspirations à une réforme de l'Église catholique ; ainsi de la majestueuse ***Déploration sur le trespas de feu messire, Florimond Robertet [...]*** (1527) ou de l'épigramme ***Du lieutenant criminel de Paris et de Samblançay***, composée la même année :

Lors que Maillart juge d'Enfer menoit
A Montfaucon Samblançay l'âme rendre,
A vostre advis, lequel des deux tenoit
Meilleur maintien ? Pour vous le faire entendre

Maillart sembloit homme, qui mort va
prendre :
Et Samblançay fut si ferme vieillart
Que l'on cuydoit (pour vray) qu'il menast
pendre
A Montfaucon le lieutenant Maillart.

(***Epigrammes***, XLIII,
in ***Adolescence clémentine***, éd. 1533)

Vers 1529, Marot se maria : de cette union naquirent deux enfants, une fille et un garçon — lequel fut, comme son grand-père et son père, poète. En 1531, il fut atteint par la peste et dépouillé par son serviteur.
Si Marot eut encore quelquefois maille à partir avec la justice, l'appui de Marguerite de Navarre le tira encore d'affaire en 1532, année faste s'il en fut, puisque l'***Adolescence clémentine***, « *c'est assavoir les œuvres que Clement Marot composa en l'âge de son adolescence* », sortait des presses de l'imprimeur parisien Roffet, et connut un véritable succès.
En 1533, Marot édita les *Œuvres* de Villon, et ***La Suite de l'« Adolescence clémentine »*** fut donnée en 1534. Marot était au faîte de sa notoriété, lorsque éclata la querelle avec François Sagon, poète d'un piètre talent, qui anathématisa Marot dans une *Défense* acerbe. La plupart des humanistes (Des Périers, Fontaine) prirent le parti du poète, dans la guerre menée à coups de libelles contre le « *sagouin* » :

Zon dessus l'œil, zon sur le groin,
Zon sur le dos du Sagouyn,
Zon sur l'Asne de Balaan.

(***Le Valet de Marot contre Sagon***,
vv. 211 à 213, in ***Œuvres***)

La gloire entre deux exils

La dispute prit un relief particulier dans le contexte politico-religieux de l'époque : l'affaire des Placards, survenue en octobre de la même année, amena la disgrâce. Le poète, qui avait plus d'une fois manifesté ses sympathies pour le courant réformiste et avait commencé la traduction des Psaumes, fut inquiété : il se vit contraint de quitter le royaume pour la Navarre, où il trouva protection auprès de la reine Marguerite. Condamné à mort par contumace (1535), il dut encore repousser les frontières de son exil. Renée de Ferrare l'accueillit dans sa brillante cour, et le prit pour secrétaire et poète. C'est là qu'il composa son ***Blason du beau testin*** (paru dans *L'Hécatomphile*, 1536), donnant ainsi l'élan à une mode des blasons du corps féminin à laquelle sacrifièrent aussi bien Bonaventure Des Périers que Maurice Scève. Mais, depuis la prison dorée d'Italie où il ne jouissait que d'une paix relative, Marot songeait à la France. Il tenta de convaincre François Ier de sa fidélité à la Couronne dans la célèbre ***Épistre au Roy, du temps de son exil à Ferrare*** (titre donné par Étienne Dolet en 1543 ; elle avait paru sous un autre titre dans l'***Adolescence [...]*** de 1536). Admis à rentrer en France à la fin de 1536, Marot dut abjurer publiquement l'erreur luthérienne — bien qu'il eût toujours refusé le nom de « *luthériste* » :

De Lutheriste ilz m'ont donné le nom :
Qu'à droict ce soit, je leur responds que non.
Luther pour moy des cieulx n'est descendu,
Luther en croix n'a point esté pendu
Pour mes pechez ; et tout bien advisé,
Au nom de luy ne suis point baptizé.

(***Au Roy, du temps de son exil à Ferrare***,
in ***Adolescence clémentine***, éd. 1543)

Ce retour en France fut aussi un retour en grâce à la Cour, qu'il accompagna dans de nombreux déplacements. La poursuite de la querelle avec Sagon donna à Marot l'occasion de quelques chefs-d'œuvre féroces, dont l'***Épître de Frippelippes, valet de Marot*** (***Le Valet de Marot contre Sagon***, 1537), qui contribuèrent encore à son succès. ***Les Œuvres de Clement Marot de Cahors valet de chambre du Roy*** furent publiées en 1538 à Lyon par les soins d'Étienne Dolet, et le poète en surveilla personnellement l'édition. Simultanément, il se consacra à diverses traductions, dont deux ***Colloques d'Erasme [...]*** (vers 1548), et ***Le Premier Livre de la Métamorphose d'Ovide*** (1534 ; ***Le Second Livre [...]*** parut en 1543) — comme s'il confiait à cette activité le soin d'effacer les marques du moi. Loin de renoncer à mettre ses talents au service de ses convictions religieuses, Clément Marot poursuivit sa traduction des Psaumes : les ***Trente Pseaumes de David mis en françois*** parurent en 1541 avec l'aval de la faculté de théologie. La variété des tons et des strophes caractérise cette traduction. On y trouve le registre majestueux :

Qui au conseil des malings n'a esté,
Qui n'est au trac des pecheurs arresté,
Qui des mocqueurs au banc place n'a prise,
Mais nuict et jour la loy contemple et prise,
De l'Eternel, et en est desireux,
Certainement cestuy là est heureux.

(Pseaume I)

Mais aussi un ton plus humain :

Le fol maling en son cueur dit et croit
Que Dieu n'est point : et corrompt et
renverse

Ses moeurs, sa vie, horribles faictz exerce :
Pas ung tout seul ne faict rien bon ne droict,
Ny ne vouldroit.
(Pseaume XIV)

Et même un niveau familier :

Sus louez Dieu mon ame en toute chose,
Et tout cela qui dedans moy repose,
Louez son nom tressainct et accomply.
(Pseaume CIII)

Une telle variété fait de cette version un chef-d'œuvre diffusé comme l'a rarement été aucune autre œuvre littéraire française : complétée par Théodore de Bèze, mise en musique par Claude Goudimel (qui mourut victime de la Saint-Barthélemy), la traduction des ***Pseaumes*** par Marot n'a cessé d'accompagner la liturgie et, parfois, la vie des Réformés. Il est néanmoins difficile de dire si le poète fut proprement « luthérien » ou « calviniste », mais on ne saurait contester qu'il se rattache au courant de ce qu'on nomme les *« évangéliques »*, partisans d'une réforme de l'Église et d'un retour à l'Évangile lu *« en sens agile »* (Rabelais, *Gargantua*, 54). Homme de la Renaissance, Marot fut toute sa vie un traducteur, de Virgile et d'Érasme à la Bible. Inachevée, sa traduction du Psautier a connu le plus grand succès : c'est dans la traduction de Marot que Rabelais fait entonner à ses voyageurs, au début du *Quart Livre* (1), le psaume 114 *(« Quand Israël hors d'Ægypte sortit »)*.
Mais l'accalmie fut de courte durée : dès 1542, alors que redoublaient les attaques contre les émules de Luther, l'ouvrage figura sur la liste des livres interdits. Le poète trouva refuge à Genève, où parurent, en 1543, ***Cinquante Pseaumes en françois*** (en fait, 49 psaumes et le *Cantique de Siméon*). Si Calvin avait réservé un bon accueil à l'écrivain, celui-ci se heurta au consistoire, et dès la fin de l'année, quitta la capitale réformée pour la Savoie. L'exilé chanta encore la gloire de son pays en une épître composée pour célébrer la victoire de Cérisoles : ***Salutations du camp de Monsieur d'Anguien à Cerisoles*** (avril 1544). Les routes de la disgrâce le conduisirent à Turin où il s'éteignit en septembre 1544.
Lyon Jamet, l'ami de toujours, composa son épitaphe, célébrant celui *« qui de Maro avoit plus que le nom »* — Maro était le nom de Virgile — et concluant par la devise du poète :

Les Sœurs [les Parques] *luy ont sepulture bastie*
Jusques au ciel. Ainsi, la mort n'y mord.

Nourrie à la double source de la poésie de cour et des œuvres de l'humanisme classique, l'œuvre de Clément Marot assure le passage des modèles poétiques des Grands Rhétoriqueurs à une poésie plus personnelle, tour à tour lyrique ou didactique, mais toujours limpide et affectant le naturel. Adepte de la brièveté, du trait d'esprit, Marot abandonna peu à peu l'exigeant carcan des formes héritées du Moyen Âge, et s'appliqua à exercer ses qualités d'artisan du langage virtuose dans une écriture discrètement limée et rabotée, au point de paraître spontanée.

Une poésie multiple

Marot avait 10 ans quand il abandonna, avec son Quercy natal, la langue d'oc pour apprendre le français. Jamais cependant sa langue ne se teinte de particularismes locaux : c'est un écrivain qui connaît bien son *« vulgaire françoys »*. On lui doit ainsi d'avoir formulé notre règle moderne de l'accord du participe passé employé avec l'auxiliaire *« avoir »* :

Enfans, oyez une leçon :
Nostre langue a ceste façon
Que le terme qui va devant
Voulentiers regist le suyvant.
Les vieulx exemples je suyvray
Pour le mieulx : car, à dire vray,
La chanson fut bien ordonnée
Qui dit : M'amour vous ay donnée
[...]
Voilà la force que possede
Le femenin, quand il precede.
(***Epigrammes***, XCIX, vv. 1 à 8 et 11-12, in ***Œuvres***)

La langue courante, qui présente encore quelques traits médiévaux, est le matériau privilégié de l'expression marotique, et la simplicité du style n'exclut pas, à l'occasion, le recours à la sophistication des rimes équivoquées ou batelées, au charme de la paronomase ; ainsi dans les premières poésies encore proches de la « rhétorique » :

En m'esbatant je faiz rondeaux en rime,
Et en rimant bien souvent je m'enrime ;
Brief, c'est pitié d'entre nous rimailleurs,
Car vous trouvez assez de rime ailleurs.
(***Petite Epistre au Roy***, 1518, in ***Adolescence clémentine***, 1532)

Roy des Françoys, plein de toutes bontez,
Quinze jours a (je les ay bien contez),
Et des demain seront justement seize,

Que je fuz faict confrere au Diocese
De Sainct Marry, en l'Eglise sainct Pris.
[...]
Trois grands pendars vindrent à l'estourdie
En ce palais, me dire en desarroy :
Nous vous faisons prisonnier par le Roy.
Incontinent qui fut bien estonné,
Ce fut Marot, plus que s'il eust tonné.
(***Marot prisonnier escript au Roy, pour sa delivrance***, 1527, in ***Œuvres***)

Marot a touché avec bonheur à tous les genres, du rondeau badin à l'élégie plus grave :

Dedans Paris, ville jolye,
Ung jour, passant melancolie,
Je prins alliance nouvelle
A la plus gaye damoyselle
Qui soit d'icy en Italie.

D'honnesteté elle est saisie,
Et croy, selon ma fantasie,
Qu'il n'en est gueres de plus belle
Dedans Paris
(***De sa grande amye***, 1527, in ***Adolescence clémentine***, 1532)

La grand amour que mon las cueur vous porte
Incessamment me conseille et enhorte [exhorte]
Vous consoller en vostre ennuy extrême ;
Mais (tout bien veu) je treuve que moymesme
Ay bon besoing de consolation
Du deuil que j'ay de vostre affliction.
(***Elegies***, IX, in ***La Suite de l'« Adolescence »***, 1533)

Mais Marot excellait aussi dans les épigrammes, témoin celle intitulée ***A Maistre Grenoille, poëte ignorant*** :

Bien ressembles à la grenoille,
Non pas que tu sois aquatique :
Mais comme en l'eau elle barbouille,
Si fays tu en l'art poëtique.
(***Epigrammes***, I, 18, in ***Œuvres***)

Enfin, il lança les modes des blasons et des coq-à-l'âne. C'est donc à bon droit que Lion Jamet put dire de lui qu'il fut le « *non pareil des mieux disans en vers* ».

Une gloire vite abrégée

Le succès de Clément Marot fut immédiat. Les éditions des ***Œuvres de Clement Marot [...]*** se succédèrent au XVIe siècle à un rythme soutenu. Ses contemporains saluèrent la subtilité inimitable de son expression, et les citations ou réminiscences de Marot abondent chez Rabelais : ainsi, le personnage de Panurge (*Pantagruel*, 16) qualifié comme le

[...] *valet de Gascongne*
Gourmand, ivrongne, et assuré menteur
Pipeur, larron, jureur, blasphemateur,
Sentant la hart [la corde] *de cent pas à la ronde,*
Au demourant, le meilleur filz du monde.
(***Au roy, pour avoir esté derobé***, 1521, in ***Œuvres***)

Du Bellay s'irrita de la simplicité du style marotique, certes bien peu conforme aux nobles idéaux de *La Défense et Illustration de la langue française*. Modèle recommandé par Boileau dans son *Art poétique* (I, vv. 96 *sqq.*), l'« *élégant badinage* » exerça une vive influence sur la poésie galante et mondaine. Au cours du grand siècle, il suscita encore l'admiration de La Fontaine et de La Bruyère. Si Fontenelle soulignait « *la mine sérieuse et l'air grave* » de philosophe que portait Marot sur les portraits d'époque, le poète attira l'attention de Voltaire — qui prétendait ne pas le goûter — pour ses épigrammes (*Conseils à un journaliste*, 1741) ; les siècles classiques semblent avoir été tout à fait étrangers aux inflexions les plus dramatiques de son œuvre : seul Lenglet-Dufresnoy édita les ***Œuvres*** (de Jean et Clément Marot), en 1731. Pour longtemps, cette réputation d'« *âme légère* » devait interdire au lecteur de découvrir en Marot le poète qui voulait, à l'instar de David, laisser la voix de Dieu chanter sur les cordes de sa harpe, mais le « *Marot évangélique* » (titre d'une étude de Michaël-A. Screech, 1967) a été bien étudié au XXe siècle.

ŒUVRE

Adolescence clémentine

Recueil de poèmes — rassemblés par Marot pour les protéger des pillages de concurrents peu scrupuleux — publié chez Roffet, en août 1532.

Premier recueil poétique français distribué par genres, l'***Adolescence clémentine*** suit à peu près un ordre chronologique. Les opuscules de la prime jeunesse ouvrent le recueil : dans une série de traductions se voit sertie la première pièce originale, composée en 1514 : le ***Temple de Cupido***. Se succèdent ensuite épîtres, pièces funèbres, ballades, rondeaux et chansons.

« *Œuvres de jeunesse* », « *coups d'essai* » : ainsi Marot décrit-il le contenu de son recueil composé avant 1526 — en ces années d'une *adolescence* entendue dans son sens latin, c'est-à-dire de 17 à 30 ans. Insensiblement, le recueil de Marot réalise une profonde mutation en matière poétique. Les formes fixes traditionnelles héritées du Moyen Âge, un certain art d'apparat dont la rime sophistiquée et le jeu de mots sont les évidents emblèmes, ne sauraient voiler ici les accents d'une poésie déjà très personnelle — soit que le poète décline sur divers tons les subtilités du sentiment amoureux, soit qu'il dresse la chronique tour à tour amusée ou solennelle de la vie à la Cour, soit enfin qu'il chante les saisons de l'année liturgique.

Le succès du recueil fut immédiat. Les éditions se succédèrent à un rythme étonnant (pas moins de 10 avant 1537 !), alors même que le poète, pris dans la tourmente des premières querelles religieuses, devait emprunter les routes de l'exil. À ce recueil augmenté dès 1534 d'une ***Suite***, Marot attachait une affection particulière : il surveilla personnellement la version augmentée et définitive qui sortit des presses de Dolet et Gryphe, à Lyon, en 1538.

CITATIONS

Si pour moi avez du souci,
Pour vous n'en ai pas moins aussi,
Amour le vous doit faire entendre,
Mais s'il vous grève d'être ainsi,
Apaisez votre cœur transi :
Tout vient à point qui peut attendre.

Chansons, IV.

Or si poursuivrai-je pourtant
La chasse que j'ai entreprise :
Car tant plus on tarde à la prise,
Tant plus doux en est le repos.

Dialogue de deux amoureux, le second.

Le plus grand bien qui soit en amitié,
Après le don d'amoureux pitié,
Est s'entr'écrire, ou se dire de bouche,
Soit bien, soit deuil, tout ce qui au cœur touche.

Elegies, VI.

Si je suis fol, Amour m'affole,
Et voudrais, tant j'ai d'amitié,
Qu'autant que moi elle fût folle,
Pour être plus fol la moitié.

Epigrammes, CXXXIX.

Plus ne suis ce que j'ai été,
Et ne le saurais jamais être ;
Mon beau printemps et mon été
Ont fait le saut par la fenêtre.
Amour, tu as été mon maître :
Je t'ai servi sur tous les dieux.
Ô si je pouvais deux fois naître,
Comme je te servirais mieux !

Epigrammes, CCXIII.

Pour avoir le déduit d'amour,
Vaut mieux peu dire et beaucoup faire.

Epigrammes, CCLXXXIII.

En m'ébattant je fais rondeaux en rimes,
Et en rimant bien souvent je m'enrime ;
Bref, c'est pitié d'entre nous rimailleurs,
Car vous trouvez assez de rime ailleurs,
Et quand vous plaît mieux que moi rimassez,
Des biens avez et de la rime assez.

Epistre au Roi, VII.

JUGEMENTS

Marot, bien-tost aprés, fit fleurir les Ballades,
Tourna des Triolets, rima des Mascarades,
À des refrains reglez asservit les Rondeaux,
Et montra pour rimer des chemins tout nouveaux.

Nicolas BOILEAU, *L'Art poétique*, I, vv. 119 à 122, 1674.

« *Il a créé, pour un siècle environ, la vraie langue poétique française.* »

Émile FAGUET, *Seizième siècle. Études littéraires*, 1894.

« *Son stile est net, facile, enjoué et fort naïf. Il a mesme cet avantage d'avoir esté imité dans la suite par tous ceux qui ont voulu estre plaisans et d'avoir toujours esté pourtant inimitable.* »

Bernard de FONTENELLE, *Préface* au *Recueil des plus belles pièces des poètes français*, 1692.

« *Après le stile de Marot, que quelques uns ont ressuscité, on mettrait en usage le jargon des centuries de Nostrada-*

mus : on aurait envie de parler druide, après avoir parlé vieux gaulois. »

Jean-Louis GUEZ de BALZAC, *Dissertations critiques*, 1654.

« *Marot et Rabelais sont inexcusables d'avoir semé l'ordure dans leurs écrits : tous deux avaient assez de génie et de naturel pour pouvoir s'en passer, même à l'égard de ceux qui cherchent moins à admirer qu'à rire dans un auteur.* »

Jean de LA BRUYÈRE, *Des ouvrages de l'esprit*, 43, in *Les Caractères*, I, 1688.

« *Il clarifia, affina, allégea le vieil esprit de* Renart *et de* Rutebeuf *; il l'enrichit de finesse, de mesure, de grâce, pour le mettre d'accord avec la forme nouvelle des âmes.* [...] *Rien de profond en lui, rien d'intime : mais de là même vient la perfection du type qu'il réalisa.* »

Gustave LANSON, *Histoire de la littérature française*, Hachette, 1894.

« *Par quoi sommes-nous si près de Marot, dont trois siècles nous séparent, sinon par ce don charmant, le plus beau après le génie, par l'esprit ¿ C'est cet esprit, formé d'une sensibilité plus douce que profonde, d'une imagination plus enjouée que forte, d'une raison sûre, quoique bornée, qui fait vivre les poésies de Marot.* »

Désiré NISARD, *Histoire de la littérature française*, 1844 à 1861.

« *Clément Marot, seule lumière en ses ans de la vulgaire poësie.* »

Pierre de RONSARD, *Préface* aux *Odes*, 1550.

« *Il n'y aura jamais d'esprit plus ingénieusement badin que le sien. Il y aura toujours du bon sens dans sa plus folle raillerie et des choses plaisantes dans ses plus graves discours.* »

Madeleine de SCUDÉRY, *Clélie*, 1656.

BIBLIOGRAPHIE

Éditions

Œuvres complètes, éd. C.A. MAYER, Londres (GB), 1958 à 1980.

Œuvres poétiques complètes, éd. G. DEFAUX, « Classiques Garnier », Bordas, 1990 à 1993, 2 vol.

Adolescence clémentine, éd. Fr. LESTRINGANT, « Poésie », Gallimard, 1987.

Études

A. CŒURDEVEY, *Bibliographie des œuvres de Clément Marot mises en musique dans les recueils profanes du* XVIe *siècle*, Champion, 1997.

G. DEFAUX, *Marot, Rabelais, Montaigne. L'écriture comme présence*, Champion/Slatkine, Paris/Genève (CH), 1987 ; *Le Poète en son jardin : étude sur Clément Marot et l'« Adolescence clémentine »*, « Unichamp », Champion, 1996 ; *id.* et M. SIMONIN (dir.), *Clément Marot, prince des poëtes françois, 1496-1996*, actes du colloque international de Cahors-en-Quercy, 21 au 25 mai 1996, Champion, 1997.

J.-L. DÉJEAN, *Clément Marot*, Fayard, 1990.

Cl. ELSEN, « Clément Marot », in *Tableau de la littérature française*, I, Gallimard, 1962, pp. 199 à 203.

R. GRIFFIN, *Marot and the Inflections of Poetic Voice*, University of California Press, Berkeley (US), 1974.

H. GUY, *Clément Marot et son école*, in *Histoire de la poésie française au seizième siècle*, t. II, rééd. Slatkine, Genève (CH), 1998.

G. JOSEPH, *Clément Marot*, Twayne Publishers, Boston (US), 1985.

P. JOURDA, *Marot*, « Connaissance des Lettres », Hatier, 1950, rééd. 1967.

Chr. MARTINEAU-GENIEYS (dir.), *Clément Marot et l'« Adolescence clémentine »*, actes du colloque de Nice, 10 janv. 1997, P.U. Nice, 1997.

Cl.A. MAYER, *Clément Marot*, Nizet, 1972, rééd. Champion, 1993.

Fr. RIGOLOT, « Poétique et Onomastique : l'Épigramme de Semblançay », in *Poétique*, n° 18, 1974.

AUDIO & VIDÉO

CD-ROM

Encyclopédie de la littérature française, Bibliopolis, 1998.

MAUPASSANT

Guy de MAUPASSANT

Henri René Albert Guy de MAUPASSANT

Utilisa successivement, pour signer ses contes ou ses chroniques, le pseudonyme de Joseph PRUNIER, le pseudonyme balzacien de MAUFRIGNEUSE — emprunté à Diane d'Uxelles, duchesse de Maufrigneuse —, puis celui de Guy de VALMONT — du nom du héros de Laclos et d'un village proche d'Yvetot —, celui de CHAUDRONS du DIABLE — du nom d'un lieu-dit proche d'Étretat —, enfin celui de Guy de MONTPASSANT — dû peut-être à une coquille typographique.

Château de Miromesnil (commune de Tourville-sur-Arques, Seine-Inférieure, act. Seine-Maritime) 1850 - Paris 1893

« Nous avons beaucoup à apprendre de Maupassant sous le rapport de la brièveté et aussi de la compassion humaine. Sa grivoiserie cache un grand écrivain et peut-être un homme d'une grande bonté. »
Julien GREEN, *Journal*, t. IX, 10 décembre 1971, Plon, 1972.

« Maupassant n'observe pas : il imagine de la réalité. Ce n'est encore que de l'à-peu-près. »
Jules RENARD, *Journal*, 16 juillet 1903.

Une existence brève et intense

À l'ombre de Flaubert

Il faut imaginer Maupassant dans les grands espaces de son pays natal — le plateau de Caux —, partagé entre une mère possessive, ambitieuse pour son rejeton, et un père relativement distant, le couple se séparant de fait dès 1860 : Maupassant s'est souvenu de la violence de leurs scènes dans sa nouvelle intitulée ***Garçon, un bock***. On ne s'étonnera donc guère de retrouver, dans son œuvre, tant de mères dominatrices et tant d'enfants sans père. Ainsi, le pessimisme de Maupassant aurait de lointaines justifications dans ces années d'une enfance passée au château de Grainville-Ymauville, où naquit son frère Hervé en 1856, puis à Paris, durant une année scolaire (1859-1860) primaire au lycée impérial de Napoléon (act. lycée Henri-IV), enfin à Étretat, dans la villa des Verguies. Le garçon grandit, courant les champs et les grèves, s'adonnant aux plaisirs de l'eau, et commença à apprendre les rudiments sous la direction d'un prêtre, l'abbé Aubourg, dont les traits se retrouvèrent dans plusieurs de ses œuvres — l'abbé Picot dans ***Une vie*** (1883), et l'abbé Loisel dans ***Une surprise*** (1883). Le jeune homme poursuivit ses études à l'Institution ecclésiastique d'Yvetot. C'est au cours de ces années (1863 à 1867) que, grand amateur de canotage, il sauva de la noyade, près d'Étretat, l'éminent et étrange poète anglais Swinburne : celui-ci l'invita le lendemain dans son énigmatique et macabre demeure, et lui offrit, en guise de remerciement, une main d'écorché qui fut directement à l'origine du tout premier conte de Maupassant — intitulé précisément ***La Main d'écorché*** (1875). Plus généralement, cette rencontre avec Swinburne inspira plusieurs contes de tonalité fantastique. Parallèlement, l'adolescent lut alors passionnément Shakespeare, Laclos, Prévost, Richardson, mais dédaigna Dumas — dont la lecture lui inspirait *« un invincible ennui »*. En dépit des résultats plus qu'honorables obtenus au petit séminaire d'Yvetot, Maupassant fut renvoyé (mai 1868), au motif qu'il faisait partie d'une *« société secrète »*, fondée entre quelques élèves afin de procurer à ses adhérents un dérivatif à l'ennui, à la bigoterie et à l'étroitesse d'esprit du collège : ces penchants antireligieux éclatèrent plus tard dans le recueil de nouvelles ***L'Inutile Beauté*** (1890). Entré au lycée de Rouen, Maupassant subit l'influence de deux amis de sa famille maternelle : Louis Bouilhet — mais celui-ci mourut dès l'année suivante — et surtout Flaubert. De fait, la mère de Maupassant, née Laure Le Poittevin, était la sœur d'Alfred Le Poittevin, lui-même filleul du Dr Flaubert, père de l'écrivain, et donc grand ami de celui-ci. Anecdote singulière : l'année même du mariage de ses parents, l'oncle maternel de Maupassant (Alfred) épousa sa tante paternelle (Louise de Maupassant) — mariage que Flaubert vécut comme *« un arrachement »* : *« J'ai eu, lorsqu'il s'est marié, un chagrin de jalousie très profond ; ça a été une rupture, un arrachement ! Pour moi, il sera mort deux fois »* (lettre à Laure de Maupassant, 1863).

Une fois bachelier (juil. 1869), Maupassant s'inscrivit en droit à Paris, mais, dès 1870, éclata la guerre franco-allemande, au cours de laquelle il faillit être fait prisonnier, et qui, par son absurdité et ses atrocités, lui inspira une répulsion mêlée d'horreur, dont témoignent plusieurs de ses nouvelles — notamment ***Boule de suif*** ou ***Un duel***. Quelques mois après l'armistice et la Commune, il parvint à quitter l'armée, mais sa très précaire situation financière l'obligea à accepter un emploi subalterne au ministère de la Marine (1872 à 1880), où il ne tarda pas à étouffer d'ennui. Ce morne métier de commis le mit du moins en présence des *« grandes misères des petites* *gens* » et lui permit ainsi de recueillir déjà, sur les mœurs des ronds-de-cuir, des observations précieuses pour ses futurs ouvrages — à commencer par ***Bel-Ami***. Cherchant cependant à fuir autant que possible la vie asphyxiante du bureau, il gagnait chaque week-end les bords de Seine, du côté de Bougival et de Chatou. Là, il mena la vie libre des canotiers et remplit ses yeux d'images impressionnistes, qui trouvèrent plus tard leur expression littéraire dans ***Une partie de campagne*** (1881), ***Yvette*** (1885), ***Mouche*** (1890). Une vocation littéraire commença ainsi à se dessiner, suivie, avec un intérêt mêlé d'une bienveillante sévérité, par l'auteur de *Madame Bovary* — dont toute une tradition littéraire persistante, débutant avec le *Journal* des Goncourt, fait à tort le véritable père de Guy. Maupassant le rappelle : *« Je fis des vers, je fis des contes, je fis des nouvelles, je fis même un drame détestable. Il n'en est rien resté. Le maître lisait tout, puis le dimanche suivant, en déjeunant, développait ses critiques »* (***Le Roman***, in ***Pierre et Jean***). Déjà atteint par des problèmes de santé dus à la syphilis (1877) *« le jeune homme »*, comme l'appelait Flaubert, écrivait donc. Un peu de tout et, notammment, de la poésie. Son premier livre fut un recueil intitulé ***Des vers*** (1880), dédié à Flaubert — il fut réédité en 1884. Injuste oubli que celui dans lequel sont tombées ces pages. Malgré des faiblesses, elles sont l'un des rares témoignages de ce qu'aurait pu être une poésie naturaliste et esquissent quelques-uns des thèmes favoris de l'écrivain : pulsions physiques irrépressibles, misère de l'amour, compassion pour certains déshérités. L'un de ces poèmes, ***Une fille***, publié dans *La Revue moderne* en 1879, valut à Maupassant un procès pour outrage à la morale publique, devant le parquet d'Étampes — le poème ayant paru dans un journal local —, qui aboutit à un non-lieu grâce à l'intervention décisive de Flaubert.

Les triomphants débuts du conteur

Dès 1875, Maupassant publia, dans de petites revues, ses premiers récits courts. Faut-il les appeler *« contes »* ? Ou *« nouvelles »* ? La distinction n'avait pas de sens pour lui qui leur donnait indifféremment ces deux noms et, plus volontiers, en préféra un troisième — *« récit »* —, terme qui assigne à l'œuvre une vocation d'oralité, une exigence de brièveté et un devoir d'efficacité. Une structure et un style dépouillés, frappants et ramassés : tel était l'objectif. La presse du temps et le goût du public favorisaient ce type d'écrits que les journaux inséraient à l'envi dans leur page de tête. Maupassant développa dans ses contes un art réel du *tempo* et un don très sûr du dialogue, pour explorer la mine de sujets modernes qui s'offrait à lui. Dans ce genre, ***Boule de suif*** (1880) fut le premier triomphe de l'écrivain, qui devint célèbre du jour au lendemain. Parue dans le recueil collectif « dirigé » par Zola, *Les Soirées de Médan* (1880), cette histoire semblait rattacher Maupassant au courant naturaliste alors en vogue : il n'en était rien, et l'écrivain prit soin de se garder de toute théorie, comme de toute allégeance aux options de Zola, soucieux qu'il était de se ménager, en littérature, la même indépendance qu'en matière d'opinions. Moins d'un mois avant sa mort — qui bouleversa Maupassant —, Flaubert eut la joie d'applaudir au succès de son disciple et prophétisa : *« Il me tarde de vous dire que je considère* Boule de Suif *comme un* chef-d'œuvre. *Oui, jeune homme !* [...] *Ce petit conte restera ! »* Après le succès de ***Boule de suif*** — atténué par le décès de Flaubert —, Maupassant quitta le ministère de la Marine et, tout en multipliant les chroniques et les publications dans la presse, voyagea — en Corse (1880), en Algérie (1881), en Italie continentale et en Sicile (1885) —, au gré d'une santé de plus en plus chancelante (migraines, syphilis, troubles oculaires).

En une dizaine d'années, Maupassant produisit plus de 300 contes d'une extraordinaire diversité — « normands », « parisiens », fantastiques, notamment —, dont la plupart furent recueillis dans des volumes sans cesse réédités et presque aussitôt traduits à l'étranger, où ils attirèrent l'attention de Tourgueniev, de Tolstoï, d'Henry James ou de D'Annunzio.

Durant ces années, Maupassant — qui ne cessa de condamner toute forme d'attachement : sentiment, mariage, filiation — multiplia les conquêtes féminines, se vantant de les compter en centaines. Allergique à l'idée même de dépendance, il ironisait : *« J'ai peur de la plus petite chaîne, qu'elle vienne d'une idée ou d'une femme.* [...] *Je suis le mauvais passant »* (lettre à Catulle Mendès, 1876). Parmi tant de maîtresses, les plus importantes — par la place qu'elles tinrent dans la vie de l'écrivain — furent Gisèle d'Estoc, la comtesse Potocka et Marie Kahn, sans oublier la « maîtresse épistolaire » Marie Bashkirtseff — décédée à 24 ans —, musicienne, peintre et diariste avec qui il entretint une abondante correspondance. Le célibataire endurci eut néanmoins — très vraisemblablement — 3 enfants illégitimes, de Joséphine Litzelmann, rencontrée lors d'une cure à Châtelguyon : Lucien, Lucienne et Marguerite (nés en 1883, 1884 et 1887) ; les témoignages biographiques semblent établir que non seulement l'écrivain prit des dispositions en faveur de ces enfants, mais que, à sa mort, sa mère employa tous les moyens — y compris le vol de lettres — pour faire disparaître la moindre trace de cette liaison et de cette descendance.

La consécration du romancier

Maupassant triompha donc dans l'art du récit bref. Mais la vraie reconnaissance, pour l'écrivain, vint surtout de la réussite dans le genre alors le plus prisé : le roman. Très tôt, Maupassant eut l'ambition d'y briller. Encore lui fallait-il se démarquer et de Flaubert et de Zola. L'influence du premier est encore perceptible dans ***Une vie***, œuvre en grisaille, où le ressassement du temps et le vide de la conscience chez le personnage principal mettent en cause la notion même d'intrigue et celle d'héroïne romanesque. Fondé sur une inaptitude de l'être à sentir le présent, ***Une vie*** est le roman du non-vécu et — qui sait ? — peut-être de l'impossibilité de vivre.

Maupassant ne partageait pas avec Zola le désir encyclopédique de « *tout dire* » d'une époque et d'une société, ni le sens de l'Histoire ni le goût du lyrisme, mais il savait mettre en scène les grands enjeux politiques et économiques de l'heure — journalisme, milieux parlementaires, essor du thermalisme —, comme en témoignèrent magistralement les romans ***Bel-Ami*** (1885) et ***Mont-Oriol*** (1887), mêlant intrigue amoureuse et financière, pour mieux souligner la triple corruption des corps, des cœurs et des âmes.

Ces sujets, Maupassant aurait pu les développer au théâtre, genre qui le fascina toujours — dès 1875, il avait écrit une pièce pornographique : ***À la feuille de rose, maison turque*** —, mais dans lequel il se sentait gêné et contraint. Entre la comédie de salon — ***Histoire du vieux temps*** (1879), ***La Paix du ménage*** (1893) — et la comédie de mœurs — ***Musotte*** (1891) —, il ne trouva pas son équilibre et ne parvint pas à camper des personnages vraiment crédibles ; peut-être aussi se sentait-il bridé par les conventions dramatiques de son temps.

En tout cas, le succès de ***Bel-Ami*** suscita quelques sarcasmes y compris de la part de proches de Maupassant. C'est ainsi que Jean Lorrain railla l'écrivain sous le nom de « *Jean de Beaufrilan* [...], *l'étalon modèle, littéraire et plastique, du grand haras Flaubert, Zola et Cie,* [...] *vainqueur de toutes les courses de Cythère et primé jusqu'à Lesbos, couru et hors concours* » (*Très russe*, 1886). Maupassant voulut provoquer en duel cet ami d'enfance de son jeune frère Hervé, mais Lorrain s'excusa, et le duel n'eut pas lieu. Mais, au moment même où ses succès littéraires lui offraient la fortune et l'accès à la haute société et à ses plaisirs mondains — en 1885, il s'acheta un yacht, *Le Bel-Ami*, avec lequel il s'offrit des croisières en Méditerranée, puis en 1889, *Le Bel-Ami II* —, Maupassant vit les troubles névralgiques dont il souffrait depuis longtemps s'aggraver lentement mais sûrement — notamment à force de paradis artificiels et d'intempérances sexuelles. Néanmoins, Maupassant poursuivit tant bien que mal son œuvre romanesque en publiant successivement ***Pierre et Jean*** (1888), ***Fort comme la mort*** (1889) et ***Notre Cœur*** (1890) : au récit de l'affrontement de deux frères d'emblée différents et que divise plus encore l'héritage inespéré qui échoit à l'un des deux, succédait la douloureuse évocation du vieillissement — du corps comme du « *cœur vermoulu d'amour* » du peintre Bertin —, elle-même suivie de celle des ravages de la passion — en l'occurrence, trop déséquilibrée, entre André Mariolle et Michèle de Burne, entre un célibataire dévoré de jalousie et une femme « *guérie pour toujours de l'amour des hommes,* [...] *délicieuse, pourvu qu'on ne s'attache pas à elle* ». Ces ultimes romans — les 4e, 5e et 6e — trop méconnus, de plus en plus sombres et désespérés, portent aussi la marque des épreuves personnelles de Maupassant, à commencer par la mort de son frère Hervé, en 1889 — après deux ans d'internement —, ainsi que sa propre dégradation, malgré cures, croisières et voyages (en Afrique du Nord puis en Italie). Dès lors, devenant de plus en plus irritable, assailli par les migraines et les troubles visuels, envahi par des hallucinations qui lui donnaient l'illusion d'être la proie d'une présence hostile et insaisissable — telle est précisément la thématique du ***Horla*** —, il finit par sombrer dans la folie en 1891. Après une tentative de suicide manquée (le 1er janvier 1892), il mourut en 1893 sans avoir recouvré sa lucidité.

THÉORIE LITTÉRAIRE

À la différence de Zola qui multiplia les essais théoriques, des Goncourt qui exposaient leurs positions esthétiques et littéraires dans leur *Journal* et dans leurs *Préfaces*, ou de Flaubert qui le faisait volontiers dans son abondante *Correspondance*, Maupassant ne fut ni un théoricien du roman ni un critique littéraire assidu. Ses conceptions littéraires s'expriment surtout dans ses ***Chroniques*** journalistiques, et notamment dans celles qu'il consacra à ses « *maîtres* » (Flaubert, Goncourt, Zola) ou à l'opposition — sur laquelle il revint souvent — entre le journaliste chroniqueur et le véritable romancier. Son principal texte théorique est d'ailleurs constitué d'une chronique, ***Le Roman***, qui sert d'introduction à ***Pierre et Jean*** (1888). Mesuré et prudent, Maupassant se tient à égale distance d'un naturalisme outrancier comme d'une étude psychologique abusive — l'allusion à Bourget est transparente —, du « *roman objectif* » comme du « *roman d'analyse pure* » : d'une part, en effet, le romancier ne saurait donner au lecteur une reproduction exhaustive du réel *(« Raconter tout serait impossible »)* ; d'autre part et surtout, même une fois qu'il a trié les éléments significatifs de la réalité, le bon romancier n'a pas à les « *transcrire servilement dans le pêle-mêle de leur succession* », mais doit s'attacher à « *donner l'illusion complète du vrai* », de manière à atteindre une « *vérité choisie et expressive* ». « *Le réaliste, s'il est un artiste,* poursuit Maupassant dans cette même ***Préface***, *cherchera, non pas à nous montrer la photographie banale de la vie, mais à nous en donner la vision plus complète, plus saisissante, plus probante que la réalité même* » ; il en conclut que « *les Réalistes de talent devraient s'appeler plutôt des Illusionnistes* ». Plutôt que d'analyser les sentiments des personnages, il faut les faire découvrir par la transcription juste des propos, comme « *un peintre qui fait notre portrait ne montre pas notre squelette* ». La psychologie n'est que « *la carcasse de l'œuvre* ». Il y a ainsi des « langages » de Maupassant, qui situent et classent les individus — patois normand, idées reçues et banalités bourgeoises, conventions mondaines — et des gestes : aussi doit-on être attentif à tout un système de « communication non verbale ». Il s'ensuit une nouvelle rhétorique fondée « *sur la double recherche de la simplicité et de l'évidence* ». Aussi refuse-t-il le « *style artiste* » — ici, ce sont les Goncourt qui sont visés —, le « *vocabulaire bizarre, compliqué, nombreux et chinois* ». L'image est appelée à jouer un rôle primordial, accentuant les effets du réel plutôt que les effets esthétiques, engageant le sens du texte, éclairant l'intellectuel ou l'abstrait par le concret.

THÉORIE LITTÉRAIRE

En marge du naturalisme, Maupassant, dont la carrière littéraire fut très brève (1880 à 1890), peignit « *l'humble vérité* ». Son projet ne visait pas à reproduire intégralement le réel, mais à donner l'« *illusion complète du vrai* » (***Préface*** à ***Pierre et Jean***) au lecteur. Son esthétique se fondait sur des choix : celui de l'image, celui du mot le plus sobre et le plus juste. Inégalable dans la forme brève du conte, comme dans celle de la chronique, il chercha, parallèlement, à sortir le roman de la crise qu'il commençait à subir. Il reste aujourd'hui l'un des écrivains les plus appréciés et les plus étudiés de notre littérature.

Une savante simplicité

Maupassant qualifiait la langue de son œuvre de « *claire, logique et nerveuse* » (***Préface*** à ***Pierre et Jean***) : « *Il n'est pas besoin du vocabulaire bizarre, compliqué, nombreux et chinois, qu'on nous impose aujourd'hui sous le nom d'écriture artiste pour fixer toutes les nuances de la pensée* [...]. *Ayons moins de noms, de verbes et d'adjectifs aux sens presque insaisissables, mais plus de phrases différentes, diversement construites, ingénieusement coupées, pleines de sonorités et de rythmes savants. Efforçons-nous d'être des stylistes excellents plutôt que des collectionneurs de termes rares.* » C'est donc d'un vocabulaire courant, voire transparent, qu'use Maupassant, mais enrichi d'emprunts à la langue populaire, comme celle des paysans du pays de Caux (ainsi « *éluger* » pour « *attrister* »), des petits ouvriers et ronds-de-cuir parisiens (« *roulure* », « *raidement* »), des marins (« *lofer* », « *virer au cabestan* »). Il transcrit même la phonétique propre aux paysans : « *un éfant* », « *le pé* », « *la mé* ». Tous ces procédés visent à camper ses personnages dans leur réalité profonde, car il est le disciple de Flaubert, qui lui disait, comme il l'écrit dans la même préface : « [...] *faites-moi voir, par un seul mot, en quoi un cheval de fiacre ne ressemble pas aux cinquante autres qui le suivent et le précèdent.* » Maupassant rêvait d'évoquer la réalité par le « *simple mécanisme du substantif et du verbe* ». Pour ce faire, il recourt fréquemment, comme son maître, à un procédé — pourtant caractéristique de l'écriture artiste dénoncée par Maupassant —, consistant à restituer, au moyen d'un substantif abstrait suivi d'un complément déterminatif concret, l'impression discontinue produite par un phénomène : ainsi « *un frémissement de bêtes nocturnes* », « *la fuite des pas qui s'éloignent* », « *la* *gaieté ensoleillée des feuilles* ». La métaphore, comme la comparaison à laquelle elle peut s'adjoindre, est un procédé récurrent, qui souvent lie étroitement la nature et les sens, au point que « *l'impressionnisme se consomme ici dans une exacte et immédiate substitution de l'impression à l'apparence concrète et banale* » (André Vial, *Guy de Maupassant et l'Art du roman*, 1954) : « *Et le soleil, le grand soleil d'un jour sans brise, s'abattait sur le long coteau épanoui, faisait sortir de ce bois de bouquets un arôme puissant, un immense souffle de parfums, cette sueur des fleurs* » ***(Le Père)***.

Maupassant ordonne également ses phrases, expurgées de toute construction oratoire, dans un jeu contrasté entre durée et instantané, en réhabilitant, comme chez Flaubert, le participe présent, en alternant subtilement passé simple et imparfait, ce qui crée une rupture entre le narratif et le descriptif : « *Il se mit à ses genoux et, lentement, il la dévêtait, ayant commencé par les bottines et par les bas, pour baiser ses pieds* » ***(Le Mal d'André)***.

En outre, il use volontiers de l'euphémisme, de l'allusion : « *Mme Carré-Lamadon, beaucoup plus jeune que son mari, demeurait la consolation des officiers de bonne famille envoyés à Rouen en garnison* » ***(Boule de suif)***.

Il recourt souvent aux points de suspension, tant pour ses sujets scabreux que pour ses sujets « fantastiques » — figurant ainsi les ellipses du ***Horla***. Il use fréquemment de la répétition, de la liste de termes de même rang grammatical, pour évoquer son thème de prédilection, la notion même de répétition (la routine, la copie, la duplication), synonyme de lassitude et d'ennui, ou d'inaccessible unité : « *Nous avions vécu, voyagé, songé, rêvé ensemble, aimé les mêmes choses d'un même amour, admiré les mêmes livres, compris les mêmes œuvres, frémi des mêmes sensations* » ***(Une famille)***.

Ce n'est pas seulement l'anecdote qui séduit chez Maupassant, mais le point de vue original ou inquiétant fourni par la présence d'un narrateur supposé de l'histoire : ce regard neuf et acéré, proche parfois de l'anarchisme, jette la suspicion sur les valeurs les plus sûres de la société contemporaine, amour, mariage, religion, probité, politique. Un grand souffle de désillusion passe sur cette œuvre sur laquelle s'exerce l'influence de Schopenhauer dans l'aspect le plus négatif de sa philosophie pessimiste, comme en témoigne notamment — très explicitement — ***Auprès d'un mort*** (1883 ; posth., 1900 en vol.), où le philosophe allemand est qualifié de « *plus grand saccageur de rêves qui ait passé sur la terre* », par le narrateur qui poursuit ainsi : « *Qu'on proteste et qu'on se fâche, qu'on s'indigne ou qu'on s'exhalte, Schopenhauer a marqué l'humanité du sceau de son dédain et de son désenchantement. / Jouisseur désabusé, il a renversé les croyances, les espoirs, les poésies, les chimères, détruit les aspirations, ravagé la confiance des âmes, tué l'amour, abattu le culte idéal de la femme, crevé les illusions des cœurs, accompli la plus gigantesque besogne de sceptique qui ait jamais été faite. Il a tout traversé de sa moquerie, et tout vidé. Et aujourd'hui même, ceux qui l'exècrent semblent porter, malgré eux, en leurs esprits, des parcelles de sa pensée.* »

Cependant, il n'est pas sûr que « *seul le pire arrive* », comme chez Huysmans ; il y a place pour un attentisme inquiet et un fatalisme qui n'exclut pas l'espoir : « *la vie, voyez-vous, ça n'est jamais si bon ni si mauvais qu'on croit* » ***(Une vie)***. Maupassant passe en revue la société de son temps : employés, viveurs, prostituées, mondaines et demi-mondaines, paysans madrés et bourgeois attentifs au gain. Réquisitoire ? Non. Inventaire du monde comme il va, observation lucide d'un univers mal fait, souvent méchant et abandonné au hasard, où les faibles sont broyés, comme dans ***Deux Amis*** (1883), ***Coco*** (1885), ***La Petite Roque*** (1886), ***Clochette*** (1887). Quelques thèmes de prédilection reviennent avec insistance : celui du « piège », volontaire ou involontaire, dans lequel s'enferment les personnages de ***Sauvée*** (1886) ou du ***Signe*** (1887), celui de la paternité et de la filiation (redoutée, assumée, recherchée), celui du double et du désir mimétique dans ***La Parure*** (1892), celui de l'eau enfin, avec son caractère ambigu de légèreté féminine, dans laquelle se plonge amoureusement le baigneur diariste de ***Mes Vingt-Cinq Jours*** (1885 ; posth., 1900 en vol.), et de profondeur glauque, où la mort guette le narrateur de ***La Nuit*** (1888). Aussi ces récits débouchent-ils souvent sur l'étrange, sur l'inquiétante constatation de failles dans l'intelligence humaine, génératrices d'angoisse et de peur comme en témoigne ***Lettre d'un fou*** (1885). Par là, Maupassant — qui a suivi avec le jeune Freud les cours de Charcot à la Salpêtrière — explore ce que l'on commence à appeler « *l'inconscient* », et introduit un fantastique nouveau, tout intériorisé, fondé sur la débâcle de la raison et soutenu par une interrogation de l'être sur sa propre identité, tel que l'exprime le narrateur du ***Horla*** (2de version, 1887) : « *Je me demande si je suis fou* » (9 août) ; « *Rien, mais j'ai peur* » (13 août) ; « *Je ne peux plus vouloir ;*

mais quelqu'un veut pour moi, et j'obéis » (14 août) ; « *Je suis perdu. Quelqu'un possède mon âme et la gouverne* » (19 août). Autant de préoccupations sur lesquelles Maupassant revint aussi dans les quelque 300 chroniques qu'il donna au *Gaulois*, à *Gil Blas* ou au *Figaro* et qui brossent un tableau vivant et trop méconnu du monde d'alors, ainsi que dans ses ***Journaux de voyages en yacht*** en Méditerranée, et dans ***Sur l'eau*** (1888).

Une trompeuse transparence de l'expression peut faire croire chez Maupassant à l'absence de profondeur, alors qu'elle est un appel à découvrir toujours plus. On ne s'étonne donc pas de voir l'analogie — figure chère à l'époque symboliste — jouer un rôle de plus en plus important dans les derniers contes et romans (***Fort comme la mort*** et ***Notre Cœur***), où l'auteur analyse, d'une part, le rapport qu'un artiste peut entretenir avec l'amour et la société, d'autre part, l'émergence d'un type de femme moderne. Cette écriture limpide, on le voit mieux à présent, sait aussi poser de véritables questions — celle du désir mimétique notamment, qui permet de rapprocher Maupassant de Gabriel Tarde —, et est traversée de hantises, telles que le « *dédoublement, les dévoiements ou catastrophes de la filiation* » ***(Pierre et Jean)***, dont l'implication biographique est certaine. Du point de vue du style, Maupassant n'est pas un novateur : c'est plutôt un héritier de Flaubert qu'il admire au point de le copier involontairement. Il subit aussi l'influence de l'écriture artiste mais sans donner dans les exubérances lexicographiques et syntaxiques d'un Péladan ou d'un Huysmans : se confirme ainsi que sa colère n'allait pas aux maîtres de l'impressionnisme, les Goncourt, mais plutôt aux disciples intempérants.

Un auteur encensé

Maupassant fut l'un des écrivains les plus lus du grand public de son époque. Ses œuvres se diffusèrent à plusieurs dizaines de milliers d'exemplaires et il demeure, de nos jours, très lu, et très étudié dans les classes. Il n'était cependant pas à l'abri des critiques : la place qu'il donna aux filles faciles — ***Boule de suif***, ***La Maison Tellier*** —, certains sujets scabreux — ***Le Rosier de Madame Husson***, ***La Fenêtre*** (1888) —, lui attirèrent l'accusation d'immoralité, tandis qu'on le taxa d'invraisemblance pour sa peinture prétendument outrée des milieux de la presse et qu'on lui reprocha son pessimisme foncier. D'emblée, cependant, on lui reconnut un puissant talent dans l'évocation des hommes et des paysages normands, sphère dans laquelle on s'est trop vite complu à l'enfermer. On décela avec justesse en lui le maître d'un nouveau fantastique : mais on a trop et trop longtemps confondu les lucides analyses de l'aliénation avec la folie dont l'écrivain fut frappé à la fin de sa vie. Cette confusion entre l'homme et l'œuvre a encore été entretenue, à de rares exceptions près, durant la première moitié du XXe siècle. Maupassant était jugé trop cynique, trop misogyne — l'image du « *taureau normand* » n'a cessé de l'accompagner — pour être sérieux, et trop mondain pour être profond. On ne voulait pas prendre conscience de l'extrême diversité de l'œuvre, de l'effort fait par Maupassant pour rendre compte des milieux les plus divers, de l'intuition qu'il eut d'une ère nouvelle du roman ; on ne voulait pas davantage voir que les analyses réflexives du peintre Bertin ou du romancier Lamarthe dans l'univers des Guilleroy ou de Michèle de Burne étaient les frémissements d'une « recherche » qui allait s'achever dans le monde des Verdurin et du côté de Guermantes. On ne lui reconnaissait guère la prise de conscience d'une crise du romanesque, ni la recherche d'une nouvelle formule, à la fois plus condensée, plus épurée, plus attentive à l'objectif comme dans ***Pierre et Jean***, et qui se situerait entre le court roman et la longue nouvelle. Ses meilleurs lecteurs ont sans doute d'abord été les cinéastes ; visuel, il fascine les hommes de l'image, notamment Renoir, Daquin, Astruc ou Santelli. Il a fallu attendre plus longtemps pour que la critique admette la nouveauté des derniers romans — en particulier ***Fort comme la mort*** —, qu'on rende justice à la sensibilité picturale et musicale de Maupassant, qu'on s'aperçoive enfin qu'il avait un sens très moderne du voyage, dont témoignent ***Au soleil*** (1884), ***Sur l'eau*** (1888), ***La Vie errante*** (1890). À l'école de Flaubert, il avait appris que la perfection reste toujours une attente.

ŒUVRES

Bel-Ami

Roman en 2 parties numérotées mais non titrées — comportant respectivement 8 et 10 chapitres numérotés mais non titrés —, paru en feuilleton dans *Gil Blas* (du 6 avr. au 30 mai 1885), et en volume chez Victor Havard, le 11 mai de la même année.

« *Bel-Ami* » est le surnom de Georges Duroy, ancien sous-officier arriviste et ambitieux, entré au journal *La Vie française* grâce à son ami Forestier, ancien camarade de régiment, rencontré par hasard, alors que lui-même n'avait plus que quelques francs en poche (I, I-II). Aidé par Madeleine, la femme de Forestier, Georges se familiarise avec les mœurs de la presse parisienne et gravit rapidement les échelons de sa profession (I, III-IV). Séduisant, sûr de parvenir par les femmes, il a pour maîtresse Clotilde de Marelle — dont la fille le surnomme « *Bel Ami* » — (I, V), et, cependant, épouse Madeleine (II, I) après la mort de son mari (I, VIII). Duroy participe aux tripotages politiques et financiers de Walter, directeur du journal — dont lui-même devient directeur politique sous le nom de Georges du Roy de Cantel (II, II), et en profite pour faire de Mme Walter sa maîtresse (II, III-IV). Désireux de s'approprier un jour *La Vie française*, de se faire élire député et de se retrouver immensément riche (II, V-VI), il ne lui reste, après avoir, grâce à un flagrant délit d'adultère le compromettant avec un ministre lié à Walter, divorcé de Madeleine (II, VIII) et enlevé Suzanne Walter, qu'à épouser cette fille cadette de Walter, patron piégé et beau-père forcé. Ce qu'il fait, en observant que Mme de Marelle est toujours jolie (II, X).

Duroy est un « *gredin* », dit le roman. Il représente une époque où l'argent et la volonté sans scrupules suppléent à tout. Maupassant exerce sa verve aux dépens de ses personnages et émaille son roman de dialogues qui sont de vraies réussites.

Bel-Ami donne un portrait peu flatteur d'une presse alors en plein essor — on pense à *Gil Blas* et à Arthur Meyer, patron du *Gaulois* —, des financiers et des politiciens (évocation, à travers le Maroc, des affaires tunisiennes de 1881 et des krachs boursiers de 1882). Maupassant, journaliste lui-même, propose une peinture qui est en même temps une dénonciation. La thématique centrale de ***Bel-Ami*** est donc l'arrivisme triomphant, avec son cortège de thèmes connexes : l'argent, les règles de la séduction, les femmes, les vanités mondaines, la corruption des politiciens véreux... Georges Duroy appartient ainsi à la lignée des Julien Sorel, Rubempré, Rastignac. De ce fait, malgré — ou en raison même de — la « réussite » finale du héros — qui parvient en effet à ses fins —, la tonalité dominante de ce roman est bel et bien sombre, pour ne pas dire sordide et sinistre : le cynisme, la cautèle, le mensonge, l'artifice, la superficialité, la mesquinerie, enfin la vacuité morale constituent les forces majeures, les principaux ressorts auxquels obéissent les rapports humains. En outre, une autre donnée vient troubler le climat par ailleurs assez euphorique de ***Bel-Ami*** : l'évocation de la mort toute-puissante dans les propos douloureusement lucides que tient le chroniqueur-poète Norbert de Varenne à Georges Duroy : « *Oh ! vous ne comprenez même pas ce mot-là, vous, la mort. À votre âge, ça ne signifie rien. Au mien, il est terrible. / Oui, on le comprend tout d'un coup* [...] *et alors tout change d'aspect, dans la vie. Moi, depuis quinze ans, je la sens qui me travaille comme si je portais en moi une bête rongeuse. Je l'ai sentie peu à peu, mois par mois, heure par heure, me dégrader ainsi qu'une maison qui s'écroule.* [...] / *Oui, elle m'a émietté, la gueuse* [...]. *Et maintenant je me sens mourir en tout ce que je fais.* [...] / *Qu'attendez-vous ? De l'amour ? Encore quelques baisers, et vous serez impuissant. / Et puis après ? De l'argent ? Pour quoi faire ? Pour payer des femmes ? Joli bonheur !* [...] / *Et puis encore ? De la gloire ? À quoi cela sert-il quand on ne peut plus la cueillir sous forme d'amour ? / Et puis après ? Toujours la mort pour finir.* [...] / *La mort seule est certaine* » (I, VI). Certes, le héros de ***Bel-Ami*** est d'un cynisme trop plat, en son hédonisme sommaire, pour saisir pleinement la portée des paroles du poète ; mais celles-ci n'en donnent pas moins au roman une réelle profondeur, qu'on ne saurait ignorer.

La critique hurla à l'invraisemblance de Duroy, tout en admirant la construction, la puissance et la vérité cruelle de l'œuvre. Malgré cet accueil et malgré la publication au moment de la disparition de Hugo, ***Bel-Ami*** n'en connut pas moins un vif succès auprès du public (avec plus de 25 éditions en 2 mois) et même auprès des grands critiques de l'époque (Faguet, Anatole France, Brunetière, Lemaître). Mais, en 1955, lorsque Louis Daquin tira du roman un film vigoureux, il s'attira encore les tracas de la censure.

Contes et Nouvelles

Titre sous lequel certains éditeurs réunissent les récits courts que Maupassant publia de son vivant en divers recueils : ***La Maison Tellier*** (1881), ***Yvette*** (1885), ***Toine*** (1885), ***La Petite Roque*** (1886), ***Le Horla*** (1887), ***Le Rosier de Madame Husson*** (1888).

Boule de suif (paru dans *Les Soirées de Médan* en 1880), assura la célébrité de Maupassant. Il y relate l'aventure d'une prostituée qui, se rendant au Havre en diligence durant la guerre de 1870, est persuadée par ses compagnons de voyage de se livrer à un officier prussien décidé à retenir le véhicule tant que la jeune femme n'aura pas satisfait le désir qu'il a d'elle. ***Une partie de campagne*** révèle à une jeune fille l'amour et ses désillusions dans un cadre impressionniste. ***La Parure*** montre comment le hasard voue un ménage d'employés à la misère. ***L'Héritage***, à travers une peinture pittoresque du personnel des ministères, fait apparaître que toute une famille peut provoquer et admettre tacitement l'infidélité conjugale, lorsque celle-ci permet d'empocher un million. ***Le Horla*** — sans doute le conte le plus célèbre de Maupassant — analyse, aux limites du fantastique et de la psychose, et sous la forme d'un journal intime, la possession et la lente destruction psychique d'un individu par un être imaginaire qui le pousse au suicide.

Ces contes se caractérisent par l'extrême variété des sujets et des situations. Quelques constantes cependant : peinture sans complaisance de la paysannerie normande et de la petite bourgeoisie ou des petits employés parisiens, mélange de comique et de cruauté, notamment dans ***Le Petit Fût***, ***La Ficelle***, ravages et catastrophes causés par le désir d'imitation — Maupassant est souvent proche des analyses de Schopenhauer et de Tarde, comme dans ***La Parure*** ou ***Le Signe*** —, vision originale et courageuse de la guerre de 1870, renouvellement du fantastique par l'angoisse intérieure et ses imaginations obsédantes, dans ***Le Horla***, art impressionniste du paysage. Le vocabulaire simple et précis, l'oralité du style et la verve du dialogue, le rôle explicatif du décor, le sens de l'épure et de la linéarité, la puissance des effets finaux font des contes de Maupassant le type même du texte efficace qui, une fois la narration achevée, invite à une relecture dans de nouvelles perspectives.

La plupart des contes ont paru dans des quotidiens : *Gil Blas, Le Gaulois, Le Figaro*. Leur rapidité d'écriture témoigne d'une grande maîtrise. Quelques-uns cependant, plus travaillés, comme ***L'Héritage***, ***Yvette***, ***Le Horla*** — qui comporte deux versions —, ***Le Champ d'oliviers***, montrent que Maupassant cherchait un genre intermédiaire qui se situerait entre la forme brève et le roman. Quant à distinguer, chez lui, le conte de la nouvelle, c'est peine perdue : il se contente volontiers du simple terme de *« récit »*.

Ces textes eurent, et conservent, un succès considérable. À eux seuls, ils assurèrent la gloire et l'aisance financière de Maupassant. Ils ont inspiré les réalisateurs du monde entier : citons, parmi une centaine d'autres adaptations — tant au cinéma qu'à la télévision —, ***Une partie de campagne*** de Renoir (fin de tournage en 1936, sortie en 1946), *Le Plaisir* de Max Ophuls (1952, d'après ***Le Masque***, ***La Maison Tellier*** et ***Le Modèle***), *Le Travail* de Visconti (1962, d'après ***Au bord du lit***) — 2e des 4 sketches composant *Boccace 70*, réalisé en outre par Fellini, De Sica et Monicelli —, *Masculin Féminin* de Jean-Luc Godard (1966, d'après *La Femme de Paul* et *Le Signe*) et les 13 téléfilms de Carlo Rim (1961-1962, d'après autant de nouvelles) et les 6 transcriptions télévisuelles de Claude Santelli sous le titre général *L'Ami Maupassant* (1986).

Une vie

Roman en 14 chapitres numérotés mais non titrés, paru en feuilleton dans *Gil Blas* (du 27 févr. au 6 avr. 1883), et en volume chez Victor Havard dans les premiers jours d'avril 1883.

La vie anonyme du titre est celle de Jeanne, fille unique du baron Le Perthuis des Vauds, depuis sa sortie du couvent (chap. I-II) jusqu'au jour où elle recueille sa petite-fille (chap. XIV), soit une trentaine d'années durant, sous la Restauration et la Monarchie de Juillet. Mariée à Julien de Lamare (chap. III-IV), avec qui elle connaît fugitivement l'amour (chap. V), elle découvre bientôt que son mari n'a cessé de la tromper avec sa servante Rosalie, sœur de lait de Jeanne (chap. VII), puis, après la naissance prématurée de leur fils Paul (chap. VIII), avec Gilberte de Fourville (chap. IX). L'époux infidèle et sa maîtresse Gilberte meurent dans un dramatique accident provoqué par l'intransigeant abbé Tolbiac et survenu le jour même où Jeanne accouche d'un enfant mort-né (chap. X). Jeanne reporte alors toute son affection sur son fils Paul, qu'elle élève sans méthode et à qui elle passe tous ses caprices. Petit à petit, elle voit le vide se faire autour d'elle, au rythme des deuils : après la mort de sa mère — dont elle découvre un adultère passé — (chap. IX), celle de son père puis de sa tante (chap. XI). Paul vit d'expédients et soutire à sa mère des sommes qui la ruinent progressivement, à tel point qu'elle doit vendre la propriété familiale et s'installer petitement (chap. XII-XIII). Sa vie n'a donc été qu'une longue suite d'illusions perdues : *« Dans certains jours,* [...] *un tel bien-être de vie la pénétrait qu'elle se reprenait à rêvasser, à espérer, à attendre* [...]. *Puis la dure sensation du réel tombait sur elle ; elle se retrouvait courbaturée comme sous la chute d'un poids qui lui aurait cassé les reins ; et elle reprenait plus lentement le chemin de sa demeure en murmurant : "Oh vieille folle ! vieille folle !" »* (chap. XIV). Rosalie, retrouvée, s'occupe de Jeanne et de sa petite-fille, et, après avoir annoncé le retour de Paul pour le lendemain, conclut en tenant des propos désabusés : « *La vie, voyez-vous, ça n'est jamais si bon ni si mauvais qu'on croit* » (chap. XIV).

Avec ce premier roman, Maupassant frayait la voie à un nouveau type de roman, celui où l'intrigue s'efface au profit d'une série d'expériences : de l'amour, du mariage, de l'adultère, de la maternité. Roman qui défie le romanesque, il est peut-être un avatar de la « *tranche de vie* » ou du « *roman sur rien* » (Céard, Thyébaut) qui, depuis Flaubert, hante les romanciers de la génération naturaliste. Aussi l'écriture se fait-elle le plus neutre possible afin de traduire fidèlement la platitude et l'immobilisme d'une existence végétative dont le style mime, en quelque sorte, la terne vacuité : « *Alors elle ne sortit plus, elle ne remua plus. Elle se levait chaque matin à la même heure, regardait le temps par sa fenêtre, puis descendait s'asseoir devant le feu dans la salle.* »

La composition du roman demanda à l'auteur un long travail. Entreprise en 1878, plusieurs fois reprise, elle n'aboutit qu'après le remaniement ou la suppression d'épisodes dont certains trahissaient la présence trop marquée de Flaubert.

Si quelques critiques reprochèrent à Maupassant son pessimisme, la plupart admirèrent son art de peindre la vie même. Le roman connut le succès : plus de 25 000 exemplaires en quelques mois. Ne fut sans doute pas étrangère à ce succès la censure qu'exerça la Librairie Hachette, titulaire du monopole de la distribution des livres dans les gares et qui refusa de diffuser un roman jugé trop scandaleux et immoral. Censure face à laquelle Maupassant lança une pétition adressée à la Chambre des députés — et que signèrent notamment Huysmans, Mendès, Becque, Rochefort, Mirbeau, Janzé —, pour réclamer la fin du monopole d'Hachette et protester contre l'interdiction d'***Une vie***. En 1958, Alexandre Astruc a tiré une adaptation cinématographique de la 1re partie du roman (jusqu'à la mort de Julien et de Gilberte). De nos jours encore, ce premier roman reste considéré comme le plus abouti des romans de Maupassant, aux côtés de ***Bel-Ami***.

CITATIONS

On finirait par devenir fou, ou par mourir, si on ne pouvait pas pleurer.

Fort comme la mort, II, 1.

Ces profondes et délicates racines qui attachent un homme à la terre où sont nés et morts ses aïeux, qui l'attachent à ce que l'on pense et à ce que l'on mange, aux usages comme aux nourritures, aux locutions locales, aux intonations des paysans, aux odeurs du sol, des villages et de l'air lui-même [...].

Le Horla.

Dieu, [...] c'est un massacreur. Il lui faut tous les jours des morts [...]. Et il se paie des guerres de temps en temps [...].

Moiron.

Une œuvre d'art n'est supérieure que si elle est, en même temps, un symbole et l'expression exacte d'une réalité.

Mont-Oriol, I, 3.

La parole éblouit et trompe, parce qu'elle est mimée par le visage, parce qu'on la voit sortir des lèvres, et que les lèvres plaisent et que les yeux séduisent. Mais, les mots noirs sur le papier blanc, c'est l'âme toute nue.

Notre Cœur, II, 5.

Aimer beaucoup, comme c'est aimer peu ! On aime, rien de plus, rien de moins.

Notre Cœur, II, 5.

Faire vrai consiste [...] à donner l'illusion complète du vrai, suivant la logique ordinaire des faits, et non à les transcrire servilement dans le pêle-mêle de leur succession.
J'en conclus que les Réalistes de talent devraient s'appeler plutôt des Illusionnistes.

Préface à *Pierre et Jean*.

Chacun de nous se fait [...] simplement une illusion du monde, illusion poétique, sentimentale, joyeuse, mélancolique, sale ou lugubre suivant sa nature. Et l'écrivain n'a d'autre mission que de reproduire fidèlement cette illusion avec tous les procédés d'art qu'il a appris et dont il peut disposer.

Préface à *Pierre et Jean*.

Les grands artistes sont ceux qui imposent à l'humanité leur illusion particulière.

Préface à *Pierre et Jean*.

La moindre chose contient un peu d'inconnu. Trouvons-le.

Préface à *Pierre et Jean*.

Quelle que soit la chose qu'on veut dire, il n'y a qu'un mot pour l'exprimer, qu'un verbe pour l'animer et qu'un adjectif pour la qualifier.

Préface à *Pierre et Jean.*

La langue française [...] est une eau pure que les écrivains maniérés n'ont jamais pu et ne pourront jamais troubler.

Préface à *Pierre et Jean.*

Le baiser frappe comme la foudre, l'amour passe comme un orage, puis la vie, de nouveau, se calme comme le ciel, et recommence ainsi qu'avant. Se souvient-on d'un nuage ?

Pierre et Jean, 5.

JUGEMENTS

« La renommée de Maupassant est universelle, mais sa popularité est limitée. Il n'est pas difficile de comprendre pourquoi. Maupassant est un écrivain intensément national. Il est tellement national dans sa logique, sa clarté, ses conceptions esthétiques et morales, qu'il a été accepté par ses concitoyens sans avoir à payer le tribut de la flatterie à la nation dans son ensemble ou à une certaine classe, une certaine partie de la nation. »

Joseph CONRAD, *Propos sur les lettres*, trad. franç. Michel DESFORGES, Actes Sud, 1989.

« Que Flaubert, avec ses principes absurdes et ses règles d'écrire plus absurdes encore, ait nui gravement à Maupassant, son élève et sa victime de choix, voilà qui ne saurait plus être contesté. Mais il est injuste de dire qu'il l'ait rabougri en le forçant à limiter son style. Maupassant était de nature rabougri et acceptait avec une docilité d'enfant toutes les bourdes qui lui venaient de Croisset, des médecins, des canotiers et des salonnards. »

Léon DAUDET, cité *in* Paul MORAND, *Vie de Guy de Maupassant*, Flammarion, 1942, rééd. 1981.

« Ce qui rend Maupassant si étonnant, ce sont deux faits : le premier est qu'il possède un talent remarquablement fort et précis ; le second c'est qu'il s'en inspire directement pour écrire : il entretient avec lui des relations parfaites, ininterrompues — je ne sais comment dire —, confiantes.
[...] Maupassant a tout simplement omis tout ce qui est faculté de réflexion chez les personnages — faculté de réflexion qui gouverne, conduit et crée le personnage. »

Henry JAMES, *Du roman considéré comme un des beaux-arts*, 1888, trad. franç. Charles de BIASI, Bourgois, 1987.

« Il est au nombre des auteurs que j'apprends à apprécier de plus en plus : ici la force individuelle balance [...] la part d'héritage que l'on y trouve. Il y a une sorte de légèreté qui masque la difficulté et le caractère inimitable du travail, de sorte qu'on commence par la sous-estimer. [...] Inégalables les pointes qui ressemblent à un reflet suprême où transparaît une dernière fois tout le contenu du conte ; elles communiquent en quelque sorte la formule. »

Ernst JÜNGER, *Jardins et Routes (Journal I, 1940-1941)*, 10 juin 1940, trad. franç. Maurice BETZ, Bourgois, 1979.

« Je l'admire, à cause de dons ! Je ne peux oublier, en les loisirs instinctivement que mon choix se portait sur une œuvre de Maupassant, pour aérer le regard et lire limpidement pour lire. Le charme, au lettré, qu'ici l'afflux de la Vie ne relègue le style ; un mélange savoureux plutôt et, par l'intermédiaire des mots, avec leur valeur, elle paraît. L'écrivain, conteur quotidien, est de race. »

Stéphane MALLARMÉ, *Sur Maupassant*, 1896.

« On a tout critiqué chez Maupassant, ses gens du monde, ses femmes, ses Anglaises, ses Allemands, ses fous, même ses filles de joie et ses paysans si réussis, mais on est d'accord qu'il a créé des types accomplis, inattaquables, ses ronds-de-cuir. »

Paul MORAND, *Vie de Guy de Maupassant*, Flammarion, 1942, rééd. 1981.

« Maupassant a du sentiment comme les autres, mais il y met des formes brutales. »

Jules RENARD, *Journal*, 9 octobre 1900.

« Maupassant n'était point un vrai Romain, mais un vrai Bourgeois de Paris, routinier, chauvin et fort mal éclairé par une intelligence des plus basses : il appartenait à cette espèce très radicale de Parisiens qui n'avaient pas su s'habituer aux lignes droites de la tour Eiffel et il souhaitait quitter Paris pour protester contre l'immonde "chandelier", qui défigurait la beauté de la "Ville lumière".
Maupassant avait une intelligence médiocre, mais il était doué d'un talent vigoureux, car l'intelligence ne sert guère le talent, elle l'entrave même et l'éparpille. Banale, terne, tourmentée par une dramatisation "intérieure" calamiteuse, la vie de Maupassant ressemble elle-même à une nouvelle de Maupassant. »

Alberto SAVINIO, *Encyclopédie nouvelle*, 1947-1948, trad. franç. Nino FRANCK, Gallimard, 1980.

BIBLIOGRAPHIE

Éditions

Œuvres complètes illustrées, Ollendorff, 1899 à 1904, 29 vol., un 30e vol., *Misti*, a paru en 1912, rééd. Albin Michel ; éd. R. Dumesnil, Librairie de France, 1934 à 1938, 15 vol.

Œuvres complètes, éd. P. Neveux, Conard, 1907 à 1910, 29 vol. ; éd. A.-M. Schmidt et G. Delaisement, Albin Michel, 3 vol., t. I et II, *Contes et Nouvelles*, 1956-1957, t. III, *Romans*, 1959 ; éd. G. Sigaux, Rencontre, Lausanne (CH), 1961-1962, 16 vol. ; éd. P. Pia et G. Sigaux, Le Cercle du bibliophile, Évreux, 1969 à 1971, 17 vol. ; éd. L. Forestier, « Pléiade », Gallimard, 3 vol., t. I, *Contes et Nouvelles, 1875-mars 1884*, 1974, t. II, *Contes et Nouvelles, avril 1884-1893*, 1979, t. III, *Romans*, 1987.

Contes et Nouvelles 1875-1884, *Une vie*, *Contes et Nouvelles 1884-1890*, *Bel-Ami*, éd. B. Monglond, « Bouquins », Laffont, 1988, 2 vol.

Chroniques, « 10/18 », UGE, 1980, 3 vol.

Correspondance, éd. J. Suffel, Édito-Service, Genève (CH), 1973, 3 vol.

Correspondance Gustave Flaubert/Guy de Maupassant, éd. Y. Leclerc, Flammarion, 1993.

Bel-Ami, éd. J.-L. Bory, « Folio », Gallimard, rééd. 1999 ; éd. D. Leuwers, « GF », Flammarion, rééd. 1999.

Une vie, préf. H. Mitterand, éd. A. Buisine, « LdP », LGF, 1983 ; éd. A. Fonyi, « GF », Flammarion, 1999 ; éd. A. Fermigier, « Folio », Gallimard, 1999.

Études

J.-M. Bailbé, *L'Artiste chez Maupassant*, Lettres modernes, 1993.

M.-Cl. Bancquart, *Maupassant conteur fantastique*, Archives des lettres modernes, n° 163, Minard, 1976.

J. Bienvenu, *Maupassant, Flaubert et « Le Horla »*, Muntaner, Marseille, 1991.

P. Bonnefis, *Comme Maupassant*, P.U. Lille, 1981.

L. Boucris, *De l'écrit à l'écran : Maupassant, Renoir, Santelli*, ADAPT, 1996.

M. Bury, *La Poétique de Maupassant*, SEDES, 1994 ; *Mariane Bury présente « Une vie » de Guy de Maupassant*, « Foliothèque », Gallimard, 1995.

P. Cogny, *Maupassant, l'homme sans Dieu*, La Renaissance du Livre, 1968.

M. Crouzet, « Une rhétorique de Maupassant ? », in *RHLF*, mars-avr. 1980.

P. Danger, *Pulsion et Désir dans les romans et nouvelles de Guy de Maupassant*, Nizet, 1993.

G. Delaisement, *Maupassant journaliste et chroniqueur*, Albin Michel, 1956 ; *Guy de Maupassant, le témoin, l'homme, le critique*, C.D.R.P. Orléans/Tours, 1984 ; *La Modernité de Maupassant*, Rive droite, 1995.

R. Dumesnil, *Guy de Maupassant*, Colin, 1933, rééd. Tallandier, 1947, rééd. 1999.

A. Fonyi, *Maupassant 93*, Kimé, 1993.

L. Forestier (dir.), *Maupassant et l'Écriture*, actes du colloque de Fécamp, Nathan, 1993.

O. Frébourg, *Maupassant, le Clandestin*, Mercure de France, 2000.

D. Frémy, B. Monglond et B. Benech, « *Quid* de Guy de Maupassant », *in* Guy de Maupassant, *Contes et Nouvelles 1875-1884*, *Une vie*, éd. B. Monglond, « Bouquins », Laffont, 1988, pp. 1 à 304 [t. I de l'éd. en 2 vol. des *Contes et Nouvelles 1875-1890*].

C. Giacchetti, *Maupassant, espaces du roman*, Droz, Genève (CH), 1993.

A. Lanoux, *Maupassant le Bel-Ami*, Fayard, 1967, rééd. Grasset, 1995.

J. Malrieu, *Jean Malrieu présente « Le Horla » de Guy de Maupassant*, « Foliothèque », Gallimard, 1996.

E. Maynial, *La Vie et l'Œuvre de Guy de Maupassant*, Mercure de France, 1906.

P. Morand, *Vie de Guy de Maupassant*, Flammarion, 1942, rééd. 1981, rééd. Pygmalion, 1998.

Y. Reboul (dir.), *Maupassant multiple*, actes du colloque de Toulouse, 13 au 15 déc. 1993, P.U. du Mirail, Toulouse, 1995.

A.-M. Schmidt, *Maupassant*, Seuil, 1962.

M. Schöne, « La langue et le style de Maupassant », in *Le Français moderne*, avr.-juin 1941.

J. Thoraval, *L'Art de Maupassant d'après ses variantes*, Imprimerie nationale, 1950.

F. et Th. Thumerel, *« Bel-Ami »*, in *L'École des Lettres*, n° 13, juin 1993.

B. Valette, *Guy de Maupassant. « Une vie »*, « Études littéraires », PUF, 1993.

A. Vial, *Guy de Maupassant et l'Art du roman*, Nizet, 1954.

H. Weinrich, *Le Temps*, Seuil, 1973, pp. 131 à 140.

La Genèse d'« Une vie », Imprimerie nationale, 1954.

L'École des Lettres, numéro spécial « Guy de Maupassant », n° 13, juin 1993.

Europe, 772-773, août-sept. 1993.

Le Magazine littéraire, janv. 1980 et n° 310, 1993.

RHLF, n° 5, 1994.

RSH, n° 3, 1994.

AUDIO & VIDÉO

Vidéo

A. Dhenaut, *L'Héritage*, TF1 Vidéo, 1986.

M. Drach, *Guy de Maupassant*, Gaumont/Fil à film, 1982.

M. Favart, *Pierre et Jean*, 1973, LCJ/INA, 2000.

J.-L. Godard, *Masculin Féminin* [d'après *La Femme de Paul* et *Le Signe*], 1966.

M. Ophuls, *Le Plaisir* [d'après *Le Masque, La Maison Tellier* et *Le Modèle*], 1952, CANAL+ Vidéo, s. d.

J. Renoir, *Une partie de campagne*, 1946, René Chateau, s. d.

Cl. Santelli, *L'Ami Maupassant*, NTI, 1986, 4 cassettes.

L. Visconti, *Le Travail* [d'après *Au bord du lit*], *in* F. Fellini, L. Visconti, V. De Sica, M. Monicelli, *Boccace 70*, 1962.

CD-ROM

Encyclopédie de la littérature française, Bibliopolis, 1998.

Les Romanciers réalistes et naturalistes 1820-1910, Bibliopolis, 1997.

MAURIAC

François MAURIAC
Écrivit aussi sous le pseudonyme de FOREZ.
Bordeaux 1885 – Paris 1970
Académicien, prix Nobel *(Grand Prix du Roman de l'Acad. franç.)*

> « *Mauriac est un grand écrivain, de cette belle lignée française qui, par des cheminements souterrains, va de Bossuet à Rousseau, puis de Chateaubriand à Barrès.* »
>
> André MAUROIS, *Mémoires, 1885-1967*, Flammarion, 1978.

> « *Cette vieille toupie de Mauriac m'ennuie. Il n'a donc pas d'ami pour lui conseiller de ne plus parler du bon Dieu dans les journaux à quinze francs ? C'est une véritable pie-grièche qui saute sur tout ce qui brille.* »
>
> Blaise CENDRARS, *Blaise Cendrars vous parle*, 1950, in *Œuvres complètes*, t. XIII, Club français du livre, 1971.

La vie d'un chrétien engagé

Des débuts tardifs

Enfant inconsolable de n'avoir pas connu son père, riche propriétaire de vignes à Malagar, qui mourut deux ans après sa naissance, Mauriac, avec sa sœur et ses 3 frères, fut marqué par le climat de ferveur qu'entretenait sa mère et que prolongea le collège catholique Grand-Lebrun de Caudéran : « *Pourquoi donc étais-je un enfant triste ? Ce serait fou d'incriminer la religion : elle me donnait alors plus de joies que de peines.* [...] *Bien loin que la religion ait enténébré mon enfance, elle l'a enrichie d'une joie pathétique* », observa-t-il dans ***Commencements d'une vie*** (1932). Son amour de la nature et de la lecture se donnait libre cours au temps des vacances, qu'il passait avec ses aînés dans le chalet landais de Saint-Symphorien : « *Que mon grand-père, de Langon, soit allé prendre femme dans la grande lande, du côté de Villandraut et de Saint-Symphorien, j'ai toujours cru que le don littéraire en moi était lié à cette double appartenance* », confia-t-il dans son ***Bloc-Notes*** (IV, 1958). Au seuil d'une adolescence tourmentée, qui féconda à jamais son œuvre, la seule ouverture sur le monde lui vint d'un bref passage au *Sillon*, le mouvement démocrate-chrétien de Sangnier. Ses études, marquées en 1903 par un accident de parcours — l'échec au baccalauréat de philosophie — réparé dès l'année suivante, le conduisirent à l'obtention de la licence ès lettres, et s'achevèrent à Paris, où Mauriac arriva en 1907. À peine reçu à l'École des chartes, il démissionna pour devenir « *homme de lettres* ».

Ses commencements furent classiques à l'aube du siècle : deux recueils de vers intimistes, ***Les Mains jointes*** (1909) et ***L'Adieu à l'adolescence*** (1911), d'un symbolisme attardé et dont il désavoua vite la mollesse de facture et d'esprit, lui valurent pourtant les encouragements de Barrès, « père spirituel » évoqué plus tard dans ***La Rencontre avec Barrès*** (1945). Malgré l'attention de Jammes, de Proust et de Gide, le jeune poète « spiritualiste » trouva moins vite la confiance dans son destin d'écrivain que l'équilibre dans sa vie affective : en 1913, il épousa Jeanne Lafon, fille d'un haut fonctionnaire des Finances, qui lui donna 4 enfants — 2 filles et 2 garçons, dont l'un, Claude, devint aussi écrivain. Bien que réformé, il tint à prendre sa part de la guerre en tant qu'ambulancier ; aussi tarda-t-il à confirmer les espoirs de Barrès : « *Sentiment de n'avoir rien fait qui vaille à trente-trois ans. Je ne suis rien encore. Ferai-je jamais quelque chose ?* », nota-t-il dans ***Journal d'un homme de trente ans*** (1948). Pour autant, il ne resta pas silencieux : dans une feuille paroissiale de 1914 *(Le Journal de Clichy)*, il fit ses premières armes de polémiste. La Grande Guerre finie, il poursuivit sa carrière au *Gaulois*, un quotidien mondain. Chroniqueur touche-à-tout, il refusait de donner des « *scories* », soucieux de se mettre « *tout entier dans le moindre article* ». De retour à Paris, en 1918, il rencontra Proust, à qui il consacra un ***Proust*** (1926), enrichi en un ***Du côté de chez Proust*** (1947), où il le décrivait comme « *celui des écrivains vivants qu'*[il] *souhaitai*[t] *le plus connaître* ». Après dix ans de tâtonnements, le triomphe du ***Baiser au lépreux*** (1922) le consacra enfin : « *Après ces longs et obscurs débuts, je débouchai enfin, un jour, non sur un point d'arrivée, mais sur un point de départ* [...] » (***Bloc-Notes***, V). Mais l'audace du sujet — un « *malentendu physique* » entre époux — indisposa la critique catholique, qui ne désarma jamais. La réussite de Mauriac, néanmoins, tenait précisément à la force même des types qu'il immortalisait : mères austères et possessives, époux désunis sous le joug, adolescents qui s'épuisent à réconcilier la nature et la grâce. Dans ***Genitrix*** (1923), la solitude de Fernand, qui ne se console ni de la mort de sa jeune épouse ni de la disparition d'une mère tyrannique, illustre les contradictions étouffantes dans lesquelles se débattent les héros de Mauriac : « *Un apaisement lui* *venait, un détachement, comme s'il eût pressenti au-delà de sa vie atroce, au-delà de sa propre dureté, un royaume d'amour et de silence où sa mère était une autre que celle dont il venait d'être possédé comme d'une ménade, — où Mathilde tournait vers lui un visage détendu, pacifié à jamais — un sourire de bienheureuse* » (XVI). Un an plus tard, Mauriac publia ***Le Mal*** (1924) — dont le titre peut caractériser sa hantise permanente. En couronnant ***Le Désert de l'amour*** (1925) — « *le désert qui sépare les classes comme il sépare les êtres* » (IV) — du Grand Prix du Roman, l'Académie française lui avait entrouvert sa porte — qu'il franchit en 1933, à 48 ans, un an après avoir accepté la présidence de la Société des gens de lettres. Ce succès fut confirmé en 1927 par celui, très vif, de ***Thérèse Desqueyroux***.

L'immense succès de ***Thérèse Desqueyroux*** poussa le romancier à développer un cycle qui comprit les romans ***Ce qui était perdu*** (1930) et ***La Fin de la nuit*** (1935) et les nouvelles ***Thérèse chez le docteur*** (1932) et ***Thérèse à l'hôtel*** (1933).

Une âme tourmentée

En 1928 — année où il publia le roman ***Destins***, puis ***La Vie de Jean Racine*** et l'essai ***Le Roman*** —, Mauriac traversa une crise religieuse qui marqua un moment essentiel de sa vie : « *Si j'avais dû renoncer à la foi chrétienne, l'heure en était venue* » (***Préface*** à ***Dieu et Mammon***, 1929). C'est au cours de cette période qu'il publia ***Souffrances du chrétien*** (1928), puis ***Bonheur du chrétien*** (1929) — qui furent réunis sous le titre ***Souffrances et Bonheur du chrétien*** (1931) —, chaîne d'essais justificatifs qui montraient les déchirements, puis la réconciliation avec elle-même d'une âme troublée par le désir : « *Le christianisme ne fait pas sa part à la chair ; il la supprime.* [...] *Si vous aimez votre péché, il ne vous sert de rien d'être crucifié par lui ; et toutes vos larmes sont vaines : telle est la loi.* » À peine sorti de cette grave crise morale, Mauriac, sentant sa vie bouleversée par la mort prochaine de sa mère (juin 1929), puis menacée par un cancer qui laissa une brisure à sa voix, chercha à confronter ses romans aux exigences de la foi. Ainsi parut, en 1932, ***Le Nœud de vipères***, roman dans lequel il fustigeait, en outre, le conformisme de la bourgeoisie dont il était issu.

Parallèlement à son œuvre romanesque, Mauriac, lecteur friand d'autobiographies, s'adonna lui-même à ce genre par des mémoires réels, ***Commencements d'une vie*** (1932), ou imaginaires, tel ***Le Mystère Frontenac*** (1933) — la confidence restant à la périphérie de l'être secret —, tout en poursuivant son œuvre d'essayiste, avec ***Blaise Pascal et sa sœur Jacqueline*** (1931) et ***Le Romancier et ses personnages*** (1933). Il reprit en outre son engagement de chroniqueur — interrompu par la grande décennie romanesque — à *L'Écho de Paris*, puis au *Figaro*, à partir de juin 1934. Ses propos, d'abord académiques (lectures, spectacles, vacances) — au sens figuré comme au sens propre : il était alors un récent académicien —, évoluèrent peu à peu devant le spectacle des violences de l'Histoire. En Éthiopie, en Espagne, dans une Europe en voie d'hitlérisation, Mauriac prit ainsi le parti des faibles, des vaincus, ce dont témoignaient aussi ses romans ***La Fin de la nuit*** (1935) et ***Les Anges noirs*** (1936), ainsi que ***La Vie de Jésus*** (1936). Dans le même temps, pour la première fois à 54 ans, il aborda le théâtre en donnant ***Asmodée*** (1937), qui réincarnait Tartuffe : avec l'appui de Bourdet et Copeau, la pièce fut « *portée aux nues* ». Ce succès donna d'autant plus d'éclat à un article de Sartre — alors jeune philosophe de 34 ans —, paru dans la *NRF* début 1939 et qui condamnait le romancier Mauriac, coupable de soumettre ses personnages à « *la toute-connaissance et la toute-puissance divines* » : « *Dieu n'est pas un artiste. M. Mauriac non plus.* » Puis, à l'approche de la guerre, le collaborateur du *Figaro* donna à la fois une lettre à *Candide*, un billet bénévole à *Temps présent*, l'hebdomadaire des dominicains, et, au géant de la presse du moment, *Paris-Soir*, des ***Libres Opinions***, trop hostiles à Hitler pour qu'on lui permît de « reparaître » après la défaite. Après le poème ***Le Sang d'Atys*** (1940) et le roman ***La Pharisienne*** (1941), Mauriac, dans sa « chartreuse » girondine, rumina ***Le Cahier noir***, chef-d'œuvre de la prose clandestine, publié en 1943 aux Éditions de Minuit, sous le pseudonyme de Forez : « *À l'heure où j'écris (novembre 1941), tant d'autres Français sont mus par une passion élémentaire : la peur ! Ils ne l'avouent pas, rendent au Maréchal un culte d'hyperdulie, invoquent Jeanne d'Arc, mais dans le secret tout pour eux se ramène à l'unique nécessaire : sauver leurs privilèges* [...]. »

La Libération confirma que l'éditorialiste du *Figaro* était devenu une grande conscience nationale, prompte à réagir sans se référer à des principes politiques immuables. Résistant, il se réclama de la charité pour défendre, contre Camus prônant l'application de la seule justice, les condamnés de l'épuration : « *Ce qu'il y a de plus horrible au monde, c'est la justice séparée de la charité.* » C'est ainsi qu'il demanda — en vain — la grâce de Brasillach, qui l'avait pourtant violemment attaqué. Gaulliste, il soutint le MRP contre De Gaulle au temps du RPF, pour le combattre avec acharnement lorsqu'il le jugea infidèle à sa vocation chrétienne.

Au cours des mêmes années, Mauriac s'essaya de nouveau au théâtre, avec ***Les Mal-Aimés*** (1945). Mais le public ne goûta ni ce huis clos racinien ni le défi caldéronien que tentait de relever ***Passage du Malin*** (1947). Injustement traité peut-être — car c'est la pièce la plus typique du ton de Mauriac —, ***Le Feu sur la terre*** (1951) fut un nouvel échec qui sonna la retraite dramaturgique. La même année, Mauriac continua à étendre sa pitié envers les réprouvés en publiant un court roman, ***Le Sagouin***, qui rajeunissait le lépreux du ***Baiser***. Entre-temps, c'est lui qui avait prononcé le discours de réception de Claudel à l'Académie française, en 1947.

En 1952, le prix Nobel, décerné à Mauriac *« pour la profondeur de son discernement spirituel et l'intensité artistique avec lesquelles il* [avait], *dans ses romans, pénétré le drame de la vie humaine »*, marqua l'apogée de sa carrière littéraire. Quelques semaines plus tard, les débuts de la chronique du ***Bloc-Notes*** (1952), témoignage d'une vie engagée dans le siècle, confirmaient son triomphe.

En 1953, Mauriac, sensible au problème marocain, s'opposa à la déposition du sultan du Maroc et fonda, avec quelques amis, l'association ***France-Maghreb*** — dont il démissionna en 1966, lors de l'affaire Ben Barka. Plus généralement, il prit position contre les guerres coloniales menées en Indochine et en Algérie. En juin 1954, il apporta son soutien au ministère Mendès France, alors que paraissait son roman ***L'Agneau***. L'année suivante, le septuagénaire comblé, en quête de renouvellement, s'engagea dans l'écriture cinématographique, mais sans succès : son unique scénario de film, ***Le Pain vivant*** (1955), aux couleurs sulpiciennes, ne laissa pas un souvenir marquant.

En 1958, au moment du putsch d'Alger, Mauriac fut, à *L'Express*, le seul à suivre De Gaulle, qui le fixa durablement dans une attitude d'allégeance. Aboutissement de cette fidélité, il rompit trois ans plus tard avec *L'Express* et poursuivit désormais au *Figaro littéraire* la rédaction de son ***Bloc-Notes***, dont un 1er volume, rassemblant les chroniques rédigées depuis 1952, parut en 1958, sous le titre ***Bloc-Notes (1952-1957)***.

Parallèlement à cet engagement politique, Mauriac publia ***Mémoires intérieurs*** (1959), puis ***Nouveaux Mémoires intérieurs*** (1965), titres qui peuvent surprendre — dans la mesure où ces ouvrages sont, pour l'essentiel, des collages d'articles —, mais qui proposent le séduisant autoportrait d'un être sans complaisance, révélé par les lectures et les rencontres d'une vie : *« Je crois que l'essentiel sur moi, et même ce qui n'est pas dit, se trouve dans ces pages »* ***(Nouveaux Mémoires intérieurs)***. Entre-temps avaient paru ***Nouveau Bloc-Notes (1958-1960)*** (1961), ***Ce que je crois*** (1962) — *« Je crois que le Mal existe et je juge de ce qu'il est le Mal à la lumière du Christ »* (chap. IV) — et un retentissant ***De Gaulle*** (1964). En 1967 parurent ses ***Mémoires politiques***, puis, en 1968, son ***Nouveau Bloc-Notes (1961-1964)***, un an avant le roman ***Un adolescent d'autrefois*** (1969), histoire d'Alain, âgé d'une quinzaine d'années en 1905, dont la suite, ***Maltaverne*** (posth., 1972), fut commencée en 1969 mais demeura inachevée.

Mauriac mourut le 1er septembre 1970, quelques mois avant le général de Gaulle, auquel il était resté fidèle jusqu'à la fin de ses jours. Il reçut un hommage national, avec notamment un éloge funèbre prononcé par Edmond Michelet, ministre des Affaires culturelles. C'est Julien Green — autre écrivain hanté par le péché — qui lui succéda à l'Académie française, en 1971, année de la parution de ***Dernier Bloc-Notes (1968-1970)***.

THÉORIE LITTÉRAIRE

Le romancier, selon Mauriac, *« crée des êtres vivants, il invente des destinées, les tisse d'événements et de catastrophes, les entrecroise, les conduit à leur terme »* (***Le Roman***). Aussi l'humilité n'est-elle pas sa *« vertu dominante »* ; pourtant, les écrivains, qui *« ne craignent pas de prétendre au titre de créateurs »*, ne sont que de piètres *« émules de Dieu* [...]. *À la vérité, ils en sont les singes. »* En fait, avoue François Mauriac, *« nos prétendues créatures sont formées d'éléments pris au réel »* (***Le Romancier et ses personnages***, 1933). Ainsi les rapports du romancier avec ses personnages posent-ils les mêmes problèmes que ceux de Dieu *« avec l'homme. Ici comme là il s'agit de concilier la liberté de la créature et la liberté du Créateur »* ***(Le Roman)***. L'auteur se félicite donc que des figures qui ont *« mauvais esprit »* lui résistent : *« Plus nos personnages vivent et moins ils nous sont soumis »* ***(Le Romancier et ses personnages)***. Mais il constate une *« irrémédiable misère du romancier »*, incapable d'atteindre vraiment *« son objet, qui est la com-*

plexité d'une vie humaine » (ibid.). Même les plus grands, Proust ou Dostoïevski, échouent, aux yeux de Mauriac, dans la peinture de *« ce tissu vivant où s'entrecroisent des millions de fils, qu'est une destinée humaine » (ibid.),* victimes d'une contradiction insurmontable : *« Il s'agit de laisser à nos héros l'illogisme, l'indétermination, la complexité des êtres vivants ; et tout de même de continuer à construire, à ordonner selon le génie de notre race, — de demeurer enfin des écrivains d'ordre et de clarté » (**Le Roman**).*

Il faut donc *« se résigner à ne plus faire concurrence à la vie* [...], *reconnaître que l'art du roman est, avant tout, une* transposition *du réel et non une* reproduction *du réel* [...]. *Acceptons humblement que les personnages romanesques forment une humanité qui n'est pas de chair et d'os, mais qui en est une image transposée et stylisée. Acceptons de n'y atteindre le vrai que par réfraction. Il faut se résigner aux conventions et aux mensonges de notre art » (**Le Romancier et ses personnages**).* Ces conventions nécessaires et ces pieux mensonges consistent en une amplification et en une simplification de la réalité : *« Dans l'individu le romancier isole et immobilise une passion, et dans le groupe il isole et immobilise un individu » (ibid.).* Si Mauriac abhorre l'idée même du roman à thèse, de cette littérature *« oratoire, combative, dont les personnages représentatifs d'une race, échantillons d'une classe, ou d'une génération, seraient mobilisés en faveur de telle ou telle idéologie » (**Le Roman**),* il n'en donne pas moins au roman une *« fin propre qui est la connaissance de l'homme » (ibid.).* Cet objectif sera atteint si le romancier s'attache à l'individu dans ce qu'il a d'irréductible, s'il cherche à percer *« ce secret des cœurs, — de chaque cœur considéré comme un monde, comme un univers différent de tous les autres, — comme une solitude enfin » (ibid.).* L'esthétique rejoint ici l'idéal du croyant, puisque Mauriac définit le chrétien comme *« un homme qui existe d'abord en tant qu'individu : un homme qui prend conscience de lui-même » (ibid.).*

Cette démarche permet à l'auteur, non seulement de postuler l'universel au-delà de l'anecdote des intrigues, mais aussi de se démarquer des *« corrupteurs »* ou des *« pornographes » (**Le Romancier et ses personnages**).* Il s'efforce, dit-il à propos du ***Nœud de vipères***, de *« remonter le cours d'une destinée boueuse, et d'atteindre à la source pure » (ibid.),* persuadé que *« le plus souillé d'entre nous ressemble au voile de Véronique et* [qu']*il appartient à l'artiste d'y rendre visible à tous les yeux cette Face exténuée » (**Le Roman**).* Selon un autre système d'argumentation — qui aboutit au même résultat —, Mauriac assimile le mauvais côté des êtres, la face sombre de la conscience, *« les remous de sa sensualité »* et *« ses hérédités les plus obscures »,* à la part innée d'une humanité fondamentalement pervertie, tandis que *« le don de soi, le goût de la pureté et de la perfection, la faim et la soif de la justice »* représenteraient des *« opinions »* et des *« croyances* [...] *reçues du dehors » (ibid.),* c'est-à-dire par la grâce de la foi. C'est en ce sens qu'*« en cherchant à ne connaître dans l'être humain que ce qui lui appartient en propre, que ce qui ne lui est pas imposé, nous risquons de ne plus travailler que sur de l'inconsistant et de l'informe » (ibid.).* Selon lui, par exemple, *« Dieu est terriblement absent de l'œuvre de Marcel Proust* [...]. *Aucun des êtres qui la peuplent ne connaît l'inquiétude morale, ni le scrupule, ni le remords, ni ne désire la perfection » (ibid.).* Mauriac préfère donc à la *Recherche* les *« planches d'anatomie morale »* de Paul Bourget, persuadé des vertus d'édification de son art : *« Ce sont* [...] *les êtres vivants qui doivent peu à peu se conformer aux leçons que dégagent les analyses des grands romanciers » (**Le Romancier et ses personnages**).* Quant à l'écrivain, il doit à la fois résoudre la difficulté du *« style » — « Unir l'extrême audace à l'extrême pudeur » (**Le Roman**)* — et tenter d'échapper à la corrosion morale à laquelle l'expose l'exploration des bassesses de l'âme : *« Divisé contre lui-même, et par là condamné à périr, le romancier ne se sauve que dans l'Unité, il ne se retrouve que quand il retrouve Dieu » (**Le Romancier et ses personnages**).*

Au grand dam des amateurs de simplifications réductrices, Mauriac ne fut ni un « catholique de droite » — ce furent les plaintes des lecteurs et des abonnés du *Figaro* qui le poussèrent à quitter le quotidien — ni un « gaulliste de gauche » — ce fut son soutien au Général qui provoqua sa rupture avec *L'Express*. La singularité du parcours de ce « catholique gaulliste » se retrouve dans l'ambivalence d'une œuvre opposant le romancier hanté par le péché et le polémiste volontiers prêt à y succomber. La plupart des romans de Mauriac posent avec gravité la question du Mal, à l'image du protagoniste du

Nœud de vipères, laissant à ses proches ce testament : « *Si je l'avais voulu, vous seriez aujourd'hui dépouillés de tout, sauf de la maison et des terres. Vous avez eu la chance que je survive à ma haine.* [...] *Oui, j'ai été un homme capable de tels calculs. Comment y fus-je amené, moi qui n'étais pas un monstre ?* » (I, I). C'est cette gravité quasi janséniste qui lui aliéna un public assimilant ces hantises à des « *bondieuseries* ». Mais, à l'inverse, peu d'œuvres manifestent autant de drôlerie et de férocité allègre que les volumes de ***Bloc-Notes***. Entre Ciel et terre, l'irréductible Mauriac fut ainsi le romancier tourmenté de l'au-delà et le joyeux polémiste d'ici-bas.

Un style sobre et nerveux

Mauriac écrivait en un temps où l'idée de reproduire fidèlement et exhaustivement la réalité était mise à mal et où l'on admettait que le romancier ne saurait être omniscient. Néanmoins — et c'est ce que lui reprocha Sartre dans *Situations I* —, même dans ses romans écrits à la 3e personne, la présence de l'écrivain reste envahissante : tantôt le romancier s'identifie à ses personnages et tantôt il les juge, attitude de séduction et d'effroi vis-à-vis de créatures qui sont pour lui des « *démons* » ou des « *sphinx* » ***(Le Romancier et ses personnages)***. Mauriac semble aussi — notamment dans ***Le Nœud de vipères*** — donner à son héros la situation privilégiée de l'écrivain omniscient lui-même. Le discours indirect libre est très présent dans son œuvre, propice aux confusions de point de vue, accompagné d'entorses à la règle de la concordance des temps ; de fait, le passage du passé au présent, soit gnomique, soit historique, précédant ou suivant le discours intérieur du personnage, donne l'impression que l'on assiste au surgissement de sa pensée, si bien que la présence du « *il* » ou du « *elle* » devient alors paradoxale : « *Elle ferma la fenêtre, revint s'asseoir sur le lit, attentive à des bruits de pas, à des appels, à des sonneries. Si c'était lui pourtant ! Une porte claquait à l'étage inférieur, un chant s'interrompait derrière la cloison ; et ces sons étranges qui viennent des tuyaux, ces notes soutenues qui font croire à quelque orchestre caché... Cette fois, elle ne se trompe pas : quelqu'un monte rapidement, s'arrête devant la chambre, elle l'entend respirer, reprendre souffle. Non, ce n'est pas lui ; elle ne reconnaît pas d'abord Mondoux* » (***La Fin de la nuit***, chap. VIII).

À l'exception de quelques régionalismes, la langue du Mauriac romancier apparaît fort « sage ». L'expérience du théâtre ne change rien à ce parti pris de transposer les mots d'argot, les barbarismes, propres au « langage courant », dont le journaliste découvre la saveur et l'efficacité. Ouvert à la néologie, il regrette la lenteur du dictionnaire à enregistrer tel mot, qui fait loi parmi les espèces : « *entre-dévorement* ». Son style solidarise, par l'image réciproque, les êtres et la nature : les femmes brûlent comme des pins, les pins saignent comme des humains. Sa phrase vibre d'une incantation digne des grands prosateurs, de Bossuet à Chateaubriand.

Métaphores et comparaisons sont là pour faire mesurer l'abîme du sexe ou de la classe, mettre en lumière la libération toujours manquée ou la communion presque toujours impossible : « *Comme dans les incendies des Landes, le feu d'une cime à l'autre se communique, elle aussi, jeune plante, en face de ce bel arbre embrasé, trembla pour elle et n'osa pas faire un pas vers lui* » (***La Chair et le Sang***, chap. IX).

Le roman mauriacien également « *hérissé de* [...] *croix métaphoriques* » (Jean Touzot), attestant dans toute l'œuvre l'omniprésence de Dieu, offert ou masqué, à travers Celui qui « *n'a pas seulement vaincu la mort,* [...] *mais* [qui] *a vaincu la solitude humaine* » ***(Souffrances et Bonheur du chrétien)*** : « *De chaque côté de la route, les ceps encore nus, pareils aux croix d'un cimetière à l'abandon, émergeaient de la terre* » (***Le Démon de la connaissance***, chap. IV).

L'autre « *contemporain capital* »

Poète discutable et dramaturge avorté : si la postérité a ratifié ce verdict, le romancier survit allègrement au réquisitoire de Sartre, qui lui reprochait de trop déterminer ses personnages. C'est au début de 1939 que Mauriac fut la cible d'un violent article de Sartre, « M. François Mauriac et la liberté » (*NRF*, févr. 1939), où le cadet reprochait à l'aîné d'avoir pris le parti de Dieu dans la littérature : « [M. Mauriac] *a choisi la toute-connaissance et la toute-puissance divines. Mais un roman est écrit par un homme pour des hommes. Au regard de Dieu, qui perce les apparences sans s'y arrêter, il n'est point de roman. Il n'est point d'art puisque l'art vit d'apparences. Dieu n'est pas un artiste. M. Mauriac non plus.* » Rude attaque, formulée « *avec une violence dont,* assura Mauriac vingt ans plus tard, *je ne lui ai jamais su mauvais gré. Car j'appartiens à cette espèce de moribonds que l'extrême-onction ressuscite. Je dus à cette agression juvénile d'avoir donné plus de soin à mon ouvrage d'alors, et* La Pharisienne *est de tous mes livres celui où la hâte se sent le moins. Et comme il fut aussi le mieux compris des protestants et singulièrement en Suède, je suis peut-être, pour une petite part, redevable de mon prix Nobel à l'auteur de* La Putain respectueuse » ***(Mémoires intérieurs)***. L'attaque servit sans doute davantage Sartre qu'elle ne desservit Mauriac, qui reste apprécié comme l'un des tout premiers romanciers de son siècle. Mais ***Les Mémoires intérieurs*** aussi ont gardé de fervents lecteurs, et le ***Bloc-Notes*** constitue également le commentaire inspiré et admiré d'un demi-siècle d'histoire. Pour une génération en quête de repères, c'est peut-être au tour de Mauriac, mémorialiste original et redoutable polémiste, de faire figure, en sa diversité, de « *contemporain capital* » — pour reprendre la formule par laquelle André Rouveyre qualifia Gide en 1924.

ŒUVRES

Bloc-Notes (1952-1957)

Recueil des articles rédigés par Mauriac — dans une chronique intitulée ***Bloc-Notes*** — entre 1952 et 1957, publié chez Flammarion en 1958. L'écrivain tint cette chronique, initialement mensuelle, puis hebdomadaire, à partir de 1952, d'abord à *La Table ronde*, puis à *L'Express* (à partir de 1954).

Soucieux, grâce au ***Bloc-Notes***, de participer plus intimement à l'événement, Mauriac soutint le décolonisateur Mendès France, puis dénonça la torture en Algérie. Très vite rallié à De Gaulle, il en défendit la politique et le régime, se révélant un polémiste féroce et efficace. De facture classique, le ***Bloc-Notes*** ne dédaigne pas les néologismes — « *démerpisé* », « *homarderie* » —, et les touches familières : « *des religieux marxistes sur les bords* » (V, 117). Mais on en a retenu surtout les formules assassines. Ainsi de Laniel, massif président du Conseil : « *Il y a du lingot dans cet homme-là* » (I, 104).

Poursuivant sa chronique à *L'Express* (jusqu'en 1961), puis au *Figaro littéraire* (de 1961 à 1970), Mauriac publia en outre ***Nouveau Bloc-Notes (1958-1960)*** (1961), et ***Nouveau Bloc-Notes (1961-1964)*** (1968), que vint conclure ***Dernier Bloc-Notes (1968-1970)*** (posth., 1971). La réédition, en 1993, de l'ensemble des chroniques du ***Bloc-Notes*** a été saluée par la critique, unanime à reconnaître que « *l'Histoire a donné raison* » à ce grand témoin, contesté de son vivant pour son gaullisme exigeant.

Le *Nœud de vipères*

Roman en 2 parties numérotées et non titrées — comportant respectivement 11 et 9 chapitres numérotés de I à XX et non titrés —, publié chez Grasset en 1932.

Le récit prend la forme d'une longue lettre écrite par Louis, un avocat d'assises vieillissant — il a 68 ans — et malade — il est cardiaque. Malgré sa réussite sociale — il dispose d'une fortune consistante, qui tient à la fois aux vignobles familiaux et à sa propre réussite professionnelle —, il achève une existence malheureuse dans sa propriété de Calèse (Gironde). Dans une sorte de confession, retrouvée après sa mort, il explique la haine qu'il ressent pour ses proches : sa femme Isa, née Fondaudège, issue de la bourgeoisie bordelaise, et ses deux enfants, Hubert et Geneviève. Le malaise s'est installé le soir même de son mariage, quand sa femme lui a avoué l'amour qu'elle avait éprouvé pour un autre ; Louis en a conclu qu'elle l'avait épousé seulement par intérêt, ou par conformisme. Il s'est réfugié dans le travail, ne trouvant de consolation qu'auprès d'une de ses petites-filles, Marie, prématurément emportée par la typhoïde, ainsi qu'auprès de sa belle-sœur, Marinette, et de l'abbé Ardouin. Ses convictions libérales et anticléricales — malgré sa richesse, Louis est épris de justice sociale — achèvent de l'éloigner de sa famille, catholique et pratiquante. L'âge et la maladie, l'espoir visible de ses proches d'hériter bientôt de ses biens — « *Dès que la maladie me désarme, le cercle de famille se resserre autour de mon lit* » (I, X) —, portent sa rancœur à son comble. Le « *nœud de vipères* » représente à la fois son entourage, cupide et égoïste, cette « *famille aux aguets qui attend le moment de la curée* », et son propre cœur : « *Je connais mon cœur, ce cœur, ce nœud de vipères : étouffé sous elles, saturé de leur venin, il continue de battre au-dessous de ce grouillement. Ce nœud de vipères qu'il est impossible de dénouer, qu'il faudrait trancher d'un coup de couteau, d'un coup de glaive* [...] » (I, XI). Mû par la haine des siens et aussi, pense-t-il, par « *l'amour de l'argent* », il projette donc de déshériter sa femme et ses enfants au profit d'un fils adultérin qu'il ne connaît pas, Robert. Mais, alors même que Louis est allé à Paris pour le rencontrer — il découvre d'ailleurs en lui un être vulgaire et lâche —, Isa meurt brusquement, rendant en partie caduc son plan de vengeance. Bientôt, une évolution se dessine, que marque l'épisode symbolique de l'orage de grêle (I, XI) et sa réaction étrange, bien différente, constate-t-il, de celle qu'il aurait eue autrefois, en de semblables circonstances : *« Un profond instinct paysan me jetait en avant, comme si j'eusse voulu m'étendre et recouvrir de mon corps la vigne lapidée. Mais ce soir, me voici devenu étranger à ce qui était, au sens profond, mon bien. Enfin je suis détaché.* [...] *des amarres sont rompues ; je dérive. Quelle force m'entraîne ? Une force aveugle ? Un amour ? Peut-être un amour... » (ibid.).* S'il échoue jusqu'au bout à renouer avec ses propres enfants — *« On atteint aisément une âme vivante à travers les crimes, les vices les plus tristes, mais la vulgarité est infranchissable »* (II, XIX) —, Louis trouve le réconfort auprès de Janine, sa petite-fille, qu'un amour déçu a amenée aux lisières de la folie, et qu'il a recueillie près de lui. La dernière phrase de son journal, interrompue par la mort sur le mot *« ador... »*, laisse deviner que cet athée a finalement été touché par la grâce. Le roman se clôt par deux lettres : l'une d'Hubert, qui voit dans la confession posthume de son père la preuve de son aliénation ; l'autre de Janine, la nièce d'Hubert, qui croit, au contraire, à la conversion miraculeuse — Louis est mort un 24 novembre, qui est à la fois la date du Mémorial pascalien et celle de la Vigile de saint Jean de la Croix —, et demande à lire le texte, qu'on lui cache.

« Cet ennemi des siens, ce cœur dévoré par la haine et par l'avarice, je veux qu'en dépit de sa bassesse vous le preniez en pitié ; je veux qu'il intéresse votre cœur » : l'exergue de Mauriac traduisait bien sa volonté de revenir, après les scandales et les malaises soulevés par ***Le Baiser au lépreux***, ***Thérèse Desqueyroux*** et ***Destins***, au roman catholique.

Écrit en quelques semaines durant l'été et l'automne 1931, à Malagar puis à Paris, ***Le Nœud de vipères*** devait d'abord s'intituler ***Le Crocodile***. Mauriac, qui subvenait aux besoins de sa famille nombreuse et pressentait peut-être l'accident de santé dont il fut victime l'année suivante, mit beaucoup de lui-même dans le personnage central. Le roman s'appuie en tout cas sur des éléments autobiographiques évidents : cet *« août pluvieux »* évoqué par le narrateur affectait justement le bordelais cette année-là, et les difficultés économiques de Louis reflètent la crise bien réelle qui sévit en 1931 et fit chuter, en particulier, les cours du vin.

Bien reçue par la critique, l'œuvre ne leva pas toutes les réticences des lecteurs catholiques et de l'Église, qui se partagèrent autant qu'Hubert et Janine dans leurs jugements sur la conversion du héros, souvent tenue pour peu crédible, et virent dans le dénouement une facilité romanesque. Néanmoins, aujourd'hui encore, ***Le Nœud de vipères*** est considéré comme l'un des romans les plus typiquement représentatifs de l'univers moral et du style de Mauriac et comme l'un de ses ouvrages les plus marquants.

Thérèse Desqueyroux

Roman en 13 chapitres numérotés et non titrés, précédés d'une adresse à *« Thérèse »*, paru d'abord dans la *Revue de Paris* (nov. 1926 à janv. 1927), puis publié chez Grasset, en février 1927. Le premier jet en parut dans *La Revue nouvelle* du 1er mars 1927, sous le titre : ***Conscience, instinct divin***.

Accusée d'avoir tenté d'empoisonner Bernard, son mari, Thérèse sort disculpée du palais de justice de B. Au cours du voyage qui la ramène à Argelouse, au fond des Landes, elle prépare la confession qui la réhabiliterait aux yeux de sa victime. Elle évoque son enfance solitaire, qu'illuminait l'amitié d'Anne, demi-sœur de Bernard, sa décevante expérience conjugale, l'hédonisme illusoire que lui prêchait Azévédo, le séducteur qu'elle avait entrepris d'écarter d'Anne, enfin sa maternité sans joie. Mais son mari reste sourd à ses explications, et la « condamne » à rester recluse dans la maison solitaire, cernée par les pins. Abandonnée de son père, sauvée du suicide par la mort de sa tante, Thérèse gagne sa *« prison »* que, rassuré, Bernard déserte bientôt. Au bout d'un hiver, l'état de santé de l'héroïne s'est tellement détérioré qu'il risque de compromettre le mariage d'Anne. Bernard l'abandonne alors à elle-même dans Paris, riant *« seule comme une bienheureuse »* (XIII), mais offerte à toute rencontre.

Ce premier grand roman est rédigé en une langue très classique. Les régionalismes se limitent presque à des noms de gâteaux : *« mique »*, *« roumadjade »*. Les clichés gidiens d'Azévédo contrastent avec les stéréotypes des bien-pensants. Ainsi Bernard, parce qu'*« elle ruait dans les brancards »*, respirera-t-il quand Thérèse *« aura débarrassé le plancher »*.

Pour l'armature narrative de ***Thérèse Desqueyroux***, Mauriac s'inspira du procès de Blanche Canaby, une empoisonneuse bordelaise, dont il avait suivi l'affaire avec intérêt, en 1905. Au-delà de l'anecdote, Mauriac évoque le conflit de la liberté et de la grâce, thème janséniste qui revient souvent dans son œuvre. L'indétermination apparente du geste de Thérèse annonce le crime de Meursault dans *L'Étranger* de Camus.

Comme s'il voulait absolument ramener à Dieu cette âme sœur, Mauriac la poursuit dans ***Ce qui était perdu*** (1930), ainsi que dans deux nouvelles, ***Thérèse chez le docteur*** (1932) et ***Thérèse à l'hôtel*** (1933) — recueillies dans ***Plongées*** (1938) — et jusque dans ***La Fin de la nuit*** (1935), roman à partir duquel Sartre, critiquant l'absence d'autonomie laissée par Mauriac à son personnage, exposa sa propre théorie romanesque. Ces divers prolongements de ***Thérèse Desqueyroux*** eurent moins de succès que le roman lui-même, qui fut d'emblée salué comme un grand livre et reste, depuis lors, considéré comme un classique. Diego Fabbri a monté, en 1961, une ***Thérèse Desqueyroux*** qui limitait le drame à la dimension sociale. Le film de Franju (1962) suggérait que l'homosexualité de Thérèse était la vraie cause de son échec conjugal.

CITATIONS

Le déclin de l'âge nous apporte ce bienfait : c'est que les êtres, et les nations, ne peuvent plus nous surprendre que par leurs vertus. La bassesse va de soi [...].

L'Amour lucide, in *Le Bâillon dénoué*.

Le chrétien est essentiellement un homme qui refuse le mystère, qui ne consent pas à ce mystère que le matérialiste a accepté, lui, et qu'il fait plus qu'accepter [...]. « *Qui sommes-nous ? D'où venons-nous ? Où allons-nous ?* » Ces trois questions que Gauguin a inscrites au bas d'un fameux triptyque, le chrétien juge qu'elles exigent une réponse.

Le Mystère accepté et refusé, in *Ce que je crois*, 3.

L'Occident chrétien a manqué sa vocation, voilà le vrai.

Les Frères ennemis, in *Ce que je crois*, 5.

Le désert qui sépare les classes comme il sépare les êtres.

Le Désert de l'amour, 4.

Comme il existe une fausse délicatesse, il existe une fausse vulgarité.

Défense de « Carmen », in *Journal*, II.

Une œuvre sincère ne saurait être plus condamnable qu'un cri. Tout drame inventé reflète un drame qui ne s'invente pas.

Solitude au seuil de la guerre, in *Journal*, II.

Une œuvre, tant qu'elle survit, c'est une blessure ouverte par où toute une race continue de saigner.

Mémoires intérieurs, I.

Le poète se saisit de l'ascendance bourgeoise qui le ligote et il en tire des types. Il se paie sur la bête.

Mémoires intérieurs, III.

Le christianisme attire la foule de ceux qui croient que l'Évangile les autorise à se glorifier du néant.

Pascal, in *Mes Grands Hommes*.

Le silence n'existe pas : vivre, c'est se tenir au centre d'un ruissellement que la mort seule arrêtera.

Nouveaux Mémoires intérieurs, 1.

L'art abstrait témoigne que l'homme n'a rien à dire, rien à exprimer ni à fixer, s'il se coupe du monde tel que le capte le regard d'un enfant.

Nouveaux Mémoires intérieurs, 7.

Un jeune pin tendu vers l'essence divine
Fait des signes au ciel avec ses longues mains.
Sa cime cherche un dieu, mais ses lentes racines
Dans mon corps ténébreux creusent de lents chemins.

Le Sang d'Atys, in *Orages*.

Le romancier est, de tous les hommes, celui qui ressemble le plus à Dieu : il est le singe de Dieu.

Le Roman, I.

Un écrivain est essentiellement un homme qui ne se résigne pas à la solitude. Chacun de nous est un désert : une œuvre est toujours un cri dans le désert [...].

Le Roman, V.

Il y a souvent un vice jugulé, dominé, à la source de vies admirables.

Le Roman, V.

Unir l'extrême audace à l'extrême pudeur, c'est une question de style.

Le Roman, VII.

Comme on dit « *faire l'amour* », il faudrait pouvoir dire « *faire la haine* ». C'est bon de faire la haine, ça repose, ça détend.

Le Sagouin, I.

Le christianisme ne fait pas sa part à la chair ; il la supprime.

Souffrances du pécheur,
in *Souffrances et Bonheur du chrétien*.

Le vrai concupiscent n'aime la gloire que parce qu'elle prolonge le temps où l'homme peut être encore aimé.

Souffrances du pécheur,
in *Souffrances et Bonheur du chrétien*.

N'importe qui sait proférer des paroles menteuses ; les mensonges du corps exigent une autre science. Mimer le désir, la joie, la fatigue bienheureuse, cela n'est pas donné à tous.

Thérèse Desqueyroux, 4.

Nous croyons de toute notre âme à la résurrection de la chair ; mais il faut que chaque être humain donne son consentement à cette vocation de pourrir.

Vie de Jésus, XXII.

Désormais, dans le destin de tout homme, il y aura ce Dieu à l'affût.

Vie de Jésus, XXVI.

JUGEMENTS

« *Avec un acharnement inconscient, Mauriac a montré l'immobilité bourgeoise des Français dans toute son horreur. Lui-même immobile, il a peint les immobiles autour de lui avec cette implacable exactitude, cet art admirable du détail essentiel qui fait la vertu de la peinture française du* XV*e au* XX*e siècle ; un portrait après un portrait, un paysage après un paysage, une nature morte après une nature morte.* »

Pierre Drieu La Rochelle, article in *NRF*, septembre 1941, repris in *Sur les écrivains*, Gallimard, posthume, 1964.

« *De tous les écrivains des temps modernes, Mauriac est le seul dont le style familier garde la fraîcheur de celui de Montaigne, à qui parfois il fait songer.*
— Il y a un peu de la désinvolture de Montaigne chez Mauriac. »

Julien Green, *L'Arc-en-ciel*, Seuil, 1988.

« [...] *c'est un écrivain pour qui le monde réel n'a jamais cessé d'exister, dont les personnages ont la solidité et l'importance d'hommes qui ont des âmes à sauver ou à perdre, et c'est un écrivain qui revendique le droit essentiel et traditionnel du romancier, de commenter et d'exprimer ses vues.* »

Graham Greene, *François Mauriac*, in *Essais*, trad. franç. Marcelle Sibon, Laffont, 1975.

« *Albert Camus, croyant le flatter, aurait dit de François Mauriac qu'il était le Dostoïevski de la Gironde, ce qui amena François Mauriac à le traiter de Dostoïevski de rien du tout.* »

Marcel Jouhandeau, *Journaliers*, t. XV, Gallimard, 1970.

« [...] *le caractère le plus frappant — parce qu'il est devenu, en quelques dizaines d'années, presque une bizarrerie — de ces textes : la passion de la littérature. C'est elle qui a animé, habité, peut-être dirigé les débuts du jeune homme. Barrès, Proust, une querelle avec Gide, une rencontre brève, même avec Paul Bourget ou avec le touchant René Bazin, ont plus d'importance ici que les querelles religieuses ou les trois ans de service militaire qui furent votés en 1908. Et le secret de l'extraordinaire qualité d'écriture de ces œuvres, de leur valeur littéraire jusque dans l'anecdote, sans doute là : cette facilité, ces bonheurs d'expression vont grandissant avec l'âge, parce que la littérature y est l'objet d'un respect aujourd'hui perdu. Une phrase, c'est sacré. Le négligé y serait aussi inconvenant qu'un pyjama au dîner de famille, ou un dimanche sans confesse. Résultat : l'écrivain travaille. Et l'on suit l'étonnant progrès du violoncelliste, d'année en année ; dans les derniers articles sur l'enfance, Mauriac, c'est Rostropovitch.*
Le deuxième secret de Mauriac, c'est l'exigence morale. Si conscient qu'il soit des nécessités d'une carrière, Mauriac n'égare jamais la valise où sont rangés les bagages de l'enfance. Mélange étonnant de convenances sociales et de fidélité profonde, ce grenier spirituel lui fait toujours ardents sa foi, sa constante élégance et aussi son pays, avec ses pins, ses propriétés, ses cigales, ses bonheurs. On ne sait plus très bien si Mauriac doit son enfance au soleil résineux des Landes ou si les Landes sont une invention de l'enfance de Mauriac, tant l'écrivain est resté toujours enraciné dans son passé. D'où ce ton unique, et dont il joue parfois comme une courtisane joue de ses maquillages, pour évoquer ses années de jeunesse, en un monde englouti.
D'où, aussi, l'étonnante impression, à ces lectures, de plonger dans une incroyable antiquité en même temps que de vivre au cœur d'une actualité toute récente. Cet homme, qui est né l'année de la mort de Victor Hugo, a aussi brocardé Robbe-Grillet et narquoisé en regardant Apostrophes. *Il a composé sa vie comme son œuvre, comme on agence un manuel d'Histoire. Étrange illusion d'optique qui, sans doute, ne lui aurait pas déplu : ce n'est pas Mauriac qui est de son siècle ; c'est notre siècle, pour une grande part, qui est de François Mauriac.* »

Renaud Matignon, « François Mauriac. Une passion dans le siècle », in *Le Figaro littéraire*, 24 septembre 1990.

« *Il était un chrétien qui ne transigeait pas avec sa foi et un écrivain aux dons éclatants, salué par ses pairs, longtemps suivi par la jeunesse, qui avait donné au journalisme un éclat exceptionnel et qui avait construit ses romans, dans une odeur de pins, sous un ciel d'orage étouffant, sur la trouble dualité et l'unité profonde de la grâce et du péché.* »

Jean d'Ormesson, « Mauriac. Angoisses et délices du péché », in *Une autre histoire de la littérature française*, II, NiL, 1998.

« [...] *cet écrivain, qui assista à tous les bouleversements en littérature et ne fut touché par aucun, utilise l'écriture "artiste" de son maître Barrès, une molle rhétorique unissant l'élégie à l'enflure et donnant souvent l'exemple de préférer une phrase musicale à l'expression d'un sentiment juste.*

[...] l'auteur de Genitrix *[...], à l'inverse de Bernanos, prive ses personnages de toute liberté. Il ne les laisse se définir ni par leur langage ni par leurs actes. Sans cesse, il conduit leur main, disserte sur leurs gestes, se met à leur place et souffle au lecteur ce qu'il doit penser. C'est un procédé de chroniqueur qui gêne constamment, malgré d'éclatantes formules et d'heureuses trouvailles. Et il ne peut produire son meilleur effet — quand le génie s'en mêle — que dans le journalisme et les Mémoires.*
Probablement, Mauriac l'avait-il compris qui, assez tôt, se détourna de la fiction pour se consacrer avec courage et liberté d'esprit au commentaire de l'événement quotidien, à la bataille politique. [...] La polémique en lui apportant une seconde jeunesse lui permit de libérer son véritable génie, son goût du sarcasme et sa méchanceté meurtrie de femme laide ou d'homme qui n'a pas aimé selon son secret désir. Ses victimes ne s'en relevaient pas. »

Angelo RINALDI, « Mauriac », in *L'Express*, 1er mai 1978.

« *[...] toutes les bizarreries de sa technique s'expliquent par ce qu'il prend le point de vue de Dieu sur ses personnages [...].* »

Jean-Paul SARTRE, *Situations I*, Gallimard, 1947.

BIBLIOGRAPHIE

Éditions

Œuvres complètes [préfacées par MAURIAC lui-même], Fayard, 1950 à 1956, 12 vol.

Œuvres romanesques et théâtrales complètes, éd. J. PETIT, « Pléiade », Gallimard, 1978 à 1985, 4 vol.

Œuvres autobiographiques, éd. F. DURAND, « Pléiade », Gallimard, 1990.

Romans. Œuvres diverses, éd. J. TOUZOT, « LdP/ Pochothèque », LGF, 1992.

Bloc-Notes (1952-1970), éd. J. LACOUTURE et J. TOUZOT, « Point-Essais », Seuil, 1993, 5 vol.

Correspondance François Mauriac/André Gide (1912-1950), Gallimard, 1971.

Correspondance François Mauriac/Jacques Rivière, éd. J.E. Flower, U.P. Exeter (GB), 1988.

Lettres d'une vie (1904-1969) et *Nouvelles Lettres d'une vie (1906-1970)*, éd. Cl. MAURIAC, Grasset, 1981 et 1989, 2 vol.

Mémoires intérieurs / Nouveaux Mémoires intérieurs, « GF grand format », Flammarion, 1985.

Le Nœud de vipères, « LdP », LGF, 1979.

La Paix des cimes. Chroniques 1948-1955, éd. J. TOUZOT, Bartillat, 2000.

Thérèse Desqueyroux, éd. J. TOUZOT, « LdP », LGF, 1989.

Études

M. ALYN, *François Mauriac*, Seghers, 1960.

V. BARTOLI-ANGLARD, *François Mauriac. « Thérèse Desqueyroux »*, « Études littéraires », PUF, 1992.

B.M. BŒREBACH, *Introduction à une étude psychologique et philosophique de François Mauriac*, Néophilologues, Groningue (NL), 1942.

N. CORMEAU, *L'Art de François Mauriac*, Grasset, 1951.

M. DANSEL, « François Mauriac », in *Les Nobels français de littérature*, Éd. André Bonne, 1967, rééd. 1985, pp. 168 à 188.

Ch. DU BOS, *François Mauriac et le Problème du romancier catholique*, Corrêa, 1933.

F. DURAND, *François Mauriac. Indépendance et Fidélité*, P.U. Lille III, 1981.

P. GARDY, « Manciet, Mauriac : l'Écriture au miroir des langues », in *Littérature*, n° 76, déc. 1989.

É. GLÉNISSON, *L'Amour dans les romans de François Mauriac*, Éd. universitaires, 1971.

K.J. GOESCH, *Essai de bibliographie des œuvres de Mauriac (1961-1984)*, Minard, 1986.

G. HOURDIN, *Mauriac romancier chrétien*, Éd. du Temps présent, 1945.

S.M. KUSHNIR, *Mauriac journaliste*, Minard, 1979.

J. LACOUTURE, *François Mauriac*, Seuil, 1980.

É. MAAKAROUN, « Crise et Rédemption dans *Le Nœud de vipères* de Mauriac », in *Études*, mars 1986.

J. MAJAULT, *Mauriac et l'Art du roman*, Laffont, 1946.

Cl. MAURIAC, *Le Temps immobile*, Grasset, 1975 à 1978, 3 vol. ; *François Mauriac*, Éd. Frédéric Birr, 1985.

J. MONFÉRIER, *François Mauriac du « Nœud de vipères » à « La Pharisienne »*, Champion, 1985.

J. PETIT, « Le Grand Cataclysme des corrections. Note sur des manuscrits de Green et de Mauriac », in *Littérature*, n° 28, déc. 1977.

J.-P. SARTRE, « M. François Mauriac et la liberté », in *NRF*, févr. 1939, repris in *Situations I*, Gallimard, 1947.

P.-H. SIMON, *Mauriac par lui-même*, « Écrivains de toujours », Seuil, 1953, rééd. 1974.

M. SUFFRAN, *François Mauriac*, Seghers, 1973.

J. TOUZOT, *Mauriac avant Mauriac 1913-1922*, Flammarion, 1977 ; *La Planète Mauriac*, Klincksieck, 1985 ; *Mauriac romancier*, Minard, 1985 ; *Mauriac sous l'Occupation*, La Manufacture, 1990.

M. WINOCK, « Le Bel Automne de François Mauriac », in *Le Siècle des intellectuels*, III, 54, Seuil, 1997, pp. 511 à 523.

Série *François Mauriac*, dirigée par J. MONFÉRIER, in *RLM*, Minard, depuis 1974.

MÉRIMÉE

Prosper MÉRIMÉE

Paris 1803 – Cannes (Alpes-Maritimes) 1870
Académicien

« Il passe pour un auteur secondaire, mais son nom s'inscrit tout naturellement à côté de ceux de Balzac et de Stendhal. »
Louis ARAGON, *La Lumière de Stendhal*, Denoël, 1954.

« Lu de Mérimée quelques pages dont l'ennuyeuse perfection me lasse. Il y a des phrases dont l'auteur est trop visiblement satisfait. »
Julien GREEN, *Journal*, t. I, 12 janvier 1929, Plon, 1949.

Une vie plus chanceuse qu'heureuse

Un milieu familial déterminant

Mérimée est né le 28 septembre 1803, à Paris. Son père, Léonor, était un peintre reconnu et estimable, professeur de dessin à l'École polytechnique, passionné par la chimie des peintures et des vernis, grand connaisseur des écoles flamande et italienne, esprit inventif et industrieux qui finit sa vie comme secrétaire perpétuel de l'École des Beaux-Arts. L'influence paternelle fut évidemment prépondérante : Mérimée, qui dessinait lui-même excellemment, croisa très tôt les meilleurs peintres et, plus tard, se lia d'amitié avec des artistes comme Ingres et Delacroix. Sa passion des monuments et des œuvres d'art prit là son essor premier.

Anne-Louise Moreau, la mère de Prosper, avait presque vingt ans de moins que Léonor. Descendante de la conteuse Marie Leprince de Beaumont — celle qui immortalisa notamment *La Belle et la Bête* —, c'était une femme autoritaire et raisonneuse, cultivée, attachée à la tradition des Lumières, anglophile et très ouverte aux idées libérales. Mérimée vécut quasiment chez elle jusqu'à ce qu'elle mourût, en 1852. Son incapacité à se stabiliser sentimentalement, à se marier et à fonder une famille peut sans doute trouver une explication partielle dans cette relation œdipienne assez tendue : rien de surprenant si la fréquentation des femmes désirables, dans les écrits de Mérimée, ménage généralement des catastrophes diverses. La devise — « *Souviens-toi de te méfier* » — que lui avait dictée sa mère et qu'il fit graver dans le chaton de la bague qu'il ne quittait jamais, ne lui servit pas seulement de viatique social. Il connut cependant bien des aventures féminines — dont une durable avec Valentine Delessert —, mais il ne se fixa jamais, multipliant ruptures et ratages divers, dont un célèbre fiasco avec George Sand. Sa liaison la plus durable, avec Jenny Dacquin, prit la forme distanciée d'une correspondance perpétuelle.

Une difficile percée

Élève studieux et capable, Mérimée, entre 1812 et 1819, prépara son baccalauréat au lycée Napoléon (act. lycée Henri-IV). Il y noua ses premières relations amicales, dont quelques-unes furent solides, voire déterminantes : Jean-Jacques Ampère, Albert Stapfer, Adrien et Antoine Jussieu. Sous l'influence de sa mère, il lut beaucoup, notamment la littérature anglaise — l'une des sources principales du romantisme français naissant. Son intérêt était si fort qu'il traduisit, vers 1820, les ***Œuvres d'Ossian***, le pseudo-barde écossais inventé par James Macpherson. À 18 ans, il commença ses études de droit, tout en ébauchant ses premiers écrits. On sait qu'il esquissa un ***Cromwell***, autre *topos* du moment, puisqu'il en fit une lecture chez son ami Viollet-le-Duc en 1822, mais il n'en est rien resté. En revanche, il composa des comédies, comme ***Les Espagnols en Danemark*** et ***Une femme est un diable***, qui furent bientôt recueillies dans ***Le Théâtre de Clara Gazul***. D'emblée, tout en empruntant aux thèmes en vogue, Mérimée se démarquait de l'exubérance romantique : dans ***La Bataille***, notamment, il adoptait un style aride, des dialogues sobres, une action rapide, une forme séquentielle concise, une chute abrupte.

Licencié en droit en 1823, Mérimée, tenté par le métier d'écrivain, ne disposait pas d'emblée des deux clés ouvrant toutes les portes de Paris : le nom et la fortune. Malgré quelques alliances familiales, ses premières démarches furent ardues. Ses positions libérales et religieuses l'écartaient des milieux de la Cour, du Faubourg Saint-Germain et des grandes institutions académiques. Il n'avait pas non plus produit une œuvre qui pût faire éclat ou créer une vogue. Il élargit donc patiemment le cercle de ses relations, sans jamais réussir à être un « homme du monde » inévitable, reconnu, recherché. Il savait qu'il lui fallait, pour faire carrière, se lancer dans la vie mondaine et dans la course à la notoriété. Il parvint à s'introduire dans les salons littéraires et fréquenta bientôt des personnalités comme Hugo ou Musset. Dès 1822, il rencontra Stendhal, de vingt ans son aîné, avec qui il entretint une complicité à humeurs. En 1824, il écrivit dans le 1er numéro du *Globe*. L'année suivante, il fut accueilli dans le salon d'Étienne Delécluze. C'est là qu'il donna lecture de ses premières comédies, qu'il se lia à des gens comme Victor Cousin, avec la famille Cuvier, avec Fauriel. Plus tard, il fut reçu dans le salon de la vieillissante Mme de Récamier, qu'il brocarda sans indulgence.

Ainsi Mérimée se fit-il progressivement un nom, d'abord avec ***Le Théâtre de Clara Gazul*** (1825), ***La Guzla ou Choix de poésies illyriques recueillies dans la Dalmatie, la Croatie et l'Herzégovine*** (1827), et les drames « ***La Jacquerie, scènes féodales*** » ***suivie de*** « ***La Famille de Carjaval*** » (1828), puis avec le récit historique ***1572, Chronique du règne de Charles IX, par l'auteur du*** « ***Théâtre de Clara Gazul*** » (1829) rebaptisé ***Chronique du règne de Charles IX*** (1832), sans anonymat. Dans ***Le Théâtre de Clara Gazul***, il s'annonçait comme le traducteur et l'éditeur de 5 brèves comédies espagnoles — puis 8, dont ***Le Carrosse du Saint-Sacrement***, qui inspira le livret de *La Périchole*, écrit par Meilhac et Halévy pour Offenbach (1868) —, dues à une actrice inconnue, Clara Gazul. Un portrait déguisé de Mérimée, travesti en femme, couvert d'une mantille, figurait en introduction. De même, deux ans plus tard, ***La Guzla*** était-elle présentée comme un recueil de chants populaires illyriens, inventés par un certain Hyacinthe Maglanovitch, supercherie qui réussit parfaitement.

Les mystères qui entourèrent ces publications et le style particulier qui s'y affirmait suscitèrent l'attention. Mais, pour autant, Mérimée ne faisait pas partie du « Tout Paris ». Le monde de la Restauration n'était pas le sien. Il ne côtoyait que de loin les aristocrates, qui le snobaient, et ne fut jamais un familier des grands salons en vogue — ceux de la comtesse de Boigne, de Mmes de Rauzan, de Liancourt, de la vicomtesse de Noailles, par exemple. À partir de 1830, avec la monarchie de Juillet, ses idées libérales facilitèrent les contacts de Mérimée. Les protections, les emplois, voire les faveurs suivirent. Mais il fallait encore que le jeune homme s'adoucît et se détendît. Même Stendhal le décrivait comme « *effronté* », « *extrêmement déplaisant* », et parlait de son « *air méchant* ». Or, pour être aimé, il faut être aimable. Cet usage du monde, Mérimée sut l'acquérir par les voyages : il commença à visiter l'Angleterre (1825 et 1826) et toute sa vie ensuite, franchit la Manche régulièrement. Il alla aussi, en 1839, en Italie avec Stendhal, puis en Grèce et en Asie Mineure. En 1830, il fit la découverte, capitale à ses yeux, de l'Espagne, dont la vitalité sensuelle l'éblouit. C'est à cette occasion qu'il devint un intime de la famille du comte de Montijo. Le destin veillait désormais sur lui.

De la vocation à la carrière

Bien qu'il commençât à être lu et connu dès sa trentaine, Mérimée, faute de fortune personnelle, ne pouvait pas compter sur sa seule plume pour vivre. À partir de juillet 1830, protégé par le comte d'Argout, il travailla d'abord dans divers cabinets ministériels : à la Marine, au Commerce et à l'Intérieur. C'est alors qu'il publia son premier recueil, ***Mosaïque*** (1833), rassemblant des nouvelles composées depuis 1827, dont certaines, comme ***Mateo Falcone***, le firent durablement remarquer.

Le 27 mai 1834, Mérimée fut nommé inspecteur général des monuments historiques. Sa passion atavique des beaux-arts, sa vocation d'archéologue amateur et son goût des voyages trouvèrent ainsi à s'épanouir pleinement. Malgré ses jérémiades sur l'inconfort de ses incessants déplacements ou sur l'épaisse sottise des provinciaux, Mérimée se voua à sa mission avec talent et énergie. Il transforma ses volumineux rapports en passionnants et méticuleux récits de voyages : ***Notes d'un voyage dans le midi de la France*** (1835), ***Notes d'un voyage dans l'ouest de la France*** (1836), ***Essai sur l'architecture du Moyen Âge*** (1837), ***Notes d'un voyage en Auvergne*** (1838), ***Notes d'un voyage en Corse*** (1840), ***Études sur l'histoire romaine*** (1841), ***Architecture militaire au Moyen Âge*** (1843), ***Notice sur les peintures de l'église de Saint-Savin*** (1845), ***Vézelay*** (1848). Dans la même période, il rédigea ses chefs-d'œuvre littéraires, notamment ***La Vénus d'Ille*** (1837), ***Colomba*** (1841) et ***Les Âmes du purgatoire*** (1841).

La fécondité intellectuelle de Mérimée, entre 1834 et 1850, fut étonnante. En marge de son œuvre de conteur et de nouvelliste, il continua aussi à cultiver l'histoire romaine, en publiant un ***Essai sur la guerre sociale*** (1841) et une ***Conjuration de Catilina*** (1844). Ces impressionnants travaux lui valurent d'être élu en 1843 à l'Académie des inscriptions et belles-lettres, puis en 1844 à l'Académie française, au fauteuil de Nodier — après force intrigues pour faire oublier sa réputation de libre penseur. Cette double quête des honneurs académiques offrit l'avantage d'obliger Mérimée à n'abandonner ni son œuvre littéraire ni ses recherches érudites. Un an plus tard, il publia ***Carmen*** (1845), sa nouvelle aujourd'hui la

plus célèbre, mais qui ne s'imposa auprès du public que lors de la réédition de 1852.
À partir de 1850, cet anglophile élargit son cosmopolitisme littéraire : après l'Espagne, il s'intéressa surtout à la Russie. Il apprit le russe, traduisit Pouchkine et se lia d'amitié avec Tourgueniev. Cette culture slave lui permit de publier ***Le Faux Démétrius*** (1852), relatant un curieux et effrayant épisode de l'histoire de la Russie. Épouvanté mais épargné par les événements de 1848, Mérimée ne fit, dans le cours de cette belle carrière, qu'un seul faux pas, en s'entêtant à défendre un bibliothécaire indélicat, faussaire et voleur, Guillaume Libri. Cette honorable et courageuse erreur de jugement lui valut même quinze jours de prison en 1852. Mais Louis-Napoléon Bonaparte devint bientôt l'Empereur des Français et épousa, en 1853, Eugénie de Montijo, que Mérimée avait vue grandir : les faveurs du régime, désormais, se multiplièrent. Sénateur à vie en juin 1853, familier de la Cour, intime du couple impérial, Mérimée devint l'une des cibles des opposants, du fulminant Hugo en particulier — qui s'exclama à son retour d'exil : « *Le paysage était plat comme Mérimée.* »

L'apothéose du courtisan

Sans doute amoureux de l'impératrice, qui l'adorait aussi, Mérimée ne la quitta guère. Il était de tous les déplacements et de toutes les cérémonies. On le vit à Saint-Cloud, à Compiègne, à Biarritz. Il ne dédaignait même pas de jouer les amuseurs lettrés, en rédigeant des charades, des saynètes et, peut-être, la fameuse dictée qui révéla la nullité orthographique de l'empereur :

> « *Pour parler sans ambiguïté, ce dîner à Sainte-Adresse, près du Havre, malgré les effluves embaumés de la mer, malgré les vins de très bons crus, les cuisseaux de veau et les cuissots de chevreuil prodigués par l'amphitryon, fut un vrai guêpier.*
> *Quelles que soient et quelque exiguës qu'aient pu paraître, à côté de la somme due, les arrhes qu'étaient censés avoir données la douairière et le marguillier à maint et maint fusilier subtil, bien que lui ou elle soit censée les avoir refusées et s'en soit repentie, va-t'en les réclamer pour telle ou telle bru jolie par qui tu les diras redemandées, quoiqu'il ne lui siée pas de dire qu'elle se les est laissé arracher par l'adresse desdits fusiliers et qu'on les leur aurait suppléées pour des motifs de toutes sortes.*
> *Il était infâme d'en vouloir pour cela à ces fusiliers jumeaux et malbâtis et de leur infliger une raclée, alors qu'ils ne songeaient qu'à prendre des rafraîchissements avec leurs coreligionnaires.*
> *Quoi qu'il en soit, c'est bien à tort que la douairière, par un contresens exorbitant, s'est laissé entraîner à prendre un râteau et qu'elle s'est cru obligée de frapper l'exigeant marguillier sur son omoplate vieillie.*
> *Deux alvéoles furent brisés, une dysenterie se déclara, suivie d'une phtisie.*
> *"Par saint Martin, quelle hémorragie !", s'écria ce bélître. À cet événement, saisissant son goupillon, ridicule excédent de bagage, il la poursuivit dans l'église tout entière.* »
>
> **(*Dictée dite « de Mérimée »*)**

Napoléon III fut pourtant pris, à son tour, par la fièvre académique. Mérimée lui servit de nègre pour la rédaction d'une ***Histoire de Jules César***. Il le conseilla comme il pouvait, sans illusion. Au fond, il restait sur son quant-à-soi, refusant même, en 1863, le ministère de l'Instruction publique.
Dès 1862, Mérimée eut une autre obsession : sa santé. Il acheta une maison à Cannes, où il se retirait dès qu'il pouvait, pour soigner une grave bronchite chronique — dont il mourut. Il accumulait médecines et cures, s'épuisait et s'essoufflait facilement. Son caractère s'en ressentit : il morigénait et vitupérait contre tout ce qui s'opposait à l'Empire — dont il fut l'un des rares écrivains privilégiés, alors même que, dans la seule année 1857, les tribunaux impériaux condamnaient Baudelaire et Flaubert —, contre tout ce qui était trop neuf, dans les arts comme dans les mœurs. Quelques polémiques s'ensuivirent : Mérimée en avait l'habitude. Dès 1851, il fut attaqué, après la publication anonyme de ***H.B.***, plaquette dans laquelle il défendait sans fard et sans complaisance la mémoire de son ami Stendhal, décédé en 1842. La brochure avait fait scandale, jugée amorale, scabreuse, athée, injuste. Mérimée répliqua par le mépris.
Sa production finale resta pourtant soutenue. Il poursuivit ses traductions du russe (Pouchkine, Gogol, Tourgueniev), donna de remarquables éditions commentées de Brantôme et d'Agrippa d'Aubigné, publia divers ***Mélanges historiques et littéraires*** (1855), et collabora à

la *Revue des Deux Mondes* ou au *Moniteur*. Enfin, il renoua avec le fantastique, avec deux nouvelles, ***La Chambre bleue*** (1866) et surtout ***Lokis*** (1869), sorte d'histoire de loup-garou.

Ces dernières créations ne furent publiées en recueil qu'après la mort de l'écrivain, sous le titre de ***Dernières Nouvelles*** (1873), de même que sa volumineuse ***Correspondance générale*** (posth., 1941 à 1964, 17 vol.), souvent vitriolée et révélant un scepticisme qui, vers la fin de sa vie, ne se contint plus et tourna même à l'aigre : Mérimée ne comprit rien à la renaissance poétique des années 1850 et ne perçut pas, par exemple, le génie d'un Flaubert.

Tourmenté par l'asphyxie, désespéré par les derniers errements du pouvoir impérial, exaspéré de ne pouvoir agir pour contrecarrer la débâcle, Mérimée mourut dans sa retraite cannoise, avec le Second Empire, le 23 septembre 1870, quelques jours avant son 67e anniversaire.

Célibataire endurci, amant épistolaire et ami réticent, Mérimée sembla constamment soucieux de son indépendance, comme s'il éprouvait la hantise de la dépossession. L'exubérance et l'ostentation n'étaient pas son fort. Il répugnait à s'engager : même son supposé militantisme en faveur du Second Empire trouva sa source dans son affection privée pour Eugénie, et non dans une quelconque conviction idéologique. Ses contemporains le jugeaient guindé, sournois, insensible. En fait, il avait surtout un esprit soupçonneux et pessimiste, sans qu'il osât l'étaler. D'où son goût des masques : toute sa vie, il cacha, derrière un cynisme narquois et mondain, une vision tragique de l'Histoire ou des destins individuels. Comme tous les inquiets, ce dilettante fut un travailleur acharné et un actif ambitieux, qui eut beaucoup de chance, à défaut de bonheur. Toutefois, l'homme un peu décevant, parfois antipathique, a révélé un écrivain majeur, conteur et nouvelliste hors pair.

Un maître de la forme impersonnelle

Bien qu'il s'en défendît, le velléitaire Mérimée ressemblait à son œuvre, marquée elle-même par l'inachèvement et le recul, comme par l'effacement du moi : le narrateur se masque ou se dérobe ; les personnages flottent dans une ambiguïté déconcertante ; les récits se terminent de façon inquiétante ou malsaine ; les recueils sont publiés sous des pseudonymes mystificateurs. En effet, bien que sa chronologie l'inscrive dans la mouvance romantique qu'il fréquenta d'abord, Mérimée ne fut jamais dupe des emphases et des lubies de son époque. Athée, il ne fut pas un adepte du renouveau religieux. Il se méfiait de la grandiloquence narcissique des poètes, préférant le style laconique et impersonnel des conteurs cruels ou ironiques. Il pratiqua surtout la forme brève, la prolixité sentimentale et populiste d'un Hugo lui semblant le sommet du ridicule.

Il est significatif que les débuts de l'écriture mériméenne reposent sur deux œuvres apocryphes. Cette attitude initiale mystificatrice éclaire l'homme et conditionne l'œuvre : pour Mérimée, l'être perd sa force ou son charme s'il est dévoilé. Rétif à la confidence et à l'engagement, l'écrivain a transposé dans son écriture un goût de l'énigme et de la discrétion. Dans ses contes, le narrateur est souvent un érudit distant et ironique, qui relate des faits dont il semble lui-même surpris, et qui ne conclut guère. La chute du récit est généralement évasive, comme si elle invitait le lecteur à choisir une interprétation.

Cette hésitation rejoint parfaitement la nature des événements relatés : le genre fantastique, contrairement à l'irréalisme du merveilleux, repose sur un mélange de réalité et d'irréel. Le lecteur hésite à croire comme à rejeter les faits. Il reste ébahi, dans un entre-deux, à la fois incrédule et convaincu. Le contraste entre la sécheresse du ton narratif et la violence des événements accentue l'effet de surprise, voire de stupéfaction.

Car Mérimée n'épargne pas le lecteur, qu'il confronte brutalement à des meurtres, à des incestes, à des personnages douteux, libertins ou démoniaques, à des femmes sataniques, à des tyrans monstrueux, à des passions destructrices, à des querelles irréparables, à des mystères opaques.

La méthode mériméenne est renforcée par la toile de fond des pièces ou des contes, donnée pour historique, quasi vérifiable, fermement datée et située. Ainsi ancrées dans une couleur locale et dans un réel bien circonscrit, la bizarrerie ou l'horreur relatées prennent l'allure de faits divers, incroyables mais vrais.

Le goût initial de Mérimée pour le théâtre s'explique aussi par ce souci « vériste » de frapper l'imagination. Il privilégie des scènes rapides et peu bavardes, presque des saynètes, strictement centrées sur les faits, selon une dramaturgie dynamique, comme dans ***Le Carrosse du Saint-Sacrement***. Dans un semblable esprit de vérité, les premiers recueils de Mérimée portent des titres qui les relient d'emblée à l'Histoire, telles la ***Chronique du règne de***

Charles IX, roman savant où les mœurs et les passions de l'époque sont minutieusement décrites, ou encore ***La Jacquerie***, parue l'année précédente et sous-titrée « *scènes féodales* ». Cette préoccupation de réalisme est aussi manifeste dans les titres de la vingtaine de contes que Mérimée publia entre 1828 et 1830, dans des revues ou en volumes, et qui, pour la plupart, désignent soit un personnage (***Mateo Falcone***, ***Vision de Charles XI***, ***Tamango***, ***Federigo***, ***Colomba***, ***Lokis***), soit un groupe (***Les Mécontents***), soit un lieu (***Le Ban de Croatie***, ***La Perle de Tolède***, ***La Chambre bleue***), soit un objet (***Le Fusil enchanté***, ***Le Vase étrusque***), soit un événement précis (***L'Occasion***, ***L'Enlèvement de la redoute***, ***La Partie de trictrac***).

La continuité de sa création est donc perceptible, notamment dans les diverses manières narratives retenues. Toutes fondées sur l'oralité et le témoignage, sous forme de récits en discours rapporté — « *lettres* », « *chroniques* », « *scènes historiques* », « *nouvelles* », « *contes* », « *mémoires* » —, elles entretiennent l'illusion d'une relation véridique et stupéfiante. Quant aux personnages ou aux héros, sous le regard du narrateur omniscient, ils semblent limités et déroutants, poussés, par une crise qui les dépasse, vers une folie ou vers un échec quelconque.

Une gloire ininterrompue

En dépit de ses liens très étroits avec le Second Empire et grâce à la forme brève qu'il adopta, Mérimée n'a pas connu de purgatoire au sein de l'école républicaine : dans le corpus des recueils scolaires, ses principaux contes n'ont cessé d'être étudiés. Même si ***Carmen*** semble désormais appartenir surtout à Bizet, comme ***Le Carrosse du Saint-Sacrement*** à Offenbach, Mérimée a anticipé le goût moderne de la nouvelle et des *short stories* chères aux Anglo-Saxons. La clarté de son écriture, la rigueur de sa méthode narrative et son ironie annoncent l'« *ère du soupçon* » jeté sur les romans abondants, épiques ou moralisateurs d'un Dumas ou d'un Hugo, ses aînés d'un an auxquels tout l'opposait.

Chez Mérimée, la recherche de l'absolu et du sublime, dérisoire, cède la place à des croquis narquois et précis. Cette approche voltairienne et cette sensibilité à la bizarrerie d'un monde quasi voué à l'absurde répondent à l'horizon d'attente du lecteur d'aujourd'hui, où la « postmodernité » a ruiné toutes les pensées à système et a privilégié l'esthétique du fragment. Enfin, sa monumentale recension des richesses de notre patrimoine, inépuisable trésor, pour les amateurs comme pour les spécialistes, reste fréquentée.

ŒUVRES

Carmen

Nouvelle en 4 chapitres — numérotés et non titrés —, publiée dans la *Revue des Deux Mondes* le 1er octobre 1845.

Pour accréditer l'histoire, la nouvelle de Mérimée se présente comme un récit rapporté : le narrateur, au cours de ses recherches sur la bataille de Munda, revoit Don José Navarro, un proscrit emprisonné et condamné à mort, qui lui avait volé sa montre lors d'une précédente rencontre, lors de laquelle le narrateur avait aussi fait très brièvement la connaissance de Carmen. C'est ce malheureux Don José, encore fou d'amour, qui lui raconte sa fatale liaison avec Carmen. D'origine basque, née à Etchalar d'où elle fut enlevée par des bohémiens, la belle Carmen est cigarière dans une manufacture de Séville. De noir vêtue, bouquet de jasmin dans les cheveux, cigarette aux lèvres, elle a des yeux de braise et le diable au corps. Le pauvre José Navarro, l'air farouche, d'abord pétri de principes, succombe dès qu'il la voit. Alors qu'il a reçu l'ordre de l'arrêter, il hésite, et, subjugué, finit par tuer un officier avant de déserter et de s'enfuir avec la belle. Le voilà désormais contrebandier et voleur de grand chemin. De son côté, Carmen est mariée à un nommé Garcia, un mécréant qui en impose à sa bande de vauriens et qu'elle fit naguère évader du bagne. Don José, jaloux, excité par Carmen, abat Garcia. Il espère que sa belle sera désormais disposée à le suivre en Amérique. Mais l'inconstante, qui s'est jouée du naïf, a déjà séduit un autre garçon, le picador Lucas. Elle se moque de Don José et l'humilie. Affolé et déchu, il supplie en vain et finit, dans sa rage, par poignarder la volcanique et traîtresse sauvageonne.

La véracité supposée du récit est renforcée par un art consommé de la mise en scène, visant le rythme et l'effet dramatiques. Le style alerte et concis semble, lui aussi, authentique, enrichi de citations locales et de références archéologiques précises. Le récit paraît vif et vrai, proche du fait divers brillamment relaté. Mérimée fait œuvre originale, brouillant les pistes, dépaysant son lecteur, l'étourdissant de couleurs vives et de fortes odeurs. L'auteur masque la pure fiction sous des anecdotes qu'il tire de ses propres souvenirs. Pour plus de réalisme encore, Mérimée commence le livre en parlant de lui-même, en évoquant ses recherches savantes et ses enquêtes de terrain : « *J'avais toujours soupçonné les géographes de ne savoir ce qu'ils disent lorsqu'ils placent le champ de bataille de Munda dans le pays des Bastuli-Poeni, près de la moderne Monda, à quelque deux lieues au nord de Marbella. [...] Me trouvant en Andalousie au commencement de l'automne 1830, je fis une assez longue excursion pour éclaircir les doutes qui me restaient encore* » (chap. I). Mérimée disserte sur les bohémiens, puis laisse la parole à Don José, si bien que la fiction intervient en prolongeant l'autobiographie.

À peine élu à l'Académie, le 14 mars 1844, Mérimée reprit le fil de ses travaux érudits. Ses ***Études sur l'histoire romaine***, prolongement de son ***Essai sur la guerre sociale***, parurent le 21 mars. Mais, au fond, il s'ennuyait dans ces sommes savantes. Il avait envie de rompre avec le conformisme exigé par la campagne académique. À son retour d'une tournée dans le Midi, en septembre, il se lança dans la rédaction de ***Carmen***, ayant réutilisé ses ***Lettres d'Espagne*** — qui dataient de 1830 et avaient été publiées dans le recueil ***Mosaïque*** en 1833 —, où l'on trouve la pittoresque toile de fond de ***Carmen***, notamment des courses de taureaux, une exécution publique, des histoires de brigands et de sorcières.

En fait, même si Carmen a existé, croisée par Mérimée dans la lointaine Espagne de 1830, elle a vraiment pris vie dans son imagination. L'écrivain concentre en un seul personnage toutes les ténébreuses et vénéneuses beautés, aperçues au détour d'un regard. Elles se confondent dans cette gitane, fantasme sexuel, sorte de diablesse qui séduit et qui tue.

Autre constance mériméenne : la figure féminine reste celle d'une dévastatrice. Comme dans ***Colomba***, la femme se joue de l'homme, prenant possession de son libre arbitre et le manipulant sans scrupule. Don José devient un simple instrument, envoûté par Carmen, et il supporte les pires humiliations jusqu'à une rupture paroxystique qui lui est plus fatale encore. Ces portraits terribles sont renforcés par un certain souci du détail. ***Colomba*** et ***Carmen*** sont des œuvres où Mérimée a beaucoup mis de ses obsessions et de sa mythologie intime. La seconde surtout semble avoir mûri quinze années durant, souvent reprise et enrichie.

Ses contemporains trouvèrent que Mérimée renouait avec l'irrationnel de ses jeunes années. En réalité, c'est toute la beauté mystérieuse et morbide de l'amour mêlé à la mort qui trouve ici son inquiétante expression, annonciatrice d'un motif symboliste — le mythe de Salomé —, tel que le saisirent bientôt Baudelaire ou Mallarmé et, plus encore, des conteurs noirs comme Barbey d'Aurevilly et Villiers de L'Isle-Adam. Un tel sujet ne pouvait laisser indifférent : il déconcerta bien des lecteurs. Sainte-Beuve fut proprement estomaqué : il compara le talent « *exquis et dur* » de Mérimée « *à cette garde navarraise et au fameux coup de couteau par lequel son bandit tue le borgne. On reçoit cela... Vlan ! On n'a pas le temps de voir si c'est beau* » (*Portraits contemporains*, 1844). Il établit aussi une comparaison flatteuse avec *Manon Lescaut*, à propos du sujet choisi et de la technique du récit rapporté. Mais l'œuvre semblait inclassable et trop exotique : la plupart des critiques y perdaient leurs repères. Cet accueil embarrassé se renouvela lors de l'édition de 1847. Il fallut attendre la réédition de 1852 pour que ***Carmen*** s'imposât, avant que l'opéra de Bizet, sur un livret de Meilhac et Halévy, ne fît de ***Carmen***, en 1875, la plus populaire des œuvres lyriques françaises. La filmographie de cette nouvelle est impressionnante : une quarantaine de réalisations internationales depuis 1907, parmi lesquelles celles de cinéastes aussi prestigieux que Cecil B. De Mille (1915), Chaplin (1916), Lubitsch (1918), Christian-Jaque (1943), Vidor (1948), Preminger (1954), Brook (1983), Saura (1983), Godard (1983) ou Rosi (1984).

Colomba *et autres nouvelles*

Recueil de 3 nouvelles, contenant ***Colomba***, ***La Vénus d'Ille*** (déjà publiée en revue en 1837) et ***Les Âmes du purgatoire***, et publié chez Magen et Comon, en 1841, puis chez Charpentier, sous le titre ***Colomba suivie de la Mosaïque et autres contes et nouvelles***, en 1842 — incluant toutes les nouvelles du recueil de 1833, sauf ***Federigo***.

Colomba est la plus longue et la plus belle des nouvelles mériméennes. L'action de la nouvelle se situe à Pietranera — et non à Fozzano, où Mérimée rencontra son modèle. Le personnage de Colomba a 20 ans — et ressemble fort à la belle Catherine, fille de la vraie Colomba. Elle exige que son frère, Orso, au retour de son service militaire, venge leur père abattu par une famille rivale. Manipulé par cette sœur terrible, Orso abat les frères Barracini. Touché lui-même par un coup de fusil, il se prévaut de la légitime défense, et ne sera pas poursuivi par la justice. Il part finalement épouser une jeune Anglaise, témoin du drame.

Mérimée fut littéralement captivé par la Corse qu'il visita, sur le chemin de l'Italie, en 1839. Dès son retour, il se plongea dans divers ouvrages consacrés à l'île. Il lut *La Vendetta* de Balzac et médita un texte qui pût impressionner, tout en souhaitant s'appuyer sur des faits authentiques. Avec Stendhal, il avait discuté de son projet, qui devait mêler fierté, amour sans partage, violence du « tout ou rien », dette de sang par vengeance et pour l'honneur. Mérimée avait même approché, à Sartène, un certain Jérôme Roccaserra, meurtrier récidiviste, obsédé de *vendetta*, toujours acquitté par les jurys populaires — et finalement assassiné, en 1845, sur l'injonction d'un prêtre. À la mi-septembre 1837, à Fozzano, Mérimée avait séjourné une semaine chez une certaine Colomba, veuve Bartoli, irréductible et toujours prête à faire parler la poudre. Son fils avait été tué en 1833, lors d'un règlement de comptes lié à une *vendetta* vieille d'un demi-siècle. Voulant venger la mort de son enfant, elle pratiquait la magie en attendant des moyens plus expéditifs. Sa fille Catherine, superbe et ardente, avait laissé à Mérimée un souvenir et un désir impérissables. Mérimée rédigea la version définitive de **Colomba** au printemps 1840. Il écrivit, pour une fois, très rapidement, comme si le récit était déjà tout construit dans sa tête.

Malgré sa fin immorale, l'œuvre fut un succès : « *La* Colomba *de Mérimée est un chef-d'œuvre qui a réuni ici tous les suffrages* », écrit Sainte-Beuve — si rarement bienveillant — à Mme Juste Olivier, « *on n'a parlé que de cela pendant quinze jours en tous les lieux. Je ne connais rien de lui de si beau, de si parfait, de si fin.* [...] Colomba *connaîtra mieux qu'un succès éphémère, car le livre est une œuvre* classique, *donc une œuvre immortelle,* [...] *classique, au vrai sens du mot.* » Les critiques furent unanimes, saluant « *le meilleur roman de l'année* ». Les comparaisons flatteuses abondaient : « *Voilà du Walter Scott !* » ou « *Voilà du Sophocle !* ». La *Revue de Paris* confirma : « Colomba *n'est pas inférieure à ce que le pinceau de Scott a produit de plus* vrai, *de plus complet.* » Ces parallélismes sont un peu abusifs. Mérimée et Sophocle n'ont guère de points communs, puisque Colomba, ignorant la fatalité divine, semble poussée par des mobiles très humains. En fait, Mérimée fut loué par les classiques comme par les romantiques, parce que sa **Colomba** réalisait un équilibre. La couleur locale semble plus justement rendue que dans **Mateo Falcone**, pour la simple raison que Mérimée connaissait désormais l'île autrement que par des lectures ou des clichés. Le résultat est saisissant.

Les Âmes du purgatoire désignent une nouvelle plus convenue, s'inscrivant dans la tradition fantastique allemande du remords et de la conversion. Elle reprend le mythe de don Juan. Lassé de son libertinage obsessionnel, Dieu envoie à don Juan la vision de ses propres funérailles. Cette prémonition le fait revenir à la religion. Il se plonge dans le repentir, se fait admettre au couvent, macère dans les pénitences et meurt presque en odeur de sainteté.

Mérimée combine, comme à son habitude, réalisme et hallucination. Mais l'aspect moral de la nouvelle est plus accentué que d'ordinaire, et la religion, moins ridiculisée malgré l'invraisemblance du miracle qui conduit l'impie à résipiscence.

Le recueil de 1842 connut un tel succès qu'il fut réédité 13 fois, du vivant de Mérimée. Aujourd'hui encore, **Colomba** est l'une des œuvres les plus lues et les plus appréciées de notre littérature.

Lokis

Nouvelle publiée, le 15 septembre 1869, dans la *Revue des Deux Mondes*, avec pour titre **Le Manuscrit du Professeur Wittenbach**, puis sous celui de **Lokis**, en 1873, dans l'édition posthume des **Dernières Nouvelles**. Ce dernier recueil contient notamment **La Chambre bleue** — l'histoire, une nuit dans un hôtel, de deux amants qui croient qu'un meurtre s'accomplit dans la chambre voisine de la leur — et **Djoûmane** — un chasseur, en Afrique du Nord, tue un cheik et tombe dans un gouffre où il assiste à une incantation : une fillette offerte par un sorcier à un serpent ; on comprend finalement qu'il s'agissait d'un rêve érotique.

Le 2 septembre 1868, Mérimée résume à Jenny Dacquin l'histoire de **Lokis** : « *La scène se passe en Lituanie, pays qui vous est fort connu. Une grande dame du pays, étant à la chasse, a eu le malheur d'être prise et emportée par un ours dépourvu de sensibilité, de quoi elle est restée folle ; ce qui ne l'a pas empêchée de donner le jour à un garçon bien constitué qui grandit et devient charmant ; seulement, il a des humeurs noires et des bizarreries inexplicables. On le marie, et la première nuit de ses noces, il mange sa femme toute crue. Vous qui connaissez les ficelles, puisque je vous les dévoile, vous devinez tout de suite le pourquoi. C'est que ce monsieur est le fils illégitime de cet ours mal élevé.* » Laissant son lecteur dans l'indétermination, Mérimée joue sur le flottement continuel entre l'homme et l'animal. Le héros, le comte Szemioth, n'a pas son pareil pour grimper aux arbres ou pour danser en serrant trop fort sa fiancée « *comme un ours qu'il était* ». Les circonstances de sa naissance restent troubles : sa mère, retrouvée dans les bras d'un ours qui l'avait enlevée lors d'une partie de chasse, a perdu la raison. L'enfant qui naît neuf mois plus tard semble d'emblée inquiétant. Le narrateur, Wittenbach, est un savant, si bien que la nouvelle se présente comme une sorte de mémoire, ce qui valide la possibilité scientifique de l'aberration naturelle et de la monstruosité.

Le style alerte, presque enjoué, contraste avec l'affreuse histoire qui se déroule dans un cadre sauvage et inquiétant. Le récit est clair, mais son objet reste opaque et dérangeant. Ce contraste entre le fond et la forme fait côtoyer le tragique et l'ironie : le lecteur, hésitant entre sourire et fascination, ne sait que penser de cette histoire à dormir debout. En tout cas, cette dernière figure mériméenne est, dans son genre, magistrale. L'auteur met en scène des personnages bizarres : un professeur à la fois austère, dévot et fleur bleue ; un comte aux manières raffinées, mais subitement emporté par une sorte de bestialité incontrôlée. Les êtres et les situations paraissent détraqués, inavouables ou incernables, l'information étant distillée peu à peu. Les éléments manquants du puzzle sont distribués lors de conversations entre les protagonistes. Tout au long du récit, Mérimée prépare son lecteur à accepter l'inacceptable. Les indices, dispersés au fil des pages, prennent tout leur sens dans la dernière partie de l'histoire, où les incongruités tombent en cascade : le comte se métamorphose en un colosse, ses bras sont *« couverts d'un noir duvet »*, il dort en émettant *« une sorte de râle nerveux »*, il s'affole, cherchant lui-même dans des ouvrages savants le vice qu'il devine en lui. Bref, avec cette nouvelle ultime, Mérimée a poussé le conte fantastique dans ses derniers retranchements, jusqu'au bord de l'indicible. La bestialité semble avoir gagné.

L'auteur retrouve ici la tradition fantastique des êtres médians, entre animalité et humanité. Il emprunte à Hoffmann et ravive son souvenir de *L'Homme-Ours*, un conte danois traduit par H.-C. de Saint-Michel. Autre influence avouée : celle du *Messire Thaddée* de Mickiewicz. De même Mérimée ne peut-il avoir oublié la strophe d'*Eugène Oneguine* où Pouchkine provoque la rencontre d'une jeune fille et d'un ours. Par ailleurs, grâce à son amie la comtesse Lise Przedziecka, il s'est intéressé aux dialectes, aux mœurs et aux légendes folkloriques de Lituanie. ***La Guzla*** n'est pas si loin, à laquelle il fait quelques clins d'œil, par le biais d'histoires de vampirisme. Quant au professeur Wittenbach, son personnage d'érudit convié à un mariage « couleur locale » qui finit mal, il n'est pas sans rappeler celui de ***La Vénus d'Ille***. Le récit tient enfin compte d'études médicales concernant l'hérédité, sujet en vogue à cette époque.

Après une lecture publique, à Saint-Cloud, en juillet 1869, devant l'impératrice et quelques courtisans éberlués, Mérimée fit paraître sa nouvelle en revue, sous un titre plutôt terne, mais la publication en recueil ne fut que posthume. Si cette dernière nouvelle est moins connue que celles des années 1840, elle n'est pas la moins réussie.

Mosaïque

Recueil de 7 nouvelles publié à Paris en 1833. Sous le titre passe-partout de ***Mosaïque***, Mérimée rassembla ses premières nouvelles, écrites depuis 1828, et qui étaient parues dans la *Revue de Paris* ou dans la *Revue française*. Il s'agissait de ***Mateo Falcone***, ***Vision de Charles XI***, ***Tamango***, ***Federigo***, ***L'Enlèvement de la redoute***, ***Le Vase étrusque***, ***La Partie de trictrac***. Le volume était complété par des ***Lettres d'Espagne***.

Mateo Falcone a beaucoup contribué à vulgariser la manière de Mérimée. Il est difficile de faire plus abrupt, plus dense et plus sauvage à la fois. Inspiré par diverses anecdotes, cette nouvelle a pour cadre la Corse, et pour sujet, une brève et sidérante démonstration du sens de l'honneur propre aux insulaires. Fortunato, un garçon d'une dizaine d'années, dénonce aux gendarmes, pour le prix d'une montre en or, le fuyard qui se cache sous le toit familial. Bien qu'il ait transgressé la loi de l'*omerta* par naïveté et immaturité, l'enfant est froidement exécuté par son père, d'un coup de fusil, dès la trahison connue. Ce terrible et laconique récit, seulement diverti par quelques descriptions arides du maquis aux alentours de Porto-Vecchio, s'achève en l'espace d'une demi-journée, circonscrit en un huis clos de tragédie grecque. Mérimée conduit sa narration avec célérité, sans commentaire ni morale, sur un ton de clinicien froid et précis. La chute, refusant tout épanchement, malgré l'horreur de l'infanticide, laisse le lecteur abasourdi. On connaît les sources qui inspirèrent ce sujet atroce à Mérimée, mais l'intérêt littéraire ne doit rien à l'anecdotique ni au pittoresque. Il se fonde sur un sens aigu de la dramatisation sans sympathie ni pathétique.

Cette méthode paradoxale se retrouve dans ***L'Enlèvement de la redoute***, récit d'un fait d'armes qui tourne au carnage. Le lecteur est plongé d'abord dans une atmosphère nocturne et inquiétante, prémonition lancinante de la « boucherie héroïque » qui va suivre. Puis, sans précaution dans l'enchaînement, la narration s'accélère brusquement. L'assaut, subitement décidé, quasi improvisé, aboutit à un corps à corps confus et saignant. Les blessés et les morts s'entassent. Quand la danse macabre s'arrête, la redoute est prise, sans que personne ait jamais su pourquoi il était utile qu'elle le fût. Là encore, le lecteur, confronté à ce spectacle surexcité et vide de sens, semble livré à un absurde sans recours. Le narrateur, qui a conduit son récit avec brio, ne lui propose ni complicité ni explication. Cet art mériméen du décalage entre réel et rationalité sera le fondement de son œuvre proprement fantastique. Pour l'heure, Mérimée cherche surtout à rendre perceptible un monde où les normes ont vacillé, sans morale ni raison. Or ces dérèglements sont souvent consécutifs à des passions ou à des sentiments incontrôlés.

C'est ce que Mérimée va analyser, de façon plus diserte, dans ***Le Vase étrusque*** et dans ***La Partie de trictrac***. La première de ces nouvelles a pour héros un certain Saint-Clair, dans lequel on a souvent voulu reconnaître Mérimée lui-même. Le conteur y dissèque un être apparemment froid et blasé, mais follement amoureux et jaloux. Stupidement, quand les fureurs de sa passion retombent et qu'il se dispose enfin à être heureux, Saint-Clair va devoir mourir dans un duel qu'il avait programmé autrefois, par tentation du suicide, mais qui n'a plus de raison d'être. L'amour stupide et obsédant, avec ses déchirements grotesques et inféconds, est au cœur de cette étude morale. Mérimée teinte son histoire d'un halo de tendresse et de pitié, comme pour satisfaire aux conseils de Stendhal qui lui reprochait de n'être *« pas assez délicatement tendre »*. On peut donc penser que le parti pris littéraire se confond ici avec l'expérience privée d'une vie sentimentale souvent blessée.

La Partie de trictrac est de la même veine. L'histoire se déroule sur la mer des Indes. Un officier de marine, tricheur au jeu, se débat avec son remords, depuis que son malheureux adversaire, désespéré par ses injustes pertes, s'est suicidé. Le voilà seul, hanté par un sentiment têtu de culpabilité, avec en poche quelques pièces d'or, gain dérisoire et honteux. L'auteur examine avec une délectation cruelle la dépression du tricheur, à son tour tenté par le suicide. Là encore, c'est une mort imprévue, à l'occasion d'un combat naval, qui mettra un terme aux obsessions de cette âme tourmentée. La thématique mortuaire enveloppe donc toute cette nouvelle, assez sombre. Selon le double jeu mériméen habituel, c'est la maîtresse de l'officier tricheur qui joue le rôle de la voix de la conscience, tout en se disposant, par vengeance et dépit, à se prostituer.

Ce recueil composite ne doit pas être tenu pour une simple compilation. Il révèle d'emblée la perfection d'une méthode narrative, tout en laissant percevoir les deux versants de l'inspiration mériméenne. Mérimée commence par interloquer son lecteur, en poussant à l'extrême la technique de la concision impersonnelle et de l'ellipse cynique, dans ***Mateo Falcone***, ***Tamango*** et ***L'Enlèvement de la redoute***. Puis ces faits divers laissent la place à des études plus introspectives de la nature humaine. La psychologie analytique se déploie, examinant les effets dévastateurs de la cruauté raciste, avec l'odyssée lamentable du héros éponyme de ***Tamango***, un esclave révolté devenu roitelet ; d'une crise sentimentale, dans ***Le Vase étrusque*** ; ou du remords, avec ***La Partie de trictrac***.

Finalement, le concept de « *mosaïque* » ne va pas si mal à ce recueil hétéroclite, sorte de puzzle mériméen où se trouvent en germe, pour l'essentiel, la manière et les thèmes de l'auteur, conteur cruel. Parmi les nouvelles qui le composent, ***Mateo Falcone*** — dont la brièveté et l'âge du personnage principal prédestinent la lecture auprès d'un public scolaire — a connu un succès jamais démenti qui a immortalisé le nom de Mérimée.

La ***Vénus d'Ille***

Nouvelle parue dans la *Revue des Deux Mondes* du 15 mai 1837, puis jointe au recueil ***Colomba et autres nouvelles*** (1841).

Le savant M. de Peyrehorade s'apprête à marier son fils Alphonse. Le beau jeune homme, la veille de son mariage, participe à une partie de jeu de paume, au cours de laquelle il se dispute avec l'un de ses adversaires, un muletier espagnol, qui le maudit. Il passe l'alliance qu'il destine à sa future femme au doigt d'une statue de Vénus — découverte par son père —, afin d'être plus libre de ses mains. Lorsqu'il souhaite la récupérer, la statue a replié son doigt. Au matin de la nuit de noces, Alphonse est retrouvé mort. Sa jeune veuve, devenue folle, dit avoir vu *« une espèce de géant vert »* écraser son mari. On retrouve l'anneau par terre. Le conteur ne conclut pas. Que s'est-il passé ? Noces de sang avec la Vénus de pierre, jalouse, ou règlement de compte déguisé avec l'adversaire ulcéré de la veille ?

« Il ne faut pas oublier que lorsqu'on raconte quelque chose de surnaturel, on ne saurait trop multiplier les détails de réalité matérielle. C'est là le grand art de Hoffmann dans ses contes fantastiques », écrit justement Mérimée. De fait, il s'efforce de prendre froidement au sérieux les choses les plus invraisemblables, de cautionner ce qu'il raconte en s'installant lui-même au cœur de l'intrigue. Il prend le rôle d'un enquêteur omniscient et, au plus sombre de l'histoire, qui accumule les ingrédients troublants, Mérimée n'oublie pas de maintenir le pittoresque et de faire vivre ses personnages. Il combine donc l'événement fantastique et l'énigme policière, l'enquête aboutissant à l'inexplicable, à l'absence de preuve, ce qui peut légitimer une interprétation surnaturelle. Il laisse son lecteur dans l'impasse, et le flottement reste total.

L'idée de cette nouvelle est venue à Mérimée lors de son voyage de 1834 en Roussillon. Son imagination a vagabondé sur un site où des fouilles archéologiques avaient dégagé un temple antique dédié à Vénus. Mais, d'une façon générale, le thème de la statue qui s'anime et qui prend une autonomie nocive appartient au vieux fonds des histoires fantastiques. Plus intéressante est la façon dont Mérimée transpose cette narration dans son époque, pour lui donner force et vraisemblance. Stendhal rappelle que, selon Mérimée, *« pour faire du fantastique, il fallait commencer par mettre ses héros en gilet de flanelle »*, le fantastique supposant à la fois l'adhésion et le doute du lecteur. Le personnage principal, M. de Peyrehorade, est dans le style de ces notables cultivés et diserts que Mérimée croisait au cours de ses tournées provinciales. Ce dernier se sert beaucoup de ses croquis de voyage pour camper le décor : la *« silhouette merveilleuse »* du Canigou se détachant sur l'horizon, une campagne de verdure et d'eau vive, l'accent chantant des méridionaux, le vin de Collioure, les *« gâteaux de* millas », la fête des noces. Ces éléments créent des effets de réel dans l'histoire contée par Mérimée, qui se met lui-même en scène rendant visite à ce fameux M. de Peyrehorade et découvrant la Vénus en bronze qu'il a mise au jour.

Assez fier du résultat, Mérimée confia que *« cette histoire de revenants »* était son *« chef-d'œuvre »*, son *« enfant préféré »*. Sans céder à une psychanalyse facile, cette œuvre est aussi révélatrice de sa profonde hantise de la femme, résumée en cette Vénus maléfique. Son *« incroyable »* beauté sensuelle transpire surtout la cruauté et le dédain : « [...] *les yeux un peu obliques, la bouche relevée des coins, les narines quelque peu gonflées »*. Par une lente progression de la description, Mérimée la rend d'abord attachante, puis inquiétante et enfin insupportable. Une fois fondue pour être transformée en cloche, elle semble perpétuer ses maléfices : *« Depuis que cette cloche sonne à Ille, les vignes ont gelé deux fois. »* Telle est la chute de ce petit chef-d'œuvre dont le succès public perdure.

CITATIONS

En close bouche, n'entre point mouche.

Carmen, 4.

[...] je donnerais volontiers Thucydide pour des mémoires authentiques d'Aspasie ou d'un esclave de Périclès.

Préface à *Chronique du règne de Charles IX*.

C'est Louis XI qui a dit : « Diviser pour régner. »

Préface à *Chronique du règne de Charles IX*.

Mais, dites-moi, pourquoi voulez-vous que je vous fasse faire connaissance avec des gens qui ne doivent point jouer de rôle dans mon roman ?

Chronique du règne de Charles IX, 8.

L'énergie même dans les mauvaises passions excite toujours en nous l'étonnement et une sorte d'admiration.

La Vénus d'Ille, in *Colomba et autres nouvelles*.

[...] il n'y a rien de plus odieux pour une femme que ces caresses qu'il est presque aussi ridicule de refuser que d'accepter.

La Double Méprise, 2.

Il est bien malheureux de perdre ses amis, mais c'est une calamité qu'on ne peut éviter que par une autre bien plus grande, qui est de n'aimer rien.

Lettres à une inconnue, CLXII.

Je suis toujours malade et quelquefois je soupçonne que je suis sur le grand railway menant outre-tombe. Tantôt cette idée m'est très pénible, tantôt j'y trouve la consolation qu'on éprouve en chemin de fer : c'est l'absence de responsabilité devant une force supérieure et irrésistible.

Lettres à une inconnue, CCI.

Souviens-toi de te méfier.

Lettres à une inconnue, CCCXXIII.

« Plutarque, disait Courier, ferait gagner à Pompée la bataille de Pharsale si cela pouvait arrondir tant soit peu sa phrase. » Il a raison. M. Nodier était de l'école de Plutarque.

Charles Nodier, in *Portraits historiques et littéraires*.

Le plus sceptique a ses moments de croyance superstitieuse, et sous quelque forme qu'il se présente, le merveilleux trouve toujours une fibre qui tressaille dans le cœur humain.

Alexandre Pouchkine, in *Portraits historiques et littéraires*.

Quand une passion nous emporte, nous éprouvons quelque consolation d'amour-propre à contempler notre faiblesse du haut de notre orgueil. « Il est vrai que je suis faible, se dit-on, mais si je voulais ! »

Le Vase étrusque, in *Mosaïque*.

JUGEMENTS

« *Archéologue, voyageur sensible, qui traversa son temps comme l'Europe, prenant partout, mais ne se laissant pas prendre, il a, dans ce siècle d'écoles bruyantes, une place à part : il est presque de l'âge des grands romantiques, mais il a l'air d'appartenir à la génération suivante, celle qui ne s'émerveille plus des premiers tumultes. Il est à peine l'aîné des Jeunes-France, pourtant, qui furent les troupes de la bataille d'*Hernani *; et il y a en lui quelque chose de plus moderne, à notre sens du mot, que chez Musset, Gautier, Borel ou Nerval.* »

Louis ARAGON, *La Lumière de Stendhal*, Denoël, 1954.

« [...] *comme en condensant,* [il] *obéit à la nature d'un esprit qui peut pincer avec des doigts nerveux mais qui ne saurait étreindre à pleins bras, c'est le plus court qui vaut le mieux chez M. Mérimée, pour le connaisseur comme pour le public.* »

Jules BARBEY d'AUREVILLY, *Les Œuvres et les Hommes*, IV, 1865.

« *Un homme à qui on pourrait* [...] *comparer* [Delacroix] *pour la tenue extérieure et pour les manières serait M. Mérimée. C'était la même froideur apparente, légèrement affectée, le même manteau de glace recouvrant une pudique sensibilité et une ardente passion pour le bien et le beau, c'était, sous la même hypocrisie d'égoïsme, le même dévouement aux amis secrets et aux idées de prédilection.* »

Charles BAUDELAIRE, *La Vie et l'Œuvre d'Eugène Delacroix*, 1863.

« *Très inférieur à Hoffmann, à Nodier et même à Gautier par le génie fabulateur, Mérimée possède, croyons-nous, une puissance d'émotion plus grande, grâce à une sobriété et à une densité dont les conteurs romantiques ne se soucient guère et dont la vogue d'Edgar Poe contribuera plus tard à répandre le goût. De ce point de vue, Mérimée est un précurseur : la manière directe, brutale, un peu sèche de l'Américain ressemble un peu à la sienne.* »

Pierre-Georges CASTEX, *Le Conte fantastique en France de Nodier à Maupassant*, Corti, 1951.

« *Sceptique dédaigneux, pessimiste tranquille, mystificateur impassible, le tout couvert du glacis brillant de l'homme du monde, et enveloppé dans la grâce aimable mais sans abandon du causeur discret qui se surveille, tel a été Mérimée ; ou tel au moins il a mis un art patient et sans défaillance à se montrer jusqu'au bout, ce qui laisse croire qu'il n'était pas très sensiblement autre chose.* »

Émile FAGUET, *Études littéraires*, 1887.

« *Il sait faire vingt pages, où les romantiques s'évertuent à souffler un volume. Aussi quelle plénitude dans cette brièveté ! Un paysage est complet en cinq ou six lignes. Les caractères se dessinent par une action significative, que le romancier a su choisir en faisant abstraction du reste* [...].
Il est simple aussi : ni sensibilité ni grandes phrases ; un ton uni, comme celui d'un homme de bonne compagnie qui ne hausse jamais la voix. On peut imaginer l'effet de cette voix douce et sans accent quand elle raconte les pires atrocités. Car Mérimée est "cruel", il conte avec sérénité toutes sortes de crimes, de lâchetés et de vices, les histoires les plus répugnantes ou les plus sanglantes ; ne croyant ni à l'homme ni à la vie, il choisit les sujets où son froid mépris trouve le mieux à se satisfaire. »

Gustave LANSON, *Histoire de la littérature française*, Hachette, 1894.

« [...] *cette Vénus méchante* [dans *La Vénus d'Ille*], *qui étouffe ceux qu'elle aime, c'est aussi, pour Mérimée, le symbole véridique de l'amour tel qu'il le conçoit d'ordinaire.* [...] *Sa philosophie toute négative s'est tournée en dandysme moral. C'est peut-être là sa plus essentielle originalité.* »

Jules LEMAITRE, *Les Contemporains*, 1886.

« [...] *il se sert moins que tout autre de l'image, cette cause de vieillesse du style. La postérité appartiendra aux écrivains secs, aux constipés.* »

Jules RENARD, *Journal*, 1870.

« *Le style de Mérimée a un* truc *qui n'est qu'à lui, on est toujours tenté de crier au* machin ! *mais ce n'est pas du grand art ni du vrai naturel. Le vrai naturel est bien autrement large et libre que cela.*
[...]
Mérimée. Il est piquant en conversation ; mais écoutez-le, c'est toujours une anecdote, un conte, un trait de mœurs, un texte d'auteur,... en un mot c'est toujours un fait, *jamais une* idée. »

Charles Augustin SAINTE-BEUVE, *Portraits contemporains*, 1844.

« *Mérimée, agnostique et qui n'a jamais été baptisé, nourri de Voltaire, des Encyclopédistes et des Idéologues, rivalisant avec son ami Stendhal de sarcasmes contre l'Église, les prêtres et toutes les religions, affichait l'impiété, un matérialisme intrépide, une confiance hautaine dans la science et dans la raison. En fait, il n'est sûr de rien, il est torturé par le doute, obsédé par une présence qu'il n'appelle pas Dieu parce qu'il se refuse au dogme comme à la révélation, mais qu'il décèle dans les forces mystérieuses de l'univers, dans la toute-puissance du destin, dans l'innommable comme dans l'ineffable. Stendhal, lui, n'avait aucune inquiétude religieuse ni métaphysique : aussi n'a-t-il jamais écrit un conte fantastique. Pour en rêver ne fût-ce qu'un seul, il faut avoir le sens du mystère, de l'au-delà, d'une transcendance, de quelque nature qu'elle soit.* »

Marcel SCHNEIDER, *La Littérature fantastique en France*, Fayard, 1964.

« *À l'opposé de Nodier, auquel il succéda à l'Académie française, il appartient à ce romantisme précis, vif, de grande clarté dont on aurait pu s'attendre à ce qu'il négligeât toute affabulation fantastique. Il n'en fut rien, cependant ; et peut-être Mérimée, en raison de ces caractéristiques apparemment négatives, parvint-il à communiquer un sentiment d'étrangeté supérieur à celui que Nodier, Gautier, Balzac soulèvent en nous.* »

Jean-Louis STEINMETZ, *La Littérature fantastique*, PUF, 1990.

BIBLIOGRAPHIE

Éditions

Œuvres complètes, éd. P. Trahard et Ed. Champion, Champion, 1927 ; éd. E. Marsan, Le Divan, 1927 à 1931 ; éd. M. Levaillant, Larousse, 1927.

Correspondance générale, éd. M. Parturier, 17 vol., Le Divan (pour les tomes I à VI), 1941 à 1947, Privat, Toulouse (pour les tomes VII à XVII), 1953 à 1964.

Nouvelles complètes, éd. P. Josserand, « Folio », Gallimard, 1974 à 1976, 2 vol. ; *Nouvelles*, éd. M. Crouzet, Imprimerie nationale, 1988, 2 vol.

Théâtre de Clara Gazul, éd. P. Berthier, « Folio », Gallimard, 1985 ; *Théâtre de Clara Gazul. Romans et Nouvelles*, éd. J. Maillion et P. Salomon, « Pléiade », Gallimard, 1978.

Histoire de don Pèdre Ier, roi de Castille, Didier Érudition, 1981.

H.B., Solin, 1983.

Notes de voyage, éd. P.M. Auzas, Hachette, 1971, rééd. Adam Biro, 1989, 4 vol.

Études

O. Avni, « Et la chose fut (*La Vénus d'Ille* de Mérimée) », in *Poétique*, n° 46, avr. 1981 ; « Mystification de la lecture chez Mérimée : lira bien qui rira le dernier », in *Littérature*, n° 58, mai 1985.

P. Bourget, « Mérimée nouvelliste », in *Revue des Deux Mondes*, 15 sept. 1920.

F.P. Bowman, *Prosper Mérimée : Heroism, Pessimism and Irony*, Univ. of California Press, Berkeley and Los Angeles (US), 1962.

J. Chabot, *L'Autre Moi. Fantasme et Fantastique dans les « Nouvelles » de Mérimée*, Édisud, Aix-en-Provence (Bouches-du-Rhône), 1983.

X. Darcos, *Mérimée*, Flammarion, 1998.

P.-H. Dubé, *Bibliographie de la critique sur Prosper Mérimée, 1825-1993*, Droz, Genève (CH), 1997.

G. Fabre, « Prosper Mérimée et Alexandre du Mège », in *Mémoires de la société archéologique du Midi de la France*, t. XLV, 1985, pp. 177 à 193.

A. Fermigier, « Mérimée et l'Inspection des monuments historiques », *in* P. Nora (dir.), *Les Lieux de mémoire*, t. II : *La Nation*, Gallimard, 1986, pp. 593 à 611.

A. Fonyi (dir.), *Prosper Mérimée, écrivain, archéologue, historien*, Droz, Genève (CH), 1999.

A. Kotin-Mortimer, « Mérimée palimpseste dans *Il viccolo di Madama Lucrezia* », in *Poétique*, n° 77, févr. 1989.

J.R. Massat, « Pittoresque de la barbarie et Roman de la différence », in *Études corses*, n° 29, 1987, pp. 61 à 76.

E. Morel, *Prosper Mérimée : l'amour des pierres*, Hachette, 1988.

A.W. Raitt, *Prosper Mérimée*, Eyre and Spottiswoode, Londres (GB), 1970.

P. Trahard, *Prosper Mérimée et l'Art de la nouvelle*, PUF, 1923 ; *La Jeunesse de Prosper Mérimée (1803-1834)*, Champion, 1925, 2 vol. ; *Prosper Mérimée de 1834 à 1853*, Champion, 1928 ; *La Vieillesse de Prosper Mérimée (1854-1870)*, Champion, 1930 ; *id.* et P. Josserand, *Bibliographie des œuvres de Mérimée*, Lenox, 1970.

Les Monuments historiques de la France, n° spécial *Mérimée*, juil.-sept. 1970.

AUDIO & VIDÉO

Vidéo

Christian-Jaque, *Carmen*, 1943, ARN, s.d.

CD-ROM

Autour du romantisme. Le Roman, 1792-1886, Bibliopolis, 1999.

Encyclopédie de la littérature française, Bibliopolis, 1998.

MICHAUX

Henri MICHAUX

Henri Eugène Marie Ghislain MICHAUX

De nationalité belge, naturalisé Français en 1954

Namur (Belgique) 1899 – Paris 1984

« Si je me risquais à faire le portrait de Michaux, je dirais qu'il a une tête magique, modelée par l'artiste, durant une nuit d'insomnie, une nuit blanche comme lui. Avec son regard coupant, son menton coléreux et ses lèvres orageuses, c'est un chef très ancien et très moderne de la grande tribu humaine. Mais s'il est impitoyable, c'est surtout pour lui-même. Dans son laboratoire de poète visionnaire et studieux, c'est lui seul qui sert de cobaye. Chez Michaux, tous les mots lui appartiennent en propre et semblent avoir été inventés. Son vocabulaire a ses partis pris à lui, son intrépidité, son magnétisme. »

Jules SUPERVIELLE, in *Henri Michaux*, « Cahiers de l'Herne », L'Herne, 1966.

« [...] [Mme Paulhan] *me demande si j'ai lu le nouveau volume d'Henri Michaux. Cela m'a été une belle occasion de lui dire ce que je pense de cette littérature, sur le fragment que j'en ai lu, une sorte d'histoire de village aux maisons n'ayant que de fausses fenêtres, l'auteur partant de là pour se livrer à des divagations sans queue ni tête, écrivant au surplus fort mal, plein de pléonasmes et de redites à chaque instant : à mon avis, une pure stupidité.* »

Paul LÉAUTAUD, *Journal littéraire*, 15 octobre 1935, Mercure de France, rééd. 1986.

Une vie d'explorations solitaires

Le sens « *du manque* »

Né à Namur d'un père ardennais et d'une mère wallonne aux lointaines ascendances espagnole, hollandaise et allemande, « *dans une famille bourgeoise* », Michaux passa son enfance à Bruxelles aux côtés de son frère Marcel, son aîné de trois ans. Mais « *il boud*[a] *la vie, les jeux* », il se retrancha et s'organisa « *contre* » — pour citer le titre d'un futur poème ***(Contre !)*** de ***La nuit remue***, 1935. « *Sa façon d'exister en marge* [...] *fait peur ou exaspère.* » On l'envoya, pour sa santé, à la campagne, à Putte Grasheide, dans la Campine : il y connut à sept ans le pensionnat « *pauvre, dur, froid* » Van der Borgt, où il fit ses classes en flamand. Ne frayant pas avec ses condisciples, il éprouvait des sentiments qui le hantèrent longtemps : honte « *de ce qui l'entoure, de tout ce qui l'entoure* [...], *mépris aussi pour lui-même et pour tout ce qu'il connaît jusqu'à présent* » (***Quelques Renseignements sur cinquante-neuf années d'existence***, 1958). Des appuis, alors, l'auraient peut-être aidé, mais ils ne vinrent pas : « *Mère m'a toujours prédit la plus grande pauvreté et nullité* » (***Mes Propriétés***, 1929). Serait-ce de cette enfance « *qui n'a pas eu son compte* » que date ce qu'il nomme son « *sens du manque* » ? « *J'ai sept ou huit sens. Un d'eux : celui du manque* » (***Ecuador, journal de voyage***, 1929). Des années durant — lointains échos de précoces souffrances de l'âme, s'ajoutant à une affection cardiaque évoquée dans de nombreux textes ? — se firent entendre les accents pathétiques d'une indéfectible révolte contre l'hostilité d'un « *monde étranglé, ventre froid* ». Revenu en 1911 à Bruxelles, il y poursuivit des études chez les jésuites du collège Saint-Michel, découvrit le dictionnaire où fourmillent des « *mots qui n'appartiennent pas encore à des phrases, pas encore à des phraseurs* », et les... fourmis. Les sciences naturelles l'intéressèrent toujours, et dans ses œuvres surgirent plus tard de singulières ***Notes de botanique*** ou ***Notes de zoologie*** (in ***Mes Propriétés***) qui signalaient un observateur précis autant qu'imaginatif. Musique et latin captivèrent aussi son attention, mais moins cependant que ce qu'il nommait « *l'essentiel* ». Quel essentiel ? « *Le secret qu'il a depuis sa première enfance soupçonné d'exister quelque part.* » Il chercha sans relâche pour découvrir « *les siens* [...], *ses vrais parents* [...], *ceux qui peut-être "savent" (Hello, Ruysbroeck, Tolstoï, Dostoïevski).* » Des études de médecine commencées en 1919 furent presque aussitôt abandonnées, avant la fin de la 1re année ; Michaux avait songé auparavant à entrer chez les bénédictins : refus paternel. Celui qui aimait l'écart, le silence, le secret proche du sacré, qui découvrit « *quelle frime c'est que l'unité, que l'identité* » (***Connaissance par les gouffres***, 1961), ne sacrifia jamais, même devenu célèbre, aux grandes messes médiatiques et s'efforça d'offrir le moins de prise possible aux biographes. « *Quelques renseignements* » donnés comme à propos d'un autre (à la 3e personne), quelques remarques lapidaires — « *Quand vous me verrez, Allez / ce n'est pas moi* » ***(La nuit remue)*** n'ont livré que des indications discrètes sur ses origines. Pour le reste, qu'il protégea jalousement de l'« *atteinte des entourants* », Michaux se borna à noter : « *Quelqu'un, après plus de 70 ans de vie, n'est pas encore assez intime avec lui-même pour pouvoir avec naturel parler en son nom* » (***Plaques***, 1979).

L'aventure des voyages

Alors — première rupture — cet *« arraché de partout [...] jamais plus rattaché »* (***Mouvements***, 1951) embarqua en 1920 à Boulogne comme matelot, pour les Amériques. Moment fondateur, où il préserva au prix même d'un choix sacrificateur — comme il le fit tant d'autres fois — cet univers dense et personnel qu'il avait senti en lui. Même si, un an plus tard, il dut *« se détourner de la mer »*, il avait désormais en lui un *« pli »* — un de ceux évoqués dans le titre d'un futur recueil, ***La Vie dans les plis*** (1949) — qui ne se défit pas, celui des *« déplacements-dégagements »*. Deux chocs — la lecture en 1922 des *Chants de Maldoror*, la découverte en 1925 d'un art de l'imaginaire avec Klee, Ernst, De Chirico — l'arrachèrent à l'horreur de la ville, aux *« gens détestés »*, à *« l'abominable réalité »*. Ils déclenchèrent en lui le besoin d'écrire, puis de peindre. Certains, alors, pressentirent les dons de ce jeune homme singulier, timide et pourtant insurgé : Franz Hellens ouvrit sa revue *Le Disque vert* à ses premiers essais, ***Cas de folie circulaire*** (1922) et ***Les Idées philosophiques de « Qui je fus »*** (1923). De minces plaquettes parurent ensuite : ***Les Rêves et la Jambe*** (1923), ***Fables des origines*** (1924). Supervielle encouragea le poète arrivé à Paris en 1924, Paulhan — autre rencontre décisive — l'introduisit à la *NRF* ; ils furent relayés plus tard par Gide, entre autres.

« Pour expulser de soi sa patrie, ses attaches de toutes sortes et ce qui s'est en lui et malgré lui attaché de culture grecque ou romaine ou germanique ou d'habitudes belges » ***(Quelques Renseignements [...])***, il fit, dans des pays réels, ce qu'il nomma des *« voyages d'expatriation » (ibid.)* dont rendirent compte ***Ecuador*** — ayant embarqué à Amsterdam le 28 décembre 1927, il s'était rendu en Équateur en 1928 à l'invitation du poète Alfredo Gangotena, rencontré chez Supervielle —, ou ***Un barbare en Asie*** (1933). Mais l'enjeu de ces voyages était aussi l'exploration de soi : quand il se présentait, au seuil d'***Ecuador***, comme *« un homme qui ne sait ni voyager ni tenir un journal »* et qui, pourtant, avait écrit ce *« journal de voyage »*, ce n'était ni fausse modestie, ni jeu sur les contradictions. C'était la manifestation de ce qu'il avait découvert dès son premier livre ***Qui je fus*** (1927), creuset de son œuvre future : *« Il n'est pas un moi, il n'est pas dix moi »* (***Postface*** de ***Plume***), mais des *« moi »* antagonistes, auxquels l'auteur s'efforça de donner tour à tour la parole, car *« [s]e parcourir, là est l'aventure d'être en vie »*. Il avait conscience que *« le* manque *d'une chose est nécessairement l'*avoir *d'une autre chose »* ***(Ecuador)***. Chacune des œuvres de Michaux se déploya donc toujours sur des plans multiples et se présentait en même temps comme exploration du monde et comme exploration de soi : *« Il se rendit compte, enfin, de son anti-vie, et qu'il fallait essayer l'autre bout. Aller trouver la terre à domicile et prendre son départ du modeste. Il partit »* (***Difficultés***, 1930, in ***Lointain intérieur***).

D'un *« passage »* — terme si cher à Michaux qu'il intitula un futur recueil ***Passages (1937-1950)*** (1950) — en Turquie, Italie, Afrique du Nord, après la mort, en mars 1930, à dix jours de distance, de son père et de sa mère, il ramena comme un double ***Un certain Plume*** (1930), dont le personnage éponyme était inadapté et comique, sorte de Charlot flottant d'incidents en catastrophes ; développées, ses aventures se retrouvèrent dans ***Plume*** précédé de ***Lointain intérieur*** (1938).

Entre-temps, Michaux avait poursuivi son exploration de la planète : Europe et Asie en 1931-1932, Espagne et Portugal — qui l'enchanta — en 1934-1935, Amérique du Sud en 1936, en compagnie de Supervielle, Duhamel, Jules Romains et Maritain — avec lequel il se lia durablement. À son retour en France, en 1937, avait été créée sa première pièce, ***Le Drame des constructeurs*** (1930), puis publiée ***La Ralentie***, évoquant les figures féminines chères à Michaux, notamment Susana Soca et Angelica Ocampo — sœur cadette de Victoria, future compagne de Caillois —, rencontrées en 1936, mais surtout Marie-Louise Ferdière, qu'il connaissait depuis 1934 et qui, cette même année 1937, tenta de se suicider après qu'ils eurent projeté de se séparer : Michaux parvint à la sauver *in extremis*. C'est chez la photographe Claude Cahun, dont il avait fait la connaissance en 1925, un an après son installation à Paris, que l'écrivain, en 1934, avait rencontré celle qu'il épousa quelques années plus tard, durant la guerre. L'année suivante, en 1935, il rencontra Aline Mayrisch de Saint-Hubert, qui devint sa meilleure amie, et Gisèle Freund, autre photographe attitrée du poète — qui n'accepta que très rarement d'être photographié. Quand la guerre éclata, Michaux était en voyage au Brésil. Rentré en février 1940, il se réfugia dans la zone Sud en juin. Assigné à résidence en tant que citoyen belge, il séjourna au Lavandou (act. Var). C'est durant la guerre que la notoriété du poète connut un tournant, à la faveur de l'annulation, par la Légion des Combattants, d'une conférence que Gide devait prononcer à Nice, sur Michaux, en mai 1941 ; l'auteur des *Faux-Monnayeurs* écrivit alors le retentissant *Découvrons Henri Michaux*. Entre 1942 et 1945, le plus parisien des Belges multiplia les publications, en revues ou en volume — avec notamment ***L'Espace du dedans*** (1944) et ***Épreuves, Exorcismes*** (1945) —, les expositions (1942 et 1944) et les rencontres d'éditeurs (René Bertelé, Robert Godet) et de peintres (Picasso, Braque, Dubuffet).

Le temps des souffrances

L'après-guerre commença, pour Michaux, par la mort de son frère, à Bruxelles, le 30 mai 1945. Des « *voyages de convalescence et d'oubli des maux* » ***(Quelques Renseignements [...])*** vinrent ensuite, comme celui qu'il accomplit en 1947 en Égypte avec sa femme Marie-Louise Termet, divorcée du Dr Ferdière et épousée en 1943, mais qui mourut accidentellement dès 1948 — d'une embolie pulmonaire, consécutive à l'embrasement, deux mois plus tôt, d'un peignoir en nylon, accident d'autant plus fatal qu'elle était tuberculeuse — et dont la disparition inspira ***Nous Deux encore*** (1948). Les parcours variés de Michaux avaient pourtant un dénominateur commun : c'étaient des « *voyages* contre », contre une réalité blessante au point qu'elle le força à créer des paysages imaginaires comme « *États-tampons* », pour ne pas trop souffrir. Le poète fit donc surgir de son imagination les mondes extraordinaires d'***Ailleurs*** (1948), livre regroupant le ***Voyage en Grande Garabagne*** (1936) — où étaient décrites avec une précision d'ethnologue les mœurs de peuplades imaginaires : Omanvus, Halalas —, ***Au pays de la Magie*** (1941) et ***Ici, Poddema*** (1946). ***La Vie dans les plis*** (1949) confirma les pouvoirs de l'imagination en donnant libre cours à des formes agressives de « *liberté d'action* » et en dépeignant de nouveaux doubles à « *l'élasticité extrême* », les Meidosems, qui avaient donné son titre au précédent recueil, ***Portrait des Meidosems*** (1948). Conteur expert, l'auteur, mêlant ingénieusement la fiction à une réalité légèrement gauchie, soulignait les absurdités et les lacunes de notre propre monde. Le lecteur était prévenu : « *Ces pays* [...] *On les retrouvera partout bientôt...* » (***Préface*** à ***Ailleurs***, 1948). Textes aux traits prophétiques dans lesquels Michaux « *traduit le monde à travers ses métamorphoses* ».

Mais le monde n'est jamais le seul exploré. Le poète avait déjà fait le compte préalable de ce qu'il avait nommé « *Mes Propriétés* » — formule retenue en titre d'un recueil dès 1929. D'étranges animaux y surgissaient d'une inventive morphogenèse : Babluites avec leurs poches d'eau, Chougnous en masse gélatineuse, « *Ématrus* [qui] *sont lichinés ou bien* [...] *bohanés* » ***(Ailleurs)***. Partout, métamorphoses : « *Je fus toutes choses : des fourmis surtout* » ; « *Redevenu chien, mes façons d'oiseau de nuit percent toujours* » ***(Mes Propriétés)***. La forme elle-même de ce livre qui dit la multiplicité de l'être, ses « *mouvements* », ses incessantes transformations, échappe à tous les genres (notes de zoologie, poèmes, proses voisinent). Le désir — présent dès ***Qui je fus*** — de se libérer des « *mots des autres* », collants et « *préfabriqués* », avait suscité l'invention verbale :

> *Il l'emparouille et l'endosque contre terre ;*
> *Il le rague et le roupète jusqu'à son drâle ;*
> *Il le pratèle et le libucque et lui barufle les ouillais ;*
> *Il le tocarde et la marmine,*
> *Le manage rape à ri et ripe à ra.*
> *Enfin il l'écorcobalisse.*
> *L'autre hésite, s'espudrine, se défaisse, se torse et se ruine.*
> *C'en sera bientôt fini de lui* [...]
>
> (***Le Grand Combat***, in ***Qui je fus***)

Michaux s'affirma dans l'adhésion à des formes peu canoniques et mouvantes.

Pour l'insubordination

Presque conjointement à ses essais littéraires, le poète, « *tournant le dos au verbal* », voulut « *voir le monde par une autre fenêtre* » (***Peintures***, 1939). Il se mit à dessiner et à peindre : c'était découvrir de nouveaux pouvoirs d'insubordination. Les voyages dans les pays réels ou imaginaires se prolongèrent alors en « *Peintures* » — le recueil de 1939, ainsi intitulé, fut le premier où Michaux rassemblât des reproductions de ses peintures en regard de ses textes, tandis que ***Entre centre et absence*** (1936) avait été le premier illustré de ses dessins —, au milieu des fluides formes nées de l'aquarelle ou d'autres techniques picturales qu'il expérimenta seul, loin des écoles, ne voulant apprendre que de soi. Le voilà « *sur le tremplin magique qui libère* ». Cette entreprise nouvelle apporta des révélations — « *Hommes regardez-vous dans le papier* » ***(Passages)*** —, donna des pouvoirs — « *Peindre pour manipuler le monde (ses formes)* » (***Émergences-Résurgences***, 1972) —, affranchit des contraintes : les « *visages qui se libèrent* » affluèrent, les taches que l'artiste

« *fouette* » foisonnèrent, des « *alphabets* » surgirent avec des « *signes* » qui transmettaient leur puissance. Les fonds noirs furent utilisés comme « *boule de cristal* ». Michaux chercha « *des gestes de dépassement* » ***(Mouvements)***, tenta, « *par la voie des rythmes* » ou « *par des traits* », de tout « *saisir* » (titres de 3 publications parues respectivement en 1974, 1984 et 1979). Un dialogue durable s'était instauré entre « *le dessin et l'écrit* » ***(Saisir)***, le texte et l'image (***Lecture de huit lithographies de Zao Wou-Ki***, 1950). L'élan créateur pouvait naître « *En rêvant à partir de peintures énigmatiques* » (titre d'un essai de 1972, consacré à Magritte) ou sur des peintures d'aliénés, « *exilés de la parole* » (***Les Ravagés***, 1976) auxquels le poète donnait voix.

Leurs troubles (perte du corps, du tempo, intensifications) ne lui étaient pas inconnus, depuis des expérimentations de substances hallucinogènes (mescaline ou drogues « *infinisantes* ») entreprises à partir de 1956 : autres explorations, « *pour la surnature* », cette fois. Elles révélèrent « *l'orchestre de l'immense vie intérieure* » ***(Connaissance par les gouffres)***, dévoilèrent au poète « *le merveilleux normal* » (***Les Grandes Épreuves de l'esprit et les Innombrables Petites***, 1966) que l'anormal lui avait fait connaître, lui firent surtout prendre conscience de « *la parfaitement noble et magnifique et exorbitante démesure qui est la vraie mesure et capacité de l'homme, de l'homme insoupçonné* » (***L'Infini turbulent***, 1957). Le sens de l'entreprise de Michaux était clair : « *Les drogues nous ennuient avec leur paradis. Qu'elles nous donnent plutôt un peu de savoir. Nous ne sommes pas un siècle à paradis* » ***(Connaissance par les gouffres)***. Clarté d'une condamnation relative, que confirma un autre ouvrage, illustré de 48 « *dessins et documents originaux de l'auteur* » et au titre significatif : ***Misérable Miracle. La Mescaline*** (1956, rééd. 1972). Ces explorations mentales furent complétées par des voyages démystifiants dans l'inconscient et le rêve, relatés dans ***Façons d'endormi Façons d'éveillé*** (1969).

L'un de ces « *misérables et affamés de plus Grand* »

Poète qui se défiait des mots, peintre qui tentait des « *aventures de lignes* » et de dépassement, Michaux fut, semble-t-il, un voyageur à qui aucune contrée ne plaisait absolument. La Terre ? Elle était « *rincée de son exotisme* » ***(Passages)***, « *une misérable banlieue* » (***Avenir***, in ***Plume***). Car il était de ces « *misérables et affamés de plus Grand* » *(ibid.)*. Le voyage, à ses yeux, « *ne rend pas tant large que mondain* » ***(Ecuador)***. Sur cette planète petite, la déception n'épargne guère ce grand « *négateur et dissipateur de tout circonscrit* ». Aussi conclut-il qu'« *on trouve aussi bien sa vérité en regardant pendant quarante-huit heures une quelconque tapisserie de mur* ». Il avait constaté que, si les « *poètes voyagent* [...], *l'aventure du voyage ne les possède pas* » (***Préface*** à l'anthologie d'Henri Parisot, *Les poètes voyagent*, 1946). Toute sortie dans l'espace du dehors le ramenait immanquablement à « *l'espace du dedans* » (titre du plus célèbre recueil de Michaux, publié d'abord en 1944, puis réédité en 1966, et rassemblant des « *pages choisies* » des années 1927 à 1959). Là, dans la nuit de l'être, rôdaient d'hostiles présences, des formes d'une inquiétante étrangeté : tandis que « *la nuit remue* », le corps, limité et souffrant, fait obstacle. Le mal, physique autant que moral, devait être exorcisé : tantôt par des « *réactions en force, en attaque de bélier* » (***Épreuves, Exorcismes***, 1945), tantôt par le « *chant dans le labyrinthe* » (titre d'un recueil de 1943). Michaux plongea dans « *l'espace aux ombres* », se trouva « *face aux verrous* » (titre de 1954) ou « *face à ce qui se dérobe* » (titre de 1975). Partout, perceptions déroutantes, comme celles évoquées dans ***Bras cassé*** (1973) — le poète s'était fracturé le coude droit en 1957, accident qui lui avait fourni l'occasion d'expérimenter « *l'homme gauche* » —, angoisses relatées notamment dans ***Moriturus*** (1974), luttes, exprimées dans ***Affrontements*** (1981, rééd. posth., 1986). Michaux mesura son savoir *(« Le cerveau d'une plaie en sait des choses »)*, perçut l'urgence de débloquer la situation, d'« *en sortir* ». Parce qu'il savait qu'« *en débloquant sa situation il en débloque*[rait] *des centaines d'autres* » ***(Émergences-Résurgences)*** et que la connaissance « *musicienne de vérité* » qu'il recherchait serait utile aussi à ses « *frères dans le malheur* » (***Quand tombent les toits***, 1973). Il y fut aidé par la rencontre, durant l'été 1961, de Micheline Phankim-Koupernik, qui devint désormais sa compagne — et qui fut, à la mort de Michaux, son exécutrice testamentaire.

Chercher le plus

Où trouver des moyens d'intervention nouveaux, des « postures » libératrices ? D'autres hommes, dans d'autres pays, avaient fourni, parfois, des indications. L'Inde avait connu de ces sages, comme la Chine, « *pays où a compté la paix profonde* ». C'est en Asie que Michaux, ce prétendu « *barbare* » rencontra des hommes qui l'intéressaient — ceux qui « *cherche*[nt] *le plus et non le moins* » ***(Un barbare en Asie)***, qui connaissent « *l'exercice des forces spirituelles* », pratiquent la pensée « *magique* » agissant directement sur l'être intérieur. Leurs religions « *ne dégagent pas la faiblesse de l'homme, mais sa force* ». Lecteur de Ruysbroeck l'Admirable et de son traducteur Hello — l'un de ces hommes qu'il eut vraiment « *aimés sans discussion* », disait-il, en ajoutant : « *le Christ aussi, à vrai dire* » —, Michaux était fasciné par les saints, par les textes sacrés de l'Inde. Il vit même dans certaines formes littéraires plus modernes de ce pays des traits qui lui paraissaient essentiels. Quand, cherchant inlassablement des savoirs autres que ceux qu'on acquiert pour n'être que « *vainement renseigné* », il déplorait que « *le Yogui occidental manqu*[ât] *toujours* », il médita sur les saints et leurs inséparables démons, et constatait : « *Même les démons en Europe sont puritains, mélancoliques, futurs psychanalysés.* [...] *Lorsqu'on arrive en Asie, quel changement !* » (***Une voie pour l'insubordination***, 1980).

La rencontre avec la Chine et les Chinois aux « *visages huilés de sagesse* » fut non moins féconde, puisque calligraphie, peinture chinoise, entrées en lui « *en profondeur* », opérèrent dans sa « *sensibilité de citerne* » un « *envahissement-retard* » et, quarante-quatre ans après son voyage de 1931, lui inspirèrent ***Idéogrammes en Chine*** (1975). L'essentiel d'une sagesse laconique fut aussi formulé en 1971 dans ***Poteaux d'angle*** (1971 à 1981). Le vrai voyage de celui qui fut captivé par les mystiques chrétiens, qui s'intéressa au tantrisme, au taoïsme, au zen, qui fut touché, en Inde, par le « *peuple de l'Absolu* », ne serait-il pas celui auquel le poussait sa soif insatiable d'infini et qu'il nomma le « *retour en absolu* » (***Yantra***, 1970) ? Il ne faudrait pourtant pas se méprendre : si les voies de Michaux semblèrent frôler parfois celles de la mystique, il ne peut guère apparaître que comme un mystique « *saboté* » (Cioran), car il ne s'identifia jamais à aucun des instants de sa quête.

Par des voies nouvelles

Forme ultime et paradoxale de son insubordination foncière, de ses pratiques de transgression, les derniers recueils poétiques de Michaux confirmèrent qu'il était engagé dans une quête sans fin. Une nouvelle mue s'était produite. Dans ***Chemins cherchés Chemins perdus Transgressions*** (1981), il rassembla des textes publiés d'abord séparément et révéla : « *Un nouveau moi avance.* » Il s'acheminait vers une autre forme d'être « *dépris des circonstances, occupé d'infinité* », enfin « *délivré des contraires* ». Le détachement était venu, avec l'allégement purificateur. Les textes dépouillés de ***Jours de silence*** (1978), dans lesquels des poèmes à la musique évasive cherchaient « *un chemin sans trace* », avec des rythmes arrivant « *dans le vide du sujet, de tout sujet* », disaient l'abandon de soi en même temps que la ferveur, le « *ravissement dans l'élémentaire* ». « *Fidèle à son transitoire* », Michaux accomplit là, ainsi que dans ***Déplacements Dégagements*** (posth., 1985), un projet ancien : « *Que détruire lorsqu'enfin tu auras détruit ce que tu voulais détruire ? Le barrage de ton propre savoir* » ***(Poteaux d'angle)***. Désormais oublieux des « *paroles qui éparpillent* », de « *la mécréante pensée analysante* », des hommes vainement agités, il était affranchi, « *en rapport avec l'universel, appelant l'universel en soi* ». Vers la « *force intérieure de l'Inde* », vers sa musique, une fois encore le poète se tourna pour décrire « *le Jardin des Jardins, celui où l'on ne songe à rien de plus et qui vous comble* » et où il percevait « *le cœur participant à tout, retrouvé* [...], *audible aux possédés de l'émotion souveraine, celle qui tout accompagne, qui emporte l'Univers* » (***Le Jardin exalté***, 1983). « *Fidèle à l'être* », Michaux avait fait « *retour à l'essentiel* [...] *au primordial* ». Savoir « *gauchir sa destinée* » lui paraissait important. Longtemps poète du tragique et de la nuit, il s'était mué — son esprit d'agression désormais tenu à distance — en poète de la sérénité. Ses œuvres ultimes témoignèrent toujours de l'« *aventure d'être en vie* » : celle, maintenant, des « *moments où l'on change de patrie* ».

Michaux mourut des suites d'un infarctus, en octobre 1984 à 85 ans. Le Namurois de Paris, naturalisé Français trente ans auparavant (27 août 1954), fut incinéré au cimetière parisien du Père-Lachaise, en présence de quelques intimes.

THÉORIE LITTÉRAIRE

Il eût été paradoxal que Michaux, éternellement défiant envers le « *piège de la langue des autres, faite pour gagner contre vous, comme une roulette bien réglée* » (***Face aux verrous***, 1954), se fût soucié de mettre en forme un quelconque art poétique. Il ne demande au lecteur de l'avenir qu'une sympathie posthume : « *Ne me laisse pas seul avec les morts comme un soldat au front qui ne reçoit pas de lettres* » ***(Ecuador)***. Mais ses préfaces — d'une brièveté souvent provocatrice — et surtout les aphorismes, les remarques d'encouragement ou d'ironie qu'il s'adresse, les « *élucidations de détail* », les « *apartés* » ***(L'Infini turbulent)***, qui sont la respiration même de son œuvre, dessinent pourtant une sorte d'esthétique en négatif, remarquable surtout pour ses refus.

Michaux ne croit ni à sa propre identité — « *Moi n'est jamais que provisoire* » (***Postface*** de ***Plume***) —, ni à l'homme, cet « *animal gâché, original, mais jamais harmonieux* » ***(Ecuador)***, ni à l'univers, « *grande affaire superficielle et compliquée* » ***(Tranches de savoir)***. La connaissance, la mémoire, *Et le blême sillage de n'avoir pu Savoir* (***Vieillesse***, in ***Lointain intérieur***) lui importent peu, de même que le patrimoine des Parthénon, des arts arabes ou des trésors Ming (***Contre !***, in ***La nuit remue***) : *Oh ! Heureux médiocres / Tettez le vieux et la couenne des siècles* (***Comme pierre dans le puits***, in ***Lointain intérieur***). La littérature, trop confinée et limitée à l'humain, n'échappe pas — à l'exception de Ruysbroeck et Lautréamont, « *copains de génie* » — à ce rejet ; parmi les plantes imaginaires des ***Notes de botanique*** (in ***Mes Propriétés***) figurent entre autres « *Les* Romans, *sans aucune hauteur, à peine la couronne sort de terre, ça leur suffit, mais larges... larges.* » Quant à l'intellect : « *Qu'est-ce que le cerveau ne tue pas ? On se le demande vraiment* » ***(La nuit remue)***. Les pensées semblent à Michaux des « *poussières pour nous distraire et nous éparpiller la vie* » ***(Lointain intérieur)*** ; et l'examen de celles-ci ne fait que les fausser davantage, « *comme, en microphysique, l'observation de la lumière (du trajet du photon) la fausse* » ***(Un certain Plume)***. Peu de sympathie, donc, pour la critique et l'exégèse : « *Des incapables de création se présentent et proposent l'analyse de l'œuf* » ***(Émergences-Résurgences)***. Ce que le poète cherche à préserver, c'est un « *élan en flèche, fougueux et comme supra-humain* », une « *montée verticale et explosive* » ***(Épreuves, Exorcismes)***, c'est l'« *envie cinétique* » : *Abstraction de toute lourdeur / de toute longueur / de toute géométrie / de toute architecture / abstraction faite, VITESSE !* (***Mouvements***, in ***Face aux verrous***). « *L'art est ce qui aide à tirer de l'inertie* » ***(Émergences-Résurgences)***, à combattre « *le statique, le figé, le quotidien, le "prévu", le fatal, le satisfait* », tout ce que Michaux a « *haï le plus* » *(ibid.)*. Son écriture s'inscrit inlassablement dans un élan destructeur, libératoire, qui fait tous les conformismes, et en premier lieu celui du « *bonheur bête* » qui « *ne va nulle part* » ***(La nuit remue)***. Perpétuel résistant, saboteur des mots des autres — il les « *déracine* » et les « *détourne définitivement du troupeau de l'auteur* » ***(Mes Propriétés)*** — ou des siens propres, ces « *habituels empêcheurs* » de « *balancer indéfiniment entre plusieurs impressions indéfinies* » ***(Affrontements)***, Michaux sacrifie à la « *face impeccablement ravissante de la destruction* » ***(Mes Propriétés)***.

Il se délivre ainsi du « *je* », pour parvenir enfin à « *se dépouiller, à grelotter dans le vide (ou le tout)* », et surtout du corps, de la « *carcasse* [...] *gêneuse, pisseuse, pot cassé* » ***(La nuit remue)***. Si les stupéfiants lui ont fourni une aide dans cette entreprise, ce ne fut pas sans réserves ni conditions : à l'opium, « *cette perfection sans surface* », il préfère l'éther, « *plus chrétien* », qui « *arrache l'homme de soi* » ***(Ecuador)***, et la mescaline, qui submerge le système nerveux de couleurs et de visions ; encore prend-il soin d'éviter l'accoutumance, de ne pas devenir l'une de ces « *vieilles maquerelles de la drogue* », semblables aux « *grues qui ne savent plus rien de l'amour* » ***(La nuit remue)***. Michaux ne s'abandonne guère, finalement, au « *misérable miracle* » : « *Quoi de surnaturel là-dedans ?* [...] *On se sentait plutôt pris et prisonnier dans un atelier du cerveau* » ***(Misérable Miracle)***.

C'est en dernière instance la peinture, ce « *nouveau langage, tournant le dos au verbal* » (***Postface*** de ***Mouvements***) qui lui permet au mieux de se « *déconditionner* » ***(Émergences-Résurgences)*** de la langue, cet « *immense préfabriqué qu'on se passe de génération en génération* ». Le goût de Michaux pour la langue chinoise, dont « *chaque mot est un paysage* » ***(Un barbare en Asie)***, pour les idéogrammes et leurs ambiguïtés, pour la peinture chinoise qui montre « *les lointains préférés au proche, la poésie de l'incomplétude préférée au compte rendu, à la copie* » ***(Émergences-Résurgences)***, trahit un souci double qui ne le quitta jamais. Celui d'abord de la « *virginité* », de l'enfance trop vite oubliée : « *Rien ne sépare, n'éloigne comme la perte de la virginité* » ***(Passages)***. Celui aussi de la communication avec « *ces ondes de toutes parts qui s'enfantent, qui s'épaulent, qui font le contrefort et l'âme de tout* » ***(La nuit remue)***. « *Qui peut parler maintenant convenablement d'un bosquet ?* » se demande déjà l'auteur d'***Ecuador*** ; à huit ans, Michaux rêvait « *d'être agréé comme plante* » ***(Tranches de savoir)***. Dans l'écriture comme dans les expériences hallucinogènes ou la peinture, il cherche à détruire l'illusion cumulative de la durée, à abolir le temps et sa successivité : au réveil de l'éther, *« l'occiput ne s'est pas encore rempli. On voit avec étonnement et naïveté* [...] *ce monde agité et exorbitant »* ***(La nuit remue)*** ; les phrases écrites sous son effet ressemblent à des *« oiseaux en plein drame auxquels des ciseaux invisibles coupaient les ailes au vol »* ***(Misérable Miracle)***.

Marchant grenu / Écrivant rompu ***(Mes Propriétés)***, le poète atteint son idéal des *« morceaux, sans liens préconçus,* [...] *faits paresseusement* [...], *comme ça venait, sans "pousser", en suivant la vague, au plus pressé toujours, dans un léger vacillement de la vérité, jamais pour construire, simplement pour préserver »* (***Postface***, *ibid.*).

THÉORIE LITTÉRAIRE

Poète et peintre de la transgression et de l'« ailleurs », auteur d'une œuvre quantitativement et qualitativement considérable, Michaux explora en aventurier les espaces réels ou imaginaires. À l'écart des mouvements littéraires, refusant les consécrations officielles, il conjugua les contraires : lyrisme et logique, sens du tragique et humour, agressivité et amour. Avec une intransigeante rigueur et la *« passion de l'exhaustif »* (Cioran, *Exercices d'admiration*, 1986), il a mis en œuvre tous les moyens — poésie, peinture, rythmes, substances *« infinisantes »* — pour éclairer *« le problème d'être »*, prendre la mesure de l'homme, accéder à une connaissance *« musicienne de vérité »*.

Force et sobriété

La langue de Michaux est reconnaissable entre toutes par une force jointe on ne sait comment à une extrême sobriété : *« Il n'y a sans doute aucun autre poète de ce monde occidental* [...] *qui sache dire tant de choses en si peu de mots »* (Le Clézio, *Vers les icebergs*, 1978). Cette force et cette sobriété se signalent dès les titres de ses œuvres, où l'absence d'article — défini ou indéfini — est la règle (***Voyage en Grande Garabagne***, ***Lointain intérieur***, ***Épreuves, Exorcismes***, ***Passages***, ***Mouvements***, ***Connaissance par les gouffres***, ***Façons d'endormi Façons d'éveillé***, ***Misérable Miracle***, ***Moments***, ***Chemins cherchés Chemins perdus Transgressions***, ***Émergences-Résurgences***, ***Poteaux d'angle***, ***Déplacements Dégagements***, ***Affrontements***), et la présence d'un déterminant, la singulière exception (***Un barbare en Asie***, ***La nuit remue***, ***L'Espace du dedans***, ***La Vie dans les plis***, ***Les Grandes Épreuves de l'esprit et les Innombrables Petites***). *« Né, élevé, instruit dans un milieu et une culture uniquement du verbal »* ***(Émergences-Résurgences)***, le poète, qui n'écrit qu'en vers libres ou en prose, maîtrise tous les registres de la langue. Il peut passer de la véhémence et de l'imprécation au murmure ; de l'ample développement lyrique (***Ecce Homo***, in ***Épreuves, Exorcismes***) à la concision de l'aphorisme ; de l'invention verbale jaillissante au dépouillement :

> *Retour à l'effacement*
> *à l'indétermination*
>
> *Plus d'objectif*
> *plus de désignation*
>
> (dernier poème de ***Poteaux d'angle***, éd. de 1981)

du rythme « tam-tam » (***L'Avenir***, in ***Mes Propriétés***) à la musicalité la plus pure :

> *Éborni, tuni et déjà plus fignu que fagnat.*
> [...]
> *Allogol ! Alopertuis ! Alogoll !...*
>
> (***Mort d'un page***, in ***La nuit remue***)

Poésie au perpétuel pouvoir de re-création, qui ne recule pas devant la récréation, car l'humour, parfois vengeur, est l'un de ses moyens d'expression favoris : *« Quand un homme s'est mis en alexandrins il a beaucoup de peine à rentrer dans le civil »* ***(Qui je fus)***. Michaux écrit *« pour court-circuiter »* et cherche vitesse et efficacité : *« J'étais une parole qui tentait d'avancer à la vitesse de la pensée » (ibid.)*.

Un des « *modèles inimitables* »

À partir des années 1960 toute parution d'une œuvre de Michaux trouva un large écho dans la presse et le public cultivé — à défaut du grand public : la parution, en 1966, d'un « Cahier de l'Herne » rassemblant des hommages internationaux au poète constitua un événement. Les plus grands artistes l'ont célébré, de Gide à Breton qui pensait que son œuvre demeurait, dans la littérature du XXe siècle, parmi les quelques *« modèles inimitables »*. Michaux, dont les visées croisèrent parfois celles du surréalisme, ne fit pourtant jamais partie du groupe. Trop irréductiblement solitaire, il se défiait de tout embrigadement : « *Qui chante en groupe mettra quand on le lui demandera son frère en prison* » (***Tranches de savoir***, 1950). D'autres grands écrivains commentèrent chaleureusement son œuvre : Borgès, Octavio Paz, Prévert, Paul Celan, Ungaretti, Mandiargues, Cioran, Le Clézio, Butor, Jacques Dupin. Des peintres exprimèrent également leur admiration, de Masson à Zao Wou-ki et Alechinsky. Dans le monde entier, de la France au Japon, de la Suisse à l'Espagne, de grandes rétrospectives lui ont été consacrées, et le centenaire de sa naissance, en 1999 — pourtant « concurrencé » par le tricentenaire de la mort de Racine et le bicentenaire de la naissance de Balzac —, a confirmé sa place à la fois unique et considérable parmi les créateurs du XXe siècle, consacrée par la parution, en 1998 — moins de quinze ans après sa disparition — du 1er tome de ses ***Œuvres complètes*** dans la « Bibliothèque de la Pléiade ». Même si sa « rareté », notamment médiatique — il n'accorda jamais de véritable entretien —, et son goût du secret n'en font pas un auteur populaire, Michaux est l'un de ceux qui ont inspiré, et inspirent encore, le plus d'études et de commentaires.

ŒUVRE

Plume précédé de ***Lointain intérieur***

Recueil composite, rassemblant des textes écrits entre 1930 et 1936, dont certains avaient été prépubliés, et paru chez Gallimard en 1938.

Lointain intérieur regroupe 7 séries de textes poétiques révélant une créativité délirante et angoissée que seule la précision de l'écriture peut conjurer. ***Entre centre et absence*** (1936) est un ensemble de visions, récits de rêves et hallucinations : à peine a-t-on éteint la lumière qu'une tête sort du mur. Un long poème, ***La Ralentie***, relate l'état d'apesanteur et d'effarement d'une conscience, nommée Lorellou ou encore Juana, scrutant son vide intérieur : « *Tandis qu'on cherche sa clef dans l'horizon, on a la noyée au cou, qui est morte dans l'air irrespirable.* » ***Animaux fantastiques*** offre la description d'un bestiaire morbide et halluciné : « *La fièvre fit plus d'animaux que les ovaires n'en firent jamais.* » ***L'Insoumis*** exprime avec force le pouvoir des mots contre « *la gueule froide de la journée grignoteuse* ». Dans ***Je vous écris d'un pays lointain***, Michaux ausculte son monde intérieur en 12 chapitres. ***Poèmes*** adopte des formes plus courtes, des images et des cris dans lesquels les blancs typographiques imposent une tension rythmique nouvelle : *Penser, vivre, mer peu distincte ; / Moi — ça — tremble, / Infini incessamment qui tressaille* ***(Pensées)***. Enfin, assemblage de fragments narratifs, de pensées et d'aphorismes, ***Difficultés*** (1930) préfigure les mésaventures de Plume.

Un certain Plume (1930), augmenté de 4 chapitres en 1936, est un récit bref en 13 chapitres, qui forme le centre du recueil. Face à un univers d'apparence banale, la vision contemplative et inquiète de Plume fait naître le doute sur la réalité, laissant affleurer une culpabilité ontologique. Tombé du lit, il constate la fragilité de son existence et se rendort aussitôt. À chaque réveil, sa situation empire — « *Étendant ses mains hors du lit, Plume fut étonné de ne pas rencontrer le mur. "Tiens, pensa-t-il, les fourmis l'auront mangé..." et il se rendormit* » — jusqu'à ce qu'il se retrouve face au juge, sur le banc des accusés, avant de se rendormir (I). Velléitaire et discret (« *Il ne veut pas s'attirer d'histoires* »), il subit toutes sortes de situations pénibles. En voyage d'agrément, il est le souffre-douleur des autorités par le simple tort d'être là : « *Et si, à Rome, il demande à voir le Colisée : "Ah ! non. Écoutez, il est déjà assez mal arrangé. Et puis après Monsieur voudra le toucher, s'appuyer dessus, ou s'asseoir. C'est comme ça qu'il ne reste que des ruines partout"* » (III). Mêlé par hasard à une bande de malfaiteurs en cavale, il doit dissimuler dans un compartiment trois cadavres dont les têtes inertes cognent aux vitres (V). Marchant au plafond par inadvertance, il affronte la gêne d'être surpris dans cette délicate situation (XII). Au terme des 13 épisodes, loin de trouver la « *réconciliation* », Plume capitule : « *Fatigue ! Fatigue ! On ne nous lâchera donc jamais ?* »

Suivent 2 pièces en un acte, ***Chaînes*** (1930) et ***Le Drame des Constructeurs*** (1937), qui mettent en scène la folie au sein d'une famille et dans un asile d'aliénés.

Le recueil se clôt sur une ***Postface***, essai important sur la difficile unité du moi : nourri de pensée orientale, Michaux convoque des arguments contre la convention rationaliste qui postule l'existence du moi comme fondement de tout discours : « *MOI n'est qu'une position d'équilibre.* »

CITATIONS

Les drogues nous ennuient avec leur paradis.
Qu'elles nous donnent plutôt un peu de savoir.
Nous ne sommes pas un siècle à paradis.

Comment agissent les drogues, in *Connaissance par les gouffres*, I.

Rends-toi, mon cœur.
Nous avons assez lutté.
Et que ma vie s'arrête.
On n'a pas été des lâches,
On a fait ce qu'on a pu.

Ecuador.

Le phallus en ce siècle devient doctrinaire.

Face aux verrous.

Je vous construirai une ville avec des loques, moi !

La nuit remue.

Tristesse du réveil !
Il s'agit de redescendre, de s'humilier.
L'homme retrouve sa défaite : le quotidien.

L'Insoumis, in *Plume*.

Jamais, Jamais, non JAMAIS, vous aurez beau faire, jamais ne saurez quelle misérable banlieue c'était que la Terre. Comme nous étions misérables et affamés de plus Grand.

Avenir, in *Plume*.

On veut trop être quelqu'un.

Postface à *Plume*.

JUGEMENTS

« [La] *thématique de la souffrance traverse son œuvre comme un véritable leitmotiv.* [...] *La figure du souffreteux est essentielle dans les premiers livres. Comme si la pleine santé était une insolence, une impolitesse inconcevable. Il y a certainement là quelque chose d'autobiographique. Michaux n'était pas un costaud, il ne respirait pas la santé ; il avait le teint plutôt gris. Mais la santé déficiente est aussi une image, celle du manque. Michaux a passé sa vie à sentir qu'il y avait des choses qui lui manquaient, à les désirer, mais aussi à tirer parti de cette sensation de lacune. C'est un autodidacte qui a cherché à surmonter ses manques mais qui a aussi très vite discerné l'intérêt qu'il y avait à ne pas avoir appris.* [...] *C'est un écorché vif, un hypersensible. Il définit souvent le bonheur comme l'interruption du tourment, la fin d'un supplice, un simple moment d'accalmie. L'euphorie n'est pas vraiment sa tasse de thé. Et l'expérience de la drogue ne fera, d'ailleurs tout à fait délibérément, qu'approfondir chez lui cette intimité avec la souffrance.* »

Michel BUTOR, « Le Rêve d'une langue universelle », entretien avec Pierre-Marc de BIASI, in *Magazine littéraire*, n° 364, avril 1998.

« *Ses scrupules devaient le conduire jusqu'au fétichisme de l'infime, de la nuance imperceptible, tant psychologique que verbale, reprise indéfiniment avec une insistance haletante. Rejoindre le vertige par l'approfondissement, tel m'apparaît le secret de sa démarche.* »

Emil Michel CIORAN, *Exercices d'admiration*, 1973, Gallimard, 1986.

« [...] *il a toujours à dire des choses auxquelles on ne s'attend pas. Ceci entre autres : quand il a sacrifié la musique et a renoncé à composer (notamment* "des recherches avec le tambour"*) afin de pouvoir se consacrer exclusivement à la peinture, il a remarqué que sa peinture prenait un* "rythme musical". *Il sentait le* "rythme" *dans le bras quand il peignait.* »

Mircea ELIADE, *Fragments d'un journal*, t. I, trad. franç. Luc BADESCO et C. GRIGORESCO, Gallimard, 1973.

« *Parmi les grands poètes de langue française de ce siècle, Henri Michaux est sans doute celui qui a le mieux rendu justice, dans toutes ses dimensions psychologique, spirituelle et corporelle, à l'immédiate expérience de vivre. C'est en cela qu'il nous est proche,* "utile". *Où Perse laisse son verbe s'enfler de lui-même, où Char aiguisa le sien jusqu'à une pointe diamantine (dans ses meilleures pages), où Ponge conforma sa parole à un art poétique rigoureux, Michaux consigna "simplement" les divers moments de cette expérience. En elle, l'acte d'écrire, ce tourment et ce bonheur, ne cherche nulle autonomie, nulle affirmation de pureté.* »

Patrick KÉCHICHIAN, « L'Unique Michaux », in *Le Monde des livres*, 10 avril 1998.

« *Michaux est ce poète qui vous transporte continûment entre la fable et la prose, entre le merveilleux et la blessure d'un caillou, collectionneur des décombres de nos secrets, de longtemps enfouis sous la route.*
Dans un grand style griffu et majestueux, de sa démarche de procession fébrile, il lance sa poésie comme une prière profane. "Quelle anthologie que les hommes !" *écrit-il somptueusement. C'est dire la gravité de l'entreprise. Pour Michaux, le poème n'est pas une chanson littéraire : c'est un exercice spirituel.* »

Renaud MATIGNON, « Henri Michaux. Le Bricoleur d'étoiles », in *Le Figaro*, 23 janvier 1997.

« *Pour Michaux la peinture a été un voyage à l'intérieur de soi, une descente spirituelle. Une épreuve, une passion. Et encore, un témoignage lucide du vertige : tout au long de la chute interminable Michaux a gardé les yeux ouverts et il a pu déchiffrer, aux taches vertes et noires des murailles du puits, les écritures de la peur, de la fureur, de l'effroi. Dans une feuille de papier, sur sa table, à la lumière d'une lampe, il a vu un visage, tant de visages : la solitude de la créature parmi les espaces menaçants.* [...] *Michaux est le peintre des apparitions et des disparitions. De ces œuvres, on exalte le plus souvent la fantaisie. Dirai-je que ce qui me touche, quant à moi, c'est leur* exactitude *? Ce sont là de véritables instantanés de l'horreur, de l'angoisse, du désarroi.* »

Octavio Paz, *Rire et Pénitence*, trad. franç. Claude Esteban et Jean-Claude Masson, Gallimard, 1983.

« [...] *Michaux, le plus virulent des écrivains et l'un des artistes les plus insoumis* [...]. »

André Pieyre de Mandiargues, *Troisième Belvédère*, Gallimard, 1971.

BIBLIOGRAPHIE

Éditions

Œuvres complètes, éd. R. Bellour, « Pléiade », Gallimard, t. I, 1998 [3 vol. prévus].

Plume, précédé de *Lointain intérieur*, « Poésie », Gallimard, 1985.

Études

H.-A. Baatsch, *Henri Michaux : Peinture et Poésie*, Hazan, 1993.

R. Bellour, *Henri Michaux ou Une mesure de l'être*, Gallimard, 1965 ; *id.* (dir.), *Henri Michaux*, « Cahiers de l'Herne », L'Herne, 1966, rééd. « LdP/Biblio Essais », 1990 et Fayard, 1999.

L. Bhattacharya, *Sur le champ de bataille des dessins de Michaux*, Nyctalope, Amiens, 1991.

G. Bounoure, *Le Darçana d'Henri Michaux*, Fata Morgana, Fontfroide (Hérault), 1984, rééd. 1999.

É. Brogniet (dir.), « Les Ailleurs d'Henri Michaux », actes du colloque de Namur, in *Sources*, n° 17, oct. 1996, Namur (BE).

A. Brun, *Henri Michaux : le Corps halluciné*, Institut Synthélabo pour le progrès de la connaissance, 1999.

M. Butor, *Improvisations sur Henri Michaux*, Fata Morgana, 1985 ; *Le Sismographe aventureux : Improvisations sur Henri Michaux*, La Différence, 1999.

M. Collot, « Exorcisme et Répétition (Michaux) », in *La Matière-Émotion*, PUF, 1997.

L. Durrell, *Henri Michaux, poète du parfait solipsisme*, trad. franç. F.-J. Temple, Fata Morgana, Fontfroide (Hérault), 1990.

G. Farasse, *Empreintes* P.U. du Septentrion, Lille, 1998.

Cl. Fintz, *Expérience esthétique et spirituelle chez Henri Michaux : la Quête d'un savoir et d'une posture*, L'Harmattan, 1996.

A. Gide, *Découvrons Henri Michaux*, Gallimard, 1941.

P. Grouix, J.-M. Maulpoix (dir.), *Michaux : Corps et Savoir*, ÉNS Éd., 1998.

A.-É. Halpern, *Henri Michaux : le Laboratoire du poète*, Éd. Séli Arslan, 1999 ; *id.* et V. Mihaïlovich-Dickman, *Quelques Orients d'Henri Michaux*, Findakly, 1996.

M. Imbert, *Bibliographie des livres et plaquettes d'Henri Michaux*, Éd. M. Imbert, Combs-la-Ville (Seine-et-Marne), 1994.

L. Jenny, *L'Expérience de la chute : de Montaigne à Michaux*, PUF, 1997.

A. Jouffroy, *Avec Henri Michaux*, Rocher, 1992.

A. Le Bouteiller, *Michaux, les Voix de l'être exilé*, L'Harmattan, 1997.

J.-P. Martin, *Henri Michaux, Écritures de soi, Expatriations*, Corti, 1994.

J.-Cl. Mathieu et M. Collot, *Passages et Langages de Henri Michaux*, Corti, 1987.

J.-M. Maulpoix, *Michaux passager clandestin*, Champ Vallon, Seyssel (Ain), 1984.

C. Mayaux (dir.), *Henri Michaux. Plis et Cris du lyrisme*, actes du colloque de Besançon, 1995, L'Harmattan, 1997.

B. Noël, *Vers Henri Michaux*, Éd. Unes, Draguignan (Var), 1998.

P. Pachet, *Un à un. De l'individualisme en littérature : Michaux, Naipaul, Rushdie*, Seuil, 1993.

A. Pacquement, *Henri Michaux, peintures*, Gallimard, 1993.

Y. Peyré, *Henri Michaux, permanence de l'ailleurs*, Corti, 1999.

J.-D. Rey, *Henri Michaux*, Dumerchez, 1994.

J.-X. Ridon, *Michaux, J.-M.G. Le Clézio : L'Exil des mots*, Kimé, 1995.

O. Rolin, *Paysages originels : Hemingway, Nabokov, Borges, Kawabata, Michaux*, Seuil, 1999.

J.-L. Steinmetz, *La Poésie et ses raisons* Corti, 1990.

F. Trotet, *Henri Michaux ou la Sagesse du vide*, Albin Michel, 1992.

P. Vilar (dir.), *Attentions à Michaux*, Éd. Devillez, Bruxelles (BE), 1995.

NRF, dossier Michaux, n° 541, févr. 1998.

Magazine littéraire, n° 364, avr. 1998.

La Société des lecteurs d'Henri Michaux publie depuis 1993 le bulletin *Plume*.

Henri Michaux : peindre, composer, écrire, catalogue de l'exposition de la BNF (5 oct./31 déc. 1999), BNF/Gallimard, 1999.

MICHELET

Jules MICHELET

Paris 1798 – Hyères (act. Var) 1874

Professeur au Collège de France (révoqué en 1852)

> *« C'est là l'historien qu'il me faut, fouillant les passions, voyant surtout des hommes dans l'histoire, et non des types providentiels débarrassés de leur chair et de leur cœur. »*
> Émile ZOLA, *Livres d'aujourd'hui et de demain*, 1866.

> *« Michelet, au vrai, voulez-vous savoir ce que c'est ?*
> *— Nature de cuistre qui fait le pimpant. »*
> Charles Augustin SAINTE-BEUVE, *Portraits contemporains*, 1846.

Une vie au service de l'Histoire

L'ascension d'un homme du peuple

Avec une mère issue d'une famille de paysans ardennais, et un père possédant une petite imprimerie qui fut ruinée sous l'Empire, Michelet grandit dans un Paris peuplé d'immigrants provinciaux déracinés, près du cimetière du Père-Lachaise où — déjà hanté par la mort — il aimait à se promener, *« n'ayant de société que celle du passé, et pour amis les peuples ensevelis »* (***Histoire de France***, ***Préface*** de 1869). À 12 ans, il travailla dans l'atelier paternel : *« Triste époque !*, écrivit-il, *c'étaient les dernières années de l'Empire ; tout semblait périr à la fois pour moi, la famille, la fortune et la patrie »* (***Préface*** du ***Peuple***). Orphelin de mère à 17 ans, trois ans après la fermeture définitive de l'imprimerie paternelle, il suivit les pérégrinations de son père et reçut cependant la solide éducation des collèges qui le conduisit à des études brillantes : d'abord simple répétiteur, licencié ès lettres, il soutint, à 21 ans, deux thèses, l'une sur Locke, l'autre sur Plutarque — qui avait dégagé, à ses yeux, le caractère original de chaque peuple. Pendant ce temps, il commença son ***Journal*** et écrivit son ***Mémorial***, pour tenter d'*« améliorer l'avenir par le passé »*. Agrégé de lettres en 1821, puis professeur d'Histoire au collège Sainte-Barbe, avant d'être nommé maître de conférences à l'École normale supérieure en 1827, il lut les philosophes allemands (Herder, notamment) grâce à Quinet (traducteur de Herder), rencontré chez Cousin et à qui le lia une longue amitié. Surtout, il se révéla comme traducteur de la ***Scienza nuova*** de Vico, qu'il publia sous le titre de ***Principes de la philosophie de l'Histoire*** (1827). Il puisa, chez le philosophe italien, l'étude des mythes comme reflet des mentalités collectives et la vision d'une humanité en marche vers le progrès et se forgeant elle-même : *« L'humanité est son œuvre à elle-même »* (***Préface*** de l'***Histoire romaine***). La lecture de Vico lui fit découvrir que l'Histoire doit renvoyer à toutes les disciplines et forgea sa conviction selon laquelle l'historien doit envisager l'universalité : l'Histoire totale devint désormais son objectif permanent. La même année, son ***Précis de l'Histoire moderne*** révéla ses grands principes : montrer l'*« unité dramatique de l'histoire des derniers siècles »* en présentant les grandes idées sous forme d'images et les faits sous forme de symboles. En 1828, il étudia, lors d'un voyage à Heidelberg, les origines de la nation allemande et les fondements de la réforme luthérienne : la pensée allemande le séduisit par sa synthèse entre poésie, philosophie et érudition philologique, et il se lança dans une traduction des ***Mémoires*** de Luther qu'il publia sept ans plus tard (1835). En Italie, où il était allé chercher une explication de la décadence de Rome pour son ***Histoire romaine*** (1831), il fut séduit par la lumière et par les chefs-d'œuvre de la Renaissance. Entre-temps, Michelet avait épousé, en 1824, Pauline Rousseau, sa maîtresse depuis ses 20 ans, dont il eut une fille, Adèle, et un fils, Charles (nés en 1824 et 1829).

Le rénovateur de l'Histoire

La révolution de 1830, *« l'éclair de Juillet »*, fut une révélation : *« Dans ces jours mémorables*, écrivit-t-il, *une grande lumière se fit, et j'aperçus la France »* (***Histoire de France***, ***Préface*** de 1869). Michelet vit dans cette révolution le triomphe de la *« liberté »* sur la *« fatalité »*, l'avènement d'une *« révolution sans héros »* : *« on a cherché le héros, on a trouvé tout un peuple »* (***Introduction à l'histoire universelle***, 1831). À la faveur du nouveau régime, il se retrouva avec pour élèves la fille de la duchesse de Berry, puis la princesse Clémentine, fille de Louis-Philippe. En 1831, il fut nommé, grâce à Guizot, chef de la section historique des Archives royales, qui avait été autrefois le fief des hommes de loi, et qui était désormais le lieu de l'histoire nationale et populaire ; il entra alors dans ce qu'il appela la *« nécropole des monuments nationaux »*, dans ces *« catacombes manuscrites »* qu'il fit revivre en soufflant sur la poussière des morts jusqu'à les voir *« se soulever »* en une *« danse galvanique »*. Les premiers volumes de sa grande ***Histoire de France*** (1833 à 1868) renouvelèrent profondément la conception de l'Histoire : ils proposaient une histoire « *totale* », l'histoire politique devant être « *éclaircie par l'histoire intérieure, celle de la philosophie et de la religion, du droit et de la littérature* » pour tenter d'atteindre « *la résurrection de la vie intégrale, non pas dans ses surfaces, mais dans ses organismes intérieurs et profonds* » (***Préface*** de 1869). Les tomes I à VI, publiés entre 1833 et 1844, couvraient la période allant des origines de la France à la mort de Louis XI : le tome I ancrait l'histoire de France dans sa géographie, dans son milieu naturel ; les tomes suivants retraçaient en particulier les grandes croisades, et, surtout, l'histoire de Jeanne d'Arc, « *légende vivante* » incarnant non seulement la Vierge, mais aussi l'idée de Patrie, « *née du cœur d'une femme* ». Pendant ce temps, Michelet poursuivait sa carrière de professeur : en 1834, il enseigna à la Sorbonne ; en 1838, il fut élu au Collège de France et à l'Académie des sciences morales et politiques, où il eut pour collègue son ami Quinet.

Le temps des épreuves

Les années 1839 à 1852 furent marquées par une série d'épreuves, de ruptures et d'engagements, personnels et publics. En 1839, la mort de sa femme Pauline, suivie, trois ans plus tard, par celle de Mme Dumesnil — une mère d'élève, rencontrée en 1840 et avec qui il avait refait sa vie — provoqua en Michelet un déchirement qui ne fit que raviver son désir de communier avec les peuples défunts : « *C'est par les douleurs personnelles que l'historien ressent et reproduit les douleurs des nations* » (***Journal***, 30 janv. 1842). En 1843, il eut la consolation de voir sa fille Adèle épouser son élève Alfred Dumesnil — le fils de Mme Dumesnil.

Michelet s'engagea dans la lutte anticléricale avec ***Des Jésuites*** (1843) ; son ouvrage ***Du prêtre, de la femme, de la famille*** (1844) marqua sa rupture avec l'Église. ***Le Peuple*** (1846), autre ouvrage de combat aux accents prophétiques, dénonçait « *le servage* » et « *la haine* » dont étaient victimes les classes populaires ; toutefois, premier des « *livres positifs qui ne combattent plus mais enseignent* », il prônait aussi le dépassement des classes en un « *instinct du peuple* », en une même fidélité patriotique. Cette foi républicaine fut au cœur de la grande ***Histoire de la Révolution*** (1847 à 1853) en 7 volumes, « *première* [histoire] *républicaine, celle qui a brisé les idoles et les dieux. De la première page à la dernière page, elle n'a eu qu'un héros : le peuple* » (t. I). Sur le plan personnel, Michelet perdit son père en 1846, « *après avoir passé toute une vie avec lui, sans l'avoir quitté une heure* ». L'année suivante, il reçut une lettre d'admiration d'une certaine Athénaïs Mialaret, institutrice de 20 ans transportée par la lecture de ***Du prêtre [...]*** : Michelet la rencontra fin 1848 et l'épousa début 1849 — lui qui était de trente ans son aîné —, avec pour témoins Quinet et le poète polonais Mickiewicz. La révolution de 1848 confirma Michelet dans son aspiration à une littérature populaire : « *Oh ! qui saura parler au peuple, lui faire les nouveaux évangiles ?* » Mais les journées de juin provoquèrent chez l'historien républicain un véritable désarroi : « *Quand la tristesse du passé et la tristesse du présent se mêlèrent,* [...] *sur nos propres ruines, j'écrivais 93.* » En 1851, en raison d'un enseignement jugé trop hostile à Louis-Napoléon Bonaparte, Michelet vit son cours suspendu et, l'année suivante, il perdit sa chaire au Collège de France et son emploi aux Archives, pour avoir refusé de prêter serment au nouveau régime.

L'historien de l'Amour et de la Femme

Il acheva son ***Histoire de France***, de 1855 à 1867, par ses volumes sur la Renaissance, la Réforme et l'Ancien Régime (t. VII à XVII). Il rêva, dans un ouvrage inachevé, ***Le Banquet*** (1854), d'une grande communion des peuples, d'une « *fédération du monde* » en un « *banquet universel du genre humain* ». Assouvissant un goût ancré depuis l'enfance et conforté par sa jeune épouse passionnée d'ornithologie, Michelet étendit son inspiration à de vastes sujets d'histoire naturelle, cherchant dans la zoologie, dans l'entomologie, dans la géographie ou dans la géologie l'illustration d'une unité du vivant, d'une solidarité universelle des éléments : dans ***L'Oiseau*** (1856), il fait de l'alouette la figure du « *génie lyrique* », et du rossignol, celle de l'épopée ; dans ***L'Insecte*** (1857), il admire la « *brûlante intensité de vie* [...] *l'âpre ardeur des légions animales pour la fureur de l'amour* » ; dans ***La Mer*** (1861), il assimile la mer à l'infini, mêlant « *la vibrante intonation de la vie* » à l'obscurité du gouffre ; enfin, dans ***La Montagne*** (1868), les cimes lui enseignent la « *solidarité du globe* ». Parallèlement, Michelet — qui avait perdu successivement le fils (décédé un mois après sa naissance) qu'il avait eu d'Athénaïs (1850), sa fille Adèle (1855) et son fils Charles (1862) — publia ***L'Amour*** (1858), ***La Femme*** (1859), et ***La Sorcière*** (1862), consacrés à la femme, médiatrice entre l'homme et la nature, qui

« *enfante des songes et des dieux* » et possède « *l'incalculable puissance* » du cœur. Durant cette période, les témoignages d'obsessions sexuelles, et même scatophiles, se multiplièrent dans le ***Journal*** : « *Je rêvai beaucoup de baigneuses nues, grasses, qui se cachaient l'une l'autre. Coliques et désirs ; mélanges bizarres (l'agitation du ventre)* » (août 1860).

Enfin, la ***Bible de l'Humanité*** (1864), écrite contre la *Vie de Jésus* de Renan, s'inscrivait dans le prolongement de l'ambition universelle de Michelet : il y opposait les peuples du crépuscule (l'Égypte et les peuples judéo-chrétiens) aux peuples de la lumière (l'Inde, la Perse, la Grèce). Les dernières années de l'historien furent marquées par sa rupture « idéologique » avec Quinet (1868) et par un nouvel engagement politique : lors des élections de mai 1869, il soutint Jules Ferry et les républicains. Mais, fuyant le spectacle des victoires prussiennes, il décida, en septembre 1870, de s'exiler en Suisse puis en Italie, où apprenant, l'année suivante, la défaite de la Commune, il eut plusieurs attaques d'apoplexie. En 1872, Michelet rentra à Paris, mais, de plus en plus malade, gagna de nouveau la Suisse puis Hyères, où il mourut, deux ans plus tard, d'une crise cardiaque.

Passionnément épris de la France, du Peuple et de la Femme, Michelet fut un historien délibérément partial car lyriquement visionnaire, une sorte de poète de l'Histoire, en même temps qu'un homme hanté par la Nature et les vertigineuses fusions entre Éros et Thanatos : dualité qui fit de lui le plus littéraire des historiens du XIXe siècle, et qui justifie, de nos jours, sa double « appartenance » à la littérature et à l'Histoire.

Une voix pour ceux qui n'en ont pas

« *Je suis né peuple,* écrivait Michelet, *mais sa langue, sa langue, elle m'était inaccessible. Je n'ai pas pu le faire parler* » (***Nos Fils***, 1869). Ainsi, Michelet aspire à retrouver cette « *langue impossible* » (Barthes), la langue de ceux qui n'ont jamais su parler, de « *ceux qui n'en sont même pas à savoir s'ils ont un droit au monde* » ***(Le Peuple)***, la langue de ceux qui souffrent en silence : « *Il faut entendre les mots qui ne furent dits jamais, qui restèrent au fond des cœurs* [...] *; il faut faire parler les silences de l'Histoire, ces terribles points d'orgue, où elle ne dit plus rien et qui sont justement ses accents les plus tragiques* » (***Journal***, 30 janv. 1842). Son histoire n'est donc ni une simple chronique, ni une épopée grandiose et abstraite, ni une pure collection érudite de faits, mais une tentative de « *résurrection* » de la vie même, dans sa totalité ; ainsi, l'historien devient un « *devin* », un « *vates* » qui s'aventure jusque dans l'intimité des passions et dans le mystère du cosmos ; il explore « *l'âme des simples, de l'animal, de l'ignorant, du barbare, de l'illettré* », de tous ceux que l'Histoire avait négligés. En arrachant le rameau d'or « *de* [son] *propre cœur* », il tente de réconcilier la recherche érudite et l'élan lyrique, la présentation objective des faits et l'imagination qui les fait revivre, la description du réel et la poésie visionnaire. Ainsi, dans la description de la tempête d'octobre 1859, la puissance hallucinatoire de ses images, la personnification des flots en bêtes monstrueuses, le mélange de terreur fantastique et d'obscure fascination, ou enfin l'art du *crescendo* et de la dramatisation de la scène, évoquent le style de Hugo : « *Point de tonnerre, point de combats de nuages, point de déchirement de la mer. Du premier coup, une grande tente grise ferma l'horizon en tous sens ; on le trouva enseveli dans ce linceul d'un morne gris de cendre qui n'ôtait pas toute lumière et laissait découvrir une mer de plomb et de plâtre, odieuse et désolante de monotonie furieuse* » ***(La Mer)***. L'historien s'est donc placé aux frontières de l'Histoire pour l'enrichir de l'imagination poétique, de la rêverie cosmique, de l'actualité du pamphlet, de la parole vivante du reportage, de la confession lyrique ou du détail anthropologique ; il a ainsi fait de cette histoire « *totale* » le point de rencontre des méthodes et des styles.

Le précurseur de la nouvelle Histoire

Michelet, malgré les sarcasmes de ceux qui, tel Sainte-Beuve, saluaient ses qualités d'écrivain pour mieux souligner ses défauts d'historien, est toujours resté une référence essentielle pour les historiens, mais aussi pour les écrivains, de Zola, grand admirateur, appréciant sa théorie de l'« *imprégnation* » héréditaire et voyant en lui « *un analyste terrible qui ne s'arrête pas à l'épiderme* » (*Livres d'aujourd'hui et de demain*, in *L'Événement*, 1866), à Drieu La Rochelle saluant « *ce formidable imaginatif* » (*Préface* à *Gilles*, 1942), en passant par les Goncourt s'exclamant : « *Le génie qui déteint sur tout et sur tous dans ce moment-ci, c'est Michelet. Il y a de* La Mer *de Michelet dans* Les Travailleurs *de Hugo.* [...] *Michelet a pétri la pensée actuelle* » (*Journal*, 11 avr. 1866). Lanson n'était pas en reste, qui estimait que l'historien, en réunissant « *la science et la poésie* [...], *sut rassembler laborieusement les fragments du passé et saisir par intuition la vérité totale* [...] », en un style « *âpre, saccadé, violent ou bien délicat, pénétrant, tendre* [faisant de lui] *un des deux ou trois écrivains supérieurs de notre siècle* » (*Histoire de la littérature française*, 1895). Si son œuvre a pu être perçue par Taine comme « *l'épopée lyrique de la France* » (*Essais de Critique et d'Histoire*, 1855), comme une œuvre plus poétique que scientifique, à la fois « *admirable et incomplète,* [qui] *séduit et ne convainc pas* », où l'imagination l'emporterait sur l'objectivité des faits, si elle fut aussi condamnée par l'école positiviste de Lavisse, elle n'a pourtant cessé d'inspirer, jusqu'à la Seconde Guerre mondiale, les manuels scolaires. Lucien Febvre, père de l'école des *Annales*, lui rendit hommage dans son *Michelet* (1946), et Marc Bloch s'en inspira dans ses *Combats pour l'histoire* (1947). Paradoxalement, le très nationaliste Michelet fut exécré par le non moins nationaliste Maurras : « *La France moderne accepte Michelet pour patron, mais elle se trompe.* [...] *son procédé familier consiste à élever jusqu'à la dignité de Dieu chaque rudiment d'idée générale qui passe à sa portée* » (*Trois Idées politiques*, 1898). Lors d'un colloque organisé à l'occasion du centenaire de sa mort (*Michelet cent ans après*, 1975), les plus grands historiens et critiques contemporains s'accordaient à voir en lui le prophète de l'histoire la plus moderne : c'est lui qui « *a mis en place une histoire fondée sur les documents* », et il fut « *l'historien des continuités* » (Robert Mandrou) ; Madeleine Rébérioux a montré que Michelet fut le premier à s'engager dans une histoire des femmes et à faire entrer ainsi l'ethnographie dans l'Histoire ; Barthes, à la suite de son *Michelet par lui-même* (1954), vit dans son œuvre, par-delà un discours apparemment unitaire, l'émergence d'une contre-culture, car ce « *grand ethnologue* » a su faire parler « *l'Autre* » dans l'Histoire. En 1998, à la double occasion du 150e anniversaire de la révolution de 1848 et du bicentenaire de la naissance de l'écrivain, colloques et témoignages ont confirmé la dette que des historiens très divers, de Pierre Chaunu à Michel Winock, de Jean Tulard à Pierre Nora, en passant par Alain Decaux et Jean Favier, ont conservée à l'égard de Michelet, et que résume ce jugement : « *Il n'y a pas un historien de la France qui puisse ne pas se référer à Michelet, de façon positive ou négative* » (Pierre Nora, in *Le Figaro littéraire*, 25 juin 1998).

ŒUVRE

La **Sorcière**

Ouvrage historique, comportant une ***Introduction***, 2 livres de chacun 12 chapitres et un ***Épilogue***, et publié d'abord à Paris, en novembre 1862, par Dentu et Hetzel, puis à Bruxelles en 1863, par Lacroix (il parut à l'origine chez Hachette qui, au premier jour de la mise en vente, rompit le contrat et pilonna les exemplaires déjà distribués, sous la pression de la censure accusant l'auteur de paganisme).

La Sorcière retrace l'évolution d'un type féminin depuis le Moyen Âge jusqu'au XVIIIe siècle : Michelet se proposait de réhabiliter, à travers l'histoire de la « *sorcellerie* », la femme du peuple opprimée par cette « *épouvantable mécanique d'écrasement* » que représenta l'Inquisition, « *cruel pressoir à briser l'âme* » ***(Introduction)***. Le premier livre, de ***La Mort des dieux*** (chap. I) à ***Satan s'évanouit*** (chap. XII), couvre l'ensemble du Moyen Âge. La sorcière, héritière de la sibylle païenne (chap. I), est née dans les « *temps de désespoir* » que furent les « *premiers siècles du Moyen Âge* » : dans une société marquée par une « *langueur inconnue* », par « *une convulsion d'ennui* [illegible]ée de l'imitation servile du passé (chap. II), le prêtre s'est coupé du peuple pour n'être plus que le représentant d'une institution figée. Ainsi le peuple n'a-t-il plus de voix ; et, parmi ce peuple, la femme est la plus solitaire et la plus oubliée (chap. III). Le mélange de « *fixité extrême* » des dogmes et d'« *incertitude* » face à l'avenir conduit alors les paysans à se réfugier dans la seule espérance qui leur reste, celle que leur offre le démon (chap. IV). En 1300, commence « *l'âge terrible* » où se développe la crainte obsessionnelle du diable, de la femme « *possédée* », « *endiablée* » par le démon ; la femme est alors pourchassée, torturée (chap. V). À une époque où la religion tente d'« *aplatir l'âme* » (chap. VII), seule la femme garde le contact avec la Nature et avec les Morts, elle seule répond à « *ce besoin de cœur* » que l'Église a négligé : « *la compassion apparaît désormais du côté de Satan* » (chap. VII). La femme porte en elle « *l'immensité du désir* », le rêve de réconciliation de la vie et de la mort (chap. VIII). À la fin du Moyen Âge, elle représente la « *sève de vie refoulée* » que n'ont pu libérer ni la « *foi pâlis-*

sante » ni la « *raison naissante* ». Au moment des grands fléaux, la sorcière est, grâce à sa science des plantes, le seul médecin du peuple ; elle seule s'élève contre l'idée que la chair, et « *son représentant* », la Femme, seraient impures : contre la « *scolastique de la pureté* », elle réhabilite le corps (chap. IX). Son philtre magique est une réponse aux lois cruelles d'un mariage qui ne se soucie pas de l'amour (chap. X). Au XIVe siècle, ses messes noires cristallisent la colère d'un peuple qui, depuis des siècles, attend de Dieu un miracle qui ne vient pas (chap. XI) ; dans ces cérémonies populaires s'expriment à la fois sa misère et sa révolte face aux « *lois contre nature* » de la société. Le livre II commence au XVe siècle et se termine en 1730. Il retrace les progrès de l'Inquisition en Espagne, puis en France (chap. I à III). Après avoir évoqué le procès des sorcières basques en 1609, Michelet décrit la présence de la « *sorcellerie* » au sein même de l'ordre des Ursulines : elle naît de la « *terrible maladie des cloîtres* », celle de l'ennui, « *qui s'égare en d'indéfinissables langueurs* » (chap. VI). Et ce sont aussi cet ennui, cette soif de nouveauté qui sont à l'origine des audaces des « *possédées de Loudun* » (chap. VII et VIII) et des rêves de la Cadière (chap. IX à XII) : le besoin de liberté n'a pu être étouffé, et la chair se révolte. Enfin, l'***Épilogue*** rappelle qu'à travers la Sorcière, c'est l'esprit de progrès qu'a voulu combattre l'Église. Certes, la Sorcière a désormais péri en raison du progrès des sciences, « *mais non la Fée* ».

La Sorcière est-elle vraiment un ouvrage historique ? Taine voyait en Michelet un poète plutôt qu'un historien. ***La Sorcière***, que Jean Gaulmier a qualifiée de « *poème de la Nature* », se termine en effet par une invocation lyrique à « *l'aube religieuse* » que l'auteur voit poindre ; des métaphores abondantes, des exclamations indignées, une chronologie peu marquée éloignent cet ouvrage de l'écriture impersonnelle et de la précision propres au récit historique. Pourtant, Michelet revendiquait, dans un avis de la seconde édition, le sérieux de son travail d'historien : « [Mon livre] *ne doit rien,* écrivait-il, *à la chronique légère et passionnée. Il est sorti généralement des actes judiciaires.* » L'ouvrage apparaît, dès lors, comme inclassable, car il dépasse toute opposition figée entre science et poésie, entre l'objectivité de l'Histoire et l'engagement subjectif de l'historien, entre la précision documentaire et l'écriture littéraire. ***La Sorcière***, comme ***Le Peuple*** ou ***La Femme***, a contribué à forger une autre histoire, l'histoire des oubliés de l'Histoire, à qui personne n'avait prêté de voix ni donné la parole.

La Sorcière a fait scandale au moment de sa parution, au point qu'Hachette a dû en interrompre la publication. On accusait Michelet d'avoir fait l'éloge du mal et de la débauche, d'avoir été lui-même ensorcelé et de n'avoir pas répondu aux critères scientifiques exigés par l'histoire positiviste. Aujourd'hui, la nouvelle Histoire a largement réhabilité ***La Sorcière***. Jacques Le Goff y voit un ouvrage prophétique qui « *fait entrer le corps, le sexe, une certaine histoire de la nature dans une histoire globale* » (in *Michelet cent ans après*, P.U. de Grenoble, 1975). ***La Sorcière*** a en effet élargi les champs d'exploration de l'historien en se fondant sur la longue durée, en explorant l'histoire des mentalités et en s'intéressant à « *la vie d'une femme qui n'a jamais laissé d'écrits et qui n'est connue qu'à travers les témoignages de ses bourreaux et de ses persécuteurs* » (Jacques Seebacheer, *ibid.*).

CITATIONS

Tout est poésie dans la femme, mais surtout cette vie rythmique, harmonisée en périodes régulières, et comme scandée par la nature. Au contraire le temps pour l'homme est sans division réelle ; il ne lui revient pas identique. Ses mois ne sont pas des mois. Point de rythme dans sa vie. Elle va, toujours devant elle, détendue comme la prose libre, mais infiniment mobile, créant sans cesse des germes, mais le plus souvent pour les perdre.

L'Amour, II, 10.

L'amour est une loterie, la Grâce est une loterie. Voilà l'essence du roman.

Bible de l'Humanité, II, 6.

Le jésuitisme, l'esprit de police et de délation, les basses habitudes de l'écolier *rapporteur,* une fois transportés du collège et du couvent dans la société entière, quel hideux spectacle !... Tout un peuple vivant comme une maison de Jésuites, c'est-à-dire du haut en bas, occupé à se dénoncer. La trahison au foyer même, la femme espion du mari, l'enfant de la mère... Nul bruit, mais un triste murmure, un bruissement de gens qui confessent les péchés d'autrui, qui se travaillent les uns les autres et se rongent tout doucement.

Des Jésuites, introduction.

La France a fait la France, et l'élément fatal de race m'y semble secondaire. Elle est fille de sa liberté.

Histoire de France, préface de 1869.

La France est le pays de la prose. Que sont tous les prosateurs du monde à côté de Bossuet, de Pascal, de Montesquieu et de Voltaire ? Or, qui dit la prose, dit la forme la moins figurée et la moins concrète, la plus abstraite, la plus pure, la plus transparente ; autrement dit, la moins matérielle, la plus libre, la plus commune à tous les hommes, la plus *humaine*.

Introduction à l'histoire universelle.

Souvenons-nous toujours, Français, que la Patrie chez nous est née du cœur d'une femme, de sa tendresse et de ses larmes, du sang qu'elle a donné pour nous.

Jeanne d'Arc, introduction à l'éd. de 1853.

Ce livre est plus qu'un livre ; c'est moi-même. Voilà pourquoi il vous appartient.

Le Peuple.

JUGEMENTS

« *L'histoire de l'humanité s'est transformée en une mythologie renouvelée, fruit d'une idéologie moderne et d'une imagination profondément contemporaine des mythes qu'elle ne saurait emprunter sans les recréer ; Michelet est un Hésiode républicain.* »

Pierre ALBOUY, *Mythes et Mythologies dans la littérature française*, Colin, 1969.

« *Michelet porte à son maximum d'intensité dramatique une forme d'histoire écrite, littéraire, poétique, contre laquelle proteste toute la recherche contemporaine qui n'a pas trouvé sa propre écriture.* [...] *Par l'ambition d'une histoire "totale", par l'annexion à la curiosité historienne d'objets nouveaux (le corps, la nature, la foule, la psychologie collective),* [...] *par le sens des évolutions de longue durée, par le sentiment ethnologique du passé, par le goût des grandes transgressions historiques vers une intégration de la nature, par la certitude, chez cet archiviste, que l'histoire relève de l'indicible, par son sens des fameux* "silences de l'histoire" *et son art de faire parler la bouche d'ombre, Michelet peut à bon droit être revendiqué comme un précurseur, et même un prophète de l'histoire nouvelle.* »

Pierre NORA, « Le Troisième Homme ? », in *L'Arc*, n° 52, 1973.

« *La parole est à retrouver, en effet, elle ne transcrit pas un texte qui lui préexiste, qu'elle n'aurait qu'à suivre, mot à mot : il s'agit de faire parler celui qui n'a pas, ou si peu, ou si mal parlé... Si Michelet est le premier grand remueur d'archives, c'est qu'il est le premier à ne pas vouloir partir des autres historiens, ni même des chroniques du temps. Il puise dans le silence, le demi-mot, le non-dit.* »

Gaëtan PICON, « Michelet », in *Tableau de la littérature française*, III, Gallimard, 1974.

« *Michelet : une phrase qui a une maladie nerveuse, qui a le hoquet.* »

Jules RENARD, *Journal*, 18 juillet 1896.

« *Un petit vieillard à grande tête, diction oratoire. A trouvé dans sa conscience une base qui le dispense de toute métaphysique : la justice. Impression générale : ne me fait pas l'effet d'un homme sérieux et complet, mais, au demeurant, sincère.* »

SULLY PRUDHOMME, *Journal intime*, 29 novembre 1864.

« *L'*Histoire de France *et l'*Histoire de la Révolution française *n'ont presque rien d'un récit tenu, contenu, continent, maître de lui et qui travaille à éclairer le lecteur. Ils supposent connue l'histoire qu'ils racontent.* [...] *Quoi qu'il en ait dit, son histoire n'est pas une résurrection : c'est un paysage sous une fulguration d'éclairs. Ce climat ne convient pas à tous les nerfs.* »

Albert THIBAUDET, *Histoire de la littérature française de 1789 à nos jours*, Stock, 1936.

« *Il sait prêter sa voix aux parias du passé. Il a le don de reconstituer* "l'histoire de ceux qui n'ont pas d'histoire". *La lumière des grands noms ne l'éblouit point ; il cherche dans l'ombre de l'oubli le génie des peuples.* »

Paul VIALLANEIX, *Préface* à MICHELET, *La Sorcière*, « GF », Flammarion, 1966.

BIBLIOGRAPHIE

Éditions

Œuvres complètes, éd. P. VIALLANEIX, Flammarion, 1972 à 1987 (ont paru les vol. 1 à 9, 16 à 18, et 20-21).

Histoire de France, sous les titres *Le Moyen Âge : Livres I à XVII de l'Histoire de France*, éd. Cl. METTRA et A. FERRARI, « Bouquins », Laffont, 1981, et *Renaissance et Réforme : Histoire de France au XVIe siècle*, éd. Cl. METTRA et V. BEDIN, « Bouquins », Laffont, 1982.

Jeanne d'Arc et autres textes, éd. P. VIALLANEIX, « Folio », Gallimard, 1974, rééd. 1998.

La Sorcière, éd. P. VIALLANEIX, « GF », Flammarion, 1966 ; éd. L. LEFORT, STFM, 1970.

Études

R. BARTHES, *Michelet par lui-même*, Seuil, 1954, rééd. 1995.

S. BERNARD-GRIFFITHS (dir.), *Variétés sur Michelet*, Université Blaise-Pascal, Clermont-Ferrand, 1998.

Ch. MATOSSIAN, *Fils d'Arachné : les tableaux de Michelet*, Part de l'œil, 1998.

Th. MOREAU, *Le Sang de l'Histoire : Michelet, l'Histoire et l'Idée de la Femme au XIXe siècle*, Flammarion, 1982.

O. REMAUD, *Michelet, la Magistrature de l'Histoire*, Michalon, 1998.

P. VIALLANEIX, *La Voie royale. Essai sur l'idée de peuple dans l'œuvre de Michelet*, Delagrave, 1959 ; *id.* (dir.), *Michelet cent ans après*, P.U. Grenoble, 1975 ; *Michelet, les Travaux et les Jours, 1798-1874*, Gallimard, 1998.

Michelet, in *L'Arc*, n° 52, févr. 1973.

MIRON

Gaston MIRON
De nationalité canadienne
Sainte-Agathe-des-Monts (Québec, Canada) 1928 – Montréal *(ibid.)* 1996

> *« Ce n'est pas fréquent d'aborder et de pratiquer une tornade, un grand corps bourré de grosses paroles qui tonnent, vous avez beau vous dire que les cyclones vous connaissez, [...] quand vous rencontrez la tornade en forme de poète [...] vous êtes tout simplement stupéfait de l'admirer tonitruer, séduit pas l'énergie de cette tornade qui ne détruit pas, de cette tornade qui aime, [...] Gaston Miron va entrer dans cette maison où tout le monde l'attend, le bruit de sa voix comme toujours le précède, étonnez-vous de ce tonnerre querelleur, et enchantez-vous aussi de ce murmure-là [...]. »*
> Édouard GLISSANT, *Géographies mironiennes*, *in* Gaston MIRON, *L'Homme rapaillé. Les Poèmes*, « Poésie », Gallimard, 1999.

La voix du Québec libre

L'orphelin des Laurentides

Aîné de 4 sœurs, avec lesquelles il fut élevé par leur seule mère à la mort du père, menuisier-charpentier, dès 1940, Miron passa son enfance dans les Laurentides, montagnes situées au nord de Montréal ; du remariage de sa mère, en 1943, avec Gilbert Forget, naquit un garçon, Robert.

En 1944, la famille Miron-Forget déménagea à Saint-Jérôme, ville industrielle située au nord de Montréal — où Miron s'intalla à l'automne 1947, à 19 ans. Dès son arrivée à Montréal, il multiplia les petits métiers — plombier, instituteur, commis de bureau, barman, secrétaire au Palais de justice — pour pallier la précarité de sa situation matérielle. Parallèlement, il travailla dans l'animation sociale en participant aux activités de l'Ordre du Bon Temps, organisme orienté vers la culture populaire, et des Routiers du clan Saint-Jacques. Espérant devenir journaliste ou syndicaliste, il étudia aussi les sciences sociales à l'université de Montréal. Ces activités débouchèrent rapidement sur un engagement socialiste et indépendantiste. Miron milita notamment au Nouveau Parti démocratique, au Rassemblement pour l'indépendance nationale, au Parti socialiste québécois, puis au Parti québécois — son militantisme se solda par deux échecs électoraux en 1958 et en 1972, et par une incarcération de deux semaines en 1970, sous le gouvernement de Pierre Elliott Trudeau. L'indépendance du Québec constituait, pour lui, un préalable non seulement à la libération politique d'un peuple, mais aussi à un véritable épanouissement littéraire collectif, impossible dans un pays perçu, dans sa matérialité la plus quotidienne, comme le « *non-poème* » :

> *Le poème ne peut se faire que contre le*
> *non-poème*
> *Le poème ne peut se faire qu'en dehors du*
> *non-poème*
>
> (***Notes sur le non-poème et le poème***, in ***L'Homme rapaillé***)

Cette démarche personnelle, à la fois poétique et politique, devait beaucoup à la lecture de l'*incipit* du poème *La Quête de joie* de La Tour du Pin : *Tous les pays qui n'ont plus de légende / seront condamnés à mourir de froid.* Miron avait découvert ces vers en 1949, en même temps que ceux de Saint-Denys Garneau et de René Char, qui le marquèrent autant que la révélation, quelques années auparavant, du *Cid* de Corneille et du personnage de Chimène — qui le fascina.

Un éditeur et un poète militant

Miron ne sépara jamais son activité d'écriture — volontairement raréfiée — de son engagement social. Du côté de la littérature, il contribua d'abord à la fondation, en juin 1953, avec ses amis Gilles Carle, Mathilde Ganzini, Olivier Marchand, Louis Portugais et Jean-Claude Rinfret, et à la direction des Éditions de l'Hexagone, maison qui a beaucoup fait pour la diffusion de la poésie et pour la constitution d'une littérature nationale dynamique. Après s'être obstinément refusé à publier — il considéra longtemps le statut d'écrivain comme un *« salut personnel et transfuge »*, et la découverte, à 11 ans, de l'analphabétisme de son grand-père compliqua durablement ses rapports avec l'écriture —, Miron consentit, en 1970, à la publication de ***L'Homme rapaillé*** par les Presses de l'université de Montréal, moins d'un an après la naissance de sa fille unique Emmanuelle, dédicataire du poème liminaire et éponyme du recueil. Ce volume de poèmes et d'essais réunissait des textes qui avaient beaucoup circulé au cours des années 1950 et 1960 : des poèmes parus dans ***Deux Sangs*** — toute première publication des Éditions de l'Hexagone, en 1953 —, écrite en collaboration avec Olivier Marchand et, surtout, des extraits de cycles de poèmes dispersés dans des journaux et des revues, parmi lesquels ***La Marche à l'amour*** et ***La Vie agonique***, de même qu'un certain nombre d'essais, regroupés en fin de volume sous le titre de ***Recours didactique***.

La 1re édition de ***L'Homme rapaillé***, en 1970, rassemblant des poèmes et des essais écrits pour la plupart entre le début des années 1950 et le milieu des années 1960, ponctuait plus d'une quinzaine d'années — depuis la création d'Hexagone — d'intense activité éditoriale et militante, marquées notamment par la découverte, en 1955, des œuvres d'André Frénaud et d'Aimé Césaire, par la fondation, en 1959, avec plusieurs amis de l'Hexagone, de la revue ***Liberté***, par un premier séjour parisien d'un an et demi, entre septembre 1959 et février 1961 — à la faveur d'une bourse gouvernementale pour étudier, à l'École Estienne, les techniques de l'édition —, séjour qui lui fournit l'occasion des rencontres décisives d'André Frénaud, de Guillevic, de Michel Deguy et d'Édouard Glissant, entre autres, par une collaboration prépondérante à la rédaction de la revue *Parti pris*, entre 1963 et 1968, par la fonction de délégué de l'Association des éditeurs canadiens à la Foire du livre de Francfort, de 1963 à 1969, enfin par une chronique littéraire au magazine *Maclean*, entre 1966 et 1969. Le débutant tardif qui publiait, à 42 ans, son premier recueil était donc loin d'être un auteur inconnu, tant au Canada qu'en France.

Renouant avec des fonctions qu'il avait exercées, entre 1961 et 1965, chez les éditeurs Fomac et Hurtubise HMH — où il avait en outre dirigé la distribution —, Miron, de 1973 à 1980, fut attaché de presse et responsable des relations extérieures des Éditions Leméac, tout en enseignant, entre 1974 et 1978, l'histoire de la littérature québécoise à l'École nationale de Montréal et en étant membre, de 1975 à 1978, du bureau exécutif de l'Association des éditeurs canadiens. En 1975, Miron fit paraître ***Courtepointes***, plaquette de poèmes qui fut intégrée à la 2e édition de ***L'Homme rapaillé*** (1981), en même temps que quelques textes plus récents. Les activités de l'animateur littéraire — bénévole — s'étendirent à la coordination de débats et de récitals publics, à la diffusion internationale du livre québécois et à la conception d'anthologies : ***Écrivains contemporains du Québec*** (1989, en collab. avec Lise Gauvin), ***Les Grands Textes indépendantistes*** (1992, en collab. avec André Ferretti). La 5e et dernière version « *non définitive* » de ***L'Homme rapaillé*** (1996) constitua le livre unique de Miron : livre totalisant et pourtant fragmentaire que l'auteur n'avait cessé de remanier. Atteint d'un cancer du foie, Miron mourut le 14 décembre 1996, moins d'un mois avant son 69e anniversaire. Il avait pu participer à la célébration officielle, à la Maison des Écrivains, des 80 ans de son illustre aînée Anne Hébert, à la rentrée 1996. Sa dernière apparition publique eut lieu au Salon du livre de Montréal, quelques semaines avant son décès. Premier écrivain québécois à recevoir l'honneur d'obsèques nationales, il fut inhumé au cimetière de son village natal, « *dans les vieilles montagnes râpées du Nord* » (***L'Octobre***, in ***La Vie agonique***, in ***L'Homme rapaillé***), aux côtés de son grand-père et de son père.

Par son rôle d'animateur, voire d'agitateur, culturel et par son œuvre poétique aussi dense que rare, Miron, homme d'une seule œuvre toujours recommencée, s'est imposé comme une voix majeure de la littérature québécoise et de la poésie de langue française :

> *Je suis sur la place publique avec les miens*
> *la poésie n'a pas à rougir de moi*
> *j'ai su qu'une espérance soulevait ce monde jusqu'ici*
>
> (***Sur la place publique. Recours didactique***, *ibid.*)

Une écriture sobre et forte

Foyer provisoire d'une dialectique oscillant entre dénonciation de la condition aliénée du Québécois et célébration d'une langue qui se voudrait « *natale* », l'œuvre mironienne fait une grande place à l'amour blessé :

> *je n'ai plus de visage pour l'amour*
> *je n'ai plus de visage pour rien de rien*
> *parfois je m'assois par pitié de moi*
> *j'ouvre mes bras à la croix des sommeils*
>
> (***La Marche à l'amour***, in ***La Marche à l'amour***, in ***L'Homme rapaillé***)

> *Tu fus quelques nuits d'amour en mes bras*
> *et beaucoup de vertige, beaucoup d'insurrection*

même après tant d'années de mer entre nous
à chaque aube il est dur de ne plus t'aimer
(***Poème de séparation 2***, *ibid.*)

L'écriture de Miron tire sa force de sa sobriété. Apparente simplicité née, en fait, d'une constante et patiente quête et conquête des multiples pouvoirs du langage, dont témoignent notamment quelques néologismes ou emplois inattendus :

batèche de mon grand-père dans le noir analphabète
batèche de mon père rongé de veilles
batèche de moi dans mes yeux d'enfant

[...]
laissez-moi donner la main à l'homme de peine
et amironner
(***Séquences***, in ***La Batèche***, *ibid.*)

Elle se nourrit volontiers de mots répandus qui soulignent d'autant mieux, dans l'intensité et la densité de leur confrontation, la rareté des images qu'ils expriment. À la manière de celle de Char en France, la poésie de Miron se singularise par son refus des facilités et son exigence d'une parole d'abord nécessaire, donc nécessairement durable. Souvent éblouissante, elle dément les propres préventions du poète contre soi-même :

Je suis un homme simple avec des mots qui peinent
et je ne sais pas écrire en poète éblouissant
(***Avec toi***, II, in ***La Marche à l'amour***, *ibid.*)

Un monument toujours vivant

La poésie de Miron a toujours été accompagnée par un discours critique de grande qualité. Avant même la première parution de ***L'Homme rapaillé***, Jacques Brault publiait, en 1966, le texte d'une conférence intitulée *Miron le Magnifique*, dans lequel, s'appuyant sur un certain nombre d'inédits, il décrivait sa poésie comme « *une angoisse cernée de courage* ». Quatre ans plus tard, dans la 1re édition du maître-livre de Miron, figurait une étude du critique Georges-André Vachon, lequel insistait sur la langue québécoise du poète, conquête de la substance, d'un « *je suis* » déterminant. Parfois sommairement assimilée aux prises de position nationalistes de l'auteur et repoussée par une certaine modernité, la poésie de Miron est toutefois attentivement analysée en tant qu'écriture poétique de première valeur, et non seulement comme expression d'une idéologie, notamment dans une étude de Pierre Nepveu, intitulée *Miron dépaysé*, où le critique souligne que « *le pouvoir de fondation de l'écriture, chez Miron, est à la mesure de son pouvoir d'arrachement* ».
Traduite en plusieurs langues, primée à plusieurs reprises au Québec (prix Duvernay 1978 et prix Athanase-David 1983 — la plus haute distinction du gouvernement du Québec en littérature —, entre autres) et en France (prix Guillaume-Apollinaire 1981 — pour la 2e éd. de ***L'Homme rapaillé***), l'œuvre mironnienne demeure aujourd'hui l'un des principaux phares de l'activité littéraire au Québec, et la participation — remarquée — du poète à l'émission télévisuelle *Apostrophes* de Bernard Pivot, le 1er mai 1981, a popularisé la figure pittoresque de Miron en France. Créée à Paris à la rentrée 1997, moins d'un an après la mort du poète, l'association *Les Amis de Gaston Miron* est présidée par Dominique Noguez.

ŒUVRE

*L'****Homme rapaillé***

Recueil de poèmes et d'essais dont la 1re édition parut aux Presses de l'université de Montréal, en avril 1970. La plupart avaient déjà été publiés dans des revues et des journaux et dans ***Deux Sangs*** (1953), premier recueil des Éditions de l'Hexagone, écrit en collaboration avec Olivier Marchand. La 2e édition, parue à Paris, chez Maspero, en 1981, intégrait une plaquette de 1975, ***Courtepointes***, à laquelle se joignirent, au fil des rééditions, quelques textes plus récents. La 3e édition, revue et corrigée, parut à Montréal, en format de poche, aux Éditions Typo, en 1993. Une 4e édition, « *non définitive* », fut lancée la même année et publiée en 1994, à Montréal, chez Hexagone, sous la forme d'une édition semi-luxe annotée, commémorant les 40 ans de la maison cofondée par l'auteur. La 5e édition — dernière revue par Miron et toujours présentée par lui comme « *non définitive* » — parut à

Montréal, aux Éditions Typo, en 1996, chez qui a été enfin publiée, posthume, la version définitive du recueil, en 1998. La veuve du poète, Marie-Andrée Beaudet, a fait paraître en 1999, en collection « Poésie », chez Gallimard, sous le titre ***L'Homme rapaillé. Les Poèmes***, une version du recueil expurgée des *« textes d'intervention — en fait les six textes réunis sous* ***Circonstances*** *et* ***De la langue*** *— traditionnellement associés au recueil »* ; dans cette ultime version, le recueil rassemble quelque 80 poèmes — pour la plupart titrés mais non numérotés — répartis en 11 sections — titrées mais non numérotées : ***L'Homme rapaillé***, **Influences**, **La Marche à l'amour**, **La Batèche**, **La Vie agonique**, ***L'Amour et le Militant***, **Aliénation délirante**, **Notes sur le non-poème et le poème**, **Poèmes de l'amour en sursis**, ***J'avance en poésie***, **Six Courtepointes**. Parmi ces 11 sections, seules **Influences**, décomposée en **1. Deux Sangs** et **2. Quelque part par ici**, et **Six Courtepointes**, rassemblant 6 ensembles de poèmes, comportent des subdivisions numérotées.

Le poème liminaire, éponyme — précisément intitulé ***L'Homme rapaillé/Liminaire*** et dédié à Emmanuelle, la fille du poète —, annonce une transition : *J'ai fait de plus loin que moi un voyage abracadabrant / il y a longtemps que je ne m'étais pas revu / me voici en moi comme un homme dans une maison / qui s'est faite en son absence / je te salue, silence // je ne suis pas revenu pour revenir / je suis arrivé à ce qui commence.* Aussi ce *« rapaillage »* — québécisme qui désigne le rassemblement d'objets éparpillés : Miron avait fait initialement paraître en revue le poème liminaire sous le titre ***L'Homme ressoudé*** — apparaît-il comme un bilan provisoire, orienté vers *l'avenir dégagé / l'avenir engagé* (***L'Octobre***, in **La Vie agonique**). Ce caractère provisoire — du recueil, mais aussi des textes qui le composent — marque toutes les versions du livre, lieu d'une tension constante entre la poésie et l'essai. Tentative de conjuration du destin national par la célébration de l'amour et la critique de l'aliénation, ***L'Homme rapaillé*** se présente à la fois comme le paradoxal accomplissement formel d'une œuvre empêchée et comme le témoignage d'un homme qui a choisi de centrer sa vie sur la collectivité problématique dont il est issu : *Il est triste et pêle-mêle dans les étoiles tombées / livide, muet, nulle part et effaré, vaste fantôme / il est ce pays seul avec lui-même et neiges et rocs / un pays que jamais ne rejoint le soleil natal / en lui beau corps s'enfouit un sommel désaltérant / pareil à l'eau dans la soif vacante des graviers* (**Héritage de la tristesse,** *ibid.*). Si la diversité formelle caractérise le recueil, une majorité de poèmes adoptent une cadence voisine tantôt du décasyllabe tantôt de l'alexandrin, en des vers libres célébrant amplement tour à tour le pays natal, *Compagnon des Amériques / Québec ma terre amère ma terre amande* (**Compagnon des Amériques**, in **La Vie agonique**), pays *de ce peuple au regard épaillé sur ce qu'il voit* (**Le Camarade**, in ***L'Amour et le Militant***), et l'amour fusionnel des amants : *Chaque jour je m'enfonce dans ton corps / et le soleil vient bruire dans mes veines / mes bras enlacent ta nudité sans rivages / où je déferle pareil à l'espace sans bords // sur les pentes d'un combat devenu total / au milieu de la plus quotidienne obscurité / je pense à toi tel qu'au jour de ma mort / chaque jour tu es ma seule voie céleste // malgré l'érosion des peines tourmenteuses / je parviens à hisser mon courage faillible / je parviens au pays lumineux de mon être / que je t'offre avec le goût d'un cours nouveau // amour, sauvage amour de mon sang dans l'ombre / mouvant visage du vent dans les broussailles / femme, il me faut t'aimer femme de mon âge / comme le temps précieux et blond du sablier* (poème sans titre, *ibid.*). Plusieurs poèmes à la gloire du couple — toujours évoqué sous la forme d'une union à la fois érotique et spirituelle — alternent vers longs et vers brefs : *ainsi de te prendre dans le tumulte et l'immensité / lucide avec effervescence / tu me hâtes en toi consumant le manège du désir / et lors de l'incoercible rafale fabuleuse / du milieu de nous confondus sans confins / se lèvent et nous soulèvent / l'empan et le faîte de l'étreinte plus pressante / que la fatalité / noueuse et déliée, chair et verbe, espace / que nous formons largués l'un dans l'autre* (poème sans titre, *ibid.*). S'il use d'un lexique simple et accessible, Miron « dynamise » cette apparente facilité par une syntaxe délibérément « bousculée » : *lorsque je rage butor de mauvaise foi / lorsque ton silence me cravache farouche / dans de grandes lévitations de bonheur / et dans quelques grandes déchirures / ainsi sommes-nous un couple / toi s'échappant de moi / moi s'échappant de toi / pour à nouveau nous confondre d'attirance / ainsi nous sommes ce couple ininterrompu / tour à tour dé-sassemblé et réuni à jamais* (poème sans titre, *ibid.*).

Le recueil de 1970 obtint d'emblée un immense succès, de la part tant du public que de la critique — qui le couronna du prix France-Canada. Les quelques rééditions — celle de 1981 reçut en France le prix Guillaume-Apollinaire — que Miron, malgré ses réticences, publia durant un quart de siècle, parallèlement aux nombreuses traductions de ses poèmes en italien (1972, 1981), polonais (1979), anglais [américain] (1980, 1982, 1986, 1993) et portugais [brésilien] (1994), confirmèrent le retentissement d'un recueil toujours recommencé et d'une parole poétique parmi les plus mémorables des lettres de langue française.

CITATIONS

Dru le corps
craquant le cœur
ahan le jour
les poings dedans

je défends ma peau
rien que ça
ma peau de peau

c'est bien assez
il me semble
pour commencer

allez-y voir après

garanti
je bêle à la mort

Self-Défense, in *Influences, 2. Quelque part par ici,* in *L'Homme rapaillé.*

la souffrance a les yeux vides du fer-blanc
elle ravage en dessous feu de terre noire
la souffrance la pas belle et qui déforme
est dans l'âme un essaim de la mort de l'âme

Poème de séparation 1, in *La Marche à l'amour, ibid.*

Un jour de grande détresse à son comble
je franchirai les tonnerres des désespoirs
je déposerai ma tête exsangue sur un meuble
ma tête grenade et déflagration
sans plus de vue je continuerai, j'irai
vers ma mort peuplé de rumeurs et d'éboulis
je retrouverai ma nue propriété

L'Homme agonique, in *La Vie agonique, ibid.*

Ce que la mer chante à des milles d'ici
la force de ton ventre, le besoin absolu
de m'ériger en toi
voici que mes bras de mâle amour s'ébranlent
pour les confondre en une seule étendue

Poème sans titre, in *L'Amour et le Militant, ibid.*

Hommes
l'Histoire ne sera peut-être plus
retenez les noms des génocides
pour qu'en votre temps vous n'ayez pas les vôtres
hommes
il faut tuer la mort qui sur nous s'abat
et ceci appelle l'insurrection de la poésie

Demain, l'Histoire, in *Six Courtepointes*, 4, *ibid.*

JUGEMENTS

« *Le travail de Gaston Miron a surtout consisté à dire avec force l'existence d'une culture et d'une littérature, d'une poésie aussi, nommées québécoises. Par des conférences nombreuses à l'étranger, par une présence constante aux faits culturels et aux diverses générations d'écrivains qui le suivent ou le précèdent, Gaston Miron s'est fait le porte-parole du Québec culturel et politique. Son image est celle d'un homme, un poète, qui à voix haute dit notre identité. Son travail d'éditeur, de promoteur, de poète, sont des facettes d'une même passion pour ce pays qu'il appelle de chacune de ses actions. Ici, l'identité fait corps avec les déroulements de l'histoire. Gaston Miron fait le lien entre les générations de poètes et, de l'oralité à la modernité, il tisse des ponts par sa propre parole enchevêtrée du rêve de celle des autres.* »

Claude Beausoleil, *Le Motif de l'identité dans la poésie québécoise 1830-1995*, Estuaire, 1996.

l'étendard Miron s'est soudainement couché
mais j'entends encore cette voix
qui claque au vent des tempêtes
clamant ses vers chantant ses amours et ses espoirs
criant sa liberté et celle de son peuple
il portait notre poésie sur ses épaules
pour lui faire traverser les océans de silence
il partait avec des flots de paroles au bord des lèvres
des pages pleines d'amour et de beaux désespoirs
il était toujours là où il fallait où on l'attendait
la poésie n'aura jamais à rougir de lui
elle brûlera longtemps des feux qu'il a attisés.

Roland Giguère, *Au Poète souverain*, *in* Simone Bussières (dir.), *Les Adieux du Québec à Gaston Miron*, Guérin littérature, 1997.

« *L'exotisme finalement, de Gaston Miron, par rapport aux traditions poétiques françaises, ce n'est pas du tout qu'il ait des mots du Québec, c'est quelque chose de beaucoup plus rare qu'un terroir, proche ou lointain, c'est de réunir dans ses poèmes ce que toute l'histoire politique et poétique de la France a séparé, la poésie savante et la poésie populaire, la culture savante et la culture populaire, dans une seule et même oralité.*

Cela, nos cultivateurs du sublime en sont bien incapables. Plus désoralisé, introuvable. Cette unité ne s'imite pas. Puisqu'elle est un langage d'expérience. Le "terrain", comme il disait.

Où, précisément, disparaît la séparation entre poésie politique et poésie amoureuse, parce que l'érotisation du langage, la sensualisation du langage est une force inséparablement poétique et politique. Elle est ce que peut un corps quand il est tout entier langage. »

Henri Meschonnic, « L'Épopée de l'amour », *in* « Gaston Miron : un poète dans la cité », in *Études françaises*, vol. 35, n°s 2-3, 1999.

« Avec lui le sens du mot "poésie" *bouge, assemble nouvellement ses sèmes, se rapproche originalement de son pôle oral, de son pôle tremblé, de son pôle actif et de son pôle collectif, du côté brut de la formation ou de la reformation de la langue, plutôt que de son pôle écrit, marmoréen, passif et solitaire, de la vibration raffinée ou de la subversion de la langue.*

Dans cette transformation de la poésie en général, *eut-il des prédécesseurs ? Peut-être du côté des littératures nationales commençantes ou recommençantes, avec leur fragilité, leur lyrisme angoissé, leur prosélytisme performatif (cherchant à prouver le mouvement en marchant, à justifier une autonomie linguistique et politique par l'édification même du poème). On pourrait penser à Frédéric Mistral écrivant en provençal. Mais l'analogie, à peine esquissée, paraît abusive. Miron n'écrit pas dans une petite langue un moment éteinte et qui renaît, ou dont la littérature existe à peine. Il écrit, à l'écart, au loin, en état de danger mortel, certes, mais dans une grande langue et qui est celle d'une des plus importantes littératures du monde, en recul, peut-être, mais globalement vigoureuse encore. Il écrit comme l'enfant perdu, l'enfant sauvage égaré dans la jungle, d'une famille puissante et nombreuse. On pensera donc plutôt, plus près de nous, à Césaire et à Senghor. Eux aussi ont fait parler la poésie de ses conditions de possibilité ou d'impossibilité. Mais, eux, avec une langue non gangrenée : lui seul, Miron, aura eu, en sus, à traiter du cancer d'une langue aliénée par une autre. Il n'y a, après tout, peut-être pas de précédents. »*

Dominique NOGUEZ, « Le poète en souffrance »,
in « Gaston Miron : un poète dans la cité »,
in *Études françaises*, vol. 35, n°s 2-3, 1999.

BIBLIOGRAPHIE

Éditions

Écrivains contemporains du Québec [en collab. avec L. GAUVIN], Seghers, 1989, rééd. Hexagone/Typo, Montréal (CA), 1998.

L'Homme rapaillé, 1re éd., P.U. Montréal (CA), 1970 ; 6e éd., Typo, Montréal (CA), 1998 ; sous le titre *L'Homme rapaillé. Les Poèmes*, éd. M.-A. BEAUDET, « Poésie », Gallimard, 1999.

Études

Cl. BEAUSOLEIL, *Le Motif de l'identité dans la poésie québécoise 1830-1995*, Estuaire, Ottawa (CA), 1996.

J. BRAULT, « Miron le Magnifique », in *Chemin faisant*, La Presse, Montréal (CA), 1975, rééd. Éd. du Boréal, Montréal (CA), 1994.

S. BUSSIÈRES (dir.), *Les Adieux du Québec à Gaston Miron*, Guérin littérature, Montréal (CA), 1997 [52 contributions].

Cl. FILTEAU, *« L'Homme rapaillé » de Gaston Miron*, « Lectoguides », Bordas/Trécarré, Paris/Montréal (CA), 1984 ; *id.*, D. NOGUEZ, L. GAUVIN (dir.), « Gaston Miron : un poète dans la cité », in *Études françaises*, vol. 35, n°s 2-3, P.U. Montréal (CA), 1999.

P. NEPVEU, « Miron dépaysé », in *Les Mots à l'écoute : Poésie et Silence chez Fernand Ouellette, Gaston Miron et Paul-Marie Lapointe*, P.U. Laval, Québec (CA), 1979.

Collectif, *Gaston Miron*, in *Jungle*, n° 19, Castor astral, Bègles (Gironde), 1999.

AUDIO & VIDÉO

K7

La Marche à l'amour, choix de poèmes et inédits lus par l'auteur, « Paris-Québec », Éd. Artalect, 1990.

CD

La Marche à l'amour, in J. d'ASTIER, *Voix de poètes*, vol. 3, Radio France/France Culture, 1999.

Vidéo

Gaston Miron ou l'Opacité du réel, Maison de la Poésie, Services culturels de la Ville de Paris, 1984.

M. MAKKI et D. GALLET, *Gaston Miron. Un portrait rapaillé*, « Écrivains francophones », in *Espace francophone*, 1997.

MOLIÈRE

MOLIÈRE

De son vrai nom, Jean-Baptiste POQUELIN
On ne connaît pas l'origine de son pseudonyme.
Paris 1622 – *ibid.* 1673

> *« Molière était un homme divin. Quelle vérité de tableaux, quelle connaissance du cœur ! »*
> Benjamin CONSTANT, *Journaux intimes*, 10 février 1805.

> *« Molière dont je donne l'œuvre avec une forte indemnité au premier pouilleux venu, ne m'a touché au théâtre que pour* La Critique de l'École des femmes *et* L'Impromptu de Versailles [...]. »
> Robert DESNOS, *Nouvelles Hébrides (1922-1930)*, Gallimard, posthume, 1978.

La comédie en personne

Heurs et malheurs de L'Illustre-Théâtre

Né à la mi-janvier 1622 — un an après La Fontaine, un an avant Pascal — dans une famille parisienne de marchands d'étoffes et de mobilier, aîné de 6 enfants dont 2 moururent en bas âge, Jean-Baptiste Poquelin, orphelin de mère à 10 ans, aurait dû succéder à son père, Jean Poquelin — veuf, celui-ci se remaria en 1633, mais sa 2de femme mourut en couches dès 1636 —, qui avait obtenu pour lui la survivance de sa charge, honorable et rentable, de fournisseur de la Cour, au titre de « *tapissier et valet de chambre du roi* ». Mais, après avoir étudié chez les jésuites du collège de Clermont (act. lycée Louis-le-Grand), puis obtenu ses licences en droit à Orléans (1640), il rencontra les Béjart, famille originale et passionnée par le théâtre. Dès lors, bien que reçu avocat en 1641, il renonça en janvier 1643 à la charge paternelle — qu'il reprit toutefois, à la mort de son frère, en 1660 — et fonda avec les Béjart, en juin 1643, L'Illustre-Théâtre. Malgré le talent de Madeleine Béjart, dont Jean-Baptiste, devenu Molière depuis 1644, épousa vingt ans plus tard la jeune sœur — certains disent : la fille — prénommée Armande et surnommée Menou, la troupe, installée d'abord au faubourg Saint-Germain puis dans le quartier Saint-Paul, fit faillite au printemps 1645. Emprisonné pour dettes au début d'août, mais très vite libéré grâce à son père, Molière, accompagné de Madeleine, quitta Paris deux mois plus tard pour parcourir jusqu'en 1658, les provinces de l'ouest et du sud de la France avec la troupe de Charles Dufresne, dont il devint le directeur en 1650 et que le prince de Conti patronna de 1653 à 1657 : les comédiens jouèrent notamment à Pézenas lors des états provinciaux que ce dernier y présida.

En 1658, Molière rentra à Paris avec sa troupe, fort d'une réputation et d'une expérience d'acteur comique rodé aux improvisations à l'italienne et aux tours de la farce française, dont le personnage de Sganarelle opérait la synthèse. Deux scénarios comiques, vraisemblablement écrits par lui, conservent la trace de cet apprentissage : ***La Jalousie du Barbouillé*** et ***Le Médecin volant*** (1647, sans doute). Car la province avait également permis à Molière de débuter une carrière de poète dramatique. En témoignèrent deux comédies régulières en vers tirées d'originaux italiens, ***L'Étourdi ou les Contretemps*** (1655) et ***Dépit amoureux*** (1656), où il jouait, cette fois, le rôle de Mascarille, valet moqueur et virtuose — autre type comique créé par et pour lui, présageant le futur Scapin. Enfin, peut-être s'essaya-t-il dès alors au théâtre mêlé de musique et de danse, s'il est bien l'auteur du ***Ballet des Incompatibles*** dansé à Montpellier en 1655. Son œuvre à venir était annoncée par ces tentatives diverses dont il tâcha de fusionner les intuitions avec une unité et une cohérence de perspectives indéniables, sans opposer intention morale et inspiration bouffonne, sans limiter non plus son génie à l'une ou l'autre de ces deux tendances : l'histoire de la création moliéresque est bien plutôt celle de leur fusion sous l'égide d'une conception synthétique du rire défini comme un point de vue global et universel sur la nature humaine.

De l'apprentissage à la maîtrise

Entre 1658 et 1664, Molière, par des coups d'éclat successifs, conquit le roi, la Cour et Paris. Il élabora en même temps son esthétique comique à partir de tentatives qui le conduisirent à s'essayer à la comédie galante — ***Dom Garcie de Navarre ou le Prince jaloux*** (1661) —, à inventer la « *comédie-ballet* », manière nouvelle d'associer texte dramatique et ornements musicaux et chorégraphiques — ***Les Fâcheux*** (1661), ***Le Mariage forcé*** (1664) —, à tenter l'équilibre entre la farce et la satire sociale — sous le masque de Mascarille dans ***Les Précieuses ridicules*** (1659) — ou entre la farce et la comédie morale — sous le masque de Sganarelle, dans ***Sganarelle ou le Cocu imaginaire*** (1660) et ***L'École des maris*** (1661).

Après les débuts malheureux de L'Illustre-Théâtre, Molière devint un directeur de troupe avisé, se souciant toujours de fournir du travail à ses comédiens et composant ses premières pièces à l'imitation des farces du Moyen Âge, destinées à accompagner des pièces « sérieuses » : ainsi, l'échec éventuel des créations nouvelles ne mettait pas en péril la survie de la troupe. Cette même prudence financière lui fit reprendre, en 1660, la survivance de la charge de son père.

C'est avec une farce, ***Le Docteur amoureux***, qu'il s'acquit dès 1658 la faveur du jeune Louis XIV et de la Cour, ce qui valut à la troupe la protection officielle de Monsieur, frère du roi, et son installation d'abord dans la salle du Petit-Bourbon (oct. 1658), puis, ce théâtre cédant la place aux agrandissements du nouveau Louvre, dans la salle moins commode du Palais-Royal (janv. 1661). C'est aussi avec l'acte unique de la petite comédie de tour farcesque ***Les Précieuses ridicules*** — triomphalement créée à la même représentation que *Cinna* de Corneille —, qu'il s'imposa à Paris en 1659 : l'œuvre profitait d'un effet d'actualité pour dégager de la simple farce l'esquisse d'une satire de mœurs et même d'une comédie de caractères d'un genre nouveau, où la bouffonnerie ne se bornait plus à agrémenter le propos, mais faisait la leçon aux conduites chimériques et extravagantes en dénonçant leur ridicule.

Sganarelle ou le Cocu imaginaire (1660) scella cette alliance de rencontre entre le souci de donner à rire par des effets farcesques, l'ambition de révéler les ridicules d'une époque et l'intuition morale des travers humains de toujours. La fusion de ces visées, réalisée dans ***Les Précieuses ridicules*** aux dépens d'une mode extravagante, féconda bientôt, comme le suggérait le sous-titre de ***Sganarelle, Le Cocu imaginaire***, une dramaturgie de « *l'imagination aveuglante et aveuglée* », responsable de ces situations aberrantes, de ces conduites incongrues, de ces doctrines perverses et dénaturées dont la comédie entend faire justice par le rire. Du ***Cocu imaginaire*** à ***L'École des maris*** (1661), puis à ***L'École des femmes*** (26 déc. 1662) — son premier vrai chef-d'œuvre —, la leçon morale et le tour comique certes s'épurent et s'élèvent, mais la direction demeure identique : ***L'École des femmes*** procède de l'alliance parfaitement accomplie entre les formes variées d'un rire qui exploite tous les registres jusqu'au plus naïf, et un dévoilement ambitieux des masques de l'âme en proie à ses illusions aberrantes et à ses mensonges retors.

Les succès que remporta Molière et sa prétention à élever la comédie au rang de méditation morale, au sein d'une esthétique qui ne renonçait pas aux effets mêmes de la farce, ne tardèrent pas à lui valoir incompréhension, jalousies et haines, tandis qu'il conservait l'amitié des Comédiens italiens — à commencer par Scaramouche et Domenico Biancolelli, *alias* le Grand Arlequin —, définitivement revenus en France, en 1662, après trois ans d'absence. On lui reprocha aussi les hardiesses d'une pensée qui, au nom de la nature et de la vérité, exaltait plaisir, liberté et sincérité, face à une morale rigoriste et tyrannique, aveuglée par des lubies défigurant et ridiculisant la vraie morale. Au temps de ses études à Orléans, d'ailleurs, Molière avait déjà fréquenté, sinon Gassendi, du moins plusieurs « gassendistes », au nombre desquels Chapelle et Cyrano de Bergerac. ***La Critique de « L'École des femmes »*** (juin 1663) et ***L'Impromptu de Versailles*** (oct. 1663), qu'il composa pour répliquer depuis la scène à ses adversaires, lui permirent d'expliciter ces intentions esthétiques originales : le rôle du poète comique, disait-il en substance, est de transposer les travers et les extravagances de ses contemporains en « *caractères* » universels dont la vérité se mesure à l'intensité du rire que leur ridicule dénudé provoque spontanément, transposition dont la réussite esthétique et morale se mesure au plaisir pris par le spectateur.

Du *Tartuffe* à *L'Avare* : les bienfaits des épreuves

Pour confondre les rigoristes de circonstance qui se disaient choqués par l'épicurisme allègre et insolent de ***L'École des femmes***, Molière imagina alors de prendre pour cible de sa comédie suivante le couple ridicule formé par un dévot fanatique et un hypocrite lubrique qui le mystifie : ***Le Tartuffe ou l'Imposteur***, encore inachevé de 2 actes, fut donné en mai 1664 dans le cadre tout épicurien des *Plaisirs de l'île enchantée*, fête offerte par Louis XIV à la Cour, à la reine et à sa maîtresse du moment, Mlle de La Vallière. L'œuvre procédait de la farce traditionnelle du mal marié que cocufie un moine paillard, mais transformée en une grande comédie de l'imposture tramée par les puissances perverses de l'image fallacieuse et de l'illusion fanatisée.

Malgré l'appui discret du roi qui offrit son prestigieux patronage à la troupe en août 1665, après avoir parrainé, en février 1664, Louis Poquelin, le premier-né — qui mourut en bas âge — de Molière, la pièce succomba pendant cinq ans (1664 à 1669) aux pressions des dévots regroupés, autour de la reine mère, dans la Compagnie du Très-Saint-Sacrement : fondée en 1627, cette société pieuse et groupe de pression influent compta parmi ses membres le prince de Conti — qui, d'ancien protecteur de Molière, devint, après sa conversion, l'un de ses ennemis les plus acharnés. La crise provoquée par la polémique haineuse amenant l'interdiction de sa pièce se traduisit chez Molière par la rédaction de deux chefs-d'œuvre, à la fois véhéments et perplexes, ***Dom Juan*** (1665) et ***Le Misanthrope*** (1666) : le dramaturge y approfondissait la question de l'imposture, mais y interrogeait aussi sans concession le droit, le pouvoir, la manière et jusqu'à l'utilité de construire et de délivrer la vérité depuis la scène comique.

L'année 1665 fut des plus contrastées : certes, la troupe, devenue en août troupe du roi, reçut de Louis XIV 6 000 livres de pension ; mais, au rebours, ***Dom Juan***, quoique amendé, dès la 2e représentation, d'une de ses audaces majeures — le blasphème imposé au « *pauvre* » —, et malgré une recette qui, à la 6e, dépassait déjà les 2 000 livres — chiffre bien supérieur au résultat pourtant triomphal de ***L'École des femmes*** —, fut retiré de l'affiche après la 15e, à la suite d'une interdiction tenue secrète, prononcée à contrecœur par le roi. De plus, Molière perdit sa sœur en mai, et, à la fin de l'année, il se brouilla avec Racine, dont il venait de créer la 2e tragédie, *Alexandre* — que celui-ci porta, à son insu, à la troupe rivale de l'Hôtel de Bourgogne, par pur calcul carriériste. Enfin, Molière tomba gravement malade durant l'hiver 1665-1666, ce qui l'obligea à fermer son théâtre en janvier et février 1666. Quatre mois plus tard cependant, père d'une fille prénommée Esprit-Madeleine, il créa ***Le Misanthrope***.

La pièce se heurta à l'incompréhension du public. À cet échec s'ajoutèrent des contrariétés : en mars 1667, la Du Parc quitta la troupe de Molière pour la troupe rivale de l'Hôtel de Bourgogne ; le mois suivant, Molière retomba gravement malade — atteint sans doute d'une pleurésie —, et ses rapports avec sa femme Armande se détériorèrent ; enfin, une 2de version du ***Tartuffe***, quoique édulcorée — présentée sous le titre ***L'Imposteur*** —, fut à son tour interdite, en août 1667 : interdiction qui provoqua la publication de la *Lettre sur « L'Imposteur »*, écrite dans l'entourage de Chapelle, mais largement inspirée par Molière. À ces épreuves, le poète et directeur de troupe fit face par un surcroît d'activité : après avoir exploité aux dépens des médecins la veine farcesque de ses deux dernières « sganarellades » — ***L'Amour médecin*** (1665) et ***Le Médecin malgré lui*** (1666) —, il exerça au détriment des provinciaux ridicules sa verve satirique dans ***George Dandin ou le Mari confondu*** (1668) et cultiva une inspiration aimable et galante qui convenait aux fêtes royales, avec ***La Princesse d'Élide*** (1664) et ***Mélicerte*** (1666), mais, surtout, il s'épanouit dans la poésie en demi-teinte qui colorait ***Le Sicilien*** (1667) et ***Amphitryon*** (1668), d'après Plaute. Autre sujet tiré du même auteur latin, ***L'Avare*** (1668) était charbonné de ces teintes plus sombres qui, du ***Misanthrope*** au ***Malade imaginaire*** (1673) en passant par ***George Dandin***, manifestaient la présence persistante d'une coloration plus âpre dans la palette de Molière.

La plupart des œuvres composées entre 1665 et 1668 se ressentirent en effet du combat sourdement mené par Molière à l'époque de ses 45 ans. Médecins présentés en imposteurs cyniques dans ***L'Amour médecin***, grand seigneur couvrant ses frasques du masque de la dévotion dans ***Dom Juan***, ancienne coquette virant à la prude dans ***Le Misanthrope***, valet privé de son identité par un sosie qui lui emprunte ses traits pour s'en faire un masque dans ***Amphitryon***, pères tyranniques contraignant leur famille à un ascétisme outré, soit par rigueur dévote dans ***Le Tartuffe***, soit par avarice dans ***L'Avare***, épouse rusée qui fait retomber son propre dévergondage sur son mari condamné par le tribunal familial dans ***George Dandin*** : toutes ces œuvres dénoncent l'aveuglement et l'égarement fomentés et exploités en sous-main par les hypocrites. Durant cette même période, Molière poursuivait Racine de sa rancune : en mars 1667, il avait obtenu de Corneille la création d'*Attila* par sa troupe du Palais-Royal, aux dépens des comédiens de l'Hôtel de Bourgogne qui, en représailles et avec l'aide de Racine, lui firent perdre la Du Parc ; en mai 1668, il créa *La Folle Querelle d'« Andromaque »* de Subligny, directement dirigée contre Racine.

En février 1669, Molière perdit son père, mort dans la pauvreté, malgré l'aide matérielle qu'il lui avait apportée. Quant à ses relations conjugales, elles battaient de l'aile. Seule satisfaction, ce même mois, une relative éclipse de l'influence du parti dévot se traduisit par l'autorisation du ***Tartuffe*** dans sa version définitive.

L'imagination au pouvoir

La période qui succéda à l'autorisation du ***Tartuffe*** accomplit la synthèse entre les trois inspirations majeures — farcesque, galante et morale — qui avaient, jusqu'alors, présidé à l'écriture de Molière. Et c'est sous le signe de l'imagination que s'opéra cette association : imagination mystificatrice et joyeuse des fourbes, Sbrigani dans ***Monsieur de Pourceaugnac*** (1669) et Scapin dans ***Les Fourberies de Scapin*** (1671) ; fantaisie exotique des comédies-ballets à grand spectacle, avec une Grèce de convention pour ***Les Amants magnifiques*** (1670) ou ***Psyché*** (1671), et une Turquie imaginaire dans ***Le Bourgeois gentilhomme*** (1670). Mais aussi, et à l'inverse, délire d'une imagination trompeuse, celui du bourgeois qui se prend à son jeu de grand seigneur, également dans ***Le Bourgeois gentilhomme***, de la provinciale qui se croit grande dame dans le ton parisien, avec ***La Comtesse d'Escarbagnas*** (1671), des femmes « possédées » par le démon du savoir dans ***Les Femmes savantes*** (1672) — l'un des rares succès, avec ***Le Bourgeois***, de ces ultimes années — et, sommet de l'égarement, délire du bien-portant qui se croit malade, avec ***Le Malade imaginaire*** (1673).

On mettra en revanche au compte de la face « positive » de l'imagination la fécondité créatrice de Molière et Lully — les *« deux Baptiste »* —, qui en trois ans (1669 à 1672) montèrent 5 comédies-ballets dont le texte, écrit et joué par le poète, était entrecoupé de divertissements chantés et dansés, conçus par le musicien. Mais, pour la 6ᵉ et dernière, ***Le Malade imaginaire***, Charpentier remplaça Lully. En effet, après le triomphe de ***Psyché***, fruit d'une collaboration étroite entre plusieurs artistes, qui privait Molière d'une partie de son invention et convenait peu, finalement, à son génie du ridicule, l'alliance entre lui et Lully se défit. En 1672, l'habile intrigant italien obtint, au profit de son Académie royale, un privilège exclusif pour les spectacles à ballet et à musique, ce qui, après coup, rendait inutiles les coûteux aménagements que Molière avait fait réaliser sur son théâtre du Palais-Royal pour des pièces à machine. Lully passa alors à ce qui devint, dès 1673, l'opéra à la française, mais, comme, dans ce genre nouveau, le texte dramatique lui-même était chanté, ce passage signait la fin de la comédie telle que Molière savait et pouvait la pratiquer : le combat d'avant-garde que celui-ci avait mené avec la comédie-ballet à partir de 1661 devint, une dizaine d'années plus tard, bataille d'arrière-garde et lutte sans avenir, en dépit des efforts du dramaturge pour insérer tant bien que mal les divertissements musicaux et chorégraphiques dans la trame comique de ses dernières œuvres. Les deux réussites majeures du genre demeurent, après les poursuites et farandoles bouffonnes de ***Monsieur de Pourceaugnac***, la turquerie du ***Bourgeois gentilhomme*** et l'intronisation d'Argan en médecin dans ***Le Malade imaginaire***.

Sur le plan personnel et professionnel, les trois dernières années de la vie de Molière ne furent pas sans nuage. Certes, il reprit la vie conjugale avec Armande en 1671-1672, mais, en février 1672 — à peine un mois après qu'il eut fêté ses 50 ans —, mourut sa vieille amie Madeleine Béjart, et, huit mois plus tard — après seulement quinze jours d'existence —, son 3ᵉ enfant, Pierre. De plus, en 1672, Lully fut soutenu par Louis XIV dans son différend avec le dramaturge. Molière mourut, exemplairement, lors de la 4ᵉ représentation du ***Malade imaginaire*** : pris de convulsions en scène, il fut transporté chez lui, rue de Richelieu, où il succomba à une hémorragie. N'ayant pu abjurer sa profession de comédien — frappée d'excommunication —, il dut à l'opiniâtreté de sa veuve et à l'intervention du roi auprès de l'archevêque de Paris de pouvoir être enterré religieusement, mais il le fut clandestinement et sans avoir pu, malgré son désir, recevoir les derniers sacrements.

Un mois après la mort de Molière, le roi accorda à Lully la salle du Palais-Royal pour y installer l'Opéra. La Grange et Armande déplacèrent rue Guénégaud la troupe de Molière — qui absorba celle du Marais. Sept ans plus tard, Louis XIV rassembla en une seule troupe les comédiens de la rue Guénégaud et ceux de l'Hôtel de Bourgogne, donnant ainsi naissance, en 1680, à la Comédie-Française, victoire posthume de Molière.

THÉORIE LITTÉRAIRE

Tout comme Corneille — abondamment — et Racine — rarement —, Molière prit soin d'exposer ses principes dramaturgiques, mais, à l'inverse de ses illustres aîné et cadet, il le fit moins dans des textes théoriques — même s'il rédigea plusieurs ***Préfaces*** : aux ***Précieuses ridicules***, à ***L'École des femmes***, au ***Tartuffe***, notamment — que dans ses pièces mêmes. Telle est en effet l'originalité de Molière : son esthétique théorique — qu'il exposa et illustra tout à la fois dans ***La Critique de « L'École des femmes »*** et dans ***L'Impromptu de Versailles*** — est surtout pratique. Ses convictions dramaturgiques se résument à quelques principes, fermement défendus. À commencer par le mépris des règles : *« Vous êtes de plaisantes gens avec vos règles, dont vous embarrassez les ignorants,* *et nous étourdissez tous les jours.* [...] *Ce ne sont que quelques observations aisées, que le bon sens* [...] *fait aisément tous les jours, sans le secours d'Horace et d'Aristote* » (***La Critique***, sc. 6). La seule règle que respecte Molière est celle du plaisir des spectateurs : « *Je voudrais bien savoir si la grande règle de toutes les règles n'est pas de plaire, et si une pièce de théâtre qui a attrapé son but n'a pas suivi un bon chemin* » *(ibid.)*. En outre, conformément à sa volonté de hisser « *les pièces comiques* » au niveau de dignité des « *poèmes sérieux* », Molière récuse la prétendue infériorité des unes par rapport aux autres : « *La tragédie, sans doute, est quelque chose de beau quand elle est bien touchée ; mais la comédie a ses charmes, et je tiens que l'une n'est pas moins difficile à faire que l'autre* » *(ibid.)*. Au point même de soutenir, à l'inverse des opinions les plus répandues, « *qu'il est bien plus aisé de se guinder sur de grands sentiments, de braver en vers la fortune, accuser les destins, et dire des injures aux dieux, que d'entrer comme il faut dans le ridicule des hommes, et de rendre agréablement sur le théâtre les défauts de tout le monde.* [...] *En un mot, dans les pièces sérieuses, il suffit, pour n'être point blâmé, de dire des choses qui soient de bon sens et bien écrites ; mais ce n'est pas assez dans les autres, il y faut plaisanter ; et c'est une étrange entreprise que celle de faire rire les honnêtes gens* » *(ibid.)*. Difficulté accrue, selon lui, lorsque « *les honnêtes gens* » en question s'incarnent dans le souverain et la Cour : « [...] *pensez-vous que ce soit une petite affaire que d'exposer quelque chose de comique devant une assemblée comme celle-ci ; que d'entreprendre de faire rire des personnes qui nous impriment le respect, et ne rient que quand ils* [sic] *veulent ?* » (***L'Impromptu***, sc. 1). Il s'agit donc de ne retenir, comme critère de réussite, que le plaisir — fût-il viscéral plutôt qu'intellectuel — du public : « *Laissons-nous aller de bonne foi aux choses qui nous prennent par les entrailles, et ne cherchons point de raisonnements pour nous empêcher d'avoir du plaisir* » (***La Critique***, sc. 6). À tous les doctes obsédés par les règles et méprisant la comédie, Molière répond, par l'intermédiaire d'Uranie : « *Pour moi, quand je vois une comédie, je regarde seulement si les choses me touchent ; et, lorsque je m'y suis bien divertie, je ne vais point demander si j'ai eu tort, et si les règles d'Aristote me défendaient de rire* » *(ibid.)*.

D'autre part, la métamorphose du malade imaginaire en médecin imaginaire accomplit, au dénouement de la dernière comédie de Molière, la fusion entre les deux modalités du délire d'imagination dont sa dramaturgie aura si souvent mis en évidence le ridicule aveuglement par les formes les plus variées du rire. Cette ultime unification résume la démarche dramatique de Molière : avant lui, le poète comique se croyait obligé de choisir entre l'imitation élégante du réel qui instruit et plaît, et sa déformation caricaturale qui amuse — de choisir donc entre la comédie galante et la farce hilarante. Molière fusionna ces deux aspirations et inspirations : partant du principe que les comportements humains étaient naturellement extravagants et aberrants, c'est dans la réalité même qu'il puisa sa matière naturellement déformée et caricaturale ; il ne lui resta plus qu'à la mettre en valeur par la transposition à laquelle pourvoyait l'écriture scénique. Le ridicule dès lors n'est plus surajouté artificiellement par la comédie aux défauts innés des hommes : il jaillit comme une évidence du spectacle de leurs conduites spontanément dérisoires.

Une telle esthétique supposait d'éminentes aptitudes à l'observation, à l'écriture et à l'incarnation dramatiques, qui se manifestèrent dans ces qualités décisives du génie de Molière : une intuition supérieure de l'*essentiel*, dont la comédie tire sa simplicité expressive, sa justesse de ton et sa profondeur d'analyse ; et un sens inné de la *synthèse* entre des sources littéraires, des influences esthétiques et des intuitions morales diverses, entre des sujets, des thèmes et des registres variés, des formes et des styles différents, qui font de cette œuvre un ensemble à la fois cohérent et diversifié, vivant et actuel.

Comme Dante ou Goethe, Molière incarne le génie d'une langue et d'une culture nationales ; mais, comme Cervantès ou Chaplin, le pacte qu'il conclut avec le rire fait aussi de lui l'un des auteurs les plus universels parmi les écrivains français ; et, comme celui de Shakespeare, son nom constitue une référence absolue en matière de théâtre. Cette triple réussite, Molière la doit à son triple génie de moraliste, de poète et de comédien. Observateur pénétrant des caractères et des mœurs de son temps, il sut en dégager une image acerbe ou attendrie, joyeuse ou railleuse, de l'homme, et la rapporter aux principes d'une éthique universelle. Poète essentiellement comique, il projeta la matière de ses observations dans la trame d'une action dramatique efficace et variée, servie par une écriture dense et nerveuse, qui à la fois « tombait » juste et emportait le propos dans une dynamique allègre. Enfin, comédien de vocation, il inventa le type éternel de Sganarelle, auquel il s'identifia sans y limiter pourtant son génie : l'éventail de son art scénique allait de l'allégresse insolente d'un Scapin à la véhémence amère d'un Alceste.

Une langue souverainement diverse

« *La langue de Molière* » est une périphrase courante pour désigner le français — comme « *la langue de Shakespeare* » pour l'anglais. La concilier avec des critiques célèbres, comme celle de La Bruyère — « *Il n'a manqué à Molière que d'éviter le jargon et le barbarisme, et d'écrire purement* » (*Des ouvrages de l'esprit*, 38, in *Les Caractères*) —, amène à souligner la perplexité de l'auteur des *Caractères* devant une œuvre où, en vers comme en prose, de multiples parlers mobilisent les variétés sociales, régionales, culturelles et techniques de la langue du temps, pour faire entendre, de manière plus conventionnelle que réaliste — ce qui n'est pas contradictoire avec la finesse de l'analyse des caractères —, les types de personnages les plus divers.
Une précieuse, telle Madelon :

> « *Vite, voiturez-nous ici les commodités de la conversation.* »
>
> (***Les Précieuses ridicules***, sc. 9)

Un « *maître de philosophie* » qui, non content de révéler à M. Jourdain qu'« *il y a plus de quarante ans,* [qu'il dit] *de la prose, sans* [qu'il] *en* [sût] *rien* », lui confirme que la meilleure façon de tourner son compliment à sa « *belle marquise* » est celle qu'il avait lui-même trouvée « *tout du premier coup* », sans aucun maître : « *On les peut mettre premièrement comme vous avez dit :* Belle Marquise, vos beaux yeux me font mourir d'amour. *Ou bien :* D'amour mourir me font, belle Marquise, vos beaux yeux. *Ou bien :* Vos beaux yeux d'amour me font, belle Marquise, mourir. *Ou bien :* Mourir vos beaux yeux, belle Marquise, d'amour me font. *Ou bien :* Me font vos yeux beaux mourir, belle Marquise, d'amour » (***Le Bourgeois gentilhomme***, II, 4).
Un exempt, comme celui qui met un terme aux agissements de Tartuffe :

> *Remettez-vous, monsieur, d'une alarme si chaude.*
> *Nous vivons sous un prince ennemi de la fraude,*
> *Un prince dont les yeux se font jour dans les cœurs,*
> *Et que ne peut tromper tout l'art des imposteurs.*
>
> (***Le Tartuffe***, V, 7, vv. 1905 à 1908)

Une ingénue, telle Agnès au retour du sourcilleux Arnolphe :

> ARNOLPHE
> *La promenade est belle.*
> AGNÈS
> *Fort belle.*
> ARNOLPHE
> *Le beau jour !*
> AGNÈS
> *Fort beau.*
> ARNOLPHE
> *Quelle nouvelle ?*
> AGNÈS
> *Le petit chat est mort.*
> ARNOLPHE
> *C'est dommage ; mais quoi !*
> *Nous sommes tous mortels, et chacun est pour soi.*
>
> (***L'École des femmes***, II, 5, vv. 459 à 462)

Un médecin, tel Monsieur Diafoirus :

> « *À vous en parler franchement, notre métier auprès des grands ne m'a jamais paru agréable ; et j'ai toujours trouvé qu'il valait mieux pour nous autres demeurer au public. Le public est commode : vous n'avez à répondre de vos actions à personne ; et, pourvu que l'on suive le courant des règles de l'art, on ne se met point en peine de tout ce qui peut arriver ; mais ce qu'il y a de fâcheux auprès des grands, c'est que, quand ils viennent à être malades, ils veulent absolument que leurs médecins les guérissent.* »
>
> (***Le Malade imaginaire***, II, 5)

Des paysans, comme Pierrot et Charlotte :

> « CHARLOTTE. *Nostre-Dinse, Piarrot, tu t'es trouvé là bien à point.*
> PIERROT. *Parquienne ! il ne s'en est pas fallu l'épaisseur d'une éplinque qu'ils ne se sayant nayés tous deux.*
> CHARLOTTE. *C'est donc le coup de vent da matin qui les avait renvarsés dans la mar ?*
> PIERROT. *Aga, guien, Charlotte, je m'en vas te conter tout fin drait comme cela est*

venu ; car, comme dit l'autre, je les ai le premier avisés, avisés le premier je les ai. »

(***Dom Juan***, II, 1)

En outre, le caractère spontanément chorégraphique et musical de l'écriture et de la composition dramatiques, sensible dès les premières œuvres — en quoi Scapin est encore, quinze ans après ***L'Étourdi***, le frère jumeau du Mascarille —, contribua beaucoup à cette fusion inattendue du ridicule dru de la comédie morale et des fantaisies galantes ou délirantes de la comédie-ballet. Mais les dernières créations de Molière furent surtout marquées par l'accroissement et l'approfondissement de ses personnages d'*« imaginaires »*, ces fous mus par la seule impulsion délirante de leur imagination obsédée par une idée fixe ou éblouie par une vaine chimère : ainsi, Jourdain, Mme d'Escarbagnas, Philaminte, Bélise, Argan, qui succèdent à Sganarelle, Arnolphe, Alceste, Harpagon, et tant d'autres, les « obsessionnels » d'un côté, les « extravagants » de l'autre, ceux-ci égarés par une *chimère* qui repeint le monde aux couleurs euphoriques de leurs égarements puérils, ceux-là absorbés par une *marotte* qui les ferme à toute autre considération et abolit toute autre réalité. Chez quelques-uns s'associent ces deux formes de folie : ainsi Argan, en proie à la peur obsessionnelle d'une maladie qu'il prétend faire soigner par une médecine à laquelle il prête un pouvoir chimérique.

La langue de Molière, dans sa liberté syntaxique et ses archaïsmes, appartient plutôt à la 1re moitié du XVIIe siècle : *« Molière parle Vaugelas, mais il ne parle pas Bouhours »* (Fournier). Elle révèle une distanciation à l'égard des phénomènes de la langue — phonétique, grammaire (ainsi des variations sur *« belle Marquise »*, dans ***Le Bourgeois gentilhomme***), lexique — comme des manifestations du langage — actes langagiers, signes sociaux, discours sur le corps ou même silences, tels ceux d'Alceste dans la scène des portraits (***Le Misanthrope***, II, 4).

Une gloire ininterrompue

Après la mort de Molière, son œuvre, soutenue et portée au sein de la Comédie-Française par sa troupe, ne connut pas de purgatoire, malgré les foudres des rigoristes qui, tel Bossuet (*Maximes et Réflexions sur la Comédie*, 1694), l'eussent bien volontiers vouée à l'enfer. Parangon de l'écriture comique, et même plus largement dramatique, Molière fut prisé tout autant au siècle des Lumières qu'il l'avait été sous Louis XIV : Jean-Baptiste Rousseau (1731) se fit un honneur de redécouvrir et de révéler au public ***La Jalousie du Barbouillé*** et ***Le Médecin volant***, farces de jeunesse alors perdues, Jean-Jacques Rousseau se passionna pour le personnage d'Alceste (*Lettre à d'Alembert sur les spectacles*, 1758), Voltaire préfaça chaque comédie en vue d'une édition des ***Œuvres complètes*** (1765).

Les romantiques ne furent pas en reste d'admiration : dans le grand débat esthétique qui leur fit opposer Racine et Shakespeare, c'est du côté de ce dernier qu'ils placèrent Molière, le désignant comme poète éminemment dramatique (Hugo, *Préface* de *Cromwell*, 1828) et douloureusement, sombrement humain (Musset, *Une soirée perdue*, 1840). La 2de moitié du XIXe siècle préféra « embourgeoiser » Molière, sans renoncer toutefois à l'assombrir. Brunetière (« Philosophie de Molière », in *Études critiques*, 1880) le vit réaliste, naturaliste même, et le mouvement réuni autour de la revue *Le Moliériste* (1879 à 1889) animée par Georges Monval traqua les traits biographiques, les sources et les parentés morales et esthétiques, pour restaurer une image pointilliste de l'homme autant que de l'œuvre et de l'œuvre à travers l'homme. La grande édition des ***Œuvres complètes***, procurée par Despois et Mesnard (1873 à 1900), fixa alors définitivement la leçon des textes et résuma les acquis critiques sur leur auteur.

Au XXe siècle, les approches se diversifièrent : si Lanson (« Molière et la farce », in *Revue de Paris*, 1er mai 1901) interpréta Molière en héritier des farceurs, et Baumal (*Molière, auteur précieux*, 1924), en celui des précieux, Bénichou (*Morales du grand siècle*, 1948) le sentit volontiers aristocrate et galant, Adam (*Histoire de la littérature française au XVIIe siècle*, 1952), humaniste et même rationaliste, alors que Bray (*Molière, homme de théâtre*, 1954) devina avant tout chez lui le pur homme de théâtre. C'est d'ailleurs un homme de théâtre, Jouvet, qui révolutionna, à la même époque, l'interprétation de Molière : il mit en lumière la profondeur d'âme et la gravité de pensée du poète comique à partir du mystère qui enveloppa ses interprétations d'Arnolphe (1936), Dom Juan (1948) et Tartuffe (1950). Moore inclut Molière dans le courant anglo-saxon du *criticism* (*Molière, a New Criticism*, 1949), alors que Mauron offrit une interprétation psychocritique à ces clartés obscures (*Des métaphores obsédantes au mythe personnel*, 1962).

De nos jours, les recherches portent sur les problèmes de dramaturgie (structures dramatiques, typologie, techniques comiques, art du dialogue), sur les questions d'histoire littéraire et sociale (préciosité et galanterie, satire des mœurs bourgeoises, littéraires ou provinciales), et sur la portée de l'œuvre de Molière (existentialisme, naturalisme, épicurisme, libertinage) — notamment sur la discontinuité ou, au contraire, la cohérence esthétique et éthique de sa démarche. Les metteurs en scène modernes ont soumis les comédies — particulièrement ***Dom Juan*** — à des approches décapantes, et les interprètes de la musique baroque ont tenté de rétablir l'authenticité des comédies-ballets trop souvent amputées de leurs ballets (Christie-Villégier, 1990).

Molière reste l'auteur le plus populaire de notre théâtre, non seulement à la Comédie-Française — baptisée aussi « *Maison de Molière* » —, où ses œuvres sont les plus nombreuses au répertoire et les plus souvent jouées, mais dans tous les établissements scolaires, où il est l'auteur le plus étudié au collège puis au lycée — raison pour laquelle il arrive aussi très largement en tête des ventes de collections de classiques scolaires. À cet égard, les programmes officiels sont ainsi faits que ce sont paradoxalement les dernières pièces — de ***L'Avare*** au ***Malade imaginaire***, en passant par ***Le Bourgeois gentilhomme***, ***Scapin*** et ***Les Femmes savantes*** — qui sont découvertes en premier par les collégiens, alors que la lecture des pièces antérieures — ***Le Tartuffe***, ***Dom Juan***, ***Le Misanthrope*** — est réservée aux lycéens : habitudes académiques inversant la chronologie et qui ne facilitent guère la perception d'une évolution dans la création dramaturgique.

La popularité de Molière s'est en outre mesurée au succès retentissant du film d'Ariane Mnouchkine, *Molière, ou la Vie d'un honnête homme* (1978), avec Philippe Caubère dans le rôle-titre, hommage biographique de 4 heures, boudé par la critique mais acclamé par le public. Enfin, c'est tout naturellement l'auteur de ***Scapin*** que les professionnels français du théâtre ont choisi pour baptiser leur cérémonie annuelle, *La Nuit des Molières*.

ŒUVRES

L'Avare

Comédie en 5 actes — comportant respectivement 5, 5, 9, 7 et 6 scènes — et en prose, créée au Palais-Royal, le 9 septembre 1668, et publiée chez Jean Ribou, le 18 février 1669,.

Cléante et Élise, les deux enfants de l'avare Harpagon, craignent chacun pour leurs amours respectifs. La ladrerie de leur père fait obstacle à leurs projets de mariage : « Donner *est un mot pour qui il a tant d'aversion,* dit ainsi de lui La Flèche, le valet de Cléante, *qu'il ne dit jamais :* Je vous donne, *mais :* Je vous prête le bon jour » (II, 4). Pour la fréquenter, Valère, le galant d'Élise, a dû s'engager *incognito* comme intendant d'Harpagon, et Cléante n'a pas le sou pour tirer de son dénuement la jeune Mariane, qu'il aime. Pis encore : Harpagon a l'intention de marier ses deux enfants à de riches vieillards et d'épouser lui-même Mariane. La rivalité entre le père et le fils éclate finalement au grand jour, mais tout bascule au moment où Harpagon découvre le vol d'une cassette contenant une importante somme d'argent. La recherche du coupable lui fait découvrir la liaison d'Élise et de Valère, lequel est accusé du vol par Maître Jacques, le cuisinier *factotum* d'Harpagon. L'arrivée d'Anselme, le vieillard promis à Élise, dénoue la situation : il se révèle être le père de Valère et de Mariane ; il n'y a donc plus d'obstacles aux mariages. En échange de Mariane, Cléante rend à Harpagon la cassette que son valet, La Flèche, avait volée.

Lazzi, quiproquos, duos d'amoureux d'inspiration italienne se mêlent à des scènes de mœurs — pratique de l'usure, manigances de Frosine, « *femme à bonnes fortunes* » — et à des plaisanteries tirées du vieux fonds satirique sur l'avarice, le tout dans un décor d'intérieur et un cadre familial bourgeois. Le schéma habituel de la comédie latine et italienne — dont dérive ***L'Avare***, librement adapté de l'*Aulularia* de Plaute — est déséquilibré au profit du rôle d'Harpagon — tenu à l'origine par Molière —, rôle amplifié jusqu'à en devenir écrasant : ses répliques « spontanées », le bon sens qu'il oppose aux économies — aux « non-dépenses » ! — dont Frosine crédite Mariane, et la scène de la cassette (IV, 7) sont demeurés célèbres.

Si la pièce fut un échec auprès des premiers spectateurs quelque peu déroutés par ces ambivalences esthétiques et par l'utilisation de la prose — fait inhabituel pour une pièce en 5 actes de l'époque —, ***L'Avare*** a été rapidement considéré comme l'archétype de la comédie moliéresque. Balzac s'y référa en écrivant *Eugénie Grandet*. La pièce a inspiré nombre de metteurs en scène, et Louis de Funès, en 1980, dans un film

— plus commercial que digne de Molière — de Jean Girault, a popularisé un Harpagon caricatural.

Le ***Bourgeois gentilhomme***

Comédie-ballet en 5 actes — comportant respectivement 2, 5, 16, 5 et 6 scènes — et en prose — hormis les diverses entrées de ballet, en vers —, sur une musique de Lully, créée à Chambord, le 14 octobre 1670, et publiée chez Le Monnier, le 18 mars 1671.

Monsieur Jourdain, marchand de drap, a des *« visions de noblesse et de galanterie »*. Ainsi que le dit son maître de danse dès la toute première scène : *« C'est un homme, à la vérité, dont les lumières sont petites, qui parle à tort et à travers de toutes choses et n'applaudit qu'à contresens ; mais son argent redresse les jugements de son esprit. Il a du discernement dans sa bourse »* (I, 1). Il prend à domicile des leçons de musique, de danse, d'escrime, de philosophie, avec une égale maladresse, sanctionnée par les quolibets de sa femme et de sa servante Nicole. C'est à l'occasion de ces leçons qu'il apprend — en une scène célèbre — l'existence d'une distinction entre vers et prose : *« Quoi ! quand je dis :* "Nicole, apportez-moi mes pantoufles, et me donnez mon bonnet de nuit", *c'est de la prose ?* LE MAÎTRE DE PHILOSOPHIE. *"Oui, monsieur" »* (II, 4). Ses aspirations à la noblesse lui font souhaiter un gendre de qualité ; il refuse ainsi, de façon grotesque, l'honorable Cléonte, amoureux de sa fille Lucile : « MONSIEUR JOURDAIN. *Touchez là, Monsieur, vous n'aurez pas ma fille.* CLÉONTE. *Comment ?* MONSIEUR JOURDAIN. *Vous n'êtes point gentilhomme, vous n'aurez pas ma fille.* MADAME JOURDAIN. *Que voulez-vous dire avec votre gentilhomme ? Est-ce que nous sommes, nous autres, de la côte de Saint-Louis ?* MONSIEUR JOURDAIN. *Taisez-vous, ma femme : je vous vois venir.* MADAME JOURDAIN. *Descendons-nous tous deux que de bonne bourgeoisie ?* MONSIEUR JOURDAIN. *Voilà pas le coup de langue ?* MADAME JOURDAIN. *Et votre père n'était-il pas marchand aussi bien que le mien ?* MONSIEUR JOURDAIN. *Peste soit de la femme ! »* (III, 12). Mais Covielle, le valet de Cléonte, invente un stratagème : il fait passer son maître pour le fils du Grand Turc venu demander Lucile en mariage et désireux d'anoblir son père en *« mamamouchi »*, au cours d'une grande cérémonie. Dans l'euphorie de sa nouvelle dignité, Monsieur Jourdain accorde sa fille au prétendu fils du Grand Turc.

Seule pièce intitulée par Molière *« comédie-ballet »*, ***Le Bourgeois gentilhomme*** représente un point d'équilibre entre les exigences du divertissement de Cour (musique, ballet) et celles du théâtre traditionnel. C'est l'œuvre collective d'un homme de théâtre (Molière), d'un musicien (Lully) et d'un chorégraphe (non identifié). Des passages chantés et dansés y alternent avec des séquences de théâtre parlé. L'intégration de ces éléments se fait par le procédé du spectacle dans le spectacle : leçons de musique ou d'escrime et démonstrations, ballets ou musique offerts en cadeau, cérémonies d'habillement ou d'anoblissement. Dans la tradition de mascarade des ballets de Cour, la pièce développe un comique d'inspiration bouffonne et euphorique.

Le spectacle, accompagné d'un livret, comme l'opéra et les ballets de Cour, fut créé pour le divertissement de Louis XIV, avant que Molière ne le reprît et ne l'exploitât dans son théâtre parisien du Palais-Royal. La volonté royale avait d'ailleurs donné l'argument du spectacle : une turquerie, sujet d'actualité après la visite de l'ambassadeur turc à Paris, en 1669.

En raison de son vif succès, la pièce devint rapidement l'une des œuvres clés du répertoire moliéresque auprès de la Cour et du public parisien. Pour Molière même, elle servit de modèle de référence, à l'occasion du ***Malade imaginaire***, au moment où, à la suite de sa rupture avec Lully, il dut retrouver une nouvelle forme d'intégration de la musique et de la danse.

Dom Juan *ou le Festin de pierre*

Comédie en 5 actes — comportant respectivement 3, 5, 5, 8 et 6 scènes — et en prose, créée au Palais-Royal, le 15 février 1665, et publiée posthume, dans les ***Œuvres de Monsieur Molière revues, corrigées et augmentées***, par les éditeurs Thierry, Barbin et Trabouillet, le 31 octobre 1682.

Dom Juan, *« grand seigneur méchant homme »*, selon son valet Sganarelle (I, 1), contracte mariage sur mariage pour parvenir à ses fins amoureuses. Se sentant *« un cœur à aimer toute la terre »*, il affirme sans ambages : *« Les inclinations naissantes, après tout, ont des charmes inexplicables, et tout le plaisir de l'amour est dans le changement »* (I, 2). Et son valet le qualifie d'*« épouseur du genre humain »* (II, 4). À cette profanation du sacrement du mariage, s'ajoutent des convictions rationalistes et athées à peine voilées — *« Je crois que deux et deux sont quatre, Sganarelle, et que quatre et quatre sont huit »* (III, 1) — et divers méfaits — dont la tentative de forcer un mendiant à jurer en échange d'une aumône, et l'éviction de son créancier, Monsieur Dimanche (IV, 3). Rien ne retient Dom Juan, ni les remontrances pusillanimes et équivoques de son valet Sganarelle, ni les objurgations d'Elvire (I, 2 et IV, 5), qu'il vient d'arracher au couvent, puis d'abandonner, ni même les menaces de mort proférées par les frères d'Elvire (IV, 3-4 et V, 3), nobles espagnols pointilleux sur l'honneur, ni enfin les solennelles admonestations de son père : « *De quel œil, à votre avis, pensez-vous que je puisse voir cet amas d'actions indignes, dont on a peine, aux yeux du monde, d'adoucir le mauvais visage ; cette suite continuelle de méchantes affaires, qui nous réduisent à toute heure à lasser les bontés du souverain, et qui ont épuisé auprès de lui le mérite de mes services et le crédit de mes amis ? Ah ! quelle bassesse est la vôtre ! Ne rougissez-vous point de mériter si peu votre naissance ? Êtes-vous en droit, dites-moi, d'en tirer quelque vanité ? et qu'avez-vous fait dans le monde pour être gentilhomme ? Croyez-vous qu'il suffise d'en porter le nom et les armes, et que ce nous soit une gloire d'être sorti d'un sang noble, lorsque nous vivons en infâmes ? Non, la naissance n'est rien où la vertu n'est pas* » (IV, 4). Le ciel même lui donne un premier avertissement par le miracle d'une « *statue mouvante et parlante* », monument funéraire du Commandeur, une de ses victimes. Dom Juan, par provocation, invite la statue à souper et ne s'émeut guère lorsque celle-ci, à son tour, vient lui rendre l'invitation. Le point de non-retour est atteint, quand Dom Juan, pour échapper définitivement aux poursuites et réprimandes, recourt au subterfuge d'une conversion religieuse feinte : « [...] *si j'ai dit que je voulais corriger ma conduite, et me jeter dans un train de vie exemplaire, c'est un dessein que j'ai formé par pure politique, un stratagème utile, une grimace nécessaire où je veux me contraindre pour ménager un père dont j'ai besoin et me mettre à couvert, du côté des hommes, de cent fâcheuses aventures qui pourraient m'arriver.* [...] // *Il n'y a plus de honte maintenant à cela, l'hypocrisie est un vice à la mode, et tous les vices à la mode passent pour vertus. Le personnage d'homme de bien est le meilleur de tous les personnage qu'on puisse jouer aujourd'hui, et la profession d'hypocrite à de merveilleux avantages* » (V, 2). Le ciel, lassé, fait surgir sur son chemin la statue, qui le précipite en enfer. Sganarelle reste seul à réclamer pitoyablement ses gages.

La pièce reprend le thème de la comédie *Le Trompeur de Séville* (1624) de l'Espagnol Tirso de Molina, adapté à la scène française par Dorimond, avec *Le Festin de pierre ou l'Athée foudroyé* (1658), puis par Villiers, dans *Le Festin de pierre ou le Fils criminel* (1659) — l'une et l'autre, des tragicomédies. Si la signification « idéologique » de la pièce est, aujourd'hui encore, jugée ambiguë — à l'image d'un dénouement tragique concluant pourtant une « *comédie* » —, nombre de contemporains de Molière avaient déjà voulu y déceler une attaque contre l'Église et la religion, dans le prolongement du ***Tartuffe*** interdit. ***Dom Juan*** se singularise, en outre, par une dramaturgie inhabituelle à l'époque, faisant se juxtaposer *lazzi*, scènes de tragicomédie, pastorale burlesque, batelage, scènes de mœurs, en unités souvent autonomes. Par son décor somptueux et ses changements à vue, ***Dom Juan*** n'est pas sans parenté avec le genre de la pièce à machines.

Après un succès de 5 semaines, ***Dom Juan*** fut étouffé avant même la parution des premiers pamphlets qui attaquèrent l'athéisme de la pièce : elle ne fut pas reprise après le relâche de Pâques et ne fut connue, jusqu'en 1841, que par la mise en vers édulcorée de Thomas Corneille, *Le Festin de pierre*. Molière — qui tenait le rôle de Sganarelle — renonça à sa publication de son vivant. Le texte même dont nous disposons est un recoupement de différentes versions tronquées.

Cette aura de mystère et de malédiction, jointe à la vitalité du mythe de Dom Juan — illustrée notamment par l'opéra *Don Giovanni* (1787) de Da Ponte et Mozart —, activa le regain d'intérêt de notre siècle pour cette pièce. ***Dom Juan***, réhabilité, est, en effet, devenu l'une des pièces de Molière les plus connues et les plus appréciées du grand public et de la critique, avec une nette préférence pour une lecture tragique de l'œuvre : dans la plupart des interprétations de cette « *comédie* », Dom Juan n'est jamais ridicule, malgré ses piteuses « victoires », dues au mensonge ou à la force — symboliquement, sa plus cuisante défaite lui est infligée par le pauvre qui, pour toute richesse, n'a que sa conscience et qui, malgré sa misère, « *aime mieux mourir de faim* » que de jurer en échange du louis d'or proposé par Dom Juan. Marcel Bluwal en proposa, en 1965, une adaptation télévisuelle mémorable, avec Michel Piccoli et Pierre Brasseur, et Jacques Weber en a tiré, en 1998, un film controversé — dont il tenait le rôle-titre.

*L'**École des femmes***

Comédie en 5 actes — comportant respectivement 4, 5, 5, 9 et 9 scènes — et en vers (1 779, dont 1 737 alexandrins), créée au Palais-Royal, le 26 décembre 1662, et publiée chez De Luynes, le 17 mars 1663.

Arnolphe se vante d'être à l'abri du cocuage ; de fait, se croyant plus malin que ses concitoyens, il se propose d'épouser une jeune fille qu'il a fait élever, dès l'âge de 4 ans, dans l'absence de toute instruction : *Dans un petit couvent, loin de toute pratique, / Je la fis élever selon ma politique, / C'est-à-dire ordonnant quels soins on emploierait / Pour la rendre idiote autant qu'il se pourrait* (I, 1, vv. 135 à 139). Mais, la précaution se révèle inutile. Le jeune galant Horace lui confie avoir séduit une certaine Agnès, innocente pupille sous la coupe d'un barbon, Monsieur de La Souche. Arnolphe, qui a reconnu son deuxième nom, s'efforce en vain de mettre un terme à la relation des deux jeunes gens. À chaque tentative, Horace vient étourdiment lui révéler la parade que les amoureux ont trouvée aux manœuvres du barbon. Devenue lucide et rusée à l'école de l'amour, Agnès finit par s'évader, mais, par un quiproquo malheureux, retombe dans les mains d'Arnolphe. Le triomphe de ce dernier est cependant de courte durée, car le père disparu d'Agnès est de retour : il était à sa recherche pour lui faire épouser précisément Horace.

Par son titre, ***L'École des femmes*** fait écho à ***L'École des maris***, petite pièce en 3 actes que Molière avait créée la saison précédente. Le point de départ en est également le thème de « *la précaution inutile* » — un barbon, qui renferme sa femme pour éviter le cocuage, obtient l'effet inverse —, mais, cette fois, directement inspiré d'une nouvelle du même nom de Scarron. Ce thème lui-même n'est probablement pas sans lien avec la vie de Molière qui, dix mois seulement avant ***L'École des femmes***, avait épousé Armande Béjart, de vingt et un ans sa cadette, et qui ne tarda pas à se révéler volage. La pièce évoque en outre, de manière encore plus provocante, un problème de société : l'éducation des femmes, leur droit au savoir et la légitimité de l'amour féminin extraconjugal.

Innovant par rapport à l'usage français de l'époque, Molière choisit de placer au centre de son intrigue le personnage du barbon ridicule et de recourir abondamment à un comique de grimaces, de gestes et de *lazzi*, à une grivoiserie fondée sur des équivoques obscènes, ainsi qu'à des parodies de la grandiloquence tragique : *Le mariage, Agnès, n'est pas un badinage : / À d'austères devoirs le rang de femme engage ; / [...] / Votre sexe n'est là que pour la dépendance : / Du côté de la barbe est la toute puissance. / Bien qu'on soit deux moitiés de la société, / Ces deux moitiés pourtant n'ont point d'égalité : / L'une est moitié suprême, et l'autre subalterne ; / L'une en tout est soumise à l'autre qui gouverne* (III, 2, vv. 695-696 et 699 à 704).

Auteurs et comédiens jaloux du succès de la pièce, et dévots offusqués lancèrent contre ***L'École des femmes*** une « *querelle* » qui plaça Molière au centre de la vie théâtrale parisienne. Il répondit à ses détracteurs par deux ripostes théâtrales cinglantes : ***La Critique de « L'École des femmes »*** (1663) et ***L'Impromptu de Versailles*** (1663). ***L'École des femmes***, premier chef-d'œuvre du dramaturge, reste aujourd'hui l'une de ses pièces les plus jouées et étudiées.

Les ***Fourberies de Scapin***

Comédie en 3 actes — comportant respectivement 5, 8 et 13 scènes — et en prose, créée au Palais-Royal, le 24 mai 1671, et publiée chez Le Monnier, le 18 août 1671.

Scapin est un valet fourbe, jamais à court d'expédients : « *À vous dire la vérité, il y a peu de choses qui me soient impossibles, quand je m'en veux mêler. J'ai sans doute reçu du ciel un génie assez beau pour toutes les fabriques de ces gentillesses d'esprit, de ces galanteries ingénieuses, à qui le vulgaire ignorant donne le nom de fourberies ; et je puis dire, sans vanité, qu'on n'a guère vu d'homme qui fût plus habile ouvrier de ressorts et d'intrigues, qui ait acquis plus de gloire que moi dans ce noble métier* » (I, 2). Il doit parer à la situation désespérée de son jeune maître, Léandre, et de l'ami de celui-ci, Octave : l'un s'est amouraché d'une jeune fille retenue captive par des bohémiens, et l'autre a épousé en secret une jeune fille de naissance inconnue, tandis que Géronte et Argante, leurs pères avares et tyranniques, étaient en voyage d'affaires. Les jeunes gens ont un urgent besoin d'argent, et, surtout, le retour des deux pères est annoncé. Scapin, à grands frais de mensonges et de déguisements, soutire l'argent aux vieillards et réussit à tempérer leur colère. C'est dans le cadre de ces fourbes démarches que prend place la fameuse scène 7 de l'acte II, au cours de laquelle Scapin fait croire à Géronte, père de Léandre, que celui-ci a été enlevé dans une galère par un Turc réclamant 500 écus dans les deux heures pour libérer son otage. Géronte répète alors, à 7 reprises, la célèbre réplique : « *Que diable allait-il faire dans cette galère ?* » Mais Scapin est découvert alors qu'il fait croire à Géronte qu'un matamore le poursuit — prétexte, pour le fourbe, à bâtonner le vieillard. Une double reconnaissance opportune vient à la rescousse des amoureux et rend possibles leurs mariages : les jeunes filles convoitées par Octave et Léandre sont chacune l'enfant disparue d'un des deux pères. Scapin, quant à lui, feignant d'être blessé à mort, réussit à se faire pardonner.

Les Fourberies de Scapin s'inscrivent dans la tradition de la comédie italienne que Molière avait déjà exploitée au début de sa carrière avec ***L'Étourdi***. Le rôle central — tenu par Molière lui-même — est dévolu au valet meneur de jeu, Scapin, version francisée d'un masque de la *commedia dell'arte*, et la situation de base n'est là que pour faire valoir son ingéniosité. Ce choix fait de la comédie un jeu gratuit, une célébration du théâtre pour le théâtre, sans implication morale ou satirique.

Dans l'élaboration de la langue comique (énumérations, répétitions, symétries, baragouins),

Molière se fit fort d'exploiter les ressources de l'arsenal latin et italien (quiproquos, *lazzi*, reconnaissances), mais aussi celles que lui fournissait sa propre expérience.

Le public fit à la pièce un accueil réservé, qui incita Molière à ne pas la reprendre les années suivantes. Ce n'est qu'après sa mort que le succès en fit l'une des œuvres les plus populaires du répertoire moliéresque.

Le *Malade imaginaire*

« Comédie mêlée de musique et de danses », en 3 actes — comportant respectivement 8, 9 et 15 scènes — et en prose — hormis les diverses entrées de ballet, en vers —, sur une musique de Marc-Antoine Charpentier, créée au Palais-Royal, le 10 février 1673, et publiée posthume, au tome VII des ***Œuvres de Monsieur Molière***, chez Thierry et Barbin, le 2 mai 1674.

Persuadé d'être malade, Argan vit reclus dans sa chambre, livré aux bons — et coûteux — soins de son médecin, Monsieur Purgon, et de son apothicaire, Monsieur Fleurant. Il donne pourtant tous les signes de la meilleure santé du monde, comme le lui fait remarquer sa servante Toinette : *« Ce monsieur Fleurant-là et ce monsieur Purgon s'égaient bien sur votre corps ; ils ont en vous une bonne vache à lait, et je voudrais bien leur demander quel mal vous avez pour vous faire tant de remèdes »* (I, 2). Sa seconde femme, Béline, l'entretient complaisamment dans son hypocondrie, appâtée par sa fortune qu'elle espère détourner à son profit. Désireux de se lier au corps médical, Argan veut marier sa fille Angélique au candidat médecin Thomas Diafoirus. Celui-ci, accompagné de son père également médecin, fait à la fille d'Argan une cour pédante et prétentieuse : *« Mademoiselle, ne plus ne moins que la statue de Memnon rendait un son harmonieux, lorsqu'elle venait à être éclairée des rayons du soleil : tout de même me sens-je animé d'un doux transport à l'apparition du soleil de vos beautés. Et, comme les naturalistes remarquent que la fleur nommée héliotrope tourne sans cesse vers cet astre du jour, aussi mon cœur, dores-en-avant, tournera-t-il toujours vers les astres resplendissants de vos yeux adorables ainsi que vers son pôle unique. Souffrez donc, Mademoiselle, que j'appende aujourd'hui à l'autel de vos charmes l'offrande de ce cœur, qui ne respire et n'ambitionne autre gloire que d'être toute sa vie, Mademoiselle, votre très humble, très obéissant et très fidèle serviteur et mari »* (II, 5). La pauvre Angélique voit ainsi son prétendant Cléante refusé et contraint d'user d'un stratagème pour pouvoir lui parler : un déguisement en maître de musique et une conversation sous la forme d'un opéra impromptu font l'affaire. Rendu furieux par l'opposition de sa fille qui rejette les avances de Thomas Diafoirus, Argan, poussé par Béline, décide de déshériter ses enfants. Mais l'intervention de Béralde, frère raisonnable d'Argan, aidé par une ruse de la servante Toinette — Argan feint d'être mort —, dévoile l'hypocrisie de Béline, en même temps que la sincérité de l'affection filiale d'Angélique. Argan consent au mariage de sa fille avec Cléante, d'autant qu'on a trouvé à le contenter lui aussi : on le promeut médecin dans une cérémonie burlesque.

Précédé, dans sa version originale, d'un très long ***Prologue*** chanté à la gloire de Louis XIV, ***Le Malade imaginaire*** contient également plusieurs ballets et passages musicaux de grande ampleur. Le développement de l'action n'est d'ailleurs pas dénué de digressions, telle la virulente diatribe contre la médecine de la part de Béralde : « ARGAN. [...] *Vous ne croyez donc point à la médecine ?* BÉRALDE. *Non, mon frère* [...]. ARGAN. *Quoi ! vous ne tenez pas véritable une chose établie par tout le monde, et que tous les siècles ont révérée ?* BÉRALDE. *Bien loin de la tenir véritable, je la trouve, entre nous, une des plus grandes folies qui soit parmi les hommes ; et, à regarder les choses en philosophe, je ne vois point de plus plaisante mômerie, je ne vois rien de plus ridicule qu'un homme qui se veut mêler d'en guérir un autre.* [...] *C'est notre inquiétude, c'est notre impatience qui gâte tout, et presque tous les hommes meurent de leurs remèdes, et non pas de leurs maladies* » (III, 3). L'action est aussi entrecoupée des *lazzi* de la servante Toinette déguisée en médecin volant. L'efficacité du divertissement et de la satire contre la médecine, la volonté de magnificence du spectacle, prennent le pas sur toute cohérence d'intrigue et de caractère.

Conçue à l'origine pour le divertissement de Louis XIV, qui déclina l'offre, la pièce fut finalement créée dans la salle parisienne du Palais-Royal : Molière mourut à l'issue de la 4ᵉ représentation, et la troupe dut procéder, dans les mois qui suivirent, à plusieurs remaniements imposés par les ordonnances de Lully, détenteur du privilège de l'opéra. La multiplication des éditions pirates amena la veuve Molière à laisser paraître une 1ʳᵉ version du texte en 1674. Un nouveau texte, *« corrigé sur l'original de l'auteur »*, parut en 1682, dans la 1ʳᵉ édition des ***Œuvres de Monsieur Molière revues, corrigées et augmentées***.

Dernière œuvre de Molière, pris d'un malaise fatal au cours d'une représentation, où précisément il jouait le malade imaginaire, la pièce en a acquis une aura de prestige : on aime à y voir le testament théâtral de Molière et la somme de ses recherches dramaturgiques.

Le ***Misanthrope*** *ou l'Atrabilaire amoureux*

Comédie en 5 actes — comportant respectivement 3, 6, 5, 4 et 4 scènes — et en vers (1 808 alexandrins), créée le 4 juin 1666, au Palais-Royal, et publiée chez Jean Ribou, le 24 décembre 1666.

L'action se déroule dans l'univers feutré de la haute société parisienne de 1660. Alceste, protagoniste de la pièce, est un personnage d'une sincérité et d'une droiture sans compromis : *Je veux qu'on soit sincère, et qu'en homme d'honneur / On ne lâche aucun mot qui ne parte du cœur. //* [...] *Je veux qu'on me distingue ; et, pour le trancher net, / L'ami du genre humain n'est pas du tout mon fait. //* [...] *Je veux que l'on soit homme, et qu'en toute rencontre / Le fond de notre cœur dans nos discours se montre, / Que ce soit lui qui parle, et que nos sentiments / Ne se masquent jamais sous de vains compliments. //* [...] *J'entre en une humeur noire, en un chagrin profond, / Quand je vois vivre entre eux les hommes comme ils font ; / Je ne trouve partout que lâche flatterie, / Qu'injustice, intérêt, trahison, fourberie ; / Je n'y puis plus tenir, j'enrage ; et mon dessein / Est de rompre en visière à tout le genre humain* (I, 1, vv. 35-36, 63-64, 69 à 72 et 91 à 96). Cela ne l'empêche pas d'être amoureux de la coquette Célimène : *J'ai beau voir ses défauts, et j'ai beau l'en blâmer, / En dépit qu'on en ait, elle se fait aimer ; / Sa grâce est la plus forte* [...] (I, 1, vv. 231 à 233). Mais Célimène n'est guère décidée à lui céder son cœur. Philinte tente en vain de raisonner son ami Alceste, en mettant en évidence les contradictions et l'absurdité de son attitude : *Mon Dieu ! des mœurs des temps mettons-nous moins en peine, / Et faisons un peu grâce à la nature humaine ; / Ne l'examinons point dans la grande rigueur, / Et voyons ses défauts avec quelque douceur. / Il faut, parmi le monde, une vertu traitable : / À force de sagesse, on peut être blâmable ; / La parfaite raison fuit toute extrémité, / Et veut que l'on soit sage avec sobriété. /* [...] */ Et c'est une folie à nulle autre seconde, / De vouloir se mêler de corriger le monde* (I, 1, vv. 145 à 152 et 156-157). Pourtant, Alceste persévère : il se crée une « *affaire* », refusant de flatter l'obséquieux Oronte pour un sonnet que celui-ci lui présente ; il met en danger la réussite d'un procès qu'il a entrepris, parce qu'il répugne à solliciter les juges ; et s'agissant de Célimène, il s'acharne à obtenir d'elle une réponse définitive. Le point de rupture est atteint, quand il découvre, par l'entremise de la prude Arsinoé, que Célimène joue double jeu avec lui et plusieurs de ses rivaux. Sa misanthropie prend définitivement le dessus, d'autant que son procès est perdu et qu'Oronte, devenu son ennemi, le calomnie. Il met Célimène en demeure de choisir entre la vie « *au désert* » avec lui et la fin de leur relation. Il en est quitte pour se retirer, seul, de l'humanité corrompue — concluant ainsi son ultime réplique : *Trahi de toutes parts, accablé d'injustices, / Je vais sortir d'un gouffre où triomphent les vices, / Et chercher sur la terre un endroit écarté / Où d'être homme d'honneur on ait la liberté* (V, 4).

Le Misanthrope est une pièce singulière dans l'œuvre de Molière. Confinée à l'univers d'un salon parisien, elle en présente la galerie de personnages telle que les conventions du roman de l'époque et la satire moliéresque l'avaient établie : marquis ridicules, prude, coquette, honnête homme. Les péripéties illustrent les diverses facettes d'un thème — fait rare chez Molière —, celui de l'hypocrisie et de la sincérité dans le commerce de la société. Le comique de la pièce est souvent considéré comme problématique : moins affirmé qu'à l'accoutumée chez Molière, il est moins explicite. Le système de valeurs qui le sous-tend donne une signification ambiguë à Alceste, figure du ridicule qui peut aussi être ressentie comme pathétique — et, par là même, attachante autant, sinon plus, que repoussante.

Molière avait apporté un grand soin à la composition de sa pièce, qui s'est vraisemblablement étendue sur une longue période et pour laquelle des passages entiers d'une pièce précédente sans succès, **Dom Garcie de Navarre**, ont été récupérés.

L'accueil reçu par ***Le Misanthrope***, lors de sa création, fut réservé. La dimension morale et philosophique de l'attitude d'Alceste assura cependant rapidement à la pièce un prestige qui ne fit que croître au siècle suivant, à mesure que l'interprétation extravagante et ridicule du personnage cédait le pas à une lecture douloureuse et pathétique — devenue la plus fréquente au XXe siècle. En 1992, Jacques Rampal, sous le titre *Célimène et le Cardinal*, a proposé une mémorable suite versifiée de la pièce.

Le ***Tartuffe*** *ou l'Imposteur*

Comédie en 5 actes — comportant respectivement 5, 4, 7, 8 et 7 scènes — et en vers (1 962 alexandrins), créée sous une forme partielle — actes I à III — à Versailles, le 12 mai 1664, puis, dans une version complète mais adoucie — et sous le titre ***L'Imposteur*** —, au Palais Royal, enfin dans sa version originale et sous son titre primitif, le 5 février 1669, toujours au Palais-Royal, et publiée chez Jean Ribou, le 23 mars 1669, précédée d'une ***Préface*** et de 3 ***Placets***.

La famille du bon bourgeois Orgon est en émoi : tous — sa nouvelle femme, son beau-frère, ses enfants et la servante Dorine — critiquent la présence de Tartuffe, « *dévot person-*

nage » qui s'est impatronisé dans la maison par sa fonction de directeur de conscience. Orgon s'est entiché de Tartuffe au point de perdre toute lucidité sur l'évidente hypocrisie de celui-ci. Voici en effet en quels termes il parle de Tartuffe à son beau-frère Cléante : *Mon frère, vous seriez charmé de le connaître ; / Et vos ravissements ne prendraient point de fin. / C'est un homme... qui... ah !... un homme... un homme enfin, / Qui suit bien ses leçons, goûte une paix profonde, / Et comme du fumier regarde tout le monde. / Oui, je deviens tout autre avec son entretien ; / Il m'enseigne à n'avoir affection pour rien ; / De toutes amitiés il détache mon âme ; / Et je verrais mourir frère, enfants, mère, et femme, / Que je m'en soucierais autant que de cela* (I, 5, vv. 270 à 279). Il projette même de lui donner Mariane, sa fille, en mariage. Mais Tartuffe désire Elmire, la femme d'Orgon, qu'il essaye de séduire à l'aide d'arguments retors : *Le Ciel défend, de vrai, certains contentements. / Mais on trouve avec lui des accommodements ; /* [...] *Le scandale du monde est ce qui fait l'offense, / Et ce n'est pas pécher que pécher en silence* (IV, 5, vv. 1487-1488 et 1505-1506). Surpris à la courtiser par Damis, le fils de la maison, Tartuffe réussit cependant à retourner la situation à son avantage : Orgon, dupé, chasse son fils. Mais la résistance familiale s'organise, et Elmire tend un piège à Tartuffe : une entrevue avec son mari en embuscade. L'hypocrite est démasqué, mais trop tard : il a pris possession de la maison et détient des documents compromettants pour Orgon. Heureusement, la justice royale n'est ni aveugle ni inactive : un exempt intervient *in extremis* pour arrêter l'imposteur et rétablir la situation.

La comédie du ***Tartuffe***, telle que nous la connaissons, est le résultat de plusieurs remaniements successifs et d'une élaboration minutieuse. Des *lazzi* de *commedia dell'arte* — dépit amoureux, soufflets manqués ou réussis — et des scènes de farce — mari sous la table — s'articulent harmonieusement avec de longues tirades satiriques et didactiques sur l'hypocrisie, la vraie dévotion et la clairvoyance royale. L'efficacité dramaturgique tient aussi à une écriture jouant sur le ressort de l'omniprésence de l'absent : s'il est au centre des débats dès le lever du rideau, Tartuffe n'entre en scène qu'à l'acte III. Le dénouement même, déficient selon les critères de la théorie dramatique de l'époque, a une signification soigneusement pesée, tout comme le décor unique, rez-de-chaussée de la maison d'Orgon.

La pièce connut de nombreux avatars au cours des 57 mois qui séparèrent sa création (mai 1664) de son autorisation définitive (févr. 1669). Interdite à deux reprises, d'abord par le roi (1664), puis, après remaniement, par les autorités civiles et religieuses (1667), objet d'une polémique violente, elle fut défendue avec acharnement par Molière, qui finit par obtenir de Louis XIV, après un ***Troisième Placet*** (5 févr. 1669) — faisant suite à un ***Premier Placet*** (31 août 1664) et à un ***Second Placet*** (6 août 1667) infructueux, la levée de l'interdiction.

La « *querelle du Tartuffe* », dans laquelle s'inscrit la création et le rapide étouffement de ***Dom Juan***, portait essentiellement sur la représentation d'un personnage hypocrite sous les traits d'un dévot. À ceux qui lui reprochaient son immixtion dans les affaires de l'Église, Molière faisait valoir le droit de la comédie à fustiger tous les vices, où qu'ils se trouvent. ***Le Tartuffe***, de ce fait, occupe une place importante dans la querelle de la moralité du théâtre qui agita le XVIIe siècle français.

CITATIONS

Elle est morte de quatre médecins et de deux apothicaires.

L'Amour médecin, II, 1.

[...] Lorsque vous peignez les hommes, il faut peindre d'après nature. On veut que ces portraits ressemblent ; et vous n'avez rien fait, si vous n'y faites reconnaître les gens de votre siècle [...] c'est une étrange entreprise que celle de faire rire les honnêtes gens.

La Critique de « L'École des femmes », 6.

Je voudrais bien savoir si la grande règle de toutes les règles n'est pas de plaire, et si une pièce de théâtre qui a attrapé son but n'a pas suivi un bon chemin.

La Critique de « L'École des femmes », 6.

On ne meurt qu'une fois, et c'est pour si
longtemps.

Dépit amoureux, V, 3.

Les inclinations naissantes, après tout, ont des charmes inexplicables, et tout le plaisir de l'amour est dans le changement.

Dom Juan ou le Festin de pierre, I, 2.

Il le faut avouer, l'amour est un grand maître :
Ce qu'on ne fut jamais il nous enseigne à l'être ;

L'École des femmes, III, 4.

Qui veut noyer son chien l'accuse de la rage.
Les Femmes savantes, II, 5.

Je vis de bonne soupe, et non de beau langage.
Vaugelas n'apprend point à bien faire un potage ;
Et Malherbe et Balzac, si savants en beaux mots,
En cuisine peut-être auraient été des sots.
Les Femmes savantes, II, 7.

Que diable allait-il faire dans cette galère ?
Les Fourberies de Scapin, II, 7.

Ah ! il n'y a plus d'enfants.
Le Malade imaginaire, II, 8.

[...] Presque tous les hommes meurent de leurs remèdes, et non pas de leurs maladies.
Le Malade imaginaire, III, 3.

C'est toujours la faute de celui qui meurt. Enfin le bon de cette profession est qu'il y a parmi les morts une honnêteté, une discrétion la plus grande du monde ; et jamais on n'en voit se plaindre du médecin qui l'a tué.
Le Médecin malgré lui, III, 2.

Je veux qu'on me distingue ; et pour le trancher net,
L'ami du genre humain n'est point du tout mon fait.
Le Misanthrope ou l'Atrabilaire amoureux, I, 1.

Le temps ne fait rien à l'affaire.
Le Misanthrope ou l'Atrabilaire amoureux, I, 2.

Vite, voiturez-nous ici les commodités de la conversation.
Les Précieuses ridicules, 9.

Couvrez ce sein que je ne saurais voir :
Par de pareils objets les âmes sont blessées,
Et cela fait venir de coupables pensées.
Le Tartuffe ou l'Imposteur, III, 2.

Ah ! pour être dévot, je n'en suis pas moins homme...
Le Tartuffe ou l'Imposteur, III, 3.

JUGEMENTS

« Comprenons d'abord qu'il n'y a pas de hiérarchie dans les comédies de Molière, mais seulement une admirable diversité. Son génie est plus vaste que nous ne l'imaginons, plus sensible à toutes les formes de la beauté, plus ouvert à toutes les tentations [...].
[...] *Son œuvre est une somme de la comédie européenne de son siècle. N'essayons pas de la réduire à une formule. Car ce grand homme, aussi bien que Corneille, ne cesse de chercher des formes nouvelles, il ne s'arrête pas de créer.*
[...] *il nous exhorte à un effort incessant d'éducation et de culture morale. Humaniste encore sur ce point, il croit que l'école du monde a peu à peu formé les hommes, qu'elle a développé chez eux les délicatesses de sentiment, inspiré des générosités qui forment la vraie réalité de la vie morale.* [...] *Mais ce qu'il est seul à dire, c'est qu'il y a dans la société française trop de faux-monnayeurs.* [...] *C'est cela qu'il n'a cessé de dénoncer, c'est cette universelle tricherie, c'est ce monde abandonné à l'intrigue et aux faux prestiges. La morale de Molière n'est pas dans les maximes de ses raisonneurs, elle est dans le combat qu'il a mené contre le mensonge. Elle est une morale de l'authenticité. »*

Antoine ADAM, « Molière », in *Histoire de la littérature française au* XVIII*e siècle*, t. III, Domat, 1954, rééd. Albin Michel, 1998.

« L'Antiquité n'a rien qui surpasse le génie de Molière dans le comique, ne vous en déplaise, Aristophane, Plaute et Térence. »

Pierre BAYLE, *Lettre du 8 mars 1675 à son frère*, in *Œuvres diverses*, 1737.

Étudiez la Cour, et connoissez la Ville :
L'une et l'autre est toûjours en modeles fertile.
C'est par là que Molière, illustrant ses écrits,
Peut-estre de son Art eust remporté le prix ;
Si moins ami du peuple en ses doctes peintures
Il n'eust point fait souvent grimacer ses figures,
Quitté, pour le bouffon, l'agreable et le fin,
Et sans honte à Térence allié Tarabin.
Dans ce sac ridicule où Scapin s'enveloppe,
Je ne reconnois plus l'Auteur du Misanthrope.

Nicolas BOILEAU, *L'Art poétique*, chant III, vv. 391 à 400, 1674.

« Molière est un infâme histrion. »

Jacques Bénigne BOSSUET, *in* Gustave FLAUBERT, *Le Second Volume de Bouvard et Pécuchet*, posthume, 1881.

« Molière n'écrivait pas pour l'argent mais pour la Cour. »

Louis-Ferdinand CÉLINE, *Le Style contre les idées*, Complexe, posthume, 1987.

« Je ne crains pas de dire qu'il a enfoncé plus avant que Térence dans certains caractères. Il a embrassé une plus grande variété de sujets. Il a peint par des traits forts presque tout ce que nous voyons de déréglé et de ridicule. [...] *Encore une fois, je le trouve grand : mais ne puis-je pas parler en toute liberté sur ses défauts ?*
En pensant bien, il parle souvent mal. Il se sert des phrases les plus forcées et les moins naturelles. Térence dit en quatre mots, avec la plus élégante simplicité, ce que celui-ci [Molière] *ne dit qu'avec une multitude de métaphores qui approchent du galimatias. J'aime bien mieux sa prose que ses vers.* [...] *Mais, en général, il me paraît, jusque dans sa prose, ne parler point assez simplement pour exprimer toutes les passions.* [...]
Un autre défaut de Molière, que beaucoup de gens d'esprit lui pardonnent, et que je n'ai garde de lui pardonner, est qu'il a donné un tour gracieux au vice, avec une austérité

ridicule et odieuse à la vertu. Je comprends que ses défenseurs ne manqueront pas de dire qu'il a traité avec honneur la vraie probité, qu'il n'a attaqué qu'une vertu chagrine et qu'une hypocrisie détestable. Mais, sans entrer dans cette longue discussion, je soutiens que Platon et les autres législateurs de l'antiquité païenne n'auraient jamais admis dans leur République un tel jeu sur les mœurs. »

FÉNELON, *Lettre à l'Académie française*, VII, 1716.

« *Civile, indigne, comique, conquérante, théâtrale : je crois que ces caractères de la comédie moliéresque, une fois définis, dessinent assez justement la figure de l'œuvre, telle du moins qu'elle nous apparaît, de loin encore et dans ses grandes lignes. Ils la situent dans l'univers intellectuel et dans la tradition nationale. Ils éclairent les régions psychologiques où Molière règne en maître. Une œuvre n'est vraiment grande que si elle interprète essentiellement une pente de l'esprit, un penchant de l'âme, une humeur.* [...] *C'est la grandeur de Molière qu'on ne puisse se passer de lui pour définir certaines réactions fondamentales devant la vie.* »

Ramon FERNANDEZ, « Molière », in *Tableau de la littérature française*, II, Gallimard, 1939.

« [...] *il y a dans Molière du bourgeois. Il est toujours pour les majorités, tandis que le grand William* [Shakespeare] *n'est pour personne.* »

Gustave FLAUBERT, *Correspondance*, 2 novembre 1852.

« *Il y a en lui une grâce, un tact et un goût de décence, un ton de bonne compagnie que pouvait seul atteindre un esprit de finesse innée comme le sien ou poli par la fréquentation quotidienne des personnages les plus éminents de son siècle. De Ménandre je connais seulement les quelques fragments qui subsistent ; mais ils suffisent à me donner de lui une si haute idée que je tiens cet illustre Grec pour le seul homme qui puisse être comparé à Molière.* »

Johann Wolfgang von GOETHE, *Conversations de Goethe avec Eckermann*, 21 mars 1827, trad. franç. Jean CHUZEVILLE, Gallimard, 1988.

« *Ce qui fait Molière si grand, c'est qu'il est, comme Aristophane, comme Cervantès, un poète qui n'a pas seulement bafoué les travers contemporains, c'est que ses railleries sublimes tombent sur les éternelles, sur les indestructibles faiblesses de l'humanité.* »

Heinrich HEINE, *De l'Allemagne*, 1833.

« *Pour se convaincre du peu d'obstacles que la nature de notre poésie oppose à la libre expression de tout ce qui est vrai, ce n'est peut-être pas dans Racine qu'il faut étudier notre vers, mais souvent dans Corneille, toujours dans Molière. Racine, divin poète, est élégiaque, lyrique, épique ; Molière est dramatique. Il est temps de faire justice des critiques entassées par le mauvais goût du dernier siècle sur ce style admirable, et de dire hautement que Molière occupe la sommité de notre drame, non seulement comme poète, mais encore comme écrivain.* Palmas vere habet iste duas.
Chez lui, le vers embrasse l'idée, s'y incorpore étroitement, la resserre et la développe tout à la fois, lui prête une figure plus svelte, plus stricte, plus complète, et nous la donne en quelque sorte en élixir. »

Victor HUGO, *Préface* de *Cromwell*, 1827.

« "Il n'a manqué à Molière que d'éviter le jargon et le barbarisme et d'écrire purement", *regrettait La Bruyère. Tel était l'avis des contemporains, et la critique moderne, souvent, ne se montre pas moins sévère. On admire l'œuvre, mais on censure le style. On lui reproche ses lourdeurs, ses à-peu-près, le remplissage de ses vers.* [...] *Mais qu'importe un peu plus de facilité, mille fois compensée par la vigueur, la verve, l'irrésistible mouvement ? Encore nombre de ces prétendues faiblesses ont-elles été ratifiées et font-elles maintenant autorité, comme nombre d'innovations précieuses, raillées en leur temps, sont passées dans la langue. Écarté ce reproche peu justifié, le style de Molière prend son éclatant relief. Remarquable de plénitude, nourri des traditions facétieuses et populaires mais aussi du plus pur classicisme et du modernisme le plus fin, il se diversifie au point de muer l'imitation parodique en vérité de nature* [...].
[...] *Génie littéraire complet, Molière s'élève aussi à la haute poésie.* »

René JASINSKI, *Molière*, « Connaissance des Lettres », Hatier, 1969, rééd. 1979.

« Classique, Molière : *à cause sans doute du vieillissement, les mots ont une nécessité, une force, on les* pense *obligatoirement ; ils aident la mémoire et le sens, on est obligé d'entendre le sens, dans Bossuet aussi, plus encore que dans Claudel ; la mémoire est aidée par le sens souvent, parfois on a cependant des fléchissements de mémoire à cause de la fatigue que donne la nécessité de penser le texte tout le temps. Et le sentiment, l'effort corporel ne sont pas à son niveau, à cause d'un mot qui vous étonne ou qui a vieilli, à cause d'une cheville ou d'une rareté, désabusée, dépaysée.* »

Louis JOUVET, *Le Comédien désincarné*, 1943, Flammarion, 1954.

« *Il n'a manqué à Molière que d'éviter le jargon et le barbarisme, et d'écrire purement : quel feu, quelle naïveté, quelle source de la bonne plaisanterie, quelle imitation des mœurs, quelles images, et quel fléau du ridicule !* »

Jean de LA BRUYÈRE, *Des ouvrages de l'esprit*, 38, in *Les Caractères ou les Mœurs de ce siècle*, I, 1689.

« [...] *les négligences abondent dans Molière, et son style a tous les défauts, les tâches, les bavures que l'extrême rapidité de la rédaction y peut mettre. Pour suffire à tous les emplois, et écrire encore tant de pièces, il fallait que Molière improvisât : et cela se sent. Mais, pour être juste, il faut reconnaître que, malgré tout, Molière est un admirable écrivain.* [...] *Molière fait parler chaque caractère selon sa condition ; le style est une partie de la vérité du rôle, et blâmer dans ses pièces le jargon provincial, campagnard ou populaire, c'est reprendre le choix des personnages et des sujets qui exigent ces formes du langage : ce qui change totalement la question.* [...] »

Gustave LANSON, *Histoire de la littérature française*, Hachette, 1894.

« [...] *Molière, dont le génie n'est ni religieux ni métaphysique, voudrait seulement détruire dans l'homme social sa part de comédie ; son mythe, c'est l'homme vrai.* »

André MALRAUX, *Le Triangle noir. Laclos, Goya, Saint-Just*, Gallimard, 1947.

J'étais seul, l'autre soir, au Théâtre-Français,
Ou presque seul ; l'auteur n'avait pas grand succès.
Ce n'était que Molière, et nous savons de reste
Que ce grand maladroit, qui fit un jour Alceste
Ignora le bel art de chatouiller l'esprit,
Et de servir à point un dénoûment [sic] *bien cuit.*
[...]
J'écoutais cependant cette simple harmonie,
Et comme le bon sens fait parler le génie ;
J'admirais quel amour pour l'âpre vérité
Eut cet homme si fier en sa naïveté,
Quel grand et vrai savoir des choses de ce monde,
Quelle mâle gaieté, si triste et si profonde
Que, lorsqu'on vient d'en rire, on devrait en pleurer !

Alfred de MUSSET, *Une soirée perdue*, 1er août 1840, in *Poésies nouvelles*, 1850.

« *Au même titre que Hugo, que la baguette de pain, que le coup de vin rouge, que la 2 CV Citroën et que le béret basque, Molière est un des mythes fondateurs de notre identité nationale.* [...]

[...]

Autour de 1660, il est à l'origine d'une véritable révolution théâtrale. Cette révolution consiste à hisser la comédie, qui était un genre mineur et assez méprisé, à la dignité de la tragédie, à remplacer l'imagination par la peinture de la réalité et à faire de la vérité le ressort du théâtre. »

Jean d'ORMESSON, « Molière. Le Triomphe du vrai », in *Une autre histoire de la littérature française*, I, NiL, 1997.

« *Molière, le plus créateur et le plus inventif des génies, est peut-être celui qui a le plus imité, et de partout ; c'est encore là un trait qu'ont en commun les poètes primitifs populaires et les illustres dramatiques qui les continuent.* [...]

On a loué Molière de tant de façons, comme peintre des mœurs et de la vie humaine, que je veux indiquer surtout un côté qu'on a trop peu mis en lumière, ou plutôt qu'on a méconnu. Molière, jusqu'à sa mort, fut en progrès continuel dans la poésie *du comique.* [...] »

Charles Augustin SAINTE-BEUVE, *Portraits littéraires*, 1844.

« *Molière est une vieille machine de théâtre, répertoire, costumes, aucun intérêt, aucun rapport avec notre époque.*

[...]

[...] *mon épitaphe pour Molière :*

Il couche avec la mère, il épouse la fille,
La rend mère à son tour, et de fil en aiguille,
Traversant la matière où tout semble perdu,
Ne retrouve de soi qu'un fou rire éperdu. »

Philippe SOLLERS, *Les Folies françaises*, Gallimard, 1988.

« [...] *Molière, ce grand peintre de l'homme tel qu'il est.*

[...]

Molière a cherché le rire et pour cela a peint des originaux tels qu'ils peuvent exister. C'est l'homme qui fait le mieux connaître le cœur humain, mais il faut en avoir la clef. Je comprends tous les jours, par ce que je vois, des traits sur lesquels je glissais en lisant ce grand peintre. »

STENDHAL, *Correspondance*, 20 août 1804 et 29 octobre-16 novembre 1804.

BIBLIOGRAPHIE

Éditions

Œuvres complètes, éd. E. DESPOIS et P. MESNARD, « Les Grands Écrivains de la France », Hachette, 1873 à 1900, 13 vol. ; éd. R. BRAY et J. SCHERER, Club du meilleur livre, 1954-1955 ; P.A. TOUCHARD, « L'Intégrale », Seuil, 1962 ; éd. G. MONGRÉDIEN, « Classiques Garnier », Garnier, 1964, rééd. « GF », Flammarion, 1964 à 1975, 4 vol. ; éd. J. MEYER, Gonon, 1968 ; éd. G. COUTON, « Pléiade », Gallimard, 1971, 2 vol.

De très nombreuses éditions scolaires, richement annotées et documentées, de chacune des grandes pièces sont disponibles.

Études

A. ADAM, « Molière », in *Histoire de la littérature française au XVIIe siècle*, t. III, chap. IV, Domat, rééd. Albin Michel, 1998.

J. AUDIBERTI, *Molière dramaturge*, L'Arche, 1954.

M. BASCHERA, *Théâtralité dans l'œuvre de Molière*, « Biblio 17 », Gunter Narr, Tübingen (DE), 1998.

P. BÉNICHOU, « Molière », in *Morales du grand siècle*, Gallimard, 1948, rééd. 1980.

P. BONVALLET, *Molière de tous les jours*, Pré aux Clercs, 1985.

G. BORDENOVE, *Molière génial et familier*, Laffont, 1967.

M. BOULGAKOV, *Le Roman de M. de Molière*, Champ libre, 1972.

C. BOURQUI, *Répertoire des sources de Molière*, SEDES, 1999.

R. BRAY, *Molière homme de théâtre*, Mercure de France, 1954.

P. BRISSON, *Molière, sa vie dans ses œuvres*, Gallimard, 1942.

J. CAIRNCROSS, *Molière, bourgeois et libertin*, Nizet, 1963.

C.E.J. Caldicott, *La Carrière de Molière, entre protecteurs et éditeurs*, Rodopi, Amsterdam (NL), 1998.

S. Chevalley, *Molière en son temps*, Mink, Genève (CH), 1973.

J.-P. Collinet, *Lectures de Molière*, Colin, 1974.

G. Conesa, *Le Dialogue moliéresque. Étude stylistique et dramaturgique*, PUF, 1983, rééd. SEDES, 1992.

J. Copeau, *Molière* (*Registres*, II), Gallimard, 1976.

M. Corvin, *Molière et ses metteurs en scène d'aujourd'hui*, P.U. Lyon, 1985.

P. Dandrey, *Molière ou l'Esthétique du ridicule*, Klincksieck, 1992 ; *« Dom Juan » ou la Critique de la raison comique*, Champion, 1993 ; *Le Cas Argan. Molière et la Maladie imaginaire*, Klincksieck, 1993 ; *La Médecine et la Maladie dans le théâtre de Molière*, Klincksieck, 1998, 2 vol.

G. Defaux, *Molière ou les Métamorphoses du comique*, French Forum publishers, Lexington (GB), 1980.

M. Descotes, *Les Grands Rôles du théâtre de Molière*, PUF, 1960 ; *Molière et sa fortune littéraire*, Ducros, Saint-Médard-en-Jalles (Gironde), 1970.

R. Duchêne, *Molière*, Fayard, 1998.

R. Fernandez, *La Vie de Molière*, Gallimard, 1929 ; *Molière ou l'Essence du génie comique*, Grasset, 1930 ; « Molière », in *Tableau de la littérature française*, II, Gallimard, 1939, pp. 67 à 88.

P. Force, *Molière ou le Prix des choses*, Nathan, 1994.

G. Forestier, *Molière*, « En toutes lettres », Bordas, 1990.

J.F. Gaines, *Social Structures in Molière's Theater*, Ohio State U.P., Columbus (US), 1984.

R. Garapon, *Le Dernier Molière. Des « Fourberies de Scapin » au « Malade imaginaire »*, SEDES/CDU, 1977.

P. Gaxotte, *Molière*, Flammarion, 1977.

L. Gossman, *Men and Masks. A Study of Molière*, Johns Hopkins Press, Baltimore (US), 1963.

J. Grimm, *Molière en son temps*, « Biblio 17 », PFSCL, Tübingen (DE), 1993.

A.-J. Guibert, *Bibliographie des œuvres de Molière publiées au XVIIe siècle*, CNRS, 1965 et 1972, 2 vol.

J. Guicharnaud, *Molière, une aventure théâtrale. « Tartuffe », « Dom Juan », « Le Misanthrope »*, Gallimard, 1971.

M. Gutwirth, *Molière ou l'Invention comique*, Minard, 1966.

R. Jasinski, *Molière*, « Connaissance des Lettres », Hatier, 1969, rééd. 1979.

L. Jouvet, *Molière et la Comédie classique*, Gallimard, 1965.

F. Mallet, *Molière*, Grasset, 1986.

Ch. Mazouer, *Les Comédies-Ballets de Molière*, Klincksieck, 1993.

G. Michaut, *La Jeunesse de Molière*, Hachette, 1922 ; *Les Débuts de Molière*, Hachette, 1923 ; *Les Luttes de Molière*, Hachette, 1925.

G. Mongrédien, *La Vie privée de Molière*, Hachette, 1950.

W.G. Moore, *Molière, a New Criticism*, Clarendon, Oxford (GB), 1949.

D. Mornet, *Molière, l'homme et l'œuvre*, « Connaissance des Lettres », Hatier, 1943.

P.H. Nurse, *Molière and the Comic Spirit*, Droz, Genève (CH), 1991.

A. Simon, *Molière par lui-même*, « Écrivains de toujours », Seuil, 1957, rééd. 1996 ; *Molière. Une vie*, La Manufacture, Lyon, 1988.

A. Szogyi, *Molière abstrait*, Nizet, 1985.

J. Truchet (dir.), *Thématique de Molière*, SEDES, 1985.

AUDIO & VIDÉO

Vidéo

P. Badel, *Les Fourberies de Scapin*, 1973, Film Office, s.d. ; *Le Tartuffe*, 1972, Film Office, s.d.

M. Bluwal, *Dom Juan*, 1975, INA/FR3, 1990.

J.-P. Carrère, J.-L. Cochet, *Le Malade imaginaire*, 1973, INA/FR3, 1987 ; *id.*, P. Dux, *Le Misanthrope*, 1977, INA/FR3, 1987.

J.-L. Cochet, *Le Bourgeois gentilhomme*, 1980, Antenne 2/FR3, 1987.

G. Depardieu, *Le Tartuffe*, Gaumont, 1984.

J. Deschamps, *Les Précieuses ridicules*, Canal+ Vidéo, 1999.

A. Flédérik, *Les Femmes savantes*, 1977, Film Office, s.d.

J. Girault, *L'Avare*, 1980, Film Office, 1989.

R. Lucot, *L'Avare*, 1972, Film Office, s.d.

J. Meyer, *Le Bourgeois gentilhomme*, 1958, René Chateau, s.d.

A. Mnouchkine, *Molière*, 1978, TF1 Vidéo, s.d., 2 cassettes.

J.-L. Moreau, *Les Fourberies de Scapin*, Warner, 1994.

R. Valey, J. Vilar, *L'Avare*, 1975, INA/FR3, 1987.

J. Vernier, J. Piat, *Les Femmes savantes*, 1972, INA/FR3, 1987.

CD-ROM

Encyclopédie de la littérature française, Bibliopolis, 1998.

Théâtre du Grand Siècle. Corneille, Molière, Racine, Bibliopolis, 1997.

MONTAIGNE

Michel de MONTAIGNE
De son vrai nom, Michel EYQUEM,
seigneur de MONTAIGNE
Château de Montaigne (près de Montcaret, act. Dordogne) 1533 – *ibid.* 1592

> « *Qu'un tel homme ait écrit, vraiment la joie de vivre sur terre en a été augmentée.* »
> Friedrich NIETZSCHE, « Schopenhauer éducateur », in *Considérations inactuelles*, 1873 à 1876.

> « *Montaigne, c'est tout de même un peu traînard.* »
> Jules RENARD, *Journal*, 1er octobre 1898.

Une vie d'active contemplation

« *Quant au Latin, qui m'a esté donné pour maternel* »

La famille Eyquem était d'origine bourgeoise et avait récemment accédé à une noblesse, d'abord d'épée — le grand-père de Montaigne avait servi pendant les guerres d'Italie —, puis de robe. Montaigne hésita lui-même entre cet héritage de noblesse militaire et son évidente formation de « robin ». Du fait de la mort en bas âge de 2 premiers-nés, Michel était l'aîné des 8 enfants de Pierre Eyquem et Antoinette née Louppes de Villeneuve. Le père assura à son fils — qui ne se nommait plus que « *Michel de Montaigne* » à partir de 1580 — une éducation soignée, fondée sur les principes humanistes et érasmiens de libéralisme et d'apprentissage vivant des langues anciennes. Après une petite enfance passée en nourrice auprès de paysans pour qu'il apprît à rester proche du peuple, il revint au château de Montaigne où un précepteur allemand lui enseigna exclusivement le latin en le lui parlant comme une langue vivante : défense était faite à la maisonnée de lui parler en français (***De l'institution des enfans***, in ***Essais***, I, 26). Devenu latiniste précoce grâce au succès incontestable de cette méthode — « *Quant au Latin, qui m'a esté donné pour maternel* » (***De la præsumption***, in ***Essais***, II, 17) —, Montaigne fut envoyé en 1539 au collège de Guyenne à Bordeaux, où des maîtres prestigieux lui firent goûter les auteurs anciens et interpréter le théâtre latin. Ses professeurs (André de Gouvéa, Marc-Antoine Muret, Georges Buchanan, Nicolas Grouchy) étaient des érudits — certains d'entre eux étaient huguenots — qui mettaient en pratique le retour aux lettres et à la philosophie antique. Ils se réclamaient soit d'un Aristote rénové, soit d'une simplification radicale à la manière de Pierre de La Ramée. Montaigne garda de ces dissensions une méfiance certaine des systèmes, en même temps qu'une très bonne connaissance, même passive, du renouveau philosophique de l'époque. En 1546, il semble qu'il ait étudié la philosophie à Bordeaux, sous la direction de Muret. Peut-être cependant était-il encore au collège de Guyenne en 1548, au moment où éclata la révolte bordelaise contre la gabelle, suivie de sa féroce répression, événement qui a probablement inspiré le discours de La Boétie, intitulé *De la servitude volontaire*. On sait peu de choses de sa formation ultérieure : fit-il d'abord des études de droit à Toulouse, où le Parlement était connu pour sa sévérité, ou alla-t-il directement à Paris pour suivre l'enseignement des Lecteurs Royaux, parmi lesquels figurait Adrien Turnèbe, humaniste exemplaire ?

Le juriste parlementaire

Quoi qu'il en fût, Montaigne était conseiller à la Cour des aides de Périgueux entre 1554 et 1556, puis, après la suppression de cette Cour, devint membre du parlement de Bordeaux et de la chambre des enquêtes de ce parlement, en 1557. Deux ans plus tard, il se rendit à Paris, séjourna à la Cour et suivit le nouveau souverain, François II, à Bar-le-Duc. Toujours à Paris en 1560-1561, il y accomplit une mission sur les troubles religieux en Guyenne. Sa pratique juridique lui permit de se familiariser avec les argumentations contradictoires, et semble l'avoir conduit à une grande prudence avant toute conclusion ou arrêt. De même des réserves très claires à l'encontre du fonctionnement de la justice marquèrent-elles certains essais. C'est sans ambiguïté qu'il dénonça l'usage légal de la torture et la présomption des juges dans les cas de prétendue sorcellerie (***Des boyteux***, in ***Essais***, III, 11). Marié par raison avec Françoise de La Chassaigne, fille d'un parlementaire bordelais, en 1565, il devint alors l'un de ces hommes de lettres juristes, nombreux dans la 2de moitié du XVIe siècle, qui poursuivirent une carrière d'« auteur » tout en restant à la disposition du roi.

La retraite studieuse

Trois événements majeurs précédèrent ou accompagnèrent la première rédaction des *Essais* (1571 ? à 1580) : d'abord, la rencontre (1558), puis la mort (1563) de son ami La Boétie, dont il décrivit l'agonie dans une lettre à son père, remaniée postérieurement et publiée sous le titre de ***Discours*** ; ensuite, la mort en 1568 de son père, Pierre Eyquem, personnage à la fois aimant et distant, à qui il obéit en traduisant la ***Théologie naturelle*** de Raymond Sebond (1568-1569) ; enfin, la décision de la « retraite » au château de Montaigne, récemment entré dans la famille *(« mon père aimait à bâtir Montaigne »)*, signalée par une inscription solennelle dans sa bibliothèque : peu de temps après avoir résigné sa charge de conseiller au parlement de Bordeaux (1570), Montaigne se retira au sein des « *doctes vierges* » (1571) et commença probablement à écrire ses « *chimères et monstres fantasques* » (***De l'oisiveté***, in ***Essais***, I, 8) avant de les poursuivre sous l'emblème sceptique de la balance dont il fit orner une médaille à son effigie (1576). Mais d'autres événements ont pu laisser, directement ou indirectement, leurs traces dans les ***Essais*** : un évanouissement consécutif à un accident de cheval (entre 1568 et 1570 ?), qui lui fit découvrir la possibilité d'une approche de la mort plus douce que ne le laissaient croire les écrits des stoïciens (***De l'exercitation***, in ***Essais***, II, 6) ; peut-être aussi la mort, dès leur naissance, de 5 de ses 6 filles (en 1570, 1573, 1574, 1577 et 1583) ; enfin le massacre de la Saint-Barthélemy (1572), absent des ***Essais*** — la page en fut même arrachée dans le calendrier familial, ou ***Éphéméride*** —, et pourtant suivi d'une certaine activité diplomatique de la part de Montaigne qui, en 1574, mena des négociations entre Henri de Guise et Henri de Navarre, le futur Henri IV, dont il devint gentilhomme de la chambre en 1577 — cette tragédie pourrait être indirectement visée lorsque l'auteur fait allusion à la « *raison d'État* ». Ses innombrables lectures, bien sûr, nourrirent aussi les ***Essais*** : les *Hypotyposes* de Sextus Empiricus dès 1574, César, Tacite, Ammien Marcellin, Sénèque, Plutarque, Horace, Virgile, Ovide, Lucrèce dans les années 1579-1580, mais aussi des auteurs modernes, Jean Bodin, Laurent Joubert, Innocent Gentillet. De même la gravelle, mal incurable qui l'atteignit en 1578, donna-t-elle une orientation décisive à sa réflexion sur une maladie avec laquelle il lui sembla relativement facile de composer, comme avec un ennemi familier. La publication des 1er et 2e livres des ***Essais***, en 1580, marqua un moment d'arrêt dans la carrière littéraire de Montaigne, souligné par le ton à la fois solennel et tranquille de l'avis ***Au lecteur*** : « *C'est icy un livre de bonne foy, lecteur. Il t'advertit dés l'entrée, que je ne m'y suis proposé aucune fin, que domestique et privée. Je n'y ay en nulle consideration de ton service, ny de ma gloire.* [...] *Je veus qu'on m'y voie en ma façon simple, naturelle et ordinaire, sans contantion et artifice : car c'est moy que je peins.* [...] *Ainsi, lecteur, je suis moy-mesmes la matiere de mon livre : ce n'est pas raison que tu employes ton loisir en un subject si frivole et si vain.* ».

Du voyage en Europe à la mairie de Bordeaux

De fait, en cette année 1580, Montaigne entreprit un long voyage en Allemagne, en Suisse et en Italie, qui dura près d'un an et demi, pour le simple plaisir de se « *proumener* » (III, 9). Il emporta un exemplaire des ***Essais*** pour les faire viser par la censure romaine et il fut reçu par le pape avant d'être honoré, en mars 1581, du titre de citoyen romain. ***Le Journal de voyage***, entamé alors, mais découvert et publié au XVIIIe siècle, n'était certainement pas destiné à la publication : il témoignait d'une réelle curiosité pour l'étranger, pour l'expérience du monde et la « *variété des formes* » dans leur plus plaisante vanité (***De la vanité***, in ***Essais***, III, 9). L'analogie évidente entre le voyage et l'écriture était soulignée, dans les ***Essais*** *(« il faut que j'aille de la plume comme des pieds »)*, par une même liberté d'itinéraire. La 1re partie de ce ***Journal*** fut rédigée et assumée par un mystérieux « *secrétaire* » parlant de Montaigne à la 3e personne et donnant les détails les plus intéressants, puisqu'il décrivait les réactions de son maître ; puis Montaigne prenait le relais, en français et en italien, par des effets de mise à distance mettant d'autant mieux en relief la différence radicale avec les ***Essais***.

En 1581, Montaigne, quoique absent — il était alors à Lucques —, fut élu maire, avant de l'être derechef, plus difficilement, en 1583, pour deux ans. À la mairie de Bordeaux, où il revint de son voyage en novembre 1581, il déploya ses efforts en faveur de la paix religieuse, surtout pendant sa 2de magistrature (1583-1584). La Guyenne était alors le lieu d'affrontements directs où Montaigne dut essayer de maintenir les relations entre Henri III et Henri de Navarre. Au milieu de tant d'intérêts divers — il resta bien vu des Guise, alliés à l'Espagne contre le roi et son héritier —, il tenta « *de mesnager sa volonté* » (titre de III, 10), sans s'attacher définitivement à un autre parti qu'à celui d'une légitimité consentie. Cette intense activité ne l'empêcha toutefois pas de publier, en 1582, une 2e édition des ***Essais***, enrichie de quelques additions inspirées de son récent voyage.

D'ultimes années éprouvantes

Les années de 1585 à 1588 furent les pires : non seulement la guerre, mais encore la peste ravagèrent la Guyenne. Alors qu'il avait déjà commencé la rédaction du 3e livre des ***Essais***, il dut fuir le château de Montaigne avec sa famille, en 1586. En voyage à Paris à la fois pour des raisons diplomatiques et pour présenter sa nouvelle édition des ***Essais*** (1588) au roi, il tomba tour à tour aux mains des protestants et des ligueurs — « *Au Gibelin j'étais Guelfe, au Guelfe j'étais Gibelin* » (III, 12) — et fut même embastillé quelques heures pendant les dures journées des Barricades à la suite desquelles le roi dut fuir. Il bénéficia, pour sa libération, de la protection des Guise, et sa fidélité au roi légitime en fit un homme de « *parlement* » et de « *composition* ». Après ce dangereux épisode, il rencontra Marie de Gournay (juil.-août 1588), qui avait d'abord manifesté par lettre son enthousiasme pour les ***Essais***. Elle fut pour lui sa « *fille d'alliance* », comme La Boétie avait été son « *frère* ». L'admiration fervente de la jeune fille se transforma en fidélité à toute épreuve et provoqua cet aveu final : « *Je ne regarde plus qu'elle au monde* ». Contrairement à la première publication méditée dans une relative oisiveté, l'édition de 1588 des ***Essais*** fut élaborée au milieu du tumulte : plus de 600 additions et un 3e livre montraient l'activité incessante de l'auteur, qui ne se départit pas cependant de son projet initial.

La violence politique se poursuivait avec l'assassinat des Guise (1588), puis du roi Henri III (1589). Les ligueurs de Bordeaux se révoltèrent contre l'héritier légitime, Henri de Navarre : si Montaigne poursuivit peut-être alors son action diplomatique — on n'en est pas sûr —, elle fut moins voyante. On sait qu'en 1589, il rencontra Pierre Charron à qui il légua ses armoiries. Pendant ces dernières années, égayées par le mariage de sa fille Léonor — son seul enfant survivant — avec François de La Tour, en 1590, et la naissance de sa petite-fille Françoise, il ne cessa de travailler à une nouvelle édition des ***Essais***. Une crise d'esquinancie — et non la gravelle — le terrassa, en septembre 1592, alors qu'il était âgé de 59 ans.

Si Montaigne mourut pieusement, les ***Essais*** ne livrent pas de certitudes ultimes en matière de foi, de religion constituée et de politique. En avait-il vraiment ? Son conservatisme est généralement souligné ; néanmoins, celui-ci n'apparaît pas comme une doctrine, mais comme une soumission à la coutume, témoin d'un consentement général dont s'accommode une œuvre qui laisse la possibilité d'« *infinis essais* » particuliers.

THÉORIE LITTÉRAIRE

« [...] *je suis moy-mesmes la matiere de mon livre* » ***(Au lecteur)*** et « *Je m'estudie plus qu'autre subject. C'est ma metaphisique, c'est ma phisique* » (***De l'experience***, III, 13) : par ces déclarations, Montaigne consacre la singularité de son sujet d'étude qui est en même temps le sujet de l'écriture. Certes, le sujet biographique n'est pas absent du livre, qui, par endroits, est un autoportrait : « *J'ay* [...] *la taille forte et ramassée ; le visage, non pas gras, mais plein ; la complexion, entre le jovial et le melancholique, moiennement sanguine et chaude* [...] » (***De la præsumption***, II, 17). Le sujet biographique n'est pas pour autant le centre du livre. Montaigne n'est pas autobiographe, il devient écrivain de soi-même : « *Moulant sur moy cette figure* [ce portrait que je fais de moi], *il m'a fallu si souvent dresser et composer pour m'extraire, que le patron s'en est fermy* [fermé] *et aucunement formé soy-même. Me peignant pour autruy, je me suis peint en moy de couleurs plus nettes que n'estoyent les miennes premieres. Je n'ay pas plus faict mon livre que mon livre m'a faict, livre consubstantiel à son autheur, d'une occupation propre, membre de ma vie ; non d'une occupation et fin tierce et estrangere comme tous autres livres* » (***Du dementir***, II, 18).

La perte de son ami La Boétie a provoqué une crise de mélancolie — à distinguer du tempérament mélancolique, qu'il était courant à l'époque d'associer au génie artistique, au risque même de la folie. Si la solitude brutalement ressentie l'a encouragé à « *se mesler d'escrire* », elle n'a pas engendré de fureur poétique, mais plutôt un travail d'analyse de ses propres facultés intellectuelles, mises en rapport avec le ressort des émotions. La psychologie de Montaigne, à l'œuvre dès les premiers essais, est fondée sur une conscience aiguë de l'importance de nos perceptions, puisque toute connaissance passe par nos sens, « *nos propres et premiers juges* » (***De l'art de conferer***, III, 8). Or la perception est modifiée à la fois par la complexion des individus et par l'intervention de leurs passions, de leurs désirs ou de leur zèle religieux : « [...] *la neige nous apparoit blanche, mais* [...] *d'establir si de son essence elle est telle et à la verité, nous ne nous en sçaurions répondre : et, ce commencement esbranlé, toute la science du monde s'en va necessairement à* *vau-l'eau.* [...] *rien ne vient à nous que falsifié et alteré par nos sens.* [...] *Pour juger des apparences que nous recevons des subjects, il nous faudroit un instrument judicatoire ; pour verifier cet instrument, il nous y faut de la demonstration ; pour verifier la demonstration, un instrument : nous voilà au rouet* » (***Apologie de Raimond Sebond***, II, 12). L'imagination ou « *fantasie* » est moins distincte que les philosophes ne le disent de cette raison dont on fait tant de cas pour l'homme. Puissance trompeuse, certes, elle n'en est pas moins le lieu de la pensée et de l'invention (***De la force de l'imagination***, I, 21). La raison subit aussi la tourmente des passions, et l'écrivain se félicite d'un certain « *privilège d'insensibilité* ». La critique en règle de l'opinion et de l'imagination est retournée par Montaigne au profit de la production littéraire : bien loin de nier l'existence en lui-même de ces « *fantasies informes* » (***De l'oisiveté***, I, 8), il les revendique comme siennes, et elles lui servent même de protection contre une éventuelle accusation de « *licence* » en matière de morale et surtout de religion.

Cependant, Montaigne considère son propre texte comme un « *effet* » particulier de lui-même, un symptôme de son esprit débordant de « *vagues conceptions* ». Le terme d'« *essai* », trouvé en cours de rédaction, est une conséquence du travail d'écriture. Comme un corps monstrueux et « *fantasque* » dont un médecin lirait les signes, le « *soy-même* » mis en scène par l'auteur est offert à une interprétation autoréférentielle, expérimentale et réflexive : il dit se « *dechiffrer* ». Ses métaphores sont comme un geste d'invitation à cette lecture, puisqu'il a « *tout dit, ou tout designé* » (***De la vanité***, III, 9). Le rapport entre l'écriture de soi, portrait « au crayon » et « au vif », et la peinture est marqué par un usage particulier des figures, comme celle qui compare les ***Essais*** aux décorations maniéristes en « *grotesques* » (***De l'oisiveté***, I, 8) ; ou, plus crûment, aux « *excrements d'un vieil esprit* » (***De l'experience***, III, 13). L'auteur dénonce la difformité de sa « *production ouvragere* » comme gonflée par un « *flux de caquet* » (***Sur des vers de Virgile***, III, 5).

Après avoir démontré dans l'***Apologie [...]*** qu'il ne pouvait exister que des opinions probables, Montaigne se réfugie lui-même dans la « *verisimilitude* » de la philosophie sceptique, la moins susceptible de se tromper : « *Rien ne semble vrai, qui ne puisse sembler faux.* [...] *Toutes choses produites par notre propre discours et suffisance, autant vraies que fausses, sont sujettes à incertitude et debat* » (II, 12). Bien loin d'avoir simplement occasionné une crise sceptique, le pyrrhonisme revendiqué par Montaigne est un véritable instrument de quête philosophique, qui lui permet de confronter toutes les autres doctrines, du stoïcisme au cynisme. De chaque système, il butine ce qui lui plaît, mais rejette le caractère doctrinal : « [...] *si les prises humaines estoient assez capables et fermes pour saisir la verité par nos propres moyens, ces moyens estant communs à tous les hommes, cette verité se rejetterait de main en main de l'un à l'autre. Et au moins se trouverait-il une chose au monde, de tant qu'il y en a, qui se croirait par les hommes d'un consentement universel. Mais ce qu'il ne se voit* [le fait qu'il ne se voie] *aucune proposition qui ne soit desbattue et controversée entre nous, ou qui ne le puisse estre, montre bien que notre jugement naturel ne saisit pas bien ce qu'il saisit* [...] » *(ibid.)*. La prétendue supériorité de la raison est remplacée par le souple exercice du jugement, sans autre prétention à la vérité que celle de l'approche singulière : « *Maintesfois* [...], *ayant pris pour exercice et pour esbat à maintenir une contraire opinion à la mienne, mon esprit* [...] *m'y attache si bien que je ne trouve plus la raison de mon premier advis, et m'en despars* [départis]. *Je m'entraine quasi où je penche, comment que ce soit, et m'emporte de mon poids* » *(ibid.)*. Les pensées d'autrui ne sont pas garanties par la force de l'usage ou de la gloire : « *Que nous dira donc en cette nécessité la philosophie ? Que nous suivons les lois de notre pays ? c'est-à-dire cette mer flottante d'un peuple ou d'un Prince, qui me peindront la justice d'autant de couleurs et la reformeront en autant de visages qu'il y aura en eux de changements de passion ? Je ne puis avoir le jugement si flexible* » *(ibid.)*. De fait, Montaigne se méfie de tout jugement préconstruit par la mémoire des hommes, de toute observation du monde qui ne serait pas vérifiable par chacun, comme il le préconise dans ***De l'institution des enfants*** (I, 26). Rempli d'admiration pour certains grands hommes (Socrate, Épaminondas, La Boétie), il n'en déclare pas moins que la gloire n'est qu'un « *nom qui court* ». Dans les derniers essais, il met en évidence la gloire obscure de ceux dont on ne se souvient pas : paysans mourant silencieusement de la peste (***De la phisionomie***, III, 12) ou « sauvages » du Brésil composant anonymement la belle chanson anacréontique de la couleuvre (***Des cannibales***, I, 31). Il compare volontiers sa franchise égotiste à la nudité de ceux de l'autre monde, essayant de mettre le moins possible d'obstacles d'apparat et d'idéologie entre le lecteur et lui-même.

La critique de la raison, à l'œuvre dans toute l'***Apologie** [...]*, est illustrée notamment par l'exemple du philosophe qui, tout réfléchi qu'il est, ne peut prendre appui sur sa faculté de raisonner pour s'affranchir du vertige qui le saisit : « *Qu'on loge un philosophe dans une cage de menus filets de fer clairsemés, qui soit suspendue au haut des Tours Notre-Dame de Paris : il verra par raison evidente qu'il est impossible qu'il en tombe ; et si* [et pourtant] *ne se sçaurait garder (s'il n'a accoutumé le métier des recouvreurs) que la vue de cette hauteur extrême ne l'espouvante et ne le transisse.* [...] *J'appelle tousjours raison cette apparence de discours que chacun forge en soi ; cette raison,* [...] *c'est un instrument de plomb et de cire, allongeable, ployable et accommodable à tous biais et à toutes mesures.* [...] *Voilà comment la raison fournit d'apparences à divers effets. C'est un pot à deux anses, qu'on peut saisir à gauche et à dextre* » (***Apologie** [...]*, II, 12). Sa nature est éminemment paradoxale, puisqu'on ne peut se défier de la raison qu'en utilisant celle-ci. Mais ce constat négatif ne conduit pas Montaigne à se réfugier dans une méfiance mystique à l'égard de l'intellect. Au contraire, il revendique une approche lourde, une « pesée » de l'existence d'abord pensée comme expérience. Le jugement n'est pas une décision sur le vrai et le faux mais une évaluation perpétuelle de sa propre démarche qui, du premier au dernier essai, se sert des différentes formes du raisonnement : induction, déduction, analyse, synthèse, jusqu'à la conclusion exclusivement, puisque celle-ci est laissée à l'acte de lecture.

Avec cette métaphysique qui fait de toute opinion une « *impression en l'âme* » plus ou moins gravée par la coutume, avec cette façon de décrire le caractère accidentel et contingent de nos croyances, Montaigne souligne la relativité des doctrines dont la religion catholique risquerait de souffrir. La mort elle-même, objet d'une longue méditation dans les ***Essais***, n'est jamais considérée comme la porte des délices éternels qui restent « *inimaginables, indicibles, incompréhensibles* » ; elle apparaît, sous l'influence de Lucrèce, comme une composante de la nature humaine. Le texte ne signale cependant ni un athée convaincu ni un prosélyte de la Contre-Réforme : la prudence affichée par Montaigne en matière religieuse n'est pas un gage de soumission inconditionnelle aux exigences d'une tradition toute-puissante ; une telle manifestation aurait pu être plus claire. Il dit nettement qu'il obéit aux lois politiques et religieuses par « *commandement estranger* » *(ibid.)* et le catholicisme se recommande par son attention aux « *signes* » ou « *utiles effets* ». Sur le modèle des pyrrhoniens, il suit les lois et coutumes du pays, et dans son cas, « *la voie tracée et battue par l'église* ». Il reconnaît en outre à toutes les religions un fondement commun, à savoir l'existence de Dieu comme origine et toute-puissance, « *divinité cachée et inconnue* » *(ibid.)*. Il avoue une ancienne attirance pour la Réforme, puis confesse qu'il est dégoûté de toute « *nouvelleté* ». Le changement brusque des coutumes engendre le désordre, mais le rétablissement de l'ordre et la supériorité de la raison d'État (l'« *utile* ») ne doivent pas pour autant supprimer la liberté de conscience (l'« *honneste* »). En tout cas, Montaigne se déclare « *ennemi juré d'obligation* » (**De la vanité**, III, 9) et prêt à dédoubler sa personne sociale et son « *soy-même* », afin de se préserver une « *arrière-boutique* » : « *Ma raison n'est pas duite à se courber et fléchir, ce sont mes genoux* » (***De l'art de conferer***, III, 8). Révérence courtisane ou génuflexion catholique, le signe de soumission est avant tout signe d'adhésion à la cohésion religieuse et sociale, la « *soudure humaine* » confirmée par des rites communautaires. La foi relève de tout autre chose, d'une intervention divine, qui prête à l'homme « *extraordinairement la main* » (***Apologie** [...]*, II, 12).

L'ensemble des ***Essais*** repose sur la critique de la relation fondamentale entre la cause et l'effet. Pour Montaigne, il est vain de vouloir embrasser les causes et les conséquences (***De l'art de conferer***, III, 8), puisque nous ne sommes pas capables de percevoir, et encore moins de juger proprement de la réalité. Tout ce que nous pouvons tirer de nos observations n'est qu'analogie anthropomorphique et conjecture. Nous pouvons retourner les prétendues inférences établies à partir du visible ou de la « *machinerie* » de l'univers (***Apologie** [...]*, II, 12) : certains, tel Sebond, prouvent la supériorité de l'homme sur l'animal par ce qu'ils en voient. Or, pendant plus d'un tiers de l'***Apologie** [...]*, Montaigne démontre, au contraire, qu'à partir de ce qu'en disent les auteurs anciens et de ce que nous pouvons observer, les animaux ne sont pas privés de « *discours* » : le chien et le renard peuvent se révéler dialecticiens et beaucoup d'animaux pronostiquent. Cette conséquence remet en cause à la fois le principe de la prééminence de l'homme, et le principe même de la lecture des effets dans le grand livre du monde. Et si l'on jugeait du christianisme à partir des turpitudes romaines ? Une telle critique s'adresse également aux prétentions de la science moderne, particulièrement de la médecine, et rend douteux tout progrès scientifique. Comme les épicuriens, Montaigne semble admettre la pluralité des causes (***Des boyteux***, III, 11), mais il rejoint les pyrrhoniens dans une apologie de l'« *inscience* » (***De l'experience***, III, 13) aux accents parfois de « *docte ignorance* » : « *O que c'est un doux et mol chevet, et sain, que l'ignorance et l'incuriosité, à reposer une teste bien faite !* » *(ibid.)*.

THÉORIE LITTÉRAIRE

Montaigne pratiqua l'« *exercitation* » littéraire de la pensée. Bien qu'il ne se prétendît pas philosophe (***De la vanité***, in ***Essais***, III, 9), il fut le premier auteur à développer en français, langue encore « peu ferme », une réflexion philosophique et littéraire sans précédent. Véritablement singulière, plus influente qu'imitée, l'œuvre des ***Essais*** fait du lecteur un éternel enquêteur, un interlocuteur intemporel qui donnerait à la célèbre question « *Que sais-je ?* » une réponse non moins perplexe : « *Que lis-je ?* ».

Un style « *à sauts et à gambades* »

Certes, l'auteur ne respecte guère la disposition de l'*oratio* classique, et donne à ses « *discours* » le sens d'un commentaire libre : « *Je parle au papier comme je parle au premier que je rencontre* » (***De la ressemblance des enfans aux peres***, in ***Essais***, II, 37). Cependant, Montaigne revendique un ordre naturel, explicité au chapitre ***De l'art de conferer*** (in ***Essais***, III, 8). Cet ordre a pour fondement la prééminence de la parole sur l'écriture à qui elle sert de modèle : « *Comme à faire, à dire aussi je suis tout simplement ma forme naturelle : d'où c'est à l'aventure que je puis plus à parler qu'à escrire* » (***De la præsumption***, in ***Essais***, II, 17). Cet ordre est aussi fondé sur la valeur de la relation dialogique (avec un autre ou avec lui-même) et sur le principe de coopération qui fait de la « *conference* » une recherche commune de la vérité et non un combat d'arguments, « *le poignard à la main* ». Ainsi l'essai se conduit-il tout seul, à la manière des conversations civiles des « *bergers et enfans de boutique* » dont la référence utopique et pastorale rejoint la poésie naturelle des sauvages du nouveau monde et les harangues sensées des princes mexicains (***De la vanité***, in ***Essais***, III, 9). « *Je n'enseigne point, je raconte* » : la référence au genre narratif et non au discours du rhéteur laisse entendre que les choses parlent d'elles-mêmes et que, dans ces « *contes* », « *le premier trait produit le second* » (***Consideration sur Ciceron***, in ***Essais***, I, 40).

Les termes « *farcisseure* », « *fagotage* », « *marqueterie* », qualifient les ***Essais*** ; ils n'en sont pas moins la « marque » spécifique, la signature de leur auteur, bien plus que les titres des chapitres dont la fonction est purement indicative, comme les noms propres : « *Les noms de mes chapitres n'en embrassent pas tousjours la matiere ; souvent ils la denotent seuelement par quelque marque, comme ces autres* [...] *noms : Sylla, Ciceron, Torquatus* » (***De la vanité***, in ***Essais***, III, 9). Parfaitement conscient de digressions qui n'en sont pas, Montaigne les aggrave par des « *pour revenir à mon propos* » et se réclame de l'allure poétique, « *à sauts et à gambades* », que le lecteur pratiquera à son tour en y regardant d'une « *veuë oblique* » : « *J'ayme l'alleure poetique, à sauts et à gambades. C'est une art, comme dit Platon, legere, volage, demoniacle. Il est des ouvrages en Plutarque où il oublie son theme, où le propos de son argument ne se trouve que par incident, tout estouffé en matiere estrangere* [...]. *O Dieu, que ces gaillardes escapades, que cette variation a de beauté, et plus lors que plus elle retire au nonchalant et fortuite ! C'est l'indiligent lecteur qui perd mon subject, non pas moy ; il s'en trouvera tousjours en un coing quelque mot qui ne laisse pas d'estre bastant, quoy qu'il soit serré* » *(ibid.)*.

Les ***Essais*** n'échappent pas aux catégories de la prose, élaborées à l'époque sur les modèles latins et grecs : Montaigne se réclame du style simple recommandé pour les chroniqueurs, qui juxtapose des phrases souvent relancées par un « *et* », qui marque faiblement des liens logiques établis par le lecteur : « *Le parler que j'ayme, c'est un parler simple et naïf, tel sur le papier qu'à la bouche ; un parler succulent et nerveux, court et serré, non tant delicat et peigné comme vehement et brusque,* [...] *esloingné d'affectation, desreglé, descousu et hardy ; chaque lopin y face* [fasse] *son corps ; non pedantesque,* [...] *non pleideresque, mais plustost soldatesque* [...] » (***De l'institution des enfans***, in

Essais, I, 26). Les corrections de la ponctuation accentuent cette écriture de philosophie narrative, qui énonce les effets plus qu'elle ne les explique. Montaigne pratique toutefois également une prose rythmée, martelée d'effets de répétition, d'anaphores, de rimes internes, de symétries ou de chiasmes. Les périodes elles-mêmes participent d'un style coupé, irrégulier, dynamique et volontiers « *soldatesque* ». Loin d'encadrer le propos, elles contribuent à le rompre, comme les anecdotes. Les formes brèves, les maximes, les proverbes, les formules émaillent les **Essais** et ont contribué à leur succès : « *Sçavoir par cœur n'est pas sçavoir : c'est tenir ce qu'on a donné en garde à sa memoire* » *(ibid.)* ; « *La plus subtile folie se fait de la plus subtile sagesse* » (***Apologie [...]***, in **Essais**, II, 12) ; « [...] *ayant essayé par la cruauté d'aucuns Chrestiens qu'il n'y a point de beste au monde tant à craindre à l'homme que l'homme* » (**De la liberté de conscience**, in **Essais**, II, 19) ; « *Mon opinion est qu'il se faut prester à autruy et ne se donner qu'à soy-mesme* » (**De mesnager sa volonté**, in **Essais**, III, 10) ; « *La pluspart de nos vacations sont farcesques* [...]. *Il faut jouer dûment notre rosle, mais comme rosle d'un personnage emprunté* » *(ibid.)* ; « *La force de tout conseil gist au temps* » (**De la phisionomie**, in **Essais**, III, 12) ; « *La vraye liberté, c'est pouvoir toute chose sur soy* » *(ibid.)*. Si nombreuses et fermes soient-elles, ces formules n'ont pourtant guère de valeur définitive ou conclusive : pierres à marquer le chemin, elles servent plutôt de repères, comme les citations.

Le vocabulaire se veut simple et clair, mais la polysémie d'un grand nombre de termes importants (« *essai* », « *jugement* », « *fantasie* », « *vanité* », « *voix* », « *discours* », « *licence* ») est utilisée par Montaigne de façon subtile et ondoyante, comme s'il aimait l'instabilité d'un français non encore fixé par les grammaires et les dictionnaires, pour voyager dans les significations potentielles, obligeant sans cesse le lecteur à revenir en arrière pour saisir les effets d'ironie, d'ambiguïté et de paradoxe. Les figures, peu recherchées et souvent proches de la lexicalisation, sont ravivées par le contexte. À la fois guide et serviteur d'une langue souple, Montaigne rappelle volontiers qu'il improvise « *tardivement* » (**Du parler prompt ou tardif**, in **Essais**, I, 10), selon ce que l'usage du siècle a laissé à sa disposition en matière de mots et de textes. Le hasard de la « *rencontre* » qui engendre les essais doit plus à la Fortune qu'à la Providence, et le philosophe n'a pas besoin d'une théorie divine du langage. Il n'en énonce pas moins quelques principes conformes à la philosophie sceptique : l'idée d'une origine vraisemblablement naturelle, biologique et sociale du langage oral à partir du geste expressif, conformément à la doctrine épicurienne, complétée par un usage conventionnel des langues parlées et écrites, selon Aristote et les philosophes médiévaux. Cette coutume langagière se passe de grammairiens et de logiciens. Sceptique également est sa sémiotique, qui suppose une relation purement coutumière entre un signe et son sens. Montaigne se moque des termes techniques (« *métaphores* », « *métonymies* ») tout en pratiquant les figures qu'ils désignent. Il connaît bien la logique des modalités, en insistant particulièrement sur le possible et le contingent, qu'il module avec les formules empruntées à Sextus Empiricus et gravées sur les poutres de sa bibliothèque, comme « *cela peut estre et cela peut ne pas estre* ». Se défiant avant tout de l'affirmation péremptoire, il propose, dans une addition de 1588, la forme interrogative du « *Que sais-je ?* », qui suppose non seulement le doute mais encore l'attente d'une réponse dans une amorce de dialogue.

De la mise à l'Index à la consécration

Plus que tout autre auteur de son temps, Montaigne a intégré la réception de son œuvre au texte lui-même, anticipant les réactions de ses contemporains ou de ses futurs lecteurs, manifestant sa bienveillance à l'égard de leurs perplexités. Il les veut « *diligents* » et « *suffisants* », plus aptes que lui-même à découvrir des « *visages plus riches* ». Il avoue ne pas pouvoir leur garantir la vérité, seulement la « *bonne foy* » qui scelle le pacte de lecture.

Les **Essais** de 1580 ont été préférés à ceux de 1588, du moins en France, et la nature philosophique de l'essai n'a guère été perçue. Les premiers lecteurs ont critiqué une peinture de soi trop ostensible, un discours distendu, indépendant de la *copia* ; des sujets traités avec plus d'audace (l'amour et le mariage, la sorcellerie, la colonisation) rendaient le livre III potentiellement condamnable. Le style, mal adapté à une norme alors en train de s'établir, a été mal jugé, comme la langue, considérée comme trop singulière : Mlle de Gournay défendit son « père » dans une longue préface maladroite. L'édition de 1580 avait déplu à la curie romaine sur les points délicats du rôle de la fortune et du suicide, auxquels Montaigne, néanmoins, ne modifia rien. L'ouvrage ne fut mis à l'Index qu'en

1676, mais il y resta jusqu'à la disparition de cette institution en 1966.

Au XVIIe siècle, Bossuet reprocha à Montaigne l'attribution d'une âme aux animaux ; Pascal, dénonçant « *le sot projet* [...] *de se peindre* », et Malebranche — tout en le pillant — constatèrent la proximité de sa pensée et du libertinage érudit. Réemployés dans la *Sagesse* de Charron, les ***Essais*** devinrent méconnaissables, mais ils lui durent une partie de leur succès auprès des Libertins. En revanche, l'Angleterre leur réserva un très bon accueil, par la traduction précoce de Florio (1603), par la reprise, que fit Francis Bacon, du titre d'*Essay* et par l'intérêt de Locke. La faveur revint en France avec les Lumières — Voltaire saluant, contre Pascal, « *le beau projet* » qu'avait eu Montaigne de se peindre lui-même —, puis avec la nouvelle histoire littéraire qui, à la fin du XIXe siècle, consacra Montaigne parmi les plus grands.

Après une longue période passée surtout à comprendre l'élaboration des ***Essais*** (Pierre Villey) et la psychologie de l'auteur (Albert Thibaudet), les discussions sur l'interprétation ont repris autour d'un texte ouvert ou, au contraire, organisé selon des centres (Michel Butor), ou encore des nombres (Daniel Martin). La recherche des sources continue à être féconde, affinée par la critique génétique et l'étude des effets intertextuels (François Rigolot). L'ancrage historique (Géralde Nakam), le rapport avec les théories littéraires du temps — comme la rhétorique et la poétique —, avec le droit, avec l'histoire de la philosophie, sont constamment réévalués parallèlement à des préoccupations plus récentes sur la dimension psychanalytique ou l'émergence d'un sujet « romantique » avant l'heure. Les questions du fidéisme, du conservatisme religieux et du rôle de la censure raniment le débat où se déploie encore le zèle interprétatif, comme Montaigne l'avait prévu : « *Tu te joues souvent ; on estimera que tu dises à droit, ce que tu dis à feinte* » (***Sur des vers de Virgile***, in ***Essais***, III, 5).

ŒUVRE

Essais

Recueil de libres propos peu déterminés du point de vue de leur genre littéraire, en 2 puis en 3 livres — comprenant respectivement 57, 37 et 13 chapitres numérotés et titrés —, qui connut plusieurs éditions entre 1580 et 1595 (posth.), à Bordeaux puis à Paris. La 1re édition, qui ne comprenait que les livres I et II, fut publiée à Bordeaux, chez Simon Millanges, en 1580 ; une autre édition légèrement augmentée parut à Bordeaux en 1582, et fut réimprimée sans changement en 1587, à Paris. Augmentée d'un livre III et de nombreuses additions aux livres I et II, une nouvelle édition parut chez Abel l'Augelier, à Paris, en 1588. Enfin, ce dernier éditeur publia, en 1595, une version définitive et posthume en 3 livres, due à Mlle de Gournay et à Pierre de Brach, qui l'établirent d'après une copie de l'exemplaire manuscrit laissé par Montaigne.

Une lecture génétique exige que l'on distingue soigneusement les 3 principaux états du texte ; elle ne doit pas faire oublier, cependant, que l'état final est un texte continu, non seulement sans indication des strates de rédaction successives, mais sans ces marques de paragraphes introduites au siècle suivant.

Les ***Essais*** ont-ils été préparés par la traduction de la *Theologia naturalis* de Raymond Sebond — insérée dans les ***Essais*** (II, 12) sous le titre ***Apologie de Raimond Sebond*** ? Ce travail était une commande paternelle, et Montaigne semble l'avoir accompli par piété filiale. L'exercice de la traduction était naturellement préconisé par les pédagogues humanistes, mais le texte latin de Sebond n'avait rien pour réjouir un philologue. Ce théologien catalan du siècle précédent représentait un courant thomiste mêlé de lullisme et d'augustinisme, qui tentait la difficile et naïve démonstration de la vérité chrétienne par les beautés du monde et l'évidence de la Révélation. À l'origine, destiné à convaincre les infidèles et les hérétiques, ce livre pouvait être utile, selon Pierre Eyquem, pour convaincre aussi les luthériens. Montaigne exécuta sa tâche avec beaucoup de soin, adaptant au français les concepts scolastiques et donnant un caractère de prose littéraire à un original qui n'en avait guère. Les divergences par rapport à celui-ci peuvent être intentionnelles mais, comme on ne sait pas de quel texte latin Montaigne s'est servi — une source manuscrite non encore identifiée est possible —, elles doivent être interprétées avec prudence. La 1re partie, doctrinale et centrée sur l'anthropocentrisme, est restituée avec quelques réserves, peut-être ironiques ; dans la 2de, en revanche, Montaigne renchérit sur le pathétique de la Rédemption. Si Sebond est parfois utilisé dans les ***Essais*** — au début du chapitre ***De la gloire*** (II, 16) par exemple —, c'est moins pour son originalité que pour une banalité utile au lancement d'un chapitre. L'***Apologie de Raimond Sebond*** marque très nettement la distance maintenue par Montaigne à l'égard de son inspirateur obligé, et l'apologie se retourne en réquisitoire.

L'édition de 1580. Elle n'est composée que de 2 livres — comprenant 57 et 37 chapitres. Montaigne reconnut lui-même que les essais courts du livre I *« puent un peu à l'étranger »* (III, 5), autrement dit qu'ils empruntent à d'autres auteurs. Mais, même s'il fait penser à un montage habile d'opinions diverses, cet agencement laisse voir un principe de composition qui ne fut pas démenti par la suite : d'abord un processus de « décomposition » du sujet, consistant à lui donner divers éclairages selon les points de vue et les auteurs, puis une procédure de remembrement qui en elle-même porte un sens, lequel néanmoins n'est pas définitivement établi. C'est au lecteur de poursuivre une démarche de *« chasse »* et non de *« prise »* (III, 5). Le chapitre 29, au centre numérique du livre I, choisi pour cette raison, devait être constitué par le *Discours de la servitude volontaire* de La Boétie, puis, après sa publication par les protestants (1577), par les 29 sonnets du même auteur faisant suite à l'essai ***De l'amitié*** (I, 28). Les poèmes disparaissant également en 1588, le centre du livre se trouve symboliquement vide.

Cette édition ne comprend pas seulement des essais courts : la masse de l'***Apologie [...]*** (II, 12) montre que Montaigne sait aussi mener cette réflexion en mosaïque ou en *« marqueterie mal jointe »* sur un propos plus long, ce qui ne diminue en rien la perplexité éventuelle d'un lecteur en quête de système. Certains thèmes se retrouvèrent encore dans la dernière édition : diversité du monde et des opinions, puissance de la coutume, relativité et vanité de nos principes de vie. La philosophie développée par Montaigne semble avant tout concerner la morale, comme l'indiquent les titres souvent classiques de ce domaine : ***De la constance*** (I, 12), ***De l'aage*** (I, 57). Si les additions ultérieures infléchirent certains propos, pour les reformuler ou les anticiper, elles ne contribuèrent jamais à leur donner l'allure d'un traité. Au contraire, les ***Essais*** se firent de plus en plus « essais », au sens propre de *« tâtounements »* ouverts au doute et à l'expérience.

L'édition de 1588. Peut-être a-t-elle été stimulée par l'expiration du privilège royal accordé à l'éditeur bordelais Simon Millanges en 1580. Montaigne publia à Paris cet *« allongeail »*, précédé toutefois de deux autres éditions de moindre importance, l'une légèrement augmentée en 1582, l'autre identique à celle de 1582 en 1587. Le gros ouvrage de 1588 comprend 3 livres : le nombre des chapitres des 1er et 2e livres (57 et 37) n'a pas changé, même si le contenu en est expansé de l'intérieur par des additions ; le 3e livre comprend 13 chapitres de longueur plus équilibrée. Ils n'en sont pas pour autant plus aisés à comprendre : l'auteur reste fidèle à l'allure « rhapsodique » de sa manière comme à l'absence de conclusion. Il est certes significatif que le dernier essai s'intitule ***De l'experience***, thème en liaison étroite avec la philosophie de l'essai, que Montaigne a élaborée en cours de rédaction. Cette édition de 1588 laisse ensemble l'expérience de l'écriture et celle de la vie, tout en renchérissant sur la singularité et sur la médiocrité de leur matière.

Il est tentant de lire différemment les livres I et II d'une part, ensemble retouché et remembré, le livre III d'autre part, qui a l'apparence d'un « premier jet ». Or l'analyse minutieuse des essais retouchés et des essais continus n'autorise pas un tel partage : Montaigne savait écrire continûment dans la discontinuité et inversement. Il se défend bien d'avoir *« pourpensé »* tous les effets de sens, et pourtant, certains chapitres du premier état se voient notablement infléchis, comme l'essai ***Que philosopher c'est apprendre à mourir*** (I, 20), dont les retouches successives firent glisser le propos de plus en plus nettement vers un éloge de la volupté. Ces réévaluations furent encore plus manifestes dans les éditions ultérieures qui consacrèrent, comme le porte significativement le titre de l'essai ***Du repentir*** (III, 2), l'absence de *« repentir »*.

L'exemplaire de Bordeaux et l'édition posthume de 1595. En 1595 paraît l'édition posthume due à Marie de Gournay et à Pierre de Brach. Il est possible que Montaigne ait commencé à insérer de nouveaux ajouts à l'édition de 1588 avant même la publication de celle-ci. Si une publication posthume peut être *a priori* suspectée d'inauthenticité, le cas des ***Essais*** est compliqué par l'existence exceptionnelle d'un état antérieur, l'exemplaire dit *« de Bordeaux »*, retrouvé vers 1773 : cet exemplaire de l'édition de 1588 est annoté de la main même de Montaigne et révèle des centaines d'additions pour la plupart identiques à celles de 1595, avec leurs marques d'insertion. Des différences existent cependant. On constate en outre de nombreuses retouches sur ces additions manuscrites et, pour certains chapitres, une rectification systématique de la ponctuation de 1588. Selon André Tournon, celle-ci montre la recherche de l'*« énergie d'un langage coupé »* qui, par la répartition des virgules et des majuscules, provoque des effets de relance et tend à cerner au plus près une pensée en « essai ». L'exemplaire de Bordeaux serait le témoin matériel d'une philosophie du doute sans autre issue finale que la mort. Le mystère persiste sur l'identité du dernier retoucheur : s'agit-il de Montaigne lui-même, qui aurait mis au net une autre copie — perdue — destinée à l'imprimeur ? D'après Michel Simonin, la copie suivie par l'édition de 1595 serait un exemplaire antérieur à l'exemplaire de Bordeaux, authentique et respecté par les éditeurs.

Dans leurs différentes étapes de composition et de publication, qui nous sont partiellement révélées, les ***Essais*** sont l'objet idéal d'une approche génétique. Les études pionnières de Pierre Villey, dans la 1re moitié du XXe siècle, ont insisté sur l'élaboration de cette œuvre sans précédent et pourtant tellement tributaire d'un savoir classique patiemment accumulé et annoté. La reconstitution virtuelle de la bibliothèque de Montaigne rangée sur « *cinq degrés* » dans la célèbre « *librairie* » (III, 3) a été un travail considérable, encore poursuivi actuellement. On sait que les premières lectures — donc les premières annotations — ont dû être celles des écrits de Sénèque et de Plutarque, des historiens anciens — on a conservé un exemplaire d'un César annoté — et modernes — comme les *Annales d'Aquitaine* de Nicole Gilles lues vers 1565 — ; de compilateurs plus récents comme Conrad Lycosthenes, Pierre Messie, Antoine de Guevara ; Ovide et Virgile, pratiqués et admirés depuis le collège, ont sans doute précédé Lucain et Horace. Ces *marginalia* littéraires ont probablement été accompagnées de tâches plus professionnelles comme l'annotation du *Coutumier de Guyenne*, important pour le rapport des ***Essais*** avec la glose juridique de son temps et pour la réflexion fondamentale sur les notions de loi, de coutume et de cohésion sociale (André Tournon). L'humble travail de commentaire a été continué parallèlement à l'écriture des ***Essais***, ceux-ci se présentant souvent comme une reprise de sujets rebattus par d'autres, auxquels l'auteur s'essayait à son tour, non sans reconnaître ouvertement son infériorité par rapport à ses devanciers : « *À me reconnoistre, au prix de ces gens-là* [les auteurs anciens], *si foible et si chetif, si poisant et si endormy, je me fay pitié ou desdain à moy mesmes. Si me gratifie-je de cecy, que mes opinions ont cet honneur de rencontrer souvent aux leurs* [...]. *Aussi que j'ay cela, qu'un chacun n'a pas, de connoistre l'extreme difference d'entre eux et moy* » (***De l'institution des enfans***, I, 26). Historiens, philosophes, polygraphes et poètes fournirent la matière d'amorces diverses, d'exemples innombrables et de citations, une pratique de la *copia rerum* — syntagme qu'on peut approximativement traduire par « *richesse des idées* » ou par « *richesse de la matière* » — préconisée par Érasme et que Montaigne assuma par l'image explicite du tonneau des Danaïdes (Terence Cave) : « *Je n'ay dressé commerce avec aucun livre solide, sinon Plutarque et Seneque, où je puyse comme les Danaïdes, remplissant et versant sans cesse* » *(ibid.)*. Montaigne prétendait qu'il ne se souciait guère de leur être fidèle, son propos étant plutôt de les « *recoudre* » sur lui. L'appropriation du texte d'autrui est le mouvement inversé du commentaire. Cette relation féconde avec un texte autre, jamais interrompue, s'est combinée très tôt avec l'attitude distanciée de l'auteur envers son propre texte, comme si la relecture lui fournissait, à l'égal d'un auteur étranger, la matière à de nouveaux propos ou à leur rectification.

CITATIONS

C'est ici un livre de bonne foi, lecteur. Il t'avertit dès l'entrée que je ne me suis proposé aucune fin, que domestique et privée. Je n'y ai eu aucune considération de ton service ni de ma gloire.

Au lecteur, in *Essais*.

Certes, c'est un sujet merveilleusement vain, divers et ondoyant, que l'homme. Il est malaisé d'y fonder jugement constant et uniforme.

Essais, I, 1.

Le but de notre carrière, c'est la mort, c'est l'objet nécessaire de notre visée : si elle nous effraie, comment est-il possible d'aller un pas en avant sans fièvre ? Le remède du vulgaire, c'est de n'y penser pas.

Essais, I, 20.

Je voudrais qu'on fût soigneux de lui choisir un conducteur qui eût plutôt la tête bien faite que bien pleine et qu'on y requît tous les deux, mais plutôt les mœurs et l'entendement que la science.

Essais, I, 26.

Savoir par cœur n'est pas savoir : c'est tenir ce qu'on a donné en garde à sa mémoire.

Essais, I, 26.

La plus constante marque de la sagesse, c'est une constante réjouissance.

Essais, I, 26.

Si on me presse de dire pourquoi je l'aimais, je sens que cela ne se peut exprimer qu'en répondant : « *Parce que c'était lui, parce que c'était moi.* »

Essais, I, 28.

Le monde n'est que variété et dissemblance.

Essais, II, 1.

Mon métier et mon art, c'est vivre.

Essais, II, 6.

Notre parler a ses faiblesses et ses défauts, comme tout le reste. La plupart des occasions des troubles du monde sont grammairiennes.

Essais, II, 12.

On peut faire le sot partout ailleurs mais non en la Poésie.

Essais, II, 17.

J'aime à ne savoir pas le compte de ce que j'ai, pour sentir moins exactement ma perte.

Essais, II, 17.

Le monde n'est qu'une branloire perenne.

Essais, III, 2.

Je ne peins pas l'être. Je peins le passage : non un passage d'âge en autre, ou, comme dit le peuple, de sept en sept ans, mais de jour en jour, de minute en minute.

Essais, III, 2.

Les plus belles âmes sont celles qui ont plus de variété et de souplesse.

Essais, III, 3.

Je ne voyage sans livres ni en paix ni en guerre [...] C'est la meilleure munition que j'aie trouvé à cet humain voyage.

Essais, III, 3.

Les femmes n'ont pas tort du tout quand elles refusent les règles de vie qui sont introduites au monde, d'autant que ce sont les hommes qui les ont faites sans elles.

Essais, III, 5.

Ceux qui veulent combattre l'usage par la grammaire se moquent.

Essais, III, 5.

Il devrait y avoir quelque coercition des lois contre les écrivains ineptes et inutiles, comme il y en a contre les vagabonds et fainéants.

Essais, III, 9.

J'estime tous les hommes mes compatriotes et embrasse un Polonais comme un Français, postposant cette liaison nationale à l'universelle et commune.

Essais, III, 9.

Tout ce qui branle ne tombe pas.

Essais, III, 9.

J'aime l'allure poétique, à sauts et à gambades.

Essais, III, 9.

Mon opinion est qu'il se faut prêter à autrui et ne se donner qu'à soi-même.

Essais, III, 10.

Pour moi donc, j'aime la vie et la cultive telle qu'il a plu à Dieu nous l'octroyer.

Essais, III, 13.

Nature est un doux guide, mais non pas plus doux que prudent et juste.

Essais, III, 13.

JUGEMENTS

« *C'est un homme qui pense véritablement, non pour les autres, mais pour lui-même, et qui fait l'inventaire de ses pensées, qui les pèse, qui les étire, qui les passe au feu de la critique, sans égards, sans respect. C'est quand on le suit qu'on saisit bien ce qu'il faut de force humaine pour douter. Douter est un travail de force, comme forger.* »

ALAIN, *Propos*, t. I, 8 juin 1912, Gallimard, 1920.

« *Montaigne : une vie glissante, sombre et muette.* »

Albert CAMUS, *Carnets*, t. II, mars 1942, Gallimard, 1964.

« *Quand on réduit Montaigne à quelque innocent scepticisme, on veut le plus souvent émasculer un dangereux libertin.* »

ÉTIEMBLE, *Mes Contre-Poisons*, Gallimard, 1974.

« [...] *c'est là mon homme. En littérature, en gastronomie il est certains fruits qu'on mange à pleine bouche, dont on a le gosier plein et si succulents que le jus vous entre jusqu'au cœur. Celui-là en est un des plus exquis.*

[...]

C'est une bonne causerie le soir avant de s'endormir.

[...]

Je ne connais pas de livre plus calme et qui vous dispose à plus de sérénité ! Comme cela est sain et piété *!*

[...]

C'est singulier comme je suis plein de ce bonhomme-là ! [...] *Nous avons mêmes goûts, mêmes opinions, mêmes manières de vivre, mêmes manies.* »

Gustave FLAUBERT, *Correspondance*, 11 octobre 1839, 23 février 1853, 26 avril 1853 et 28 octobre 1853.

« *Montaigne lui-même se donne volontiers l'air d'avoir mauvaise mémoire. Il s'applique à faire figure de dilettante qui feuillette au petit bonheur les livres de sa bibliothèque et note ou oublie selon son caprice ses trouvailles de hasard. Mais cette attitude (par laquelle il se défend en homme du monde du soupçon de pédantisme), non plus que le désordre avec lequel il déverse tout ce qu'il a de culture, ne peuvent faire illusion : il est versé à fond dans la tradition littéraire. Il va chercher la citation convenable, l'exemple approprié, avec une sûreté qui n'appartient qu'au fin lettré.* »

Hugo FRIEDRICH, *Montaigne*, trad. franç. Robert ROVINI, Gallimard, 1968.

« *Montaigne est d'abord un homme à l'écoute de son corps, et le "récit" qu'il nous donne de sa vie intérieure manquerait d'épaisseur, et sans doute de vérité, s'il n'était, dans son langage même, dicté par une présence physique. »*

Gérard GENETTE, « Montaigne bergsonien », in *Figures I*, Seuil, 1966.

*« On a surfait même Montaigne ; il n'est pas toujours savoureux. Je remarque qu'il ne l'est jamais plus que lorsqu'il se lâche la bride, jamais moins que lorsqu'il se concerte et conduit. L'*Apologie *si fameuse de Raymond de Sebond est presque vide de traits plaisants. Ce n'est pas sans obstination que je vins à bout de la lire.* [...] *Le souci de composer ce chapitre l'a gêné. »*

André GIDE, *Feuillets*, in *Journal*, Gallimard, 1939.

« Montaigne fait oublier l'ennui ; il ne consolerait pas d'un chagrin. [...] *Il peut être d'une frivolité charmante qui se mue en mélancolie. Lorsqu'il fait le héros en chambre, ce qui lui arrive, il est assez comique. »*

Julien GREEN, *Journal*, 10 mai 1951, Plon, 1957.

« Toujours surpris de voir à quel point la langue de Montaigne est restée jeune*, alors que le* XIX*e siècle et le début du* XX*e nous donnent tant d'exemples de style vieillot. »*

Julien GREEN, *L'Arc-en-ciel*, Seuil, 1988.

« Montaigne, à le prendre dans l'idée banale qu'on s'en fait couramment, est un nonchalant qui couche toutes ses fantaisies par écrit, comme elles lui viennent. Ses Essais *sont la causerie abandonnée d'un charmant esprit vif et paresseux, qui aime le jeu et fuit l'effort* [...].
C'est là le Montaigne de la légende, à placer entre l'ivrogne Rabelais et le bonasse et sensible Henri IV. Ce n'est pas le vrai Montaigne. Sans parler de l'effort sérieux, puissant de pensées que la richesse et la profondeur des Essais *révèlent — on ne va pas si loin en s'amusant, sans le vouloir —, le style n'est pas une causerie négligemment improvisée. Les négligences sont voulues, du moins acceptées avec réflexion. Montaigne a choisi sa forme. Il l'a corrigée. On a montré qu'il avait fait, d'une édition à l'autre, non pas seulement des rectifications d'idées, mais souvent de pures corrections de style, c'est-à-dire des retouches d'artiste. Il s'était donné un idéal de style, qu'il a tâché, avec réflexion et avec énergie, de réaliser. »*

Gustave LANSON, « L'Art de "se dire" », in *L'Art de la prose*, Nizet, 1908.

« Il y a un art de la citation, et chez nous Montaigne semble le posséder au suprême degré : cela se reconnaît au fait qu'on n'en voudrait supprimer aucune, à tel point que texte et citations se commentent et s'éclairent mutuellement, et s'additionnent. »

Valery LARBAUD, « Technique », in *Sous l'invocation de saint Jérôme*, Gallimard, 1946.

« [...] *depuis que j'ai fait la connaissance de cette âme libre et forte entre toutes, je me sens obligé de dire ce qu'il dit lui-même de Plutarque :* "Je ne le puis racointer *[revoir]* que je n'en tire cuisse ou aile. C'est à lui que je m'attacherais si l'on me donnait pour tâche de faire de cette terre un chez-soi." »

Friedrich NIETZSCHE, « Schopenhauer éducateur », in *Considérations inactuelles*, 1873 à 1876.

« Les défauts de Montaigne sont grands. Mots lascifs : cela ne vaut rien, malgré Mademoiselle de Gournay.
[...]
Le sot projet qu'il a de se peindre ! Et cela non pas en passant et contre ses maximes, comme il arrive à tout le monde de faillir, mais par ses propres maximes et par un dessein premier et principal. Car, de dire des sottises par hasard et par faiblesse, c'est un mal ordinaire. Mais d'en dire par dessein, c'est ce qui n'est pas supportable. Et d'en dire de telles que celles-ci... »

Blaise PASCAL, *Pensées*, fragments 559 et 644, 1658 à 1662, éd. Philippe SELLIER, Garnier, 1993.

« Je fais la même entreprise que Montagne [sic] *mais avec un but tout contraire au sien : car il n'écrivait ses essais que pour les autres, et je n'écris mes rêveries que pour moi. »*

Jean-Jacques ROUSSEAU, *Rêveries du promeneur solitaire*, I, 1776-1777.

« J'avais toujours ri de la fausse naïveté de Montagne [sic] *qui faisant semblant d'avouer ses défauts a grand soin de ne s'en donner que d'aimables* [...]. »

Jean-Jacques ROUSSEAU, *Les Confessions*, II, x, 1788.

« Montaigne ne renonce pas à l'identité. Mais il a découvert qu'il ne peut y accéder directement. Au lieu de l'unité, il a rencontré la fragmentation. Il faut s'y prendre autrement. Et cette autre approche [...] *est celle qui passe par l'acte d'écrire, par l'acte de "mettre en rolle". »*

Jean STAROBINSKI, *Montaigne en mouvement*, Gallimard, 1982.

« Montaigne fait de l'art pour l'art, de la morale pour la morale ; il ne cherche à persuader personne ; c'est un simple curieux lâché dans les champs de l'observation et de la philosophie.
[...] *il est si heureux de ne croire à rien qu'on finit par tenter ce bonheur de la certitude dans l'incertitude.* [...] *J'accuse hautement Montaigne de voler les cœurs. Je vois en lui le sceptique le plus à craindre, car il est le sceptique le mieux portant et le plus allègre. »*

Émile ZOLA, *Mes Haines*, 1866.

BIBLIOGRAPHIE

Éditions

Œuvres complètes, éd. A. ARMAINGAUD, Conard, 1924 à 1941 [la seule actuellement à donner la traduction de la *Théologie naturelle*] ; éd. A. THIBAUDET et M. RAT, « Pléiade », Gallimard, 1962, nouv. éd. en cours, par J. CÉARD et M. SIMONIN [texte de 1595 pour les *Essais*] ; éd. R. BARRAL et P. MICHEL, « L'Intégrale », Seuil, 1967 [n'indique pas les différentes strates].

Éphéméride de Beuther, reproduction et notes par J. MARCHAND, Paris, 1948.

Essais, reproduction de l'exemplaire de Bordeaux, Paris, 1912, rééd. Slatkine, Genève (CH), 1988 ; reproduction de l'édition de 1580, préface D. MARTIN, rééd. Slatkine, Genève (CH), 1976 ; éd. F. STROWSKI *et alii*, Bordeaux, 1906 à 1933 ; éd. P. VILLEY et V.-L. SAULNIER, PUF, 1965, rééd. 1988 ; nouv. éd. en cours par Fr. RIGOLOT ; éd. A. LANLY, trad. en français moderne, Champion, 1989 ; éd. A. TOURNON, « La Salamandre », Imprimerie nationale, 1998, 3 vol.

Nombreuses éditions en collections de poche.

Journal de voyage, éd. P. MICHEL, « LdP », LGF, 1974 ; éd. F. GARAVINI, J. BORIE, « Folio », 1983 ; éd. Fr. RIGOLOT, PUF, 1992.

Études

R. AULOTTE, *Montaigne, « Essais »*, « Qsj ? », PUF, 1988.

M. BARAZ, *L'Être et la Connaissance selon Montaigne*, Corti, 1968.

M. BEAUJOUR, *Miroirs d'encre : rhétorique de l'autoportrait*, Seuil, 1980.

Y. BELLENGER, *Montaigne : une fête pour l'esprit*, Balland, 1988.

E. BENSON, *Money and Magic in Montaigne : the Historicity of the « Essais »*, Droz, Genève (CH), 1996.

Cl. BLUM (dir.), *Montaigne et l'Accomplissement des « Essais »*, Champion, 1989 ; *Montaigne. « Apologie de Raymond Sebond ». De la* Theologia *à la* Théologie, Champion, 1990.

P. BONNET, *Bibliographie méthodique et analytique des ouvrages et documents relatifs à Montaigne jusqu'en 1975*, Slatkine, Genève (CH), 1983 ; *Bibliographie annotée des ouvrages relatifs à Montaigne, publiés entre 1976 et 1985*, Slatkine, Genève (CH), 1990.

Fr. BRAHAMI, *Le Scepticisme de Montaigne*, PUF, 1997.

J. BRODY, *Lectures de Montaigne*, French Forum, Lexington (US), 1982 ; *Nouvelles Lectures de Montaigne*, Champion, 1994.

Ch. BROUSSEAU-BEUERMANN, *La Copie de Montaigne. Étude sur les citations dans les « Essais »*, Champion, 1989.

L. BRUNSCHVICG, *Descartes et Pascal lecteurs de Montaigne*, La Baconnière, Neuchâtel (CH), 1942.

M. BUTOR, *Essai sur les « Essais »*, Gallimard, 1968.

J. CASALS PONS, *La filosofia de Montaigne*, Facultat de Llettres, Universitat autonoma de Barcelona, Bellaterra (ES), 1985.

T. CAVE, *The Cornucopian Text. Problems of Writing in the French Renaissance*, Clarendon Press, Oxford (GB), 1979, trad. franç. G. MOREL, sous le titre *Cornucopia. Figures de l'abondance au XVIe siècle : Érasme, Rabelais, Ronsard, Montaigne*, « Argô », Macula, Le Plessis-du-Mée (Yonne), 1997.

H.P. CLIVE, *Bibliographie annotée des « Essais » de Montaigne*, rééd. Slatkine, Genève (CH), 1990.

A. COMPAGNON, *La Seconde Main, ou le Travail de la citation*, Seuil, 1979 ; *Nous, Michel de Montaigne*, Seuil, 1980.

A. COMPAROT, *Amour et Vérité : Sebond, Vivès et Michel de Montaigne*, Klincksieck, 1983.

A. COMTE-SPONVILLE (dir.), *Montaigne philosophe*, in *Revue internationale de philosophie*, vol. 46, n° 181, 2/1992 ; *Je ne suis pas philosophe*, Champion, 1993.

M. CONCHE, *Montaigne*, Éd. de Mégare, Treffort-Cuisiat (Ain), 1991 ; *Montaigne et la Philosophie*, PUF, 1996.

B. CROQUETTE, *Étude du Livre III des « Essais » de Montaigne*, Champion, 1985.

N. DAUVOIS, *Prose et Poésie dans les « Essais » de Montaigne*, Champion, 1997.

G. DEFAUX, *Marot, Rabelais, Montaigne : l'écriture comme présence*, Champion, 1987.

Y. DELÈGUE, *Montaigne et la Mauvaise Foi*, Champion, 1998.

M.-L. DEMONET, *Michel de Montaigne. Les « Essais »*, « Études littéraires », PUF, 1985 ; *id.* et A. TOURNON (dir.), « Montaigne et le Nouveau Monde », in *Bulletin de la Société internationale des amis de Montaigne*, 1992.

Abbé M. DRÉANO, *La Religion de Montaigne*, Nizet, 1969.

Cl.-G. DUBOIS (dir.), *Montaigne et l'Histoire*, Klincksieck, 1991 ; *id.* (dir.), « Montaigne et l'Europe », in *Bulletin de la Société internationale des amis de Montaigne*, 1993.

H.-H. EHRLICH, *Montaigne, la Critique et le Langage*, Klincksieck, 1972.

D.M. FRAME, *Montaigne, une vie, une œuvre*, trad. franç. J.-Cl. ARNOULD *et alii*, Champion, 1992.

H. FRIEDRICH, *Montaigne*, 1949, trad. franç. R. ROVINI, Gallimard, 1968.

M. FUMAROLI, *La Diplomatie de l'esprit*, Hermann, 1998.

A. GALLET, *Le Tour secret de Montaigne*, W. Blake & Cie, Bordeaux, 1996.

F. GARAVINI, *Itinéraires à Montaigne. Jeux de texte*, 1983, Champion, 1995 ; *Monstres et Chimères : Montaigne, le Texte et le Fantasme*, 1991, Champion, 1993.

A. GLAUSER, *Montaigne paradoxal*, Nizet, 1972.

Th. GONTIER, *De l'homme à l'animal*, Vrin, 1998.

Fl. GRAY, *Le Style de Montaigne*, Nizet, 1958, rééd. 1992 ; *Montaigne bilingue*, Champion, 1991.

M. JEANNERET, *Perpetuum mobile*, Macula, Le Plessis-du-Mée (Yonne), 1997.

Fr. JEANSON, *Montaigne*, « Écrivains de toujours », Seuil, 1951, rééd. 1994.

Fr. JOUKOVSKY, *Montaigne et le Problème du temps*, Nizet, 1972.

I. KONSTANTINOVIC, *Montaigne et Plutarque*, Droz, Genève (CH), 1989.

E. KUSHNER (dir.), *La Problématique du sujet chez Montaigne*, Champion, 1995.

Éd. LABLEUIL, *Essais sur Montaigne*, CDU/SEDES, 1968.

R. LA CHARITÉ, *The Concept of Judgment in Montaigne*, Nijhoff, La Haye (NL), 1968.

J. LACOUTURE, *Montaigne à cheval*, Seuil, 1996.

M. LAVAGETTO, *La Cicatrice de Montaigne*, L'Arpenteur, 1997.

M. LAZARD, *Montaigne*, Fayard, 1992.

R.E. LEAKE, *Concordance des « Essais »*, Droz, Genève (CH), 1981.

I. MACLEAN, *Montaigne philosophe*, PUF, 1996.

E. MARCU, *Répertoire des idées de Montaigne*, Droz, Genève (CH), 1965.

D. MARTIN, *Le Triptyque des « Essais » de Montaigne*, Nizet, 1996 ; *Montaigne et son cheval*, Nizet, 1998.

G. MATTHIEU-CASTELLANI, *Montaigne. L'Écriture de l'essai*, PUF, 1988.

M. MCGOWAN, *Montaigne's Deceits : The Art of Persuasion in the « Essais »*, Temple U.P., Philadelphie (US), 1974.

M. MCKINLEY, *Words in a Corner, Studies in Montaigne's Latin Quotations*, French Forum, Lexington (US), 1981 ; *Les Terrains vagues des « Essais »*, Champion, 1996.

M. MERLEAU-PONTY, « Lecture de Montaigne », in *Les Temps modernes*, déc. 1947, repris in *Signes*, Gallimard, 1960.

M. METSCHIES, *La Citation et l'Art de citer dans les « Essais » de Montaigne*, Champion, 1997.

O. MILLET, *La Première Réception des « Essais » de Montaigne (1580-1640)*, Champion, 1995.

G. NAKAM, *Montaigne et son temps : les événements et les « Essais »*, Nizet, 1982, rééd. « Tel », Gallimard, 1993 ; *Les « Essais » de Montaigne, miroir et procès de leur temps : témoignage historique et création littéraire*, Nizet, 1984 ; *Montaigne, la Manière et la Matière*, Klincksieck, 1992.

J. O'BRIEN (dir.), *Montaigne et la Rhétorique*, Champion, 1995.

L. PIROUX, *Le Livre en trompe-l'œil*, Kimé, 1998.

J. PLATTARD, *Montaigne et son temps*, Boivin, 1933, rééd. Slatkine, Genève (CH), 1972.

O. POT, *L'Inquiétante Étrangeté. Montaigne : la Pierre, le Cannibale, la Mélancolie*, Champion, 1993.

J.-Y. POUILLOUX, *Lire les « Essais » de Montaigne*, Maspéro, 1969 ; *Montaigne. Que sais-je ?*, « Découvertes », Gallimard, 1988 ; *Montaigne. L'Éveil de la pensée*, Champion, 1995.

R. REGOSIN, *The Matter of my Book : Montaigne's « Essais » as the Book of the Self*, University of Berkeley (US), 1977.

S. RENDALL, *Distingo : Reading Montaigne Differently*, Oxford U.P., Oxford (GB), 1992.

Fr. RIGOLOT, *Les Métamorphoses de Montaigne*, PUF, 1988.

R.A. SAYCE, *The « Essays » of Montaigne : a Critical Exploration*, Weidenfeld, Londres (GB), 1972 ; *id.* et D. MASKELL, *A Descriptive Bibliography of Montaigne's « Essais », 1580-1700*, Londres (GB), 1983.

D.L. SCHAEFFER, *The Political Philosophy of Montaigne*, Cornell U.P., Ithaca and London (GB), 1990.

M.A. SCREECH, *Montaigne and Melancholy : The Wisdom of the « Essays »*, Duckworth, Londres (GB), 1983, trad. franç. F. BOURGNE, PUF, 1992.

M.C. SMITH, *Montaigne and Religious Freedom : The Dawn of Pluralism*, Droz, Genève (CH), 1991.

J. STAROBINSKI, *Montaigne en mouvement*, Gallimard, 1982, rééd. 1993.

J. SUPPLE, *Arms versus Letters : the Military and Literary Ideals in the « Essais » of Montaigne*, Clarendon Press, Oxford (GB), 1984.

A. THIBAUDET, *Montaigne*, Gallimard, 1963.

A. TOURNON, *Montaigne, la Glose et l'Essai*, P.U. Lyon, 1983 ; *Montaigne*, « En toutes lettres », Bordas, 1989.

R. TRINQUET, *La Jeunesse de Montaigne*, Nizet, 1972.

P. VILLEY, *Les Sources et l'Évolution des « Essais » de Montaigne*, Hachette, 1933.

H. VINCENT, *Vérité du scepticisme chez Montaigne*, L'Harmattan, 1998.

E. WERNER, *Montaigne stratège*, L'Âge d'homme, Lausanne (CH), 1996.

S. ZWEIG, *Montaigne*, trad. franç. J.-J. LAFAYE, PUF, 1982, rééd. « Quadrige », PUF, 1992.

Montaigne : Essays in Reading, Yale French Studies (US), n° 64, 1983.

Montaigne et l'Italie, actes du colloque de Milan-Lecco, 1988, Slatkine, Genève (CH), 1991.

La Rhétorique de Montaigne, Slatkine, Genève (CH), 1985.

Carrefour Montaigne, ETS, Pise (IT), 1992.

Montaigne. Le Parcours des « Essais », Aux amateurs de livres, 1989.

« Montaigne. Les Derniers Essais », in *Cahiers Textuel*, n° 34/44, 1986.

« Montaigne/Jean Tortel », in *Europe*, nos 729-730, janv.-févr. 1990.

Œuvres et Critiques, Montaigne, 1983.

Montaigne : Espace, Voyage, Écriture, Champion, 1995.

AUDIO & VIDÉO

CD-ROM

Cl. BLUM, *Corpus des Œuvres complètes de Montaigne*, Bibliopolis/Champion, 1997.

Encyclopédie de la littérature française, Bibliopolis, 1998.

MONTESQUIEU

MONTESQUIEU

Charles-Louis de SECONDAT, baron de LA BRÈDE et de MONTESQUIEU

La Brède (près de Bordeaux, act. Gironde), 1689 – Paris 1755

Académicien

« Lu du Montesquieu. Quel coup d'œil rapide et profond ! Tout ce qu'il dit dans les plus petites choses se vérifie tous les jours. »

Benjamin CONSTANT, *Journal intime*, 28 janvier 1804.

« Montesquieu flatte les tyrans ; c'est pour cela que le vulgaire le loue. »

STENDHAL, *Correspondance*, août 1804.

Un grand seigneur curieux de tout

Le Persan de la Régence

Très attaché à sa Guyenne natale, Montesquieu, orphelin de mère dès l'âge de 7 ans (1696), aurait pu se contenter d'une confortable carrière de notable provincial, avec les revenus de son vignoble — auquel il s'intéressa toujours — pour l'indépendance matérielle, un mariage avec la protestante Jeanne de Lartigue, en 1715, pour la sécurité domestique, une charge de président à mortier au parlement de Bordeaux, ainsi que le titre de baron de Montesquieu — que ce jeune avocat licencié en droit en 1708 et conseiller au parlement de Bordeaux depuis 1714 hérita de son oncle en 1716 —, pour le prestige social, enfin l'académie de Bordeaux — où il entra en 1716 — pour les loisirs intellectuels, auxquels le prédisposaient de solides études effectuées chez les oratoriens de Juilly entre 1700 et 1705. Mais cet esprit curieux et sérieux vécut intensément l'effervescence et les désillusions de la Régence qui succédèrent aux années sombres du « Grand Siècle ». Peu de temps après la mort de son père (1713), il effectua ses premiers travaux, non publiés : un essai — perdu — intitulé ***De la damnation éternelle des païens***, un ***Mémoire sur les dettes de l'État***, une ***Dissertation sur la politique des Romains dans la religion***, lue à l'académie de Bordeaux en 1716 — l'année même où naquit son fils aîné, prénommé Jean-Baptiste —, et un ***Projet d'une histoire physique de la terre ancienne et moderne***. Ces textes montraient déjà que ce jeune homme pourtant fortuné, père, en 1717, d'un second enfant, Marie-Catherine, ne se bornait pas à des curiosités anodines. De fait, ses travaux portèrent, dès cette époque, sur l'écho ou la transparence des corps (1718), sur l'éclair et le tonnerre ou encore l'aiguille aimantée (1724). En 1721, Montesquieu exerça ce non-conformisme aux dépens de la société française contemporaine en s'abritant derrière le regard faussement naïf de deux voyageurs persans : double dépaysement des mœurs orientales et de la soudaine étrangeté des choses familières ; bilan ironique des petites et grandes questions qui travaillaient un monde en crise.

Le succès des ***Lettres persanes*** ouvrit à leur auteur, avec Paris, la Cour et la plus haute aristocratie, le salon néo-précieux de Mme de Lambert, laquelle, puissamment influente, fit entrer Montesquieu à l'Académie française en janvier 1728, malgré les réticences de Louis XV et du cardinal de Fleury, choqués par la frivolité des ***Lettres persanes***, qui égratignaient l'Académie française elle-même. Après s'être partagé entre la sensualité du ***Temple de Gnide*** (1725), la curiosité historique du ***Dialogue de Sylla et d'Eucrate*** (vers 1725, mais publié seulement en 1745), et la gravité stoïcienne d'un ***Traité général des devoirs*** (1725), dont seuls des fragments ont été conservés, ce ne fut pas pour se perdre en mondanités que Montesquieu renonça, en 1726, à sa charge de président à mortier : d'autres horizons l'attiraient.

À la découverte de l'Europe

Pendant trois ans (d'avril 1728 à mai 1731), le président de Montesquieu — devenu depuis 1727 père d'un troisième enfant, Denise, qui fut plus tard son *« petit secrétaire »* — s'offrit un « grand tour » à l'anglaise à travers l'Europe : de Vienne et de la Hongrie à Venise, Turin, Gênes, Florence, Rome — où il séjourna six mois — Naples, Rome encore, Bologne, puis Munich, Francfort, Brunswick, Utrecht, Amsterdam, La Haye, Londres enfin, pour dix-huit mois. Ce qui subsiste de ses notes de voyage confirme un esprit universellement curieux : systèmes politiques et conditions économiques, diplomatie et puissance militaire, religion — et superstitions, comme le miracle de saint Janvier à Naples —, mœurs, spectacles, vie intellectuelle, architecture et beaux-arts — auxquels il s'initia méthodiquement en Italie —, rien ne le laissait indifférent et, comme naguère son Persan, il aurait pu dire : *« Tout m'intéresse, tout m'étonne. »* Sans doute songeait-il alors à une carrière diplomatique en vue de laquelle il lui fallait découvrir les grandes villes européennes et s'en faire connaître. Mais, déçu dans ses offres de service que le ministère laissa sans suite, il trouva vite un autre emploi à ce savoir vivant.

L'histoire romaine revisitée

Quelques années de retraite studieuse en Guyenne (1731 à 1734) succédèrent à cette agitation prometteuse : « *L'étude a été pour moi le souverain remède contre les dégoûts de la vie, n'ayant jamais eu de chagrin qu'une heure de lecture ne m'ait ôté* » ***(Mes Pensées)***. En effet, tout en maintenant, dans son ***Histoire véritable*** (écrite entre 1731 et 1738, publiée seulement en 1892) la veine exotique, galante et voluptueuse des ***Lettres persanes*** et du ***Temple de Gnide***, Montesquieu, au retour de son voyage en Europe, devint vraiment le penseur réfléchi, sérieux, sinon grave, sous les traits duquel la postérité l'a depuis lors fixé. Lorsqu'il revint à La Brède, Montesquieu s'employa à mettre de l'ordre dans ses observations sur les mines de Hongrie, la sobriété des Romains modernes, l'art gothique, à ébaucher un ***Essai sur les causes qui peuvent affecter les esprits et les caractères*** — qu'il ne livra pas à l'imprimeur —, et projeta une ***Histoire de la jalousie***. Surtout, il rédigea une analyse de la Constitution anglaise qui devint le célèbre chapitre 6 du livre XI de ***L'Esprit des lois***, et prépara la publication de deux ouvrages intimement liés l'un à l'autre comme au texte précédent, les ***Réflexions sur la monarchie universelle en Europe*** — qu'il retira de la vente, par prudence, à peine imprimées — et les ***Considérations sur les causes de la grandeur des Romains et de leur décadence*** (1734). Ces dernières constituent une lecture de l'histoire romaine où le déclin tient plus de place que la grandeur, ainsi qu'une méditation sur la causalité historique : images d'une Rome revisitée à la double lumière de la liberté anglaise et du tort fait à la France de Louis XIV par l'esprit de conquête. Sur le moment, ces ***Considérations sur*** [les] ***Romains*** furent fraîchement accueillies : on alla même jusqu'à parler, à leur propos de la décadence de Montesquieu lui-même. On y trouve pourtant déjà exprimé l'essentiel de la philosophie de l'Histoire, que Montesquieu développa par la suite dans ***De l'esprit des lois*** : « *Ce n'est pas la fortune qui domine le monde* [...]. *Il y a des causes générales, soit morales, soit physiques, qui agissent dans chaque monarchie, l'élèvent, la maintiennent, ou la précipitent ; tous les accidents sont soumis à des causes.* »

Expliquer la raison des choses

Les quinze années suivantes (1734 à 1748) furent harmonieusement partagées entre Paris et la Guyenne. Montesquieu participa aux travaux de l'Académie française, sans négliger ses collègues de l'académie de Bordeaux. Il fréquenta les salons parisiens, notamment celui de Mme de Tencin, mais s'occupa aussi à établir ses enfants, à embellir La Brède et à agrandir ses propriétés. En 1745 parut un ***Dialogue de Sylla et d'Eucrate***, composé vingt ans auparavant, où le Romain n'apparaît justement pas comme un « *eucrate* », un bon gouvernant. Élu à l'Académie royale de Prusse en 1747, Montesquieu rendit visite, à Lunéville, au roi Stanislas Leszczyński. Il travailla aussi beaucoup, rangea dans ses dossiers un conte, ***Arsace et Isménie***, qui ne fut publié qu'en 1783, enrichit les cahiers où il consigna sans interruption, de 1720 à sa mort, notes de lecture, observations, anecdotes, réflexions, projets littéraires et historiques — publication posthume sous le titre ***Mes Pensées*** et ***Le Spicilège*** —, dont certains passages offrent sur sa personnalité et sur son tempérament un éclairage intéressant : « *Si je savais quelque chose qui me fût utile, et qui fût préjudiciable à ma famille, je la rejetterais de mon esprit. Si je savais quelque chose utile à ma famille, et qui ne le fût pas à ma patrie, je chercherais à l'oublier. Si je savais quelque chose utile à ma patrie, et qui fût préjudiciable à l'Europe, ou bien qui fût utile à l'Europe et préjudiciable au genre humain, je la regarderais comme un crime* » ***(Mes Pensées)***. Sa vocation d'historien semblait en effet se confirmer : il écrivit une ***Histoire de Louis XI*** (perdue), entreprit une ***Histoire de France*** dont il subsiste des fragments. Mais il était moins historien que philosophe de l'Histoire et, de plus en plus, il fut accaparé par la rédaction et la mise au net de son œuvre maîtresse, ***De l'esprit des lois***. L'ouvrage est une dénonciation, tantôt véhémente, tantôt ironique, toujours ferme et argumentée, du despotisme, du fanatisme et de toutes les pratiques qui violent les droits de la nature humaine, enrichie d'une réflexion intense et profonde sur les conditions concrètes de la liberté : aussi Montesquieu le fit-il paraître prudemment à Genève et sans nom d'auteur, en octobre 1748. Jusqu'à la dernière minute, il corrigea, remania et même censura ces deux volumes car, à la veille de la publication, il s'était résolu à atténuer quelques passages trop audacieux.

Toutes ces précautions n'évitèrent pas à l'historien-philosophe de se trouver pris dans une controverse qui annonçait la bataille de l'*Encyclopédie* et qui occupa ses ultimes années (1749 à 1755). Jésuites et jansénistes — les premiers en termes feutrés, les seconds avec virulence — reprochèrent en effet à l'auteur de ***L'Esprit des lois*** ses critiques de l'Église, son parti pris de traiter du fait religieux sous le seul angle politique, ses tendances au déisme et à la pure « religion naturelle », ainsi qu'au « spinosisme ». En vain Montesquieu se défendit-il par les démarches discrètes de ses amis et par une contre-attaque, la ***Défense de « L'Esprit des lois »*** (1750) : « *Il est très difficile de faire un bon ouvrage, et très aisé de le critiquer, parce que l'auteur a eu tous les défilés à garder, et que le critique n'en a qu'un à forcer.* » Il vit aussi intervenir en sa faveur, sans les avoir sollicités, des alliés encombrants, tels Voltaire, le déiste, ou La Beaumelle, le huguenot. En 1751, ***L'Esprit des lois*** fut mis à l'Index, et la Sorbonne (la faculté de théologie) en fit extraire, en 1752 et 1754, 17 propositions qu'elle condamna. S'évertuant, sans se renier, à apaiser ses puissants adversaires, Montesquieu craignit un moment d'être forcé à l'exil : il n'en choisit pas moins son camp en acceptant de collaborer symboliquement à l'*Encyclopédie* à laquelle il avait promis l'article ***Goût*** — paru en 1757, après sa mort, et devenu l'***Essai sur le goût***.

Affaibli, presque aveugle, Montesquieu mourut « *d'une fièvre chaude* » le 10 février 1755, alors qu'il préparait une édition revue et corrigée de ***L'Esprit des lois***, qui parut à titre posthume en 1757 et fut reprise l'année suivante dans la 1re édition de ses ***Œuvres*** (Amsterdam, posth., 1758, 3 vol.). Diderot fut le seul homme de lettres parisien à suivre le cercueil de celui que la Sorbonne avait condamné comme « *mauvais citoyen, ennemi de la saine morale et de toute religion* ».

THÉORIE LITTÉRAIRE

Héritier de la tradition classique, Montesquieu soutenait que « *la perfection des arts est de nous présenter les choses telles qu'elles nous fassent le plus de plaisir qu'il est possible* » ***(Essai sur le goût)***. Encore donnait-il des plaisirs en question une définition nettement marquée au coin du sensualisme de son époque, affirmant qu'ils naissent du « *goût* » naturel ou acquis, de la perception « *du beau, du bon, de l'agréable, etc.* », dont les sources sont « *dans nous-mêmes* » *(ibid.)* : « *Un organe de plus ou de moins dans notre machine nous aurait fait une autre éloquence, une autre poésie* » *(ibid.)*. L'écrivain doit donc cultiver la curiosité : « *Ce qui fait ordinairement une grande pensée, c'est lorsqu'on dit une chose qui en fait voir un grand nombre d'autres* » *(ibid.)* ; mais aussi l'ordre, la variété : « *Les histoires nous plaisent par la variété des récits, les romans par la variété des prodiges, les pièces de théâtre par la variété des passions* » *(ibid.)* ; enfin les contrastes et la surprise, qui fait préférer à Montesquieu les « *grâces* » à la « *beauté* » *(ibid.)* : « *La nature* [...] *ne nous a pas ajustés dans nos actions et nos manières comme des pagodes* » *(ibid.)*. C'est presque en vertu de ces principes esthétiques qu'il prend ses distances avec le monothéisme judéo-chrétien — dont le Dieu ne lui paraît « *agité que de certaines passions ; ce qui ôte non seulement le gracieux, mais encore la variété du sublime* » ***(Mes Pensées)*** — ou avec le cartésianisme : « *Cette nouvelle philosophie* [...] *ne nous parle que d'entendement pur, d'idées claires, de raison, de principes, de conséquences. Cette philosophie* [...] *diminue le goût que l'on a naturellement pour la poésie* » *(ibid.)*. La modernité de l'esthétique de Montesquieu tient en grande partie à son refus de l'uniformité et d'un modèle rationaliste et universaliste, à son ouverture aux cultures anciennes ou exotiques, dont il savoure l'étrangeté : « *Nous aimons à voir les mêmes passions sur un fonds nouveau. Nous aimons bien mieux entendre le vizir Acomat parler de sa manière d'aimer, que Bajazet naturalisé français* » *(ibid.)*.

La multiplicité des points de vue lui importe davantage que la recherche d'une vérité unilatérale : « *Quand on fait une statue, il ne faut pas toujours être assis en un lieu ; il la faut voir de tous les côtés, de loin, de près, en haut, en bas, dans tous les sens* » ***(Mes Pensées)***. Mme du Deffand ne voulait voir dans ***L'Esprit des lois*** que « *de l'esprit sur les lois* », prenant pour une impuissance à composer ce qui était la mise en œuvre d'une poétique délibérée : « *Pour bien écrire, il faut sauter les idées intermédiaires, assez pour n'être pas ennuyeux ; pas trop, de peur de n'être pas entendu* » ***(Mes Pensées)***. En fait, le manuscrit de ***L'Esprit des lois***, conservé à la Bibliothèque nationale, témoigne d'une volonté réfléchie de fragmentation : ainsi le plus court chapitre de l'ouvrage, ***Idée du despotisme*** (I, v, 13), réduit à 3 lignes, n'était-il que la conclusion, dans une version antérieure, d'un chapitre plus substantiel. Le lecteur aurait donc tort de négliger la mise en garde de la ***Préface*** : « *Ici, bien des vérités ne se feront sentir qu'après qu'on aura vu la chaîne qui* *les lie à d'autres.* » Il lui revient de rétablir, par une lecture active, les maillons manquants, de retrouver la réelle continuité d'une pensée tendue et complexe, à l'image d'un monde moral à la fois infiniment divers et secrètement lié : *« Rien n'étouffe plus la doctrine que de mettre à toutes les choses une robe de docteur : les gens qui veulent toujours enseigner, empêchent beaucoup d'apprendre » (**Défense de « L'Esprit des lois »**).*

THÉORIE LITTÉRAIRE

Modéré aux convictions fortes, explorateur intellectuel de terres inconnues, esprit curieux de tout, fils à la fois d'un siècle — finissant — de moralistes et d'un siècle — naissant — de philosophes, éclos sous la Régence et mort juste après la parution de l'*Encyclopédie*, Montesquieu fut la personnalité philosophique et littéraire la plus marquante du premier âge des Lumières.

Un style lapidaire

À la différence de Voltaire, qui se croyait grand poète et qui passait pour tel, mais comme Marivaux ou Prévost, Montesquieu se voulut exclusivement prosateur : c'était alors un signe de modernité. Il est aussi de son époque par un certain goût pour les expressions inédites, voire les néologismes, et s'insurge contre le purisme et les censures de l'Académie : *« Un homme qui écrit bien n'écrit pas comme on a écrit, mais comme il écrit, et c'est souvent en parlant mal qu'il parle bien » (**Mes Pensées**)*. L'abbé Desfontaines, vigilant défenseur de la tradition classique contre la nouvelle préciosité, s'en inquiétait dès 1726, dans son *Dictionnaire néologique*. Mais cette tendance d'écriture demeure en réalité fort discrète : la marque propre de Montesquieu est ce style lapidaire, épigrammatique, à la Tacite, que l'on a reproché à son grand livre comme à l'historien latin lui-même. Cet esprit universellement curieux alliait exigence de synthèse et sens du détail caractéristique : *« Quand j'arrive dans une ville, je vais toujours sur le plus haut clocher ou la plus haute tour, pour voir le tout ensemble avant de voir les parties et, en la quittant, je fais de même pour fixer mes idées » (**Voyages**)*. On a mis assez longtemps à comprendre l'apparent décousu de l'écriture chez Montesquieu, sa prédilection pour le style « coupé », procédant de phrases sèches, elliptiques à force de concision, mais aux parallélismes bien marqués : *« Il ne peut plus y avoir de vertu dans la République. Le peuple veut faire les fonctions des magistrats : on ne les respecte donc plus. Les délibérations du sénat n'ont plus de poids : on n'a plus d'égards pour les sénateurs, et par conséquent pour les vieillards.* [...] *Tout le monde parviendra à aimer ce libertinage : la gêne du commandement fatiguera comme celle de l'obéissance* » (***De l'esprit des lois***, I, VIII, 2). La logique est patente dans ces démonstrations. Elle y est fermement mise en place par l'ordre même des idées développées, et cette rigueur est telle que le lecteur n'a nulle peine à l'expliciter lorsqu'elle demeure dans l'implicite d'un signe de ponctuation, comme les deux points qu'affectionne particulièrement Montesquieu. L'art de manipuler les sous-entendus pour éveiller l'intelligence ou convertir la sensibilité entre ainsi dans une stratégie rhétorique de la persuasion qui fait appel à la participation du lecteur. Ce choix d'une écriture ouverte, qui refuse la saturation du sens, s'accompagne d'un recours constant à l'« humeur », que Montesquieu emprunte aux Anglais, et dont il recommande un usage prudent : *« Il ne faut pas mettre du vinaigre dans ses écrits ; il faut y mettre du sel » (**Mes Pensées**)*. Ironie légère devenant parfois humour noir dévastateur, comme dans le célèbre texte consacré à *« l'esclavage des nègres »* : *« Ceux dont il s'agit sont noirs depuis les pieds jusqu'à la tête et ils ont le nez si écrasé qu'il est presque impossible de les plaindre. On ne peut se mettre dans l'esprit que Dieu, qui est un être très sage, ait mis une âme, surtout une âme bonne, dans un corps tout noir* » (***De l'esprit des lois***, III, XV, 5). De la sorte, le lecteur jouit de tous les plaisirs de l'entente ludique, et Montesquieu réussit d'autant mieux à le convaincre qu'il feint de ne rien lui imposer.

Une influence permanente

D'emblée, l'auteur des ***Lettres persanes*** fut oublié au profit de celui de ***L'Esprit des lois*** : le littéraire fut sacrifié au philosophe — fût-il d'ailleurs plus un penseur qu'un bâtisseur de systèmes —, l'inventeur de fictions à l'essayiste et historien. Mais, lu trop vite, ***L'Esprit des lois*** a été très souvent mal compris, même de ses admirateurs les plus convaincus. Du moins les gardiens de l'orthodoxie religieuse ne se trompaient-ils pas en reprochant à l'auteur certaines libertés prises avec les enseignements de l'Église. Quels qu'aient été les sentiments intimes de Montesquieu — certainement sincère en s'affirmant bon catholique —, il se plaçait en nette rupture avec les idées et les pratiques dominantes dans la France de son temps, *« fille aînée de*

l'Église », quand il préconisait avec insistance une franche séparation du religieux et du politique. À ce choix fondamental, les philosophes de la 2de moitié du XVIIIe siècle ont pu le reconnaître comme l'un des leurs.
En revanche, sa pensée politique a donné lieu en elle-même, du siècle des lumières à nos jours, à des interprétations contrastées. En 1958 encore, Louis Althusser rajeunissait brillamment le reproche déjà adressé au baron de La Brède par Voltaire, Helvétius et Condorcet, d'être trop enfermé, avec sa défense de la noblesse et celle de la vénalité des charges, dans des préjugés de caste. À force de vouloir comprendre le monde tel qu'il est, n'aurait-il pas été trop enclin à s'en accommoder, en oubliant d'indiquer ce qu'il devrait être ? En exprimant cette réserve, Rousseau se voulait, lui, contre la seule explication des faits, le champion du droit. Les préoccupations normatives ne furent pourtant pas étrangères à un homme en qui Voltaire et Condorcet reconnaissaient, malgré leurs critiques, un champion des droits de l'homme. Mais il est vrai qu'au XIXe siècle, les sciences sociales naissantes, voulant voir en lui — non sans raison —, un précurseur, sont allées jusqu'à lui prêter un déterminisme bien éloigné de sa véritable pensée. La lecture qui, de Constant à Laboulaye et Raymond Aron, l'enrôle sous la bannière du libéralisme politique moderne, est certes un peu réductrice parfois, mais moins contestable.
Bien que le classicisme de Montesquieu se réduise surtout à quelques extraits très célèbres de ***L'Esprit des lois*** — la théorie des climats et l'esclavage des nègres —, de préférence aux ***Lettres persanes***, moins étudiées au lycée — mais de plus en plus à l'Université —, on lit assurément Montesquieu de diverses manières, si bien qu'après deux siècles et demi, il reste un auteur étonnamment vivant dans la littérature d'idées, ce dont témoigne l'abondance des publications qui lui sont consacrées tant en France qu'à l'étranger. Mais, sous peine de le trahir, on doit souligner, et non édulcorer ni escamoter, les tensions créatrices d'une des pensées les plus fortes qui soient : l'État à la fois protecteur et menaçant ; l'individu, atome irréductible et pourtant solidaire de tous les autres ; les hommes, produits de la « *nature des choses* » et pourtant aptes à la modifier ; la présence de l'universel dans le concret le plus individuel. La réédition récente de ***Mes Pensées*** et du ***Spicilège*** a permis de mieux connaître la personnalité riche d'un écrivain plus singulier qu'on ne le croit.

ŒUVRES

De l'esprit des lois *ou Du rapport que les lois doivent avoir avec la constitution de chaque gouvernement, les mœurs, le climat, la religion, le commerce, etc. à quoi l'auteur a ajouté des recherches nouvelles sur les lois romaines touchant les successions, sur les lois françaises, et sur les lois féodales*

Traité de philosophie historique du droit, composé d'une **Préface** et de 31 livres, primitivement regroupés — pour les livres II à XXXI, le livre I servant d'introduction — en 6 parties (I, II à VIII ; II, IX à XIII ; III, XIV à XIX ; IV, XX à XXIII ; V, XXIV à XXVI ; VI, XXVII à XXXI) et subdivisés en un nombre très variable de chapitres, publié en 2 volumes, *in-quarto*, sans nom d'auteur ni indication de date, à Genève, chez Barrillot et fils, en octobre 1748. L'édition posthume de 1757 fit précéder le tout d'un **Avertissement** sur le sens donné au mot « *vertu* ».

Après le livre I, qui traite des « *lois en général* » et qui définit la loi en général comme « *la raison humaine, en tant qu'elle gouverne tous les peuples de la terre* » (I, III), les livres II à VII proposent une approche politique fondée sur la « *nature* » et le « *principe* » (vertu, honneur ou crainte) de chacun des trois modes de gouvernement distingués par l'auteur, à savoir la république — démocratie mais aussi aristocratie —, la monarchie et le despotisme. Ainsi sont établies, aux livres II et III, les définitions majeures, les distinctions politiques cardinales qui servent par la suite de fondations, de cadre et de toile de fond au reste de l'ouvrage. Ces distinctions portent d'abord sur les formes de gouvernement : « *Il y a trois espèces de gouvernement : le RÉPUBLICAIN, le MONARCHIQUE, et le DESPOTIQUE.* [...] *Je suppose trois définitions, ou plutôt trois faits : l'un, que* le gouvernement républicain est celui où le peuple en corps, ou seulement une partie du peuple, a la souveraine puissance ; le monarchique, celui où un seul gouverne, mais par des lois fixes et établies ; au lieu que, dans le despotique, un seul, sans loi et sans règle, entraîne tout par sa volonté et par ses caprices. *Voilà ce que j'appelle la nature de chaque gouvernement* » (I, II, 1). Ces spécifications portent corrélativement sur les « *principes* » propres à chaque espèce distinguée : « *Il ne faut pas beaucoup de probité pour qu'un gouvernement monarchique ou un gouvernement despotique se maintiennent ou se soutiennent. La force des lois dans l'un, le bras d'un prince toujours levé dans l'autre, règlent ou contiennent tout. Mais dans un État populaire, il faut un ressort de plus, qui est la VERTU* » (I, III, 3). Cette vertu politique est définie un peu plus loin comme « *un renoncement à soi-même, qui est toujours une chose très pénible* » (I, III, 5) : « *Comme il faut de la vertu dans le gouvernement populaire, il en faut aussi dans l'aristocratie. Il est vrai qu'elle n'y est pas aussi absolument requise* » (I, III, 4) ; « *Comme il faut de la* vertu *dans une république, et dans une monarchie de l'*honneur, *il faut de la* crainte *dans un gouvernement despotique : pour la vertu, elle n'y est point nécessaire, et l'honneur y serait dangereux.* [...] *Un gouvernement modéré peut, tant qu'il veut, et sans péril, relâcher ses ressorts : il se maintient par ses lois et par sa force même. Mais lorsque dans le gouvernement despotique le prince cesse un moment de lever le bras, quand il ne peut pas anéantir à l'instant ceux qui ont les premières places, tout est perdu* [...] » (I, III, 9). Puis, comme l'avaient fait Platon et Polybe avant lui, Montesquieu examine comment chacun des trois principes indiqués se corrompt dans chacun des trois régimes évoqués : « *Le principe de la démocratie se corrompt, non seulement lorsqu'on perd l'esprit d'égalité, mais encore quand on prend l'esprit d'égalité extrême, et que chacun veut être égal à ceux qu'il choisit pour lui commander. Pour lors, le peuple, ne pouvant souffrir le pouvoir même qu'il confie, veut tout faire par lui-même, délibérer pour le sénat, exécuter pour les magistrats, et dépouiller tous les juges* » (I, VIII, 2) ; « *Comme les démocraties se perdent lorsque le peuple dépouille le sénat, les magistrats et les juges de leurs fonctions, les monarchies se corrompent lorsqu'on ôte peu à peu les prérogatives des corps ou les privilèges des villes. Dans le premier cas, on va au despotisme de tous ; dans l'autre au despotisme d'un seul* » (I, VIII, 6). Enfin, le principe du gouvernement despotique « *se corrompt sans cesse, parce qu'il est corrompu par sa nature* » (I, VIII, 10). Les livres IX à XII étudient ensuite les conditions de la « *sûreté* » des États, puis celles de la liberté politique. Celle-ci est étudiée d'abord « *dans son rapport avec la Constitution* » au chapitre 6 du livre XI, où figure la célèbre analyse de la Constitution anglaise ; là, Montesquieu pose le fameux principe de séparation — c'est-à-dire combinaison et organisation — des pouvoirs, auquel son nom est attaché : « *Il y a, dans chaque État, trois sortes de pouvoirs : la puissance législative, la puissance exécutrice des choses qui dépendent du droit des gens, et la puissance exécutrice de celles qui dépendent du droit civil.* [...] *Lorsque, dans la même personne ou dans le même corps de magistrature, la puissance législative est réunie à la puissance exécutrice, il n'y a point de liberté, parce qu'on peut craindre que le même monarque ou le même sénat ne fasse des lois tyranniques pour les exécuter tyranniquement* » (II, XI, 6). La liberté politique est ensuite étudiée comme « *sûreté* » individuelle du citoyen, sur le plan pénal et sur le plan fiscal. Avec les livres XIV à XVIII, on passe du plan politique à une approche géographique, mais aussi des conditions de la liberté aux causes de l'esclavage ; c'est ici que prend place la fameuse théorie des climats, attribuant au climat et plus généralement aux données physiques un rôle majeur dans le façonnement de « *l'esprit général* » d'un peuple : « *Dans les pays froids on aura peu de sensibilité pour les plaisirs ; elle sera plus grande dans les pays tempérés ; dans les pays chauds, elle sera extrême...* » (III, XIV, 2) ; on peut pourtant d'autant moins parler de fatalisme climatique que le livre XIX, sous la notion d'« *esprit général* », ajoute à la considération des causes physiques celle des mœurs et des manières. Économie et démographie — commerce, monnaie, population — sont l'objet des livres XX à XXIII. Les livres XXIV et XXV traitent des lois dans leur rapport à la religion, et comportent un plaidoyer en faveur de la tolérance pour les diverses religions. Dans leur continuité, le livre XXVI invite à distinguer ce qui, dans les lois, relève de la religion, du droit naturel, du droit civil ou du droit politique. Les livres XXVII et XXVIII appliquent ces principes à l'analyse des lois romaines sur les successions, puis aux lois civiles des conquérants francs. Le livre XXIX en tire des directives sur « *l'art de composer les lois* ». Les livres XXX et XXXI, ajoutés à l'ouvrage en cours d'impression, abordent les origines de la monarchie française, la formation et l'évolution du système féodal jusqu'à l'avènement de Hugues Capet.

De l'esprit des lois est donc à la fois une analyse comparée des législations, un exposé des principes ultimes qui les gouvernent et des ressorts psychologiques qui les animent, une étude des fondements anthropologiques de leur genèse, un examen des liens mentaux qu'elles présentent avec le génie et la nature des peuples qu'elles régissent, et une somme de la pensée politique, sociale, économique et religieuse de Montesquieu. C'est aussi, en profondeur, une vaste enquête, dans le temps et dans l'espace, sur la raison : derrière l'apparente irrationalité des coutumes — si souvent soulignée, de Montaigne à Pascal et à Bayle —, l'auteur la voit partout et s'attache à montrer que « *les hommes ne sont pas uniquement conduits par leur fantaisie* », et que les lois les plus déconcertantes elles-mêmes sont toujours « *les rapports nécessaires qui déri-*

vent de la nature des choses ». Par là, non seulement l'ouvrage est éloigné de tout pyrrhonisme, mais il est une critique du despotisme et un plaidoyer pour la modération gouvernementale, au motif que « *les hommes s'accommodent presque toujours mieux des milieux que des extrémités* » (II, XI, 6) ; c'est également un plaidoyer pour la liberté politique, définie comme « *le droit de faire tout ce que les lois permettent* », comme le pouvoir « *de faire ce que l'on doit vouloir* » *(ibid.)* ou encore comme « *cette tranquillité d'esprit qui provient de l'opinion que chacun a de sa sûreté* » *(ibid.)*.

Très partiellement ébauché dès 1733, envisagé fin 1734, décidé vers 1739, ***De l'esprit des lois*** fut rédigé, pour l'essentiel — livres I à XXIX —, entre 1740 et 1743, puis corrigé en 1743 et 1746. Le succès de l'ouvrage se traduisit par une quinzaine d'éditions entre 1748 et 1749. Attaqué par les jésuites comme par les jansénistes pour son relativisme religieux, Montesquieu répliqua par une ***Défense de « L'Esprit des lois »*** (1750) qui ne lui permit pas d'en éviter, en 1751, sa mise à l'Index.

Aucun ouvrage de philosophie du droit — peut-être aucun ouvrage de philosophie — n'offre une telle qualité littéraire, unanimement reconnue, même par les détracteurs de Montesquieu. Cette qualité, qui se manifeste par une extraordinaire variété stylistique, et une prodigieuse érudition critique, explique à la fois la difficulté et la réussite de cette œuvre de vulgarisation, et la permanence de sa fascination : tenu pour le chef-d'œuvre de Montesquieu, ***De l'esprit des lois*** n'a cessé de rassembler dans une même admiration philosophes, juristes, historiens et littéraires.

Lettres persanes

Roman épistolaire de 161 lettres numérotées (éd. de 1754) — initialement 150 (éd. originale) —, publié sans nom d'auteur, en 1721, à Amsterdam, chez Jacques Desbordes, sous la fausse adresse de Pierre Marteau, à Cologne.

L'ouvrage est composé des lettres de deux Persans, Usbek et Rica, qui, venus d'Ispahan par Erzeron (Erzurum), Smyrne et Livourne, séjournent à Paris de 1712 à 1720 et font part à leurs correspondants de leurs observations sur la société française (lettres XXIV à CXLVII). En retour, Usbek reçoit de son sérail des nouvelles inquiétantes, que ponctue la crise conduisant sa favorite, Roxane, à chercher sa liberté dans le suicide : « *J'ai réformé tes lois sur celles de la Nature* » (lettre CLXI).

La curiosité universelle dont témoigne le livre — « *tout m'intéresse, tout m'étonne* » (lettre XLVIII) — a pu inciter à le lire comme une annonce de ***L'Esprit des lois***. De fait, bien des passages y invitent : c'est par exemple le cas de l'histoire des Troglodytes, mythe moral dont l'objet est de montrer combien l'anarchie est désastreuse, et les vertus morales indispensables à la vie sociale (lettres XI à XIV). C'est aussi le cas des réflexions de la lettre LXXX sur les moyens de faire obéir les hommes : « *Compte,* écrit Usbek à Rhédi, [...] *que, dans un État, les peines plus ou moins cruelles ne font pas que l'on obéisse plus aux lois. Dans les pays où les châtiments sont modérés, on les craint comme dans ceux où ils sont tyranniques et affreux.* » D'autres passages encore semblent annoncer ***L'Esprit des lois***, en particulier ceux dans lesquels les correspondants méditent sur les liens étroits entre monarchie et despotisme, et sur la fragilité de ces deux systèmes politiques : « *La plupart des gouvernements d'Europe,* écrit Usbek à Ibben, *sont monarchiques, ou plutôt sont ainsi appelés : car je ne sais pas s'il y en a jamais eu véritablement de tels ; au moins est-il difficile qu'ils aient subsisté longtemps dans leur pureté. C'est un état violent, qui dégénère toujours en despotisme ou en république : la puissance ne peut jamais être également partagée entre le peuple et le prince ; l'équilibre est trop difficile à garder* » (lettre CII). Mais l'œuvre vaut d'abord par elle-même, comme bilan critique d'une époque de mutation politique et culturelle vécue intensément par le jeune Montesquieu, et par un scintillement rococo fait pour arracher le lecteur au conformisme. Peu de travers, en effet, échappent à la sagacité faussement naïve et ô combien mordante de Montesquieu, caché derrière ses exotiques personnages : ceux-ci notent avec étonnement l'obsessionnelle coquetterie des femmes françaises qui, affolées par l'idée de vieillir, « *font tous leurs efforts pour se tromper elles-mêmes, et se dérober à la plus affligeante de toutes les idées* » (lettre LII) ; de même relèvent-ils l'incurable superficialité des Parisiens qui, hypnotisés par l'apparence extérieure, s'abîment du même coup dans une recherche de la nouveauté si effrénée qu'elle les rend aveugles à tout sens de l'extravagance : « *Je demeurais quelquefois une heure dans une compagnie sans qu'on m'eût regardé, et qu'on m'eût mis en occasion d'ouvrir la bouche,* écrit Rica. *Mais si quelqu'un, par hasard, apprenait à la compagnie que j'étais Persan, j'entendais aussitôt autour de moi un bourdonnement :* "Ah ! ah ! Monsieur est Persan ? c'est une chose bien extraordinaire ! Comment peut-on être Persan ?" » (lettre XXX). Dans le même ordre d'idées, les inénarrables caprices de la mode parisienne, en leur fulgurante versatilité, ne laissent pas de stupéfier Rica : « *Que me servirait,* écrit-il à Rhédi, *de te faire une description exacte de leur habillement et de leur parure ? Une mode* *nouvelle viendrait détruire tout mon ouvrage,* [...] *et, avant que tu n'eusses reçu ma lettre, tout serait changé. Une femme qui quitte Paris pour aller passer six mois à la campagne, en revient aussi antique que si elle s'y était oubliée trente ans.* [...] *Quelquefois les coiffures montent insensiblement, et une révolution les fait descendre tout à coup.* [...] *On voit quelquefois sur un visage une quantité prodigieuse de mouches, et elles disparaissent toutes le lendemain* » (lettre XCIX) ; et cette puérile frivolité est moins anodine qu'il n'y paraît d'abord, car elle ne se cantonne pas aux vêtements, mais s'étend aux mœurs, infectées par les vanités mondaines : « *Il en est des manières et de la façon de vivre comme des modes ; les Françaises changent de mœurs selon l'âge de leur roi.* [...] *L'âme du souverain est un moule qui donne la forme à toutes les autres* », remarque Rica (lettre XCIX). Or, précisément, ce souverain que Montesquieu met sous les yeux d'Usbek et de Rica est un Louis XIV sénile et extravagant, qui choisit une maîtresse de 80 ans et un ministre de 18, et qui, nageant dans les contradictions les plus patentes, offre un spectacle dérisoire et pathétique : « *Le roi de France est vieux.* [...] *J'ai étudié son caractère, et j'y ai trouvé des contradictions qu'il m'est impossible de résoudre.* [...] *Il n'est, je crois, jamais arrivé qu'à lui d'être, en même temps, comblé de plus de richesses qu'un prince n'en saurait espérer, et accablé d'une pauvreté qu'un particulier ne pourrait soutenir* » (lettre XXXVII). Mais, rude envers le roi, l'irrévérence de Montesquieu n'épargne pas davantage l'Académie française, assimilée à un tribunal impuissant : « *J'ai ouï parler d'une espèce de tribunal qu'on appelle l'*Académie française, écrit Rica. *Il n'y en a point de moins respecté dans le monde : car on dit qu'aussitôt qu'il a décidé, le peuple casse ses arrêts et lui impose lois qu'il est obligé de suivre* » (lettre LXXIII). Le pape lui-même — et, avec lui, le mystère de la Trinité — est sérieusement égratigné : de fait, le chef de l'Église catholique, « *vieille idole qu'on encense par habitude* » (lettre XXIX), est qualifié de « *magicien* » qui fait croire au roi « *que trois ne sont qu'un, que le pain qu'on mange n'est pas du pain, ou que le vin qu'on boit n'est pas du vin, et mille autres choses de cette espèce* » (lettre XXIV). La verve satirique de Montesquieu est donc assurément hardie, mais elle est « couverte » par une double protection : le regard théoriquement extérieur et « naïf » auquel sont prêtées toutes ces observations, et le genre épistolaire qui, répartissant ces traits entre plusieurs correspondants, joue des ambiguïtés de la polyphonie épistolaire. Toutes ces caractéristiques font des ***Lettres persanes*** une grande réussite littéraire. Aussi ont-elles éclipsé leurs modèles, comme *L'Espion du grand seigneur* de Marana (1684) ou les *Amusements sérieux et comiques* de Dufresny (1699).

Du piment érotique de l'intrigue orientale — qui n'a pas peu contribué au succès initial de l'ouvrage — on passe, *in fine*, au registre de la tragédie, sans trop savoir s'il convient de prendre celle-ci tout à fait au sérieux. L'éloquence convenue, emphatique ou précieuse, des lettres « orientales » relève en effet manifestement du pastiche, en contraste avec la phrase analytique, souvent primesautière, des lettres « occidentales », où l'ironie joue sur les effets de surprise et où l'émotion, qui n'est pas absente, substitue l'anaphore à la période. Ici, la variété de ton est la seule constante : badinage qui égratigne la mode, les femmes, les auteurs ; tristesse sarcastique pour évoquer le crépuscule du Roi-Soleil ; ferveur et gravité des réflexions sur la justice ; colère contre le désordre moral et social issu du système de Law...

Du vivant de Montesquieu, les ***Lettres persanes*** ont connu une trentaine d'éditions et contrefaçons. Si l'auteur leur apporta des additions et corrections, il se refusa jusque sur son lit de mort à les renier ou à les laisser dénaturer. Depuis le XVIIIe siècle, on n'a cessé de les rééditer, y compris de nos jours dans les collections de poche.

CITATIONS

L'étude a été pour moi le souverain remède contre les dégoûts de la vie, n'ayant jamais eu de chagrin qu'une heure de lecture ne m'ait ôté.

Sur lui-même, in *Cahiers.*

Il y a autant de vices qui viennent de ce qu'on ne s'estime pas assez, que de ce qu'on s'estime trop.

Sur l'homme, in *Cahiers.*

Nous louons les gens à proportion de l'estime qu'ils ont pour nous.

Sur l'homme, in *Cahiers.*

Aimer à lire, c'est faire un échange des heures d'ennui que l'on doit avoir en sa vie, contre des heures délicieuses.

Sur l'homme, in *Cahiers.*

Quand on court après l'esprit, on attrape la sottise.

Sur l'homme, in *Cahiers.*

Pour écrire bien, il faut sauter les idées intermédiaires, assez pour n'être pas ennuyeux ; pas trop, de peur de n'être pas entendu.

Sur les ouvrages de l'esprit, in *Cahiers.*

Tous les hommes sont des bêtes ; les princes sont des bêtes qui ne sont pas attachées.

Sur la chose publique, in *Cahiers*.

Une chose devrait faire trembler tous les ministres dans la plupart des États d'Europe, c'est la facilité qu'il y aurait à les remplacer.

Sur la chose publique, in *Cahiers*.

La liberté, ce bien qui fait jouir des autres biens.

Sur la chose publique, in *Cahiers*.

Le souper tue la moitié de Paris ; le dîner, l'autre.

Sur les sciences, in *Cahiers*.

Pourquoi m'occuperais-je encore de quelques écrits frivoles ? Je cherche l'immortalité, et elle est dans moi-même. Mon âme, agrandissez-vous ! Précipitez-vous dans l'immensité ! Rentrez dans le grand Être !...

Préparations pour ses ouvrages et notes prises après leur publication, in *Cahiers*.

Ce qui n'est point utile à l'essaim, n'est point utile à l'abeille.

Préparations pour ses ouvrages et notes prises après leur publication, in *Cahiers*.

Les républiques où la naissance ne donne aucune part au gouvernement, sont, à cet égard, les plus heureuses ; car le peuple peut moins envier une autorité qu'il donne à qui il veut, et qu'il reprend à sa fantaisie.

Considérations sur les causes de la grandeur des Romains et de leur décadence, VIII.

On est ordinairement le maître de donner à ses enfants ses connaissances ; on l'est encore plus de leur donner ses passions.

De l'esprit des lois, I, IV, 5.

L'amour de la démocratie est celui de l'égalité.

De l'esprit des lois, I, V, 3.

Rien ne maintient plus les mœurs qu'une extrême subordination des jeunes gens envers les vieillards. Les uns et les autres seront contenus, ceux-là par le respect qu'ils auront pour les vieillards, et ceux-ci par le respect qu'ils auront pour eux-mêmes.

De l'esprit des lois, I, V, 7.

Dans un État, c'est-à-dire dans une société où il y a des lois, la liberté ne peut consister qu'à pouvoir faire ce que l'on doit vouloir, et à n'être point contraint de faire ce que l'on ne doit pas vouloir.

De l'esprit des lois, II, XI, 3.

L'humanité que l'on aura pour les esclaves pourra prévenir dans l'État modéré des dangers que l'on pourrait craindre de leur trop grand nombre. Les hommes s'accoutument à tout, et à la servitude même, pourvu que le maître ne soit pas plus dur que la servitude [...].

De l'esprit des lois, III, XV, 16.

Il est heureux de vivre dans ces climats qui permettent qu'on se communique ; où le sexe qui a le plus d'agréments semble parer la société ; et où les femmes, se réservant aux plaisirs d'un seul, servent encore à l'amusement de tous.

De l'esprit des lois, III, XVI, 11.

L'empire de la mer a toujours donné aux peuples qui l'ont possédé, une fierté naturelle ; parce que, se sentant capables d'insulter partout, ils croient que leur pouvoir n'a pas plus de bornes que l'Océan.

De l'esprit des lois, III, XIX, 27.

L'éducation consiste à nous donner des idées, et la bonne éducation à les mettre en proportion.

Essai sur les causes qui peuvent affecter les esprits et les caractères, II.

L'ignorance est la mère des traditions.

Essai sur les causes qui peuvent affecter les esprits et les caractères, II.

Les voyages donnent une très grande étendue à l'esprit : on sort du cercle des préjugés de son pays, et l'on n'est guère propre à se charger de ceux des étrangers.

Essai sur les causes qui peuvent affecter les esprits et les caractères, II.

C'est un malheur de n'être point aimée ; mais c'est un affront de ne l'être plus.

Zachi à Usbek, in *Lettres persanes*, III.

Le roi de France est le plus puissant prince de l'Europe. Il n'a point de mines d'or comme le roi d'Espagne, son voisin ; mais il a plus de richesses que lui, parce qu'il les tire de la vanité de ses sujets, plus inépuisable que les mines.

Rica à Ibben, in *Lettres persanes*, XXIV.

Le Pape est le Chef des Chrétiens. C'est une vieille idole qu'on encense par habitude. [...] Il se dit successeur d'un des premiers Chrétiens, qu'on appelle *saint Pierre*, et c'est certainement une riche succession : car il a des trésors immenses et un grand pays sous sa domination.

Rica à Ibben, in *Lettres persanes*, XXIX.

« Ah ! Ah ! Monsieur est Persan ? c'est une chose bien extraordinaire ! Comment peut-on être Persan ? »

Rica à Ibben, in *Lettres persanes*, XXX.

On remarque en France que, dès qu'un homme entre dans une compagnie, il prend d'abord ce qu'on appelle *l'esprit du corps*.

Rica à Usbek, in *Lettres persanes*, LIV.

Les Français ne parlent presque jamais de leurs femmes ; c'est qu'ils ont peur d'en parler devant des gens qui les connaissent mieux qu'eux.

Rica à Ibben, in *Lettres persanes*, LV.

[...] il ne faut pas beaucoup d'esprit pour montrer ce qu'on sait ; mais il en faut infiniment pour enseigner ce qu'on ignore.

Rica à Rhédi, in *Lettres persanes*, LVIII.

La fureur de la plupart des Français, c'est d'avoir de l'esprit, et la fureur de ceux qui veulent avoir del'esprit, c'est de faire des livres.
Cependant il n'y rien de si mal imaginé : la Nature semblait avoir sagement pourvu à ce que les sottises des hommes fussent passagères, et les livres les immortalisent.

*Rica à ****, in *Lettres persanes*, LXVI.

J'ai ouï parler d'une espèce de tribunal qu'on appelle l'*Académie française*. Il n'y en a point de moins respecté dans le Monde : car on dit qu'aussitôt qu'il a décidé, le Peuple casse ses arrêts et lui impose des lois qu'il est obligé de suivre.

*Rica à ****, in *Lettres persanes*, LXXIII.

Vérité dans un temps, erreur dans un autre.

Usbek à Rhédi, in *Lettres persanes*, LXXV.

Ils sont les premiers hommes du monde pour mourir de langueur sous la fenêtre de leurs maîtresses, et tout Espagnol qui n'est pas enrhumé ne saurait passer pour galant.

Rica à Usbek, in *Lettres persanes*, LXXVIII.

Sans doute que les Français, extrêmement décriés chez leurs voisins, enferment quelques fous dans une maison, pour persuader que ceux qui sont dehors ne le sont pas.

Rica à Usbek, in *Lettres persanes*, LXXVIII.

On dit que l'homme est un animal sociable. Sur ce pied-là, il me paraît qu'un Français est plus homme qu'un autre ; c'est l'homme par excellence, car il semble être fait uniquement pour la société.

*Rica à ****, in *Lettres persanes*, LXXXVII.

Un grand seigneur est un homme qui voit le roi, qui parle aux ministres, qui a des ancêtres, des dettes et des pensions.

Usbek à Rhédi, in *Lettres persanes*, LXXXVIII.

Tout homme est capable de faire du bien à un homme ; mais c'est ressembler aux dieux que de contribuer au bonheur d'une société entière.

Usbek à Ibben, in *Lettres persanes*, LXXXIX.

Quelquefois, les coiffures montent insensiblement, et une révolution les fait descendre tout à coup [...]. Qui pourrait le croire ? Les architectes ont été souvent obligés de hausser, de baisser et d'élargir leurs portes, selon que les parures des femmes exigeaient d'eux ce changement, et les règles de leur art ont été asservies à ces caprices.

Rica à Rhédi, in *Lettres persanes*, XCIX.

Paris est peut-être la ville du monde la plus sensuelle et où l'on raffine le plus sur les plaisirs ; mais c'est peut-être celle où l'on mène une vie plus dure. Pour qu'un homme vive délicieusement, il faut que cent autres travaillent sans relâche.

Usbek à Rhédi, in *Lettres persanes*, CVI.

On dit que l'on ne peut jamais connaître le caractère des rois d'Occident jusques à ce qu'ils aient passé par les deux grandes épreuves de leur maîtresse et de leur confesseur.

Rica à Ibben, in *Lettres persanes*, CVII.

Le grand tort qu'ont les journalistes, c'est qu'ils ne parlent que des livres nouveaux ; comme si la vérité était jamais nouvelle. Il me semble que, jusqu'à ce qu'un homme ait lu tous les livres anciens, il n'a aucune raison de leur préférer les nouveaux.

*Usbek à ****, in *Lettres persanes*, CVIII.

L'Europe n'est plus qu'une Nation composée de plusieurs, la France et l'Angleterre ont besoin de l'opulence de la Pologne et de la Moscovie, comme une de leurs Provinces a besoin des autres : et l'État qui croit augmenter sa puissance, par la ruine de celui qui le touche, s'affaiblit ordinairement avec lui.

Réflexions sur la monarchie universelle en Europe, §18.

JUGEMENTS

« Je viens de feuilleter les œuvres complètes de Montesquieu et ne puis rendre encore bien l'impression que me fait ce style singulier, d'une gravité coquette, d'un laisser-aller si concis, d'une force si fine, si malin dans sa froideur, si détaché en même temps que si curieux, haché, heurté comme des notes jetées au hasard, et cependant voulu. Il me semble voir une intelligence, sérieuse et austère par nature, s'habillant d'esprit par convention. L'auteur désire piquer autant qu'instruire. Le penseur est aussi bel-esprit, le jurisconsulte tient du petit-maître. »

Henri-Frédéric Amiel, *Fragments d'un journal intime*, 30 septembre 1850.

« Comme fond de tempérament, il y eut assurément la volonté du bonheur, la recherche obstinée et paisible des conditions du bonheur. Montesquieu éprouve une sorte de joie physique à sentir en lui-même l'apaisement des natures heureuses. Il aime le calme, la tranquillité, la société choisie où les yeux se reposent sur des êtres que l'on aime, où les conversations suivent les idées qu'il affectionne, où l'honnêteté n'est point la raideur, où l'indulgence générale lui permet de paraître distrait et de "s'absenter". [...]
Son esprit est comme sa machine : souple, docile et sans passion. Il lui a beaucoup demandé ; il a goûté le succès en toutes les activités qu'il s'est données à lui-même. [...]

Il a toujours tendu au général, et c'est ce qui fait la grandeur de sa pensée : il a cherché l'explication générale de l'histoire, des lois et le bien général de l'homme, plus que d'une nation particulière. [...]
Ce seigneur féodal, ce magistrat dédaigneux sait à l'occasion montrer la simplicité de ses manières. Il déteste l'ostentation et se rend le témoignage de n'avoir pas dépensé quatre louis "par air". Il est d'une timidité un peu sauvage dans les sociétés où de beaux esprits s'efforcent de briller. »

Joseph DEDIEU, *Montesquieu, l'homme et l'œuvre*, Boivin, 1943, rééd. Hatier, 1966.

« *C'est un maître écrivain ; je veux dire qu'il y a profit à se mettre à son école ; à condition de ne pas y rester.* »

André GIDE, *Journal*, 8 octobre 1938, Gallimard, 1939.

« *Au moment où Voltaire se fixe aux Délices, et va commencer une nouvelle vie, Montesquieu disparaît (1755). Il n'avait pas fait autant de tapage que Voltaire, il s'était moins agité : mais il avait fait plus de besogne, au point de vue de la philosophie du siècle. Rien à cette date, dans l'œuvre de Voltaire, ne saurait contrepeser les* Lettres persanes, *les* Considérations sur les Romains [sic], *et* L'Esprit des lois *: il y a là une raison qui sait démolir et construire, un esprit qui peut guider son siècle, quand Voltaire en est encore à faire des niches au gouvernement, et à faire partir des fusées pour l'amusement des badauds.*
[...]
De nos jours, [...] *la réputation de Montesquieu décline : ou plutôt il reste un nom, il cesse d'être un maître. Une partie de son livre* [De l'esprit des lois] *est devenue banale, en s'inscrivant dans les faits. Une autre est devenue fausse, démentie par les faits. Au point de vue scientifique, l'insuffisance de son observation, les fantaisies de sa méthode éclatent. Au point de vue politique, notre démocratie échappe de plus en plus à ses cadres et à ses formules, et le réduit à n'être que le théoricien d'un passé médiocrement aimé. Et notre réalisme ne peut s'empêcher d'en vouloir à Montesquieu d'avoir créé l'illusion de tous ces faiseurs de constitutions, qui croient changer le monde par des articles de loi.* »

Gustave LANSON, *Histoire de la littérature française*, Hachette, 1894.

« *Montesquieu est une des meilleures têtes de son époque, mais il n'est pas homme d'esprit.* »

Henry de MONTHERLANT, *Va jouer avec cette poussière*, Gallimard, 1966.

« *Au confluent de la littérature, de la culture juridique et de la science expérimentale, étranger à toute théologie et à toute transcendance, moins religieux encore que les athées qui au moins s'occupent de Dieu, ne serait-ce que pour le nier, philosophe du cours des choses et de la marche du temps, héritier à la fois de Bossuet et des libertins, aristocrate et moraliste politique, Montesquieu reste un grand nom de la pensée historique et sociale* [...]. *Voltaire pourra bien se moquer, murmurant qu'il avait fait "de l'esprit sur les lois". Avec toutes ses faiblesses,* L'Esprit des lois *portait l'avenir.* »

Jean d'ORMESSON, « Montesquieu. Bossuet revu par Swift », in *Une autre histoire de la littérature française*, I, NiL, 1997.

« *Cet esprit supérieur et qui, sans le vouloir, a donné naissance ou prétexte à cette quantité de demi-Montesquieu qui sont si tranchants d'ordinaire et si suffisants, était, lui, la modestie même* [...]. »

Charles Augustin SAINTE-BEUVE, *Causeries du lundi*, t. VII, 1851 à 1862.

« *La gloire de Montesquieu s'est trop vite figée dans le marbre des bustes et le métal des médailles — substances polies, dures, incorruptibles. La postérité le voit de profil, souriant de tous les plis de sa toge et de son visage, d'un sourire ciselé dans le minéral. Les irrégularités de la physionomie ne sont plus aperçues ou ne comptent plus : il a pris sa distance de grand classique. De la génération qui suit Montesquieu, nous avons conservé des images plus familières : Voltaire au saut du lit, Rousseau parmi les fleurs, Diderot dans sa robe de chambre. Et ces vivants qui s'entre-déchirèrent suscitent encore de chaudes batailles. Montesquieu, en revanche, est l'objet d'une admiration tranquille et sans passion. S'il a jamais provoqué le scandale, l'affaire est éteinte et l'auteur excusé : nul litige avec la postérité. Il n'a guère d'ennemi, il n'appelle donc aucun défenseur. Il habite l'immortalité avec modestie. Le voici presque abandonné à la grande paix des bibliothèques.* »

Jean STAROBINSKI, *Montesquieu*, « Écrivains de toujours », Seuil, 1953, rééd. 1994.

BIBLIOGRAPHIE

Éditions

Œuvres complètes, éd. A. MASSON, Nagel, 1950 à 1955, 3 vol. [la meilleure édition des œuvres diverses (cahiers, correspondance, essais et fragments), en attendant l'achèvement, encore lointain, de la première édition vraiment exhaustive, et intégralement critique, des *Œuvres complètes*, préparée sous l'égide de la société Montesquieu] ; éd. R. CAILLOIS « Pléiade », Gallimard, 1949 et 1951, 2 vol., rééd. 1979 ; éd. D. OSTER, préf. G. VEDEL, « L'Intégrale », Seuil, 1964.

Considérations sur les causes de la grandeur des Romains et de leur décadence, éd. C. JULLIAN, Hachette, 1896 ; éd. J. EHRARD, « GF », Flammarion, 1968 ; éd. C. VOLPILHAC-AUGER, Slatkine, Genève (CH), 1996.

De l'esprit des lois, éd. J. BRETHE de LA GRESSAYE, Belles Lettres, 1950 à 1961, 4 vol. ; éd. R. DERATHÉ, « Classiques Garnier », Garnier, 1973, 2 vol. ; éd. V. GOLDSCHMIDT, « GF », Flammarion, 1979, 2 vol.

Essai sur le goût, éd. C.J. Beyer, Droz, Genève (CH), 1967.

Lettres persanes, éd. P. Vernière, « Classiques Garnier », Garnier, 1960, rééd. 1975 ; éd. J. Starobinski, « Folio » Gallimard, 1973 ; éd. L. Versini, Imprimerie nationale, 1987.

Mes Pensées et *Le Spicilège*, rééd. L. Desgraves, « Bouquins », Laffont, 1991.

Études

L. Althusser, *Montesquieu, la Politique et l'Histoire*, PUF, 1959, rééd. « Quadrige », PUF, 1992.

R. Aron, *Les Étapes de la pensée sociologique*, Gallimard, 1967.

H. Barckhausen, *Montesquieu, ses idées et ses œuvres, d'après les papiers de La Brède*, Hachette, 1907, rééd. Slatkine, Genève (CH), 1970.

P. Bécamps, J. Cavaignac, J. Ehrard *et alii*, *Études sur Montesquieu*, Lettres modernes, 1970.

A. Becq, *Annie Becq présente les « Lettres persanes » de Montesquieu*, « Foliothèque », Gallimard, 1999.

G. Benrekassa, *Montesquieu, la Liberté et l'Histoire*, « LdP/Biblio Essais », LGF, 1987.

G. Bergeron, *Tout était dans Montesquieu : une relecture de « L'Esprit des lois »*, L'Harmattan, 1996.

I. Berlin, *Montesquieu*, Oxford U.P. (GB), 1956.

B. Binoche, *Introduction à « De l'esprit des lois » de Montesquieu*, PUF, 1998.

J.-P. Courtois, *Inflexions de la rationalité dans « L'Esprit des lois »*, PUF, 1999.

Ch. Dédéyan, *Montesquieu ou les Lumières d'Albion*, Nizet, 1990.

J. Dedieu, *Montesquieu, l'homme et l'œuvre*, Boivin, 1943, rééd. Hatier, 1966.

L. Desgraves, *Montesquieu*, Mazarine, Paris, 1986 ; *Répertoire des ouvrages et des articles sur Montesquieu*, Droz, Genève (CH), 1988 ; *Chronologie critique de la vie et des œuvres de Montesquieu*, Champion, 1998.

H. Drey, *La Vertu politique : Machiavel et Montesquieu*, L'Harmattan, 1999.

É. Durkheim, *La Contribution de Montesquieu à la constitution de la science sociale*, 1892, repris in *Montesquieu et Rousseau précurseurs de la sociologie*, Rivière, 1966.

J. Ehrard, *Montesquieu critique d'art*, PUF, 1964 ; *Politique de Montesquieu*, Colin, 1965 ; « Esthétique et Philosophie des Lumières : la "chaîne" de *L'Esprit des lois* », in *Lendemains*, n° 62, 1991 ; *L'Idée de Nature en France dans la première moitié du* XVIIIe *siècle*, 1963, rééd. A. Michel, 1994 [chap. VIII, IX, XI et *passim*] ; *L'Esprit des mots. Montesquieu en lui-même et parmi les siens*, Droz, Genève (CH), 1998.

P. Gascar, *Montesquieu*, Flammarion, 1989.

J. Goldzink, *Montesquieu, « Lettres persanes »*, « Études littéraires », PUF, 1989.

S. Goyard-Fabre, *La Philosophie du droit de Montesquieu*, Klincksieck, 1973 ; *Montesquieu, la Nature, les Lois, la Liberté*, PUF, 1993.

R. Kingston, *Montesquieu and the Parlement of Bordeaux*, Droz, Genève (CH), 1996.

H. Lagrave, J. Tarraube, A. Lebois, *Études sur Montesquieu*, Lettres modernes, 1974.

C. Larrère, *Actualité de Montesquieu*, PFNSP, 1999.

F. Loirette, R. Galliani, *Études sur Montesquieu*, Lettres modernes, 1981.

Th. Quoniam, *Montesquieu, son humanisme, son civisme*, Téqui, 1977.

C. Rosso, *Montesquieu moraliste : des lois au bonheur*, Nizet, 1971 ; *La Réception de Montesquieu ou les Silences de la harpe éolienne*, Libreria giolardica, Pise (IT), 1989.

R. Shackleton, *Montesquieu. A Critical Biography*, Oxford U.P. (GB), 1961, trad. franç. P.U. Grenoble, 1977.

A. Sorel, *Montesquieu*, Hachette, 1987.

C. Spector, *Montesquieu, les « Lettres persanes » : de l'anthropologie à la politique*, PUF, 1997.

J. Starobinski, *Montesquieu*, « Écrivains de toujours », Seuil, 1953, rééd. 1994.

P. Valéry, *Préface* aux *Lettres persanes*, in *Œuvres complètes*, t. I, « Pléiade », Gallimard, 1957.

P. Vernière, *Montesquieu et « L'Esprit des lois » ou la Raison impure*, SEDES, 1977.

L. Vian, *Histoire de Montesquieu*, Didier, 1878.

Actes du congrès Montesquieu, Delmas, Bordeaux, 1956.

« Montesquieu », in *RHLF*, II, 1982.

« Montesquieu », in *Cahiers de l'Association internationale des études françaises*, n° 35, 1983.

« Montesquieu et la Révolution », in *Dix-huitième Siècle*, XXI, 1989.

Cahiers Montesquieu, depuis 1993.

« Montesquieu », in *Rivista di storia della filosofia*, 1, 1994.

Revue Montesquieu, Société Montesquieu/UHR *Lire*, Université Stendhal-Grenoble III, depuis 1997.

Bulletin de la société Montesquieu, chronique bibliographique annuelle, depuis 1989.

AUDIO & VIDÉO

CD-ROM

Encyclopédie de la littérature française, Bibliopolis, 1998.

MONTHERLANT

Henry de MONTHERLANT
De son vrai nom, Henry Marie-Joseph MILLON de MONTHERLANT
Écrivit aussi sous le pseudonyme de François LAZERGUE.
Paris 1895 - *ibid.* 1972
Académicien *(Grand Prix de Littérature de l'Acad. franç.)*

> *« Montherlant, qui se refuse à tout enrégimentement, demeure un des plus étonnants prosateurs du siècle. »*
> Albert CAMUS, *« La Conspiration » de Paul Nizan*, in *Essais*, Gallimard, posthume, 1965.

> *« Non seulement c'est la littérature d'une sorte de brute, mais c'est bavard en diable. »*
> Paul LÉAUTAUD, *Journal littéraire*, 10 mai 1929, Mercure de France, rééd. 1986.

Une vie d'ambivalences

Les découvertes fondatrices

Fils unique, Montherlant évoqua, dans ***Les Célibataires***, son milieu natal : la petite noblesse imbue de ses origines, repliée sur elle-même, mal adaptée au monde moderne. C'est pourtant dans son enfance et dans sa jeunesse qu'il fit les expériences essentielles de sa vie : découverte, en 1904, de l'Antiquité romaine à la lecture du *Quo vadis* de Sienkiewicz, qu'il démarqua dans des *juvenilia* d'une grande précocité ; découverte, en 1909, de Barrès, le seul écrivain du siècle qu'il eût véritablement admiré ; découverte, en 1911, de la corrida et, à travers elle, de l'Espagne ; découverte enfin des « amitiés particulières », à Neuilly (act. Hauts-de-Seine), d'abord à l'école Saint-Pierre — où il eut pour condisciple Aragon —, puis au collège Sainte-Croix de Neuilly — où il entra en janvier 1911 et côtoya Jean Renoir —, un des hauts lieux de sa nostalgie et de ses fantasmes, comme en témoignèrent le roman ***La Relève du matin*** (1920), la pièce ***La Ville dont le prince est un enfant*** (publiée en 1951, créée en 1967), et le roman ***Les Garçons*** (1969). En mars 1912, Montherlant fut renvoyé du collège, et cette date marqua pour lui le début de ce qu'il appela « *l'exil* » : titre qu'il donna à la première de ses œuvres qu'il eût jugée digne de publication, ***L'Exil*** (1929), une pièce de théâtre écrite en 1914.

La guerre éclata, alors que Montherlant, âgé de 19 ans, venait de perdre son père ; l'année suivante, mourut aussi sa mère. Réformé, l'orphelin mit à profit les années 1914 à 1917 pour élargir sa culture — Bossuet, Chateaubriand, Flaubert, Sénèque, Marc-Aurèle et D'Annunzio, dont *Le Feu* (1900) le marqua profondément — et pour dessiner, car il avait un bon coup de crayon. En août 1917, il fut reconnu apte au service auxiliaire — il n'était donc pas appelé à combattre —, à l'École militaire, à Paris. Muté, en mai 1918, à quelques kilomètres du front, il fut blessé de quelques éclats d'obus qui, loin de mettre ses jours en danger, lui permirent de se faire passer pour un authentique combattant grièvement meurtri : tels furent les maigres états de service de l'auteur du ***Songe*** (1922), du ***Chant funèbre pour les morts de Verdun*** (1924) et de tant d'autres essais nourris du mythe de la guerre. Par son biographe Pierre Sipriot, on sut plus tard que Montherlant, en mars 1918, écrivit à sa grand-mère pour lui demander de propager à Paris qu'il faisait partie de la 7e division, la « division Lorraine » : « *Ça fait très bien, très Barrès. C'est un gros appoint, je vous le dis très sérieusement pour les futurs biographes de l'écrivain nationaliste.* » La paix revenue, il fut agent d'assurances, puis secrétaire général de l'Œuvre de l'ossuaire de Douaumont — secourant les enfants victimes de la guerre —, et il pratiqua le sport, qu'il célébra avec grand succès dans ***Les Olympiques*** (1924). Les premiers ouvrages de Montherlant firent donc de lui le chantre des valeurs traditionnelles : l'école catholique, la guerre, la force. Dès ***La Relève du matin*** (1920), publiée à compte d'auteur, la droite le salua d'ailleurs comme l'héritier de Barrès, dédicataire du roman : « *Au maître Maurice Barrès, afin que ce nom de* maître *puisse être employé une fois sincèrement.* » Mais Montherlant cultivait aussi les thèmes en vogue dans l'immédiat après-guerre : l'adolescence, le sport, bientôt le voyage.

Élans et vagabondages

En 1925, il prit ses distances : il quitta Paris et, au cours de huit années d'inquiétude, ponctuées de quelques retours en France, il parcourut en tous sens l'Espagne — où, fin 1925, il fut blessé par un taureau, près d'Albacète — et l'Afrique du Nord, pour y satisfaire son amour des garçons. Vagabondages et chasse au bonheur qu'il évoqua dans son roman sur la tauromachie, ***Les Bestiaires*** (1926), dans des essais comme ***Aux Fontaines du désir*** (1927), ou dans des récits désinvoltes, tels que ***La Petite Infante de Castille***

(1929) — ces deux derniers titres constituant les 1er et 2e tomes de la série ***Les Voyageurs traqués***, que compléta, publié beaucoup plus tard, ***Un voyageur solitaire est un diable*** (1961). C'est en Afrique du Nord qu'il rencontra, en 1926, Marguerite Lauze, avec qui les fiançailles furent rompues en octobre 1927, durant le semestre que Montherlant passa à Paris, à compter de juin — il la retrouva durant l'Occupation, devenue Mme Barrat, mère d'un garçon prénommé Jean-Claude : tous deux furent, à la mort de l'écrivain, ses uniques héritiers. En Afrique du Nord, il découvrit aussi la violence dont étaient victimes les indigènes colonisés par la France. Écrite à Alger entre 1930 et 1932, mais restée inédite jusqu'en 1968, ***La Rose de sable*** — une édition confidentielle avait paru, en 1938, sous le titre de ***Mission providentielle*** et sous le pseudonyme de François Lazergue —, son premier roman « objectif », dénonçait les injustices et l'inauthenticité de l'époque coloniale au Maroc.

L'apogée de la quarantaine

En 1933, Montherlant rentra en France, sans cesser toutefois d'aller et de venir entre Paris et Alger : alors s'ouvrirent les années les plus fastes de sa carrière. Succès du romancier, d'abord : couronnés par l'Académie française, ***Les Célibataires*** (1934) étonnèrent par un mélange de réalisme, d'ironie et de compassion, puis la tétralogie des ***Jeunes Filles — Les Jeunes Filles*** (1936), ***Pitié pour les femmes*** (1936), ***Le Démon du Bien*** (1937), ***Les Lépreuses*** (1939) —, véritable *best-seller*, fit connaître Montherlant dans le grand public comme un don juan misogyne. Il l'écrivit à partir de 1934, année marquée par une liaison orageuse qui, après des fiançailles, s'acheva sur une rupture, début novembre ; renouée en février 1935, cette liaison prit définitivement fin trois mois plus tard. Il s'y montrait également un romancier auquel n'échappait aucune des subtilités dont la « *crise du roman* » (Michel Raimond) avait enrichi le genre.

Par ailleurs, Montherlant multiplia les articles dans la presse, avant de les recueillir dans des volumes d'essais. Le romancier se doublait d'un moraliste, observateur acerbe des mœurs et de la politique de son temps, dont les avis firent autorité, avec ***Mors et Vita*** (1932), ***Service inutile*** (1935), ***L'Équinoxe de septembre*** (1938). Montherlant se trouvait donc au sommet de sa gloire lorsque la guerre éclata à nouveau, tandis qu'il emménageait dans son appartement parisien du 25, quai Voltaire (act. VIIe arrondt) — jadis occupé par Musset. On s'attendait à voir le pourfendeur des accords de Munich adopter une attitude hostile à l'Allemagne. Il n'en fut rien : replié dans le Midi, il rentra à Paris en 1941. ***Le Solstice de juin*** (1941) — d'abord interdit par la censure allemande — le montrait sur la réserve à l'égard de Vichy, mais prenant son parti de la victoire allemande.

Un dramaturge tardif mais triomphant

C'est alors que, se détournant de l'actualité, il donna à sa carrière, en 1942, une orientation nouvelle. Renonçant à l'essai aussi bien qu'au roman et répondant à la suggestion de Jean-Louis Vaudoyer, administrateur général du Théâtre-Français, qui, en octobre 1941, lui avait recommandé de traduire une pièce du Siècle d'or espagnol, il fit créer, à la Comédie-Française, avec ***La Reine morte***, la première de ses pièces de théâtre représentées — six ans après la publication, à Tunis, de ***Pasiphaé*** (1936) —, bientôt suivie de ***Fils de personne*** (1943), créé au théâtre Saint-Georges, à Paris. À la Libération, l'écrivain, soupçonné d'avoir collaboré avec l'occupant, fut finalement absous par le Comité national des écrivains. Discrédité à gauche, il n'en poursuivit pas moins une brillante carrière de dramaturge, que consacra en 1960 son élection à l'Académie française — sans avoir fait aucune visite protocolaire préalable. ***Le Maître de Santiago*** (écrit en 1947, créé au théâtre Hébertot en 1948), ***Port-Royal*** (à la Comédie-Française en 1954), puis, beaucoup plus tard — Montherlant s'étant opposé à la création de la pièce, à la Comédie-Française, en 1951 —, ***La Ville dont le prince est un enfant*** (au Théâtre Michel en 1967) remplirent les salles parisiennes.

Ses échecs mêmes, tels que ***La Mort qui fait le trottoir (Don Juan)*** (1958), constituèrent des événements. Au total, entre 1942 et 1965, Montherlant fit représenter à Paris plus de 12 pièces — dont ***Malatesta*** (publiée en 1946 à Lausanne, créée au théâtre Marigny, en 1950, par la compagnie Renaud/Barrault), une nouvelle version de ***Pasiphaé*** (1949 et 1953 à la Comédie-Française), ***Demain il fera jour*** (1949, au théâtre Hébertot), ***Celles qu'on prend dans ses bras*** (1950, au théâtre de la Madeleine), ***Brocéliande*** (1956, à la Comédie-Française), ***Don Juan*** (1959, à l'Athénée), ***Le Cardinal d'Espagne*** (1960, à la Comédie-Française), ***La Guerre civile*** (1965, au théâtre de l'Œuvre) — et son ***Théâtre*** fut publié dans la « Bibliothèque de la Pléiade » de son vivant (1954) — comme le furent ses ***Romans et***

Œuvres de fiction non théâtrales (1959) puis ses ***Essais*** (1963), honneur exceptionnel pour tout écrivain. Néanmoins, ce théâtre exclusivement tragique, où les drames *« en pourpoint »* (***La Reine morte***, ***Malatesta***, ***Don Juan***, ***Le Cardinal d'Espagne***, ***La Guerre civile***) côtoyaient les drames *« en veston »* (***L'Exil***, ***Fils de personne***, ***Demain il fera jour***, ***Celles qu'on prend dans ses bras***, ***Brocéliande***), consacrait la rupture de Montherlant avec son époque, aussi bien par ses thèmes — l'amertume, la retraite — que par sa forme — langage hiératique, prééminence du discours sur le geste —, au moment où Beckett et Ionesco faisaient triompher le théâtre de l'absurde.

Une fin tragique et libre

À la fin de sa vie, il renoua avec l'essai — ***Le Treizième César*** (1970), les notes de théâtre de ***La Tragédie sans masque*** (1972) — et surtout avec le roman — ***Le Chaos et la Nuit*** (1963), ***Les Garçons*** (1re version 1969, version intégrale posth., 1974, constituant, après ***Le Songe*** et ***Les Bestiaires***, le dernier volet de la trilogie ***La Jeunesse d'Alban de Bricoule***), ***Un assassin est mon maître*** (1971) —, continuant inlassablement à dresser, dans les divers volumes de ses ***Carnets*** — ***Carnets 1930-1944*** (1957), ***Carnets 1958-1964*** sous le titre ***Va jouer avec cette poussière*** (1966), ***Carnets 1968-1971*** sous le titre ***La Marée du soir*** (1972) —, le procès d'une société où il ne se reconnaissait plus. Aussi, menacé de perdre la vue — victime, en 1959, d'une insolation qui provoqua une cécité progressive, il avait perdu la vision de l'œil gauche en 1968 —, se donna-t-il la mort le 21 septembre 1972. Par là, il voulut sans doute authentifier une œuvre que ses détracteurs jugeaient, surtout depuis l'Occupation, comme *« un beau cadre vide »* (Gaëtan Picon). Il inscrivit en tout cas sa mort dans l'espace de ses textes, puisqu'il choisit de se tuer, comme le font beaucoup de ses personnages, et, de surcroît, le jour de l'équinoxe de septembre — date pour lui symbolique, puisqu'un de ses essais de 1938 s'intitulait précisément ***L'Équinoxe***.

En avril 1973, ses cendres furent dispersées sur le Forum, à Rome, par Jean-Claude Barrat et sa mère, ses uniques héritiers. La même année, parut ***Mais aimons-nous ceux que nous aimons ?***, récit où l'autobiographie se mêle à la réécriture du ***Songe***, des ***Bestiaires*** et des ***Olympiques***, et que suivirent ces quelques autres œuvres posthumes : ***Le Fichier parisien*** (1974), ***Tous Feux éteints*** (1975), ***Coups de soleil*** (1976), ***Thrasylle*** (1984), ***Moustique*** (1986) et ***Essais critiques*** (1995). Tandis que paraissaient ces quelques inédits posthumes, Roger Peyrefitte publia des extraits de sa correspondance avec Montherlant, et Pierre Sipriot — biographe décisif de l'auteur de ***La Reine morte*** —, des lettres de Montherlant soldat à sa grand-mère : publications importantes, car elles font la lumière sur la vie secrète de Montherlant, sur son discours érotique et, pour ce qui est des lettres à sa grand-mère, sur son cynisme de jeune homme.

THÉORIE LITTÉRAIRE

« Si le monde n'a aucun sens, comme il est évident pour nous, tenir avec lui les conduites les plus différentes est le seul parti raisonnable. C'est l'équivalence. Et comme on ne peut pas les tenir toutes à la fois, il faut alterner. » Ainsi Montherlant définit-il, dans ***Va jouer avec cette poussière (Carnets 1958-1964)***, le principe d'équivalence-alternance qui gouverna aussi bien sa vie personnelle que sa création littéraire. Il s'agit de *« vivre toute la diversité du monde et de ses prétendus contraires »* ***(Aux fontaines du désir)***, car *« toutes les émotions sont une. Et toutes les noblesses sont une »* ***(Va jouer avec cette poussière)***. Ce *« protéisme »* ***(La Marée du soir [Carnets 1968-1971])*** lui fournit tout à la fois une morale et une esthétique, indissociables l'une de l'autre : *« Il y a autant de plaisir à être droit qu'à être retors. Autant à être cruel qu'à être clément. Autant à être âpre qu'à se relâcher. Il faut donc alterner, ce qui non seulement varie le plaisir, mais décontenance l'adversaire* [...] *l'important n'est pas d'être différent des autres, mais d'être différent de soi* [et] *celui qui contient beaucoup d'humanité retrouve en soi les germes ou les épanouissements de tous les sentiments »* ***(Carnets 1930-1944)***. Montherlant refuse donc de choisir entre la *« veine profane (ou pis que profane) »* et la *« veine chrétienne »* (***Postface*** au ***Maître de Santiago***), entre l'état de *« grâce »* et celui de *« nature »*, préférant *« voleter de l'un à l'autre comme l'oiseau entre terre et ciel »* ***(Carnets 1930-1944)***. Cette *« réhabilitation du caméléon »*, ce *« pouvoir de s'accorder immédiatement* [...] *comme la corde se met à vibrer* [...] *quand une autre corde vibre »* *(ibid.)*, il les cultiva pour lui-même autant que pour ses personnages dramatiques ou romanesques : « [...] *tout créateur de fiction souhaite d'éprouver, pour son plaisir personnel, combien son clavier est vaste »* ***(La Marée du soir)***. C'est aussi l'une des raisons

de son admiration pour la Rome antique, dont la civilisation a déployé, selon lui, « *le plus large éventail, qui va de l'art de jouir à l'art de mourir, avec entre les deux le courage, la gravité, l'infamie et la tristesse* » ***(La Tragédie sans masque)***.

C'est à la lumière de ce triple trait, la « *mobilité* », la « *diversité* » et la « *lucidité* » ***(Va jouer avec cette poussière)***, par lequel Montherlant définit à la fois son caractère, son impératif moral et son œuvre, qu'il faut comprendre des assertions comme celle-ci : « *Un grand écrivain n'est jamais grand par sa forme seulement, mais par ce qu'il y met, c'est-à-dire par ce qu'il est* » ***(Essais critiques)*** ; ou encore : « *La force du style n'est que la force du caractère* » ***(La Marée du soir)***. L'auteur refuse de se laisser enfermer dans « *cette grande fraude de la chose écrite* » : « *Il n'est rien que j'aie écrit,* affirme-t-il, *dont, à un moment de mon existence, je ne me sois senti pressé d'écrire le contraire* [...]. *Nos émotions sont dans nos mots comme des oiseaux empaillés* » ***(Carnets 1930-1944)***. Quant à ses personnages, ils ne se déploient pas, selon lui, dans un « *théâtre de la grandeur* », selon la formule si souvent utilisée par les critiques ; il s'agit tout autant d'un « *théâtre de la faiblesse* » : « *Ou ce sont des demi-fous, ou ce sont des faibles qui se connaissent pour faibles. Ou des faibles qui se croient des forts. Ou des forts qui s'effondrent, simplement parce qu'ils sont au bout de leurs forces* » ***(La Marée du soir)***. « *Il ne s'agit pas de grandeur, mais de la connaissance de l'homme* » ***(Va jouer avec cette poussière)***. Ce sont « *des vaincus* » qui peuplent cet « *art tragique* » ***(La Marée du soir)***, ce « *théâtre de caractères* » ***(Va jouer avec cette poussière)***, cette « *œuvre romanesque et* [ce] *théâtre exclusivement psychologiques* » qui ne prétendent « *qu'à faire voir, avec autant d'acuité que possible, les cheminements d'âmes humaines* » *(ibid.)*.

L'art, selon Montherlant, ne saurait correspondre ni à un engagement — « *J'aime mieux un homme qui aurait passé sa vie à pêcher à la ligne qu'un homme qui aurait passé sa vie à combattre pour une cause quelconque* » ***(La Tragédie sans masque)*** — ni à une morale positive : « *En morale, il n'y a que les intentions qui comptent. En art, que les résultats* » ***(Carnets 1930-1944)***. L'écrivain, à ses yeux, n'écrit que pour lui-même, « *comme l'arbre donne son fruit* », dans « *un mouvement organique d'expansion, dénué du moindre sentiment à l'égard du milieu qui le reçoit* » ***(Va jouer avec cette poussière)***. Persuadé, comme Épictète ***(Carnets 1930-1944)***, qu'il est aussi honteux d'exposer son âme que de prostituer son corps — « *Quelqu'un qui dit tout ce qu'il pense est à peu près comme un enfant qui pisse au lit* » ***(La Marée du soir)*** —, Montherlant affirmait ne rechercher dans la création littéraire que l'une des voies d'un bonheur personnel — l'autre étant, selon un aveu maintes fois répété, le plaisir sexuel. Le stoïcisme ne lui inspirait pas seulement une mise en parallèle fréquente entre la création et le suicide : « *Les motifs qui ont poussé un artiste à exécuter telle œuvre d'art peuvent être aussi profondément nécessaires* [...] *que les motifs véritables d'un suicide* » ***(La Tragédie sans masque)***. Il lui suggérait, selon les termes de l'Ecclésiaste, que « *ce qui finit vaut mieux que ce qui commence* » ***(Va jouer avec cette poussière)***. Selon l'exemple, à nouveau, des Romains, qui « *n'ont jamais mis l'âge d'or ailleurs que dans le passé* » *(ibid.)*, il se méfiait des mirages de l'avenir ; à l'image des enfants qui n'ont édifié un château de sable sur la plage que pour regarder, « *avec la même excitation joyeuse, la marée du soir le détruire* » ***(La Marée du soir)***, il déclarait se soucier peu du destin de ses pièces et de ses romans : « *La seule recette : faire des œuvres belles. Ensuite, advienne que pourra* » ***(Carnets 1930-1944)***.

THÉORIE LITTÉRAIRE

Auteur d'une œuvre à son image, tour à tour édifiante et immorale, chrétienne et profane, grave et cynique, Montherlant s'attacha à ne rien taire de ce qu'il appelait « *le clair-obscur de l'homme* ». Au terme d'une vie d'élans et de retraites, il fit sienne l'exclamation de Ferrante : « *Ah ! la mort, qui vous met enfin hors d'atteinte...* » (**La Reine morte**, III, 7). En un siècle de remise en cause de la littérature même, il prit le parti d'un classicisme devenu provocateur — le style et la psychologie —, sans renoncer à faire triompher « *le sourire de la pensée la plus profonde* » ***(Le Solstice de juin)***.

Un maître du style

Montherlant a longtemps passé pour un maître du style. Son écriture s'inscrit dans la lignée de Saint-Simon, de Chateaubriand, de Barrès, et prend volontiers le tour de la maxime. Mais il ne faut pas juger de son écriture d'après celle de son seul théâtre, où abondent les sentences souvent cyniques du moraliste amer : « *Ce qui est effrayant dans la mort de l'être cher, ce n'est pas sa mort, c'est comme on en est consolé* » (***La Reine morte***, II, 1) ; « *Les pires ennemis d'un homme, ce sont ses compatriotes* » (***Malatesta***, IV, 7) ; « *Malheur aux honnêtes... Malheur aux meilleurs...* » (***Le Maître de Santiago***, I, 4). Dans ses romans et ses essais, il se montre un styliste beaucoup plus libre. Ses ***Carnets*** fournissent de nombreux exemples de cette variété et de cette liberté, mêlant des considérations morales ou critiques parfois féroces — « *On ne devrait jamais écrire d'un auteur sans avoir tout lu de lui, et tout se rappeler* » (1932) ; « *Qui ne dit mot consent, qui ne dit mot s'en fout* » (1969) — à des notations plus intimes : « *Ses pieds froids, sur mon front, sauraient me guérir de toute peine* » (1931). Il aime les images inattendues à la manière de Morand, le pouvoir expressif des argots — celui des poilus, celui des sportifs — et la saveur du langage populaire : « *"Encore celle-là. Oui, je sais, c'est la barbe... mais tu ne peux pas laisser passer ça !"* [...] *J'en ai tant vu que je savais qui étaient folles de leur corps et qu'en public on aurait juré des saintes nitouches...* » ***(La Rose de sable)***. Il pratique volontiers une discordance qu'il met au service de l'ironie : « *"Que le lieutenant Auligny repose sur la colline de Fez. En arrosant cette terre de son sang généreux, il l'a marquée pour qu'elle le garde. Au Maroc comme à la frontière de l'Est, ce sont les morts qui défendent le sol. Henriette Pétivier-Auligny." Elle espérait que l'employée de la poste qui "prenait" son télégramme, lui jetterait un regard d'admiration. Mais l'employée ne leva pas les yeux. Mme Auligny pensa qu'elle l'avait fait exprès, que c'était une communiste* » *(ibid.)*. Il passe d'un registre à l'autre avec humour, notamment avec ses personnages : « *Si j'avais eu un fils, dit Celestino, et s'il avait voulu se faire prêtre, je l'aurais tué. – Une cigarette ? proposa Ruiz. – Non, mes convictions me suffisent* » ***(Le Chaos et la Nuit)***. Il le fait encore plus volontiers lorsqu'il s'agit d'Alban de Bricoule, son double romanesque : « *Il distinguait bien, déjà, que ce sont les parents, les épouses, les enfants, les maîtresses, qui vous engluent dans une merdouille de petits honneurs. Et c'est la solitude, cette aile, qui vous en tire et vous soulève* » ***(Les Garçons)***.

Une œuvre au « purgatoire »

Prisonnier des modèles qu'il s'était donnés, Montherlant n'a jamais subverti les règles traditionnelles de l'intelligibilité, du vraisemblable et même de la bienséance. C'est pourquoi, après avoir suscité des réactions passionnées, son œuvre a connu, à la fin du XXe siècle, le « purgatoire ». Rares sont les écrivains qui se réclament de son exemple. Son théâtre n'est plus guère joué, on ne lit plus beaucoup ses romans. La nouvelle critique ne s'est jamais penchée sur cet écrivain, trop académique à son goût. Récemment, seul un téléfilm de ***La Ville dont le prince est un enfant***, réalisé et interprété par Christophe Malavoy et adapté par Didier Decoin (1996), a brillamment contribué à le tirer partiellement de l'oubli. Mais il suffirait, pour prendre plaisir à Montherlant, d'ouvrir les livres où il se montre tel qu'il fut sans doute, lorsqu'il ne se composait pas un personnage, notamment les textes ***La Petite Infante de Castille***, ***Coups de soleil***, ***Le Fichier parisien*** qu'il a tirés de ses errances autour de la Méditerranée et de ses déambulations dans les rues de Paris.

ŒUVRES

Port-Royal

Pièce en un acte et en prose, créée à la Comédie-Française en décembre 1954, publiée la même année chez Henri Lefebvre et chez Gallimard.

L'action, resserrée à dessein, « *à l'instar des tragédies grecques* » (**Préface** de 1953), se déroule tout entière dans le parloir du monastère de Port-Royal, le 26 août 1664. L'auteur a respecté pour l'essentiel la vérité historique des événements : les religieuses attendent avec anxiété la visite de l'archevêque — Montherlant l'appelle « *Péréfixe* » —, qui les a sommées de signer le fameux formulaire condamnant 5 propositions, jugées hérétiques par l'Église, de Jansénius. En apparence, il s'agit de la lutte entre une foi intransigeante — « *Les puissants veulent continuer d'exister, et au prix de n'importe quelles compromissions* », dit l'une des religieuses — et une sorte de raison d'État ecclésiastique — « *Que deviendrons-nous quand tous se détourneront d'une religion rendue impraticable ?* », demande Péréfixe. Plus profondément, l'auteur s'attache aux cheminements spirituels inverses de deux des héroïnes : sœur Angélique, la nièce du Grand Arnauld, qui, sachant d'avance qu'elle ne résistera pas à la réclusion et à l'isolement, marche vers le doute et les ténèbres ; et sœur Françoise qui, malgré son jeune âge et sa fragilité, se raffermit au contraire dans l'épreuve, trouvant finalement la lumière et le salut. L'archevêque, devant le refus réitéré des « *rebelles* » de se soumettre, leur interdit les sacrements et disperse 12 d'entre elles — dont sœur Angélique — dans divers couvents. L'une des religieuses, la sœur Flavie, qui a dénoncé ses camarades, accepte de signer le formulaire et prend la tête du monastère.

Dans cette œuvre entièrement consacrée aux mouvements de l'âme et aux drames intérieurs, l'auteur a volontairement écarté toute « *action agitée* », tout « *tintamarre grossier* », toute « *mécanique foraine* » ***(Préface)*** : il s'agit d'un « *exposé psychologique nuancé et sobre* » *(ibid.)*. Le décor lui-même est « *d'une extrême simplicité* », conformément à l'idéal janséniste qui « *supprime les "effets" et les astragales de la religion* » *(ibid.)*.

Montherlant — à qui le thème de son drame avait été suggéré par la lecture du *Port-Royal* de Sainte-Beuve — avait composé une 1re version de la pièce entre 1940 et 1942, mais les troupes d'occupation s'étaient opposées à sa représentation. Il la récrivit complètement en 1953, complétant ainsi sa « *trilogie catholique* », après ***Le Maître de Santiago*** et ***La Ville dont le prince est un enfant*** — pièces publiées dans cet ordre mais créées inversement pour ***La Ville [...]*** et ***Port-Royal***.

La *Reine morte*

Pièce en 3 actes et en prose, publiée en 1942 chez Henri Lefebvre, avec 10 eaux-fortes de Michel Ciry, puis, la même année, chez Gallimard, sous le titre ***La Reine morte ou Comment on tue les femmes*** et créée à la Comédie-Française, le 8 décembre 1942, dans une mise en scène de Pierre Dux. L'édition corrigée de 1947, toujours chez Gallimard, comportait les coupures possibles sur la scène.

Ferrante, roi du Portugal, a décidé d'unir son fils, le prince don Pedro, à doña Bianca, infante de Navarre. Mais la jeune fille découvre tout de suite la froideur de son fiancé, amoureux d'Inès de Castro : « *Je me plains à vous, je me plains à vous, Seigneur !* » sont les premiers mots de la pièce, qu'elle adresse au vieux roi. Celui-ci, qui méprise son fils — « *Vous êtes vide de tout, et d'abord de vous-même* » —, apprend de la bouche d'Inès que Pedro l'a épousée en secret. Il fait jeter le dauphin en prison : « *Allez, allez en prison. En prison pour médiocrité* » (I, 7). Au cours du 2e acte, les conseillers font pression sur le roi pour qu'il fasse exécuter Inès. Ferrante, au contraire, demande à la jeune femme son appui pour convaincre le prince de laisser annuler son mariage et d'épouser doña Bianca. L'infante, elle aussi, sympathise d'ailleurs étrangement avec sa rivale, et lui offre de l'emmener avec elle. Le drame se noue lors du dernier acte : Inès avoue au roi qu'elle est enceinte du prince. Malgré les assurances de clémence qu'il lui prodigue en échange de son départ, Ferrante fait assassiner Inès repartie vers sa province natale, le Mondego : « *Pourquoi est-ce que je la tue ? Il y a sans doute une raison, mais je ne la distingue pas* » (III, 7). Il meurt à son tour au moment où l'on apporte le cadavre de la « *reine morte* ». Et c'est à Inès que, par son seul regard, Pedro, le nouveau roi, fait rendre les hommages de la Cour.

Si le public fut surtout sensible à la grandeur d'âme, à la vertu simple et tranquille de l'héroïne, Montherlant voyait dans l'énergique doña Bianca et dans l'irrésolu Ferrante les deux figures centrales, et opposées, de la pièce. Le second surtout, instable et velléitaire, tour à tour capable des haines et des tendresses les moins explicables, lucide sur les autres et aveugle sur lui-même — « *Et dire qu'on me croit faible !* », s'exclame-t-il piteusement au moment de condamner Inès —, défie tout jugement moral définitif.

Écrit en un style flamboyant d'antithèses et de paradoxes, le drame fait la part belle aux maximes, et Ferrante apparaît souvent comme le porte-parole à peine dissimulé de Montherlant moraliste : « *La pire colère d'un père contre son fils est plus tendre que le plus tendre amour d'un fils pour son père* » (I, 2) ; « *On dit toujours que c'est d'un ver que sort le papillon ; chez l'homme, c'est le papillon qui devient un ver* » (I, 3) ; « *Je suis chez moi partout où il y a de la gravité* » (I, 5) ; « *[...] ce que les hommes appellent amour, qui est d'aller dans des maisons noires au fond d'alcôves plus tristes qu'eux-mêmes, pour s'y mêler en silence comme des ombres* » (I, 5) ; « *La création de Dieu est un monceau d'innombrables injustices. La société des hommes aurait-elle l'orgueil infernal de prétendre être plus parfaite ?* » (II, 1) ; « *Il est parfois moins admirable d'user de son pouvoir, que de se retenir d'en user* » (II, 3) ; « *la guerre... Des hommes qui ne valent pas de vivre. Et des idées qui ne valent pas qu'on meure pour elles* » (III, 6).

En octobre 1941, Jean-Louis Vaudoyer, administrateur général de la Comédie-Française, avait suggéré à Montherlant de traduire une pièce du Siècle d'or, en lui proposant *Aimer sans savoir qui* de Lope de Vega ou *Régner après sa mort* de Velez de Guevara. L'auteur choisit la seconde pièce, mais il décida de la « *refaire entièrement [...], en ne conservant que quelques éléments de son armature* » (***Postface*** de 1943). La légende de Pedro, fils du roi Alphonse de Portugal, avait déjà inspiré à Houdar de La Motte son seul succès dramatique, *Inès de Castro* (1723).

Madeleine Renaud trouva dans le personnage d'Inès l'un de ses premiers grands rôles. D'abord boudé des critiques, le drame de Montherlant, au prix de quelques allégements dans sa version scénique, connut très vite un vif succès, qui ne s'est jamais démenti. Il fut joué dans toute l'Europe. Dès Noël 1942, la pièce fut même mise en scène, avec des moyens de fortune, par des prisonniers français au camp de travail de Wistnitz, en Allemagne.

CITATIONS

Être à la fois, ou plutôt faire alterner en soi, la Bête et l'Ange, la vie corporelle et charnelle et la vie intellectuelle et morale, que l'homme le veuille ou non, la nature l'y forcera, qui est toute alternances, qui est toute contractions et détentes.

Syncrétisme et Alternance, in *Aux fontaines du désir.*

Publier un livre, c'est parler à table devant les domestiques.

Carnets, 1930-1944.

On blesse l'amour-propre ; on ne le tue pas.

Carnets, 1930-1944.

Il y a dans mon œuvre une veine chrétienne et une veine « profane » (ou pis que profane), que je nourris alternativement, j'allais dire simultanément, comme il est juste, toute chose en ce monde méritant à la fois l'assaut et la défense [...].

Postface au *Maître de Santiago.*

[...] si vous n'êtes pas prêt à tuer ce que vous prétendez haïr, ne dites pas que vous haïssez : vous prostituez ce mot.

Malatesta, I, 8.

En réalisant ses désirs, autrement dit en se réalisant soi-même, l'homme réalise l'absolu.

La Petite Infante de Castille, II, II.

Je vous reproche de ne pas respirer à la hauteur où je respire.

La Reine morte, I, 3.

Ce qui est effrayant dans la mort de l'être cher, ce n'est pas sa mort, c'est comme on en est consolé.

La Reine morte, II, 1.

Je n'ai que l'idée que je me fais de moi pour me soutenir sur les murs du néant.

Chevalerie du néant, in *Service inutile.*

Le sourire de la pensée la plus profonde.

Le Sourire et le Silence, in *Le Solstice de juin.*

Avoir une affection, c'est cela qui donne le plus l'idée de ce que doit être le ciel.

La Ville dont le prince est un enfant, II, 7.

JUGEMENTS

« [...] je vois le garçon de mes vingt-cinq ans, l'air viril, la tête fine et la cuisse trapue. Fier de ses "100 mètres" et de ses juvéniles corridas. Fou de publicité et de mépris. Avec je ne sais quoi de gauche qui signe et parfait le portrait. [...] Quant à sa mort, un joli tour joué à l'immortalité. Allons, ce n'est pas sa mort qu'il a estoqué, mais la Mort. Il est mort montherlamment. »

Joseph DELTEIL, *Le Sacré Corps*, Grasset, 1976.

« Le Malatesta *que Montherlant vient de m'envoyer et dont j'achevais hier soir la lecture, me paraît œuvre bien médiocre. [...] Décidément je ne peux maintenir mon estime pour un homme aussi précautionneux : si excellent écrivain qu'il puisse être. Il a beau se camper en héros : à travers sa pourpre, je reconnais sans cesse un froussard qui se garde à carreau. Plus soigneux encore que Cocteau pour l'éclairage de son personnage et soucieux d'autrui [...] avec l'air de planer et de survoler le vulgaire ; un indéfinissable fonds de vulgarité qu'il dissimule sous une feinte goujaterie et une affectation de dehors cyniques, mieux encore que par son allure de conquistador à la Barrès. Ah ! combien tout cela me déplaît. »*

André GIDE, *Journal*, 11 avril 1948, Gallimard, 1954.

« Montherlant lui-même a grandi dans un roman de chevalerie tempéré par les langueurs d'une enfance dorlotée. La pension de Neuilly, la ferveur religieuse, le culte presque naturel du geste, ont constitué en lui cette combinaison de mysticisme hautain et de goût sensuel de la force qui fait de son écriture un parler, un ton de voix uniques. La noblesse et l'élan sont chez lui un besoin de l'organisme. L'œil, le système nerveux, l'épiderme, sont ici païens et religieux tout ensemble. »

Renaud MATIGNON, « Henry de Montherlant. C'était à lire en... 1924 », in *Le Figaro*, 5 août 1986.

« Ce qu'il y a de plus fort chez Montherlant, c'est le style. Ce style est au service de deux convictions apparemment contradictoires. La première est d'un pessimisme noir : la vie n'a pas de sens, tout est également inutile et il n'y a d'espérance ni ici-bas ni ailleurs ; la deuxième prend sa source

dans une éducation catholique assez vite abandonnée, mais dont il reste pourtant quelque chose, et dans le culte des grands hommes de l'antiquité païenne : il faut se conduire dans cette nuit noire et dans ce chaos sans espoir avec grandeur, avec noblesse, avec élévation et tâcher, malgré tout, et pour rien, d'aller toujours plus loin et plus haut. Car "tout ce qui est atteint est détruit". »

Jean d'ORMESSON, « Montherlant. Roulez, torrents de l'inutilité ! », in *Une autre histoire de la littérature française*, II, NiL, 1998.

« *Montherlant a conservé la religion comme moyen de poésie, dans une ambiguïté favorable à l'essor du style et à une merveilleuse confusion des sentiments. On passe sur quelques archaïsmes empruntés à Saint-Simon, destinés au "grand genre". On passe, subjugué par la liberté, l'humour et les sarcasmes charriés par une phrase au service d'une technique qui a de-ci de-là l'élégance de se moquer du roman en général, annonçant parfois des événements qui seront oubliés en chemin. L'avant-veille de l'équinoxe d'automne, au Voltaire, l'écrivain cessa un long moment de remuer sa cuillère dans la tasse à café. Entendit-il une voix lui susurrer :* "Henry, it's time" ¿ »

Angelo RINALDI, « Montherlant pause-café », in *Le Nouvel Observateur*, 1998.

BIBLIOGRAPHIE

Éditions

Essais, éd. P. SIPRIOT, « Pléiade », Gallimard, 1963.

Romans, t. I, éd. R. SECRÉTAIN, t. II, éd. M. RAIMOND, « Pléiade », Gallimard, 1959 et 1982, 2 vol.

Théâtre, éd. J. de LAPRADE, préface Ph. SAINT-ROBERT, « Pléiade », Gallimard, 1955, rééd. 1972.

Les Célibataires, « Folio », Gallimard, 1995.

Port-Royal, « Folio », Gallimard, 1972.

La Reine morte, « Folio », Gallimard, 1972.

Études

P. d'ARX, *Henry de Montherlant ou le Chemin de l'exil*, Nizet, 1995.

A. BLANC, *Les Critiques de notre temps et Montherlant*, Garnier, 1973 ; *L'Esthétique de Montherlant*, CDU/SEDES, 1995.

J.-L. GARET, *Un écrivain dans le siècle : Henry de Montherlant*, Éd. des Écrivains, 1999.

R. LANCREY-JAVAL, *Le Langage dramatique de « La Reine morte »*, PUF, 1995.

M. MOHRT, *Montherlant, « homme libre »*, Gallimard, 1943, rééd. La Table ronde, 1989.

G.G. PLACE, *Bibliographie de l'œuvre de Henry de Montherlant*, Éd. de la Chronique des lettres françaises, 1972, rééd. *in* G.G. PLACE, J. PLACE et H. TALVART, *Bibliographie des auteurs modernes de langue française (1801-1974)*, t. 20-21, Éd. de la Chronique des lettres françaises, 1973 et 1975, 2 vol.

M. RAIMOND, *Les Romans de Montherlant*, SEDES, 1982.

J. ROBICHEZ, *Le Théâtre de Montherlant*, SEDES, 1973.

Ph. de SAINT-ROBERT, *Montherlant ou la Relève du soir*, Belles Lettres, 1992.

P. SIPRIOT, *Montherlant sans masque*, Laffont, 1982 et 1990, 2 vol., rééd. « LdP », LGF, 1992.

La Table ronde, n° 155, nov. 1960.

AUDIO & VIDÉO

Vidéo

L. IGLESIS, M. ETCHEVERRY, *Le Maître de Santiago*, 1975, INA/FR3, 1988.

MUSSET

Alfred de MUSSET
Louis-Charles-Alfred de MUSSET
Paris 1810 – *ibid.* 1857
Académicien

> *« Le caractère du génie de Musset, c'est [...] la tendresse, — la tendresse jusqu'au fond de la passion la plus ardente et plus forte qu'elle ; car elle fond toujours, cette passion, dans une dernière larme. »*
> Jules BARBEY d'AUREVILLY, in *Le Constitutionnel*, 9 avril 1877.

> *« Musset est quatorze fois exécrable pour nous, générations douloureuses et prises de visions, — que sa paresse d'ange a insultées ! »*
> Arthur RIMBAUD, lettre à Paul DEMENY, dite *« Lettre du voyant »*, 15 mai 1871.

Des dons et des douleurs

Un brillant enfant terrible

Musset naquit dans une famille aisée, libérale et cultivée : son grand-père maternel, Guyot-Desherbiers, avait été l'ami de nombreux écrivains du XVIIIe siècle, dont Carmontelle, et fut lui-même poète et éditeur ; son père, Musset-Pathay, avait été le responsable d'une édition monumentale des œuvres de Rousseau. Enfant prodige, après d'excellentes études classiques au lycée Henri-IV — il obtint le 2nd prix de dissertation latine au concours général et brillait tout particulièrement dans ses vers latins —, Musset fit en 1827 son « entrée en littérature ». Chez Nodier d'abord, qui tenait, en toute convivialité, salon à l'Arsenal : Lamartine et Hugo, Vigny et Sainte-Beuve, Delacroix, Achille et Eugène Devéria y étaient des fréquentations stimulantes. Présenté à Hugo par son beau-frère Paul Foucher, il fut introduit au Cénacle de la rue Notre-Dame-des-Champs, où la discussion était plus ferme, et la récréation, moins libérale. Musset garda de cette époque quelque chose de désinvolte, de libertin dans la tradition du XVIIIe siècle, une sorte d'adolescence dorée et fragile qui bronche avant le saut dans l'âge adulte. Achille Devéria a laissé de lui à cette époque une lithographie qui vaut tous les discours : Musset en costume de page pour une soirée travestie. Pendant ce temps, le brillant jeune homme commença des études de droit, y renonça puis tenta des études de médecine, avant de s'essayer au dessin et à la musique.

Son bagage d'écrivain était encore mince : poète d'un seul recueil, les ***Contes d'Espagne et d'Italie*** (1829), auteur de quelques poèmes ou articles parus dans la presse et d'un essai au théâtre, ***La Nuit vénitienne ou les Noces de Laurette***, sifflée à l'Odéon le premier soir (1er déc. 1830) et retirée de l'affiche le lendemain. Mais, dès cette époque, il se distinguait de ses confrères en romantisme par des traits bien à lui : l'intelligence critique en éveil, il s'apprêtait, comme dit son père, à « *se déhugotiser* ». On le sent plus proche de Vigny et de Sainte-Beuve que de Hugo ou de Lamartine. En lui cohabitaient les contraires : le cynique qui bafoue l'amour et l'idéaliste qui le sacralise, l'acceptation ingénue de la vie et la hantise de l'autodestruction.

Ce sont peut-être là billevesées d'adolescent. Mais un événement majeur le força à « *penser en homme* » : la mort brutale de son père, le 8 avril 1832, victime de l'épidémie de choléra qui faisait rage à Paris. L'ébranlement qui s'ensuivit laissa des traces profondes dans l'œuvre ultérieure de Musset : il en est question dans ***La Confession d'un enfant du siècle*** (III, II), puis dans ***La Nuit de décembre*** et dans ***Le Poète déchu*** :

Un an après, il était nuit,
J'étais à genoux près du lit
Où venait de mourir mon père.
Au chevet du lit vint s'asseoir
Un orphelin vêtu de noir,
Qui me ressemblait comme un frère.

Ses yeux étaient noyés de pleurs ;
Comme les anges de douleurs,
Il était couronné d'épines ;
Son luth à terre était gisant,
Sa pourpre de couleur de sang
Et son glaive dans sa poitrine.

(***La Nuit de décembre***, vv. 49 à 60)

La légende du pélican, dans ***La Nuit de mai***, symbolisait le mémorial douloureux et solennel de la mort du père :

Pour toute nourriture il apporte son cœur.
Sombre et silencieux, étendu sur la pierre,
Partageant à ses fils ses entrailles de père,
Dans son amour sublime il berce sa douleur,
Et, regardant couler sa sanglante mamelle,

Sur son festin de mort il s'affaisse et
chancelle,
Ivre de volupté, de tendresse et d'horreur.
(***La Nuit de mai***, vv. 166 à 172)

Pour l'heure, l'événement mit brusquement l'insouciant en face de son destin d'adulte. ***Un spectacle dans un fauteuil, poésie*** (1832) naquit de cet affrontement brutal et des résolutions qu'il impliquait. Les virtuosités sans conséquence de l'enfant prodige cédèrent progressivement la place aux confessions, souvent sincères et parfois poignantes, de l'enfant du siècle.

Passions et chefs-d'œuvre

En dépit d'un article élogieux de Sainte-Beuve (15 janv. 1833), le *Spectacle* ne rencontra pas le succès escompté. Du moins Musset put-il espérer désormais vivre de sa plume. François Buloz, le directeur de la jeune *Revue des Deux Mondes*, qui ne manquait ni de flair ni d'ambition, le prit sous contrat à la revue, forçant ainsi le dilettante à la copie, le dandy à rompre avec ses habitudes de paresseux. La plus grande partie de l'œuvre de Musset, y compris son théâtre, eut la *Revue des Deux Mondes* pour lieu d'accueil, et Buloz n'eut pas à regretter son audacieux pari. Coup sur coup y parurent 2 pièces de théâtre en prose : le 1er avril 1833, ***André del Sarto*** et, le 15 mai, ***Les Caprices de Marianne***. Même cadre italien, même liberté de construction, même passion dévoratrice. Mais, tandis que, dans ***André del Sarto***, le débat opposait les ardeurs de l'amour fou aux exigences de la vocation d'artiste, ***Les Caprices de Marianne*** étaient centrés sur une figure de femme que semble conduire la fatalité. Marianne ouvrait la voie à cette lignée d'héroïnes de théâtre âpres à défendre leur dignité et leur liberté de femme au point de tenir le sort des hommes entre leurs mains tout en dénonçant la condition féminine : « *Qu'est-ce après tout qu'une femme ? L'occupation d'un moment, une coupe fragile qui renferme une goutte de rosée, qu'on porte à ses lèvres et qu'on jette par-dessus son épaule. Une femme ! c'est une partie de plaisir !* » (II, 1). Singulière et romantique façon d'écrire l'histoire du rapport entre les sexes, dont Musset fit lui-même sous peu, au cœur de sa vie personnelle, la cuisante expérience.

En 1833 parut, dans la *Revue des Deux Mondes*, le long poème ***Rolla***, dans lequel Musset évoque le drame de la disparition de la foi pour les hommes de sa génération :

Je ne crois pas, ô Christ ! à ta parole
sainte :
Je suis venu trop tard dans un monde
trop vieux.
D'un siècle sans espoir naît un siècle
sans crainte
Les comètes du nôtre ont dépeuplé les
cieux.
(***Rolla***, vv. 54 à 57)

Dans ce monde désenchanté, Rolla, ruiné par la débauche, passe sa dernière nuit avec Maria, une prostituée, avant de se tuer au matin ; mais avant qu'il ne vide son « *flacon noir* », elle lui offre son collier.

Musset était tout auréolé de la gloire de ***Rolla*** — qui contient en outre la fameuse apostrophe à Voltaire et son « *hideux sourire* » (v. 426) —, quand il s'enflamma d'amitié, puis d'amour pour George Sand, de six ans son aînée. Le rituel voyage sentimental en Italie fut fatal à ces amours tumultueuses. Infidélités et maladie de l'amant, trahison de la maîtresse avec le médecin qui le soignait, fuite précipitée de l'amant, correspondance échevelée, réconciliations et ruptures exaltées sur fond d'alcool et de démence : rien ne manqua au mélodrame joué par les amants de Venise et qui dura près de deux ans (1833 à 1835). Cette liaison passionnée, vécue en imagination, puis par correspondance, comme une sorte de roman exemplaire doublé d'une aventure métaphysique, ne saurait être traitée comme la source unique des œuvres concomitantes. Il serait plus juste de parler d'une période d'exaltation créatrice côtoyant les péripéties vécues d'un roman. C'est dans les premiers temps de sa liaison avec George Sand et c'est avec sa collaboration indirecte que Musset entreprit ***Lorenzaccio***, son chef-d'œuvre, dont le manuscrit fut vraisemblablement achevé avant le départ des amants pour Venise. La pièce ne sortit en librairie que le 23 août 1834 dans la 2e série d'***Un spectacle dans un fauteuil, prose***, et ne fut créée qu'en 1896.

La *Revue des Deux Mondes* publia encore, dans sa livraison du 1er juillet 1834, ***On ne badine pas avec l'amour***, « *proverbe* » en 3 actes écrit par Musset à son retour d'Italie.

Cette période d'intense fécondité créatrice se prolongea quatre ou cinq ans encore — preuve que Musset sut, au moins provisoirement, survivre au naufrage de sa vie sentimentale et ne pas céder au découragement. De toutes les œuvres de cette époque, celle qui tient le plus directement à l'aventure vénitienne, sans toutefois s'y confondre, est assu-

rément ***La Confession d'un enfant du siècle*** (1836). Dans une lettre à George Sand, datée du 30 avril 1834, Musset en donnait l'intention générale, celle de faire un roman à partir de « *notre histoire* ».
Quant aux autres écrits de cette période, prose ou vers, ils témoignent, à leur manière, d'une vie intérieure renouvelée par l'épreuve et pas seulement d'une sensibilité froissée par le souvenir obsédant d'un grand amour. De cette floraison drue jaillie d'un sol tourmenté, on retiendra particulièrement : en vers, les 4 ***Nuits*** et ***L'Espoir en Dieu*** (1838) ; en prose, les comédies ***La Quenouille de Barberine*** et ***Le Chandelier*** (l'une et l'autre, 1835), et les proverbes ***Il ne faut jurer de rien*** (1836) et ***Un caprice*** (1837).
Dès 1839, la moisson devint plus maigre ; et la parution, en 1840, chez Charpentier, des ***Poésies complètes*** et des ***Comédies et Proverbes*** sembla suggérer qu'à 30 ans Musset avait dit, comme le héros éponyme de son grand drame, « *tout ce qu'il avait à dire* » et que son destin poétique était scellé.
À peine trentenaire, le brillant enfant terrible du romantisme était déjà l'auteur d'une œuvre considérable, sinon considérée. Mais ses multiples dons se raréfièrent au gré de ses douleurs.

Tourments et déchéance

Un peu avant d'entrer dans sa 30e année, Musset avait ébauché un roman dont le titre est un éloquent résumé : ***Le Poète déchu***. Il n'en reste que 8 courts fragments, mais quel aveu ! La déchéance était d'abord physique : au printemps de 1840, le poète tomba gravement malade. L'alcool et la débauche n'aidaient guère à la guérison. Rémissions et rechutes allaient jalonner les dix-sept dernières années de sa vie. Sur les instances de Buloz, alors commissaire du roi à la Comédie-Française, l'écrivain continua de fournir son lot régulier de contes et de nouvelles pour la *Revue des Deux Mondes*, mais la contrainte alimentaire était perceptible. Quelques instants d'inspiration visitèrent encore de loin en loin le poète. Dans ***Une soirée perdue*** (1840), il rendait hommage à Molière, fidèle à « *l'âpre vérité* », et à André Chénier, dont l'éloge exprimait bien l'idéal poétique de Musset :

Un vers d'André Chénier chanta dans ma mémoire,
Un vers presque inconnu, refrain inachevé,
Frais comme le hasard, moins écrit que rêvé.

(***Une soirée perdue***, vv. 28 à 30)

Dans ***Souvenir***, le poète, qui déclare n'avoir plus pour joie que le souvenir des temps passés, s'adresse à Dante :

Dante, pourquoi dis-tu qu'il n'est pire misère
Qu'un souvenir heureux dans les jours de douleur ?
Quel chagrin t'a dicté cette parole amère,
Cette offense au malheur ?
[...]
Un souvenir heureux est peut-être sur terre
Plus vrai que le bonheur.

(***Souvenir***, vv. 57 à 60 et 67-68)

Enfin, dans ***Le Rhin allemand*** (1841), il répond à la chanson du poète allemand Becker. Mais le bilan était maigre pour ce Rimbaud de la veille, pour cet astre flamboyant qui n'en finit pas de s'éteindre. C'est, encore une fois, du côté du théâtre que vint la consolation, sinon le salut. Par la grâce d'une comédienne d'expérience, Mme Allan-Despréaux, et avec l'appui de Buloz, alors tout nouveau commissaire royal à la Comédie-Française, ***Un caprice*** fut représenté sur la scène du Théâtre-Français le 27 novembre 1847. Le succès fut vif et immédiat. Gautier salua « *ce petit acte* » comme « *un grand événement littéraire* ». Et voilà Musset promu auteur dramatique à la mode.
On vit alors par contagion d'autres comédies et proverbes s'éveiller aux feux de la scène : en 1848, ***Il faut qu'une porte soit ouverte ou fermée***, ***Il ne faut jurer de rien***, ***Le Chandelier***, ***André del Sarto*** et, en 1851, ***Les Caprices de Marianne***. Satisfait de ces succès tardifs autant qu'inespérés, Musset semble s'être plié de bonne grâce aux exigences de la censure ou aux timidités scéniques d'alors. De là ces versions remaniées en vue de la représentation, qui sont loin parfois des bonheurs du texte original. Stimulé par l'exemple, le poète composa même quelques comédies nouvelles soumises directement à la sanction du public : ***Louison*** et ***On ne saurait penser à tout*** en 1849, ***Bettine*** en 1851. Ce ne sont pas les meilleures.
Ces satisfactions d'amour-propre vinrent trop tard pour le sauver du naufrage où le conduisait sa vie dissolue. Son élection à l'Académie française en 1852 — après deux échecs en 1848 et en 1850 —, une nomination de biblio-

thécaire au ministère de l'Instruction publique, en 1853, compensèrent quelques avanies, mais ne purent enrayer la déchéance : il buvait, et sa santé déclinait. Comme s'il était soucieux de mettre en ordre son testament littéraire, il publia l'ensemble de son œuvre poétique en 2 volumes, ***Premières Poésies*** et ***Poésies nouvelles*** (1852) et la version revue et corrigée de ses ***Comédies et Proverbes*** (1853). Musset mourut le 2 mai 1857, à l'aube, durant son sommeil, tout juste cinq mois après son 46e anniversaire. Il ne fut conduit au Père Lachaise que par une trentaine de personnes.

THÉORIE LITTÉRAIRE

La poétique de Musset s'exprime aussi bien dans son ***Salon*** de 1836, que dans ses essais sur le théâtre, ou dans ses articles publiés dans *Le Temps*. Si Musset conçoit d'abord le romantisme comme une sorte d'art messianique qui doit répondre aux aspirations de progrès politique et social (***Un mot sur l'art moderne***, 1833), il se détourne assez vite, avec une certaine violence, de *« l'humanitairerie »* idéaliste que mettent en cause les ***Lettres de Dupuis et Cotonet*** (1836-1837), véritables pamphlets écrits par des sortes de Bouvard et Pécuchet s'adressant aux journaux pour se plaindre que *« dans les livres d'aujourd'hui on emploie beaucoup d'adjectifs »*. La dédicace de ***La Coupe et les Lèvres*** prenait déjà à partie [...] *les pleurards, les rêveurs à nacelles / Les amants de la nuit, des lacs, des cascatelles*, tel Lamartine — à qui toutefois Musset écrivit une très élogieuse ***Lettre à M. de Lamartine*** (1836).

« Ce qu'il faut à l'artiste ou au poète, écrivait Alfred à son frère Paul, le 4 août 1831, *c'est l'émotion. Quand j'éprouve, en faisant un vers, un certain battement de cœur que je connais, je suis sûr que mon vers est de la meilleure qualité que je puisse pondre. »* Ainsi, loin des grands intérêts collectifs et des enthousiasmes de société, Musset semblait déjà définir son domaine propre : un romantisme intérieur, limité aux drames de la conscience individuelle, tels qu'ils peuvent être vécus au sein de l'expérience intime — et, singulièrement, de la passion amoureuse. À la différence de la prose, qui ne doit exprimer que *« les rapports des choses »*, la poésie, essentiellement musicale *« en saisit l'essence »* ***(Le Poète déchu)*** ; le poète, qui *« contemple ardemment la forme de la matière, et s'exerce à entrer dans la sève du monde »*, ne connaît que *« le jet de l'âme, [...] la voix du cœur qui seule au cœur arrive »* ***(À la Malibran)***.

Par là se trouve définie une esthétique de l'ivresse inspiratrice, de la naïveté incarnée par Leopardi : *Tu dédaignas la rime et sa molle harmonie, / Pour ne laisser vibrer sur ton luth irrité / Que l'accent du malheur et de la liberté. / Et pourtant il s'y mêle une douceur divine* (***Après une lecture***, 1842). Il fait ainsi des souffrances du cœur le seul fondement moral de la poésie : *On croit au sang qui coule, et l'on doute des pleurs* (***Les Vœux stériles***, 1831) ; *Ah ! frappe-toi le cœur, c'est là qu'est le génie* (***À mon ami Édouard B.***, 1832). *Les plus désespérés sont les chants les plus beaux / Et j'en sais d'immortels qui sont de purs sanglots* ***(La Nuit de mai)***. Cette conception de la création littéraire est au centre des ***Nuits***, suite de dialogues entre la Muse et le Poète qui révèlent à celui-ci son impuissance à retrouver l'innocence et la pureté de l'enfance. Renouant avec la philosophie platonicienne, Musset formule douloureusement une mission à laquelle il a, pour sa part, renoncé : *Aimer le vrai, le beau, chercher leur harmonie ; / Écouter dans son cœur l'écho de son génie* (***Impromptu***, 1839).

THÉORIE LITTÉRAIRE

Poète, dramaturge et nouvelliste, Musset fut, plus que nombre d'écrivains de son temps, l'homme des contrastes et des paradoxes. Enfant prodige précocement vieilli, ironique et sincère, sentimental et lucide, mondain et grave, romantique d'inspiration mais classique d'esprit et de goût, poète lyrique merveilleusement doué pour le théâtre, il dévora sans ménagement une vie tout entière soumise aux caprices de sa fantaisie et aux exigences d'un tempérament nerveux et impulsif. Rien ne lui ressemble plus que le *« danseur de corde, en brodequins d'argent, le balancier au poing, suspendu entre le ciel et la terre »* qu'évoque Octave dans ***Les Caprices de Marianne*** (I, 3).

Le goût de l'image

« Jouer avec les mots est un moyen comme un autre de jouer avec les pensées, les actions et les êtres », dit Fantasio (II, 1). Bien souvent, et tout particulièrement dans l'œuvre théâtrale, le style de Musset semble avoir puisé au *« vin de la métaphore »*. Est-ce l'influence de la poésie baroque ? Car être romantique, c'est *« réhabiliter les victimes de Boileau »* (Claude Pichois), comme Viau chez qui l'image s'affranchit du code de la vraisemblance et se

contourne en « *volute d'ornement* » (Gautier). L'effet obtenu est divers : grotesque de l'horreur ou masque des désirs inconscients, comme la métaphore des noces pour désigner, dans la bouche de Lorenzo, le meurtre du duc : « *Je garderai jusqu'à ma mort cette bague sanglante, inestimable diamant* » (***Lorenzaccio***, IV, 11) ; lyrisme, comique ou ironie : « *Une femme ! c'est une distraction. Ne pourrait-on pas dire, quand on en rencontre une : Voilà une belle fantaisie qui passe !* » (***Les Caprices de Marianne***, II, 4).
Ce goût de l'image se retrouve dans son œuvre poétique, avec les mêmes effets. Dans ses premières poésies, Musset parodie les outrances romantiques, comme dans les 100 vers de la fameuse ***Ballade à la lune*** qui provoqua un petit scandale dans le monde littéraire :

C'était, dans la nuit brune,
Sur le clocher jauni,
La lune,
Comme un point sur un i.

(***Ballade à la lune***, vv. 1 à 4)

Son premier recueil s'intitulait ***Contes d'Espagne et d'Italie***, et, même par la suite, Musset fut souvent un conteur, très présent dans son œuvre et très lié à son lecteur qu'il apostrophe ou questionne. La forme dialoguée, fréquemment liée au thème du dédoublement de l'être, récurrent dans l'œuvre de Musset, revient, comme dans les 4 ***Nuits***, où le mètre du vers diffère pour chacun des interlocuteurs.
La répétition scande également nombre de poésies qui ont souvent pour titre « chanson » ***(Chanson de Fortunio)*** : sa poésie était en effet influencée par la forme de la chanson en vogue à son époque, et par les anciens poèmes à forme fixe perdus de vue depuis le XVIe — rondeau, ballade... —, presque tous à refrain, alors remis à la mode. Ces répétitions ont valeur incantatoire, ou jalonnent la progression dramatique du poème, comme dans la ***Nuit de décembre*** (*Qui me ressemblait comme un frère*, à 6 reprises, vv. 6, 18, 30, 42, 54 et 108).

Une postérité contrastée

Le destin posthume de Musset varie du tout au tout selon l'angle de visée retenu. Son théâtre est intact : ***Lorenzaccio, Les Caprices de Marianne, On ne badine pas avec l'amour*** sont des valeurs sûres du répertoire universel. Élaboré à l'origine loin de la scène et confiné à la seule lecture, c'est un théâtre en liberté, souplesse et mouvement. Sa convenance aux moyens scénographiques les plus modernes ne s'est jamais démentie. Il en va tout autrement de l'œuvre poétique. « *La légende des amants de Venise* » — titre que donna Maurras, en 1902, à sa condamnation du romantisme —, entretenue et parfois envenimée par les protagonistes ou les témoins, prolongée à l'envi par plusieurs générations de glossateurs, a desservi le poète et déplacé le centre de gravité de son œuvre. Le romantisme purement sentimental a pu ainsi prêter le flanc aux plumes les plus acerbes, à commencer par celle de Rimbaud qualifiant Musset de « *quatorze fois exécrable* » (« *Lettre du voyant* », 15 mai 1871).
Le point faible de la poésie de Musset est sa forme, ou plutôt la négligence et le vieillissement de la forme. Et l'évolution ultérieure de la poésie française, marquée, de Baudelaire à Valéry, par un souci de perfection formelle toujours plus prononcé, n'a fait qu'accentuer, par contraste, le caractère désuet des poésies de Musset. Ainsi Baudelaire voyait-il juste quand, après avoir daubé sur « *le maître des gandins* » et « *son impudence d'enfant gâté qui invoque le ciel et l'enfer pour des aventures de table d'hôte* », il dénonçait « *son impuissance totale à comprendre le travail par lequel une rêverie devient un objet d'art* » (lettre à Armand Fraisse, le 18 fév. 1866). Musset semble en effet ne s'être jamais préoccupé d'accorder la sincérité de son romantisme intérieur à un instrument moins fatigué ou convenu que le discours en vers hérité des poètes du XVIIIe siècle, ce qui donne à ses poésies une fadeur un peu déclamatoire. Pourtant, bien des motifs réputés baudelairiens brillent déjà chez Musset à l'état sporadique : l'angoisse de la solitude, le poids du temps qui passe, l'obsession du cadavre, le vertige du néant, la nostalgie de la pureté, la hantise de l'absolu.
« *Son romantisme est le nôtre* », écrivait Antoine Adam pour le centenaire de la mort du poète : la formule n'a guère vieilli. En 1999, la réalisatrice Diane Kurys a transposé la liaison orageuse entre Musset et George Sand dans le film *Les Enfants du siècle*, avec Benoît Magimel et Juliette Binoche.

ŒUVRES

Comédies et Proverbes

Titre sous lequel Musset publia, en juillet 1840, dans la « Bibliothèque Charpentier », collection de grande diffusion, les 6 pièces d'***Un spectacle dans un fauteuil, prose*** de 1834, contenant ***Lorenzaccio***, ***Les Caprices de Marianne***, ***André del Sarto***, ***Fantasio***, ***On ne badine pas avec l'amour*** et ***La Nuit vénitienne***, auxquelles il ajouta les 4 pièces parues dans la *Revue des Deux Mondes* de 1835 à 1837 : ***La Quenouille de Barberine***, ***Le Chandelier***, ***Il ne faut jurer de rien***, ***Un caprice***. En juillet 1853, reprenant le même titre, Musset publia, en 2 volumes, chez le même éditeur, ***Comédies et Proverbes***, *« seule édition complète, revue et corrigée par l'auteur »*. Aux 10 pièces de l'édition de 1840 (5 d'entre elles en version remaniée) s'ajoutaient 5 pièces supplémentaires : ***Il faut qu'une porte soit ouverte ou fermée***, ***Louison***, ***On ne saurait penser à tout***, ***Carmosine*** et ***Bettine***.

Les pièces rassemblées dans les ***Comédies et Proverbes*** sont d'époque, de nature et d'importance très différentes. La fragile ***Nuit vénitienne*** côtoie 2 drames florentins de grande ampleur et empreints d'une sombre amertume, ***André del Sarto***, où l'amour mène un homme au déshonneur et à la mort, et ***Lorenzaccio***. Les premières comédies d'amour et de mort sont ***Les Caprices de Marianne***, — où une femme, capricieuse et versatile, désire qui ne veut pas d'elle — et ***On ne badine pas avec l'amour***, où amour et orgueil luttent à mort. Ces pièces alternent avec de courts proverbes mondains : ***Il faut qu'une porte soit ouverte ou fermée***, badinage sur l'indécision masculine et la rouerie féminine ; ***On ne saurait penser à tout***, chassé-croisé amoureux entre un distrait et une étourdie ; ***Un caprice***, où une petite aumônière rouge ramène un libertin à son épouse. Y figurent aussi des comédies de société ou de boulevard comme ***Il ne faut jurer de rien***, où l'on découvre les manœuvres d'un séducteur face à une jeune fille simple et saine, et ***Le Chandelier***, que l'on pourrait intituler *« Tel est pris qui croyait prendre »*. On y trouve même une pièce en vers, ***Louison***, un rien guindée, mêlée aux gambades d'une sorte d'opéra bouffe, ***Fantasio***. Mais cette variété et ces contrastes ont en commun des thématiques homologues : l'enchantement et les rigueurs de la passion — *« Le souffle de ma vie est à Marianne ; elle peut d'un mot de ses lèvres l'anéantir ou l'embraser »* (***Les Caprices de Marianne***, I, 1) —, la difficulté d'être au monde — *« Je suis rongé d'une tristesse auprès de laquelle la nuit la plus sombre est une lumière éblouissante »* (***Lorenzaccio***, III, 3) —, le bonheur et le malheur d'être femme — *« Qu'est-ce après tout qu'une femme ? L'occupation d'un moment, une ombre vaine qu'on fait semblant d'aimer ; pour le plaisir de dire qu'on aime »* (***Les Caprices de Marianne***, II, 4) —, et surtout l'accent d'un style, la liberté d'une plume, la hauteur d'un poète qui, même à ras de terre, a toujours peu ou prou le front dans les étoiles.

Ce théâtre plutôt destiné à la lecture ne vint à la scène que par un détour. L'échec de ***La Nuit vénitienne***, jouée et sifflée à l'Odéon le 1er décembre 1830, avait incité Musset à la prudence : il dit *« adieu à la ménagerie, et pour longtemps »*. Cette pénitence dura dix-sept ans. Le 4 décembre 1843, ***Un caprice*** avait été joué avec succès au Théâtre Michel de Saint-Pétersbourg, par une actrice française, Mme Allan-Despréaux, qui, de retour en France, fit triompher le proverbe à Paris, le 27 novembre 1847, sur la scène de la Comédie-Française, en tenant le rôle de Mme de Léry. Musset devint un auteur à la mode, et 1847, une année Musset : 3 de ses pièces entrèrent au répertoire de la Comédie-Française (***Il faut qu'une porte soit ouverte ou fermée***, ***Il ne faut jurer de rien***, ***André del Sarto***) ; ***Le Chandelier*** fut joué au Théâtre-Historique, avant d'être repris, en 1850, à la Comédie-Française. Le même théâtre accueillit, en 1851, ***Les Caprices de Marianne***, dans une version remaniée pour la scène. ***On ne badine pas avec l'amour*** n'entra à la Comédie-Française que dix ans plus tard, après la mort du poète.

Depuis lors, le succès du théâtre de Musset ne s'est guère démenti. Dans les années 1920, la Comédie-Française, de tradition « Maison de Molière », devint aussi « Maison de Musset », où brillèrent notamment Pierre Fresnay et Madeleine Renaud. ***Les Caprices de Marianne***, mis en scène par Gaston Baty au Théâtre Montparnasse (1935), demeurent un spectacle de référence. Par la grâce du TNP de Jean Vilar, les héros de Musset gardèrent pour longtemps le visage et la voix de Gérard Philipe (***Lorenzaccio***, 1952 et 1958 ; ***Les Caprices de Marianne***, 1958 ; ***On ne badine pas avec l'amour***, 1959), et ce théâtre ne cesse d'être à l'ordre du jour.

La ***Confession d'un enfant du siècle***

Roman en 5 parties, comportant respectivement 10, 5, 11, 6 et 7 chapitres, paru, en 2 volumes, chez l'éditeur Félix Bonnaire, à Paris, le 1er février 1836.

Octave, le narrateur, raconte ce qui lui est arrivé pendant trois ans lorsque, *« jeune encore »*, il fut atteint d'une *« maladie morale abominable »*. Il découvre, à 19 ans, qu'il est trompé par sa maîtresse. Son ami Desgenais essaie de le guérir en le convertissant à son cynisme de libertin. Dans un village où vient de mourir son père, Octave rencontre une jeune veuve de 30 ans, Brigitte Pierson, dont il devient l'amant. La perfection de cette femme l'agace, et la liaison tourne à l'aigre. Maternellement, Brigitte endure les pires humiliations et pardonne. Ils décident de partir en voyage et s'installent d'abord à Paris. Survient Henri Smith, ami d'enfance de Brigitte, manifestement amoureux d'elle. Octave trouve là un nouvel aliment à sa fureur. Sa jalousie s'exaspère au point qu'un soir il se retrouve, un couteau à la main, sur le corps endormi de Brigitte. Un crucifix d'ébène, entre ses deux seins, arrête son geste meurtrier. Il est guéri. Il dit adieu à Brigitte, la donne à Henri et reste seul, *« remerciant Dieu »*.

De toutes les œuvres de Musset postérieures à 1834, ***La Confession d'un enfant du siècle*** est celle qui se rapproche le plus directement de l'aventure vénitienne et du roman d'amour que l'écrivain vécut avec George Sand. Le 30 avril 1834, de retour de Venise, Musset écrivit à celle-ci : *« Je m'en vais faire un roman. J'ai bien envie d'écrire notre histoire : il me semble que cela me guérirait et m'élèverait le cœur. Je voudrais te bâtir un autel, fût-ce avec mes os ; mais j'attendrai ta permission formelle. »* Le 10 juillet, Musset confirma son intention : *« J'ai commencé le roman dont je t'ai parlé. »* La période d'intense activité rédactionnelle semble se situer à l'automne de 1835. La ***Confession*** parut en librairie début février 1836, et une nouvelle édition, revue et corrigée, sortit chez Charpentier en 1840.

La meilleure critique du livre fut le fait de Musset lui-même dans une lettre à Franz Liszt, datée du 20 juin 1836 : *« Ces sortes d'ouvrages, intéressants ou non, sont en dehors de l'art, il me semble ; pas assez vrais pour des mémoires, à beaucoup près, et pas assez faux pour des romans. »* De là une œuvre ambiguë : roman autobiographique où Musset se donne tous les torts devant l'opinion avec une élégance de gentilhomme et une pointe de masochisme ; mais aussi œuvre d'imagination offerte par Musset à la jeunesse de son temps et dans laquelle il entendait peindre le « mal du siècle » de toute une génération désemparée au lendemain des guerres de la Révolution et de l'Empire : *« Toute la maladie du siècle présent vient de deux causes : le peuple qui a passé par 93 et par 1814 porte au cœur deux blessures. Tout ce qui était n'est plus ; tout ce qui sera n'est pas encore. Ne cherchez pas ailleurs le secret de nos maux »* (I, 2) — version prosaïque du fameux vers de ***Rolla*** : *Je suis venu trop tard dans un monde trop vieux* (in ***Poésies nouvelles***). Musset se faisait ainsi, après Goethe et Byron, le témoin du « désenchantement » romantique : *« Ce fut comme une dénégation de toutes choses du ciel et de la terre, qu'on peut nommer désenchantement, ou, si l'on veut* désespérance [...]. *Dès lors il se forme comme deux camps : d'une part les esprits exaltés, souffrants, toutes les âmes expansives qui ont besoin de l'infini, plièrent la tête en pleurant ; ils s'enveloppèrent de rêves maladifs* [...]. *D'une autre part, les hommes de chair restèrent debout, inflexibles, au milieu des jouissances positives* [...]. *Ce ne fut qu'un sanglot et un éclat de rire, l'un venant de l'âme, l'autre du corps »* (I, 2).

Cet illustre roman, qu'on cite souvent mais qu'on lit peu, demeure une pièce essentielle du dossier des *« Amants de Venise »* constitué après la mort de Musset et digne d'alimenter la chronique des amours célèbres. Citons pour mémoire et pour la seule année 1859, *Elle et Lui* de George Sand, *Lui et Elle* de Paul de Musset, frère de l'écrivain, et *Lui* de Louise Colet. Le roman continuait...

Lorenzaccio

Drame en 5 actes, comportant respectivement 6, 7, 7, 11 et 8 scènes, écrit en 1833 (Musset étant âgé de 23 ans), et publié en août 1834 dans le premier tome d'***Un spectacle dans un fauteuil, prose*** (2e série), puis réédité dans le 2e volume de ***Comédies et Proverbes***.

La pièce s'inspire d'un fait divers historique relaté par le chroniqueur florentin Varchi, au livre XV de la *Storia fiorentina* : l'assassinat, en 1537, du duc de Florence, Alexandre de Médicis, fils bâtard de Laurent, duc d'Urbin, par son cousin de la branche cadette, devenu son favori, Lorenzo de Médicis, dit Lorenzino ou Lorenzaccio. C'est en devenant son compagnon de débauche que Lorenzo parvient à endormir la méfiance du duc Alexandre et à le frapper au cœur, le moment venu. Cette histoire d'avilissement au service d'une cause libératrice a su toucher le cœur du poète et enflammer l'imagination du dramaturge.

La genèse de ***Lorenzaccio*** comporte une circonstance singulière : l'intervention inopinée de George Sand qui confia en toute propriété à Musset, au début de leur liaison, un manuscrit inédit, *Une conspiration en 1537*, qui est comme un premier crayon du futur ***Lorenzaccio***. De cette petite *« scène historique »* découpée en 6 tableaux, Musset tira l'œuvre majeure du théâtre romantique français (5 actes, 39 tableaux, 26 personnages en scène sans compter silhouettes ou figurants). Par son enracinement au cœur de l'actualité contemporaine (la révolution de 1830), évoquée presque directement — *« la république, il nous faut ce mot-là. Et quand ce ne serait qu'un* *mot, c'est quelque chose, puisque les peuples se lèvent quand il traverse l'air* » (II, 1) —, par son sens de la vérité et du mouvement dans l'élaboration d'un spectacle historique, par son aptitude à créer des caractères singuliers et éternels au théâtre, en particulier celui de Lorenzo, tiraillé entre son idéal et l'habitude de la débauche — « *Le vice a été pour moi un vêtement ; maintenant il est collé à ma peau. Je suis vraiment un ruffian, et quand je plaisante sur mes pareils, je me sens sérieux comme la mort au milieu de la gaieté* », tranche Lorenzo (III, 3) —, Musset composa, avec ***Lorenzaccio***, l'un des rares drames du théâtre français qui puissent se comparer aux grandes œuvres shakespeariennes.

Écrite à l'origine pour la seule lecture, la pièce de théâtre n'a été portée que très tardivement à la scène. C'est le 3 décembre 1896, au Théâtre de la Renaissance, à Paris, que, sous l'impulsion de Sarah Bernhardt, ***Lorenzaccio*** s'offrit aux feux de la représentation. Si l'adaptation d'Armand d'Artois mutilait le texte original, Sarah Bernhardt, avec brio, inaugurait une singulière tradition d'interprètes féminines pour le rôle-titre. Marie-Thérèse Piérat à la Comédie-Française (4 juin 1927), Falconetti au Théâtre de la Madeleine (3 déc. 1927) continuèrent la lignée. Gaston Baty mit son sens plastique au service du drame de Musset, dont il présenta une adaptation en 22 tableaux au Théâtre Montparnasse (9 oct. 1945) : Marguerite Jamois y tenait le rôle-titre.

C'est le texte original de Musset — avec des coupures — que le T.N.P. de Jean Vilar présenta au VIe festival d'Avignon (15 juil. 1952), dans une mise en scène de Gérard Philipe qui interprétait le personnage de Lorenzo : présentation mémorable qui inaugura le règne durable de ***Lorenzaccio*** dans le grand répertoire du théâtre mondial. D'autres mises en scène illustrèrent cette voie royale : Zeffirelli (1976) et Georges Lavaudant (1989) à la Comédie-Française ; Otomar Krejca, en langue tchèque, à Prague (1969), puis à Paris (1970) ; présentation en langue japonaise à Tokyo (1993). Le rôle-titre semble exercer sur les comédiens et les publics de tous les pays la même fascination qu'Hamlet, et peut-être pour les mêmes raisons.

*Les **Nuits***

Titre collectif — réducteur — par lequel on désigne 4 poèmes publiés du 15 juin 1835 au 15 octobre 1837 dans la *Revue des Deux Mondes*. Les titres sont les suivants : ***La Nuit de mai*** (15 juin 1835), ***La Nuit de décembre*** (1er déc. 1835), ***La Nuit d'août*** (15 août 1836), ***La Nuit d'octobre*** (15 oct. 1837). Ces 4 poèmes ont été réunis, selon cet ordre, dans le recueil des ***Poésies complètes*** (Charpentier, 1840), puis dans les ***Poésies nouvelles*** (Charpentier, 1852).

Le titre donné par Musset à ces 4 poèmes lyriques de forme dialoguée n'est pas indifférent : la nuit a partie liée avec les profondeurs obscures de la conscience. Novalis a bien saisi que la nuit est le symbole de l'inconscient et permet aux souvenirs perdus de « *remonter au cœur* » (*Hymnes à la nuit*). Les 4 **Nuits** — écrites aux flambeaux, selon Paul de Musset : « *Un soir, en rentrant vers minuit, par un temps affreux, j'aperçus dans la chambre de mon frère tant de lumières que je le crus en nombreuse compagnie. Il écrivait* La Nuit de décembre » — racontent une lente et progressive sortie de l'âme hors de la « *Nuit* », hors de la vallée sombre où sommeille le moi meurtri et fourbu, vers la lumière. Leur unité est fortement affirmée par leur forme dialoguée entre la Muse et le Poète — *Poète, prends ton luth et me donne un baiser* (**La Nuit de mai**, v. 1) —, leur métrique plurielle où alternent alexandrins — *Les plus désespérés sont les chants les plus beaux, / Et j'en sais d'immortels qui sont de purs sanglots* (**La Nuit de mai**, vv. 151-152) — et octosyllabes — *C'est ta voix, c'est ton sourire, / C'est ton regard corrupteur, / Qui m'ont appris à maudire / Jusqu'au semblant du bonheur* (**La Nuit d'octobre**, vv. 170 à 173) —, leur lien avec les cycles de la nature. Qu'une 5e ***Nuit — La Nuit de juin*** — ait avorté après 4 vers n'est pas un hasard : il fallait qu'elles fussent 4, parce qu'il y a sous nos climats 4 saisons et que ces pulsions cosmiques assurent la profonde unité dialectique de l'ensemble.

Les ***Nuits*** n'ont du théâtre que l'apparence : c'est d'un dialogue d'ombres qu'il s'agit, d'un dialogue de voix intérieures hors de tout espace social.

Les ***Nuits*** forment un tout organique, même si elles n'ont pas été conçues à l'origine pour constituer un ensemble. Elles furent à Musset, après l'épreuve de Venise et le tumulte des amours avec George Sand, ce que les *Cinq Grandes Odes* furent à Claudel après la crise de *Partage de midi* : un exercice spirituel de délivrance, de lucidité, d'ouverture, d'apaisement. Le poète y porta à leur point de perfection trois éléments essentiels de son expérience créatrice antérieure : une poétique de la sincérité — *Le cœur a beau mentir, la blessure est au fond* ***(La Nuit d'août)*** —, une dramaturgie de la vie intérieure — [...] *Partout où j'ai touché la terre, / Sur ma route est venu s'asseoir / Un malheureux vêtu de noir, / Qui me ressemblait comme un frère* ***(La Nuit de décembre)*** —, une esthétique de la douleur — *Rien ne nous rend si grands qu'une grande douleur* ***(La Nuit de mai)***.

Poèmes lyriques de la vie intérieure, les **Nuits** eurent au théâtre une destinée singulière. On inféra leur théâtralité des mises en scène aux flambeaux dont, au témoignage de Paul, Musset avait agrémenté parfois le lieu et l'heure de leur composition — idée « spectaculaire » qui fut, bien sûr, reprise. Dès 1868, la Comédie-Française prit l'habitude d'inscrire **Les Nuits** à son répertoire. Jusqu'à présent, ***La Nuit d'octobre*** a eu plus de 300 représentations ; ***La Nuit de mai***, quelque 150 ; ***La Nuit d'août*** et ***La Nuit de décembre***, plus de 50.

CITATIONS

Si vous croyez que je vais dire
Qui j'ose aimer,
Je ne saurais pour un empire
Vous la nommer.

Le Chandelier, II, 3.

Toute la maladie du siècle présent vient de deux causes : le peuple qui a passé par 93 et par 1814 porte au cœur deux blessures. Tout ce qui était n'est plus ; tout ce qui sera n'est pas encore. Ne cherchez pas ailleurs le secret de nos maux.

La Confession d'un enfant du siècle, I, 2.

Qu'importe le flacon, pourvu qu'on ait l'ivresse ?

La Coupe et les Lèvres, dédicace à M. Alfred Tattet.

Je me suis fait à mon métier. Le vice a été pour moi un vêtement, maintenant il est collé à ma peau. Je suis vraiment un ruffian.

Lorenzaccio, III, 3.

Poète, prends ton luth et me donne un baiser.

La Nuit de mai, in *Poésies nouvelles*.

Les plus désespérés sont les chants les plus beaux,
Et j'en sais d'immortels qui sont de purs sanglots.

La Nuit de mai, in *Poésies nouvelles*.

L'homme est un apprenti, la douleur est son maître,
Et nul ne se connaît tant qu'il n'a pas souffert.

La Nuit d'octobre, in *Poésies nouvelles*.

[...] le prosateur est un piéton et le poète un cavalier. Je veux dire que ce sont deux natures entièrement différentes, presque opposées et antipathiques l'une à l'autre.

Le Poète déchu, VIII.

Ah ! frappe-toi le cœur, c'est là qu'est le génie.

À mon ami Édouard B., in *Premières Poésies*.

JUGEMENTS

« Nous avons eu, au XIXe siècle, un très grand auteur dramatique, fondu de Shakespeare et de Marivaux, Alfred de Musset. Aussi son théâtre n'a-t-il connu la vie de la scène, et une partie du succès qu'il méritait, que longtemps après sa mort. »

Léon DAUDET, *Le Stupide XIXe Siècle*, Nouvelle Librairie nationale, 1922.

« Son inspiration est toujours trop personnelle, elle sent le terroir, le Parisien, le gentilhomme. Il a à la fois le sous-pied tendu et la poitrine débraillée. Charmant poète, d'accord. Mais grand, non. [...] Le Parisien chez lui entrave le poète, le dandysme y corrompt l'élégance [...] ; il n'a cru ni à lui, ni à son art, ni à ses passions... "Le cœur seul est poète". *Ces sortes de choses flattent les dames. [...] Cette glorification du médiocre m'indigne. »*

Gustave FLAUBERT, *Correspondance*, 25 septembre 1852.

« Alfred de Musset est le poète de la vingtième année ; sa muse n'a connu que le printemps et à peine le commencement de l'été : l'automne ni l'hiver ne sont venus pour elle. »

Théophile GAUTIER, *Les Progrès de la poésie française depuis 1830*, in *Histoire du romantisme*, posthume, 1874.

« Musset qui était richement pourvu de dons mineurs a écrit quelques chansons presque aussi admirables que son théâtre. Il a malheureusement aussi écrit Les Nuits. *»*

Thierry MAULNIER, *Introduction à la poésie française*, Gallimard, 1939.

« Musset, ce grand poète, n'était pas un artiste. Les choses charmantes qu'il dit en une langue facile et séduisante laissent presque indifférents ceux que préoccupent la poursuite, la recherche, l'émotion d'une beauté plus haute, plus insaisissable, plus intellectuelle.
La foule, au contraire, trouve en Musset la satisfaction de tous ses appétits poétiques un peu grossiers, sans comprendre même le frémissement, presque l'extase que nous peuvent donner certaines pièces de Baudelaire, de Victor Hugo, de Leconte de Lisle. »

Guy de MAUPASSANT, *Chroniques*, t. III, 1884.

« Par un chemin différent mais dont la spirale descendante conduit aux mêmes lieux, ou plutôt à la même absence de lieux, il semble que Musset, comme Hugo, arrive finalement à la conscience du gouffre fondamental et terminal dans lequel baigne l'existence humaine. »

Georges POULET, *Études sur le temps humain*, II, Plon, 1952.

« *Il faut admirer le génie de Musset, parce que ses défauts ne sont que ceux de son époque.* »

Jules Renard, *Journal*, 1er décembre 1897.

« *Ce poète* [Musset] *blessé au cœur, et qui crie avec de si vrais sanglots, a des retours de jeunesse et comme des ivresses de printemps. Il se retrouve plus sensible qu'auparavant* [...] *à la verdure, aux fleurs* [...] *et il porte aussi frais qu'à quinze ans son bouquet de muguet et d'églantine.* »

Charles Augustin Sainte-Beuve, « Musset », in *Causeries du lundi*, t. I, 1851.

BIBLIOGRAPHIE

Éditions

Œuvres complètes en prose, éd. M. Allem et Paul-Courant, « Pléiade », Gallimard, 1960.

Poésies complètes, éd. M. Allem, « Pléiade », Gallimard, 1951.

Théâtre complet, éd. S. Jeune, « Pléiade », Gallimard, 1990.

La Confession d'un enfant du siècle, éd. Cl. Duchet, « Classiques Garnier », Garnier, 1968 ; éd. D. Leuwers, « GF », Flammarion, 1993.

Correspondance, t. I, *1826-1839*, PUF, 1985.

Lorenzaccio, éd. B. Masson, « Lettres françaises », Imprimerie nationale, 1978 ; éd. A. Ubersfeld, préf. D. Mesguich, « LdP », LGF, 1986 ; éd. R. Lancrey-Javal, « Classiques Hachette », Hachette, 1991 ; *Lorenzaccio, On ne badine pas avec l'amour et autres pièces*, éd. B. Masson, « GF », Flammarion, 1988.

Premières Poésies. Poésies nouvelles, éd. P. Berthier, « Poésie », Gallimard, 1976.

Études

R. de Ayala et J.-P. Guéno, *Sand et Musset*, La Martinière, 1999.

P. Bénichou, *L'École du désenchantement : Sainte-Beuve, Nodier, Musset, Nerval, Gautier*, Gallimard, 1992.

L. Bishop, *The Poetry of Musset*, Lang, Berne (CH), 1987.

J.-L. Diaz, « *Lorenzaccio* », in *Cahiers Textuels Paris 7* n° 8 [revue de l'UFR *Sciences des textes et documents*], 1991.

A. Heyvaert, *La Transparence et l'Indicible dans l'œuvre d'Alfred de Musset*, Klincksieck, 1994 ; *L'Esthétique de Musset*, SEDES, 1995.

Fr. Lestringant, *Alfred de Musset*, Flammarion, 1999.

C. Malthus, *Musset et Shakespeare*, Lang, Berne (CH), 1988.

B. Masson, « *Lorenzaccio* » *ou la Difficulté d'être*, Minard, 1962 ; *Musset et le Théâtre intérieur. Nouvelles Recherches sur « Lorenzaccio »*, Colin, 1974 ; *Théâtre et Langage. Essai sur le dialogue dans les comédies de Musset*, Minard, 1977 ; *Musset et son double. Lecture de « Lorenzaccio »*, Minard, 1978 ; *Lectures de l'imaginaire*, « Écriture », PUF, 1993.

G. Poulet, « Musset », in *Études sur le temps humain*, II, Plon, 1952, pp. 231 à 248.

J.-P. Richard, *Études sur le romantisme*, Seuil, 1970.

Ph. Soupault, *Alfred de Musset*, « Poètes d'aujourd'hui », Seghers, 1957.

Br. Szwajcer, *La Nostalgie dans l'œuvre poétique de Musset*, Nizet, 1996.

J.-M. Thomasseau, *Alfred de Musset. « Lorenzaccio »*, « Études littéraires », PUF, 1991.

Ph. Van Tieghem, *Musset, l'homme et l'œuvre*, Boivin, 1944, rééd. Hatier 1967 ; « L'évolution du théâtre de Musset, des débuts à *Lorenzaccio* », in *Revue d'histoire du théâtre*, IV, 1957.

AUDIO & VIDÉO

CD-ROM

Autour du romantisme. Le Roman, 1792-1886, Bibliopolis, 1999.

Encyclopédie de la littérature française, Bibliopolis, 1998.

NELLIGAN

Émile NELLIGAN

Écrivit aussi sous le pseudonyme d'Émile KOVAR.

De nationalité canadienne

Montréal (Canada) 1879 – *ibid.* 1941

« Nelligan, [...] c'est, pour la première fois chez nous, l'homme qui n'a rien *à dire, rien à transmettre. Le langage, chez lui, perd complètement sa fonction de communication, pour devenir tout expression. Nelligan, c'est le lyrisme ; le lyrisme pur ; trop pur, peut-être, et le drame de notre poète, c'est sans doute d'avoir eu trop peu à dire ; d'être arrivé trop tôt à l'espèce de vide qui marque toute sa poésie, et qui est le nom même, le nom propre de la mélancolie nelliganienne. »*

Georges-André VACHON, « Émile Nelligan et la Mélancolie », in *Émile Nelligan. Poésie rêvée et Poésie vécue* (collectif), Le Cercle du Livre de France, Montréal, 1969.

« Nelligan se laissait complaisamment pénétrer des névroses de Rollinat, se laissait emporter par les divagations de Verlaine ; avec leur arôme, il respirait aussi les poisons des Fleurs du Mal *; il aurait souhaité être aussi triste que Rodenbach ; il s'agenouillait dans les chapelles décrites par Fernand Gregh ; les chansons amorphes de Vielé-Griffin le séduisaient ; il "pigeait" un mot bien sonnant ou un terme exotique propre à Leconte de Lisle et à Heredia sans, malheureusement, s'attarder à étudier la perfection de ces modèles. »*

LOUVIGNY de MONTIGNY [membre fondateur de l'École littéraire de Montréal], « L'Âme solitaire », in *Revue canadienne*, n° 43, septembre 1907.

De la voyance à la démence

Un enfant doué mais fragile

Aîné de 2 sœurs, Émile Nelligan naquit le 24 décembre 1879. Son père, d'origine irlandaise, était inspecteur au bureau de poste de Montréal ; sa mère, qui avait reçu une éducation bourgeoise, était d'origine canadienne-française. C'est à Montréal, alors métropole financière et industrielle du dominion du Canada, que Nelligan reçut sa formation scolaire, tour à tour chez les Frères des Écoles chrétiennes, chez les Sulpiciens et chez les Jésuites. Sa mère, avec qui il assistait à diverses manifestations culturelles publiques — entre autres un concert donné par le célèbre pianiste polonais Ignacy Paderewski, le 6 avril 1896 —, contribua aussi à l'éveil de ses facultés. Si, durant ces années, les parents de Nelligan purent éprouver une certaine fierté à voir leur fils déclamer des poèmes en public ou tenir un rôle dans une pièce montée au collège, ils durent aussi reconnaître en lui un élève distrait, rêveur, indiscipliné, possédant une santé fragile, un élève qui accumulait les abandons et les échecs.

De l'écolier publié au bohème acclamé

Au début de l'été 1896, quelques semaines avant de prendre le train pour Cacouna — station balnéaire située dans le Bas-Saint-Laurent, qui attirait la bourgeoisie tant canadienne qu'américaine et où sa famille se rendait durant l'été —, Nelligan répondit à l'appel d'un journal montréalais qui venait de lancer un concours littéraire. C'est dans ces circonstances que ***Rêve fantasque***, premier poème publié de Nelligan, parut dans les pages du *Samedi*, le 13 juin 1896, sous le pseudonyme d'Émile Kovar — lequel renvoyait au héros éponyme de *Paul Kauvar or Anarchy*, pièce de l'écrivain américain Steelle Mackay, décédé deux ans auparavant. *Le Samedi* n'était pas le seul périodique montréalais à s'intéresser à la chose littéraire : *L'Écho des jeunes*, par exemple, publiait aussi des textes d'écrivains contemporains, belges ou français, parnassiens, symbolistes, naturalistes ou décadents. Autour de ces revues et journaux s'était formé un réseau d'amitiés littéraires dont la fondation de l'École littéraire de Montréal, en 1895, était venu raffermir les liens. Au sein de ce cénacle aux réunions hebdomadaires, se rassemblait une certaine jeunesse littéraire montréalaise avide de rompre avec le romantisme de ses devanciers. Nelligan y fut admis le 10 février 1897. Âgé de 17 ans, il était, et de loin, le plus jeune membre du groupe.

En janvier 1897, Nelligan mit définitivement un terme à ses études en quittant le Collège Sainte-Marie. Entre des séances de lecture et d'écriture, il menait une existence de bohème, ce qui eut pour effet de détériorer des relations familiales déjà passablement tendues. Ses promenades le conduisaient parfois à la chapelle des Pères du Très Saint-Sacrement, où il prit l'habitude de réciter ses poèmes au P. Eugène Seers, un religieux en qui il trouva un « mentor littéraire » ; d'autres fois, dans le salon de Françoise — pseudonyme de la féministe Robertine Barry —, à qui non seulement il récitait ses poèmes, mais en dédia aussi un, ***Rêve d'artiste***. Nelligan fréquentait en outre la mansarde d'Arthur de Bussières, un autre membre de la bohème montréalaise, avec lequel il pouvait marcher jusqu'au Château de Ramezay, illustre bâtiment datant du Régime français, qui abrita 4 soirées publiques organisées par l'École littéraire de Montréal et auxquelles Nelligan participa. À la 2de de ces séances, il récita 6 pièces dont ***Le Perroquet,*** poème auquel Marchy, critique français de passage à Montréal, fit allusion dans un compte rendu publié quelques semaines plus tard : « *Son perroquet était franchement mauvais, comme tous les perroquets qui ont une trop grande variété de couleurs dans leur plumage* » (*Le Monde illustré*, nº 775, 11 mars 1899). Nelligan fut blessé mais ne se laissa pas décourager, lui qui, après une visite à l'atelier des photographes Laprés et Lavergne, déclama, lors de la 4e séance publique de l'École littéraire, 4 poèmes dont ***La Romance du Vin*** : ce fut, dit-on, un triomphe ; Nelligan aurait été victorieusement transporté par ses admirateurs, du Château de Ramezay jusqu'à la maison familiale.

Du poète reclus au fils interné

Nelligan s'enferma ensuite dans sa chambre. Il se mit à travailler sans répit et ne sortait en effet que très rarement. Se remémorant cette période de la vie de Nelligan, Jean Charbonneau, ancien membre de l'École littéraire, écrivit : « *Il fréquentait alors de préférence Edgar Poe. Avec des intonations qui vibraient longuement comme des bruits de gong funèbre, il nous déclamait* Le Corbeau » (*L'École littéraire de Montréal*, 1935). Après plusieurs nuits d'insomnie, Nelligan vécut alors des moments d'extrême tension psychologique.

Le 9 août 1899, à la demande de son père, Nelligan, âgé de moins de 20 ans, fut interné dans un asile, où des médecins diagnostiquèrent chez lui un cas de « *dégénérescence mentale* » et de « *folie polymorphe* » : il y resta jusqu'à sa mort. Là, entre autres activités, Nelligan lisait des journaux et des livres, faisait des mots croisés, noircissait des cahiers, se livrait à certaines tâches liées au fonctionnement de l'institution et déclamait des poèmes devant des visiteurs ou d'autres pensionnaires. Parfois, certains visiteurs l'emmenaient passer une journée à leur domicile. Nelligan se fit photographier au moins à deux reprises durant les années d'internement. En avril 1932, à l'intérieur des murs de l'asile, il put écouter Jean Charbonneau réciter ses poésies à la radio. À Louis-Joseph Doucet, autre ancien membre de l'École, qui lui rendit visite, il fit cette confidence : « *Je ne suis rien. Je suis du papier.* » Émile Nelligan mourut le 18 novembre 1941, dans sa chambre, à l'hôpital Saint-Jean-de-Dieu, un mois avant ses 62 ans, après plus de quarante-deux années d'internement.

S'il reste très méconnu en France, Nelligan est une figure mythique des lettres françaises au Québec : de la voyance à la démence, il y est célébré à l'égal d'un Rimbaud ou d'un Lautréamont. L'un de ses derniers fragments poétiques apparaît comme une épitaphe :

Je sens voler en moi les oiseaux du génie,
Mais j'ai tendu si mal mon piège qu'ils ont pris
Dans l'azur cérébral leurs vols blancs, bruns et gris,
Et que mon cœur brisé râle son agonie.

(poème sans titre, in ***Se savoir poète***)

Une œuvre d'un pur lyrisme

Nelligan lisait beaucoup. Dans les revues, les journaux, dans les livres qu'il trouvait chez les libraires montréalais ou qu'il empruntait à ses amis, il s'imprégnait des poèmes des Millevoye, Chénier, Verlaine, Baudelaire, Rodenbach, Rollinat, mais aussi Gautier, Mendès, Coppée, Leconte de Lisle, Heredia, Nerval, Mallarmé, Rimbaud et Poe. En se mettant à l'écoute de ce qui seul l'intéressait, la Poésie, il cherchait une Parole, la sienne.

Bien qu'elle soit à l'occasion descriptive, la poésie de Nelligan est surtout lyrique. Ce lyrisme s'exprime tantôt dans des poèmes à forme fixe — surtout des sonnets, mais aussi plusieurs rondels et quelques virelais —, tantôt dans des poèmes strophiques. Il est généralement moulé dans des alexandrins, souvent formés d'hémistiches de rythmes différents :

Le Five o'clock expire en mol ut crescendo.
– Ah ! qu'as-tu ? tes chers cils s'amalgament de perles.
– C'est que je vois mourir le jeune espoir des merles
Sur l'immobilité glaciale des jets d'eau.
.... sol, la, si, do.
– Gretchen, verse le thé aux tasses de Yeddo

(***Five o'clock***, in ***Récitals étranges***)

La rime repose, dans bien des cas, sur des sonorités en [ɑ̃s] ou en [e] ; de plus, un nom propre ou un mot inusité y est souvent placé :

Ô Cygne inespéré du pays du soleil,
Que l'excerpteur glorieux de ton tombeau vermeil
Soit maigre et pâle stèle, Charles Baudelaire.

Je m'incline en passant devant toi pieusement,
Rêvant pour t'adorer un violon lunaire
Qui musicât des vers iatouadrant.

(***Le Tombeau de Charles Baudelaire***, in ***Vespérales funèbres***)

La création d'une forme verbale, « *musicât* », à partir du substantif « *musique* », est un exemple parmi d'autres des néologismes et mots rares que recèle la poésie nelliganienne. Celle-ci, qui est à toutes fins pratiques dépourvue de personnification ou de prosopopée, a par ailleurs surtout recours à la métaphore, laquelle est tantôt visuelle :

Et les lys cristallins, pourprés de crépuscules,

(***Soirs d'automne***, in ***Les Pieds sur les chenets***)

tantôt auditive :

Quels longs effeuillements d'angélus par les chênes !

(***Automne***, in ***Virgiliennes***)

Enfin, elle contient plusieurs symboles d'une puissance évocatrice certaine. Ainsi, le « *jardin* », la « *villa* », la « *chapelle* » et le « *clavecin* », de même que les « *corbeaux* », les « *loups* » et les « *chats* », y sont-ils des symboles qui, les uns, traduisent la fuite du temps, les autres, l'inquiétude et la névrose.

La poésie de Nelligan, comme celle de plusieurs poètes qu'il lisait, parle de l'enfance, du passage du temps, de l'Idéal — celui de l'art, de la femme, celui du sentiment religieux aussi —, du rêve — hallucinatoire ou visionnaire — et de la mort. Comme celle de plusieurs de ses contemporains, elle raconte une histoire, celle du poète maudit : un homme, marqué d'une sensibilité inépuisable, ressent l'appel de l'Idéal, mais, lorsqu'il côtoie la foule méchante, il perd sa sensibilité et s'abandonne à l'appel du Gouffre ; il devient alors maudit et conçoit ce statut comme une marque de sa supériorité.

Ainsi, un « *clair de lune intellectuel* » peut suffire pour que le sujet lyrique nelliganien baigne dans l'Idéal :

Ma pensée est couleur de lumières lointaines,

(***Clair de lune intellectuel***, in ***Se savoir poète***)

De même, la musique et la peinture, la vision de « *communiantes* », le transportent dans un monde édénique :

Je crus que, revivant ses rythmes séraphiques
Sous l'éclat merveilleux de quelque bleu soleil,
En toi, ressuscité du funèbre sommeil,
Passait le grand vol blanc du Cygne des phtisiques.

(***Pour Ignace Paderewski***, in ***Récitals étranges***)

Par contre, lorsqu'il tente d'accéder à l'Idéal en revoyant en pensée son enfance ou en s'arrêtant « *devant deux portraits de* [sa] *mère* », les souvenirs ainsi interpellés ne lui renvoient qu'une image fanée de l'Idéal perdu :

Mais rien n'est plus amer que de penser aussi
À tant de choses ruinées !
Ah ! de penser aussi
Lorsque nous revenons ainsi
Par sentes de fleurs fanées,
À nos jeunes années.

(***Le Jardin d'antan***, in ***Le Jardin de l'enfance***)

Le sujet lyrique nelliganien est alors condamné à errer, à attendre ; il a le spleen :

Pour nous, fils errants de Bohème,
Ah ! que l'Ennui fait Noël blême !

(***Mon Sabot de Noël***, in ***Rêve d'art***)

Privé de sa voie d'accès à l'Idéal, il devient en proie à la ***Déraison*** et sombre dans les ***Ténèbres*** :

La Détresse a jeté sur mon cœur ses noirs voiles
Et les croassements de ses corbeaux latents ;
Et je rêve toujours au vaisseau des Vingt ans,
Depuis qu'il a sombré dans la mer des étoiles.

(***Ténèbres***, in ***Se savoir poète***)

Le « *naufrage* » est alors considéré comme une preuve de la supériorité du sujet ainsi maudit :

Oh ! je veux être fou, ne fût-ce que
Pour narguer mes Détresses pires !

(« *Je veux m'éluder dans les rires...* » [poème sans titre], *ibid.*)

Le « poète maudit » québécois

De 1896 à 1904, une quarantaine de poèmes de Nelligan parurent dans divers périodiques montréalais. En 1900, 17 de ses poèmes furent publiés dans *Les Soirées du Château de Ramezay*, ouvrage collectif préparé par l'École littéraire de Montréal, et 5 autres dans *Franges d'Autel*, ouvrage imprimé sur les presses des Pères du Très Saint-Sacrement et dans lequel figurent, outre celles de Nelligan, des poésies d'Eugène Seers et de quelques autres membres de l'École littéraire. Si Nelligan souhaita rassembler et publier ses poésies sous forme de recueil — deux plans, ***Le Récital des Anges*** et ***Motifs du Récital des Anges***, le confirment —, il ne le fit pas.

C'est Louis Dantin, pseudonyme d'Eugène Seers, qui, le premier, rassembla plusieurs poèmes de Nelligan et les fit précéder d'une étude. L'ouvrage parut en 1904 sous le titre *Émile Nelligan et son œuvre*. Il fit l'objet, lors de sa parution, de comptes rendus par des proches de Nelligan dans divers journaux montréalais. En France, Charles ab der Halden, entre autres, en rendit compte dans un article paru dans *La Revue d'Europe et des Colonies*, sous le titre *Un poète maudit : Émile Nelligan*. La préface de cette édition *princeps*, avec son célèbre *incipit* opérant en quelque sorte un déni de la réalité *(« Émile Nelligan est mort »)*, contribua à la naissance du mythe de Nelligan.

Si, durant les années 1930, plusieurs amis rendirent visite à Nelligan interné qu'on avait redécouvert grâce à une réédition d'*Émile Nelligan et son œuvre* de Louis Dantin, si, en 1952, parut la première édition critique des ***Poésies complètes*** de Nelligan, et si, en 1960, 4 importantes études, tirant parti de diverses approches méthodologiques afin de mieux saisir et situer l'œuvre nelliganienne, furent rendues publiques, c'est toutefois le 25e anniversaire de la mort de Nelligan, en 1966, qui marqua un moment culminant dans l'histoire du mythe du « poète maudit » québécois : durant une « *Semaine Nelligan* » qui fut prolongée plus d'un mois, la renaissance du héros bel et bien mort mais toujours vivant fut célébrée au cimetière, dans la rue, à l'école et à l'université, dans les journaux, à la radio et à la télévision. Dans les années qui suivirent ces manifestations collectives, ce fut surtout Monique Leyrac qui se fit la « prêtresse » du culte de Nelligan, avec un spectacle intitulé *Monique Leyrac chante Nelligan*, présenté, entre autres, à Montréal, Québec et Paris. En 1979, on célébra le centenaire de la naissance de Nelligan : un colloque, un récital, une projection cinématographique, une exposition figuraient au programme, de même qu'une soirée au cours de laquelle des médailles frappées à l'Hôtel des Monnaies et des Médailles de Paris furent décernées, et un prix Nelligan institué.

De nouvelles éditions des œuvres du poète — de luxe, critiques ou étrangères (traductions anglaise, espagnole, polonaise) — paraissent régulièrement, de même que livres, concerts, peintures, sculptures, affiches, timbres et films entretiennent le souvenir et la légende de Nelligan, poète qui transcende l'espace et le temps.

ŒUVRE

Poésies

Titre sous lequel sont rassemblés les 3 principaux poèmes de Nelligan : ***Soir d'hiver***, poème strophique composé de 4 quintils d'octosyllabes, d'abord partiellement paru dans *Les Débats* (3e année, n° 147, 14 sept. 1902) ; ***La Romance du Vin***, poème strophique composé de 9 quatrains d'alexandrins déclamé par Nelligan lors de la 4e séance publique de l'École littéraire de Montréal, tenue le 26 mai 1899, et d'abord paru dans *Les Soirées du Château de Ramezay*, à Montréal, chez Sénécal, en 1900 ; ***Le Vaisseau d'Or***, sonnet probablement écrit entre mai et août 1899, d'abord partiellement paru dans *Les Débats* (3e année, n° 43, 17 août 1902). Dans les ***Poésies complètes***, ces 3 poèmes nourrissent la section ***Se savoir poète*** — qui comporte 17 poèmes —, 9e et avant-dernière d'un recueil totalisant quelque 160 poèmes, dont une dizaine à l'état d'ébauches ou de fragments.

Soir d'hiver est « *l'un des hauts-lieux de la création nelliganienne* » (Réjean Robidoux et Paul Wyczynski, *in* Nelligan, **Œuvres complètes**, t. I). Il est à proprement parler le poème de l'attente, de l'immobilité, de la clôture, de l'emprisonnement, de la solitude, de la suspension du temps, du spleen. De nombreuses répétitions — de sons, de vers, de mots et de strophes — y enferment la thématique, la narration et le pathos à l'intérieur d'une obsédante circularité : *Ah ! Comme la neige a neigé ! / Ma vitre est un jardin de givre. / Ah ! comme la neige a neigé ! / Qu'est-ce que le spasme de vivre / À la douleur que j'ai, que j'ai !*

Au statisme de ***Soir d'hiver*** s'oppose le mouvement vertigineux de ***La Romance du Vin***, défini comme « *l'éclatement de la Parole de Nelligan* » (Paul Wyczynski, *Nelligan*, 1987) : *Tout se mêle en un vif éclat de gaîté verte*. Vivifié par le réveil printanier, en pleine conjonction avec son Idéal, le sujet lyrique nelliganien possède la vigueur nécessaire pour s'affirmer devant la foule, en lui déclamant son *credo* poétique. Cette posture est toutefois précaire, car elle lui impose de soutenir de nombreuses contradictions, ce que traduit la juxtaposition de termes antithétiques, notamment à la rime : « *célèbres* »/« *funèbres* », « *mépris* »/« *compris* », etc. Entre euphorie et mélancolie, tout traversé qu'il est par la rumeur urbaine, le sujet se tient en équilibre, jusqu'à la chute finale : *Les cloches ont chanté ; le vent du soir odore... / Et pendant que le vin ruisselle à joyeux flots, / Je suis si gai, si gai, dans mon rire sonore, / Oh ! si gai, que j'ai peur d'éclater en sanglots !*

Si, dans **La Romance du Vin**, la chute se fait du côté de la mélancolie, dans **Le Vaisseau d'Or**, « *le POÈME par excellence de Nelligan* » (Réjean Robidoux et Paul Wyczynski, *in* Nelligan, **Œuvres complètes**, t. I), elle se fait du côté du délire : *C'était un grand Vaisseau taillé dans l'or massif. / Ses mâts touchaient l'azur sur des mers inconnues ; / La Cyprine d'amour, cheveux épars, chairs nues, / S'étalait à sa proue, au soleil excessif. // Mais il vint une nuit frapper le grand écueil / Dans l'Océan trompeur où chantait la Sirène, / Et le naufrage horrible inclina sa carène / Aux profondeurs du Gouffre, immuable cercueil. // Ce fut un Vaisseau d'Or, dont les flancs diaphanes / Révélaient des trésors que les marins profanes, / Dégoût, Haine et Névrose ont entre eux disputés. // Que reste-t-il de lui dans la tempête brève ? / Qu'est devenu mon cœur, navire déserté ? / Hélas ! Il a sombré dans l'abîme du Rêve !*

CITATIONS

Blanc, blanc, tout blanc, ô Cygne ouvrant tes ailes pâles,
Tu prends l'essor devers l'Éden te réclamant,
Du sein des brouillards gris de ton pays flamand
Et des mortes cités, dont tu pleuras les râles.

Bruges, où vont là-bas ces veuves aux noirs châles ?
Par tes cloches soit dit ton deuil au firmament !
Le long de tes canaux mélancoliquement
Les glas volent, corbeaux d'airain dans l'air sans hâles.

Et cependant l'Azur rayonne vers le Nord
Et c'est comme on dirait une lumière d'or,
Ô Flandre ! éblouissant tes funèbres prunelles.

Béguines qui priez aux offices du soir,
Contemplez par les yeux levés de l'Ostensoir
Le Mystique, l'Élu des aubes éternelles !

À Georges Rodenbach.

Le grand bœuf roux aux cornes glauques
Hante là-bas la paix des champs,
Et va meuglant dans les couchants
Horriblement ses râles rauques.

Et tous ont tu leurs gais colloques
Sous l'orme au soir avec leurs chants.
Le grand bœuf roux aux cornes glauques
Hante là-bas la paix des champs.

Gare, gare aux desseins méchants !

Le Bœuf spectral.

L'Angélus sonnait, et l'enfant sur sa couche de douleur souffrait d'atroces maux ; il avait à peine quinze ans, et les froids autans contribuaient beaucoup à empirer son mal.

Mais pourtant sa mère qui se lamentait au pied du lit, l'attristait encore plus profondément et augmentait en quelque sorte sa douleur.

Soudain, joignant ses mains pâles en une céleste supplication, et portant sur le crucifix noir de la chambre ses yeux presque éteints, il fit une humble et douce prière qui monta vers Dieu comme un parfum langoureux.

Et dehors, dans la nuit froide, les faibles coups de la cloche de la petite église voisine montaient tristement, elle semblait tinter d'avance le glas funèbre du jeune malade.

C'était l'automne... et les feuilles tombaient toujours.

Maître, il est beau ton Vers ; ciseleur sans pareil,
Tu nous charmes toujours par ta grâce nouvelle,
Parnassien enchanteur du pays du soleil,
Notre langue frémit sous ta lyre si belle.

Les Classiques sont morts ; le voici le réveil ;
Grand Régénérateur, sous ta pure et vaste aile
Toute une ère est groupée. En ton vers de vermeil
Nous buvons ce poison doux qui nous ensorcelle.

Verlaine, Mallarmé sur ta trace ont suivi.
Ô Maître tu n'es plus mais tu vas vivre encore,
Tu vivras dans un jour pleinement assouvi.

Du Passé, maintenant, ton siècle ouvre un chemin
Où renaîtront les fleurs, perles de ton déclin.
Voilà la Nuit finie à l'éveil de l'Aurore.

Charles Baudelaire.

Or, j'ai la vision des ombres sanguinolentes
Et de chevaux fougueux piaffants,
Et c'est comme des cris de gueux, hoquets d'enfants,
Râles d'expirations lentes.

D'où me viennent, dis-moi, tous ces ouragans rauques,
Rages de fifre ou de tambour ?
On dirait des dragons en galopade au bourg,
Avec des casques flambant glauques...

Déraison.

Gondolar ! Gondolar !
Tu n'es plus sur le chemin très tard.

On assassina l'pauvre idiot,
On l'écrasa sous un chariot,
Et puis l'chien après l'idiot.

On leur fit un grand, grand trou là.
Dies irae, dies illa.
À genoux devant ce trou-là !

Le Fou.

Par les jardins anciens foulant la paix des cistes,
Nous revenons errer, comme deux spectres tristes,
Au seuil immaculé de la Villa d'antan.

Gagnons les bords fanés du Passé. Dans les râles
De sa joie il expire. Et vois comme pourtant
Il se dresse sublime en ses robes spectrales.

Ici sondons nos cœurs pavés de désespoirs.
Sous les arbres cambrant leurs massifs torses noirs
Nous avons les Regrets pour mystérieux hôtes.

Et bien loin, par les soirs révolus et latents,
Suivons là-bas, devers les idéales côtes,
La fuite de l'Enfance au vaisseau des Vingt ans.

La Fuite de l'enfance.

La belle sainte au fond des cieux
Mène l'orchestre archangélique,
Dans la lointaine basilique
Dont la splendeur hante mes yeux.

Depuis que la Vierge biblique
Lui légua ce poste pieux,
La belle Sainte au fond des cieux
Mène l'orchestre archangélique.

Loin du monde diabolique
Puissé-je, un soir mystérieux,
Ouïr dans les divins milieux
Ton clavecin mélancolique,

Ma belle Sainte, au fond des cieux.

L'Organiste du paradis.

Hier, j'ai vu passer, comme une ombre qu'on plaint,
En un grand parc obscur, une femme voilée :
Funèbre et singulière, elle s'en est allée,
Recélant sa fierté sous son masque opalin.

Et rien que d'un regard, par ce soir cristallin,
J'eus deviné bientôt sa douleur refoulée ;
Puis elle disparut en quelque noire allée
Propice au deuil profond dont son cœur était plein.

Ma jeunesse est pareille à la pauvre passante :
Beaucoup la croiseront ici-bas dans la sente
Où la vie à la tombe âprement nous conduit ;

Tous la verront passer, feuille sèche à la brise
Qui tourbillonne, tombe et se fane en la nuit ;
Mais nul ne l'aimera, nul ne l'aura comprise.

La Passante.

Cécile était en blanc, comme aux tableaux illustres
Où la Sainte se voit, un nimbe autour du chef.
Ils étaient au fauteuil Dieu, Marie et Joseph ;
Et j'entendis cela debout près des balustres.

Soudain au flamboiement mystique des grands lustres,
Éclata l'harmonie étrange, au rythme bref,
Que la harpe brodait de sons en relief...
Musiques de la terre, ah ! taisez vos voix rustres !...

Je ne veux plus pécher, je ne veux plus jouir,
Car la sainte m'a dit que pour encor l'ouïr,
Il me fallait vaquer à mon salut sur terre.

Et je veux retourner au prochain récital
Qu'elle me doit donner au pays planétaire,
Quand les anges m'auront sorti de l'hôpital.

Rêve d'une nuit d'hôpital.

Tout se mêle en un vif éclat de gaîté verte.
Ô le beau soir de mai ! Tous les oiseaux en chœur,

Ainsi que les espoirs naguères à mon cœur,
Modulent leur prélude à ma croisée ouverte.

Ô le beau soir de mai ! le joyeux soir de mai !
Un orgue au loin éclate en froides mélopées ;
Et les rayons, ainsi que de pourpres épées,
Percent le cœur du jour qui se meurt parfumé.

Je suis gai ! je suis gai ! Dans le cristal qui chante,
Verse, verse le vin ! verse encore et toujours,
Que je puisse oublier la tristesse des jours,
Dans le dédain que j'ai de la foule méchante !

Je suis gai ! je suis gai ! Vive le vin et l'Art !...
J'ai le rêve de faire aussi des vers célèbres,
Des vers qui gémiront les musiques funèbres
Des vents d'automne au loin passant dans le brouillard.

C'est le règne du rire amer et de la rage
De se savoir poète et l'objet du mépris,
De se savoir un cœur et de n'être compris
Que par le clair de lune et les grands soirs d'orage !

Femmes ! je bois à vous qui riez du chemin
Où l'Idéal m'appelle en ouvrant ses bras roses ;
Je bois à vous surtout, hommes aux fronts moroses
Qui dédaignez ma vie et repoussez ma main !

Pendant que tout l'azur s'étoile dans la gloire,
Et qu'un hymne s'entonne au renouveau doré,
Sur le jour expirant je n'ai donc pas pleuré,
Moi qui marche à tâtons dans ma jeunesse noire !

Je suis gai ! je suis gai ! Vive le soir de mai !
Je suis follement gai, sans être pourtant ivre !...
Serait-ce que je suis enfin heureux de vivre ;
Enfin mon cœur est-il guéri d'avoir aimé ?

Les cloches ont chanté ; le vent du soir odore...
Et pendant que le vin ruisselle à joyeux flots,
Je suis si gai, si gai, dans mon rire sonore,
Oh ! si gai, que j'ai peur d'éclater en sanglots !

La Romance du vin.

Ah ! comme la neige a neigé !
Ma vitre est un jardin de givre.
Ah ! comme la neige a neigé !
Qu'est-ce que le spasme de vivre
À la douleur que j'ai, que j'ai !

Tous les étangs gisent gelés,
Mon âme est noire : Où vis-je ? où vais-je ?
Tous ses espoirs gisent gelés :
Je suis la nouvelle Norvège
D'où les blonds ciels s'en sont allés.

Pleurez, oiseaux de février
Au sinistre frisson des choses,
Pleurez, oiseaux de février
Pleurez mes pleurs, pleurez mes roses,
Aux branches du genévrier.

Ah ! comme la neige a neigé !
Ma vitre est un jardin de givre.
Ah ! comme la neige a neigé !
Qu'est-ce que le spasme de vivre
À tout l'ennui que j'ai, que j'ai !...

Soir d'hiver.

Parfois je prends mon front blêmi
Sous des impulsions tragiques
Quand le clavecin a frémi,

Et que les lustres léthargiques
Plaquent leurs rayons sur mon deuil
Avec les sons noirs des musiques.

Et les pleurs mal cachés dans l'œil
Je cours affolé, par les chambres,
Trouvant partout que triste accueil.

Et de grands froids glacent mes membres :
Je cherche à me suicider
Par vos soirs affreux, ô Décembres !

Anges maudits, veuillez m'aider !

Soirs hypocondriaques.

La Détresse a jeté sur mon cœur ses noirs voiles
Et les croassements de ses corbeaux latents ;
Et je rêve toujours au vaisseau des Vingt ans,
Depuis qu'il a sombré dans la mer des étoiles.

Ah ! quand pourrai-je encor comme des crucifix
Étreindre entre mes doigts les chères paix anciennes,
Dont je n'entends jamais les voix musiciennes
Monter dans tout le trouble où je geins, où je vis ?

Et je voudrais rêver longuement, l'âme entière,
Sous les cyprès de mort, au coin du cimetière
Où gît ma belle enfance au glacial tombeau.

Ténèbres.

C'était un grand Vaisseau taillé dans l'or massif.
Ses mâts touchaient l'azur sur des mers inconnues ;
La Cyprine d'amour, cheveux épars, chairs nues,
S'étalait à sa proue, au soleil excessif.

Mais il vint une nuit frapper le grand écueil
Dans l'Océan trompeur où chantait la Sirène,
Et le naufrage horrible inclina sa carène
Aux profondeurs du Gouffre, immuable cercueil.

Ce fut un Vaisseau d'Or, dont les flancs diaphanes
Révélaient des trésors que les marins profanes,
Dégoût, Haine et Névrose ont entre eux disputés.

Que reste-t-il de lui dans la tempête brève ?
Qu'est devenu mon cœur, navire déserté ?
Hélas ! Il a sombré dans l'abîme du Rêve !

Le Vaisseau d'Or.

JUGEMENTS

« Chevelure noire, abondante et négligée, aux mèches légèrement ondulées, à la Maurice Rollinat, grands yeux aux reflets d'acier dont la prunelle se dilate et brille parfois d'un feu étrange. Sa bouche, sur laquelle se dessine un sourire doucement triste, ne semble avoir été formée, que pour réciter des vers. »

Émile BÉLANGER, « Silhouette littéraire. Émile Nelligan », in *Le Passe-Temps*, vol. 6, n° 141, 18 août 1900.

« Certes, son travail purement intellectuel se résume a bien peu de chose. Louis Dantin à raison de signaler que "bien malin sera celui qui tirera de là une doctrine, et qui fera un bloc de cette poussière d'idées". *Il n'a pas tort d'affirmer que* "sa culture historique, scientifique, artistique même, tient toute dans un lobe de l'arrière-fond de son cerveau". *Seulement, loin de constituer un défaut, cette* "nullité d'idées philosophiques ou autres", *représente au contraire une qualité précieuse, parce qu'elle libère le poète de toute entrave, et lui permet de concentrer son attention sur l'aspect purement artistique et poétique de son œuvre. »*

Gérard BESSETTE, « Émile Nelligan », in *Les Images en poésie canadienne-française*, Beauchemin, Montréal, 1960.

« Je regrette que Nelligan n'ait pas au moins démarqué la part imitative de son œuvre en donnant un cachet canadien à ses ressouvenirs étrangers, ou, plus généralement, qu'il n'ait pas pris plus près de lui ses sources habituelles d'inspiration. Sa poésie y eût gagné, certes, en personnalité et en vérité.

[...]

J'ai vu un soir Nelligan en pleine gloire. C'était au Château Ramezay, à l'une des dernières séances publiques de l'École littéraire. Je ne froisserai, j'espère, aucun rival en disant que le jeune éphèbe eut les honneurs de cette soirée. Quand, l'œil flambant, le geste élargi par l'effort intime, il clama d'une voix passionnée sa Romance du vin, *une émotion vraie étreignit la salle, et les applaudissements prirent la fureur d'une ovation. »*

Louis DANTIN, « Émile Nelligan », in *Émile Nelligan et son œuvre*, 1903-1904.

« Ce n'est que par la brièveté de son souffle et l'inégalité de son inspiration qu'on devine l'écolier et l'enfant. Mais cet enfant avait du génie.

[...]

C'est la seule fois, on voudra bien le remarquer, que nous avons employé ce mot en parlant d'un écrivain canadien. »

Charles ab der HALDEN, « Émile Nelligan », in *Nouvelles études de littérature canadienne-française*, 1907.

« On ne saurait [...] *comparer son sort qu'à celui d'Henry Duparc ou d'Arthur Rimbaud. »*

Yves-Gérard LE DANTEC, « La Vie poétique », in *Revue des Deux Mondes*, vol. 124, n° 14, juillet 1954.

« La mort dans son œuvre n'est pas souveraine, parfaitement elle-même ; elle reste emprisonnée dans le jeu de mots. Nous touchons ici la plus secrète faiblesse de Nelligan, le défaut qui lui a fait manquer le rendez-vous avec l'essentiel. »

Gilles MARCOTTE, « Émile Nelligan », in *Le Devoir*, 7 février 1953.

« Qu'on le relise donc [Le Vaisseau d'Or] *attentivement, et autant de fois qu'il faut, pour comprendre que la Parole du poète, de quelque point de vue qu'on se place, demeure cette voix aux expressifs silences dont les mots s'allument et où le sens s'abîme. »*

Paul WYCZYNSKI, « *Le Vaisseau d'Or* d'Émile Nelligan : genèse, structure, signification », *in* Réjean ROBIDOUX et Paul WYCZYNSKI, *Crémazie et Nelligan*, Fides, 1981.

BIBLIOGRAPHIE

Éditions

Œuvres complètes, R. ROBIDOUX, P. WYCZYNSKI et J. MICHON, Fides, Montréal (CA), 1991, 2 vol. ; *Poésies complètes*, « La Petite Vermillon », La Table ronde, 1998.

Poèmes choisis, éd. R. CHAMBERLAND, « Bibliothèque québécoise », Fides, Montréal (CA), 1980.

Poésies, préf. L. DANTIN, postf. R. BAUDOUIN, Boréal, 1996.

Études

M. BIRON, « La Fête urbaine », in *Études françaises*, vol. 27, n° 3, hiver 1991, pp. 51 à 63.

P. BRISSETTE, *Nelligan dans tous ses états. Un mythe national*, « Nouvelles études québécoises », Fides, Montréal (CA), 1998.

J. CHARBONNEAU, *L'École littéraire de Montréal*, A. Lévesque, Montréal (CA), 1935.

L. DANTIN, *Émile Nelligan et son œuvre*, 1903-1904, éd. R. ROBIDOUX, « Bibliothèque du Nouveau Monde », P.U. Montréal (CA), 1997.

J. MICHON, *Émile Nelligan, les Racines du rêve*, « Lignes québécoises », P.U. Montréal (CA), 1983.

M. SÉGUIN, « Entretiens sur Émile Nelligan », in *École canadienne*, 32e année, n° 10, juin 1957.

P. WYCZYNSKI, *Émile Nelligan. Sources et Originalité de son œuvre*, Éd. de l'Univ. d'Ottawa (CA), 1960 ; *Nelligan. 1879-1941. Biographie*, « Le Vaisseau d'or », Fides, Montréal (CA), 1987.

NERVAL

Gérard de NERVAL

De son vrai nom, Gérard LABRUNIE

Le pseudonyme adopté par l'écrivain vers 1831 vient du champ de Nerva, propriété de son grand-oncle maternel.

Paris 1808 – *ibid.* 1855

« [...] *il y a chez Nerval une infusion omniprésente du souvenir, une chanson du temps passé qui s'envole et se dévide à partir des rappels même les plus ténus de naguère comme de jadis, et que je ne vois à aucun autre écrivain.* »
Julien GRACQ, *En lisant en écrivant*, Corti, 1981.

« *L'œuvre est mince. Et il faut avouer que ce peu se réduit lui-même à une douzaine de strophes. Le reste est sans la moindre force, cède sous le regard, et se dissout en facilités de paroles pour romances.* »
Paul VALÉRY, *Souvenir de Nerval*, in *Variété*, Gallimard, 1957.

Entre lucidité et folie

Du Valois à l'Orient

Fils d'Étienne Labrunie, « *homme du Midi* » d'origine agenaise, Gérard de Nerval n'a pas vraiment connu sa mère, Marie-Antoinette-Marguerite Laurent, « *femme du Nord* » issue du Valois, morte en 1810, loin de la France, dans la ville de Glogau (Silésie) où elle avait suivi son mari, médecin ordinaire des armées impériales. L'enfant, mis en nourrice à Loisy, puis élevé par son grand-oncle Antoine Boucher dans le Valois, à Mortefontaine, conserva cependant de ses premières années un souvenir ébloui : « *Chaque fois que ma pensée se reporte aux souvenirs de cette province du Valois, je me rappelle avec ravissement les chants et les récits qui ont bercé mon enfance* » ***(Chansons et Légendes du Valois)***. Quand son père — qui avait été fait prisonnier — revint en 1814, Nerval habita de nouveau Paris et poursuivit ses études au collège royal Charlemagne, où il eut pour condisciple Théophile Gautier. Son père, qui voulait qu'il fût médecin, n'encouragea pas ses tendances littéraires — de fait, il commença des études de médecine.

D'inspiration byronienne, celui qui était alors bien plus Gérard que Nerval publia, dès 1826, ***Napoléon et la France guerrière*** et d'autres ***Élégies nationales*** (1827). Mais son intérêt pour l'Allemagne — où sa mère fut enterrée — et ses qualités de germaniste lui firent bientôt composer ***Faust***, traduction adaptée du premier *Faust* de Goethe (1828), qui lui valut d'être reconnu dans le milieu romantique et que le poète allemand apprécia beaucoup (*Conversations avec Eckermann*, 3 janv. 1830). Présenté à Hugo, Nerval adapta pour la scène son roman *Han d'Islande* (composé en 1829, publié en 1939). Deux anthologies qu'il rédigea, l'une de poètes allemands, l'autre des poètes de la Pléiade (1830), montraient au mieux ses centres d'intérêt. Familier désormais des romantiques, acteur de la bataille d'*Hernani*, il prit, pendant un temps, parti pour les républicains de 1830 — il fut même emprisonné en 1832 — et composa à cette occasion des poèmes politiques, ce qui ne l'empêcha pas de rimer au même moment de charmantes ***Odelettes***, bientôt regroupées en deux ensembles dans l'*Almanach des muses* de 1832 et les *Annales romantiques* de 1835 (reprises en 1853 in ***Les Petits Châteaux de Bohême***).

Il appartenait alors au « *petit cénacle* », rassemblé autour de Pétrus Borel. Le genre fantastique le séduisit lui aussi, comme le prouva le conte — dont le titre reprenait une autre appellation de la mandragore — ***La Main de gloire***. Publié en 1832 dans *Le Cabinet de lecture* (et devenu ***La Main enchantée*** dans les ***Contes et Facéties*** de 1852), ce conte était sous-titré « *Histoire macaronique, extrait des Contes du Bousingo, par une camaraderie* », mais ***Les Contes du Bousingo*** — le bousingo était un étudiant bohème et volontiers contestataire, voire républicain — ne parurent jamais. De la même veine apparaissent les fragments de son drame-chronique ***Nicolas Flamel*** (1831, repris in ***Le Rêve et la Vie***, 1855).

En 1834, l'héritage de son grand-père maternel permit à Nerval d'abandonner la médecine, de faire un premier voyage en Italie et de fonder, en 1835, ***Le Monde dramatique***, riche revue créée pour l'actrice Jenny Colon — l'inspiratrice du personnage mythique d'Aurélie ou Aurélia — dont il était tombé amoureux. Cette brève expérience d'éditeur — la liquidation fut prononcée en 1836 — le ruina. L'heure fut ensuite aux joies de l'amitié partagée, dans la bohème de l'impasse du Doyenné, dans le quartier du Louvre, où il vécut avec Gautier, Arsène Houssaye et le peintre Camille Rogier.

Génie dispersé, Nerval songeait surtout à faire une carrière de dramaturge et composa, en collaboration avec Dumas, l'opéra-comique ***Piquillo*** (1837), dans lequel Jenny Colon tint le principal rôle féminin, et ***L'Alchimiste***

(1839). Il écrivit ensuite — sous son seul nom — ***Léo Burckart ou Une conspiration d'étudiants*** (1838), drame qui, à travers l'histoire d'un tyrannicide, évoque en des termes étonnamment modernes la question politique de la révolte (pièce reprise à la Comédie-Française en 1996). Ces expériences théâtrales ne lui apportant pas le succès, il passa le meilleur de son temps à rédiger le feuilleton dramatique de *La Presse* où il était entré en novembre 1837. Entre fin novembre 1839 et mars 1840, il séjourna à Vienne où il avait été envoyé nanti d'une mission diplomatique : ce lui fut l'occasion d'y rencontrer Liszt et la célèbre pianiste Marie Pleyel, pour laquelle il éprouva un amour non payé de retour — Jenny Colon s'était mariée en 1838. Revenu à Paris, il donna une nouvelle édition du ***Faust***, augmentée d'une analyse du *Second Faust* et d'une ***Préface***. C'est en 1840 que Nerval perdit la future Adrienne de ***Sylvie***, Sophie Darves, baronne de Feuchères, jadis entr'aperçue chevauchant dans le parc de Mortefontaine : sa mort bouleversa le poète, qui en fit l'une des figures de cet éternel féminin qu'il ne cessa désormais de célébrer et de poursuivre — au moins en rêve.

Cependant, la folie le menaçait : en 1841, plusieurs crises, qu'il qualifia de *« théomaniaques »* — et que l'on a identifiées depuis comme les manifestations d'une psychose —, le terrassèrent ; il logea bientôt à Montmartre, dans la clinique de l'illustre aliéniste le docteur Esprit Blanche. Un billet privé, datable de ce séjour — et connu sous le nom de *« manuscrit Dumesnil de Gramont »* —, porte 6 sonnets à caractère hermétique, tous dédiés à des femmes, qui le montrent déjà en possession de l'art des ***Chimères***. Certains, comme le critique Jules Janin, dans le *Journal des Débats* du 1er mars 1841, n'avaient pas hésité à annoncer sa mort psychique. Nerval leur répondit dans une lettre du 24 août 1841, adressée à Jules Janin : « *Presque tous avaient suivi votre exemple, et l'on s'était accordé à faire de moi une sorte de prophète, d'illuminé, dont la raison s'était perdue en Allemagne, dans les épreuves des sociétés secrètes et dans l'étude des symboles de l'Orient* [...]. *Depuis ce temps, ceux de mes amis qui ne croient pas à ma mort* [...], *continuent à pleurer ma raison perdue* [...]. *Et c'est en vain que je parle, que je raisonne, que j'écris même.* »

Pourtant, l'année 1843 le vit entreprendre un long voyage en Orient, dont on ignore la raison — sa propre volonté, l'inconsolable disparition de Jenny Colon en 1842, ou quelque mission secrète ? Il y poursuivit en tout cas *« l'idéal, la couleur, la poésie, l'amour peut-être »* (***Journal de Constantinople***, « À mon ami Théophile Gautier », 6 sept. 1843). Il séjourna au Caire, visita le Liban, s'installa à Constantinople où il retrouva Camille Rogier. Mais à la magie de l'Orient succéda la déception : *« En somme, l'Orient n'approche pas de ce rêve éveillé que j'en avais fait il y a deux ans, ou bien cet Orient-là est encore plus loin ou plus haut »* (lettre à Jules Janin, 16 nov. 1843). Cependant, à Paris, l'on publiait dans *La Sylphide* son court roman épistolaire, ***Un roman à faire***. À son retour, il donna en revue, puis rassembla en livres ce qui devint son ***Voyage en Orient***, soignant plus spécialement deux histoires, l'***Histoire du calife Hakkem*** (in *Revue des Deux Mondes*, 1847) — qui dépeint notamment l'enfermement, pour folie, du calife fondateur de la religion druze — et l'***Histoire de la reine du matin et de Soliman*** (la reine de Saba et Salomon, in *Le National*, mars à mai 1850).

Déceptions et dépression

Son existence continua d'être vouée à l'errance : voyages en Belgique, en Hollande (1844), à Londres (1849). L'idée d'un ensemble narrant le malheur de ses amours prit forme dans ses publications brèves : ***Le Roman tragique*** (1844) repris comme ***Préface*** aux ***Filles du Feu*** (1854), et ***L'Illusion*** (reprise de la 3e des lettres de ***Un roman à faire***). Entre-temps, en 1848, Nerval travailla à Paris avec Heine, dont il traduisit les poèmes et devint l'ami, et collabora au *Journal* d'Alphonse Karr.

En 1849, la folie l'atteignit de nouveau, mais Nerval en guérit momentanément et chercha, une fois encore, le succès par le théâtre. Sa pièce ***Les Monténégrins*** fut donnée à l'Opéra-Comique en 1849. Tout en continuant à écrire des chroniques dramatiques, il confia au *Temps* ***Le Marquis de Fayolle*** (1849), roman historique qu'il n'acheva pas, alors qu'il mena à bien ***Les Faux Saulniers*** (en feuilleton, in *Le National*, 1850), première version d'***Angélique***, nouvelle appelée plus tard à enrichir ***Les Filles du Feu***. Plusieurs études sur le XVIIIe siècle virent le jour, dont ***Les Confessions de Nicolas***, sur Restif de la Bretonne (repris in ***Les Illuminés***), et ***Les Confidences de Nicolas*** (in *Revue des Deux Mondes* d'août-sept. 1850). Après un voyage en Allemagne en 1850, il rassembla tous ses souvenirs orientaux déjà publiés, et proposa le ***Voyage en Orient*** (1851), qui n'obtint pas le succès qu'il en espérait. Durant cette période, son activité théâtrale ne lui avait offert que de maigres consolations, ses pièces écrites en collaboration avec Méry, *Le Chariot d'enfant* (1850), d'après un drame indien, et ***L'Imagier de Harlem*** (1851), n'ayant rencontré qu'un faible accueil. Consécutivement, semble-t-il, à ces déceptions, une crise de folie le frappa plus durement en janvier 1852. Il fut hospitalisé jusqu'au 15 février. Mal remis, il fit néanmoins, en mai de la même année, un voyage en Hollande. Les années suivantes, comme il devinait sa fin proche, il s'empressa de rassembler son œuvre. ***Lorely*** (1852) regroupe des souvenirs de voyage en Europe, auxquels il ajouta ***Léo Burckart***. ***Les Illuminés ou les Précurseurs du socialisme*** (1852) forment un ensemble de récits et de portraits de grandes figures du XVIIIe siècle : Raoul Spifame, l'abbé de Bucquoy, Restif de la Bretonne, Cazotte, Cagliostro et le singulier Quintus Aucler. Les ***Contes et Facéties*** parurent en 1852 et, à l'instigation du compagnon de ses belles années, Arsène Houssaye, il égrena dans *L'Artiste* (toujours en 1852) des évocations de ***La Bohème galante*** (publiée en 1855) et donna à *L'Illustration* ses valoisiennes ***Nuits d'octobre*** (reprises par Théophile Gautier et Arsène Houssaye dans ***La Bohème galante***). La maladie mentale le surprit de nouveau alors que, en août 1853, il écrivait ***Sylvie*** (publiée in ***Les Filles du Feu***, en 1854).

Nerval entra dans la clinique du docteur Émile Blanche (fils d'Esprit Blanche), à Passy, et y séjourna — à l'exception d'une courte période de rémission — jusqu'au 27 mai 1854. Pourtant, les publications majeures se succédaient fiévreusement avec ***Les Petits Châteaux de Bohême*** (1853), qui réorganisaient harmonieusement ***La Bohème galante***, et ***Les Filles du Feu***, qu'il acheva par le singulier ensemble des ***Chimères*** (1854 — le poème ***El Desdichado*** avait été publié par Dumas dans *Le Mousquetaire* en décembre 1853).

Poursuivant la trame autobiographique par laquelle il tentait de se comprendre, Nerval donna au *Mousquetaire*, dans une publication défectueuse, ***Pandora*** (1854 — republiée en 1921 sous le titre ***La Pandora***), et à *L'Illustration* la suite des ***Promenades et Souvenirs*** (1854-1855, reprise in ***La Bohème galante***). La première partie d'***Aurélia***, cette descente lucide dans les mondes du rêve et de la folie, parut dans la *Revue de Paris* en janvier 1855. Mais la vie n'était plus pour Nerval qu'une blessure : au matin du 26 janvier 1855, il fut retrouvé pendu, rue de la Vieille-Lanterne (act. Place du Châtelet) — et quoi qu'on ait dit, le suicide ne fait aucun doute. Le 15 février, la seconde partie d'***Aurélia*** parut dans la même *Revue de Paris*.

Si son inspiration le rattachait au courant romantique, Nerval y fit entendre une note parfaitement originale, tant dans ses récits que dans ses poèmes. Il fut aussi — et surtout — celui qui, le premier, porta un regard aigu sur sa propre folie et sut, dans ses textes, entrelacer subtilement rêve, rêverie et vie réelle.

THÉORIE LITTÉRAIRE

À propos du *Diable amoureux* de Cazotte, dans la préface à l'édition de 1845 (reprise in ***Les Illuminés***), Nerval écrit : « *L'esprit net et sensé du lecteur français se prête difficilement aux caprices d'une imagination rêveuse, à moins que cette dernière n'agisse dans les limites traditionnelles et convenues des contes de fées et des pantomimes d'opéra.* » Cette remarque s'appliquerait tout aussi bien à lui-même. De fait, l'auteur d'***Aurélia*** s'est reconnu de longue date un frère dans cet adepte de « *la science des correspondances* » de Swedenborg et de l'illuminisme ésotérique, qui explique, comme lui, « *la fable par le symbole, et le prodige par une vague définition des forces occultes de la nature* ». Comme Nerval, Cazotte « *s'est laissé aller au plus terrible danger de la vie littéraire, celui de prendre au sérieux ses propres inventions* ». Ainsi se trouve revendiquée l'appartenance à une « famille d'écrivains » qui, au-delà des contemporains (Nodier ou Poe), relie, en une généalogie mystérieuse, Nerval à tous les tenants du « *fantastique sérieux* » : Apulée, Virgile, Dante, Francesco Colonna — auteur du *Songe de Polyphile* évoqué dans ***Voyage en Orient*** —, Maurice Scève, Ronsard, William Beckford ou Hoffmann ; auxquels on pourrait ajouter Hölderlin, Novalis, William Blake — dont Nerval ignora sans doute les œuvres —, ou encore Rimbaud, Mallarmé et Huysmans, qu'il préfigure. Tous ont en commun — que ce soit sous l'influence des mystères d'Isis, de l'orphisme, du pythagorisme, du néoplatonisme, de la franc-maçonnerie, de la foi chrétienne — de considérer la poésie comme un moyen de connaissance plus que d'évasion ; tous lui attribuent un rôle d'initiation mystique, une dimension « *supernaturaliste* », selon l'expression utilisée par Nerval à propos de ses ***Chimères***.

Les récits et les poèmes de Nerval visent donc à franchir les « *portes d'ivoire ou de corne qui nous séparent du monde invisible* » ***(Aurélia)***. Il s'agit de retrouver les grands disparus : écrivains, conquérants dans ***Une lithographie mystique*** (1844), femmes aimées. Loin de servir à l'expression d'un exotisme de surface, les voyages (en Allemagne, en Orient, en Valois) obéissent à une sorte de rituel initiatique, au besoin d'échapper à ce Temps pour lequel l'homme n'est pas fait. Si Nerval partage avec Cazotte ou Nodier le goût du folklore, des chansons, virelais, rondes et villanelles, de la ballade *« telle que la conçoivent les poètes du Nord »* ***(Les Illuminés)***, il y a là bien plus qu'une affinité littéraire : *« Tout peuple est curieux de remonter, par la pensée, à ses origines et à ses souvenirs »* (***À propos de l'imprimerie***, in ***Les Faux Saulniers***, 1850). Du reste, la vérité est à chercher dans la tradition plus que dans une pure innovation, dans le passé plus que dans le présent ou l'avenir : *« Personne n'a jamais inventé rien ; on a retrouvé » (ibid.)*. L'imagination elle-même n'est pas, à ses yeux, une fantaisie gratuite, mais une vision assumée. À tout prendre, Nerval préfère paradoxalement les *« chapitres d'observation »* exacte de Dickens à une *« invention romanesque »* débridée : *« Le roman rendra-t-il jamais l'effet des combinaisons bizarres de la vie ? »* (« Le Réalisme », in ***Nuits d'octobre***, 1852).

« La mission d'un écrivain est d'analyser sincèrement ce qu'il éprouve dans les graves circonstances de sa vie » ***(Aurélia)***. On sait ce que coûta à l'introducteur en France du mythe de Faust *« l'épanchement du songe dans la vie réelle »*, l'exploration assumée du rêve, cette *« seconde vie »*, et la confrontation lucide avec la démence : une véritable *« descente aux enfers » (ibid.)*. *« Il y a, dans cette série de visions bizarres, quelque chose de terrible et de mystérieux »* : là encore, le jugement sur Cazotte convient à son critique.

THÉORIE LITTÉRAIRE

Toute l'œuvre de Nerval est l'expression touchante d'un intense drame intérieur. Entre lucidité et folie, en prose comme en vers, elle servit l'artiste, le voyageur et l'érudit.

Entre l'imaginaire et le réel

Le style de Nerval — qui a connu une remarquable évolution lorsque l'on considère sa poésie — semble, en ce qui regarde sa prose, avoir toujours tendu au maximum de clarté, même si cette clarté n'est pas respectueuse des rigueurs du monde logique. ***Aurélia***, aux bornes de la folie, apparaît en ce sens comme une incontestable réussite, voire comme l'œuvre-source à partir de laquelle ont pu naître de nombreux récits fondés sur une poétique de l'expérience. Nerval s'y révèle un auteur unique dans notre littérature par ses incursions dans le domaine psychique — *« Chacun sait que dans les rêves on ne voit jamais le soleil, bien qu'on ait souvent la perception d'une clarté plus vive »* (I, 6) —, par sa façon de ménager les passages entre l'imaginaire et le réel — *« L'idée me vint d'interroger le sommeil, mais* son *image, qui m'était apparue souvent, ne revenait plus dans mes songes. Je n'eus d'abord que des rêves confus, mêlés de scènes sanglantes »* (I, 9), et par la précision quasi réaliste de son expression de l'étrange : *« Une clarté blanchâtre s'infiltrait peu à peu dans ces conduits, et je vis s'élargir, ainsi qu'une vaste coupole, un horizon nouveau où se traçaient des îles entourées de flots lumineux »* (I, 4).

Traçant les voies du récit poétique, Nerval a su être un étonnant promeneur. Avec lui, le *« merveilleux quotidien »* prend forme, l'écriture saisit les nuances de la lumière, des formes et des lointains, réverbérant les feux du souvenir, effaçant tout repère dans une sorte de *continuum* temporel : *« En quittant le chemin pour traverser un petit bois qui sépare Loisy de Saint-S..., je ne tardai pas à m'engager dans une* sente *profonde qui longe la forêt d'Ermenonville ; je m'attendais ensuite à rencontrer les murs d'un couvent qu'il fallait suivre pendant un quart de lieue. La lune se cachait de temps à autre sous les nuages, éclairant à peine les roches de grès sombre et les bruyères qui se multipliaient sous mes pas. À droite et à gauche, des lisières de forêts sans routes tracées, et toujours devant moi ces roches druidiques de la contrée qui gardent le souvenir des fils d'Armen exterminés par les Romains ! »* (***Sylvie***, V).

Non moins affiné, son regard de voyageur, européen ou oriental, détecta le « typique » avec une sympathie et une générosité qui témoignent de ses qualités d'homme fragile, mais tout à l'écoute d'autrui : *« J'ai tout avalé sans grimace et sans rien rejeter, par respect pour le sol de l'antique Scyros que foulèrent les pieds d'Achille enfant !* [...] *La patience était la plus grande vertu des initiés antiques. Pourquoi passer si vite ? Arrêtons-nous, et cherchons à soulever un coin du voile austère de la déesse de Saïs »* ***(Voyage en Orient)***.

Poète — car si mince soit l'œuvre réellement écrite en vers, c'est toujours ainsi qu'on évoque d'abord Nerval —, il s'est, en ce domaine, exprimé selon deux registres assez distincts. Celui des ***Odelettes*** capables de dire l'émotion la plus simple et parfois la plus obsédante :

Elle a passé, la jeune fille
Vive et preste comme un oiseau :
À la main une fleur qui brille,
À la bouche un refrain nouveau.

(***Une allée du Luxembourg***, in ***Odelettes***, in ***Les Petits Châteaux de Bohême***)

Et celui des sonnets des ***Chimères***, composés dans un état « *supernaturaliste* » dont il semble avoir accepté et aimé l'étrangeté :

Et j'ai deux fois vainqueur traversé l'Achéron :
Modulant tour à tour sur la lyre d'Orphée
Les soupirs de la sainte et les cris de la fée.

(***El Desdichado***, in ***Les Chimères***, in ***Les Filles du feu***)

À ceux qui souhaitent approcher le mystère de la simplicité et de la profondeur — spirituelle autant que musicale — de l'écriture nervalienne, on ne peut que proposer d'écouter les ***Chansons et Légendes de Valois*** :

Si j'étais hirondelle !
– Que je puisse voler,
– Sur votre sein, la belle,
– J'irais me reposer !

Ou de considérer « *ces mots fort simples* » : « Fête du Bouquet provincial. — *Demain, les archers de Senlis doivent rendre le bouquet à ceux de Loisy* » (***Sylvie***, I, in ***Les Filles du feu***). Les caractéristiques dominantes de cette écriture se dégagent ici nettement : simplicité de la syntaxe, souvenirs incarnés des fêtes et des lieux, flamme pourpre de la voyelle *i* — si justement soulignée par Proust —, ici répétée par les deux noms en écho à celui de Sylvie, toute la civilité contenue dans « *devoir* », toute l'intemporalité contenue dans l'expression « *rendre le bouquet* », enfin « *surface lisse du discours, orbes concentriques d'une réminiscence, associations profondes liées à des mots de tous les jours* » (Jean-Philippe Saint-Gérand, in *L'Information grammaticale*, n° 77, 1998).

Un inclassable précurseur

Une œuvre aussi composite ne pourrait qu'attirer de multiples interprétations. La folie de Nerval cependant écarta longtemps de lui les esprits se voulant raisonnables. L'éditeur Michel Lévy publia en 6 volumes les ***Œuvres complètes***, entre 1876 et 1877, mais Nerval resta pendant plusieurs décennies le nouvelliste de bon ton de ***Sylvie***, et le représentant d'un art français tout classique. Certes, Proust perçut très tôt dans quelles zones enchantées il nous entraînait — « *Cette histoire que vous appelez la peinture naïve, c'est le rêve d'un rêve, rappelez-vous » (Contre Sainte-Beuve)*, mais il fallut attendre le moment où le rêve, redécouvert par les romantiques allemands et par la psychanalyse, eut enfin droit de cité en France pour que Nerval soit apprécié à sa juste mesure. Les surréalistes admirèrent ***Aurélia***, et Albert Béguin réévalua l'explorateur onirique, tandis que Jouve scrutait les rapports du génie et de la folie.

Cependant, il convenait avant tout de rassembler tous les états des prépublications, de porter un regard plus critique sur les manuscrits. Après les travaux d'Aristide Marie, il revint à Jean Richer d'avoir proposé la première édition savante (« Bibliothèque de la Pléiade », 1956) faisant apparaître une partie du travail considérable sur lequel reposaient les livres édités du vivant de l'écrivain. Conférant à Jenny Colon un rôle peut-être excessif et cédant sans réserve aux attraits de l'occultisme, le même Jean Richer dans son *Nerval, Expérience et Création* (1963) a montré un visage de l'auteur uniquement éclairé d'un ésotérisme perçu *sine grano salis* [« *sans grain de sel* »], ce qui est sans doute aller plus loin que Nerval lui-même.

Plus tard, Claude Pichois et le P. Jean Guillaume, s'attachant cette fois à l'analyse philologique, ont sans doute restitué tous les arrière-fonds de l'œuvre, la totalité de la correspondance, le considérable travail du journaliste, dans une nouvelle édition. De l'analyse des manuscrits de ***Pandora*** et d'***Aurélia*** résulta en outre une estimation plus nuancée de la présence de Jenny Colon — Marie Pleyel et Mme Houssaye révélant alors leur rôle d'intercesseurs. Paul Bénichou a éclairé, dans son *École du désenchantement* (1992), le parcours spirituel (politique et religieux) de Nerval. Les approches d'ordre psychanalytique sont restées, en revanche, timides et souvent en retrait face à la complexité de la folie nervalienne. Trop de présupposés continuent de brider les interprétations de tous bords, faute d'un vrai retour au texte et d'une meilleure information événementielle.

ŒUVRES

***Aurélia** ou le Rêve et la Vie*

Récit en 2 parties et en 16 chapitres, paru dans la *Revue de Paris*, livré l'une, le 1er janvier, et l'autre, posthume, le 15 février 1855 — Nerval n'ayant pu corriger ces dernières épreuves.

En choisissant de considérer sa folie comme un *« épanchement du songe dans la vie réelle »* et comme une manière d'initiation, Nerval raconte la crise qu'il a subie en 1841 et ce qui s'ensuivit, entraînant le lecteur dans le cercle de ses hallucinations. Sa propre histoire rencontre celle de l'humanité, dont il reconstitue les origines mythiques pour mieux expliquer la perte d'Aurélia qui fut pour lui la femme intercesseur.

Aurélia, conçue à la fois comme témoignage réaliste, descente au fond des enfers personnels et légende littéraire dont le modèle s'inspire de Dante, innove dans le domaine de l'introspection en narrant avec le plus grand soin ce que l'on considérait jusqu'alors comme inexprimable, bien que Nerval en ce domaine eût eu quelques devanciers avec certains romantiques allemands — Novalis et Jean-Paul Richter notamment. Les frontières qui séparent le passé du présent, le rêve de la réalité se brouillent : *« Le Rêve est une seconde vie. Je n'ai pu percer sans frémir ces portes d'ivoire ou de corne qui nous séparent du monde visible. »* L'auteur révèle les images de son inconscient — ce qu'il nomme *« les mystères de son esprit »* — et laisse entendre les secrètes motivations de ses rêves et de son délire.

Les surréalistes (Breton dans *Arcane 17*, Benjamin Péret, entre autres) ont été sensibles à l'amour sublime qui parle dans cette œuvre, et à son *tempo* onirique. D'autres, comme Jouve ou Daumal, qui purent s'en inspirer, y ont vu l'exceptionnelle relation d'une expérience donnant à voir l'au-delà inexploré que chacun porte en soi. En tout cas, malgré sa relative difficulté, ***Aurélia*** est devenue une œuvre réellement classique — l'une des plus étudiées —, peut-être parce que son caractère partiellement posthume la rend plus émouvante et lui confère une valeur testamentaire de la poétique nervalienne.

*Les **Chimères***

Ensemble de 12 sonnets — l'un des poèmes, ***Le Christ aux Oliviers***, est composé à lui tout seul de 5 de ces sonnets —, regroupés à la fin des ***Filles du Feu*** (1854).

Bien que ***Les Chimères*** constituent un très bref recueil, leur importance dans la poésie française invite à les considérer comme une œuvre à part. ***Vers dorés***, ***Delfica***, ***Le Christ aux Oliviers*** étaient parus précédemment. ***El Desdichado*** *(Je suis le ténébreux, — le veuf, — l'inconsolé* [...]*)* venait seulement d'être publié. Les autres poèmes, ***Myrtho***, ***Horus***, ***Antéros***, ***Artémis***, n'avaient jamais vu le jour. De récentes recherches (des années 1990) semblent prouver que Nerval adopta cette forme, dès 1841, écrivant, nous dit-il, en état de *« rêverie supernaturaliste »* — ce qui rendrait vaine toute exégèse. Plusieurs de ces poèmes remonteraient à la première crise de folie avérée (1841), durant laquelle il rédigea une suite de 6 sonnets *(« manuscrit Dumesnil de Gramont »)*, véritable matrice des ***Chimères***. De ces textes, les uns restent compréhensibles et témoignent du *« regret des anciens jours » — Ma seule étoile est morte, — et mon luth constellé / Porte le* Soleil Noir *de la* Mélancolie ***(El Desdichado)*** —, du désespoir du Christ devant Dieu absent — *En cherchant l'œil de Dieu, je n'ai vu qu'un orbite / Vaste, noir et sans fond ; d'où la nuit qui l'habite / Rayonne sur le monde et s'épaissit toujours* (***Le Christ aux Oliviers***, II) —, ou d'une croyance en la métempsycose ; d'autres, apparemment plus obscurs, montrent un univers de divinités antagonistes — où se mêlent les Panthéons grec et égyptien — et relèvent d'une sorte de délire *« théomaniaque »* —, qualificatif risqué par Nerval lui-même.

L'extrême concision de la langue, la densité des références à la mythologie, aux légendes, à la littérature, à l'ésotérisme, la sûreté de la versification, le mystère des êtres évoqués en font des exemples indépassés d'hermétisme. La poésie occupe ici plus délibérément le monde de la culture et des symboles, dont elle agence les figures, tout en les raccordant aux éléments voilés d'un drame intime. Nerval utilise d'une manière neuve la ponctuation, en multipliant en particulier points de suspension et tirets ; ce dernier signe typographique prend une valeur à la fois *« affective et rythmique »* (Henri Meschonnic) : *C'est la mort — ou la morte... Ô délice ! ô tourment !* ***(Artémis)***. Les italiques, les majuscules détachent également les mots-clés : *Reconnais-tu le* TEMPLE *au péristyle immense* ***(Delfica)***. Les sonnets sont en rapport subtil les uns avec les autres : si ***El Desdichado***, poème d'ouverture, est le *« sonnet du* je *abandonné à lui-même »* (Henri Meschonnic), le recueil finit sur le *« sonnet de l'impersonnel »*, dans lequel s'exprime la solidarité du destin de l'esprit et du devenir de la matière : *Souvent dans l'être obscur habite un Dieu caché ; / Et comme un œil naissant couvert par ses paupières, / Un pur esprit s'accroît sous l'écorce des pierres !* ***(Vers dorés)***.

Les seuls sonnets des ***Chimères*** ont immortalisé le nom de Nerval comme poète : plusieurs vers ici rassemblés appartiennent désormais au patrimoine de la poésie de langue française.

Les ***Filles du Feu***

Recueil de 8 nouvelles et de 8 poèmes, précédés d'une dédicace « *À Alexandre Dumas* », paru chez Giraud à Paris, le 28 janvier 1854.

Il rassemble des textes publiés à différentes époques. **Angélique** est la version allégée des **Faux Saulniers** (*Le National*, 1850) et conte la recherche d'un livre et une histoire d'amour du temps passé qui conduit Nerval à rappeler le Valois de son enfance. C'est ce même Valois qui forme le décor de **Sylvie** (publié en 1853) — son œuvre la plus connue —, où d'anciennes amours qui le hantent encore se révèlent insaisissables. **Jemmy** (1843), imitant une nouvelle allemande, montre une Américaine épousant un « *sauvage* » indien. **Octavie** (1853), qui reprend des éléments d'***Un roman à faire*** et de **L'Illusion**, relate la rencontre de Nerval avec une jeune et mystérieuse Napolitaine. **Isis** (1845) est une rêverie sur les lieux de Pompéi où se trouve rejoué le culte initiatique de la déesse. **Corilla** (anciennement **Le Rendez-Vous** en 1839), intermède lyrique, présente une *prima donna* qui, déguisée, met à l'épreuve deux admirateurs dont l'un, Fabio, est un double de Nerval. **Émilie**, enfin, publiée sous le titre **Le Fort de Bitche** en 1839, évoque la fatalité d'un amour entre un soldat français et une jeune Allemande. **Les Chimères**, suite de 12 sonnets, furent ajoutées *in extremis* au moment même où Nerval composait la dédicace du livre « *À Alexandre Dumas* ». La nouvelle **Pandora** devait faire partie de l'ensemble, mais Nerval, en fin de compte, la publia isolément.

Il hésita sur le titre du recueil, songeant un temps à l'appeler plutôt **Les Amours perdues** : « *J'ai réfléchi sur le titre nouveau, je le trouve bien frou frou ; cela a un air de féérie et* [...] *j'ai peur aussi que cela n'ait l'air d'un livre dangereux* » (lettre à Daniel Giraud, janv. 1854). Il revint heureusement à sa première idée : « *Les Filles du Feu, ce sont ces créatures illusoires sur lesquelles Nerval a tenté de s'appuyer pour vaincre le temps* [...]. *Elles sont autant de tentations de ce monde souterrain qu'il a si magnifiquement évoqué dans son conte symbolique de* La Reine du Matin » (Jean Gaulmier, *in* Nerval, **Voyage en Orient**). Les frontières des genres narratifs s'estompent : lettre ***(Angélique)***, chanson populaire ***(Sylvie)***, recueil de poèmes ***(Les Chimères)*** s'y mêlent. Cet ensemble laisse parler une riche composante autobiographique et combine réalisme et mystère — **Les Chimères** le dotant d'un supplément d'énigme et de beauté. Rarement considéré dans sa composition globale, il pose le problème d'une écriture à la fois fragmentaire et circulaire, en quête d'une vérité vitale toujours en fuite.

Sylvie*, souvenirs du Valois*

Nouvelle parue dans la *Revue des Deux Mondes* du 15 août 1853 et reprise dans **Les Filles du Feu** (1854).

Composée de 14 chapitres, elle montre le narrateur aimant secrètement une actrice, Aurélie, que chaque soir il va voir jouer. Celle-ci lui rappelle la belle et noble Adrienne qu'il admira enfant et qui, depuis, s'est faite religieuse : « *Aimer une religieuse sous la forme d'une actrice !... et si c'était la même ! — Il y a de quoi devenir fou* » (chap. III). Une annonce de journal l'incite à revenir dans le Valois de ses premières années. Il y retrouve la brune Sylvie, son amie de ce temps, avec laquelle il visite des lieux de sa jeunesse (Chalis, Ermenonville — où Nerval vécut avec son grand-oncle). Avec elle, il remémore des scènes du passé et tente, mais en vain, de reconstituer l'image d'Adrienne. Après un retour à Paris, suivi d'un autre voyage, il s'emploie à faire jouer Aurélie à l'endroit même où la belle Adrienne chanta. Toutes les tentatives pour revenir au passé ne lui révèlent, en fait, que des chimères. Son propre frère de lait, le Grand Frisé, a épousé Sylvie. Aurélie, qu'il aurait pu aimer, lui a préféré un acteur. Quant à Adrienne, les dernières lignes nous apprennent qu'elle est morte dans son couvent depuis longtemps déjà.

Sylvie, « *sorte d'idylle* » aux dires de Nerval lui-même, vaut par son intense poésie et sa composition alternée. Une nouvelle manière romanesque se dégage de la temporalité qu'elle met en jeu, subtile imprécision entre le passé et le présent, entre le rêve et la réalité, illusions sur l'identité des personnages : « *Tout m'était expliqué par ce souvenir à demi rêvé. Cet amour vague et sans espoir, conçu pour une femme de théâtre* [...], *avait son germe dans le souvenir d'Adrienne, fleur de la nuit éclose à la pâle clarté de la lune, fantôme rose et blond glissant sur l'herbe verte à demi baignée de blanches vapeurs.* » Proust, dont l'inspiration devait beaucoup à cette nouvelle, souligna que s'exprimaient dans ce récit complexe, qui est « *le rêve d'un rêve* », « *les mystérieuses lois de la pensée* ».

CITATIONS

Il ne nous restait pour asile que cette tour d'ivoire des poètes, où nous montions toujours plus haut pour nous isoler de la foule. À ces points élevés où nous guidaient nos maîtres, nous respirions enfin l'air pur des solitudes, nous buvions l'oubli dans la coupe d'or des légendes, nous étions ivres de poésie et d'amour. Amour, hélas ! des formes vagues, des teintes roses et bleues, des fantômes métaphysiques ! Vue de près, la femme réelle révoltait notre ingénuité ! il fallait qu'elle apparût reine ou déesse, et surtout n'en pas approcher.

Souvenirs du Valois, in *Autres Chimères*.

Les illusions tombent l'une après l'autre, comme les écorces d'un fruit, et le fruit, c'est l'expérience. Sa saveur est amère ; elle a pourtant quelque chose d'âcre qui fortifie.

Souvenirs du Valois, in *Autres Chimères*.

Vous l'avez tous connue, ô mes amis ! la belle *Pandora* du théâtre de Vienne. Elle vous a laissé sans doute, ainsi qu'à moi-même, de cruels et doux souvenirs ! C'était bien à elle peut-être — à elle, en vérité — que pouvait s'appliquer l'indéchiffrable énigme gravée sur la pierre de Bologne : AELIA LAELIA. *Nec vir, nec mulier, nec androgyna* [...] « *Ni homme, ni femme, ni androgyne, ni fille, ni jeune, ni vieille, ni* chaste, *ni* folle, *ni pudique, mais tout cela ensemble...* » Enfin, la Pandora, c'est tout dire, car je ne veux pas dire tout.

La Pandora, in *Autres Chimères*.

Le Rêve est une seconde vie. Je n'ai pu percer sans frémir ces portes d'ivoire ou de corne qui nous séparent du monde invisible.

Aurélia ou le Rêve et la Vie, in *Autres Chimères*.

Un soir, vers minuit, je remontais un faubourg où se trouvait ma demeure, lorsque, levant les yeux par hasard, je remarquai le numéro d'une maison éclairé par un réverbère. Ce nombre était celui de mon âge. Aussitôt, en baissant les yeux, je vis devant moi une femme au teint blême, aux yeux caves, qui me semblait avoir les traits d'Aurélia. Je me dis : « *C'est* sa mort *ou la mienne qui m'est annoncée !* »

Aurélia ou le Rêve et la Vie, in *Autres Chimères*.

Le désespoir et le suicide sont le résultat de certaines situations fatales pour qui n'a pas foi dans l'immortalité, dans ses peines et dans ses joies.

Aurélia ou le Rêve et la Vie, in *Autres Chimères*.

Et j'ai deux fois vainqueur traversé l'Achéron :
Modulant tout à tour sur la lyre d'Orphée
Les soupirs de la Sainte et les cris de la Fée.

El desdichado, in *Les Chimères*, in *Les Filles du feu*.

Je pense à toi, Myrtho, divine enchanteresse.

Myrtho, in *Les Chimères*, in *Les Filles du feu*.

Je sais pourquoi là-bas le volcan s'est rouvert...
C'est qu'hier tu l'avais touché d'un pied agile,
Et de cendres soudain l'horizon s'est couvert.

Myrtho, in *Les Chimères*, in *Les Filles du feu*.

Le génie n'existe pas plus sans le goût que le caractère sans la moralité.

Les Confidences de Nicolas Restif de la Bretonne, in *Les Illuminés*.

Il y a dans ma tête un orage de pensées dont je suis ébloui et fatigué sans cesse ; il y a des années de rêves, de projets, d'angoisses qui voudraient se presser dans une phrase, dans un mot.

Lettres à Jenny Colon.

Dans l'affection que je vous porte il y a trop de passé pour qu'il n'y ait pas beaucoup d'avenir.

Lettres à Jenny Colon.

Il est un air pour qui je donnerais
Tout Rossini, tout Mozart, et tout Weber,
Un air très-vieux, languissant et funèbre,
Qui pour moi seul a des charmes secrets.

Fantaisie, in *Odelettes*.

L'étranger se trouve toujours en Orient dans la position de l'amoureux naïf ou du fils de famille des comédies de Molière.

Les Esclaves, II, in *Voyage en Orient*.

En Afrique, on rêve l'Inde comme en Europe on rêve l'Afrique ; l'idéal rayonne toujours au-delà de notre horizon actuel.

Les Esclaves, II, in *Voyage en Orient*.

JUGEMENTS

« *Ni charmant poète, ni charmant prosateur, — comme on l'a trop dit, — il fut dans l'entre-deux... et encore pas dans l'entre-deux des premiers !* »

Jules Barbey d'Aurevilly, in *Le Constitutionnel*, 20 août 1868.

« *Pour Nerval, la poésie ne cessa d'être un état, c'est-à-dire une sorte de grâce, une vision autre de la réalité, de sa réalité. Et son œuvre ne fut jamais que la série des actes manifestes par lesquels il tentait de se maintenir dans cet état.* »

Albert Béguin, *Gérard de Nerval*, Corti, 1945.

« *Nerval posséda à merveille* l'esprit *dont nous nous réclamons, Apollinaire n'ayant possédé, par contre, que* la lettre, *encore imparfaite, du surréalisme* [...]. »

André BRETON, *Manifeste du surréalisme*, Kra, 1929.

« Aurélia, *confidence des angoisses et des hantises qui emportent la raison de Gérard de Nerval, dépasse le jeu littéraire, apparaît document bouleversant plutôt que construction calculée, alors que l'art le plus conscient est loin d'en être absent.* »

Roger CAILLOIS, *Images, images...*, in *Obliques*, Gallimard, 1987.

« *Isolement absolu de Gérard de Nerval ; de par sa vie décousue, ses voyages, son foyer désert, ses fréquentations louches et ses nuits malsaines. Et malgré l'horreur du drame final, je ne trouve pas qu'il ait payé trop cher son indépendance.* »

Blaise CENDRARS, *Inédits secrets*, mars 1912, in *Œuvres complètes*, t. XVI, Club français du livre, 1971.

« *L'écriture nervalienne se voue à l'Imaginaire, mais elle cherche à en déjouer les pièges. Elle prend soigneusement ses distances vis-à-vis d'un* "monde d'illusions", *dont elle tire pourtant sa substance.* »

Michel COLLOT, *Gérard de Nerval ou la Dévotion de l'imaginaire*, PUF, 1992.

« [...] *authentique héritier de la doctrine, parfait alchimiste du verbe, possesseur de la pierre philosophale de toute poésie, Gérard de Nerval, dont les sonnets des* Chimères *sont peut-être le chef-d'œuvre de la poésie occultiste, flâne de la maison où il naquit à l'emplacement de la rue de la Vieille-Lanterne où il mourut, pendu dans l'espace à un point qui correspond sensiblement à la boîte du souffleur du théâtre Sarah-Bernhardt.* »

Robert DESNOS, *Nouvelles Hébrides (1922-1930)*, Gallimard, posthume, 1978.

« *Nerval est le porteur de torche entre la survivance ou la vague reviviscence de la mystique chez les Illuminés du* XVIIIe *et la reconquête de la mystique par les symbolistes. Il est le premier qui rétablisse un lien précis entre la raison et l'intuition, entre la philosophie et la religion, entre les vérités éternellement résurgentes du "paganisme" profond, du paganisme des mystères, du paganisme platonicien et les vérités, en nos siècles moribondes, du christianisme.* »

Pierre DRIEU LA ROCHELLE, *Notes pour comprendre le siècle*, in *Sur les écrivains*, Gallimard, posthume, 1964.

« *Gérard de Nerval a beaucoup produit, avec les intermittences que lui imposait sa maladie ; mais dans ses œuvres il en est une qui a une valeur exceptionnelle, et cette valeur est exclusivement scientifique. Peu de temps avant de mourir, il a écrit une nouvelle intitulée :* Aurélia, ou Le Rêve et la Vie, *qui est une sorte de testament légué aux méditations des aliénistes.* »

Maxime DU CAMP, *Souvenirs littéraires*, 1881-1882.

« [...] *le bon Gérard comme nous l'appelions dans notre petit cénacle, jamais homme n'a mieux mérité cette épithète. Cette bonté rayonnait de lui comme d'un corps naturellement lumineux, on la voyait toujours et elle l'enveloppait d'une atmosphère spéciale ; il semblait vraiment qu'on obligeât Gérard en lui demandant un service, il vous remerciait presque d'avoir songé à lui et il partait aussitôt, allant de l'Arc de l'Étoile à la Bastille, du Panthéon à Batignolles, pour proposer à quelque journal l'article d'un camarade sans argent ou s'informer du motif qui le faisait rester si longtemps sur le marbre ; il marchait de ce pas ailé pareil à celui de l'autruche, soulevé de terre à chaque instant et que le meilleur cheval arabe suivrait à peine. Ce n'était pas un homme de cabinet que Gérard. Enfermé entre quatre murs, un pupitre devant les yeux, éteignait l'inspiration et la pensée ; il appartenait à la littérature ambulante comme Jean-Jacques Rousseau et Restif de la Bretonne* [...]. »

Théophile GAUTIER, *Histoire du romantisme*, posthume, 1874.

« *Attachante, inquiétante figure de Nerval ; mais je ne parviens pas à faire de lui ce grand poète que nous présente Thierry Maulnier* [...]. »

André GIDE, *Journal*, 16 septembre 1942, Gallimard, 1954.

« *Si un écrivain aux antipodes des claires et faciles aquarelles a cherché à se définir laborieusement à lui-même, à saisir, à éclairer des nuances troubles, des lois profondes, des impressions presque insaisissables de l'âme humaine, c'est Gérard de Nerval dans* Sylvie. »

Marcel PROUST, « Gérard de Nerval », 1908, in *Contre Sainte-Beuve*, Gallimard, posthume, 1954.

« *Bien des peuples auraient honoré Gérard comme un grand "chaman".* »

Jean RICHER, *Nerval, Expérience et Création*, Hachette, 1963.

« [...] *l'aimable et gentil Gérard de Nerval* [...]. »

Charles Augustin SAINTE-BEUVE, *Nouveaux Lundis*, 3e éd. revue, t. III, 1878.

BIBLIOGRAPHIE

Éditions

Œuvres complètes, éd. J. GUILLAUME et Cl. PICHOIS, « Pléiade », Gallimard, 1984 à 1993, 3 vol.

Aurélia, éd. J. BONY, « GF », Flammarion, 1990 ; *Aurélia* précédé des *Illuminés* et de *Pandora*, éd. M. BRIX, « LdP », LGF, 1999.

Les Chimères, éd. J. GUILLAUME, Palais des Académies, Bruxelles (BE), 1966.

Les Filles du feu, Les Chimères et autres textes, éd. M. BRIX, « LdP », LGF, 1999.

Les Manuscrits d'« Aurélia », éd. J. RICHER, Belles Lettres, 1972.

Sylvie, éd. N. POPA, Champion, 1931 ; éd. M.-Fr. AZÉMA, « LdP », LGF, 1999.

Études

R.M. ALBÉRÈS, *Gérard de Nerval*, Éd. universitaires, 1955.

A. BÉGUIN, *Gérard de Nerval*, Corti, 1945.

P. BÉNICHOU, *Nerval et la Chanson folklorique*, Corti, 1970 ; *L'École du désenchantement : Sainte-Beuve, Nodier, Musset, Nerval, Gautier*, Gallimard, 1992.

J. BONY, *Le Récit nervalien*, Corti, 1990 ; *L'Esthétique de Nerval*, SEDES, 1997.

P.-G. CASTEX, *« Sylvie » de Gérard de Nerval*, SEDES, 1970.

L. CELLIER, *Gérard de Nerval, l'homme et l'œuvre*, « Connaissance des lettres », Hatier/Boivin, 1956.

R. CHAMBERS, *Gérard de Nerval et la Poétique du voyage*, Corti, 1969 ; « La Narration de *Sylvie* », in *Poétique*, févr. 1980.

M. COLLOT, *Gérard de Nerval ou la Dévotion à l'imaginaire*, PUF, 1992.

F. CONSTANT, « Les Sonnets majeurs des *Chimères* », in *Revue des Sciences humaines*, avr.-juin 1967.

Ch. DÉDÉYAN, *Gérard de Nerval et l'Allemagne*, SEDES, 1957-1958, 3 vol.

Fl. DELAY, *Dit Nerval*, Gallimard, 1999.

F. ENDO, « Des sonnets publiés dans les années 1828-1853 », in *Cahiers de poétique comparée*, n° 28, 1993.

J. GAULMIER, *Gérard de Nerval et « Les Filles du Feu »*, Nizet, 1956.

J. GÉNINASCA, *« Les Chimères » de Nerval, discours critique et discours poétique*, « Larousse Université », Larousse, 1973.

J. GUILLAUME, « Aux origines de *Pandora* et d'*Aurélia* », in *Études nervaliennes et romantiques*, V, Namur (BE), 1982.

G.R. HUMPHREY, *L'Esthétique de la poésie de Gérard de Nerval*, Nizet, 1969.

R. JEAN, *Nerval*, « Écrivains de toujours », Seuil, 1964.

M. JEANNERET, *La Lettre perdue*, Flammarion, 1978.

S. KOFFMAN, *Nerval, Le Charme de la répétition*, L'Âge d'Homme, Lausanne (CH), 1979.

G. MALANDAIN, *Nerval ou l'Incendie du théâtre. Identité et Littérature dans l'œuvre en prose de Gérard de Nerval*, Corti, 1986.

Ch. MAURON, *Des métaphores obsédantes au mythe personnel, introduction à la psychocritique*, Corti, 1963, chap. IV et IX.

H. MESCHONNIC, « Essai sur la poétique de Nerval » (reprise de l'article paru in *Europe*, sept. 1958), in *Pour la poétique III*, Gallimard, 1973.

Cl. PICHOIS, *Gérard de Nerval*, Fayard, 1995.

G. POULET, « Nerval », in *Les Métamorphoses du cercle*, Plon, 1961 ; « Sylvie ou la Pensée de Nerval », in *Trois Essais de mythologie romantique*, Corti, 1966.

M. PROUST, *Contre Sainte-Beuve*, Gallimard, posth., 1954 (chap. IX).

J.-P. RICHARD, « Géographie magique de Nerval », in *Poésie et Profondeur*, Seuil, 1955.

J. RICHER, *Gérard de Nerval*, « Poètes d'aujourd'hui », Seghers, 1950, rééd. 1960 ; *Nerval, Expérience et Création*, Hachette, rééd. 1971.

G. SCHAEFFER, *Une double lecture de Gérard de Nerval, « Les Illuminés » et « Les Filles du Feu »*, La Baconnière, Neuchâtel (CH), 1977.

K. SCHARER, *Thématique de Nerval ou le Monde recomposé*, Minard, 1968.

J. SENELIER, *Gérard de Nerval, Essai de bibliographie*, Nizet, 1959.

Les Cahiers des *Études nervaliennes et romantiques* (Namur [BE], facultés universitaires Notre-Dame de la Paix), 10 numéros de 1978 à 1993, contiennent notamment un livre sur les « lettres d'amour » de Nerval par Ch. BOMBOIR et « Nerval, masques et visages » du P. J. GUILLAUME.

« Le Rêve et la Vie », colloque, janv. 1986, SEDES, 1986.

RHLF, mai-juin 1972.

Romantisme, n°s 1-2, 1971.

Europe, n° 516, 1973.

AUDIO & VIDÉO

CD-ROM

Autour du romantisme. Le Roman, 1792-1886, Bibliopolis, 1999.

Encyclopédie de la littérature française, Bibliopolis, 1998.

NODIER

Charles NODIER
Jean-Charles Emmanuel NODIER
Écrivit aussi sous le pseudonyme de Maxime ODIN.
Besançon 1780 – Paris 1844
Académicien

« Le plus merveilleux inventeur du romantisme français. »
André PIEYRE de MANDIARGUES, « Nodier », in *Tableau de la littérature française*, II, Gallimard, 1974.

« Qu'est-ce qu'une allusion expliquée *¿ De l'esprit à la* Charles Nodier*, de l'esprit ennuyeux. »*
STENDHAL, *Vie de Henry Brulard*, posthume, 1890.

Une vie d'excentrique

Des débuts très mouvementés

Fils illégitime d'Antoine-Melchior Nodier, qui fut maire puis président du tribunal révolutionnaire de Besançon, et d'une servante nommée Suzanne Paris, Nodier eut une jeunesse agitée. Le jeune orateur jacobin, *« prince de la jeunesse »* bisontine, devint proscrit en 1793, contestataire en 1797 — il fut cofondateur de la ***Société des Philadelphes*** —, et conspirateur après le 18 Brumaire : il se signala en effet par une ode satirique contre Napoléon, ***La Napoléone*** (1802), qui lui valut d'être emprisonné. Cette jeunesse, durant laquelle il se forma autant aux sciences qu'à la littérature — il contribua à une ***Dissertation sur l'usage des antennes chez les insectes*** (1798) —, est racontée avec fantaisie dans ***Moi-même*** (écrit en 1800, publié posth.). Monté à Paris fin 1800 puis fin 1801, il commença à s'y faire connaître avec deux romans d'inspiration wertherienne, ***Stella ou les Proscrits*** (1802) et ***Le Peintre de Salzbourg, journal des émotions d'un cœur souffrant*** (1803). C'est lors de son second séjour à Paris que Nodier rencontra Lucile Franque, sœur d'un peintre qu'il côtoyait au *Club des Méditateurs* : il en tomba éperdument amoureux, mais elle mourut dès 1803 — disparition dont il ne se remit jamais vraiment, faisant de la jeune fille morte une figure récurrente de ses œuvres de fiction. De 1808 — année de son mariage avec une demi-sœur de Lucile Franque — à 1812, Nodier connut une période difficile : entre Paris, le Nord et la Franche-Comté, il vécut d'expédients, donnant des cours de littérature à Dole ou assurant le secrétariat d'un Anglais qui préparait une édition d'Horace. Il fit paraître alors des ouvrages de linguistique et de poétique, disciplines qui le passionnèrent durablement : le ***Dictionnaire raisonné des onomatopées françaises*** (1808), où s'affirmait une conception mimologique du langage, et les ***Questions de littérature légale*** (1812), qui passaient en revue toutes les formes de littérature au second degré (plagiat, supercheries, etc.), sous l'angle de la propriété littéraire.

Le chef de file des romantiques

Après un séjour d'une année (de fin 1812 à fin 1813) comme bibliothécaire à Laibach (auj. Ljubljana), dans les Provinces illyriennes — dont il tira plus tard profit pour son premier roman à succès, ***Jean Sbogar***, une histoire de brigand généreux (1818) —, Nodier revint, définitivement, à Paris et collabora au *Journal des Débats* (de 1813 à 1823), puis à des journaux royalistes comme *La Quotidienne*. Deux autres romans, ***Thérèse Aubert*** (1819) et ***Adèle*** (1820), les *« songes romantiques »* de ***Smarra ou les Démons de la nuit*** (1821), ***Trilby ou le Lutin d'Argail*** (1822), l'entreprise des ***Voyages pittoresques et romantiques dans l'ancienne France*** (1820 à 1846) qu'il patronna, ses activités éditoriales (préfaces aux éditions de Byron, Gilbert, Millevoye, notamment), ses articles sur Mme de Staël, Walter Scott — redécouvert lors d'un voyage en Écosse, en 1821 —, les premières œuvres de Hugo (comme *Han d'Islande*), sans parler d'une production plus marginale exploitant les thèmes du moment — par exemple, ***Le Vampire***, mélodrame écrit en collaboration (1820), ou le recueil des ***Infernaliana*** (1822) —, imposèrent peu à peu Nodier comme le porte-drapeau de la nouvelle *« école »*. Nommé, en janvier 1824, bibliothécaire à l'Arsenal, où il résida, il fit de son salon le lieu de ralliement des écrivains et des artistes romantiques, jouant un rôle capital d'initiateur, notamment en littérature étrangère, pour de jeunes auteurs comme Hugo, Nerval ou Dumas.

Un polygraphe indépendant

Néanmoins, Nodier avait adopté très tôt envers le romantisme la même attitude de distance désabusée qu'envers d'autres mouvements ou modes littéraires qu'il contribua à populariser — la littérature *« frénétique »*, le fantastique, démystifié dans ***Inès de Las Sierras*** (1837), puis dans d'autres contes —, et il est symptomatique que sa contribution à *La Muse française* fût un ironique ***Adieu aux***

romantiques (1824) : dès 1830 et le tournant d'*Hernani*, Nodier se désengagea d'un mouvement qu'il avait animé depuis une décennie. À cet égard, le statut de l'***Histoire du roi de Bohême et de ses sept châteaux*** (1830), « *récit excentrique* » combinant texte, gravures et fantaisies typographiques, reste indécidable : livre révolutionnaire ou satire dirigée contre les innovations romantiques ? Celui qui se surnomma lui-même « *Docteur Néophobus* » ou « *le dériseur sensé* » n'en était cependant pas à une contradiction près. Tout en s'attaquant aux méfaits de l'imprimerie dans l'un de ses articles de la *Revue de Paris*, ***De la perfectibilité de l'homme*** (1830), il multipliait les publications dans les domaines les plus hétérogènes : la lexicographie, avec l'***Examen critique des dictionnaires de langue française*** (1828) ; l'Histoire, avec les ***Souvenirs, Épisodes et Portraits pour servir à l'histoire de la Révolution et de l'Empire*** (1830), repris sous le titre ***Souvenirs et Portraits de la Révolution*** (1841) ; l'autofiction, sous le pseudonyme anagrammatique de Maxime Odin, avec ses ***Souvenirs de jeunesse*** (1834) ; le roman, avec ***Mademoiselle de Marsan*** (1832) ; l'essai, avec notamment ***Des types en littérature***, et ***De quelques phénomènes du sommeil*** ; enfin le conte fantastique, avec ***La Fée aux Miettes*** (1832), son œuvre majeure.

Témoignant d'une rare indépendance dans le choix de ses centres d'intérêt et d'un évident éclectisme dans ses contributions littéraires, Nodier ne tarda pas à rassembler en ***Œuvres complètes*** (1832 à 1837, 12 vol.) ses diverses publications.

Des vieux jours paisibles

Élu en 1833 à l'Académie française, Nodier passa ses dernières années à préfacer ou cautionner de son nom d'innombrables ouvrages (rééditions de classiques, recueils historiques) et à prêter son concours à la rédaction de plusieurs dictionnaires. Tout en continuant à publier ponctuellement des contes — ***Trésor des fèves et Fleur des pois*** (1833), ***Paul ou la Ressemblance*** (1836) et ***La Légende de sœur Béatrix*** (1837) —, il se livra surtout à ses deux grandes passions, la bibliographie et la bibliophilie — il avait fondé le ***Bulletin du bibliophile*** en 1834, avec le libraire Techener —, composant des notices érudites et des catalogues comme la ***Description raisonnée d'une jolie collection de livres*** (1844), et finissant ainsi sa vie dans un calme presque ennuyeux, exactement inverse à l'agitation de sa jeunesse.

THÉORIE LITTÉRAIRE

Deux contributions d'importance rassemblèrent les premières réflexions théoriques littéraires de Nodier. Le ***Cours de belles-lettres tenu à Dole de juillet 1808 à avril 1809*** (posth., 1988), qui constituait à la fois un traité de rhétorique et une poétique historique des genres, dans laquelle la place importante réservée au roman et aux auteurs étrangers préfigurait les futures orientations du « *pilote du romantisme* ». Admirant *Werther* autant que *René* et *Atala*, encourageant ses auditeurs à lire Shakespeare, Milton, Fielding et Ossian, le jeune Nodier constate que la poésie « *de la tristesse et du malheur* » qui s'écrit dans le sillage ossianique correspond à la sensibilité nouvelle d'une société dont « *l'imagination ardente et détrompée* » ne se satisfait plus du beau classique et dont les passions exacerbées doivent produire « *une révolution dans l'ordre des idées littéraires* ». Ces intuitions annoncent les théories de *De l'Allemagne*, et l'on ne s'étonne pas que Nodier fasse siennes les idées de Mme de Staël lorsqu'il présente son ouvrage en 1818 dans le *Journal des Débats* : « *Tant que les littératures qui se succèdent seront l'expression des sociétés, comme elles le seront toujours, il faudra bien qu'elles se modifient avec elles.* » La seconde contribution, les ***Questions de littérature légale*** (1812), dont le but était « *d'indiquer certains des délits dont l'exemple se renouvelle le plus souvent dans l'histoire littéraire* » (plagiat, contrefaçon, supposition d'auteur, etc.), constituait un vaste traité de poétique et d'histoire de la littérature au second degré. Ouvrage hybride, relevant à la fois d'une sorte de police littéraire — telle qu'on la retrouve plus tard dans les *Supercheries littéraires dévoilées* de Quérard — et de l'inventaire typologique, les ***Questions de littérature légale*** témoignent d'une volonté de moralisation de la littérature en même temps que d'une entreprise poéticienne de définition et de description de la littérature au second degré, toutes époques et aires géographiques confondues. En ce sens, l'ouvrage de Nodier ne manque pas de faire penser à l'encyclopédique *Palimpsestes* de Gérard Genette — un chapitre des ***Questions*** a d'ailleurs été reproduit par ce dernier dans la revue *Poétique* en 1985.

Tout en restant abondantes, les réflexions de Nodier théoricien littéraire furent ensuite plus dispersées. Les préfaces de ses dictionnaires — le ***Dictionnaire raisonné des onomatopées***, où il réfléchit sur les puissances de l'analogie et sur la langue poétique, comme l'***Examen critique des dictionnaires de langue française***, où il défend une lexicographie « *goguenarde* » —, les préfaces de ses romans — ***Adèle***, ***Souvenirs de jeunesse*** —, de ses souvenirs historiques — ***Le Dernier Banquet des Girondins*** (1833), ***Souvenirs et Portraits de la Révolution et de l'Empire*** — et de ses contes — ***La Fée aux Miettes***, l'***Histoire d'Hélène Gillet***, ***Paul ou la Ressemblance*** — lui fournirent l'occasion de situer ses entreprises fictionnelles et historiographiques selon les modèles et les modes du moment, à savoir Walter Scott, le fantastique — genre qu'il commença par dénigrer, puis qu'il défendit au nom de la souveraine imagination. Ces réflexions de circonstance donnèrent souvent lieu à de plus amples développements, tels les articles publiés vers 1830 dans la *Revue de Paris*, ***Des types en littérature***, ***Du fantastique en littérature***, ***Miscellanées*** (repris in ***Œuvres complètes***, 1832 à 1837, t. V), où Nodier réaffirmait son attachement à l'innocence et à la simplicité — celles de l'enfance, des peuples primitifs, des folklores et traditions populaires —, en une poésie libérée de la vaine contrainte d'imiter l'idéal classique et seulement soucieuse d'exprimer la vérité — fût-elle naïve, superstitieuse ou religieuse — de son époque. Face à l'omniprésence de la raison — politique, économique, sociale, scientifique, philosophique —, Nodier défendit la vérité de toutes les formes de déraison : fantaisie, rêve, charme, sortilège, folie. Dénonçant une société hostile à l'individu qui ne saurait se contenter ni du réel en guise de vrai, ni du matériel en guise de beau, il fut l'un des premiers à revendiquer les droits de la fiction.

THÉORIE LITTÉRAIRE

L'unité de Nodier réside dans ses innombrables contradictions : chef de file farouchement individualiste, militant royaliste désengagé politiquement dès 1830, fonctionnaire de la monarchie dégoûté de la société et de ses vanités, ce passionné d'entomologie ne se fia vraiment qu'à l'imagination, à la vérité subjective du sentiment et à la réalité poétique du rêve.

Un classicisme désuet

Une phrase de l' « épisode » de ***Smarra [...]*** offre un exemple assez complet de l'écriture de Nodier : « *La couche parfumée des jeunes filles qui n'est ouverte qu'aux songes voluptueux ; la tente infidèle du voyageur qui se déploie tous les soirs sous de nouveaux ombrages ; le sanctuaire même des temples est un asile impuissant contre les démons de la nuit.* » Le diamant noir de la fin — taillé dans la simplicité du vocabulaire de l'épouvante (*impuissant, contre, démons, nuit*), l'écho du sous-titre, la frappe des consonnes (« **c**ontre les **d**émons **d**e »), le souffle sourd des voyelles nasales *(im, an, on)* mêlé au souffle à peine sensible des deux syllabes « *pui* » et « *nui(t)* » — s'extrait avec peine de la gangue du parfait mais décourageant parallèle syntaxique des relatives et des adjectifs qui aggravent le cas des substantifs : « *couche parfumée* », « *songes voluptueux* », « *tente infidèle* »...

Ce n'est pas la défense d'un classicisme désuet qui est en cause. Si Nodier pratiquait un académisme plat dans tel ***Discours pour les prix de vertu*** (1836) — « *Jamais elle n'a quitté la chaumière du pauvre ou le grabat du malade sans le laisser meilleur et plus heureux* » —, on peut l'y soupçonner d'un rien d'ironie : « *Son mari est mort à la peine. Sa vache, autre nourrice de cette pauvre famille, est morte aussi.* » Ironie qui reparaît quand il justifiait ainsi l'emploi d'un mot comme « *combe* » : « *mot très français* [omis] *dans le Dictionnaire, parce qu'il n'y a point de* combe *aux Tuileries, aux Champs-Élysées et au Luxembourg* » (note pour ***La Combe de l'homme mort***).

Il faut donc plutôt faire la part d'un souci d'être original et spirituel à tout prix — Stendhal s'en irritait — ou d'une sorte de réserve insurmontable empêchant l'écriture d'être à la mesure de la place que sa thématique accorde à l'imaginaire, à l'écoute de l'inconscient à travers rêves et folie. Ainsi l'écriture fige-t-elle trop souvent les élans pressentis dans une syntaxe sans surprise, un vocabulaire convenu : « *Quelquefois même, elle avait cru sentir le pressement d'une main agitée, l'ardeur d'une bouche brûlante* » ***(Trilby)***.

De la gloire à l'oubli

Adulé de son vivant, le « *bon Nodier* » rejoignit après sa mort la cohorte des « *petits romantiques* » longtemps négligés, et il a fallu attendre les travaux d'Auguste Viatte (1928), puis d'Albert Béguin (1939) pour qu'on réévalue sa place dans le romantisme français : « [...] *son drame personnel l'amena à connaître les images de l'inconscient, à les saisir et à rompre leur maléfice en les faisant entrer dans un monde féerique, où un charme les métamorphosa* » (Albert Béguin, *L'Âme romantique et le Rêve*, Corti, 1939). Plus récemment, les analyses de Paul Bénichou (1992) ont renouvelé l'intérêt porté aux œuvres de Nodier et mieux montré la filiation qui l'unit à Nerval. Si ses contes sont lus en priorité, des rééditions multiples et quelques recherches nouvelles ont attiré l'attention sur le Nodier linguiste, dramaturge, bibliophile et lexicographe.

ŒUVRE

La *Fée aux Miettes*

Conte fantastique en 27 chapitres paru à Paris, en 1832, dans le tome IV des ***Œuvres complètes*** éditées par Renduel.

Les deux premiers chapitres constituent un prologue au récit. Le livre s'ouvre sur un éloge de la fantaisie, « *Mère des fables riantes, des génies et des fées ! Enchanteresse aux brillants mensonges.* » Dans la théorie du narrateur, les élucubrations des lunatiques sont dignes d'intérêt. Il se rend donc dans une « *superbe maison à Glasgow* », réservée à ces lunatiques. Là, un jeune homme lui demande s'il a trouvé la mandragore qui chante. La conversation s'engage et le jeune homme déclare se nommer Michel, charpentier de son état : « *C'est moi qui fournis les solives de cèdre* [...] *du palais que Salomon fait bâtir à la reine de Saba.* » Il prétend aussi être l'époux d'une femme âgée de 3 000 ans. Intrigué, le narrateur lui demande son histoire, et Michel s'exécute. Fils d'un négociant parti au loin, Michel a été élevé à Granville par son oncle. Après avoir reçu un enseignement classique, il a décidé d'apprendre le beau métier de charpentier pour gagner son pain (chap. III et IV). Le chapitre V présente la Fée aux Miettes, une naine polyglotte qui fait profiter les écoliers de sa science en échange des reliefs de leurs repas, d'où son nom. Michel lui est filialement attaché, mais la coquette petite vieille est éprise de lui. Afin de permettre à son amie de retourner dans sa maison écossaise de Greenock, Michel lui offre 20 louis qu'elle n'accepte qu'à condition qu'il songe à leur mariage. L'oncle part à la recherche du père de Michel. À la fin du chapitre VI, privé du soutien de ceux qui ont veillé sur sa jeunesse, le héros reste seul. Michel travaille donc de ses mains pour subvenir à ses besoins. Il sauve la Fée aux Miettes des sables mouvants du Mont-Saint-Michel et lui transmet à nouveau tout son avoir. Il s'engage à épouser dans trois ans la petite vieille qui prétend n'être autre que Belkiss, reine de Saba. Michel reçoit des nouvelles de son oncle ; celui-ci aurait retrouvé son frère dans une île dont Belkiss serait la souveraine. Le jeune homme décide de s'embarquer afin de les rejoindre (chap. VIII à X). Le navire sombre ; Michel et la Fée aux Miettes, montée clandestinement à bord, échappent de peu à la noyade. Pour la troisième fois, Michel offre sa fortune à son amie. Elle lui confie alors un médaillon précieux renfermant le portrait de Belkiss qui, selon elle, la représente. Le jeune homme tombe amoureux de cette image. Michel se retrouve à Greenock où tous semblent le connaître. Logé à l'enseigne de Mrs Speaker, il assiste à un curieux défilé d'êtres zoomorphes. À cette vue, il s'écrie : « *Toute ma vie n'est que chimères et caprices depuis que la Fée aux Miettes s'en mêle.* » Michel retrouve du travail, et une mignonne grisette, Folly Girlfree, cherche à le séduire..., mais il s'est voué à Belkiss. Raillé pour son extravagante passion, Michel veut s'éloigner et gagner l'île d'Arrachieh, domaine de Belkiss. La nuit précédant son départ, il rêve qu'un monstre s'attaque à son voisin de chambre. Michel terrasse la bête (chap. XI à XIV). Accusé du meurtre du bailli et considéré comme fou, Michel est doublement marginalisé, en un procès offrant l'occasion d'une satire du barreau et rythmé par 4 péripéties (chap. XVI à XIX). Tout d'abord, les juges se saisissent du médaillon dont la valeur excite leur cupidité et reconnaissent en Belkiss leur souveraine. Puis Belkiss ordonne par une missive à Michel de choisir entre le médaillon et le portrait : l'accusé préfère l'image aux joyaux qui l'ornent et est à nouveau condamné. En outre, Folly propose d'épouser Michel — ce qui, conformément à la loi, lui éviterait la potence : il refuse. Enfin, la Fée aux Miettes innocente Michel et fait valoir ses droits sur lui : il est enfin libre. Michel connaît finalement le bonheur en compagnie de la Fée aux Miettes (chap. XX à XXV). Leur nid d'amour est un espace paradoxal : maison de poupée vu de l'extérieur, il se transforme en un palais fabuleux quand on y pénètre. Michel passe « *les nuits à vivre d'amour avec Belkiss, et les jours à étudier la sagesse avec la Fée aux Miettes* ». Cette félicité est pourtant troublée au bout de six mois, car le héros apprend que sa compagne mourra s'il ne trouve pas la mandragore qui chante. Il découvre la réversibilité du portrait : au dos de l'image de Belkiss est représentée la Fée aux Miettes. Ses pérégrinations ont conduit Michel à l'établissement de Glasgow où, lui a-t-on assuré, se trouve la mandragore qui chante (chap. XXVI). Le premier narrateur reprend la parole dans la conclusion (chap. XXVII) : il apprend que Michel a été vu s'élevant dans les airs, une fleur qui chantait à la main. À Venise, il achète un livre relatant la suite des aventures de Michel et de Belkiss, mais le volume lui est dérobé. Le narrateur — et le lecteur — voient donc le mot ultime de l'histoire leur échapper.

La Fée aux Miettes est un conte à multiples facettes. Si l'allégresse de la narration en fait un récit savoureux, c'est aussi un conte symbolique : Michel semble paradoxalement cheminer vers la sagesse. De plus, les références bibliques et légendaires y foisonnent, la principale étant la figure de Belkiss qui hanta l'imaginaire de Nerval. C'est surtout un conte fantastique, Nodier suscitant l'incertitude caractéristique de ce genre par un brouillage délibéré des repères : « *Tout est vérité ; tout est mensonge* » (chap. XXV). ***La Fée aux Miettes*** est donc aussi une œuvre à la gloire de l'imagination et de ses prestiges. L'humour s'y mêle à la réflexion morale ou à la méditation spirituelle. La récurrence incantatoire de la chanson de la mandragore, les jeux d'échos qui unissent certaines composantes du récit, la représentation cyclique du temps rythmé par la fête de la Saint-Michel confèrent enfin à l'œuvre sa dimension poétique.

Dans le meilleur des cas, les contemporains ont perçu le conte de Nodier comme un livre divertissant : « *C'est une jolie chose que cette* Fée aux Miettes, *pleine de caprice, d'esprit, de malice* », écrit Jules Janin en 1844 (notice pour l'éd. posth. de **Franciscus Columna**). Sainte-Beuve passa l'œuvre presque sous silence dans ses *Portraits littéraires*, y relevant seulement l'empreinte de Hoffmann. Weiss a vu que ***La Fée aux Miettes*** était riche de sens. Afin d'élucider ce sens, les commentateurs du XXe siècle ont élaboré des interprétations diverses, notamment psychanalytique (Jules Vodoz, 1925) et maçonnique (André Lebois, 1961). Au milieu du siècle, Béguin et Castex réhabilitèrent Nodier, et tout particulièrement ***La Fée aux Miettes***, dans leurs études sur le rêve et le fantastique. Pour Béguin, il s'agit d'un de ces livres « *où un homme a joué tout son destin personnel* ».

CITATIONS

Ils ne comprennent pas, ces amants de la gloire,
Le bonheur de vivre inconnu
[...]
Et de partir après comme l'on est venu.

Cacher sa vie.

Un fou n'intéresse que par le malheur de sa folie, et n'intéresse pas longtemps. Shakespeare, Richardson et Goethe ne l'ont trouvé bon qu'à remplir une scène ou un chapitre, et ils ont eu raison. Quand son histoire est longue et mal écrite, elle ennuie presque autant que celle d'un homme raisonnable, qui est, comme vous savez, la chose la plus insipide que l'on puisse imaginer.

Au lecteur qui lit les préfaces, in *La Fée aux miettes.*

Tout croire est d'un imbécile,
Tout nier est d'un sot.

Inès de Las Sierras.

JUGEMENTS

« *Ce conte* [La Fée aux Miettes] *si adorablement léger, avec l'extraordinaire musique de ses paysages irréels et de ses automnes de pays des merveilles, cache sous tant de grâce le drame encore irrésolu de Nodier.* »

Albert Béguin, *L'Âme romantique et le Rêve*, Corti, 1939, rééd. 1992.

« *Pour Charles Nodier,* Smarra *demeure un exercice érudit, à mon sens exécrable, d'une ridicule emphase et dont l'académisme, s'agissant de donner l'impression d'un cauchemar, représente un contresens presque grotesque.* »

Roger Caillois, *Images, images...*, Gallimard, 1966, rééd. 1987.

« *Romantique par le tempérament, classique par le goût, telle est l'opposition fondamentale qui donne à Charles Nodier un visage ambigu et qui explique, peut-être, l'hésitation de la postérité à discerner son importance véritable.* »

Pierre-Georges Castex, *Introduction* à Charles Nodier, *Contes*, Garnier, 1961.

« *Il semble naturel que l'on ait songé, dès l'antiquité la plus reculée, à utiliser pour des parodies de la vie humaine, ces figurines barbouillées de couleur, habillées de chiffons, dans lesquelles les petites filles s'obstinent à voir des êtres vivants et avec qui elles jouent ce que le spirituel Charles Nodier appelle le drame de la poupée, drame plein de grâce et de charme et qui contient en pressentiment toute la destinée de la femme.* »

Théophile Gautier, *Souvenirs de théâtre, d'art et de critique*, posthume, 1883.

« Nodier, fureteur et voyageur, est épris de sentimentalité, de fantastique, d'exotisme, possédé du besoin de romancer l'histoire et d'y machiner des dessous ténébreux ou singuliers. »

Gustave LANSON, *Histoire de la littérature française*, Hachette, 1894.

« Toutes les fois qu'il reproduit des souvenirs ou des songes de sa jeunesse, Nodier écrivain reprend une sève plus montante et plus colorée [...] *poète, romancier, préfacier, commentateur, biographe, le littérateur* [Nodier] *est volontiers à la fois amateur et nécessiteux ; libre et commandé* [...]. *Aucun écrivain n'était plus fait que Nodier pour représenter et pour exprimer par une définition vivante ce qu'est un homme* littéraire*, en donnant à ce mot son acception la plus précise et la plus exquise* [...]. *Nodier, en écrivant, n'a jamais cessé de tirer à la page, d'allonger et d'alanguir son style par une foule de superfluités et de circonlocutions sans terme et sans but pour faire de la* copie *à l'imprimeur ; eh bien ! personne ne dit cela, les badauds admirent tout de son style, même les défauts, et nous (par égards) nous n'osons mettre le doigt dessus. »*

Charles Augustin SAINTE-BEUVE, *Portraits littéraires*, 1844.

« [...] *c'est un pur diamant taillé par le premier lapidaire du monde : car Nodier était essentiellement lapidaire en littérature. »*

George SAND, *Avant-propos* à *François le Champi*, 1847-1848.

« [...] *cet homme un tantinet déraisonnable qui, sans plus y croire, a tenté de soustraire à son siècle industriel et sociétaire la part de rêverie et de folie que les livres apportent et sans laquelle on ne saurait vivre. »*

Jean-Luc STEINMETZ, *Préface* à Charles NODIER, *L'Amateur de livres*, Le Castor astral, 1993.

BIBLIOGRAPHIE

Éditions

Œuvres complètes, éd. E. RENDUEL, 1832 à 1837, rééd. Slatkine, Genève (CH), 1968, 12 vol., rééd. 1998, 6 vol.

Œuvres dramatiques, éd. G. PICAT-GUINOISEAU, Droz, Genève (CH), 1990-1991.

Contes, éd. P.-G. CASTEX, « Classiques Garnier », Garnier, 1961.

L'Amateur de livres, éd. J.-L. STEINMETZ, Le Castor astral, 1993.

Critiques de l'imprimerie, Éd. des Cendres, 1989.

Le Dernier Chapitre de mon roman, éd. J. DÜRRENMATT, La Licorne, 1999.

Dictionnaire des onomatopées, Trans Europ Repress, Mauvezin, 1984.

La Fée aux miettes, éd. P. BERTHIER, « Folio », Gallimard, 1982 ; éd. G. ZARAGOZA, « Classiques Hachette », Hachette, 1993.

Jean Sbogar, éd. J. SGARD, Champion, 1987.

Moi-même, éd. D. SANGSUE, Corti, 1985.

Portraits de la Révolution et de l'Empire, Tallandier, 1988.

Souvenirs de jeunesse, Mademoiselle de Marsan, Aubier, 1992.

Études

D. BARRIÈRE, *Nodier l'homme du livre*, Plein Chant, Bassac (Charente), 1989.

A. BÉGUIN, *L'Âme romantique et le Rêve*, Corti, 1939.

E.J. BENDER, *Bibliography : Charles Nodier*, Purdue University Studies, Lafayette (Indiana, US), 1969.

P. BÉNICHOU, *L'École du désenchantement : Sainte-Beuve, Nodier, Musset, Nerval, Gautier*, Gallimard, 1992.

J. LARAT, *La Tradition et l'Exotisme dans l'œuvre de Charles Nodier*, Champion, 1923.

H. LOWE-DUPAS, *Poétique de la coupure chez Charles Nodier*, Rodopi, Amsterdam (NL)/Atlanta (US), 1995.

D. SANGSUE, *Le Récit excentrique*, Corti, 1987 ; « Nodier et le Commerce des vampires », in *RHLF*, 1998, n° 2.

R. SETBON, *Libertés d'une écriture critique. Charles Nodier*, Slatkine, Genève (CH), 1979.

H. de VAULCHIER, *Charles Nodier et la Lexicographie française*, Didier, 1984.

A. VIATTE, *Les Sources occultes du romantisme*, 1928, rééd. Champion, 1979, 2 vol.

AUDIO & VIDÉO

CD-ROM

Autour du romantisme. Le Roman, 1792-1886, Bibliopolis, 1999.

La Critique littéraire de Laharpe à Proust, Bibliopolis, 1998.

PAGNOL

Marcel PAGNOL

Aubagne (act. Bouches-du-Rhône) 1895 – Paris 1974
Académicien

> *« Il n'a [...] plus besoin de référence ni de patronage : ni celui de Musset ni celui de Molière. Il porte un nom qui, grâce au cinéma, est aujourd'hui connu d'un plus grand nombre de ses concitoyens que ne l'a jamais été aucun écrivain de son pays. Il s'appelle Marcel Pagnol. »*
>
> Bernard de FALLOIS, *Postface* à Marcel PAGNOL, *Le Temps des amours*, Julliard, posthume, 1977.

> *« Marcel Pagnol a obscurci lui-même, à plaisir, ses rapports avec le cinéma en se proclamant champion du théâtre filmé. Prise sous cet aspect, son œuvre est indéfendable. Elle constitue en effet l'exemple de ce qu'il ne faut pas faire en matière d'adaptation théâtrale à l'écran. [...]*
> *[...]*
> *Mais Pagnol a-t-il jamais fait autre chose que d'écrire pour l'écran des textes qui pouvaient aussi à la rigueur être portés à la scène ? »*
>
> André BAZIN, cité *in* Jacques BENS, *Pagnol*, « Écrivains de toujours », Seuil, 1994.

Une vie passionnée

De la classe à la scène

Pagnol, aîné d'une famille de 4 enfants, naquit à Aubagne, le 28 février 1898. Son père, Joseph, instituteur, s'installa dans la banlieue de Marseille en 1900, puis à Marseille, où Pagnol situa sa première œuvre importante, ***Pirouettes*** : il destinait ce roman, écrit en 1918 et publié en 1932, à une éphémère revue qu'il avait fondée en 1914, ***Fortunio*** — qui devint *Les Cahiers du Sud*. Il fit ses études au lycée Thiers de Marseille, ayant pour condisciple Albert Cohen, le futur auteur de *Belle du Seigneur*, avec lequel il noua une durable et vive amitié. Après le lycée, il fut étudiant à Montpellier où il commença des études de lettres et passa une licence, tout en publiant des poèmes dans différentes revues. En 1916, il épousa en premières noces Simone Collin, dont il eut 3 enfants (Jacques, Jean-Pierre et Francine) et dont il divorça en 1941. Professeur-répétiteur au collège de Tarascon, puis aux lycées d'Aix et de Marseille, il fut nommé en 1925 à Paris, au lycée Condorcet, puis abandonna l'enseignement pour la littérature, en 1927. À cette époque, il écrivit ses deux premières pièces, ***Les Marchands de gloire*** (1925), en collaboration avec Paul Nivoix, et ***Jazz*** (1926) qui mettait en scène l'existence d'un professeur ayant raté sa vie : elles ne connurent qu'un succès mitigé. Le vrai succès vint en 1928 avec ***Topaze***, joué sur recommandation d'Antoine : avec l'histoire d'un petit professeur se jouant de ceux qui prétendent le manipuler — héros qui est donc l'antithèse de celui de *Jazz* —, Pagnol entrecroisait les thèmes de l'honnêteté bafouée, du cynisme triomphant et de la revanche des humbles. Il en tourna, pour le cinéma, 2 versions (1936 et 1950), après celle de 1932, due à Louis Gasnier. En 1929, ***Marius*** confirma sa célébrité.

De la scène à l'écran

Dès lors, l'auteur diversifia ses activités. Cinéaste, il adapta à l'écran, en collaboration avec Korda, puis Allégret, ***Marius*** en 1931 puis ***Fanny***, comédie en 4 actes en prose, en 1932 et fonda une société de production en 1934, année où il créa aussi la revue ***Les Cahiers du film***. En 1936, il écrivit directement pour le cinéma ***César***, la fin de cette trilogie marseillaise. Sur fond de vieux port et de parties de cartes, le jeune homme partagé entre l'amour de sa belle et l'appel de l'aventure (Marius), l'innocente jeune fille qui faute par amour (Fanny), le vieux père à la voix de rocaille et à la tendresse bourrue (César), campaient des figures qui devinrent légendaires, dont les coups de cœur s'imposaient en autant de coups de théâtre.
Pagnol tourna également plusieurs films inspirés de récits de Giono : ***Jofroi*** (1933), ***Angèle*** (d'après *Un de Baumugnes*, 1934), ***Regain*** (1937), ***La Femme du boulanger*** (d'après *Jean le Bleu*, 1938), ainsi que ***Le Schpountz*** (1938), histoire d'un garçon d'épicerie saisi par le démon du cinéma et qui se croit un grand acteur, réflexion désabusée sur l'art cinématographique et ses milieux, et théorie du comique en général. Interrompu par la débâcle, le tournage de ***La Fille du puisatier*** reprit en août 1940 et se termine sur une scène où les personnages écoutent le message du Maréchal Pétain. Après guerre, Pagnol réalisa d'autres longs métrages, dont ***Naïs*** (1945), d'après une nouvelle de Zola, histoire d'une jeune provinciale séduite et abandonnée par le riche jeune homme venu de la ville, ***La Belle Meunière*** (1948), épisode romancé de la vie de Schubert, et le diptyque ***Manon des sources*** et ***Ugolin*** (1952), histoire de la belle Manon, jeune fille privant d'eau tout un village pour venger ses parents morts de misère du fait de la cupidité de ses habitants. Le rôle-titre était tenu par Jacqueline Pagnol, née Bouvier, que

le réalisateur avait épousé en secondes noces en 1945, et dont il avait alors 2 enfants : Frédéric, né en 1946, et Estelle, née quelques semaines avant la mort du père de Pagnol, en 1951 — mais qui mourut dès 1954. Le cinéaste, occasionnellement, sut se faire critique dans ***Les Cahiers du film*** et dans ***Notes sur le rire*** (1947).

De l'écran à l'écrit

Romancier, Pagnol connut une réussite plus limitée, même si ***Pirouettes*** (1932) et les 2 tomes de ***L'Eau des collines*** (***Jean de Florette***, ***Manon des sources***, 1962) recueillirent un écho certain. Si son retour au théâtre, avec ***Judas*** (1955) et ***Fabien*** (1956), échoua, ses ***Souvenirs d'enfance*** remportèrent quant à eux un immense succès auprès d'un très large public. ***La Gloire de mon père*** (1957), ***Le Château de ma mère*** (1957), ***Le Temps des secrets*** (1959) et ***Le Temps des amours*** (posth., 1977) devinrent rapidement des morceaux d'anthologie scolaire — juste consécration pour l'enfant d'instituteur qui apprit précocement à lire en voyant son père faire la classe.

Élu à l'Académie française en 1946, au fauteuil de Maurice Donnay, et reçu l'année suivante, Pagnol fut également traducteur — ***Hamlet*** (1947), ***Les Bucoliques*** (1958) — et historien ***Le Masque de fer*** (1964), ***Le Secret du Masque de fer*** (1973). Il mourut à Paris en 1974.

Pittoresque et simplicité

On a souvent reproché à Marcel Pagnol de faire, au cinéma, du théâtre filmé, de prôner une morale qui pouvait s'apparenter, parfois, aux mots d'ordre du régime de Vichy, et de donner du Midi et des Méridionaux une image stéréotypée. Mais, en plein siècle de tumultes idéologiques et esthétiques, son œuvre rassurait un public amateur de lectures à la fois « confortables » et « spirituelles ». Pièces, récits et films, dont chacun s'enrichit de l'écriture des autres, sacrifient en effet à quelques conventions des plus aguerries mais ont bénéficié d'acteurs exceptionnels (Fernandel, Jouvet, Fresnay, Pellegrin, Charpin, Raimu, Poupon, Moreno, Rellys, Servais, Andrex). La trilogie marseillaise, comme beaucoup de ses créations, s'affiche en un mélodrame familial, où s'équilibrent scènes pathétiques, scènes de comédie, et morceaux de bravoure. Films et romans sont émaillés de « mots » qui sont restés célèbres — « *Tu n'es pas bon à rien, tu es mauvais à tout* » ; « *Tu me fends le cœur* » ; « *Marius, l'honneur, c'est comme les allumettes, ça ne sert qu'une fois* » ; « *La mort, c'est tellement obligatoire, que c'est presque une formalité* » ; « *Quand on fera danser les couillons, tu ne seras pas à l'orchestre* » —, et qui ponctuent l'intrigue. Toute l'œuvre de Pagnol est faite d'une parole, d'une langue, d'une musique de mots, d'images vives, sensibles, lisibles. Consistant en un dialogue du conteur avec ses lecteurs, elle est justement centrée sur les dialogues des personnages. Dans les récits d'enfance, le regard averti de l'adulte voisine avec la perspective naïve de l'enfant, et les épisodes familiaux appellent une idéalisation discrète du temps jadis. Des thèmes universels, sur fond de vicissitudes intimes (amours contrariées, adultère) ou de joies élémentaires (nature pittoresque, convivialité, faconde), parfois traversés de personnages qui peuvent devenir inquiétants (certains pères tyranniques), renforcent la part commune de l'œuvre, sans la départir de ses attaches régionalistes (la Provence). Une morale de bon aloi s'en dégage, habilement nuancée d'un humour toujours sensible, qu'on pourrait appeler « populaire » au plein sens du terme, comme une *aurea mediocritas* prônant l'humble acceptation du destin, la probité, l'amour des siens et la tolérance envers les autres. Le brio du conteur, l'art des portraits, la limpidité classique du style affinent les stéréotypes (les routines des métiers de fonctionnaire, la pureté des campagnes opposée aux perversions de la grande ville, etc.), facilitant une lecture de distraction, au sens le plus heureux du terme.

Un cinéaste populaire et un écrivain délaissé

Preuve du succès croissant de la langue et de la thématique de Pagnol, plusieurs de ses films ont été repris, en de nouvelles versions, parfois discutables, par de nombreux cinéastes, aussi bien français — Claude Berri en 1986 avec ***Jean de Florette*** (interprété par Gérard Depardieu) et ***Manon des sources*** (réunissant Yves Montand, Daniel Auteuil et Emmanuelle Béart) — qu'étrangers — Joshua Logan pour une ***Fanny*** (avec Maurice Chevalier) en 1961 —, et son œuvre est traduite en de nombreuses langues. Néanmoins, si la popularité du cinéaste reste immense, celle de l'écrivain se limite à la tétralogie ***Souvenirs d'enfance*** — partiellement adaptée à l'écran par Yves Robert en 1990, avec *La Gloire de mon père* et *Le Château de ma mère*, interprétés par Philippe Caubère (Joseph), Nathalie Roussel (Augustine) et Julien Ciamaca (Marcel). Et l'Université continue à ignorer l'œuvre du professeur fils d'instituteur, dont plusieurs dialogues appartiennent néanmoins à notre patrimoine culturel.

ŒUVRES

Souvenirs d'enfance (***La Gloire de mon père, Le Château de ma mère, Le Temps des secrets, Le Temps des amours***)

Œuvre autobiographique en 4 tomes (I. ***La Gloire de mon père***, II. ***Le Château de ma mère***, III. ***Le Temps des secrets***, IV. ***Le Temps des amours***), publiés chez Pastorelly, à Monte-Carlo, en 1957 et 1958 (I et II), par le même éditeur en 1960 (III), et à titre posthume, chez Julliard à Paris, en 1977 (IV). Le 1er tome est précédé d'un ***Avant-propos*** dans lequel Pagnol souligne la place originale, dans son œuvre, de cette entreprise autobiographique *« en prose »* ; le 4e tome s'ouvre sur une note de l'éditeur justifiant la publication posthume. À la demande d'Hélène Lazareff, 5 épisodes, qui racontaient l'histoire des 4 châteaux, avaient été publiés dans le journal *Elle*, du 3 décembre 1956 au 7 janvier 1957, à l'occasion de Noël ; le succès incita Pagnol à développer ces souvenirs pour offrir au public, quelques mois plus tard, les 1er et 2e tomes, avec la dédicace suivante : *« À la mémoire des miens »* — dédicace ainsi remplacée et complétée pour le 3e tome : *« À mon fils Frédéric. »* ***Le Temps des amours*** se distingue des précédents tomes, notamment par sa publication posthume : Pagnol, longtemps occupé par d'autres projets, n'eut pas le temps de reprendre ces 10 chapitres. En dépit des titres qui apparaissent ici, le volume ne présente pas la même unité que les précédents ; il faut noter que le dernier chapitre ***(Les Amours de Lagneau)*** fut écrit en 1919, soit près d'un demi-siècle avant les autres.

I. ***La Gloire de mon père*** évoque les premières années de la vie de Marcel, de sa naissance à l'épisode glorieux des bartavelles. Après avoir présenté, non sans humour, ses origines géographiques et familiales, Pagnol relate quelques moments heureux de son enfance marseillaise : à la surprise générale, il apprend seul à lire, assis au fond de la classe de son père Joseph, instituteur républicain anti-clérical ; sa tante Rose rencontre en sa compagnie celui qui deviendra son oncle Jules, fervent catholique dont l'amitié avec Joseph sera caractérisée par des disputes politiques et religieuses, vives mais sans gravité. L'acquisition d'une petite maison, la Bastide Neuve, pour les vacances, permet à l'enfant de *« vivre les plus beaux jours de* [sa] *vie »* ; avec son jeune frère Paul, Marcel découvre la nature, *« torture »* des insectes, joue aux Indiens, collectionne les mots nouveaux jusqu'à l'ouverture de la chasse, longuement préparée et commentée par son père et par son oncle. Déçu de ne pouvoir les accompagner, Marcel décide de les suivre à distance, s'égare, et les retrouve enfin pour constater le triomphe de son père, auteur d'un magnifique *« coup du roi »*, d'un inespéré doublé de bartavelles qui, de chasseur néophyte, le transforme en héros local, pour la plus grande fierté de son fils. II. ***Le Château de ma mère***, par son titre même, déplace la perspective de *« piété filiale »* — le 1er tome ayant déjà souligné, cependant, l'immense affection réciproque entre Marcel et sa mère, Augustine. Après avoir rappelé *« l'épopée cynégétique des bartavelles »*, le récit des vacances fait apparaître un nouveau personnage, Lili, petit paysan avec lequel Marcel lie aussitôt une grande et belle amitié. Mais la rentrée des classes approche et sépare les deux enfants, l'un restant dans sa colline, l'autre jouissant du redoutable honneur d'être *« le »* candidat de son école primaire au concours des bourses du lycée. Grâce à une entente entre Augustine et la directrice de l'école, la famille peut désormais se rendre à la Bastide Neuve tous les samedis, en dépit d'une bien longue route pour de si brefs séjours... Bouzigue, ancien élève de Joseph rencontré par hasard sur le chemin, propose alors à la famille un raccourci à travers 4 propriétés, auxquelles lui donne accès sa clef de gardien du canal. Joseph hésite, puis finit par accepter la clé fatidique ; après de nombreux passages tranquilles — certains réservant même d'heureuses surprises — la famille se heurte à un garde terrible et stupide, bien décidé à dresser à Joseph un procès-verbal. Ce dernier s'attend à une humiliante révocation, lorsque le rusé Bouzigue vient lui raconter comment il a récupéré toutes les pièces à conviction, sauvé l'honneur de l'instituteur et donné une bonne leçon au garde impitoyable. Les dernières pages, dans une émouvante rupture de ton, évoquent les disparitions prématurées d'Augustine, de Paul et de Lili, et racontent comment, bien des années plus tard, par un hasard extraordinaire, Pagnol acheta, sans l'avoir visité et donc sans le savoir, la propriété *« maudite »*, le *« château »* de sa mère. III. ***Le Temps des secrets*** raconte d'abord la suite de ces nouvelles grandes vacances, pendant lesquelles la lecture — celle de Jules Verne en particulier — remplace la chasse dans les activités favorites de Marcel. La découverte d'un secret de famille — l'infidélité ancienne du grand-père — et ses conséquences tragicomiques dévoilent au jeune garçon les relations entre la folie et l'amour, dont il fait lui-même l'expérience auprès d'Isabelle, une jeune voisine en vacances : devenu le chevalier servant ridicule et fasciné de cette fillette prétentieuse, il finit par surprendre malgré lui ses mensonges et sa vulgarité. La rentrée en 6e est ensuite l'occasion d'un autre type de découvertes : Marcel est étonné par l'organisation du lycée, le nombre — et les surnoms — de ses professeurs, les comportements variés de ses camarades... De fréquentes disputes opposent notamment externes, pensionnaires et demi-pensionnaires ; un certain Pégomas ayant un jour porté atteinte à l'honneur des boursiers, Marcel décide de laver l'affront et réussit d'abord à dominer physiquement son adversaire, puis à obtenir de sa part des excuses grâce à la lucidité du père de l'insolent venu formuler des réclamations dans le bureau du censeur. Sur cette gloire du fils s'achève le 3e tome des ***Souvenirs d'enfance***. IV. ***Le Temps des amours*** rassemble 10 chapitres retrouvés dans les dossiers de Pagnol après sa mort. Ils présentent d'autres souvenirs scolaires, de 5e et de 4e surtout, en particulier les premières velléités d'écriture poétique du futur écrivain et le stratagème mis au point par un certain Lagneau, avec la collaboration de sa mère et de sa tante, pour falsifier ses bulletins, éviter les colères paternelles et préserver la sérénité familiale. D'autres rencontres sont évoquées, comme celles d'Yves Bonnet et d'Albert Cohen, son meilleur ami, parmi les condisciples, ou celle de Monsieur Sylvain, un fou sympathique qui raconte aux adolescents une histoire de pestiférés. Le volume s'achève avec ***Les Amours de Lagneau***, récit du double échec du personnage : auprès d'une jeune fille comme au baccalauréat.

Les ***Souvenirs d'enfance*** marquent un tournant dans l'œuvre de Pagnol, jusqu'alors célèbre pour ses œuvres théâtrales et cinématographiques ; il le remarque lui-même dès les premières lignes de son ***Avant-propos*** : « *Voici que pour la première fois — si je ne compte pas quelques modestes essais — j'écris en prose.* [...] *Ce n'est plus Raimu qui parle : c'est moi.* » Loin de revendiquer la valeur littéraire de sa démarche autobiographique ou l'intérêt pour le lecteur de découvrir sa personnalité, Pagnol se considère et s'affirme ici comme le témoin d'une époque révolue, comme un conteur entraînant, capable d'animer des portraits et de rendre hommage à quelques figures qui ont marqué son enfance — son père et sa mère en particulier. Ces indéniables talents de portraitiste et de conteur reposent en particulier sur un style clair et vif, un sens du détail pittoresque, un art de la formule et de la chute, une verve en somme très française — dans la tradition de Rabelais, de La Fontaine et de Voltaire — qui allie l'apparente légèreté du propos et sa vérité morale : « *Et* [mon père] *répétait sans cesse : "comme on est faible quand on a tort." La vie m'a appris qu'il se trompait et qu'on est faible quand on est pur* » ***(Le Château de ma mère)*** ; « [...] *quand on ne sait pas grand-chose, on est toujours cruel pour ceux qui savent encore moins* » ***(Le Temps des amours)***. Ainsi l'universalité du propos, soutenue par quelques allusions et quelques références culturelles précises (Virgile notamment), semble-t-elle intordire de réduire la valeur de l'œuvre au seul régionalisme, perspective d'autant plus contestable que Pagnol lui-même a prétendu peindre une enfance universelle : « *Pour moi, j'ai préféré vous raconter l'enfance d'un petit garçon, qui fut aussi celle de vos grands-pères, et qui n'est peut-être pas très différente de la vôtre, car les petits garçons de tous les pays du monde et de tous les temps ont toujours eu les mêmes problèmes, la même malice, les mêmes amours.* » Une telle affirmation, certes discutable, explique la diversité des réactions suscitées par l'œuvre.

Cette autobiographie connut un grand succès, dès la parution, dans la revue *Elle*, de quelques épisodes. Pagnol reçut de très nombreuses lettres d'admiration, notamment de jeunes, voire de très jeunes lecteurs, ce qui ne manqua pas de l'étonner. Par la suite, la publication de l'œuvre en collection de poche et son étude fréquente dans les classes de collège ont accru sa célébrité, redoublée par ses adaptations réussies au cinéma : Yves Robert, *La Gloire de mon père* et *Le Château de ma mère* (1990). La critique universitaire, au contraire, semble tarder à reconnaître à l'ensemble une valeur littéraire.

Trilogie marseillaise : ***Marius, Fanny, César***

Marius. Pièce en 3 actes et 6 tableaux — qui, dans le texte définitif de 1969, chez Pastorelly, devinrent 4 actes comprenant respectivement 10, 5, 6 et 6 scènes —, créée à Paris, sur la scène du Théâtre de Paris, le 3 mars 1929, publiée chez Fasquelle, en 1931 — sous la forme de 4 actes et de 6 tableaux — avec la dédicace suivante : « *À Léon et Simone Volterra, Qui reçurent cette pièce bien avant la création de Topaze. Avec ma reconnaissance et mon affection.* »

Fanny. Pièce en 3 actes et 4 tableaux — comprenant respectivement 14, 7, 9 et 6 scènes —, créée à Paris, sur la scène du Théâtre de Paris, le 5 décembre 1931, publiée chez Fasquelle, en

1932, avec la dédicace suivante : « *À* ORANE DEMAZIS, *je dédie cette pièce..* "Elle a été *Fanny* elle-même, tellement *Fanny* que nous ne pourrions pas l'imaginer différente. L'émotion profonde avec laquelle elle a lancé, au dernier tableau, le couplet sur la naissance de l'enfant, a magnifié sa création. Si l'ombre de Réjane erre encore sur le proscenium de ce théâtre, elle a dû frémir de joie." *René* FAUCHOIS. » Le 2e acte porte un titre : ***Les Voiles***.

César. Film écrit et réalisé en 1935-1936, avec les principaux interprètes de ***Marius***, Raimu dans le rôle de César, Pierre Fresnay dans celui de Marius, Orane Demazis dans celui de Fanny —, sur une musique de Vincent Scotto. Avant la publication du texte du film, une comédie en 2 parties et 10 tableaux parut chez Fasquelle, en 1937.

Sur le Vieux-Port, à Marseille, César tient le bar de la Marine ; « *grande brute sympathique aux avant-bras terriblement velus* », il rudoie avec une affectueuse pudeur ses amis comme son fils, Marius, qu'il élève seul, depuis la mort de sa femme. Il joue souvent aux cartes avec deux autres quinquagénaires, le maître voilier Panisse et Escartefigue, le capitaine du ferry-boat qui traverse le Vieux-Port ainsi qu'avec un jeune Lyonnais, vérificateur des douanes, Monsieur Brun. Marius souffre en secret de n'avoir pu encore embarquer sur l'un des grands navires qui font escale dans sa ville natale. Déchiré entre cette aspiration et son amour — réciproque — pour la petite marchande de coquillages, Fanny, qui s'est donnée à lui, il choisit de rester auprès d'elle alors qu'une occasion de partir se présente ; mais la jeune fille, comprenant qu'il ne pourra jamais être heureux s'il ne tente pas cette aventure, se sacrifie et, malgré le souhait, formulé par sa mère Honorine et par César, de les marier, elle oblige son amant à partir ***(Marius)***. Ombrageux depuis que son fils l'a quitté, César attend impatiemment de ses nouvelles, en simulant l'indifférence devant les autres. Il reçoit enfin des lettres de Marius, qui semble avoir oublié Fanny ; celle-ci découvre alors qu'elle est enceinte. Le riche veuf Panisse, qui avait déjà demandé la main de la jeune fille et renouvelé sa proposition, explique à Fanny, venue loyalement le prévenir de son état, la joie qu'il éprouve à l'idée d'avoir un héritier — espéré en vain pendant son premier mariage —, à condition qu'elle garde le secret sur leur entretien. César, mis dans la confidence, accepte non sans peine de devenir seulement le parrain de son futur petit-fils, Césariot. Quelques mois après la naissance de l'enfant, Marius revient à Marseille et se rend chez Panisse pour rencontrer Fanny ; les deux jeunes gens, qui n'ont en fait jamais cessé de s'aimer, se séparent après une brève entrevue, conscients que le bonheur de leur fils l'exige et que Panisse est le meilleur père possible pour lui ***(Fanny)***. Le petit Césariot a grandi ; après de brillantes études, il est devenu polytechnicien. Il revient à Marseille pour assister aux derniers jours de Panisse. Au cours d'une ultime confession, ce dernier n'a pu se résoudre à dévoiler lui-même le secret au jeune homme ; il a confié cette tâche à Fanny, qui l'accomplit, comme convenu, après la mort de son mari. Césariot découvre la vérité avec une amertume un peu méprisante, puis décide de faire *incognito* la connaissance de son père, désormais garagiste à Toulon. D'abord victime de malentendus, le jeune homme finit par comprendre la valeur réelle de ses parents et de son grand-père ; après une émouvante explication générale, qui lui apprend la richesse du sentiment paternel, il consent aux retrouvailles définitives de son père et de sa mère ***(César)***.

Marius connut un véritable triomphe, dans la presse comme auprès du public, au point que Pagnol reçut le conseil d'en écrire une suite ; Léon Volterra se vit même forcé d'arrêter la pièce à la 800e, étant lié par des contrats dont il repoussait l'exécution depuis deux ans. ***Fanny*** connut aussi une brillante carrière, en dépit d'une certaine déception du public qui ne retrouvait ni Raimu (brouillé avec Volterra) ni Fresnay (tenu par un autre engagement).

CITATIONS

La mort, c'est tellement obligatoire que c'est presque une formalité.

César.

Quand le vin est tiré, il faut le boire, même s'il est bon.

César.

Allez, on ne meurt pas d'amour, Norine. Quelquefois, on meurt de l'amour de l'autre, quand il achète un revolver — mais quand on ne voit pas les gens, on les oublie...

Fanny, I, I, 3.

Si vous voulez aller sur la mer, sans aucun risque de chavirer, alors, n'achetez pas un bateau : achetez une île !

Fanny, II, I, 3.

Il y a trois genres littéraires bien différents : la poésie, qui est chantée, le théâtre, qui est parlé, et la prose, qui est écrite.

Avant-Propos à *La Gloire de mon père*.

Moi, il a fallu que j'attende l'âge de trente-deux ans pour que mon père me donne son dernier coup de pied au derrière. Voilà ce que c'était que la famille, de mon temps.

Marius, I, 3.

Si on ne peut plus tricher avec ses amis, ce n'est plus la peine de jouer aux cartes.

Marius, III, 2.

Et puis, quand elles ont commencé, elles n'ont plus rien à perdre ! Marius, l'honneur, c'est comme les allumettes : ça ne sert qu'une fois...

Marius, IV, 5.

JUGEMENTS

« *Aventure est le maître mot de la vie et de l'œuvre de Marcel Pagnol. Sur les plans personnel, artistique, et professionnel, il n'a cessé de prendre des risques, et la plupart de ses héros, et notamment de ses héroïnes, jouent leur avenir sur une idée fixe, une passion durable ou un coup de tête soudain.* »

Jacques Bens, *Pagnol*, « Écrivains de toujours », Seuil, 1994.

« *Sa position est assez forte maintenant pour que, ayant fabriqué un film, il puisse le projeter devant le public sans passer par les intermédiaires dangereux que nous connaissons trop. On aime ou on n'aime pas ses films. On est d'accord ou pas d'accord avec lui, mais ce qu'il dit, il le pense, et il ne va prendre de mot d'ordre nulle part.* »

Jean Renoir, *Écrits*, 1938, Belfond, 1974.

« *Sans doute ne relève-t-il pas de la littérature la plus exigeante, mais son théâtre, tiré de l'observation de la vie comme elle va, a des chances de mieux tenir le coup que d'autres, plus ambitieux.* »

Angelo Rinaldi, « Marcel Pagnol », in *L'Express*, 22 avril 1974.

BIBLIOGRAPHIE

Éditions

Œuvres complètes, Fallois, 1995, 3 vol.

Souvenirs d'enfance, « Fortunio », Fallois, 1988, 4 vol.

Études

J. Bens, *Pagnol*, « Écrivains de toujours », Seuil, 1994.

C. Beylie, *Marcel Pagnol ou le Cinéma en liberté*, Atlas Lherminier, 1986, rééd. Fallois, 1995.

Ph. Biret, *À la rencontre de Marcel Pagnol*, J. Laffitte, Marseille, 1995.

R. Castans, *Marcel Pagnol m'a raconté*, La Table ronde, 1975 ; *Il était une fois Marcel Pagnol*, Julliard, 1978, rééd. Fallois, 1995 ; *Marcel Pagnol*, Éd. de la Seine, 1987, rééd. « LdP », LGF, 1995.

H. Daries, *Un bout de chemin avec Marcel Pagnol*, Édisud, Aix-en-Provence (Bouches-du-Rhône), 1995.

J.-J. Jelot-Blanc, *Marcel Pagnol inconnu*, Éd. de la Treille/Lafon, 1998.

J.-B. Luppi, *De Pagnol Marcel à Marcel Pagnol : voyages aux sources de la gloire*, Tacussel, Marseille, 1995.

J. More, *Les Chemins de Marcel Pagnol en Provence*, Ramsay, 1996.

A. Tudesque, *Marcel Pagnol et la Tradition bucolique*, Reichert, Kehl (DE), 1991.

Souvenirs sur Marcel Pagnol, Actes Sud/Institut Lumière, Arles (Bouches-du-Rhône)/Lyon, 1998.

AUDIO & VIDÉO

Vidéo

Tous les films réalisés par Pagnol sont disponibles en vidéocassettes VHS (CMF Vidéo).

Parmi les films adaptés des œuvres de Pagnol :

Cl. Berri, *Jean de Florette*, Renn Productions, 1986 ; *Manon des Sources*, Renn Productions, 1986.

Y. Robert, *La Gloire de mon père*, 1990, TF1 Vidéo, 1991 ; *Le Château de ma mère*, 1990, TF1 Vidéo, 1994 ; les 2 films rassemblés, TF1 Vidéo, DVD, 1999.

CD-ROM

Marcel Pagnol, CMF/Université d'Aubagne (Bouches-du-Rhône), 1996.

PASCAL

Blaise PASCAL

Écrivit aussi sous les pseudonymes de Louis de MONTALTE et d'Amos DETTONVILLE.

Clermont-en-Auvergne (auj. Clermont-Ferrand) 1623 – Paris 1662

> *« Il y avait un homme qui, à douze ans, [...] avait créé les mathématiques ; qui, à seize, avait fait le plus savant traité des coniques qu'on eût vu depuis l'Antiquité ; qui, à dix-neuf, réduisit en machine une science qui existe tout entière dans l'entendement ; qui, à vingt-trois, démontra les phénomènes de la pesanteur de l'air [...] ; qui, à cet âge où les autres hommes commencent à peine de naître, ayant achevé de parcourir le cercle des sciences humaines, s'aperçut de leur néant, et tourna ses pensées vers la religion ; qui [...] fixa la langue que parlèrent Bossuet et Racine, donna le modèle de la plus parfaite plaisanterie, comme du raisonnement le plus fort ; enfin qui [...] résolut, par abstraction, un des plus hauts problèmes de géométrie, et jeta sur le papier des pensées qui tiennent autant du Dieu que de l'homme : cet effrayant génie se nommait* Blaise Pascal. »
>
> François-René de CHATEAUBRIAND, *Génie du christianisme*, III, II, 6, 1802.

> *« Je respecte le génie et l'éloquence de M. Pascal ; mais plus je les respecte, plus je suis persuadé qu'il aurait lui-même corrigé beaucoup de ces* Pensées, *qu'il avait jetées au hasard sur le papier pour les examiner ensuite : et c'est en admirant son génie que je combats quelques-unes de ses idées.*
> *Il me paraît qu'en général l'esprit dans lequel M. Pascal écrivit ces* Pensées *était de montrer l'homme dans un jour odieux ; il s'acharne à nous peindre tous méchants et malheureux ; il écrit contre la nature humaine à peu près comme il écrivait contre les jésuites. Il impute à l'essence de notre nature ce qui n'appartient qu'à certains hommes : il dit éloquemment des injures au genre humain.*
> *J'ose prendre le parti de l'humanité contre ce misanthrope sublime ; j'ose assurer que nous ne sommes ni si méchants ni si malheureux qu'il le dit. »*
>
> VOLTAIRE, *Lettres philosophiques*, lettre XXV, 1734.

De la science des hommes à l'amour de Dieu

Un enfant surdoué

La vie de Pascal est assez bien connue, mais, en dehors des repères traditionnels communs à toute biographie, nous en avons une lecture « familiale », fortement orientée et parfois « hagiographique », dans *La Vie de monsieur Pascal*, écrite par sa sœur Gilberte Périer en 1662, et dans le *Mémoire sur la vie de M. Pascal* de sa nièce Marguerite Périer. Fils d'Antoinette Begon et d'Étienne Pascal, président de la Cour des aides de Montferrand, Pascal — qui, selon sa nièce, ne pouvait supporter sans crise violente la vue de ses parents s'embrassant — perdit sa mère à 3 ans. Il avait deux sœurs, Gilberte, de trois ans son aînée, et Jacqueline, de deux ans sa cadette. Alors qu'il avait 8 ans (1631), son père s'installa à Paris et se consacra aux mathématiques et à l'éducation de ses enfants : Pascal n'eut ainsi pas d'autre maître que son père, pédagogue original qui, à la répétition et à la mémorisation, préféra développer en son fils observation et réflexion, retardant au-delà de la 10e année l'apprentissange du grec, du latin et des mathématiques. Très vite, l'enfant révéla des dons exceptionnels : à l'âge de 12 ans, il « redécouvrit » tout seul la 32e proposition d'Euclide, ce qui, comme le ***Traité des sons*** composé l'année précédente — et qui ne nous est pas parvenu — attira sur lui l'attention de l'abbé Mersenne, directeur de l'Académie des sciences, que fréquentaient Étienne Pascal ainsi que le mathématicien Roberval. À l'âge de 16 ans, il publia son premier ouvrage de géomètre, l'***Essai pour les coniques*** (1640), qui le fit connaître du petit monde des savants européens. La même année, Étienne Pascal fut envoyé à Rouen, en qualité de commissaire « *sur le fait des tailles et subsistances des gens de guerre* », dans une ville insurgée : Blaise y conçut, en 1642, sa célèbre machine arithmétique dont subsistent 7 exemplaires, la « *pascaline* », pour aider son père dans ses calculs ; les difficultés de sa mise au point, entre 1642 et 1645, auraient été la cause de la « maladie » dont il ressentit alors les premières atteintes, qui s'aggrava au début de 1647 — et que l'on a, depuis, identifiée comme un cancer, ou comme une lésion cérébrale d'origine tuberculeuse. En 1646, alors que son père s'était accidentellement blessé à la cuisse, Pascal aurait été « converti » par les frères Deschamps, deux jansénistes venus soigner Étienne Pascal, qui auraient gagné la famille à la dévotion et conduit Pascal à sa première « conversion » — laquelle, en dépit de la légende, ne le fit pas renoncer à ses travaux scientifiques. En octobre et novembre de la même année, à l'occasion d'une visite de l'ingénieur Pierre Petit, le père et le fils répétèrent les expériences de Torricelli sur le vide.

Un scientifique polémiste

En 1647, Pascal s'engagea dans deux polémiques. La première à éclater est connue sous le nom d'« *affaire Saint-Ange* » : Jacques Forton, sieur de Saint-Ange, professait en privé une théologie singulière prétendant notamment démontrer rationnellement la Trinité. Il commit l'imprudence d'exposer ses idées, lors de conversations, à Pascal et à deux de ses amis. Tous trois rapportèrent ses propos à l'archevêque de Rouen en rédigeant un minutieux ***Récit de deux conférences ou entretiens particuliers*** ; Saint-Ange dut se rétracter et renoncer à son rationalisme théologique. Ce furent les premières disputes théologiques de l'auteur des futures ***Provinciales***.

La seconde polémique — capitale par la place qu'elle occupe dans l'histoire des sciences — concerne la question du vide. En septembre, Pascal, malade, installé à Paris, rencontra deux fois Descartes, mais ils ne purent se mettre d'accord sur l'existence du vide. Dans ses ***Expériences nouvelles touchant le vuide. Faites dans des tuyaux, seringues, soufflets et siphons de plusieurs longueurs et figures [...]*** (1647) — quelques pages qui se présentent comme l'abrégé d'un livre à venir —, il entendait exposer, contre « *la force de la prévention,* [...] *des expériences si convaincantes, qu'elles fussent à l'épreuve de toutes les objections* ». La conclusion est pleine d'une provisoire prudence : « *Mon sentiment sera, jusques à ce qu'on m'ait montré l'existence de quelque matière qui le remplisse, qu'il* [l'espace apparemment vide dans le tuyau] *est véritablement vide, et destitué de toute matière.* » Il s'ensuivit, au mois d'octobre de la même année, un échange épistolaire avec le R.P. Noël, jésuite, qui défendait la théorie aristotélicienne classique (« *la nature a horreur du vide* ») : Pascal y insistait sur la méthode dans la conduite et l'interprétation des expériences, non moins que sur la rigueur dans l'emploi des mots — distinction entre la définition d'une chose et l'affirmation de son existence. Le 1er septembre 1648, à la demande de Pascal, fut effectuée la fameuse expérience du puy de Dôme, qui donna lieu, en octobre, à la publication du ***Récit de la grande expérience de l'équilibre des liqueurs***. Après quoi Pascal semble s'être désintéressé de cette question : un an après sa mort, les ***Traitez de l'équilibre des liqueurs et de la pesanteur de la masse d'air [...]*** (posth., 1663) ne reprenaient que quelques fragments, les seuls retrouvés selon la préface des éditeurs, du grand traité sur le vide annoncé dans les ***Expériences nouvelles [...]***.

Vie mondaine et dévotion d'un converti

En 1649-1650, les Pascal retournèrent à Clermont pendant la Fronde. Un an plus tard, en septembre 1651, Étienne Pascal mourut à Paris. Deux lettres de consolation, écrites alors par Blaise à Gilberte, furent publiées posthumes en 1670 avec les ***Pensées*** sous le titre de ***Pensées sur la mort*** : Pascal y motivait les consolations et les préceptes de conduites particulières pour ce deuil familial par une réflexion sur « *la nature de la mort* ». Dès le 4 janvier 1652, Jacqueline Pascal se retira à Port-Royal de Paris et fit sa profession de foi en 1653, malgré le désaccord — et parfois l'opposition — de son frère. Par contraste, celui-ci aurait connu pendant deux ans une période de vie mondaine intense, qui fut tout de même celle de la plus grande activité scientifique, avec, outre les travaux sur l'équilibre des liqueurs, la rédaction du ***Traité du triangle arithmétique*** (1665), et une correspondance avec Pierre de Fermat. À la fin de 1654, « *un* grand mépris du monde et *un dégoût insupportable* de toutes les personnes qui en sont » (lettre de Jacqueline de Sainte-Euphémie à Mme Périer, 8 déc. 1654) rapprocha Blaise de sa sœur Jacqueline. L'opuscule ***Sur la conversion du pécheur*** décrit cet état, propre à celui qui « *comprend parfaitement que, son cœur ne s'étant attaché qu'à des choses fragiles et vaines, son âme doit se trouver seule et abandonnée au sortir de cette vie* » : « *Elle* [son âme] *commence à s'élever au-dessus du commun des hommes ; elle condamne leur conduite, elle déteste leur maxime, elle pleure leur aveuglement, elle se porte à la recherche du véritable bien.* » Le 23 novembre 1654, « *depuis environ dix heures et demi du soir jusques environ minuit et demi* » — quinze jours après un accident de voiture, sur le pont de Neuilly (act. Hauts-de-Seine), dont il réchappa, dit-on, miraculeusement —, Pascal fit une expérience « mystique », relatée dans le ***Mémorial***, texte qu'il conserva sur lui jusqu'à la mort, dans la doublure de ses pourpoints — à l'insu de tous, si nous en croyons la tradition familiale —, et qui témoigne de l'état d'exaltation qui suivit ce qu'on a appelé la « *seconde conversion* » : « *FEU. /* [...] */ Certitude. Certitude. Sentiment. Joie. Paix. /* [...] */ Oubli du monde et de tout, hormis Dieu. /* [...] */ Joie, joie, joie, pleurs de joie. /* [...] */ Renonciation totale et douce.* » Cette conversion fut décrite par le récit de Gilberte comme un double renoncement : à la vie du monde, à ses « *plaisirs empestés* » (***Pensées***, Sellier, 680) mais aussi aux sciences « *humaines* » (géométrie, physique, etc.), vaines par rapport à la science divine. Cette vision tendrait à opposer radicalement deux Pascal : l'ancien, avide de gloire et de plaisirs — plaisirs permis par la religion —, et le nouveau, entièrement tourné vers le salut. Pourtant, la suite de sa vie établit que Pascal ne renonça jamais totalement ni au monde ni à l'activité scientifique. Il passa le mois de janvier 1655 en retraite à Port-Royal-des-Champs, sous la direction spirituelle de Le Maistre de Sacy : il y aurait rédigé l'***Entretien de M. Pascal et de M. de Sacy sur la lecture d'Épictète et de Montaigne***, que publia en 1728 Nicolas Fontaine, le secrétaire de Le Maistre de Sacy. Pascal retourna à Paris pour ses affaires : on le trouva plus tard « *associé* » — « *actionnaire* », dirions-nous — d'une entreprise d'assèchement des marais poitevins. Et il rédigea, sans doute en 1655, la ***Comparaison des chrétiens des premiers temps avec ceux d'aujourd'hui*** (posth., 1779) et l'***Abrégé de la vie de Jésus-Christ*** (posth., 1846).

L'engagement janséniste

Le 14 janvier 1656 vit la condamnation d'Antoine Arnauld par la Sorbonne, et c'est le 23 janvier que parut la ***Lettre escrite à un provincial par un de ses amis sur le sujet des disputes présentes de la Sorbonne***, 1re des 18 ***Provinciales*** (1656-1657, en volume en 1657). Ce fut le début d'une période de coopération étroite avec les Messieurs de Port-Royal. Le 24 mars se produisit le « *miracle de la Sainte-Épine* » : Marguerite Périer, la fille de Gilberte, souffrait depuis longtemps d'une fistule lacrymale purulente et puante à l'œil ; alors que rien ne pouvait la sauver et qu'on la croyait proche de la mort, elle fut instantanément guérie par l'attouchement d'une relique de la couronne d'épines du Christ. Pascal fut sans doute fortement impressionné par cette guérison soudaine, que Marguerite Périer estima être à l'origine des ***Pensées*** — où l'on trouve traces, en tout cas, de maintes réflexions sur le miracle. Entre septembre 1656 et février 1657, alors que paraissaient ***Les Provinciales***, Pascal adressa plusieurs lettres de direction spirituelle — dont quelques fragments ont été conservés — à Charlotte de Roannez, la sœur de son ami le duc de Roannez. La relation de l'auteur avec cette jeune femme lui fit attribuer par Mathurin de Lescure, en 1881, un ***Discours sur les passions de l'amour*** dont il n'est vraisemblablement pas l'auteur.

Une mort prématurée

L'année 1658 fut en grande part occupée par le concours de la « *roulette* ». On désigne ainsi la dernière manifestation publique de Pascal en tant que géomètre : il aurait, dans une nuit d'insomnie, trouvé la solution d'un problème mathématique ardu, celui de la trajectoire de la bille d'une roulette. Convaincu par son entourage de publier cette solution, il lança un concours scientifique inauguré par l'***Histoire de la roulette, appelée autrement la trochoïde ou cycloïde [...]*** (1658), où l'on remarqua que certaines solutions avaient été déjà trouvées par Roberval, et qui suscita de nombreuses publications que Pascal signa du pseudonyme d'Amos Dettonville. Le mois de février 1659 marqua le commencement du dernier accès de sa maladie qui le laissa, un temps, incapable de travailler. L'année suivante, il rédigea les trois ***Discours de feu M. Pascal sur la condition des Grands***, publiés en 1670 sous ce titre par Pierre Nicole, et destinés au jeune duc de Chevreuse. C'est peut-être aussi en 1660 qu'il composa la ***Prière pour demander à Dieu le bon usage des maladies*** (posth., 1666). En 1661, en conflit avec Arnauld et Nicole, il prôna le refus de la signature du formulaire condamnant Jansénius et que tous les religieux de France devaient signer. En octobre de la même année, Jacqueline Pascal mourut et, après la signature d'un second formulaire par les religieuses de Port-Royal, Pascal cessa toute dispute. À la fin de 1661 et au début de 1662, il organisa, avec le marquis de Roannez, le service des carrosses à 5 sols, première tentative de transports en commun parisiens. En juin 1662, la maladie de Pascal s'aggrava : il fut transporté chez les Périer et mourut le 19 août — deux mois, jour pour jour, après son 39e anniversaire.

C'est en 1669 que parurent les ***Pensées de M. Pascal sur la religion et sur quelques autres sujets, qui ont été trouvées après sa mort parmy ses papiers***.

Dans l'histoire de notre littérature, comme dans l'Histoire tout simplement, Pascal occupe une place unique : celui que Chateaubriand qualifia d'« *effrayant génie* » manifesta non seulement une prodigieuse précocité scientifique, mais encore une fascinante inspiration littéraire, laissant une œuvre aussi universelle et durable que sa propre existence fut éphémère.

Un écrivain incomparable

« *Le style de Pascal,* [est] *assurément* [...] *ce qu'il a laissé de plus grand ; car le penseur dans Pascal a des supérieurs, mais l'écrivain n'en a pas* » (Victor Cousin, *Rapport*, 1842). Aujourd'hui encore, le style de Pascal est unanimement considéré comme ce qui, chez lui, signale l'existence d'une singularité incomparable.

Voltaire saluait ***Les Provinciales*** comme *« le premier livre de génie qu'on vit en prose » (Le Siècle de Louis XIV)*. L'auteur du *Traité sur la tolérance*, par ailleurs épouvanté par le fanatisme pascalien, admirait par-dessus tout la verve spirituelle du janséniste, son habile stratégie de pamphlétaire. Lorsque Pascal attaque les jésuites, c'est rarement avec une véhémence affichée, mais presque toujours par des antiphrases, d'ailleurs à moitié avouées : « [...] *voici les premiers traits de la morale des bons Pères jésuites, de ces hommes éminents en doctrine et en sagesse qui sont tous conduits par la sagesse divine* [...]. *Vous pensez peut-être que je raille : je le dis sérieusement, ou plutôt ce sont eux-mêmes qui le disent* [...] » (***Les Provinciales***, lettre V).

La vérité ne se donne pas à lire d'emblée, mais est à décoder *a contrario*. Ainsi l'épithète récurrente de *« bons »* qualifiant les *« Pères »* jésuites place-t-elle l'œuvre sous l'égide de l'ironie. L'attaque est toujours détournée, et d'autant plus efficace qu'elle lutte contre l'hypocrisie par la feinte, qu'elle démonte les raisonnements captieux des casuistes par leur imitation gauchie, en dévoyant leur logique tout en paraissant la copier, pour qu'en éclate l'absurdité et le scandale. Aussi est-ce pour détruire de l'intérieur le molinisme que le *« Provincial »* donne la parole directement au *« bon Père »*. Voltaire usa des mêmes subterfuges pour *« écraser l'Infâme »*, c'est-à-dire le fanatisme.

Quant au style des ***Pensées***, il est marqué par la fragmentation qui procède de leur état d'inachèvement. Certaines phrases nominales sont comme des notes jaillies sur le papier et reproduisent, au cœur de l'écriture d'une pensée, la discontinuité constitutive de l'œuvre entière : *« Le nez de Cléopâtre s'il eût été plus court toute la face de la terre aurait changé »* ; *« Deux excès : exclure la raison, n'admettre que la raison »* ; *« La discordance apparente des évangiles »* ; *« Descartes inutile et incertain »* (***Pensées***, Sellier, 32, 214, 349 et 445).

D'autres pensées semblent cependant parfaitement achevées, tant les phrases qui s'y déploient présentent un ordonnancement syntaxique d'une complexité maîtrisée et aboutie : *« Si l'on avait pu, l'on aurait mis la force entre les mains de la justice, mais comme la force ne se laisse pas manier comme on veut, parce que c'est une qualité palpable au lieu que la justice est une qualité spirituelle dont on dispose comme on veut, on l'a mise entre les mains de la force et ainsi on appelle juste ce qu'il est force d'observer »* (***Pensées***, Sellier, 119).

Elles reprennent alors une démarche scientifique dont Pascal avait l'habitude, procédant par systèmes de causalité, construisant une implacable logique par la subordination ou la coordination consécutive, autant que par l'accumulation d'exemples probants : *« L'homme n'est qu'un roseau, le plus faible de la nature, mais c'est un roseau pensant. Il ne faut pas que l'univers entier s'arme pour l'écraser, une vapeur, une goutte d'eau suffit pour le tuer. Mais, quand l'univers l'écraserait, l'homme serait encore plus noble que ce qui le tue, puisqu'il sait qu'il meurt, et l'avantage que l'univers a sur lui, l'univers n'en sait rien. / Toute notre dignité consiste donc en la pensée. C'est de là qu'il faut nous relever et non de l'espace et de la durée, que nous ne saurions remplir. Travaillons donc à bien penser : voilà le principe de la morale »* (***Pensées***, Sellier, 231-232).

Il s'agit pour Pascal de conduire son lecteur à ce qu'il pense être la vérité. Même si le dévoilement de celle-ci échappe, parce qu'il est d'un autre ordre, à l'esprit de géométrie comme à celui de finesse, la rhétorique pascalienne concilie ceux-ci à la perfection pour ouvrir l'intelligence à la foi. Cette rhétorique prend volontiers les diverses figures — antithèse, balancement, parallélisme — de la symétrie : *« La justice sans la force est impuissante, la force sans justice est tyrannique. La justice sans force est contredite, parce qu'il y a toujours des méchants, la force sans la justice est accusée. Il faut donc mettre ensemble la justice et la force, et pour cela faire que ce qui est juste soit fort, ou que ce qui est fort soit juste »* ; *« La grandeur de l'homme est grande en ce qu'il se connaît misérable. Un arbre ne se connaît pas misérable. / C'est donc être misérable que de se connaître misérable, mais c'est être grand que de connaître qu'on est misérable »* ; *« La connaissance de Dieu sans celle de sa misère fait l'orgueil. La connaissance de sa misère sans celle de Dieu fait le désespoir. La connaissance de Jésus-Christ fait le milieu parce que nous y trouvons et Dieu et notre misère »* (***Pensées***, Sellier, 135, 146 et 225).

L'utilisation exclusive du présent transforme plus d'une pensée en maxime : *« Peu de chose nous console parce que peu de chose nous afflige »* ; *« Il faut n'aimer que Dieu et ne haïr que soi »* ; *« Il n'y a que deux sortes d'hommes : les uns justes, qui se croient pécheurs ; les autres pécheurs, qui se croient justes »* ; *« Le* moi *est haïssable* [...] » ; *« L'homme n'est ni ange ni bête, et le malheur veut que qui veut faire l'ange fait la bête* » ; « *Pensée fait la grandeur de l'homme* » ; « *Le cœur a ses raisons que la raison ne connaît point ; on le sait en mille choses* » (***Pensées***, Sellier, 77, 405, 469, 494, 557, 628 et 680).

Ce goût de la maxime symétriquement formulée atteint parfois le paradoxe, voire l'oxymore : « *C'est* [L'univers] *une sphère infinie dont le centre est partout, la circonférence nulle part* » ; « *Se moquer de la philosophie, c'est vraiment philosopher* » (***Pensées***, Sellier, 230 et 671).

Toutefois, cette rhétorique demeure toujours subordonnée au même objectif : convaincre et convertir. Ainsi le célèbre « pari pascalien » s'adresse-t-il à des libertins qui s'adonnent volontiers à ce divertissement par excellence qu'est le jeu. Pascal en utilise les règles comme autant de schèmes logiques qu'il détourne pour les mettre au service de son intention apologétique ; il fait alors de la vie ici-bas une mise méprisable, en comparaison avec le gain potentiel de la vie éternelle : « *Pesons le gain et la perte, en prenant croix* [pariant] *que Dieu est. Estimons ces deux cas : si vous gagnez, vous gagnez tout ; si vous perdez, vous ne perdez rien. Gagez donc qu'il est, sans hésiter.* [...] / [...] *Et ainsi notre proposition est dans une force infinie, quand il y a le fini à hasarder, à un jeu où il y a pareils hasards de gain que de perte, et l'infini à gagner. / Cela est démonstratif, et si les hommes sont capables de quelque vérité, celle-là l'est* » (***Pensées***, Sellier, 680).

Le style de Pascal se caractérise en outre par une transparence de l'expression, qui donne immédiatement accès à l'idée sous sa forme la plus lapidaire, par un refus de l'ornement, du style périodique, au profit de la simplicité syntaxique, et du choix du mot juste au risque d'éventuelles répétitions : « *Entre nous, et l'enfer ou le ciel, il n'y a que la vie entre deux, qui est la chose du monde la plus fragile* » ; « *Le dernier acte est sanglant, quelque belle que soit la comédie en tout le reste : on jette enfin de la terre sur la tête, et en voilà pour jamais* » (***Pensées***, Sellier, 185 et 197). Ainsi Pascal, quoique mort avant ce que l'on nomme la « *période classique* » — né deux ans après La Fontaine et un an après Molière, il disparut un an après le début du règne personnel de Louis XIV —, réalise-t-il l'idéal d'un style à la fois baroque et classique, alliant méfiance à l'égard des techniques de la rhétorique — « *La vraie éloquence se moque de l'éloquence* [...] » (***Pensées***, Sellier, 671) — et recherche de la concision, et d'une expression dont la justesse fait à elle seule la beauté : « *Le silence éternel de ces espaces infinis m'effraie* » (***Pensées***, Sellier, 233). Le style de Pascal, tel que le définit la tradition, semble répondre à un projet formulé dans certaines pensées : « *Quand dans un discours se trouvent des mots répétés et qu'essayant de les corriger on les trouve si propres qu'on gâterait le discours, il les faut laisser, c'en est la marque* [...] » (***Pensées***, Sellier, 452).

Des interprétations divergentes

Il ne serait pas excessif de décrire Pascal comme un écrivain posthume, la plus grande part de ses œuvres ayant été publiée après sa mort. Aussi faut-il souligner l'importance de la piété familiale dans la conservation de ses reliques et dans l'érection de son monument. Cet attachement mélancolique à un être exceptionnel par sa force et sa faiblesse est, aujourd'hui encore, un moteur puissant de la critique pascalienne, toujours à la recherche d'originaux perdus. Depuis le début Pascal a été constitué en écrivain d'outre-tombe, œuvre de sa postérité, d'un travail jamais achevé de sa mémoire, d'autant plus que sa façon d'écrire, de laisser des traces signalant le lieu d'un moi en retrait, de conserver ses écrits sans les publier, est un appel lancinant à une postérité d'intimes qui, de proche en proche, d'éditeur en éditeur, de commentateur en commentateur, conservent, transmettent, retrouvent ce que le premier entourage avait sauvegardé de la ruine.

Néanmoins, après avoir assuré la propagande des jansénistes, Pascal servit à Voltaire et à Condorcet de modèle critique du philosophe, d'exemple de génie dévoyé par le « fanatisme ». Au XIXe siècle, après l'hommage saisissant rendu par Chateaubriand, dans le *Génie du christianisme* (1802), à « *cet effrayant génie* », puis par Sainte-Beuve, avec la somme de *Port-Royal* (1840 à 1859), les débats sur l'édition et l'interprétation des ***Pensées*** — qui demeurent la *crux interpretum* des éditeurs de textes — cristallisèrent les conflits entre une Université en voie de laïcisation et une Église désormais ultramontaine et en mal de reconquête.

Au XXe siècle, tout en continuant à mobiliser des éditeurs universitaires passionnément opposés — de Léon Brunschvicg (1904) à Philippe Sellier (1991), en passant par Louis Lafuma (1947 à 1962), Jacques Chevalier (1954), Michel Le Guern (1977) et Jean Mesnard, aujourd'hui unanimement tenu pour la plus haute autorité pascalienne — à propos de l'établissement du texte des ***Pensées***, Pascal a inspiré des commentateurs aussi différents que Mauriac (*La Rencontre avec Pascal*, 1929 ; *Blaise Pascal et sa sœur Jacqueline*, 1931) et Lucien Goldman (*Le Dieu caché*, 1955), ou que Péguy (*Pascal*, posth., 1947) et Suarès (*Trois Hommes*, 1919), entre quantité d'autres. Athées comme croyants célèbrent en lui un écrivain incomparable.

ŒUVRES

***Pensées** de M. Pascal sur la religion et sur quelques autres sujets, qui ont été trouvées après sa mort parmy ses papiers*

Recueil posthume de fragments d'un ouvrage apologétique inachevé, défendant le catholicisme janséniste. Édité la première fois en 1669 par l'entourage de Pascal, le livre publié alors différait considérablement de celui que nous connaissons aujourd'hui.

Les éditions actuelles courantes (Brunschvicg, Chevalier, Lafuma, Le Guern, Sellier) présentent de si fortes divergences dans la mise en ordre des fragments qu'il est nécessaire, pour passer de l'une à l'autre, d'avoir recours à des tables de concordance. Cette diversité a pour cause l'état initial des écrits publiés comme un recueil de pensées. Selon leur témoignage, les proches de Pascal trouvèrent, à sa mort, en 1662, un ensemble de papiers de tailles diverses, présentant les écrits préparatoires d'une **Apologie de la religion chrétienne** — entendons « *catholique* » — dont il caressait le projet depuis plusieurs années : on pense aujourd'hui que son commencement remonte au « *miracle de la Sainte-Épine* », en 1656. La maladie, dirent-ils, l'empêcha d'achever ce travail destiné à montrer la « *misère de l'homme sans Dieu* » et la « *grandeur de l'homme avec Dieu* ». L'inachèvement de l'œuvre prévue a rendu possible, peu à peu, la publication d'un ouvrage formé de pièces fort hétérogènes, depuis de simples notes de quelques mots, jetées pour mémoire sur le papier — « *Le bec du perroquet, qu'il essuie quoiqu'il soit net* » (Sellier, 139), jusqu'aux discours de quelques pages à un stade avancé d'élaboration : **Différence entre l'esprit de géométrie et l'esprit de finesse** — « *En l'un, les principes sont palpables, mais éloignés de l'usage commun [...]. / Mais dans l'esprit de finesse, les principes sont dans l'usage commun et devant les yeux de tout le monde. [...] il n'est question que d'avoir bonne vue, mais il faut l'avoir bonne [...]. / Tous les géomètres seraient donc fins s'ils avaient la vue bonne [...] ; et les esprits fins seraient géomètres s'ils pouvaient plier leur vue vers les principes inaccoutumés de géométrie. / [...] / Mais les esprits faux ne sont jamais ni fins ni géomètres* » (Sellier, 670) —, **Disproportion de l'homme** — « *Qu'est-ce que l'homme dans l'infini ? / [...] / Car enfin qu'est-ce que l'homme dans la nature ? Un néant à l'égard de l'infini, un tout à l'égard du néant, un milieu entre rien et tout* » (Sellier, 230) —, **Imagination** — « *C'est cette partie dominante dans l'homme, cette maîtresse d'erreur et de fausseté, et d'autant plus fourbe qu'elle ne l'est pas toujours ; car elle serait règle infaillible de vérité, si elle l'était infaillible du mensonge. Mais, étant le plus souvent fausse, elle ne donne aucune marque de sa qualité, marquant du même caractère le vrai et le faux* » (Sellier, 78) —, **Divertissement** — « [...] *j'ai découvert que tout le malheur des hommes vient d'une seule chose, qui est de ne savoir pas demeurer en repos, dans une chambre* » (Sellier, 168). Pascal écrivait sur de grandes feuilles, allant à la ligne lorsqu'il passait d'une idée à l'autre, séparant parfois les paragraphes d'un vif coup de plume ; ultérieurement, il coupa la plupart des feuilles et classa les morceaux. Mais, à sa mort, il laissa un manuscrit inachevé, texte dont dépend, depuis, le travail d'édition et d'interprétation, sauf si l'éditeur (Lafuma, partiellement et diversement suivi par Le Guern et par Sellier) préfère s'appuyer sur une copie faite par un des proches de Pascal.

Au fil du temps, les commentateurs et les éditeurs — l'entourage de Pascal (1670), puis Condorcet et Voltaire (entre 1776 et 1778), Victor Cousin (1842), Léon Brunschvicg (1904), Louis Lafuma (1947 à 1962), jusqu'à Michel Le Guern (1977), Philippe Sellier (1991) et Jean Mesnard — ont tendu à négliger ou à réduire les incertitudes liées à l'inachèvement. On en voit cependant les effets dans les débats infinis entre deux traditions. L'une considère que Pascal lui-même est perpétuellement engagé dans le mouvement de conversion où il tente d'entraîner son lecteur : il se tiendrait suspendu sur le vide du doute, Dieu restant caché, invisible dans la nature, inaccessible aux simples « *lumières naturelles* » (Sellier, 680). Seul le pari sur l'existence de Dieu permettrait de trouver une issue aux contradictions d'une nature humaine située dans l'entre-deux : entre les deux infinis, entre la bête et l'ange, entre la grandeur et la misère. C'est la tradition à laquelle peuvent se rattacher, à divers titres, Voltaire, Condorcet, Cousin et Lucien Goldmann. L'autre fait entrer les **Pensées** dans le cadre ordinaire d'une entreprise apologétique : Pascal n'est pas la proie du doute, et la contradiction que l'on peut trouver entre certains fragments ne serait qu'un effet accidentel de l'inachèvement ; en achevant, il aurait concilié, pacifié, unifié sa pensée. Cette tradition, celle de Port-Royal, celle des critiques chrétiens qui s'opposèrent violemment à Cousin, celle de Lafuma, a trouvé récemment un aboutissement provisoire dans les travaux de Pol Ernst qui s'appuie sur des indices matériels pour reconstituer les feuilles avant découpage, afin d'établir, pense-t-il, une chronologie relative qui découvrirait le mouvement de la pensée de Pascal, et par conséquent le sens vers lequel elle se dirigeait.

Mais, ce qui n'est pas sujet à débat d'interprétation, c'est le pessimisme du tableau de la condition humaine esquissé dans les ***Pensées***, qui a poussé Henri Gouhier à classer Pascal parmi les anti-humanistes chrétiens. L'homme est un *« milieu entre rien et tout »* (Sellier, 230), un être contradictoire, incompréhensible composé de corps et d'esprit, seul pensant dans la nature, mais incapable, en tant que partie d'un tout, de comprendre la totalité à laquelle il appartient : « [...] *la fin des choses et leur principe sont pour lui invinciblement cachés dans un secret impénétrable,* [lui qui est] *également incapable de voir le néant d'où il est tiré et l'infini, où il est englouti* » (Sellier, 230). Selon les ***Pensées***, seul le christianisme donnerait à l'homme un récit véritable de son histoire, une juste représentation de soi, une explication de sa nature incompréhensible : l'homme serait une créature déchue par le péché originel *« tombé*[e] *de son vrai lieu sans pouvoir le retrouver »*, le cherchant *« partout avec inquiétude et sans succès dans des ténèbres impénétrables »* (Sellier, 19) ; sa nature corrompue le transformerait en jouet de *« principes d'erreur »* et de *« puissances trompeuses »* (Sellier, 78), telle l'imagination. Il devrait donc s'abandonner au divertissement pour offusquer la vue de sa misère sans Dieu : *« Rien n'est insupportable à l'homme que d'être dans un plein repos, sans passions, sans affaires, sans divertissement, sans application. Il sent alors son néant, son abandon, son insuffisance, sa dépendance, son impuissance, son vide »* (Sellier, 515). Ainsi, *« ce n'est point ici le pays de la vérité. Elle erre inconnue parmi les hommes »* (Sellier, 425) ; partant, l'homme est soumis à diverses coutumes, et ici-bas la justice demeure subordonnée à la force. Telle est donc la *« condition de l'homme »* : *« Inconstance, ennui, inquiétude »* (Sellier, 58).

Si les ***Pensées*** ne sont pas seulement l'un des vestiges archéologiques de la pensée d'une époque révolue, c'est en grande partie parce que leur inachèvement les rend propices au renouvellement incessant du travail de l'interprétation, et permet de leur donner une portée plus vaste que celle qu'aurait probablement reçu le livre de Pascal, s'il l'avait achevé en conformité avec son projet d'apologie. Leur anti-humanisme fournit périodiquement des éléments de critique de ce que l'on nomme parfois la *« nature humaine »*. Mais Jean Mesnard a proposé de dépasser cette interprétation « anti-humaniste » de la pensée pascalienne : *« Aussi, plutôt que de qualifier la conception pascalienne de l'homme d'"anti-humaniste", vaudrait-il mieux l'appeler tragique. Encore faut-il s'entendre. Le tragique n'existe que pour être dépassé. L'homme avec Dieu n'est plus tragique »* (*Les « Pensées » de Pascal*, 1976).

Les ***Provinciales****, ou les Lettres escrites par Louis de Montalte à un provincial de ses amis et aux RR.PP. Jésuites sur le sujet de la morale et de la politique de ces Pères*

Ensemble de 18 lettres d'abord anonymes, puis publiées sous le pseudonyme de Louis de Montalte, parues clandestinement à Paris, entre janvier 1656 et mars 1657, et résultant d'un travail collectif : si Pascal fut le rédacteur, Antoine Arnauld et Nicole fournirent la documentation, suggérèrent ou donnèrent un plan, relurent et corrigèrent, enfin éditèrent un recueil de l'ensemble puis le traduisirent en latin dès 1658 pour une plus large diffusion. La première ***Lettre escrite à un provincial par un de ses amis sur le sujet des disputes présentes de la Sorbonne*** parut anonymement le 23 janvier 1656 ; la ***Dix-huitième lettre au révérend P. Annat, jésuite*** est datée du 24 mars 1657. L'ensemble parut sous l'adresse bibliographique fictive de Cologne, Pierre La Vallée (vraisemblablement Amsterdam, Elzévir), sous le titre ***Les Provinciales, ou les Lettres escrites par Louis de Montalte à un provincial de ses amis et aux RR.PP. Jésuites sur le sujet de la morale et de la politique de ces Pères*** : Montalte (*Mons altus* [*« haute montagne »*]), pouvant désigner Clermont, est le pseudonyme du rédacteur, Blaise Pascal, qui sut mettre brillamment en forme l'érudition et les idées théologiques de ses amis Arnauld et Nicole.

Les Provinciales interviennent dans les querelles théologiques et politiques opposant Port-Royal à la majorité des évêques de France, à la Compagnie de Jésus, et — encore indirectement pour quelques années — au pouvoir royal. En 1653, la bulle *Cum occasione*, qui visait sans les nommer Jansénius et les « augustiniens », condamna comme hérétiques 5 propositions sur la grâce et la liberté humaine. Deux années plus tard, la contrainte devint d'un coup plus précise, lorsque l'absolution fut refusée au duc de Liancourt pour ses sentiments jansénistes. Arnauld rédigea alors deux ouvrages où il exposait clairement sa doctrine de la grâce, donnant à ses adversaires l'occasion de lancer un procès d'exclusion de la faculté de théologie de la Sorbonne. C'est dans ce cadre précis que furent rédigées et propagées les premières lettres des ***Provinciales***, œuvre de circonstance s'il en fut mais qui, rétrospectivement, s'organise nettement en 3 parties : la question de la grâce (lettres I à IV) ; la morale des jésuites (V à XVI) ; des considérations théologiques (XVII-XVIII). L'anonyme rédacteur commence par informer l'un de ses amis vivant hors de Paris des *« disputes de Sorbonne »* sur la *« grâce efficace »*, la *« grâce suffisante »*, le *« pouvoir prochain »*, etc. Il circule dans Paris pour interroger des ecclésiastiques — il a des connaissances dans chacun des camps — impliqués dans la querelle ; cette enquête établit que la dispute ne concerne pas véritablement la théologie : elle ne porte que sur quelques mots que les ennemis d'Arnauld, à seule fin de mieux le perdre, feignent de prendre dans le même sens. Les 3 premières lettres informent leur destinataire du déroulement du procès puis, la censure prononcée, la 4e fait le lien entre les positions trop subtiles des jésuites sur la grâce, et leur morale : Montalte établit ainsi qu'ils vont jusqu'à permettre l'homicide pour se protéger du vol, voire pour sauver son honneur. Dans la 10e ***Provinciale***, il prend une double résolution : ne plus rendre visite aux pères jésuites et dénoncer leur politique. Aussi la lettre suivante est-elle adressée aux *« Révérends Pères »* ; elle constitue le commencement de la réponse à un ensemble de libelles que les jésuites faisaient circuler contre les ***Provinciales***, sous le titre *Impostures de Port-Royal*. Les 2 dernières lettres sont adressées au confesseur du roi, qui venait de prendre publiquement à parti l'anonyme.

En dépit de l'action de la police, les lettres furent largement distribuées, et l'anonymat de leur rédacteur ne fut percé à jour qu'en 1659. Mais, malgré leur succès « mondain », elles n'atteignirent pas leur but : l'assemblée du clergé accepta, le 17 mars 1657, la nouvelle condamnation de l'*Augustinus* prononcée par la bulle *Ad sacram* (du 16 oct. 1656), et c'est précisément en mars 1657 que parut la dernière ***Provinciale***. Il y eut certes une accalmie, à cause de l'âge de Mazarin et dans l'attente d'une reprise de la lutte anti-janséniste par Louis XIV. Mais les jésuites, avec ***Les Provinciales***, avaient « moralement » perdu la partie.

« Il faut rapporter à cet ouvrage l'époque de la fixation du langage », écrivait Voltaire dans le *Siècle de Louis XIV*. Si ce jugement, largement repris tout au long du XVIIIe siècle, est sans doute excessif, le style des ***Provinciales*** tranche néanmoins par son efficacité et sa simplicité — que renforce le savoureux naturel des dialogues au style direct —, par l'emploi de termes rigoureusement appropriés au dessein de l'auteur, par des constructions apparemment sobres mais savamment élaborées, et par un art de l'ironie mis au service de la dénonciation d'une ridicule casuistique. Ainsi, à propos de la *« dispute de Sorbonne »* au cours de laquelle les jésuites demandèrent aux jansénistes s'ils admettaient le *« pouvoir prochain »* des justes, le narrateur conclut : *« Je vous laisse cependant dans la liberté de tenir pour le mot* prochain*, ou non ; car j'aime trop mon prochain pour le persécuter sous ce prétexte »* (I). Depuis le XIXe siècle, ***Les Provinciales*** restent tenues pour un modèle d'ironie, voire une spirituelle défense de la liberté de conscience. Toutefois, comme l'a brillamment montré Roger Duchêne (1984), les circonstances mêmes de rédaction et de publication avaient contraint Pascal, pour amuser et convaincre ses lecteurs, à déformer sensiblement les arguments de ses adversaires : il réussit certes à les ridiculiser, mais au prix d'une *« imposture littéraire »* systématique, et d'une mauvaise foi qui n'avait rien à envier à celle des jésuites.

CITATIONS

Qu'une vie est heureuse quand elle commence par l'amour et qu'elle finit par l'ambition ! Si j'avais à en choisir une, je prendrais celle-là.

Discours sur les passions de l'amour.

Dans une grande âme tout est grand.

Discours sur les passions de l'amour.

Il y a deux sortes d'esprits, l'un géométrique, et l'autre que l'on peut appeler de finesse. Le premier a des vues lentes, dures et inflexibles ; mais le dernier a une souplesse de pensée qui l'applique en même temps aux diverses parties aimables de ce qu'il aime. Des yeux il va jusqu'au cœur, et par le mouvement du dehors il connaît ce qui se passe au dedans.

Discours sur les passions de l'amour.

L'homme est né pour le plaisir : il le sent, il n'en faut point d'autre preuve. Il suit donc sa raison en se donnant au plaisir.

Discours sur les passions de l'amour.

À mesure que l'on a plus d'esprit, l'on trouve plus de beautés originales ; mais il ne faut pas être amoureux, car quand l'on aime l'on n'en trouve qu'une.

Discours sur les passions de l'amour.

Tant plus le chemin est long dans l'amour, tant plus un esprit délicat sent de plaisir.

Discours sur les passions de l'amour.

Dans l'amour on n'ose hasarder parce que l'on craint de tout perdre ; il faut pourtant avancer, mais qui peut dire jusqu'où ? L'on tremble toujours jusqu'à ce que l'on ait trouvé ce point.

Discours sur les passions de l'amour.

Il n'est pas nécessaire, parce que vous êtes duc, que je vous estime ; mais il est nécessaire que je vous salue.

Discours sur la condition des grands, II.

Le nez de Cléopâtre s'il eût été plus court toute la face de la terre aurait changé.

Pensées, Sellier, 32.

Imagination.
C'est cette partie dominante dans l'homme, cette maîtresse d'erreur et de fausseté, et d'autant plus fourbe qu'elle ne l'est pas toujours, car elle serait règle infaillible de vérité si elle l'était infaillible du mensonge. Mais étant le plus souvent fausse, elle ne donne aucune marque de sa qualité, marquant du même caractère le vrai et le faux.

Pensées, Sellier, 78.

Justice force.
La justice sans la force est impuissante. La force sans la justice est tyrannique.
[...] La justice sans force est contredite parce qu'il y a toujours des méchants. La force sans la justice est accusée. Il faut donc mettre ensemble la justice et la force, et pour cela faire que ce qui est juste soit fort ou que ce qui est fort soit juste.

Pensées, Sellier, 135.

La grandeur de l'homme est grande en ce qu'il se connaît misérable.
Un arbre ne se connaît pas misérable.
C'est donc être misérable que de [se] connaître misérable, mais c'est être grand que de connaître qu'on est misérable.

Pensées, Sellier, 146.

Divertissement.
[...] j'ai dit souvent que tout le malheur des hommes vient d'une seule chose, qui est de ne savoir pas demeurer en repos dans une chambre.[...]
— Le roi est environné de gens qui ne pensent qu'à divertir le roi et à l'empêcher de penser à lui. Car il est malheureux, tout roi qu'il est, s'il y pense.[...]
Ainsi s'écoule toute la vie, on cherche le repos en combattant quelques obstacles. Et si on les a surmontés, le repos devient insupportable par l'ennui qu'il engendre.

Pensées, Sellier, 168.

Divertissement.
[...]
Qu'on en fasse l'épreuve. Qu'on laisse un roi tout seul sans aucune satisfaction des sens, sans aucun soin dans l'esprit, sans compagnie, penser à lui tout à loisir, et l'on verra qu'un roi sans divertissement est un homme plein de misères.

Pensées, Sellier, 169.

Les athées doivent dire des choses parfaitement claires. Or il n'est point parfaitement clair que l'âme soit matérielle.

Pensées, Sellier, 193.

Le dernier acte est sanglant, quelque belle que soit la comédie en tout le reste. On jette enfin de la terre sur la tête, et en voilà pour jamais.

Pensées, Sellier, 197.

Deux excès.
Exclure la raison, n'admettre que la raison.

Pensées, Sellier, 214.

La connaissance de Dieu sans celle de sa misère fait l'orgueil.
La connaissance de sa misère sans celle de Dieu fait le désespoir.
La connaissance de Jésus-Christ fait le milieu parce que nous y trouvons, et Dieu, et notre misère.

Pensées, Sellier, 225.

Disproportion de l'homme.
Que l'homme contemple donc la nature entière dans sa haute et pleine majesté [...], qu'il regarde cette éclatante lumière mise comme une lampe éternelle pour éclairer l'univers, que la terre lui paraisse comme un point au prix du vaste tour que cet astre décrit, et qu'il s'étonne de ce que ce vaste tour lui-même n'est qu'une pointe très délicate à l'égard de celui que ces astres qui roulent dans le firmament embrassent. [...] Tout ce monde visible n'est qu'un trait imperceptible dans l'ample sein de la nature, nulle idée n'en approche. Nous avons beau enfler nos conceptions au delà des espaces imaginables, nous n'enfantons que des atomes au prix de la réalité des choses. C'est une sphère infinie dont le centre est partout, la circonférence nulle part.

Pensées, Sellier, 230.

[...] qu'est-ce que l'homme dans la nature ? Un néant à l'égard de l'infini, un tout à l'égard du néant, un milieu entre rien et tout, infiniment éloigné de comprendre les extrêmes, la fin des choses et leur principe sont pour lui invinciblement cachés dans un secret impénétrable, [que pourra-t-il donc concevoir ? il est] donc également incapable de voir le néant d'où il est tiré et l'infini, où il est englouti.

Pensées, Sellier, 230.

Le silence éternel de ces espaces infinis m'effraie.

Pensées, Sellier, 233.

Miscellanea. Langage.
Ceux qui font les antithèses en forçant les mots sont comme ceux qui font de fausses fenêtres pour la symétrie.
Leur règle n'est pas de parler juste, mais de faire des figures justes.

Pensées, Sellier, 466.

Il n'y a que deux sortes d'hommes : les uns justes, qui se croient pécheurs ; les autres pécheurs, qui se croient justes.

Pensées, Sellier, 469.

Voulez-vous qu'on croie du bien de vous ? n'en dites pas.

Pensées, Sellier, 550.

Style.
Quand on voit le style naturel, on est tout étonné et ravi, car on s'attendait de voir un auteur, et on trouve un homme. Au lieu que ceux qui ont le goût bon et qui en voyant un livre croient trouver un homme, sont tout surpris de trouver un auteur [...].

Pensées, Sellier, 554.

L'homme n'est ni ange ni bête, et le malheur veut que qui veut faire l'ange fait la bête.

Pensées, Sellier, 557.

Pensée fait la grandeur de l'homme.

Pensées, Sellier, 628.

Géométrie/finesse.
La vraie éloquence se moque de l'éloquence. La vraie morale se moque de la morale, c'est-à-dire que la morale du jugement se moque de la morale de l'esprit, qui est sans règles.

Pensées, Sellier, 671.

Se moquer de la philosophie, c'est vraiment philosopher.

Pensées, Sellier, 671.

C'est le cœur qui sent Dieu, et non la raison : voilà ce que c'est que la foi. Dieu sensible au cœur, non à la raison.

Pensées, Sellier, 680.

Le cœur a ses raisons, que la raison ne connaît point : on le sait en mille choses.

Pensées, Sellier, 680.

Pesons le gain et la perte, en prenant croix que Dieu est. Estimons ces deux cas : Si vous gagnez, vous gagnez tout ; si vous perdez, vous ne perdez rien. Gagez donc qu'il est, sans hésiter !

Pensées, Sellier, 680.

La dernière chose qu'on trouve en faisant un ouvrage est de savoir celle qu'il faut mettre la première.

Pensées, Sellier, 740.

Le silence est la plus grande persécution. Jamais les saints ne se sont tus.

Pensées, Sellier, 746.

Jésus sera en agonie jusqu'à la fin du monde. Il ne faut pas dormir pendant ce temps-là.

Pensées, Sellier, 749.

Console-toi, tu ne me chercherais pas si tu ne m'avais trouvé.

Pensées, Sellier, 751.

Je croyais bien qu'on fût damné pour n'avoir pas de bonnes pensées ; mais qu'on le soit pour ne pas croire que tout le monde en a, vraiment je ne le pensais pas.

Les Provinciales, IVe lettre.

En vérité, mes Pères, il y a bien de la différence entre rire de la religion et rire de ceux qui la profanent par leurs opinions extravagantes. Ce serait une impiété de manquer de respect pour les vérités que l'esprit de Dieu a révélées : mais ce serait une autre impiété de manquer de mépris pour les faussetés que l'esprit de l'homme leur oppose.

Les Provinciales, XIe lettre.

À ceux qui voudront tuer on présentera Lessius ; à ceux qui ne voudront pas tuer on produira Vasquez, afin que personne ne sorte mal content, et sans avoir pour soi un auteur grave. Lessius parlera en païen de l'homicide, et peut-être en chrétien de l'aumône ; Vasquez parlera en païen de l'aumône, et en chrétien de l'homicide.

Les Provinciales, XIIIe lettre.

[...] l'homicide est le seul crime qui détruit tout ensemble l'État, l'Église, la nature et la piété.

Les Provinciales, XIVe lettre.

Qu'on ne s'étonne donc plus de voir les Jésuites calomniateurs : ils le sont en sûreté de conscience, et rien ne les en peut empêcher ; puisque par le crédit qu'ils ont dans le monde, ils peuvent calomnier sans craindre la justice des hommes [...].

Les Provinciales, XVe lettre.

JUGEMENTS

« Pascal l'a [Montaigne] *copié quelquefois, et presque toujours, à ce que je crois, imite le mouvement de fermer les yeux avant de regarder. Seulement la nonchalance de Pascal ne nous est point connue. Il faudrait de grands silences entre ses petits papiers. Lui, aux intervalles, priait, je suppose, ce qui est une manière de se reposer, comme vêpres et stalle de chanoine. »*

ALAIN, *Propos*, t. I, avril 1933, Gallimard, posthume, 1956.

« Sainte-Beuve l'appelle "un réservoir de hautes pensées". [...]
Nul homme n'a plus souffert que Pascal. [...]. *Des névralgies. »*

Maurice BARRÈS, *Mes Cahiers*, t. II, Plon, posthume, 1929.

« Le terrible Pascal, hanté par son esprit géométrique, doutait sans cesse : il ne se tira de son malheur qu'en se précipitant dans la foi. »

François-René de CHATEAUBRIAND, *Vie de Rancé*, 1844.

« Certaines Provinciales *furent récrites jusqu'à dix-sept fois. On reste interdit que Pascal ait pu dépenser tant de verve et de temps pour une œuvre dont l'intérêt nous paraît aujourd'hui minime. Toute polémique date, toute polémique avec les hommes. Dans les* Pensées, *le débat était avec Dieu. Cela nous regarde encore un peu. »*

Emil Michel CIORAN, *De l'inconvénient d'être né*, Gallimard, 1973.

« Il ne fut jamais au monde un plus puissant génie que celui de Pascal. Il n'en fut jamais de plus misérable. [...]
Il faut prendre garde d'abord que cet homme prodigieux était un malade et un halluciné. De l'âge de dix-huit ans à celui de trente-neuf auquel il mourut, il ne passa pas un jour sans souffrir. [...] *Son mal dont il sentait les effets dans la tête, intéressait les nerfs et produisait des troubles graves dans les fonctions des sens. Il croyait toujours voir un abîme à son côté gauche et il semble, par l'étrange amulette qu'on trouva consue dans son habit, qu'il vit parfois des flammes danser devant ses yeux.* [...]
Il vivait dans l'ordure et s'opposait à ce qu'on balayât sa chambre. Il se reprochait niaisement le plaisir qu'il pouvait trouver à manger d'un plat, et, n'étant point indulgent, il ne pardonnait pas aux autres ce qu'il ne se pardonnait point à lui-même. »

Anatole FRANCE, *La Vie littéraire*, t. IV, 1898.

« [...] *la férocité du jeune champion de Port-Royal a quelque chose qui finit par révolter le plus indulgent. Cette rage d'avoir raison, il la pousse si loin qu'on se demande si l'homme qu'il veut convaincre d'erreur n'est pas Blaise Pascal. »*

Julien GREEN, *Journal*, t. II, 10 février 1939, Plon, 1950.

« Qu'a-t-on parlé du génie tremblant et terrifié de Pascal ? Car quel homme a mieux connu le paisible amour ? Il semble que lui ait été épargnée toute nuit obscure des mystiques. À aucun autre cœur, Dieu ne fut plus sensible. »

François MAURIAC, « Pascal », in *Tableau de la littérature française*, II, Gallimard, 1939.

« Pascal aime sa terreur et aime perdre cœur [...]. *»*

François MAURIAC, *Mauriac avant Mauriac*, Flammarion, posthume, 1977.

« Les Pensées *de Pascal, les* Mémoires *de Saint-Simon et les* Mémoires d'outre-tombe *sont les trois ouvrages qui ont créé la prose française moderne.*
Tous les trois sont des ouvrages posthumes. »

Henry de MONTHERLANT, *Carnets*, Gallimard, 1957.

« Pascal brille dans la science, dans la polémique, dans la théologie, dans la philosophie. C'est un génie universel. Il est dépassé comme savant. Il est indépassable comme écrivain. Il a porté à l'incandescence la géométrie enflammée par l'amour de Dieu : sa place est immense dans cette littérature que son génie méprisait. Corneille est le créateur de notre vers classique. Pascal est le créateur de notre prose classique. À eux deux, avec Le Cid, *avec les* Provinciales *et les* Pensées, *ils président à la naissance de ce que Thucydide appelait χτήμα έίς άει, un trésor pour toujours : la langue française classique. »*

Jean d'ORMESSON, « Pascal. L'amour de Dieu enflamme un géomètre de génie », in *Une autre histoire de la littérature française*, I, NiL, 1997.

« Il est vrai que c'est une belle chose que d'écrire comme lui : rien n'est si divin. Mais la cruelle chose que d'avoir une tête aussi délicate et aussi épuisée que la sienne, qui a fait le tourment de sa vie et l'a coupée enfin au milieu de sa course ! »

Mme de SÉVIGNÉ, *Correspondance*, 24 avril 1689.

« [...] *l'anti-créateur Pascal, l'homme-qui-cherchait-en-gémissant (et qui ne trouvait rien). »*

Michel TOURNIER, *Journal de voyage au Canada*, 1976, Laffont, 1984.

« Les Pensées *de Pascal, quel mauvais titre ! Puisque règne aujourd'hui la manie de republier des textes classiques sous des titres plus attrayants, je propose qu'on les appelle* Éjaculations, *du substantif qui désigna de courtes prières prononcées comme si on les lançait vers le Ciel. Pascal n'a connu qu'une drogue : Dieu. Nietzsche affirme que Pascal, s'il était mort plus vieux, aurait renoncé à croire en Dieu. Les rapports entre la grammaire et Dieu sont peut-être ce qu'il y a de plus intéressant quand on écrit. Quel dieu et quelle grammaire ? Se renseigner auprès de Blaise Pascal. »*

François WEYERGANS, « La Grammaire de Dieu », in *L'Express*, 26 mars 1998.

« Il a donné au monde le spectacle d'un grand esprit trouvant, au milieu de ses erreurs, des cris sublimes de vérité. Il compte des milliers d'adorateurs, je ne puis croire qu'il ait des disciples. »

Émile ZOLA, *Mes Haines*, 1866.

BIBLIOGRAPHIE

Éditions

Œuvres complètes, éd. L. Brunschvicg et P. Boutroux, et F. Gazier (à partir du t. IV), « Les Grands Écrivains de la France », Hachette, 1908 à 1925, 14 vol. [édition encore la plus complète à ce jour, malgré des lacunes dues à une absence de mise à jour] ; éd. J. Chevalier, « Pléiade », Gallimard, 1954 ; éd. H. Gouhier et L. Lafuma, « L'Intégrale », Seuil, 1963 ; éd. J. Mesnard, « Bibliothèque européenne », DDB, 1964 à 1992, 4 vol. parus sur 7 prévus [édition monumentale, qui présente l'état le plus accompli de la tradition pascalienne ; remarquable soin dans la critique des sources ; les volumes consacrés aux *Provinciales* et aux *Pensées* sont en préparation] ; éd. M. Le Guern, « Pléiade », Gallimard, 1998 et 2000, 2 vol.

Pensées, éd. Ph. Sellier, « Classiques Garnier », Garnier, 1991 [l'édition de référence à ce jour, en attendant celle de Jean Mesnard].

Les Provinciales, éd. L. Cognet et G. Ferreyroles, « Classiques Garnier », Bordas, 1992 [édition de référence].

Études

A. Béguin, *Pascal*, « Écrivains de toujours », Seuil, 1952.

A. Cantillon, « Vérité des Pensées », in *Poétique*, n° 76, nov. 1988.

V. Carraud, *Pascal et la Philosophie*, PUF, 1992.

F.-R. de Chateaubriand, *Génie du christianisme*, III, II, 6, 1802.

L. Cognet, *Le Jansénisme*, « Qsj ? », PUF, 1961.

B. Croquette, *Pascal et Montaigne*, Droz, Genève (CH), 1974.

J.-J. Demorest, *Dans Pascal. Essai en partant de son style*, Minuit, 1953.

D. Descotes, *L'Argumentation chez Pascal*, PUF, 1993.

R. Duchêne, *L'Imposture littéraire dans « Les Provinciales » de Pascal*, Université de Provence, Aix-en-Provence (Bouches-du-Rhône), 2e éd., 1985, revue et augmentée [suivie des actes du colloque tenu à Marseille le 10 mars 1984].

P. Ernst, *Approches pascaliennes*, Duculot, Gembloux (BE), 1970.

G. Ferreyrolles, *Blaise Pascal. Les Provinciales*, « Études littéraires », PUF, 1984 ; *Pascal et la Raison du politique*, PUF, 1984.

L. Goldmann, *Le Dieu caché. Étude sur la vision tragique dans les « Pensées » de Pascal et dans le théâtre de Racine*, Gallimard, 1955.

H. Gouhier, *Blaise Pascal, Commentaires*, Vrin, 1966, 3e éd. 1984 ; *Blaise Pascal. Conversion et Apologétique*, Vrin, 1986.

T.M. Harrington, *Vérité et Méthode dans les « Pensées » de Pascal*, Vrin, 1972 ; *Pascal philosophe*, SEDES, 1982.

L.M. Heller, Th. Goyet, *Bibliographie de Blaise Pascal (1960-1990)*, Adosa, Clermont-Ferrand, 1989.

R. Lacombe, *L'Apologétique de Pascal*, PUF, 1958.

L. Lafuma, *Histoire des « Pensées » de Pascal*, Éd. du Luxembourg, s.d.

A. Lanavère, *Pascal*, « Miroir de la critique », Didier, 1969.

M. Le Guern, *L'Image dans l'œuvre de Pascal*, Colin, 1969 ; *id.* et M. R. Le Guern, *Les « Pensées » de Pascal, de l'anthropologie à la théologie*, « Thèmes et Textes », Larousse, 1983.

L. Marin, *La Critique du discours, sur la « Logique de Port-Royal » et les « Pensées » de Pascal*, Minuit, 1975 ; *Pascal et Port-Royal*, PUF, 1997.

Fr. Mauriac, « Pascal », in *Tableau de la littérature française*, II, Gallimard, 1939, pp. 89 à 97.

J. Mesnard, *Pascal*, « L'homme et l'œuvre », Boivin, 1950, rééd. « Connaissance des lettres », Hatier, 1967 ; *Pascal*, « Les Écrivains devant Dieu », DDB, 1965 ; *Les « Pensées » de Pascal*, CDU/SEDES, 1976, rééd. 1993 ; *La Culture du XVIIe siècle*, PUF, 1991.

G. Poulet, « Pascal », in *Études sur le temps humain*, t. I, « 10/18 », UGE, 1968 ; « Pascal », in *Les Métamorphoses du cercle*, « Champs », Flammarion, 1979, pp. 95 à 116.

Ph. Sellier, *Pascal et saint Augustin*, Colin, 1970.

L. Thirouin, *Le Hasard et les Règles. Le Modèle du jeu dans la pensée de Pascal*, Vrin, 1991.

Méthodes chez Pascal (collectif), PUF, 1979.

AUDIO & VIDÉO

CD-ROM

Pascal, *Œuvres littéraires complètes*, Champion, 1998.

Encyclopédie de la littérature française, Bibliopolis, 1998.

PAULHAN

Jean PAULHAN

Son patronyme se prononce usuellement [polɑ̃] mais plutôt [pojɑ̃] dans sa région natale.
Écrivit aussi sous les pseudonymes de Jean GUÉRIN, LOMAGNE, JUSTE et MAAST.

Nîmes 1884 – Neuilly-sur-Seine (act. Hauts-de-Seine) 1968

Académicien

> « *Écrivain paradoxal, ironique et inquiet, ennemi des jugements hâtifs, il interdit toutes les démissions de l'intelligence.* [...] *Personnalité centrale de la vie littéraire durant près de cinq décennies, Jean Paulhan a exercé sur celle-ci une influence considérable.* »
>
> Patrick KECHICHIAN, « Le Monde second de Jean Paulhan », in *Le Monde*, 18 octobre 1996.

> « *Il faudrait des textes majeurs. Chez lui, tout reste dans le cadre d'une recherche. Autrement dit : il a une expérience, il peine à la rationaliser.* »
>
> Philippe SOLLERS, « Questions ouvertes » [entretien avec Frédéric BADRÉ], in *L'Infini*, n° 55, automne 1996.

La vie féconde d'un illustre méconnu

De Nîmes à Madagascar

Fils du philosophe et psychologue Frédéric Paulhan — célèbre en son temps et auteur d'ouvrages dont les titres mêmes (*La Morale de l'ironie*, *La Logique de la contradiction*, *La Double Fonction du langage*) semblent annoncer ceux de son fils —, Paulhan vint de Nîmes à Paris en 1894, année où commença l'affaire Dreyfus : sa famille, huguenote, était républicaine et dreyfusarde. Après avoir obtenu une licence de lettres et échoué à l'agrégation, il partit en 1907 pour Tananarive, comme professeur de français — mais aussi planteur et coupeur de bois, boxeur, chercheur d'or, pilote motocycliste —, et demeura trois ans à Madagascar : à son retour, il fut chargé de cours de malgache à l'École des langues orientales vivantes (1910-1911), mais ne put garder son poste. En 1911, Paulhan épousa Saloméa Prussak, *alias* Sala, une juive polonaise qu'il avait rencontrée fin 1904 et dont il eut 2 fils, Pierre et Frédéric (nés en 1913 et 1918). Il prépara dès lors une thèse intitulée ***Sémantique du proverbe. Essai sur les variations des proverbes malgaches***, qu'il reprit à plusieurs reprises (1924, 1936) mais qu'il ne termina jamais. Parallèlement, il multiplia les contributions philosophiques et philologiques à la revue *Le Spectateur* — qu'il avait fondée en 1909 avec quelques amis —, à propos des expressions les plus quotidiennes — recherches qui aboutirent plus tard à l'***Entretien sur les faits divers*** (1930, rééd. 1945). En 1913, il fit paraître ***Les Hain-Tenys Merinas, poésies populaires malgaches recueillies et traduites par Jean Paulhan*** (rééd. 1939), « *poèmes énigmatiques, difficiles à plus d'un égard et voisins de ce que l'histoire des lettres nomme poésies obscures — fatrasies ou poèmes des troubadours* » (***Introduction*** de 1939), mais aussi « *poésie de dispute* » — des joutes oratoires mettent en scène des différends réels ou imaginaires en les réduisant à une querelle amoureuse : ils ont pu paraître « *érotiques* » aux missionnaires, quoique leur amour « *n'est pas l'amour sensuel et contemplatif de la poésie arabe, par exemple, mais un amour intellectuel et raisonneur, qui prête à la dispute ou tout au moins à la discussion* » (***Introduction*** de 1913). Pendant la Première Guerre mondiale, Paulhan servit d'interprète pour le contingent madécasse. Blessé grièvement fin 1914, il consacra sa retraite à rédiger un délicieux conte, ***Lalie*** (publié en 1966), et un récit, ***Le Guerrier appliqué*** (1917, rééd. 1930) : l'application du titre désignait celle que le jeune narrateur mettait à acquérir une « *conscience guerrière* », paradoxale mais décrite sans pathos belliciste ni pacifiste — à contre-courant de tous les témoignages analogues sur la Grande Guerre. Pendant sa convalescence, Paulhan logea d'abord à Braine (act. Aisne) : c'est là qu'il s'éprit de Germaine Dauptin, *alias* Maine, fille de sa logeuse et qui devint sa seconde femme en 1933. Il transposa cette liaison dans ***Progrès en amour assez lents*** (1966, mais rédigé dès 1916), récit « décalé » de trois aventures amoureuses — ***Trois Aventures d'amour utile*** était le premier titre envisagé. Affecté à Tarbes en 1917 — séjour qui lui inspira le titre de son essai majeur, ***Les Fleurs de Tarbes ou la Terreur dans les Lettres*** (1941) —, il vit sa santé, fragile depuis toujours, se dégrader si sérieusement qu'il fut admis d'urgence à l'hôpital de Tarbes, en février 1918, où, bien qu'enceinte, Sala s'empressa de le rejoindre et mit à profit son expérience d'étudiante en médecine pour aider à sa guérison : cet épisode fut relaté dans ***La Guérison sévère*** (1925), récit dans lequel le narrateur, faute de réussir à avouer à sa femme qui le soigne qu'il en aime une autre, laisse dépasser de sa poche une lettre de sa maîtresse, dont la lecture permet enfin l'aveu et, par là même, la guérison. C'est par ce biais que Paulhan fit connaître à Sala, avec qui se multiplièrent « *les scènes atroces et médiocres* », l'existence de Germaine. Rédacteur, après la guerre, à la direction de l'Enseignement supérieur, au ministère de l'Instruction publique — il y côtoya Pierre Benoit, dont il fut, quarante ans plus tard, le successeur à l'Académie française —, Paulhan fréquenta les surréalistes avant de se brouiller avec Breton, collaborant à *Littérature* et publiant, coup sur coup, ***Jacob Cow le pirate ou Si les mots sont des signes*** et ***Le Pont traversé*** (1921), alors qu'il était depuis un an le secrétaire de Rivière, directeur de la *NRF*. Les deux hommes étaient d'autant plus proches que leurs situations sentimentales respectives étaient similaires : comme Paulhan partagé entre Sala et Germaine, Rivière, marié à Isabelle, était passionnément épris d'Yvonne Gallimard — épouse de Gaston, le patron des deux collaborateurs. Situation si réciproque qu'à l'amitié entre Paulhan et Rivière se superposa une amitié entre Sala et Isabelle : celle-ci aida celle-là dans ses épreuves conjugales — aggravées par l'amputation d'une jambe, en 1927, après un accident de la circulation — et l'encouragea notamment à ouvrir la librairie *Au Grand Meaulnes*, boulevard du Montparnasse (act. VIe arrond[nt]), en 1929, et à se résoudre au divorce avec Paulhan, en 1933 — celui-ci s'étant installé avec Germaine depuis quelques années, notamment à Châtenay-Malabry (act. Hauts-de-Seine) à partir de 1931. Paulhan succéda à Rivière comme rédacteur en chef de la *NRF* en 1925 et devint officiellement directeur de la revue en 1935 — année où il fut élu conseiller municipal de Châtenay-Malabry sur une liste du Front populaire. Pour autant, révélant une qualité d'écoute et d'ouverture qui ne lui fit jamais défaut, il s'interdit de soumettre la revue à la moindre orientation partisane, refusant toute autre ligne politique et intellectuelle que le pluralisme : « *Le lecteur qui la suivait fidèlement*, notait-il, *devrait se résigner à être réactionnaire un mois, et révolutionnaire le mois suivant.* » Paulhan donnait carte blanche aux auteurs qu'il avait élus, avec pour seuls critères la « *valeur littéraire* » des textes, la « *qualité de la pensée* » et la « *pureté de l'expression* ». C'est à la *NRF* qu'il tint, en harmonie avec Gaston Gallimard, le rôle d'« *éminence grise des lettres françaises* » qui lui fut vite reconnu — et parfois reproché —, d'autant plus qu'il exerça parallèlement des responsabilités majeures dans les revues *Commerce* (entre 1924 et 1932), qui publia des surréalistes (Breton, Artaud, Prévert) ainsi que d'éminents étrangers comme Joyce ou Pasternak, et *Mesures* (de 1935 à 1940) : outre des écrivains découverts (Michaux, Eliot, Cavafy, Borgès) ou redécouverts (Poe) à l'aide de quelques prospecteurs hors pair (Crémieux, Groethuysen, Larbaud), ces revues firent connaître des écrivains « mystiques » (Gérard Manley Hopkins) et même des textes de Jérôme Cardan, de Philon d'Alexandrie, de Maître Eckhart, de Tchouang-Tseu...

Cette activité d'introducteur ou de découvreur lui fit sans doute laisser de côté une œuvre propre — avec notamment ***Aytré qui perd l'Habitude*** (in *NRF*, 1921, rééd. 1943) — qui ne manquait pas de qualités ; mais nombre de textes rédigés dans cette période furent publiés plus tard, comme ***Les Fleurs de Tarbes*** ou ***Progrès en amour assez lents***. Chez Gallimard — dont il avait intégré le comité de lecture dès 1922 —, Paulhan créa en 1927, avec Groethuysen, la « Bibliothèque des idées ». Dans les années agitées qui précédèrent la Seconde Guerre mondiale, période qui fut celle de l'« engagement » de nombre d'intellectuels, il sut maintenir la *NRF* dans une neutralité pluraliste, conforme à son parti pris éditorial. Dès 1940, néanmoins, Paulhan se rallia au général de Gaulle et fut évincé de la revue au profit de Drieu La Rochelle ; ce dernier le fit libérer lorsque les Allemands l'arrêtèrent, et Paulhan continua à s'occuper clandestinement de la revue, tout en fondant, avec Jacques Decour, *Les Lettres françaises* en 1941.

Cette même année parurent *Les Fleurs de Tarbes*, un essai que Paulhan préparait depuis 1925 — et dont la 1re édition avait paru dans la *NRF* en 1936. L'ouvrage — avec ses 3 parties (numérotée et titrées : I. ***Portrait de la Terreur***, II. ***Le Mythe du pouvoir-des-mots***, III. ***Invention d'une rhétorique***), totalisant 10 chapitres (numérotés et titrés) et 30 développements (titrés mais non numérotés), complétées de 3 chapitres (numérotés et titrés) — était en fait un manifeste en faveur des fleurs... de rhétorique : Paulhan y réhabilitait « *la Rhétorique, ou la Terreur parfaite* », victime, ses procédés et ses lieux communs supposés, d'une critique qui pensait assurer le pouvoir de la pensée sur les formules « toutes faites », ou dénoncées comme telles, au préjudice de la littérature. Le titre énigmatique s'expliquait ainsi :

> « *On voit, à l'entrée du jardin public de Tarbes, cet écriteau :*
>
> *IL EST DÉFENDU*
> *D'ENTRER DANS LE JARDIN*
> *AVEC DES FLEURS À LA MAIN*
>
> *On le trouve aussi, de nos jours, à l'entrée de la Littérature. Pourtant, il serait agré-*

able de voir les filles de Tarbes (et les jeunes écrivains) porter une rose, un coquelicot, une gerbe de coquelicots. »

Et l'essai s'achevait sur une heureuse réécriture du panneau répressif :

« *On vit, à l'entrée du jardin de Tarbes, ce nouvel écriteau :*

IL EST DÉFENDU D'ENTRER DANS LE JARDIN PUBLIC SANS FLEURS À LA MAIN »

Dans la même période, tout en publiant des articles sous les pseudonymes de Lomagne, de Juste, ou la signature A.N., il s'intéressa à la peinture, préparant les essais ***Braque le Patron*** (1947), illustré par le peintre, ***Fautrier l'Enragé*** (1949, rééd. 1962) ou ***La Peinture cubiste*** (1953).

À la Libération, le résistant Paulhan, qui avait fait publier aux éditions de Minuit des textes refusés par Gallimard et qui y publia en 1947 — avec Dominique Aury — l'anthologie ***La patrie se fait tous les jours***, fut l'un des créateurs du Comité national des écrivains, mais, en désaccord avec une volonté d'épuration jugée par lui excessive, il en démissionna dès 1946. Après la ***Lettre aux membres du C.N.É. sur la liste noire*** (1947), ***De la paille et du grain*** (1948, prépublié en 1947), puis la ***Lettre aux directeurs de la Résistance*** (1952) firent scandale en justifiant pour les écrivains — tous les écrivains : Giono comme Aragon, Drieu La Rochelle comme Romain Rolland, Jouhandeau comme Eluard — le droit à l'erreur : « *Les pacifistes de 1914,* écrivait-il, *n'ont pas le droit de se montrer si agressifs pour les pacifistes de 1940.* » Ambiguïté politique, peut-être — de fait, Gallimard publia *Les Deux Étendards* (1951), puis *Les Épis mûrs* (1954) de Lucien Rebatet —, voire manque de perspicacité — son souci de la « vérité » lui fit donner quelque retentissement aux thèses « pré-négationnistes » d'un Paul Rassinier —, mais surtout volonté d'assurer l'indépendance de la littérature par rapport à l'idéologie.

S'il fut associé à la création des *Temps modernes*, Paulhan s'occupa surtout, pendant la période d'interdiction de la *NRF*, des luxueux ***Cahiers de la Pléiade*** — 13 numéros parurent entre 1946 et 1952 —, où il publia des anciens de la *NRF* (Gide, Arland, Michaux, Caillois, Benda), de jeunes écrivains (Henri Thomas, Maurice Blanchot) ou poètes (Saint-John Perse, Jean Grosjean) et des écrivains « collaborateurs », comme Jouhandeau et Céline. Au sortir de la guerre, Paulhan avait aussi des préoccupations plus personnelles. Germaine, avec qui, depuis 1926, il multiplait les séjours à La Vigie de Port-Cros (act. Var) et savourait un bonheur immense, était gravement malade, et même condamnée : depuis le début des années 1930, elle souffrait d'une maladie de Parkinson, alors impossible à diagnostiquer ; au début des années 1950, ses souffrances « *atroces* » l'obligèrent à s'aliter définitivement — et à disparaître de la vie publique de Paulhan, à qui elle survécut huit années. En 1950, celui-ci publia ***Les Causes célèbres***, au titre emprunté à un *Manuel de physique à l'usage des Gens du monde* de 1783 et désignant « *celles des causes dont l'effet est paradoxal, c'est-à-dire complètement inattendues* », 21 textes très brefs et inclassables, suivant tous « *le même ordre commandé, semble-t-il, par le titre général : 1. exposé de la cause, 2. le processus, 3. l'effet d'apparence paradoxale* » (Yvon Belaval, *Préface*).

Paulhan ne tarda pas à se séparer de l'équipe des *Temps modernes* : en complet désaccord avec la conception que Sartre faisait alors prévaloir de l'engagement et de la responsabilité de l'écrivain, Paulhan défendait une littérature définie comme un jeu, un art, un loisir et appelée à rester « *un nid de réfractaires* ». Volontiers provocateur, il se félicita de publier, dans les ***Cahiers de la Pléiade***, des auteurs non-engagés ou « mal » engagés. En 1953, il dirigea de nouveau la *NRF*, initialement rebaptisée *Nouvelle NRF*, avec Arland à ses côtés, et, en 1954, préfaça l'*Histoire d'O* écrite, sous le pseudonyme de Pauline Réage — anagramme (volontaire ?) de « *Égérie Paulan* » —, par Dominique Aury, secrétaire de la rédaction — et ultime compagne de Paulhan : intitulée ***Le Bonheur dans l'esclavage***, cette préface s'ouvrait par l'exclamation « *Enfin une femme qui avoue !* ». Paulhan alla défendre devant les tribunaux ce récit érotique dont on le soupçonna longtemps d'avoir été l'auteur. Tout en continuant son activité de chroniqueur à la *NRF* — sous son nom, ou sous le pseudonyme de Jean Guérin qu'il utilisa de 1927 à 1964 —, il manifesta à la fin de sa vie un intérêt de plus en plus grand envers une mystique influencée par le bouddhisme zen, dont témoigna ***Le Clair et l'Obscur*** (in *NRF*, 1958), mais où l'énigme de la création renvoyait davantage à l'art qu'à Dieu, comme le soulignait ***L'Art informel*** (1962). Élu à l'Académie française en 1963, il y fit l'éloge du général de Gaulle, mais, évoquant aussi Pierre Benoit, à qui il succédait, il déclara : « *Plus* *l'histoire* [contée] *contient de clichés,* [...] *plus les assistants la trouvent émouvante.* [...] *C'était un conteur arabe qui déroulait son tapis et racontait des histoires. La plupart des gens ont besoin de contes, de fiction. Très peu ont besoin de littérature.* » Désabusement qui explique peut-être que cet écrivain inabouti fût un critique exemplaire : dans ***F.F. ou le Critique*** (1945), il louait Félix Fénéon d'avoir été un « *inventeur* » et non un « *disciple* », en ayant su « *reconnaître* » dès 1883 Rimbaud, Mallarmé, Laforgue, puis Proust, Péguy, Claudel, Gide — qu'il publia dans *La Revue blanche* —, et fait connaître Dostoïevski et Joyce — la « grande » littérature.

Si son élection à l'Académie fut son heure de gloire — d'ailleurs controversée, au sein même de Gallimard, où l'on s'inquiétait pour l'image d'indépendance de la *NRF* —, elle fut aussi le chant du cygne de Paulhan, qui, victime d'une santé de plus en plus chancelante, resta le plus souvent à Boissise-la-Bertrand (act. Seine-et-Marne), chez Dominique Aury. Victime d'une attaque cérébrale à La Vigie en 1967, puis d'un nouvel accident cérébral l'année suivante, à Boissise, il mourut à la clinique de Neuilly-sur-Seine où il avait été précipitamment transporté. L'une de ses dernières joies fut la publication de ses ***Œuvres complètes*** — qualification inexacte — au Cercle du livre précieux, chez Tchou — au grand dam de Gallimard —, dont 3 des 5 tomes parurent avant sa mort (1967 à 1970, 5 vol.).

Paulhan a laissé une œuvre abondante et dense mais dispersée. Ses récits concis et élégants, généralement écrits à la 1re personne, hésitaient entre l'autobiographie et la fiction, avec une intrigue apparemment mince ou banale, inspirée de petits faits quotidiens. Les matériaux étaient ceux du roman réaliste, mais l'important était d'abord la façon de conter ou de raconter ou, si l'on préfère, le plaisir du texte.

Le romancier s'effaça derrière le critique après 1920. Paulhan s'est passionné pour l'ethnographie, l'art informel, la linguistique. Il s'est aussi intéressé au bouddhisme zen, au Tao et au soufisme. Sa vaste culture lui permit d'aborder les sujets les plus variés sous des angles inattendus. Ennemi du dogmatisme, il se refusait à conclure et s'interdisait de trancher. Les sentences, les aphorismes paradoxaux qu'aimait à ciseler cet esprit libre, cassaient les idées reçues et les idéologies arrogantes : « *Le véritable critique,* écrivait-il, *n'a pas à soi de doctrine.* »

THÉORIE LITTÉRAIRE

Paulhan fut constamment passionné par les problèmes du langage : « *Le langage contient la clé de tous les problèmes qui nous préoccupent* [...]. *J'ai toujours pensé que, s'il m'était donné de connaître le langage, tout le reste me serait donné par surcroît* » (***Les Incertitudes du langage. Entretiens à la radio avec Robert Mallet***, 1970). Les prouesses comme les chausses-trapes verbales lui ont inspiré une réflexion originale, souvent paradoxale, qui semble plus d'une fois vouloir reprendre ce qu'elle a donné : « *Mettons enfin que je n'ai rien dit* » est le dernier mot, demeuré fameux, des ***Fleurs de Tarbes***. Dans ce manifeste au titre insolite et au sous-titre polémique ***(La Terreur dans les Lettres)***, l'auteur prend vigoureusement le contre-pied d'une certaine critique prompte à dénoncer le style artiste, l'expression trop soignée. Cette « *Terreur* » déborde, à ses yeux, le domaine littéraire : « *Ce n'est pas dans les livres seuls, mais dans la conversation tout aussi bien que la perfection nous inquiète : "trop éloquent pour être sincère", pensons-nous.* » Le discrédit qui pèse sur les clichés moraux — chez Gourmont — ou intellectuels — chez Schwob —, bref sur les fleurs... de rhétorique, a pris force de loi, et « *il semble que par avance nous nous défendions d'être enchantés* ». Citant Jouffroy, Jaloux, Mauroy et même Hugo, Paulhan déplore que désormais « *l'on ne puisse être honnête littérateur, si l'on n'éprouve pour les Lettres du dégoût.* » Il trouve « *humiliant de se voir retirer, sans rien obtenir en échange, des mots qui nous ont longtemps enchantés ; et les choses avec les mots — car il arrive enfin que les pierres soient précieuses ; et les doigts délicats. L'on ne voulait rompre qu'avec un langage trop convenu et voici que l'on est près de rompre avec tout le langage humain.* » C'est ainsi que « *nos arts littéraires sont faits de refus. Il y a eu un temps où il était poétique de dire* onde, coursier *et* vespéral. *Mais il est aujourd'hui poétique de ne pas dire* onde, coursier *et* vespéral. » De plus, le mépris pour les stéréotypes s'étend à toutes les « *conventions littéraires* » : règles, unités, métrique régulière, rime. Il en résulte que chaque genre renonce à sa technique propre, pour se laisser contaminer par les autres, « *le poème par la prose, le roman par le lyrisme, le drame par le roman* ».

La philosophie de Bergson a joué, aux yeux de Paulhan, un rôle déterminant dans l'instauration de cette « *Terreur* », en professant que « [...] *tout homme* [...] *doit briser, lorsqu'il veut atteindre à sa pensée authentique, une croûte de mots, trop prompte à se reformer, dont les lieux communs, clichés, conventions, ne sont qu'une forme, la plus évidente. Je ne vois guère de doctrine* [...] *plus étrangère ou plus hostile aux Lettres, mieux propre à les réduire à quelque amas de lâchetés, d'abandons.* » Car, paradoxalement, la « *Terreur* » entraîne une sorte de mise à l'écart de l'auteur, aussi bien dans le réalisme que dans le surréalisme : « *Tous deux mettent en code un curieux système d'alibi. Simplement l'écrivain s'efface ici devant le document humain, là devant le document surhumain.* » Au total, la méfiance envers les puissances du langage, le prétendu danger des grands mots et des formules vagues ou ambiguës, cette « *misologie* » commune à Gobineau, Marx, Freud, Maurras, Bonald, Sorel, Rougemont, traduit surtout une méfiance envers les idées : « *Le verbalisme, c'est toujours la pensée des autres. L'on appelle* mots *les idées dont on ne veut pas, comme on appelle* vaches *les sergents de ville, et* vautour *son propriétaire.* »

Paulhan s'attache donc, au terme d'un parcours critique mettant en lumière toutes les contradictions du discours qui lui est hostile, à une réhabilitation de la Rhétorique, cette « *Terreur parfaite* ». Pas plus que la rampe placée devant un gouffre ne porte atteinte à notre liberté, celle-ci ne guide « *de ses règles la main de l'écrivain* » ni ne « *le retient* [...] *de s'abandonner aux tempêtes de son cœur. Mais le fait est qu'elle lui permet au contraire de s'y donner sans réserves, libre de tout l'appareil de langage qu'il risquait de confondre avec elles.* » Elle constitue « *le* support *de l'œuvre, le système de l'expression* », et peu importe que celui-ci soit squelette ou carapace : « *Théophile Gautier le porte au-dehors, comme un homard. Racine au-dedans, comme un taureau.* »

THÉORIE LITTÉRAIRE

Paulhan a distillé l'essentiel de sa réflexion sous forme d'articles, lettres ouvertes, opuscules et notes, révélant un auteur remarquablement sensible aux problèmes de l'expression et de la rhétorique.

Hanté par « *le pouvoir des mots* »

L'œuvre d'orientaliste de Paulhan fut limitée dans le temps, mais l'accompagna toute sa vie et nourrit sa réflexion permanente sur le langage. S'il finit par abandonner l'idée de publier sa thèse, il en fit paraître un extrait, sous le titre ***Expérience du proverbe***, dans *Commerce* en 1925, revue où il publia, en 1930, une nouvelle présentation des *hain-tenys*, intitulée ***Sur une poésie obscure*** : ce dernier texte fut repris comme introduction à la nouvelle traduction qui parut en 1939 chez Gallimard sous le titre ***Les Hain-Tenys***. Cette activité fut importante déjà pour la révélation au public européen d'une poésie populaire proche des pantoums malais, et pour la « réhabilitation » d'un genre devenu méprisé par les élites malgaches cultivées... et christianisées : elle incita des poètes comme Rabearivelo ou Ranaivo à écrire, en malgache ou en français, de nouvelles « *vieilles chansons des pays d'Imerina* » (titre d'un recueil de Rabearivelo, 1939). Les *hain-tenys*, par leur composition — ils incluent nombre de proverbes — et leur fonction, ont imposé au chercheur un questionnement sur le langage dont Paulhan n'a pu venir à bout : si l'***Introduction*** de 1913 semble tout expliquer, celle de 1939 raconte une succession d'errements — sans doute celle à laquelle on se heurte inévitablement, même si l'on est poète, lorsqu'on cherche le cheminement de la création poétique. Au milieu d'une « *foule de poètes* », le chercheur a pris conscience que « *le langage et l'expression ne sont pas un milieu inerte et transparent — comme une vitre laisse au paysage son ordre et ses mesures — mais bien un milieu spécifique, possédant ses lois propres de réfraction et qui nous montre à l'envers* [...] *chaque événement de l'esprit* » (***Introduction*** de 1938). Expérience poétique, doublée d'une expérience ethnologique : « *Qui tente d'apprendre la pratique de l'allemand ou de l'anglais connaît déjà de ces langues, par leurs écrivains, une expression admirable et pure, toute faite de réussites* [...]. *Mais les Malgaches, qui ne possédaient que peu ou point de chef-d'œuvre, n'avaient guère que la ressource de devenir eux-mêmes* [...] » *(ibid.)*.

Paulhan, hanté par « *le pouvoir des mots* » (***Les Fleurs de Tarbes***, I, 3 — titre d'un développement), a affronté le mystère du langage selon un autre biais : il est aussi l'auteur de brefs récits inclassables, à mi-chemin du récit poétique et de l'essai narratif. Dans trois des premiers récits, on suit l'initiation complexe et paradoxale d'un héros timide, Jacques Maast, spectateur appliqué de sa propre difficulté de vivre. Fragmentaire, elliptique, le triptyque orchestre les instants privilégiés d'un lent apprentissage de la guerre ***(Le Guer-***

rier appliqué), de l'amour ***(Progrès en amour assez lents)*** ou de la mort, sous l'euphémisme de la maladie ***(La Guérison sévère)***. Obscurs à force d'allusions, à l'image de l'hermétisme onirique du ***Pont traversé***, les récits de Paulhan paraissent resserrés autour de la manifestation d'un secret, qui peut prendre l'allure de l'énigme policière, comme dans ***Aytré qui perd l'Habitude***, lacunaire évocation d'un meurtre survenu au cœur d'une expédition coloniale à travers Madagascar.

Parfois d'une brièveté extrême (***Les Causes célèbres***, recueil de textes contraints à la longueur d'une page), la fiction paulhanienne connaît après la Seconde Guerre mondiale une détente. Variation sur un merveilleux présent, avec ***Lalie***, dès l'origine de l'œuvre, ***Guide d'un petit voyage en Suisse*** (1947) relate les pérégrinations de Jean, Auxionnaz et Limérique à travers les attractions helvétiques. C'est l'occasion pour le narrateur de déployer un art de regarder singulier, qui fait de la réalité la plus triviale — un verrou électrique, un distributeur automatique, une brosse de chiendent — une source d'émerveillement ludique. Alors que, malgré ses efforts, le narrateur est demeuré tout du long rétif aux « *paysages inoubliables* » du pays hôte, le récit s'achève sur l'évocation de l'extase qui le saisit devant le spectacle dérisoire d'un nuage de fumée de cigarette. Ces petits livres d'inspiration souvent autobiographique — ***Une semaine au secret*** (1944) raconte l'arrestation de Paulhan par la Gestapo — empruntent le ton de la confidence intime ou de la conversation familière pour dérouter le lecteur, soumis à une entreprise de « *déshabitude* ». Cet « *art d'influencer* » — c'est le titre d'un des textes courts du recueil ***L'Aveuglette*** (1950) — est au service d'une leçon poétique ou éthique souterraine, qui demeure à l'horizon du texte.

Comme s'il tenait à ce qu'ils demeurassent confidentiels, Paulhan n'a jamais cherché à faire bénéficier ses récits de la notoriété acquise à la tête de la *NRF*. Ils restent méconnus.

Les écrivains sont, pour lui, les gardiens des mots de la tribu. S'ils ont une mission, c'est de faire respecter les droits de la sémantique. Toute l'œuvre de Paulhan est une longue traque des malentendus et des incertitudes causés par les mots. On comprend pourquoi les théoriciens, les poéticiens et les sémioticiens ont souvent dit leur dette à l'égard d'un auteur qui aimait à se considérer comme un « *grammairien* ».

Une influence essentielle

Pendant près d'un demi-siècle, Paulhan fut le premier lecteur d'innombrable auteurs et le relecteur enthousiaste de quelques classiques délaissés — tel Jules Renard, l'un de ses préférés. Si certains de ses choix ont pu laisser perplexe — qui lit encore Malcolm de Chazal ou Noël Devaulx dont il faisait si grand cas ? —, de même que quelques-uns de ses rejets — comment ce passionné du langage a-t-il pu refuser de publier Nathalie Sarraute ? —, il sut découvrir, défendre et conseiller des écrivains aussi différents de lui que les surréalistes, Artaud, Céline, Daumal, Supervielle, Jouhandeau, Giono, Michaux, Ponge, Audiberti, Ionesco — qui lui succéda à l'Académie française — et Robbe-Grillet. Il a ainsi contribué à dessiner le paysage littéraire français du XXe siècle.

À partir du début des années 1940, Paulhan, qui avait toujours fréquenté les galeries, déplaça son regard et son sens critique vers la peinture moderne. Il y reconduisit son talent de découvreur et de zélateur. Sa critique d'art n'était pas de spécialiste, mais de participation et d'enthousiasme : elle consistait à accueillir naïvement l'énigme d'une peinture autre, et qui lui semblait sacrée, et à en entreprendre un lent décryptage — non une explication — qui fût en même temps appel à une communion. Paulhan joua ainsi un rôle important auprès de l'avant-garde picturale d'après-guerre : il prit le relais de Malraux dans le soutien à Fautrier et à l'informel, et sous-titra ***L'Art informel*** (1962) « *éloge* » ; il révéla Dubuffet et défendit l'art brut ; il multiplia les préfaces pour les expositions de jeunes artistes (Wogensky, Campigli, Karskaya, Sarthou, Stefa, Lambert-Loubère, Janine Béraud, Yolande Fièvre).

Il reste un domaine où Paulhan peut faire figure de passeur : c'est celui de la rhétorique. L'on peut en effet voir dans sa réflexion sur le langage l'origine de la réhabilitation de la rhétorique promue par la poétique moderne. Pourtant, si Laurent Jenny (*La Terreur et les signes : poétiques de rupture*, 1982) ou Michel Charles (*Rhétorique de la lecture*, 1977) ont su réinvestir la pensée paulhanienne dans la perspective de la linguistique et de la poétique modernes, Barthes ou Genette n'y réfèrent jamais leurs propres recherches. La raison de ce silence est sans doute à rechercher dans la défiance affichée de Paulhan vis-à-vis des linguistes et dans l'orientation mystique de sa rhétorique, étrangère aux exigences rationalistes de la poétique contemporaine. Dans un article de jeunesse composé à l'occasion de la parution des tomes 2 et 3 des ***Œuvres complètes*** de Paulhan, éditées notamment par Pierre Oster et Jean-Claude Zylberstein, Genette écrivait pourtant : « *En ces temps (qui passeront vite) où le "langage" et la "linguistique" apparaissent si furieusement* dans le vent, *multiplient ça et là les vocations tardives, on voudra bien reconnaître à Paulhan cette justice qu'il est l'un de ceux qui ouvrirent la voie, et qu'il a somme toute, à sa manière artisanale, faussement naïve et authentiquement ingénue, plutôt précédé, ou accompagné, ou deviné, que* suivi, *comme nous le faisons tous, les travaux de la linguistique la plus actuelle.* [...] *Puisqu'il est maintenant possible, il est donc maintenant urgent de relire — c'est-à-dire, enfin, de* lire — *Paulhan* » (« La Part des mots », in *Le Monde*, 15 nov. 1967, repris in *Figure IV*, Seuil, 1999). Si la clairvoyance — à l'exception notable du « cas » Nathalie Sarraute — de cet homme méticuleux, ironique et secret est aujourd'hui unanimement reconnue, il a fallu attendre 1996 pour voir paraître la première biographie (Frédéric Badré, *Paulhan le Juste*) consacrée à l'auteur des ***Fleurs de Tarbes***, dont la réhabilitation doit aussi beaucoup aux patientes recherches de Jean-Yves Lacroix, auteur, en 1995, d'une décisive *Bibliographie 1903-1995 des écrits de Jean Paulhan*. Plus généralement, les années 1990 furent celles du renouveau : celui dont la disparition avait donné lieu à un monumental hommage (plus de 400 pages) de la *NRF* (n° 197, 1er mai 1969) rassemblant notamment les contributions de Michaux, Caillois, Gracq, Blanchot, Morand, Étiemble, Jaccottet ou Jouhandeau, et à qui, en 1973, avait été consacrée une décade à Cerisy, intitulée « *Paulhan, le Souterrain* » et dirigée par Jacques Bersani, est désormais de plus en plus accessible et de mieux en mieux connu, au fur et à mesure de la publication de sa volumineuse et irremplaçable ***Correspondance***. Vingt-cinq ans après la précédente, une nouvelle décade, dirigée par Claude-Pierre Pérez, lui fut consacrée à Cerisy et confirma, pour Paulhan, « *la sortie du souterrain* » (Patrick Kechichian, in *Le Monde*, 11 sept. 1998). Enfin, Jérôme Prieur, sous le titre *Jean Paulhan, le Don d'ubiquité*, a réalisé, en 1999, un documentaire diffusé à la télévision dans le cadre de la collection « Un siècle d'écrivains ». Néanmoins, Paulhan reste un auteur confidentiel — et bien moins lu que la plupart des écrivains qu'il a fait connaître.

CITATIONS

[...] toute loi poétique, pour être exacte ou complète, devrait de façon ou d'autre comprendre le mystère.

Clef de la poésie.

C'est le langage qui a besoin d'être simple, et les opinions un peu compliquées.

De la paille et du grain, I.

Telle est l'étrange condition du langage : il n'existe pas un mot qui ne porte dans ses articulations la raison de sa ruine, et comme une machine à renverser sa première acception.

Le Don des langues, II, 4.

Qui veut se connaître, qu'il ouvre un livre.

Éléments, 1.

On ne voulait mettre à mort que l'artiste, et c'est l'homme qui a la tête coupée.

Portrait de la Terreur, 1, in *Les Fleurs de Tarbes ou la Terreur dans les Lettres*, I.

[...] toute idée *se paie* d'autant de mots, toute pensée d'autant de langage ; comme si la patience à entretenir la matière obtenait sa récompense d'esprit.

Invention d'une rhétorique, 10, in *Les Fleurs de Tarbes ou la Terreur dans les Lettres*, II.

Tel est l'esprit humain, même en voyage : il occupe à chaque instant tout l'espace dont il dispose.

Guide d'un petit voyage en Suisse, 4.

Il se peut bien que la poésie soit l'événement le plus simple du monde : cette simplicité n'aide guère à parler d'elle, ni même à la penser.

Introduction aux *Hain-Tenys*.

JUGEMENTS

« Il fut ainsi, tour à tour ou simultanément, l'éminence grise de l'édition française, un écrivain chinois ou byzantin penché sur d'improbables questions de rhétorique, un politique insituable et ambigu, un mystique trouvant, à l'occasion de secrets ravissements, Dieu là où il n'est pas courant de le chercher..., bref un esprit secret et paradoxal, insaisissable et profondément agaçant. »

Patrick KECHICHIAN, « Le Monde second de Jean Paulhan », in *Le Monde*, 18 octobre 1996.

« Paulhan est un esprit très électrique, probe [...] *et souvent courageux. À côté de cela, très porté au paradoxe, au dilettantisme et à la mystification. »*

Paul LÉAUTAUD, *Journal littéraire*, 18 décembre 1947, Mercure de France, rééd. 1986.

« [Pour comprendre Jean Paulhan,] *il vaudrait peut-être mieux ne pas partir des écrivains : il faudrait parler des peintres. »*

André MALRAUX, *in* Frédéric GROVER, *Six Entretiens avec André Malraux sur des écrivains de son temps (1959-1975)*, Gallimard, 1978.

« Il cherche à déterminer en quoi les mots manquent et quels mots vrais on peut trouver à leur place. Fabuleuse leçon, et de morale, et de philosohie de la parole : il n'y a pas de justice s'il n'y a pas de justesse. Paulhan détecte le mal par l'analyse logique et découvre que les fautes sont d'abord des fautes de langage. [...] *Et Paulhan, dans de petits mots de rien du tout, enseigne et pratique la clairvoyance, et son complément direct, qui est le courage. Tout comme il luttera, quelques années plus tard, contre les injustices d'une épuration abusive. »*

Renaud MATIGNON, « Jean Paulhan. L'Intelligence à la lettre », in *Le Figaro littéraire*, 11 mai 1992.

« Vous dites justement qu'il apprécie l'obscurité ? Tant mieux, c'est un esprit complet.

[...]

Vous prétendez qu'il coupe les cheveux en quatre ? C'est par pudeur et pour dissimuler que le siècle est bien chauve en matière d'idées. »

Roger NIMIER, *Journées de lecture*, Gallimard, 1965.

BIBLIOGRAPHIE

Éditions

Œuvres complètes, éd. P. OSTER, J. SCHWARTZ, J.-Cl. ZYLBERSTEIN, Cercle du livre précieux, 1966 à 1970, 5 vol.

Choix de lettres, éd. D. AURY, B. LEULLIOT, J.-Cl. ZYLBERSTEIN, Gallimard, 1986 à 1996, 3 vol.

Les Fleurs de Tarbes ou la Terreur dans les Lettres, éd. J.-Cl. ZYLBERSTEIN, « Folio Essais », Gallimard, 1990.

Le Guerrier appliqué, Progrès en amour assez lents, Lalie, « L'Imaginaire », Gallimard, 1982.

Les Incertitudes du langage. Entretiens à la radio avec Robert Mallet, « Idées », Gallimard, 1970.

Études

P. ASSOULINE, *Gaston Gallimard. Un demi-siècle d'édition française*, Balland, 1984.

F. BADRÉ, *Paulhan le Juste*, Grasset, 1996 ; *id.* (dir.), « Cahier spécial Jean Paulhan », in *L'Infini*, n° 55, automne 1996.

J. BERSANI (dir.), *Jean Paulhan, le Souterrain*, actes du colloque de Cerisy (juil. 1973), « 10/18 », UGE, 1976.

A. DHOTEL, *Jean Paulhan*, La Manufacture, 1986.

J. DIEUDONNÉ, *Les Récits de Jean Paulhan*, Champion, 2001.

R. JUDRIN et J.Fr. PAULHAN, *Jean Paulhan et Madagascar (1908-1910)*, « Cahiers Jean Paulhan », n° 2, Gallimard, 1982.

J. KOHN-ÉTIEMBLE, *226 Lettres inédites de Jean Paulhan* [à Étiemble]. *Contribution à l'étude du mouvement littéraire en France (1933-1967)*, Klincksieck, 1975.

J.-Y. LACROIX, *Bibliographie 1903-1995 des écrits de Jean Paulhan*, IMEC, 1995.

M.-J. LEFEBVRE, *Jean Paulhan. Une philosophie et une pratique de l'expression et de la réflexion*, 1949.

Cl.-P. PÉREZ (dir.), *Paulhan, le Clair et l'Obscur*, actes du colloque de Cerisy (1998), Gallimard, 1999.

G. et J.-R. RAGACHE, *La Vie quotidienne des écrivains et des artistes sous l'Occupation (1940-1944)*, Hachette, 1988.

M. WINOCK, « Contre la littérature engagée », in *Le Siècle des intellectuels*, III, 50, Seuil, 1997, pp. 471 à 480.

« Jean Paulhan 1884-1968 », numéro spécial de la *NRF*, n° 197, 1er mai 1969, rééd. Gallimard, 1991.

Cahiers Jean Paulhan, Gallimard, depuis 1980.

PÉGUY

Charles PÉGUY

Charles Pierre PÉGUY

Écrivit notamment sous les pseudonymes de Pierre BAUDOUIN, Jacques DELOIRE, Pierre DELOIRE, Jacques DAUBE et Jacques LAUBIER.

Orléans 1873 – Villeroy (act. Seine-et-Marne) 1914

« La vérité, l'honneur *et* l'Espérance, *don de la grâce, fille de Dieu, les trois Vertus — et, par-dessus, image de Dieu, consubstantielle,* la Liberté *: — voilà les grandes lumières qui ont rempli les regards de Péguy. Qu'il les rallume, au ciel de France ! Ce ciel obscurci, ce ciel sali, ce ciel qu'étouffent aujourd'hui de pesantes nuées, — le plus lourd crépuscule de son histoire.* [...] *Auprès de nul maître, elle ne pourra mieux les réapprendre, que de Péguy, de son exemple, et de ses grandes œuvres, d'où montent, comme des langues de flamme, les divinités du sol évoquées, la Loire, la Seine, et le Navire de la Cité, tout un peuple de héros, de saints, de demi-dieux de la terre de France, de la paroisse et de l'Histoire, et à leur tête, saint Louis, sainte Jeanne, saint Polyeucte, et,* [...] *l'homme à la Croix... Vous voyez bien qu'il ne s'agit pas seulement du salut de la France, mais de tous ceux, dans le monde, qui veulent être sauvés !* »

Romain ROLLAND, *Péguy*, Albin Michel, 1944.

« *Quelle que soit mon admiration pour Péguy, cette infatuation qu'il a pour ce qu'il écrit finit par devenir exaspérante à mes yeux. Le raisonnement progresse millimètre par millimètre. On a vingt fois compris et il recommence pour le seul plaisir de changer un mot à sa phrase. Mais cette lenteur prépare de magnifiques accords.* »

Julien GREEN, *Journal*, 7 février 1949, Plon, 1950.

Un réfractaire intransigeant

Sous la houlette des « *hussards noirs* »

Fils d'un ouvrier menuisier et d'une rempailleuse de chaises, orphelin de père à 10 mois — son père mourut des blessures subies lors de la guerre de 1870-1871 —, élevé par sa mère, travailleuse acharnée, et par sa grand-mère maternelle, paysanne analphabète, Péguy fit de brillantes études dans sa ville natale. Élève boursier à l'école annexe de l'École normale du Loiret, il reçut l'enseignement laïque et républicain des fameux « *hussards noirs* », ces jeunes maîtres auxquels il rendit hommage par la suite : « *Sveltes ; sévères ; sanglés. Sérieux, et un peu tremblants de leur précoce, de leur soudaine omnipotence* » (***L'Argent***, 1913). Après une khâgne au lycée Lakanal, à Sceaux (act. Hauts-de-Seine), et un premier échec, en juillet 1892, au concours d'entrée à l'École normale supérieure — il manqua l'admissibilité d'un demi-point —, Péguy devança son service militaire, qu'il effectua à Orléans (1892-1893). Il avait alors perdu la foi de son enfance. Pensionnaire à Paris, pour une nouvelle préparation à Sainte-Barbe et à Louis-le-Grand, après un nouvel échec en 1893, il fut enfin reçu à la rue d'Ulm en 1894 — il obtint la même année une licence de philosophie —, où il se lia avec Albert Mathiez, son condisciple, et surtout avec Lucien Herr, bibliothécaire de l'École depuis 1888, qui lui fit partager ses convictions socialistes mais aussi son image populaire d'une Pucelle d'Orléans victime des pouvoirs — à laquelle Herr avait, sous le pseudonyme de Pierre Breton, consacré un article dans *Le Parti ouvrier*. Précisément, Péguy, retourné à Orléans entre fin 1895 et fin 1896 à la faveur d'une demande de congé, commença sa vie d'écrivain avec la publication, en décembre 1897, de ***Jeanne d'Arc***, un drame poétique composé de 3 pièces (***À Domrémy***, ***Les Batailles***, ***Rouen***) : l'œuvre était signée « *Marcel et Pierre Baudouin* », en hommage à Marcel Baudouin, un camarade de Sainte-Barbe mort l'année précédente, qui avait effectivement collaboré à la rédaction de ***Jeanne d'Arc*** et dont Péguy épousa la sœur en octobre 1897 — Pierre Baudouin étant un pseudonyme forgé à partir du second prénom du poète. Dédiée « *à toutes celles et à tous ceux qui seront morts d'une mort humaine pour l'établissement de la République socialiste universelle* », elle manifestait déjà les lignes de force d'une double mystique — la patrie, le catholicisme — que l'écrivain militant conjugua toute sa vie avec sa conception propre du socialisme :

Adieu, Meuse endormeuse et douce à mon enfance,
Qui demeures aux prés, où tu coules tout bas.
Meuse, adieu : j'ai déjà commencé ma partance
En des pays nouveaux où tu ne coules pas.

(***À Domrémy***, IIe partie, acte III)

Le normalien dreyfusard et socialiste

Péguy venait de démissionner de l'École normale supérieure pour se lancer, aux côtés de son ami Daniel Halévy, de France, Zola et Jaurès, dans la défense du capitaine Dreyfus : l'Affaire battait son plein. Il publia articles et manifestes — ***De la cité socialiste*** (1897), sous le nom de Pierre Deloire, ***Marcel, premier dialogue de la cité harmonieuse*** (1898), sous le nom de Pierre Baudouin et toujours en hommage au défunt Marcel Baudouin — et fonda rue Cujas, en plein Quartier latin, tout près de la Sorbonne, une librairie socialiste, qui, menacée d'une quasi-faillite, devint la Société nouvelle de librairie et d'édition (1899) : inaugurée en mai 1898, la librairie avait été créée sous le nom de Georges Bellais, Péguy étant alors encore élève normalien, donc boursier — il échoua, peu après, à l'agrégation de philosophie, tandis que son fils Marcel naissait en septembre. Parallèlement, il multiplia, entre fin 1898 et fin 1899, les articles dans la *Revue blanche*, sous sa propre signature comme sous les pseudonymes de Jacques Daube et Jacques Laubier. Bientôt, il se trouva en désaccord avec ses camarades — Lucien Herr, Léon Blum, Mario Roques, Hubert Bourgin, François Simiand, à qui il abandonna la société d'édition — à propos de l'amnistie de Dreyfus, qui lui apparaissait comme un compromis inacceptable, contraire à l'idéal de justice et de vérité du dreyfusisme, dans lequel Péguy voyait, sinon une religion nouvelle, du moins l'amorce d'une sorte de mystique sociale.

Dans *Notre Jeunesse* (1910), il revint sur l'Affaire : si Jésus-Christ s'était incarné pour sauver l'humanité par sa Passion, le peuple juif, élu pour l'incarnation du Fils, était aussi celui que Dieu distinguait par les épreuves de l'exil, des sévices, des pogroms. Il se passerait bien de telles épreuves, mais ses prophètes et ses mystiques le forçaient à marcher pour la justice et pour la foi. L'affaire Dreyfus lui apparaissait, dans cette optique, comme privilégiée. Alors que son principal protagoniste, le malheureux capitaine, s'était révélé finalement décevant en acceptant la grâce accordée après une nouvelle condamnation, aussi honteuse que la première (1899), un nouveau prophète juif, Bernard Lazare, un « *athée ruisselant de la parole de Dieu* », avait obligé les Français aussi bien que les Juifs à marcher pour la réhabilitation de l'innocent. Ce que Péguy condamnait, c'était la « *décomposition du dreyfusisme* » (***De la grippe***, 1900) en politique, l'abandon de la spiritualité au profit du matérialisme, de l'idéal religieux et patriotique au profit de l'anticléricalisme et du pacifisme internationaliste, « *la dégradation de la mystique républicaine en politique républicaine* » ***(Notre Jeunesse)***.

Le fondateur des *Cahiers de la Quinzaine*

La rupture, qui avait aussi pour origine un différend d'ordre financier — Péguy s'estimait lésé dans le tour de table de la nouvelle société qui ne lui reconnaissait que la moitié de ses 40 000 F d'apport à la création de l'affaire initiale, la librairie Bellais —, se révélait donc profonde : Péguy déclarait une sorte de guerre au « *parti intellectuel* », puis à « *cette pauvreté de pensée,* [...] *ce manque de cœur qui est en politique la marque propre du parti radical* », enfin même à ce « *jauressisme* [qui avait] *gagné tout le parti socialiste politique et de proche en proche le parti syndicaliste* » ***(L'Argent)***. Ayant appris la typographie dès 1895, il fonda et géra en franc-tireur libertaire, hostile aux manœuvres politiciennes, les fameux ***Cahiers de la Quinzaine*** (de 1900 à 1914), dont la boutique définitive fut ouverte au 8, rue de la Sorbonne — en face de l'Université —, en septembre 1901. Il s'honorait d'avoir en Bernard Lazare « *l'animateur, l'inspirateur secret, le patron des* Cahiers », qui combattirent à la fois le nationalisme anti-dreyfusard, l'antimilitarisme des universitaires, le combisme anticlérical, les exactions coloniales, les persécutions raciales et l'oppression des minorités nationales dans l'Europe des empires : paradoxalement dreyfusard et patriote — contradiction seulement apparente : pour Péguy, plutôt dreyfusard puisque patriote, il n'était pas supportable de voir la France ternie par une telle iniquité, l'État du droit de la République civile bafoué par les militaires —, socialiste et pourfendeur du dogmatisme marxiste, athée et allergique à l'anticléricalisme, Péguy avait commencé cette aventure éditoriale et politique en dénonçant le sectarisme de Guesde — « *J'ai trouvé le guesdisme dans le socialisme, comme j'ai trouvé le jésuitisme dans le christianisme* » (***Cahiers de la Quinzaine***, I, 2) — et en couvrant d'éloges, à l'inverse, Jaurès et son socialisme humaniste — qu'il finit par dénoncer aussi, notamment dans ***L'Argent***. Les colonnes des ***Cahiers*** furent ouvertes à Rolland, Benda, Halévy, Suarès, aux frères Tharaud et à bien d'autres. Ainsi dut-il mener un épuisant combat, année après année, dans la célèbre boutique de la rue de la Sorbonne, pour la survie matérielle des ***Cahiers*** — qui eurent de 263 à plus de 3 000 abonnements — et de son foyer, agrandi à Germaine (1901) et à Pierre (1903), et installé désormais en Vallée de Chevreuse. S'il fut tenté à plusieurs reprises d'abandonner ce boulet dont la parution dut d'ailleurs parfois être suspendue, il maintint finalement contre vents et marées — « *Nous sommes des vaincus* » (***À nos amis, à nos abonnés*** du 20 juin 1909) — la publication de ce « *journal vrai* » qui connut 15 séries (entre le 5 janv. 1900 et le 12 juil. 1914).

Le patriote reconverti

Contre la métaphysique du progrès, Péguy constatait la précarité des civilisations. La France républicaine avait selon lui une mission : conduire le monde civilisé, une frange à peine des continents habités, à assumer la défense de la liberté et de la culture. Les citoyens avaient le devoir d'être vigilants, alors que la République se trouvait sous la menace d'une invasion militaire allemande, ce dont il s'alarma dans ***Notre Patrie*** (1905), publié au moment de l'affaire de Tanger et qui marqua le début d'une orientation de l'écrivain vers un nationalisme plus concret, plus affirmé, et, par là même, d'un retour à la foi perdue de son enfance, effectif en 1908 et public en 1910, année où Péguy publia l'essai décisif ***Notre Jeunesse***, opposant « *mystique* » et « *politique* ». Péguy dénonça de même, dans ***De la situation faite à l'Histoire et à la sociologie dans les temps modernes*** et ***De la situation faite au parti intellectuel dans le monde moderne*** (1906), puis dans ***De la situation faite au parti intellectuel devant les accidents de la gloire temporelle*** (1907) les ambitions liberticides des successeurs de Taine et de Renan, qui occupaient les postes-clés de l'enseignement et de l'édition et constituaient un « *parti intellectuel* », avide de pouvoir, d'honneurs et de richesses. Il contestait les prétentions scientifiques et positivistes de l'Histoire, dérive moderniste qui, à ses yeux, la coupait de l'Esprit. Il entreprit d'ailleurs en 1908, pour devenir maître de conférences à la Sorbonne, une thèse intitulée ***De la situation faite à l'Histoire dans la philosophie générale du monde moderne*** (posth., 1955), marquée par un éloge, sinon passéiste, du moins nettement traditionaliste de la France.

L'écrivain de la « *deuxième vertu* »

Dans *Victor-Marie, comte Hugo* (1910), Péguy louait Hugo d'avoir su donner à « *une contemplation païenne de l'Incarnation* » la forme d'un chef-d'œuvre poétique, le poème *Booz endormi*. Ainsi marquait-il son intérêt pour le mystère de l'incarnation, dont l'Église de son temps, selon le poète, négligeait la portée. Dans le même essai, il opposait le domaine de la grâce, où Corneille créait, selon lui, un monde naturellement héroïque ignorant le mal, et le domaine de la disgrâce, où les personnages de Racine étaient pervertis par la cruauté. Péguy admirait notamment le personnage de Polyeucte, qui lui semblait développer « *un héroïsme de sainteté qui monte de la terre mais qui n'est point préalablement déraciné de la terre* ». L'animateur des ***Cahiers*** avait d'autres maîtres à penser : Georges Sorel, Michelet, Pascal, dont la lecture lui inspira, dès 1900, la série des essais ***De la grippe*** (20 févr.), ***Encore de la grippe*** (20 mars) et ***Toujours de la grippe*** (5 avr.), rassemblant réflexions et méditations écrites à l'occasion d'une grave grippe dont Péguy crut, un moment, ne pas réchapper. La mise en valeur par Bergson — dont il suivit les cours à l'École normale supérieure et au Collège de France, et à qui il rendit hommage dans sa ***Note sur M. Bergson et la philosophie bergsonienne*** (1914) — de la « *spontanéité créatrice* » alimenta sa critique de « *l'inorganique cuirasse de l'habitude* » : « *Il y a quelque chose de pire que d'avoir une mauvaise pensée. C'est d'avoir une pensée toute faite.* [...] *Il y a quelque chose de pire que d'avoir une âme même perverse. C'est d'avoir une âme habituée* » (***Note conjointe sur M. Descartes et la philosophie cartésienne***, 1914, posth., 1924). C'est encore à la lumière de cette interrogation sur l'union du spirituel et du charnel qu'il jugeait, chez Hugo lui-même, « *cette jointure unique du métier et du génie* », aboutissant aux grandes réussites dans l'ordre de l'esprit comme la « *secrète entente du corps à l'âme* » les détermine « *dans l'ordre de la sainteté* » (***Clio, Dialogue de l'Histoire et de l'âme païenne***, écrit en 1912-1913, publié en 1917). Il décelait chez lui une contradiction perpétuelle entre le souci de la « *carrière* » et celui de « *l'œuvre* », entre le « *bonheur* » et le « *salut,* [...] *les deux dépareillés chevaux* » (***Victor Hugo classique***, 1914, posth., 1955).

Ces préoccupations amenèrent celui qui s'était proclamé « *athée de tous les dieux* » à se reconnaître catholique, dans une lettre adressée, en 1908, à son ami Joseph Lotte. Mais Péguy se révéla un paroissien peu commode. Il reprochait aux « *curés* » de n'avoir su ni sauvegarder la vocation de l'Église ni assumer son magistère dans une société bourgeoise totalement déchristianisée. Cette religion, vécue à la fois dans l'angoisse et dans l'espérance, la « *deuxième vertu* » théologale, nourrit les grands textes mystiques qui se succédèrent à partir de 1910 : d'abord ***Le Mystère de la charité de Jeanne d'Arc*** (1910), qui constituait une sorte de réécriture de la 1re partie de ***Jeanne d'Arc***. La Jeanne de 1897, obsédée par la misère de ceux qui souffrent, ressentait la nécessité impérieuse de combattre la faim, la misère, la guerre ; la Jeanne de 1910 était en proie à une lutte intérieure, celle que l'écrivain avait vécue pour son propre compte. Péguy essayait de saisir ce qui avait permis à la jeune fille de surmonter la vague d'angoisse et de doute qui la submergeait, et, par la force de l'espérance et de la foi, de parvenir à la pleine conscience de sa mission. Les mêmes préoccupations, sous la forme toutefois d'un catholicisme plus joyeux, se retrouvaient dans ***Le Porche du mystère de la deuxième vertu*** (1911) : *Il pense à ses trois enfants, qui en ce moment-ci jouent au coin du feu. / Jouent-ils, travaillent-ils, on n'en sait rien. / [...] / L'espérance aussi est celle qui s'amuse tout le temps. // [...] // Il avait bien compris qu'il ne pouvait vivre comme cela. / Avec des enfants malades.* Quant au ***Mystère des saints Innocents*** (1912), il évoquait saint Louis et, à nouveau, Jeanne d'Arc. Si les ***Mystères*** recouraient à une prose poétique proche du verset biblique, avec le cycle des ***Tapisseries***, comprenant ***La Tapisserie de sainte Geneviève et de Jeanne d'Arc*** (1912), ***La Tapisserie de Notre Dame*** [sic] (1913), ***Ève*** (1913-1914), Péguy revint au vers régulier, adopta souvent le sonnet et, plus encore, la forme privilégiée de son inspiration, le quatrain.

D'autres poèmes d'inspiration plus profane parurent au *Correspondant* en 1912 : les ***Sonnets***, ***Les Sept contre Thèbes***, ***Châteaux de la Loire***. Péguy écrivit, à la même époque, ***La Ballade du cœur qui a tant battu*** (posth., 1973) où, en plus de 1 400 quatrains à rimes croisées alternant hexasyllabes et tétrasyllabes, éclatait un drame intime, son amour pour Blanche Raphaël, la tentation d'infidélité qui en résultait et à laquelle il parvint — douloureusement — à résister :

Cœur dévoré d'amour
Fervente joie,
Mangé de jour en jour,
Vivante proie.

[...]

Cœur plein d'un seul objet,
Ô possédé,
Ô cœur plein d'un seul être,
Ô débordé.

[...]

Cœur vaisseau démarré
À charge pleine,
Vaisseau désemparé
De sa misaine.

Mourir pour les idées d'une vie

Ainsi la poésie de Péguy se fit-elle souvent l'écho de déchirements personnels. Par exemple, pris par la contradiction entre les obligations de sa foi et le respect de l'incroyance de sa belle-famille, il n'avait pu se résoudre à faire baptiser ses enfants. Il les plaça sous la protection de la Vierge, et c'est pour accomplir un vœu adressé à celle-ci — l'aîné, Pierre, avait échappé à une atteinte de typhoïde — qu'il se rendit en pèlerinage à Chartres, à pied, en juin 1912, puis à nouveau en juillet 1913, ce dernier pèlerinage ayant inspiré les vers de ***Présentation de la Beauce à Notre Dame de Chartres*** :

Étoile de la mer voici la lourde nappe
Et la profonde houle et l'océan des blés
Et la mouvante écume et nos greniers comblés,
Voici votre regard sur cette immense chape

Et voici votre voix sur cette lourde plaine
Et nos amis absents et nos cœurs dépeuplés
Voici le long de nous nos poings désassemblés
Et notre lassitude et notre force pleine.

(***Présentation de la Beauce à Notre Dame de Chartres***, in ***La Tapisserie de Notre Dame***)

À la veille de la conflagration dont il avait toujours évoqué la menace, Péguy s'en prit à nouveau aux maîtres de la Sorbonne : « *Qui n'a pas connu la douceur de M. Lanson ignore ce que c'est que du vinaigre sucré ; et du fiel en confiture* » (« M. Lanson tel qu'on le loue », in ***L'Argent suite***, 1913 — essai comprenant aussi l'article « Vies parallèles de M. Lanson et de M. Andler »). Il s'en prit aussi aux leaders du socialisme et du syndiçalisme, et tout particulièrement à Jaurès, tant admiré autrefois, devenu désormais non seulement l'indéfendable défenseur du comtisme, mais encore « *l'homme qui représente en France la politique impériale allemande* » ***(L'Argent)***, Péguy stigmatisant comme une trahison leur foi dans la social-démocratie d'outre-Rhin, leur volonté de conciliation avec l'ennemi et leur opposition à la loi des trois ans, destinée à renforcer une armée française très inférieure en nombre à celle qu'elle serait amenée à combattre.

Lieutenant au 276e régiment d'infanterie depuis 1905, mobilisé le 1er août 1914, Péguy fut heureux de partir se battre, « *soldat de la République pour le désarmement général et la dernière des guerres* » (Geneviève Favre, « Souvenirs sur Péguy [1903-1914] », in *Europe*, 1938). Il tomba le 5 septembre, près de Villeroy, à la tête de sa section, à 41 ans — lui qui avait écrit : « *Quarante ans est un âge terrible* » ***(Victor-Marie, comte Hugo)***. Sa mort au combat, quelques semaines après le début de la Première Guerre mondiale, illustrait ses vers les plus célèbres, publiés à peine plus de neuf mois auparavant, dans les derniers jours de 1913 :

Vous nous voyez marcher parmi les nations.
Nous battrons-nous toujours pour quatre coins de terre.
Ne mettrons-nous jamais sur la table de guerre
Que des cœurs pleins de morgue et de rébellions.
— Heureux ceux qui sont morts pour la terre charnelle,
Mais pourvu que ce fût dans une juste guerre.
Heureux ceux qui sont morts pour quatre coins de terre.
Heureux ceux qui sont morts d'une mort solennelle.
Heureux ceux qui sont morts dans les grandes batailles,
Couchés dessus le sol à la face de Dieu.
Heureux ceux qui sont morts sur un dernier haut lieu,
Parmi tout l'appareil des grandes funérailles.

[...]

Heureux ceux qui sont morts, car ils sont retournés
Dans la première argile et la première terre.
Heureux ceux qui sont morts dans une juste guerre.
Heureux les épis mûrs et les blés moissonnés.

(Ève)

Quelques mois après sa mort naquit son 4e enfant, Charles-Pierre — portant les mêmes prénoms que son père.

THÉORIE LITTÉRAIRE

Toute la réflexion critique de Péguy est animée par la haine du déterminisme positiviste, qu'il brocarde avec une violence de pamphlétaire et un sens aigu de l'image. Ainsi de la méthode de Lanson en histoire littéraire : « *Un tissu d'un serré. Tout se tenait. Il savait tout. Et on savait tout. Si celui-ci avait fait une* Iphigénie, *c'était parce qu'il était petit-neveu de l'oncle de celui-ci qui en avait ébauché une, et il avait justement trouvé cette ébauche dans les papiers de son beau-frère* [...]. *L'événement avait les deux bras attachés le long du corps et les jambes en long et les deux poignets bien liés et les deux chevilles bien ligotées* » (« M. Lanson tel qu'on le loue », in ***L'Argent suite***). Et la muse de l'Histoire de se plaindre d'être obligée de courir après la réalité : « *Alors moi, avec mes fiches, je suis une qui court à pied après une automobile* » ***(Clio, Dialogue de l'Histoire et de l'âme païenne)***. Et Péguy de dénoncer l'abandon de toute spiritualité, de toute sensibilité : « *Les vers sont devant eux comme des accusés. Ils les* établissent » *(ibid.)*. À « *l'Histoire* » il préférait la « *mémoire* », à « *l'inscription* » le « *vieillissement* » *(ibid.)* ; de ce point de vue, l'œuvre de Michelet, par exemple, lui paraissait ambiguë : « *Quand il suit son temps, il n'est qu'historien. Quand il suit son génie, il est promu mémorialiste et chroniqueur* » *(ibid.)*. Car il s'agit moins de « passer au long *de l'événement* » que de « *remonter la race elle-même, comme on dit : remonter le cours d'un fleuve* » *(ibid.)*. De la même manière qu'il faut au livre « *de purs lecteurs, comme il faut à la tragédie et à la comédie de purs spectateurs, comme il faut à la statuaire de purs spectateurs* [...], *des hommes qui regardent une œuvre tout uniment pour la voir et la recevoir, qui lisent une œuvre tout uniment pour la lire et la recevoir, pour s'en alimenter, pour s'en nourrir* » *(ibid.)*, l'écrivain ne doit obéir à aucun objectif a priori : parfaitement désintéressé, « *l'auteur, s'il est vraiment un auteur, vit dans un affleurement perpétuel de textes.* [...] *des mondes veulent à chaque instant passer par la pointe de sa plume* [...]. *Un texte devient illisible dès que nous avons l'impression que la main* attend *après la tête, que la plume* attend *après la pensée. Il ne faut pas que nous ayons l'impression que la plume est levée* » *(ibid.)*.

Socialiste dreyfusard, Péguy s'est voulu l'initiateur d'un renouveau chrétien et s'est fait le défenseur d'une mystique à la fois catholique, française et républicaine, au cœur d'une période — de l'humiliante défaite de 1870 à la Grande Guerre — où de telles exigences étaient politiquement inconciliables. Poète de l'invocation et prosateur de l'invective, Péguy le réfractaire fut l'écrivain de la ferveur.

L'art de la répétition

La poésie de Péguy, émergée de la prose, a été comparée par Gide aux mélopées arabes ou aux chants monotones de la lande. Avant Claudel, Péguy a ressuscité les vertus poétiques du verset et de la litanie. La répétition, qui confère un caractère incantatoire au martèlement des vers, constitue une sorte de scansion de la durée, ménage le jeu entre le même et l'autre. Les motifs peuvent aller de strophe en strophe, comme dans *Ève*, où le vers inaugurant le 32e quatrain :

Et Dieu lui-même jeune ensemble qu'éternel

ouvre 22 autres quatrains — dont 15 consécutifs —, une dizaine d'autres proposant de légères variations de l'adjectif — « *jeune* » devenant « *juste* », « *sage* », « *bon* », « *auguste* », « *neuf* » — ou des modulations plus amples :

Dieu lui-même penché sur l'amour éternelle
Dieu lui-même penché sur l'amour solennelle
Dieu lui-même penché sur la fleur éternelle

Des litanies semblables tissent la syntaxe et le rythme des vers libres :

Nuit tu es sainte, Nuit tu es grande, Nuit tu es belle.
Nuit au grand manteau.

(*Le Porche du mystère de la deuxième vertu*)

ou des vers réguliers :

Étoile du matin, inaccessible reine,
Voici que nous marchons vers votre illustre cour,
Et voici le plateau de notre pauvre amour,
Et voici l'océan de notre immense peine.

(***Présentation de la Beauce à Notre Dame de Chartres***, in ***La Tapisserie de Notre Dame***)

Si, dans ses vers réguliers, Péguy a privilégié l'alexandrin, mieux adapté au martèlement majestueux de la litanie, il sut aussi choisir des mètres plus brefs, comme l'hexasyllabe et le tétrasyllabe, qu'animent en alternance les quatrains de ***La Ballade du cœur [...]*** :

Tu avais tout pourvu,
Fors cette fièvre,
Tu avais tout prévu,
Fors ces deux lèvres.

[...]

Tu n'oublieras jamais,
Cœur obsédé,
Un bonheur désormais
Impossédé.

[...]

Le jeune homme bonheur
Voulait passer,
Mais le jeune homme honneur
Voulait danser.

[...]

Le jeune homme bonheur
Voulait danser,
Mais le jeune homme honneur
Voulut passer.

De même, dans sa prose, Péguy cherche-t-il à briser la linéarité du raisonnement positiviste par le recours aux parallélismes en série, aux parenthèses, disjonctions, citations, par les décalages perpétuels de l'humour et de l'ironie, du paradoxe et de l'oxymore, de la suspension et de la surprise, par le constant recoupement des textes par d'autres textes. L'écriture de Péguy, dans ses essais philosophiques comme dans ses œuvres poétiques, est donc dialogique, aboutissant à des textes polyphoniques : « *Et plus nous avons de passé, plus nous avons de mémoire, (plus ainsi, comme vous le dites, nous avons de responsabilité), plus ainsi aussi ici nous devons la défendre ainsi. Plus nous avons de passé derrière nous, plus (justement) il nous faut le défendre ainsi, le garder pur.* Je rendrai mon sang pur comme je l'ai reçu. *C'était la règle et l'honneur et la poussée cornélienne, la vieille poussée cornélienne* » **(*Notre Jeunesse*)**. Souvent inspirée par la verve du polémiste maître de l'invective, elle accueille volontiers les néologismes (« *inentendant* », « *abtronqué* », « *mouillature* », « *zéroïème* », « *parapragmatisme* », « *recreux* »...) ; soucieuse de se nourrir aux sources populaires de la langue, elle recourt fréquemment à des termes médiévaux tombés en désuétude, tels « *perlustrer* » ou « *décevance* ».

Une gloire posthume et éphémère

Par dégoût pour « *la panmuflerie* » du monde moderne (***Deuxième Élégie XXX contre les bûcherons de la même forêt***, 1908), Péguy s'est désintéressé de secteurs entiers de l'activité culturelle de son temps. Il est passé à côté des courants novateurs en poésie, en peinture, en musique. En revanche, dans les domaines qu'il a abordés, sa pensée n'a perdu ni force, ni vitalité. Si le penseur a influencé, entres autres, Mounier, fondateur de la revue *Esprit*, Bernanos, Pierre Emmanuel et Albert Béguin, le poète n'a pas fait école et reste connu de nom, mais ignoré de fait.

Cette désaffection est sans doute le résultat de l'intransigeance de Péguy lui-même, écrivain inséparable de l'homme et qui réussit à faire l'unanimité... contre lui : à gauche — où l'on ne put jamais reconnaître ce socialiste prônant un nationalisme et un catholicisme réputés de droite —, comme à droite — où l'on ne put jamais s'accommoder d'un patriote condamnant l'armée et d'un chrétien contestant l'Église —, Péguy n'eut à peu près, de son vivant, que des ennemis.

Le prestige de sa mort lui valut une gloire posthume considérable, notamment lors de la Seconde Guerre mondiale, au début de laquelle ses ***Œuvres poétiques*** parurent dans la « Bibliothèque de la Pléiade » (1941) et durant laquelle Romain Rolland publia un mémorable *Péguy* (1944) sans concessions. La répétition de la guerre, à peine plus de vingt ans après la fin de la précédente, la débâcle de la France et l'effondrement moral qui s'en suivit soulignèrent, rétrospectivement, la cohérence et l'unité d'un homme mort en combattant à la fois pour ses idées et pour sa patrie, au terme d'une vie d'élans et de choix sans compromis : Sartre n'était pas encore né que Péguy avait déjà fait siens les impératifs de l'engagement et de la responsabilité de l'écrivain.

Néanmoins, cette gloire posthume s'est révélée éphémère : le combattant solitaire, première figure majeure de l'intellectuel engagé, est resté trop isolé. Volontiers rejeté par ceux — innombrables — qui ne l'ont jamais lu mais qui, pour les uns, aux seuls mots de « *Jeanne d'Arc* », « *terre* », « *honneur* » et « *Ève* », l'assimilent à un militant de l'Action française, ou, pour les autres, ne lui pardonnent ni son dreyfusisme ni son christianisme critique, Péguy demeure bien plus connu que reconnu, situation que résume assez pertinemment le néologisme qualificatif de « *mécontemporain* » qu'a choisi Alain Finkielkraut en titre d'un essai récent (*Le Mécontemporain : Péguy, lecteur du monde moderne*, 1991) réhabilitant l'auteur d'*Ève*.

ŒUVRE

Les ***Tapisseries***

Ensemble poétique regroupant ***La Tapisserie de sainte Geneviève et de Jeanne d'Arc*** (publiée pour la première fois in ***Cahiers de la Quinzaine***, XIV, 5, 1er déc. 1912), ***La Tapisserie de Notre Dame*** (*ibid.*, XIV, 10, 11 mai 1913) et ***Ève*** (*ibid.*, XV, 14, 28 déc. 1913).

Dans ***La Tapisserie de sainte Geneviève et de Jeanne d'Arc***, les deux bergères sont unies dans une « *neuvaine* » [série d'exercices de piété et de prières, que l'on fait pendant neuf jours pour obtenir une grâce particulière], prenant ici la forme de 9 poèmes titrés et numérotés fondée sur une structure de sonnet — cas des seuls poèmes I, II, V et VII — dont le poète multiplie à l'infini les tercets. Ainsi le poème VIII, ***Huitième jour pour le vendredi 10 janvier 1913***, comprend-il 2 quatrains, 320 tercets et un monostiche.

Plusieurs poèmes composent ***La Tapisserie de Notre Dame***. Une première partie, ni titrée ni numérotée, regroupe 5 poèmes titrés mais non numérotés, dont le plus connu — et le plus long — est le dernier, ***Présentation de la Beauce à Notre Dame de Chartres*** (89 quatrains en alexandrins à rimes embrassées), faisant suite à ***Présentation de Paris à Notre Dame***, ***Paris Vaisseau de charge***, ***Paris Double Galère*** et ***Paris Vaisseau de guerre***. La seconde partie, non numérotée mais titrée ***Les Cinq Prières dans la cathédrale de Chartres***, se décompose en 5 poèmes numérotés et titrés (I. ***Prière de résidence***, II. ***Prière de demande***, III. ***Prière de confidence***, IV. ***Prière de report***, V. ***Prière de déférence***) : l'ensemble permet au poète d'opposer les valeurs mondaines à celles du détachement et de la prière.

Enfin, 1 911 quatrains — introduits par les seuls mots : « *Jésus parle* » — composent ***Ève*** qui se développe en 8 « *climats* » évoquant la grâce, la résurrection des corps, la Rédemption, etc. Dans ces quatrains, le poète ne ménage pas ses invectives contre le monde moderne : *Et ce n'est pas des bras pleins de dictionnaires / Qui* *rameront pour nous sur nos derniers trois-mâts. / Et ce n'est pas des jeux pleins de fonctionnaires / Qui nous réchaufferont dans ces derniers frimas* ***(Ève)***.

La sainteté et le martyre des soldats héroïques semblent alors être la seule possibilité laissée à l'homme de racheter ses péchés. Tout au long des ***Tapisseries***, l'écriture poétique de Péguy tient de l'épopée et de l'invocation : *Ainsi l'enfant dormait dans son premier repos. / Il allait commencer quel immense travail. / Ainsi l'enfant dormait dans son premier bercail. / Il allait commencer quel immense propos. // Ainsi l'enfant dormait au fond du premier somme. / Il allait commencer l'immense événement. / Il allait commencer l'immense avènement. / L'avènement de l'ordre et du salut de l'homme* ***(Ève)***.

L'alexandrin triomphe dans une poésie inspirée qui reste sans exemple dans la littérature française : *Ô reine qui lisez dans le secret du cœur, / Vous savez ce que c'est que la vie ou la mort, / Et vous savez ainsi dans quel secret du sort / Se coud et se découd la ruse du traqueur. // Et vous savez ainsi sur quel accent du chœur / Se noue et se dénoue un accompagnement / Et ce qu'il faut d'espace et de déboisement / Pour laisser débouler la meute du piqueur* (**Présentation de la Beauce à Notre Dame de Chartres**, in **La Tapisserie de Notre Dame**).

La figure principale de cette écriture est la répétition, sous ses diverses formes : anaphore, réduplication, assonance, allitération. Péguy obtient ainsi un effet de litanie qui apporte toute sa force à l'expression poétique. C'est donc une poésie où la foi s'exprime en de longues déclamations, dans une confiance absolue donnée à la puissance du Verbe : — *Heureux ceux qui sont morts pour la terre charnelle, / Mais pourvu que ce fût dans une juste guerre. / Heureux ceux qui sont morts pour quatre coins de terre. / Heureux ceux qui sont morts d'une mort solennelle* ***(Ève)***.

Des différentes pièces recueillies dans **Les Tapisseries**, **Ève** reste la plus caractéristique de l'écriture poétique de Péguy, et quelques-uns de ses 7 644 alexandrins figurent parmi les vers les plus célèbres de notre littérature.

CITATIONS

Le long du coteau courbe et des nobles vallées
Les châteaux sont semés comme des reposoirs,
Et dans la majesté des matins et des soirs
La Loire et ses vassaux s'en vont par ces allées.

Châteaux de Loire.

À toutes celles et à tous ceux qui auront vécu leur vie humaine,
À toutes celles et à tous ceux qui seront morts de leur mort humaine pour l'établissement de la République socialiste universelle,
Ce poème est dédié.

À Domrémy, dédicace, in *Jeanne d'Arc*.

Ô Meuse inépuisable et douce à mon enfance,
Qui passes dans les prés auprès de la maison,
C'est en ce moment-ci que je m'en vais en France :
Ô ma Meuse, à présent, je m'en vais pour de bon.

Jeanne d'Arc, III, I.

Tout parti vit de sa mystique et meurt de sa politique.

Notre Jeunesse.

[...] ces profondeurs de bonté douce incroyables qui ne peuvent être qu'à base de désabusement.

Notre Jeunesse.

La mystique républicaine, c'était quand on mourait pour la République, la politique républicaine, c'est à présent qu'on en vit.

Notre Jeunesse.

La seule force, la seule valeur, la seule dignité de tout, c'est d'être aimé.

Notre Jeunesse.

Tu avais tout pourvu
Fors cette fièvre,
Tu avais tout prévu
Fors ces deux lèvres.

La Ballade du cœur qui a tant battu.

Un regret plus mouvant que la vague marine
A roulé sur ce cœur envahi jusqu'au bord.

L'Épave, in *Sonnets.*

Heureux ceux qui sont morts dans une juste guerre.
Heureux les épis mûrs et les blés moissonnés.

Ève, in *Les Tapisseries.*

Heureux deux amis qui s'aiment assez pour (savoir) se taire ensemble.

Victor-Marie, comte Hugo.

Le saint est infiniment plus la proie de la charité que le cruel de la cruauté.

Victor-Marie, comte Hugo.

Peuvent seuls mener une vie chrétienne, c'est-à-dire peuvent seuls être chrétiens, ceux qui ne sont pas assurés du pain quotidien.

Victor-Marie, comte Hugo.

Je fonde le parti des hommes de quarante ans.

Victor-Marie, comte Hugo.

JUGEMENTS

« Charles Péguy, le petit-fils de bûcheron et le fils de la rempailleuse de chaises d'Orléans, était un Français exclusif, un autochtone, un fils droiturier de notre Gaule. [...] Péguy fut le soldat paysan. »

Paul CLAUDEL, *Accompagnements*, Gallimard, 1949.

« L'image qu'on donne du pauvre Péguy (image de première communion). Elle le rendrait fou. Péguy, c'est l'affaire Dreyfus. »

Jean COCTEAU, *Journal (1942-1945)*, 4 juillet 1942, Gallimard, posthume, 1989.

« Que Péguy soit une grande figure, et noble et représentative entre toutes, il va sans dire ; je tiens pour admirable sa vie même et nombre de pages de sa Jeanne d'Arc, *ainsi que maintes autres éparses dans ses cahiers. Mais ces vers d'*Ève *que l'on cite aujourd'hui partout et sur lesquels chacun se pâme, rejoignent les plus mauvais que j'aie lus et que l'on ait jamais bâclés dans aucune langue. »*

André GIDE, *Journal*, 17 avril 1941, Gallimard, 1954.

« Une fois converti, Péguy devait comme tout catholique réciter chaque jour le Notre Père. Or, tout allait bien jusqu'au moment où il fallait dire : "comme nous pardonnons à ceux qui nous ont offensés", *ce que m'a rapporté Daniel Halévy voilà bien longtemps. Halévy ajoutait que Péguy disait :* "Je ne peux pas dire ça, je ne le pourrai jamais. Ça ne passe pas." *»*

Louis GUILLOUX, *Carnets (1944-1974)*, 17 novembre 1953, Gallimard, 1982.

« Il entreprend sa vie et son œuvre comme on se jette au feu. Qu'il s'occupe de politique, c'est l'affaire Dreyfus. De socialisme : c'est la cité idéale de Platon et de Rousseau dans la France des becs de gaz et de la Caisse d'épargne. Qu'il étudie l'histoire, il rencontre Jeanne d'Arc ; dans l'homme de quarante ans, sa mort et sa permanence, et l'habit de lumière du martyr dans l'épreuve de la guerre et Dieu dans une poignée de terre. Dans une flaque de boue, la flamme de l'éternité. L'unité de Charles Péguy, son seul sujet, le paysage de ses livres, c'est le surnaturel enfoui dans chacun de nos gestes. [...]

[...]

Comme la petite fille Espérance du Mystère de la charité, *la bergère au cœur pur de Domrémy-en-Lorraine reviendra le prendre par la main et ne le quittera plus. Il abandonnera pour trois jours sa boutique des* Cahiers — "et la maigre Sorbonne et ses pauvres petits" — *et prendra la route pour Chartres, du même pas que, deux ans plus tard, pour le front de l'Est, pour entrer, lui, marié civilement, franc-tireur de l'au-delà, hérétique de toutes les Églises, dans une autre église lumineuse et définitive, celle qui accueille les soldats perdus et la foi retrouvée. »*

Renaud MATIGNON, « Charles Péguy. Un croisé de l'absolu », in *Le Figaro littéraire*, 13 avril 1987.

« Charles Péguy est mort en septembre 1914, voici exactement trente ans. Pendant ces trente ans, il est devenu célèbre, si célèbre, si bien confit dans les adjectifs possessifs et affectueux — notre Péguy, notre cher Péguy, le noble Péguy — que cet homme coléreux a perdu quelque chose de sa violence aux yeux de nombreux jeunes gens. Pourtant une de ses premières images représente justement un jeune homme, les mains dans les poches, qui arpente la cour du collège Sainte-Barbe et n'oublie pas que cette sainte était la patronne des artilleurs. Le sourcil froncé, l'œil dur, le crâne rasé, la bouche impérieuse, tout annonce un autre Péguy qui a d'ailleurs été photographié plus tard dans la boutique des Cahiers. *Il pose, le regard terrible sous un lorgnon presque maurrassien, une barbe frisée qui pointe : on la devine agitée par tous les vents du dreyfusisme, du nationalisme — sans compter les premières brises du renouveau catholique et de tous les débats littéraires de mil neuf cent dix. »*

Roger NIMIER, *Un jeune homme nommé Péguy*, in *L'Élève d'Aristote*, Gallimard, 1981.

« Péguy est la victime d'un hold-up historique : il a été pris en otage par le régime de Vichy. Il était socialiste, dreyfusard, plutôt anticlérical, disciple de Jaurès et de Lucien Herr, et il appartenait avec évidence au camp de ceux qui se battent jusqu'au bout [...]. Charles Péguy était de ces nationalistes qui préfèrent la mort à la soumission.

[...]

Il y a une ivresse de Péguy comme il y a une ivresse de Hugo. Ils sont l'un et l'autre des coureurs de fond. Il faut se laisser emporter par la houle et bercer par le charme insidieux et puissant du poète de la grâce et de la correspondance entre le charnel et le spirituel. [...]

On finit par l'admirer, et peut-être par l'aimer, l'illisible pèlerin qui ne cesse jamais de mêler, sous la maladresse apparente du bégaiement et de la redondance, l'intelligence critique à la splendeur mystique. [...]

Le moins qu'on puisse dire de Péguy, c'est qu'il n'a pas une âme habituée. Sous ses chaînes si lourdes et pourtant si légères, Péguy, poète de la limite entre le temporel et l'éternel, poète de l'Incarnation, est le poète de la liberté, de la spontanéité, du monde d'avant la faute et de la matière sans pesanteur. [...]

Ce qu'il y a de plus grand chez Péguy, c'est la recherche de la justice et de la vérité quel que puisse en être le prix, c'est le courage dans la foi. Pas plus dans sa vie privée que dans sa vie publique, il ne cèdera aux tentations de la facilité. Ce chrétien pacifiste est l'homme des batailles — et même des batailles perdues [...].

Très loin de la mode, à une hauteur inhabituelle, socialiste et catholique, dreyfusard et nationaliste, monotone et puissant, avec les mots les plus simples et les plus forts, Péguy, debout sur une terre de paysans et de soldats qui est en train de disparaître sous nos yeux, a quelque chose d'éternel. »

Jean d'ORMESSON, « Péguy. Piétinements et Ivresse de la foi », in *Une autre histoire de la littérature française*, II, NiL, 1998.

BIBLIOGRAPHIE

Éditions

Œuvres poétiques complètes, éd. M. et P. PÉGUY, F. PORCHÉ, « Pléiade », Gallimard, 1941, rééd. 1957, 1967 et, avec la collab. de J. SABIANI, 1989.

Œuvres en prose complètes, éd. R. BURAC, « Pléiade », Gallimard, 1987, 1988, 1992, 3 vol. [a remplacé *Œuvres en prose 1909-1914* et *Œuvres en prose 1898-1908,* éd. M. PÉGUY, « Pléiade », Gallimard, 1957 et 1959, 2 vol.].

Correspondance, in *Feuillets mensuels de l'Amitié Charles-Péguy* (Orléans, 1948), devenus en 1978 *Cahiers de l'Amitié Charles-Péguy.*

Les Tapisseries, « Poésie », Gallimard, 1968.

Études

J. BASTAIRE, *Péguy, l'Inchrétien,* DDB, 1991 ; *Péguy contre Pétain. L'Appel du 17 juin,* Salvator, 2000.

R. BURAC, *Charles Péguy. La Révolution et la Grâce,* Laffont, 1994.

J.-Fr. DURAND (dir.), *Péguy, Bernanos et le Monde sensible. Histoire et Liberté,* Champion, 2000.

R. DADOUN, *Éros de Péguy,* PUF, 1988.

A. FINKIELKRAUT, *Le Mécontemporain : Péguy, lecteur du monde moderne,* Gallimard, 1991.

S. FRAISSE, *Péguy et le Monde antique,* Colin, 1973 ; « Charles Péguy 2, les *Cahiers de la Quinzaine* », in *RLM,* Lettres modernes, 1983 ; « Charles Péguy 4 : les Dialogues de l'Histoire », in *RLM,* Lettres modernes, 1988 ; *Péguy et la Terre,* Sang de la terre, 1988.

F. GERBOD et F. MÉLONIO (dir.), *L'Égalité au tournant du siècle : Péguy et ses contemporains,* Champion, 1998.

J. ISAAC, *Expériences d'une vie. Péguy,* Calmann-Lévy, 1959.

F. LAICHTER, *Péguy et ses « Cahiers de la Quinzaine »,* trad. D. FOURNIER, Éditions de la Maison des sciences de l'homme, 1985.

M. LEPLAY, *Charles Péguy,* DDB, 1998.

G. LEROY, *Péguy entre l'ordre et la révolution,* PFNSP, 1981.

J. MARITAIN, L. BAILLET, *Péguy au porche de l'Église. Correspondance inédite Jacques Maritain/Dom Louis Baillet,* Cerf, 1997.

T. QUONIAM, *Péguy ou les Chemins de la grâce,* Téqui, Le Roc Saint-Michel (Mayenne), 1987.

J.-M. REY, *Colère de Péguy,* Hachette, 1987.

R. ROLLAND, *Péguy,* Albin Michel, 1944, 2 vol.

M. TARDIEU, *Péguy, biographie,* Bourin/Julliard, 1993.

P.I. VIRGINIE, *Studi su Péguy. Bibliografia critica ed analitica (1893-1978),* bibliographie détaillée, Milella, Lecce (IT), 1982.

M. WINOCK, « La Boutique des *Cahiers* » et « Encore Péguy, mais plus pour longtemps », in *Le Siècle des intellectuels,* Seuil, 1997, I, 9 et 12, pp. 81 à 89 et 106 à 113.

Cahiers de l'Amitié Charles-Péguy, Orléans, depuis 1978.

Note su socialismo e cristianesimo, Université de Lecce (IT), depuis 1981.

AUDIO & VIDÉO

CD-ROM

Encyclopédie de la littérature française, Bibliopolis, 1998.

PEREC

Georges PEREC

Paris 1936 – Ivry (Val-de-Marne) 1982

Prix Médicis, Renaudot

> *« On ne lit pas Perec sans passion, on ne l'étudie pas par hasard. Il est de ces rares auteurs qui changent le lecteur et chargent la lecture. »*
>
> Paul FOURNEL, article in *Magazine littéraire*, décembre 1993.

> *« [...] si l'on caricature un peu, un sujet sans langue [...]. »*
>
> Christian PRIGENT, *Ceux qui merdrent*, POL, 1991.

Une vie de deuil et d'écriture

Un orphelin sans enfance

Fils d'émigrés juifs polonais, Perec perdit très jeune son père — mort au front en juin 1940 — et sa mère — arrêtée puis déportée, le 11 février 1943, à Auschwitz où elle disparut. L'orphelin fut recueilli par la Croix-Rouge, passa la guerre en Isère, à Villard-de-Lans puis à Lans-en-Vercors, puis regagna Paris en 1945, où il fut élevé par sa tante paternelle et le mari de celle-ci, avec sa cousine Ela. Perec suivit sa scolarité à Paris puis à Étampes. Bachelier en 1954, il abandonna assez vite des études d'Histoire, écrivit ses premiers romans — ***L'Attentat de Sarajevo***, ***Le Condottiere***, ***J'avance masqué*** — sans les publier, fit son service militaire, à Pau, dans les parachutistes (1958-1959), avant de se marier (1960) et de séjourner à Sfax, en Tunisie (1960-1961).

Le double deuil originel — s'ajoutant à la mort, en déportation, de 3 des 4 grands-parents de l'écrivain —, qui explique l'un des sens de ***La Disparition*** (1969) et qui est évoqué dans ***W ou le Souvenir d'enfance*** (1975), marqua, de manière secrète mais déterminante, une œuvre multiforme où Perec lui-même distinguait « *quatre grands modes d'interrogation* ».

Un écrivain « quadruple »

Le premier mode était « *sociologique* » et correspondait à des fictions, comme ***Les Choses***, premier roman publié (prix Renaudot 1965), à des essais comme ***Espèces d'espaces*** (1974) ou à des articles plus tard réunis en recueils posthumes : ***Penser/Classer*** (1985), ***L'Infra-ordinaire*** (1989).

Le deuxième « *mode d'interrogation* » était « *autobiographique* », même si aucun des textes qui s'y rattachent n'obéit vraiment au modèle canonique du genre. ***W ou le Souvenir d'enfance*** faisait alterner une autobiographie d'enfance et l'évocation d'un univers sportif, claire allégorie de l'univers concentrationnaire : « *Je n'ai pas de souvenir d'enfance. Jusqu'à ma. douzième année à peu près, mon histoire tient en quelques lignes : j'ai perdu mon père à quatre ans, ma mère à six ; j'ai passé la guerre dans diverses pensions de Villars-de-Lans.* [...] *une autre histoire, la Grande, l'Histoire avec sa grande hache, avait déjà répondu à ma place : la guerre, les camps* » (chap. II). ***La Boutique obscure*** (1973), en 124 récits de rêve, explorait l'espace plus intime, alors que ***Je me souviens*** (1978) offrait une évocation du passé, une anamnèse collective rassemblant, sous la forme d'une liste, « *des choses que, telle ou telle année, tous les gens d'un même âge ont* [...] *partagées* ». Et c'est « *une autobiographie probable* » qu'esquissaient les ***Récits d'Ellis Island*** (1980), rédigé à partir du film du même titre réalisé en collaboration avec Robert Bober en 1979, à travers le destin des étrangers immigrant aux États-Unis.

Le troisième mode, « *ludique* », correspondait aux textes à contraintes, dont Perec découvrit la richesse en rejoignant l'OuLiPo (mars 1967). C'est en virtuose qu'il exploita, entre autres procédés anciens, le lipogramme, avec un roman sans E, ***La Disparition*** (1969), et son symétrique inverse, un monovocalisme en E, dans ***Les Revenentes*** (1972), ou encore le palindrome, avec un texte réversible de 5 826 signes, ***Palindrome*** (publié in *La Littérature potentielle*, recueil collectif de l'OuLiPo, 1973) : « *Tout a l'air normal, tout a l'air sain, tout a l'air significatif, mais sous l'abri vacillant du mot, talisman naïf, gris-gris biscornu, vois, un chaos horrifiant transparaît : tout a l'air normal, tout aura l'air normal, mais dans un jour, dans huit jours, dans un mois, dans un an, tout pourrira : il y aura un trou qui s'agrandira, pas à pas, oubli colossal, puits sans fond, invasion du blanc. Un à un, nous nous tairons à jamais* » (***La Disparition***, chap. 2).

C'est en inventeur qu'il créa des formes neuves, tels les poèmes hétérogrammatiques, fondés sur des combinaisons sérielles de lettres, où « *chaque vers utilise une même série de lettres différentes* [...], *dont les permutations produisent le poème selon un principe analogue à celui de la musique sérielle : on ne peut répéter une lettre avant d'avoir épuisé la série* » (***Alphabets***, 4e de couv.). Ainsi ***Ulcérations*** (1974) fait-il se succéder 400 permutations différentes des 11 lettres de son titre, A, C, E, I, L, N, O, R, S, T, U : « *Cœur à l'instinct saoul, reclus à trône inutile...* » Après ce poème, ***La Clôture*** (1976) et surtout ***Alphabets*** (1976) réunirent l'essentiel de ces textes.

Enfin, le dernier mode relève du « *romanesque* » — ce « *plaisir du faire semblant* » évoqué à la fin de ***Un cabinet d'amateur*** (1979) — et s'affiche, en 100 pages, dans ***Quel petit vélo à guidon chromé au fond de la cour ?*** (1966) ou, monumentalement, dans ***La Vie mode d'emploi*** (prix Médicis 1978).

Mais, cette somme romanesque le montre, ces distinctions n'ont rien de figé. Description d'un immeuble parisien, ***La Vie mode d'emploi***, que l'on a rapproché de *Pot-Bouille* de Zola, se rattache à une réflexion sur l'espace urbain : or les allusions autobiographiques y abondent, certaines relevant du programme d'écriture. C'est ce programme même qui, par sa rigueur et sa complexité, constitue le modèle indépassable d'une structure oulipienne où le respect des règles se tempère d'un recours aux dérèglements maîtrisés. Enfin, avec ses histoires et ses personnages multiples, ses destins cocasses ou tragiques, cette machinerie oulipienne est aussi une prodigieuse machine à raconter des histoires.

Un encyclopédiste oulipien

Cependant, même ainsi nuancée, cette répartition n'épuise pas l'œuvre d'un auteur dont le rêve, comme il l'avoua à Jacques Chancel lors d'une *Radioscopie*, était de « *remplir un tiroir de la Bibliothèque nationale* » ! Perec, qui fut, de 1961 à 1978, documentaliste au CNRS, écrivit pour le théâtre : ***L'Augmentation*** (1970) et ***La Poche Parmentier*** (1974) ; pour la radio allemande avec notamment 2 « *Hörspiele* », créations originales visant à renouveler les pièces radiophoniques traditionnelles : ***Die Maschine*** (1968) et ***Tagstimmen*** (1971). Cinéaste, il réalisa un film d'après un récit autobiographique, ***Les Lieux d'une fugue*** (1976), et, avec Bernard Queysanne, adapta à l'écran, en 1974, ***Un homme qui dort***, son 3e livre, publié en 1967 : « *Ce n'est pas que tu détestes les hommes, pourquoi les détesterais-tu ? Pourquoi te détesterais-tu ? Si seulement ton appartenance à l'espèce humaine ne s'accompagnait pas de cet insupportable vacarme, si ces quelques pas dérisoires franchis dans le règne animal ne devaient pas se payer de cette perpétuelle indigestion de mots, de projets, de grands départs ! Mais c'est trop cher pour des pouces opposables, pour une station debout, pour l'imparfaite rotation de la tête sur les épaules : cette chaudière, cette fournaise, ce grill qu'est la vie, ces milliards de sommations, d'incitations, de mises en gardes, d'exaltations, de désespoirs, ce bain de contraintes qui n'en finit jamais, cette éternelle machine à produire, à broyer, à engloutir, à triompher des embûches, à recommencer encore et sans cesse, cette douce terreur qui veut régir chaque jour, chaque heure de ta mince existence.* »

Il écrivit les dialogues de ***Série noire*** (1979) d'Alain Corneau. Il rédigea des textes pour les catalogues de plusieurs peintres contemporains. Dans des livres rares, où poèmes et clichés se répondaient, il collabora avec des photographes : Christine Lipinska pour ***La Clôture*** et Cuchi White pour ***Trompe l'œil*** (1978). Pendant six ans, de mars 1976 à mars 1982, les lecteurs cruciverbistes du *Point* s'efforcèrent, chaque semaine, de résoudre la grille de mots croisés qu'il leur proposait. Il faut ajouter les contributions aux 2 volumes collectifs de l'OuLiPo — *La Littérature potentielle* (1973) et *L'Atlas de littérature potentielle* (1981) —, les textes homophoniques — sortes de rébus écrits où, comme chez Roussel, l'équivalent phonétique d'un nom, d'un titre ou d'une expression fournit un nouvel énoncé qu'explicite à son tour un récit miniature : ainsi, Errol Garner devenant « *Erre où l'Hagard n'erre* », puis « *Va à l'aventure ! Mais va où même l'Illuminé n'ose aller !* » —, les parodies d'articles scientifiques, comme ***Vœux*** (1989) et ***Cantatrix Sopranica L. et autres écrits scientifiques*** (1991), et d'autres textes posthumes, tel que ***Beaux Présents, Belles Absentes*** (1994).

On a alors un aperçu significatif, quoique non exhaustif, de la fécondité littéraire de Perec pendant les dix-sept années qui séparent ***Les Choses*** de ***53 Jours*** (posth., 1989), roman que sa mort prématurée — d'un cancer des bronches —, un an après un voyage en Australie et quelques jours avant son 46e anniversaire, l'empêcha d'achever.

Éclectisme et cohérence

Cet éclectisme spectaculaire ne doit pas masquer la cohérence profonde d'une écriture — à défaut d'un véritable style — fondée, au-delà des variations de genre et de volume, sur quelques principes essentiels. On retiendra d'abord l'importance de l'intertexte : allusions, citations, traductions. Aucune œuvre de Perec n'évite ces emprunts polymorphes à une bibliothèque dont il nomme volontiers les grandes figures tutélaires : Rabelais, Sterne, Flaubert, Verne, Roussel, Joyce, Kafka, Leiris, Butor, Queneau. Pour ce relecteur infatigable, écrire, c'est moins remplir la page blanche que s'inscrire pour s'ancrer (s'encrer) dans un champ littéraire où il éprouve *« le sentiment d'une parenté enfin retrouvée »*, comme il le déclare dans ***W ou le Souvenir d'enfance***. Nourri de ces connivences culturelles, il cherche aussi le dialogue avec son lecteur à travers un jeu de séduction dont la ruse est la pièce maîtresse ; au plaisir d'écrire répond ainsi un plaisir de lire, non dans l'immédiateté d'un échange facile mais dans l'exploration stimulante de chemins insoupçonnés :

> *« Il y a en France, aujourd'hui à peu près autant de gens qui se veulent connaisseurs en matière de whisky que de gens qui boivent du whisky. Cela vient, sans doute, de ce qu'il y a d'abord une littérature très importante sur la question, ensuite de ce que l'on boit partout du whisky et seulement du whisky, enfin de ce que le whisky étant, généralement, une boisson tout à fait quelconque, tout le monde se croit obligé d'en dire quelque chose.*
>
> *Le premier donc, dira que le whisky qu'on vient de lui offrir n'est pas fameux, mais qu'il a goûté un jour le vrai des vrais, le Very Very Old Special Grandfather McPlouck Very Very Dark Label 17 years Old. Le second dira que le Very Very Old Special Grandfather McPlouck Very Very Dark Label ce n'est pas mal, sans plus, mais que ça ne vaut pas le God Save the Queen Really Special Highest Labelled Oldest Stuff of the Very Little Scottish Island in the Middle of the Sea, lequel mérite un détour si l'on voit ce qu'il veut dire. Le troisième dira que le God Save the Queen Really Special Highest Labelled Oldest Stuff of the Very Little Scottish Island in the Middle of the Sea, certes est un bon whisky, à condition qu'il soit vraiment oldest, c'est-à-dire 23 years old, et vieilli dans un tonneau de merisier béni par l'évêque d'Inverness, mais que la plupart du temps on nous vend sous ce nom une mixture fabriquée en Espagne à partir du trop-plein d'une brasserie locale, et que la merveille des merveilles, celle qui vaut le déplacement et mérite d'être bue chambrée dans un verre à liqueur en fermant les yeux, c'est le Her Majesty's Mystery Score when Lit 001 Centenarian.*
>
> *Sur quoi le premier répondra qu'il est hérétique de boire le whisky chambré, qu'il faut faire refroidir le verre, jamais la bouteille, dans de la glace pilée. Le troisième répliquera que les Écossais etc...*
>
> *Évidemment, tout cela est faux. La vérité sur le whisky, la voici :*
>
> *1 le whisky est un alcool de grains, fabriqué un peu n'importe comment quelque part en Grande-Bretagne.*
>
> *2 Il a rarement plus de 18 mois quand on le consomme.*
>
> *3 Les Américains, n'en boivent pas, ni les Russes, ni les Chinois, ni les Belges, ni les Espagnols. Pas même les Anglais, qui préfèrent le gin, pas même les Écossais, qui sont trop contents d'avoir trouvé où l'exporter.*
>
> *4 C'est la boisson nationale des Français qui savent le boire de trois façons, et de trois façons seulement — avec des cubes de glace, avec de l'eau du robinet encore appelée eau plate, avec de l'eau rendue pétillante par adjonction de gaz carbonique, ces trois manœuvres ayant une même fonction : ajouter suffisamment d'eau au breuvage pour rendre l'ensemble à peu près potable.*
>
> *Dans la quasi-totalité des cocktails publics ou privés, le whisky exerce une véritable dictature : l'individu qui n'apprécie pas le champagne entre les repas (quand je dis champagne, je suis gentil) et n'a pour les jus de fruits (quand je dis jus de fruits, je suis bien bon) qu'un culte de pure forme, est condamné à boire du whisky ou à ne pas boire. Il est temps que cette tyrannie prenne fin. Il devient urgent d'entreprendre une nouvelle croisade. Maîtresses de maisons, barmen, maîtres des bibitions, libations et autres réjouissances, c'est à vous que je m'adresse : Offrez le choix ! N'obligez pas à boire du whisky ! »*
>
> (« La Dictature du whisky », in *Arts et Loisirs*, n° 63, 7 déc. 1966)

Ce n'est pas seulement dans sa structure globale que ***La Vie mode d'emploi*** se présente comme un immense puzzle, donné à reconstruire à chaque lecteur, c'est aussi au niveau

de la phrase. Celle-ci apparaît à la fois isolée et constitutive de l'ensemble, détachée et rattachable. La phrase s'ouvre le plus souvent sur une notation spatiale que donne un complément circonstanciel de lieu : « *Dans le coin gauche de la pièce, il y a un grand fauteuil moderne, fait d'une gigantesque demi-sphère d'altuglas cerclée d'acier, posée sur un piétement de métal chromé. À côté, un bloc de marbre de section octogonale fait office de table basse* [...]. / [...] / *À gauche du puzzle, un plateau décoré supporte une verseuse à café* [...]. / *En avant du puzzle et du plateau, plusieurs livres, cahiers et classeurs sont étalés sur le parquet* » (I, II, ***Beaumont***, 1).
Les descriptions — qui cherchent la plus extrême et objective précision, et qui se font tout entières au présent —, dupliquent la figure que l'on appelle l'« *hypotypose* » : celle-ci veut faire croire au lecteur qu'il est dans l'actualité du regard posé ; elle vise à confondre lecture et vision. Les temps du passé interviennent toutefois pour mettre en place le récit dans les chroniques que suscite la description de certains appartements : « *Dans la première de leurs chambres vécut jadis pendant environ deux ans un curieux jeune homme qui s'appelait Grégoire Simpson. Il était étudiant en histoire. Pendant quelque temps il travailla comme sous-bibliothécaire adjoint à la Bibliothèque de l'Opéra* » (III, LII, ***Flassaert***, 2). Parce qu'il précède le verbe et ouvre la phrase, c'est bien le lieu qui amène la narration, l'introduit et, à l'échelle de toute l'œuvre, manifestement la gouverne. Cette narration se détache de tout narrateur subjectif, pour prendre l'objectivité d'une chronique historique. C'est aussi cet effacement de la subjectivité de l'auteur qui détache les phrases, pour ne les rattacher que par la loi qu'il a choisie pour l'ensemble de son insolite roman, celle d'un espace narratif infiniment subdivisé, mais finalement commun, et sans doute même à partager.
Enfin, ce jeu de cache-cache s'élabore autour d'un usage spécifique de la contrainte formelle, à la fois masque et marque dans la relation paradoxale que cette écriture entretient avec l'autobiographie. Ce que ***W ou le Souvenir d'enfance*** dit en clair — la catastrophique disparition des parents, et notamment celle de la mère dans les crématoires d'Auschwitz —, quelques phrases lapidaires terriblement neutres le mettent « *en lettres* ». Écrire consiste alors à transformer les données irrémédiables et traumatisantes d'une histoire individuelle — le manque, la cassure, le tragique 11 février 1943, le rapport à la judéité — en principes organisateurs, règles, contraintes formelles, et inverser ainsi leur charge d'angoisse en potentialité créatrice : « *Moi, j'aurais aidé ma mère à débarrasser la table de la cuisine après le dîner. Sur la table, il y aurait eu une toile cirée à petits carreaux bleus ; au-dessus de la table, il y aurait eu une suspension avec un abat-jour presque en forme d'assiette, en porcelaine blanche ou en tôle émaillée, et un système de poulies avec un contrepoids en forme de poire. Puis je serais allé chercher mon cartable, j'aurais sorti mon livre, mes cahiers et mon plumier de bois, je les aurais posés sur la table et j'aurais fait mes devoirs. C'est comme ça que ça se passait dans mes livres de classes* » (chap. XIII). De la disparition « *d'eux* » au lipogramme en E, de l'enfance brisée à la mise en pièce anagrammatique ou homophonique des signifiants, du 11 février aux séquences de 11 onzains de 11 lettres d'***Alphabets***, du fantasme de l'écriture hébraïque à la fabrication des palindromes — qui se lisent, eux aussi, de droite à gauche —, dans ces métamorphoses, les contraintes ne relèvent plus de la seule discipline oulipienne ; elles deviennent d'authentiques formes-sens dont le lecteur devra suivre les réseaux s'il veut découvrir l'impressionnante richesse d'une écriture sans exemple dans la littérature contemporaine.

Un écrivain-culte

Alors que, de son vivant, Perec demeura un auteur relativement marginal malgré ses deux prix littéraires, son importance est aujourd'hui reconnue et se traduit par une multiplication d'exégèses et de publications, tant en France qu'à l'étranger, et sur tous supports — papier, Internet, vidéo. Les admirateurs de la première heure, pour lesquels il reste un écrivain-culte, ont été rejoints par tous les lecteurs cultivés aux yeux desquels ***Les Choses*** et ***La Vie mode d'emploi*** font désormais partie des grands textes classiques. Même s'il continue à être apprécié comme une sorte de virtuose d'une littérature à la fois technicienne et ludique, en digne disciple oulipien de Queneau, Perec est aujourd'hui redécouvert comme l'écrivain capital d'une littérature autrement grave, celle de l'Histoire et de ses abîmes — à commencer par les camps de concentration nazis. Toute son œuvre, à la lumière de ses textes autobiographiques, qui en font un « fils » de Cayrol ou d'Antelme, se donne ainsi à (re)lire comme celle d'un écrivain non seulement populaire, mais encore — voire surtout — universel.

ŒUVRES

Les ***Choses****. Une histoire des années soixante*

Roman en 2 parties — comprenant respectivement 10 et 3 chapitres — suivies d'un ***Épilogue***, publié chez Julliard, en 1965.

Jérôme et Sylvie, jeune couple de petits bourgeois provinciaux montés à Paris, vivent dans un rêve de confort : « *L'œil, d'abord, glisserait sur la moquette grise d'un long corridor, haut et étroit* » *(incipit)*. L'appartement idéal qu'ils imaginent ensemble est un langage commun, un code de reconnaissance, une rassurante certitude : « *la vie, là, serait facile, serait simple.* [...] *Une femme de ménage serait là chaque matin. On viendrait livrer, chaque quinzaine, le vin, l'huile et le sucre* » (I, 1). Leur profession d'enquêteurs, mettant à profit une vague formation en psychosociologie, ne leur permet guère de quitter leur petit studio encombré de la rue de Quatrefages, mais leur laisse du temps pour flâner dans la capitale : de quartier en quartier, de la vitrine du traiteur à celle de l'antiquaire. Lecteurs du magazine *L'Express*, ils sont séduits par les modèles vestimentaires anglo-saxons. Confondant l'être et la propriété, ils ne se résolvent pas pour autant à accepter un travail stable : « *Ils voulaient rester disponibles, et presque innocents, mais les années s'écoulaient et ne leur apportaient rien* » (I, 5). Autour d'eux, les jeunes « s'installent », s'insèrent dans « *le monde sérieux des cadres* », les isolant dans l'étroitesse et la rancœur : « *À travers eux ils croyaient découvrir l'exact envers de leur propre monde : celui qui justifiait, en bloc, l'argent, la publicité, les compétences* [...] *: ils n'étaient pas loin de penser que leurs anciens amis étaient en train de se faire avoir* » (I, 8). Frustrés, vieillissants, ils rêvent de faire un héritage, de commettre un hold-up (I, 9). Ils se paupérisent jusque dans leur imaginaire : la publicité ordonne leurs désirs sous forme d'images « *obsédantes et bêtes, appauvries* » (I, 10). Croyant fuir leur propre vide en Tunisie, ils sont, pendant huit mois, enseignants coopérants : à Sfax, ils trouvent un appartement « *trop grand et minable* » (II, 1). Accablés d'ennui et de solitude, ils errent dans « *les rues nues et désertes, noires et rectilignes, balayées de sable* » (II, 2). Désormais incapables de s'adapter, « *perdus dans les décombres d'un très vieux rêve* » (II, 3), ils regagnent la France et, après six ans d'errance, acceptent la direction d'une agence de publicité bordelaise ***(Épilogue)***.

Le style objectif, impersonnel, qui peut évoquer celui de Flaubert, relève à la fois de l'enquête sociologique « brute » et d'un regard critique sur des personnages observés sans sympathie, au point de faire de ce roman sans romanesque une sorte d'anti-roman. La grande fréquence de listes descriptives traduit une fascination contemplative pour « *les choses* » tout en en dénonçant la tyrannie, dans notre société de consommation : « *Ils se perdaient dans le dédale des galeries, des impasses et des passages. Un barbier rasait en plein air, à côté d'un énorme amoncellement de gargoulettes. Un âne était chargé de deux couffins coniques de corde tressée, remplis de piments en poudre* » (II, 3). Chacune des trois parties adopte un temps spécifique : le conditionnel (I), l'imparfait (II) et le futur ***(Épilogue)***.

Ce premier roman a obtenu le prix Théophraste-Renaudot.

La ***Vie mode d'emploi***

Roman en 6 parties numérotées et non titrées — comprenant respectivement 21, 24, 19, 19, 9 et 7 chapitres, soit 99, numérotés de I à XCIX et titrés —, précédées d'un ***Préambule*** et suivies d'un ***Épilogue***, d'un ***Plan de l'immeuble*** et d'***Annexes*** — regroupant un ***Index***, des ***Repères chronologiques***, un ***Rappel des principales histoires racontées dans cet ouvrage***, et un ***Post-Scriptum*** —, publié chez Hachette, en 1978.

L'idée fondatrice de ce livre monumental et labyrinthique, sous-titré « *romans* », est la suivante : représenter un immeuble parisien (11, rue Simon-Crubellier) comme si la façade en avait été enlevée, avec toutes ses pièces, son histoire et celle de ses habitants. Ce projet est reflété dans celui du peintre Serge Valène — qui entreprend, vers la fin de sa vie, de réaliser le tableau de cet immeuble —, mais aussi de manière métaphorique dans le « *programme* » du milliardaire Percival Bartlebooth, figure centrale et éminemment littéraire — dont le nom associe le Bartleby de Melville au Barnabooth de Larbaud, tout en remontant par son prénom aux origines du roman occidental : à la fois inutile et gratuit, ce « *projet unique dont la nécessité arbitraire n'aurait d'autre fin qu'elle-même* » consiste à consacrer dix ans de sa vie à apprendre l'art de l'aquarelle, puis vingt autres à parcourir le monde, « *peignant, à raison d'une aquarelle tous les quinze jours, cinq cents marines de même format* » qui deviendront, une fois contrecollées et découpées, autant de puzzles de 750 pièces (II, XXVI, ***Bartlebooth***, 1). Bartlebooth charge son voisin Gaspard Winckler — qui apparaît comme une figure de l'écrivain — de la fabrication artisanale des puzzles à partir des marines qu'il lui envoie au fur et à mesure. Une fois toutes les pièces recollées, il lui faut effacer l'aquarelle pour retrouver la feuille de papier blanche initiale. Comme le suggère le

Préambule, qui en fait à la fois l'éloge et la théorie, le puzzle est un modèle de la structure du roman avec ses 99 chapitres groupés en 6 parties. En dépit de la rigueur d'une organisation minutieusement calculée, le foisonnement des personnages, des récits — dont beaucoup multiplient les péripéties les plus rocambolesques avec une fantaisie digne de Roussel —, les retours dans le passé de chaque famille, l'accumulation des noms et des descriptions amènent le lecteur à constater l'évidente impossibilité de reconstituer un tel puzzle. Tout au plus peut-il recourir aux annexes : plan, index alphabétique, repères chronologiques, liste des principales « *histoires* » dont la lecture suffit à donner le vertige : « *Histoire de l'acteur qui simula sa mort* », histoires « *de l'ancien vétérinaire amoureux d'une marseillaise moustachue* », « *du clown de Varsovie* », « *de l'homme qui rayait les mots* », « *du peintre qui peignit l'immeuble* », etc. Le roman, dont la temporalité est éclatée par la dissémination des multiples récits, commence deux ans après la mort de Gaspard Winckler (I, I, ***Escaliers***, 1), et se termine avec la mort de Bartlebooth (VI, XCIX, ***Bartlebooth***, 5), puis celle de Valène, qui ne laisse du tableau imaginé que « *quelques traits au fusain* [...], *esquisse d'un plan en coupe d'un immeuble qu'aucune figure, désormais, ne viendrait habiter* » ***(Épilogue)***.

Cette œuvre oulipienne suit de multiples contraintes dont quelques-unes figuraient déjà au sein du projet en germe dans ***Espèces d'espaces***. Elles furent explicitées par l'auteur peu après la parution du roman dans *L'Arc* (n° 76, 1979) et au cours de divers entretiens, complétés par la publication en 1993 du ***Cahier des charges de « La Vie mode d'emploi »***. Ainsi, dès le début, l'immeuble était divisé à la façon d'un échiquier de 10 cases sur 10, exploré suivant le déplacement propre au cavalier : c'est la « *polygraphie du cavalier* ». Les contraintes se sont alors multipliées et combinées, de manière à rendre le champ d'action de l'écrivain le plus restreint possible, tout en devenant elles-mêmes génératrices de récits. Perec cite de nombreux écrivains — dont il donne une liste —, insère avec une précision encyclopédique une multiplicité de modes d'écriture « *extra-littéraires* » (recettes de cuisine, notices de dictionnaires, formules mathématiques), en utilisant, à l'occasion, des variations typographiques. S'il classait ce livre, à l'intérieur de son œuvre, dans la catégorie du « *romanesque* » — puisque conduit par « *le goût des histoires et des péripéties, l'envie d'écrire des livres qui se dévorent à plat ventre sur son lit* » —, ajoutant « La Vie mode d'emploi *en est l'exemple type* » ***(Penser/Classer)***, les trois autres champs définis par l'auteur (« *autobiographique* », « *sociologique* », « *ludique* ») sont, à l'évidence, présents dans ce « *roman-pluriel* » d'une richesse inépuisable.

Le livre connut à sa parution un important écho médiatique qui popularisa sinon l'œuvre, du moins l'image de l'écrivain. ***La Vie mode d'emploi*** obtint le prix Médicis en novembre 1978 et reste le titre le plus célèbre de Perec.

CITATIONS

Mais de nos jours, et sous nos climats, de plus en plus de gens ne sont ni riches ni pauvres : ils rêvent de richesse et pourraient s'enrichir : c'est ici que leurs malheurs commencent.

Les Choses.

Ils voulaient jouir de la vie, mais, partout autour d'eux, la jouissance se confondait avec la propriété.

Les Choses.

De station en station, antiquaires, libraires, marchands de disques, cartes des restaurants, agences de voyages, [...] leurs itinéraires composaient leur véritable univers : là reposaient leurs ambitions, leurs espoirs. Là était la vraie vie [...].

Les Choses.

L'on ne prétend pas que les artifices systématiques se confondent avec l'écriture, mais seulement qu'ils en constituent une dimension non négligeable. Au lieu de pourchasser l'on ne sait trop où l'ineffable, ne vaut-il pas mieux d'abord s'interroger sur la persistance du sonnet ¿

La Littérature potentielle,
in *Histoire du lipogramme dans Oulipo.*

Je me souviens qu'à Villard-de-Lans j'avais trouvé très drôle le fait qu'un réfugié qui se nommait Normand habite chez un paysan nommé Breton. Des années plus tard, à Paris, j'ai ri tout autant de savoir qu'un restaurant appelé *le Lamartine* était célèbre pour ses chateaubriands.

Je me souviens, n° 69.

Je me souviens que tous les nombres dont les chiffres donnent un total de neuf sont divisibles par neuf (parfois je passais des après-midi à le vérifier...).

Je me souviens, n° 285.

– Certes, reprends-je, Bérengère, Bérengère « The Qeen », Bérengère « The Legs », celle qe Dresde et qe Leeds révèrent, celle qe vénèrent et le Rex et le Sélect et Pleyel ! Bérengère, déesse éthérée des scènes, vedette d'entre les vedettes, fée des kermesses et des fêtes ! Sept cent trente sept prêtres l'encensent : dès q'elle entre en scène et entreprend d'enlever ses vêtements, cent mecs se pètent le cervelet !

Les Revenentes.

JUGEMENTS

« On fait souvent de Perec le prosateur de l'OuLiPo, tandis que Jacques Roubaud en serait le poète. C'est oublier la complicité qui a pu exister entre eux. »

Pierre BRUNEL, *La Littérature française aujourd'hui*, chap. 5, Vuibert, 1997.

« Les textes [de Perec] *s'appellent les uns les autres. Tous, ils répondent, même quand ils sont jeu ou jonglerie, à une histoire qui réfracte la tache d'incandescence et le trou noir de notre Histoire — une des figures de l'"indicible". Indicible qui échappe à l'écriture, mais que l'écriture a le pouvoir de désigner et de signifier.*

Aussi "l'itinéraire tâtonnant" de ses textes balise-t-il des chemins précaires, aléatoires et inachevés qu'il trace pourtant avec netteté et persévérance. Ce sont ces lieux d'instabilité, d'insoutenable légèreté de la lettre et du sens, que, gravité et drôlerie mêlées, il se propose d'arpenter avec nous. »

Claude BURGELIN, *Georges Perec*, « Les Contemporains », Seuil, 1988.

« À vingt et un ans, Perec se pose, d'emblée, dans une sorte de fraternité avec les plus grands auteurs. Il tutoie le génie. C'est peut-être à cette singularité que l'on reconnaît le futur créateur : qu'il lise Kafka ou Stendhal, Faulkner ou Gide, Rimbaud ou Apollinaire, il est chez lui. La familiarité des chefs-d'œuvre, et, d'une façon presque enfantine, l'envie d'en faire autant, c'est le secret d'une vocation. Perec n'annonce pas qu'il écrira, il parle, avec l'autorité de Racine ou de Boileau, de ce qu'il écrit. Une incroyable effervescence intellectuelle alimente cette ambition, encore que l'ambition ne définisse pas tout à fait cette fièvre : il faudrait parler plutôt d'une gourmandise insatiable qui le fait curieux de tout et rend cette correspondance des plus émouvantes et des plus divertissantes.

Presque à chaque lettre, Perec parle d'un projet de livre, de son début, déjà de son titre. Presque à chaque lettre, il a lu deux, trois, quatre livres, d'Eschyle à Nathalie Sarraute, de Baudelaire à Joyce, des poèmes assyriens à Goethe et à Blondin. C'est dire que la légèreté a toujours chez lui un sens et une profondeur. Le jeu de mots et la rigolade forment ici l'escalier de service de la recherche littéraire et de la réflexion sur le langage. C'est la pataphysique au conseil de révision, entre la poésie et la corvée de patates.

Ce qui n'empêche pas l'analyse calme et rigoureuse, la gravité, le douloureux parfois. On perçoit ici combien l'auteur de La Disparition *a caché de lui-même et de ses drames dans une œuvre élaborée jusqu'à être savante, et riche des mille mathématiques de la parole qu'il a cultivées entre Jarry et l'Oulipo. Sans un soupçon d'attendrissement, il laisse passer l'ombre de l'homme blessé que fut ce fils d'un immigré mort en 1940, fils de déportée aussi, fasciné, dans une pudeur de bal masqué, par la mort et par le tragique. Il montre aussi les préoccupations théoriques qui l'entraînent du cinéma au projet d'une revue, du roman à l'essai, de la peinture au jazz, du marxisme à la conception d'une école de l'épique. Et on n'oubliera pas une longue lettre cocasse et angoissée où il raconte un plaisir bref dans un hôtel de Toulouse. Perec sait dire beaucoup et très peu sur les pauvres plaisirs des hommes. »*

Renaud MATIGNON, « Georges Perec. Poésie et Corvée de patates », in *Le Figaro littéraire*, 27 mars 1997.

« L'invention du nouveau et la mémoire du passé sont les deux pôles de Perec. Il cultive sa mémoire personnelle en la liant dans Je me souviens *à la* "communauté du souvenir". *Et* W ou le Souvenir d'enfance *combine mémoire et invention en alternant les chapitres de fiction et d'autobiographie. Perec est à cheval sur son époque, à laquelle, pour conjurer peut-être la disparition des siens, il ne cesse de se rattacher par le souvenir ou par la culture, et sur l'invention d'un avenir auquel il collabore, dans le sérieux, avec une originalité et une drôlerie exceptionnelles.*

Par le jeu, par le formalisme, par sa recherche des structures, par sa participation aux mouvements intellectuels de son temps, il est le modernisme même. Par le souvenir, par la culture, par le sens de l'intimité, il se rattache à tout le passé de notre littérature. L'emblème de Caillois était l'échiquier, l'emblème de Perec est le puzzle : il faut mettre ensemble des pièces qui sont données en vrac. Et il y en a toujours une qui fait défaut : le père, la mère, les déportés de la Shoah, la lettre e, les origines, les souvenirs évanouis, le passé, le monde lui-même, toujours ailleurs, emporté par le temps — et, en fin de compte, la vie. À force d'être présente, elle finit par être absente. Georges Perec meurt à quarante-six ans. Le vide l'emporte sur le plein. Un autre puzzle commence dont toutes les pièces nous manquent. »

Jean d'ORMESSON, « Perec. Le Jeu du plein et du vide », in *Une autre histoire de la littérature française*, II, NiL, 1998.

« Tout se passe comme s'il n'était qu'un trou, un pur regard désaffecté posé sur l'objectivité du monde et la combinatoire des formes ou un point aveugle inexprimé, un générateur désimpliqué de sa génération, une instance manipulatrice absentée des formes nées de cette manipulation. Ce n'est pas que ce sujet ne soit pas identifiable, ni que cette œuvre manque d'originalité. Bien au contraire. Mais cette identité

et cette originalité résident sans doute paradoxalement dans le refus de s'affirmer comme marque unique et propre. »

Christian PRIGENT, *Ceux qui merdrent*, POL, 1991.

« Non seulement Perec rend caduc par son existence même les lieux communs passés, via Maurice Blanchot, dans la doxa cultivée sur l'impossibilité d'écrire après Auschwitz, mais encore il rend vain par sa puissance narrative tous les retours en arrière mi grognards mi hussards qui voudraient lier "lisibilité" et mépris de la pensée.

Il est le prototype rarissime, je renvoie de nouveau à Julien Gracq, de l'auteur qui cumule situation et audience, à la fois Jules Romains et Kafka. Qui plus est contemporain de tous ceux qui ont modelé le paysage de ces trente ans ; avec chacun, il est en intersection : avec le Butor de Degrés, *des* Répertoires *et des inventaires, comme vers le Robbe-Grillet de* La Jalousie. *Avec Sollers, il se tient littéralement dos à dos, dans une préoccupation commune de l'inconscient lacanien (*La Disparition *versus* Paradis*). Avec les écrivains du* Chemin, *il partage, outre l'amitié, une grande partie de la bibliothèque, avec Echenoz le réalisme antinaturaliste et ludique... à l'instar de Sartre dans les années 50, voire de Gide dans les années 30, et plus que tout autre, ce n'est pas là un jugement de valeur (Perec n'est pas un "grand écrivain", il est même le plus souvent, et pour reprendre le Barthes du* Degré zéro, *un écrivain "sans style") de par son rapport au réel, de par cette superposition unique entre vertige du texte et vertige de l'histoire, Georges Perec apparaît rétrospectivement comme le* "contemporain capital" *de ces années 1960-1990. Lui dont pas une ligne ne peut être dite avoir été surdéterminée par* Tel Quel, *semble vraiment le second axe, dissimulé, de la période, qui ne pouvait se révéler tel qu'après la dissolution du groupe de Philippe Sollers (1983). »*

Jean-Pierre SALGAS, « 1960-1990 : Georges Perec au tournant de l'Histoire », in *1960-1990 : Romans mode d'emploi*, site Internet du ministère des Affaires étrangères.

BIBLIOGRAPHIE

Éditions

Pour le détail des œuvres publiées, voir la bibliographie de B. MAGNÉ, *Tentative d'inventaire pas trop approximatif des écrits de Georges Perec*, P.U. du Mirail, Toulouse, 1993.

« Cher, très cher, admirable et charmant ami... » Correspondance Georges Perec/Jacques Lederer (1956-1961), Flammarion, 1997.

Les Choses, « 10/18 », UGE, 1981 ; Pocket, 1987.

La Vie mode d'emploi, « LdP », LGF, 1980.

Pour le théâtre, le cinéma, la radio et les écrits non publiés, voir la bibliographie établie par D. BELLOS à la fin de sa biographie.

Études

D. BELLOS, *Georges Perec. A Life in Words*, Collins Harvill, London (GB), 1993, trad. franç. Fr. CARTANO, *Georges Perec, une vie dans les mots*, Seuil, 1994.

J.-D. BERTHARION, *Poétique de Georges Perec, une trace, une marque ou quelques signes*, Nizet, 1998.

R. BRASSEUR, *Je me souviens de « Je me souviens »*, Castor astral, Bègles (Gironde), rééd. 1999.

Cl. BURGELIN, *Georges Perec*, Seuil, 1988.

H. HARTJE, B. MAGNÉ, J. NEEFS, *Le Cahier des charges de « La Vie mode d'emploi »*, Zulma/CNRS, Cadeilhan (Gers)/Paris, 1993.

Ph. LEJEUNE, *La Mémoire et l'Oblique. Georges Perec autobiographe*, POL, 1991.

B. MAGNÉ, *Perecollages 1981-1988*, P.U. du Mirail, Toulouse, 1989 ; *Tentative d'inventaire pas trop approximatif des écrits de Georges Perec, bibliographie*, P.U. du Mirail, Toulouse, 1993.

M. MIGUET, « Sentiments filiaux d'un prétendu parricide : Perec », in *Poétique*, N° 54, avr. 1983.

M. van MONTFRANS, *Georges Perec, la contrainte du réel*, Rodopi, Amsterdam (NL), 1999.

J. NEEFS, J. HARTJE, *Georges Perec, Images*, Seuil, 1993.

P. SCHWARTZ, *Georges Perec, Traces of his Passage*, Summa Publications, Birmingham, Alabama (US), 1988.

M. SIRVENT, « Blanc, Coupe, Énigme : Auto(bio)graphies, *W ou le Souvenir d'enfance*, de Georges Perec », in *Littérature*, n° 98, mai 1995.

Cahiers Georges Perec, publiés par l'Association Georges Perec, depuis 1985.

Le Cabinet d'amateur, Toulouse, 2 numéros par an depuis 1993.

AUDIO & VIDÉO

CD

Georges Perec, entretien avec B. NOËL, André Dimanche/INA, Marseille/Bry-sur-Marne (Val-de-Marne), 1997, 4 CD et 2 livrets.

PERRAULT

Charles PERRAULT

Paris 1628 – *ibid.* 1703

Académicien

> *« Dans un perpétuel spectacle, sans explications, sans appel à la vraisemblance ou à la crédulité, nous trouvons dans Perrault ce* "Pensez-en ce que vous voudrez", *sublime cadeau fait au lecteur par un esprit généreux. Que nous importe qu'il soit ou ne soit pas l'inventeur des histoires qu'il raconte puisqu'il est l'auteur des contes de Perrault. »*
>
> Louise de VILMORIN, « Charles Perrault », in *Tableau de la littérature française*, I, Gallimard, 1962.

> *Ne blâmez pas Perraut de condamner Homere,*
> *Virgile, Aristote, Platon.*
> *Il a pour lui Monsieur son Frere,*
> *G... N... Lavau, Caligula, Neron,*
> *Et le gros Charpentier, dit-on.*
>
> Nicolas BOILEAU, *Épigrammes*, XL, 1687, in *Œuvres complètes*, 1716.

Un illustre inconnu

Un autodidacte bien entouré

Perrault était le dernier fils d'une famille aisée de la bourgeoisie parisienne, dont l'aîné, Pierre, fut un important financier, le second, Nicolas, un théologien, et le troisième, Claude, un architecte (il eut même un frère jumeau qui ne survécut pas). Il suivit le cycle usuel d'études au collège de Beauvais, mais les termina en autodidacte : lisant abondamment les classiques latins et les œuvres contemporaines, il prépara des examens de droit et devint avocat en 1651. Pris par la mode du burlesque qui faisait rage dans les années 1640, il composa, avec ses frères Nicolas et Claude, une traduction du sixième livre de l'*Énéide* de Virgile, ***L'Énéide travestie*** (1648-1649, demeurée inédite jusqu'en 1901), puis, dans la même veine, publia ***Les Murs de Troyes, ou l'Origine du burlesque*** (1653) qui raille les épopées antiques, tout en faisant une théorie du genre du burlesque : issue d'un amusement de jeunesse, à la facture souvent grossière, cette œuvre entamait néanmoins une critique de l'Antiquité plus radicale qu'il ne semblait, en se plaçant dans une perspective chrétienne — à l'époque, la querelle sur le jansénisme battait son plein, et Nicolas Perrault défendit vigoureusement les thèses d'Arnauld jusqu'à être exclu de la Sorbonne : c'est à l'aune de cette influence janséniste qu'il faut mesurer le ton finalement très moral de cette parodie enjouée.

En 1654, Pierre Perrault acheta une charge de receveur général des finances et plaça auprès de lui comme commis son jeune frère Charles, sinécure qui laissa à ce dernier le temps de fréquenter les salons mondains, jouant de sa facilité à faire des vers pour être mieux apprécié. Ses poésies galantes — les ***Portraits d'Iris*** et le ***Portrait de la voix d'Iris*** (publiés en 1659 dans les *Divers Portraits* de la duchesse de Montpensier), le ***Dialogue de l'amour et de l'amitié*** (1660), ***Le Miroir ou la Métamorphose d'Orante*** (1661) — lui apportèrent une estime générale, en particulier dans le cercle de Fouquet, tant elles maniaient avec aisance l'ambiguïté et l'équivoque au goût du jour en même temps que les références mythologiques. Parallèlement, ses odes plus politiques — ***Ode sur la paix*** et ***Ode sur le mariage du Roy*** (1660) — le faisaient bien voir des milieux littéraires proches de Colbert, qui était intéressé par sa facilité à versifier autant que par son habileté à présenter la politique royale sous un jour favorable.

Le « ministre de la Culture »

Protégé par Chapelain, il entra ouvertement au service du ministre après la chute de Fouquet, en 1661. D'abord secrétaire de la « Petite Académie » (la future Académie des inscriptions et belles-lettres), il devint, en 1665, premier commis, puis contrôleur des bâtiments : carrière exemplaire dans l'administration et qui fit de lui l'une des autorités culturelles de l'époque. Il s'imposa rapidement comme un homme à tout faire du puissant ministre, passant avec aisance des pièces de l'accusation pour le procès de Fouquet à telle commande de marbre pour le buste de Louis XIV confiée au Bernin ou à telle pièce en vers qui indiquait aux peintres pensionnés par Louis XIV ce qu'ils devaient produire pour célébrer leur mécène. Car Perrault, bien introduit dans les milieux littéraires, intelligent et habile à saisir la volonté de Colbert, joua un rôle essentiel dans la mise en place de la culture comme instrument de propagande de l'État. Il devint ainsi responsable de la liste de gratifications allouées aux hommes de lettres français et étrangers : distributions apparemment gracieuses et gratuites, qui impliquaient cependant un engagement clair au service du souverain. Même si son frère Pierre perdit sa charge de receveur général en 1664 après des malversations, Perrault demeura au service du ministre. Élu à l'Académie française en 1671

— pour des motifs assurément plus politiques que littéraires —, il en devint le chancelier l'année suivante : il y introduisit l'usage des séances publiques pour la réception des nouveaux membres, les élections à bulletins secrets et le système des jetons de présence (destiné à améliorer l'assiduité...). Il contribua aussi, suivant la volonté de Colbert, à accélérer l'achèvement du *Dictionnaire*, instrument d'importance pour l'affirmation de la langue nationale. Toutes ces activités ne l'empêchaient pas d'écrire des œuvres qu'il réunit, en 1675, sous le titre de ***Recueil de divers ouvrages en prose et en vers***.

Cette réussite dans le rôle d'éminence grise demeurait toutefois fragile : les relations avec Colbert n'étaient pas toujours faciles, Louvois et ses partisans lui étaient hostiles, et des écrivains comme Racine et Boileau critiquaient les hommes en place, tels Chapelain et Perrault. En 1671, sur la demande de Chapelain, Perrault fit en sorte que *L'Art poétique* de Boileau n'obtînt pas de permis d'imprimer ; néanmoins le roi en autorisa la publication en 1674. L'ouvrage contenant quelques railleries à l'encontre de Charles et de Claude Perrault, il s'ensuivit une polémique à coups de pamphlets et de poèmes vengeurs, qui tourna au désavantage de Perrault : Colbert réduisit de plus en plus ses activités, et Boileau et Racine obtinrent la charge d'historiographes du roi, en 1677. La mort de Colbert (1683) entraîna une disgrâce presque totale : Perrault se replia sur sa famille et, veuf depuis 1678 après seulement cinq ans de mariage, il se consacra à l'éducation de ses 4 enfants.

Le champion des Modernes

Cependant, le temps lui était ainsi laissé de multiplier les écrits et de tenter de revenir à une position importante dans le monde. À l'affrontement personnel avec Boileau s'ajouta alors une querelle d'une autre ampleur, celle qui opposait Anciens et Modernes : en 1674, dans la ***Critique de l'opéra, ou Examen de la tragédie intitulée « Alceste, ou le triomphe d'Alcide »*** [de Quinault], Perrault jugeait le dramaturge moderne supérieur à Euripide. En revendiquant un art chrétien et moral dont il essaya d'appliquer les théories dans une épopée de plus de 5 000 vers, ***Saint Paulin, évesque de Nole [...]*** (1686), placée sous la protection de Bossuet, Perrault invalidait la position de Boileau qui tenait les épopées à sujet chrétien pour déplacées, voire sacrilèges. Boileau et Racine se contentèrent de médire des nombreux mauvais vers de Perrault en se gardant bien de toucher au fond du débat que ce dernier voulait susciter. Lettré politique, Perrault récidiva alors avec un poème lu par l'abbé Lavau en pleine Académie, le 27 janvier 1687, ***Le Siècle de Louis le Grand***, où il dénigrait les auteurs antiques au profit des contemporains et plaçait la valeur des lettres et des sciences sous la nécessité du progrès et la grandeur évidente du temps de Louis XIV.

Le débat n'engageait plus seulement l'art chrétien et l'art païen de l'Antiquité, mais mettait en jeu la gloire de Louis XIV et de la nation française que tout homme de lettres se devait de célébrer contre le poids de la tradition : encore une fois, Boileau et Racine préférèrent l'escarmouche dédaigneuse au débat d'envergure.

Le champion des Modernes se lança alors dans l'immense entreprise du ***Parallèle des Anciens et des Modernes en ce qui regarde les arts et les sciences***, 4 volumes qui parurent de 1688 à 1697, et qui lui vaudraient, pensait-il, la mise au pas de ses adversaires et sa propre réhabilitation : loin d'être un ouvrage pesamment didactique, c'est un dialogue animé entre 3 personnages lors d'une promenade dans le parc de Versailles, prétexte à description, admiration et comparaison entre poètes, architectes, scientifiques anciens et modernes. L'entreprise fut complétée par les 2 volumes composant ***Les hommes illustres qui ont paru en France pendant ce siècle avec leur portrait au naturel*** (1696 à 1700). Portée devant Antoine Arnauld, la querelle entre Boileau et Perrault avait été apaisée en 1694 : plutôt favorable au premier, Arnauld souligna l'identité de but des 2 adversaires — valoriser un art moral et profondément chrétien. Jugement qui conforta Perrault dans son rôle de poète chrétien : en dehors d'une ***Apologie des femmes*** (1694) dénonçant la misogynie de Boileau, et d'une ***Traduction des fables de Faerne*** (1699), il publia ***La Création du monde*** (1693), ***Le Triomphe de sainte Geneviève*** (1694), ***Adam, ou la Création de l'homme, sa chute et sa réparation*** (1697) et un ***Portrait de messire Bénigne Bossuet [...]*** (1698).

L'inoubliable auteur des *Contes*

En même temps, dès 1691, Perrault avait donné ***La Marquise de Salusses, ou la Patience de Griselidis***, qui reparut, en 1694, avec le conte de ***Peau d'Âne*** et celui des ***Souhaits ridicules***. En 1697, les ***Histoires, ou Contes du temps passé, avec des moralitez*** parurent sous le nom de son fils, mais c'est le théoricien des Modernes — alors presque septuagénaire — qui affichait là le choix de la préférence accordée, comme outil pédagogique, aux contes populaires français sur les modèles antiques.

Les *Contes* sont parmi les plus importants ouvrages du XVIIe siècle, tant par leur écriture, qui témoigne à la fois d'une perfection mondaine et d'un sens remarquablement mis en scène du naturel, que par leur thématisation des jeux de pouvoir et de savoir à l'œuvre dans les salons et à la cour de Louis XIV. Les dernières années de Perrault furent consacrées à la traduction d'hymnes religieuses, mais surtout à l'écriture de mémoires qui parurent sous le titre de ***Mémoires de Charles Perrault, contenant beaucoup de particularités et d'anecdotes intéressantes du ministère de M. Colbert*** (posth., 1759) et de ***Pensées chrétiennes*** (posth., publiées seulement en 1987).

Un conteur hors pair

Le grand attrait de Perrault tient à son aptitude à mêler divers codes langagiers (ce que Boileau appelait *« parler bassement de toutes choses »*). Il aime l'incongruité des rapprochements. Il manipule sans peine tout le langage galant et mondain : *Quand on est couronnée, / On a toujours le nez bien fait...* ***(Les Souhaits ridicules)***. Il composa même une parodie du poème à la mode *La Métamorphose des yeux d'Iris en astre*, de l'abbé Habert, sous le titre ***La Métamorphose du cû d'Iris en astre***... Peu d'auteurs maîtrisent autant l'art de bien commencer une œuvre, notamment dans les *Contes*, dont la plupart offre des *incipit* inoubliables : *« Il était une fois un roi et une reine qui étaient si fâchés de n'avoir point d'enfants, si fâchés qu'on ne saurait dire »* ***(La Belle au Bois Dormant)***. *« Un meunier ne laissa pour tous biens, à trois enfants qu'il avait, que son moulin, son âne et son chat »* ***(Le Chat botté)***. *« Il était une fois une petite fille de village, la plus jolie qu'on eût su voir ; sa mère en était folle, et sa mère-grand plus folle encore »* ***(Le Petit Chaperon rouge)***. *« Il était une fois une veuve qui avait deux filles : l'aînée lui ressemblait si fort d'humeur et de visage, que qui la voyait, voyait la mère »* ***(Les Fées)***. Au moment où la notion de style tendait à se faire de plus en plus personnelle et à révéler une identité, Perrault, en restant un « administrateur » des styles d'écriture, devint un modèle incongru que l'on a aujourd'hui le plus grand plaisir à lire.

Une consécration tardive

Longtemps oubliés par l'histoire littéraire — ou, au mieux, dissociés de leur créateur, sous prétexte qu'il ne les avait pas inventés *ex nihilo* —, mais connaissant le plus grand succès de librairie comme ouvrage destiné à la jeunesse, les ***Contes*** de Perrault font, depuis quelques décennies, les beaux jours de la critique, qu'elle soit historique, psychanalytique ou symbolique. On ne compte plus le nombre de traductions et d'adaptations, notamment graphiques et chorégraphiques, auxquelles ils ont donné lieu ; mais c'est surtout le cinéma qui a consacré leur universalité et leur pérennité, avec, en particulier, les dessins animés de Walt Disney (pour ***Cendrillon*** et pour ***La Belle au Bois Dormant***) aux États-Unis, et, en France, le célèbre film de Jacques Demy, *Peau-d'Âne* (1970), avec Catherine Deneuve et Jean Marais. Dans le même temps, on redécouvre son œuvre de théoricien des Modernes.

ŒUVRES

Histoires, ou ***Contes du temps passé****, avec des moralitez*

Recueil de 8 contes en prose, attribué à Charles Perrault (édité toutefois sous le nom de son fils, *« P. Darmancour »*, Pierre Perrault d'Armancour, âgé alors de 19 ans) et publié chez Claude Barbin, à Paris, le 11 janvier 1697 : **La Belle au Bois Dormant**, **Le Petit Chaperon rouge**, **La Barbe bleue**, **Le Maître Chat ou le Chat botté**, **Les Fées**, **Cendrillon ou la Petite Pantoufle de verre**, **Riquet à la Houppe** et **Le Petit Poucet**. On leur ajoute souvent, depuis l'édition Lamy de 1781, les 3 contes en vers : **La Patience de Griselidis** (1691), **Les Souhaits ridicules** (1693) et **Peau d'Âne** (1694). Un exemplaire manuscrit, datant de 1695, porte le titre de **Contes de ma mère l'Oye** (allusion aux fées *« pédauques »* — aux empreintes d'oie — du Moyen Âge, comme aux nourrices réputées cacardeuses), mais l'ensemble est souvent édité sous le simple titre de **Contes**. **La Belle au Bois Dormant** raconte l'histoire de la fille unique d'un Roi et d'une Reine, promise à une mort accidentelle par une méchante Fée vexée de n'avoir pas été conviée au baptême de la Belle : celle-ci, grâce à l'intervention d'une bonne Fée, au lieu de subir la mort prédite, s'endort pour un sommeil de cent ans, au terme desquels un Prince l'éveille puis l'épouse en secret. La Belle donne naissance à une fille, l'Aurore, et à un garçon, le Jour, que sa belle-mère, Ogresse, cherche à dévorer : une ruse de son Maître d'hôtel l'en empêche, et l'Ogresse meurt, victime de l'horrible vengeance qu'elle avait préparée faute d'avoir pu manger les enfants et leur mère. ***Le Petit Chaperon rouge*** doit son titre à la coiffe que porte une petite fille chargée par sa mère d'apporter à sa Mère-Grand souffrante *« une galette »* et un *« petit pot de beurre »* : chemin faisant à travers bois, elle rencontre le Loup qui, informé de sa destination, l'y précède, dévore la Mère-Grand alitée dont il met les vêtements et prend la place, avant de croquer le Chaperon. ***La Barbe bleue*** a pour héroïne une jeune épouse que son mari, devant partir en voyage, laisse seule, avec pour unique consigne l'interdiction de pénétrer telle pièce de la maison : trop curieuse, elle désobéit et découvre les cadavres des précédentes épouses de son mari, la Barbe bleue. Désobéissance trahie par le sang ineffaçable dont est désormais couverte la clé — en fait, maléfique — qu'elle a, sous la stupeur de sa macabre découverte, laissé tomber ; seule l'arrivée de ses 2 frères la sauve d'une mort certaine. ***Le Maître Chat ou le Chat botté*** met en scène un Chat qui réussit à faire de son maître, dernier fils d'un meunier, le gendre du Roi, après l'avoir fait passer pour le marquis de Carabas, au nom duquel il a offert au souverain le gibier capturé par lui-même, puis reçu le Roi dans le château d'un Ogre par lui dévoré après avoir été métamorphosé en souris. ***Les Fées*** désignent 2 demi-sœurs que tout oppose et à qui une vieille Fée demande de l'aide : serpents et crapauds accompagnent la réponse désagréable de l'une, tandis que fleurs et pierreries récompensent les paroles de l'autre qui, en outre, épouse le Prince. ***Cendrillon ou la Petite Pantoufle de verre*** raconte le sort de Cendrillon, maltraitée par sa marâtre et ses demi-sœurs : grâce à la Fée sa marraine qui, par la magie d'une métamorphose devant cesser à minuit, lui procure équipage et tenue magnifiques, elle peut, elle aussi, se rendre au bal donné par le Prince, lequel tombe sous son charme, alors même que minuit sonne ; dans sa fuite précipitée, Cendrillon perd l'une de ses pantoufles de verre — indice unique qui finit par faire d'elle l'épouse du Prince. ***Riquet à la Houppe*** met en scène le Prince Riquet, capable de rendre intelligente celle qu'il épousera, lui-même étant intelligent mais laid : rencontrant une Princesse belle mais bête, il lui promet l'intelligence à condition qu'elle l'accepte pour époux. La belle épouse n'est plus bête, mais trouve son mari trop laid, jusqu'à ce que se réalise le vœu de la Princesse — qui fait de Riquet le plus beau des hommes et le plus parfait des époux. ***Le Petit Poucet*** doit son titre au dernier — pas plus grand qu'un pouce — des 7 garçons qu'un couple de bûcherons *« très pauvres »* décide d'abandonner dans la forêt : au courant du projet, Poucet, grâce à des cailloux semés le long du chemin, assure le retour de ses frères à la maison. Les parents récidivent, avec succès : les mies de pain semées à la place des cailloux sont mangées par des oiseaux, et les enfants, égarés, se retrouvent chez un Ogre, père de 7 filles, tout disposé à dévorer ces garçons, mais qu'une nouvelle ruse de Poucet conduit à la fatale méprise d'égorger ses propres enfants. Fatigué de poursuivre les garçons, l'Ogre s'assoupit : répit mis à profit par Poucet pour s'emparer de ses *« magiques »* Bottes de sept lieues, puis rapporter chez lui les richesses de l'Ogre, et, ainsi chaussé, devenir *« courrier »* [messager] du Roi, pour la plus grande fortune de toute sa famille reconstituée. ***La Patience de Griselidis*** évoque la jeune Bergère qu'un Prince ombrageux a épousée et qu'il soumet à de nombreuses tortures morales, pour éprouver sa vertu : restée d'une *« patience »* exemplaire, elle retrouve son mari définitivement convaincu et conquis. ***Les Souhaits ridicules*** désignent les vœux stupides émis par un Bûcheron en réponse à Jupiter lui promettant d'en exaucer les trois premiers. Enfin, ***Peau d'Âne*** raconte le sort d'une Princesse que le Roi son père, devenu veuf, veut épouser : sur le conseil de la Fée sa marraine, elle multiplie les demandes réputées irréalisables, pour mieux repousser cette union incestueuse. Mais rien n'est impossible à ce Roi, pas même le sacrifice, pour en offrir, la peau, d'un âne magique dont il tire tout son or : revêtue de cette peau, la Princesse s'enfuit, avec pour seul bagage ses plus beaux habits, et se retrouve anonyme souillon. Une bague perdue la confond pourtant, au grand bonheur d'un Prince qui l'a surprise, un jour de fête, magnifiquement vêtue, et qui peut ainsi la retrouver et la prendre pour épouse.

Le style, apparemment simple et de facture populaire, est, en fait, soigneusement travaillé pour donner un effet de conte oral traditionnel, avec ses premières phrases caractéristiques : *« Il était une fois un homme qui avait de belles maisons à la Ville et à la Campagne, de la vaisselle d'or et d'argent, des meubles en broderie et des carrosses tout dorés ; mais par malheur il avait la barbe bleue* [...] *»* ***(La Barbe bleue)***. De même la concision marque-t-elle le récit, conduit sans temps mort jusqu'au dénouement, comme celui, célèbre, du **Petit Chaperon rouge** : *« Ma mère-grand, que vous avez de grandes dents ? c'est pour te manger. Et en disant ces mots, ce* *méchant Loup se jeta sur le petit chaperon rouge, et la mangea.* »

Même si certains des contes étaient bien issus de la tradition populaire, ils formaient avant tout un jeu mondain, comme le montrent souvent les moralités, en vers, qui en étaient tirées. Ainsi, l'histoire du chat botté qui, grâce à son ingéniosité, fit la fortune de son maître le marquis de Carabas, amène cette conclusion : *Quelque grand que soit l'avantage / De jouir d'un riche héritage / Venant à nous de père en fils, / Aux jeunes gens pour l'ordinaire, / L'industrie et le savoir faire / Valent mieux que les biens acquis* ***(Le Maître Chat ou le Chat botté)***.

Ils servaient aussi de modèles dans la querelle des Anciens et des Modernes puisqu'ils s'appuyaient sur des sources populaires nationales et non sur les chefs-d'œuvre de l'Antiquité.

Ces contes, écrits plutôt sans prétention, assurèrent paradoxalement la postérité littéraire de Perrault. Beaucoup d'enfants ont enfilé « *les bottes de sept lieues* » du **Petit Poucet**. Comme ils ont retenu la réplique du gros méchant loup : « *Tire la chevillette, la bobinette cherra* » ***(Le Petit Chaperon rouge)***. Ou l'interrogation désespérée de l'épouse trop curieuse : « "Anne, ma sœur Anne, ne vois-tu rien venir ?" *Et la sœur Anne lui répondait :* "Je ne vois rien que le soleil qui poudroie, et l'herbe qui verdoie" » ***(La Barbe bleue)***. Ou la conclusion de **Peau d'Âne** : *Le Conte de Peau d'Âne est difficile à croire, / Mais tant que dans le Monde on aura des enfants, / Des Mères et des Mères-grands, / On en gardera la mémoire.* Les **Contes** ont fait la fortune des éditeurs de jeunesse, même si les versions fidèles au texte original sont, en raison des prétendues difficultés de langue, très rares — à cet égard, une réaction inverse, sorte d'excès de purisme, a voulu corriger, au nom d'une vraisemblance contraire à la nature même du conte, les pantoufles de Cendrillon, devenues « *de vair* » (fourrure d'écureuil) au lieu de « *de verre* » (ce qu'a écrit Perrault) —, et ont fait la gloire de quantité d'illustrateurs, animateurs, musiciens, chorégraphes et autres cinéastes. Même la critique universitaire, depuis le dernier tiers du XXe siècle, a réhabilité la valeur littéraire de cette œuvre désormais universelle.

Le ***Siècle de Louis le Grand***

Poème de Charles Perrault, lu à l'Académie française, le 27 janvier 1687.

Ce poème est une critique en règle des auteurs antiques, tant dans les arts que dans les sciences, et constitue une valorisation de l'époque moderne : *Je vois les Anciens sans plier les genoux, / Ils sont grands, il est vrai, mais hommes comme nous ; / Et l'on peut comparer sans crainte d'être injuste, / Le siècle de Louis au beau siècle d'Auguste. / Platon qui fut divin du temps de nos aïeux, / Commence à devenir quelquefois ennuyeux.*

Dans un style simple, clair, riche en formules très travaillées et souvent polémiques, Perrault fonde sa critique des Anciens sur un argument rationaliste prônant la remise en cause des autorités traditionnelles et soutient la thèse d'un progrès des sciences et des techniques.

Ce poème eut un succès de scandale et lança la phase académique de la querelle des Anciens et des Modernes. Dans ses ***Mémoires*** (posth., 1759), Perrault releva la réaction de Boileau : « *Après avoir grondé longtemps tout bas, M. Despréaux s'éleva dans l'Académie et dit que c'était une honte qu'on fît une telle lecture qui blâmait les plus grands hommes de l'Antiquité.* » L'habileté de Perrault fut de mettre en avant la valeur accordée d'office au règne de Louis XIV contre l'autorité de l'Antiquité.

CITATIONS

Le Conte de Peau d'Âne est difficile à croire,
Mais tant que dans le Monde on aura des Enfants,
Des Mères et des Mères-grands,
On en gardera la mémoire.

Peau d'Âne, in *Contes en vers*.

Je n'entre guère dans un cœur qu'il ne s'en aperçoive ; la joie qui me précède, l'émotion qui m'accompagne et le petit chagrin qui me suit font assez connaître qui je suis.

L'Amour, in *Dialogue de l'Amour et de l'Amitié*.

Tire la chevillette, la bobinette cherra.

Le Petit Chaperon rouge, in *Histoires ou Contes du temps passé avec des moralités*.

Tout est beau dans ce que l'on aime,
Tout ce qu'on aime a de l'esprit.

Moralité, in *Riquet à la houppe*, in *Histoires ou Contes du temps passé avec des moralités*.

JUGEMENTS

« Perrault ne se différencie tout au plus de ses devanciers et de ses émules qu'en ce qu'il représente plus spécifiquement l'esprit de cette bourgeoisie montante à laquelle il appartient. Il ne se soucie que peu d'élever à la dignité d'œuvre littéraire le fonds de la Bibliothèque bleue, qu'il dédaigne et laisse au peuple. Il se préoccupe plutôt — après La Fontaine, en même temps que Fénelon — d'inventer une littérature enfantine que toutefois il ne veut plus destinée, comme les Fables *de naguère ou bientôt le* Télémaque, *d'abord aux enfants des rois, mais à ceux de tous, à commencer par les siens propres ; moins d'ailleurs une littérature pour l'enfance, peut-être, qu'une littérature par l'enfance : ainsi se justifie la part dévolue à Darmancour dans l'élaboration et la publication des contes en prose. N'y voyons point une supercherie ; parlons moins encore de "mystification" avant la lettre : il fallait que l'ouvrage fût mis sous le nom d'un "enfant" pour que fût rendu sensible ce qui demeure son originalité fondamentale. »*

Jean-Pierre Collinet, *Préface* à Charles Perrault, *Contes*, « Folio », Gallimard, 1981.

« C'est ce qui la [La Belle au Bois Dormant] *fait ressembler à un chant de l'*Odyssée. *Cette belle simplicité, cette divine ignorance du premier âge qu'on ne retrouve pas dans les ouvrages littéraires des époques classiques, est conservée en fleur avec son parfum dans les contes et les chansons populaires. Ajoutons bien vite* [...] *que ces contes sont absurdes. S'il n'étaient pas absurdes, ils ne seraient pas charmants. »*

Anatole France, *Dialogue sur les contes de fées*, in *Le Livre de mon ami*, 1885.

Si Peau d'Âne *m'était conté,*
J'y prendrais un plaisir extrême.

Jean de La Fontaine, *Le Pouvoir des fables*, vv. 67-68, in *Fables*, VIII, 4, 1678.

« Charles Perrault est, comme on sait, l'auteur, le rédacteur de ces sept ou huit jolis contes vieux comme le monde, qui ont charmé notre enfance et qui charmeront celle encore, je l'espère, des générations à venir, aussi longtemps qu'il restera quelques fées du moins pour le premier âge, et qu'on n'en viendra pas à enseigner la chimie et les mathématiques aux enfants dès le berceau. »

Charles Augustin Sainte-Beuve, *Causeries du lundi*, 1851.

BIBLIOGRAPHIE

Éditions

Œuvres complètes, éd. M. Soriano, Pauvert, 1969-1970, 3 vol.

Contes, éd. J.-P. Collinet, « Folio », Gallimard, 1981.

Histoires ou Contes du temps passé, éd. G. Rouger, Garnier, 1967.

Pensées chrétiennes, éd. J. Barchilon et C. Velay-Vallantin, PFSCL, Paris/Seattle (US)/Tubingen (DE), 1987.

Études

J. Bellemin-Noël, « Contes et Mécomptes », in *Critique*, n° 262, mars 1969.

M. Fumaroli, « Les Enchantements de l'éloquence : *Les Fées* de Charles Perrault ou De la littérature », in *Le Statut de la littérature : Mélanges offerts à Paul Bénichou*, Droz, Genève (CH), 1982, pp. 153 à 186.

C. de La Genardière, « Dans l'entre-deux-mères : lecture du *Petit Chaperon rouge* de Charles Perrault », in *Poétique*, n° 76, nov. 1988.

Y. Loskoutoff, *La Sainte et la Fée : dévotion à l'enfant Jésus et mode des contes merveilleux à la fin du règne de Louis XIV*, Droz, Genève (CH), 1987.

L. Marin, *Le récit est un piège*, Minuit, 1978 [sur *Le Chat botté*] et *Le Portrait du roi*, Minuit, 1981 [sur *Peau d'âne*].

R. Robert, *Le Conte de fées littéraire en France de la fin du* XVIIe *siècle à la fin du* XVIIIe *siècle*, P.U. Nancy, 1981.

P. Rodriguez, « L'Éveil des sens dans *Le Petit Chaperon rouge* », in *Littérature*, n° 47, oct. 1982.

M. Soriano, *Le Dossier Perrault*, Hachette, 1972 ; *Les Contes de Perrault : culture savante et tradition populaire*, Gallimard, 1968.

AUDIO & VIDÉO

Vidéo

J. Demy, *Peau d'Âne*, 1970, PG, 1997.

CD-ROM

Les Contes de Perrault, *Encyclopédie de la littérature française*, Bibliopolis, 1998.

PONGE

Francis PONGE

Montpellier 1899 – Bar-sur-Loup (act. Alpes-Maritimes) 1988
Grand Prix de Poésie de l'Acad. franç.

« Voici Ponge, écrivain français, qui a donné de la saveur aux galets et qui apprend aux hommes à se connaître, en observant leur ténacité dans la mousse, leur liberté dans la pluie, leur cerveau dans les huîtres. »
Roger NIMIER, *Journées de lecture*, Gallimard, 1965.

« Faut-il que l'époque soit bizarrement dénuée pour qu'on attache à une littérature comme la mienne le moindre intérêt ? Comment peut-on se tromper à ce point ? Je n'ai jamais, écrivant les textes dont quelques-uns forment Le Parti pris des choses, *je n'ai jamais fait que m'amuser, lorsque l'envie m'en prit, à écrire seulement ce qui se peut écrire sans cassement de tête, à propos des choses les plus quelconques, choisies parfaitement au hasard... »*
Francis PONGE, cité *in* Jean-Louis EZINE, « Parlez-vous le Ponge ? », in *Le Nouvel Observateur*, 11 février 1999.

Le « proête » enjoué du quotidien

Un Provençal en Normandie

Né en 1899, Ponge avait un pied dans le XIXe siècle : il semble que ce fût pour être mieux de son siècle. Bien qu'il fût né à Montpellier et qu'il eût passé sa prime enfance en Avignon, il se réclama toujours — préférant en cela, aux capitales de l'Hérault et du Vaucluse, celle du Gard — de Nîmes, le berceau de ses ancêtres, *« la ville la plus romaine de France »* (***Entretiens de Francis Ponge avec Philippe Sollers***, 1970), comme il revendiqua le protestantisme familial, avec le *Littré* du père, directeur régional de banque, et la Bible Segond de la mère. Puis ses brillantes études littéraires et philosophiques, menées à Caen — où il s'installa avec sa famille à l'âge de 10 ans et dont il fréquenta le lycée Malherbe, poète qu'il réhabilita —, puis à Paris, lui firent préférer certains auteurs de l'Antiquité : Épicure, Lucrèce, Horace et Tacite. Son goût pour les inscriptions latines, son ancêtre imaginaire « *Ponce-Pilate* », une ascendance étrusque rêvée s'ajoutèrent à un complexe d'origines. Mais, s'il s'adossait au passé, voire à l'antique, il était attiré par l'événement, le présent : c'est en *« extrême contemporain »* qu'il écrivait dans la présence vivante des classiques de son goût. Mobilisé en 1918, il fut démobilisé l'année suivante.

Des débuts infructueux

Les premiers textes de Ponge, venu préparer à Paris, au lycée Louis-le-Grand, le concours d'entrée à l'École normale supérieure — admissible, il échoua, faute de parvenir à prononcer le moindre mot à l'oral —, furent publiés dans la revue *Le Mouton blanc* fondée, sous l'égide de Jules Romains, par Jean Hytier et Gabriel Audisio. Adhérant au parti socialiste, il rompit quelque temps avec sa famille. Très vite, en juin 1923, Ponge désigna en Paulhan son *« mentor »*. Ce dernier succéda en 1925 à Rivière à la tête de la *NRF*, où Ponge trouva un emploi de secrétaire à la fabrication. En 1926, dans la *NRF*, le jeune Ponge disputa publiquement à Valéry, *« disciple soufflé de verre »*, l'héritage de Mallarmé qui *« n'a pas encore beaucoup servi. Sinon beaucoup aux poètes, pour se parler à eux-mêmes. »* Dans ces mêmes ***Notes d'un poème (sur Mallarmé)*** — reprises dans ***Proêmes*** (1948) —, Ponge se proposait d'utiliser ce qu'il appelait la *« massue cloutée d'expressions-fixes »* de Mallarmé. Bien plus tard, dans ***Pour un Malherbe*** (1965), réhabilitation de l'un des pères de la poésie classique — qui fut aussi, dans un itinéraire réciproque de celui de Ponge, un Caennais émigré en Provence —, il reprocha aux *« académismes »* des Valéry, Alain, Romains et Gide d'avoir « vécu *et* écrit *comme si Rimbaud, Lautréamont et Mallarmé n'avaient* écrit *ni* vécu *(comme ils l'ont fait)* ». C'est chez Gallimard que parut le premier recueil de Ponge, ***Douze Petits Écrits*** (1926), dédié à Paulhan. Son ami, Bernard Groethuysen, philosophe et membre du comité de lecture des éditions Gallimard, y releva une *« intense agitation de la pensée dans le balbutiement des mots »*. Mais ce recueil, où la critique sociale rivalisait avec le défi au langage, passa inaperçu. ***Plus que raisons*** fut le seul texte d'engagement surréaliste de Ponge, qui le publia dans le n° 1 de la revue *Le Surréalisme au service de la révolution* en 1930. Au cœur de ce texte, hors de toute allégeance au surréalisme, on lit le mot d'ordre : *« Prendre jusqu'au bout le parti des choses »*, parti qui n'est pas celui des rêves. C'est pendant ces années 1930 que Ponge, marié récemment et employé aux messageries Hachette, consacra *« vingt minutes par soirée »* à la rédaction de ses « poèmes-objets » qui le firent connaître au grand public bien plus tard, lorsqu'il les publia dans ***Le Parti pris des choses*** (1942).

Le tournant du *Parti pris des choses*

Responsable syndical des messageries Hachette en 1936, Ponge devint militant du

Parti communiste français de 1937 à 1947 — son adhésion au Parti provoqua son licenciement des messageries. Mobilisé en 1939, démobilisé l'année suivante, résistant, il publia des billets dans *Le Progrès de Lyon* à Roanne (1942) et servit d'agent de liaison sous couvert des revues des éditions Seghers, tandis qu'il publiait ***Le Parti pris des choses***.
Devenu responsable des pages littéraires de l'hebdomadaire communiste *Action* (1944) à son retour à Paris, Ponge rencontra Braque, Picasso, Fautrier — peintres qui lui inspirèrent les études et commentaires rassemblés dans ***L'Atelier contemporain*** (1977) —, puis collabora, avec ses ***Notes premières sur l'homme***, au 1er numéro des *Temps modernes* (1945) de Sartre qui, dès l'année précédente, avait salué en Ponge « *un humaniste* [...] *qui parle pour servir l'humain en parlant* » (repris in *Situations I*, 1947). C'est dans cette période troublée qu'il écrivit les grands textes de ***La Rage de l'expression*** (1952). Textes qui, comme ***Le Carnet du bois de pins*** (1947) dédié à un ami résistant disparu, participaient d'une même « *tentative* [...] *d'assassinat d'un poème par son objet* » (***Appendice*** au ***Carnet du bois de pins***, II). En effet, Ponge avait très vite perçu le danger qui le guettait : ces petites « *marquetteries* » trop parfaites tendaient au « *bibelot d'inanité sonore* » mallarméen ou, pis encore, à la trouvaille de phrase à la manière de Jules Renard. Aussi avait-il décidé, le 19 juillet 1941, de « *publier l'histoire complète de sa recherche, le journal de son exploration* » (***La Mounine***, in ***La Rage de l'expression***). À partir de ***La Rage de l'expression***, Ponge donna des écrits où, plutôt que par corrections, l'avancée du texte se faisait par variations, répétitions, en un mouvement rhapsodique s'effectuant dans la dérive suscitée par la rencontre de l'objet et dans la tension entre les moments lyriques et les moments critiques, entre les moments de concentration et les moments de développements où Ponge renouait avec la littérature du Moyen Âge, en particulier quand il mêlait prose et vers, prose rythmée et prose simple, mais aussi avec le Rimbaud d'*Illuminations* ou de la correspondance.

La maturité féconde

En 1947, jugeant trop « sectaire » la direction du Parti communiste, il le quitta définitivement. Après la guerre, Ponge, en proie à de graves difficultés matérielles, travailla à Roanne, dans les assurances, avant d'enseigner, à partir de 1952 — et jusqu'à sa retraite en 1964 — à l'Alliance française. Parallèlement, il multiplia les publications, depuis l'essai ***Dix Cours sur la méthode*** (1946) jusqu'aux recueils ***L'Œillet, la Guêpe, le Mimosa*** (1946), ***Proêmes*** (1948) — « *saignées critiques* » au titre mêlant « *proses* », « *poèmes* » et le grec προοίμιον (*prooimion* [préambule, prélude, exorde]) et écrites parallèlement au ***Parti pris*** —, ***La Crevette dans tous ses états*** (1948), ***La Seine*** (1950) ***Des cristaux naturels*** (1950), ***Le Lézard*** (1953), qui aboutirent à la « *contrée énorme* » du ***Grand Recueil*** (1961), composée, avec « *plusieurs sentiers et ronds-points* », de trois « *allées principales* » : I. ***Lyres***, II. ***Méthodes*** — véritable défense, avec ***My Creativ Method*** et ***La Pratique de la littérature***, et illustration, avec ***Le Verre d'eau***, de l'« *art poétique* » pongien —, III. ***Pièces*** — prolongement du ***Parti pris***, avec entre autres ***La Danseuse*** et ***La Lessiveuse***, et exposé théorique et pratique de « *l'objeu* », un « *genre nouveau* », dans ***Le Soleil placé en abîme*** —, publication qui marqua un tournant dans la carrière d'un poète dont l'œuvre, tenue jusqu'alors pour brève et minimaliste, se révélait soudain dans toute son étendue. En outre, ***Le Grand Recueil*** parut au moment où, malgré les options politiques gaullistes affichées par Ponge depuis 1958, le poète était désigné comme un père spirituel par le jeune groupe de la revue d'avant-garde *Tel Quel* de Sollers. Deux textes de Ponge encadraient le sommaire de son 1er numéro en 1960 : ***La Figue (sèche)*** et l'un des ***Proêmes*** de 1924. Cette coïncidence élargit considérablement le public de Ponge qui publia ensuite les essais ***Braque lithographe*** (1963), ***De la nature morte et de Chardin*** (1963) et ***Pour un Malherbe*** (1965), monument baroque à la gloire du classicisme, et les recueils ***Tome premier*** (1965) — rassemblant un quart de siècle (1926 à 1950) d'écrits —, ***Le Savon*** (1967), ***Nouveau Recueil*** (1967), tandis qu'il accorda à Sollers, en 1967, une série d'entretiens radiophoniques très éclairants sur sa démarche poétique — et publiés trois ans plus tard, sous le titre ***Entretiens de Francis Ponge avec Philippe Sollers***. Et c'est à la veille des événements de Mai 1968 — durant lesquels Ponge et les maoïstes de *Tel Quel* n'occupaient pas le même côté des barricades politiques et intellectuelles — que ***Le Parti pris des choses*** sortit en édition de poche. Alors que l'avant-garde littéraire des années 1970 — par exemple l'équipe de la revue *TXT* — se réclamait de son œuvre, Ponge, qui publia entre-temps le recueil ***La Fabrique du pré*** (1971), et participa à la décade qui lui fut consacrée à Cerisy en 1975, un an après sa rupture avec

Tel Quel — à la suite d'un article de Pleynet contre Braque, dans *Art Press* —, n'en appelait pas moins à voter gaulliste *« pour les mots français »* dans la *NRF* en 1977, année où il fit paraître ***Comment une figue de paroles et pourquoi*** et ***L'Écrit Beaubourg***.

La consécration finale

Les années 1980 furent pour Ponge celles de la consécration, depuis le Grand Prix national de poésie (1981) et le Grand Prix de Poésie de l'Académie française (1984), jusqu'à la parution d'un numéro des *Cahiers de l'Herne* (1986), en passant par quantité de conférences à l'étranger, tandis qu'il publiait encore ***Nioque de l'avant-printemps*** (1983), ***Petite Suite vivaraise*** (1983) et ***Pratiques d'écriture ou l'Inachèvement perpétuel*** (1984). En 1986 parut la passionnante et abondante (2 vol.) ***Correspondance Jean Paulhan / Francis Ponge***, deux ans avant la mort du poète, dans sa demeure provençale de Bar-sur-Loup.

La principale publication posthume fut le ***Nouveau Nouveau Recueil*** (1992), rassemblant, en 3 volumes, tous les écrits de Ponge absents des 3 sommes antérieures essentielles, ***Le Grand Recueil***, ***Tome premier*** et ***Nouveau Recueil***. En 1999, pour le 100e anniversaire de sa naissance, le « proête » enjoué du quotidien a fait son entrée dans la « Bibliothèque de la Pléiade », avec la parution du 1er tome de ses ***Œuvres complètes***.

THÉORIE LITTÉRAIRE

Ponge rendit l'écriture à sa fonction descriptive. Il inscrivit explicitement son projet dans la lignée de Lucrèce et de son *De natura rerum*. Son œuvre pourrait s'intituler *De varietate rerum*, *« instituant et abolissant, dans le même temps »* les objets *« élevés à la dignité de héros, de Dieux »* ***(Le Savon)***. Dans le contexte d'une prédominance de la littérature de la subjectivité durant les premières décennies du XXe siècle, son parti pris des choses fut très significatif. En particulier, Ponge voulut rendre à l'*ekphasis* [la description] des Anciens sa productivité et son efficacité ainsi que son polymorphisme. Les choses de Ponge sont la paradoxale rencontre d'une émotion certaine à leur égard et d'un jeu des plus savants avec elles devenues mots : ces mots de choses définies dans les dictionnaires, véhiculées dans les expressions communes, forgées dans les représentations personnelles ou sociales. Puisant dans ce *« magma analogique brut »*, sans toutefois y rester, Ponge ne s'approche pas pour autant des choses à la manière des peintres travaillant sur le motif : les objets le sollicitent, il subit *« leurs muettes instances »* (***La Lessiveuse***, 1944, repris in ***Le Grand Recueil***). S'ensuit un mouvement d'ingestion *« jusqu'à ce qu'enfin, dans mon corps tout s'engouffre et s'envole par la tête, comme par une cheminée qui débouche en plein ciel »* (***Le Paysage***, 1933, *ibid.*). Le corps écrivant est ainsi séduit par les choses. Cette gourmandise, la manducation et la digestion qui l'assouvissent, enfin l'excrément ou bien l'éjaculation qui en constitue la trace, forment constamment pour Ponge l'allégorie, certes crue, du travail de l'écriture : *« Quel bonheur, quelle joie donc d'être un escargot. Mais cette bave d'orgueil ils en imposent la marque à ce qu'ils touchent. Un sillage argenté les suit »* (***Escargots***, in ***Le Parti pris des choses***).

Et c'est sous le régime de *« cette multiplicité des points de vue (ou si l'on veut angles de vision), parmi lesquels aucun esprit honnête de notre époque ne saurait en définitive choisir »* (***Le Soleil placé en abîme***, in ***Le Grand Recueil***), mais aussi de l'accumulation des images métaphoriques, du brouillage généralisé des unités de la langue, de la superposition des codes, que Ponge pratique ce qu'il nomme *« l'objeu »* : *« Ironique et tonique à la fois, le fonctionnement verbal, sans aucun coefficient laudatif ou péjoratif : l'objeu » (ibid.)*. Ce *« genre nouveau »* est *« celui où l'objet de notre émotion placé d'abord en abîme, l'épaisseur vertigineuse et l'absurdité du langage, considérées seules, sont manipulées de telle façon que, par la multiplication intérieure des rapports, les liaisons formées au niveau des racines et les significations bouclées à double tour, soit créé ce fonctionnement qui seul peut rendre compte de la profondeur substantielle, de la variété et de la rigoureuse harmonie du monde » (ibid.)*.

La spirale du poème pongien correspond bien à l'une de ses définitions de la poésie, qui *« est l'art d'assembler les mots de façon à mordre dans les notions (dans le fond obscur des choses) et de s'en nourrir »* ***(Comment une figue de paroles et pourquoi)***, et du poète, qui *« ne doit jamais proposer une pensée mais un objet, c'est-à-dire que même à la pensée il doit faire prendre une pose d'objet »* (***Natare piscem doces***, 1924, repris in ***Proêmes***).

Ponge veut accéder au monde des définitions. La quête d'une homologie de fonctionnement ne livre pas pour autant une identité d'essence entre la chose, le réel et la définition, l'écriture ; car Ponge décrit

« *par rage froide* » pour « *ridiculiser l'expression* ». Aussi ne se fait-il aucune illusion sur les moyens et les fins du langage, si ce n'est qu'il décèle la chance de quelques réussites en ce domaine. Commentant le travail de Picasso, il fait l'éloge de telles errances créatrices : « *Ébauches seulement, peut-être, ou simples schémas parfois, mais à tel point réussis qu'ils sont bien plus proches de la perfection qu'aucune perfection de labeur et de patience. Pas de corvée. Créations heureuses. Non pas être, mais êtres. / L'infinitif pluriel. /* Errare humanum est. *Et non seulement humain mais divin. Voyez ces tâtonnements de la Création, ces monstres, ces quantités innombrables de possibles sacrifiés... Vivre, être, créer, c'est errer* » (***Texte sur Picasso***, in ***L'Atelier contemporain***).

Aussi aurait-on tort de distinguer ou de hiérarchiser dans l'œuvre complet de Ponge : qu'ils soient consacrés aux objets devenus célèbres de leur auteur — ***La Crevette, Le Galet, Le Cageot, L'Huître*** (in ***Le Parti pris des choses***), ***La Figue*** (in ***Le Grand Recueil***) — ou bien qu'ils soient de circonstance, destinés à célébrer tel peintre de ses amis (Braque, Fautrier, Picasso, Giacometti...) ou tel écrivain de son goût (Malherbe), les textes de Ponge peuvent paraître hétéroclites ou sembler parfois piétiner, mais ils donnent tous à leur lecture la même jouissance : une errance heureuse où l'imperfection se joue de la perfection, où la fixité et la densité classiques sont au cœur de l'exubérance et de la variation baroques, où la dénonciation jouxte la célébration. « *Rien à dire égale tout à dire* », écrit-il dans ***Pour un Malherbe***.

THÉORIE LITTÉRAIRE

Si Ponge s'engagea souvent, il resta toujours en retrait des embrigadements : son œuvre, pleine d'échos de ses engagements, se dégage de toute affiliation quand le poète seul avec le langage force les mots à se dédire, force l'auteur à la dénégation constante et enfin invite le lecteur à faire sien le texte. Avec ***Le Parti pris des choses***, qui le rendit célèbre au point d'occulter le reste de son œuvre pourtant considérable, il sut imposer la singularité d'un pari et d'un défi au langage et à la poésie — défi certes orgueilleux mais sauvé de la grandiloquence par un humour constant —, au terme desquels furent remises en question tant l'opposition prose/poésie que la notion même de texte. Son entreprise, unique en son siècle, fut également — voire surtout — un « parti pris des mots » proposés en dégustation à un public très large, de l'enfant à l'érudit, de l'honnête homme à l'esthète d'avant-garde, sensible à la dualité de « *Ponge, inventeur et classique* » — comme le désignait, dès 1975, la décade qui lui fut consacrée à Cerisy.

Un passionné du langage

Si Ponge, lecteur acharné de dictionnaires et passionné du langage, est extrêmement attentif à la matière verbale, il ne se limite pas pour autant au mot. Certes, il a montré, en de nombreuses occasions, sa virtuosité dans leur manipulation : remotivations par l'étymologie, l'homonymie, l'homophonie ; créations néologiques par agglutination, concaténation — ainsi le titre ***(Proêmes)***, recueil de textes hétérogènes, fait-il référence au προοίμιον (*prooimion* [exorde au discours dans la rhétorique grecque]) et constitue-t-il un néologisme évoquant la double appartenance à la poésie et à la prose. Ponge prête une vive attention à la typographie et à ses effets, aux lettres et à leurs formes. « *Le LÉZARD dans le monde des mots n'a pas pour rien ce* zède *ou* zèle *tortillard, et pas pour rien sa désinence en* ard, *comme fuyard, flemmard, musard, pendard, hagard. Il apparaît, disparaît, réapparaît* [...] » ***(Le Lézard)***.

Cette attention aux mots, de la mise en page à la mise en image, est une mise en forme de la substance verbale mais également mentale. Même quand il pratique la non-subordination, la phrase nominale, la juxtaposition ou la compilation du *Littré*, Ponge est un « *syntaxier* » qui cherche avant tout à produire des « *allures* », à trouver le rythme du poème, à « *ressasser incessamment la forme vide de son rythme initial, sa couleur, dans une certaine mesure sa forme (plastique), et ressasser tout cela avec une telle aspiration, une telle force d'appel, que dans cette exigence vide, dans cette forme, on appelle incessamment la matière verbale, exactement comme on amorce une pompe* » ***(Pour un Malherbe)***. Chaque phrase de Ponge répond à cette maxime : « *Ne pas tricher avec le mouvement de l'esprit* » ***(Le Savon)***. Et le lisant, on l'écoute parler, de la chose accédant à la parole, du texte se faisant, du discours se transmettant, de la perception se constituant, de la littérature se sachant « *une trace noire sur le papier, une suite de sons dans le vent* » ***(Pratiques d'écriture ou l'Inachèvement perpétuel)***. Le genre « définition-description » qu'il a voulu explorer a largement emprunté à celui de la fable, et, comme on lit La Fontaine, on lit Ponge en entendant une voix bien singulière. De plus, les fréquentes datations et localisations des textes, mais aussi les multiples adresses au lecteur qu'accompagnent de nombreuses notations biographiques privées, sont au cœur du défi réaliste lancé par Ponge pour une poésie s'écrivant et se lisant « *telle quelle* ». Ces marquages énonciatifs se situent bien sûr à rebours d'une inspiration et d'une effusion lyrique hors des contingences humaines, tout en assurant la pérennité de l'œuvre à laquelle le lecteur est associé, comme le dit crûment un « *proême* » de 1929, ***Il n'y a pas à dire*** (repris in ***Proêmes***) : « *Viens sur moi : j'aime mieux t'embrasser sur la bouche, amour de lecteur.* »

On connaît bien Ponge par ses « poèmes-objets », courtes proses poétiques qui, en quelques paragraphes, font le tour d'un objet et s'achèvent souvent sur une formule proche du proverbe — « *Parfois très rare une formule perle à leur gosier de nacre, d'où l'on trouve aussitôt à s'orner* » (***L'Huître***, in ***Le Parti pris des choses***) — ou sur une clausule en forme de pied-de-nez — « *Mais brisons-là : car le pain doit être dans notre bouche moins objet de respect que de consommation* » (***Le Pain***, *ibid.*). La tenue de l'écriture y est à la hauteur de son exigence morale et de sa rigueur intellectuelle — sa passion pour la raison : « *C'est la fondation d'une* raison *qui est en but. D'une raison convaincante, frappante : d'une* réson » ***(Pour un Malherbe)***.

Activité en tout point consciente d'elle-même et de ses limites, le travail du style repose, chez Ponge, sur une exigence de « *vérité* » et de « *nécessité* », à l'image de l'« *œuvre* » des escargots : « *Leur sécrétion même se produit de telle manière qu'elle se met en forme. Rien d'extérieur à eux, à leur nécessité, à leur besoin n'est leur œuvre. Rien de disproportionné — d'autre part — à leur être physique* » (***Escargots***, in ***Le Parti pris des choses***). Dans les textes « clos », l'écriture, dense, aspire à la tenue des proverbes et des écrits dans la pierre. Chaque élément de signification du texte y apparaît comme le produit nécessaire de tous les autres, le texte préservant la polysémie de chaque mot, développant ses potentialités connotatives : « *Chaque mot s'impose à moi (et au poème) dans toute son épaisseur, avec toutes les associations d'idées qu'il comporte (qu'il comporterait s'il était seul sur fond sombre)* » (***My Creativ Method***, in ***Le Grand Recueil***). Syllepses de sens, calembours et mots-valises, étymologismes, reviviscences métaphoriques développées en paraboles, cratylismes graphiques ou phonétiques tissent des réseaux de « *significations bouclées à double tour* » (***Le Soleil placé en abîme***, *ibid.*), qui forment l'équivalent logique de la densité des choses physiques. L'organisation du texte, la syntaxe des phrases transposent dans l'écriture les propriétés de l'objet : forme, impression au contact, décomposition du mouvement miment le rythme propre à l'idée de la chose.

À partir du ***Carnet du bois de pins*** (1947), l'activité critique et l'activité créatrice se confondent en une forme nouvelle, ouverte, où le travail poétique, le mouvement vers le texte deviennent le texte même. Dans ces « *actes-textes* », forme rhétorique de « *l'inachèvement perpétuel* », domine la structure rhapsodique : corrections, répétitions, variations autour d'un même thème signifient à la fois la faillibilité et la perfectibilité de l'homme. Mais cette tension classique n'est pas contradictoire avec un fort marquage énonciatif : commentaires ironiques, adresses au lecteur, datations et localisations de l'acte d'écriture rappellent que l'objet texte n'est jamais étranger aux conditions de sa fabrication.

La publication tardive des brouillons de Ponge en fac-similé, tels ***Comment une figue de paroles et pourquoi***, ***La Fabrique du pré*** et ***La Table*** (1982), a confirmé *de visu* pour le lecteur cette écriture génésique. Elle a anticipé les préoccupations de la critique génétique et ouvert l'œuvre au « *moviment* », refusant d'en faire le monument littéraire que constitue en général l'édition « définitive » du texte d'un écrivain. Mais on sait bien que les dossiers de Ponge ne livrent pas tout, en particulier ce qui, dans leur genèse, ne peut laisser de traces écrites : « *Il n'est que des façons d'être, successives* » (***L'objet, c'est la poétique***, 1962, repris in ***Nouveau Recueil***).

Une gloire tardive

Paulhan, premier lecteur et dédicataire du premier texte publié par Ponge, tout en étant certain du talent de son cadet, lui reprocha souvent son orgueil. En dehors de quelques amis, la réception publique de l'œuvre fut tardive parce que les publications le furent. L'article de Sartre en 1944, qui voyait dans ***Le Parti pris des choses*** « *les bases d'une phénoménologie de la Nature* » *(Situations I)*, constitua le coup d'envoi décisif qui lui assura la reconnaissance des élites artistiques. Mais c'est lentement que « *la petite brochure grise* » n° 13 de la collection « Métamorphoses », parue discrètement en 1942, fit son chemin auprès de nombreux lecteurs et qu'elle prit place — la cachant le plus souvent — dans une œuvre plus complexe au fil des publications qui se succédèrent dans les années 1960. Des avant-gardes littéraires aux avant-postes philosophiques, des citations mondaines aux anthologies scolaires, l'œuvre de Ponge a, du vivant de son auteur, servi bien des causes. Les « phénoménologues » ont, à coup sûr, idéalisé une œuvre matérialiste en n'y voyant que des abstractions de réalités ou d'objets quotidiens ; les « textualistes » ont certainement occulté l'œuvre de vie en n'y lisant qu'une expérimentation des possibilités du jeu verbal ; les « pédagogues » ont à coup sûr fossilisé des « morceaux choisis » en faisant des textes clos pour des explications verrouillées. Quelle qu'ait été la réception critique de son œuvre — et les nombreux travaux qu'elle ne cesse d'inspirer peuvent encore largement modifier les regards des lecteurs —, Ponge déclarait déjà à ce sujet : « *C'est de plain-pied que je voudrais qu'on entre dans ce que j'écris. Qu'on s'y trouve à l'aise. Qu'on s'y trouve tout simple* [...]. *Et cependant que tout y soit neuf, inouï : uniment éclairé, un nouveau matin* » (***Pochades en prose***, in ***L'Atelier contemporain***).

ŒUVRE

Le *Parti pris des choses*

Recueil de 32 poèmes en prose — titrés mais non numérotés —, publié chez Gallimard en 1942.

Composé de 32 textes d'inégales longueurs, écrits de 1924 à 1939, comme un jeu de cartes aux figures diverses, ce recueil propose un dispositif complexe et ambitieux — orgueil et humour mêlés — en vue de transformer la littérature et la vie. Lucrèce et son *De natura rerum* aussi bien que la Bible et son Déluge constituent les modèles de ce petit traité de mécanique statique, cinématique et dynamique, voire quantique — mais on y lit, bien évidemment, le continu d'une poétique, d'une érotique, d'une politique et d'une éthique : un art de vivre. Aussi serait-ce réduire ce livre à une collection de poèmes en prose de belle facture que de les considérer isolément en ne s'attachant souvent qu'aux plus courts (***Le Cageot***, ***L'Huître***) : la diversité en constitue l'unité. Du premier au dernier, de ***Pluie*** au ***Galet***, de l'indéfini au défini, du féminin au masculin, de l'entrée « dictionnairique » au titre pour chapitre de manuel, de la fable aux notations, ce livre « *vagabonde dans le jardin* » des éléments, des règnes, des temporalités, de l'animé et de l'inanimé, du fluide au solide, de l'individu et du social, pour mieux inventer le poème adéquat aux mouvements de la parole, cette « *sécrétion commune du mollusque homme* » ***(Notes pour un coquillage)***. Ce serait également limiter les potentialités de cette « *petite brochure grise* » — portant le n° 13 de la collection « Métamorphoses » — parue en plein conflit mondial que d'y voir une physique contre une métaphysique. Si Ponge prend le parti de ces « *riens* » que seraient les « *choses* », ce n'est pas seulement pour réhabiliter les objets, « *les choses les plus simples* », mais pour voir les « *choses* » en face, pour sortir de la « *confusion* » qui règne à propos de « *n'importe quoi* », en vue d'une « *perception nette* » et « *d'une contemplation un peu longue, d'une possession idéale un peu satisfaisante* » ***(La Crevette)*** : une anthropologie du langage et non pas des mots, une anthropologie de la littérature et non pas une sociologie. Non point une littérature objective maintenant des dualismes avilissants, mais une dénudation de la littérature trop étrangère aux « *choses* » qui ne cessent de commencer dès qu'on parle. Le sujet, poète ou lecteur, de ce livre est comme l'escargot : « *Dès qu'il s'expose, il marche.* » Ce petit livre ne peut certainement pas être réduit à de la « *prose primaire* » (Jacques Roubaud), alors même que Ponge remet toujours en jeu, par ses circonlocutions, quelque formule gnomique acquise, alors même qu'il multiplie les réseaux et les allures. En fin de compte, le sujet du poème reste bien l'énigme, la « *chose* », du nom — l'éponge trois fois évoquée : l'auteur de toutes « *choses* ». Il est bien question de généalogie : littéraire et biologique, mythique et cosmogonique. Et, puisqu'il s'agit d'inventer, de concevoir sans cesse, on peut voir son « *galet* » final comme une galéjade qui ose donner le dernier mot à ses critiques, ses lecteurs, avec un humour certain : « *Ayant entrepris une description de la pierre il s'empêtra.* »

Paru seize ans après ***Douze Petits Écrits*** (1926), ***Le Parti pris des choses*** constitue l'œuvre matricielle et l'œuvre-phare de son auteur. Si les plus grands — Camus, Blanchot en 1942, puis Sartre en 1944 — à la parution du recueil, et bien d'autres depuis, comme Philippe Sollers en 1963, lui attribuèrent une des premières places dans le panorama littéraire du siècle, les lecteurs savants ou ordinaires s'y engagèrent souvent de manière malheureuse, voulant y voir toujours plus clair quand il ne s'agit que d'apercevoir qu'il faut recommencer sa lecture, parce que ce livre échappe forcément à qui voudrait le posséder. *« Ce livre au fond n'a pas été lu »* est la clausule de ***Bords de mer***, la 20e pièce de ce puzzle qui n'est pas près de fixer les *« choses »*. Toutefois, la clausule de ***Pluie*** dit bien qu'*« il a plu »*. Qui ? ***Le Parti pris des choses*** ? Ponge ? Le météore... gros de l'œuvre complet de Ponge.

CITATIONS

Il suffit d'abaisser notre prétention à dominer la nature et d'élever notre prétention à en faire physiquement partie, pour que la réconciliation ait lieu. Quant l'homme sera fier d'être non seulement le lieu où s'élaborent les idées et les sentiments, mais aussi bien le nœud où ils se détruisent et se confondent, il sera près alors d'être sauvé.

Le monde muet est notre seule patrie, in *Le Grand Recueil*.

Baigné dans le monde muet, nous en pratiquons la ressource ; à chacun selon ses moyens. Pour nous, ce seront ceux de notre langue maternelle, qui nous semblent, en effet, non seulement nos instruments de communication naturels, mais vraiment — hors l'amour — notre unique façon d'être.

La Société du génie, in *Le Grand Recueil*.

[...] ironique et tonique à la fois, le fonctionnement verbal, sans aucun coefficient laudatif ou péjoratif : l'objeu.

Le Soleil placé en abîme, in *Le Grand Recueil*.

[...] au point où nous en sommes, ce n'est pas un utopique retour en arrière mais, seul, un progrès nouveau et décisif dans l'artifice, qui peut nous rendre notre naturelle liberté.

Les Illuminations à l'Opéra-Comique, in *Le Grand Recueil*.

Sans doute suffit-il de *nommer* quoi que ce soit — d'une certaine manière — pour exprimer tout de l'homme et, du même coup, glorifier la matière, exemple pour l'écriture et providence de l'esprit.

À la rêveuse matière, in *Nouveau Recueil*.

L'art ne nous intéresse que dans la mesure où l'ostentation des mystères conduit infailliblement à une morale.

Braque lithographe, in *Nouveau Recueil*.

Pas de chef-d'œuvre inconnu [...]. Savoir offrir un objet [...]. Sans flatter cependant. Sans laisser d'illusions quant au sérieux des choses et aux cruautés du destin.

Nouvelles Notes sur Fautrier, in *Nouveau Recueil*.

Un esprit en mal de notions doit d'abord s'approvisionner d'apparences.

Le Galet, in *Le Parti pris des choses*.

Une nécessité encore, au bout de la nuit, fait que le jour se fait. Il ne faut cesser de s'enfoncer dans sa nuit. C'est alors que brusquement la lumière se fait. Un pas de plus pour se perdre et l'on se trouve.

Pour un Malherbe.

Le monde entier n'est que l'orchestration des harmoniques variées de la Parole : les articulations du OUI.

Pour un Malherbe.

Le poète ne doit jamais proposer une pensée mais un objet, c'est-à-dire que même à la pensée il doit faire prendre une pose d'objet.

Natare piscem doces, in *Proêmes*, I.

Le langage ne se refuse qu'à une chose, c'est à faire aussi peu de bruit que le silence.

Notes d'un poème (sur Mallarmé), in *Proêmes*.

À bas le mérite intellectuel ! Voilà encore un cri de révolte acceptable.

Pas et le Saut, in *Proêmes*.

Une seule issue : parler contre les paroles. Les entraîner avec soi dans la honte où elles nous conduisent, de telle sorte qu'elles s'y défigurent.

Des raisons d'écrire, in *Proêmes*.

Puisqu'il est de la nature de l'homme d'élever la voix au milieu de la foule des choses silencieuses, qu'il le fasse du moins parfois à leur propos.

Ad litem, in *Proêmes*.

Ô ressources infinies de l'épaisseur des choses, rendues par les ressources infinies de l'épaisseur sémantique des mots.

Introduction au « Galet », in *Proêmes*.

[...] la philosophie me paraît ressortir à la littérature comme l'un de ses genres [...]. J'en préfère d'autres. Moins volumineux.

Réflexions en lisant « L'Essai sur l'absurde », in *Proêmes*.

Comment s'y prendrait un arbre qui voudrait exprimer la nature des arbres ? Il ferait des feuilles, et cela ne nous renseignerait pas beaucoup.

Notes premières de « l'homme », in *Proêmes*.

L'homme est à venir. L'homme est l'avenir de l'homme.

Notes premières de « l'homme », in *Proêmes*.

JUGEMENTS

« [...] *il parlait, comme il écrivait, par petites touches, avec beaucoup de malice et quelque complaisance.* »

Simone de Beauvoir, *La Force des choses*, Gallimard, 1963.

« *Diderot n'écrivait-il pas à Falconet, le 15 février 1766 : "L'homme précoce vit, boit, mange avec les stupides qui l'environnent, mais converse avec l'avenir." Et si Ponge, dans ses* Souvenirs interrompus, *illustrait cette maxime ?* »

Étiemble, « Francis Ponge et le Parti pris de l'homme », in *Francis Ponge*, « Cahiers de l'Herne », L'Herne, 1986.

« *Francis Ponge est le parangon de cette école de minutieux flaireurs et de comptables hypermétropes qui vous font tenir l'univers dans un cageot à légumes, un verre mal rincé, un galet d'eau douce ou un savon en phase terminale, une bougie qu'on éteint répandant son âcre encens : rien, trois fois rien. Ponge est de ces écrivains sans vraie gloire ni postérité qui vont d'emblée au moulin des faits, libérant une sorte de philosophie ou de sagesse en poussière, si exactement réduite au grain des choses qu'on la dirait fabriquée dans le mortier d'un laboratoire de chimie organique ou de sciences naturelles. C'est du concret intellectuel. De là vient sans doute que l'étranger a reconnu Francis Ponge bien avant la France, où l'on réclame d'abord d'un poète de la transcendance, du sublime, en un mot du non-dit.*

Ponge, c'est le poète du dit, au contraire. Il n'est ni Apollinaire ni Léon-Paul Fargue, deux de ses contemporains qui l'impressionnaient entre tous, ni aucun de ceux qui ont fait de la flânerie et de ses imprécisions magnifiques une occupation française dont on pourrait remonter la filière jusqu'à Montaigne sans jamais rompre le fil d'une déambulation où se trame dans les siècles le destin de nos lettres : ravissement, fantaisie, vagabondage, originalité. [...]

Ce qui importe chez lui, c'est le sérieux avec lequel il approche de l'objet, des objets, avec ce manque radical d'humour et de perspective, inespéré dans le contexte national, et que lui assure, précisément, une indépassable justesse d'expression. [...] *On ne ressent jamais mieux qu'en lisant Ponge que les faits, ni les choses, ne parlent d'eux-mêmes : son génie est d'avoir aboli le sentiment, l'idée, la distance, effacé presque le spectateur pour atteindre la substantifique moelle du mot par lequel on désigne la chose.*

[...] *Ponge ne parle pas* des choses, *sur le mode analogique qui prévaut le plus souvent dans les pratiques d'écriture. Il parle* les choses, *à travers une langue nouvelle, une façon d'"idiolecte" qu'on pourrait nommer le Ponge, construit sur la fascination du* "mutisme" *des objets, qui lui paraît étrange au regard du bavardage humain et le laisse inconsolable, et d'une rhétorique passionnelle frottée de Littré, la Bible qui l'aura accompagné sa vie entière, sauf dans les moments où la guerre, et il a osé s'en plaindre comme d'une souffrance, l'en aura privé.* »

Jean-Louis Ezine, « Parlez-vous le Ponge ? », in *Le Nouvel Observateur*, 11 février 1999.

« *Je ne sais pas si toute œuvre renvoie, comme l'écrivait à peu près Sartre, à une métaphysique : il y a des motifs de penser que celle de Ponge est de nature à mettre là-dessus les philosophes en appétit. Elle est du petit nombre de ces œuvres contemporaines très fortement typées qui éliminent méthodiquement de leur espace tout ce qui n'est pas leur bien propre, et qui, tout en écartant d'elles momentanément par leur rigueur le grand public, éveillent plus que d'autres l'attention de la critique d'idées* [...]. *L'échantillonnage de la création le met en belle humeur, et nul comme lui ne sait rendre cette humeur immédiatement contagieuse : le jeu de mots* ("Belles et butées : belzébuthées", *in* La Chèvre) *caractéristique, chez lui, du feu de l'invention, figurant, dans cet enjouement de la langue avec la création, un court-circuit illuminateur, un "point-feu", où la nature semble exploser tout entière, et se consommer un instant en sa propre expression. Il aime d'ailleurs mettre le lecteur de compte à demi dans ses approches et dans ses manipulations matérielles : en témoignent les impératifs qui ponctuent parfois ses textes et qui sont ceux des manuels de cuisine :* "Faisons... Mettons..." *tout comme il l'entraîne sans résistance dans ses propres détours et dans ses cabrioles, dans sa manière qui n'est qu'à lui de rompre les chiens (dans l'écriture, nul ne va aussi efficacement* à la ligne *que lui) ; j'ai à ce point de vue un goût particulier pour* La Chèvre, *animal pongien par excellence, dans son comportement : foucades, écarts imprévus, ébrouements, coq-à-l'âne, jetés-battus. Ses textes impliquent même souvent une ébauche de dramaturgie où le lecteur, entre l'auteur et l'objet qui s'anime, est invité à s'immiscer en tiers (c'est particulièrement sensible dans* Le Savon). *Sans cet enjouement contagieux, qui vient épanouir presque chaque pièce et qui communique chaque fois au lecteur l'impulsion gourmande, presque facétieuse, qui vous pousse vers un animal familier, sans ce courant de chaleur, libre et continu, qui passe à travers sa plume de la création à l'homme et vice versa, on pourrait chuter dans la pure ingéniosité mécanique d'un Jules Renard : un écrivain auquel, quand on lit Ponge, on ne pense jamais.* »

Julien Gracq, « Une œuvre amicale », in *Francis Ponge*, « Cahiers de l'Herne », L'Herne, 1986.

« *Il y a une hygiène, une santé Ponge. Lire* Le Parti pris des choses, *ou tout autre livre de Ponge, c'est éprouver au bout de quelques pages, ce bienfait, savourer ce réconfort. C'est respirer un air vivifiant, et constater qu'il ne souffle guère ailleurs dans la littérature contemporaine. Comme si le monde se trouvait soudain nettoyé, éclairé, rendu à une sorte de printemps perpétuel. Mais attention, aucune naïveté ne sera admise ! Cette pureté n'est jamais donnée d'avance* [...]. »

Patrick Kechichian, « Enjoué et débordant d'humeurs », in *Le Monde des livres*, 5 février 1999.

« *C'est un poète de première nécessité, qui écrit pour des époques de pénurie.* [...] *Ponge ne compose pas des leçons de choses, mais des leçons d'hommes : il ne décrit pas la superficie des objets, mais l'endroit où l'être cède la place à la matière ; il délimite ainsi, très strictement, avec humour, en négatif, l'espace occupé au monde par l'humain. Plus l'ustensile est usuel — le verre d'eau, le radiateur, la table —, plus il est adapté au propos. En même temps qu'il fait œuvre opiniâtre, le poète réhabilite la modestie de notre condition. »*

Thierry LAGET, « Francis Ponge, le Poète artisan », in *Le Figaro littéraire*, 4 mars 1999.

« À mi-chemin de l'éponge à la ponce (pierre), notre littérature s'honore du nom de Ponge (Francis), simple poète à voix claire, qui absorbe les mots pour mieux les polir. »

Gilles MACASSAR, « Le Chantre des petites choses », in *Télérama*, 17 mars 1999.

« [...] l'œuvre de Ponge est avant tout une entreprise conduite avec une ténacité et une maîtrise également hors de pair : ce qui la définit, c'est la sévérité avec laquelle elle se restreint à son choix initial. Ce poète est homme de fidélité et d'approfondissement : une fois pour toutes, il a choisi son domaine, l'a enfermé dans de strictes frontières et le voici, courageux travailleur armé des pelles et des pioches du langage, tout occupé à le défricher.

[...] Le parti pris des choses n'est pas exclusif du parti pris de l'homme : mais l'homme n'a de prix que dans la mesure où il est objet lui-même, ou fabricant d'objets. Ce qui fait la grandeur de l'homme, c'est qu'il soit capable d'aboutir, comme la nature, à l'un de ces objets indéniables et nécessaires : un tableau, un poème, une maison.

On le voit : il y a pour Ponge une leçon de choses ; et le descriptif se double d'un moraliste. Non seulement par la forme mais encore par l'esprit de son œuvre, Ponge se rattache à la veine des moralistes classiques : il fait songer à un La Fontaine qui tirerait ses moralités non d'une fable, mais d'une description. Un caillou, un coquillage, pour lui, c'est à la fois une solution et une leçon. Une solution, parce que le monde des objets supprime toute inquiétude : il est une réponse décisive à Pascal. Pour qui peut contempler et soupeser ces témoins exemplaires, une sérénité irréductible s'affirme. Oui, l'homme peut rester seul dans une chambre, et sans angoisse, car il aura toujours un mur à regarder. La mort elle-même s'apaise devant la perfection du squelette. La vie humaine apparaît dès lors comme la contemplation permanente de chefs-d'œuvre toujours à la portée de notre main : à cet égard, rien de plus inactuel que cette poésie satisfaite de la condition de l'homme, qui rejoint la sagesse oubliée du classicisme (sur un plan tout différent, bien entendu) en traversant, sans être atteinte par lui, le néo-romantisme contemporain. Mais les choses sont aussi un exemple : elles nous montrent la voie de notre conduite. Que fait l'arbre ? Que fait la pierre ? Ils vivent selon leur définition, ils sont leur définition. Le chemin de l'homme est tout tracé ; il s'agit de vivre en réalisant ce qui fait l'homme, à savoir "la parole et la morale", *de laisser tomber de soi, comme l'arbre poussant ses feuilles ou la roche donnant ses galets, les objets parfaits qui nous résument et nous accomplissent : beaux poèmes, actions justes. »*

Gaëtan PICON, « Francis Ponge », in *Panorama de la nouvelle littérature française*, Gallimard, rééd. 1960.

« Il sait fort bien, sans doute, que ses textes ne seraient d'aucun secours à l'archéologue futur qui chercherait à découvrir ce qu'ont pu être, dans notre civilisation perdue, une cigarette ou une bougie. Sans la pratique quotidienne que nous avons de ces objets, les phrases de Ponge qui les concernent ne sont plus que de beaux poèmes hermétiques. En revanche, nous lisons que le cageot est "ahuri d'être dans une position maladroite", *que les arbres au printemps* "se flattent d'être dupes" *et* "lâchent un vomissement de vert", *et que le papillon* "venge sa longue humiliation amorphe de chenille".

Est-ce là vraiment prendre le "parti" *des choses et les représenter* "de leur propre point de vue" *? Ponge ne peut évidemment se méprendre à ce point. L'anthropomorphisme le plus ouvertement psychologique et moral qu'il ne cesse de pratiquer ne peut avoir au contraire pour but que l'établissement d'un ordre humain, général et absolu. Affirmer qu'il parle* pour *les choses,* avec *elles, dans leur* cœur, *revient dans ces conditions à nier leur réalité, leur présence opaque : dans cet univers peuplé de choses, celles-ci ne sont plus pour l'homme que des miroirs qui lui renvoient sans fin sa propre image. Tranquilles, domestiquées, elles regardent l'homme avec son propre regard. »*

Alain ROBBE-GRILLET, *Pour un nouveau roman*, Minuit, 1963.

« Il apparaît à ses débuts comme il sera toujours : hors de son temps, un pas en avant, deux mille en arrière, et pourtant l'un des rares points de vérité et d'équilibre de son époque, puisque chacun de ses mots d'homme, où Picasso voit une statue en trois dimensions, est révélation de ce qui est, jusque dans son absurdité : galet, crevette ou mimosa.

[...]

Entrer dans la "familiarité" des pins [Le Carnet du bois de pins, 1947] *de Francis Ponge, c'est découvrir l'harmonie par lui reconquise des hommes et des choses. Le suaire est tombé ; restent la vie, et la souveraineté d'une parole qui rend souverain celui qui la lit. »*

Daniel RONDEAU, « Les Pins de Francis Ponge », in *L'Express*, 11 mars 1999.

« Le Ponge qui m'intéresse le plus est celui de La Rage de l'expression, *celui qui, dans la Résistance, en 1940, trouve le moyen de s'intéresser en détail à un bois de pins ou à un ciel de Provence. Celui qui pense qu'un tableau de Chardin laisse apparaître toute la société de son temps uniquement par ce cadrage-là. Celui avec qui on n'en finirait pas de méditer encore et encore sur Cézanne. [...] Ponge est certainement le seul qui ait eu l'ambition de défendre à la fois la pensée des Lumières et celle qui a surgi de la modernité la plus aiguë. »*

Philippe SOLLERS, « Ponge en abîme », in *Le Monde des livres*, 5 février 1999.

« Choses ! [...] *Nous y voilà, sans doute, à cet inévitable mot, domaine d'élection de Ponge, à condition de concevoir que celles dont il parle ne sauraient exister pour elles-mêmes, mais qu'elles s'accompagnent toujours d'un compte tenu des mots. Oui, Ponge reste d'abord parmi nous pour avoir choisi d'exprimer le monde muet, "notre seule patrie", non par besoin de satisfaire une manie descriptive, mais dans le dessein d'en tirer quelque leçon de style et de "savoir-vivre".* »

Jean-Luc Steinmetz, « Ponge dans tous ses états », in *Le Magazine littéraire*, mai 1999.

BIBLIOGRAPHIE

Éditions

Œuvres complètes, éd. B. Beugnot (dir.), « Pléiade », Gallimard, t. I, 1999.

Comment une figue de paroles et pourquoi, Flammarion, 1977, rééd. J.-M. Gleize, « GF », Flammarion, 1997.

La Fabrique du pré, Skira, Genève (CH), 1971.

Le Grand Recueil, Gallimard, 1961, rééd. revue et corrigée par l'auteur, 1976-1977, 3 vol.

Lyres, « Poésie », Gallimard, 1979.

Correspondance Francis Ponge/Jean Paulhan (1923-1968), Gallimard, 1986, 2 vol.

Correspondance Francis Ponge/Jean Tortel, 1944-1981, « Versus », Stock, 1999.

Entretiens de Francis Ponge avec Philippe Sollers, Seuil/Gallimard, 1970.

Le Parti pris des choses, précédé de *Douze Petits Écrits* et suivi de *Proêmes*, « Poésie », Gallimard, 1966.

Nouveau Recueil, Gallimard, 1967.

Pièces, « Poésie », Gallimard, 1971.

Pour un Malherbe, Gallimard, 1965, rééd. revue et corrigée par l'auteur, 1977.

Pratiques d'écriture ou l'Inachèvement perpétuel, Hermann, 1984.

La Rage de l'expression, « Poésie », Gallimard, 1976.

Tome premier, Gallimard, 1965.

Études

Th. Aron, *L'Objet du texte et le Texte-Objet : « La Chèvre », de Francis Ponge*, Éditeurs français réunis, 1980.

B. Beugnot, *Poétique de Francis Ponge*, PUF, 1990.

P. Bonnefils et P. Oster (dir.), *Francis Ponge*, actes du colloque de Cerisy-la-Salle, « 10/18 », UGE, 1977.

M. Collot, *Francis Ponge, entre mots et choses*, Champ Vallon, Seyssel (Ain), 1991 ; *La Matière-Émotion*, PUF, 1997.

J. Derrida, *Signéponge*, Seuil, 1988.

Cl. Évrard, *Francis Ponge*, Belfond, 1990.

G. Farasse, *L'Âne musicien*, Gallimard, 1999.

J.-M. Gleize, *Francis Ponge*, Seuil, 1988 ; *id.* (dir.), *Francis Ponge*, « Cahiers de l'Herne », L'Herne, 1986, rééd. Fayard, 1999.

Ph. Jaccottet, *L'Entretien des Muses*, Gallimard, 1968.

Chr. Lamiot, *Eau sur eau : les Dictionnaires de Mallarmé, Flaubert, Bataille, Michaux, Leiris et Ponge*, Rodopi, Amsterdam (NL), 1997.

H. Maldiney, *Le Legs des choses dans l'œuvre de Francis Ponge*, L'Âge d'Homme, 1974.

S. Martin, *Francis Ponge*, Bertrand-Lacoste, 1994.

G. Mounin, *Sept Poètes et le Langage : Stéphane Mallarmé, Paul Valéry, André Breton, Paul Eluard, Francis Ponge, René Char, Victor Hugo*, « Tel », Gallimard, 1992.

J. Pierrot, *Francis Ponge*, Corti, 1993.

J.-P. Richard, « Fabrique de la figue », in *Pages, Paysages*, Seuil, 1984.

G. Sartoris, *Cinq Pièces faciles pour Francis Ponge*, Le Temps qu'il fait, 1990.

J.-P. Sartre, « L'Homme et les Choses », in *Situations I*, Gallimard, 1947.

Ph. Sollers, *Francis Ponge*, « Poètes d'aujourd'hui », Seghers, 1963 ; *Logiques*, Seuil, 1968.

J.-L. Steinmetz, *La Poésie et ses raisons : Rimbaud, Mallarmé, Breton, Artaud, Char, Bataille, Michaux, Ponge, Tortel, Jaccottet*, Corti, 1990.

J. Tortel, *Francis Ponge cinq fois*, Fata Morgana, Fontfroide (Hérault), 1984.

B. Veck, *Francis Ponge ou le Refus de l'absolu littéraire*, Mardaga, Sprimont (BE), 1993.

É. Walther, « Caractéristiques sémantiques de l'œuvre de Ponge », in *Tel Quel*, n° 31, automne 1967.

Action poétique, dossier avec 26 contributions sur Ponge, n°s 153-154, hiver 1998-1999.

Francis Ponge : Actes ou Textes (collect.), P.U. du Septentrion, Lille, 1982.

Ponge à l'étude, n° spécial de la *RSH*, n° 228, 1992.

PRÉVERT

Jacques PRÉVERT

Jacques André Marie PRÉVERT

Neuilly-sur-Seine (act. Hauts-de-Seine) 1900 – Omonville-la-Petite (act. Manche) 1977

« L'ordre à combattre, à pervertir, à ridiculiser, est partout : dans les institutions et les esprits, et jusque dans les mots de tous les jours. C'est pourquoi Prévert prend systématiquement la prétendue "sagesse des nations" *bille en tête afin de lui faire perdre la boule, pourquoi il détourne allègrement proverbes, stéréotypes, effets oratoires, perles de culture ou autres slogans. [...] cette poésie ne fait pas que des heureux. Tant pis pour eux et tant mieux pour Prévert : [...] il sera longtemps vif et violent dans les cœurs et les têtes [...] des rebelles, de ceux qui se méfient des normes, des pensées convenues, des actions convenables, des engagements confortables. »*

André VELTER, « Prévert libre », in *Le Monde*, 15 mai 1992.

« Ni le salut de la poésie, ni le salut par la poésie — s'ils existent — ne me paraissent passer par la facilité, et en particulier par celle de la chanson. Il ne faut pas craindre d'affirmer ici une exigence constamment menacée. L'éloge fait dans la presse à la sortie du tome II de Prévert dans la Bibliothèque de la Pléiade, en 1996, m'en apporte encore la preuve.

[...]

Mais n'est pas Lewis Carroll qui veut, même quand on est un surréaliste repenti. Au pays de Prévert, ce ne sont pas les arbres qui sont blessés, [...] ce sont les mots. »

Pierre BRUNEL, *La Littérature française aujourd'hui*, chap. 6, Vuibert, 1997.

Une heureuse liberté

À l'école de la vie

Si, dans son enfance passée entre ses frères aîné, Jean (né en 1898), et cadet, Pierre (né en 1906), futur cinéaste dont il fut le dialoguiste, Prévert ne manqua pas d'affection de la part de ses parents — un père homme de lettres par intermittences et une mère qui lui donna le goût des contes de fées —, il fut témoin de leurs difficultés matérielles, des déménagements forcés, des saisies, et initié très tôt aux mystères et misères de Paris. À 14 ans — un an avant la mort de son frère Jean, atteint de la fièvre typhoïde —, il quitta l'école et exerça toutes sortes de métiers pour gagner de quoi vivre, notamment comme employé, guère exemplaire, au Bon Marché. Mobilisé en 1918, il fit son service militaire, de 1920 à 1922, d'abord près de Lunéville puis en Turquie. En 1925, Prévert épousa Simone Dienne, une amie d'enfance — le couple se sépara dix ans plus tard. De 1925 à 1929, la maison de la rue du Château, à Montparnasse, où, avec Yves Tanguy, il était hébergé par Marcel Duhamel — tous deux rencontrés au service militaire —, devint l'un des lieux préférés du groupe surréaliste : Prévert y rencontra Queneau, qui resta l'un de ses plus fervents admirateurs. Les véritables débuts littéraires de Prévert datent de sa rupture avec la tutelle trop pesante de Breton : en 1930, après avoir participé au pamphlet collectif ***Un cadavre*** — dirigé contre ce dernier et qui reprenait, à dessein, le titre du pamphlet par lequel Breton et quelques autres avaient « célébré » la mort d'Anatole France en 1924 —, il donna ***Souvenirs de famille ou l'Ange garde-chiourme*** à la revue *Bifur* et, en 1931 à *Commerce*, ***Tentative de description d'un dîner de têtes à Paris-France***, qui associait dès l'*incipit*, dans une même dénonciation, bigots, nantis et nationalistes, que Prévert ne cessa ensuite d'attaquer :

Ceux qui pieusement...
Ceux qui copieusement...
Ceux qui tricolorent...
Ceux qui inaugurent...
Ceux qui croient...
Ceux qui croient croire...
Ceux qui croa-croa...

Du théâtre au cinéma : un dialoguiste hors pair

En 1932, une petite troupe, affiliée à la Fédération du théâtre ouvrier de France et qui prit, au cours de l'automne, le nom de groupe Octobre, sollicita son concours. Il lui fournit jusqu'en 1936 — accompagnant même le groupe à Moscou en 1933, lors d'une Olympiade internationale de théâtre ouvrier — quantité de textes : ***Actualités*** sous forme de chœurs parlés (l'avènement d'Hitler, une grève chez Citroën), des pièces satiriques comme ***La Bataille de Fontenoy*** (1932 — reprise avec des variantes in ***Spectacle***) et ***La Famille Tuyau de poêle*** (1935 — reprise, allégée et complétée, in ***La Pluie et le Beau Temps***), textes interprétés dans toutes sortes de lieux — rues, cafés, stades, usines et magasins — et de circonstances — manifestations, fêtes, grèves. Le groupe se désagrégea après les représentations du ***Tableau des merveilles*** adapté de Cervantès. Fin 1936, parut en plaquette ***La Crosse en l'air***, sous-titrée ***Feuilleton***, où Prévert attaquait le pape, Mussolini, Franco et leurs parti-

sans. Le 31 décembre de cette même année mourait le père du poète.
Au cinéma, si Prévert avait déjà donné des indices de son talent de scénariste et de dialoguiste dans ***L'affaire est dans le sac*** (1932), tourné par son frère Pierre, et anonymement dans ***Si j'étais le patron*** (1934), réalisé par Richard Pottier, c'est avec ***Un oiseau rare*** (1935), autre film de Pottier, qu'il se fit remarquer. ***Le Crime de Monsieur Lange*** (1936) lui dut sa réussite au moins autant qu'à Jean Renoir, et de l'association avec Marcel Carné naquirent ***Drôle de drame*** (1937), ***Le Quai des brumes*** (1938), ***Le jour se lève*** (1939), ***Les Visiteurs du soir*** (1942), ***Les Enfants du paradis*** (1945), ***Les Portes de la nuit*** (1946). L'apport de Prévert ne fut pas moins déterminant dans ***Les Disparus de Saint-Agil*** (1938), ***L'Enfer des anges*** (1939) — contributions non signées et entre lesquelles Prévert séjourna plusieurs mois aux États-Unis — et ***Sortilèges*** (1945) de Christian-Jaque, ***Lumière d'été*** (1943) de Jean Grémillon, ***Les Amants de Vérone*** (1949) d'André Cayatte.

Le parolier et le poète de la rue

Encouragé par Henri Michaux, Prévert n'écrivit pas seulement pour le cinéma. Opéré d'une crise d'appendicite au moment de la mobilisation, et ne s'étant pas privé de manifester son antimilitarisme, Prévert fut réformé. Après la Libération, qui suivit de quelques mois la mort de sa mère, ses textes furent dits et chantés — souvent sur une musique de Joseph Kosma, à commencer par ***Les Feuilles mortes***, devenues un succès mondial —, et parurent en revues et en recueils : mouvement qui culmina avec ***Paroles*** (1946), que publia René Bertelé dans sa petite maison d'édition, Le Point du jour, et ***Histoires***, paru la même année avec des poèmes d'André Verdet, au Pré aux Clercs.
En 1946, Janine, qui partageait la vie de Prévert depuis 1943, mit au monde leur unique enfant, Michèle, et les livres qui suivirent, ***Contes pour enfants pas sages*** (1947), ***Des bêtes*** (1950), ***Guignol*** et ***Lettre des îles Baladar*** (1952), ***L'Opéra de la lune*** (1953), semblaient implicitement dédiés à sa fille. Entretemps, il s'était installé à Saint-Paul-de-Vence (act. Alpes-Maritimes) — où il resta jusqu'en 1952 —, après plusieurs semaines de coma, en 1948, consécutif à une chute accidentelle du 1er étage d'un bureau de la radiodiffusion française, aux Champs-Élysées. À Bertelé, passé chez Gallimard, il confia l'édition des recueils ***Spectacle*** (1951), ***La Pluie et le Beau Temps*** (1955), ***Histoires et d'autres histoires*** (1963).
Son anticonformisme, ajouté à l'amitié de Boris Vian — dont il devint en 1955 le voisin, Cité Véron, à Montmartre —, rapprocha Prévert du Collège de 'Pataphysique, où il entra le 8 septembre 1951 avant d'être élevé au rang de Satrape (1953), à titre de « *fabricant des petits plats dans les grands* », en référence à un poème parodiant la Cène, qui réunissait notamment le cousin Ponce Pilate et l'oncle Sam :

On n'attendait plus que le père Ubu
Soudain la porte s'ouvre
Et c'est le père Éternel qui entre
C'était le même

(***Les Petits Plats dans les grands***,
in ***Histoires***)

L'homme des images et des collages

Son goût des images se traduisit par des collaborations accrues avec photographes et peintres : Izis — ***Grand Bal du printemps*** (1951) et ***Charmes de Londres*** (1952) —, Miró — ***Joan Miró*** (1956) et ***Adonides*** (posth., 1978) —, André Villers et Picasso — ***Diurnes*** (1962) —, Max Ernst — ***Les chiens ont soif*** (1964) —, Ribemont-Dessaignes — ***Arbres*** (1967) —, Calder — ***Fêtes*** (1971). Prévert adapta ***Notre-Dame de Paris*** (1956) pour Jean Delannoy, signa les dialogues d'***Agnès Bernauer*** pour le film ***Les Amours célèbres*** de Michel Boisrond (1961), ceux de téléfilms tournés par Pierre Prévert, dont ***La Maison du passeur*** (1965), les scénarios de dessins animés de Paul Grimault, avec qui il reprit ***La Bergère et le Ramoneur*** pour aboutir à la version définitive — et triomphale —, ***Le Roi et l'Oiseau*** (posth., 1979). Enfin, il accepta d'exposer ses collages avant d'en insérer certains dans deux recueils : ***Fatras*** (1966) et ***Imaginaires*** (1970). ***Choses et autres*** (1972) fut le dernier livre donné à Bertelé.
En 1972 encore, la conversation de Prévert — revue et corrigée par lui — revécut à travers ***Hebdromadaires***, composé avec André Pozner. Il signa le commentaire des recueils illustrés *Eaux-fortes* (1973) de Marcel Jean et *Le Jour des temps* (1975) de Max Papart. Avant sa mort — d'un cancer du poumon — sur les terres normandes où il s'était retiré dans une maison achetée avec Janine près du Cap de la Hague, au nord du Cotentin, Prévert perdit ses amis Picasso et Bertelé, en 1973, puis Duhamel, en 1975, mais devint grand-père d'une petite Eugénie, née en 1974.

Des publications posthumes — ***Soleil de nuit*** (1980), ***Collages*** (1982), ***La Cinquième Saison*** (1984) — révélèrent successivement ses derniers textes, les collages qu'il avait conservés et plusieurs de ses pièces destinées au groupe Octobre ou aux théâtres d'Agnès Capri.

Entre tendresse et férocité : une apparente simplicité

Sans perdre le contact avec la rue ni avec l'actualité, libertaire mais solidaire, Prévert intégra l'expérience de son passage par le surréalisme et de multiples lectures pour donner à ses textes et collages la marque d'une intense poésie, plus élaborée et composée qu'elle n'en avait l'air, en une alliance de lucidité, d'humour et de sensibilité, de tendresse et de férocité, qui sut toucher le plus vaste public.
Si ce chant « *terre à terre/étoilé* » adopte parfois toutes les apparences du langage parlé, sans reculer devant la familiarité ou même la trivialité, c'est pour dénoncer, avec les mots mêmes des prolétaires, l'aliénation dont il sont victimes et qu'ils ne parviennent par toujours à formuler :

Dis donc camarade Soleil
tu ne trouves pas
que c'est plutôt con
de donner une journée pareille
à un patron ?

(***Le Temps perdu***, in ***Paroles***)

Férocement antimilitariste et anticlérical, le poète manifesta sa solidarité envers les humbles, les arbres, « *Les Enfants qui s'aiment* », les « *Étranges étrangers* » (titres de poèmes de ***La Pluie et le Beau Temps***), et les rêveurs :

En entendant parler
d'une société sans classe
l'enfant rêve
d'un monde buissonnier

(***L'Enseignement libre***, in ***Spectacle***)

L'usage de la répétition qui apparente le poème à une chanson à refrain, la disposition des vers ménageant des respirations qui l'inscrivent dans la tradition de l'oralité ont favorisé la mise en musique d'un grand nombre de « paroles », notamment ***Barbara*** :

Rappelle-toi Barbara
Il pleuvait sans cesse sur Brest ce jour-là
Et tu marchais souriante
Épanouie ravie ruisselante
Sous la pluie
Rappelle-toi Barbara
Il pleuvait sans cesse sur Brest

(***Barbara***, in ***Paroles***)

Chez Prévert, toujours la rébellion couve sous la tendresse, et sa poésie est loin de l'image parfois édulcorée qu'en donnent les manuels scolaires :

L'oiseau qui chante dans ma tête
Et me répète que je t'aime
Et me répète que tu m'aimes
L'oiseau au fastidieux refrain
Je le tuerai demain matin

(***Les Chansons les plus courtes...***, in ***Histoires***)

Déserteurs
soyez cités au désordre de la nuit
au hasard de l'aurore
à la chance des marées
aux charmes de la vie

(***Déserteurs***, in ***Choses et autres***)

Les références littéraires sont souvent placées sous le signe de l'humour, comme dans cette ***Rue Stevenson*** où le « *docteur Jonquille* » et « *monsieur Hydeux* » pédalent en tandem ***(La Pluie et le Beau Temps)***.
Une des formes que Prévert a données à sa poésie, celle de l'inventaire hétéroclite, s'est imposée à la mémoire collective comme indissociable de lui — ce dont témoigne l'expression « *un inventaire à la Prévert* ». Il y a excellé en effet, la compliquant parfois de permutations. Elle n'est pas sans rapport avec la pratique du collage. Toutes deux s'apparentent moins au jeu des « petits papiers », devenu celui du « Cadavre exquis » — du nom, rappela Simone Breton, des deux premiers vocables écrits par Prévert —, auquel s'adonnèrent si volontiers les surréalistes, qu'à la technique du montage ; car les manipulations de Prévert sont presque toujours délibérées, comme lorsqu'il conseille : « *Quand vous citez un texte con, si c'est indispensable, n'oubliez pas le contexte* » (***Graffiti***, in ***Choses et autres***).
Une autre de ses démarches favorites consiste à prendre les clichés et les phrases toutes faites au pied de la lettre, ou au contraire à les retoucher, afin tantôt de démasquer les idées reçues qui circulent dans le plus parfait incognito — « *L'étoffe des héros est un tissu de mensonges* » (***Graffiti***, in ***Choses et autres***) —, tantôt de rafraîchir un langage trop cuit.

Un poète populaire

La fortune de l'œuvre résulte de l'accumulation des sympathies. Celle d'abord des surréalistes, séduits par sa personnalité puis enthousiastes de ses textes : nulle divergence entre les dissidents de 1930 — Desnos et Queneau, fraternels, Bataille et Ribemont-Dessaignes qui, les premiers, le publièrent — et Breton et ses fidèles — Eluard et Aragon — qui, à un moment ou à un autre, donnèrent des preuves de leur admiration. Saint-John Perse lui ouvrit l'accès à *Commerce*, Artaud salua le dramaturge, Michaux le poète de ***Chanson dans le sang***, Char le scénariste des ***Amants de Vérone***. Le public du groupe Octobre, désireux de changement et de Front populaire, puis les auditeurs d'Agnès Capri, Marianne Oswald ou Mouloudji, aimèrent l'inhabituelle drôlerie et l'efficacité critique de ses textes, tandis que ses dialogues tour à tour naturels et percutants attiraient l'attention des spectateurs de cinéma. L'atmosphère de la Libération, qui s'accordait particulièrement au ton et à l'esprit libertaire de cette poésie, et l'appui d'une presse quasi tout entière issue de la Résistance, où Prévert ne manqua pas d'amis, confortèrent le succès de ***Paroles*** en 1946. La complicité que le poète, dont l'œuvre fut célébrée par Gaëtan Picon comme « *le seul exemple valable d'une poésie populaire* », noua avec un grand nombre de lecteurs survécut à la résurgence des clivages idéologiques, sensible dans les éreintements de ***Spectacle*** et dans l'agressivité croissante, à l'égard de Prévert, de ceux qui ne supportaient pas son anticléricalisme, son rejet de l'ordre établi et des hiérarchies sociales et esthétiques.

À partir des années 1950, sa popularité s'amplifia, attestée par la diffusion sans égale de ses recueils en collections de poche, ce qui eut pour revers un certain désintérêt de la critique, surtout universitaire — moins imperméable qu'on ne le croit au snobisme et à l'élitisme —, et le confinement de l'œuvre à l'école primaire et au collège où, en revanche, il n'y eut guère d'enfants qui ne l'abordèrent, même réduite à quelques morceaux choisis — ne fût-ce que ***Le Cancre*** :

Il dit non avec la tête
mais il dit oui avec le cœur
il dit oui à ce qu'il aime
il dit non au professeur
[...]
et malgré les menaces du maître
sous les huées des enfants prodiges
avec les craies de toutes les couleurs
sur le tableau noir du malheur
il dessine le visage du bonheur

(***Le Cancre***, in ***Paroles***)

Durant Mai 68, une nouvelle génération sembla puiser dans ses textes et « *graffiti* » l'inspiration des siens et apprécia la solidarité qu'il lui exprimait. On commença à prendre conscience de la portée du « *jeu poétique engagé* » sur les mots, que célébrait Bataille dès 1946 (in *Critique*, n° 3) et on sut gré à Prévert de prêter jusqu'au bout sa voix à tous les opprimés. En 1992, l'entrée de son œuvre irréductiblement contestataire dans la prestigieuse « Bibliothèque de la Pléiade » fit événement. Sous le titre *Jacques Prévert, le Cancre magnifique*, Gilles Nadeau, en collaboration avec Alain Poulanges et Jeanine Mare Pezet, a réalisé en 1997 un documentaire, dans le cadre de la collection « Un siècle d'écrivains », diffusé à l'occasion du 20e anniversaire de la disparition du poète. Celui à qui Gainsbourg avait rendu hommage de son vivant avec *La Chanson de Prévert* (1957) séduit de plus en plus d'interprètes, y compris parmi les groupes de rap.

ŒUVRES

Choses et autres

Recueil de 67 textes, publié chez Gallimard, dans la collection « Le Point du jour », dirigée par René Bertelé, en 1972 (achevé d'imprimer le 20 septembre).

Un ample texte autobiographique, ***Enfance***, évoque rétrospectivement les années 1906 et 1907, à Neuilly-sur-Seine, Paris, Nantes et Toulon. Des liens sont tissés avec les recueils précédents : suite aux ironiques ***Écritures saintes*** de ***Paroles*** et aux ***Graffiti*** de ***Fatras***, révélations sur la « source » du « *raton-laveur* » d'***Inventaire***. Le refus et la dérision de la religion restent très vivaces (« *J'ai toujours été intact de Dieu...* », ***Règlement de comptes***, ***Homélie-Mélo***). Prévert marque une distance à l'égard de l'engagement idéologique *(« Malgré moi... »)* mais dénonce le racisme ***(Angela Davis)*** et toutes les formes de tuerie dans le monde ***(Rouge)***, témoigne de sa solidarité avec les contestataires ***(Mai 1968)*** et de sa compréhension du féminisme ***(La Femme acéphale)***.

Le titre du recueil s'apparente à ceux de **La Pluie et le Beau Temps** et de **Fatras** : apparemment sans prétention et ouvert à tous les sujets, mais à prendre aussi à la lettre, comme le signe d'un choix délibéré de l'hétérogénéité et du mélange des genres, combiné à un refus de toute hiérarchie. Se côtoient ici prose du récit d'**Enfance** dont la simplicité est le produit d'un grand travail attesté par brouillons, manuscrits et dactylographies ; concision des **Graffiti** (« *Quand les éboueurs font grève, les orduriers sont indignés* » ; « *Les sosies sont innombrables mais n'ont aucun signe de reconnaissance* » ; « *L'amour / Éternité étreinte. / ANNA GRAM* ») ; pastiche de roman de la « Série Noire » **(Règlement de comptes)** ; brèves saynètes ; hommages d'une extrême précision critique à la musique de Carl Orff **(Carmina Burana)** et à la peinture de Gérard Fromanger **(Rouge)** ; « *jeu poétique enragé des mots* » — selon la formule de Bataille à propos de **Paroles** — dans le monologue si original de **La Femme acéphale**, montage de fragments à la 1re personne du féminin singulier.

Enfance est une mine pour les biographes de Prévert. Le texte de **La Femme acéphale** a été dit sur scène et enregistré par la comédienne Sarah Boréo.

Paroles

Recueil de 80 poèmes en prose ou en vers libres, publié aux éditions Le Point du jour en 1946 (achevé d'imprimer le 20 déc. 1945), puis, augmenté de 16 textes, chez le même éditeur en 1947, et chez Gallimard, à partir de 1949.

La couverture de l'édition originale, composée à partir de la photographie, par Brassaï, d'un mur couvert de graffiti, suggère que la poésie de Prévert appartient à la rue et puise au monde de l'enfance rebelle. Le titre semble indiquer, contre la sacralisation de l'écrit singulier, un choix de l'oralité plurielle. Il proclame l'aspiration absolue à la liberté — à rendre à tous ceux que la société opprime : *Je suis comme je suis / Je suis faite comme ça / Quand j'ai envie de rire / Oui je ris aux éclats* **(Je suis comme je suis)**. Il s'agit notamment de parler pour « *ceux qui ont trop à dire pour pouvoir le dire* », de donner une voix à ceux qui ne parviennent pas à se faire entendre : animaux — un cheval, une baleine, des escargots —, enfants — l'élève Hamlet, un cancre, un évadé d'une maison de redressement —, jeunes — des réfractaires qui ne veulent plus se laisser envoyer à la guerre et à la mort, un soldat qui refuse de saluer —, pauvres — un musicien réduit à faire la quête pour acheter de quoi manger, un homme qui n'a pas mangé depuis trois jours, un veilleur de nuit —, femmes — une « *fille d'acier* », une femme qui affirme avec défi son individualité. Ces textes, même lorsqu'ils s'inspirent du langage parlé, sont très écrits et travaillés. Certains ont été publiés dans des revues à partir des années 1930 : le poème liminaire, **Tentative de description d'un dîner de têtes à Paris-France**, devenu célèbre, parut, à l'instigation de Saint-John Perse, en 1931 dans *Commerce*, revue dirigée par Fargue, Larbaud et Valéry ; **Souvenirs de famille [...]**, le plus ancien, dans *Bifur* en 1930 ; les autres ont paru entre 1936 — **La Crosse en l'air** (in *Soutes*, puis en plaquette) — et 1944 — les deux derniers poèmes, **Promenade de Picasso** et **Lanterne magique de Picasso** (in *Les Cahiers d'Art*). Ils ont été rassemblés par René Bertelé avec de nombreux inédits, puis réédités en 1949 chez Gallimard, où « Le Point du jour » était devenu une collection.

Prévert s'insurge contre toutes les institutions qui, selon lui, façonnent dès l'enfance les esprits en vue de les soumettre : la religion, l'école — lorsqu'elle ressemble à une prison —, l'armée. Parce qu'elle sacrifie les jeunes générations, l'institution militaire est même une des cibles principales de Prévert, qui avertit : *Soyez prévenus vieillards / soyez prévenus chefs de famille / le temps où vous donniez vos fils à la patrie / comme on donne du pain aux pigeons / ce temps-là ne reviendra plus* **(Le Temps des noyaux)**. Et il dénonce le règne du profit, fondé sur l'exploitation et qui s'accommode du chômage et de la guerre. La délivrance peut venir du chant de l'Oiseau-lyre grâce auquel les murs de la classe « *s'écroulent tranquillement* » **(Page d'écriture)**. Cette libération par l'acte poétique dirigé contre les conventions sociales est parfois moins pacifique : *Moi je joue de l'orgue de barbarie / et je joue du couteau aussi* **(L'Orgue de Barbarie)**. Elle ne sera efficace que si les pauvres restent unis **(Événements)** et prennent conscience de leur nombre **(Le Paysage changeur)**.

Les textes de ce recueil sont de formes très diverses, depuis la longue poésie narrative en vers libres ou en prose (le **Dîner de têtes** et **La Crosse en l'air**) jusqu'au poème bref (**La Belle Saison, Alicante**), en passant par le court récit **(La Lessive)**, le calligramme **(L'École des Beaux-Arts)**, la chanson **(Chanson dans le sang)**, la prose **(Souvenirs de famille ou l'Ange garde-chiourme)**. **Pour faire le portrait d'un oiseau** peut être lu comme un art poétique. Des textes ancrés dans une perception aiguë de la réalité sociale prennent valeur d'avertissement, telles ces lignes qui encadrent une évocation, comme vécue de l'intérieur, de la souffrance universelle éprouvée par « *l'homme qui a faim* » : *Il est terrible / le petit bruit de l'œuf dur cassé sur un comptoir d'étain / il est terrible ce bruit / quand il remue dans la mémoire de l'homme qui a faim*

(La Grasse Matinée). La révolte se déploie avec un humour grinçant dans ***La Crosse en l'air*** (sous-titré ***Feuilleton***), qui montre les ravages du fascisme en Italie et en Espagne et l'assentiment coupable du clergé, à commencer par le pape : *cette grande tête avec toutes les marques / de la déformation professionnelle / la dignité l'onction l'extrême-onction la cruauté la roublardise la papelardise et tous ces simulacres*. Elle peut aussi éclater, dans ***Barbara***, en une formule-choc *(Quelle connerie la guerre)*, comme pour signifier que le carnage ne mérite pas d'être stigmatisé en termes nobles.

De tous les recueils de Prévert, ***Paroles*** est assurément le plus célèbre. Son succès n'a jamais fléchi et a toujours dépassé les clivages politico-idéologiques, puisque même *Le Figaro* — dont le lectorat rassemblait les principales cibles de Prévert —, sous la plume de Renaud Matignon, s'enthousiasmait en ces termes : « *Certains textes* [de *Paroles*] *ont paru dans des revues. Tous, ils font jaillir la même verve, langage poétique et débraillé, tendresse narquoise, impertinence de toutes sortes, anarchisme, anticléricalisme, raillerie du flic et du bourgeois, vivent l'amour, les cahiers au feu, les cerceaux, les amoureux, les jeux de mots, et les blagues, toutes les blagues, les plus profondes et les pirouettes, du bon et du mauvais goût, des chants de douceur et des chahuts de cancre, de l'horrible et du délicieux, du Prévert et des pas mûres — une fête un peu folle, qui tient à la fois du blues et de l'orphéon municipal* » (*Le Figaro*, 30 août 1986). Le recueil a été vendu en France à plus de 3 millions d'exemplaires, traduit dans de nombreuses langues, et les textes dont il se compose ne cessent d'être dits et chantés — certains d'entre eux l'étaient déjà avant d'être rassemblés. Parmi les interprétations les plus appréciées, on peut signaler celle du *Dîner de têtes*, mis en scène par Albert Medina en 1951, avec Roger Pigaut, et, pour figurer les invités, des acteurs qui portaient des masques confectionnés, entre autres, par Alberto Fabra, Paul Grimault, Elsa Henriquez, Maurice Henry, Labisse, Jacques Noël, Émile Savitry ; celle du *Dîner de têtes* et de *La Crosse en l'air*, réunis dans le même spectacle par Michel Boy en 1976 et repris fréquemment depuis ; celle de *La Crosse en l'air* par Guillaume Destrem, qui continuait à être représentée en 2000. On peut recommander aussi les enregistrements de textes du recueil par Prévert lui-même, par Marianne Oswald, Roger Blin, Mouloudji, Serge Reggiani, Catherine Sauvage.

CITATIONS

Entre l'arbre et l'écorce
une déesse de moelle
et de chair et d'eau fraîche
et de sève de printemps
et de rêve d'été
une reine souterraine
une dryade heureuse
chante sa chanson nue

Arbres.

Le savoir-vivre des hommes
n'est pas celui des arbres
et les hommes ont tort de dire
que les arbres ont l'ignorance
de mourir

Arbres.

Évadé perpétuel de la plus mauvaise
chance
encore une fois il a conduit
aux abattoirs du rêve et de l'indifférence
son bétail de souffrance et de petits ennuis

La Force de l'inertie... in *Charmes de Londres.*

Il suffit de voir à Paris ces grands seigneurs noirs en exil qui font la toilette du ruisseau pour comprendre que partout dans le monde une hampe à balai est un ustensile plus utile que n'importe quel manche à drapeau.

Rouge, in *Choses et autres.*

Passe le temps, l'ouvrier pointe, passe la vie, l'ouvrier entre, passe la vie, les voitures sortent.
Passe la vie, l'ouvrier reste, passe le temps, la vie rêvée, passe la vie, la vie rivée à la chaîne du travail forcé.

La Femme acéphale, in *Choses et autres.*

Les ténèbres ne sont jamais seules.
Rouges, les années-lumière les traversent, aussi quand les rideaux de la nuit sont tirés sur le silence du rêve ou l'oppressant tumulte de l'insomnie, l'être humain — photographe sans le savoir — développe, dans la chambre noire de sa mémoire, les images enregistrées au cours de sa journée.

Portrait de Doisneau, in *La Cinquième Saison.*

Dans chaque église, il y a toujours quelque chose qui cloche.

Graffiti, in *Fatras.*

Le sublime est corrosif.

Adonides, in *Fatras.*

Étranges étrangers
Vous êtes de la ville
vous êtes de sa vie
même si mal en vivez
même si vous en mourez.

Étranges étrangers... in *Grand Bal du printemps.*

La vie est une cerise
La mort est un noyau
L'amour un cerisier

Chanson du mois de mai, in *Histoires.*

C'est pas seulement ma voix qui chante
c'est d'autres voix une foule de voix
voix d'aujourd'hui ou d'autrefois

Cri du cœur, in *Histoires.*

Les hobereaux du domaine des idées demeurent perplexes devant les graffiti des vagabonds de la pensée.

Imaginaires.

Notre Père qui êtes aux cieux
Restez-y
Et nous nous resterons sur la terre
Qui est quelquefois si jolie.

L'Accent grave, in *Paroles.*

Il dit non avec la tête
mais il dit oui avec le cœur
il dit oui à ce qu'il aime
il dit non au professeur.

Le Cancre, in *Paroles.*

Bandit ! Voyou ! Voleur ! Chenapan !
C'est la meute des honnêtes gens
qui fait la chasse à l'enfant.

Chasse à l'enfant, in *Paroles.*

De deux choses lune
L'autre c'est le soleil.

Le Paysage changeur, in *Paroles.*

Démons et merveilles
Vents et marées
Au loin déjà la mer s'est retirée.

Sables mouvants, in *Paroles.*

Le paon fait la roue
le hasard fait le reste
Dieu s'assoit dedans
et l'homme le pousse.

La Brouette ou les Grandes Inventions, in *Paroles.*

Un certain Blaise Pascal
etc... etc...

Les Paris stupides, in *Paroles.*

L'enfant de mon vivant
sa voix de pluie et de beau temps
chante toujours son chant lunaire
ensoleillé
son chant vulgaire envié et méprisé
son chant terre à terre
étoilé

L'Enfant de mon vivant, in *La Pluie et le Beau Temps.*

tout dit je m'aime
tout dit je t'aime

Tout se caresse
et se dévore
Tout se détruit
et vit encore

Peintures de Luc Simon, in *Soleil de nuit.*

Il y a des gens qui dansent sans entrer en transe et il y en a d'autres qui entrent en transe sans danser. Ce phénomène s'appelle la Transcendance et dans nos régions il est fort apprécié.

La Transcendance, in *Spectacle.*

— Qu'est-ce que cela peut faire que je lutte pour la mauvaise cause puisque je suis de bonne foi ¿
— Et qu'est-ce que ça peut faire que je sois de mauvaise foi puisque c'est pour la bonne cause ¿

Représentation, in *Spectacle.*

Les jeux de la Foi ne sont que cendres auprès des feux de la Joie.

Intermède, in *Spectacle.*

Enfants, en Italie, Sacco et Vanzetti rêvaient peut-être à l'électrification des campagnes.

Intermède, in *Spectacle.*

Tout est perdu sauf le bonheur.

Intermède, in *Spectacle.*

JUGEMENTS

« *La méthode de Prévert apparaît en toute clarté dans le poème intitulé* Pour faire le portrait d'un oiseau. *Il est évident que, le tableau terminé, l'oiseau n'est plus là. Puisqu'il a chanté, il est libre, il s'est libéré et puisque le tableau était la cage (détruite) et l'oiseau (envolé), il n'y a plus de tableau, il n'y a plus rien. Et c'est là, dans ce rien que, à en croire Gourmont, gît la 'Pataphysique, là qu'elle fuse en mille artifices.* »

Noël Arnaud, « Au collège de 'Pataphysique », in *Magazine littéraire*, juin 1997.

« [...] *son anarchisme rêveur et un peu biscornu nous convenait tout à fait.* »

Simone de Beauvoir, *La Force de l'âge*, Gallimard, 1960.

« "La poésie est partout comme Dieu n'est nulle part" ; *cette formule tranchante extraite d'*Hebdromadaires *(1972), série d'entretiens écrits avec André Pozner, résume la conviction positive et la conviction négative sur laquelle s'établit tout l'œuvre poétique de Prévert. Ce système s'est encore durci dans ses dernières années.*

Le second texte de Choses et autres *(1972),* "J'ai toujours été intact de Dieu"*, redit le refus obstiné de la religion et de ses* "émissaires"*. Mais peut-être précisément ne fait-il que redire, et sa charge poétique est pratiquement nulle. Par un étrange paradoxe, cette poésie qui devait être partout, est absente du poème : six alinéas de prose où répétitions et homophonies prennent des allures de rabâchage et où le jeu de mots final,* concetto *populaire, paraît bien laborieux. La suite,* Graffiti*, dans le même recueil, a quelque chose de navrant, avec son athéisme maniaque* ("Une foi est coutume")*, ses contrepèteries de gamin vieilli* ("Du pouvoir des mots sur le mouroir des peaux")*, ses truismes — des purs, cette fois* ("Il n'y a pas cinq ou six merveilles dans le monde, mais une seule : l'amour").

[...]

Aux derniers recueils de Prévert, il manque ce qui a fait le succès de Paroles*, et ce qui en maintient le charme : le souvenir de la voix de Juliette Gréco ou d'Yves Montand. Aucun de ces poèmes ne chante en nous. Aucun n'appelle irrésistiblement la chanson. La musique n'est-elle plus que le* "soleil du silence" *(*Carmina Burana*, dans* Choses et autres*) ¿ Même un poème comme* "Le bon jeune temps" *paraît trop ténu. »*

Pierre BRUNEL, *La Littérature française aujourd'hui*, chap. 6, Vuibert, 1997.

« Il est indiscutable que son rôle dans Drôle de drame *est presque plus important que le mien. C'est vraiment lui qui m'a fait connaître l'humour noir, m'a montré l'importance qu'il fallait accorder aux personnages secondaires. Ses textes ont souvent l'air facile comme ça mais quand il faut dire en mettant un bijou sur les cheveux d'Arletty :* "un doux rayon de lune sur tes cheveux de nuit"*, ce n'est pas commode. »*

Marcel CARNÉ, entretien avec Fabrice ROULEAU, in *Magazine littéraire*, décembre 1979.

« L'œuvre de Prévert scénariste, adaptateur, dialoguiste — il conviendrait d'ajouter : décideur de castings — s'étend de 1928 à 1966. En elle-même, elle est d'une ampleur que seule permettra de mesurer la publication des inédits ; par la valeur ajoutée des réalisations effectives, depuis les souterrains de Si j'étais le patron *jusqu'aux projecteurs des* Enfants du paradis*, son influence fut profonde.* [...] *Prévert, chantre de la vie, tenant du rêve, certes, mais dans la réalité qu'il dépeint, le pessimisme l'emporte. Dans un moyen d'expression à tel point dominé par les soucis commerciaux que faire passer pareil message est déjà une gageure, il a dit ce qu'il avait à dire, sans fards, créé sinon comme il l'entendait, du moins suffisamment pour qu'on l'entende.* "Un homme avec un visage d'homme est entré..." *Avec les lumières, les ombres et les figures de l'homme, Prévert aura œuvré à hauteur de films. »*

Bernard CHARDÈRE, « Profession : auteur de films », in *Magazine littéraire*, juin 1997.

« Disons-le d'emblée, au risque de surprendre et aussi paradoxal que cela puisse paraître : Jacques Prévert fut l'un des responsables de la désaffection des lecteurs français pour la poésie. Il a laissé croire que celle-ci pouvait être synonyme de facilité et a fait bien des rimailleurs penser qu'il suffisait d'avoir été amoureux et d'aligner quelques mots pour obtenir un poème. Bref, il a troublé le jeu. Mais la "facilité" de Prévert n'est qu'apparente et c'est là où beaucoup se sont laissé prendre. [...] *Les poèmes de Prévert étaient faciles à retenir. On les chantait souvent. Ils fleuraient bon la tendresse et la générosité. De l'illusion qu'il avait créée, il fut lui-même victime. À trop l'aduler, on l'a mal compris et, contrairement à ceux qui perdent à la publication de leurs œuvres complètes (que personne, d'ailleurs, ne lit jamais dans leur totalité), Prévert y gagne : on prend de son œuvre une mesure plus juste. »*

Bernard DELVAILLE, « Sous le signe de la poésie », in *Magazine littéraire*, juin 1997.

« C'est vrai, l'élégance de Jacques Prévert est faite de cette allégresse légère que l'on retrouve dans sa façon de faire danser les mots. »

Robert DOISNEAU, *À l'imparfait de l'objectif*, Belfond, 1989.

« Prévert ne fait pas la chasse aux lieux communs pour le seul plaisr de se trouver un style. Conscient, plus que beaucoup d'autres, que les mots peuvent être salvateurs ou assassins, il nous propose de remettre en question toute idée reçue en prenant garde à ce que nous disons comme à ceux que nous entendons ou à ceux que nous lisons. N'est-ce pas là le commencement de la véritable sagesse, non pas celle des enfants dociles, mais celle des êtres qui refusent les traductions infidèles du monde et ont le courage de regarder le soleil en face au risque de s'y brûler les yeux ¿ Savoir vivre, nous apprend aussi cette œuvre, c'est prendre ce risque. »

Danièle GASIGLIA-LASTER, *Introduction* à Jacques PRÉVERT, *Œuvres complètes*, « Pléiade », t. I, Gallimard 1992.

« [Prévert] *écrit avec limpidité et un vrai naturel, parfois même avec émotion ; il ne s'intéresse ni à l'écriture, ni à l'impossibilité d'écrire ; sa grande source d'inspiration, ce serait plutôt la vie. Il a donc, pour l'essentiel, échappé aux thèses de troisième cycle. Aujourd'hui cependant il rentre à la Pléiade, ce qui constitue une seconde mort. Son œuvre est là, complète et figée. C'est une excellente occasion de s'interroger : pourquoi la poésie de Jacques Prévert est-elle si médiocre, à tel point qu'on éprouve parfois une sorte de honte à la lire ¿ L'explication classique (parce que son écriture* "manque de rigueur"*) est tout à fait fausse ; à travers ses jeux de mots, son rythme léger et limpide, Prévert exprime en réalité parfaitement sa conception du monde. La forme est cohérente avec le fond, ce qui est bien le maximum qu'on puisse exiger d'une forme. D'ailleurs quand un poète s'immerge à ce point dans la vie, dans la vie réelle de son époque, ce serait lui faire injure que de le juger suivant des critères purement stylistiques. Si Prévert écrit, c'est qu'il a quelque chose à dire ; c'est tout à son honneur. Malheureusement, ce qu'il a à dire est d'une stupidité sans bornes, on en a parfois la nausée. Il y a de jolies filles nues, des bourgeois qui saignent comme des cochons quand on les égorge. Les enfants sont d'une immoralité sympathique, les voyous* *sont séduisants et virils, les jolies filles nues donnent leur corps aux voyous ; les bourgeois sont vieux, obèses, impuissants, décorés de la Légion d'honneur et leurs femmes sont frigides ; les curés sont de répugnantes vieilles chenilles qui ont inventé le péché pour nous empêcher de vivre. On connaît tout cela ; on peut préférer Baudelaire. Ou même Karl Marx* [...]. *L'intelligence n'aide en rien à écrire de bons poèmes ; elle peut cependant éviter d'en écrire de mauvais. Si Jacques Prévert est un mauvais poète c'est avant tout parce que sa vision du monde est plate, superficielle et fausse. Elle était déjà fausse de son temps ; aujourd'hui sa nullité apparaît avec éclat, à tel point que l'œuvre entière semble le développement d'un gigantesque cliché. Sur le plan philosophique et politique, Jacques Prévert est avant tout un libertaire ; c'est-à-dire, fondamentalement, un imbécile. »*

Michel HOUELLEBECQ, « Permettez ! », in *Les Lettres françaises*, n° 22, juillet 1992, rééd. sous le titre « Jacques Prévert est un con », in *Rester vivant et autres textes*, Librio, 1999.

« Prévert ne s'engage pas dans un combat, ne se jette pas dans épopée ni légende, ne décide pas, ne part pas. Il s'engloutit dans ce qui vient. Pas de choix, des rencontres, au grand bonheur la chance, et c'est sa vie qui lève l'ancre : Prévert était voué de naissance à ce surréalisme auquel il va adhérer. Il laisse venir : il y a toujours une tempête à rencontrer. Jacques rince les verres et essuie les tempêtes. Il titube solennellement, et en riant aux éclats, devant les rapports de force, devenus des rapports de farce, qui président aux sociétés humaines. Ses deux bêtes noires sont celles qui, à ses yeux, mutilent : Dieu et l'autorité. Contre eux, les mots, le rire, le cocasse, le tendre. Le poète, le plombier, l'amoureux se valent : ils sont la parole.

[...]

On se représente mal, aujourd'hui, la révolution de Paroles *— qui fut le premier best-seller de poésie en France, avant la naissance des livres de poche : pour la première fois, on donnait la parole à la parole, et la poésie venait déjeuner à la maison. Les objets usuels, cigarette ou chewing-gum, portent ici leur vrai nom, et Picasso se promène entre deux pages. Ce n'est pas le poétique qui est vrai. C'est la vérité qui est la poésie. Les forts en thème citaient les alexandrins. Désormais, les cancres parlent aussi, et Prévert avec eux.* Paroles, *c'est la réhabilitation du mauvais élève, et Baudelaire au bistro, et Rimbaud dans les embouteillages, entre métaphore et calembour, moyens d'expression fraternels.*

Il y a une grande marge entre cette célébration de tout et une esthétique du n'importe quoi. Prévert n'est nullement un poète qui écrit tout ce qui lui passe par la tête. Il fouille dans le ruisseau : mais c'est pour s'y faire batelier de la Volga et pêcheur de lune. C'est l'affaire de rythme et de refus. Prévert est aussi un poète savant, lui qui connaît René Char et Villon, et Max Ernst et Dalí.

[...]

Prévert ajoutait : "La poésie est partout comme Dieu est nulle part". *Belle définition d'agnostique, et qui cerne Prévert lui-même, poète quotidien et inattendu, comme une lueur narquoise à la sortie des bureaux. »*

Renaud MATIGNON, « Jacques Prévert. La Poésie du quotidien », in *Le Figaro littéraire*, 5 mars 1990.

« Jacques Prévert est un ouvrier des mots et il aime le travail bien fait. On ne nous étonnera point en nous apprenant que ses poèmes lui coûtent des efforts. Ils ne se remarquent pas, de même que l'arbre s'évanouit dans le meuble du menuisier, et la colle et les pointes et la sueur. Mais ce sont objets solides et qui défient les ans. L'objet de bois finement ouvragé et qui s'élève, aérien, donne un plaisir céleste. Heurtez-le du doigt, il rend un son plein. Ne le heurtez pas violemment de la tête, il pourrait vous la briser. »

Maurice NADEAU, « Jacques Prévert ou l'Avènement de la poésie matérialiste », in *La Revue internationale*, juin-juillet 1946.

« Rebelle et amoureux, révolté, malicieux, cordial et triste, intarissable et si secret... On croit tout savoir de Prévert, on ne cesse de découvrir l'incroyable flux de sa créativité. On ne cesse, surtout, d'admirer la droiture du citoyen poète, les inflexibles engagements de l'homme que l'artiste jamais ne trahit — et réciproquement. Le mégot rougeoyant sous le regard cerné, le "compagnon des mauvais jours" *nous escorte encore. Ses* "démons et merveilles" *nous sont* "soleil de minuit". *Sa chanson toujours nous ressemble. »*

Anne-Marie PAQUOTTE, « Le bonheur est dans Prévert », in *Télérama*, 9 avril 1997.

« La génération actuelle se retrouve dans ses paroles qui portent, sans discours et sans démagogie, tous les thèmes qui lui sont chers : la liberté, la colère, la rébellion, la haine de l'exclusion, la lutte contre les abus de pouvoir et d'autorité, le regard fraternel sur les victimes, le besoin d'humaniser la vie, la nécessité d'un amour pur sans dogme et sans calcul. Le style de Prévert, sans rime apparente, tout en rythme et en musicalité s'adapte aux styles nouveaux de la chanson. Tous les essais qui ont été tentés par des rappeurs, par exemple, ont été des réussites et parions que d'ici peu Prévert devienne une référence pour les formes nouvelles de l'expression musicale populaire. »

Alain POULANGES, « C'est une chanson qui nous ressemble... », in *Magazine littéraire*, juin 1997.

« Il faut les lire ces textes. Bien les méditer, surtout ceux écrits dans les dernières années de sa vie [...]. *Tout à coup, c'est une tonalité nouvelle* [...] *à la fois ironique et souveraine. Dimension neuve d'une œuvre que nous voyons finie et qui en vérité, jamais ne s'acheva... »*

Henri-François REY, « Prévert toujours présent », in *Magazine littéraire*, mars 1981.

« Les mille modulations du rire figurent à la carte : de la dérision au sarcasme, de la raillerie à l'humour, du plus gros au plus raffiné.

Tout est bon à Prévert pour susciter la gaieté : les anachronismes, les mots-valises (bourrés d'explosifs), les détournements d'expressions toutes faites, de lieux communs, d'idées reçues (et il y en a), les lois physiques escamotées, les locutions prises au pied de la lettre, etc., etc.

[...] *Ce contempteur de l'éducation obligatoire possède une culture tous azimuts sans cesse aux aguets de l'actualité qui alimente son propos.* »

André TILLIEU, « Un grand dans la cour des petits »,
in *Le Peuple*, 6 septembre 1996.

« [...] *on est charmé par la diversité des formes utilisées par Prévert, qui passe constamment de la prose à la poésie et inversement, alterne des textes très longs avec des textes très courts, invente, avant Ionesco, un théâtre de l'absurde* (Le Visiteur inattendu), *pastiche le Nouveau Roman* (Feuillets trouvés dans une chambre d'hôtel), *cligne de l'œil à la psychanalyse en mêlant allègrement mythologie grecque et mythologie chrétienne, Œdipe et Jésus* (Complexes). [...]. *Et puis, dans ce que Prévert écrit au cours des années 60 et 70, quel éclatant démenti à ceux qui auraient voulu — et veulent encore ¿ — l'enterrer après son accident de 1948 ! Toujours attentif, jusqu'au bout, aux événements présents ou à venir, il proteste contre la pollution des mers, le massacre des forêts, la proliféraction nucléaire, se solidarise avec le mouvement de mai 68, défend Angela Davis, dit son horreur de la guerre du Viêt-Nam, de la conduite des hommes envers les veaux élevés dans les cages et* "soufflés aux œstrogènes", *du développement des armes chimiques et bactériologiques, attaque le fanatisme religieux...* »

André VIREL, « Prévert, suite »,
in *La Quinzaine littéraire*, 1er au 15 juin 1996.

BIBLIOGRAPHIE

Éditions

Œuvres complètes, éd. D. GASIGLIA-LASTER et A. LASTER, « Pléiade », Gallimard, 1992 et 1996, 2 vol.

La plupart des recueils de Prévert sont disponibles en collections de poche « Folio », « Folio Plus », « Folio junior », « Folio cadet » et « Folio benjamin », chez Gallimard.

Choses et autres, « Folio », Gallimard, 1975.

Collages, Gallimard, 1982.

Les Enfants du Paradis, le scénario original, éd. B. CHARDÈRE, Jean-Pierre de Monza, 1999.

Paroles, éd. M. BIGOT et Br. VERCIER, « Folio Plus », Gallimard, 1997.

La revue *L'Avant-Scène Cinéma* a fait paraître des transcriptions de dialogues de Prévert pour des films tournés. Trois films de Carné ont été publiés par les Éditions Balland en albums sous forme de photogrammes accompagnés des dialogues de Prévert. Plusieurs « scénarios » de Prévert ont été publiés par Gallimard d'après des découpages avant tournage des films correspondants.

Études

B. CHARDÈRE, *Jacques Prévert : inventaire d'une vie*, « Découvertes », Gallimard, 1997.

J. CHAREYRE, *Les formes du comique dans les poèmes de Jacques Prévert parus en recueil, de « Paroles » à « Imaginaires »*, thèse de doctorat, Université de Grenoble, 1984.

Y. COURRIÈRE, *Jacques Prévert*, Gallimard, 2000.

M. FAURÉ, *Le groupe Octobre*, Bourgois, 1977.

D. GASIGLIA-LASTER, *Jacques Prévert, « Celui qui rouge de cœur »*, Séguier, 1986, rééd. 1994 ; *Danièle Gasiglia-Laster présente « Paroles » de Jacques Prévert*, « Folio-thèque », Gallimard, 1993.

J.-Cl. LAMY, *Prévert, les Frères amis*, Julliard, 1997.

A. LASTER, *Jacques Prévert, un poète*, « Folio junior », Gallimard, rééd. 1998.

J. SADELER, *À travers Prévert*, Larousse, 1975.

Jacques Prévert, « Portraits d'auteurs », Marval, 1997.

« Prévert », in *Magazine littéraire*, juin 1997, pp. 16 à 62.

« Prévert », in *Europe*, nos 748-749, 1991.

Télérama hors série, avril 1997.

AUDIO & VIDÉO

K7

Prévert, 1. *L'Enfance*, 2. *La Musique*, 3. *L'Anticléricalisme*, 4. *L'Amour*, éd. A. POULANGES et J. PEZET, Radio France, 1992, 4 K7, rééd. 2000, 4 CD.

CD

Jacques Prévert dit par Prévert, avec Henri CROLLA à la guitare, Jacques Canetti, 1990.

Jacques Prévert et ses Interprètes, 175 titres, Polygram, 1992, 6 CD.

Vidéo

De nombreux films auxquels Prévert collabora comme scénariste et/ou dialoguiste sont disponibles en vidéo VHS (Panda Films, René Chateau, etc.).

J.-Chr. AVERTY, *Prévert de Montand*, PG, 1996.

PRÉVOST

Abbé PRÉVOST

Antoine-François PRÉVOST

Prit pour nom de plume PRÉVOST d'EXILES (du nom d'une ville du Briançonnais), surtout pendant la décennie 1731 à 1741.

Hesdin (act. Pas-de-Calais) 1697 - Chantilly (act. Oise) 1763

> « [...] *de l'abbé Prévost nous arrive la puissante race des observateurs, des psychologues, des véritalistes. C'est avec* Manon Lescaut *qu'est née l'admirable forme du roman moderne.* »
>
> Guy de MAUPASSANT, *Chroniques*, t. III, octobre 1889.

> « [...] Manon Lescaut, *ce chef-d'œuvre de bassesse dans la pensée et dans le sentiment et de platitude dans l'expression* [...]. »
>
> Jules BARBEY d'AUREVILLY, *Goethe et Diderot*, 1880.

Une vie romanesque

De la prêtrise à la défroque

Issu d'une famille de notables provinciaux — son père était avocat au parlement et procureur du roi —, Antoine-François Prévost, 3e de 6 enfants — entouré de 2 frères aînés, d'une sœur et de 2 frères plus jeunes —, fit ses études au collège des jésuites d'Hesdin. Après une enfance heureuse, marquée notamment par son excellente entente avec sa sœur cadette Thérèse-Claire, et par des lectures romanesques, il hésita entre l'armée — s'engageant à plusieurs reprises entre 1712 et 1719 — et l'Église. Ayant, en 1711, perdu sa sœur et sa mère — son futur personnage Des Grieux est, lui aussi, orphelin de mère —, il finit, « *après une affaire malheureuse* », ainsi qu'il désigna cet épisode resté obscur, par entrer chez les bénédictins de Jumièges (1721). Mais il avoua plus tard avoir prononcé ses vœux avec restriction mentale et resta déchiré : étudiant en théologie après avoir été élève dans des collèges de jésuites, il fréquenta des abbayes jansénistes à partir de 1722-1723. En 1724, il fit passer en Hollande une satire libertine de la Régence, ***Les Aventures de Pomponius***, qu'il avait écrite dès 1720. Ordonné prêtre en 1726, il se livra, en véritable bénédictin, à des travaux historiques d'érudition à l'Abbaye de Saint-Germain-des-Prés en 1728.

Mais, en octobre de la même année, il s'enfuit, et cette défroque subite, sept ans après ses vœux, fut suivie de quinze années d'errance (entre la France, la Hollande, l'Angleterre, l'Allemagne), de scandales (escroqueries, prisons, apostasies) et d'aventures littéraires : dans des difficultés de tous ordres, il produisit une œuvre romanesque considérable, très lue au XVIIIe siècle, fascinante par sa cohérence, son intensité et un curieux mélange d'extravagance et d'ironie. Au moment de cette fuite, Prévost venait à peine de publier les deux premiers tomes des ***Mémoires et Aventures d'un homme de qualité qui s'est retiré du monde***, qu'il compléta en 1730 et conclut par l'***Histoire du chevalier des Grieux et de Manon Lescaut*** (1731) : dans les longs mémoires rétrospectifs du narrateur Renoncour, qui raconte d'abord son amour tragique pour Sélima, puis ses échecs de pédagogue incapable de guider son élève Rosemont et de lui épargner de dangereuses liaisons, prend ainsi place, avant de s'en échapper, le récit véhément, fait en quelques heures par Des Grieux, de sa passion malheureuse pour l'insaisissable Manon.

D'emblée, le succès fut immense : on s'attacha à la tonalité pathétique de l'œuvre, au conflit entre les passions anarchiques et l'aspiration à un ordre moral et social, sinon à la paix religieuse, à la multiplication des perspectives autour d'un même épisode ou par association d'histoires analogues, à la liberté d'invention qui permet, dans un cadre très unifié, de multiplier les anecdotes, les histoires intercalées et une peinture des mœurs et de la culture anglaises puis du monde parisien de la fin du règne de Louis XIV.

Un romancier par amour

Réfugié en Angleterre depuis 1729, à la faveur d'une conversion à l'anglicanisme, Prévost y fut précepteur, et ne cessa d'évoquer ce pays dans ses romans et dans son journal. Puis une affaire de cœur avec la sœur de son élève l'obligea, en 1729-1730, à quitter l'Angleterre pour la Hollande, où il entama, en avril-mai 1731, une longue liaison avec Lenki, *alias* Hélène Eckardt. Par son train de vie, cette femme très dépensière poussa *de facto* Prévost à entamer — sous le pseudonyme de Prévost d'Exiles — une carrière littéraire... à des fins d'abord pécuniaires. C'est ainsi que, parallèlement à ***Manon Lescaut***, il entreprit son œuvre la plus ambitieuse, ***Cleveland***, qu'il n'acheva qu'en 1739.

Vivant donc de sa plume mais assailli de dettes, Prévost regagna l'Angleterre en 1733, où il commença la rédaction d'un journal fort bien accueilli, ***Le Pour et Contre***, qu'il poursuivit jusqu'en 1740.

En décembre 1733, Prévost fut incarcéré pendant cinq jours pour faux et usage de faux, puis libéré à l'instigation de sa propre victime. Revenu en France en 1734, il y obtint des succès mondains, ainsi que sa réintégration chez les bénédictins à la condition d'entamer un nouveau noviciat. En 1735 — date à laquelle fut saisie, sous l'accusation de jansénisme, une nouvelle édition de ***Manon*** —, il se mit à un nouveau grand roman, ***Le Doyen de Killerine***, dont les derniers tomes ne parurent qu'en 1740. Prévost le situa dans les années 1690 et confrontait son narrateur, le monstrueux doyen défendant les valeurs de l'Église et de la famille, à ses frères, Patrice et Georges, et à sa sœur Rose, en quête, eux, de gloire, d'amour ou de plaisir. Tout en laissant son mémorialiste professer une austère morale, le romancier s'amusait à le plonger dans des aventures grotesques ou scabreuses, et il ne faisait ici triompher le pouvoir politique et la religion que pour rendre douteux leur combat et équivoque leur succès. Prévost devint, en 1736, aumônier du prince de Conti, protecteur puissant, athée, libertin : ses problèmes financiers ne disparurent pas, mais s'atténuèrent. En 1737, il se lia avec Voltaire, qui lui confia la correction de ses œuvres. Dès l'année suivante, le tragédien de *Zaïre* reprocha à l'auteur de ***Manon*** de mal le défendre des attaques de Desfontaines. En 1739, Prévost n'assista pas aux obsèques de son père. Ainsi, à la fin des années 1730, les difficultés financières, sous la forme de dettes vertigineuses provoquées par sa liaison avec Lenki, s'accumulèrent derechef. Menacé d'un décret de prise de corps, il dut arrêter la publication du ***Pour et Contre***, et, pour avoir imprudemment annoté des écrits dénigrant la Cour, il dut de nouveau s'exiler, en 1741, vers Bruxelles puis Francfort, après avoir publié 2 biographies historiques, l'***Histoire de Marguerite d'Anjou*** (1740) et l'***Histoire de Guillaume le Conquérant*** (1742) et 3 romans brefs, ***Histoire d'une Grecque moderne*** (1740), ***Mémoires pour servir à l'histoire de Malte*** et ***Les Campagnes philosophiques ou Mémoires de M. de Montcal*** (1741). Dans le premier de ces romans, Prévost offrait une version noire de ***Manon Lescaut***, en jouant de l'opposition entre le genre des mémoires (de type autobiographique) et celui de l'histoire (de type biographique) : le narrateur prend la plume pour justifier sa conduite et comprendre la folle passion qu'il a éprouvée pour une jeune Grecque, Théophé, qu'il a libérée du sérail et a initiée à la morale occidentale pour l'asservir à son désir. En racontant l'histoire de cette femme, il révèle sa propre incapacité à entendre le discours qu'elle lui tient, à partager son point de vue, et fait apparaître la contradiction où le couple est enfermé. Pour retrouver son autonomie, Théophé se refuse à son protecteur, et, en exaspérant son désir, parvient à le dominer : il va jusqu'à lui proposer le mariage, et reste le spectateur impuissant de son mystère. Les apories de l'amour, le désenchantement, le sentiment du vide, d'une dissolution du moi, sont encore plus marqués dans les deux autres romans de cette période. Également sous forme de mémoires, ils accusent jusqu'au vertige les idéaux invoqués par les narrateurs et ce que révèlent leur comportement, les contingences de l'action et les accidents de la vie sentimentale : on peut voir dans leur discours aussi bien l'expression de leur mauvaise foi que la preuve de leur aveuglement ou que la fidélité nostalgique à une identité et à un monde révolus. Ainsi, le commandeur de Malte parle encore de passion et de devoir, mais cherche à concilier réussite sociale et plaisir de l'amour, et, quand sa maîtresse lui revient défigurée par la maladie, il l'abandonne froidement. M. de Montcal, lui, raconte, avec la dignité du soldat, sa belle carrière de traître : traître à son pays, puisqu'il est passé au service de l'ennemi en Irlande ; à son chef, M. de Schomberg dont il exploite les séniles désirs ; à l'amour, puisqu'il ne cesse de passer d'une femme à l'autre et en tirerait volontiers profit.

De l'aventurier au polygraphe

Après 1742, Prévost revenu à Paris et gracié, mit un terme définitif à sa liaison avec Lenki, entreprit une nouvelle carrière moins agitée, et se consacra presque exclusivement à des travaux de compilation, d'édition et de traduction qui lui assurèrent stabilité financière et respectabilité. Ses romans furent réédités, restèrent appréciés, mais il en écrivit peu de nouveaux : en 1745, les indécis ***Mémoires d'un honnête homme*** et, paru posthume en 1764, le ***Monde moral***, qui est plutôt un recueil d'histoires singulières. Prévost, qui acquit en 1746 une petite maison à Chaillot, travailla désormais de seconde main. Il poursuivit son travail de médiation entre la France et l'Angleterre, et traduisit la *Vie de Cicéron* (1743) de Conyers Middleton — religieux qui fit scandale, en 1748, en contestant la réalité des miracles chrétiens —, suivie de ***Lettres de Cicéron*** (1744). Il fit connaître Richardson, en rendant peut-être un peu trop conformes au goût de l'époque ***Clarisse Harlowe*** (1751) et l'***Histoire de sir Charles Grandison*** (1755 à

1758), avant de traduire 3 autres romans anglais moins connus, les ***Mémoires pour servir à l'histoire de la vertu*** de Sheridan (1762), ***Almoran et Hamet*** de Hawkesworth (1763) et ses ***Lettres de Mentor à un jeune seigneur*** (posth., 1764). Il adapta aussi de l'anglais un petit dictionnaire de termes rares ou anciens, ayant trait aux sciences et techniques, le ***Manuel lexique*** (2 vol., 1750 et 1755).

Après sa traduction libre des ***Voyages du capitaine Robert Lade*** (1744), Prévost fut invité par D'Aguesseau à s'occuper de l'***Histoire générale des voyages*** : la collection était vendue par souscription, et, à raison d'un volume par an de 1745 à 1759, en totalisa 15. Prévost se contenta au départ de traduire sans autorisation la version anglaise — les deux pays étaient en guerre —, mais, à partir du volume VIII, ce fut lui qui rassembla et organisa les matériaux. Il conçut les récits de voyage — dont il offrait des extraits critiques et raisonnés — comme des documents de première main sur tous les continents, leur exploration — qui prenait parfois la couleur du roman —, leur exploitation et leurs multiples cultures : il partageait ainsi certaines ambitions de l'*Encyclopédie*, qui sut en tirer profit. Grâce à cette entreprise, les Français purent disposer de tous les récits de voyage en Amérique (vol. XII à XV). Prévost revint, parallèlement, au journalisme en prenant brièvement la tête du *Journal étranger* (1755). Pourvu, depuis 1754, d'un petit prieuré dans le diocèse du Mans, il s'installa près de Chantilly en 1760 et y mourut d'apoplexie, trois ans plus tard.

Ainsi, toute l'existence de Prévost fut partagée entre l'attrait de l'aventure et le goût de la retraite qui donnèrent à ses romans leur tension intérieure, et déterminèrent sa carrière d'écrivain, prêtre et défroqué, romancier et érudit, chantre de la passion et moraliste : autant d'images opposées que ses contemporains ont retenues de sa vie et de ses œuvres.

Une écriture polyphonique

Prévost voulut être à la fois un romancier, un érudit et un savant exégète, en même temps qu'un homme des Lumières cherchant à diffuser le savoir et à faire connaître les cultures étrangères. Ce désir de briser les barrières qui séparent les divers champs littéraires se retrouve dans sa pratique du roman. Prévost s'est emparé du genre alors dominant des mémoires, y a greffé celui, plus ancien, des « *histoires* », et l'a nourri de ce qui, depuis deux générations, était tenu à l'écart : le romanesque des aventures, des intrigues complexes, des débordements passionnels. Il donna plein pouvoir à l'imagination, tout en faisant du roman un instrument d'enquête morale, de réflexion sur les cultures, de débats philosophiques, d'interrogations métaphysiques : il créa un héros moderne en train de perdre ses références religieuses, qui les invoque sans cesse, découvre leur fausseté ou leur absurdité et doit affronter la liberté de ses instincts et de ses pouvoirs.

La création de Prévost se déploya sur deux rythmes distincts : aux romans longs, complexes, dont la composition est étirée, succédèrent des textes brefs, fulgurants, presque improvisés. Prévost, disait-on au XVIIIe siècle, écrit bien : on aimait son écriture claire, articulée, d'une expressivité toujours retenue. Mais cette surface unie est trompeuse : l'auteur ne parle jamais en son nom, présente le discours de ses narrateurs, de ses personnages ou des divers auteurs qu'il sollicite. Cette parole médiate, il montre toujours à son lecteur comment elle se forge dans une relation conflictuelle avec d'autres discours, qui défendent leurs propres intérêts, leurs interprétations, leurs évaluations.

Ce qu'il y a de lisse, d'ordonné, de séduisant dans son style, Prévost incite donc à le lire comme le résultat d'une violence sous-jacente. Pour cela, il privilégie deux techniques. D'une part, il imbrique les discours, affectionne le style indirect où, dans de longues périodes qui entassent les subordonnées complétives, chacun essaye de neutraliser l'autre, et d'intégrer ce qu'il a dit à sa propre interprétation des faits : « *Je lui représentai que, s'il n'y avait point de péril pour elle, il y en avait beaucoup pour moi, qui ne manquerais point tôt ou tard d'être reconnu, et qui serais continuellement exposé au malheur que j'avais déjà essuyé. Elle me fit entendre qu'elle aurait du regret à quitter Paris. Je craignais tant de la chagriner, qu'il n'y avait point de hasards que je ne méprisasse pour lui plaire ; cependant nous trouvâmes un tempérament raisonnable, qui fut de louer une maison dans quelque village voisin de Paris, d'où il nous serait aisé d'aller à la ville lorsque le plaisir ou le besoin nous y appellerait* » (***Manon Lescaut***, I). D'autre part, il multiplie les perspectives, soit qu'il offre plusieurs versions d'une même histoire, soit qu'il contredise l'élan démonstratif, souvent pathétique, de ses personnages, en glissant des éléments triviaux ou des indices de leur mauvaise foi : « *Le dirai-je à ma honte ? Je profitai en peu de temps des leçons de mon maître. J'acquis surtout beaucoup d'habileté à faire une volte-face, à filer la carte, et m'aidant fort* *bien d'une longue paire de manchettes, j'escamotais assez légèrement pour tromper les yeux des plus habiles, et ruiner sans affectation quantité d'honnêtes joueurs. Cette adresse extraordinaire hâta si fort les progrès de ma fortune, que je me trouvai en peu de semaines des sommes considérables, outre celles que je partageais de bonne foi avec mes associés. Je ne craignis plus, alors, de découvrir à Manon notre perte de Chaillot, et, pour la consoler, en lui apprenant cette fâcheuse nouvelle, je louai une maison garnie, où nous nous établîmes avec un air d'opulence et de sécurité » (ibid.).* Prévost produit ainsi des effets de dissonance, auxquels il donne une valeur parfois tragique. Plus généralement, par l'interférence des voix et des points de vue — aboutissant à une structure romanesque toujours labyrinthique —, il crée une impression de confusion et de trouble, comme si l'individu était incapable de donner une unité ou une cohérence à tous les discours qui le sollicitent, à leurs prétentions morales ou religieuses, à leurs références culturelles : « *Direz-vous comment font les Mystiques, que ce qui tourmente le corps est un bonheur pour l'âme ? Vous n'oseriez le dire ; c'est un paradoxe insoutenable. Ce bonheur, que vous relevez tant, est donc mêlé de mille peines, ou, pour parler plus juste, ce n'est qu'un tissu de malheurs au travers desquels on tend à la félicité » (ibid.).*

Un protée qu'on ignore

Le seul nombre de ses imitateurs et continuateurs montre que le succès de Prévost fut considérable de son vivant. Et sa place dans l'histoire du roman français, par son influence immédiate sur Rousseau puis sur Chateaubriand, reste essentielle. Assurant la synthèse des diverses formes prises jusqu'alors par le roman d'aventures et d'amour — hérité de l'Antiquité puis du Moyen Âge, remis à l'honneur par Urfé, La Calprenède et Mlle de Scudéry, recentré sur l'analyse psychologique par Mme de Lafayette, nourri de didactisme et de pédagogie chez Gomberville et Fénelon, coloré de réalisme chez Sorel —, et dépassant les esthétiques plus restreintes de ses confrères contemporains — le roman de mœurs de Lesage, le roman psychologique de Marivaux —, Prévost a imposé une sensibilité nouvelle, annonçant le romantisme.

Toutefois, parce que ce roman innovait en décrivant la lutte de l'amour contre la société, fût-ce au prix de la déchéance et de l'avilissement, le XIXe siècle a immortalisé ***Manon*** aux dépens de son auteur et des dizaines d'autres volumes romanesques qu'il avait composés. Prévost est mort une seconde fois d'avoir été réduit, par les jugements dithyrambiques de Musset, Sainte-Beuve, Flaubert, Maupassant, à sa seule *Manon*. De nos jours, Prévost reste, en effet, l'auteur de ***Manon Lescaut***, l'un des romans français les plus célèbres, à la fois emblème du XVIIIe siècle, de son élégance, de sa frivolité, de sa sensibilité, et figure de l'amour fou, au point que son héroïne a pris la dimension d'un mythe. Pourtant, il y a une ironie cruelle à n'identifier Prévost qu'à ***Manon Lescaut***, parce que c'est négliger l'œuvre romanesque la plus vaste et la plus riche du XVIIIe siècle.

En 1783, l'éditeur des ***Œuvres choisies de l'Abbé Prévost*** ne retint que ses romans (et ses traductions de romans) et, quand cette collection fut reprise, en 1823, elle porta le titre d'***Œuvres de Prévost***, laissant tout le reste de son travail dans l'ombre. Bientôt, et pour très longtemps, ***Manon Lescaut***, en qui l'on découvrit autant de romantisme que de réalisme, échappa seul à l'oubli.

Les analyses modernes ont amorcé le mouvement inverse, en expliquant la réussite de ***Manon*** par la mise en œuvre d'une poétique originale que Prévost avait expérimentée, développée, enrichie dans l'ensemble de ses romans. Elles montrent comment Prévost joue des contradictions entre le présent et le passé, entre le moi et l'objet aimé, entre la passion de l'ordre et le désordre de la passion, de la dérive des interprétations, de l'incapacité à jamais saisir la réalité autrement qu'à travers les discours qui cherchent à l'infléchir ou à lui donner forme. Néanmoins, ce trop récent effort de réhabilitation de l'œuvre globale de l'abbé Prévost n'a pas encore porté tous ses fruits.

ŒUVRES

Cleveland

Roman en 7 tomes publié à Utrecht chez Étienne Néaulme, en 1731 (t. I et II), 1732 (t. III et IV) — le tome V est un apocryphe désavoué par Prévost —, 1738 (t. VI) et 1739 (t. VII et VIII), et sudivisé en 15 livres, sous le titre ***Le Philosophe anglais ou Histoire de Monsieur Cleveland, fils naturel de Cromwell, écrite par lui-même, et***

***traduite de l'anglais par l'auteur des « Mémoires d'un Homme de Qualité »**.*

Maudit par son père naturel, le féroce dictateur Cromwell, Cleveland s'est réfugié, avec sa mère qui y meurt, dans une caverne de Cornouailles, où il rencontre Fanny, fille du proscrit Axminster, dont il tombe amoureux. Après un exil en France, les jeunes gens sont séparés par l'Atlantique, puis se retrouvent dans les Appalaches où ils se marient selon le rite indien, Cleveland devenant chef de la tribu des Abaquis. En vain tente-t-il de réaliser l'utopie d'un régime naturel idéal. Les jeunes mariés et leur fille sont faits prisonniers par de cruels cannibales, les Rouintons : si les parents parviennent à La Havane, leur fille a été enlevée. Nourrie par les perfidies de Gelin, aventurier soupirant, la jalousie pousse Fanny à quitter Cleveland et à gagner l'Europe. Installé lui aussi en France, Cleveland retrouve espoir et réconfort auprès d'un jésuite et tombe amoureux de Cécile de R... : passion réciproque mais impossible, dès lors qu'il découvre — évitant l'inceste de justesse — qu'il s'agit de sa fille ! Alors que la famille s'est reconstituée, Cécile, incapable de dominer cet amour interdit, se laisse mourir en communion mystique avec Dieu. Désespéré, Cleveland, en Angleterre — où repose leur fille —, se réfugie, avec Fanny la catholique et lord Clarendon l'anglican, dans l'étude des religions.

Prévost conçut ***Cleveland*** comme une somme susceptible de reprendre toutes les composantes du roman traditionnel — en particulier, son invention — et de les mettre au service d'une esthétique et d'une pensée modernes. Il en a fait un roman poétique : sous la forme de mémoires, il présente le point de vue d'un héros voué au malheur et qui entretient sa mélancolie par l'écriture et le souvenir. Mais ***Cleveland*** est aussi un roman historique : à travers le destin de son héros, Prévost peint l'Angleterre de Cromwell, puis la cour du roi Jacques II exilé en France, les colonies anglaises et l'Amérique, enfin la France de Louis XIV pendant les premières années du règne. Cette œuvre est ensuite un roman politique : Prévost démonte les mécanismes du pouvoir, son fondement irrationnel ou religieux, ses tentations totalitaires, en confrontant les régimes anglais et français à 4 sociétés imaginaires qu'il situe dans le Nouveau Monde et organise en diptyques : une utopie réussie, et l'autre qui vire au cauchemar, un peuple sauvage, et l'autre asservi et détruit par le rêve colonial du héros. L'aspect philosophique de ce roman est traduit par le parcours de son héros : Cleveland, en quête du bonheur et de la sagesse, est initié par sa mère à une morale stoïcienne, puis, sollicité par les catholiques et les protestants, il connaît la tentation du libertinage, et conclut sur une mystérieuse *« conversion »*. Il s'agit, enfin, d'un roman de la passion : les personnages poussent la frénésie et l'aveuglement jusqu'à anéantir ce qu'ils aiment ou jusqu'à se détruire eux-mêmes.

La composition de ***Cleveland*** s'étendit sur presque dix ans, de 1731 à 1739, Prévost se consacrant en même temps à d'autres œuvres comme ***Le Pour et Contre*** et ***Le Doyen de Killerine***. Cette lenteur explique les aléas de la publication : il parut d'abord une traduction anglaise des tomes I et II ; Néaulme en Hollande fit paraître les 4 premiers tomes, repris en France sous une forme expurgée, puis il demanda à un autre auteur, en 1734, de terminer le roman laissé en suspens : cette fin apocryphe était si antijésuite qu'elle fut désavouée par Prévost, qui attendit encore quatre ans pour conclure.

Cleveland a tout de suite remporté un grand succès, et fut aussitôt publié en français, traduit en anglais, en hollandais, en allemand — avant de l'être en italien et en russe —, fit l'objet de suites, de faux, d'imitations, et connut une vingtaine d'éditions jusqu'en 1823. Mais il n'a été ensuite réédité qu'en 1977.

Manon Lescaut

Titre abrégé du roman — en 2 parties numérotées mais non titrées — ***Histoire du chevalier des Grieux et de Manon Lescaut*** (1731), 7e et dernier tome des ***Mémoires et Aventures d'un homme de qualité qui s'est retiré du monde*** (1728 à 1731), publié *« aux dépens de la Compagnie »* [des libraires d'Amsterdam], puis séparément dès 1733, et enfin dans une version révisée et augmentée en 1753.

Ce roman est l'histoire-emblème de l'amour fou d'un jeune noble de province pour une fille galante, mais aussi amoureuse. Deux ans après une brève escapade à Paris, où elle finit par préférer un financier à la misère, Manon, enrichie, vient enlever Des Grieux à son séminaire, tous deux menant joyeuse vie tant que l'argent ne manque pas. Mais des déboires pécuniaires poussent Des Grieux à se faire tricheur et Manon à se procurer de l'argent par des moyens peu honorables que les exigences de fidélité du chevalier transforment en délits punis par la loi. Si le chevalier ne risque que la prison de Saint-Lazare, destiné aux fils de famille, Manon, marquée par *« l'Hôpital »*, encourt, à la suite de nouvelles mésaventures douteuses, la déportation à La Nouvelle-Orléans, où Des Grieux l'accompagne finalement. Là commence, pour ce couple que l'on croit marié, une vie neuve dans un monde nouveau, avec un bonheur plein en perspective : *« Ô Dieu ! m'écriai-je, je ne vous demande plus rien ; je suis assuré du cœur de Manon, il est tel que je l'ai souhaité pour être heureux. Je ne puis plus cesser de l'être à présent. Voilà ma félicité bien établie* » (I). Mais Des Grieux, en exigeant un vrai mariage, révèle par là même que Manon n'est pas encore mariée et l'expose du même coup aux convoitises. Dans la fuite éperdue qui suit, Manon trouvera la mort pour récompense de sa fidélité. C'est au retour d'Amérique que Des Grieux fait au narrateur des ***Mémoires*** — qui l'a aidé autrefois — le récit de ses malheurs. Histoire tragique, encore que parsemée d'épisodes fort drôles, située aux marges de l'univers de la prostitution, sobrement mais énergiquement évoqué, ***Manon Lescaut*** est aussi un chef-d'œuvre d'ambiguïté où un héros beau parleur pose en victime tragique, non sans curieusement dévaluer au passage l'objet même de sa passion — pas si énigmatique que le prétend Des Grieux, et à coup sûr infiniment fascinant pour le lecteur. La grande passion comme travestissement d'un narcissisme impénitent ? C'est peut-être la discrétion de ce point de vue critique, autant que la relative brièveté de l'œuvre, qui a permis une lecture « romantique » de ***Manon*** aux XIXe et XXe siècles, où l'œuvre fut constamment rééditée, traduite, « continuée » avec *Le Régent Mustel* de Dumas Fils (1882), adaptée au théâtre et à l'Opéra, par Auber (1856), Massenet (1884), Puccini (1893), puis au cinéma par Clouzot (1948), échappant ainsi à l'oubli où sont tombées les autres œuvres de Prévost. La lecture de ces dernières permet de mieux apercevoir la stratégie très singulière de l'auteur et le parti qu'il tire du récit oral à la 1re personne, fait aussitôt après les événements et par là même ouvert à un déchiffrement critique.

*Le **Pour et Contre***

Journal rédigé de 1733 à 1740, publié par Didot à Paris toutes les semaines, à quelques interruptions près, en 1735 et 1738, sous le titre complet ***Le Pour et Contre, ouvrage périodique d'un goût nouveau. Dans lequel on s'explique librement sur tout ce qui peut intéresser la curiosité du public, en matière de Sciences, d'Arts, de Livres d'Auteurs, etc. sans prendre aucun parti et sans offenser personne. Par l'auteur des « Mémoires d'un homme de qualité »***. Il comporta 296 numéros, réunis en 20 volumes, avec un index aux volumes X et XX.

Prévost fut le premier à avoir réussi en France une adaptation du modèle anglais offert par *The Spectator* de Steele et Addison (1710 à 1712). Il se souvint aussi de Bayle dans son traitement critique et souvent allusif des textes et des informations. Adoptant le ton de la conversation familière, il traita des sujets les plus variés et les accompagna d'un commentaire, de *« liaisons »* qui donnèrent aux divers numéros leur unité et leur tonalité. L'une de ses originalités a été de laisser une grande place à l'Angleterre : il chercha à en faire sentir l'irréductible étrangeté en évoquant sa littérature, dont il donna quelques traductions, et en évoquant ses mœurs à travers des anecdotes, des *« histoires singulières »* et des faits divers. C'est donc avec la curiosité du romancier pour l'aventure et la morale qu'il pratiqua un journalisme très personnel.

Prévost en fut le seul rédacteur, sauf de décembre 1733 à mars 1734 (nos 19 à 35), puis de juillet 1739 à janvier 1740 (nos 240 à 267). Malgré son prix élevé, le journal fut tiré à environ 1 000 exemplaires et remporta un grand succès auprès d'un public choisi. Depuis, le succès écrasant de l'*Encyclopédie* a enseveli **Le Pour et Contre** dans un oubli immérité.

CITATIONS

Le commun des hommes n'est sensible qu'à cinq ou six passions, dans le cercle desquelles leur vie se passe, et où toutes leurs agitations se réduisent. Ôtez-leur l'amour et la haine, le plaisir et la douleur, l'espérance et la crainte, ils ne sentent plus rien. Mais les personnes d'un caractère plus noble peuvent être remuées de mille façons différentes ; il semble qu'elles aient plus de cinq sens et qu'elles puissent recevoir des idées et des sensations qui passent les bornes ordinaires de la nature. [...] De là vient qu'elles souffrent si impatiemment le mépris et la risée, et que la honte est une de leurs plus violentes passions.

Histoire du chevalier Des Grieux et de Manon Lescaut, I, in *Mémoires et Aventures d'un homme de qualité qui s'est retiré du monde*, VII.

Direz-vous comment font les Mystiques, que ce qui tourmente le corps est un bonheur pour l'âme ? Vous n'oseriez le dire ; c'est un paradoxe insoutenable. Ce bonheur, que vous relevez tant, est donc mêlé de mille peines, ou, pour parler plus juste, ce n'est qu'un tissu de malheurs au travers desquels on tend à la félicité.

Histoire du chevalier Des Grieux et de Manon Lescaut, I, in *Mémoires et Aventures d'un homme de qualité qui s'est retiré du monde*, VII.

De la manière dont nous sommes faits, il est certain que notre félicité consiste dans le plaisir ; je défie qu'on s'en forme une autre idée ; or le cœur n'a pas besoin de se consulter longtemps pour sentir que de tous les plaisirs, les plus doux sont ceux de l'amour.

Histoire du chevalier Des Grieux et de Manon Lescaut, I, in *Mémoires et Aventures d'un homme de qualité qui s'est retiré du monde*, VII.

J'ai éprouvé [...] que rien n'est plus capable d'inspirer du courage à une femme que l'intrépidité d'un homme qu'elle aime.

Histoire du chevalier Des Grieux et de Manon Lescaut, II, in *Mémoires et Aventures d'un homme de qualité qui s'est retiré du monde*, VII.

JUGEMENTS

« La grandeur de Manon, *ce qui la sauve d'être comme* Les Liaisons dangereuses *le chef-d'œuvre des livres de deuxième classe, c'est la rafale parisienne qui roule cette étonnante histoire d'un parloir de séminaire jusqu'à la tombe que Des Grieux creuse de ses propres mains. C'est l'amour qui ne se mélange pas à la crapule et couvre les personnages de cet enduit des plumes de cygne, enduit grâce auquel le cygne barbote dans l'eau sale sans s'y salir. »*

Jean COCTEAU, « *Manon* », in *Revue de Paris*, octobre 1947.

« Les romans de Prévost sont une interrogation métaphysique sur la nature et sur le bonheur. Prévost ne serait pas de son siècle s'il reprochait à l'homme de chercher le bonheur ; il se refuse à voir en lui une créature foncièrement et naturellement corrompue, condamnée à vivre dans la terreur d'un Dieu impitoyable ; mais sa formation chrétienne, un pessimisme hérité du XVIIe siècle et qu'on a pris à tort chez lui pour du jansénisme, la mélancolie fondamentale de son tempérament l'ont empêché de croire à la possibilité de ce bonheur pour lequel il se sentait fait et dont il a évoqué si fortement l'attirance [...].

Prévost réunit toutes les qualités qui font le très grand romancier : l'invention de personnages qui intéressent, de situations frappantes, la connaissance de l'âme humaine même dans ses parties que l'on ose le moins explorer, un style souple, coulant, imagé, suggestif, la conception d'intrigues savantes dont la complexité est nécessaire, l'expérience de la réalité et le sens de ce qui est au-delà du réel. Ne voir en lui que l'auteur de Manon Lescaut *est l'appauvrir de façon caricaturale. Il mérite d'être considéré comme l'égal de Balzac, de Proust ou de Dostoïevski. »*

Henri COULET, *Le Roman jusqu'à la Révolution*, Colin, 1967.

« Ce qu'il y a de fort dans Manon Lescaut, *c'est le souffle* sentimental, *la naïveté de la passion qui rend les deux héros si vrais, si sympathiques, si* honorables, *quoiqu'ils soient fripons. C'est un grand cri du cœur, ce livre ; la composition en est fort habile ; quel ton d'excellente compagnie ! »*

Gustave FLAUBERT, *Correspondance*, 16 septembre 1853.

« Les romans du genre de ceux de M. l'abbé Prévost [...] je les comparerais volontiers à la tragédie : elle est à peu près chez tous les peuples la même, parce que les grandes passions tiennent immédiatement à l'humanité et ont partout les mêmes ressorts.

Né avec un talent rare, à qui nous devons des ouvrages remplis de grandes beautés, maître dans l'art d'émouvoir et d'agiter les cœurs à son gré, écrivain toujours facile, naturel et noble [...]. »

Melchior de GRIMM, *Correspondance*, 1er août 1753 et 15 janvier 1755.

*« Cet ex-bénédictin est un fou qui vient de faire un livre abominable qu'on appelle l'*Histoire de Manon Lescaut, *et cette héroïne est une coureuse sortie de l'Hôpital et envoyée au Mississipi à la chaîne. Ce livre s'est vendu à Paris et on y courait comme au feu dans lequel on aurait dû brûler le livre et l'auteur, qui a pourtant du style.*

Avez-vous lu Manon Lescaut *? Il n'y a là-dedans qu'un mot de bon, qu'elle était si belle qu'elle aurait pu ramener l'idolâtrie dans l'univers. »*

Mathieu MARAIS, *Lettres au président Bouhier*, 1er et 8 décembre 1733.

« J'ai lu, ce 6 avril 1734, Manon Lescaut, *roman composé par le père Prévost. Je ne suis pas étonné que ce roman plaise ; parce que toutes les mauvaises actions du héros, le chevalier des Grieux, ont pour motif l'amour, qui est toujours un motif noble quoique la conduite soit basse. Manon aime aussi, ce qui lui fait pardonner le reste de son caractère. »*

MONTESQUIEU, *Mélanges et Fragments inédits*.

Pourquoi Manon Lescaut, dès la première scène,
Est-elle si vivante et si vraiment humaine
Qu'il semble qu'on l'a vue, et que c'est un portrait ?
[...]
Manon ! sphinx étonnant véritable sirène !
Cœur trois fois féminin, Cléopâtre en paniers !
Quoi qu'on dise ou qu'on fasse, et bien qu'à Sainte-Hélène
On ait trouvé ton livre écrit pour des portiers.
Tu n'en es pas moins vraie, infâme, et Cléomène
N'est pas digne, à mon sens, de te baiser les pieds.
Tu m'amuses autant que Tiberge m'ennuie.
Comme je crois en toi ! Que je t'aime et te hais !
Quelle perversité ! Quelle ardeur inouïe
Pour l'or et le plaisir ! Comme toute la vie
Est dans tes moindres mots ! Ah ! folle que tu es !
Comme je t'aimerais demain, si tu vivais !

Alfred de MUSSET, *Namouna*, 1832.

« Prévost est bien l'un des "maîtres de la sensibilité française au XVIIIe *siècle" (P. Trahard), mais sa sensibilité, comme ses idées et son goût, est d'un homme des Lumières : un contemporain de Montesquieu et de Marivaux, un "Moderne" qui reste aussi à sa manière un classique, un écrivain et un critique qui n'échappe pas aux partis pris, aux préventions ni aux engouements de sa génération, mais qui est finalement d'autant plus original qu'il a été plus profondément à l'écoute de son siècle. »*

René POMEAU et Jean EHRARD, *Littérature française. De Fénelon à Voltaire, 1680-1750*, Arthaud, 2e éd., 1989.

« [...] l'Abbé Prévost, homme très aimable et très simple, dont le cœur vivifioit ses écrits, dignes de l'immortalité, et qui n'avoit rien dans l'humeur ni dans sa société du sombre coloris qu'il donnoit à ses Ouvrages. »

Jean-Jacques ROUSSEAU, *Les Confessions*, II, VIII, 1789.

« Ce fut [...], à tout prendre, un heureux et facile génie, d'un savoir étendu et lucide, d'une vaste mémoire, inépuisable en œuvres, également propre aux histoires sérieuses et aux amusantes, renommé pour les grâces du style et la vivacité des peintures, et dont les productions, à peine écloses, faisaient, disait-on alors, les délices des cœurs sensibles et des belles imaginations. [...]

Sa physionomie ouverte et bonne, la politesse décente de son langage, laissent transparaître à son insu une sensibilité intérieure profondément tendre, et, sous la généralité de sa morale et la multiplicité de ses récits, il est aisé de saisir les traces personnelles d'une expérience bien douloureuse. Sa vie, en effet, fut pour lui le premier de ses romans et comme la matière de tous les autres. »

Charles Augustin SAINTE-BEUVE, *Portraits littéraires*, 1844.

« Je n'ai jamais parlé de l'abbé Prévost que pour le plaindre d'avoir manqué de fortune. Si j'ai ajouté quelque chose sur ce que j'ai lu de lui, c'est apparemment que j'ai souhaité qu'il eût fait des tragédies, car il me paraît que la langue des passions est sa langue naturelle. »

VOLTAIRE, *Correspondance*, 1735.

BIBLIOGRAPHIE

Éditions

Œuvres complètes, éd. J. SGARD, P. STEWART et J. DEPRUN, P.U. Grenoble, 1977 à 1986, 8 vol.

Manon Lescaut, texte de 1731, éd. G. MATORÉ, Droz, Genève (CH), 1953 ; éd. S. de SACY, préf. J.-L. BORY, « Folio », Gallimard, 1972 ; texte de 1753, éd. Fr. DELOFFRE et R. PICARD, « Classiques Garnier », Garnier, 1965, rééd. 1990 ; éd. H. COULET, « GF », Flammarion, 1975 ; éd. R. MAUZI, « Lettres françaises », Imprimerie nationale, 1980 ; éd. P. MALANDAIN, Pocket, 1990 ; éd. J. SGARD, « GF », Flammarion, 1995.

Histoire d'une Grecque moderne, éd. R. MAUZI, « 10/18 », UGE, 1965 ; éd. A.J. SINGERMAN, « GF », Flammarion, 1990.

Le Pour et Contre, Slatkine, Genève (CH), 1967, 24 vol.

Études

S. ALBERTAN-COPPOLA, *Abbé Prévost, « Manon Lescaut »*, « Études littéraires », PUF, 1995.

S. CHARLES, « Récit et Réflexion : Poétique de l'hétérogène dans le *Pour et Contre* de Prévost », in *SVEC*, 298, Voltaire Foundation, Oxford (GB), 1992.

S. DELESALLE, « Lecture d'un chef-d'œuvre : *Manon Lescaut* », in *Annales ESC*, XXVI, 1971.

R. DÉMORIS, *Le Silence de Manon*, PUF, 1995.

C. DORNIER, *Carole Dornier présente « Manon Lescaut » de l'abbé Prévost*, « Foliothèque », Gallimard, 1997.

Cl. E. ENGEL, *Le Véritable Abbé Prévost*, Éd. du Rocher, Monaco (MC), 1958.

J.R. MONTY, « Les romans de l'abbé Prévost », in *Studies on Voltaire*, n° 78, Genève (CH), 1970.

V. MYLNE, *Manon Lescaut*, Arnold, Londres (GB), 1972.

A. PRINCIPATO, *Il raggio nella cripta, ricerche su Prevost romanziere*, Pacini, Pise (IT), 1988.

H. RODDIER, *L'Abbé Prévost, l'homme et l'œuvre*, « Connaissance des Lettres », Hatier/Boivin, 1955.

Ch.A. SAINTE-BEUVE, « L'Abbé Prévost », in *Portraits littéraires*, 1844, repris in *Œuvres*, t. I, « Pléiade », Gallimard, 1956, pp. 888 à 910.

N. SEGAL, *The Unintended Reader. Feminism and Manon Lescaut*, Cambridge (GB), 1986.

J.-P. SERMAIN, « Rhétorique et Roman au XVIIIe siècle : l'exemple de Prévost et de Marivaux : 1728-1742 », in *SVEC*, 233, Voltaire Foundation, Oxford (GB), 1985.

J. SGARD, *Le « Pour et Contre » de Prévost*, Nizet, 1967 ; *Prévost romancier*, Corti, 1968 ; *L'Abbé Prévost : labyrinthes de la mémoire*, PUF, 1986 ; *Vingt Études sur Prévost d'Exiles*, Ellug, Grenoble, 1995.

A.J. SINGERMAN, *L'Abbé Prévost, l'Amour et la Morale*, Droz, Genève (CH), 1987.

L'Abbé Prévost, colloque d'Aix-en-Provence, 1963, Ophrys, Aix-en-Provence (Bouches-du-Rhône), 1965.

Cahiers Prévost d'Exiles, P.U. Grenoble, depuis 1984.

PROUST

Marcel PROUST

Paris 1871 – *ibid.* 1922

Prix Goncourt

> « [...] *l'œuvre de Proust nous montre* [...] *comment ces états (il faudrait dire ces mouvements) complexes et subtils dont il parvient, dans sa quête anxieuse, à capter, à travers tous ses héros, les infimes diaprures, sont ce qui subsiste dans cette œuvre de plus précieux et de plus solide, alors que les enveloppes, peut-être un peu trop épaisses, Swann, Odette, Oriane de Guermantes ou les Verdurin, prennent déjà le chemin de ce vaste musée Grévin où sont relégués, tôt ou tard, les "types" littéraires.* »
>
> Nathalie SARRAUTE, *L'Ère du soupçon*, Gallimard, 1956.

> « *Les pauvres gens à qui l'on a ôté toute idée directrice, tout principe de conduite transcendant, toute énergie autonome, et, au même niveau, les dilettantes, les esthètes dans le genre de Marcel Proust, les organisations impuissantes, entièrement ordonnées à la sensation immédiate, entièrement immergées dans la circonstance, à quoi les comparer, sinon à ce qu'il y a de plus bas dans l'échelle animale ¿* »
>
> Paul CLAUDEL, *Œuvres en prose*, Gallimard, posthume, 1965.

L'homme d'un seul livre

Un enfant fragile et protégé

Fils d'un grand médecin — professeur d'hygiène à la Faculté de Paris — d'origine modeste et de souche beauceronne, et de la fille d'un agent de change d'origine juive, Jeanne Weil, pour qui il éprouva très tôt une immense affection, Proust était l'aîné de 2 garçons : son frère Robert naquit deux ans après lui. Le jeune Marcel, régulièrement malade, était d'une « *sensibilité maladive et trop fine qui le faisait déborder d'amour à la moindre gentillesse* » ***(Jean Santeuil)***. La production littéraire de Proust commença au lycée Condorcet, que l'adolescent fréquenta de façon irrégulière du fait de ses crises d'asthme. Il y entra en 5e, en 1882. Il mena à cette même époque la vie paisible d'un enfant de la bourgeoisie.

Si l'on en croit Proust, les plus anciennes des pièces formant la matière de son premier livre, ***Les Plaisirs et les Jours*** (1896), furent écrites à 14 ans. L'ouvrage regroupait des textes presque tous prépubliés dans *Le Banquet* ou *La Revue blanche*, avant leur parution en recueil. Il les rédigea donc pendant ses années de lycée et d'université. Durant cette période s'achevaient une enfance et une adolescence partagées entre la vie à Paris et les vacances à Illiers (auj. Illiers-Combray, Eure-et-Loire), petite ville des environs de Chartres, dont le professeur Proust était originaire. Elle devint le Combray d'***À la recherche du temps perdu***. À Paris, la vie s'organisa entre les jeux et les études, la mondanité et l'écriture.

L'évocation des jeux aux jardins des Champs-Élysées assura le lien entre ***Du côté de chez Swann*** (1913) et ***À l'ombre des jeunes filles en fleurs*** (1919), 1er et 2e volumes d'***À la recherche du temps perdu***. Les premiers articles de Proust parurent dans la *Revue Lilas*, publiée par des élèves de Condorcet. En classe de philosophie, il eut pour professeur M. Darlu, qui exerça sur lui une grande influence. Après avoir passé le baccalauréat en 1889, il entra à l'École des sciences politiques (1890) et suivit, à la Sorbonne, les cours de Bergson. Il obtint une licence en droit (en 1893) et une licence ès lettres (en 1895, mention philosophie).

Entre mondanité et écriture

Aux jeux des Champs-Élysées succédèrent bientôt les débuts d'une vie mondaine. Ses camarades de classe introduisirent Proust dans les salons : Jacques Bizet lui fit connaître celui de sa mère, Mme Straus, veuve du compositeur de *Carmen*. Cette période fut aussi celle des premières passions. L'une des plus vives lui fut inspirée, en 1894, par Reynaldo Hahn, jeune musicien prodige dont il inséra des partitions dans ***Les Plaisirs et les Jours***. Ce recueil, que Proust dédia à son ami William Heath, mort en 1893, était une œuvre composite, comportant des écrits en prose (nouvelles, portraits, pastiches) et en vers, ainsi que des insertions picturales (des portraits exécutés par Madeleine Lemaire) et musicales. Le livre n'obtint qu'un faible succès. Mais il proposait déjà une esthétique de la polyphonie à laquelle Proust resta fidèle. Une thématique et une stylistique particulières apparaissaient en même temps. Les jeunes héros y vivaient des expériences dont la valeur d'apprentissage préfigurait le développement d'***À la recherche du temps perdu*** et, singulièrement, d'***À l'ombre des jeunes filles en fleurs***. Sous une écriture héritée du symbolisme se dessinaient l'ampleur et la fermeté de la phrase proustienne.

Aux ***Plaisirs et les Jours*** succédèrent ***Jean Santeuil*** (1896 à 1902 ; posth., 1952) et ***Contre Sainte-Beuve*** (commencé autour de 1908 ; posth., 1954) : aucun de ces deux ouvrages ne fut publié du vivant de Proust. Écrit à la

3e personne, ***Jean Santeuil*** était une autobiographie : « *Puis-je appeler ce livre un roman ?* », écrivait l'auteur dans un projet de préface abandonné, comme le livre lui-même. « *C'est moins peut-être et bien plus, l'essence même de ma vie* [...]. *Ce livre n'a jamais été fait, il a été récolté.* » Cette autobiographie ne fut publiée qu'en 1952. Plus que tous ses autres ouvrages donc, ***Jean Santeuil*** faisait écho à la vie de Proust. Des souvenirs d'enfance y étaient repris (l'épisode du baiser du soir), mais aussi des événements plus contemporains du temps de l'écriture : un séjour à Beg-Meil (act. Finistère) avec Reynaldo Hahn et les premiers retentissements de l'affaire Dreyfus, pour laquelle le jeune homme se passionna. Il prétendait avoir été « *le premier dreyfusard* », car il avait obtenu la signature d'Anatole France au bas de la pétition des intellectuels demandant la révision du procès, le 14 janvier 1898. Le procès de Zola était décrit dans ce roman, qui offrait par ailleurs un portrait enthousiaste du colonel Picquart.

Une réflexion esthétique et critique

Mais Proust s'en détourna rapidement pour s'intéresser à l'œuvre du grand historien d'art anglais John Ruskin, spécialiste d'architecture religieuse, dont l'esthétique l'influença profondément et dont il traduisit et préfaça ***La Bible d'Amiens*** (1904), puis ***Sésame et les Lys*** (1906). La traduction du premier ouvrage était dédiée à la mémoire de son père dont la mort, en 1903, précédée par celle de sa grand-mère en 1895, fut suivie par celle de sa mère Mme Proust, en 1905. L'écrivain en ressentit une douleur profonde et durable, et commença à vivre sa vie de grand malade, entre narcotiques et fumigations : « *Ma vie a désormais perdu son seul but, sa seule douceur, son seul amour, sa seule consolation* » (***Correspondance générale***, I, 161-163).

C'est dans cette période de chagrin et de doute — ***Jean Santeuil*** avait été un échec — qu'il entreprit ***Contre Sainte-Beuve*** : découvert, comme le précédent, par Bernard de Fallois, ce groupe de textes ne fut publié qu'en 1954. Commencé en 1907 ou 1908, il prenait pour cible le célèbre critique littéraire du XIXe siècle, dont la réputation était jusque là incontestée. L'auteur dénonçait la conception beuvienne de la critique. Sainte-Beuve, excellent lecteur des classiques selon lui, avait mal compris ses contemporains ; sa méthode, qui consistait à « *ne pas séparer l'homme et l'œuvre* » et, pour juger cette dernière, à utiliser comme moyens de connaissance la correspondance des écrivains ou des enquêtes menées auprès de leurs proches, se révélait inadéquate pour des écrivains tels que Nerval, Baudelaire ou Stendhal, puisqu'« *un livre est le produit d'un autre* moi *que celui que nous manifestons dans nos habitudes, dans la société, dans nos vices* ». Relevant les erreurs du critique, Proust mit en place sa propre méthode : elle tendait à considérer l'œuvre elle-même, sans considérer ses attaches biographiques. Son essai connut un curieux destin : rompant progressivement avec sa première appartenance — le genre de la critique littéraire —, il épousa peu à peu un statut romanesque. La dissertation prit une forme dialoguée, celle d'une conversation du narrateur avec sa mère, ou se transforma en scènes de roman. C'est le chapitre ***Balzac de M. de Guermantes***, qui servit de première ébauche à une section du ***Côté de Guermantes***, 3e volume d'***À la recherche du temps perdu***.

Au moment où il travaillait à ***Contre Sainte-Beuve***, Proust écrivait aussi des pastiches qu'un recueil intitulé ***Pastiches et Mélanges*** réunit en 1919. La plupart furent rédigés en 1908. Ils proposaient une « *critique en action* », se développant parallèlement à une critique plus théorique dans ***Contre Sainte-Beuve***. Ce faisant, Proust s'appropriait tous les styles — comme son roman, en un sens, s'appropria tous les genres littéraires.

Le « *livre essentiel* »

Du côté de chez Swann, 1er volume d'***À la recherche du temps perdu***, parut en 1913 : il était dédié à Gaston Calmette. De nombreuses pages sur Combray et Paris avaient été écrites en 1909 et étaient destinées à l'essai sur Sainte-Beuve, auquel Proust avait renoncé en 1910, après d'infructueux efforts pour le faire publier. Il avait par ailleurs, au début de l'année, proposé ***Du côté de chez Swann*** à Ollendorf qui l'avait refusé, après Fasquelle et Gallimard. Il s'adressa alors à Grasset, qui l'accepta en l'amputant des 200 dernières pages qui devaient nourrir la suite du roman. Le livre fut publié à compte d'auteur.

La même année commença une grande passion pour Alfred Agostinelli, que Proust connaissait depuis un séjour à Cabourg en 1907, au cours duquel il l'avait engagé comme chauffeur. Il offrit au jeune homme, venu lui demander un emploi, un poste de secrétaire. L'infidélité d'Agostinelli et sa mort, en 1914, le plongèrent dans un grand chagrin : « *Personne,* écrivait-il en mars 1915, *n'a vécu plus que moi avec l'incurable regret de deux ou trois êtres, ou plutôt en réalité, je ne vis pas, je meurs de cela.* » En même temps, ces circonstances modifièrent le cours du roman : Agostinelli inspira le personnage et le cycle d'Albertine, qui succéda au cycle de Gilberte.

En 1916, Proust changea d'éditeur. Gallimard, après son premier refus, proposa de reprendre la publication de ***Du côté de chez Swann*** et des volumes à venir. ***À l'ombre des jeunes filles en fleurs*** parut donc en 1919 et obtint le prix Goncourt, à 6 voix contre 4 qui allèrent aux *Croix de bois* de Dorgelès. Suivirent ***Le Côté de Guermantes*** (1921) — dédié à Léon Daudet —, ***Sodome et Gomorrhe*** (1922) et, après la mort de Proust, ***La Prisonnière*** (1923), ***Albertine disparue*** (1925) et ***Le Temps retrouvé*** (1927).

L'activité romanesque de Proust se doubla, après le Goncourt, d'une importante contribution à la vie littéraire de son temps. Des échanges polémiques en témoignent. ***À propos du « style » de Flaubert*** (*NRF*, janv. 1920) répondait à un article de Thibaudet paru dans la même revue en novembre 1919 et provoqua lui-même une réponse du critique en mars 1920. Proust proposait à cette occasion une magistrale description du style de Flaubert et énonçait des propositions générales sur le style qu'on retrouve dans son œuvre.

Mort d'une pneumonie en novembre 1922, à 51 ans, Proust ne put mener à bien la révision des derniers volumes d'***À la recherche du temps perdu*** : la publication posthume en fut assurée par son frère Robert qui, aidé par Rivière puis Paulhan, à la tête de la *NRF*, fit paraître ***La Prisonnière***, ***Albertine disparue*** et ***Le Temps retrouvé***.

THÉORIE LITTÉRAIRE

Les lectures de Proust ont beaucoup contribué à la formation de son style. Parmi ses auteurs préférés, figuraient Gautier, Dickens, George Eliot, puis Baudelaire, Tolstoï, Mallarmé, Dostoïevski ; plus tard des philosophes comme Schopenhauer, mais aussi Balzac, Barbey d'Aurevilly, Flaubert. Proust a pastiché un certain nombre d'entre eux, empruntant des styles divers pour mieux conquérir le sien. Il s'en explique dans une lettre à Ramon Fernandez, datée du mois d'août 1919 : « *Le tout était surtout pour moi affaire d'hygiène ; il faut se purger du vice si naturel d'idolâtrie et d'imitation. Et au lieu de faire sournoisement du Michelet ou du Goncourt en signant (ici les noms de tels de nos contemporains les plus aimables), d'en faire ouvertement sous forme de pastiches, pour redescendre à ne plus être que Marcel Proust quand j'écris mes romans.* » La critique joue un rôle parallèle à celui du pastiche : la première est de l'ordre de la réflexion, de « *l'intelligence qui explique* » ; le second, de l'action, de « *l'instinct qui reproduit* ». L'écriture critique s'est poursuivie après ***Contre Sainte-Beuve***, dans des articles consacrés à divers écrivains. Et des pastiches ont été intégrés dans ***À la recherche du temps perdu***.

Née d'un projet d'essai critique dirigé contre la méthode de Sainte-Beuve, ***À la recherche du temps perdu*** n'a jamais trahi tout à fait son origine. Raconter l'histoire de la vocation littéraire d'un jeune homme vulnérable aux tentations mondaines ou sentimentales, c'était illustrer, grâce au roman qui retraçait son itinéraire, cette vérité capitale : l'œuvre d'art est le produit d'un moi profond, autre que celui qui se donne à observer dans les relations sociales. Ce que le narrateur exprime ainsi : « *La vraie vie, la vie enfin découverte et éclaircie, la seule vie par conséquent pleinement vécue, c'est la littérature* » ***(Le Temps retrouvé)***. Le héros de la ***Recherche*** le découvre d'autant mieux qu'il s'est affranchi de ses modèles, dont le premier fut Bergotte — avatar romanesque d'Anatole France —, et a ainsi évité de tomber dans les pièges de l'imitation : tentation dont Proust s'est libéré en écrivant, avant d'aborder son grand roman, des pastiches de Balzac, Sainte-Beuve, Flaubert, Renan, Saint-Simon... qui constituent, à leur manière, autant d'essais critiques. La métaphore, fréquemment filée, rapproche des éléments hétéroclites ou disjoints de la réalité. Volontiers théoricien de son art, Proust s'en explique dans ***Le Temps retrouvé*** : « *On peut faire se succéder indéfiniment dans une description les objets qui figuraient dans le lieu décrit, la vérité ne commencera qu'au moment où l'écrivain prendra deux objets différents, posera leur rapport,* [...] *et les enfermera dans les anneaux nécessaires d'un beau style. Même, ainsi que la vie, quand en rapprochant une qualité commune à deux sensations, il dégagera leur essence commune en les réunissant l'une et l'autre pour les soustraire aux contingences du temps, dans une métaphore.* »

Dans les ***Préfaces*** à ses traductions de John Ruskin, qui lui avait ouvert des horizons littéraires et artistiques considérables, Proust développa une intéressante théorie de la lecture, « *miracle fécond d'une communication au sein de la solitude* ». Mais Ruskin avait le tort de croire que l'inspiration se transmet d'un artiste à un autre, et Proust se garda bien du péché d'« *idolâtrie* », voyant tout au plus, dans les écrivains qui l'avaient précédé, des « *incitateurs* ». Parmi eux, Chateaubriand, Nerval — la ***Recherche*** peut se lire comme une réécriture considérablement amplifiée de *Sylvie*, les « *chimères* » qui ont égaré Nerval se métamorphosant en clés pour le « *temps retrouvé* » —, mais aussi Saint-Simon, *Les Mille et une Nuits*, Balzac, Flaubert... Comme le détour par un autre art préserve plus sûrement des dangers du pastiche, Beethoven ou Wagner, les tableaux de Carpaccio ou des peintres impressionnistes, les grandes cathédrales — toutes formes d'art sur lesquelles Proust jette des lumières au fil de son roman aussi bien que dans son œuvre dite critique — sont mieux encore des intercesseurs d'***À la recherche du temps perdu***. Au total, on ne se tromperait sans doute pas en considérant la somme des articles, études ou pastiches groupés dans ***Contre Sainte-Beuve*** comme des états préparatoires ou des « chutes » du roman, dont l'intrigue est indissociable de la réflexion qui l'a inspiré et nourri.

THÉORIE LITTÉRAIRE

Écrivain situé au tournant de deux siècles et de deux mondes, Proust est l'auteur d'une œuvre monumentale qui donne une large place à la peinture des mœurs — parisiennes et provinciales —, mais qui surtout anticipe sur la littérature moderne en intégrant les aventures du moi dans l'acte d'écriture.

Une écriture introspective

Le mouvement d'écriture critique et de pastiche qui parcourt l'œuvre de Proust nourrit aussi ***À la recherche du temps perdu***. On peut rattacher au pastiche les discours rapportés qui constituent les parlers caractéristiques de chaque personnage, saisis autant dans des vocabulaires ouverts aux usages du temps que dans une syntaxe de même facture que les mots employés, et qui mettent en évidence l'ironie, voire l'humour, de la peinture proustienne. En regard, la langue du narrateur présente une homogénéité parfois renvoyée à un style d'autant plus soutenu, voire archaïque, que les innombrables sentences et maximes — notamment sur l'amour et ses avatars : le désir, le plaisir, le bonheur, la souffrance, le chagrin, la jalousie — qui émaillent la narration requièrent un tel registre : « *Le bonheur est dans l'amour un état anormal* » ***(À l'ombre des jeunes filles en fleurs)*** ; « *L'amour le plus exclusif pour une personne est toujours l'amour d'autre chose* » *(ibid.)* ; « *Dans l'attente on souffre tant de l'absence de ce qu'on désire qu'on ne peut supporter une autre présence* » ***(Sodome et Gomorrhe)*** ; « *Les hommes peuvent avoir plusieurs sortes de plaisir. Le véritable est celui pour lequel ils quittent l'autre* » *(ibid.)* ; « *L'amour c'est l'espace et le temps rendus sensibles au cœur* » ***(La Prisonnière)*** ; « *La jalousie n'est souvent qu'un inquiet besoin de tyrannie appliquée aux choses de l'amour* » *(ibid.)* ; « *Les homosexuels seraient les meilleurs maris du monde s'ils ne jouaient pas la comédie d'aimer les femmes* » ***(Albertine disparue)*** ; « *Le mensonge est essentiel à l'humanité. Il y joue peut-être un aussi grand rôle que la recherche du plaisir, et d'ailleurs est commandé par cette recherche* » *(ibid.)* ; « *Le bonheur est salutaire pour les corps, mais c'est le chagrin qui développe les forces de l'esprit* » ***(Le Temps retrouvé)***. Mais Proust n'use pas des modèles classiques comme d'une mode, ils sont un « *matériau vivant* » (Marie-Hélène Prat) au service de la forme et du contenu des propos des personnages comme du narrateur. La même attitude critique se retrouve dans la genèse de sa phrase. Jean Milly a montré comment elle prenait d'abord appui sur les « *phrases de Bergotte* », vouées à la brièveté, à la musicalité et la cohésion de l'écriture, puis, combinant évolution et critique, cherchait dans les « *phrases de Vinteuil* » la variation, l'agencement cyclique des motifs.

Tout est gouverné par le propos et l'activité de la mémoire du narrateur, mémoire parfois volontaire, plus souvent involontaire. Il s'agit alors d'approfondir certaines impressions, et d'en réunir d'autres, vécues à différentes époques. C'est le rôle du vocabulaire, qui analyse et recompose les données élémentaires ; c'est celui de la syntaxe, qui adapte ses circonvolutions subtiles aux minutieuses explorations des « *intermittences du cœur* », de la mémoire et des sensations. Contrairement à une idée reçue, les phrases de plus de 10 lignes occupent à peine le quart de l'œuvre, et l'on peut, à cet égard, se souvenir de l'*incipit* si bref de cette œuvre si longue : « *Longtemps, je me suis couché de bonne heure* » ***(Du côté de chez Swann)***. Plutôt qu'en fonction de leur longueur, les phrases de la ***Recherche*** doivent être envisagées comme autant de réalisations d'un motif qui parcourt le roman (Jean Milly). Les structures d'allongement (incises, distinctions, ramifications...) se combinent aux structures de liaisons (parallélismes, présentatifs, détachement des participiales, emboîtement des subordonnées...) pour rendre exactement le contenu foisonnant du réel et de la

mémoire, et aboutir à ce que Léo Spitzer appelait une « *onomatopée syntaxique* ».
Fille du vocabulaire et de la syntaxe, la métaphore unifie, tout en les rapprochant, les éléments hétéroclites ou disjoints de la réalité, comme Proust s'en expliqua dans ***Le Temps retrouvé*** : « [...] *rapprochant une qualité commune à deux sensations,* [l'écrivain] *dégagera leur essence commune en les réunissant l'une et l'autre pour les soustraire aux contingences du temps, dans une métaphore* ». Ainsi que le constate en quelque sorte le narrateur dans l'épisode de la madeleine, l'écriture de Proust n'est donc pas simple recherche dans le tissu de la mémoire, mais narration : « *Chercher ? pas seulement : créer.* » Et la fin du roman compare l'œuvre idéale, à la fois rêvée, vécue, et déjà écrite par le narrateur, à une « *cathédrale* ».

Le bilan d'une critique

Peu d'œuvres ont donné lieu à autant d'ouvrages que celle de Proust. Ces diverses études envisagent, sous ses multiples aspects, la structure interne comme la production du texte proustien.
Le temps d'une génération a été nécessaire à une première élucidation critique de l'œuvre. Dans l'ensemble, en effet, les contemporains de Proust — qui, il est vrai, n'avaient de son œuvre qu'une connaissance encore fragmentaire et partielle — n'ont pas su voir, dans les volumes successifs d'***À la recherche du temps perdu***, le chef-d'œuvre aujourd'hui incontesté. Depuis la parution de ***Du côté de chez Swann*** en 1913 jusqu'à la fin des années 1940, les éloges, de Cocteau, Morand, Rivière, Mauriac, Spitzer, ou encore Ramon Fernandez — sans même parler des réactions plus nuancées encore de Gide —, se révélèrent plutôt rares et au total assez modérés. Ils furent peu à peu couverts, sinon tout à fait éclipsés, surtout à partir des années 1930, par les critiques, ou l'indifférence, des surréalistes, des tenants de la littérature « engagée » — Sartre en tête —, de Claudel, et de la presse influente de l'époque : *Le Temps*, notamment la fameuse « tribune » de Paul Souday et les articles d'Émile Henriot, *Le Figaro*, *Le Journal des Débats* par exemple. On reprocha à ***La Recherche*** d'être trop touffue, donc ennuyeuse par son excessive complexité, de se cantonner dans la description des milieux mondains, donc de pécher par dilettantisme, d'être entâchée d'une surabondance d'analyses psychologiques, et infectée d'immoralisme. Ainsi l'œuvre de Proust fit-elle assurément parler d'elle, mais l'accueil qu'elle reçut fut assez tiède, et les réactions qu'elle suscita se situèrent rarement sur le terrain strictement littéraire — à de rares exceptions près.
En revanche, sans qu'on puisse déterminer nettement pourquoi à cette date, les années 1950 marquèrent un regain d'intérêt et surtout d'estime pour l'œuvre de Proust. Le premier et le plus net symptôme de ce retour en faveur fut, en 1949, le vif succès remporté par l'ouvrage d'André Maurois intitulé *À la recherche de Marcel Proust*, confirmé, quelque quinze ans plus tard (1959 et 1965), par l'accueil aussi favorable réservé à la volumineuse biographie de Proust due à l'Anglais George D. Painter. Encore ne s'agissait-il là que d'ouvrages essentiellement biographiques. Mais, dans le même temps et jusqu'à la fin du XXe siècle, le phénomène majeur qui domina la critique proustienne fut la renaissance des analyses se donnant pour objectif prioritaire de cerner l'intérêt et la valeur littéraire de l'œuvre, à partir d'une étude de ses techniques narratives et, plus généralement, de son style. Cette tendance était présente dès 1948 dans *Le Style de Marcel Proust* de J. Mouton, et également dans l'ouvrage de Germaine Brée, *Du « temps perdu » au « temps retrouvé »* (1950), notamment dans ses développements consacrés à la très complexe structure de la ***Recherche***. Elle fut par la suite brillamment prolongée par une floraison de beaux ouvrages : *La Convergence stylistique chez Proust* d'Yvette Louria (1957), *Forme et Signification* de Jean Rousset (1962), *Proust's Narrative Techniques* de B.G. Rogers (1965, rééd. 2000), *Les Voix narratives dans « À la recherche du temps perdu »* de Marcel Muller (1965), *Proust et le Style* (1970) et *La Phrase de Proust* (1975) de Jean Milly, *Proust et le Roman* de Jean-Yves Tadié (1971), *Figures III* de Gérard Genette (1972), ou encore *Marcel Proust. Théories pour une esthétique* d'Anne Henry (1981). Cette démarche accordant priorité à l'esthétique de Proust sur la vie de Marcel ne fut d'ailleurs pas exclusivement le fait d'universitaires : on la trouva également adoptée par des écrivains comme Nathalie Sarraute — *L'Ère du soupçon* (1956) —, Michel Butor — *Répertoire I* (1960) et *Répertoire II* (1964) — et Julien Gracq — *Lettrines* (1967), *Lettrines II* (1974), *En lisant en écrivant* (1981), *Proust considéré comme terminus* (1986). Aujourd'hui encore, cette approche continue de prouver sa fécondité, renouvelée qu'elle est par les techniques les plus récentes de la génétique textuelle, c'est-à-dire de l'ana-

lyse des sources, brouillons, manuscrits, variantes. De là, de nouvelles questions sur la meilleure manière d'éditer ***À la recherche du temps perdu***, que Proust ne put achever : aurait-il appelé ***Albertine disparue*** ou ***La Fugitive*** l'épisode qui suit ***La Prisonnière*** ? Aurait-il, comme semblent l'indiquer ses dernières annotations, considérablement réduit cette partie en vue d'une refonte de la suite du roman ? L'analyse littéraire peut aussi être quantitative, qu'elle porte sur le vocabulaire ou sur la longueur des phrases — ainsi, par exemple, *Le Vocabulaire de Marcel Proust* (1983) d'Étienne Brunet. Dans la même perspective enfin, il convient de souligner l'intérêt d'une lecture intertextuelle de Proust, lecture qui étudie la mesure dans laquelle celui-ci s'est inspiré d'écrivains antérieurs et a lui-même, à son tour, inspiré d'autres romanciers.

Il résulte de tout ce renouvellement critique que Proust est aujourd'hui essentiellement reconnu comme un très grand écrivain. Pour autant, la grande richesse et l'extrême subtilité des analyses psychologiques de la ***Recherche*** n'ont pas manqué d'éveiller l'intérêt de la critique psychologique au sens le plus large du terme, que cette critique porte sur l'imaginaire — ainsi *Voies de l'imagination proustienne* (1980) de J.T. Rosasco —, sur la sensation — *Proust et le Monde sensible* (1974) de Jean-Pierre Richard —, sur la perception de l'espace — *L'Espace proustien* (1963) de Georges Poulet —, sur le temps — les chapitres consacrés à Proust dans les *Études sur le temps humain* (t. I et IV) de Georges Poulet —, ou qu'elle soit d'inspiration psychanalytique — *La Place de la madeleine* (1974) de Serge Doubrovsky.

D'autres perspectives d'analyse, sociologique — par exemple *Le Désir du mythe. Une lecture sociologique de Marcel Proust* (1974) de P.V. Zima — ou encore philosophique — ainsi *Proust et les Signes* (1964) de Deleuze —, ont aussi donné lieu à des études qui enrichissent notre compréhension d'une œuvre dont on ne conteste plus guère, aujourd'hui, la valeur capitale.

Enfin, si Proust — qui a aussi laissé son nom à un célèbre « *questionnaire* » — a suscité l'intérêt de bien des cinéastes, et non des moindres — Losey, Visconti —, seuls Volker Schlöndorff, avec ***Un amour de Swann*** (1984), et surtout Raoul Ruiz, avec ***Le Temps retrouvé*** (1999), ont réalisé des adaptations de l'œuvre proustienne.

ŒUVRE

À la recherche du temps perdu

Roman en 7 volumes, publié chez Gallimard — sauf le 1er volume, d'abord paru chez Grasset en 1913 — entre 1919 et 1927 : ***Du côté de chez Swann*** (Grasset, 1913, rééd. Gallimard, 1919), ***À l'ombre des jeunes filles en fleurs*** (1919), ***Le Côté de Guermantes*** (t. I, 1920 ; t. II, 1921), ***Sodome et Gomorrhe*** (t. I, 1921 ; t. II, 1922), ***La Prisonnière*** (posth., 1923), ***Albertine disparue*** (posth., 1925) — qui fut aussi publié sous le titre de ***La Fugitive*** dans la « Bibliothèque de la Pléiade » en 1954 —, et ***Le Temps retrouvé*** (posth., 1927). Chaque volume — sauf les 3 derniers — comporte un certain nombre de parties, divisions et subdivisions. ***Du côté de chez Swann*** : I. ***Combray***, II. ***Un amour de Swann***, III. ***Noms de pays : le nom*** ; ***À l'ombre des jeunes filles en fleurs*** : I. ***Autour de Mme Swann***, II. ***Noms de pays : le pays*** ; ***Le Côté de Guermantes*** : ***Le Côté de Guermantes*** I, ***Le Côté de Guermantes*** II — qui comporte 2 chapitres ; ***Sodome et Gomorrhe*** : ***Sodome et Gomorrhe*** I, ***Sodome et Gomorrhe*** II — qui comporte 4 chapitres.

Le sujet, l'histoire d'une vocation d'écrivain, explique en partie les procédés de composition. Proust affirme avoir écrit simultanément le début de ***Du côté de chez Swann*** et la fin du ***Temps retrouvé***. C'est en effet dans les dernières pages du roman que le narrateur comprend le sens des appels que lui adressait sa vocation et devient écrivain. Il est alors supposé se mettre à écrire les premières pages de ***Combray***.

La genèse d'***À la recherche du temps perdu*** commença très tôt : un essai, resté inédit jusqu'en 1954, fournit au roman ses premiers brouillons. Il s'agissait du ***Contre Sainte-Beuve***, que Proust entreprit en 1907 ou 1908. Il restait à trouver une signification d'ensemble, un principe de composition, une ampleur romanesque suffisante. L'œuvre, écrite à la 1re personne, se confond avec la vie du héros, jalonnée d'appels qu'il n'a pas su interpréter. Ils lui étaient adressés par des clochers, des arbres, des fleurs, signes de sa vocation. Mais, pour entrer dans un livre, la vie doit être revécue par la mémoire, qui la ressuscite.

Cette résurrection ne peut être que fortuite : elle se produit à l'insu du héros, par le souvenir d'une sensation oubliée qu'une autre, semblable mais appartenant à l'actualité, rend présente : celle, par exemple, de l'inégalité des pavés dans la cour des Guermantes, qui lui rappelle le baptistère de Saint-Marc, ou celle d'une madeleine trempée dans du thé. Une telle scène, devenue une parcelle de « *temps perdu* » — car oublié, enfoui dans la mémoire de l'inconscient —, peut être « *retrouvée* » de cette façon : « [...] *quand d'un passé ancien rien ne subsiste, après la mort des êtres, après la destruction des choses, seules, plus frêles mais plus vivaces, plus immatérielles, plus persistantes, plus fidèles, l'odeur et la saveur restent encore longtemps, comme des âmes, à se rappeler, à attendre, à espérer, sur la ruine de tout le reste, à porter sans fléchir, sur leur gouttelette presque impalpable, l'édifice immense du souvenir* » (***Combray***, in ***Du côté de chez Swann***). Mais elle n'existe véritablement que par le moyen de l'écriture, qui la fixe définitivement lorsque le héros devient écrivain : « [...] *il fallait tâcher d'interpréter les sensations comme les signes d'autant de lois et d'idée, en essayant de penser, c'est-à-dire de faire sortir de la pénombre ce que j'avais senti, de le convertir en un équivalant spirituel. Or, ce moyen qui me paraissait le seul, qu'était-ce autre chose que faire une œuvre d'art ?* » ***(Le Temps retrouvé)***.

Les divers volumes retracent les épisodes situés à la fin du XIXe et au début du XXe siècle, d'une enfance ***(Du côté de chez Swann)***, d'une adolescence ***(À l'ombre des jeunes filles en fleurs)***, de l'entrée dans le monde — celui des adultes, celui des mondains ***(Le Côté de Guermantes)*** — et de quelques amours — celles du héros, celles aussi d'autres personnes (***Sodome et Gomorrhe***, ***La Prisonnière***, ***Albertine disparue***), l'homosexualité et le sadisme y tenant une place essentielle dans la structure de l'œuvre. ***Le Temps retrouvé*** est le bilan de l'expérience esthétique que constitue la découverte très progressive de la vocation.

À la recherche du temps perdu foisonne de personnages qui se perdent et se retrouvent entre villes et villégiatures : le narrateur, prénommé Marcel ; Françoise, la fidèle et indispensable domestique ; le baron de Charlus, homosexuel épris de beauté, que le narrateur surprend en pleine décadence ; Saint-Loup qui épouse finalement Gilberte, la fille de Swann ; Odette de Crécy, épouse de Swann ; Albertine ; la duchesse de Guermantes ; M. et Mme Verdurin ; le Dr Cottard ; le musicien Vinteuil, dont « *la petite phrase* » constitue « *l'air national* » de l'amour de Swann et d'Odette ; l'écrivain Bergotte, tant admiré du narrateur ; le peintre Elstir, dont les toiles impressionnistes permettent de voir « *la nature telle qu'elle est, poétiquement* » ; et bien d'autres. Le roman se propose de peindre l'activité de la mémoire, volontaire ou involontaire. Il s'agit d'approfondir certaines impressions, et d'en réunir d'autres, vécues à différentes époques. La syntaxe adapte ses circonvolutions subtiles aux minutieuses explorations des « *intermittences du cœur* » et des sensations : la phrase, calquée sur le foisonnement du réel — et parfois si longue qu'elle paraît interminable —, s'épanouit dans les multiples directions que suivent les propositions subordonnées. Et celles-ci se ramifient, s'enchâssent, profitant de parenthèses et de parallélismes de construction, où la métaphore apparaît comme la figure stylistique privilégiée.

La lecture du roman s'est beaucoup renouvelée depuis les années 1980. Après l'édition en 3 volumes, assurée par Pierre Clarac et André Ferré dans la « Bibliothèque de la Pléiade » (1954), Jean-Yves Tadié a dirigé une nouvelle édition en 4 tomes (1987 à 1989), et, dix ans plus tard, a publié la première présentation en un seul volume de l'intégralité d'***À la recherche du temps perdu*** (« Quarto », 1999). La somme proustienne est une œuvre majeure non seulement des lettres françaises mais de la littérature universelle. Elle reste l'une des créations les plus commentées et étudiées, dans le monde entier.

CITATIONS

Notre personnalité sociale est une création de la pensée des autres.

Du côté de chez Swann,
in *À la recherche du temps perdu.*

L'amour le plus exclusif pour une personne est toujours l'amour d'autre chose.

À l'ombre des jeunes filles en fleurs,
in *À la recherche du temps perdu.*

Ce qui rapproche, ce n'est pas la communauté des opinions, c'est la consanguinité des esprits.

À l'ombre des jeunes filles en fleurs,
in *À la recherche du temps perdu.*

L'adolescence est le seul temps où l'on ait appris quelque chose.

À l'ombre des jeunes filles en fleurs,
in *À la recherche du temps perdu.*

On devient moral dès qu'on est malheureux.
À l'ombre des jeunes filles en fleurs, in *À la recherche du temps perdu*.

On ne reçoit pas la sagesse, il faut la découvrir soi-même, après un trajet que personne ne peut faire pour nous, ne peut nous épargner.
À l'ombre des jeunes filles en fleurs, in *À la recherche du temps perdu*.

Il n'y avait pas d'anormaux quand l'homosexualité était la norme.
Sodome et Gomorrhe, in *À la recherche du temps perdu*.

Dans l'attente on souffre tant de l'absence de ce qu'on désire qu'on ne peut supporter une autre présence.
Sodome et Gomorrhe, in *À la recherche du temps perdu*.

On serait à jamais guéri du romanesque, si l'on voulait, pour penser à celle qu'on aime, tâcher d'être celui qu'on sera quand on ne l'aimera plus.
Sodome et Gomorrhe, in *À la recherche du temps perdu*.

Les hommes peuvent avoir plusieurs sortes de plaisirs. Le véritable est celui pour lequel ils quittent l'autre.
Sodome et Gomorrhe, in *À la recherche du temps perdu*.

L'amour, c'est l'espace et le temps rendus sensibles au cœur.
La Prisonnière, in *À la recherche du temps perdu*.

La possession de ce qu'on aime est une joie plus grande encore que l'amour.
La Prisonnière, in *À la recherche du temps perdu*.

Sous toute douceur charnelle un peu profonde, il y a la permanence d'un danger.
La Prisonnière, in *À la recherche du temps perdu*.

Les grands littérateurs n'ont jamais fait qu'une seule œuvre ou plutôt n'ont jamais que réfracté à travers des milieux divers une même beauté qu'ils apportent au monde.
La Prisonnière, in *À la recherche du temps perdu*.

Mort à jamais ? Qui peut le dire ?
La Prisonnière, in *À la recherche du temps perdu*.

La musique est peut-être l'exemple unique de ce qu'aurait pu être — s'il n'y avait pas eu l'invention du langage, la formation des mots, l'analyse des idées — la communication des âmes.
La Prisonnière, in *À la recherche du temps perdu*.

Laissons les jolies femmes aux hommes sans imagination.
Albertine disparue, in *À la recherche du temps perdu*.

On désire être compris parce qu'on désire être aimé, et on désire être aimé parce qu'on aime. La compréhension des autres est indifférente et leur amour importe peu.
Albertine disparue, in *À la recherche du temps perdu*.

Il est vraiment rare qu'on se quitte bien, car si on était bien, on ne se quitterait pas.
Albertine disparue, in *À la recherche du temps perdu*.

Le mensonge est essentiel à l'humanité. Il y joue peut-être un aussi grand rôle que la recherche du plaisir, et d'ailleurs est commandé par cette recherche.
Albertine disparue, in *À la recherche du temps perdu*.

Notre amour de la vie n'est qu'une vieille liaison dont nous ne savons pas nous débarrasser. Sa force est dans sa permanence. Mais la mort qui la rompt nous guérira du désir de l'immortalité.
Albertine disparue, in *À la recherche du temps perdu*.

À l'être que nous avons le plus aimé, nous ne sommes pas si fidèles qu'à nous-mêmes.
Le Temps retrouvé, in *À la recherche du temps perdu*.

Si notre vie est vagabonde, notre mémoire est sédentaire [...].
Le Temps retrouvé, in *À la recherche du temps perdu*.

Le bonheur est salutaire pour les corps, mais c'est le chagrin qui développe les forces de l'esprit.
Le Temps retrouvé, in *À la recherche du temps perdu*.

Ce ne sont pas les êtres qui existent réellement, mais les idées.
Le Temps retrouvé, in *À la recherche du temps perdu*.

L'artiste qui renonce à une heure de travail pour une heure de causerie avec un ami sait qu'il sacrifie une réalité pour quelque chose qui n'existe pas.
Le Temps retrouvé, in *À la recherche du temps perdu*.

Le style, pour l'écrivain aussi bien que pour le peintre, est une question non de technique mais de vision.
Le Temps retrouvé, in *À la recherche du temps perdu*.

Les vrais livres doivent être les enfants non du grand jour et de la causerie, mais de l'obscurité et du silence.
Le Temps retrouvé, in *À la recherche du temps perdu*.

Pour écrire ce livre essentiel, le seul livre vrai, un grand écrivain n'a pas, dans le sens courant, à l'inventer puisqu'il existe déjà en chacun de nous, mais à le traduire.
Le Temps retrouvé, in *À la recherche du temps perdu*.

Un livre est un grand cimetière où sur la plupart des tombes on ne peut plus lire les noms effacés.
Le Temps retrouvé, in *À la recherche du temps perdu*.

Une œuvre où il y a des théories est comme un objet sur lequel on laisse la marque du prix.
Le Temps retrouvé, in *À la recherche du temps perdu*.

JUGEMENTS

« Maurice Barrès a dit de Proust : "un poète persan dans une loge de concierge". Celui qui, le premier, a abordé l'énigme de l'intérieur du siècle passé pouvait-il être autre chose ? »

Walter BENJAMIN, *Paris capitale du XIXe siècle*, trad. franç. Jean LACOSTE, Cerf, 1989.

« Proust : remarquable mais il vivait dans une famille de cliniciens. Il remarquait bien les gens. Bien mais style lourd ! Architecture lourde. Puissant écrivain, il payait : snob, mondain... »

Louis-Ferdinand CÉLINE, entretien avec Georges CAZALL, 1958, in *Le Style contre les idées*, Complexe, 1987.

« Proust dépeint des actions au ralenti, c['est]*-à-d*[ire] *littéralement décomposées, par conséquent faussées. »*

Paul CLAUDEL, *Journal*, Gallimard, posthume, 1968.

« La magnifique intelligence de Proust s'est surtout plu à peindre la bêtise. Ce qui fatigue à la longue.
[...]
Ce qui m'étonne c'est le désespoir, puis la rage de Marcel parce que Madame de Chevigné refusait de le lire, ce qui revenait à exiger des insectes une profonde connaissance des œuvres de Fabre ou des crapauds qu'ils se passionnassent pour les études de Jean Rostand. »

Jean COCTEAU, *Le Passé défini*, t. I, *1951-1952*, Gallimard, posthume, 1983.

« Quand j'étais une très jeune femme, il était un bien joli jeune homme. Fiez-vous au portrait que peignit de lui Jacques-Émile Blanche. Cette étroite bouche, cette brume autour des yeux, cette fraîcheur fatiguée, les traits et l'expression appartiennent vraiment à Marcel Proust jeune. [...] *Quand je le revis, les années et la maladie avaient travaillé sur lui à la hâte. Son agitation et sa pâleur semblaient le résultat d'une force terrible. En frac, au centre de Paris obscur, dans le hall éclairé peureusement, Marcel Proust m'accueillit avec une gaîté chancelante. Sur son habit il portait une pelisse ouverte. L'expression du plastron blanc, froissé et de la cravate convulsive m'effrayèrent autant que les touches noires posées sous les yeux, autour de la bouche, par un mal distrait, qui lui charbonnait le visage au hasard. L'empressement, la politesse qu'il eut toujours s'attachaient à ses gestes, à ses paroles comme les traces morbides d'une extrême jeunesse. Il offrait à boire, proposait une friandise avec les façons d'un garçon de seize ans. Comme beaucoup d'êtres exceptionnellement fragiles, il cessait de ressentir la fatigue à l'heure où les bien-portants avouaient leur lassitude* [...]. *»*

COLETTE, *Mes Cahiers*, in *Belles Saisons*, Flammarion, 1955.

« J'ai la certitude que mes qualités d'analyste et de psychologue sont supérieures à celles de Marcel Proust. Non seulement parce que parmi de nombreuses méthodes qu'il ignorait, je me sers de la psychanalyse, mais surtout parce que la structure de mon esprit est d'un type éminemment paranoïaque, donc des plus indiqués pour ce genre d'exercice, tandis que la structure du sien était celle d'un névrosé déprimé, c'est-à-dire le moins apte à ces investigations. Chose qu'il est facile de reconnaître au style déprimant et distrait de ses moustaches qui, comme celles encore plus déprimantes de Nietzsche, sont exactement à l'opposé des bacchantes alertes et gaies de Velasquez ou mieux encore de celles ultra-rhinocérontesques de votre génial et humble serviteur. [...]
[...] *j'aime dire que Marcel Proust avec son introspection masochiste et sa décortication anale et sadique de la société a réussi à composer une espèce de prodigieuse bisque d'écrevisses, impressionniste, super-sensible, et quasi musicale. Il n'y manque que les écrevisses dont on peut dire qu'elles n'y sont que par essence. »*

Salvador DALÍ, *Journal d'un génie*, La Table ronde, 1964.

« Proust Marcel. À la recherche du temps perdu.
C'est assurément un ouvrage important, peut-être un peu trop long, mais en le débitant en volumes de poche, ça pourra se vendre.
Pas tel quel, attention ! Il faut un gros travail d'editing : il y a, par exemple, toute la ponctuation à revoir. Les phrases sont trop laborieuses ; certaines prennent une page entière. Avec un bon rewriting qui les ramène à la mesure de deux ou trois lignes chacune, en coupant davantage, en allant à la ligne plus souvent, on arriverait sûrement à tirer quelque chose de ce texte.Si l'auteur n'est pas d'accord, il vaut mieux laisser tomber. Sous sa forme actuelle, l'ouvrage est — comment dire ? — trop asthmatique. »

Umberto ECO, *« Nous sommes au regret de ne pas pouvoir publier votre ouvrage... »*, in *Pastiches et Postiches*, trad. franç. Bernard GUYADER, Messidor, 1988.

« Achevé [...] *les* Jeunes filles en fleurs [...] *avec un incertain mélange d'admiration et d'irritation. Encore que quelques phrases* [...] *soient intolérablement mal écrites, Proust dit toujours exactement ce qu'il veut dire. Et c'est parce qu'il y parvient si bien qu'il s'y complaît. Tant de subtilité est, parfois, complètement inutile ; il n'y fait que céder à un maniaque besoin d'analyse. Mais souvent cette analyse l'amène à d'extraordinaires trouvailles. Je le lis alors avec ravissement.* [...] *Ce qui importe ici, ce n'est pas tant le résultat de l'analyse, que la méthode.* [...] *l'architecture, chez Proust, est très belle ; mais il advient souvent, comme il n'enlève rien de l'échafaudage, que celui-ci prenne plus d'importance que le monument même, dont le regard, sans cesse distrait par le détail ne parvient plus à saisir l'ensemble. Proust le savait, et c'est là ce qui le faisait, dans ses lettres et dans sa conversation, insister tant sur la composition générale de son œuvre : il savait bien qu'elle ne sauterait pas aux yeux. »*

André GIDE, *Journal*, 22 septembre 1938, Gallimard, 1939.

« [...] *j'essayais de m'expliquer à moi-même pourquoi j'admire tant cet écrivain que j'aime par ailleurs si peu. J'ai contre lui ses personnages, ses innombrables modèles dont*

plusieurs me sont connus [...] et qui m'agaçaient à cause de leurs prétentions au raffinement intellectuel qui était un raffinement intellectuel d'emprunt, et leur jargon de salon, leur faux naturel, leurs engouements factices, leur recherche de la complication psychologique, le cruel ennui qu'ils dégageaient, parce que tout cela était archi-faux. »

Julien GREEN, *Le Bel Aujourd'hui*, Plon, 1958.

« Au fond, bien que malade et connu tardivement, il a été un homme heureux. Je ne lui envie pas précisément sa fortune, mais son loisir, sa liberté de vivre à sa guise, la possibilité qu'il a eue de s'isoler, de vivre dans le silence. On raconte que sa chambre était tapissée de liège comme isoloir des bruits, et lorsqu'il allait à la campagne, descendant dans un hôtel, il louait cinq chambres pour entourer celle qu'il occupait. »

Paul LÉAUTAUD, *Journal littéraire*, 10 janvier 1923, Mercure de France, rééd. 1986.

« La plus grande œuvre romanesque de ce temps, celle de Marcel Proust, a pris le ton de Saint-Simon pour tout ce qui touche à l'univers des Guermantes, et il serait curieux d'étudier comment Proust a "intériorisé" ce style et, par là, découvert le sien. »

François MAURIAC, *Mémoires intérieurs*, Flammarion, 1959.

« Comme ces médecins qui s'inoculent un virus pour l'analyser librement, il semble s'être inoculé le snobisme afin de mieux pouvoir le décrire. On peut déplorer qu'il lui ait accordé dans son œuvre une place si importante, mais, du moins, son étude est-elle objective. »

François MAURIAC, *Les paroles restent*, Grasset, posthume, 1985.

« Mais le style de Proust ! [...] je le trouve parfaitement orthodoxe. Pourquoi y a-t-il eu tant de bruit ? À part la prolifération verbale, il n'y a là rien qui puisse effrayer quiconque. Cela me semble absolument conventionnel, presque classique. Mais oh ! quel plaisir ! Ces voiles sans cesse déchirés, ces terribles aperçus de la réalité, d'un sort plus cruel d'être entièrement différent*. On trouve rarement ce qu'on pourrait appeler la profondeur. Non, c'est toujours parfaitement français — voir de ses yeux, accepter, conquérir par la raison et l'intelligence. »*

Henry MILLER, *Lettres à Anaïs Nin*, trad. franç. Pierre ALIEN, Bourgois, 1967.

« Proust est un témoin qui nomme la crise, donc la représente ; D'Annunzio, au contraire, élude la question ; ses livres sont tout au plus un produit et un symptôme de la crise qu'ils ne nomment pas et représentent moins encore. Nous devons à Proust une œuvre qui est avant tout Histoire et, en second lieu, produit historique ; à D'Annunzio nous devons une œuvre qui est d'abord produit historique et n'est Histoire qu'ensuite, de façon sédentaire et négative. Par contradiction qui n'est qu'apparente, le réalisme situe l'œuvre de Proust en dehors de l'Histoire, sur le plan de l'absolu poétique ; le non réalisme maintient au contraire l'œuvre de D'Annunzio dans l'Histoire, sur le plan des mœurs et du document. »

Alberto MORAVIA, *L'Homme*, trad. franç. Claude PONCET, Flammarion, 1965.

« Proust est un prisme. Son seul objet est de réfracter, et, par réfraction, de récréer rétrospectivement un monde. »

Vladimir NABOKOV, *Littératures I*, trad. franç. Hélène PASQUIER, Fayard, 1983.

« Proust, le plus grand poète du réel [...]. »

Pablo NERUDA, *J'avoue que j'ai vécu*, trad. franç. Claude COUFFON, Messidor/Temps actuels, 1975.

« À noter que Proust, le fragmenteur des schémas de l'expérience en myriades d'instants sensoriels, est ensuite le théoricien le plus acharné de ces sensations, et qu'il construit son livre non sur des rappels mnémoniques de l'une à l'autre, mais sur des plans conceptuels et gnoséologiques qui les annulent en en faisant un matériel d'enquête. »

Cesare PAVESE, *Le Métier de vivre*, trad. franç. Michel ARNAUD, Gallimard, 1958.

« [...] son œuvre a surtout l'attrait d'un énorme crâne trépané où nous verrions évoluer les pensées comme dans un planétarium psychique. »

André PIEYRE de MANDIARGUES, *Troisième Belvédère*, Gallimard, 1971.

« Jean-François Revel [...], dans un essai qui reste, vingt ans après sa publication, une oasis d'intelligence, d'ironie et de santé au milieu d'une exégèse en perpétuelle expansion, comme le Sahara, a montré ce qu'il importe d'admirer au premier chef [chez Proust] *: l'auteur comique qui a donné les Verdurin, les Norpois, les Cottard et tant d'autres grotesques qui, grotesques, l'eussent été tout aussi bien au comptoir d'un bistrot que dans les salons du VIIe. »*

Angelo RINALDI, « Proust », in *L'Express*, 25 septembre 1987.

« [...] l'un des chroniqueurs les plus récents, et les plus grands : Marcel Proust.
Porté-je offense à l'écrivain, diminué-je sa valeur en le traitant de "chroniqueur" ? Je ne pense pas. L'un des éloges les plus hauts, les plus insistants que lui adressent ses admirateurs tient justement dans le fait qu'on voit en lui l'un des peintres minutieux et véridiques de la société française. »

Alberto SAVINIO, *Encyclopédie nouvelle*, trad. franç. Nino FRANK, Gallimard, 1980.

« Chez Proust la réalité se change en science. Chacun de ses personnages est étudié dans ses origines et dans ses organes. »

Italo SVEVO, *Écrits intimes*, trad. franç. Mario FUSCO, Gallimard, 1973.

« J'aime chez lui la grande construction thématique, la perception exquise du passage du temps et du changement qu'il produit dans les personnalités humaines, et une sensibilité qui ne ressemble à aucune autre [...]. Son égotisme ne me gêne pas [...]. Ce qui me gênerait plutôt chez lui, c'est, mêlée à un réalisme admirable (personne n'a mieux fait entendre les voix que ne l'a fait Proust, don que Balzac n'avait pas, ou qu'il a dédaigné d'utiliser), une tendance au

mensonge. J'ai du mal à accepter les jeunes filles en fleur si peu jeunes filles, l'absurde invraisemblance des scènes (qu'il a considérées, si l'on peut dire, comme des scènes pivots) où le héros se change en voyeur (Marcel devant la maison Vinteuil, Marcel épiant Charlus), les conversations où il fait exprimer à des interlocuteurs, en les blâmant, des vues qui étaient probablement siennes, comme ces réflexions de Charlus sur l'absurdité de la guerre, vers 1917, que Marcel est supposé désapprouver, alors que Proust ne pouvait pas ne pas penser à peu près les mêmes choses. »

Marguerite YOURCENAR, *Les Yeux ouverts*, Centurion, 1980.

BIBLIOGRAPHIE

Éditions

À la recherche du temps perdu, éd. P. CLARAC, A. FERRÉ, « Pléiade », Gallimard, 1954, 3 vol. ; éd. J.-Y. TADIÉ, « Pléiade », Gallimard [avec la transcription de la plus grande partie des brouillons], 1987 à 1989, 4 vol. ; [même texte que « Pléiade »], « Folio », Gallimard, 1988 à 1990, 8 vol. ; éd. J. MILLY, « GF », Flammarion, 1984 à 1987, 10 vol. ; éd. A.-A. MORELLO, « Bouquins », Laffont, 1987, 3 vol., rééd. 1998 ; éd. J.-Y. TADIÉ, « Quarto », Gallimard, 1999 [texte seul en 1 vol.].

Albertine disparue, éd. N. MAURIAC DYER et É. WOLFF [éd. originale de la dernière version revue par l'auteur], Grasset, 1987.

Contre Sainte-Beuve, précédé de *Pastiches et Mélanges* et suivi d'*Essais et Articles*, éd. P. CLARAC et Y. SANDRE [ne retient que les textes critiques du *Contre Sainte-Beuve*], « Pléiade », Gallimard, 1971.

Correspondance, éd. P. KOLB, Plon, 1970 à 1993, 21 vol.

Jean Santeuil, précédé de *Les Plaisirs et les jours*, éd. P. CLARAC et Y. SANDRE, « Pléiade », Gallimard, 1971.

Les Pastiches de Proust, éd. J. MILLY, Colin, 1970, rééd. sous le titre *L'Affaire Lemoine. Pastiches*, Slatkine, Genève (CH), 1994.

Études

M. BARDÈCHE, *Marcel Proust romancier*, I, Les Sept Couleurs, 1971.

P. BAYARD, *Le Hors-Sujet*, Minuit, 1997.

S. BECKETT, *Proust*, Grove Press, New York (US), 1931.

L. BELLOÏ, *La Scène proustienne. Proust, Goffman et le Théâtre du monde*, Nathan, 1993.

J. BERSANI, *Les Critiques de notre temps et Proust*, Garnier, 1971.

C. BIDOU-ZACHARIASEN, *Proust sociologue*, Descartes & Cie, 1998.

A. de BOTTEN, *Comment Proust peut changer votre vie*, trad. franç. M. LEYNAUD, Denoël, 1998.

A. BOUILLAGUET, *Marcel Proust, le Jeu intertextuel*, Éd. du Titre, 1990 ; *Marcel Proust. Bilan critique*, Nathan, 1994 ; *Proust et les Goncourt : le Pastiche du « Journal » dans « Le Temps retrouvé »*, Lettres modernes, 1997 ; *L'Imitation cryptée : Proust lecteur de Balzac et de Flaubert*, Champion, 2000.

BRASSAÏ, *Marcel Proust sous l'emprise de la photographie*, Gallimard, 1997.

G. BRÉE, *Du temps perdu au temps retrouvé*, Belles Lettres, 1950.

P. BRUNEL, *Le Rire de Proust*, Champion, 1998.

É. BRUNET, *Le Vocabulaire de Proust*, préf. J.-Y. TADIÉ, Champion, 1983.

J. CHABOT, *L'Autre et le Moi chez Proust*, Champion, 1999.

R. de CHANTAL, *Marcel Proust critique littéraire*, P.U. Montréal (CA), 1967.

P. CITATI, *La Colombe poignardée. Proust et « La Recherche »*, 1997, trad. franç. Br. PÉROL, « Folio », Gallimard, 1998.

P. CLARAC et A. FERRÉ, *Album Proust*, « Pléiade », Gallimard, 1965.

A. COMPAGNON, *Proust entre deux siècles*, Seuil, 1989.

E. R. CURTIUS, *Marcel Proust*, trad. franç. A. PIERHAL, Éd. de la Revue nouvelle, 1929.

Ch. DANTZIG (dir.), *Le Grand Livre de Proust*, Belles Lettres, 1996.

G. DELEUZE, *Proust et les Signes*, PUF, 1964, rééd. 1996.

V. DESCOMBES, *Proust, Philosophie du roman*, Minuit, 1987.

J. DUBOIS, *Pour Albertine. Proust et le Sens du social*, Seuil, 1997.

M. ERMAN, *Marcel Proust*, Fayard, 1994.

R. FERNANDEZ, *Proust*, Éd. de la Nouvelle Revue critique, 1943.

A. FEUILLERAT, *Comment Proust a composé son roman*, Yale U. P., New Haven (US), 1934.

L. FRAISSE, *Proust et le Japonisme*, P.U. Strasbourg, 1997 ; *L'Esthétique de Marcel Proust*, CDU/SEDES, 1995.

S. GAUBERT, *Cette erreur qui est la vie : Proust et la Représentation*, P. U. Lyon, 2000.

G. GENETTE, « Proust palimpseste », in *Figures I*, Seuil, 1966, pp. 39 à 67 ; « Proust et le langage indirect », in *Figures II*, Seuil, 1969, pp. 223 à 294 ; *Figures III*, Seuil, 1972.

V.E. GRAHAM, *Bibliographie des études sur Marcel Proust et son œuvre*, Droz, Genève (CH), 1976.

L. GUICHARD, *Introduction à la lecture de Proust*, Nizet, 1956.

L. EL HAJJI-LAHRIMI, *Sémiotique de la perception dans « À la recherche du temps perdu » de Marcel Proust*, L'Harmattan, 1999.

R. HAYMAN, *Proust : a Bibliography*, Heinemann, Londres (GB), 1990.

A. HENRY, *Marcel Proust. Théories pour une esthétique*, Klincksieck, 1981 ; *Proust romancier, le Tombeau égyptien*, Flammarion, 1983.

D. Jullien, *Proust et ses modèles ; les « Mille et une Nuits » et les « Mémoires » de Saint-Simon*, Corti, 1989.

J. Kristeva, *Le Temps sensible. Proust et l'Expérience littéraire*, Gallimard, 1994, rééd. « Folio Essais », Gallimard, 2000.

Th. Laget, *Thierry Laget commente « Du côté de chez Swann » de Marcel Proust*, Gallimard, « Foliothèque », 1991 ; *L'ABCdaire de Proust*, Flammarion, 1998.

Y. Louria, *La Convergence stylistique chez Proust*, Droz, Genève (CH), 1957.

Cl. Mauriac, *Proust par lui-même*, « Écrivains de toujours », Seuil, 1953.

Fr. Mauriac, *Du côté de chez Proust*, La Table Ronde, 1947.

N. Mauriac Dyer, A. Rivière, P.-E. Robert, *Robert Proust et « La Nouvelle Revue française ». Les Années perdues de « La Recherche » 1922-1931*, « Cahiers de la *NRF* », Gallimard, 1999.

A. Maurois, *À la recherche de Marcel Proust*, Hachette, 1949.

M. Miguet-Ollagnier, *La Mythologie de Marcel Proust*, Belles Lettres, 1982.

J. Milly, *Proust et le Style*, Minard, 1970, rééd. Slatkine, Genève (CH), 1990 ; *La Phrase de Proust*, Larousse, 1975, rééd. Champion, 1983 ; *Proust dans le texte et l'avant-texte*, Flammarion, 1985.

A. Mingelgrun, *Thèmes et Structures bibliques dans l'œuvre de Marcel Proust. Étude stylistique de quelques interférences*, L'Âge d'Homme, Lausanne (CH), 1978.

J. Mouton, *Le Style de Marcel Proust*, Corrêa, 1948.

M. Muller, *Les Voix narratives dans « À la recherche du temps perdu »*, Droz, Genève (CH), 1965.

Vl. Nabokov, *Proust, Kafka, Joyce*, trad. franç. H. Pasquier, Fayard, 1985, rééd. Stock, 1999.

J. Nathan, *Citations, Références et Allusions de Marcel Proust dans « À la recherche du temps perdu »*, Nizet, rééd. 1969.

J.-J. Nattiez, *Proust musicien*, Bourgois, 1999.

P. Newman-Gordon, *Dictionnaire des idées dans l'œuvre de Marcel Proust*, Mouton, La Haye (NL), 1968.

G.D. Painter, *Marcel Proust*, 1959 et 1965, trad. franç., Mercure de France, 1963 et 1966, rééd. 1992, 2 vol.

Chr. Péchenard, *Proust et les Autres*, La Table ronde, 1999.

G. Picon, *Lecture de Proust*, Mercure de France, 1963.

J. Picon, *Passion Proust : l'Album d'une vie*, Textuel, 1999.

G. Poulet, *Études sur le temps humain*, I, Plon, 1950 ; *L'Espace proustien*, Gallimard, 1963 ; *Études sur le temps humain*, IV, Plon, 1968.

J.-Fr. Revel, *Sur Proust*, Julliard, 1960, rééd. Grasset, 1987.

P.-L. Rey, *« À l'ombre des jeunes filles en fleurs ». Étude critique*, Champion, 1983.

J.-P. Richard, *Proust et le Monde sensible*, Seuil, 1974.

P.-E. Robert, *Marcel Proust lecteur des anglo-saxons*, Nizet, 1976.

B. G. Rogers, *Proust's Narrative Techniques*, 1965, rééd. Slatkine, Genève (CH), 2000 ; *Le Dessous des cartes. Proust et Barbey d'Aurevilly*, Champion, 2000.

J. Rousset, « Proust. *À la recherche du temps perdu* », in *Forme et Signification. Essai sur les structures littéraires de Corneille à Claudel*, Corti, 1963 à 1986, pp. 135 à 170.

M. Schneider, *Maman*, Gallimard, 1999.

Ph. Sollers, A. Nave, *L'Œil de Proust. Les Dessins de Marcel Proust*, Stock, 1999.

L. Spitzer, « Le style de Marcel Proust », 1961, texte repris in *Études de style*, trad. franç. E. Kaufholz, « Idées », Gallimard, 1970.

J.-Y. Tadié, *Proust et le Roman. Essai sur les formes et techniques du roman dans « À la recherche du temps perdu »*, Gallimard, 1971 ; *Lectures de Proust*, Colin, 1971 ; *Marcel Proust*, Gallimard, 1996, rééd. « Folio », Gallimard, 1999, 2 vol. ; *Proust, le dossier*, Pocket, 1998 ; *Proust, la Cathédrale du temps*, « Découvertes », Gallimard, 1999.

A. Vial, *Proust. Structure d'une conscience et Naissance d'une esthétique*, Julliard, 1963, rééd. sous le titre *Proust. Âme profonde et Naissance d'une esthétique*, Nizet, 1971.

Ph. Willemart, *Proust, poète et psychanalyste*, L'Harmattan, 1999.

P.-V. Zima, *Le Désir du mythe, une lecture sociologique de Marcel Proust*, Nizet, 1973.

Marcel Proust, l'Écriture et les Arts, catalogue de l'exposition de la BNF, 8 nov. 1999/6 févr. 2000, BNF/RMN/Gallimard, 1999.

NRF, n° spécial, 1923, rééd. Gallimard, 1990.

Bulletin Marcel Proust, B.I.P./ITEM-CNRS/Presses de l'ÉNS, Illiers-Combray (Eure-et-Loir).

Cahiers Marcel Proust, Gallimard, 1971 à 1973.

Études proustiennes, Gallimard, 1973 à 1997.

AUDIO & VIDÉO

Vidéo

G. Herzog, R. Stéphane, *Portrait Souvenir : Marcel Proust*, INA/FR3, 1988.

CD-ROM

Encyclopédie de la littérature française, Bibliopolis, 1998.

Proust, *Œuvres romanesques complètes*, Champion, 1998.

J.-Y. Tadié (dir.), *Marcel Proust*, Gallimard/BNF, 1999.

QUENEAU

Raymond QUENEAU

Écrivit aussi sous le pseudonyme de Sally MARA.

Le Havre 1903 – Neuilly-sur-Seine (Hauts-de-Seine) 1976

« Pour moi, il est un rare exemple de sage de notre temps, toujours à contre-courant. »
Italo CALVINO, entretien avec Christian DELACAMPAGNE, in *Le Monde*, 16 décembre 1979.

« Le poids d'un mythe : si Queneau était réellement cet encyclopédiste de génie qui épatait ses contemporains — ou un faiseur [...]. »
Bernard-Henri LÉVY, « Bloc-Notes », in *Le Point*, 18 octobre 1997.

Un inconsolable éclectique

Les catastrophes naturelles

En apparence, le jeune Queneau reçut l'éducation soignée et choyée d'un fils unique de famille catholique — il fit sa première communion en 1914 —, élevé par un père disponible, puisque retraité colonial, et une mère attentive, en dépit de ses obligations de commerçante dans la prospère mercerie familiale, au Havre. Mais, si l'on se réfère à l'autobiographie romancée *« en vers »* de ***Chêne et Chien*** (1937), qui relate cette entrée dans la vie, l'*« héritier fils et roi »* de la famille dut subir, auprès d'une nourrice, *« vingt-cinq ou vingt-six mois »* de séparation, qui semblent l'avoir profondément marqué. Sa vocation littéraire, qui inquiétait ses parents, fut précoce et constante, en dépit de périodes de découragement. Il écrivit des quantités de poèmes, dont beaucoup furent déchirés, et manifesta dès sa jeunesse une boulimie de lectures qui ne cessa jamais. Si ses années d'apprentissage furent fructueuses sur le plan intellectuel — il obtint de nombreux succès scolaires, se passionna pour l'Histoire et pour le cinéma, et avait déjà rédigé, à 13 ans, une vingtaine de romans et composé quantité de poèmes —, elles furent singulièrement perturbées par la Première Guerre mondiale, à partir de laquelle il tint sans interruption son journal. C'est dans ***Un rude hiver*** (1939) que Queneau évoqua, à travers une fiction lugubre, la vie des embusqués et des étrangers qui trouvaient refuge au Havre. La famille fit le sacrifice du commerce pour suivre à Paris, où il devait poursuivre ses études, l'adolescent devenu bachelier : en 1920, les Queneau s'installèrent en banlieue parisienne, à Épinay-sur-Orge (act. Essonne).

À Paris : le choc surréaliste

Cette période, durant laquelle l'étudiant fit un séjour en Angleterre (1922), ne semble pas avoir été beaucoup plus heureuse pour le *« paüvre jeune homme »* qui, tout en fréquentant la bibliothèque Sainte-Geneviève et les bancs de la Sorbonne, pour y apprendre la philosophie et les sciences — il obtint une double licence de lettres et philosophie —, découvrit qu'il *« s'émiett*[ait] », et vécut dans une solitude dépeinte, cette fois, à travers le personnage de Vincent Tuquedenne dans ***Les Derniers Jours*** (1936). C'est en 1923 qu'il ressentit ses premières crises d'asthme. La grande rencontre, fin 1924, grâce à Pierre Naville, avec les surréalistes porteurs d'exaltation et d'espoir, fut abrégée, dès novembre 1925, par le service militaire qui l'envoya en Allemagne puis au Maroc : c'était encore la guerre, et Queneau, cette fois, y participa directement. Il est très probable que ce fut la rencontre avec Breton et ses amis — notamment, à partir de 1927 Prévert, Duhamel et Tanguy, futurs dissidents de la rue du Château à Paris (act. XIVe arrondnt) —, qui déclencha vraiment la vocation littéraire de Queneau. La libération permise par l'écriture automatique, la révolte et le non-conformisme de ce nouveau milieu lui permirent à la fois de se manifester dans le groupe comme un membre actif et de voir ses premiers textes publiés dans *La Révolution surréaliste*. On y lit aussitôt, à côté de ce qui nous apparaît aujourd'hui comme les lieux communs du groupe, son goût pour le rêve, et pour l'art qui l'incarne, le cinéma. Les images témoignent d'un talent inné pour l'insolite et le surprenant. Mais, en dépit de quelques minimes annonces de ce qui fit son génie propre, il n'avait pas encore trouvé sa voie.

Le retour de service militaire, en avril 1927, ne fut pas brillant. Sans travail, le jeune homme trouva en 1928, dans le mariage avec Janine Kahn, la sœur de Mme André Breton, un remède apparent à son mal de vivre. Mais il eut beau tâter de plusieurs métiers, y compris celui d'employé de banque, et se mettre à la boxe, il sombra, en 1930, dans la dépression et devint un *« désadapté inadapté »*. Queneau rompit brutalement avec Breton, pour *« des raisons personnelles »*, en s'associant au tract de Desnos, *Un cadavre* (1930), dirigé contre Breton — et qui reprenait le titre du tract que Breton et d'autres surréalistes avaient rédigé pour célébrer la mort d'Anatole France (1924). L'année suivante, devenu placier en nappes en papier pour les restaurants, il rencontra Bataille : il collabora à *La Critique sociale* et s'associa aux travaux du Cercle communiste démocratique de Souvarine.

Le tournant de 1932

Queneau raconta métaphoriquement dans ***Odile*** (1937), sous une forme romancée, comment un simple voyage en Grèce, en 1932, l'avait libéré des surréalistes et avait provoqué la naissance de son premier roman. ***Le Chiendent***, paru en 1933, fut en effet écrit en un trimestre, grâce à une révélation majeure : l'opposition entre la langue écrite et la langue parlée, entre la *catharevousa* et la *démotikè*. Queneau connaissait théoriquement cette opposition, bien mise en évidence dans les travaux de Vendryès, qu'il avait lus. Il connaissait aussi la différence des niveaux de langue, découverte aussi bien dans *Les Pieds nickelés* de son enfance que lors de son service militaire, en entendant parler l'argot. Mais il n'avait jamais pensé que la littérature pouvait s'écrire dans cette langue parlée, qu'il y avait la possibilité d'un parlé-écrit, comme c'était le cas dans la littérature grecque. La publication, en octobre 1932, de *Voyage au bout de la nuit* de Céline éclipsa sans aucun doute les innovations non moins réelles de Queneau dans ***Le Chiendent***, qui ne reçut qu'un prix créé spécialement pour lui par ses « *copains* » (Vitrac, Bataille et Ribemont-Dessaignes, notamment), celui des Deux-Magots — lequel n'apporta à son auteur qu'un succès d'estime. Il raconta encore dans ***Chêne et Chien*** le traitement psychanalytique qu'il commença en 1932 avec Mme Lowska, et qu'il dut reprendre, pendant la guerre, avec le docteur Borel, jusqu'en 1942. Curieusement, Queneau n'exploita pas aussitôt les découvertes de son premier roman, tout en plongeant définitivement dans « *le bain romanesque* », qui n'était pas, selon ses dires, sa vocation première — comme en témoigne d'ailleurs la production parallèle de poèmes dont le premier recueil, ***Les Ziaux***, ne parut qu'en 1943 :

> *Les oiseaux bleus dans l'air sont verts*
> *dans la prairie*
> *qui les entend les voit qui les voit les*
> *entend*
> *leur aile déployée élargit leur patrie*
> *mais à travers leur plume un feu toujours*
> *s'étend*
>
> ***(Les Ziaux)***

Les thérapies du roman et de l'ésotérisme

Queneau publia désormais, chez Gallimard, un roman par an ou presque, qui semblait à chaque fois régler des comptes avec ses problèmes personnels. Avec ***Gueule de pierre*** (1934), qui eut pour suite *Les Temps mêlés* (1941) — ils furent refondus dans ***Saint Glinglin*** (1948) —, où, dans un lieu et un temps mythiques, sur fond ethnologique inspiré des théories du don de Mauss, se jouait le drame de la succession des fils à leur père, comme avec ***Les Derniers Jours*** (1936), dans lequel le héros vivait la déliquescence de l'après-guerre, ou avec ***Odile*** (1937), qui exorcisait le mal incarné par les surréalistes, ou ***Chêne et Chien*** (1937), « *roman en vers* », ou encore ***Les Enfants du limon*** (1938), où étaient sauvés les « *fous littéraires* » qui n'avaient pas trouvé d'éditeur — et auxquels Queneau s'était intéressé, lors de longues séances à la Bibliothèque nationale, pour s'abîmer dans l'érudition et sonder les délires humains —, ou enfin avec ***Un rude hiver*** (1939), qui dépeignait un Bernard Lehameau incarnant les figures du père et du fils à la fois, il s'agissait toujours de remonter dans le passé, en une progression à reculons, de réécrire un « roman familial ».
Queneau s'était tourné vers les religions orientales, avait suivi les cours de Henri-Charles Puech sur la gnose et le manichéisme à l'École pratique des hautes études (1932 à 1939), en même temps d'ailleurs que ceux d'Alexandre Kojève et d'Alexandre Koyré sur Hegel. En 1935 — un an après la naissance de son fils Jean-Marie —, bouleversé par un livre anodin de Paul Brunton intitulé *L'Inde secrète*, il avait retrouvé sa fascination pour la pensée ésotérique avec laquelle ses fréquentes lectures de René Guénon, à la mode dans les années 1930, l'avaient familiarisé. En 1936 — année où il s'installa à Neuilly (act. Hauts-de-Seine) —, il commença à tenir une chronique quotidienne *(« Connaissez-vous Paris ? »)* dans *L'Intransigeant* et multiplia les collaborations à divers journaux et revues.
Son horizon semblait enfin s'éclairer lorsque, en janvier 1938, il trouva un poste de lecteur d'anglais chez Gallimard, puis fonda, avec notamment Henry Miller, la revue *Volontés*, mais ce fut de nouveau la guerre. Son ***Journal 1939-1940*** (posth., 1986) révèle un désarroi total qui ne trouva de recours que dans les rites de l'Église catholique. Queneau avait alors 36 ans. Mobilisé en 1939, démobilisé dès juillet 1940, après l'armistice, il devint, en 1941, secrétaire général des éditions Gallimard.

D'*Exercices de style* à *Zazie* : la popularité d'un écrivain savant

Alexandre Kojève — dont l'auteur de ***Chêne et Chien*** édita l'*Introduction à la lecture de Hegel* (1947) — a qualifié de « *romans de la sagesse* » ceux que Queneau, parallèlement aux poèmes du recueil ***Les Ziaux*** et à une pièce de théâtre, ***En passant*** (1944), publia durant — et peu après — la guerre : ***Pierrot mon ami*** (1942), ***Loin de Rueil*** (1944) et ***Le Dimanche de la vie*** (1952). On y respire un air indéniablement moins pesant que dans la série, plutôt sombre, des romans d'avant-guerre. Les héros, Pierrot, Jacques l'Aumône — qui s'identifiait à ses rêves cinématographiques —, Valentin Brû enfin, traversaient l'existence avec une sorte de détachement poétique reflétant la fin d'une crise aiguë. Certains attribuèrent d'ailleurs ce changement à la guérison de l'asthme qui avait tourmenté l'écrivain depuis sa jeunesse — et dont souffre aussi le poète Des Cigales, dans ***Loin de Rueil***. Une certaine gaieté domine aussi dans ces romans, même s'ils restent profondément pessimistes, gaieté qui éclata dans ***Zazie dans le métro*** (1959) : ce roman, après ***Exercices de style*** (1947), assura le succès populaire de Queneau.

Entre les triomphes inattendus d'***Exercices de style*** et de ***Zazie***, Queneau devint membre de la Société mathématique de France (1948) — aboutissement logique d'une passion qui ne le quitta jamais, avec une prédilection pour les nombres premiers —, puis membre du Collège de 'Pataphysique (1950), membre de l'Académie Goncourt (1951) — au couvert de Léo Larguier —, enfin directeur de la collection « Encyclopédie de la Pléiade » (1954), chez Gallimard, à la création de laquelle il avait pris part, en 1946.

L'encyclopédiste lyrique et gai

Parallèlement, Queneau multiplia les activités, écrivant tant pour le cinéma — il signa les dialogues de ***Monsieur Ripois et la Némésis*** (1954) de Clément, de ***La Mort en ce jardin*** (1956) de Buñuel, et la version française des dialogues de ***La Strada*** (1954) de Fellini, de ***Sourires d'une nuit d'été*** (1956) de Bergman — que pour la scène — il écrivit les lyrics de ***La Croqueuse de diamants*** (1950), ballet de Roland Petit, accompagnant même la troupe en tournée aux États-Unis, la même année —, sans cesser ses collaborations à divers journaux et revues, comme ses traductions, préfaces et postfaces, et autres commentaires relatifs à des auteurs ou des sujets aussi différents que Faulkner, Vian, Miller, Prévert, Constant, Poe, les poètes grecs antiques, la science-fiction — en 1952, il cofonda, avec notamment Vian, à l'attention des amateurs du genre, le Club des Savanturiers —, les peintres Vlaminck et Miró : diversité illustrant son fameux encyclopédisme.

On a en effet beaucoup parlé et discuté de l'encyclopédisme de Queneau. Sans doute faut-il le ramener à des proportions humaines, qui impliquent oubli, ou lecture rapide. La liste des livres qu'il a lus et souvent relus, établie par lui-même, comporte environ 10 000 titres, sur les sujets les plus divers, allant de la littérature internationale aux sciences humaines et exactes. Mais il reste exceptionnel, de ce point de vue, par rapport à la majorité des écrivains — et l'essentiel n'est peut-être pas tant le nombre de ses lectures que sa volonté, proprement encyclopédique, d'organiser le savoir.

La gaieté contagieuse de Queneau apparaît aussi dans les œuvres poétiques de cette période, comme la ***Petite Cosmogonie portative*** (1950), histoire du monde en 6 chants et 1 398 alexandrins pleine d'une verve échevelée contrastant avec les pièces tragiques de ***L'Instant fatal*** (1946 — recueil reprenant des poèmes écrits beaucoup plus tôt), que suivirent les recueils ***Bucoliques*** (1947) et ***Monuments*** (1948) :

Je crains pas ça tellment la mort de mes entrailles
et la mort de mon nez et celle de mes os
Je crains pas ça tellment moi cette moustiquaille
qu'on baptisa Raymond d'un père dit Queneau.

(L'Instant fatal)

Aimable banditrix des hommes volupté
qui donnes à l'être un trou pour éjaculer
aux montagnes le val aux pistons le cylindre
aux éléphants l'infante aux Tigres le Bengale
aux taureaux une vache aux cigaux la cigale

(***Petite Cosmogonie portative***, chant VI)

Cette gaieté se révéla surtout dans le célèbre recueil ***Si tu t'imagines*** (1952), dont le poème-titre — initialement intitulé ***C'est bien connu*** — fut immortalisé par Juliette Gréco, sur une musique de Kosma :

Si tu t'imagines
Si tu t'imagines
Fillette fillette

Si tu t'imagines
xa va xa va xa
Va durer toujours
La saison des za
La saison des za
Saison des amours
Ce que tu te goures
Fillette fillette
Ce que tu te goures

(Si tu t'imagines)

Jusqu'à *Zazie*, Queneau publia encore les recueils ***Le Chien à la mandoline*** (1958) et ***Sonnets*** (1958) — qui furent réunis en 1965. Cependant, le poète coexistait avec le nouvelliste — ***Une trouille verte*** (1947) et ***Le Cheval troyen*** (1948) — et le romancier : ***Le Dimanche de la vie*** fit suite à deux malicieux romans, publiés sous le pseudonyme de Sally Mara, ***On est toujours trop bon avec les femmes*** (1947) et ***Journal intime*** (1950) — qui furent rassemblés dans ***Les Œuvres complètes de Sally Mara*** (1962), avec ***Sally plus intime***, reprise quasi-intégrale d'un recueil de pensées, ***Foutaises*** (1944). En outre, Queneau rassembla divers textes dans ***Bâtons, Chiffres et Lettres*** (1950, rééd. 1965).

Le fondateur de l'OuLiPo

Le triomphe de *Zazie* assura la consécration — tardive : à 56 ans — de Queneau. Dès 1960 — année où il signa les dialogues du ***Couple*** de Mocky —, des travaux lui furent consacrés : un *Essai sur Raymond Queneau* de Jean Quéval, après une décade à Cerisy-la-Salle, qui aboutit à la fondation, avec notamment François Le Lionnais, de l'Ouvroir de Littérature Potentielle (OuLiPo), atelier d'expérimentation littéraire préconisant de réintroduire la notion de contrainte formelle — tels les lipogrammes ou les structures mathématiques — dans la création littéraire. L'année suivante, le T.N.P. de Vilar programma la comédie musicale que Roger Pillaudin avait tirée de ***Loin de Rueil***. En 1962 parurent le *Raymond Queneau* de Jacques Bens et le *Queneau déchiffré* de Claude Simonnet, tandis que les entretiens radiodiffusés avec Georges Charbonnier — publiés, à la fin de la même année, sous le titre ***Entretiens avec Georges Charbonnier*** — popularisaient définitivement Queneau, lequel apparut même brièvement, sous les traits de Clemenceau, dans le film *Landru* de Chabrol, toujours en 1962.

L'activité littéraire de l'auteur de *Zazie* continua à se partager entre les recueils de poèmes — ***Cent Mille Milliards de poèmes*** (1961), qui ne contenait que 10 sonnets aux rimes identiques découpés en 14 bandes horizontales (autant que de vers) permettant une combinaison de 10^{14} sonnets différents, donc « *cent mille milliards* » —, la trilogie ***Courir les rues*** (1967), ***Battre la campagne*** (1968), ***Fendre les flots*** (1969) et ***Morale élémentaire*** (1975) —, les romans — ***Les Fleurs bleues*** (1965), ***Le Vol d'Icare*** (1970) — et les essais — ***Bords : mathématiciens, précurseurs et encyclopédistes*** (1963), ***L'Analyse matricielle du langage*** (1964) et une ***Histoire modèle*** (1966). Ce dernier titre résumait les réflexions de Queneau sur cette discipline qui le passionnait : le « *malheur des hommes* », dont la science est l'Histoire, ne peut cesser qu'avec l'Histoire elle-même. Engagé dans l'Histoire, l'homme ne trouve apaisement qu'en racontant cette Histoire. Queneau trouva très tôt les voies de cet apaisement, lui qui, dès l'âge de 10 ans, remplissait des cahiers d'écolier, refaisait les livres de l'égyptologue Maspero qu'il trouvait insuffisants, et inventait l'histoire de la Lusapie.

Les dernières années de Queneau furent endeuillées par la disparition de son épouse Janine, en 1972, qui le laissa inconsolable. Il préfaça néanmoins l'essai de Renée Baligand, *Les Poèmes de Raymond Queneau : étude phono-stylistique* (1972), publia ***Le Voyage en Grèce*** (1973), recueil d'articles ou de textes parus entre 1930 et 1940, ainsi que quelques contributions au recueil collectif de l'OuLiPo, ***La Littérature potentielle*** (1973).

Trois ans plus tard, Queneau mourut à Neuilly-sur-Seine, à 73 ans. Après sa mort ont été publiés ***Contes et Propos*** (1981), ***Journal 1939-1940*** suivi de ***Philosophes et Voyous*** (1986), puis ***Journaux 1914-1965*** (1996). C'est François Nourissier qui, en 1977, lui succéda au 6e couvert de l'académie Goncourt.

THÉORIE LITTÉRAIRE

« [...] *il me semble évident que la vie d'un pays dépend de celle de son idiome propre. On ne peut soigner la France sans lui dire : "Tire ta langue". Elle la tire. Moi, je la trouve un peu blanchâtre* » ***(Bâtons, Chiffres et Lettres)***. Ainsi Queneau posait-il la question du divorce entre « *le français parlé et le français écrit* » : il ne s'agissait pas simplement, à ses yeux, de « *deux variantes* », mais de « *deux langues différentes, presque aussi différentes que le français et le latin* » ***(Entretiens avec Georges Charbonnier)***. Cette théorie du « *néo-français* », évoquée dans de nombreux articles, lui avait été inspirée, entre autres, par un ouvrage du linguiste Joseph Vendryès, *Le Langage* : celui-ci considérait qu'au français littéraire codifié par la Renaissance et le classicisme, puis rénové par les romantiques, désormais « *langue morte, avec ses règles et son vocabulaire fixés une fois pour toutes* » (cité par Queneau in ***Bâtons, Chiffres et Lettres***), devait inéluctablement succéder, sur la base de nouvelles formes attestées à l'oral, un « troisième *français, correspondant à la langue réellement parlée* » *(ibid.)*. L'enjeu de cette émergence n'est pas seulement d'ordre linguistique : Queneau pensait « *qu'une syntaxe morte est un tel éteignoir que lorsqu'on s'en sera débarrassé, il y aura non seulement une nouvelle poésie, mais encore une nouvelle philosophie* [...]. *Un langage nouveau suscite des idées nouvelles et des pensers nouveaux veulent une langue fraîche* » *(ibid.)*.

Selon lui, il ne s'agit pas d'une simple « *notation phonographique* » de cette dernière : le néo-français, « *en étant écrit,* [...] *devient l'objet et le sujet des mêmes règles et de la même élaboration littéraire qu'une autre langue* » ***(Entretiens avec Georges Charbonnier)***. L'auteur préconise donc « *une triple réforme, ou révolution : l'une concerne le vocabulaire, la seconde la syntaxe, la troisième l'orthographe.* » ***(Bâtons, Chiffres et Lettres)***. Sur le premier point, il faut rompre avec les tabous du bon usage, sans tomber dans les facilités d'une sorte de populisme lexical : « *Le danger à éviter est l'argot* [...]. *Sur le second point, la réforme ou révolution est faite. Voyez Céline. Il suffit d'oser de nouveau* » *(ibid.)*. C'est sur le dernier point que Queneau revient le plus volontiers : l'orthographe française lui apparaît comme « *un système conventionnel établi de toutes pièces par quelques savantasses* [...], *une invention des premiers imprimeurs pour rendre le métier difficile et se créer ainsi des privilèges corporatifs* » *(ibid.)*. Bref, « *plus qu'une mauvaise habitude, c'est une vanité* [...]. *Sans une notation correcte du français parlé, il sera impossible (il sera himpossible) au poète de prendre conscience de rythmes authentiques, de sonorités exactes, de la véritable musique du langage* » *(ibid.)*. C'est pourquoi le français moderne doit « *enfin se dégager des* conventions *de l'écriture qui l'enserrent encore* [et s'envoler], *papillon, laissant derrière lui le cocon de soie filé par les grammairiens du* XVI*e et les poètes du* XVII*e siècle* » *(ibid.)*. Il ne faut donc pas voir dans les graphies phonétiques, les néologismes ou les « hardiesses » grammaticales de ***Zazie dans le métro*** (« *skeutadittaleur* », « *vlà ltrain qu'entre en gare* », « *euréquation* », « *croyab* », « *tévé* », « *nondguieu* », etc.), des ***Exercices de style*** (« *mettre un ottbouton* », « *l'autt feignant dson espèce* ») ou des ***Ziaux*** (« *jusqu'aux bars où l'on suss la mouss avec des pailles* ») de simples provocations, la manifestation d'un humour gratuit, même si Queneau reconnut, à la fin de sa vie, que ses théories n'avaient « *pas été confirmées par les faits* » : « *Le "néo-français" n'a progressé ni dans l'usage courant ni dans l'usage littéraire* », par la faute des nouveaux médias, radio et télévision, qui ont « *appris aux locuteurs à se surveiller* [...]. *Le français parlé courant se modèle de plus en plus sur l'écrit, et je crois que ce que les puristes n'auraient pu obtenir, les moyens audiovisuels l'imposent. Bref, c'est une déroute du néo-français* » ***(Le Voyage en Grèce)***.

En revanche, il ne renonça jamais à l'idée que « *le travail du Poète, et du Prosateur, consiste à collaborer à l'établissement, au fondement, au développement et à l'embellissement du langage de ceux qui parlent la même langue que lui* » *(ibid.)*. Membre fondateur de l'OuLiPo, il s'attacha en particulier à développer la « *littérature potentielle* », c'est-à-dire « *la recherche de formes, de structures* [...] *nouvelles* [...] *qui, ensuite, pourront être utilisées par les écrivains de la façon qui leur plaira* » ***(Entretiens avec Georges Charbonnier)***. Il s'insurgea contre la fixité des genres — « *La poésie ne se réduit pas au lyrisme, encore moins le lyrisme à la métaphore* » ***(Le Voyage en Grèce)*** —, prônant, « *en dehors du petit poème métaphoreux* » *(ibid.)*, le retour à la poésie épique, dramatique, didactique, ou la renaissance de la fable ou de la satire.

Passionné par les problèmes de langage, Queneau déplorait cependant qu'on y réduisît le champ des préoccupations littéraires : « [...] *on a laissé la science (occidentale rationalisante) envahir le domaine de l'art* [...] » *(ibid.)*. Il rendait responsable de cette évolution les écrivains eux-mêmes, trop enclins depuis le romantisme à « *déblatérer contre leur art* » et à « *se déguiser en "savants". Le roman devint un document sociologique, une observation médicopsychologique, et les romanciers entrèrent à l'Académie de Médecine* » *(ibid.)*. Il ne se montra pas moins sévère envers la pratique de l'écriture automatique, qui « *n'a jamais produit soit que des élucubrations d'une répugnante banalité, soit que des "textes" affligés dès leur naissance des tics du milieu qui les pondit* » *(ibid.)*, et se moqua de l'usage littéraire de l'inconscient, « *cette poche à métaphores dont tout individu serait censé pourvu et qui rendrait l'activité poétique comparable à l'expulsion de la sépia par la seiche* » *(ibid.)*. S'il dénonçait « cette *inspiration qui consiste à obéir aveuglément à toute impulsion* », c'est que Queneau, selon une argumentation analogue à celle de Valéry, trouvait l'écrivain classique « *qui écrit sa tragédie en observant un certain nombre de règles qu'il connaît* [...] *plus libre que le poète qui écrit ce qui lui passe par la tête* [...] » *(ibid.)*.

THÉORIE LITTÉRAIRE

Au-delà d'une exploitation ludique de toutes les ressources du langage, et en particulier du langage parlé, qui la situe dans la grande tradition rabelaisienne, l'œuvre de Queneau a contribué à la déstabilisation des genres littéraires en minant les formes convenues de la littérature.

Entre malice et gravité

L'écrivain a lancé successivement plusieurs bombes à retardement qui ont engagé dans des voies diverses et parfois divergentes la lecture de son œuvre. La première fut, en 1937, un article paru dans ***Volontés*** où il dévoilait la structure de son premier roman, ***Le Chiendent***, composé — conformément à sa passion des mathématiques — à partir de contraintes numériques réglant à l'avance le nombre des chapitres, l'entrée et la sortie des personnages, etc. : « [...] *lantiponages que tout cela, ravauderies et billevesées, battologies et trivelinades, âneries et calembredaines, radotages et fariboles !* » Cet aspect pré-oulipien, qui avait complètement échappé aux lecteurs, ouvrait la voie d'une exploration formaliste de l'œuvre, favorisée par le succès des 99 exercices de style narrant une même anodine anecdote. Les ***Cent Mille Milliards de poèmes***, parus l'année suivant la fondation de l'OuLiPo, portèrent à son comble la réputation de l'inventeur et du virtuose, déjà célèbre pour ses trouvailles de « *néo-français* ». Ainsi se dessinait un Queneau maître absolu de son œuvre et des ressources du langage, modèle favori des auteurs de dictionnaires de rhétorique et de linguistique, indissociable d'un Queneau « *rigolo* », fantaisiste, popularisé par le succès de la chanson ***Si tu t'imagines***, interprétée par Juliette Gréco, ou par la mise en scène des ***Exercices de style*** à La Rose rouge (1949). Sa présence au Collège de 'Pataphysique, dès 1950, apparaissait comme la marque d'un esprit avant tout ludique, pratiquant volontiers l'incrustation cryptée de citations célèbres qu'il appartient au lecteur vigilant d'« intercepter » :

On parle de Minos et de Pasiphaé
du pélican lassé qui revient d'un voyage
du vierge du vivace et du bel aujourd'hui
on parle d'albatros aux ailes de géant
de bateaux descendant des fleuves impassibles
d'enfants qui dans le noir volent des étincelles
alors pourquoi pas de l'électromagnétisme ?

(Petite Cosmogonie portative)

Les bombes suivantes furent posthumes : les dossiers abondants qu'il avait laissés révèlent des lectures inattendues, des inquiétudes proprement métaphysiques, un penchant certain pour la religion, qui ne manquèrent pas, lorsqu'ils furent portés à la connaissance du public avec la parution du ***Journal 1939-1940***, de perturber les esprits sceptiques. L'étude de l'œuvre en fut infléchie : on y chercha alors les traces d'un véritable ésotérisme, où l'« *arithmomanie* » servirait un symbolisme transcendantal. Son dernier recueil de poèmes, ***Morale élémentaire***, composé en partie avec le modèle du *Yi-King*, le plus ancien livre de sagesse chinoise, pouvait étayer cette hypothèse.
L'œuvre de Queneau s'avère riche de potentialités, au-delà peut-être même de ce que voulut l'auteur. Plus que jamais, dans son cas, semble en effet fonctionner la distinction qu'établit Barthes entre « *l'écrivant* » et « *l'écrivain* ». Le premier, penseur et essayiste, subit banalement les pressions de l'âge et de l'Histoire, passant d'une pensée de gauche révolutionnaire lors de sa collaboration à *La Critique sociale* de Souvarine à un détachement plus grand à l'égard de la politique. Ce même « *écrivant* » ne perdait jamais de vue l'enjeu de vérité, de connaissance, de certitude qu'implique toute activité humaine réfléchie. Mais « *l'écrivain* », emporté par le génie des bâtons, des chiffres, des lettres, bâtissait une œuvre dont les effets lui échappaient en partie. Commentant la nouvelle orthographe du néo-français, il poursuivait : « *On lrekonê pudutou, lfransê, amésa pudutou, sa vou pran toudinkou unalur ninvèrsanbarbasé stupéfiant. Avrédir, sêmêm maran. Jérlu toudsuit lé kat lign sidsu, jépapu manpéché de mmaré* » ***(Bâtons, Chiffres et Lettres)***. Ce fut d'ailleurs

le même Barthes qui, dans un article sur « Zazie et la Littérature » *(Essais critiques)*, caractérisa l'entreprise littéraire de Queneau : « *Il assume le masque littéraire, mais en même temps il le montre du doigt.* » Queneau met en cause notre représentation des mots, la structure de notre pensée, affirmant l'existence d'une analogie réelle entre le français parlé et le chinook, langue amérindienne — « *Il ne se doutait pas que chaque fois qu'il passait devant sa boutique, elle le regardait, la commerçante, le soldat Brû* » (*incipit* du ***Dimanche de la vie***) —, il conteste les conventions de la fiction, en participant à la mise à mort du « *personnage* », du récit, en perturbant la voix narrative et la séparation des genres. Il introduit la « *catastrophe* », pour reprendre un mot de Blanchot à propos des ***Ziaux***, dans nos certitudes, ce qui, à la manière des chutes en séries dans les gags des films burlesques américains, ne manque pas le plus souvent de provoquer le rire, un rire cependant qui lui appartient, un « *pleurire* ».

Une réception ambiguë

Entre 1924 et 1975, entre ses premiers textes surréalistes et son ultime recueil de poèmes, Queneau fut le témoin et l'acteur d'un demi-siècle de bouleversements historiques et politiques mais aussi littéraires : à l'art d'agrément succéda un art de dérangement — du nihilisme célinien à l'absurde de Beckett — ou d'engagement — avec l'existentialisme sartrien.

On a longtemps pu croire que Queneau, encyclopédiste soucieux surtout de recherches formelles, pataphysicien puis oulipien aussi malicieux qu'inventif, était resté, somme toute, en marge de cette mutation de la littérature. La construction toute mathématique de sa première œuvre, ***Le Chiendent***, parue au moment même où « explosait » *Voyage au bout de la nuit*, aux séquences ni numérotées ni titrées, pouvait sembler secondaire, voire dérisoire. Le triomphe de ***Zazie***, après celui d'***Exercices de style***, conforta cette image d'un Queneau orfèvre du langage, et accentua le malentendu avec celui qu'on tenait seulement pour un virtuose de la dérision. Lui-même, du reste, nourrit partiellement ce malentendu en cultivant le paradoxe d'une œuvre à la fois populaire et incomparablement sophistiquée — proche parfois des Grands Rhétoriqueurs de la Renaissance —, accessible et élitiste, lisible et d'un encyclopédisme réservé à des initiés.

La publication posthume du ***Journal 1939-1940***, puis des ***Journaux 1914-1965***, a permis de mieux mesurer combien Queneau, en réalité, avait répondu à la mutation de la littérature en son demi-siècle d'écrivain : loin de n'être qu'une fin, la virtuosité formelle apparaît chez lui comme un moyen de surmonter une angoisse proprement existentielle, voire métaphysique, souvent plus manifeste dans ses poèmes, et son malicieux sourire, comme une parade à son désespoir.

Cette singularité de Queneau peut expliquer que sa gloire se soit révélée ambiguë. S'il reste un maître pour tous les Oulipiens — Jacques Roubaud en tête, après notamment Perec —, son œuvre est moins étudiée aujourd'hui que celle des Gide, Proust, Céline, Sartre, Beckett, ou même Ionesco — qui le vénérait.

Queneau a toutefois reçu un bel hommage sous la forme du magazine littéraire télévisuel *Qu'est-ce qu'elle dit, Zazie ?* de Jean-Michel Mariou, émission hebdomadaire diffusée sur FR 3 — avec diverses modifications de format — entre 1994 et 1999, souvent tenue pour l'une des meilleures émissions littéraires à la télévision, la plus digne du créateur de ***Zazie***.

ŒUVRES

Exercices de style

Série de 99 textes courts — numérotés et titrés — n'appartenant à aucun genre littéraire répertorié, publiée chez Gallimard, en 1947.

Une anecdote insignifiante — un jeune homme récrimine contre un voyageur dans un autobus bondé : le narrateur le revoit, deux heures plus tard, devant la gare Saint-Lazare — est racontée de 99 façons différentes. Les contraintes qui président aux transformations dans cette œuvre « *oulipienne par anticipation* » sont formelles ou sémantiques. La grammaire (***Présent***, ***Négativités***), les figures de rhétorique (***Litote***, ***À peu près***), les genres littéraires (***Comédie***, ***Sonnet***), les permutations de tous ordres côtoient des récits gouvernés par l'odorat, la philosophie, les anglicismes, la botanique, voire la mathématique. Ainsi les premières phrases du plus neutre des « *exercices* », intitulé justement ***Récit*** — « *Un jour vers midi du côté du parc Monceau, sur la plate-forme arrière d'un autobus à peu près complet de la ligne S (aujourd'hui 84), j'aperçus un* *personnage au cou fort long qui portait un feutre mou entouré d'un galon tressé au lieu de ruban »* — devient, dans **Homéotéleutes**, d'abord intitulé **Homéoptotes** : « *Un jour de canicule sur un véhicule où je circule, gesticule un funambule au bulbe minuscule, à la mandibule en virgule et au capitule ridicule* ». Et, dans **Ampoulé**, d'abord intitulé **Noble** : « *À l'heure où commencent à se gercer les doigts roses de l'aurore, je montai tel un dard rapide dans un autobus à la puissante stature et aux yeux de vache de la ligne S au trajet sinueux. Je remarquai, avec l'acuité de l'Indien sur le sentier de la guerre, la présence d'un jeune homme dont le col était plus long que celui de la girafe au pied rapide, et dont le chapeau de feutre mou s'ornait d'une tresse, tel le héros d'un exercice de style.* »

Les ***Exercices de style*** portent l'attention sur les potentialités de l'énonciation : l'énoncé est quelconque, mais le discours que l'on tient sur lui révèle un sujet identifiable en termes de psychologie ***(Hésitations)***, d'idéologie ***(Réactionnaire)***, de statut social ***(Paysan)***, et bien sûr d'écrivain amoureux des jeux de la langue : on trouve, au milieu du 50e « *exercice* » ***(Maladroit)***, c'est-à-dire en plein cœur du recueil, la célèbre phrase : « *C'est en écrivant qu'on devient écriveron.* »

En mai 1942, à partir d'un incident réel, Queneau composa d'abord 12 exercices intitulés ***Le Dodécaèdre***. Ils furent progressivement augmentés pour aboutir aux 99 exercices publiés en 1947. Selon Queneau lui-même, *L'Art de la fugue* de Bach est à l'origine de cette idée de variations autour d'un « *thème assez mince* ». Les ***Exercices*** étaient voués à la métamorphose : une nouvelle édition, en « collection Blanche », parut en 1963 avec une ***Préface*** inédite de l'auteur, 33 « *exercices* » illustrés par Carelman et 99 « *exercices* » typographiques de Massin — édition « *enrichie d'une table des exercices de style non réalisés* » (124 en tout) et d'une étude du Dr Claude Leroy. En 1979, dans une réédition de l'ouvrage, le nombre des illustrations de Carelman fut porté à 45. Entre-temps, la dernière édition parue du vivant de Queneau, en 1973, reflétait les activités oulipiennes de l'écrivain et ne contenait plus tout à fait ni les mêmes exercices ni les mêmes titres.

Jugés d'abord « *avec tristesse* » par le « *directeur d'une revue fort distinguée* », les ***Exercices de style*** furent très vite popularisés par des mises en voix et en scène que l'auteur n'avait pas prévues. Pourtant, le sujet appelait naturellement un destinataire, voire un scénario. Le discours se charge alors d'intentionnalités que le texte lu ne laisse pas toujours soupçonner et permet à ses vertus comiques d'éclater. Des premières mises en scène par Yves Robert à La Rose rouge en 1949, avec les Frères Jacques, en passant par le disque de ces derniers en 1954, jusqu'aux représentations du Petit-Montparnasse en 1981 et aux multiples mises en scène contemporaines, le succès ne se démentit pas. Les ***Exercices*** ont eu parallèlement une portée pédagogique considérable, et une influence décisive sur le théâtre de Ionesco, qui confia : « *Je crois que si je n'avais pas lu les* Exercices de style *de Raymond Queneau, je n'aurais pas osé présenter* La Cantatrice chauve, *ni rien d'autre à une compagnie théâtrale.* »

Zazie dans le métro

Roman en 19 chapitres, paru chez Gallimard, en 1959.

Quelques années après la Seconde Guerre mondiale, Gabriel accueille à la gare de Lyon sa nièce Zazie, une gamine plus tout à fait fillette et pas encore adolescente. Son rêve est de prendre le métro. Il est en grève. Pendant les quelque 36 heures qui la séparent de son retour à Saint-Montron, elle ne pourra jamais aller sous terre dans le métro. Cependant, il lui arrive un certain nombre d'aventures liées à son caractère indépendant, voire émancipé. À peine arrivée chez sa tante Marceline, elle fugue et rencontre un personnage protéen, Pédro-surplus, *alias* Trouscaillon, *alias* Bertin Poirée, *alias* Aroun Arachide. Elle fait la connaissance du petit monde qui gravite autour de sa famille, Charles, Mado Ptits-pieds, Turandot, Fedor Balanovitch, la veuve Mouaque, le cordonnier Gridoux et le perroquet Laverdure qui répète : « *Tu causes, tu causes,* [...] *c'est tout ce que tu sais faire.* » Finalement, tout le monde va admirer Gabriel, qui est danseuse *[sic]* la nuit au bar des Nyctalopes. Après une effroyable bagarre, les protagonistes s'échappent au petit matin, au moment où le métro se remet en marche. Mais Zazie est évanouie. À sa mère qui l'interroge sur son séjour, elle répond — et c'est le dernier mot du roman : « *J'ai vieilli.* »

Comme on le voit, ce « *roman* », constitué presque entièrement de dialogues, ne contient pas les ingrédients traditionnels du genre. Si l'on ne peut totalement négliger quelques interprétations pesantes ou délirantes que suscite malignement l'ouverture du texte — l'œuvre est qualifiée de « *roman initiatique, parodie de la Bible, scénario psychanalytique* » —, au-delà du roman d'apprentissage dans lequel il s'inscrit ostensiblement, l'essentiel réside dans la langue et l'écriture. Le premier mot — célèbre — qui ouvre le roman, le « *DOUKIPUDONKTAN* », donne le ton : sont exploitées à fond, pour la première fois dans l'œuvre de Queneau, les ressources du « *néo-français* ». Le perroquet Laverdure pourrait désigner aussi la verdeur du langage, qui a contribué au succès de scandale de ***Zazie***. Le texte fourmille de trouvailles langagières, de la graphie phonétique au calembour en tous genres et exploite les ressources du gros comique : quiproquos, bagarres, blagues sur le sexe, etc. Ce déchaînement est favorisé par l'intrusion, dans un monde déjà passablement non conformiste — ou plutôt peu convenable aux yeux de la bonne société —, d'un personnage abrasif et décapant, Zazie, dont l'insolence repose sur un mélange de précocité et de curiosité toutes verbales. Précocité de jugement dans la condamnation sans ambages des grands hommes : « *Napoléon mon cul* [...]. *Il ne m'intéresse pas du tout, cet enflé, avec son chapeau à la con* » (chap. I). Curiosité insatiable, lorsqu'il s'agit de définir l'« *hormosessualité* » dont on accuse tonton Gabriel.

Si certaines formes de violence — y compris les douloureux pinçons qu'inflige Zazie à son oncle — sont au premier plan du roman, son succès tient davantage à des procédés moins visibles et plus subtils. Comme le dit une autre phrase — devenue célèbre — du roman, « *Ya pas que la rigolade, y a aussi l'art* ». Le « *néo-français* », les allusions, l'intertextualité, les effets de répétition et d'inversion, l'éventuelle utilisation cryptée des nombres requièrent un lecteur attentif, cultivé et complice : « *Les étrangers s'étranglaient d'enthousiasme devant tant de couleur locale, cependant que des garçons vêtus d'un pagne commençaient à servir, accompagnés de demis de bière enrhumés, une choucroute pouacre parsemée de saucisses paneuses* [...]. » Il faut être quelque peu « averti » pour identifier, dans cette satire de la gastronomie touristique, des fragments de *La Chanson du Mal-Aimé* d'Apollinaire. C'est dans ce mélange détonant du populaire — voire du populacier — et du savant — voire de l'érudit — que réside la force comique de l'œuvre, dérangeante pour les uns comme pour les autres.

Élaboré pendant de nombreuses années, ***Zazie dans le métro***, dont on a rapproché l'héroïne de *Lolita* ou d'*Alice*, confirmait, en 1959, la réputation d'un Queneau amuseur, réputation reposant pour lui sur un malentendu. Le succès populaire du roman l'avait en effet surpris le premier : « *Le succès de* Zazie *a été un choc qu'il m'a été difficile de supporter. Je disais en ne disant pas, seulement pour les happy few je disais, et voilà que la foule s'écrie j'ai compris, même si c'est faux c'est impressionnant* » (**Journaux 1914-1965**, Gallimard, posth., 1996). ***Zazie dans le métro***, objet d'un important article de Barthes, dans *Critique*, dès sa parution, a été traduit dans les grandes langues européennes et en japonais. Porté à l'écran en octobre 1960 par Louis Malle, le roman fut également adapté pour la scène, dès décembre 1959, par Olivier Hussenot, mis en bande dessinée par Jacques Carelman (1966) et plusieurs fois monté au théâtre.

CITATIONS

– J'ai tant prié Dieu et ses saints, monsieur, que je ne trouve pas étonnant d'être exaucée.
– Vous croyez que Dieu est comme ça, Clémence ? Qu'il s'occupe de votre dot ?
– Pourquoi pas ? Il s'occupe bien des petits oiseaux. Mais monsieur est israélite, monsieur n'a pas lu l'Évangile.

Les Enfants du limon.

Mme Hachamoth soupira.
– Tout de même cela m'aurait fait plaisir de voir ma fille sauver la France.

Les Enfants du limon.

Si je parle du temps, c'est qu'il n'est pas encore,
Si je parle d'un lieu, c'est qu'il a disparu,
Si je parle d'un homme, il sera bientôt mort,
Si je parle du temps, c'est qu'il n'est déjà plus.

L'Explication des métaphores, IV.

Je crains pas ça tellment la mort de mes entrailles
et la mort de mon nez et celle de mes os
Je crains pas ça tellment moi cette moustiquaille
qu'on baptisa Raymond d'un père dit Queneau.

L'Instant fatal.

J'connaîtrai jamais le bonheur sur terre
je suis bien trop con.

L'Instant fatal.

– Qu'est-ce que vous avez ? demanda Lulu Doumer à des Cigales.
– Une ontalgie, répondit Thérèse.
– Une quoi ?
– Une ontalgie.
– Qu'est-ce que c'est que ça ?
– Une maladie existentielle, répondit Thérèse, ça ressemble à l'asthme mais c'est plus distingué.

Loin de Rueil, I, 1.

Aimable banditrix des hommes volupté
qui donnes à l'être un trou pour éjaculer
aux montagnes le val aux pistons le cylindre

aux éléphants l'infante aux Tigres le Bengale
aux taureaux une vache aux cigaux la cigale
[...]

Petite Cosmogonie portative, 4e chant.

Le singe sans effort le singe devint homme
lequel un peu plus tard désagrégea l'atome
[...]

Petite Cosmogonie portative, 6e et dernier chant.

– Monsieur a l'air rêveur, dit le veilleur de nuit.
– C'est pas mon genre, dit Pierrot. Mais ça m'arrive souvent de ne penser à rien.
– C'est déjà mieux que de ne pas penser du tout, dit le veilleur de nuit.

Pierrot mon ami.

Napoléon mon cul, réplique Zazie. Il m'intéresse pas du tout, cet enflé, avec son chapeau à la con.

Zazie dans le métro, 1.

Loin du temps, de l'espace, un homme est égaré,
Mince comme un cheveu, ample comme l'aurore,
Les naseaux écumants, les deux yeux révulsés,
Et les mains en avant pour tâter le décor.

Les Ziaux.

JUGEMENTS

« *Pour Queneau, le procès du langage est toujours ambigu, jamais clos, et* [...] *lui-même n'y est pas juge mais partie : il n'y a pas une bonne conscience de Queneau : il ne s'agit pas de faire la leçon à la Littérature, mais de vivre avec elle en état d'insécurité.* »

Roland BARTHES, « Zazie et la Littérature », in *Critique*, 1959, repris in *Essais critiques*, « Points », Seuil, 1964.

« *Son premier dessein avait été d'écrire une étude sérieuse sur les illuminés qui s'étaient consumés à chercher la quadrature du cercle et le mouvement perpétuel : il nous parla d'eux longuement et avec charme. Nous fûmes étonnés d'apprendre qu'il s'entendait aux mathématiques et lisait couramment Bourbaki. D'ailleurs, il était en de nombreux domaines d'une remarquable érudition que certes il n'étalait jamais mais qu'il monnayait en anecdotes, en rapprochements, en aperçus. Sa conversation me mettait en gaieté car il s'amusait de tout ce qu'on lui disait et davantage encore de tout ce qu'il disait : ses yeux pétillaient derrière ses lunettes et il éclatait d'un rire dont, réflexion faite, le sens était souvent incertain, mais l'allégresse, en tout cas, contagieuse.* »

Simone de BEAUVOIR, *La Force de l'âge*, Gallimard, 1960.

« *Il portait hublots et, derrière, il y avait deux yeux bleus dont je redoutais, quand l'animal ne riait pas — parfois aux larmes — le silence globuleux.* »

Jean CAU, *Croquis de mémoire*, Julliard, 1985.

« *Libérer la littérature de toute idéologie c'est retrouver son essence, c'est retrouver sa seule signification valable qui est la désignification. Raymond Queneau est mon maître. Je souhaite qu'il le soit pour tous les écrivains qui s'imaginent savoir, mais ne savent pas, ce qu'ils font.* »

Eugène IONESCO, « La Littérature d'aujourd'hui », in *Temps mêlés/Documents Queneau*, n° 150+1, Verviers, printemps 1978.

« [...] *Queneau, inquiet multiforme et poète comme on est pervers, c'est-à-dire polymorphe.*
[...]
Queneau est cet écrivain — un peu comme Valéry — qui se moque de tout, sauf d'un tréma ou d'une majuscule. »

Renaud MATIGNON, « Raymond Queneau. Un désespoir éberlué », in *Le Figaro littéraire*, 12 décembre 1996.

« [...] *une prodigieuse tendresse pour les êtres se combinant chez lui avec le goût de l'imposture, personne ne peut douter que Queneau soit un vrai et grand poète.* [...] *C'était l'ami le plus exquis, le cœur le plus tendre, l'être le plus charmant qu'on puisse imaginer.* »

Jean d'ORMESSON, « Queneau. Hegel fait son cirque », in *Une autre histoire de la littérature française*, I, NiL, 1997.

« *Raymond Queneau, le plus savant et joyeux des modernistes expérimentaux* [...]. »

John UPDIKE, *Navigation littéraire*, trad. franç. Daria OLIVIER, Gallimard, 1986.

« *Queneau est à l'heure actuelle en France le seul écrivain qui ait à la fois un style, des idées, et une langue uniques ; c'est sans doute trop pour un seul homme.* »

Boris VIAN, *Manuel de Saint-Germain-des-Prés*, Chêne, 1974.

BIBLIOGRAPHIE

Éditions

Toute l'œuvre de Queneau est publiée chez Gallimard, à l'exception de *Bords* (Hermann, 1963) et de multiples petits textes non encore repris en volume.

Œuvres complètes, t. I, éd. Cl. DEBON, « Pléiade », Gallimard, 1989, rééd. 1998 [il s'agit de l'œuvre poétique ; les romans doivent paraître dans la même coll.].

Exercices de style, « Folio », Gallimard, 1982.

Zazie dans le métro, « Folio », Gallimard, 1972.

Études

R. BARTHES, « Zazie et la Littérature », in *Essais critiques*, « Points », Seuil, 1964.

A. BERGENS, *Raymond Queneau*, Droz, Genève (CH), 1963.

M. BIGOT, *Michel Bigot présente « Zazie dans le métro » de Raymond Queneau*, « Foliothèque », Gallimard, 1994 ; *Michel Bigot présente « Pierrot mon ami » de Raymond Queneau*, « Foliothèque », Gallimard, 1999.

J.-M. CATONNÉ, *Queneau*, Belfond, 1992.

A. CLANCIER, *Raymond Queneau et la psychanalyse*, Limon, 1994.

J.-Ph. COEN, *Queneau défriché : notes marginales sur « Saint Glinglin »*, Éd. universitaires, Fribourg (DE), 1993.

P. DAVID, *Dictionnaire des personnages de Raymond Queneau*, P.U. Limoges, 1994.

Cl. DEBON, *Doukiplèdonktan ? Études sur Raymond Queneau*, P.U. Sorbonne Nouvelle, 1998.

Z. GOURARIER et J. ROUBAUD, *Raymond Queneau et la Fête foraine*, RMN, 1992.

J. HÉLION, *Lettres d'Amérique : correspondance avec Raymond Queneau 1934-1967*, IMEC, 1997.

J. JOUET, *Raymond Queneau*, « Qui êtes-vous ? », La Manufacture, 1988.

M. LAPPRAND, *Trois Fous du langage : Vian, Queneau, Prévert*, P.U. Nancy, 1993.

J.-Y. POUILLOUX, *Jean-Yves Pouilloux présente « Les Fleurs bleues » de Raymond Queneau*, « Foliothèque », Gallimard, 1991.

Cl. SIMONNET, *Queneau déchiffré : notes sur « Le Chiendent »*, 1962, rééd. Slatkine, 1981.

E. SOUCHIER, *Histoire et Énonciation dans les « Exercices de style » de Raymond Queneau à partir d'une édition critique*, Université de Paris VII, 1986 ; *Raymond Queneau*, « Les Contemporains », Seuil, 1991.

Temps mêlés/Documents Queneau, Verviers (BE), 1978 à 1996.

Les Amis de Valentin Brû, devenus *Cahiers Raymond Queneau*, depuis 1977, puis *Les Amis de Valentin Brû*, nouvelle série, depuis 1994.

Raymond Queneau, « Cahiers de l'Herne », 1975, rééd. Fayard, 1999.

AUDIO & VIDÉO

Vidéo

L. MALLE, *Zazie dans le métro*, 1959, Fil à film, s.d.

CD-ROM

A. DENIZE, *Machines à écrire*, Gallimard, 1999 [version numérique de *Cent Mille Milliards de poèmes*].

RABELAIS

François RABELAIS

Pantagruel et ***Gargantua*** sont signés du nom d'Alcofrybas NASIER, anagramme de Françoys RABELAIS, mais aussi référence aux « *bien* [pourvus en] *nez,* [...] *de laquelle race peu furent qui aimassent la ptissane, mais tous furent amateurs de purée septembrale* » (***Pantagruel***, I).

La Devinière (Seuilly, act. Indre-et-Loire) 1483 ou 1494 – Paris 1553

« *Je me mets à lire tout ingénument. Je suis saisi par un tumulte de mots. Que signifie ¿ On dirait que l'écrivain se plaît à faire entendre la langue. La variété, l'extraordinaire l'emportent. Il ne se soucie point du sens ; un son en attire un autre ; ce n'est point ressemblance qui les enchaîne, c'est plutôt différence, contraste. Il joue de la langue comme un musicien prélude, cherchant la combinaison et se laissant conduire. Ce caractère dans Rabelais ne cesse point. Tout y est prétexte ; les objets auxquels il pense, comme les vêtements de Pantagruel, ou les plats d'un repas, ou les livres d'une bibliothèque. Je disais autrefois d'un poète qu'il fait sonner le langage. Cette patrie de la poésie est certainement dans Rabelais ; mais il s'y joint un emportement de sentiment. Cet auteur s'enivre de sa langue, il est ravi de cette abondance qui se montre.* »

ALAIN, « Rabelais », in *Tableau de la littérature française*, I, Gallimard, 1962.

« *Le terme "scatologie" définit l'œuvre de Rabelais. Des idées vulgaires en un style lourd et logorrhéen qui donne aux humains l'illusion de la richesse. L'esprit le plus incroyablement fermé à la poésie, à la spéculation pure, et le moins apte à comprendre l'amour : l'âme d'un défroqué qui s'est fait médecin ; le rire trivial, non excusé par une irrévérence de surface, et qui révèle en Rabelais le personnage le moins inquiet et le plus bête : voilà les défauts multiples d'une œuvre dont le succès serait surprenant si la majorité des hommes n'était pas d'un niveau encore inférieur au sien.* »

Robert DESNOS, *Nouvelles Hébrides (1922-1930)*, Gallimard, posthume, 1978.

Une vie de mystères et de légendes

Les années d'apprentissage

Paradoxalement, Rabelais est un « personnage » depuis le XVIe siècle, mais sa vie reste fort mal connue : il y subsiste de grandes zones d'ombre, que l'on a tenté de réduire en utilisant, à défaut d'autres documents, des « témoignages » dont il est difficile d'apprécier la valeur. Ainsi, Rabelais a parfois signé *Chinonensis*, [« *de Chinon* »], donc du diocèse de Tours, mais ce n'est qu'une tradition — étayée par l'importance de ce lieu dans le *Gargantua* — qui l'a fait naître à La Devinière, lieu-dit où un Antoine Rabelais (père de François ?) possédait une métairie. Quant à la date de naissance, le manuscrit du XVIIIe siècle, où figure une copie de l'épitaphier de l'église Saint-Paul, à Paris, le fait mourir en 1553, à l'âge de 70 ans : Rabelais serait donc né avec la France moderne, en 1483 (année de l'avènement de Charles VIII et de la naissance de Luther). Mais une autre tradition, rapportée par Gui Patin, le fait naître en 1490, et les travaux d'Abel Lefranc ont fixé la date de 1494 : née d'une lecture « réaliste » de l'œuvre, qui supposerait que l'auteur y a rigoureusement transcrit des événements de sa propre existence, cette date s'est imposée pendant un demi-siècle, mais a moins de faveur de nos jours.

De cette enfance tourangelle, on ne sait rien. Une version veut que Rabelais ait été, en 1511, novice au couvent des franciscains de La Baumette, près d'Angers, et la connaissance du droit qu'il manifeste dans son œuvre a amené certains commentateurs à supposer des études juridiques. En tout cas, les premiers documents qui nous sont parvenus attestent que Rabelais, en 1520, partageait la vie monastique des cordeliers du Puy-Saint-Martin, à Fontenay-le-Comte, en Vendée : il s'agit d'une correspondance, en partie conservée, entre Rabelais et Guillaume Budé. Une lettre à la fois maladroite et savante (écrite en latin et farcie de grec), adressée en 1521 par le moine franciscain au prince de l'humanisme, en dit long sur ses espoirs et sur ses frustrations : « *Il rougit, ce Plutus* [dieu personnifiant la richesse], *de conserver, lui tout seul, une laideur qui le rend ridicule, lorsque presque toute chose dans l'humanité reprend son éclat d'autrefois* » (trad. Jules Quicherat). Une lettre de Budé nous apprend qu'en 1523, Rabelais et son ami Pierre Amy virent leurs livres grecs confisqués par leurs supérieurs — ils leur furent toutefois restitués peu après. Pour échapper à la tutelle pesante de son ordre, Rabelais fréquenta, à Fontenay-le-Comte, le cercle du légiste André Tiraqueau. En 1524, le voici moine à l'abbaye bénédictine de Maillezais, en Poitou ; la règle y est beaucoup plus libérale, et il était le protégé de l'évêque du lieu, Geoffroy d'Estissac, personnage influent qui œuvra efficacement pour régulariser ce passage des franciscains aux bénédictins. Rabelais devint alors l'ami de Jean Bouchet, l'un des derniers Grands Rhétoriqueurs : il lui adressa, vers 1528, une ***Epistre [...] traictant des ymaginations qu'on peut avoir attendant la chose desiree***, et il est présenté, dans l'édition de 1545 des œuvres de Bouchet où figure cette pièce, comme « *homme de grans lettres grecques et latines* ». De cette époque date une traduction du livre II des *Histoires* d'Hérodote, qui ne nous est pas parvenue : occupation certes peu monacale, mais qui montre bien quelle était, à ce moment, sa connaissance du grec.

La médecine et les premières œuvres

Nous ne savons pratiquement rien de la vie de Rabelais entre 1528 et 1530. Il avait renoncé à l'état monastique quand il s'inscrivit, en septembre 1530, à la faculté de médecine de Montpellier, une des plus illustres de son temps ; il y fut reçu bachelier dès novembre. Cette rapidité peu habituelle s'explique sans doute par sa grande connaissance du grec : la médecine n'était alors que la connaissance des textes, et Rabelais se révéla un médecin « *humaniste* », partisan du retour aux sources grecques contre la « *scolastique* » médiévale et arabe. Ses compétences furent sans doute très vite reconnues puisque, dès 1531, il donna un cours sur les *Aphorismes* d'Hippocrate et l'*Ars parva* de Galien, deux classiques de la science médicale, que de mauvaises traductions et la routine des praticiens avaient défigurés. Il fit encore œuvre de médecin humaniste en publiant, en 1532, chez Sébastien Gryphe, à Lyon, l'*Epistolarum medicinalium tomus secundus [...]* du médecin italien Manardi. Cette même année 1532, il révisa et annota, d'après un manuscrit grec qui lui appartenait, la traduction latine des *Hippocratis ac Galeni libri aliquot [...]*. Peu après, il publia, pour permettre au public lettré « *de ne pas ignorer plus longtemps de quelle formule les anciens Romains usaient, aux temps où les belles-lettres étaient florissantes, dans la rédaction de leurs testaments* » (***Dédicace*** en latin à Amaury Bouchard), le *Cuspidii Testamentum*, un faux du XVe siècle, dont l'authenticité ne fut guère remise en question jusqu'au XVIIIe. Quelques mois plus tard, enfin, toujours en cette année 1532 — décidément cruciale — et toujours à Lyon mais sous le pseudonyme d'Alcofrybas Nasier, « *abstracteur de quinte essence* » (alchimiste), Rabelais publia son premier « *roman gigantal* » : ***Les Horribles et Espoventables Faictz et Prouesses du tresrenomme Pantagruel roy des Dipsodes, filz du grand geant Gargantua. Composez nouvellement par maistre Alcofrybas Nasier*** destinées, en apparence, à un public populaire — mais la page de titre imite les ouvrages de droit, et le texte abonde en références savantes. Il y reprit le personnage d'un petit démon marin, doté du pouvoir d'assoiffer les ivrognes,

> *Qui de nuyct vient gecter le sel,*
> *En attendant autres besongnes,*
> *Dedans la gorge des yvrongnes*
>
> (Simon Gréban, *Mystère des Actes des Apostres*)

et en fit un géant, fils de Gargantua qui était connu par diverses chroniques, comme les *Grandes et Inestimables Cronicques du grant et enorme geant Gargantua [...]*, à la publication desquelles il participa peut-être et que certains critiques lui attribuent même en totalité. L'enjeu idéologique des publications populaires qu'étaient les *Chroniques* était de détourner vers le roi de France l'idéologie « *anglaise* » du personnage de Merlin, et le « succès commercial » fut sans doute grand, « *car il en a este plus vendu par les imprimeurs en deux moys qu'il ne sera achete de Bibles en neuf ans* » (***Pantagruel*, *Prologue de l'auteur***). ***Pantagruel*** présente une structure analogue à celle des romans de chevalerie (l'enfance du héros, son éducation et ses batailles), et multiplie des plaisanteries humanistes (la Bibliothèque Saint-Victor, les enfers...) qui ne sont aujourd'hui perceptibles qu'à un public lettré. Le 1er novembre 1532, Rabelais fut nommé médecin de l'Hôtel-Dieu de Lyon. De cette époque date aussi la très belle lettre latine écrite à Érasme, où l'humaniste — en l'appelant père et même mère, car « *les femmes enceintes nourrissent des enfants qu'elles n'ont jamais vus* » — exprimait sa reconnaissance à l'auteur des *Adages* et de l'*Éloge de la folie*. Il écrivit ensuite des almanachs et des pronostications, genre déjà traditionnel — le médecin Nostradamus en composa aussi — à l'époque : dans celui qu'il composa « *pour l'an 1533* », Rabelais se présentait comme « *docteur en medecine et professeur en astrologie* » ; celui « *pour l'an 1541* » était également fidèle à un genre où l'on donnait au public les dates du calendrier liturgique, des prévisions météorologiques et des conseils d'hygiène. Toutefois, dans d'autres textes, et notamment dans la ***Pantagrueline Prognostication, certaine veritable et infalible [...]***, mise en vente à la fin de l'année 1532, ou dans l'***Almanach pour l'an 1533***, Rabelais tournait le genre en dérision et s'en prenait vivement à l'astrologie judiciaire prétendant connaître la volonté de Dieu : « *Ceste annee les aveugles ne verront que bien peu, les sourdz oyront assez mal, les muetz ne parleront guieres, les riches se porteront un peu mieulx que les pouvres, et les sains mieulx que les malades* [...]. *Et regnera quasi univer-*

sellement une maladie bien horrible et redoubtable, maligne, perverse, espoventable et malplaisante, laquelle rendra le monde bien estonne [...]. *Je tremble de peur quand je y pense : car je vous dy qu'elle sera epidimiale, et l'appelle Averroys, VII* Colliget*: faulte d'argent* » (***Pantagrueline Prognostication***, 3).

La période italienne : le *Gargantua*

En mai 1533, Rabelais était encore à Lyon ; mais, à la fin de l'année, il partit pour Rome avec Jean du Bellay, évêque de Paris : ce fut le début du mécénat que la famille Du Bellay (Jean du Bellay et son frère, Guillaume du Bellay, seigneur de Langey) exerça en faveur de l'écrivain. Celui-ci, en échange, soutint la politique gallicane, qui trouvait dans les Du Bellay d'ardents défenseurs, et approuvait, bien entendu, l'ouverture religieuse de ses protecteurs. Ces derniers furent efficaces : malgré les apparences, Rabelais ne fut jamais vraiment en danger. De février à avril 1534, il vécut à Rome et parcourut la ville à la recherche de sa topographie antique. À son retour en France, toutefois, il publia (toujours à Lyon et chez Gryphe) la *Topographia antiquae Romae* de l'italien Marliani, qui lui semblait avoir suffisamment traité le sujet. Il reprit son service à l'Hôtel-Dieu de Lyon, et donna au public, au début de l'année 1535, sa propre version de ***La Vie inestimable du grand Gargantua, pere de Pantagruel [...]***, définitivement devenu le père de son héros, commençant avec un très célèbre dizain ***Aux lecteurs*** :

Amis lecteurs qui ce livre lisez,
Despouillez vous de toute affection,
Et le lisant ne vous scandalisez.
Il ne contient mal ne infection.
Vray est qu'icy peu de perfection
Vous apprendrez, si non en cas de rire :
Aultre argument ne peut mon cuer elire,
Voyant le dueil, qui vous mine et consomme,
Mieux est de ris que de larmes escripre.
Pource que rire est le propre de l'homme.

Cette fois, Rabelais se réappropriait ce qu'il semblait considérer comme la matière de son œuvre : certains épisodes de la geste furent réécrits et réinterprétés. La satire antiscolastique se fit plus précise, telle celle de l'éducation sous « *magistri nostri* » Thubal Holoferne et Jobelin Bridé, « *vieux tousseux* » opposés au laborieux Ponocrates ; toutefois, plus précisément que dans le premier livre, une certaine tendresse pour l'ancien monde se manifeste : ainsi de l'attachant Janotus de Bragmardo (« *Omnis clocha clochabilis, in clocherio clochando, clochans clochativo clochare facit clochabiliter clochantes* »*)*, qui fait éclater de rire ses auditeurs, ou de Frère Jean des Entommeures qui, s'il n'est pas « *de ces ocieux* [oisifs] *moynes* » (chap. 40), est tout de même « *vray moyne si oncques en feut depuys que le monde moynant moyna de moynerie* » (chap. 27). Au demeurant, la critique se fait politique avec le portrait de Picrochole emporté par son « *plus oultre* », tandis que l'utopie de Thélème prolonge les rêves de l'éducation humaniste (déjà développés avec la lettre de Gargantua dans ***Pantagruel***, chap. 8) et que l'écriture devient consciente d'elle-même :

Cy n'entrez pas, hypocrites, bigotz
Vieux matagotz, marmiteux, boursouflez,
Torcoulx, badaux, plus que n'estoient les Gotz
Ny Ostrogotz, précurseurs des magotz,
Haires, cagotz, caffars empantouflez,
Gueux mitouflez, frapars escorniflez,
Befflez, enflez, fagoteurs de tabus ;
Tirez ailleurs pour vendre vos abus.
Vos abus meschans
Rempliroient mes camps
De meschancete ;
Et par faulsete
Troubleroient mes chants,
Vos abus meschans.

Inscription mise sur la grande porte de Thélème (***Gargantua***, chap. 54).

Après l'affaire des Placards (des écrits hostiles à la messe, qui furent placardés sur la porte de la chambre du roi dans la nuit du 17 au 18 oct. 1534), les « *hérétiques* » furent réellement menacés : c'est peut-être le sentiment du danger qui explique le brusque départ de Rabelais de Lyon, le 13 février 1535. À Rome, d'août 1535 à mai 1536, il demanda au pape Paul III l'absolution de l'« *apostasie* » que représentait un changement d'ordre sans permission, et l'autorisation de passer dans un autre monastère bénédictin ; il obtint cette autorisation en janvier 1536, en même temps que la permission d'exercer la médecine (mais à la condition de ne pas disséquer de corps). Rabelais fut donc reçu comme moine de l'abbaye de Saint-Maur des Fossés, peu avant que cette dernière ne fût sécularisée, et ses moines, transformés en chanoines réguliers. Toujours au service de Jean du Bellay, devenu cardinal et ambassadeur extraordinaire à Rome, il le suivit dans cette ville d'où il adressa à son ancien protecteur poitevin, Geoffroy d'Estissac, des lettres qui nous renseignent sur la situation politique et morale de l'époque : *« Monseigneur, vous demandez si le Sr Pierre Loys Farneze est legitime fils ou bastard du Pape. Sçachez que le Pape jamais ne feust marie, c'est a dire que le susdict est veritablement bastard. »* Ce deuxième séjour romain fut peut-être interrompu par un voyage à Lyon ; en février 1537, en tout cas, Rabelais y participait à un banquet offert à Étienne Dolet en compagnie d'humanistes et de poètes connus : Budé, Danès, Toussaint, Macrin, Bourbon, Visagier et Marot. Cette année fut également importante pour lui puisqu'il fut reçu docteur en médecine à Montpellier, le 22 mai : peu de temps après, un écu d'or récompensa une démonstration d'anatomie et, du 18 octobre au 24 avril suivant, il fit à Montpellier un cours sur les *Pronostics* d'Hippocrate. Mais il ne tarda pas à accompagner, en Italie, un autre membre de la famille Du Bellay, Guillaume de Langey, frère du cardinal, qui venait d'être nommé gouverneur du Piémont (fin de l'année 1539). Dans l'entourage de ce grand personnage, qui était aussi un humaniste, Rabelais retrouva un certain nombre d'érasmiens, notamment Jean de Morel, qui fut, un moment, proche des luthériens. Il resta à Turin et en Piémont jusqu'en 1541. À la fin de cette année, il était de retour en France et, en 1542, il publia, chez l'éditeur lyonnais François Juste, des éditions remaniées de ***Gargantua*** et de ***Pantagruel***, donnés au public ensemble et dans cet ordre, avec des corrections témoignant d'une certaine prudence vis-à-vis de la Sorbonne : quelques attaques virulentes disparurent ou furent atténuées. Mais, au même moment, Étienne Dolet fit paraître deux éditions non expurgées des deux premiers romans, initiative contre laquelle l'auteur réagit violemment. Il n'est donc pas étonnant que ces deux œuvres figurent en 1542 sur une liste, non publiée jusqu'en 1545, de livres censurés par la Sorbonne. Rabelais resta cependant bien vu à la Cour, comme le prouva, en septembre 1545, un privilège royal de six ans pour l'impression du ***Tiers Livre*** et les éditions révisées des deux premiers.

Combats rabelaisiens : le *Tiers Livre* et le *Quart Livre*

En mai 1542, Rabelais était retourné en Piémont, toujours dans la suite de Guillaume du Bellay. De retour au début de 1543, il vit mourir son protecteur et ami : avant d'être évoqué de façon saisissante à propos de la *« discession des ames heroicques »* (***Quart Livre***, chap. 27), cet événement le fut au chapitre 21 du ***Tiers Livre des faictz et dictz Heroïques du noble Pantagruel, composez par M. François Rabelais docteur en Medicine, et Calloïer des isles Hieres***, qui parut en 1546 chez un éditeur parisien.
La protection royale et la dédicace à l'*« esprit abstraict, ravy et ecstatic »* de Marguerite de Navarre n'empêchèrent pas la Sorbonne de censurer immédiatement cette œuvre nouvelle : alors que les héros sont tous humains — Pantagruel n'apparaît plus en géant — et, pour certains, vieillissants — Frère Jean, qui a rejoint Panurge dans la *« mesnie »* de Pantagruel, évoque le fait que, *« quand les neiges sont es montaignes, je diz la teste et le menton, il n'y a pas grand chaleur par les valées de la braguette ! »* (chap. 28) —, la question posée est-elle bien celle de la fidélité de la femme de Panurge, et plus généralement de la vertu des femmes ? On a voulu voir, dans la prise de position de Rabelais dans la *« querelle des femmes »* — on parle plutôt aujourd'hui de la *« querelle des amyes »* —, l'intérêt d'un auteur pour les questions d'actualité de son époque, mais ce ***Tiers Livre*** *« lucianique »*, composé de dialogues, pourrait plutôt apparaître comme une mise en balance de tous les savoirs humains...
Mais l'heure n'était pas à la réflexion, ni à l'apaisement : le 3 août de cette même année 1546, Dolet fut brûlé comme hérétique place Maubert, et une chambre ardente était sur le point d'être créée au parlement de Paris pour poursuivre les hérétiques. Devinant les dangers, Rabelais fit retraite à Metz où son ami Étienne Lorens, agent de Jean du Bellay auprès des protestants allemands, possédait une maison : Metz, ville d'empire, le mettait à l'abri des poursuites. Il fut nommé médecin de la ville, mais ses honoraires lui permettaient à peine de vivre, comme en témoigna, au début de l'année 1547, une lettre douloureuse adressée au cardinal du Bellay. Celui-ci entendit cet appel puisque, une nouvelle fois, il emmena l'écrivain en Italie, comme médecin personnel (juil.-août 1547). Le cardinal avait reçu du nouveau roi, Henri II, pleine autorité sur les membres français du Sacré Collège et, de plus, avait été nommé surintendant général des affaires royales en Italie. Rabelais, qui arriva sans doute à Rome au début de l'année 1548, fut alors, selon l'expression de l'un de ses biographes, une sorte de *« secrétaire d'État »* : il participa activement aux intrigues et aux tractations de la

cour pontificale, mais continua à écrire, et publia à Lyon, chez Pierre de Tours, en 1548, une première rédaction (18 chapitres) de son ***Quart Livre des faicts et dicts Heroiques du bon Pantagruel [...]***. Publication improvisée, à laquelle on a voulu trouver des raisons « sérieuses » — volonté de rassurer la Sorbonne par un livre simplement plaisant, ou besoin d'argent — moins convaincantes que l'hypothèse de continuer à plaire à ses lecteurs tout en se faisant plaisir. Rabelais ne négligeait pas pour autant l'actualité politique : en 1549, il publia ***La Sciomachie et Festins faits à Rome [...]***, diplomatique relation de la fête donnée à l'occasion de la naissance de Louis d'Orléans, second fils d'Henri II. À Saint-Maur, où il avait suivi son protecteur et où, depuis le milieu de l'année 1550, il travaillait à la seconde rédaction du ***Quart Livre***, il suivait avec beaucoup d'attention la crise gallicane entre Jules III et Henri II : le pape et le roi s'opposèrent en effet violemment au sujet des libertés de l'Église de France ; le privilège royal de dix ans, accordé en 1550 pour l'ensemble de l'œuvre de Rabelais, montre que le roi savait reconnaître l'un des siens.

Le ***Quart Livre des faicts et dicts Heroiques du bon Pantagruel [...]*** définitif, publié en janvier 1552 par l'éditeur Michel Fezandat, était, à certains égards, une œuvre de propagande royale. Alors que Pantagruel de « *noble* » est devenu « *bon* », et que le pantagruélisme est défini comme « *certaine gayete d'esprit conficte en mespris des choses fortuites* » (***Prologue de l'autheur*** — *De contemptu rerum fortuitarum* est un traité de Guillaume Budé [1521]), les allégories sont parfois plaquées sur une navigation quelque peu fantaisiste, et les satires se révèlent féroces : Chicanous-hommes de lois, combat contre les Andouilles ennemies de Quaresmeprenant, Papefigues-protestants et Papimanes-catholiques plus « *tridentins* » que nature — partis en entonnant un psaume traduit par Marot, les voyageurs croisent un convoi de « *beatz peres concilipetes* », (chap. 18)... Mais les portraits et scènes savoureuses demeurent — la dispute entre Dindenault et Panurge, les farces sanglantes de Villon (chap. 13), tout autant que les jeux sur le langage (les paroles gelées) — qui enchantent les exégètes. L'auteur avait déjà subi plusieurs attaques : après Guillaume Postel (*Alcorani seu legis Mahometi et evangelistarum concordiae liber [...]*, 1543), un religieux, Gabriel de Puy-Herbault, dénonça dans son *Theotimus* (1549) la scandaleuse protection que, selon lui, des prélats accordaient à un « *pourceau d'Épicure* », et Calvin l'attaqua dans son *Traité des scandales* (1550). Rabelais riposta en rangeant, dans le ***Quart Livre***, les « *Maniacles Pistoletz ; les Demoniacles Calvins imposteurs de Geneve ; les enraigez Putherbes* » dans les « *monstres difformes et contrefaicts en despit de Nature* » (chap. 32). Mais la censure de son livre, au mois de février 1552, ne l'inquiéta pas : un nouveau protecteur était apparu, Odet de Coligny, cardinal de Châtillon et évêque de Beauvais, membre du conseil privé du roi depuis 1547. Dans l'épître dédicatoire du ***Quart Livre***, l'écrivain rendit un bel hommage à ce prélat qui passa à la Réforme.

La mort et les œuvres posthumes

Les derniers mois de la vie de Rabelais s'écoulèrent dans la tranquillité, même si ses livres continuaient à être condamnés et si le bruit de son emprisonnement courut en octobre 1552 : il avait obtenu, au début de l'année 1551, la cure de Saint-Martin de Meudon, dont les revenus étaient confortables. L'écrivain mourut sans doute au début du mois de mars 1553, mais, lui disparu, son œuvre se poursuivit. En 1562 parut ***L'Isle sonante [...] en laquelle est contenue la navigation faicte par Pantagruel, Panurge et autres ses officiers***, première version (les 16 premiers chapitres) du ***Cinquiesme et Dernier Livre des faicts et dicts Heroiques du bon Pantagruel***, qui ne fut publié qu'en 1564 — date à laquelle parurent les *Songes drolatiques de Pantagruel où sont contenues plusieurs figures de l'invention de Maistre François Rabelais*, suite de dessins « *grotesques* » dus à François Desprez.

Celui que Flaubert définissait comme « *la grande fontaine des lettres françaises* » (lettre à Louise Colet, du 16 nov. 1852) a incarné pour plusieurs générations l'esprit conquérant et impertinent de l'humanisme français de la Renaissance. On le révère aujourd'hui comme un génie du style ou de l'écriture, ce qui n'empêche pas d'autres lectures plus attentives aux arcanes de l'œuvre.

Une écriture savante et jubilatoire

La langue de Rabelais est d'une richesse prodigieuse, et tous les critiques ont souligné une invention verbale qui va jusqu'à des mots « imprononçables », comme les mots-valises que l'on trouve dès le ***Pantagruel***, tel « *incornifistibulée* » (chap. 7), et tout au long de l'œuvre : « *circumbilivaginer* » (***Tiers Livre***, chap. 30), « *sacsacbezevezinemassé* » (***Quart Livre***, chap. 5). Rabelais a surtout emprunté au grec et au latin, source principale des néologismes dont notre langue s'est enrichie grâce à lui. Mais tout aussi abondante est la part des langues régionales, que la majorité des humanistes étaient d'avis d'utiliser pour enrichir la langue française — on attribuait la supériorité du grec classique sur le latin à la présence de ses cinq dialectes. Outre celui de sa Touraine natale, Rabelais a particulièrement mis à contribution les dialectes de l'Ouest (Poitou, Berry) et du Sud (gascon, languedocien, provençal, lyonnais). Les langues contemporaines ne furent que peu utilisées, sauf l'italien qui est massivement représenté, même si l'on trouve chez Rabelais des mots espagnols, allemands, arabes et hébreux. Si la rencontre de Pantagruel et de Panurge, qui s'adresse à son futur maître en 13 langues avant de lui parler en français (***Pantagruel***, chap. 9) ou le discours de l'écolier limousin (***Pantagruel***, chap. 6) sont justement célèbres, c'est que leur créateur aimait le pouvoir des mots : en bon humaniste, il reprenait la condamnation des « *écorcheurs de latin* » que Geoffroy Tory avait portée en 1529 — les mêmes exemples de « *verbocination latinale* » sont cités dans le *Champ fleury* —, mais les mots le grisent, comme en témoignent les célèbres énumérations — les jeux de Gargantua (***Gargantua***, chap. 12), les blasons du couillon (***Tiers Livre***, chap. 26 et 28) et du fol (***Tiers Livre***, chap. 38), les paronomases (« *portant hotte, cachant crotte, ployant rotte ou cassant motte* » faisant écho à d'autres séries d'activités « *sérieuses* », dans le ***Prologue*** du ***Tiers Livre***), les « *estranges alliances* » de l'île Ennasin (***Quart Livre***, chap. 9) ou le célèbre dialogue à réponse monosyllabique (***Cinquiesme Livre***, chap. 27) —, et continuent à nous griser. Qui mieux est, l'étude de son œuvre à travers ses différentes éditions montre en Rabelais un auteur soucieux de cohérence orthographique, inventant un système qui prend tout son sens par la lecture visuelle : Mireille Huchon, dans son *Rabelais grammairien* (1981) et dans son édition des ***Œuvres complètes*** (1994), a montré qu'avec cette « *censure antique* » — comme il est dit à propos de l'édition de 1552 du ***Tiers Livre*** —, l'auteur a pris « *parti pour une orthographe qui marque l'origine* », notamment en utilisant des graphies étymologisantes (« *medicin* », de *medicus*, mais aussi « *scelon* » de *secundum*...), parfois en contradiction avec la prononciation de son époque ou de la nôtre. Et pourtant, son œuvre, selon plusieurs commentateurs, est faite pour être lue à haute voix : les dialogues s'y prêtent bien, mais aussi les grands discours où Rabelais montre ce qu'il est capable de faire en matière d'éloquence cicéronienne. Lire à voix haute, ce serait aussi fixer le sens des mots que des esprits pervers s'emploient à déformer pour rendre suspect l'écrivain. Dans plusieurs exemplaires de l'édition de 1552 du ***Quart Livre***, on trouve une ***Briefve declaration d'aucunes dictions plus obscures contenues on quatriesme livre [...]*** dont l'attribution à Rabelais a été discutée. Quoi qu'il en soit, cet « éclaircissement » rend compte à la fois des néologismes et des libertés de l'auteur ou de ses lecteurs : ainsi, est-il précisé, « *"idolâtre"* [...] *est une manière de parler vulgaire* [pour] *"idololâtre"* ». Cette écriture à la fois savante et jubilatoire fait que l'œuvre de Rabelais est d'une lecture difficile, et d'abord en raison de sa langue. Son succès immédiat laisse à penser qu'elle ne l'était pas autant pour ses contemporains qu'on s'est plu à l'imaginer au XXe siècle — même si certains termes, qui ont été adoptés par la langue française, étaient, à son époque, des néologismes.

Une œuvre très controversée

Rabelais fut, au XVIe siècle, assimilé d'abord aux luthériens et aux calvinistes, et revendiqué par ces derniers avant que le Réformateur de Genève ne clarifiât la situation. La portée critique de son œuvre passant dès lors inaperçue par rapport à une contestation institutionnalisée, le lettré humaniste devint ensuite l'ivrogne décrit par Ronsard dans son *Bocage* (1554), « *boivant nuit et jour* », celui des anecdotes comme le « *quart d'heure de Rabelais* », mais aussi le gaudisseur réclamant un domino pour mourir suivant le verset *Beati qui in Domino moriuntur* (Apocalypse, 14, 13). La fortune de l'œuvre est attestée par les très nombreuses éditions qu'elle connut, pendant et depuis le XVIe siècle : traduit en allemand dès 1575, en anglais seulement en 1653, Rabelais fut en revanche relativement boudé par les pays latins, soucieux de conserver leur « *part de Papimanie* » (***Prologue*** du ***Tiers Livre***). Parmi ces éditions, il faut mentionner le travail de Jacob Le Duchat, magistrat protestant dont l'édition des ***Œuvres de François Rabelais*** (1711) a marqué un retour à un texte correct, tandis que ses « *remarques historiques et critiques* » ont constitué une assise remarquable pour les travaux philologiques ultérieurs. On retrouve le meilleur mais aussi le pire — notamment la manie de considérer le texte comme un récit à clefs : Grandgousier serait Louis XII ; Gargantua, François Ier ; et sa jument, la maîtresse du roi — de l'œuvre de

Le Duchat et des autres commentateurs (parmi lesquels l'abbé de Marsy, dont *Le Rabelais moderne* se définissait, en 1752, comme « *les œuvres de François Rabelais mises à la portée de la plupart des lecteurs* », rebutés, selon lui, par l'érudition de son prédécesseur) dans l'édition dite *variorum* procurée par Éloi Johanneau et Charles Esmangard : les *Songes drolatiques* font partie des ***Œuvres de Rabelais*** (1823 à 1826) et bénéficient du même travail de « *lecture* » allégorique. Quant à l'influence littéraire, il est facile de relever la marque de Rabelais chez Marnix de Sainte-Aldegonde, dans la *Satyre Ménippée* (1594) ou dans le *Moyen de parvenir* de Béroalde de Verville (1615). On peut trouver moins convaincants les *Contes drolatiques* (1832 à 1837) du tourangeau Balzac qui, destinés aux pantagruélistes, se réfèrent tout autant aux *Cent Nouvelles Nouvelles* ou à l'*Heptaméron* et sont écrits dans une veine plutôt XVIIIe siècle. Bien qu'il fût lu et relu par « *beaucoup de gens de bien et d'honneur* » (Bayle, *Réflexions sur un imprimé qui a pour titre Jugement du public [...]*, 1697 — en relation épistolaire avec Le Duchat, Bayle s'est vu « *méthodiquement abrégé* » par l'abbé de Marsy en 1755), l'auteur du ***Pantagruel*** dérouta vite le goût classique : le père Garasse (*Le Rabelais réformé par les ministres*, 1619), sans l'avoir lu, en fit le modèle des libertins — lesquels, de fait, étaient des lecteurs de Rabelais — et La Bruyère vit dans « *son livre* [...] *énigme, quoiqu'on veuille dire, inexplicable,* [...] *une chimère* [...], *un monstrueux assemblage d'une morale fine et ingénieuse et d'une sale corruption* » (*Les Caractères*, I, 43, 1690). Dans la bibliothèque du *Temple du goût* de Voltaire (1731), où « *presque tous les livres sont corrigés et retranchés de la main des muses* », on voit « *entre autres l'ouvrage de Rabelais réduit tout au plus à un demi-quart* » — certes, Voltaire se repentit plus tard de sa dureté, mais pour faire de Rabelais un philosophe... En 1791, Ginguené, dans *De l'autorité de Rabelais dans la Révolution présente [...]*, fit assez platement de l'ancien moine franciscain un déiste ennemi des deux premiers ordres, la noblesse et le clergé. Et c'est plutôt la veine « contre-révolutionnaire » du romantisme qui remit Rabelais à l'honneur : à Nodier, qui l'exalta comme il le fit pour d'autres textes de la fin du Moyen Âge et du XVIe siècle, Hugo — qui n'avait guère lu maître François — reprit le qualificatif d'« *Homère bouffon* » (*Préface* de *Cromwell*, 1827). Le poète évoqua

[...] *son éclat de rire énorme*
[qui] *est un des gouffres de l'esprit !*

(Victor HUGO, *Les Mages*,
in *Les Contemplations*, VI, 23, 1856)

tandis que Chateaubriand, dans l'*Essai sur la littérature anglaise* (1836), voyait en lui un des « *génies-mères* [qui] *semblent avoir enfanté et allaité tous les autres* ». C'est encore à Homère que Gautier associa Rabelais *(« Homère moqueur »)*, même si, comme pour Homère aux temps classiques (Houdar de La Motte), on fut tenté de l'abréger ou de l'expurger : ainsi, une lettre de George Sand à Charles Poncy (14 déc. 1847) montre qu'elle se réjouit qu'un de ses amis ait entrepris d'« *ôter* [chez Rabelais] *tout ce qui est laid et garder tout ce qui est beau* », après quoi « *il reste quatre cinquièmes de l'œuvre intacts, irréprochables et admirables* ». Les symbolistes partagèrent les goûts des romantiques : à la fin du XIXe siècle, Jarry, qui en était nourri comme son ami Schwob, s'épuisa à tirer un opéra de ***Pantagruel***. Il y eut ensuite peu de fausses notes : même si l'on devine que certains auteurs (Gide, Proust) le goûtèrent médiocrement, seul Desnos osa énoncer que Rabelais était « *l'esprit le plus incroyablement fermé à la poésie, à la spéculation pure et le moins apte à comprendre l'amour* » (*Nouvelles Hébrides*, 1923), alors que la bête noire des surréalistes, le très voltairien Anatole France, produisait son *Rabelais* (posth., 1928). C'est qu'il était de bon ton de proclamer le génie de Rabelais — même si certains, qu'on a voulus de sa lignée d'écrivains (médecins !) soucieux de rendre « *le français parlé* », ont pu estimer que « *Rabelais, il a raté son coup* » (Céline, interview reprise in *Le Style contre les idées*, 1957) et que c'est Amyot, donc le classicisme, qui l'a réussi.

Mais la grande tentation fut toujours de lire Rabelais « *à plus hault sens* » : l'auteur ne nous y invite-t-il pas lui-même dans le ***Prologue*** du ***Gargantua*** — c'est-à-dire alors qu'il a eu le temps de méditer sur son œuvre et son succès —, en recommandant d'imiter le « *chien rencontrant quelque os medulare* », récompensé de ses efforts de « *crochetage* » par la « *sustantificque mouelle* », et en se moquant ensuite de ceux qui pensent « *es allegories* » ? À la manie des clefs, le XIXe siècle substitua celle des « *pensées profondes* » exposées de manière plaisante, et le XXe siècle a vu un « *grand debat* » (***Gargantua***, chap. 25) entre la thèse d'Abel Lefranc, maître d'œuvre de la première édition critique — que son éditeur, Honoré Champion, présenta comme « *la véritable édition nationale* » —, qui faisait de

Rabelais un athée, et celle de Lucien Febvre, qui en fit un évangélique forcément croyant dans « *un siècle qui veut croire* » (conclusion du *Problème de l'incroyance*, 1942). Un autre grand livre, celui de Mikhaïl Bakhtine, a tenté, d'une manière parfois téméraire, de comprendre le langage rabelaisien à la lumière de la culture populaire. À l'heure actuelle, on pourrait distinguer deux tendances chez les critiques : les « *historiens des mentalités* », dont Michael Screech — que l'on peut situer dans la lignée de Lucien Febvre — qui suggère que Rabelais fut un porte-parole de l'érasmisme, ou Claude Gaignebet qui, bien que ses perspectives soient différentes, serait un successeur de Bakhtine dans l'exploration de la culture « *populaire* » (*À plus hault sens [...]*, 1986). Parallèlement, les « *littéraires* », comme François Rigolot (*Les Langages de Rabelais*, 1972) ou Terence Cave (*The Cornucopian Text*, 1979), sont surtout attentifs au fonctionnement du texte. Les deux approches ne sont nullement exclusives, et Mireille Huchon, attachée au fonctionnement « *alchimique* » d'un texte crypté, ou Jean Céard, attentif à la conception rabelaisienne de l'astrologie et à la liberté de l'homme dans sa relation avec Dieu, manifestent, chacun à sa manière, que notre époque a renoncé à la signification unique pour privilégier les lectures multiples d'une œuvre ainsi « glosée » par Rabelais lui-même : « *Bonsoir, Messieurs.* Pardonnante my, *et ne pensez tant a mes faultes que ne pensiez bien es vostres. Si vous me dictes :* "Maistre, il sembleroit que ne feussiez grandement saige de nous escrire ces balivernes et plaisantes mocquettes", *je vous responds que vous ne l'estes gueres plus de vous amuser à les lire* » (***Pantagruel***, chap. 34 [ajout de 1534]).

ŒUVRES

Cinquième Livre

Roman ou récit, composé d'un ***Prologue*** et de 47 chapitres et paru en 1564, à Lyon, sans adresse, sous le titre complet ***Cinquiesme et Dernier Livre des faicts et dicts Heroïques du bon Pantagruel***. Sur l'« *Isle sonante* », ainsi nommée pour « *la perpetuelle sonnerie de cloches* », et le « *chant infatigable d'hommes là residens* » que l'on y entend, on trouve, dans de belles cages, des oiseaux : « *les masles il*[s] *nommoi*[en]*t Clergaux, Monagaux, Prestregaux, Abbegaux, Evesgaulx, Cardingaulx* [...]. *Les femelles il*[s] *nommoi*[en]*t Clergesses, Monagesses* [...]. » Mais il n'y a qu'un seul Papegault — « *papegaut* » est l'ancien nom français du perroquet. Les oiseaux gourmandeurs (« *commandeurs* », c'est-à-dire les abbés) n'ont point de femelles et ne chantent pas, car ils sont « *tous mangez de grosse verole* ». Richement nourris, tous ces oiseaux sont alimentés par les biens de « *l'autre monde* » sauf « *quelques contrees des regions Aquilonaires* ». C'est de cet autre monde que proviennent d'ailleurs les « *Clergaux* » qui ont donné naissance à tous les autres (chap. 1 à 9). Passées les îles des « *Ferremens* » (armes et outils) et de « *Cassade* » (le jeu et la tromperie), les voyageurs sont en grand péril au « *Guichet* », où Grippeminaud, archiduc des « *Chats fourrréz,* [...] *bestes moult horribles et espouventables* » qui vivent de corruption, leur soumet une énigme en réclamant toujours de l'or. Mais la ruse de Panurge, plus que la combativité de Frère Jean, leur permet de s'en tirer à bon compte... en laissant de l'argent (chap. 11 à 15). Dans l'île des « *Apedeftes* » (c'est-à-dire « *les ignorants* ») vivent ce que nous appellerions des bureaucrates dont le vocabulaire est plus abstrus que « *toutes les hieroglyfiques d'Egypte* » (chap. 16 de l'***Isle sonante***, absent de l'éd. de 1564), mais, après avoir passé Oultre, dont les habitants sont bouffis, les navigateurs accostent au royaume de la Quinte Essence, dont la reine guérit les malades par des chansons (chap. 18-19). Certains officiers de la Quinte Essence requinquent les malades et les vieillards : les vieilles femmes sont « *remises en pareille beauté, forme, elegance, grandeur et composition des membres, comme estoient en l'aage de quinze à seize ans, exceptez seullement les talons, lesquelz leur restoient trop plus courtz que n'avoient en leur première jeunesse. Cela estoit la cause pourquoy elles d'orenavant à toutes rencontres de hommes seroient mout subjettes et faciles à tomber à la renverse* » (chap. 20), tandis que d'autres officiers sont occupés à « *tirer laict des boucs* » ou à faire « *de necessité vertu* » (chap. 21). Après une description des repas et des jeux de ce royaume d'alchimie (chap. 22 à 24), les compagnons, qui ont été nommés Abstracteurs par la reine, le quittent par le port de « *Matéotechne* » (c'est-à-dire « *art vain* »), descendent sur l'île d'Odes, « *en laquelle les chemins cheminent* » (chap. 25), et c'est dans l'île des « *Esclots* » (c'est-à-dire « *galoches* ») qu'un frère Fredon, interrogé par Panurge (notamment sur sa vie sexuelle), ne lui répond que par monosyllabes (chap. 26 à 28). Au pays de Satin, où abondent les animaux merveilleux (*« unicornes, catoblepes »* et *« bestes à deux dos »*), le *« petit vieillard bossé, contrefaict et monstrueux »*, Ouyr-Dire, de surcroît *« aveugle et paraliticque des jambes »*, tient *« escoles de tesmongnagerye »*, et ses propos fabuleux sont consciencieusement notés, entre autres, par les auteurs de l'Antiquité (chap. 29-30). Au pays de Lanternois, enfin, après une description du souper des dames Lanternes, les héros parviennent à l'oracle de la Bouteille (chap. 31-32). Guidés par une lanterne qui fut jadis celle du compagnon de Rabelais au monastère (Pierre Amy), Panurge — non sans frayeur — et ses compagnons descendent les *« degrés tetradiques »* — la tétrade, suite des quatre premiers nombres, est le symbole des pythagoriciens — et pénètrent dans le temple à l'entrée duquel est écrit, en latin, *« Les destinées meuvent celuy qui consent, tirent celuy qui refuse »*, et, en grec, *« Toutes choses se meuvent à leur fin »* (chap. 36). Une longue description de l'édifice nous mène à la fontaine dont l'eau *« rendoit goust de vin selon l'imagination des beuveurs »* (chap. 37 à 42), puis à l'*« accoustrement »* de Panurge par la prêtresse Bacbuc (*« bouteille »*, en hébreu) afin qu'il puisse recevoir le mot qu'il est venu chercher. Après l'invocation (traditionnellement représentée en forme de bouteille), le mot qui tombe, *« Trinch »*, est interprété et traduit par *« Beuvez »* (chap. 45) : *« Et icy mainctenons que non rire, ains boyre est le propre de l'homme. Je ne dis boyre simplement et absolument, car aussi bien boivent les bestes : je dis boyre vin bon et fraiz. Notez, amys, que de vin divin on devient, et n'y a argument tant seur, ny art de divination moins falace »* (chap. 45).

Ce dernier livre, qui conduit Pantagruel et ses amis jusqu'à l'oracle de la Dive Bouteille, a longtemps été considéré comme apocryphe par certains critiques. La plupart des spécialistes admettent aujourd'hui, avec Mireille Huchon, qu'un éditeur habile et ayant le sens du commerce a, pour constituer ce livre, mis bout à bout deux séries de brouillons (des ***Tiers*** et ***Quart Livres***) laissés par l'écrivain, sans doute pour répondre à une demande du public, ce qui en dit long sur sa renommée. Rabelais avait déjà connu plusieurs *« contrefaçons »* : ainsi dans les *Navigations de Panurge* (ou *Le Disciple de Pantagruel*) paru à Lyon, chez François Juste, en 1538. Avait même paru, en 1549, un *Cinquiesme Livre des faictz et dictz du noble Pantagruel*, œuvre de polémique religieuse où figurait une typographie en forme de bouteille comme celle que l'on retrouve dans le ***Cinquiesme Livre***. Quoi qu'il en fût, le texte n'est pas si indigne de son auteur qu'on a parfois voulu le dire, même si le parti pris allégorique et l'inspiration d'autres œuvres littéraires (comme le *Songe de Poliphile* de l'Italien Francesco Colonna) sont peut-être plus *« bruts »* que Rabelais ne l'aurait voulu — à supposer que son intention eût été de continuer encore son œuvre.

Gargantua

Roman ou récit, composé d'un ***Prologue*** et de 56 puis 58 chapitres, paru en 1535, à Lyon, chez François Juste, sous le titre complet ***Gargantua. La Vie inestimable du grand Gargantua, pere de Pantagruel, jadis composee par l'abstracteur de quinte essence. Livre plein de pantagruelisme***.

Après un prologue où est développée de façon paradoxale l'image de l'os à moelle qui permettrait de trouver *« de tres haultz sacremens et mysteres horrificques »* dans *« ces beaux livres de haulte gresse »*, le narrateur évoque la naissance de Gargantua, fils de Grandgousier, au cours d'un pique-nique — le chapitre 5 rapporte les *« menuz propos de beuverie »* des *« bien yvres »*. Né par l'oreille de sa mère Gargamelle après une gestation de onze mois, l'enfant, *« soubdain qu'il fut ne, ne cria comme les aultres enfans "Mies ! Mies !", mais a haulte voix s'escrioit : "A boire ! A boire !" »* (chap. 6). La garde-robe (chap. 8) et la symbolique des couleurs de la livrée du jeune géant sont passées en revue (chap. 9-10), ainsi que son emploi du temps de moutard passant son temps *« a boyre, manger et dormir ; a manger, dormir et boyre ; a dormir, boyre et manger »* (chap. 11), ce qui ne l'empêche pas de manifester son *« esperit merveilleux »* en expérimentant toutes les possibilités de se torcher (chap. 13). Après avoir constaté que, livré à la pédagogie scolastique des maîtres *« sophistes »* Tubal Holoferne et Jobelin Bridé, son fils était devenu *« fou, niays, tout resveux et rassote »* (chap. 15), son père décide de le confier à un précepteur humaniste, Ponocrates (c'est-à-dire *« celui qui est fort parce qu'il a pris de la peine »*). Gargantua, son précepteur et son compagnon d'études s'en vont ensuite à Paris où le géant ôte les cloches de Notre-Dame pour en orner sa jument, puis les restitue après avoir entendu la requête de *« maistre Janotus, tondu a la cesarine, vestu de son lyripipion à l'antique, et bien antidote l'estomac de coudignac de four et eau beniste de cave »*, représentant de la Sorbonne, qui s'exprime dans un drolatique mélange de latin scolastique et de français (chap. 17 à 20). Après un parallèle de l'éducation *« sophiste »* et de l'éducation humaniste *« en telle discipline qu'il ne perdoit heure du jour »* — son répétiteur l'accompagne jusqu'aux *« lieux secrets »* — (chap. 21 à 24), l'action se déplace dans le pays de Touraine où se situe *« le grand debat dont furent faictes grosses guerres »* : une bagarre entre les fouaciers de Lerné, sujets du roi Picrochole (c'est-à-dire *« bile amère »*), et les bergers de Grandgousier dégénère en une dispute entre les deux souverains (chap. 25). Alors qu'un moine de l'abbaye de Seuilly, Frère Jean des Entommeures, sauve son abbaye des attaques des soudards en les exterminant tandis que les autres moines se contentent de chanter « *letanies* contra hostium insidias, *et beaux respons* pro pace » (chap. 27), Grandgousier multiplie les gestes d'apaisement (chap. 28 à 32) ; mais Picrochole, mal conseillé, se voit déjà maître du monde (chap. 33). Revenu de Paris, Gargantua et les serviteurs de Grandgousier (dont Gymnaste) font leur jonction avec Frère Jean et défont facilement l'armée de Picrochole (chap. 34 à 48 — la fameuse « *guerre picrocholine* »), ce qui n'empêche pas les géants de donner une leçon d'évangélisme à six pèlerins que Gargantua avait mangés en salade (chap. 38). Après sa victoire, Grandgousier, pour éviter toute guerre future, laisse tous leurs biens aux vaincus et punit les fauteurs de troubles en « *les ordonna*[nt] *pour tirer les presses à son imprimerie, laquelle il avoit nouvellement instituee* » (chap. 51), distribue des terres à ses fidèles et veut donner au moine une riche abbaye ; mais Frère Jean refuse : « *Car comment (disoit-il) pourroy-je gouverner autruy, qui moy-mesmes gouverner ne sçaurois ? Si vous semble que je vous aye faict et que puisse à l'advenir faire service agréable, oultroyez-moy de fonder une abbaye à mon devis.* » Et ainsi fut construite l'abbaye de Thélème (c'est-à-dire « *volonté* » — au sens de bon vouloir ?) où ne sont reçus que des jeunes gens et des jeunes filles, destinés à vivre dans le luxe et autorisés à se marier (chap. 52). Une inscription recommande aux « *cafars* » de passer leur chemin (chap. 53), et la règle de l'abbaye ne consiste qu'en un précepte : « *Fay ce que vouldras* » (chap. 57). Alors que le livre débutait par un poème mystérieux, « *les Fanfreluches antidotees trouvees en un monument antique* » (chap. 2), il se clôt sur une énigme en prophétie, poème de « *Merlin le prophete* » (Mellin de Saint-Gelais) que Gargantua interprète comme « *le decours et maintien de verite divine* », tandis que le moine y voit « *une description du jeu de paulme soubz obscures parolles* ».

Les circonstances de la composition ont divisé la critique. L'incertitude vient de ce que la page de titre manque sur l'unique exemplaire conservé de la première édition du roman. Les partisans d'une date de publication antérieure à l'affaire des Placards pensaient que l'audace de l'écrivain n'était plus possible après celle-ci. Mais un certain nombre d'allusions historiques aux ambitions de Charles Quint imposent la date du premier trimestre 1535.

Les gloses, appelées par Rabelais lui-même dans le prologue de l'œuvre, se sont multipliées et se multiplient toujours. Tour à tour, ***Gargantua*** est apparu comme un manifeste politique, une profession de foi évangélique, un roman carnavalesque exploitant les thèmes et les motifs du mythe des géants. Beaucoup de critiques ont souligné aussi la démesure d'un roman irréductible à tout message et en ont retenu le plaisir élitiste de la parodie.

Pantagruel

Roman ou récit, composé d'un ***Prologue de l'auteur*** et de 33 puis 34 chapitres, paru en 1532, à Lyon, chez Claude Nourry, sous le titre complet ***Pantagruel. Les Horribles et Espoventables Faictz et Prouesses du tresrenomme Pantagruel Roy des Dipsodes filz du grant geant Gargantua. Composez nouvellement par maistre Alcofrybas Nasier***. Issu d'une lignée qui remonte aux géants antiques et bibliques grâce à Hurtaly, qui survécut au Déluge en chevauchant l'arche de Noé (chap. 1), Pantagruel (« Panta *en grec vault autant à dire comme* tout, *et* Gruel *en langue hagarene* [arabe] *vault autant comme* altere »), fils du géant Gargantua, cause la mort de sa mère Badebec en naissant lors d'une horrible sécheresse (chap. 2) et laisse son père partagé entre la joie et un deuil promptement expédié : « *elle est bien, elle est en paradis pour le moins, si mieulx ne est* » (chap. 3). Quelques facéties d'enfance sont suivies d'un tour de France d'étudiant qui se termine à Paris. Après avoir fait mourir de peur et de soif un étudiant « *limosin qui contrefaisoit le langage françoys* » en « *escorchant le latin* », Pantagruel admire les livres de la « *bibliothèque Saint-Victor* » — parodie de titres scolastiques, comme *Des poys au lard, cum commento*, ou les *Barbouillamenta Scoti* (chap. 7) —, reçoit de son père une lettre l'encourageant à employer « *sa jeunesse a bien profiter en estudes et vertus* » — « *Somme, que je voy un abysme de science* » (chap. 8) — et fait la rencontre de Panurge (en grec, « *celui qui est capable de tout* »), « *lequel il ayma toute sa vie* » (chap. 9) et qui s'adresse à lui en 13 langues réelles (dont le grec, le latin ou le basque) ou imaginaires avant de lui parler en français. Après avoir résolu le procès entre les seigneurs de Baisecul et de Humevesne en rendant une sentence encore plus absurde que les plaidoiries des plaignants (chap. 11 à 13), le jeune géant fait connaissance avec son nouveau compagnon, assez mauvais sujet qui fait des tours pendables ou défend des causes perdues comme le procès intenté aux « *damoyselles de ceste ville* [qui] *avoyent trouve, par instigation du diable d'enfer, une maniere de colletz* [...] *qui leur cachaient si bien les seins que* *l'on n'y povoit plus mettre la main par dessoubz* » (chap. 17). Mais, homme de ressources, Panurge parvient à vaincre, dans une dispute par signes, l'Anglais Thaumaste (c'est-à-dire « *l'admirateur* ») qui voulait éprouver la science de Pantagruel (chap. 18 à 20), puis s'en prend à une « *haulte dame de Paris* » qui avait repoussé ses avances (chap. 21-22). Entretemps, le pays d'Utopie a été envahi par les Dipsodes (c'est-à-dire « *assoiffés* »), aidés d'une troupe de géants conduits par Loup Garou armé d'une massue magique : Pantagruel et ses compagnons en viennent à bout par ruse autant qu'avec l'aide de la grâce divine, comme dans les chansons de geste (chap. 23 à 29). Épistémon (c'est-à-dire « *le sage* ») a eu la tête coupée lors des combats, mais Panurge la lui remet en place grâce à la « *pouldre de diamerdis, qu'il portoit tousjours en une de ses fasques* » (chap. 30) et, ressuscité, il peut donner des nouvelles des enfers où, houspillés par les pauvres hères d'ici bas (Diogène, Villon...), les héros d'antan mènent une existence misérable : « *Melusine estoit souillarde de cuisine* [...], *Cleopatra, revenderesse d'oignons* ». Dans cette logique « saturnalienne », Anarche, le roi des Amaurotes envahisseurs, est promu « *cryeur de saulce vert* » (chap. 31). Narrée par Alcofrybas Nasier, serviteur du géant, l'histoire se termine par la description de l'autre monde qu'il a pu voir dans le corps du géant (chap. 32 à 34).

On a tendance aujourd'hui à penser que les premiers lecteurs ne comprirent guère l'ampleur du ***Pantagruel***, sous prétexte qu'il n'était peut-être pas facile de trouver une cohérence dans ce mélange de propos triviaux et d'envolées sublimes : or rien n'est moins sûr. Toujours est-il qu'on voit actuellement dans ce roman une parodie de la chronique historique médiévale qui confond le vrai et le fabuleux (***Prologue*** et chap. 30). Mais aussi, une vaste réflexion sur le savoir et la curiosité (chap. 6 à 8), avec des références multiples à l'alchimie et à la kabbale (chap. 18 à 20). Le rôle de la ruse et de la tromperie dans les affaires humaines est également, grâce à Panurge, au centre du roman (chap. 13 à 22). Les avis divergent sur le caractère improvisé ou non de sa composition. Une chose est sûre : Rabelais, tout en écrivant un roman populaire, écrivit aussi un livre d'humaniste.

Quart Livre

Roman ou récit, composé d'un ***Prologue*** et de 67 chapitres, et paru en 1552, à Paris, chez Michel Fezandat, sous le titre complet ***Quart Livre des faicts et dicts Heroiques du bon Pantagruel. Composé par M. François Rabelais Docteur en Medicine***.

Embarqués sur la grande nef Thalamège, Pantagruel, Panurge, Frère Jean et leurs compagnons abordent plusieurs îles en allant quérir le « *mot de la Bouteille* » (chap. 1). Après celle de Medamothi (c'est-à-dire « *nulle part* », en grec), où ils achètent des choses improbables — comme un tableau « *onquel estoit Echo selon le naturel representee* » ou « *trois jeunes et beaux unicornes* » (chap. 2) —, la rencontre d'un autre convoi de voyageurs est l'occasion de l'épisode des « *moutons de Panurge* » : le marchand Dindenault insulte Panurge, qui se venge en lui achetant un mouton et en le jetant à la mer ; le naturel du mouton étant de « *tousjours suyvre le premier, quelque part qu'il aille* », tout le troupeau se jette à l'eau en entraînant les bergers que Panurge empêche de remonter, « *leur remonstrant par lieux de rhetoricque les miseres de ce monde, le bien et l'heur de l'autre vie, affermant plus heureux estre les trespassez que les vivans en ceste vallee de misere* [...] » (chap. 8). Dans l'île Ennasin, les habitants ont des « *estranges alliances* » qui font que « *L'un appelloit une aultre : ma mie ; elle l'appelloit : ma crouste* [...]. *L'un une aultre appelloit : ma savatte ; elle le nommoit pantophle* » (chap. 9), tandis que, dans celle des Chicquanous, qui vivent de procès, les habitants sont heureux d'être battus afin de pouvoir porter plainte (chap. 12 à 16). Après Thohu et Bohu, où le géant Bringuenarilles, avaleur de moulins à vent, mourut « *estrangle, en mangeant un coing de beurre frays à la gueulle d'un four chaud, par l'ordonnance des medicins* » (chap. 17), les navigateurs affrontent une tempête révélant la couardise de Panurge qui se lamente au lieu d'aider l'équipage, puis fait le fanfaron lorsque le danger est écarté (chap. 18 à 24). L'île des Macraeons, « *gens qui vivent longuement* », est l'occasion d'anecdotes sur la « *discession* [...] *des heroes* », au nombre desquels figure le seigneur de Langey, protecteur de Rabelais (chap. 25 à 28). L'île de Tapinois permet d'« *anatomiser* » le monstrueux Quaresmeprenant, qui évoque à Pantagruel Amodunt (c'est-à-dire « *sans mesure* ») et Discordance, les enfants d'Antiphysie (c'est-à-dire « *contrenature* ») qui engendra aussi « *les Matagotz, Cagotz et Papelars* » au nombre desquels les adversaires de Rabelais (chap. 29 à 33). Après avoir combattu le « *monstrueux physétère* » (la baleine) qui interdisait l'accès à l'île Farouche, les compagnons doivent lutter contre les Andouilles qui les avaient pris pour des ennemis ; avec l'aide des cuisiniers, ils en font un grand carnage, mais les Andouilles mortes et blessées sont ramenées à la vie par les flots de moutarde déversés par le monstre volant Mardigras (chap. 35 à 42), et leur reine Niphleseth s'excuse « *alleguant qu'en*

Andouilles plustoust l'on trouvoit merde que fiel ». Après un séjour dans l'île de Ruach, les héros abordent enfin aux pays des Papefigues (les protestants) et des Papimanes (les catholiques) dont l'évêque Homenaz envie ceux qui ont vu le « *Dieu en terre* », et leur vante les mérites des « *uranopetes* [tombées du ciel] *decretales* » : décisions du pape, donc purement humaines pour les humanistes, les décrétales sont au contraire, pour les Papimanes, sources de miracles, dont le plus remarquable est de « *subtilement tirer l'or de France en Rome* »... (chap. 45 à 53). La navigation reprise, c'est la rencontre en haute mer de paroles gelées qui, en dégelant et faisant entendre les sons emprisonnés dans la glace, effraient à nouveau Panurge, dont ses compagnons se moquent pendant qu'est décrit le manoir de « *Messere Gaster, premier maistre es arts du monde* » dans la mesure où toutes les activités de la nature et des hommes n'ont qu'un seul but : « *Et tout pour la trippe !* » (chap. 57 à 62). Tombés en langueur au large de Chaneph (« *hypocrisie* », en hébreu), les compagnons retrouvent d'ailleurs vigueur et joie de vivre en banquetant — « *Car, comme le corps plus est poisant mort que vif, aussi est l'homme jeun plus terrestre et poisant que quand il a beu et repeu* » —, à l'encontre de ce que pourraient prétendre les mystiques, et c'est le Silène du *Cyclope* d'Euripide qui tire la conclusion du voyage : *Furieux est, de bon sens ne jouist, / Quiconques boyt et ne s'en resjouist*. Le texte se clôt par le mot des sectateurs de Bacchus : « *Beuvons !* »

Les explorateurs cherchaient à cette époque une route plus courte vers la Chine en passant par le nord-ouest. Rabelais s'est souvenu de cette recherche et des voyages de Jacques Cartier. Il a lu également *Le Disciple de Pantagruel* (1538), qui lui a fourni plusieurs de ses monstres. Il était enfin au courant des discussions entre érudits sur l'itinéraire suivi par les Argonautes après la conquête de la Toison d'or.

Le ***Quart Livre***, qui eut un grand succès, est une sorte de « *Graal humaniste* » (Mireille Huchon), un voyage initiatique aux sources de la connaissance, dont on peut faire aussi une lecture alchimique. Écrit pendant la crise gallicane de 1550-1551, il s'en prend violemment à la Rome pontificale. D'une manière plus générale, il continue la réflexion engagée dans le livre précédent sur la folie, représentée par les habitants de ces îles maniaques et par les monstres qu'il imagine.

Tiers Livre

Roman ou récit, composé d'un ***Prologue*** et de 47 puis 52 chapitres, et paru à Paris, en 1546, chez Christian Wechel, sous le titre complet ***Tiers Livre des faictz et dictz Hezroïques du noble Pantagruel, composez par M. Françis Rabelais docteur en Medicine, et Calloïer des isles Hieres***.

Ayant « *en moins de quatorze jours* [dilapidé] *le revenu certain et incertain de sa chastellenie pour troys ans* », Panurge fait à Pantagruel un « paradoxal » éloge du blé mangé en herbe et des dettes qui obligent les hommes à se soucier les uns des autres (chap. 1 à 5). Délivré, malgré tout, de ses dettes par son seigneur, Panurge, récent « *chastellain de Salmiguondin* », ayant « *la pusse en l'aureille* », décide de se marier, mais voudrait s'assurer que sa femme lui sera fidèle (chap. 7 à 9) et entreprend donc une longue consultation pour trancher ce dilemme. Après la méthode des « *sorts homériques et virgiliens* » (chap. 10 à 12), Pantagruel lui conseille l'interprétation des songes (chap. 13 à 15), mais le consultant ne peut obtenir de réponse univoque. La Sibylle de Panzoust (petit village situé près de Chinon), une vieille « *mal en poinct, mal vestue, mal nourrie, edentee, chassieuse, courbassee, roupieuse, languoureuse* » (chap. 17), qui lui « *montre son trou* », le muet Nazdecabre (chap. 19 à 20) et le « *vieil poete François nomme Raminagrobis* » — car « *les poetes, qui sont en protection de Apollo, approchans de leur mort, ordinairement deviennent prophetes et chantent par apolline inspiration, vaticinans des choses futures* » (chap. 21) —, également consultés, ne semblent tous annoncer que le futur cocuage de Panurge — « *sort fatal* », d'ailleurs réglé au dernier chapitre du ***Pantagruel***. Panurge ne veut pas le reconnaître car, comme le lui dit Pantagruel, « *philautie et amour de soy vous deçoit* [trompe] » (chap. 29). La sagesse parfois facétieuse de ses amis ne lui étant d'aucun secours, Panurge consulte encore Her Trippa qui « *par art de astrologie, geomantie, chiromantie, metopomantie et aultres de pareille farine* [...] *praedict toutes choses futures* » (chap. 25), mais l'entrevue dégénère en dispute de Panurge avec ce « *diable engipponne* » qui « *m'a perfume de fascherie et diablerie, de charme et de sorcellerie* », et, les lumières surnaturelles ne l'ayant guère éclairé, il faut donc réunir les représentants de la sagesse humaine, à savoir le théologien Hippothadée, le médecin Rondibilis et le philosophe Trouillogan. L'un conseille : « *Mariez-vous donc, mon amy, car trop meilleur est soy marier que ardre on feu de concupiscence.* » L'autre répond : « *Havre de Grâce !* [...] *que me demandez-vous ? Si serez coqu ? Mon amy, je suys marie ; vous le serez par cy-apres. Mais escrivez ce mot en vostre cervelle avec un style de fer, que tout homme marie est en dangier d'estre coqu* [...]. *L'umbre plus naturellement ne suit le corps que coquage suyt les* *gens mariez* [...]. » Le troisième, « *ephectique et pyrrhonien* », fournit des réponses d'une éloquente brièveté : « PANURGE. *Et doncques, si je suis marie, je seray coqu ?* TROUILLOGAN. *On le diroit.* PANURGE. *Si ma femme est preude et chaste, je ne seray jamais coqu ?* TROUILLOGAN. *Vous me semblez parler correct.* PANURGE. *Escoutez.* TROUILLOGAN. *Tant que vouldrez.* PANURGE. *Sera-t-elle prude et chaste ? Reste seulement ce poinct.* TROUILLOGAN. *J'en doubte.* » À défaut du juge Bridoye, qui « *decidoit* [ses procez] *par le sort des dez* », le compagnon de Pantagruel consulte le fou Triboullet : tous convainquent Panurge qu'il ne lui reste plus qu'à s'adresser à l'oracle de la Dive Bouteille, au pays des Lanternes (chap. 29 à 46). Pantagruel (et donc l'ensemble de ses amis) accepte « *ceste longue peregrination, plene de azards, plene de dangiers evidens* » après avoir compris que « *par le chemin nous ne engendrerons melancholie* » (chap. 47). Le livre se termine sur les préparatifs du voyage, et sur une longue description des « *vertus et singularitez* » de l'herbe qui le rend possible, le pantagruélion : reprenant la description du chanvre donnée par Pline dans son *Histoire naturelle*, ce symbole de l'activité humaine met les « *Dieux Olympicques* » en grand « *effroy* », car, grâce à elle, les enfants de Pantagruel pourront « *s'asseoir à table avecques nous et nos Deesses prendre à femmes, qui sont les seulz moyens d'estre deifiez* » (chap. 51).

Rabelais s'inspirait, en partie, d'un poème de François Habert, *Le Songe de Pantagruel*, publié en 1541, où déjà le géant offrait un banquet auquel étaient conviés des sages. Il écrivait aussi en pleine « *querelle des femmes* » où s'opposaient les partisans et adversaires de celles-ci dans les années 1530 à 1550.

Le ***Tiers Livre*** est surtout un livre sur la connaissance de l'avenir et sa légitimité. Les dialogues nombreux qui donnent à cette œuvre l'allure d'une brillante comédie mettent en évidence la pluralité des opinions ainsi que la nécessité, pour échapper à la « *philautie* » (l'amour de soi-même), d'écouter les autres, parfois même les fous aux yeux du monde (Bridoye et Triboulet). Mais on a pu aussi y lire — plus sombrement — le symbole des impasses du savoir : en un siècle où reculent les frontières géographiques et intellectuelles, la découverte fondamentale de la rotondité de la Terre se traduit dans le vertige d'une œuvre où l'on tourne en rond...

CITATIONS

Je prouverai en barbe de je ne sais quels centonifiques botteleurs de matières cent et cent fois gabelées, rapetasseurs de vieilles ferrailles latines, revendeurs de vieux mots latins tous moisis et incertains ; que notre langue vulgaire n'est tant vile, tant inepte, tant indigente et à mépriser qu'ils l'estiment.

Prologue, in *Cinquiesme Livre*.

Ignorance est mère de tous maux.

Cinquiesme Livre, chap. 7.

De valet, je me passerai bien. Je ne suis jamais si bien traité que quand je suis sans valet.

Cinquiesme Livre, chap. 17.

En carême sont toutes maladies semées : c'est la vraie pépinière [...] de tous maux. Encore ne considérez pas que, si carême fait les corps pourrir, aussi fait-il les âmes enrager.

Cinquiesme Livre, chap. 18.

Arrivâmes en l'île désirée, en laquelle était l'oracle de la Bouteille. Descendant Panurge en terre, fit sur un pied la gambade en l'air gaillardement, et dit à Pantagruel : « Aujourd'hui avons-nous ce que cherchons avec fatigues et labeurs tant divers. »

Cinquiesme Livre, chap. 33.

Là fit Bacbuc, la noble pontife, Panurge [...] chanter une Épilémie comme s'ensuit :
Ô Bouteille,
Pleine toute
De mystères,
D'une oreille
Je t'écoute :
Ne diffère,
Et le mot profère
Auquel pend mon cœur.
En la tant divine liqueur,
Bacchus, qui fut d'Inde vainqueur,
Tient toute vérité enclose...

Cinquiesme Livre, chap. 44.

En vin est vérité cachée. La Dive Bouteille vous y envoie, soyez vous-mêmes interprètes de votre entreprise.

Cinquiesme Livre, chap. 45.

Mieux est de ris que de larmes écrire,
Pour ce que rire est le propre de l'homme.

Aux lecteurs, in *Gargantua*.

L'habit ne fait point le moine, et tel est vêtu d'habit monacal, qui au dedans n'est rien moins que moine.

Prologue de l'auteur, in *Gargantua*.

Vous convient être sages, pour fleurer, sentir et estimer ces beaux livres de haute graisse, légers au pourchas et hardis à la rencontre ; puis, par curieuse leçon et méditation fréquente, rompre l'os et sucer la substantifique moelle.

Prologue de l'auteur, in *Gargantua.*

L'odeur du vin, ô combien plus est friande, riante, priante, plus céleste et délicieuse que d'huile !

Prologue de l'auteur, in *Gargantua.*

Je bois éternellement. Ce m'est éternité de beuverie, et beuverie d'éternité.

Gargantua, chap. 5.

Je bois comme un templier.

Gargantua, chap. 5.

Le grand Dieu fit les planètes et nous faisons les plats nets.

Gargantua, chap. 5.

L'appétit vient en mangeant, disait Hangest du Mans ; la soif s'en va en buvant.

Gargantua, chap. 5.

Le peuple de Paris est tant sot, tant badaud et tant inepte de nature qu'un bateleur, un porteur de rogatons, un mulet avec ses cymbales, un vielleux au milieu d'un carrefour, assemblera plus de gens que ne ferait un bon prêcheur évangélique.

Gargantua, chap. 17.

Lever matin n'est point bonheur ;
Boire matin est le meilleur.

Gargantua, chap. 21.

Nature n'endure mutations soudaines sans grande violence.

Gargantua, chap. 23.

Était pour lors un moine cloîtré, nommé Frère Jean des Entommeures, jeune, galant, frisque, de hait, bien à dextre, hardi, aventureux, délibéré, haut, maigre, bien fendu de gueule, bien avantagé en nez, beau dépêcheur d'heures, beau débrideur de messes, beau décrotteur de vigiles, pour tout dire sommairement, vrai moine si onques en fut depuis que le monde moinant moina de moinerie ; au reste clerc jusques aux dents en matière de bréviaire.

Gargantua, chap. 27.

L'exploit sera fait à moindre effusion de sang que sera possible, et, si possible est [...], nous sauverons toutes les âmes et les enverrons joyeux à leur domicile.

Gargantua, chap. 29.

Oignez vilain, il vous poindra ; poignez vilain, il vous oindra.

Gargantua, chap. 32.

De la panse vient la danse, et où faim règne, force exule *[est en exil].*

Gargantua, chap. 32.

Thésauriser est fait de vilain.

Gargantua, chap. 33.

– Pourquoi est-ce que les cuisses d'une demoiselle sont toujours fraîches ?
– C'est, dit le moine, pour trois causes par lesquelles un lieu est naturellement rafraîchi : *primo,* parce que l'eau décourt tout du long ; *secondo,* parce que c'est un lieu ombrageux, obscur et ténébreux, auquel jamais le soleil ne luit ; et tiercement, parce qu'il est continuellement éventé des vents du trou de bise [...].

Gargantua, chap. 39.

Je n'étudie point, de ma part. En notre abbaye, nous n'étudions jamais de peur des auripeaux *[oreillons].*

Gargantua, chap. 39.

– Comment, dit Ponocratès, vous jurez, Frère Jean ?
– Ce n'est, dit le moine, que pour orner mon langage. Ce sont couleurs de rhétorique cicéronienne.

Gargantua, chap. 39.

Jamais je ne m'assujettis à heures : les heures sont faites pour l'homme, et non l'homme pour les heures.

Gargantua, chap. 41.

C'est, dit Gargantua, ce que dit Platon, [...] que lors les républiques seraient heureuses quand les rois philosophiraient ou les philosophes régneraient.

Gargantua, chap. 45.

Guerre faite sans bonne provision d'argent n'a qu'un soupirail de vigueur. Les nerfs des batailles sont les pécunes.

Gargantua, chap. 46.

Bren, bren ! dit Picrochole ; vous semblez les anguilles de Melun : vous criez avant qu'on vous écorche.

Gargantua, chap. 47.

Telle est la nature et complexion des Français qu'ils ne valent qu'à la première pointe. Lors ils sont pires que diables, mais, s'ils séjournent, ils sont moins que femmes.

Gargantua, chap. 48.

Comment pourrais-je gouverner autrui, qui moi-même gouverner ne saurais ?

Gargantua, chap. 52.

Gargantua, en son âge de quatre cent quatre-vingt-quarante et quatre ans, engendra son fils Pantagruel, de sa femme, nommée Badebec, fille du roi des Amaurotes en Utopie, laquelle mourut du mal d'enfant : car il était si merveilleusement grand et si lourd qu'il ne put venir à lumière sans ainsi suffoquer sa mère.

Pantagruel, chap. 1.

Quand [mon âme] laissera cette habitation humaine, je ne me réputerai totalement mourir, mais passer d'un lieu en autre, attendu que, en toi et par toi, je demeure en mon image visible en ce monde.

Pantagruel, chap. 8.

Parce que, selon le sage Salomon, sapience n'entre point en âme malivole, et science sans conscience n'est que ruine de l'âme, il te convient servir, aimer et craindre Dieu et en lui mettre toutes tes pensées et tout ton espoir, et par foi formée de charité, être à lui adjoint, en sorte que jamais n'en soit désemparé par péché.

Pantagruel, chap. 8.

Je suis né et ai été nourri jeune au jardin de France, c'est Touraine.

Pantagruel, chap. 9.

Panurge était de stature moyenne, ni trop grand, ni trop petit [...] et sujet de nature à une maladie qu'on appelait en ce temps-là : « Faute d'argent, c'est douleur non pareille » (toutefois il avait soixante et trois manières d'en trouver toujours à son besoin, dont la plus honorable et la plus commune était par façon de larcin furtivement fait...).

Pantagruel, chap. 16.

Il disait qu'il n'y avait qu'une antistrophe entre femme folle à la messe et femme molle à la fesse.

Pantagruel, chap. 16.

[...] je vis Épictète vêtu galamment à la française, sous une belle ramée, avec force damoiselles, se rigolant, buvant, dansant, faisant en tous cas grande chère, et auprès de lui force écus au soleil. Au-dessus de la treille étaient pour sa devise ces vers écrits :

Sauter, danser, faire les tours,
Et boire vin blanc et vermeil,
Et ne rien faire tous les jours
Que compter écus au soleil.

Pantagruel, chap. 30.

Si désirez être bons Pantagruélistes (c'est-à-dire vivre en paix, joie, santé, faisant toujours grande chère), ne vous fiez jamais en gens qui regardent par un pertuis.

Pantagruel, chap. 34.

Pantagruélisme [...] est certaine gaieté d'esprit confite en mépris des choses fortuites.

Prologue de l'auteur, in *Quart Livre*.

À la bonne et sincère amour est crainte perpétuellement annexée.

Quart Livre, chap. 3.

Panurge sans autre chose dire, jette en pleine mer son mouton criant et bêlant. Tous les autres moutons, criant et bêlant en pareille intonation, commencèrent soi jeter et sauter en mer après à la file. La foule était à qui premier y sauterait après leur compagnon. Possible n'était les en garder, comme vous savez être du mouton le naturel, toujours suivre le premier, quelque part qu'il aille.

Quart Livre, chap. 8.

Ha ! pour manoir déifique et seigneurial, il n'est que le plancher des vaches.

Quart Livre, chap. 18.

Tout vient à point, qui peut attendre.

Quart Livre, chap. 48.

Le mal temps passe et retourne le bon,
Pendant qu'on trinque autour de gras jambon.

Quart Livre, chap. 65.

Je ne bâtis que pierres vives, ce sont hommes.

Tiers Livre, chap. 6.

La tête perdue, ne périt que la personne ; les couilles perdues, périrait toute humaine nature.

Tiers Livre, chap. 8.

Nature a fait le jour pour soi exercer, pour travailler, et vaquer chacun en sa négociation ; et [...] elle nous fournit de chandelle, c'est la claire et joyeuse lumière du soleil.

Tiers Livre, chap. 15.

Signes [...], en amour, sont incomparablement plus attractifs, efficaces et valables que paroles.

Tiers Livre, chap. 19.

Tout homme marié est en danger d'être cocu. Cocuage est naturellement des apanages du mariage.

Tiers Livre, chap. 32.

JUGEMENTS

« Cette surabondance est en lui, et c'est même une partie de sa sagesse. De même que bien boire, c'est beaucoup boire, de même bien nommer, c'est beaucoup nommer. Un écrivain n'existe que par la présence et, mieux, l'afflux des paroles. Il se donne tout le choix possible. Et, quand on y regarde, on découvre une propriété des termes qui leur est inhérente. L'étymologie se présente d'elle-même. C'est pourquoi on peut lire Rabelais sans dictionnaire. Mais plutôt, il est lui-même un dictionnaire ; les mots sont pleins de force, et encore appuyés par leurs voisins. Je suis assuré que l'imita-

tion de Rabelais donnerait aux écoliers une idée du bon style et leur mettrait pour toujours dans les oreilles une rumeur du beau langage. »

ALAIN, « Rabelais », in *Tableau de la littérature française*, I, Gallimard, 1962.

« *L'œuvre de Rabelais est extrêmement complexe. Elle renferme une infinité d'allusions qui n'étaient transparentes que pour ses contemporains immédiats, et parfois même pour un cercle étroit de familiers. Elle est exceptionnellement encyclopédique, les termes puisés dans les domaines divers de la connaissance et de la technique y foisonnent. Enfin, elle contient une foule de mots nouveaux et insolites introduits pour la première fois dans la langue française. Il est donc parfaitement naturel que Rabelais ait besoin de commentaires et d'interprétations. C'est d'ailleurs lui-même qui en a donné le signal en faisant suivre le* Quart Livre *d'une "Briefve declaration"* ».

Mikhaïl BAKHTINE, *L'Œuvre de François Rabelais et la Culture populaire au Moyen Âge et sous la Renaissance*, trad. fr. Andrée ROBEL, Gallimard, 1970.

« [...] *chez nous Rabelais, homme sobre qui ne buvait que de l'eau, passe pour un amateur de bonne chère, pour un buveur déterminé. Mille contes ridicules ont été faits sur l'auteur d'un des plus beaux livres de la littérature française, le* Pantagruel. »

Honoré de BALZAC, *Sur Catherine de Médicis*, 1841.

« [...] *ce Michel-Ange de l'ordure, qui sculptait si superbement dans une matière que je ne nommerai pas, comme s'il eût sculpté dans de l'or...* »

Jules BARBEY d'AUREVILLY, *Goethe et Diderot*, 1880.

« *J'ai eu dans ma vie le même vice que Rabelais. J'ai passé moi aussi mon temps à me mettre dans des situations désespérées. Comme lui, je n'ai rien à attendre des autres, comme lui, je ne regrette rien.* »

Louis-Ferdinand CÉLINE, « Rabelais, il a raté son coup », in *Louis-Ferdinand Céline*, « Cahiers de l'Herne », L'Herne, 1960.

« *Voyez-vous, avec Rabelais, on parle toujours de ce qu'il faut pas. On dit, on répète partout :* "C'est le père des lettres françaises." [...] *En vérité Rabelais, il a raté son coup.* [...]
Ce qu'il voulait faire, c'était un langage pour tout le monde, un vrai. Il voulait démocratiser la langue, une vraie bataille. La Sorbonne, il était contre, les docteurs et tout ça. Tout ce qui était reçu et établi, le roi, l'Église, le style, il était contre. Non, c'est pas lui qui a gagné. C'est Amyot, le traducteur de Plutarque : il a eu, dans les siècles qui suivirent, beaucoup plus de succès que Rabelais. C'est sur lui, sur sa langue, qu'on vit encore aujourd'hui. Rabelais avait voulu faire passer la langue parlée dans la langue écrite : un échec. »

Louis-Ferdinand CÉLINE, interview pour *Le Meilleur Livre du mois*, 1957, in *Le Style contre les idées*, Complexe, 1993.

« *Vraiment je n'estime profondément que deux hommes : Rabelais et Byron, les deux seuls qui aient écrit dans l'intention de nuire au genre humain et de lui rire à la face. Quelle immense position que celle d'un homme ainsi placé devant le monde !*
[...]
J'aime l'ordure, oui, et quand elle est lyrique comme dans Rabelais qui n'est point du tout un homme à gaudrioles. »

Gustave FLAUBERT, *Correspondance*, 13 septembre 1838 et 27 juin 1852.

« *Ce boueux de l'humanité.* »

Alphonse de LAMARTINE, cité *in* Gustave FLAUBERT, *Le Second Volume de Bouvard et Pécuchet*, posthume, 1881.

« *En face de l'Arioste, de Dante, de Cervantes, de Shakespeare, nous n'avons eu qu'un homme aussi grand que les plus grands, en qui s'incarne pour jusqu'à la fin des siècles le génie de l'esprit français et de la langue française, un de ces artistes géants qui suffiraient à la gloire d'un pays : Rabelais.* »

Guy de MAUPASSANT, *Chroniques*, t. II, 18 juillet 1882.

« *Rabelais a même recueilli la sagesse du courant populaire des vieux patois, des dictons, des proverbes, des farces d'étudiants, dans la bouche des simples et des fous.*
Et à travers ces folies, apparaissent dans leur grandeur et le génie du siècle et sa force prophétique. Où il ne trouve encore, il entrevoit, il promet, il dirige. Dans la forêt des songes, on voit sous chaque feuille des fruits que cueillera l'avenir. Tout ce livre est le rameau d'or. »

Jules MICHELET, *Histoire de France*, t. XII, 1858.

« *On dit que Rabelais dissimula sa sagesse sous une charretée d'ordures afin de la faire accepter par son époque. Dante a l'habileté d'invoquer une sagesse païenne pour stigmatiser la corruption de l'Église sans s'en attirer les foudres.* »

Ezra POUND, *Esprit des littératures romanes*, trad. franç. Pierre ALIEN, Bourgois, 1966.

BIBLIOGRAPHIE

Éditions

Œuvres complètes, éd. M. HUCHON, « Pléiade », Gallimard, 1994.

Œuvres, éd. critique A. LEFRANC, 1912 à 1955, Champion, puis Droz, Genève (CH) [6 vol., allant jusqu'au chap. 17 du *Quart Livre*].

Les Cinq Livres, éd. J. CÉARD, G. DEFAUX, M. SIMONIN, « LdP/Pochothèque », LGF, 1994.

Études

ALAIN, « Rabelais », in *Tableau de la littérature française*, I, Gallimard, 1962, pp. 233 à 240.

E. AUERBACH, « Le Monde que renferme la bouche de Pantagruel », in *Mimésis,* « TEL », Gallimard, 1977, pp. 267 à 286.

M. BAKHTINE, *L'Œuvre de François Rabelais et la Culture populaire au Moyen Âge et sous la Renaissance,* trad. franç. A. ROBEL, Gallimard, 1970, rééd. « Tel », Gallimard, 1982.

M. BUTOR, « 6/7 ou les Dés de Rabelais », in *Littérature,* n° 2, mai 1971.

G. DEFAUX, *Rabelais agonistes : du rieur au prophète. Études sur « Pantagruel », « Gargantua » et le « Quart Livre »,* in *Études rabelaisiennes,* vol. 32, Droz, Genève (CH), 1997.

G. DEMERSON, *L'Esthétique de Rabelais,* SEDES, 1996.

M. de DIÉGUEZ, *Rabelais par lui-même,* « Écrivains de toujours », Seuil, 1960.

L. FEBVRE, *Le Problème de l'incroyance au* XVIe *siècle. La Religion de Rabelais,* Albin Michel, 1942, rééd. 1968.

A. GLAUSER, *Rabelais créateur,* Nizet, 1996.

Fl. GRAY, *Rabelais et l'Écriture,* Nizet, 1974.

M. HUCHON, *Rabelais grammairien. De l'histoire du texte aux problèmes de l'authenticité,* Droz, Genève (CH), 1981.

M. JEANNERET, « Quand la fable se met à table : nourriture et structure narrative dans le *Quart Livre* », in *Poétique,* n° 54, avr. 1983 ; *Le Défi des signes. Rabelais et la Crise de l'interprétation à la Renaissance,* Paradigme, Orléans, 1994.

M. LAZARE, *Rabelais et la Renaissance,* « Qsj ? », PUF, 1979.

A. LEFRANC, *Rabelais,* Albin Michel, 1953 [reprend les introductions de l'édition critique des *Œuvres*].

Fr. LESTRINGANT, « Rabelais et le Récit toponymique », in *Poétique,* n° 50, avr. 1982.

L. MARIN, « Les Corps utopiques rabelaisiens », in *Littérature,* n° 21, févr. 1976.

D. MÉNAGER, *Rabelais,* « En toutes lettres », Bordas, 1989.

G. MILHE-POUTINGAN, *François Rabelais, bilan critique,* Nathan, 1996.

F. MOREAU, *Les Images dans l'œuvre de Rabelais,* SEDES, 1982.

Th. PECH, *Rabelais : le Rire et la Mélancolie,* Michalon, 1998.

J.-Y. POUILLOUX, « Notes sur deux chapitres du *Quart Livre* », in *Littérature,* n° 5, févr. 1972.

S. RAWLES et M. SCREECH, *A New Rabelais Bibliography. Editions of Rabelais before 1626,* « Études d'Humanisme et Renaissance », 219, Droz, Genève (CH), 1987.

Fr. RIGOLOT, *Les Langages de Rabelais,* Droz, Genève (CH), 1972, rééd. 1996 ; « Interpréter Rabelais aujourd'hui », in *Poétique,* n° 103, sept. 1995.

M. SCREECH, *Rabelais,* Duckworth, Londres (GB), 1979, trad. franç., Gallimard, 1992.

M. SAURET, *Gargantua et les Délits du corps,* P. Lang, Berne (CH), 1997.

L. SPITZER, « Rabelais et les "rabelaisants" », in *Études de style,* « TEL », Gallimard, 1980, pp. 134 à 165.

A. TOURNON, *En sens agile : les Acrobaties de l'esprit selon Rabelais,* Champion, 1995.

Études rabelaisiennes, Droz, Genève (CH), près de 40 vol. parus.

AUDIO & VIDÉO

CD-ROM

Corpus Rabelais, Champion, à paraître.

Encyclopédie de la littérature française, Bibliopolis, 1998.

François Rabelais, Les Temps qui courent, 1995.

RACINE

Jean RACINE

La Ferté-Milon (act. Aisne) 1639 – Paris 1699

Académicien

« *J'ai aimé les vers de Racine par-dessus toutes productions littéraires. J'admire Shakespeare énormément ; mais j'éprouve devant Racine une émotion que ne me donne jamais Shakespeare : celle de la perfection.* »

André GIDE, *Journal*, 27 octobre 1933, Gallimard, 1939.

« Je méprise sincèrement Racine ; *je vois d'ici toutes les platitudes qu'il faisait à la Cour de Louis XIV. L'habitude de la Cour rend incapable de sentir ce qui est véritablement grand.* »

STENDHAL, *Correspondance*, 3 juin 1807.

L'astre poétique du Roi-Soleil

L'orphelin de Port-Royal

Né dans une petite ville du Valois, Racine était issu d'une modeste famille de petite bourgeoisie : son père travaillait, en tant que procureur au bailliage de la Ferté-Milon, dans l'administration du grenier de sel de la ville — dont le grand-père maternel de Racine, Pierre Sconin, était président. Orphelin de père et de mère dès l'âge de 3 ans, l'enfant fut recueilli par sa grand-mère paternelle et marraine, Marie Desmoulins, qui, liée de près au couvent de Port-Royal, parvint à le faire admettre gratuitement aux Petites Écoles de cette abbaye alors qu'il n'avait pas encore 10 ans. Cette providentielle démarche — aux conséquences incalculables — permit à l'orphelin pauvre de faire jusqu'à l'âge de 13 ans ses classes de grammaire dans un remarquable établissement. Puis, après deux années d'études au collège janséniste de Beauvais (1653 à 1655), où il poursuivit une excellente formation de latin, grec et rhétorique, il revint pendant trois ans à Port-Royal (1655 à 1658), à titre exceptionnel. À l'école de Nicole, Le Maistre et Le Maistre de Sacy, Racine se nourrit de lectures bibliques et fut vite en mesure de lire à livre ouvert, non seulement les plus grands auteurs latins, mais aussi — situation plus rare en ce temps où l'enseignement des jésuites reposait surtout sur le latin — les classiques grecs (Homère, Aristote et Plutarque notamment, mais avant tout Sophocle et Euripide). Dès ces années, il composa ses premières ***Odes*** sur Port-Royal et quelques poésies latines (1657-1658), pièces où alternaient le badinage et une réelle ferveur religieuse. Aux « *solitaires* », Racine dut ainsi sa culture, son habileté intellectuelle et stylistique, mais aussi sa vision de l'homme, perçu comme une créature déchue, victime de ses passions.

Les débuts littéraires

Racine quitta Port-Royal pour Paris (oct. 1658), où il acheva sa formation intellectuelle et morale par l'étude de la philosophie — on disait alors la « *logique* » — au prestigieux collège d'Harcourt (act. lycée Saint-Louis). Là, il se lia avec son cousin Nicolas Vitart, intendant du duc de Luynes, grâce auquel il put se faire connaître de la famille de Chevreuse, très en vue dans le monde, et rencontrer La Fontaine — dont il était le parent éloigné.

Pour ce jeune homme talentueux et déjà très ambitieux mais sans rang ni argent, la littérature et surtout la tragédie, genre alors le plus prestigieux et le plus « rentable », se présentaient comme la meilleure voie à emprunter. Mais, conformément aux préceptes chrétiens, ses maîtres, sa tante — religieuse à Port-Royal — abhorraient le théâtre, jugé coupable d'exciter les passions, et les comédiens, soupçonnés de mener une vie scandaleuse ; ils sommèrent donc Racine de renoncer à ses projets. Depuis son arrivée à Paris toutefois, celui-ci avait bien changé, sous l'influence notamment du galant abbé Le Vasseur avec lequel il ne tarda pas à fréquenter les comédiennes de l'Hôtel de Bourgogne et du Marais. Ainsi transformé, il ne craignit pas de passer outre les austères remontrances des Messieurs de Port-Royal et composa, dès 1660, une première tragédie dont on ne sait rien, sinon qu'elle était intitulée ***Amasie*** et qu'elle fut refusée par les comédiens du Marais. Peu après cet échec, il publia, à l'occasion du mariage de Louis XIV avec l'infante d'Espagne Marie-Thérèse, l'ode ***La Nymphe de la Seine à la Reine***, qui lui valut, cette fois, les compliments de Chapelain. Encouragé, Racine rédigea l'année suivante (1661), une nouvelle tragédie, consacrée à Ovide — et peut-être à ses *Amours* : proposée aux comédiens de l'Hôtel de Bourgogne, elle fut, elle aussi, refusée — nouvel échec qui valut à l'auteur des difficultés financières.

Le séjour à Uzès

Les inquiétudes croissantes de ses maîtres de Port-Royal et la précarité de sa situation pécuniaire poussèrent Racine à quitter Paris pour Uzès où, avec l'appui de son oncle Antoine

Sconin, vicaire général de la ville, il espérait obtenir un bénéfice ecclésiastique. Parti le 25 ou 26 octobre 1661, il arriva le 8 novembre dans un « pays » dont il comprenait mal la langue. Il fut d'abord favorablement impressionné par la beauté des lieux et la sensualité du climat, évoquées dans ces deux célèbres vers :

Le ciel est toujours clair tant que dure son cours,
Et nous avons des nuits plus belles que vos jours.

(***Lettre à Nicolas Vitart***, 17 janv. 1662)

C'est dans ce cadre que Racine écrivit des ***Remarques sur l'« Odyssée »***. Assez vite pourtant, ce séjour austère, dominé par l'étude de la Bible et de saint Thomas, lui inspira une lassitude et une mélancolie dont se firent l'écho ses 24 lettres d'Uzès, adressées pour l'essentiel à Vitart, à l'abbé Le Vasseur, et à La Fontaine. En outre, le bénéfice ecclésiastique escompté se révéla impossible à obtenir : aussi Racine prit-il le parti, au bout d'un an et demi, de quitter Uzès pour regagner Paris (1663), où il demeura chez Vitart, à l'hôtel de Luynes.

Les premiers succès d'un ambitieux

Il publia alors, vers le printemps 1663, une ***Ode sur la convalescence du Roi***, à nouveau appréciée par Chapelain, puis, en novembre, une nouvelle ode, ***La Renommée aux Muses***, laquelle lui valut la faveur et la protection d'un grand seigneur et puissant mécène, le comte — et futur duc — de Saint-Aignan, qui le fit bien vite admettre à la Cour, et même au lever du roi, où le jeune homme rencontra Molière, à l'automne 1663. Dans le même temps, Racine fit aussi la connaissance de Boileau, mais leur amitié ne prit forme que dix ans plus tard. Ces succès littéraires et courtisans lui permirent d'être inscrit dès août 1663 — à 24 ans — sur la récente liste des gratifications royales de 1664, tenue par Colbert et Chapelain : 600 livres lui furent ainsi octroyées. À cette date, Racine parachevait une nouvelle tragédie, destinée à être jouée par la troupe de Molière : ***La Thébaïde ou les Frères ennemis***. Dédiée au duc de Saint-Aignan, consacrée à un sujet guère original mais encore susceptible de séduire à l'époque — la lutte entre les deux fils d'Œdipe —, cette première tragédie représentée n'obtint qu'un mince succès (20 juin 1664). Malgré ces débuts littéraires en demi-teintes, il composa, l'année suivante, une nouvelle tragédie (sa 4e écrite et sa 2e créée), ***Alexandre le Grand***, et obtint à nouveau de Molière de la représenter à la scène (4 déc. 1665). D'emblée, ce fut un succès. Mais, par une trahison sans précédent, Racine en profita pour donner aussitôt sa pièce aux « *grands comédiens* » de l'Hôtel de Bourgogne, qui la jouèrent dès le 18 décembre. Ils étaient plus réputés et donc plus gratifiants pour le jeune dramaturge assoiffé de gloire et d'honneurs. C'est là que, quinze mois plus tard, le rejoignit l'une des comédiennes les plus en vue à l'époque, Marquise Thérèse Du Parc, peut-être devenue dès cette époque sa maîtresse. L'ingratitude dont fit alors preuve Racine provoqua sa brouille immédiate et durable avec Molière — dont les finances avaient souffert — et lui valut la réputation, tout aussi durable, d'un ambitieux peu scrupuleux.

De fait, dès l'année suivante, au moment même de la publication d'***Alexandre***, accompagnée d'une dédicace ***Au Roi*** (janv. 1666), Racine fit à nouveau preuve d'ingratitude — il l'avoua lui-même et le regretta amèrement bien des années plus tard —, en prenant cette fois pour cibles ses anciens maîtres de Port-Royal, pourtant si dévoués. S'étant cru visé par un passage d'une lettre de Nicole *(« Un faiseur de romans et un poète de théâtre est un empoisonneur, non des corps, mais des âmes des fidèles »)*, il répliqua par la publication d'une caustique ***Lettre à l'auteur des « Hérésies imaginaires »***, où il prenait la défense du théâtre et critiquait aussi durement qu'injustement solitaires et religieuses. Peu après, il écrivit deux autres textes, inspirés par la même intention et rédigés dans le même esprit, sans toutefois les publier. En revanche, il ne donna aucune pièce en cette année 1666, au cours de laquelle il devint titulaire du prieuré d'Espinay en Anjou, résultat de son séjour à Uzès.

La décennie des chefs-d'œuvre

En 1667, son ascension mondaine fut consolidée par la protection d'Henriette d'Angleterre, belle-sœur du roi et duchesse d'Orléans, à qui était dédiée ***Andromaque*** (créée le 17 nov. 1667), tragédie consacrée aux amours malheureuses de Pyrrhus, Andromaque, Hermione et Oreste, mais aussi premier très grand succès et premier chef-d'œuvre d'une série ininterrompue qui en comporta 9 en onze ans. Servie par une somptueuse distribution, tout à fait à l'unisson de l'air du temps qui était à la galanterie et au « *sentiment* », publiée deux mois à peine après sa création, ***Andromaque*** ne tarda pas à provoquer une cabale à la mesure de son immense succès, lequel fut plus vif encore à la Cour qu'à la ville. Outre Créqui, Olonne ou encore Gilles Boileau, Molière lui-même prit part au concert de remontrances envieuses, en représentant la pièce du gazetier Subligny, *La Folle Querelle ou la Critique d'« Andromaque »* (mai 1668), réquisitoire vétilleux, mais point sot, contre les prétendus défauts littéraires et moraux d'***Andromaque***, auxquels étaient opposés les talents supérieurs de Corneille. À ces attaques, Racine répliqua tantôt avec une véhémence presque « teigneuse », tantôt avec une suffisance un peu hautaine tout droit venue de sa récente réussite non seulement littéraire mais aussi sociale : doté d'une gratification toujours plus généreuse (800 livres) et installé au faubourg Saint-Germain, il se sentait désormais assez fort pour polémiquer ouvertement.

Dans l'euphorie de ce triomphe, peut-être accru par une première expérience de la paternité — Marquise Thérèse Du Parc eut en effet une fille baptisée en mai 1668, dont il était le parrain sinon le père —, Racine, quelques mois plus tard, donna à l'Hôtel de Bourgogne son unique comédie, ***Les Plaideurs*** (nov. 1668), satire des hommes de justice, de leur goût pour la chicane, de leur jargon emphatique et de leur attachement maniaque au formalisme procédurier. L'***Avis au lecteur*** (1669) de la pièce, parsemé de coups de griffe assenés à l'auteur de *L'Avare*, attestait le désir de Racine de battre sur son propre terrain un Molière qui venait de l'attaquer, et dont la gloire mondaine et littéraire avait pris une ampleur toute récente à l'occasion des fêtes données à Versailles par Louis XIV (juil. 1668). Accueillie assez fraîchement à la ville, cette comédie amusa en revanche la Cour et le roi.

Cette glorieuse année 1668 s'acheva toutefois sur une note lugubre et scabreuse. En décembre, un mois seulement après la création des ***Plaideurs***, Marquise Thérèse Du Parc, qui avait créé le rôle d'Andromaque, mourut dans des conditions douteuses : probablement des suites d'une fausse couche ou d'un avortement, mais — comme souvent à cette époque — on parla d'empoisonnement. Fin 1669, Racine, qui n'avait publié que des tragédies à sujets grecs, donna au public ***Britannicus***, première pièce à sujet romain, empreinte en outre d'une coloration plus historique, plus politique et plus virile que la sentimentale ***Andromaque*** : défi adressé très directement, sur son terrain de prédilection, à l'auteur de *Cinna* et d'*Horace* — d'ailleurs vivement égratigné dans la ***Préface*** de la pièce. Comme celle d'***Andromaque***, la représentation de ***Britannicus*** donna lieu à une cabale soutenue par les nombreux adversaires d'un jeune auteur agressivement ambitieux et méprisant. L'accueil réservé à cette pièce — que Racine reconnut pourtant plus tard avoir, entre toutes, *« le plus travaillée »* (***Seconde Préface*** de la pièce, 1674) — ne répondit pas d'abord à l'attente de son auteur. Mais ce succès mitigé fut en partie compensé par la faveur dont ***Britannicus*** bénéficia à la Cour, notamment de la part du roi et de celle du gendre de Colbert, le duc de Chevreuse — à qui la tragédie était dédiée.

Racine rencontra alors une comédienne aux mœurs très libres, qui devint sa maîtresse et à qui il confia bientôt des rôles-clés : Marie Desmares, *alias* la Champmeslé, la plus grande tragédienne de son temps. Dans le même temps, invité à prendre part aux fêtes du mariage du duc de Nevers et doté désormais d'une gratification de 1 500 livres, il ne cessait de voir son prestige croître en Cour. C'est dans ce contexte que, le 21 novembre de cette même année 1670, il donna une pièce à sujet romain, ***Bérénice***. Il renouvelait le défi adressé à Corneille l'année précédente, d'autant plus clairement que, huit jours plus tard, Corneille donnait, sur le même sujet, *Tite et Bérénice*, joué par la troupe de Molière — qui, allié de Corneille en la circonstance, n'avait à l'évidence pas oublié la « trahison » de Racine, cinq ans auparavant. Mais, cette fois, le sujet, bien que romain, était plus propice que ***Britannicus*** à l'épanchement du sentiment, toujours très prisé à la Cour : le risque d'échouer face à Corneille était donc moindre qu'un an auparavant.

Un duel organisé par la belle-sœur du roi est fort improbable : aucun contemporain n'en a parlé. La gloire de Corneille était assurée depuis longtemps ; il n'avait rien à espérer d'une confrontation devant un public qui commençait à s'éloigner de lui, pour préférer la tendresse à l'héroïsme. Sans doute l'ambitieux Racine apprit-il que son grand rival préparait une pièce sur un sujet qui lui convenait bien : excellente occasion pour s'imposer face à lui, en insistant sur ce qui manquerait probablement dans sa pièce, et qui plairait au public — la tendresse. On lui reprocha d'avoir écrit une tragédie sans contenu dramatique. C'est ce que dit notamment la *Critique de « Bérénice »* de l'abbé de Villars : *« L'auteur a trouvé à propos, pour s'éloigner du genre d'écrire de Corneille, de faire une pièce de théâtre qui, depuis le commencement jusqu'à la fin, n'est qu'un tissu galant de madrigaux et d'élé-*

gies. Il ne faut donc pas s'étonner s'il ne s'est pas mis en peine de la liaison des scènes, s'il a laissé plusieurs fois le théâtre vide et si la plupart des scènes sont peu nécessaires. Le moyen d'ajuster tant d'élégies et de madrigaux ensemble, avec la même suite que si l'on eût voulu faire une comédie dans les règles ! » Racine se défendit : « *La principale règle est de plaire et de toucher* » et « *toute l'invention consiste à faire quelque chose de rien* », répliqua-t-il dans une ***Préface*** qui prétendait faire de la simplicité un principe de la tragédie, au rebours de ce que disait Aristote — dont elle se réclamait. ***Bérénice***, qui fut publiée dès février 1671, connut un triomphe qui éclipsa la pièce de Corneille. Ainsi, grâce à son intuition des attentes littéraires du public de son temps qui était alors friand de « *tendresse* », Racine remporta sur son rival une victoire enfin décisive et reconnue pour telle. Consacré comme l'un des plus grands poètes de son époque, il poursuivit sa production dramaturgique au rythme régulier d'une tragédie par saison.

En janvier 1672, son flair infaillible des modes les plus volatiles l'amena à exploiter un engouement assez ancien pour l'Orient, devenu soudain plus vif — comme le prouvait le récent succès du *Bourgeois gentilhomme* de Molière (1670). C'est ainsi qu'il donna ***Bajazet***, tragédie turque qui, par sa relative dureté, formait un net contraste avec l'élégie précédente — et qui contredisait tous les préceptes esthétiques (simplicité, linéarité, refus du sanglant et du spectaculaire) contenus dans la ***Préface*** de ***Bérénice***. En revanche, le destin de cette « *turquerie* » fut proche de celui qu'avait connu ***Bérénice*** : un très vif succès suivi d'une prompte publication, mais assorti de vigoureuses critiques provenant, pour la plupart, des doctes et des gazetiers attachés au parti de Corneille — Segrais, Robinet, Donneau de Visé. Ces critiques semblent toutefois avoir été un peu moins mordantes qu'à l'ordinaire, à en juger du moins par la relative modération de Racine — si prompt à la polémique jusqu'alors — face à ses adversaires dans la ***Préface*** de la pièce.

Au début de l'année suivante (1673), Racine accéda, quelques semaines avant la mort de Molière, à une sorte de « royauté littéraire » : jouissant d'une large aisance financière, plus apprécié que jamais à la Cour — notamment par Mme de Thianges et par sa sœur Mme de Montespan, maîtresse de Louis XIV, ainsi que par le Grand Condé —, il fut reçu à l'Académie française le 12 janvier 1673. Dès le lendemain, ou peut-être déjà quelques semaines auparavant, il fit jouer ***Mithridate*** à l'Hôtel de Bourgogne, tragédie unanimement tenue pour la plus cornélienne de toutes ses pièces, tant par sa dramaturgie que par la virile énergie de son protagoniste et la tonalité de son style : le retour imprévu de Mithridate, « *roi de Pont, et de quantité d'autres royaumes* », qu'on croyait mort, précipitait le sort de ses deux fils, Pharnace — le traître — et Xipharès, et de Monime, jeune Grecque « *accordée avec* [le père], *et déjà déclarée reine* », dont étaient épris les deux frères, et qui aimait, quant à elle, Xipharès. Après avoir fait arrêter Pharnace, puis feint de renoncer à Monime au profit de Xipharès, enfin condamné à mort Monime et Xipharès, Mithridate, victime d'une sédition fomentée par Pharnace évadé, se perçait de son épée et, mourant, finissait par unir Monime à Xipharès, accouru à son secours. Dans cette tragédie politique, le héros éponyme oscillait entre la bassesse du vieillard amoureux et jaloux et la grandeur du guerrier résolu à combattre les Romains jusque dans Rome. Cette pièce — sa 9e tragédie écrite et 7e représentée et publiée —, aujourd'hui loin d'être tenue pour le sommet de l'art de Racine, obtint, sur le moment, un succès d'autant plus éclatant qu'il contrastait avec le récent échec de la ***Pulchérie*** de Corneille. Même onze ans plus tard (5 nov. 1684), le *Journal* de Donneau de Visé précisait que ***Mithridate*** était la pièce qui plaisait le plus au roi. Aujourd'hui, l'on n'apprécie guère que le personnage de Monime — l'une des plus mémorables et touchantes créations raciniennes —, dont les premières paroles, dans la pièce, s'adressent à Xipharès :

> *Seigneur, je viens à vous ; car enfin, aujourd'hui,*
> *Si vous m'abandonnez, quel sera mon appui ?*
> *Sans parents, sans amis, désolée et craintive,*
> *Reine longtemps de nom, mais en effet captive,*
> *Et veuve maintenant sans avoir eu d'époux,*
> *Seigneur, de mes malheurs ce sont là les plus doux.*
>
> (***Mithridate***, I, 2, vv. 133 à 138)

Une fois de plus, Racine avait su capter l'atmosphère morale d'alors, qui était toute à l'exaltation belliqueuse de la guerre menée par Louis XIV contre les Pays-Bas. Cette cause passagère — aujourd'hui accessoire — créait alors un contexte particulièrement propice à la mise en valeur des exploits et des héros militaires les plus énergiques : ***Mithridate*** venait donc tout à fait à son heure. Aussi Racine put-il se montrer, face aux remontrances, plutôt timides, cette fois, des cornéliens, plus serein encore qu'il ne l'avait été après leurs attaques contre ***Bajazet***, bien qu'en certains vers, il se révélât un véritable plagiaire — même si le plagiat n'était alors nullement autant condamné que de nos jours — du grand Corneille, comme lorsque Xipharès s'exclamait :

Et Rome, unique objet d'un désespoir si beau,
Du fils de Mithridate est le digne tombeau.

(***Mithridate***, III, 2, vv. 945-946)

alors que, dès 1640 — Racine n'avait qu'un an ! —, la cornélienne Camille répondait à son frère Horace :

Rome, l'unique objet de mon ressentiment !

(Pierre CORNEILLE, *Horace*, IV, 5, v. 1301)

Cette consécration atteignit son apogée, l'année suivante, avec le succès d'***Iphigénie*** (18 août 1674) : cette pièce, après 3 tragédies « romaines », marquait un retour à l'univers grec et mythologique de ***La Thébaïde*** et d'***Andromaque***, et accompagnait opportunément un récent revirement de la mode littéraire, dominée notamment par le succès des drames lyriques de Quinault. Cette conformité au « microclimat » mental et littéraire de l'époque contribua sans doute à procurer à ***Iphigénie*** l'honneur exceptionnel d'être jouée, dès sa création, dans le cadre fastueux des « *Divertissements de Versailles* » donnés par Louis XIV pour célébrer l'annexion de la Franche-Comté.

Servie par cette mise en scène somptueuse, puis représentée à l'Hôtel de Bourgogne et publiée quelques mois plus tard (mars 1675), l'***Iphigénie*** de Racine fit pleurer toute la Cour et n'eut guère de mal à éclipser le *Suréna* de Corneille et la pâle *Iphigénie* donnée, moins d'un an plus tard, par Leclerc et Coras. Racine reçut même l'hommage public de son ami Boileau, d'abord à la fin du chant IV de *L'Art poétique* (1674), puis, trois ans plus tard, au début de l'*Épître VII*, plus spécifiquement consacré à ***Iphigénie***.

Après ***Iphigénie***, anobli en octobre 1674 par l'octroi d'une charge de trésorier de France à Moulins, adulé et comblé d'honneurs — et peut-être affecté, par ailleurs, par la mort de la fille de feue Marquise Du Parc, survenue au cours de cette période —, Racine interrompit le rythme quasi annuel de ses productions. Il consacra l'essentiel des années 1674-1675 à préparer une édition d'ensemble de ses ***Œuvres***, scrupuleusement revue et corrigée. C'est plus de deux ans après ***Iphigénie*** qu'il donna à l'Hôtel de Bourgogne sa dernière tragédie à sujet profane, ***Phèdre***, pièce initialement intitulée ***Phèdre et Hippolyte*** (1er janv. 1677).

À l'inverse de la postérité qui a marqué ***Mithridate***, cette tragédie, aujourd'hui considérée comme le souverain chef-d'œuvre du théâtre racinien, eut alors à pâtir de la rude concurrence de la *Phèdre* de Pradon : ce dramaturge fut « instrumentalisé » par ses protecteurs (la puissante famille des Mancini) et par des ennemis de Racine (la duchesse de Bouillon, le duc de Nevers, la comtesse de Soissons), pour contrer le succès prévisible de ***Phèdre***. La pièce de Pradon à peine créée, le surlendemain de celle de son rival, ses commanditaires anti-raciniens cabalèrent pour lui assurer, trois mois durant, un triomphe factice, tout en complétant leurs intrigues par une « *guerre des sonnets* » — Racine ne restant d'ailleurs pas forcément pur de toute manigance en sens inverse. Cette « *guerre des sonnets* » commença par un sonnet injurieux pour Racine, attribué sans preuve au duc de Nevers et plus tard à Mme Deshouillères, auquel riposta un autre sonnet anonyme, attribué — sans doute à tort — à Racine et Boileau, et qui se révélait si gravement et violemment insultant — le poème insinuait que le duc de Nevers avait des mœurs incestueuses avec sa sœur — que les deux auteurs présumés eurent besoin de l'intervention de Condé lui-même pour éviter la bastonnade. Ce scandaleux sonnet avait peut-être pour auteurs Guilleragues et Nantouillet, poussés par Chapelle. Il suscita en tout cas, selon Tallemant des Réaux — qui croyait en l'innocence de Boileau mais en la culpabilité de Racine —, « *bien des sonnets sur les mêmes rimes* », avec la conviction que les présumés coupables « *auraient sur les oreilles* ».

L'auteur de ***Phèdre*** fut soutenu, moins d'un mois plus tard, par les consolantes louanges de l'*Épître VII* de Boileau. Peu à peu, l'évidente supériorité de sa ***Phèdre*** se fit jour. Mais l'efficacité provisoire de la cabale des Mancini — fait divers aujourd'hui dérisoire — semble bien avoir assez profondément meurtri Racine sur le coup. Mais ce n'est probablement pas pour de telles raisons — qui ne correspondent pas à la mentalité de l'époque — qu'il renonça au théâtre. C'est parce qu'il avait désormais une œuvre plus importante à rédiger. En tout cas, douze années s'écoulèrent avant sa tragédie suivante, ***Esther***.

Le tournant de 1677

L'année 1677 marqua, sinon à proprement parler une « retraite », à l'évidence une orientation nouvelle dans la vie de Racine, moins fiévreuse, plus posée, plus régulière — plus « *bourgeoise* », a-t-on dit —, et qui devint plus soucieuse du salut céleste, en tout cas plus détachée de la création littéraire mais encore plus courtisane qu'elle ne l'avait été jusqu'alors : en juin, âgé de 37 ans, le dramaturge fit avec Catherine de Romanet, cousine richement dotée de Nicolas Vitart, un mariage d'intérêt et de raison qui doubla sa fortune et dont Boileau fut l'un des témoins. Le prince de Condé, le duc d'Enghien, le premier président du Parlement de Paris, Colbert et son fils aîné signèrent le contrat de mariage. S'il s'était rangé, c'était sans doute aussi parce qu'on lui avait déjà laissé prévoir sa prochaine promotion : en septembre, Louis XIV lui demanda de renoncer à toute autre activité pour être nommé, avec Boileau, historiographe du Roi-Soleil, alors au faîte de sa puissance ; cette charge, fort rémunératrice et beaucoup plus honorifique alors que l'activité de dramaturge, était très prenante. Ces raisons conjuguées suffisent à expliquer que Racine ait décidément tourné le dos au théâtre — hypothèse qui relativiserait la gravité du dépit éprouvé à propos de ***Phèdre***. Quoi qu'il en fût, en tant qu'historiographes du roi, Racine et Boileau accompagnèrent Louis XIV dans sa campagne de Gand en 1678, et firent preuve, à cette occasion — et aussi par la suite — d'un zèle consciencieux dans l'élaboration d'une histoire dont il ne reste qu'un ou deux fragments : le reste d'un ouvrage que son genre même condamnait à la médiocrité fut détruit par un incendie en 1726, avant d'être publié.

Père en novembre 1678 d'un premier enfant prénommé Jean-Baptiste, Racine, un an plus tard, fut gravement mis en cause par la fameuse empoisonneuse Catherine Monvoisin, *alias* la Voisin, qui, dans le cadre de « *l'affaire des Poisons* », lui attribua la mort par empoisonnement de la Du Parc, survenue dix ans auparavant, « *à cause de son extrême jalousie* » : « *Les ordres nécessaires pour faire arrêter* [le] *sieur Racine vous seront envoyés aussitôt que vous les demanderez* », écrivit Louvois à l'un des rapporteurs du procès, le 11 janvier 1680. Mais il n'y eut pas de suite — et ce n'est point parce que l'historiographe bénéficiait de hautes protections : le maréchal de Luxembourg, fort bien vu du roi, passa quatorze mois à la Bastille. On a montré que la Du Parc empoisonnée, dont parlait la Voisin le 20 décembre 1679 — après avoir accusé Racine de la mort de Marquise le 21 novembre —, n'était qu'une homonyme de l'actrice.

En dehors de la naissance de ses 6 autres enfants — Marie-Catherine en 1680, Anne en 1682, Élisabeth (*alias* Babet) en 1684, Françoise (*alias* Fanchon) en 1686, Madeleine (*alias* Madelon) en 1688, enfin Louis (*alias* Lionval) en 1691 —, peu d'événements vraiment décisifs marquèrent la vie de Racine à partir de 1680, en tout cas jusqu'en 1684 : il continua à mener habilement sa très rémunératrice vie de courtisan, qui le fit entrer toujours plus avant dans l'intimité du Roi-Soleil.

En janvier 1685, ce fut Racine qui prononça le discours de réception de Thomas Corneille à l'Académie française, au fauteuil de son frère Pierre, récemment défunt ; à cette occasion, il fit de son éternel rival un éloge aussi vibrant que déconcertant, eu égard aux relations réelles entre les deux hommes : « *Dans cette enfance, ou, pour mieux dire, dans ce chaos du poème dramatique, parmi nous, votre illustre frère, après avoir quelque temps cherché le bon chemin et lutté, si j'ose dire, contre le mauvais goût de son siècle, enfin inspiré d'un génie extraordinaire et aidé de la lecture des anciens, fit voir sur la scène la raison, mais la raison accompagnée de toute la pompe, de tous les ornements dont notre langue est capable, accorda heureusement le vraisemblable et le merveilleux et laissa bien loin derrière lui tout ce qu'il avait de rivaux.* »

Le retour bref et contraint au théâtre

En 1688, après une interruption de onze années, Racine renoua avec la création dramaturgique, sur la demande de Mme de Maintenon — qui avait épousé secrètement Louis XIV, après avoir élevé les enfants de celui-ci et de Mme de Montespan —, et sous la forme d'une œuvre édifiante destinée aux élèves de l'École de Saint-Cyr, établissement fondé par Mme de Maintenon et qui recueillait des jeunes filles de haute naissance mais pauvres. C'est donc ainsi sollicité, et non de son mouvement propre, que Racine, en décembre 1687, commença à travailler à ***Esther***. Il passa la fin de l'année 1688 à préparer ses élèves à déclamer parfaitement les répliques de cette « *tragédie tirée de l'Écriture sainte* », en 3 actes, qui mettait en scène la destinée d'Esther, jeune et ravissante Juive que le roi des Perses, Assuérus, séduit par sa beauté, avait épousée sans connaître ses origines, avant qu'un édit royal n'ordonnât l'extermination des Juifs dans tout le royaume. Cette première tragédie à sujet biblique, analogue à un opéra en raison des parties chantées qu'elle comprenait, fut créée le 26 janvier 1689, non pas dans un théâtre public, mais à l'École de Saint-Cyr elle-même, preuve qu'elle était destinée à être vue par un public très strictement trié sur le volet — pour l'essentiel, quelques têtes couronnées, dont le roi d'Angleterre en exil Jacques II, et leurs Cours. Outre les qualités propres de la pièce, cette parcimonie dans l'ouverture au public, en attisant la curiosité et la vanité mondaine des uns et des autres, ne fut pas pour rien dans l'énorme succès d'***Esther***, publiée dès la fin février 1689.

Très peu de temps après la dernière représentation de cette pièce, Racine, plus que jamais apprécié à la Cour, bientôt reçu — insigne marque d'estime — au petit château de Marly où le roi n'accueillait pourtant que ses intimes, fut invité à créer une nouvelle tragédie biblique. Il consacra donc une bonne partie de l'année 1689 à composer cette pièce, ***Athalie***, qui, comme la précédente, comprenait des parties lyriques. Mais cette toute dernière tragédie ne put être prête pour les fêtes prévues en janvier 1690, et ne fut jouée qu'en janvier 1691, à 3 ou 4 reprises seulement en comité très restreint, sans décor, sans costumes ni symphonie. L'opposition des moralistes avait mis fin à des spectacles peu compatibles avec un couvent de jeunes filles.

Et ce n'est qu'en 1716 — un an après la mort de Louis XIV — que cette pièce put être représentée dans des conditions normales à la Comédie-Française. Handicapée par les limites si restrictives mises à sa représentation, ***Athalie***, publiée dès mars 1691, fut en revanche très appréciée des lecteurs. Propagée par un enseignement moraliste, elle resta, avec ***Esther***, largement en tête des éditions des pièces de Racine jusqu'au début du XXe siècle.

Les dernières années

Lorsque *Athalie* fut créée, Racine venait d'être fait gentilhomme ordinaire de la chambre du roi, nouvelle étape dans son ascension mondaine. Mais, entre-temps, sa tante, mère Agnès de Sainte-Thècle, avait été élue abbesse de Port-Royal des Champs (1690) ; or cette désignation contribuait encore à rapprocher le poète et Port-Royal, tout en plaçant Racine dans une position inconfortable vis-à-vis du roi et de la Cour. Cela n'empêcha toutefois pas le dramaturge de recevoir, en janvier 1692, une pension royale de 4 000 livres — contre « seulement » 2 000 livres à Boileau. La même année, Racine, bientôt père d'un 7e et dernier enfant prénommé Louis — le futur auteur des *Mémoires contenant quelques particularités sur la Vie et les Œuvres de Jean Racine* —, accompagna le roi à la campagne qui déboucha sur la prise de Namur (mai-juin 1692). Mais il n'est pas sûr qu'il soit l'auteur de la *Relation de ce qui s'est passé au siège de Namur*, publiée anonymement fin 1692.

En 1693, le discours de réception de La Bruyère à l'Académie française montra que Racine, prétendument assagi par les ans et la gloire, n'avait en fait rien perdu de sa fougueuse combativité ni de sa soif de reconnaissance. Ce discours comportait en effet un parallèle, devenu fort célèbre depuis, entre Corneille et Racine, et favorable à ce dernier, mais La Bruyère fut sommé par la plupart de ses nouveaux collègues de le retrancher du discours au moment de sa publication ; or, face à cette demande, Racine n'hésita pas à jouer aussitôt de son autorité littéraire et à faire valoir sa puissance mondaine — notamment son crédit personnel auprès du roi — pour obtenir que le texte fût bien publié tel qu'il était à l'origine, avec le fameux parallèle. Dans le même temps, il ne mit pas moins de soin à assurer à ses enfants un avenir solide et brillant : en novembre 1693, il obtint ainsi de Louis XIV, pour son fils aîné Jean-Baptiste, la survivance de sa charge de gentilhomme ordinaire du roi, avec en perspective une belle carrière de diplomate. L'année suivante, se sentant toujours plus proche de ses anciens maîtres de Port-Royal, il rédigea une épitaphe en vers défendant la mémoire du grand Antoine Arnauld mort en août, en exil. Durant le même été 1694, lui qui depuis sept ans avait œuvré activement à l'apaisement de la Querelle des Anciens et des Modernes, vit l'« *Ancien* » Boileau et le « *Moderne* » Perrault se réconcilier à l'Académie. Parallèlement, toujours docile aux requêtes de Mme de Maintenon, il composa des ***Cantiques spirituels***, réflexions sur l'humilité, inspirées essentiellement de saint Paul, d'Isaïe, de Jérémie et du *Livre de la Sagesse*, mises en musique par Jean-Baptiste Moreau — déjà compositeur des parties chantées d'***Esther*** et d'***Athalie*** — et publiées aussitôt (1694). Mais la création de cette œuvre toute d'élévation spirituelle n'empêchait pas Racine de rester tributaire de son tempérament profond : dès la fin de cette même année, il ne put dissimuler son plaisir à la vue de l'échec du *Germanicus* de Pradon, ni même résister à la tentation d'une perfide épigramme à cette occasion — preuve de la ténacité de sa rancune, encore vive quelque vingt ans après la création de ***Phèdre***.

En 1695, Racine franchit l'une des dernières étapes de son ascension mondaine en recevant du Roi-Soleil un appartement à Versailles même. Moururent alors deux de ses anciens maîtres de Port-Royal : l'helléniste Lancelot d'abord (avr. 1695), puis Pierre Nicole (nov. 1695), à l'agonie duquel l'ancien élève assista. C'est sans doute à ce moment — si ce n'est déjà deux ans auparavant — que Racine entama secrètement la rédaction de l'***Abrégé de l'histoire de Port-Royal***, hommage qui resta inachevé (posth., 1742 et 1767). Ce pieux plaidoyer signait l'épilogue de la relation tumultueuse de Racine avec Port-Royal.

En 1696, Racine acheta une charge de conseiller secrétaire du roi, charge fort onéreuse (55 000 livres), qui lui causa de réelles difficultés financières. La même année, il travailla à la 3e et dernière édition de ses ***Œuvres***, qui ne parut que l'année suivante (1697) et comportait, une fois encore, de nombreux remaniements ainsi que 3 œuvres absentes de l'édition précédente : ***Esther***, ***Athalie*** et les ***Cantiques spirituels***. En octobre 1697, sur la foi d'une rumeur selon laquelle le roi autoriserait le rétablissement du noviciat de Port-Royal, il plaça sa fille aînée, Marie-Catherine, dans cet établissement. Cinq mois plus tard (mars 1698), cette rumeur n'étant toujours pas confirmée, Racine fit marche arrière, sans que son initiative prématurée eût sérieusement altéré la qualité de ses relations avec le roi et Mme de Maintenon.

Toujours bien en Cour, il décida pourtant de se placer alors dans une semi-retraite un peu désabusée, comme en témoignèrent les lettres qu'il écrivit en cette même année 1698 à son fils aîné Jean-Baptiste, lettres dont la tonalité générale, dominée par le souci d'édification morale et religieuse, donnait parfois l'impression que Racine oubliait le jeune homme qu'il avait lui-même été — à moins que, au contraire, il ne s'en souvînt que trop bien : « *Je vous dirai, avec la sincérité avec laquelle je suis obligé de vous parler, que j'ai un extrême chagrin que vous fassiez cas de toutes ces niaiseries* [les lectures profanes] *qui ne doivent servir tout au plus qu'à délasser quelquefois l'esprit, mais qui ne devraient point vous tenir tant à cœur qu'elles font. Vous êtes engagé dans des études très sérieuses, qui doivent attirer votre principale attention et, pendant que vous y êtes engagé et que nous payons des maîtres pour vous en instruire, vous devez éviter tout ce qui peut dissiper votre esprit et vous détourner de votre étude.* »

Puis Racine prit les dernières dispositions qui s'imposaient avant une mort qu'il sentait prochaine : il écrivit en octobre son testament, dans lequel il demandait à être enterré à Port-Royal, auprès de son ancien professeur le médecin Hamon — ultime hommage à ses maîtres. Puis, un mois plus tard, il confia sa fille Anne au couvent des Ursulines de Melun, et, dans une perspective analogue, maria, peu après (janv. 1699), sa fille aînée Marie-Catherine à un gendre proche du courant janséniste, ses autres filles étant placées dans des établissements religieux. Ces dernières dispositions prises, Racine, en pleine gloire, mourut le 21 avril 1699. Louis XIV accepta qu'il fût enseveli à Port-Royal, auprès de la tombe de Hamon, selon ses volontés.

THÉORIE LITTÉRAIRE

On s'accorde à juger assez décevants les textes dans lesquels Racine expose son esthétique dramatique ; la plupart des ***Préfaces*** de ses pièces, notamment, sont entachées d'un état d'esprit très polémique qui semble détourner Racine de l'essentiel, et, selon le mot de Renan, le rendre aveugle aux beautés de ses propres ouvrages. Deux textes, toutefois, se distinguent au milieu de cet ensemble, par la netteté au moins apparente des principes exposés : les ***Préfaces*** de ***Britannicus*** et de ***Bérénice***.

Plaidoyer en faveur d'une pièce boudée du public et beaucoup critiquée, la ***Préface*** de ***Britannicus*** vante les mérites d'« *une action simple, chargée de peu de matière, telle que doit être une action qui se passe en un seul jour, et qui s'avançant par degrés vers sa fin, n'est soutenue que par les intérêts, les sentiments, et les passions des personnages* ». Quant à la ***Préface*** de ***Bérénice***, elle est une sorte de défense et illustration de la sobriété dramaturgique : « *Ce n'est point une nécessité qu'il y ait du sang et des morts dans une tragédie : il suffit que l'action en soit grande, que les acteurs en soient héroïques, que les passions y soient excitées, et que tout s'y ressente de cette tristesse majestueuse qui fait tout le plaisir de la tragédie.* » Vantant les mérites de « *cette simplicité d'action qui a été si fort du goût des Anciens* », Racine ajoute : « *Il y en a qui pensent que cette simplicité d'action est une marque de peu d'invention. Ils ne songent pas qu'au contraire toute l'invention consiste à faire quelque chose de rien, et que tout ce grand nombre d'incidents a toujours* *été le refuge des poètes qui ne sentaient dans leur génie ni assez d'abondance ni assez de force pour attacher durant cinq actes leurs spectateurs par une action simple, soutenue de la violence des passions, de la beauté des sentiments et de l'élégance de l'expression.* »

Du rapprochement de ces deux textes, et de leur commun éloge d'« *une action simple* », on a conclu un peu hâtivement à l'existence d'un « système dramaturgique » de Racine, caractérisé d'abord par le dépouillement de l'action — là où les pièces de Corneille seraient, elles, marquées par une action riche en événements et en rebondissements imprévus. Dans le même élan, on a soutenu que l'œuvre de Racine portait l'empreinte d'une vision tragique fataliste — elle-même expression de son éducation janséniste —, par opposition à la vision providentialiste de Corneille, élevé chez les jésuites. En réalité, cette série de conclusions et de déductions mérite d'être assez sérieusement nuancée. En effet, on ne doit pas surestimer la portée théorique de la ***Préface*** de ***Bérénice***, texte proche du tour de force argumentatif dans lequel Racine s'évertue à défendre une pièce qui, à bien des égards, était elle-même un tour de force de simplicité, en recourant à des formules quelque peu artificielles : ainsi, comme l'a montré Georges Forestier, il a besoin d'y inventer une émotion tragique imaginaire — la « *tristesse majestueuse* » —, alors qu'en bonne psychologie aristotélicienne, les émotions proprement tragiques sont, non pas la tristesse (pitié de soi-même), mais la terreur et la pitié (compassion pour autrui). De plus, Racine évoque cette « *tristesse majestueuse* » en des termes tels qu'il confond à dessein le sentiment qu'éprouvent les protagonistes de la pièce avec ceux que doit ressentir le public. De même, en présentant comme une tragédie une pièce qui ne comporte aucune mort, il feint de méconnaître le principe aristotélicien selon lequel les sujets les plus propres à créer terreur et pitié sont les meurtres entre proches.

La ***Préface*** de ***Britannicus*** appelle certes, *a priori*, moins de précautions, puisqu'elle ne comporte pas d'acrobaties destinées à soutenir une thèse fortement iconoclaste. Mais, par sa fausse limpidité, la référence à « *une action simple, chargée de peu de matière,* [...] *et* [...] *s'avançant par degrés vers sa fin* » a prêté à contresens : cette phrase a souvent été comprise comme un plaidoyer en faveur des tragédies dont l'action est pauvre en événements ; mais, comme l'a souligné Georges Forestier, le membre de phrase capital de cette assertion est moins l'évocation d'« *une action* [...] *chargée de peu de matière* » que la mention d'une action « *simple* », et plus encore d'une action « *s'avançant par degrés vers sa fin* ». C'est en effet par cette idée précise — une progression dramaturgique « *par degrés* » — que l'action de la plupart des pièces de Racine se singularise par rapport aux pièces cornéliennes. Ces dernières — du moins depuis *Rodogune*, sinon depuis *Cinna* — ont pour caractéristique essentielle de tendre l'action étape par étape jusqu'à la bloquer tout à fait, avant qu'*in extremis* un événement totalement imprévisible — un coup de théâtre, au plein sens de l'expression — change complètement son cours et la dénoue brusquement. Or, dans la plupart des pièces de Racine, au contraire, l'issue tragique est contenue en germe dans les données fournies dès le début de la pièce, et se déroule sans surprise, comme pour la mort de Britannicus. Et c'est donc cette option initialement esthétique qui, comprise en des termes trop exclusivement moraux et anthropologiques, a pu laisser croire que l'action racinienne, avançant de façon continue et implacable, était la traduction d'une vision tragique particulièrement fataliste.

Quoi qu'il en soit, la dramaturgie racinienne ne forme pas un bloc théorique rigide, et toutes les tragédies de Racine ne se conforment pas strictement aux principes esthétiques exposés dans les ***Préfaces***. Pour ne prendre que le contre-exemple le plus évident, ***Mithridate*** n'entre pas dans le cadre d'une action avançant « *par degrés vers sa fin* », puisque précisément l'issue de cette pièce résulte d'un coup de théâtre — la trahison de Mithridate par son fils Pharnace —, de sorte que la mort de Mithridate survient au moment même où le spectateur s'attend à ce que, bourreau et non pas victime, Mithridate cause lui-même la mort de Xipharès et de Monime.

THÉORIE LITTÉRAIRE

On a longtemps réduit Racine au peintre des passions, en une approche exclusivement psychologique qui tenait pour accessoire qu'il fût en outre — voire surtout — poète dramatique, c'est-à-dire poète et dramaturge. Cette même approche a longtemps ignoré les griefs, partiellement ou totalement fondés, adressés à Racine : de n'être qu'un imitateur — des tragiques grecs, des historiens latins, de la

Bible —, qu'un arriviste soucieux de sa seule carrière au sein de la Cour, dévoré d'ambition et prêt à tout pour être le seul astre poétique du Roi-Soleil.
Les études les plus récentes ont rétabli les multiples vérités, plus ou moins glorieuses, d'un être « *caméléon* » (Alain Viala) qui ne fut certes pas toujours aussi héroïque que ses personnages, mais qui, même s'il y est parvenu en faisant « *l'économie d'une originalité* » (Thierry Maulnier), a atteint la perfection de la poésie dramatique.

La perfection de la poésie dramatique

Selon son fils Louis, Racine « *disposait chaque acte en prose* », puis, cette besogne achevée, déclarait : « "Ma tragédie est faite", *comptant le reste pour rien.* » Non que Racine minimisât l'importance de l'écriture, mais seulement elle était, à ses yeux, au service du drame, d'abord en fonction de sa tonalité générale (couleur romaine, grecque, ou biblique), et ensuite selon la spécificité des personnages. On perçoit d'abord l'importance du lexique par le travail sur les mots : leur nombre ne s'élève pas à 800 ou à 1 000 comme on l'a longtemps dit, mais à plus de 3 000 (3 274), avec une diversité qui s'accroit à partir de ***Phèdre***, comme l'a montré Charles Bernet. Dans ce total portant sur l'intégralité du corpus racinien, 333 noms propres. C'est par eux que le prestigieux personnel de la guerre de Troie nourrit ***Andromaque*** et ***Iphigénie***, que toute la Grèce réelle et mythique investit ***Phèdre*** : 29 noms propres différents en peuplent les 89 premiers vers. Les périphrases généalogiques disent l'impossible amour de « *la veuve d'Hector* » (Andromaque) et du « *fils d'Achille* » (Pyrrhus), ou le sang partagé de « *La fille de Minos et de Pasiphaé* » (Phèdre).
L'usage économe des mots — « *œil* », « *yeux* », « *cruel* », « *pleurs* », « *larmes* », « *pleurer* », « *transports* », « *fureur* », « *douleur* » sont les plus fréquents — n'est pas sans lien avec le purisme de l'époque. Mais Racine attise et remotive leurs ressources étymologiques et sémantiques les plus profondes par des oxymores qui expriment la déchirure des êtres — « *heureuse cruauté* » (***Andromaque***, v. 643), « *funeste plaisir* » (***Phèdre***, v. 1248) —, par des métaphores et des métonymies dont le caractère convenu facilite tout à la fois l'emploi et le renouvellement : ainsi, dans ***Phèdre***, la flamme, « *si noire* » (v. 310), est « *ordinaire* » (v. 350), « *adultère* » (v. 841), « *innocente* » (v. 1118). La lumière et l'ombre sont elles-mêmes « *un regard et un aveuglement transcendants* » (Jean Starobinski).
« *L'effet de sourdine* », où Léo Spitzer entend l'ardeur cachée du théâtre racinien, passe aussi par les ressources de la syntaxe. L'article indéfini tient le lyrisme à distance pour qu'il s'exprime avec la modestie nécessaire à l'enjeu ; le pluriel, quant à lui, estompe les contours ; la personnification des substantifs abstraits dévoile des mouvements ou des tendances qui peuvent gouverner tous les hommes :

Pardonnez à l'éclat d'une illustre fortune
Ce reste de fierté qui craint d'être importune.
(***Andromaque***, III, 6, vv. 913-914)

La rhétorique, héritée du passé et si conforme aux usages du XVIIe siècle, est également au service du moment théâtral. Elle se déploie notamment dans de longues tirades, souvent solennelles, voire incantatoires.
Antithèses, parallélismes et anaphores martellent dilemmes et impasses :

Et ton nom paraîtra, dans la race future
Aux plus cruels tyrans une cruelle injure.
(***Britannicus***, V, 7, vv. 1711-1712)

La simplicité sémantique et syntaxique laisse éclater la vérité toute nue :

Bajazet, écoutez : je sens que je vous aime.
(***Bajazet***, II, 1, v. 538)

L'amplification binaire ou ternaire exprime une angoisse presque hallucinée, module le désarroi :

Captive, toujours triste, importune à moi-même,
Pouvez-vous souhaiter qu'Andromaque vous aime ?
(***Andromaque***, I, 4, vv. 302-303)

J'ose dire pourtant que je n'ai mérité
Ni cet excès d'honneur, ni cette indignité.
(***Britannicus***, II, 3, vv. 609-610)

ou fixe l'image obsédante :

Belle, sans ornement, dans le simple appareil
D'une beauté qu'on vient d'arracher au sommeil.
(***Britannicus***, II, 2, vv. 389-390)

Racine se montre en outre un adepte de la figure de l'énallage (substitution d'un temps, d'un nombre ou d'une personne par un autre temps, un autre nombre ou une autre personne), notamment lorsqu'un nom propre remplace le pronom personnel attendu — ici, « *Néron* », au lieu de « *vous* » puis « *je* » :

BRITANNICUS
Ainsi Néron commence à ne se plus forcer.
NÉRON
Néron de vos discours commence à se lasser.
(***Britannicus***, vv. 1053-1054)

Plus subtilement, se présente parfois une double énallage, et sur la personne et sur le temps :

J'obéissais alors, et vous obéissez
(***Britannicus***, III, 8, vv. 1042)

Dans l'agencement des vers, Racine a su exploiter les ressources métriques qu'offrait l'alexandrin, en pratiquant volontiers la dislocation du vers, ainsi émietté entre les répliques de plusieurs personnages, soit afin de traduire leurs émotions respectives, soit pour imprimer aux vers concernés un rythme plus vif et plus énergique, en rapport direct avec l'action elle-même.
En outre, l'écriture racinienne brille aussi par des répliques proprement théâtrales — une rafale d'interrogatives, par exemple, mimant stylistiquement l'émotion croissante ressentie par le personnage qui les profère. C'est alors que le jeu des rimes, la place du *e* dit muet, les échos vocaliques et consonantiques, les modulations de l'énoncé, le souffle des périodes déploient le récit vivant et imagé — l'hypotypose des rhétoriciens — qui fonde le personnage, ou joignent les mots les plus courants pour produire simplement les aveux les plus sombres :

J'aimais jusqu'à ses pleurs que je faisais couler.
(***Britannicus***, II, 2, v. 402)

ou les plus limpides :

Titus m'aime, il peut tout, il n'a plus qu'à parler.
(***Bérénice***, I, 5, v. 298)

Le jour n'est pas plus pur que le fond de mon cœur.
(***Phèdre***, IV, 2, v. 1112)

ou les confidences les plus émouvantes :

Ariane, ma sœur ! De quel amour blessée
Vous mourûtes aux bords où vous fûtes laissée ?
(***Phèdre***, IV, 2, vv. 253-254)

Ici semble se vérifier l'illusion que l'art de Racine revient à « *faire quelque chose de rien* » (***Préface*** de ***Bérénice***).

Une gloire à éclipses

Le génie littéraire de Racine fut vite reconnu, bon gré mal gré. Certes, de son vivant, son œuvre fut l'objet d'attaques aussi nombreuses que véhémentes, qui prirent même parfois la forme de cabales acharnées. Mais le nombre et la véhémence mêmes de ces diverses attaques attestent assez, sinon la valeur de son œuvre, du moins son retentissement, pour ne pas dire la fascination irrésistible qu'elle exerçait dès alors.
À peine Racine mort en même temps que son siècle, le suivant, sous la conduite de Voltaire, consacra pleinement sa royauté dramaturgique — ***Athalie*** étant simplement substituée à ***Mithridate*** au sommet de l'œuvre racinienne. Hormis bien sûr Fontenelle — qui, neveu de Corneille, était nécessairement juge et partie —, les plus grands écrivains, non seulement vénérèrent Racine presque sans réserve, mais allèrent même, le plus souvent, jusqu'à souligner expressément sa supériorité sur Corneille.
Au XIXe siècle, même s'ils s'affirmèrent contre un classicisme qui, selon eux, se sclérosait, les romantiques gardèrent une grande admiration pour Racine, tout en regrettant sa sobriété, et en soulignant à quel point cette esthétique théâtrale était tributaire du contexte social et littéraire spécifique dans lequel les tragédies de Racine avaient vu le jour. Cette remise en cause de la valeur absolue de ce théâtre est, par exemple, l'une des idées maîtresses du *Racine et Shakespeare* de Stendhal, qui souligne comme à plaisir l'ensemble des tics littéraires raciniens, frappés depuis lors, à son gré, d'une définitive obsolescence — à l'inverse du théâtre shakespearien.
Autre reproche récurrent dans la critique romantique de l'œuvre racinienne : Racine, grand poète certes, n'avait guère de talent dramatique — grief d'inspiration très « cornélienne » qui reprend assez précisément le commentaire de Saint-Évremond sur ***Alexan-***

dre le Grand. C'est ainsi que Hugo — qui, d'après ses confidences à Paul Stapfer, aurait déclaré que la *Phèdre* de Pradon était bien supérieure à celle de Racine — reprocha en substance à ce dernier, dans la *Préface* de *Cromwell* (1827), d'être trop timoré, trop peu imaginatif parce que trop engoncé dans les préjugés dramaturgiques de son siècle, asservi à des règles factices trop propres à garrotter la créativité et donc à l'étouffer.

C'est entre 1838 et 1864 que l'on se détourna de Racine. Mais ensuite l'admiration revint, d'abord chez les critiques les plus influents : Faguet, Nisard, Lemaître, Sainte-Beuve — lequel, à cette occasion, contribua à fixer la hiérarchie interne des tragédies de Racine qui reste encore acceptée de nos jours : ***Andromaque***, ***Phèdre***, ***Athalie*** et ***Britannicus*** se tenant au-dessus du reste —, puis chez des auteurs consacrés, tel Anatole France.

Le XXe siècle ne s'est que récemment affranchi de la vision romantique définissant Racine comme un grand poète doublé d'un dramaturge simplement honorable. Toutefois, cette réduction de l'œuvre racinienne à sa dimension poétique ne fut pas présentée — bien au contraire — comme un amoindrissement de la valeur littéraire de Racine. C'est ainsi que, lorsque Valéry fut salué comme le plus grand poète de son temps, c'est à la poésie de Racine que fut rattachée la musique de la poésie valéryenne en un ouvrage qui fit grand bruit : le *Racine et Valéry* de l'abbé Bremond (1930). De même Giraudoux déclara-t-il sans plus déconcerter personne que Racine était *« le premier écrivain de la littérature française »* (*Racine*, 1930), et fut bientôt suivi en cela par Thierry Maulnier, dont le très élogieux *Racine* parut en 1935.

La nette réhabilitation de Racine se prolongea sans interruption : considéré plus que jamais comme l'incarnation la plus haute du grand style classique et comme un exemple de perfection littéraire, il fut et reste l'un des auteurs les plus étudiés dans les classes, et l'un des plus souvent proposés à la réflexion des candidats aux concours de recrutement des professeurs de lettres. En 1996, la dissertation a porté sur Racine à la fois à l'agrégation de lettres classiques et à celle de lettres modernes, fait exceptionnel statistiquement — l'usage imposant plutôt des auteurs distincts à l'épreuve écrite des agrégations respectives.

Racine est l'un des écrivains les plus commentés par les critiques universitaires du XXe siècle, depuis Eugène Vinaver jusqu'à Georges Forestier en passant par Paul Bénichou, Antoine Adam, Jean Pommier, Roland Barthes, Raymond Picard, Lucien Goldmann, Alain Viala, Jean Rohou, Jacques Morel. Depuis 1935, la plupart de ces études se sont d'abord focalisées sur la vision tragique de Racine, dans une perspective métaphysique ou du moins anthropologique — ce qui explique sans doute que ***Phèdre*** ait alors été, et reste aujourd'hui, considérée comme la plus riche de toutes ses tragédies —, Racine étant d'abord perçu comme un moraliste janséniste, accessoirement dramaturge et poète. Dans les années 1960, le théâtre racinien se retrouva au centre d'une vive controverse entre Roland Barthes et Raymond Picard. L'enjeu était, contre la toute-puissante histoire littéraire, d'introduire, pour l'étude d'un grand classique, les méthodes forgées par les toutes nouvelles *« sciences humaines »* : psychanalyse, linguistique, anthropologie structurale. Dans *Sur Racine* (1960), Barthes, reprochant entre autres à la critique universitaire son fétichisme biographique, se proposait d'étudier l'œuvre de Racine sans prendre appui sur la biographie de l'auteur, donc *« sans inférer de l'œuvre à l'auteur et de l'auteur à l'œuvre »*. Dans *Nouvelle Critique ou Nouvelle Imposture ?* (1965), Picard fustigea chez Barthes son parti de considérer l'œuvre comme le résultat de processus essentiellement inconscients, sa désinvolte légèreté envers l'exactitude factuelle, débouchant sur des erreurs — ou, du moins, sur des assertions absolument invérifiables —, enfin son indifférence aux techniques proprement littéraires.

Depuis lors, la querelle a fini par s'apaiser, sans que, sur le fond, ses termes mêmes — qui dépassent de beaucoup le seul cas particulier de Racine et mettent en jeu la notion même de littérature — soient vraiment devenus obsolètes. Si Alain Viala a souligné l'arrivisme et le carriérisme d'un dramaturge adoptant *« la stratégie du caméléon »*, Jean Rohou a proposé une lecture psychanalytique du théâtre racinien, marqué par le passage progressif de la passion aveugle à la conscience responsable. Désormais, les recherches les plus récentes se concentrent sur les composantes propres de la poétique dramaturgique racinienne, en soulignant la façon dont l'auteur, en accord avec son esthétique tragique personnelle, choisissait ses sujets et construisait ses intrigues. Ce faisant, elles rappellent opportunément que Racine fut aussi, voire d'abord, un grand dramaturge et rejoignent l'intérêt permanent de nombreux et très divers metteurs en scène pour son théâtre.

ŒUVRES

Andromaque

Tragédie en 5 actes — comprenant respectivement 4, 5, 8, 6 et 5 scènes — et en vers (1 648 alexandrins), dédiée à Madame, duchesse d'Orléans, et créée le 17 novembre 1667 devant la Cour, puis à l'Hôtel de Bourgogne. L'édition de 1673 modifie la fin : initialement, Andromaque venait sur scène proclamer sa fidélité à Pyrrhus ; la version définitive y substitue un récit plus sobre.

Roi d'Épire, Pyrrhus, « *le fils d'Achille et le vainqueur de Troie* » (I, 2, v. 146), s'est épris de sa prisonnière Andromaque, veuve du chef troyen Hector, tué par Achille. Il délaisse Hermione, qu'il devait épouser et qui, par amour pour lui, avait éconduit Oreste, roi d'Argos. Andromaque, elle, veut rester fidèle à son défunt époux. En d'autres termes, Oreste aime Hermione qui ne l'aime pas mais aime Pyrrhus, lequel ne l'aime pas mais aime Andromaque, laquelle ne l'aime pas mais reste fidèle à Hector mort. La pièce s'ouvre sur l'arrivée d'Oreste, envoyé par les Grecs pour exiger de Pyrrhus qu'il leur livre Astyanax, fils d'Hector et d'Andromaque. Pyrrhus s'y refuse, ce qui, en fait, enchante Oreste : il comptait en effet profiter de cette ambassade pour conquérir Hermione, et ce refus favorise ses plans. Andromaque, de son côté, n'accepte pas, d'abord, d'épouser Pyrrhus. Ce dernier la menaçant de céder dès lors aux prières des Grecs en leur livrant Astyanax, elle se résout, après consultation des mânes d'Hector, à céder aux instances de Pyrrhus avec le projet secret de se tuer aussitôt. Devant ce revirement et la perspective du mariage proche de Pyrrhus avec Andromaque, Hermione, folle de rage amoureuse, se promet à Oreste s'il tue Pyrrhus. Oreste s'exécute, mais Hermione, après le meurtre, brusquement saisie de panique devant l'audace de sa propre demande, rejette Oreste : *Pourquoi l'assassiner ? Qu'a-t-il fait ? À quel titre ? / Qui te l'a dit ?* (V, 4, v. 1582). Elle se tue sur le cadavre de Pyrrhus, Oreste sombre alors dans la folie, Andromaque devient reine.

Cette intrigue relève de la tradition du paradoxe galant et de la chaîne amoureuse héritée du genre de la pastorale. Mais c'est aussi la tragédie de héros découvrant la vanité d'une gloire qui ne leur procure nul bonheur. Pyrrhus tente de réagir par l'héroïsme d'une nouvelle guerre, ou par les « *divertissements* » de la galanterie, de la volonté de puissance — il veut épouser Andromaque pour défier Hermione, Hector, et la Grèce entière — ou du sadisme — le chantage qu'il fait subir à Andromaque. Face à lui, Oreste incarne un type de héros plongé d'emblée dans le tragique : *Je me livre en aveugle au destin qui m'entraîne* (I, 1, v. 98).

Nourri d'une habile rhétorique — dont témoigne notamment la célèbre allitération : *Pour qui sont ces serpents qui sifflent sur vos têtes ?* (V, 5, v. 1682) —, le style d'**Andromaque** reste aussi tributaire d'une mode galante, comme dans la déploration de Pyrrhus inversant la référence au réel : *Vaincu, chargé de fers, de regrets consumé, / Brûlé de plus de feux que je n'en allumai* (I, 4, vv. 319-320). Mais ce langage glisse souvent vers l'ironie tragique. Par opposition aux tragédies cornéliennes, reposant très délibérément et très consciemment sur des passions « *plus nobles et plus mâles que l'amour* », cette tragédie — peut-être la plus emblématique de l'esthétique racinienne — se singularise au contraire par la place prééminente de l'amour, auquel sont subordonnés les autres mouvements des personnages. D'où le reproche de fadeur qui a été adressé à ces vers jugés trop doucereux, et qui caractérise effectivement le style d'**Andromaque**.

La 5e tragédie écrite et 3e publiée de Racine connut d'emblée un immense succès qui pouvait annoncer que son auteur égalerait bientôt, voire dépasserait, le grand Corneille. Elle suscita certes une réaction critique de la part de Subligny, qui donna à Molière, en 1668, une comédie en 3 actes, *La Folle Querelle ou la Critique d'« Andromaque »*, et de Saint-Évremond, dont les propos restèrent toutefois pondérés : « *Ceux qui n'entreront pas assez dans les choses l'admireront ; ceux qui veulent des beautés pleines y chercheront je ne sais quoi d'attrayant qui les empêchera d'être tout à fait contents. [...] mais, à tout prendre, c'est une belle pièce, et qui est fort au-dessus du médiocre, quoique un peu au-dessous du grand* » (*Lettre à M. de Lionne*, 1668). Depuis lors, elle n'en est pas moins l'une des plus admirées et demeure, avec **Phèdre**, la plus jouée de toutes les pièces de Racine — et même la plus jouée de toutes les tragédies et tragicomédies françaises après *Le Cid*.

Bérénice

Tragédie en 5 actes — comprenant respectivement 5, 5, 4, 9 et 7 scènes — et en vers (1 506 alexandrins), créée à l'Hôtel de Bourgogne, le 21 novembre 1670.

Titus, nouvel empereur de Rome depuis la mort de son père Vespasien, et Bérénice, reine de Palestine, s'aiment réciproquement — situation exceptionnelle pour le couple central d'une tragédie racinienne. Rome, d'habitude hostile à l'Orient et aux reines, garde le silence sur leur prochain mariage. Bérénice, naïvement, voit dans ce silence un consentement, malgré les appréhensions de sa confidente. Mais Titus sait bien que le silence de Rome est, en fait, lourdement réprobateur. Dès sa première entrée en scène, il paraît ferme et résolu à faire passer ses devoirs avant ses sentiments. À la fin de l'acte II, il a alors une première entrevue avec Bérénice, au cours de laquelle il se montre incapable de répondre clairement aux demandes étonnées et pressantes de son amante. Après cet échec, Titus se résout à lui faire connaître sa décision par l'intermédiaire de son ami Antiochus, roi de Comagène — lequel avait auparavant déclaré sans succès sa flamme à Bérénice (I, 4) —, qu'elle refuse de croire et accable même de reproches haineux. Une seconde fois, Titus tente de parler lui-même, et trouve enfin la force de dire — certes, encore mollement — la vérité : TITUS. / [...] / *Je sens bien que sans vous je ne saurais plus vivre, / Que mon cœur de moi-même est prêt à s'éloigner ; / Mais il ne s'agit plus de vivre, il faut régner.* / BÉRÉNICE. *Hé bien régnez, cruel, contentez votre gloire : / Je ne dispute plus. J'attendais, pour vous croire, / Que cette même bouche, après mille serments / D'un amour qui devait unir tous nos moments, / M'ordonnât elle-même une absence éternelle. / [...] / Pour jamais ! Ah ! Seigneur ! songez-vous en vous-même / Combien ce mot cruel est affreux quand on aime ? / Dans un mois, dans un an, comment souffrirons-nous, / Seigneur, que tant de mers me séparent de vous ; / Que le jour recommence, et que le jour finisse, / Sans que jamais Titus puisse voir Bérénice, / Sans que, de tout le jour, je puisse voir Titus ?* (IV, 5, vv. 1100 à 1108, 1110 à 1117). Bouleversé par cet échange et déchiré par les appels de Bérénice, Titus est même en larmes : *Rome a ses droits, Seigneur : n'avez-vous pas les vôtres ? / Ses intérêts sont-ils plus sacrés que les nôtres ? / Dites, parlez.* TITUS. *Hélas ! Que vous me déchirez ! /* BÉRÉNICE. *Vous êtes empereur, Seigneur, et vous pleurez ! (ibid.*, vv. 1151 à 1154). Désespéré par son audace, qui n'a pas adouci son dilemme, Titus pense au suicide. Mais, fortifié par une séance du Sénat qui lui fait entendre la voix de Rome, il confirme à Bérénice, après un ultime revirement, que son amour pour elle est certes plus fort que jamais, mais que la raison d'État exige d'eux une rupture — ajoutant cependant que, hébété de douleur, il est capable de tout, même du suicide. Antiochus avoue alors à tous son amour pour Bérénice, qui finit par se résigner à la séparation d'avec Titus, non sans avoir prononcé de fières paroles : *Je l'aime, je le fuis ; Titus m'aime, il me quitte / [...] / Adieu. Servons tous trois d'exemple à l'univers / De l'amour la plus tendre et la plus malheureuse / Dont il puisse garder l'histoire douloureuse* (V, 7, vv. 1501 à 1504).

Le sujet de ***Bérénice*** — 7ᵉ tragédie écrite et 5ᵉ publiée — tient en une seule phrase tirée de la *Vie de Titus*, elle-même extraite des *Vies des douze Césars* de Suétone.

Malgré un immense succès à sa création, ***Bérénice*** subit d'emblée les rudes attaques de l'abbé de Villars qui, dans sa *Critique de « Bérénice »* (1671), reprochait à Racine d'avoir composé *« une pièce de théâtre qui, depuis le commencement jusqu'à la fin, n'est qu'un tissu galant de madrigaux et d'élégies »*. Critique qui voyait assez juste et qui, en prononçant le mot *« élégie »*, colla sur ***Bérénice*** un étiquette dont elle ne parvint jamais plus à se défaire. Gautier résuma parfaitement l'essentiel de ces griefs : « Bérénice, *à vrai dire, n'est pas une tragédie : il n'y coule que des pleurs et point de sang. C'est une élégie dramatique qui renferme des morceaux pleins d'une grâce un peu molle et d'une sensibilité un peu larmoyante* » (*L'Art dramatique en France depuis vingt-cinq ans*, 3ᵉ série, 1858) — et l'on notera la reprise du mot *« élégie »*. ***Bérénice***, beaucoup jouée jusqu'à la fin du XVIIᵉ, encore jouée régulièrement au XVIIIᵉ malgré les critiques de Voltaire et de Rousseau, vit brutalement diminuer le nombre de ses représentations tout au long d'un XIXᵉ siècle placé sous l'influence dominante d'une conception romantique de la dramaturgie, et reste — hormis ***La Thébaïde, Alexandre*** et ***Esther*** — la grande pièce la moins jouée de Racine à la Comédie-Française, malgré un net regain de faveur durant tout le XXᵉ siècle.

Britannicus

Tragédie en 5 actes — comprenant respectivement 4, 8, 9, 4 et 9 scènes — et en vers (1 768 alexandrins), dédiée au gendre de Colbert, le duc de Chevreuse, et créée à l'Hôtel de Bourgogne, le 13 décembre 1669.

Néron, né d'un premier lit d'Agrippine, elle-même seconde épouse du défunt empereur Claude, a réussi, grâce aux intrigues de sa mère, à devenir empereur de Rome à la place de Britannicus, fils de Claude et de Messaline, et, à ce titre héritier légitime du trône. Depuis lors, il *« cesse de se contraindre »* (I, 1, v. 11) et, de plus en plus distant vis-à-vis de sa mère, vient de faire enlever Junie, fiancée de Britannicus, lequel est ainsi menacé, après avoir été dépouillé de son trône, de perdre également son amante. Compagnons d'infortune, Agrippine — qui destinait son beau-fils à Junie — et Britannicus, naguère ennemis farouches, se retrouvent ainsi paradoxalement solidarisés : un complot contre Néron s'ébauche entre eux. L'exil de Pallas, appui d'Agrippine, aggrave encore la tension entre le fils et sa mère.

Néron fait arrêter Junie, à qui il avoue son amour et donne l'ordre de rompre avec Britannicus pendant qu'il les épiera ; si elle refuse, Britannicus sera mis à mort : *Sa fortune dépend de vous plus que de moi. / Madame, en le voyant, songez que je vous vois* (II, 4, vv. 689-690). Junie s'exécute à grand peine, au désespoir de Britannicus, mais ils parviennent ensuite à se retrouver en tête-à-tête. Hélas surveillés par Narcisse — duplice personnage à la fois gouverneur de Britannicus et espion pour le compte de Néron —, ils sont surpris par ce dernier, qui fait alors arrêter Britannicus, et garder à vue Junie ainsi qu'Agrippine elle-même. Survient alors le premier — et long (190 vers) — tête-à-tête entre Agrippine et son fils Néron, qui a si longtemps différé cette entrevue (IV, 2, vv. 1115 à 1304). Accablé de remontrances par sa mère, Néron feint de céder à ses exigences, mais avoue ensuite à son gouverneur Burrhus que ces concessions n'étaient qu'une feinte dilatoire. Son but réel, jusqu'alors caché, afin qu'Agrippine ne puisse plus jamais menacer de rétablir Britannicus dans ses droits, est d'éliminer purement et simplement ce dernier : *Elle se hâte trop, Burrhus, de triompher. / J'embrasse mon rival, mais c'est pour l'étouffer* (IV, 3, vv. 1313-1314). Après une scène d'ironie tragique au cours de laquelle Britannicus — que le spectateur sait condamné depuis la scène précédente — fait part, à une Junie anxieuse et incrédule, de sa joie à se réconcilier avec Néron, Agrippine se vante avec une présomptueuse suffisance d'avoir repris l'ascendant : *Il suffit, j'ai parlé, tout a changé de face* (V, 3, v. 1591). Mais Burrhus vient tout à coup la démentir cruellement en annonçant la mort de Britannicus. Agrippine maudit alors Néron en des imprécations solennelles, Junie se réfugie chez les Vestales, et Narcisse est massacré par la foule de Rome ; quant à Néron, il finit en proie à la folie et à des pensées suicidaires.

Le style de ***Britannicus*** se signale dans l'ensemble par une certaine majesté, voire par une tonalité assez grave, en accord avec un sujet à arrière-plan romain et politique. Au sein de somptueuses tirades politiques et morales, très déclamatoires, les répliques sont souvent sentencieuses : *On n'aime point, Seigneur, si l'on ne veut aimer* (III, 1, v. 790). Mais l'efficacité dramaturgique de la pièce réside aussi dans son écriture scénographique. Si, pour tout décor, Racine indique que « *la scène se passe à Rome, dans une chambre du palais de Néron* », cette sobriété aboutit à une tension maximale : ainsi, l'acte I — réduit à 4 scènes — se déroule « *à* [la] *porte* » (I, 1, v. 4) d'un Néron qui, quoique absent durant tout cet acte, en devient omniprésent ; inversement, Agrippine remplit de son absence tout l'acte II. À ce ressort dramatique de l'omniprésence de l'absent s'ajoute celui de la répétition, d'un acte à l'autre, de rencontres de plus en plus intenses ou de confrontations de plus en plus tendues : entre Agrippine et Burrhus (I, 2 et III, 3), entre Agrippine et sa confidente Albine (I, 1 et III, 4), entre Agrippine et Britannicus (I, 3 et III, 5), entre Britannicus et Narcisse (I, 4 et III, 6), ou entre Néron, Britannicus et Junie (II, 6 et III, 8).

Pour sa première tragédie « romaine » — sa 6e tragédie écrite et 4e publiée —, Racine s'est essentiellement inspiré de Tacite (*Annales*, livres XI à XV) ; mais il a aussi emprunté quelques traits à la *Vie de Néron* figurant dans la *Vie des douze Césars* de Suétone, ou encore à deux textes de Sénèque : le traité *De clementia* et la tragédie *Octavie*.

Racine lui-même le reconnut sans détours : ***Britannicus*** n'eut pas d'abord le succès escompté. En dehors du rôle — sans doute réel, mais difficile à évaluer — que jouèrent manœuvres et cabales, le public fut probablement déconcerté : cette tragédie semblait n'avoir ni le sceau d'une énergique pièce cornélienne, ni la galanterie habituelle d'une œuvre de Racine. Puis on reprocha des inexactitudes historiques, quelques vers prosaïques, un héros éponyme trop mièvre, ainsi qu'une construction de l'action trop progressive, donc trop prévisible. La pièce fut bientôt fort appréciée des connaisseurs. Plus tard, elle fut jugée insuffisamment spectaculaire par Hugo et les romantiques, enfin remise à l'honneur dans la 2de moitié du XIXe siècle. ***Britannicus*** fut et reste, après ***Andromaque*** et ***Phèdre***, la plus jouée de toutes les pièces de Racine et la plus étudiée dans les lycées et à l'université. Elle est même de ses tragédies celle dont l'évolution a connu la trajectoire la plus nettement ascendante au fil des siècles : jouée 86 fois à la Comédie-Française à la fin du XVIIe siècle, elle le fut 289 fois au XVIIIe, 337 fois au XIXe, et 546 fois au XXe.

Iphigénie

Tragédie en 5 actes — comprenant respectivement 5, 8, 7, 11 et 6 scènes — et en vers (1 796 alexandrins), créée à l'Orangerie de Versailles, le 18 août 1674, lors de la 5e journée des « *Divertissements de Versailles* » organisés pour célébrer la conquête de la Franche-Comté, puis représentée à l'Hôtel de Bourgogne.

Alors que la flotte grecque rassemblée à Aulis était sur le point de cingler vers Troie, les dieux ont arrêté les vents : ils exigent le sacrifice d'Iphigénie, fille du général en chef des Grecs, Agamemnon. Le premier mouvement de celui-ci est alors de renoncer à l'expédition ; mais Ulysse ravive son ambition et son orgueil d'homme de guerre. Ses arguments finissent par avoir le pas sur les scrupules de père d'Agamemnon, qui décide, à l'insu de sa femme Clytemnestre, de sacrifier leur fille. Il fait donc venir cette dernière, sous prétexte de lui faire épouser Achille. Mais un domestique, Arcas, révèle la vérité à Achille, à Iphigénie, ainsi qu'à Clytemnestre, que cette nouvelle met bien sûr en fureur. Mais Iphigénie déclare à son père qu'elle est prête à servir de bouc émissaire et à marcher au martyre. Ce sublime dévouement ne parvient cependant pas à fléchir Agamemnon qui confirme son exigence : *Un oracle cruel / Veut qu'ici votre sang coule sur un autel. /* [...] */ Montrez, en expirant, de qui vous êtes née : / Faites rougir ces Dieux qui vous ont condamnée. / Allez ; et que les Grecs, qui vont vous immoler, / Reconnaissent mon sang en le voyant couler* (IV, 5, vv. 1223-1224 et 1245 à 1248). Attitude intransigeante qui lui vaut les amères sarcasmes de sa femme Clytemnestre. Agamemnon, pris de remords, se ravise, à cette réserve près qu'il ne donnera pas sa fille en mariage à Achille, qui s'est montré insolent envers lui. Il organise alors la fuite de sa femme et de sa fille, mais Ériphile, fille d'Hélène et de Thésée, elle-même amoureuse d'Achille, donc jalouse d'Iphigénie, révèle le revirement d'Agamemnon au devin Calchas, afin que celui-ci le divulgue et par là même monte l'armée contre la décision de son général en chef. Iphigénie décide alors d'aller d'elle-même à la mort, d'autant que son père lui interdit de voir Achille, sans lequel elle considère que sa vie n'a guère de prix. Elle va jusqu'à affermir elle-même le courage de sa mère devant la terrible épreuve : *N'allez point, dans un camp rebelle à votre époux, / Seule à me retenir, vainement obstinée, / Par des soldats peut-être indignement traînée, / Présenter, pour tout fruit d'un déplorable effort, / Un spectacle à mes yeux plus cruel que la mort* (V, 3, vv. 1644 à 1648). Au dernier moment, un récit d'Ulysse apprend que les dieux ont finalement réclamé une autre victime qu'Iphigénie : Ériphile, qui, à cette nouvelle, a préféré se suicider pour ne pas être sacrifiée. Ce coup de théâtre permet à Iphigénie de rester en vie et d'épouser Achille, réconcilié avec Agamemnon.

Indépendamment de ses qualités dramaturgiques et poétiques, cette pièce offre la particularité d'être, avec 1 796 vers, la plus longue des tragédies « païennes » de Racine, devant ***Britannicus*** et ***Bajazet*** — à 20 vers près, elle égale même ***Athalie***, qui comporte toutefois plus de 250 vers dédiés aux chants du chœur.

Malgré tout à la fois l'*Iphigénie* de Leclerc et Coras parue l'année suivante, les manœuvres destinées à la faire tomber, les critiques plus avisées formulées dans les *Entretiens sur les tragédies de ce temps* par l'abbé de Villiers (avr. 1675), ***Iphigénie*** recueillit, dès sa création, les suffrages du public autant que ceux de la Cour. Cette faveur se confirma jusqu'à la fin du XVIIIe siècle. Au XIXe, elle se poursuivit, mais s'assortit de légères réserves sur les désaccords entre les mœurs de l'époque que peignait Racine et le goût de l'époque où il vivait. Deux réactions, qui ont en commun de prononcer le mot *« chef-d'œuvre »*, mais de l'entourer immédiatement de réserves, résument parfaitement cette impression, persistante au XXe. D'abord celle de Gide : *« Il me semble que, par la beauté des vers (et des suites de vers),* Iphigénie *ne le cède à* Phèdre *que de bien peu. Je relis avec ravissement ce chef-d'œuvre, pourtant un peu artificiel, un peu construit, un peu extérieur à Racine comme à moi-même, un peu* œuvre d'art » (*Journal*, 18 fév. 1934). Ensuite, celle de l'historien Antoine Adam : « Iphigénie *était* [...] *avant tout une tragédie grecque. Mais elle était aussi une œuvre française, et il était impossible qu'elle ne le fût pas. Car* [...] *le projet de Racine n'avait pas été seulement de venger les Anciens insultés, il avait été de satisfaire au goût de son siècle et de donner à ses contemporains ce théâtre de splendeur, de noblesse et de pathétique qu'ils attendaient. Pourquoi nier que dans cette volonté de plaire à son siècle Racine est allé trop loin et que certaines fausses notes se font entendre dans son chef-d'œuvre ? »* (*Histoire de la littérature française au XVIIe siècle*, t. IV, 1954).

Phèdre (à partir de 1687 seulement : initialement, ***Phèdre et Hippolyte***)

Tragédie en 5 actes — comprenant respectivement 5, 6, 6, 6 et 7 scènes — et en vers (1 654 alexandrins), créée à l'Hôtel de Bourgogne, le 1er janvier 1677.

Phèdre, seconde femme de Thésée, est secrètement et follement amoureuse d'Hippolyte, son propre beau-fils, fruit d'une première union de Thésée. De honte, elle ne cherche plus qu'à se laisser mourir : *Que ces vains ornements, que ces voiles me pèsent ! /* [...] */ Tout m'afflige, et me nuit, et conspire à me nuire* (I, 3, vv. 158 et 161). Inquiète de la voir en cet état, sa nourrice Œnone l'incite à lui ouvrir son cœur et Phèdre finit par lui avouer le mal qui la ronge. Mais on apprend alors que Thésée, parti pour une expédition lointaine, est mort — rumeur qui laisse entrevoir un possible conflit de succession entre Hippolyte et les enfants de Phèdre. Œnone convainc donc Phèdre de ne pas se laisser mourir : Thésée maintenant mort, son amour pour Hippolyte n'est plus coupable, et la succession de Thésée lui impose de le rencontrer. Convaincue, Phèdre rencontre Hippolyte et sa passion pour lui se déclare peu à peu, comme malgré elle : PHÈDRE. *Que dis-je ? Il* [Thésée] *n'est point mort, puisqu'il respire en* *vous. / Toujours devant mes yeux je crois voir mon époux : / Je le vois, je lui parle ; et mon cœur... Je m'égare, / Seigneur ; ma folle ardeur malgré moi se déclare. /* HIPPOLYTE. *Je vois de votre amour l'effet prodigieux : / Tout mort qu'il est, Thésée est présent à vos yeux ; / Toujours de son amour votre âme est embrasée. /* PHÈDRE. *Oui, prince, je languis, je brûle pour Thésée : / [...] / Et Phèdre au Labyrinthe avec vous descendue / Se serait avec vous retrouvée, ou perdue. /* HIPPOLYTE. *Dieux ! qu'est-ce que j'entends ? Madame, oubliez-vous / Que Thésée est mon père, et qu'il est votre époux ?* (II, 5, vv. 627 à 634 et 661 à 664). Mais, en fait, Thésée n'est pas mort : on annonce son retour. Pour sauver Phèdre, Œnone s'offre à accuser Hippolyte d'avoir tenté d'abuser de sa belle-mère. Thésée croit en cette accusation mensongère. Hippolyte s'en défend et, pour se justifier, avoue — autre amour coupable — sa flamme pour Aricie, descendante d'une famille rivale. Thésée prend cet aveu sincère pour une feinte, et implore Neptune, dieu des Mers : en réponse à sa prière, un monstre est envoyé pour tuer Hippolyte. Phèdre, prise de remords, intercède d'abord en faveur du jeune homme ; puis, apprenant de Thésée l'amour d'Hippolyte pour Aricie, elle est saisie d'une folle jalousie et renonce à le défendre ; enfin, rongée à nouveau de remords par son revirement, elle chasse et maudit Œnone. Thésée apprend alors d'Aricie qu'elle est effectivement aimée d'Hippolyte ; troublé par cette déclaration — qui disculpe rétrospectivement son fils de tout amour pour Phèdre —, il décide d'interroger Œnone pour en avoir le cœur net, mais celle-ci s'est suicidée. Il supplie alors Neptune de ne pas exaucer sa prière antérieure, mais apprend de Théramène que son fils innocent est déjà mort. Phèdre alors lui avoue la vérité au moment de mourir du poison qu'elle a absorbé.

La pièce contient certains des plus beaux vers de notre littérature, notamment dans les répliques enflammées de Phèdre, incarnation de l'amour le plus fou — à la fois passionnel, aveugle et jaloux : *Je l'aime, non point tel que l'ont vu les enfers, / Volage adorateur de mille objets divers, / Qui va du Dieu des morts déshonorer la couche ; / Mais fidèle, mais fier, et même un peu farouche, / Charmant, jeune, traînant tous les cœurs après soi, / Tel qu'on dépeint nos Dieux, ou tel que je vous vois. / Il avait votre port, vos yeux, votre langage ; / Cette noble pudeur colorait son visage, / [...] / Ah ! cruel ! tu m'as trop entendue ! / Je t'en ai dit assez pour te tirer d'erreur. / Eh bien ! connais donc Phèdre et toute sa fureur : / J'aime. Ne pense pas qu'au moment que je t'aime, / Innocente à mes yeux, je m'approuve moi-même ; / Ni que du fol amour qui trouble ma raison / Ma lâche complaisance ait nourri le poison* (II, 5, vv. 635 à 642 et 670 à 676).

Quelque peu mise à mal, dans un premier temps, par la *Phèdre* de Pradon qui bénéficiait de l'actif soutien d'une puissante cabale, la ***Phèdre*** de Racine eut aussi à essuyer les critiques, à vrai dire modérées, contenues dans une *Dissertation sur les tragédies de « Phèdre et Hippolyte »* parue en mars 1677 sans nom d'auteur, mais qui — d'ailleurs sensiblement plus sévère pour Pradon que pour Racine — pourrait bien avoir été écrite par Donneau de Visé ou par Subligny. ***Phèdre*** s'imposa vite au public de la ville comme à celui de la Cour et des doctes, et son succès jusqu'à la fin du XVIIe siècle ne se démentit pas. Racine lui-même, qui dirigea, dit-on, la diction de la Champmeslé avec une rare méticulosité, la tenait pour la plus aboutie de toutes ses tragédies, comme l'atteste le passage de la ***Préface*** où il déclare : « [...] *je n'ose encore assurer que cette pièce soit en effet la meilleure de mes tragédies* ». Le XVIIIe siècle salua la pièce comme un immense chef-d'œuvre, et le siècle suivant semble s'être surtout attaché à en christianiser le personnage éponyme. Depuis lors et plus encore depuis la 2de moitié du XXe siècle, qualifiée par Antoine Adam de *« chef-d'œuvre, le plus admirable de Racine et sans doute de toute notre littérature »* (*Histoire de la littérature française au XVIIe siècle*, 1958), elle est devenue la pièce de Racine la plus jouée avec ***Andromaque***, comme la plus commentée et la plus unanimement admirée, grâce à des metteurs en scène aussi divers que Jean-Louis Barrault (1942), Jean Vilar (1957), Jean Meyer (1959), Jean-Pierre Miquel (1974), Antoine Vitez (1975), Jean Gillibert (1981), Anne Delbée (1995), ou Luc Bondy (1997), parmi bien d'autres.

Les ***Plaideurs***

Comédie en 3 actes — comprenant respectivement 8, 14, et 4 scènes — et en vers (884 alexandrins), créée à l'Hôtel de Bourgogne, en novembre 1668.

Les Plaideurs sont une satire, parfois farcesque, des juges, huissiers, avocats et plaideurs. Thème traditionnel, mais aussi d'actualité : on parlait en effet, en ces années-là, de réformer la justice — monde dont Furetière venait de donner une image, également satirique, dans *Le Roman bourgeois* (1666). L'intrigue est à la fois mince et riche de nombreux événements grotesques : Léandre, fils du juge Perrin Dandin, aime Isabelle, fille d'un plaideur répondant au doux nom de Chicanneau ; juge et plaideur partagent un goût pathologique pour la procédure ; pour obtenir la main de l'objet de ses vœux, le jeune homme organise une parodie burlesque de procès, grâce à laquelle il parvient à ses fins.

Le comique est essentiellement un comique verbal — plutôt que de situation ou de geste. Racine ridiculise le langage des tribunaux, et les jeux de scène sont très animés. La pièce ne manque pas de termes pittoresques empruntés au patois picard, d'onomatopées qui donnent de la vivacité au récit (« *Ta, ta, ta, ta...* », « *Euh. Euh.* »). En outre, bien que Racine, dans son avis ***Au lecteur***, affirme s'être proposé de faire rire sans recourir aux « *sales équivoques* » ni aux « *malhonnêtes plaisanteries* », le texte des ***Plaideurs*** n'est pas exempt de termes grossiers — tel le verbe « *pisser* », à la dernière scène de la pièce (III, 4) —, dont le comique est amplifié par le contraste qu'ils présentent avec la forme poétique solennelle (l'alexandrin) dans laquelle ils sont inclus. Le texte comporte aussi quelques tirades latines illustrant à merveille le pédantisme des hommes de justice ici visés.

Unique comédie de son auteur — écrite sans doute à la demande de la troupe de l'Hôtel de Bourgogne, pour concurrencer Molière dont Racine voulait triompher aussi bien que de Corneille —, ***Les Plaideurs*** furent expressément présentés comme une adaptation des *Guêpes* d'Aristophane. Mais la pièce doit aussi plusieurs traits à la *Farce de Maître Pathelin* ainsi qu'au *Quart Livre* de Rabelais. En dehors de ces sources, cependant, on ignore presque tout de la genèse précise de cette œuvre.

Les Plaideurs connurent des débuts difficiles, et Racine lui-même n'en fit pas mystère : les doctes trouvaient la comédie trop crue par endroits, et, de son côté, le public moins averti ne comprit probablement goutte aux termes de chicane. Mais les éclats de rire bien audibles du roi sauvèrent la pièce, qui fut dès lors la plus jouée de toutes celles de Racine jusqu'à la fin du XVIIe siècle. Par la suite, ***Les Plaideurs*** ne connurent pas de disgrâce notoire avant le milieu du XXe siècle et n'ont cessé, depuis la fondation de la Comédie-Française en 1680, de figurer au répertoire.

CITATIONS

Vaincu, chargé de fers, de regrets consumé,
Brûlé de plus de feux que je n'en allumai...

Andromaque, I, 4.

Ah ! je l'ai trop aimé, pour ne le point haïr !

Andromaque, II, 1.

Un songe (me devrais-je inquiéter d'un songe ?)
Entretient dans mon cœur un chagrin qui le ronge :
Je l'évite partout, partout il me poursuit.
C'était pendant l'horreur d'une profonde nuit ;
Ma mère Jézabel devant moi s'est montrée,
Comme au jour de sa mort pompeusement parée.
Ses malheurs n'avaient point abattu sa fierté ;
Même elle avait encor cet éclat emprunté
Dont elle eut soin de peindre et d'orner son visage,
Pour réparer des ans l'irréparable outrage
[...]

Athalie, II, 5.

[...] N'oubliez jamais
Que les rois dans le ciel ont un juge sévère,
L'innocence un vengeur, et l'orphelin un père.

Athalie, V, 8.

Mon unique espérance est dans mon désespoir.

Bajazet, I, 4.

Prends soin d'elle : ma haine a besoin de sa vie.

Bajazet, IV, 5.

Nourri dans le sérail, j'en connais les détours...

Bajazet, IV, 7.

La principale règle est de plaire et de toucher ; toutes les autres ne sont faites que pour parvenir à cette première.

Préface à *Bérénice*.

Maître de l'univers, je règle sa fortune ;
Je puis faire les rois, je puis les déposer :
Cependant de mon cœur je ne puis disposer.

Bérénice, III, 1.

Vous êtes empereur, seigneur, et vous pleurez !

Bérénice, IV, 5.

J'embrasse mon rival, mais c'est pour l'étouffer.

Britannicus, IV, 3.

Il n'est point de secrets que le temps ne révèle...

Britannicus, IV, 4.

Je ne trouve qu'en vous je ne sais quelle grâce
Qui me charme toujours et jamais ne me lasse.

Esther, II, 7.

N'osez-vous sans rougir être père un moment ?

Iphigénie, II, 2.

Annibal l'a prédit, croyons-en ce grand homme :
Jamais on ne vaincra les Romains que dans Rome.

Mithridate, III, 1.

Ariane, ma sœur, de quel amour blessée
Vous mourûtes aux bords où vous fûtes laissée !
Phèdre, I, 3.

Ce n'est plus une ardeur dans mes veines cachée :
C'est Vénus tout entière à sa proie attachée.
Phèdre, I, 3.

Je ne sais où je vais, je ne sais où je suis.
Phèdre, IV, 1.

J'ai poussé la vertu jusques à la rudesse :
On sait de mes chagrins l'inflexible rigueur.
Le jour n'est pas plus pur que le fond de mon cœur.
Phèdre, IV, 2.

On apprend à hurler, dit l'autre, avec les loups.
Les Plaideurs, I, 1.

Mais sans argent l'honneur n'est qu'une maladie.
Les Plaideurs, I, 1.

Qui veut voyager loin ménage sa monture.
Les Plaideurs, I, 1.

Quand je devrais au ciel rencontrer le tonnerre,
J'y monterais plutôt que de ramper à terre.
La Thébaïde ou les Frères ennemis, IV, 3.

JUGEMENTS

« Mieux qu'aux époques précédentes, nous comprenons à quel point son théâtre est poésie, c'est-à-dire qu'avec les mots de notre langue il évoque le monde de ses rêves et nous y fait participer. Rêves le plus souvent somptueux et sombres, comme le seront un jour ceux de Baudelaire, mais que viennent éclairer d'adorables figures de jeunes filles, ou encore les perspectives lumineuses des mers de la Grèce. [...]
Mais l'erreur de certaines interprétations systématiques de l'œuvre racinienne est d'opposer la poésie et le tragique, comme si la surnaturelle pureté de l'une était incompatible avec les troubles et les inquiétudes de l'autre. Ils tendent, au contraire, chez Racine, à se confondre, et dans Phèdre *ils se confondent [....]. »*
Antoine ADAM, *Histoire de la littérature française au XVIIe siècle*, Domat, 1954, rééd. Albin Michel, 1998.

« Il semble bien que le public d'aujourd'hui consomme Racine d'une façon purement anthologique : dans Phèdre, *c'est le personnage de Phèdre que l'on vient voir, et plus encore que Phèdre, l'actrice elle-même : comment s'en tirera-t-elle ? [...] Le texte lui-même est reçu comme un ensemble de matériaux où le plaisir fait son choix : des vers heureux, des tirades célèbres s'élèvent sur un fond d'obscurité et d'ennui : c'est pour cette actrice, ces vers, ces tirades que l'on vient au théâtre ; le reste, on le supporte, au nom de la culture, au nom du passé, au nom d'une saveur poétique patiemment attendue parce qu'elle a été localisée par des siècles de mythe racinien. Le Racine public (je n'ose dire populaire), c'est ce mélange d'ennui et de fête, c'est-à-dire essentiellement un spectacle discontinu. »*
Roland BARTHES, *Sur Racine*, Seuil, 1963.

« Tout le théâtre de Racine est fait d'oscillations entre le sublime traditionnel et une psychologie qui le contredit. [...] La tragédie de Racine est moins représentative peut-être que celle de Corneille, en ce sens qu'elle est moins spontanément, moins directement, l'expression d'un milieu social et d'une tendance morale. Elle est composée d'éléments non seulement divers, mais parfois contradictoires, et qui ne peuvent s'équilibrer que par un miracle de nuances ; c'est la réussite d'un génie unique d'avoir fondu ensemble l'inspiration janséniste et le goût de la jeune cour de Versailles, et de les avoir coulés dans le même moule qui avait servi à Corneille. »
Paul BÉNICHOU, *Morales du grand siècle*, Gallimard, 1948.

« Les personnages de Racine [...] sont et ne sont point des personnages grecs, ce sont des personnages chrétiens : c'est ce qu'on n'avait point du tout compris. »
François-René de CHATEAUBRIAND, *Mémoires d'outre-tombe*, I, posthume, 1848.

« Racine était le contraire d'un précieux. Cruel et direct. »
Jean COCTEAU, *Le Passé défini*, 28 septembre 1951, Gallimard, posthume, 1983.

« Car tel est bien le cœur du paradoxe racinien. Éduqué par les meilleurs pédagogues du XVIIe siècle, les "Messieurs" *de Port-Royal, qui lui offrent la plus solide culture gréco-latine qu'on puisse alors posséder [...], mais qui haïssent le théâtre auquel ils reprochent d'*"empoisonner les âmes"*, il n'a de cesse, sitôt ses études terminées, d'écrire pour le théâtre. [...] On est en 1664, et dans les treize années suivantes Racine va écrire encore neuf pièces de théâtre et plus aucune poésie officielle. Plus aucune poésie officielle, soit. Mais pourquoi pendant le même temps, celui qui est le chantre de la passion amoureuse et le plus grand poète élégiaque de son temps n'écrit-il aucun vers lyrique ? Pourquoi ce refus, alors qu'il n'hésite pas, au lendemain d'*Andromaque*, à s'essayer à la comédie ? [...] Encore une fois, pourquoi n'y a-t-il aucun équivalent racinien des délicieuses stances* À Marquise *de Corneille ? [...] Pour Racine, il n'est de poésie que théâtrale. Cesse-t-il d'écrire pour le théâtre ? Il cesse d'écrire de la poésie. Toute sa poésie est dans le théâtre, parce que le théâtre, en son temps — la poésie dramatique, comme on aimait à dire —, était considéré comme la plus haute forme de poésie. »*
Georges FORESTIER, *Introduction* à Jean RACINE, *Œuvres complètes*, I, « Pléiade », Gallimard, 1999.

« Jamais auteur n'a tenu aussi nerveusement au succès de ses pièces et n'a davantage défendu des chefs-d'œuvre par leurs petits côtés et par les siens. »

Jean GIRAUDOUX, « Racine », in *Tableau de la littérature française*, II, Gallimard, 1939.

« Quels sont les éléments constitutifs des tragédies raciniennes ? Les mêmes, dans les trois tragédies proprement dites tout au moins, Dieu, *le* Monde, *et l'*Homme. *Il est vrai que le monde est représenté par plusieurs personnages divers depuis Oreste, Hermione et Pyrrhus jusqu'à Hippolyte, Thésée et Œnone. Mais ils ont tous en commun le seul caractère vraiment important pour la perspective tragique, l'inauthenticité, le manque de conscience et de valeur humaine. Quant à Dieu, c'est le Dieu caché —* deus absconditus *— et c'est pourquoi nous croyons pouvoir dire que les pièces de Racine, d'*Andromaque *à* Phèdre, *sont profondément* jansénistes, *bien que Racine soit en conflit avec Port-Royal qui n'aimait pas la comédie, même (et peut-être surtout) lorsqu'elle exprimait sa propre vision [...]. »*

Lucien GOLDMANN, *Le Dieu caché*, Gallimard, 1955.

« Racine est le premier poète moderne, comme Louis XIV fut le premier roi moderne. Dans Corneille respire encore le Moyen Âge. En lui et dans la Fronde râle la voix de la vieille chevalerie. [...] Mais dans Racine les sentiments du Moyen Âge sont complètement éteints ; en lui ne s'éveillent que des idées nouvelles ; c'est l'organe d'une société neuve. »

Heinrich HEINE, *Die Romantische Schule [L'École romantique]*, Hambourg, 1836.

« Racine, divin poète, est élégiaque, lyrique, épique ; Molière est dramatique. »

Victor HUGO, *Préface* de *Cromwell*, 1827.

« [...] ce n'est pas la vérité psychologique des passions, chez Racine, qui maintient son théâtre ; mais bien ce que Racine a fait, en tant que poète et homme de théâtre, de ces vérités. »

Eugène IONESCO, *Notes et Contre-Notes*, Gallimard, 1962.

« Corneille nous assujettit à ses caractères et à ses idées, Racine se conforme aux nôtres ; celui-là peint les hommes comme ils devraient être, celui-ci les peint tels qu'ils sont. Il y a plus dans le premier de ce que l'on admire, et de ce que l'on doit même imiter ; il y a plus dans le second de ce que l'on reconnaît dans les autres, ou de ce que l'on éprouve dans soi-même. L'un élève, étonne, maîtrise, instruit ; l'autre plaît, remue, touche, pénètre. [...] Ce sont dans celui-là des maximes, des règles, des préceptes ; et dans celui-ci, du goût et des sentiments. L'on est plus occupé aux pièces de Corneille ; l'on est plus ébranlé et plus attendri à celles de Racine. Corneille est plus moral, Racine plus naturel. Il semble que l'un imite Sophocle, et que l'autre doit plus à Euripide. »

Jean de LA BRUYÈRE, « Des ouvrages de l'esprit », 54, in *Les Caractères ou les Mœurs de ce siècle*, I, 1688.

« On n'aurait que la moitié de Racine, si l'on ne regardait que la vérité psychologique de ses peintures, leur ressemblance avec la vie réelle. Il a mis la poésie dans la tragédie, cette poésie si rare dans Corneille. »

Gustave LANSON, *Histoire de la littérature française*, Hachette, 1894.

« Les critiques ont volontiers parlé d'un univers racinien *; l'un d'eux a même cru pouvoir étudier l'*Homo Racinianus. *En fait, ces faux concepts résultent d'une simplification appauvrissante. Ce qui différencie les tragédies de Racine est beaucoup plus significatif que leurs éléments de ressemblance. Chacune de ces tragédies est en elle-même un univers, où les problèmes fondamentaux de la liberté et du bonheur sont posés d'une façon irréductiblement singulière et nouvelle. »*

Raymond PICARD, « Propos sur *Andromaque, Bérénice, Bajazet* », in *De Racine au Parthénon. Essais sur la littérature et l'art à l'âge classique*, Gallimard, 1977.

« C'est bien la syntaxe vivante en France au XVIIe *siècle — et en elle des coutumes et un tour de pensée disparus — que nous aimons à trouver dans les vers de Racine. Ce sont les formes mêmes de cette syntaxe, mises à nu, respectées, embellies par son ciseau si franc et si délicat, qui émeuvent dans ces tours de langage familiers jusqu'à la singularité et jusqu'à l'audace et dont nous voyons, dans les morceaux les plus doux et les plus tendres, passer comme un trait rapide ou revenir en arrière en belles lignes brisées, le brusque dessin. Ce sont ces formes révolues prises à même la vie du passé que nous allons visiter dans l'œuvre de Racine comme dans une cité ancienne et demeurée intacte. »*

Marcel PROUST, *Pastiches et Mélanges*, 1919.

« Le procédé continu d'analyse dont Racine fait usage, l'élégance merveilleuse dont il revêt ses pensées, l'allure un peu solennelle et arrondie de sa phrase, la mélodie cadencée de ses vers, tout contribue à rendre son style tout à fait distinct de la plupart des styles franchement et purement dramatiques. »

Charles Augustin SAINTE-BEUVE, *Portraits littéraires*, 1844.

« Racine est [...] voisin de l'excellent, quoiqu'il porte tous les fâcheux stigmates du maniérisme français et que, dans l'ensemble, il manque un peu de force. »

Friedrich von SCHILLER, *Correspondance entre Schiller et Goethe*, 31 mai 1799, Plon, 1933.

*« On peut tout croire de lui, après avoir écrit, comme il l'a fait, contre Mrs de Port-Royal qui l'ont instruit gratis et qui donnèrent à sa mère de quoi vivre. Il a fait ce qu'il a pu pour empêcher que l'on jouât l'*Hippolyte *de Pradon et a, dit-on, obligé la Molière à ne pas prendre un rôle dans cette pièce... Il met tout le monde contre lui. Il ne peut souffrir qu'on estime les ouvrages des autres. Il est si plein de lui-même qu'il querelle ses amis s'ils ne sont pas de son sentiment. »*

Gédéon TALLEMANT des RÉAUX, 1677, manuscrit cité *in* Émile MAGNE, *Bibliographie générale des œuvres de Boileau*, tome II, 1929.

« Le bout de l'affaire, c'est qu'on a mis Racine sur une stèle bien haute... et que ça décourage de le lire. Son œuvre en est toute pétrifiée, alors qu'elle s'offre, là, vive d'ambivalences,

retorse, ondoyante, romanesque souvent, des fois effrayante, parfois niaisant dans le trop conventionnel galant, et souvent surgissant en le dépassant...
Vallès raconte qu'il a eu un prof de français qui, au lieu d'essayer de comprendre les tragédies de Racine, en déclamait des bouts et puis braillait pour tout commentaire : "À genoux ! À genoux devant le divin Racine !"...
Il a raison Vallès : pas "à genoux", *surtout pas ; au contraire, on peut aimer ou pas, admirer ou non, et aimer admirer même, sans rien renoncer : l'intelligence debout. »*

Alain VIALA, *Racine. La Stratégie du caméléon*, Seghers, 1991.

« Sa réputation s'est accrue de jour en jour et celle des ouvrages de Corneille a un peu diminué. La raison en est que Racine, dans tous ses ouvrages, depuis son Alexandre, *est toujours élégant, toujours correct, toujours vrai ; qu'il parle au cœur et que l'autre manque trop souvent à tous ces devoirs. Racine passe de bien loin et les Grecs et Corneille dans l'intelligence des passions, et porta la douce harmonie de la poésie, ainsi que les grâces de la parole, au plus haut point où elles puissent parvenir. »*

VOLTAIRE, *Le Siècle de Louis XIV*, 1751.

BIBLIOGRAPHIE

Éditions

Œuvres complètes, éd. R. PICARD, « Pléiade », Gallimard, t. I, Théâtre et poésie, 1950, t. II, Prose, 1952 puis 1966, nouv. éd. G. FORESTIER, « Pléiade », Gallimard, t. I, 1999 ; éd. P. CLARAC et L. ESTANG, « L'Intégrale », Seuil, 1962.

Théâtre complet, éd. J. MOREL et A. VIALA, « Classiques Garnier », Dunod, 1980 ; éd. Ph. SELLIER, « La Salamandre », Imprimerie nationale, 1995, 2 vol. ; éd. J. ROHOU, « LdP/Pochothèque », LGF, 1998.

Lettres d'Uzès, éd. J. DUBU, « Rediviva », Lacour, Nîmes, 1963, rééd. 1991 ; sous le titre *Écrit d'Uzès*, éd. R. VINCENT, À la croisée, 1999.

Principes de la tragédie [traduction par Racine de la *Poétique* d'ARISTOTE], éd. E. VINAVER, Nizet, 1951.

Études

A. ADAM, « Racine », in *Histoire de la littérature française au XVIIe siècle*, IV, II, 6, Domat, 1954, rééd. Albin Michel, 1998, pp. 255 à 377.

H. BABY et J. ÉMELINA, *Racine et la Méditerranée*, Université de Nice, 1999.

J.-L. BACKÈS, *Racine*, « Écrivains de toujours », Seuil, 1981.

T.H. BARNWELL, *The Tragic Drama of Corneille and Racine. An Old Parallel Revisited*, Clarendon Press, Oxford (GB), 1982.

R. BARTHES, *Sur Racine*, Seuil, 1963.

J.-P. BATTESTI et J.-Ch. CHAUVET, *Tout Racine*, Larousse, 1999.

Ch. BERNETT, *Le Vocabulaire des tragédies de Jean Racine : analyse statistique*, Champion/Slatkine, Paris/Genève (CH), 1983.

Chr. BIET, *Racine*, Hachette, 1996.

A. BONZON, *La Nouvelle Critique et Racine*, Nizet, 1970.

P. DANDREY, *« Phèdre » de Jean Racine*, Champion, 1999.

J. DUBU, *Racine aux miroirs*, SEDES, 1992.

J. ÉMELINA, *Racine infiniment*, SEDES, 1999.

P. FRANCE, *Racine's Rhetoric*, Clarendon Press, Oxford (GB), 1965.

B.C. FREEMAN et A. BATSON, *Concordance du théâtre et des poésies de Racine*, Ithaca, Cornell U.P. (US), 1968, 2 vol.

R. GARRETTE, *La Phrase de Racine. Étude stylistique et stylométrique*, P.U. du Mirail, Toulouse, 1995.

J. GIRAUDOUX, *Racine*, Grasset, 1930 ; « Racine », in *Tableau de la littérature française*, II, Gallimard, 1939, pp. 134 à 154.

L. GOLDMANN, *Le Dieu caché. Étude sur la vision tragique dans les « Pensées » de Pascal et dans le théâtre de Racine*, Gallimard, 1955, rééd. « Tel », Gallimard, 1976 et 1988 ; *Situation de la critique racinienne*, « Travaux, 16 », L'Arche, 1971.

S. GUÉNOUN, *Archaïque Racine*, Lang, New York (US), 1993.

M. GUTWIRTH, *Jean Racine : un itinéraire poétique*, P.U. de Montréal (CA), 1970.

M. HAWCROFT, *Word as Action : Racine, Rhetorical and Theatrical Language*, Clarendon Press, Oxford (GB), 1992.

B. LOUVAT et D. MONCOND'HUY (dir.), *Racine poète*, in *La Licorne*, n° 50, 1999.

D. MASKELL, *Racine : a Theatrical Reading*, Clarendon Press, Oxford (GB), 1991.

Th. MAULNIER, *Racine*, Gallimard, 1935, rééd. 1947 et 1998 ; *Lecture de « Phèdre »*, Gallimard, 1967.

Fr. MAURIAC, *La Vie de Jean Racine*, Plon, 1928.

Ch. MAURON, *L'Inconscient dans l'œuvre et la vie de Jean Racine*, Ophrys, 1957, rééd. Corti, 1969.

G. MAY, *Tragédie cornélienne, Tragédie racinienne. Étude sur les sources de l'intérêt dramatique*, Urbana University of Illinois Press (US), 1948.

P. MOREAU, *Racine, l'homme et l'œuvre*, Boivin, 1943, rééd. « Connaissance des Lettres », Hatier, 1968.

J. MOREL, *Racine*, « En toutes lettres », Bordas, 1992.

O. de MOURGUES, *Autonomie de Racine*, Corti, 1967.

R. PICARD, *La Carrière de Jean Racine*, Gallimard, 1961 ; *Racine polémiste*, Pauvert, 1967 ; *Nouveau Corpus*

Racinianum, CNRS, 1976 ; *De Racine au Parthénon. Essais sur la littérature et l'art à l'âge classique*, Gallimard, 1977.

J. Pommier, *Aspects de Racine*, Nizet, 1954.

R. Pommier, *Le « Sur Racine » de Roland Barthes*, SEDES, 1988.

G. Poulet, « Notes sur le temps racinien », in *Études sur le temps humain*, I, « 10/18 », UGE, 1949, pp. 148 à 165 ; « Racine poète des clartés sombres », in *Études sur le temps humain*, IV, « 10/18 », UGE, 1968, pp. 55 à 78.

J.B. Ratermanis, *Essai sur les formes verbales dans les tragédies de Racine. Étude stylistique*, Nizet, 1972.

J. Rohou, *L'Évolution du tragique racinien*, SEDES, 1991 ; *Jean Racine entre sa carrière, son œuvre et son Dieu*, Fayard, 1992 ; *Racine, bilan critique*, Nathan, 1994 ; *Album Racine*, « LdP/Pochothèque », LGF, 1998 ; *Avez-vous lu Racine ¿ Mise au point polémique*, L'Harmattan, 2000.

J.-J. Roubine, *Lectures de Racine*, Colin, 1971.

V. Schröder, *La Tragédie du sang d'Auguste : Politique et Intertextualité dans « Britannicus »*, G. Narr, Tübingen (DE), 1999.

L. Spitzer, « L'effet de sourdine dans le style classique : Racine », in *Études de style*, 1928, rééd. « Tel », Gallimard, 1970, pp. 208 à 235.

J. Starobinski, « Racine et la poétique du regard », in *L'Œil vivant*, Gallimard, 1961.

A. Viala, *Racine. La Stratégie du caméléon*, Seghers, 1990.

E. Vinaver, *Racine et la Poésie tragique*, Nizet, 1951, rééd. 1963 ; *Entretiens sur Racine*, Nizet, 1984.

É. Zimmermann, *La Liberté et le Destin dans le théâtre de Racine*, Anma Libri, Saratoga (US), 1982.

AUDIO & VIDÉO

Vidéo

Ph. Masson, *Bajazet*, FR3, 1979.

A. Bézu, D. Montcond'huy, J. Rohou, M. Rosellini, A. Viala, *Britannicus*, C.N.E.D., Jaunay-Clan (Vienne), 2000.

CD-ROM

Encyclopédie de la littérature française, Bibliopolis, 1998.

Racine, Le Catalogue des Lettres, 1998.

Théâtre du Grand Siècle. Corneille, Molière, Racine, Bibliopolis, 1997.

RAMUZ

Charles Ferdinand RAMUZ
De nationalité suisse
Lausanne (Suisse) 1878 – Pully-sur-Lausanne *(ibid.)* 1947
Grand Prix Schiller, prix Rambert (à 2 reprises)

« Il ne devrait plus être permis de prononcer au sujet de Ramuz les mots de "romancier paysan" ou d'"écrivain régionaliste" qui introduisent une fausse perspective. Ramuz, citadin de naissance et homme de haute culture, était tout le contraire d'un paysan. Si ses personnages sont toujours des villageois de son pays, [...] c'est [...] que Ramuz, cherchant à "rejoindre" les hommes en ce qu'ils ont de plus immuable, de plus universel, a compris de bonne heure qu'il ne trouverait et n'exprimerait ce fonds humain qu'en choisissant pour ses héros les êtres auxquels lui-même était nativement apparenté. »

Albert BÉGUIN, *Patience de Ramuz*, La Baconnière, 1978.

« Quant au mérite littéraire, il me paraît au-dessous du médiocre. Peut-être le tour naïf du récit et le franc coloris de la peinture font-ils d'abord illusion, mais le lecteur, s'il a le goût juste, remarquera vite les faiblesses : style décousu, affabulation confuse, psychologie rudimentaire. »

Auguste BAILLY [à propos de *La Guérison des maladies*], in « Pour ou contre Ramuz », in *Cahiers de la Quinzaine*, Éd. du Siècle, 1926.

Le sommet vaudois des lettres françaises

Jusqu'en 1914 : un Vaudois à Paris

Bien que le nom de Ramuz reste lié à la représentation d'un monde rustique et ancestral, Ramuz lui-même, fils de commerçants en milieu rural, était issu d'une famille bourgeoise et ne mena jamais la vie des paysans ou des vignerons qu'il décrivit dans ses romans — même s'il les côtoya dès son enfance. Après des études de lettres à Lausanne, il partit en 1900 pour Paris, avec le projet d'une thèse qui ne fut jamais achevée. Résidant essentiellement à Paris entre 1903 et 1914, il s'intéressa à la littérature et à la peinture françaises — avec une prédilection pour Cézanne —, dont il rendit compte dans de nombreuses chroniques, mais il participa peu à la vie littéraire, se consacrant surtout à la rédaction de son œuvre romanesque. C'est sa connaissance intime de la culture française qui lui permit de jeter les fondements d'une littérature suisse de langue française mais de caractère, de « *ton* » — pour reprendre un terme qui lui était cher —, romand. À plusieurs reprises, surtout dans ***Paris, notes d'un Vaudois*** (1938), Ramuz évoqua sa relation ambivalente avec Paris et la civilisation française, à laquelle il prétendait appartenir tout en revendiquant son droit à la différence. La Suisse romande lui apparut, dès le début, comme « *une province qui n'en est pas une* » (titre d'une conférence de 1938).

La période parisienne de Ramuz coïncida à peu près avec la première étape de son œuvre. Il publia un recueil de poèmes en prose, ***Le Petit Village*** (1903), puis des romans, qui, dès le premier, ***Aline*** (1905), nostalgique histoire — initialement écrite en vers — d'une campagnarde séduite, rencontrèrent un succès certain, mais suscitèrent aussi les critiques du public romand, traditionaliste. L'œuvre de Ramuz s'inscrivit dès cette époque dans une recherche de l'authenticité qui s'opposait aux modèles réalistes et naturalistes mais refusait aussi le moralisme patriotique de la littérature populaire romande. Les romans que Ramuz publia jusqu'en 1913 s'organisent autour d'un personnage principal et présentent souvent une structure biographique : ***Les Circonstances de la vie*** (1907), ***Jean-Luc persécuté*** (1909), ***Aimé Pache, peintre vaudois*** (1911), ***Vie de Samuel Belet*** (1913). Leur syntaxe assez pauvre traduit la vision naïve de gens simples, paysans et petits-bourgeois, et leur structure élémentaire les apparentent aux nombreuses nouvelles que Ramuz écrivit à la même époque, recueillies dans ***Nouvelles et Morceaux*** (1910). Parallèlement à son œuvre littéraire, Ramuz se consacra, avec un groupe de poètes et de peintres, à la promotion d'une littérature nationale, suisse ou romande, répondant à de plus hautes exigences esthétiques, exprimées notamment dans ***Adieu à beaucoup de personnages*** et dans ***L'Exemple de Cézanne*** (1914 pour les 2 titres). Cette volonté de renouvellement s'exprima surtout dans la création de deux revues, ***La Voile latine*** d'abord, puis — en collaboration avec Paul Budry et Edmond Gilliard — ***Les Cahiers vaudois*** dont Ramuz rédigea le premier numéro-manifeste, ***Raison d'être*** (1914). Il y affirmait la nécessité d'une prise de conscience esthétique, à la fois thématique et formelle, basée sur l'enracinement local, loin toutefois de la naïveté des œuvres antérieures dont ***Adieu [...]*** signait la fin : « *Adieu à tous ceux qui m'ont entouré, que j'ai aimés, que j'ai connus ; que je sois dépouillé d'eux, que je sois* *nu, que je retombe à la solitude ; qu'il y ait autour de moi cette privation d'amour qui est l'occasion du désir » **(Adieu à beaucoup de personnages)**.*

On peut suivre, dans ***À propos de tout*** — chroniques écrites de 1913 à 1918 pour *La Gazette de Lausanne* —, la lente formation d'une esthétique personnelle qui repose sur une idée poétique de la vie, exalte l'instinct et l'acceptation de l'ordre naturel. Le vitalisme de Ramuz, influencé par Nietzsche, s'accompagnait d'un violent refus de l'utilitarisme rationaliste de la civilisation occidentale — dont témoignaient déjà plusieurs pages antérieures du ***Journal*** (1941) : *« Ni l'amitié ni les petits plaisirs ne remplacent ce sentiment qu'on a d'élever enfin son front par-dessus le mur.* [...] *Il n'y a que deux choses qui intéressent : l'amour et la mort. Tout* sujet *qui sort de l'ordinaire de la vie ne mérite aucune attention.* [...] *Je déteste un certain socialisme parce qu'il a la haine de l'argent au lieu d'en avoir le mépris »* (3 déc. 1902, 11 avr. 1904 et 28 sept. 1905).

Après 1914 : la révolution ramuzienne

Avec ***Le Règne de l'Esprit malin***, publié en 1914 dans le *Mercure de France* (et en 1917 en volume), s'ouvrit la deuxième période de l'œuvre de Ramuz : le roman relate les bouleversements maléfiques introduits dans un bourg par le cordonnier Branchu, *« l'Esprit malin »* en personne, jusqu'à l'éblouissement final d'une lumière surnaturelle. L'écriture romanesque, d'une radicale nouveauté, remplace par un *« on »* omniprésent le narrateur personnifié, abandonne les protagonistes traditionnels au profit d'une communauté anonyme, introduit une multiplicité de perspectives changeantes et invente un style pictural renonçant à la chronologie narrative et à toute intervention explicative. Révolutionnaire, l'écriture ramuzienne fait éclater la linéarité de la narration. L'unité du discours est désormais assurée par un réseau thématique d'une extraordinaire densité qui recrée la cohérence sur le plan mythologique. Les personnages se trouvent confrontés à un monde gorgé de mystères, et leurs destins sont régis par des lois immémoriales. Par-delà une histoire qui ne forme plus guère qu'un simple cadre, ces romans déploient un univers mythique dominé par des puissances étrangères à l'homme, qu'il s'agisse de forces cosmiques, de catastrophes naturelles ou de mouvements inconscients refoulés, qui reviennent sous la forme de phénomènes irrationnels, de figures mystiques ou diaboliques. Isolées dans un monde anhistorique, les communautés ramuziennes sont menacées par la dialectique de l'ordre et de la transgression dans ***Les Signes parmi nous*** (1919) et ***L'Amour du monde*** (1925), de la vie et de la mort dans ***Présence de la mort*** (1922), du même et de l'autre avec ***La Séparation des races*** (1922), par l'intervention de la folie ou de la guerre dans ***La Guerre dans le haut pays*** (1915), de la sainteté avec ***La Guérison des maladies*** (1917) ou de la malédiction dans ***La Grande Peur dans la montagne*** (1926), l'un des chefs-d'œuvre du romancier.

À la suite notamment de ***La Grande Peur dans la montagne***, on a longtemps — et à tort — rangé Ramuz parmi les écrivains rustiques. Or le choix de ses personnages n'était pas motivé par une intention régionaliste, mais, à l'inverse, par l'idée que le paysan représente le mieux l'essence éternelle de l'homme.

Une dernière période plus sereine

Ramuz retrouva un ton moins pessimiste dans le dernier volet de son œuvre romanesque, à partir de la 2de moitié des années 1920, notamment dans ***Vendanges*** (1927) et dans ***La Beauté sur la terre*** (1927). Sans disparaître, les démons se font plus rares, et la sérénité, la paix, l'humour parfois, s'installent dans cet univers profondément tragique, qui reste traversé par le mystère, cosmique ou psychologique, comme dans ***Adam et Ève*** (1932), ***Derborence*** (1934), ***Le Garçon savoyard*** (1936), ***Si le soleil ne revenait pas*** (1937), et le refus d'une société qui impose ses lois arbitraires, avec ***Farinet ou la Fausse Monnaie*** (1932). Ces romans — au premier rang desquels on peut placer ***Derborence*** —, d'une grande maîtrise stylistique, comptent parmi les chefs-d'œuvre du roman poétique.

Renouant avec les réflexions que lui avaient inspirées la Première Guerre mondiale et la révolution russe dans ***Le Grand Printemps*** (1917), Ramuz écrivit de retentissants essais dans lesquels il s'interrogeait sur la place de l'homme dans le monde moderne et sur les conséquences de la crise économique : ***Taille de l'homme*** (1933), ***Questions*** (1935), ***Besoin de grandeur*** (1937). Parallèlement, l'écrivain manifesta son intérêt à d'autres formes d'art : auteur, durant la Grande Guerre, de textes de chansons que lui avait demandés son ami le compositeur Ernest Ansermet, Ramuz s'intéressa aussi au cinéma, participant même, en 1933, comme figurant, au tournage du film *Rapt* de Dimitri Kirsanoff, tiré de son roman ***La Séparation des races***. Mais cette dernière période fut également consacrée à des écrits

plus personnels : ***Souvenirs sur Igor Stravinski*** (1932) — Ramuz avait collaboré avec le musicien russe pour l'***Histoire du soldat*** (1918), qui avait rencontré un immense succès —, ou son autobiographie ***Découverte du monde*** (1939).
Quelques années avant sa mort, Ramuz prépara lui-même l'édition des 23 volumes de ses ***Œuvres complètes*** (1940 à 1942) et y intégra de larges parties de son ***Journal (1896-1942)***.

LITTÉRAIRE

THÉORIE

Violemment accusé, en France, d'« *écrire mal exprès* », Ramuz se défendit très fermement dans sa ***Lettre à Bernard Grasset***, où il affirmait son indépendance à l'égard du français classique : « *J'ai écrit (j'ai essayé d'écrire) une langue parlée : la langue parlée par ceux dont je suis né.* » L'auteur de ***La Grande Peur dans la montagne*** n'attendit pas toutefois la querelle critique suscitée par son style oral et — selon ses détracteurs — délibérément défectueux, pour multiplier les prises de position théoriques éclairant sa poétique romanesque. C'est ainsi que, dès le début du XIXe siècle, l'écrivain consignait dans son ***Journal*** quantité de réflexions esthétiques qu'illustrèrent, dans les décennies suivantes, ses multiples romans : « *La poésie n'est ni dans la pensée, ni dans les choses, ni dans les mots ; elle n'est ni philosophie, ni description, ni éloquence : elle est inflexion.* [...] *Tout le secret de l'art est peut-être de savoir* ordonner *des émotions désordonnées mais de les ordonner de telle façon qu'on en fasse sentir encore mieux le désordre* » (***Journal***, 25 juin 1901 et 7 janv. 1906). Convaincu que, loin d'incarner une littérature régionaliste somme toute limitée, les paysans — qu'ils fussent ou non montagnards — offraient paradoxalement la meilleure figure d'une littérature vraiment universelle, puisqu'ils étaient en contact permanent avec la nature éternelle, Ramuz justifia ainsi ses choix : « *Ceux qui vivent dans la nature se sentent aussi chaque jour "dépassés", et dépassés par elle en tout sens, dans ses dimensions, dans son mystère et dans sa toute-puissance, mais par là augmentés et ennoblis* » ***(Besoin de grandeur)***. D'où une prédilection pour les êtres ordinaires, fidèlement restitués jusque dans un style nécessairement guère académique : « *Il n'y a d'éternellement neuf que l'éternellement vieux. Il n'y a d'inépuisable que les lieux communs.* [...] *Il faut que mon style ait la démarche de mes personnages* » (***Journal***, 11 avr. 1904 et 5 avr. 1908).

LITTÉRAIRE

Initiateur et figure majeure du renouveau littéraire en Suisse romande, Ramuz est l'un des romanciers de langue française les plus féconds du XXe siècle.

THÉORIE

Tardivement connu et reconnu, Ramuz, écrivain visionnaire qui sut imposer la force des contrastes — notamment entre une nature splendide mais parfois cruelle et un homme jamais assez humble — d'une prose poétique toujours puissante, reste le sommet vaudois des lettres françaises.

Une « *langue-geste* » poétique

La conception d'un roman suisse francophone original était liée, pour Ramuz, au refus du français littéraire que l'on prétendit lui imposer, dans son pays même, comme norme. Cette langue ne correspondait pas à la manière de parler de ses personnages dans leurs villages. Il trouva donc une langue exprimant la réalité sociale de sa terre, langue qui forme en vérité un authentique style littéraire d'une grande originalité. Refusant l'abstraction, Ramuz ne veut pas représenter, mais peindre avec les mots, même au prix de quelques violences syntaxiques : « *On comprenait pourquoi on était venus, et quel grand besoin nous avait poussés jusqu'ici, nous autres garçons de dix et douze ans, et c'était d'affirmer notre sexe et notre âge* » ***(Vendanges)***. Son écriture imite la vision et le mouvement du personnage. Le romancier a exposé son idée d'une « *langue-geste qui continuât à être celle dont on se servait autour de* [lui] », opposée à la « *langue-signe qui était dans les livres* », dans la ***Lettre à Bernard Grasset*** (1929), qui constituait aussi une réponse aux critiques qu'il avait essuyées, en France, en raison de son prétendu massacre délibéré de la langue française.

Une gloire controversée

Face à Paul Souday et Auguste Bailly — leurs plus virulents détracteurs —, l'écriture et l'œuvre de Ramuz trouvèrent assez tôt des défenseurs prestigieux, dont Claudel et Romain Rolland. L'auteur de ***Derborence*** reçut même l'hommage — plutôt inattendu, tant leurs œuvres respectives diffèrent — de Céline qui, en 1949, risqua cette prophétie : « *Que lira-t-on en l'an 2000 ? Plus guère que Barbusse, Paul Morand, Ramuz et moi-même,*

il me semble. » Vite reconnu en Suisse, en dépit de certaines réticences, Ramuz a fait figure, jusque dans les années 1970, de père symbolique des écrivains romands.
Son accès au public français se révéla plus difficile, ce dont témoignait déjà l'article « Pour ou contre Ramuz » (in *Cahiers de la Quinzaine*, 1926), publié par un de ses partisans résolus, Henri Poulaille. Ramuz a, en fait, posé et résolu, parmi les premiers, le problème concernant tous les auteurs francophones : quel usage faire de la langue française pour dire ce que l'on a dire sur une réalité humaine étrangère à ce qui constitua, au fil des siècles, l'entité française ? Son œuvre a inspiré de nombreux cinéastes, notamment Claude Goretta, pour ***Jean-Luc persécuté*** et ***Si le soleil ne revenait pas***, François Weyergans pour ***Aline***, Francis Reusser pour ***Derborence*** et Pierre Cardinal pour ***La Grande Peur dans la montagne***.

ŒUVRE

La Grande Peur dans la montagne

Roman en 16 chapitres, paru dans la *Revue hebdomadaire*, 1925, puis chez Grasset en 1926.

Dans un village de montagne, le Conseil, après plusieurs heures de séance, a décidé — contre l'avis des anciens, mais à la satisfaction des jeunes — que le troupeau remonterait à l'alpage de Sasseneire, abandonné depuis vingt ans à la suite d'incidents étranges et tragiques. L'action dramatique s'enchaîne selon une implacable logique : peur et défection du plus jeune villageois, Ernest, maladie des bêtes et instauration d'une quarantaine, blessure d'un berger à la chasse, mort de Victorine qui veut rejoindre son fiancé, le pâtre Joseph, en évitant les sentinelles. Les derniers chapitres (15 et 16) relatent la catastrophe finale : désespoir de Joseph devant le cadavre de Victorine, puis sa folie et sa mort ; bataille meurtrière entre partisans et adversaires du président du Conseil, débandade du troupeau, panique des bergers sur qui tirent les sentinelles, avant que la rupture d'une poche d'eau du glacier ne sème la mort dans le village, plus tard décimé par la grippe.

Le mécanisme tragique de la terreur est mis en branle par l'orgueil des hommes, l'appât du gain au mépris d'une nature, proprement fantastique, toute-puissante et jalouse — d'autant plus impérieuse et imposante qu'elle s'incarne dans la verticalité d'une montagne si redoutée qu'on la désigne en deux mots brefs mais omniprésents : *« là-haut »*. Le surnaturel, constamment sous-jacent, est suggéré surtout dans la figure maléfique, voire satanique, du berger Clou, borgne chercheur d'or qui passe son temps à ramasser des cailloux.

Le récit est fait par la voix anonyme d'un narrateur naïf, ce qui n'empêche pas la multiplication des points de vue. Sa simplicité apparente, dans des notations « réalistes » et un vocabulaire concret, est contredite par un rythme oratoire, un emploi épique de l'impersonnel *« on »*, le non-respect de la concordance des temps, qui aboutissent à une *« langue parlée »* poétique et stylisée, concourant à une forme de *« réalisme magique »* : *« On avait beau écouter, on n'entendait rien, rien du tout : c'était comme au commencement du monde avant les hommes ou bien comme à la fin du monde, après que les hommes auront été retirés de dessus la terre. »*

Le succès du roman — concrétisé par une publication dans les prestigieuses collections « Le Roseau d'or » et « Les Cahiers verts » — suscita la « querelle » critique du *« bluff Ramuz »* (accusation du critique Paul Souday en 1925) et de l'article « Pour ou contre Ramuz » des *Cahiers de la Quinzaine*, sur le prétendu massacre de la langue française par l'écrivain vaudois (1926). L'édition du roman en collection de poche, depuis 1968, a consacré son importance et sa notoriété, deux ans après son adaptation à l'écran par Pierre Cardinal (1966) : devenue un classique de la littérature de langue française, cette œuvre est la plus connue de Ramuz.

CITATIONS

C'est à cause que tout doit finir que tout est si beau.

Les Cahiers vaudois,
in *Adieu à beaucoup de personnages.*

Être isolé du reste des hommes, c'est se sentir inutile. Se sentir inutile est pire encore que de se sentir coupable.

Journal, 10 décembre 1896.

La poésie n'est ni dans la pensée, ni dans les choses, ni dans les mots ; elle n'est ni philosophie, ni description, ni éloquence : elle est inflexion.

Journal, 25 juin 1901.

Ni l'amitié ni les petits plaisirs ne remplacent ce sentiment qu'on a d'élever enfin son front pardessus le mur.

Journal, 3 décembre 1902.

Les voyages sont amers et vains. Je fixerai ma vie comme on attache une bête à son pieu.

Journal, 4 juin 1904.

Je déteste un certain socialisme parce qu'il a la haine de l'argent au lieu d'en avoir le mépris.

Journal, 28 septembre 1905.

Tout le secret de l'art est peut-être de savoir *ordonner* des émotions désordonnées, mais de les ordonner de telle façon qu'on en fasse sentir encore mieux le désordre.

Journal, 7 janvier 1906.

Il faut que mon style ait la démarche de mes personnages.

Journal, 5 avril 1908.

Je sens que je progresse à ceci que je recommence à ne rien comprendre à rien.

Journal, 10 septembre 1917.

JUGEMENTS

« *Sa fameuse "naïveté voulue", en un sens elle existe bien ; encore faut-il situer la volonté où elle est, non pas en arrière d'une naïveté fictive du narrateur mais en arrière de celle, authentique, de ses créatures. C'est le droit du romancier de survoler ses personnages et de les juger du point de vue de sa conscience à lui, éclairée à la classique : longtemps les meilleurs ne s'en sont pas privés, et pourquoi me choquerais-je de ce qu'ils estimaient leur conscience à eux supérieure ? Mais pourquoi me choquerais-je de ce qu'un écrivain de haute culture, imaginant des êtres frustes, ne croie pas déchoir en renonçant à ses privilèges pour entrer dans leur conscience et parler non seulement leurs conversations mais son récit dans leur langage, — le langage qu'ils auraient s'ils avaient le génie de conter ?* »

Henry BARS, *La Littérature et sa Conscience*, Grasset, 1963.

« *À mes yeux, et surtout à mes oreilles, Ramuz est l'écrivain de l'écriture, comme à la fin du 19e siècle Flaubert est l'écrivain de l'écriture. L'anecdote est un support. Flaubert avait l'idéal du livre sur rien, et qui pût tenir debout par la seule force du style. Et c'est exactement Ramuz. Certes, chez Ramuz, il y a un thème, il y a une anecdote. Ça peut être la jalousie, l'ambition, la richesse, une certaine position sociale, la solitude, ou telle ou telle mystique, mais ce qui compte d'abord, c'est que Ramuz, c'est l'écrivain du style. Il est très frappant de voir qu'en 1904 déjà, il écrit :* "J'étreindrai la langue... je la plierai", *de telle façon que la langue le serve entièrement.* »

Jacques CHESSEX, entretien *in* Pierre-André THIÉBAUD, *Charles Ferdinand Ramuz, l'apparition de la beauté*, , « Un siècle d'écrivains », FR3, 1997 [film].

« *Ramuz* [...] *fut l'homme du Léman, l'habitant, le témoin et l'exposant de ce territoire clos où les convulsions de la nature se concertent pour laisser place à la conscience, une surface dans le plan immobile dédiée à la seule contemplation, un parquet d'eau qui pense. Comment s'étonner que les malades et les agités du monde entier viennent prendre dans ce lieu concentrique une leçon de repos ?*

[...]

Ramuz a été le créateur et l'ouvrier d'une langue. Ce n'est pas seulement un romancier, un impresario de paraboles significatives, un artiste dont le procédé se rapprocherait plutôt de celui du graveur en creux que du sculpteur en ronde-bosse : à travers le foisonnement des épisodes, c'est un poète épique. »

Paul CLAUDEL, *Accompagnements*, Gallimard, 1949.

« *Toute poésie de la nature et de la terre, ou du moins ce qu'il y a de plus rude, de plus grand, de plus âpre dans cette poésie passe dans l'œuvre de Ramuz, le plus grand écrivain vaudois contemporain. Mais cela n'épuise pas le personnage. Il est de ces écrivains qui pour aimer sentir leurs racines bien enfoncées dans la terre n'en méprisent pas les idées générales : il y a une esthétique de Ramuz, une morale de Ramuz dont l'orientation se dégage déjà du titre même de ses essais :* Taille de l'Homme, Besoin de Grandeur. *En un sens, la Suisse, pays d'extrême milieu, reste fidèle à sa vocation et même à sa vocation internationale en donnant à la littérature française de l'époque, comme deux grands pôles extrêmes, Ramuz, le paysan, et Cendrars, le voyageur. »*

Robert KANTERS, « Le XXe siècle de 1919 à 1940. La Relève », *in* Émile HENRIOT (dir.), *Neuf Siècles de littérature française*, VI, II, 8, Delagrave, 1958.

« Il voit comme personne. Il voit si perçant qu'il n'a même pas besoin de regarder. Ni de voir beaucoup à la fois. Ce qu'il distingue d'abord, c'est les objets (dit-il) les plus braves : le sel, le pain, la tôle peinte et l'eau de savon. Et les couleurs donc ! Ce n'est pas lui qui confondrait la vieille poutre et le pain trop cuit, le sac d'épicier et la terre sèche, la peau de jambon et la couenne de lard. Il nous frotte les yeux, il mène une grande entreprise d'assainissement de notre vue. »

Jean PAULHAN, *Les Amis, les Voisins*, 1947, in *Œuvres complètes*, t. IV, Cercle du livre précieux, posthume, 1969.

« Les sujets de Ramuz, c'est la chaise de Van Gogh, l'arbre d'Hobbema, la violette de Dürer, la pomme de Cézanne : la banalité du quotidien transfigurée, éternisée, par l'intensité de l'artiste. Et puis le don de rendre la simplicité sublime et le sublime simple ; ce mélange de retenue et de générosité, cet équilibre entre l'art raffiné et la force primitive : voilà me semble-t-il ses plus beaux secrets d'ouvrier, ceux qui lui valent tout ensemble l'admiration de ses confrères et l'amour de ses lecteurs. »

Stefan ZWEIG, cité in *Charles Ferdinand Ramuz en perspective* [programme des manifestations organisées par le Centre culturel suisse à Paris pour le cinquantenaire de la mort de l'écrivain], 1997.

BIBLIOGRAPHIE

Éditions

Œuvres complètes, Mermod, Lausanne (CH), 1940 à 1942, 23 vol.

La Grande Peur dans la montagne, « LdP », LGF, 1968 ; « Les Cahiers rouges », Grasset, 1989.

Études

Th. BRINGOLF, J. VERDAN, *Bibliographie de l'œuvre de Charles Ferdinand Ramuz*, La Baconnière, Neuchâtel (CH), 1975.

M. DENTAN, *Charles Ferdinand Ramuz. L'espace de la création*, La Baconnière, Neuchâtel (CH), 1975.

G. DUPLAIN, *Charles Ferdinand Ramuz. Une biographie*, Éd. 24 heures, Lausanne (CH), 1991.

G. FROIDEVAUX, *L'Art et la Vie, l'esthétique de Charles Ferdinand Ramuz entre le symbolisme et les avant-gardes*, L'Âge d'Homme, Lausanne (CH), 1982.

G. GUISAN, *Ramuz ou le Génie de la patience : étude stylistique des variantes de quelques romans*, Université de Lausanne (CH), 1958.

J. MEIZOZ, *Ramuz, un passager clandestin des lettres françaises*, Zoé, Lausanne (CH), 1997.

J.-L. PIERRE (dir.), série *Ch. F. Ramuz*, in *RLM*, depuis 1983.

G. POULOUIN, *Charles Ferdinand Ramuz : Œuvres et Critique, 1980-1981, et Compléments 1940-1974 à la bibliographie Bringolf-Verdan*, Lettres modernes, 1986.

« C. F. Ramuz », in *Europe*, mai 2000.

RENAN

Ernest RENAN
Joseph Ernest RENAN
Tréguier (Côtes-du-Nord, act. Côtes-d'Armor) 1823 – Paris 1892
Académicien, professeur au Collège de France (révoqué en 1864, rétabli en 1870)

> *« Il touche, il intéresse, même lorsqu'il étonne ; il se fait lire jusqu'au bout, même de ceux qui regimbent et se cabrent à certains endroits. [...] Ah ! que ceux qui combattent avec tant d'acharnement et d'injure M. Renan ont tort et se méprennent sur la qualité de l'adversaire ! »*
>
> Charles Augustin SAINTE-BEUVE, *Nouveaux Lundis*, 1863.

> *« Renan est la suite de Lamartine, c'est la même religiosité douceâtre et niaise, les mêmes aspirations à l'idéal (rien de sincère naturellement), la même incapacité de* focusser. *De quoi, infaillible témoin, le même style infâme. »*
>
> Paul CLAUDEL, *Journal*, février 1909, Gallimard, posthume, 1968.

Un amant de l'idéal

De la foi catholique à la religion de la science

Dernier d'une modeste famille de 3 enfants, Renan perdit son père — un Breton, capitaine au long cours — à l'âge de 5 ans et fut élevé par sa mère (d'ascendance gasconne) et sa sœur Henriette, de douze ans son aînée. C'est de cette enfance bretonne et de cet atavisme celte qu'il garda, de son propre aveu, un *« romantisme moral »* ***(Souvenirs d'enfance et de jeunesse)*** dont il ne se départit jamais. Ses brillantes études à l'École ecclésiastique de Tréguier lui valurent d'être remarqué, à Paris — où Henriette était devenue institutrice —, par le directeur du petit séminaire de Saint-Nicolas-du-Chardonnet, le futur Mgr Dupanloup. Une bourse lui permit d'y étudier (1838) puis de devenir séminariste chez les sulpiciens, d'abord à Issy, en 1841, puis à Saint-Sulpice en 1843 : une solide formation classique et philosophique y fut complétée par une initiation à l'hébreu, *« la langue dans laquelle* [le genre humain] *balbutia ses premiers mots »* (***Travaux de jeunesse***, publiés en 1931). L'exégèse et la théologie allemandes eurent raison de sa foi : *« La théologie ressemble à une cathédrale gothique : elle en a la grandeur, les vides immenses et le peu de solidité »* ***(Souvenirs d'enfance et de jeunesse)***. Renan quitta donc le séminaire en octobre 1845, encouragé et soutenu par sa mère et sa sœur. Devenu pion dans la pension Crouzet (1845 à 1849), il s'y lia d'amitié avec le futur chimiste Marcelin Berthelot. Parallèlement, il suivit des cours (hébreu, syriaque, arabe, mais aussi sanscrit, philologie grecque, philosophie et littérature) à la Sorbonne et au Collège de France. C'est à cette époque qu'il commença à écrire ***L'Avenir de la science*** : l'ouvrage, terminé en 1849, ne parut qu'en 1890.

En 1847, un ***Essai historique et théorique sur les langues sémitiques en général et sur la langue hébraïque en particulier*** — dont la première partie devint en 1855 l'***Histoire générale et Système comparé des langues sémitiques*** — reçut le prix Volney de l'Académie des inscriptions et belles-lettres. En 1848, Renan fut reçu premier à l'agrégation de philosophie. Mais, après un début de carrière à Paris, au lycée Louis-le-Grand, puis à Versailles, il se détourna assez vite de l'enseignement, surtout après la Révolution de 1848 et sa répression, qui impressionnèrent beaucoup le jeune intellectuel.

Du philologue à l'historien des religions

De 1849 à 1850, il fut chargé par l'Académie des inscriptions d'une mission en Italie — où Renan devait faire l'inventaire des manuscrits orientaux — qui fut l'occasion de découvrir l'art... et le catholicisme, notamment en suivant *« à la trace* [François d'Assise] *ce second Christ du Moyen Âge »* (lettre à Henriette, 8 mai 1850). Employé à la Bibliothèque nationale (alors impériale) de 1851 à 1862, il y catalogua notamment les manuscrits syriaques. En 1852, Renan soutint une thèse de doctorat intitulée ***Averroès et l'averroïsme***, où le philosophe arabe était présenté comme une victime du fanatisme. Élu à l'Académie des inscriptions et des belles-lettres en 1856 — année où il se maria avec la protestante Cornélie Scheffer, nièce du peintre Ary Scheffer, que lui avait fait connaître Augustin Thierry —, le jeune savant collaborait à plusieurs journaux (notamment, à partir de 1851, à la *Revue des Deux Mondes* et, à partir de 1853, au *Journal des Débats*), portant une grande attention à la « vulgarisation » : à partir de 1857, ses textes furent repris chez l'éditeur Michel Lévy, qui publia successivement ***Études d'histoire religieuse*** (1857), ***Essai sur l'origine du langage*** (1858) et ***Essais de morale et de critique*** (1859).

En 1858, parut ***Le Livre de Job. Traduit de l'hébreu [...] Étude sur l'âge et le caractère du poème***, premier volet d'une trilogie — il fut suivi par ***Le Cantique des cantiques*** (1860), et par ***L'Ecclésiaste*** (1882) — dont l'exégèse choqua les catholiques traditionnels : Job y apparaissait comme un esprit qui doute, le chant des chants comme un drame profane, et le troisième livre comme *« un petit écrit de Voltaire égaré parmi les in-folio d'une bibliothèque de théologie »*. En 1860-1861, une mission archéologique en Syrie et en Palestine fut l'occasion d'un premier contact avec le pays du Christ. La sœur de Renan, Henriette, qui l'avait accompagné, mourut de paludisme : lui-même fut durement touché par cette disparition. C'est à la fin de ce séjour qu'il rédigea la ***Vie de Jésus***, qui ne parut qu'en 1863. Au retour du voyage en Orient, il fut nommé professeur titulaire des langues hébraïque, chaldaïque — ce que nous nommons l'araméen — et syriaque au Collège de France, et sa leçon inaugurale, le 22 février 1862, provoqua un scandale : niant la divinité du Christ, Renan ne voyait en lui qu'un homme exceptionnel ; il contestait en outre, au nom de la critique historique, la véracité des miracles et l'authenticité de certains Évangiles. L'assemblée regroupait partisans et adversaires du professeur, et ces derniers comptaient des « républicains » lui reprochant d'avoir accepté une mission de l'empereur, aussi bien que des catholiques. Le discours fut lu au milieu du tumulte, et, lorsqu'il parut le 25 février dans le *Journal des Débats*, puis fut édité sous le titre ***De la part des peuples sémitiques dans l'histoire de la civilisation***, on put vérifier que Jésus y était qualifié d'*« homme incomparable »*. Accusé d'avoir attaqué *« l'une des bases fondamentales de la religion chrétienne »* (lettre de Napoléon III, 26 févr. 1862), le professeur fut suspendu, révoqué deux ans plus tard, et ne retrouva sa chaire qu'en novembre 1870. Éditée en 1863, la ***Vie de Jésus*** développait en détail ces thèses : *« Tel voudrait faire de Jésus un sage, tel un philosophe, tel un patriote, tel un homme de bien, tel un moraliste, tel un saint. Il ne fut rien de tout cela. Ce fut un charmeur »* ***(Préface)***. Elle connut un succès absolument considérable : de fait, le premier tirage fut de 10 000 exemplaires, et 12 éditions de ce livre pourtant cher s'enlevèrent les deux premières années, *« grâce aux mandements furibonds de nos seigneurs les évêques et archevêques »* (lettre de Michel Lévy, 21 août 1863). *« Aucun livre religieux n'a eu cette popularité depuis le temps de Luther »*, déclara Taine. *« Aucun événement littéraire n'a pris plus soudainement figure d'événement planétaire »*, confirma Thibaudet qui, après Sainte-Beuve, qualifia la ***Vie de Jésus*** de *« cinquième Évangile »*. Précédé, dans le travail de l'historien, par l'***Essai psychologique sur Jésus-Christ*** (écrit au séminaire, en 1845, et publié en 1921), et par un article intitulé ***Les Historiens critiques de Jésus*** (in *Liberté de penser*, 15 mars et 15 avr. 1849, repris in ***Études d'histoire religieuse***), l'ouvrage suscita des polémiques... et des admirations (Sainte-Beuve, *Le Constitutionnel* du 7 sept. 1863). Un ***Jésus*** populaire, allégé des notes et de quelques passages, fut publié en 1864, et le texte original fut revu dans la 13e édition (1867) que l'auteur donna au retour d'un second voyage en Orient, qui lui permit de rencontrer Gobineau à Athènes (1865). La ***Vie de Jésus*** était en fait le livre premier de l'***Histoire des origines du christianisme***, et fut donc suivie par une série de volumes restituant de façon très vivante la vie antique, intitulés ***Les Apôtres*** (1866), ***Saint-Paul*** (1869), ***L'Antéchrist*** (1873), ***Les Évangiles et la Seconde Génération chrétienne*** (1877), ***L'Église chrétienne*** (1879), et enfin ***Marc-Aurèle et la Fin du monde antique*** (1882) — *« sans doute le sommet de l'œuvre historique de Renan »*, selon Thibaudet.

La reconnaissance officielle

Tout en poursuivant son œuvre, l'historien — devenu entre-temps père d'une Noémie qui épousa Jean Psichari en 1882 —, avait acquis une grande célébrité, participant aux dîners Magny, fréquentant Marie d'Agoult, les Goncourt, Sainte-Beuve et Flaubert. En 1869, sa candidature à la députation fut un échec, mais, en 1870, la guerre contre la Prusse bouleversa ce germanophile qui était entré en correspondance avec l'exégète David Strauss — lui-même auteur d'une *Vie de Jésus* (1835) que Littré, collègue de Renan à la commission de l'histoire littéraire de la France de l'Académie des inscriptions et belles-lettres, avait traduite. La défaite militaire française fut l'occasion de méditations rassemblées dans ***La Réforme intellectuelle et morale de la France*** (1871), ainsi que de réflexions sur l'avenir de l'espèce humaine, avec ***Dialogues et Fragments philosophiques*** (1876) et surtout la célèbre ***Prière sur l'Acropole***, publiée dans la *Revue des Deux Mondes* du 1er décembre 1876. Ce texte suscita en particulier l'enthousiasme de Flaubert : *« Je ne sais s'il existe en français une plus belle page de prose »* (lettre du 13 déc. 1876). Renan y proclamait avec un lyrisme inégalé, en s'adressant à Athéna, sa foi en la raison : *« Ô noblesse ! ô beauté simple et vraie ! déesse dont le culte signifie raison et sagesse, toi dont le temple est une leçon éter-*

nelle de conscience et de sincérité, j'arrive tard au seuil de tes mystères ; j'apporte à ton autel beaucoup de remords. Pour te trouver, il m'a fallu des recherches infinies. » Pour autant, la conclusion montrait qu'il ne s'agissait pas d'abjurer la foi chrétienne de sa jeunesse au profit du paganisme, ni de remplacer un culte par un autre : « *Un immense fleuve d'oubli nous entraîne dans un gouffre sans nom. Ô abîme, tu es le Dieu unique.* [...] *Tout n'est ici-bas que symbole et que songe. Les dieux passent comme les hommes, et il ne serait pas bon qu'ils fussent éternels. La foi qu'on a eue ne doit jamais être une chaîne. On est quitte envers elle quand on l'a soigneusement roulée dans le linceul de pourpre où dorment les dieux morts.* »

Vers un scepticisme désabusé

Le régime social et politique de la IIIe République ne pouvait satisfaire complètement un homme qui tenait de sa mère « *un goût invincible de la Révolution* » et n'avait « *d'amour que pour les caractères d'un idéalisme absolu, martyrs, héros, utopistes, amis de l'impossible* » : comment aurait-il pu se sentir à l'aise dans un « *âge matérialiste où il* [était] *aussi difficile de faire triompher une pensée généreuse que de produire le son argentin du bourdon de Notre-Dame avec une cloche de plomb ou d'étain* » ? Ces lignes sont extraites de ***Souvenirs d'enfance et de jeunesse*** (1883) où, tout en brossant un portrait assez attendri de lui-même, Renan se présentait comme un homme sage et indulgent, se tournant de plus en plus vers un dilettantisme à l'ironie désabusée : « *J'étais prédestiné à être ce que je suis, un romantique protestant contre le romantisme, un utopiste prêchant en politique le terre à terre, un idéaliste se donnant beaucoup de mal pour paraître bourgeois, un tissu de contradictions, rappelant l'*hircocerf *de la scolastique, qui avait deux natures » (ibid.)*. Élu à l'Académie française en 1878, Renan donna libre cours à sa veine littéraire : ***Caliban. Suite de « La Tempête ». Drame philosophique*** (1878) fut suivi de ***L'Eau de jouvence. Suite de « Caliban »*** (1881), puis par ***Le Prêtre de Némi*** (1885), ***L'Abbesse de Jouarre*** (1886), ***1802. Dialogue des morts*** (1886), hommage à Hugo, et les ***Drames philosophiques*** (1888) — pièces qui ne furent pas représentées. Toujours ami de Berthelot, de Taine, de Claude Bernard, Renan, nommé administrateur du Collège de France (1883), fut un maître respecté de Proust, de Barrès — qui publia *Huit jours chez M. Renan*, en 1888, (en fait, des dialogues imaginés) — et d'Anatole France. Ses vacances le ramenant souvent en Bretagne, il participa au renouveau celtique : ***La Poésie des races celtiques***, reprise dans les ***Essais de morale***, avait paru en 1854 dans la *Revue des Deux Mondes*. Les dernières années virent la parution de l'***Histoire du peuple d'Israël*** (5 vol., dont 2 posth., entre 1887 et 1893).

THÉORIE LITTÉRAIRE

« *La science seule est pure ; car la science n'a rien de pratique ; elle ne touche pas les hommes* » (***Préface*** à la ***Vie de Jésus***). Cette glorification du savoir positif suscita bien des haines et des incompréhensions : par exemple, celle de Claudel, qui évoqua souvent Renan comme le représentant parfait du mécanisme scientiste et sans spiritualité de la fin du XIXe siècle. Pourtant, l'auteur de ***L'Avenir de la science*** voyait plutôt en celle-ci un auxiliaire précieux de l'imagination et de la poésie ; loin d'être « *étroite et sans idéal* », la méthode expérimentale lui semblait susceptible de nous révéler « *cet infini réel, que jamais* [l'homme] *n'atteint dans les plus hardies excursions de sa fantaisie* ». Ainsi, « *le monde véritable que la science nous révèle est de beaucoup supérieur au monde fantastique créé par l'imagination* », et « *nous n'enfantons que des atomes au prix de la réalité des choses* ». C'est pourquoi « *le merveilleux de la nature, quand il sera dévoilé dans toute sa splendeur, constituera une poésie mille fois plus sublime, une poésie qui sera la réalité même, une poésie qui sera à la fois science et philosophie* ». C'est cet enthousiasme pour les données exactes — marque de l'amitié de jeunesse avec le chimiste Berthelot — que Renan transposa dans le registre de la critique historique : « *La première tâche de l'historien est de bien dessiner le milieu où se passe le fait qu'il raconte* » (***Préface*** à la ***Vie de Jésus***) ; et dans le registre de la critique littéraire, qui « *ne peut être sérieuse que par l'érudition* » ***(L'Avenir de la science)***. Soucieux de ne pas répéter les erreurs de Bossuet — qui « *s'extasie devant les contresens et les solécismes de la Vulgate, et prétend y découvrir des beautés dont il n'y a pas trace dans l'original* » *(ibid.)* —, Renan s'applique à traiter les Évangiles « *de la même manière que l'helléniste, l'arabisant et l'indianiste traitent les documents légendaires qu'ils étudient* » (***Préface*** à la ***Vie de Jésus***). D'une manière générale, affirme-t-il, « *la beauté d'une œuvre ne doit jamais être envisagée abstraitement et indépendamment du milieu où elle est née* [...]. *Ce qui fait le beau, c'est le souffle vrai de l'humanité, et non pas la lettre* [...]. *Ce n'est pas Homère qui est beau,* *c'est la vie homérique, la phase de l'existence de l'humanité décrite dans Homère* [...]. *Une œuvre n'a de valeur que dans son encadrement* [...]. *La vraie admiration est historique » (**L'Avenir de la science**).* Non seulement de tels principes permettent à Renan de se démarquer de tout dogmatisme — à propos du siècle classique français : « *Il n'y a que des pédants de collège qui puissent y voir le type éternel de la beauté » (ibid.)* —, mais ils donnent à son esthétique une dimension originale, volontiers paradoxale. Selon lui, par exemple, « *les œuvres les plus sublimes sont celles que l'humanité a faites collectivement, et sans qu'aucun nom propre puisse s'y attacher. Les plus belles choses sont anonymes* [...]. *Les génies ne sont que les rédacteurs des inspirations de la foule » (ibid.)*. Quand Renan, dans la ***Vie de Jésus***, contesta à l'apôtre Jean la paternité du quatrième Évangile, il ne s'agissait donc pas de polémique anticléricale et antireligieuse, même si ses adversaires le perçurent ainsi : le caractère apocryphe du texte ne diminuait en rien sa valeur à ses yeux. D'ailleurs, s'écria Renan, « *malheur* [...] *à la raison le jour où elle étoufferait la religion ! Notre planète, croyez-moi, travaille à quelque œuvre profonde* [...]. *Fausses quand elles essayent de prouver l'infini, de le déterminer, de l'incarner, si j'ose le dire, les religions sont vraies quand elles l'affirment* » (***Préface*** à la ***Vie de Jésus***). S'il réfute le « *surnaturel particulier* » des miracles, il ne met nullement en cause le « *"surnaturel général", l'âme cachée de l'univers, l'idéal, source et cause finale de tous les mouvements du monde » (ibid.)*.

C'est pourquoi sans doute sa dévotion envers l'exactitude des faits n'était pas incompatible à ses yeux avec l'usage de l'imagination. Taine le lui reprocha, l'accusant de se contenter des formules imprécises et des « *délicates approximations* » que Renan lui-même évoquait *(ibid.)*. Les données historiques et vérifiables sur le Christ étant pratiquement inexistantes, l'auteur de la ***Vie de Jésus*** revendiquait le droit de reconstituer les faits et les événements de son existence selon la plus grande probabilité : « *Le talent de l'historien consiste à faire un ensemble vrai avec des traits qui ne sont vrais qu'à demi » (ibid.)*. Ainsi l'art et la vérité sont-ils pour lui « *deux choses inséparables, l'art gardant le secret des lois les plus intimes du vrai » (ibid.)*.

Tissu de contradictions — ce dont il convenait volontiers —, Renan fut à la fois un esprit religieux en rupture avec l'Église, un moraliste attaché à la pensée critique et un écrivain lyrique confiant en la science libérale. Il est aujourd'hui tombé dans un oubli que ne justifient ni son influence intellectuelle considérable ni son style exceptionnel.

Un style redoutable

Renan avait la plume facile, comme l'atteste le volume de son œuvre, mais cette facilité correspondait à sa tournure d'esprit — marquée sans doute par son éducation de séminariste, pour qui le « *mais* » permet d'éviter le jugement cassant, lors même qu'il avance un point de vue contestataire et contesté. C'est ce que lui reprochaient ses ennemis, qui voyaient en son style une arme redoutable, surtout contre le dogme qu'il avait rejeté. C'est aussi ce qui le rend difficile à cerner avec précision, qu'il s'agisse de ses idées ou de sa personne : comme il n'aime pas affirmer, il laisse toujours la possibilité du doute, ou même d'une vérité contraire à ce qu'il propose. En outre, Renan sut allier à l'ampleur de son érudition la ferveur de la méditation lyrique (notamment dans la ***Prière sur l'Acropole***) et l'enveloppante fluidité d'une prose poétique où l'on retrouve l'écho de la douceur fénelonienne et de la rêverie rousseauiste : « *Une grande tristesse,* écrit-il dans la ***Vie de Jésus***, *paraît, en ces dernières journées, avoir rempli l'âme d'ordinaire si gaie et si sereine, de Jésus* [...]. *Se rappela-t-il les claires fontaines de la Galilée où il aurait pu se rafraîchir ; la vigne et le figuier sous lesquels il aurait pu s'asseoir ; les jeunes filles qui auraient peut-être consenti à l'aimer ?* » (chap. XXIII). Mais cette suavité, cette onctuosité de la prose renanienne laissent parfois la place à des formules plus vigoureuses, formules souveraines qui résument des faits majeurs en un éclair ; ainsi de l'*incipit* de la ***Préface*** à la ***Vie de Jésus*** (intitulée ***Place de Jésus dans l'histoire du monde***) : « *L'événement capital de l'histoire du monde est la révolution par laquelle les plus nobles portions de l'humanité ont passé, des anciennes religions comprises sous le nom vague de paganisme, à une religion fondée sur l'unité divine, la trinité, l'incarnation du Fils de Dieu* ». Ou encore : « *La France excelle dans l'exquis ; elle est médiocre dans le commun* » (***La Réforme intellectuelle et morale de la France***, I). Et ce sens de la formule fulgurante n'abandonne pas Renan, même lorsqu'il évoque des sujets qui ne semblent guère s'y prêter, comme la méthode de l'historien ; on lui doit en effet, sur ce sujet, les assertions suivantes, aussi célèbres que controversées et courageuses en leur temps : *« Par cela même qu'on admet le surnaturel, on est en dehors de la science, on admet une explication qui n'a rien de scientifique, une explication dont se passent l'astronome, le physicien, le chimiste, le géologue, le physiologiste, dont l'historien doit aussi se passer »* (***Préface*** à la ***Vie de Jésus***, 13e éd.). « [...] *il est une chose qu'un théologien ne saurait jamais être, je veux dire historien. L'histoire est essentiellement désintéressée. L'historien n'a qu'un souci, l'art et la vérité* [...]. *Le théologien a un intérêt, c'est son dogme » (ibid.)*. Enfin l'on trouve, sous la plume de Renan, des phrases que leur densité et leur brièveté apparentent presque à des maximes : *« Souvenons-nous que la tristesse seule est féconde en grandes choses »* (***La Réforme intellectuelle et morale de la France***, I), *« Le but du monde est que la raison règne »* (***Préface*** aux ***Dialogues et Fragments philosophiques***), *« La femme nous remet en communication avec l'éternelle source où Dieu se mire »* (***Préface*** aux ***Souvenirs d'enfance et de jeunesse***), *« Une école où les écoliers feraient la loi serait une triste école »* (***Préface*** à ***L'Avenir de la science***), *« Ce qu'on dit de soi est toujours poésie »* (***Préface*** aux ***Souvenirs d'enfance et de jeunesse***).

Ces exemples montrent bien que le style de Renan, en sa dualité — tantôt insinuant, tantôt perçant ; tantôt ardent jusqu'au lyrisme le plus fiévreux et le plus enthousiaste, tantôt si vigoureusement maîtrisé et si puissamment cérébral —, est l'expression fidèle de la nature double de ce grand historien humaniste.

Une œuvre célèbre et méconnue

Renan a suscité des réactions fortement contrastées. Certains ne lui pardonnaient pas d'avoir quitté l'Église et accompli une carrière fondée, selon eux, sur l'hostilité à l'égard de cette institution à laquelle il devait tant. D'autres lui reprochaient de se servir d'une onctuosité tout ecclésiastique pour s'insinuer dans les bonnes grâces des grands : c'est le cas des frères Goncourt, comme leur *Journal* l'atteste. D'autres encore, tel Guéhenno — lui aussi breton — qui publia un *Renan ou l'Équation de l'humanité* (repris in *Aventures de l'esprit*, 1954), témoignèrent de l'influence décisive exercée par Renan à la fin du XIXe siècle et au début du XXe.

Cependant, il eut un très large public, sans doute parce qu'il exprimait une pensée partagée par de nombreux contemporains. C'est en ce sens qu'on peut dire que Renan faisait de la haute vulgarisation : il mettait à la portée d'un large public la pensée de son époque, non seulement à propos de religion, mais aussi de la situation de la France ou de l'état de la science au cours de ce siècle de « progrès ».

Aujourd'hui, Renan peut paraître quelque peu suranné ; pourtant, les questions qu'il traite — les sciences et les religions, l'enseignement supérieur, la recherche scientifique, l'art et la culture dans la société industrielle, les sciences *« de l'humanité »* face aux sciences *« de la nature »* — sont encore d'actualité à bien des égards.

ŒUVRE

L'Avenir de la science, *pensées de 1848*

Essai rédigé en 1848-1849, publié — avec une lettre-dédicace, datée de mars 1849, à l'adresse d'Eugène Burnouf, et une ***Préface*** —, chez Calmann-Lévy, le 9 avril 1890.

Dans l'état de fébrilité, sinon d'enthousiasme, qui était le sien en 1848, Renan voulait tout exprimer dans un ouvrage qui présenterait à la fois sa pensée personnelle et, croyait-il, celle de son époque. Suivant le sage conseil d'Augustin Thierry, il y écoule en détail, comme il le dit dans sa ***Préface***, *« le stock d'idées qui, présenté en masse compacte, ne manquerait pas d'effrayer les lecteurs »*. Pour l'essentiel, ***L'Avenir de la science*** est donc à la fois une somme et un manifeste — *« ma profession de foi, mon* Discours de la méthode *»*, écrit-il à sa sœur Henriette — dans lequel Renan expose ses vues sur la nature, la valeur, et le rôle de l'activité scientifique — et notamment sur la place des sciences dites *« de l'humanité »* (histoire, philologie, psychologie...). Sujet immense, s'il en est, qui conduit Renan à aborder, dans cet ouvrage riche et touffu, quantité de problèmes fondamentaux : quels sont les rapports et les différences entre sciences dites *« de la nature »* et sciences dites *« de l'humanité »* ? Quelles sont les tâches les plus urgentes de la recherche scientifique ? Quels sont les défauts de l'enseignement supérieur en France, quels sont les moyens d'y remédier, et quel rôle l'État doit-il jouer dans ce processus ? Comment apporter au peuple une réelle culture ? Quel doit être le rôle du latin et du grec dans la formation de la culture intellectuelle ? Pourquoi l'époque de Renan souffre-t-elle d'une faible originalité créatrice ? Pourquoi, contrairement à l'idée reçue, la liberté a-t-elle un rôle négligeable dans la production d'idées nouvelles ? Pourquoi, au contraire, les révolutions politiques et les périodes de luttes sont-elles propices au grand développement intellectuel ? Quelle attitude faut-il adopter devant les chefs-d'œuvre littéraires établis ? *« L'admiration absolue,* écrit-il sur ce dernier point, *est toujours superficielle : nul plus que moi n'admire* Les Pensées *de Pascal, les* Sermons *de Bossuet ; mais je les admire comme œuvres du* XVIIe *siècle. Si ces œuvres paraissaient de nos jours, elles mériteraient à peine d'être remarquées. La vraie admiration est historique. »*

Le fil conducteur qui relie les unes aux autres ces questions diverses est, au fond, une méditation sur les origines, l'essence et le destin de l'humanité — méditation fondée ici essentiellement sur l'histoire des langues, des littératures, et des religions. De fait, les études historiques de Renan le conduisent à penser que la philologie, en tant que *« science exacte des choses de l'esprit »*, remontant plus loin dans le passé que l'histoire fondée sur des documents écrits, permet de comprendre le développement de l'espèce humaine. De là une philosophie de l'histoire de l'homme, dont les orientations majeures sont les suivantes : l'humanité doit passer par les trois états de syncrétisme, d'analyse et de synthèse : *« 1° vue générale et confuse du tout ; 2° vue distincte et analytique des parties ; 3° recomposition synthétique du tout avec la connaissance que l'on a des parties. »* Le premier état correspond à la période de création des grandes religions ; l'époque actuelle est celle de l'analyse, qui nous permet de mieux comprendre le fonctionnement du monde et de nous-mêmes. L'état de synthèse verra un retour à une religion fondée sur le savoir qui permettra la réunion des trois grandes catégories idéales : le vrai, le beau et le bien. Pour Renan, cette vision correspond à son observation et sa perception de la réalité : l'homme dans son état primitif est encore représenté par les enfants et les *« races non perfectibles »* qui ne participent pas au grand mouvement du progrès ; l'analyse est l'affaire de gens comme lui-même, l'élite intellectuelle qui contribue activement à la découverte de la vérité ; la synthèse ne sera pas nécessairement réalisée par l'humanité, telle que nous la connaissons — mais peut-être par d'autres êtres qui viendront prendre la relève. Dans une note inédite, qui date de l'époque de ***L'Avenir de la science***, il définit l'humanité comme le *« préambule à un état plus parfait, jusqu'à une constitution d'être qui ne connaisse plus la mort »*.

Renan n'a pas encore trouvé le style souple et séducteur qui le caractérisa par la suite, comme il le reconnaît lui-même : *« C'est un dîner où les matières premières sont bonnes, mais qui n'est nullement paré, et où l'on n'a pas eu soin d'éliminer les épluchures »* ***(Préface)***. Cela résulte, croit-il, de l'influence du style de ses maîtres allemands, de son impatience à formuler sa propre vision de l'existence, de l'urgence qu'il y avait à *tout* dire, et tout de suite, après avoir découvert que ce que l'Église enseignait n'était pas vrai. Il n'a pas respecté, dit-il, les *« exigences françaises de clarté et de discrétion »*. En réalité, il écrivait pour s'exprimer plutôt que pour plaire au public — lequel eut une si grande importance par la suite.

L'Avenir de la science clôt une période qui commença en 1845 avec sa sortie du séminaire et qui finit trois ans plus tard, avec la Révolution de 1848. C'est un moment où Renan, comme d'autres, voyait l'humanité prendre enfin ses affaires en main. L'excitation de l'ambiance révolutionnaire lui inspirait un optimisme qu'il perdit très rapidement, une fois ce moment passé.

Par sa nature même, ***L'Avenir de la science*** n'avait rien d'un ouvrage populaire. En 1848-1849, il aurait pu susciter des controverses ; en 1890, il était intéressant en tant que curiosité intellectuelle. Cependant, il connut sa 3e édition au cours de cette année et sa 18e en 1922. Il fut traduit en anglais dès 1891.

CITATIONS

Ce qui paraît maintenant bien probable, c'est que le socialisme ne finira pas. Mais sûrement le socialisme qui triomphera sera bien différent des utopies de 1848.

Préface à *Pensées de 1848*, in *L'Avenir de la Science.*

Pour la politique, dit Herder, l'homme est un moyen ; pour la morale, il est une fin. La révolution de l'avenir sera le triomphe de la morale sur la politique.

L'Avenir de la Science, II.

Il faut une religion autour du lit de mort ; laquelle ? n'importe ; mais il en faut une. Il me semble bien en ce moment que je mourrai content dans la communion de l'humanité et dans la religion de l'avenir.

L'Avenir de la Science, XXIII.

Le monde aspire à être de plus en plus ; or, l'être dans sa plénitude, c'est l'être conscient. Tout l'effort du monde tend à se connaître, à s'aimer, à se voir, à s'admirer. Le but du monde est de produire la raison.

Probabilités, II, in *Dialogues et Fragments philosophiques*.

La colonisation en grand est une nécessité politique tout à fait de premier ordre. Une nation qui ne colonise pas est irrévocablement vouée au socialisme, à la guerre du riche et du pauvre. La conquête d'un pays de race inférieure par une race supérieure, qui s'y établit pour le gouverner, n'a rien de choquant.

La Réforme intellectuelle et morale de la France, I, II.

Le but de l'humanité n'est pas de jouir ; acquérir et créer est œuvre de force et de jeunesse : jouir est de la décrépitude.

La Réforme intellectuelle et morale de la France, I, VI.

La femme nous remet en communication avec l'éternelle source où Dieu se mire.

Préface à *Souvenirs d'enfance et de jeunesse*.

Au fond je sens que ma vie est gouvernée par une foi que je n'ai plus. La foi a cela de particulier que, disparue, elle agit encore.

Le Broyeur de lin, in *Souvenirs d'enfance et de jeunesse*, I, I.

Je suis né, déesse aux yeux bleus, de parents barbares, chez les Cimmériens bons et vertueux qui habitent au bord d'une mer sombre, hérissée de rochers, toujours battue par les orages. On y connaît à peine le soleil ; les fleurs sont les mousses marines, les algues et les coquillages colorés qu'on trouve au fond des baies solitaires. Les nuages y paraissent sans couleur, et la joie même y est un peu triste.

Prière que je fis sur l'Acropole quand je fus arrivé à comprendre la parfaite beauté, in *Souvenirs d'enfance et de jeunesse*, II, I.

La foi qu'on a eue ne doit jamais être une chaîne. On est quitte envers elle quand on l'a soigneusement roulée dans le linceul de pourpre où dorment les dieux morts.

Saint Renan, in *Souvenirs d'enfance et de jeunesse*, II.

C'est M. Homais qui a raison. Sans M. Homais nous serions tous brûlés vifs.

Saint Renan, in *Souvenirs d'enfance et de jeunesse*, II.

Je vois très bien que le talent n'a de valeur que parce que le monde est enfantin. Si le public avait la tête assez forte, il se contenterait de la vérité.

Premiers Pas hors de Saint-Sulpice, in *Souvenirs d'enfance et de jeunesse*, VI, IV.

Mais il est une chose qu'un théologien ne saurait jamais être, je veux dire historien. L'histoire est essentiellement désintéressée. L'historien n'a qu'un souci, l'art et la vérité (deux choses inséparables, l'art gardant le secret des lois les plus intimes du vrai). Le théologien a un intérêt, c'est son dogme.

Préface à *Vie de Jésus*, 13e édition.

Un hasard n'est rien pour une âme froide ou distraite ; il est un signe divin pour une âme obsédée.

Préface à *Vie de Jésus*, 13e édition.

Il y a eu des vols d'oiseaux, des courants d'air, des migraines qui ont décidé du sort du monde.

Préface à *Vie de Jésus*, 13e édition.

Le talent de l'historien consiste à faire un ensemble vrai avec des traits qui ne sont vrais qu'à demi.

Préface à *Vie de Jésus*, 13e édition.

Tel voudrait faire de Jésus un sage, tel un philosophe, tel un patriote, tel un homme de bien, tel un moraliste, tel un saint. Il ne fut rien de tout cela. Ce fut un charmeur.

Préface à *Vie de Jésus*, 13e édition.

Pour faire l'histoire d'une religion, il est nécessaire, premièrement, d'y avoir cru (sans cela, on ne saurait comprendre par quoi elle a charmé et satisfait la conscience humaine) ; en second lieu, de n'y plus croire d'une manière absolue ; car la loi absolue est incompatible avec l'histoire sincère.

Introduction à *Vie de Jésus*.

JUGEMENTS

« C'est [Renan] *une organisation à sang blanc et froid et je ne veux point nommer toutes les espèces de bêtes auxquelles il ressemble. C'est un distillateur madré qui empoisonne avec du sucre, très bonne manière ! »*

Jules Barbey d'Aurevilly, in *Le Nain jaune*, 22 juillet 1863.

« Il n'est pas un écrivain à qui j'aie plus de gratitude. Je sais tout ce qu'à tels autres je dois, à Rousseau, Michelet, Hugo, Rolland, Valéry, mais à Renan, je pense — c'est bien là le plus étrange — comme à un vivant. Il ne me semble pas du tout mort, et je ne serais pas du tout surpris si à quelque voyage à Tréguier, je le rencontrais dans le cloître de la

cathédrale qu'il serait revenu visiter comme moi-même, par habitude, rien que pour retrouver les pierres grises et un ancien silence. Je sens son trouble, son inquiétude, ses contradictions, mais tout cela vaincu et devenu tout ce qu'on peut connaître de paix et de sagesse. Il est le seul écrivain dont il me semble, quand je le lis, sentir la pensée dans son mouvement même et son action. Je devrais dire quand je l'écoute, car tout de suite c'est l'inflexion même de sa voix qui me touche. Et il est là.
Personne sûrement ne m'a plus puissamment imposé que lui le sentiment de ce qu'est l'ordre, le charme, le chant de notre langue.
[...]
Toutes les circonstances se sont trouvées réunies pour faire de sa vie une illustration du plus grand drame du XIXe siècle. C'est un cas exemplaire de la mort de Dieu dans une âme, la plus religieuse mais la plus lucide, et toute son œuvre est comme le dossier de cette mort. »

Jean GUÉHENNO, « Renan », in *Tableau de la littérature française*, III, Gallimard, 1974.

« Renan a le charme, la grâce, l'imagination, l'ironie, la souplesse délicieuse de l'intelligence, la richesse éblouissante des idées : peintre exquis de paysages, pénétrant analyseur d'âmes, penseur profond ; ce sont qualités et séductions que nul ne conteste à son œuvre. [...] À tous, littérateurs ou autres, il nous a donné cette générale leçon, d'avoir trouvé la paix de la conscience et le bonheur en cette pauvre vie, simplement parce que la vérité toujours l'a conduit. »

Gustave LANSON, *Histoire de la littérature française*, Hachette, 1894.

« Il faut gémir que Renan, avec toute son intelligence, ne soit pas devenu un saint. [...] Quelques-unes de ses pages les plus saines remettent tout en place. »

Jules RENARD, *Journal*, 21 janvier 1897 et 26 juillet 1899.

« Ce qui subsiste de Renan, ce qui, sans agir très fort, mérite toujours d'être considéré, c'est sa fonction de protagoniste, presque sa fonction socratique, au centre des grands dialogues du XIXe siècle, qui sont encore pour une part des dialogues du XXe : dialogue sur Dieu, dialogue sur la religion, dialogue sur la science, dialogue sur l'avenir de l'humanité, dialogue sur le capital et la culture. Sur tous ces points, il s'est comporté et tenu comme un Montaigne moderne, ouvrant des percées, amorçant des problèmes, alimentant de substance grise leur élan impondérable, leur fournissant le véhicule du style le plus léger, le plus diaphane, le plus familier, le plus proche de la pensée mobile qu'on ait écrit en français depuis les Essais. *»*

Albert THIBAUDET, *Histoire de la littérature française de 1789 à nos jours*, Stock, 1936.

BIBLIOGRAPHIE

Éditions

Œuvres complètes, éd. H. PSICHARI, Calmann-Lévy, 1947 à 1961, 10 vol.

Histoire et Parole. Œuvres diverses, éd. L. RÉTAT, « Bouquins », Laffont, 1984.

L'Avenir de la science, éd. A. PETIT, « GF », Flammarion, 1995.

Études d'histoire religieuse, Nouvelles Études d'histoire religieuse, « Tel », Gallimard, 1992.

Marc-Aurèle ou la Fin du monde antique, éd. Y. BONELLO, « Biblio Essais/LdP », LGF, 1984.

Qu'est-ce qu'une nation ? et autres essais politiques, éd. J. ROMAN, « Les Classiques », Agora/Presses-Pocket, 1992.

La Réforme intellectuelle et morale, éd. L. RÉTAT, Éd. Complexe, Bruxelles (BE), 1990.

Souvenirs d'enfance et de jeunesse, éd. J. POMMIER, « Folio », Gallimard, 1992.

La Vie de Jésus, éd. J. GAULMIER, « Folio », Gallimard, 1974.

Études

J. BALCOU, *Renan et la Bretagne*, Champion/Slatkine, Paris/Genève (CH), 1992.

J. BOULANGER, *Renan et ses critiques*, Kra, 1925.

K. GORE, *L'Idée de progrès dans la pensée de Renan*, Nizet, 1970.

H. GOUHIER, *Renan, auteur dramatique*, Vrin, 1972.

J. GUÉHENNO, « Renan », in *Tableau de la littérature française*, III, Gallimard, 1974, pp. 285 à 299.

G. GUISAN, *Ernest Renan et l'art d'écrire*, Droz, Genève (CH), 1962.

F. MERCURY, *Renan*, Orban, 1990.

G. MONOD, *Renan, Taine, Michelet*, Calmann-Lévy, 1894.

G. PHOLIEN, *Les Deux « Vie de Jésus » de Renan*, Belles Lettres, 1983.

J. POMMIER, *La Pensée religieuse de Renan*, Rieder, 1925 ; *La Jeunesse cléricale d'Ernest Renan. Saint-Sulpice*, Belles Lettres, 1933.

L. RÉTAT, *Religion et Imagination religieuse : leurs formes et leurs rapports dans l'œuvre d'Ernest Renan*, Klincksieck, 1977.

G. SOREL, *Le Système historique de Renan*, Paris, 1905-1906, rééd. Slatkine, Genève (CH), 1971.

H.W. WARDMAN, *Renan historien philosophe*, SEDES, 1979.

RENARD

Jules RENARD

Pierre-Jules Renard

Châlons-sur-Mayeux (auj. Châlons-du-Maine, act. Mayenne) 1864 – Paris 1910

> « *Renard a exercé sur notre prose la même sorte d'attraction qu'ont fait sur nos poètes Rimbaud et Mallarmé.* »
>
> Jean PAULHAN, *Les Primitifs et les Maîtres*, in *Œuvres complètes*, t. IV, Cercle du livre précieux, posthume, 1969.

> « *Délectable le* Journal *de Renard. Mais un tel journal aussi substantiel et essentiel n'est-il pas le soulagement du paresseux ¿ Une page de journal par jour et l'on est moins tourmenté par l'inaction.* [...] *Quel enfantin souci de notoriété, tout de même, chez Renard. Voilà qui ne me tourmente pas.* »
>
> Charles VILDRAC, *Pages de journal*, décembre 1927, Gallimard, 1968.

Un illustre méconnu

Une enfance malheureuse

Jules Renard, 4e et dernier enfant — en fait, le 3e, une sœur aînée étant morte en 1858 — d'une famille déjà désunie, avec des parents inaptes au bonheur et comme accablés de solitude et de silence mutuels, passa sa toute première enfance à Châlons-sur-Mayeux (auj. Châlons-du-Maine, près de Laval). Son père, alors âgé de 40 ans et franc-maçon, était surveillant communal de travaux, et sa mère, une femme de 28 ans, très catholique. Jules avait 2 ans quand la famille revint dans son pays d'origine, à Chitry-les-Mines, dans la Nièvre. Il vécut là une enfance triste et campagnarde. « *Fils d'un paysan de mon village qui poussait la charrue, j'ai encore de la terre aux racines* » : c'est ainsi que — selon Dorgelès (*Images*, posth., 1975) — Renard se définissait à ses amis. Jules Renard a toujours dit qu'il avait eu une enfance malheureuse, qu'il avait « *beaucoup souffert* ». Il resta à Chitry, fit des études classiques, jusqu'à 17 ans. L'adolescent rouquin — « *J'étais roux, franchement roux, et méchant* » (lettre des années 1880 à Sarah Bernhardt) — fit ses premières études dans une institution à Nevers, entre 1875 et 1881. Il obtint des prix d'excellence au lycée, mais échoua au baccalauréat. Le père décida alors, que son fils irait à Paris, au lycée Charlemagne, préparer à la fois son baccalauréat et le concours d'entrée à l'École normale supérieure. En 1883, Renard réussit son bac mais il renonça à l'École normale et voulut rester à tout prix à Paris.

Un campagnard à Paris

Étrange répétition de la destinée de Vallès — l'autre Jules, sous le Second Empire, qui, lui aussi, quitta sa province pour Paris où il vint préparer le concours d'entrée à la rue d'Ulm et resta mener une vie de bohème —, Renard fréquenta les cafés et les milieux littéraires, exerça toutes sortes de métiers, souvent d'écriture et d'écriture mercenaire, étant même précepteur ici et là. Il écrivit quelques articles ainsi que des vers, plutôt douceâtres, avec un premier recueil, ***Les Roses*** (1886), lu dans les salons, et ébaucha des nouvelles. La romancière Rachilde parla de lui. Après un an de service militaire à Bourges, où il apprit l'escrime, Renard revint à Paris. Il s'épuisa en démarches pour trouver un emploi, connut la misère, tenta vainement de partir en Algérie, en Tunisie... Dînant dans une famille bourgeoise, il plut à la mère, et, en 1888, épousa la fille, Marie — *alias* Marinette — Morneau, « *femme d'intérieur* ». Vinrent les heurts d'intérêt avec la belle-mère, « *une irresponsable à gifler* ». Renard regagna Chitry pour la naissance de son premier enfant, son fils Pierre-François, en 1889, bientôt suivi par une sœur, Julie-Marie, en 1892, *alias* Fantec et Baïe.

La décennie glorieuse

Puis il retourna à Paris, pour vivre et pour écrire. Il écrivit, entre 1887 et 1889, un roman, ***Les Cloportes*** (posth., 1919), et quelques textes, sans pouvoir tous les publier, tandis qu'il fit alors paraître des recueils de nouvelles, ***Crime de village*** (1889), et de « *pointes sèches* », ***Sourires pincés*** (1890). Au tournant des années 1890, Renard entama une décennie glorieuse. Il fréquenta tant les milieux littéraires qu'il connut peu à peu les romanciers, Daudet, Barrès, Huysmans, les Goncourt, Descaves, Tristan Bernard ; il hanta les symbolistes ; il rencontra Aurélien Scholl, la journaliste Séverine et Marcel Schwob, dont il devint un ami très proche. Il fut associé, fin 1889, à la création d'une nouvelle revue, le *Mercure de France*, où il écrivit — la plupart des textes de ***Sourires pincés*** y furent prépubliés. Il collabora aussi à des grands journaux : *Le Gil Blas*, *L'Écho de Paris*, *Le Figaro*. En 1892, il publia sa première œuvre longuement projetée, le récit naturaliste ***L'Écornifleur***, qui amplifiait une expérience, plus que frôlée, sous la forme de l'aventure d'un littérateur parasite. L'année suivante, il recueillit, dans ***Coquecigrues*** et ***La Lanterne sourde***, les récits et nouvelles prépubliés dans la presse. En 1894, Renard publia ***Le Vigneron dans sa vigne*** et, surtout, ***Poil de Carotte***, roman largement autobiographique, dont il fut peu satisfait.

Renard entra à la Société des gens de lettres, multiplia les relations littéraires : Rostand, Allais, Capus, Courteline, Lucien Guitry, Claudel, Maeterlinck ; il dînait chez Sarah Bernhardt. Quatre ans après ***L'Écornifleur***, deux ans après ***Poil de Carotte*** parurent ***La Maîtresse*** (1896) et, concoctées dans le silence de la campagne nivernaise, à la faveur de l'installation, alors toute récente, de l'écrivain à Chaumot (act. Nièvre), où il louait *La Gloriette*, les ***Histoires naturelles*** (1896).

La vie de Renard oscilla sans cesse entre Paris et la Nièvre. Cette oscillation parut aussi rythmer les créations. Après ***Histoires naturelles***, il connut un grand succès parisien avec la pièce ***Le Plaisir de rompre*** (1897), nouvelle expérience théâtrale qui faisait suite à ***La Demande*** (1895). Il publia ensuite le recueil de nouvelles ***Les Bucoliques*** (1898) et créa, presque en même temps, après lecture à Antoine, la pièce ***Le Pain de ménage*** (1898), qui enthousiasma la capitale. Entre-temps, en 1897, le père de Renard, atteint d'un mal incurable, s'était tué d'un coup de fusil au cœur. Tout en écrivant à *L'Écho de Clamecy* (*« Ce qui m'amuse, c'est d'écrire pour rien de petits articles moraux dans un petit journal de la Nièvre »*), il multiplia ses relations dans *« le monde »*, rencontra et soutint Jaurès et fut un ardent « dreyfusard ». En 1900 — année où mourut son père Maurice — il créa triomphalement ***Poil de Carotte***, adapté du roman, et publia une nouvelle version du ***Vigneron dans sa vigne***, augmentée de ***Nouvelles du pays*** et de ***Tablettes d'Éloi***.

La version scénique de ***Poil de Carotte***, créée au Théâtre-Antoine, rencontra en effet un tel succès que la pièce partit en province.

Entre Nièvre et Paris

Cette même année 1900, Renard fut élu conseiller municipal de Chaumot, fonction qu'il exerça scrupuleusement : il fut réélu en 1908 — ayant été élu, entre-temps, conseiller municipal et maire de Chitry, en 1904. Tout comme la version théâtrale de ***Poil de Carotte***, l'adaptation du récit ***L'Écornifleur*** triompha à la scène, sous le titre ***Monsieur Vernet*** (1903). Renard continua ses allers et retours entre Paris et la Nièvre, tout en continuant à publier, notamment les saisissantes nouvelles du recueil ***Nos Frères farouches-Ragotte*** (1908). En 1909, la mère de Renard se noya dans un puits — suicide ou accident ? L'affaire ne fut jamais élucidée —, à Chitry : *« Façon bien compliquée de me faire orphelin. »* Il lut encore à Antoine la pièce ***La Bigote*** (1909), rompit avec le *Mercure de France* pour un article malveillant de Rachilde, ne manqua pas un dîner Goncourt : il avait été élu à l'Académie Goncourt en octobre 1907, au couvert de Huysmans. Son grand ami Rostand, dont le *Cyrano* (1897) l'avait enthousiasmé, l'invita aux représentations de *Chantecler* (1910). La même année, l'état de santé de l'écrivain se dégrada. Le 22 février, il écrivait : *« Aujourd'hui, 46 ans. Jusqu'où irai-je ? Jusqu'à l'automne ? »* Il mourut à Paris le 22 mai et fut civilement enterré à Chitry, le surlendemain.

Renard laissa un ***Journal***, commencé très tôt (en 1887) et resté posthume (1925 à 1927) — aujourd'hui unanimement reconnu comme son chef-d'œuvre. La dernière mention en était, moins de deux mois avant sa disparition : *« Je veux me lever, cette nuit. Lourdeur. Une jambe pend dehors. Puis un filet coule de ma jambe. Il faut qu'il arrive au talon pour que je me décide. Ça sèchera dans les draps, comme quand j'étais Poil de Carotte »* (6 avr. 1910).

C'est Judith Gautier — fille de Théophile — qui lui succéda à l'Académie Goncourt.

Une écriture variée

Jules Renard écrit *« des signes, des riens, petitement, menu, menu »*, comme *« grignote »* la souris qui lui tient compagnie un soir de sa *« quotidienne page d'écriture »* (***La Souris***, in ***Histoires naturelles***), mais les facettes de son écriture sont diverses. Il y a le réaliste sec et rétracté qui écrit net et concis, recourt au trait — comme au dessin — et use d'un vocabulaire clair, commun : *« Elle lève haut ses pattes raides, comme ceux qui ont la goutte. Elle écarte les doigts et les pose avec précaution, sans bruit. / On dirait qu'elle marche pieds nus »* (***La Poule***, *ibid.*).

Il y a aussi le poète en prose qui récuse volontiers les liaisons rhétoriques de coordination et de subordination pour une esthétique du discontinu : *« Il n'y a qu'un chêne au milieu du pré, et les bœufs occupent toute l'ombre de ses feuilles. / La tête basse, ils font les cornes au soleil. / Ils seraient bien, sans les mouches »* (***Les Mouches d'eau***, *ibid.*). Et qui compose des bucoliques impressionnistes : *« Au soleil qui se couche, les bœufs traînent par le pré, à* *pas lents, la légère herse de leur ombre* » (***Le Bœuf***, *ibid.*).

Il y a encore le moraliste qui, aimant le mot en lui-même, aime « faire des mots », notamment dans son ***Journal***, où ils abondent : « *Il était si laid que, lorsqu'il faisait des grimaces, il l'était moins* » (4 déc. 1891) ; « *N'être pour soi pas trop sévère, et n'exiger des autres que la perfection* » (4 févr. 1892) ; « *Les absents ont toujours tort de revenir* » (14 juil. 1896) ; « *Mallarmé, intraduisible, même en français* » (1er mars 1898) ; « *Je ne réponds pas d'avoir du goût, mais j'ai le dégoût très sûr* » (19 mars 1901).

Et qui en offre aux personnages de son théâtre :

BLANCHE

Vous avez engraissé sous mon règne, et je vous passe à une autre en bon état.

MAURICE

En bon état de réparations locatives !

(*Le Plaisir de rompre*)

Ou à ceux de ses récits : « *– Quoi qu'on te fasse, lui dit amicalement Parrain, tu as tort de mentir. C'est un vilain défaut, et c'est inutile, car toujours tout se sait. – Oui, répond Poil de Carotte, mais on gagne du temps* » (***L'Album de Poil de Carotte***, VIII, in ***Poil de Carotte***).

Et il y a enfin le poète élégiaque, rimant avec un sens tout classique de la litote :

Je sais déjà regarder les nuages qui passent.
Je sais aussi rester en place.
Et je sais presque me taire.

(*Une famille d'arbres*)

Une gloire à éclipses

À l'image d'une vie modeste, partagée entre la campagne nivernaise et les salons parisiens, la gloire de Renard fut contrastée. Après des débuts littéraires très difficiles, il ne connut une réelle consécration qu'en 1900, à 36 ans, au terme d'une décennie durant laquelle il était passé de l'anonymat à la notoriété. À sa mort, dix ans plus tard, on rendit hommage à un écrivain certes connu, mais de second rayon : la postérité semblait ne devoir retenir que le peintre émouvant de l'enfance martyre dans ***Poil de Carotte***, l'animalier tendre et « terrien » d'***Histoires naturelles*** et le dramaturge doux-amer du ***Plaisir de rompre*** et du ***Pain de ménage***.

La publication posthume du ***Journal***, par les soins d'Henri Bachelin, dans le cadre d'une édition des ***Œuvres complètes*** (1925 à 1927, 17 vol.), modifia progressivement cette perception. Par son étendue (1887 à 1910 — soit près d'un quart de siècle, des 23 ans de Renard jusqu'à sa mort) comme par son contenu, d'une rare diversité, où les « bons mots » *(« N'écoutant que mon courage qui ne me disait rien, je me gardai d'intervenir »)* et autres formules assassines *(« Il ne suffit pas d'être heureux ; encore faut-il que les autres ne le soient pas »)* côtoient des notations plus graves *(« À partir d'aujourd'hui, toutes mes pensées ont une teinte de mort »)* et des constats sans appel *(« L'homme sans cœur, qui n'a eu que des émotions littéraires »)*, le ***Journal*** révéla un autre écrivain, plus complexe et plus complet. Sous l'impulsion décisive de Léon Guichard, auteur, dès 1935, d'une thèse intitulée *L'Œuvre et l'Âme de Jules Renard*, puis d'une nouvelle édition de la ***Correspondance*** (1954), enfin maître d'œuvre des publications, dans la « Bibliothèque de la Pléiade », du ***Journal*** (1960 — en collaboration avec Gilbert Sigaux) et des ***Œuvres*** (1970-1971, 2 vol.), l'importance de l'écrivain est désormais mieux reconnue. Ses pièces, longtemps oubliées, ont été redécouvertes dans les années 1980, et l'on a cessé de n'associer son nom qu'à ***Poil de Carotte***. L'auteur du ***Journal***, qui assurait n'avoir « *pas la patience d'être ambitieux* », n'avait peut-être pas tort de pronostiquer : « *La postérité appartiendra aux écrivains secs, aux constipés.* »

ŒUVRES

Histoires naturelles

Recueil de 85 textes en prose — titrés mais non numérotés —, publié chez Flammarion, avec 2 illustrations de Félix Valloton, en 1896.

Les 85 textes du recueil sont d'une grande diversité formelle : de véritables nouvelles de quelques pages y côtoient des aphorismes de quelques lignes. Renard est un observateur des animaux. Déjà entomologiste social, observateur de « la nature » des hommes, il a observé les animaux domestiques, ceux du Jardin d'Acclimatation, qu'il voyait souvent, presque assidûment, à

Chitry. Renard sait voir, est un vrai *« chasseur d'images »* (titre du 1er chapitre). Il regarde volontiers les animaux contre les hommes. Son bestiaire est, du coup, très anthropomorphique : en un sens, les bêtes jugent les hommes. Son bestiaire est aussi volontiers égalitaire : là encore, Renard refuse l'idéalisation des bêtes elles-mêmes. Le cygne se monte le cou et ne veut pas paraître oie, ce qu'il est pourtant ; d'ailleurs, il engraisse comme elle. Le paon va se marier, il étale tous ses présents, mais la fiancée n'arrive pas. La dinde *« se pavane au milieu de la cour, comme si elle vivait sous l'Ancien Régime »* : c'est une *« vieille chipie qui joue de l'éventail »*. Et voyez ces dindes sur la route : on dirait un pensionnat en sortie. Mais les ***Histoires naturelles*** sont des histoires de bêtes dans la nature, et de la nature. Et la nature est là, avec son jour et sa nuit : *« L'ongle de la lune repousse. »* Le bestiaire de Renard est enfin un bestiaire dessiné. L'écrivain sait réduire les animaux à leur dessin, en fervent admirateur des dessinateurs animaliers comme Grandville. Par l'écriture, il obtient des effets de grossissement ou de rapetissement. Mais que signifient *« grand »* et *« petit »* chez les bêtes ? Le lézard devient crocodile, le crocodile se fait lézard ; l'âne est le *« lapin devenu grand »*. Le bestiaire d'***Histoires naturelles*** est donc plastique à l'infini ; il refait la création — Dieu, selon Renard, devait être dessinateur.

Le bestiaire d'***Histoires naturelles*** est un bestiaire stylisé, fabriqué, dessiné par le style, par l'écriture qui se fait dessin. La phrase épure, recrée les animaux sur la page, avec les mots, non sans humour, comme entre les deux pigeons : *« Viens, mon grrros..., viens, mon grrros..., viens, mon grrros... »* Mais le dessinateur dialogue avec ce qu'il dessine : il dessine pour dialoguer, et dialogue pour mieux dessiner. Ainsi tutoie-t-il le cochon, lequel renvoie l'homme à sa saleté. Le corbeau dialogue avec l'homme, et l'homme avec le corbeau : *« Quoi ? quoi ? quoi ? – Rien. »* Les ***Histoires naturelles*** sont donc des « exercices de style ». Œuvre de naturaliste humoriste, qui parodie Buffon, s'amuse soi-même, joue avec les noms, les dessins d'animaux, et avec les mots — cela commence avec le pluriel du titre —, ce recueil est, en définitive, l'œuvre d'un naturaliste-poète. Poésie qui frise la préciosité et tutoie Mallarmé : *« Le papillon : ce billet doux plié en deux cherche une adresse de fleur. »* L'oiseau est ainsi une écriture sur le ciel : l'alouette surtout. Mais le merle excelle à dire le mot de la fin, le fin mot peut-être d'***Histoires naturelles*** et de Renard au lecteur comme à la littérature : *« Merle ! »* Renard aima les illustrations de ses ***Histoires naturelles*** faites par Toulouse-Lautrec (1899) — le recueil inspira en outre Bonnard (1904) et Rabier (1909) —, il n'apprécia guère la transposition musicale qu'en donna Ravel. Ce recueil — œuvre préférée de Renard après ***Poil de Carotte*** —, diversement apprécié à sa parution, fut constamment réédité et figure désormais parmi les classiques de notre littérature, à la suite des *Fables* de La Fontaine et moins d'un demi-siècle avant *Le Parti pris des choses* de Ponge.

Poil de Carotte

Roman en 43 *« pointes sèches »* ou séquences — titrées mais non numérotées —, suivies de ***L'Album de Poil de Carotte***, publié chez Flammarion, en octobre 1894. Sur les 43 récits, 9 avaient déjà été publiés dans des journaux, puis recueillis dans ***Sourires pincés*** (1890). En 1902, parut une nouvelle édition, toujours chez Flammarion, illustrée de 50 dessins de Félix Vallotton, et comprenant 5 nouveaux récits. Une autre édition parut, du vivant de Renard, chez Calmann-Lévy, en 1907.

Cette autobiographie à peine déguisée se projette en histoire objective d'un enfant martyr, Poil de Carotte — ainsi surnommé à cause de ses cheveux roux —, et d'une famille, les Lepic : un enfant victime de la cruauté de sa mère et de l'indifférence complice du reste de la famille, son père en retrait et ses frère et sœur aînés, Félix et Ernestine. L'histoire n'est pas temporelle ; il s'agit d'un découpage de récits et de scènes plus ou moins longs, qui se constituent en chapitres. Chacun d'eux trouve son titre dans un nom d'animal — très rustique et très déterminé par son article, au singulier et au pluriel, pour désigner le type ou la collectivité : ***Les Poules***, ***La Perdrix***, ***Le Chien***, ***La Mouche***, ***Le Chat***, ***La Taupe***, ***Les Lapins***, ***Les Moutons***, ***Les Poux*** —, d'objet — ***Le Pot***, ***La Pioche***, ***La Timbale***, ***La Marmite***, ***La Trompette***, ***Le Porte-Plume***, ***L'Hameçon***, ***La Mie de pain*** —, ou dans un thème dominant — scènes ou situations : ***Coup de théâtre***, ***Le Bain***, ***Le Jour de l'An***, ***Les Joues rouges***.

L'œuvre ne comporte pas d'intrigue : elle avance par juxtapositions et discontinuités de scènes. Le centre, sujet et objet du récit et des scènes théâtrales, c'est l'enfant, Poil de Carotte. L'auteur a projeté sur lui des souvenirs de sa propre enfance — non martyre mais malheureuse —, donc de sa propre mère. Il semble aussi qu'il ait donné à Mme Lepic les traits de sa propre épouse et de sa belle-mère. *« Voilà un livre dont on peut dire que ce n'est pas un cadeau à faire à sa famille »*, écrivit Renard à sa sœur, lors de la parution de l'ouvrage.

Le projet de Renard relevait d'une volonté littéraire délibérée de ne pas idéaliser l'enfance : *« C'en est assez,* pensait-il et déclarait-il, *des enfances angéliques, idéalisées et heureuses.* » Impossible ici de ne pas évoquer l'influence et l'exemple de Vallès, quoiqu'en ait dit Renard. Il s'en inspira bel et bien — *L'Enfant* datait de 1879 — dans cette volonté générale de démythifier l'enfance, et dans quelques scènes précises (**Le Bain**, **La Pièce d'argent**...). Beaucoup de contemporains ne s'y trompèrent pas, et taquinèrent l'auteur en évoquant « *Poil de Vallès* », ainsi que le fit Léon Daudet.

Renard tira **Poil de Carotte** vers un bas réalisme : l'enfant est un « *petit animal* », il est foncièrement sale, il pisse au lit presque volontairement, il est méchant, puisqu'il maltraite les animaux. Mais cette conduite peut être une conséquence : Renard le suggère à peine. Certaines phrases surgissent, aussi terribles que définitives : « *Tout le monde ne peut pas être orphelin* » **(Coup de théâtre)**. Enfin, la figure du père, parfois complice inavoué de l'enfant, émerge peu à peu du récit d'enfance : le père découvre sa paternité.

Dialogues et récits sont agencés avec sobriété et clarté, voire avec sécheresse. Les ouvertures sont souvent remarquables, à commencer par celle du livre : « *Je parie, dit Mme Lepic, qu'Honorine a encore oublié de fermer les poules.* » Plusieurs clôtures de chapitres aussi : Renard est un maître du « mot de la fin » et de la conclusion. Enfin, certaines pages-chapitres, comme **Le Cauchemar**, ont une belle structure circulaire.

En 1900, Renard tira du récit de **Poil de Carotte** une comédie en un acte et en prose, du même titre qu'il créa avec succès. Le roman — dont Julien Duvivier réalisa, en 1932, une remarquable adaptation cinématographique — est, sinon la meilleure, du moins la plus célèbre œuvre de Renard, régulièrement étudiée au collège.

CITATIONS

Heureux ceux qui peuvent dire simplement d'une belle chose : « Voilà une chose qui est belle ! » J'y renonce.

L'Écornifleur, XVIII.

La pudeur de la femme est un mur mitoyen. N'allez pas, imprudent, le dégrader vous-même, car il s'effritera, à la longue fera brèche, et les voisins entreront chez vous.

L'Écornifleur, XXXII.

Que de gens ont voulu se suicider, et se sont contentés de déchirer leur photographie !

Journal, 29 décembre 1888.

Les bourgeois, ce sont les autres.

Journal, 28 janvier 1890.

J'ai bâti de si beaux châteaux que les ruines m'en suffiraient.

Journal, 2 juin 1890.

Le style, c'est l'oubli de tous les styles.

Journal, 7 avril 1891.

L'ironie est la pudeur de l'humanité.

Journal, 30 avril 1892.

La clarté est la politesse de l'homme de lettres.

Journal, 7 octobre 1892.

La conversation est un jeu de sécateur, où chacun taille la voix du voisin aussitôt qu'elle pousse.

Journal, 29 janvier 1893.

Écrire, c'est une façon de parler sans être interrompu.

Journal, 10 avril 1895.

C'est une duperie que de s'efforcer d'être bon. Il faut naître bon, ou ne s'en mêler jamais.

Journal, juillet 1896.

Les absents ont toujours tort de revenir.

Journal, 14 juillet 1896.

Tout le monde ne peut pas être orphelin.

Coup de théâtre, in *Poil de Carotte*.

JUGEMENTS

« *Oasis : le* Journal *de Jules Renard, que je déguste. À quel point* toute *cette époque sentira l'artificiel et le renfermé, c'est ce qui commence déjà d'apparaître. Ah ! que j'ai donc bien fait de m'échapper !*

[...]

Journal *de Renard : ce n'est pas un fleuve ; c'est une distillerie.*

Dans le Journal *de Renard, quantité de remarques des plus justes* [...].

[...] *Il donne la note juste, mais toujours en pizzicato.*

[...]

Journal *de Renard. Étrange cette vie qui va en se rétrécissant. Sa cécité à l'égard des étrangers lui permet d'admirer Rostand, G., etc. Il soigne ses étroitesses, bichonne son égoïsme et frise au petit fer sa calvitie. On observe de page en page, et c'est là le grand intérêt de ce journal, le progrès de cette inhibition des sentiments et même de la pensée qu'entraîne l'exigence de sincérité.* »

André GIDE, *Journal*, 6, 9, 10, 13 et 20 août 1926, Gallimard, 1939.

« *Vers 1850, la réalité a disparu. La littérature a décidé de la remplacer. C'est ce que fait Jules Renard : durs comme des cailloux, les mots sont chez lui une espèce d'éternité de consolation. À la fois images et rivaux du monde, ils dessinent un chemin. On s'y retrouve comme on s'y perd. La littérature est métaphore par excellence et par essence.*
Nous sommes un mirage, et une herbe, une pluie, un lainage sur une épaule, deviennent vestiges et vertiges, comme un mot d'amour sur une vitre. D'où la sécheresse de la formule chez Renard : travaillée à l'extrême, tendue à éclater, elle nie ce qu'elle montre pour mieux prendre sa place. D'où aussi le concret, qui habite seul cet univers : la nature, les gestes, les sensations. La perfection du poète et la rigueur du botaniste sont ici mariées. Une attention de radiologue exprime une curiosité dévorante et une tendresse que la pudeur fait taire. Renard est un malade du regard, et romancier par tous les sens. Il écrit à l'œil nu. »

Renaud MATIGNON, « Jules Renard. La Vie à l'œil nu », in *Le Figaro*, 18 décembre 1992.

« *Jules Renard est l'homme des limites volontaires, de la lucidité à tout prix et de la désillusion. C'était un neurasthénique, un grand triste. C'est évidemment pour cette raison qu'il est si amusant. Sa vie est toute petite. Et, reflet de sa vie, son* Journal *est un très grand livre. La leçon qu'il nous laisse, c'est que l'écrivain n'a pas besoin d'aventures. Il a besoin de talent.* »

Jean d'ORMESSON, « Jules Renard. La Taupe-minute », in *Une autre histoire de la littérature française*, II, NiL, 1998.

« *Enfant martyr si l'on veut, mais qui a eu ses revanches. Celle-ci entre autres : c'est qu'ayant voulu convaincre Mme Renard mère de malveillance, puis de sottise et de perfidie, il nous a laissé à la fin quelques-uns des textes français les mieux agencés, et les plus parfaits que l'on sache. Jean-Paul Sartre lui-même, qui ne peut le sentir, lui fait place à l'origine de la littérature moderne.* »

Jean PAULHAN, *Les Primitifs et les Maîtres*, in *Œuvres complètes*, t. IV, Cercle du livre précieux, posthume, 1969.

BIBLIOGRAPHIE

Éditions

Œuvres complètes, éd. H. BACHELIN, Éd. Bernouard, 1925 à 1927, 17 vol.

Œuvres, éd. L. GUICHARD, « Pléiade », Gallimard, 1970 et 1971, 2 vol.

Journal, éd. L. GUICHARD et G. SIGAUX, « Pléiade », Gallimard, 1960, rééd. 1972 ; éd. H. BOUILLIER, « Bouquins », Laffont, 1990.

Histoires naturelles, éd. L. GUICHARD, « GF », Flammarion, 1967 ; éd. J. BORIE, « Folio », Gallimard, 1984.

Poil de Carotte, éd. L. GUICHARD, « GF », Flammarion, 1975 ; éd. P. BRUNEL, Imprimerie nationale, 1988 ; éd. H. BÉHAR, Pocket, 1990 ; éd. M. MARTIARENA, « Folio Plus », Gallimard, 1997 [incluant la comédie *Poil de Carotte*].

Études

M. AUTRAND, *L'Humour de Jules Renard*, Klincksieck, 1978.

L. GUICHARD, *L'Œuvre et l'Âme de Jules Renard*, Nizet/Bastard, 1936 ; *Renard*, « Bibliothèque idéale », Gallimard, 1961.

P. NARDIN, *La Langue et le Style de Jules Renard*, Droz, Genève (CH), 1942.

J.-P. SARTRE, « L'Homme ligoté », in *Situations I*, Gallimard, 1947.

P. SCHNEIDER, *Jules Renard par lui-même*, « Écrivains de toujours », Seuil, 1956.

M. TOESCA, *Jules Renard*, Albin Michel, 1976.

AUDIO & VIDÉO

Vidéo

J. DUVIVIER, *Poil de Carotte*, 1932, René Chateau, s.d.

CD-ROM

Encyclopédie de la littérature française, Bibliopolis, 1998.

RÉTIF DE LA BRETONNE

RÉTIF de LA BRETONNE
De son vrai nom, Nicolas Edme RÉTIF
L'écrivain a anobli son patronyme en lui accolant « *de La Bretonne* », nom de la ferme familiale, et en adoptant parfois la graphie RESTIF. Écrivit aussi sous le pseudonyme de CAZOTTE.

Sacy (act. Yonne) 1734 – Paris 1806

> *« Restif est le seul romancier "moderne" du XVIIIe siècle. »*
> Jean DUTOURD, *Cinq Ans chez les sauvages*, Flammarion, 1977.

> *« Lire toute l'œuvre de Restif est inutile. Comme les érotomanes, il ratiocine, radote et se répète [...]. »*
> Robert DESNOS, *Nouvelles Hébrides (1922-1930)*, Gallimard, posthume, 1978.

Un polygraphe inépuisable

Les débuts d'un imprimeur

Né dans un petit village de Bourgogne, au sein d'une famille paysanne nombreuse, Nicolas Rétif fut éduqué par deux de ses frères, prêtres, puis mis en apprentissage, à l'âge de 16 ans, chez l'imprimeur de la ville voisine, Auxerre. Il commença à tenir des cahiers où trouvaient place notations intimes et poèmes en l'honneur des beautés voisines, cahiers qu'il conserva toujours : ainsi commença cette pratique de l'enregistrement, de l'inscription, manifestation d'une hantise du temps et d'un devoir de mémoire qui l'habitèrent jusqu'à la fin de sa vie. Au terme de son apprentissage, en 1755, Rétif s'employa dans diverses imprimeries parisiennes, dont l'Imprimerie royale. Revenu travailler à Auxerre en 1759, il y épousa en 1760 la fille d'un apothicaire ruiné, Agnès Lebègue, dont il eut 4 filles. L'année suivante, le couple s'installa à Paris, et l'aînée naquit, prénommée Agnès comme sa mère : il en est souvent question dans l'œuvre de Rétif, ainsi que de la cadette, Marion, née en 1764. Frustré de bonheur conjugal en raison de l'infidélité prétendue de son épouse — qu'il accusait de le tromper —, Rétif eut avec ses filles une relation passionnelle jusqu'à l'inceste. Il travailla comme prote (chef-correcteur) chez plusieurs imprimeurs, et il avait 33 ans lorsqu'en 1767 il publia son premier — et fort médiocre — roman, ***La Famille vertueuse. Lettres traduites de l'anglais par M. de la Bretonne***.

De l'imprimeur au polygraphe

Dès lors, sa biographie se confond pour l'essentiel avec son travail d'écrivain : « *La vie d'un auteur consiste principalement dans ses ouvrages* », dit-il lui-même. En même temps qu'il entra en littérature, il abandonna son métier, soucieux d'être un homme de lettres à part entière et, s'il se plaît à évoquer dans son œuvre ses amours innombrables, la réalité de sa vie semble plutôt avoir été celle d'un écrivain rivé quotidiennement à sa tâche. Il enchaîna rapidement plusieurs romans : ***Lucile ou les Progrès de la vertu*** (1768), inspirée par une histoire vraie, ***Le Pied de Fanchette [...]*** (1769), récit parodique imité de *La Vie de Marianne* de Marivaux, ***La Fille naturelle*** et les ***Lettres de lord Austin de N*** [...]*** (1769), reparues la même année sous le titre ***La Confidence nécessaire ou Lettres de Mylord Austin de Norfolle [...]***, autre roman épistolaire. De ces œuvres de jeunesse, seuls ***Le Pied de Fanchette*** et ***La Fille naturelle*** eurent quelque succès. La même année, ***Le Pornographe ou Idées d'un honnête homme sur un projet de règlement pour les prostituées, propre à prévenir les malheurs qu'occasionne le publicisme des femmes***, sortit un peu Rétif de l'obscurité et l'encouragea à poursuivre dans cette voie de la littérature d'idées. Ainsi se constitua la série de ce qu'il appela lui-même les ***Idées singulières*** et qui regroupa ***La Mimographe*** (1770, sur la réforme du théâtre), ***Les Gynographes ou Idées de deux honnêtes femmes [...] pour mettre les femmes à leur place et opérer le bonheur des deux sexes*** (1776), puis le projet plus ambitieux de ***L'Andrographe [...] pour opérer une réforme générale des mœurs, et par elle le bonheur du genre humain*** (1782), et ***Le Thesmographe [...] projet de règlement proposé à toutes les nations de l'Europe, pour opérer une réforme générale des lois*** (1789). Un 6e ouvrage resta inachevé : ***Le Glossographe, ou la Langue réformée***, dont le projet était de « *donner aux Français une orthographe facile, invariable et conforme à la prononciation* ». Tous ces « *Graphes* » comportaient des plans de réformes et des considérations morales. Entre-temps, le rythme des publications romanesques ne faiblit pas : ***Le Marquis de T*** ou l'École de la jeunesse*** (1771), ***Adèle de Comm***[inge] ***ou Lettres d'une fille à son père*** (1772), ***La Femme dans les trois états de fille, d'épouse et de mère [...]***, ***Le Ménage parisien [...]*** (1773) et ***Les Nouveaux Mémoires d'un homme de*** *qualité* (1773), romans le plus souvent en plusieurs volumes, aussi longs que médiocres et insipides. En dépit — ou à cause — de cette véritable « incontinence » littéraire, Rétif restait un écrivain peu connu et vivait difficilement.

Le succès du *Paysan perverti*

Le succès arriva enfin avec ***Le Paysan perverti ou les Dangers de la ville*** (daté de 1776 mais mis en vente à la fin de 1775), qui lui apporta une notoriété durable. L'année suivante, ***Le Nouvel Émile ou l'Éducation pratique*** passa presque inaperçu : *« Princes, régnez sur des hommes ; vous serez plus grands qu'en commandant des esclaves »*. Commencé dès 1770, victime de la censure, cet ouvrage ne put paraître que dans une version abrégée, intitulée ***L'École des pères***, où Rétif expose ses théories sur l'éducation, et qui contient de bonnes pages paysannes. Vinrent ensuite, au fil des années, les romans épistolaires ***Le Quadragénaire ou l'Âge de renoncer aux passions*** (1777), ***Le Nouvel Abeilard ou Lettres de deux amans qui ne se sont jamais vus*** (1778), puis les romans ***La Vie de mon père*** (1779) — l'un des meilleurs ouvrages de Rétif, écrit à la gloire de son père — et ***La Malédiction paternelle*** (1780) — histoire de son prétendu mariage avec une Anglaise : dans ces deux derniers romans, l'inspiration autobiographique est particulièrement sensible — leurs titres, dans leur succession même, marquant le moment d'une rupture avec la figure du père.

La grande décennie : 1780 à 1790

Rétif entra ensuite dans la période qui fut pour lui la plus féconde en réussites littéraires : de 1780 à 1789, il écrivit ses œuvres les plus importantes, hormis *Le Paysan perverti*. Il commença à publier un vaste recueil de nouvelles, ***Les Contemporaines ou Avantures des plus jolies femmes de l'âge présent*** (1781 à 1783) : d'abord conçue à l'échelle d'une dizaine de volumes, l'entreprise prit rapidement de l'ampleur, pour atteindre finalement le total de 42 volumes, comprenant 272 nouvelles et 444 histoires, selon le compte établi avec fierté par Rétif lui-même. Le succès fut rapide.
À ces nouvelles, succéda, en 1781, une œuvre toute différente, ***La Découverte australe [...]***, où le goût du merveilleux se mêle à celui de l'utopie. L'année 1781 fut aussi celle de la passion douloureuse de Rétif pour une jeune femme, Sara Debée : elle lui inspira l'admirable roman de ***La Dernière Avanture d'un homme de quarante-cinq ans*** (1783), où l'expérience vécue trouve sa transcription presque immédiate dans un récit en forme de journal, émouvant dans sa sobriété même. Cette narration apparaît comme le prélude à ***Monsieur Nicolas ou le Cœur humain dévoilé publié par lui-même*** (1794 à 1797, 16 vol.), autobiographie avouée, dont la rédaction commença en novembre 1783 et dura jusqu'en 1785 : *« Partout où se trouvent des hommes et des femmes, il y a fermentation et corruption.* [...] *Je crois que les hommes les plus violemment portés pour les femmes, ont tous, dans leur jeunesse impubère, la même timidité, la même pudeur, les mêmes goûts factices : c'est qu'ils sentent déjà ce que les autres ne sentent pas encore »* (Ire époque).
Rétif écrivit cependant en 1784 ***Les Veillées du Marais [...]***, histoire de l'éducation d'un prince sur le mode comique et satirique (publiées en 1785). Tout autre est le ton de ***La Femme infidelle*** (1786), roman épistolaire de la discorde conjugale, tournant au règlement de comptes de l'auteur avec tous ses ennemis, dont Fontanes et Joubert — supposés avoir été les amants de sa femme —, et celui d'***Ingénue Saxancour ou la Femme séparée*** (1789), consacré à l'histoire du mariage malheureux de sa fille Agnès.
Rétif avait par ailleurs abordé le théâtre en 1783, avec ***La Prévention nationale*** (publiée en 1784), drame « patriotique » inspiré de ***La Malédiction paternelle*** et que Rétif voulait faire représenter aux Italiens : dans cette *« action adaptée à la scène »*, il manifestait une originalité qui allait condamner cette pièce à ne jamais connaître les honneurs de la représentation. Il en fut de même pour celles qui suivirent, de 1786 à 1792 : une quinzaine au total, réunies dans les 5 volumes du ***Théâtre de N.E. Rest. Bret.***, paru en 1793. D'autres recueils de nouvelles suivirent ***Les Contemporaines*** : ***Les Françaises [...]*** (1786), ***Les Parisiennes [...]*** (1787), ***Le Palais-Royal*** (1790), mais la dernière grande œuvre de la décennie fut ***Les Nuits de Paris ou le Spectateur nocturne*** (1788 à 1794), 16 parties en 8 volumes d'une étonnante richesse narrative et documentaire. Rétif y prédisait : *« Dans tout pays, où les femmes ne seront pas honorées en public, comme des objets sacrés, plus que les prêtres même, il n'y aura pas de mœurs... »* (33e Nuit).

Une fin misérable

La période révolutionnaire ne fut pas pour Rétif une période faste : du fait de la chute des assignats, ses ressources furent réduites à un minimum vital, et il fut contraint de faire appel aux secours publics pour échapper au dernier degré de la misère. Il ne renonça pas pour autant à la littérature ; il écrivait toujours, et il imprimait lui-même ses manuscrits sur une petite presse installée dans son logement. Ainsi furent publiés ***Le Drame de la vie, contenant un homme tout entier*** (1793, 5 vol.), transposition théâtrale baroque de ***L'Année des dames nationales*** (1791 à 1794, 12 vol.), recueil de nouvelles très brèves souvent autobiographiques, ***L'Anti-Justine ou les Délices de l'amour*** (1798, publié sous le nom de Linguet), délire pornographique — qui ne mérite sans doute pas l'excès d'honneur que lui accorde l'édition contemporaine, mais qui n'est pas sans intérêt pour la connaissance du psychisme de son auteur —, ***Les Posthumes*** (1802, 4 vol. publiés sous le nom de Cazotte), où la métempsycose est surtout prétexte à l'exposé de visions cosmogoniques ; et ainsi fut imprimé également ***Monsieur Nicolas***. Ces 16 volumes, avec les 3 volumes de la ***Philosophie de Monsieur Nicolas*** (1796), de près de 5 000 pages, s'imposent aujourd'hui comme une œuvre maîtresse : « *Je pense que, les hommes étant originaires des différents points du globe, ils ne sont pas tous sortis d'un seul homme, mais qu'ils n'en sont pas moins frères, n'ayant qu'un seul auteur, qui est le soleil, et une même mère qui est la terre* » ***(Philosophie de Monsieur Nicolas)***.

Les dernières années furent difficiles : Rétif obtint un emploi au ministère de la police, de 1798 à 1802. Mais il retomba ensuite dans une situation critique, qui eût été dramatique sans les secours de Fanny de Beauharnais, tante de Joséphine. Il écrivit toujours, surtout des nouvelles destinées à des recueils qui ne furent jamais imprimés, comme ***L'Enclos et les Oiseaux*** dont le manuscrit fut saisi en 1802 — quelques pages publiées en 1913 par Pierre Louÿs. Rétif mourut, infirme et misérable, dans son logis de la rue de la Bûcherie, à Paris, laissant des liasses de manuscrits, pour la plupart aujourd'hui disparus.

En 1811, Cubières-Palmézeaux édita l'***Histoire des compagnes de Maria, épisodes de la vie d'une jolie femme***, accompagnée d'une ***Vie de Restif***. En 1883, parurent des ***Lettres inédites*** (aux époux Fontaine). En 1889, Paul Cotin publia, d'après un manuscrit actuellement conservé à la bibliothèque de l'Arsenal à Paris, ***Mes Inscripcions***, journal intime (1780 à 1787) d'abord « *écrit en abrégé sur la pierre de l'île Saint-Louis* » (§ 459). Une suite a été trouvée dans un manuscrit de la Bibliothèque nationale de France, et ces notes difficiles à déchiffrer sont en cours de publication, dans la revue *Études rétiviennes*, sous le titre de ***Journal***, couvrant les années 1787 à 1796.

Par-delà les clichés du polygraphe infatigable qui ne cessait d'écrire que pour courir le jupon, de l'apprenti typographe qui termina dans la police après avoir multiplié les œuvres scandaleuses, Rétif de La Bretonne, au terme d'une existence extravagante, a laissé une œuvre singulière et quantitativement — plusieurs milliers de pages — et qualitativement — le meilleur y côtoie, certes trop rarement, le pire —, que la vitalité des études rétiviennes s'emploie à réhabiliter.

Une écriture savoureuse

L'écriture de Rétif peut être d'un grand conformisme et user d'une rhétorique très datée, souvent au service du pathétique et du moralisme : « *La dépravation suit le progrès des lumières. Chose très naturelle, que les hommes ne puissent s'éclairer sans se corrompre* » ***(Le Pornographe)***. Mais elle sait aussi s'affranchir du souci du « *beau style* », surtout dans les nombreux récits à caractère autobiographique, où la spontanéité l'emporte sur la rhétorique. Rétif se vantait de ne jamais corriger le premier jet, de ne pas même se relire, au nom d'une esthétique de la force et de la vigueur dans l'expressivité, contre la joliesse et le fade qu'il reprochait à la littérature de son temps. Son lexique est remarquable par sa diversité : archaïsmes, mots de métier, régionalismes, néologismes donnent à cette prose une saveur sans égale au XVIIIe siècle.

Superposant la fiction aux aventures de sa propre vie, Rétif confère à sa prose les modalités d'un témoignage vécu, pris en charge par un « *je* », témoin sensible des événements les plus quotidiens et que nulle trivialité n'effraie : « *À Paris, le citadin et les étrangers naturalisés ont une façon de penser dure, égoïste* [...] *; les hommes, les femmes sont pour eux des masses inanimées qu'ils terrassent, qu'ils foulent aux pieds, et plus ils font de mal, plus ils ont de gloire et de plaisir : c'est une prouesse dont ils parlent le lendemain* » (***Les Nuits de Paris, 111e Nuit***). Par fidélité à ses propres origines, Rétif s'applique à être « réaliste » avant la lettre. Il dénonce fermement, par la voix de son héros du ***Paysan perverti***, les injustices sociales, au moyen de parallélismes et d'oppositions renouvelées, comme dans cet extrait d'une description de Paris : *« Paris est un vaste assemblage de bâtiments irréguliers, qui forment quelques belles rues, et d'autres qui ont l'aspect le plus désagréable, et l'air le plus malsain : on voit d'un côté la profusion sans nécessité ; de l'autre la mesquinerie la plus incommode : telle rue, dans un quartier désert, où il ne passe pas trois carrosses, a quarante pieds de large ; tandis que telle autre (comme celle de la Huchette, un des passages les plus fréquentés) n'a pas cinq pieds et que l'on risque à tout moment d'y être écrasé » (Le Paysan perverti).*

Une notoriété fondée sur des malentendus

Pendant longtemps, Rétif de La Bretonne ne suscita l'intérêt que comme « *pornographe* » — mot qu'il fut le premier à introduire dans notre langue, mais avec son sens spécialisé originel d'« *auteur d'écrits sur la prostitution* » — et comme « *reporter des bas-fonds de la société* », suscitant des commentaires plutôt admiratifs — malgré bien des réserves sur ses innombrables vulgarités — de lecteurs aussi considérables que Grimm, Goethe ou Schiller. Exception notable, Nerval fit des « *confidences de M. Nicolas* » l'un des récits des *Illuminés* (1852), et de Rétif, un génie fraternel. Mais, s'il est justifié de situer l'œuvre rétivienne dans le contexte rousseauiste de l'époque, il l'est beaucoup moins de voir en elle les prémices de l'œuvre balzacienne, et dans Rétif le « *pithécanthrope de Balzac* », selon la formule de Paul Bourget (« Une vie de paysan sous l'Ancien Régime », in la *Revue des Deux Mondes*, 1928). La représentation du monde réel vise ici à des effets de dépaysement, non de reconnaissance, et à des fins morales ; elle est en outre la conséquence obligée de la transposition obsédante du vécu. Un malentendu pèse aussi sur son caractère libertin : la pratique éditoriale de l'anthologie a toujours privilégié les pages où les sens, le désir, la possession physique sont au premier plan. Mais l'inspiration sentimentale et vertueuse l'emporte en définitive sur l'inspiration libertine. Avec le développement des études récentes sur Rétif, la critique de la fin du XXe siècle s'attache plutôt à mettre au jour la modernité de l'œuvre dans ses procédés narratifs (discontinuité, intertextualité, déconstruction des formes littéraires) et dans son traitement de l'autobiographie, ainsi que son intérêt dans l'histoire des idées.

ŒUVRE

Le ***Paysan perverti*** *ou les Dangers de la ville*

Roman épistolaire en 8 parties, paru en 4 volumes en novembre 1775 sous le millésime de 1776.

Le roman raconte l'histoire d'Edmond et d'Ursule, frère et sœur, jeunes paysans venus se perdre à la ville. Ils sont surtout victimes de l'ambition désastreuse d'un moine défroqué, philosophe et libertin, Gaudet d'Arras. De déchéance en déchéance, Edmond finit par tuer sa sœur et connaît lui-même une fin tragique.

Ce roman, au caractère dramatique et pathétique très appuyé, est aussi une œuvre de réflexion philosophique sur l'opposition entre la ville et la campagne, sur la morale et les préjugés, sur le bonheur. Rétif s'est efforcé d'adapter son style aux personnages, en rendant notamment le langage simple et légèrement archaïque du monde paysan, et parfois le parler populaire de la ville — sans oublier de multiplier les réflexions les plus misogynes : « *Ce sexe* [les femmes] *est fait pour être assujetti ; et je prédis aux peuples de l'Europe qu'ils n'auront des mœurs et de la tranquillité, que lorsqu'ils l'auront remis à sa place.* [...] *Ce sexe est toujours extrême, et ne sait pas assez s'arrêter pour garder un juste milieu : le laisser notre égal, c'est lui donner l'empire. Eh ! s'il se contentait de cet empire !... Mais non, la femme ne sent son pouvoir qu'autant qu'elle en abuse* » (lettre LXXVII).

La 1re édition du ***Paysan perverti*** n'offrait qu'un texte amputé par la censure ; le texte intégral ne fut restauré qu'en 1782 (enrichi de gravures). En 1784, Rétif publia un complément — et non une suite — intitulé ***La Paysanne pervertie***, en 4 volumes comportant 8 parties. En 1787, il réunit ces deux romans épistolaires en entremêlant les lettres selon leur chronologie, sous le titre : ***Le Paysan et la Paysanne pervertis***, somme de plus de 2 000 pages (4 volumes totalisant 16 parties) dans l'édition originale. Il en écrivit une adaptation théâtrale, ***Edmond ou les Tombeaux***, tragédie en 5 actes imprimée dans le tome V de son ***Théâtre***.

Dès sa parution, ce roman fut remarqué et suscita de nombreuses contrefaçons. Traduit en allemand — et non pas en plusieurs langues — du vivant de l'auteur, il assura la notoriété de Rétif.

CITATIONS

Partout où se trouvent des hommes et des femmes, il y a fermentation et corruption.

Monsieur Nicolas ou le Cœur humain dévoilé, 1re époque.

Je crois que les hommes les plus violemment portés pour les femmes, ont tous, dans leur jeunesse impubère, la même timidité, la même pudeur, les mêmes goûts factices : c'est qu'ils sentent déjà ce que les autres ne sentent pas encore.

Monsieur Nicolas ou le Cœur humain dévoilé, 1re époque.

Je m'aperçus bientôt que l'amour ressemble à la soif : une goutte d'eau l'augmente.

Monsieur Nicolas ou le Cœur humain dévoilé, 6e époque.

Ce sexe [les femmes] est fait pour être assujetti ; et je prédis aux peuples de l'Europe qu'ils n'auront des mœurs et de la tranquillité, que lorsqu'ils l'auront remis à sa place.

Le Paysan perverti ou les Dangers de la ville, lettre LXXVII.

Plus un être est heureux, plus il remplit le but de sa formation ; car Dieu l'a fait principalement pour le bonheur ; le bien-être épanouit l'âme, la pénètre et la rend plus reconnaissante envers l'Être suprême [...]. Jouissez donc.

La Paysanne pervertie, lettre XCVIII.

Je pense que, les hommes étant originaires des différents points du globe, ils ne sont pas tous sortis d'un seul homme, mais qu'ils n'en sont pas moins frères, n'ayant qu'un seul auteur, qui est le soleil, et une même mère qui est la terre.

Philosophie de Monsieur Nicolas.

La dépravation suit le progrès des lumières. Chose très naturelle, que les hommes ne puissent s'éclairer sans se corrompre.

Le Pornographe.

JUGEMENTS

« Vulgaire, confus, mais sincère et humain se révèle Restif de La Bretonne. [...] *le charme que ses pensées surexcitées pouvaient trouver à ces redites devient une gêne pour le lecteur plus préoccupé d'adapter le texte à sa propre sexualité que de se plier aux manies de l'auteur. »*

Robert Desnos, *Nouvelles Hébrides (1922-1930),* Gallimard, posthume, 1978.

« On peut regarder M. Rétif comme un des plus robustes cyclopes de la forge de Jean-Jacques [Rousseau]. [...] *Cette nouvelle production de sa plume infatigable* [L'École des Pères] *est une espèce de caricature d'*Émile, *à l'usage des fermiers et des marchands de la rue Saint-Denis ; cependant, au milieu d'un fatras de vues mal dirigées et de situations communes et triviales, vous trouverez des idées fortes, des peintures neuves, et surtout des détails de la plus grande vérité. Toute la conduite de ce roman est extravagante, absurde ; mais, au moment où vous êtes prêt à jeter le livre, vous rencontrez une page heureuse et des morceaux de dialogue d'un naturel et d'une simplicité rares. On ne se fait point l'idée d'une tête plus singulièrement organisée, d'un mélange plus étonnant de platitude et de génie, d'ignorance et d'instruction, de sagesse et de folie. »*

Melchior de Grimm, *Correspondance,* juin 1776.

« Une espèce de génie véritable par l'abondance des idées, l'effervescence de l'esprit, le don d'observer et le pouvoir d'imaginer, la force de l'analyse, voilà ce qui constitue l'intérêt de premier ordre de cet écrivain désordonné, l'un des plus personnels et des plus originaux de son siècle. Il n'y a donc pas lieu de s'étonner que Restif ait retenu l'attention et la sympathie de poètes comme Schiller et Nerval, d'un sage comme Goethe, d'un esprit aussi moral et sérieux que Paul Bourget. Il m'a toujours, pour ma part, extrêmement intéressé, malgré ses scories et son bavardage, sa prolixité, ses prédications et l'étrange manie qu'il avait d'attifer de morale et de sociologie ses obscénités les plus vives. Le lire est une aventure incroyable. »

Émile Henriot, *Neuf Siècles de littérature française,* IV, XII, 6, Delagrave, 1958.

« [...] *Restif, l'inventeur de la Femme FÉIQUE* [...]. »

André Masson, *La Mémoire du monde,* Skira, 1974.

« Au mois de juillet de l'année 1757, il y avait à Paris un jeune homme de vingt-cinq ans, exerçant la profession de compositeur à l'imprimerie des galeries du Louvre et connu à l'atelier du simple nom de Nicolas [...]. *Quiconque aurait à cette époque fréquenté la Comédie Française n'eût pas manqué d'apercevoir à la première rangée du parterre une longue figure au nez aquilin, avec la peau brune et marquée de petite vérole, des yeux noirs pleins d'expression, un air d'audace tempéré par beaucoup de finesse ; un joli cavalier du reste, à la taille svelte, à la jambe élégante et nerveuse, chaussé avec soin, et rachetant par la grâce d'attitude d'un homme habitué à briller dans les bals publics ce que sa mise avait d'un peu modeste pour un spectateur du Théâtre royal. »*

Gérard de Nerval, *Les Illuminés,* 1852.

« Avez-vous jamais eu entre les mains le livre bizarre de Rétif, Le Cœur humain dévoilé [...] *¿ Je viens de lire ce qui en a été publié, et, en dépit de tout ce qu'il y a là de choses choquantes, de vulgarités grossières et de parties répugnantes, j'y ai pris grand plaisir. Car il ne m'était encore jamais arrivé de me trouver en présence d'un tempérament aussi sensuel, et il n'est pas possible de ne pas prendre intérêt à la profusion variée des personnages, surtout féminins, que l'on rencontre chemin faisant, à la vie et au réalisme des descriptions, à la peinture saisissante des mœurs, et au tableau qu'il trace du caractère français chez une certaine classe du peuple. »*

Friedrich von SCHILLER, *Lettre à Goethe*, 2 janvier 1798, in *Correspondance Goethe/Schiller*, Plon, 1933.

BIBLIOGRAPHIE

Éditions

Aucune édition des œuvres complètes n'a encore été entreprise. Seule existe une réimpression de tous les ouvrages (Slatkine, Genève [CH], 1988-1989).

L'Anti-Justine, in *Œuvres érotiques de Restif de La Bretonne*, « L'Enfer de la Bibliothèque nationale », Fayard, 1985.

Le Drame de la vie, éd. J. GOLDZINK, Imprimerie nationale, 1991.

Ingénue Saxancour, « 10/18 », UGE, 1978.

Le Ménage parisien, « 10/18 », UGE, 1978.

Monsieur Nicolas, éd. P. TESTUD, « Pléiade », Gallimard, 1989, 2 vol.

Les Nuits de Paris, copieuse anthologie in *Paris le jour, Paris la nuit*, « Bouquins », Laffont, 1990 ; *Les Nuits révolutionnaires*, « LdP », LGF, 1978 [15e et 16e parties des *Nuits de Paris*].

Le Paysan perverti, version de 1775, éd. D. BARUCH, « 10/18 », UGE, 1978 ; version de 1782, éd. F. JOST, L'Âge d'Homme, Lausanne (CH), 1977.

La Paysanne pervertie, éd. B. DIDIER, « GF », Flammarion, 1972.

Le Pornographe, in *Œuvres érotiques de Restif de La Bretonne*, « L'Enfer de la Bibliothèque nationale », Fayard, 1985.

Sara, in *Le Cycle de Sara*, « 10/18 », UGE, 1984, 2 vol.

La Vie de mon père, Garnier, 1970.

Études

D. BARUCH, *Nicolas-Edme Restif de La Bretonne*, Fayard, 1996.

J. CELLARD, *Un génie dévergondé. Nicolas-Edme Rétif dit « de La Bretonne »*, Plon, 2000.

M. CHADOURNE, *Restif ou le Siècle prophétique*, Hachette, 1958.

H. COULET, « La Vertu de Gaudet », in *Études et Recherches sur le XVIIIe siècle*, P.U. Aix-en-Provence (Bouches-du-Rhône), 1980.

D. COWARD, « The Philosophy of Restif de La Bretonne », in *SVEC*, 283, Voltaire Foundation, Oxford (GB), 1991.

P.L. JACOB, *Bibliographie et Iconographie de tous les ouvrages de Restif de La Bretonne*, rééd. Lenox (US), 1970.

Cl. KLEIN, *Rétif de La Bretonne et ses Doubles*, P.U. Strasbourg, 1995.

N. RIVAL, *Rétif de La Bretonne ou les Amours perverties*, Perrin, 1982.

J. RIVES CHILDS, *Restif de La Bretonne. Témoignages et Jugements. Bibliographie*, Briffaut, 1949.

A. TABARANT, *Le Vrai Visage de Rétif de La Bretonne*, Éd. Montaigne, 1936.

P. TESTUD, *Rétif de La Bretonne et la Création littéraire*, Droz, Genève (CH), 1977 ; « La Morale d'une perversion », in *Seminari Pasquali di analisi testuale*, ETS éditrice, Pisa (IT), 1990 ; « La Vieillesse de Rétif », in *Amicitia Scriptor (Mélanges Robert Mauzi)*, Champion, 1998.

Études rétiviennes, revue semestrielle éditée par la Société Rétif de La Bretonne, depuis 1985.

« Rétif de La Bretonne », in *Europe*, 1990.

Rétif et le Théâtre, actes du colloque de Rabat, oct. 1995, publications de la Faculté des Lettres et Sciences humaines de Rabat (MA), 1997.

Rétif et l'Image, actes du colloque de Poitiers, oct. 1999, in *Études rétiviennes*, n° 31, févr. 2000.

AUDIO & VIDÉO

CD-ROM

Encyclopédie de la littérature française, Bibliopolis, 1998.

REVERDY

Pierre REVERDY

Narbonne (Aude) 1889 – Solesmes (Sarthe) 1960

> *« Nous ne craignons pas, en effet, de déclarer que Reverdy est actuellement le plus grand poète vivant. »*
> Louis ARAGON, André BRETON, Philippe SOUPAULT, lettre au *Journal littéraire*, 31 mai 1924.

> *« Reverdy est un des poètes les plus intenses de ce siècle ; c'est aussi un des plus monotones. »*
> Octavio PAZ, *La Fleur saxifrage*, trad. franç. Jean-Claude MASSON, Gallimard, 1984.

Une vie discrète et secrète

De Narbonne à Paris

Originaire du Midi languedocien, dont les paysages minéraux riches de fraîcheur secrète devinrent des thèmes constitutifs de sa poésie, Reverdy était le fils d'un petit propriétaire aux goûts artistes qu'avait ruiné la crise de la vigne, en 1907. Parmi les très rares données disponibles — Reverdy répondit un jour aux questions de son éditeur : « *Renseignements biographiques : aucun intérêt* » —, on sait que ce père attendit 1895 et le divorce de la mère pour reconnaître son fils alors âgé de 6 ans, déclaré de père et de mère inconnus à sa naissance et qui portait jusque-là le nom de Henri Pierre. En outre, à la complexité de cette identité s'ajouta une bizarrerie administrative : bien qu'il fût né un 11 septembre, ses papiers mentionnèrent toujours la date du 13. La nostalgie de son enfance heureuse dans la nature l'habita sa vie durant. Il fit des études médiocres, entre Narbonne et Toulouse, mais lut avec passion Balzac et Rimbaud. Aimanté vers Paris par le désir d'y rejoindre une vie littéraire sur laquelle l'avait fait rêver la petite *Anthologie des poètes d'aujourd'hui* du Mercure de France, il débarqua en octobre 1910 à la gare d'Orsay.

Installé à Montmartre et s'étant trouvé une place de correcteur d'imprimerie, Reverdy rencontra presque tout de suite Max Jacob, auquel le lia désormais un compagnonnage souvent difficile, et bientôt Apollinaire, qui l'éblouit par sa qualité d'« *audace* ». Mais, parmi les artistes du Bateau-Lavoir, les écrivains comptaient moins pour lui que les peintres. Il fit la connaissance de Juan Gris, puis celle de Picasso, Braque, des sculpteurs Gargallo et Laurens : il leur consacra plus tard des pages ferventes recueillies dans ***Note éternelle du présent*** (posth., 1974). Éblouissement face à une « *merveilleuse aventure* », début d'amitiés exemplaires, échanges quotidiens d'idées entre des artistes, pour qui la poésie avait une valeur éminente, et un futur poète dont l'intuition et l'exigeante rigueur trouvaient à s'exercer devant leurs œuvres, dont il appréciait ce qu'elles révélaient d'une haute conscience de l'art : « *Je doute qu'il y ait jamais eu tant de ciel bleu et de soleil dans l'histoire de l'art, jamais tant de responsabilité héroïquement assumée, jamais tant d'écart entre l'espoir et le désastre* », écrivit-il au soir de sa vie. Parce qu'elle suggérait un emprunt servile des moyens des peintres, l'expression « *poésie cubiste* », avancée fâcheusement dès 1917 par la critique, fut toujours repoussée par lui. Mais, comme Reverdy l'écrivit dans ses essais, c'est la poésie, telle que Rimbaud et Mallarmé l'avaient renouvelée, qui fut rejointe par la peinture dans l'idée d'un « *art de création et non de reproduction ou d'interprétation* » (« Sur le cubisme », in ***Nord-Sud***, 1917). La proximité de Reverdy avec la peinture se matérialisa dès 1915 en de précieuses plaquettes auxquelles Gris, Laurens, Matisse, Picasso, Manolo, Derain apportèrent leurs enrichissements plastiques, et plus tard en de grands livres illustrés par Gris, Picasso et Braque, auxquels Tériade et Maeght prêtèrent leur savoir-faire d'éditeurs.

Le créateur de *Nord-Sud*

Réformé après s'être engagé, vivant difficilement de son métier de correcteur d'imprimerie, Reverdy publia en 1915 son premier livre, ***Poèmes en prose*** : visions en grisaille, expression sourde et contenue, monde familier chargé de mystère et d'étrangeté. Les années 1915 à 1919 furent celles d'une prodigieuse période de création. Avec ***La Lucarne ovale*** (1916) et surtout ***Les Ardoises du toit*** (1918), s'affirmait une pratique poétique sans précédent, imposant vocabulaire dépouillé, simple et poignante émergence des choses, rejet presque complet des marques habituelles de technicité poétique comme la strophe ou le mètre régulier, avènement d'une disposition typographique entièrement neuve :

Quelqu'un vient de partir
Dans la chambre
Il reste un soupir
La vie déserte

La rue
Et la fenêtre ouverte

Un rayon de soleil
Sur la pelouse verte

(***Soleil***, in ***Les Ardoises du toit***, in ***Plupart du temps***)

Au bord du toit
Un nuage danse
Trois gouttes d'eau pendent à
la gouttière
Trois étoiles
Des diamants
Et vos yeux brillants qui regardent
Le soleil derrière la vitre

Midi

(***En face***, *ibid.*)

L'horizon s'incline
Les jours sont plus longs
Voyage
Un cœur saute dans une cage
Un oiseau chante
Il va mourir
Une autre porte va s'ouvrir
Au fond du couloir
Où s'allume
Une étoile
Une femme brune
La lanterne du train qui part

(***Départ***, *ibid.*)

Transposant les épisodes de son conflit avec Max Jacob — l'auteur du *Cornet à dés* (1917) avait été ulcéré par la publication de ***Poèmes en prose***, dont le titre reprenait le sous-titre de son propre recueil paru certes peu après mais qu'il avait le premier, affirmait-il, envisagé d'intituler ainsi —, Reverdy mit ces moyens d'expression au service d'un *« roman poétique »*, ***Le Voleur de Talan*** (1917), dont le personnage central se heurte douloureusement à la dureté des rivaux et à l'opacité du réel à travers des épisodes qu'envahissent remémorations et rêveries. Texte déconcertant, mi-conte mi-roman, et impossible à résumer, où un personnage tout aussi indéfinissable, à la fois ange et vieillard, tour à tour fascinant et inquiétant, confiant et soupçonneux, finit par se retirer dans un monastère, après que le Voleur du Talan lui eut dérobé ses manuscrits : cet aîné victime de son cadet et parodiquement dénommé Mage Abel partageait bien des traits avec Max Jacob qui, récemment converti au catholicisme, avait été baptisé en 1915 — avec Picasso pour parrain — et se retira effectivement, en 1922 — cinq ans après la parution du roman —, à l'ombre de l'abbaye de Saint-Benoît-sur-Loire (Loiret). Reverdy constitua également deux grands ensembles de poèmes prêts à l'impression, ***La Meule de soleil*** et ***Le Cadran quadrillé*** : délaissés alors par les éditeurs, ils alimentèrent des recueils postérieurs.

Mais cette époque de sa vie fut surtout marquée par la création, en 1917, de la revue *Nord-Sud*, dont le titre était emprunté à la ligne de métro joignant Montmartre à Montparnasse, les deux foyers de la vie artistique. Soutenu par le couturier mécène Jacques Doucet, *Nord-Sud* répondait au fort besoin de rassembler des écrivains ayant conscience du parallélisme de leurs efforts respectifs : les noms de Reverdy, d'Apollinaire et de Max Jacob composèrent l'essentiel des premiers sommaires. S'y ajoutèrent ceux de quelques cadets qui devinrent célèbres : Breton, Aragon, Soupault, Tzara. Revue remarquable d'homogénéité, où s'équilibraient textes de création et textes d'esthétique, parmi lesquels les grands essais de Reverdy sur le cubisme et sur la poésie — notamment ***L'Image***, article paru dans le numéro de mars 1918, texte fondateur de la poésie du XXe siècle et auquel le *Manifeste du surréalisme* (1924) de Breton fit écho en le prolongeant. Pour des raisons matérielles, la revue dut cesser de paraître en 1918, après 16 numéros.

De l'effervescence à la solitude

La rançon des exigences morales et esthétiques de Reverdy ne pouvait être que l'isolement. L'année 1919 lui révéla durement le fossé qui se creusait entre lui et les jeunes écrivains qui l'entouraient. Dans la revue *Littérature* qu'ils venaient de fonder, ceux-ci alternèrent les attitudes déférentes d'accueil à l'égard d'écrivains de la génération précédente (Gide, Valéry) et les provocations de Dada : Reverdy, qui n'approuvait ni les unes ni les autres, en fut accablé. Cette désillusion et d'autres se déchiffrent dans le recueil de *« contes »* et de poèmes ***La Guitare endormie*** qu'il publia à la fin de 1919. Les *« contes »*, qui furent repris dans ***La Peau de l'homme*** (1926) et dans ***Risques et Périls*** (1930), faisaient vivre intensément autant les querelles des hommes — ceux-ci très identifiables — que les paysages dramatiques de la nature dans lesquelles elles se réinvestissaient. A-t-on mesuré encore à sa juste valeur la forme littéraire nouvelle qui fut créée ici ? À la même époque, Reverdy publia ***Les Jockeys camouflés et Période hors-texte*** (1918), avec des dessins de Matisse. Suivirent plusieurs recueils : ***Étoiles peintes*** (1921), illustré par Derain, ***Cœur de chêne*** (1921), par Manolo, ***Cravates de chanvre*** (1922), avec 3 eaux-fortes de Picasso — auquel il consacra, la même année, un ***Pablo Picasso***. Comme plus tard ***La Balle au bond*** (1928), ***Flaques de verre*** (1929) et ***Pierres blanches*** (1930), ces recueils reprenaient pour l'essentiel, parfois avec des réécritures significatives, des poèmes inédits écrits pendant les années 1916 à 1925.

Le tournant de 1926

Depuis longtemps, Reverdy s'était montré l'adversaire véhément, voire intraitable, des compromissions de toutes sortes. À partir des années 1920, s'éveilla en lui une évolution qui le conduisit à se convertir en 1926, et, la même année, à s'installer avec sa femme à Solesmes, tout près de l'abbaye : « *Besoin d'absolu. Je quitte Paris pour Solesmes : être ou néant.* » Si la préoccupation spirituelle ne dura que quelques années et disparut après des expériences décevantes face à la religion et à ses institutions, cette retraite porta d'autres fruits : à la conversion temporaire au catholicisme succéda une conversion définitive à la poésie la plus exigente, la plus ascétique, la plus pure, dont témoigna le recueil de réflexions philosophiques, théologiques et esthétiques ***Le Gant de crin*** (1927).

L'activité de réflexion trouva en effet son aliment dans le retrait du monde que Reverdy s'était imposé et qui se traduisit par l'arrêt de toute publication entre 1931 et 1936. Sur un bloc-notes des années 1939-1940, il constatait l'« *acquis* » de son aventure intérieure : « *Ce pas vers Dieu a été un pas de recul devant la vie.* [...] *La vie c'est la dispersion de soi aux mille coins, l'oubli de son visage vibrant dans toutes les facettes.* » Loin de la « *vie* », il se mit à consigner ses pensées hors de tout projet ample et systématique. L'isolement le stimulait. La période de l'Occupation, durant laquelle Reverdy opta, quelles qu'en fussent les conséquences pécuniaires, pour le refus de toute publication en revues ou en livres — tout comme son illustre cadet René Char, qui lui inspira, en 1955, ***À René Char*** (posth., 1962) —, fut aussi celle qui le vit regrouper et réécrire des notes anciennes — elles composèrent ***Le Livre de mon bord*** (publié en 1948) — et commencer à amasser de nouvelles réflexions — dont il recueillit une partie dans ***En vrac*** (1957) : « *Le plus solide et le plus durable trait d'union entre les êtres, c'est la barrière* » ***(Le Livre de mon bord)*** ; « *L'éthique c'est l'esthétique de dedans* » *(ibid.)*. La pensée de Reverdy est un dialogue avec lui-même poursuivi « *entre quatre murs* », parfois avec de grandes présences comme celle de Nietzsche. La parution très discrète, en 1937, du mince recueil de poèmes ***Ferraille*** — sans doute son meilleur volume, dont le premier titre projeté avait été ***Ferraille à vendre***, ce qui en dit long sur son état d'esprit — n'avait pas suffi à lui rendre confiance en l'activité poétique, malgré de réelles réussites, comme dans ce poème, intitulé ***Tendresse***, opposant « *la flamme* » de la création poétique à toutes les tentations de désespoir, à toutes « *les lames du temps présent qui nous déciment* » :

[...]
Ma destinée pétrie de peurs et de mensonges
Mon désir retranché du nombre
Tout ce que j'ai oublié dans l'espoir du matin
Ce que j'ai confié à la prudence de mes mains
Les rêves à peine construits et détruits
Les plus belles ruines des projets sans départs
Sous les lames du temps présent qui nous déciment
Les têtes redressées contre les talus noirs
Grisées par les odeurs du large de la terre
Sous la fougue du vent qui s'ourle
À chaque ligne des tournants
Je n'ai plus assez de lumière
Assez de peau assez de sang
La mort gratte mon front
Et la même matière
S'alourdit vers le soir autour de mon courage
Mais toujours le réveil plus clair dans la flamme
de ses mirages

(***Tendresse***, vv. 17 à 34, in ***Ferraille***)

Rejaillissements poétiques

« *L'aventure poétique est finie pour moi* », écrivait-il en 1942. Les années suivantes apportèrent un puissant démenti. Sans doute la reprise de poèmes anciens en 2 recueils successifs, ***Plupart du temps*** (1945) et ***Main d'œuvre*** (1949), joua-t-elle un rôle stimulant. L'un, « *témoignage partiel du genre d'activité qui a absorbé la plupart de mon temps* », regroupait tous les livres publiés entre 1915 et 1922, depuis ***Poèmes en prose*** jusqu'à ***Cravates de chanvre***. L'autre contenait les œuvres parues de 1925 à 1948, parmi lesquelles ***Sources du vent*** (1927) qui avait déjà rassemblé, dans un ordre aléatoire, tous les poèmes dispersés dans les revues.

Peu de temps avant sa mort, Reverdy composa ***Sable mouvant*** (posth., 1965), bilan d'une vie d'homme et de poète, habité par la prescience de la disparition. Témoin les derniers vers de cet ultime poème :

Alors
je prie le ciel
Que nul ne me regarde
Si ce n'est au travers d'un verre d'illusion
Retenant seulement
sur l'écran glacé d'un horizon qui boucle
ce fin profil de fil de fer amer
si délicatement délavé
par l'eau qui coule
les larmes de rosée
les gouttes de soleil
les embruns de la mer.

(*Sable mouvant*)

Disparu aussi discrètement qu'il avait vécu, Reverdy a laissé une œuvre considérable, notamment des dizaines de recueils, dont le recensement a été mené à bien par Étienne-Alain Hubert, une quinzaine d'années après sa mort (*Bibliographie des écrits de Pierre Reverdy*, 1976). Rarement poète fut à la fois aussi fécond et aussi secret.

THÉORIE LITTÉRAIRE

Le nom de Reverdy est inséparable de la théorie de « *l'Image* » (1918), qui s'inscrit en grands caractères dans le numéro 13 de ***Nord-Sud*** : « *L'Image est une création pure de l'esprit. / Elle ne peut naître d'une comparaison mais du rapprochement de deux réalités plus ou moins éloignées. / Plus les rapports des deux réalités rapprochées seront lointains et justes, plus l'image sera forte — plus elle aura de puissance émotive et de réalité poétique.* » Réécriture véhémente de la vieille rhétorique qui condamnait les « *images prises de loin* » et définissait la métaphore comme une *similitudo brevior* [comparaison abrégée], sans aucun doute. Mais aussi situation d'égalité attribuée à chacune des « *réalités* » qui, rapprochées dans l'image, ne se trouvent plus ordonnées selon un rapport de comparé à comparant : Reverdy avait tiré la conséquence du nouveau statut de la poésie qui, ayant cessé depuis Mallarmé et Rimbaud d'être figurative, est définie par lui comme « *art de conception* » ou de « *création* ».

Outre le texte fondateur de 1918 — dont le retentissement et l'influence furent décisifs sur toute la poésie contemporaine, et notamment sur le surréalisme qui fit sienne cette théorie de « *l'Image* » —, Reverdy ne cessa d'accompagner sa pratique de poète de réflexions théoriques recueillies principalement — mais pas exclusivement — dans ***Le Gant de crin***, ***Le Livre de mon bord***, ***En vrac*** et ***Cette émotion appelée poésie***. À côté d'affirmations mêlant sérieux et ironie — « *La poésie ne mène à rien — à condition de ne pas en sortir* » **(*Le Livre de mon bord*)** ; « *Un bon poème sort tout fait* » (*ibid.*) —, le poète multiplie les tentatives de définition de la poésie, perçue comme le complément de tous nos manques et de toutes nos absences : « *La poésie est dans ce qui n'est pas. Dans ce qui nous manque. Dans ce que nous voudrions qui fût. Elle est en nous à cause de ce que nous ne sommes pas* » **(*Le Gant de crin*)**. Mieux même : « *La poésie, c'est le lieu entre nous et le réel* absent. *C'est l'absence qui fait naître tous les poèmes* » **(*Cette émotion [...]*)**. De même Reverdy s'efforce-t-il d'analyser le travail du poète, notamment par rapport au prosateur : « *Le poète pense en pièces détachées, idées séparées, images formées par contiguïté ; le prosateur s'exprime en développant une succession d'idées qui sont déjà en lui et qui restent logiquement liées. Il déroule. Le poète juxtapose et rive, dans les meilleurs cas, les différentes parties de l'œuvre dont le principal mérite est précisément de ne pas présenter trop de raison trop évidente d'être ainsi rapprochées* » **(*Le Livre de mon bord*)**.

Et même s'il est décevant de constater qu'« *un poète ne vit guère que de sensations, aspire aux idées et, en fin de compte, n'exprime que des sentiments* » **(*Le Livre de mon bord*)**, rien ne saurait détourner le poète de cette quête essentielle : « [...] *ce passage de l'émotion brute, confusément sensible ou morale, au plan esthétique où, sans rien perdre de sa valeur humaine, s'élevant à l'échelle, elle s'allège de son poids de terre et de chair, s'épure et se libère de telle sorte qu'elle devient, de souffrance pesante du cœur, jouissance ineffable de l'esprit, c'est ça la poésie* » **(*Cette émotion [...]*)**.

THÉORIE LITTÉRAIRE

« *Pas de voyages, pas d'aventure, pas d'histoire, mais que d'histoires !* » Rythmés de dénégations, ces quelques mots livrés en 1924 à un éditeur en vue d'un prière d'insérer en disent peu sur l'existence mais beaucoup sur la volonté de silence de ce solitaire chaleureux, farouchement réfractaire aux divulgations du contingent et de l'intime : Reverdy fut sans doute l'un des poètes les plus nativement créateurs de son siècle. Il fut en tout cas l'un des plus féconds et reste l'un des plus méconnus, peut-être pour avoir fait radicalement sienne cette devise : « *Ce n'est pas tellement de liberté qu'on a besoin, mais de n'être enchaîné que par ce qu'on aime* » **(*Le Livre de mon bord*)**.

Une poétique du dépouillement

La poésie de Reverdy offrait une nouveauté irréductible en son temps. Ainsi, à la fin du poème *Note* (1917), témoignage d'une poétique et emblème d'une énonciation :

Et l'auteur avait disparu emportant son secret
Tous les assistants comprenaient ce qu'il avait voulu dire

Dans ce langage dépouillé et cependant riche de vibrations, Reverdy définit mieux que personne l'émotion qu'apporte chacun de ses livres au lecteur : la saisie immédiate d'un sens en même temps que la conscience du mystère du verbe ; l'impression d'une présence toujours forte que soutient paradoxalement le sentiment de la perte de la voix, de la disparition du poète. Comme si l'œuvre était prédestinée à n'acquérir sa pleine consistance qu'avec la mort de l'auteur, comme si tout poème pouvait s'appeler — du titre d'un de ses articles — un « *présent du poète à la postérité* ».

Dans de nombreux poèmes, un espace à la fois abstrait et minutieusement construit à travers des allusions architecturales (« *porte* », « *fenêtre* », « *mur* », « *toit* », « *corniche* », « *couloir* », « *chambre* », « *miroir* », « *carrefour* »...), précisé par de nombreuses prépositions ou adverbes de lieux (« *au centre de* », « *autour* », « *milieu* », « *sur* », « *le long de* »...), circonscrit le lieu vacant d'un sujet problématique, ou pluriel (« *nous* »), ou indéfini (« *on* », « *quelqu'un* », « *ceux qui* ») ou éclaté (« *bouche* », « *tête* », « *main* »...) :

Nous sommes deux
Sur la même ligne où tout se suit
Dans les méandres de la nuit
Une parole est au milieu
Deux bouches qui ne se voient pas
Un bruit de pas
Un corps léger glisse vers l'autre
La porte tremble
Une main passe
On voudrait ouvrir
Le rayon clair se tient debout
Là devant moi
Et c'est le feu qui nous sépare
Dans l'ombre où ton profil s'égare
Une minute sans respirer
Ton souffle en passant m'a brûlé

(***Couloir***, in ***Les Ardoises du toit***, in ***Plupart du temps***)

Il y a quelque chose de mieux que la boîte en fer-blanc portant des marques au crochet de l'enseigne
Dans le tourbillon où passe le refrain des voix que le temps a usées
Près du porche cependant les même mesures du portier
Des morceaux de son ombre
Je relève les traces aux bords de la rivière et du glacier
Autour du jardin les derniers échos tombés des nids
Et les carrés de l'air remplis de pierres
Les buttes de terre contre les troncs nus
Plus loin les arbres découpés et les flots de nuages
Les feuilles rejetées
Les branches maigres
Et les mille bruits indistincts qui remplirent le vide pendant les dernières années
Sous les formes de l'air modelées par les mains dans la lumière
Enfin entre la porte et le carré à la hauteur des yeux
Un éclair de regard
Toujours le même

(***Figure de porte***, in ***Pierres blanches***, in ***Main d'œuvre*** 1930)

Le poème de Reverdy s'adresse à l'œil autant qu'à l'esprit. La disposition typographique qu'il s'était créée dès ses premières plaquettes — et à laquelle le sensibilisaient et son métier de correcteur et son amour de la peinture — n'avait rien de commun avec les audaces aventureuses ou certaines afféteries du temps. Ayant une raison d'être « *purement littéraire* » (***Self defence***, 1919), elle ne cherche pas à rivaliser avec les effets plastiques du peintre. Comme l'écrit judicieusement François Chapon, « *elle s'ajuste au processus d'ébranlement, d'élaboration, de transmutation où s'accomplit la poésie faite de mots* » (*Le Peintre et le Livre*, 1984).

Un splendide isolement

« *La difficulté du soleil* » : ainsi Jacques Dupin définissait-il la trajectoire poétique et existentielle de Reverdy dans sa *Préface* à *Ancres*, recueil de textes et d'images consacré à Reverdy en 1977 par les éditons Maeght. La formule s'appliquerait aussi bien à la fortune critique d'un poète dont le nom, relativement peu connu du grand public, occupe une place précieuse auprès de quelques grands représentants de l'art et de la littérature de notre temps. Situation qui, à vrai dire, n'est point nouvelle.

Dans le passé, Reverdy traversa deux brèves périodes de relative célébrité : de 1917 à 1919, à l'époque de ***Nord-Sud*** et lors de la crise de succession qui s'ouvrit à la mort d'Apollinaire, il fut considéré comme une figure majeure de l'avant-garde ; puis, pendant quelques mois de 1924, sortis de l'agitation Dada et de ses épisodes bousculés, les surréalistes trouvèrent plusieurs occasions de rendre hommage à celui qui les avait naguère accueillis dans sa revue et qui avait contribué à les révéler à eux-mêmes. Faut-il s'étonner de cette discrétion ? Les années suivantes furent celles d'une obscurité en partie consentie : l'installation à Solesmes et la crise intérieure qui la suivit comptèrent sans doute dans une discrétion qui ressemblait parfois à un torpillage. Ainsi, en 1930, la sortie du recueil des contes visionnaires de ***Risques et Périls*** n'eut pas droit à la moindre ligne de la part de la critique littéraire.

À partir de 1945, grâce à des amis comme Tériade et Maurice Saillet, ainsi que par l'appui de ses amis peintres, l'œuvre poétique de Reverdy, rendue accessible par les recueils ***Plupart du temps*** et ***Main d'œuvre*** s'acquit un public fervent, notamment auprès de jeunes poètes ou artistes de l'époque, dont les témoignages, dans le recueil d'hommages publié par Maurice Saillet en 1962, ont une intensité de ton qui ne trompe pas — recueil rassemblant aussi des contributions critiques inégalées, comme celles de Georges Poulet et de Jean-Pierre Richard. L'exposition organisée en 1970 par la Fondation Maeght, *À la rencontre de Pierre Reverdy et ses amis*, les rééditions procurées chez Flammarion à l'initiative de Maurice Saillet et Stanislas Fumet, son entrée dans la collection de poche « Poésie/ Gallimard » (1971, 1981 et 1989), les colloques tenus en 1989, ont beaucoup fait pour élargir l'audience du poète — de moins en moins méconnu désormais. Grâce à l'action de François Chapon qui fut son ami et qui reste le meilleur connaisseur de son œuvre, un nombre considérable de manuscrits et d'ouvrages ont été rassemblés à la Bibliothèque littéraire Jacques Doucet. Enfin, sous le simple titre *Pierre Reverdy* (1999), Robert Bober et Pierre Dumayet ont réalisé un excellent documentaire télévisuel, dans la collection « Un siècle d'écrivains », qui a contribué à rompre le splendide isolement du Narbonnais de Solesmes qui disait de lui-même : « *Pour moi, ayant toujours été plus matière qu'esprit, et d'intelligence douteuse* [...] » (***Le Premier Pas qui aide***, 1954).

ŒUVRE

Main d'œuvre. *Poèmes 1939-1949*

Recueil poétique publié au Mercure de France en 1949 et rassemblant outre les publications **Grande Nature** (1925), ***La Balle au bond*** (1928), ***Sources du vent*** (1929), ***Pierres blanches*** (1930), ***Ferraille*** (1937), ***Plein Verre*** (1940), ***Le Chant des morts*** (1944 à 1948), les inédits ***Cale sèche*** (1913 à 1915) et ***Bois vert*** (1946 à 1949).

Davantage encore que ***Plupart du temps***, ***Main d'œuvre*** — dont le titre même illustre une conception artisanale de l'acte poétique — fait mesurer l'évolution des moyens et de l'inspiration : poésie minimaliste des débuts, toute de dépouillement (***Cale sèche***, ***Grande Nature***, ***La Balle au bond***, ***Sources du vent***, ***Pierres blanches***) ; dans les œuvres récentes, un rythme gonflé comme un ressac, des séquences d'images où se déclinent sans cesse les modalités de la détresse intérieure (***Ferraille***, ***Plein Verre***, ***Le Chant des morts***, ***Bois vert***). La souffrance, avivée et élargie par le drame de l'Occupation, inspire l'admirable ***Chant des morts*** pour lequel Picasso traça une illustration dramatique, à grands coups de balafres rouges : *Quand la voix du matin chante à chaque portière / Plus claire à chaque coude du refrain / La faux qui trace ses chemins dans la lumière / Les yeux remis à sec / Dans le clair-obscur des pentes du chagrin / Un coup de reins plus sourd / Une main plus agile / Qui tient de la révolte débordant son vaisseau / La voix libre la voix tonnante et métallique qui s'étire / Autour des incendies limpides / Des flammes affamées / Des rafales de joie / Des dentelles de mains dressées dans le délire / Navires démâtés aux océans de peur / Et dans les anses plus serrées où le vent crisse / Une lame de fond brise dans l'épaisseur / Tempête sans ressorts / Furie remise à plat* (***Temps de paix***, in ***Le Chant des morts***) ; *La chasse est décidée dans le tympan des ailes / Le souci macabre de tenir le secret / Alors qu'il fait dans ta poitrine un froid de neige / Clair et limpide comme une garniture d'été / Tes yeux chargés de feuilles mortes / de listes rouges de condamnés / Tout le long de la rive sans prison / Sans reflets de fenêtres / Au sinistre couchant contre le parapet / L'ombre se coule au bas des murs emplit la ville / Dans une crue gluante à contre sang / Les ailes surchargées* *d'affronts et de murmures / Les ailes sourdes / Les ailes volant bas / Puis dans l'ordre le grincement de la mort traînante / La paix dans la poitrine / La main gantée de terre desséchée / Au dernier ressac du cœur dans les ruines / Le dernier mot du sort / La sainte bûche du foyer* (**À voix plus basse**, *ibid.*). À l'opposé de ce lyrisme inspiré par les désastres de l'Histoire, tout en violence et en urgence, où le poète oublie sa souffrance personnelle pour ne s'associer qu'au désespoir des hommes face à la folie du monde, les poèmes antérieurs du recueil se signalent par leur dénuement extrême, leur retenue, leur discrétion, marquées par l'abondance des termes, formules et constructions indéfinis ou indéterminés, qui font même douter de la présence du monde : *Il n'y a plus rien qui reste / entre mes dix doigts / Une ombre qui s'efface / Au centre / un bruit de pas / Il faut étouffer la voix qui monte trop / Celle qui gémissait et qui ne mourait pas / Celle qui allait plus vite / C'est vous qui arrêtiez ce magnifique élan / L'espoir et mon orgueil / qui passaient dans le vent / Les feuilles sont tombées / pendant que les oiseaux comptaient / les gouttes d'eau / Les lampes s'éteignaient derrière les rideaux / Il ne faut pas aller trop vite / Crainte de tout casser en faisant trop de bruit* (***Sur la pointe des pieds***, in ***Sources du vent***).

Telle est la diversité de **Main d'œuvre** qui, couvrant — malgré un sous-titre indûment réducteur — plus de trente-cinq années de création poétique, avant et après la décisive retraite à Solesmes, mais aussi d'une guerre mondiale à l'autre, témoigne du travail — comme le suggère expressément le titre — d'un poète paradoxalement plus que jamais solitaire et solidaire en son siècle de désespoir, qui fait de *« l'amour / l'amer sourire de la mort »* ***(Bois vert)***.

CITATIONS

Le plus solide et le plus durable trait d'union entre les êtres, c'est la barrière.

Notes 1930-1936, in *Le Livre de mon bord*.

J'ai tellement besoin de temps pour ne rien faire, qu'il ne m'en reste plus assez pour travailler.

Notes 1930-1936, in *Le Livre de mon bord*.

Je suis armé d'une cuirasse qui n'est faite que de défauts.

Notes 1930-1936, in *Le Livre de mon bord*.

La poésie ne mène à rien — à condition de ne pas en sortir.

Notes 1930-1936, in *Le Livre de mon bord*.

Ce n'est pas tellement de liberté qu'on a besoin, mais de n'être enchaîné que par ce qu'on aime.

Notes 1930-1936, in *Le Livre de mon bord*.

Le poète pense en pièces détachées, idées séparées, images formées par contiguïté ; le prosateur s'exprime en développant une succession d'idées qui sont déjà en lui et qui restent logiquement liées. Il déroule. Le poète juxtapose et rive, dans les meilleurs cas, les différentes parties de l'œuvre dont le principal mérite est précisément de ne pas présenter trop de raison trop évidente d'être ainsi rapprochées.

Notes 1930-1936, in *Le Livre de mon bord*.

L'éthique c'est l'esthétique de dedans.

Notes 1930-1936, in *Le Livre de mon bord*.

Un poète ne vit guère que de sensations, aspire aux idées et, en fin de compte, n'exprime que des sentiments.

Notes 1930-1936, in *Le Livre de mon bord*.

Un bon poème sort tout fait.

Notes 1930-1936, in *Le Livre de mon bord*.

JUGEMENTS

« Dire que c'est cette poésie-là, qu'on a écrasée sous une étiquette, l'appelant, alors, la poésie cubiste *! Pourquoi ¿ [...] Qu'est-ce qui peut être* cube *dans les mots ¿ Toute la parenté de Reverdy, de sa poésie et du cubisme, est dans l'amitié qui le liait à Juan Gris, à Picasso, à Braque. Aussi peut-être dans un certain sort commun : à une époque où la peinture s'est fait sa palette d'objets des éléments quotidiens d'une vie misérable [...], la poésie d'un Reverdy, son vocabulaire élagué, est le terrain vague, la rue hostile, l'escalier délabré d'une vie qui est celle des peintres et des poètes d'alors. »*

Louis ARAGON, *Chroniques du bel canto*, Skira, 1947.

« J'aime sa voix mâle, ses yeux de chasselas noir — proches parents de ceux de Picasso —, le port altier de sa tête et même ses sautes d'humeur, les colères de son orageuse nature. »

BRASSAÏ, *Conversations avec Picasso*, Gallimard, 1964.

« [...] *j'aimais et j'aime encore — oui, d'amour — cette poésie pratiquée à larges coupes dans ce qui nimbe la vie de tous les jours, ce halo d'appréhensions et d'indices qui flotte autour de nos impressions et de nos actes. Il taillait dedans comme au hasard : le rythme qu'il s'était créé était apparemment son seul outil mais cet outil ne le trahissait jamais ; il était merveilleux. Reverdy était beaucoup plus théoricien qu'Apollinaire : il eût même été pour nous un maître idéal s'il avait été moins passionné dans la discussion, plus véritablement soucieux des arguments qu'on lui opposait, mais il est vrai que cette passion entrait pour beaucoup dans son charme. Nul n'a mieux médité et su faire méditer sur les moyens profonds de la poésie. Rien ne devait, par la suite, avoir plus d'importance que ses thèses sur l'image poétique. Il n'est, non plus, personne qui, de la longue ingratitude du sort, ait montré un détachemnt plus exemplaire.* »

André BRETON, *Entretiens (1913-1952)*, Gallimard, 1952.

« *Finalement, rien de moins statique, avec cet art de l'espace, avec ses assises mystérieusement mais justement réparties, que cette œuvre* [Le Chant des morts] *dont chaque poème, si l'on en étudie les termes, est animé d'un dynamisme interne* [...]. *Immense pulsation qui justifie non seulement les contradictions, les alternances, mais qui se traduit d'une manière quasi physique dans la hantise du départ, du voyage, de la marche ; dans l'obstination à poursuivre la course* [...]. »

François CHAPON, *Préface* à Pierre REVERDY, *Ferraille, Plein Verre, Le Chant des morts...*, « Poésie », Gallimard, 1981.

« [...] *il bannit définitivement de la poésie française l'anecdote et la biographie. L'exclusion de la biographie fut complétée par celle de l'Histoire, condamnée à un exil perpétuel. À la manière des tableaux cubistes, les petits poèmes de Reverdy sont des fenêtres, mais des fenêtres qui s'ouvrent sur l'intérieur, jamais sur l'extérieur.* »

Octavio PAZ, *La Fleur saxifrage*, trad. franç. Jean-Claude MASSON, Gallimard, 1984.

« *Pierre Reverdy était non seulement un "causeur éblouissant"* [...] *mais un orateur étourdissant et envoûtant. Sa voix était très belle, grave et chaleureuse. Son léger accent narbonnais ponctuait les périodes.* »

Philippe SOUPAULT, *Profils perdus*, Mercure de France, 1963.

BIBLIOGRAPHIE

Éditions

Œuvres complètes, éd. S. FUMET, É.-A. HUBERT et M. SAILLET, Flammarion, 1967 à 1989, 14 vol. ; on trouvera la liste des titres de Reverdy *in* É.-A. HUBERT, *Bibliographie des écrits de Pierre Reverdy*, Éd. É.-A. HUBERT, 1976.

Ferraille, Plein verre, Le Chant des morts, Bois vert, Pierres blanches, éd. Fr. CHAPON, « Poésie », Gallimard, 1981.

Main d'œuvre, poèmes, 1913-1949, éd. revue, Mercure de France, 1989.

Plupart du temps (1915-1922), éd. H. JUIN, « Poésie », Gallimard, 1989.

Sources du vent précédé de La Balle au bond, éd. M. DEGUY, « Poésie », Gallimard, 1971.

Études

G. BOCHOLIER, *Pierre Reverdy, le Phare obscur*, Champ Vallon, Seyssel (Ain), 1984.

M.A. CAWS, *La Main de Pierre Reverdy*, Droz, Genève (CH), 1979.

F. CHAPON et Y. PEYRÉ (dir.), *Pour Reverdy*, Le Temps qu'il fait, Cognac (Charente), 1990.

M. COLLOT, *Horizon de Reverdy*, Presses de l'É.N.S., 1981 ; *id.* (dir.), *Reverdy aujourd'hui*, Presses de l'É.N.S., 1992 ; « Le *"lyrisme de la réalité"* (Reverdy) », in *La Matière-Émotion*, PUF, 1997.

É.-A. HUBERT (dir.), « Reverdy », actes du colloque de Cerisy, *in* « Jouve, Bousquet, Reverdy », in *Sud*, oct. 1981.

Ph. JACCOTTET, *L'Entretien des Muses*, Gallimard, 1968.

Y. LECLERC (dir.), *Lire Reverdy*, P.U. Lyon, 1990 ; *id.* et G. CESBRON (dir.), *Le Centenaire de Pierre Reverdy (1889-1960)*, P.U. Angers, 1990.

G. POULET, *Études sur le temps humain*, III, Plon, 1964.

J.-P. RICHARD, *Onze études sur la poésie moderne*, Seuil, 1964.

J. ROUSSELOT et M. MANOLL, *Pierre Reverdy*, « Poètes d'aujourd'hui », Seghers, 1970.

M. SAILLET (dir.), *Pierre Reverdy (1889-1960)*, Mercure de France, 1962.

« Pierre Reverdy », in *Action poétique*, n° 102, déc. 1985.

« Pierre Reverdy », in *Europe*, janv.-févr. 1994.

RIMBAUD

Arthur RIMBAUD

Jean Nicolas Arthur RIMBAUD

Charleville (auj. Charleville-Mézières, act. Ardennes) 1854 – Marseille 1891

> *« Éclat, lui, d'un météore, allumé sans motif autre que sa présence, issu seul et s'éteignant. Tout, certes, aurait existé, depuis, sans ce passant considérable, comme aucune circonstance littéraire vraiment n'y prépara : le cas personnel demeure, avec force. »*
>
> Stéphane MALLARMÉ, « Arthur Rimbaud », 1896, in *Quelques Médaillons et Portraits en pied*, in *Divagations*, 1897.

> *« Arthur Rimbaud et Stéphane Mallarmé sont des poètes immobiles et solidement assis dans la même pagode d'imbécillité parfaite où le lecteur exaspéré peut toujours leur décocher sûrement sa malédiction. »*
>
> Léon BLOY, *On demande des malédictions*, in *Inédits*, mai 1884.

Une vie fulgurante

Du parnassien au voyant

Fils de Frédéric Rimbaud, capitaine d'infanterie, et de Vitalie Cuif, une paysanne ardennaise, Rimbaud était le 2nd d'une famille de 4 enfants — il avait un frère aîné, Frédéric, et 2 sœurs cadettes, Vitalie et Isabelle. En 1860, le capitaine Rimbaud quitta définitivement sa famille et rejoignit sa garnison de Grenoble. L'année suivante, Arthur entra à l'institution Rossat de Charleville et s'y fit remarquer par ses prix d'excellence. En 1865, il entra au collège de la ville, réputé pour son enseignement religieux. En 1868, à l'occasion de la première communion du prince impérial, Rimbaud envoya à celui-ci une ode latine, et, en 1869, alors qu'il était en classe de rhétorique, 3 de ses compositions latines furent publiées dans *Le Moniteur de l'enseignement secondaire*. La même année, il emporta le premier prix du concours académique de Douai pour la composition en vers latins. De 1869 datent aussi ses premiers vers français, ***Les Étrennes des orphelins***, publiés dans *La Revue pour tous* en 1870 :

Oh ! que le jour de l'an sera triste pour eux !
— Et, tout pensifs, tandis que de leurs grands yeux bleus
Silencieusement tombe une larme amère,
Ils murmurent : « Quand donc reviendra notre mère ? »

(***Les Étrennes des orphelins***, IV, vv. 73 à 76, in ***Poésies***)

En classe de rhétorique, Rimbaud se lia d'amitié avec son professeur de lettres, Georges Izambard, âgé de 21 ans, poète à ses heures, féru de Baudelaire et des poètes parnassiens, auquel il adressa en 1870 et 1871 des lettres qui devinrent célèbres. Il eut pour amis et condisciples Ernest Delahaye — son futur biographe — et Paul Labarrière, avec lesquels il découvrit la nouvelle poésie dans l'*Anthologie du Parnasse contemporain*, en 1866. En mai 1870, Rimbaud envoya 3 poèmes à Banville, le poète « moderne » du moment : ***Sensation***, ***Ophélie*** et ***Credo in unam*** (intitulé ultérieurement ***Soleil et Chair***) ; le poète répondit, mais ne retint aucun de ces textes — depuis devenus célèbres :

Par les soirs bleus d'été, j'irai dans les sentiers,
Picoté par les blés, fouler l'herbe menue :
Rêveur, j'en sentirai la fraîcheur à mes pieds.
Je laisserai le vent baigner ma tête nue.

Je ne parlerai pas, je ne penserai rien :
Mais l'amour infini me montera dans l'âme,
Et j'irai loin, bien loin, comme un bohémien,
Par la Nature, — heureux comme avec une femme.

(***Sensation***, *ibid.*)

Ciel ! Amour ! Liberté ! Quel rêve, ô pauvre Folle !
Tu te fondais à lui comme une neige au feu :
Tes grandes visions étranglaient ta parole
— Et l'Infini terrible effara ton œil bleu !

(***Ophélie***, II, vv. 29 à 32, *ibid.*)

Rimbaud réussit davantage à convaincre un hebdomadaire satirique, *La Charge*, qui publia ***Trois Baisers*** (initialement intitulé ***Comédie en trois baisers*** et finalement devenu ***Première Soirée***), en août de la même année :

— Elle était fort déshabillée
Et de grands arbres indiscrets
Aux vitres jetaient leur feuillée
Malinement, tout près, tout près.

[...]

« Monsieur, j'ai deux mots à te dire... »
— Je lui jetai le reste au sein
Dans un baiser, qui la fit rire
D'un bon rire qui voulait bien...

(***Première Soirée***, vv. 1 à 4 et 25 à 28, *ibid.*)

Le 19 juillet 1870, la France déclara la guerre à la Prusse. Des opérations militaires secouèrent bientôt la région de Charleville. Antibonapartiste convaincu, révolté, Rimbaud s'en prit violemment à la société bourgeoise et cléricale, et à ses valeurs patriotiques, en composant ***À la musique*** et surtout « *Morts de Quatre-vingt-douze et Quatre-vingt-treize...* » Le 29 août 1870, sans autorisation et sans argent, il se rendit en train à Paris, où il comptait assister à la chute du gouvernement impérial. Il fut incarcéré brièvement à la prison de Mazas pour avoir effectué une partie du trajet sans billet, et « *devoir treize francs de chemin de fer* » (***Lettre à Izambard***, du 5 sept. 1870). De retour à Charleville, Rimbaud ne songea qu'à fuir : « *Je meurs, je me décompose dans la platitude, dans la mauvaiseté, dans la grisaille* » (***Lettre à Izambard***, du 2 nov. 1870). Le 7 octobre 1870, il partit pour Charleroi, puis pour Bruxelles, avant de se réfugier à Douai, chez les demoiselles Gindre, tantes d'Izambard. À l'attention de Paul Demeny, jeune poète et ami d'Izambard, il recopia un recueil de 22 poèmes, qui comprenait, entre autres, ***Au Cabaret-Vert, cinq heures du soir***, ***La Maline***, ***Ma Bohème (Fantaisie)*** et ***Rêvé pour l'hiver*** :

> *Depuis huit jours, j'avais déchiré mes bottines*
> *Aux cailloux des chemins. J'entrais à Charleroi.*
> *— Au Cabaret-Vert : je demandai des tartines*
> *De beurre et du jambon qui fût à moitié froid.*
>
> (***Au Cabaret-Vert, cinq heures du soir***, vv. 1 à 4, in ***Poésies***)

> *Je m'en allais les poings dans mes poches crevées ;*
> *Mon patelot aussi devenait idéal ;*
> *J'allais sous le ciel, Muse ! et j'étais ton féal ;*
> *Oh ! là là ! que d'amours splendides j'ai rêvées !*
>
> *Mon unique culotte avait un large trou.*
> *— Petit-Poucet rêveur, j'égrenais dans ma course*
> *Des rimes. Mon auberge était à la Grande-Ourse.*
> *— Mes étoiles au ciel avaient un doux frou-frou*
>
> (***Ma Bohème (Fantaisie)***, vv. 1 à 8, *ibid.*)

> *L'hiver, nous irons dans un petit wagon rose*
> *Avec des coussins bleus.*
> *Nous serons bien. Un nid de baisers fous repose*
> *Dans chaque coin moelleux.*
>
> (***Rêvé pour l'hiver***, vv. 1 à 4, *ibid.*)

Mme Rimbaud fit ramener son fils à Charleville par la maréchaussée ; là, Rimbaud retrouva Delahaye, se mit à fréquenter la bibliothèque municipale, où il découvrit les socialistes français (Proudhon, Babeuf, Saint-Simon, Louis-Blanc), et composa ***Les Assis***, ***Les Corbeaux*** et ***Les Douaniers*** :

> *Et les Assis, genoux aux dents, verts pianistes*
> *Les dix doigts sous leur siège aux rumeurs de tambour*
> *S'écoutent clapoter des barcaroles tristes*
> *Et leurs caboches vont dans des roulis d'amour.*
>
> (***Les Assis***, vv. 17 à 20, *ibid.*)

> *Seigneur, quand froide est la prairie*
> *Quand dans les hameaux abattus,*
> *Les longs angelus se sont tus...*
> *Sur la nature défleurie*
> *Faites s'abattre des grands cieux*
> *Les chers corbeaux délicieux.*
>
> (***Les Corbeaux***, vv. 1 à 6, *ibid.*)

En décembre, Mézières, aux portes de Charleville, fut bombardée. L'année 1871 fut marquée par un nouveau départ pour Paris : le 25 février, Rimbaud fuit pour la 3e fois sa ville natale, erra une quinzaine de jours dans la capitale, où se préparait l'insurrection de la Commune, puis fut contraint de rentrer à pied à Charleville. Le 18 mars, il se réjouit d'apprendre que la Commune était proclamée. Rejoignit-il pour autant les communards, comme le veut une certaine légende ? Rien n'est sûr : alors que sa présence est attestée à Charleville, on l'aurait vu à Paris, selon Delahaye et Verlaine, entre le 19 avril et le 13 mai, auprès d'un groupe de francs-tireurs. Quoi qu'il en fût, ses textes d'alors, tel ***Chant de guerre parisien***, témoignaient d'une totale adhésion à la cause communarde, et les lettres qu'il adressa, en mai 1871, à Georges Izambard et Paul Demeny instauraient une véritable rupture ; de poète demandant à être admis dans la cohorte parnassienne, Rimbaud était devenu rebelle — « *Je m'encrapule le plus possible* » (***Lettre à Izambard***, du 13 mai 1871) —, et ses nouveaux vers, ***Les Poètes de sept ans***, ***Les Pauvres à l'église***, ***Le Cœur du pitre***, témoignent d'une insurrection totale contre les « *vieilles énormités crevées* » :

> *Et la Mère, fermant le livre du devoir,*
> *S'en allait satisfaite et très fière, sans voir,*
> *Dans les yeux bleus et sous le front plein d'éminences*

L'âme de son enfant livrée aux répugnances.

[...]
C'était bon. Elle avait le bleu regard, — qui ment !

À sept ans, il faisait des romans, sur la vie
Du grand désert, où luit la Liberté ravie,
Forêts, soleils, rios, savanes ! — Il s'aidait
De journaux illustrés où, rouge, il regardait
Des Espagnoles rire et des Italiennes.

(***Les Poètes de sept ans***, vv. 1 à 4 et 30 à 35, in ***Poésies***)

Voyant voyou : Paris, Londres, Bruxelles

Grâce à Charles-Auguste Bretagne, qu'il rencontra à Charleville dans le courant de 1871, Rimbaud entra en contact avec Verlaine et lui envoya de nouveaux poèmes :

Ô mes petites amoureuses,
Que je vous hais !
Plaquez de fouffes douloureuses
Vos tétons laids !

(***Mes Petites Amoureuses***, vv. 25 à 28, *ibid.*)

Syphilitiques, fous, rois, pantins, ventriloques,
Qu'est-ce que ça peut faire à la putain Paris,
Vos âmes et vos corps, vos poisons et vos loques ?
Elle se secouera de vous, hargneux pourris !

(***L'Orgie parisienne ou Paris se repeuple***, vv. 37 à 40, *ibid.*)

Christ ! ô Christ, éternel voleur des énergies,
Dieu qui pour deux mille ans vouas à ta pâleur,
Cloués au sol, de honte et de céphalalgies,
Ou renversés, les fronts des femmes de douleur.

(***Les Premières Communions***, IX, vv. 133 à 136, *ibid.*)

Verlaine, de dix ans son aîné, qui avait déjà publié des recueils importants, s'enthousiasma et l'invita à Paris. À la fin septembre 1871, Rimbaud fut logé chez les Mauté, les beaux-parents de Verlaine, puis en divers endroits. Aux dîners des « *Vilains Bonshommes* », il lut ***Le Bateau ivre*** — 100 alexandrins répartis en 25 quatrains — qui suscita l'admiration de tous et reste son plus célèbre poème :

Comme je descendais des Fleuves impassibles,
Je ne me sentis plus guidé par les haleurs !
Des Peaux-rouges criards les avaient pris pour cibles
Les ayant cloués nus aux poteaux de couleurs.

[...]

Je sais les cieux crevant en éclairs, et les trombes
Et les ressacs et les courants : je sais le soir,
L'Aube exaltée ainsi qu'un peuple de colombes
Et j'ai vu quelquefois ce que l'homme a cru voir !

[...]

Mais, vrai, j'ai trop pleuré ! Les Aubes sont navrantes.
Toute lune est atroce et tout soleil amer :
L'âcre amour m'a gonflé de torpeurs enivrantes.
Ô que ma quille éclate ! Ô que j'aille à la mer !

Si je désire une eau d'Europe, c'est la flache
Noire et froide où vers le crépuscule embaumé
Un enfant accroupi plein de tristesses, lâche
Un bateau frêle comme un papillon de mai.

Je ne puis plus, baigné de vos langueurs, ô lames,
Enlever leur sillage aux porteurs de cotons,
Ni traverser l'orgueil des drapeaux et des flammes,
Ni nager sous les yeux horribles des pontons.

(***Le Bateau ivre***, vv. 1 à 4, 29 à 32 et 89 à 100, *ibid.*)

Avec Verlaine, il collabora aux réunions des zutistes, dirigées par Charles Cros, et à l'*Album zutique*, qui parodiait la poésie parnassienne, avant que ses provocations ne lui valussent d'être exclu du groupe. Verlaine et Rimbaud menèrent, dans le Quartier latin, une vie dissolue, qui finit par les opposer violemment à Mathilde Verlaine, au point que Verlaine faillit étrangler sa femme en janvier 1872. Pour permettre au couple Verlaine de se réconcilier, Rimbaud rentra à Charleville, mais revint dans la capitale en mai 1872, avec des poèmes d'une nouvelle facture empruntant à Verlaine les rythmes de la chanson :

À quatre heures du matin, l'été,
Le sommeil d'amour dure encore.
Sous les bosquets l'aube évapore
L'odeur du soir fêté.

(***Bonne Pensée du matin***, vv. 1 à 4, *ibid.*)

Oisive jeunesse
À tout asservie,
Par délicatesse
J'ai perdu ma vie.
Ah ! que le temps vienne
Où les cœurs s'éprennent.
(***Chanson de la plus haute tour***, vv. 1 à 6, *ibid.*)

En juillet 1872, au plus fort de sa production poétique et de sa relation orageuse avec Verlaine, « *Rimbe* » enjoignit à son ami de le suivre à Bruxelles, où ils retrouvèrent d'anciens communards en exil. En dépit des tentatives de Mathilde pour récupérer son mari, Rimbaud et Verlaine embarquèrent le 4 septembre pour Londres, où les accueillirent d'autres anciens communards, et où furent composés certains des poèmes recueillis dans ***Illuminations*** (1886). Rappelé par sa mère, qui avait pris contact avec Mathilde Verlaine, Rimbaud rentra à Charleville en décembre 1872, avant de retourner aussitôt à Londres (janv. 1873), appelé au chevet de Verlaine malade et soucieux de renouer avec sa femme — qui lui avait intenté un procès en séparation de corps. Rimbaud se lassa pourtant des souffrances de cœur de son ami : ils préférèrent se quitter une fois encore. Alors que Verlaine se réfugiait en Belgique (avr. 1873), Rimbaud rentra à la ferme familiale de Roche — village ardennais où était née sa mère —, où il entama son « *livre païen* » ou « *livre nègre* », première esquisse d'***Une saison en enfer*** (1873). Puis le couple se retrouva pour une dernière escapade en Angleterre (du 27 mai au 3 juil.), où les prétextes de scènes violentes furent nombreux. De nouvelles retrouvailles eurent lieu à Bruxelles où, le 10 juillet 1873, dans un hôtel, Verlaine, ivre et excédé, tira 2 coups de revolver et blessa au poignet son ami ; à la gare du Midi, Rimbaud, accompagné de Verlaine et de sa mère, et craignant une récidive de son amant, trouva protection auprès d'un policier. Verlaine fut arrêté et condamné à deux ans de prison, en dépit de l'acte de désistement signé par Rimbaud à l'hôpital Saint-Jean.

De retour à Roche, Rimbaud acheva ***Une saison en enfer***. Composé entre avril et août 1873, le recueil — le seul publié de son vivant par le poète — fut confié à un imprimeur bruxellois qui le termina en octobre 1873 ; Rimbaud en distribua quelques exemplaires à ses amis parisiens et, faute d'argent, abandonna la commande à l'imprimeur, chez qui le reste du tirage demeura jusqu'en 1901, date à laquelle un bibliophile l'y retrouva par hasard — qui ne révéla sa découverte à la Société des bibliophiles belges qu'en 1914.

De passage à Paris, à l'automne 1873, Rimbaud se lia d'amitié avec Germain Nouveau. L'année suivante, il s'installa à Londres avec Nouveau, qui l'aida à recopier certains poèmes d'***Illuminations***. Pour des raisons inconnues, Nouveau dut quitter Londres. Rentré à Charleville, Rimbaud repartit aussitôt pour d'autres voyages. En 1875, il séjourna à Stuttgart, où il obtint un emploi de précepteur — et où Verlaine vint le rejoindre, le temps d'une nouvelle dispute —, puis il partit pour la Suisse et l'Italie. Le 18 décembre 1875, sa sœur Vitalie mourut. En 1876, Rimbaud partit pour Vienne, se fit expulser d'Autriche, puis, le 19 mai, s'engagea pour trois ans dans l'armée coloniale hollandaise.

Voyageur sans ouvrage

Mercenaire, Rimbaud partit le 10 juin pour Java, où il avait été chargé de rétablir l'ordre. Le 19 juillet 1876, il débarqua à Batavia (auj. Djakarta), mais déserta peu de temps après et regagna l'Europe à bord d'un voilier anglais. De retour à Charleville — « *Charlestown* », comme disait Delahaye — en décembre 1876, Rimbaud repartit aussitôt : pour Brême puis pour Hambourg et, de là, en Suède et au Danemark. En septembre 1877, alors qu'il venait de rentrer à Charleville, la maladie l'empêcha de partir vers Alexandrie. Il ne renonça pas pour autant, et au printemps 1878, après avoir franchi à pied les Vosges, la Suisse et le Saint-Gothard, il s'embarqua à Gênes et gagna Chypre, où il fut alors chef de chantier. La typhoïde le contraignit à rentrer à Roche en mai 1879, puis au printemps 1880, il partit pour l'Égypte, en passant par Chypre, et aboutit à Aden, où il se fit engager par la maison Bardey, spécialisée dans le commerce des peaux et du café. D'Aden, il passa à Harrar où ses employeurs tenaient une succursale. Ce fut le début de son séjour africain, qui dura dix ans — de 1880 à 1890 — et fut marqué par l'ennui, le vide intellectuel, le travail forcené et l'« *horreur indicible* » de l'Arabie. Entretemps, à Paris, Verlaine avait publié, en 1883, dans *Lutèce*, une étude sur Rimbaud qui fut reprise l'année suivante dans *Les Poètes maudits*, une plaquette où il réunit plusieurs courts essais sur les « grands » poètes méconnus de son temps (Mallarmé, Corbière, Marcelline Desbordes-Valmore, Villien, Rimbaud, et lui-même). En 1886, *La Vogue* publia à l'insu de l'auteur ***Une saison en enfer*** et de larges extraits d'***Illuminations***, lesquelles parurent en plaquette, précédée d'une notice de Verlaine, la même année.

En 1885, lassé des incessantes navettes entre Harrar et Aden, Rimbaud se laissa séduire par une affaire d'importation d'armes dans le Choa. Après « *vingt-et-un mois de fatigues atroces* », il finit par renoncer à ce trafic, qui ne lui rapportait aucunement la fortune escomptée. En 1889, il retrouva, à Aden, un emploi de représentant et se livra, à son propre compte, au commerce de peaux, de café, d'ivoire et d'or. En 1890, le directeur de *La France moderne*, Laurent de Gavoty, lui réclama quelques vers : « [...] *je serais heureux et fier de voir le chef de file de l'école décadente et symboliste collaborer à* La France moderne [...]. » Mais Rimbaud était bien loin de ces petites affaires littéraires. Le 9 mai 1891, atteint d'une tumeur cancéreuse au genou, il rentra au pays, après avoir liquidé ses stocks de marchandises. Arrivé à Marseille le 22 mai, il fut admis à l'hôpital et se fit amputer. Après un bref séjour à Roche, il retourna à Marseille, à l'hôpital de la Conception, où, après avoir accepté de se confesser, sur les instances de sa sœur Isabelle, présente à ses côtés, il mourut le 10 novembre 1891, à 37 ans. Son décès passa à peu près inaperçu ; certains de ses amis continuèrent à lui écrire après sa mort. Le jour même de sa disparition, était publié le premier recueil de ses œuvres, ***Le Reliquaire***, publié par Genonceaux et préfacé par Rodolphe Darzens, mais le livre fut aussitôt retiré de la vente en raison d'un différend entre l'éditeur et le préfacier.

THÉORIE LITTÉRAIRE

La poétique de Rimbaud, qui s'exprime dans certaines lettres privilégiées, est toujours une poétique « provisoire » que chaque avancée nouvelle de l'écriture récuse ou critique ironiquement. Du mois de mai 1871 datent 2 lettres capitales de Rimbaud à ses amis. Dans l'une, du 13 mai, destinée à Georges Izambard, il rejette la « *poésie objective* » : « *Il s'agit d'arriver à l'inconnu par le dérèglement de* tous les sens. [...] / *Je est un autre* » ; et il propose ses poèmes comme des « *fantaisies* ». Dans l'autre, du 15 mai, adressée cette fois à Paul Demeny — appelée ***Lettre du voyant*** —, il reprend les mêmes formules, inclut ses propres poèmes en les glosant (« *quelles rimes !* »), cite *L'Homme qui rit* de Hugo, fait la liste de ses admirations littéraires, jamais sans réserves (« [...] *Baudelaire est le premier voyant, roi des poètes,* un vrai Dieu. *Encore a-t-il vécu dans un milieu trop artiste ; et la forme si vantée en lui est mesquine : les inventions d'inconnu réclament des formes nouvelles* »), et de ses répulsions (« *— Lamartine est quelquefois voyant, mais étranglé par la forme vieille.* [...] / *Musset est quatorze fois exécrable pour nous, générations douloureuses et prises de visions, — que sa paresse d'ange a insultées !* [...] *Encore une œuvre de cet odieux génie* [français] *qui a inspiré Rabelais, Voltaire, Jean La Fontaine, commenté par M. Taine !* »), et confie à son ami : « *Je dis qu'il faut être* voyant, *se faire* voyant. / *Le Poète se fait* voyant *par un long, immense et raisonné* dérèglement *de* tous les sens. [...] / [...] / *Donc le poète est vraiment voleur de feu.* » Et Rimbaud affirme son ambition de trouver une autre langue, qui « *sera de l'âme pour l'âme, résumant tout, parfums, sons, couleurs, de la pensée accrochant la pensée et tirant* ». Le poète devient à ses yeux « *un multiplicateur de progrès* », au risque de se perdre dans cette entreprise prométhéenne : « *Qu'il crève dans son bondissement par les choses inouïes et innommables : viendront d'autres horribles travailleurs* [...]. » Le chemin a été ouvert par certains romantiques (Lamartine ou Hugo, « *locomotives abandonnées, mais brûlantes, que prennent quelque temps les rails* »), et par les parnassiens, à commencer par Baudelaire. Quant à Musset, « *le beau mort est mort, et, désormais, ne nous donnons même plus la peine de le réveiller par nos abominations !* »

Une nouvelle lettre à Banville (15 août 1871) contient un féroce « *art poétique* », sous la forme d'un long poème provocateur et iconoclaste, satire des poètes « *fleuris* » — et de Banville lui-même —, intitulé ***Ce qu'on dit au poète à propos de fleurs*** : *Toujours, après d'affreux dessins / De Lotos bleus ou d'Hélianthes, / Estampes roses, sujets saints / Pour de jeunes communiantes !* (vv. 41 à 44). L'auteur du ***Bateau ivre*** a décidément soif d'autres visions : *De tes noirs Poèmes, — Jongleur ! / Blancs, verts, et rouges dioptriques, / Que s'évadent d'étranges fleurs / Et des papillons électriques !* (vv. 145 à 148).

Dans un passage d'***Une saison en enfer*** (***Délires*** II. ***Alchimie du verbe***), c'est à ses propres vers d'adolescence que Rimbaud applique la condamnation : il les qualifie rétrospectivement de « *folies* » et de « *vieillerie poétique* ». Il faut donc se garder de considérer comme un art poétique définitif ces pages où il décrit avec ironie ses anciennes inclinations : « *J'aimais les peintures idiotes, dessus de portes, décors, toiles de saltimbanques, enseignes, enluminures* *populaires ; la littérature démodée, latin d'église, livres érotiques sans orthographe, romans de nos aïeules, contes de fées, petits livres de l'enfance, opéras vieux, refrains niais, rythmes naïfs* » (***Délires*** II. ***Alchimie du verbe***, in ***Une saison en enfer***). Il ne s'agit encore que d'« *hallucination simple* », de vertiges fixés, avant la vraie sortie de l'enfer : « *Tous les souvenirs immondes s'effacent* » (***Adieu***, *ibid.*). De même, c'est souvent sur le mode hermétique ***(Voyelles)*** ou à la fois pathétique et trivial ***(Les Poètes de sept ans)***, que semble s'exprimer ce qui pourrait ressembler à un « art poétique », toujours provisoire, toujours à dépasser.

C'est, enfin, dans ***Illuminations***, où de nombreux poèmes ont pour titre des noms de genres littéraires (***Conte***, ***Sonnet***, ***Fairy***, ***Nocturne***, ***Vulgaire***), que toutes les puissances de la vision se déchaînent. Désormais libéré de la vieille prison mentale — *J'ai tendu des cordes de clocher à clocher ; des guirlandes de fenêtre à fenêtre ; des chaînes d'or d'étoile à étoile, et je danse* ***(Phrases)*** —, le poète peut étreindre le monde : *Ô* mon *Bien ! Ô* mon *Beau ! Fanfare atroce où je ne trébuche point ! Chevalet féerique !* ***(Matinée d'ivresse)***. Mais le possessif souligné par Rimbaud indique assez qu'il s'agit d'une aventure personnelle, non d'un dogme esthétique : *J'ai seul la clef de cette parade sauvage* ***(Parade)***.

THÉORIE LITTÉRAIRE

Référence majeure de la modernité littéraire, avec Lautréamont et Mallarmé, Rimbaud sonna le glas de la « *vieillerie poétique* » (***Délires*** II. ***Alchimie poétique***, in ***Une saison en enfer***) romantique et parnassienne. Ses écrits se confondent avec sa propre trajectoire, dans une expérience-limite du langage et de la vie : de la provocation blasphématoire à la révolte, de la fulgurance verbale au silence définitif, Rimbaud fut le poète de toutes les ruptures. Inversant en effet la pirouette finale d'*Art poétique* de son ami Verlaine *(Et tout le reste est littérature)*, il a précisément rompu avec la littérature — sinon avec l'écriture —, aussi nettement que définitivement, à 20 ans, au terme d'une œuvre dont il parut ne jamais se soucier vraiment d'être l'auteur, du moins l'auteur publié. Renoncement délibéré qui reste sans exemple et qui aboutit à ce paradoxe : jamais œuvre si mince n'inspira tant de commentaires. Et à cette interrogation : s'il choisit l'exil et le silence, était-ce par conviction que « *la vraie vie est absente* » (***Délires*** I. ***Vierge folle***, in ***Une saison en enfer***) de la littérature ? En tout cas, Rimbaud incarne la figure mythique du rebelle, pour qui « *changer la vie* » (*ibid.*) ne fut pas une formule creuse.

Une volonté permanente de rupture

La langue de Rimbaud, en dépit de la disparité de son œuvre, témoigne d'une volonté permanente de rupture. Globalement, elle évolua du mélange cacophonique de provincialismes, de néologismes, d'argot, de termes techniques ou savants (« *boulu* », « *pialat* », « *hargnosité* », « *abracadabrantesque* », « *caboche* », « *dégueuler* », « *percaliser* », « *sinciput* », etc.) dans les premières poésies (1870-1871), à un langage plus épuré et plus abstrait dans ***Illuminations***, les deux tendances pouvant alterner d'un poème à l'autre. Tout en songeant à se faire « *une petite place entre les parnassiens* » (lettre à Banville, du 24 mai 1870), il détourna, dès ses premiers poèmes, les codes poétiques en vigueur. La voie où il s'engagea était celle de l'abandon : elle le conduisit à renoncer à la littérature. En 1871, Rimbaud demanda à Demeny de détruire le manuscrit d'un futur recueil qui lui semblait participer d'un romantisme attardé : « [...] *brûlez*, je le veux, [...] *brûlez* tous les vers que je fus assez sot *pour vous donner lors de mon séjour à Douai* [...] » (lettre du 10 juin 1871). Demeny ne s'exécuta point, et la vingtaine de poèmes ainsi conservés par lui constituent le « *recueil Demeny* ». Il s'agissait de 22 poèmes — tous antérieurs à la mi-octobre 1870 —, comportant ceux que tant de lycéens apprirent plus tard (***Roman***, ***Rêvé pour l'hiver***, ***Le Dormeur du val***, ***Ma Bohème [...]***), poèmes en alexandrins, parfois empreints de sentimentalisme :

> *On n'est pas sérieux, quand on a dix-sept ans.*
> *— Un beau soir, foin des bocks et de la limonade,*
> *Des cafés tapageurs aux lustres éclatants !*
> *— On va sous les tilleuls verts de la promenade.*
>
> [...]
>
> *Nuit de juin ! Dix-sept ans ! — On se laisse griser.*
> *La sève est du champagne et vous monte à la tête...*
> *On divague ; on se sent aux lèvres un baiser*
> *Qui palpite là, comme une petite bête...*
>
> [...]
>
> *Vous êtes amoureux. Loué jusqu'au mois d'août.*

Vous êtes amoureux. — Vos sonnets La font
rire.
Tous vos amis s'en vont, vous êtes mauvais
goût.
— Puis l'adorée, un soir, a daigné vous
écrire... !

(***Roman***, I, II et IV, vv. 1 à 4, 13 à 16 et 25 à 28, in ***Poésies***)

C'est un trou de verdure où chante une
rivière
Accrochant follement aux herbes des
haillons
D'argent ; où le soleil, de la montagne fière,
Luit : c'est un petit val qui mousse de
rayons.

[...]

Les parfums ne font pas frissonner sa
narine ;
Il dort dans le soleil, la main sur sa poitrine
Tranquille. Il a deux trous rouges au côté
droit.

(***Le Dormeur du val***, vv. 1 à 4 et 12 à 14, *ibid.*)

Plus subversifs déjà étaient les poèmes qui, dans un lexique à la fois noble et populaire, scientifique et lyrique, se jouaient des recettes poétiques et entendaient parler du quotidien, voire de l'actualité. Dans cette veine s'inscrivirent des poèmes aux allures insurrectionnelles, qui déstabilisaient l'ordre de la métrique classique comme de la langue, autant qu'ils mettaient en cause les piliers de la société (religion, famille, armée...) : ***Mes Petites Amoureuses***, ***Les Poètes de sept ans***, ***Les Pauvres à l'église***, etc. Un an plus tard, en 1872, autre changement : Rimbaud, sans doute sous l'influence de Verlaine, travailla à des « *espèces de romances* ». Il s'agissait entre autres, des ***Fêtes de la patience*** et des ***Fêtes de la faim*** — et des poèmes regroupés sous le titre ***Derniers Vers*** —, qui expérimentaient de nouvelles assonances, des rimes et des rythmes inédits et irréguliers, et qui tordaient le cou à l'éloquence, ainsi que le formula Verlaine dans son *Art poétique* (1874).

Mais c'est en 1873 que Rimbaud rompit de manière décisive avec ce qui restait en lui de littérature. ***Une saison en enfer***, sorte de journal intime de ses reniements et quêtes successives, esthétiques et éthiques, et les fragments de prose de ce qui devint, en 1886, ***Illuminations*** s'affranchirent du double carcan de la langue et du code poétique, sans toutefois renoncer totalement ni à la syntaxe ni au récit, même désintégré. Abrupte, la phrase du Rimbaud d'***Illuminations***, souvent nominale et elliptique — « *l'heure du désir et de la satisfaction essentiels* » ***(Conte)***, « *nous massacrerons les révoltes logiques* » ***(Démocratie)***, « *la terrible célérité de la perfection des formes et de l'action* » ***(Génie)*** — confine parfois à l'abstraction, juxtapose des exclamations — « *Ô Douceurs, ô monde, ô musique !* » ***(Barbare)*** —, brise la cohérence logique du récit, soit en la condensant à l'extrême ***(Départ)***, soit en la détruisant, en sabotant le genre auquel il appartient ***(Conte)***. Verbes et substantifs sont systématiquement « dynamisés » (« *danse* », « *départ* », « *virement* », « *tourner* », « *monter* », « *se croiser* », « *célérité* », « *vertige* »), le mot est laissé « flottant », riche de toutes ses acceptions contradictoires — le mot « *pavillon* », dans ***Barbare***, suivi de points de suspension —, l'épithète pittoresque est éludée au profit de qualificatifs « moraux » (« *souverain* », « *inévitable* », « *instructive* », « *immonde* », « *féroce* », « *misérable* », « *sérieux* »), et le poète entend réinventer le monde par la destruction du langage. Avec ***Marine***, Rimbaud expérimente pour la première fois la forme du vers libre :

Les chars d'argent et de cuivre —
Les proues d'acier et d'argent —
Battent l'écume, —
Soulèvent les souches des ronces.
Les courants de la lande,
Et les ornières immenses du reflux,
Filent circulairement vers l'est,
Vers les piliers de la forêt, —
Vers les fûts de la jetée,
Dont l'angle est heurté par des tourbillons de
lumière.

(***Marine***, in ***Illuminations***)

Dans ses vers comme dans ses proses — y compris ses lettres —, Rimbaud manifeste une prédilection pour l'italique et pour les différenciations typographiques (capitales, petites capitales, tirets de retrait, etc.) : *J'ai oublié tout mon devoir humain pour le suivre. Quelle vie ! La vraie vie est absente. Nous ne sommes pas au monde. Je vais où il va, il le faut. Et souvent il s'emporte contre moi,* moi, la pauvre âme. *Le Démon ! — C'est un Démon, vous savez,* ce n'est pas un homme. / [...] / [...] — *Il a peut-être des secrets pour* changer la vie ? *Non, il ne fait qu'en chercher, me répliquais-je* (***Délires*** I. ***Vierge folle***, in ***Une saison en enfer***).

Enfin, si la plupart de ses poèmes ont donné lieu à quantité de gloses, et si, parmi ces derniers, le sonnet ***Voyelles*** fut l'un des plus diversement commentés :

A noir, E blanc, I rouge, U vert, O bleu :
voyelles,
Je dirai quelque jour vos naissances latentes

(***Voyelles***, vv. 1-2, in ***Poésies***)

on ignore fréquemment le quatrain — ou, du moins, le fragment de 4 vers — qui suit ***Voyelles*** dans l'édition des ***Poésies***, quatrain sans titre et qui reste, dans sa brièveté même, l'un des plus beaux hommages rendus au corps féminin :

L'étoile a pleuré rose au cœur de tes oreilles,
L'infini roulé blanc de ta nuque à tes reins
La mer a perlé rousse à tes mammes vermeilles
Et l'Homme saigné noir à ton flanc souverain.

(poème sans titre, in ***Poésies***)

Le mythe Rimbaud

Des vers latins à ***Illuminations***, Rimbaud écrivit son œuvre avant sa 20e année. À 19 ans, le poète avait fini d'écrire. Lorsqu'en 1886, les milieux symbolistes et décadents, en mal de chefs de file, décidèrent de le publier, Rimbaud avait troqué la littérature contre le commerce d'armes en Abyssinie. Un seul recueil fut publié de sa propre initiative : ***Une saison en enfer***. Le reste — fragments épars, derniers vers, y compris ***Illuminations*** — a survécu par la volonté d'éditeurs, d'amis, de bibliophiles et d'exégètes. En 1895, parut la première édition des ***Poésies complètes*** chez Vanier, avec une préface de Verlaine. Elle fut suivie de nombreuses autres éditions, revues, augmentées — notamment d'une volumineuse correspondance — ou corrigées — débarrassées de quelques apocryphes. En 1949, de talentueux faussaires apportèrent leur contribution, en publiant un texte préfacé par Pascal Pia et intitulé *La Chasse spirituelle*, que deux comédiens réussirent à faire accepter par la critique comme un inédit de Rimbaud. Mis en musique et chanté notamment par Ferré, Rimbaud, dans les années 1960, incarna les combats de l'anarchisme libertaire. À l'occasion du centenaire de la mort du poète, la publication d'une nouvelle édition des œuvres complètes, sous le titre ***Œuvre-Vie*** (édition établie par Alain Borer), indiqua à quel point la figure mythique de Rimbaud est inséparable d'une carrière littéraire qui s'accomplit dans le renoncement et l'abandon.

Personne n'a étudié le mythe de Rimbaud de façon aussi systématique qu'Étiemble, dans un ouvrage en 4 volumes, parus de 1952 à 1968, *Le Mythe de Rimbaud*. Cette somme, qui dégage la « *genèse* » (t. I), la « *structure* » (t. II) et les raisons du « *succès* » (t. III) du mythe, augmenté d'un volume consacré exclusivement à « *l'année du centenaire* » de la naissance du poète (t. IV), est aussi « *une bibliographie analytique et critique* » de tous les écrits, classés par dates et par pays, qui ont contribué à fonder la « *religion Rimbaud* ». Cette véritable « *affection de l'imaginaire collectif* » aboutit entre autres à dresser contre l'œuvre un discours inflatoire : « *L'œuvre de Rimbaud s'inscrit contre le mythe* », écrit Étiemble, en renversant quelque peu le propos de Breton, pour qui « *Rimbaud tue les solutions du problème Rimbaud* » (cité en épigraphe du t. II). Si le critique passe en revue le discours rimbaldien, c'est surtout pour comprendre la formation du mythe, en dressant une topologie de ses manifestations.

Dans le tome II, intitulé *Structure du Mythe*, Étiemble classe en 3 catégories les écrits sur le poète. Il y a tout d'abord les mythes « *littéraires* ». Les symbolistes et les décadents ont fait de Rimbaud, notamment à travers ***Le Bateau ivre*** et le sonnet ***Voyelles***, le chantre du symbole absolu et de la synesthésie, ainsi que l'inventeur du vers libre. Les surréalistes ont vu en lui une incarnation de la révolte, un maître de la voyance, une anticipation de Dada, en quelque sorte : « *Rimbaud est surréaliste dans la pratique de la vie et ailleurs* », écrivait Breton dans le *Manifeste du surréalisme* (1924). Breton lui reprocha toutefois d'avoir permis Claudel, c'est-à-dire d'être à l'origine d'une récupération catholique (*Second Manifeste du surréalisme*, 1930). Les épigones surréalistes poussèrent Rimbaud du côté de la kabbale et de la gnose, en assimilant le poète à un mage, voire à un initié. Sont abordés ensuite les mythes qu'Étiemble qualifie de « *politiques* ». Parallèlement au mythe surréaliste s'est développé un mythe catholique dont Claudel, Jammes et Mauriac, entre autres, se sont faits les porte-parole ; selon eux, tout texte d'***Une saison en enfer*** ou d'***Illuminations*** aurait un sens chrétien, en dépit du « *dérèglement de tous les sens*, rappelle Étiemble, *que le poète ne cessa de revendiquer* ». De manière plus strictement politique, les fascistes italiens ont salué en Rimbaud sa soif d'aventures, alors que les Allemands ont vu en lui un véritable Germain en raison de son origine ardennaise. Les communistes, pour leur part, ont pris acte de la participation très douteuse de Rimbaud à la Commune de Paris en 1871, au point d'en faire un bolcheviste avant la lettre. Restent les mythes « *moraux* », qui font du poète soit un bourgeois, soit un Ardennais tranquille, soit un chaste, soit encore un très honnête homme d'affaires... Cette lecture de l'œuvre et de la biographie débuta avec Bourget et se prolongea dans un courant bien-pensant, qui fut animé entre autres par les diverses sociétés des amis du poète. Ces sociétés n'eurent de cesse d'encenser sa mémoire à travers des éditions de luxe, des galas et autres cérémonies.

Le propre du mythe est d'occulter la vérité qui le fonde. Étiemble a pu montrer que celui de Rimbaud a servi de refoulement à un besoin de sacré proprement humain : *« Voilà donc vérifié, par le mythe d'Arthur Rimbaud, ce caractère ambivalent du sacré, de tout ce qu'il contamine ; l'horreur et l'adoration lui conviennent ; il les exige ; mais aussi le blanc et le noir, le grand et le petit : le grand petit. Le mythe que j'étudie est bien ce lieu mental, ou démentiel, des sentiments incompatibles, des jugements contradictoires : chrétien mais non-chrétien ; Christ, mais Antéchrist ; bourgeois mais voyou ; fasciste, mais communiste ; saint négrier ou Dieu athée, Rimbaud dans sa fable réconcilie tous ces hommes que jamais il ne fut ou qu'il ne fut qu'un bref instant, ou qu'il ne fut qu'imparfaitement »* (*Le Mythe de Rimbaud*, t. II). Contre cette dérive, Étiemble propose de *« revenir au texte, à son sens »* ; de troquer les biographies contre les grammaires et les dictionnaires.

C'est dans cette voie que se sont dirigées les éditions de Rimbaud depuis 1968, ainsi que les études de l'œuvre qui ont bénéficié du retour à la lettre du texte, comme les structuralistes le préconisaient. De nos jours, depuis que Butor a montré que Rimbaud *« n'a jamais cessé d'écrire » (Improvisations sur Rimbaud)* et qu'Alain Borer s'est attaché à nouer le texte et la biographie dans ce qu'il appelle une « *Œuvre-Vie* », il apparaît que le poète se lit toujours à travers — fût-ce contre — le discours mythique qu'il a suscité, même si une attention plus critique et plus approfondie est accordée au texte. Comme si, finalement, la fable rimbaldienne était inscrite au plus profond d'une trajectoire littéraire aussi fulgurante qu'énigmatique.

ŒUVRES

Illuminations

Recueil de 45 poèmes en prose — titrés (sauf le 36e) mais non numérotés (sauf le 31e, ***Fairy*** I., le 32e, II. ***Guerre***, et les 33e, 34e, 35e et 36e, constituant les 4 parties de ***Jeunesse*** : I. ***Dimanche***, II. ***Sonnet***, III. ***Vingt Ans***, IV. *« Tu en es encore à la tentation d'Antoine »*) —, paru en 1886, d'abord dans les numéros de mai-juin de *La Vogue*, ensuite en plaquette, avec une notice de Verlaine.

En dépit de leur date de composition controversée — avant ou après ***Une saison en enfer*** (1873) — et de leur disparate, ***Illuminations*** offre l'aboutissement et la synthèse de l'œuvre rimbaldienne. L'ensemble est formé de 45 poèmes en prose juxtaposés sans principe d'organisation. Le titre — qui, selon Verlaine, viendrait de l'anglais « *painted plates* » (gravures colorées) — confère au recueil une tonalité polychromatique. En effet, les poèmes d'***Illuminations*** sont tout à la fois formés de narrations elliptiques (***Après le déluge***, ***Conte***, ***Aube***, ***Royautés***), de réminiscences lyriques (***Vies***, ***Vagabonds***, ***Jeunesse***), de tableaux (***Les Ponts***, ***Villes***, ***Marine***), d'hymnes (***Antique***, ***Génie***). L'ensemble est traversé d'une série de motifs et de visions qui se font écho et procèdent d'un même propos apocalyptique et fondateur. Partout, la double image de la rupture et du départ place le « *je* » parlant à la lisière d'un monde chaotique, qui se recrée sur ses propres débris comme dans ***Après le déluge***, ***Barbare***, ***Conte***, ***Aube*** ou ***Départ*** : *Assez vu. La vision s'est rencontrée à tous les airs. / Assez eu. Rumeurs des villes, le soir, et au soleil, et toujours. / Assez connu. Les arrêts de la vie. – Rumeurs et Visions ! / Départ dans l'affection et le bruit neufs !* Rimbaud mêle les éléments cosmiques ***(Marine)***, la nature et la culture, comme le symbolise, entre autres, la figuration de la ville moderne, Londres en particulier (***Ville***, ***Villes***, ***Métropolitain***).

L'écriture d'***Illuminations*** porte trace de l'univers qu'elle détruit et recrée d'un même geste. Rimbaud use d'une langue fortement exclamative et hyperbolique ; la phrase nominale et l'ellipse explosive — *Assez vu* ***(Départ)*** — côtoient les tournures célébratives — *Ô palmes ! diamant ! — Amour ! force !* ***(Angoisse)***, *Ô Douceurs, ô monde, ô musique !* ***(Barbare)*** — et les élans lyriques — *J'ai embrassé l'aube d'été* ***(Aube)***. Syntaxe et lexique multiplient les effets de rupture et de rugosité à même la langue. Certains textes sont quasiment dépourvus d'« images » ***(Conte)***, d'autres proposent des images énigmatiques : *Oh ! le pavillon en viande saignante sur la soie des mers et des fleurs arctiques* ***(Barbare)***.

Lorsque parut ***Illuminations*** en 1886, Rimbaud était en Arabie. Les poèmes, réunis en volume par Gustave Kahn et Félix Fénéon, ont été composés à un moment qui se situe approximativement entre 1872 et 1874, peut-être au-delà. À défaut d'une datation précise, il importe d'observer que le recueil est avant tout une collection de fragments et qu'il doit être lu comme tel.

Trop souvent, la critique rimbaldienne a cherché à expliquer ***Illuminations*** par les sources, la biographie, voire la graphologie, sans voir que chacune de ces pistes est brouillée et subvertie par Rimbaud lui-même. Parce qu'ils poussent jusqu'à l'excès la poésie et le langage, les poèmes d'***Illuminations*** marquent un tournant dans l'histoire des lettres modernes. Étendard des avant-gardes du xxe siècle, des surréalistes à *Tel Quel*, ils transgressent, plus mythiquement encore que l'œuvre de Lautréamont, les limites qui séparent la littérature de la vie.

Une saison en enfer

Recueil de 9 proses poétiques — titrées (sauf la 1re) et non numérotées (sauf la 4e, dédoublée en ***Délires*** I. ***Vierge folle*** et ***Délires*** II. ***Alchimie du verbe***) —, comportant chacune un nombre variable de proses ou de vers, paru à compte d'auteur, à Bruxelles, chez l'imprimeur Jacques Poot pour le compte de l'Alliance typographique, en octobre 1873, mais dont le tirage total (500 exemplaires) ne fut pas diffusé. L'édition qui fit connaître l'existence de ces textes est celle des ***Poésies complètes de J.-A. Rimbaud***, avec ***Illuminations***, préparée par Verlaine et parue chez Vanier, à Paris, en 1895.

Daté d'avril-août 1873, ***Une saison en enfer*** est le seul recueil publié par Rimbaud de son vivant. Le livre relate, sur le mode de la confession à la 1re personne, une expérience poétique autant vitale que tenue pour provisoire et infernale, et qui débute ainsi : *« Jadis, si je me souviens bien, ma vie était un festin où s'ouvraient tous les cœurs, où tous les vins coulaient. Un soir, j'ai assis la Beauté sur mes genoux. — Et je l'ai trouvée amère. — Et je l'ai injuriée. »* (« prologue » sans titre). Expérience qui conduit, au terme d'une *« alchimie du verbe »* à l'assertion : *Cela s'est passé. Je sais aujourd'hui saluer la beauté* (***Délires*** II. ***Alchimie du verbe***). Adressé à Satan, celui *« qui aim*[e] *dans l'écrivain l'absence des facultés descriptives ou instructives »*, ce *« carnet de damné »* retrace, selon une courbe ascendante (***Mauvais sang***, ***Nuit de l'Enfer***), et jusqu'à son paroxysme (***Délires*** I et II, ***L'Impossible***), l'itinéraire d'un sujet en proie à toutes les contradictions de son être et de son temps, pour finir sur une note plus apaisée d'espoir (***L'Éclair***, ***Matin***) et de résolution franche : *Il faut être absolument moderne* (***Adieu***).

Au-delà des réminiscences autobiographiques qui émaillent ***Une saison en enfer***, ce texte présente une unité complexe de thèmes, proférés sur un ton qui tout ensemble tient du cri de révolte et du pardon. Les 9 poèmes font alterner des motifs hallucinés et obsessionnels qui vont de la damnation au châtiment, de la soumission à la domination, de l'humilité à l'orgueil, de la raison à la folie, dans une dualité qui frise le vertige : *J'écrivais des silences, des nuits, je notais l'inexprimable. Je fixais les vertiges* (***Délires*** II. ***Alchimie du verbe***). L'écriture tire largement parti d'une oralité spontanée et débridée ; multipliant les hachures, regorgeant de métaphores dans un phrasé saccadé *(Faim, soif, cris, danse, danse, danse, danse !)*, elle se conforme au dessein rimbaldien de toucher au plus près d'une sensibilité à vif et d'une sincérité à fleur de peau.

Une saison en enfer, *« Livre païen, ou Livre nègre »* (***Lettre à Ernest Delahaye***, mai 1873), s'est abondamment prêté à l'exégèse biographique. Bon nombre de critiques ont vu dans ce livre suffisamment d'allusions aux amours orageuses avec Verlaine, le *« compagnon d'enfer »* (***Délires*** I. ***Vierge folle***), et même à l'incident de Bruxelles (*« le dernier couac »* du « prologue ») pour en faire le livre de tous les désaveux et du renoncement à la littérature. D'autres y ont lu la manifestation d'un *« mystique à l'état sauvage »* (Claudel, *Préface* à l'édition des *Œuvres d'A. Rimbaud. Vers et Prose*, Mercure de France, 1913), d'un chrétien repenti, voire d'un don de prescience — comme dans ce paragraphe d'***Adieu***, qui semble annoncer le Rimbaud en Abyssinie : *Moi !, moi qui me suis dit mage ou ange, dispensé de toute morale, je suis rendu au sol, avec un devoir à chercher, et la réalité rugueuse à étreindre !* Mais ***Une saison en enfer*** ne saurait constituer un simple document, et apparaît bel et bien comme une étape transitoire dans la démarche poétique de Rimbaud : mettant un terme à sa première manière, elle ouvre la voie à ***Illuminations***.

CITATIONS

Ô saisons, ô châteaux,
Quelle âme est sans défauts ?

« Ô saisons, ô châteaux... », in *Fêtes de la faim*, in *Derniers Vers*.

Voici le temps des *Assassins*.

Matinée d'ivresse, in *Illuminations*.

J'ai embrassé l'aube d'été.

Aube, in *Illuminations*.

Je dis qu'il faut être *voyant*, se faire *voyant*. Le poète se fait *voyant* par un long, immense et raisonné *dérèglement de tous les sens*. Toutes les formes d'amour, de souffrance, de folie ; il cherche lui-même, il épuise en lui tous les poisons, pour n'en garder que les quintessences. Ineffable torture où il a besoin de toute la foi, de toute la force surhumaine, où il devient entre tous le grand malade, le grand criminel, le grand maudit, — et le suprême Savant ! — Car il arrive à l'*inconnu* ! Puisqu'il a cultivé son âme, déjà riche, plus qu'aucun ! Il arrive à l'inconnu, et quand, affolé, il finirait par perdre l'intelligence de ses visions, il les a vues ! Qu'il crève dans son bondissement par les choses inouïes et innommables : viendront d'autres horribles travailleurs ; ils commenceront par les horizons où l'autre s'est affaissé !

Lettre à Paul Demeny, 15 mai 1871.

On n'est pas sérieux, quand on a dix-sept ans.

Roman, I, in *Poésies*.

Ô que ma quille éclate ! Ô que j'aille à la mer !

Le Bateau ivre, in *Poésies*.

Un soir, j'ai assis la Beauté sur mes genoux. — Et je l'ai trouvée amère. — Et je l'ai injuriée.

« Jadis, si je me souviens bien », in *Une saison en enfer*.

J'ai de mes ancêtres gaulois l'œil bleu blanc, la certitude étroite, et la maladresse dans la lutte.

Mauvais Sang, in *Une saison en enfer*.

« Quelle vie ! La vraie vie est absente. Nous ne sommes pas au monde. »

Vierge folle, in *Délires*, I, in *Une saison en enfer*.

Il dit : *« Je n'aime pas les femmes. L'amour est à réinventer, on le sait »*.

Vierge folle, in *Délires*, I, in *Une saison en enfer*.

« Il a peut-être des secrets pour changer la vie ? »

Vierge folle, in *Délires*, I, in *Une saison en enfer*.

J'inventai la couleur des voyelles ! — *A* noir, *E* blanc, *I* rouge, *O* bleu, *U* vert. — Je réglai la forme et le mouvement de chaque consonne, et, avec des rythmes instinctifs, je me flattai d'inventer un verbe poétique accessible, un jour ou l'autre, à tous les sens. Je réservais la traduction.

Alchimie du verbe, in *Délires*, II, in *Une saison en enfer*.

JUGEMENTS

« Que cette préciosité popote puisse passer pour de la poésie, et qu'on avance même à ce sujet le nom de Rimbaud, l'inévitable enfant-poète, cela relève du mythe pur. »

Roland BARTHES, *Mythologies*, Seuil, 1957.

« Rimbaud, un gamin qui pisse contre l'Himalaya ! »

Léon BLOY, cité in Blaise CENDRARS, *Blaise Cendrars vous parle*, in *Œuvres complètes*, t. XIII, Club français du livre, 1969.

« Inutile de discuter encore sur Rimbaud : Rimbaud s'est trompé, Rimbaud a voulu nous tromper. Il est coupable devant nous d'avoir permis, de ne pas avoir rendu tout à fait impossibles certaines interprétations déshonorantes de sa pensée, genre Claudel. »

André BRETON, *Second Manifeste du surréalisme*, 1930.

« Rimbaud dédaigna de discipliner ses dons exceptionnels, de sorte que, si l'on s'applique à apprécier du seul point de vue littéraire les pages qu'il a laissées, il faut avouer que les plus nombreuses en paraissent franchement détestables. On compte sur les doigts d'une seule main les pièces tout à fait satisfaisantes. Encore y rencontre-t-on, à l'occasion, ce déplorable vocabulaire symboliste (bleuité, latescent, viride, etc.) qui dépare également tant de textes de Mallarmé et qui semble une élégance de parvenus du langage. En revanche, avec les Illuminations*, Rimbaud apporte une contribution réellement originale à la poésie de son temps. Il n'est pas sûr, toutefois, que cette œuvre, plus importante peut-être par sa postérité que par son mérite, continue de passer pour aussi merveilleuse qu'on s'est plu à l'affirmer. Il est trop clair que les malentendus auxquels donna lieu son obscurité ont encore plus fait pour le prestige de son auteur que la manière d'écrire qu'il y inaugura avec un bonheur intermittent. C'est à propos de ces proses violentes et énigmatiques que s'accrédita la bizarre et tenace légende selon laquelle Rimbaud aurait poursuivi des expériences d'ordre mystique. »*

Roger CAILLOIS, *Chroniques de Babel*, 24 septembre 1946, Denoël, 1981.

« [...] le surréalisme s'est forgé d'abord dans le mouvement "dada" [...]*. La non-signification et la contradiction sont alors cultivées pour elles-mêmes* [...]*. Mais il y a dans le surréalisme quelque chose de plus que ce non-conformisme de parade, l'héritage de Rimbaud, justement* [...]. »

Albert CAMUS, *L'Homme révolté*, Gallimard, 1951.

« Arthur Rimbaud fut un mystique à l'état sauvage.

[...]

Arthur Rimbaud n'est pas un poète, il n'est pas un homme de lettres. C'est un prophète *sur qui l'esprit est tombé, non pas comme sur David, mais comme sur Saül. Telle a été sur lui cette horreur, cette malédiction, à laquelle comme Jonas il a essayé d'échapper par le blasphème et par la fuite.* »

Paul CLAUDEL, *Accompagnements*, Gallimard, 1949.

« [...] *quand Rimbaud est Rimbaud, il dépasse presque tout le monde sans aucun effort visible.* »

Julien GREEN, *Vers l'invisible*, 22 avril 1961, Plon, 1967.

« *Rimbaud, qui avait enjoint au monde entier d'être absolument moderne, était un poète de la nature, un vagabond, ses poèmes contenaient des mots que l'homme d'aujourd'hui a oubliés ou qui ne lui procurent plus aucun plaisir : grillons, ormeaux, cresson, noisetiers, tilleuls, bruyère, chêne, corbeau délicieux, excréments chauds de vieux colombiers ; et des chemins, des chemins surtout.* »

Milan KUNDERA, *L'Immortalité*, trad. franç. Eva BLOCH, Gallimard, 1990.

« [...] *je suis arrivé très tôt à considérer qu'il y a plus d'effets que de véritable profondeur dans* Le Bateau ivre. *Pour moi, il n'y a qu'une chose qui m'a plu :* Les Chercheuses de poux [...]. »

Paul LÉAUTAUD, *Entretiens avec Robert Mallet*, Gallimard, 1951.

« *Les facteurs qui nous soumettent aux œuvres sont nombreux et complexes, depuis les phantasmes jusqu'aux parentés littéraires ; prendre conscience de leur nature chasse le lecteur du rôle de maître du trésor des siècles. Il passe de Baudelaire à Rimbaud comme du haschisch au L.S.D., plus facilement que comme de Descartes à Hegel.* »

André MALRAUX, *L'Homme précaire et la Littérature*, Gallimard, 1977.

« [...] *je mets Rimbaud, en tant qu'écrivain, au-dessus de tous les autres. Pour ce qu'il a tenté, pour sa pureté, sa fidélité.* »

Henry MILLER, *Lettres à Anaïs Nin*, trad. franç. Pierre ALIEN, Bourgois, 1967.

« *Rimbaud est une légende, le mythe de notre temps et de sa jeunesse, le désert de feu de notre littérature. Il est permis de préférer, de Racine à Baudelaire ou à Aragon, de Montaigne ou de Rabelais à Proust ou à Claudel, d'autres écrivains ou d'autres poètes. Aucun n'a poussé aussi loin la double aventure de la poésie et de la vraie vie. Chez Rimbaud, l'une n'est rien sans l'autre. Il est impossible d'évoquer son œuvre sans évoquer sa fuite et son silence. Impossible aussi de parler de ses aventures sans les situer dans cet élan vers autre chose et vers l'inconnu qui est au cœur de Rimbaud le voyant. Il y a chez Rimbaud une énigme brûlante qui le met à part dans les massifs bien ordonnés du jardin de nos lettres.* »

Jean d'ORMESSON, « Rimbaud. Le Désert de feu », in *Une autre histoire de la littérature française*, II, NiL, 1998.

« *Il y a eu dans l'histoire des Lettres de meilleurs poètes que Rimbaud : Victor Hugo est plus vaste et plus généreux, Goethe a plus de sérénité et d'harmonie, Baudelaire ou Coleridge nous atteignent plus profondément. Il arrive à Rimbaud de montrer une éloquence fleurie qui nous agace* (Les Étrennes des orphelins). *D'autre fois, il écrit en style de mauvais journal de province* (La Chambrée de nuit). *C'est là ce qu'on se permet à peine de dire...*
Pourtant, il n'est pas de poète qui ait, autant que Rimbaud, préoccupé les hommes. Il est unique. On ne s'est jamais débarrassé de lui. Il nous colle après. »

Jean PAULHAN, *Les Primitifs et les Maîtres*, in *Œuvres complètes*, t. IV, Cercle du livre précieux, posthume, 1969.

« — *"Rimbaud ¿ — me dit en 1905 l'honorable M. Rhigaz, marchand de tout à Djibouti, et qui l'avait eu à* son service, *Rimbaud ¿ un grand marcheur, oh ! marcheur étonnant ! Bon comptable, bien qu'il ne pensât point assez aux affaires... Et tout d'un coup faisant rire, mais rire !" Voilà ce que l'Afrique a retenu de lui.* »

Victor SEGALEN, *Essai sur l'exotisme : une esthétique du divers*, posthume, 1978, rééd. Fata Morgana, 1995.

Mortel, ange ET démon, autant dire Rimbaud,
Tu mérites la prime place en ce mien livre,
Bien que tel sot grimaud t'ait traité de ribaud
Imberbe et de monstre en herbe et de potache ivre.

Paul VERLAINE, *Dédicaces*, LVI, 1890.

BIBLIOGRAPHIE

Éditions

Œuvres complètes, éd. A. ADAM, « Pléiade », Gallimard, 1972, rééd. 1992 ; éd. L. FORESTIER, « Bouquins », Laffont, 1992.

Œuvres, éd. S. BERNARD, rééd. A. GUYAUX, « Classiques Garnier », rééd. 1960, Garnier, 1981 et 1987 ; éd. J.-L. STEINMETZ, « GF », Flammarion, 1998, 3 vol.

Œuvre-Vie, éd. A. BORER, Arléa, 1991.

L'Œuvre intégrale manuscrite, éd. Cl. JEANCOLAS, Textuel, 1996, 3 vol.

Les Lettres manuscrites de Rimbaud : d'Europe, d'Afrique et d'Arabie, Textuel, 1997, 4 vol.

Poésies, Une saison en enfer, Illuminations, éd. L. FORESTIER, préf. R. CHAR, « Poésie », Gallimard, 1973.

Une saison en enfer, éd. P. BRUNEL, Corti, 1987.

Études

A. BANDELIER, F. EIGELDINGER, P.E. MONAINC, G. SCHAEFFER, E. WEHRLI (dir.), *Tables de concordances rythmique et syntaxique des « Poésies », de « Une saison en enfer » et de « Illuminations »*, La Baconnière, Neuchâtel (CH), 1981, 1984 et 1986, 3 vol.

Ch.-H. BODENHAM, *Rimbaud et son père : les clés d'une énigme*, Belles Lettres, 1992.

Y. BONNEFOY, *Rimbaud par lui-même*, « Écrivains de toujours », Seuil, 1961, rééd. 1994.

A. BORER, *Rimbaud en Abyssinie*, Seuil, 1984 ; *Un sieur Rimbaud. La Terre et les Pierres*, « LdP/Biblio », LGF, 1989 ; *Rimbaud d'Arabie*, Seuil, 1991.

H. de BOUILLANE de LACOSTE, *Rimbaud et le Problème des « Illuminations »*, Mercure de France, 1949.

G. BOUNOURE, *Le Silence de Rimbaud*, Fata Morgana, Fontfroide (Hérault), 1991.

A. BRETON, *Flagrant délit*, Thésée, 1949, rééd. Pauvert, 1964.

P. BRUNEL, *Rimbaud, projets et réalisations*, Champion, 1983 ; *Arthur Rimbaud ou l'Éclatant Désastre*, Champ Vallon, Seyssel (Ain), 1983, rééd. 1991 ; *Ce sans-cœur de Rimbaud : essai de biographie intérieure*, L'Herne, 1999.

Ch. CHADWICK, *Études sur Rimbaud*, Nizet, 1960.

B. de CORNULIER, *Théorie du vers : Rimbaud, Verlaine, Mallarmé*, Seuil, 1982.

E. DELAHAYE, *Rimbaud, l'artiste et l'être moral*, Messein, 1923 ; *Souvenirs familiers à propos de Rimbaud, Verlaine et Germain Nouveau*, Messein, 1925.

M. EIGELDINGER, *Rimbaud et le Mythe solaire*, La Baconnière, Neuchâtel (CH), 1964.

ÉTIEMBLE, *Le Mythe de Rimbaud*, Gallimard, 1952 à 1961, 4 vol., rééd. 1968 ; *Le Sonnet des « Voyelles »*, Gallimard, 1968 ; *id.* et Y. GAUCLÈRE, *Rimbaud*, Gallimard, 1936, rééd. 1966.

A. FONGARO, *« Fraguemants » rimbaldiques*, P.U. du Mirail, Toulouse, 1989.

J. GENGOUX, *La Pensée poétique de Rimbaud*, Nizet, 1950.

J.-P. GIUSTO, *Rimbaud créateur*, PUF, 1980.

J.-M. GLEIZE, *Arthur Rimbaud*, Hachette, 1993.

A. GUYAUX, *Poétique du fragment : essai sur « Les Illuminations » de Rimbaud*, La Baconnière, Neuchâtel (CH), 1985 ; *Duplicités de Rimbaud*, Champion, 1991 ; *id.* (dir.), *Rimbaud*, « Cahiers de l'Herne », L'Herne, 1993.

G. IZAMBARD, *Rimbaud raconté par Paul Verlaine*, Mercure de France, 1934.

Cl. JEANCOLAS, *Passion Rimbaud : album d'une vie*, Textuel, 1998 ; *L'Afrique de Rimbaud photographiée par ses amis*, Textuel, 1999 ; *Rimbaud*, Flammarion, 1999.

A. KITTANG, *Discours et Jeu, Essai d'analyse des textes d'Arthur Rimbaud*, P.U. d'Oslo (NO) et Grenoble, 1975.

J. LAWLER, *Rimbaud's Theater of the Self*, Harvard U.P. (US), 1992.

B. MEYER, *Sur les « Derniers Vers » : douze lectures de Rimbaud*, L'Harmattan, 1996.

R. MUNIER, *L'Ardente Patience de Rimbaud*, Corti, 1993.

St. MURPHY, *Rimbaud et la Ménagerie impériale*, P.U. Lyon/CNRS, 1991.

P. PETITFILS, *Rimbaud : biographie*, Julliard, 1982, rééd. 1999.

P. PLOUVIER, *Sous la lumière de Nietzsche : Rimbaud ou le Corps merveilleux*, Théétète, Lecques (Gard), 1996.

J.-P. RICHARD, « Rimbaud ou la Poésie du devenir », in *Poésie et profondeur*, Seuil, 1955.

J. RICHER, *L'Alchimie du verbe de Rimbaud ou les Jeux de Jean-Arthur. Essai sur l'imagination du langage*, Didier, 1972.

J. RIVIÈRE, *Rimbaud*, Kra, 1930.

M. RUFF, *Rimbaud, l'homme et l'œuvre*, Hatier, 1968.

E. STARKIE, *Rimbaud*, 1938, trad. franç. A. BORER, Flammarion, 1982.

J.-L. STEINMETZ (dir.), *Arthur Rimbaud : une question de présence*, Tallandier, 1991, rééd. 1999.

S. STÉTIÉ, *Rimbaud le Huitième Dormant*, Fata Morgana, Fontfroide (Hérault), 1993.

Collectif, *Lectures de Rimbaud*, P.U. Bruxelles (BE), 1981.

Rimbaud, « Illuminations », n° spécial de la *RHLF*, Colin, mars-avr. 1987.

Rimbaud et son temps, n° spécial de la *RHLF*, Colin, nov.-déc. 1992.

Rimbaud vivant, depuis 1973.

Parade sauvage, depuis 1984.

AUDIO & VIDÉO

CD

Philippe SOLLERS, *La Parole de Rimbaud*, « À voix haute », Gallimard, 1999, 1 CD.

Vidéo

Richard DINDO, *Arthur Rimbaud, une biographie*, Arte Vidéo, 1991.

CD-ROM

Rimbaud, *Œuvres complètes*, Champion, 1998.

Encyclopédie de la littérature française, Bibliopolis, 1998.

ROMAINS

Jules ROMAINS

De son vrai nom, Louis Henri Jean FARIGOULE

Saint-Julien-Chapteuil (Haute-Loire) 1885 - Paris 1972

Académicien

« [...] *dans son domaine, qui est la poésie des groupes humains, Romains est hors de pair.* »
André MAUROIS, *Études littéraires*, SFELT, 1947.

« *Romains, Duhamel, limaces, leur esprit ne mérite pas d'autre nom, et leur talent rampe.* »
Eugène DABIT, *Journal intime (1928-1936)*, 11 mai 1932, Gallimard, 1939.

Le chantre de l'unanimisme

Du brillant élève à l'écrivain précoce

Fils d'un couple originaire du Velay, mais élevé à Paris — où son père était instituteur et qui devint une source fondamentale de son inspiration —, Louis Farigoule fit ses études au lycée Condorcet, puis à l'École normale supérieure, d'où il sortit titulaire d'une licence ès sciences et agrégé de philosophie en 1909. Tout jeune, il s'essaya à l'écriture et, dès 1904, il put, à la faveur d'un concours de la Société des poètes français, publier — sous le pseudonyme de Jules Romains — ***L'Âme des hommes***, son premier ouvrage poétique. C'est l'époque où — comme le révélait déjà le titre de son recueil — mûrit en lui l'unanimisme, prise de conscience des liens privilégiés qui unissent l'homme aux groupes et ces groupes entre eux. ***La Vie unanime***, poème en vers libres publié en 1908 par le groupe de l'Abbaye — qu'il fréquentait depuis 1906 —, le signala à l'attention du public lettré et d'aînés tels que Gide, Claudel ou Jammes. Il y annonçait, en des vers au rythme haletant, que l'homme en avait fini avec la contemplation tragique de sa solitude, avait rompu avec un Dieu castrateur et était appelé à se régénérer par son immersion dans un univers collectif, harmonieux et solidaire :

Qu'est-ce qui transfigure ainsi le boulevard ?
L'allure des passants n'est presque pas physique ;
[...]
L'air qu'on respire a comme un goût mental.
[...]
Rien ne m'est étranger de leur joue à ma joue.
Et l'espace nous lie en pensant avec nous.

(La Vie unanime)

Tant était grande sa conviction que les hommes « *demeurent à tout âge, et dans les plus divers états d'obscurité ou de gloire, capables d'enthousiasme sincère et désintéressé* » (***Préface*** de 1925). Cette défense et illustration de l'unanimisme fut complétée par les essais ***Manuel de déification*** (1910) et ***Puissances de Paris*** (1911).

Une inspiration féconde et multiple

Dès lors, une œuvre abondante, ambitieuse, parfois systématique, se développa à une cadence soutenue et dans tous les genres — poésie, roman, théâtre, essai, article —, que Romains produisit d'abord en parallèle avec sa carrière de professeur de philosophie — à Brest, Laon, Paris, Nice —, puis exclusivement à partir de 1919, lorsque, au sortir de la Grande Guerre qui le tint mobilisé à Paris dans un service de santé plus conforme à son pacifisme que la boucherie du front, il quitta l'enseignement pour s'installer à Hyères (Var), avec sa femme, épousée en 1912. Au fil des recueils, sa poésie se voulut l'exploration totalisante des rapports entre les hommes de son temps et la psyché sociale, voire l'Histoire, comme dans ***Un être en marche*** (1910), puis ***Odes et Prières*** (1913) et enfin ***Europe*** (1916), ardent plaidoyer pacifiste en faveur de la fraternité de peuples alors en armes. Après ***Le Voyage des amants*** (1920) et ***Amour couleur de Paris*** (1921), l'***Ode génoise*** (1924), dénonçait les nouveaux périls qui pesaient sur un monde à peine guéri de la tragédie précédente, tandis que ***L'Homme blanc*** (1937) chantait les grandeurs et les misères de la race blanche, ainsi que les chances qui lui restaient face aux revendications des peuples colonisés. On pourrait presque parler, à propos de Romains, de la tentation — sinon de la tentative — d'une « légende du siècle », tant était manifeste sa volonté de laisser le témoignage, très architecturé, puissamment orchestré, d'un esprit sensible aux grandes mutations du siècle.

Dès avant 1914, son œuvre romanesque constitua aussi l'une des tentatives de renouveau du genre. Il s'interrogea, en particulier, sur les rapports qui unissent un événement à sa représentation dans la conscience collective. ***Le Bourg régénéré*** (1906), « *conte de la vie* *unanime* », évoquait ainsi les multiples retombées, dans l'esprit de ses habitants, de l'inscription d'une formule révolutionnaire sur un mur de l'urinoir municipal. Le bourg fermentait, se réveillait de sa torpeur et accédait à une vie « *régénérée* ». Dans ***Mort de quelqu'un*** (1911), la disparition d'un obscur voisin donnait naissance à des rapports neufs entre les locataires d'un immeuble parisien, tandis que le récit était rythmé, en séquences contrapunctiques, par le voyage du père se rendant à l'enterrement. ***Sur les quais de la Villette*** (1914, réédité en 1923 sous le titre ***Le Vin blanc de la Villette***) évoquait les premières grandes grèves ouvrières et les manifestations parisiennes de 1906. La célébration de l'amitié — « *Trois copains qui s'avancent sur une ligne n'ont besoin de personne, ni de la nature ni des dieux* » (chap. IV) — et du canular, dans ***Les Copains*** (1913), se caractérisait par une extrême vigueur comique — « *Un peu d'embonpoint, un certain avachissement de la chair et de l'esprit, je ne sais quelle descente de la cervelle dans les fesses, ne messiéent pas à un haut fonctionnaire* » (chap. V) — et la mise en forme romanesque d'un thème essentiel de l'œuvre : la communauté d'un petit groupe soudé qui impose son pouvoir à des collectivités amorphes. Dans ***Donogoo-Tonka*** (1919), scénario d'un film jamais réalisé, l'appel de l'aventure était rendu par la multiplicité des groupes humains disséminés dans le monde, mais sensibles au même événement détonateur : la création d'une ville. Ainsi s'annonçait la technique mise en œuvre plus tard dans ***Verdun*** (1938), tome XVI des ***Hommes de bonne volonté***, et du phénomène d'aspiration et de spirale que la bataille provoqua sur les armées. Quant à la trilogie romanesque ***Psyché — Lucienne*** (1922), ***Le Dieu des corps*** (1928), ***Quand le navire...*** (1929) —, elle inaugurait une interrogation très moderne sur le couple et sur le rôle de l'érotisme dans l'édification d'une philosophie de l'amour. La femme — à laquelle Romains accordait d'ailleurs une véritable autonomie sociale — devenait l'intercesseur d'un phénomène unanime : l'élargissement des consciences et l'apparition d'un univers psychique autonome, à l'intérieur duquel deux amants parvenaient à s'unir par la seule force de leur volonté. Dans cette œuvre à l'écriture acérée et de facture assez neuve, le romancier se souvenait, en outre, de ses études de biologie et de ses singulières expériences sur la vision extra-rétinienne menées au début des années 1920 et relatées — sous le nom de Louis Farigoule — dans ***La Vision extra-rétinienne et le Sens paroptique*** (1921).

Le triomphe de *Knock*

Si le monde de Romains était donc ce devenir à la plasticité toujours renouvelée, il était aussi un champ de virtualités livré aux héros édificateurs qu'étaient les personnages de son théâtre : Emmanuel, l'hérésiarque du drame en vers monté par Copeau, ***Cromedeyre-le-Vieil*** (1920) ; le médecin inspiré et mégalomane de sa pièce comique la plus célèbre, ***Knock ou le Triomphe de la médecine*** (1923) ; le leader politique Denis de la comédie ***Le Dictateur*** (1926), ou encore le Levantin rusé mis en scène dans le drame ***Volpone*** (1928), écrit en collaboration avec Stefan Zweig, sur un thème emprunté à Ben Jonson, auteur anglais du XVIIe siècle. Sans oublier les menées gentiment grotesques du héros éponyme de ***Monsieur Le Trouhadec saisi par la débauche*** (1923), dont les erreurs scientifiques se métamorphosaient en vigoureux ferments de réalité, dans une trilogie comique qui comporta en outre ***Le Mariage de Le Trouhadec*** (1925) et ***Donogoo-Tonka***, (1930), comédie issue du scénario de 1919 et consacrant le triomphe de l'éminent géographe éponyme qui réussit à faire naître et prospérer, en Amérique du Sud, la ville de Donogoo-Tonka dont il avait fort imprudemment affirmé l'existence, au risque de ne plus être élu à l'Institut — qui le reçoit finalement en son sein.

Sur la lancée de ***Knock*** et de sa trilogie ***Le Trouhadec***, Romains — un an avant de se rapprocher de Paris en s'installant à Saint-Avertin (Indre-et-Loire) — donna aussi ***Jean le Maufranc*** (1927), comédie qu'il rebaptisa ***Musse ou l'École de l'hypocrisie*** (1930). Jusqu'à la Seconde Guerre mondiale, il multiplia les interventions politiques contre les périls fascistes et marxistes et pour une construction européenne fondée sur une réconciliation franco-allemande — une constante de son militantisme —, avec ***Problèmes européens*** (1933) et ***Le Couple France-Allemagne*** (1934). Sans limiter son action à l'Europe, il voyagea aux États-Unis et en Afrique en 1936 — année où il divorça et se remaria avec Lise Dreyfus —, l'année aussi où il prit la présidence du PEN-Club international. De ces années d'immédiat avant-guerre datent les essais ***Visite aux Américains*** (1936), ***Pour l'esprit et la liberté*** (1937) et ***Cela dépend de vous*** (1938).

Le monument littéraire des *Hommes de bonne volonté*

À l'univers unanimiste pluriel que ses créations littéraires transposaient, parcouru de forces, ouvert, prodigue en destinées aléatoires, qui se présentait comme une combinatoire de mouvements baignant dans le même « *continu psychique* », Romains souhaitait consacrer une « *vaste fiction en prose, qui exprimerait dans le mouvement et la multiplicité, dans le détail et le devenir, cette vision du monde moderne, dont* La Vie unanime *chantait d'ensemble l'émoi initial* » (***Préface*** de 1932). Ce fut chose faite en 1946, lorsque parut ***Le 7 octobre***, dernier des 27 tomes que comportent ***Les Hommes de bonne volonté***, fresque romanesque commencée en 1930, publiée à partir de 1932, à raison de 4 volumes cette année-là, puis de 2 par an les années suivantes, les tomes XIX (1941) à XXIV (1944) ayant paru d'abord à New York, en raison de la Seconde Guerre mondiale.

Durant la Seconde Guerre mondiale, Romains, adversaire déclaré du nazisme, se réfugia aux États-Unis, puis au Mexique, où il s'occupa de la propagande de la France libre.

De la gloire au désenchantement

Élu à l'Académie française en 1946, il se tourna vers des essais — ***Retrouver la foi*** (1940), ***Le Problème numéro un*** (1947), ***Examen de conscience des Français*** (1954), ***Situation de la terre*** (1958), ***Pour raison garder*** (1960 à 1963, 3 vol.), ***Lettre ouverte contre une vaste conspiration*** (1966) — souvent publiés à partir de ses éditoriaux de *L'Aurore* et qui analysaient sans ménagement les inquiétudes de l'après-guerre : décolonisation, menaces nucléaires, problèmes liés à la répartition des biens matériels de la planète. Par ailleurs, ses romans — la trilogie ***Madame Chauverel***, constituée par ***Une femme singulière*** (1957), et les 2 volumes de ***Mémoires de Madame Chauverel*** (1959-1960), ***Un grand honnête homme*** (1961) — peignaient désormais surtout des personnages hypocrites et des imposteurs, sur lesquels le moraliste désabusé qu'il était devenu paraissait presque s'acharner. En même temps, une veine plus souterraine le rejetait dans de libres évocations du Moyen Âge — ***Bertrand de Ganges*** (1947), ***Le Moulin et l'Hospice*** (1949) —, dont les malheurs, et parfois les charmes, n'étaient pas sans lui proposer un parallèle avec les temps troublés qu'il avait sous les yeux. On le voyait aussi revenir à l'un de ses domaines de prédilection, les expériences parapsychiques, susceptibles de donner accès à un monde différent, sorte de refuge dans l'au-delà pour celui qui semblait rejeter son époque, comme dans ***Violation de frontières*** (1951). Époque qui lui avait apporté pourtant les plus grandes satisfactions d'homme de lettres, une reconnaissance quasi universelle et une situation de premier plan pendant un demi-siècle, au terme duquel il fit paraître ses souvenirs, sous le titre ***Amitiés et Rencontres*** (1970), son ultime publication — deux ans avant sa mort, survenue à quelques jours de son 87e anniversaire.

D'une ampleur rarement égalée, où parfois le plus contestable côtoya le meilleur, soucieuse de traduire les interrogations majeures du siècle, l'œuvre de Jules Romains a su répondre aux tourments d'une génération.

THÉORIE LITTÉRAIRE

L'unanimisme correspondit à une vision du monde essentiellement urbaine, qui donnait toute leur place aux éléments du décor moderne : usines, immeubles, foules de rue, câbles électriques, métropolitain. Au cours de son enfance parisienne, Romains avait reçu « *du sol, des murs, du ciel de la grande ville mille communications secrètes* » (***Préface*** de 1925 à ***La Vie unanime***). Plus précisément, une promenade rue d'Amsterdam avec Georges Chennevière, en octobre 1903, en serait à l'origine, beaucoup plus que la sociologie d'Émile Durkheim ou les travaux de Gustave Le Bon (*La Psychologie des foules*, 1895), que l'auteur affirme avoir lus beaucoup plus tard. Il a d'ailleurs pour la sociologie une « *aversion de principe* », la soupçonnant de « *toucher avec ses grosses pattes à des réalités* [qu'il souhaitait atteindre] *par les voies de l'intuition pure, de l'extase mystique et de l'amour* » *(ibid.)*. C'est donc une « *relation passionnée de l'âme avec l'unanime* » *(ibid.)* autant qu'une mystique de l'« *être vaste et élémentaire* » *(ibid.)* qui nourrit son vaste poème de ***La Vie unanime*** : *Je suis l'éruption des forces collectives ; / Ma voix est le total lyrique des murmures ; / Si je passais la main sur le papier du mur / J'y sentirais suinter la ville goutte à goutte.*

Soucieux d'élaborer une « *narration épique moderne* » *(ibid.)*, Romains revendiquait plutôt l'influence de Sophocle, Lucrèce, Goethe, Hugo, et même d'Homère : « *La description d'un autobus part d'une main qui a feuilleté l'Iliade* » *(ibid.)*. Ainsi l'unanimisme rejoint-il les efforts de la poésie pour fonder « *un lyrisme objectif d'essence spirituelle » (ibid.)*. Le complet épanouissement de ce « *chant de confiance au* Nous *éternel » (ibid.)* demandera, selon l'auteur, plusieurs siècles ; son poème est pareil *Aux spores en route dans le vent, / Sur qui la mort referme les mains / Sans les prendre, / Et qui plus loin, au milieu d'un roc, / D'un lac, d'un fumier ou d'une chair, / Constitueront la chair des microbes* (***Préface*** de 1907). Il suppose une esthétique poétique nouvelle, en rupture aussi bien avec le symbolisme qu'avec le vers libre, pourtant à l'œuvre dans ***La Vie unanime*** : Romains écrivit avec Georges Chennevière un ***Petit Traité de versification*** (1923) qui réhabilita la rime et un minimum de contraintes métriques et prosodiques. Ainsi espérait-il restituer au plus grand nombre la poésie, « *séparée de l'homme moderne pour devenir l'amusement et l'otage d'une infime élite* » (***Préface*** de 1925 à ***La Vie unanime***).

THÉORIE LITTÉRAIRE

Poète de la ville et des foules, dramaturge de l'imposture, architecte d'une ample épopée humaine, Romains demeure, malgré le relatif « purgatoire » dans lequel sont tombés ses poèmes et ses romans, un écrivain majeur de son siècle.

Un modèle de clarté classique

Sans concession stylistique, souvent ample mais fermement tenue, imagée et inventive, la langue de Romains offre un exemple de clarté classique. Au théâtre, il parvint à fondre en un ensemble d'une incontestable force comique une vision presque sociologique des réalités de l'époque et une science infaillible de la réplique qui porte, de la formule gravée comme une médaille : « *Les gens bien portants sont des malades qui s'ignorent* » (***Knock***, I) ; « *La santé n'est qu'un mot, qu'il n'y aurait aucun inconvénient à rayer de notre vocabulaire. Pour ma part, je ne connais que des gens plus ou moins atteints de maladies plus ou moins nombreuses à évolution plus ou moins rapide* » (II, 1). Sa poésie, encore imprégnée de prosodie traditionnelle dans ***La Vie unanime*** malgré le recours au vers libre, adopta ensuite une versification originale, ni vers blanc ni prose assonancée, qui ramassait en des formulations neuves le meilleur de ce que l'unanimisme apportait à la littérature. L'écriture romanesque, quant à elle, mêla avec intelligence la verve lyrique des ***Copains***, dans laquelle les formules heureuses abondent (« *la salle le pondit comme un œuf* »), à la prose plus majestueuse, mais teintée d'ironie et d'humour, des ***Hommes de bonne volonté***. C'est dans ce roman que Romains a su allier ses dons de créateur les plus convaincants à une technique souvent en avance sur son temps, s'efforçant de maîtriser la longueur inédite du propos par l'utilisation de séquences entrecroisées qui brisent le caractère monolithique de l'ensemble. Enfin, ses évocations poétiques de la grande ville font de lui un prosateur inégalé.

De la gloire à l'oubli

On se doute qu'une œuvre de cette taille et de cette diversité a connu différentes phases d'accord ou de désaccord avec le public. Le dramaturge a fait un peu oublier le poète, tandis que le romancier des ***Hommes de bonne volonté*** laissait dans l'ombre l'auteur dramatique. Romains s'est souvent placé sur un terrain neuf qui lui apportait, certes, le succès, mais au détriment d'une vision globale et aisément perceptible de l'ensemble. Enfin, il est indéniable que sa difficulté à retrouver un second souffle après 1945 a conduit parfois les lecteurs et la critique à ne plus voir en lui que le survivant d'une œuvre attachante, mais trop vaste et inégale pour susciter les nécessaires relectures. Néanmoins certains des chemins qu'il avait ouverts conduisirent à la modernité d'un Sartre, d'un Butor ou d'un Perec. Plusieurs de ses œuvres (***Knock***, ***Les Copains***) ont été portées à l'écran.

ŒUVRES

Les ***Hommes de bonne volonté***

Fresque romanesque en 27 volumes, publiée chez Flammarion de 1932 à 1946 — sauf pour les volumes XIX à XXIV, publiés à New York en 1941 et 1944, puis chez Flammarion en 1945 et 1946. L'ensemble comprend : I. ***Le 6 octobre*** (1932 — l'action se déroule le 6 oct. 1908), II. ***Crime de Quinette*** (1932 — du 12 au 14 octobre 1908), III. ***Les Amours enfantines*** (1932 — de fin oct. à fin nov. 1908), IV. ***Éros de Paris*** (1932 — de fin nov. au 23 déc. 1908), V. ***Les Superbes*** (1933 — de fin déc. 1908 au 1er mai 1909), VI. ***Les Humbles*** (1933 — de fin juin 1909 au 10 janv. 1910), VII. ***Recherche d'une Église*** (1934 — du 12 janv. à oct. 1910), VIII. ***Province*** (1934 — du 24 avr. à oct. 1910), IX. ***Montée des périls*** (1935 — du 31 oct. 1910 à févr. 1911), X. ***Les Pouvoirs*** (1935 — de févr. à nov. 1911), XI. ***Recours à l'abîme*** (1936 — de nov. 1911 au printemps 1912), XII. ***Les Créateurs*** (1936 — de l'été au 20 déc. 1912), XIII. ***Mission à Rome*** (1937 — de janv. à l'été 1913), XIV. ***Le Drapeau noir*** (1937 — de l'été 1913 au 1er août 1914), XV. ***Prélude à Verdun*** (1938 — du 2 août 1914 au 21 févr. 1916), XVI. ***Verdun*** (1938 — du 21 févr. au 10 avr. 1916), XVII. ***Vorge contre Quinette*** (1939 — du printemps au 14 juil. 1919), XVIII. ***La Douceur de la vie*** (1939 — de l'automne 1919 au printemps 1920), XIX. ***Cette grande lueur à l'Est*** (1941 [New York] et 1945 [Paris] — printemps 1922), XX. ***Le monde est ton aventure*** (1941 [New York] et 1945 [Paris] — été 1922), XXI. ***Journées dans la montagne*** (1942 [New York] et 1945 [Paris] — déc. 1923), XXII. ***Les Travaux et les Joies*** (1943 [New York] et 1945 [Paris] — de déc. 1923 à févr. 1924), XXIII. ***Naissance de la bande*** (1944 [New York] et 1946 [Paris] — de nov. 1927 à janv. 1928), XXIV. ***Comparutions*** (1944 [New York] et 1946 [Paris] — de févr. à mars 1928), XXV. ***Le Tapis magique*** (1946 — du 7 avr. à mai 1933), XXVI. ***Françoise*** (1946 — mai 1933) et XXVII. ***Le 7 octobre*** (1946 — 7 oct. 1933). En mars 1932, parurent les 1er et 2e tomes de ce roman-fleuve d'une structure inédite, dont le projet remontait aux débuts de l'unanimisme. L'initiative se démarquait aussi nettement — une longue **Préface** le précisait — des tentatives passées de Balzac, de Hugo ou de Zola que de celles, contemporaines, de Proust, de Romain Rolland ou de Martin du Gard. En effet, ni roman d'un individu ou d'une famille comme *Les Rougon-Macquart* ni conglomérat bouillonnant mais décousu de récits séparés, à la manière de *La Comédie humaine*, ***Les Hommes de bonne volonté***, dont l'action s'étend sur vingt-cinq ans et un jour, de 1908 à 1933, représentent l'essai d'une forme romanesque nouvelle. C'est d'abord l'époque en tant que telle, cette « *onde historique* » d'un quart de siècle, que le romancier va faire revivre, à travers de multiples lignes narratives, entrecroisées ou parallèles, allant buter sur la guerre de 1914 (t. XV. ***Prélude à Verdun***, et t. XVI. ***Verdun*** — sommet du roman), avant de s'échouer sur les périls des années 1930. Du Paris de 1908 (t. I. ***Le 6 octobre***) à l'Europe de 1933 (t. XXVII. ***Le 7 octobre***), en passant par la France de 1914 (t. XIV. ***Le Drapeau noir***) — trois lieux, trois moments symboliques, où les intrigues cèdent la place à des panoramas unanimistes —, se déploient de nombreuses trajectoires presque constamment entremêlées, selon une technique simultanéiste, présentant à un même moment des personnages situés dans des lieux différents, tandis que, de volume en volume, se poursuit le dialogue entre un Parisien et un provincial originaire du Velay, entre Jallez « *le spirituel* » et Jean Jerphanion « *le temporel* », aisément identifiables — l'un et l'autre sont normaliens — à un Jules Romains qui se serait dédoublé. Cette fresque, dont la lecture — malgré la masse impressionnante de quelque 8 000 pages — est aisée en raison de la simplicité efficace du style et de la rigueur de sa construction, se caractérise également par la pertinence des choix thématiques. Le monde ouvrier, le monde des affaires, les différents réseaux politiques, intellectuels, scientifiques, artistiques, l'Église, l'Université, l'Armée sont ainsi traités dans leurs masses et leurs détails, associés en « *couples* » de volumes, « *faits d'analogies et de contrastes* » : ***Les Amours enfantines*** (t. III) et ***Éros de Paris*** (t. IV), ***Les Superbes*** (t. V) et ***Les Humbles*** (t. VI), ***Montée des périls*** (t. IX) et ***Les Pouvoirs*** (t. X). *Mimesis* de l'imprévisible, qui suggère un univers incohérent en apparence mais orienté en profondeur, riche en effets comiques ou poétiques, l'œuvre véhicule en outre un sens : le devenir historique, quels que soient la part d'inconnu et le danger qu'il contient, doit engendrer, chez ceux qui prétendent le maîtriser, une pugnacité lucide, tournée vers le Bien.

L'œuvre rencontra d'emblée un grand succès et fit de Romains l'un des romanciers les plus lus de son époque, tant en France — où les fidèles attendaient « *les H.B.V.* » comme les épisodes d'un feuilleton — qu'à l'étranger, aux États-Unis par exemple — où la traduction sortait presque en même temps que l'édition française. Les générations suivantes ont sans doute moins lu ce monument romanesque dont l'ampleur a pu les décourager, et la critique l'a quelque peu délaissé, à tort, au profit d'œuvres moins abondantes ou plus subtiles en apparence dans leur maniement des techniques d'écriture. Pourtant Romains, sur bien des points, ouvrait ainsi des voies nouvelles qu'il conviendrait aujourd'hui de visiter attentivement.

Knock *ou le Triomphe de la médecine*

Comédie en 3 actes — comportant respectivement 1, 6 et 6 scènes — et en prose, créée le 14 décembre 1923, à la Comédie des Champs-Élysées, par Louis Jouvet.

Le docteur Parpalaid a vendu sa clientèle du bourg de Saint-Maurice à Knock. Dans la voiture délabrée qui les y amène, Knock comprend qu'on l'a abusé, les natifs du lieu ayant peu l'habitude de se soigner. Il est pourtant prêt à relever le défi en appliquant sa théorie : « *Les gens bien portants sont des malades qui s'ignorent* » (I).

Dès son arrivée, il fait annoncer par le tambour la création d'une consultation gratuite, et propager l'information médicale par l'instituteur et le pharmacien. Il reçoit ses premiers clients, chez lesquels il diagnostique de graves maladies nécessitant un traitement coûteux. Lorsque, trois mois plus tard, Parpalaid revient toucher son premier versement, il constate la transformation de l'auberge en clinique accueillant des malades venus de toute la région consulter Knock. Après lui avoir proposé d'échanger son nouveau cabinet contre l'ancien, Parpalaid, qui n'est pourtant pas dupe, en vient à accepter d'être soigné par son remplaçant.

Knock connut près de 1 500 représentations avec Jouvet, qui reprenait la pièce chaque fois que son théâtre connaissait des difficultés. Des adaptations cinématographiques de la pièce furent réalisées par Roger Goupillières (1933) et Guy Lefranc (1950), l'une — plutôt caricaturale — et l'autre — plutôt mystérieuse et inquiétante — avec Louis Jouvet, tandis que, dès 1925, Robert Hervil avait porté ***Knock*** à l'écran. Le héros de Romains, devenu un mythe moderne, a atteint une dimension universelle, qui explique que la pièce soit jouée, encore aujourd'hui, dans le monde entier et lue dans toutes les écoles de France : triomphe tel que l'auteur a été presque enseveli par sa créature, comme par le créateur — au théâtre et au cinéma — de sa créature. Habité par une foi aveugle dans son art, porteur d'un discours d'une singulière efficacité comique — *« Attention. Ne confondons pas. Est-ce que ça vous chatouille, ou est-ce que ça vous gratouille ? »* (II, 1) —, le personnage éponyme de cette farce exemplaire véhicule en fait un message très inquiétant et préfigure, dix ans à peine avant le début des terreurs hitlérienne et stalinienne, les pires partisans de l'asservissement des masses, volontiers attirées par des meneurs qui se donnent des allures de missionnaires et savent utiliser les aspirations inconscientes de leurs victimes — thème que les excès de notre société de consommation et le développement des sectes, au tournant du IIIe millénaire, rendent plus actuel que jamais.

CITATIONS

Un peu d'embonpoint, un certain avachissement de la chair et de l'esprit, je ne sais quelle descente de la cervelle dans les fesses, ne messiéent pas à un haut fonctionnaire.

Les Copains, 5.

Les gens bien portants sont des malades qui s'ignorent.

Knock ou le Triomphe de la médecine, I.

Knock. Attention. Ne confondons pas. Est-ce que ça vous chatouille, ou est-ce que ça vous gratouille ?
Le tambour de la ville. Ça me gratouille. *(Il médite).* Mais ça me chatouille bien un peu aussi.

Knock ou le Triomphe de la médecine, II, 1.

La santé n'est qu'un mot, qu'il n'y aurait aucun inconvénient à rayer de notre vocabulaire. Pour ma part, je ne connais que des gens plus ou moins atteints de maladies plus ou moins nombreuses à évolution plus ou moins rapide.

Knock ou le Triomphe de la médecine, II, 3.

Ce qu'il faut pour oser faire le rêve de modifier la Société, ce qu'aucune énergie ne remplace, le vieux mot « d'idéal » le désigne. Mais d'une façon si usée, si convenue, que la bouche a l'impression de mâcher de la phrase morte pour bavards.

Les Amours enfantines, in *Les Hommes de bonne volonté*, III, 1.

L'individu ne peut avoir raison indéfiniment contre l'humanité. Tout ce qu'il peut espérer, c'est d'avoir raison plus tôt qu'elle.

Les Amours enfantines, in *Les Hommes de bonne volonté*, III, 1.

Le temps passe. Et chaque fois qu'il y a du temps qui passe, il y a quelque chose qui s'efface.

Les Amours enfantines, in *Les Hommes de bonne volonté*, III, 5.

Un dîner dans le monde est une sorte d'animal mince et transparent, qui absorbe de la lumière, un peu de nourriture, et qui produit continuellement des paroles.

Les Amours enfantines, in *Les Hommes de bonne volonté*, III, 14.

J'oppose l'action individuelle moins encore à l'action de masse, qu'à l'absence de toute espèce d'action, à ce fatalisme inconscient, qui se déguise en soi-disant profondeur philosophique.

Éros de Paris, in *Les Hommes de bonne volonté*, IV, 9.

La volonté règne moins loin dans le corps qu'on ne croit. Il y a des répugnances qui la défient, des refus de la chair que tout notre esprit ne ferait qu'exaspérer en s'acharnant dessus. Oui, le grand attirail des muscles nous obéit tant bien que mal. Mais des mécanismes plus intimes se moquent de nous.

Les Superbes, in *Les Hommes de bonne volonté*, V, 1.

La façon dont un homme fait l'amour est un des traits les plus caractéristiques de son signalement ; et ce serait dans la pratique un des plus précieux à connaître, s'il n'y avait malheureusement trop peu de personnes aussi bien pour le recueillir que pour en tirer parti.

Les Superbes, in *Les Hommes de bonne volonté*, V, 8.

L'excitation amoureuse et l'approche du plus grand plaisir s'accordent mieux avec les pensées de bravoure qu'avec le sang-froid.

Les Superbes, in *Les Hommes de bonne volonté*, V, 26.

Le malheur arrive sur vous, d'une seule pièce, comme glisserait un couvercle.

Les Humbles, in *Les Hommes de bonne volonté*, VI, 11.

Le vrai patron est quelqu'un qui se mêle passionnément de votre travail, qui le fait avec vous, par vous.

Recherche d'une église,
in *Les Hommes de bonne volonté*, VII, 11.

Une démocratie, c'est d'abord ça : une façon de vivre où les gens osent se communiquer les choses importantes, toutes les choses importantes, où ils se sentent le droit de parler comme des adultes, et non comme des enfants dissimulés...

Province, in *Les Hommes de bonne volonté*, VIII, 11.

La concupiscence est une fièvre qui vous met en état d'infériorité. L'œuvre de chair peut être une pratique paisible, qui vous prémunit contre des troubles plus profonds et des égarements plus graves.

Province, in *Les Hommes de bonne volonté*, VIII, 27.

Une erreur n'est souvent qu'une vérité coupée en herbe.

Lucienne, 8.

Moi, je suis assez terrorisé par les femmes sportives. [...] Leur sang a une façon de circuler que je trouve un peu voyante. Elles respirent comme si, chaque fois, elles découvraient l'oxygène.

Lucienne, 13.

JUGEMENTS

« *La pièce* [Knock] *est étonnamment actuelle : on est tenté à chaque instant d'oublier qu'il s'agit de médecine. On se prend à en transposer la satire dans l'ordre politique, lequel fourmille plus que jamais de docteurs inspirés qui travaillent au pur triomphe de l'art de gouverner plutôt qu'au simple bonheur des peuples. Qui écrira le* Knock *de la politique ¿ La satire de l'activité politique prise comme fin et non plus comme moyen ¿* »

Roger CAILLOIS, *Chroniques de Babel*, Denoël, 1981.

« *Grands hommes* [Romains, Duhamel], *ils voient leur statue de bronze, ou leur uniforme d'académicien ; et le pire : ils croient à leur œuvre, ils en sont enveloppés, et la vie ne pénètre plus que dans leur bureau. Merde pour cette espèce d'homme. Je continue à admirer Gide, et quelques autres. Mais des Jean Paulhan me lassent, qui ne vivent que de littérature et de problèmes.* »

Eugène DABIT, *Journal intime (1928-1932)*,
11 mai 1932, Gallimard, 1939.

« [...] *l'esprit de cette pièce* [Knock], *en dépit d'analogies factuelles, se distingue de celui du* Malade imaginaire. *Molière a peint dans un personnage — Argan, un nom dont, significativement, on ne se souvient jamais — le type immortel de l'hypocondriaque ; or, le jeune dramaturge français d'aujourd'hui ne transforme pas ce cas en un phénomène de masse* [...] *non : au lieu de railler les imaginations dont tout homme est bâti, il tente l'expérience de les prendre au sérieux et reconstruit le monde, en comédie, sur elles. Il est très vraisemblable que Romains a été inspiré par ce qu'on appelle aujourd'hui la seconde "école de Nancy" qui obtient des guérisons remarquables grâce à une recette toute simple ("Imagine-toi que tu es en bonne santé") et qu'il a voulu les tourner en ridicule ; toutefois, comme l'imagination est la base, non seulement de la santé physique, mais aussi, sans nul doute, par la création des besoins, la persuasion, la suggestion autoritaire, la publicité, de la santé des affaires, c'est-à-dire, si l'on veut, de notre monde, son ironie a pénétré dans un domaine plus vaste.* »

Robert MUSIL, « *Knock* de Jules Romains », in *Essais*,
trad. franç. Philippe JACCOTTET, Seuil, 1984.

« *Plus, à coup sûr, que ces commentaires sur un monde en train de changer et qu'il refuse avec obstination* [...], *plus sans doute que la théorie de l'unanimisme* [...], *plus peut-être même que l'énorme édifice des* Hommes de bonne volonté *qui tient une place honorable et même importante dans la famille des romans-cycles, ce qui reste le plus vivant dans l'œuvre de Jules Romains, c'est* Les Copains *et c'est* Knock. *Les jeunes gens d'aujourd'hui peuvent encore se reconnaître dans les défis lancés à une société solennelle et figée par un petit groupe d'amis adonnés à la gaieté et à la dérision. Et le champ inépuisable de la crédulité et de la sottise humaines est labouré avec allégresse par le docteur Knock, auquel Louis Jouvet a conféré son visage d'éternité.* »

Jean d'ORMESSON, « Jules Romains. Canular et Communion », in *Une autre histoire de la littérature française*, II, NiL, 1998.

BIBLIOGRAPHIE

Éditions

Les Copains, « Folio », Gallimard, 1972.

Correspondance Guillaume Apollinaire/Jules Romains, éd. Cl. MARTIN, J.-M. Place, 1994.

L'Enfant de bonne volonté [titre de l'éd.], éd. O. RONY, « GF », Flammarion, 2000.

Les Hommes de bonne volonté, éd. O. RONY « Bouquins », Laffont, 1988, 4 vol. [contient les textes essentiels de Romains sur son roman].

Knock ou le Triomphe de la médecine, éd. A. ANGREMY, « Folio Théâtre », 1993.

M. Le Trouhadec saisi par la débauche, « Folio », Gallimard, 1975.

Mort de quelqu'un, « Folio », Gallimard, 1987.

Psyché, « Folio », Gallimard, 1985.

Puissances de Paris, « L'Imaginaire », Gallimard, 2000.

Souvenirs et Confidences d'un écrivain, Fayard, 1958.

Théâtre, Gallimard, 1924 à 1935, 7 vol.

La Vie unanime, éd. M. DÉCAUDIN, « Poésie », Gallimard, 1983.

Le Vin blanc de la Villette, « Folio », Gallimard, 2000.

Études

A. BOURIN, *Connaissance de Jules Romains*, Flammarion, 1961.

P. CHARRETON, « Dramaturgie et Épistémologie dans *Knock* et *Donogoo* », in *Cahiers Jules Romains*, n° 3, Flammarion, 1979, pp. 131 à 161.

A. CUISENIER, *Jules Romains, l'Unanimisme et « Les Hommes de bonne volonté »*, Flammarion, 1969.

D. DEGRAEVE, *La Part du Mal. Essai sur l'imaginaire de Jules Romains dans « Les Hommes de bonne volonté »*, Droz, Genève (CH), 1997.

A. FIGUERAS, *Jules Romains*, « Poètes d'aujourd'hui », Seghers, 1952, rééd. 1969.

L. JOUVET, *Témoignages sur le théâtre*, Flammarion, 1952.

L. JULES-ROMAINS, *Les Vies inimitables*, Flammarion, 1985.

Cl. MARTIN, « *Correspondance André Gide/Jules Romains*. L'Individu et l'Unanimisme », in *Cahiers Jules Romains*, n° 1, Flammarion, 1976.

D. MEMMI, *Jules Romains ou la Passion de parvenir*, Dispute, 1998.

G. PILL, *Le Thème de l'imposture dans l'œuvre de Jules Romains*, thèse, Grenoble, 1972.

O. RONY, « Correspondance Jacques Copeau/Jules Romains », in *Cahiers Jules Romains*, n° 2, Flammarion, 1978 ; *Jules Romains ou l'Appel au monde*, Laffont, 1993.

D. VIART (dir.), *Jules Romains et les Écritures de la simultanéité*, actes du colloque de Lille, P.U. du Septentrion, Villeneuve-d'Ascq (Nord), 1996.

Jules Romains, biographie de l'écrivain, catalogue d'exposition, BNF, 1978.

Bulletin des Amis de Jules Romains, Université de Saint-Étienne, depuis 1974.

Cahiers Jules Romains, Flammarion, depuis 1976.

AUDIO & VIDÉO

Vidéo

G. LEFRANC, *Knock*, 1951, René Chateau, s.d.

M. TOURNEUR, *Volpone*, 1939, René Chateau, s.d.

RONSARD

Pierre de RONSARD

De son vrai nom, Pierre de RONSART

Château de La Possonnière (près de Couture-sur-Loir, act. Loir-et-Cher) 1524 – Saint-Cosme-lez-Tours (act. Indre-et-Loire) 1585

> *« Quel poète ! Quelles ailes ! C'est plus grand que Virgile, et ça vaut du Goethe, au moins par moments, comme éclats lyriques. »*
>
> Gustave FLAUBERT, *Correspondance*, 16 février 1852.

> *« Ronsard ne laissa pas d'être l'admiration de son siècle ; mais sa gloire ne lui survécut guère, et il est enfin tombé dans un oubli dont il y a peu d'apparence qu'il se relève. »*
>
> Antoine HOUDAR de LA MOTTE, *Discours sur la poésie en général et l'ode en particulier*, 1707.

Un poète officiel mais toujours libre

De l'abandon des armes au triomphe des vers

Fils de Loys de Ronsart, qui prit part aux guerres d'Italie, se battit aux côtés de Bayard, et était alors maître d'hôtel du dauphin François et du duc Henri d'Orléans, Pierre de Ronsard — il ne tarda pas à adopter cette graphie de son nom — naquit dans le Vendômois, dans la nuit du 1er au 2 septembre 1524. Éduqué d'abord par un précepteur, il gagna Paris, entra au service du Dauphin peu de jours avant la mort de celui-ci en 1536, puis devint page de Charles de Valois, que la mort de son frère avait fait duc d'Orléans — ces 2 frères, parmi les 10 enfants de Henri II et de Catherine de Médicis, ne régnèrent pas. Attaché à Madeleine de France, qui était promise à Jacques V Stuart, il l'accompagna en 1537 en Écosse, où il retourna de nouveau en 1539. Après avoir, en 1540, suivi le diplomate Lazare de Baïf à la diète de Haguenau, il se retira à La Possonnière, en proie à une grosse fièvre à laquelle succéda une demi-surdité qui le fit renoncer à la carrière des armes.

C'est dans la décennie de 1540 qu'il découvrit sa vocation et commença à s'essayer à la poésie. À l'occasion des funérailles de Guillaume du Bellay, au Mans, en mars 1543, il reçut la tonsure et fit la connaissance de Jacques Peletier du Mans, secrétaire de l'évêque René du Bellay, frère de Guillaume, ainsi que du poète Joachim du Bellay, neveu de ces derniers. En 1545, le jeune Ronsard rencontra, à Blois, Cassandre Salviati qui se maria l'année suivante : nouveau Pétrarque, le poète chanta l'amour platonique que lui inspirait cette nouvelle Laure. Ronsard ne fut jamais prêtre mais, dans le contexte de la Réforme catholique surtout — c'est en 1545 que commença à siéger le concile de Trente —, la tonsure ne l'autorisait pas à se marier. De retour à Paris, il se lia avec Jean-Antoine de Baïf, fils de Lazare, noua diverses amitiés intellectuelles et littéraires, et assista aux cours que l'helléniste Jean Dorat donnait à Baïf.

En septembre 1547, parurent les *Œuvres poétiques* de Peletier du Mans : on y trouvait la première pièce imprimée de Ronsard. En même temps, le poète s'inscrivit à l'Université et fréquenta, jusqu'au printemps de 1549, le collège de Coqueret que dirigeait Dorat, et où se constitua la Brigade, ancêtre de la Pléiade. Sa première publication sous son nom fut, au début de 1549, l'***Épithalame d'Antoine de Bourbon et Janne de Navarre***, bientôt suivie, en juin, de ***L'Avententrée du Roi Treschrestien à Paris*** et de l'***Hymne de France***. À la fin de janvier 1550, parurent les ***Quatre Premiers Livres des Odes de Pierre de Ronsard. Ensemble son Bocage***, avec un avis ***Au lecteur*** qui, par son ton, avait valeur de proclamation. Avec les ***Odes***, une nouvelle poésie s'affirmait, dont *La Deffence et illustration de la langue françoyse* (mars 1549) de Du Bellay constituait le manifeste.

La grande décennie 1550 à 1560

L'importance de Ronsard est attestée par la querelle qui s'éleva entre lui et Saint-Gelais peu après la parution des ***Odes***. Réconcilié avec le vieux poète grâce à l'entremise, notamment, de Michel de L'Hospital — auquel il consacra une ode en 1552 —, il voulut bien reconnaître s'être laissé prendre à des ragots de courtisans :

Pource qu'à tort on me fist croire
Qu'en fraudant le prix de ma gloire
Tu avais mal-parlé de moy,
Et que d'une longue risée
Mon œuvre par toy mesprisée
Ne servit que de farce au Roy.

(***À Melin de Saint-Gelais. Ode***, in ***Odes***)

Mais Ronsard songeait déjà à ouvrir d'autres voies que celle du lyrisme. ***L'Ode de la Paix (Au Roy Henry IIe sur la paix faitte entre luy et le Roy d'Angleterre l'an 1550)***, publiée en avril 1550, annonçait une épopée et en traçait les grandes lignes : le poète prenait date, et ne

s'arrêtait pas là. Attentif à tous les nouveaux courants, il veillait à y inscrire son nom ; lui qui avait, dans les ***Odes***, raillé ceux *« qui n'admirent qu'un petit sonnet pétrarquizé, ou quelque mignardise d'amour »*, il exploita pourtant cette veine et publia ses ***Amours*** (1552), celles qui chantaient Cassandre.
Mais le poète travaillait déjà à d'autres publications : l'année 1553 vit paraître à la fois la 2de édition des ***Quatre Premiers Livres des Odes*** et, sous un anonymat qui ne trompa personne, le ***Livret de folastries***, ouvrage dont la gaillardise ne fut pas sans provoquer maintes réactions :

Helas ! (dit Jaquet) ma doucette,
Si plus cher ne t'est ton grignon [quignon]
Que moy Jaquinot ton mignon,
Approce toy mignardelette,
Mignardelette doucelette,
Mon pain, ma faim, mon appetit,
Pour mieux t'embrocher un petit.
(***Gayeté***, vv. 84 à 90, in ***Œuvres***)

Pendant qu'étaient encore publiés, en cette année 1553 décidément très féconde, la 2e édition des ***Amours***, illustrés d'un commentaire de Muret, et le ***Cinquiesme Livre des Odes***, Ronsard songeait déjà à une autre œuvre, d'une veine toute différente. À la fin de 1555 parurent les ***Hymnes***, dont le 2nd livre fut édité l'année suivante, l'année même où il donna aussi la ***Continuation des Amours*** (90 pièces nouvelles) et la ***Nouvelle Continuation des Amours*** (61 pièces) ; ces dernières chantaient l'amour de Marie, sans doute une petite paysanne de Bourgueil, nommée Dupin :

Si quelque amoureux passe en Anjou par Bourgueil,
Voye un pin qui s'elesve au-dessus du village,
Et là sur le sommet de son pointu fueillage,
Voirra ma liberté trofée d'un bel œil.

Parallèlement, Ronsard avait encore publié le ***Bocage*** (deuxième du nom), en 1554, et, en 1555, les ***Meslanges***, dont une réédition augmentée parut la même année : ces ouvrages, comme leurs titres l'indiquent, étaient des recueils d'attente, destinés à disparaître comme tels dès que les pièces qui les composaient auraient trouvé place dans un ensemble convenant à leur inspiration. Néanmoins, Ronsard n'attendit pas pour les publier ; de même donna-t-il, en 1559, le ***Second Livre des Meslanges***, qui rassemblait 65 pièces, toutes nouvelles. Poète du roi Henri II en 1554 — succédant à Mellin de Saint-Gelais —, il en devint le conseiller et l'aumônier en 1558, composant des poèmes de circonstance, mais Henri II mourut en 1559.

Le banquet poétique

Clerc, Ronsard avait reçu le bénéfice de plusieurs cures depuis 1553 ; il devint en 1560 archidiacre et chanoine, avant d'obtenir des bénéfices plus importants en Vendômois en 1565 et 1566, dont le prieuré de Saint-Cosme-lez-Tours où il mourut. Tout en donnant des éditions « provisoires », il travaillait à réunir ses ***Œuvres***, et, en 1560, livra au public un ensemble de 4 volumes. Cette opération qui, n'était l'âge de son auteur, peut nous sembler banale, était une nouveauté : nul poète avant Ronsard n'avait eu ce souci de disposer ses œuvres en un monument proposé certes au public du jour, mais aussi bien à la postérité, et ses contemporains tardèrent à saisir le sens de cette entreprise — ce soin ne le quitta pas : la mort le surprit alors qu'il préparait la 7e édition « collective » de ses *Œuvres*. Celle de 1560 triait parmi les pièces déjà publiées, en ajoutait d'autres, mais surtout veillait à les disposer selon un ordre calculé, qui ne reproduit nullement l'ordre chronologique des publications antérieures : après les ***Amours***, les ***Odes***, puis les ***Poèmes*** et les ***Hymnes***. Ordre générique, assurément, mais non sans libertés : les ***Poèmes*** regroupaient, sous un titre nouveau, des élégies, des églogues, des épîtres, des épigrammes, des blasons, des *« gaietés »*, des fantaisies, et même des odes et des sonnets. Si Ronsard édifiait le monument de ses ***Œuvres***, comme il le soulignait dans le ***Discours à Loys des Masures***, il invitait le lecteur à le contempler

Comme celuy qui voit du haut d'une fenestre
Alentour de ses yeux une plaine champestre ;

et il le laissait libre de choisir l'œuvre ou la pièce convenant à son goût ou à sa disposition :

Mon livre est resemblable à ces tables friandes
Qu'un prince fait charger de diverses viandes :
Le mets qui plaist à l'un à l'autre est desplaisant.
[...]
Le Prince toutefois qui librement festie
Ne s'en offense point [...].

Je ne contrains personne à mon vers poëtique :
Le lise qui voudra l'achete qui voudra.
(***Discours à Loys des Masures***, in ***Œuvres***)

Après 1560, le poète militant

Poète officiel dans une période troublée — François II mourut en 1560, après un an de règne —, Ronsard prenait son rôle au sérieux : depuis 1554, il travaillait à une épopée que lui aurait commandée Henri II. Quand le Tumulte d'Amboise, en mars 1560, rendit l'actualité brûlante, il céda à sa sollicitation. Déjà, les *Œuvres* de 1560 intégraient le ***Discours à G. des Autels***, où Ronsard se montrait à la fois attentif aux affaires politiques et religieuses et soucieux de soutenir la royauté. En moins de deux ans — 1562-1563, c'est-à-dire au moment même où commençaient les guerres de Religion —, le poète publia en plaquettes l'***Institution pour l'adolescence du roi très-chrétien Charles IX*** *(« Celui qui se connaît est seul maître de soi »)*, le ***Discours des misères de ce temps*** *(« Morte est l'autorité, chacun vit à sa guise »)* et sa ***Continuation***, la ***Remonstrance au peuple de France***, la ***Responce aux injures et calomnies de je ne sais quels prédicants et ministres de Genève***. Plusieurs fois, dans ces années, ces pièces furent rééditées, suscitant de nombreuses ripostes des protestants, inquiets de voir le plus grand des poètes descendre dans l'arène pour les affronter ; le ***Discours à Loys des Masures*** raillait la « *secte Calvine* » de se laisser animer par un Luther proche de Rabelais, que son ***Épitaphe*** (in le ***Bocage*** de 1554) montrait *all*[ant] *dans le vin barbouillant / comme une grenouille en la fange* :

Un habitant du Rhin, en un poesle enfermé
À bien interpreter les saintes Escritures
Entre les gobelets les vins et les injures !
(***Bocage***, vv. 52 à 54)

La ***Continuation du discours des misères de ce temps*** (1562) adjurait ainsi Théodore de Bèze à redécouvrir sa terre natale :

Ce n'est pas une terre Allemande ou Gothique,
Ny une région Tartare ny Scythique
[...]
Ne presche plus en France une Evangile armée,
Un Christ empistollé tout noirci de fumée,
Qui comme un Mehemet va portant en la main
Un large coutelas rouge de sang humain.
Cela déplaist à Dieu, cela déplaist au Prince
(***Continuation [...]***, vv. 107-108 et 119 à 123, in ***Œuvres***)

Ronsard répliqua encore, en 1564, aux attaques de Florent Chrestien — futur coauteur de la *Satyre Ménippée* —, mais n'alla pourtant pas plus loin, sans doute persuadé que la poésie ne pouvait faire bon ménage avec la polémique et que la « *vérité* », telle que l'entendaient ses adversaires, n'était pas sa fin ; et il était déjà engagé sur d'autres routes, qui le conduisirent à publier, en octobre 1563, le ***Premier Livre du recueil des nouvelles poésies***. « *Une si soudaine mutation d'écriture* » — l'expression est de Ronsard lui-même dans son ***Épistre au lecteur*** — était bien dans sa manière. Il donna, de même, en 1565, les ***Elegies, Mascarades et Bergerie***, œuvre, certes libre, d'un poète de Cour :

Qui vous tient doncq' si loin de nous Madame ?
C'est le désir de consumer la flame
Qui peut rester des civiles fureurs,
Et nettoyer nos provinces d'erreurs.
(***Elegie à la Magesté de la Royne ma maistresse***, vv. 49 à 52, in ***Elegies***)

Des *Œuvres* de 1567 à la mort

Le temps semblait venu, cependant, d'une 2e édition des ***Œuvres*** ; publiée en 1567, elle comportait 2 nouvelles sections, l'une d'***Elegies***, l'autre de ***Discours***, cette dernière regroupant les pièces politiques selon un ordre qui, de nouveau, ne respectait pas leur chronologie, comme si les événements comptaient moins que le sens profond que le poète entendait attacher à ses interventions. Cette « collective » n'était cependant qu'une étape : virent le jour, en 1569 le ***Sixième*** et le ***Septième Livre des Poèmes*** — la section des ***Poèmes***, dans les ***Œuvres***, comptait 5 livres depuis 1560. En même temps qu'à ces publications — qui, du reste, prirent place, dès 1571, dans la 3e édition des ***Œuvres*** —, Ronsard travaillait à un projet ancien, sans cesse différé, jamais abandonné : ***La Franciade***, dont 4 livres parurent en 1572. L'entreprise ne fut pas poursuivie — et le héros Francus, fils d'Hector, ne parvint pas jusque dans la France qu'il était censé avoir fondée —, sans qu'il s'agît d'un simple échec : si Ronsard n'adhérait pas à la vision de l'identité nationale qui convenait à ses contemporains, cette œuvre laissa pourtant des traces. Voici comment y était présentée la bataille de Poitiers en 732 :

Les Sarrazins peuple innombrable ameine
Contre Martel, à la guerre conduits
Par Abdirame [Abd er-Raman], *antique sang des Juifs,*
Qui d'Abraham et de Sarra sa femme
Se vantera : ce cruel Abdirame,
Cruel de mœurs, de visage et de cœur,
Des puissans Dieux et des hommes mocqueur
(***La Franciade***, IV, vv. 1642 à 1647, in ***Œuvres***)

Ce fourbe « théomaque » [qui combat les dieux] renouvelé de la *Chanson de Roland* finira « *hoste de Proserpine* », c'est-à-dire mort. ***La Franciade*** constitua, en 1573, la 7e partie des ***Œuvres***, « collective » qui, pour le reste, n'était guère que la reproduction de celle de 1571, sans doute vite épuisée. Il n'en alla pas de même de la 5e édition, longuement préparée, qui parut au début de 1578. Grossie de 238 pièces nouvelles, elle présentait aussi d'importants changements : ***Hymnes***, ***Discours*** et ***La Franciade*** étaient rapprochés et formaient un ensemble philosophique et politique dont les 3 tomes faisaient équilibre aux 4 tomes lyriques qui les précédaient ; la section des ***Amours*** était augmentée du cycle ***Sur la mort de Marie***, un sonnet et des stances inspirées par la mort de la paysanne de Bourgueil :

Hélas ! où est ce doux parler,
Ce voir, cet ouyr, cest aller,
Ce ris qui me faisoit apprendre
Que c'est qu'aimer ? hà, doux refus !
Hà, doux desdains ! vous n'estes plus,
Vous n'estes plus qu'un peu de cendre.
(Stances)

On y trouvait aussi les ***Sonnets pour Hélène***, inédits : Hélène de Surgères, deux fois plus jeune que le poète, faisait partie de l'« *escadron volant* » de Catherine de Médicis. Ces deux vastes additions n'avaient pas été d'abord publiées en éditions séparées : Ronsard songeait désormais avant tout à enrichir et à embellir ses ***Œuvres***.

Cette orientation fut confirmée par l'édition collective de 1584 ; entre-temps, Ronsard n'avait guère publié qu'une plaquette : le ***Panégyrique de la Renommée*** (1579). La « collective » de 1584, qui comportait 32 pièces nouvelles, se distinguait surtout par son économie nouvelle : les ***Discours des misères*** reprenaient leur place de 1567 ; au centre, Ronsard disposa ***La Franciade***, et il réunit des pièces dédiées à Henri III et à sa famille sous le titre de ***Bocage royal*** : l'adjectif « *royal* » colorait ce nouveau ***Bocage*** pour faire de l'édition de 1584 une œuvre royale, dans tous les sens du terme. De plus, le choix — nouveau — du format *in-folio* indiquait assez qu'aux yeux de Ronsard elle était comme son testament et son legs. Ce choix ne rendit que plus significative la constitution d'une section nouvelle des ***Gayetez*** : Ronsard ne répudiait pas cette veine, à la fois gaillarde et érudite, de sa jeunesse ; elle faisait partie de son héritage.

THÉORIE LITTÉRAIRE

Presque inévitablement en un siècle de militantisme politique et littéraire très fort, Ronsard a multiplié les prises de position théoriques en faveur d'un renouveau de la poésie. Assurément, il n'entendait pas rejeter le latin et le grec ; mais ce n'est pas, dit la ***Préface*** posthume de ***La Franciade***, pour « *recou*[dre] *ou rabobin*[er] *je ne sçay quelles vieilles rapetasseries de Virgile et de Cicéron* ». Les langues anciennes sont bien mortes ; il nous appartient de les utiliser pour développer la nôtre : « *D'une langue morte l'autre prend vie.* » On ne craindra donc pas de recourir à elles pour « *inventer des vocables nouveaux, pourveu qu'ils soient moulez et façonnez sus un patron desja receu du peuple* », de même qu'on pourra remettre en usage de vieux mots français abolis ou puiser dans les dialectes et les vocabulaires techniques.

Ce souci de la langue d'aujourd'hui, Ronsard, dès 1550, l'étend à l'écriture : il se déclare partisan de la réforme de l'orthographe proposée par Meigret ; dans l'***Abbrégé de l'art poétique françoys*** (1565), il dit encore : « *Tu eviteras toute Ortographie superflue et ne mettras aucunes lettres en telz motz si tu ne les proferes, au moins tu en useras le plus sobrement que tu pourras, en attendant meilleure reformation : tu escriras* écrire *et non* escripre *:* cieus *et non* cieulx. » Si lui-même ne le fait que médiocrement, c'est à la fois pour ne pas heurter trop rudement les habitudes des lecteurs (et des imprimeurs) et parce que les besoins du vers lui semblent devoir limiter ces innovations. La ***Préface*** posthume de ***La Franciade*** est ici éclairante : « *Je veux bien t'advertir, lecteur, de prendre garde aux lettres, et feras jugement de celles qui ont plus de son et de celles qui en ont le moins. Car A, O, U, et les consonnes M, B, et les ss, finissans les mots, et sur toutes les rr, qui sont les vrayes lettres Heroïques, font une grande sonnerie et baterie aux vers.* »

Pour Ronsard, la langue poétique est une langue à part, elle doit certes ne pas trop s'éloigner de l'usage commun afin d'être comprise, mais elle est surtout faite pour être *entendue*. Au poète qui veut connaître la valeur des vers qu'il compose, il donne, dans l'***Abbrégé***, ce conseil : « *Je te veux aussi bien advertir de hautement prononcer tes vers en ta chambre quand tu les feras, ou plus tost de les chanter, quelque voix que puisses avoir, car cela est bien une des principales parties que tu dois le plus curieusement* [soigneusement] *observer.* » De plus, l'auteur des ***Odes*** souligne que la « *lire peut et doit animer les vers, et leur donner le juste poix de leur gravité* ». Ainsi, la première édition des ***Amours*** comporte un supplément musical, voulu par le poète et auquel collaborèrent des musiciens aussi prestigieux que Janequin, Certon et Goudimel. Plus profondément, Ronsard conçoit la poésie comme un chant, dont la musique ne règle pas seulement l'agencement des rimes ou même la prosodie et la métrique, mais le déploiement de la parole dans la structure rythmique du poème aussi bien que la conception même de celui-ci.

Cette considération marque intimement son sentiment que la poésie est d'une tout autre nature que la prose. La « *libre contrainte où la Muse le meine* », qu'il évoque, en 1563, dans la ***Response aux injures et calomnies de je ne sçay quels predicantereaux et ministreaux de Genève*** — où, après avoir protesté de la pureté de ses mœurs cléricales, il rappelle que la poésie n'est pas la prédication —, Ronsard en donne une illustration dans l'***Abbrégé*** en recommandant d'enrichir le poème d'« *Epithètes significatifs et non oisifs, c'est-à-dire qui servent à la substance du vers* », sans pourtant que ceux-ci soient simplement dénotatifs ou descriptifs. Les descriptions, il les veut « *florides, c'est-à-dire enrichies de passements, broderies, tapisseries et entrelacements de fleurs poétiques, tant pour représenter la chose que pour l'ornement et splendeur des vers* ». L'abondance et l'apparente errance de la parole ronsardienne trouvent là leur explication : « *Car le style prosaïque est ennemi capital de l'éloquence poétique.* »

C'est tout l'opposé de la conception de Malherbe, mais les « défauts » que ce dernier reprochait à Ronsard — enjambements, néologismes calqués du grec et du latin, mots composés (comme, pour Bacchus, « *cuisse-né* »), redoublements de syllabes —, s'ils existent bien chez lui, ont été exagérés par ses émules, notamment par Du Bartas.

THÉORIE LITTÉRAIRE

Affaibli et malade, le poète ne s'arrêta pourtant pas : il songeait, dès 1585, à une nouvelle « collective », qui ne fut publiée qu'après sa mort, en 1587. Il s'éteignit à l'extrême fin de l'année 1585. Le 24 février 1586, en présence d'une foule très nombreuse, un hommage solennel lui fut rendu, au cours duquel on entendit le *Requiem* de Mauduit et l'*Oraison funèbre* de Du Perron, en même temps que paraissaient les ***Derniers Vers*** du poète :

> *C'est fait j'ay devidé le cours de mes destins,*
> *J'ay vescu, j'ai rendu mon nom assez insigne*
> [...]
>
> *Heureux qui ne fut onc, plus heureux qui retourne*
> *En rien comme il estoit, plus heureux qui sejourne*
> *D'homme fait nouvel ange auprès de JésuChrist,*
>
> *Laissant pourrir ça bas sa dépouille de boue,*
> *Dont le sort, la fortune, et le destin se joue,*
> *Franc des liens du corps pour n'estre qu'un esprit.*
>
> (***Sonnets***, VI, vv. 1-2 et 9 à 14)

Au début de mars 1586, fut publié le *Discours de la vie de Pierre de Ronsard* de Claude Binet, son exécuteur testamentaire.

Au terme d'une vie qui épousa exactement les heurs et malheurs d'un siècle de bouleversements — né dans la France de Rabelais, il mourut dans celle de Montaigne —, Ronsard renouvela profondément la poésie et la langue, au risque de déplaire.

Une inspiration prodigieusement variée

« *Mais sa Muse en François parlant Grec et Latin* [...] » : on connaît le trop fameux verdict de Boileau (*L'Art poétique*, I, v. 126). Certes, la poésie de Ronsard est difficile, mais elle ne le doit pas vraiment au « *faste pédantesque* » des « *grands mots* » dont elle userait. Convaincu que « *la langue est encore en son enfance* », comme le dit l'avis ***Au lecteur*** des ***Odes*** (1550), Ronsard se propose de l'enrichir. Telle invocation à Bacchus — qu'un Boileau ne manquerait pas de citer — ressortit moins au pédantisme qu'au désir d'interroger, en la mimant, la ferveur mystique des adorateurs d'un dieu dont la figure contrastée — il est à la fois le dieu de l'ivresse et des plus hautes inspirations — hante l'imagination de Ronsard et auquel il s'identifie presque :

Père, un chacun te nomme Esrafiot, Triete,
Nysean, Indien, Thebain, Bassar, Phanete :
Bref, en cent mille lieux mille noms tu reçois :
Mais je te nomme à droit, Bacchus le Vendomois !

(***Hymne de Bacchus***, vv. 165 à 168, in ***Meslanges*** de 1555, in ***Œuvres***)

Ronsard sait être ailleurs d'une insurpassable simplicité, comme dans ce sonnet pour Hélène :

Il ne faut s'ébahir, disaient ces bons vieillards,
Dessus le mur troyen, voyant passer Hélène,
Si pour telle beauté nous souffrons tant de peine,
Notre amour ne vaut pas un seul de ses regards.

Plutôt que difficile, la poésie de Ronsard est surtout d'une prodigieuse variété, dans le lexique comme dans la syntaxe.

Si les emprunts dialectaux au vendômois restent rares (« *nuaus* » pour « *nuages* », « *huller* » pour « *hurler* », par exemple), les archaïsmes, sauvegardes ou reprises de mots anciens, sont plus nombreux, quoique leur usage demeure en définitive limité (« *adeulé* » pour « *attristé* », « *finer* » pour « *terminer* », « *mechef* » pour « *malheur* », « *navrer* » pour « *blesser* », « *ramentevoir* » pour « *remémorer* », « *traitis* » pour « *bien fait* »...) : tous tendront à être éliminés dans les corrections ultérieures effectuées par Ronsard. La véritable création lexicale est bien plus prolifique et s'alimente à des sources diverses : les emprunts aux langues étrangères, mortes ou vivantes (l'italien) se rencontrent surtout dans les premiers recueils et seront pour beaucoup supprimés dans les corrections successives.

Le provignement ou dérivation, ignoré par Du Bellay dans *La Deffense et Illustration de la langue françoyse*, est, en revanche, d'un grand rendement : la suffixation est particulièrement fréquente pour les adverbes en *-ment*, pour la formation d'adjectifs (en *-al*, *-an* ou *-éan*, *-é*, *-er* ou *-ier*, *-eux*, *-in*, *-u*) ; les adjectifs et substantifs diminutifs en *-et*/*-ette*, nombreux dans les ***Amours*** de 1552, se multiplient dans les recueils postérieurs et subsisteront par-delà les corrections, contrairement aux autres nouveautés, souvent écartées par le poète (en particulier, chasse aux adverbes en *-ment*) : « *crespe annelet* », « *teint damoiselet* », « *sein verdelet* » caractérisent ainsi à jamais « *une beauté de quinze ans enfantine* ». Les mots composés connaissent, eux aussi, une vogue certaine, qui restera souvent éphémère (« *doux-fier* », « *dous-grave* », « *aime-musique* », « *front-cornu* », « *pied-vite* », « *doux-soufflant* »...), tandis que d'autres créations sont encore aujourd'hui des figures originales de la poétique ronsardienne — l'adjectif « *jourapporte* » calquant le grec et caractérisant l'aube, ou encore « *floflotter* », « *babattre* », avec redoublement expressif de la 1re syllabe. Sans doute est-il d'ailleurs symptomatique de constater que le poète a cherché à éliminer par la suite, dans ses corrections, presque en totalité ces innovations lexicales, les diminutifs conservant jusqu'à la fin cependant sa prédilection, comme dans cette célèbre épitaphe — imitée de celle que l'empereur Hadrien avait composée pour soi-même *(Animula vagula)* :

Amelette Ronsardelette,
Mignonnelette, doucelette,
Très chère hôtesse de mon corps,
Tu descends là-bas faiblelette,
Pâle, maigrelette, seulette,
Dans le froid royaume des morts

(***À son âme***, in ***Derniers Vers***)

Ronsard semble ainsi avoir été remarquablement conscient des limites vite atteintes, dans le temps, de ces nouveautés, et l'étude des variantes proposées dans certaines éditions est donc toujours d'un grand intérêt.

Ses partis pris syntaxiques vont, eux aussi, dans le sens d'une évolution de la langue, porteuse de modernité : Ronsard prône un ordre des mots intelligible, pourchasse bientôt le relatif « *lequel* » — très fréquent dans ses premières œuvres —, revendique la nécessité de l'article devant le nom, demande la présence des pronoms personnels sujets surtout aux 1re et 2e personnes — restent des omissions plus nombreuses à la 3e personne —, introduit en littérature la préposition « *dans* » ; en morphologie, pour éviter le hiatus, il suggère la généralisation du *-s* en place du *-e* caduc à la 1re personne de l'imparfait (« *j'allois* » pour « *j'alloie* »).

La recherche de l'expressivité poétique explique, en outre, le recours aux procédés traditionnels de la rhétorique : la redondance y apparaît reine sous toutes ses formes (réduplications, anaphores, accumulations, allitérations ou assonances), multipliant les effets de sens. Certaines figures sont plus particulièrement choisies en harmonie avec le genre poétique, la forme versifiée ou le sujet traité : l'allégorie possède une affinité avec la philosophie des ***Hymnes*** ; l'antithèse souligne le caractère changeant ou incertain du sentiment dans les ***Amours*** ; la pointe valorise le sonnet ; la métaphore anime la beauté et célèbre les correspondances mystérieuses entre les semblances du monde ; la périphrase, souvent maniérée, éloignée du quotidien, du commun, accompagne l'évocation mythologique. Toutes figures qu'on retrouve parfois concentrées dans quelques vers :

Je n'ay plus que les os, un squelette je semble
Decharné, denervé, demusclé, depoulpé,
Que le trait de la Mort sans pardon a frappé :
Je n'ose voir mes bras que de peur je ne tremble.

(***Derniers Vers***, II, 634)

Il serait ainsi vain de vouloir enfermer Ronsard dans un style : ce qui caractérise son œuvre, c'est sans doute son éclectisme, sa très large variété, depuis la plus grande simplicité dépouillée, jusqu'à l'ornementation éclatante, voyante, sonore — et parfois clinquante — de la rhétorique.

Plus de deux siècles d'oubli

« [...] *aux parties en quoi Ronsard et Du Bellay excellent, je ne les trouve guère éloignés de la perfection ancienne* » écrit Montaigne (*Essais*, II, 17), pour qui ces parties semblent être, quant à Ronsard, les « *riches descriptions* » (I, 26). Universellement admiré et imité, en France comme à l'étranger, Ronsard avait, au moment de sa mort, des lecteurs assidus ; mais la grande édition de 1623, dont la page de titre le qualifie de « *prince des poetes français* », est comme un somptueux tombeau dressé à une mémoire qu'on embauma bientôt, elle aussi. Après l'édition de 1629-1630, il fallut attendre 1857 pour que les ***Œuvres*** de Ronsard soient à nouveau éditées. Cette disgrâce avait été annoncée par les critiques d'un Deimier (1610), d'un Du Perron, qui le jugeait inférieur à Desportes, d'un Malherbe, que Racan nous montre ayant « *effacé plus de la moitié de son Ronsard* », puis effaçant ensuite le reste pour qu'on ne pût pas penser qu'il l'avait trouvé bon *(Mémoires pour la vie de Malherbe)*. Malherbe, pourtant, lui devait beaucoup. Dans les années 1650, Guez de Balzac, tout en notant que c'étaient l'Université, les Parlements et les jésuites qui défendaient Ronsard contre la Cour et contre l'Académie, résuma les raisons de cette disgrâce : « *Ce n'est pas un poëte bien entier, c'est le commencement et la matière d'un poëte* [...]. *C'est une grande source, il le faut avouer, mais c'est une source trouble et boueuse ; une source où non-seulement il y a moins d'eau que de limon, mais où l'ordure empêche de couler l'eau* » (*Les Entretiens*, 1659, chap. XXXI). Son vocabulaire, sa syntaxe, son imitation des Anciens, son obscurité, son érudition pédantesque : voilà les griefs formulés contre lui. Mlle de Gournay défendit ces « défauts » comme autant de qualités, de même que son idéal de « *fureur poétique* », mais Boileau, à qui bientôt La Bruyère fit écho — « *Ronsard et les auteurs ses contemporains ont plus nui au style qu'ils ne lui ont servi : ils l'ont retardé dans le chemin de la perfection ; ils l'ont exposé à la manquer pour toujours et à n'y plus revenir* » (*Les Caractères*, I, 42) —, n'eut plus qu'à donner forme, en quelques vers, à ces critiques :

Ronsard qui le suivit, par une autre methode
Reglant tout, broüilla tout, fit un art à sa mode :
Et toutefois long-temps eut un heureux destin.
Mais sa Muse en François parlant Grec et Latin,
Vit dans l'âge suivant par un retour grotesque,
Tomber de ses grands mots le faste pedantesque.
Ce Poëte orgueilleux trébuché de si haut,
Rendit plus retenus Desportes et Bertaut.

(Boileau, *L'Art poétique*, I, vv. 123 à 130)

Son jugement fit autorité jusqu'à La Harpe, qui écrivait : « *Ronsard n'a pas quatre vers de suite qui puissent être retenus.* »

Le XVIIIe siècle formula pourtant quelques avis qui annonçaient une réaction. En outre, le poète n'était pas absent des anthologies, à commencer par le *Recueil des plus belles pièces des poètes françois tant anciens que modernes, depuis Villon jusqu'à Benserade* (1692), généralement attribué à Fontenelle, qui retint de lui 34 pièces ; l'*Almanach poétique* de Sautreau de Marsy (1778 à 1788) lui consacra tout un tome. Au début du XIXe siècle, le poète Pierre Lebrun et Emmanuel Viollet-le-Duc — père de l'architecte et qui évoque Ronsard dans son *Histoire de la satyre en France* (1822), avant de lui rendre justice dans sa *Bibliothèque poétique* (1843) —, exprimèrent leur intérêt, avant Sainte-Beuve, dont le *Tableau de la poésie française au XVIe siècle* (1828) marqua la renaissance — en des termes d'ailleurs prudemment mesurés — de Ronsard. L'occasion en fut le concours ouvert pour 1828 par l'Académie française, auquel Sainte-Beuve ne participa finalement pas et qui couronna Saint-

Marc Girardin et Philarète Chasles. L'avis de ce dernier reste particulièrement pénétrant : « *Ses défauts justifient la postérité qui l'oublie et semble lui faire grâce ; ses beautés puissantes excusent ses contemporains, qui l'adoraient et croyaient à peine lui rendre justice* » (*Histoire de la littérature et de la langue françaises pendant le* XVIe *siècle*, reprise in *Études sur le seizième siècle en France*, 1848). De même que celui de Nerval, qui, dans son *Choix de poésies de Ronsard [...]* (1830), démarquait Sainte-Beuve mais pressentait l'intérêt des ***Hymnes***. C'est d'ailleurs l'image formée par Sainte-Beuve qui s'imposa : celle d'un Ronsard double, l'un, poète pindarique qui « *asservi à une méthode, préoccupé de combinaisons et d'efforts* [...] trébucha *fréquemment* », l'autre, « *encore naïf et déjà brillant, qui continua, perfectionna Marot, devança et surpassa de loin Malherbe dans l'ode légère* ».

Cette redécouverte fut partielle — sans doute trop savants, les ***Hymnes*** subirent la désaffection dont souffre encore toute poésie didactique — et, dans le cas de Ronsard, suscita un débat sur la façon d'éditer les œuvres d'un auteur : « *Aristarque de ses œuvres* » (Pasquier, *Recherches de la France*, VII, 6), le poète s'occupa toujours directement de leur édition, consacrant ses derniers efforts à « *mettre la dernière main, et les laisser à la postérité comme il vouloit qu'ils* [ses écrits] *feussent leuz et recitez* » (*Oraison funèbre de Ronsard*, du cardinal Du Perron). Déplaçant ses pièces d'une partie de son œuvre à l'autre, éclaircissant certaines allusions, Ronsard corrigea aussi son style — mal, au regard de la postérité qui préféra le « premier jet ». Au XIXe siècle, la spontanéité passa pour être plus proche de l'âme que le travail, inféodé à l'intellect : conception romantique de la poésie, qui est encore la nôtre — et qui aboutit, au début du XXe siècle, à l'édition de Paul Laumonier —, mais conception qui n'est pas celle du « génie » pour un homme du XVIe siècle — en cela, Ronsard est plus proche, quant à l'idée de son œuvre, d'un Mallarmé. Néanmoins, le poète vendômois fut célébré tant par Flaubert ou Maupassant que par Barbey, puis par Gide, qui lui réserva une place de choix dans son *Anthologie de la poésie française* (1949). Enfin, il est juste de signaler le renouveau d'intérêt que ce poète ami de la musique suscita au XXe siècle chez des musiciens comme Debussy, Saint-Saëns, Ravel, Poulenc et Milhaud — entre 1569 et 1579, rappelle Georgie Durosoi (« Poètes anciens et musiciens modernes [...] », in *La Littérature et Ses Avatars*, éd. Yvonne Bellenger, 1991), 411 chansons polyphoniques nouvelles parurent sur des textes de Ronsard. Consécration toujours musicale — mais plus inattendue —, Ronsard fut aussi réhabilité par le chanteur Serge Gainsbourg, alors à ses débuts, en une irrévérencieuse chanson, précisément intitulée *Ronsard 58*, adaptation très libre — et plutôt vitriolée — du fameux sonnet pour Hélène, « *Quand vous serez bien vieille* », et qui s'achève ainsi :

D'ailleurs, un beau jour, ma bath petite môme,
Faudra qu'tu t'décides à passer la main :
Alors en chialant tu t'diras qu'ma pomme,
Elle avait du bon en tant qu'écrivain.

C'est tout c'que t'auras, mes vers à la gomme,
Ma littérature dont tu t'es foutue,
C'est tout c'que t'auras pour t'rappeler les hommes,
Tes anciens mordus qui t'regarderont plus.

C'est le seul miroir où tu n's'ras pas moche,
Il est garanti pour l'éternité :
Le vieux père Ronsard n'était pas une cloche,
Quand il disait ça à sa mijaurée,
À sa mijaurée, à sa mijaurée.

(Serge GAINSBOURG, *Ronsard 58*, 1958)

Dès 1947, Queneau avait écrit les paroles de la chanson *Si tu t'imagines*, adaptation de ce même sonnet (sur une musique de Joseph Kosma), qu'interprétait Juliette Gréco :

Si tu t'imagines
Si tu t'imagines
Fillette fillette
Si tu t'imagines
Xa va xa va xa
Va durer toujours
La saison des za
La saison des za
Saison des amours
Ce que tu te goures
Fillette fillette
Ce que tu te goures.

Néanmoins, Ronsard, homme de cénacle aussi bien qu'homme public, s'il incarna pour ses contemporains le renouvellement, voire la création de la poésie française — poète lyrique, cosmique, élégiaque et épique à la fois —, demeure encore à tort pour nos contemporains un poète que résument quelques limpides sonnets à Marie, « *Mignonne, allons voir si la rose* » et le rôle de précurseur du classicisme. Postérité assurément réductrice pour ce « *prince des poètes* », qui, non content de renouveler et d'illustrer tous les genres poétiques, a inventé l'idée même de langue poétique.

ŒUVRES

Amours

Recueil composé de 183 sonnets, qui, publié en octobre 1552 à Paris, chez la veuve de Maurice de La Porte, entra en 1560 dans les ***Œuvres***, et, augmenté d'un second livre, en constituait la première section. À cette section, Ronsard adjoignit en 1578 les deux livres inédits des ***Sonnets pour Hélène***.

La section des ***Amours*** réunit des « chansonniers » bien différents. Le ***Premier Livre***, en décasyllabes, assez nettement organisé en séquences, est le livre de Cassandre, d'inspiration pétrarquiste, d'un style élevé et érudit : *Je ne suis point, ma guerrière Cassandre, / Ne Myrmidon, ne Dolope* [peuples de Thessalie] *souldart, / Ne cest Archer* [Philoctète qui, en tuant Pâris, frère de Cassandre, causa la ruine de Troie] *dont l'homicide dart / Occit ton frere, et mit la ville en cendre.*

Un autre sonnet reprend les figures « courtoises » de Bel-Accueil et de Faux-Danger ; c'est toujours dans la tradition courtoise que le poète peut dire : *Amour me tue, et si je ne veux dire / Le plaisant mal que ce m'est de mourir, / Tant j'ay grand-peur qu'on veuille secourir / Ce doux tourment pour lequel je soupire.*

Le ***Second Livre***, qu'on appelle trop vite les ***Amours de Marie***, ne lui ressemble pas ; Belleau le caractérisait justement par son *« style vulgaire et abaissé, et du tout different de la majesté et docte industrie »* des premiers sonnets de Ronsard, lequel plaçait d'emblée sa nouvelle inspiration sous les auspices ludiques de l'anagramme : *Marie, qui voudroit vostre beau nom tourner, / Il trouveroit Aimer : aimez-moi donq, Marie / Votre nom de nature à l'amour vous convie.* En un célèbre sonnet, Ronsard « chanta » la mort de Marie — qui n'était peut-être plus Marie l'Angevine mais Marie de Clèves, maîtresse d'Henri III —, dans un curieux mélange de fraîcheur et de préciosité : *Comme on voit sur la branche, au mois de mai, la rose, / En sa belle jeunesse, en sa première fleur, / Rendre le ciel jaloux de sa vive couleur, / Quand l'aube, de ses pleurs, au point du jour l'arrose ; // [...] // Ainsi, en ta première et jeune nouveauté, / Quand la terre et le ciel honoraient ta beauté, / La Parque t'a tuée, et cendre tu reposes. // Pour obsèques, reçois mes larmes et mes pleurs, / Ce vase plein de lait, ce panier plein de fleurs, / Afin que, vif et mort, ton corps ne soit que roses* (II, 4).

Dans les ***Sonnets pour Hélène***, Ronsard à nouveau pétrarquise, mais, cette fois, en alexandrins, et non sans une sorte de hauteur mélancolique et de brusquerie qui singularise le recueil : *Ma fievre croist tousjours, la vostre diminue : / Vous le voyez, Helene, et si ne vous en chaut* (I, 9).

Cette diversité, à laquelle la critique a longtemps cherché des raisons biographiques, est surtout d'ordre littéraire.

Précédé par Du Bellay (*L'Olive*, 1549 et 1550) et par Pontus de Tyard (*Les Erreurs amoureuses*, 1549 et 1551), Ronsard entendait, en 1552, s'affirmer aussi dans la poésie amoureuse. Le ***Second Livre***, constitué en 1560, est issu de la ***Continuation des Amours*** de 1557, elle-même formée de la réunion de la ***Continuation*** de 1555, de la ***Nouvelle Continuation*** de 1556 et de pièces des ***Meslanges*** de 1559 : ce recueil trouva, en 1578, sa forme définitive en 2 parties, par l'adjonction des 16 pièces ***Sur la mort de Marie***. En revenant à sa première inspiration, en 1578 encore, avec les ***Sonnets pour Hélène***, où l'on trouve le célèbre *Quand vous serez bien vieille, au soir, à la chandelle, / Assise auprès du feu, dévidant et filant, / Direz, chantant mes vers en vous émerveillant : / « Ronsard me célébrait, du temps que j'étais belle » // [...] // Vivez, si m'en croyez, n'attendez à demain. / Cueillez dès aujourd'hui les roses de la vie.* Ronsard s'appliquait à tenir son rang dans le renouveau du pétrarquisme, où s'illustrait alors Desportes.

Le recueil de 1552, avec son supplément musical, connut un immense succès ; dès 1553, augmenté d'une quarantaine de pièces, il fut réédité. Les ***Continuations*** prouvent que cette veine avait la faveur des lecteurs. C'est la première des œuvres de Ronsard qui fut commentée : le premier livre par Muret, en 1553 ; le second, par Belleau, en 1560. Les imitateurs du poète furent légion, au point d'indisposer Ronsard lui-même.

Hymnes

Œuvre publiée en 2 livres, qui parurent coup sur coup en 1555 et 1556. Recueillie dans les ***Œuvres*** en 1560, elle y fut toujours maintenue, non sans de nombreuses modifications, la principale consistant à y adjoindre les hymnes des ***Quatre Saisons de l'an***, parus d'abord en 1563.

S'inscrivant dans la longue tradition de l'hymnologie, Ronsard entreprenait, comme l'écrivit Dorat, de *« faire retentir les doctes chants de la nature »*, c'est-à-dire de percevoir dans les êtres naturels les traces de la divinité, ou, pour citer Ronsard lui-même, de s'efforcer vers Dieu *« à travers les effets de son incompréhensible majesté »*. Ce dessein le conduisit à chanter certes le ciel ou les étoiles, mais aussi bien les princes et les rois, qui sont ici-bas des figures de

Dieu, ou encore ces réalités complexes que sont la Justice, l'Or, les Démons ou la Mort.

Les hymnes, qui se proposent comme des présents, s'ouvrent volontiers par une apostrophe ; après le développement central, vient une autre apostrophe : vœu, salut, louange, conjuration ou prière. Le développement central est généralement structuré par une fable, comme si la vérité, inaccessible, ne pouvait être entrevue qu'à travers la parole enveloppée du mythe. Le très savant ***Hymne des Daimons***, « *témoignage unique de l'intuition magique et cosmique d'un seul génie* » (Albert-Marie Schmidt) envoie « [s]*a muse dedans l'air par une estroicte voye* » (v. 52), où « *habitent les Daimons au meillieu des nuages* » (v. 76) : l'érudition de Ronsard, reprise de sources savantes (Michel Psellos, traduit par Marsile Ficin ; Henri-Corneille Agrippa) et sans doute infléchie par son expérience personnelle, décrit les mœurs de ces êtres intermédiaires qui, animés de passions (v. 159) et peut-être nés de leur désir des femmes (vv. 168 à 171), [...] *sans la peur qu'ilz ont, jamais ilz ne feroient / Que nous tenter l'esprit, et nous abuseroient.* Aussi sont-ils source d'un « fantastique » plus sérieusement évoqué que chez un Rabelais ou un Saint-Amant : *Tout ainsi les Daimons font leurs masqueures* [fausses apparences] *voir / À nostre fantasie, apte à les recevoir : / Puis nostre fantasie à l'Esprit les r'apporte / De la mesme façon et de la mesme sorte / Qu'elle les imagine, ou dormant, ou veillant : / Et lors une grand'peur va nos cœurs assaillant, / Le poil nous dresse au chef, et du front goutte-à-goutte / Jusques à nos talons la sueur nous degoutte* (vv. 125 à 131).

Écrits en vers à rimes plates, les ***Hymnes*** sont, pour la plupart, composés en alexandrins. L'ampleur de ce mètre convient à un lyrisme de tonalité nouvelle, qui se veut chant, mais en même temps méditation : *Que ta puissance, ô Mort, est grande et admirable : / Rien au monde par toi ne se dit perdurable...* ***(Hymne de la Mort)***. Ronsard l'utilise très diversement selon les arguments, et il y a loin de l'***Hymne de Henri II*** — qui commence ainsi : *Muses, quand nous voudrons les louanges chanter / Des Dieux, il nous faudra au nom de Jupiter / Commencer et finir, comme au Dieu qui la bande / Des autres Dieux gouverne, et maître leur commande* — à l'apostrophe finale de l'***Hymne de l'Éternité*** — pauvre en rejets et où les vers sont comme juxtaposés : *Je te salue, Déesse au grand œil tout-voyant, / Mere du grand Olympe au grand tour flamboyant, / Grande mère des Dieux, grande Reine et Princesse.*

Ronsard avait très tôt composé des pièces intitulées *hymnes*. Mais ce n'est qu'au temps de la publication de 1555-1556 qu'il semble avoir vraiment défini le genre qu'il pratiqua désormais. Il voulait certainement répondre à la demande d'un lyrisme chrétien qui se faisait entendre çà et là dans les années 1552-1553. Mais, comme toujours, il entendait emprunter une voie qui lui fût propre : aussi les ***Hymnes*** étonnèrent-ils les contemporains de Ronsard, qui en célébrèrent hautement « *la doctrine et la majesté poétique* », mais cette admiration fut sans vrai lendemain. Même au moment de la « redécouverte » de Ronsard, peu de réhabilitations inclurent les ***Hymnes*** dont, longtemps encore, comme Sainte-Beuve, on jugea la lecture « *inintelligible et parfaitement ennuyeuse* ». C'est seulement dans la seconde moitié du XXe siècle qu'on a commencé à en retrouver le sens et à en mesurer la qualité.

Odes

Les ***Quatre Premiers Livres des Odes*** parurent en janvier 1550, à Paris, chez Guillaume Cavellat. Augmentés d'un ***Cinquiesme Livre*** en 1552, ils entrèrent en 1560 dans les ***Œuvres***, dont ils constituaient la deuxième section. Le recueil de 1550 comportait 94 pièces, dont 13 odes pindariques. Il fut abondamment remanié jusqu'en 1584, où il atteignit 156 pièces. Dès 1560, la grande ode ***À Michel de L'Hospital***, publiée en 1552, prit place parmi les odes pindariques ; Ronsard, en outre, puisa largement dans ses œuvres mêlées pour augmenter la section des ***Odes***. En 1555, le premier livre s'enrichit du célèbre *Mignonne, allons voir si la rose / Qui ce matin avoit desclose / Sa robe de pourpre au Soleil* [...] qui avait paru en 1553 dans les ***Amours*** (de Cassandre).

« *Chante moi ces odes inconnues encore de la Muse française* », écrivait Du Bellay dans *La Deffence*. C'est à quoi s'emploie Ronsard dans cette première grande publication, où il va jusqu'à se flatter d'avoir introduit en français le terme d'*ode*. Le premier livre réunit les pièces les plus ambitieuses, celles qui, imitées de Pindare, sont divisées en strophes, antistrophes et épodes, et écrites en un style élevé, comme cette ode ***À la Reine***, qui décrit ainsi la fureur poétique : *Je suis troublé de fureur, / Le poil me dresse d'horreur, / D'une ardeur mon ame est pleine : / Mon estomac est pantois, / Et par son canal ma vois / Peut se degorger à peine, / Une deité m'emmeine : / Fuyez, peuple, qu'on me laisse, / Voici venir la déesse, / Je la sens entrer en moi : / Heureus celui qu'elle garde, / Et celui qui la regarde / Dans le temple où je la voi.*

Les autres livres, d'une inspiration plus simple, d'une grande variété de mètre et de rythme, sont d'un poète qui s'est très tôt rendu « *familier d'Horace, contrefaisant sa naïve douceur* » ; c'est à son exemple qu'il apostrophe ainsi la fontaine

Bellerie : *Argentine fonteine vive, / De qui le beau cristal courant, / D'une fuitte lente et tardive, / Ressuscite le pré mourant* [...].

L'unité de ce recueil très divers est assurée par le caractère proprement lyrique des pièces qui le composent — « *mesurée*[s et] *propre*[s] *à la lire* », elles peuvent être mises en musique — et par une poétique de la louange, « *le vrai but d'un poëte Liricq* » étant « *de célébrer jusques à l'extrémité celui qu'il entreprend de louer* », non sans de « *vagabondes digressions* » qui imitent « *telle copieuse diversité* » de Pindare et ses « *admirables inconstances* » : toutes ces expressions viennent de l'avis ***Au lecteur*** de 1550, qui disparut ensuite de toutes les rééditions. Il fallut attendre l'édition de 1587 pour que Ronsard (ou son éditeur), distinguant les diverses sortes de poésie, énumérât les sujets convenables à la poésie lyrique : « *l'amour, le vin, les banquets dissolus, les danses, masques, chevaux victorieux, escrime, joustes et tournois, et peu souvent quelque argument de Philosophie* » ; c'est assez bien caractériser la thématique des ***Odes***.

Ce sont les ***Odes*** qui imposèrent Ronsard. Si l'auteur s'attira les critiques hargneuses des « *rimeurs de Cour* », il eut aussi de nombreux admirateurs et imitateurs, même parmi les marotiques. Plusieurs odes de Ronsard furent mises en musique. En 1604, Nicolas Richelet donna un ample commentaire de ce recueil.

CITATIONS

Du ciel à peine elle était descendue,
Quand je la vis, quand mon âme éperdue
En devint folle : et l'un si poignant trait,
Le fier destin l'engrava dans mon âme,
Que [Si bien que] vif ni mort, jamais d'une autre dame
Empreint au cœur je n'aurai le portrait.

Amours de Cassandre, II.

J'espère et crains, je me tais et supplie,
Or je suis glace et ores un feu chaud,
J'admire tout et de rien ne me chaut,
Je me délace et puis je me relie.

Amours de Cassandre, XII.

Un Prométhée en passions je suis.

Amours de Cassandre, XII.

Plus tôt sans forme ira confus le monde
Que je sois serf d'une maîtresse blonde,
Ou que j'adore une femme aux yeux verts...

Amours de Cassandre, XXVI.

Votre œil me fait un été dans mon âme.

Amours de Cassandre, XCIV.

Combien de fois doucement irrité,
Suis-je ore [tantôt] mort, ore ressuscité,
Parmi l'odeur de mille et mille roses ?

Amours de Cassandre, CI.

Je parangonne [compare] à ta jeune beauté,
Qui toujours dure en son printemps nouvelle,
Ce mois d'Avril, qui ses fleurs renouvelle,
En sa plus gaie et verte nouveauté.

Amours de Cassandre, CIII.

Je veux brûler pour m'envoler aux cieux
Tout l'imparfait de cette écorce humaine.

Amours de Cassandre, CXXXIX.

Belle fin fait qui meurt en bien aimant.

Amours de Cassandre, CXLIII.

Rends-moi mon cœur, rends-moi mon cœur, pillarde.

Amours de Cassandre, CLXIV.

Je veux tracer la peine que j'endure :
En cent papiers plus durs que diamant,
À cette fin que la race future
Juge du mal que je souffre en aimant.

Amours de Cassandre, CLXVII.

Marie, levez-vous, vous êtes paresseuse,
Ja la gaie alouette au ciel a fredonné
Et ja le rossignol doucement jargonné
Dessus l'épine assis, sa complainte amoureuse.

Amours de Marie, I, 2, chanson.

Marie, qui voudrait votre nom retourner,
Il trouverait *aimer* : aimez-moi donc, Marie.

Amours de Marie, I, 9, chanson.

Le temps s'en va, le temps s'en va, ma dame ;
Las ! le temps, non, mais nous nous en allons,
Et tôt serons étendus sous la lame ;
Et des amours desquelles nous parlons,
Quand serons morts, n'en sera plus nouvelle.
Pour c'aimez-moi cependant qu'êtes belle.

Amours de Marie, pièce retranchée en 1578.

Comme on voit sur la branche, au mois de mai, la rose,
En sa belle jeunesse, en sa première fleur,
Rendre le ciel jaloux de sa vive couleur,
Quand l'aube, de ses pleurs, au point du jour l'arrose ;
[...]

Ainsi, en ta première et jeune nouveauté,
Quand la terre et le ciel honoraient ta beauté,
La Parque t'a tuée, et cendre tu reposes.

Pour obsèques [offrandes funéraires] reçois mes larmes et mes pleurs,
Ce vase plein de lait, ce panier plein de fleurs,
Afin que, vif et mort, ton corps ne soit que roses.
Amours de Marie, II, 4.

Amour, je prends congé de ta menteuse école.
Amours diverses.

Ce sont les seuls interprètes
Des vrais dieux que les poètes.
Bocage, 2.

À l'homme qui est né
Peu de temps est donné
Pour se rire et s'ébattre [...]
Un bon jour en vaut quatre.
Bocage, 5.

Je veux lire en trois jours l'*Iliade* d'Homère,
Et pour ce, Corydon, ferme bien l'huis sur moi ;
Si rien me vient troubler, je t'assure ma foi,
Tu sentiras combien pesante est ma colère.
[...]
Mais si quelqu'un venait de la part de Cassandre,
Ouvre-lui tôt la porte, et ne le fais attendre.
Continuation des « Amours ».

Le vrai trésor de l'homme est la verte jeunesse,
Le reste de nos ans ne sont que des hivers.
Stances, in *Derniers Vers.*

Je n'ai plus que les os, un squelette je semble,
Décharné, dénervé, démusclé, dépulpé,
Que le trait de la mort sans pardon a frappé ;
Je n'ose voir mes bras, de peur que je ne tremble.
Sonnet, in *Derniers Vers.*

Adieu, chers compagnons ! adieu, mes chers amis !
Je m'en vais le premier vous préparer la place.
Sonnet, in *Derniers Vers.*

C'est fait, j'ai dévidé le cours de mes destins,
J'ai vécu, j'ai rendu mon nom assez insigne...
À son âme, in *Derniers Vers.*

La lune est coutumière
De naître tous les mois,
Mais, quand notre lumière
Est éteinte une fois,
Longtemps sans s'éveiller
Nous faudra sommeiller.
À Cassandre, in *Odes*, II, 5.

Quand je suis vingt ou trente mois
Sans retourner en Vendômois,
Plein de pensées vagabondes,
Plein d'un remords et d'un souci,
Aux rochers je me plains ainsi,
Aux bois, aux antres et aux ondes :

« Rochers, bien que soyez âgés
De trois mille ans, vous ne changez
Jamais ni d'état ni de forme ;
Mais toujours ma jeunesse fuit,
Et la vieillesse qui me suit [poursuit]
De jeune en vieillard me transforme. »
Odes, IV, 10.

À grand tort Virgile nomme
Frère de la mort, le Somme,
Qui charme tous nos ennuis
Et la paresse des nuits.
Odes, IV, 12.

Plus dur que fer j'ai fini mon ouvrage.
Odes, IV, 18.

Bel aubépin verdissant,
Fleurissant
Le long de ce beau rivage,

Tu es vêtu jusqu'au bas
Des longs bras
D'une lambrunche [vigne sauvage] sauvage.
Odes, IV, 22.

Je n'avais pas douze ans qu'au profond des vallées,
Dans les hautes forêts des hommes reculées,
Dans les antres secrets, de frayeur tout couverts,
Sans avoir soin de rien je composais des vers.
Discours à P. L'Escot, in *Poèmes*, I.

Celui est presque dieu qui connaît toutes choses.
Élégie, in *Poésies pour Hélène.*

Noir, je veux l'œil et brun le teint,
Bien que l'œil vert le Français tant adore.
Ode à Jacques Pelletier, in *Premières Poésies.*

Je n'avais pas quinze ans que les monts et les bois
Et les eaux me plaisaient plus que la Cour des Rois...
Hymne de l'automne, in *Les Quatre Saisons de l'an.*

Mais courage, Ronsard ! les plus doctes poètes,
Les sibylles, devins, augures et prophètes,
Hués, sifflés, moqués des peuples ont été,
Et toutefois, Ronsard, ils disaient vérité.
Hymne de l'automne, in *Les Quatre Saisons de l'an.*

Quand vous serez bien vieille, au soir à la chandelle,
Assise auprès du feu, dévidant et filant,

Direz, chantant mes vers, en vous émerveillant,
Ronsard me célébrait du temps que j'étais belle.

Hymne de l'automne,
in *Les Quatre Saisons de l'an*, II, 43.

Vivez, si m'en croyez, n'attendez à demain.
Cueillez dès aujourd'hui les roses de la vie.

Hymne de l'automne,
in *Les Quatre Saisons de l'an*, II, 43.

JUGEMENTS

« Ronsard ne se lit plus [...]. *Ronsard fut pourtant le premier de son temps. »*

Jules BARBEY d'AUREVILLY, *Goethe et Diderot*, 1880.

Tu jouis, mon Ronsard, même durant ta vie
De l'immortel honneur que tu as mérité.

Joachim du BELLAY, *Les Regrets*, XX, 1558.

On dirait que Ronsard sur « ses pipeaux rustiques »
Vient encor fredonner ses idylles gothiques,
Et changer, sans respect de l'oreille et du son,
Lycidas en Pierrot et Phylis en Thoinon.

Nicolas BOILEAU, *L'Art poétique*, chant II, vv. 21 à 24, 1674.

« Il a esté tel, que tous les autres poètes qui sont venus après luy, ny qui viendront, se peuvent dire ses enfans et luy leur père ; car il les a tous engendrez. C'est luy qui a deffaict la poésie layde, grossière, fade, sotte, mal limée, qui estoit auparavant, et a faict ceste bien parée que nous avons aujourd'hui ; car il la para de graves et hautes sentences, luy donnant des mots nouveaux ; et la rabilla des vieux bien reparez et renouvellez, comme faict un fripier d'une vielle robe. »

BRANTÔME, *Œuvres complètes*, posthume, 1858 à 1895.

« Personne plus ou autant que ce sourd [...] *n'a eu le sentiment des harmonies de la langue. Presque toutes les combinaisons de rythmes et de mètres dont le français est capable, il les a inventées, ou — ce qui revient exactement au même — il les a le premier mises en faveur. »*

Ferdinand BRUNETIÈRE, *Histoire de la littérature française classique*, 1890.

« Il avait forcé notre langue par des inversions trop hardies et obscures, c'était un langage cru et informe. »

FÉNELON, *Lettre à l'Académie*, V, 1715.

« Si ses yeux parcouraient exactement les lignes, sa pensée était ailleurs et ne prenait qu'un intérêt médiocre aux odelettes et aux sonnets amoureux de Ronsard, malgré leurs belles rimes et leurs doctes inventions renouvelées des Grecs. »

Théophile GAUTIER, *Le Capitaine Fracasse*, 1863.

« [Ronsard] *domine la poésie française de très haut et nous ne retrouverons plus qu'avec Hugo pareilles effusions lyriques. Les poètes qui l'entourent ou qui lui succèdent paraissent, près de lui, froids, incertains, compassés, timorés. »*

André GIDE, *Anthologie de la poésie française*, Gallimard, 1949.

« Singulièrement dur et rocailleux, peu riche d'idées et pédant au par dessus, le gentilhomme vendômois eut, sans doute, la rare vertu d'aimer sincèrement les lettres et le courage d'entreprendre une métamorphose complète de la langue. Mais l'idée seule de retremper dans l'idiome grec un langage issu du latin, suffit à condamner le bon sens et le goût du poète, et pour quelques vers semés dans ses nombreux volumes, auxquels on reconnaît avec plaisir des agréments de naïveté, débris gaulois restés debout malgré les efforts du maître, il est impossible de nier que Ronsard est à cent lieues de mériter l'honneur qu'on lui a voulu faire. La preuve, c'est qu'au moment où je parle, il est retombé de tout son poids dans la très profonde obscurité d'où M. Sainte-Beuve l'avait exorcisé pour servir de patriarche aux générations romantiques. »

Arthur GOBINEAU, *Études critiques*, 1844 à 1848.

« Ce poète si célèbre et si admiré a ses défauts et ceux de son temps. »

Jean-Louis GUEZ de BALZAC, *Les Entretiens de feu Monsieur de Balzac*, XXXI, 1657.

« Le plus grand mérite de ce poète, c'est justement le contraire de ce que lui ont reproché Malherbe et Boileau, dont il ne faut pourtant point mépriser la sévérité excessive ; ils étaient dans leur rôle de censeurs comme Ronsard est dans son rôle d'écrivain. C'est d'avoir rompu la vieille monotonie du langage, d'avoir innové, osé des mots et des images, enrichi le dictionnaire. Il se trouve toujours des Malherbe qui sont d'utiles et académiques grammairiens ; mais ce qui est plus rare et plus désirable, ce sont les grands audacieux, les Ronsard avec du génie ! »

Guy de MAUPASSANT, *Chroniques*, 17 janvier 1877.

« Il frappait comme un sourd sur la pauvre langue française. »

Jules MICHELET, *Histoire de France*, IX, 7, 1855.

« Le gentilhomme campagnard du bas Vendômois, le plus grand poète de la Renaissance, le premier lyrique de la France avant le dix-neuvième siècle, semble avoir mené une vie de méditation et de rêverie, de travail et de plaisir, où s'accusent de vifs contrastes, où s'affine jusqu'à l'usure une sensibilité ardente, un peu fiévreuse, exaltée par l'amour des choses et de "la belle lumière du monde". [...] *Toujours l'accent porte sur les germinations, les métamorphoses, les débâcles ce sont les forces sourdes ou fracassantes de la vie que le poète incarne dans ce langage sublime et inexorable. »*

Marcel RAYMOND, *Baroque et Renaissance poétique*, Corti, 1985.

À toi Ronsard, à toi, qu'un sort injurieux
Depuis deux siècles livre au mépris de l'histoire
J'élève de mes mains l'autel expiatoire
Qui te purifiera d'un arrêt odieux.

Charles Augustin SAINTE-BEUVE, *Tableau historique et critique de la poésie française au seizième siècle*, 1828.

BIBLIOGRAPHIE

Éditions

Œuvres complètes, éd. P. LAUMONIER, R. LEBÈGUE et I. SILVER, STFM, 1914 à 1974, 20 vol. [éd. chronologique] ; éd. J. CÉARD, D. MÉNAGER et M. SIMONIN, « Pléiade », Gallimard, 1993-1994, 2 vol. [éd. des *Œuvres* de 1584, augmentées des pièces retranchées et ajoutées].

Les Amours, « Poésie », Gallimard, 1974 ; éd. P. BENSIMON, « GF », Flammarion, 1981 ; éd. A. GENDRE, « LdP », LGF, 1993.

Hymnes, éd. A. PY, Droz, Genève (CH), 1978 [recueil de toutes les pièces intitulées « *hymnes* » par RONSARD].

Hymne des Daimons, éd. A.-M. SCHMIDT, Albin Michel, 1939.

Études

J. CÉARD, *La Nature et les Prodiges*, Droz, Genève (CH), 1977, chap. VIII.

M. DASSONVILLE, *Ronsard, étude historique et littéraire*, Droz, Genève (CH), 1968 à 1990, 5 vol.

G. DEMERSON, *La Mythologie classique dans l'œuvre lyrique de la Pléiade*, Droz, Genève (CH), 1972.

F. DESONAY, *Ronsard poète de l'amour*, Bruxelles et Gembloux (BE), 1952 et 1954, 2 vol.

G. GADOFFRE, *Ronsard par lui-même*, « Écrivains de toujours », Seuil, 1960, rééd. 1994.

A. GENDRE, *Ronsard poète de la conquête amoureuse*, La Baconnière, Neuchâtel (CH), 1970 ; *id.* (dir.), *Ronsard et les Éléments*, actes du colloque de l'Université de Neuchâtel (CH), 14-15 avr. 1989, Droz, Genève (CH), 1992 ; *L'Esthétique de Ronsard*, SEDES, 1997.

P. LAUMONIER, *Ronsard, poète lyrique*, 2ᵉ éd., Hachette, 1923.

M. LAZARD (dir.), *Autour des « Hymnes » de Ronsard*, Champion, 1984 [comporte un large « guide bibliographique » par J. CÉARD, pp. 259 à 274].

R. LEBÈGUE, *Ronsard*, Hatier, 1950, rééd. 1966.

D. MÉNAGER, *Ronsard, le roi, le poète et les hommes*, Droz, Genève (CH), 1979.

J. PINEAUX, *La Polémique protestante contre Ronsard*, STFM, 1973, 2 vol. [éd. des pamphlets contre RONSARD].

O. POT, *Inspiration et mélancolie. L'épistémologie poétique dans les « Amours » de Ronsard*, Droz, Genève (CH), 1990.

M. QUAINTON, *Ronsard's Ordered Chaos*, Manchester (GB), 1980.

M. RAYMOND, *L'Influence de Ronsard sur la poésie française (1550-1585)*, Paris, 1927, rééd. Droz, Genève (CH), 1965.

M. SIMONIN, *Pierre de Ronsard*, Fayard, 1990.

L. TERREAUX, *Ronsard correcteur de ses œuvres*, Droz, Genève (CH), 1968.

« Les *Hymnes* de Ronsard », in *Cahiers Textuel*, n° 1, 1985.

Aspects de la poétique ronsardienne, P.U. Caen, 1989.

« Le poète et ses lecteurs. Le cas Ronsard », in *Œuvres et Critiques*, VI, 2, hiver 1981-1982 [études sur la réception de RONSARD].

Lumières de la Pléiade, Vrin, 1966.

Ronsard en son IVᵉ centenaire, Droz, Genève (CH), 1988, 2 vol.

Ronsard the Poet, éd. T. CAVE, Methuen, Londres (GB), 1972.

AUDIO & VIDÉO

CD-ROM

Encyclopédie de la littérature française, Bibliopolis, 1998.

ROSTAND

Edmond ROSTAND

Marseille 1868 – Paris 1918
Académicien

> *« Rostand est bien le seul à qui je reconnaisse une supériorité rayonnante. Il a des ailes, et nous rampons. »*
> Jules RENARD, *Journal*, 11 décembre 1900.

> *« Rostand parfois se hausse jusqu'à tenir avec convenance l'emploi d'interprète officiel de la nation : il fut un très suffisant poète de circonstance [...]. »*
> François MAURIAC, *Mauriac avant Mauriac*, Flammarion, posthume, 1977.

Un demi-siècle de fulgurances

« *Une aube claire* »

D'un père qui l'appelait alors Eddy, Rostand reçut, un jour, ces vers :

Mon fils, mon bien-aimé, lorsque tu seras homme,
Quand tu liras ces vers où tremblant je te nomme,
Souviens-toi que ta vie eut un rose matin,
Une aube claire ; et pense à ceux dont le destin
Est, depuis le berceau, pénible, triste, sombre,
Qui n'ont pas eu d'aurore et n'ont connu que l'ombre.

De fait, c'est bien « *un rose matin, une aube claire* » que connut Rostand, frère aîné de 2 sœurs, né, un 1er avril, au sein d'une vieille famille provençale de notables aisés et cultivés, à la fois bonapartiste — un portrait de l'Aiglon ornait sa chambre — et républicaine, où l'on aimait la musique et la poésie : un arrière-grand-oncle avait été l'armateur — évoqué dans le *Voyage en Orient* de l'auteur des *Méditations* — du bateau transportant Lamartine au Levant ; le grand-père, Joseph, administrateur de la Caisse d'épargne des Bouches-du-Rhône (fondée par l'arrière-grand-père), était violoniste et ténor amateur ; le père, Eugène, économiste, futur membre de l'Académie des sciences morales et politiques, écrivait donc des vers et traduisait Catulle ; l'oncle, Alexis, officiellement banquier, était surtout musicien, à la fois compositeur et critique musical ; la mère, née Angèle Gayet, descendait de Marie Barthélemy, sœur de l'abbé Barthélemy, académicien et auteur du *Voyage du jeune Anarchasis en Grèce* ; enfin, le poète Mistral était, comme déjà son propre père, un familier des Rostand. De telles ascendances prédisposaient à l'amour des Lettres.

Les vacances se passaient à Luchon, au sein de ces Pyrénées qui ravivaient les racines espagnoles, présentes du côté paternel — de manière d'ailleurs singulière. Le grand-père, Joseph, était devenu l'amant d'une certaine Françoise Sébastienne Félicie de Ferrari, *alias* Fanny, née à Cadix, déjà mariée et mère d'un enfant : de cette liaison naquirent, à un an d'intervalle, le père, Eugène (1843), et l'oncle, Alexis (1844), baptisés sous le nom de Rostand mais déclarés à l'état civil sous les noms respectifs de Marans et Gasan, et qui ne furent officiellement adoptés et reconnus par leur père qu'en 1866 — plusieurs années après le mariage de celui-ci avec Fanny, dont le premier mari était, entre-temps, décédé ! De cette grand-mère espagnole, Rostand hérita à la fois le caractère romanesque et le tempérament neurasthénique. Et son œuvre garda de discrètes traces de ces turbulences généalogiques.

Bon élève au lycée de Marseille, doué pour le théâtre, et lecteur passionné des *Trois Mousquetaires* de Dumas et des *Grotesques* de Gautier, Rostand acheva ses études secondaires à Paris, au collège Stanislas : son professeur, René Doumic, lui fit connaître Shakespeare, Lope de Vega et Goethe, et découvrir notamment Cyrano de Bergerac, ainsi que quelques « libertins » ; et son « pion », un certain *Pif-Luisant*, conforta son goût pour les vers. Étudiant en droit depuis 1886, Rostand fut proclamé lauréat de l'académie de Marseille pour son essai ***Deux Romanciers de Provence : Honoré d'Urfé et Émile Zola*** (1887), écrit en réponse au sujet qu'elle avait mis au concours.

Un couple de poètes

Si les vrais débuts littéraires de Rostand se soldèrent par l'échec du vaudeville en 4 actes ***Le Gant rouge*** (1889), écrit avec Henry Lee, ils coïncidèrent néanmoins avec la rencontre décisive de Rosemonde Gérard — dont Lee était le demi-frère. Croisée à Luchon durant l'été 1887, cette petite-fille — elle-même enfant naturelle reconnue deux ans seulement après sa naissance — du comte Gérard, maréchal d'Empire, et filleule du poète Leconte de Lisle, fut couronnée par l'Académie française en 1889 pour son recueil de poésies *Les Pipeaux*, contenant le poème *L'Éternelle Chanson*, dont ces deux vers non moins éternels :

Car, vois-tu, chaque jour je t'aime
davantage,
Aujourd'hui plus qu'hier et bien moins que
demain.

Elle devint Mme Edmond Rostand l'année même (1890) où son très jeune mari (de deux ans son cadet) publia, dans l'indifférence générale, son premier recueil de poésies, ***Les Musardises***, pourtant spirituel et plaisant, mais très éloigné des innovations verlainiennes ou des audaces mallarméennes, et un antinaturaliste ***Essai sur le roman naturaliste***.

Le refus, par la Comédie-Française, d'une comédie en un acte et en musique, ***Pierrot qui pleure et Pierrot qui rit***, *alias* ***Les Deux Pierrots*** (1891), qui contenait déjà le schéma du trio amoureux — cher à l'auteur —, contraria le bonheur de la naissance d'un fils, Maurice, futur poète et dramaturge, qui fut durablement l'enfant préféré de son père. Inversement, la naissance d'un second fils, Jean, futur biologiste de renommée mondiale, coïncida avec le succès, à la Comédie-Française, d'une comédie ironiquement intitulée ***Les Romanesques*** (1894, mais écrite dès 1893), à contre-courant du naturalisme. Ces premiers pas littéraires d'un éternel angoissé, perfectionniste inquiet et insatisfait chronique, n'empêchaient pas Rostand de relativiser la gravité des situations : dès le début de l'affaire Dreyfus (1894), il fut dreyfusard.

C'est alors qu'il fit la rencontre, décisive pour l'un et l'autre, de Sarah Bernhardt : il devint son auteur attitré, et elle, son actrice fétiche. Leur première collaboration, la pièce « biblique » en 4 actes et en vers ***La Princesse lointaine*** (1895), connut un succès d'estime mais un échec commercial : le sujet était emprunté à la légende de Geoffroy Rudel, trouvère éperdument amoureux de Mélissinde, et contenait déjà le thème de la substitution des prétendants.

Le phénomène *Cyrano*

L'année 1897 marqua un tournant. En avril, ce fut le relatif succès de l'*« évangile en trois tableaux »* ***La Samaritaine***, avec Sarah Bernhardt — qui jouait le rôle-titre, d'une pécheresse illuminée par l'amour de Jésus, et dirigeait la mise en scène. Et, surtout, le 28 décembre fut marqué par le triomphe, sans précédent, de la *« comédie héroïque »* ***Cyrano de Bergerac***, avec Constant Coquelin mais sans Sarah Bernhardt (retenue par d'autres engagements) : dès le dernier entracte, l'auteur fut fait chevalier de la Légion d'honneur, et l'on dénombra près de 50 rappels !

La pièce connut plus de 400 représentations consécutives, y compris à l'étranger, restant, à ce jour, le plus durable et le plus universel triomphe du théâtre français.

De l'envol de *L'Aiglon* à la chute de *Chantecler*

Que le triomphe de ***Cyrano*** ait « étouffé » Rostand, c'est peu dire ! À seulement 29 ans, il connaissait une gloire qui aurait pu l'ensevelir définitivement. Il n'en eut que plus de mérite de triompher à nouveau — avec un peu moins d'intensité toutefois que pour ***Cyrano***, l'effet de surprise ayant disparu : mais bien des auteurs se seraient contentés d'un tel succès ! — avec ***L'Aiglon*** (1900), drame en 6 actes et en vers, créé au théâtre Sarah-Bernhardt, à Paris, et racontant les derniers jours du roi de Rome, Franz, duc de Reichstadt, fils de Napoléon Ier, qui conclut :

Oui... j'attendrai la mort
En berçant le passé dans ce grand berceau
d'or !
[...]
Le passé... je le berce... et c'est comme
Si le duc de Reichstadt berçait le Roi de
Rome !
(***L'Aiglon***, VI, 3)

Sarah Bernhardt interprétait le rôle-titre, et Lucien Guitry fut inoubliable dans le rôle du vieux grognard Flambeau, s'exclamant notamment :

[...]
Dans sa position fixe et réglementaire, —
Gardant le fils ainsi qu'il a gardé le père,
— C'est ainsi que debout, chaque nuit, sur
ton seuil,
Se donnant à lui-même un mot d'ordre
d'orgueil,
Fier de faire une chose énorme et
goguenarde,
Un grenadier français monte, à
Schœnbrunn, la garde !
(***L'Aiglon***, III, 7)

Si ***Cyrano*** lui avait valu la Légion d'honneur, ***L'Aiglon*** valut à Rostand d'être élu, en 1901, à l'Académie française — il était alors le plus jeune académicien — et d'être fait officier de la Légion d'honneur. Mais, atteint de pleurésie dès 1900, il avait dû se retirer à Cambo-les-Bains (Basses-Pyrénées, act. Pyrénées-Atlantiques), et sa mauvaise santé l'empêcha d'être reçu sous la Coupole avant 1903 — retard qu'il compensa en faisant alors un brillant éloge du panache, très éclairant sur le caractère et la poétique du « père » de Cyrano : *« Qu'est-ce que le panache ?* [...] *Le* *panache n'est pas la grandeur, mais quelque chose qui s'ajoute à la grandeur et qui bouge au-dessus d'elle.* [...] *le panache, c'est l'esprit de la bravoure. Oui, c'est le courage dominant à ce point la situation — qu'il en trouve le mot.* [...] *Plaisanter en face du danger, c'est la suprême politesse, un délicat refus de se prendre au tragique ; le panache est alors la pudeur de l'héroïsme, comme un sourire par lequel on s'excuse d'être sublime.* [...] *Un peu frivole peut-être, un peu théâtral sans doute, le panache n'est qu'une grâce ; mais cette grâce est si difficile à conserver jusque devant la mort, cette grâce suppose tant de force (l'esprit qui voltige n'est-il pas la plus belle victoire sur la carcasse qui tremble ?) que, tout de même, c'est une grâce... que je nous souhaite* » (***Discours de réception à l'Académie française***, 4 mai 1903). Entre-temps (1902), Rostand avait commencé à faire construire, à Cambo, sa future villa d'*Arnaga*, où il écrivit les premières répliques de ***Chantecler***, pièce en 4 actes et en vers, qui lui fut inspirée par la relecture du *Roman de Renart*, mais dont la genèse fut trop longue, et accompagnée de trop de publicité tapageuse — peu d'œuvres furent plus annoncées ni plus attendues, malgré Rostand qui s'y refusait —, pour se solder autrement que par un demi-échec, à la création de la pièce, huit ans plus tard (1910), au théâtre de la Porte Saint-Martin. Il est vrai aussi que, en pleines répétitions, Coquelin (le bien surnommé *Coq*), qui tenait le rôle-titre, était mort brutalement (1909), de sorte que le rôle du coq Chantecler, amoureux d'une faisane mais plus encore de son propre chant matinal, échut à Lucien Guitry, qui ne démérita point. À ces contretemps tragiques s'ajoutaient des difficultés délibérément choisies par Rostand. Passe encore de peindre les hommes sous l'aspect d'animaux — La Fontaine constituant un éloquent précédent —, mais rien que des volatiles dans une basse-cour, même avec des costumes et des décors unanimement salués pour leur somptuosité, c'était sans doute trop contradictoire avec la féerie et le lyrisme proposés. Le thème de la pièce — la création artistique : ses affres, ses mystères, ses exigences — était en outre trop introspectif pour soulever les foules, même avec le recours aux animaux, justifié par l'austérité du sujet. Enfin, ce thème, révélateur des angoisses de Rostand, donna lieu à des passages non seulement douloureux, mais assez polémiques et violents — notamment avec le personnage du paon, à l'acte II, caricature transparente du dandy décadent Robert de Montesquiou —, qui purent décontenancer un public habitué à des charges moins directes ou plus subtiles de la part du chantre du panache. Et les innombrables et excessives virtuosités de l'auteur purent lasser. Néanmoins, le public fut conquis par d'autres vers :

> *C'est la nuit qu'il est beau de croire à la lumière.*
> (***Chantecler***, II, 3)

Sans oublier la conclusion :

> *Sache donc cette triste et rassurante chose*
> *Que nul, Coq du matin ou Rossignol du soir,*
> *N'a tout à fait le chant qu'il rêverait d'avoir !*
> (***Chantecler***, IV, 6)

On a trop réduit Rostand à ***Cyrano*** et à ***L'Aiglon***, alors que bien des vérités et des mystères du créateur trouvent leur révélation ou leur élucidation dans ***Chantecler***, qu'il importe de redécouvrir dans toute sa valeur testamentaire — Jean-Christophe Averty, dans une adaptation télévisuelle, en 1976, et Jérôme Savary, dans une mise en scène avec Jean-Claude Dreyfus, en 1994, ont contribué à cette redécouverte. Malgré ce relatif échec — compte tenu des deux triomphes précédents, ce ne fut qu'un succès d'estime : plus de 300 représentations en 1910, tout de même, mais plus aucune ensuite —, Rostand, dont la popularité et la célébrité entre 1900 et 1910 furent absolument phénoménales, fut fait commandeur de la Légion d'honneur — ce qui ne le consola guère de n'avoir pas renoué avec la même gloire.

La dernière nuit de Rostand

S'il s'était, en partie, remis de ***Cyrano***, jamais il ne se remit vraiment de la déception de ***Chantecler***, qui conforta une neurasthénie et une désespérance de moins en moins insidieuses. En 1911, il rencontra l'écrivain Anna de Noailles qui — comme plus tard l'actrice Mary Marquet — devint sa maîtresse « officielle ». Il écrivit alors ***La Dernière Nuit de Don Juan*** (création posth., 1922), ambitieux drame symbolique dont le seul titre signalait assez la situation personnelle de l'auteur. En 1913, fut célébrée la millième représentation — toujours triomphale — de ***Cyrano***. Empêché, pour des raisons de santé, de s'engager militairement lors de la Première Guerre mondiale, Rostand exprima sa solidarité en composant un recueil de poèmes patriotiques, ***Le Vol de la Marseillaise*** (posth., 1919). Ses dernières années furent particulièrement douloureuses, avec notamment les morts successives de son père (1915 — à la suite de

laquelle il écrivit à Anna de Noailles : « *Je suis une ombre effrayante* ») et de sa mère (1916). Rostand lui-même mourut à Paris, en 1918, après s'être joint aux manifestants célébrant la victoire des Alliés — sans doute de l'épidémie de grippe espagnole dont venait de mourir (le 9 nov.) Apollinaire —, avec, à son chevet, sa femme Rosemonde, Mary Marquet et l'actrice Simone, qui répétait alors le rôle-titre de ***L'Aiglon***, repris après l'armistice. Il n'avait que 50 ans, et c'était un 2 décembre, date anniversaire du sacre de Napoléon Ier et du « soleil » d'Austerlitz — coïncidence extraordinaire s'agissant de l'auteur de ***L'Aiglon*** !
Celui qu'on surnomma « *le roi de la Belle Époque* » fut rétrospectivement marqué par le chiffre 3. Aîné d'une famille de 3 enfants, aimé de 3 femmes de caractère (Rosemonde Gérard, Anna de Noailles, Mary Marquet), auteur de 3 chefs-d'œuvre créés par 3 « monstres sacrés » (Coquelin, Sarah Bernhardt, Lucien Guitry) interprétant 3 figures inoubliables (Cyrano, Franz [le Duc] et Chantecler), elles-mêmes composant 3 variations autour du même thème du manque — respectivement, d'amour, de liberté, de certitude de son génie —, Rostand fut un vertigineux poète. Mais, ressuscitant les romans de cape et d'épée, le drame romantique et les féeries animalières en plein essor du naturalisme et de la décadence, il incarne aussi — lui qui mourut en même temps que toutes les monarchies englouties par la Première Guerre mondiale — le crépuscule d'une France et d'une Europe naguère impériales, laissant à d'autres le soin de célébrer l'aurore réaliste des républiques d'un monde contemporain désormais de plus en plus « moderne ».

Les vertiges de la virtuosité

Caractérisée par une virtuosité que dissimule son apparente facilité, la langue de Rostand, recourant parfois aux enjambements les plus audacieux et les moins académiques, sait alterner vers spirituels et lyriques, comme à la fin de la fameuse tirade des nez :

– Voilà ce qu'à peu près, mon cher, vous m'auriez dit
Si vous aviez un peu de lettres et d'esprit :
Mais d'esprit, ô le plus lamentable des êtres,
Vous n'en eûtes jamais un atome, et de lettres
Vous n'avez que les trois qui forment le mot : sot !
Eussiez-vous eu, d'ailleurs, l'invention qu'il faut
Pour pouvoir là, devant ces nobles galeries,
Me servir toutes ces folles plaisanteries,
Que vous n'en eussiez pas articulé le quart
De la moitié du commencement d'une, car
Je me les sers moi-même, avec assez de verve,
Mais je ne permets pas qu'un autre me les serve.

(***Cyrano de Bergerac***, I, 4)

Anaphores, antithèses, parallélismes, oxymores sont les figures les plus coutumières de sa poétique, comme dans cette réplique de Flambeau :

[...] *Et nous, les petits, les obscurs, les sans-grades,*
Nous qui marchions fourbus, blessés, crottés, malades,
Sans espoir de duchés ni de dotations ;
Nous qui marchions toujours et jamais n'avancions ;
Trop simples et trop gueux pour que l'espoir nous berne
De ce fameux bâton qu'on a dans sa giberne ;
Nous qui par tous les temps n'avons cessé d'aller,
Suant sans avoir peur, grelottant sans trembler,
Ne nous soutenant plus qu'à force de trompette,
De fièvre, et de chansons qu'en marchant on répète [...]

(***L'Aiglon***, II, 9)

Mêmes antithèses et oxymores dans ces répliques de Cyrano (son pacte avec Christian et son inutile dénégation finale, adressée à Roxane) :

Je serai ton esprit, tu seras ma beauté.

(***Cyrano de Bergerac***, II, 10)

Non, non, mon cher amour, je ne vous aimais pas !

(*ibid.*, V, 6)

Et l'on ne compte plus les formules aphoristiques, retenues comme autant de maximes :

Ne pas monter bien haut, peut-être, mais tout seul !

(***Cyrano de Bergerac***, II, 8)

Mais on n'abdique pas l'honneur d'être une cible.

(*ibid.*, IV, 4)

Il n'est de grand amour qu'à l'ombre d'un grand rêve.

(***Chantecler***, IV, 4)

Cette virtuosité se traduit par la multiplication de jeux de mots, parfois jusqu'à l'excès :

> [...] *Oui, Coquards, coquardés de coquilles,*
> *Coquardeaux, Coquebins, Coquelets, Cocodrilles,*
> *Au lieu d'être coquets de vos cocoricos,*
> *Vous rêviez d'être, ô Coqs, de drôles de cocos !*
>
> (***Chantecler***, III, 4)

Enfin, Rostand se signale par une inventivité dans les images, comme avec ces fameuses définitions du baiser ou cette évocation de la femme :

> [...] *Un baiser, mais à tout prendre, qu'est-ce ?*
> *Un serment fait d'un peu plus près, une promesse*
> *Plus précise, un aveu qui veut se confirmer,*
> *Un point rose qu'on met sur l'i du verbe aimer.*
> [...]
> *Baiser, festin d'amour dont je suis le Lazare !*
>
> (***Cyrano de Bergerac***, III, 10)

> *Je vous dois d'avoir eu, tout au moins, une amie.*
> *Grâce à vous, une robe a passé dans ma vie.*
>
> (*ibid.*, V, 6)

Un auteur populaire et mineur

La notoriété de Rostand fut immense de son vivant, et l'est restée. Bien sûr, c'est ***Cyrano*** qui, premier coup d'éclat de l'auteur et véritable coup de tonnerre dans la production théâtrale de l'époque, suscita les réactions les plus superlatives et les plus exaltées — à l'exception notable du jugement émis par Jules Lemaître dans la *Revue des Deux Mondes* du 1er février 1898, qui reste, par sa modération et sa clairvoyance, le meilleur émis sur la pièce à sa création : « *J'aurai le courage ingrat de considérer* Cyrano *comme un événement merveilleux sans doute, mais non pas, à proprement parler, surnaturel. La pièce de M. Rostand n'est pas seulement délicieuse : elle a eu l'esprit de venir à propos.* [Le] *rare et surprenant mérite* [...] *de cette ravissante comédie, c'est* [...] *de prolonger, d'unir et de fondre en elle sans effort, et certes avec éclat, et même avec originalité, trois siècles de fantaisie comique et de grâce morale — et d'une grâce et d'une fantaisie qui sont "de chez nous".* » Bien sûr aussi, il se trouva quand même quelques voix pour ne pas encenser Rostand, notamment l'universitaire Émile Magne, laborieux auteur des *Erreurs de documentation de « Cyrano de Bergerac »* (1898), qui crut bon de prendre au pied de la lettre — et de dénoncer — les anachronismes délibérés de l'auteur, ainsi que le poète et dramaturge symboliste André-Ferdinand Hérold, au *Mercure de France*, en février 1898, et que le poète « social » Jehan Rictus, qui célébra l'admission effective de Rostand à l'Académie française en publiant *Un « bluff » littéraire : le cas Edmond Rostand* (1903). De même Léon Daudet salua-t-il l'entrée de ***Cyrano*** au répertoire de la Comédie-Française par un article très négatif, paru dans *L'Action française* (23 déc. 1938) : « *Si* Cyrano *est un chef-d'œuvre, c'est celui de l'enfantillage et de la convention.* [...] *La tirade est filée, c'est entendu, et à la fin de l'envoi, elle touche. Mais la beauté de l'art véritable, c'est la rébellion, et il n'en est pas trace dans la peinture de ce héros en mie de pain, flanqué d'une amoureuse (Roxane) en margarine. Amitié, amour, supercherie même, tout est, dans cette pièce, fameuse et médiocre, au niveau de la fabrication.* » Néanmoins, plus le temps passa, moins la critique — élogieuse ou « éreintante » — se fit passionnelle.

Mais, surtout, cette popularité jamais démentie — rappelée par Sartre dans *Les Mots* et confirmée l'année même du centenaire de ***Cyrano***, où les 3 représentations « parisiennes » (au théâtre du Ranelagh avec Patrick Préjean ; au théâtre Déjazet avec Pierre Santini ; au théâtre national de Chaillot avec Francis Huster) ont de nouveau triomphé — s'est accompagnée d'une constante disgrâce de l'Université, comme des élites en général : Rostand est un auteur très populaire, mais vraiment mineur, et l'on risquerait de se discréditer à l'applaudir trop spontanément, surtout si l'on est soi-même un auteur reconnu ou un universitaire écouté. Parfaite illustration de ce paradoxe, mélange d'admiration et de mépris, ces « aveux » de François Mauriac : « *À vingt ans, sur la foi d'André Gide, et de Coppeau, et de Claudel, je croyais que ce théâtre-là était méprisable. Il n'empêche que* [...] *nous étions allés nous mêler à la foule des badauds pour assister à la sortie des spectateurs, le soir de la première de* Chantecler. *Rostand comptait pour nous plus que nous n'osions en convenir. Nous n'étions pas si intelligents qu'aujourd'hui.* [...] *Nous avions encore cette idée naïve qu'à la scène ou dans un roman un auteur doit s'efforcer de plaire au public et d'être entendu de lui. Il nous a fallu beaucoup de temps pour revenir de notre erreur, et j'aurais* *eu honte d'être vu par nos cadets à* Cyrano de Bergerac, *un soir qui n'était pas un soir de gala et où j'étais sans excuse de me trouver, puisque je n'y pouvais être que pour mon plaisir et que ce plaisir avait été jusqu'aux larmes...* » (*Le Figaro littéraire*, 27 févr. 1964).

ŒUVRE

Cyrano de Bergerac

« *Comédie héroïque* » en 5 actes, comportant respectivement 7, 11, 14, 10 et 6 scènes, et en vers, créée le 28 décembre 1897, au théâtre de la Porte Saint-Martin, à Paris, avec Constant Coquelin dans le rôle-titre, et publiée en 1898.

I. *Une représentation à l'Hôtel de Bourgogne* À Paris, en 1640, le rideau de l'Hôtel de Bourgogne s'est à peine levé sur *La Clorise* de Baro que l'acteur Montfleury est interrompu, à la surprise presque générale, par Cyrano de Bergerac, cadet de Gascogne affublé d'un nez — au sens propre — innommable. Malgré le scandale, Montfleury disparaît, puis Cyrano fait l'éloge brillant de son propre nez, notamment contre un vicomte qu'il provoque et défait en duel, en improvisant une ballade. Le public quitte les lieux. Les vraies raisons de Cyrano ? Montfleury a osé porter les yeux sur sa cousine Roxane, dont Cyrano est amoureux — comme le sont De Guiche, neveu de Richelieu, et Christian de Neuvillette, jeune et beau provincial, qui doit, le lendemain, entrer aussi aux cadets. Trop complexé pour se déclarer, Cyrano s'y résout, sa cousine lui faisant savoir qu'elle souhaite *« en secret, le voir »* : rendez-vous fixé chez le rôtisseur-pâtissier — mais surtout poète — Ragueneau, avant de se battre un contre cent. **II. *La Rôtisserie des poètes*** Le lendemain, désillusion... Cyrano apprend de Roxane la vraie raison de ce rendez-vous : elle aime Christian et demande à son cousin de le protéger des autres cadets — ce que Cyrano, effondré mais digne, lui promet, et ce qu'il fait, malgré les multiples provocations « nasales » de Christian. Mieux, il propose un pacte destiné à conquérir Roxane : Cyrano, éloquent mais laid, écrira les lettres que remettra Christian, beau mais sans éloquence. **III. *Le Baiser de Roxane*** Ces lettres enchantent Roxane, mais Christian prétend s'émanciper : vexé, Cyrano le laisse face à ses pannes d'inspiration, avant d'être rappelé à la rescousse. D'abord souffleur, puis interprète, Cyrano, caché dans l'ombre nocturne du balcon de Roxane et vite dépassé par le jeu, se lance dans une enivrante déclaration d'amour qui permet à Christian de cueillir le baiser tant désiré. Mais revient un capucin porteur d'un message de De Guiche, que Roxane travestit instantanément : au lieu du rendez-vous dans un couvent voisin, il s'agit d'épouser Christian sur l'heure. Brève cérémonie durant laquelle Cyrano, feignant de tomber de la Lune, parvient à retenir De Guiche, qui se venge aussitôt en envoyant tous les cadets au siège d'Arras. **IV. *Les Cadets de Gascogne*** D'assiégeants, ceux-ci sont en fait assiégés et désespérément affamés, les Espagnols ayant coupé leur approvisionnement : seul à ne pas s'en plaindre, Cyrano écrit deux lettres quotidiennes de Christian à Roxane, à l'insu des mariés. Surviennent, dans un carrosse royal, Roxane, qui refuse de repartir, et Ragueneau, sauveurs des cadets et réconciliateurs de De Guiche et des Gascons. Tout juste informé de la fréquence réelle de ses lettres, Christian découvre la vérité — Cyrano est amoureux mais aussi aimé de Roxane que les lettres ont enivrée — et court au-devant d'une mort aux allures de suicide. **V. *La Gazette de Cyrano*** « *Quinze ans après, en 1655* », Roxane, *« vainement blonde »*, retirée dans le cloître d'un couvent parisien, reçoit la visite de De Guiche, devenu duc-maréchal de Gramont, réconcilié avec elle et élogieux sur Cyrano — lequel doit venir aussi, comme chaque samedi, mais est en retard : victime d'un accident-attentat, il arrive, mourant, et commence sa *« gazette »* hebdomadaire, puis, à sa demande, lit à voix haute la dernière lettre de Christian mais est trahi, alors que *« la nuit vient insensiblement »*, par sa voix que Roxane reconnaît et qui révèle sa *« généreuse imposture »* (V, 6). Découvert au propre comme au figuré, Cyrano empêche ses amis et sa cousine d'appeler au secours : il disparaît, ayant reçu de Roxane un baiser sur le front et lui révélant, *« en souriant »*, qu'il emporte avec lui « [son] *panache* ».

Des quelque 2 600 vers qui composent la pièce — dont une majorité d'alexandrins, mais aussi quelques octosyllabes, et même des heptasyllabes —, plus de la moitié (un record) sont assurés par le seul rôle-titre. Surtout au premier acte, mais aussi dans les scènes de groupe en général, certains de ces vers, répartis sur plusieurs répliques, constituent de véritables entorses à la versification académique, en même temps que de réelles prouesses (*cf.* vv. 1, 3, 6, 9, 14, 39, 47, 71 — ce dernier, sur une demi-douzaine de répliques). Si l'on cite surtout les morceaux de bravoure, dont la tirade des nez (I, 4), celle des *« Non, merci ! »* (II, 8), la ballade de l'Hôtel de Bourgogne *(ibid.)*, la présentation des cadets (II, 7), la grande scène du balcon (III, 7) ou le dénouement, la pièce vaut aussi, et peut-être surtout, par d'autres vers plus rarement cités : *Je me suis donc battu, madame, et c'est tant mieux, / Non pour mon vilain nez, mais bien pour vos beaux yeux* (II, 6). Et par d'autres moments moins souvent mentionnés : les rares situations où Cyrano, qui d'habitude a réponse à tout et conserve toujours le dernier mot, n'a d'autre recours — révélateur aveu d'impuissance — que de répliquer « *Tais-toi !* » à Le Bret, si perspicace à lire les vérités intimes que son ami nie comme autant d'évidences (II, 7 et II, 8) ; la spectaculaire fin de l'acte III, voyant Cyrano feindre de tomber de la Lune ; le dénouement tragique de l'acte IV, lorsque Christian comprend enfin le lourd mensonge à l'origine de son pacte avec Cyrano (IV, 7 à 10) ; ou l'ultime apparition de De Guiche, devenu duc-maréchal de Gramont, et métamorphosé en vrai seigneur exemplaire (V, 2). La pièce abonde en formules aphoristiques, qui disent tout l'orgueil de Cyrano : *Mais on ne se bat pas dans l'espoir du succès ! / Non ! non, c'est bien plus beau lorsque c'est inutile !* (V, 6). Mais la virtuosité étourdissante de Rostand — en versification comme en mise en scène — a presque toujours tenu lieu d'argument critique, et dispensé d'approfondir l'analyse de la pièce, trop aisément réduite au duo antithétique d'un Cyrano spirituel mais laid et d'un Christian beau mais pas très malin — pour ne pas dire stupide —, dont la belle et spirituelle Roxane assurait — et exigeait — la synthèse. En réalité, ***Cyrano*** pose la question vitale de l'ivresse en général et du lyrisme en particulier : Christian meurt d'être le seul à aimer sans lyrisme, le seul à rester lucide et sobre, entouré qu'il est d'ivrognes — de son ami Lignières, ivre de vin, à Roxane, ivre de préciosité, en passant par De Guiche, ivre de gloire, Ragueneau, ivre de vers, et Cyrano, ivre... d'ivresse (d'excès en tous genres). Loin d'être une sorte de benêt, il le constate lui-même, s'adressant « *violemment* » à Cyrano : *Et cela t'enivrait, et l'ivresse était telle / Que tu bravais la mort...* (IV, 7). Il fait ainsi écho à l'apogée de la scène du balcon : ROXANE. *Et tu m'as enivrée !* CYRANO. *Alors, que la mort vienne ! / Cette ivresse, c'est moi, moi qui l'ai su causer !* (III, 7). Peut-on aimer sans lyrisme ? La mort de Christian répond que non, démontrant que l'amour vrai doit se dire pour se faire. Mais l'impasse à laquelle aboutissent tous les survivants de cette tragédie de l'ivresse confirme aussi qu'on ne saurait vivre que de lyrisme et d'ivresse — impasse qui vaut aussi, bien sûr, pour la littérature.

Malgré de très rares voix discordantes — et mineures : Hérold, Rictus, Magne —, la pièce triompha d'emblée et durablement, en France comme à l'étranger, atteignant une popularité absolument exceptionnelle, et réussissant l'exploit d'être célébrée par les partisans les plus opposés : dreyfusards et antidreyfusards, laïques et religieux, nationalistes et pacifistes. Ce triomphe dut beaucoup à la personnalité de Constant Coquelin, qui tenait le rôle-titre. Non sans un inconvénient durable : alors que le trio principal est supposé avoir le même jeune âge (une vingtaine d'années), Coquelin avait 56 ans à la création de la pièce. Si bien que, au mépris de la vérité historique et du texte même, presque tous les Cyrano qui suivirent — à l'exception notable de Pierre Fresnay, premier Cyrano « jeune » à la fois d'âge (30 ans) et de jeu, qui, dès 1928, imposait une interprétation « anti-Coquelin » —, d'André Bruno (1938) à Pierre Santini, Patrick Préjean et Francis Huster (1997, année du centenaire) et à Jean-Paul Borg (2000) — qui réussit l'exploit le plus « cyranien », car le plus extravagant, de jouer seul en scène tous les principaux rôles de la pièce —, en passant par Jean Piat (1964), Alain Pralon, Jacques Destoop, Jacques Toja (1976, en alternance), Jacques Weber (1983) et Jean-Paul Belmondo (1990), furent, au mieux, des quadragénaires ! Mais cet engouement populaire jamais démenti, et renforcé par quelques adaptations cinématographiques célèbres, du film de l'Américain Gordon (1950) — qui valut un Oscar à José Ferrer — à celui du Français Rappeneau (1990) — qui obtint 10 Césars en 1991, dont celui de meilleur acteur pour Gérard Depardieu —, en passant par le téléfilm de Barma (1960), avec Daniel Sorano, s'est toujours accompagné d'un mépris universitaire à peu près total : une seule étude dramaturgique en un siècle...

CITATIONS

Tu vois, vieil aigle noir, n'osant y croire encor,
Sur un de tes aiglons pousser des plumes d'or.

L'Aiglon, III, 3.

C'est ainsi que, debout, chaque nuit, sur ton seuil,
Se donnant à lui-même un mot d'ordre d'orgueil,
Fier de faire une chose énorme et goguenarde,
Un grenadier français monte, à Schoenbrunn, la garde !

L'Aiglon, III, 7.

Oui, j'attendrai la mort
En berçant le passé dans ce grand berceau d'or.

L'Aiglon, VI, 3.

C'est la nuit qu'il est beau de croire à la lumière.
Chantecler, II, 3.

Il n'est de grand amour qu'à l'ombre d'un grand rêve.
Chantecler, IV, 4.

Sache donc cette triste et rassurante chose
Que nul, Coq du matin ou Rossignol du soir,
N'a tout à fait le chant qu'il rêverait d'avoir !
Chantecler, IV, 6.

Voilà ce qu'à peu près, mon cher, vous m'auriez dit,
Si vous aviez un peu de lettres et d'esprit :
Mais d'esprit, ô le plus lamentable des êtres,
Vous n'en eûtes jamais un atome, et de lettres,
Vous n'avez que les trois qui forment le mot : sot !
Eussiez-vous eu, d'ailleurs, l'invention qu'il faut
Pour pouvoir là, devant ces nobles galeries,
Me servir toutes ces folles plaisanteries,
Que vous n'en eussiez pas articulé le quart
De la moitié du commencement d'une, car
Je me les sers moi-même, avec assez de verve,
Mais je ne permets pas qu'un autre me les serve.
Cyrano de Bergerac, I, 4.

Prince, demande à Dieu pardon !
Je quarte du pied, j'escarmouche,
Je coupe, je feinte... Hé là, donc !
À la fin de l'envoi, je touche.
Cyrano de Bergerac, I, 4.

Bref, dédaignant d'être le lierre parasite,
Lors même qu'on n'est pas le chêne ou le tilleul,
Ne pas monter bien haut, peut-être, mais tout seul.
Cyrano de Bergerac, II, 8.

JUGEMENTS

« *Il ne faut pas marquer à M. Rostand un mépris par trop injuste et facile. Mais il ne faut pas dire non plus qu'il est un poète de génie. Ce n'est pas un grand poète, c'est un grand... — il faudrait trouver un mot neuf pour désigner ce composé d'une espèce unique. Mais c'est pourtant quelque chose de grand.* »

André Gide, in *Gil Blas*, 8 juin 1903.

« *Le talent poétique de M. Rostand ¿ Médiocre. Son talent dramatique ¿ Médiocre. À quelle place je le mets dans la littérature générale contemporaine ¿ À la première.* »

Jean Giraudoux, enquête du journal *L'Opinion*, 5-12 février 1910.

« *Je vous ai dit, n'est-ce pas ¿ que* Du côté de chez Swann *était à cause des deux côtés qu'il y avait à Combray. Vous savez, on dit cela à la campagne : "Allez-vous du côté de chez M. Rostand ¿"* »

Marcel Proust, *Lettre à Louis de Robert*, juillet 1913.

« *Rostand est un des meilleurs poètes de second ordre. Sur une liste impartialement dressée, son nom viendrait le douzième ou le treizième.* »

Jules Romains, enquête du journal *L'Opinion*, 5-12 février 1910.

« *Huit ans avant ma naissance,* Cyrano de Bergerac *avait éclaté "comme une fanfare de pantalons rouges"* [formule du critique Émile Faguet à la création de la pièce]. *Un peu plus tard, l'Aiglon fier et meurtri n'avait eu qu'à apparaître pour effacer Fachoda* [...]. *L'agressivité nationale et l'esprit de revanche faisaient de tous les enfants des vengeurs. Je devins un vengeur comme tout le monde : séduit par la gouaille, par le panache, ces insupportables défauts des vaincus, je raillais les truands avant de leur casser les reins.* »

Jean-Paul Sartre, *Les Mots*, Gallimard, 1964.

BIBLIOGRAPHIE

Éditions

Œuvres complètes illustrées d'Edmond Rostand, Pierre Lafitte et Cie, 1920.

Choix de poésies, « Bibliothèque Charpentier », Fasquelle, 1925 [des *Musardises* à *La Dernière Nuit de Don Juan*].

L'Aiglon, éd. P. Besnier, « Folio », Gallimard, 1985.

Chantecler, rééd. « Les Introuvables », L'Harmattan, 1994 ; éd. « L'Avant-Scène Théâtre », n° 959, Avant-Scène, 1994.

Cyrano de Bergerac, illustr. par F. Flameng, A. Besnard, A.-F. Gorguet, P.-A. Laurens, in *Œuvres complètes illustrées d'Edmond Rostand*, Pierre Lafitte et Cie, 1910 ; éd. J. Truchet, illustr. J.-D. Malclès, « Lettres françaises », Imprimerie Nationale, 1983 ; éd. D. Roger-Vasselin, « Classiques Hachette », Hachette, 1997.

Deux Romanciers de Provence, Honoré d'Urfé et Émile Zola, 1887, rééd. Champion, 1921.

Études

P. Apesteguy, *La Vie profonde d'Edmond Rostand*, Charpentier et Fasquelle, 1929.

P. Brun, *Savinien de Cyrano Bergerac, gentilhomme parisien, l'Histoire et la légende, de Lebret à M. Rostand*, « Bibliothèque du vieux Paris », Daragon, 1909.

P. Faure, *Vingt Ans d'intimité avec Edmond Rostand*, Plon, 1928.

R. Gérard, *Edmond Rostand*, Charpentier, 1935, rééd. Grasset, 1967.

J. Haraszti, *Edmond Rostand*, Fontemoing & Cie, 1913.

P. Jerndorff-Jessen, *Cyrano de Bergerac : historiens, legends og Rostands Cyrano de Bergerac : en biografi*, Hernov, Copenhague (DK), 1984.

A. de Margerie, *Edmond Rostand ou le Baiser de la gloire*, Grasset, 1997.

M. Migeo, *Les Rostand*, Stock, 1973.

D. Page, *Edmond Rostand et la Légende napoléonienne dans « L'Aiglon »*, Champion, 1928.

É. Ripert, *Edmond Rostand*, Hachette, 1930, rééd. 1968.

P. Vernois, « Architecture et écriture théâtrale dans *Cyrano de Bergerac* », in *Travaux de linguistique et de littérature de l'Université de Strasbourg* (IV, 2), Strasbourg, 1966.

AUDIO & VIDÉO

Vidéo

P. Cavassilas, J. Savary, *Cyrano de Bergerac*, TF1 Vidéo, 1984.

M. Gordon, *Cyrano de Bergerac*, 1950, Fil à film, s.d. (V.O.S.T.).

J.-P. Rappeneau, *Cyrano de Bergerac*, PFC, 1989.

CD-ROM

Encyclopédie de la littérature française, Bibliopolis, 1998.

ROTROU

Jean de ROTROU

Dreux (act. Eure-et-Loire) 1609 – *ibid.* 1650

« Le "vieux" Rotrou est plus moderne qu'on ne pense. [...] À côté de bien des subtilités et des fadeurs, ici la même énergie de Corneille, là cette sensibilité presque féminine, cette exquise pénétration de Racine, plus loin encore le merveilleux tourmenté ou la profonde mélancolie de Shakespeare. »
Félix HÉMON, *Rotrou et son œuvre*, 1883.

« Le plus saillant de [ses] *défauts, celui qui d'ailleurs les résume tous, c'est le mauvais goût. [...] Il accepte sans contrôle ni scrupule tout ce qui s'offre à sa portée ; il est à la fois très trivial et très recherché, comme cela arrive lorsque le goût se forme ou qu'il s'est corrompu. »*
Jules JARRY, *Essai sur les œuvres dramatiques de Jean Rotrou*, 1868.

Le théâtre fait homme

Le fournisseur attitré de l'Hôtel de Bourgogne

Né dans une famille provinciale de la bonne bourgeoisie, Rotrou termina ses humanités à Paris et exprima très tôt sa vocation de dramaturge. Son œuvre se caractérise par sa variété et sa grande souplesse : en vingt ans, il a publié une cinquantaine de pièces, dont nous sont parvenues 6 tragédies, 12 comédies, et 17 tragicomédies. Sa première pièce, ***L'Hypocondriaque, ou le Mort amoureux*** (1628), est une tragicomédie tout à fait originale : sombrant dans la folie après la nouvelle de la mort de sa maîtresse, le héros se croit mort lui aussi, et ne revient qu'avec peine à la réalité des vivants. Rotrou touchait d'emblée au thème de l'illusion, à ce jeu de miroir qui sépare la vie de la mort, et la folie de la raison — thématique baroque qui alimenta son œuvre théâtrale dans son entier. Sa deuxième pièce, une comédie en 5 actes, ***La Bague de l'oubli*** (1629), aborde sur un mode comique les rapports de la folie, de la raison et du pouvoir. À cette date, Rotrou était lié par contrat à Bellerose, directeur de la troupe royale de l'Hôtel de Bourgogne : il y succéda à Alexandre Hardy, et cette situation lui interdisait de publier lui-même ses œuvres. Il bénéficiait, en même temps, de la protection de Louis de Bourbon, comte de Soissons. Jusqu'en 1634, ses créations comiques et tragicomiques consacrèrent la mode des influences romanesques. Dans une dramaturgie de l'exubérance, où dominait le goût du spectacle, Rotrou donna les plus belles productions de ce théâtre qui ne connaissait pas encore les exigences classiques de régularité. Les lieux peuvent être fort éloignés, comme dans la tragicomédie ***L'Heureuse Constance*** (1633), où l'on passe de Hongrie en Dalmatie, et dont l'action se déroule sur plus d'un mois. ***Les Occasions perdues*** (1633) mettent en scène un chassé-croisé endiablé entre plusieurs couples. D'autres tragicomédies, telles que ***La Céliane*** (1629), ***La Pèlerine amoureuse*** (1632), ***Amélie*** (1633), empruntent des éléments à la tradition comique latine, car Rotrou sacrifiait aussi à la comédie, genre qu'il contribua à restaurer. La palette comique parcourue par Rotrou est d'ailleurs fort étendue : sa première comédie régulière, ***La Diane*** (1633), et deux autres comédies, ***La Célimène*** (1633) et ***Le Filandre*** (1633), imitent les schémas des pastorales, tandis que sa comédie ***Les Ménechmes*** (1631), s'inspirant de Plaute, emploie le type comique du médecin ridicule.

Le protégé de Richelieu

Vers 1632, Rotrou gagna la faveur de Chapelain qui l'introduisit auprès du plus grand protecteur qui fût, Richelieu et, en 1635, l'appui du comte de Belin lui permit d'appartenir au groupe des Cinq Auteurs, aux côtés de Corneille, Boisrobert, Colletet et Claude de L'Estoile, dirigés par le cardinal-ministre. On leur attribue 3 pièces : une comédie, ***La Comédie des Tuileries*** (1635), une tragicomédie, ***L'Aveugle de Smyrne*** (1637), et une pastorale, ***La Grande Pastorale*** (1637). Ses hautes protections furent précieuses au poète dans la lutte qui l'opposa à la troupe royale : Bellerose lui restitua certaines de ses pièces dès 1634, et Rotrou se libéra définitivement de ses engagements en 1636. C'est également en 1634 que Rotrou fit jouer sa première tragédie, ***Hercule mourant***, pièce qui inaugurait la renaissance du genre tragique, précédant la *Médée* de Corneille, *La Mort de César* de Scudéry, et *La Sophonisbe* de Mairet (toutes trois de 1635). Sa deuxième tragédie, ***Crisante*** (1635), fait également revivre le genre tragique, mais elle ne le renouvelle pas : pièce emplie de violences et de cruautés, elle se rapproche de l'esthétique de la tragédie irrégulière, à la mode dans les toutes premières années du siècle. Ainsi les créations tragiques de Rotrou sont-elles d'invention traditionnelle et traitent-elles de sujets antiques bien connus : après avoir mis en scène le destin d'Hercule, il écrivit une

Antigone (1637) et une ***Iphigénie*** (1640). L'outrance thématique de sa tragédie correspond aux libertés dramaturgiques de sa production : Rotrou célébra l'esthétique baroque et irrégulière, avec 3 tragicomédies, ***Cléagénor et Doristée***, ***L'Heureux Naufrage*** et ***L'Innocente Infidélité*** (toutes en 1634). Une comédie en 5 actes qui n'a de comique que le nom, ***La Belle Alphrède*** (1636), ressemble aux 2 tragicomédies, ***Agésilan de Colchos*** et ***Les Deux Pucelles*** (1636) : toutes trois illustrent avec brio l'esthétique tragicomique où le hasard règne en maître absolu. De même la production comique de Rotrou demeura-t-elle marquée par des influences diverses, et les modèles latins compensèrent les tentations pastorales : la pastorale envahit ***La Florimonde*** (1635), et affleure dans ***Clorinde*** (1635), tandis que ***Les Sosies*** (début 1637) et ***Les Captifs, ou les Esclaves*** (1638) imitent la comédie de Plaute. *Les Sosies*, par ailleurs, influencèrent beaucoup l'*Amphitryon* de Molière (1668), où l'on trouve des reprises comme *Le véritable Amphitryon / Est l'Amphitryon où l'on dîne* (III, 5), alors que le second capitaine de Rotrou déclare : *Point, point d'amphitryon où l'on ne dîne point* (IV, 4).

L'admiration du poète — qui n'avait pas, pour contredire l'avis unanime des doctes, l'autorité d'un Guez de Balzac — pour Corneille — à qui il rendit plus tard hommage dans ***Le Véritable Saint Genest*** (I, 5, vv. 277 à 286) — explique sa neutralité dans la Querelle du *Cid* en 1637 ; mais la querelle retentit sur son œuvre : de même que sa production intégra dès lors, au ton léger de la comédie, la gravité de la tragédie, ses choix dramaturgiques esquissèrent un mouvement vers la rigueur classique. Cette évolution est sensible dans la tragicomédie, en 5 actes, de ***Laure persécutée*** (1637), l'une des pièces les plus remarquables de Rotrou, dans laquelle le respect des unités de temps et de lieu atténue les rebondissements de l'action, finement teintés de romanesque et de fantaisie ; ce joyau de la production tragicomique est rehaussé par la richesse du personnage d'Orantée, prince amoureux, souffrant d'une passion qu'il croit trahie, et dont le désespoir s'exprime dans la plainte élégiaque de la scène 2 de l'acte IV :

Qu'on m'a fait un plaisir, et triste, et déplaisant,
Et qu'on m'a mis en peine, en me désabusant !
Qu'on a blessé mon cœur en guérissant ma vue !
Car enfin mon erreur me plaisait inconnue ;
D'aucun trouble d'esprit je n'étais agité,
Et l'abus me servait plus que la vérité.
Moi, que du choix de Laure, enfin, je me repente ?
Que jamais à mes yeux Laure ne se présente ?
Que de Laure mon cœur ne m'ose entretenir ?
Que Laure ne soit plus dedans mon souvenir ?
Que pour Laure mon sein n'enferme qu'une roche ?
Que je ne touche à Laure, et jamais ne l'approche ?
Que pour Laure mes vœux aient été superflus ?
Que je n'entende Laure, et ne lui parle plus ?
Frappe, je la veux voir

(***Laure persécutée***, IV, 2, vv. 1280 à 1294)

Une fin prématurée

Avocat au parlement de Paris, Rotrou acheta, en 1639, la charge de lieutenant particulier au bailliage de Dreux — dont son cousin Claude était maire —, et s'installa dans sa province natale, où il se maria l'année suivante — il fut père de 6 enfants, dont 3 moururent en bas âge. Même si ***La Sœur*** (1645), traite avec audace le thème de l'inceste, l'assagissement esthétique se confirme : les deux dernières comédies, ***La Sœur*** et ***Clarice, ou l'Amour constant*** (1641), témoignent d'une unité d'inspiration à partir de la comédie italienne, tandis que les tragicomédies ***Le Bélissaire*** (1643) et ***Célie*** (1644) prolongent le mouvement vers la concentration ébauché avec ***Laure persécutée***, et complété par les deux dernières tragicomédies, ***Dom Bernard de Cabrère*** (1646) et ***Dom Lope de Cardone*** (1649). Mais ce fut surtout grâce à ses trois dernières tragédies (toutes en 5 actes), ***Le Véritable Saint Genest*** (1645), ***Venceslas*** (1647), et ***Cosroès*** (1648), que Rotrou parvint à passer à la postérité. La réflexion sur la folie et sur les dangers de l'illusion prend une dimension quasi existentielle avec ***Le Véritable Saint Genest***, pièce où le drame religieux se combine au drame de l'illusion, grâce au procédé du théâtre dans le théâtre : dans l'Antiquité, un comédien,

Genest, tient le rôle du chrétien Adrian ; au fur et à mesure qu'avance la pièce, il devient peu à peu le personnage qu'il incarne et finit par partager la foi du personnage qu'il met en scène :

Ce monde périssable et sa gloire frivole
Est une comédie où j'ignorais mon rôle ;
[...]
Ce jeu n'est plus un jeu, mais une vérité
Où par mon action je suis représenté,
Où moi-même l'objet et l'acteur de moi-même,
Purgé de mes forfaits par l'eau du saint baptême,
[...]
Je vous ai divertis, j'ai chanté vos louanges ;
Il est temps maintenant de réjouir les Anges ;
Il est temps de prétendre à des prix immortels,
Il est temps de passer du théâtre aux autels ;
Si je l'ai mérité, qu'on me mène au martyre ;
Mon rôle est achevé, je n'ai plus rien à dire

(***Le Véritable Saint Genest***, IV, 7, vv. 1303-1304, 1325 à 1328, 1367 à 1372)

Brillante démonstration du génie de Rotrou, cette tragédie allie les mystères du sacré aux vertiges de la présentation théâtrale, et se glisse dans le sillage des créations cornéliennes de *Polyeucte* (1643) et de *L'Illusion comique* (1636).
C'est sous le nom de « *tragi-comédie* » que Rotrou fit jouer son ***Venceslas***, pièce qui remporta un énorme succès, tant sur la scène que dans les librairies. Dès la 2e édition, à la fin de la même année, la pièce fut renommée « *tragédie* », nouvelle appellation qui désigne d'ailleurs parfaitement l'esthétique de maîtrise, d'équilibre et de mesure qu'elle développe ; s'inspirant de la thématique espagnole de Francisco de Rojas (« *No hay ser padre siendo rey* » [« *On ne peut être père et roi* »]), Rotrou dessine, en Venceslas, roi de Pologne, une inoubliable figure de roi, dans une structure fort complexe qui ménage l'intensité de l'émotion tragique :

Ô justice inhumaine et devoirs ennemis,
Pour conserver mon sceptre il faut perdre mon fils !
Mais laisse-les agir, importune tendresse,
Et vous, cachez, mes yeux, vos pleurs et ma faiblesse.
Je ne puis rien pour lui, le sang cède à la loi,
Et je ne lui puis être et bon père et bon roi.
Vois, Pologne, en l'horreur que le vice m'imprime,
Si mon élection fut un choix légitime.
Et si je puis donner aux devoirs de mon rang
Plus que mon propre fils et que mon propre sang !

(***Venceslas***, V, 5, vv. 1649 à 1658)

Sa dernière tragédie, ***Cosroès***, reprend, sur un mode bien plus sombre et dans une atmosphère alourdie par la violence, les conflits politiques et familiaux de *Venceslas*.
Une épidémie de peste, qui ravagea Dreux en 1650 et à laquelle il refusa d'échapper (par solidarité avec ses concitoyens), mit fin prématurément à une brillante carrière où Rotrou ne cédait le pas qu'au seul Corneille. Son œuvre, multiforme, riche, possède l'exubérance et l'ambiguïté des plus grandes productions baroques, tout entière fondée sur les thèmes de l'illusion et des incertitudes du théâtre du monde.

Une inclassable diversité

On a vainement tenté de trouver à cette œuvre multiple et dense une rassurante unité de thèmes ou de tons. Au contraire, on y trouve non seulement tous les théâtres (comédie, tragédie, tragicomédie), mais aussi tous les styles (préciosité, réalisme, romanesque). Ainsi que toutes les audaces dramaturgiques d'un passionné de la scène : dès sa première pièce, ***L'Hypocondriaque***, Rotrou explorait les vertiges de la folie ; ***Crisante*** multiplie horreurs et violences (assassinats, viols et suicides) au terme desquelles on ne dénombre pas moins de 6 cadavres ; enfin, l'heureux dénouement des ***Occasions perdues*** se traduit généreusement par 4 mariages ! Faute de mieux, on s'est donc commodément résolu à qualifier de « *baroque* » ce théâtre d'une inclassable diversité et d'une étonnante variété. Non sans raison toutefois, tant la maîtrise et les variations stylistiques de Rotrou traduisent admirablement les doutes qui traversent la période baroque : les formes de l'ironie, de la double entente, et les audaces du burlesque, y côtoient pointes et finesses métaphoriques. Néanmoins, s'il est vrai que ce théâtre de l'exubérance et de l'ambiguïté abonde en déguisements, fausses morts et autres machineries spectaculaires — comme à la fin d'***Hercule mourant*** où le dieu éponyme, à la faveur d'un orage frappant son tombeau, descend du ciel avant d'y remonter —, il se signale surtout par une extraordinaire liberté, notamment vis-à-vis des règles, une hardiesse même d'écriture et d'inspiration, qui, au-delà de la mouvance baroque, assurent à cette œuvre une singulière et séduisante modernité.

Un injuste purgatoire

La seconde moitié du XXe siècle tira Rotrou d'un long oubli : la découverte de la notion esthétique de baroque promut le dramaturge au premier rang des poètes préclassiques et le plaça immédiatement après Corneille, Molière et Racine. Sartre démarqua le titre de Rotrou pour écrire un monumental *Saint Genet, comédien et martyr* (1952), consacré à l'auteur de *Notre-Dame des Fleurs*. Pourtant, excepté ***Le Véritable Saint Genest***, joué à la Comédie-Française en 1988, ses pièces ne sont guère représentées, même si une superbe mise en scène du Théâtre national de Strasbourg a fait redécouvrir ***Agésilan de Colchos*** en 1991.

ŒUVRE

Cosroès

Dernière tragédie, en 5 actes — comportant respectivement 4, 4, 4, 5 et 8 scènes — et en vers (1742 alexandrins), créée et publiée en 1649, librement adaptée de *Chosroès* (1630), tragédie latine d'un jésuite, le P. Cellot.

La pièce raconte l'histoire de la mort de Cosroès, roi de Perse combattu par l'empereur chrétien Héraclius (VIIe siècle) — dont Corneille avait mis en scène, trois ans plus tôt, les conditions de l'accession au trône (*Héraclius*, 1646). Dominé par sa seconde épouse, Syra, ambitieuse forcenée qui l'a convaincu d'abdiquer en faveur de leur fils Mardesane, Cosroès est hanté jusqu'à la folie par le remords d'avoir assassiné son père : *N'apercevez-vous pas dans cet épais nuage, / De mon père expirant la ténébreuse image / M'ordonner de sortir de son trône usurpé / Et me montrer l'endroit par où je l'ai frappé ? / Voyez-vous pas sortir de cet horrible gouffre, / Qui n'exhale que feu, que bitume, et que soufre, / Un spectre décharné, qui, me tendant le bras, / M'invite d'y descendre et d'y suivre ses pas ?* (II, 1, vv. 377 à 384). Acculé à la révolte, le prince héritier Syroès — qui, malgré le titre de la pièce, en est le personnage principal — sait qu'il doit aller jusqu'à faire périr son père, ce qu'il refuse. Il se contente de laisser ses partisans organiser un coup d'État pour contrer les menées de sa marâtre — qui a voulu l'empoisonner — et du fils de celle-ci (acte III). Vainqueur, il condamne à mort Syra et Mardesane, mais remet tout en question en rendant le pouvoir à Cosroès ; celui-ci se tue en découvrant que sa femme et son fils cadet se sont suicidés dans leur prison, et Syroès sombre dans le désespoir (actes IV et V).

Cosroès est le cas à peu près unique d'une tragédie classique française traversée par une problématique « shakespearienne ». Dans ce drame de l'ambition et de la prise de pouvoir, où le héros se voit acculé au parricide pour préserver son droit d'aînesse et sa vie, où la folie guette, l'essentiel de l'action est suspendu aux hésitations de Syroès qui doit agir constamment contre son intime conviction et se laisse entraîner malgré lui dans la spirale de l'horreur : *Je vivais pour régner, il faut régner pour vivre* (III, 4, v. 934). Nous sommes ici à l'opposé de l'univers de Corneille, comme si Rotrou, à la fois fidèle à lui-même et à sa « *dramaturgie de l'ambiguïté* », et admirateur sincère de Corneille, avait voulu entrer en lutte d'émulation avec lui.

Cosroès est l'œuvre la plus puissante et la plus dominée de Rotrou, aussi bien sur le plan du style que de la construction dramatique, qui sont ici dépourvus de la luxuriance « baroque » qu'affectionnait le poète. C'est ainsi qu'une même sobriété anime la violence de la marâtre (*Hier j'étais ta marâtre et je tiens à grand bien / De mourir aujourd'hui, pour ne t'être plus rien* [V, 2, vv. 1465-1466]) et les hésitations de Syroès (*Je ne puis acheter les douceurs d'un Empire, / Aux dépens de l'auteur du jour que je respire* [V, 4, vv. 1595-1596]).

Créée par l'Hôtel de Bourgogne, comme toutes les pièces de Rotrou, ***Cosroès*** a souffert des troubles de la Fronde qui causèrent de nombreuses relâches des théâtres et détournèrent les Parisiens de la tragédie politique : cette pièce — l'avant-dernière de Rotrou —, exceptionnellement sombre, ne connut pas le succès qu'avait rapporté ***Venceslas*** quelques mois plus tôt. Et c'est au prix d'un important adoucissement du texte — style édulcoré, folie de Cosroès supprimée, abandon du personnage de Narsée (maîtresse de Syroès) —, par un certain Bernin de Valentiné, sieur d'Ussé, que le XVIIIe siècle accepta de conserver la mémoire de cette œuvre, oubliée depuis.

CITATIONS

Les injures, Madame,
Sont dans le désespoir les armes d'une femme.
Cosroès, III, 3.

Je vivais pour régner, il faut régner pour vivre.
Cosroès, III, 4.

Tel peut-être nous rit qui nous trahit dans l'âme.
Cosroès, III, 5.

Tout dépend du hasard, et la vie est un jeu.
Don Bernard de Cabrère, III, 7.

Se posséder soi-même est le plus grand des biens.
Aux rois non plus qu'à nous tout n'est pas légitime.
Don Bernard de Cabrère, IV, 1.

Et que l'or est un charme à la vertu fatal !
Laure persécutée, II, 7.

L'injustice est muette, et la justice crie.
La Sœur, V, 3.

Mais les difficultés sont le champ des vertus.
Venceslas, II, 2.

JUGEMENTS

« Rotrou, Corneille, et autres Brosse, cherchaient avant tout à faire prendre conscience par leurs spectateurs de l'Illusion fondamentale de la "comédie humaine", partant du principe — issu de l'humanisme — que l'on atteint la sagesse que par la connaissance de soi et du monde. »

Georges Forestier, *Le Théâtre dans le théâtre sur la scène française du XVIIe siècle*, Droz, 1981.

« Ce qui reste de Rotrou donne l'idée d'un homme qui ne fut pas assez fort pour s'élever au-dessus de son temps, mais qui était digne d'un temps capable de le mieux soutenir. Rotrou manque de l'invention qui produit, ordonne et conduit les incidents d'un grand drame ; mais il n'est pas aisé d'assigner des bornes aux beaux effets qu'il aurait su tirer des mouvements du cœur et de la passion ; son style souvent obscur, impropre ou forcé, reçoit quelquefois, du sentiment qui l'anime, une élégance naturelle qu'un peu plus d'art et d'étude aurait pu lui rendre plus familière. Enfin, en faisant regretter qu'il n'ait pas été tout ce qu'il aurait pu devenir, Rotrou s'élève au-dessus de la foule de ses contemporains, qui n'auraient jamais pu être que ce qu'ils ont été. »

François Guizot, *Corneille et son temps*, 1852.

« Rotrou est à lire, même après Corneille. »

Gustave Lanson, *Histoire de la littérature française*, Hachette, 1894.

« Si le mot ["baroque"]*, aussi complexe et aussi difficile à définir que le sont "classique" et "romantique", continue à être employé, il faut l'appliquer à Rotrou plutôt qu'à nos autres grands dramaturges.* [...] *Au lieu d'être simple, rectiligne, l'intrigue, avec ses péripéties, ses lignes brisées, ses fils entrecroisés, fait penser aux décorations baroques des églises espagnoles ou allemandes. Dans ses pièces, qui sont, en majorité, des tragi-comédies, le principal moteur de l'action est le Hasard.* [...] *Comptez, si vous pouvez, les travestis, les aveux proférés en dormant, les évanouissements, les effets de la magie, les accès de folie, les combats singuliers* [...]. *Rencontres, méprises, coup de théâtre offensent la vraisemblance ; mais ils donnent à l'action un mouvement et une bigarrure qui devait plaire à la noblesse aventureuse et romanesque du temps de Louis XIII. »*

Raymond Lebègue, « Rotrou dramaturge baroque », in *RHLF*, n° 50, 1950.

« M. Corneille disait : M. Rotrou et moi ferions subsister des saltimbanques ; pour marquer que l'on n'aurait pas manqué de venir à leurs pièces, quand bien même elles auraient été mal représentées. »

Gilles Ménage, *Menagiana ou Bons mots, Observations curieuses, Rencontres agréables, Pensées judicieuses de M. Ménage*, 1695.

« Les structures dramatiques de Rotrou font de chacune de ses œuvres le lieu où l'on cherche le mot d'une énigme plus qu'on ne résout un problème. L'effort des héros vise à reconquérir un ordre menacé en déchiffrant les apparences soudainement métamorphosées des êtres et des choses. Au début du drame, les personnages ont l'illusion de la liberté [...]. *Pures apparences que la suite des événements vient aussitôt démentir, brutalement, en imposant au monde où l'on vit d'étranges transformations qui obligent à le repenser et à vainement chercher des explications ou des faux-fuyants à l'état de choses nouveau. »*

Jacques Morel, *Rotrou, dramaturge de l'ambiguïté*, Colin, 1968.

« C'est le plus clair de ses mérites qu'ainsi, quand on parle de lui, le souvenir de Shakespeare revienne naturellement à la pensée. Il est le seul de son siècle qui, par je ne sais quoi de hardi, d'amer et de passionné et aussi par un certain mélange de raffinement et de brutalité, fasse songer quelque fois au grand poète anglais.
On peut trouver dans l'histoire de notre théâtre de bien plus grands génies que lui : on n'en trouverait pas un qui ait été plus poète, au sens moderne du mot. »

Louis PETIT de JULLEVILLE, *Histoire de la langue et de la littérature française*, t. IV, 1897.

« Du danger de "feindre", c'est-à-dire de jouer la comédie ! Aux yeux d'un Rotrou, on n'entre pas impunément dans un rôle. Le théâtre détient un étrange pouvoir : le personnage s'empare de la personne et l'annule pour la créer à son image ; de la "feinte" il risque de faire une "vérité", du masque transitoire l'unique visage. »

Jean ROUSSET, *L'Intérieur et l'Extérieur*, Corti, 1976.

« Une autre qualité poétique dans le style de Rotrou, et qui lui est commune avec Corneille, qu'il a peut-être même à un degré plus évident encore, c'est le vers plein, tout d'une venue, de ces vers qui emportent la pièce. [...] Ces grands vers qui se font dire ore rotunda, *à pleine lèvre, ces vers tout eschyliens qui auraient mérité de résonner sous le masque antique, ne font faute dans Rotrou. »*

Charles Augustin SAINTE-BEUVE, *Port-Royal*, 1840 à 1859.

« Il n'est guère contesté que Rotrou soit, après Corneille, Molière et Racine, le plus grand auteur dramatique français du XVIIe siècle. »

Jacques SCHÉRER, *Théâtre du XVIIe siècle*, « Pléiade », Gallimard, 1975.

« Ce passage du Venceslas *de Rotrou lui revint* [à Julien Sorel, qui est dans sa prison] *tout à coup :*

LADISLAS

...mon âme est toute prête

LE ROI, *père de Ladislas*

L'échafaud l'est aussi, portez-y votre tête.

Belle réponse ! pensa-t-il, et il s'endormit. »

STENDHAL, *Le Rouge et le Noir*, II, XLII, 1830.

« Rotrou, le poète comique ou tragique ou tragicomique comme il vous plaira [...]. *»*

Gédéon TALLEMANT des RÉAUX, *Historiettes*, 1657 à 1659, posthume, 1834.

« Rotrou (Jean), né en 1609, le fondateur du théâtre. [...] *Corneille l'appelait son père. »*

VOLTAIRE, *Le Siècle de Louis XIV*, 1751.

« Véritable hommage aux délices des jeux du théâtre et à la puissance indubitable de l'art dramatique, la dramaturgie rotrouesque — moins franchement apologétique que, peut-être, subrepticement machiavélique — est un plaidoyer pour faire du monde un spectacle éminemment ludique [...]. *»*

Jean-Claude VUILLEMIN, *Introduction* à Jean de ROTROU, *L'Hypocondriaque*, Droz, 1999.

BIBLIOGRAPHIE

Éditions

Œuvres, Slatkine, Genève (CH), 1967, 5 vol.

La Bague de l'oubli, La Belle Alphrède, Laure persécutée, Le Véritable Saint Genest, Venceslas et *Cosroès*, in *Théâtre du XVIIIe siècle*, t. I, éd. J. SCHERER, « Pléiade », Gallimard, 1975.

Le Véritable Saint Genest, éd. J. SANCHEZ, Comédie-Française/Éd. Sand, 1988, rééd. Ferjoo, 1991 ; éd. Fr. BONFILS et E. HÉNIN, « GF », Flammarion, 1999.

Cosroès, éd. D.A. WATTS, University of Exeter (GB), 1983.

Études

M. BESNARD-COURSODON, « De Ciré à Pandore : lecture politique du *Véritable Saint Genest* de Rotrou », in *Poétique*, n° 35, sept. 1978.

H. CHARDON, *La Vie de Rotrou mieux connue : documents inédits sur la société polie de son temps et la querelle du « Cid »*, Slatkine, Genève (CH), 1970.

L. CURNIER, *Étude sur Jean Rotrou*, Slatkine, Genève (CH), 1971.

G. FORESTIER, *Le Théâtre dans le théâtre sur la scène française du XVIIe siècle*, Droz, Genève (CH), 1981 ; « *Le Véritable Saint Genest* de Rotrou : enquête sur l'élaboration d'une tragédie chrétienne », in *XVIIe Siècle*, n° 179, avr.-juin 1993, pp. 305 à 322.

J. JARRY, *Essai sur les œuvres dramatiques de Jean Rotrou*, Slatkine, Genève (CH), 1970.

R. LEBÈGUE, « Rotrou dramaturge baroque », in *RHLF*, n° 50, 1950, pp. 379 à 384.

J. MOREL, *Jean Rotrou, dramaturge de l'ambiguïté*, Colin, 1968.

J. MORELLO, *Jean Rotrou*, Twayne, Boston (US), 1980.

Fr. ORLANDO, *Rotrou dalla tragicommedia alla tragedia*, Bottega d'Erasmo, Turin (IT), 1963.

C. SCHERER, *Comédie et Société sous Louis XIII : Corneille, Rotrou et les autres*, Nizet, 1984.

J. VAN BAELEN, *Rotrou : le Héros tragique et la Révolte*, Nizet, 1965.

J.-Cl. VUILLEMIN, « Rôle de Dieu, rôle du Prince : *Le Véritable Saint Genest* de Rotrou », in *Littérature*, n° 68, déc. 1987 ; *Baroquisme et théâtralité : le théâtre de Jean Rotrou*, « Biblio 17 », PFSCL, 81, 1994.

ROUSSEAU

Jean-Jacques ROUSSEAU

Genève (Suisse) 1712 – Ermenonville (act. Oise) 1778

> *« Pauvre Rousseau qu'on a tant calomnié parce que ton cœur était plus élevé que celui des autres, il est de tes pages où je me suis senti fondre en délices et en amoureuses rêveries ! »*
>
> Gustave FLAUBERT, *Correspondance*, 30 novembre 1838.

> *« Ce valet de Diogène, qui s'est mis dans le tonneau de son maître pour aboyer contre notre nation, n'est digne d'aucun ménagement. On lui fait même trop d'honneur de le tourner en ridicule. C'est un polisson orgueilleux* [...]. *»*
>
> VOLTAIRE, *Correspondance*, 1er avril 1761.

Les épreuves d'un écorché vif

Une jeunesse errante

Capitales, les origines de Rousseau sont l'objet d'une interrogation incessante : l'homme de l'amour de la transparence est aussi celui de l'opacité à soi-même. Le livre I des ***Confessions*** — qui couvre les seize premières années — évoque la naissance à Genève, en 1712, de parents citoyens de la ville : la famille, d'origine française et protestante, s'était réfugiée en Suisse dès 1549. La mère mourut à la naissance de ce 2e fils, qui connut de premiers et très précoces émois romanesques, en compagnie d'un père qui regrettait de ne pouvoir remplacer son épouse perdue : des lectures de romans, puis d'ouvrages plus « sérieux » (Bossuet, Ovide, La Bruyère, Fontenelle), marquèrent *« le temps d'où* [Rousseau] *date sans interruption la conscience de* [soi]*-même »*. L'ouvrage raconte ensuite le goût de l'héroïsme contracté dans Plutarque, la fuite du père à la suite d'une altercation — Rousseau avait alors 10 ans —, l'éducation à la campagne chez le *« ministre »* protestant Lambercier, la découverte de l'amitié, mais aussi de la jouissance de la fessée — le *« goût bizarre, toujours persistant et porté jusqu'à la dépravation, jusqu'à la folie »* —, et de l'injustice.

Après trois années (entre 1722 et 1724) heureuses dans la nature, puis un retour à Genève pour un apprentissage indolent et sans plaisir, tour à tour chez un greffier et chez un graveur, Rousseau, le soir du 14 mars 1728, trouva les portes de la ville fermées et, par crainte du châtiment, décida de quitter cette patrie qui lui avait légué une position intermédiaire entre les aspirations politiques et humaines des *« gens du bas »* et celles des *« citoyens »*, patriciens détenant le pouvoir. Suivit une existence picaresque, où, envoyé par un prêtre à Mme de Warens, jeune femme récemment convertie au catholicisme, il vit, au lieu de *« la vieille dévote bien rechignée »* qu'il se figurait, *« un visage pétri de grâces, de beaux yeux bleus pleins de douceur, un teint éblouissant, le contour d'une gorge enchanteresse »*... Il accepta donc d'être envoyé à Turin se faire convertir au catholicisme, devint laquais, revint à pied chez Mme de Warens, fréquenta sans succès le séminaire, apprit la musique — à laquelle il consacra une part décisive de son activité de créateur —, voyagea encore avec un musicien, son ami Venture, ou un archimandrite supposé, parfois sous une fausse identité, à Lyon, à Lausanne, jusqu'à Paris même, en 1731, où il se fit précepteur.

Point provisoirement final à cette errance : le retour à Chambéry en 1731 auprès de la *« belle convertisseuse »* qui en fit son amant en 1734, alors qu'elle était déjà la maîtresse de son *« valet de chambre »* — avec qui Rousseau s'entendit d'ailleurs fort bien. Ce fut alors le temps enchanté des Charmettes (près de Chambéry), les lectures, l'accord avec *« Maman »* — comme il appelait la jeune femme, de six ans plus âgée que lui — malgré la maladie, qui justifia un voyage à Montpellier pour raisons de santé, occasion d'une autre idylle, passagère. Temps unique de culture et de possession de soi, où le futur écrivain était dispensé du délicieux et périlleux travail de l'écriture. Au retour, en 1738, Rousseau trouva sa place prise, et c'est seul, en 1739, qu'aux Charmettes encore, il entreprit de se donner, en autodidacte, la culture qui lui manquait. À Lyon, il devint précepteur chez le grand-prévôt Jean Bonnot de Mably, frère de l'économiste et abbé de Mably et du philosophe Condillac, entre 1740 et 1741, et, après un dernier passage à Chambéry, vint tenter sa fortune à Paris, mettant fin, en somme, à une vie jusqu'alors purement « privée ».

L'avènement d'un écrivain philosophe

Après avoir été secrétaire de l'ambassadeur de France à Venise — expérience brève, entre 1743 et 1744, mais ouverture sur la politique —, le jeune Rousseau, qui avait fait la connaissance de Diderot, fut, en 1746, secrétaire de Mme Dupin, petite-fille de Dancourt et femme d'un conseiller du roi, puis de son beau-fils M. de Francueil (le grand-père de George Sand). De cette période date la représentation de son opéra ***Les Muses galantes*** (1745), écrit avec Rameau. C'est également à partir de 1745 que Rousseau vécut avec une lingère, Thérèse Levasseur, qu'il n'épousa qu'en 1768.

En 1750, il devint un écrivain connu du public en répondant à une question traditionnelle mise en concours par l'académie de Dijon : « *Si le rétablissement des sciences et des arts a contribué à corrompre ou à épurer les mœurs* ». Le ***Discours qui a remporté le prix [...]*** (1750), connu sous le nom de ***Discours sur les sciences et les arts*** — et couramment appelé « *premier Discours* » —, répondait négativement, et se vit couronné, mais a peut-être été mal compris : il n'y a pas de lien nécessaire entre progrès moral et progrès de civilisation, et s'il est irréversible et même réparateur, l'état de culture est essentiellement insuffisant. Ce propos pouvait satisfaire les ennemis du « *luxe* », et d'une société en mouvement, mais il pouvait aussi indigner le parti adverse... En 1751, le *Discours préliminaire* de l'*Encyclopédie* par d'Alembert évoqua l'originalité de cette position sans la rejeter absolument, au nom du « *progrès* ».

Mais, à l'occasion d'une « *illumination* » — sur la route de Vincennes où il allait voir Diderot emprisonné — qui lui fit prendre conscience, tout à la fois, d'un état perdu de l'humanité dont nous ne pouvons être tout à fait séparés, et d'une éloquence dont il ne soupçonnait pas encore que les vrais destinataires n'étaient pas seulement les gens de culture, naquit un bizarre « *philosophe* », doté d'une stature publique, pris dans des malentendus inépuisables dont il n'était pas tout à fait innocent, comme il le reconnut lui-même : « [...] *dès cet instant, je fus perdu. Tout le reste de ma vie et de mes malheurs fut l'effet inévitable de cet instant d'égarement* » (***Les Confessions***, II, VIII). Dans un monde corrompu, il se retrouva condamné à une tâche d'écrivain qu'il abhorrait et adorait à la fois.

C'est dans leur ensemble qu'il faut considérer quatre moments créateurs. D'abord, l'importante collaboration à l'*Encyclopédie*, engagée dans son double aspect : les articles de musique, nombreux et savants — pour lesquels Rousseau était sous contrat depuis 1749 —, et l'article ***Économie politique*** — composé en 1754, publié en 1755, il devint en 1758 un ***Discours sur l'économie politique*** —, qui affirmait une théorie de la citoyenneté sous le règne des lois et donnait une théorie du gouvernement — et non de l'institution du gouvernement —, en dehors du problème du contrat. Ensuite l'***Essai sur l'origine des langues*** — peut-être écrit en 1754, il ne fut publié qu'en 1781 dans les ***Traités sur la musique*** : contre la fiction sensualiste et l'idéologie d'un langage outil de communication, il liait à l'expression de l'individualité ou de l'identité une parole capable aussi bien d'exprimer le concert des cœurs (politique, au besoin), que de diviser radicalement. En outre, le ***Discours sur l'origine et les fondements de l'inégalité parmi les hommes*** (nouveau sujet proposé, dans le *Mercure*, par l'académie de Dijon en 1755), connu sous le nom de ***Discours sur l'inégalité*** — et couramment appelé « *second Discours* » —, jetait les bases de la philosophie rousseauiste, dans toute sa force, très au-delà d'un « système ». Il s'agit d'une « *historiosophie* » (Bronislaw Baczko) de l'humanité, à partir de la rupture irrémédiable avec l'isolement et l'autosuffisance supposés d'un homme de la nature, stable dans un bonheur d'indifférence — celui du besoin à satisfaire et non du désir et du paraître —, mais portant en germe les éléments de son destin autre (et de l'ambivalence de ce destin) : amour de soi, pitié naturelle, et perfectibilité. L'avènement et la transformation, à la fois accidentels et logiques, de la sociabilité, dans la ligne de la perfectibilité appliquée à la division du travail, et la naissance de la société civile (politique) issue de la transformation en loi de la propriété d'usurpation, ont irrémédiablement conduit l'homme à une société divisée et conflictuelle, où l'empreinte égalitaire originelle ne vit plus que comme blessure inguérissable. Ce fut là le « saut » décisif du philosophe, celui devant lequel il éprouva toujours une sorte d'effroi. Cette même année 1755, Rousseau, représenté à quatre pattes, fut la principale victime du *Cercle* de Palissot de Montenoy. En réponse à l'envoi de son ouvrage, Voltaire écrivit à l'auteur du ***Discours***, le 30 août 1755 : « *Il prend envie de marcher à quatre pattes quand on lit votre ouvrage. Cependant, comme il y a plus de soixante ans que j'en ai perdu l'habitude, je sens malheureusement qu'il m'est impossible de la reprendre, et je laisse cette allure naturelle à ceux qui en sont plus dignes que vous et moi...* » Enfin — ce qui peut aujourd'hui sembler mineur —, il y eut l'effort vain pour évoquer, dans le registre de l'idylle, un « ailleurs » : ***Le Devin du village***, intermède musical représenté devant le roi en 1752, et la ***Lettre sur la musique françoise*** (1753), assez éloignée de la querelle des bouffons et des polémiques de Grimm, et qui offrait le spectacle d'une naïveté enchanteresse pour des gens assez corrompus. La jouissance d'être aimé pour ses capacités d'effusion par les dames des loges et la terreur d'être publiquement amené à concilier ce pouvoir et un rôle dans le monde contribuèrent à rejeter un peu plus Rousseau vers son ailleurs propre, jusqu'au difficile désir de liquider ses ambiguïtés.

Le salut dans la rupture

Un voyage à Genève, en 1754, fut l'occasion de reprendre son titre de citoyen et d'abjurer le catholicisme. Rousseau était, en même temps, l'un de ces travailleurs intellectuels qui n'ont pas d'« *état* », intégré à un mouvement philosophique dont il n'aimait pas le mode de vie, mais dont il était une « figure ». Par ailleurs, dans sa vie privée, survinrent certains événements propres à le « *faire mieux réfléchir* » à ses devoirs « *tandis* [qu'il] *philosophai*[t] *sur les devoirs de l'homme* » : sa compagne eut 5 enfants, qu'il mit aux « *Enfants trouvés* » à la naissance du 3e. L'événement, que Voltaire révéla en 1764 *(Sentiment des citoyens de Genève)*, fut évoqué dans ***Les Confessions*** (II, VIII) comme une victoire de la raison sur le cœur : « *Si je me trompai dans mes résultats, rien n'est plus étonnant que la sécurité d'âme avec laquelle je m'y livrai* [...]. *J'ai pu me tromper, mais non m'endurcir.* » Pour le philosophe, l'idée de famille était exclue, et l'homme qui célébra une condition conjugale idéalisée incarna, à sa manière, une des figures du célibat de l'écrivain : à la présence des femmes, êtres de trouble et d'excès, il préféra, pour lui, la présence ancillaire de Thérèse. Chez Rousseau, qui ne pouvait s'imaginer de descendance liée à sa personne, la stature paternelle fut à la fois immense et complètement défaillante.

Ce fut alors que s'opéra la « *réforme personnelle* », commencée en 1751, par l'abandon de « [sa] *parure* » : « *Je quittai la dorure et les bas blancs, je pris une perruque blonde, je posai l'épée, je vendis ma montre en me disant avec une joie incroyable : Grâce au ciel, je n'aurai plus besoin de savoir l'heure qu'il est* » (***Les Confessions***, II, VIII). Rousseau imagina de copier de la musique pour vivre. Fréquentant, malgré sa « *répugnance naturelle* » — « *Un jour qu'il m'en demanda la raison, je lui dis : Vous êtes trop riche* » — le baron d'Holbach, l'auteur du ***Devin du village*** refusa d'être présenté, pensionné et asservi par la Cour. Pourtant, en 1752, sa comédie ***Narcisse ou l'Amant de lui-même*** fut jouée à la Comédie-Française, et l'écrivain crut comprendre que ces succès lui valurent la jalousie de ses amis philosophes, « *parce qu'aucun d'eux n'était en état de courir la même carrière, ni d'aspirer aux mêmes honneurs* » (***Les Confessions***, II, VIII). En 1756, le philosophe se retira à l'Ermitage, près d'Épinay, et sur les terres de Mme d'Épinay, puis à Montmorency, sur celles du maréchal de Luxembourg. En 1758, il rompit douloureusement avec Diderot, lié à la « *coterie holbachique* » (***Les Confessions***, II, IX) et qui avait osé écrire, dans *Le Fils naturel* (publié en 1757), qu'« *il n'y a que le méchant qui soit seul* ». Séparation, et non divorce total d'avec les « *philosophes* », étirée sur des années : en 1758, paraissait encore ***La Reine fantasque, conte cacouac***. Rousseau relança alors une immense recherche, dans le temps extraordinairement bref du séjour à l'Ermitage — où l'amour porté à Mme d'Houdetot fut le modèle réel, ou le prétexte, à l'histoire de ***Julie*** — et à Montmorency, de 1756 à 1762.

Le tournant des années 1760

Dans les Lumières et hors des Lumières, à partir de deux sommes qui ne furent pas menées à terme et qu'il engrangeait depuis longtemps, ses ***Institutions politiques*** — dont il avait extrait l'article ***Économie*** de l'*Encyclopédie* — et la ***Morale sensitive, ou le Matérialisme du sage***, Rousseau put dire sa vérité chimérique, *stricto sensu*, à travers la ***Lettre à d'Alembert sur les spectacles*** — intitulée ***Jean-Jacques Rousseau, citoyen de Genève, à M. d'Alembert, sur son article Genève [...] et particulièrement sur le projet d'établir un théâtre de comédie en cette ville*** (1758) —, ***Julie ou la Nouvelle Héloïse. Lettres de deux amans, habitans d'une petite ville au pied des Alpes*** (1761), ***Du contrat social, ou Principes du droit politique*** (1762) et ***Émile ou De l'éducation*** (1762), 4 œuvres majeures où s'exprimaient simultanément en lui le censeur, le mentor, le gouverneur, le législateur, tout autant que l'amant, l'homme de foi, le nostalgique de la fête fraternelle, le libérateur.

La ***Lettre à d'Alembert*** est tout entière parcourue par une interrogation sur le « *vrai* » lien social, sensible seulement dans le règne des mœurs et dans la cérémonie de la fête collective. Ce que le ***Contrat social*** « réalise », à partir du pacte du peuple avec lui-même, c'est aussi l'« *institution* » (fondation et organisation) compatible avec cela. Cet ouvrage rigoureux est tout sauf un corps de doctrine, animé qu'il est par les tensions fondamentales de la pensée du politique : volonté générale et volonté de tous, souveraineté impossible à déléguer et exercice de la démocratie, liberté politique et aliénation totale de la liberté naturelle, nécessité finale d'une religion civile. Si on le retrouve résumé à la fin de l'***Émile***, ce n'est pas comme bréviaire politique à l'usage d'un « *sauvage fait pour habiter les villes* », mais plutôt comme contre-exemple du règne inéluctable de la force.

La Nouvelle Héloïse, très lointainement issue d'une tardive passion un peu étrange pour Sophie d'Houdetot, est davantage pour les rousseauistes à la fois le centre mystérieux et le point excentré de la pensée de Jean-Jacques. Sa trajectoire unit énigmatiquement l'amour à la foi dans le parcours de Julie, femme à la religion sensible, fraternelle, habitée d'un désir d'infini — un peu différente de celle du vicaire savoyard de l'***Émile***. Et l'échec de son époux matérialiste pour la guérir vraiment de l'amour de Saint-Preux est celui d'une morale sensitive pragmatique et de la fixation dans la sérénité de Clarens, qui n'existe pas sans Julie. À elle d'ailleurs est réservée un « *Élysée* » — un au-delà — où s'épanouit sa mystérieuse richesse intérieure. On sait l'écho extraordinaire de ce langage de foi et de passion, qui se situe entre celui de Pétrarque et celui de la « *religieuse portugaise* ». Ce magnifique roman d'un adversaire — de principe — des romans interpelle les philosophes. Si la littérature est peut-être ici l'« *autre de la théorie* » (Althusser), ce n'est pas dans un rapport d'inversion ou d'opposition, mais dans le désir de donner au sujet sensible une voix de portée aussi universelle.

Livre-somme, l'***Émile*** n'est pas un manuel d'éducation, mais il conduit un projet capital : élever un être en dehors de la « *dépendance des hommes* », celle du paraître ou de la séduction comme celle de l'assujettissement, et dans la seule « *dépendance des choses* ». L'impossible accomplissement de ce programme salutaire conduit, au bout de l'expérience la plus complète et la mieux organisée, à l'autosuffisance d'un bonheur « *privé* », partagée avec une Sophie taillée sur mesure pour son unique mission de garante d'une félicité domestique.

Au livre IV de l'***Émile***, la capitale ***Profession de foi du vicaire savoyard*** (1762) exprime dans un autre registre la nécessité de l'impérissable espérance, et l'étrange foi d'un « *chrétien* », qui, seul face à Dieu, refuse la révélation, l'incarnation et la rédemption, et récuse églises et religions pour écouter le *dictamen* de (ce que lui dicte) sa conscience.

Ici se situe l'événement majeur, que Rousseau sut encore retourner en relance décisive de sa vocation. L'auteur adulé de ***La Nouvelle Héloïse*** était aussi l'hérétique de la ***Profession de foi*** et le critique radical de la société instituée : dans l'année 1762, l'***Émile*** et le ***Contrat social*** furent condamnés et brûlés à Paris et à Genève, et Rousseau, « *décrété de prise de corps* » — c'est-à-dire susceptible d'être arrêté et incarcéré où qu'il se trouvât. D'où la fuite, et un extraordinaire renouveau.

Une fracture refondatrice

Des ***Quatre lettres à M. le président de Malesherbes contenant le vrai tableau de mon caractère et les vrais motifs de ma conduite*** — écrites en janvier 1762 et publiées d'abord par Roucher dans *Les Mois* en 1779 —, où il confiait au « *directeur de la librairie* » le bonheur d'être soi et de remonter sans cesse à sa propre source dans la jouissance de soi-même, jusqu'à la ***Lettre à Christophe de Beaumont*** — intitulée ***Jean-Jacques Rousseau, citoyen de Genève à Mgr de Beaumont archevêque de Paris [...]*** (nov. 1762, publiée en 1763) —, où il interpellait passionnément l'archevêque grand seigneur qui l'avait condamné sur sa foi et son espérance, et jusqu'au manuscrit de Neuchâtel (1764), première ébauche des ***Confessions***, où il faisait la théorie de son entreprise autobiographique comme invention littéraire et acte moral, on a affaire à une voie clairement perceptible et à une démarche qui prend sens, en deçà même de la rupture sociale et politique, à partir de la valorisation vraie de sa solitude. Le philosophe n'était pas seul contre tous, au sens banal ; protégé par quelques-uns de ces grands qu'il ne veut pas servir (les Conti ou les Luxembourg), et révéré dans toute l'Europe — malgré les démêlés qu'il eut en Angleterre avec Hume (1766) —, Rousseau s'estimait le seul capable d'imposer le sens et surtout la valeur de sa différence. « *Sortir de la philosophie* » (Jean Starobinski) : non plus seulement raisonner et émouvoir, mais faire quelque chose de plus.

Dans la période d'errance qui précéda son retour à Paris — où il redevint copiste de musique (1770) —, Rousseau publia un ***Dictionnaire de musique*** (1767) et, surtout, se consacra à la rédaction des ***Confessions***. Cette autobiographie se singularisait d'emblée par la virulence de ses affirmations péremptoires où l'apologie personnelle prenait le pas sur la confidence, et cela dès l'*incipit* d'un préambule resté fameux, mobilisant l'« *Être éternel* » et défiant le reste de l'humanité :

> « *Je forme une entreprise qui n'eut jamais d'exemple et dont l'exécution n'aura point d'imitateur. Je veux montrer à mes semblables un homme dans toute la vérité de la nature ; et cet homme ce sera moi.*

Moi seul. Je sens mon cœur et je connais les hommes. Je ne suis fait comme aucun de ceux que j'ai vus ; j'ose croire n'être fait comme aucun de ceux qui existent. Si je ne vaux pas mieux, au moins je suis autre. Si la nature a bien ou mal fait de briser le moule dans lequel elle m'a jeté, c'est ce dont on ne peut juger qu'après m'avoir lu.

Que la trompette du jugement dernier sonne quand elle voudra ; je viendrai, ce livre à la main, me présenter devant le souverain juge. Je dirai hautement : voilà ce que j'ai fait, ce que j'ai pensé, ce que je fus. J'ai dit le bien et le mal avec la même franchise. Je n'ai rien tu de mauvais, rien ajouté de bon, et s'il m'est arrivé d'employer quelque ornement indifférent, ce n'a jamais été que pour remplir un vide occasionné par mon défaut de mémoire ; j'ai pu supposer vrai ce que je savais avoir pu l'être, jamais ce que je savais être faux. Je me suis montré tel que je fus, méprisable et vil quand je l'ai été, bon, généreux, sublime, quand je l'ai été : j'ai dévoilé mon intérieur tel que tu l'as vu toi-même. Être éternel, rassemble autour de moi l'innombrable foule de mes semblables ; qu'ils écoutent mes confessions, qu'ils gémissent de mes indignités, qu'ils rougissent de mes misères. Que chacun d'eux découvre à son tour son cœur aux pieds de ton trône avec la même sincérité ; et puis qu'un seul te dise, s'il l'ose : Je fus meilleur que cet homme-là. »

(***Les Confessions***, I, I)

Cette autobiographie était l'aboutissement d'une exigence d'authenticité, partagée entre recherche de soi jamais accomplie et autolégitimation compromise et soumise au bavardage des chevaliers de la vertu par les risques de l'aveu (masochisme, paranoïa, exhibitionnisme, petits larcins, abandon des enfants), entre réinvention d'une temporalité personnelle (les « *journées* », les moments) et obligation de rythmer un destin en longues périodes.

Tout en réglant ses comptes avec Genève dans les ***Lettres écrites de la montagne*** (1764) — qui réclamaient finalement un nouveau droit de la conscience errante —, ou dans de petits opuscules de politique pragmatique pour les Corses (1764) — publiés en 1783 sous le titre ***Lettre sur la législation de la Corse [...]*** — ou les Polonais (1772) — publiés en 1782 sous le titre de ***Considérations sur le gouvernement de la Pologne et sur sa réformation rejetée*** —, et dans le ***Jugement sur la Paix perpétuelle de l'abbé de Saint-Pierre [...]*** (1783) — Rousseau avait publié un ***Extrait du projet de paix perpétuelle*** en 1761, et un ***Projet de constitution pour la Corse*** fut publié en 1861 —, il rechercha un nouvel équilibre spirituel par la botanique : des ***Lettres élémentaires sur la botanique*** parurent d'abord en anglais en 1785, puis en français en 1800.

Le désenchantement final

Rousseau avait fait représenter à Lyon, en 1770, une « *scène lyrique* », ***Pygmalion***, avant de revenir à Paris. Les lectures, en cercle privé, des ***Confessions*** — dont le récit s'arrêtait alors à l'année 1765 — furent interdites par la police (1771). Les ***Dialogues (Rousseau juge de Jean-Jacques)***, composés à partir de 1772 — et dont le titre original était ***Rousseau juge de Jean Jaques*** [sic], ***Dialogues*** —, continuèrent le récit de la séparation définitive d'avec un monde auquel « *on* » le dérobait, et dans le sentiment de la privation d'un « *monde enchanté* » où pourrait se propager sa parole vraie, entendue d'un petit troupeau dispersé. Depuis plusieurs années, l'auteur se jugeait victime d'une persécution. En 1776, désespérant de publier, il résolut de confier le manuscrit des ***Dialogues*** au grand autel de Notre-Dame de Paris ; mais, l'accès lui en étant interdit par une grille, il le porta à Condillac. Après une maladie et un accident, il se lança ensuite dans la rédaction des ***Rêveries du promeneur solitaire***, focalisations très intenses sur des thèmes privilégiés remis en perspective ou des accidents symboliques, et ouvertures sur la méditation — qui impliquent aussi bien des raisonnements très denses qu'un usage de la « *pensée indéterminée* » (titre d'un ouvrage de Georges Poulet, 1985). Mais le philosophe n'était pas seul : il était entouré, par exemple, de l'amitié de Bernardin de Saint-Pierre — un *Essai sur Rousseau* parut, après sa mort, dans les *Œuvres* de 1818 — ou de Jean-Antoine Roucher. Recueilli en mai 1778 à Ermenonville chez le marquis de Girardin, son disciple, Rousseau mourut d'une crise d'apoplexie en juillet de la même année — un mois après Voltaire —, laissant inachevée la 10e des ***Rêveries***, commencée au printemps : « *Aujourd'hui, jour de Pâques fleuries, il y a précisément cinquante ans de ma première connaissance avec madame de Warens...* ». ***Rousseau juge de Jean-Jacques, Dialogues*** parut en 1780, et ***Les***

Confessions de Jean-Jacques Rousseau, suivies des Rêveries du promeneur solitaire, en 1782 — la ***Seconde Partie des Confessions [...]***, en 1789.

Comment évoquer sans l'enfermer dans l'analyse d'un milieu, d'une formation ou d'une carrière, l'aventure personnelle, littéraire, philosophique de Jean-Jacques ? Sans doute faut-il partir de l'usage — que firent ses contemporains — de ce prénom : très tôt, Voltaire interpella ainsi celui qu'il traitait volontiers de « *valet suisse* » — car il fut laquais et ne le cacha pas. Cette interpellation familière fut maintes fois reprise, avec une tout autre valeur, comme signe d'un lien personnel et spirituel avec quelqu'un qui s'était placé assez vite, bien avant le préambule des ***Confessions***, dans la lignée d'hommes non d'écriture, mais de parole, jusqu'au Christ même... Figure majeure, avec Voltaire et Diderot, des écrivains « philosophes » du siècle des Lumières, assoiffé d'espérance, intellectuel « en rupture » à l'époque où naissait l'intellectuel directeur des consciences, Rousseau fut un maître écrivain, tenu en suspicion par son siècle pour son génie séducteur, et vénéré par notre temps comme l'un des pères de la littérature moderne.

La parole nue d'un musicien virtuose

Rousseau a souvent parlé de son écriture. Dans ***La Nouvelle Héloïse***, il prend l'habit de l'éditeur : « *On me dira que c'est le devoir d'un éditeur de corriger les fautes de langue.* [...] *qu'aura-t-on gagné à faire parler un Suisse comme un académicien ?* » (I, 19). L'écart figuré passe entre le langage et une parole nue, parole qu'il ne cherche pas dans le refus mais au cœur d'une langue nourrie d'Amyot, de Molière, de La Bruyère, de Fontenelle.

Son vocabulaire est globalement proche du lexique de l'époque : emploi particulièrement fréquent de « *cœur* », « *amour* », « *plaisir* », « *âme* » et « *sentiment* », accueil sans excès de vocables archaïques mais aussi de néologismes témoins du mouvement de la langue, qu'il s'agisse de nouveaux dérivés comme le participe présent devenu nom ou adjectif — 10 lignes de la ***5e Promenade*** des ***Rêveries*** donnent : « *images riantes* », « *souvenirs attristants* », « *société liante, intéressante* », « *objets déplaisants* » —, de mots nouveaux — au début de la même promenade, l'adjectif « *romantique* », emprunté à l'anglais *romantic* ; ailleurs, introduction de mots suisses, tel « *chalet* » —, des nouveaux sens de mots anciens, comme « *métallurgie* » (dans le second ***Discours***, II). Ces attitudes procèdent d'un vrai souci de précision du vocabulaire et elles expliquent l'influence de Rousseau sur l'usage, par exemple pour y accréditer le sens moderne de « *bonheur* ».

L'organisation syntaxique et rhétorique de la phrase explore tous les rapports à l'Autre, pour les mettre en scène dans la correspondance de ***La Nouvelle Héloïse*** ou les ***Dialogues***, pour affirmer avec véhémence la position de l'ego et solliciter le lecteur (dans ***Les Confessions***) ou effacer le « *tu* » (dans ***Les Rêveries***). La phrase de Rousseau mobilise en particulier l'expression du moi : « *Me voici donc seul sur la terre, n'ayant plus de frère, de prochain, d'ami, de société que moi-même* » (***Les Rêveries***, *incipit*). On y trouve aussi l'expression de l'opposition faisant maxime : « *Chacun se donnant à tous ne se donne à personne* » (***Du contrat social***, I, 6) ; « *Puissances du Ciel ! j'avais une âme pour la douleur, donnez m'en une pour la félicité* » (***La Nouvelle Héloïse***, I, 5). Les superlatifs, comme toutes les expressions du haut degré, y abondent : « *La plus utile et la moins avancée de toutes les connaissances humaines me paraît être celle de l'homme* » (***Préface*** au second ***Discours***) ; « *Non, garde tes baisers, je ne les saurais supporter... ils sont trop acres, trop pénétrans, ils percent, ils brûlent jusqu'à la moelle... ils me rendraient furieux* » (***La Nouvelle Héloïse***, I, 14).

Le vide douloureux entre le passé et le présent s'exprime dans l'abondance des noms ou adverbes temporels, dans les temps des verbes où, par exemple, le passé composé a toute sa valeur — résultative — de passé acquis lié au moment présent : « *Rien de tout ce qui m'est arrivé durant cette époque chérie, rien de ce que j'ai fait, dit et pensé tout le temps qu'elle a duré n'est échappé de ma mémoire.* [...] *je me rappelle celui-là tout entier comme s'il durait encore* » (***Les Confessions***, I, VI). Le bonheur suprême est défini comme celui d'une conjugaison écrire/sentir/être qui soumet le temps à sa justesse, à sa simplicité et à sa musique : « *Après le souper quand la soirée était belle, nous allions encor tous ensemble faire quelque tour de promenade sur la terrasse pour y respirer l'air du lac et la fraîcheur* » (***Les Rêveries, 5e Promenade***). La phrase de Rousseau est en effet celle d'un musicien virtuose, attentif aux rythmes et au nombre, c'est-à-dire à l'agencement des volumes sonores. Ainsi, dans ce début de phrase, la reprise de l'arpège des 5 syllabes de la 2de proposition *(« et j'étais heureux »)* joue avec le lent *decrescendo* des premières (respectivement 9, 5, 5, 4 syllabes) et inverse finalement le rapport (de 9/5 à 4/5) : « *Je me levais avec le soleil et j'étais heureux ; je me promenais et j'étais heureux, je voyais maman et j'étais heureux, je la quittais et j'étais heureux* » (***Les Confessions***, I, VI).

C'est pourquoi Rousseau use souvent des attaques qui préludent à un développement : « *L'homme est né libre, et partout il est dans les fers* » (***Du contrat social***, I, 1) ; « *Ici commence le court bonheur de ma vie* » (***Les Confessions***, I, VI). C'est aussi pourquoi il multiplie les constructions retardant l'entrée en scène du sujet et l'annonçant cependant : « *Seul, oisif, et toujours voisin du danger, l'homme Sauvage doit aimer à dormir, et avoir le sommeil léger* » (second ***Discours***, I). Il le fait, le plus souvent, dans « *une sorte de litanie* » (Jean Starobinski), qui explique — c'est-à-dire déplie — sa douloureuse situation : « *Étranger, sans parents, sans appui, seul, abandonné de tous, trahi du plus grand nombre, J.J. est dans la pire position où l'on puisse être pour être jugé équitablement* » (***Dialogues***, I).

Orchestration de « *la belle rhétorique* » (Blanchot) assurément : dans tous les cas, il s'agit de faire entendre cette parole nue que couvre le langage. Et c'est l'impossibilité d'un langage privé qui fait de cette parole un style.

Une postérité exceptionnelle

La vie posthume de Jean-Jacques commence avec la reconnaissance de Mercier, *Rousseau considéré comme l'un des premiers auteurs de la Révolution* (1791). Les cendres de celui que Diderot avait pu considérer comme un « *forcené* » (lettre à Grimm, oct. ou nov. 1757), et Voltaire, comme un « *original qui avait voulu à toute force qu'on parlât de lui* » (note à l'*Épître au roi de la Chine*, 1771) furent transférées au Panthéon en 1794 — ce qui suffit à lui valoir, plus tard, la haine des adversaires de la Révolution. Les *Lettres sur le caractère et les ouvrages de Jean-Jacques Rousseau* de Mme de Staël (1788) comptèrent moins que la lecture sensible et profonde de Kant, comme *Le Tombeau de Jean-Jacques Rousseau* de Sylvain Maréchal (1779) était moins admirable que l'ode *À Rousseau* (composée en 1799) où Hölderlin le voyait « *voler à l'avant-garde des dieux qui vont venir* ». Rousseau influença Goethe — qui l'opposa avantageusement à Voltaire : « *Avec Voltaire, c'est le monde ancien qui finit. Avec Rousseau, c'est un monde nouveau qui commence* » — et Schiller. ***La Nouvelle Héloïse*** enchanta Bonaparte... et Stendhal — qui, dans son *Journal littéraire* en date de 1803, le percevait « *plus près du poète que du philosophe* » —, comme Laclos dans *Les Liaisons dangereuses* — conçues par leur auteur comme un hommage au « *plus beau des ouvrages produits sous le titre de roman* » — et comme le Chateaubriand de l'*Essai sur les révolutions* (1797). Il est difficile de ne pas penser à Rousseau comme philosophe, du « rousseauisme » des quarante-huitards au Rousseau du Marx de l'*Anti-Duhring* et à la haine de Maurras pour ce « *faux prophète* » (*Poésie et Vérité*, 1944) ou à la reconnaissance de ce « *saint de la nature* » (Jacques Maritain, *Trois Réformateurs*, 1925). Le centenaire de la mort, commémoré par les républicains, aboutit (en 1889 seulement) à une statue inaugurée à l'Académie française. Et 1912, année du tumultueux bicentenaire de la naissance, fut moins marquée par les tentatives de réhabilitation républicaine et universitaire d'un Lanson que par le perfide et admirable discours de Barrès à la Chambre (repris dans *Les Maîtres*, 1927) refusant de commémorer « *cet extravagant musicien* [...] *dont peuvent se réclamer, à juste titre, tous les théoriciens de l'anarchie* ».

De nos jours, la reviviscence du libéralisme et le rejet de Rousseau politique sont à la source de la récusation de son usage des catégories de cité et de citoyenneté, de souveraineté et de contrat. Le retournement de la « *dépendance des choses* » en nécessité sociale inéluctable et l'apologie de ce que Constant appela la « *liberté des modernes* » — liberté-garantie, par opposition à la liberté-pouvoir des « *anciens* » — sont les points d'ancrage d'un antirousseauisme de principe. Mais le politique est lié aussi au « *trop humain* » et au philosophique. Et il n'est pas sûr que la société compétitive généralisée arrive à étouffer l'exigence rousseauiste au nom d'un partage mystifié entre archaïsme et modernité. Lester G. Crocker a fait de la pensée de Rousseau une dépendance d'un psychisme « *malade* », grâce à l'usage nosographique de catégories psychanalytiques : entre docilité retournée en révolte et duplicité dissimulée derrière une exigence tyrannique d'unité, cet homosexuel inavoué et paranoïaque serait une personnalité autoritaire au faux masque de libérateur. Ce genre de tentative de mise à mort témoigne de fait pour Rousseau.

En dehors des innombrables études sur la pensée, voire sur le psychisme, de l'auteur des ***Confessions*** — « *le seul portrait d'homme, peint exactement d'après nature et dans toute sa vérité, qui existe et qui probablement existera* *jamais* », selon Rousseau lui-même, représente une aubaine pour psychologues et psychanalystes —, Jean-Jacques, depuis longtemps étudié par les critiques « classiques » tels que Jules Lemaître, dans *Jean-Jacques Rousseau* (1907), Émile Faguet, et sa *Vie de Rousseau* (1911), ou Ernest Seillière, avec *Jean-Jacques Rousseau* (1921), comme par les écrivains, dont Jean Guéhenno, auteur de *Jean-Jacques* (1948), est désormais reconnu comme l'écrivain moderne, en rupture avec la « *littérature* », et qui en déploie « *un accomplissement autre* » (Blanchot, *Le Livre à venir*, 1949).

ŒUVRES

Les **Confessions**

Autobiographie posthume en 2 parties et 12 livres (I, I à VI et II, VII à XII), rédigés entre 1764 et 1770 et publiés à Genève, à la Société typographique en 1782 (I, I à VI), et chez Barde et Manguet en 1789 (II, VII à XII) — une 3e partie, censée décrire l'exil de Rousseau en Angleterre, et non à Berlin, à l'instigation de Mmes de Verdelin et de Boufflers, ne fut jamais rédigée.

Des autoportraits et des fragments biographiques existaient depuis l'époque du retranchement à l'Ermitage. Depuis la fin de 1761, le projet des ***Confessions*** était en mouvement, à partir d'une suggestion de l'éditeur Rey, et des ***Lettres à M. de Malesherbes***. Mouvement confirmé par l'approche du parfait objet d'amour (Julie), comme par l'espérance et la certitude soutenant la ***Profession de foi du vicaire savoyard*** et par la ***Lettre à Mgr de Beaumont*** requérant de rendre compte de l'identité sociale et de l'être spirituel de l'auteur devant les hommes, sa conscience et Dieu. Mais les premières vraies ébauches des ***Confessions*** furent consignées à l'intérieur du manuscrit de Neuchâtel, à la fin de 1764, et concernaient étroitement le *style* et la *pensée* de l'œuvre, et le sens de l'*acte* autobiographique, qui s'écartait des philosophes et de la philosophie, mais prolongeait toute une aventure spirituelle : l'expérience originale d'écriture à accomplir, le point de vue éthique gouvernant ce nouveau discours sur soi, le point de vue public (le destinataire éventuel), les marques de la véridicité, loin du « modèle » du roman-mémoires.

L'œuvre achevée est d'un dessein clair. On voit bien la distinction entre les deux versants de l'œuvre (livres I à VI et VII à XII), qui se définissent par leur tonalité morale et intellectuelle, mais aussi plus précisément par une position dans l'espace public. En Angleterre, en 1766, c'est la rédaction finale des premiers livres, et, fin avril 1767, leur envoi à Du Peyrou. Les origines, sociales et intimes, d'un cœur et d'une pensée uniques et exemplaires, la vie errante après Genève, « *Maman* » (Mme de Warens) — dont il faut préserver le caractère de référence sacrée —, la petite vie de province, le moment des Charmettes — quasi-exil qui fut en même temps un moment capital de formation et une première forme de l'art de se « *circonscrire* » : rien, dans tous ces éléments de la 1re partie, ne regarde beaucoup la société parisienne, et les anticipations — capitales — du livre III concernent essentiellement la personnalité et la manière de l'écrivain. Mais la diffusion possible de « *mémoires* » de Rousseau suscitait déjà l'alarme. La 2de partie, achevée en 1770, n'était vraiment « inquiétante » que pour la paire Grimm/Mme d'Épinay, et gênante pour le couple Sophie d'Houdetot/Saint-Lambert. C'est Mme d'Épinay qui demanda l'interdiction, par le lieutenant de police, des lectures du livre que faisait Rousseau, de retour à Paris après 1770. Cette 2de partie, à travers les récits célèbres des aventures vénitiennes, des amours avec Sophie d'Houdetot et de la genèse de ***La Nouvelle Héloïse***, a parfois sa valeur poétique propre. Elle nous montre surtout Rousseau aux frontières redoutables de l'espace public, devant la présence, l'acceptation et le refus du compromis, depuis le secrétariat d'ambassade à Venise jusqu'à la condition — étrange pour l'époque — de publiciste et de musicien célèbre campant sur les marges de la société à laquelle il se confronte. Elle permet de comprendre le refus de la sociabilité bâtarde des écrivains comme Diderot, le frère perdu, et de celle qu'il pratiqua lui-même : gens sans « *état* », venus de l'extérieur et intégrés, intellectuels besogneux rattachés au peuple par des épouses ou des concubines incultes, et commensaux d'une société raffinée.

Publiées *post mortem*, ***Les Confessions***, vénérées ou haïes, restèrent, pour cette actualité même et fort longtemps, mais aussi pour des raisons historiquement plus importantes encore, un livre « pierre de touche ».

On ne peut nier que ***Les Confessions*** sont la fondation et le modèle de l'autobiographie « moderne » : cet adjectif les sépare des autobiographies spirituelles dont l'archétype est l'ouvrage de saint Augustin. Non seulement le chemin vers Dieu investit ces dernières d'une finalité et les conduit vers une didactique métaphysique, mais, sur des points essentiels, elles ignorent des ruptures et des interrogations capitales. Même si Augustin a mis au jour une conception indépassable du rapport au temps, et surtout au temps « personnel », la scansion de la mémoire de soi en *« journées »*, en scènes énigmatiques et fondatrices, et aussi en temps aventureux et « picaresque », libère l'être dans une autre durée. Le problème de l'*histoire* que nous content ***Les Confessions***, au-delà des événements, ouvre désormais sur les problèmes de la vérité et de la falsification comme enjeux de l'authenticité et de la valeur unique d'un être essayant de maîtriser l'interrogation sur ses origines, et ce qui *autorise* sa voix personnelle. Le *« mythe des Charmettes »*, construit et appelé à se perpétuer, n'est pas un demi-mensonge agréable, mais une légende de conciliation, chargée de puissantes vérités, sans laquelle Rousseau est pour lui-même impensable. Le modèle augustinien de l'aveu — le *topos* du larcin inavoué — est source d'une autre forme de « récit », où l'on voit l'individu affronter ce qui est sensible dans les expériences originelles : l'opacité *et* la transparence à soi-même, et la difficulté à se dire d'une vérité-témoignage. Mais ***Les Confessions*** réussissent aussi à conjurer la menace de la dispersion — ou de l'enfermement — mélancolique et permettent même l'accès à l'inverse de cette position. C'est pour cela que le bonheur, l'humour et l'acuité analytique sont aussi puissamment présents, et que la mémoire de soi dans l'accomplissement de l'écriture, au lieu d'être enfermement, ouvre tant de routes. Du même coup, en aval, c'est cela qui distingue l'œuvre de tous les *topoi* littéraires qu'elle a engendrés : souvenir mineur et sursignifiant, récit d'enfance, enquête sur les attitudes et les goûts sexuels, notamment.

Pour situer finalement ***Les Confessions***, ce serait une erreur de raisonner en fonction d'un « corpus » de l'« œuvre autobiographique ». La spécificité des ***Confessions*** par rapport aux ***Dialogues*** et aux ***Rêveries*** est évidente : chacune de ces œuvres relève même du passage à un autre style de *pensée*. L'*acte* autobiographique et sa « publicité » sont d'emblée essentiels : fracture de la civilité-politesse, perturbation de l'échange social ordonné et pris en charge par chacun, expliquent le statut conflictuel de l'œuvre avant et pendant la Révolution, de Mme de Staël à Mercier. Le rôle littéraire immédiat des ***Confessions*** est évident. Quoique Chateaubriand récusât la posture rousseauiste et l'inversât même — en taisant tout ce qui pouvait nuire à sa glorification —, il fit écho directement ou indirectement, dans de nombreux passages des *Mémoires d'outre-tombe*, à cet abord unique du rapport de soi à soi et à l'écriture qu'il implique, essentiellement quand il s'agit de l'évocation de moments ou de lieux privilégiés. Mais on sait que l'influence de cette autobiographie posthume fut avant tout celle d'une œuvre d'écrivain en conflit avec l'entreprise qui était sa raison d'être, et que le Rousseau des ***Confessions***, affrontant la merveille et la malédiction de l'écriture — en particulier de l'écriture de l'origine et du temps —, est le père de *« l'écrivain moderne »* (Blanchot).

Émile *ou De l'éducation*

Traité en 5 livres — non titrés, sauf le 5e, intitulé ***Sophie ou la Femme*** —, publié à Paris chez Duchesne (sous couleur d'une impression *« À La Haye et Amsterdam chez Jean Néaulme »*), en 1762.

Le livre I expose le rôle de la nature dans l'éducation et la place — décisive — de la mère dans les premières années : il appartient au bon précepteur de pallier l'éventuelle absence de celle-ci en suivant les indications de la nature dans les apprentissages fondamentaux — se nourrir, se déplacer, s'exprimer. Le livre II décrit le bonheur de l'élève libre qui, à partir de ses multiples sensations, forge ses premières idées simples. Le livre III montre l'élève, Émile, s'appuyant sur ses expériences renouvelées — et non sur ses lectures — pour accéder aux idées abstraites. Le livre IV détaille les diverses étapes de la prise de conscience de l'altérité sous toutes ses formes — humaine, sexuelle, sociale, religieuse (avec la ***Profession de foi du vicaire savoyard***) : à l'aube de sa 16e année, Émile sait se situer par rapport à autrui. Le livre V expose l'éducation que Sophie, future compagne d'Émile, est censée avoir reçue, et s'achève sur l'annonce d'une naissance. Mais l'idéal pédagogique de l'***Émile*** se brise au contact de la réalité : dans ***Émile et Sophie ou les Solitaires*** — texte qui, sous la forme de deux lettres au précepteur, fait suite au traité —, le couple se dissout. Émile, qui pensait que Paris distrairait Sophie de la mort de ses parents et de sa fille, subit son infidélité : il la quitte, devient esclave en Alger où, à la suite d'une révolte, il parvient à faire entendre raison au maître.

Rousseau autodidacte mais lecteur de pédagogues, de Montaigne et de Locke, Rousseau précepteur de M. de Sainte-Marie et auteur d'un plan d'éducation, n'en reste pas moins étranger aux formes reconnues et consacrées des systèmes éducatifs de son temps. Il ne cessa d'affronter les privilèges et les dangers de l'absence d'éducation institutionnelle, ni d'essayer, en même temps, de donner un sens personnel à l'inévitable formule kantienne : *« L'homme est un animal qui a besoin d'un maître. »* Il avait imaginé pour lui-même, après le retrait à l'Ermitage, une vie intellectuelle en accord avec son cœur et une *« morale sensitive »* qui est la discipline d'une *« âme barométrique »*. C'est dans ce contexte que se situe la genèse de l'***Émile***. Le lien avec le projet anthropologique et politique, qui procède de l'époque des ***Discours*** et de l'article ***Économie politique*** de l'*Encyclopédie* n'en est que plus évident : on part à la fois d'un lieu commun — former des citoyens vertueux — et de la constatation de son échec prévisible dans les formes actuelles de la « socialité », donc de la nécessité de donner à l'homme une force de bonheur qu'il maîtrise. Selon ***Les Confessions***, après l'achèvement de ***Julie***, Rousseau esquissa une ébauche, dans le prolongement d'un résumé de ses principes, que lui avait demandé naguère Mme de Chenonceaux. Il ne parle pas moins de son ouvrage, dans le livre VIII, comme du fruit de *« vingt ans de méditation et de trois ans de travail »*. Le premier état de l'œuvre, le *« manuscrit Favre »*, le montre se dégageant des impasses d'un sensualisme appliqué, et s'élevant à une *« généalogie »* d'un type nouveau d'individu. Les difficultés centrales sont déjà là : l'*« ordre »* naturel, et l'unité de l'homme, en qui, aussi bien, sont solidaires la sexualité et l'expérience spirituelle. En cours de route, assez tardivement mais de façon décisive, apparaît le « personnage » d'Émile, qui se constitue en héros abstrait — quoique réel — de roman pédagogique.

Il faut « décrire » l'***Émile***, à partir de cette constatation : l'impossibilité de séparer un rythme d'apprentissage par la nature des choses et l'avènement de la certitude de soi-même chez un individu « abstrait », au sens où la triple éducation par la « nature » brute — qui le détruirait —, par l'expérience aventureuse de la « socialité » — qui le pourrirait —, par la famille — qui l'enfermerait dans une espèce d'idiotie d'« établissement » — est écartée. Des livres I et II, on retient l'idée un peu caricaturale d'une éducation « naturelle », qui, en réalité, est faite pour apprendre à affronter la Nature, avant qu'elle ne se révèle un ordre bénéfique. Ce qu'elle devient, à certaines conditions et si on le mérite : Émile est un corps, qui doit être sain, libre et heureux ; Émile est un être sensible, c'est-à-dire gouverné par les sens, auxquels il faut faire parler — c'est difficile — un langage de vérité ; Émile est un être criant, puis parlant, et l'appel, puis la parole ne devraient être ni des outils de pouvoir et de séduction ni des instruments du paraître. De là une « éducation négative », qui manœuvrera pour que de bonnes virtualités ne cèdent pas à de constants périls. Le livre III, à la frontière des adieux définitifs à la tutelle infantile — incarnée par un gouverneur dont on a exagéré la toute-puissance —, est placé sous le signe du *Robinson* de Daniel De Foe : il faut conduire à la fois le développement des capacités réflexives et une approche du travail social, désormais divisé. Le développement d'Émile déjoue à la fois le piège classique des apparences et des illusions, et le nœud qu'il forme avec les relations de maîtrise et de pouvoir. Cela porte Émile vers un métier *« vrai »* (menuisier et non poète), le plus indépendant et le plus soustrait possible au paraître. Le livre IV, essentiel, décrit l'accès à l'âge d'homme, sous trois formes : naître une seconde fois pour l'espèce (par la puberté et l'incertitude des passions) ; accéder à la capacité d'entendre le *dictamen* de sa conscience à l'écart des Révélations des Églises, sans perdre l'aspiration à une vie d'espérance — c'est le monde de la foi ; grâce à la lecture mais sans se laisser corrompre par elle, faire l'expérience de l'Histoire, indirectement, sans amertume ni blessure. Le livre V, le plus propice aux contresens — rejeter Rousseau, l'homme qui a créé Julie, dans les ténèbres de la « misogynie », ou faire de l'***Émile*** un fondement d'instruction civique à partir de la « théorie » —, a deux versants dont le rapport est essentiel. Il y a une ligne qui part de cette Sophie éduquée pour l'aménagement du bonheur domestique et privé, purifiée imaginairement des pouvoirs déstabilisateurs du savoir et du désir féminins : une Sophie qui fait d'Émile un père, paternité qu'*in fine* celui-ci reverse symboliquement sur son mentor — Émile prend auprès de son fils le relais de la présence du gouverneur auprès de lui-même. Et il y a eu, au niveau du social, deux événements : avec les voyages d'Émile, l'inversion de la fausse vertu « cosmopolite » du siècle ; et la contre-épreuve du rappel détaillé de la politique — en soi juste et indépassable en pensée — du ***Contrat social***, qui reste à distance. D'où la résolution de se circonscrire dans une sphère privée — fort différente du jardin voltairien —, qui diffusera la lumière de la vertu et du bonheur.

Le projet philosophique a sa formule capitale : affronter et dominer la *« dépendance des choses »*, les nécessités « objectives » dans leur matérialité, et pratiquer le refus de la *« dépendance des hommes »* : tout ce qui lie le paraître, la dégradation de l'amour de soi, la stratégie de la séduction, la corruption du pouvoir, subi ou exercé. Cette exigence philosophique soumise à un compromis sans compromission — former *« un sauvage fait pour habiter les villes »* — s'exprime de façon récurrente dans ce livre à la première personne. La réflexion sur l'apprentissage, le fondamental, l'inné et l'acquis, la conquête du réflexif, par la nature et l'artifice, la confrontation à l'expérience directe et à l'expérience indirecte se heurtent sans cesse à leurs limites d'accomplissement. Au-delà, trois tensions se manifestent, au fur et à mesure que la stature supra-paternelle du gouverneur se fragilise et laisse apparaître Jean-Jacques, jusqu'à la mise en scène, au livre IV, de la ***Profession de foi du vicaire savoyard***, où se mêlent l'effusion et la méditation, et un discours philosophique et religieux, polémique et violent, dirigé en même temps contre toutes les autorités de foi et contre les momifications utilitaristes de l'individu par l'athéisme. D'abord, la tension impliquée dans la « robinsonnade intra-mondaine » entre travail solitaire et travail solidaire, qui, tout en renvoyant inéluctablement à une forme « archaïque », enveloppe pourtant une conception moderne de la formation du sujet destiné à affronter *« le siècle des crises et des révolutions »*. Ensuite, la tension née de l'image mythique d'un être de chair mais innocent, de cœur sensible mais d'instinct droit, d'expérience mais sans blessure. Enfin, la tension interne au repli, dans la sphère privée, d'une conscience éclairée par une vue exacte mais impuissante de la justice, et à l'accomplissement du bonheur dans une relation duelle qui a les apparences d'une involution.

Ce livre, tant de fois réduit à quelques textes paradoxaux ou magnifiques, est d'un accès difficile, possible seulement de l'intérieur de la pensée de Rousseau. Condamné par les autorités civiles et religieuses des deux patries de Jean-Jacques, il jeta celui-ci, *« décrété de prise de corps »*, dans l'errance et la recherche d'autres voies, sans reniement.

Julie ou la ***Nouvelle Héloïse****. Lettres de deux amans, habitans d'une petite ville au pied des Alpes*

Roman épistolaire en 6 parties numérotées — comportant respectivement 65, 28, 26, 17, 14 et 13 lettres (163 au total) —, publié à Amsterdam, chez Marc-Michel Rey, en 1761.

C'est un roman déjà que la création de ***La Nouvelle Héloïse*** : en avril 1756, fuyant le monde qui en a fait un auteur à succès en gagnant l'Ermitage de Mme d'Épinay, bientôt las de mettre en forme les papiers de l'abbé de Saint-Pierre, trouvant peu de soutien du côté de Thérèse, Rousseau ressentit vite un *« vide »* dans son cœur : *« berger extravagant »*, il le peuple de chimères qui doivent beaucoup au souvenir des figures féminines de sa jeunesse. Le voici amoureux de deux filles imaginaires auxquelles il écrit des lettres. En mai 1757, la seconde visite de Sophie d'Houdetot fit glisser la fiction vers la réalité : Jean-Jacques y connut l'expérience du grand amour qu'il regrettait de n'avoir pas éprouvé, se retrouva entre Sophie et Saint-Lambert dans la situation même où il avait rêvé Saint-Preux entre Julie et Wolmar, dans une position délicate non étrangère à sa brouille avec Mme d'Épinay et surtout avec Diderot. Tel est le récit des ***Confessions***, généralement exact semble-t-il, même s'il tend à masquer le caractère précocement littéraire du projet : en mai 1757, déjà 4 parties (sur 6) de l'œuvre étaient à peu près terminées — l'aventure avec Sophie semblant avoir influencé plutôt la composition des deux dernières.

Situation banale que celle d'une Julie aimée de son précepteur Saint-Preux et contrariée par un père, le baron d'Étanges, piqué de noblesse, mais qui cesse de l'être, dès lors que Julie se donne à son amant — après l'échec d'un pacte d'amour pur de toute possession physique — et prétend retrouver la vertu — en proposant à Saint-Preux de ne plus se voir mais de s'écrire, puis de se voir rarement, enfin de se séparer sur l'aveu d'une naissance attendue. Après de multiples péripéties impliquant notamment milord Edouard, à la fois confident et intermédiaire, la jeune fille se soumet à son père en épousant M. de Wolmar, laissant Saint-Preux au comble d'un désespoir qu'un tour du monde ne parvient pas à consoler. Plusieurs années plus tard, Julie et son mari Wolmar — qui, appliquant le *« matérialisme du sage »*, prétend guérir Saint-Preux en favorisant les retrouvailles, maintenant que Julie lui a tout avoué de son passé de demoiselle — reçoivent à Clarens l'ex-amant et entreprennent de l'intégrer à cette société-famille qui fait écho au second état de nature. Après d'ultimes tentations — scènes du lac et des vendanges — qu'ils parviennent à surmonter, Saint-Preux accepte d'élever les 2 fils de Julie. Mais, en sauvant l'un d'eux de la noyade, celle-ci meurt, non sans laisser Wolmar remettre à Saint-Preux une lettre lui révélant qu'elle n'était pas guérie et n'avait jamais cessé de l'aimer. Claire, cousine de Julie, prématurément veuve, qui vivait avec sa fille à Clarens, confirme son refus d'épouser Saint-Preux — mariage que Julie, face à l'évidence de ses feux trop mal éteints, lui avait demandé d'envisager : elle accepte de partager sa solitude avec l'amant de Julie, mais elle laisse celui-ci, parti pour l'Italie avec milord Edouard et qui ne répond pas, mener seul à son terme la conversion entreprise par Wolmar.

En traitant avec gravité et passion de cette thématique du trio, qui bouleverse les catégories psychologiques admises, Rousseau fait bien œuvre scandaleuse, illuminée par les *« âmes extraordinaires »* des amants et le personnage énigmatique de Wolmar, sage froid tenté de n'être qu'un *« œil vivant »*. Un chant d'amour d'abord — surtout en ses 1re, 2e et 3e parties — que cette œuvre à l'inhabituelle longueur, où s'invente un lyrisme de la prose bientôt étendu aux paysages, critiqué par Diderot qui trouvait l'ouvrage trop « *feuillu* ». Œuvre philosophique, sans aucun doute, mais non à thèse : car ce sont bien les idées de Rousseau, avec leurs apories, que les personnages mettent en acte et à l'épreuve, avec une indéniable capacité théorique. Usage neuf d'une structure épistolaire où les personnages tentent de dire toute *leur* vérité et où Rousseau instaure une véritable polyphonie narrative fondée sur la conviction que l'aventure amoureuse de Julie et Saint-Preux engage profondément tous leurs partenaires. Triomphe de la vertu *et* de l'amour ? Sublimation réussie ? Si l'œuvre requiert de son lecteur une adhésion affective et intellectuelle, elle lui laisse la charge de tirer sa conclusion : à l'heure où Julie devient pour tous modèle idéal, elle perd, sans le dire, le goût de vivre. L'accident qui lui coûte la vie est-il autre chose qu'un suicide déguisé, une manière de se rendre au désir de mort qui paierait la répression du désir ? La fin tragique vide Clarens de son âme et peut-être de son sens. ***Julie*** ne peut être rangée parmi les œuvres moralisantes et bien-pensantes, dont elle a pu malheureusement provoquer ensuite la floraison. Œuvre intensément personnelle, comme le montra le refus de Rousseau, dans la 2de et importante ***Préface*** en dialogues (publiée séparément en 1761), de ranger dans la pure fiction — c'est-à-dire dans les romans, qui lui faisaient horreur — un texte dont il répondait à la fois comme auteur et comme sujet invisible et partout présent. Lire l'œuvre, c'est lire l'auteur, au nom d'une vérité qui n'a rien à voir avec l'exactitude autobiographique, même si cette démarche nouvelle conduisit, peu de temps après, aux ***Confessions***. ***La Nouvelle Héloïse*** marqua une étape décisive dans l'histoire du roman, dont elle fit reconnaître la portée morale et affective.

Succès prodigieux auprès du public et hostilité des intellectuels et de la presse : ainsi peut-on résumer la réception de l'œuvre au XVIIIe siècle, très lue dans la première moitié du XIXe et relativement oubliée jusqu'à l'édition critique de Daniel Mornet en 1924.

*Les **Rêveries du promeneur solitaire***

Autobiographie inachevée et posthume, divisée en 10 ***Promenades***, écrite entre 1776 et 1778, et publiée à Genève, à la Société typographique, en 1782.

Après la frénétique apologie de ***Rousseau juge de Jean-Jacques***, où il dénonçait éloquemment le « *complot* » tramé contre lui par les « philosophes », Rousseau, en 1776, retrouva à Paris une existence plus paisible. Il se promenait à Paris et aux environs, et entreprit, par fragments, sur des papiers de rencontre (parfois des cartes à jouer), ce « *journal informe de* [ses] *rêveries* ». Le dialogue est celui de Rousseau avec lui-même, et le propos se révèle d'une singulière fermeté, plus proche souvent de la méditation que de la rêverie. On échappe ici à la contrainte narrative qu'impliquait le récit continu des ***Confessions***. Rousseau n'en revient pas moins sur son passé, soit par le biais d'évocations synthétiques, soit par le biais de prélèvements limités qui peuvent toucher aussi son existence la plus récente. Les pages les plus étonnantes des ***Rêveries*** sont dues à cette capacité de fascination des expériences les plus quotidiennes, dont le poids et le prix se révèlent inestimables : extase connue après l'accident du chien qui renverse Jean-Jacques ***(2e Promenade)***, botanique et oisiveté près du lac de Bienne, Eden perdu, dont le souvenir refait du Rousseau de 65 ans un botaniste se perdant avec ivresse dans le beau système de la nature ***(5e Promenade)***, vieil invalide rencontré, visages d'enfants auxquels on donne des pommes ou des oublies, qui suffisent à retrouver le plaisir de vivre parmi les hommes, et puis la figure de Mme de Warens, qui resurgit comme symboliquement dans la ***10e Promenade*** interrompue par la mort. Même si Rousseau usa luimême du mot — pour qualifier les rives du lac de Bienne —, ***Les Rêveries*** n'ont rien d'une œuvre *romantique* : lorsque s'interrompt le discours moral ou philosophique, ce n'est pas pour laisser place à un vagabondage sentimental ou émotif, mais pour que le regard vienne se fixer, avec une surréelle précision, sur les moments détenteurs du secret du bonheur, qui induisent ce discret aller-retour entre passé et présent. Encore que la prose trouve ici une perfection harmonique et rythmique qu'annonçaient certaines pages des ***Confessions*** et de ***La Nouvelle Héloïse***, il semble impropre de parler de « *prose poétique* » — comme on l'a beaucoup fait — pour ce texte unique qui est l'aboutissement des virtualités du récit romanesque et de la réflexion morale à la Montaigne. Sa force singulière tient à ce que la quête de la présence à soi y mène à une célébration de la présence au monde, où — non sans paradoxe — le moi se perd de vue, en des épisodes et des descriptions qui s'appellent les uns les autres, à travers le temps. En ce dernier écrit autobiographique, qui est tout autre chose qu'un supplément aux ***Confessions***, et dit en somme le douloureux triomphe sur l'aliénation, Rousseau prend définitivement sa stature mythique.

Le succès et l'influence de ce texte furent considérables : on en trouvera la trace chez Bernardin, Senancour, Chateaubriand, Nerval, Proust et bien d'autres.

CITATIONS

Je forme une entreprise qui n'eut jamais d'exemple et dont l'exécution n'aura point d'imitateur. Je veux montrer à mes semblables un homme dans toute la vérité de la nature ; et cet homme ce sera moi.

Les Confessions, I, I.

J'espère qu'un jour on jugera de ce que je fus par ce que j'ai su souffrir.

Lettre à M. de Saint-Germain, in *Correspondance*, 26 février 1770.

J'ose presque assurer que l'état de réflexion est un état contre nature, et que l'homme qui médite est un animal dépravé.

Discours sur l'origine et les fondements de l'inégalité parmi les hommes, I.

On ne demande plus d'un homme s'il a de la probité, mais s'il a des talents ; ni d'un livre s'il est utile, mais s'il est bien écrit. Les récompenses sont prodiguées au bel esprit, et la vertu reste sans honneurs.

Discours sur les sciences et les arts, II.

L'homme est né libre, et partout il est dans les fers. Tel se croit le maître des autres, qui ne laisse pas d'être plus esclave qu'eux.

Du contrat social ou Principes du droit politique, I, 1.

Si donc on écarte du pacte social ce qui n'est pas de son essence, on trouvera qu'il se réduit aux termes suivants : chacun de nous met en commun sa personne et toute sa puissance sous la suprême direction de la volonté générale ; et nous recevons en corps chaque membre comme partie indivisible du tout.

Du contrat social ou Principes du droit politique, I, 6.

Ce que l'homme perd par le contrat social, c'est sa liberté naturelle et un droit illimité à tout ce qui le tente et qu'il peut atteindre ; ce qu'il gagne, c'est la liberté civile et la propriété de tout ce qu'il possède.

Du contrat social ou Principes du droit politique, I, 8.

Oserais-je exposer ici la plus grande, la plus importante, la plus utile règle de toute l'éducation ¿ ce n'est pas de gagner du temps, c'est d'en perdre.

Émile ou De l'éducation, II.

[...] j'aime mieux être homme à paradoxes qu'homme à préjugés.

Émile ou De l'éducation, II.

C'est une erreur bien pitoyable d'imaginer que l'exercice du corps nuise aux opérations de l'esprit ; comme si ces deux actions ne devaient pas marcher de concert, et que l'une ne dût pas toujours diriger l'autre !

Émile ou De l'éducation, II.

Vous ne parviendrez jamais à faire des sages si vous ne faites d'abord des polissons.

Émile ou De l'éducation, II.

Je hais les livres ; ils n'apprennent qu'à parler de ce qu'on ne sait pas.

Émile ou De l'éducation, III.

J'ai toujours remarqué que les gens faux sont sobres, et la grande réserve de la table annonce assez souvent des mœurs feintes et des âmes doubles.

Julie ou la Nouvelle Héloïse, I, 23.

Tous les talents ne sont pas donnés aux mêmes hommes ; et en général le Français paraît être de tous les peuples de l'Europe celui qui a le moins d'aptitude à la musique.

Julie ou la Nouvelle Héloïse, II, 23.

L'on croit s'assembler au spectacle, et c'est là que chacun s'isole ; c'est là qu'on va oublier ses amis, ses voisins, ses proches, pour s'intéresser à des fables, pour pleurer les malheurs des morts, ou rire aux dépens des vivants.

Lettre à d'Alembert sur les spectacles.

Tout est fini pour moi sur la terre. On ne peut plus m'y faire ni bien ni mal. Il ne me reste plus rien à espérer ni à craindre en ce monde, et m'y voilà tranquille au fond de l'abîme, pauvre mortel infortuné, mais impassible comme Dieu même.

Les Rêveries du promeneur solitaire, Ire promenade.

Le flux et le reflux de cette eau, son bruit continu mais renflé par intervalles frappant sans relâche mon oreille et mes yeux, suppléaient aux mouvements internes que la rêverie éteignait en moi et suffisaient pour me faire sentir avec plaisir mon existence, sans prendre la peine de penser.

Les Rêveries du promeneur solitaire, V^e^ promenade.

JUGEMENTS

« J.-J. Rousseau est un ancêtre en tout : il a créé le voyage à pied avant Töpffer, la rêverie avant René, la botanique littéraire avant George Sand, le culte de la nature avant Bernardin de Saint-Pierre, la théorie démocratique avant la révolution de 1789, la discussion politique et la discussion théologique avant Mirabeau et Renan, la pédagogie avant Pestalozzi, la peinture des Alpes avant de Saussure ; il a mis la musique à la mode et éveillé le goût des confessions

au public ; il a fait un nouveau style français, le style serré, châtié, dense, passionné. »

Henri-Frédéric AMIEL, *Fragments d'un journal intime*, t. I, posthume, 1911.

« Tout ce qui, du paysage aux saisissantes réalités humaines des Confessions, *relève du réalisme, chez cet écrivain déchiré entre les perspectives de l'avenir et la vie qui lui est faite, dans les pavillons de diverses grandes dames, tout ce qui relève du réalisme a gardé, jusqu'à nos jours, force et vie et rayonnement. Mais quelle caricature de lui-même dans ces pastorales faites pour la cour où* "l'homme naturellement bon" *et* "le sentiment de la nature" *se reflètent en vers d'opéra ! Dès qu'il s'éloigne, pour plaire, de la réalité intolérable aux puissants, ce n'est plus qu'un piteux rimailleur de livrets. »*

Louis ARAGON, *Écrits sur l'art moderne*, Flammarion, 1981.

« À travers le charme du style de l'auteur des Confessions, *perce quelque chose de vulgaire, de cynique, de mauvais ton, de mauvais goût ; l'obscénité d'expression particulière à cette époque gâte encore le tableau. »*

François René de CHATEAUBRIAND, *Mémoires d'outre-tombe*, t. II, posthume, 1848.

« Curieux destin [...] *que celui de Rousseau, n'agissant sur les autres que par ses côtés douteux, et dont l'emphase et le jargon ont nui aussi bien au style d'un Saint-Martin qu'à celui d'un... Robespierre. Le ton déclamatoire avant, pendant et après la Révolution, tout ce qui annonce, révèle et disqualifie le romantisme, l'affreux de la prose poétique en général, émanent de cet esprit paradoxalement inspiré et faux, responsable de la généralisation du mauvais goût vers la fin du* XVIIIe *siècle et vers le début du siècle suivant. »*

Emil Michel CIORAN, *Exercices d'admiration*, 1957, Gallimard, 1986.

« Je parcours Les Rêveries d'un *(sic)* promeneur solitaire [...]. *C'est le fatras filandreux d'un maniaque en proie au délire de la persécution. À peine çà et là quelques naïves et fraîches impressions de nature. Il va herboriser entre Chaillot et Ménilmontant, ainsi qu'à Gentilly. C'est affreusement laid à l'oreille. »*

Paul CLAUDEL, *Journal*, octobre 1939, Gallimard, posthume, 1969.

« Je n'empêcherai personne de croire que Jean-Jacques Rousseau était un malade atteint de la manie de la persécution. Mais sachant moi-même la méthode patiente avec laquelle on persécute les poètes, j'estime que mon devoir consiste à faire servir mon expérience à quelque bonne œuvre et à démontrer que si Rousseau était écorché vif il avait des excuses et qu'on le persécuta. »

Jean COCTEAU, « Rousseau », in *Tableau de la littérature française*, II, Gallimard, 1939.

« Je suis à moitié des Confessions *de J.-J. Rousseau, c'est admirable. Voilà la vraie école de style.*

[...]

Quel ours lâché en plein salon ! »

Gustave FLAUBERT, *Correspondance*, 18 octobre 1838 et 20 juin 1853.

« Nombre des arguments de Rousseau sont d'une déconcertante ineptie. Et néanmoins, comme il est sûr de son affaire ! »

André GIDE, *Journal*, 27 décembre 1942, Gallimard, 1954.

« Le XIXe *siècle a opéré l'humanité de la cataracte. Un exemple bien frappant : Rousseau, le descriptif, a passé à Venise sans être plus touché de la féerie du décor et de la poésie du milieu que s'il avait été secrétaire d'ambassade à Pontoise. »*

Edmond et Jules de GONCOURT, *Journal*, 15 février 1867.

« Le citoyen J.-J. Rousseau, même en établissant dans ses livres des paradoxes insoutenables, les a défendus avec un style si simple et si mâle qu'il mérite de participer à la gloire des hommes célèbres[...].

[...]

[Rousseau est] *obscur et embarrassé dans ses principes, souvent futile et plat, souvent hardi, élevé et admirable. »*

Frédéric Melchior GRIMM, *Correspondance littéraire*, 1er février 1757 et 1er juillet 1762.

« [...] *Je suis persuadé que Rousseau survivra à Voltaire, les gens continueront à s'enthousiasmer pour lui, car il y a en lui cette étincelle qui est pour moi symbole des valeurs éternelles ou de ce que l'on nomme ainsi, et qui seule confère la vraie durée. »*

Ernst JÜNGER, *in* Julien HERVIER, *Entretiens avec Ernst Jünger*, Gallimard, 1986.

« Moi qui l'ai vu s'annoncer pour être l'apôtre et le martyr de la vérité, et s'en jouer sans cesse avec d'adroits sophismes ; se délivrer par la calomnie du fardeau de la reconnaissance ; prendre dans son humeur farouche et dans ses visions sinistres les plus fausses couleurs, je ne dois aucun ménagement à la réputation d'un homme qui n'en a ménagé aucune, et qui, dans ses Mémoires, a diffamé les gens qui l'ont le plus aimé. »

Jean-François MARMONTEL, *Mémoires*, t. X, posthume, 1804.

« De Jean-Jacques Rousseau descend la grande famille des écrivains romanciers-philosophes, qui ont mis l'art d'écrire, tel qu'on le comprenait autrefois, au service d'idées générales. Ils prennent une thèse et la mettent en action. Leur drame n'est pas tiré de la vie, mais conçu, combiné et développé en vue de démontrer le vrai ou le faux d'un système. »

Guy de MAUPASSANT, *Chroniques*, octobre 1889.

« À vrai dire, la religion de Rousseau ne se trouve guère unifiée, pour les besoins de l'argumentation, que dans La Profession de foi du Vicaire savoyard. *Dans* La Nouvelle Héloïse, *elle ne s'exprime que par le biais d'un dialogue entre Julie et Saint-Preux, où s'affrontent des thèses incompatibles. Dans la mesure toutefois où la religion de Rousseau s'intègre à son système, dans la mesure où l'on*

*peut admettre l'identité entre Saint-Preux, le Vicaire et Jean-Jacques, on définira la religion rousseauiste comme une religion de l'*Ordre. *Elle se réduit alors à ces deux propositions essentielles : l'ordre visible dans la nature* atteste *l'existence d'un Dieu créateur ; le désordre qui bouleverse ou frelate tout ce qui est imputable à l'homme, à l'histoire et à la société* postule *l'existence d'un Dieu réparateur.* »

Robert MAUZI, *Littérature française. Le XVIIIe Siècle. 1750-1778*, Arthaud, 1977.

« *Chaleur, mélodie pénétrante, voilà la magie de Rousseau. Sa force, comme elle est dans l'*Émile *et le* Contrat social, *peut être discutée, combattue. Mais, par ses* Confessions, *ses* Rêveries, *par sa faiblesse, il a vaincu ; tous ont pleuré.* »

Jules MICHELET, *Histoire de la Révolution française*, t. II, 1847.

« *Il y a dans Rousseau quelque chose de malsain, quelque chose qui sent la dent gâtée et le lait aigri.* [...] *Il y aurait un parallèle à faire entre deux grands hommes qui ont épousé des femmes imprésentables : Rousseau et Goethe. — Un autre parallèle entre l'insincérité de Rousseau et l'insincérité de Chateaubriand* [...]. »

Henry de MONTHERLANT, *Va jouer avec cette poussière*, Gallimard, 1966.

« *C'est un candide. Et c'est une espèce de monstre. De dissimulation et de pureté. De générosité foncière et d'orgueil.*

[...]

Dans tout ce qu'écrit Rousseau, et sur quoi passe souvent comme un vent de délire et de folie, règne un charme indicible. Il n'invente pas seulement une sincérité littéraire dont — le premier, mais non le dernier — il fait un usage qui va jusqu'au scandale. Il invente aussi un ton nouveau, un souffle, une liberté, un sentiment inédit et profond de la nature [...]

[...]

Je ne suis même pas certain de le trouver très sympathique. Il est à coup sûr insupportable. [...] *Mais* [...], *quel que soit le jugement qu'on puisse porter sur lui, il est d'une importance capitale.* »

Jean d'ORMESSON, « Rousseau. Un candide enragé », in *Une autre histoire de la littérature française*, II, NiL, 1998.

« *En même temps que se révèle confusément la déchirure de l'être et du paraître, voici que le mystère de l'injustice se fait intolérablement sentir à cet enfant. Il vient d'apprendre que l'intime certitude de l'innocence est impuissante contre les preuves apparentes de la faute ; il vient d'apprendre que les consciences sont séparées et qu'il est impossible de communiquer l'évidence la plus immédiate que l'on éprouve en soi-même. Dès lors, le paradis est perdu : car le paradis, c'était la transparence réciproque des consciences, la communication totale et confiante. Le monde lui-même change d'aspect et s'obscurcit.* »

Jean STAROBINSKI, *La Transparence et l'Obstacle*, Plon, 1957, rééd. Gallimard, 1971.

« *Il est quelquefois emphatique sans doute, mais c'est quand il n'est pas porté par son sujet* [...]. »

STENDHAL, *Mémoires d'un touriste*, 15 mai 1837.

« [L'Émile] *Incroyable et génial paradoxe ! Rousseau nous invite à admettre et à décrire cet être apparemment monstrueux : un enfant adulte !* »

Michel TOURNIER, *Le Tabor et le Sinaï*, Belfond, 1988.

« *L'excès de l'orgueil et de l'envie a perdu Jean-Jacques, mon illustre philosophe. Ce monstre ose parler d'éducation ! lui qui n'a voulu élever aucun de ses fils, et qui les a mis tous aux Enfants-trouvés. Il a abandonné ses enfants et la gueuse à qui il les avait faits.* »

VOLTAIRE, *Correspondance*, 17 juin 1762.

BIBLIOGRAPHIE

Éditions

Œuvres complètes, éd. B. GAGNEBIN et M. RAYMOND, « Pléiade », Gallimard, 1959 à 1995, 5 vol. ; éd. M. LAUNAY, « L'Intégrale », Seuil, 1967 et 1971, 3 vol.

Correspondance complète, éd. R.A. LEIGH, in *SVEC*, Voltaire Foundation, Oxford (GB), 1965 à 1995, 53 vol.

Œuvres politiques, éd. J. ROUSSEL, « Classiques Garnier », Bordas, 1989.

Les Confessions, éd. B. GAGNEBIN, « LdP », LGF, rééd. 1998, 2 vol. ; éd. L. LAUNAY, « GF », Flammarion, rééd. 1998, 2 vol.

Émile ou De l'éducation, éd. M. LAUNAY, « GF », Flammarion, 1966 ; éd. Ch. WIRZ et P. BURGELIN, « Folio Essais », Gallimard, 1995.

Julie ou la Nouvelle Héloïse, éd. M. LAUNAY, « GF », Flammarion, 1967 ; éd. H. COULET, « Folio », Gallimard, 1993, 2 vol.

Les Rêveries du promeneur solitaire, éd. M. RAYMOND, « TLF », Droz, Genève (CH), 1948, rééd. 1967 ; éd. B. GAGNEBIN, « LdP », LGF, 1965 ; éd. M. BOCHET, « Classiques Hachette », Hachette, 1995 ; éd. É. LEBORGNE, « GF », Flammarion, 1997.

Études

B. BACZKO, *Rousseau, solitude et communauté*, Varsovie (PL), 1964, trad. franç., Mouton, Paris/La Haye (NL), 1974.

P. BURGELIN, *La Philosophie de l'existence de Jean-Jacques Rousseau*, PUF, 1952, rééd. Vrin, 1974.

E. CASSIRER, *Le Problème Jean-Jacques Rousseau*, 1932, trad. franç. B. de LAUNAY, Hachette, 1987.

J. CHÂTEAU, *Jean-Jacques Rousseau, sa philosophie de l'éducation*, Vrin, 1969.

P.-P. CLÉMENT, *Jean-Jacques Rousseau : de l'éros coupable à l'éros glorieux*, La Baconnière, Neuchâtel (CH), 1976, rééd. Slatkine, Genève (CH), 1998.

J. COCTEAU, « Rousseau », in *Tableau de la littérature française*, II, Gallimard, 1939, pp. 262 à 302.

M. COZ (dir.), *Rêveries sans fin : autour des « Rêveries du promeneur solitaire »*, Paradigme, Orléans, 1997 ; *La Cène et l'Autre Scène. Désir et Profession de foi chez Jean-Jacques Rousseau*, Champion, 1998 ; *Jean-Jacques Rousseau*, « Studio », Vuibert, 1998.

L.G. CROCKER, *Jean-Jacques Rousseau*, MacMillan, New York (US), 1968 à 1973, 2 vol.

R. DERATHÉ, *Le Rationalisme de Jean-Jacques Rousseau*, PUF, 1948, rééd. Slatkine, Genève (CH), 1979 ; *Jean-Jacques Rousseau et la Science politique de son temps*, PUF, 1950, rééd. Vrin, 1970 et 1995.

J. DERRIDA, « Nature, Culture, Écriture », in *De la grammatologie*, Minuit, 1967.

Fr. S. EIGELDINGER et R. TROUSSON (dir.), *Dictionnaire Jean-Jacques Rousseau*, Champion, 1996 ; *Rousseau au jour le jour : chronologie*, Champion, 1998.

V. GOLDSCHMIDT, *Anthropologie et Politique, les Principes du système de Rousseau*, Vrin, 1974.

H. GOUHIER, *Les Méditations métaphysiques de Jean-Jacques Rousseau*, Vrin, 1970, 2e éd. revue, 1985.

D. JIMACK, « La Genèse et la Rédaction de l'*Émile* de Jean-Jacques Rousseau. Étude sur l'histoire de l'ouvrage jusqu'à sa parution », in *SVEC*, XIII, Voltaire Foundation, Oxford U.P. (GB), 1960.

Cl. LABROSSE, *Lire au XVIIIe siècle. « La Nouvelle Héloïse » et ses lecteurs*, P.U. Lyon, 1985.

T. L'AMINOT (dir.), *Rousseau, l'« Émile » et la Révolution*, Universitas, 1992.

M. LAUNAY, *Jean-Jacques Rousseau écrivain politique*, thèse, Grenoble, 1972, rééd. Slatkine, Genève (CH), 1989 ; *id.* et G. FAUCONNIER (dir.), *Études rousseauistes* [collection d'index, concordances et analyses], Champion, 1977 à 1995, 35 vol.

J.-L. LECERCLE, *Jean-Jacques Rousseau : modernité d'un classique*, « Thèmes et Textes », Larousse, 1974 ; *Rousseau et l'Art du roman*, Colin, 1969, rééd. Slatkine, Genève (CH), 1979.

Ph. LEJEUNE, *Le Pacte autobiographique*, Seuil, 1975.

R. MAUZI, *L'Idée de bonheur dans la littérature et la pensée française au XVIIIe siècle*, rééd. Albin Michel, 1974 ; *« Maintenant sur ma route... »*, Paradigme, Orléans, 1994.

G. MAY, *Rousseau*, « Écrivains de toujours », Seuil, 1961, rééd. 1994.

M. RAYMOND, *Rousseau, la Quête de soi et la Rêverie*, Corti, 1962.

R. RICATTE, *Réflexions sur « Les Rêveries »*, Corti, 1965.

J. ROUSSEL, *Jean-Jacques Rousseau en France après la Révolution (1795-1830)*, Colin, 1972.

Cl. SALOMON-BAYET, *Rousseau ou l'Impossible Unité*, Seghers, 1968.

J. STAROBINSKI, *Jean-Jacques Rousseau, la Transparence et l'Obstacle*, Plon, 1957, rééd. Gallimard, 1971 ; *L'Œil vivant*, Gallimard, 1961 ; *Le Remède dans le mal*, Gallimard, 1989.

J.-J. TATIN-GOURIER, *Le « Contrat social » en question : Échos et Interprétations du « Contrat social » de 1762 à la Révolution*, P.U. Lille, 1989.

R. TROUSSON, *Jean-Jacques Rousseau*, Taillandier, 1989, 2 vol. ; *Défenseurs et Adversaires de Jean-Jacques Rousseau : d'Isabelle de Charrière à Charles Maurras*, Champion, 1995 ; *id.* et Fr. S. EIGELDINGER (dir.), *Dictionnaire Jean-Jacques Rousseau*, Champion, 1996.

Annales de la Société Jean-Jacques Rousseau, Genève (CH), notamment le n° XXXV.

Études Jean-Jacques Rousseau, À l'écart, Reims, depuis 1987 [revue annuelle avec mise à jour bibliographique].

AUDIO & VIDÉO

CD-ROM

Encyclopédie de la littérature française, Bibliopolis, 1998.

RUTEBEUF

RUTEBEUF

Peut-être en Champagne, XIIIe siècle – lieu indéterminé, apr. 1277

« Avec tous ses procédés et quelquefois ses artifices, Rutebeuf a fait une œuvre sincère. »
Gustave LANSON, *Histoire de la littérature française*, Hachette, 1894.

« Et puis, que penser de ce "poète personnel" *qui n'a pas laissé un seul poème d'amour ¿ »*
Michel ZINK, *in* RUTEBEUF, *Œuvres complètes*, t. I, « Classiques Garnier », Bordas, 1989.

Une vie très obscure

Un virulent satiriste

Sans doute jongleur de profession, Rutebeuf vécut à Paris, mais l'on ne sait rien de sa vie. On n'est pas même sûr de l'authenticité de son nom, sur lequel il jouait :

Et il m'enquist : « Coument vos noume
La gent de votre conissance ? »
– « Sire, sachiez bien sans doutance
Que hom m'apele Rutebuef,
Qui est dit de *"rude"* et de *"buef"*. »

[Et il me demande : « *Comment vous nomment*
Les gens qui vous connaissent ? »
– « *Seigneur, je vais vous le dire sans ambages :*
On m'appelle Rutebeuf,
Nom composé de "rude" *et de* "bœuf". »]

(***Dit d'hypocrisie***, vv. 42 à 46, éd. et trad. Dufournet)

Ce nom n'est peut-être qu'un surnom, et est d'ailleurs attesté dans son œuvre surtout sous la forme *Rustebués*, au sens ambigu de *« bœuf vigoureux »*. Sa poésie multipliant la 1re personne, on a souvent été tenté de la lire comme une autobiographie, mais il est imprudent d'identifier l'auteur avec le personnage qu'il mit en scène. Aucune source ne donne le moindre témoignage sur Rutebeuf, et les renseignements puisés dans son œuvre ne sont pas toujours fiables. Assurément, le poète devait sa culture à une formation de clerc — il savait le latin —, et il témoigna toujours de positions conservatrices, où dominaient regret du passé et inquiétude envers les innovations, et où, en tout cas, l'état de la société dans laquelle il vivait était sévèrement critiqué.

On suppose qu'il était à Troyes en 1249, puisque, dans son ***Dit des Cordeliers***, à la gloire des franciscains, on le sent très au fait de conflits religieux locaux :

Por ce sont Cordelier la gent que je miex prise

(***Dit des Cordeliers***, v. 16)

C'est ensuite à Paris qu'il passa sans doute la majeure partie de son existence. Déjà engagé dans les controverses, il s'en prit aux dominicains, dans ***De la descorde de l'université et des jacobins*** (v. 1254-1255), et défendit la cause du chanoine Guillaume de Saint-Amour, dans ***De Maistre Guillaume de Saint Amour*** : entre 1252 et 1256, une violente querelle opposa la faculté de théologie à Paris — dont Saint-Amour fut le plus virulent défenseur — contre les ordres mineurs, récemment créés, qui tenaient de plus en plus les chaires d'université et qui faisaient aux séculiers une concurrence que ces derniers trouvaient déloyale. Ce conflit d'intérêt, peut-être doublé du dépit de voir ces prédicateurs de l'austérité détourner leurs auditeurs des fêtes où les jongleurs exerçaient leur office, inspira au poète des pièces satiriques sur ces moines hypocrites dont l'influence démesurée — selon lui — sur le roi et sur le pape ne pouvait être fondée que sur un appétit de pouvoir, voire sur la volonté de tout subvertir :

Je fui [dit l'Église] *sor pierre ferme assise ;*
La pierre esgrume et fent et brise,
Et je chancele.
Tel gent se font de ma querele
Qui me metent en la berele :
Les miens ocient [...].

[J'ai été bâtie sur une pierre solide ;
Mais la voici qui s'effrite, se fend, se brise
Et je chancelle.
Certains feignent d'être de mon camp
Et me jettent dans l'embarras,
Tuant les miens [...].]

(***De Maistre Guillaume de Saint Amour***, vv. 5 à 10)

On ne peut voir que satire dans la chanson ***Des ordres***, qui passait en revue tous les ordres :

Ne sai qui les sonja :
Ainz Diex tels genz n'onja

[Je ne sais qui les imagina :
Jamais Dieu ne fréquenta de tels gens.]

(***Des ordres***, vv. 8-9)

ou dans *Li Diz des Beguines* :

Cest an pleure et cest an prie,
Et cest an panrra baron :
Or est Marthe, or est Marie,
Or se garde, or se marie

[Cette année, elle pleure et prie,
L'année suivante, elle prendra un époux :
Tantôt Marthe, tantôt Marie,
Tantôt elle est chaste, tantôt elle se marie.]
(***Li Diz des Beguines***, vv. 15 à 18)

Mais dans ***Des regles [Les Règles des moines]***, le poète poussa le soupçon plus loin — les femmes fréquentant beaucoup ces nouveaux prêcheurs :

Qui est plus bele, s'est plus sainte.
Je ne di pas que plus en facent,
Més il samble que pas nes hacent.

[La plus belle, c'est la plus sainte.
Je ne dis pas qu'ils aillent plus loin,
Mais ils ne semblent pas les haïr.]
(***Des regles***, vv. 162 à 164)

Le ***Dit d'hypocrisie*** emmenait l'auditeur en la ville de Rome — dont on dérivait le nom du latin ***ro****dit* ***ma****nus* [« elle ronge les mains »] :

[...] *de* « reüngent mains » *est dite*
La citeiz, qui n'est pas petite.
Teiz i va riches et rians
Qui s'en vient povres mendianz.

[« *Rongemains* » est le surnom
De cette cité immense.
Tel s'y rend riche et gai
Qui s'en retourne pauvre mendiant.]
(***Dit d'hypocrisie***, vv. 161 à 164)

Là ce sont Avarice et Convoitise qui dirigent la Cour ; déguisé en « *hermite* », le narrateur approche Hypocrisie qui

Tant a [...] *ovrei*
Que grant partie a recovrei
En cele terre dont je vin.
Grant decretistre, grant devin
Sont, a la cour, de sa maignie.

[A tant [...] fait
Qu'elle s'est rendue maîtresse d'une grande partie
De mon pays d'origine.
De grands docteurs en droit, de grands théologiens
En cour de Rome, appartiennent à sa suite.]
(***Dit d'hypocrisie***, vv. 291 à 295)

Un croisé désespéré

Face aux maux d'un monde en crise, face aux désordres de la nouvelle société cléricale, Rutebeuf en dénonça les causes et les auteurs en s'appuyant sur une morale traditionnelle et sur une foi qu'exacerbait sa passion de la polémique. Il invoqua l'exemple d'Alexandre, figure mythique de la chevalerie, généreuse et loyale :

Aristotles a Alixandre
Enseigne et si li fait entendre
[...]
Conment il doit el siecle vivre.
Et Rustebués l'a trait dou livre.

[Aristote enseigne
Et expose à Alexandre
[...]
Comment il doit se comporter dans le monde.
De ce livre, Rutebeuf a tiré son dit.]
(***Dit d'Aristotle***, vv. 1-2 et 5-6)

Le clerc tenta de ranimer le feu de la charité et l'idéal de la croisade sous les cendres de l'égoïsme et de l'avarice, mais, dans ses « chansons de croisade » — ***Débat du croisé et du décroisé***, ***Chanson de Pouille***, ***Complainte d'Outremer*** et ***Nouvelle Complainte d'Outremer*** —, le poète s'en prenait davantage à l'état de la société dans laquelle il vivait qu'il ne s'y préoccupait vraiment des Sarrasins. D'ailleurs, si

De Gresse vint Chevalerie
Premierement d'ancesserie,
Si vint en France et en Bretaingne
[...]
Mort sont Ogier et Charlemaine :
Or s'en voist, que plus n'i remaingne !
Loiautez est morte et perie

[C'est de Grèce qu'il y a longtemps
Vint d'abord Chevalerie
Qui ensuite vint en France et en Bretagne
[...]
Ogier et Charlemagne sont morts :
Qu'elle s'en aille, qu'elle ne reste pas davantage ici !
Loyauté est morte, tuée.]
(***Complainte de Constantinoble***, vv. 121 à 123 et 127 à 129)

Depuis, selon le poète, le monde est sous la domination de tous les « *Renars* » dénoncés dans ***Renars le Bestourné [La Métamorphose de Renart]*** :

Renars est mort : Renars est vis !
Renars est ors, Renars est vils :
Et Renars regne !

[Renart est mort, Renart est en vie !
Renart est infect, Renart est ignoble :
Et pourtant Renart est roi !]
(***Renars le Bestourné***, vv. 1 à 3)

Et Noble le lion — le roi Louis IX —, mal entouré, ne peut sauver le royaume :

La chose gist sor tel endroit
Que chascune beste vodroit
Que venist l'Once.
Se Nobles çopoit à la roinsce
De mil n'est pas un qui en gronce :
C'est voirs sanz faille.

[Les choses en sont venues à un point tel
Que chaque bête souhaite
La venue de l'Once.
Si Noble trébuchait dans les ronces,
Il n'y en aurait pas un sur mille pour le regretter :
C'est la vérité vraie.]
(***Renars le Bestourné***, vv. 155 à 160)

Entre misère et repentir

Condamné par Rome, Guillaume de Saint-Amour fut exilé en 1256 à Saint-Amour — qui, à l'époque, n'était pas en France. Rutebeuf fut-il lui aussi, victime de ses attaques contre le pouvoir royal ? Cela expliquerait les revers de fortune, peut-être même la conversion, dont son œuvre porterait la trace. Quoi qu'il en fût, la hantise de la pauvreté est, avec la satire morale, l'un des thèmes les plus fréquents de cette œuvre disparate, qui comporta aussi des fabliaux, tel ***Le Testament de l'ane***, un poème allégorique, ***La Voie de Paradis*** et le ***Mariage Rutebuef***, où le poète évoquait ainsi sa femme :

Et si n'est pas gente ne bele ;
Cinquante ans a en s'escuele,
S'est maigre et seche

[Elle n'est même pas avenante ni belle,
Elle a cinquante ans dans sa corbeille,
Elle est maigre et sèche.]
(***Mariage Rutebuef***, vv. 35 à 37)

Toutefois, selon la ***Complainte Rutebuef***, cette épouse lui donna un enfant, que l'impécunieux poète avait du mal à nourrir :

Cil Damediex qui le fist nestre
Li doinst chevance
Et li envoit sa soustenance

[Que le Seigneur Dieu qui le fit naître
Lui donne de quoi manger
Et lui envoie sa subsistance.]
(***Complainte Rutebuef***, vv. 60 à 62)

C'est dans cette ***Complainte*** que l'on trouve les vers les plus célèbres du poète :

Que sont mi ami devenus
Que j'avoie si pres tenu
Et tant amé ?
Je cui qu'il sont trop cler semé ;
Ils ne furent pas bien femé,
Si sont failli.
[...]
Je cuit li vent les a osté,
L'amor est morte.
Ce sont amis que vens enporte,
Et il ventoit devant ma porte ;
Ses enporta,
C'onques nus ne m'en conforta
Ne du sien riens ne m'aporta.

[Que sont devenus mes amis
Qui m'étaient si intimes
Et si chers ?
Je crois qu'ils sont bien rares :
Faute de les avoir entretenus,
Je les ai perdus.
[...]
Je crois que le vent les a dispersés,
L'amitié est morte :
Ce sont amis que vent emporte
Et il ventait devant ma porte ;
Aussi furent-ils emportés
Si bien que jamais personne ne me consola
Ni ne m'apporta un peu de son bien.]
(***Complainte Rutebuef***, vv. 110 à 115 et 120 à 126)

Dans des pièces analogues, l'auteur mettait en scène un presque ribaut, victime de son goût du jeu ; ainsi dans ***La Griesche d'yver [Le Guignon d'hiver]*** :

Li dé que li decier ont fet
M'ont de ma robe tout desfet

[Les dés que les fabricants ont faits
M'ont dépouillé de mes vêtements.]
(***La Griesche d'yver***, vv. 52-53)

Au bout du compte — et des mécomptes —, la ***Povretei Rutebuef*** fut humblement adressée au roi de France — sans doute Philippe III le Hardi, et non pas Louis IX, comme on l'a longtemps cru :

Je ne sais par où je commence
Tant ai de matière abondance
Pour parler de ma pauvreté.
Pour Dieu vous pri, franc Roi de France,
Que me donniez quelque chevance,
Si ferez trop grand charité.
J'ai vécu de l'autrui chaté
Que l'on m'a creü et prêté ;
Or me faut chacun de créance
Qu'on me sait pauvre et endetté :

Vous r'avez hors du règne été
Où toute avoie m'atendance

[Je ne sais par où commencer
Tant j'ai abondance de matière
Pour parler de ma pauvreté.
Pour Dieu, je vous prie, franc roi de France,
De me faire don de quelque argent,
Vous ferez ainsi un très grand acte de charité.
J'ai vécu du bien d'autrui
Que l'on m'a donné à crédit et prêté ;
Or chacun cesse de me faire crédit,
Parce qu'on me sait pauvre et endetté :
Vous avez de nouveau quitté le royaume,
Vous en qui je plaçais tout mon espoir.]
(***Povretei Rutebuef***, vv. 1 à 12)

Et le jongleur vieilli — ayant perdu un œil, si l'on en croit la ***Complainte*** (vv. 23 *sqq.*) — songeait au salut de son âme, comme en témoigna la ***Repentance Rutebuef***, où s'affirmait une volonté de renoncer à la poésie :

J'ai fet au cors sa volenté,
J'ai fet rimes et s'ai chanté
Sor les uns por aus autres plere,
Dont Anemis m'a enchanté
Et m'ame mise en orfenté
Por mener a felon repere.

[J'ai cédé à tous les désirs de mon corps,
J'ai fait des vers et chanté
Contre les uns pour plaire aux autres,
Ensorcelé par le démon
Qui a plongé mon âme dans la misère
Pour la conduire à la cruelle demeure.]
(***Repentance Rutebuef***, vv. 37 à 42)

On peut avoir des doutes sur la « sincérité » de ces vers aux allures de confidences : la présence explicite et obsessionnelle du « *je* », qui habite tous les replis du texte, et la diversité des registres (affectif, intellectuel, lyrique, ironique, politique...) que développe le poète s'expliquent sans doute par le côté professionnel de l'écrivain, qui s'adressait à un public ayant commandé ses poèmes — dont on connaît parfois les dédicataires. C'est son métier qui exige qu'il sache émouvoir, faire rire, divertir, sans doute plus que méditer. Et peut-être le choix de son nom est-il une image du jongleur qui crée en mimant la vie, et qui, comme le bœuf, avance toujours dans les mêmes sillons, privé d'une partie de soi par les autres. L'œuvre de Rutebeuf reprend nombre des lieux communs de l'inspiration de ses confrères jongleurs, ou des goliards — ces étudiants ou clercs en rupture de clergie, pratiquant le « *vagabondage intellectuel* » (Jacques Le Goff), d'artistes, poètes ou bouffons épicuriens passés maîtres dans la dénonciation de l'ordre établi, notamment de l'Église —, et il les utilisait avec un métier consommé. Cela exclut-il tout accent personnel ? Comme la plupart de ses contemporains, ainsi que Villon plus tard, Rutebeuf témoignait d'une piété mariale, qui lui inspira des pièces, telle la ***Chanson de Nostre Dame*** :

Chanson m'estuet chanteir de la meilleur
Qui onques fust et qui jamais sera.

[Il me faut célébrer par un chant la dame la meilleure
Qui jamais exista et existera jamais.]
(***Chanson de Nostre Dame***, vv. 1-2)

où l'on retrouvait l'image du vitrail pour symboliser la virginité :

Si com hom voit le soloil toute jor
Qu'en la verriere entre et ist et s'en va,
Ne l'enpire, tant i fiere a sejour
Ausi vos di que onques n'empira
La Vierge Marie.

[Comme l'on voit le soleil qui, tout le jour,
Pénètre le vitrail, en sort et s'en retire,
Sans le détériorer, quelle que soit sa force,
de la même façon, je vous dis que jamais il ne fut porté atteinte
À la Vierge Marie.]
(***Chanson de Nostre Dame***, vv. 37 à 41)

De Rutebeuf à Théophile

Parfois très savantes, comme les *Neuf Joies Nostre Dame*, ces compositions « préparaient » le ***Miracle de Theophile***, que l'on a pu définir comme « *un microcosme de l'œuvre de Rutebeuf* » (Jean Dufournet) : « *Dans ce monde à l'envers, le Bien est asservi au Mal, l'Université aux frères mendiants, le riche à l'argent, à la convoitise et à la luxure, le pieux Théophile à l'évêque injuste* », le diable manifeste sa puissance, mais est vaincu tout de même ; surtout, Théophile, clerc et jongleur — comme Rutebeuf —, s'égare au point de vouloir « *faire la moe* » [faire la nique] (v. 17) à Dieu.

S'il dut surtout au *Miracle de Théophile* — ainsi miraculeux pour la postérité littéraire de son auteur — de n'avoir pas sombré dans un oubli définitif, Rutebeuf vaut aussi par la spontanéité de son lyrisme personnel et par la verve de son réalisme satirique. À l'opposé de l'idéalisme courtois, il fit entendre une voix d'une singulière franchise, entre humour et détresse, enthousiasme et désespoir, fête et défaite.

Un virtuose du vers

Marquée par quelques traits dialectaux dénotant une influence champenoise, la langue de Rutebeuf a valeur de document, parce qu'elle fait la part belle à la langue parlée de l'époque. S'il témoigne d'un renouveau poétique réel par la mise en œuvre du moi, le style du poète se coule aussi, avec une indéniable réussite, dans les modèles rhétoriques d'alors, affectionnant en particulier des procédés voyants et sonores tels le jeu de mots, l'anaphore, la dérivation — qui décline les mots à partir d'un même radical —, la reprise en début de phrase d'un mot présent à la fin de la phrase précédente :

En la corde s'entordent cordee a trois cordons ;
A l'acorde s'acordent dont nos des cordé sont ;
La descordance acordent des max que recordons ;
En lor lit se detordent por ce que nos tortons

[Ils s'encordent le corps d'une corde à trois cordons,
s'accordant en un accord dont nous sommes écartés,
accordant la discorde des vices que nous avouons.
Sur leur lit, ils se tordent de douleur pour nos distorsions morales]
(***Dit des Cordeliers***, str. 5,
éd. et trad. Dufournet)

C'est aussi dans la versification que Rutebeuf fait preuve de nouveauté ou de virtuosité. L'octosyllabe à rimes plates étend son champ traditionnel du récit à des poèmes non narratifs à visée morale, religieuse (comme ***La Voie de Paradis***) ou polémique, satirique (telle ***La Bataille des Vices contre les Vertus***). Le *tercet coué*, que Rutebeuf met au point — même s'il n'en est pas l'inventeur —, est sa spécificité : l'enchaînement de 2 octosyllabes rimant ensemble et d'un quadrisyllabe à rime différente mais rattaché par le sens à l'octosyllabe précédent est particulièrement apte à signifier le caractère durable (enchaînement des rimes de tercet à tercet), cruel et incisif de la réalité, misérable et douloureuse, comme dans le ***Mariage Rutebuef*** :

Mes pos est brisiez et quassez
Et j'ai toz mes bons jors passez.
Je qu'en diroie ?
Nis la destruction de Troie
Ne fu si grant comme est la moie.
Encore i a,
Foi que doi Ave Maria *;*
S'onques nus hom por mort pria,
Si prit por moi !

[Mon pot est en mille morceaux,
Tous mes beaux jours sont derrière moi.
Que puis-je vous en dire ?
Même la ruine de Troie
ne fut pas, je crois, plus complète que la mienne.
Mais il y a pire,
par la foi que je dois à l'*Ave Maria* ;
si jamais quelqu'un pria pour un mort,
qu'il prie pour moi !]
(***Mariage Rutebuef***, vv. 71 à 79,
éd. et trad. Dufournet)

En certains vers, Rutebeuf semble déjà prêter sa voix à Villon :

L'esperance de l'endemain,
Ce sont mes festes.
(***Mariage Rutebuef***, vv. 114-115)

Même si l'on a pu trouver artificiel un goût du calembour poussé à l'excès, sa rime très soignée assure à cette œuvre une richesse et une diversité peu communes.

Plusieurs siècles d'oubli

Rutebeuf semble avoir été oublié pendant des siècles : aucun de ses contemporains, aucun auteur ancien n'a laissé le moindre témoignage ni ne l'a nommé dans les textes qui nous sont parvenus. Un seul manuscrit, par exemple, porte le texte complet du ***Miracle de Théophile***. Le poète a été redécouvert au XIXe siècle où, dès 1839, les ***Œuvres complètes de Rutebeuf*** furent publiées par Achille Jubinal. Depuis, les études n'ont pas cessé, et le ***Théophile*** a connu plusieurs traductions ou adaptations, comme celle que donna Remy de Gourmont dans ses *Trois Légendes du Moyen Âge* (posth., 1919). Le médiéviste Gustave Cohen, qui l'a particulièrement étudié, avait nommé « *Théophiliens* » la troupe de théâtre universitaire qu'il anima à partir de 1933 (« Expériences théophiliennes », in *Mercure de France*, 1937).

ŒUVRE

Miracle de Théophile

Miracle dramatique de 663 vers de mètres variés, composé au début des années 1260 et représenté à Aunai en 1384, plus d'un siècle après la composition.

Victime de l'injustice de son évêque, le clerc Théophile laisse éclater sa rancœur et son désespoir de ne pouvoir s'en prendre à Dieu : *Ahi ! Ahi ! Diex, rois de gloire, / Tant vous ai eü en memoire / Tout ai doné et despendu / Et tout ai aus povres tendu : / Ne m'est remez vaillant un sac. / Bien m'a dit li evesque :* « Eschac ! » */ Et m'a rendu maté en l'angle. / Sanz avoir m'a lessié tout sangle. /* [...] */ Je ne m'en puis pas a Dieu prendre, / C'on ne puet a lui avenir. /* [...] */ Se or pooie a lui tancier / Et combatrë et escremir / La char li feroie fremir* [Hélas ! Hélas ! Dieu roi de gloire, / J'ai si bien gardé votre mémoire / Que j'ai tout donné et dépensé / Et aux pauvres tout distribué : / Il ne m'est resté sou vaillant. / L'évêque m'a bien dit : « *Échec !* » / Et il m'a fait mat dans un coin. / Il m'a laissé tout seul, sans avoir. / [...] / Je ne puis m'en prendre à Dieu / Car il est hors d'atteinte. / [...] / Si je pouvais à cette heure le provoquer / Et le combattre et l'attaquer, / Je le ferais frémir dans sa chair] (vv. 1 à 8, 22-23 et 30 à 32, trad. Dufournet). Il décide de se venger par l'intermédiaire de Salatin, un Juif « *qui parloit au deable quant il voloit* ». Certes, la crainte qu'il éprouve à l'idée de « *Dieu renoier* » le fait hésiter : *Que fera ma chetive d'ame ? / Ele sera arse en la flame / D'enfer le noir. / La la covendra remanoir. / Ci avra trop hideus manoir, / Ce n'est pas fable* [Que deviendra ma pauvre âme ? / Elle sera brûlée dans les flammes / De l'enfer ténébreux. / Il lui faudra y rester. / Quelle horrible demeure ! / Ce ne sont pas sornettes] (vv. 108 à 113).

Néanmoins, il se décide à signer un pacte avec le diable, trop heureux de cette proie qui lui avait jusqu'alors échappé. Le diable lui dicte sa conduite — prendre le contrepied des commandements de Dieu : *Theophile, biaus douz amis, / Puis que tu t'es en mes mains mis, / Je te dirai que tu feras. /* [...] */ Douçor, humilitez, pitiez, / Et charitez et amistiez, / Jeüne fere, penitance, / Me metent grant duel en la pance. / Aumosne fere et Dieu proier / Ce me repuet trop anoier. / Dieu amer et chastement vivre, / Lors me samble serpent et guivre / Me menjue le cuer el ventre* [Théophile, mon très cher ami, / Puisque tu t'es remis entre mes mains, / Je te dirai ce que tu feras. / [...] / Douceur, humilité, pitié, / Et charité et amitié, / La pratique du jeûne, la pénitence / Me font grand mal à la panse. / Faire l'aumône et prier Dieu / Peuvent aussi me causer un grand courroux. / Si l'on aime Dieu et vit chastement, / J'ai l'impression qu'un serpent, qu'une vipère / Me dévore le cœur au ventre] (vv. 256 à 258 et 265 à 273). Aussitôt, Théophile retrouve sa charge et sa puissance, et, nommé sénéchal, maltraite tout le monde, à commencer par ses compagnons. Au bout de sept ans, toutefois, il recommence à s'inquiéter de son salut : *Je n'os Dieu ne ses saintes ne ses sainz reclamer* (v. 428). Mais il adresse quand même une émouvante prière à la Vierge. Celle-ci le reçoit d'abord durement : *Je n'ai cure de ta favele. / Va t'en, is fors de ma chapele !* [Je me moque de tes discours. / Va t'en, sors de ma chapelle !] (vv. 552-553). Désemparé, Théophile s'effondre : *Dame, je n'ose. / Flors d'aiglentier et lis et rose, / En qui li Filz Dieu se repose, / Que ferai gié ?* [Dame, je n'ose pas. / Fleur d'églantier, fleur de lis, rose / En qui le Fils de Dieu repose, / Ah, que ferai-je ?] (vv. 554 à 557). Puis, émue de compassion, la Vierge s'en va « *fouler la pance* » à Satan pour lui arracher la chartre, qu'elle rend à Théophile en lui demandant de la porter à l'évêque pour qu'il lise l'histoire : *Devant le pueple en sainte yglise, / Que bone gent n'en soit sorprise / Par tel barate. / Trop aime avoir qui si l'achate : / L'ame en est et honteuse et mate* [Devant le peuple, en sainte église, / Pour que les bons ne soient plus séduits / Par semblable ruse. / C'est trop aimer l'argent de l'acheter si cher : / L'âme en retire honte et perdition] (vv. 593 à 597).

De cette légende écrite en grec au ve ou au vi^e^ siècle, traduite en latin par Paul Diacre au ixe siècle, et très répandue au Moyen Âge avec le culte marial — des sermons de saint Bernard aux vitraux et aux sculptures des cathédrales : on la trouve dans la *Légende dorée* de Jacques de Voragine, dans les *Miracles de Nostre Dame* de Gautier de Coinci, et Villon évoqua aussi « *le clerc Theophilus* » —, Rutebeuf a fait le premier miracle par personnages, une pièce de théâtre aux monologues très soignés. Les nombreux échos des thèmes traités dans les autres œuvres du poète ont induit certains commentateurs, comme Jean Dufournet, à y voir un bilan de sa vie, « *sorte de psychodrame* » où il exorciserait ses défaillances, ses doutes et ses peurs, tout autant qu'une lecture « *des égarements qu'il stigmatise dans son siècle* ». La simplicité de la pièce, parfois assimilée à de la naïveté, laisse au contraire une grande liberté à la représentation : l'expérience du jongleur a été décisive. Annonçant toute la mythologie faustienne, la double conversion de Théophile — de Dieu au diable et du diable à Dieu —, dans son extrême concision — moins de 700 vers contre plus de 2 000 octosyllabes chez Gautier de Coinci —, a connu d'innombrables continuations et adaptations, depuis la quarantaine de pièces du XIVe siècle (d'auteurs anonymes, recueillies dans le manuscrit Cangé de la Bibliothèque nationale) reproduisant la même intrigue, jusqu'aux mises en scène du XXe siècle : le théâtre Rataillon d'Albert Lepage, à Bruxelles (1933), la même année que les Théophiliens de Gustave Cohen, à Lyon — où, quelque quarante ans plus tard (1974), se produisit Jean Meyer —, enfin la Compagnie Anamorphose de Francette Clérit, à Paris (1987).

CITATIONS

Li mal ne sevent seul venir :
Tout ce m'estoit a avenir
S'est avenu.
Que sont mi ami devenu
Que j'avoie si pres tenu
Et tant amé ?
Je cuit qu'il sont trop cler semé :
Il ne furent pas bien femé,
Si sont failli.
Itel ami m'ont mal bailli,
C'onques tant com Diex m'assailli
En maint costé,
N'en vi un seul en mon osté :
Je cuit li vens les m'a osté.
L'amor est morte :
Ce sont ami que vens enporte,
Et il ventoit devant ma porte :
Ses enporta.

[Les maux ne savent venir isolément :
Il fallait que tout cela m'arrivât,
Et c'est arrivé.
Que sont devenus mes amis,
Avec qui j'étais si intime
Et que j'avais tant aimés ?
Je crois qu'ils sont trop clairsemés :
Ils ne furent pas bien fumés,
Alors ils m'ont fait défaut.
Ces amis-là m'ont mal traité,
Car jamais, tant que Dieu m'affligea
En mainte manière,
Je n'en vis un seul en ma demeure.
Je crois que le vent me les a enlevés.
L'amitié est morte :
Ce sont amis que vent emporte,
Et il ventait devant ma porte :
Aussi (le vent) les emporta.]

Complainte Rutebuef, vv. 107 à 124.

L'espérance du lendemain,
Ce sont mes fêtes.

Mariage Rutebuef.

JUGEMENTS

« D'où vient cet éclat, ce grain de pierre lisse, cette densité chez Rutebeuf ? Ses vers sont d'une venue, ramassés, sans ornement. On y sent que l'âme est à vif. »

Édith BOISSONNAS, « Rutebeuf », in *Tableau de la littérature française* I, Gallimard, 1962.

« Pour la première fois, nous rencontrons dans l'histoire de notre littérature une individualité fortement caractérisée, qui se retrouve dans les ouvrages les plus divers. [...] *Voilà le bon et vrai lyrisme : et c'est pourquoi il ne fallait pas oublier le pauvre diable qui, le premier chez nous, dans la laide et vulgaire réalité de cette vie, a recueilli un peu de pure émotion poétique. »*

Gustave LANSON, *Histoire de la littérature française*, Hachette, 1894.

« C'était assurément un bohème de goût et de tempérament. Il fait parfois songer à Villon et à Verlaine. Les défauts qu'il confesse le plus volontiers sont la gourmandise et la passion du jeu. Qu'on y joigne l'insouciance et la générosité naturelle à ceux qui ne savent pas compter, et l'on aura le secret de sa destinée.

[...]

Car Rutebeuf, sans aucun doute, a eu la vocation et le don poétiques. Ce n'est pas un puissant créateur de figures et d'images. Son inspiration se meut en général sur des registres tempérés. Mais il a du trait, de la vivacité, de la vigueur et de la flamme. Il a écrit dans presque tous les genres du lyrisme et de la satire. Quelques fableaux aussi naturellement, troussés d'une plume alerte, avec quelques jolis tableaux, et qui s'apparentent parfois plus au genre du conte, et même du conte moral, qu'à celui du fableau proprement dit.

[...]

L'inspiration lyrique de Rutebeuf est assez inégale. Ses complaintes sur la mort des grands personnages [...] *sentent un peu la poésie de commande avec quelques accents sincères. Ses chansons sont plus originales et alertes* [...].

Mais la vocation de Rutebeuf c'est décidément la satire. Ses cibles sont : lui-même d'abord, les ordres religieux, le monde, l'Église, l'Université [...]. *Vigoureuse et drue en général, la satire de Rutebeuf atteint à la grande éloquence quand il plaide une cause qui le passionne, celle de la Croisade notamment* [...].

N'oublions pas enfin Rutebeuf poète dramatique. Dans le Miracle de Théophile, *il développe l'histoire d'un clerc ambitieux et violent, tombé en disgrâce, qui pour retrouver la puissance donne son âme au diable. Passant devant une chapelle de Notre-Dame, il est un jour saisi de repentir et sauvé. Ce thème pouvait servir à une belle étude de caractère. On la chercherait en vain dans le "miracle" de Rutebeuf. On trouve en revanche quelques beaux mouvements lyriques dans les monologues que l'auteur met dans la bouche de Théophile ».*

Émile MIREAUX, « Le Siècle de saint Louis. De la tradition chevaleresque et courtoise au réalisme bourgeois. 1200-1328 », *in* Émile HENRIOT (dir.), *Neuf Siècles de littérature française*, I, III, 6, Delagrave, 1958.

« Sur tout ce qui précède le XVe *siècle, je ne dirai rien, n'ayant pas cru pouvoir faire figurer valablement dans cette anthologie la poésie du Moyen Âge. Même* RUTEBEUF *qui, par tant de traits, préfigure Villon,* [...] *reste, pour le lecteur non préparé, la plupart du temps incompréhensible. J'ai donc renoncé à donner de lui une image qui n'aurait pu être que déformante. »*

Georges POMPIDOU, *Les Poètes*, in *Anthologie de la poésie française*, Hachette, 1961.

« Rutebeuf n'est rien d'autre pour nous qu'un nom. »

Michel ZINK, *in* RUTEBEUF, *Œuvres complètes*, t. I, « Classiques Garnier », Bordas, 1989.

BIBLIOGRAPHIE

Éditions

Œuvres complètes, éd. E. FARAL et J. BASTIN, Picard, 1959-1960 (Fondation Singer-Polignac) ; éd. et trad. M. ZINK, « Classiques Garnier », Bordas, 1989 et 1990, 2 vol.

Le Miracle de Théophile, éd. et trad. J. DUFOURNET, « GF », Flammarion, 1987.

Poèmes de l'infortune et autres poèmes, éd. et trad. J. DUFOURNET, « Poésie », Gallimard, 1986.

Rutebeuf et les Frères mendiants. Poèmes satiriques, trad. J. DUFOURNET, Champion, 1991.

Études

É. BOISSONNAS, « Rutebeuf », in *Tableau de la littérature française*, I, Gallimard, 1962, pp. 102 à 104.

J. DUFOURNET, *Du Roman de Renart à Rutebeuf*, Paradigme, Orléans, 1993.

G. LAFEUILLE, *Rutebeuf*, Seghers, 1966.

AUDIO & VIDÉO

CD-ROM

Encyclopédie de la littérature française, Bibliopolis, 1998.

SADE

SADE
Donatien Alphonse François, comte, dit le marquis de SADE
Paris 1740 – Charenton (act. Val-de-Marne) 1814

> « *L'œuvre de Sade introduit communément des* irrégularités *scandaleuses.* [...]
> *Le mérite essentiel de Sade est d'avoir découvert, et bien montré, dans le transport voluptueux, une fonction de l'*irrégularité morale. »
> Georges BATAILLE, *L'Érotisme*, in *Œuvres complètes*, t. X, Gallimard, posthume, 1987.

> « *Encore qu'elle puisse passer aux yeux de certains pour comporter l'ouverture sur quelques divertissements, l'œuvre du marquis de Sade n'est pas à proprement parler des plus réjouissantes et les parties les plus appréciées peuvent paraître aussi les plus ennuyeuses.* »
> Jacques LACAN, *L'Éthique de la psychanalyse*, 1959, in *Le Séminaire*, t. VII, Seuil, 1986.

Une vie derrière des barreaux

Un grand seigneur méchant homme

Issu d'une famille de la noblesse provençale qui se targuait de compter au nombre de ses ancêtres la Laure de Pétrarque et qui était apparentée aux Condé, le marquis de Sade fut d'abord un représentant typique de l'aristocratie des Lumières : déjà son père, grand seigneur débauché et lettré, ami du comte de Charolais, passait pour l'un des modèles les plus accomplis du libertin sous le règne de Louis XV, multipliant les conquêtes, plus rarement les liaisons — notamment avec Louise-Anne de Bourbon-Condé, *alias* Mlle de Charolais, et avec la comtesse de Raimond, *alias* Mme de Longueville, que Sade considéra toujours comme sa véritable mère. D'abord compagnon de jeu du prince Louis-Joseph de Bourbon à l'hôtel de Condé — où il naquit —, élevé ensuite en Provence par ses tantes puis par son oncle, abbé érudit mais notoirement dépravé, le jeune Donatien — dont une sœur aînée était morte à 2 ans, en 1739, et dont une sœur cadette mourut dès la naissance, en 1746 —, après des études au collège Louis-le-Grand et une admission à l'école des Chevau-légers, à Versailles, réservée aux fils de la plus ancienne noblesse, fut d'abord officier et participa à la guerre de Sept Ans (1757 à 1763). En 1763, il épousa, contre son gré, Renée-Pélagie de Montreuil, puis, l'année suivante, succéda à son père — qu'il adora toute sa vie — dans sa charge de lieutenant général du roi. Dès ses premières années de mariage — marquées par le décès d'un enfant, peu après sa naissance, en 1764 —, Sade multiplia les actes de « *débauche outrée* », fréquentant les maisons closes et se ruinant pour les comédiennes et autres courtisanes, dont la célèbre Beauvoisin, à la grande exaspération de sa belle-mère, la présidente de Montreuil — qui finit par causer sa perte. L'année 1767 commença avec la mort du père tant aimé (24 janv.) — le fils devint alors comte de Sade — et se poursuivit avec la naissance d'un fils, Louis-Marie (27 août) — aîné d'un frère, Donatien Claude (1769) et d'une sœur, Madeleine-Laure (1771) —, qui resta l'enfant préféré de son père.

Deux affaires de mœurs aggravées — de sacrilège à Arcueil, le 3 avril 1768, dimanche de Pâques, contre Rose Keller, et d'empoisonnement à Marseille, en juin 1772, avec son domestique Latour, contre quatre prostituées — lui valurent l'une une incarcération à Lyon, puis une assignation à résidence dans son château provençal de La Coste, l'autre une condamnation à mort par contumace, puis, à la suite d'une lettre de cachet de sa belle-mère, une incarcération au fort de Miolans, dont il réussit à s'évader en 1773. Repris quelques années plus tard, il subit un emprisonnement de douze années (1778 à 1790), d'abord au fort de Vincennes, puis à la Bastille (1784), enfin à Charenton (1789), après une ultime évasion de trente-neuf jours — Sade, venu au chevet de sa mère mourante, à Paris, début 1777, ayant été incarcéré une première fois à Vincennes, quelques mois avant la mort, à la fin de la même année, de son oncle l'abbé de Sade.

Entre-temps, Sade avait séjourné aux Pays-Bas (sept.-oct. 1769) — rédigeant alors un ***Voyage de Hollande, en forme de lettres*** —, avait été emprisonné pour dettes (1771) et avait fui en Italie (été 1772), avec sa belle-sœur — et maîtresse — Anne-Prospère de Launay, où, après s'être caché à Chambéry puis à Lyon, il se réfugia durablement (1775-1776) : à son retour, durant l'été 1776, il avait commencé la rédaction de ***Voyage d'Italie ou Dissertations antiques, historiques, politiques et philosophiques sur les villes de Florence, Rome et Naples***.

Un écrivain incarcéré

C'est en prison que Sade composa ses premières œuvres d'importance. En 1782, le ***Dialogue entre un prêtre et un moribond*** offrait une défense traditionnelle de la morale de l'athéisme : l'athée veut le bonheur des autres comme le sien propre. Dans ***Les Cent Vingt Journées de Sodome ou l'École du libertinage*** (composées entre 1782 et 1785, publiées en 1904), son ouvrage le plus froidement terrifiant, il mettait en scène quatre scélérats — représentant respectivement la noblesse d'épée, le haut clergé, la noblesse de robe et la finance, et les tempéraments sanguin, bilieux, phlegmatique et mélancolique — s'enfermant dans un château médiéval, avec autant d'*« historiennes »*, anciennes maquerelles, et une vingtaine de victimes des deux sexes, afin de s'y livrer impunément aux plus sanglantes orgies. Le principe de composition du roman est celui d'une progression mathématique de l'horreur : les 120 journées se répartissent en 4 mois consacrés respectivement aux passions *« simples »*, *« doubles »*, *« criminelles »* et *« meurtrières »*. Le projet avoué est celui d'un recensement exhaustif de toutes les perversions imaginables, ordonné par un récit *« le plus impur qui ait jamais été fait depuis que le monde existe, le pareil livre ne se rencontrant ni chez les anciens ni chez les modernes »*. L'ouvrage demeura inachevé, et une partie seulement du manuscrit — que l'auteur, à son désespoir, croyait détruit — fut retrouvée par un maçon parmi les ruines de la Bastille : on conserve cependant le plan méticuleusement tracé des quelque 600 récits prévus. Œuvre mythique, ***Les Cent Vingt Journées*** furent publiées pour la première fois en 1904, par le psychiatre berlinois Iwan Bloch, sous le pseudonyme d'Eugen Dühren. Des mêmes années 1780 date la rédaction de ***Aline et Valcour ou le Roman philosophique*** (1re publication — anonyme : *« Par le citoyen S*** »* — en 1795). Formellement, l'ouvrage combine intrigue épistolaire et roman d'aventures : l'œuvre vaut surtout par une réactivation originale de l'utopie narrative, opposant au modèle habituel de l'aimable utopie insulaire (Tamoé) le contre-modèle d'une utopie africaine sanguinaire (Butua) ; en outre, elle oppose un sympathique Valcour et un antipathique Blamont, dont la contraction des patronymes — hasard ou malice ? — donne Valmont, nom du protagoniste des *Liaisons dangereuses* de Laclos, alors récemment publiées (1782). Du séjour à la Bastille datent encore ***Les Infortunes de la vertu***, conte philosophique à la manière de Voltaire et première mouture de ***Justine***, ainsi que ***Eugénie de Franval***, la meilleure des nouvelles sadiennes, reprise dans ***Les Crimes de l'amour***.

Durant son incarcération — marquée par les décès d'Anne-Prospère de Launay (1781) et de Mme de Rousset (1784), fidèle amie de l'écrivain —, Sade trouva en son épouse un soutien constant : non contente d'être sa commissionnaire scrupuleuse et, pour ses œuvres les moins scandaleuses, sa lectrice, voire sa copiste, elle accepta de s'installer dans un couvent parisien (1781), pour calmer la jalousie — infondée — de son mari. Détenu par l'effet d'une lettre de cachet, Sade fut libéré par la Révolution (2 avr. 1790), et quitté malgré elle par son épouse, dont la mère, à défaut du maintien de son gendre en prison, obtint le divorce peu après (9 juin 1790). Il commença alors une durable liaison avec Marie-Constance Quesnet — au double prénom bien peu sadien — qui, avec son propre fils, s'installa chez Sade. L'année suivante, il publia ***Justine ou les Malheurs de la vertu***, 2e version des ***Infortunes de la vertu*** mais 1er paru des 3 récits romanesques consacrés à Justine, la plus célèbre des victimes sadiennes.

Désargenté, toujours suspect comme ci-devant noble, Sade mit au service de cette révolution une plume d'une sincérité douteuse, mais d'une remarquable énergie. Affilié à la section des Piques — dont il fut nommé président en 1793 —, il rédigea une dizaine d'écrits politiques, dont le plus significatif reste son ***Idée sur le mode de la sanction des lois*** (nov. 1792), et, guère rancunier, sauva même sa belle-famille. Il n'en fut pas moins incarcéré (aux Carmes, à Saint-Lazare et à Picpus) pour sa modération sous la Terreur (8 déc. 1793) — et parce que ses fils figuraient parmi les émigrés. Condamné à mort par le Tribunal révolutionnaire, la veille de la chute de Robespierre, il échappa de justesse à la guillotine et fut libéré le 15 octobre 1794. Il jouit alors de cinq années de liberté, durant lesquelles il publia la majeure partie de son œuvre, tout en vivant dans des conditions misérables — notamment après la vente de son château de La Coste en 1796, que Sade quitta au profit d'une maison à Saint-Ouen. En 1795, après ***Aline et Valcour***, parut — toujours anonymement — ***La Philosophie dans le boudoir ou les Instituteurs immoraux***, qui détournait au profit du libertinage le plus licencieux la forme du dialogue philosophique. C'est au sein de ce dialogue qu'est inséré le plus célèbre des textes sadiens, le pamphlet politique intitulé ***Français, encore un effort si vous voulez être républicains*** : Sade y développait sa conception du gouvernement républicain, qu'il estimait incompatible non seulement avec la religion *(« la religion est incohérente au système de la liberté »)*, mais encore avec toute forme de législation pénale.

On en retiendra un étonnant plaidoyer en faveur de l'abolition de la peine de mort, *« parce que la loi qui attente à la vie d'un homme est impraticable, injuste, inadmissible »* : le meurtre institutionnel qu'elle prescrit ne se justifie ni par le désir ni par la fureur. À la différence de ses contemporains, Sade ne considérait pas la Révolution comme ce moment de violence nécessaire à la fondation d'un ordre plus juste, mais comme un retour à l'anarchie primitive : *« L'insurrection* [...] *doit être l'état permanent d'une république. »* En 1797 parut anonymement le grand œuvre, ***La Nouvelle Justine ou les Malheurs de la vertu, suivie de l'Histoire de Juliette, sa sœur, ou les Prospérités du vice***.

En 1799, vivant dans des conditions matérielles toujours très précaires, Sade se retrouva souffleur au théâtre de Versailles. En 1800 parurent ***Oxtiern ou les Effets du libertinage*** et ***Les Crimes de l'amour***, recueil de 11 nouvelles précédées d'une brève ***Idée sur les romans*** qui constitue le seul essai littéraire laissé par le marquis — publications signées *« par D.A.F. Sade, auteur d'*Aline et Valcour *»*.

Des prisons à l'internement

Le 6 mars 1801, l'auteur de *« l'infâme* Justine *»*, dénoncé par son éditeur, fut arrêté par la police de Bonaparte, incarcéré à Sainte-Pélagie, puis déplacé à Bicêtre, pour être définitivement interné, en 1803, à la demande de sa famille et en vertu d'une procédure ponctuée par aucun jugement, à l'hospice de Charenton, maison dévolue au placement des aliénés. C'est là que Sade, bénéficiant de la sympathie d'un directeur éclairé, M. de Coulmier, put faire venir, dès 1803, sa compagne Constance et qu'il monta avec certains de ses codétenus, à partir de 1805 et jusqu'en 1813, ces fameuses représentations théâtrales qui firent courir le Tout-Paris de l'Empire. À partir de 1804, Sade rédigea ce qui aurait probablement été l'une de ses œuvres majeures, ***Les Journées de Florbelle ou la Nature dévoilée***, dont le manuscrit fut saisi en 1807, et brûlé ultérieurement par ordre du préfet de police et sur requête de la famille du *« divin marquis »* — en l'occurrence, de son fils cadet.

Dans les dernières années de sa vie, marquées par le mariage de ce même fils cadet (1808), mais surtout par les décès de son fils aîné (1809) — assassiné, à 42 ans, par des révoltés napolitains, sur une route d'Italie — et de son épouse (1810), Sade rédigea de médiocres ouvrages historiques : ***Adélaïde de Brunswick, princesse de Saxe*** (1812), ***Histoire secrète d'Isabelle de Bavière*** (1813). En 1813 parut anonymement ***La Marquise de Gange***, contribution sadienne au genre à la mode du roman noir.

Sade s'éteignit à Charenton, à 74 ans, ayant passé plus de trente années de sa vie dans les prisons de la monarchie, de la république, du Consulat et de l'Empire. Ironie du sort : il mourut le jour anniversaire du sacre de Napoléon Ier et de la victoire d'Austerlitz, le 2 décembre 1814. Il laissait une œuvre théâtrale abondante, quoique jamais représentée, à l'exception de ***Oxtiern ou les Effets du libertinage*** (1791 et 1799, publié en 1800), ainsi que plusieurs volumes de correspondance. Vingt-quatre cahiers manuscrits intitulés ***Journaux*** et datant de la période de Charenton furent brûlés après sa mort, toujours à la demande expresse de sa famille.

Sade s'est voulu l'auteur le plus scandaleux de tous les temps. Héritier infidèle de la philosophie des Lumières, il est l'inventeur d'un univers romanesque d'une absolue singularité, entièrement voué à l'apologie des perversions sexuelles, de la cruauté et du meurtre. Les termes d'abord psychiatriques (1841), puis banalisés (1887) de *« sadisme »* et de *« sadique »* témoignent du caractère emblématique pris très tôt par la figure d'un écrivain qui semble s'être fixé pour tâche de ruiner l'ensemble des idéaux de l'humanité, pour leur substituer un système de pensée qui ne pouvait porter que son nom.

L'écriture classique d'une parole violente

Tributaire de son temps, l'œuvre du marquis de Sade appartient tout entière à la littérature d'idées : à l'exception d'une production théâtrale aussi féconde que médiocre, romans, nouvelles et dialogues sont chargés de véhiculer et d'expliciter la doctrine à laquelle Sade a laissé son nom. Celle-ci peut être comprise comme la radicalisation ironique et monstrueuse des principaux thèmes philosophiques véhiculés par la pensée des Lumières.

À la base du système sadien, il y a un athéisme farouche et irréductible, ou plutôt un anti-théisme inlassablement et parfois superbement asséné : *« L'idée d'une telle chimère* [Dieu] *est, je l'avoue, le seul tort que je ne puisse pardonner à l'homme » (**Histoire de Juliette**)*. Car telle est l'ambiguïté — et d'ailleurs la limite, en termes d'intérêt — du système du *« divin marquis »* : la jouissance sadienne atteint son comble dans le sacrilège ; il ne s'agit pas simplement de nuire pour le plaisir de nuire, mais de faire le Mal en s'assurant que c'est ainsi le Bien qui est perverti, c'est-à-dire, au sens propre, « mis à mal ». Loin de l'athéisme si souvent revendiqué — « *Quand l'athéisme voudra des martyrs, qu'il le dise et mon sang est tout prêt* » ***(La Nouvelle Justine)*** —, le système sadien se réduit donc à un antithéisme qui, sous couleur de nier Dieu, en réclame et en exprime impérieusement l'existence : « *Le nom de Dieu ne sera jamais prononcé qu'accompagné d'invectives et d'imprécations, et on le répétera le plus souvent possible* » ***(Les Cent Vingt Journées de Sodome)***. Cette paradoxale foi en Dieu s'exprime diversement mais constamment chez Sade : « *Mon plus grand chagrin est qu'il n'existe réellement pas de Dieu, et de me voir privé, par là, du plaisir de l'insulter plus positivement* » ***(Histoire de Juliette)*** ; « [...] *dès l'instant où il n'y a plus de Dieu, à quoi sert d'insulter son nom ? Mais c'est qu'il est essentiel de prononcer des mots forts ou sales dans l'ivresse du plaisir, et que ceux du blasphème servent bien l'imagination ;* [...] *il faut qu'ils scandalisent le plus possible ; car il est très doux de scandaliser : il existe là un petit triomphe pour l'orgueil qui n'est nullement à dédaigner* » ***(La Philosophie dans le boudoir)***.

L'autre postulat de la philosophie sadienne est celui de l'« *isolisme* », exacerbation paroxystique de l'individualisme : « *Toutes les créatures naissent isolées, et sans aucun besoin les unes des autres* » ***(Histoire de Juliette)***. Sur cette base, Sade développe un hédonisme intégral qui fait de la jouissance sexuelle l'unique critère du bonheur, de l'intensité de cette jouissance la mesure de celui-ci — ce qu'il appelle « *intensivisme* » — et de la quantité de souffrance infligée à autrui l'étalon de cette même jouissance — le sadisme à proprement parler. C'est la théorie du libertinage féroce, qui entraîne à sa suite une éthique et une politique, également dévoyées. La contre-éthique sadienne vise explicitement au devenir monstrueux de l'homme, par l'éradication de toute sensibilité autre que sexuelle et l'interdiction de toute reproduction : « *Une jolie fille ne doit s'occuper que de foutre et jamais d'engendrer* » ***(La Philosophie dans le boudoir)***. Quant à la politique sadienne, elle est tout entière dirigée contre la notion de pacte ou de contrat social, pour viser à la restauration d'un état de nature conçu comme essentiellement inégalitaire et féroce ; raison pour laquelle l'idéal politique sadien s'accommode également de l'anarchie et du despotisme, tous deux propices au déchaînement des passions cruelles. Une telle doctrine, foncièrement irréaliste, ne peut être vérifiée que dans un univers romanesque lui-même fantasmatique, où viols, supplices et meurtres se succèdent à un rythme effréné, « *et cela à chaque page, à chaque ligne, toujours* », comme le remarquait déjà Jules Janin. D'une telle doctrine découle en effet une esthétique qui fait fi de tous les procédés habituellement utilisés pour capter l'intérêt du lecteur, au profit de la violence d'une parole destinée à violer systématiquement sa conscience. Sade est de la sorte l'inventeur d'un style « terroriste », d'un « *langage qui désavoue la relation de celui qui parle avec ceux auxquels il s'adresse* » (Bataille).

Il force, en effet, son lecteur, le soumet sans chercher à lui complaire. Son écriture est implacablement coercitive. Les euphémismes qui, jusqu'alors, dans les romans libertins, gazaient l'indécence et contournaient les tabous avec une grâce toute ludique, enveloppent à peine, ici, et presque ironiquement, une sexualité suscitée par la cruauté et aiguisée par le tyrannique mépris de la partenaire, selon un double jeu rhétorique consistant à associer une écriture érotique qui pourrait n'être que suggestive, avec la constante présence de la violence : « [...] *plus elle a l'air d'implorer sa grâce, plus il la presse avec férocité, et la malheureuse à mon exemple est ignominieusement immolée sans avoir cessé d'être vierge* » ***(Les Infortunes de la vertu)***. Ainsi s'exprime Justine, toujours punie d'être vertueuse, de sorte que ce sont ses démonstrations d'humanité, et les termes de compassion hyperboliques qu'elle emploie, qui sont susceptibles d'être ironisés.

Organisé en fonction de l'alternance des « *tableaux* » — pratiques — et des « *dissertations* » — théoriques —, illustrant le caractère inséparable de l'action et de la réflexion, le roman sadien transgresse allègrement tous les interdits et brise tous les tabous de langue en recourant délibérément à l'obscénité verbale : « [...] *pour empêcher la victime de participer aux joies célestes, il fallait avec du sang tiré près du cœur, lui faire signer qu'elle donnait son âme au diable, lui enfoncer ensuite ce billet dans le trou du cul avec le vit, et lui imposer pendant ce temps la plus forte douleur qu'il fût en mon pouvoir de lui faire endurer* » ***(Histoire de Juliette)***.

Or ces violations s'accompagnent paradoxalement d'une perfection du dire, d'un respect absolu de la langue et de sa syntaxe. Toute la violence sadienne réside au cœur de cette tension que créent, par leur coexistence, l'observance la plus scrupuleuse de la loi grammaticale, et la transgression la plus agressivement spectaculaire de la loi morale.

Du Purgatoire au Paradis

Durant tout le XIXe siècle, l'œuvre de Sade fut condamnée à la clandestinité, et n'eut qu'une influence occulte : « *Byron et Sade ont peut-être été les deux plus grands inspirateurs de nos modernes* » (Sainte-Beuve, 1843). Les premiers à s'y intéresser officiellement furent des médecins, des psychiatres et des sexologues. Freud a connu Sade à travers la *Psychopathia sexualis* de Krafft-Ebbing (1886), à la documentation de laquelle l'œuvre du marquis concourait abondamment. La découverte et la réhabilitation de l'écrivain fut d'abord le fait d'Apollinaire dont le jugement *(« Sade cet esprit le plus libre qui ait encore existé »)* valut au marquis une place de choix dans le panthéon surréaliste, comme en témoigna le *Portrait imaginaire du marquis de Sade*, par Man Ray.

Dès 1950, Paul Robert introduisit des citations de Sade dans son *Dictionnaire analogique de la langue française*, cependant que Maurice Heine publiait *Le Marquis de Sade*, avec une préface de Gilbert Lely, autre intervenant capital dans la réhabilitation. Alors qu'en 1957 encore, l'éditeur Jean-Jacques Pauvert était condamné pour sa publication de Sade — à son procès, témoignèrent en sa faveur Paulhan, Breton, Bataille et Cocteau —, l'œuvre reçut un éclairage décisif des commentaires de Bataille (*La Littérature et le Mal*, 1957), Klossowski (*Sade mon prochain*, 1947) et Blanchot (*Lautréamont et Sade*, 1963). À la fin des années 1960, adapté au cinéma par Pasolini avec *Salo* (1965) — d'après ***Les Cent Vingt Journées de Sodome*** —, par Brook avec *Marat/Sade* (1967) — d'après la pièce de Weiss, *La Persécution et l'Assassinat de Jean-Paul Marat* (1964, trad. franç. 1965) —, par Jesus Franco avec ***Les Infortunes de la vertu*** (1968) — interprétées par Klaus Kinski —, par Buñuel avec *La Voie lactée* (1968) — où Michel Piccoli tenait le rôle de Sade —, enfin par Claude Pierson avec ***Justine*** (1972), et qui inspira à l'écrivain japonais Mishima une *Madame Sade* (1969, trad. franç. 1976), Sade devint l'un des auteurs fétiches de la modernité et du groupe *Tel quel*, suscitant les analyses de Barthes (*Sade, Fourier, Loyola*, 1971), Foucault (*Les Mots et les Choses*, 1966) et Lacan (« Kant avec Sade », in *Écrits*, 1966). Dans les années 1970, la plupart des textes parurent en édition de poche, et, en 1990, l'entrée du « *divin Marquis* » dans la « Bibliothèque de la Pléiade », en une édition de Michel Delon, un an avant la biographie monumentale de Maurice Lever, consacra la normalisation de l'écrivain et la banalisation d'une œuvre dont le pouvoir d'inquiétude reste inentamé.

Toutefois, par une sorte d'inversion des extrêmes, ce passage du Purgatoire au Paradis littéraire s'accompagne d'autres excès : les vainqueurs de près de deux siècles d'ordre moral ne tolèrent guère, à leur tour, qu'on puisse juger simplement ennuyeuses ces scènes de sacrilèges, flagellations, sodomies et autres orgies à répétition, et ressentir la même indifférence aujourd'hui à l'encens, qu'au soufre hier, d'une œuvre désormais réhabilitée.

ŒUVRES

Justine *ou les Malheurs de la vertu*

Roman publié anonymement en 1791 et formant le 1er état paru d'une œuvre qui en connut 3 entre 1787 et 1797. Il constituait en réalité la 2e version, remaniée, d'un conte rédigé en 1787 sous le titre ***Les Infortunes de la vertu***, et publié posthume, pour la première fois, par Maurice Heine, chez Fourcade, en 1930. La 3e ***Justine***, roman fleuve de 10 volumes, parut en 1797 sous le titre ***La Nouvelle Justine ou les Malheurs de la vertu***.

Deux sœurs élevées au couvent se trouvent ruinées et jetées à la rue après la mort de leurs parents. Tandis que l'une, Juliette, embrasse la carrière de courtisane et prospère dans le vice, l'autre, prénommée Justine, sensible et candide, s'obstine dans sa fidélité à son éducation morale et subit « *les malheurs de la vertu* ». D'abord, Justine est chassée par sa couturière, puis le curé de la paroisse veut abuser d'elle. Un vieil usurier de Paris l'engage comme servante pour l'accuser bientôt d'un vol qu'il lui a fait lui-même commettre. Emprisonnée, elle réussit à s'enfuir avec Dubois, dépravé prosélyte qui l'entraîne dans sa troupe de bandits prompts à mettre sa pudeur à l'épreuve. Leur échappant, elle secourt Saint-Florent, un jeune aristocrate qui, pour tout remerciement, la vole et la détrousse. Puis elle séjourne chez le marquis de Bressac, un sodomite qui veut la forcer à empoisonner sa tante ; chez Rodin, un chirurgien et maître d'école expert en vivisections humaines ; au couvent de Sainte-Marie-des-Bois, auprès de quatre moines débauchés ; chez le riche comte de Gernande, qui organise des orgies. Entraînée dans une association de mendiants, elle se réfugie auprès de Roland, un faux-monnayeur, entre au service de l'évêque de Grenoble, pour retomber entre les mains de Cardoville, parlementaire chargé du procès de Justine et qui « *abuse de sa faiblesse* ». Victime de personnages toujours plus monstrueux qui l'exposent à être la complice de leur abjection, elle est condamnée pour des crimes dont elle n'est pas coupable. Entre deux procès, elle est remarquée par une voyageuse, la comtesse de Lorsange, qui n'est autre que sa propre sœur. Justine conte ses malheurs à Juliette et croit enfin goûter le repos auprès d'elle, lorsqu'elle meurt frappée par la foudre au cours d'un orage.

Le roman, tissé autour du thème de l'infortune de Justine, ne se comprend pas comme une œuvre unique, mais comme l'un des récits composés à partir des aventures parallèles de deux sœurs, selon un fil narratif commun aux trois versions successives de leur histoire. ***Justine*** développe et élargit le 1er conte intitulé ***Les Infortunes de la vertu***, tandis que la 3e et dernière version, ***La Nouvelle Justine***, suivie d'un récit parallèle, l'***Histoire de Juliette, sa sœur***, est un roman d'apprentissage qui radicalise l'intrigue en consacrant la victoire de Juliette et de ses convictions libertines sur sa sœur. ***Justine*** modifie l'ordre des épisodes, inversés ou ajoutés par rapport à la 1re version, agrémentée de nouveaux personnages — dont Saint-Florent, voyageur peu scrupuleux, le comte de Gernande, l'évêque de Grenoble et Cardoville, le parlementaire, Roland, le faux-monnayeur, qui remplace Dalville. Dans ***La Nouvelle Justine*** vont apparaître Bandole, un maniaque qui assassine les enfants nouveaux-nés des femmes qu'il a engrossées, Mme Delmonse et Gaspard, chef de bandits. Dans ***Justine***, l'histoire centrale des malheurs de Justine est encadrée par le bref récit de la prospérité de la libertine Juliette. À travers l'évolution de la trame narrative, s'opèrent le glissement des genres — du conte moral au roman érotique et au récit initiatique dans ***La Nouvelle Justine*** — et un déplacement des points de vue du narrateur. Alors que Justine constitue l'axe du récit dans les 1re et 2e versions, écrites à la 1re personne, elle est ensuite dépossédée de la maîtrise du récit dans ***La Nouvelle Justine***, récit à la 3e personne. Dans ***Les Infortunes de la vertu***, Justine conservait les apparences de la vertu par un récit allusif et pudique des sévices qu'elle subissait. Dans ***Justine***, les périphrases et euphémismes utilisés par l'innocente pour décrire les situations auxquelles elle est confrontée contrastent avec la description explicite des scènes fantasmatiques de châtiments corporels infligés aux victimes, qui rendent dérisoires ses débats moraux.

Figurant parmi les principales œuvres de Sade publiées de son vivant et devenu l'une des plus connues, le roman s'inscrivait dans la lignée des nouvelles écrites durant la période de maturation que constitua pour Sade son emprisonnement à la Bastille, et réunies dans le recueil des ***Crimes de l'amour***. Le long travail de recomposition et de réécriture dont procède ***Justine*** permet de saisir la trame des fantasmes dans lesquels Sade puisa son imagination d'écrivain. Identifié aux libertins à cause de son non-conformisme par la tradition du XVIIIe siècle et soumis à la censure, il pâtit longtemps de l'assimilation de sa pensée au contenu érotique ou pornographique de ses textes. Avec la publication des manuscrits, la recherche historique et la critique contemporaine ont mis en lumière les dimensions littéraires et philosophiques d'une œuvre réduite durant deux siècles par une gloire suspecte.

La ***Nouvelle Justine*** *ou les Malheurs de la vertu, suivi de l'Histoire de Juliette, sa sœur, ou les Prospérités du vice*

Roman paru anonymement à Paris en 1797, en 10 volumes illustrés de 100 gravures obscènes.

Énorme ampliation du conte philosophique ***Les Infortunes de la vertu*** (1787), puis de ***Justine ou les Malheurs de la vertu*** (1791), cette « *épopée tragique de l'intensité* » (Jean Deprun) est la somme littéraire et le chef-d'œuvre de Sade. La bipartition de l'œuvre répond à des exigences à la fois doctrinales et esthétiques. Le roman se donne à lire comme un traité du bonheur sadien, une vaste explicitation narrative du principe qu'il formule dans sa dernière partie : « *Le bonheur tient à l'énergie des principes.* » Deux sœurs aux histoires parallèles incarnent la thèse annoncée par les titres et sous-titres. À la fin du récit, Justine devient la proie de Juliette, qui la livre à une ordalie vengeresse ; Justine est foudroyée, à la grande satisfaction des libertins : « *Venez contempler l'ouvrage du ciel, voyez comme il récompense la vertu.* » Au roman de la victime, énoncé à la 3e personne, ***L'Histoire de Juliette*** substitue le roman du bourreau, raconté à la 1re personne. Pour la première fois, l'instance narrative est intégralement mise au service de la thèse du bonheur dans le Mal, raison pour laquelle Blanchot a pu soutenir « *que, dans aucune littérature d'aucun temps, il n'y a eu un ouvrage aussi scandaleux, que nul autre n'a blessé plus profondément les sentiments et les pensées des hommes* » (*Sade et Lautréamont*, 1949).

L'Histoire de Juliette présente la synthèse la plus explicite de la doctrine sadienne, avec l'exposé de son concept majeur, celui de l'*« apathie »* (2e partie). Le roman offre également une fresque hallucinée de l'Europe révolutionnaire, qui fait voyager le lecteur de la Suède au royaume de Naples, le climax subversif de l'œuvre étant constitué par la rencontre de l'héroïne avec le pape, et l'orgie organisée au Vatican en son honneur. L'œuvre a été magnifiée par les surréalistes, puis, plus récemment, par Annie Le Brun (*Soudain, un bloc d'abîme, Sade*, 1986), à la faveur de son irréalisme foncier et d'une écriture tenue pour superbement onirique. Elle a été interprétée par Foucault comme la limite extrême *« du discours et de la pensée classique »*, manifestant un *« précaire équilibre entre la loi sans loi du désir et l'ordonnance méticuleuse d'une représentation discursive »* (*Les Mots et les Choses*, 1966). Strictement contemporaine de l'écrasement des Égaux et du dévoiement impérialiste de la Révolution, ***L'Histoire de Juliette*** peut aussi se lire comme le roman vrai du Directoire. Elle est assurément, avec l'*Hypérion* d'Hölderlin, le grand roman de la période révolutionnaire.

CITATIONS

Prouve-moi l'inertie de la matière et je t'accorderai le créateur.

Dialogue entre un prêtre et un moribond.

La première loi que m'indique la nature est de me délecter n'importe aux dépens de qui.

L'Histoire de Juliette.

Respectons éternellement le vice et ne frappons que la vertu.

L'Histoire de Juliette.

Mon plus grand chagrin est qu'il n'existe réellement pas de Dieu, et de me voir privé, par là, du plaisir de l'insulter plus positivement.

L'Histoire de Juliette.

Tout est bon quand il est excessif.

La Nouvelle Justine.

Je suis l'homme de la nature avant que d'être celui de la société.

La Nouvelle Justine.

JUGEMENTS

« Avec Sade l'érotisme systématique est une des directions de la pensée absurde. »

Albert Camus, *Carnets*, t. II, septembre 1943, Gallimard, posthume, 1964.

« Le nom même du marquis de Sade, grand philosophe et esprit libre, est banni du vocabulaire comme insultant parce qu'il commit le crime de penser pour des gens dont la place n'est pas plus au harem qu'à la chapelle Sixtine. »

Robert Desnos, *Nouvelles Hébrides (1922-1930)*, Gallimard, posthume, 1978.

« Bonaparte, trouvant pour la quatrième fois, sur sa table de travail, deux livres infâmes envoyés par leur auteur, écrivit : "Enfermez le nommé de Sade comme un fou dangereux." *L'ordre fut exécuté. Parmi ceux qui ont eu le courage de feuilleter les ouvrages de cet homme atteint de satyriologie, qui donc oserait dire que, tout arbitraire qu'elle fût dans la forme, cette séquestration n'ait pas été justifiée ? »*

Maxime Du Camp, *Paris*, t. IV, 1875.

« C'est curieux que le XVIIIe *siècle, à qui nous devons les tableaux de mœurs les plus cyniques de notre littérature, nous ait aussi donné deux grands peintres de la pudeur : l'un des deux, on le sait bien, est Marivaux. L'autre, je ne sais pourquoi on s'obstine à ne pas le savoir, est Sade. »*

Jean Paulhan, *Les Primitifs et les Maîtres*, 1945, in *Œuvres complètes*, t. IV, Cercle du livre précieux, posthume, 1969.

BIBLIOGRAPHIE

Éditions

Œuvres complètes du marquis de Sade, éd. G. Lely, Cercle du livre précieux, 1966-1967, 16 t. en 8 vol., rééd. Tête de feuille, 1973.

Œuvres complètes, éd. J.-J. Pauvert et A. Le Brun, Pauvert, 1987, 16 vol.

Œuvres, éd. M. Delon, « Pléiade », Gallimard, 1990 à 1998, 3 vol.

Justine ou les Malheurs de la vertu, éd. B. Didier, « LdP », LGF, 1973 ; éd. N. Châtelet, « L'Imaginaire », Gallimard, 1994.

La Nouvelle Justine ou les Malheurs de la vertu, éd. G. Lely, « 10/18 », UGE, 1998, 2 vol.

Études

R. Barthes, *Sade, Fourier, Loyola*, Seuil, 1971.

G. Bataille, *L'Érotisme*, Minuit, 1957 ; *La Littérature et le Mal*, Gallimard, 1957.

S. de Beauvoir, « Faut-il brûler Sade ? », in *Privilèges*, « Idées », Gallimard, 1955, rééd. 1972.

M. Blanchot, *Lautréamont et Sade*, Minuit, 1963 ; *L'Insurrection, la Folie d'écrire*, 1969, rééd. in *Sade et Restif de La Bretonne* [titre de l'édit.], Complexe, Bruxelles (BE), 1986.

E.P. Chanov, *The Marquis de Sade. A Bibliography*, Metachen, New Jersey (US), 1973.

E. Cormann, *Sade, Concert d'enfers*, Minuit, 1989.

J. Deprun, *Sade philosophe, in* Sade, *Œuvres*, éd. M. Delon, « Pléiade », Gallimard, t. I, 1990.

H. Fauville, *La Coste. Sade en Provence*, Édisud, Aix-en-Provence (Bouches-du-Rhône), 1984.

M. Foucault, *Les Mots et les Choses*, Gallimard, 1966.

L. Frappier-Mazur, *Sade et l'Écriture de l'orgie*, Nathan, 1991.

M. Heine, « Sade », in *Tableau de la littérature française*, II, Gallimard, 1939, pp. 369 à 372 ; *Le Marquis de Sade*, Gallimard, 1950.

M. Hénaff, *Sade, l'Invention du corps libertin*, PUF, 1978.

R. Jean, *Un portrait de Sade*, Actes Sud, Arles (Bouches-du-Rhône), 1989.

P. Klossowski, *Sade, mon prochain*, Seuil, 1947, rééd. 1976.

A. Laborde, *Sade romancier*, La Baconnière, Neuchâtel (CH), 1974 ; *Les Infortunes du Marquis de Sade*, Champion/Slatkine, Paris/Genève (CH), 1990.

J. Lacan, « Kant avec Sade », in *Écrits*, Seuil, 1966.

A. Le Brun, *Soudain, un bloc d'abîme, Sade*, Pauvert, 1986 ; *Sade, Aller et Détours*, Plon, 1989.

G. Lely, *Vie du marquis de Sade*, tomes I et II de l'éd. du Cercle du livre précieux, 1966, rééd. Mercure de France, 1989 ; *Sade. Études sur sa vie et son œuvre*, nouv. éd. « Idées », Gallimard, 1967 ; *Le Portefeuille du marquis de Sade*, La Différence, 1977.

M. Lever, *D.A.F., marquis de Sade*, Fayard, 1991 ; *id.* (dir.), *Bibliothèque Sade. Papiers de famille*, Fayard, 1993 et 1994, 2 vol. ; *Que suis-je à présent... ? Sade et la Révolution*, Bartillat, 1998.

J.-J. Pauvert, *Sade vivant*, Laffont, 1986 à 1990, 3 vol.

Ph. Roger, *Sade. La Philosophie dans le pressoir*, Grasset, 1976.

Ph. Sollers, *L'Écriture et l'Expérience des limites*, « Points », Seuil, 1971 ; *Sade contre l'Être suprême*, Quai Voltaire, 1989.

Ch. Thomas, *Sade. L'Œil de la lettre*, Payot, 1978 ; *Sade*, « Écrivains de toujours », Seuil, 1994.

AUDIO & VIDÉO

CD-ROM

Autour du romantisme. Le Roman, 1792-1886, Bibliopolis, 1999.

Encyclopédie de la littérature française, Bibliopolis, 1998.

SAINTE-BEUVE

Charles Augustin SAINTE-BEUVE

Boulogne-sur-Mer (act. Pas-de-Calais) 1804 – Paris 1869

Académicien, professeur au Collège de France

> *« Quel écrivain, qui bâille quelquefois à Sainte-Beuve, s'est jamais arrêté dans la lecture de* Mes Poisons *? Et je ne vois là point de mal. Il y a dans la "rosserie de confrère", si décriée, un agent de décapage salubre. »*
> Julien GRACQ, *En lisant en écrivant*, Corti, 1981.

> *« Il est cauteleux, conséquence de sa finesse, et il embrouille et embarbouille son talent de réserves, de sous-entendus, d'insinuations prudentes ou perfides, de précautions, chattemites ou traîtresses. Il a inventé les* peut-être, *les* il me semble, *les* on pourrait dire, *les* me serait-il permis de penser, *locutions abominables qui sont la petite vérole de son style... »*
> Jules BARBEY d'AUREVILLY, in *Le Nain jaune*, 1863.

L'itinéraire tortueux d'une âme torturée

Des débuts éclectiques

Orphelin de père dès sa naissance, Sainte-Beuve fut un élève assez brillant, à Boulogne puis à Paris (aux collèges Charlemagne et Bourbon). Coïncidences topographiques : à Paris, il habita successivement les mêmes rues que Balzac et que Hugo, ses deux plus illustres futurs ennemis.

Tout en commençant des études de médecine qu'il abandonna par la suite (1823 à 1827), il entra, dès 1824, dans l'équipe du *Globe*, le journal littéraire de Leroux et Dubois (son ancien professeur à Charlemagne), puis fut admis dans le cénacle de Hugo. En 1828, son ***Tableau historique et critique de la poésie française et du théâtre français au XVIe siècle*** — qui était, à l'origine, un mémoire rédigé pour le prix d'éloquence de l'Académie française —, présentait les auteurs du XVIe siècle, notamment Ronsard, ainsi tiré de deux siècles d'oubli, comme des précurseurs du romantisme : quinze ans plus tard, en 1843, une nouvelle édition en fit une ***Introduction*** à l'histoire de notre poésie classique.

Entreprenant, après ces débuts de critique, une carrière d'écrivain, il commença par la poésie, publiant d'abord un recueil où il reprenait le principe du mélange de prose et de poésie des « *romans-poèmes* » du vicomte d'Arlincourt : dans ***Vie, Poésies et Pensées de Joseph Delorme*** (1829), Sainte-Beuve se donnait comme l'éditeur anonyme d'un poète disparu. Pseudonyme doublé de la fiction d'une publication posthume rappelant le stratagème des poésies de Clotilde de Surville (1803) ou la *Clara Gazul* de Mérimée : l'entreprise fit scandale, mais la polyvalence scripturale, où coexistent un « *il* » fictionnel, un « *je* » élégiaque et un « *je* » critique, reste une intéressante « production romantique ». Sainte-Beuve y restitue aussi bien la maladie physique que les affres d'une imagination et d'une pensée excessives, la déréliction de l'individu confronté à la société impitoyable que les tourments de la création. À la fois intervention dans le débat esthétique et expression d'une crise morale, manifeste et combinaison de thèmes d'époque, expression du moi et dédoublement, l'ouvrage traduit une libido et une tentation littéraire : son auteur lui-même, y voyant, par la suite, un péché de romantisme et de jeunesse, s'en éloigna. Parues en 1830, ***Les Consolations*** constituèrent, selon leur auteur, l'« *unique saison heureuse de* [sa] *vie* » (***Mes Poisons***, posth., 1926) : liées à l'amitié pour le couple Hugo, écrites dans l'euphorie spiritualiste chrétienne et romantique, ces poésies obtinrent un grand succès à leur parution, pour aussitôt tomber dans l'oubli. En 1837, parut le recueil poétique des ***Pensées d'août***, réédité en 1845 : mal accueilli, ce recueil, qui exacerbait les tendances intimistes des ***Consolations*** et qui revendiquait une inspiration humble, tentait de développer un « *genre moyen* » (***Post-scriptum*** de 1844 à l'***Avertissement*** de 1837), en développant le récit domestique et moral, ou l'épître à demi critique. L'auteur, qui était passé du matérialisme des idéologues, adopté lors de ses études de médecine, au saint-simonisme, qu'il défendit dans *Le Globe* en 1830, était devenu un défenseur de l'école romantique ; il se tourna, à partir de 1831, vers le christianisme libéral de Lamennais, pour s'en éloigner en 1833.

L'amant de Mme Victor Hugo

Dès 1830, Sainte-Beuve avait avoué à Hugo l'amour qu'il portait à sa femme Adèle, dont il devint l'amant en 1832. Entrepris vers la fin de l'année 1831, ***Volupté*** (1834) se situait donc au cœur d'un malaise sentimental.

Sainte-Beuve fit imprimer mais ne publia pas son ***Livre d'amour*** (1843), recueil de poèmes consacré aux amours avec Adèle, qui prirent fin en 1836, un an après la rupture définitive des relations entre l'amant et l'époux — celui-ci surnommant celui-là, après ce recueil, de « *serpent à sonnets* ». Sainte-Beuve se tourna ensuite exclusivement vers l'activité critique.

Un « *prince de la critique* » très peu critique du prince

Après une première édition en 1832, les ***Critiques et Portraits littéraires*** de 1836, complétés en 1839, inaugurèrent une abondante production, où se succédèrent ***Port-Royal*** (1840 à 1859), fruit d'un cours professé à Lausanne en 1837-1838, ***Portraits de femmes*** (1844), ***Portraits littéraires*** (1844) et ***Portraits contemporains*** (1846). Sainte-Beuve accomplit alors, au gré d'un opportunisme politique sans vergogne, un *cursus honorum* aussi fulgurant que révélateur de ses multiples complexités. Conservateur à la bibliothèque Mazarine en 1840, élu académicien dès 1844 (à 40 ans) et reçu par... Hugo en 1845, il fut dénoncé en 1848 : il démissionna de son poste de conservateur, lorsqu'on découvrit qu'il émargeait — d'ailleurs faiblement — aux fonds secrets de la monarchie de Juillet, et partit enseigner, jusqu'à l'été 1849, à l'université de Liège. Sainte-Beuve commença sa série d'articles du lundi pour *Le Constitutionnel*, le 1er octobre 1849, avant de les donner au *Moniteur* — le journal officiel du nouveau régime qu'il fut l'un des rares écrivains à soutenir volontiers —, à partir de décembre 1852. Entre-temps, il s'était définitivement installé dans la maison maternelle de la rue du Montparnasse, héritée à la mort de sa mère, en 1850. Forcé d'abandonner ses cours de poésie latine au Collège de France par le chahut des opposants à Napoléon III, il enseigna comme maître de conférences à l'École normale supérieure, de 1858 à 1861. En 1860, il publia ***Chateaubriand et son groupe littéraire sous l'Empire***, qui se fondait sur les leçons professées à Liège en 1848-1849. Nommé sénateur (1865), Sainte-Beuve se rapprocha des libéraux (notamment en écrivant au *Temps*), l'année de sa mort.

La publication des ***Causeries du lundi*** s'était échelonnée sur 15 volumes, de 1851 à 1862. Suivirent les ***Nouveaux Lundis*** (1863 à 1870, 13 tomes), et les ***Premiers Lundis*** (1874-1875, articles non recueillis jusqu'alors, datant surtout d'avant 1840). À cette publication posthume s'ajoutèrent les ***Chroniques parisiennes*** (1876), recueil des chroniques envoyées secrètement à la *Revue suisse* entre 1843 et 1845 (et où il éreintait volontiers ceux — de Chateaubriand à Sand — qu'il encensait dans les feuilles parisiennes). Ce n'est qu'en 1926 que parurent les cahiers — inédits — de ***Mes Poisons***.

THÉORIE LITTÉRAIRE

L'originalité de Sainte-Beuve, comme théoricien de la critique littéraire, fut sans doute de s'opposer au carcan des théories, à la rigidité des systèmes : « *La meilleure définition est l'exemple* », affirmait-il dans les ***Causeries du lundi***. Ce qui l'amena non seulement à « *sortir des jugements de l'ancienne rhétorique* » (***Chateaubriand jugé par un ami intime en 1803***, in ***Nouveaux Lundis***), mais à entretenir des rapports ambigus avec « *la méthode naturelle en littérature* » *(ibid.)* : s'il s'affirma souvent partisan de Taine, il exprima « *bien des précautions et des réserves* » envers l'idée que « *la littérature est l'expression de la société* » (***L'« Histoire de la littérature anglaise » par M. Taine***, in ***Nouveaux Lundis***). Dans le Panthéon de ses auteurs favoris, Sainte-Beuve rangeait donc en bonne place « *Montaigne, ce vrai poète* », dont l'humanisme érudit et la liberté de jugement lui semblaient susceptibles d'ôter « *à ce coin charmant tout air d'école littéraire* » (***Qu'est-ce qu'un classique ?***, in ***Causeries du lundi***).

La critique de Sainte-Beuve eut le portrait pour forme privilégiée. L'auteur de l'***Étude sur Virgile*** (1857) préconisait des « *biographies bien faites des grands hommes* », « *larges et copieuses* », et pas seulement des « *notices exiguës et précieuses* » (***Pierre Corneille***, in ***Portraits littéraires***) ; c'est qu'« *on ne saurait s'y prendre de trop de façons et par trop de bouts pour connaître un homme* » : il s'agissait non seulement de « *prendre l'écrivain* [...] *dans son pays natal, dans sa race* » (***Chateaubriand jugé [...]***, in ***Nouveaux Lundis***), mais de connaître ses rapports à la religion, aux femmes, à l'argent ; la thématique positiviste du « milieu » poussait Sainte-Beuve à une sorte d'enquête sur les origines et même sur la « *postérité morale* » (disciples et adversaires) des auteurs étudiés, puisque « *le génie est un roi qui crée son peuple* » *(ibid.)*. Dans cette optique, le classicisme ne lui semblait pas réductible à « *quelques écrivains de talent* » : il y voyait plutôt « *quelque chose qui a suite et consistance, qui fait ensemble et tradition, qui se compose, se transmet et qui dure* » (***Qu'est-ce qu'un classique ?***, in ***Causeries du lundi***). Ainsi se trouvait établie la fameuse méthode — qui refusait d'en être une — de l'homme et l'œuvre : « *Je puis goûter une œuvre, mais il m'est difficile* *de la juger indépendamment de la connaissance de l'homme même ; et je dirais volontiers :* tel arbre, tel fruit » (***Chateaubriand jugé [...]***, in ***Nouveaux Lundis***). Si Sainte-Beuve souhaita « *atteindre le vrai comme dans une méthode naturelle* » *(ibid.)*, et appela même de ses vœux l'avènement d'une véritable science où « *les grandes familles d'esprits et leurs principales divisions* [seraient] *déterminées et connues* » *(ibid.)*, cette satisfaction donnée à Taine semblait presque une clause de style : c'est par l'intuition qu'il s'efforça de saisir « *cette parcelle qu'Horace appelle divine* (divinae particulam aurae) [qui] *ne s'est pas encore rendue à la science* » (***L'« Histoire de la littérature anglaise » [...]***, in ***Nouveaux Lundis***) ; l'érudition ne valait, à ses yeux, que « *maîtrisée par le jugement et organisée par le goût* » (***Chateaubriand jugé [...]***, in ***Nouveaux Lundis***). Du reste, « *il n'y a rien de plus imprévu que le talent* » (***L'« Histoire de la littérature anglaise » [...]***, in ***Nouveaux Lundis***), et, si une époque devait déterminer mécaniquement l'apparition des génies, comment expliquer qu'il n'y ait « *de chaque vrai poëte qu'un exemplaire* » *(ibid.)* ? La référence rendue à la réalité — ainsi apostrophée : « *tu es le fond de la vie* [...]. *Et pourtant, à la longue et toute seule, tu finiras par rebuter insensiblement* [...], *tu as besoin, à tout instant, d'être renouvelée et rafraîchie* » (***Les Frères Le Nain***, in ***Nouveaux Lundis***) — ne saurait donc dissimuler la dimension créatrice que ne cessa de postuler la critique beuvienne.

L'exactitude historique ne pouvait se dispenser de ce « *génie d'imitation* [qui] *devient comme une création et une magie à son tour* », bref d'un « *style* », non plus que de « *sentiment* » — « *un coin de sympathie, un rayon moral* » — et d'« *idéal* » *(ibid.)*. En une sorte de sympathie s'exerçant par-delà le temps et l'espace, Sainte-Beuve voulut pratiquer une critique compréhensive qui, « *venue de l'âme à l'âme, irait à l'âme* » ***(Causeries du lundi)***, et, à chaque fois, « *entrer en son auteur, s'y installer* [...], *le faire vivre, se mouvoir et parler, comme il* [avait] *dû faire* » (***Pierre Corneille***, in ***Portraits littéraires***). Plus précisément encore, il s'efforçait de trouver en chacun une sorte de point nodal : par exemple, la foi de Pascal, véritable centre de focalisation « *où tout aboutit en lui, l'endroit où il réside d'habitude tout entier, où sa volonté s'affermit* » ***(Port-Royal)***. Il lui fallait donc tâcher « *de trouver ce nom caractéristique d'un chacun* » : ainsi voyait-il en Chateaubriand « *un épicurien qui avait l'imagination catholique* » (***Chateaubriand jugé [...]***, in ***Nouveaux Lundis***) ; faute de déterminer ce « *point moral* » ***(Port-Royal)***, le critique courait, à ses yeux, le risque d'être un « *chroniqueur* » plutôt qu'un « *statuaire* » (***Pierre Corneille***, in ***Portraits littéraires***).

Dans une tentative de cet ordre, Sainte-Beuve ressentait évidemment les dangers de la dispersion : « *La première condition du goût, après avoir tout compris, est de ne pas voyager sans cesse* [...]. *Rien ne blase et n'éteint plus le goût que les voyages sans fin* » (***Qu'est-ce qu'un classique ?***, in ***Causeries du lundi***). C'est du reste ce goût de l'errance qui justifie son reniement des « *littératures romantiques* [...] *à cheval sur deux ou trois époques, jamais établies en plein dans une seule, inquiètes, chercheuses, excentriques* » ***(Causeries du lundi)***. Car, par un profond paradoxe, la démarche critique de Sainte-Beuve, mal à l'aise « *en dehors des cadres* » *(ibid.)*, malgré — ou peut-être grâce à — l'insuffisance des sources qui « *nous sépare des grands hommes de l'Antiquité* » comme « *un grand fleuve, et non guéable dans la plupart des cas* » (***Chateaubriand jugé [...]***, in ***Nouveaux Lundis***), donna ses meilleurs résultats à propos des écrivains d'époques reculées, et échoua souvent dans l'appréciation de ses contemporains. Plus heureux — à tous les sens du terme — dans l'imagination que dans l'analyse, Sainte-Beuve se vit reprocher par Lanson d'avoir « *employé les œuvres à constituer des biographies* » au lieu d'expliquer les premières par les secondes : c'est-à-dire d'être allé exactement à l'inverse de son but explicite.

THÉORIE LITTÉRAIRE

Poète, romancier et essayiste, Sainte-Beuve s'est imposé comme critique : son œuvre, malgré ses insuffisances, voire ses défaillances, marque incontestablement un tournant dans l'histoire du genre.

L'art du portrait

Sainte-Beuve possède au plus haut point l'art du portrait, qui consiste à mettre en relation l'homme et l'écrivain. Adoptant un style plus sobre dans les ***Causeries***, il définit la critique comme une recherche qui interroge directement et examine l'« *individu-talent* », dans son éducation, dans sa culture, dans sa vie, dans ses origines. Avec Sainte-Beuve, l'article critique devient véritablement un genre littéraire. Art de pénétration dans l'âme de l'écrivain, science visant à instaurer une histoire naturelle des esprits situés dans leur contexte, la critique doit « *entrer* » dans l'auteur et le rattacher à l'« *existence réelle* ». Il s'agit donc d'une critique à la fois historique et impressionniste, qui reconnaît qu'il existe toujours, dans le créateur, une partie inexplicable, celle en quoi consiste le « *don individuel du génie* ». Ne pouvant tout à fait devenir une science positive, la critique reste un art.

Le complexe du critique

La critique impressionniste de Sainte-Beuve fut souvent dénoncée pour ses injustices, notamment par Barbey d'Aurevilly, qui fulminait dans *Le Nain jaune* (1863) : « *Il fait la théorie sur son indigence. Mais comme intuition, mais comme divination de facultés et de talent, quel cas, franchement, peut-on faire de la solidité du jugement d'un critique qui nous a donné, sur sa tête, M.* [Ernest] *Feydeau comme un homme de génie ! le romancier des temps modernes ! le lord Byron français en prose ! qui avait (vous alliez voir !) cinquante chefs-d'œuvre étagés dans la tête ! ! ! Quel cas peut-on faire de la solidité d'un critique qui se laisse prendre par* positivisme *aux vers de M. Littré et qui le proclame poète, à la mesure de Lucrèce ? et enfin qui, dans ce moment, souffle, comme on souffle une bouteille qui vous crève dans les mains et vous coupe les doigts, la gloire de M. Renan, cette gloire ridicule dont M. Sainte-Beuve ne partagera que l'épithète !* » Celui que ses détracteurs appelaient « *Sainte-Bave* », fut particulièrement injuste envers... ses contemporains passés à la postérité : il ne comprit vraiment ni Balzac — qui le surnommait « *Sainte-Bévue* » — ni Baudelaire, et jugea les romans de Stendhal « *franchement détestables* ». Dans son *Contre Sainte-Beuve* (posth., 1954), Proust montra l'image curieuse que donne, du XIXe siècle, son œuvre critique, dont les grands noms seraient Molé, Sénac de Meilhan ou Vicq d'Azyr... Surtout, il reprocha à Sainte-Beuve de confondre l'individu et l'artiste : « *Un livre est le produit d'un autre* moi *que celui que nous manifestons dans nos habitudes, dans la société, dans nos vices* » *(ibid.)*. Et, à la suite de cette condamnation proustienne justifiée — même si les seiziémistes savent, eux, le rôle décisif de l'auteur des ***Causeries*** dans la réhabilitation de Ronsard —, le XXe siècle fut, pour le « *prince de la critique* », celui du purgatoire : on se dispensa volontiers de le lire, préférant, dans une belle et paresseuse unanimité, la facilité d'une condamnation définitive et dogmatique qui laissait dans l'oubli des jugements — notamment sur les auteurs « classiques » des XVIIe et XVIIIe siècles — d'une pertinence, aujourd'hui encore, inégalée. Peut-être les écrits intimes (du ***Cahier vert*** à ***Mes Poisons***) permettent-ils de dépasser l'image trompeuse du *magister* des lettres pour mieux appréhender la fluidité et la richesse d'une pensée inquiète, plus imaginative que lucide, rongée par ce « complexe du critique » dont Sainte-Beuve fut sans doute le premier exemple.

ŒUVRE

Volupté

Roman divisé en 25 chapitres et publié sans nom d'auteur à Paris, chez Renduel en 1834, ***Volupté*** est né d'un récit inachevé écrit en collaboration avec Ulric Guttinger, ***Arthur***.

Le récit est précédé d'une préface qui en explicite le titre et le propos : « *Le véritable objet de ce livre est l'analyse d'un penchant, d'une passion, d'un vice même* » ; il s'agit de la confession d'un évêque, Amaury, présenté comme un « *personnage non fictif* [...] *mort il y a un petit nombre d'années en Amérique* ». Une brève introduction signale que cette confession s'adresse à un jeune ami en qui le narrateur a vu un double de lui-même : pour éloigner son confident de la vie voluptueuse dans laquelle celui-ci se trouve engagé, Amaury lui racontera, pendant son voyage vers l'Amérique, ses propres égarements, ses désillusions et la conversion qui a suivi. La première partie (chap. I à XIV) est écrite dans le silence d'un monastère portugais où la tempête l'a contraint à s'arrêter. Le chapitre I évoque son enfance solitaire de jeune orphelin issu de la noblesse bretonne, élevé par son oncle et qui passe ses journées à des lectures austères. Son adolescence est marquée par la rencontre d'Amélie de Liniers, jeune fille douce, sensible, avec qui il connaît une brève et chaste idylle ; mais le mariage paisible qu'elle lui propose ne répond pas à ses attentes (chap. II). Il est alors introduit au château du marquis de Couaën, centre d'une conjuration royaliste qu'il rejoint : il s'éprend de Mme de Couaën (chap. III à VII). Il part avec elle pour Paris lorsque le marquis est arrêté et transféré dans la capitale (chap. VIII). Mais il découvre, au cours de ses « *courses lascives* » dans Paris, la puissance du désir charnel, de cette « *bête féroce* » qui le pousse à ne pas se contenter de l'amour chaste et idéalisé que lui offre la marquise (chap. IX et X). Il rencontre alors Mme R., femme mondaine et frivole ; en même temps, il tente de se lancer dans l'action en proposant ses services à Cadoudal, monarchiste qui préparait alors un complot contre Napoléon (chap. XI à XIV), mais qui est arrêté sans qu'Amaury ait pu combattre pour lui. La seconde partie du récit (chap. XV à XXV) est marquée par une série de désillusions : la relation avec Mme R. ne consiste qu'en ruses, et elle se joue de lui (chap. XV à XVII) ; Mme de Couaën perd son fils et y voit un « *châtiment mérité* » (chap. XVIII). Un jour, les trois femmes qu'Amaury a aimées se rencontrent par hasard : il mesure qu'il n'a à leur offrir qu'un « *amas de regrets* » ; il ressent alors un « *murmure intérieur d'universelle lassitude* » (chap. XVIII à XX). Ce « *naufragé des passions* » décide alors de rompre avec le monde ; il découvre les écrits de Port-Royal, entre au séminaire pour être ordonné prêtre et trouve la véritable « *volupté* » : celle de la religion (chap. XXI à XXIII). Il revoit, lors d'une visite au château de Couaën, la marquise expirante et lui administre les derniers sacrements, dont — singulièrement — la confession (chap. XXIV)... Après un voyage à Rome, il part enfin pour le Nouveau Monde (chap. XXV).

Volupté est « *très peu un roman* », écrivait Sainte-Beuve dans une note de son ***Port-Royal*** : il s'agit d'une confession en partie autobiographique et entrecoupée de méditations lyriques sur la puissance de la mémoire ou sur le « vague des passions » qui caractérise les héritiers de René ; le récit contient « *peu d'actes* », mais « *des sentiments sans fin* » (chap. V) ; c'est le portrait d'un être « *rêveur jusqu'à la subtilité, tendre jusqu'à la mollesse* » ***(Préface)***, d'une âme flottante, indécise, incapable d'agir — et le paysage reflète par une lumière changeante ce « *quelque chose de vague, de fuyant, d'indécis, de clair-obscur et de clairsemé* » (chap. XI). Le style exprime également cet état de flottement, par ce que Le Hir appelle l'« *impropriété voulue* », une sorte d'imprécision du lexique qui lui confère un « *miroitement inattendu* » ; la phrase est elle-même longue et hésitante, hachée de nombreux tirets ; les mots rares, les archaïsmes, les métaphores abondantes et parfois désaccordées font de ***Volupté*** un « *roman crépusculaire avant la lettre* » (Guyaux).

« [Volupté] *fut aussitôt accueilli avec bienveillance* », écrivait Sainte-Beuve lui-même dans un appendice à son récit. Michelet, Villemain, Nisard en rendirent compte avec enthousiasme ; George Sand écrivit à Sainte-Beuve : « *C'est le plus beau roman qui existe dans notre littérature nouvelle.* » En outre, ***Volupté*** inspira directement Balzac : « *Je referai* Volupté » — ce fut *Le Lys dans la vallée.* Flaubert lui rendit également hommage, dans une lettre à sa nièce, du 14 octobre 1869 : « *J'avais fait l'*Éducation sentimentale *en partie pour Sainte-Beuve.* » Et les symbolistes se reconnurent à leur tour dans le style de ***Volupté***, au point que Verlaine jugeait ce roman « *mieux compris de nos jours que de son temps* ». Mais, depuis le début du XXe siècle, l'importance et la valeur accordées à ***Volupté*** n'ont cessé de décroître, notamment dans les grands manuels d'histoire littéraire qui n'y ont souvent vu, comme Hylier en 1928, qu'un « *grand roman raté* ».

CITATIONS

La critique [...], c'est le plaisir de connaître les esprits, non de les régenter.

Les Cahiers.

La nature veut qu'on jouisse de la vie le plus possible, et qu'on meure sans y penser. Le christianisme a retourné cela.

Les Cahiers.

Dis-moi qui t'admire et je te dirai qui tu es.

Causeries du lundi, 20 avril 1850.

Un vrai classique, [...] c'est un auteur qui a enrichi l'esprit humain, qui en a réellement augmenté le trésor, qui lui a fait faire un pas de plus, qui a découvert quelque vérité morale non équivoque, ou ressaisi quelque passion éternelle dans ce cœur où tout semblait connu et exploré ; qui a rendu sa pensée, son observation ou son invention, sous une forme n'importe laquelle, mais large et grande, fine et sensée, saine et belle en soi ; qui a parlé à tous dans un style à lui et qui se trouve aussi celui de tout le monde, dans un style nouveau sans néologisme, nouveau et antique, aisément contemporain de tous les âges.

Causeries du lundi, 21 octobre 1850.

Le romantique a la nostalgie, comme Hamlet ; il cherche ce qu'il n'a pas, et jusque par delà les nuages ; il rêve, il vit dans les songes. Au XIXe siècle, il adore le moyen âge ; au XVIIIe siècle, il est déjà révolutionnaire avec Rousseau. Au sens de Goethe, il y a des romantiques de divers temps : le jeune homme de Chrysostome, Stagyre, Augustin dans sa jeunesse, étaient des romantiques, des Renés anticipés, des malades ; mais c'étaient des malades pour guérir, et le Christianisme les a guéris : il a exorcisé le démon. Hamlet, Werther, Childe-Harold, les Renés purs, sont des malades pour chanter et souffrir, pour jouir de leur mal, des romantiques plus ou moins par dilettantisme : — la maladie pour la maladie.

Causeries du lundi, 12 avril 1858.

Le point essentiel dans une vie de grand écrivain, de grand poète, est celui-ci : saisir, embrasser et analyser tout l'homme au moment où, par un concours plus ou moins lent ou facile, son génie, son éducation et les circonstances se sont accordés de telle sorte qu'il ait enfanté son premier chef-d'œuvre.

Critiques et Portraits littéraires.

Dans mes portraits, le plus souvent la louange est extérieure, et la critique intestine. Pressez l'éponge, l'acide sortira.

En guise de préface, in *Mes Poisons*, 1.

Ce que je fais, c'est de l'*histoire naturelle littéraire.*

Sur son œuvre, in *Mes Poisons*, 20.

La critique est pour moi une métamorphose : je tâche de disparaître dans le personnage que je reproduis.

Sur la critique, in *Mes Poisons*, 21.

Je veux de l'érudition, mais une érudition maîtrisée par le jugement et organisée par le goût.

Sur la critique, in *Mes Poisons*, 21.

Lorsqu'on [Taine] dit et qu'on répète que la littérature est l'expression de la société, il convient de ne l'entendre qu'avec bien des précautions et des réserves [...] Il n'y a rien [...] de plus imprévu que le talent, et il ne serait pas le talent s'il n'était imprévu [...].

Nouveaux Lundis, 1864.

Montaigne déjà avait trouvé [...] un style de génie, mais tout individuel et qui ne tirait pas à conséquence. Pascal a trouvé un style à la fois individuel, de génie, qui a sa marque et que nul ne peut lui prendre, et un style aussi de forme générale, logique et régulière, qui fait loi et auquel tous peuvent et doivent plus ou moins se rapporter : il a établi la prose française.

Port-Royal, I, 2.

Le goût est un don [...] ; c'est un sens singulier que l'exercice cultive, que la pratique aiguise. Il ne paraît jamais plus noble, plus complet, plus véritablement délicat et élevé, qu'au sein d'une nature saintement morale ; mais il se voit souvent très développé chez des natures bien différentes. Une certaine corruption agréable [...] n'y messied pas, et en raffine même extrêmement plusieurs parties rares. Pour prendre des noms consacrés [...], qui donc a plus de goût que M. de Talleyrand ou que César ?

Port-Royal, II, 9.

Le désespoir lui-même, pour peu qu'il se prolonge, devient une sorte d'asile dans lequel on peut s'asseoir et reposer.

Vie de Joseph Delorme,
in *Vie, Poésies et Pensées de Joseph Delorme.*

Souvent à des festins de joie,
Convive malgré moi venu,
Assis sur des coussins de soie,
La coupe en main, je suis en proie
Au souci d'un mal inconnu.

Retour à la poésie, in *Poésies de Joseph Delorme*,
in *Vie, Poésies et Pensées de Joseph Delorme.*

Réduire l'art à une question de « forme », c'est le rapetisser et le rétrécir outre mesure.

Pensées de Joseph Delorme, III,
in *Vie, Poésies et Pensées de Joseph Delorme.*

Mieux vaut [...] une passion éperdument manifeste qu'un amour caché.

Volupté, X.

JUGEMENTS

« Il y eut, dans Sainte-Beuve encore jeune, la présence simultanée d'un poète et d'un analyste, puis il ne resta que l'analyste, peut-être parce que Sainte-Beuve, dupe en cela de l'opinion française, toujours disposée à parquer les esprits dans une spécialité, n'eut pas la force de persévérer. »

Paul BOURGET, *Essais de psychologie contemporaine*, 1883.

« Personne n'a jamais nié que Sainte-Beuve est passionnant à lire, même lorsque ses jugements généraux sont contestables : c'est qu'il est présent dans chacune de ses phrases, affirme un tempérament et qu'il sait toujours souligner un aspect significatif de l'œuvre qu'il étudie (il ne se trompe pas dans le détail). »

Jacques BRENNER, « Sainte-Beuve », in *Tableau de la littérature française*, III, Gallimard, 1974.

« Pour qui lit Sainte-Beuve, de bout en bout, c'est tout un peuple de morts sortant de leurs tombeaux, vivants. »

José CABANIS, *Pour Sainte-Beuve*, Gallimard, 1987.

« Sainte-Beuve (le roi des imbéciles). »

Paul CLAUDEL, *Journal*, t. II, novembre 1939, Gallimard, posthume, 1969.

« Sainte-Beuve, remarquable et plutarquien quant aux personnalités, et au rattachement des œuvres à ces personnalités, s'occupe plus des sinuosités capricieuses des courants littéraires que de leurs sources et de leurs embouchures. »

Léon DAUDET, *Le Stupide* XIX*e Siècle*, Grasset, 1922.

« La psychanalyse est la grande marotte de la critique actuelle. À mon avis, c'est aussi bête (et de la même façon) que la fameuse méthode de Sainte-Beuve, qui croyait que l'on comprend mieux une œuvre quand on connaît beaucoup d'anecdotes sur l'auteur. »

Jean DUTOURD, *Cinq Ans chez les sauvages*, Flammarion, 1977.

« C'est très gentil, ses articles, c'est d'une aimable littérature, c'est très ingénieux, et puis voilà tout ! Jamais, avec sa petite touche, son petit parlage écrit, il n'a baptisé un homme, ni donné la formule d'un talent. »

Théophile GAUTIER, cité *in* Edmond et Jules de GONCOURT, *Journal*, 23 novembre 1863.

« Je lis avidement du Sainte-Beuve avec un ravissement inégal. »

André GIDE, *Journal*, 22 mars 1917, Gallimard, 1939.

« Sainte-Beuve, en dépit de son intelligence, s'est montré fort injuste pour nombre de ses contemporains. »

André GIDE, « Feuillets », in *Journal*, 1938, Gallimard, 1939.

« Une particularité de cet homme et qui signifie bien l'essence démocratique de sa nature, c'est la toilette intime de son chez-lui : la robe de chambre, le pantalon, la chaussette, la pantoufle, tout le lainage peuple *qui lui donne l'aspect d'un portier podagre. Après avoir passé par tant de milieux élégants, distingués, il n'a pu s'élever à la tenue du vieillard du monde, à l'enveloppe honorable de la vieillesse chez elle. »*

Edmond et Jules de GONCOURT, *Journal*, 8 août 1867.

« Je suis peu sensible à ce style d'une correction perpétuelle, à cette langue qui jamais ne bute, que la passion n'inquiète pas une fois [...]. *»*

Julien GREEN, *Journal*, t. IV, 8 mars 1944, Plon, 1956.

« Sainte-Beuve fait toujours mes délices. Il me semble que personne n'est plus intelligent, n'a le coup d'œil plus fin et plus sûr, une plus libre raison. L'élasticité de son esprit m'enchante et c'est bien ce mot-là qu'il faut employer, car non seulement il se plie à tout, mais il s'étend à tout. »

Reynaldo HAHN, *Journal d'un musicien*, Plon, 1933.

« [...] *je tiens le Sainte-Beuve des* Lundis *pour un grand esprit, une grande intelligence, d'une finesse, d'une compréhension, d'une pénétration, d'un savoir remarquable et qui est une jouissance pour le lecteur. À ces grands mérites, ceci encore : une franchise à l'égard de soi-même* [...]. *»*

Paul LÉAUTAUD, *Journal littéraire*, 1er février 1944, Mercure de France, rééd. 1986.

« En aucun temps de sa vie Sainte-Beuve ne semble avoir conçu la littérature d'une façon vraiment profonde. »

Marcel PROUST, *Contre Sainte-Beuve*, Gallimard, posthume, 1954.

« [...] *trop de cœur pour son esprit et trop d'esprit pour son cœur, voilà comment je m'expliquai cette nature éminente, et, sans oser affirmer aujourd'hui que je l'aie bien comprise, je m'imagine toujours que ce résumé est la clef de ce que son talent offre d'original et de mystérieux. »*

George SAND, *Histoire de ma vie*, 1855.

« La méthode de Sainte-Beuve n'est pas moins précieuse que son œuvre. En cela, il a été un inventeur. Il a importé dans l'histoire morale les procédés de l'histoire naturelle. »

Hippolyte TAINE, article du 17 octobre 1869, in *Derniers Essais de critique et d'Histoire*, 1894.

« [...] *Il n'y met pas l'allure d'un révolté, non : il porte sur son crâne chauve une calotte de laine noire et non un bonnet phrygien ; mais il plaide en toute franchise la cause de l'honnêteté et du talent* [...]. *Et comme sa raillerie vaut une indignation ! — Il ne cloue pas les académiciens sur leur banc, d'un coup de plume, comme d'un coup d'épée : il effleure leur perruque ou leur soutane avec son gant ; il ne les brutalise pas, mais il les humilie, et leur inflige le ridicule comme un déshonneur. »*

Jules VALLÈS, in *Le Courrier français*, 26 août 1866.

« M. Sainte-Beuve a une bonhomie terrible ; il déchire en caressant. [...] *J'aime et j'admire son talent. Je ne veux voir en lui qu'un curieux très savant et très fin. Il a appliqué, en critique, la méthode anatomique dont il avait appris l'usage pendant ses études médicales. Il dissèque les intelligences, il interroge l'homme pour connaître l'œuvre, et il interroge le milieu pour connaître l'homme. »*

Émile ZOLA, *Marbres et Plâtres*, 1866.

« La besogne du siècle lui échappe totalement [...]. *Pour moi, un critique qui n'a pas compris Balzac peut être un analyste très fin, une intelligence très souple, mais il n'est pas à coup sûr un de ces esprits supérieurs qui ont la haute compréhension de leur siècle. »*

Émile ZOLA, *Le Roman expérimental*, 1880.

BIBLIOGRAPHIE

Éditions

Œuvres [Premiers lundis, Portraits littéraires, Portraits de femmes], éd. M. LEROY, Gallimard, 1956 et 1960, 2 vol.

Correspondance générale, éd. J. BONNEROT, puis A. BONNEROT, Stock, 1935 à 1949, Privat/Didier depuis 1957, 20 vol. parus.

Mes Poisons, Corti, 1989.

La Poésie française au XVIe siècle : tableau historique et critique, Ressouvenances, Cœuvres-et-Valsery (Aisne), 1999.

Portraits de femmes, éd. G. ANTOINE, « Folio », Gallimard, 1998.

Portraits littéraires, éd. G. ANTOINE, « Bouquins », Laffont, 1993.

Port-Royal, éd. M. LEROY, « Pléiade », Gallimard, 1953 à 1955, 3 vol.

Pour la critique, éd. A. PRASSOLOFF et J.-L. DIAZ, « Folio Essais », Gallimard, 1992.

La Vie des Lettres, éd. P. BERÈS, Hermann, 1992, 4 vol.

Volupté, éd. A. GUYAUX, « Folio », Gallimard, 1986 ; éd. M. CLOUZOT « Lettres françaises », Imprimerie nationale, 1993.

Études

A. BILLY, *Sainte-Beuve, sa vie et son temps*, Flammarion, 1952, 2 vol.

J. CABANIS, *Pour Sainte-Beuve*, Gallimard, 1987.

R. FAYOLLE, *Sainte-Beuve et le XVIIIe siècle ou Comment des révolutions arrivent*, Colin, 1972.

R. MOLHO, *L'Ordre et les Ténèbres. Essai sur la formation d'une image du XVIIe siècle dans l'œuvre de Sainte-Beuve*, Colin, 1972.

P. MOREAU, *La Critique selon Sainte-Beuve*, SEDES, 1964.

M. REGARD, *Sainte-Beuve*, « Connaissance des lettres », Hatier, 1959.

AUDIO & VIDÉO

CD-ROM

Autour du romantisme. Le Roman, 1792-1886, Bibliopolis, 1999.

SAINT-EXUPÉRY

Antoine de SAINT-EXUPÉRY

Antoine Jean-Baptiste Marie-Roger de SAINT-EXUPÉRY

Lyon 1900 – en Méditerranée (disparu en mission) 1944

Grand Prix du Roman de l'Acad. franç., prix Femina

> *« Quelques-uns avaient cru d'abord que cette morale intransigeante, que ce style sec à l'image d'une éthique de l'essentiel, que cette allure de plan de vol impérieuse comme le carnet de bord d'une ascèse, ignoraient, dans leur simplicité, les zones obscures où se tapit l'inquiétude et où veille l'angoisse d'aujourd'hui. On sut, un soir de juillet 1944, quand Saint-Ex eut été rendu pour toujours à ce ciel qui était son jardin et qu'on eut pris connaissance de ses dernières lettres désespérées, qu'il avait fait entendre aussi, dans ce ciel trop froid, dans ces astres trop sereins, comme une vibration, comme un tremblement sous le silence absent des étoiles. »*
>
> Renaud MATIGNON, « Antoine de Saint-Exupéry : c'était à lire... en 1931 », in *Le Figaro*, 13 août 1986.

> *« Le plus grand de ces succès* [de librairie] *depuis trente ans est Saint-Exupéry, l'homme-coucou qui a remplacé le cerveau humain par un moteur d'avion. Ses sornettes à hélice tournent toutes à l'exaltation du "chef" (mot qui, privé de tout complément, devrait être réservé aux chefs cuisiniers) et de "l'équipe" bien commandée, bien tenue en main. Saint-Exupéry, qui envahit à la fois les sujets du bachot et les kiosques des gares, le livre de poche et le livre de luxe, les revues et les hebdomadaires (il faut du génie pour fabriquer numéros spéciaux sur numéros spéciaux en réchauffant inlassablement une matière aussi pauvre), Saint-Exupéry est devenu bien plus qu'un auteur, c'est un saint, un prophète. Pour comprendre la France, il faut voir que l'écrivain influent ce n'est pas Gide, ce n'est pas Breton, c'est Saint-Ex, qui a révélé aux Français qu'une ânerie verbeuse devient profonde vérité philosophique si on la fait décoller du sol pour l'élever à sept mille pieds de haut. Le crétinisme sous cockpitt* [sic] *prend des allures de sagesse, une sagesse que nos jeunes ont sucée avec une farouche avidité. »*
>
> Jean-François REVEL, *En France*, Julliard, 1965.

Un destin d'aventurier

L'enfance heureuse d'un orphelin

Saint-Exupéry, 3e des 5 enfants d'une famille de l'aristocratie — son père portait le titre de vicomte — vécut une enfance heureuse dans les propriétés familiales de Saint-Maurice-de-Rémens (Ain) et du château de La Môle (Var), bien qu'il perdît son père dès l'âge de 4 ans. Il fut très lié à sa mère, dont la sensibilité et la culture le marquèrent profondément et avec qui il entretint toute sa vie une volumineuse correspondance. Au paradis de l'enfance se rattache la valeur irremplaçable qu'il accorda toujours aux racines, à la demeure : *« Il était, quelque part, un parc chargé de sapins noirs et de tilleuls, et une vieille maison que j'aimais. Peu importait qu'elle fût éloignée ou proche, qu'elle ne pût ni me réchauffer dans ma chair, ni m'abriter, réduite ici au rôle de songe : il suffisait qu'elle existât pour remplir ma nuit de sa présence.* [...] *je me souviens des jeux de mon enfance, du parc sombre et doré que nous avions peuplé de dieux, du royaume sans limite que nous tirions de ce kilomètre carré jamais entièrement connu, jamais entièrement fouillé. Nous formions une civilisation close, où les pas avaient un goût, où les choses avaient un sens qui n'étaient permis dans aucune autre »* (***Terre des hommes***, IV, IV et VI, VII). À l'enfance également remonte son intérêt pour la mécanique et pour l'aviation : il reçut son baptême de l'air en 1912, à l'aérodrome d'Ambérieu, et cette passion ne le quitta plus. Après des études classiques dans des établissements catholiques, au Mans et à Fribourg, il prépara à Paris, au lycée Saint-Louis, le concours d'entrée à l'École navale. Ayant échoué à l'oral, il s'inscrivit aux Beaux-Arts (1919). Sans doute put-il apprendre le métier de pilote en effectuant son service militaire dans l'aviation (1921 à 1923) ; mais la famille de sa fiancée, Louise de Vilmorin, avec qui il ne tarda pas à rompre, s'opposait à son affectation dans l'armée de l'air : il se résigna alors à exercer divers métiers (contrôleur de fabrication aux Tuileries de Boiron, voyageur de commerce pour les camions Saurer) tout en fréquentant les milieux littéraires (1923 à 1926).

Le tournant de 1926

L'année 1926 marqua un tournant décisif avec la publication de ***L'Aviateur*** — une nouvelle qui annonce ***Courrier Sud*** — dans *Le Navire d'argent* de Jean Prévost, et avec son engagement comme pilote de ligne par la société d'aviation Latécoère, dirigée à Toulouse par Didier Daurat. Écrire et voler : sa vie prenait sens dans la réalisation de ces deux projets pour lui inséparables. À chaque escale du pilote correspondit désormais l'étape d'une production littéraire nourrie de l'expérience. Affecté, en octobre 1927, comme chef d'aéroplace à Cap Juby, dans un Sahara espagnol ébranlé par les révoltes des Maures, il y révéla son sens des responsabilités, affronta les dangers du désert, gagna la confiance des Espagnols et des indigènes. C'est là qu'il écrivit son premier roman, ***Courrier Sud*** (1928), dans

lequel il relate le double échec de l'aviateur Jacques Bernis qui n'a pu entraîner Geneviève dans son monde d'aventure et qui meurt dans un accident d'avion en plein désert : « *Ô femme après l'amour démantelée et découronnée du désir de l'homme. Rejetée parmi les étoiles froides. Les paysages du cœur changent si vite...* » (chap. 13).
L'escale suivante fut Buenos Aires : Saint-Exupéry — nommé directeur d'exploitation de l'Aeroposta Argentina, filiale de l'Aéropostale —, rejoignit, en octobre 1929, Mermoz et Guillaumet, avec mission d'organiser le réseau d'Amérique latine. Tel est le cadre de son second roman, ***Vol de nuit*** (préfacé par André Gide, prix Femina 1931), qui mêle, dans le personnage de Rivière — double de Daurat mais également de l'auteur —, exercice de l'autorité et exigence d'absolu : « [...] *il n'y a pas de fatalité extérieure. Mais il y a une fatalité intérieure : vient une minute où l'on se découvre vulnérable ; alors les fautes vous attirent comme un vertige* » (chap. XV) ; « [...] *dans la vie, il n'y a pas de solutions. Il y a des forces en marche : il faut les créer et les solutions suivent* » (chap. XIX). À la fin du roman, après avoir perdu l'un de ses pilotes, Rivière reste décidé à continuer les vols de nuit : « *La défaite qu'a subie Rivière est peut-être un engagement qui rapproche de la vraie victoire. L'événement compte seul* » (chap. XXIII).

Un écrivain dans les étoiles

En 1931, la banqueroute de l'Aéropostale mit un terme à l'ère des pionniers. Saint-Exupéry épousa Consuelo Suncin, qu'il avait connue à Buenos Aires, mais il ne cessa pas de voler — comme pilote d'essai chez Latécoère (1932), puis à Air France (1934), et en effectuant plusieurs tentatives de records, dont certaines se soldèrent par de graves accidents : dans le désert égyptien en 1935 (raid Saigon-Paris), et surtout au Guatemala en 1938 (en tentant de relier New York à la Terre de Feu). Dans les années 1930, il multiplia les activités : brevets d'invention, adaptations cinématographiques de ***Courrier Sud*** en 1937 et de ***Vol de nuit*** en 1939, nombreux voyages (à Moscou, dans l'Espagne en guerre...), reportages et articles pour diverses revues (*Paris-Soir, Marianne, L'Intransigeant*).
En convalescence à New York après l'accident du Guatemala, Saint-Exupéry revint à la littérature en rassemblant, sur les conseils de Gide, les textes — pour la plupart des articles déjà publiés — qui devinrent ***Terre des hommes*** (Grand Prix du Roman de l'Académie française, 1939), dédié au pilote Henri Guillaumet, gravement accidenté dans les Andes en 1930.
Essai et témoignage, regard sur les hommes et méditations sur l'Homme, ce livre, dès la même année, devint un *best-seller* aux États-Unis, sous le titre ***Wind, Sand and Stars*** (couronné par le National Book Award 1939).

Une fin prématurée

À la déclaration de guerre, Saint-Exupéry, mobilisé comme capitaine, insista pour être affecté dans un groupe de grande reconnaissance qui l'exposa à des missions périlleuses, notamment sur Arras en mai 1940. Démobilisé et installé à New York, il raconta cette épreuve dans ***Pilote de guerre*** (1942), où il analyse la « *maladie* » de la guerre pour célébrer une civilisation qui restaure l'Homme : « *La guerre n'est pas une aventure. La guerre est une maladie. Comme le typhus* » (chap. 10) ; « *Si une civilisation est forte, elle comble l'homme, même si le voilà immobile* » (chap. 14). Aux États-Unis, il resta à l'écart des engagements partisans et s'attira l'hostilité des gaullistes. Sa méditation s'élevait au-dessus de l'histoire immédiate : sans méconnaître les menaces que l'époque faisait peser sur le « *respect de l'homme* », comme il le relate dans ***Lettre à un otage*** (1943), il opta pour la parabole avec ***Le Petit Prince*** (1943) et les centaines de pages de ***Citadelle*** (commencée en 1936, publiée posthume en 1948), somme allégorique qui resta inachevée.
Dès 1943, Saint-Exupéry demanda à rejoindre son escadrille en Afrique du Nord, et reprit des missions depuis la Sardaigne et la Corse. C'est au cours de l'une d'elles qu'il disparut, le 31 juillet 1944, son avion s'étant abîmé en Méditerranée.
Si l'homme et l'œuvre jouissent d'un prestige immense, tant en France qu'à l'étranger, l'influence de Saint-Exupéry reste contrastée : les lecteurs du pilote-écrivain célèbrent en lui le romancier de l'énergie virile, dont les héros sont d'abord des hommes — « *des vrais* », ajoutent-ils — tandis que les adorateurs du ***Petit Prince*** l'encensent comme le défenseur des valeurs inverses d'innocence et de pureté, de la vérité de l'enfance face aux mensonges des adultes. Les uns et les autres, en s'opposant ainsi farouchement, continuent à nier la richesse d'une œuvre beaucoup moins univoque — en tout cas, bien moins sereine — qu'ils ne le pensent.

La rigueur classique d'un style sobre

La prose de Saint-Exupéry frappe d'abord par une rigueur où le dépouillement rhétorique assure l'efficacité du récit d'action : « *Il lut son altitude : mille sept cents mètres. Il pesa des paumes sur les commandes pour commencer à la réduire. Le moteur vibra très fort et l'avion trembla. Fabien corrigea, au jugé, l'angle de descente, puis, sur la carte, vérifia la hauteur des collines : cinq cents mètres. Pour se conserver une marge, il naviguerait vers sept cents mètres* » ***(Vol de nuit)***.

Si la simplicité de l'écriture veut garantir la vérité de l'impression, elle témoigne plus profondément du souci d'atteindre l'essentiel et de la conviction qu'on peut mettre les mots en accord avec le réel. Cette même exigence de vérité fonde la poésie des images, expression des « liens » à construire — entre l'individu et l'humanité, entre l'homme et le monde : « *Être homme, c'est précisément être responsable. C'est connaître la honte en face d'une misère qui ne semblait pas dépendre de soi. C'est être fier d'une victoire que les camarades ont remportée. C'est sentir, en posant sa pierre, que l'on contribue à bâtir le monde* » (***Terre des hommes***, II, 2) ; « *Je combattrai pour la primauté de l'Homme sur l'individu — comme de l'universel sur le particulier. Je crois que le culte de l'Universel exalte et noue les richesses particulières — et fonde le seul ordre véritable, lequel est celui de la vie. Un arbre est en ordre, malgré ses racines qui diffèrent des branches* » (*ibid.*, VIII). Poésie soutenue par le rythme, qui scande les mouvements du cœur et des sens, comme dans la nuit de Cap Juby, quand les sentinelles lancent le cri réglementaire : « *Et nous, les passagers de ce vaisseau aveugle, nous écoutions l'appel s'enfler de proche en proche, et décrire sur nous des orbes d'oiseaux de mer* » (*ibid.*, VI, 1).

Quand l'image devient didactique, elle n'évite pas toujours l'emphase, surtout dans le style biblique de ***Citadelle***, que la mort empêcha Saint-Exupéry de reprendre : « *Et certes il existe l'irréparable. Mais il n'y a rien là qui soit triste ou gai. C'est l'essence même de ce qui fut. Est irréparable ma naissance puisque me voici. Le passé est irréparable mais le présent vous est fourni comme matériaux en vrac aux pieds du bâtisseur et c'est à vous d'en forger l'avenir* » (chap. LVII).

L'intention didactique et morale — sinon moralisatrice — de Saint-Exupéry se traduit ainsi par une « inflation » de formules définitives, présentant tous les signes (généralisation, présent, équilibre) de maximes, dont beaucoup sont devenues proverbiales : « *La terre nous en apprend plus long sur nous que tous les livres. Parce qu'elle nous résiste. L'homme se découvre quand il se mesure avec l'obstacle* » (***Terre des hommes***, *incipit*) ; « *L'esclave fait son orgueil de la braise du maître* » (*ibid.*, VI, 6) ; « [...] *la vérité, vous le savez, c'est ce qui simplifie le monde et non ce qui crée le chaos. La vérité, c'est le langage qui dégage l'universel.* [...] *La vérité, ce n'est point ce qui se démontre, c'est ce qui simplifie* » (*ibid.*, VIII, 3) ; « *Chacun est responsable de tous. Chacun est seul responsable. Chacun est seul responsable de tous* » (***Pilote de guerre***, XXIV) ; « *L'ordre pour l'ordre châtre l'homme de son pouvoir essentiel, qui est de transformer et le monde et soi-même. La vie crée l'ordre, mais l'ordre ne crée pas la vie* » (***Lettre à un otage***, V) ; « *Je n'aime pas les sédentaires du cœur. Ceux-là qui n'échangent rien ne deviennent rien* » (***Citadelle***, VI).

Une gloire controversée

Proche de Malraux par sa conscience de l'aventure humaine, de Giono par son lyrisme cosmique, de Bernanos par sa quête de l'absolu, Saint-Exupéry a toujours montré que l'homme n'*est* que ce qu'il *fait*. Aussi a-t-il rencontré des échos favorables chez les philosophes de l'immédiat après-guerre. Sartre salua en lui un précurseur qui nous apprend que « *le monde et l'homme se révèlent par les entreprises* » *(Situations II)*, et Merleau-Ponty acheva sa *Phénoménologie de la perception* par une citation de ***Pilote de guerre*** : « *Tu loges dans ton acte même. Ton acte, c'est toi* [...]. *L'homme n'est qu'un nœud de relations, les relations comptent seules pour l'homme.* » Mais la célébrité rapidement conquise fut ambiguë : elle devait plus à la légende du héros tragiquement disparu, à l'apparente facilité du ***Petit Prince*** ou aux innombrables citations moralisantes coupées de leur contexte, qu'à la reconnaissance d'une œuvre littéraire de premier ordre. Le volume de « La Bibliothèque de la Pléiade » fit longtemps les plus grosses ventes de la collection, alors que Saint-Exupéry rencontrait l'indifférence ou le dédain de la critique et de l'Université : Jean-François Revel railla le « *penseur rase-mottes* » (*En France*, 1965), et François Nourissier, reconnaissant une « *niaiserie Saint-Exupéry* » et une faiblesse littéraire (in *Saint-Exupéry en procès*, 1967), soulignait néanmoins la valeur morale des romans de l'écrivain-aviateur. Les célébrations du cinquantenaire de sa mort ont permis — grâce à une lecture renouvelée des manuscrits, des textes de jeunesse ou des *Carnets* (publiés en 1953) — de prendre une plus juste mesure de l'homme et de son œuvre, et celles du centenaire de sa naissance, en 2000, ont surtout été marquées par la publication des souvenirs de son épouse Consuelo, sous le titre *Mémoires de la rose*, contribuant à démytifier la personne de l'écrivain, et d'une biographie consacrée à celle qui fut « *la Rose du petit prince* » (Paul Webster), réhabilitant dans son rôle de muse cette épouse méconnue.

Loin d'être un modèle d'héroïsme viril ou de se réduire à l'angélisme un peu niais d'un humanisme béat — dont le triomphe du *Petit Prince* a contribué à répandre l'image jusqu'à la caricature —, l'œuvre de Saint-Exupéry oscille entre nostalgie et angoisse, n'appelle au dépassement de soi que pour surmonter son désenchantement. Sa poésie est tendue par la quête ardente « *du langage et de Dieu* » (Michel Autrand) et est irriguée par la richesse de l'imagination matérielle.

ŒUVRES

Le Petit Prince

Récit ou conte en 27 chapitres — numérotés mais non titrés —, illustré par l'auteur, publié d'abord dans une traduction anglaise, chez Reynal et Hitchcock, à New York, le 6 avril 1943, puis dans sa version originale, chez Gallimard, en 1945 (posth.).

Aviateur immobilisé dans le désert à la suite d'une panne, le narrateur voit apparaître un enfant aux demandes surprenantes — « *S'il vous plaît... dessine-moi un mouton !* » ; « *De quelle planète es-tu ?* » —, et dont il parvient peu à peu à reconstituer le passé. Le « *petit prince* » a quitté sa minuscule planète à cause de l'orgueil capricieux d'une rose qu'il aime, et son voyage, de planète en planète, lui a fait découvrir la bizarrerie des « *grandes personnes* ». Sur la Terre, un renard lui a appris l'amitié et laissé son secret : « *On ne voit bien qu'avec le cœur. L'essentiel est invisible pour les yeux.* [...] *Tu deviens pour toujours responsable de ce que tu as apprivoisé* » (chap. XXI). Hanté par le souvenir de sa fleur, le petit prince se fait mordre par un serpent venimeux pour rejoindre son étoile.

La pureté narrative de la fable, la naïveté des dessins qui l'illustrent ont assuré à Saint-Exupéry une gloire mondiale mais posthume : l'œuvre s'est vendue à plusieurs millions d'exemplaires. Toutefois, derrière l'évidence apparente du conte pour enfants et de son enseignement moral — la gratuité de l'amour et de la poésie, opposée aux fausses valeurs du monde adulte —, la richesse du texte tient aux entrelacs de sa structure initiatique, à la force des symboles qui disent l'énigme de la relation à autrui, et à l'expression d'une nostalgie et d'une angoisse où se condense l'univers de l'auteur.

Terre des hommes

Roman en 8 chapitres numérotés et titrés — dont les n^os I, III et V ne comportent aucune partie, alors que les n°s II, IV, VI, VII et VIII en comportent respectivement 2, 4, 7, 7 et 4 —, publié chez Gallimard en 1939.

I. *La Ligne*. Au moment de s'engager comme pilote, Saint-Exupéry commémore les exploits des anciens, pionniers de l'aviation. **II. *Les Camarades***. Le narrateur rend hommage aux héros, Mermoz, Guillaumet, avant de se soumettre « *aux rites sacrés du métier* ». **III. *L'Avion***. Symbole de la recherche de perfection technologique, il est moins l'engin du progrès que l'« *instrument savant* » d'une quête spirituelle. **IV. *L'Avion et la Planète***. Ce que le vol permet, c'est une méditation sur la condition humaine. **V. *Oasis***. L'avion « *nous plonge au cœur du mystère* », celui du « *miracle* » d'un atterrissage forcé au Paraguay, enchanté par l'apparition féerique de deux jeunes filles. **VI. *Dans le désert***. La solitude offre de vraies richesses : celles de méditations sur le dieu de l'Islam, l'esclavage, les relations humaines, la mort, car « *l'empire de l'homme est intérieur* ». **VII. *Au centre du désert***. En 1935, lors d'un raid vers l'Indochine, l'avion s'écrase. La survie de l'équipage s'organise, bientôt menacée par la soif, lorsque l'apparition d'un bédouin figure l'ange salvateur. **VIII. *Les Hommes***. Se perdre dans le désert, c'est en définitive affronter la vérité : il n'y a pas de héros mais des destins d'hommes, qu'enracinent un milieu, une lignée, une communauté.

Auteur et narrateur, Saint-Exupéry emprunte le ton lyrique de ***Courrier Sud*** (1928) pour retracer les épisodes de sa vie d'aviateur, repris en partie d'articles publiés auparavant : il raconte Mermoz, l'Espagne, le désert, les risques du métier. Mais la fiction n'est que l'amorce, dans chaque chapitre, d'une réflexion philosophique. Le style classique, comme dans ***Vol de nuit*** (1931), tend à l'ellipse, l'aphorisme alternant avec la gravité de la maxime : « *Des générations d'Orientaux vivent dans la crasse et s'y plaisent. Ce qui me tourmente, les soupes populaires ne le guérissent point. Ce qui me tourmente, ce ne* *sont ni ces creux, ni ces bosses, ni cette laideur. C'est un peu, dans chacun de ces hommes, Mozart assassiné* » (VIII, 4). L'autobiographie, irriguant la réflexion à travers le détail des événements rapportés, n'est présente que pour souligner la valeur exemplaire d'une expérience existentielle, aux frontières de la vie et de la mort. Depuis l'évocation de la conquête de l'air avec les premiers exploits de l'aviation, la critique de l'utopie de progrès débouche sur une morale de l'humilité. Le narrateur invoque la figure, sous-jacente au propos du livre — dont il fut dédicataire — de son ami Guillaumet, héros et martyre brisé par un mortel accident d'avion dans la cordillère des Andes. Chacun de ses gestes pour échapper à la mort, comme chaque épisode retracé ensuite, est en fait une quête du sens de la vie, ramenée à l'essentiel. La poésie accordée aux éléments fonde la recherche d'une esthétique de la pureté : « *une goutte de rosée au fond d'un verre* », « *l'horizon du désert* », « *la terre à la fois déserte et riche* ». Le récit se déploie comme une véritable parabole, qui emprunte ses images à l'Évangile : le miracle de l'apparition de fillettes lors d'un atterrissage forcé au Paraguay, la dimension sacrée des gestes quotidiens des esclaves dans le désert, la figure d'archange rédempteur du bédouin offrant de l'eau aux aviateurs prisonniers du désert. Loin des vanités et des illusions, « *la vérité pour l'homme, c'est ce qui fait de lui un homme* ». L'auteur développe une mystique personnelle autour du thème de la terre, qui donne son titre paradoxal au roman d'un aviateur, ***Terre des hommes***. Le désert symbolise les forces telluriques, primitives, qui ancrent chaque individu dans son milieu, sa tradition, ses rituels, lient le sort du sergent perdu dans les sables de Mauritanie et celui de l'humble paysan de Provence. Le simple jardinier est un modèle de haute humanité, « *comme Guillaumet, l'homme courageux, quand il luttait au nom de sa Création, contre la mort* » (II, 2).

Grand Prix du Roman de l'Académie française en 1939, le roman, traduit avec succès aux États-Unis, fut salué en son temps pour la réflexion qui se dégage du récit autobiographique. D'une œuvre généreuse, précédée de l'auréole mythique du « *poète-aviateur* », demeure la part d'humanisme ancrée au cœur de cette quête d'absolu.

CITATIONS

[...] ce n'est point dans l'objet que réside le sens des choses, mais dans la démarche.

Citadelle, 5.

[...] n'espère rien de l'homme s'il travaille pour sa propre vie et non pour son éternité.

Citadelle, 6.

Je n'aime pas les sédentaires du cœur. Ceux-là qui n'échangent rien, ne deviennent rien.

Citadelle, 6.

Préparer l'avenir, ce n'est que fonder le présent. [...] Il n'est jamais que du présent à mettre en ordre. À quoi bon discuter cet héritage. L'avenir, tu n'as pas à le prévoir mais à le permettre.

Citadelle, 55, 1.

Et certes il existe l'irréparable. Mais il n'y a rien là qui soit triste ou gai. C'est l'essence même de ce qui fut. Est irréparable ma naissance puisque me voici. Le passé est irréparable mais le présent vous est fourni comme matériaux en vrac aux pieds du bâtisseur et c'est à vous d'en forger l'avenir.

Citadelle, 57.

Celui-là qui se plaint que le monde lui a manqué, c'est qu'il a manqué au monde. Celui-là qui se plaint que l'amour ne l'a point comblé, c'est qu'il se trompe sur l'amour : l'amour n'est point cadeau à recevoir.

Citadelle, 200.

Ô femme après l'amour démantelée et découronnée du désir de l'homme. Rejetée parmi les étoiles froides. Les paysages du cœur changent si vite...

Courrier Sud, II, 13.

L'ordre pour l'ordre châtre l'homme de son pouvoir essentiel, qui est de transformer et le monde et soi-même. La vie crée l'ordre, mais l'ordre ne crée pas la vie.

Lettre à un otage, 5.

On ne connaît que les choses que l'on apprivoise, dit le renard. Les hommes n'ont plus le temps de rien connaître. Ils achètent des choses toutes faites chez les marchands. Mais comme il n'existe point de marchands d'amis, les hommes n'ont plus d'amis.

Le Petit Prince, XXI.

Ce qui embellit le désert [...], c'est qu'il cache un puits, quelque part.

Le Petit Prince, XXIV.

La guerre n'est pas une aventure. La guerre est une maladie. Comme le typhus.

Pilote de guerre, 10.

Nul ne peut se sentir, à la fois, responsable et désespéré.

Pilote de guerre, 24.

Je combattrai pour la primauté de l'Homme sur l'individu — comme de l'universel sur le particulier.
Je crois que le culte de l'Universel exalte et noue les richesses particulières — et fonde le seul ordre véritable, lequel est celui de la vie. Un arbre est en ordre, malgré ses racines qui diffèrent des branches.

Pilote de guerre, 27.

La terre nous en apprend plus long sur nous que tous les livres. Parce qu'elle nous résiste. L'homme se découvre quand il se mesure avec l'obstacle.

Terre des hommes.

« *Ce que d'autres ont réussi, on peut toujours le réussir.* »

La Ligne, in *Terre des hommes*, 1.

« *Ce que j'ai fait, je te le jure, jamais aucune bête ne l'aurait fait.* »

Les Camarades, §2, in *Terre des hommes*, 2.

« *Ce qui sauve, c'est de faire un pas. Encore un pas. C'est toujours le même pas que l'on recommence...* »

Les Camarades, §2, in *Terre des hommes*, 2.

[...] une fois pris dans l'événement, les hommes ne s'en effraient plus. Seul l'inconnu épouvante les hommes. Mais pour quiconque l'affronte, il n'est déjà plus l'inconnu.

Les Camarades, §2, in *Terre des hommes*, 2.

Être homme, c'est précisément être responsable. C'est connaître la honte en face d'une misère qui ne semblait pas dépendre de soi. C'est être fier d'une victoire que les camarades ont remportée. C'est sentir, en posant sa pierre, que l'on contribue à bâtir le monde.

Les Camarades, §2, in *Terre des hommes*, 2.

On croit que l'homme peut s'en aller droit devant soi. On croit que l'homme est libre... On ne voit pas la corde qui le rattache au puits, qui le rattache, comme un cordon ombilical, au ventre de la terre. S'il fait un pas de plus, il meurt.

Au centre du désert, §6, in *Terre des hommes*, 7.

[...] la vérité, vous le savez, c'est ce qui simplifie le monde et non ce qui crée le chaos. La vérité, c'est le langage qui dégage l'universel. [...] La vérité, ce n'est point ce qui se démontre, c'est ce qui simplifie.

Les Hommes, §3, in *Terre des hommes*, 8.

Ce qui me tourmente, les songes populaires ne le guérissent point. Ce qui me tourmente, ce ne sont ni ces creux, ni ces bosses, ni cette laideur. C'est un peu, dans chacun de ces hommes, Mozart assassiné.

Les Hommes, §3, in *Terre des hommes*, 8.

Seul l'Esprit, s'il souffle sur la glaise, peut créer l'Homme.

Les Hommes, §4, in *Terre des hommes*, 8.

[...] il n'y a pas de fatalité extérieure. Mais il y a une fatalité intérieure : vient une minute où l'on se découvre vulnérable ; alors les fautes vous attirent comme un vertige.

Vol de nuit, 15.

JUGEMENTS

« *Ce style direct, dépouillé, sans fioritures, c'est celui qu'au même moment mettent à la mode Malraux, puis Hemingway et les romanciers américains des années 30 : style de constat, sans bavures ni recherche, efficace et dense ; une écriture influencée par le cinéma, toute en gros plans avec des images violentes, en coup de poing ou en lame de couteau. Style de reporter, de photographe, par opposition à la longue phrase musicale d'un Proust, à la mélodie plus brève d'un Gide ou d'un Mauriac.*
[...]
Saint-Exupéry en est un [un éducateur]. *Le plus convaincant, le plus salubre que nous ayons eu depuis Jean-Jacques. Qu'il soit plus facile d'exporter son enseignement chez les peuples sous-développés que de le mettre en pratique chez nous n'enlève rien à sa valeur d'exemple.* De Vol de nuit *à* Citadelle, *cette œuvre constitue une curieuse revanche de la vie sur la Littérature — revanche exceptionnelle à une époque où les grandes œuvres naissent et se développent sur le terreau des vies manquées.* »

Pierre de BOISDEFFRE, « Notre Jean-Jacques », *in* René TAVERNIER, *Saint-Exupéry en procès*, Belfond, 1967.

« *L'ennui, avec Saint-Ex, est que, céleste au triple titre de saint, d'archange et d'aviateur, il participe de tous les ciels — catholique, laïque, marxiste. Il s'offre, avec une malléabilité qui laisse rêveur, à toutes les propagandes — celle du camp de jeunesse à la Vichy comme celle du commando maquisard. Il prêche dans toutes les bibliothèques, à Moscou comme à Versailles. Il faut avouer que c'est bien commode.*
[...] *Quand on parle tant de l'action et des hommes, je préfère qu'on le fasse à ras de terre (et non Terre) et que l'espoir prenne le pas sur l'espérance. Il est arrivé à Saint-Exupéry de plonger ses mains dans le cambouis, je veux bien le croire, et cela ne le dégoûtait pas. Plonger ses mains*

*dans l'humain dégoûte Saint-Ex. C'est bien joli, la nostalgie de l'innocence puérile, mais c'est avec des grandes personnes qu'on fait le monde et les grandes personnes sont ce qu'elles sont. À force de détourner le nez de l'homme pour ne considérer que l'*Homme*, on remplace vite, dans l'exaltation lyrique, le courage par l'héroïsme, l'idéalisme par le dédain des valeurs matérielles, la méfiance envers la foule par le mépris du peuple. Le survol entraîne le sermon.* »

Jean-Louis BORY, « Peut-on sauver Saint-Exupéry de Saint-Ex ? », *in* René TAVERNIER, *Saint-Exupéry en procès*, Belfond, 1967.

« *Saint-Exupéry ressent du mépris, presque du dégoût, pour la littérature sans provision. Il ne veut rien écrire que sa vie ne garantisse ou qu'il n'ait eu l'occasion de vérifier à ses dépens. C'est en quoi l'univers proprement littéraire lui demeure suspect, pour autant qu'il trompe le lecteur en le transportant dans un monde facile et fallacieux. Saint-Exupéry reste l'un de ces hommes contraints à l'exactitude, pour qui l'imagination peut bien s'ajouter à la réalité, mais non pas en tenir lieu ; car la réalité les absorbe tout entiers et sévèrement. Ils n'ont que les loisirs, et les heures creuses que leur consent leur métier, à vouer aux livres, qu'ils les écrivent ou qu'ils les consomment.* [...]

[...]

Pour la mettre à l'abri de toute contestation et comme pour en établir les droits, il n'est pas de sacrifices qu'un Saint-Exupéry n'ait consentis, qu'il n'ait convoités. À une époque où la littérature sert communément d'alibi, cette honnêteté luxueuse apporte tout ensemble une preuve de la grandeur et de l'indépendance d'un écrivain et d'une œuvre. N'en déplaise aux délicats qui estimeraient devoir souligner qu'elle n'implique aucun mérite proprement littéraire, pareil excès de conscience, en effet inutile au chef-d'œuvre, vient cependant à point pour autoriser jusqu'à la littérature très dégagée des contingences humaines, qui a leur préférence et qui péricliterait encore plus sûrement sans un tel parrainage. »

Roger CAILLOIS, cité *in* Michel ABESCAT et Jacques TRÉFOUËL, *Saint-Exupéry*, « Un siècle d'écrivains », France 3, 11 septembre 1996 [film].

« *Une prose d'un ennui mortel ; un style léché et parfait d'autodidacte :* le modern style *type des années d'avant-guerre ; la décomposition guindée de la prose gidienne et du nombre valéryen ; une manière toute d'artifices de "bien écrire" et d'écrire "poétique" et "lyrique", que je ne puis souffrir. Qu'ai-je découvert encore ? Une pensée d'une faiblesse insigne et d'une profondeur telle que l'eau vous en arrive aux chevilles. Ah ça, je vous assure qu'on ne perd jamais pied avec Saint-Exupéry. Pas de risque de noyade lorsqu'on traverse ce fleuve ! J'en avais par-dessus la tête, en revanche, de* l'homme, *de* l'humain, *de la* fraternité, *de la* chaleur, *de* l'équipe *et de cette métaphysique à la portée de tous.*

En outre, j'ai mis le doigt (c'est facile) sur un truquage essentiel : Saint-Exupéry se veut à la fois guerrier (homme de guerre), aristocrate, nietzschéen et tout ce que vous voudrez dans le genre et à la fois *aspire à je ne sais quelle communion mystique, fraternelle et virile entre les "hommes". Or, de deux choses l'une : ou bien on prône une morale nietzschéenne de seigneurs — et après tout, pourquoi pas ! — ou bien on parle très humblement de l'homme. Ce qui m'irrite, ce qui me paraît faux, c'est le mélange des deux. Cette volonté d'être un seigneur qui se sent frère de ses sujets parce qu'il se découvre avec eux le plus vague des dénominateurs communs, à savoir qu'il est lui aussi, un homme. Ô la belle découverte !* »

Jean CAU, cité *in* René TAVERNIER, « Le Comte Antoine de Saint-Exupéry, vingt ans après », in *Saint-Exupéry en procès*, Belfond, 1967.

« *Saint-Ex, c'était toujours un ambassadeur de la création du monde qui nous offrait une chance de plus. Pour ceux qui le lisent dans les familles, dans une chambre d'étudiant, sur un champ de bataille, en solitude, il est resté de lui un grand passage d'anges sur la page blanche, sur la première page blanche de nos vies fragiles, possibles encore, qui tremblent cependant de connaître une mort moins pure que la sienne.* »

Léon-Paul FARGUE, « Un homme complet », in *Confluences*, 1947.

« *C'est une morale de l'héroïsme, qui ne doit rien au culte de la guerre. Elle fait des baroudeurs sans bagarre, des aventuriers exemplaires mais humbles, des héros sans tuerie. Commander est une servitude, on l'assume ; servir est une liberté, on la conquiert. Dans une époque que la fascination de l'action tout à la fois enflamme et paralyse,* Vol de nuit *frappe au cœur ; c'est qu'il propose pour demain une vision planétaire et un modèle pour aujourd'hui. C'est Gide lui-même, l'homme des phrases masquées et des sentiments sinueux, Gide l'immoraliste, qui préface le roman et qui y découvre que* "le bonheur de l'homme n'est pas dans la liberté, mais dans l'acceptation d'un devoir"*. Il a reconnu dans le sacrifice chanté par Saint-Ex l'aboutissement d'un individualisme surmonté : celui qui a vaincu le petit cow-boy que nous sommes, et que nous promenons d'amourette en insignifiance et de caprice en hâblerie, pour trouver le regard éloquent et le rire grave qui éclairent de quelque lueur divine ce ciel noir et cet avion absurde et obstiné.* »

Renaud MATIGNON, « Saint-Exupéry : c'était à lire... en 1931 », in *Le Figaro*, 13 août 1986.

« *Il existe une niaiserie Saint-Exupéry, c'est hors de doute* [...]. *On a fait de Saint-Exupéry* [...] *un "routier" volant ; l'auteur d'excellents ouvrages de la collection "Signes de Piste", mais auréolés d'une gloire ennerefienne : qu'y pouvait-il ? Aviateur, il a écrit des romans courts et réalistes sur l'univers de son aventure quotidienne. Ces romans ont plu. Il a plu, lui, au petit milieu qui entourait alors les éditions Gallimard.* [...]

Je crois qu'il convient d'abord de remarquer l'innocence *de Saint-Exupéry. Il n'est pour rien dans cette polémique autour de sa "figure". Pour lui, la gloire posthume a été plus abusive qu'une veuve : elle a peut-être trompé d'innombrables lecteurs sur la marchandise... C'est fait et l'on n'y peut plus rien, sinon souligner l'injustice qui consiste à reprocher à un homme une mésaventure qui n'arrive qu'à sa mémoire.*

Ensuite, je crois bon de rappeler, tout bêtement, que Saint-Exupéry fut un homme courageux. Dans l'affection que lui vouent les plus jeunes de ses lecteurs, on doit pouvoir déceler une bonne part d'estime pour l'homme. *Les garçons de 18 ans, contrairement aux vues pessimistes des magazines, raffolent des héros. Après tout, Saint-Exupéry, des atterrissages de fortune dans les sables du Rio de Oro à la mort en combat aérien, n'a pas mené une vie de littérateur. Regardez les autres : un Sartre, un Camus, un Bazin (je prends ceux que les statistiques signalent comme les préférés des gamins), ça fait rond-de-cuir, pion, banquette de café, citadin. Je crois qu'inconsciemment les jeunes gens ont l'intuition de cette nuance. Un peu de courage leur paraît* garantir *la littérature ; c'est son encaisse-or. Les livres ne constituent jamais pour eux (comme ils ont raison !) qu'une circulation fiduciaire.*

[...] *Après tout, un homme qui a joué souvent sa peau en sait sur le monde davantage qu'un professeur de philosophie au lycée du Havre. Sinon* davantage : autrement. *Peut-être la vie est-elle beaucoup plus simple que ne le croient les beaux esprits ? Peut-être, au bord de la mort risquée, dans ces épreuves rudimentaires que sont le combat, le pilotage, les rapports entre hommes un peu rustauds, découvre-t-on de ces évidences honorables qui font plus tard rigoler les malins ? Peut-être, en un mot, le plus bête n'est-il pas où l'on pense ?* »

François NOURISSIER, « Une image du courage, une leçon de morale », *in* René TAVERNIER, *Saint-Exupéry en procès*, Belfond, 1967.

« *Ce que* [les gaullistes] *ont à reprocher à Saint-Ex, c'est de ne pas avoir rejoint la France libre. Pour eux, s'il y a un pilote qui compte dans l'escadrille Littérature et Liberté (groupe 36/45), c'est Saint-Malraux, ce grand d'Espagne et d'Alsace-Lorraine, et lui seul. L'auteur de* Pilote de guerre *tombe dans une zone de silence vaguement méprisant. On le considère avec le seul respect dû aux auteurs de livres pour enfants (mais en lui préférant la comtesse de Ségur), aux billets de banque et aux serpents de mer, puisqu'il se trouve régulièrement quelqu'un pour prétendre avoir retrouvé au fond d'un trou un débris de son avion, de sa gourmette ou de sa chevalière.* [...] »

Daniel RONDEAU, « Saint-Exupéry... *"No pictures"* », in *L'Express*, 10 juin 1999.

BIBLIOGRAPHIE

Éditions

Œuvres complètes, éd. M. AUTRAND et M. QUESNEL, « Pléiade », Gallimard, 1994 et 1999, 2 vol.

Œuvres, éd. R. CAILLOIS [incluant *Courrier Sud, Vol de nuit, Terre des hommes, Pilote de guerre, Lettre à un otage, Le Petit Prince, Citadelle*], « Pléiade », Gallimard, 1959.

Cher Jean Renoir, « Cahiers de la *NRF* », Gallimard, 1999.

Écrits de guerre 1939-1940, Gallimard, 1982, rééd. « Folio », Gallimard, 1994.

Lettres à sa mère, Gallimard, 1955, rééd. 1984, rééd. « Folio », Gallimard, 1997.

Le Petit Prince, « Folio », Gallimard, 1999 [avec des aquarelles de l'auteur].

Terre des hommes, « Folio », Gallimard, 1972.

Études

R.M. ALBÉRÈS, *Saint-Exupéry*, Hachette, 1963.

M. BRUMOND, *« Le Petit Prince » de Saint-Exupéry*, Bertrand-Lacoste, 1994.

C. CATE, *Antoine de Saint-Exupéry, laboureur du ciel*, Grasset, 1973, rééd. 1994.

E. CHADEAU, *Saint-Exupéry*, Perrin, 2000.

P. CHEVRIER, *Antoine de Saint-Exupéry*, Gallimard, 1949.

É. DESCHODT, *Saint-Exupéry*, Pygmalion, 2000.

E. DREWERMANN, *L'essentiel est invisible : une lecture psychanalytique du « Petit Prince »*, trad. franç. J.-P. BAGOT, Cerf, 1992.

L. ESTANG, *Saint-Exupéry*, Gallimard, 1949 ; *Saint-Exupéry*, Seuil, 1956, rééd. 1989.

Fr. GERBER, *Saint-Exupéry, de la rive gauche à la guerre*, Denoël, 2000.

M. QUESNEL, *Saint-Exupéry ou la Vérité de la poésie*, Plon, 1964.

J. ROY, *Saint-Exupéry*, La Manufacture, 1990.

C. de SAINT-EXUPÉRY, *Mémoires de la Rose*, Plon, 2000.

S. de SAINT-EXUPÉRY, *Cinq Enfants dans un parc*, Gallimard, 2000.

R. TAVERNIER (dir.), *Saint-Exupéry en procès*, Belfond, 1967.

A. VIRCONDELET, *Antoine de Saint-Exupéry*, Julliard, 1993 ; *Saint-Exupéry, Vérité et Légendes*, Chêne, 2000.

P. WEBSTER, *Saint-Exupéry, Vie et Mort du petit prince*, Félin, 1993, rééd. 2000 ; *Consuelo de Saint-Exupéry, la Rose du petit prince*, Félin, 2000.

AUDIO & VIDÉO

CD

Cher Jean Renoir, Gallimard, 1999, 1 CD.

Vidéo

J. TRÉFOUËL et M. ABESCAT, *Antoine de Saint-Exupéry*, « Un siècle d'écrivains », France 3, 1996.

CD-ROM

Le Petit Prince, Gallimard, 1998.

SAINT-JOHN PERSE

SAINT-JOHN PERSE

De son vrai nom, Marie René Auguste Alexis LÉGER, enregistré LEGER par erreur — l'état civil ayant supprimé l'accent du patronyme LÉGER.

Écrivit sous les pseudonymes de SAINTLEGER LEGER — forme plus courante que celle, parfois rencontrée, de SAINT-LEGER LEGER —, puis de SAINT-JOHN PERSE, à partir d'***Anabase*** en 1924. S'inventa un mythique lieu de naissance : Saint-Leger-des-Feuilles.

Pointe-à-Pitre (Guadeloupe) 1887 – Giens (Var) 1975

Prix Nobel

« Cette œuvre luxueuse est sobre ; totale, et ses lignes sont simples et pures. [...] Le souci encyclopédique s'accompagna rarement d'une telle sévérité, d'une obstination si scrupuleuse à ne retenir que l'excellent. »

Roger CAILLOIS, *Poétique de Saint-John Perse*, Gallimard, 1954.

« J'en fais usage à des intervalles réguliers, un peu comme d'un chewing-gum *d'où au début à chaque coup de dent gicle une saveur, mais le goût pour moi s'épuise en une douzaine de pages, à mon dépit. »*

Julien GRACQ, *En lisant en écrivant*, Corti, 1981.

Un homme d'île et d'exil

Une enfance tropicale

Né en Guadeloupe, Alexis Léger passa une enfance heureuse entre Pointe-à-Pitre, où son père était avocat, un îlet de la rade, et les plantations de ses oncles maternels. Il ne cessa jamais de se tourner *« en songe »* vers ces « *Grandes Indes occidentales* » où le monde avait pris pour lui forme et sens. Ses premiers poèmes publiés, ***Images à Crusoé*** (1909), ***Pour fêter une enfance*** (1910), ***Histoire du Régent*** (1910), ***Éloges*** (1911), parus alors qu'il avait quitté sa terre natale depuis une dizaine d'années, furent directement inspirés par cette enfance passée dans une nature tropicale et un monde colonial. Mais déjà l'expérience était mise à distance et se chargeait d'une valeur plus générale :

Enfance, mon amour, j'ai bien aimé le
soir aussi : c'est l'heure de sortir.

(***Éloges***, XV)

En effet, premier exil, assez mal vécu par l'enfant : en 1899, la famille Léger, craignant l'évolution d'une situation économique et politique incertaine, avait quitté la Guadeloupe pour la métropole ; elle s'était installée à Pau, où le jeune Alexis fut lycéen jusqu'à son baccalauréat et où il rencontra Francis Jammes, en 1904. Il fit ensuite des études de médecine et de droit à Bordeaux, s'intéressant à des savoirs très divers : philosophie grecque, minéralogie, musique. Il pratiqua la voile, rencontra Claudel — grâce à Jammes, en 1905 ; l'un et l'autre tentèrent en vain de le convertir au catholicisme — et Rivière, interrompit très brièvement ses études après la mort de son père (1907) — il acheva néanmoins sa licence en droit en 1910 — et voyagea en Espagne, en Allemagne, en Angleterre, où il se lia d'amitié avec Tagore.

Celui qui signait encore Saintleger Leger avait recours aux archétypes de l'Enfance, de l'Île heureuse et du Paradis perdu ; il utilisait la médiation du mythe de Robinson Crusoé, « *Vieil homme aux mains nues / remis entre les hommes* » (***Les Cloches***, in ***Images à Crusoé***, in ***Éloges***). Enfin, il organisait peu à peu, suivant un ordre signifiant, les composantes diverses du recueil qui comprit ***Éloges*** et ***La Gloire des Rois*** — publié l'année même où le poète rencontra Larbaud et où le futur diplomate prépara le concours des Affaires étrangères.

Reçu en 1914 au concours des Affaires étrangères, Alexis Léger choisit de partir en Chine où il devint secrétaire d'ambassade à Pékin, de 1915 à 1921. Il en rapporta, sous le pseudonyme — définitif — de Saint-John Perse, ***Amitié du Prince*** (1924), dialogue entre le Prince et le Sage, et ***Anabase*** (1924). Ce poème difficile proposait, dans ses 10 « *Chants* » et 2 « *Chansons* », le schéma d'une aventure qu'on retrouva d'œuvre en œuvre : un homme, insatisfait des étroites limites spatiales et temporelles qui lui sont allouées, décidait de partir vers un ailleurs plus vaste, à la recherche d'un sens universel. À force de violence et d'ascèse, il parvenait au cœur du désert — ailleurs, ce lieu devint sur *« les plus hautes cimes de la terre » (**Amers**)* — où, enfin dénué, il s'ouvrait au monde et à ses messages de vie. Il pouvait alors intégrer ce destin étroit à une signification qui le joignait à tout l'espace et à tous les temps — tous les continents, toutes les époques historiques étaient mobilisés dans les poèmes —, au mouvement vital en cours depuis la création.

Du poète au diplomate

Saintleger Leger s'était effacé derrière Saint-John Perse qui occulta toute résonance personnelle. Mais celui-ci à son tour céda la place à Alexis Léger pour une carrière diplomatique de premier plan. De 1921 à 1932, il fut secrétaire puis chef de cabinet de Briand, d'abord sensible à ses compétences dans les affaires d'Asie — et auquel il resta très lié jusqu'à la mort du ministre en 1932 : Léger participa notamment à la conférence de Locarno (1925) et fut à l'origine du pacte Briand-Kellog (1927), renonçant à « *la guerre comme instrument de politique nationale* ». Puis, de 1933 à 1940, il succéda à Philippe Berthelot comme secrétaire général du Quai d'Orsay où il assura la continuité d'une politique étrangère fondée sur des pactes entre nations, tandis que montaient les fascismes et que se succédaient les ministres : dès 1936, année où Hitler proclama l'abolition du pacte de Locarno, il prôna une intervention armée contre lui ; en 1938, il accompagna son ministre à Munich. Limogé par Paul Reynaud à l'arrivée des Allemands, déchu de la nationalité française, radié de la légion d'Honneur et privé de ses biens sous Vichy en octobre 1940, enfin refusant de se rallier pour autant à De Gaulle, il s'exila aux États-Unis et revêtit pour toujours le statut d'étranger qu'il convoitait comme homme et comme poète — malgré la citoyenneté française recouvrée après la guerre, comme l'ensemble de ses droits. Il y fut rejoint par sa compagne cubaine installée en France, Lilita Abreu, rencontrée en 1932 : leur liaison prit fin en 1944.

L'exil américain

Des amis américains lui assurèrent à la Library of Congress de Washington un emploi rétribué par la Fondation Carnegie, entre 1941 et 1945, puis un contrat avec la Fondation Bollingen, de 1946 à 1957. Il écrivit alors les 4 poèmes du recueil ***Exil*** : ***Exil*** (daté Long Beach Island, 1941), ***Pluies*** (Savannah, 1943), ***Neiges*** (New York, 1944), ***Poème à l'Étrangère*** (Georgetown, 1942) et ***Vents*** (1946, daté Seven Hundred Acre Island, Maine, 1945). Redevenu poète, le diplomate exilé aimait se tenir dans une position insulaire ; et, même à New York, sa « *chambre d'angle qu'environne un Océan de neiges* » (***Neiges***, IV) retrouvait la forme d'un îlot. C'est que dans les îles se faisait entendre, mieux qu'ailleurs, le souffle originel et toujours en cours du Verbe qui créa le monde. De même que les grandes étendues désertes, les grèves recelaient encore les signes d'une écriture primitive qu'il appartenait au poète d'entendre, son rôle étant de déchiffrer les « *écritures nouvelles, aux feuilles jointes des grands schistes* » (***Vents***, II, 6). Aux temps les plus durs de l'exil, il arriva cependant qu'un ton plus personnel se fît entendre : ***Neiges*** évoquait la mère du poète, et ***Poème à l'Étrangère***, l'amante cubaine Lilita Abreu. ***Amers*** (1957), immense poème savamment construit, reflétait un équilibre enfin trouvé. Par la médiation d'une femme « *née de la mer,* [...] *femme qui se fait et se défait avec la vague qui l'engendre* », l'homme poète, en s'unissant à elle dans l'amour (***Strophe***, IX, « *Étroits sont les vaisseaux* », 2), s'unissait au mouvement universel où poète, mer et poème se rejoignaient enfin.

En 1957, année de son retour en France après dix-sept ans d'exil — durant lesquels, bien qu'il eût navigué dans les Antilles anglaises, il ne revint jamais en Guadeloupe —, Mina Curtiss offrit au poète la propriété des Vigneaux, dans la presqu'île de Giens. Désormais, avec sa femme américaine, Dorothy Milburn Russel — rebaptisée par lui Diane et qu'il épousa en 1958 —, il partagea son temps entre les États-Unis et la France.

Du retour d'exil au prix Nobel

En 1960, le poète publia ***Chronique***, poème du « *grand âge* » qui renouait avec l'enfance, peu de temps avant de se voir attribuer le prix Nobel de littérature — dans l'indifférence générale. Puis il publia ***Oiseaux*** (1963), d'abord conçu pour accompagner des dessins de Braque, et plusieurs courts poèmes destinés à s'intégrer dans un ensemble qu'il comptait intituler ***Terre*** ou ***Gaïa*** mais qui ne fut pas mené à terme : ***Chanté par celle qui fut là*** (1969), ***Chant pour un équinoxe*** (1971), ***Nocturne*** (1973), ***Sécheresse*** (1974). Entre-temps, il publia ***Pour Dante*** (1965), texte de l'hommage officiel qu'il prononça à Florence, la même année, pour le 700e anniversaire du poète de *La Divine Comédie*. Surtout, il usa ses dernières forces à préparer lui-même l'édition de ses œuvres dans la « Bibliothèque de la Pléiade » (1972) — que l'on peut considérer comme son chef-d'œuvre. Tout l'appareil critique — biographie, correspondances, notes, documents — s'embarrassait peu d'exactitude factuelle et n'était là que pour proposer des voies d'accès à l'œuvre, accordées à celle-ci.

Homme d'île et d'exil, le poète diplomate, après une vie passée de part et d'autre de l'Atlantique, mourut sur les bords de la Méditerranée ; le « béké » de Guadeloupe finit ses jours sur la presqu'île de Giens, à plus de 88 ans, après avoir été sans doute le poète français le plus célébré de son siècle — en tout cas hors de France. Parfois jugée emphatique, sa poésie célèbre l'épopée de l'homme et la marche du monde, dans une alliance unique d'élévation sacrée et de sensualité païenne :

Terre arable du songe ! Qui parle de
bâtir ?

(***Anabase***, X)

Moi j'ai pris charge de l'écrit, j'honorerai
l'écrit. Comme à la fondation d'une
grande œuvre votive, celui qui s'est offert
à rédiger le texte et la notice ; et fut prié
par l'Assemblée des Donateurs, y ayant
seul vocation.

(***Invocation***, 5, in ***Amers***)

Une langue souveraine

Le style de Saint-John Perse est paradoxal. L'ellipse, le raccourci, l'image fulgurante, toute une « *syntaxe de l'éclair* » (***Exil***, VII) s'y mêlent à des tournures oratoires, aux amples mesures de l'alexandrin et du double octosyllabe, aux longs versets incantatoires, aux dénombrements infinis qui rivalisent avec la « *longue phrase sans césure* » (***Exil***, III) empruntée au rythme de la mer. Les mots appartenant à des savoirs spécialisés, tels que l'ornithologie (« *rémiges* »), la botanique tropicale (« *icaque* », « *pommes-rose* »...), le droit coutumier, la marine à voile (« *vaigrage* », « *étarquer* »...), côtoient les termes les plus généraux (« *mer* », « *homme* », « *terre* », « *chose* »), manifestant à la fois l'extrême singularité du réel et son unité fondamentale, en une poésie à la fois épique et cosmique.
Ce style est aussi hégémonique. Nourrie de choses vécues, vues et lues — qui vont du fait divers à l'article de dictionnaire ou à l'expression empruntée à un « *petit prophète* » de la Bible —, la phrase de Saint-John Perse fond tous ces matériaux dans ses propres rythmes et modes, impérieux et cohérents. Le moindre personnage y est, par la généralisation, par la majuscule, transfiguré en être symbolique, élevé à la dignité de « *Prince de l'exil* ». Le geste le plus anecdotique y prend le statut d'attitude rituelle — porter une conque à son oreille, bercer des « *singes moribonds dans les bas-fonds de grands hôtels* » — au sein d'une « *œuvre œuvrée* » (***Pour Dante***) comme un tout où chaque élément verbal, chaque représentation trouve toujours son écho et donc sa justification interne.
Le style est remarquable enfin par sa façon de cultiver l'équivoque, de sa composante la plus élémentaire, le mot, à l'expression plus large qui allie concret et abstrait :

Or je hantais la ville de vos songes et
j'arrêtais sur les marchés déserts ce pur
commerce de mon âme, parmi vous.

(***Anabase***, I)

Si bien que les poèmes sont le plus souvent lisibles sur 3 plans : l'un, matériel, conte le parcours d'un homme à la surface de la terre ; l'autre, spirituel, trace les étapes de la quête d'un sens ; le dernier se lit comme le compte rendu d'une « crise poétique » et de l'écriture du poème :

Nous étendons à tout l'avoir notre usage
et nos lois.

(***Chronique***, VI)

Parole de conquérant, de sage, de poète. L'italique confère à cette poésie grandiose et souveraine une noblesse accordée à l'allure des versets et s'offre comme la métaphore d'une œuvre en mouvement, qui se signale par le ton, rare au XXe siècle, de la célébration de la vie une et sacrée, comme de la communion esthétique des générations :

C'est là le train du monde et je n'ai que
du bien à en dire.

(***Anabase***, IV)

Et nos poèmes encore s'en iront sur la
route des hommes, portant semence et
fruit dans la lignée des hommes d'un
autre âge.

(***Vents***, IV, 6)

Une plus grande gloire hors de France

Jammes, Claudel, Gide, Fargue, Larbaud furent les premiers lecteurs et admirateurs du jeune Alexis Léger dont ils accueillirent les poèmes dans la *NRF* : ***Amitié du Prince*** et surtout ***Anabase*** confirmèrent ce succès. Les surréalistes le saluèrent « à distance », de grands poètes étrangers le traduisirent : Eliot, Benjamin, Rilke, Ungaretti. Lorsque Alexis Léger s'exila, Saint-John Perse, silencieux depuis 1924, reparut, mais les conditions de la réception avaient changé : les grands poèmes d'***Exil*** et ***Vents*** furent publiés en Amérique, et dans des revues souvent peu diffusées ou dans des éditions de luxe.
Surtout, Saint-John Perse paya le contentieux qui, depuis la guerre, opposait Alexis Léger aux gaullistes : démocrate pointilleux, il avait

refusé de coopérer avec le général De Gaulle et partagé les préventions de l'entourage de Roosevelt contre lui. En dépit d'une très grande notoriété à l'étranger, où Saint-John Perse reçut honneurs et prix littéraires et fut le poète français contemporain le plus traduit, en France, les médias, les institutions faisaient silence. Sous l'impulsion de Paulhan, les *Cahiers de la Pléiade*, en 1950, lui consacrèrent un numéro spécial où de grands écrivains (Jouve, Claudel, Nimier) lui rendirent hommage. Mais, en 1960, lorsqu'il reçut le prix Nobel, aucun officiel ne se déplaça à Stockholm, et l'Académie française s'abstint des félicitations d'usage. Plusieurs publications, dont le monumental *Honneur à Saint-John Perse*, en 1965, prouvèrent cependant l'intérêt des écrivains et des critiques. Mais la mort du poète souleva peu d'échos, hormis un bel article d'Aragon dans *L'Humanité*.

La critique se libéra alors peu à peu du genre de l'hommage pour s'intéresser d'abord à l'univers imaginaire du poète (Georges Poulet, Jean-Pierre Richard) et au « *point d'une écriture* » (Roger Caillois). Elle bénéficie désormais des manuscrits, correspondances, documents, bibliothèque du poète, légués par lui à la fondation Saint-John Perse d'Aix-en-Provence — qui fut inaugurée en 1976.

ŒUVRES

Amers

Poème paru chez Gallimard, en 1957. Des fragments en ont été publiés dès 1948 : Saint-John Perse a mis plus de huit ans pour en ordonner l'architecture monumentale.

Amers est le plus long des poèmes de Saint-John Perse. Il est composé de différentes sous-parties qui lui donnent une cohérence discursive : ***Invocation*** (6 chants), ***Strophe***, ensemble complexe, en 9 éléments d'extension diverse — le 9e étant le cœur du recueil et par sa longueur et par son importance thématique (7 dialogues entre les Amants, introduits par un verset) —, ***Chœur*** (5 chants), ***Dédicace*** (un seul chant). ***Amers*** — le mot désigne les repères que se fixent, à terre, les marins, mais il s'y ajoute toutes les richesses de l'homonymie et de la paronomase : l'amertume, la mer, l'amour, la mort, entre autres — s'offre comme une *Poésie pour accompagner la marche d'une récitation en l'honneur de la Mer, / — Poésie pour assister le chant d'une marche au pourtour de la Mer, / — Comme l'entreprise du tour d'autel et la gravitation du chœur au circuit de la strophe* (***Invocation***, 3), célébration de l'élément roi de toute l'œuvre du poète, la mer qui détermine un paysage d'éternité, le lieu de l'aventure humaine et du désir lui-même. Mais c'est aussi la mer « textuelle », sans cesse en mouvement comme le langage, et ce chant, *« c'est la Mer en nous qui le chantera » (ibid.)* ; elle est encore la mer de l'amour : fille publique, son mouvement est celui du corps des Amants (*La mer lubrique nous exhorte et l'odeur de ses vasques erre dans notre lit...*, ***Strophe***, IX, 3) ; elle est enfin la mère originelle.

Le ton de l'éloge et une très grande constante dans les procédés poétiques caractérisent l'unité de l'œuvre de Saint-John Perse : dans ***Amers***, ces qualités de souffle s'épanouissent en un vaste poème qui rassemble toutes les images de la mer en l'homme, et c'est sans doute cette plénitude qui explique la grande célébrité du recueil.

Amers, dès sa parution, a suscité l'admiration des milieux littéraires du monde entier. Très vite, des traductions complètes en ont été publiées, en anglais (1958), en allemand (1959), en espagnol (1961), et dans plusieurs autres langues.

Éloges

Recueil poétique en 4 ensembles titrés — comportant respectivement 1, 9, 6, et 18 poèmes ou chants —, paru aux éditions de la *NRF*, 1911, sous la signature Saintleger Leger, et réédité chez Gallimard en 1948, sous la signature Saint-John Perse et avec des réaménagements, le recueil de 1911 étant suivi de 5 poèmes (***Récitation à l'éloge d'une Reine***, ***Amitié du Prince***, ***Histoire du Régent***, ***Chanson du Présomptif*** et ***Berceuse***) regroupés sous le titre ***La Gloire des Rois***, en fin de volume.

Éloges est composé de 4 ensembles de longueur variable. Il s'ouvre sur un poème, ***Écrit sur la porte*** (1908) : c'est le retour du colon blanc après sa journée de travail. Ensuite, ***Images à Crusoé*** (9 poèmes, 1904) s'adresse au héros de Defoe revenu dans la ville, parle de sa nostalgie, de l'île, mais aussi du langage qui en recrée le monde : *Tu pleurais de songer aux brisants sous la lune ; aux sifflements de rives plus lointaines ; aux musiques étranges qui naissent et s'assourdissent sous l'aile close de la nuit.* ***Pour fêter une enfance*** (6 chants, 1907) évoque l'enfance aux îles, auréolée d'une dimension mythique : *J'ai fait ce songe, dans l'estime.* Enfin, dans les 18 chants qui ont pour titre le nom même du recueil, ***Éloges*** (1908), les tableaux, plus divers, vont de symboles et de lieux marqués par l'enfance à l'affranchissement définitif : *À présent laissez-moi, je vais seul* (XVIII).

Éloges est le 1er recueil de Saint-John Perse, et déjà, l'essentiel de sa poétique est en place : verset métrique, associations verbales, réseau de formules reprises. Le ton, qui est celui de l'éloge, fait de ce recueil un chef-d'œuvre du genre « épidictique » : *Ô j'ai lieu de louer ! Ô fable généreuse, ô table d'abondance !* (***Pour fêter une enfance***, V). C'est ce qu'indique le titre de l'ensemble, que le poète commenta ainsi, dans une lettre de mai 1911 adressée à Gide : « *Il est si beau que je n'en voudrais jamais d'autre, si je publiais un volume — ni plusieurs.* » Dans l'œuvre de Saint-John Perse, ***Éloges*** marque, sans exotisme facile, le début d'une marche toujours en avant : l'île, l'enfance sont le terreau premier de cette création poétique.

Dès 1911, le recueil fut très bien reçu par les milieux littéraires : Larbaud lui consacra un article dans *La Phalange*, Apollinaire le cita dans sa conférence, « L'Esprit nouveau et les Poètes », Proust dans *Sodome et Gomorrhe*. L'ensemble ***Images à Crusoé*** fut mis en musique par Louis Durey en 1918, et un poème d'***Éloges*** par Darius Milhaud en 1922.

CITATIONS

Moi j'ai pris charge de l'écrit, j'honorerai l'écrit. Comme à la fondation d'une grande œuvre votive, celui qui s'est offert à rédiger le texte et la notice ; et fut prié par l'Assemblée des Donateurs, y ayant seule vocation.

Invocations, in *Amers*, 5.

En fait de doctrine littéraire, je n'ai rien à dire : je n'ai jamais eu de goût pour la cuisine des chimistes.

Lettre à Archibald Mac Leish, in *Cahiers de la Pléiade*, été-automne 1950.

C'est assez d'engranger, il est temps d'éventer et d'honorer notre aire.

Chronique, 8.

Grand âge, nous voici. Prenez mesure du cœur d'homme.

Chronique, 8.

Il n'est d'histoire que de l'âme, il n'est d'aisance que de l'âme.

Exil, V.

« *J'habiterai mon nom* », fut ta réponse aux questionnaires du port.

Exil, VI.

Et c'est l'heure, ô Poète, de décliner ton nom, ta naissance, et ta race...

Exil, VII.

« *Qu'on m'apporte — je veille et je n'ai point sommeil — qu'on m'apporte ce livre des plus vieilles Chroniques... Sinon l'histoire, j'aime l'odeur de ces grands livres en peau de chèvre (et je n'ai point sommeil).* »

Amitié du prince, II, in *La Gloire des rois*.

Innombrables sont nos voies, et nos demeures incertaines.

Pluies, VII.

« *Ô Pluies ! lavez au cœur de l'homme les plus beaux dits de l'homme : les plus belles sentences, les plus belles séquences ; les phrases les mieux faites, les pages les mieux nées.* »

Pluies, VII.

Et c'est assez pour le poète d'être la mauvaise conscience de son temps.

Discours de Stockholm, in *Poésie*.

Notre maxime est la partialité, la sécession notre coutume.

Vents, I, 6.

On ne fréquente pas sans s'infecter la couche du divin.

Vents, II, 3.

Mais c'est de l'homme qu'il s'agit ! Et de l'homme lui-même quand donc sera-t-il question ¿ — Quelqu'un au monde élèvera-t-il la voix ¿

Vents, III, 4.

Et nos poèmes encore s'en iront sur la route des hommes, portant semence et fruit dans la lignée des hommes d'un autre âge.

Vents, IV, 6.

JUGEMENTS

« À l'égal du Poème, Perse est un contemporain... intemporel. »

Emil Michel CIORAN, *Exercices d'admiration*, Gallimard, 1986.

« [...] tendu, altier, allusif parfois, toujours chargé de savoir, son langage poétique invite au contresens un lecteur même attentif et décourage plus d'un [...]. »

ÉTIEMBLE, *Supervielle*, Gallimard, 1960.

« Il était fait pour [l]es dédicaces officielles et [l]es fêtes jubilaires, et il y a dans le tremblement de mirage de sa poésie consécratoire et fondatrice comme l'empreinte en creux d'un avènement impérial que la Troisième République ne pouvait lui donner à célébrer. »

Julien GRACQ, *En lisant en écrivant*, Corti, 1981.

« Chacun de ses poèmes a été longtemps porté, a longtemps pompé l'air, la lumière, les souvenirs, et toute la vie seconde par seconde, jusqu'à en être plein et débordant ; chaque strophe et chaque son, souvent essayé, a pris sa place dans le rythme de la respiration [...]. »

Valery LARBAUD, « Éloges », in *La Phalange*, décembre 1911.

« Sa chambre de Passy, son bureau du Quai, une prairie normande, Alexis Léger transformait tout en haut lieu de l'esprit. L'esprit reprenait son cours, un instant interrompu par quelque idiot, dans un repas officiel ou mondain. Il suffisait à Léger de faire entendre sa basse chantante, d'introduire dans un dialogue quelques-unes des paroles coulées dont il sait le charme, d'appuyer sur l'interlocuteur un regard de perroquet — le perroquet de Crusoë — pour donner entrée à un personnage d'une envergure telle que ses collègues devenaient ce qu'ils sont, de simples apparences de l'annuaire, et que Paul Reynaud reprenait son rang de farfadet. »

Paul MORAND, *Monplaisir... en littérature*, Gallimard, 1967.

« Saint-John Perse est cet homme agréable, au nom mystérieux, qui exerce un métier agréable : il écrit un chef-d'œuvre tous les dix ans.
Son inspiration le classe parmi les très grands lyriques, mais la matière de son œuvre est comme hautaine et réservée : roc de soleil situé sur une mer très bleue, dominant la plaine des siècles. »

Roger NIMIER, « Saint-John Perse », in *Les Écrivains sont-ils bêtes ¿*, Rivages, 1990.

« [...] ce que souligne la liturgie épique et athée de Saint-John Perse, c'est une appartenance totale de l'homme à la terre. Tout est sacré dans la poésie de Saint-John Perse — et rien n'est moins religieux. Il est le héraut exigeant d'un sacré sans transcendance. [...]
Terre arable du songe !
Saint-John Perse laboure les mythes et le monde réel qu'il transfigure et traduit dans une langue plus secrète. [...]
Hautain, secret, mystérieux, entre rites et souvenirs, dans la solennité hermétique du discours oraculaire et des cortèges hiératiques, Saint-John Perse recrée l'univers et le célèbre avec magnificence. Il allie, comme Chateaubriand, une existence politique et publique à une expérience poétique. Mais il les sépare avec rigueur. Il chante, comme Claudel, une "adhésion totale à ce qui est". *Sa voix pourtant est unique dans une littérature où, comme Mallarmé ou Rimbaud, mais par des procédés radicalement différents, il introduit le profane en le frappant de stupeur, d'admiration et de terreur sacrée. »*

Jean d'ORMESSON, « Saint-John Perse, Inventaire et Célébration du monde », in *Une autre histoire de la littérature française*, II, NiL, 1998.

« Que Perse, qu'il l'ait ou non clairement voulu, ait écrit pour les Crusoés que nous sommes, insatisfaits de nos songes, singulièrement déçus d'une action qui ne ressemble pas à nos rêves, hantés à défaut de le posséder d'on ne sait quel Paradis perdu, le livre qui nous rende l'instant du départ et le lever du grand vent, bref qu'il nous ait donné une nouvelle Bible, la Bible de notre monde-ci, je ne vois pas qu'il y ait là-dessus le moindre doute. »

Jean PAULHAN, « Énigmes de Perse III », in *NRF*, 1er janvier 1964.

« Saint-John Perse [...] est le poète de l'amour charnel plus que tout autre thème humain, matériel ou bien philosophique. »

André PIEYRE de MANDIARGUES, *Troisième Belvédère*, Gallimard, 1971.

« Comme le monde de Rimbaud, ou celui de Gauguin, à qui on l'a quelquefois comparé, l'univers de Perse manifeste dès sa naissance, et à un étonnant degré, les qualités primitives de vigueur, de verdeur et de fertilité. L'objet semble exploser aux yeux, aux mains et à la bouche [...]. »

Jean-Pierre RICHARD, « Saint-John Perse », in *Onze Études sur la poésie moderne*, Seuil, 1964.

« Le discours poétique de Saint-John Perse a la richesse incomparable d'un ensemble dont chaque élément est un foyer de résonances. [...] Par chaque mot de sa poésie, le vocabulaire de Saint-John Perse est au service innombrable de son alliance avec l'univers. »

André ROUSSEAUX, « Dans l'empire des choses vraies », in *Cahiers du Sud*, XLVIII, 352, octobre-novembre 1959.

BIBLIOGRAPHIE

Éditions

Œuvres complètes, éd. de l'auteur, « Pléiade », Gallimard, 1972, rééd. complétée, posth., 1982.

Tous les poèmes jusqu'à *Oiseaux* ont été publiés en coll. « Poésie », Gallimard.

Études

G. Aigrisse, *Saint-John Perse ou le Voyage de l'âme*, Imago, 1992.

M. Aquien, *Saint-John Perse : L'Être et le Nom*, Champ Vallon, Seyssel (Ain), 1985.

A. Bosquet, *Saint-John Perse*, Seghers, 1953, rééd. 1971.

A. Brincourt, *Messagers de la nuit : Roger Martin du Gard, Saint-John Perse*, L'Harmattan, 1995.

É. Caduc, *Saint-John Perse. Connaissance et Création*, Corti, 1977 ; *Index de l'œuvre poétique de Saint-John Perse*, Champion, 1993.

R. Caillois, *Poétique de Saint-John Perse*, Gallimard, 1954, rééd. 1972.

C. Camelin, *Éclat des contraires : la Poétique de Saint-John Perse*, CNRS, 1998.

J. Charpier, *Saint-John Perse*, Gallimard, 1962.

L. Clergue, *Saint-John Perse, poète devant la mer*, J&D, 1996.

J. Corzani, *Saint-John Perse, les années de formation*, actes du colloque de Bordeaux, 17-19 mars 1995, L'Harmattan, 1996.

É. Coss-Humbert, *Saint-John Perse : poésie, science de l'être*, P.U. Nancy, 1993.

G. Farasse, *Empreintes*, P.U. du Septentrion, Villeneuve-d'Ascq (Nord), 1998.

Y.-A. Favre, *Saint-John Perse. Le Langage et le Sacré*, Corti, 1977 ; *id.* (dir.), *Portulans pour Saint-John Perse : de l'homme au poète*, J&D, Biarritz (Pyrénées-Atlantiques), 1995.

M. Gallagher, *La Créolité de Saint-John Perse*, « Cahiers de la *NRF* », Gallimard, 1999.

R. Gravot, *Conférences : Pascal, Péguy, Saint-John Perse, Teilhard de Chardin, Malraux*, préf. P. Ricœur, Éd. de la Cité, 1990.

P. Guerre, *Saint-John Perse et l'Homme*, Gallimard, 1955 ; *Portrait de Saint-John Perse*, Sud, Marseille, 1990.

A. Henry, *« Amitié du Prince », « Anabase », « Nocturne » de Saint-John Perse*, Fondation Saint-John Perse/Gallimard, Aix-en-Provence (Bouches-du-Rhône)/Paris, 1979, 1983, 1985 ; *« Amers » de Saint-John Perse : une poésie du mouvement*, Fondation Saint-John Perse/Gallimard, Aix-en-Provence (Bouches-du-Rhône)/Paris, 1981.

H. Levillain, *Le Rituel poétique de Saint-John Perse*, Gallimard, 1977 ; *Sur deux versants : la Création chez Saint-John Perse d'après les versions anglaises de son œuvre*, Corti, 1987 ; *id.* et M. Sacotte (dir.), *Saint-John Perse. Antillanité et Universalité*, actes du colloque de Pointe-à-Pitre, 31 mai au 2 juin 1987, Éd. caribéennes, Pointe-à-Pitre, 1988, et n° spécial « Saint-John Perse », in *Europe*, 1995.

R. Little, *Études sur Saint-John Perse*, Klincksieck, 1984.

C. Mayaux, *Les Lettres d'Asie de Saint-John Perse : les Récrits d'un poète*, « Cahiers de la *NRF* », Gallimard, 1994.

C. Murciaux, *Saint-John Perse*, Éd. universitaires, 1960.

D.J. Nasta, *Saint-John Perse et la Découverte de l'être*, PUF, 1980.

M. Parent, *Saint-John Perse et Quelques Devanciers*, Klincksieck, 1960.

J. Paulhan, *Énigmes de Perse*, rééd. in *Œuvres complètes*, t. IV, Cercle du livre précieux, posth., 1969, rééd. Babel, Mazamet (Tarn), 1992.

A. Pieyre de Mandiargues, *Saint-John Perse : À l'honneur de la chair*, Dynamo, Pierre Aelberts, Liège (BE), 1963.

P. Pinalie (dir.), *Pour Saint-John Perse*, L'Harmattan, 1988.

P. Plouvier, R. Ventresque, J.-Cl. Blachère, *Trois Poètes face à la crise de l'Histoire : André Breton, Saint-John Perse, René Char*, actes du colloque de Montpellier III, 22-23 mars 1996, L'Harmattan, 1997.

G. Poulet, « Saint-John Perse », in *Études sur le temps humain*, III, Plon, 1964, pp. 161 à 186.

A. Raybaud (dir.), *Espaces de Saint-John Perse*, P.U. Aix-en-Provence (Bouches-du-Rhône), 1979 et 1981, 2 vol.

J.-P. Richard, « Saint-John Perse », in *Onze Études sur la poésie moderne*, Seuil, 1964, rééd. 1984, pp. 35 à 80.

J. Robichez, *Sur Saint-John Perse*, CDU/SEDES, 1982.

M. Sacotte, *Parcours de Saint-John Perse*, Champion/Slatkine, Paris/Genève (CH), 1987 ; *Saint-John Perse*, Belfond, 1991 ; *Alexis Léger/Saint-John Perse*, L'Harmattan, 1998 ; *Mireille Sacotte présente « Éloges » et « La Gloire des Rois » de Saint-John Perse*, « Foliothèque », Gallimard, 1999.

M. Saillet, *Saint-John Perse, poète de gloire*, Mercure de France, 1952.

R. Ventresque, *Les Antilles de Saint-John Perse : itinéraire intellectuel d'un poète*, L'Harmattan, 1993 ; *Le Songe antillais de Saint-John Perse*, L'Harmattan, 1995.

« Hommage à Saint-John Perse (1887-1975) », in *NRF*, Gallimard, 1991.

Revue *Cahiers Saint-John Perse*, Gallimard, depuis 1978.

SAINT-SIMON

SAINT-SIMON •
De son vrai nom, Louis de ROUVROY,
duc de SAINT-SIMON
Paris 1675 – *ibid.* 1755

« [...] *Saint-Simon est un maître de la langue, dans son incorrection superbe. Son style est un torrent qui roule de l'or, à côté du ruisseau de Stendhal, souvent très clair, mais qui se brise et se trouble à chaque accident du terrain.* »
Émile ZOLA, *Œuvres critiques*, t. II, 1881.

« *Saint-Simon donna à plein dans le piège tendu par la royauté : trouvant les voies de l'ambition fermées, il se jeta furieusement dans celles de la vanité. Il s'y aigrit, s'y rapetissa dans les mesquines cabales, les pointilleries futiles. Il y perdit, s'il l'eut jamais, la capacité des grandes affaires ; il y devint incapable de jugement et de justice.* »
Gustave LANSON, *Histoire de la littérature française*, Hachette, 1894.

À l'ombre du Roi-Soleil

Une enfance solitaire

D'une famille ancienne de chevaliers du Vermandois (act. Aisne), mais dont l'illustration ne remontait qu'à son père Claude, fait duc et pair par Louis XIII, le petit « *vidame de Chartres* » — son premier titre — était le seul enfant d'un richissime père âgé de 68 ans et d'une mère de moins de 30 ans, Charlotte de L'Aubespine-Chasteauneuf, elle-même issue d'une famille de ministres. Apparenté aux plus puissantes et prestigieuses familles de l'époque — les Condé et les Montmorency par son père, la famille de Mme de Montespan par sa mère —, le nouveau-né fut tenu sur les fonts baptismaux par Louis XIV et la reine Marie-Thérèse à Versailles ; enfant, il fut éduqué par un gentilhomme d'origine protestante, par un oratorien — les oratoriens penchaient vers le jansénisme — et par un jésuite. Compagnon de jeux et d'étude du duc de Chartres, neveu du roi et futur Régent, le jeune homme, malingre, fut élevé dans une atmosphère rigoureuse, un peu triste : comme son père il fréquenta le réformateur de la Trappe, l'abbé de Rancé, qui resta pour lui une référence morale et spirituelle. Son éducation fut solide, notamment en Histoire, en philosophie — un autre oratorien proche de ses parents, Malebranche, s'intéressa à ses études —, en théologie, et il connaissait parfaitement l'allemand. Dès 1690, il manifesta, dans une ***Relation*** des obsèques de la dauphine, adressée à son père, une extraordinaire acuité du regard et comme un souci exacerbé de l'étiquette et des rangs alimenté par l'impression que les récits et les souvenirs de son père produisaient sur lui.

De l'officier médiocre au redoutable observateur

Le vidame de Chartres fit, en 1690, ses exercices d'escrime... et de danse — il fut toute sa vie un excellent danseur — dans une académie d'équitation, avant d'entrer aux mousquetaires l'année suivante. Sa carrière militaire n'eut que peu d'éclat : il participa certes aux sièges de Namur (1692) et à la rude victoire de Neerwinden (1693) ; il devint même « *mestre de camp* » en 1693 ; mais, s'il combattit vaillamment, il n'accomplit aucun exploit, et ne semble pas avoir manifesté beaucoup d'attention pour son régiment. Devenu duc et pair à la mort de son père en 1693, il eut un long conflit de préséance avec le maréchal-duc de Luxembourg sous les ordres de qui il servait : s'en suivit un procès dont il rédigea une ***Relation***. Puis, après avoir essuyé un refus de la fille de son ami très cher le duc de Beauvillier, laquelle préféra la vie religieuse, il se maria en 1695 avec Marie-Gabrielle de Durfort de Lorges, fille d'un maréchal sous les ordres duquel il avait été muté l'année précédente (1694) après son procès contre le maréchal-duc de Luxembourg : cette union qui l'apparentait à Turenne fut un modèle d'entente conjugale sans guère d'équivalents à la Cour. Saint-Simon servit jusqu'à la paix de Ryswyck (1697), mais resta alors sans commandement et, ulcéré, donna sa démission le 10 avril 1702, au début de la guerre de Succession d'Espagne : il n'avait pas été compris dans une promotion d'officiers généraux, dont plusieurs étaient plus jeunes que lui. Le roi ne lui pardonna jamais cette démission, qui intervenait à un moment où il avait néanmoins besoin d'officiers.

Présenté au roi dès 1691, Saint-Simon avait continué à fréquenter la Cour durant les pauses hivernales, et pris l'habitude d'y faire ample moisson d'observations sur le vif, d'y lier aussi d'étroites relations avec ceux qui pouvaient le servir : courtisans, ministres et secrétaires d'État qu'il interrogeait inlassablement. C'est en 1694, pendant qu'il était sous les ordres du maréchal de Lorges, sur le Rhin, qu'il commença, entraîné par la lecture des *Mémoires* de Bassompierre, la rédaction de ses propres mémoires. Si le jeune duc ne s'engagea pas dans le « parti » janséniste, il demeura toujours gallican, et il semble que la rédaction de ces premiers mémoires ait été interrompue, sans qu'on sache si Rancé — que Saint-Simon avait consulté en 1697 et 1699 — lui avait formellement recommandé cette interruption ; mais Saint-Simon, à qui naquirent, dans ces années-là, deux fils — Jacques Louis (1698) et Armand (1699) —, n'en devint pas moins un infatigable et prolixe écrivain, multipliant, sur ses contemporains, des fiches qui lui servirent plus tard lorsqu'il reprit ses ***Mémoires***, s'adonnant à la généalogie, rédigeant d'innombrables placets, rapports, projets politiques... Son obstination à défendre les privilèges des ducs et pairs contre les bâtards royaux, les parlementaires, les parvenus, les ministres, lui valut de nombreux conflits avec les princes lorrains (1696, 1699, 1701), de solides inimitiés, et irrita Louis XIV qui le supportait si difficilement qu'il ne lui confia plus aucune charge — bien qu'on eût songé à lui pour l'ambassade de Rome.

Le temps des espoirs et des échecs

Lié aux gendres des Colbert, Beauvillier et Chevreuse, Saint-Simon faisait partie du « clan » du duc de Bourgogne, petit-fils de Louis XIV éduqué par Fénelon : un prince selon son cœur, et que, contre toute vraisemblance, il souhaitait voir régner un jour. Aussi la vie de Saint-Simon fut-elle, entre 1700 et 1715, celle d'un courtisan intriguant très activement pour préparer, au mieux de ses intérêts et de ses vues, la succession d'un Roi-Soleil dont l'autocratie l'indignait ; en 1709, la tournure critique prise par la guerre de Succession d'Espagne entraîna une disgrâce du duc d'Orléans, et, du même coup, de Saint-Simon, qui ne fut plus convié à Marly, et perdit son logis à Versailles. Mais, l'année suivante, il parvint à rétablir en partie sa position — et à retrouver un appartement à Versailles — en obtenant, entre le duc de Berry et une Orléans, un mariage favorable au duc d'Orléans. Toutefois, plus qu'au duc d'Orléans, sa faveur, pour succéder à Louis XIV, allait au duc de Bourgogne, moins dilettante et plus « sérieux ». La mort, en 1711, du grand dauphin lui fit croire à la réalisation de ce rêve et fit miroiter à ses yeux la perspective d'éduquer les enfants du futur roi ; mais le duc de Bourgogne mourut lui-même l'année suivante. D'abord accablé par ce décès, dans lequel il vit un signe de la colère de Dieu contre le bellicisme ruineux de l'absolutisme louis-quartorzien, et qui lui inspira une brûlante ***Lettre anonyme au Roi*** (avr. 1712), Saint-Simon se ressaisit. Une régence étant inévitable — le futur Louis XV, né en 1710, n'était qu'un enfant en bas âge —, il se tourna en effet vers son ami d'enfance, Philippe d'Orléans, neveu de Louis XIV et futur Régent, et prépara avec lui la succession, en luttant avec acharnement contre les prétentions du duc du Maine, bâtard bien-aimé de Louis XIV ; c'est au cours de ces mêmes années qu'il écrivit un ***Mémoire sur les formalités de la Renonciation*** (juil.-août 1712), texte de politique étrangère dans lequel il indiquait que Philippe V devait renoncer à la couronne de France pour que la paix avec les alliés pût être obtenue ; deux ans plus tard, il présenta un nouveau mémoire intitulé ***Projets de gouvernement de Mgr le duc de Bourgogne*** dans lequel il exposait, en la prêtant au défunt, son idéal politique ; c'est aussi de cette année 1714 que date l'engagement de Saint-Simon dans l'affaire dite « *du bonnet* », au cours de laquelle il s'opposa vivement aux présidents du Parlement qui, lorsqu'ils devaient demander aux ducs et pairs leur opinion en séance, refusaient de les saluer en se découvrant de leur bonnet. Le 2 septembre 1715, lendemain de la mort du roi, fut pour lui un jour de triomphe : le Régent reçut du Parlement la plénitude du pouvoir, et, trois ans plus tard, les bâtards qui avaient été légitimés, comme le duc du Maine, furent abaissés au cours d'un lit de justice que Saint-Simon immortalisa dans une très célèbre page des ***Mémoires*** : « *Vers le tiers de cette lecture* [la lecture du lit de justice], *le Premier Président, grinçant le peu de dents qui lui restaient, se laissa tomber le front sur son bâton qu'il tenait à deux mains et, en cette singulière posture et si marquée, acheva d'entendre cette lecture si accablante pour lui, si résurrective pour nous. Moi cependant je me mourais de joie ; j'en étais à craindre la défaillance ; mon cœur, dilaté à l'excès, ne trouvait plus d'espace à s'étendre.* [...] *Je triomphais, je me vengeais, je nageais dans ma vengeance ; je jouissais du plein accomplissement des désirs les plus véhéments et les plus continus de toute ma vie* » (***Mémoires*** pour 1718). Saint-Simon entra au conseil de régence et pensa pouvoir enfin « manier » les affaires et appliquer ses idées : convocation des états généraux, suppression de la gabelle, substitution des conseils aux ministres, retour au gallicanisme notamment. Mais Philippe d'Orléans se montra moins docile qu'il ne l'espérait : développée par Saint-Simon, l'expérience de la polysynodie, qui prévoyait le remplacement du Conseil du Roi par plusieurs conseils spécialisés — conscience, finances, affaires étrangères, commerce... — présidés par des grands seigneurs, fut arrêtée de fait en 1718 ; le Régent s'allia à l'Angleterre, donna sa chance à Law, permit l'élévation du duc de Noailles et de Dubois, promu cardinal, toutes choses que combattait le duc. Dégoûté, Saint-Simon accepta tout de même en 1721 de partir pour Madrid conclure les « mariages espagnols », ambassade dérisoire et ruineuse qui n'aboutit, pour Saint-Simon, qu'à l'obtention d'un titre de grand d'Espagne — à lui-même et à son fils cadet — et à la composition d'un pittoresque ***Tableau de la cour d'Espagne***. Après le sacre de Louis XV en 1722 et la mort du Régent en 1723, les premiers ministres successifs, le duc de Bourbon puis Fleury, lui firent comprendre qu'il était de trop à la Cour : il s'en éloigna alors définitivement et se retira sur ses terres, à La Ferté-Vidame (act. Eure-et-Loire).

La revanche de l'écriture

Saint-Simon partagea dès lors son temps entre Paris et la Ferté-Vidame, se livrant entièrement à l'étude. Le duc de Luynes lui ayant confié en 1729 le *Journal* du marquis de Dangeau, mémorial — d'une « *fadeur à faire vomir* » — de tout ce qui s'était passé à la Cour de 1684 à 1720, Saint-Simon y fit, durant dix ans, des ***Additions***, qui constituèrent la matière première des futurs ***Mémoires***. Puis, en 1739, il se remit à la rédaction de ses ***Mémoires***, qui couvrent les années 1691 à 1723, et dont il rédigea la table en 1750. Ces onze années (1739 à 1750) lui permirent de composer sa version de la fin du « siècle de Louis XIV » (si l'ouvrage de Voltaire ne parut qu'en 1752, des premiers chapitres imprimés furent saisis en 1739) et de la Régence.
Tourné presque exclusivement vers la Cour, l'auteur n'en évoquait pas moins l'immense misère de la fin du règne — il l'avait dénoncée en 1712 dans la virulente ***Lettre anonyme au Roi*** — mais sa grande affaire demeure la défense d'une conception strictement hiérarchique de la société, ce dont témoignent par exemple les centaines de pages consacrées aux séances du Parlement et aux lits de justice sous la Régence.
Le vieil aristocrate refusait en effet de voir le monde changer peu à peu autour de lui. En 1746, il rédigea son dernier texte important, le ***Parallèle des trois premiers Bourbons***, panégyrique de Louis XIII présenté comme un roi plus grand que son père Henri IV et que son fils Louis XIV. La fin de l'existence de Saint-Simon fut sombre : couvert de dettes, il avait perdu sa femme profondément aimée (1743), et ses 2 fils ; aucun de ceux-ci n'ayant eu de garçon, le duché-pairie s'éteignit après lui. À sa mort, créanciers et collatéraux se disputèrent ses dépouilles, ses papiers : sa vie posthume — sa vraie victoire — ne faisait que commencer.
L'auteur des ***Mémoires***, longtemps connu seulement par sa prétention nobiliaire et son esprit de caste, occupe une place totalement originale dans la littérature du XVIIIe siècle par son statut social, ses positions politiques, l'objet même de son œuvre, sa pratique d'une écriture haletante, son refus enfin d'une carrière « littéraire ». Au-delà des anecdotes et des révélations plus ou moins indiscrètes, les ***Mémoires*** ont immortalisé surtout un écrivain de tout premier ordre, d'une acuité psychologique exceptionnelle et d'une rare liberté de plume.

Une écriture souverainement libre et audacieuse

Formé à l'époque classique, Saint-Simon échappe par son écriture à toute étiquette. Comme l'a remarqué Gide, « *chaque phrase, chaque mot vit, tressaille, s'émancipe en gardant la marque de son génie impétueux* ». Ainsi les circonstanciels sont-ils fréquemment détachés du reste de la phrase, souvent pour produire un effet de contraste avec ce qui suit : « *Avec un visage de singe, il était parfaitement bien fait* » (éd. Boislisle, t. 20). Les détails s'accumulent dans une syntaxe lâche, proche de l'anacoluthe : « *Harley était un petit homme maigre à visage en losange, le nez grand et aquilin, des yeux de vautour qui semblaient dévorer les objets et percer les murailles, un rabat et une perruque noire mêlée de blanc* [...] » (éd. Boislisle, t. 14). Les images créent les personnages en de multiples comparaisons et métaphores : Mme de Castries est « *un quart de femme* », « *une espèce de biscuit manqué* » (t. 3) ; quant à la princesse de Harcourt, « *toujours basse comme l'herbe, ou sur l'arc-en-ciel, selon ceux à qui elle* [a] *affaire* », elle a des grâces et une beauté qui se sont « *tournées en gratte-cul* » (t. 10).
Il torture, ou du moins met à mal la syntaxe par endroits, mais parvient par là même à rendre la phrase plus expressive ; ainsi de ce commentaire sur la mort du Régent, où une première proposition complétive, introduite très normalement par « *que* », est suivie d'une proposition relative, introduite par « *qui* », puis d'une seconde relative introduite par « *et qui* », enfin d'une seconde proposition complétive introduite par « *et que* », construction

lourde assurément, mais qui, paradoxalement, s'avère, ici comme ailleurs, expressive : « *On a vu, il y a peu, qu'il redoutait une mort lente qui s'annonçait de loin, et qui devient une grâce bien précieuse quand celle d'en savoir profiter y est ajoutée, et que la mort la plus subite fut celle qu'il préférait. Hélas ! il l'obtint* [...] » (***Mémoires*** pour 1723).

Il ne recule pas devant les termes crus ou spécialisés (vocabulaire de l'art militaire, de la vénerie, du blason), invente des néologismes — « *résurrectif* » par exemple —, dote les mots de sens nouveaux, toujours inattendus. Sans doute parce qu'il ne se souciait pas de voir paraître les ***Mémoires*** de son vivant, Saint-Simon n'a pas eu à tenir compte du goût de ses contemporains ; il est, à cet égard, l'un des auteurs les plus modernes du XVIIIe siècle.

De l'oubli à la consécration

L'œuvre de Saint-Simon ne fut que très progressivement révélée au public, et aujourd'hui encore des pans immenses de sa production, en particulier sa correspondance, demeurent inconnus ou ont disparu : les ***Mémoires*** manuscrits n'occupaient que 11 portefeuilles des écrits laissés par l'auteur (173 cahiers *in-folio*, soit 2 854 pages de 56 lignes), alors que l'inventaire après décès en dénombrait 175 ! Saisis en 1760 sur ordre de Choiseul et transportés au dépôt des archives des Affaires étrangères, tous ces papiers sombrèrent dans l'oubli, si l'on excepte les ***Mémoires*** dont des copies commencèrent à circuler vers 1765-1770 ; l'abbé de Voisenon en tira des extraits, les historiographes Marmontel et Duclos les utilisèrent. Plus tard, Anquetil et Lemontey eurent accès aux archives. La première édition des ***Mémoires***, très fragmentaire et inexacte, fut l'œuvre de Soulavie (1781 à 1790), et ce n'est qu'en 1829-1830 que le texte fut révélé au grand public dans sa quasi-intégralité par le général-marquis de Saint-Simon (Sautelet, 21 vol.). Puis vint l'édition Chéruel (Hachette, 1856 à 1858, 20 vol.), précédée d'une notice de Sainte-Beuve. Il fallut attendre la monumentale édition des « Grands Écrivains de la France » procurée par Boislisle et Lecestre (Hachette, 1879 à 1928, 43 vol.) pour que l'on disposât enfin d'un texte sûr : par la richesse de son appareil critique, cette édition Boislisle demeure, aujourd'hui encore, la plus sûre et la plus documentée.

Malgré de nombreuses difficultés d'accès à l'œuvre de Saint-Simon, quelques esprits clairvoyants ont entrevu dès le XIXe siècle l'immense stature du duc : Chateaubriand le cita dans les *Mémoires d'Outre-tombe* (« *Saint-Simon écrivait à la diable pour la postérité* »), et Stendhal le lut avec passion toute sa vie. Sainte-Beuve, l'assimilant à « *Un Tacite en naturel et à bride abattue* » ou à « *un Tacite à la Shakespeare* » lui consacra plusieurs études ; Michelet s'en inspira souvent, fût-ce pour le combattre. Mais c'est Proust qui lui donna, face à la postérité, sa véritable place : celle du plus grand des créateurs de mondes, aux côtés de Balzac ; il s'y référa à de nombreuses reprises dans *À la recherche du temps perdu*, et en réalisa deux pastiches célèbres (*Pastiches et Mélanges*, 1919).

Il en a été de même de la curiosité du public pour les ***Mémoires***, d'abord fondée sur l'attente de révélations indiscrètes et des férocités ducales ; elle s'est transformée peu à peu en intérêt pour l'extraordinaire pénétration psychologique de l'auteur ; aujourd'hui, les lecteurs auraient tendance à donner la première place à l'admiration pour les sombres fulgurances et la souveraine liberté de l'écriture.

ŒUVRE

Mémoires *du duc de Saint-Simon couvrant les années 1691-1723 et comportant, notamment, la chronique des années 1701 à 1723, c'est-à-dire la fin du règne de Louis XIV et les débuts de la Régence.*

Ouvrage rédigé de 1739 à 1749 et resté sous scellés jusqu'à la Révolution, car « *concernant les affaires du Roi* ». Des extraits, rassemblés par Jean-Louis Soulavie, furent publiés à Paris chez Prault, et à Bruxelles, sous le titre ***Pièces intéressantes pour servir à l'Histoire***, de 1781 à 1790, en 10 vol.

Le nom de Saint-Simon n'apparut qu'en 1788 sur la page de titre : ***Mémoires de M. le duc de Saint-Simon, ou l'Observateur véridique sur le règne de Louis XIV et sur les premières époques des règnes suivants*** publiés à Paris chez Buisson, et à Londres. La 1re édition complète parut à Paris chez Sautelet en 1829-1830, sous le titre ***Mémoires complets et authentiques du***

duc de Saint-Simon sur le siècle de Louis XIV et la Régence publiés sur le manuscrit original entièrement écrit de la main de l'auteur, par le marquis de Saint-Simon, et comportait 21 vol.

Dans ses ***Mémoires***, le duc proclame son intention de dire LA vérité — mais c'est de SA vérité qu'il s'agit, et du reste il reconnaît lui-même franchement ne pas être capable d'une complète impartialité. C'est dire qu'il se comporte non en mémorialiste objectif, mais en véritable écrivain — avec ce que ce terme suppose de subjectivité, sinon d'art, car Saint-Simon ne prétendait pas être un artiste. Souvent il décrit par le menu des scènes auxquelles il n'a pas assisté, et qu'il ne connaît que de deuxième ou de troisième main. Il fait alors œuvre de romancier génial et pessimiste : il commente les attitudes, s'efforce de pénétrer les motivations psychologiques — ce sont, presque toujours, l'ambition, le lucre, la rage de jouer un rôle, la lâcheté qui font agir les hommes.

Armé de son immense documentation, de ses fiches, de sa redoutable mémoire et des ***Additions*** au *Journal* de Dangeau, incorporant des matériaux divers, des rédactions anciennes, des correspondances, le duc travailla comme un historien de l'époque, mais en faisant œuvre d'écrivain : il fit revivre jour après jour les fastes du règne précédent et de la Régence ; il tire de la mort ou de l'oubli les 8 500 personnages qui peuplent son œuvre, pour les disséquer d'un scalpel souvent cruel, toujours impitoyable ; il tranche dans le vif, retrouve ses colères, cultive à nouveau ses haines et ses prétentions, commente événements majeurs ou insignifiants.

Produite en plein siècle des Lumières — Saint-Simon y mit le point final au moment où s'imprimait le premier tome de l'*Encyclopédie* — cette somme gigantesque, à la fois lucide et aveuglée par les préventions, paraît échapper au temps, et d'abord à son temps. Le duc y développe une conception ancienne de l'Histoire dans laquelle les événements sont faits par les hommes, et une vision politique particulièrement rétrograde : l'âge d'or se situe dans un passé mythique où le pouvoir était partagé entre le souverain et les Grands, conseillers du roi et ses intermédiaires naturels auprès du peuple.

Les tout premiers germes des futurs ***Mémoires*** datent de 1694, lorsque la lecture des *Mémoires* de Bassompierre lui inspira l'idée d'écrire lui-même les mémoires de « *ce que je verrais dans le désir et dans l'espérance d'être quelque chose, et de savoir le mieux que je pourrais les affaires de mon temps.* » Puis, jusqu'en 1729, il s'imprègne de quantité d'observations qui lui fournirent la matière des ***Mémoires***. Mais c'est surtout, à partir de 1729, la lecture du *Journal* de Dangeau qui, en lui rappelant le détail des événements des années 1684 à 1720, fournit à l'ardeur créatrice de Saint-Simon des matériaux qui le stimulèrent brusquement ; pendant une première décennie (1729 à 1738), Saint-Simon commença par annoter ce *Journal* ; puis, à partir de ces ***Additions***, il entama véritablement, au long de la décennie suivante (1739 à 1749) la rédaction définitive des ***Mémoires***.

CITATIONS

Ceux qui ont la confiance des généraux, des ministres, encore plus ceux qui ont celle des princes, ne doivent pas leur laisser ignorer les mœurs, la conduite, les actions des hommes.

Avant-Propos aux *Mémoires*, I.

La petite vérole l'avait éborgné [Phélypeaux], mais la fortune l'avait aveuglé.

Mémoires, I, 15.

Il [Fénelon] la [Mme Guyon] vit : leur esprit se plut l'un à l'autre, leur sublime s'amalgama.

Mémoires, I, 17.

Presque en même temps, on perdit le célèbre Racine, si connu par ses belles pièces de théâtre. Personne n'avait plus de fonds d'esprit, ni plus agréablement tourné ; rien du poète dans son commerce, et tout de l'honnête homme, de l'homme modeste, et, sur la fin, de l'homme de bien.

Mémoires, I, 44.

Les jésuites, si adroits à reconnaître les faibles des monarques, et si habiles à saisir tout ce qui peut eux-mêmes les protéger et les conduire à leurs fins, montrèrent à quel point ils y étaient maîtres.

Mémoires, IV, 11.

Elle avait un confesseur jésuite : elle fit comme Mme la Dauphine sa sœur : lorsqu'il fut question des derniers sacrements et de penser tout de bon à la mort, elle le remercia et prit un dominicain.

Mémoires, IV, 17.

Elle était franche héritière, c'est-à-dire riche, laide et maussade.

Mémoires, IV, 17.

Ainsi, la robe ose tout, usurpe tout et domine tout. Les premiers magistrats prétendent ne plus céder qu'aux ducs et aux officiers de la couronne ; c'est encore une grande modestie, dont il leur faut être très obligé.

Mémoires, IV, 17.

Nos rois payent le comble du pouvoir qu'ils exercent pendant leur vie, par l'impuissance entière qui les suit dans le tombeau.

Mémoires, IV, 42.

Arouet, fils d'un notaire qui l'a été de mon père et de moi jusqu'à sa mort, fut exilé et envoyé à Tulle, pour des vers fort satiriques et forts impudents. Je ne m'amuserais à marquer une si petite bagatelle, si ce même Arouet, devenu grand poète et académicien sous le nom de Voltaire, n'était devenu, à travers force aventures tragiques, une manière de personnage dans la république des lettres, et même une manière d'important parmi un certain monde.

Mémoires, V, 25.

Qui pourrait, et qui en [le système de Law] voudrait raconter les effets, les transmutations de papiers, les marchés incroyables, les nombreuses fortunes dans leur immensité, et encore dans leur inconcevable rapidité, la chute prompte de la plupart de ces enrichis par leur luxe et leur démence, la ruine de tout le reste du royaume, et les plaies profondes qu'il en a reçues et qui ne guériront jamais, ferait sans doute la plus curieuse et la plus amusante histoire, mais la plus horrible en même temps, et la plus monstrueuse qui fut jamais.

Mémoires, VI, 29.

Qu'aurais-je eu à dire ou à discuter avec un régent qui ne l'était plus, pas même de soi, bien loin de l'être du royaume, où je voyais tout en désordre ?

Mémoires, VII, 14.

Ces *Mémoires* ne respirent qu'ordre, règle, vérité, principes certains, et montrant à découvert tout ce qui y est contraire, qui règne de plus en plus avec le plus ignorant, mais le plus entier empire, la convulsion doit donc être générale contre ce miroir de vérité.

Mémoires, VII, 19.

JUGEMENTS

« *J'ai trouvé dans les trois premiers volumes* [des *Mémoires*] *plus de passages fastidieux que je ne l'aurais supposé : trop de batailles, trop de généalogies. Le style, le rythme des phrases, les savoureuses peintures de mœurs, le piquant des anecdotes m'ont charmée sans m'étonner. Mais j'ai été surprise par la complexité des portraits ; ils s'ouvrent souvent par des éloges que bientôt viennent contrebalancer des critiques tempérées par de nouvelles considérations flatteuses : il faut reprendre la peinture depuis le début pour trouver un juste équilibre entre ces différents traits ; on s'aperçoit alors que loin de s'opposer, ils s'éclairent les uns les autres et qu'ils composent un personnage extraordinairement vivant.* »

Simone de Beauvoir, *Tout compte fait*, Gallimard, 1972.

« *C'est un caquetage éternel de tabourets dans les Mémoires de Saint-Simon. Dans ce caquetage viendraient se perdre les qualités incorrectes du style de l'auteur, mais heureusement il avait un tour à lui ; il écrivait à la diable pour l'immortalité.* »

François-René de Chateaubriand, *Vie de Rancé*, 1844.

« *Chez l'un* [Saint-Simon] *et l'autre* [Joseph de Maistre], *un même attachement, exclusif, borné, à la cause de l'aristocratie, une foule de préjugés défendus avec une rage continue, l'orgueil de caste poussé jusqu'à l'ostentation, et une égale incapacité d'agir qui explique pourquoi ils furent si entreprenants comme écrivains. Que l'un se penche sur des problèmes, que l'autre décrive des événements, la moindre idée, le moindre fait éclatent sous la passion qu'ils y mettent. Vouloir disséquer leur prose, autant vaut analyser une tempête.* »

Emil Michel Cioran, *Exercices d'admiration*, 1957, Gallimard, 1986.

« *Il faut vivre Saint-Simon* [...]. *Si Versailles devient une ruine illustre, il importe de conserver le duc comme l'âme vivante de cette coquille vide. Personne, sauf Montaigne, n'a eu cette plume en pointe, cette encre noire. La plume de notre duc trouait la feuille. Il* "assénait" *(le terme est de lui) ses regards* [...]. »

Jean Cocteau, *Lettre à François-Régis Bastide*, 1953.

« *Émerveillé, comme toujours, par Saint-Simon. Il a des phrases qui sont d'un admirable débraillé* [...]. »

Julien Green, *Journal*, t. VI, 28 novembre 1951, Plon, 1957.

« *Dans Saint-Simon, à la peinture, à l'admirable peinture des personnages, manque malheureusement la peinture des choses.* »

Edmond et Jules de Goncourt, *Journal*, 11 août 1883.

« *La nature avait mis en ce petit duc d'admirables facultés d'artiste, que son inaction forcée, ses passions rentrées ont développées. Borné du côté de l'intelligence, il a une sensibilité démesurément irritable et vibrante. Il est tout nerfs, toujours secoué de passion, bouillant et débordant. Mais la nature l'a fait curieux, elle lui a donné des yeux aigus, qui ramassent tous les ensembles et tous les détails, une mémoire étonnante pour rappeler les images dans toute la fraîcheur de la sensation première. Il n'est point écrivain à idées, et ne se soucie guère du monde intelligible. Il n'est ni philosophe, ni moraliste ; il est peintre. Il a le don de l'intuition psychologique. Plus pénétrant que La Bruyère et que Lesage, opérant sur la matière vivante, toujours en mouvement et qui se dérobe à chaque instant, il démonte les actions avec une sûreté magistrale, dissèque les sentiments, saisit les plus fugitives traces des forces qui composent la vie morale.* »

Gustave LANSON, *Histoire de la littérature française*, Hachette, 1894.

« *Nul ne songerait à nommer confessions les* Mémoires *de Saint-Simon : quand il parle de lui, c'est pour être admiré.* »

André MALRAUX, *Antimémoires*, Gallimard, 1967.

« *Ce monde qui survit dans l'héroïne racinienne, Saint-Simon en fut le témoin.*
Saint-Simon est le témoin de ce drame dont Versailles dresse toujours au milieu de nous le décor italien ; et nous disposons encore de tous les personnages, gardés intacts après deux siècles, comme dans des tiroirs, grâce à ces onze portefeuilles de veau écaillé, timbrés aux armes du duc de Saint-Simon. »

François MAURIAC, *Mémoires intérieurs*, Flammarion, 1959.

« *Le duc de Saint-Simon a été un des spectres bien-aimés de mon adolescence.* [...]. *Je me résous avec peine, cependant, à penser d'un homme qu'il est parmi les trois ou quatre écrivains les plus doués de toute une littérature nationale, et à ne trouver pas dans son caractère quelque trace de grandeur. Où diable trouver de la grandeur chez M. de Saint-Simon ? Tout ce qu'il a vu, touché, fait, projeté de faire, il l'a saisi par le côté petit : il est duc dans la vétille* [...]. *Eh bien ! je me trompe, il y a un de ses actes qui ne manque pas de grandeur. C'est l'acte d'écrire ces trois mille pages, pendant trente années, trois mille pages qu'on écrit pour qu'elles soient lues, et avec pleine conscience de leur mérite rare, trois mille pages qui sont votre œuvre unique, votre titre unique à la renommée, et de les écrire en ayant décidé que pas une d'elles ne paraîtrait de votre vivant. Ce goût de la gloire sous la seule forme posthume, décantée de tout le médiocre dont elle se charge au contact de ceux qui la donnent, — ce désir mêlé de dédain ne saurait être sans une certaine magnanimité.* »

Henry de MONTHERLANT, *Textes sous une occupation*, Gallimard, 1953.

« *Ce qui rend* "le petit duc" *si proche de nous, ce ne sont pas ses intérêts ni ses préoccupations qui appartiennent à un autre monde, que nous avons déjà du mal à comprendre et dont, pour tout dire, nous nous moquons éperdument. Ce qui nous passionne chez lui, ce sont ses passions. Je veux dire la forme que prennent ses passions, ses entraînements, ses fureurs, ses haines surtout, et ses coups de colère. Saint-Simon est le seul historien dont l'objectivité nous est indifférente et dont seule la partialité suffit à faire nos délices. Ce qui porte cette partialité, c'est le langage, c'est le style. Encore un paradoxe : formé aux lettres, requis par l'Histoire, Saint-Simon se voulait historien beaucoup plus qu'écrivain. Et ce qui nous retient aujourd'hui chez lui, ce n'est pas l'historien, que personne ne songerait à aller consulter, sinon au deuxième degré et sous réserve de contrôle, mais au contraire l'écrivain. Surprise : c'est peut-être Lamartine qui parle le mieux de Saint-Simon quand il évoque* "une langue à la vigueur de ses aversions et de ses amours". »

Jean d'ORMESSON, « Saint-Simon. Qui s'assied devant qui et sur quoi ? », in *Une autre histoire de la littérature française*, II, NiL, 1998.

« *Lui a-t-on assez reproché de s'entêter dans ses manies — celle de l'étiquette surtout ! Le procès est absurde : si Louis de Rouvroy nous dépayse, ce n'est sûrement pas au sujet des préséances et de la vanité des hommes. Quand on connaît le fourmillement des catégories et sous-catégories de la fonction publique, la complexité du droit syndical ou des conventions collectives, quand on constate que, dans nos sociétés égalitaires, chaque citoyen exige pour son épouse un tabouret de duchesse au déjeuner annuel de l'entreprise, comment lui reprocher ses histoires de bonnets et de révérences ? L'esprit de courtisanerie qui pousse à singer le maître dans les riens, et dont il est le premier à rire, ravage non plus un microcosme comme Versailles, mais des continents entiers.* »

Angelo RINALDI, « Saint-Simon », in *L'Express*, 20 décembre 1985.

« *Irrassasiable d'émotions et infatigable à les exprimer, il ne tarde pas à pousser la langue jusqu'à ses dernières limites. Elle est, entre ses mains, comme un cheval qui a fourni sa course : elle est rendue, mais lui il ne l'est pas, et il lui demande encore ce qu'elle ne sait plus comment lui donner. Elle ne peut suffire à porter toute sa joie et toute sa fougue.* »

Charles Augustin SAINTE-BEUVE, *Causeries du lundi*, t. III, 1853.

« *Les épinards et Saint-Simon ont été mes seuls goûts durables, après celui toutefois de vivre à Paris avec cent louis de rente, faisant des livres.* »

STENDHAL, *Vie de Henry Brulard*, chap. XLIII, 1836.

« *J'ai lu à peu près tout Saint-Simon avec lui* [mon père]. *J'avais le sentiment d'y rencontrer les foules humaines, j'y ai vu le grand observateur de ce qui se passe, de ce qui passe... Quant à son style, il est si grand qu'à moins d'être vraiment du métier on ne s'aperçoit pas qu'il en a un. Sa langue est admirable, mais je me demande si ce n'est pas maintenant, surtout, qu'elle m'impressionne.* »

Marguerite YOURCENAR, *Les Yeux ouverts*, Centurion, 1980.

« *Le plus grand exemple de l'expression personnelle dans notre littérature, est celui de Saint-Simon.* »

Émile ZOLA, *Le Roman expérimental*, 1880.

BIBLIOGRAPHIE

Éditions

Mémoires, éd. A. de Boislisle et L. Lecestre, « Les Grands Écrivains de la France », Hachette, 1879 à 1928, 43 vol., rééd. Contrepoint, 1975 à 1981, 22 vol. [*« édition du tricentenaire »*], et Ramsay, 1977 à 1979, 18 vol. [sans notes ni appendices] ; éd. Y. Coirault, « Pléiade », Gallimard, 1983 à 1988, 8 vol. ; extraits, éd. Y. Coirault, « Folio », Gallimard, 1990 et 1993, 2 vol.

Additions au Journal de Dangeau, Firmin-Didot, 1854, 19 vol., également publiées dans éd. A. de Boislisle et Y. Coirault.

Écrits inédits, éd. P. Faugère, Hachette, 1880 à 1883, 8 vol.

Œuvres diverses [anthologie comprenant la totalité des lettres], éd. Y. Coirault, « Pléiade », Gallimard, à paraître.

Textes inédits, éd. Y. Coirault et Fr. Formel, E.S.T., 1985.

Études

Y. Coirault et Fr. Formel, *Bibliographie de Saint-Simon*, E.S.T., 1988.

G. Formel, *Bibliographie descriptive des éditions anciennes et des principales éditions modernes des « Mémoires » du duc de Saint-Simon : de la publication des premiers extraits, jusqu'à l'édition du tricentenaire*, Contrepoint, 1982.

P. Adam, *Contribution à l'étude de la langue des « Mémoires » de Saint-Simon. Le Vocabulaire et les Images*, Berger-Levrault, Nancy/Paris/Strasbourg, 1920.

Alain, « Saint-Simon », in *Tableau de la littérature française*, II, Gallimard, 1939, pp. 201 à 215.

Fr.-R. Bastide, *Saint-Simon par lui-même*, « Écrivains de toujours », Seuil, 1953, rééd. 1977.

J. Cabanis, *Saint-Simon l'Admirable*, Gallimard, 1974, rééd. « Folio », 1994.

Y. Coirault, *L'Optique de Saint-Simon*, Colin, 1965.

Fr. Formel, *Alliances et Généalogie à la cour du Grand Roi : le Souci généalogique chez Saint-Simon*, t. 23 et 24 de l'« édition du tricentenaire », Contrepoint, 1983-1984, 2 vol., rééd. sous le titre *Alliances et Généalogie à la cour du Grand Roi : le Souci généalogique chez Saint-Simon, documents inédits*, Vendôme Éd., 1984, 4 vol.

R. Judrin, *Saint-Simon*, Seghers, 1970.

E. Le Roy Ladurie et J.-Fr. Fitou, *Saint-Simon ou le Système de la Cour*, Fayard, 1997.

G. Poisson, *Album Saint-Simon*, « Pléiade », Gallimard, 1969 ; *Monsieur de Saint-Simon*, Berger-Levrault, Nancy, 1973, rééd. Mazarine et Fayard, 1987.

I. Rouffiange-Darotchetche, *Lecture syntaxique des « Mémoires » de Saint-Simon*, Service de reprographie de l'Académie de Toulouse, 1977.

L. Spitzer, J. Brody, R.A. Pickeu, *Approches textuelles des « Mémoires » de Saint-Simon*, Narr & J.-M. Place, Tübingen (DE)/Paris, 1980.

D. Van der Guysse, *Le Portrait dans les* Mémoires *du duc de Saint-Simon*, Klincksieck, 1975 ; *La Mort dans les* Mémoires *de Saint-Simon*, Nizet, 1981.

En dehors de ces ouvrages, l'essentiel de la bibliographie se trouve dans les articles des *Cahiers Saint-Simon*, depuis 1973.

AUDIO & VIDÉO

CD-ROM

Encyclopédie de la littérature française, Bibliopolis, 1998.

SAND

George SAND

De son vrai nom, Amandine Aurore Lucile DUPIN, abrégé en Aurore DUPIN, devenue baronne DUDEVANT Elle signa Jules SAND (avec SANDEAU), puis Georges SAND ***(Indiana)*** et enfin George SAND.

Paris 1804 – Nohant (auj. Nohant-Vic, act. Indre) 1876

> *« George Sand est un cœur lumineux, une belle âme, un généreux et puissant combattant du progrès, une flamme dans notre temps. »*
>
> Victor HUGO, in *L'Indépendance belge*, 28 janvier 1860.

> *« Je ne puis penser à cette stupide créature sans un certain frémissement d'horreur. Si je la rencontrais, je ne pourrais m'empêcher de lui jeter un bénitier à la tête. »*
>
> Charles BAUDELAIRE, *Mon Cœur mis à nu*, posthume, 1887.

Une femme libre, donc scandaleuse

Les douleurs d'une émancipation : la première George Sand

Berrichonne née à Paris, Aurore Dupin perdit, dès 1808, son père, descendant du maréchal de Saxe et officier d'Empire, et vécut à Nohant, chez sa grand-mère qui l'initia à la vie paysanne. Pensionnaire à Paris, de 1818 à 1820, chez les dames augustines anglaises — ce qui lui valut une crise de mysticisme —, Aurore retourna à Nohant où elle lut Chateaubriand et Rousseau. En 1822, un an après la disparition de sa grand-mère, elle épousa un militaire, le baron Casimir Dudevant. Deux enfants (Maurice, en 1823, et Solange, en 1828) naquirent de cette union (du moins officiellement : l'une des nombreuses légendes entourant la romancière prête à ses enfants d'autres pères que son mari), mais le mariage fut un échec. En janvier 1831, Aurore s'installa à Paris, où elle rejoignit Jules Sandeau, de sept ans son cadet, son amant depuis 1830. Henri de Latouche la fit entrer au *Figaro*. Sous le pseudonyme de Jules Sand, elle écrivit ***Rose et Blanche*** (1831) en collaboration avec Sandeau. En 1832, parut ***Indiana***, signé Georges Sand, son premier succès. Puis, sous son pseudonyme définitif, parurent ***Valentine*** (1832) et ***Lélia*** (1833). La *Revue des Deux Mondes* lui ouvrit ses colonnes ; elle y fit paraître l'essentiel de sa production à partir de 1833 : des nouvelles, ainsi que les ***Lettres d'un voyageur*** (1834 à 1836), reprises en volume en 1837, ***Jacques, roman par lettres*** (1834), ***André*** (1835), ***Mauprat*** (1837), notamment. À cette féconde activité s'ajoutaient voyages, liaisons et amitiés, George Sand, affublée d'un éternel cigare, fréquentant assidûment les milieux artistes et littéraires, de Balzac à Berlioz. Rompant avec Sandeau en mars 1833, elle se lia avec Marie Dorval, Mérimée et, surtout, rencontra, en juin 1833, Musset, son cadet de six ans, dont elle devint la maîtresse un mois plus tard : lors d'un séjour à Venise, devenu célèbre depuis — *Les Amants de Venise*, en 1902, furent l'occasion, pour Maurras, de dénoncer le romantisme —, elle eut une liaison avec le médecin qui soignait Musset, le docteur Pagello ; l'épisode aboutit à la douloureuse rupture de 1835 entre les deux « amants terribles ». Delacroix, Liszt, Marie d'Agoult : George Sand fréquenta les créateurs, eut une liaison avec l'avocat républicain Michel de Bourges, puis avec l'écrivain Charles Didier, et obtint, en juillet 1836, la séparation d'avec son mari. Elle séjourna de plus en plus souvent à Nohant, où Balzac lui rendit visite en 1838. Sur le plan littéraire, toute cette période fut marquée par l'écriture de la protestation féminine contre une société masculine. Dénonçant, avec plus de véhémence et de pathétique que Balzac (*Physiologie du mariage*, 1829), le mariage défini comme prostitution légale, George Sand ne choisit cependant pas l'esthétique réaliste, mais privilégia le romanesque, tantôt tragique, avec ***Indiana*** et ***Lélia***, tantôt élégiaque, avec ***Métella*** (1833, en volume en 1834), tantôt prosaïque, avec ***Jacques***.

Une dimension religieuse se fait jour dans ***Lélia***, sorte de poème philosophique et de drame métaphysique dont l'héroïne est déchirée entre les exigences du corps et de l'âme, tandis que ***Mauprat*** allie l'ambition philosophique aux prestiges du terroir.

De la maturité à la révolution

George Sand multiplia les liaisons avec musiciens et intellectuels, ainsi que les voyages et les excursions. De 1838 à 1847, ce furent les années avec Chopin, marquées par le terrible séjour à Majorque (1838-1839) et narrées dans ***Un hiver à Majorque*** (1842). La cantatrice Pauline Viardot, femme de Louis Viardot, accrut encore son intérêt pour les arts du spectacle, alors que Pierre Leroux, rencontré en 1835, exerça, à partir de 1839, une influence décisive sur les idées de l'écrivain, en lui faisant découvrir une forme de socialisme utopique et spiritualiste. George Sand se tourna dès lors vers une littérature porteuse de convictions et d'un idéal social. Une seconde édition fortement remaniée de ***Lélia*** (1839), un roman mystique, ***Spiridion*** (1839, republié en 1842), un drame métaphysique faustien, ***Les Sept Cordes de la lyre*** (1839), et la fondation, avec Leroux et Pauline Viardot, de ***La Revue indépendante*** (au moment même où elle rompait avec la *Revue des Deux Mondes*) marquèrent les étapes de cette conversion ; c'est dans cette revue que parurent en feuilleton ***Consuelo*** (1842-1843), suivi de ***La Comtesse de Rudolstadt*** (1843-1844), à l'écriture desquels Leroux participa : roman d'apprentissage tenant du conte picaresque, cette œuvre foisonnante et nourrie de musique crée un véritable système et met en jeu une religion de l'art et de l'amour comme communion entre les hommes. Dans ses multiples épisodes, ce diptyque raconte le parcours de la jeune bohémienne Consuelo, douée d'une voix splendide, d'abord engagée à l'Opéra de Venise et qui, déçue par le théâtre et par son fiancé, se retire en Bohême où Porpora, son maître de musique, lui trouve une place de professeur dans le château du comte de Rudolstadt. Au terme de nombreuses péripéties, elle se retrouve dans le dénuement et gagne sa vie en chantant, heureuse de se dévouer à ceux qu'elle aime. Après ***Horace***, roman du Quartier latin (1842) et sorte de pré-*Éducation sentimentale*, George Sand publia un roman mythologique paysan, ***Jeanne*** (1844), « *vierge gauloise* » et « *femme primitive* » (***Préface*** de 1853), victime des bourgeois. Dans le même temps, la romancière se consacra à l'apostolat démocratique, et entreprit d'éduquer le peuple : faisant siennes les utopies socialistes, elle s'était forgé une religion de la liberté, de l'égalité et de la fraternité, qui, après ***Le Compagnon du tour de France*** (1840), lui inspira ***Le Meunier d'Angibault*** (1845) et ***Le Péché de M. Antoine*** (1847). La révolution de février 1848 marqua un temps fort dans son existence : inspirant Ledru-Rollin, très active, George Sand fonda ***La Cause du peuple*** (3 numéros en avril) et rédigea un appel au coup d'État, mais, peu faite pour l'action, elle prit finalement ses distances en mai et se replia à Nohant. Sa vie privée était alors de plus en plus difficile : sa fille Solange épousa le sculpteur Clésinger en 1847, et le couple se brouilla avec elle, avant la naissance d'une petite-fille, Jeanne, dite « *Nini* », en 1849.

La bonne dame de Nohant

C'est à Nohant qu'elle écrivit la série de ses romans rustiques, dont ***La Mare au Diable***, dès 1846.

Préparés par ***Jeanne***, les autres romans rustiques sont ***La Petite Fadette*** (1849), ***François le Champi*** (1850) et, surtout, ***Les Maîtres sonneurs*** (1853), généralement considérés comme le chef-d'œuvre d'un genre qui chante les vertus de l'innocence rurale, en une langue où le style soutenu intègre des expressions populaires ; organisé en « *veillées* », ***Les Maîtres sonneurs*** présentent, sous les couleurs d'un récit d'aventures de jeunesse, une dimension symbolique et une réflexion sur le statut de l'artiste. Lié au souvenir, nourri de légendes et de traditions, cette mémoire collective de la terre, exaltation du paysage, ce genre se veut aussi poème de l'enfance et acte de foi idéaliste dans l'homme du peuple des campagnes : « *Les chansons, les récits, les contes rustiques peignent en peu de mots ce que notre littérature ne sait qu'amplifier et déguiser* » (***Avant-Propos*** de ***François le Champi***). Revenue à Paris en 1851, George Sand quitta la capitale après le coup d'État (elle n'y revint qu'en 1868) et se tint en retrait de sa réputation de républicaine, même pendant la Commune. Elle ne renonça pas, cependant, aux voyages : Italie (1855), Auvergne (1859), Normandie (chez Flaubert), Bretagne (1866) et Midi (1868). Ces années virent la disparition de beaucoup de ses amis. De 1849 à sa mort, en 1865, le graveur Manceau vécut avec elle à Nohant, puis à Palaiseau. Elle avait perdu sa petite-fille Nini en 1855, mais elle put éduquer Aurore (née en 1866) et Gabrielle (née en 1868), les filles de son fils Maurice. Elle poursuivit néanmoins sa production romanesque, qui compta aussi des romans sociaux, dont ***La Ville noire*** (1861), anticléricaux, telle ***Mademoiselle de La Quintinie*** (1863), historiques, comme ***Les Beaux Messieurs de Bois-Doré*** (1858) et ***Nanon*** (roman sur la Révolution, 1872), d'énigme, telles ***Les Dames vertes*** (1859), ou fantastiques, comme ***Laura ou Voyage dans le cristal*** (1865), ainsi que bien d'autres titres, prouvant l'extraordinaire diversité d'un talent d'écrivain que la critique malveillante a souvent prétendu confiner dans les romans rustiques. Par ailleurs, entrepris en 1847, l'autobiographique ***Histoire de ma vie*** — bilan d'une vie et « *enseignement fraternel* » — parut dans *La Presse* de 1854 à 1855. Pour répondre aux amis de Musset, George Sand écrivit également ***Elle et Lui*** (1859), qui évoque ses amours avec le poète et qui suscita une réponse de Paul de Musset, frère d'Alfred

(*Lui et Elle*, 1860), puis une sorte d'arbitrage de Louise Colet, ancienne maîtresse du poète (*Lui*, 1860), enfin, en guise de conclusion, une plaisante contribution ironiquement intitulée... *Eux brouillés*. Écrivain infatigable, elle déploya aussi son activité dans la presse (notamment au *Temps*, de 1871 à 1876), collaborations d'où furent tirés des recueils posthumes : ***Rêveries et Souvenirs***, ***Impressions et Souvenirs*** (1873), ***Questions d'art et de littérature*** (1878), ***Questions politiques et sociales*** (1879), ***Souvenirs de 1848*** (1879), ***Nouvelles Lettres d'un voyageur*** (1877). George Sand fut en outre dramaturge, sans grand succès à ses débuts, avec notamment ***Cosima*** (1848), ***Claudie*** et ***Molière*** (la même année, 1851) : son ***Théâtre complet*** (1866-1867) comprend 4 volumes ; d'ailleurs, on jouait la comédie en famille et entre amis à Nohant dès 1846-1847, et le souvenir en fut conservé dans ***Le Château des Désertes*** (1851). Enfin, les dernières années, marquées par l'amitié, nouée en 1863, de Flaubert, avec lequel elle entretint une longue correspondance, virent la parution des ***Contes d'une grand-mère***, en 2 volumes (1873 et 1876).

THÉORIE LITTÉRAIRE

La poétique de George Sand s'exprime essentiellement dans des articles, dans les préfaces à ses romans, mais surtout dans l'admirable correspondance qu'elle a entretenue avec Flaubert, ainsi que dans ses fictions, notamment ***Les Maîtres sonneurs*** et ***Les Maîtres mosaïstes***. Les articles, préfaces et chroniques journalistiques réunis en 1878 chez Calmann-Lévy sous le titre ***Questions d'art et de littérature***, montrent toute l'acuité d'une conscience critique particulièrement clairvoyante. Même si s'expliquer sur son œuvre par des « *préfaces* » et des « *discussions* » semblait à George Sand, comme elle le dit dans l'édition de 1842 d'***Indiana***, un « *moyen puéril* », elle les a cependant multipliées. Dans l'édition de 1832, elle se défendait d'être un écrivain engagé : « *Qu'on s'en prenne à la société pour ses inégalités, à la destinée pour ses caprices ! L'écrivain n'est qu'un miroir qui les reflète, une machine qui les décalque* [...]. » En dix ans, pourtant, ses « *sentiments* » se sont mués en « *principes* ». Sous l'influence, sans doute, de Leroux, elle ne renia plus un socialisme humanitaire qui imprègne toute son œuvre : « *Les éléments d'une nouvelle unité sociale et religieuse flottent épars dans un grand conflit d'efforts et de vœux* » (***Lélia***, ***Préface*** de 1841). À l'opposé des futures thèses réalistes et naturalistes, l'art lui apparaissait désormais, non pas comme « *une étude de la réalité positive* », mais comme « *une recherche de la vérité idéale* » (***La Mare au Diable***, chap. I) ; le roman devait, à ses yeux, « *remplacer la parabole et l'apologue des temps naïfs* » *(ibid.)* ; et sa modestie lui faisait affirmer que « *les chefs-d'œuvre ne sont jamais que des tentatives heureuses* » (***Avant-Propos*** de ***François le Champi***), ce qui ne l'empêcha pas de soutenir : « *Quand un homme a fait deux ou trois chefs-d'œuvre, si courts qu'ils soient, on doit le couronner et lui pardonner ses erreurs* » *(ibid.)*.

La cause qu'elle défendit le plus volontiers fut celle de la femme, dont « *le malheur entraîne celui de l'homme, comme celui de l'esclave entraîne celui du maître* » (***Indiana***, ***Préface*** de 1842). Bien des romans de George Sand dénoncent « *l'injustice et la barbarie des lois qui régissent encore l'existence de la femme dans le mariage, dans la famille et la société* » *(ibid.)*. Cette critique du « *rapport mal établi entre les sexes* » lui valut une accusation récurrente d'immoralité, dont elle se défendit par exemple dans les ***Lettres d'un voyageur***.

Car George Sand n'est pas un écrivain à thèse ; le réalisme des descriptions et des portraits ne fournit chez elle qu'un cadre : c'est « *l'idéalisation du sentiment* » qui « *fait le sujet* » ***(Histoire de ma vie)*** ; ses personnages, érigés au rang de *types*, ne sont « *ni complètement réels* [...] *ni complètement allégoriques* » (***Lélia***, ***Préface*** de 1841). Quant à l'impersonnalité que cultivait son ami Flaubert, elle lui semblait une erreur, une « *drôle de manie* », une « *fantaisie maladive* », une « *chose antihumaine* » ; « *les manifestations heureuses ne sortent que d'une émotion, et une émotion ne sort que d'une conviction* », lui écrivit-elle peu de mois avant sa mort (lettre du 12 janv. 1876).

THÉORIE LITTÉRAIRE

George Sand fut l'une des rares femmes de lettres françaises à vivre de sa plume. Écrivain romantique, socialiste et rustique, auteur d'une œuvre abondante et variée dont on redécouvre aujourd'hui toute la richesse, elle fut aussi une femme, féministe avant l'heure, qui fit scandale par l'exercice de sa liberté.

Oralité et tradition paysanne

Œuvre en forme de conte censé être dit à la veillée, ***Les Maîtres sonneurs*** sont un bon exemple du style — illustré aussi par ***Jeanne*** — particulier de George Sand, qu'inspirent oralité et tradition paysanne ; c'est un conteur qui prend en charge la narration, ainsi fortement reliée à un énonciateur et donc à une énonciation : « *Vous ne sauriez croire, mes amis, quels bruits de contentement et d'émerveillance il y eut sur cette place, au bruit tonnant de cette musette bourbonnaise et au retour du muletier que l'on croyait déjà parti. On ne dansait plus que d'un pied et on allait finir quand il reparut sur la pierre des ménestriers. Aussitôt ce devint comme une rage, on ne s'y mit plus à quatre ni à huit, mais bien à seize ou à trente-deux, se tenant par les mains, sautant, criant et riant, que le bon dieu n'aurait pu y placer un mot.* » On notera les mentions de termes *(« émerveillance »)* et d'expressions paysannes *(« que le bon dieu n'aurait pu y placer un mot »)* qui placent l'effet du réel au cœur même du langage. La phrase devient mimétique de la danse décrite, par la double énumération, des chiffres, puis des participes présents (*« se tenant », « sautant », « criant et riant »*). L'emploi relativement discret du « parler paysan », du discours qui se substitue au récit pur et implique le destinataire en en faisant le coénonciateur, confère à ce texte toute sa poésie rustique. Autre caractéristique de son style, la multiplication des incidentes généralisatrices au présent, qui interrompent souvent le récit en autant de considérations sociales, morales ou esthétiques : « *En France particulièrement, les mots ont plus d'empire que les idées* » (***Indiana***, chap. II) ; « *La société ne doit rien exiger de celui qui n'attend rien d'elle* » (*ibid.*, **Conclusion**) ; « *celui qui puise de nobles jouissances dans le sentiment de la poésie est un vrai poète, n'eût-il pas fait un vers de toute sa vie* » (***La Mare au Diable***, chap. II). Que son œuvre immense soit de qualité inégale importe peu au regard de ses réussites et de sa diversité ; son style est peut-être à son meilleur dans sa correspondance, véritable carrefour du XIXe siècle.

Un écrivain controversé

Rarement écrivain fut plus controversé que Sand. Sans qu'il soit toujours aisé d'y démêler la part de la misogynie, on ne compte plus le nombre de jugements négatifs, voire vraiment méchants, émis par ses contemporains, de Chateaubriand se disant « *persuadé que le talent de Madame Sand a quelque racine dans la corruption* [et qu']*elle deviendrait commune en devenant timorée* » *(Mémoires d'outre-tombe)*, à Renard la réduisant à « *la vache bretonne de la littérature* » *(Journal)*, en passant par Barbey d'Aurevilly et les Goncourt, filant d'ailleurs la métaphore bovine, l'un assurant que « *très peu maîtresse de maison, elle était dans son salon, quand un homme d'esprit y parlait, comme une vache au bout d'un pré, regardant par la brèche d'une haie une locomotive qui passe* » (article paru dans *La Veilleuse*), les deux autres voyant « *dans son attitude* [...] *une gravité, une placidité, quelque chose du demi-endormement du ruminant* » et la définissant comme « *un sphinx ruminant une vache Apis* » *(Journal)* ! Le plus constant dans la médisance fut Baudelaire qui s'acharna littéralement contre « *le prudhomme de l'immoralité* [, qui,] *bête,* [...] *lourde,* [...] *bavarde,* [...] *a, dans les idées morales, la même profondeur de jugement et la même délicatesse de sentiment que les concierges et les femmes entretenues,* [...] *une de ces vieilles ingénues qui ne veulent jamais quitter les planches,* [...] *surtout, et plus que tout autre chose, une* grosse bête *; mais* [...] possédée [par] *le Diable qui lui a persuadé de se fier à* son bon cœur *et à* son bon sens, *afin qu'elle persuadât toutes les autres grosses bêtes de se fier à leur bon cœur et à leur bon sens* » *(Mon Cœur mis à nu)* ! À côté d'un tel éreintement, on trouverait presque fade cette « amabilité » de Bloy : « *Quelle Égérie achalandée que cette vieille chaussette bleue, tout le monde l'a consultée !* » *(Histoires désobligeantes)*.

Même ses plus sincères admirateurs purent se montrer sévères ou maladroits, tel Delacroix affirmant : « *Elle a incontestablement un grand talent, mais elle est avertie, encore moins que la plupart des écrivains, de ce qui lui va le mieux. Suis-je injuste encore ? Je l'aime pourtant, mais il faut dire que ses ouvrages ne dureront pas. Elle manque de goût* » *(Journal)*. Ou Flaubert concluant : « *Le difficile avec George Sand, c'est qu'on ne sait jamais prendre cet auteur au sérieux. Comme femme, elle inspire le dégoût ; comme homme, il donne l'envie de rire* » *(Le Second Volume de Bouvard et Pécuchet)*.

Loin de tous ces excès, Maxime Du Camp dressa d'elle un portrait équilibré, cherchant à rendre compte des contradictions de l'auteur de ***La Mare au Diable*** : « *Il y eut toujours en elle, je crois, une dissonance singulière. Elle avait l'apparence calme, le geste lent, le regard* *doux, la voix un peu faible ; son aspect était d'un être reposé, pondéré et dont la sérénité est imperturbable ; au-dedans d'elle, il y avait des intempérances, des conceptions extraordinaires, le dégoût de l'habitude, la recherche de l'inconnu, la révolte contre l'uniformité de la loi et des usages, l'indignation contre l'infériorité matérielle de son sexe et une absence de scrupules qui livrait carrière aux fantaisies » (Souvenirs littéraires).*

Au XXe siècle, George Sand fut réhabilitée d'abord par Alain, qui voyait en ***Consuelo*** une *« œuvre forte, trop peu lue » (Propos)*, puis, surtout, par Maurois qui lui consacra une importante biographie, *Lélia ou la Vie de George Sand* (1952), où l'auteur de *Climats* insistait sur les combats de la femme : *« L'histoire de George Sand est celle d'une femme qui, par sa naissance, se trouva placée sur la frontière de deux classes et, par son éducation, sur une frange où se rencontraient le rationalisme du XVIIIe siècle et le romantisme du XIXe,* [et qui,] *impatiente de toute autorité masculine, lutta pour en émanciper les femmes et pour leur assurer la franchise de leurs corps et de leurs sentiments,* [enfin qui,] *ayant violé toutes les conventions, tant dans sa vie privée que dans sa vie publique, s'imposa pourtant au respect de tous par le génie, le travail et le courage. »*

Néanmoins, même Simone de Beauvoir, à l'avant-garde du féminisme, marqua ainsi ses réticences : « [...] *George Sand m'irrite. Jeune, j'aime sa volonté d'indépendance, son ardeur à lire, à s'instruire, à courir la campagne, et la netteté de ses décisions. Prise au piège d'un mariage stupide, elle a eu l'audace de partir pour Paris pour refaire sa vie et subvenir elle-même à ses besoins. Par la suite, je continue d'estimer son énergie et sa puissance de travail. Mais je suis écœurée par ce masque vertueux qu'elle a posé sur son visage » (Tout compte fait).*

George Sand sort enfin du purgatoire. Grâce aux rééditions de ses œuvres et à l'admirable édition de sa correspondance par Georges Lubin, les découvertes se multiplient. Elle apparaît de plus en plus comme l'un des écrivains romantiques les plus représentatifs, tant dans ses révoltes que dans ses aspirations spirituelles et humanitaires, comme un maître de l'imaginaire, un précurseur de la littérature populaire, l'un des moments de la conscience féminine et plus généralement humaine. C'est cette George Sand réhabilitée que la réalisatrice Diane Kurys a transposée, sous les traits de Juliette Binoche, dans *Les Enfants du siècle* (1999).

ŒUVRES

Indiana

Roman en 2 vol., divisé en 4 parties et 30 chapitres (I à VIII, IX à XVI, XVII à XXIV, XXV à XXX), et publié à Paris, chez Roret et Dupuy, en 1832.

Dans la Brie, en son château de Lagny, le vieux colonel en demi-solde Delmare vit avec sa jeune épouse, Indiana, originaire de l'île Bourbon (La Réunion), et avec *sir* Ralph Brown, cousin d'Indiana et qui l'aime passionnément. Les époux font connaissance de Raymon de Ramière, brillant jeune homme, qui ne tarde pas à devenir l'amant d'Indiana. Sa situation financière contraint Delmare à quitter la France pour l'île Bourbon. Repoussée par son amant, Indiana est sauvée du suicide par *sir* Ralph, et finit par suivre mari et cousin. Une lettre de Ramière la tire de sa langueur. En cachette, elle quitte son mari, rejoint le jeune homme, qui lui apprend alors qu'il est marié. Désespérée, Indiana retourne à l'île Bourbon en compagnie de *sir* Ralph. Entre-temps, Delmare est mort toujours ignorant de la fugue. Ralph invite alors Indiana à un *« hymen de l'autre vie »* et l'entraîne avec lui dans un torrent. Un dernier chapitre, intitulé ***Conclusion*** à partir de l'édition de 1838, apprend toutefois au lecteur que les deux amants ont survécu et connaissent désormais le bonheur.

Premier roman écrit par George Sand seule et publié sous ce pseudonyme qui demeura le sien (elle orthographie toutefois ici son prénom avec un « s »), ***Indiana*** marque l'entrée de la romancière dans sa vie d'écrivain à part entière. Il met en place une thématique et une organisation narrative que l'auteur déploya dans ses romans ultérieurs.

Ce roman de la protestation féminine contre une société masculine, contemporain des études de femmes de Balzac, lança George Sand et lui conféra sa première célébrité. ***Indiana*** fut plusieurs fois réédité (1832, 1833, 1838) avant d'être précédé, dans l'édition Perrotin (1842), d'une préface où l'auteur met l'accent sur la portée féministe et morale du roman : *« Nous vivons dans un temps de ruine morale, où la raison humaine a besoin de rideaux pour atténuer le trop grand jour qui l'éblouit. »*

La ***Mare au Diable***

Roman divisé en 21 chapitres — 17 pour le corpus et 4 pour l'***Appendice*** —, dont des fragments parurent, en décembre 1845, dans la *Revue sociale*, sous le titre ***Préface d'un roman inédit***, et publié en feuilleton dans *Le Courrier français*, en 1846 (l'***Appendice***, en 1848 seulement), puis chez Desessart, à Paris, la même année.

Après un prologue où « *l'auteur* » se met en scène en train de contempler une gravure d'Holbein représentant un laboureur (chap. I et II), le roman raconte l'histoire de Germain, laboureur à Belair, jeune veuf que le père Maurice, son beau-père, convainc de se remarier avec Catherine Guérin, une riche veuve demeurant à Fourche, de l'autre côté de la brande. En compagnie de son fils Petit-Pierre et de Marie, sa petite voisine de 16 ans qui doit devenir servante près de là, il se rend à Fourche. Lors d'une nuit passée près de la Mare au Diable, Germain et Marie échangent des confidences : Germain comprend que Catherine, la « *lionne du village* », est une mauvaise femme, alors que Marie est en butte aux avances de son maître, avec lequel Germain se bat. Ils reviennent au village et prennent conscience de leur amour, lequel, grâce à la mère Maurice, aboutit à leur union, après les réticences de Marie qui se croyait trop pauvre et trop jeune pour Germain (chap. III à XVII). Le roman s'achève par la description des noces (***Appendice***, chap. I à IV).

Parabole, voyage initiatique, traversée des terres du désir, roman du mystère, roman de l'enfance, roman du Berry, roman du paysage comportant de superbes tableaux, empruntant aux légendes populaires, aux contes de fées et aux romans de chevalerie, ***La Mare au Diable*** inaugure la série des romans champêtres ou rustiques, dont George Sand inventait ainsi le genre et qui chantent la nature : « *La nature est éternellement jeune, belle et généreuse. Elle verse la poésie et la beauté à tous les êtres, à toutes les plantes, qu'on laisse s'y développer à souhait* » (chap. II).

Dès sa parution, ce roman dédié à Chopin fut salué comme un chef-d'œuvre. Grâce à une tradition scolaire presque abandonnée de nos jours, ***La Mare au Diable***, longtemps associée à ***La Petite Fadette*** et à ***François le Champi*** en une trilogie rustique célébrant le Berry, reste l'un des textes sandiens les plus connus, aujourd'hui lu aussi comme témoignage sur la culture rurale du XIXe siècle : « *Un jour viendra où le laboureur pourra être aussi un artiste, sinon pour exprimer (ce qui importera assez peu alors), du moins pour sentir le beau* » (chap. II).

CITATIONS

Cette pauvre planète encore enfant est destinée à se transformer indéfiniment. L'avenir fera de vous tous et de vous toutes, faibles créatures humaines, des fées et des génies qui possèdent la science, la raison et la bonté.

La Fée poussière, in *Contes d'une grand-mère*.

Le gouvernement est composé d'hommes excellents pour la plupart, tous un peu incomplets et insuffisants à une tâche qui demanderait le génie de Napoléon et le cœur de Jésus.

Lettre à M. Charles Poncy, in *Correspondance*, mars 1848.

Le vrai est trop simple, il faut y arriver toujours par le compliqué.

Lettre à Armand Barbès, in *Correspondance*, mai 1867.

En France particulièrement, les mots ont plus d'empire que les idées.

Indiana, I, 2.

Je crois que l'opinion politique d'un homme, c'est l'homme tout entier. Dites moi votre cœur et votre tête, et je vous dirai vos opinions politiques.

Indiana, II, 14.

Un jour viendra où le laboureur pourra être aussi un artiste, sinon pour exprimer (ce qui importera assez peu alors), du moins pour sentir le beau.

La Mare au Diable, 2.

Celui qui puise de nobles jouissances dans le sentiment de la poésie est un vrai poète, n'eût-il pas fait un vers dans toute sa vie.

La Mare au Diable, 2.

JUGEMENTS

« *Elle sait et dit d'elle-même ce que j'en pense sans que je le lui aie dit : qu'elle n'a ni la force de conception, ni le don de construire ses plans, ni la faculté d'arriver au vrai, ni l'art du pathétique, mais que sans savoir la langue française, elle a* le style *; c'est vrai.* »

Honoré de BALZAC, *Lettre à Mme Hanska*, 2 mars 1838.

« Que quelques hommes aient pu s'amouracher de cette latrine, c'est bien la preuve de l'abaissement des hommes de ce siècle. »

Charles BAUDELAIRE, *Mon Cœur mis à nu*, posthume, 1887.

« Elle a su lier [...] *sa vie terrienne et spirituelle, c'était une femme de cœur et non une manipulatrice, comme on a pu le dire. Elle était capable de vivre plusieurs journées en une seule et plusieurs vies à la fois. Sa générosité et sa soif de vie sont des exemples pour moi. Elle a su donner au-delà d'elle-même. C'est une femme qui me donne confiance dans la vie.* [...] *Son parcours intérieur est si intense au moment de sa rencontre avec Musset que j'avais le désir de* "perdre la face" *dans le film. Sand n'a pas craint de foncer dans le désespoir et de lui résister. À Venise, elle se faisait peur à elle-même quand elle croisait son regard dans un miroir. Il fallait que j'accompagne ces différents visages et que je rende à George Sand les reliefs de sa passion. »*

Juliette BINOCHE, citée *in* Laurence LIBAN, « L'Héritage de George Sand », in *L'Express*, 16 septembre 1999.

« Madame Sand, cette fille trouvée *du cuistre Jean-Jacques* [...]. »

Léon BLOY, *Symbolisme de l'apparition*, 1879-1880.

[Sur ses romans] *« On y loue encore le sentiment de la nature. Et assurément George Sand, dans ses descriptions fraîches ou grandioses, se révèle comme un peintre de paysage. Mais Rousseau, Bernardin, Chateaubriand, avaient décrit avant elle, souvent avec plus d'émotion, toujours avec un vocabulaire, une palette, plus riche. »*

Ferdinand BRUNETIÈRE, *Histoire de la littérature française*, 1917.

« Peut-être les ouvrages de madame Sand doivent-ils une partie de leur effet à ce qu'ils sont d'une femme ; supposez-les le travail d'un homme, l'attrait de curiosité disparaît. »

François-René de CHATEAUBRIAND, *Mémoires d'outre-tombe*, t. II, 1850.

« En dépit du charme paysagiste de ses compositions champêtres, Mme Sand est le type de l'écrivain déclamatoire, qui veut, avant tout, montrer son grand cœur et dissimuler comme Hugo, d'autre façon, sous de belles périodes, un tempérament de feu. »

Léon DAUDET, *Le Stupide* XIXe *siècle*, Grasset, 1922.

« [...] ce génie hermaphrodite, qui réunit la vigueur de l'homme à la grâce de la femme ; qui, pareille au sphinx antique, vivante et mystérieuse énigme, s'accroupit aux extrêmes limites de l'art avec un visage de femme, des griffes de lion, des ailes d'aigle. »

Alexandre DUMAS, *Mes Mémoires*, 1852 à 1855.

« Quand on est resté, pendant des siècles, bâillonné, il est difficile de parler et même de penser [...]. *On conçoit pourquoi Madame Sand peint les hommes si bêtes et les femmes si mâles. Mais patience, le calme se fera par l'usage de la liberté. »*

Père ENFANTIN, *La Vie éternelle*, 1861.

« Les idées sont peu de choses chez Madame Sand ; le sentiment, au contraire, est tout, et l'on peut admirer, sans penser comme elle, à la condition de sentir comme elle. »

Anatole FRANCE, *La Vie littéraire*, 1888.

« Il n'y aurait pas lieu de s'attarder à ces curiosités extra-littéraires si George Sand, par sa désinvolture et son indifférence totale à la plus élémentaire discrétion, n'avait étalé ses amours et fait de la littérature avec elles. »

Émile HENRIOT, *Les Romantiques*, Albin Michel, 1953.

« Nous aussi, par des films, par des articles, nous essayons de montrer la vérité, de désigner le germe de la jalousie ou de l'égoïsme ou d'autres maux encore et de dire : "Voilà où il ne faut pas aller" *; George Sand nous a transmis beaucoup, nous avons beaucoup à transmettre. »*

Diane KURYS, citée *in* Laurence LIBAN, « L'Héritage de George Sand », in *L'Express*, 16 septembre 1999.

« [George Sand] *accomplit ce métier superbe de pondeur d'idées, comme un menuisier fait des tables, avec la pensée constante de l'argent gagné. Et nous trouvons là, en face de son large besoin d'indépendance, un vif instinct de ménagère, un côté* pot-au-feu *très marqué. Elle est* bonne maman, *dans le sens commun du mot. Elle n'a pas, enfin, la grandeur qu'on voudrait en cette femme émancipée et si supérieure. »*

Guy de MAUPASSANT, *Chroniques*, 13 mai 1882.

« Ce qu'elle demandait pour les femmes, ce n'était pas le droit de suffrage et d'élection, c'était l'égalité civile et l'égalité sentimentale. Elle pensait que la servitude où l'homme tient la femme détruit le bonheur du couple, qui n'est possible que dans la liberté. »

André MAUROIS, *Lélia ou la Vie de George Sand*, Hachette, 1952.

« Pour George Sand, [...] *le divin est partout répandu dans la nature, un divin trouble, recelant en lui tout amour, jusqu'à* "l'esprit des passions funestes" *qu'elle voudrait rejeter et qui l'attire. »*

Marcel RAYMOND, *Romantisme et Rêverie*, Corti, 1978.

« Mme Sand a du talent dans tous ses romans, des pages admirables, des peintures qui se retrouvent aux pires moments. Mais le plus souvent quel manque de combinaison, de prévoyance dans les plans et dans la marche ! Comme tout cela est fait au hasard, au trot de la phrase, sans souci du public et de l'avenir, sans amour-propre. »

Charles Augustin SAINTE-BEUVE, *Portraits contemporains*, 1846.

« Ce qui la met hors de pair, c'est le style. Le sien est comme un large fleuve qui coule à pleins bords. Personne, depuis les classiques des deux derniers siècles, n'a eu tant d'éloquence, et cette éloquence n'est jamais déplacée, car elle est le ton propre d'un artiste qui agite des thèses et, de parti pris, donne à tous ses personnages du génie et du talent. »

Hippolyte TAINE, article du 2 juillet 1876, in *Derniers Essais de critique et d'histoire*, 1894.

BIBLIOGRAPHIE

Éditions

Œuvres complètes, Lévy, 1863 à 1926, rééd. Slatkine, Genève (CH), 1978 à 1980, 32 vol.

Œuvres autobiographiques, éd. G. LUBIN, « Pléiade », Gallimard, 1970-1971, 2 vol.

Œuvre romanesque [dont *Consuelo* et *La Comtesse de Rudolstadt*, 1983, publiés antérieurement par L. CELLIER et L. GUICHARD, « Classiques Garnier », 1959], Éd. de l'Aurore, Grenoble, 109 titres prévus, en cours.

Correspondance, éd. G. LUBIN, Garnier, 1964 à 1991, 25 vol.

Indiana, éd. P. SALOMON, « Classiques Garnier », Garnier, 1962 ; éd. G. LUBIN, « Les Introuvables », Éd. d'Aujourd'hui, Plan-de-La-Tour (Var), 1976 ; éd. B. DIDIER, « Folio », Gallimard, 1984.

Journal intime, Calmann-Lévy, 1926.

La Mare au Diable, éd. L. CELLIER, « Folio », Gallimard, 1973 ; éd. P. REBOUL, « GF », Flammarion, 1975 ; *La Mare au Diable, François le Champi*, éd. P. SALOMON et J. MALLION, « Classiques Garnier », Garnier, 1962, rééd. 1981.

Études

R. de AYALA et J.-P. GUÉNO, *Sand et Musset*, La Martinière, 1999.

J. BARRY, *George Sand ou le Scandale de la liberté*, Seuil, 1977 ; rééd. « Points », Seuil, 1984.

A. BERGER, « L'Apprentissage selon George Sand », in *Littérature*, n° 67, oct. 1987.

A.-M. de BREM, *George Sand, un diable de femme*, « Découvertes », Gallimard, 1997.

L. CELLIER, *Hommage à George Sand*, PUF, 1969.

J. CHALON, *Chère George Sand*, Flammarion, 1991.

P. DAYAN, *Lautréamont et Sand*, Rodopi, Amsterdam (NL), 1997.

B. DIDIER, *George Sand écrivain, un grand fleuve d'Amérique*, PUF, 1998 ; *id.* et J. NEEFS, *George Sand*, in *Écritures du romantisme*, II, Paris VIII, P.U. Vincennes, 1990.

M. HIRSCH, « Questions à *Indiana* », in *RSH*, janv.-mars 1977.

B. LANE, « Voyage et Initiation dans *La Mare au Diable* », in *Études françaises*, n° 24, intitulé *George Sand. Voyage et Écriture*, printemps 1984.

G. LUBIN, « George Sand et la Révolte des femmes contre les institutions », in *Roman et Société*, Colin, 1973.

A.E. MCCALL SAINT-SAËNS, *De l'être en lettres : l'Autobiographie épistolaire de George Sand*, Rodopi, Amsterdam (NL), 1996.

Fr. MALLET, *George Sand*, Grasset, rééd. 1995.

A. MAUROIS, *Lélia ou la Vie de George Sand*, Hachette, 1952, rééd. 1985.

G. MICHEL, « Structures romanesques et Problèmes du mariage d'*Indiana* à *La comtesse de Rudolstadt* », in *Romantisme*, n° 16, 1977.

E. MOSELE (dir.), *George Sand et son temps : hommage à Annarosa Poli*, CIRVI, Moncalieri (IT), 1995.

N. MOZET, *George Sand, écrivain de romans*, Chr. Pirot, Saint-Cyr-sur-Loire (Indre-et-Loire), 1997.

I.H. NAGINSKI, *George Sand : l'Écriture ou la Vie*, trad. franç. N. DORMOY, Champion, 1999.

D. POWELL (dir.), *Le Siècle de George Sand*, Rodopi, Amsterdam (NL), 1998.

M. REID, « Flaubert et Sand en correspondance », in *Poétique*, n° 85, févr. 1991.

P. SALOMON, *George Sand*, Éd. de l'Aurore, Grenoble, 1984.

G. SCHAEFFER, *Espace et Temps chez George Sand*, La Baconnière, Neuchâtel (CH), 1981.

N. SCHOR, *George Sand and Idealism*, Columbia U.P. (US), 1993.

S. VIERNE (dir.), *George Sand*, actes d'un colloque de Cerisy-la-Salle, SEDES, 1983.

Journée George Sand : hommage à Georges Lubin, P.U. Paris IV, 1985.

AUDIO & VIDÉO

CD-ROM

Autour du romantisme. Le Roman, 1792-1886, Bibliopolis, 1999.

Encyclopédie de la littérature française, Bibliopolis, 1998.

SARRAUTE

Nathalie SARRAUTE
Née Natacha Ilyanova TCHERNIAK
D'origine russe, devenue française par son mariage
Ivanovo-Voznessensko (auj. Ivanovo, Russie) 1900 – Paris 1999

> *« Elle n'est pas du tout contente du langage dont les mailles trop larges laissent échapper la finesse de son propos ; son but est de rendre l'inexprimable de la chère petite substance fluide et mouvante ; son projet s'inscrit dans la ligne du romantisme féminin volontiers en quête d'ineffable. Mon tire-bouchon musical n'est pas un bulldozer. Nathalie Sarraute est une poétesse. »*
> Jacques LAURENT, *Roman du roman*, Gallimard, 1977.

> « [À propos de la réédition de *Tropismes*] *En contrepartie de ces lieux communs, où sont les remous annoncés ¿ Je ne vois pas ce que peuvent gagner ces petits récits naturalistes au fait que les acteurs ne sont pas nommés, ni ce qu'il y a à retenir de ces abstractions et de cette littérature à système, si ce n'est qu'elle cherche très légitimement autre chose que le déjà vu et le déjà dit. Mais jusqu'ici on n'aura fait que remplacer une convention par une autre, et c'est sans aucun profit pour le lecteur, cela n'intéresse que les écrivains.* »
> Émile HENRIOT, in *Le Monde*, 22 mai 1957.

Un siècle d'écriture

Une jeunesse éclatée

Née dans une famille d'intellectuels juifs, d'un père chimiste et d'une mère écrivain qui se séparèrent peu après sa naissance, Natacha Ilyanova Tcherniak, dont l'existence fut d'abord partagée entre ses parents, entre France et Russie, vécut finalement à Paris à partir de 1909, avec son père, remarié — de même que sa mère, qui retourna définitivement en Russie —, et apprit en même temps le français — à l'école, puis au lycée Fénelon — et le russe — à la maison. Elle fit à Paris, ainsi qu'à Oxford et Berlin, des études d'anglais, d'Histoire et de sociologie, puis de droit, et fut avocate de 1925 à 1941. La préparation de la conférence du stage, avoua-t-elle plus tard, l'arracha « *à la langue classique écrite* » : « *Il fallait rédiger le texte en langage parlé. J'ai trouvé là une liberté inconnue* » (entretien avec Marc Saporta, in *L'Arc*, n° 95, 1984). Elle s'était mariée, en 1925, avec Raymond Sarraute, juriste comme elle, qui partageait ses goûts littéraires et artistiques et qui l'encouragea à écrire ; 3 filles naquirent de leur union : Claude — qui épousa l'académicien Jean-François Revel —, Anne et Dominique.

De l'avocate à l'écrivain

Grande lectrice, elle fut bouleversée par la découverte de Proust puis par celle de Joyce ; c'est au « *ruissellement* [...] *du monologue intérieur* » *(L'Ère du soupçon)* — mais aussi à la technique de l'introspection chez Virginia Woolf ou à celle des dialogues chez Ivy Compton-Burnett — qu'elle dut, dit-elle par la suite, la remise en cause de « *la vieille analyse des sentiments, cette étape nécessaire mais dépassée* » (***Préface*** à ***L'Ère du soupçon***), pratiquée en particulier par les grands romanciers russes, tel Dostoïevski. Soucieuse de « *la mise en mouvement de forces psychiques nouvelles* » *(ibid.)*, elle commença à écrire dès 1932 les 19 textes qui formèrent le recueil ***Tropismes***, qu'elle acheva en 1937 et publia en 1939 chez Denoël. L'essentiel de la quête et de l'écriture de Nathalie Sarraute était déjà présent dans ce mince volume de textes courts, proches du poème en prose.
La guerre venue, Nathalie Sarraute — qui, en application des lois antisémites de Vichy, fut radiée du barreau — dut se réfugier à Janvry, dans la vallée de Chevreuse, où elle hébergea un moment Samuel Beckett et sa femme. Dénoncée par un commerçant du village — elle avait refusé de porter l'étoile jaune —, elle échappa de peu à l'arrestation et vécut sous l'identité de Nicole Sauvage — initiales identiques à celles de son identité réelle — à Parmain (act. Val-d'Oise), se faisant passer pour l'institutrice de ses filles. C'est dans ces circonstances qu'elle commença à travailler à son premier roman, ***Portrait d'un inconnu***, dont le sujet — inspiré par *Eugénie Grandet* — consistait en la fascination du narrateur par ses propres personnages. L'auteur voulait montrer que « *pour l'œil moderne, on ne pouvait plus décrire le père Grandet. Celui qu'on appelait un avare ou un égoïste s'est désintégré sous le regard et est devenu si complexe que l'observateur a perdu pied* » (entretien à *Libération*, 28 sept. 1989). Publié en 1948, avec une préface de Sartre — qui y voyait un « *antiroman* » —, l'ouvrage eut peu de succès.

Le tournant de *L'Ère du soupçon*

Les livres suivants étaient également soustitrés « *romans* », alors même qu'ils bouleversaient l'équilibre du genre : ainsi dans ***Martereau*** (1953), où l'intrigue était pur prétexte, les personnages, sans épaisseur, et les dialogues, moins importants que ce qui les précédait ou les suivait. Ce refus délibéré des formes traditionnelles condamna d'abord Nathalie Sarraute à la situation d'auteur confidentiel : elle eut de grandes difficultés, non seulement à publier ses œuvres — cherchant deux ans un éditeur pour ***Tropismes*** —, mais à rencontrer un public. Ce parti pris esthétique annonçait pourtant le Nouveau Roman, et les ***Essais sur le roman*** de ***L'Ère du soupçon*** (4 articles parus in *Les Temps modernes* et la *NRF*, entre 1947 et 1956, puis regroupés en 1956 chez Gallimard) la rendirent brusquement célèbre, en l'associant à ce courant.

Le Planétarium (1959) témoigna d'une évolution importante, dans la mesure où la recherche angoissée des « *tropismes* », ces mouvements involontaires de l'âme, insaisissables et informulés, n'y était plus le fait du seul narrateur : « *Tous les personnages se voient les uns les autres comme des personnages, comme nous le faisons dans la vie* » (entretien, in *L'Arc*, 1984, *art. cit.*). Dans ***Les Fruits d'or*** (1963), l'inconsistance narrative des personnages était encore accentuée : le héros n'était autre... qu'un livre, encensé puis oublié, et les seuls événements, les propos tenus sur lui. L'ouvrage — qui fut adapté pour la scène en 1991 — reçut le Prix International de Littérature en 1964.

Les paroles prononcées et leurs prolongements intérieurs étaient désormais au centre de romans aux titres significatifs : ***Vous les entendez ?*** (1972), ***« disent les imbéciles »*** (1976), ***Tu ne t'aimes pas*** (1989). ***Entre la vie et la mort*** (1968) exprimait la difficile recherche d'un équilibre — et même le « *déchirement* » — entre « *le besoin de solitude et le besoin de l'adhésion d'autrui. Et aussi la vie du texte qui est vivant quand il prend sa source dans la sensation et qui meurt quand il est entraîné loin d'elle par les seuls jeux, la "beauté" du langage* » (entretien, in *L'Arc*, 1984, *art. cit.*).

Avec ***L'Usage de la parole*** (1980), Nathalie Sarraute poursuivit la lente exploration de ces ondes provoquées souvent par une phrase ou une expression anodines : un mot (« *À très bientôt* », « *Mon petit* », « *Eh bien quoi, c'est un dingue...* ») pouvaient, selon elle, dans certaines conditions, provoquer des perturbations invisibles, mais vertigineuses ; la parole y apparaissait comme « *l'arme quotidienne, insidieuse et très efficace, d'innombrables petits crimes* », selon les termes utilisés par l'auteur dès 1956 (***Conversation et Sous-Conversation***, in ***L'Ère du soupçon***).

Les triomphes d'une dramaturge sexagénaire

Cette quête obstinée des « *tropismes* » — reprise, en particulier, dans les 20 textes d'***Ici*** (1995) — connut un développement nouveau en 1964, lorsque commande fut faite à Nathalie Sarraute, par Werner Spies, pour une station de Stuttgart, d'une pièce radiophonique : ***Le Silence*** fut ensuite créé par Jean-Louis Barrault et Madeleine Renaud au Petit-Odéon (1967), et publié la même année avec ***Le Mensonge***. Au théâtre, la démarche de Nathalie Sarraute devenait — en apparence — paradoxale, puisque les mouvements imperceptibles des tropismes s'extériorisaient, étaient donnés à entendre contre toute vraisemblance en passant de l'espace intérieur à celui des dialogues. Dans une conférence prononcée à l'université de Madison, aux États-Unis, en 1974, la romancière et dramaturge expliqua comment « *le dialogue seul, sans cette préparation que constitue un pré-dialogue* » lui avait d'abord semblé « *impossible, impensable* » (cité par Hector Bianciotti, in *Le Nouvel Observateur*, été 1986). Mais les mots, « *ces lutins curieux, excités, impatients* » *(**Ici**)* étaient les véritables « personnages » de Nathalie Sarraute dramaturge ou romancière. Elle leur en donna ironiquement les attributs descriptifs, comme à ce « *"Oui" lisse et luisant* [...] *comme un gros œuf peinturluré* » ou à ces termes de la politesse convenue, « *recouverts de leurs splendides uniformes, de leurs gilets pare-balles fabriqués avec des produits de la meilleure qualité, la bonté, la bienveillance, l'amour du prochain, l'humilité...* » *(ibid.)*. C'étaient eux — locutions faussement innocentes, noms communs, noms propres, mais aussi simples intonations ou même silences — qui servaient de « catalyseurs » à l'action dramatique ; ils donnèrent d'ailleurs souvent leur titre à ses pièces : ***Isma, ou Ce qui s'appelle rien*** (publiée en 1970, créée en 1973), ***C'est beau*** (créée en 1975 par Claude Régy), ***Elle est là*** (publiée en 1978, créée en 1980 par Claude Régy). « *La disproportion entre le côté anodin de ce qui se passe et la réaction, le bouleversement déclenchés* » (entretien à *Libération*, 28 sept. 1989) produit d'ailleurs un effet comique, et le théâtre de Nathalie Sarraute cultivait volontiers l'humour, comme dans ***Pour un oui ou pour un non*** (pièce publiée en 1982, créée à New York en 1984, puis à Paris, au Rond-Point, en 1986), où la prononciation de 3 mots — « *C'est... bien... ça* », sur un ton contenant une nuance infinitésimale de condescendance — déclenchait une brouille irrémédiable entre deux amis, H. 1 et H. 2 :

> « H. 1 : *C'est pour ça qu'avec moi, tu as pris des précautions... rien de voyant. Rien d'ouvert...*
> H. 2 : *On peut me comprendre... "Rompt pour un oui ou pour un non..." Tu te rends compte ?*
> H. 1 : *Maintenant ça me revient : ça doit se savoir... Je l'avais déjà entendu dire. On m'avait dit de toi : "Vous savez, c'est quelqu'un dont il faut se méfier. Il paraît très amical, affectueux... et puis, paf ! pour un oui ou pour un non... on ne le revoit plus." J'étais indigné, j'ai essayé de te défendre... Et voilà que même avec moi... si on me l'avait prédit... vraiment, c'est le cas de le dire : pour un oui ou pour un non... Parce que j'ai dit : "C'est bien ça"... Oh pardon, je ne l'ai pas prononcé comme il le fallait : "C'est biiien... ça..."*
> H. 2 : *Oui. De cette façon... tout à fait ainsi... avec cet accent mis sur le "bien"... avec cet étirement... Oui, je t'entends, je te revois... "C'est biiien... ça..." Et je n'ai rien dit... et je ne pourrai jamais rien dire...*
> H. 1 : *Mais si, dis-le... entre nous, voyons... dis-le... je pourrai peut-être comprendre... ça ne peut que nous faire du bien...*
> H. 2 : *Parce que tu ne comprends pas ?*
> H. 1 : *Non, je te le répète... je l'ai sûrement dit en toute innocence. Du reste, je veux être pendu si je m'en souviens... J'ai dit ça quand ? À propos de quoi ?* »
>
> ***(Pour un oui ou pour un non)***

La consécration d'une doyenne

La théâtralisation du « *for intérieur* » se retrouvait dans ***Enfance*** (1983), le seul roman où Sarraute évoquât des souvenirs personnels et tentât d'élucider certaines scènes de son passé recélant encore une part d'« *innommé* ». Cette tentative se fit sous le contrôle d'une voix seconde, attentive à tout risque de dérive vers le convenu de l'autobiographique, ce « *piège* ». Au triomphe d'***Enfance*** succéda le chagrin du deuil : Raymond, qui, depuis leur rencontre à la faculté de droit de Paris, en 1923, n'avait jamais douté d'elle, disparut en 1985, l'année de leur 60e anniversaire de mariage. Il était son premier lecteur : « *J'avais toujours besoin de lui lire à mesure que j'écrivais. Son jugement était intègre, sans influence. J'aurais pu lui dire :* "Tu sais, Shakespeare trouve ça très bien comme ça", *si lui pensait que ça n'allait pas, il ne changeait pas d'avis* » (entretien à Martine de Rabaudy, in *L'Express*, 21 mai 1998). Dans ***Tu ne t'aimes pas*** (1989), le dédoublement devint démultiplication : s'entendant adresser ces mots, le narrateur se scindait en une multitude de voix, le « *je* » devenait un « *nous* » composite et s'interrogeait sur les autres, « *ceux qui s'aiment* » et leur capacité à imposer une image unique d'eux-mêmes.

Les années 1990 furent celles de la consécration pour la doyenne des lettres françaises, seule survivante de sa génération après la disparition, en 1998, de Julien Green, son cadet de quelques semaines — dont elle avait fait du *Journal* l'un de ses livres de chevet, au côté des *Essais* de Montaigne et de la *Recherche* de Proust. Célébrée, honorée et traduite dans le monde entier, Nathalie Sarraute vit certaines de ses pièces entrer dans le répertoire national : en 1993, Jacques Lassalle reprit et mit en scène ***Le Silence*** et ***Elle est là***, au Théâtre du Vieux-Colombier. La même année fut marquée par la publication d'un volume de ***Théâtre***, rassemblant 6 de ses pièces. Au printemps 1995, la BNF lui consacra l'exposition *Nathalie Sarraute, portrait d'un écrivain*, tandis que la dramaturge revint au récit, avec les 20 textes brefs composant ***Ici***, qu'elle commenta elle-même en ces termes : « *Ici, c'est ce qui se passe à un certain moment, "ici". Je n'ai pas écrit "je" ou "nous". Nous ne disons jamais à l'intérieur de nous-même "je" ou "nous". Ce sont des mots que nous n'employons pas. Tout cet espace intérieur que j'ai nommé "ici" est occupé à chaque instant par quelque chose ; certains "instants" qui se passent là, ici, en nous. Dans cet espace mental qui n'est ni "je", ni "nous"* » (entretien avec Laurence Liban, in *Lire*, sept. 1995). Consacré notamment à Arcimboldo et s'achevant sur un commentaire de la fameuse formule pascalienne « *Le silence éternel de ces espaces infinis m'effraie* », ***Ici*** connut un succès immédiat que confirma, l'année suivante, la publication des ***Œuvres complètes*** dans la « Bibliothèque de la Pléiade ». Parallèlement, quantité de documentaires, entretiens et films lui furent consacrés. Sans rien changer pour autant à ses habitudes — entre 1 et 2 heures d'écriture chaque matin, au café durant des décennies, puis installée sur son lit —, Nathalie Sarraute publia ensuite ***Ouvrez*** (1997), étourdissant pugilat de mots, laissant précisément les mots et expressions les plus ordinaires (« *Vous êtes dans le sens interdit* », « *Toujours en retard* », « *Et bien des choses à votre maman* ») livrés à eux-mêmes. Enfin, inépuisable, elle prêta sa voix à l'enregistrement sonore de ses propres œuvres, depuis ***Tropismes*** et ***L'Usage de la parole*** (1981), dont elle lisait des extraits avec Madeleine Renaud, jusqu'à ***Lecture*** (1999), où l'écrivain, tout en racontant et commentant l'histoire, lisait quelques extraits de ***Tropismes***, puis ***Ouvrez***, son ultime ouvrage.

THÉORIE LITTÉRAIRE

Nathalie Sarraute a développé une réflexion théorique subtile, mais sans doute moins connue, car moins « visible », que l'œuvre théorique d'un Ricardou, d'un Robbe-Grillet, ou d'un Butor.

Son œuvre se confond avec une quête inlassable des « *tropismes* » (du grec *tropein*, « [se] tourner, [se] diriger »), qui constituent « *la source secrète de notre existence* » (***Préface*** à ***L'Ère du soupçon***) et déterminent, dans la vie comme dans la fiction, des drames infimes et intimes entre les êtres, entre des « *personnages anonymes, à peine visibles* » *(ibid.)*, « *non point tant des "types" humains en chair et en os* [...] *que de simples supports* » (***De Dostoïevski à Kafka***, *ibid.*) pour les mouvements d'attirance ou de répulsion qui les agitent : « *Ce sont des mouvements indéfinissables, qui glissent très rapidement aux limites de notre conscience ; ils sont à l'origine de nos gestes, de nos paroles, des sentiments que nous manifestons, que nous croyons éprouver et qu'il est possible de définir* » (***Préface***, *ibid.*). De définir mais non de nommer : « *Aucun mot, pas même les mots du monologue intérieur — ne les exprime* » (***Préface***, *ibid.*). Il en résulte une esthétique romanesque qui fait largement appel au visuel, et même à certaines techniques du cinéma, puisque seules les images permettent d'en communiquer au lecteur les équivalents et de les faire se déployer dans sa conscience « *à la manière d'un film au ralenti* » (***Préface***, *ibid.*). Du reste, dans leur « *tourbillonnement incessant, semblable au mouvement des atomes* », les « *mouvements sous-jacents* [...] *ne sont eux-mêmes rien d'autre que de l'action et ne diffèrent que par leur délicatesse* [...] *des grosses actions de premier plan que nous montre un roman de Dos Passos ou un film* » (***De Dostoïevski à Kafka***, *ibid.*). C'est pourquoi Nathalie Sarraute n'hésite pas à désigner son écriture comme le vrai « *réalisme* », qui consiste à « *saisir, en s'efforçant de tricher le moins possible* [...], *ce qui lui apparaît comme la réalité* » (***Ce que voient les oiseaux***, *ibid.*), à la différence des récits trop complaisamment descriptifs de l'école naturaliste, qui veut « *faire "ressemblant"* » *(ibid.)* ou de la « *littérature prétendument réaliste ou engagée* [...] *qui mérite* [...] *d'être considérée comme un formalisme* » (***Préface***, *ibid.*), puisque « *tout ce qui asservit le roman à une forme académique et figée est précisément ce dont on se sert pour faire du roman une arme révolutionnaire* » (***Ce que voient les oiseaux***, *ibid.*).

Elle récuse en même temps l'idée que, sous l'influence de la psychanalyse et des idéologies déterministes (marxisme, behaviourisme), la croyance en une unité psychologique de l'homme ait disparu, laissant la place à un « *néant intérieur* » (***De Dostoïevski à Kafka***, *ibid.*). Même dans *L'Étranger* de Camus, même chez Kafka, « *le psychologique, comme la nature, a repris le dessus* », et c'est à lui que l'*homo absurdus* « *doit finalement son salut* » *(ibid.)*. À l'inverse, les « *bonds désordonnés et* [les] *grimaces* » des héros de Dostoïevski ne traduisent rien d'autre, tels « *l'aiguille du galvanomètre qui retrace en les amplifiant les plus infimes variations d'un courant* », que « *ces mouvements subtils, à peine perceptibles, fugitifs, contradictoires, évanescents* » *(ibid.)* qu'elle appelle « *tropismes* ». L'intérêt s'est donc, à ses yeux, simplement déplacé. Reprenant un mot de Stendhal *(« Le génie du soupçon est venu au monde »)*, Nathalie Sarraute évoque la méfiance du lecteur contemporain envers les « *alouettes magnifiques* » et les « *très efficaces épouvantails* » (***Ce que voient les oiseaux***, *ibid.*) que constituent les personnages ou les situations trop bien typés. Désormais, chacun sait que « *l'écrivain, en toute honnêteté, parle de soi* » (***L'Ère du soupçon***, *ibid.*), non sans se méfier à son tour du lecteur qui, « *c'est plus fort que lui, typifie* » et « *sur le plus faible indice* [...] *fabrique des personnages* » *(ibid.)*. C'est pourquoi « *l'élément psychologique, comme l'élément pictural, se libère insensiblement de l'objet avec lequel il faisait corps* » *(ibid.)* : le récit abandonne au cinéma les facilités du plaisir narratif, comme la peinture abandonne à la photographie celles de la représentation fidèle des objets. L'action n'a plus d'autre « lieu » que le langage lui-même : « *Une chaîne de mots qui s'étend, rien ne peut l'arrêter, il n'y a plus ici qu'un espace ouvert où cette chaîne librement ondule* » ***(Ici)***. Cet espace où s'affrontent « *conversation et sous-*

conversation » (titre d'un article de ***L'Ère du soupçon***) est aussi bien celui de la scène que celui de la page écrite, puisqu'au théâtre, « *le dialogue n'est que l'affleurement de quelque chose qui se meut sous la surface et hors des regards* » (entretien au *Nouvel Observateur*, 23 nov. 1966) et qu'il descend ainsi, dit Nathalie Sarraute, « *au niveau des mouvements intérieurs qui sont la substance de mes romans* » (cité par Hector Bianciotti, in *Le Nouvel Observateur*, été 1986). Encore ceux-ci doivent-ils demeurer une « *forme en continuelle transformation* » (entretien à *Libération*, 28 sept. 1989), et se garder des dangers du beau style, « *dont l'harmonie et la beauté apparente est à chaque instant pour les écrivains une tentation si dangereuse* » (**Ce que voient les oiseaux**, in ***L'Ère du soupçon***). C'est ce refus de l'académisme qui amène Nathalie Sarraute à des jugements parfois très sévères, par exemple sur Valéry, dans ***Paul Valéry et l'Enfant d'éléphant*** (1947), et Flaubert, avec ***Flaubert le Précurseur*** (1965) — l'un et l'autre essais furent réunis en 1986. Dans les poésies du premier, elle reconnaît « *cette vieille odeur aigrelette de chiffon humide et de craie, cette vieille odeur rassurante et familière d'encre et de poussière qui flotte autour des souvenirs d'exercices et d'efforts scolaires* » ; chez le second, elle critique la « *lourdeur* » et la « *rigidité* » des périodes de *Salammbô*, qui « *jamais* [...] *ne s'élancent à corps perdu* », jamais n'expriment « *le tremblement que donne le heurt contre quelque chose d'inconnu qui résiste* » ; seule *Madame Bovary* lui semble un chef-d'œuvre, parce que « *l'inauthentique* » en est le sujet propre : « *Le trompe-l'œil est présenté comme tel.* »

THÉORIE LITTÉRAIRE

L'œuvre de Nathalie Sarraute, d'un bout à l'autre du XXe siècle, se confond avec cette quête inlassable des « *tropismes* », qui l'amena à refuser les formes romanesques et théâtrales traditionnelles et à révéler les pouvoirs virtuels de la parole la plus banale en apparence. Loin de se réduire à la mouvance du Nouveau Roman, cette œuvre s'est imposée comme un ensemble hors mode et hors norme mêlant l'extrême subtilité d'un écrivain très personnel et l'originalité de sa démarche universelle : la vérité de l'homme d'avant l'humanité, de l'homme pas encore transformé, par tel événement psychique ou social, en être humain individualisé.

Mettre en mots les « *tropismes* »

L'écriture de Nathalie Sarraute vise à mettre en mots ce qui dans l'expérience humaine n'a pas encore de nom : les « *tropismes* », sensations vagues qui affleurent momentanément à la conscience puis se perdent. D'où un usage fréquent de l'indéfini : le « *on* » remplace le « *je* », l'individu se dilue dans le « *nous* ». Les déictiques, fréquents dans les titres mêmes (***C'est beau***, ***Elle est là***, ***Ici***), indiquent une présence perçue avant d'être nommée, tandis que l'usage de l'indéfini ou de l'indéterminé, comme dans le titre « ***disent les imbéciles*** », en signale la complexité et préserve des « *mots-repoussoirs* » ***(Ici)***, des grands mots simplificateurs. « *J'éprouve... mais quoi ? quel mot peut s'en saisir ? pas le mot à tout dire : "bonheur", qui se présente le premier, non, pas lui... "félicité", "exaltation" sont trop laids, qu'il n'y touchent pas... et "extase"... comme devant ce mot ce qui est là se rétracte...* » ***(Enfance)***.
Ce souci de rendre l'impression vivante, telle qu'elle a été ressentie — « *Je ne veux rien analyser. Je veux simplement montrer des mouvements en train de naître* [...]. *Il faut se concentrer sur la sensation pure* » (entretien au *Nouvel Observateur*, 23 nov. 1966) — motive une syntaxe de l'inachèvement, proche de celle de la langue parlée, une suspension de la phrase qui hésite, se reprend, dans une quête de la juste formulation. « *La suivre où elle voudra... Elle qui ne se laisse pas nommer... ce que je sens... moi seul... cette chose intacte... Je ne sais pas ce qu'elle est* » ***(Entre la vie et la mort)***.
L'écriture est alors un art de la désignation indirecte, du contournement. Les métaphores, amples, filées, s'enchaînent et s'engendrent comme autant de métamorphoses de la réalité ; souvent hyperboliques, elles sont le microscope qui rend perceptibles les mouvements infimes de la conscience : « [...] *quelque chose d'indéfinissable sort d'eux, un mince fil ténu, collant, de petites ventouses délicates comme celles qui se tendent, frémissantes, au bout des poils qui tapissent certaines plantes carnivores, ou bien un suc poisseux comme la soie que sécrète la chenille ; quelque chose d'indéfinissable, de mystérieux, qui s'accroche au visage de l'autre et le tire...* » ***(Portrait d'un inconnu)***.

La phrase progresse par retouches et ajustements, interruptions et changements de perspective, mimant l'effort de formulation et les tentatives d'approche d'une réalité fuyante. Ellipses, points de suspension, en conférant au texte écrit la cadence de l'oral, dessinent une poétique de l'inachèvement, qui laisse à l'expérience humaine sa part d'indicible et la préserve de la pétrification : « *Leur bourdonnement continu produit comme un assoupissement... comme un engourdissement... comme un léger étouffement... comme un très léger écœurement... oh, si léger... ce n'est rien... ça va passer... ça passe déjà... ça va aller... oui, ça va bien* » ***(Ici)***.

Une reconnaissance tardive

Il fallut attendre les débats suscités par les recherches de jeunes romanciers regroupés aux Éditions de Minuit pour que l'œuvre de Nathalie Sarraute soit connue et reconnue. C'est, en 1956-1957, la conjonction de la réédition de ***Tropismes*** (chez Minuit, puis chez Gallimard) et de ***Portrait d'un inconnu*** (Gallimard), de la publication du recueil ***L'Ère du soupçon*** et de *La Jalousie* de Robbe-Grillet qui lui donna soudain la place qui lui revenait. Au prix de malentendus toutefois : on vit en elle la théoricienne du Nouveau Roman, et elle dut se défendre de l'idée que ses œuvres constituaient des « *expériences de laboratoire* » (***Préface*** à ***L'Ère du soupçon***).
Sa notoriété, qui dut beaucoup au début à ce phénomène éditorial, tient désormais à la seule originalité de son écriture et, en quelque sorte, au territoire nouveau qu'elle a découvert. Son œuvre, permanente mise en cause des formes romanesques traditionnelles, exploration des confins du psychisme et mise au jour des pouvoirs de la parole, suscite de nombreuses recherches et analyses.

L'éclosion plutôt tardive de la dramaturge a considérablement élargi le public de Nathalie Sarraute : le théâtre la fit connaître à des spectateurs qui n'étaient pas toujours ses lecteurs mais le devinrent. Sept ans après la décade internationale qui lui fut consacrée, en 1989, à Cerisy-la-Salle (Manche), celle qui, à ses débuts, avait essuyé un refus de Paulhan et de Gallimard, vit paraître ses ***Œuvres complètes*** (1996) dans la « Bibliothèque de la Pléiade », de son vivant, comme seule Marguerite Yourcenar avant elle parmi les femmes, et comme quelques rares hommes dont Char, Claudel, Gide, Green, Gracq, Ionesco, Malraux, Martin du Gard, Montherlant et Saint-John Perse — en réalité, parmi tous ces prédécesseurs, seuls Char, Green, Gracq, Martin du Gard et Saint-John Perse virent paraître dans cette collection leurs *Œuvres complètes*, comme elle, de leur vivant. Juste retour de fortune : l'ex-avocate, qui avait attendu deux ans pour trouver un éditeur acceptant de publier sa première œuvre, est aujourd'hui traduite en plus de 30 langues, et une demi-douzaine de films ou émissions lui ont été consacrés depuis les années 1970, dont le documentaire télévisuel *Nathalie Sarraute* (1995), dans la collection « Un siècle d'écrivains », dû à Jacques Doillon — qui avait déjà réalisé le film de la pièce ***Pour un oui ou pour un non*** en 1988, avec Jean-Louis Trintignant et André Dussolier —, et les passionnantes *Conversations de Nathalie Sarraute avec Claude Régy* (1989), réalisées par Claude Régy, metteur en scène de ses pièces.

ŒUVRES

Enfance

Récit autobiographique sous forme dialoguée, publié chez Gallimard, en 1983.

Écrivain reconnu, parvenu au terme de son œuvre et de sa vie, l'auteur se livre aux interrogations d'un interlocuteur anonyme qui l'aide à retrouver les souvenirs vacillants d'une enfance, « *hors des mots...comme toujours...des petits bouts de quelque chose encore vivant...* ». Seules les sensations, les moments clés, « *assez forts pour se dégager de cette couche protectrice qui les conserve* », se juxtaposent en une série de scènes brèves, dont l'interlocuteur omniprésent reconstruit l'articulation, significative des avancées hésitantes de Natacha Tcherniak. La narratrice tente de saisir dans l'instant banal d'un jeu, d'une amitié, d'une émotion, la substance d'une enfance peu commune, déchirée entre Paris et la Russie, entre deux langues, deux familles — dès lors que sa mère choisit, après son divorce, de laisser l'enfant à son père et sa seconde femme Véra, pour rester en Russie avec son second mari Kolia. L'enfant trouve refuge dans l'étude à l'école communale. Elle découvre le pouvoir des mots pour conjurer « *la solitude,* [...] *le désespoir* » devant l'instabilité de sentiments inexprimés : « *Quelque chose d'infiniment fragile, que j'ai à peine osé percevoir, je craignais de le faire disparaître... quelque chose m'a effleurée, m'a caressée, s'est effacé* ».

Informel, discontinu, volontairement incomplet, ce récit échappe aux critères qui définissent le genre de l'autobiographie. Il s'attache à remonter aux sources de l'écriture en retrouvant l'intensité des émotions, des sensations. Plus essentielles que les *« beaux souvenirs d'enfance »* exhumés et magnifiés par la mémoire, elles sont *« la source secrète de notre existence »*. La présence d'un interlocuteur et observateur objectif introduit une distance critique par ses scrupules, ses interrogations, ses mises en garde en introduction, mais aussi ses interventions qui scandent le récit et autour desquelles il se structure, dès le fameux *incipit* : *« Alors vraiment tu vas faire ça ? »* Le recours original à un dialogue au présent avec le double de la narratrice retournant sur son passé ancre ce récit dans l'univers organique de l'œuvre de Sarraute. L'incertitude quant aux lieux, aux personnes, aux dates, jusqu'à la chronologie des événements, est concrétisée par l'emploi des adverbes de modalisation, *« peut-être »*, *« probablement »*. Ils introduisent le sentiment dominant du flou, de l'ombre, d'où surgissent, à la lumière du souvenir, quelques instants précieux. De même, phrases hachées ou inachevées, points d'interrogation ou de suspension, hésitations à trouver le mot juste pour qualifier l'impression qui n'est pas donnée d'emblée, propres à l'écriture de Sarraute, entretiennent-ils ce sentiment de flottement. Celui-ci est redoublé par l'effet de discontinuité du récit, qui ne pallie pas les défauts de la mémoire, mais tente de saisir une vie *« hors des mots »*, hors du piège illusoire de la reconstruction fictive. L'autobiographie selon Sarraute introduit le *« soupçon »*, à partir de la position d'emblée ambiguë de l'auteur, ni omniscient ni confondu avec son personnage, mais qui se regarde, critique, analyse et se démultiplie au travers des différentes identités endossées au cours de son histoire personnelle. Le récit ainsi mis en scène, théâtralisé, épouse aussi le rythme d'une poésie incantatoire, par la récurrence des images, la voix de la narratrice qui seule donne existence à des souvenirs, aussi bouleversants soient-ils. Le style d'écriture de Sarraute renvoie à son invalidité le projet d'autobiographie, car la vie, mise en mots, se dérobe. Bien plutôt, l'auteur souligne le travail métaphorique de l'écriture, qui invite à *« capter »* les oscillations constitutives d'une sensibilité d'écrivain.

Paru trois ans après ***L'Usage de la parole***, ***Enfance*** obtint un succès immédiat : l'ouvrage a été traduit en plus de 30 langues. Ce récit de souvenirs par un auteur consacré mais réputé difficile, marqué depuis ***L'Ère du soupçon*** du sceau du Nouveau Roman, conquit un nouveau public auquel il montra l'enracinement dans l'expérience individuelle d'une entreprise littéraire unique, amorcée avec ***Tropismes***. Fait révélateur : alors que les premiers textes de Sarraute étaient à peine mentionnés dans les anthologies scolaires jusqu'aux années 1980, ***Enfance*** est devenu rapidement un classique des études littéraires.

L'Ère du soupçon

Essai, composé de 4 articles écrits entre 1947 et 1956 — ***De Dostoïevski à Kafka***, ***L'Ère du soupçon***, ***Conversation et Sous-Conversation*** (prépubliés in *Les Temps modernes*, entre oct. 1947 et févr. 1950) et ***Ce que voient les oiseaux*** (prépublié in *NRF* en 1956) —, paru chez Minuit en 1956.

Nathalie Sarraute entreprend d'appliquer au roman le mot de Stendhal : *« Le génie du soupçon est venu au monde. »* Le 1er article, ***De Dostoïevski à Kafka***, peut être compris comme une réponse à la question posée par Sartre dans sa préface au ***Portrait d'un inconnu*** : *« Est-ce de la psychologie ? »* L'auteur démonte les conventions du roman hérité du XIXe siècle et son archétype, le roman balzacien. Les comportements des personnages se fondent sur des typologies qui les réduisent aux apparences d'une description extérieure. Dans ***L'Ère du soupçon***, la romancière, changeant de perspective, dénonce comme vaine l'alternative entre *« roman métaphysique »* et *« roman psychologique »*, dans la mesure où le personnage, simple support d'émotions, *« n'a plus que la plate apparence du trompe l'œil »* et figure l'éclatement des points de vue du narrateur. Dans ***Conversation et Sous-Conversation***, Nathalie Sarraute énonce l'idée que les dialogues introduisent une rupture artificielle — par les *« dit »* ou *« répondit »* — dans la continuité de la *« sous-conversation »*. Ils sont impuissants à faire émerger une réalité intérieure, perceptible dans ces linéaments souterrains qui *« glissent très rapidement aux limites de notre conscience »* et qu'elle nomme *« tropismes »*. L'écrivain doit dépasser le formalisme du roman traditionnel pour mettre au jour des *« états inexplorés [...], contradictoires, évanescents »*, communs à tous. Par les mots seuls, se constitue une réalité nouvelle, *« quelque part sur cette limite fluctuante qui sépare la conversation de la sous-conversation »* ***(L'Ère du soupçon)***.

« Comment le romancier pourrait-il se délivrer du sujet, des personnages et de l'intrigue ? », telle est la question préalable à l'exposé par Nathalie Sarraute de son art poétique. Avec ***L'Ère du soupçon*** était abordée, pour la première fois, l'idée d'une crise du roman, que partagèrent les écrivains tels que Butor, Claude Simon, Robbe-Grillet, adeptes du Nouveau Roman. Occupant une position particulière au sein du mouvement, la romancière imposa sa propre recherche des *« tropismes »*, ces glissements imperceptibles,

sous-jacents à la conversation, qui opèrent la transformation insensible des rapports entre les êtres. C'était toute la dramaturgie du roman traditionnel qui se trouvait ainsi ébranlée, jusqu'à la notion même de sujet, qui se dilue dans le mouvement même de l'écriture et n'existe que *« dans et par le texte »*. De même que les idées réunies dans ***L'Ère du soupçon*** trouvaient leur origine dans le travail d'exploration entrepris avec ***Tropismes***, cette réflexion sur le roman dépassa le seul postulat théorique. Elle irrigua l'ensemble de l'œuvre de Nathalie Sarraute, qui se définit comme une inlassable recherche d'authenticité : *« Rien,* convint-elle, *ne se serait passé pour moi de ce qui m'est arrivé par la suite »* (entretien avec Lucette Finas, in *Études littéraires*, déc. 1979).

Ceux de ses textes qui virent le jour après la guerre, ***Portrait d'un inconnu***, accrédité par une préface de Sartre, ***Martereau***, et ces mêmes articles qui, publiés dans différentes revues, furent ensuite rassemblés sous le titre ***L'Ère du soupçon***, n'avaient éveillé aucune curiosité du public, à l'exception des suffrages de quelques initiés. Publié à l'instigation de Robbe-Grillet, l'essai bouleversa aussitôt la critique littéraire au point d'être considéré comme le premier manifeste du Nouveau Roman, dont Nathalie Sarraute fut reconnue, malgré soi, comme le chef de file. Au-delà de l'histoire du mouvement, durant cette période d'effervescence littéraire du milieu des années 1950, ***L'Ère du soupçon*** imposa la romancière, consacrée depuis comme l'un des écrivains les plus originaux de son siècle.

Les ***Fruits d'or***

Roman paru chez Gallimard, en 1963.

Le roman décrit le début de la vie publique d'un roman intitulé ***Les Fruits d'or***, dont le succès grandit d'abord jusqu'à éclipser tous les autres, puis qui tombe progressivement dans l'indifférence et le mépris. Seul un lecteur lui reste attaché et le sauvera peut-être de l'oubli. La destinée et la qualité esthétique de ce roman-personnage ne se perçoivent qu'à travers les propos échangés, les mouvements d'attirance et de répulsion, les alliances et les ruptures qu'il suscite entre les lecteurs. La difficulté d'une relation authentique à l'œuvre nouvelle apparaît liée à l'omniprésence des commentaires, eux-mêmes soumis à des enjeux de pouvoir, et qui pèsent sur l'amour de la littérature et de l'art.

Nathalie Sarraute poursuit son exploration de l'espace infra-linguistique des tropismes, dont le catalyseur est ici un livre. Au cours de scènes situées dans un espace social indéterminé — celui des lecteurs possibles de ce livre —, s'affrontent des personnages souvent anonymes, à peine individualisés, supports ou lieux de passage de la parole. Et sous les propos convenus, s'ouvre, sans solution de continuité, l'espace mouvant et conflictuel des réactions intérieures.

Les Fruits d'or était le 5e livre de Nathalie Sarraute. Il parut, comme ***Martereau*** (1953) et ***Le Planétarium*** (1959), chez Gallimard qui avait réédité ***L'Ère du soupçon*** et ***Portrait d'un inconnu*** en 1956.

En 1964, le Prix International de Littérature, attribué aux ***Fruits d'or***, attesta la reconnaissance dont bénéficiait enfin Nathalie Sarraute, saluée dans *L'Express*, un quart de siècle après ***Tropismes***, comme *« un classique de l'avant-garde »*. Le roman fut réédité en collection de poche en 1967, puis en 1973. Nathalie Sarraute en a fait un enregistrement intégral en 1987, pour Audivis-Gallimard. Le roman a été adapté au théâtre par Élisabeth Chailloux et Antoine Gallien et joué en avril 1991 à Paris, au théâtre Paris-Villette.

Tropismes

Recueil de 19 récits ni titrés ni numérotés, publié chez Denoël, en 1939, et réédité chez Minuit, en 1957, sous la forme de 24 textes numérotés mais non titrés : le 6e de l'édition de 1939 avait été supprimé, tandis que 6 nouveaux textes apparaissaient, numérotés de XIX à XXIV.

Il s'agit, pour l'ensemble, de courts récits, où les personnages disparaissent au profit de pronoms personnels : *« Quand il était avec des êtres frais et jeunes, des êtres innocents, il éprouvait le besoin douloureux, irrésistible, de les manipuler de ses doigts inquiets, de les palper, de les rapprocher de soi le plus près possible, de se les approprier »* (VIII). De la même manière, les conversations restent indéterminées et se délitent au fur et à mesure du récit : *« Ils s'arrachaient à leurs armoires à glace où ils étaient en train de scruter leurs visages. Se soulevaient sur leurs lits : "C'est servi, c'est servi", disait-elle. Elle rassemblait à table la famille, chacun caché dans son antre, solitaire, hargneux, épuisé. "Mais qu'ont-ils donc pour avoir l'air toujours vannés", disait-elle, quand elle parlait à la cuisinière »* (II).

Nathalie Sarraute a défini, dans ***L'Ère du soupçon***, ce qu'elle entend par *« tropismes »* : *« Ce sont des mouvements indéfinissables, qui glissent très rapidement aux limites de notre conscience ; ils sont à l'origine de nos gestes, de nos paroles, des sentiments que nous manifestons, que nous croyons éprouver et qu'il est possible de définir.* [...] *Leur déploiement constitue de véritables drames qui se dissimulent derrière les conversations les plus banales, les gestes les plus quotidiens. Ils débouchent à tout moment sur ces apparences qui à la fois les masquent et les révèlent. »* Il n'y a donc pas d'intrigue à proprement parler dans ces récits, mais la volonté de faire entendre les failles qui apparaissent au sein de comportements mécaniques ou d'échanges de lieux communs jusqu'à ce que surgissent un sentiment d'angoisse, une sensation de solitude ou de peur inapaisable.

Les 19 premiers récits furent écrits de 1932 à 1937, tandis que les 6 derniers furent rédigés de 1939 à 1941. La 1re édition passa presque inaperçue. Un seul article rendit compte de l'ouvrage, avec une grande perspicacité critique, celui de Victor Moremans, dans la *Gazette de Liège*. Nathalie Sarraute, dont le manuscrit avait été refusé, par Paulhan et Gaston Gallimard notamment, reçut, toutefois, des lettres admiratives de Max Jacob, Mauron ou Sartre. C'est par cet ouvrage, qui fait de l'écrivain une héritière de Dostoïevski, de Proust, de Joyce et de Virginia Woolf, que Nathalie Sarraute fut rattachée, en 1957, au Nouveau Roman.

CITATIONS

On commence maintenant à comprendre qu'il ne faut pas confondre sous la même étiquette la vieille analyse des sentiments, cette étape nécessaire mais dépassée, avec la mise en mouvement de forces psychiques inconnues et toujours à découvrir dont aucun roman moderne ne peut se passer.

Préface à *L'Ère du soupçon.*

[...] des mouvements indéfinissables, qui glissent très rapidement aux limites de notre conscience, sont à l'origine de nos gestes, de nos paroles, des sentiments que nous manifestons, que nous croyons éprouver et qu'il est possible de définir... Leur déploiement constitue de véritables drames qui se dissimulent derrière les conversations les plus banales, les gestes les plus quotidiens. Ils débouchent à tout moment sur ces apparences qui à la fois les masquent et les révèlent.

Préface à *L'Ère du soupçon.*

Il est donc permis de rêver — sans se dissimuler tout ce qui sépare ce rêve de sa réalisation — d'une technique qui parviendrait à plonger le lecteur dans le flot de ces drames souterrains que Proust n'a eu le temps que de survoler et dont il n'a observé et reproduit que les grandes lignes immobiles : une technique qui donnerait au lecteur l'illusion de refaire lui-même ces actions avec une conscience plus lucide, avec plus d'ordre, de netteté et de force qu'il ne peut le faire dans la vie, sans qu'elles perdent cette part d'indétermination, cette opacité et ce mystère qu'ont toujours ses actions pour celui qui les vit.

Conversation et Sous-Conversation, in *L'Ère du soupçon.*

Le roman que seul l'attachement à des techniques périmées fait passer pour un art mineur...

L'Ère du soupçon, in *L'Ère du soupçon.*

Ainsi, au nom d'impératifs moraux, on aboutit à cette immoralité que constitue en littérature une attitude négligente, conformiste, peu sincère et loyale à l'égard de la réalité.

Ce que voient les oiseaux, in *L'Ère du soupçon.*

Le lien indissoluble entre la réalité inconnue et la forme neuve qui la crée, fait que toute exploration de cette réalité constitue une exploration du langage.
[...]
Tout romancier qui ne se contente pas de « restituer le visible », mais cherche à « rendre visible », crée forcément une forme neuve. Cette forme, entre les mains de ses imitateurs, se fige en un académisme que toute recherche nouvelle va briser. À cette recherche, constamment renouvelée, comment assigner une limite ?
[...]
Pour moi, la poésie dans une œuvre, c'est ce qui fait apparaître l'invisible. Plus fort sera l'élan qui permettra de percer les apparences — et parmi ces apparences je compte ce qu'il est convenu de considérer comme « poétique » — plus grande sera dans l'œuvre la part de la poésie.

Article, in *Tel Quel*, printemps 1962.

JUGEMENTS

« *Fille de Russes israélites que les persécutions tzaristes avaient chassés de leur pays au début du siècle, elle devait, je suppose, à ces circonstances sa subtilité inquiète. Sa vision des choses s'accordait spontanément avec les idées de Sartre : elle était hostile à tout essentialisme, elle ne croyait pas aux caractères tranchés, ni aux sentiments définis, ni à aucune notion toute faite.* [...] *Elle se livrait peu, elle parlait surtout de littérature, mais avec passion.* »

Simone de BEAUVOIR, *La Force des choses*, Gallimard, 1963.

« [À propos de *Ouvrez*] *Nous n'avons pas à choisir entre une désincarnation du langage, une farce métaphysique ou*

une hallucination où les mots se seraient soudain privés de qui les utilise.
Que Nathalie Sarraute ait pu à quatre-vingt-quinze ans écrire un texte aussi inattendu, aussi novateur et aussi révolutionnaire, voilà qui tient du prodige. »

Alain BOSQUET, « Nathalie Sarraute : le Pugilat des mots », in *Le Figaro littéraire*, 16 octobre 1997.

« Nathalie Sarraute se plaint du langage. Elle est plus fine que lui et le lui reproche. Obligée d'utiliser ce transport en commun, elle s'impatiente. Et l'ineffable, alors ? Pas de mots, pas de syntaxe pour l'ineffable ?
[...]
Les personnages, les dialogues, l'intrigue, la description répugnent à Nathalie Sarraute, pourquoi pas ? Mais pourquoi prétend-elle qu'elle écrit des romans ? [...] *Nathalie Sarraute est une poétesse. »*

Jacques LAURENT, *Roman du roman*, Gallimard, 1977.

« C'est la plus insaisissable, la plus inclassable, la plus mystérieuse des romancières célèbres.
[...]
C'est sans doute ce qui est à l'origine du malentendu qui pèse sur l'œuvre de Nathalie Sarraute, et auquel elle ne parvient pas à se résigner tout à fait : on attend d'elle des histoires, des jeunes filles qui se marient, des hommes qui tuent ou cherchent de l'argent.
Alors on conclut hâtivement qu'elle refuse la psychologie et qu'elle est un écrivain du langage. Inépuisable gadget d'une littérature éreintée, le langage émerveille encore trois ou quatre étudiants vieillis qui n'en reviennent pas de "faire du langage" comme M. Jourdain faisait de la prose.
Lire les romans de Nathalie Sarraute comme des œuvres réalistes est un contresens aussi total que d'y voir un essai philosophique et abstrait. Ce qui l'intéresse, ce n'est ni la "réalité" ni le "langage". La fascination de Nathalie Sarraute, c'est la parole.
[...]
Au fond, elle sait qu'on ne cerne rien. Mais, parce que Nathalie Sarraute est un écrivain, elle ne renoncera jamais à tenter de saisir un peu de cet insaisissable. Rien de tel que l'intelligence pour éprouver à perdre haleine le vertige de la bêtise. Et pour tenter, sans grand espoir — mais qui sait ? — de fixer un peu de ce mouvement, de toucher un peu de ce rien, de cette fumée, de ce brouillard : nous-mêmes, les autres. Rien d'autre qu'un petit bout de nuage. »

Renaud MATIGNON, « Nathalie Sarraute. Ses Sous-Entendus », in *Le Figaro*, 1er octobre 1976.

« Saisie d'une fièvre de concours Lépine, Mme Sarraute invente un nouvel ouvre-boîtes pour mettre au jour notre mystère : l'ouvre-boîtes sans boîte. Donc il n'y a pas de boîte, c'est rigoureux, comme un syllogisme. Et elle ajoute, faisant parler un de ses fantômes, à propos d'un de ses ectoplasmes : "Si c'était moi, je me tairais." Outre qu'on pourrait être tenté de lui suggérer que le conseil n'est pas mauvais, on mesure le pas de géant d'une littéraire qui s'est inspirée de Rimbaud, de Mallarmé, de Joyce, grands aventuriers du silence et détrousseurs prométhéens de l'indicible, pour aboutir à cette apothéose du borborygme et à cet exercice complaisant de layette pour gens de lettres.
Car cette indigence de l'expression, ces vérités premières déguisées en sophismes, cette langue molle et brouillonne laissent deviner derrière elles des nuages de satisfaction pour initiés, de vanité en extase et de poussière distinguée. On est entre gens qui savent, et des plus subtils, on n'est pas dupe, on est dans le secret : pour tout dire, on s'aime, et on s'écoute ne rien dire. Oui, cette avant-garde sent le renfermé du contentement de soi, elle porte les rides d'une vieillesse native, elle est blanchie, rongée, vermoulue sous la virgule et la trouvaille de greffier, dans le petit port stagnant d'un parisianisme émerveillé de son vide, et l'on serait tenté de dire que cette littérature qui coupe les cheveux en quatre a besoin d'un bon coup de peigne, si l'on craignait de trouver, après la besogne du coiffeur, l'imposture de la nudité.
Ce qui, après tout, révélerait que Mme Sarraute, si fort qu'elle s'en défende, n'échappe pas à la tradition. Mme Sarraute rabâche qu'on n'existe pas. Elle précise même : "Nous ne sommes qu'un espace vide." La littérature de Mme Sarraute est peut-être, finalement, d'inspiration autobiographique. »

Renaud MATIGNON, « Nathalie Sarraute. Une métaphysique protozoaire », in *Le Figaro littéraire*, 18 septembre 1989.

« En dépit de ce qu'elles ont d'un peu hermétique et peut-être à cause de cela, il est évident que les images recueillies par Mme Nathalie Sarraute sous le titre Tropismes *ne manquent ni de poésie ni de charme. Elles ne manquent non plus ni de fine observation ni de sensibilité.* [...] *Il est malaisé de donner une idée un peu nette du livre de Mme Sarraute, dont le charme principal naît justement de son imprécision et de ce qu'il y a de fuyant et d'insaisissable. Sans doute il y a beaucoup de littérature dans tout cela, mais n'en disons pas trop de mal, car il n'est pas malaisé de se rendre compte à travers elle que l'auteur de* Tropismes *a un tempérament d'écrivain. Mme Nathalie Sarraute, non seulement sait voir et dégager de la banalité des faits leur sens humain, mais elle sait également écrire.*
Ce petit livre qu'elle vient de publier n'offre pas uniquement l'intérêt d'une curiosité littéraire.
Il peut être considéré comme l'échantillon avant-coureur d'une œuvre dont l'acuité et la profondeur nous surprendront peut-être un jour. »

Victor MOREMANS, in *La Gazette de Liège*, 24 mars 1939.

« On a parlé d'un "irritant mystère" *à propos de Nathalie Sarraute. Pourquoi cette romancière de 82 ans, qui, la première, a changé les formes de la narration et a refusé la peinture des réalités balzaciennes conserve-t-elle sa séduction, alors que ses suiveurs et cadets de l'ex-"avant-garde" font maintenant figure de momies, au rang de curiosités, dans l'arrière-boutique littéraire ? Tout simplement parce que, chez elle, la découverte du "truc", la mise au point d'une nouvelle technique ne constituent pas une fin en soi. Mais une façon de descendre plus bas que précédemment dans les abîmes de la psychologie. D'aller plus loin dans*

l'étude des mouvements du cœur : Nathalie Sarraute les saisit au moment où ils s'ébauchent. Le fleuve de la vie, elle le regarde se former à la source. Comme ele recueille les paroles à l'instant où celui qui les prononce ne sait pas encore qu'il va les lâcher et attend, au fond, d'être renseigné par elles sur ce qu'il pense en réalité.

[...] *Tout le théâtre de Nathalie Sarraute repose sur l'examen narquois de l'infime dans le vocabulaire et les gestes. Du grain de sable qui fait s'enrayer la machinerie verbale, et le destin, et qui provient toujours d'une montagne de malentendus.* [...] *Le génie de Nathalie Sarraute est d'amplifier le rien jusqu'à l'énorme, de le gonfler comme une baudruche, et puis de le crever d'un coup d'épingle, pour qu'il éclate au nez des menteurs que nous sommes, prompts à jouer la comédie des sentiments sans perdre de vue notre implacable intérêt. »*

Angelo RINALDI, « Sarraute : un petit rien essentiel », in *L'Express*, 19 mars 1982.

« [À propos de *Portrait d'un inconnu*] *Nathalie Sarraute nous met en mesure d'apprécier ses dons (qui sont riches), son intelligence, son système enfin, qui lui fait une place de choix à la pointe de la recherche littéraire pour renouveler le roman, le transmuter, le métamorphoser, et peut-être l'assassiner. »*

André ROUSSEAUX, *Le Figaro littéraire*, 9 février 1957.

« Le meilleur de Nathalie Sarraute, c'est son style trébuchant, tâtonnant, si honnête, si plein de repentir, qui approche de l'objet avec des précautions pieuses, s'en écarte soudain par une sorte de pudeur ou par timidité devant la complexité des choses, et qui, en fin de compte, nous livre brusquement le monstre tout baveux, mais presque sans y toucher, par la vertu magique d'une image. »

Jean-Paul SARTRE, *Préface* à Nathalie SARRAUTE, *Portrait d'un inconnu*, Gallimard, 1947.

BIBLIOGRAPHIE

Éditions

Œuvres complètes, éd. J.-Y. TADIÉ, « Pléiade », Gallimard, 1996.

Enfance, éd. M.-Fr. SAVÉAN, « Folio Plus », Gallimard, 1995.

L'Ère du soupçon : essais sur le roman, Gallimard, 1956, rééd. « Folio Essais », Gallimard, 1987.

Les Fruits d'or, « Folio », Gallimard, 1973.

Tropismes, Minuit, 1957.

Études

L. ADERT, *Les Mots des autres : lieu commun et création romanesque dans les œuvres de Gustave Flaubert, Nathalie Sarraute et Robert Pinget*, P.U. du Septentrion, Villeneuve-d'Ascq (Nord), 1996.

A. ALLEMAND, *L'Œuvre romanesque de Nathalie Sarraute*, La Baconnière, Neuchâtel (CH), 1980.

A. ANGREMY, *Nathalie Sarraute*, ADPF Publications, 1996.

Fr. ASSO, *Nathalie Sarraute, une écriture de l'effraction*, PUF, 1995.

Sh.M. BELL, *Nathalie Sarraute : a Bibliography*, Grant and Cutler, Londres (GB), 1982 ; « The Conjurer's hat : Sarraute criticism since 1980 », in *Romance Studies*, n° 23, printemps 1994.

S. BENMUSSA, *Nathalie Sarraute*, « Qui êtes-vous ? », La Manufacture, 1987 ; *Entretiens avec Nathalie Sarraute*, La Renaissance du Livre, Tournai (BE), 1999.

B. BLOCH, *Le Roman contemporain. Liberté et Plaisir du lecteur : Butor, Des Forêts, Pinget, Sarraute*, L'Harmattan, 1998.

R. BOUÉ, *Nathalie Sarraute, la Sensation en quête de parole*, L'Harmattan, 1997.

A.-J. CLAYTON, *Nathalie Sarraute ou le Tremblement de l'écriture*, « Archives des lettres modernes », Lettres modernes, 1989.

É. EIGENMANN, *La Parole empruntée. Théâtre du dialogisme : Sarraute, Pinget, Vinaver*, L'Arche, 1996.

M. GOSSELIN, *Monique Gosselin présente « Enfance » de Nathalie Sarraute*, « Foliothèque », Gallimard, 1996.

V. MINOGUE, *Nathalie Sarraute and the War of the Words : a Study of Five Novels*, Edinburgh U.P., Édimbourg (GB), 1981.

V.G. MYLNE, *Le Dialogue dans le roman français de Sorel à Sarraute*, Universitas, 1994.

A.S. NEWMAN, *Une poésie des discours. Essai sur les romans de Nathalie Sarraute*, Droz, Genève (CH), 1976.

R. PASSERON, *Sarraute : les objets illuminés*, Cercle d'art, 1994.

J. PIERROT, *Nathalie Sarraute*, Corti, 1990.

S. RAFFY, *Sarraute romancière. Espaces intimes*, P. Lang, New York (US), 1988.

A. RYKNER, *Théâtre du Nouveau Roman (Sarraute, Pinget, Duras)*, Corti, 1988 ; *Nathalie Sarraute*, Seuil, 1991.

RSH, n° 217, 1990.

Autour de Nathalie Sarraute, actes du colloque international de Cerisy-la-Salle (Manche), 9 au 19 juil. 1989, Belles Lettres, 1996.

Nathalie Sarraute, portrait d'un écrivain, catalogue de l'exposition organisée à la BNF, BNF, 1995.

AUDIO & VIDÉO

K7

Tropisme et *L'Usage de la parole* [extraits lus par Nathalie Sarraute et Madeleine Renaud], « Écrire, entendre », Des Femmes, 1981.

Enfance, « Audilivre », Audivis, Ivry-sur-Seine (Val-de-Marne), 1986.

Entre la vie et la mort, Des Femmes, 1988.

Les Fruits d'or, « Audilivre », Audivis, Ivry-sur-Seine (Val-de-Marne), 1987.

Ici [extraits], « La Bibliothèque des voix », Des Femmes, 1995.

Tu ne t'aimes pas, Des Femmes, 1990.

CD

Lecture, « À voix haute », Gallimard, 1999.

Vidéo

J. Doillon, *Pour un oui ou pour un non,* INA/La Sept, Bry-sur-Marne (Val-de-Marne)/Paris, 1988 ; *Nathalie Sarraute,* « Un siècle d'écrivains », France 3, 1995.

SARTRE

Jean-Paul SARTRE
Jean-Paul-Charles Aymard SARTRE
Écrivit aussi sous le pseudonyme de Jacques GUILLEMIN.

Paris 1905 – *ibid.* 1980
Prix Nobel (refusé)

> « *Sartre, voilà un homme de théâtre.* [...] Huis clos, La Putain respectueuse, Le Diable et le Bon Dieu *sont des œuvres extraordinairement vivantes et habiles, et qui vont à l'essentiel : un athée militant est un apologiste. Il renverse une idole. Le théâtre de Sartre sert le Dieu inconnu.* »
>
> François MAURIAC, *Les paroles restent*, Grasset, posthume, 1985.

> « [...] *je suis bien forcé de ne plus voir J.-B. S.* [Jean-Baptiste *(sic)* Sartre] *que dans la peau d'un assassin, et encore mieux, d'un foutu donneur, maudit, hideux, chiant pourvoyeur, bourrique à lunettes.* »
>
> Louis-Ferdinand CÉLINE, « À l'agité du bocal », in *Louis-Ferdinand Céline*, « Cahiers de l'Herne », L'Herne, 1965.

L'intellectuel engagé

Une vocation de polygraphe

Dans son récit autobiographique ***Les Mots***, Sartre voulut dénoncer à sa façon le mythe de la vocation littéraire, en insistant sur ce que cette conversion aux belles-lettres devait à la singerie imposée à l'enfant par la « *comédie familiale* ». Le jeune Jean-Paul, surnommé « *Poulou* », orphelin de père à 15 mois, fut recueilli, avec sa mère Anne-Marie, par son grand-père maternel, Charles Schweitzer, professeur d'allemand d'origine alsacienne, d'abord à Meudon — où une taie lui fit perdre le plein usage de l'œil droit, ce qui provoqua son strabisme —, puis à Paris à compter de 1911. Il passa ses premières années « *entre un vieillard et deux femmes* », partant à la découverte du monde en l'identifiant à celle des volumes de la bibliothèque grand-paternelle, répartis entre le « *temple* » — Rabelais, Corneille, Voltaire, Vigny, Hugo, le Flaubert de *Madame Bovary* — et le « *bordel* » — le feuilleton *Pardaillan* de Zévaco, *Michel Strogoff*, *Cri-Cri*, *L'Épatant* —, selon la distinction signalée plus tard dans ***Les Mots***. Voué à la « *cléricature* », il se laissa persuader par son grand-père Charles des vertus de la carrière honorable et modeste d'un enseignant qui écrit, non sans espérer secrètement faire reconnaître ses talents de plume, succédané d'un héroïsme que lui interdisaient sa petite taille, sa laideur et son conformisme. À partir des récits d'aventures qu'il dévorait en cachette, il rédigea, en les plagiant sans vergogne, ses premiers exercices romanesques.

Enfant rebelle et brillant élève

Le remariage de sa mère, en 1917, avec un polytechnicien de la même promotion que son premier mari, l'éloigna de Paris et de cette douce « *névrose* » : à La Rochelle — où son beau-père se vit confier la direction des chantiers navals —, il perdit la foi et découvrit la violence de l'adolescence, période noire sur laquelle, sous le pseudonyme de Jacques Guillemin, il composa, en 1923, son premier roman retrouvé, ***Jésus la Chouette, professeur de province***, dont une partie parut dans *La Revue sans titre* en 1923 et qui a été publié dans ses ***Écrits de jeunesse*** (posth., 1990). Revenu dans la capitale dès 1918 — il y avait été mis en pension après qu'on eut découvert qu'il volait de l'argent à sa mère au profit de ses camarades —, il était entré comme pensionnaire au lycée Henri-IV en 1920, puis au lycée Louis-le-Grand à la rentrée 1922. Il poursuivit, en compagnie de Nizan — formant un inséparable couple de « *surhommes* » rebaptisés « *Nitre et Sarzan* » —, des études brillantes qui l'amenèrent au 7e rang du concours d'entrée à l'École normale supérieure de la rue d'Ulm, en 1924 — où il côtoya, outre Nizan, Raymond Aron, Canguilhem, Merleau-Ponty —, et — après un échec en 1928 — à la 1re place de l'agrégation de philosophie, en 1929.

Professeur et romancier

Simone de Beauvoir, alias « *le Castor* », à laquelle il lia alors son existence — définitivement, et selon plusieurs conventions : transparence sentimentale, distinction entre amour nécessaire et amours contingentes, aucune procréation, chacun étant en outre le premier lecteur de tout écrit de l'autre —, fut le témoin de la longue genèse de ***La Nausée*** (1938), primitivement prévue comme un « *factum sur la contingence* ». Professeur au lycée du Havre de 1931 à 1936, le créateur d'Antoine Roquentin se laissa fasciner comme lui par les marronniers du jardin public et l'inquiétante étrangeté d'une ville perdue dans le brouillard et vouée aux rites de la promenade du dimanche. La lecture de Husserl à l'Institut français de Berlin — où il succéda à son camarade Aron —, en 1933-1934, parenthèse dans ces années havraises, colora le

« *factum* » de phénoménologie, sans nuire pour autant à sa trame romanesque. Mais le premier chef-d'œuvre de Sartre ne vit le jour qu'en 1938, après de longues tractations éditoriales — et trois ans après la mort de Charles Schweitzer, *alias* Karl dans ***Les Mots***, le grand-père maternel tant aimé. Avec ***La Nausée*** s'annonçait cette gloire littéraire dont il rêvait : Sartre, professeur à Laon en 1936, puis au lycée Pasteur à Neuilly (act. Hauts-de-Seine) en 1937, se fit connaître simultanément par des articles — percutants — de critique littéraire et par un recueil de 5 nouvelles, ***Le Mur*** (1939).

Un écrivain révélé durant la guerre

La guerre vint entraver cette ascension, sans empêcher le soldat envoyé — comme météorologue — sur le front de passer ses journées à écrire : correspondance, journal de bord (publié posthume et partiellement, en 1983, sous le titre ***Les Carnets de la drôle de guerre***), essais philosophiques, avec ***L'Imaginaire*** (1940), puis ***L'Être et le Néant*** (1943) et le cycle romanesque des ***Chemins de la liberté***, rédigé à partir de 1939. C'est en février 1939, dans un retentissant article paru dans la *NRF*, « M. François Mauriac et la Liberté », que Sartre, alors jeune philosophe de 34 ans, reprocha à Mauriac, de vingt ans son aîné, d'avoir pris le parti de Dieu dans la littérature, aux dépens de l'homme et de sa liberté : « [M. Mauriac] *a choisi la toute-connaissance et la toute-puissance divines. Mais un roman est écrit par un homme pour des hommes.* [...] *Dieu n'est pas un artiste. M. Mauriac non plus.* » Prisonnier en 1940 — un mois après la mort de Nizan, tué sur le front — au stalag de Trèves, Sartre donna une première pièce à ses camarades de captivité, un mystère de Noël, ***Bariona ou le Fils du tonnerre***. Sous l'Occupation, Sartre, libéré au printemps 1941 — il retrouva alors son poste au lycée Pasteur —, grâce à la double entremise de Drieu La Rochelle et, surtout, de l'abbé Perrin, responsable de l'infirmerie du stalag de Trèves — qui antidata, par rapport au jour où Sartre fut capturé par les Allemands, l'acte par lequel, le déclarant infirme de la vue, il le réformait, ce qui valait au prisonnier le statut de civil — et qui, depuis la rentrée 1941, enseignait dans la khâgne du lycée Condorcet, à Paris, devint, en 1943, membre du Comité national des écrivains, avec l'accord duquel — ainsi que l'agrément de la censure allemande — il fit représenter ***Les Mouches*** (1943), occasion de sa rencontre avec Camus, puis ***Huis clos*** (1944). Durant l'Occupation, Sartre rencontra, outre Camus, Leiris, Queneau, Genet. À la rentrée 1944, il se mit en congé illimité de l'Université et constitua le comité directeur de la revue ***Les Temps modernes***, qui comprenait aussi Simone de Beauvoir, Aron, Leiris, Merleau-Ponty, Ollivier et Paulhan : le 1er numéro de la revue parut après la Libération, le 15 octobre 1945, six mois après la publication de ***Huis clos*** et un mois après celle de ***L'Âge de raison*** et du ***Sursis*** — le projet de ce dernier remontant à la crise de Munich, en 1938 —, qui constituaient les 1er et 2e volumes de la trilogie romanesque ***Les Chemins de la liberté*** et racontaient la vie de jeunes gens à Paris, au cours de l'année 1938. À la Libération, Sartre était enfin devenu célèbre.

Le père de l'existentialisme

Avec la fondation des ***Temps modernes***, la parution de ***L'Âge de raison*** et du ***Sursis***, l'année 1945 marqua l'hégémonie de Sartre dans le champ intellectuel français. Réclamant l'« *engagement* » de la littérature dans les luttes du présent, il multiplia les articles d'actualité, réunis à partir de 1947 dans un 1er volume de ***Situations*** — 9 autres suivirent jusqu'en 1976. Le théâtre lui offrit une tribune pour l'expression concrète de problèmes moraux et politiques : la Résistance et la torture, dans ***Morts sans sépulture*** (1946), le racisme avec ***La P... respectueuse*** (1946), la responsabilité des chefs, illustrée par ***Les Mains sales*** (1948). Les idées de l'existentialisme, exposées dans ***L'existentialisme est un humanisme*** (1946), se diffusèrent largement, non sans malentendus ni effets de mode parisianistes en général, et germanopratines en particulier : les caves de Saint-Germain-des-Prés, la trompette de Boris Vian — avec la femme duquel il eut une liaison et qui caricatura « *Jean-Sol Partre* », auteur du « *Vomi* », dans *L'Écume des jours* — et la silhouette de la médiatique Juliette Gréco, éclipsaient, aux yeux du grand public, la discussion des théories de ***L'Être et le Néant***... Sartre qui, dès ses années havraises, avait pris l'habitude d'écrire dans les cafés et qui, au tout début de l'Occupation, à Paris, l'avait conservée en faisant du *Flore* ou de *La Coupole* ses lieux de travail, en compagnie de Beauvoir, assura la gloire des cafés de Saint-Germain-des-Prés — dont le *Flore* — en s'installant, à la rentrée 1946, rue Bonaparte, avec sa mère : il y resta jusqu'en 1962.

À la fin de cette même année 1946, Jean Cau devint — pour plus de dix ans — le secrétaire de Sartre, tandis qu'Aron et Ollivier quittaient

Les Temps modernes. Vilipendé par les communistes et les gaullistes auxquels il ne ménagea pas ses critiques, Sartre participa, en février 1948, à l'aventure du Rassemblement démocratique révolutionnaire fondé par David Rousset, qui lui semblait concilier socialisme et liberté — une exigence qui resta une constante de son attitude politique —, mais quitta le mouvement dès juin, sous prétexte d'un américanisme excessif à ses yeux. Il prophétisa le réveil du tiers-monde dans ***Orphée noir***, après avoir stigmatisé l'antisémitisme dans ***Réflexions sur la question juive*** (1946). La littérature l'occupa sous le double aspect de la critique — autant morale qu'esthétique dans le cas du ***Baudelaire*** de 1947 et d'une étude sur Mallarmé qu'il laissa inachevée — et des fictions théâtrales et romanesques. Le 3e volume des ***Chemins de la liberté, La Mort dans l'âme*** (1949) — où l'on retrouvait les mêmes personnages de 1938 six ans plus tard, en 1944 —, ne fut cependant pas suivi des autres tomes prévus : Sartre disait ici adieu au roman. D'autres projets le sollicitèrent davantage, comme la monumentale préface aux œuvres complètes de Genet, ***Saint Genet, comédien et martyr*** (1952), et la poursuite, au théâtre, de sa réflexion sur la morale et l'action, avec ***Le Diable et le Bon Dieu*** (1951), mis en scène par Jouvet et avec Pierre Brasseur dans le rôle de Gœtz.

Les contradictions de l'engagement marxiste

En ce début des années 1950, Sartre, malgré sa critique précoce du stalinisme — avec « La politique du communisme stalinien est incompatible avec l'exercice honnête du métier littéraire », in ***Situations II*** (1948) — et des camps de concentration soviétiques — dans un éditorial des ***Temps modernes***, cosigné avec Merleau-Ponty (janv. 1950) — se rapprocha du parti communiste, choisissant, en pleine guerre froide, le camp des pays de l'Est contre une Amérique qu'il avait découverte dès janvier 1945, non sans enthousiasme pourtant, comme en témoigna son célèbre éloge de New York dans ***Situations III*** (1949). Il voyagea notamment en URSS (1954) — il en revint aussi enthousiasmé —, puis en Chine (1955). L'intervention soviétique en Hongrie (nov. 1956) suspendit ce rapprochement politique, dont les conséquences littéraires avaient été une pièce satirique contre la presse « *bourgeoise* » — donc de droite —, ***Nekrassov*** (1956), et surtout le début de la rédaction, vers 1953, d'une autobiographie en forme d'autocritique, ***Jean sans terre***, premier état des futurs ***Mots***. Dans une interview à *L'Express*, fin 1956, Sartre stigmatisa le pouvoir soviétique qui avait envoyé des chars à Budapest, en dénonçant « *douze ans de terreur et d'imbécillité* [...] *et la faillite complète du socialisme en tant que marchandise importée d'U.R.S.S.* » En 1952, il avait pourtant rompu avec Camus à cause de la publication de *L'Homme révolté* auquel Sartre reprochait alors ses critiques du totalitarisme stalinien. L'année suivante, des motifs similaires avaient amené Merleau-Ponty a démissionner des ***Temps modernes***, six mois avant la création de ***Kean*** (publié en 1954). Le marxisme fut intégré — et discuté — dans le projet d'une vaste étude sur Flaubert, dont le cas servirait à vérifier l'articulation, dans un individu, de dispositions psychologiques et d'une situation historique, selon le concept oxymorique d'« *universel singulier* ». L'approche « *progressive-régressive* » nécessaire à cette synthèse fut décrite dans ***Questions de méthode*** (1957), texte qui servit de préface à la ***Critique de la raison dialectique*** (1960), nouveau grand traité philosophique après ***L'Être et le Néant***.

Au tournant des années 1960, Sartre intervint directement dans la politique française, s'engageant radicalement contre la guerre d'Algérie, par ses prises de position contre la torture, comme avec ***Une victoire***, article paru d'abord dans *L'Express* — et qui provoqua la saisie de l'hebdomadaire — puis publié en postface au livre d'Henri Alleg *La Question* (1958), ou légitimant la violence des mouvements de libération, en préfaçant notamment *Les Damnés de la terre* de Franz Fanon. Dès 1955, il avait, avec Francis Jeanson, apporté son soutien au F.L.N. algérien ; trois ans plus tard, il se joignait à Camus, Malraux et Martin du Gard pour demander au gouvernement de condamner l'usage de la torture en Algérie. Auparavant, Sartre, après une liaison avec la comédienne Évelyne Rey, sœur de Claude Lanzmann — lequel vivait alors une passion avec Simone de Beauvoir —, rencontrée en 1955, fit la connaissance, au printemps 1956, d'Arlette Elkaïm, qui fut sa maîtresse, puis sa fille adoptive (mars 1965), enfin son ayant droit. Dans *L'Express* et ***Les Temps modernes***, il batailla dès 1958 contre le retour au pouvoir du général de Gaulle — alias « *le Prétendant* » — et l'installation de la Ve République : il signa, en 1960, le *Manifeste des 121* qui invitait à l'insoumission les soldats appelés en Algérie. Entre-temps et pour la dernière fois, il confia au théâtre ses idées et ses angoisses avec ***Les Séquestrés d'Altona*** (créés en 1959, publiés en 1960), parabole sur la responsabilité individuelle et collective d'un peuple fauteur de génocide, où l'Allemagne nazie tendait un miroir critique à la société française. Son domicile parisien fut plastiqué par l'OAS, en 1961 puis en 1962, et des campagnes de presse se déchaînèrent contre lui.

Cependant, Sartre continua à sillonner la planète. Après l'Irlande (1959), il séjourna à Cuba (1960), invité par Fidel Castro, au Brésil (1960), avec Simone de Beauvoir — puis, tous deux incarnant une sorte de couple officiel du progressisme international —, en URSS (1962), enfin en Tchécoslovaquie (1963) : c'est durant le séjour en URSS que Sartre noua une liaison avec Lena Zonina, l'interprète officielle évoquée dans la dédicace des *Mots*. La notoriété de Sartre était devenue mondiale.

La consécration des *Mots* et du Nobel

Il prit toutefois le temps de revenir à son projet d'autobiographie critique, alors qu'une commande du cinéaste John Huston, en 1959, ***Le Scénario Freud*** (posth., 1984), l'avait amené à étudier de plus près la psychanalyse. Ce retour sur soi frappa les lecteurs de l'avant-propos, écrit en 1960, à la réédition d'*Aden Arabie* de son ami Nizan. Publié fin 1963 dans *Les Temps modernes* et en 1964 en volume, le récit autobiographique ***Les Mots*** fut salué quasi unanimement comme un chef-d'œuvre, alors que Sartre voulait en faire un « *adieu à la littérature* », dans un geste où la dérision l'emportait sans doute sur le désir d'attendrir par la résurrection d'une enfance d'orphelin.

Le retentissement des ***Mots*** contribua en partie à l'attribution à Sartre du prix Nobel de littérature, en octobre 1964, « *pour son œuvre d'imagination qui,* précisait l'Académie suédoise, *en raison de son esprit de liberté et de poursuite de la vérité, a exercé une influence de haute portée sur notre époque* ». Sartre déclina le prix en invoquant plusieurs motifs : son refus constant des distinctions officielles — Légion d'honneur, Collège de France —, sa conviction qu'« *un écrivain qui prend des positions politiques, sociales ou littéraires ne doit agir qu'avec les moyens qui sont les siens, c'est-à-dire la parole écrite* [et que] *toutes les distinctions qu'il peut recevoir exposent ses lecteurs à une pression* [qui n'est] *pas souhaitable* » (déclaration à la presse suédoise), enfin le constat selon lequel « *dans la situation d'aujourd'hui, le prix Nobel se présente objectivement comme une distinction réservée aux écrivains de l'Ouest ou aux rebelles de l'Est* ». L'année suivante, Sartre fit jouer ***Les Troyennes***, adaptées de la pièce d'Euripide, et publia ***Situations VII***.

À la fin des années 1960, Sartre continua son action militante en faveur du tiers-monde. Il participa activement au « *tribunal Russel* » fondé en 1966 pour dénoncer les crimes de guerre américains au Vietnam, ce qui occasionna une nouvelle opposition entre lui et le général de Gaulle, qui interdit, en 1967, la tenue d'une session de ce tribunal sur le territoire français. La même année, Sartre se rendit avec Simone de Beauvoir en Égypte et en Israël, quelques semaines avant l'éclatement de la guerre des Six Jours, et préfaça le numéro spécial des *Temps modernes* consacré au conflit, en mai 1967. L'insurrection étudiante de mai 1968 lui inspira de la sympathie : il y vit une manifestation révolutionnaire du « *groupe en fusion* » qu'il évoquait dans les analyses de la ***Critique de la raison dialectique***, à l'opposé de la réserve manifestée par Aron devant la remise en question de l'autorité des professeurs.

Le militant d'extrême gauche

La même année, il soutint le « *printemps de Prague* » et condamna l'intervention soviétique en Tchécoslovaquie. Au milieu de cette effervescence politique, Sartre perdit sa mère, au début de 1969. Affirmant que « *les communistes ont peur de la révolution* », il se rapprocha des groupes d'extrême gauche et resta lié à leur action jusqu'à la fin de sa vie. Il prit ainsi, en 1970, la direction du journal *La Cause du peuple*, dont les directeurs avaient été emprisonnés, et participa à la fondation du *Secours rouge* : l'image de Sartre sur un tonneau, haranguant — sorte de nouveau Diogène — les ouvriers des usines Renault, à Boulogne-Billancourt (Hauts-de-Seine), en octobre 1970, fit le tour du monde. En avril 1971 parurent les 1er et 2e tomes de ***L'Idiot de la famille. Gustave Flaubert de 1821 à 1857***, qui furent suivis du 3e en 1972. Dernier texte — inachevé — du *corpus* officiel de l'œuvre sartrienne, il rassemblait, à propos de l'étude des années de formation de l'auteur de *Madame Bovary*, tous les courants d'écriture antérieurs — roman, philosophie, critique littéraire, pamphlet —, dans une entreprise intimidante de synthèse de la psychanalyse et du marxisme repensés à l'aune de la méthode progressive-régressive et de la théorie de l'universel singulier. Dans cette somme de près de 3 000 pages, Sartre reconstruisit l'univers familial de Flaubert, et chercha à définir le lien entre vocation littéraire et névrose.

À partir de 1973, année de la fondation du quotidien ***Libération*** qu'il dirigea jusqu'en 1974, une semi-cécité et une santé déclinante hypothéquèrent définitivement son activité d'écrivain. Incapable de lire et d'écrire, il se tourna vers des projets d'interviews, d'œuvres à plusieurs voix et de documents audiovisuels. Il poursuivit, à partir de 1975, avec le jeune philosophe d'extrême gauche Pierre Victor, des entretiens dans lesquels il accepta — pour la première fois — de discuter des fondements essentiels de sa pensée, au risque de surprendre jusqu'aux membres de la « famille sartrienne » constituée. Un film sur Sartre, réalisé par Alexandre Astruc et Michel Contat en 1972, sortit en 1976, mais un projet d'émissions de télévision échoua en 1975. Malgré la maladie, il se rendit au Portugal pour soutenir « *la révolution des Œillets* », alla visiter en Allemagne le militant d'extrême gauche Andreas Baader dans sa prison, manifesta avec des dissidents russes contre la visite officielle de Brejnev à Paris, en 1977, demanda au président Giscard d'Estaing de secourir les *boat people* vietnamiens, avec Aron — son condisciple de Normale Sup', auquel il s'opposa intellectuellement durant plus d'un demi-siècle —, en 1979.
Lorsqu'il mourut, le 15 avril 1980, son convoi funèbre fut suivi, à Paris, d'une foule de 50 000 personnes, et l'événement connut un retentissement mondial, à l'image de la carrière d'un homme qui se refusa à privilégier la postérité sur les engagements du présent.

THÉORIE LITTÉRAIRE

« *Il faut peu d'années pour qu'un livre devienne un fait social qu'on interroge comme une institution ou qu'on fait entrer comme une chose dans les statistiques* [...]. *Puisque l'écrivain n'a aucun moyen de s'évader, nous voulons qu'il embrasse étroitement son époque* » : ainsi le directeur des ***Temps modernes*** marquait-il, dans la ***Présentation*** de la revue (1945, repris in ***Situations II***), la volonté d'engagement qui représente la clef théorique de son œuvre.

Encore ne faut-il pas la confondre avec la volonté de « *présenter des idées politiques* » (entretien avec Kenneth Tynan, 1961, repris in ***Un théâtre de situations***, 1973) : la scène, pas plus que le roman, ne saurait constituer aux yeux de Sartre une tribune et usurper la fonction des « *réunions publiques,* [des] *journaux,* [de] *l'agitation et* [de] *la propagande* » *(ibid.)*. Il s'agit plutôt d'une « *action par dévoilement* » (***Qu'est-ce que la littérature ?***, in ***Situations II***, 1948), d'une analyse lucide des réalités contemporaines. C'est pourquoi, selon lui, « *l'art ne perd rien à l'engagement ; au contraire, de même que la physique soumet aux mathématiques des problèmes nouveaux qui les obligent à produire un symbolisme neuf, de même les exigences toujours neuves du social ou de la métaphysique engagent l'artiste à trouver une langue neuve et des techniques nouvelles* » *(ibid.)*. C'est à la prose, « *utilitaire par essence* », qu'il revient d'arracher l'écrivain à lui-même, de le jeter « *au milieu du monde* » *(ibid.)* : dans la mesure où « *les poètes sont des hommes qui refusent d'*utiliser *le langage* », la poésie serait plutôt « *du côté de la peinture, de la sculpture, de la musique* » ; pour eux, les mots sont, non des signes, mais « *des choses naturelles qui croissent naturellement sur la terre comme l'herbe et les arbres* [...]. *La poésie crée le* mythe *de l'homme, quand le prosateur trace son* portrait » ; elle cultive l'échec, afin d'arrêter « *comme un écran la série infinie de ses projets* », de mieux faire passer au second plan la logique des « *fins* » *(ibid.)*, des objectifs à atteindre, quand la réussite, au contraire, est au cœur de la prose. C'est pourquoi il y aurait une grande « *sottise* [...] *à réclamer un engagement poétique* » *(ibid.)*, alors que celui-ci s'impose au prosateur.

Cet impératif de l'engagement s'appuie, chez Sartre, sur un postulat philosophique commun à l'existentialisme et à la phénoménologie : « *La conscience n'a pas de "dedans" ; elle n'est rien que le dehors d'elle-même et c'est cette fuite absolue, ce refus d'être substance qui la constituent comme une conscience* » (« Une idée fondamentale de la phénoménologie de Husserl : l'intentionnalité », 1939, repris in ***Situations I***). Rejetant « *la philosophie douillette de l'immanence* », l'auteur prit parti pour cette « *philosophie de la transcendance* [qui] *nous jette sur la grand-route, au milieu des menaces, sous une aveuglante lumière* » *(ibid.)*. Donc « *la nature de la conscience implique* [...] *qu'elle se jette en avant d'elle-même dans le futur* » (« La temporalité chez Faulkner », 1939, *ibid.*) : non un futur lointain et indéterminé, mais « *l'avenir de* notre *époque* [...], *un avenir limité qui s'en distingue à peine — car une époque, comme un homme, c'est d'abord un avenir* » (***Présentation*** des ***Temps modernes***, 1945). Sartre, dans ses critiques, fidèle au principe selon lequel « *une technique romanesque renvoie toujours à la métaphysique du romancier* » (« La temporalité chez Faulkner », *op. cit.*), déplore que « *la plupart des auteurs contemporains* [aient] *tenté de mutiler le temps,* [de lui ôter] *son avenir, c'est-à-dire la dimension des actes et de la liberté* » *(ibid.)*. Ainsi Giraudoux ne recourt-il qu'au présent de l'indicatif, ou plutôt à deux présents, « *le présent honteux de l'événement, qu'on cache* [...] *comme une tare de famille, — et le présent des archétypes, qui est éternité* » ; s'il « *réserve ses tendresses pour les fonctionnaires de l'Enregistrement* », c'est que « *l'écrivain tel qu'il le comprend n'est rien d'autre qu'un employé du cadastre* » (« M. Jean Giraudoux et la philosophie d'Aristote : à propos de *Choix des élues* », 1940, repris in ***Situations I***). Autre exemple : Bataille, qui « *s'apparente à toute une famille d'esprits* », d'Épicure à Kierkegaard, des grands mystiques à Descartes, de Rousseau à Gide, qui « *ont envisagé le temps comme pouvoir de séparation, de négation, et ont pensé que l'homme se gagnait contre le temps en adhérant à lui-même dans l'instantané* » (« Un nouveau mystique », 1943, *ibid.*). Sartre se donna au contraire pour tâche de réhabiliter la durée, refusant que le roman demeure « *une languissante vérité* sub specie æternitatis [...]. *Le vrai romancier se passionne pour tout ce qui résiste, pour une porte, parce qu'il faut l'ouvrir, pour une enveloppe, parce qu'il faut la décacheter* » (« M. François Mauriac et la Liberté », 1939, *ibid.*).

L'esthétique de Sartre paraît ainsi indissociable d'une morale de liberté, cette liberté qui fournit à ses yeux leur « *ressort principal* » aux tragédies d'Eschyle, de Sophocle ou de Corneille, et dont la fatalité qu'elles semblent mettre en scène « *n'est que l'envers* » (« Pour un théâtre de situations », in *La Rue*, 1947, repris in ***Un théâtre de situations***, 1973). À l'inverse, lors d'une polémique célèbre, il reprocha à Mauriac de refuser leur liberté à ses personnages, de se prendre, en somme, pour Dieu, en usurpant « *l'omniscience pour tout ce qui touche à son petit monde* » (« M. François Mauriac et la Liberté », *op. cit.*). C'est que, selon Sartre, l'écrivain « *ne touche jamais qu'à sa propre subjectivité, l'objet qu'il crée est hors d'atteinte* [...]. *C'est l'effort conjugué de l'auteur et du lecteur qui fera surgir cet objet concret et imaginaire qu'est l'ouvrage de l'esprit. Il n'y a d'art que pour et par autrui* » ***(Qu'est-ce que la littérature ?)***. Ainsi, puisque l'auteur propose son livre « *comme fin à la liberté du lecteur* » et que celui-ci « *reconnaît la liberté de l'écrivain* », Sartre juge que « *l'œuvre d'art, de quelque côté qu'on la prenne, est un acte de confiance dans la liberté des hommes* » *(ibid.)*. C'est pourquoi « *un livre n'est rien qu'un petit tas de feuilles sèches, ou alors une grande forme en mouvement : la lecture* » (« M. François Mauriac et la Liberté », *op. cit.*). C'est pourquoi aussi, une œuvre échappe par définition au dramaturge dès qu'elle est représentée : « *Le public écrit la pièce autant que l'auteur* » (« L'Auteur, l'Œuvre et le Public », in *L'Express*, 1959, repris in ***Un théâtre de situations***). C'est pourquoi enfin Sartre récuse l'explication déterministe telle que la proposait Taine : « *L'explication par le milieu est en effet* déterminante : *le milieu* produit *l'écrivain ; c'est pour cela que je n'y crois pas* [...]. *J'ai toujours considéré le projet d'écrire comme le libre dépassement d'une certaine situation humaine et totale* » ***(Qu'est-ce que la littérature ?)***.

On retrouve une position identique à l'égard du contenu même des œuvres littéraires. Ce que Sartre reproche au théâtre de son époque, qui « *appartient, en gros, à la bourgeoisie* », c'est de montrer « *l'image d'un homme éternellement pareil à lui-même dans un univers qui ne change jamais* » (« L'Auteur, l'Œuvre et le Public », *op. cit.*). Il dénonce sans relâche le « *naturalisme pessimiste* » aux termes duquel la nature humaine serait fondamentalement mauvaise : « *On dit toujours "C'est humain" lorsque quelqu'un vient de faire une cochonnerie ou une lâcheté* » (« Théâtre épique et Théâtre dramatique », conférence prononcée en Sorbonne en 1960, reprise in ***Un théâtre de situations***). Le réalisme lui paraissait à la fois erroné — « *une peinture impartiale* » du réel est impossible, puisque « *la perception même est partiale* [...] *à elle seule, la nomination est déjà modification de l'objet* » ***(Qu'est-ce que la littérature ?)*** —, et philosophiquement condamnable : « *Le propre du réaliste, c'est qu'il n'agit pas* » (« L'Homme ligoté », 1945, repris in ***Situations I***). Sartre condamnait le « *réalisme nihiliste* » de Flaubert ou Renard, qui avait amené ces auteurs à « *une conception toute formelle de la beauté* » *(ibid.)* : « *La grave erreur des purs stylistes c'est de croire que la parole est un zéphyr qui court légèrement à la surface des choses, qui les effleure sans les altérer. Et que le parleur est un pur* témoin [...]. *Parler c'est agir* [...]. *L'art pur et l'art vide ne sont qu'une même chose* » ***(Qu'est-ce que la littérature ?)***. La « *notion d'artiste* [qui] *venait des Goncourt* », cette « *survivance dégradée d'un grand mythe reli-*

gieux — celui du poète, vates », avait à ses yeux le « *cachet de bêtise prétentieuse et vulgaire* » d'une « *petite société de bourgeois aisés et cultivés* » (« L'Homme ligoté », *op. cit.*). Hostile à toutes les formes historiques de « *cléricature* » — selon l'expression chère à Benda —, c'est en termes similaires qu'il analysait le classicisme français du XVIIe siècle : « *Il y a classicisme lorsqu'une société a pris une forme relativement stable et qu'elle s'est pénétrée du mythe de sa pérennité ;* [...] *il ne s'agit en aucun cas de découvrir des terres nouvelles à la pensée, mais seulement de mettre en forme* les lieux communs *adoptés par l'élite* [...]. *Ainsi chaque production de l'esprit est en même temps un acte de politesse et le style est la suprême politesse de l'auteur envers son lecteur* » ***(Qu'est-ce que la littérature ?)***.

Autre grand reproche adressé par Sartre au théâtre de l'entre-deux-guerres, la prédominance des caractères sur les situations : « *Les meilleures pièces de cette période étaient des études psychologiques d'un lâche, d'un menteur, d'un ambitieux ou d'un frustré* » ; or, « *il faut montrer au théâtre des situations simples et humaines et des libertés qui se choisissent dans ces situations. Le caractère vient après, quand le rideau est tombé* » (« Pour un théâtre de situations », *op. cit.*). Ainsi le théâtre nouveau que Sartre appelle de ses vœux doit-il montrer, en renouant avec « *la tradition cornélienne* », non comment des personnages se différencient, « *comme un lâche diffère d'un avare ou un avare d'un homme courageux* », mais comment « *les actes divergent ou se heurtent,* [comment] *le droit peut entrer en conflit avec le droit* » (« Forger des mythes », conférence donnée à New York en 1946, reprise in ***Un théâtre de situations***). La « *passion* » elle-même, à laquelle le « *théâtre bourgeois* » donne la prééminence sur « *l'action* » (« Théâtre épique et Théâtre dramatique », *op. cit.*), lui semble moins l'émanation d'un caractère, d'une psychologie, qu'« *une manière de se donner raison, de se référer à tout un monde social d'exigences et de valeurs, pour justifier qu'on veuille garder, prendre, détruire, construire quelque chose* » *(ibid.)*. C'est que, pour Sartre, « *le droit* est *théâtre* » (entretien avec Kenneth Tynan, *op. cit.*), et la représentation théâtrale constitue « *un grand phénomène collectif et religieux* » *(ibid.)*, une « hot jam session, *un événement quotidien et unique* » (notes inédites pour une conférence au sanatorium de Bouffémont, 1958, reprises in ***Un théâtre de situations***). S'il rejette le « *théâtre de symboles* », Sartre suggère « *de montrer au public les grands mythes de la mort, de l'exil, de l'amour* » (« Forger des mythes », *op. cit.*). Reprenant la distinction opérée par Brecht entre « *l'épique* » et le « *dramatique* », il privilégie comme lui la faculté de juger du spectateur, qui suppose un minimum de distance, de recul critique, sur la « *participation* », l'identification affective aux personnages (« Théâtre épique et Théâtre dramatique », *op. cit.*). L'action dramatique ne saurait donc se confondre avec « *grand mouvement, remue-ménage, opposition de passions, etc.* », bref avec un « *tumulte* » qui représente « *l'action de l'auteur* » plutôt que celle « *des hommes qui jouent dans la pièce* » *(ibid.)*. C'est en ce sens que Sartre chercha à rompre avec un théâtre « *subjectif* » : « *Une pièce, c'est lancer des gens dans une entreprise ; il n'y a pas besoin de psychologie* » *(ibid.)*. Il s'agit de représenter « *l'acte* » et rien d'autre, avec d'ailleurs une grande économie de moyens, puisque les actes déterminent et justifient non seulement les personnages mais jusqu'aux accessoires de la mise en scène : « *Le geste de poignarder fait naître le poignard* » *(ibid.)*. Et de même que le style du prosateur doit « *passer inaperçu* », agir « *par persuasion comme le charme d'une voix ou d'un visage* » ***(Qu'est-ce que la littérature ?)***, celui du dramaturge doit se contenter des « *mots de tout le monde* » (« Le style dramatique », conférence prononcée en 1944, reprise in ***Un théâtre de situations***).

THÉORIE LITTÉRAIRE

« *Tout un homme, fait de tous les hommes et qui les vaut tous et que vaut n'importe qui* » : ainsi se définissait lui-même l'auteur des ***Mots*** à la fin de son récit d'enfance de 1964. On pourra mettre en doute cette profession de foi d'anonymat à la lumière de la notoriété que consacra, cette même année, un prix Nobel aussitôt refusé. « Figure haïe » de son siècle mais également connue de tous ses contemporains, au-delà même du cercle restreint des littéraires et des philosophes, Sartre mérite sans doute mieux que sa double réputation d'agitateur équivoque (version de droite) ou de conscience universelle de l'Occident (version de gauche) qui se répandit dans les médias. La relecture de ses œuvres les plus célèbres à l'aide d'études récentes et des textes posthumes permet de juger plus sereinement un homme qui consacra toute sa vie à l'écriture.

Une écriture parodique

Au rebours de l'image stéréotypée d'une philosophie qui n'utiliserait la fiction que comme un moyen commode d'illustrer idées et théories, l'œuvre de Sartre s'impose comme une des plus importantes de la littérature française du XXe siècle. Lui-même se disait soucieux d'écrire « *en style* », y compris les textes d'actualité recueillis dans les divers volumes de ***Situations***. Ce style se caractérise par la polysémie, un jeu de connivences avec le lecteur : « *Je voulais qu'il y ait des sous-entendus dans chaque phrase, un ou deux sous-entendus, par conséquent que ça frappe les gens à un niveau ou à un autre* », déclarait-il à Simone de Beauvoir (***Entretiens*** de 1974, faisant suite à *La Cérémonie des adieux* de Simone de Beauvoir) à propos des ***Mots***. De fait, on doit prendre au sérieux la relation sarcastique, dans le récit d'enfance, d'une entrée en littérature marquée par l'usage du plagiat. Sartre se fit le virtuose de la réécriture parodique et du détournement de grands *topoï* théâtraux, romanesques et même philosophiques. L'image du mythe grec dans ***Les Mouches*** n'était pas si éloignée de l'usage qu'en fit Giraudoux dans *Électre*. ***La Nausée*** réécrit le *Discours de la méthode* sur le mode carnavalesque, avec des échos parodiques de Nietzsche, dont la figure était déjà présente dans ***Une défaite***, roman inachevé de 1927. La lecture de Proust se retrouve dans le récit ambigu de la conversion finale de Roquentin à l'écriture, comme dans l'évocation d'un air de jazz qui le fait échapper, le temps de son écoute, aux pièges gluants de la contingence quotidienne — on aura reconnu ici une version « modernisée » des apparitions de la musique de Vinteuil dans *À la recherche du temps perdu*. ***L'Enfance d'un chef*** parodie ouvertement le récit d'apprentissage revu par la psychanalyse. Les essais de critique littéraire, notamment ceux repris dans ***Situations I*** et ***Baudelaire***, actualisent l'approche morale, à la fois normative et psychologique, qui fut celle de la tradition beuvienne. ***Le Diable et le Bon Dieu*** joue d'une démesure claudélienne qui est aussi parodique. L'œuvre sartrienne s'inscrit dans une vaste culture, celle d'un normalien et d'un agrégé de tradition française, ouvert de surcroît à la pensée allemande et aux renouvellements techniques apportés par les romanciers américains — comme en témoignent les articles sur Dos Passos et Hemingway repris dans ***Situations I***.

Cette écriture du détournement est aussi une écriture du retournement. Virtuose de la rhétorique, Sartre privilégie les figures de l'asyndète, de l'oxymore et de l'antithèse. Il aime les ruptures de ton, le burlesque et l'héroïcomique, les coups de théâtre, tout ce qui maintient le lecteur en état de surprise permanente, que ce soit sur la scène, dans le récit bref ou long, ou même dans le discours politique et philosophique. Expression d'un univers imaginaire structuré sur les motifs du visqueux — la contingence dans ***La Nausée*** — et de la pétrification — l'image des « *salauds* », de l'Impétraz du premier roman au Simonnot des ***Mots*** —, cette écriture nourrie de jeux intertextuels se trouve paradoxalement reconnaissable entre toutes : à cet égard, la critique s'accorde à souligner la dimension baroque — au sens que ce mot dénote pour le XVIIe siècle : goût de la métamorphose et de l'ostentation souvent parodique — d'une œuvre qui, de surcroît, bouscule les divisions entre genres littéraires dans une grande fête des mots, dont la couleur souvent sombre des fictions n'arrive jamais à occulter totalement le caractère ludique.

Une influence capitale

Sartre attendit l'âge de 33 ans pour se voir reconnaître la position d'écrivain à laquelle il aspirait. Lorsque parut ***La Nausée***, la critique de 1938 salua un tempérament original, mais regretta souvent ce qu'elle prit pour un abus de la philosophie vis-à-vis de la construction proprement romanesque : « *La théorie fait du tort à la vie* », écrivait ainsi Albert Camus dans le compte rendu qu'il en donna à *Alger républicain*. Sartre souffrit longtemps de cette réputation d'écrivain à thèse, en particulier pour ses pièces de théâtre qui semblaient hésiter entre boulevard et idéologie. À la Libération, il put dire : « *La célébrité, pour moi, ce fut la haine.* » Haine qu'il avait commencé d'attiser par les passages provocants du ***Mur*** et quelques réquisitoires iconoclastes, comme celui contre Mauriac dans la *NRF* de 1939, ou celui contre Céline à la Libération, auquel l'auteur de *Voyage au bout de la nuit* répliqua violemment, traitant Sartre de « *ténia des étrons* » et, plus tard, d'« *agité du bocal* ». Les engagements politiques revendiqués dans ***Qu'est-ce que la littérature ?***, la tentation permanente de la violence révolutionnaire, son hégémonie sur les fronts multiples de la théorie et de la pratique entraînèrent un effet de réception — pour ne pas dire de « terrorisme intellec-

tuel », si l'on songe à l'acharnement et à l'aveuglement avec lesquels les thuriféraires sartriens dénigrèrent notamment l'œuvre de Camus — qui fit passer l'écrivain au second plan derrière l'intellectuel. Le succès des ***Mots*** en 1964 le réhabilita aux yeux de la modernité littéraire, alors même que le triomphe du structuralisme remettait en question une vision du monde qui ne voulait pas perdre de vue le sujet et sa liberté.
Les efforts de la critique universitaire, de Geneviève Idt à Philippe Lejeune, les travaux de Michel Contat, Michel Rybalka et Michel Sicard, ont modifié en profondeur cette perception de Sartre écrivain. Conjointement, une série de publications, depuis 1980, ont révélé aux lecteurs des chefs-d'œuvre comme ***Les Carnets de la drôle de guerre***, les ***Lettres au Castor et à quelques autres***, les fragments de ***La Reine Albemarle ou le Dernier Touriste*** ou les ***Écrits de jeunesse***. Le retour au sujet qui marque la fin du siècle rend sans doute plus lisibles qu'en pleine période structuraliste les grandes machines biographiques que sont ***Saint Genet*** et ***L'Idiot de la famille***. Sartre est maintenant l'auteur français sur lequel il se publie le plus d'articles, de livres et de thèses dans le monde.

ŒUVRES

Huis clos

Pièce en un acte — comportant 5 scènes — et en prose, publiée à Lyon, dans la revue *L'Arbalète*, au printemps 1944, et créée à Paris au théâtre du Vieux-Colombier, enfin éditée chez Gallimard, le 19 mars 1945.

Trois personnages introduits dans un salon *« style Second Empire »* se découvrent mutuellement leur passé : Garcin le déserteur, Inès la lesbienne, et Estelle l'infanticide. Ils sont en enfer, chacun condamné pour l'éternité à se faire le tourmenteur des deux autres. Sartre met en scène une vision pessimiste des rapports avec autrui, qu'on peut rattacher à à l'exposé théorique qu'il en faisait, au même moment, dans ***L'Être et le Néant*** (1943) : l'*en-soi* des objets s'oppose au *pour-soi* des hommes.

Revenant à la règle classique des 3 unités, cette fable tragique joue sur le décalage entre le fantastique de la situation et le ton naturel, parfois sarcastique, des dialogues. La réplique de Garcin : *« Pas besoin de gril, l'enfer, c'est les Autres »* est devenue célèbre.

Créée au Vieux-Colombier, en mai 1944, dans une mise en scène de Raymond Rouleau, la pièce connut, après la Libération, un succès mondial. Souvent reprise, elle a été la première œuvre de Sartre montée — tardivement — par la Comédie-Française, dans une mise en scène de Claude Régy (1990-1991). Michel Raskine (Lille, 1991) en a proposé une version tournée vers le burlesque. ***Huis clos*** a été adapté au cinéma par Jacqueline Audry (1954) et à la télévision par Michel Mitrani (1965).

*L'**Idiot de la famille**. Gustave Flaubert de 1821 à 1857*

Essai en 3 tomes, paru chez Gallimard, en avril 1971 (t. 1 et 2) et juin 1972 (t. 3).

« Que peut-on savoir d'un homme aujourd'hui ? » : telle est la question qui inaugure une étude de près de 3 000 pages consacrées aux années de formation de Flaubert. Présenté comme la suite de ***Questions de méthode***, un essai de 1957 qui tentait de réintégrer l'analyse du sujet dans l'approche marxiste, ***L'Idiot de la famille*** se divise en deux blocs : les tomes 1 et 2, eux-mêmes divisés en 3 parties (**La Constitution**, **La Personnalisation**, **Elbenhon ou la Dernière Spirale**), puis le tome 3, divisé en 2 livres (**La Névrose objective** et **Névrose et Programmation chez Flaubert : le Second Empire**). Reconstruisant l'univers familial de l'auteur de *Madame Bovary*, Sartre brosse les portraits du père, Achille-Cléophas, le rigoureux chirurgien-chef de Rouen, et de Caroline, mère possessive. *« Il faut chercher à comprendre ce scandale : un idiot qui devint génie »*, en partant du fait que Gustave *« ne sut pas ses lettres avant neuf ans »*. De surcroît, cet enfant retardé se réfugia dans l'hystérie, avec la crise nerveuse à caractère épileptique qui le frappa à Pont-l'Évêque en 1844, décidant de sa vocation d'ermite de Croisset. Ce lien entre vocation littéraire et névrose est analysé par un va-et-vient constant entre situation familiale et situation sociale. Le tome 3 replace dans le contexte général du XIXe siècle l'itinéraire particulier du romancier.

Les multiples fils de l'écriture de Sartre se nouent dans ce qui fut la dernière œuvre qu'il publia avant d'être frappé de cécité — maladie qui empêcha l'essai de se poursuivre avec l'analyse prévue de *Madame Bovary*. Cette biographie, qui semble réaliser le fantasme du livre que le Roquentin de ***La Nausée*** projetait sur le marquis de Rollebon, fait suite aux *« psychanalyses existentielles »* de Baudelaire (1946) et de Jean Genet (1952), ainsi qu'aux ***Mots*** dont ***L'Idiot*** reprend le thème de l'enfance défigurée. Philosophiquement, Sartre réinvente en partie la psychanalyse et le marxisme, pour les croiser dans une démarche qui ne perd pas de vue le singulier dans l'universel, la liberté du sujet dans les déterminismes de l'Histoire. La critique littéraire s'épanouit en *« roman vrai »*, l'herméneutique s'incarne dans l'étude d'un cas qui la remet perpétuellement en question, le texte — l'analyse repose sur les écrits de jeunesse et la correspondance — reste relié à ses contextes biographiques et sociaux. C'est dire l'ambition de cette somme inclassable, dont la lecture exige à la fois attention et abandon.

Sartre a toujours entretenu un rapport privilégié avec Flaubert, depuis la lecture des aventures de *« Charbovary »* qu'il évoque dans ***Les Mots***. Il posait, dès 1943, dans ***L'Être et le Néant***, la question de la vocation littéraire de Gustave, sur laquelle il revint dans les années 1950, voulant éprouver avec cet exemple la validité de sa méthode existentielle contre le marxisme orthodoxe — il y eut, sur Flaubert, une « compétition » avec Garaudy. Malgré les sollicitations de ses engagements politiques d'après 1968, il tint à mener le plus loin possible ce travail de toute une vie.

Publié en pleine période structuraliste, ***L'Idiot de la famille***, avec sa problématique d'inspiration beuvienne — l'homme et l'œuvre —, fit l'effet d'un aérolithe aux proportions monstrueuses. Mieux compris en Allemagne qu'en France — grâce à la traduction de Traugott König —, il devrait retrouver ses lecteurs, maintenant que reviennent en force l'individu, l'auteur et le désir biographique.

*Les **Mots***

Autobiographie en 2 parties — titrées mais non numérotées — parue chez Gallimard, à Paris, en janvier 1964.

Divisé en 2 parties — ***Lire*** et ***Écrire*** —, le livre relate l'enfance de Sartre de 1905 (date de sa naissance) à 1917. Sous les apparences d'un récit soumis à l'ordre chronologique, il présente un réquisitoire implacable contre la *« comédie familiale »* qui transforma le petit Poulou en singe savant et contre une vocation d'écrivain — *« la plus irrémédiable solitude bourgeoise »* — imposée comme un succédané de cléricature. Agent de ces mystifications, le grand-père Charles Schweitzer, homme du XIXe siècle, est opposé à la figure plus positive de la mère, Anne-Marie. L'*« enfant imaginaire »*, fasciné par les livres de la bibliothèque, découvre grâce à elle les *« vraies lectures »* (illustrés et romans-feuilletons) et la chaleur populaire des salles de cinéma. Orphelin délivré du poids d'un père inutile, il s'enfonce avec allégresse dans une *« névrose »* dont l'adulte mettra *« trente ans »* à se délivrer. Sartre pulvérise ici les clichés d'un genre souvent voué au pathétique et au narcissisme pour écrire un chef-d'œuvre d'humour et d'autodérision.

« Entreprise de démystification », ***Les Mots*** est un texte virtuose, qui joue des figures de rhétorique et des ruptures de ton dans un mouvement de perpétuelle exhibition du « style ». Le narrateur adulte prête à l'enfant-personnage des pensées et des comportements où se mêlent vraisemblance — sinon sincérité — et reconstruction romanesque.

C'est vers 1953, au moment où il se rapprochait du parti communiste, que Sartre ébaucha le projet d'une autobiographie critique dont les premières pages s'intitulaient ***Jean sans terre***. Il reprit plusieurs fois le manuscrit pour le terminer en 1963. Avant l'édition en volume, ***Les Mots*** parut en deux livraisons dans ***Les Temps modernes*** d'octobre et de novembre 1963.

Conçu par son auteur comme *« un adieu à la littérature »*, le livre rencontra un succès immédiat et contribua à l'attribution du prix Nobel en octobre 1964, que Sartre refusa. Le réinstallant au premier plan de la modernité littéraire, il donna au genre autobiographique un intérêt nouveau, même pour ceux qui s'y déclaraient hostiles, comme les écrivains du Nouveau Roman.

*Le **Mur***

Recueil de 5 nouvelles, paru chez Gallimard, le 17 janvier 1939.

Donnant son titre au recueil, ***Le Mur*** fut publié en juillet 1937 dans la *NRF*. ***La Chambre*** parut en janvier 1938 dans *Mesures* : ce sont les premiers textes de fiction qui firent connaître Sartre avant même la publication de ***La Nausée***. ***Intimité*** parut en août 1938 dans la *NRF*. Les autres nouvelles étaient inédites : ***Érostrate*** fut écrit en 1936 ; ***L'Enfance d'un chef***, terminée durant l'été 1938.

Le Mur relate un épisode de la guerre d'Espagne, vécue par un anti-héros, Pablo, qui cause involontairement la mort de son ami à cause du mécanisme absurde de la guerre. ***La Chambre*** met en scène une famille, les Darbédat, divisée par la folie d'un de ses membres. ***Érostrate*** évoque un petit bourgeois modèle, Paul Hilbert, qui tire au hasard sur des passants. ***Intimité*** décrit une femme, Lulu, qui hésite à quitter son mari impuissant, et raconte, par monologues intérieurs, qu'elle trouve le plaisir dans la masturbation. Enfin, ***L'Enfance d'un chef*** raconte le parcours de Lucien Fleurier qui, après diverses errances, s'engage dans une ligue d'extrême droite. Le dénominateur commun de ces nouvelles est la médiocrité de la plupart des personnages et le tour provocant de l'écriture.

Amateur de faits divers, Sartre esquisse en de brefs récits des situations extrêmes où se révèlent les rares moments d'authenticité et les fréquentes lâchetés d'êtres ordinaires. ***L'Enfance d'un chef***, récit plus long, est une parodie de roman d'apprentissage freudien que sous-tend une dénonciation du fascisme.

Le Mur a établi durablement la réputation d'un Sartre iconoclaste et pornographe. Brasillach attaqua le livre dans *L'Action française*. L'auteur obtint le prix du Roman populiste en avril 1940. Première œuvre de Sartre à être publiée dans « Le Livre de Poche », il fit l'objet, pour certaines nouvelles, d'adaptations théâtrales — ***Érostrate*** par Yves Gourvil (1977) —, cinématographiques — ***Le Mur*** par Serge Roullet (1967) — ou télévisées — ***La Chambre*** par Michel Mitrani (1966).

La ***Nausée***

Roman paru chez Gallimard, le 21 mars 1938. La genèse de ***La Nausée*** s'étendit sur six ans, de 1931 à 1937. D'abord conçu comme un *« factum sur la contingence »*, le roman fut baptisé par Sartre ***Melancholia***, en référence à une célèbre gravure de Dürer. Le titre final fut imposé par Gaston Gallimard, après un remaniement important du manuscrit.

Antoine Roquentin, séjournant à Bouville pour travailler à la bibliothèque sur sa biographie du marquis de Rollebon, tient pendant un mois un journal intime destiné à lui permettre de *« voir clair »* dans sa vie. Après avoir ramassé un galet sur la plage, il sent que son rapport aux choses devient problématique. Il nomme bientôt *« nausée »* cette sensation étrange, qui culmine dans l'*« extase horrible »* du jardin public : la contemplation d'une racine de marronnier lui révèle l'universalité de la *« contingence »*. Cette expérience s'accompagne d'une dégradation parallèle de son rapport à autrui : les bourgeois de Bouville, dont les portraits sont accrochés au musée, déclenchent sa colère (les *« Salauds »*) ; l'Autodidacte, qui recherche sa compagnie, l'irrite avec son humanisme ; Anny, enfin, la femme aimée, revue à Paris, se sépare de lui définitivement. Seule consolation, le disque usé d'un *ragtime* lui donne le désir vague de créer une œuvre *(« Un livre. Un roman. »)* qui lui ferait retrouver une raison de vivre. ***La Nausée*** mélange avec virtuosité les éléments d'une réflexion philosophique avec ceux d'un roman à *suspense*.

Pour sa première œuvre de fiction, Sartre proposait un texte original, ni roman à thèse ni roman d'aventures, mais un mélange des deux. La technique du (faux) journal intime, par le morcellement des séquences, rend un compte juste de cette *« contingence »* qui ne saurait s'accommoder d'un récit plus structuré. L'identité du narrateur et du personnage enferme le lecteur dans la conscience de Roquentin, jusque dans ses accès de délire.

La Nausée ouvrit la voie à la littérature de l'absurde, en particulier à l'œuvre de Camus. Cité pour le Goncourt de 1938, le roman n'obtint pas de prix et connut un succès d'estime auprès des critiques, qui rapprochèrent son auteur de Kafka. Vendu à 7 000 exemplaires avant la guerre, il dut attendre 1950 pour dépasser son 50e mille. Publié dans plusieurs éditions de poche, il fut traduit en 19 langues.

CITATIONS

Nous ne sommes nous qu'aux yeux des autres et c'est à partir du regard des autres que nous nous assumons comme nous.

L'Écueil du solipsisme.

L'histoire d'une vie quelle qu'elle soit, est l'histoire d'un échec. Le coefficient d'adversité des choses est tel qu'il faut des années de patience pour obtenir le plus infime résultat.

L'Écueil du solipsisme.

L'usage que nous faisons de la notion de néant sous sa forme familière suppose toujours une spécification préalable de l'être. Il est frappant [...] que la langue nous fournisse un néant de choses *(« Rien »)* et un néant d'êtres humains *(« Personne »)*.

L'Être et le Néant.

Alors, c'est ça l'enfer. Je n'aurais jamais cru... Vous vous rappelez : le soufre, le bûcher, le gril... Ah ! quelle plaisanterie. Pas besoin de gril, l'enfer, c'est les Autres.

Huis clos, V.

Moi, je suis méchante : ça veut dire que j'ai besoin de la souffrance des autres pour exister. Une torche. Une torche dans les cœurs. Quand je suis toute seule, je m'éteins.

Huis clos, V.

Comme tu tiens à ta pureté, mon petit gars ! Comme tu as peur de te salir les mains [...]. Moi j'ai les mains sales. Jusqu'aux coudes. Je les ai plongées dans la merde et dans le sang. Et puis après ? Est-ce que tu t'imagines qu'on peut gouverner innocemment ?

Les Mains sales.

J'aime les êtres qui sont en désarroi, disait Bergère : et je trouve que vous avez une chance extraordinaire. Car enfin cela vous a été donné. Vous voyez tous ces porcs ? Ce sont des assis. Il faudrait les donner aux fourmis rouges pour les asticoter un peu.

Le Mur.

[...] pour que l'événement le plus banal devienne une aventure, il faut et il suffit qu'on se mette à le raconter.

La Nausée.

En un sens [...] tout est expression, puisque les choses tendent d'elles-mêmes vers le Verbe, comme la Nature aristotélicienne tend vers Dieu ; tout exprime, s'exprime ou cherche à s'exprimer et la nomination, qui est l'acte le plus humain, est aussi la communion de l'homme avec l'univers.

Situations I.

L'écrivain contemporain se préoccupe avant tout de présenter à ses lecteurs une image complète de la condition humaine. Ce faisant, il s'engage. On méprise un peu, aujourd'hui, un livre qui n'est pas un engagement. Quant à la beauté, elle vient par surcroît, quand elle peut.

Situations I.

Ces longues lignes tirées au cordeau m'ont donné soudain la sensation de l'espace. Nos villes d'Europe sont construites pour nous protéger contre lui : les maisons s'y groupent comme des moutons. Mais l'espace traverse New York, l'anime, le dilate. L'espace, le grand espace vide des steppes et des pampas, coule dans ses artères comme un courant d'air froid, séparant les riverains de droite des riverains de gauche.

Situations III.

JUGEMENTS

« *Sartre s'intéressait à la vie et à ses propres idées, celles des autres l'ennuyaient* [...].
À l'École normale, Sartre avait adopté un énergique slogan : "Science, c'est peau de balle. Morale, c'est trou de balle." »

Simone de Beauvoir, *La Force de l'âge*, Gallimard, 1960.

« [...] *je porte à Sartre une vive estime intellectuelle, en dépit de son* Baudelaire, *qui, vous vous en doutez, n'est pas le mien, et de nos formations d'esprit très différentes.* »

André Breton, *Entretiens (1913-1952)*, Gallimard, 1952.

« *Sartre ou la nostalgie de l'idylle universelle.* »

Albert Camus, *Carnets*, t. II, Gallimard, 1964.

« *Il y avait en lui, dans la force de son âge, du taureau ou, plutôt du bouvillon. Il ne marche pas, il fonce, carré, large d'épaules, avec un mouvement du torse jeté en avant et pourtant il y a, dans son allure, une danse.* [...]
Il a un tic qui toujours me fascine. Quand il réfléchit ou qu'il écoute, ce mouvement de l'épaule droite soulevée en même temps qu'il écarte légèrement du corps le bras replié. »

Jean Cau, *Croquis de mémoire*, Julliard, 1985.

« *Il faut que je lise absolument, paraît-il, une sorte d'article, le* Portrait d'un antisémite, *par Jean-Baptiste* [sic] *Sartre* (Temps modernes, *décembre 1945). Je parcours ce long devoir, jette un œil, ce n'est ni bon ni mauvais, ce n'est rien du tout, un pastiche... une façon de "Lamanièredeux"...* [...] *La manière de Céline aussi... et puis de bien d'autres...* [...] *Ah ! le damné pourri croupion ! Qu'ose-t-il écrire ?* "Si Céline a pu soutenir les thèses socialistes des nazis c'est qu'il était payé." *Textuel. Holà ! Voici donc ce qu'écrivait ce petit bousier pendant que j'étais en prison en plein péril qu'on me pende. Satanée petite saloperie gavée de merde, tu me sors de l'entre-fesse pour me salir au dehors !* [...]
Dans mon cul où il se trouve, on ne peut pas demander à J.-B. S. d'y voir bien clair, ni de s'exprimer nettement. »

Céline, « À l'agité du bocal », in *Louis-Ferdinand Céline*, « Cahiers de l'Herne », L'Herne, 1965.

« *Il est très naïf, très ignorant de certaines choses capitales.* "Je vous avoue, *disait-il à Genet,* ne rien comprendre à la poésie. — Mais alors, *lui répond Genet,* vous ne comprenez rien." »

Jean Cocteau, *Journal (1942-1945)*, 1er juillet 1944, Gallimard, posthume, 1989.

« *Sartre, si généreux, si intéressé par toute chose, est tombé à pic pour servir d'excuse à toute une jeunesse vide (qui ne l'a pas lu).* »

Jean Cocteau, *Le Passé défini*, t. II, Gallimard, posthume, 1985.

« *J'aime Sartre. Contrairement à ce qu'on croit il est hanté par la poésie et il ne la prend pas à la légère.* »

Jean Cocteau, *Le Passé défini*, t. III, Gallimard, posthume, 1989.

« Huis clos, *c'est bien fait, mais c'est la moindre des choses.* [...] *C'est la pensée de Marx, de Nietzsche, bon, mais voulant détruire l'atmosphère de l'arrière-monde religieux, il emprunte la mythologie de l'arrière-monde, il veut la bafouer, mais il s'en sert et il s'y prend comme il ne croyait pas du tout qu'il s'y prendrait : en effet, non seulement il*

emprunte mais il fait sien entièrement le point de vue moraliste qui implique un enfer et un ciel.
[...]
Marx se serait mis dans une belle rogne en voyant cette pièce et il aurait récrit La Sainte Famille. »

Pierre DRIEU LA ROCHELLE, *Journal*, 10 juillet 1944, in *Sur les écrivains*, Gallimard, posthume, 1964.

« *Que l'auteur du* Mur, *des* Mots, *de* Huis clos *ait pu, durant une guerre dont tout Français lucide connaissait d'avance l'issue (la bourgeoisie criant* "Plutôt Hitler que Léon Blum !" *cependant que le parti communiste approuvait l'alliance de Staline avec M. Adolf Hitler), rester un irréprochable marxiste, c'est bien la preuve que cet homme de génie n'a jamais rien compris à la politique : qu'il est déjà, dans les* Carnets de la drôle de guerre, *le futur auteur des* Communistes et la Paix. *Un peu triste, non ?* »

ÉTIEMBLE, « Francis Ponge et le Parti pris de l'homme », in *Francis Ponge*, « Cahiers de l'Herne », L'Herne, 1986.

« Huis clos. *La pièce m'a fait un effet extraordinaire. Je crois qu'un catholique aurait pu l'écrire sans y changer grand-chose. L'enfer c'est avant tout de ne pouvoir aimer. Peu à peu, on se sent gagné par un sentiment d'horreur à cause de la parfaite vraisemblance de cette image d'un châtiment éternel.* »

Julien GREEN, *Journal*, t. VI, Gallimard, 1990.

« *Je ne crois pas que Sartre soit un philosophe de premier ordre. J'admire son style assyrien.* »

Jean GUITTON, *Un siècle, une vie*, Laffont, 1988.

« *Lu : Sartre,* Le Sursis. *Ce qu'il y a d'inquiétant c'est moins le phénomène que sa popularité. Chez Zola, la description de la pourriture est encore liée à certains lieux, tels que les boucheries, les bordels, les halles. Chez Céline et chez Sartre, elle imprègne chaque phrase, chaque ligne, chaque exposé des faits. On sent que c'est toute la charogne qui fermente.*
L'étonnant, c'est la parfaite maîtrise du dialogue, dans l'authenticité de son néant. Il transmet au lecteur des temps futurs, s'il s'en trouve pour s'y intéresser, avec une grande précision, la manière dont on parlait au café, dans les bars, dans le métro. Ici, le néant se change en virtuosité — c'est un vrai tour de force que de noter les lieux communs de telle manière qu'on les croirait à peine écrits ou imprimés. Notes en style phonographique.
En lisant ces romans, on a l'impression de voir la société dans un miroir trouble. Le manger et le boire, la chair des hommes et des femmes, les idées mêmes — tout devient morne, baigne dans une atmosphère mortelle. L'impression est celle d'un camp de concentration sans barbelés.
Des livres qu'on ne lit qu'une fois. »

Ernst JÜNGER, *Journal*, t. IV, *1945-1948*, trad. franç. Henri PLARD, Bourgois, 1980.

« *Sartre proclame son intime différence d'avec le communisme, mais il proclame en même temps qu'il ne veut pas être anticommuniste. Lui aussi, au fond, est un bourgeois, lui aussi est encore et toujours pour la mesure, pour le juste milieu, pour la clarté française. Un cartésien qui a entrevu les limites du cartésianisme, l'insuffisance de la raison, et qui en même temps a peur des forces obscures, incontrôlables, que le cartésianisme ne peut ni* maîtriser, *ni expliquer.* »

Curzio MALAPARTE, *Journal d'un étranger à Paris*, trad. franç. Gabrielle CABRINI, Denoël, 1967.

« *Sartre écrivit des traités de philosophie et des essais de politique, des livres de critique et des romans, des nouvelles et des pièces de théâtre. Profusion ne veut pas toujours dire excellence. Ses dons n'étaient pas ceux d'un artiste : souvent, il se perd en digressions et longueurs inutiles. Son langage est insistant et répétitif : le martèlement utilisé comme argument. Le lecteur en sort fatigué, non convaincu. Si sa prose n'est guère mémorable, que dire des romans et nouvelles ? Il écrivit des récits admirables, mais il lui manquait le pouvoir du romancier : la capacité de créer des mondes, des ambiances et des personnages.* [...] *Quant à la philosophie, ses contributions furent précieuses, mais partielles. Son œuvre ne constitue pas un commencement, mais une continuation et, parfois, un commentaire d'autres œuvres. Qu'en resterait-il sans Heidegger ?*
Dans ses essais, abondent les pages vives, denses, toujours un peu excessives, puissante houle verbale bouillonnante d'idées, de sarcasmes, de saillies. Le meilleur de son écriture, à mon sens, c'est ce qu'il y a de plus personnel, de moins "engagé", ces textes qui sont plus proches de la confession que de la spéculation, comme tant de pages des Mots, *peut-être son meilleur livre : les mots s'incarnent, jouent, retournent à l'enfance. Sartre excellait dans deux genres opposés : l'analyse et l'invective.* »

Octavio PAZ, *Rire et Pénitence*, trad. franç. Claude ESTEBAN et Jean-Claude MASSON, Gallimard, 1983.

« *Sartre écrit plutôt avec sa raison qu'avec sa sensibilité.* »

Charles VILDRAC, *Pages de journal*, mars 1958, Gallimard, 1968.

BIBLIOGRAPHIE

Éditions

Presque toutes les œuvres de Sartre sont disponibles chez Gallimard. La plupart des textes littéraires (*La Nausée, Le Mur, Les Mots, Les Chemins de la liberté,* les pièces de théâtre) sont disponibles dans la collection « Folio », ainsi que *Situations I (Critiques littéraires)* et *Situations II (Qu'est-ce que la littérature ?).*

Pour les textes posthumes, on retiendra *Les Carnets de la drôle de guerre* (1983), les *Lettres au Castor et à quelques autres* (1983), les *Écrits de jeunesse* (1990), *La Reine Albemarle ou le Dernier Touriste* (1991).

Œuvres romanesques, éd. M. CONTAT et M. RYBALKA, « Pléiade », Gallimard, 1981.

L'Idiot de la famille, « Tel », Gallimard, 1983, 3 vol.

Études

A. BOSCHETTI, *Sartre et « Les Temps modernes »,* Minuit, 1985.

A. BUISINE, *Laideurs de Sartre,* P.U. Lille, 1986.

Cl. BURGELIN, *Lectures de Sartre,* P.U. Lyon, 1986 ; *Claude Burgelin présente « Les Mots » de Jean-Paul Sartre,* « Foliothèque », Gallimard, 1994.

M.-A. BURNIER, *L'Adieu à Sartre,* Plon, 2000.

J. CAU, *Croquis de mémoire,* Julliard, 1985.

A. COHEN-SOLAL, *Sartre. 1905-1980,* Gallimard, 1985, rééd. « Folio Essais », Gallimard, 1989 ; *Album Jean-Paul Sartre,* « Pléiade », Gallimard, 1991.

J. COLOMBEL, *Jean-Paul Sartre,* « LdP/Textes et Débats », LGF, 1985-1986, 2 vol.

M. CONTAT et M. RYBALKA, *Les Écrits de Sartre,* Gallimard, 1970 ; *Sartre : bibliographie 1980-1992,* CNRS, 1993.

J. DEGUY, *Jacques Deguy présente « La Nausée » de Jean-Paul Sartre,* « Foliothèque », Gallimard, 1993.

S. DOUBROWSKY, *Autobiographiques, de Corneille à Sartre,* PUF, 1988.

I. GALSTER, *Le Théâtre de Jean-Paul Sartre devant ses premiers critiques,* J.-M. Place, 1986.

Fr. GEORGE, *Deux Études sur Sartre,* Bourgois, 1976.

D. HOLLIER, *Politique de la prose, Jean-Paul Sartre et l'an quarante,* Gallimard, 1982.

Fr. JEANSON, *Sartre,* « Écrivains de toujours », Seuil, 1955, rééd. 1990 ; *Le Problème moral de la pensée de Sartre suivi de Un quidam nommé Sartre,* Seuil, 1965 ; *Sartre dans sa vie,* Seuil, 1974.

Fr. LAPOINTE, *Jean-Paul Sartre and his Critics : an International Bibliography,* Bowling Green State University (US), 2e éd., 1981.

Ph. LEJEUNE, « L'ordre du récit dans *Les Mots* de Sartre », in *Le Pacte autobiographique,* Seuil, 1975.

B.-H. LÉVY, *Le Siècle de Sartre,* Grasset, 2000.

J.-Fr. LOUETTE, *Jean-Paul Sartre,* « Portraits littéraires », Hachette, 1993 ; *Silences de Sartre,* P.U. du Mirail, Toulouse, 1995 ; *Sartre contre Nietzsche : « Les Mouches », « Huis clos », « Les Mots »,* P.U. Grenoble, 1996.

Fr. NOUDELMANN, *François Noudelmann présente « Huis clos » et « Les Mouches » de Jean Paul Sartre,* « Foliothèque », Gallimard, 1993 ; *Sartre, l'Incarnation de l'imaginaire,* L'Harmattan, 1996.

J. PACALY, *Sartre au miroir : une étude psychanalytique de ses écrits biographiques,* Klincksieck, 1980.

Ph. PETIT, *La Cause de Sartre,* PUF, 2000.

G. PHILIPPE, *Le Discours en soi. La Représentation du discours intérieur dans les romans de Sartre,* Champion, 1997.

G. et J.-R. RAGACHE, *La Vie quotidienne des écrivains et des artistes sous l'Occupation (1940-1944),* Hachette, 1988.

M. SICARD, *Sartre,* in *Obliques,* nos 18-19, 1979 ; *Sartre et les Arts,* in *Obliques,* nos 24-25, 1981 ; *Essais sur Sartre. Entretiens avec Sartre,* Galilée, 1989.

J. SIMONT, *Jean-Paul Sartre. Un demi-siècle de liberté,* De Boeck Université, Bruxelles (BE), 1998.

P. VERSTRAETEN (dir.), *Autour de Jean-Paul Sartre : littérature et philosophie,* « Idées », Gallimard, 1981.

O. WICKERS, *Trois Aventures extraordinaires de Jean-Paul Sartre,* Gallimard, 2000.

M. WINOCK, « Les Années Sartre », in *Le Siècle des intellectuels,* Seuil, 1997, pp. 389 à 605.

Bulletin annuel d'information des études sartriennes, depuis 1987.

Études sartriennes, vol. 7, P.U. Paris X, Nanterre, 1999.

AUDIO & VIDÉO

Vidéo

J. AUDRY, *Huis-clos,* 1954, René Chateau, s.d.

M. MITRANI, *Huis-clos,* 1965, FR3, 1980.

F. RIVERS, *Les Mains sales,* 1951, René Chateau, s.d.

Sartre par lui-même, entretiens avec A. ASTRUC et M. CONTAT, Éd. Montparnasse, 1976, 2 cassettes.

SCARRON

Paul SCARRON

Paris 1610 – *ibid.* 1660

> *« Ce talent de réussir, de façon éminente, en des genres si différents, révèle les dons de Scarron et le place parmi les meilleurs poètes de son temps* [...]. *»*
>
> Antoine ADAM, *Histoire de la littérature française au XVIIe siècle*, Domat, 1951.

> *Vois sur quoi ton erreur se fonde,*
> *Scarron, de croire que le monde*
> *Te va voir pour ton entretien ;*
> *Quoi ne vois-tu pas, grosse bête,*
> *Si tu grattais un peu ta tête,*
> *Que tu le devinerais bien ¿*
>
> Gilles BOILEAU, sizain cité *in* Théophile GAUTIER, « Paul Scarron », in *Les Grotesques*, 1844.

Un esprit plein de grâce en un corps disgracieux

L'abbé libertin et galant

Fils — il en était le 7e enfant — d'un conseiller à la Cour des comptes, Scarron perdit sa mère à 3 ans et souffrit du remariage de son père — notamment sur un plan matériel : sa marâtre, judicieusement nommée Françoise de Plaix, s'employa à déshériter les enfants du premier lit au profit de ceux du second. Sans jamais accéder à la prêtrise, il embrassa l'état ecclésiastique dès 1629, tout en fréquentant chez Marion de Lorme et se liant avec Tristan L'Hermite, Saint-Amant, Sarasin, Faret, Mairet, Georges de Scudéry. En 1633, il entra au service de l'évêque du Mans, Charles de Beaumanoir. Il fut aussi protégé par le comte de Belin, grand amateur de théâtre. En 1635, il séjourna six mois à Rome, où il connut le poète Maynard et le peintre Poussin ; il s'imprégna des œuvres burlesques des Italiens Alessandro Tassoni, Giovan Battista Lalli et Pogge. De retour au Mans en 1636, Scarron obtint un canonicat, que lui contesta le neveu du précédent chanoine ; mais le poète gagna son procès en 1640. En 1638, il ressentit les premières atteintes de la maladie — sans doute une tuberculose osseuse, en dépit des légendes les plus extravagantes — qui le rendit infirme. Ce mal sonna le glas de son existence d'abbé galant : il regagna Paris et s'établit au Marais, rue de la Tissanderie. Victime de l'efficacité douteuse des soins du médecin-poète La Mesnardière, Scarron ne cessa de rêver de guérison jusqu'à la fin de sa vie.

L'écrivain professionnel

Grâce à l'entremise de sa protectrice Marie de Hautefort, il obtint en 1643 une gratification d'Anne d'Autriche, qui lui concéda la charge burlesque de « *malade de la reine* ». Deux ***Recueils de vers burlesques*** parurent chez Toussaint Quinet (1643-1644), lançant la mode de ce genre littéraire, mais Mazarin fut insensible à la dédicace de l'épopée burlesque ***Typhon ou la Gigantomachie*** (1644), et le poète incrimina alors « *le mauvais riche* ». Poursuivant une intense activité littéraire — sous couleur d'improvisations désinvoltes, il fut l'un des premiers « professionnels » de la littérature —, il emprunta à l'espagnol Francisco de Rojas le sujet de ***Jodelet, ou le Maître valet***, créé en 1643, et des ***Trois Dorothées, ou le Jodelet souffleté*** (1645 ?) : les deux pièces utilisent habilement la popularité du comédien Julien Bedeau, dit Jodelet, qui termina sa carrière dans la troupe de Molière.

En 1646, Scarron passa deux mois au Mans. Une chute de brancard le laissa dos voûté et tête baissée, semblable à « *un Z* », selon son expression : « *J'ai les bras raccourcis aussi bien que les jambes, et les doigts aussi bien que les bras ; enfin, je suis un raccourci de la misère humaine. Voilà à peu près comme je suis fait. Puisque je suis en si beau chemin, je vais t'apprendre quelque chose de mon humeur. Aussi bien cet avant-propos n'est-il fait que pour grossir le livre à la prière du libraire, qui a peur de ne retirer pas les frais d'impression, sans cela il serait très inutile, aussi bien que beaucoup d'autres ; mais ce n'est pas d'aujourd'hui que l'on fait des sottises par complaisance, outre celles que l'on fait de son chef. J'ai toujours été un peu colère, un peu gourmand, un peu paresseux. J'appelle souvent mon valet sot, et un instant après monsieur. Je ne hais personne, Dieu veuille qu'on me traite de même. Je suis bien aise quand j'ai de l'argent, et je serais encore plus aise si j'avais de la santé. Je me réjouis assez en compagnie. Je suis assez content quand je suis seul. Je supporte mes maux assez patiemment. Mais il me semble que mon avant-propos est assez long, et qu'il est temps que je le finisse* » (***Epistre au lecteur***, 1647). L'année 1647 vit paraître la 2e partie de ***La Suitte des œuvres burlesques***, avec une « *Epistre dédicatoire à très honnête et très divertissante chienne dame Guillemette, petite levrette de ma sœur* » : manière de railler la manie des dédicaces aux grands seigneurs.

En 1648, Scarron commença la publication

du ***Virgile travesty en vers burlesques***, qui s'échelonna jusqu'en 1653 : mais le travestissement burlesque s'essouffla, et le 8e livre resta inachevé.

Du frondeur au romancier burlesque

Avec la Fronde, Scarron perdit sa pension royale, ce qui accrut son hostilité à l'égard de Mazarin. Il quitta alors le Marais pour l'hôtel de Troyes, recueillant une ancienne maîtresse, Céleste de Palaiseau ; il ouvrit son domicile à des frondeurs célèbres, tels le cardinal de Retz ou la comtesse de Fiesque, et publia en 1651 une virulente ***Mazarinade*** qui suscita la fureur de Cyrano de Bergerac — et qui a donné son nom à l'ensemble de cette littérature de pamphlets. La fréquentation de l'érudit Cabart de Villermont renforça son intérêt pour la littérature espagnole. Il projeta de traduire *Don Quichotte* et adapta une nouvelle comédie de Castillo Solorzano, ***L'Héritier ridicule*** (1650), après avoir fait représenter en 1647 ***Dom Japhet d'Arménie*** — pièce aujourd'hui oubliée mais longtemps tenue pour son chef-d'œuvre. Entre-temps, il avait entrepris ***Le Romant comique***, dont la 1re partie parut en 1651.

Vivement impressionné par la légende dorée du nouveau monde telle que la constituait Cabart de Villermont — le miracle du commandeur de Poincy, parti pauvre et goutteux, revenu fringant et fortuné des îles de l'Amérique —, Scarron prit une participation dans un projet d'établissement en Guyane avec la Compagnie des Indes. Loret fut le premier à annoncer son départ prochain dans *La Muse historique* du 31 décembre 1651, et Scarron lui-même écrivit à Sarasin : « *Je renonce aux vers burlesques, aux romans comiques et aux comédies pour aller dans un pays où il n'y aura ni faux béats, ni filoux de dévotion, ni inquisition, ni hiver qui m'assassine, ni fluxion qui m'estropie, ni guerre qui me fasse mourir de faim.* »

L'époux de la future Mme de Maintenon

Scarron préparait en même temps son mariage avec la jeune Françoise d'Aubigné — petite-fille du poète Agrippa d'Aubigné et qui avait vécu enfant en Martinique — afin de soustraire au couvent cette orpheline sans fortune, qu'il épousa en avril 1652, après avoir résigné son canonicat. Mais les témoignages des survivants de la dramatique expédition aux Indes équinoxiales, de 1652, le dissuadèrent d'entreprendre un voyage soumis aux aléas de la piraterie, des pénuries, des épidémies et des querelles. En 1653, Scarron se vit octroyer par Fouquet une pension de 1 600 livres ; il s'installa dans un hôtel confortable rue Neuve Saint-Louis au Marais. Cloué sur sa chaise de cul-de-jatte, il animait avec son épouse un salon d'une étourdissante gaieté que hantaient Scudéry, Sarasin, Ménage, Ninon de Lenclos, Mme de La Sablière, Méré, Mme de Sévigné. En 1655, toujours à court d'argent, il entreprit une ***Gazette burlesque*** — qui fut un échec —, donna deux comédies, ***L'Escolier de Salamanque***, et ***Le Gardien de soy-même*** (dédiée à Fouquet) mais aussi des ***Nouvelles tragi-comiques***, adaptées de l'espagnol. En 1656, il publia ***Léandre et Héro***, ode au burlesque tempéré, et une comédie, ***Le Marquis ridicule, ou la Comtesse faite à la haste***. Le poète rêvait encore d'Amérique, mais il ne franchit jamais le pas ; plaçant ses espoirs dans les vertus curatives de l'or potable (une des étapes du grand œuvre alchimique), il obtint l'autorisation d'installer un laboratoire pour en fabriquer. En septembre 1657, il dédia à l'épouse de Fouquet la 2de partie du ***Roman comique***, et, en 1659, il se retira avec la « *belle Indienne* » à Fontenay-aux-Roses pour mettre fin aux rumeurs sur son infortune conjugale. Il publia la même année les ***Epistres chagrines*** et donna deux comédies, ***La Fausse Apparence*** et ***Le Prince corsaire*** (éditées en 1663). Son mal s'aggravant, il mourut le 6 octobre 1660, après avoir rédigé ***Le Testament de monsieur Scarron, son épitaphe et son portrait en vers burlesques*** : celui qui, humoriste avant la lettre, traitait toujours ses propres maux par la dérision, y léguait

Au sieur de Benserade,
Quatre cents livres de pommade,

puis

À Molière, le cocuage
Au gros Saint-Amant, du fromage

(***Testament***, vv. 127-128 et 135-136)

avant de proposer sa propre épitaphe :

Celui qui ci maintenant dort
Fit plus de pitié que d'envie,
Et souffrit mille fois la mort
Avant que de perdre la vie.

Passant, ne fay icy de bruit :
Garde bien que tu ne l'esveille,
Car voicy la première nuit
Que le pauvre Scarron sommeille.

Sa veuve, contrainte par les créanciers à vendre le mobilier, entra au service des enfants de Mme de Montespan, à qui elle succéda dans les faveurs de Louis XIV : le roi l'épousa secrètement en 1683, après l'avoir faite marquise de Maintenon. L'homme de lettres Bruzen de La Martinière publia les œuvres complètes de Scarron à Amsterdam, en 1737.

Le burlesque par excellence

Scarron usa de toutes les facettes du travestissement burlesque. Il détourna, par exemple, le registre habituel du blason :

Vous faites voir des os quand vous riez, Hélène,
Dont les uns sont entiers et ne sont guères blancs ;
Les autres des fragments noirs comme de l'ébène,
Et tous, entiers ou non, cariés et tremblants.

(sonnet, in ***Œuvres*** de 1654)

Dans ***Le Virgile travesti***, il transforma l'hexamètre de l'*Énéide* en octosyllabe, accumula les anachronismes — Didon fait le signe de la croix (I, v. 2226), dit le *Benedicite* (I, v. 2658), Créuse raccommode sa « *jartiere* » (II, v. 2872) —, mêla épopée et ton familier — Didon est « *une grosse dondon* » (I, v. 2734), et Énée, un héros plaintif, dont on dit *Qu'il donnoit des pleurs à crédit / et qu'il avoit le don des larmes* (VI, vv. 1794-1795) —, joua enfin sur les ressources du lexique dans la tradition des Rhétoriqueurs :

Nous n'avions pas longtemps vogué,
Que l'aurore au visage gai,
D'une lumière zinzoline
Enzinzolina la marine.

(III, v. 1711 à 1714)

Cette écriture, dont le relâchement n'est qu'apparence, protestait contre le purisme grandissant. Dans ses comédies, le poète sut pratiquer l'ironie fine et le badinage galant. Dans ***Le Roman comique***, la parodie du style épique et du roman héroïque — « *Le soleil donnait à plomb sur les antipodes et ne prêtoit à sa sœur qu'autant de lumière qu'il lui en falloit pour se conduire dans une nuit fort obscure* » (II, 1) — s'accompagne des commentaires du parodiste, cela dès les titres de chapitres : « *Qui ne contient pas grand chose* » (I, 5), « *Qui contient ce que vous verrez, si vous prenez la peine de le lire* » (II, 11).

De la gloire à l'oubli

De son vivant, Scarron fut entouré d'une aura mythique, liée tout autant aux circonstances prétendues de sa disgrâce physique — l'une des légendes les plus tenaces assurait que le poète était tombé malade à la suite d'un séjour prolongé dans une mare glacée où, déguisé en oiseau à l'occasion d'un carnaval, il se serait réfugié pour échapper à ses poursuivants scandalisés par sa nudité ! —, qu'au rayonnement avéré de sa grâce intellectuelle — qui fit de lui l'un des écrivains les plus inspirés et les plus goûtés de son siècle. Tallemant des Réaux soulignait déjà, dans ses *Historiettes*, le contraste entre ses misères physiques et sa bouffonnerie : « [...] *c'est peut-estre une des merveilles de nostre siecle qu'un homme en cet estat-là et pauvre puisse faire rire comme il fait.* »
Le succès du ***Virgile travesti*** a imposé Scarron en chef de file involontaire d'une école burlesque, dont les imitateurs (Richer, d'Assoucy) ne parvinrent pas à égaler le maître. Scarron, dès 1649, se déclarait lui-même « *tout prêt d'abjurer un style qui a gâté tant de monde* » (***Dédicace*** du livre V). Si Boileau vilipenda le ***Typhon*** dans son *Art poétique*, les romantiques réhabilitèrent un homme et une œuvre fascinants. Hugo évoqua Scarron parmi les « *Mages* », dont le rire rime avec souffrance (*Les Contemplations*). Gautier célébra « *l'Homère de l'école bouffonne* » (*Les Grotesques*, 1844), avant de tenter lui-même un « roman comique » avec *Le Capitaine Fracasse* (1863). Et bien des aspects du théâtre de Rostand sont redevables au « père du burlesque ». Figure originale en son siècle, où il fut l'un des premiers à tenter de vivre de sa plume, Scarron — même s'il continue à remplir davantage les recueils d'anecdotes que les manuels d'études littéraires — se voit aujourd'hui reconnaître la place décisive de médiateur entre les genres, subtil alchimiste du « goguenard » et du galant. Poète, dramaturge et romancier, Scarron, singulier mélange d'inconsolable gaieté et de bonté féroce, a illustré toutes les facettes de l'écriture enjouée. En un siècle d'ordre et de raison, de règles et de codes, de pouvoir et de contrôle, il n'a suivi que ceux de sa verve et de sa fantaisie, de son irrévérencieuse imagination, répondant à l'insulte de sa laideur par l'insolence de son humour.

ŒUVRES

***Jodelet,** ou le Maître valet*

Comédie burlesque en 5 actes — comportant respectivement 6, 15, 20, 10 et 9 scènes — et en vers, inspirée de la pièce de Francisco de Rojas Zorrilla, *Donde hay agravios no hay celos, y amo criado [Où il y a offenses, il n'y a pas jalousies, ou le Maître valet]*, et créée en 1643, à Paris, par la troupe du Marais.

Le jeune dom Juan d'Alvarade doit se rendre à Madrid pour épouser la belle Isabelle, fille de dom Fernand. Mais son valet a interverti les portraits, si bien que la jeune fille détient l'image du valet Jodelet. Furieux, dom Juan décide néanmoins d'exploiter le quiproquo afin d'étudier librement le caractère de sa promise, projet qui n'enchante pas le poltron Jodelet : DOM JUAN. *Tu passes pour mon maître, et moi pour ton valet ; / Ton portrait supposé fait ici des merveilles. / Qu'as-tu cher Jodelet, tu branles des oreilles ?* JODELET. *Tous ces déguisements sentent trop le bâton* (I, 3).

Mais Isabelle, effrayée par l'apparence de son fiancé, appelle à l'aide son cousin dom Louis, en qui dom Juan reconnaît le séducteur de sa sœur. Il jette le masque, et tout s'achève par un triple mariage : le valet, qui épouse Béatris — la suivante d'Isabelle —, reprend gaiement sa livrée.

En pleine vogue de la comédie sentimentale et romanesque à l'espagnole, Scarron, spécialiste du burlesque, empruntait aux Espagnols un type d'intrigue dans lequel le rapport entre les aventures sentimentales des jeunes premiers et les scènes comiques marginales liées au personnage bouffon (valet ou rustre) s'inverse. ***Jodelet, ou le Maître valet*** marquait ainsi l'invention de la comédie burlesque. Le comique de l'œuvre repose sur des jeux de dissonance produits par des fautes de ton du valet déguisé qui, mis en présence de son futur beau-père et de sa fiancée, fait ainsi une demande insolite : *N'avez-vous point sur vous quelque bon cure-oreille ? / Je ne puis dire quoi me chatouille dedans ; / Hier je rompis le mien en m'écurant les dents* (II, 7). La parodie transparaît parfois, témoin cet écho au *Cid* : *Pleurez donc, ô mes yeux ; soupirez, ma poitrine* (II, 3).

Le farceur Julien Bedeau avait créé, dès 1634, le personnage de Jodelet, valet poltron, gourmand, grossier, héritier du parasite de la comédie antique — et, ici, du *gracioso* de la comédie espagnole.

Un ballet de cour, *La Boutade des comédies*, confirma le succès de l'œuvre, qui figura parmi les comédies le plus souvent représentées par la troupe de Molière. La pièce fut aussi jouée à la Comédie-Française en 1681 et 1685 et connut 8 rééditions de 1646 à 1659. Ensuite, jugée par le goût classique trop éloignée des canons de la comédie de mœurs et de caractères, elle disparut du répertoire.

*Le **Roman comique***

Roman en 2 parties — dédiées l'une « *au coadjuteur* » (le cardinal de Retz), l'autre « *à la surintendante* » (l'épouse de Fouquet), et comportant respectivement 23 et 20 chapitres (numérotés et titrés) —, publié à Paris, d'abord chez Quinet en 1651, puis chez de Luynes en 1655 (1re partie) et 1657 (2e partie), sous le titre ***Le Romant comique***, et resté inachevé du fait de la mort de l'auteur.

À travers le récit de quelques semaines de la vie d'une troupe de comédiens (désignés par l'adjectif « *comique* ») dans la région du Mans, le roman oppose les aventures sérieuses et romanesques des deux jeunes premiers (Destin et l'Étoile), devenus acteurs pour échapper à des poursuivants mal intentionnés, aux mésaventures bouffonnes des personnages médiocres ou franchement ridicules. Tel est l'anti-héros Ragotin, présenté comme « *un petit homme veuf, avocat de profession, qui avait une petite charge dans une petite juridiction voisine* [...]. *C'était le plus grand petit fou qui ait couru les champs depuis Roland* » (I, 8).

Et tel est aussi son comparse, le poète Roquebrune, « *un poète ou plutôt un auteur, car toutes les boutiques d'épiciers du royaume étaient pleines de ses œuvres aussi bien en vers qu'en prose* [...]. *Il menaçait les comédiens de quantités de pièces ; mais il leur en avait fait grâce jusqu'à l'heure* » (I, 8).

Autour de la troupe, gravitent aussi le lieutenant La Rappinière — « *le rieur de la ville du Mans* » (I, 2) —, le violent baron de Sigognac — « *un vrai tyran du Périgord* », qui fait jouer la petite troupe chez lui, et que la comédie parvient à « humaniser » : « *la comédie l'avait humanisé* » (II, 3) —, ou encore l'hôtesse des comédiens, « *cette nymphe tavernière* » (II, 6). Enchâssées dans le récit, 4 nouvelles espagnoles font ressortir, par le contraste de leur romanesque échevelé, à la fois le romanesque tempéré des aventures des jeunes héros et le réalisme comique des événements que suscite le passage de la troupe dans le cadre manceau. Cette composition subtile — masquée par la désinvolture d'un narrateur qui paraît aller lui-même à l'aventure — justifie l'association, provocatrice pour l'époque, des termes de « *roman* » et de « *comique* » (le premier sens du terme est « *qui concerne la comédie* » — ici, le monde des comédiens) : mettre en scène la vie quotidienne de personnages médiocres dans un cadre réaliste, c'était au XVIIe siècle, le domaine de l'« *histoire comique* » — le roman, lui, se consacrant aux aventures merveilleuses ou pseudo-historiques de héros épiques. Par là, ***Le Roman comique*** est une tentative réussie de synthèse proposant une écriture « *plus à notre usage et plus selon la portée de l'humanité* » et comportant une véritable réflexion sur le genre romanesque amorcée dès l'*incipit*, constitué d'une longue périphrase « *Le soleil avait achevé plus de la moitié de sa course* [...] », bientôt « traduite » par l'auteur : « *Pour parler plus humainement et plus intelligiblement, il était entre cinq et six quand une charrette entra dans les halles du Mans* » (I, 1). D'où les constants changements de rythme de l'œuvre, dans laquelle les intrusions du narrateur sont extrêmement nombreuses, notamment à propos de la littérature de l'époque ; ainsi d'Alexandre Hardy, modèle de Roquebrune : « *Vous savez que Monsieur du Hardi n'a jamais observé cette rigide règle des vingt-quatre heures, non plus que quelques-uns de nos poètes modernes* » (II, 9). Tout en donnant son opinion sur « *l'inimitable Monsieur de Corneille* », et sur son *Nicomède*, comédie « *admirable à mon jugement* » (II, 18), l'auteur commente sa propre « activité » d'écrivain : « *Le malheureux* [Ragotin] *se trouva le pommeau entre les fesses, où nous le laisserons comme sur un pivot pour nous reposer un peu ; car, sur mon honneur, cette description m'a plus coûté que tout le reste du livre et encore n'en suis-je pas trop bien satisfait* » (I, 19).

Sorel a souligné l'originalité d'un « *style particulier à l'auteur, qui est de faire raillerie de tout, même dans les narrations où il parle de lui-même, ce qui est proprement le burlesque plutôt que le comique* » (*Bibliothèque française*, 1664). Des suites médiocres furent proposées (anonyme, 1663 ; Préchac, 1679). La Fontaine et Champmeslé portèrent *Ragotin* sur scène en 1684. ***Le Roman comique*** a suscité l'admiration de Diderot, Stendhal, Nerval, Gautier (qui s'en inspira dans *Le Capitaine Fracasse* : Sigognac est le nom du héros). Giono évoqua aussi dans son *Journal* ce roman qui avait « *enchanté* [sa] *jeunesse* ».

CITATIONS

Que béni soit le jus d'octobre,
Ce jus qui rougit tant de nez :
Malheur sur les morigénés,
Malheur, malheur, sur la gent sobre...

Au grand Flotte, chanson à boire.

Noé, qui sur les flots fit flotter sa maison,
Quand tout le genre humain but plus que de raison.

Don Japhet d'Arménie, I, 2.

Les absents sont assassinés à coups de langue.

Le Roman comique, I, III.

Elle n'était pas laide, quoique si maigre et si sèche, qu'elle n'avait jamais mouché de chandelle avec ses doigts que le feu n'y prît.

Le Roman comique, I, IV.

À force d'obéir à la guerre, il s'était rendu capable de bien commander dans sa maison.

Le Roman comique, II, VI.

Il n'est point de ciment que le temps ne dissoude.
Si vos marbres si durs ont senti son pouvoir,
Dois-je trouver mauvais qu'un méchant pourpoint noir
Qui m'a duré deux ans soit troué par le coude ?

Sonnet.

On dit qu'une femme n'a pas
Au cul ce qu'elle a dans la tête ;
Si le proverbe est malhonnête,
Au premier avertissement,
On peut le rayer aisément.

Le Virgile travesti, II.

[...] Mentale fornication
Ou fornication mentale ;
En tous sens la chose est égale.

Le Virgile travesti, VII.

JUGEMENTS

« Il y a dans cette vie cruelle, incertaine, encombrée, plusieurs épisodes qui ne sont que tendresse et dévouement. Scarron est bon. Comme s'il pardonnait au destin. Il bavarde, il est gai, il travaille, il se débrouille ; tout cela parce qu'il faut bien vivre tant qu'on n'est pas mort ; tout cela avec ce pessimisme sérieux qui est, finalement, la pierre d'assise de tous les écrivains souriants. [...] À côté de son ami Retz qui fut un raté de génie, il a tenu sa place, qui fut celle d'un raté de talent. »

Pierre BOST, « Scarron », in *Tableau de la littérature française*, I, Gallimard, 1962.

« C'était plutôt un étrange chanoine, mais son histoire est une suite d'étrangetés. Il courtisa la muse comique de son fauteuil d'infirme, et dans la même position — il ne pouvait même pas se mettre à genoux — il se livra à l'entreprise de séduction qui fit de lui le premier mari d'une dame dont Louis XIV allait être le second. »

Henry JAMES, *Voyage en France*, trad. franç. Philippe BLANCHARD, Belfond, 1987.

« Le petit Scarron, qui s'est surnommé luy-mesme cû de jatte [...], a tousjours eu de l'inclination à la poésie, dansoit des ballets et estoit de la plus belle humeur du monde, quand un charlatan, voulant le guerir d'une maladie de garçon, luy donna une drogue qui le rendit perclus de tous ses membres, à la langue près et quelque autre partie que vous entendez bien [...]. Il est depuis cela dans une chaise couverte par le dessus, et il n'a de mouvement libre que celuy des doits, dont il tient un petit baston pour se gratter ; vous pouvez croire qu'il n'est pas autrement ajusté en galant. Cela ne l'empesche pas de bouffonner, quoyqu'il ne soit quasy jamais sans douleur [...]. »

Gédéon TALLEMANT des RÉAUX, *Le Petit Scarron*, in *Historiettes*, 1657, posthume, 1960.

BIBLIOGRAPHIE

Éditions

Dom Japhet d'Arménie, éd. R. GARAPON, STFM, 1967 ; in *Théâtre du XVIIe siècle*, t. II, éd. J. TRUCHET, « Pléiade », Gallimard, 1986.

L'Héritier ridicule ou la Dame intéressée, éd. R. GUICHEMERRE, STFM, 1983.

Jodelet ou le Maître valet, in *Théâtre du XVIIe siècle*, t. II, éd. J. TRUCHET, « Pléiade », Gallimard, 1986.

Poésies diverses, éd. M. CAUCHIE, STFM, Didier, t. I, 1947 ; t. II, 1, 1960 ; t. II, 2, 1961.

Le Roman comique, in *Romanciers du XVIIe siècle*, éd. A. ADAM, « Pléiade », Gallimard, 1958 ; éd. J. SERROY, « Folio », Gallimard, 1985 ; éd. Y. GIRAUD, « LdP », LGF, 1994.

Le Virgile travesti, éd. J. SERROY, « Classiques Garnier », Bordas, 1988.

Études

P. BOST, « Scarron », in *Tableau de la littérature française*, I, Gallimard, 1962, pp. 604 à 612.

C. DEDEYAN, *Le Roman comique*, SEDES, 1983.

Th. GAUTIER, « Paul Scarron », in *Les Grotesques*, 1844, rééd. Plein Chant, Bassac (Charente), 1993.

L.-S. KORITZ, *Scarron satirique*, Klincksieck, 1977.

I. LANDY et M. MÉNARD (dir.), *Burlesque et Formes parodiques*, actes du colloque du Mans, Biblio 17 », PFSCL, Tübingen (DE), 1987.

A.P. LECA, *Scarron, le Malade de la reine*, Kimé, 1999.

P. LERAT, *Le Ridicule et son expression dans les Comédies françaises de Scarron à Molière*, Univ. de Lille, Atelier de reproduction des thèses, 1980.

J. SERROY, *Roman et Réalité : les histoires comiques au XVIIe siècle*, Minard, 1981.

SCÈVE

Maurice SCÈVE

Lyon, v. 1500 – *ibid.*, v. 1560

> *« Où les fleurs de Baudelaire penchent la tête, seulement dans la mélancolie, celles de Scève se redressent, imperturbables vérités. Et ces trois cent quarante-neuf* [*sic* ; en fait, 449] *dizains, dans leur fière succession, autant de corolles, autant de visages, dont chacun possède un sens propre. »*
>
> Roger NIMIER, « Maurice Scève », in *Tableau de la littérature française*, I, Gallimard, 1962.

> *« Il n'est pas un dizain de la* Délie *où ne sévisse une sorte de didactisme ratiocinateur qui sans doute est le pire ennemi de la poésie. [...] l'indiscrète intervention d'un Magister ergoteur qui commente, explique et reste maître de la place qu'aussitôt la Grâce abandonne. Quel dommage ! Car parfois Scève laisse entrevoir où, sans son compagnon en rabat, pourrait l'entraîner son génie. »*
>
> André GIDE, *Anthologie de la poésie française*, Gallimard, 1949.

Une existence énigmatique

Une jeunesse fantomatique

Faute de documents, on sait très peu de choses de la vie de Scève, et elle se confond presque avec l'histoire de sa notoriété et de ses œuvres. Ce qui oriente principalement sa vie est d'essence littéraire. Il naquit à une date conjecturale (1500 ?) dans une très notable et riche famille de robe. De ses études, on ignore tout. On n'a trace de lui dans aucune université, ni en Italie ni en Avignon. Il porte pourtant, en 1540, le titre de « *docteur* », probablement en droit. Ses années de 20 à 30 ans sont totalement obscures. Cependant, son père Maurice I Scève mourut en 1529, année où Maurice II devint père de famille. En 1530, il maria l'une de ses trois sœurs, Jeanne, la dotant richement et renonçant à une bonne part de sa fortune : geste qui témoignait déjà de son goût pour une vie modeste, et — la suite de son existence le confirma — retirée et « *solitaire* ». Si l'on se fie à une brève confidence d'un dizain de ***Délie*** (d. 112), c'est dans ces années qu'il faudrait situer une première passion amoureuse marquante, un « *feu ancien* » qui lui avait laissé l'« *ame toute playeuse* ». En 1530, on le trouve en Avignon, attaché à la maison d'un fonctionnaire ecclésiastique. Il n'y a pas beaucoup de crédit à accorder à la part qu'il aurait prise dans un fait divers culturel qui fit un certain bruit : la découverte, en 1533, d'un prétendu tombeau de la Laure de Pétrarque dans la chapelle d'un couvent avignonnais. La mode de Pétrarque (et possiblement l'engouement de Scève) avait précédé cette découverte, et la notoriété qu'il en aurait retirée ne repose que sur un témoignage tardif.

Les premiers succès littéraires

En 1535, Scève publia à Lyon ***La Deplourable Fin de Flamete***, traduite librement d'un roman espagnol de Jean de Flores, lui-même adapté d'une élégie de Boccace : cette œuvre répondait peut-être à une commande de libraire. C'est le seul passage de Scève par la prose, mise à part ***La Magnificence de la superbe et triomphale entrée de [...] Lyon faicte au Roy Henry II*** (1548). Mais sa jeune notoriété, il la dut, non à la découverte douteuse du tombeau de Laure, non à sa traduction de ***Flamete***, mais à deux textes de forme brève, les « *blasons* » du ***Sourcil*** et de ***La Larme*** avec lesquels il participa au concours de blasons ouvert par Marot en 1535. Il emporta la palme du concours, pour ***Le Sourcil***. Ces blasons furent publiés en recueil en 1536. Leur succès incita Scève à participer au recueil qui s'élargit (1539) avec ***Le Front***, ***La Gorge*** et ***Le Soupir***. Dense, descriptive, métaphorique, cette forme du blason permit à Scève de trouver son ton, qui se révéla pleinement dans ***Délie***.

En 1536 mourut le dauphin François. Cet événement suscita toute une moisson poétique dispersée dans les recueils de divers poètes. Étienne Dolet eut l'idée de rassembler un *Recueil de vers latins et vulgaires* (c'est-à-dire français) constituant une sorte de « *tombeau* » lyonnais du jeune prince. Scève y contribua pour une part importante, avec plusieurs poèmes français et latins, dont son églogue allégorique d'***Arion***, déploration marine d'un Arion mythique sur la mort du dauphin qui le sauva de la noyade. Cette participation — avec la curiosité admirative qu'avaient suscitée ses blasons — fit entrer Scève dans le milieu littéraire lyonnais. Il y garda toujours une certaine réserve un peu hautaine, mais il lia avec Dolet une amitié fidèle qui résista à la disgrâce tragique de ce dernier.

La rencontre de Pernette du Guillet

C'est dans cette année 1536 que l'on situe la rencontre d'un Scève qui se sent déjà « *vieillissant* » et de Pernette du Guillet, de 18 ou 20 ans sa cadette, et qui déjà taquine la Muse : elle fut l'objet d'une passion violente mais essentiellement platonique. Cette identifica-

tion est confirmée par la présence, dans ***Délie***, d'un sonnet « *responsif* » à l'épigramme XIII des *Rymes* de Pernette (parues en 1545), et surtout par les confidences de la poète dans ce même recueil. Pernette se maria en 1538 — pas avec Scève. Le poète a-t-il contribué à un recueil anonyme de 1538, *Le Petit Œuvre d'amour et Gaige d'amytié*, publié à Paris ? Ce recueil témoigne d'un amour passionné et sensuel, pour une dame dont le nom transparaît dans les virtuosités du texte (une certaine Françoise Péchaud) ; mais, outre les réserves que l'on doit formuler chaque fois que biographie et écriture poétique pourraient se croiser, les arguments en faveur d'une attribution à Scève ne paraissent pas convaincants.
Scève, à cette époque, était présent dans la vie sociale et culturelle de Lyon. Il participa aux fêtes de la basoche (1537), aux festivités données à l'occasion d'un pèlerinage à l'Île-Barbe (1539), à l'entrée d'Hippolyte d'Este, archevêque de Lyon (1540). En 1542, il donna la traduction de deux psaumes pour l'édition des Psaumes translatés par Marot. Tout à la fois se manifestait son goût d'une vie retirée et méditative ; il fit, entre 1543 et 1547, plusieurs séjours à la campagne (peut-être à l'Île-Barbe qui abritait un couvent, lieu propice à des retraites occasionnelles).

De *Délie* à *Microcosme*

En 1544 parut ***Délie***, aujourd'hui considérée comme son œuvre majeure, sorte de *canzoniere* précieux et dense placé sous l'inspiration d'une femme où l'on s'est plu à reconnaître Pernette du Guillet.
Une période de deuils s'ouvrit pour le poète : la mort de Pernette, en 1545, celle de son cousin Guillaume à qui le liait une grande amitié, en 1546 ; et sans doute aussi celle, en 1547, du roi François Ier, figure pour lui héroïque et révérée.
En 1547 parut ***La Saulsaye. Eglogue de la vie solitaire***. Cette œuvre d'une lecture aussi limpide qu'était ardue celle de ***Délie*** respire un charme à la fois ovidien et virgilien : virgilien, le débat de deux bergers sur la vie mondaine et la vie solitaire ; ovidienne, la fable tragique, enchâssée dans le texte, des jeunes filles poursuivies par un satyre et métamorphosées en saules :

O du Pasteur la très douce richesse !
Heureux repos éloigné de tristesse...

Tout cela, dans un cadre explicitement lyonnais, le texte se refermant sur la vision du soleil qui

S'en va coucher oultre le mont Fourviere.

L'année 1548 vit le retour de Scève à une vie publique active. Il supervisa les fêtes pour l'entrée d'Henri II à Lyon. Le poète-philosophe Pontus de Tyard — qui l'admirait — témoigna, dès 1550, de sa présence dans un milieu d'élite lettré et savant. En 1555, Scève participa, avec un sonnet, au bouquet d'hommages qui accompagnait les *Euvres de Louïse Labé, Lionnoise*. Mais il ne donna plus aucune publication importante. Sa trace se perd peu à peu ; on doit le supposer retiré de nouveau à la campagne. Une tradition situe sa mort en 1560 : contrairement à l'usage, elle ne fut saluée d'aucun hommage poétique.
En 1562 parut, sans doute posthume, son important ***Microcosme***. Ce poème de « *trois mille et trois vers* », comme l'auteur le rappelle dans son tercet final, est difficile à situer. On le présente généralement comme un poème philosophique, mais la tentation avouée de Scève était de faire une épopée, comme l'indique bien le sonnet qui ferme l'œuvre. Épopée de l'homme adamique, il en raconte la création, la chute, et le drame du meurtre inaugural (Caïn et Abel) dans un premier livre de 1 000 vers, ouvert, comme le veulent les préceptes du poème épique, sur une invocation aux dieux, ou, ici, à Dieu :

Masse de Déité en soi-même amassée,
Sans lieu et sans espace en terme compassée,
[...]
Essence pleine en soi d'infinité latente
Qui seule en soi se plaît, et seule se contente,
Non agente, impassible, immuable, invisible
Dans son Éternité, comme incompréhensible...

Le second livre, de 1 000 vers également, est occupé par un rêve d'Adam, au cours duquel lui est révélé, en sa personne, toute la destinée de l'homme, ce « *petit monde* », « *microcosme* », miroir convexe du « *macrocosme* », l'Univers, et où il accomplit son parcours dans la connaissance. Au troisième livre, Adam retrace pour Ève, mais de façon toute différente, l'encyclopédie de la connaissance :

Pour lui étendre au long son songe prophétique,
Messager du haut Dieu pour espoir pacifique
[...] *il lui raconte en somme*
Le futur bien du Monde, et quel deviendra l'Homme.

Au témoignage même du tercet final, l'œuvre fut achevée en 1559, année de la paix du Cateau-Cambrésis.
Étrange, inexplicable, ce silence où s'est « *avaini* » le poète — « *Longue silence, où je m'avainissoys* », écrit-il dans un vers prémonitoire de ***Délie*** —, éteint peut-être dans le fracas de la jeune Pléiade.
Scève est la figure la plus haute de la première Renaissance française, dont Lyon a été le cadre dans les années 1515 à 1550. Ce « *Prince de la Renaissance lyonnaise* » (pour reprendre le titre de la thèse de Verdun Louis Saulnier [1948]) reste cependant, malgré la place qu'il a occupée de son vivant dans ce milieu d'écrivains, d'humanistes, de grands imprimeurs, une figure assez énigmatique, se détachant de cette culture lyonnaise par la singularité de ses œuvres majeures.

Dense ou grandiose, une écriture toujours virtuose

L'esthétique de Scève est aussi difficile à caractériser que sa personnalité. Il hérite sans aucun doute de la Grande Rhétorique, et on trouverait chez lui de nombreux échos du dernier et du plus brillant de ses poètes, Jean Lemaire de Belges, lyonnais d'esprit et de cœur dans ses œuvres poétiques. L'églogue d'***Arion*** repose sur une allégorie de type médiéval, et la déploration emprunte ses formulations et ses motifs aux Grands Rhétoriqueurs. Le vers qu'il pratique en français est le décasyllabe, à l'exception notable de l'alexandrin, tardivement expérimenté pour ***Microcosme***. Pour la forme même — syntaxe, figures, procédés poétiques —, ***Délie*** comme ***Microcosme*** sont largement tributaires de la technique exigeante et virtuose de la Grande Rhétorique. Mais Scève a sans doute trouvé son ton et son génie dans les formes brèves, qu'il a inaugurées avec les blasons. La forme du dizain, adoptée pour ***Délie***, lui a permis d'imiter, et même d'accentuer, la compacité qu'il admirait dans le sonnet pétrarquien :

L'ardent désir du haut bien désiré
Qui aspirait à cette fin heureuse,
A de l'ardeur si grand feu attiré,
Que le corps vif est jà [déjà] *poussière ombreuse.*

Il y a mis en œuvre une syntaxe serrée, de brusques raccourcis de l'expression, et le bref éclat de certaines images, conférant à l'ensemble l'obscurité par laquelle on le caractérise, parfois non sans reproche, et où abondent les antithèses :

Beauté logée en amère douceur
(dizain IX)

Heureux service en libre servitude
(dizain XII)

Mon espérance est à non espérer
(dizain LXXXII)

Mais on peut être frappé de la disparité de style de ses œuvres principales, ***Délie***, ***La Saulsaye*** et ***Microcosme***. Avec ***La Saulsaye***, il abandonne tout hermétisme, renonce aux délices de la virtuosité et offre un texte lisse et fluide, conforme à la familiarité de la pastorale :

Ainsi vivant seulet en la Saulsaye,
A me guérir de mon mal je m'essaie...

Quant à ***Microcosme***, abusivement réputé illisible, il contraste fortement avec ***Délie*** ; aux éclats révoltés exprimés par la discontinuité du dizain, la constriction du décasyllabe et ses prouesses métriques, il substitue l'ampleur et l'expansion rigoureusement dirigée de ses quelque 3 000 alexandrins. Le point commun formel des deux textes est sans doute la tenue de la syntaxe (parfois poussée dans ce dernier texte jusqu'à ses limites). Le poète a aussi cherché des signifiants étranges, des cacophonies, des ruptures insolites, mais en vue d'effets calculés, comme dans ce passage où il enchaîne aux arides signifiants de la mathématique les divines harmonies de la musique :

En ses coins plus aigus commence tétraèdre
A trop plus amplement esquarrer l'octaèdre.
[...]
De point, ligne, cercle, angle, en divers corps formés
Mesure la figure en traits théorémés
A disproportion pour se prospectiver,
Comme par contrepoints à Musique arriver :
Musique, accent des Cieux, plaisante symphonie,
Par contraires aspects formant son harmonie :
Don de Nature à soulager à maints,
Voire à tous, nos travaux et nos labeurs humains.

À la parole immanente et douloureuse de ***Délie*** succède, dans ***Microcosme***, à l'ouverture comme à la clôture de l'œuvre, une expression grandiose de la transcendance absolue.

Une œuvre encore méconnue

Malgré le respect qui a entouré la personnalité de Scève de son vivant, son œuvre n'a guère été honorée des contemporains, si l'on excepte l'hommage distant que lui accorda la Pléiade. « *Maurice Scève est peu connu, et sa* Délie, *à peu près illisible* » : ce jugement de Sainte-Beuve (*Tableau historique de la poésie française du XVIe siècle*, 1828) a longtemps résumé la fortune critique du poète. Il a fallu attendre la thèse monumentale de Saulnier (1948) pour voir Scève quitter le purgatoire que son excessive obscurité — réelle ou prétendue — lui avait valu : « *Du fameux oubli où, de Malherbe à Chénier, plonge presque toute notre Renaissance, Maurice Scève commence à se venger.* [...] *Nul ne saurait contester bientôt que* Délie *soit un chef-d'œuvre, que Scève représente une des plus hautes et des plus pures figures poétiques de toute notre histoire, et qu'il occupe enfin, entre Marot et Ronsard, une place de choix* [...] » (Verdun Louis Saulnier, *Le Prince de la Renaissance lyonnaire, Maurice Scève*, 1948). Réhabilitation elle-même excessive, comme le dénonça Gide : « *Loués soient ceux qui tirèrent de l'ombre l'œuvre de Scève. Elle est très représentative. Mais, ainsi qu'il advient souvent lors des réactions de ce genre, en protestation contre un injuste oubli, s'élevèrent des louanges excessives auxquelles je doute que les jugements à venir souscrivent. Sainte-Beuve, lorsqu'il remit Ronsard en honneur, y allait plus modérément, et nous estimons aujourd'hui qu'il est demeuré fort en deçà du légitime dans l'éloge. C'est au contraire l'œuvre de Scève qui reste en deçà des louanges que certains à présent lui accordent* [...] » (*Anthologie de la poésie française*, Gallimard, 1949). Gide, d'ailleurs, ne manqua de trouver à Scève des circonstances atténuantes, pour expliquer une poésie qu'il jugeait trop artificielle : « *La broussaille de Scève est motivée aussi par la société lyonnaise à laquelle il avait souci de plaire, par cette cour d'amour éprise d'érudition, de préciosité, où toute simplicité, tout naturel semblaient vulgaires.* [...] *Scève va-t-il chercher retraite chez Pontus de Tyard, aux environs de Chalon-sur-Saône, c'est pour y retrouver Pelletier du Mans qui l'incite aux plus pures mathématiques* » *(ibid.)*. Saluée par Larbaud, par Nimier, par Jean Tortel, l'œuvre de Scève, si elle est aujourd'hui redécouverte à la faveur, notamment, des commentaires, aussi divers qu'éclairants, de Georges Poulet, Pascal Quignard, Henri Meschonnic, Bernard Vargaftig ou encore Jacques Roubaud, reste néanmoins, par sa densité même, assez confidentielle.

ŒUVRE

Délie object de plus haute vertu

Volume de poésie paru anonymement à Lyon, chez Sulpice Sabon pour Antoine Constantin, en 1544, avec privilège.

Ce livre n'est pas, à proprement parler, un « recueil » — il ne s'agit pas d'une anthologie de poèmes réunis au hasard. Publié sans nom d'auteur, mais sous la devise « *Souffrir non souffrir* » que les milieux lettrés identifiaient alors sans peine, il se présente comme une suite de 449 dizains de décasyllabes (forme « carrée ») ponctués tous les 9 dizains par un « emblème », vignette ornée d'une devise ou *motto*, en principe suivie d'un commentaire versifié ; disposition rigoureuse, où l'emblème occupe la place matérielle exacte d'un dizain. L'ensemble est précédé d'un huitain de décasyllabes ***À sa Délie***. En somme, si l'on veut bien considérer l'emblème lui-même comme une unité poétique, ***Délie*** comporte 500 unités, un huitain, 449 dizains et 50 emblèmes. Sans vouloir donner de sens ésotérique à cette disposition architectonique, on peut y lire déjà la rigueur quasi obsessionnelle de ce texte.

Il s'agit d'une œuvre amoureuse d'inspiration pétrarquiste, où l'on se plaît à voir le premier *canzoniere* français. Scève cependant se démarque subtilement du pétrarquisme par la nature de la passion qu'il chante . *Tant fut la flamme en nous deux réciproque, / Que mon feu luit, quand le sien clair m'appert. / Mourant le sien, le mien tôt se suffoque. / Et ainsi, elle, en se perdant, me perd* (XLIX). Le livre est mis sous l'inspiration d'une Délie derrière laquelle se profilent des femmes réelles, peut-être la poète Pernette du Guillet : *De corps très belle, et d'âme bellissime.* Mais l'essentiel est la configuration amoureuse où se place l'Amant-Poète : une Dame d'une implacable chasteté, qui accomplit la perfection du monde (il n'y a pas de transcendance divine dans ***Délie***, comme le rappellent les dizains II, IV et VII), pour laquelle il s'épuise d'un amour « *honneste* », mais aussi d'un désir impérieux dont il voudrait faire reconnaître la beauté et la légitimité. Contradiction insoluble qui le mène à une haine de soi (dizain CDI) et à un repli mélancolique où il s'« *abîme* » : *En me hayant* [haïssant] *de toute haine extrême, / Comme me hait sa*

gracieuseté, / Je me suis fait ennemi de moi-même... (D). L'expérience poétique est constamment liée à l'expérience amoureuse ; la poésie est pour l'amant la seule forme de salut, et sa seule certitude est la survie poétique de son amour comme de celle qui en est l'« *objet* » : *Tu es le Corps, Dame, et je suis ton ombre* (CCCLXXVI). Dans cette épure amoureuse obsessionnellement répétée, réitérée au cours du texte, apparaissent de rares éclats heureux qui placent cet amour dans un cadre concret et savoureux — un paysage lyonnais avec ses brumes, ses pluies, ses éclaircies, ses fleuves et ses collines —, paysage mimétique reflétant le tourment existentiel du poète : *De ces hauts Monts jetant sur toi ma vie, / Je vois les Cieux avec moi larmoyer ; / Des bois ombreux je sens à l'impourvue / Comme les Blés ma pensée ondoyer...* (CXXII) ; *Je vais cherchant les lieux plus* [les plus] *solitaires, / De désespoir et d'horreur habités, / Pour de mes maux les rendre secrétaires...* (CCLXII). Le livre se referme sur un « tombeau » où l'amant clame encore sa torture inapaisée mais proclame l'éternité de sa poésie.

Comme il détourne l'usage de l'emblème, comme il se démarque de l'idéal amoureux pétrarquien, Scève use d'une forme déviée et de procédés venus en bonne part de la Grande Rhétorique, mais pénétrée d'une sensibilité tournée vers une poésie nouvelle, hantée par la mythologie, qui fut celle de la Renaissance. Faite de contrastes (l'antithèse en étant l'outil stylistique fondamental), cette poésie associe un vocabulaire de l'abstraction, une syntaxe rigoureuse, serrée et complexe, une grande virtuosité prosodique, une riche métaphorisation, dominée par la froide lumière lunaire de la délienne Délie, et une somptueuse langue de la sensation : d'où l'impression de densité souvent énigmatique, mais éclatante, que donne ce texte.

Le XVIe siècle n'a connu qu'une réédition posthume de **Délie** en 1564. Beaucoup lui ont, très vite, reproché son obscurité hautaine, mais elle eut aussi ses défenseurs ardents (Pontus de Tyard). La critique du XXe siècle s'est parfois laissé fasciner par un génie qualifié de « *quasi mallarméen* » : « *Tout en utilisant les antithèses et les conflits souvent décrits par la poésie pétrarquiste et courtoise, Scève y ajoute parfois une note plus moderne et plus personnelle et surtout, grâce à une certaine qualité de l'image à demi abstraite, grâce à la puissance expressive des verbes, du rythme et à la personnification des sentiments, il redonne à ces schémas usés une valeur émotive et poétique* » (Henri Weber, *La Création poétique au seizième siècle en France*, Nizet, 1955).

CITATIONS

En sa beauté gît ma mort et ma vie.

Délie, VI.

Mais moi, je n'ai d'écrire autre souci,
Fors que de toi, et si [non plus] ne sais que dire,
Sinon crier merci [grâce], merci, merci !

Délie, XVIII.

Mon espérance est à non espérer.

Délie, LXX.

L'ardent désir du haut bien désiré
Qui aspirait à cette fin heureuse,
A de l'ardeur si grand feu attiré,
Que le corps vif est jà [déjà] poussière ombreuse.

Délie, LXXXII.

En toi je vis, où que tu sois absente ;
En moi je meurs, où que je sois présent.
Tant loin sois-tu, toujours tu es présente ;
Pour près que [je] sois, encore suis-je absent.

Délie, CXLIV.

Tout le repos ô nuit, que tu me dois,
Avec le temps mon penser le dévore...

Délie, CCXXXII.

Je vais cherchant les lieux plus [les plus] solitaires,
De désespoir et d'horreur habités,
Pour de mes maux les rendre secrétaires...

Délie, CCLXII.

Tu es le Corps, Dame, et je suis ton ombre.

Délie, CCCLXXVI.

Dieu, qui trine en un fus, triple es, et trois seras,
Et, comme tes Élus, nous éterniseras,
De ton divin Esprit enflamme mon courage,
Pour décrire ton homme, et louer ton ouvrage,
Ouvrage vrayement chef-d'œuvre de ta main,
À ton image fait, et divin, et humain.

Microcosme, I.

Vie plus morte et pire que la Mort,
Dont le désir très doucement me mord.

Saussaie, Églogue de la vie solitaire.

[...] N'est [Ce n'est] point à l'homme chose honnête
Quand des liens d'amour si fort se lie
Qu'à chef de temps [à la fin] le malheureux s'oublie.

Saussaie, Églogue de la vie solitaire.

Qui vit seul, il lui est difficile
Qu'avec le temps en désespoir ne meure.

Saussaie, Églogue de la vie solitaire.

Il te convient chasser oisiveté,
Qui nous engendre amour, et pauvreté.

Saussaie, Églogue de la vie solitaire.

JUGEMENTS

« Mais Scève n'a-t-il pas voulu s'amuser ? N'est-ce pas avec lui, et non à ses dépens, qu'il faut rire ? Je n'en suis pas bien convaincu. [...] *Aussi bien ce que je reproche à Scève, ce n'est nullement la contention qu'il impose et à lui-même et au lecteur ; c'est, au contraire, de s'être arrêté à mi-route, de n'avoir pas poussé plus loin son exigence, comme fit beaucoup plus tard Mallarmé, comme fait Valéry, de nos jours.* [...] *c'est d'accoucher trop souvent avant terme, d'idées encore mal formées ; c'est aussi de prendre pour idées des délires de scolastique. »*

André GIDE, *Anthologie de la poésie française*, Gallimard, 1949.

« Les poètes français n'ont produit qu'un petit nombre de ces ouvrages vraiment sacrés, qui nous permettent de nous élever au-dessus de notre maturité et d'atteindre cette plénitude : quatre ou cinq par siècle depuis Villon.

J'ose dire que la Délie *et le* Microcosme *sont de ceux-là. »*

Valery LARBAUD, *Ce vice impuni, la lecture... Domaine français*, Gallimard, 1941.

« Nous sommes très loin de la Pléiade, de ses chants de fontaines, de ses campagnes peuplées de faunes et de fées, de son ciel bourdonnant de dieux [...].

Là où se trouve l'horloge même du monde, avec ses grands rouages d'astres bien huilés, et le balancier des siècles, dont l'ombre ne passe sur chaque homme qu'une fois, là descend Scève à la rencontre de son amoureuse immortelle. »

Thierry MAULNIER, *Introduction à la poésie française*, Gallimard, 1939.

« Il n'y a pas de poésie plus dense que celle de Maurice Scève : densité qui consiste dans le poids des cogitations, dans l'usage parcimonieux des mots, dans la compacité de la substance, dans la ténuité du volume où pensées, mots, poésie se trouvent contenus. »

Georges POULET, *Études sur le temps humain*, t. IV, Rocher, 1968.

« La poésie de Scève est mouvement. Dans Délie, *chaque dizain trace sa courbe, et le* Microcosme *est un essai pour comprendre l'évolution de l'humanité dans un seul mouvement qui mène de la création à la rédemption* [...]. *Il n'est pas question ici d'un mouvement pour ainsi dire à vide, tel qu'on le rencontre chez certains poètes baroques* [...] *; l'architecture de l'espace intérieur révélé par de tels mouvements est beaucoup trop solide ; les mouvements mènent à un résultat saisissable, non pas à une annihilation. Si cette dernière remarque est autorisée par la lecture de* Délie, *elle l'est à plus forte raison quand on se tourne vers le* Microcosme. *Ce poème montre un seul mouvement d'expansion qui tend à parcourir toute l'étendue du monde connaissable et de l'histoire vécue. »*

Hans STAUB, *Le Curieux Désir*, Droz, 1967.

BIBLIOGRAPHIE

Éditions

Œuvres complètes, éd. B. GUÉGAN, Garnier, 1927, rééd. Slatkine, Genève (CH), 1967.

Œuvres complètes, éd. P. QUIGNARD, Mercure de France, 1970.

Délie object de plus haulte vertu, éd. E. PARTURIER, 1916, plusieurs rééd. par la STFM ; éd. Fr. CHARPENTIER, « Poésie », Gallimard, 1984 [orthographe modernisée] ; éd. F. JOUKOVSKY, « Classiques Garnier », Garnier, 1996.

The Entry of Henri II into Lyon, fac-sim. publ. par R. COOPER, Plymbridge Distributors Ltd, Plymouth (G-B), 1997.

Microcosme, éd. E. GIUDICI, Vrin, 1976.

Études

Fr. CHARPENTIER (dir.), *Dix Études sur la « Délie » de Maurice Scève*, Presses de l'ENSJF, 1987.

D.G. COLEMAN, *An Illustrated Love « Canzoniere ». The « Delie » of Maurice Scève*, Slatkine, Genève (CH), 1981.

T. CONLEY, « Le Poème-Emblème : Scève et Ronsard », in *Littérature*, n° 63, oct. 1986.

R. DRAGONETTI, « L'Oxymore entre la forme et le chaos dans *Délie* de Maurice Scève », in *Littérature*, n° 85, févr. 1992.

D. LESLO BAKER, *Narcissus and the Lover*, Stanford University (US), Anma libri, 1986.

H. MESCHONNIC, *La Rime et la Vie*, Verdier, 1989.

G. POULET, *Études sur le temps humain*, t. IV, Rocher, 1968.

P. QUIGNARD, *La Parole de la « Délie »*, Mercure de France, 1974.

J. RISSET, *L'Anagramme du désir : sur la « Délie » de Maurice Scève*, Mario Bulzoni, Rome (IT), 1971.

V.L. SAULNIER, *Le Prince de la Renaissance lyonnaise, Maurice Scève*, Klincksieck, 1948, 2 vol., rééd. Slatkine, Genève (CH), 1981, 1 vol.

H. STAUB, *Le Curieux Désir*, Droz, Genève (CH), 1967.

H. WEBER, *La Création poétique en France au XVIe siècle*, Nizet, 1956, chap. IV.

SENGHOR

Léopold Sédar SENGHOR
De nationalité française, puis sénégalaise
Joal-la-Portugaise (auj. Joal, act. Sénégal) 1906 – Verson (Calvados) 2001
Académicien

> *« Un griot qui aurait lu Saint-John Perse. »*
> Armand GUIBERT, *Léopold Sédar Senghor*, « Poètes d'aujourd'hui », Seghers, 1961, rééd. 1982.

Un poète homme d'État

Une identité multiple

L'état civil même de l'écrivain évoque une identité complexe. Léopold, prénom européen, dénote une éducation chrétienne : baptisé et élevé au Sénégal dans la foi catholique, Senghor fut éduqué en français à Joal, puis à la mission de Ngasobil, par les Pères du Saint-Esprit ; il poursuivit ses études au petit séminaire Liberman, à Dakar, et, n'eût été un affrontement avec un père niant toute valeur à la culture négro-africaine, il fût devenu prêtre. Sédar est un prénom-surnom africain, en l'occurrence sérère — c'est-à-dire d'une ethnie du sud du Sénégal —, qui signifie « *fier* », « *qui ne connaît pas la honte* ». Sédar était le 5e des 6 enfants de Basile Diogoye (le « *lion* », en sérère) Senghor et de sa jeune et dernière femme, Gnylane Bakhoum, une paysanne sans instruction qui ne parlait pas français. Plus tard, l'écrivain évoqua avec mélancolie l'impossibilité du fils et de la mère de communiquer en français :

Voici que je suis devant toi Mère, soldat aux manches nues
Et je suis vêtu de mots étrangers, où tes yeux ne voient qu'un assemblage de bâtons et de haillons.
Si je te pouvais parler Mère ! Mais tu n'entendrais qu'un gazouillis précieux et tu n'entendrais pas.
(***Ndessé***, in ***Hosties noires***)

Son père, qui avait déjà un certain âge à sa naissance, était un riche marchand, puissant et respecté :

Je me rappelle les jours de mes pères, les soirs de Dyilor
Cette lumière d'outre-ciel des nuits sur la terre douce du soir.
Je suis sur les marches de la demeure profonde obscurément.
Mes frères et mes sœurs serrent contre mon cœur leur chaleur nombreuse de poussins.
[...]
Et mon père étendu sur des nattes paisibles, mais grand mais fort mais beau
(***À l'appel de la race de Saba***, in ***Hosties noires***)

Cette enfance sérère — souvent qualifiée, par le poète, de « *royaume d'enfance* » — fut heureuse et a inspiré à Senghor quelques-uns de ses plus beaux poèmes, recueillis dans ***Chants d'ombre*** (1945).

Enfin, le patronyme Senghor, nom que le poète lui-même s'est plu à lire comme double, participe à la fois de la culture africaine et de la culture européenne. D'une part, en effet, *ngor*, en wolof (langue majoritaire au Sénégal), signifie « *honneur* » et s'emploie comme titre honorifique — à la façon de « *Votre Honneur* » en français ; le poète a évoqué, pour le refuser, ce titre qu'on lui donnait :

Mais je ne suis pas votre honneur, pas le Lion téméraire, le Lion vert qui rugit l'honneur du Sénégal
[...]
Je dis bien : je suis le Dyâli.
(***L'Absente***, in ***Éthiopiques***)

C'est-à-dire : « *je suis le griot, qui parle pour son peuple.* » Mais, d'autre part, Senghor pourrait être un patronyme d'origine portugaise :

Est-ce la voix ancienne, la goutte de sang portugais qui remonte du fond des âges ?
Mon nom qui remonte à sa source ?
Goutte de sang ou bien Senhor *le sobriquet qu'un capitaine donna autrefois à un brave laptot ?*
(***Élégie des saudades***, in ***Nocturnes***)

C'est bien déjà le thème du métissage qui apparaît dans l'analyse de l'état civil du poète.

Agrégation et négritude

Après de bonnes études au lycée de Dakar où il obtint son baccalauréat, Senghor bénéficia d'une bourse qui lui permit de poursuivre en France une brillante carrière, universitaire d'abord, puis politique et littéraire, qui fut jalonnée par de nombreux succès. Après une hypokhâgne et une khâgne au lycée Louis-le-Grand, où il se lia d'amitié avec Georges Pompidou, il fut, en 1935, le premier Africain à obtenir l'agrégation de grammaire, puis enseigna aux lycées de Tours (1937) et de Saint-Maur-des-Fossés (1938).

L'œuvre littéraire de Senghor, qui s'étale sur plusieurs décennies, fut durablement marquée par les premières années de l'écrivain : le « *royaume d'enfance* », dont l'évocation a joué un rôle capital, et surtout les années 1930, quand s'affirma le mouvement de la négritude. La découverte de la poésie française, aux côtés de son condisciple Georges Pompidou, fut un moment important. Senghor consacra son mémoire d'études supérieures à Baudelaire, dont la lecture était, à l'époque, encore suspecte ; il s'intéressa à Rimbaud et à Mallarmé, mais aussi à des poètes plus proches de lui, comme Claudel et Saint-John Perse, qu'il pratiqua avec délectation.

Il y eut ensuite la rencontre avec Césaire, Noir martiniquais de quelques années son cadet, qui suivait le même cycle d'études. Les deux jeunes gens découvrirent ensemble les écrivains nord-américains de la *Negro Renaissance* de Harlem (en particulier Langston Hughes), les maîtres à penser Noirs américains (comme Du Bois) et surtout l'ethnologue allemand Leo Frobenius, pour qui l'Afrique, loin d'être le continent vierge et sauvage décrit par les explorateurs européens, était riche de nombreuses civilisations originales et prestigieuses. Enthousiasmés par ces découvertes, Césaire et Senghor, bientôt rejoints par Léon-Gontran Damas, devinrent de véritables militants de la négritude et fondèrent, en 1934, le journal ***L'Étudiant noir***, ouvert à tous les étudiants noirs, africains et antillais.

Tous les recueils poétiques publiés par Senghor, de ***Chants d'ombre*** (1945) à ***Élégies majeures*** (1979), en passant par ***Hosties noires*** (1948), ***Éthiopiques*** (1956), ***Nocturnes*** (1961) et ***Lettres d'hivernage*** (1972), comme son ***Anthologie de la nouvelle poésie nègre et malgache de langue française*** (1948, préfacée par Sartre), visent à illustrer la notion de négritude — dont le terme a été inventé par Césaire.

Pour Senghor le mot « *négritude* » a un sens objectif et un sens subjectif : « Objectivement c'est l'ensemble des valeurs de civilisation du monde noir à travers la planète. *Participent* de *et participent à cette Négritude aussi bien les Négro-Américains, qu'ils soient des U.S.A., de l'Amérique latine ou des Antilles, les Dravidiens du sous-continent indien et les Papous de l'Océanie que les Négro-Africains à quelque type qu'ils appartiennent : éthiopien, soudanais, bantou, khoisan.* Subjectivement la Négritude, c'est une certaine manière active de vivre les valeurs que voilà, *en assimilant au lieu d'être assimilé* » ***(Liberté I)***.

Du poète à l'homme d'État

Après la guerre et l'épreuve de la captivité — mobilisé en 1939, fait prisonnier en Allemagne en 1940, il fut libéré pour raisons de santé en 1942 et revint alors en France —, Senghor entreprit une thèse et envisagea une carrière universitaire. La politique pourtant le requit davantage. Sous la protection du député S.F.I.O. Lamine Guèye, il se lança en effet, après la guerre, dans la politique. Jugeant Lamine Guèye trop lié aux intérêts français, Senghor fonda, avec Mamadou Dia, le Bloc démocratique sénégalais qui remporta les élections de 1952 au Sénégal. Partisan du « *oui* » au référendum de 1958 pour la création d'une république autonome, il tenta, sans succès, de promouvoir la fédération du Mali, qui devait regrouper plusieurs pays de l'ancienne A.O.F. En 1960, il devint le premier président élu de la république du Sénégal, fonction qu'il exerça (réélu à 3 reprises, en 1963, 1968 et 1973) jusqu'à sa retraite volontaire, fin 1979, au profit de son Premier ministre Abdou Diouf, conformément à la Constitution. Depuis cette date, Senghor, marié à une Française s'est retiré en Normandie. Élu à l'Académie française en 1983 — il fut le premier Africain à être reçu sous la Coupole —, il se consacre surtout au rayonnement de la francophonie.

THÉORIE LITTÉRAIRE

En marge de sa défense permanente de « *l'esthétique négro-africaine* » et des valeurs culturelles de la négritude, Senghor n'a cessé de préciser — au gré des articles ou essais repris dans les divers volumes de ***Liberté I*** à ***V*** — sa propre poétique.

Celle-ci, indissociable de l'Afrique noire originelle, s'articule autour de deux pivots : la « *Parole* » et le « *rythme* ». La poétique senghorienne érige en effet la parole au rang d'« *art majeur* », et même d'art suprême : « *La* Parole *nous apparaît comme l'instrument majeur de la pensée, de l'émotion et de l'action. Pas de pensée ni d'émotion sans image verbale, pas d'acte libre sans projet pensé. Et le fait est encore plus vrai chez des peuples dont la plupart dédaignaient l'écrit. Puissance de la parole en Afrique noire. La* parole parlée, *le* Verbe, *est l'expression par excellence de la Force vitale, de l'être dans sa plénitude. Dieu créa le monde par le* Verbe [...]. *Chez l'existant, la parole est le souffle animé et animant de* l'orant : *elle possède une vertu magique, elle réalise la loi de participation et crée le* nommé *pour sa vertu intrinsèque. Aussi tous les autres arts ne sont-ils que des aspects spécialisés de l'art majeur de la parole* » (« L'Esthétique négro-africaine », in ***Liberté I***).

Parole primordiale, qu'il appartient au rythme de rendre vivante et séduisante — dans la sensuelle incarnation de « *la Force vitale* » —, autant que mémorable — en s'orientant « *vers la lumière de l'Esprit* » : « *Le rythme, c'est le choc vibratoire, la force qui, à travers les sens, nous saisit à la racine de l'être. Il s'exprime par les moyens les plus matériels, les plus sensuels : lignes, surfaces, couleurs, volumes en architecture, sculpture et peinture : accents en poésie et musique : mouvements dans la danse. Mais, ce faisant, il ordonne tout ce concret vers la lumière de l'*Esprit. *Chez le Négro-Africain, c'est dans la mesure même où il s'incarne dans la sensualité que le rythme illumine l'Esprit. La danse africaine répugne au contact des corps. Mais voyez les danseurs. Si leurs membres inférieurs sont agités de la trémulation la plus sensuelle, leur tête participe de la beauté sereine des masques, des Morts. / De nouveau, primauté de la Parole. C'est le rythme qui lui donne sa plénitude efficace, qui la transforme en* Verbe. *C'est le verbe de Dieu, c'est-à-dire la* parole rythmée, *qui créa le monde. Aussi est-ce dans le poème que nous pouvons le mieux saisir la nature du rythme négro-africain* » (« L'Esthétique négro-africaine », in ***Liberté I***).

Enfin, la poétique senghorienne se caractérise par la juxtaposition délibérée de langues africaines (wolof, sérère, peul et bambara) et d'un français extrêmement classique : « *Le mot* [dans les langues négro-africaines] *est plus qu'image, il est image analogique sans même le secours de la métaphore ou comparaison. Il suffit de nommer la chose pour qu'apparaisse le* sens *sous le* signe. *Car tout est signe et sens en même temps pour les Négro-Africains* » (***Postface*** à ***Éthiopiques***). Position que Senghor résume ainsi : « *Seul le rythme provoque le court-circuit poétique et transmue le cuivre en or, la parole en* verbe » *(ibid.)*.

Poète, essayiste et homme d'État, Senghor est sans doute l'écrivain africain le plus important de la première génération francophone.

La voix du Dyâli

Poète, Senghor, au-delà de thèmes permanents d'un recueil à l'autre — l'amour, voire l'érotisme, la dénonciation du colonialisme occidental, la solitude de l'exilé noir au sein du monde blanc comme de l'homme vieillissant, à l'« *hivernage* » de sa vie —, a puisé l'essentiel de son inspiration dans la célébration et l'exaltation des valeurs nègres, depuis ***Chants d'ombre*** (1945) :

> *Femme nue, femme noire*
> *Vêtue de ta couleur qui est vie, de ta forme qui est beauté !*
> (***Femme noire***, in ***Chants d'ombre***)

jusqu'à ***Éthiopiques*** (1956) :

> *Ô chantez la Présente qui nourrit le Poète du lait noir de l'amour.*
> (***L'Absente***, in ***Éthiopiques***)

et à la dernière des ***Élégies majeures*** (1979) :

> *Moi je te chante comme le roi blond*
> *Salomon, faisant danser, dansant les cordes légères de ma kôra.*
> *Et à l'Orient se lève l'aube de diamant d'une ère nouvelle*
> *Car tu es noire, et tu es belle.*
> (***Élégie pour la reine de Saba***, in ***Élégies majeures***)

Si on considère la négritude comme une notion idéologique, on peut la tenir avec Sartre pour un « *racisme antiraciste* » (*Orphée noir*, préface à l'***Anthologie*** de Senghor), c'est-à-dire comme le moment négatif d'une évolution dialectique. En ce cas, elle est étroitement liée à une phase historique, celle de la décolonisation, et elle ne saurait prétendre à une valeur universelle. D'ailleurs, Senghor lui-même, sans renier la négritude, l'a complétée et dépassée par la notion de « *métissage* » : « [La civilisation idéale] *ne saurait être que métisse comme le furent les grandes civilisations de l'Histoire* » (texte de 1950, repris in ***Liberté I***).

Si l'on considère la négritude comme une notion poétique, elle permet de comprendre le travail du poète Senghor, que caractérise le goût de la nomination : « *Donc je nommerai les choses futiles qui fleuriront de ma nomination en particulier des noms propres africains, tous si parlants : / Mbaye Dyôb ! je veux dire ton nom et ton honneur / Dyôb ! je veux hisser ton nom au haut mât du retour, sonner ton nom comme la cloche qui chante la victoire comme aussi l'obsession du rythme et du tam-tam : le pouvoir de l'image analogique n'est libéré que sous l'effet du rythme. Seul le rythme provoque le court-circuit poétique et transmue le cuivre en or, la parole en* verbe [...]. *Nombril même du poème, le rythme, qui naît de l'émotion, engendre à son tour l'émotion* » (***Postface*** à ***Éthiopiques***).

Véritable partition musicale, avec notation des accompagnements instrumentaux (« *pour deux balafongs et un gorong* », ou « *pour khalam* » par exemple), le poème senghorien attend une exécution « *polyrythmique* » révélant pleinement son essence nègre, comme dans ce poème élégiaque « *pour khalam* » [sorte de guitare à 4 cordes], évoquant le retour d'un pèlerinage à Fa'oye, sanctuaire des prestigieux rois sérères d'ascendance malinké, à une trentaine de kilomètres de la ville natale du poète, Joal :

> Je ne sais *en quels temps c'était, je confonds toujours l'enfance et l'Éden*
> *Comme je mêle la Mort et la Vie — un pont de douceur les relie.*
> *Or je revenais de Fa'oye, m'étant abreuvé à la tombe solennelle*
> *Comme les lamantins s'abreuvent à la fontaine de Simal.*
> *Or je revenais de Fa'oye, et l'horreur était au zénith*
> *Et c'était l'heure où l'on voit les Esprits, quand la lumière est transparente*
> *Et il fallait s'écarter des sentiers, pour éviter leur main fraternelle et mortelle.*
> *L'âme d'un village battait à l'horizon.*
> *Était-ce des vivants ou des Morts ?*
>
> (« Je ne sais... », in ***Éthiopiques***)

Même lorsqu'il n'est pas explicitement destiné à l'accompagnement musical, le poème senghorien se caractérise par la prédominance du rythme, dont la fluidité et la variété sont renforcées par le recours au vers libre et l'adoption d'une ponctuation minimale.

Un rayonnement universel

Essayiste fécond — il a rassemblé ses articles et discours dans les 5 volumes de ***Liberté*** —, homme politique respecté, Senghor a écrit une œuvre poétique homogène et originale, qui proclame sa double appartenance culturelle : homme de foi et d'émotion, il est resté fidèle à son Afrique natale et à une inspiration nègre qui trouve sa meilleure expression dans l'écriture fluide et ample, en versets harmonieux, des poèmes d'***Éthiopiques*** ou des ***Élégies majeures***, par exemple. Ses prises de position culturelles, sa défense et illustration d'une « *esthétique négro-africaine* » (titre d'un article paru in *Diogène*, 1956), suscitèrent, à partir des années 1950, de plus en plus de controverses, alimentées surtout par les écrivains africains Cheikh Anta Diop (*Nations nègres et Cultures*, 1954) et Marcien Towa (*Léopold Sédar Senghor : Négriture ou Servitude ?*, 1971), en désaccord avec une vision, selon eux, trop réductrice et péjorative, de la négritude. À l'une de ces critiques, Senghor répondit en opposant « *raison nègre* » et « *raison européenne* » : « [...] *le Nègre n'est pas dénué de* raison, *comme on a voulu me le faire dire. Mais sa raison n'est pas discursive ; elle est synthétique. Elle n'est pas antagoniste ; elle est sympathique. C'est un autre mode de connaissance. La raison nègre n'appauvrit pas les choses, elle ne les moule pas en des schèmes rigides, éliminant les sucs et les sèves ; elle se coule dans les artères des choses, elle en éprouve tous les contours pour se loger au cœur vivant du réel.* La raison européenne est analytique par utilisation, la raison nègre intuitive par participation. » (***L'Esthétique négro-africaine***, repris in ***Liberté I***). Néanmoins, son éloge du métissage porte l'espoir d'un monde de paix auquel peut conduire le « *dialogue des cultures* » au sein de la « *civilisation de l'universel* » (***Le Dialogue des cultures***, in ***Liberté V***, 1993) que le poète appelle de ses vœux.

ŒUVRE

Chants d'ombre

Recueil en 3 parties — comportant respectivement 17 poèmes, un poème en 9 strophes suivi de 6 poèmes, enfin un ultime poème en 9 strophes —, publié au Seuil en 1945.

La 1re partie rassemble 17 poèmes en vers libres, voire en versets, révélant l'écartèlement du poète entre ses racines africaines et son intégration européenne (**Femme noire**, **Neige sur Paris**), entre nostalgie du pays natal (***In memo-***

riam*, *Porte dorée*, *Joal*)**, hymne à la négritude ***(L'Ouragan), seule à même de ressusciter les valeurs piétinées par les colonisateurs blancs ***(Lettre à un poète)***, et appel à la réconciliation des races : *Que nous répondions présents à la renaissance du Monde / Ainsi le levain qui est nécessaire à la farine blanche* ***(Prière aux masques)***. La 2e partie comprend les 9 étapes de ***Que m'accompagnent koras et balafong***, évocation initiatique du parcours du poète, aboutissant à l'annonce de la fraternisation nécessaire entre Noirs et Blancs, et les 6 poèmes de ***Par-delà Éros***, dont ***Chant d'ombre***, 3e poème de cette section qui éclaire en partie le titre de tout le recueil : *Je te chante ce chant d'ombre d'une voix nouvelle / Avec la vieille voix de la jeunesse des mondes.* Enfin la 3e partie est constituée des 9 strophes du ***Retour de l'enfant prodigue***, où le poète, après son exil européen, annonce son retour au pays, pour mieux le célébrer et servir : *Fais de moi ton Maître de Langue ; mais non, nomme-moi ton ambassadeur* (VIII).

L'ombre des ***Chants d'ombre*** désigne symboliquement la négritude, par opposition à la lumière de l'homme blanc ; mais le recueil inverse les valeurs respectives des deux mondes, pour faire du noir le lieu de l'absorption universelle, et du blanc, celui d'un rayonnement stérile et mort, car sans chaleur ni couleur. Toutefois, ce renversement s'opère paradoxalement par le recours à la langue blanche : le poète dépasse cette contradiction en se proposant, tel un « *Orphée noir* », d'apprivoiser le français, « *langue à vocation universelle* », pour mieux dénoncer les insuffisances de l'homme blanc — qu'il ne s'agit pas de détruire, mais de corriger.

Premier recueil du poète, rassemblant des textes majoritairement écrits avant guerre, ***Chants d'ombre*** signale l'éveil d'une conscience écartelée entre négritude et humanisme occidental, mais moins soucieuse de revanche que du dépassement des antagonismes : il appartient au poète noir de célébrer cette réconciliation, dans la langue de l'homme blanc dégradé par la guerre et par le colonialisme. Dès ces débuts littéraires, Senghor se révéla comme un poète majeur.

CITATIONS

Au contraire de l'Européen classique, le Négro-Africain ne se distingue pas de l'objet, il ne le tient pas à distance, il ne le regarde pas, il ne l'analyse pas [...]. Il le touche, il le palpe, il le *sent*.

Au congrès de l'Union nationale de la jeunesse du Mali, Dakar, 1960.

[...] danser, c'est découvrir et recréer, surtout lorsque la danse est danse d'amour. C'est, en tout cas, le meilleur mode de connaissance.

Au congrès de l'Union nationale de la jeunesse du Mali, Dakar, 1960.

J'ai choisi mon peuple noir peinant, mon peuple paysan, toute la race paysanne par le monde.

Que m'accompagnent kôra et balafong, in *Chants d'ombre*, III.

Le mot [dans les langues négro-africaines] est plus qu'image, il est image analogique sans même le secours de la métaphore ou comparaison. Il suffit de nommer la chose pour qu'apparaisse le *sens* sous le *signe*. Car tout est signe et sens en même temps pour les Négro-Africains.

Postface à *Éthiopiques.*

Seul le rythme provoque le court-circuit poétique et transmue le cuivre en or, la parole en verbe.

Postface à *Éthiopiques.*

JUGEMENTS

« *Avec un goût manifeste pour le côté charnu des mots, la poésie de Senghor opère donc la conjuration souvent fastueuse, parfois grandiloquente, du verbe, de la musique et du rythme.* »

Jacques Chevrier, cité *in* Jean-René Borrel et Lilyan Kesteloot, *Senghor, « Éthiopiques »*, CNED, 1998.

« [...] *Léopold Senghor, ouvert à tous les arts et, d'abord, à celui de la politique, aussi fier de sa négritude que de sa culture française et qui gouverne avec constance le remuant Sénégal.* »

Charles de Gaulle, *Mémoires d'espoir*, t. I, Plon, 1970.

« *D'une certaine manière, le rythme de base inhérent à la langue sévère a envahi de l'intérieur, brisé complètement et réordonné à sa façon la langue de Descartes pour la transmuer dans le produit fini du verset senghorien. Dira-t-on que la langue de Descartes a eu les versets de Péguy et de Claudel avant ceux de Senghor ? Le fait établit la mer-*

veilleuse universalité de l'outil qu'est la langue française et la parenté essentielle qui lie le génie poétique au génie poétique, par-delà les barrières culturelles. Léopold Senghor en est la preuve : il est incontestablement possible, par le truchement du français, d'accéder dans le sein le plus intime du cœur et de l'esprit sérère. Pour qu'il en soit ainsi, toutefois, il faut qu'intercède un poète. [...]
De son double promontoire de poète et de grammairien, Léopold Sédar Senghor, deux fois orfèvre, délivre son jugement : "le français n'est pas seulement une langue de gentillesse et d'honnêteté" *comme le disait Jean Guéhenno,* "c'est aussi, c'est surtout une langue de rigueur et, partant, de clarté. Héritier du latin, le français possède une syntaxe souple et précise, qui ordonne, subordonne les mouvements de la pensée à une logique quasi mathématique... Langue d'analyse, mais encore de synthèse, le français est, par excellence, la langue de la discussion". *Et Senghor ajoute :* "C'est pour quoi il est aussi langue de science et de technique, plus précisément de technologie". »

Cheikh Hamidou KANE, cité *in* Jean-René BORREL et Lilyan KESTELOOT, *Senghor, « Éthiopiques »*, CNED, 1998.

« Un style métis mais des thèmes essentiellement africains. »

Lilyan KESTELOOT, cité *in* Jean-René BORREL et Lilyan KESTELOOT, *Senghor, « Éthiopiques »*, CNED, 1998.

« Le président Senghor est français au sens où Nehru était anglais. Un Nehru sans Gandhi, lié à une culture indigène sans Védas. »

André MALRAUX, *Le Miroir des limbes*, Gallimard, 1976.

« Finalement, le rythme chez Senghor, c'est le lieu même de son enracinement. Là s'articulent le réel et l'imaginaire. Le rythme n'est pas chez lui part du poème, mais le poème lui-même. Le réel et l'imaginaire y sont soumis pour amorcer, développer et exprimer l'idée-sentiment. »

Édouard J. MAUNICK, cité *in* Jean-René BORREL et Lilyan KESTELOOT, *Senghor, « Éthiopiques »*, CNED, 1998.

« Senghor, grand poète français de race sénégalaise. »

Michel TOURNIER, cité *in* Jean-René BOURREL et Lilyan KESTELOOT, *Senghor, « Éthiopiques »*, CNED, 1998.

BIBLIOGRAPHIE

Éditions

Anthologie de la nouvelle poésie nègre et malgache de langue française, précédée d'*Orphée noir* par J.-P. SARTRE, PUF, 1948.

Ce que je crois, Grasset, 1988.

Liberté I à *V*, Seuil, 1964 à 1993.

Poèmes, Seuil, 1964, éd. revue et augmentée en 1974 et 1984, puis publiée sous le titre *Œuvre poétique* en 1990.

Études

J.-R. de BENOIST, *Léopold Sédar Senghor*, Beauchesne, 1998.

M. COLLOT, « Le Cosmos et la Voix (Senghor) », in *La Matière-Émotion*, PUF, 1997.

D. DELAS, *Léopold Sédar Senghor, lecture blanche d'un texte noir. L'Absente*, Temps actuels, 1982.

A. GUIBERT, *Léopold Sédar Senghor*, « Poètes d'aujourd'hui », Seghers, 1961, rééd. 1982.

R. JOUANNY, *Les Voies du lyrisme dans les « Poèmes » de Senghor*, Champion, 1986.

J. SOREL, *Léopold Sédar Senghor, l'Émotion et la Raison*, Sépia, Saint-Maur (Val-de-Marne), 1996.

M. TOWA, *Léopold Sédar Senghor, Négritude ou Servitude*, CLÉ, Yaoundé (CM), 1980.

J.G. VAILLANT, *Black, French and African, a Life of Léopold Sédar Senghor*, Harvard U.P., Cambridge (Massachusetts, US)/Londres (GB), 1990.

Collectif, *Présence Senghor*, actes du colloque organisé par l'Unesco en oct. 1996 pour le 90e anniversaire du poète, UNESCO, 1997.

AUDIO & VIDÉO

CD-ROM

Léopold Sédar Senghor, La 5e/INA, Paris/Bry-sur-Marne (Val-de-Marne), 1998.

SÉVIGNÉ

Madame de SÉVIGNÉ

Née Marie de RABUTIN-CHANTAL, devenue marquise de SÉVIGNÉ

Paris 1626 – Grignan (act. Drôme) 1696

> « *Madame de Sévigné a donné le* ton *français à nos salons, qui laissent aujourd'hui encore l'étranger bouche bée. Elle a enseigné à tout dire avec élégance, à tout supporter avec philosophie, à faire de ses plus belles souffrances, des* "poulets". »
>
> Guy de PORTALIS, « Madame de Sévigné », in *Tableau de la littérature française*, II, Gallimard, 1939.

> « *Si la marquise pensait, ce serait Stendhal. Malheureusement elle pense peu et la grâce de Madame de La Fayette lui fait défaut. Elle a une plume comme on a un "nez spirituel" ou une jolie main de pianiste.* »
>
> Jean COCTEAU, *Le Passé défini*, janvier 1954, Gallimard, posthume, 1989.

Une vie écrite au jour le jour

Les lectures de l'orpheline

Née Place Royale (act. place des Vosges), Marie de Rabutin-Chantal résida toute sa vie dans le quartier du Marais, à Paris, notamment à l'hôtel Carnavalet, où elle s'installa en 1677. Descendante d'une famille de l'aristocratie bourguignonne par son père, Celse-Bénigne de Rabutin-Chantal, tué au combat quand elle avait un an, elle était la petite-fille de la future sainte Jeanne de Chantal. Orpheline de mère à 7 ans, elle fut élevée dans sa famille maternelle par les Coulanges, des bourgeois enrichis dans les affaires, qui lui donnèrent de « *bons maîtres* » et l'exemple d'une culture moderne quotidiennement élaborée par la conversation et la lecture des livres à la mode. Elle ne sut jamais le latin, mais connaissait l'italien : elle lut donc l'Arioste et le Tasse, mais aussi, dès leur parution, les longs romans de La Calprenède et de Mlle de Scudéry. Longtemps après, de son propre aveu, tout cela « *l'emportait* » encore « *comme une petite fille* » : elle aimait l'enthousiasme et les grands sentiments, préférant Corneille à Racine... Un solide bon sens compensait pourtant la vivacité de son imagination. Ses lettres sont nourries de cette féconde contradiction : une grande capacité à s'adresser à un lointain destinataire comme s'il était là, un puissant enracinement dans le concret de l'existence quotidienne.

Une jeune veuve à la mode

En 1644, on maria cette héritière richement dotée à Henri de Sévigné, un orphelin comme elle, jeune écervelé séduisant. Il avait ses terres près de Nantes, et surtout aux Rochers, près de Vitré (act. Mayenne). Ils y firent de longs séjours ; le jeune marquis venait d'acheter le gouvernement de Fougères et songeait à s'établir en Bretagne quand il fut tué en duel pour les beaux yeux d'une maîtresse, en février 1651, à l'âge de 28 ans. Âgée de 25 ans, sa jeune veuve avait 2 enfants, Françoise-Marie (née en 1646) et Charles (né en 1648). Les époux avaient fait bien des folies ensemble : cousin de la marquise, Bussy-Rabutin reçut les confidences du mari sur ses amours avec Ninon de Lenclos, mais vit en lui un « *sot devant Dieu* », tant sa femme aimait plaire aux hommes — sans jamais d'ailleurs aller jusqu'au bout ; aussi la tenait-on à l'écart de certains salons « *pour être un peu trop guillerette* »... Dès 1648, la jeune femme fit son apprentissage d'épistolière en correspondant avec Ménage, savant, bel esprit et poète dont elle fut l'inspiratrice et l'écolière, comme son amie et rivale, Mme de Lafayette. Ou avec Bussy-Rabutin, réputé pour son esprit mordant et sa facilité de plume : on disait à l'époque que les deux cousins « *rabutinaient* ». On a conservé quelques traces de ces deux commerces, mais aucune de ce qu'elle écrivit alors à d'autres amis, tels le docte Chapelain ou le séduisant Retz, son parent par alliance. En 1645, un Breton se targuait d'avoir des réponses d'elle à des lettres de galanterie — on y parlait d'amour par jeu — « *et plus de trois cents vers de sa façon, qui témoignent qu'elle a bon esprit et qu'elle est de très belle humeur* ». La marquise écrivait comme elle vivait, sans projet littéraire — ce qui eût été inimaginable chez les gens « bien nés »... Profitant de la liberté apportée par son veuvage, elle passa moins de temps en Bretagne. L'amitié amoureuse que lui portaient de grands personnages, comme Turenne, et surtout les ministres Servien et Fouquet, la mit en évidence : on parlait d'elle dans la *Gazette* de Loret ; en 1657, Mlle de Scudéry la dépeignit, dans sa *Clélie*, sous les traits de « *Clarinte* » ; en 1659, Mme de Lafayette l'évoqua parmi les personnalités choisies d'un *Recueil de portraits et éloges*... Elle était à la mode : pour son charme qui séduisait hommes et femmes, pour son esprit éblouissant dans la conversation, pour son art de dire les choses d'une manière vive et inattendue ; mais non pour ses lettres, dont on ne parlait pas, ou en passant, puisque toute femme douée savait naturellement bien écrire.

Cousin, cousine

En septembre 1661, l'arrestation de Fouquet fut source d'inquiétude pour la marquise. Bussy-Rabutin consulta Le Tellier, le seul ministre qui eût vu avec Louis XIV les lettres de femmes que le surintendant conservait dans ses « *cassettes* ». Il apprit ainsi que « *celles de la marquise étaient d'une amie qui avait bien de l'esprit, et qu'elles avaient bien plus réjoui le roi que les douceurs fades des autres* ». Tels furent les premiers lecteurs de Mme de Sévigné : ils avaient pris plaisir à la lire, mais ne l'avaient pas fait dans cette intention. Le roi eut de nouveau l'occasion de la lire en 1681, lorsque Bussy lui envoya des extraits de ses *Mémoires* manuscrits où il avait inséré des fragments de sa correspondance : là encore, la marquise ne fut lue que « par accident », et — contrairement à ce que l'on a souvent imaginé — ses lettres ne couraient pas les salons...
La première grande série de lettres que nous connaissions (14 lettres de nov. 1664 à janv. 1665) forme un journal épistolaire du procès Fouquet, adressé à son ami Arnaud de Pomponne, fils d'Arnauld d'Andilly et ami du ministre déchu : tout en tâchant de calmer sa peine et son inquiétude, elle s'y montrait capable de résumer une affaire, de rapporter un dialogue, de camper un personnage, de ridiculiser un ennemi. Elle avait le sens de la formule :

> « *M. Foucquet a été interrogé ce matin sur le marc d'or ; il y a très bien répondu. Plusieurs juges l'ont salué. Monsieur le Chancelier en a fait reproche, et dit que ce n'était point la coutume, et au conseiller breton :* "C'est à cause que vous êtes de Bretagne que vous saluez si bas M. Foucquet." *En repassant par l'Arsenal, à pied, pour le promener, il a demandé quels ouvriers il voyait ; on lui a dit que c'étaient des gens qui travaillaient à un bassin de fontaine. Il y est allé, et en a dit son avis, et puis s'est tourné en riant vers Artagnan, et lui a dit :* "N'admirez-vous point de quoi je me mêle ? Mais c'est que j'ai été autrefois assez habile sur ces sortes de choses-là." *Ceux qui aiment M. Foucquet trouvent cette tranquillité admirable ; je suis de ce nombre. Les autres disent que c'est une affectation : voilà le monde.*
>
> *Mme Foucquet la mère a donné un emplâtre à la Reine, qui l'a guérie de ses convulsions, qui étaient à proprement parler des vapeurs. La plupart, suivant leur désir, se vont imaginant que la Reine prendra cette occasion pour demander au Roi la grâce de ce pauvre prisonnier ; mais pour moi, qui entends un peu parler des tendresses de ce pays-là, je n'en crois rien du tout. Ce qui est admirable, c'est le bruit que tout le monde fait de cet emplâtre, disant que c'est une sainte que Mme Foucquet et qu'elle peut faire des miracles.* »
>
> (***Lettres***, à M. de Pomponne, 20 nov. 1664)

En 1657, Bussy-Rabutin s'était fâché avec sa cousine pour un prêt refusé, et s'en était vengé par un portrait satirique : l'*Histoire de madame de Cheneville*, dans l'*Histoire amoureuse des Gaules*. En 1661, toutefois, il la défendit contre les mauvaises langues ; mais le portrait se répandit avec la divulgation de l'*Histoire amoureuse des Gaules*. Ce n'est qu'à partir de l'exil de Bussy en Bourgogne que les relations se rétablirent : solidaires par la race, l'esprit et l'écriture, divisés sur presque tout le reste, les deux cousins engagèrent un brillant dialogue, plein de « *picoteries* » et de complicité. Avec 136 lettres, Bussy fut le 2nd correspondant de Mme de Sévigné, le seul dont on ait aussi les lettres (171).

La douleur d'une mère ou la naissance de l'écrivain

Ce fut cependant le départ de sa fille, mariée en 1669 au comte de Grignan, qui eut le plus d'importance dans cette carrière « littéraire » inattendue : le 4 février 1671, Mme de Grignan partit rejoindre son mari, nommé lieutenant-général en Provence. Mme de Sévigné en fut bouleversée et, deux jours plus tard — le lendemain de ses 45 ans — elle naquit véritablement à l'écriture en écrivant à sa fille son désespoir : « *Ma douleur serait bien médiocre si je pouvais vous la dépeindre* [...]. *Il me semblait qu'on m'arrachait le cœur et l'âme, et en effet, quelle rude séparation !* [...] *toutes mes pensées me faisaient mourir* » (lettre à Mme de Grignan, 6 févr. 1671). Les deux femmes correspondirent régulièrement chaque fois qu'elles furent séparées, mais, contrairement à l'impression que nous laisse cette correspondance, les temps de réunion — près de dix-sept ans — furent plus larges que les temps de séparation — près de huit ans et demi —, au cours des neuf périodes d'éloignement que connurent la mère et la fille, l'une se rendant régulièrement en Provence — où elle mourut —, l'autre venant à Paris. La mère écrivait de partout (Paris, 347 lettres ; Livry, 50 ; Les Rochers, 355 ; cures ou villégiatures, 40 ; en chemin, 72) ; elle envoyait une lettre — souvent écrite en plusieurs fois — chaque jour de poste — 2 ou 3 fois par semaine selon les temps et les lieux —, et recevait une lettre de sa fille à chaque courrier. Ces réponses soutenaient la conversation *(« je vous parle et vous me répondez »)*, car la correspondance fut un dialogue, dont il ne subsiste qu'une voix.

Mme de Grignan acceptait de manifester par écrit la tendresse qu'elle ne savait pas dire, et les ***Lettres*** content le roman d'un amour difficile, mais partagé. Lettres privées où tout devient sujet d'une longue *« conversation en absence »*, infiniment variée. Chaque séparation a sa couleur, avec presque toujours l'alternance du temps passé à Paris, parmi parents et amis, et dans l'isolement des Rochers où, en dehors de quelques visites lors des états de Bretagne, Mme de Sévigné vivait dans la solitude, qu'elle distrayait par la promenade et la lecture. Abandonnant les romans pour les livres sérieux, elle découvrit les *Essais de morale* du janséniste Nicole, qui la conduisirent à saint Augustin. Cette foi retrouvée lui fit considérer, en 1680, comme une épreuve voulue par la Providence l'énigme de la séparation, avec la mort de son grand ami La Rochefoucauld : « *Quoique cette lettre ne parte que mercredi, je ne puis m'empêcher de la commencer aujourd'hui, pour vous dire que M. de La Rochefoucaud est mort cette nuit. J'ai la tête si pleine de ce malheur et de l'extrême affliction de notre pauvre amie* [Mme de Lafayette], *qu'il faut que je vous en parle.* [...] *mais où Mme de Lafayette retrouvera-t-elle un tel ami, une telle société, une pareille douceur, un agrément, une confiance, une considération pour elle et pour son fils ?* [...] / *Toute cette tristesse m'a réveillé et représenté l'horreur des séparations. J'en ai le cœur serré, et plus que jamais je vous demande à genoux, avec des larmes, de ne point remettre à l'infini les remèdes que M. de La Rouvière veut que vous fassiez, et sans lesquels vous ne pouvez vous rétablir* » (lettre à M. et Mme de Grignan, 17 mars 1680). De même cette foi lui fit-elle affronter la maladie et les difficultés financières de sa fille — ruinée par les dépenses de Grignan —, son vieillissement et sa pauvreté personnelle depuis qu'elle s'était quasi dépouillée au mariage de son fils en 1684 : « *Il me semble que j'ai été traînée, malgré moi, à ce point final où il faut souffrir la vieillesse ; je la vois, m'y voilà, et je voudrais bien au moins ménager de ne pas aller plus loin, de ne point avancer sur le chemin des infirmités, des douleurs, des pertes de mémoire, des* défigurements *qui sont près de m'outrager* » (lettre à Mme de Grignan, du 30 nov. 1689). En 1690, elle quitta Les Rochers pour rejoindre sa fille, à Grignan ; sauf pendant deux mois, elle ne la quitta plus, et c'est près d'elle qu'elle mourut, à 70 ans.

Un style vif et spontané

Mme de Sévigné est un cas unique. Elle n'a écrit que des lettres privées. Elle mourut sans en avoir publié ni recueilli une seule. Trente ans plus tard, elle devint le symbole de l'art épistolaire français, contre Guez de Balzac, Voiture, Bussy-Rabutin, qui l'avaient successivement incarné : elle en imposa un nouveau modèle, jamais remplacé. C'est un certain ton, une voix qu'on entend « causer » ou raconter, une façon de dire naturelle et surprenante :

> « *Vous me demandez, ma chère enfant, si j'aime toujours bien la vie. Je vous avoue que j'y trouve des chagrins cuisants. Mais je suis encore plus dégoûtée de la mort ; je me trouve si malheureuse d'avoir à finir tout ceci par elle, que si je pouvais retourner en arrière, je ne demanderais pas mieux. Je me trouve dans un engagement qui m'embarrasse ; je suis embarquée dans la vie sans mon consentement. Il faut que j'en sorte ; cela m'assomme. Et comment en sortirai-je ? Par où ? Par quelle porte ? Quand sera-ce ? En quelle disposition ? Souffrirai-je mille et mille douleurs, qui me feront mourir désespérée ? Aurai-je un transport au cerveau ? Mourrai-je d'un accident ? Comment serai-je avec Dieu ? Qu'aurai-je à lui présenter ? La crainte, la nécessité feront-elles mon retour vers lui ? N'aurai-je aucun autre sentiment que celui de la peur ? Que puis-je espérer ? Suis-je digne du paradis ? Suis-je digne de l'enfer ? Quelle alternative ! Quelle embarras ! Rien n'est si fou que de mettre son salut dans l'incertitude, mais rien n'est si naturel, et la sotte vie que je mène est la chose du monde la plus aisée à comprendre. Je m'abîme dans ces pensées, et je trouve la mort si terrible, que je hais plus la vie parce qu'elle m'y mène que par les épines*

qui s'y rencontrent. Vous me direz que je veux vivre éternellement. Point du tout, mais si on m'avait demandé mon avis, j'aurais bien aimé à mourir entre les bras de ma nourrice ; cela m'aurait ôté bien des ennuis et m'aurait donné le ciel bien sûrement et bien aisément. Mais parlons d'autre chose. »

(***Lettres***, à Mme de Grignan, 16 mars 1672)

En effet, ses ***Lettres*** (éditées peu à peu, de 1697 à 1726) sont parfois une chronique, parfois des jeux de conversation, plus souvent des aveux d'amour à sa fille, quelquefois des méditations discrètes, dans l'allure vive du style mondain : « *Pour moi,* se souvient la marquise, *j'ai vu des moments où il ne s'en fallait de rien que la fortune ne me mît dans la plus agréable situation du monde, et puis, tout à coup, c'étaient des prisons et des exils.* »

De la correspondance privée à la fortune littéraire

Les premières ***Lettres*** connues furent celles que Bussy-Rabutin inséra dans ses propres *Mémoires* (1696), sans doute après les avoir retravaillées. En 1725 parurent les ***Lettres choisies de Mme la marquise de Sévigné à Mme de Grignan, sa fille, qui contiennent beaucoup de particularités sur l'histoire de Louis XIV*** : ce mince recueil de 28 lettres fut suivi d'autres recueils de ***Lettres de Marie de Rabutin-Chantal, marquise de Sévigné, à madame la comtesse de Grignan, sa fille*** plus étoffés (138 lettres, 177 lettres...) en 1726 et 1728, mais réalisés sans l'accord de la famille, à partir de copies manuscrites. Aussi la fille de Mme de Grignan, Pauline de Simiane, confia-t-elle à Denis-Marius Perrin le soin de publier le ***Recueil des lettres de Mme la marquise de Sévigné à madame la comtesse de Grignan, sa fille*** de 1734 à 1737 (6 vol.) : le nombre passa alors à 614 lettres, puis à 772 lettres dans la nouvelle édition de 1754. Nous n'en connaissons pas davantage pour cette partie de la correspondance, et l'on donna, au XVIIIe siècle, d'autres éditions des lettres à Pomponne (1756) et à Bussy-Rabutin (1775). Malheureusement, Perrin avait eu licence de « corriger » le texte, et l'héritière, après avoir fait recopier les lettres, fit détruire les originaux... Les éditeurs du XIXe siècle purent améliorer le texte en mettant à profit deux copies manuscrites : le « *manuscrit Grosbois* », recueil assez peu soigné provenant de la bibliothèque du marquis de Grosbois (président du parlement de Besançon), utilisé par Charles Mommerqué à partir de 1827 et mis à profit pour la nouvelle édition des ***Lettres*** parue après sa mort dans la collection « Les Grands Écrivains de la France », chez Hachette (1862 à 1868) ; cette édition fut complétée d'appendice et de ***Lettres inédites*** (1876) à la suite de la découverte du « *manuscrit Capmas* », acheté par Charles Capmas (professeur à Dijon) en 1873, copie plus soignée et plus complète, mais qui ne regroupe encore qu'une partie de la correspondance.

Constamment rééditées et enrichies depuis le XVIIIe siècle, mises aux programmes des écoles très tôt, les ***Lettres*** — unanimement célébrées, de Mlle de Scudéry à Lamartine, qui les définissait comme « *le classique des portes fermées* », en passant par Saint-Simon — ont fait de Mme de Sévigné la première femme devenue un écrivain « classique » : destinée paradoxale, pour ces textes avant tout privés. Aujourd'hui, l'œuvre et la vie de Mme de Sévigné sont beaucoup mieux connues, grâce aux travaux de Roger Duchêne, mais les études consacrées à l'épistolière restent rares et confidentielles, en dehors des occasions commémoratives, comme en 1996, lors du tricentenaire de sa mort.

ŒUVRE

Lettres

Titre — réducteur — sous lequel on a pris l'habitude de publier les lettres de Mme de Sévigné. On connaît aujourd'hui 1 120 lettres, dont 220 à partager entre 29 destinataires, 764 à sa fille et 126 — trois fois moins longues — à son cousin Bussy : aucune n'a été publiée de son vivant. En 1697, quelques mois après la mort de la marquise, la *Correspondance* — publiée posthume — de Bussy fit découvrir les réponses de ce dernier à l'épistolière. Ce n'est qu'à partir de 1725 que furent publiées des **Lettres**, en un recueil très lacunaire intitulé ***Lettres choisies de Mme la marquise de Sévigné à Mme de Grignan, sa fille, qui contiennent beaucoup de particularités sur l'histoire de Louis XIV***, que suivirent des éditions sans cesse augmentées.

Présentée en 1725 comme contenant « *beaucoup de particularités de l'histoire de Louis XIV* », la 1re édition des lettres à Mme de Grignan (75 pages) transforme la marquise en gazetière. Elle l'a été, mais d'occasion : toujours brefs, ses reportages dépendaient de son humeur, des lieux où elle se trouvait, de sa connaissance des acteurs. Ce qui se passait près d'elle — les pyramides de fruits servis aux états de Bretagne ou les douches de Vichy — l'occupait beaucoup plus que les grands événements — passage du Rhin ou mort de Turenne.

Les éditeurs suivants, les premiers commentateurs et lecteurs, l'ont reconnu : les lettres étaient des lettres d'amour. Et Mme de Sévigné ne s'y peint, et ne peint ce qui l'entoure, qu'en fonction de sa correspondante. « *J'aime à vous écrire* », lui déclare-t-elle : c'est le « *vous* » qui est important. Ainsi, le récit de l'incendie de la maison de son voisin Guitaut s'achève sur ces mots : « *Voilà bien des lanternes, ma pauvre bonne, mais toujours dire que je vous aime, que je ne songe qu'à vous, que vous êtes le charme de ma vie, cette répétition vous ennuierait.* » L'attrait de ses lettres vient de la libre allure de cette conversation où rien n'est artificiel : « *Si j'avais autant pleuré mes péchés que j'ai pleuré pour vous depuis que je suis ici, je serais très bien disposée pour faire mes pâques et mon jubilé. J'ai passé ici le temps que j'avais résolu de la manière dont je l'avais imaginé, à la réserve de votre souvenir, qui m'a plus tourmentée que je ne l'avais prévu. C'est une chose étrange qu'une imagination vive, qui se représente toutes choses comme si elles étaient encore ; sur cela on songe au présent, et quand on a le cœur comme je l'ai, on se meurt. Je ne sais où me sauver de vous : notre maison de Paris m'assomme encore tous les jours, et Livry m'achève. Pour vous, c'est par un effort de mémoire que vous pensez à moi ; la Provence n'est point obligée de me rendre à vous, comme ces lieux-ci doivent vous rendre à moi. J'ai trouvé de la douceur dans la tristesse que j'ai eue ici. Une grande solitude, un grand silence, un office triste, des Ténèbres chantées avec dévotion (je n'avais jamais été à Livry la semaine sainte), un jeûne canonique, et une beauté dans ces jardins, dont vous seriez charmée : tout cela m'a plu. Hélas ! que je vous y ai souhaitée ! Quelque difficile que vous soyez sur les solitudes, vous auriez été contente de celle-ci. Mais je m'en retourne à Paris par nécessité. J'y trouverai de vos lettres, et je veux demain aller à la Passion du P. Bourdaloue ou du P. Mascaron ; j'ai toujours honoré les belles passions. Adieu, ma chère Comtesse* » (lettre à Mme de Grignan, 26 mars 1671).

Les corrections et suppressions des premiers éditeurs ont longtemps caché les audaces de style et de pensée. C'est seulement en 1873 qu'on a retrouvé, pour la moitié des lettres environ, une copie assez fidèle. Sévigné, la vraie, est une épistolière « *dégingandée* », accordée à l'expression originale et sans apprêt.

CITATIONS

N'allez pas sur cela vous mettre à m'aimer *éperdument*, comme vous m'en menacez : que voudriez-vous que je fisse de votre *éperdument*, sur le point d'être grand'mère ?

Lettre au comte de Bussy-Rabutin, in *Correspondance*, 4 juin 1669.

[...] ne cessez point d'être aimable, puisque vous êtes aimé.

Lettre au comte de Grignan, in *Correspondance*, 15 août 1670.

Savez-vous ce que c'est que faner ? Il faut que je vous l'explique : faner est la plus jolie chose du monde, c'est retourner du foin en batifolant dans une prairie ; dès qu'on en sait tant, on sait faner.

Lettre à Coulanges, in *Correspondance*, 22 juillet 1671.

Vous me demandez, ma chère enfant, si j'aime toujours bien la vie. Je vous avoue que j'y trouve des chagrins cuisants ; mais je suis encore plus dégoûtée de la mort : je me trouve si malheureuse d'avoir à finir tout ceci par elle, que si je pouvais retourner en arrière, je ne demanderais pas mieux. Je me trouve dans un engagement qui m'embarrasse : je suis embarquée dans la vie sans mon consentement ; il faut que j'en sorte, cela m'assomme ; et comment en sortirai-je ?

Lettre à Mme de Grignan, in *Correspondance*, 16 mars 1672.

[...] ces tirades de Corneille qui font frissonner. Ma fille, gardons-nous bien de lui comparer Racine, sentons-en la différence... Racine fait des comédies pour la Champmeslé : ce n'est pas pour les siècles à venir. Si jamais il n'est plus jeune, et qu'il cesse d'être amoureux, ce ne sera plus la même chose. Vive donc notre vieil ami Corneille.

Lettre à Mme de Grignan, in *Correspondance*, 16 mars 1672.

Guilleragues disait hier que Pellisson abusait de la permission qu'ont les hommes d'être laids.

Lettre à Mme de Grignan, in *Correspondance*, 5 janvier 1674.

JUGEMENTS

« Une femme si frivole ! Mais elle avait le poids, la solidité de l'esprit français. »

Maurice BARRÈS, *Mes Cahiers*, t. II, Plon, posthume, 1929.

« Le vif de l'écriture n'arrive pas à mettre en balance la frivolité de cette dame. Son savoir-faire l'exalte et il ne reste que le tour qui est quelquefois admirable, pour parler comme elle, mais sous lequel il n'y a rien. C'est un paquet vide et merveilleusement ficelé. En outre tout ce monde écrivait de la même encre et seule une certaine vitesse d'escrimeuse fait la différence entre ses lettres et les réponses qu'elle en reçoit. On rencontre une chance d'expression et une manière de faire mouche, de mettre la pointe du bilboquet dans le trou, toutes les dix pages. Et jamais son amour maternel ne me touche. Il empeste le cœur sur la main. Il ressemble au fleuve de larmes versé sur Turenne. »

Jean COCTEAU, *Le Passé défini*, janvier 1954, Gallimard, posthume, 1989.

« Le 30 août 1671, Mme de Sévigné constate que dans son affection pour sa fille l'amour maternel a moins de part que l'inclination. Découverte d'une importance considérable pour elle qui n'incrimine pas son cœur, mais témoigne de la lucidité de son esprit. »

Marcel JOUHANDEAU, *Journaliers*, t. I, Gallimard, 1961.

« Madame de Sévigné écrivait naturellement, ce qui ne veut pas dire négligemment [...]. *Elle écrit cette langue riche, pittoresque et savoureuse, que parleront tous ceux qui auront formé leur esprit dans la première moitié du siècle. »*

Gustave LANSON, *Histoire de la littérature française*, Hachette, 1894.

« Parce qu'on la voit souvent d'une humeur enjouée et folâtre, on aurait tort de juger Mme de Sévigné frivole ou peu sensible. Elle était sérieuse, même triste, surtout pendant les séjours qu'elle faisait à la campagne, et la rêverie tint une grande place dans sa vie. »

Charles Augustin SAINTE-BEUVE, *Portraits de femmes*, mai 1829, Garnier, s.d.

« Mme de Sévigné, la première personne de son siècle pour le style épistolaire, et surtout pour conter des bagatelles avec grâce ; ses lettres, remplies d'anecdotes, écrites avec liberté et d'un style qui peint et anime tout, sont la meilleure critique des lettres étudiées où l'on cherche l'esprit. »

VOLTAIRE, *Le Siècle de Louis XIV*, 1751.

BIBLIOGRAPHIE

Éditions

Correspondance, éd. R. DUCHÊNE, « Pléiade », Gallimard, 1972 à 1978, 3 vol.

Lettres choisies, éd. R. DUCHÊNE, « Folio », Gallimard, 1988 ; éd. Ed. RICHER, « Classiques Hachette », Hachette, 1996.

Lettres de Madame de Sévigné, Images d'un siècle, préf. Ph. SOLLERS, Éd. Scala, 1992.

Études

A. BERNET, *Madame de Sévigné, mère passion*, Perrin, 1996.

B. BRAY, « Quelques aspects du système épistolaire de Mme de Sévigné », in *RHLF*, 1969, pp. 491 à 505.

J. et Ph. CHOMEL, *Madame de Sévigné à Grignan. Une épistolière en Provence*, Aubanel, Genève (CH), 1996.

J. CORDELIER, *Madame de Sévigné par elle-même*, « Écrivains de toujours », Seuil, 1967.

R. DUCHÊNE, *Réalité vécue et Art épistolaire : Mme de Sévigné et la Lettre d'amour*, Bordas, 1970, rééd. augm., 1993 ; *Madame de Sévigné ou la Chance d'être femme*, Fayard, 1982 ; *Écrire au temps de Madame de Sévigné : lettres et textes littéraires*, Vrin, 1982 ; *Chère Madame de Sévigné*, « Découvertes », Gallimard, 1995 ; *Naissance d'un écrivain : Madame de Sévigné*, Fayard, 1995.

E. GÉRARD-GAILLY, *Madame de Sévigné*, Hachette, 1971.

J.J. LÉVÊQUE, *Madame de Sévigné ou la Saveur des mots 1626-1696*, « Poche couleur », ACR Éd., Courbevoie (Hauts-de-Seine), 1996 [très bon dossier iconographique].

« La lettre au XVIIe siècle », in *RHLF*, nov.-déc. 1978.

AUDIO & VIDÉO

CD-ROM

Encyclopédie de la littérature française, Bibliopolis, 1998.

SIMENON

Georges SIMENON

A écrit ses premiers romans, de caractère populaire, sous divers pseudonymes, notamment Georges SIM, Jean du PERRY, Christian BRULLS.

De nationalité belge

Liège (Belgique) 1903 – Lausanne (Suisse) 1989

« Les sujets de Simenon sont souvent d'un intérêt psychologique et éthique profond ; mais insuffisamment indiqués, comme s'il ne se rendait pas compte lui-même de leur importance ; ou comme s'il s'attendait à être compris à demi-mot. C'est par là qu'il m'attire et me retient. Il écrit pour "le gros public", c'est entendu ; mais les délicats et raffinés y trouvent leur compte, dès qu'ils consentent à le prendre au sérieux. Il fait réfléchir ; et pour bien peu ce serait le comble de l'art ; combien supérieur en ceci à ces romanciers pesants qui ne nous font grâce d'aucun commentaire. Simenon expose un fait particulier, d'intérêt général peut-être ; mais se garde de généraliser : c'est affaire au lecteur. »

André GIDE, *Journal*, 13 janvier 1948, Gallimard, 1954.

La vitalité faite homme

Un enfant vite devenu adulte

Né au cœur de Liège, un vendredi 13 — ce qui effraya sa mère —, d'un père comptable et d'une mère *« demoiselle de magasin »*, Simenon, tout en sachant lire et écrire dès 3 ans et se montrant un élève particulièrement doué, ne termina pas ses études secondaires : la mort de son père, cardiaque, l'en empêcha, et l'adolescent se retrouva, dès 1919, engagé à *La Gazette de Liège* où, du fait divers à la chronique d'humeur, il s'initia au journalisme tout en fréquentant la bohème locale. Venu à Paris en 1922 en compagnie de Régine Renchon — artiste peintre qui fut sa femme durant trente ans et lui donna un fils —, il commença comme secrétaire de Binet-Valmer, puis du marquis de Tracy. Il suivit toute sa vie le conseil que lui donna Colette, rédactrice en chef du *Matin*, pour motiver ses refus des contes qu'il lui proposait : ne plus faire de style, *« écrire simplement »*. Très vite, il conquit son indépendance en procurant, à raison d'une centaine de pages quotidiennes, des récits grivois à des revues lestes, des contes à la presse, des romans populaires à Ferenczi, Tallandier ou Fayard. Gagnant rapidement beaucoup d'argent, Simenon, qui avait alors une demi-douzaine d'éditeurs et, parmi une vingtaine de pseudonymes, utilisait surtout celui de Sim, fut de toutes les fêtes parisiennes, eut une liaison avec Joséphine Baker, et sillonna l'Europe, à bord de son bateau *L'Ostrogoth*.

Le « père » de Maigret

C'est en 1930 qu'à l'invitation d'Arthème Fayard il mit au point un personnage de détective qu'il exploita en série. À partir de ***Pietr-le-Letton*** (1931), une vingtaine de Maigret (19 exactement) parurent en peu d'années, récoltant un énorme succès. Un *« bal anthropométrique »*, soirée promotionnelle réunissant le Tout-Paris, servit à lancer la série.

D'emblée, Simenon se mit à négocier les ventes de ses romans à l'étranger et les premières adaptations cinématographiques. Toutefois, en même temps, il donnait à son éditeur une dizaine de romans sans énigme ni enquête mais où le crime tient une place centrale : ***Le Relais d'Alsace*** (1931), ***La Maison du canal*** (1933), ***Les Fiançailles de M. Hire*** (1933). Par ailleurs, il poursuivit son activité de reporter : de l'Afrique, il ramena l'inspiration de quelques romans, dont ***Le Coup de lune*** (1933), et ***45º à l'ombre*** (1936).

La gloire parisienne

Dès 1933, Gaston Gallimard passa contrat avec Simenon, lui commandant 6 romans par an. C'est à partir de ces années trente que le romancier délaissa Maigret et s'attela à des œuvres plus élaborées comme ***Le Testament Donadieu*** (1937), ***Le Bourgmestre de Furnes*** (1939) ou ***Les Inconnus dans la maison*** (1940). C'est alors également qu'il obtint la caution de Gide qui, jusque là, le dénigrait : ils ne cessèrent de correspondre. Entre Gallimard et Simenon, les rapports ne furent jamais simples — l'écrivain obtint de l'éditeur le partage des bénéfices et lui imposait de se déplacer pour renouveler leur contrat — et le label du premier ne suffit pas à imposer le second au public cultivé.

Durant la guerre, Simenon et les siens vécurent à La Rochelle — où l'écrivain s'occupa des réfugiés belges —, à Fontenay-le-Comte, à Saint-Mesmin. Des ennuis de santé l'incitèrent à écrire ***Pedigree***, long roman autobiographique qui ne parut qu'en 1948 et lui valut quelques procès pour diffamation — qu'il perdit — en Belgique : sans doute s'agit-il de son œuvre majeure, en ce qu'elle concentre les hantises de toute une vie et les thèmes de toute une production. Simenon continua à beaucoup écrire et devint l'écrivain de l'époque le plus adapté au cinéma — Henri Decoin réalisa ***Les Inconnus dans la maison***, en 1942, avec Raimu —, son opportunisme s'accommodant d'une collaboration avec la *Continental*, maison de production aux attaches allemandes. À la Libération, un dossier d'épuration fut ouvert à son nom mais classé sans suite : Simenon y vit une raison de tenter l'aventure américaine.

La décennie nord-américaine

De 1945 à 1955, Simenon passa dix ans au Québec et en différents points des États-Unis, pour finir par s'installer à Lakeville (Connecticut). Il s'éprit, à New York, de Denise Ouimet qu'il épousa plus tard et dont il eut 3 enfants : ***Trois Chambres à Manhattan*** (1946) fait écho à leur passion naissante. C'est sur le continent américain qu'il signa quelques-unes de ses œuvres marquantes, que publia Nielsen (Presses de la Cité), jeune éditeur avec lequel il avait pris accord avant de quitter la France : ***Lettre à mon juge*** (1947), ***La neige était sale*** (1948), ***Les Fantômes du chapelier*** (1949).
Rentrés en Europe, les Simenon — qui multipliaient disputes et beuveries — s'installèrent en Suisse, près de Lausanne, dans le château d'Échandens d'abord, dans la luxueuse demeure d'Épalinges ensuite. Écrivain vedette, entouré d'une légende — notamment à propos de ses exploits sexuels : il se vantait d'avoir connu plus de 10 000 femmes, dont une majorité de prostituées —, Simenon fut très sollicité par les médias, à commencer par la télévision — où furent produites plusieurs « séries » de Maigret, avec Jean Richard puis Bruno Crémer —, comme par le monde du cinéma : alors que Gabin était devenu son acteur fétiche, par exemple dans ***En cas de malheur*** (1956), adapté en 1958 avec Brigitte Bardot, il présida le festival de Cannes en 1960. L'année suivante, une femme de chambre, Teresa, entra au service des Simenon : c'est avec elle que le romancier termina sa vie, tandis que Denise finit la sienne dans une clinique psychiatrique.
En 1972, après l'échec de ses deux dernières publications, ***La Disparition d'Odile*** (1971) et ***Maigret et M. Charles*** (1972), Simenon cessa d'écrire des romans. Sa vie s'assombrit d'une rupture orageuse avec Denise et du suicide de sa fille Marie-Jo, éperdument amoureuse de son père. Lui qui avait volontiers fait de l'homme mûr se penchant sur son passé un héros attachant — ***Le Président*** (1958), édifiante destinée du magnat de la presse parisienne René Maugras, ou ***Les Anneaux de Bicêtre*** (1963) —, écrivit désormais des volumes de souvenirs et réflexions : ***Mes Dictées*** (1973 à 1977), ***Lettre à ma mère*** (1974) — sans doute son œuvre la plus bouleversante, écrite en hommage à une mère qui ne cessa de lui préférer son frère Christian (« *De mes deux fils, c'est Georges qui a la gloire mais c'est Christian qui a le génie, la vie est mal faite.* [...] *Quel dommage que ce soit Christian qui soit mort...* ») et à l'agonie de laquelle, alors qu'elle avait 91 ans, Simenon assista — et ***Mémoires intimes*** (1981).
Parmi les centaines de titres d'une œuvre qu'on a abusivement réduite à la série des Maigret ou aux seuls romans policiers, une unanimité s'est souvent exprimée en faveur de ***Pedigree***, ***Le Chien jaune*** (1936), ***L'Homme qui regardait passer les trains*** (1938), ***La neige était sale***, ***Maigret aux assises*** (1960), ***Une vie comme neuve*** (1960), ***Les Anneaux de Bicêtre***, sans oublier les œuvres plus ambitieuses comme ***Long-Cours*** (1936), ***L'Aîné des Ferchaux*** (1943) et ***Le Testament Donadieu*** (1937) — fictions auxquelles on a pu préférer la poignante confession qu'est ***Lettre à ma mère***.

Un style dépouillé

Forte de ses plus de 200 romans et relayée par d'innombrables traductions et adaptations cinématographiques ou télévisuelles, l'œuvre de Simenon a connu et connaît encore une diffusion quasi universelle. Elle accéda très tôt à cette audience exceptionnelle en s'assurant de deux puissants leviers : le personnage emblématique de Maigret, figure bien française de détective, teintée d'intense humanité ; et une formule renouvelée du récit policier se fondant sur des intrigues à forte charge psychologique, qui relativisent la notion de culpabilité. Dans son ampleur, cette audience ne laisse pourtant pas d'étonner : comment des publics de toute langue, de tout continent et de tout âge ont-ils pu s'attacher si unanimement à un héros et à un univers romanesque cultivant à ce point banalité et routine, quitte à les relever de l'éclat d'un crime ? On a parlé à ce propos d'un « *mystère Simenon* » qui est tout ensemble celui d'une thématique et celui d'une stylistique.
Le génie de Simenon fut sans doute de faire coïncider étroitement une conception toute moyenne du roman avec un monde représenté qui ne l'était pas moins. Dans les Mai-

gret comme dans les autres romans — dits parfois « *de la destinée* », contenu et expression renvoient l'un à l'autre en un jeu de miroirs. Côté forme, l'écrivain croise une technique de production sérielle avec une conception plus exigeante du littéraire pour procurer des histoires de bon aloi mais fabriquées selon un modèle standard. Côté fond, ses romans ont pour personnage central un individu quelconque vivant en passion douloureuse une existence très ordinaire. Ce « médiocre » rumine échecs et déceptions au sein du cercle étroit de sa vie mais non sans chercher des issues parfois violentes ; il laisse ainsi entendre que son drame personnel est celui d'une classe qui, coincée entre grande bourgeoisie et prolétariat, vit mal son exclusion de l'Histoire (dans les années 1930 à 1950) : « *Il faut croire que l'homme a voulu vivre en société, puisque la société existe, mais aussi, depuis qu'elle existe, l'homme emploie une bonne part de son énergie et de son astuce à lutter contre elle* » ***(Le Grand Bob)***.

Le pathos qui se développe ainsi en vient à entourer la figure du petit-bourgeois simenonien d'un halo troublant. C'est l'effet d'une inscription insistante de « *l'homme nu* » dans un décor, une atmosphère, une gestuelle, c'est-à-dire d'une description phénoménologique de ses comportements et mobiles. Sous un tel regard, le personnage en vient vite à ne se complaire que dans le sordide. C'est qu'il patauge dans une réalité qui poisse de partout et rend sa destinée de plus en plus nauséeuse : « *Nous avons bâti un homme type — qui varie selon les époques — et nous nous y raccrochons si bien que nous considérons comme un malade ou comme un monstre tout ce qui ne lui ressemble pas. / Une des causes de nos propres tortures n'est-elle pas la découverte, que nous ne tardons pas à faire, que nous n'y ressemblons pas nous-mêmes ?* » ***(Le Fils)***.

L'écriture joue un grand rôle dans cette édification patiente d'un univers du médiocre. Dépouillée, tendue vers l'essentiel, elle balance entre constat et questionnement. Avide du détail et de l'épiphénomène, elle se dispense de tout habillage rhétorique. Grise plutôt que blanche, cette écriture restitue la monotonie d'une durée. Quelque chose d'intense l'habite pourtant. Simenon composait chacun de ses romans en peu de jours — une dizaine pour chaque Maigret — et dans un état de transe. Le style des récits s'en trouve soutenu d'un tempo sourd, à la fois pulsif et compulsif. Aussi n'est-il pas de roman de Simenon qui ne soit hanté d'un désir trouble et comme refoulé. Il est vrai que l'écrivain a lu les pères de la psychanalyse et que, par ailleurs, il a visiblement nourri son romanesque de ses fantasmes les plus intimes.

Formellement, si, jusqu'à 1938, Simenon a surtout employé une narration classique (point de vue externe), il recourut de plus en plus à la 1re personne, dès ***Il pleut, bergère*** (1940) et ***Malempin*** (1940), puis, dans les années 1950, sous la forme de confessions, lettres ou journal, notamment dans ***Lettre à mon juge*** (1947), ***En cas de malheur*** (1956), ***Le Fils*** (1957), ***Le Passage de la ligne*** (1958), ***Le Train*** (1961), et ***Les Autres*** (1962). La même année 1965, il écrivit un récit à la 1re personne, ***L'Homme au petit chien***, et un roman à la 3e personne, ***La Chambre bleue*** — signe de sa capacité d'adaptation et de sa variété stylistique, en dépit d'une apparente uniformité.

Un auteur universel

La gloire de Simenon fut au moins quantitative : à sa mort, l'écrivain avait vendu plus de 600 millions d'exemplaires de ses œuvres, lesquelles rassemblaient quelque 330 romans, nouvelles et essais, en 72 volumes ! Mais elle fut aussi qualitative : à la faveur notamment du jugement très élogieux de Gide, l'écrivain populaire universellement connu est désormais reconnu, par la critique littéraire et universitaire, comme l'un des auteurs majeurs du XXe siècle. Si la télévision — avec les « séries » des Maigret — et le cinéma — avec notamment ***Le Voyageur de la Toussaint*** (1941) par Louis Daquin en 1942, ***La Marie du port*** (1938) par Marcel Carné en 1950, ***Le Chat*** (1966) et ***Le Train*** par Pierre Granier-Deferre en 1970 et 1973, *L'Horloger de Saint-Paul*, adaptation de ***L'Horloger d'Everton*** (1954), par Bertrand Tavernier en 1973, ***Monsieur Hire*** par Patrice Leconte en 1990 et ***L'Inconnu dans la maison*** par Georges Lautner en 1992 — ont largement contribué à populariser Simenon, l'écrivain n'a cessé de passionner les biographes, de Narcejac (1950) à Pierre Assouline (1992), unanimes à le définir comme un « *cas* » (Narcejac), un « *dossier* » (Roger Stéphane, 1961), un « *mystère* » (Denis Tillinac, 1980), une « *énigme* » (Fenton Bresler, 1985).

ŒUVRE

Les Enquêtes du commissaire ***Maigret***

Héros des 76 romans policiers que Simenon a publiés entre 1931 et 1972, d'abord chez Fayard puis chez Gallimard, le commissaire Jules Maigret est devenu un personnage mythique et universel.

C'est à la demande de l'éditeur Fayard que Simenon lança son détective. Au terme des 19 titres parus chez cet éditeur, l'écrivain mit son héros à la retraite dans ***Maigret*** (1934). Puis, en 1942, la série fut reprise par Gallimard pour se poursuivre sans rupture.

À la différence de bien d'autres détectives de roman, Maigret a une épaisseur personnelle. Il provient de Saint-Fiacre, lieu de ***L'Affaire Saint-Fiacre*** (1932), où son père était régisseur du château ; il a commencé des études de médecine avant de faire carrière dans la police judiciaire ; sa femme ne lui a pas donné d'enfant, mais lui mitonne de petits plats ; Maigret fume la pipe, porte manteau à col de velours ou simple pardessus, vide volontiers un verre de bière ; corpulent et bourru, il en impose.

Mieux que par un pittoresque extérieur, Maigret se définit par une méthode d'enquête et un sens de la vie. Il conduit ses investigations en psychosociologue qui observe les rapports humains et s'imprègne du climat ambiant plutôt que de relever les indices ; il conclut à la culpabilité en médecin — la vocation contrariée de Simenon — plutôt qu'en juge et n'hésite pas à pardonner les fautes. On peut dire avec Uri Eisenzweig que, dans les années 1930 et parallèlement aux auteurs américains du *hard boiled*, courant noir du roman policier, Simenon a introduit dans le policier une dimension critique.

Comme l'a vu Jean Fabre, ce fonctionnaire qu'est Maigret gère son équipe (Janvier, Lucas, Torrence) en patron de petite entreprise qui ressemble bien peu aux surhommes de la littérature populaire. Simenon a laissé d'ironiques ***Mémoires de Maigret*** (1951), où la créature nous entretient de son créateur.

Les Maigret ont fait l'objet d'adaptations filmiques et télévisuelles nombreuses, valant au Commissaire d'être incarné par de nombreux acteurs, de Pierre Renoir — dans ***La Nuit du Carrefour*** (1931), adaptée par Jean Renoir en 1932 —, et Harry Baur — dans ***La Tête d'un homme*** (1930), adapté par Julien Duvivier en 1932 — à Jean Gabin — dans ***Maigret tend un piège*** (1955), adapté par Jean Delannoy en 1957 —, sans oublier, à la télévision, Jean Richard et Bruno Crémer.

CITATIONS

Nous avons bâti un homme type — qui varie selon les époques — et nous nous y raccrochons si bien que nous considérons comme un malade ou comme un monstre tout ce qui ne lui ressemble pas.
Une des causes de nos propres tortures n'est-elle pas la découverte, que nous ne tardons pas à faire, que nous n'y ressemblons pas nous-mêmes ?

Le Fils.

Il faut croire que l'homme a voulu vivre en société, puisque la société existe, mais aussi, depuis qu'elle existe, l'homme emploie une bonne part de son énergie et de son astuce à lutter contre elle.

Le Grand Bob.

JUGEMENTS

« Huit jours durant, Georges Simenon veilla sa mère à l'agonie dans un hôpital de Liège. Elle avait 91 ans, et lui 67. Un quart de siècle les séparait et un océan de méfiance, de non-dits, de rancunes derrière lesquels avait toujours subsisté une sorte d'inaltérable tendresse. Quelque temps après il écrit ce texte, entièrement tenu par une antienne : "Tout le monde m'admire, sauf toi...". *Il répète à l'envi qu'écrire a toujours été pour lui un défi lancé à la mère, qu'il a construit sa vie contre l'éducation qu'elle lui a donnée tout en étant conscient d'avoir hérité son angoisse du lendemain, qu'il n'aura cessé de lui démontrer qu'il pouvait gagner de l'argent...* [...] *L'écrivain savait lui aussi être dur avec sa mère. Marguerite Doise, l'intraitable héroïne d'un de ses plus beaux romans* (Le Chat), *c'était elle.* Lettre à ma mère, *publié en 1974, est l'ultime sursaut de génie d'un retraité de la fiction romanesque. Dicté au magnétophone, il ne fait pourtant pas partie des* Dictées. *Il est hors norme, tant par le contexte de sa publication que par sa puissance d'évocation. L'auteur y avance masqué tout en se dévoilant. Ce texte bref, dense et bouleversant, est la clef de sa person-*

nalité. C'est une chronique de l'incompréhension à travers l'histoire de deux êtres qui n'ont jamais réussi à s'aimer pour n'avoir jamais réussi à se parler. Simenon y dévoile enfin le nœud de sa souffrance, celle d'un grand écrivain reconnu partout et par tous sauf par sa mère. On comprendra qu'il est urgent de le rééditer en volume autonome. »

Pierre ASSOULINE, article in *Lire*, mars 1998.

« La postérité ratifiera sans doute le jugement de Gide qui considérait Simenon comme le plus grand romancier de notre époque.
Certes, Giono ou Marcel Aymé sont de meilleurs écrivains, mais ils sont plutôt de prodigieux conteurs que des purs romanciers. Simenon donne une impression de vie brute et immédiate, sans transposition lyrique ou ironique. Il se moque du beau style et n'entend employer que les mots compris par tout le monde et facilement traduisibles dans les langues étrangères. Il veut un style efficace et, de ce point de vue, il est imbattable. Il possède un tempérament assez fort pour ne pas craindre de paraître banal et il triomphe puisque, à la fois nous croyons à la réalité de ses personnages et des milieux qu'il nous décrit, et que nous sommes amenés à constater l'existence d'un univers de Simenon, aussi personnel que celui de n'importe quel grand artiste.
Ce qui caractérise Simenon, c'est un don de sympathie pour les hommes et les femmes qu'il nous présente et il faudrait même parler de compassion, cachée sous des apparences d'objectivité. De même est-il extraordinairement sensible au temps qu'il fait et ses livres sont tout imprégnés des divers climats dans lesquels ils se déroulent. En outre, qu'il parle de la France ou des États-Unis, de la Turquie ou de Panama, des îles du Pacifique ou des pays d'Afrique noire, il est partout chez lui : il est un citoyen du monde et semble pouvoir être compris partout dans le monde. »

Jacques BRENNER, *Histoire de la littérature française de 1940 à nos jours*, Fayard, 1978.

« L'écrivain liégeois est sans conteste un champion de l'effet de réel, c'est-à-dire de la touche vériste qui vient authentifier une situation, un personnage, un lieu [...]. Le drame commun chez Simenon est affaire de "barrière". À l'ordinaire, en effet, le conflit, poussant au meurtre le plus souvent, provient de ce qu'un individu a franchi la frontière des classes [...]. Toute une confusion en découle, qui engendrera un crime de hasard. »

Jacques DUBOIS, *Le Roman policier ou la Modernité*, Nathan, 1992.

« [...] l'un des auteurs vivants les plus prolifiques et le meilleur de son genre. Quand il s'apprête à écrire un nouveau livre — l'affaire de quelques semaines — il fait savoir à ses amis qu'il sera obligé de négliger sa correspondance pendant quelque temps. Je me dis souvent que cela doit être merveilleux de pouvoir achever un livre en quelques mois à peine. Merveilleux de pouvoir faire savoir à tout un chacun que "vous n'y serez pour personne" *pendant quelque temps ! »*

Henry MILLER, *Big Sur et les Oranges de Jérôme Bosch*, mai 1955-juin 1956, trad. franç. R. GIROUX, Buchet-Chastel, 1959.

« Sa connaissance des ouvriers, des métiers, des professions, des petits métiers et occupations est beaucoup plus profonde que [celles de] *Zola ou Balzac. »*

Anaïs NIN, *Journal*, t. V, printemps 1949, Stock, 1978.

« En France, le seul romancier qui puisse rivaliser aujourd'hui avec les géants du XIX*e siècle, c'est Georges Simenon. Ses romans constituent une telle somme d'expérience humaine que s'ils survivaient à un holocauste atomique, l'historien futur, en les compulsant, ne se tromperait pas trop sur la mentalité et la vie de notre temps. »*

George STEINER, cité *in* Jacques BRENNER, *Tableau de la vie littéraire en France d'avant-guerre à nos jours*, Luneau Ascot Éd., 1982.

BIBLIOGRAPHIE

Éditions

Œuvres complètes, Rencontre, Lausanne (CH), 1967 à 1973, 72 vol. [dont 28 pour les Maigret].

Tout Simenon, « Omnibus », Presses de la Cité, 1988 à 1993, 27 vol. dont *Œuvre romanesque*, 25 vol., et *Mémoires*, 2 vol.

Lettres à ma mère, Omnibus, 1999.

Sans trop de pudeur... Correspondance Georges Simenon/André Gide 1938-1950, Omnibus, 1999.

Simenon avant Simenon, t. I, *Les Exploits de l'inspecteur Lancette*, t. II, *Maigret entre en scène*, Omnibus, 1999.

La plupart des Maigret sont disponibles en collection « LdP » (LGF). Plusieurs romans sont disponibles en « Folio » (Gallimard).

Études

B. ALAVOINE, *Georges Simenon. Parcours d'une œuvre*, Encrage, Amiens, 1998 ; *Les Enquêtes de Maigret : de Georges Simenon*, Encrage, Amiens, 1999.

P. ASSOULINE, *Simenon. Biographie*, Julliard, 1992.

A. BERTRAND, *Georges Simenon*, La Manufacture, Lyon, 1988 ; *Georges Simenon : de Maigret aux romans de la destinée*, Éd. du CEFAL, Liège (BE), 1994.

M.-P. BOUTRY, *Les 300 Vies de Simenon*, Cl. Martin du Gard, 1990.

Fr. BRESLER, *L'Énigme Georges Simenon*, Balland, 1985.

J.-Ch. CAMUS, *Simenon avant Simenon. Les Années de journalisme 1919-1922*, Didier/Hatier, Bruxelles (BE), 1989 ; *Simenon avant Simenon. Les Années parisiennes 1923-1931*, Didier/Hatier, Bruxelles (BE), 1990.

Ch. DELCOURT, J. DUBOIS, Cl. GOTHOT-MERSCH, J.-M. KLINKENBERG, D. LATIN, *Lire Simenon, Réalité/Fiction/Écriture*, Labor, Bruxelles (BE), 1993.

J. DUBOIS, « L'Utopie de Maigret », in *Le Roman policier ou la Modernité*, Nathan, 1992, pp. 171 à 188.

U. EISENZWEIG, « Genèse et Structure du roman policier. Hypothèses de travail », in *Degrés*, VI, 16, 1978, pp. d1 à d15.

S.G. ESKIN, *Simenon. Une biographie*, Presses de la Cité, 1990.

J. FABRE, *Enquête sur un enquêteur. Maigret : un essai de sociocritique*, « Études sociocritiques », C.E.R.S., Montpellier, 1981.

B. de FALLOIS, *Simenon*, Gallimard, 1961.

J. FOREST, *Les Archives Maigret. Répertoire analytique de ses cent sept enquêtes*, P.U. Montréal (CA), 1994 ; *Notre-Dame de Saint-Fiacre ou l'Affaire Maigret*, P.U. Montréal (CA), 1994.

Cl. GAUTEUR, *Simenon au cinéma*, Didier/Hatier, Bruxelles (BE), 1990.

Fr. LACASSIN, *La Vraie Naissance de Maigret*, Éd. du Rocher, 1992.

M. LEMOINE, *Index des personnages de Georges Simenon*, Labor, Bruxelles (BE), 1985 ; *L'Autre Univers de Simenon : guide complet des romans populaires publiés sous pseudonymes*, Éd. du CEFAL, Liège (BE), 1991.

A. MATHONNET, *Regard et Voyeurisme dans l'œuvre romanesque de Simenon*, Éd. du CEFAL, Liège (BE), 1996.

Th. NARCEJAC, *Le Cas Simenon*, Presses de la Cité, 1950.

M. PIRON, *L'Univers de Simenon*, Presses de la Cité, 1983.

R. STÉPHANE, *Le Dossier Simenon*, Laffont, 1961.

D. TILLINAC, *Le Mystère Simenon*, Calmann-Lévy, 1980.

A. VANONCINI, *Simenon et l'Affaire Maigret*, Champion, 1990.

Collectif, *Simenon. L'Homme, l'Univers, la Création*, Éd. Complexe, Bruxelles (BE), 1993.

Collectif, *Lire Simenon : Réalité, Fiction, Écriture*, Labor, Bruxelles (BE), 1993.

Cahiers Simenon, Les Amis de Georges Simenon, Bruxelles (BE), depuis 1987.

Traces, Centre d'études Georges Simenon de l'Université de Liège (BE), depuis 1989.

AUDIO & VIDÉO

CD

Des entretiens exemplaires, avec A. PARINAUD, Th. de SAINT-PHALLE, É. LAURENT, INA/Radio France, 1999, 2 CD-livres.

Vidéo

M. CARNÉ, *Trois Chambres à Manhattan*, 1965, CANAL+ Vidéo, s.d.

L. DAQUIN, *Le Voyageur de la Toussaint*, 1943, CANAL+ Vidéo, s.d.

H. DECOIN, *La Vérité sur Bébé Donge*, 1952, CANAL+ Vidéo, s.d.

J. DELANNOY, *Maigret et l'Affaire Saint-Fiacre*, 1959, René Chateau, s.d. ; *Maigret tend un piège*, 1957, René Chateau, s.d.

J. DREVILLE, *Annette et la Dame Blonde*, 1942, CANAL+ Vidéo, s.d.

R. POTTIER, *Picpus*, 1943, CANAL+ Vidéo, s.d.

L. SASLAVSKY, *La neige était sale*, 1954, CANAL+ Vidéo, s.d.

M. TOURNEUR, *Cécile est morte*, 1944, CANAL+ Vidéo, s.d.

SIMON

Claude SIMON

Tananarive (auj. Antananarivo, Madagascar) 1913 – Paris 2005
Prix Nobel *(prix Médicis)*

> *« Décrire la maison de Claude Simon, ce pourrait être, métaphoriquement, parler de sa création romanesque. Un extérieur assez rude, presque inquiétant et mystérieux, et puis, au-dedans, une tout autre atmosphère. [...] Raffinement, simplicité, délicatesse. Oui, décidément, c'est comme un de ses romans. Magnifique. On a envie d'y prendre son temps, de monter et descendre, de passer de la cour au salon, de la cuisine au bureau, comme on aime lire et relire ses textes, reposer le livre, en rouvrir un autre pour voir comment on y retrouve les mêmes thèmes, les mêmes éléments, pour chercher ce qui se cache derrière les descriptions, quel tableau, quelle carte postale, quel moment historique ou privé, quel mystère ou quelle évidence. »*
>
> Josyane SAVIGNEAU, « Une visite à Claude Simon », in *Le Monde des livres*, 19 septembre 1997.

> *« Attention, sables mouvants sur la route des Flandres. Pluie battante sur les vignes des Pyrénées. Après* Greenpeace, *Claude Simon... Le prestige de la France reçoit un second coup avec l'attribution du prix Nobel à l'écrivain le plus ennuyeux et le plus artificiel qui ait existé depuis la disparition de Casimir Delavigne. C'est à se demander si, après avoir "déstabilisé" l'armée, on n'a pas cherché à s'attaquer à la littérature, les deux seules choses un peu sérieuses dans ce pays quand nous raisonnons à l'échelle des siècles. Jugée à partir des livres de Claude Simon, notre littérature, aux yeux du public international, ce sera non pas* Le Bateau ivre *de Rimbaud, mais le* Rainbow Warrior, *qui, après l'explosion, donne de la gîte. Au degré d'affliction où nous sommes, toutes les hypothèses se présentent à l'esprit. »*
>
> Angelo RINALDI, « Claude Simon », in *L'Express*, 25 octobre 1985.

Une vie à l'écart

Un orphelin dans la débâcle

Claude Simon perdit son père, officier colonial, dès le début de la guerre de 1914, et sa mère en 1924. Il passa son enfance à Perpignan, vécut un temps à Paris où il fit ses études secondaires — au collège Stanislas —, fut ensuite étudiant à Oxford puis à Cambridge, et s'orienta vers la peinture. Il voyagea en Europe (Allemagne, Italie, Grèce, U.R.S.S.), avant et après son service militaire (1934-1935). En 1936, il rejoignit les rangs des républicains espagnols. Mobilisé en 1939 dans la cavalerie, il vécut la débâcle et fut fait prisonnier. Après son évasion, il regagna la propriété familiale de Salses (Pyrénées-Orientales), dans le Roussillon où il séjourna dès lors le plus souvent, se consacrant à ses vignobles et à l'écriture.

L'unité de l'œuvre apparut, dès le début, dans les monologues intérieurs qui constituent ***Le Tricheur*** (1945), dans la confession-essai de ***La Corde raide*** (1947), d'où émergent déjà la quête de l'identité et les préoccupations artistiques. Plus ample, ***Gulliver*** (1952) entrecroise des destins multiples, sur fond de collaboration, d'aristocratie déchue, de délinquance, de passions malheureuses. ***Le Sacre du printemps*** (1954) se fonde sur les impressions paroxystiques d'un jeune homme affronté à un tourbillon de conflits familiaux, d'échos de guerre, de duperies.

Le tournant de 1957

Avec ***Le Vent, tentative de restitution d'un retable baroque*** (1957) et ***L'Herbe*** (1958), émergent les œuvres majeures : le rythme spécifique des phrases se met en place, la focalisation se resserre. Cette émergence correspondit aussi à l'entrée de Simon aux Éditions de Minuit, éditeur de Nathalie Sarraute, Butor, Robbe-Grillet, Pinget — Claude Simon participa aux colloques de Cerisy (1971, 1974) et de New York (1982) traitant du Nouveau Roman et de sa propre œuvre. Dans ***Le Vent***, une voix reconstitue l'histoire désordonnée, qu'on dirait bouleversée par le vent lui-même, d'un personnage égaré ; le second transcrit en bribes alternées le monde intériorisé par la conscience d'une jeune femme : le passé qu'incarne une vieille tante mourante, des fantoches, un amour indistinct, un verger où toutes les poires pourrissent...

Dans les quatre romans suivants, l'Histoire passe au premier plan, filtrée par une mémoire incertaine : guerres du XVIIIe siècle et guerres contemporaines se mêlent dans ***La Route des Flandres*** (1960), ***Le Palace*** (1962), ***Histoire*** (prix Médicis, 1967), ***La Bataille de Pharsale*** (1969). ***La Route des Flandres***, qui évoque la débâcle de 1940, consiste en une gigantesque anamnèse, accumulant les souvenirs, au cours d'une nuit d'amour dont l'évocation revient en leitmotiv : l'influence du Faulkner d'*Absalon ! Absalon !* y est sensible.

Le Palace évoque l'expérience personnelle de Simon, aux côtés des républicains espagnols, et met en scène les désillusions révolutionnaires, au cœur d'une Barcelone transfigurée. ***Histoire***, qui contient aussi des fragments autobiographiques, ajoute à ces éléments, à partir de cartes postales anciennes, un passé familial complexe : « [...] *essaie au moins de te* *rappeler non pas comment les choses se sont passées (cela tu ne le sauras jamais — du moins celles que tu as vues : pour les autres tu pourras toujours lire plus tard les livres d'Histoire)* [...]. » Ce roman, dont le titre entretient l'ambiguïté entre l'Histoire — évoquée ici sous la forme de la guerre d'Espagne et, une fois encore, de la campagne de Flandres — et l'histoire personnelle d'un narrateur, s'achève sur une interrogation identitaire, symptomatique des incertitudes simoniennes : « [...] *la femme penchant son mystérieux buste de chair blanche enveloppé de dentelles ce sein qui déjà peut-être me portait dans son ténébreux tabernacle sorte de têtard gélatineux lové sur lui-même avec ses deux énormes yeux sa tête de ver à soie sa bouche sans dents son front cartilagineux d'insecte, moi ?...* » Les versions latines que rappelle le passé familial d'***Histoire*** engendrent l'évocation de Pharsale, dans ***La Bataille de Pharsale***, chef-d'œuvre de montage, où la parodie de Proust se mêle à l'intertextualité généralisée. Là apparaît le tableau éponyme de Poussin, point de départ d'***Orion aveugle*** (1970), où l'écrivain opère des variations poétiques autour d'œuvres plastiques.

La technique du collage devint prépondérante au cours des années 1970, sous l'influence de la vague structuraliste et des colloques de Cerisy. ***Les Corps conducteurs*** (1971), ***Triptyque*** (1973), ***Leçon de choses*** (1975) jouent sur l'engendrement du texte à partir d'éléments programmatiques : des murs lépreux, des photos, des affiches, une pellicule de film, un manuel, un homme malade, des slogans et des discours politiques, des scènes érotiques...

La consécration du Nobel

Les œuvres des années quatre-vingt atteignirent une exceptionnelle plénitude : avec ***Les Géorgiques*** (1981), qui rassemblent, autour du thème obsédant de la guerre, trois époques — la Révolution, la guerre d'Espagne et la débâcle de 1940, une fois encore —, autant de lieux et de personnages — dont un protagoniste présenté comme un authentique ancêtre de l'écrivain —, les éléments d'ouvrages précédents et les références à Virgile, Michelet, Orwell sont puissamment orchestrés par les extraits du « *Journal de l'ancêtre* ». L'élégie se mêle aux réminiscences de l'*Énéide*, les destins parallèles s'entrelacent, une main, au premier plan, suscite le questionnement sur l'écriture : « *Il écrit que l'année a été fatale à sa famille, que Monsieur de Pruyne relève d'une maladie grave, que Monsieur de Loumet est mort, que le de Pruyne de Strasbourg est mort à trente-cinq ans et que lui-même sort des portes du trépas. Lorsque l'on tourne les pages des registres en les tenant inclinés de fines particules couleur rouille aux facettes scintillantes et dorées comme du mica se détachent des lettres et glissent sur les feuilles. On dirait que les mots assemblés, les phrases, les traces laissées sur le papier par les mouvements de troupes, les combats, les intrigues, les discours, s'écaillent, s'effritent et tombent en poussière, ne laissant plus sur les mains que cette poudre impalpable, couleur de sang séché. Il écrit que me font à moi une fortune et des honneurs dont le plus grand prix eût été de les partager avec cette femme adorée ensevelie dans le néant depuis si longtemps et dont le souvenir après vingt ans me déchire le cœur.* » Quatre ans après ***Les Géorgiques***, Claude Simon fut couronné par le prix Nobel 1985, à la surprise générale : malgré une quinzaine d'œuvres en quarante ans, il restait un écrivain confidentiel — à tel point que, dit-on, certains journalistes français interrogèrent leurs homologues américains pour écrire leur papier ! Dans son ***Discours de Stockholm*** (1986), il affirma que « *si le monde signifie quelque chose, c'est qu'il ne signifie rien* ».

L'Acacia (1989) rebrasse et complète un bilan plus personnel, s'achevant sur l'évocation de l'arbre qui ouvrait ***Histoire***, juste après la phrase-clé : « *Un soir il s'assit à sa table devant une feuille de papier blanc.* » Avec ***Le Jardin des Plantes*** (1997), Claude Simon poursuit ce bilan d'une vie et le renouvelle par une disposition typographique désorientante — le morcellement du texte en fragments disproportionnés et juxtaposés figurant celui d'une existence elle-même éparpillée au sein d'un siècle éclaté —, qui fait de la lecture de ce « *portrait d'une mémoire* » une aventure tout aussi personnelle que l'écriture qui la génère.

Écrivain du désastre — personnel — et du chaos — collectif —, hanté par la fragmentation du temps, mais aussi peintre sensuel des beautés visuelles et palpables de la vie quotidienne, Claude Simon est l'auteur d'une œuvre aussi authentique que cohérente, que ses partis pris formels innovants privent toutefois d'une audience plus large, du moins en France.

Une écriture de la fragmentation

On songe à Proust devant cette construction imposante, mais la comparaison picturale — référence constante pour un écrivain qui commença par la peinture — serait plus juste que celle de la cathédrale : Cézanne est invoqué dès les premiers textes, les collages génèrent les constructions narratives. Au-delà, les impressions de couleurs, de formes, de lumières fondent l'identité des êtres sur des instants, des perceptions, les remémorations sensorielles ainsi déclenchées.

Certes, le lecteur décèle des thèmes qu'on a pu, surtout après la publication de ***L'Acacia***, constituer en éléments d'un puzzle autobiographique : les ascendants — et Simon lui-même — affrontés aux guerres, la lente agonie de la mère ; les deux mondes si différents des deux parents ; la présence obsédante des marginaux ; le retour sporadique de quelques figures très pures ; les scènes érotiques réitérées comme autant de tentatives pour trouver dans la jouissance paroxystique un sens qui se dérobe. Mais aussi des motifs sans cesse repris : les courses de chevaux, la mort emblématique du cavalier de 1940 brandissant son sabre, les corps dégradés par le vieillissement, le buste en marbre de l'ancêtre. Le temps cependant se spécifie en Histoire : l'ombre des philosophes, faux prophètes, donne aux récits d'atrocités leur poids de protestation contre les idéologies meurtrières. ***L'Invitation*** (1987), inspiré par une visite officielle en U.R.S.S., accumulait les images dénonciatrices et caricaturales. Partout se dessine un arrière-plan mythique qui accroît la force du texte : images de décomposition et de minéralisation cosmique, cavalier apocalyptique, figures violentes de la mythologie archaïque.

De façon explicite, les exergues des livres soulignèrent surtout l'impossibilité même du récit, et le personnage O. des ***Géorgiques*** essaye en vain de s'appuyer sur la syntaxe et la chronologie pour reconstituer la guerre d'Espagne.

L'écriture de Claude Simon joue sur l'incertitude née de la pluralité de voix et de regards qui se succèdent sans transition. Le narrateur doute sans cesse — « *Comment c'était ?* » —, il se corrige, accumule les incidentes, les digressions : « *Ils perçoivent cela d'un coup et pourtant de façon détaillée (ou plutôt dénudée, fouillée, comme un de ces dessins minutieux et précis à la mine de plomb) par la lumière crue et froide d'hiver qui (de même que l'immobilité et le silence succèdent soudain aux longues heures de cahots et de grondements des roues sur les voies) accuse l'impression de désolation et d'abandon* » (***Les Géorgiques***, chap. II).

Les enchaînements jouent sur les associations de signifiants — ou les associations non moins aléatoires d'un courant de pensée sans cesse interrompu. Un rythme original est créé par les phrases proliférantes, les emboîtements et les parenthèses, mais aussi par la transcription d'un discours emprunté à tous les registres et que balisent rarement les marques habituelles : « [...] *ou plutôt comme quand on a un étourdissement ou qu'on a trop bu c'est-à-dire quand le monde visible se sépare en quelque sorte de vous perdant ce visage familier et rassurant qu'il a (parce qu'en réalité on ne le regarde pas), prenant soudain un aspect inconnu vaguement effrayant, les objets cessant de s'identifier avec les symboles verbaux par quoi nous les possédons* [...] » ***(Histoire)***. Liaisons absentes, ponctuation lacunaire, emploi systématique d'un participe présent qui efface les repères temporels, toute une écriture du discontinu et du juxtaposé débusque la pseudo-chronologie du langage linéaire : « *Il tenait une lettre à la main, il leva les yeux me regarda puis de nouveau la lettre puis de nouveau moi, derrière lui je pouvais voir aller et venir passer les taches rouges acajou ocre des chevaux qu'on menait à l'abreuvoir, la boue était si profonde qu'on enfonçait dedans jusqu'aux chevilles mais je me rappelle que pendant la nuit il avait brusquement gelé et Wack entra dans la chambre en portant le café disant les chiens ont mangé la boue, je n'avais jamais entendu l'expression* [...] » ***(La Route des Flandres)***.

On pourrait étendre à l'ensemble de l'œuvre le titre un moment envisagé pour ***La Route des Flandres*** : « *Histoire fragmentaire d'un désastre* ». Mais, en amont, la démarche esthétique de l'écrivain tendit à renouveler la représentation elle-même. Les échos nombreux de préoccupations picturales renvoient à un Claude Simon photographe, poète en prose — dans ***La Chevelure de Bérénice*** (1983) —, à son goût pour les mots qui « *éclatent comme autant de chandelles romaines, déployant leurs gerbes dans toutes les directions* » (***Préface*** à ***Orion aveugle***).

Une œuvre couronnée mais controversée

Remarqué par Robbe-Grillet, alors conseiller littéraire aux Éditions de Minuit, Claude Simon côtoya le groupe fondateur du Nouveau Roman, dont pouvait le rapprocher notamment la part accordée, dans ses œuvres, aux objets les plus ordinaires. L'un de ses textes figurait dans le premier numéro de *Tel Quel* (1960), la revue fondée par Philippe Sollers. Ses romans passionnèrent rapidement une partie du public, mais leur réputation de difficulté explique l'étonnement qui

accueillit l'attribution, à cet auteur, du prix Nobel en 1985, voire l'indignation que manifesta notamment, avec sa férocité coutumière, Angelo Rinaldi : « *Si un grand romancier, c'est un style et un univers singulier, une manière neuve de montrer les rapports humains, une voix qui se reconnaît à la première inflexion, exprimant des émotions personnelles qui sont, au fond, celles de tout le monde, Claude Simon n'est rien de tout cela. À travers lui, on couronne la forme — une forme purement décorative — qui ne contient pas grand-chose, sinon les difficultés qu'a eues l'auteur pour remplir cette outre vide qui, en dépit de ses efforts, sonnera toujours le creux* » (« Claude Simon », in *L'Express*, 25 oct. 1985). Quant à la discrétion médiatique de Claude Simon, elle accentue encore la confidentialité de cet auteur.
L'œuvre n'a pas été saisie d'emblée dans sa diversité : les colloques excluaient toute interprétation référentielle. L'auteur insistait beaucoup lui-même sur la combinatoire, sur l'écriture *sui generis*. À la fin des années 1980 s'est manifestée, contre ce discours, une réaction importante, dont Lucien Dällenbach, notamment, a été le porte-parole. Sans nier l'importance de l'analyse formelle, on lui refusa désormais l'exclusivité. On étudia la thématique des premiers romans, on éclaira les réminiscences de 1940 à partir d'une reconstitution des faits fournie par l'écrivain lui-même, on esquissa l'inventaire du matériau autobiographique : le lecteur était désormais libre d'interpréter les figures de ce grandiose kaléidoscope.
Il a fallu attendre la publication du ***Jardin des Plantes*** pour que sorte partiellement de l'oubli un écrivain paradoxalement mieux connu à l'étranger — ses œuvres sont traduites dans une trentaine de pays — qu'en France.

ŒUVRE

La **Route des Flandres**

Roman en 3 parties, publié aux Éditions de Minuit en 1960.

Plusieurs époques sont ici superposées. Celle de la Seconde Guerre mondiale se décompose en deux temps : l'épisode proprement lié au commencement de la guerre, où Georges, le narrateur — présent déjà dans ***L'Herbe*** —, est envoyé à cheval contre l'envahisseur allemand, et celui de la captivité, où Georges tente de savoir avec son ami de régiment, le Juif Blum, si le capitaine de Reixach, tué par un parachutiste nazi, a cherché volontairement la mort. L'époque du présent montre Georges faisant l'amour avec Corinne dans une chambre d'hôtel. L'odeur du corps de sa compagne, associée à celle de la terre, motive des glissements dans la conscience de Georges qui est aussitôt conduit à revivre la déroute guerrière qu'il a connue. La période de l'enfance surgit par bribes plus ou moins précises et renforce la sensation de déroute. Le temps, présent ou passé, semble à tous moments échapper à Georges. Le capitaine s'est-il suicidé ? Telle est l'interrogation majeure de Georges, qui est lui-même cousin de Reixach. S'agirait-il, alors, de la conséquence d'une banale histoire d'amour que Corinne, dont on comprend qu'elle fut l'épouse du capitaine, aurait vécue avec un jockey nommé Iglésia ? L'honneur militaire a-t-il guidé cette recherche volontaire de la mort ? La reproduction d'une scène de famille, rapportée par une autre femme, prénommée Sabine, et par Blum donne-t-elle la clé de cette disparition ? Sous la Convention, un ancêtre Reixach — dont les lectures, abondamment évoquées, avec, entre autres, une mise en cause explicite de Rousseau, illustrent cette conviction du narrateur, que les idéologies interprétant l'Histoire, tant au XVIIIe qu'au XXe siècle, constituent un leurre — s'était suicidé, après avoir retrouvé sa femme dans les bras de son palefrenier, alors qu'il avait été battu par un Espagnol. Rien ne permet à Georges de comprendre le geste de son capitaine et cette énigme obsédante mène la relation qu'il entretient avec Corinne à sa fin. Le livre s'achève donc sur l'image d'un « *monde arrêté figé s'effritant se dépiautant s'écroulant peu à peu par morceaux comme une bâtisse abandonnée, inutilisable, livrée à l'incohérent, nonchalant, impersonnel et destructeur travail du temps* ».

Comme dans ***La Corde raide***, l'atmosphère de ***La Route des Flandres*** est entièrement liée au souvenir autobiographique de la mort du colonel qui dirigeait le régiment de Claude Simon alors que celui-ci montait au feu, en 1940, à cheval, contre les divisions blindées nazies. Mais, au-delà, par son travail de la phrase, l'allongement délibéré de celle-ci, la multiplication des parenthèses et participes présents, ***La Route des Flandres*** traduit incontestablement une manière de renouveler le romanesque. Nourri d'une culture qui lui permet de convoquer Léonard de Vinci, Martin Luther et Malcolm de Chazal, en exergue des 3 parties du roman, Claude Simon construit en effet, non pas un roman d'aventure mais l'aventure d'un roman, genre obsolète pour lui, qui se fracasse dans la complexité et la multiplicité du réel.

La Route des Flandres reçut le prix de *L'Express* et consacra Claude Simon parmi les écrivains majeurs du XXe siècle.

CITATIONS

[...] essaie au moins de te rappeler non pas comment les choses se sont passées (cela tu ne le sauras jamais — du moins celles que tu as vues : pour les autres tu pourras toujours lire plus tard les livres d'Histoire) [...].

Histoire.

[...] ou plutôt comme quand on a un étourdissement ou qu'on a trop bu c'est-à-dire quand le monde visible se sépare en quelque sorte de vous perdant ce visage familier et rassurant qu'il a (parce qu'en réalité on ne le regarde pas), prenant soudain un aspect inconnu vaguement effrayant, les objets cessant de s'identifier avec les symboles verbaux par quoi nous les possédons [...].

Histoire.

[...] la femme penchant son mystérieux buste de chair blanche enveloppé de dentelles ce sein qui déjà peut-être me portait dans son ténébreux tabernacle sorte de têtard gélatineux lové sur lui-même avec ses deux énormes yeux sa tête de ver à soie sa bouche sans dents son front cartilagineux d'insecte, moi ¿...

Histoire.

JUGEMENTS

« Romancier fondamentalement visuel, Claude Simon a choisi comme finalité la beauté de ce qui paraît indescriptible. Le fugitif, l'impalpable, le reflet, l'insaisissable, tout ce qui, d'une certaine façon, appartient le plus intensément au réel : là est sa matière, là est son propos. Au banal, à l'insipide, au neutre, Claude Simon s'acharne à conférer une grandeur pathétique qui devient poétique. Le bouillonnement, le foisonnement, le décousu des pulsations, des sentiments, des élans, des mouvements les plus instinctifs, tout cela devient littérature pure, émotion restituée.

Lorsqu'il assemble des mots, l'écrivain est physiquement, charnellement présent à travers son texte, dans une reconstruction patiente et tenace du réel. Les êtres et leurs histoires, les choses, les couleurs, les reflets : des mots, rien que des mots. Mais c'est ainsi que le texte, prolongement de la pensée, devient une symphonie palpable, une alchimie fascinante qui, depuis le simple frémissement d'un brin d'herbe, grandit jusqu'à ce mystère souverain de l'écriture où le temps et la mémoire tissent la trame de la vie.

Claude Simon, c'est le paradoxe d'une phrase qui réussit à enclore l'univers dans toute sa densité. »

Michel DANSEL, « Claude Simon », in *Les Nobel français de littérature*, Éd. André Bonne, 1967, rééd. 1986.

« [Le Vent exige du lecteur un travail] *de mineur de fond, de sapeur de la terre argileuse, de puisatier, de haleur de la Volga. [...] Comme bafouillage — mais intelligent, et voilà ce qui irrite et ce qu'on admire —, il a triomphé. On ne fera pas mieux. C'est le retour au chaos. C'est l'homme de Néanderthal ou le Chinois pithécanthrope du père Teilhard de Chardin, sous une gabardine et un appareil à instantanés lui brimbalant contre l'estomac, ce pauvre garçon dont nous ne saurons ni le nom ni le prénom. »*

Robert KEMP, in *Les Nouvelles littéraires*, 14 novembre 1957.

« Claude Simon écrit et publie depuis soixante ans. Depuis soixante ans — disons cinquante et comptons pour rien ses tout premiers livres, où il faisait ses gammes, à l'ombre de Faulkner — il semble se heurter, de la part de la majorité de la critique et de la majorité du public français, à une résistance butée, épaisse, impénétrable. À chaque livre, et il y en a maintenant plus d'une vingtaine, se manifeste la même fermeture, la même paresse, la même ritournelle d'arguments brassant le même pauvre vieil air de l'ennui, de l'illisibilité, de l'absence de romanesque, de l'obscurité. Si bien que les admirateurs de La Route des Flandres *ou des* Géorgiques *se retrouvent dans la situation plutôt ridicule d'avoir à "défendre" une œuvre dont ils savent bien qu'elle n'a nul besoin d'avocat. »*

Pierre LEPAPE, « Le Monde comme autobiographie », in *Le Monde des livres*, 19 septembre 1997.

« Cet homme né en 1913 vient de terminer un livre... de jeune homme, Le Jardin des Plantes, *un récit provocant, énergique, drôle, qui fait paraître vieillots, compassés, sans style, bien des romans publiés cet automne, écrits par de supposés jeunes gens. Quand cette œuvre, réputée "difficile", a été couronnée par le jury du Nobel, Claude Simon a*

été invité dans le monde entier. Seul son propre pays semble l'avoir boudé. Un hebdomadaire respectable, L'Express, *a même expliqué que ce Nobel était un camouflet infligé à l'image de la France sans susciter l'indignation générale, tant sont fortes, dans une nation où chacun se croit potentiellement écrivain, la jalousie, l'envie, la rancœur. »*

Josyane SAVIGNEAU, « Une visite à Claude Simon », in *Le Monde des livres*, 19 septembre 1997.

BIBLIOGRAPHIE

Éditions

Les œuvres de Claude SIMON sont publiées aux Éditions de Minuit.

Études

D. ALEXANDRE, *Le Magma et l'Horizon. Essai sur « La Route des Flandres » de Claude Simon*, Klincksieck, 1997.

B. ANDRÈS, *Profils du personnage chez Claude Simon*, Minuit, 1992.

M. CALLE, *Claude Simon, Chemins de la mémoire*, P.U. Grenoble, Saint-Martin-d'Hères (Isère) / Le Griffon d'argile, Sainte-Foy (CA), 1993.

A. CLÉMENT-PERRIER, *Claude Simon, la Fabrique du jardin*, Nathan, 1998 ; « Regard sur un motif du *Jardin des Plantes* », in *Poétique*, n° 115, sept. 1998.

A. CRESCIUCCI, *Claude Simon, « La Route des Flandres »*, Klincksieck, 1997.

L. DÄLLENBACH, *Claude Simon*, Seuil, 1988.

Fr. DUGAST-PORTES (dir.), *Lectures de « La Route des Flandres »*, P.U. Rennes, 1997.

B. FERRATO-COMBE, *Écrire en peintre : Claude Simon et la Peinture*, P.U. Grenoble, 1998.

V. GOCEL, *Écriture et Vision du monde chez Claude Simon*, Peeters, Louvain (BE), 1997.

P. LONGUET, *Lire Claude Simon. La Polyphonie du monde*, Minuit, 1995.

P. MOUGIN, *Lecture de « L'Acacia » de Claude Simon*, Lettres modernes, 1997 ; *L'Effet d'image. Essai sur Claude Simon*, L'Harmattan, 1998.

N. PIÉGAY-GROS, « La Voix dans les romans de Claude Simon », in *Poétique*, n° 116, nov. 1998.

J. RICARDOU, « Un ordre dans la débâcle », in *Critique*, n° 163, déc. 1960 ; « La Bataille de la phrase », in *Pour une théorie du Nouveau Roman*, Seuil, 1971 ; *id.* (dir.), *Lire Claude Simon*, actes du colloque de Cerisy-la-Salle, « 10/18 », UGE, 1975, rééd. Les Impressions nouvelles, 1986.

R. SARKONAK *L'Écriture du féminin/masculin*, « Claude Simon 2 », Lettres modernes, 1997.

M. SÉGUIER, *Claude Simon*, Subervie, Rodez, 1972.

J. STAROBINSKI (dir.), *Sur Claude Simon*, actes du colloque de Genève, 1986, Minuit, 1987.

Fr. THIERRY, *Claude Simon. Une expérience du temps*, SEDES, 1997.

M. THOUILLOT, « Guerre et Écriture chez Claude Simon », in *Poétique*, n° 109, févr. 1997 ; *Les Guerres de Claude Simon*, P.U. Rennes, 1998.

R. VENTRESQUE (dir.), *Claude Simon : à partir de « La Route des Flandres », tours et détours d'une écriture*, Université Paul-Valéry, Montpellier, 1997.

D. VIART, *Une mémoire inquiète : « La Route des Flandres » de Claude Simon*, PUF, 1997.

Nouveau Roman : hier, aujourd'hui, « 10/18 », UGE, 1972, 2 vol.

Lire Claude Simon, actes du Colloque de Cerisy-la-Salle (Manche), « 10/18 », UGE, 1975.

« Claude Simon », in *L'Esprit créateur*, n° spécial, vol. XXVII, n° 4, Baton Rouge (US), Winter 1987.

« La Critique de Claude Simon aujourd'hui », in *RSH*, n° 220, 4, Lille, 1990.

STAËL

Madame de STAËL [stal]
De son vrai nom, Mme de STAËL-HOLSTEIN, née Anne-Louise Germaine NECKER
D'origine suisse, elle acquit par son mariage la nationalité suédoise.
Paris 1766 – *ibid.* 1817

> « [...] *un de nos premiers poètes,* [...] *un de nos publicistes les plus éclairés.* »
> Benjamin CONSTANT, *Littérature et Politique*, 1829.

> « [...] *la détestable enflure que Mme de Staël prend, je crois, pour de l'éloquence.* »
> STENDHAL, *Journal*, 12 septembre 1805.

Une vie d'exils et de passions

Une insatiable conquérante

Fille très, voire trop, aimante de Jacques Necker, bourgeois de Genève, banquier et protestant, contrôleur général des Finances sous Louis XVI, et de Suzanne Curchod, qui tenait l'un des derniers salons fréquentés par les encyclopédistes, Buffon, Chamfort et Grimm, Germaine Necker fut élevée dans un milieu où l'union des Lumières et d'une religion sans dogmatisme allait de soi. Ayant épousé, en 1786 (au terme d'une négociation commencée dès 1778), le baron de Staël-Holstein, ambassadeur de Suède à Paris (qu'elle n'aimait guère et qui la laissa veuve en 1802), elle entra dans l'aristocratie et ouvrit à son tour un salon. Ses premières œuvres furent des pièces de théâtre : ***Sophie ou les Sentiments secrets*** (1786), 3 actes en vers évoquant — allusion transparente au cas personnel de l'auteur vis-à-vis de son père — les douloureuses impasses de l'amour incestueux ; ***Jane Gray*** (1787 — année de la naissance d'une première enfant, Gustavine), tragédie en 5 actes et en vers, où coulent beaucoup de sang et de larmes. Ces deux pièces ne furent publiées qu'en 1790. Parallèlement, elle commença la rédaction de six lettres de critique littéraire consacrées à l'œuvre de Rousseau (dont elle appréciait surtout le « sentimentalisme »), les ***Lettres sur le caractère et les ouvrages de Jean-Jacques Rousseau*** qui furent publiées en 1788 — année où Mme de Staël noua une liaison avec le comte Louis de Narbonne, inaugurant une innombrable et cosmopolite série d'amants (qui comprit notamment le Suédois Ribling, les Français Constant et Barante, le Suisse Sismondi et l'Allemand Schlegel). L'année suivante, à la douleur de la mort de sa fille, en avril, succéda le bonheur du retour triomphal de son père à Paris, en juillet, après trois semaines d'exil. Inversement, en 1790, son fils Auguste naquit à Paris, quelques jours avant la démission de son père qu'elle rejoignit plus tard dans son exil en Suisse. Ne pouvant jouer un rôle public comme femme politique, elle s'épanouit comme maîtresse et comme écrivain (de même qu'elle se consola de sa relative laideur), exerçant son influence à travers ses conquêtes et ses livres, et on peut la considérer comme une féministe avant la lettre. Après avoir accueilli avec enthousiasme la Révolution à ses débuts, elle en déplora les suites tragiques ; elle s'occupa activement de la Constitution de 1791, échappa de justesse aux massacres de septembre 1792 et se réfugia une première fois en Suisse, dans le domaine paternel de Coppet, où naquit son second fils, Albert. En 1794, elle perdit sa mère, rompit avec Narbonne et rencontra Benjamin Constant — liaison la plus mouvementée de sa vie sentimentale. Revenue à Paris puis de nouveau exilée par le Directoire (1795), elle publia ***De l'influence des passions sur le bonheur des individus et des nations*** (Lausanne, 1796), traité de morale à tonalité pessimiste, très autobiographique. À son retour à Paris, l'année suivante, elle mit au monde sa fille Albertine, fit rentrer son ami Talleyrand (qui devint ministre des Relations extérieures) et rencontra Bonaparte. Puis elle écrivit, en 1798, sans le publier, un nouvel essai, ***Des circonstances actuelles qui peuvent terminer la Révolution et des principes qui doivent fonder la République en France*** (posth., 1906) : elle y réfléchissait sur les moyens de sortir la France de l'anarchie et de fonder une République sur l'opinion des modérés. Elle publia en 1800 — alors que les troupes françaises occupaient la Suisse — son premier ouvrage important, ***De la littérature considérée dans ses rapports avec les institutions sociales***, qui marqua l'avènement du siècle nouveau. Sa croyance en la perfectibilité de l'esprit humain déclencha une polémique alimentée par le gouvernement du Consulat : « *L'arrivée de cette femme, comme celle d'un oiseau de mauvais augure, a toujours été le signal de quelque trouble* », dit un jour Bonaparte. À la fin de cette même année 1800, elle se sépara de son mari. ***Delphine*** (1802), roman par lettres, lui valut aussi des querelles acharnées : les aspects féministes de l'œuvre, les idées politiques et religieuses qu'elle véhicule, le suicide de l'héroïne représentaient autant d'idées subversives qui ne pouvaient qu'être insupportables au Premier Consul.

Une exilée omniprésente

Définitivement exilée de Paris à partir de 1803, elle se rendit d'abord en Allemagne avec Constant, avec lequel ses relations devinrent orageuses en 1807. Ayant appris l'allemand dès 1800, initiée à la pensée de Kant par Charles de Villers, à Metz, en 1803, Mme de Staël rencontra Goethe et Schiller à Weimar, Fichte et Schlegel à Berlin. Après la publication, en 1804, de ***Manuscrits de M. Necker***, précédés de ***Du caractère de M. Necker et de sa vie privée***, en hommage à son père disparu la même année, la publication, en 1807, de ***Corinne ou l'Italie*** accrut encore sa célébrité.

Retirée en Suisse, Mme de Staël (qui avait opposé un refus à la demande en mariage de Constant, en 1805) y créa, avec les nombreux amis — dont l'auteur d'*Adolphe* — qu'elle comptait en France et en Europe, le groupe de Coppet, qui devint un foyer européen d'opposants à l'Empire. Ainsi s'expliquent la condamnation par l'Empereur de ***De l'Allemagne*** en 1810 (le livre fut pilonné à Paris et ne parut qu'à Londres, en 1813) et l'interdiction formulée à son auteur de vivre ailleurs qu'à Coppet et à Genève.

Ne pouvant davantage publier, Mme de Staël (qui fut très affectée par le mariage secret de son amant Constant avec Charlotte de Hardenberg, en 1809) s'évada de l'empire napoléonien en 1812. Son voyage à travers l'Europe, notamment en Suède et dans la Russie en guerre, vint enrichir ***Dix Années d'exil***, ouvrage rédigé entre 1810 et 1813 (date du décès, en duel, de son fils Albert), et resté inachevé. En revanche, elle termina les ***Considérations sur les principaux événements de la Révolution française*** (posth., 1818), méditation qui va des origines de ces événements au début de la Restauration, avec des jugements sévères sur les excès révolutionnaires, la tyrannie et les guerres napoléoniennes. À la chute de l'Empire, Mme de Staël revint à Paris, regagna la Suisse durant les Cent-Jours, puis de nouveau Paris où elle se rallia aux Bourbons : en 1815, après vingt ans de démarches, elle obtint le remboursement des 2 millions de francs que son père avait prêtés à Louis XVI. En 1816, après avoir marié sa fille au duc Victor de Broglie (futur président du Conseil, ministre et académicien, et ancêtre d'une illustre lignée d'hommes politiques et de scientifiques), Mme de Staël épousa, en secondes noces, un jeune officier suisse, John Rocca, rencontré en 1810 et dont elle avait eu un garçon en 1812. Victime d'une attaque qui la laissa plusieurs mois paralysée, elle mourut — ironie du sort pour cette « révolutionnaire » — un 14 juillet. John Rocca ne lui survécut qu'un semestre. C'est son fils Auguste de Staël qui publia ses ***Œuvres complètes*** (1820) puis ses ***Œuvres inédites*** (1821).

THÉORIE LITTÉRAIRE

De l'Allemagne définit le romantisme comme « *la poésie dont les chants des troubadours ont été l'origine, celle qui est née de la chevalerie et du christianisme* ». L'auteur oppose fortement deux traditions : d'un côté, la « *poésie classique* », c'est-à-dire « *le paganisme* [...], *le Midi* [...], *l'antiquité* [...], *les institutions grecques et romaines* », de l'autre la « *poésie romantique* », c'est-à-dire « *le christianisme* [...], *le Nord* [...], *le moyen âge* [...], *la chevalerie* ». Ainsi, la diversité des goûts dérive-t-elle, à ses yeux, « *non seulement de causes accidentelles, mais aussi des sources primitives de l'imagination et de la pensée* ». À la différence des Anciens, qui avaient une vision extravertie de la nature et de l'homme lui-même *(« des nymphes habitaient les eaux, des hamadryades les forêts »)*, « *les modernes ont puisé dans le repentir chrétien l'habitude de se replier continuellement sur eux-mêmes* » : la Providence prend la place de la Destinée, l'inspiration remplace l'imitation. Dans son ***Essai sur les fictions*** (paru dans un ***Recueil de morceaux détachés***, 1795), qui fut traduit par Goethe, Mme de Staël définit déjà le roman comme un genre qui, dans ce qu'il a de meilleur, « *tient plutôt au développement des mouvements intérieurs de l'âme qu'aux événements qu'on y raconte* ». De même, dans ***De l'Allemagne***, la poésie moderne et romantique est-elle assimilée à un « *sentiment religieux* » : « *le poète ne fait, pour ainsi dire, que dégager le sentiment prisonnier au fond de l'âme* ». ***De la littérature considérée dans ses rapports avec les institutions sociales*** trahit l'influence de Montesquieu et fait la part belle à l'influence du milieu et du climat : « *Les poètes du Midi mêlent sans cesse l'image de la fraîcheur, des bois touffus, des ruisseaux limpides à tous les sentiments de la vie.* [...] *Cette nature si vive qui les environne excite en eux plus de mouvements que de pensées.* » Or « *ce que l'homme a fait de plus grand, il le doit au sentiment douloureux de l'incomplet de sa destinée.* [...] *C'est cette disposition de l'âme, source de toutes les passions généreuses, comme de toutes les idées philosophiques,* *qu'inspire particulièrement la poésie du Nord.* » L'auteur souhaite donc que le progrès de la philosophie s'épanouisse au sein d'institutions qui engendreront une littérature nouvelle : « *Ce n'est que dans les États libres que l'on peut réunir le génie de l'action à la pensée.* »

THÉORIE LITTÉRAIRE

À la charnière des Lumières et du romantisme, Mme de Staël fut aussi au carrefour, géographique et spirituel, de l'Europe : Italie, Angleterre, Allemagne et France jalonnèrent l'existence et l'œuvre de cette étonnante Européenne, Suisse d'origine et Suédoise par alliance.

Un style d'un autre âge ?

Stendhal, parmi d'autres, reprocha à la romancière l'« *enflure* » de son style, perceptible ici ou là : « *L'enthousiasme ne nous abandonnera pas, ses ailes brillantes planeront sur notre lit funèbre, il soulèvera les voiles de la mort, il nous rappellera ces moments où, pleins d'énergie, nous avions senti que notre cœur était impérissable, et nos derniers soupirs seront peut-être comme une noble pensée qui remonte vers le ciel* » (***De l'Allemagne***, IV, 12). Il est vrai qu'elle se révèle, par son lyrisme, l'élève de Rousseau et du Voltaire des tragédies : « *Le spectacle de la mer fait toujours une impression profonde ; elle est l'image de cet infini qui attire sans cesse la pensée, et dans lequel sans cesse elle va se perdre.* [...] *Si les vaisseaux sillonnent un moment les ondes, la vague vient effacer aussitôt cette légère marque de servitude, et la mer reparaît telle qu'elle fut au premier jour de la création* » (***Corinne ou l'Italie***, I, 1 et I, 4). Mais la clarté de sa langue lui a permis de conduire des analyses brillantes dans les domaines les plus divers : « *Sans doute, il faut, pour bien écrire, une émotion vraie, mais il ne faut pas qu'elle soit déchirante. Le bonheur est nécessaire à tout et la poésie la plus mélancolique doit être inspirée par une sorte de verve qui suppose de la force et des jouissances intellectuelles* » (***Corinne ou l'Italie***, XVIII, 4). « *Il me semble que maintenant les nations européennes n'ont de vigueur que quand elles sont ou ce qu'on appelle barbares, c'est-à-dire non éclairées, ou libres* » (***Dix Années d'exil***, II, 13).

Une romantique européenne

L'un des écrivains les plus célèbres de son temps, française par éducation et par goût, très européenne d'esprit, Mme de Staël introduisit en France les nouveautés littéraires et philosophiques allemandes. Elle chercha à allier raison et sensibilité, mélancolie et énergie. Elle suggéra de puiser des thèmes nouveaux dans le passé des peuples, le Moyen Âge chrétien par exemple. Son influence a beaucoup compté dans le domaine politique, aidant à propager les principes libéraux, inspirés de l'Angleterre, que son ami Constant contribua à faire passer dans la pratique. Heine la célébra ainsi : « *Mme de Staël, cet écrivain le plus grand de France pendant l'Empire. Oui, l'auteur de* Corinne *surpasse, à mon sens, tous ses contemporains français, et je ne puis assez admirer le brillant feu d'artifice de sa diction* [...] » (*De l'Allemagne*, in *De l'école romantique*, 1834). Michelet, tout en déplorant l'ingratitude de son physique si peu féminin, corrigeait : « *Mais ce qui la parait le plus, ce qui faisait tout oublier, c'étaient ses yeux, des yeux uniques, noirs et inondés de flamme, rayonnants de génie, de bonté et de toutes les passions. Son regard était un monde. On y lisait qu'elle était bonne et généreuse entre toutes* » (*Histoire de la Révolution française*). Stendhal, lui, resta résolument hostile : « *Mme de Staël a l'échafaudage du talent de Molière, échafaudage qui fait une partie du talent de Montesquieu ; elle a connu les lois de la société de salon, elle en a montré la cause et l'effet, en un mot l'esprit. Elle a sans doute une âme passionnée, elle a le grand secret de l'intérêt, la mélancolie, et cependant elle n'émeut pas, ou ce n'est que par l'horreur* » (*Journal*, 5 févr. 1805).

ŒUVRES

Corinne ou l'Italie

Roman en 20 « *livres* » publié chez Nicolle, à Paris, le 1er mai 1807.

Oswald (lord Nelvil) voyage en Italie. À Rome, il rencontre Corinne, célèbre poète, et en devient amoureux. Il apprend plus tard qu'elle est anglo-italienne et que son père, la trouvant peu faite pour la vie anglaise, s'est opposé à leur mariage. Oswald trahit Corinne en épousant la demi-sœur de celle-ci ; Corinne meurt de chagrin.

Ce conflit présente un intérêt particulier dans la confrontation de deux pays, de deux sociétés, de deux cultures. De plus, l'intrigue se déroule dans un pays méconnu des Français. En une époque où la figure du poète se présente toujours sous les traits d'un homme, Corinne, poète inspiré et couronné au Capitole, offre une exception intéressante. Mais le roman retient aussi par ses pages lyriques idéalisant les merveilles de l'Italie, pays auquel Corinne prédit un avenir brillant et dont elle célèbre la langue, « [...] *une langue qui va d'elle-même, exprime sans qu'on s'en mêle, et paraît presque toujours avoir plus d'esprit que celui qui la parle* » (IX, 1).

Mme de Staël eut l'idée d'écrire ce roman à Weimar, en 1804, et se rendit en Italie pour se documenter. Elle y travailla tout en étudiant l'Allemagne : d'où des points communs entre ***Corinne*** et ***De l'Allemagne***, notamment dans le domaine de l'esthétique.

Corinne connut un énorme succès, plus grand encore que ***Delphine***, et fut souvent réédité. La presse parisienne ne l'attaqua pas aussi violemment que les livres précédents. L'auteur s'imposait désormais sur la scène littéraire européenne.

De l'Allemagne

Étude critique de la civilisation, de la pensée et de la littérature allemandes, comprenant, outre une ***Préface*** et des ***Observations générales***, 4 parties — comportant respectivement 20, 32, 21 et 12 chapitres —, et publiée à Londres, chez Murray, en 1813.

En 1798, Mme de Staël commença à porter intérêt à la culture allemande. Exilée de Paris en 1803, elle découvrit à Weimar, ville de Goethe et de Schiller, l'immense richesse de la littérature allemande : poésie, théâtre, philosophie (Kant notamment). De Berlin, elle ramena Schlegel, membre de l'avant-garde littéraire. Sans idéaliser l'Allemagne autant qu'on l'a dit, Mme de Staël offre du pays, de ses habitants et de leurs mœurs une description qui montre sous quel climat, dans quel cadre a pu se développer cette littérature du Nord dont elle décrivait les traits généraux dans ***De la littérature***. Elle se plongea donc dans l'étude de l'Allemagne classique, à peu près inconnue en France : « *Fichte et Schelling se sont partagé l'empire que Kant avait reconnu pour divisé, et chacun a voulu que sa moitié fût le tout* » (III, 7). Des chapitres souvent admirables ouvraient ainsi des routes nouvelles à la littérature et à la pensée françaises : « *Les Allemands ont le tort de mettre souvent dans la conversation ce qui ne convient qu'aux livres ; les Français ont quelquefois aussi celui de mettre dans les livres ce qui ne convient qu'à la conversation.* »

Le livre devait être publié en octobre 1810 chez Nicolle, à Paris, mais l'Empereur en décida l'interdiction. L'auteur et ses amis — notamment Schlegel — réussirent à sauver la plus grande partie des manuscrits, quelques jeux d'épreuves et des tirages. Mme de Staël le publia à Londres peu après son arrivée, en juillet 1813, et le publia de nouveau à Paris, en 1814, chez Nicolle.

L'œuvre remporta immédiatement un immense succès, ce qui n'empêcha pas Heinrich Heine de nuancer : « *Quand elle est tout elle-même, quand cette femme aux grands sentiments exprime immédiatement avec tous les élans de son cœur, tout le feu des fusées de son esprit et ses brillantes folies, le livre est bon et excellent. Mais dès qu'elle obéit aux insinuations étrangères, prêtant allégeance à une école dont la nature lui est étrangère et incompréhensible, [...] son ouvrage est pitoyable et indigeste.* » Avec les ouvrages de Schlegel et Sismondi, publiés la même année, elle suscita la première polémique romantique et joua un grand rôle dans l'éclosion du romantisme en France.

CITATIONS

Le spectacle de la mer fait toujours une impression profonde ; elle est l'image de cet infini qui attire sans cesse la pensée, et dans lequel sans cesse elle va se perdre.

Corinne ou l'Italie, I, 1.

Les païens ont divinisé la vie, et les chrétiens ont divinisé la mort.

Corinne ou l'Italie, IV, 2.

On pourrait dire que [l'italien] c'est une langue qui va d'elle-même, exprime sans qu'on s'en mêle, et paraît presque toujours avoir plus d'esprit que celui qui la parle.

Corinne ou l'Italie, IX, 1.

Sans doute, il faut, pour bien écrire, une émotion vraie, mais il ne faut pas qu'elle soit déchirante. Le bonheur est nécessaire à tout, et la poésie la plus mélancolique doit être inspirée par une sorte de verve qui suppose de la force et des jouissances intellectuelles.

Corinne ou l'Italie, XVIII, 4.

Les Allemands ont le tort de mettre souvent dans la conversation ce qui ne convient qu'aux livres ;

les Français ont quelquefois aussi celui de mettre dans les livres ce qui ne convient qu'à la conversation.

Observations générales, in *De l'Allemagne*.

Le mérite des Allemands c'est de bien remplir le temps ; le talent des Français, c'est de le faire oublier.

De l'Allemagne, I, 12.

Il [Goethe] dispose du monde poétique comme un conquérant du monde réel, et se croit assez fort pour introduire comme la nature le génie destructeur dans ses propres ouvrages.

De l'Allemagne, II, 7.

Les gens du peuple sont beaucoup plus près d'être poètes que les hommes de bonne compagnie, car la convenance et le persiflage ne sont propres qu'à servir de bornes, ils ne peuvent rien inspirer.

De l'Allemagne, II, 10.

Les écrivains français du dix-huitième siècle s'entendaient mieux à la liberté politique ; ceux du dix-septième à la liberté morale. Les philosophes du dix-huitième étaient des combattants ; ceux du dix-septième des solitaires.

De l'Allemagne, III, 3.

Il vaut encore mieux, pour maintenir quelque chose de sacré sur la terre, qu'il y ait dans le mariage une esclave que deux esprits forts.

De l'Allemagne, III, 19.

Ce qui caractérise le gouvernement de Bonaparte, c'est un mépris profond pour toutes les richesses intellectuelles de la nature humaine : vertu, dignité de l'âme, religion, enthousiasme, voilà quels sont, à ses yeux, *les éternels ennemis du continent*.

Dix Années d'exil, I, 3.

On a beaucoup vanté le mot fameux de Diderot : *Les Russes sont pourris avant d'être mûrs*. Je n'en connais pas de plus faux ; leurs vices mêmes, à quelques exceptions près, n'appartiennent pas à la corruption mais à la violence. Un désir russe, disait un homme supérieur, ferait sauter une ville.

Dix Années d'exil, II, 14.

La conquête est un hasard qui dépend peut-être encore plus des fautes des vaincus que du génie du vainqueur.

Dix Années d'exil, II, 16.

JUGEMENTS

« Avec son esprit qui était presque du génie, [...] *avec son cœur — grand comme le monde, — ce qui est peut-être la raison pour laquelle tant de monde y entra, — M*[me] *de Staël avait plus d'âme, de talent spontané, de vie, qu'il n'en faut pour être un bas-bleu ou la mère Gigogne de tous les bas-bleus de la génération présente. »*

Jules BARBEY d'AUREVILLY, in *Le Nain jaune*, 7 février 1866.

« C'est parce que Corinne *et* Delphine *ont été imaginées, que la recherche d'un langage a été amorcée dans* De l'Allemagne, *que la voie du réalisme moderne a été ouverte. »*

André DALMAS, « Madame de Staël », in *Tableau de la littérature française*, III, Gallimard, 1974.

« J'ai vu aujourd'hui pour la première fois Mme *de Staël chez moi. L'impression est toujours la même. En dépit de tout ce qu'elle a de bonne grâce, elle ne s'en comporte pas moins avec je ne sais quel air de grossièreté sommaire de voyageuse venue en exploration chez les hyperboréens, avec l'idée que leurs vieux sapins et leurs vieux chênes séculaires, leur fer et leur ambre peuvent encore à la rigueur être de quelque usage utile ou décoratif; mais avec cela elle s'entend néanmoins à vous contraindre à aller chercher les vieux tapis pour les offrir en présent d'hospitalité, et les vieilles armes rouillées pour se défendre. »*

Johann Wolfgang von GOETHE, *Lettre à Schiller*, 23 janvier 1804.

« Le génie est mâle. L'autopsie de Mme *de Staël et de M*[me] *Sand aurait été curieuse : elles doivent avoir une construction un peu hermaphrodite. »*

Edmond et Jules de GONCOURT, *Journal*, août 1857.

« Impuissante à créer, elle excelle à noter ; et si elle a le style le moins artiste du monde, comme écrivain d'idées *elle est supérieure. »*

Gustave LANSON, *Histoire de la littérature française*, Hachette, 1894.

« Une femme supérieure qui dispersa autant d'idées et avec autant de fougue que Diderot ; une femme qui souffrit de n'avoir pas une beauté égale à son intelligence et dont la vie symbolise à merveille le drame du génie féminin aux prises avec la société hostile et avec sa propre nature. »

Jean LARNAC, *Histoire de la littérature féminine en France*, 1929.

« Toutes ces impressions d'une âme sympathique avec l'esprit nouveau des temps, cette croyance à une philosophie plus réelle et plus humaine, cette liberté morale reconquise, cette spontanéité reconnue, cette confiance accordée aux facultés les plus glorieuses et les plus désintéressées de notre être, toutes ces qualités et ces vues de Mme *de Staël, en passant dans les livres d'art qu'elle composa, leur donnèrent un tour unique, une originalité vraiment moderne, des trésors de chaleur, d'émotion et de vie, une portée immense quoique parfois hors de mesure avec la réalité. Ce qu'il y*

avait de démesuré et de vaguement instinctif dans son œuvre d'art empêcha Mme de Staël d'être comprise alors et d'être appréciée à sa valeur comme artiste et poète. »

Charles Augustin Sainte-Beuve, *Espoir et Vœu du mouvement littéraire et poétique après la Révolution de 1830*, 1830, repris in *Premiers Lundis*, 1874.

« Grand esprit plutôt que grand écrivain [...]. *Sa plume n'avait pas ce qui termine : il manque presque toujours à sa phrase écrite je ne sais quel accompagnement. »*

Charles Augustin Sainte-Beuve, *Nouveaux Lundis*, 1870.

« Madame de Staël est un dragon : je doute de son sexe. Cette grosse femme avec son turban, je suis tenté de la prendre pour le Grand Turc, et de lui en reconnaître les privilèges. Dans sa maison, je ne vois qu'une femme, c'est Benjamin Constant ; dans ses livres, je ne vois qu'un homme, c'est Corinne. Ne me citez pas Madame de Staël parmi les femmes hardies : je la classe parmi les hommes impudents. »

Louis Veuillot, *Libres Penseurs*, 1848.

BIBLIOGRAPHIE

Éditions

Œuvres complètes, Treuttel et Würtz, 1820-1821, 17 vol., reprises en 1861 en 2 vol. ; rééd. Slatkine, Genève (CH), 1967, 3 vol.

Considérations sur la Révolution française, éd. J. Godechot, Tallandier, 1983.

Corinne ou l'Italie, éd. S. Balayé, « Folio », Gallimard, 1985.

Correspondance générale, éd. B.W. Jasinski, Pauvert, puis Hachette, puis Klincksieck, 1960 sqq. (t. 6, 1993).

De la littérature considérée dans ses rapports avec les institutions, éd. Ph. Van Tieghem, Droz, Genève (CH), 1959 ; éd. G. Gengembre et J. Goldzink, « GF », Flammarion, 1991.

De l'Allemagne, éd. Ctesse de Pange, « Les Grands Écrivains de la France », Hachette, 1958 à 1960, 5 vol., rééd. 1967 ; éd. S. Balayé, « GF », Flammarion, 1968, rééd. 1991, 2 vol.

Delphine, éd. S. Balayé, L. Omacini, Droz, Genève (CH), 1987 et 1990, 2 vol.

Des circonstances actuelles qui peuvent terminer la Révolution, éd. L. Omacini, Droz, Genève (CH), 1979.

Études

S. Balayé, *Les Carnets de voyage de Madame de Staël, contribution à la genèse de ses œuvres*, Droz, Genève (CH), 1971 ; « Le Dossier Staël », in *Romantisme*, n° 20, 1978 ; *Madame de Staël : Lumières et Liberté*, Klincksieck, 1979 ; *Madame de Staël : écrire, lutter, vivre*, Droz, Genève (CH), 1994.

J.-Cl. Bonnet, « Le Musée Staël », in *Littérature*, n° 42, mai 1981.

J.-D. Bredin, *Une singulière famille : Jacques, Suzanne Necker et Germaine de Staël*, Fayard, 1999.

A. Dalmas, « Madame de Staël », in *Tableau de la littérature française*, III, Gallimard, 1974, pp. 11 à 17.

G. de Diesbach, *Madame de Staël*, Perrin, 1983, rééd. 1997.

P.-H. Dubé, *Bibliographie de la critique sur Madame de Staël 1789-1994*, Droz, Genève (CH), 1998.

G. Gennari, *Le Premier Voyage de Madame de Staël en Italie et la Genèse de « Corinne »*, Boivin, 1947.

J.C. Isbell, *The Birth of European Romanticism, Truth and Propaganda in Staël's « De l'Allemagne »*, Cambridge U.P. (GB), 1994.

L. Lévêque, *« Corinne ou l'Italie » de Madame de Staël*, Éd. du Temps, 1999.

Ctesse de Pange, *Auguste Guillaume Schlegel et Madame de Staël*, Albert, 1938.

J.-P. Percheret (dir.), *Un deuil éclatant du bonheur : « Corinne ou l'Italie », Madame de Staël*, Paradigme, Orléans, 1999.

G. Solovieff, *L'Allemagne et Madame de Staël*, Klincksieck, 1990.

J. Touzot, *Cahiers staëliens*, Société des études staëliennes.

« Madame de Staël », in *Europe*, n° spécial, janv.-févr. 1987.

AUDIO & VIDÉO

CD-ROM

Autour du romantisme. Le Roman, 1792-1886, Bibliopolis, 1999.

Encyclopédie de la littérature française, Bibliopolis, 1998.

STENDHAL

STENDHAL

De son vrai nom, Henri BEYLE

Écrivit sous plus de 230 pseudonymes ! Stendal est le nom d'une petite ville allemande (Saxe).

Grenoble 1783 – Paris 1842

> « *Quel ton, quel style, quelle spontanéité, dans ces lettres, quel esprit et quelle finesse !* »
>
> Paul LÉAUTAUD, *Journal littéraire*, 28 novembre 1906, Mercure de France, rééd. 1986.

> « [Ses personnages] *ne sont pas des êtres vivants, mais des automates ingénieusement construits ; on y voit, presque à chaque mouvement, les ressorts que le mécanicien y introduit et touche par le dehors.* »
>
> Charles Augustin SAINTE-BEUVE, *Causeries du lundi*, t. IX, 9 janvier 1854.

Entre politique et écriture

Un orphelin contre sa ville et sa famille

Henri Beyle naquit à Grenoble le 23 janvier 1783, dans une famille bourgeoise — son père était avocat au parlement — ayant des prétentions à la noblesse. Il en donna une évocation très noire dans son autobiographie, la *Vie de Henry Brulard* (écrite en 1835-1836, publiée posth. en 1890) : il n'avait aucune affinité avec son père Chérubin, en qui il voyait un bigot uniquement préoccupé d'agriculture et de spéculations chimériques, un « *homme extrêmement peu aimable, réfléchissant toujours à des acquisitions et à des ventes de domaines* [...], *excessivement ridé et laid* », étranger à toutes les « *belles idées littéraires et philosophiques* » (chap. VII) ; sa tante Séraphie, son « *mauvais génie pendant toute* [son] *enfance* », dévote aigre et rance, le considérait comme un monstre ; il n'aimait pas non plus ses sœurs, sauf Pauline. Les seules figures positives étaient sa grand-tante Élisabeth, férue de Corneille et d'héroïsme à l'espagnole, et son « *excellent grand-père* » maternel, le docteur Gagnon, type souriant du médecin humaniste des Lumières, « *homme rare* » qui « *avait fait un pèlerinage à Ferney pour voir Voltaire et en avait été reçu avec distinction* ». Mais l'essentiel de son affection était concentré sur sa mère, Henriette Gagnon, à qui, pour mieux la différencier du sinistre « *côté Beyle* », il inventa une généalogie italienne, et dont il avoua sans fard avoir été amoureux autant qu'un homme peut l'être d'une femme : « *Je voulais couvrir ma mère de baisers et qu'il n'y eût pas de vêtements* » (chap. III). Sa mort en 1790 — il avait donc 7 ans —, tout en inaugurant sa vie morale, fut pour lui un malheur irréparable qui le laissa définitivement orphelin : « *J'ai perdu ce que j'aimais le plus au monde.* [...] *avec ma mère finit toute la joie de mon enfance* » (chap. IV) ; à travers les femmes imaginaires ou réelles, il tenta de s'en consoler.

Il souffrit sous la tyrannie de son précepteur, l'abbé Raillane, « *affreux coquin* » jésuite qui régna dans la maison endeuillée : « *je haïssais l'abbé, je haïssais mon père, source des pouvoirs de l'abbé, je haïssais encore plus la religion au nom de laquelle ils me tyrannisaient* » (chap. VIII). Pour survivre, il s'appliqua à s'opposer systématiquement aux siens — puisqu'ils étaient royalistes fervents, il fut républicain enragé —, faisant l'apprentissage de la résistance du moi aux pressions brutales ou sournoises du non-moi. Il ne trouva consolation que dans le commerce intellectuel avec son aimable et érudit grand-père, qui le persuada qu'il n'y a qu'un but qui vaille dans l'existence, « *la connaissance du cœur humain* ». En 1796, première libération relative : il devint élève de l'École centrale de l'Isère, qui venait d'être fondée, et découvrit enfin la rudesse salubre du contact avec les garçons de son âge. Il se distingua bientôt en mathématiques, qu'il chérissait parce qu'elles interdisaient l'hypocrisie et l'à-peu-près, et parce qu'elles lui permirent de quitter Grenoble.

La révélation de Milan

En octobre 1799, il tourna enfin le dos à sa ville natale, qu'il poursuivit d'une durable rancune — elle le lui rendit bien —, tout en lui restant secrètement attaché, ne fût-ce que pour ses montagnes « *sublimes* ». On l'envoya à Paris passer le concours de l'École polytechnique. Il ne s'y présenta pas : très déçu par la capitale, il tomba malade. Son cousin Pierre Daru, futur intendant général de la Grande Armée, le recueillit alors et l'employa comme fonctionnaire au ministère de la Guerre. En mai 1800 commença la grande aventure : Henri Beyle franchit les Alpes avec l'armée de réserve. Il avait 17 ans : printemps de l'Histoire, printemps du moi indissolublement mêlés, éblouissement, ivresse initiatique, « *bonheur fou et complet* ». L'Italie lui offrit d'un seul coup tout ce qu'il ne cessa d'aimer sa vie durant : les paysages, les femmes, les musées, l'opéra. À Milan, qui devint pour lui « *le plus beau lieu de la terre* » (chap. XLVI), il trouva une patrie et, jusque sur sa pierre tombale, se voulut définitivement *milanese*. Bientôt lassé de la vie militaire, il démissionna de l'armée en 1802 et rentra à Paris mener une « *vie philosophique* ». Dès l'âge de raison, Henri avait voulu devenir un grand poète — le nouveau Molière — et, jusqu'à la quarantaine, il multiplia les pièces mort-nées. Pour l'heure, il accumulait les lectures, les notes, les projets, partait à la « *chasse aux idées* », tenait son ***Journal*** — qui ne commença à être publié qu'en 1888 — et entreprit de se donner les bases conceptuelles, les principes théoriques sûrs lui permettant de se connaître et de connaître les autres pour agir sur eux. Le socle, très marqué par le XVIIIe siècle, en fut l'« idéologie » sensualiste ; ses maîtres, Helvétius et Destutt de Tracy. Amant de l'actrice Mélanie Guilbert, il la suivit en 1805 à Marseille, où il s'essaya au commerce. Mais, comme cette activité lui donnait le sentiment de piétiner, il résolut de faire carrière dans l'administration impériale, grâce à l'appui de Daru.

Les années Napoléon

Dès lors, Beyle parcourut l'Europe dans le sillage de l'épopée. En 1806, il fut envoyé à Brunswick comme adjoint aux commissaires des guerres. Il participa à la campagne d'Autriche — sans toutefois pouvoir combattre à Wagram : il était malade — et résida à Paris, puis à Vienne (1809). En 1810, il rentra à Paris : ce fut l'époque la plus brillante de sa vie. Il fut nommé auditeur au Conseil d'État, inspecteur du mobilier et des bâtiments de la Couronne. L'année suivante, il voyagea en Italie : à Milan, il obtint les faveurs d'Angela Pietragrua, qu'il avait vainement courtisée onze ans plus tôt. Il conçut l'idée d'une ***Histoire de la peinture en Italie***, qui ne parut qu'en 1817, où il parle autant, sinon plus, de politique que de peinture. En 1812, il fut de l'expédition de Russie, assista à l'incendie de Moscou et subit avec un courage exemplaire — et dont il souffrit de n'avoir jamais été récompensé — l'effroyable retraite : il y vit des horreurs et des souffrances qui l'éloignèrent à tout jamais du « gendelettrisme » frivole, et le persuadèrent que la sensibilité moderne réclamait des nourritures plus fortes que celles d'un classicisme mité. Il fut ensuite nommé intendant à Sagan (Silésie). En 1814, il aida à la défense de Grenoble contre les Alliés. Son premier ouvrage, les ***Lettres écrites de Vienne en Autriche sur le célèbre compositeur J. Haydn, suivies d'une Vie de Mozart, et de Considérations sur Métastase et l'état présent de la musique en France et en Italie*** publié sous le pseudonyme de Louis-Alexandre-César Bombet, parut en 1814 : c'était en grande partie un plagiat de Carpani. La défaite de Waterloo signa pour lui la fin d'une époque : malgré l'autocratisme de plus en plus pesant, il resta toujours fidèle à l'illusion lyrique incarnée par Bonaparte, propagateur de la liberté. La restauration monarchique fut pour lui le règne de l'« *éteignoir* » ; il perdit aussi une partie de ses moyens d'existence : « *Je tombai avec Napoléon.* »

Écrire dans un grenier

À Milan, Beyle rencontra Byron, Vincenzo Monti et fréquenta une société cosmopolite. Il lut l'*Edinburgh Review* et s'y fortifia dans les idées qui furent à la base de son engagement en faveur du « *romanticisme* ». Il se rendit en Angleterre, pays dont il dénonça la cruauté sociale et l'étouffante religion des convenances, mais dont il aima les grands arbres. ***Rome, Naples et Florence*** (1817), signé pour la première fois du pseudonyme Stendhal, cachait sous les impressions de voyage une dénonciation de la réaction absolutiste, qui sévissait en Italie comme ailleurs. Il travailla également à une ***Vie de Napoléon*** pour protester contre les caricatures de la propagande royaliste ; mais, sans perspective de publication possible, il ne la termina pas — elle ne fut publiée qu'en 1929. Le 4 mars 1818, sa tendresse pour Métilde Dembowski, Milanaise brillante et agitatrice libérale, lui fit écrire : « *Commencement d'une grande phrase musicale.* » Elle ne répondit jamais à ses ardeurs. L'année suivante, il perdit son père.

En 1821 — année de la mort de Napoléon —, il se résolut à regagner Paris : Métilde ne supportait plus ses assiduités maladroites, et, soupçonné de carbonarisme, il était en outre menacé par la police autrichienne. Traversant une profonde crise morale, il songea au suicide. Pour la surmonter, il se lança dans une intense activité sociale et littéraire : on le vit dans les salons, chez Delécluze, Cuvier, le baron Gérard ; il y acquit la réputation d'homme d'esprit, aimant à soutenir de caustiques paradoxes. Il collabora régulièrement à des revues anglaises, auxquelles il envoyait des articles sur l'actualité des livres et de la politique en France. En 1822 — année de sa rencontre avec Mérimée, son cadet de vingt

ans, qui devint son meilleur ami, toujours sans complaisance —, il publia ***De l'amour***, traité théorique inspiré par sa passion malheureuse pour Métilde, où il développait l'image, appelée à faire fortune, de la « *cristallisation* » — comme pour le rameau plongé dans la mine de sel — d'un sentiment dont il affirma qu'il avait été « *la grande affaire de sa vie, ou plutôt la seule* », et qu'il analysait minutieusement : naissance, phases de son développement, formes qu'il prend selon les pays (érotique comparée). Publiée peu après, la ***Vie de Rossini*** (1823), son premier succès littéraire, n'était pas seulement le témoignage d'un « lyricomaniaque » impénitent, c'était aussi l'étude d'un amateur, devenu connaisseur à force de soirées à la Scala ou au Théâtre italien, et dont on redécouvre aujourd'hui la pertinence musicologique. À la même époque, il vécut une passion avec la comtesse Curial et commença à tenir une chronique musicale dans le *Journal de Paris*. En 1825 parut le pamphlet ***D'un nouveau complot contre les industriels***, où il s'insurgeait, au nom de la pensée et de la création gratuites, contre la prétention de la matière et du profit à devenir les valeurs mères de la modernité. La même année, Stendhal publia la 2de version de ***Racine et Shakespeare*** (1re version, 1823), opposant au classicisme suranné « *le* Romanticisme » actuel et enthousiasmant, et préconisant, contre Racine, une tragédie en prose, libérée des règles et centrée sur des sujets historiques et nationaux, à l'imitation de Shakespeare pour la seule « *manière d'étudier le monde au milieu duquel nous vivons* ».
C'est seulement en 1827, à 44 ans, qu'il arriva enfin au roman, avec ***Armance***, dont le héros, Octave de Malivert, un aristocrate qu'un mystérieux obstacle empêchait d'épouser la jeune fille qu'il aimait, était conduit à se supprimer sous le ciel de la Grèce. Le diagnostic sociologique de Stendhal se doublait d'une interrogation existentielle — que peut faire un jeune homme à l'âme généreuse et dont le nom remonte aux croisades, mais qui, polytechnicien et écœuré par l'esprit revanchard de sa classe, n'a pas admis que la machine à vapeur soit reine du monde ? —, et l'éventuelle impuissance sexuelle du héros — le « *babilanisme* » — n'était que le symptôme et la métaphore d'une impossibilité plus radicale à vivre et à aimer au milieu d'une société inauthentique. Le thème du roman — inspiré de l'*Olivier* de Mme de Duras —, jugé bizarre, décontenança les lecteurs. On est aujourd'hui plus sensible à ce que cette épure extrêmement fine doit à la tradition psychologique française remontant à *La Princesse de Clèves*, ainsi qu'à la thématique, spécifiquement stendhalienne, mise en œuvre dans ce premier essai romanesque, de la « reconnaissance » des âmes d'élite au milieu des imposteurs, et de la vocation au bonheur condamnée par la pesanteur et l'opacité du réel : « *S'il eût reçu du ciel un cœur sec, froid, raisonnable, avec tous les autres avantages qu'il réunissait d'ailleurs, il eût pu être fort heureux. Il ne lui manquait qu'une âme commune* » (chap. III).
En 1829, les ***Promenades dans Rome*** offraient un original *vade-mecum* pour visiter la Ville éternelle, mêlant librement, au gré de l'humeur, descriptions d'œuvres et de monuments, anecdotes, réflexions de politique et d'art, rêveries d'une saveur intensément personnelle. Cette même année, Stendhal publia aussi ***Vanina Vanini***, nouvelle révélant son goût pour les histoires d'amour et de mort telles que seule l'Italie, terre des passions, pouvait encore les susciter dans un siècle éteint. Il assista à la révolution de juillet 1830 et salua avec joie l'abandon du drapeau blanc de la monarchie. ***Le Rouge et le Noir*** fut publié peu après, la même année. Tenu aujourd'hui pour l'un des chefs-d'œuvre de notre littérature, ***Le Rouge et le Noir*** fut sévèrement jugé au moment de sa parution : Mérimée trouva Julien « *atroce* ».

Le consul de France

Le nouveau régime nomma Stendhal consul à Trieste, mais le gouvernement autrichien, toujours suspicieux, lui refusa son agrément. Il fut alors envoyé (1831) dans les États du pape, à Civitavecchia, pour y tamponner des passeports et y vérifier des cargaisons de denrées alimentaires. Afin de ne pas sombrer dans le spleen, il s'évada le plus possible, à Rome ou ailleurs. Les amitiés, les amours — avec notamment la Siennoise Giulia Rinieri —, les voyages, les fouilles archéologiques, l'écriture surtout lui permirent de survivre dans ce « trou » accablant : « *J'ai tant vu le soleil !* ».
En 1832, il entreprit ***Souvenirs d'égotisme*** (posth., 1893), récit — vite interrompu — de sa vie entre 1821 et 1830. Il mit la main sur d'anciens manuscrits d'où il tira la matière des ***Chroniques italiennes***, qu'il publia peu à peu (posth., 1855, en librairie). Il travailla aussi à ***Lucien Leuwen*** (posth., 1894) et, en 1835, commença la rédaction de son autobiographie, restée inachevée, la ***Vie de Henry Brulard*** (posth., 1890).
Bénéficiaire d'un congé, Stendhal retrouva Paris l'année suivante : il y resta trois ans, tout

en sillonnant la province. De ses vagabondages, il rapporta ***Mémoires d'un touriste*** (1837) — consécration en français de ce mot d'origine britannique, où il décrivit moins les curiosités qu'il ne radiographia la France de Louis-Philippe. Il écrivit ensuite à bride abattue, en une cinquantaine de jours, les 28 longs chapitres de ***La Chartreuse de Parme*** (1839), le chef-d'œuvre de la maturité. Stendhal donna en outre une série de nouvelles dont ***L'Abbesse de Castro*** (1839), où il illustrait ce dont sont capables les cœurs italiens, qui ne suivent que leur désir, sans se laisser étioler, comme à Paris, par l'amour-propre et la peur du jugement d'autrui. La même année 1839, il commença ***Lamiel***, roman audacieux et inachevé (posth., 1889, puis 1929), où il rêvait d'une héroïne qui se libérerait des codes et stéréotypes imposés à la féminité, pour user d'une véritable autonomie et devenir la compagne et la complice d'un hors-la-loi : manière provocante de reposer le problème de la conciliation des revendications du moi et des exigences de la société. Stendhal reprit son poste de consul en août 1839, mais sa santé se dégrada. Il revint à Paris en octobre 1841 pour se faire soigner ; il fut terrassé dans la rue par une attaque d'apoplexie, le 22 mars 1842 : c'était la mort qu'il avait toujours souhaitée, une mort sans pathos, « *une chose simple* » ***(Mémoires d'un touriste)*** — stendhalienne, en somme.

Seuls trois amis de Stendhal assistèrent à ses obsèques, dont Mérimée qui, « *pour suppléer à ce que nous ne fîmes point aux funérailles de B.* [Beyle] », et, précisait-il, pour « *partager avec quelques-uns de ses amis mes impressions et mes souvenirs* », écrivit la plaquette *H.B.* (rédigée en 1842, publiée en 1850), hommage posthume à la fois chaleureux et acéré.

Dès 1821, Stendhal avait composé son épitaphe — en italien :

Arrigo Beyle
Milanese
Visse, amò, scrisse.
Quest'anima
Adorava
Cimarosa, Mozart e Shakespeare.
Morì di anni...
il... 18..

[Henri Beyle
Milanais
Vécut, aima, écrivit.
Cette âme
Adorait
Cimarosa, Mozart et Shakespeare.
Mourut âgé de...
le... 18..]

THÉORIE LITTÉRAIRE

La pensée de Stendhal en matière théorique ou poétique s'exprime la plupart du temps indirectement, dans les apartés de ses écrits biographiques, dans ses écrits sur la musique ou l'opéra, dans les « marginalia » de certains de ses romans. La métaphore du « roman-miroir » apparaît aussi bien dans une épigraphe du ***Rouge et le Noir*** que dans l'***Avant-Propos*** d'***Armance***, ou dans la première ***Préface*** de ***Lucien Leuwen***, et la référence au théâtre, ainsi que les rapports de la littérature avec la politique, constituent les points forts de sa réflexion. En 1823, le pamphlet antiacadémique ***Racine et Shakespeare*** — qui eut une suite deux ans plus tard sous le même titre — prit fermement position pour le « *Romanticisme* », défini comme « *l'art de présenter aux peuples les œuvres littéraires qui, dans l'état actuel de leurs habitudes et de leurs croyances, sont susceptibles de leur donner le plus de plaisir possible. Le* classicisme, *au contraire, leur présente la littérature qui donnait le plus grand plaisir possible à leurs arrière-grands-pères* » (chap. III).

Selon Stendhal, Racine et Shakespeare ont donc été des « *romantiques de leur temps* » ; chaque époque doit inventer les formules de « son » Beau, en s'émancipant des contraintes surannées : « *Il faut du courage pour être romantique, car il faut* hasarder » (chap. III). Ainsi des fameuses règles de la tragédie : le respect des unités de temps et de lieu importe peu dans le drame moderne, puisque les « *moments d'*illusion parfaite » prouvent que le spectateur oublie l'écoulement réel des minutes et le caractère illusoire des décors.

Stendhal n'adhérait pas pour autant à l'esthétique pathétique de son temps : « *Rien d'ennuyeux pour moi comme l'emphase germanique et romantique* », affirmait-il notamment dans l'***Avant-Propos*** d'***Armance***. Ainsi, selon lui, s'il faut être « *romantique dans les idées* », il convient d'être « *classique dans les expressions et les tours* » (***Appendice*** à ***Racine et Shakespeare***, IX, 7), car « *le meilleur* [style] *est celui qui se fait oublier et laisse voir le plus clairement les pensées qu'il énonce* » ***(Mémoires d'un touriste)***. En un sens, Stendhal a essayé de reverser dans le genre romanesque les puissances théâtrales du comique, le rythme de l'*allegro* musical, le *sfumato* de ses peintres préférés, l'euphorie de la conversation de salon, l'esprit du dandy — tous motifs littéraires sur lesquels il n'a cessé de revenir.

THÉORIE LITTÉRAIRE

L'œuvre de Stendhal, romancier, voyageur, infatigable analyste de soi, dilettante passionné de peinture et de musique, se singularise par un mélange d'observation du réel et de morale du bonheur. Celui qui avait annoncé que sa gloire serait surtout posthume est désormais l'un des écrivains les plus unanimement reconnus de notre littérature.

Contre l'emphase et le pathos

On a souvent accolé au style de Stendhal l'épithète de « *sec* » ou de « *heurté* ». Sec, il l'est incontestablement, dans la mesure où il refuse délibérément — et polémiquement — le *vibrato* outrancier, le lyrisme impudique, l'effet à tout prix : « *Je fais tous les efforts possibles pour être sec. Je veux imposer silence à mon cœur qui croit avoir beaucoup à dire. Je tremble toujours de n'avoir écrit qu'un soupir, quand je crois avoir noté une vérité* » (***De l'amour***, I, IX). De ce point de vue, les contre-modèles constamment dénoncés par Stendhal sont Mme de Staël et Chateaubriand. Il entend, loin de toute pose, boursouflure ou emphase, serrer au plus près ce qu'il a à dire, éviter le pathos, les grandes scènes « à faire », se permettre l'ellipse des moments forts, écrire de la manière la plus économe et la plus précise, sans jamais majorer — d'où le rejet, par ce défenseur du romantisme, des excès et du flou romantiques, et l'adoption du style « code civil » : « *En composant* La Chartreuse, *pour prendre le ton, je lisais chaque matin deux ou trois pages du Code civil, afin d'être toujours naturel ; je ne veux pas, par des moyens factices, fasciner l'âme du lecteur* » (lettre à Balzac, 30 oct. 1840).

Il y a néanmoins chez Stendhal une tendance inverse, à se vaporiser dans une effusion sans contours. Il l'assouvit davantage dans son écoute de Mozart et de Cimarosa, ou dans sa contemplation quiétiste des lointains du Lorrain ou du Corrège, mais elle sourd aussi, par bouffées pudiques, de l'écriture romanesque. Reste — comme en témoignent par exemple son refus de la description et des adjectifs, et sa relation ambiguë avec Rousseau, dont la sensibilité le séduit mais dont l'intempérance le rebute — qu'il ne saurait être question pour lui, comme il le dit à Balzac, « *de branler l'âme du lecteur* ». Stendhal privilégie l'effet de naturel et pratique constamment les « intrusions d'auteur », afin d'instaurer une complicité mi-ludique, mi-ironique, avec le lecteur, dont il s'efforce de restreindre le champ visuel à celui d'un héros, pratiquant « la focalisation interne » et créant ainsi ce que Georges Blin a appelé un « *réalisme subjectif* » *(Stendhal et les Problèmes du roman)*, comme dans l'épisode de la bataille de Waterloo (in ***La Chartreuse de Parme***), vu avec la juvénile inconscience de Fabrice. En découle une légère inadéquation de l'expression à son objet, laquelle étouffe le pathétique que pourraient inspirer les scènes de guerre : « [...] *il remarqua que beaucoup de ces malheureux habits rouges vivaient encore ; ils criaient évidemment pour demander du secours, et personne ne s'arrêtait pour leur en donner. Notre héros, fort humain, se donnait toutes les peines du monde pour que son cheval ne mît les pieds sur aucun habit rouge* » (I, III). Stendhal ainsi refuse de s'absenter de sa création, qu'il soumet à son « égotisme » : le lecteur est d'autant plus séduit que cette présence est aussi celle de l'humour.

Une gloire surtout posthume

À la mort de Stendhal, ses contemporains — à l'exception notable de Balzac, Mérimée, Barbey d'Aurevilly et Gobineau — n'avaient pas mesuré la portée de son œuvre : sans être méconnu, il passait surtout pour un esprit piquant, touche-à-tout, non conformiste et déroutant — avec plus de 230 pseudonymes ! En 1865, le *Grand Dictionnaire Universel du XIXe siècle* de Larousse résumait l'opinion de l'époque en accordant à Stendhal verve, humour et originalité, mais en ne lui trouvant « *l'étoffe ni d'un grand écrivain, ni d'un grand penseur, ni d'un grand critique* ». L'intéressé en avait pris son parti : « *J'écris pour des amis inconnus, une poignée d'élus qui me ressemblent* » (les fameux *happy few*), écrivait-il dans plusieurs de ses romans (et aussi dans ***Vie de Henry Brulard***). Et de leur fixer des rendez-vous posthumes : 1880, 1930. Stendhal est l'un des cas les plus étonnants d'« horizon d'attente » dans l'histoire littéraire ; et ce pari risqué a été tenu. C'est en effet dans les années 1880 que les premiers « beylistes » (Taine, Bourget, suivis notamment par Gourmont,

Barrès, Blum, Léautaud) commencèrent à propager le culte du stendhalisme, avec une ardeur de prosélytes et des rites de société secrète qui leur valurent d'être qualifiés plus tard de « *beylants* » par Larbaud... Zola également, non sans quelques réserves, le revendiquait comme précurseur dans ses *Romanciers naturalistes* (1881). Aimer Stendhal alors dépassait en effet l'admiration proprement littéraire et désignait un style de vie : un certain art de jouir, fait de lucidité et d'amour de l'amour, de refus d'être dupe et de besoin d'être ému — ce mélange *sui generis* instaurant une connivence rare avec le lecteur. D'où le fanatisme des « beylistes », qui croyaient se reconnaître en quelqu'un qui ne se reconnaissait en personne. Impossible à inféoder à une quelconque école, Stendhal, qui ne s'est toujours soucié que d'oser être soi, a survécu aux tentatives de « récupération » politiques, de droite — notamment autour de Barrès, qui célébrait en lui le professeur d'énergie — comme de gauche — le bourgeois progressiste... —, et les miroitantes facettes d'une personnalité et d'une œuvre dégagées de tout *credo* monolithique apparaissent plus que jamais comme une invitation à joindre le devoir de connaissance — « *la vérité, l'âpre vérité* » (épigraphe du ***Rouge et le Noir***, empruntée à Danton) — au goût violent du bonheur.

Trop longtemps réduite au diptyque romanesque du ***Rouge*** et de ***La Chartreuse***, devenus de véritables classiques étudiés par des générations d'élèves, l'œuvre stendhalienne, sous l'infatigable houlette de Henri Martineau et Victor Del Litto, ne cesse d'être redécouverte dans sa diversité : chroniques, récits de voyages, nouvelles, essais sont désormais l'objet d'études qui permettent de mieux connaître les talents — amateur de peinture, de musique, voyageur, autobiographe — d'un écrivain qui multiplia les masques comme à plaisir.

ŒUVRES

*La **Chartreuse de Parme***

Roman en 2 livres numérotés mais non titrés — comportant respectivement 13 et 15 chapitres numérotés continûment mais non titrés, sauf le premier —, paru à Paris, chez Dupont, en avril 1839.

La Chartreuse de Parme s'ouvre sur l'entrée des troupes napoléoniennes en Italie — et par un *incipit* resté fameux : « *Le 15 mai 1796, le général Bonaparte fit son entrée dans Milan à la tête de cette jeune armée qui venait de passer le pont de Lodi, et d'apprendre au monde qu'après tant de siècles César et Alexandre avaient un successeur.* » Le récit suit le destin de Fabrice del Dongo, depuis sa naissance dans une aristocratique famille milanaise jusqu'à sa mort comme archevêque de Parme. Après avoir, à 16 ans, rejoint Napoléon à Waterloo par enthousiasme pour les grandes idées de la Révolution française, Fabrice rentre en Italie et se laisse entraîner dans les intrigues politiques de la petite cour parmesane, sous l'influence de sa tante Gina, à qui le lie une amitié amoureuse, et de l'ami de cœur de celle-ci, le premier ministre Mosca. Ayant tué en duel un baladin, Fabrice est emprisonné à la tour Farnèse, où il conçoit un profond amour pour Clélia Conti, la fille de son geôlier, qu'il contemple chaque jour lorsqu'elle nourrit les oiseaux et qui lui apporte le bonheur au fond de sa prison : « *il est bien étonnant d'être en prison et de devoir se raisonner pour être triste* » (II, XVIII). Il s'évade avec l'aide de Clélia et de Gina, les deux rivales concourant à le sauver. Gina doit se livrer au prince pour acheter sa grâce, tandis que Clélia fait le vœu de ne plus jamais revoir Fabrice. Elle devient cependant sa maîtresse dans l'obscurité et lui donne un fils qui meurt précocement. Clélia succombe, Fabrice se retire à la chartreuse, et Gina ne lui survit que fort peu.

Stendhal s'est inspiré d'une chronique italienne (*Origine des grandeurs de la famille Farnèse*) pour écrire son roman à Paris, entre le 4 novembre et le 25 décembre 1839, soit en 52 jours de foudroyante inspiration.

Balzac publia le 25 septembre 1840, dans la *Revue parisienne*, un très long article (72 pages !) sur ***La Chartreuse de Parme***, extrêmement élogieux : « *M. Beyle a fait un livre où le sublime éclate de chapitre en chapitre. Il a produit, à l'âge où les hommes* trouvent *rarement des sujets grandioses et après avoir écrit une vingtaine de volumes extrêmement spirituels, une œuvre qui ne peut être appréciée que par les âmes et les gens vraiment supérieurs.* » Pour la première fois, Stendhal était reconnu comme un écrivain majeur par l'un de ses pairs. À l'inverse de Balzac, Sainte-Beuve s'indigna : « *Ce que Fabrice est et paraît dans presque tout le roman, malgré son visage et sa jolie tournure, est fort laid, fort plat et fort vulgaire ; il ne se conduit nulle part comme un homme mais comme un animal livré à ses appétits ou un enfant libertin qui suit ses caprices* »

(*Causeries du lundi*, t. IX). Chef-d'œuvre de la maturité, ***La Chartreuse de Parme*** est à la fois un magistral démontage du système politique de la Restauration, saisi dans le microcosme d'une principauté autocratique et réactionnaire, un roman de formation, un roman picaresque, un roman d'amour autour de deux visages de femmes contrastés — Gina dynamique et solaire, Clélia méditative et nocturne —, et surtout un hymne à l'Italie, terre élue du désir, de la musique, de la peinture — Stendhal avouait avoir voulu retrouver le velouté du Corrège —, où se délivre une dernière fois la gratitude passionnée d'un homme qui y avait découvert la patrie de son âme et un secret d'impérissable jeunesse. Parmi les nombreuses adaptations à l'écran de l'ouvrage, on retiendra celle de Christian-Jaque (1947), avec Gérard Philipe, Renée Faure et Maria Casarès.

Lucien Leuwen

Roman inachevé en 2 parties — comportant respectivement 37 et 31 chapitres numérotés mais non titrés, dont les 18 premiers parurent après la mort de Stendhal, en 1855, par les soins de Romain Colomb, chez Michel Lévy, sous le titre ***Le Chasseur vert*** — et qui fut publié posthume en 1894. L'ensemble est précédé de 3 ***Préfaces***, et une adresse au « *lecteur bénévole* » — non titrée — sépare les 2 parties. La première publication sérieuse, due à Henry Debraye, eut lieu chez Champion en 1926-1927 (4 vol.).

Le roman, qui se déroule sous Louis-Philippe, raconte les années d'apprentissage d'un jeune polytechnicien, fils d'un opulent banquier parisien. Expédié en garnison à Nancy, où il expérimente l'ennui provincial, la mesquinerie et l'hypocrisie du milieu militaire, Lucien doit participer à contrecœur à de minables opérations de maintien de l'ordre. Dans ce désert, une oasis : Bathilde de Chasteller, jeune veuve, fleuron de la secte légitimiste locale. Lucien se voit peu à peu entraîné par amour à fréquenter la noblesse nancéienne la plus traditionaliste. Mais, lorsque son succès devient gênant pour le microcosme, le machiavélique docteur Du Poirier organise une mise en scène faisant croire à Lucien que Mme de Chasteller l'a trahi. Ses espérances détruites, Lucien, ulcéré, regagne Paris où il se laisse engager par son père à œuvrer dans les hautes sphères du pouvoir. Au ministère de l'Intérieur, il est employé aux missions les plus délicates : scandales à étouffer, élections à biaiser, spéculations douteuses à camoufler... tandis que son père l'utilise pour développer son influence à la Chambre. Dégoûté par cette « sale besogne », Lucien accueille avec soulagement la mort de son père et sa ruine. Libéré de la double aliénation de la filiation et de la politique, il part occuper un poste diplomatique à l'étranger, le cœur toujours occupé par le tendre souvenir de la fausse infidèle.

Stendhal a commencé l'ouvrage, intitulé à titre posthume ***Lucien Leuwen***, en mai 1834, en partant d'un manuscrit, *Le Lieutenant*, que lui avait confié pour avis son amie Mme Gaulthier. Il y travailla par intermittences jusqu'à l'automne 1836, abandonnant le projet d'une 3e partie qui aurait conduit au mariage des protagonistes.

Longtemps sous-estimé, ***Lucien Leuwen*** a un aspect « balzacien », à connotation quasi pamphlétaire. Mais il sert surtout à une mise en question intime : la politique aujourd'hui est un bourbier où se corrompent la pureté et l'authenticité du moi ; il faut en traverser jusqu'à la nausée l'inessentiel et l'inauthentique pour revenir aux seules urgences, celles du cœur. Conquérant péniblement son autonomie, Lucien apprend peu à peu, à ses dépens, que la vertu civique étant une belle utopie, du moins sous le règne du « *plus fripon des* Kings », rien ne compte davantage qu'un regard de la femme aimée derrière ses persiennes, ou une promenade avec elle, au crépuscule, en musique, dans les bois.

Le ***Rouge et le Noir.*** *Chronique du* XIX*e siècle*

Roman composé de 2 livres — comportant respectivement 30 et 45 chapitres numérotés et titrés —, publié à Paris, chez Levavasseur, le 13 novembre 1830.

Inspiré de plusieurs faits divers — les affaires Lafargue, ébéniste condamné à mort pour avoir assassiné sa maîtresse, et surtout Berthet, dont Stendhal a transposé ici l'exact déroulement —, ***Le Rouge et le Noir*** raconte l'ascension et la chute brutale de Julien Sorel. Fils d'un charpentier de Verrières, en Franche-Comté, idolâtre de Napoléon, Julien mobilise toutes ses ressources d'intelligence, de volonté et de dissimulation pour parvenir dans une société — celle de la Restauration — qui ne fait plus place au courage militaire. Entré comme précepteur chez M. de Rênal, timide dans un premier temps, il devient l'amant de sa tendre épouse. Mais la maladie de son fils suscite les remords de Mme de Rênal ; en outre, une lettre anonyme inspire à son mari des soupçons qui conduisent Julien à prendre la décision de partir. Après un séjour au séminaire de Besançon, il est à Paris l'homme de confiance de M. de La Mole, personnage considérable du faubourg Saint-Germain. Il éveille l'intérêt de sa romanesque fille Mathilde, fascinée par une énergie qu'elle ne trouve pas chez les aristocrates éteints qui hantent son salon. Devenu son amant et anobli, Julien s'apprête à l'épouser lorsqu'une lettre, arrachée à Mme de Rênal par son confesseur, anéantit son plan. Il se précipite à Verrières et tire sur son amie. Arrêté, il découvre dans sa prison qu'il n'a jamais cessé d'aimer celle qu'il a voulu tuer et qui a partagé avec lui la révélation de l'amour. Mais il a été détourné de son amour par l'ambition : « *Autrefois, quand j'aurais pu être si heureux pendant nos promenades dans les bois de Vergy, une ambition fougueuse entraînait mon âme dans les pays imaginaires.* [...] *l'avenir m'enlevait à toi.* » Condamné par un jury bourgeois auquel il clame son mépris de victime exemplaire, de « *paysan qui s'est révolté contre la bassesse de sa fortune* », et qui a eu « *l'audace de se mêler à ce que l'orgueil des gens riches appelle la société* », il ne demande aucune grâce : « *Mon crime est atroce, et il fut prémédité* » (II, XLI). Il est guillotiné : « *Jamais cette tête n'avait été aussi poétique qu'au moment où elle allait tomber* [...]. *Tout se passa simplement, convenablement, et de sa part sans aucune affectation.* » Mme de Rênal meurt trois jours après Julien, « *en embrassant ses enfants* » (II, XLV).

Le titre oppose « *le Rouge* » de la carrière des armes, sous la Révolution et l'Empire, et « *le Noir* » de la carrière ecclésiastique, sous la Restauration. Conçu fin 1829, rédigé pour l'essentiel au printemps de 1830, le roman était presque terminé au moment où éclata la révolution de Juillet.

Guère apprécié à sa parution, ***Le Rouge et le Noir*** s'est finalement imposé comme l'une des productions les plus fortes de son temps, et Julien Sorel comme l'incarnation des aspirations impossibles d'une jeunesse éduquée mais pauvre, à laquelle les gérontes en place déniaient l'accès aux postes de responsabilité. Puissamment enraciné dans une époque dont il analyse avec crudité les ressorts et les intrigues — en particulier la toute-puissance de la congrégation des Jésuites —, c'est un document de première main sur les mentalités et les comportements sous Charles X, à la veille des Trois Glorieuses. D'où l'intérêt que lui ont manifesté les marxistes, au nom du réalisme critique, de la conscience de classe et de l'esthétique du roman conçu, selon la formule empruntée à Saint-Réal, comme « *un miroir qui se promène sur une grande route* » (II, XIX) : « *Tantôt il reflète à vos yeux l'azur des cieux, tantôt la fange des bourbiers de la route.* » L'originalité du ***Rouge et le Noir*** est de mêler la radiographie du présent, l'auscultation aiguë de son fonctionnement idéologique, sociopolitique et économique, à l'évolution intérieure d'un héros doué, contrarié par le réel, et qui, parti pour imiter cyniquement Tartuffe, s'ouvre peu à peu à l'ordre du cœur et entre, quand il va la perdre, dans une plénitude existentielle supérieure à la réussite mondaine. Ce roman, le plus lu de Stendhal, a fait l'objet de plusieurs adaptations cinématographiques, dont celle de Claude Autant-Lara (1954), avec Gérard Philipe et Danielle Darrieux, ainsi que le téléfilm de Jean-Daniel Verhaeghe (1997), avec Kim Rossi Stuart et Carole Bouquet.

Vie de Henry Brulard

Autobiographie inachevée en 46 chapitres, publiée posthume chez Charpentier, en 1890.

Quinquagénaire, Stendhal se penche sur son passé parce qu'« *il serait bien temps de* [se] *connaître* ». Il évoque sous des couleurs âpres et sombres ses premières années à Grenoble, la mort de sa mère lorsqu'il avait 7 ans, son opposition violente à sa famille, sa « *libération* » grâce aux mathématiques, ses espoirs déçus à Paris et son départ pour l'Italie en 1800 avec l'armée de Bonaparte. Le récit s'arrête brusquement au « *bonheur fou* » découvert à Milan, donné comme indicible.

La ***Vie de Henry Brulard***, projetée dès 1832, a été rédigée à Civitavecchia et à Rome entre le 23 novembre 1835 (date anniversaire de la mort de la mère) et le 26 mars 1836. Comme le manuscrit en témoigne, avec ses pages en blanc préparées pour des morceaux en attente, le texte devait être complété et revu. Il dormit à la bibliothèque municipale de Grenoble, jusqu'à ce que Casimir Stryjenski le publiât, mais de manière fautive et lacunaire. En 1913, Henry Debraye procura chez Champion une 2e édition plus fiable, améliorée encore en 1949 au Divan par Henri Martineau, avec, pour la première fois, la plupart des dessins dont Stendhal avait parsemé son œuvre.

La ***Vie de Henry Brulard*** offre une plongée d'une authenticité incomparable dans le « *roman familial* » de Stendhal, la formation de sa sensibilité, la mise en place de ses mythes personnels ; jamais la constitution du moi à travers les expériences et les épreuves de l'enfance n'avait été l'objet d'une investigation aussi précise, terrain d'élection pour une approche psychanalytique. Le genre autobiographique est ici pratiqué non dans la perspective apologétique de Rousseau, ni avec les apprêts très concertés de Chateaubriand, mais dans le geste même de l'archéologue fouillant le chantier de mémoire, avec ses trouvailles et ses échecs, ou du fresquiste parfois incapable de couvrir son mur, et le laissant en l'état, avec ses « trous ». Autobiographie en train de se faire, enquête sur soi sans tricherie et comme à l'état naissant — « *Tout ceci ce sont des découvertes que je fais en écrivant* » —, assumant les limites, les partis pris de ses points de vue — « *Ne sachant comment peindre, je fais l'analyse de ce que je sentis alors* » —, et revendiquant par dessus tout sa spontanéité, la ***Vie de Henry Brulard*** offre un champ privilégié à la critique génétique, qui peut y surprendre sur le vif les tâtonnements ou illuminations du souvenir, et observer le compagnonnage complexe entre l'écriture et « *l'autre texte* » graphique (plus de 170 croquis) auquel elle s'entrelace.

CITATIONS

En 1760 il fallait de la grâce, de l'esprit et pas beaucoup d'humeur, ni pas beaucoup d'honneur, comme disait le régent, pour gagner la faveur du maître et de la maîtresse. Il faut de l'économie, du travail opiniâtre, de la solidité, et l'absence de toute illusion dans une tête, pour tirer parti de la machine à vapeur. Telle est la différence entre le siècle qui finit en 1789 et celui qui commença en 1815.

Avant-Propos à *Armance*.

Il faut ou tout finir rapidement et sans délai par quelques gouttes d'acide prussique ou prendre la vie gaiement.

Armance, 9.

Ce fut un de ces instants rapides que le hasard accorde quelquefois, comme une compensation de tant de maux, aux âmes faites pour sentir avec énergie. La vie se presse dans les cœurs, l'amour fait oublier tout ce qui n'est pas divin comme lui, et l'on vit plus en quelques instants que pendant de longues périodes.

Armance, 16.

Notre héros était ce matin-là du plus beau sang-froid du monde ; la quantité de sang qu'il avait perdue l'avait délivré de toute la partie romanesque de son caractère.

La Chartreuse de Parme, I, 5.

Mais à propos, se dit Fabrice étonné en interrompant tout à coup le cours de ses pensées, j'oublie d'être en colère ! Serais-je un de ces grands courages comme l'antiquité en a montré quelques exemples au monde ? Suis-je un héros sans m'en douter ?

La Chartreuse de Parme, II, 18.

Je croirais assez que le bonheur immoral qu'on trouve à se venger en Italie tient à la force d'imagination de ce peuple ; les gens des autres pays ne pardonnent pas à proprement parler, ils oublient.

La Chartreuse de Parme, II, 21.

Le calembour est incompatible avec l'assassinat.

La Chartreuse de Parme, II, 24.

Ce que j'appelle cristallisation, c'est l'opération de l'esprit, qui tire de tout ce qui se présente la découverte que l'objet aimé a de nouvelles perfections.

De l'amour.

Les femmes extrêmement belles étonnent moins le second jour.

De l'amour.

La beauté n'est que la promesse du bonheur.

De l'amour.

Les larmes sont l'extrême sourire.

De l'amour.

Le plus grand bonheur que puisse donner l'amour, c'est le premier serrement de main d'une femme qu'on aime.

De l'amour.

Moi, j'ai passionnément désiré être aimé d'une femme mélancolique, maigre et actrice.

Journal, 30 mars 1806.

Il y a des passions semblables aux vents alizés, qui prennent les gens à certaine hauteur.

Journal, 16 avril 1813.

J'ai eu quelques idées de finir, comme un jocrisse, par un coup de pistolet.

Journal, 16 octobre 1814.

Je ne fais point de plan. Quand cela m'est arrivé, j'ai été dégoûté du roman par le mécanisme que voici : je cherchais à me souvenir en écrivant le roman des choses auxquelles j'avais pensé en écrivant le plan, et, chez moi, le travail de la mémoire éteint l'imagination.

Lamiel, notes du 25 mai 1840.

En composant la *Chartreuse*, pour prendre le ton, je lisais chaque matin deux ou trois pages du Code civil, afin d'être toujours naturel ; je ne veux pas, par des moyens factices, fasciner l'âme du lecteur.

Lettre à M. de Balzac, 30 octobre 1840.

Je ne vois qu'une règle : être clair. Si je ne suis pas clair, tout *mon monde* est anéanti.

Lettre à M. de Balzac, 30 octobre 1840.

Excepté pour la passion du héros, un roman doit être un miroir.

Lucien Leuwen, première préface.

Rien ne rend méchant comme le malheur. Voyez les prudes.

Lucien Leuwen, II, 44.

La vieillesse n'est autre chose que la privation de folie, l'absence d'illusion et de passion.

Lucien Leuwen, II, 47.

L'amour pour Napoléon est la seule passion qui me soit restée.

Préface à *Mémoires sur Napoléon.*

Il me semble que l'on fait plus de plaisanteries à Paris pendant une seule soirée que dans toute l'Allemagne en un mois.

Racine et Shakespeare, 2.

Le *Romanticisme* est l'art de présenter aux peuples les œuvres littéraires qui, dans l'état actuel de leurs habitudes et de leurs croyances, sont susceptibles de leur donner le plus de plaisir possible.
Le *classicisme,* au contraire, leur présente la littérature qui donnait le plus grand plaisir possible à leurs arrière-grands-pères.

Racine et Shakespeare, 3.

Il me semble qu'il faut du courage à l'écrivain presque autant qu'au guerrier ; l'un ne doit pas plus songer aux journalistes que l'autre à l'hôpital.

Racine et Shakespeare, 3.

Le vers alexandrin n'est souvent qu'un cache-sottise.

Racine et Shakespeare, II, lettre II.

L'amour, cette passion si visionnaire, exige dans son langage une exactitude mathématique.

Racine et Shakespeare, appendice IV,
De Molière et de Regnard.

Rien de plus doux, de plus aimable, de plus digne d'être aimé que les mœurs milanaises. C'est l'opposé de l'Angleterre ; chaque femme est en général avec son amant ; plaisanteries douces, disputes vives, rires fous, mais jamais d'airs importants.

Milan, in *Rome, Naples et Florence,*
20 novembre 1816.

Tel était l'effet de la force, et, si j'ose parler ainsi, de la grandeur des mouvements de passion qui bouleversaient l'âme de ce jeune ambitieux. Chez cet être singulier, c'était presque tous les jours tempête.

Le Rouge et le Noir, I, 11.

Voilà donc, se disait la conscience de Julien, la sale fortune à laquelle tu parviendras, et tu n'en jouiras qu'à cette condition et en pareille compagnie ! Tu auras peut-être une place de vingt mille francs, mais il faudra que, pendant que tu te gorges de viandes, tu empêches de chanter le pauvre prisonnier ; tu donneras à dîner avec l'argent que tu auras volé sur sa misérable pitance, et pendant ton dîner il sera encore plus malheureux ! — Ô Napoléon ! qu'il était doux de ton temps de monter à la fortune par les dangers d'une bataille.

Le Rouge et le Noir, I, 22.

Pourvu qu'on ne plaisantât ni de Dieu, ni des prêtres, ni du roi, ni des gens en place, ni des artistes protégés par la cour, ni de tout ce qui est établi ; pourvu qu'on ne dît du bien ni de Béranger, ni des journaux de l'opposition, ni de Voltaire, ni de Rousseau, ni de tout ce qui se permet un peu de franc-parler ; pourvu surtout qu'on ne parlât jamais politique, on pouvait librement raisonner de tout.

Le Rouge et le Noir, II, 4.

Eh, monsieur, un roman est un miroir qui se promène sur une grande route. Tantôt il reflète à vos yeux l'azur des cieux, tantôt la fange des bourbiers de la route. Et l'homme qui porte le miroir dans sa hotte sera par vous accusé d'être immoral ! Son miroir montre la fange, et vous accusez le miroir ! Accusez bien plutôt le grand chemin où est le bourbier, et plus encore l'inspecteur des routes qui laisse l'eau croupir et le bourbier se former.

Le Rouge et le Noir, II, 19.

Le pire des malheurs en prison, pensa-t-il, c'est de ne pouvoir fermer sa porte.

Le Rouge et le Noir, II, 44.

Les phrases nombreuses et prétentieuses de MM. Chateaubriand et Salvandy m'ont fait écrire *Le Rouge et le Noir* d'un style trop haché. Grande sottise car dans vingt ans qui songera aux fatras hypocrites de ces Messieurs ? Et moi, je mets un billet à une loterie dont le gros lot se réduit à ceci : être lu en 1935.

Vie de Henry Brulard, 23.

L'amour a toujours été pour moi la plus grande des affaires, ou plutôt la seule.

Vie de Henry Brulard, 25.

Les épinards et Saint-Simon ont été mes seuls goûts durables, après celui toutefois de vivre à Paris avec cent louis de rente, faisant des livres.

Vie de Henry Brulard, 43.

Un jeune homme de vingt-six ans se trouve avoir effacé en une année les Alexandre, les César, les Annibal, les Frédéric. Et, comme pour consoler l'humanité de ces succès sanglants, il joint aux lauriers de Mars l'olivier de la civilisation.

Vie de Napoléon, 4.

L'homme de génie est celui-là seulement qui trouve une si douce jouissance à exercer son art, qu'il travaille malgré tous les obstacles. Mettez des digues à ces torrents, celui qui doit devenir un fleuve fameux saura bien les renverser.

Lettres sur Haydn, IV,
in *Vies de Haydn, de Mozart et de Métastase.*

Il y a peut-être plus d'amour pour la musique dans vingt de ces gueux insouciants de Naples, appelés *lazzaroni*, qui chantent le soir le long de la rive de Chiaja, que dans tout le public élégant qui se réunit le dimanche au Conservatoire de la rue Bergère.

Lettres sur Haydn, VIII,
in *Vies de Haydn, de Mozart et de Métastase*.

La bonne musique ne se trompe pas, et va droit au fond de l'âme chercher le chagrin qui nous dévore.

Lettres sur Haydn, XVI,
in *Vies de Haydn, de Mozart et de Métastase*.

JUGEMENTS

« Hugo ne supportait point la prose de Stendhal. Je devine pourquoi. Hugo n'est que mouvement, rythme, éloquence. En Stendhal comme en Voltaire et déjà en Molière, la phrase au contraire se rompt délibérément ; dans l'instant même où l'idée passe, où la victoire est gagnée, on n'entend point ce grondement de triomphe et ce pas de foule, mais le trait s'accourcit portant beaucoup de sens en peu de matière. J'y vois une pudeur et une attention à ne point forcer du tout l'assentiment. Ce genre de style veut qu'on s'arrête et que l'on pense pour soi et c'est ce que le poète et l'orateur ne peuvent guère comprendre. »

ALAIN, *Propos de littérature*, Hartmann, 1934.

« M. Beyle, plus connu sous le pseudonyme de Stendhal, est, selon moi, l'un des maîtres les plus distingués de la littérature des idées [...]. *M. Beyle est un des hommes supérieurs de notre temps. Il est difficile d'expliquer comment cet observateur de premier ordre, ce profond diplomate qui, soit par ses écrits, soit par sa parole, a donné tant de preuves de l'élévation de ses idées et de l'étendue de ses connaissances pratiques, se trouve seulement consul à Civita-Vecchia. »*

Honoré de BALZAC, « Études sur M. Beyle »,
in *Revue parisienne*, 1840.

« Beyle, un scélérat d'idées, je le sais, mais l'écrivain qui a pensé avec tant de vigueur Le Rouge et le Noir, *et* La Chartreuse de Parme, *cet homme qui, avec sa noirceur et ses perversités, brille d'une lueur sombre et dure au premier rang des puissances littéraires de son temps. »*

Jules BARBEY d'AUREVILLY, in *Le Pays*, 11 mai 1855,
recueilli in *Les Œuvres et les Hommes*, I, 1860.

« M. Beile, ou Bayle ou Baile, qui a écrit une Vie de Rossini *sous le pseudonyme de Stendhal et les plus irritantes stupidités sur la musique, dont il croyait avoir le sentiment. »*

Hector BERLIOZ, *Mémoires*, t. I, 1870.

« Le grand secret de Stendhal, sa grande malice, c'est d'écrire tout de suite [...]. *De là, ce quelque chose d'alerte et de primesautier, de disconvenu, de subit et de nu qui nous ravit toujours à neuf dans son style. On dirait que sa pensée ne prend même pas la peine de se chausser pour courir. »*

André GIDE, *Journal*, 3 septembre 1937,
Gallimard, 1939.

« [...] *M. Beyle est un romancier, sinon philosophe, au moins spectateur plutôt que poète, et les qualités de son style, comme celles de son esprit, vont plus directement à l'intelligence qu'au cœur. C'est peut-être là, après tout, la plus grande cause du peu de popularité que son nom a conquis jusqu'à ce jour ; mais, en même temps, c'est une raison de plus pour que la critique se fasse un devoir de préconiser un écrivain qui sait parler d'une manière si puissante à la portion de nous-même qui est le plus difficile à émouvoir et à frapper de sympathie. »*

Arthur de GOBINEAU, « Essai de critique. Œuvre de M. de Stendhal (M. Beyle) », in *Le Commerce*, 1845.

« Je reviens à la réflexion de Céline, qui m'a tellement frappé autrefois et que j'ai déjà citée : "Quand on n'a plus assez de musique en soi pour faire danser la vie..." Quand on n'a plus, pour une raison ou pour une autre, suffisamment en soi de cette musique, c'est là, et là seulement, que Stendhal est irremplaçable, car pour quelques heures il vous la restitue ; il n'a ni grande invention, et il le sait (il lui faut la béquille du fait divers) ni grande technique (quoiqu'il s'en vante) ni grande imagination (et il s'en moque) ni, autant qu'on le dit, de cette "profondeur psychologique" qui est surtout chez lui vivacité de la formule et ingéniosité du trait — rien que cet allegro *intime, ce* staccato *grêle et un peu sec qui n'est qu'à lui, mais au rythme duquel la vie en effet se remet irrésistiblement à danser. »*

Julien GRACQ, *Stendhal*, in *Proust considéré comme terminus*, Complexe, 1986.

« Cet homme que j'aime si peu et dont je ne puis ouvrir un livre que je n'en dévore aussitôt quelques pages, comme il me déplaît et comme je l'admire ! »

Julien GREEN, *Journal*, t. V, juin 1948, Plon, 1949.

« Beyle, comme critique et comme romancier, est un écrivain spirituel, humoristique, paradoxal, plein de verve et d'originalité ; mais il faut y mettre une singulière complaisance pour découvrir dans ses ouvrages ces beautés de premier ordre, ces grandes pensées, ces créations puissantes et ce sublime, qui constituent les œuvres de génie. »

Pierre LAROUSSE, article « Beyle », in *Grand Dictionnaire universel du XIXe siècle*, 1864 à 1876.

« Pas une ligne pour le joli, pour le pittoresque, pour l'amusement. Toujours quelque chose, toujours de l'intérêt. »

Paul LÉAUTAUD, *Journal littéraire*,
4 septembre 1905, Mercure de France,
rééd. 1986.

« B. [Beyle], *original en toutes choses, ce qui est un vrai mérite à cette époque de monnaies effacées, se piquait de libéralisme et était au fond de l'âme un aristocrate achevé. Il ne pouvait souffrir les sots ; il avait pour les gens qui*

l'ennuyaient une haine furieuse, et de sa vie il n'a pas su bien nettement distinguer un méchant d'un fâcheux. Il affichait un profond mépris pour le caractère français, et il était éloquent à faire ressortir tous les défauts dont on accuse, à tort sans doute, notre grande nation : légèreté, étourderie, inconséquence en paroles et en action. Au fond, il avait à un haut degré ces mêmes défauts [...].
[...]
Je n'ai connu personne qui fût plus galant homme à recevoir les critiques sur ses ouvrages. Ses amis lui parlaient toujours sans le moindre ménagement. [...] *Jamais ces critiques n'altérèrent ses relations avec ses amis.*
Il écrivait beaucoup, et travaillait longtemps ses ouvrages. Mais, au lieu d'en corriger l'exécution, il en refaisait le plan. S'il effaçait les fautes d'une première rédaction, c'était pour en faire d'autres ; car je ne sache pas qu'il ait jamais essayé de corriger son style. Quelque raturés que fussent ses manuscrits, on peut dire qu'ils étaient toujours écrits de premier jet.
[...] *il ne comprenait guère qu'on pût avoir d'autres opinions que les siennes sur les choses et sur les hommes.* »

Prosper Mérimée, *H.B.*, 1850.

« *Cet excellent savoir-dire, cette science et cette seigneurie du langage, voilà ce qui nous séduit tout d'abord chez un homme qui s'est vanté cent fois de mépriser le style et de n'avoir jamais cherché à bien écrire* [...].
Par la soif et par l'ivresse de la beauté, Stendhal s'exalte jusqu'à des hauteurs où nul avant lui n'était arrivé, et où souvent il précède Baudelaire. »

André Pieyre de Mandiargues, *Troisième Belvédère*, Gallimard, 1971.

« [...] *si l'on considère comme faisant partie du style cette grande ossature inconsciente que recouvre l'assemblage voulu des idées, elle existe chez Stendhal.* [...] *Par là, Beyle était un grand écrivain sans le savoir. Il plaçait la littérature non seulement au-dessous de la vie, dont elle est au contraire l'aboutissement, mais des plus fades distractions.* »

Marcel Proust, *Essais et Articles*, in *Contre Sainte-Beuve*, Gallimard, posthume, 1971.

« *Ce qui frappe le plus dans une page de Stendhal, ce qui sur-le-champ, le dénonce, attache ou irrite l'esprit, c'est le* ton. *Il possède, et d'ailleurs affecte, le ton le plus individuel qu'il soit en littérature* [...].
Et de quoi ce ton est-il fait ? — Je l'ai peut-être déjà dit : vif à tous risques : écrire comme on parle quand on est homme d'esprit, avec des allusions même obscures, des coupures brusques, des bonds et des parenthèses ; écrire presque comme on se parle ; tenir l'allure d'une conversation libre et gaie, pousser parfois jusqu'au monologue tout nu ; toujours et partout, fuir le style poétique, et faire sentir qu'on le fuit, qu'on déjoue la phrase per se, *qui par le rythme et l'étendue, sonnerait trop pur et trop beau, atteindrait ce genre soutenu que Stendhal raille et déteste, où il ne voit qu'affectation, attitude, arrière-pensée non désintéressées.*
[...] *Je ne hais pas ce ton qu'il s'était fait. Il m'enchante parfois, il m'amuse toujours ; mais au contraire de l'intention de l'auteur, par l'effet de comédie que tant de sincérité et quelque peu trop de* vie *me produisent inévitablement.* »

Paul Valéry, *Essai sur Stendhal (à propos de « Lucien Leuwen »)*, in *Commerce*, XI, printemps 1927.

« *Notre plus grand romancier, Stendhal, étudiait les hommes comme des insectes étranges, qui vivent et meurent, poussés par des forces fatales ; son seul souci était de déterminer la nature, l'énergie, la direction de ces forces ; son humanité ne sympathisait pas avec celle de ses héros, il restait supérieur à leur misère et à leur folie, il se contentait de faire son travail de dissection, exposant simplement les résultats de ce travail. L'œuvre du romancier doit cesser où commence celle du moraliste.* »

Émile Zola, *Causeries dramatiques*, 1881.

BIBLIOGRAPHIE

Éditions

Œuvres complètes, éd. H. Martineau et V. Del Litto, Le Divan, 1927 à 1937, 79 vol. ; éd. V. Del Litto et E. Abravanel, Cercle du Bibliophile, 1967 à 1973, 50 vol.

Correspondance, éd. H. Martineau et V. Del Litto, « Pléiade », Gallimard, 1963, 1967 et 1969, 3 vol.

Correspondance générale, éd. V. Del Litto, Champion, 1997 à 1999, 6 vol.

Œuvres intimes, éd. V. Del Litto, « Pléiade », Gallimard, 1981 et 1982, 2 vol.

Œuvres romanesques complètes, éd. S. de Sacy, « L'Intégrale », Seuil, 1969.

Romans et Nouvelles, éd. H. Martineau, « Pléiade », Gallimard, 1947 et 1948, 2 vol.

La Chartreuse de Parme, éd. H. Martineau, « Classiques Garnier », Garnier, 1961 ; éd. A. Adam, « Classiques Garnier », Garnier, 1973 ; éd. M. Crouzet, « GF », Flammarion, 1964 ; éd. V. Del Litto, « LdP », LGF, 1973.

Lamiel [avec une *Fin de « Lamiel »* par J. Laurent], « Folio », Gallimard, 1983 ; *Lamiel*, suivi de *En relisant « Lamiel »* d'A. Gide, éd J.-J. Hamm, « GF », Flammarion, 1993.

Lucien Leuwen, éd. H. Martineau, « Grands et petits chefs-d'œuvre », Éd. du Rocher, Monaco (MC), 1945, 2 vol. ; *id.*, « Folio », Gallimard, 1973, 2 vol., rééd. 1998 ; éd. V. Del Litto, « LdP », LGF, 1977 ; éd. M. Crouzet, « GF », Flammarion, 1982, 2 vol.

Le Rouge et le Noir, éd. H. Martineau, « Classiques Garnier », Garnier, 1939 ; éd. M. Crouzet, « GF », Flammarion, 1964 ; éd. V. Del Litto, « LdP », LGF, 1972 ; éd. P.-G. Castex, « Classiques Garnier », Garnier, 1973 ; éd. M. Crouzet, « LdP », LGF, 1997.

Vie de Henry Brulard, éd. H. MARTINEAU, « Classiques Garnier », Garnier, 1966 ; éd. B. DIDIER, « Folio », Gallimard, 1973 ; éd. G. RANNAUD, Klincksieck, 1996 à 1998, 3 vol.

Études

R. ANDRÉ, *Écriture et Pulsions dans le roman stendhalien*, Klincksieck, 1977, rééd. Champion, 1997.

Y. ANSEL, *Stendhal et le Temps*, P. U. du Mirail, Toulouse, 2000.

L. ARAGON, *La Lumière de Stendhal*, Denoël, 1954.

J. ATTUEL, *Le Style de Stendhal : efficacité et romanesque*, Bologne (IT)/Paris, Nizet, 1980.

H. de BALZAC, « Étude sur M. Beyle », in *Revue parisienne*, 15 sept. 1840, repris in *Étude sur « La Chartreuse de Parme » de Monsieur Beyle*, « Micro-Climats », Climat, 1989 [réponses de STENDHAL in *Correspondance III*, « Pléiade », 1969].

P. BARBÉRIS, *Sur Stendhal*, Éd. Sociales, 1983.

M. BARDÈCHE, *Stendhal romancier*, La Table ronde, 1947, rééd. 1983.

Ph. BERTHIER, *Stendhal et ses peintres italiens*, Droz, Genève (CH), 1977 ; *Stendhal et la Sainte Famille*, Droz, Genève (CH), 1983 ; *Stendhal et Chateaubriand, essai sur les ambiguïtés d'une antipathie*, Droz, Genève (CH), 1990 ; « *La Chartreuse de Parme* revisitée », in *Recherches et Travaux*, Université Stendhal, Grenoble, 1990 ; *« Lamiel » ou la Boîte de Pandore*, PUF, 1994 ; *Henri Beyle. Stendhal*, « Mémoire de la critique », P. U. Paris-Sorbonne, 1994 ; *Philippe Berthier présente « La Chartreuse de Parme » de Stendhal*, « Foliothèque », Gallimard, 1995 ; *id.* (dir.), *Stendhal. « La Chartreuse de Parme » ou « la Chimère absente »*, colloque, SEDES, 1996 ; « *La Chartreuse de Parme*. Chant et Tombeau », in *Recherches et Travaux*, hors-série n° 13, Université Stendhal, Grenoble, 1997 ; *Espaces stendhaliens*, « Écrivains », PUF, 1997 ; *Philippe Berthier présente « Vie de Henry Brulard » de Stendhal*, « Foliothèque », Gallimard, 2000.

G. BLIN, *Stendhal et les Problèmes du roman*, Corti, 1954 ; *Stendhal et les Problèmes de la personnalité*, Corti, 1958.

A. CARACCIO, *Stendhal, l'homme et l'œuvre*, Boivin, 1951, rééd. Hatier, 1970.

P.-G. CASTEX, *« Le Rouge et le Noir » de Stendhal*, SEDES, 1970.

A. COLLET, *Stendhal et Milan : de la vie au roman*, Corti, 1985 ; *Stendhal milanese*, préf. G. DURAND, Corti, 1986.

M. CROUZET, *Stendhal et le Langage*, Gallimard, 1981 ; *Stendhal et l'Italianité*, Corti, 1982 ; *« La Vie de Henry Brulard » ou l'Enfance de la révolte*, Corti, 1982 ; *La Poétique de Stendhal*, Flammarion, 1983 et 1986, 2 vol. ; *Le Héros fourbe chez Stendhal*, SEDES, 1984 ; *Nature et Société chez Stendhal, la révolte romantique*, P.U. Lille, 1985 ; *Quatre Études sur « Lucien Leuwen »*, SEDES, 1985 ; *Stendhal ou Monsieur Moi-même*, Flammarion, 1990 ; *« Le Rouge et le Noir ». Essai sur le romanesque stendhalien*, PUF, 1995.

V. DEL LITTO, *La Vie intellectuelle de Stendhal, genèse et évolution de ses idées 1802-1821*, PUF, 1959, rééd. Slatkine, 1997 ; *La Vie de Stendhal*, Albin Michel, 1965 ; *Album Stendhal*, « Pléiade », Gallimard, 1966 ; *Stendhal et les Problèmes de l'autobiographie*, PUF, 1977 ; *Essais et Articles stendhaliens*, Slatkine, 1981.

B. DIDIER, *Stendhal autobiographe*, « Écrivains », PUF, 1983.

G. GENETTE, « Stendhal », in *Figures II*, Seuil, 1969, pp. 155 à 193.

M. GUÉRIN, *La Politique de Stendhal*, PUF, 1982.

J.-J. HAMM, *Jean-Jacques Hamm commente « Le Rouge et le Noir » de Stendhal*, « Foliothèque », Gallimard, 1992.

A. HOOG, *Stendhal avant Stendhal, 1783-1821*, Garnier, 1983 ; *Vie de Stendhal, 1783-1842*, Garnier, 1983.

F. LANDRY, *L'Imaginaire chez Stendhal*, L'Âge d'Homme, Lausanne (CH), 1982.

J. LAURENT, *Stendhal comme Stendhal ou le Mensonge ambigu*, Grasset, 1984.

P. LÉAUTAUD, *Stendhal*, « Les Plus Belles Pages », Mercure de France, 1908, rééd. 1922.

H. MARTINEAU, *L'Œuvre de Stendhal. Histoire de ses livres et de sa pensée*, Le Divan, 1945, rééd. Albin Michel, 1951 ; *Petit Dictionnaire stendhalien*, Le Divan, 1948 ; *Le Calendrier de Stendhal*, Le Divan, 1949 ; *Le Cœur de Stendhal. Histoire de sa vie et de ses sentiments*, Le Divan, 1952-1953, 2 vol.

P. MARTINO, *Stendhal*, Boivin, 1934.

F. MICHEL, *Fichier stendhalien*, K. Hall and Co, Boston (US), 1964 ; *Études stendhaliennes*, Mercure de France, 1972.

M. NERLICH, *Apollon et Dionysos ou la Science incertaine des signes*, Hitzeroth, Marburg (DE), 1989.

A. PIEYRE de MANDIARGUES, *Beylamour*, Pauvert, 1965.

J. PRÉVOST, *La Création chez Stendhal*, Mercure de France, 1951.

M. REID, *Stendhal en images*, Droz, Genève (CH), 1991.

P.-L. REY, *Stendhal. « La Chartreuse de Parme »*, « Études littéraires », PUF, 1992.

J.-P. RICHARD, *Littérature et Sensation*, Seuil, 1954.

Cl. ROY, *Stendhal par lui-même*, « Écrivains de toujours », Seuil, 1951, rééd. 1995.

F. RUDE, *Stendhal et la Pensée sociale de son temps*, Plon, 1967.

R. STÉPHANE, *La Gloire de Stendhal*, Quai Voltaire, 1987.

C.W. THOMPSON, *Le Jeu de l'ordre et de la liberté dans « La Chartreuse de Parme »*, Éd. du Grand Chêne, Aran (CH), 1982.

P. VALÉRY, *Stendhal*, in *Œuvres*, t. I, éd. J. Hytier, « Pléiade », Gallimard, 1957.

J.-P. WEBER, *Stendhal. Les Structures thématiques de l'œuvre et du destin*, CDU/SEDES, 1969.

« Le plus méconnu des romans de Stendhal : *Lucien Leuwen* », colloque, SEDES, 1983.

« Stendhal et le Comique », n° spécial de la revue *Dix-neuf/Vingt*, n° 2, oct. 1996.

L'Année Stendhal, Klincksieck, 1997.

HB Revue internationale d'études stendhaliennes, n° 1, 1997.

Éditions du « Stendhal-Club », nos 1 à 35, 1922 à 1935, rééd. Slatkine, 1997.

AUDIO & VIDÉO

Vidéo

Cl. AUTANT-LARA, *Le Rouge et le Noir*, 1954, René Chateau, s.d., 2 cassettes.

A. PAULVÉ, *La Chartreuse de Parme*, 1948, René Chateau, s.d.

J.-D. VERHAEGHE, *Le Rouge et le Noir*, TF1 Vidéo, 1997, 2 cassettes.

CD-ROM

Encyclopédie de la littérature française, Bibliopolis, 1998.

Les Romanciers réalistes et naturalistes 1820-1910, Bibliopolis, 1997.

Stendhal, *L'Œuvre romanesque*, Le Catalogue des Lettres, 1997.

TOURNIER

Michel TOURNIER

Paris 1924

Grand Prix du Roman de l'Acad. franç., prix Goncourt

> *« Mon ami Mac-Miche (Michel Tournier), son intelligence de grand écrivain, son nez pointu et son rire de petit garçon. (Et son complexe secret qui lui fait viser un but si haut qu'il n'arrive presque jamais à l'atteindre ¿) »*
>
> Jacques-Henri LARTIGUE, *L'Œil de la mémoire 1932-1985*, août 1979, Carrère-Lafon, 1986.

> *« C'est un grand mystère que M. Tournier, intellectuel à l'esprit curieux, germaniste distingué, mais qui ne s'affranchit pas souvent en français d'une lourdeur souabe, ait pu passer pour un artiste, alors qu'il n'a ni inventé un monde ni créé un langage à ses couleurs. »*
>
> Angelo RINALDI, « Tournier », in *L'Express*, 3 janvier 1986.

Un contrarié bien inspiré

Une formation de philosophe

Après des études à Saint-Germain-en-Laye puis, en pension, chez les pères à Alençon, Michel Tournier, aîné de 3 garçons, fut étudiant en lettres et en droit à Paris : titulaire d'une double licence (ès lettres et en droit), il obtint un D.E.S. de philosophie. C'est à la vocation contrariée du philosophe qu'on doit l'œuvre du romancier. Tournier suivit les cours de Bachelard, à la Sorbonne, en 1942, puis étudia — ses parents étaient germanistes — la philosophie allemande à Tübingen, de 1946 à 1949. Les cours de Lévi-Strauss, en 1949, jouèrent un rôle majeur dans son activité d'écrivain. Après avoir échoué à l'agrégation de philosophie, Michel Tournier devint producteur et réalisateur à la RTF entre 1949 et 1954, puis attaché de presse à Europe 1 de 1955 à 1958, enfin chef des services littéraires des éditions Plon de 1958 à 1968.

Les débuts fracassants d'un écrivain tardif

Son premier roman, ***Vendredi ou les Limbes du Pacifique*** (Grand Prix du Roman de l'Académie française 1967), offrait la réécriture de *Robinson Crusoé* sous l'influence des acquisitions de l'ethnologie. À la différence du héros de Defoe, qui s'employait à reconstituer, dans son île, la civilisation perdue, le Robinson de Tournier s'en éloigne définitivement, à la faveur d'une initiation opérée par Vendredi, sauvage à l'origine de cette régénération qui fait du civilisé Robinson un « *homme nouveau* » : « *Autrui, pièce maîtresse de mon univers...* ». Producteur de l'émission de télévision ***Chambre noire***, Tournier concrétisa sa passion pour la photographie en fondant avec Lucien Clergue, en 1968, les ***Rencontres internationales de la photographie***, en Arles. Couronné dès son premier roman, il le fut à nouveau pour le suivant, ***Le Roi des Aulnes*** (prix Goncourt 1970).

Élu à l'académie Goncourt en 1972 — au couvert de Philippe Hériat — après le succès du ***Roi des Aulnes***, Tournier continua à « revisiter » les mythes.

Un « *polygraphe mythologique* »

Après une pièce, ***Le Fétichiste : un acte pour un homme seul*** (créé en 1974, à Berlin par Raymond Fuzellier et à Paris par Olivier Hussenot, dans une mise en scène d'Étienne Le Meur, publié in ***Le Coq de bruyère***), il revint au roman et se consacra au mythe des jumeaux dans ***Les Météores*** (1975), où l'équilibre du monde clos des jumeaux Jean, *alias* Jean-Paul, et Paul, est soudain rompu — Jean prenant la fuite après que Paul eut fait échouer son projet de mariage —, ce qui mène Paul à l'épreuve d'une quête initiatique finalement cosmique. Puis il s'intéressa au mythe des mages dans ***Gaspard, Melchior et Balthazar*** (1980), « revisité » avec l'introduction d'un quatrième Roi mage. Enfin, il toucha au mythe de l'ogre avec ***Gilles et Jeanne*** (1983), sur Gilles de Rais et Jeanne d'Arc, et à l'histoire de Moïse dans ***Éléazar ou la Source et le Buisson*** (1996), qui transpose le récit biblique au milieu du XIXe siècle et des deux côtés de l'Atlantique — le pasteur Éléazar quittant, avec sa femme catholique et ses enfants, son Irlande natale pour le Nouveau Monde, à la conquête de l'Ouest et de cette nouvelle Canaan qu'est la Californie. Dans ce constant travail de réinterprétation des mythes fondateurs de notre imaginaire, Tournier, loin de se limiter au roman, multiplia genres, formes et approches littéraires, pour devenir une sorte de « polygraphe mythologique ». Il se livra à l'autobiographie intellectuelle dans ***Le Vent Paraclet*** (1977), à la critique littéraire dans ***Le Vol du vampire : notes de lecture*** (1981), où il analyse l'influence allemande sur sa propre culture. Il récrivit pour les enfants ses propres textes avec ***Vendredi ou la Vie sauvage*** (1971) et ***Les Rois mages*** (1983), se fit nouvelliste et conteur avec ***Le Coq de bruyère*** (1978) et ***Le Médianoche amoureux*** (1989). Les problèmes de l'image, abordés dans ***Gaspard, Melchior et Balthazar***, ont été repris dans ***La Goutte d'or*** (1985), roman traitant de la photographie et de l'immigration, ***Le Tabor et le Sinaï*** (1988), méditation sur la peinture, et ***Petites Proses*** (1986), approfondissement des réflexions du ***Vagabond immobile*** (1984). Parallèlement, Tournier multiplia les ouvrages écrits en collaboration avec des photographes — ou à leur sujet —, depuis ***Vues de dos*** (1981) et ***Journal de voyage au Canada*** (1984) avec Édouard Boubat, jusqu'à ***Waterline*** (1994), sur Arno Miakkinen, en passant par ***Morts et Résurrections de Dieter Appelt*** (1981), ***Des clés et des serrures : images et proses*** (1986), ***Images du voisin*** (1988), où la France et l'Allemagne étaient réciproquement photographiées par des Allemands et des Français, et ***Le Crépuscule des masques*** (1992), somme des rencontres de l'écrivain avec les photographes et leurs œuvres. En 1994 parut, dans la revue pour enfants *Je bouquine*, ***La Couleuvrine***, récit sur le hasard et la chance, tandis que, la même année, ***Le Pied de la lettre : 300 mots propres*** proposait des réflexions sur l'étymologie et que ***Le Miroir des idées***, complété par les contes du ***Miroir à deux faces***, étudiait quelques concepts clés de la culture universelle. Convaincu de la supériorité intellectuelle de l'enfant — *« Si l'on définit l'intelligence comme la faculté d'apprendre des choses* nouvelles, *de trouver des solutions à des problèmes se présentant pour la première fois, qui donc est plus intelligent que l'enfant ? »* ***(Le Roi des Aulnes)*** —, Tournier a écrit quantité de contes pour enfants, recueillis dans ***Pierrot ou les Secrets de la nuit*** (1979), ***Barbedor*** (1980), ***Que ma joie demeure : conte de Noël*** (1982), et ***L'Aire du muguet*** (1998). D'un éclectisme délibéré et d'une insatiable curiosité, il a, en outre, publié des textes aussi différents que ***Angus*** (1988), ***Jardins de curé*** (1995) et ***Tahiti tattoos*** (1998) — ces deux derniers textes ayant été recueillis in ***Célébrations*** (1999), livre du bonheur où Tournier exalte *« la richesse inépuisable du monde »*. Parallèlement, il est membre du comité de lecture des éditions Gallimard.

THÉORIE LITTÉRAIRE

Romancier passionné de métaphysique, Tournier a commenté son activité de philosophe écrivain et décrit ses exigences littéraires dans ***Le Vent Paraclet*** et ***Le Vol du vampire*** — essais contenant aussi ses réflexions sur l'importance de l'Allemagne dans son œuvre. On ne s'étonnera pas de le voir souligner d'emblée le rôle majeur des mythes : *« Le passage de la métaphysique au roman devait m'être fourni par les mythes »* ***(Le Vent Paraclet)***. Présents dans tous ses romans, seuls les mythes, en effet, permettent de concilier l'exigence philosophique — une recherche de l'absolu — et l'impératif littéraire — initier le lecteur à cette quête : *« À un niveau supérieur, le mythe, c'est toute une théorie de la connaissance ; à un étage plus élevé encore, cela devient morale, puis métaphysique, puis ontologie, etc., sans cesser d'être la même histoire » (ibid.)*. Conception mobilisatrice de la littérature, aux multiples complicités : le romancier se doit d'initier le lecteur à une recherche de l'absolu dont les personnages des romans sont eux-mêmes en quête, initiés les uns par les autres — Robinson par Vendredi, Abel Tiffauges par Nestor — ou par leur propre errance — Taor et son exceptionnel *« rahat loukoum »*, dans ***Gaspard, Melchior et Balthazar***, sur la piste duquel il se lance, suivant le même parcours que les trois autres Rois mages à la recherche du Christ, pour trente-trois ans d'aventures initiatiques. Parce que l'absolu recherché — vérité, connaissance, essence — est toujours caché, donc à trouver et à déchiffrer, les romans de Tournier manifestent une constante prédilection pour le thème de l'initiation — que rien ne permet mieux de « mettre en œuvre » (au sens propre) que le mythe. Mais parce que le mythe, fiction paradoxalement révélatrice de la vérité, reste aussi mensonge immémorial, et parce que rien ne serait plus décevant que la révélation définitive de cette vérité, le romancier ne saurait manquer de brouiller les pistes, en prenant le soin délibérément pervers de laisser décider le lecteur : *« Un roman peut certes contenir une thèse, mais il importe que ce soit le lecteur, non l'écrivain, qui l'y ait mise »* ***(Le Vol du vampire)***. Enquêteur initié à la quête de personnages eux-mêmes initiés à une vérité en définitive inaccessible, le lecteur de Tournier est constamment livré à l'irrésistible perversité du mythe qui seul permet d'approcher la vérité et seul garantit de ne jamais l'atteindre : *« Ce qui complique tout, c'est que ce qui n'existe pas s'acharne à faire croire le contraire »* ***(Vendredi ou les Limbes du Pacifique)***.

THÉORIE LITTÉRAIRE

Installé dans le presbytère de Choisel, près de Chevreuse (Yvelines), Tournier a proposé avec humour sa propre nécrologie :

Nécrologie d'un écrivain

Michel Tournier (1924-2000)[1]

Né au centre de Paris, il a immédiatement compris qu'il s'agissait de la ville la plus inhospitalière du monde, en particulier à l'égard des jeunes. Aussi habita-t-il toute sa vie le presbytère d'un petit village de la vallée de Chevreuse, quand il ne voyageait pas à travers le monde, avec une prédilection pour l'Allemagne et le Maghreb. Ses cendres sont déposées dans son jardin à l'intérieur d'un tombeau sculpté représentant un gisant au visage masqué par un livre ouvert, porté par six écoliers, qui évoquent par leurs chagrins divers une version enfantine des Bourgeois de Calais *de Rodin.*

Après de longues études de philosophie, il est venu assez tard au roman qu'il a toujours conçu comme une affabulation d'apparence aussi conventionnelle que possible, recouvrant une infrastructure métaphysique invisible, mais douée d'un rayonnement actif. C'est en ce sens qu'on a souvent prononcé le mot de mythologie *à propos de son œuvre.*

S'il lui fallait un ancêtre et une étiquette, on pourrait songer à J.K. Huysmans et à celle de naturaliste mystique*. C'est qu'à ses yeux tout est beau, même la laideur ; tout est sacré, même la boue.*

À propos de l'amour, il disait : « Il y a un signe infaillible auquel on reconnaît qu'on aime quelqu'un d'amour, c'est quand son visage vous inspire plus de désir physique qu'aucune autre partie de son corps. »

S'il avait eu une tombe, voici l'épitaphe qu'il aurait voulu qu'on y inscrivît :

« Je t'ai adorée, tu me l'as rendu au centuple. Merci, la vie ! »

1. *Un journal faisait récemment une enquête sur le thème suivant : quel sera selon vous le grand événement qui marquera l'an 2000 ? J'ai répondu sans hésiter : ma mort. Et d'évoquer le vaste et somptueux cortège qui accompagnera ma dépouille au Panthéon, au son de l'Allegretto de la 7e symphonie de Beethoven. On me dira : pourquoi mourir en l'an 2000 ? Parce que j'aurai 76 ans. Mon père est mort à cet âge-là, comme son père, etc. C'est un bel âge pour mourir. Avec de la chance et de la raison, on évite ainsi les souffrances et les humiliations de la vieillesse, et puis basta, n'est-ce pas assez de vie comme cela ?*

(Petites Proses)

Une écriture savamment simple

On peut lire dans ***Le Vol du vampire :*** *« Un écrivain peut avoir l'ambition d'être un bon écrivain, cela ne dépend que de sa conscience professionnelle et de son travail. »* Ce propos illustre la face cachée du style de Tournier : la documentation recueillie et recopiée à la main, les plans du récit, le manuscrit, la version dactylographiée, les ébauches abandonnées puis reprises pour d'autres textes, un ensemble de totale intertextualité entre les textes de Tournier eux-mêmes, entre ces textes préalables, les textes déjà écrits et l'horizon des vastes textes de l'Histoire et du monde ; mais aussi le travail artisanal d'écriture et de réécriture, dont les quatrièmes de couverture rédigées chez Plon constituèrent autant d'exercices.

Cette expérience éditoriale des prières d'insérer fut d'ailleurs l'aliment d'une anecdote très instructive, rapportée par Jacques Brenner : *« Il serait intéressant de confectionner une anthologie de la (ou du) prière d'insérer. Au dossier de ces "prières" je verserai une lettre en date du 8/XII/73 que j'ai reçue de Michel Tournier. En voici l'essentiel, bien intéressant pour la petite histoire littéraire :* "Pendant neuf ans, j'ai rédigé la quasi-totalité des prières d'insérer des éditions Plon. Exercice difficile, que j'ai toujours trouvé amusant et qui m'a beaucoup appris. / Lorsqu'il s'est agi de faire celui — ou celle — de mon roman *Le Roi des aulnes*, j'ai fait appel — comme vous pensez bien — à toute mon expérience, et j'ai travaillé trois semaines avec acharnement à ce qui devait couronner ma carrière de "prière d'insériste". Il en est résulté un texte de trois feuillets dactylographiés, longueur pour le moins inhabituelle en ce genre de chose. Un peu inquiet, je l'ai adressé à Claude Gallimard avec une lettre où je lui disais à peu près ceci : '*Cher ami, Ci-joint le prière d'insérer du* Roi des aulnes*. Évidemment, il est un peu long. En revanche, il est si précis, complet, dense et suggestif que je vous propose de mettre au panier l'énorme manuscrit que je vous ai donné et d'imprimer ce petit texte en lieu et place — évidemment sur papier couché avec des caractères de luxe. Les lecteurs n'y perdront rien, au contraire ils y gagneront beaucoup de temps.'* On peut dire ce que l'on veut de Claude Gallimard. C'est en tout cas le seul éditeur que je connaisse qui réponde toujours vite et très précisément aux lettres. Par retour du courrier il m'a avisé qu'il était désolé, qu'il aurait bien volontiers accepté ma proposition, mais qu'il venait de supprimer les prières d'insérer et que *Le Roi des aulnes* serait précisément le premier roman de sa maison à bénéficier — si l'on peut dire — de cette mesure. En revanche, il me demandait de réduire mon texte à un quart de sa longueur pour garnir les rabats de jaquette du livre. Petit travail qui m'a pris trois nuits blanches. / Alors, me direz-vous, ce fameux prière d'insérer ? Eh bien, il n'a pas été perdu pour tout le monde. Je l'ai publié moi-même sous un nom de fantaisie comme critique du *Roi des aulnes* dans un journal où j'ai des accointances. Je ne vous dirai pas lequel. C'est le plus beau fleuron de mon *Pressbook*" » (Jacques Brenner, *Tableau de la vie littéraire en France d'avant-guerre à nos jours*, 1982).

De facture traditionnelle, le style de Tournier, sous son apparente simplicité, témoigne d'une véritable élaboration (au sens propre) de la matière romanesque, où se mêlent constamment métaphysique et mythes, initiation et révélation, nomadisme et sédentarité, avec une double prédilection pour l'enfant — encore libre — et le pervers — qui refuse de ne plus l'être : « *Il n'y a sans doute rien de plus émouvant dans une vie d'homme que la découverte fortuite de la perversion à laquelle il est voué* » ***(Le Roi des Aulnes)***. Tournier a d'ailleurs lui-même affirmé son goût pour ce mélange d'écriture savamment simple et d'inspiration volontiers trouble : « *Mon propos n'est pas d'innover dans la forme mais de faire passer au contraire dans une forme aussi traditionnelle, préservée et rassurante que possible une matière ne possédant aucune de ces qualités* » ***(Le Vent Paraclet)***. Il appartient au style visible de faire tenir ensemble tant d'éléments : d'où la précision du lexique et la richesse des métaphores. Dans son rapport de lecture de ***Vendredi***, Queneau rapprochait du « *jeu d'esprit* [...] *la richesse d'idées et d'inventions de ce récit* », et notait : « *le vocabulaire est riche ; la langue se veut classique* » (10 mai 1966).

Richesse et rigueur pourraient être séparées par la polyphonie des voix narratives et l'emboîtement des récits, mais elles demeurent liées par une architecture thématique solide, dont le modèle est *L'Art de la Fugue* de Bach ***(Le Vent Paraclet)*** et par une prose qui combine sans hiatus le réalisme du récit à la méditation philosophique : « *Le calligraphe, qui dans la solitude de sa cellule prend possession du désert en le peuplant de signes, échappe à la misère du passé, à l'angoisse de l'avenir et à la tyrannie des autres hommes. Il dialogue seul avec Dieu dans un climat d'éternité. / Soir après soir, Idriss cheminait ainsi vers la guérison en écoutant les leçons du maître Abd Al Ghafari, et en régénérant ses mains avilies par les travaux grossiers de la journée* » ***(La Goutte d'or)***. L'adverbe « *ainsi* » ne fait pas que réunir les deux propos : il les superpose, et l'on peut lire dans le dessin obtenu le chemin du héros. Le même effet et la même lecture sont narrés dans le conte de ***La Reine blonde*** où la superposition de 5 calligraphies fait apparaître par transparence divers visages du sultan.

Comme dans le *mythos* platonicien, le mythe, l'allégorie, le conte conduisent aux frontières du langage et indique le chemin qui reste à parcourir, à l'aide d'images souvent très saisissantes — l'apothéose solaire de Robinson à la fin de ***Vendredi*** ou la métamorphose finale de Paul dans ***Les Météores***. C'est pourquoi toute l'écriture de Tournier sollicite le lecteur — et la phrase du ***Vol du vampire*** citée au début se poursuit : « *Quant à être un grand écrivain, cela est l'affaire des autres, et pas de son entourage, ni même de ses contemporains.* »

Un moderne déjà classique

La singularité de Tournier au moment où triomphait le Nouveau Roman a d'abord fait juger ses romans comme traditionnels. Néanmoins, dès la parution de ***Vendredi***, Deleuze consacra au romancier « débutant » une retentissante étude, « Michel Tournier et le Monde sans autrui » (in *Logique du sens*, 1969), soulignant la valeur philosophique de l'œuvre. Le « *roman mythologique* » (Arlette Bouloumié) de Tournier s'inscrit dans la lignée des textes épiques, initiatiques et mystiques disparus. Héritier du romantisme allemand, il transfigure la réalité banale dans son sens symbolique. Les critiques reconnaissent désormais la modernité d'une œuvre où le jeu parodique des réécritures, l'usage de la mise en abyme, l'intérêt pour les recherches formelles, la présence de l'ironie manifestent une lucidité novatrice.

Écrivain consacré dès ses deux premiers romans, Michel Tournier est d'ores et déjà devenu proprement un classique (un auteur étudié en classe) — à qui de rares détracteurs ont pu reprocher une érudition fatigante.

ŒUVRE

Le ***Roi des Aulnes***

Roman en 6 chapitres, paru chez Gallimard, en septembre 1970.

Le roman raconte l'histoire d'un prisonnier en Allemagne nazie. Abel Tiffauges, modeste garagiste, découvre en écrivant son journal sa vocation d'ogre fantastique : « *Tu es ogre, me disait parfois Rachel. Un ogre ? C'est-à-dire un monstre féerique, émergeant de la nuit des temps ? Je crois, oui, à ma nature féerique, je veux dire à cette connivence secrète qui mêle en profondeur mon aventure personnelle au cours des choses, et lui permet de l'incliner dans son sens* » (chap. I). Emprisonné à la suite d'un procès inique, Abel est libéré grâce à la guerre : sapeur colombophile de l'armée française, il est capturé et envoyé en Prusse orientale où il rencontre Göring et connaît une ascension rapide. Recruteur d'enfants dont il fait de jeunes apprentis SS, l'ogre se mue en saint Christophe lorsqu'il sauve un enfant juif et disparaît avec lui dans les marécages du Roi des Aulnes, à l'arrivée des Russes.

Si le registre de la parodie est souvent présent, la référence biblique permet de grandir les événements aux dimensions de l'épopée. Le roman reste magique et frôle le conte, jusque dans l'affirmation réitérée de toutes ses ambiguïtés : « *La pureté est opaque* [...], *voilà la vérité qu'il faut avoir le courage de regarder en face !* [...] *Je me demande si la guerre n'éclate pas dans le seul but de permettre à l'adulte de faire l'enfant, de régresser avec soulagement jusqu'à l'âge des panoplies et des soldats de plomb.* »

Une première version inédite, ***Les Plaisirs et les Pleurs d'Olivier Cromorne***, avait été écrite entre 1955 et 1960.

Couronné par le prix Goncourt à l'unanimité — cas unique dans les annales de cette institution —, le livre a été vendu à plus de 500 000 exemplaires, traduit en 16 langues. Irène Lambelet en a donné, en 1983, une adaptation pour le Théâtre de la Tempête, à la Cartoucherie de Vincennes et Volker Schlöndorff en a réalisé une pour le cinéma, en 1996, avec John Malkovich — film qui fut un échec commercial.

CITATIONS

Qu'est-ce qu'une caresse ? C'est un effleurement qui prend possession de la matière profonde.

Célébrations.

Au commencement, il y a la fadeur. Chaque civilisation se définit par une nourriture de base substantielle et fade désignée par un mot de trois lettres. Ce sont : le blé pour l'Occident, le mil pour l'Afrique et le riz pour l'Orient. Elles sont toutes les trois dépassées par un quatrième élément également de trois lettres et d'une fadeur absolue : l'eau.

Célébrations.

Tout est signe. Mais il faut une lumière ou un cri éclatant pour percer notre myopie ou notre surdité.

Écrits sinistres d'Abel Tiffauges, in *Le Roi des Aulnes*.

Autrui, pièce maîtresse de mon univers.

Vendredi ou les Limbes du Pacifique.

Le langage relève d'une façon fondamentale de cet univers *peuplé* où les autres sont comme autant de phares créant autour d'eux un ilôt lumineux à l'intérieur duquel tout est — sinon connu — du moins connaissable.

Vendredi ou les Limbes du Pacifique.

Ce qui complique tout, c'est que ce qui n'existe pas s'acharne à faire croire le contraire.

Vendredi ou les Limbes du Pacifique.

C'est apparemment un plaisir égoïste que poursuivent les amants, alors même qu'ils marchent dans la voie de l'abnégation la plus folle.

Vendredi ou les Limbes du Pacifique.

JUGEMENTS

« Depuis Montherlant, on n'avait vu aucun auteur aussi soucieux que Michel Tournier de s'expliquer sur le sens de ses écrits. Après avoir publié trois romans, il leur a consacré une longue étude, tout à fait remarquable : Le Vent Paraclet *(1977).*

Né en 1924, condisciple de Nimier au lycée Pasteur en classe de philosophie, il a débuté tardivement dans les lettres, en 1967, avec Vendredi ou Les Limbes du Pacifique. *C'est que la littérature l'intéressait beaucoup moins que la métaphysique et qu'il a eu du mal à se remettre d'un échec à l'agrégation de philosophie. À le lire, on croirait que cet échec lui fermait les portes du domaine où il aurait aimé vivre et que l'on ne peut devenir philosophe si l'on n'a pas en poche un diplôme officiel. Il eût aimé composer de savants traités qui auraient exposé un système du monde. Il s'est résigné à ne communiquer ses spéculations métaphysiques qu'au moyen de fables. Sa réussite fut immédiate et, dès son coup d'essai, on le plaça au tout premier rang des romanciers d'aujourd'hui. »*

Jacques Brenner, *Histoire de la littérature française de 1940 à nos jours*, Fayard, 1978.

« [...] *quelqu'un qui occupe une place très importante dans la vie de l'édition et de la librairie. Michel Tournier, dont la réputation repose pour l'essentiel sur trois romans, est copropriétaire d'une belle machine à sous — l'académie Goncourt — et membre d'un fameux comité de lecture, 5, rue Sébastien-Bottin.* [...]

[...]

[...] *il est vrai qu'un écrivain officiel se trouve, en général, dépourvu de ces originalités susceptibles de troubler l'ordre public. Chaque époque a le sien.* [...]

N'empêche, imposer au public l'excellente opinion que l'on a de soi est aussi une forme de talent. Maintes interviews nous en persuadent : on ne saurait, sans mauvaise foi, contester à M. Tournier de posséder à plein celui-là. »

Angelo Rinaldi, « Tournier », in *L'Express*, 3 janvier 1986.

« L'ambition philosophique, quant à elle, semble être à l'origine de ces entreprises, mais Tournier a su, pour le bien du romancier, faire mourir le philosophe. Une problématique à la fois classique et actuelle apparaît au point de départ de chaque fiction : dans Vendredi, *la solitude et l'(in)existence d'autrui, la vie civilisée et la vie dite sauvage ; dans* Le Roi des Aulnes, *la prédestination et l'interprétation des signes, symboles et paraboles ; dans* Les Météores, *le problème du même et de l'autre, mais aussi celui du temps (dans tous les sens) et de l'espace. Ces questions métaphysiques, loin de donner lieu à des thèses, deviennent les ressorts d'un jeu fascinant, symbolique, herméneutique, mais avant tout romanesque. Les trois grands romans de Tournier (on peut voir, depuis l'île solitaire de* Vendredi *jusqu'à l'espace planétaire des* Météores *en passant par la France et l'Allemagne du* Roi des Aulnes, *un remarquable développement organique qui leur donne l'allure d'une trilogie) n'ont pas de précédents dans la tradition du roman français, même si on reconnaît ici et là l'ironie gidienne, la dialectique sartrienne, la célébration propre à Claudel ou Saint-John Perse : ils ne peuvent être comparés qu'à ces grands romans germaniques, plus ironiques que réalistes, plus symboliques que philosophiques, tels ceux de Robert Musil, Herman Hesse, Thomas Mann. C'est d'ailleurs chez ce dernier que Tournier trouve le modèle de cet* humour blanc *qu'il recherche, synthèse souriante du comique et du cosmique. Ne serait-il pas notre premier romancier allemand de langue française ? »*

Bruno Vercier et Jacques Lecarme, *La Littérature en France depuis 1968*, Bordas, 1982.

BIBLIOGRAPHIE

Éditions

À l'exception des recueils photographiques et de quelques titres, les œuvres de Michel Tournier ont paru chez Gallimard.

Études

A. Bouloumié, *Michel Tournier, Le Roman mythologique*, Corti, 1988 ; *id.* et M. de Gandillac, *Images et Signes de Michel Tournier*, Gallimard, 1991.

M.-Th. Denizeau, « Vendredi, le Héros détourné », in *Littérature*, n° 92, déc. 1993.

L. Korthals Altes, *Le salut par la fiction ? Sens, valeurs et narrativité dans « Le Roi des Aulnes » de Michel Tournier*, Rodopi, Amsterdam (NL), 1992.

J. Krell, « Michel Tournier et l'Accent grave du jeu », in *Littérature*, n° 94, mai 1994.

W. Lenier (dir.), *Michel Tournier*, in *Œuvres et Critiques*, XXIII, 2, Gunter Narr Verlag, Tübingen (DE), 1998.

J.-M. Magnan, *Michel Tournier ou la Rédemption paradoxale*, Marval, 1996.

A. Purdy, « *Les Météores* de Tournier : une perspective hétérologique », in *Littérature*, n° 40, déc. 1980.

R. Queneau, « Quand Raymond Queneau "lisait" Tournier », in *Sud*, n° 61, 1986.

M. Rosello, *L'Indifférence chez Michel Tournier*, Corti, 1990.

J.-B. Vray, *Michel Tournier et l'Écriture seconde*, P. U. Lyon, 1997.

M. Worton (dir.), *Michel Tournier*, « Modern Literature in Perspective », Langman, Londres (GB) et New York (US), 1995.

« Michel Tournier », in *Magazine littéraire*, n° 226, janv. 1986.

RSH, n° spécial, 232, 1993-1994.

AUDIO & VIDÉO

Vidéo

V. Schlöndorff, *Le Roi des Aulnes*, PFC/Fil à film, 1996.

VALÉRY

Paul VALÉRY

Ambroise Paul Toussaint Jules VALÉRY

Cette (auj. Sète, act. Hérault) 1871 – Paris 1945

Académicien, professeur au Collège de France

« Le plus admirable, c'est que son esprit, sans rien quitter de sa rigueur, a su garder toute sa valeur poétique ; su apporter à sa création poétique cette rigueur même qu'on eût pu croire hostile à l'art et qui fait, au contraire, de l'art de Valéry, une merveille si accomplie. J'admire la direction infaillible et la triomphante constance de son effort. »

André GIDE, *Journal*, 5 mai 1942,Gallimard, 1954.

« Valéry n'est pas du tout un grand écrivain. C'est un précieux, un faiseur de pathos, faussant souvent le sens des mots.
Un grand écrivain est celui qui prend dans la vie la matière de ses écrits. Celle de Valéry est tout artificielle, toute fabrication, et souvent pénible. »

Paul LÉAUTAUD, *Journal littéraire*, 23 juillet 1948, Mercure de France, rééd. 1986.

Un poète en quête de perfection

« *Que peut un homme ?* »

Né le 30 octobre 1871 à Cette — c'est l'orthographe qui prévalait à l'époque —, dans un milieu de la bonne bourgeoisie, huit ans après son frère Jules, futur professeur de droit à la faculté de Montpellier, le petit Ambroise Paul était corse par son père et se rattachait par sa mère Fanny à une famille de la noblesse italienne, les Grassi, d'ascendances gênoise et vénitienne. Concevant, à la suite de ses premières années dans ce petit port méditerranéen, une irrépressible attirance pour la mer — dont on retrouva plus tard l'expression dans ***Le Cimetière marin*** —, il projeta d'abord d'entrer à l'École navale. Ses résultats décevants en mathématiques lui interdirent cependant un tel avenir et, après des études quelconques au lycée de Montpellier, il s'inscrivit à la faculté de droit en 1888, un an après la mort de son père. En 1889 son premier poème, ***Rêve***, parut à son insu, à l'instigation de son frère Jules, dans la *Revue maritime* de Marseille. Gardant de cette publication le sentiment d'une violation de son intimité, il ne céda pas aux prières de ses amis, notamment Pierre Louÿs — avec qui il correspondit longuement — et Gide — dont il avait fait la connaissance en 1890, et qui resta son fidèle et admiratif ami — qui désiraient voir paraître un recueil entier de sa composition. Il se contenta de publier ici ou là, dans *La Conque* ou *L'Ermitage*, quelques poèmes d'inspiration symboliste, se plaça sous le patronage de Mallarmé, à qui il rendit visite en 1891 — et qu'il vénérait : il ne se démarquait pas, ce faisant, de la foule des jeunes poètes de son temps.
Survint alors, dans la nuit du 4 au 5 octobre 1892, le bouleversement de la fameuse « *nuit effroyable* » de Gênes, où le jeune homme séjournait chez sa tante : tandis que l'orage se déchaînait au-dehors, Valéry affirma avoir traversé à la fois une crise affective, où il reconnut l'inanité de l'amour — particulièrement de celui qu'il éprouvait depuis plusieurs années pour Mme de Rovira —, et une illumination intellectuelle qui lui révéla l'imperfection désespérante de sa propre poésie. En cet instant naquit un nouveau Valéry : le Valéry « valéryen », pourrait-on dire, qui, obnubilé par la notion de rigueur intellectuelle et de maîtrise mentale, délaissa la littérature et ses prestiges — comme ceux de la sensibilité en général —, pour se plonger dans la lecture de scientifiques tels que Faraday, Maxwell, Kelvin, Riemann ou Poincaré, et se retira en 1894 dans l'austère petite chambre de la rue Gay-Lussac, à Paris (act. VIe arrond^{nt}), décorée d'une reproduction du *Transi* de Ligier Richier et d'un tableau noir couvert de calculs. Cette même année vit Valéry commencer la plus vaste entreprise de son existence d'écrivain, et l'une des plus originales de la littérature française : c'est de 1894 en effet que date le premier de ces 261 ***Cahiers*** qu'il rédigea sans la moindre interruption jusqu'à sa mort, s'installant à sa table de travail vers 5 heures du matin et s'appliquant pendant quelques heures à couvrir de son écriture claire et régulière les pages qui s'offraient à lui. Ni journal intime — quoiqu'on y trouve parfois, mais rarement, des événements de sa vie quotidienne —, ni cahiers de brouillon — même s'ils constituent une réserve de textes et d'idées où Valéry puisa abondamment tout au long de sa vie, barrant d'un trait les passages qu'il avait recopiés ailleurs —, les ***Cahiers*** se voulaient un laboratoire mental où la chose cherchée comptait moins que le processus même de la recherche — « *Sur ces cahiers, je n'écris pas mes "opinions" mais j'écris mes formations* » —, un outil indispensable dans la quête qui l'occupa à cette époque, c'est-à-dire l'exploration en règle du fonctionnement de l'esprit et de ses relations avec le corps.
En tant que telle, la démarche qui visait à établir un système de création infaillible n'aboutit jamais. Mais deux textes fondamentaux de

l'œuvre furent commencés en cette année 1894, qui donnent un aperçu du résultat auquel Valéry espérait parvenir. En 1895 parut l'***Introduction à la méthode de Léonard de Vinci*** (d'abord préparée pour *La Nouvelle Revue*, puis rééditée en 1919 avec ***Notes et Digressions***, reprise enfin dans ***Variété***), où le nom de Léonard servait de prétexte non pas à analyser ce que fut réellement sa technique de création et d'invention, mais à construire *in abstracto*, de toutes pièces, le prototype d'un créateur universel. Le texte suivant, ***La Soirée avec Monsieur Teste*** (publié en 1896 dans *Le Centaure*), vint éclairer par son caractère narratif ce que la densité abstraite de l'***Introduction*** pouvait occulter ; il fut repris plus tard, avec des textes de complément, dans le recueil ***Monsieur Teste*** (posth., 1946).

Le narrateur y racontait ses conversations avec monsieur Teste, personnage inspiré du chevalier Dupin d'Edgar Poe et peut-être aussi du peintre Degas. Ce M. Teste, sorte de double idéal de Valéry, était une personnification de l'intellect souverainement maître de soi, un être doué d'une profondeur et d'une agilité intellectuelles presque inhumaines : « *Sa mémoire me donna beaucoup à penser. Les traits par lesquels j'en pouvais juger, me firent imaginer une gymnastique intellectuelle sans exemple. Ce n'était pas chez lui une faculté excessive — c'était une faculté transformée.* [...] *À force d'y penser, j'ai fini par croire que M. Teste était arrivé à découvrir des lois de l'esprit que nous ignorons. Sûrement il avait dû consacrer des années à cette recherche : plus sûrement, des années encore et beaucoup d'autres années avaient été disposées pour mûrir ses inventions et pour en faire ces instincts. Trouver n'est rien. Le difficile est de s'ajouter ce qu'on trouve.* » Pour Valéry, l'important n'était pas de faire, mais de pouvoir et de savoir pouvoir : « *Le génie est* facile, *la* divinité *est* facile... » dit-il. « *Je veux dire simplement — que je sais comment cela se conçoit. C'est* facile. » Et de poser la question essentielle : « *Que peut un homme ?* »

Valéry menait à l'époque une existence relativement obscure, dans cette « *chambre où Auguste Comte* [avait] *passé ses premières années* » (***Préface*** à ***Monsieur Teste***), ne publiant ici ou là que quelques articles ou de rares poèmes, de manière à pouvoir explorer à loisir le fonctionnement intérieur de son propre esprit. Reçu au concours de rédacteur au ministère de la Guerre en 1895, il se rangea aux côtés de Degas et Huysmans, dans le camp des antidreyfusards. Il épousa en 1900 une nièce du peintre Berthe Morisot, Jeannie Gobillard, dont il eut 3 enfants — un premier fils, Claude, en 1903, puis Agathe en 1906 et François en 1916. Cette même année 1900, quittant son emploi au ministère de la Guerre, il fut embauché comme secrétaire particulier par Édouard Lebey, un administrateur de l'agence Havas, chez qui il travailla jusqu'en 1922 — date du décès de son employeur —, à raison d'environ quatre heures par jour, ce qui lui laissait le temps de se consacrer à ses propres travaux dans son domicile du 40, rue de Villejust (act. rue Paul-Valéry, XVIe arrond^nt^).

En 1908, l'écrivain traversa une nouvelle crise intellectuelle, en se persuadant que ses idées les plus personnelles n'étaient nullement originales. Lorsque survint la guerre en 1914, Valéry était loin d'être un inconnu, même si sa réputation ne débordait guère le milieu artistique : ses poèmes, ses articles, et surtout ***La Soirée [...]*** et l'***Introduction [...]*** avaient su lui gagner un petit cercle d'admirateurs et d'amis enthousiastes dans le monde des lettres, parmi lesquels figuraient, outre Gide et Louÿs, Léautaud ou Saint-Léger Léger, futur Saint-John Perse. Héritier spirituel de Mallarmé, c'est Valéry qui avait été choisi, en 1898, pour prononcer l'oraison funèbre de l'auteur d'*Hérodiade*.

La tentation de Narcisse

Sur les instances de Gide, Valéry s'était remis dès 1912 à un travail poétique que la guerre ne troubla pas : âgé de presque 43 ans au moment de la déclaration des hostilités, il ne fut pas mobilisé, bien qu'il s'y fût préparé. Ainsi parut aux éditions de la *NRF*, en 1917, la première des nombreuses œuvres qu'il fit publier par Gaston Gallimard : ***La Jeune Parque***, long poème de 512 alexandrins, sensuel et chatoyant, quoique dense et difficile. Il s'agissait de « *la peinture d'une suite de substitutions psychologiques,* [du] *changement d'une conscience pendant la durée d'une nuit* » (Frédéric Lefèvre, *Entretiens avec Paul Valéry*) :

> *Qui pleure là, sinon le vent simple, à cette heure*
> *Seule, avec diamants extrêmes ?... Mais qui pleure,*
> *Si proche de moi-même au moment de pleurer ?*

En fait, ce combat d'une jeune femme à son réveil, aux prises avec sa conscience, était double. Ce passage pénible de la nuit à l'aurore faisait écho, d'une part, à l'événement de la « nuit de Gênes » — c'était une méditation sur le désir : *J'y suivais un serpent qui venait de me mordre*. Mais, d'autre part, la métaphore, comme dans la Bible, concernait aussi la question de la connaissance, et illustrait les exercices d'introspection pratiqués dans les ***Cahiers***, dont on retrouvait une sorte de transposition poétique dans ce monologue intérieur d'un esprit spectateur de soi, à la limite du dédoublement narcissique cher à Valéry : « *Figurez-vous que l'on s'éveille au milieu de la nuit, et que toute la vie se revive, et se parle à soi-même* » (lettre à Aimé Lafont). La Jeune Parque se heurtait d'abord à un sentiment de culpabilité *(Quel crime par moi-même ou sur moi consommé ?)*, qui la conduisait à transformer sa révolte — contre la conscience, contre le désir — en un appel à la mort :

Ô Mort, respire enfin cette esclave de roi :
Appelle-moi, délie !... Et désespère-moi,
De moi-même si lasse, image
condamnée !

Mais, au lever du jour, la jeune femme acceptait de vivre et s'adressait ainsi au soleil :

Alors, malgré moi-même, il le faut, ô
Soleil,
Que j'adore mon cœur où tu te viens
connaître,
Doux et puissant retour du délice de
naître

Malgré sa complexité, ***La Jeune Parque*** assura à Valéry une renommée immédiate et lui ouvrit de nombreux salons : ce fut le début d'une vie mondaine à laquelle il consacra une grande partie de son temps jusqu'à la Seconde Guerre mondiale. C'était aussi, à 46 ans, le début d'une nouvelle carrière poétique et littéraire. On lui réclamait des articles, des préfaces, des conférences, pour lesquels le plus souvent il s'exécuta de bonne grâce. Comme il l'écrivit alors à sa femme, « *l'ère de la production hâtive* [était] *ouverte* ». En répondant à la demande des bibliophiles qui s'arrachaient les luxueuses éditions de ses œuvres, il obéissait tout autant à des considérations financières, bien réelles depuis la mort d'Édouard Lebey — grâce à qui, pendant vingt ans, il avait pu travailler et se consacrer à son œuvre en même temps —, qu'à la séduction qu'exerçait sur lui la triple contrainte inhérente à toute commande : de sujet, d'espace et de temps. Ainsi Valéry se félicita-t-il, avec le dialogue ***Eupalinos ou l'Architecte*** (1921), d'avoir satisfait avec précision au cahier des charges qui exigeait un texte de 115 800 signes. Évidemment, nulle contrainte n'était plus précieuse à cet athlète mental que celle de la versification traditionnelle. En 1920 parut ***Album de vers anciens***, recueil qui rassemblait essentiellement des poèmes publiés entre 1890 et 1893, où l'on retrouvait l'inspiration mallarméenne et symboliste de ses débuts :

Car la nuit parle à demi-voix, proche et
lointaine,
Aux calices pleins d'ombre et de
sommeils légers.
Mais la lune s'amuse aux myrtes
allongées.

(**Narcisse parle**, in **Album de vers anciens**)

L'année 1920 fut doublement importante pour le poète : ce fut le 17 juin, en effet, qu'il rencontra Catherine Pozzi, à qui le lia jusqu'en 1928 une passion qu'il pensait, depuis la « nuit de Gênes », ne plus jamais devoir éprouver. Période heureuse et fructueuse, pendant laquelle Valéry — désigné comme le plus grand poète contemporain dans une enquête de la revue *Connaissance*, en 1921 — fut invité dans toute l'Europe comme conférencier, rencontrant diverses personnalités, tels Gabriele D'Annunzio ou T.S. Eliot, mais aussi, en 1924, Mussolini — qu'il revit en 1933.

L'écrasante consécration

C'est cependant ***Charmes ou Poèmes par Paul Valéry*** (1922, repris en 1926 sous le titre de ***Charmes***) qui consacra définitivement Valéry comme l'un des plus grands poètes de son temps. Encadré par les deux poèmes ***Aurore*** :

La confusion morose
Qui me servait de sommeil,
Se dissipe dès la rose
Apparence du soleil.
Dans mon âme je m'avance,
Tout ailé de confiance :
C'est la première oraison !
À peine sorti des sables,
Je fais des pas admirables
Dans les pas de ma raison.

et ***Palme*** :

Patience, patience
Patience dans l'azur !
Chaque atome de silence
Est la chance d'un fruit mûr !

le recueil, qui mélangeait de manière relativement concertée des pièces de longueurs variées, traitait souvent, par une mise en abyme toute mallarméenne, de la création même du poème. C'est surtout au ***Cimetière marin*** qu'il dut sa célébrité. Interrogation existentielle face à la menace de la mort, poème méditerranéen de la lumière, il montrait encore le poète à l'écoute de lui-même :

> *Ô pour moi seul, à moi seul, en moi-même,*
> *Auprès d'un cœur, aux sources du poème,*
> *Entre le vide et l'événement pur,*
> *J'attends l'écho de ma grandeur interne,*
> *Amère, sombre et sonore citerne,*
> *Sonnant dans l'âme un creux toujours futur !*
>
> (***Le Cimetière marin***, vv. 43 à 49, in ***Charmes***)

Élu à l'Académie française au fauteuil d'Anatole France en 1925 — parce que ce dernier, en 1875, s'était opposé à la publication, dans le 3e *Parnasse contemporain*, de *L'Après-Midi d'un faune* de Mallarmé, son maître vénéré, Valéry réussit « l'exploit » de ne pas prononcer le nom de France dans son discours de réception, le 23 juin 1927, un mois après la mort de sa mère —, il devint membre de la Commission internationale de coopération intellectuelle rattachée à la Société des Nations, et le resta jusqu'en 1939, présidant même le Comité permanent des arts et lettres de 1935 à 1939. Avec Fargue et Larbaud, il dirigea la revue *Commerce* de 1924 à 1932. Avec l'aide de Catherine Pozzi, il reprit ses ***Cahiers***, en fit dactylographier le contenu et les classa de manière thématique, en vue d'une éventuelle publication. Ce travail, poursuivi par Mme Lucien Cain entre 1935 et 1945 selon les indications et classifications de Valéry, ne fut jamais mené à son terme, mais de temps à autre parurent des extraits de ces ***Cahiers***, qui en laissèrent entrevoir les inépuisables richesses, tel le ***Cahier B 1910*** (facsimilé, 1924).

Dans ***Mélange*** — publié en 1939 par l'Automobile Club de France sous le titre ***Mélange de prose et de poésie. Album plus ou moins illustré d'images sur cuivre de l'auteur***, repris avec le titre abrégé chez Gallimard en 1941 — ou dans ***Tel Quel*** (1941), se côtoyaient fragments aphoristiques et ironiques et courtes histoires qui signalèrent Valéry comme l'un des maîtres du poème en prose — ce que confirma ***Histoires brisées*** (1950) — et de l'aphorisme : *« Entre deux mots il faut choisir le moindre »* (***Littérature***, in ***Tel Quel***) ; *« L'idéal est une manière de bouder »* ; *« Écrire c'est prévoir »* ; « [L'esprit humain] est *absurde par ce qu'il cherche, grand par ce qu'il trouve »* (***Au sujet d'« Eurêka »***, in ***Variété***) ; « [La pensée] *n'avance que par les extrêmes, mais elle ne subsiste que par les moyens »* (***La Crise de l'esprit***, *ibid.*). Il cultiva volontiers encore le genre du dialogue : outre ***Eupalinos [...]***, ***L'Âme et la Danse*** (1921), ***L'Idée fixe ou Deux hommes à la mer*** (1932) et ***Dialogue de l'arbre*** (1943) attestèrent l'attrait qu'exerçait cette forme dialectique sur un esprit aussi en éveil et curieux que celui de Valéry, dont la hantise était *« l'idée fixe »*, et, qui s'aventura même à écrire pour Arthur Honegger les livrets de deux mélodrames, ***Amphion*** (1931) et ***Sémiramis*** (1934) ; de même, la ***Cantate du Narcisse*** (écrite en 1938) était, à l'origine, un libretto écrit à l'intention de Germaine Tailleferre — elle fut créée au Conservatoire en 1944. Mais ce sont ses recueils d'essais qui reflétèrent le mieux son activité polymorphe, son travail incessant : les 5 volumes de ***Variété*** (1924 à 1944), ***Rhumbs (Notes et autres)*** (1926), ***Autres Rhumbs*** (1927), ***Regards sur le monde actuel*** (1931 à 1945), ***Pièces sur l'art*** (1931), ***Degas Danse Dessin*** (1936), ***Mauvaises Pensées et autres*** (1941-1942) révélèrent au public la diversité de ses réflexions sur l'art, la littérature, la philosophie et la politique.

Valéry disposa par ailleurs d'une autre voie pour développer ses idées sur la littérature : déjà nommé en 1933 administrateur du Centre universitaire méditerranéen de Nice, il devint, fin 1937 — quelques mois avant la mort de son frère aîné Jules —, titulaire de la chaire de poétique du Collège de France, où ses cours rassemblèrent un public nombreux et fervent. Mais la guerre éclata : quand l'Allemagne commença à envahir la France en mai 1940, l'un des premiers soucis personnels de Valéry fut de mettre ses ***Cahiers*** à l'abri ; il les expédia en Auvergne dans un grand sac de cuir et de toile. Affecté par la nouvelle de l'armistice, il refusa que l'Académie envoyât ses félicitations à Pétain — dont il avait répondu au discours de réception à l'Académie française, moins de dix ans plus tôt, en 1931 pour l'accord de Montoire. En 1941, il fut démis par le gouvernement de Vichy de ses fonctions d'administrateur du Centre méditerranéen pour avoir osé prononcer l'éloge funèbre de Bergson — qui était d'origine juive et s'était employé à dénoncer les dangers de l'hitlérisme. Il projeta même d'arracher la direction de la *NRF* à Drieu La Rochelle, mais en vain. La Libération trouva en Valéry un homme las. Certes, la Comédie-Française donna en avril 1945 un fragment de ***Mon Faust***, la pièce de théâtre inachevée à laquelle il avait travaillé pendant la plus grande partie de la guerre, réécriture mi-ironique mi-poétique du mythe ; mais, souffrant depuis quelque temps d'un ulcère gastrique, il perdit bientôt le goût de vivre, surtout après sa rupture avec Mme Jean Voilier. Mort le 20 juillet 1945, il fut inhumé au cimetière marin à Sète, après des obsèques nationales, décidées par le général de Gaulle qu'il avait rencontré quelques mois auparavant. Sur sa tombe, on peut lire ces vers tirés du ***Cimetière marin*** (vv. 5-6) :

Ô récompense après une pensée
Qu'un long regard sur le calme des dieux !

THÉORIE LITTÉRAIRE

Carnets, essais, dialogues socratiques, préfaces, conférences, commentaires sur ses propres œuvres, cours universitaires : toute l'œuvre de Valéry est jalonnée d'un perpétuel et multiforme effort théorique de réflexion sur les puissances créatrices — ou « *poïétiques* » — de l'esprit. Une bonne part de cette exigence vient de l'exemple de Mallarmé, le maître vénéré dont il reprit les principales positions : « [...] *si je devais écrire, j'aimerais infiniment mieux écrire en toute conscience et dans une entière lucidité quelque chose de faible, que d'enfanter à la faveur d'une transe et hors de moi-même un chef-d'œuvre entre les plus beaux* » (***Lettre sur Mallarmé***, in ***Variété***). Ce refus de l'« inspiration » et d'une création dont l'auteur, en proie à l'enthousiasme, perdrait, en quelque sorte, le contrôle — Valéry s'opposa vigoureusement aux thèses et aux pratiques surréalistes liées à l'automatisme — n'est pas exempt d'orgueil chez cet « *insulaire de l'île Moi* », selon l'expression qu'il appliquait à Stendhal et qui lui conviendrait tout autant : « *Une grande âme a cette faiblesse* [...] *de vouloir tirer d'elle-même quelque objet dont elle s'étonne, qui lui ressemble, et qui la confonde, pour être plus pur, plus incorruptible, et en quelque sorte plus nécessaire que l'être même dont il est issu* » (***Au sujet d'Adonis***, in ***Variété***). Mais ce refus est au cœur d'une poétique qui ne se résigne jamais à « *devoir subir cette parole intérieure, sans personne et sans origine* [...]. *La pensée, par sa nature, manque de style* » (***L'Amateur de poèmes***, in ***Album de vers anciens***). Aux yeux de Valéry, « *l'enthousiasme n'est pas un état d'âme d'écrivain* » ***(Introduction à la méthode de Léonard de Vinci)*** ; en effet « *les dieux, gracieusement, nous donnent* pour rien *tel premier vers ; mais c'est à nous de façonner le second, qui doit consonner avec l'autre, et ne pas être indigne de son aîné surnaturel* » ***(Au sujet d'Adonis)***. Dans une métaphore célèbre, Valéry fait du style un simple cas particulier de la noblesse du labeur, de l'effort : « *Toutes les choses précieuses qui se trouvent dans la terre, l'or, les diamants, les pierres qui seront taillées* [...], *ces richesses ne seraient rien sans le travail humain qui les retire de la nuit massive où elles dormaient* » (***Poésie et Pensée abstraite***, in ***Variété***). La poésie n'est donc rien d'autre qu'une mise en forme, un « *langage dans un langage* » *(ibid.)*, et la littérature, « *un développement de certaines des propriétés du langage* » (***Discours prononcé à la maison d'éducation de la Légion d'honneur de Saint-Denis***, 11 juil. 1932, repris in ***Variété***). Peut-être présomptueuse, cette vigoureuse réfutation du mythe — à la fois platonicien et hugolien — qui faisait du poète un prophète inspiré, ne manquait pas non plus, émanant d'un poète, d'honnêteté.

Selon lui, la « *pureté* » des œuvres classiques, résultat de « *ces opérations infinies sur le langage* » (***Situation de Baudelaire***, in ***Variété***), provient du respect absolu des « *conventions* » (les 3 unités de la tragédie, prosodie, restrictions de vocabulaire imposées par le bon usage...), car « *les œuvres à grandes contraintes exigent et engendrent la plus grande liberté d'esprit* » ***(Cahiers)*** : « *La véritable condition d'un véritable poète est ce qu'il y a de plus distinct du rêve. Je n'y vois que recherches volontaires, assouplissement des pensées, consentement de l'âme à des gênes exquises, et le triomphe perpétuel du sacrifice* » ***(Au sujet d'Adonis)***. C'est que le poète « *n'a pas pour fonction de ressentir l'état poétique : ceci est une affaire privée. Il a pour fonction de le créer chez les autres* » ***(Poésie et Pensée abstraite)*** ; « *un poème est une sorte de machine à produire l'état poétique au moyen des mots* » *(ibid.)*. Pour intellectuelle qu'en soit une telle présentation, la création ainsi définie n'est pas sans procurer du plaisir à l'artisan-poète, dans la mesure où elle institue « *une durée merveilleusement mesurée et ornée* » ***(Discours [...] de Saint-Denis)*** ; dans la mesure aussi où elle assure à l'œuvre une possibilité incomparable de survie : la poésie « *change ce qui passe en ce qui subsiste* » ***(Au sujet d'Adonis)***, et, à chaque lecture, « *un beau vers renaît indéfiniment de ses cendres* »

(***Commentaires de « Charmes »***, 1929, in ***Mémoires du poète*** — Valéry tenait tant à la formule qu'il l'utilisa à nouveau dans ***Poésie et Pensée abstraite*** en 1939).

Bien entendu, « *l'arcane de la génération des poèmes,* [...] *cet instant de sa propre puissance qui est sa proie* », échappe par définition aux « *prétendus enseignements de l'histoire littéraire* » ***(Au sujet d'Adonis)*** et à « *l'érudition toujours plus vaine que toute fantaisie* » (***La Tentation de (saint) Flaubert***, in ***Variété***). Étant donné que « *le seul réel dans l'art, c'est l'art* » *(ibid.)*, les documents historiques par lesquels on prétend « expliquer » un auteur ne sont que de « *vaines idoles* » *(ibid.)*, quand bien même il les produirait lui-même ; Valéry ne croit pas à la valeur des confessions, car « *la nudité qu'on nous exhibe* [...] *est inévitablement éclairée, colorée et fardée selon toutes les règles du théâtre mental* » (***Stendhal***, in ***Variété***). Pas plus que Proust dans *Contre Sainte-Beuve*, il ne pense que « *l'homme est cause de l'œuvre — comme le criminel aux yeux de la loi est cause du crime. Ils en sont bien plutôt l'effet* » ***(Introduction à la méthode de Léonard de Vinci)***. Quant à l'appui sur le réel que cherche à se donner Flaubert par ses enquêtes scrupuleuses, elle n'aboutit à ses yeux qu'à une « *"vérité" de médiocrité minutieusement reconstituée* » ***(La Tentation de (saint) Flaubert)***.

Valéry a donc bien des raisons de se méfier du roman, et de ne jamais s'y essayer. Non seulement ce genre « *se relie au monde réel, comme le trompe-l'œil se raccorde aux choses tangibles* » (***Hommage à Marcel Proust***, in ***Variété***), mais il n'est soumis en rien aux contraintes, aux « *gênes exquises* » : « *Ni rythmes, ni symétries, ni figures, ni formes, ni même de composition déterminée ne lui sont imposées* » *(ibid.)*. Derrière cette condamnation — que Breton réduisit au fameux refus de Valéry de se résoudre à écrire : « *La marquise sortit à cinq heures* » — d'un genre esthétique se profile d'ailleurs une position philosophique plus profonde : le roman après tout, ne fait que tenter de reproduire la vie, « *somme parfaitement réelle de choses dont les unes sont vaines et les autres imaginaires* » *(ibid.)*. Ce quasi-retrait du monde choisi par Valéry à l'époque de ***Monsieur Teste*** exprime, au total, une méfiance fondamentale, presque un mépris : *Tu gardes les cœurs de connaître / Que l'univers n'est qu'un défaut / Dans la pureté du Non-être !* (***Ébauche d'un serpent***, in ***Charmes*** — l'apostrophe s'adresse au Soleil).

L'esthétique de Valéry, peu soucieuse de trouver ses cautions dans l'utile ou le réel, s'attache plus à percer le mystère de la production de l'œuvre qu'à idolâtrer l'œuvre elle-même. Le mépris — relatif — de la prose, tenue pour inférieure par nature à la poésie, vient de ce qu'elle « *vise un objet précis* » ; la poésie est en effet à la prose ce que la danse, « *système d'actes qui ont leur fin en eux-mêmes* » ***(Poésie et Pensée abstraite)***, est à la marche. Seule elle manifeste — et permet d'atteindre — le « *moi le plus nu* » ***(Introduction à la méthode de Léonard de Vinci)***, contrairement à la prose toujours substituable : « *Est prose l'écrit qui a un but exprimable par un autre écrit* ». Aux accusations, souvent formulées à son encontre, d'intellectualisme et de formalisme, Valéry apporte par avance au moins deux réponses. L'une est que « *ce monde de la pensée* [...] *est aussi varié, aussi émouvant, aussi surprenant par les coups de théâtre et l'intervention du hasard* [...] *que le monde de la vie affective dominé par les seuls instincts* » (***Descartes***, in ***Variété***). L'autre est que « *la littérature rejoint le domaine de l'éthique* [...], *elle obtient ses héros et ses martyrs de la résistance au facile* » ***(Lettre sur Mallarmé)***.

THÉORIE LITTÉRAIRE

Dernier grand poète français à respecter les règles de la versification classique et néanmoins théoricien révolutionnaire du fait littéraire, écrivain fêté et quasi officiel de la IIIe République et pourtant auteur d'une œuvre longtemps tenue secrète, quoique monumentale (les ***Cahiers***), Valéry est une figure littéraire singulière et complexe que la critique actuelle tend de plus en plus à considérer non seulement comme l'ultime héritier de la période symboliste, mais comme l'un des essayistes et penseurs les plus féconds et les plus originaux du XXe siècle.

Une virtuosité rigoureuse

L'écriture poétique de Valéry, influencée par celle de Mallarmé, comme elle hantée de perfection formelle, mais plus habitée d'images solaires, naturelles, extérieures, moins abstraites, vise à l'efficacité. Rien n'est donc plus éloigné de sa poésie que le reproche qu'on lui fait, à tort, d'être trop cérébrale. Partout y éclate au contraire une sensualité verbale, comme dans ce final de ***La Jeune Parque***, où les vocables tissent un réseau suggestif de sonorités, de sens et de connotations :

Feu vers qui se soulève une vierge de sang
Sous les espèces d'or d'un sein
reconnaissant !

Cérébrale, cette poésie ne l'est que dans la mesure où elle a été sciemment construite autour de ce que Valéry appelle un « *don des dieux* », un vers surgi de lui-même ou un rythme obsédant, tel que le décasyllabe 4/6 du ***Cimetière marin***, et calculé de façon à produire tel ou tel effet. L'allitération et l'assonance y jouent ainsi un grand rôle. Avec le rythme, elles vouent les vers à la musique :

L'air immense ouvre et referme mon
livre,
La vague en poudre ose jaillir des rocs !

même si l'harmonie imitative confine parfois à l'exercice de virtuosité :

L'insecte net gratte la sécheresse
(***Le Cimetière marin***, vv. 140-141, 68)

C'est que Valéry recherche avec un cratylisme désespéré la cohésion du sens et du son, quitte à retrouver derrière les mots leur signification étymologique — par exemple « *idoles du Soleil* » au sens d'« *images* » (*ibid.*, v. 135). Aussi le poème valéryen, parfois difficile, n'atteint-il jamais l'hermétisme de certaines compositions de Mallarmé. Valéry est trop conscient de l'équilibre à maintenir entre signifiant et signifié pour donner au premier plus de poids qu'au second, lui qui définit le poème comme « *cette hésitation prolongée entre le son et le sens* », et la parole poétique, comme « *cette parole extraordinaire* [qui] *se fait connaître par le rythme et les harmonies qui la soutiennent et qui doivent être* si intimement et même si mystérieusement liés à sa génération que le son et le sens ne se puissent plus séparer *et se répondent indéfiniment dans la mémoire* » (***Situation de Baudelaire***, in ***Variété***).

Ce souci de la forme se retrouve également, quoique dans une autre mesure ou plutôt avec un type d'équilibre différent, dans ses œuvres en prose, et particulièrement ses essais. On y relève surtout, outre un maniement virtuose de la syntaxe, un sens de la formule paradoxale ou provocante qui continue à assurer le succès de ces textes — et en fait des répertoires inépuisables de sujets de dissertation —, tel le fameux : « *Nous autres civilisations, nous savons maintenant que nous sommes mortelles* » (***Variété***).

Un classique des temps modernes

Valéry jouit d'un énorme succès à partir de la publication de ***La Jeune Parque***. Statufié vivant — les citations ornant le fronton du Palais de Chaillot, sur l'esplanade du Trocadéro à Paris (act. XVIe arrond^nt^), inauguré en 1937, sont signées de lui —, il reçut à la fois les honneurs des salons et ceux de l'Université : dans ses commentaires de ***Charmes*** publiés dès 1928, Alain célébra en ce poète-philosophe « *notre Lucrèce* » ; Gustave Cohen l'invita à venir en Sorbonne « disséquer » ses vers ; l'abbé Henri Bremond utilisa son œuvre pour établir en 1925 sa théorie de la « *poésie pure* ». Aussi, fasciné jusque-là par cette figure hautaine et presque mythique d'un poète retiré dans le silence avant de livrer ses compositions au public, un écrivain comme Breton — qui avait choisi Valéry comme témoin de mariage en 1921 — décida-t-il finalement en 1927 de s'éloigner, trahi qu'il se sentait par tout ce tapage officiel. Notable exception — avec Benda et Léautaud, parmi les rares pourfendeurs de Valéry —, Paulhan, de son côté, dénonça l'imposture rhétorique de ce soi-disant « *poète de l'intelligence* ».

La publication en fac-similé des ***Cahiers*** après la guerre, ainsi que l'acquisition, par la Bibliothèque nationale de France et la Bibliothèque littéraire Jacques Doucet, d'un grand nombre de ses manuscrits, vint modifier l'image trop intellectuelle, voire trop intelligente de Valéry — à qui l'on reprocha parfois l'immodeste *incipit* de ***La Soirée avec Monsieur Teste*** : « *La bêtise n'est pas mon fort* » —, en mettant en lumière toute la richesse de sa réflexion, voire ses remarquables talents de peintre et de dessinateur. En l'auteur de ***Variété***, qui rêvait, du haut de sa chaire du Collège de France, d'une histoire littéraire où aucun nom d'auteur ne serait prononcé — « *Qu'est-ce donc qui nous fera concevoir le véritable ouvrier d'un bel ouvrage ? Mais il n'est positivement personne* » (***Au sujet d'Adonis***, in ***Variété***) —, les critiques, parmi lesquels Gérard Genette dans son article *La Littérature comme telle* (in *Figures I*, 1966), ont reconnu un précurseur de la lecture formaliste des textes et l'un des pères spirituels de la « nouvelle critique ». C'est ainsi également que Philippe Sollers emprunta le titre de la revue *Tel Quel* à celui d'un recueil d'essais de Valéry. Il n'est pas jusqu'à la critique génétique qui ne puisse choisir comme parrain celui qui pensa la « *poïétique* » comme l'étude du texte en train de s'écrire. Mais la richesse des ***Cahiers*** ne se dévoile que peu à peu : les meilleurs lecteurs de Valéry, ceux qu'il eût prisés plus que tout, sont sans doute aujourd'hui ces savants et spécialistes de tous les domaines — mathématiciens, physiciens, biologistes, linguistes, architectes, politiciens —, qui y découvrent, appliquée dans toute sa force paradoxale, cette devise de 1894 : « *La rigueur imaginative est ma loi.* »

ŒUVRES

Cahiers

Recueil de pensées et de fragments consignés sur 261 cahiers, que l'édition — posthume — du CNRS a ensuite reproduits en fac-similé entre 1957 et 1961, en les regroupant en 29 volumes couvrant près de 26 600 pages. Quant à la structure de ces ***Cahiers***, Valéry avait entrepris par deux fois, sans pouvoir l'achever, un travail de classement en 31 rubriques et 215 sous-rubriques titrées mais non numérotées ; mais l'on ne sait pas dans quel ordre Valéry voulait voir ces rubriques et sous-rubriques se succéder. *« Autodiscussion infinie »* (***Tabulae Meae Tentationum***, Codex Quartus, I, 229), les ***Cahiers*** sont nés d'une écriture quotidienne, menée par Valéry depuis 1894 jusqu'à la fin de ses jours. L'auteur avait songé, un temps, à rassembler ses notes éparses sous forme d'une sorte de dictionnaire philosophique. Cette volonté explique sans doute l'édition anthologique de la « Bibliothèque de la Pléiade » (1973-1974, 2 vol.). Une édition intégrale mais ne couvrant que la période 1894 à 1914 est en cours, chez Gallimard, dans la même collection (5 tomes publiés entre 1987 et 1997, correspondant aux années 1894 à 1903).

Il s'agit donc de réflexions, d'ébauches — *« Essais, Esquisses, Études, Ébauches, Brouillons, Exercices, Tâtonnements »* — jetées au fil de la pensée, dans une écriture matinale qui, si elle peut donner le sentiment d'une certaine répétition, ne sombre jamais dans le ressassement. Au contraire, ce travail de Valéry marque sa volonté et son effort énergique pour se porter vers l'écriture : *« Je m'aperçois que mon ambition littéraire est (techniquement) d'organiser mon langage de façon à en faire un instrument de découvertes — un opérateur comme l'algèbre — ou plutôt un instrument d'exposition et de déduction, de découvertes et d'observations rigoureuses »* (***Cahiers 1894-1914***, t. V). Raisonnement scientifique, références philosophiques (à Kant notamment, mais aussi à Montaigne ou à Pascal), jugements littéraires, ébauches de contes, scénarios, etc., rien n'échappe aux ***Cahiers***, qui constituent une sorte d'autobiographie ou d'introspection intellectuelle : *« Je sens toutes ces choses que j'écris ici — ces observations, ces rapprochements comme une tentative pour lire un texte, et ce texte contient des foules de fragments clairs. L'ensemble est noir » (ibid.)*. Les intuitions que Valéry développe corrigent la vision que son œuvre publiée peut donner de lui. Bien avant les surréalistes, par exemple, Valéry jetait le discrédit sur la description ou sur le roman : *« Je ne pourrais écrire de romans que si j'avais un domestique pour écrire à ma place tout ce qu'il y faut d'arbitraire. Je me consolerais en chargeant mon domestique de tout cela que tout lecteur peut changer » (ibid.)*. Ce scepticisme affecte également le langage, dans un mouvement qui peut également faire songer à certains livres de Blanchot — *« L'écriture est faite de déformations et mutilations de la pensée »* (***Cahiers 1894-1914***, t. II) —, bien que Valéry laisse toujours le soin à l'écriture de mener à bien ses recherches sur le fonctionnement de l'esprit humain, ainsi que le prouve le conte ***Agathe***.

Au bout du compte, et par le jeu des fluctuations ou des contradictions de la pensée, la force des ***Cahiers*** se loge, selon les mots de Nicole Celeyrette-Pietri, dans la *« valeur à la fois heuristique et éthique accordée par Valéry à l'exercice quotidien »*. À ce titre, les ***Cahiers*** constituent peut-être l'œuvre prépondérante du poète.

Charmes

Recueil de 22 poèmes — titrés mais non numérotés — en vers de mètres variés, publié aux éditions de la *NRF*, en 1922, sous le titre ***Charmes ou Poèmes par Paul Valéry***. En 1926, deux éditions différentes parurent chez Gallimard : l'une sous le titre de ***Charmes***, l'autre sous le titre ***Charmes, nouvelle édition revue***. Elles comportaient des variantes et des modifications typographiques et proposaient une organisation différente des poèmes. En 1928, parut, toujours chez Gallimard, une nouvelle édition, ***Charmes — poèmes de Paul Valéry — commentés par Alain***. En 1929, l'édition des ***Poésies*** de Valéry chez Gallimard regroupait ***Album de vers anciens***, ***La Jeune Parque*** et ***Charmes***. Ce dernier recueil n'y comprenait plus que 21 poèmes, ***Air de Sémiramis*** ayant été replacé dans l'***Album de vers anciens*** auquel il appartenait dès l'édition de 1920.

Sous cette forme définitive, ***Charmes*** comprend certains des poèmes les plus célèbres de Valéry. On y retrouve, notamment, les sonnets

L'Abeille — *Quelle, et si fine, et si mortelle, / Que soit ta pointe, blonde abeille, / Je n'ai, sur ma tendre corbeille, / Jeté qu'un songe de dentelle* (vv. 1 à 4) —, **La Ceinture**, **La Dormeuse**, **Le Sylphe**, **Les Grenades** et **Le Vin perdu**, des pièces brèves, comme **Les Pas**, mais aussi des formes plus longues, comme **Cantique des colonnes**, **Fragments du Narcisse**, **La Pythie**, **Ébauche d'un serpent** ou **Le Cimetière marin**, au célèbre incipit : *Ce toit tranquille, où marchent des colombes, / Entre les pins palpite, entre les tombes ; / Midi le juste y compose de feux / La mer, la mer, toujours recommencée ! / Ô récompense après une pensée / Qu'un long regard sur le calme des dieux !* Le lyrisme de ces poèmes est ici parfois celui d'une voix qui, à la suite de Mallarmé mais en pratiquant une versification plus classique, prend la poésie comme sujet même de l'écriture : *Honneur des Hommes, Saint LANGAGE, / Discours prophétique et paré, / Belles chaînes en qui s'engage / Le dieu dans la chair égaré, / Illumination, largesse ! / Voici parler une Sagesse / Et sonner cette auguste Voix / Qui se connaît quand elle sonne / N'être plus la voix de personne / Tant que des ondes et des bois !* ***(La Pythie)***.

La manifestation d'une certaine écoute du monde — *Le vent se lève !... Il faut tenter de vivre !* (**Le Cimetière marin**, v. 139) — et l'expression de la sensualité — *Ni vu ni connu, / Le temps d'un sein nu / Entre deux chemises !* (**Le Sylphe**, vv. 12 à 14) — permettent de préciser la poétique de Valéry. Celle-ci semble désigner un point de rencontre entre abstraction et sensation, qui rende possible l'interprétation du monde. En outre, la virtuosité prosodique du poète donne naissance à de réels chefs-d'œuvre. On peut ainsi remarquer que le poème **Les Pas** désigne au départ une marche : *Tes pas, enfants de mon silence, / Saintement, lentement placés, / Vers le lit de ma vigilance / Procèdent muets et glacés* (vv. 1 à 4). Mais cette « *marche* », anagramme de « *charme* », joue sur le pouvoir de la poésie : *Personne pure, ombre divine, / Qu'ils sont doux, tes pas retenus ! / Dieux !... tous les dons que je devine / Viennent à moi sur ces pieds nus !* (vv. 5 à 8). Le « *charme* », en effet, renvoie étymologiquement au chant et à l'enchantement envoûtant qu'il produit *(carmen)* mais aussi à l'élaboration même de l'œuvre poétique : *Si, de tes lèvres avancées, / Tu prépares pour l'apaiser, / À l'habitant de mes pensées / La nourriture d'un baiser, // Ne hâte pas cet acte tendre, / Douceur d'être et de n'être pas, / Car j'ai vécu de vous attendre, / Et mon cœur n'était que vos pas* (vv. 9 à 16). Cette composition lyrique avait été, dès sa parution en 1920 dans la *NRF*, traduite en allemand par Rilke et souleva par la suite l'enthousiasme philosophique d'Alain.

Monsieur Teste

Recueil de 9 textes en prose — titrés mais non numérotés —, précédés d'une ***Préface***, composé entre 1871 et 1945 et publié posthume chez Gallimard, en 1946. ***La Soirée avec Monsieur Teste***, paru d'abord dans la revue *Le Centaure* en 1896, inaugurait ce cycle comprenant également **Lettre de Madame Émilie Teste**, **Extraits du Log-Book de Monsieur Teste**, **Lettre d'un ami**, auxquels s'ajoutèrent des notes et esquisses réunies par l'auteur avant sa mort, dans la perspective d'une nouvelle édition.

M. Teste est un homme de 40 ans, parvenu, grâce à une stricte discipline, à rejeter tout ce qui n'est pas nourriture de l'esprit. Son existence n'a de médiocre que l'apparence, puisqu'il déteste aussi bien l'ambition d'écrire dans le seul but de paraître que la banalité quotidienne. Son détachement lui donne l'air impassible et l'allure militaire de l'étrange personnage qu'il s'est composé. Appliquant sa doctrine sans concession, il appréhende « *les limites et les mécanismes de la plasticité humaine* », se fait fort d'atteindre à la connaissance sans recourir à l'opinion, d'avoir l'intelligence absolue qui fait de lui l'« *homme de verre* » ***(Extraits du Log-Book [...])***, imperméable aux émotions. M. Teste « *est le témoin* [...]. *Conscious... Teste, Testis* » ***(Extraits du Log-Book [...])*** de lui-même. Il tourne délibérément le dos au monde et au spectacle qu'il lui offre, comme au théâtre, lorsqu'il regarde du côté des spectateurs pour les voir l'imiter. Délaisser l'action pour penser seulement — « *Je pense,* dit-il, *et cela ne gêne rien. Je suis seul. Que la solitude est confortable !* » ***(La Soirée avec Monsieur Teste)*** —, c'est atteindre le plus haut degré de « *la civilisation intérieure* ». La longue lettre de Mme Teste en réponse à un ami, les ***Extraits du Log-book [...]***, les esquisses et notes de l'auteur, complètent et enrichissent d'un portrait contradictoire et humanisé ce postulat d'un personnage impossible.

Fasciné par l'idée d'« *écrire la vie d'une théorie comme on a trop écrit celle d'une passion* » ***(Lettre à Gide à propos de Descartes)***, Valéry voulut apporter sa propre lecture du *Discours de la méthode* de Descartes, lorsqu'il imagina, à l'âge de 23 ans, ***La Soirée avec Monsieur Teste***. Ce premier texte — le plus important du recueil —, où le narrateur se confond avec l'auteur, résumait les principes qui guidèrent sa création : tendre à la perfection sans rechercher la reconnaissance sociale. Ce manifeste fut tout entier consacré à l'éloge des pouvoirs de l'esprit, de l'intelligence pure et désincarnée, capable de tout comprendre, de tout embrasser. Pour révéler l'univers intérieur des hommes de génie, Valéry entreprit de recourir à la casuistique en décrivant un quadragénaire fictif inspiré de personnages eux-mêmes imaginaires comme l'Auguste Dupin des *Histoires extraordinaires* d'Edgar Poe. Teste est *« affecté d'un mal aigu de la précision »* (***Préface*** à ***Monsieur Teste***) et figé dans l'immobilisme d'un esprit occupé de chimères. Son portrait compose la matière paradoxale du roman sans intrigue, sans détails et sans émois, d'un homme décrit par sa femme, dans ***Lettre de Madame Émilie Teste***, comme *« un mystique sans Dieu »*. Par un jeu subtil de focalisation interne, Teste se révèle progressivement comme un égocentrique, qui tend à devenir *« invisible »*, endurci par sa volonté même — *« C'est un trésor scellé que sa tête et je ne sais s'il a un cœur »* ***(Lettre de Madame Émilie Teste)***. La vision qu'elle donne d'*« un tel monstre »*, comme l'autodérision qui apparaît à la lecture du *« Logbook »* dans lequel Teste consigne ses pensées, donnent plus de force et de consistance à ce *« portrait »* d'un *« pur esprit »*, pris dans la spirale vertigineuse de son identité : *« Je suis étant, dit-il, et me voyant ; me voyant me voir, et ainsi de suite »* ***(La Soirée avec Monsieur Teste)***. La progression dans l'autocritique qui accompagne l'échelonnement dans le temps des textes du recueil, témoigne de la réflexion ininterrompue de Valéry sur ce personnage, et, au-delà, de sa recherche d'une redéfinition du champ de la littérature : *« Il prétendait que des idées nettes [...] conduisent à des développements bien plus surprenants et universels que les blagues sur l'inspiration, la vie des personnages, etc. »* ***(Pour un portrait de Monsieur Teste)***. En inventant un personnage de fantaisie, Valéry ne cherche pas à le faire exister comme un type littéraire, mais comme une énigme posée à lui-même et au lecteur par un *« Sphinx »*. *« Pourquoi M. Teste est-il impossible ? C'est son âme que cette question. Elle vous change en Monsieur Teste » (ibid.)*. Les textes qui prolongent ***La Soirée avec Monsieur Teste***, rédigés indépendamment de tout souci de chronologie dans un style concis, lapidaire jusqu'à l'aphorisme dans les notes et esquisses, constituent l'ébauche d'une biographie intellectuelle. Avec Teste, Valéry confesse avoir fait *« une idole de* [s]*on esprit »*, pour progressivement atténuer la rigueur de son refuge dans l'ascétisme intellectuel et s'orienter vers plus de concession à l'humanisme et à la tendresse, retrouvés dans ***Mon Faust*** (1941).

Gide vit dans ***Monsieur Teste*** l'incarnation d'une éthique, et Breton, lorsqu'il prônait le *« lâchez tout »* en 1923, une question fondamentale. Le texte inaugural du recueil, qui justifiait des reprises élaborées par l'auteur tout au long de sa vie, fut surtout le point de départ du parcours intellectuel et moral de Valéry. Par leur facture et les questions qu'ils posent, ces écrits préfigurent l'œuvre fragmentée et énigmatique des ***Cahiers*** (posth., 1957 à 1961).

CITATIONS

Un homme seul est toujours en mauvaise compagnie.

L'Idée fixe ou Deux Hommes à la mer, in *Dialogues.*

La bêtise n'est pas mon fort.

La Soirée avec Monsieur Teste, in *Monsieur Teste.*

Génie ! Ô longue impatience !

Ébauche d'un serpent, in *Poésies.*

Patience, patience,
Patience dans l'azur !
Chaque atome de silence
Est la chance d'un fruit mûr !

Palme, in *Poésies.*

La syntaxe est une faculté de l'âme.

Choses tues, in *Tel quel.*

Entre deux mots il faut choisir le moindre.

Littérature, in *Tel quel.*

L'essence du classicisme est de venir après. L'*ordre* suppose un certain désordre qu'il vient réduire.

Situation de Baudelaire, in *Variété.*

La définition du Beau est facile : *il est ce qui désespère.*

Lettre sur Mallarmé, in *Variété.*

Que si je devais écrire, j'aimerais infiniment mieux écrire en toute conscience et dans une entière lucidité quelque chose de faible, que d'enfanter à la faveur d'une transe et hors de moi-même un chef-d'œuvre d'entre les plus beaux.

Lettre sur Mallarmé, in *Variété.*

Il semble [...] que l'histoire de l'esprit se puisse résumer en ces termes : *il est absurde par ce qu'il cherche, il est grand par ce qu'il trouve.*

Au sujet d'Eurêka, in *Variété.*

L'Europe deviendra-t-elle *ce qu'elle est en réalité,* c'est-à-dire : un petit cap du continent asiatique ?

La Crise de l'esprit, II, in *Variété.*

JUGEMENTS

« Poète, mathématicien, esthéticien, philosophe, Paul Valéry aura été encore l'un des témoins les plus clairvoyants du drame historique de son temps. Et je me demande parfois si, de toute son œuvre — mis à part quelques poèmes admirables, l'incomparable Léonard *et cet étonnant chef-d'œuvre qu'est* Monsieur Teste *— ce n'est pas la série de ses essais "politiques" qui survivra. »*

Albert Béguin, « Un optimiste sans espérance », in *Paul Valéry vivant*, n° spécial des *Cahiers du Sud*, 1946.

« [...] *je savais à peu près par cœur* la Soirée avec M[onsieur] Teste [...]. *Je ne cessais de me porter aux nues cette œuvre, au point qu'à certains moments le personnage de M. Teste me faisait l'effet de descendre de son cadre — la nouvelle de Valéry — pour venir ruminer ses rudes griefs auprès de moi. Ce personnage, aujourd'hui encore,* [...] *demeure celui à qui je donne* raison. [...]
[...] *Valéry m'a beaucoup appris. Avec une patience inlassable, des années durant, il a répondu à toutes mes questions.* [...] *Je lui dois le souci durable de certaines hautes disciplines. Pourvu que certaines exigences fondamentales fussent sauves, il savait d'ailleurs laisser toute latitude. »*

André Breton, *Entretiens (1913-1952)*, Gallimard, 1952.

« Les chefs-d'œuvre que Paul Valéry laisse à la postérité s'apparentent aux plus grands par leur excellence. Ils s'en distinguent par une beauté entièrement nette, visiblement calculée, qui contraste avec une certaine naïveté ou fraîcheur dont les autres, il faut l'avouer, reçoivent comme la grâce suprême qui donne à leur éclat un air de miracle. Mais cet homme se méfiait de la grâce et dédaignait les miracles. Il aspirait seulement à aiguiser les vertus de l'intellect. C'est ainsi qu'il recueillit exactement la gloire qu'il désira et qu'il mérite. Cette exactitude ultime comble encore ses vœux, car il eût cru usurper et se fût estimé fautif, obtenant un résultat qui débordât le moins du monde celui qu'il attendait. Ainsi l'exigeait l'idée sourcilleuse qu'il s'était formée de la perfection et à laquelle il semble qu'il ait voulu plus qu'à toute autre attacher son nom. »

Roger Caillois, « Éloge de Paul Valéry », in *Paul Valéry vivant*, n° spécial des *Cahiers du Sud*, 1946.

« Valéry est un galérien de la Nuance. »

Emil Michel Cioran, *Exercices d'admiration*, 1970, Gallimard, 1986.

« Extrême bassesse et grossièreté des "pensées" de P[aul] *V*[aléry]. *»*

Paul Claudel, *Journal*, décembre 1926, Gallimard, posthume, 1968.

« Valéry, c'est le premier fort en thème qui a compris les ressources de l'intelligence du cancre et les a montées en épingle. »

Jean Cocteau, *Journal (1942-1945)*, 26 novembre 1943, Gallimard, posthume, 1989.

« Voilà donc le génie de la France finissant dans cet homme exquis et restreint. [...]
C'est le Français désabusé, dégoûté de soi-même, si l'on veut : le pêcheur à la ligne, le chevalier du Pernod solitaire. Par ailleurs, c'est l'éternel philosophe débauché des dieux, de la cité, de soi-même : le cynique, le platonicien sceptique.
[...]
Comme Gide il n'a guère écrit qu'un immense journal, avec quelques œuvres en marge. »

Pierre Drieu La Rochelle, *Sur les écrivains*, 14 mars 1944, Gallimard, posthume, 1964.

« Si toute œuvre moderne est de quelque façon hantée par la possibilité de son propre silence, Valéry fut, et reste apparemment le seul écrivain qui n'ait pas vécu cette possibilité comme une menace, une tentation portant sur l'avenir, mais comme une expérience antérieure, préliminaire, peut-être propitiatoire. À l'exception des Vers Anciens, *de l'*Introduction à Léonard *et de* Monsieur Teste, *la majeure partie de son œuvre fait suite, comme par dérogation perpétuelle, à une très sérieuse et définitive décision de* ne plus écrire. *C'est littéralement un* post-scriptum, *un long codicille, entièrement édifié sur le sentiment de sa parfaite inutilité, et même de sa totale inexistence en tant qu'autre chose qu'un pur exercice. Valéry soupçonnait bien des pages de littérature d'avoir pour toute signification : "Je suis une page de littérature" ; on trouve souvent chez lui, implicite mais insistante, cette affirmation inverse : "Je n'ai plus rien à voir avec la littérature : en voici encore une preuve." »*

Gérard Genette, « La littérature comme telle », in *Figures I*, Seuil, 1966.

« Valéry, prestigieux comme toujours, mais dans le cosmos de qui je ne puis respirer.
[...]
Remarquable discours de Valéry. D'une gravité, d'une ampleur, d'une solennité admirables, sans emphase aucune, d'une langue des plus particulières, mais noble et belle au point d'en être comme dépersonnalisée. S'élève loin au-dessus de tout ce qu'on écrit aujourd'hui. »

André Gide, *Journal*, 8 mai 1927 et 24 janvier 1931, Gallimard, 1939.

« Tout changeait, devenait plus intelligent quand il était là. »

Jean Guéhenno, *Carnets du vieil écrivain*, Grasset, 1971.

« C'est une chose bien comique que l'apothéose de Paul Valéry depuis un an ou deux. [...] *À peine un critique clairvoyant et de bonne santé littéraire ose-t-il de temps en temps dire ce que vaut en réalité la poésie de Valéry, pour commencer tout l'opposé de la poésie, froide et stérile, pur*

jeu de syllabes, obscure comme à plaisir et volontairement, et assez semblable à un cristal bien taillé et vide. [...] Sans doute Mallarmé reste toujours pour lui le poète unique et exemplaire. L'apothéose de cette poésie sans le moindre frisson et sans guère de signification sous son mystère — tout comme celle de Mallarmé — est une jolie bouffonnerie. »

Paul LÉAUTAUD, *Journal littéraire*, 23 juillet 1922
Mercure de France, rééd. 1986.

BIBLIOGRAPHIE

Éditions

Œuvres, éd. J. HYTIER, « Pléiade », Gallimard, 1957 et 1960, 2 vol.

Alphabet, éd. M. JARRETY, « LdP », LGF, 1999.

Cahiers [fac-similé], CNRS, 1957 à 1962, 29 vol.

Cahiers [anthologie], éd. J. ROBINSON, « Pléiade », Gallimard, 1973-1974, 2 vol.

Cahiers 1894-1914 [éd. intégrale en cours de publication], éd. N. CELEYRETTE-PIETRI, J. ROBINSON-VALÉRY et R. PICKERING, Gallimard, 1987 à 1999, 7 vol. parus [vol. 7 jusqu'à 1905].

Introduction à la méthode de Léonard de Vinci, « Folio Essais », Gallimard, 1992.

La Jeune Parque, suivi de *L'Ange*, d'*Agathe* et d'*Histoires brisées*, éd. J. LEVAILLANT, « Poésie », Gallimard, 1974 ; éd. O. NADAL, Gallimard, 1992.

Monsieur Teste, « L'Imaginaire », Gallimard, 1978.

Poésies, « Poésie », Gallimard, 1966, rééd. sous le titre *Poèmes et Petits Poèmes abstraits*, 1992 ; éd. illustr. O. DEBRÉ, « Lettres françaises », Imprimerie nationale, 1992.

Variété, Gallimard, 1924 à 1944, 5 vol., rééd. t. I et II, « Folio Essais », Gallimard, 1998.

Études

H. ALBERT, *Langage et Poésie chez Paul Valéry avec un lexique des œuvres en vers*, Mercure de France, 1952.

M. ALLAIN-CASTRILLO, Ph.-J. QUILLIEN, Fr. VALÉRY, *Paul Valéry et le Politique*, L'Harmattan, 1994.

N. BASTET, *La Symbolique des images dans l'œuvre poétique de Paul Valéry*, Annales de la faculté des Lettres d'Aix-en-Provence (Bouches-du-Rhône), 1962 ; *Valéry à l'extrême : les au-delà de la raison*, L'Harmattan, 1991.

J. BELLEMIN-NOËL, *Les Critiques de notre temps et Valéry*, Garnier, 1971.

J. BENDA, *La France byzantine ou le Triomphe de la littérature pure*, Gallimard, 1945.

A. BERNE-JOFFROY, *Valéry*, Gallimard, 1960.

D. BERTHOLET, *Paul Valéry*, Plon, 1995.

S. BOURJEA (dir.), *Paul Valéry : le Sujet de l'écriture*, L'Harmattan, 1997 ; *Paul Valéry, le Souper de Singapour*, Université Paul-Valéry, Montpellier, 1998.

H. BREMOND, *Racine et Valéry*, Grasset, 1930.

N. CELEYRETTE-PIETRI, *Valéry et le Moi, des « Cahiers » à l'œuvre*, Klincksieck, 1979 ; *id.* (dir.), *Valéry, la Logique, le Langage*, Sud, Marseille, 1988 ; *Paul Valéry aux sources du poème : « La Jeune Parque »*, Champion, 1992 ; *id.* et Br. STIMPSON (dir.), « Un nouveau regard sur Valéry : rencontres du 26 août au 5 septembre 1992 », in *RLM*, série *Paul Valéry*, n° 8, Lettres modernes, 1995.

E.M. CIORAN, *Valéry face à ses idoles*, « Gloses », L'Herne, 1970.

J. DELORT, *La Poésie et le Sacré : Rimbaud, Paul Valéry, Saint-John Perse, René Char*, Labyrinthe, 1996.

G. GENETTE, « La littérature comme telle », in *Figures I*, Seuil, 1966, pp. 253 à 265.

A. GIDE, *Paul Valéry*, Domat, 1947.

P. GIFFORD, *Paul Valéry, « le dialogue des choses divines »*, Corti, 1989 ; *id.* et Br. STIMPSON, *Paul Valéry : musique, mystique, mathématique*, P.U. Lille, 1993, et *Reading Paul Valéry : Universe in Mind*, Cambridge U.P. (GB), 1998.

P. GIRARDET, *Paul Valéry, de l'enfant et du rêve*, P. Lang, Berne (CH), 1998.

P. GUIRAUD, *Langage et Versification d'après l'œuvre de Paul Valéry ; étude sur la forme poétique dans ses rapports avec la langue*, Klincksieck, 1953 ; *Index du vocabulaire du symbolisme*, vol. II, *Index des mots des poésies de Paul Valéry*, Klincksieck, 1953.

A. GUYAUX, A. LAWLER, *Paul Valéry*, Champion/ Slatkine, Paris/Genève (CH), 1990.

J. HYTIER, *La Poétique de Valéry*, Colin, 1953, rééd. 1970.

M. JARRETY, *Valéry devant la littérature*, PUF, 1991 ; *Paul Valéry*, Hachette Supérieur, 1993.

R. JORIF, *Paul Valéry*, Lattès, 1991.

S. KAO, *Lire Valéry*, Corti, 1986.

G. KARAISKAKIS et Fr. CHAPON, *Bibliographie des œuvres de Paul Valéry publiées de 1889 à 1965*, Éd. A. Blaizot, 1976.

Cl. LAUNAY, *Paul Valéry*, Manufacture, 1990.

H. LAURENTI, *Paul Valéry et le Théâtre*, Gallimard, 1973 ; *id.* (dir.), « Lectures de *Charmes* », in *RLM*, série *Paul Valéry*, n° 1, Lettres modernes, 1974, rééd. 1990 ; « *Mare Nostrum* : Valéry et le Monde méditerranéen », in *RLM*, série *Paul Valéry*, n° 6, Lettres modernes, 1990.

J. LAWLER, *Lecture de Valéry : une étude de « Charmes »*, PUF, 1963.

A. LAZARIDÈS, *Valéry, pour une poétique du dialogue*, P.U. Montréal (CA), 1978.

M. LÉCUYER, *Étude de la prose de Paul Valéry dans « La Soirée avec Monsieur Teste »*, « Archives des Lettres modernes », Minard, 1964.

J. Levaillant, *Genèse et Signification de « La Soirée avec Monsieur Teste »*, Klincksieck, 1971 ; *Écriture et Génétique textuelle : Valéry à l'œuvre*, P.U. Lille, 1982.

Fl. de Lussy, *« Charmes » d'après les manuscrits de Paul Valéry*, Minard, 1990 et 1996, 2 vol.

Ch. Mauron, *Des métamorphoses obsédantes au mythe personnel*, Corti, 1963.

D. Mautote, *André Gide et Paul Valéry : nouvelles recherches*, Champion, 1998.

H. Mondor, *Trois Discours pour Paul Valéry*, Gallimard, 1948 ; *Précocité de Valéry*, Gallimard, 1957.

O. Nadal, *Paul Valéry, « La Jeune Parque ». Étude critique*, Le Club du Meilleur Livre, 1957.

D. Oster, *Monsieur Valéry*, Seuil, 1981.

M. Parent, *Paul Valéry*, Yale French Studies, 44, Yale (US), 1970.

J. Paulhan, « Carnet du spectateur (3). Si la littérature est un faux ; le secret des surréalistes : Paul Valéry et le Mythe du versificateur », in *NRF*, n° 185, févr. 1929, pp. 242 à 251, et « Carnet du spectateur (4). Si la littérature est un faux : Paul Valéry et le Mythe du versificateur », in *NRF*, n° 186, mars 1929, pp. 380 à 394 ; l'un et l'autre art. refond. et rééd. sous le titre « Un rhétoriqueur à l'état sauvage ou la Littérature considérée comme un faux », in *La Nef*, nos 21-22, juil.-août 1946, pp. 3 à 12 et 55 à 73, rééd. in *Œuvres complètes*, t. III, Cercle du livre précieux, 1967, pp. 193 à 223.

M. Philippon, *Paul Valéry : une poétique en poèmes*, P.U. Bordeaux, 1993.

R. Pickering, *Paul Valéry, poète en prose*, Minard, 1983 ; *Paul Valéry, la Page, l'Écriture*, Assoc. des public. de la fac. des lettres et sciences hum., Clermont-Ferrand, 1996.

R. Pietra, *Valéry. Directions spatiales et parcours verbal*, Minard, 1981.

G. Poulet, *Études sur le temps humain*, Plon, 1950.

C. Pozzi, *Journal (1913-1934)*, Ramsay, 1987.

M. Raymond, *Paul Valéry et la Tentation de l'esprit*, La Baconnière, Neuchâtel (CH), 1946, rééd. 1964.

J.-D. Rey, Fr. Valéry, B. Foucart, *Paul Valéry et les Arts*, Actes Sud, Arles (Bouches-du-Rhône), 1995.

J.-M. Rey, *Paul Valéry, l'Aventure d'une œuvre*, Seuil, 1991.

J. Robinson, *L'Analyse de l'esprit dans les « Cahiers » de Paul Valéry*, Corti, 1963.

J. Robinson-Valéry (dir.), *Fonctions de l'esprit : treize savants redécouvrent Paul Valéry*, actes du colloque de Montpellier, mai 1982, Hermann, 1983.

A. Rouart-Valéry, M. Jarrety, N. Bastet, *Paul Valéry l'Intime, l'Universel*, Actes Sud, Arles (Bouches-du-Rhône), 1995.

N. Sarraute, *Paul Valéry et l'Enfant d'éléphant*, Gallimard, 1986.

J. Schmidt-Radefelt, *Paul Valéry linguiste dans les « Cahiers »*, Klincksieck, 1970.

P. Signorile, *Paul Valéry philosophe de l'art : l'architectonique de sa pensée à la lumière des « Cahiers »*, Vrin, 1993.

K. Tsunekawa (dir.), *Paul Valéry : dialogues Orient et Occident*, actes du colloque international de l'Université Hitotsubashi, Tokyo (JP), 24 au 27 sept. 1996, Minard, 1999.

Ch. Vogel, *Les « Cahiers » de Paul Valéry :* To go to the last point, *celui au-delà duquel tout sera changé*, L'Harmattan, 1997.

R. Vorif, *Paul Valéry*, Lattès, 1991.

Bulletin des études valéryennes, Université Paul-Valéry, Montpellier.

Cahiers Paul Valéry, Gallimard, depuis 1976.

Forschungen zu Paul Valéry, Université de Kiel (DE).

Paul Valéry vivant [collectif], in *Cahiers du Sud*, Marseille, 1946.

RLM, série *Paul Valéry*, Minard, depuis 1977.

Valéry, le partage de midi [collectif], actes du colloque au Collège de France, 18 nov. 1995, Champion, 1998.

Valéry pourquoi ¿ [collectif], Les Impressions nouvelles, 1987.

AUDIO & VIDÉO

Vidéo

R. Leenhardt, *Paul Valéry*, 1960, Arte Vidéo, s.d.

VERHAEREN

Émile VERHAEREN
De nationalité belge
Saint-Amand sur l'Escaut (en flamand, Sint-Amands, Belgique) 1855 – Rouen 1916

« Verhaeren est le moins puriste et le moins académique des artistes. L'aisance manque parfois à cette force : on sent l'ahan, l'effort pour enlever le tourbillon des idées et des mots. Mais il n'y a pas eu, depuis Victor Hugo [...] *d'imagination plus riche et plus forte, avec le même penchant aux visions hallucinées, aux griseries verbales, avec aussi, dans cette ivresse, quelque chose de frénétique et d'indompté qui lui est propre. »*

Gustave LANSON, *Histoire de la littérature française*, 1894 à 1912, édition refondue par Paul TUFFRAU, Hachette, 1951.

« Quel dommage que le colosse ait des pieds d'argile ! Un art de taille hâtive, de badigeonnage à la grosse, voire de simple entassement, suffirait à en compromettre la durée, si la matière même n'avait déjà vieilli. Le monde extérieur existe trop pour Verhaeren. Sauf toutefois dans Les Heures *où il a chanté un amour longuement heureux. Le monde de certaines illusions collectives a vieilli aussi. »*

Henri CLOUARD, « La Poésie du Parnasse au surréalisme », *in* Émile HENRIOT (dir.), *Neuf Siècles de littérature française*, V/III, IV, 3, Delagrave, 1958.

Le poète du monde moderne

Un avocat... de la poésie

Issu d'un milieu industriel aisé — son oncle possédait une huilerie contiguë à la demeure familiale —, Verhaeren fut élève au collège Sainte-Barbe de Gand, où il eut pour condisciple Georges Rodenbach. C'est là qu'il composa ses premiers vers, à la gloire de la Flandre natale et de l'Escaut tout proche. Peu désireux de s'occuper de l'huilerie, Verhaeren fit, comme Maeterlinck, des études de droit. À l'Université de Louvain, il participa aux cercles littéraires et rencontra quelques-uns des futurs animateurs du mouvement de La Jeune Belgique. En 1881, le jeune avocat fit son stage chez Edmond Picard. Pendant trois ans, il put ainsi côtoyer les animateurs du Cercle des XX et les artistes français ou belges qui fréquentaient le luxueux salon de Picard. Les colonnes de *L'Art moderne* et du *Journal de Bruxelles* lui furent ouvertes. Il y commença les chroniques de la vie littéraire et artistique qu'il envoya sa vie durant aux périodiques les plus divers. Certaines furent à l'origine des monographies — d'ailleurs inégales — qu'il consacra à des peintres : ***Fernand Khnopff*** (1887), ***Rembrandt*** (1904), ***James Ensor*** (1908) et ***Pierre-Pol Rubens*** (1910). Par vocation toutefois, Verhaeren était avant tout poète, et c'est le succès de ses recueils qui fit de lui l'un des poètes les plus lus et traduits en Europe.

En 1883 parurent ***Les Flamandes***, livre d'art autant que de poésie, qui transposait en vers réguliers les tableaux des maîtres flamands et célébrait la robuste santé de la Flandre. Mais déjà y apparaissait la propension épique qui caractérise pour certains critiques l'essence même de l'art de Verhaeren. Dans ***Les Moines*** (1886), où Verhaeren vantait, en contraste, l'ascétisme mystique, se développa le second volet d'une mythologie de la Flandre dont l'œuvre tardive célébra les paysages et les hauts faits historiques, avec ***Toute la Flandre*** (1904 à 1911) — titre générique d'une série de 5 recueils : ***Les Tendresses premières*** (1964), ***La Guirlande des dunes*** (1907), ***Les Héros*** (1908), ***Les Villes à pignons*** (1910) et ***Les Plaines*** (1911). En même temps, ***Les Moines*** marquaient une évolution poétique. Le vers s'y fit plus complexe, le rythme adopta une irrégularité provocante : sous l'influence de Mallarmé et, sans doute, de Lautréamont — dont il fut, en 1869, l'un des très rares lecteurs de l'édition originale de *Maldoror* qu'il fit connaître à Bloy —, Verhaeren s'ouvrait au vers libre et à une poétique de la souffrance. Le moi artiste devint le sujet principal de l'inspiration.

Le tournant de la « *trilogie noire* »

Trois recueils étranges délimitèrent le champ d'une auto-analyse sans complaisance, où la langue s'exaspère à dire les déchirements de la création : dans leur progression thématique, ***Les Soirs*** (1888), ***Les Débâcles*** (1888) et ***Les Flambeaux noirs*** (1891) — aux titres éloquents — scandent le dérèglement des sens et la recherche de forces nouvelles. Les poèmes de cette *« trilogie noire »* (Mockel), contemporains de la disparition, en 1888, des parents de Verhaeren, préparaient le terrain des grandes œuvres de la maturité que leur réédition au Mercure de France (à partir de 1912) a fait connaître au monde :

En sa robe, couleur de fiel et de poison,
Le cadavre de ma raison
Traîne sur la Tamise.

(***La Morte***, in ***Les Flambeaux noirs***)

L'épanouissement de l'homme et du poète

À partir de 1891, Verhaeren commença à publier, avec ***Les Apparus dans mes chemins***, des poèmes qui s'écartaient de la thématique de crise. Certains critiques ont mis en évidence l'influence bénéfique de Marthe Massin — peintre liégeoise qu'il épousa cette année-là —, tandis que d'autres imputent son orientation nouvelle à la guérison d'un mal physique. Le fait est que la rencontre de sa femme fut si déterminante qu'il fit le deuil, en 1894, de la passion qu'il éprouvait pour Maria Van Rysselberghe, la future « *Petite Dame* » et biographe intime de Gide — que l'écrivain français rencontra en 1899, avec son époux, le peintre belge Théo Van Rysselberghe. Il faut sans doute aussi observer que Verhaeren s'ouvrit à la réalité du monde social, à la « *ville immense de la vie* », notamment à travers l'activité de la « *Section d'art* » que le parti ouvrier belge fonda à ce moment. Quoi qu'il en fût, son activité de poète prit alors une double orientation. La première reflétait la vie privée : ce furent les recueils dans lesquels son épouse apparaît magnifiée par le bonheur conjugal, ***Les Heures claires*** (1896), ***Les Heures d'après-midi*** (1905) et ***Les Heures du soir*** (1911). La seconde tendait à élaborer les codes d'une poésie où le lyrisme s'effaçât derrière les scènes et les symboles de la vie moderne et des réalités sociales : ***Les Campagnes hallucinées*** (1893) et ***Les Villes tentaculaires*** (1895) formèrent les premiers volets d'une trilogie qu'acheva la pièce de théâtre ***Les Aubes*** (1898), un drame en vers et en prose où s'énonce l'espoir d'une révolution sociale internationaliste et humaniste.

Ces œuvres disent la mort d'un monde ancien, que le nouveau doit transcender par les forces nouvelles qui le nourrissent, en particulier grâce aux foules de la cité industrielle. Dans ***Les Villages illusoires*** (1895), qui sont de la même veine, apparaissent quelques-unes des figures symboliques que l'écriture épique arrache à la vie quotidienne. Le vers, alors totalement libéré, mais doté d'une rythmique expressive, réussit à allier un propos quasi didactique à la suggestion de l'imaginaire :

Les minuits lourds sonnent là-bas,
À battants lents, comme des glas ;
De tour en tour, les minuits sonnent,
Les minuits lourds des nuits d'automne,
Les minuits las.

(***Les Pêcheurs***, in ***Les Villages illusoires***)

Au tournant du xxe siècle : la maturité

En 1899, le couple s'installa à Saint-Cloud, près de Paris — tout en multipliant les séjours au « *Caillou-qui-bique* », entre Mons et Valenciennes. Verhaeren rédigea encore 3 drames, ***Le Cloître*** (1900), ***Philippe II*** (1901) et ***Hélène de Sparte***; que la *NRF* publia en 1912. Sa poésie s'orienta vers la célébration de l'énergie vitale, dans un esprit optimiste dont les unanimistes et les futuristes surent retenir la leçon. La langue devint alors moins audacieuse, elle abandonnait le vocabulaire et les tournures syntaxiques provocatrices, tout en conservant le sens du rythme propre au poète. Les grands recueils de la maturité, ***Les Visages de la vie*** (1899), ***Les Forces tumultueuses*** (1902), ***La Multiple Splendeur*** (1906), ***Les Blés mouvants*** (1912) — souvent comparés à ceux de Walt Whitman dont Verhaeren était un fervent admirateur — furent contemporains des étapes de la reconnaissance internationale (prix quinquennal de poésie française en 1902, banquet offert par *La Plume* en 1904) :

Oh quels tombeaux creusent les livres
Et que de fronts armés y descendent vaincus !

(***Un matin***, in ***Les Forces tumultueuses***)

Mon esprit triste, et las des textes et des gloses,
Souvent s'en va vers ceux qui, dans leur prime ardeur,
Avec des cris d'amour et des mots de ferveur,
Un jour, les tout premiers, ont dénommé les choses.

(***Le Verbe***, in ***La Multiple Splendeur***)

La Grande Guerre surprit cet optimisme en plein vol. Verhaeren exprima son indignation devant la patrie envahie dans ***La Belgique sanglante*** (1915) et ***Les Ailes rouges de la guerre*** (1916), et il participa à des tournées de propagande patriotique. Au cours de l'une d'elles, en 1916, il mourut accidentellement à Rouen, écrasé sous un train — qu'il tentait de prendre en marche pour retrouver au plus vite son épouse —, victime paradoxale de « *la force titanesque des locomotives* » et de « *la course étincelante des rails* » qu'il avait célébrées. De ce moment datent la transformation du poète indépendant en héraut quasi officiel, et une consécration qui tend à laisser les recueils décadents et socialisants dans l'ombre des textes destinés aux écoliers.

Initialement déposée — durant la guerre — dans le cimetière de Wulveringen, près de Furnes, la dépouille de Verhaeren reçut les honneurs d'un transfert solennel, en 1927, dans son village natal, au bord de l'Escaut. On grava ces vers sur son tombeau :

Escaut,
Sauvage et bel Escaut,
[...]
Le jour que m'abattra le sort,
C'est dans ton sol, c'est sur tes bords
Qu'on cachera mon corps
Pour te sentir, même à travers la mort, encor !

(***L'Escaut***, in ***Les Héros***, in ***Toute la Flandre***)

Un style violemment ardent

Poète des transfigurations du monde industriel autant que chantre de sa Flandre natale, Verhaeren, dans la veine des *Paysages belges* de Verlaine mais avec plus de violence, n'a cessé d'exprimer, au prix d'un style parfois heurté, les aspirations à la fois ardentes et inquiètes d'un esprit toujours tourné vers les autres et sincèrement solidaire d'une humanité en pleine transformation :

Le monde est fait avec des astres et des hommes.

(***Le Monde***, in ***La Multiple Splendeur***)

La langue de Verhaeren a souvent été comparée aux recherches plastiques de l'expressionnisme. La vision et le rythme y sont privilégiés, parfois au mépris de la correction :

Et sur les toits, dans le brouillard, aiguillonnées
De fers et de paratonnerres,
Les cheminées.

(***Les Usines***)

Le vers, parfois moulé dans la forme du dialogue théâtral (***Les Blés mouvants***), obéit à la pulsion vitale, et sa métrique irrégulière — s'il conserve la rime, Verhaeren, loin de s'en tenir à l'alexandrin, mêle des mètres de différentes longueurs — intègre souplement les images violentes :

Ô fleuve Escaut, de quel recul géant,
Vers l'Océan
Ont dû sauter tes ondes,
Quand s'est rué vers ta splendeur calme et profonde,
Tout un torrent féroce et bondissant
De sang ?

(***L'Escaut***, in ***Les Héros***, in ***Toute la Flandre***)

Avec une prédilection pour le thème du mouvement en général (tournoiement, vibration, flux, chute, ébranlement, bousculade, convulsion, circulation) et celui de l'ascension en particulier :

Autour de la terre obsédée
Circule, au fond des nuits, au cœur des jours,
Toujours,
L'orage amoncelé des montantes idées.

(***Les Penseurs***, in ***La Multiple Splendeur***)

Homme, tout affronter vaut mieux que tout comprendre
La vie est à monter, et non pas à descendre.

(***Les Rêves***, in ***La Multiple Splendeur***)

Le poète développa ses thèmes soit dans une succession hachée de vers hétérométriques, soit dans les grandes laisses d'un vers incantatoire, qui sait grandir l'image jusqu'à la rendre épique. L'usine, le port, le bazar, la bêche, l'étal, la Bourse elle-même suscitent des comparaisons audacieuses et lyriques :

Comme un torse de pierre et de métal debout,
Le monument de l'or dans les ténèbres bout.

(***L'Âme de la ville***, in ***Les Villes tentaculaires***)

De la gloire à l'oubli

Verhaeren a renouvelé les codes de la poésie symboliste pour y chanter la ville contemporaine. Son œuvre célébrant l'énergie vitale, en un lyrisme toujours frémissant, semble annoncer l'expressionnisme et le futurisme. Elle a connu un succès européen avant 1914. Véritable « monument » de la littérature belge francophone, Verhaeren n'a plus aujourd'hui l'audience qui fut la sienne : son œuvre poétique un peu datée conserve néanmoins un prestige intact, et la redécouverte de ses articles d'esthétique — republiés sous le titre ***Sensations d'art*** (1989) — rappelle qu'il ne fut pas seulement un grand poète lyrique du monde moderne.

ŒUVRE

Les Villes tentaculaires

Recueil de poèmes publié à Bruxelles, chez Edmond Deman, en 1895.

Ce recueil caractérise la sensibilité de Verhaeren aux réalités sociales contemporaines. Le vers libre symboliste, grâce auquel il venait d'explorer le thème décadent de la crise du moi artiste, dans ***Les Flambeaux noirs*** (1899), s'ouvre ici — et pour la première fois — aux foules modernes, à la ville commerçante et au travail industriel, sous une forme qui conserve l'écho des rimes. Le néologisme du titre illustre l'image d'un monde perçu comme une pieuvre monstrueuse qui se nourrit des dernières forces vives arrachées aux campagnes agonisantes. Contemporain des grandes œuvres naturalistes, et notamment de *La Nouvelle Carthage* (1893) de l'écrivain belge Georges Eekhoud, le recueil décrit l'expansion d'une ville dans laquelle on reconnaîtra Anvers ou Londres. Il fut conçu comme le second volet d'une trilogie comprenant aussi ***Les Campagnes hallucinées*** (1893) et le drame ***Les Aubes*** (1898). Son propos ne se borne donc pas au thème explicite de l'exode rural : l'œuvre aborde en fait la dialectique de l'évolution sociale dans son ensemble, en pariant sur la possibilité qu'un univers transformé et meilleur surgisse du drame de l'industrialisation. ***Les Aubes*** poussèrent cette logique jusqu'à ses conséquences dernières, en prévoyant la nécessité de l'union des exploités pour lutter contre la guerre et le nationalisme. Verhaeren alliait ainsi la description des « *cuves de vice où la cité fermente* » à une eschatologie laïque rachetant les drames du présent : *Si quelque jour, du fond des brouillards et des voiles, / Surgit un nouveau Christ, en lumière sculpté, / Qui soulève vers lui l'humanité / Et la baptise au feu de nouvelles étoiles.*

CITATIONS

Oh quels tombeaux creusent les livres
Et que de fronts armés y descendent vaincus !

Un matin, in *Les Forces tumultueuses*.

Le monde est fait avec des astres et des hommes.

Le Monde, in *La Multiple Splendeur*.

Mon esprit triste, et las des textes et des gloses,
Souvent s'en va vers ceux qui, dans leur prime ardeur,
Avec des cris d'amour et des mots de ferveur,
Un jour, les tout premiers, ont dénommé les choses.

Le Verbe, in *La Multiple Splendeur*.

Autour de la terre obsédée
Circule, au fond des nuits, au cœur des jours,
Toujours,
L'orage amoncelé des montantes idées.

Les Penseurs, in *La Multiple Splendeur*.

Homme, tout affronter vaut mieux que tout comprendre
La vie est à monter, et non pas à descendre.

Les Rêves, in *La Multiple Splendeur*.

Les grand'routes tracent des croix
A l'infini, à travers bois.

Novembre, in *Les Vignes de ma muraille*.

Les minuits lourds sonnent là-bas,
À battants lents, comme des glas ;
De tour en tour, les minuits sonnent,
Les minuits lourds des nuits d'automne,
Les minuits las.

Les Pêcheurs, in *Les Villages illusoires*.

JUGEMENTS

« *La sensualité et la mysticité conjuguées dans les cœurs flamands et, comme troisième élément fourni par la race, une étonnante vitalité des légendes (telles celles du* "passeur d'eau" *et du* "vieux cordier" *devant la roue de la fortune) occupent l'œuvre entière d'Émile Verhaeren. Elles se sont portées à la rencontre de l'énergie industrielle et des illusions du socialisme internationaliste, pour remplir les* Campagnes hallucinées *et les* Villes tentaculaires *du travail et de la misère des hommes. Les forces du rendement moderne de l'humanité alliées à celles de la nature se déchaînent tumultueusement dans* Les Visages de la Vie *et dans* La Multiple Splendeur. *Ainsi de grands pans de la réalité mondiale se dressent dans cette œuvre qui a demandé son décor aux charbonnages, aux cheminées d'usines du pays noir et aux gigantesques moulins à vent des plaines ; il s'y joue un grand drame, celui qui oppose villes et campagnes et qui marche à un cinquième acte d'avenir purifié et comblé.* »

Henri CLOUARD, « La Poésie du Parnasse au surréalisme », *in* Émile HENRIOT (dir.), *Neuf Siècles de littérature française*, V/III, IV, 3, Delagrave, 1958.

« [Verhaeren] *exploite toutes les possibilités du vers libre pour célébrer — avec quelle fougue ! — les forces tumultueuses qui préparent l'avenir. Son inspiration est tellement véhémente qu'elle l'eût peut-être conduit à inventer le vers libre si nos symbolistes ne l'avaient devancé : car elle exige une expression sans contrainte, une poétique sans moules préalables ; le rythme imitatif ou émotionnel décide de tout, de la longueur des vers, de la longueur des laisses, de la syntaxe même ; dans son jaillissement éruptif, il entraîne souvent des dissonances, des rugosités, des heurts pénibles de temps fort contre temps fort, ou des archaïsmes, des provincialismes, des néologismes : l'essentiel étant pour le poète de lui garder sa pleine impétuosité.*

[...]

Son tempérament de visionnaire et sa véhémence naturelle le poussent à tout agrandir jusqu'au démesuré : les formes, chez lui, deviennent hallucinantes et plus encore que les formes, les forces qui les animent. Comme Hugo, par l'effet d'une imagination semblable, Verhaeren nous fait entrevoir, à travers les plus simples aspects de la nature, la vie énorme et mouvante de l'univers. (Cf. La Vache, *dans* Les Voix intérieures.*) Mais ces symboles, pratiqués de tout temps par les poètes, n'ont rien de commun avec les recherches ésotériques de Mallarmé. Loin de dissoudre le monde réel en un jeu d'apparences et de rapports abstraits, ils cherchent au contraire à l'exprimer dans sa plénitude et pour ainsi dire, dans son épaisseur.*

Deux autres courants d'inspiration sont à signaler dans l'œuvre de Verhaeren : il aima sa Flandre, toute sa Flandre, *il en peignit les paysages et les mœurs, il en conta les légendes dans des recueils d'un lyrisme réaliste tout à fait original, où sa puissante rudesse atteint à des mouvements et à des effets d'une légèreté charmante. On imagine le choc que fut pour lui l'agression de l'Allemagne et le martyre de son pays. Et il aima celle qu'il unit à sa vie : il lui a consacré les trois recueils des* Heures, *et c'est là qu'on peut voir ce qu'il y avait chez le poète de tendresse intime et douce. S'il chante triomphalement l'amour jeune et radieux de son matin lumineux, rien n'est plus émouvant, plus délicatement attendri que la peinture de l'après-midi de la vie, de plus apaisé que celle du soir : la beauté déclinante de l'aimée, l'affection qui suit jour par jour ce déclin, et qui, loin de s'éteindre, s'avive, s'accroît de toutes les années vécues ensemble. Ces trois recueils composent un des plus beaux livres d'amour qui aient jamais été écrits.* »

Gustave LANSON, *Histoire de la littérature française*, 1894 à 1912, édition refondue par Paul TRUFFAU, Hachette, 1951.

« *Verhaeren, à proprement parler, n'est rien qu'un lyrique.*

[...]

Le lyrisme n'est pas seulement pour lui la notation d'impressions personnelles, mais aussi l'évocation des luttes, des aspirations, des effets d'une époque, la souffrance et l'ivresse d'un monde nouveau qui se prépare. C'est parce que son œuvre embrasse, exprime toutes les réalités présentes, qu'il a si bien compris son devoir en face de l'avenir, un véritable poète devant, selon lui, traduire l'évolution intellectuelle de son temps. [...] C'est dans cette conscience de sa responsabilité que réside la grandeur de l'œuvre de Verhaeren. »

Stefan ZWEIG, *Émile Verhaeren*, trad. franç. P. MORISSE et H. CHERVET, Belfond, 1985.

BIBLIOGRAPHIE

Éditions

Œuvres complètes, éd. crit. en cours de publication, « Archives du futur », Labor, Bruxelles (BE), depuis 1994.

Œuvres, Mercure de France, 1912 à 1933, 9 vol., rééd. Slatkine, Genève (CH), 1977, 3 vol.

Les Campagnes hallucinées, Les Villes tentaculaires, éd. M. PIRON, « Poésie », Gallimard, 1982.

Études

P. ARON, *Les Écrivains belges et le Socialisme (1890-1913)*, « Archives du futur », Labor, Bruxelles (BE), 1985.

A. FONTAINE, *Émile Verhaeren et son œuvre*, Mercure de France, 1929.

V. JAGO-ANTOINE et M. QUAGHEBEUR (dir.), « Émile Verhaeren », in *Textyles*, n° 11, Bruxelles (BE), 1994.

E.-K. JOSEFSON, *La Vision citadine et sociale dans l'œuvre d'Émile Verhaeren*, Gleerup, Lund (SE), 1982.

P.E. KNABE et R. TROUSSON, *Émile Verhaeren, poète, dramaturge, critique*, Éd. de l'Université de Bruxelles (BE), 1984.

J. MARX, *Verhaeren, biographie d'une œuvre*, Académie royale de langue et littérature française, Bruxelles (BE), 1996.

B. WORTHING, *Émile Verhaeren*, trad. franç. R. WEGGE, Mercure de France, 1992.

S. ZWEIG, *Émile Verhaeren*, Mercure de France, 1910, rééd. Belfond, 1985, rééd. « LdP », LGF, 1995.

Émile Verhaeren, un musée imaginaire, « Les Dossiers du Musée d'Orsay », n° 63, RMN, 1997.

VERLAINE

Paul VERLAINE
Paul-Marie VERLAINE
Écrivit aussi sous le pseudonyme de Pablo de HERLAGNEZ.
Metz 1844 – Paris 1896

« Mon admiration pour Verlaine est des plus vives. Je le tiens pour un de nos plus grands poètes ; la musique de ses vers pour une des plus parfaites, et des plus pures qu'on ait jamais fait entendre à la France. J'admire Verlaine, non pas à cause de son intempérance, de ses mœurs, de sa vie déréglée ; mais, non plus, pas malgré... *Je ne puis, ni ne veux, dissocier l'un de l'autre, ni chercher à excuser l'un par l'autre. C'est au fond de la pire abjection qu'il a trouvé ses accents les plus suaves, et sans doute fallait-il ceci pour obtenir de lui cela, "parallèlement". »*

André GIDE, *Feuillets d'automne*, Mercure de France, 1949.

« Malédiction sur ce Verlaine, sur ce soûlard, sur ce pédéraste, sur cet assassin, sur ce couard traversé de temps en temps par des peurs de l'enfer qui le font chier dans ses culottes, malédiction sur ce grand pervertisseur qui, par son talent, a fait école, dans la jeunesse lettrée, de tous les mauvais appétits, de tous les goûts antinaturels, de tout ce qui est dégoût et horreur ! »

Edmond de GONCOURT, *Journal*, 1er juillet 1893.

Une vie chaotique

Un saturnien bourgeois

Verlaine naquit à Metz, où son père était alors militaire, lieutenant du génie, mais la famille s'installa à Paris et, l'enfant fut mis en pension à l'institution Landry où il suivit les cours du lycée Bonaparte (act. lycée Condorcet). Fils unique, né après treize ans de mariage, le jeune Paul fut très gâté, même — et surtout — avec la présence d'une cousine prise en charge par ses parents, Élisa Moncomble, de dix ans son aînée, qu'il chérissait et qui mourut en 1867, au grand désespoir du futur poète :

Ma cousine Élisa, presque une sœur aînée,
Mieux qu'une sœur, ô toi, voici donc ramenée
La saison de malheur où tu me quittas pour
Ce toujours, — ce jamais ! Le voici de retour
Le jour affreux qui m'a sevré de l'aile douce
Où m'abriter contre tel chagrin de Tom Pouce,
[...]
Et tu dors maintenant après m'avoir béni.
Mais je sens bien qu'en moi quelque chose est fini.

(poème sans titre, vv. 1 à 6 et 22-23, in ***Lucien Létinois***, IV, in ***Amour***)

Après le décès du lieutenant Verlaine (1865), sa veuve fut « exploitée » par le fils chéri qui eut, toute sa vie, des rapports à la fois tendres et conflictuels — souvent très violents même — avec sa mère à qui il dédia ***Sagesse*** (1881).

Dès 1863, il fréquenta le salon de la marquise de Ricard et, la même année, débuta comme poète dans *La Revue du progrès moral* — au titre rétrospectivement ironique, eu égard aux multiples errances futures de Verlaine —, fondée par Louis-Xavier de Ricard, avec un sonnet intitulé ***Monsieur Prudhomme***. Employé à l'Hôtel de Ville en 1864, Verlaine se lia avec Valade et Mérat, mais ses premières relations littéraires et politiques remontaient au lycée où il avait eu comme camarades Edmond Lepelletier et Raoul Rigault. Il fut du Parnasse dès sa fondation en 1866, année où son premier recueil, les ***Poèmes saturniens***, parut chez Lemerre : à côté de poèmes parnassiens tout à fait orthodoxes — comme l'***Épilogue***, qui constitue un véritable *credo* —, on trouvait là quelques poésies — telle la fameuse ***Chanson d'automne*** — musicales, impressionnistes, typiques déjà du meilleur Verlaine. En 1867 parurent à Bruxelles ***Les Amies***, recueil érotique publié sous le pseudonyme de Pablo de Herlagnez. Verlaine fréquentait alors les frères Cros et tous ceux qui signèrent la protestation contre l'interdiction d'*Hernani* — il fit avec Coppée le pèlerinage à Bruxelles pour rendre visite à Hugo, exilé par l'Empire. Son engagement républicain se concrétisa aussi par sa collaboration, à la même époque, au *Hanneton* que dirigeait Eugène Vermersch, et il fut introduit en 1868 dans le salon de Nina de Villard par Lepelletier ; sa réputation de hébertiste n'était pas de parade, puisqu'il resta à l'Hôtel de Ville sous la Commune.

Du fils indigne au mauvais mari

En 1869, Verlaine suscita plusieurs scandales — scènes d'ivrognerie dans le village où sa tante venait de décéder, tentatives d'assassinat de sa mère —, puis, non sans avoir d'abord demandé la main de sa cousine, il s'assagit et avoua à son ami Valade le grand changement amené dans sa conduite par la rencontre de sa future femme, Mathilde Mauté, *alias* la « *Princesse Souris* », voire la « *Princesse Certamène* » des poèmes à venir. C'est pour elle qu'il composa — et à elle qu'il dédia —, en 1870, l'année de leur mariage, un quasi-journal, le recueil poétique ***La Bonne Chanson***, qui parut chez Lemerre en juin. Elle affirma qu'elle l'aimait pour son génie, malgré sa laideur. Apprécié par Hugo, Banville et Leconte de Lisle, l'auteur de ***Poèmes saturniens*** et de ***Fêtes galantes*** (1869), avait déjà acquis quelque notoriété.

Un fils, Georges, naquit le 30 octobre 1871, mais déjà le ménage avait été éprouvé par l'arrivée, à la mi-septembre, de Rimbaud que Verlaine, enthousiasmé par les premiers textes reçus de Charleville, avait invité avec beaucoup d'empressement et installé chez ses beaux-parents.

Le séisme Rimbaud

Le jeune iconoclaste de Charleville brisa le foyer de son aîné mais changea aussi sa manière de vivre et d'écrire. Présenté par Verlaine et Valade au Dîner des Vilains Bonshommes, cénacle littéraire, Rimbaud y fit sensation avec *Le Bateau ivre*. Il fut également bien accueilli par un groupe plus restreint, celui des zutistes. Dans leur album collectif et parodique *L'Album zutique* (posth., 1961) se trouve le fameux ***Sonnet du trou du cul*** signé P.V. et A.R., généralement pris comme premier indice de leurs relations homosexuelles. Rimbaud et Verlaine fréquentaient alors les cafés du Quartier latin où Verlaine s'enivrait presque quotidiennement ; il injuriait sa femme, la battait, mais celle-ci parvint à renvoyer Rimbaud dans les Ardennes. Les deux hommes poursuivirent une correspondance clandestine grâce à l'intermédiaire de Forain ; Rimbaud revint à Paris et réussit, le 7 juillet 1872, à entraîner Verlaine dans ses pérégrinations en Belgique et en Angleterre, voyages où Verlaine puisa ses ***Ariettes oubliées***, ***Paysages belges*** et ***Aquarelles***, repris en 1874 dans ***Romances sans paroles***. Mathilde, malgré les sévices de son mari qui l'avait menacée de mort, fit une dernière tentative en essayant de le récupérer à Bruxelles ; cet épisode est évoqué dans le poème ***Birds in the night*** de ***Romances sans paroles*** — recueil dont le titre est emprunté à Mendelssohn, et que l'on peut considérer comme l'une des plus belles réussites du poète, notamment par sa section liminaire, ***Ariettes oubliées*** :

Je devine, à travers un murmure,
Le contour subtil des voix anciennes
Et dans les lueurs musiciennes,
Amour pâle, une aurore future !

Et mon âme et mon cœur en délires
Ne sont plus qu'une espèce d'œil double
Où tremblote à travers un jour trouble
L'ariette, hélas ! de toutes lyres !

Ô mourir de cette mort seulette
Que s'en vont, cher amour qui t'épeures,
Balançant jeunes et vieilles heures !
Ô mourir de cette escarpolette !

(poème sans titre, in ***Ariettes oubliées***, II,
in ***Romances sans paroles***)

Il pleut doucement sur la ville.
ARTHUR RIMBAUD.

Il pleure dans mon cœur
Comme il pleut sur la ville.
Quelle est cette langueur
Qui pénètre mon cœur ?

Ô bruit doux de la pluie
Par terre et sur les toits !
Pour un cœur qui s'ennuie,
Ô le chant de la pluie !

Il pleure sans raison
Dans ce cœur qui s'écœure
Quoi ! nulle trahison ?
Ce deuil est sans raison.

C'est bien la pire peine
De ne savoir pourquoi,
Sans amour et sans haine,
Mon cœur a tant de peine.

(poème sans titre, in ***Ariettes oubliées***, III,
in ***Romances sans paroles***)

Ô triste, triste était mon âme
À cause, à cause d'une femme.

Je ne me suis pas consolé
Bien que mon cœur s'en soit allé,

Bien que mon cœur, bien que mon âme
Eussent fui loin de cette femme.

Je ne me suis pas consolé,
Bien que mon cœur s'en soit allé.

Et mon cœur, mon cœur trop sensible
Dit à mon âme : Est-il possible,

Est-il possible, — le fût-il, —
Ce fier exil, ce triste exil ?

Mon âme dit à mon cœur : Sais-je
Moi-même, que nous veut ce piège

D'être présents bien qu'exilés,
Encore que loin en allés ?

(poème sans titre, in ***Ariettes oubliées***, VII,
in ***Romances sans paroles***)

À Londres, Verlaine essaya de démêler ses tristes affaires conjugales et de se justifier auprès de ses rares amis fidèles, notamment Lepelletier et Émile Blémont, rédacteur en chef de *La Renaissance littéraire et artistique*. Pendant leur séjour, les deux voyageurs revirent leurs portraits dans *Un coin de table* de Fantin-Latour, exposé dans la capitale britannique. Le vagabondage se termina le 10 juillet 1873, à Bruxelles, avec les deux coups de revolver tirés par Verlaine sur Rimbaud qui avait décidé de rentrer à Paris seul. Emprisonné, Verlaine s'occupa de ***Romances sans paroles*** — recueil qui, à cause du scandale, fut ignoré par la presse. Beaucoup plus tard, Verlaine évoqua cette fulgurante rencontre de Rimbaud dans nombre de poèmes, notamment dans les 25 quatrains de ***Laeti et Errabundi [Joyeux et Errants]***, composés en 1887 et recueillis dans ***Parallèlement*** (1889) :

Nous allions, — vous en souvient-il,
Voyageur où ça disparu ? —
Filant légers dans l'air subtil,
Deux spectres joyeux, on eût cru !

[...]

Scandaleux sans savoir pourquoi
(Peut-être que c'était trop beau),
Mais notre couple restait coi
Comme deux bons porte-drapeau,

Coi dans l'orgueil d'être plus libres
Que les plus libres de ce monde,
Sourd aux gros mots de tous calibres
Inaccessible au rire immonde.

(***Laeti et Errabundi***, vv. 5 à 8 et 53 à 60,
in ***Parallèlement***)

La conversion du prisonnier

C'est en prison que Verlaine composa ***Cellulairement***, projet de recueil dont les poèmes furent ensuite répartis entre ***Sagesse*** (1881), ***Jadis et Naguère*** (1884) et ***Amour*** (1888) : ces trois recueils contiennent des poèmes très divers dont certains, comme « *L'espoir luit comme un brin de paille dans l'étable* », « Gaspard Hauser chante : *Je suis venu, calme orphelin* », « *Le ciel est, par-dessus le toit* » (***Sagesse***, III, III, IV et VI), ***Kaléidoscope*** et ***Sonnet boiteux*** (in ***Sonnets et autres vers***, in ***Jadis***, in ***Jadis et Naguère***), ou encore ***Crimen amoris*** (in ***Naguère***, in ***Jadis et Naguère***), sont tenus pour des chefs-d'œuvre.

En mai 1874, Verlaine fut informé de la séparation de corps obtenue par son épouse — le divorce n'exista qu'à partir de 1886. Cette épreuve le ramena à la foi, et, pendant quelques années, à la sagesse : ***Sagesse*** renferme quelques-uns des meilleurs poèmes de la littérature d'inspiration catholique.

Verlaine expérimenta alors un « *nouveau système* », difficile à définir d'après sa correspondance, mais dont les grandes lignes sont esquissées dans son célèbre ***Art poétique*** :

De la musique avant toute chose,
Et pour cela préfère l'Impair
Plus vague et plus soluble dans l'air,
Sans rien en lui qui pèse ou qui pose.

Il faut aussi que tu n'ailles point
Choisir tes mots sans quelque méprise :
Rien de plus cher que la chanson grise
Où l'Indécis au Précis se joint.

C'est des beaux yeux derrière des voiles,
C'est le grand jour tremblant de midi,
C'est, par un ciel d'automne attiédi,
Le bleu fouillis des claires étoiles !

Car nous voulons la Nuance encor,
Pas la Couleur, rien que la nuance !
Oh ! la nuance seule fiance
Le rêve au rêve et la flûte au cor !

Fuis du plus loin la Pointe assassine,
L'Esprit cruel et le Rire impur,
Qui font pleurer les yeux de l'Azur,
Et tout cet ail de basse cuisine !

Prends l'éloquence et tords-lui son cou !
Tu feras bien, en train d'énergie,
D'en rendre un peu la Rime assagie.
Si l'on y veille, elle ira jusqu'où ?

Ô qui dira les torts de la Rime ?
Quel enfant sourd ou quel nègre fou
Nous a forgé ce bijou d'un sou
Qui sonne creux et faux sous la lime ?

De la musique encore et toujours !
Que ton vers soit la chose envolée
Qu'on sent qui fuit d'une âme en allée
Vers d'autres cieux à d'autres amours.

Que ton vers soit la bonne aventure
Éparse au vent crispé du matin

Qui va fleurant la menthe et le thym...
Et tout le reste est littérature.

(***Art poétique***, in ***Sonnets et Autres Vers***, in ***Jadis***, in ***Jadis et Naguère***)

Verlaine publia, parallèlement à ses œuvres profanes ou érotiques, ses recueils religieux : ***Amour*** (1888), ***Bonheur*** (1891), ***Liturgies intimes*** (1892), ***Dans les limbes*** (1894) sont d'inspiration chrétienne.

L'épisode Létinois

À sa sortie de prison en janvier 1875, Verlaine essaya, sans succès, de convertir Rimbaud qu'il rejoignit à Stuttgart. Il retourna en Angleterre et obtint un poste de professeur à Stickney, près de Boston dans le Lincolnshire, puis à Bournemouth (1876). En 1877, le poète rentra en France où il remplaça Delahaye, ancien camarade de Rimbaud, au collège Notre-Dame de Rethel. Là, il connut une vive affection pour l'un de ses élèves, Lucien Létinois, qu'il considérait comme son fils adoptif et qu'il amena en Angleterre, en 1879, après qu'il eut été congédié du collège. Entre-temps, en 1878, Verlaine était parvenu à revoir son fils Georges et avait tenté de se réconcilier avec sa femme — ce dont témoignent trois poèmes consécutifs de ***Sagesse*** (I, XVI à XVIII) :

Écoutez la chanson bien douce
Qui ne pleure que pour vous plaire.
Elle est discrète, elle est légère :
Un frisson d'eau sur de la mousse !

[...]

Elle est en peine *et* de passage,
L'âme qui souffre sans colère,
Et comme sa morale est claire !...
Écoutez la chanson bien sage.

(poème sans titre, in ***Sagesse***, I, XVI, vv. 1 à 4 et 25 à 28)

Les chères mains qui furent miennes,
Toutes petites, toutes belles,
Après ces méprises mortelles
Et toutes ces choses païennes,

[...]

Remords si cher, peine très bonne,
Rêves bénis, mains consacrées,
Ô ces mains, ses mains vénérées,
Faites le geste qui pardonne !

(poème sans titre, in ***Sagesse***, I, XVII, vv. 1 à 4 et 17 à 20)

Et j'ai revu l'enfant unique : il m'a semblé
Que s'ouvrait dans mon cœur la dernière blessure,
Celle dont la douleur plus exquise m'assure
D'une mort désirable en un jour consolé.

(poème sans titre, in ***Sagesse***, I, XVIII)

En 1880, Verlaine acheta une ferme dans les Ardennes près de Coulommes, et s'y installa avec les Létinois. La mort de Lucien, survenue à Paris en 1883, inspira une grande partie d'***Amour***, recueil dédié néanmoins à Georges Verlaine, fils du poète. On y trouve en effet une section intitulée ***Lucien Létinois*** — l'antépénultienne du recueil, tandis que la dernière est réduite au poème ***À Georges Verlaine*** —, riche de 25 poèmes non titrés mais numérotés, qui s'ouvre sur ce retentissant *incipit* :

Mon fils est mort. J'adore, ô mon Dieu, votre loi.
Je vous offre les pleurs d'un cœur presque parjure ;
Vous châtiez bien fort et parferez la foi
Qu'alanguissait l'amour pour une créature.

(poème sans titre, in ***Lucien Létinois***, I, in ***Amour***)

Cette section comprend d'autres poèmes parmi les plus lyriques composés par Verlaine :

J'ai la fureur d'aimer. Mon cœur si faible est fou.
N'importe quand, n'importe quel et n'importe où,
Qu'un éclair de beauté, de vertu, de vaillance
Luise, il s'y précipite, il y vole, il s'y lance,
Et, le temps d'une étreinte, il embrasse cent fois
L'être ou l'objet qu'il a poursuivi de son choix ;
Puis, quand l'illusion a replié son aile,
Il revient triste et seul bien souvent, mais fidèle,
Et laissant aux ingrats quelque chose de lui,
Sang ou chair. Mais, sans plus mourir dans son ennui,
Il embarque aussitôt pour l'île des Chimères
Et n'en apporte rien que des larmes amères

Qu'il savoure, et d'affreux désespoirs d'un instant,
Puis rembarque.

(poème sans titre, vv. 1 à 14, in ***Lucien Létinois***, V, in ***Amour***)

En 1882, Verlaine avait publié trois de ses plus importants articles — présentant, à un public qui les ignorait à peu près totalement, Mallarmé, Rimbaud et Corbière — recueillis dans ***Les Poètes maudits*** (1884).
Une certaine jeunesse de cette époque était alors très réceptive à l'esprit décadent sorti des *Fleurs du Mal*. Ni la langue ni la forme n'étaient plus sacrées. La publication d'*À rebours* (1884) de Huysmans attira de nouveau l'attention du public lettré sur Verlaine que des années de vagabondage et de prison avaient largement fait oublier.

La dernière bohème

Le chagrin ressenti à la mort de Létinois ramena Verlaine à ses vieux démons et l'amena progressivement à tenir, au Quartier latin, la figure à la fois respectée et touchante d'un « *Prince des poètes* » — titre qui lui fut décerné en 1894, à la mort de Leconte de Lisle — hantant les cafés et vivant des aumônes déguisées de ses admirateurs. En 1885, il fut incarcéré pendant un mois pour coups et menaces envers sa mère, et écrivit ***Mes Prisons*** (publiées en 1893). Finalement, mère et fils s'installèrent à Paris dans un hôtel sordide. En janvier 1886, Verlaine perdit sa mère, se retrouva sans ressources. La même année, il donna l'acte unique de ***Madame Aubin***, quelque vingt ans après ***Qui veut des merveilles*** (1867), pièce écrite avec Coppée, et quinze ans après ***Les Uns et les Autres*** (1871), comédie galante en 9 scènes dédiée à Banville (créée seulement en 1891 au Vaudeville et recueillie in ***Jadis et Naguère***) : telles furent les rares incursions de Verlaine au théâtre, qui prisa pourtant toujours ce genre. Souffrant terriblement d'une jambe, il fit de longs séjours à l'hôpital aux frais de l'Assistance publique. Parallèlement, le canular littéraire antidécadent *Les Déliquescences d'Adoré Floupette* (1885) de Vicaire et Beauclair — dans lequel Verlaine apparaissait sous le pseudonyme transparent de « *Bleucoton* » — avait déclenché de vives polémiques ; le poète composa une ***Ballade pour les Décadents*** (1888) mais, en fin de compte, rejeta le titre de chef d'école. Il eut bien plus de satisfaction à voir paraître *Illuminations* (1886) et fit de son mieux pour que les *Poésies complètes* (1895) — qu'il préfaça — de Rimbaud fussent connues. Un nouvel ami, le jeune dessinateur Cazals, rencontré en 1887, devint son factotum auprès des journaux et de l'éditeur Léon Vanier. Verlaine, obligé d'écrire pour vivre, multiplia les publications médiocres de rimeur professionnel désormais privé d'inspiration réellement personnelle, en répandant contes, chroniques, en produisant les 30 notices pour *Les Hommes d'aujourd'hui*, des vers de circonstance, une œuvre sous le manteau : les recueils pornographiques ***Femmes*** (1890) et ***Hombres*** (posth., 1904), puis ***Dédicaces*** (1890), ***Bonheur*** (1891), ***Chansons pour Elle*** (1891), ***Mes Hôpitaux*** (1892), ***Liturgies intimes*** (1892), ***Élégies*** (1893), ***Odes en son honneur*** (1893), ***Dans les limbes*** (1894), ***Les Confessions*** (1895). D'une manière générale, la qualité de l'œuvre verlainienne, après ***Parallèlement***, souffrit d'une production dictée par la pénurie de ressources. Néanmoins, les nombreux écrits autobiographiques, dont le recueil ***Dédicaces*** évoquant ses amis — entre autres, Chabrier, son beau-frère Charles de Sivry, et Germain Nouveau rencontré à Londres en 1875 — sont des témoignages très précieux sur la vie littéraire de la fin du siècle. Un article de Jules Lemaitre avait consacré sa renommée en 1888. Verlaine fut invité à faire des conférences en Belgique, en Hollande et en Angleterre. L'argent ainsi gagné, s'il ne le dépensait pas en « *fée verte* » (l'absinthe), était croqué par ses deux maîtresses, Philomène Boudin et Eugénie Krantz, avec qui il vivait alternativement depuis 1891. En 1893, Verlaine posa — en vain — sa candidature à l'Académie française, pour succéder à Taine. Il apparut ensuite sous les traits du poète Choulette dans *Le Lys rouge* (1894) d'Anatole France, l'année de son élection comme « *Prince des poètes* ». À sa mort, en 1896, chez Eugénie Krantz, il laissait quelques inédits : ***Chair*** (1896), ***Invectives*** (1896), ***Voyage en France par un Français*** (1880, posth., 1911).
On sait que le dernier mot prononcé par Verlaine fut « *François* » — prénom de son ami Coppée mais aussi de son illustre modèle Villon. Ses obsèques furent célébrées à Paris, de l'église Saint-Étienne-du-Mont au cimetière des Batignolles, avec ses plus proches amis et admirateurs : Vanier, Cazals, Mendès, Moréas, Kahn, Mallarmé, Lepelletier, Coppée, Montesquiou et Barrès. Ces deux derniers — à l'origine de la souscription lancée en 1894 pour assurer une rente mensuelle à Verlaine —, réglèrent, avec les deux précédents, une partie des obsèques, tandis que les hommages funèbres furent prononcés par Moréas,

Kahn, Coppée, Barrès et Mallarmé — qui succéda à Verlaine comme « *Prince des poètes* ».

THÉORIE LITTÉRAIRE

La poétique verlainienne s'exprime, en des textes très divers, tout au long de la carrière de l'écrivain. D'abord dans l'œuvre même, sous la forme consacrée et versifiée de l'« *art poétique* », explicitement présenté comme tel : *De la musique avant toute chose, / Et pour cela préfère l'Impair / Plus vague et plus soluble dans l'air, / Sans rien en lui qui pèse ou qui pose. // Il faut aussi que tu n'ailles point / Choisir tes mots sans quelque méprise : / Rien de plus cher que la chanson grise / Où l'Indécis au Précis se joint* (***Art poétique***, in ***Jadis et Naguère***). Mais aussi sous la forme moins évidente de vers disséminés en divers poèmes, notamment : *Suis-je né trop tôt ou trop tard ? / Qu'est-ce que je fais en ce monde ?* (Gaspard Hauser chante : *Je suis venu, calme orphelin*, in ***Sagesse***) ; *Je suis l'Empire à la fin de la décadence* (***Langueur***, in ***Jadis et Naguère***), premier vers d'un sonnet dédié à Courteline et qui servit d'exemple à toute une fin de siècle ; *De toutes les douleurs douces / Je compose mes magies !* (***Images d'un sou***, in ***Jadis et Naguère***) ; *Soit ! le grandiose échappe à ma dent, / Mais, fi de l'aimable et fi de la lie ! / Et je hais toujours la femme jolie, / La rime assonante et l'ami prudent* (***Résignation***, in ***Poèmes saturniens***) ; *Je suis né romantique et j'eusse été fatal* (***Dizain mil huit cent trente***, in ***Jadis et Naguère***). La poétique verlainienne s'est aussi développée en pastiches, tels les ***Vieux Coppées***, « *dizains réalistes* » à la manière de Coppée, ou les poèmes de la section ***À la manière de plusieurs*** (in ***Jadis et Naguère***), voire en autopastiches, tels que les poèmes ***À la manière de Paul Verlaine***, ***La Dernière Fête galante*** et ***Poème saturnien*** (in ***Parallèlement***) — genre retors que Verlaine a porté au plus haut point d'ambiguïté : *C'est à cause du clair de la lune / Que j'assume ce masque nocturne / Et de Saturne penchant son urne / Et de ces lunes l'une après l'une. // Des romances sans paroles ont, / D'un accord discord ensemble et frais, / Agacé ce cœur fadasse exprès, / Ô le son, le frisson qu'elles ont ! // Il n'est pas que vous n'ayez fait grâce / À quelqu'un qui vous jetait l'offense : / Or, moi, je pardonne à mon enfance / Revenant fardée et non sans grâce. // Je pardonne à ce mensonge-là / En faveur en somme du plaisir / Très banal drôlement qu'un loisir / Douloureux un peu m'inocula* (***À la manière de Paul Verlaine***).

Mais la poétique verlainienne, qui a évolué entre l'impassibilité parnassienne des débuts — toujours teintée d'ironie, cependant — et les épanchements d'un cœur « *fadasse exprès* » (***À la manière de Paul Verlaine***) — eux-mêmes ironiques et portés par un vers musicalement parfait —, se trouve aussi en des essais ou en des places traditionnellement réservées à la critique ou au commentaire : dans les livraisons des ***Poètes maudits***, dans l'exergue (*Les Sages d'autrefois, qui valaient bien ceux-ci*), le ***Prologue***, et l'***Épilogue*** des ***Poèmes saturniens***, dans le ***Prologue*** de ***Naguère*** (in ***Jadis et Naguère***), dans le ***Prologue d'un livre dont il ne paraîtra que les extraits ci-après***, ouvrant la section ***Révérence parler*** (in ***Parallèlement***), ou dans de très nombreux poèmes « *de circonstance* » adressés à des amis poètes, comme ceux réunis dans les recueils ***Amour*** et ***Dédicaces***.

Verlaine s'est aussi exprimé en prose, en une abondante production critique, sous la forme de chroniques et d'articles donnés à des journaux, et cela dès 1865 (article sur Baudelaire, dans *L'Art*), puis, après une longue interruption de 1868 à 1883, dans les revues littéraires de l'avant-garde symboliste ou décadente, sous la forme de « portraits-biographies » d'écrivains (30 portraits dans la série *Les Hommes d'aujourd'hui*), ou de préfaces à l'œuvre d'autres poètes (notamment à celle de Rimbaud), voire sous la forme d'un commentaire rétrospectif sur sa propre production. Cette distanciation critique, Verlaine n'a cessé, tout au long de sa vie, de la pratiquer sur lui-même, notamment dans sa ***Critique des Poèmes saturniens*** (in *La Revue d'aujourd'hui*, 15 mars 1890), texte fondamental où éclate la consigne finale : « *N'allez pas prendre au pied de la lettre l'***Art poétique** *de* **Jadis et Naguère**, *qui n'est qu'une chanson, après tout, JE N'AURAI PAS FAIT DE THÉORIE !* »

THÉORIE LITTÉRAIRE

De ses débuts au Parnasse au statut de maître des Décadents et à son élévation au rang de « *Prince des poètes* », Verlaine a accompli un parcours éloigné des dogmes esthétiques et en marge des avant-gardes qu'il a croisées sans vouloir s'y attacher. Son œuvre porte la marque de déchirements successifs entre l'errance vécue avec Rimbaud, le remords conjugal et le recours à la foi.

Un musicien du vers

Quoique innovateur comme poète — jeu sur le « *e* » muet non élidé, rythmes côtoyant la prose, coupes déplacées à n'importe quelle position du vers, assonances, utilisation fréquente de vers impairs, gamme très variée de mètres et de strophes, effets d'enjambements, d'assonances et d'allitérations —, Verlaine refusa de pratiquer le vers libre, comme il l'expliqua dans ***Un mot sur la rime*** (in *Le Décadent*, 1er-15 mars 1888) et dans sa ***Critique des poèmes saturniens*** (1890) — il fut d'ailleurs l'un des poètes les plus scrupuleusement respectueux de la ponctuation, à l'inverse de ses épigones du XXe siècle. Dès ses premiers recueils, Verlaine se signala par ses deux qualités maîtresses, la musicalité et la diversité :

Je fais souvent ce rêve étrange et pénétrant
D'une femme inconnue, et que j'aime, et qui m'aime,
Et qui n'est, chaque fois, ni tout à fait la même
Ni tout à fait une autre, et m'aime et me comprend.

Car elle me comprend, et mon cœur, transparent
Pour elle seule, hélas ! cesse d'être un problème
Pour elle seule, et les moiteurs de mon front blême,
Elle seule les sait rafraîchir, en pleurant.

Est-elle brune, blonde ou rousse ? — Je l'ignore.
Son nom ? Je me souviens qu'il est doux et sonore
Comme ceux des aimés que la Vie exila.

Son regard est pareil au regard des statues,
Et, pour sa voix, lointaine, et calme, et grave, elle a
L'inflexion des voix chères qui se sont tues.

(***Mon Rêve familier***, in ***Melancholia***, VI, in ***Poèmes saturniens***)

Les sanglots longs
Des violons
De l'automne
Blessent mon cœur
D'une langueur
Monotone.

Tout suffocant
Et blême, quand
Sonne l'heure,
Je me souviens
Des jours anciens
Et je pleure ;

Et je m'en vais
Au vent mauvais
Qui m'emporte
Deçà, delà,
Pareil à la
Feuille morte.

(***Chanson d'automne***, in ***Paysages tristes***, V, in ***Poèmes saturniens***)

La poétique verlainienne, un moment tentée par le « système » d'une poésie objective purement impressionniste et sensitive, met en œuvre une musicalité parfois peut-être ambiguë, car reposant sur ce que Verlaine a appelé des « *hérésies de versification* » — refus de l'alternance des rimes masculines, préférence pour les rimes pauvres — et sur de véritables dissonances. Elle se caractérise surtout par une méfiance permanente envers tout lyrisme de pose, tout raidissement de sérieux, tout épanchement conventionnel ou sentimental ; on peut la définir, selon un terme d'***Art poétique***, comme une poétique de la « *méprise* » généralisée. En témoigne un sonnet de ***Sagesse*** où Verlaine s'emploie à détourner et transformer les locutions les plus usuelles (« *lâcher la proie pour l'ombre* », « *broyer du noir* », etc.) :

Ô vous, comme un qui boite au loin, Chagrins et Joies,
Toi, cœur saignant d'hier qui flambes aujourd'hui,
C'est vrai, pourtant, que c'est fini, que tout a fui
De nos sens, aussi bien les ombres que les proies.

Vieux bonheurs, vieux malheurs, comme une file d'oies
Sur la route en poussière où tous les pieds ont lui,
Bon voyage ! Et le Rire, et, plus vieille que lui,
Toi, Tristesse, noyée au vieux noir que tu broies !

Et le reste ! — Un doux vide, un grand renoncement,
Quelqu'un en nous qui sent la paix immensément,
Une candeur d'une fraîcheur délicieuse...

Et voyez ! notre cœur qui saignait sous l'orgueil,
Il flambe dans l'amour, et s'en va faire accueil
À la vie, en faveur d'une mort précieuse !

(poème sans titre, in ***Sagesse***, I, VI)

Le poète sut tirer des effets de l'emploi du langage populaire, intégrant volontiers l'argot, les clichés, les locutions les plus plates, dont il revivifie les images usées ou latentes. Pour autant, même dans ses recueils tardifs, Verlaine ne renonça jamais au lyrisme, parfois le plus grave et le plus désespéré, comme dans ce sonnet de *Sagesse*, somptueux hommage rendu à la Femme :

Beauté des femmes, leur faiblesse, et ces mains pâles
Qui font souvent le bien et peuvent tout le mal,
Et ces yeux, où plus rien ne reste d'animal
Que juste assez pour dire : « assez » aux fureurs mâles,

Et toujours, maternelle endormeuse des râles,
Même quand elle ment, cette voix ! Matinal
Appel, ou chant bien doux à vêpre, ou frais signal,
Ou beau sanglot qui va mourir au pli des châles !...

Hommes durs ! Vie atroce et laide d'ici-bas !
Ah ! que du moins, loin des baisers et des combats,
Quelque chose demeure un peu sur la montagne,

Quelque chose du cœur enfantin et subtil,
Bonté, respect ! Car, qu'est-ce qui nous accompagne,
Et vraiment, quand la mort viendra, que reste-t-il ?

(poème sans titre, in ***Sagesse***, I, V)

Sa prose est proche de l'écriture artiste inventée par les Goncourt et exacerbée par les Décadents, comme en témoignent les textes de jeunesse recueillis dans ***Mémoires d'un veuf*** (1886).

Un des plus grands poètes français

Poète scandaleux et controversé, Verlaine jouit d'une immense notoriété de son vivant. Même s'il avait personnellement, en réponse à une enquête de Jules Huret sur le symbolisme, en 1891, condamné ce mouvement, il en apparaissait comme la figure fondatrice. Son rôle de découvreur de talents nouveaux, à travers ***Les Poètes maudits***, avait valu au « *pauvre Lélian* » un prestige considérable auprès des Décadents — dont témoignèrent réciproquement, à un an d'intervalle, l'élogieux portrait dressé dans *À rebours* (1884) de Huysmans et la féroce description de « *Bleucoton* » dans *Les Déliquescences d'Adoré Floupette* (1885) de Vicaire et Beauclair. Le cercle de ses admirateurs était aussi éclectique que son œuvre poétique, puisqu'on y trouvait pêle-mêle Banville, Barrès, Bloy, Mallarmé, Montesquiou — sans oublier la bienveillante protection de Hugo.

Après sa mort, Verlaine apparut surtout comme un poète inégal, dont les recueils, trop disparates, manquaient d'unité. Longtemps prévalut à son sujet le jugement de Maurras : « *Paul Verlaine laisse un grand nom ; mais je ne sais s'il laisse une œuvre.* [...] *Il faut garder de Verlaine quelques vers isolés qui sont admirables.* »

Toutefois, dès 1896, Mallarmé composa un mémorable *Tombeau de Verlaine* :

Qui cherche parcourant le solitaire bond
Tantôt extérieur de notre vagabond —
Verlaine ? il est caché parmi l'herbe Verlaine

À ne surprendre que dans le vacant accord
La lèvre sans y boire ou tarir son haleine
Un peu profond ruisseau calomnié la Mort.

Au même moment, Lanson saluait en lui « *un vrai poète* » incarnant « *l'union presque impensable de Caliban et d'Ariel* » (*Histoire de la littérature française*, 1894).

Cette réhabilitation et littéraire et universitaire se heurtait toutefois à la virulente hostilité de Barbey d'Aurevilly, des frères Goncourt et de Jules Renard. Hostilité relayée par Bre-

ton qui, s'il vénéra Rimbaud, jugea très surestimé son aîné, dont il qualifiait de « *déplorable* » — car peu pertinente, « *appliquée à ceux pour qui on l'a inventée* » — la formule de « *poètes maudits* » : « *On ne pouvait attendre mieux de Verlaine que nous abandonnons avec Samain aux petites filles de province* » (*Les Pas perdus*, Gallimard, 1924).
Verlaine trouva en Valéry un ardent défenseur : « [...] *son œuvre ne vise pas à définir un autre monde plus pur et plus incorruptible que le nôtre* [...] *mais elle admet dans la poésie toute la variété de l'âme telle quelle. Verlaine se propose aussi intime qu'il le puisse ; il est plein d'inégalités qui le font infiniment proche du lecteur. Son vers, libre et mobile entre les extrêmes du langage, ose descendre du ton le plus délicatement musical jusqu'à la prose, parfois à la pire des proses, qu'il emprunte et qu'il épouse délibérément* [...]. *Quant à l'ingénuité de Verlaine et de son art, il ne fait aucun doute qu'elle n'a jamais existé* » (*Passage de Verlaine*, in *Variété II*, 1930). Depuis la Seconde Guerre mondiale — où le poète joua, bien malgré lui, un rôle posthume décisif dans la mesure où le premier quatrain de ***Chanson d'automne*** servit de code lors du débarquement du 6 juin 1944 —, Verlaine est reconnu comme l'un des poètes majeurs de notre littérature. S'il inspire moins de recherches que ses maîtres Hugo et Baudelaire ou que son compagnon Rimbaud, il n'en est pas moins devenu un véritable classique, que les contributions successives de Yves-Gérard Le Dantec (1938 à 1951), Jean-Pierre Richard (1955), Jacques Borel (1962), Jacques-Henri Bornecque (1966), Yves-Alain Favre (1992), entre bien d'autres, ont aidé à redécouvrir.
Dans un tout autre registre, Verlaine fut également chanté par Ferré (1964) et immortalisé par Gainsbourg, dans le refrain de la chanson *Je suis venu te dire que je m'en vais* (1973) :

Comme dit si bien Verlaine au vent mauvais,
Je suis venu te dire que je m'en vais.

On retrouve aussi Verlaine à la rime du refrain d'une chanson à succès, *Hélène*, écrite par David Mc Neil pour le chanteur Julien Clerc (1987). Juste retour des choses pour un poète lui-même si musicien et dont l'œuvre fut si abondamment mise en musique. La musicalité des poèmes de Verlaine a en effet inspiré des compositeurs, comme Chausson, Debussy, Fauré ou Ravel, qui ont accompagné de nombreux poèmes verlainiens — notamment ***Clair de lune*** ou ***Colloque sentimental***.
Le centenaire de la mort du poète fut l'occasion de vérifier la place essentielle occupée par Verlaine dans notre littérature — avec notamment les approches originales suivies par Alain Buisine (1995) et Guy Goffette (1996).

ŒUVRES

Fêtes galantes

Recueil de 22 poèmes (tous titrés et non numérotés), publié chez Lemerre en 1869.

Chantées sur « *le mode mineur* » ***(Clair de lune)***, les 22 pièces de **Fêtes galantes** évoquent d'une manière délicieusement équivoque les personnages de la *comedia dell'arte*. Des aperçus de nuque ou de jambe engendrent un voyeurisme discret rappelant la *Balançoire* de Fragonard : *Les hauts talons luttaient avec les longues jupes /* [...] */ Parfois luisaient des bas de jambes, trop souvent / Interceptés ! — et nous aimions ce jeu de dupes* ***(Les Ingénus)***. L'accent est mis sur le regard : *Le négrillon parfois soulève / Plus haut qu'il ne faut, l'aigrefin, /* [...], *afin / De voir ce dont la nuit il rêve* ***(Cortège)***. Le sexe même est symbolisé, dans le dernier vers du poème **Les Coquillages** : *Mais un, entre autres, me troubla* — au grand plaisir du vénérable Hugo, qui écrivit : « *Quel bijou que le dernier vers !* » (lettre du 16 avr. 1869). Le toucher a sa place dans cet érotisme de bon aloi : *Et les amants lutinent les amantes // De qui la main imperceptible sait / Parfois donner un soufflet qu'on échange / Contre un baiser sur l'extrême phalange / Du petit doigt, et comme la chose est // Immensément excessive et farouche, / On est puni par un regard très sec, / Lequel contraste, au demeurant, avec / La moue assez clémente de la bouche* ***(À la promenade)***. Le marivaudage inspire les pièces à conversation et parfois, comme dans **Les Indolents**, un quiproquo amoureux donne des résultats hilarants. Ces personnages sont mis en scène dans un décor factice et artificiel à la Watteau : ***L'Allée*** et ***Cortège*** sont des transpositions d'art. Si le faune du poème éponyme fait partie de la statuaire traditionnelle d'un parc, le vent qui « *a jeté bas l'Amour* » ***(L'Amour par terre)*** prépare symboliquement à la tristesse, à l'abandon, et au parc désert du dernier poème, le célèbre ***Colloque sentimental***. Si, dans le poème liminaire du recueil, l'âme « *est un pay-*

sage choisi » **(*Clair de lune*)**, les états d'âme des amants qui passent, *« dans le vieux parc solitaire et glacé »* **(*Colloque sentimental*)**, du bonheur à la tristesse ont des concordances avec les lieux, les saisons, l'heure ; à la fin, tous les figurants ont disparu pour ne laisser que *« deux spectres »*, sans masque, qui évoquent avec pessimisme, un passé pourtant peuplé de gens costumés, masqués, heureux de se promener dans les allées, de voguer *« gaîment sur l'eau qui rêve »* **(*En bateau*)**, de se laisser charmer par les luths, guitares, mandolines ou tambourins : *– Te souvient-il de notre extase ancienne ? / – Pourquoi voulez-vous donc qu'il m'en souvienne ? / – Ton cœur bat-il toujours à mon seul nom ? / Toujours vois-tu mon âme en rêve ? – Non* **(*Colloque sentimental*)**.

La métrique est choisie en accord avec la légèreté — impliquant par exemple la succession de vers de 5 et de 2 syllabes dans ***Colombine*** — ou avec la solennité du sujet expliquant le choix de l'alexandrin dans ***Lettre*** ; la plupart des poèmes, souvent brefs, sont écrits en octosyllabes. Quelques tournures archaïques donnent une connotation appropriée.

Clair de lune et ***Mandoline*** furent les premiers poèmes à être publiés (in *La Gazette rimée* du 20 févr. 1867) ; *L'Artiste* en publia six autres le 1er juillet 1868.

Le premier compte rendu date du 11 mars 1869. Le recueil fut bien accueilli, notamment par Banville dans *Le National* du 19 avril. Rimbaud apprécia la césure hardie du vers *Et la tigresse épouvantable d'Hyrcanie* de ***Dans la grotte*** — poème qui illustre bien l'aspect hyperbolique et burlesque de ce recueil faisant appel aux cinq sens. De nombreux poèmes furent mis en musique par divers compositeurs ou chanteurs interprètes.

Poèmes saturniens

Recueil de 40 poèmes, divisé en 5 parties — non numérotées mais titrées (sauf la dernière) et comportant respectivement 8, 5, 7 et 12 poèmes, eux-mêmes numérotés et titrés (sauf ceux de la 5e partie) —, précédées d'un poème liminaire, sans titre, et d'un ***Prologue***, et suivies d'un ***Épilogue*** (lui-même en 3 parties numérotées), publié chez Lemerre en 1866.

Baudelaire avait décrit *Les Fleurs du Mal* comme étant un livre *« saturnien »*. Verlaine, né un samedi — le jour de Saturne — mit son recueil sous le signe de la malédiction et de la mélancolie traditionnellement associées à cette planète et divinité. Tout comme son illustre aîné, le poète débutant voulait que son livre, avec ses 40 poèmes, eût une structure précise, les 5 divisions étant encadrées d'un ***Prologue*** et d'un ***Épilogue*** plus théoriques. Les quatre premières parties sont titrées respectivement ***Melancholia***, ***Eaux-fortes***, ***Paysages tristes***, ***Caprices***. Si l'on se réfère au bois gravé *Melencolia* de Dürer, montrant saint Jérôme contre *« le soleil noir de la Mélancolie »* cher à Nerval, et si l'on considère que le mot *« caprice »* peut évoquer autant Callot ou Goya que la musique, on voit immédiatement que l'influence des arts plastiques prédomine, d'autant plus que les deux derniers poèmes historiques de la 5e partie, ***César Borgia*** et ***La Mort de Philippe II***, pourraient être des transpositions d'art. Verlaine affirme dans une lettre d'envoi à Mallarmé que son effort avait été porté *« vers la Sensation rendue »*, en quoi il réussit parfois brillamment : *Les sanglots longs / Des violons / De l'automne / Blessent mon cœur / D'une langueur / Monotone* **(*Chanson d'automne*)**.

Dès ce premier recueil, Verlaine imposait son cachet : un paysage est un état d'âme — comme l'illustrent les célèbres sonnets ***Après trois ans***, ***Mon Rêve familier*** (in ***Melancholia***, III et VI), ***Chanson d'automne*** (in ***Paysages tristes***, V). Domine dans ce recueil une atmosphère assez morbide, la mort envahissant le souvenir : *Son regard est pareil au regard des statues / Et pour sa voix, lointaine, et calme, et grave elle a / L'inflexion des voix chères qui se sont tues* **(*Mon Rêve familier*)**. L'empreinte du Parnasse est évidente dans le ***Prologue***, ***Çavitrî*** et l'***Épilogue*** qui contient le *credo* de l'esthétique parnassienne : on y retrouve la méfiance envers l'inspiration, l'exigence de vers ciselés — « [nous] *qui faisons des vers émus très froidement* » (***Épilogue***, III). Cependant, on note, dans ***Soleils couchants*** (in ***Paysages tristes***, I), une touche d'impressionnisme préfigurant ***Romances sans paroles*** (1874) : *Une aube affaiblie / Verse par les champs / La mélancolie / Des soleils couchants. / La mélancolie / Berce de doux chants / Mon cœur qui s'oublie / Aux soleils couchants.*

Vivement critiqué par Barbey d'Aurevilly dans ses *Médaillonnets du Parnasse*, Verlaine eut la consolation de recevoir les félicitations des Leconte de Lisle, Goncourt, Banville, Hugo, et les encouragements sincères de Sainte-Beuve. La 2e édition chez Vanier, en 1890, aurait pu être préfacée par la ***Critique des Poèmes saturniens*** (in *Revue d'aujourd'hui*, 15 mars 1890), dans laquelle Verlaine explique avec une certaine fierté son apport sur le plan technique : « [...] *libre versification, enjambements et rejets dépendant plus généralement des deux césures avoisinantes, fréquentes allitérations, quelque chose comme de l'assonance souvent dans le corps du vers, rimes plutôt rares que riches, le mot propre évité des fois à dessein ou presque.* »

Les ***Poètes maudits***

Série de 6 articles dont les premiers furent d'abord publiés par Verlaine sous ce titre commun dans la revue *Lutèce* en 1884, les suivants dans la revue *La Vogue*, pour être ensuite réunis en volume chez l'éditeur Vanier en 1888.

Ces articles sont consacrés aux poètes Corbière, Mallarmé, et Rimbaud (*Lutèce* n°s 82 à 100, 1883), puis à Marceline Desbordes-Valmore et à « *Pauvre Lélian* » (anagramme de Paul Verlaine — *La Vogue* n°s 2 à 7, 1886), Villiers prenant place dans l'édition Vanier de 1888. Cette série de Verlaine fit connaître des poètes très largement ignorés du public et fixa pour une génération le panthéon de la poésie « moderne ».

L'expression de *« poète maudit »*, qui se trouve déjà chez Baudelaire (*Les Deux Bonnes Sœurs*, in *Les Fleurs du Mal*), fut par la suite reprise fréquemment par la critique littéraire ou artistique *(« peintre maudit »)* pour désigner tout artiste ou écrivain génial méconnu du public ou ayant eu un destin tragique.

Sagesse

Recueil de 49 poèmes — 58 si l'on comptabilise chacun des 10 sonnets présents en II, IV —, divisé en 3 parties numérotées et non titrées — comportant respectivement 24, 4 et 21 poèmes tous numérotés et non titrés —, composé entre 1873 et 1880 et publié à compte d'auteur chez Palmé en 1881 (avec une ***Préface*** datée du 30 juil. 1880).

L'ouvrage se présente comme le journal d'une conversion : *« dialogues entre moi et, si j'ose dire, Dieu »* (lettre à Cazals, 26 juin 1880) ; apparemment, il célèbre la rédemption du pécheur qui renie son passé, conscient du *« malheur affreux d'être coupable d'une tentative de meurtre »*. Aucun poème ne porte de titre, faisant du recueil une sorte de texte continu, de confession progressant par étapes, retours sur soi, retours en arrière. La 1re partie exprime la difficulté de Verlaine à lutter contre plusieurs tentations, son admiration pour la *« Sagesse d'un Louis Racine »* (I, IX), et pour le prince impérial devenu un martyr depuis la chute du Second Empire (1870) et la mort de Napoléon III (1873), l'espoir que Dieu sauvera Rimbaud, *« cet enfant de colère »* (I, IV) ; certains poèmes consistent même en de belles plaidoiries destinées à convaincre sa femme du changement radical survenu chez le poète pénitent : *Écoutez la chanson bien douce / Qui ne pleure que pour vous plaire* (I, XVI). La 2e partie commence par une litanie adressée à Dieu *(Ô mon Dieu, vous m'avez blessé d'amour)*, suivie d'un beau poème marial *(Je ne veux plus aimer que ma mère Marie)*, d'une supplique à Dieu le Père *(Vous êtes calme, vous voulez un vœu discret)*, puis d'une suite de 10 sonnets — curieusement numérotés : de I à VII, puis sans numéro pour les 8e et 9e, puis VIII pour la quasi-totalité du 10e, enfin IX pour le 2nd hémistiche du dernier vers de ce sonnet VIII — racontant la conversion du poète pécheur sous forme d'une conversation très émouvante avec le Seigneur (*Mon Dieu m'a dit : « Mon fils il faut m'aimer.* [...] »). Dans le prologue de la 3e partie, la foi donne au Sage la force d'affronter la vie, de communier avec la Nature, de passer de la tristesse à l'exaltation, de *« la fête du blé* [à] *la fête du pain »* (III, XXI).

Un moi éclaté, livré au kaléidoscope de sensations confuses (III, III), y alterne avec un argumentateur qui cherche à convaincre et à se convaincre. Le dialogue mystique, le débat intérieur, la tentation et la quête, la prière religieuse, les psaumes, constituent ici des modèles poétiques où passent les grands thèmes verlainiens — le berceau balancé, les voix murmurantes, la boiterie de l'âme, l'anesthésie, la naïveté —, en une poésie qui côtoie souvent et savamment la prose. Le recueil comporte de longs poèmes en alexandrins, de brefs poèmes en mètres courts, des sonnets, des poèmes à mètres différents — à l'image du plus illustre de l'ensemble : *Le ciel est, par dessus le toit, / Si bleu, si calme ! / Un arbre, par-dessus le toit, / Berce sa palme. // La cloche, dans le ciel qu'on voit, / Doucement tinte. / Un oiseau sur l'arbre qu'on voit / Chante sa plainte. // Mon Dieu, mon Dieu, la vie est là, / Simple et tranquille. / Cette paisible rumeur-là / Vient de la ville. // — Qu'as-tu fait, ô toi que voilà / Pleurant sans cesse, / Dis, qu'as-tu fait, toi que voilà, / De ta jeunesse ?* (III, VI).

Sous un titre inspiré à la fois de Salomon et de Hugo, dédié à sa mère (2e éd., 1889), ce volume reprend une partie du manuscrit de ***Cellulairement***, recueil projeté et composé lors de l'emprisonnement de Verlaine en Belgique. La plupart des poèmes datent de son séjour en Angleterre (1875 à 1877) et à Rethel. L'exemplaire annoté de l'édition de 1893, offert au comte Kessler, n'aide guère pour la datation de ces poésies.

Verlaine, qui comptait beaucoup sur la publication de ***Sagesse*** pour se réhabiliter, fut amèrement déçu : 4 journaux seulement daignèrent faire mention de sa renaissance littéraire.

CITATIONS

Un vaste et tendre
Apaisement
Semble descendre
Du firmament
Que l'astre irise...

C'est l'heure exquise.

La Bonne Chanson, VI, in *Fêtes galantes.*

Prends l'éloquence et tords-lui son cou !

Art poétique, in *Jadis et Naguère.*

La morale la meilleure,
En ce monde où les plus fous
Sont les plus sages de tous,
C'est encor d'oublier l'heure.

Les Uns et les Autres, in *Jadis et Naguère.*

La chair est sainte ! Il faut qu'on la vénère.

Don Juan pipé, in *Jadis et Naguère.*

Elle ne savait pas que l'Enfer, c'est l'absence.

Amoureuse du Diable, in *Jadis et Naguère.*

Vous souvient-il, cocodette un peu mûre,
Qui gobergez vos flemmes de bourgeoise,
Du temps joli quand, gamine un peu sûre,
Tu m'écoutais, blanc-bec fou qui dégoise ?

Dédicace, in *Parallèlement.*

J'ai perdu ma vie et je sais bien
Que tout blâme sur moi s'en va fondre :
À cela je ne puis que répondre
Que je suis vraiment né Saturnien.

Prologue, I, in *Parallèlement.*

Ah ! quand refleuriront les roses de septembre ?

Sagesse, III, 3.

Je suis venu, calme orphelin,
Riche de mes seuls yeux tranquilles,
Vers les hommes des grandes villes :
Ils ne m'ont pas trouvé malin.

Sagesse, III, 4.

Le ciel est, par-dessus le toit,
Si bleu, si calme !
Un arbre, par-dessus le toit,
Berce sa palme !
[...]
Qu'as-tu fait, ô toi que voilà
Pleurant sans cesse,
Dis, qu'as-tu fait, toi que voilà
De ta jeunesse ?

Sagesse, III, 6.

JUGEMENTS

« *Et quel tumulte — fût-ce celui-là — pourrait couvrir d'autre part la plainte en mineur de ce mauvais gars repenti, pitoyable et dangereux, de ce fourbe Verlaine, toute sa vie sans défense contre lui-même ? Il mit en scène sa foi retrouvée, sa piété toute neuve, comme il avait mis en scène ses dérèglements les plus vils. Ainsi les enfants se jouent la comédie ; rien n'est plus sincère et poignant que la comédie des enfants. Et malgré ses roueries et ses maniérismes, Verlaine trouve des accents touchants pour se livrer humblement, toute honte bue, tout orgueil évanoui, à la miséricorde d'un Dieu qu'il offense sans cesse et ne renie jamais.* »

Dominique AURY, *Anthologie de la poésie religieuse française*, Gallimard, 1943, rééd. « Poésie », Gallimard, 1997.

« *Parfois, peut-être, vous côtoyez de si près le rivage de la poésie que vous risquez de tomber dans la musique ! Il est possible que vous ayez raison.* »

Théodore de BANVILLE, *Lettre à Verlaine*, 9 juillet 1885.

« *Un Baudelaire puritain, combinaison follement drolatique, sans le talent net de M. Baudelaire, avec des reflets de M. Hugo et d'Alfred de Musset ici et là : tel est M. Paul Verlaine. Pas un zeste de plus. Il a dit quelque part en parlant de je ne sais qui, cela du reste n'importe guère :* "... Elle a / L'inflexion des voix chères qui se sont tues." *Quand on écoute M. Paul Verlaine, on désirerait qu'il n'eût jamais d'autre inflexion que celle-là.* »

Jules BARBEY d'AUREVILLY, *Les 37 Médaillonnets du Parnasse contemporain*, 1866.

« *Verlaine ne vaut pas Pascal. Mais il a l'accent.* [...] *Il était mithridaté. N'est pas alcoolique qui veut ! C'est-à-dire que les organes sont plus ou moins un bon terrain. Verlaine était tout imbibé d'alcool.* »

Maurice BARRÈS, *Mes Cahiers*, t. I, Plon, posthume, 1929.

« [...] *Verlaine est évacué pour l'unique raison laxative de sa poésie. On ne peut pas reprocher autre chose à cet artiste des moins copieux et qui n'a vraiment pas mené grand bruit dans le monde.*
[...] *ce poète inouï, l'unique Poète chrétien qu'on ait vu depuis cinq ou six cents ans.* »

Léon BLOY, *Histoires désobligeantes*, 1894.

« *En somme, je désirerais avant tout mettre un terme à cette entreprise si typique de la création verlainienne, qui consiste à soigneusement protéger la pure inspiration poétique de l'indigne pourceau qui en est miraculeusement habité, à sauver le corpus poétique du corps de l'écrivain* [...]. *Chez Paul Verlaine, le corps n'est pas l'obstacle à vaincre, à dépasser, à transcender, il est au contraire la seule mesure possible, l'unique instrument d'expérimentation, l'irremplaçable laboratoire du travail poétique.* »

Alain BUISINE, *Verlaine. Histoire d'un corps*, Tallandier, 1995.

« *J'ai appelé Verlaine le fils de l'Ardenne et de l'ardoise.* [...] *si chez Verlaine la chair fut faible et la volonté souvent dépravée, le jugement resta toujours sain et le bon sens, un bon sens de curé de campagne, inaltérable* [...]. »

Paul CLAUDEL, *Accompagnements*, Gallimard, 1949.

« *Vous êtes un des premiers, un des plus puissants, un des plus charmants, dans cette nouvelle légion sacrée des poètes que je salue et que j'aime, moi, le vieux pensif des solitudes.* »

Victor HUGO, *Lettre à Verlaine*, 16 avril 1869.

« [...] *sa personnalité résidait surtout en ceci : qu'il avait pu exprimer de vagues et délicieuses confidences, à mi-voix, au crépuscule. Seul, il avait pu laisser deviner certains au-delà troublants d'âme, des chuchotements si bas de pensées, des aveux si murmurés, si interrompus, que l'oreille qui les percevait demeurait hésitante, coulant à l'âme des langueurs avivées par le mystère de ce souffle plus deviné que senti.* [...]
Ce n'était plus l'horizon immense ouvert par les inoubliables portes de Baudelaire, c'était, sous un clair de lune, une fente entrebâillée sur un champ plus restreint et plus intime. »

Joris-Karl HUYSMANS, *À rebours*, chap. XIV, 1884.

« *Verlaine est plus facile* [que Mallarmé]. *Ne cherchons pas chez lui la puissance de la forme ou de l'imagination : il s'accompagne de la guitare ou du violon, mais s'essoufflerait à suivre un orchestre. Il n'est pas jusqu'aux célèbres sonnets chrétiens de* Sagesse *qui ne me paraissent d'une qualité inférieure. Mais comme Villon et Baudelaire sont les poètes de l'angoisse et du remords, Verlaine est celui de la mélancolie et du regret. Il a su en donner l'expression la plus musicale, la plus tendrement mystérieuse. Il est un des poètes les plus chers à notre cœur. Je dirais cependant qu'il a été un mauvais maître, s'il n'y avait pas Apollinaire.* »

Georges POMPIDOU, *Les Poètes*, in *Anthologie de la poésie française*, Hachette, 1961.

« *Verlaine. Lu ses lettres publiées par* La Revue blanche, *n° 83. Son style : une désagrégation, une chute de feuilles d'un arbre qui se pourrit.*
[...]
Verlaine, ses derniers vers. Il n'écrit plus : il joue aux osselets avec des mots. »

Jules RENARD, *Journal*, 16 novembre 1896 et 1er octobre 1897.

« *Loin que la sensation le conduise vers un objet précis, point originel du temps et de l'espace, elle ne lui indique que le vide. S'il pense, c'est au rien, à rien. La profondeur devient chez lui largeur diffuse, vastitude, pure indétermination. Et Verlaine consent à s'absenter de soi pour n'aller nulle part, à se laisser envahir par le vague, l'impersonnalité... Dans la masse de la sensation vague, la puissance corrosive de la dissonance ou de l'impair creuse des fêlures, crée des lignes de rupture, taille des plans de déséquilibre* [...]. *C'est cette même puissance qui retient la somnolence sur la pente du sommeil. Toute la réussite verlainienne fut donc de se fabriquer une incantation qui invitât à la fois à la jouissance d'une indétermination et à la délectation d'une extrême acuité sensible* [...].
Entre aigreur et douceur la sensibilité verlainienne exige cependant davantage qu'une coexistence, si étroite fût-elle ; elle veut un mélange intime, une qualité où ces deux tonalités contradictoires se trouvent contenues à la fois, et inséparablement l'une de l'autre. Aussi la voit-on se plaire au monde équivoque de l'aigre-doux, ou comme le dit mieux Verlaine, de la fadeur. »

Jean-Pierre RICHARD, « Fadeur de Verlaine », in *Poésie et Profondeur*, Seuil, 1955.

« *J'ai les* Fêtes Galantes *de Paul Verlaine, un joli in-12 écu. C'est fort bizarre, très drôle ; mais vraiment, c'est adorable. Parfois de fortes licences* [...]. »

Arthur RIMBAUD, *Lettre à Georges Izambard*, 25 août 1870.

« *Personne n'a su comme lui dissimuler ou fondre les ressources d'un art consommé, rompu à toutes les subtilités des poètes les plus habiles, dans des œuvres d'apparence facile, de ton naïf, presque enfantin.* »

Paul VALÉRY, « Villon et Verlaine », in *Variété II*, Gallimard, 1930.

BIBLIOGRAPHIE

Éditions

Œuvres poétiques complètes, éd. Y.-G. LE DANTEC, revue, complétée et présentée par J. BOREL, « Pléiade », Gallimard, 1962 ; éd. Y.-A. FAVRE, « Bouquins », Laffont, 1992.

Œuvres en prose complètes, éd. J. BOREL, « Pléiade », Gallimard, 1972.

Œuvres poétiques [1866-1889], éd. J. ROBICHEZ, « Classiques Garnier », Garnier, 1969.

Œuvres libres [*Parallèlement, Femmes, Hombres*], éd. J.-P. CORSETTI et J.-P. GIUSTO, « 10/18 », Havas Poche, 1999.

Correspondance, éd. A. VAN BEVER, Messein, 1922 à 1929, 3 vol., rééd. Slatkine, Genève (CH), 1983.

Lettres inédites à Charles Morice, éd. G. ZAYED, Droz/Minard, Genève (CH)/Paris, 1964.

Lettres inédites à divers correspondants, éd. G. ZAYED, Droz, Genève (CH), 1976.

Bibliographie et Iconographie de Paul Verlaine, éd. A. Van Bever et M. Monda, Messein, 1924, rééd. Slatkine, Genève (CH), 1991.

Cellulairement, éd. J.-L. Steinmetz, Le Castor Astral, Bègles (Gironde), 1992.

Fêtes galantes [fac-similé], « Les Manuscrits des maîtres », Messein, 1920 ; éd. J. Gaudon, « GF », Flammarion, 1976 ; éd. J.-H. Bornecque, Pocket, 1980 ; éd. J. Borel, « Poésie », Gallimard, 1988.

Poèmes saturniens, éd. J. Gaudon, « GF », Flammarion, 1977 ; éd. M. Bercot, « LdP », LGF, 1997.

Sagesse [fac-similé du manuscrit (1880) avec une introduction d'E. Delahaye], « Les Manuscrits des Maîtres », Messein, 1919, rééd. Slatkine, Genève (CH), 1983 ; éd. V.P. Underwood, Zwemmer, Londres (GB), 1944 ; éd. L. Morice, Nizet, 1948 ; « Poésie », Gallimard, 1975 ; éd. J. Gaudon, « GF », Flammarion, 1977.

Études

A. Adam, *Verlaine*, « Connaissance des lettres », Hatier, rééd. 1965.

J.-H. Bornecque, *Verlaine par lui-même*, « Écrivains de toujours », Seuil, 1966 ; *Études verlainiennes : les « Poèmes saturniens »*, Nizet, 1952 — sans le texte des poèmes, rééd. 1967 ; *Études verlainiennes : Lumières sur les « Fêtes galantes » de Paul Verlaine*, Nizet, 1959, rééd. 1967.

A. Buisine, *Verlaine. Histoire d'un corps*, « Figures de proue », Tallandier, 1995.

J. Cassou, « Verlaine », in *Tableau de la littérature française*, III, Gallimard, 1974, pp. 389 à 395.

F.-A. Cazals et G. Le Rouge, *Les Derniers Jours de Paul Verlaine*, Mercure de France, rééd. 1923.

R. Clauzel, *« Sagesse » de Paul Verlaine*, « Les Grands Événements littéraires », Malfère, 1929.

Cl. Cuénot, *Le Style de Paul Verlaine*, CDU, 1963.

M. Décaudin, *« Les Poètes maudits » de Paul Verlaine*, CDU-SEDES, 1982.

E. Delahaye, *Verlaine*, Messein, 1919, rééd. Sauret, Monaco (MC), 1993.

F.S. Eigeldinger, D. Godet, E. Welvilé, *Table de concordance rythmique et syntaxique des poésies de Verlaine*, Slatkine, Genève (CH), 1985.

Ph. Faure, *Moi, Paul Marie Verlaine, père et mère*, Dumerchez, Creil (Oise), 1995.

G. Goffette, *Verlaine d'ardoise et de pluie*, Gallimard, 1996.

S. Horrex-Taylor, *« Fêtes galantes » and « Romances sans paroles »*, Grant & Cutler, Londres (GB), 1988.

E. Lepelletier, *Paul Verlaine, sa vie, son œuvre*, Mercure de France, 1907.

P. Louys, *Paroles de Verlaine*, L'Échoppe, 1993.

H. Mondor, *L'Amitié de Verlaine et de Mallarmé*, Gallimard, 1939.

L. Morice, *Verlaine : le Drame religieux*, Beauchesne, 1946.

M. Mougenot, *Verlaine. « Fêtes galantes »*, « Parcours de lecture », Bertrand-Lacoste, 1992.

B. Moukiewicz, *Verlaine critique littéraire*, 1928, rééd. Slatkine, Genève (CH), 1983.

J. Mourot, *Verlaine*, P.U. Nancy, 1988.

P. Petitfils, *Verlaine*, « Les Vivants », Julliard, 1981.

J.-P. Richard, « Fadeur de Verlaine », in *Poésie et Profondeur*, Seuil, 1955.

J. Richer, *Paul Verlaine*, « Poètes d'aujourd'hui », Seghers, 1953, rééd. 1975.

J. Robichez, *Verlaine entre Rimbaud et Dieu : des « Romances sans paroles » à « Sagesse »*, SEDES, 1982.

P.H. Simon, *« Sagesse » de Paul Verlaine*, « S.E.G.E.S. », 27, Éd. Univ. Fribourg (CH), s.d.

G. Vannier, *Paul Verlaine ou l'Enfance de l'art*, « Champ poétique », Champ Vallon, Seyssel (Ain), 1993.

G. Zayed, *La Formation littéraire de Verlaine*, Droz, Genève (CH), 1962, rééd. Nizet, 1970.

É.-M. Zimmerman, *Magies de Verlaine : étude de l'évolution poétique de Paul Verlaine*, Corti, 1981.

Ex-Mme Paul Verlaine, *Mémoires de ma vie*, éd. M. Pakenham, « Dix-neuvième », Champ Vallon, Seyssel (Ain), 1992.

Revue Verlaine, Musée-Bibliothèque Rimbaud, Charleville-Mézières (Ardennes), depuis 1993.

AUDIO & VIDÉO

Vidéo

A. Holland, *Éclipse totale (Rimbaud-Verlaine)*, GCR, 1997.

CD-ROM

G. Casaril, *Monet, Verlaine, Debussy : une révolution douce*, BMG, 1995.

Encyclopédie de la littérature française, Bibliopolis, 1998.

VERNE

Jules VERNE
Jules Gabriel VERNE
Nantes 1828 – Amiens 1905

> *« Demandez-moi ma vie, mais ne me demandez pas de vous prêter un Jules Verne ! J'ai un tel fanatisme pour ses œuvres que j'en suis "jaloux".* [...] *C'est Lui, et de beaucoup,* le plus grand génie littéraire de tous les siècles *; il "restera" quand tous les autres auteurs de notre époque seront oubliés depuis longtemps. »*
> Raymond ROUSSEL, *Lettre à Eugène Leiris*, 1921.

> *« L'incommensurable ennui qui se dégageait pour moi dès les premières pages m'a toujours empêché de prendre connaissance de la collection complète, je crois bien, des œuvres de Jules Verne qui ornaient les rayons de ma bibliothèque* [...]. *Je crois que le style insipide, ennuyeux et correct doublait pour moi l'ennui qui s'est toujours dégagé des romans d'aventures. »*
> Henry BATAILLE, in *L'Opinion*, 9 mai 1909.

Une œuvre cohérente

De Nantes à Paris : les débuts d'un dramaturge

Né dans une famille de la bourgeoisie nantaise, fils d'un avoué et frère aîné d'un futur marin, Jules Verne, après de bonnes études — où il se signala en latin et en géographie — au petit séminaire puis au Lycée royal de Nantes, commença à écrire des poèmes et des drames romantiques. De 1848 à 1850, il poursuivit ses études de droit à Paris où il fréquenta Alexandre Dumas (1848), puis Jacques Arago (1851), frère du célèbre astronome. C'est alors qu'il annonça à ses parents son intention de renoncer à la carrière d'avocat et de se lancer dans la littérature. Il fut pendant quatre ans (1851 à 1855) le secrétaire bénévole de Jules Seveste, directeur du Théâtre Lyrique, et écrivit des comédies et des opérettes, le plus souvent en collaboration : ***Le Colin Maillard*** (1853), ***Les Compagnons de la Marjolaine*** (1855). Parallèlement, il publia, dans le *Musée des Familles*, des nouvelles qui contenaient les germes de son œuvre future : ***Un voyage en ballon*** (1851), ***Martin Paz*** (1852), ***Maître Zacharius*** (1854), ***Un hivernage dans les glaces*** (1855). En 1856, ayant rencontré une jeune veuve, mère de deux filles, et soucieux de trouver une situation, il obtient de son père l'aide financière nécessaire à l'achat d'une part d'agent de change. Désormais, il était boursier le jour et écrivain le soir. Début 1857, Jules Verne épousa Honorine Devianne. Simultanément, Baudelaire publiait, dans le *Moniteur universel*, une traduction des *Aventures d'Arthur Gordon Pym* d'Edgar Poe.

Le romancier voyageur

C'est précisément de la découverte de l'œuvre de Poe et de la rencontre avec l'éditeur Hetzel en 1862 que naquit le projet des ***Voyages extraordinaires***. Dans le projet éducatif que lui proposait l'éditeur et qui consistait à « *résumer toutes les connaissances* [...] *amassées par la science moderne* » (*Avertissement de l'éditeur* aux ***Voyages et Aventures du capitaine Hatteras***), Verne — dont le fils Michel était né en 1861 — vit l'intérêt romanesque que pouvaient présenter les « merveilles » de la science de son temps comme les découvertes géographiques du XIXe siècle. C'est toute son époque qu'il tenta de transformer en littérature.

Dans cette entreprise, l'éditeur joua un rôle absolument décisif : son regard critique amena souvent Verne à récrire certains épisodes, à en supprimer d'autres, voire à modifier la fin de certains romans. Ses premières œuvres se tournèrent vers des lieux inexplorés, des sources du Nil, avec ***Cinq Semaines en ballon*** (1863), au pôle Nord, dans ***Voyages et Aventures du capitaine Hatteras*** (paru en feuilleton dans le *Magasin d'éducation et de récréation* en 1864-1865), des entrailles du globe, dans ***Voyage au centre de la Terre*** (1864), à son satellite, avec ***De la Terre à la Lune*** (paru dans le *Journal des Débats* en 1865), en passant par le fond des mers, dans ***Vingt Mille Lieues sous les mers*** (1869-1870). Verne s'insérait dans la longue tradition du voyage imaginaire, mais il modernisa le genre, grâce à des bases scientifiques solides qu'il acquit par ses lectures et qu'il restituait au fur et à mesure dans chacun des volumes des ***Voyages extraordinaires***, notamment ***Le Tour du monde en quatre-vingts jours*** (1872-1873) et ***L'Île mystérieuse*** (1874-1875).

Pour accomplir ces voyages aux pays des merveilles, des engins de transport plus ou moins étonnants étaient nécessaires. Verne les emprunta à l'actualité : le *Nautilus* du capitaine Nemo, dans ***Vingt Mille Lieues sous les mers***, l'*Albatros* de ***Robur le Conquérant*** (paru dans le *Journal des Débats* en 1886) ou le *Géant* d'acier de ***La Maison à vapeur*** (1880) s'inspiraient des recherches contemporaines. En outre, Verne puisait dans ses propres expériences de voyageur, et notamment de navigateur : contrairement à une idée reçue, l'écrivain ne se limita pas à des voyages autour de sa chambre mais multiplia les croisières, à bord de ses bateaux, le *Saint-Michel I* (1867), chaloupe à laquelle succédèrent un voilier, le *Saint-Michel II* (1876), puis un yacht, le *Saint-Michel III* (1877).

Un acteur de son siècle

L'écrivain ne fut donc pas un doux rêveur coupé du monde par des visions futuristes. Bien au contraire, ce fut un homme de son temps, sensible aux grands mouvements du siècle. Lui-même s'engagea de plus en plus nettement dans ce qu'il appelait *« les affaires »*, participant à la vie sociale et politique d'Amiens où il se fixa en 1871 avec sa famille : dès 1872, il fut reçu membre de l'Académie de cette ville et, de 1888 à 1904, il exerça les fonctions de conseiller municipal, assumant avec sérieux et compétence des responsabilités dans les affaires culturelles de la ville. Son siècle défile dans son œuvre : conflit de 1870, dans ***Les Cinq Cents Millions de la bégum*** (1879) où s'opposent le « bon » ingénieur français et le « mauvais » ingénieur allemand, guerre de Sécession aux États-Unis, avec ***Nord contre Sud*** (1887), conquête de l'Algérie, dans ***L'Invasion de la mer*** (1905), montée du capitalisme, avec ***L'Île à hélice*** (1895), révolte canadienne, dans ***Famille-sans-nom*** (1889), problème du plus-lourd-que-l'air, avec ***Robur le Conquérant***. Dans ***Vingt Mille Lieues sous les mers*** puis dans ***L'Île mystérieuse*** (1874), le personnage de Nemo, Indien révolté contre l'Angleterre, personnifie dans son anonymat — *nemo*, terme latin, signifie *« personne »* —, la révolte contre l'oppresseur et la défense des opprimés. Parfois, Verne s'interrogea sur l'évolution de la civilisation : irait-t-elle vers l'harmonie sociale, comme le suggéraient ***L'Île mystérieuse*** et ***Les Indes noires*** (1877), vers le collectivisme tyrannique envisagé dans ***Les Naufragés du Jonathan*** (posth., 1909) et dans ***L'Étonnante Aventure de la mission Barsac*** (publié d'abord en feuilleton in *Le Matin* en 1914, mais en volume seulement en 1919), ou vers l'anéantissement annoncé dans ***L'Éternel Adam*** (posth., 1910) ?

Avec les années, la réponse se fit plus pessimiste. Les épreuves personnelles y jouèrent peut-être un rôle : amertume de constater l'absence de reconnaissance littéraire de son œuvre et qu'une candidature à l'Académie française serait vouée à l'échec ; préoccupations causées par le comportement de son fils Michel pour lequel un aliéniste fut consulté en 1877, qui fut embarqué en 1878 pour plusieurs mois à bord d'un navire, et qui, à 19 ans, vécut avec une actrice, puis la quitta en 1884 pour rejoindre une jeune fille de 16 ans ; problèmes financiers qui amenèrent Verne à vendre son *Saint-Michel III* en 1886. Terrible année 1886, puisque son neveu Gaston Verne, pris d'une crise de folie, le blessa d'une balle de revolver à la jambe et que, encore cloué au lit, Verne — qui conserva une infirmité de la jambe — apprit la mort d'Hetzel, son éditeur et ami. Mais l'infléchissement pessimiste de certains romans est peut-être dû à la part que Michel Verne, réconcilié dans les années 1890 avec son père, prit dans l'écriture de certains d'entre eux et surtout dans les romans posthumes publiés à partir de 1905. Verne, malgré ses fonctions officielles à Amiens, ne s'engageait pas directement dans ses romans, mais il laissait volontiers transparaître ses sympathies ou ses critiques, son intention étant d'amener le lecteur à réfléchir.

Un explorateur du roman

Il existe, dans les ***Voyages extraordinaires***, une inspiration fantastique. Les voyages dans des pays inexplorés, vers les pôles ou le centre de la Terre abondent en scènes étranges que les illustrateurs de l'édition Hetzel se plurent à représenter. Ces illustrateurs, Riou, Neuville et Férat d'abord, puis Benett et Roux, ont contribué — avec les relieurs, qui ont créé les couvertures rutilantes, rouge et or, des volumes — à donner une vision de l'univers vernien et, loin de limiter l'imagination des lecteurs, l'ont souvent stimulée. Certains romans « frôlent » le fantastique, qu'ils évoquent un homme invisible, comme ***Le Secret de Wilhelm Storitz*** (posth., 1910), des monstres, tel ***Le Sphinx des glaces*** (1897, continuation des *Aventures d'Arthur Gordon Pym* de Poe), ou des fantômes, comme ***Les Indes noires*** et ***Le Château des Carpathes*** (1892) : dans ce dernier roman, une jeune cantatrice est, avant de mourir et de se retrouver « cinématographiée » par un énigmatique châtelain, écartelée entre l'égarement et la raison, sous l'emprise d'un personnage maléfique ; aussi ressent-elle une *« frayeur irraisonnée quoique très réelle »*. Belle définition du fantastique !

Par contrat avec Hetzel, Verne s'était engagé à écrire 2 volumes par an et à percevoir un revenu fixe. Il écrivit également des ouvrages de vulgarisation comme l'***Histoire des grands voyages et des grands voyageurs*** (1878 à 1880). Plusieurs romans, dont ***Le Tour du monde en quatre-vingts jours*** (paru en feuilleton dans *Le Temps* en 1872) et ***Michel Strogoff*** (1876), furent adaptés au théâtre par Verne lui-même, avec la collaboration d'Adolphe d'Ennery. La trace de cette pratique théâtrale se retrouve dans l'humour souvent présent d'un roman à l'autre, passant de la fantaisie à la manière des opérettes d'Offenbach, comme dans ***Une fantaisie du docteur Ox*** (1872), à la satire grinçante des mœurs de l'époque, dans ***Sans dessus dessous*** (1889) ou ***L'Île à hélice*** (1895), ouvrages où Verne reprend certains éléments de ***Paris au xxe siècle*** (ébauche de roman refusé par Hetzel en 1863 et publié seulement en 1994). Le romancier s'interrogea ainsi sur les limites du genre auquel il s'était consacré, cherchant parfois à sortir du roman d'aventure, mais y revenant néanmoins. Par sa souplesse, ce genre pouvait en intégrer d'autres et lui permettait même de concilier la fantaisie et le réalisme : des romans comme ***Hector Servadac*** (1877) ou ***Un capitaine de quinze ans*** (1878) jouent malicieusement avec des connaissances « déplacées », l'un en faisant arracher quelques fragments de la Terre par une comète, l'autre en se situant en Afrique alors que les personnages sont persuadés qu'ils sont en Amérique. Par rapport au réel, Verne a toujours affirmé à son éditeur son droit de romancier, son droit d'imaginer.

Dans les dernières années de sa vie, malgré sa blessure à la jambe qui l'obligeait à marcher avec une canne et des problèmes de vue causés par la cataracte, Verne n'était pas immobilisé à Amiens : il prenait encore souvent le train pour aller à Paris discuter avec le fils Hetzel qui avait succédé à son père. Un dernier coup atteignit l'auteur en 1897 : la mort de son frère Paul.

Son activité intellectuelle ne se ralentit pas. Il recevait de nombreux visiteurs, des jeunes auteurs comme Pierre Giffard et Raymond Roussel qui lui voua un véritable culte, ou des journalistes venus l'interroger. Souvent, devant ceux-ci, il analysait avec lucidité l'évolution de ce début de xxe siècle. En mars 1905, une crise de diabète le terrassa, et Jules Verne mourut le 24 mars, laissant à son fils ses manuscrits et ses projets, lui confiant le soin de mener à bien leur publication.

Longtemps confinée dans un statut de littérature enfantine, ou de littérature « d'anticipation scientifique », l'œuvre romanesque de Jules Verne est certes orientée vers le xixe siècle et ne peut en être dissociée : elle s'en nourrit tant pour les sujets des romans que pour les personnages, leur comportement, leur idéologie, leur façon de parler. Toutefois, elle apparaît aujourd'hui moins tournée vers l'amusement scientifique que vers les grandes questions du xixe siècle et l'interrogation sur l'imaginaire et les potentialités du langage. Les ***Voyages extraordinaires*** constituent un témoignage sur une époque qui refuse de renoncer au rêve et à l'imaginaire et s'interroge sur son évolution. Ils appartiennent désormais à la littérature classique.

Une polyphonie romanesque

Contrairement à une idée reçue, Verne n'a jamais inventé : « *Je faisais simplement de la fiction à partir de ce qui est devenu faits ultérieurs, et mon objet n'était pas de prophétiser, mais d'apporter aux jeunes des connaissances géographiques* » (entretien accordé à *The Pittsburgh Gazette*, 13 juil. 1902). L'écrivain rédigea d'ailleurs une ***Géographie illustrée de la France et de ses colonies***, parue en fascicules de 1866 à 1868. Le secret de Verne résidait dans un abondant travail de documentation que son imagination transformait en une fiction toujours vraisemblable, selon un récit à rebondissements et à énigmes. Cette documentation provenait autant de ses nombreuses lectures que de choses vues au cours de ses voyages — notamment aux États-Unis, dans les pays nordiques ou en Méditerranée. Verne cherchant à situer chacun de ses romans dans un pays différent, les ***Voyages extraordinaires*** se présentèrent, volume après volume, comme un quadrillage systématique du globe. Par ailleurs, dans cet ensemble de 62 romans et 2 recueils de nouvelles se tissent de multiples liens intertextuels (retour de personnages, autoréférences, allusions, variations, entre autres), soulignant le souci et le plaisir de Verne de créer une œuvre cohérente. Sur certains points (« sérieux » de la documentation, ancrage scientifique du réel, visée ethnographique), Verne est proche de son grand contemporain — et rival — Zola.

Le style vernien se caractérise par l'assimilation d'une multitude de discours extérieurs : documents scientifiques, cartes géographiques, récits de voyages, journaux ou textes littéraires. Ceux-ci sont transcrits (citation, réécriture) ou reproduits (imitation, pastiche, parodie) : « *En remontant de l'atome à la molécule, de la molécule à l'amas nébuleux, de l'amas nébuleux à la nébuleuse, de la nébuleuse à l'étoile principale, de l'étoile principale au Soleil, du Soleil à la planète, et de la planète au satellite, on a toute la série des transformations subies par les corps célestes depuis les premiers jours du monde* » ***(De la Terre à la Lune)***. Verne cherche à faire texte de tout et il joue à intégrer à la littérature les éléments les plus disparates — termes techniques empruntés à divers jargons professionnels et discours scientifiques, noms réels, chiffres ou mots étrangers (souvent anglais) —, autour de personnages pittoresques, notamment savants, ingénieurs, professeurs plus ou moins distraits, maniaques, érudits ou bavards : « *On se rappelle qu'au moment du supplice, Marfa Strogoff était là* [...]. *Michel Strogoff la regardait comme un fils peut regarder sa mère, quand c'est pour la dernière fois. Remontant à flots de son cœur à ses yeux, des larmes, que sa fierté essayait en vain de retenir, s'étaient amassées sous ses paupières, et en se volatilisant sur la cornée, lui avaient sauvé la vue. La couche de vapeur formée par ses larmes, s'interposant entre le sabre ardent et ses prunelles, avait suffi à annihiler l'action de la chaleur* » ***(Michel Strogoff)***. L'unité de ce style tient au rôle de metteur en scène/metteur en mots que Verne se donne. Ce travail d'écriture qui se réalisait essentiellement sur les épreuves dont il faisait parfois tirer 6 jeux, s'accompagnait fréquemment d'une interrogation de l'auteur sur sa place dans la littérature, faisant remarquer à son éditeur que « *dans l'échelle littéraire, le roman d'aventure est moins haut placé que le roman de mœurs* » (lettre à Jules Hetzel, avr. 1877). La postérité lui a répondu, en consacrant une œuvre devenue synonyme d'imagination créatrice.

« *Imagination* », tel est, en effet, le mot le plus fréquemment associé au nom de Jules Verne. Les lecteurs, captivés par les rebondissements de l'aventure, gardent en mémoire les descriptions de paysages exotiques de steppes monotones, de déserts brûlants ou glacés, d'îles mystérieuses, de villes englouties, de jungles inextricables, ou les grandes scènes comme l'arrivée de Philéas Fogg à son club ***(Le Tour du monde en quatre-vingts jours)***, les yeux brûlés de Michel Strogoff devant des milliers de Tartares, Nemo visitant l'Atlantide engloutie ou la remontée de la cheminée d'un volcan à la fin de ***Voyage au centre de la Terre***. Explorateur, colonisateur ou touriste, le héros vernien se caractérise par une envie d'arpenter la Terre, de connaître les lieux inexplorés, d'atteindre les pôles ou le centre de la terre, de percevoir l'origine de l'univers ou sa fin. Il rêve d'enfermer le monde dans des limites bien marquées. Aussi éprouve-t-il un besoin et un véritable plaisir à dresser des cartes et à rédiger le récit de son voyage, s'appropriant l'univers dans une représentation écrite. Dans l'une de ses *Mythologies*, Barthes a évoqué cette thématique de la clôture du monde vernien. Enfermés dans leur machine ou sur leur île, les personnages contemplent un univers-spectacle où l'inconnu est ramené au connu, où le présent et l'avenir se présentent à l'image du passé. Errances, labyrinthes, folie, messages chiffrés, faux-semblants constituent les principales manifestations de cette thématique du voyage et de l'enfermement qui, selon le registre adopté pour l'écriture du roman, produisent des effets comiques, inquiétants ou poétiques.

Une notoriété universelle

L'œuvre de Jules Verne a touché des lecteurs aussi divers que Rimbaud, Mallarmé, Raymond Roussel, Gaston Leroux, Proust, Claudel, Saint-Exupéry et Perec. Pendant la 1re moitié du XXe siècle, cette œuvre se trouva cataloguée, voire reléguée, « pour la jeunesse », et ne circula plus que dans des éditions abrégées, parfois réécrites. À partir de 1960, elle a fait l'objet de recherches universitaires inspirées par l'analyse idéologique, mythique ou psychanalytique, et plus récemment par l'approche sémiotique ou linguistique. Elle n'est devenue réellement populaire et classique qu'à partir de 1966, lorsque 10 titres furent publiés en collection « Le Livre de Poche ». En 1974, l'essai de Michel Serres, *Jouvences sur Jules Verne*, marqua une étape dans cette exploration des ***Voyages extraordinaires***, dont l'interprétation s'ouvrait ainsi à la réversibilité : en appliquant au roman vernien ses propres systèmes (astronomie, théorie des jeux, géométrie, statique, mythologie), Serres mit en évidence le « feuilleté » des récits, les échanges entre niveaux textuels et les échos intertextuels. Par ailleurs, une recherche érudite s'est attachée à retourner aux documents fiables afin de débarrasser la vie de Jules Verne des légendes que certains biographes auraient eu tendance à développer. Ces études ont contribué à sortir l'auteur du simple champ de la littérature pour jeunes, et ses romans ont retrouvé le large public qu'ils touchaient au XIXe siècle.

ŒUVRES

L'Île mystérieuse

Roman-robinsonnade en 3 parties — comportant respectivement 22, 20 et 20 chapitres —, 13e des ***Voyages extraordinaires***, paru chez Hetzel, à Paris, en 3 volumes in-18, les 10 septembre 1874, 12 avril 1875 et 28 octobre 1875.

Ce vaste ouvrage, composé de 3 parties intitulées ***Les Naufragés de l'air***, ***L'Abandonné***, et ***Le Secret de l'île***, constitue le dernier volet d'une trilogie dont les deux premiers sont ***Les Enfants du capitaine Grant*** (1867-1868) et ***Vingt Mille Lieues sous les mers*** (1869-1870). S'y trouvent livrées les réponses laissées en suspens quant au sort du bagnard Ayrton, et surtout du capitaine Nemo, dont l'identité véritable est enfin révélée. Cette robinsonnade reprend nombre d'éléments contenus dans un manuscrit de Verne refusé par Hetzel, ***L'Oncle Robinson***, inspiré du *Robinson suisse* de Wyss. Mais la destinée de cinq évadés des prisons sudistes, dont un Noir et un enfant, s'inscrit ici dans une lecture mythique et phylogénétique de l'histoire de l'humanité, depuis l'âge des cavernes jusqu'à l'ère du télégraphe et de l'électricité, couronnée par une fin du monde qui témoigne de la prégnance du mythe de l'Atlantide sur l'imaginaire vernien. Très significativement, cette apocalypse finale suit sans délai la mort de celui qui aura été le Dieu caché de l'île, le capitaine Nemo, prince hindou chassé de sa patrie par les Anglais.

Ce roman multiplie les épisodes de vulgarisation scientique appliquée et peut apparaître comme une apologie de la triomphante techno-science bourgeoise du XIXe siècle. Cependant, l'idéologie parfois douteuse du livre — le rôle du Noir y est à peine distinct de celui de l'orang-outang apprivoisé ! — doit un peu aux interventions de l'éditeur Hetzel, qui, notamment, amena Verne à modifier le dénouement du récit.

L'Île mystérieuse est parue en feuilleton dans le *Magasin illustré d'éducation et de récréation*, du 1er janvier 1874 au 15 décembre 1875. La mise en vente de l'édition in-8 reliée, illustrée de 154 dessins de Férat, date du 22 novembre 1875.

Plus nettement orienté que les autres grands textes verniens en direction d'un public adolescent, et en raison des idéologies plurielles qu'il véhicule, ce roman est l'un des plus célèbres, et des plus célébrés, de Verne : 44 000 exemplaires in-18 en furent vendus du vivant de l'auteur. Parmi les adaptations à l'écran, dont l'une, à la télévision, en 1969, par Claude Santelli avec Pierre Dux dans le rôle de Nemo, on retiendra la série en 6 épisodes de J.A. Barden et H. Colpi, qui voit Omar Sharif interpréter un Nemo plus extra-terrestre que prince indien.

Le ***Tour du monde en quatre-vingts jours***

Roman d'aventures en 37 chapitres, 10e de la série des ***Voyages extraordinaires***, paru en volume in-18 chez Hetzel, à Paris, le 30 janvier 1873.

Conçu probablement à partir d'une nouvelle d'Edgar Poe, *La Semaine des trois dimanches*, ce roman est la mise en scène virtuose d'une course contre l'espace et le temps entreprise par le Britannique Philéas Fogg. Ce *gentleman* ponctuel et méticuleux a parié 20 000 livres qu'il parviendrait à boucler en 80 jours un parcours circumterrestre : *« Un Anglais ne plaisante jamais quand il s'agit d'une chose aussi importante qu'un pari »* (chap. III). Cette aventure lui coûtera exactement la même somme, et se solderait donc par un bilan nul, si le très froid Philéas, aidé de son domestique français Passepartout, mais traqué à la suite d'une méprise par le policier Fix, n'avait en chemin rencontré l'amour, sous les traits de la princesse Aouda, qui deviendra sa femme.

L'engouement considérable du public pour ce récit fut suscité, dès sa publication en épisodes, par l'art de feuilletoniste, digne de Sue ou de Dumas, dont l'écrivain y faisait montre : pari insensé, difficultés sans nombre, retards, rebondissements, échec apparent, renversement final, témoignent aussi que la vocation première, et jamais reniée, de Verne fut celle d'un auteur de théâtre boulevardier.

Le roman parut en feuilleton dans *Le Temps*, du 5 novembre au 22 décembre 1872. L'édition in-8 reliée, illustrée par Benett et Neuville, fut mise en vente le 25 septembre 1873.

Ce fut de très loin le plus grand succès d'édition obtenu par Verne : de son vivant, 108 000 exemplaires in-18 furent vendus. Ce succès fut immédiatement relayé par celui de l'adaptation théâtrale à grand spectacle qu'en réalisèrent Verne et Ennery. ***Le Tour du monde en quatre-vingts jours***, pièce en 5 actes et un prologue, fut créé au théâtre de la Porte Saint-Martin le 7 novembre 1874, et représenté 415 fois jusqu'au 20 décembre 1875, avant d'être reprise régulièrement, entre autres au Châtelet, jusque dans l'entre-deux-guerres — ce dont témoigna Cocteau : *« Le chef-d'œuvre de Jules Verne, sous sa couverture rouge et or de livre de prix, la pièce qui en fut tirée, derrière le rideau or et rouge du Châtelet, ont excité notre enfance et nous ont communiqué plus que les mappemondes, le goût des aventures et le désir du voyage »* (*Mon Premier Voyage*, 1937). À sa manière, Michel Tournier a souligné sa dette à l'égard du personnage de Philéas Fogg : *« Comme chaque fois que j'ai à surmonter une complication ou un contretemps* *en voyage, je pense à Philéas Fogg. Eh bien oui, ce n'est pas saint Christophe, le héros phorique par excellence de l'imagerie chrétienne que j'évoque à mon secours, il faut en convenir, c'est le riche Anglais, rompu à toutes les malignités du sort, armé d'une patience et d'un courage exemplaires pour surmonter toutes les faiblesses du train, toutes les trahisons de la diligence, toutes les défaillances du steamer. C'est vraiment lui le grand patron des voyageurs d'aujourd'hui, lui qui possède à un point suprême cette science si particulière et si délicate, cette vertu si rare et si longue à acquérir : savoir voyager* » (*Journal de voyage au Canada* [1976], Laffont, 1984). Sur la dizaine d'adaptations cinématographiques réalisées à ce jour, on peut retenir celle de Michaël Anderson, produite par Michaël Todd (1956) et interprétée par David Niven et Shirley Mac Laine.

Vingt Mille Lieues sous les mers

Roman en 2 parties — comportant respectivement 24 et 23 chapitres —, 6ᵉ titre de la série des ***Voyages extraordinaires***, paru chez Hetzel, à Paris, en 2 volumes in-18, le 28 octobre 1869 et le 13 juin 1870.

Ce récit romanesque se présente comme la relation, rédigée par le Pʳ Aronnax, de son « *tour du monde sous-marin* » comme invité forcé à bord du *Nautilus*, véhicule submersible conçu et commandé par un certain capitaine Nemo : ce dernier est un révolté en rupture avec le monde terrestre, et qui ne tire sa subsistance que de l'océan. Aronnax, son domestique Conseil et le harponneur Ned Land le suivront dix mois durant dans ses errances fabuleuses, jusqu'à leur évasion au large de la Norvège. Mais le sort et l'identité du mystérieux Nemo demeurent objets d'énigme.

L'écriture du roman est remarquable par les singuliers effets que tire Verne du vocabulaire spécifique de la nomenclature océanographique, et ce en privilégiant l'énumération encyclopédique comme forme de la description.

Vingt Mille Lieues sous les mers fut d'abord publié en feuilleton dans le *Magasin illustré d'éducation et de récréation*, du 20 mars 1869 au 20 juin 1870 ; l'édition in-8 reliée, et illustrée de 111 dessins de Riou et de Neuville, parut le 16 novembre 1871.

L'ouvrage n'a cessé, depuis sa publication, d'apparaître comme l'un des grands chefs-d'œuvre et de Verne et de la littérature d'imagination mytho-scientifique. Du vivant de l'auteur, 50 000 exemplaires in-18 en furent vendus, ce qui le place au 3ᵉ rang des *best-sellers* verniens. Entre autres adaptations cinématographiques, s'impose la belle réalisation de Richard Fleischer (1954) pour le compte des studios Disney, avec dans les principaux rôles Kirk Douglas, James Mason et Peter Lorre.

CITATIONS

Les Yankees, ces premiers mécaniciens du monde, sont ingénieurs, comme les Italiens sont musiciens et les Allemands métaphysiciens, — de naissance.

De la Terre à la Lune, 1.

[...] l'unique préoccupation de cette société savante fut la destruction de l'humanité dans un but philanthropique, et le perfectionnement des armes de guerre, considérées comme instruments de civilisation.

De la Terre à la Lune, 1.

Bien qu'il ne s'agît encore que d'envoyer un boulet à l'astre des nuits, tous voyaient là le point de départ d'une série d'expériences ; tous espéraient qu'un jour l'Amérique pénétrerait les derniers secrets de ce disque mystérieux, et quelques-uns même semblèrent craindre que sa conquête ne dérangeât sensiblement l'équilibre européen.

De la Terre à la Lune, 3.

En remontant de l'atome à la molécule, de la molécule à l'amas nébuleux, de l'amas nébuleux à la nébuleuse, de la nébuleuse à l'étoile principale, de l'étoile principale au Soleil, du Soleil à la planète, et de la planète au satellite, on a toute la série des transformations subies par les corps célestes depuis les premiers jours du monde.

De la Terre à la Lune, 5.

– [...] Tout donc n'est que charbon en ce monde ?
– [...] La science contemporaine [...] tend à réduire de plus en plus le nombre des corps simples élémentaires [...]. Aussi les soixante-deux substances classées jusqu'ici comme corps simples élémentaires ou fondamentaux pourraient-ils bien n'être qu'une seule et unique substance atomique [...].

L'Étoile du Sud, 3.

« Si le monde savait toutes les injustices que ces Anglais, si fiers de leurs guinées et de leur puissance navale, ont semées sur le globe, il ne resterait pas assez d'outrages dans la langue humaine pour les leur jeter à la face ! »

L'Étoile du Sud, 5.

Le spectacle de la mort, partout si auguste et si solennel, semble emprunter au désert une majesté nouvelle. En présence de la seule nature, l'homme comprend mieux que c'est là le terme inévitable [...].

L'Étoile du Sud, 13.

Avec la police russe, qui est très péremptoire, il est absolument inutile de vouloir raisonner. Les employés sont revêtus de grades militaires, et ils opèrent militairement.

Michel Strogoff, I, 4.

– L'hiver est l'ami du Russe.
– Oui, [...] mais quel tempérament à toute épreuve il faut pour résister à une telle amitié !

Michel Strogoff, I, 9.

Tous les Français sont un peu médecins !

Michel Strogoff, II, 1.

Tous les Anglais sont généreux !

Michel Strogoff, II, 1.

On se rappelle qu'au moment du supplice, Marfa Strogoff était là [...]. Michel Strogoff la regardait comme un fils peut regarder sa mère, quand c'est pour la dernière fois. Remontant à flots de son cœur à ses yeux, des larmes, que sa fierté essayait en vain de retenir, s'étaient amassées sous ses paupières, et en se volatilisant sur la cornée, lui avaient sauvé la vue. La couche de vapeur formée par ses larmes, s'interposant entre le sabre ardent et ses prunelles, avait suffi à annihiler l'action de la chaleur.

Michel Strogoff, II, 15.

Un Anglais ne plaisante jamais quand il s'agit d'une chose aussi importante qu'un pari.

Le Tour du monde en 80 jours, 3.

JUGEMENTS

« *Il a un sens de la description et en particulier de l'énumération tout à fait remarquable. Mais je suis plus impressionné encore par la construction de son œuvre. Il faut la replacer dans les grands ensembles romanesques du* XIXe *siècle.* »

Michel BUTOR, « L'Image du monde au XIXe siècle », in *Arts et Loisirs*, n° 27, 30 mars-5 avril 1956.

« *Chacun sait* [...] *qu'une fois passée l'enfance, on ne peut guère que relire cette sorte d'ouvrages. L'adulte ne les goûte que s'il les connaît déjà et pour ce qu'ils réveillent en lui d'émotions perdues.* »

Roger CAILLOIS, *Cases d'un échiquier*, Gallimard, 1970.

« [...] *on oublie trop que Jules Verne est avant tout un écrivain romantique. Après avoir été influencé par Hoffmann, il sut trouver une forme nouvelle de littérature fantastique* [...]. »

Robert DESNOS, « Le Château des Carpathes », in *Aujourd'hui*, 14 septembre 1940.

« *La chimère est ici chevauchée et dirigée par un esprit mathématique. C'est l'application à un fait d'invention de tous les détails vrais, réels et précis qui peuvent s'y rattacher de manière à produire l'illusion la plus complète. Il y a plus chez M. Jules Verne d'Edgar Poe et de Daniel De Foe que de Swift* [...]. »

Théophile GAUTIER, « Les Voyages imaginaires de M. Jules Verne », in *Moniteur universel*, n° 197, 16 juillet 1866.

« *Jules Verne, dernier écrivain voyant. Ce qu'il imaginait est devenu réalité...* »

Eugène IONESCO, *Journal en miettes*, 1967.

« *C'est Tintin du côté de chez Zarathoustra : il y a un démiurge en Jules Verne, et qui ne fait plus la différence entre la création et sa création, et qui fait et refait la découverte enfiévrée de la Terre, demeure de l'espèce humaine : on dirait un insatiable gamin qui célèbre le surhomme des temps nouveaux, commissaire-priseur des océans, arpenteur de l'infini, milliardaire des étoiles.*

Il avait, au fond, notre âge, Jules Verne, quand nous étions adolescents, et c'est le secret de cette empreinte qu'il laisse à ses lecteurs : il nous a raccompagnés de l'enfance jusqu'à la grille de l'âge adulte ; ainsi reprenons-nous un Jules Verne comme un bateau en partance, plongeurs aux aguets qui sommes pour toujours des imminences, des départs suspendus. Les gros volumes rouge et or, publiés par Hetzel et illustrés par Benett, qui avaient déjà fait voyager nos pères et nos grands-pères, furent nos galaxies de chevet. On ne peut pas dire que Jules Verne, aujourd'hui, revienne. Il refait surface, simplement, comme ses sous-marins légendaires.

[...]

Ce qui frappe, chez Jules Verne, comme chez son ami Hetzel, républicain, ami du peuple et de Victor Hugo, c'est leur certitude enflammée du progrès. Mais ce qui fait la différence entre les naïvetés de cours du soir qui ont illuminé la fin du siècle et le monde de science-fiction et de toute-puissance humaine qui rayonne dans l'œuvre de Verne, c'est qu'il y a chez Verne un poète de l'impossible, un explorateur des limites, qui rêve de surhumain, et de transgresser, Prométhée des fusées et des espaces, les lois de la pesanteur et de la durée, qui sont les lois de notre infirmité. Son capitaine Hatteras n'est pas seulement un défricheur de banquises : il finira dans un asile de Londres.

L'obsession grandiose et tragique de la folie rôde chez ce poète issu des romantiques, qui est aussi une estafette du surréalisme, et pour qui l'aventurier des glaces a perdu le nord en trouvant le pôle. Il y a dans les paquebots fantas-

tiques de Jules Verne à la fois la grandiloquence de Hollywood et le souffle spirituel d'un Bateau ivre. *»*

Renaud Matignon, « Jules Verne : Tintin chez Zarathoustra », in *Le Figaro littéraire*, 28 octobre 1991.

« Quand, dans Vingt Mille Lieues sous les mers, *Jules Verne énumère sur quatre pages tous les noms de poissons, j'ai le sentiment de lire un poème, comme lorsque je lis un catalogue. »*

Georges Perec, « J'ai fait imploser le roman », in *Galeries des arts*, n° 184, octobre 1978.

« M. Jules Verne est le fantaisiste de la science. [...] je préfère les fantaisies scientifiques de M. Jules Verne à certaines compilations indigestes de ma connaissance. Ici, l'élément humain apparaît ; on trouve en petit dans ces livres la grande bataille que l'homme a livrée de tout temps à la nature. »

Émile Zola, in *Le Salut public*, 23 juillet 1866.

BIBLIOGRAPHIE

Éditions

Entretiens avec Jules Verne, éd. D. Compère et J.-M. Margot, Slatkine, Genève (CH), 1998.

Histoire des grands voyages et des grands voyageurs, Éd. Diderot, 1998, 3 vol.

Le Tour du monde en quatre-vingts jours, éd. J. Delabroy, Pocket, 1990.

L'Île mystérieuse, « LdP », LGF, 1966, 2 vol.

Paris au XXe siècle, Hachette, 1994.

Vingt Mille Lieues sous les mers, « LdP », LGF, 1996.

Études

P. Avrane, *Un divan pour Philéas Fogg*, « Écrits sur parole », Aubier, 1988.

R. Barthes, « Par où commencer ? », in *Poétique*, n° 1, févr. 1970.

C. Chelebourg, *Jules Verne, l'Œil et le Ventre : une poétique du sujet*, « Lettres modernes », Minard, 2000.

J. Chesneaux, *Une lecture politique de Jules Verne*, Maspero, 1966.

D. Compère, *Approche de l'île chez Jules Verne*, « Thèmes et Mythes », Minard, 1977 ; *Jules Verne écrivain*, Droz, Genève (CH), 1991 ; *Jules Verne, parcours d'une œuvre*, « Références », Encrage, Amiens, 1996.

J.-P. Dekiss, *Jules Verne, le rêve du progrès*, « Découvertes », Gallimard, 1991 ; *Jules Verne l'Enchanteur*, Félin, 1999.

A. Froidevond, *Voyage au centre de l'horloge. Essai sur un texte-genèse, « Maître Zacharius »*, « Archives », Lettres modernes, 1988.

Ch. Legrand, *Dictionnaire des « Voyages extraordinaires » de Jules Verne*, Encrage, Amiens, 1998.

M. Moré, *Le Très Curieux Jules Verne*, Gallimard, 1960.

J. Noiray, *Le Romancier et la Machine*, t. II *Jules Verne/ Villiers de L'Isle-Adam*, Corti, 1982.

M. Picard, « Le Trésor de Nemo : *L'Île mystérieuse* et l'idéologie », in *Littérature*, n° 16, déc. 1974.

F. Raymond (dir.), série *Jules Verne*, « Lettres modernes », Minard, 1976 à 1983, 4 vol. ; *id.* et S. Vierne (dir.), *Jules Verne et les Sciences humaines*, actes d'un colloque de Cerisy-la-Salle, « 10/18 », UGE, 1979.

M. Serres, *Jouvences sur Jules Verne*, Minuit, 1974.

P.-A. Touttain (dir.), *Jules Verne*, « Cahiers de l'Herne », L'Herne, 1974, rééd. Fayard, 1998.

S. Vierne, *« L'Île mystérieuse » de Jules Verne*, « Poche-critique », Hachette, 1973 ; *Jules Verne et le roman initiatique*, Éd. du Sirac, 1973 ; *Jules Verne*, Balland, 1986.

Jules Verne, in *Europe*, n°s 525-526, 1978.

AUDIO & VIDÉO

Vidéo

M. Anderson, *Le Tour du monde en 80 jours*, 1956, Warner, s.d. (V.F.).

J.A. Bardem et H. Colpi, *L'Île mystérieuse*, 1973.

C. Endfield, *L'île mystérieuse*, 1961, Gaumont, s.d.

R. Fleisher, *20 000 lieues sous les mers*, 1954.

R. Hardy, *20 000 Lieues sous les mers*, Film Office, 1997, 2 cassettes.

CD-ROM

Encyclopédie de la littérature française, Bibliopolis, 1998.

Jules Verne, Hachette Livre Multimédia, 1998.

VIAU

Théophile de VIAU
Dit aussi « *Théophile* »
Clairac (act. Lot-et-Garonne) 1590 – Paris 1626

> *« Le premier des romantiques allemands est ce gentilhomme français de 1620, dont le sommeil reçoit des messagers secrets [...]. »*
> Claude ROY, « Théophile de Viau », in *Tableau de la littérature française*, I, Gallimard, 1962.

> *« [...] Théophile [...] ne laissait qu'une mémoire équivoque et avait déçu les espérances [...]. »*
> Charles Augustin SAINTE-BEUVE, *Portraits littéraires*, 1844.

Des ailes brisées

Un poète de Cour

Théophile de Viau naquit dans une famille de la noblesse protestante parlementaire du sud-ouest de la France. On ne sait presque rien de ses premières années, si ce n'est qu'il vécut au domaine familial de Boussère, passa par le collège protestant de Nérac, puis par les académies de Montauban et de Saumur. Il commença des études de médecine à Bordeaux, les interrompit en 1611, écrivit sans doute pour une troupe de comédiens, menant une existence itinérante. À la cour de Marie de Médicis, il rencontra Guez de Balzac, avec qui il fut si étroitement ami qu'on insinua (comme plus tard avec Des Barreaux) qu'ils avaient des relations amoureuses. En 1615, tous deux allèrent étudier à Leiden, avant de se fâcher. À son retour, Théophile entra dans le clan du duc d'Épernon, puis au service du comte de Candale, son fils. De ces années-là datent les débuts poétiques, des poèmes comme ***Le Matin*** ou ***La Solitude*** ; restés célèbres, ils introduisent l'une des dimensions les plus attachantes de la poésie de Théophile, l'art de l'enchantement, à travers la délicate description de spectacles où la nature est protectrice et complice des émois sentimentaux et sensuels :

Dans ce val solitaire et sombre,
Le cerf, qui brame au bruict de l'eau,
Penchant ses yeux dans un ruisseau,
S'amuse à regarder son ombre.
[...]
Saincte forest, ma confidente,
Je jure par le Dieu du jour
Que je n'auray jamais amour
Qui ne te soit toute evidente.
[...]
Mon Dieu ! que tes cheveux me plaisent !
Ils s'esbattent dessus ton front,
Et, les voyant beaux comme ils sont,
Je suis jaloux quand ils te baisent.

(***La Solitude***, in ***Œuvres [...]***)

Du charme libéré des sensations, le poète dut cependant passer à des pièces plus « actuelles », comme des éloges à ses protecteurs. Mêlé aux luttes de son patron, converti au protestantisme, il fréquenta le clan Sully, accompagna le duc de Rohan dans ses campagnes militaires dans le Midi, non sans mener une vie « libertine » qui ne l'empêcha pas de s'introduire dans les milieux parisiens du pouvoir. Il écrivit pour Concini, puis pour le duc de Luynes, rechercha la faveur et l'intimité de Louis XIII, se fit le garant littéraire de la politique gouvernementale et le publiciste des actes du pouvoir en place. Il fit bientôt partie du groupe de nobles qui entourait le roi et qui représentait une jeunesse brillante, aventureuse, brave, remuante et provocatrice : ses amis étaient aussi des gens du Palais, des poètes et des hommes aux idées libres, et, du fait de sa notoriété littéraire et de ses succès de courtisan, il se trouva considéré comme le chef d'un groupe qui véhiculait plus ou moins consciemment la pensée libertine. En réalité, Théophile fluctua dans sa réflexion sur la condition humaine, sa vie durant, entre les thèses du naturalisme italien (des Bruno et Vanini), l'épicurisme de Lucrèce ou d'Horace, l'influence de Montaigne et de Charron, et la recherche inquiète de l'inconnaissable, qui raviva sa foi. Devenu le bouc émissaire des défenseurs de l'intégrité morale, il fut exilé, une première fois, en 1619-1620, se retira dans le Midi et se lia avec Jacques Vallée des Barreaux. Il profita de ce temps d'éloignement et de doute pour traduire, en prose mêlée de vers, le *Phédon* de Platon (***Traicté de l'immortalité de l'âme ou la Mort de Socrate***, paru avec les ***Œuvres [...]*** en 1621). Rappelé à la Cour en 1620, Théophile participa aux campagnes contre les protestants dans l'armée du roi, et y accomplit même quelques exploits militaires, puis reprit son rôle de libelliste et de poète officiel au service de Luynes. En 1621, Des Barreaux assura la publication des ***Œuvres du sieur Théophile*** : l'***Epistre au lecteur*** témoigne du désir de faire connaître des écrits « *qui,* assure l'auteur, *se trouveront assez conformes à ma vie et très esloignez du bruit qu'on a faict courir* », présentés même comme ceux d'« *un homme à perir pour exemple* ». Ses positions littéraires se précisèrent, entre l'acceptation des exigences malherbiennes de clarté et de douceur, et la volonté marquée de laisser s'exprimer, à travers la poésie, imagination, expériences personnelles, librement épanchées et révélant la nature du moi sensible, et sentiments sincères.

Un dramaturge novateur

Cette couleur est celle qui teinte aussi l'unique tragédie qu'il donna au public, ***Pyrame et Thisbé***, jouée en 1621 (publiée en 1626 sous le titre ***Les Amours tragiques de Pyrame et Thisbé, mis en vers françois***), coup de maître qui renouvela le théâtre français. L'élégiaque dominait dans ce chant d'amour dramatique et tragique. De la mise en œuvre d'obstacles nécessaires à l'action, Théophile tira de plus un embryon de tragédie politique où se discutait la légitimité du pouvoir tyrannique. Ce poème dramatique, que baignait en partie l'atmosphère pastorale, était aussi le lieu d'une intense poésie de la nature où la passion était amplement valorisée. Le triomphe de ***Pyrame et Thisbé*** fut néanmoins éphémère, Viau ne parvenant pas à résister longtemps aux attaques de ses ennemis jésuites.

De la gloire au cachot

Après la mort de Luynes, son protecteur, une campagne de dénigrement contre le poète fut orchestrée par les jésuites, qui craignaient en Théophile non seulement le libertin, mais surtout l'homme d'influence qui combattait leur crédit dans les sphères du pouvoir : le virulent père Garasse, avant d'être lui-même contraint à l'exil, fit ainsi du poète l'objet principal des attaques de sa *Doctrine curieuse des beaux esprits de ce temps* (1624). Au faîte de sa renommée, Viau, qui avait abjuré le protestantisme après la mort de son père, en 1622, fit paraître, en 1623, les ***Œuvres du sieur Théophile. Seconde Partie***. La ***Première Journée***, fragment d'une « *histoire comique* » en prose publiée en tête du recueil, lui permit de préciser sa doctrine littéraire et d'ébaucher un roman autobiographique. Dans les poésies publiées à la suite, l'élégie occupe une place de choix et reçoit, plus encore qu'auparavant, un rôle d'exploration du moi, d'analyse psychologique, le poète se dédoublant pour s'observer, s'écouter, exprimer ses inquiétudes : l'amour y apparaît comme un bonheur intensément vécu ou comme une harmonie dangereusement menacée.

Mais, malgré la dénonciation, dans l'avis au lecteur, « *des vers sales et profanes, qui n'ont rien de mon style ny de mon humeur* », mis au jour par des imprimeurs subornés et exploités par des calomniateurs, et en dépit de la protection prestigieuse du duc de Montmorency, Théophile fut brisé, à partir de juillet 1623, par un procès retentissant : l'année précédente, un recueil de poésies obscènes, *Le Parnasse des poètes satyriques*, s'était ouvert sur un poème qui lui était attribué et qui faisait l'éloge de la sodomie — considérée à l'époque comme un crime éventuellement passible de mort. Les autres auteurs accusés (parmi lesquels Guillaume Colletet) furent condamnés à l'amende honorable, mais c'est sur lui seul que se concentrèrent les attaques : brûlé en effigie alors qu'il s'était réfugié chez son protecteur, à Chantilly, le poète fut arrêté et emprisonné au Châtelet — partageant la cellule du régicide Ravaillac. Il y demeura plus de deux ans, le temps d'un procès où certains de ses amis prirent leurs distances, et où d'autres (Boisrobert, Guez de Balzac), le chargeant par calcul politique, lui devinrent hostiles. L'ensemble de l'œuvre du poète fut passée au crible, à cette occasion, pour lui faire révéler impiété, hérésie, athéisme, mais Théophile écrivit pour sa défense, fit publier des apologies, flattant les parlementaires, désignant les jésuites comme des inquisiteurs fanatiques, fauteurs de troubles dans le royaume. Aidé de ses amis, il parvint à confondre ses accusateurs. Condamné au bannissement, il passa quelques mois chez le duc de Montmorency, à l'île de Ré, puis à Chantilly. Rentré en grâce en 1626, il revint à Paris, mais, affaibli par sa détention, il mourut d'une fièvre un an après sa libération.

Paru en 1624, le ***Recueil de toutes les pièces faites par Théophile, depuis sa prise jusques à présent*** avait fait connaître les poèmes émouvants que sont ***La Plainte de Théophile à son ami Tircis***, destinée à soutenir la fidélité (apparemment défaillante) de son ami Des Barreaux :

> *Tu sçays que d'aucun tort ton cœur ne me soupçonne,*
> *Que je n'ay ny trompé ny fait tort à personne,*
> *Que, depuis m'estre instruit en la Romaine Loy,*
> *Mon ame dignement a senty de la Foy.*
>
> *Et que l'unique espoir de mon salut se fonde*
> *En la croix de celuy qui rachete le monde :*

Mon cœur se porte là d'un mouvement tout droit,
Et croit assurement ce que l'Eglise croit,

Bien que des imposteurs, dont l'aveugle croyance
S'oppose absolument aux libertez de France,
Fassent courir des bruits que mon sens libertin
Confond l'Autheur du monde avecque le destin.

La ***Lettre de Théophile à son frère*** tient également de l'ode, de l'élégie et de la satire, évoquant les angoisses du prisonnier et les moments heureux de l'enfance, et dénonçant ses ennemis :

Parjures infracteurs des loix,
Corrupteurs des plus belles ames,
Effroyables meurtriers des Rois,
Ouvriers de cousteaux et de flames,
Pasles prophetes des tombeaux,
Fantosmes, lougaroux, corbeaux,
Horrible et venimeuse engeance.

C'est en prison aussi qu'il composa l'essentiel de ***La Maison de Silvie***, long poème en 10 odes qui fait l'éloge de la duchesse de Montmorency, par la description émerveillée de son parc de Chantilly, formule qui permet de joindre aux obligations sociales les accents du lyrisme personnel.
Figure de proue du libertinage « flamboyant » des années 1620, poète et dramaturge novateur, Viau, prématurément disparu, s'est imposé, en un siècle de convention et d'imitation, par sa singulière différence mêlant intimité et sensibilité.

Une écriture libre et personnelle

L'œuvre de Théophile de Viau marque son époque par son originalité et sa personnalité. Il chercha en effet une voie qui conciliât, comme il l'a dit lui-même, « *l'ardeur de Ronsard* » et « *la douceur de Malherbe* » (***Élégie*** in ***Œuvres [...]. Seconde Partie***, 1623). Sans nier les mérites de l'écriture « *à la moderne* », faite de rigueur et de purisme, il se démarqua de ceux « *qui cherchent à midy Phebus à la lanterne* » et qui « *Grattent tant le françoys qu'ils le déchirent tout* » (***Élégie à une dame***, in ***Œuvres [...]*** de 1621), et défendit les élans de la liberté, prôna la fantaisie, le décousu, comme ailleurs il défendit le naturel : reprochant à une Perside son maquillage, il lui recommande, dans une ode, de réserver à son grand âge (dans un siècle pour le moins) ces artifices propres à « *excroquer l'amour* » et développe :

La nature est inimitable,
Et dans sa beauté veritable
Elle éclatte si vivement
Que l'art gaste tous ses ouvrages
Et luy fait plustost mille outrages
Qu'il ne luy donne un ornement.

L'art, ennemy de la franchise,
Ne veut point estre recogneu ;
Mais l'Amour, qui ne va que nu,
Ne souffre point qu'on se desguise.

(***Ode***, vv. 45 à 54,
in ***Œuvres [...]. Seconde Partie***, 1623)

La liberté dans la composition et dans la versification semble au poète mieux à même de restituer les vibrations intérieures, et les élans du cœur ne l'empêchent pas cependant d'être un peintre précis, sensible aux teintes fines et aux couleurs nuancées.

Un soleil éclipsé

S'il est aujourd'hui méconnu, Théophile de Viau fut sans doute le poète le plus célèbre du XVIIe siècle : les 98 éditions de son œuvre (entre 1621 et 1695 — contre une quinzaine pour Malherbe) montrent assez qu'il s'agit de l'auteur le plus lu et le plus apprécié. Sa poésie fut longtemps admirée, produisit des échos chez d'autres écrivains et rayonna sur l'ensemble de la poésie personnelle du siècle : il assura en particulier la renaissance de l'élégie, qui connut une belle expansion dans les décennies suivantes. Sorel, son disciple, fit de Théophile le héros de son *Francion* et propagea ainsi ses idées philosophiques et littéraires. Dans son *Trésor chronologique [...]* (1642 à 1647), Pierre de Saint-Romuald estime que Théophile « *a porté la poësie à ce haut degré de perfection où nous la voyons* ». Son influence dans l'art dramatique, de Mairet à Racine, ne fut pas non plus négligeable, par la magie d'une seule pièce, que des générations entières savaient par cœur et qui a largement contribué au renouveau du théâtre en France. La Fontaine le reconnut à distance comme l'un de ses maîtres, et ce chef de file de la génération de 1620, trop tôt disparu, avait encore suffisamment d'influence cinquante ans plus tard pour donner prise à la critique de Boileau, qui réduisit son œuvre à la pointe baroque terminant ***Pyrame et Thisbé*** : « *Toutes les glaces du Nord ne sont pas à mon sens plus froides que cette pensée* » (*Préface* à ses *Œuvres diverses* de 1701) ; et de renchérir dans la *Satire IX* :

> *Tous les jours à la Cour un Sot de qualité*
> *Peut juger de travers avec impunité :*
> *À Malherbe, à Racan, préférer Théophile,*
> *Et le clinquant du Tasse à tout l'or de Virgile.*

C'était du moins témoigner que Théophile était lu, et que la bataille contre les modernes était loin d'être gagnée... De fait, l'***Élégie à une dame*** (in ***Œuvres [...]*** de 1621) révèle bien un moderne avant la lettre :

> *Il faudroit inventer un nouveau langage,*
> *Prendre un esprit nouveau, penser et dire mieux*
> *Que n'ont jamais pensé les hommes et les dieux.*

Mais ce jugement marqua le temps classique où l'on se félicitait qu'enfin Malherbe fût venu, et le XVIIIe siècle ignora la richesse et la sensibilité de cette œuvre, jusqu'à ce que l'époque romantique réhabilitât Théophile, dont Gautier fit, en 1834, un chaleureux portrait (repris dans *Les Grotesques*, 1859), jugeant que le poète « *a commencé le mouvement romantique* », mais qu'il n'est pas doué de l'entrain et du grotesque comme son ami Saint-Amant. L'histoire littéraire des XIXe et XXe siècles le remit en honneur comme l'ensemble des libertins : un de leurs spécialistes, Frédéric Lachèvre, alla même jusqu'à lui attribuer le *Francion*. Au XXe siècle, Jean Tortel l'a considéré comme le « *premier poète moderne* » (« Le préclassicisme français », in *Cahiers du Sud*, 1950), et la critique l'a redécouvert en même temps que le baroque — ou, plutôt, le maniérisme marqué par une « *poétique du discontinu* » (Gisèle Mathieu-Castellani, dans le colloque de 1991) :

> *Je ne veux point unir le fil de mon sujet :*
> *Diversement je laisse et reprends mon objet*
> (***Élégie à une dame***, in ***Œuvres [...]***)

ŒUVRE

Les Amours tragiques de ***Pyrame et Thisbé***

Tragédie en 5 actes — comportant respectivement 3, 2, 2, 3 et 2 scènes — et en alexandrins, créée en 1621 et publiée en 1623. L'histoire est reprise des *Métamorphoses* d'Ovide (livre IV).

Pyrame aime Thisbé, mais leurs familles sont séparées par « *les discords mutins d'une haine ancienne* » (I, 1), et son père, Narbal, prétend que « *l'empire paternel conservera son droit* » (I, 2) ; par ailleurs, le roi, amoureux de la jeune fille, est furieux de se voir préférer Pyrame dont il décide la mort, en répliquant à son conseiller Syllar : *Tu sçais que la justice est au dessous du Roy ; / La raison deffaillant, la violance est bonne / A qui sçait user des droicts d'une couronne* (I, 3, vv. 194 à 196). Ignorants de ce complot, les amants ne peuvent se parler qu'à travers la fente d'un mur. Tandis que Thisbé regrette la brièveté de cet instant, Pyrame exhale sa rancœur contre le pouvoir de la vieillesse : *Ces vieillards dont l'esprit et le corps abattu / Erigent l'impuissance en tiltre de vertu ; / Eux mesmes qui le cours de la nature suivent, / Qui selon l'appétit de leur vieillesse vivent, / Prétendent contre nous forcer l'ordre du temps / Et que nous soyons vieux en l'âge de vingt ans* (II, 2, vv. 431 à 436).

L'acte III s'ouvre sur le dialogue entre les assassins mandatés par le roi, Syllar et Deuxis. Ce dernier hésite, mais son compagnon (« *Les dieux sont Roys du Ciel, les Roys Dieux de la terre* », III, 1, v. 506) et son intérêt (« *L'argent purge le crime et nous guerit de tout* », III, 1, v. 599) finissent par le convaincre ; toutefois, Pyrame repousse l'attaque, blesse mortellement Deuxis, qui a le temps de dénoncer le roi (III, 1), à qui Syllar va faire son rapport (III, 2) et qui commande une autre tentative. À l'acte IV, les deux jeunes gens décident de fuir (IV, 1), mais la mère de la jeune fille a un funeste songe prémonitoire ; arrivée la première au rendez-vous, Thisbé se réfugie dans une grotte en voyant surgir un lion. Arrivant à son tour et trouvant son voile abandonné, Pyrame croit la jeune fille dévorée, laisse éclater son chagrin et décide d'en finir lui aussi : *Les hommes courageux meurent quand il leur plaist. / Ayme ce cœur, Thisbé, tout massacré qu'il est ; / Encore un coup, Thisbé, par la dernière plaie, / Regarde là-dedans si ma douleur est vraye* (V, 1, v. 1113 à 1116). Découvrant à son retour le corps de son amant, Thisbé se tue avec le même poignard : *Ha ! voici le poignard qui du sang de son maître / s'est souillé lâchement ; il en rougit, le traître* (V, 2, v. 1227-1228). Avant de mourir, elle aperçoit la métamorphose du mûrier proche du lieu de rendez-vous : ses fruits blancs ont pris la couleur du sang de Pyrame. La nature est plus « pitoyable » que les hommes... et que les dieux, qu'elle semble défier ainsi que le destin : *Je ne pouvais mourir d'un coup plus gracieux, / Ni pour un autre objet haïr celui des Cieux* (V, 2, vv. 1233-1234 — qui referment la pièce).

Tragédie « libertine », qui dit que le bonheur amoureux ne peut résider que dans l'abandon sans réserve à la passion ; tragédie élégiaque — c'est-à-dire de la séparation et de l'exil —, puisque, séparés par un mur, les amants s'échappent sans pouvoir se retrouver, si ce n'est dans la mort ; tragédie pleinement tragique qui montre comment la fatalité dresse des obstacles au bonheur (contraintes sociales ou politiques, erreurs sur les apparences) et que seule la mort, qui découle de ces obstacles, est à même de les faire disparaître, la pièce mêle au bref récit d'Ovide quelques éléments issus de la tragédie contemporaine (le roi-tyran, le duel sur la scène, le rêve funèbre de la mère de Thisbé), constituant un ensemble extrêmement cohérent, à la fois statique (succession de tableaux) et d'une tension dramatique croissante. Et, sans se départir d'une constante fluidité dans l'expression, Viau a su assombrir progressivement le dialogue élégiaque, pour faire pénétrer l'égarement de la souffrance jusque dans l'épaisseur du langage. Par là s'explique ce poignard rougissant, raillé plus tard par Boileau qui n'a voulu y voir qu'une hyperbole précieuse.

Unique œuvre théâtrale de Viau, la pièce a été créée devant la jeune cour de Louis XIII, mettant un comble à la gloire du « *Premier prince des poètes* » qui offrait à la France sa première tragédie élégiaque, destinée à rivaliser avec la pièce phare du plus grand poète italien du siècle précédent, l'*Aminta* du Tasse. Elle eut un succès retentissant (73 éditions de 1626 à 1698), qui exposa d'autant plus son auteur à la haine de ses ennemis. Son rayonnement dura plus de cinquante ans en dépit de l'évolution rapide de la technique théâtrale et du goût. Mais les classiques de la fin du siècle furent, comme Boileau, gênés par une structure jugée archaïque et par un style poétique qu'ils ne comprenaient plus. Puis elle tomba dans un oubli complet, d'où la tira — très partiellement — Rostand, dans *Cyrano de Bergerac*, dont la célèbre tirade des nez s'achève ainsi : *Enfin, parodiant Pyrame en un sanglot : / « Le voilà donc ce nez qui des traits de son maître / A détruit l'harmonie ! Il en rougit, le traître ! »* (I, 4).

CITATIONS

Mais je me sens jaloux de tout ce qui te touche,
De l'air qui si souvent entre et sort par ta bouche ;
[...]
Ton ombre suit ton corps de trop près, ce me semble,
Car nous deux seulement devons aller ensemble.

Les Amours tragiques de Pyrame et Thisbé, IV, 1.

Que donc ton bras sur moi davantage demeure,
Ô mort ! et, s'il se peut, que plus que lui je meure ;
Que je sente à la fois poison, flammes et fers.
Sus ! qui me vient ouvrir la porte des enfers ?
Ha ! voici le poignard qui du sang de son maître
S'est souillé lâchement : il en rougit, le traître !

Les Amours tragiques de Pyrame et Thisbé, V, 2.

Quelle couleur peut plaire mieux
Que celle qui contraint les Cieux
De faire l'amour à la terre ?

Les Amours tragiques de Pyrame et Thisbé, ode VII.

Incertain et dépravé, je ne me retiens pas assez du plaisir comme chrétien, je m'y laisse aller comme homme, mais je ne m'y laisse pas tromper comme bête.

Au lecteur.

Ceux qui jurent d'avoir l'âme encore assez forte
Pour vivre dans les yeux d'une maîtresse morte
N'ont pas pris le loisir de voir tous les efforts
Que fait la mort hideuse à consumer les corps.

Élégie (« Cloris lorsque je songe... »), in *Œuvres*.

Nos vers d'aujourd'hui, qui ne se chantent point sur la lyre, ne se doivent point nommer lyriques, non plus que les autres héroïques, puisque nous ne sommes plus au temps des Héros, et toutes ces singeries ne sont ni du plaisir, ni du profit d'un bon entendement.

Fragments d'une Histoire comique, 1.

Si je voulais verser quelque goutte d'encre sur vos actions, je noircirais toute votre vie.

Lettre à [Guez de] *Balzac.*

Les Zéphyrs se donnent aux flots,
Les flots se donnent à la lune,
Les navires aux matelots,
Les matelots à la fortune.

Ode à M. le marquis de Boquiguant, in *Œuvres*.

L'art, ennemi de la franchise,
Ne veut point être reconnu ;
Mais l'Amour, qui ne va que nu,
Ne souffre point qu'on se déguise.

Ode (« Perfide, je me sens heureux... »), in *Œuvres*.

JUGEMENTS

« L'envers de ce monde de jardins et de pelouses, où des couples indéfiniment s'embarquent pour Cythère, où résonne la chanson qu'effleure une guitare, que traverse un rire de fille ou un chant de rossignol, c'est l'univers onirique que Théophile est un des premiers poètes français à annexer à notre lyrisme. [...] *Théophile a écrit quelques-uns des poèmes vraiment magiques de notre littérature, quelques vers incantatoires et brumeux dignes de Rimbaud, de Nerval, de l'Apollinaire du* Larron. *La bizarrerie de ses songes, leur bestiaire en désordre font songer à Bosch et à Breughel. L'accent de sorcellerie narquoise avec quoi Théophile les traduit n'ont guère d'équivalent, ni ce ton rocailleux qu'il sait prendre soudain* [...]. *»*

Claude ROY, « Théophile de Viau », in *Tableau de la littérature française*, I, Gallimard, 1962.

« Si le baroque est une perpétuelle et vivante contradiction engendrant, par un charme paradoxal, un mouvement toujours renouvelé, la vie de Théophile est baroque. Cet homme n'a cessé de se contredire et de surprendre, oscillant sans cesse entre le triomphe et la catastrophe, entre le service du roi et l'opposition au roi, entre le protestantisme et le catholicisme, entre la gloire et l'opprobre. C'est dans l'intervalle entre deux de ces volte-face qu'il a dû composer, sans doute très rapidement, son unique œuvre théâtrale, la tragédie de Pyrame et Thisbé. [...] *Appliqué au théâtre, le génie poétique de Théophile va droit à l'essentiel. Sa pièce est un modèle de simplicité, même si l'on s'abstient de l'opposer à la complexité des œuvres contemporaines. Cette simplicité entraîne clarté, pureté, naturel et sensibilité. L'expression est presque toujours aisée, coulante et limpide. Les unités, à une époque où les doctes commençaient à en discuter avec méfiance, sont presque toujours observées sans effort et en quelque sorte implicitement. Les positions poétiques de l'auteur, par exemple son goût baroque de la nuit, s'affirment plus discrètement mais aussi efficacement que dans son œuvre lyrique. Le naturel, qui touche au réalisme, n'est qu'un élément d'une configuration générale s'achevant dans la pureté et dans une émotion qui peut encore nous toucher. »*

Jacques SCHERER, *Théâtre du XVIIe siècle*, « Pléiade », Gallimard, 1975.

BIBLIOGRAPHIE

Éditions

Œuvres complètes, éd. G. SABA, Nizet/Edizioni dell' Atheneo, Paris/Rome (IT), 1978 à 1987, 4 vol.

Œuvres poétiques, éd. G. SABA, « Classiques Garnier », rééd. Bordas, 1990.

Les Amours tragiques de Pyrame et Thisbé, éd. G. SABA, Edizioni Scientifice Italiane, Naples (IT), 1987 ; éd. G. FORESTIER, Cicero, 1992 ; éd. J. SCHERER, in *Théâtre du XVIIe siècle*, t. I, « Pléiade », Gallimard, 1975.

Choix de poèmes, in *Anthologie de la poésie amoureuse baroque, 1570-1640*, éd. G. MATHIEU-CASTELLANI, « LdP », LGF, 1990, pp. 363 à 394.

Études

A. ADAM, *Théophile de Viau et la libre pensée française en 1620*, Droz, 1935, rééd. Slatkine, Genève (CH), 1966.

J. DEJEAN, « Une autobiographie en procès : l'affaire Théophile de Viau », in *Poétique*, n° 48, févr. 1981.

R. DUCHÊNE (dir.), *Théophile de Viau*, actes du colloque du Centre méridional de rencontres sur le XVIIe siècle, « Biblio 17 », Paris/Seattle (US)/Tübingen (DE), 1991.

C. GAUDIANI, *The Cabaret Poetry of Theophile de Viau*, Narr/Éd. J.-M. Place, Tübingen (DE)/Paris, 1981.

L.L. GODARD de DONVILLE, *Le Libertin des origines à 1665 : un produit des apologètes*, PFSCL, 51, Seattle (US), 1989.

F. LACHÈVRE, *Le Libertinage devant le Parlement de Paris. Le Procès du poète Théophile de Viau*, 1909, rééd. Slatkine, Genève (CH), 1968.

C. RIZZA, *Libertinage et Littérature*, Schena/Nizet, Fasano di Bari (IT)/Paris, 1996.

Cl. ROY, « Théophile de Viau », in *Tableau de la littérature française*, I, Gallimard, 1962, pp. 490 à 494.

G. SABA, *Fortunes et Infortunes de Theophile de Viau : Histoire de la critique*, Klincksieck, 1997 ; *Théophile de Viau, un poète rebelle*, PUF, 1999.

VIGNY

Alfred de VIGNY

Alfred-Victor, comte de VIGNY

Loches (act. Indre-et-Loire) 1797 – Paris 1863

« Il a eu l'énergie, si rare en un âge ivre de violence, de demeurer discret et tendre. Il a eu la plus rare des intransigeances, celle de la délicatesse. »

Paul BOURGET, *Études et Portraits*, 1889.

« Quel sot — je l'ai toujours pensé, — devait être cet Alfred de Vigny ! Ces gens qui se promènent de leur vivant comme un buste ! — et qui, dans le privé, se branlent sur une lettre qu'ils écrivent à leur maîtresse. Sot et tartufe. »

Paul LÉAUTAUD, *Journal littéraire*, 30 janvier 1940, Mercure de France, rééd. 1986.

Entre ombrageux poète et sombre philosophe

Un fin de race privé d'avenir

Issu d'une famille doublement marquée par la Révolution, Vigny était le 4e enfant — seul survivant — d'un mariage de raison qui avait uni, le 22 avril 1790, Léon-Pierre de Vigny, alors âgé de 53 ans, à Marie-Jeanne-Amélie de Baraudin, laquelle était de vingt-deux ans sa cadette : à la naissance d'Alfred, son père et sa mère étaient donc âgés respectivement de 60 et 38 ans. Les deux branches de la famille, également ruinées par la Révolution, vivaient dans la même nostalgie des valeurs du passé. De part et d'autre, persistaient des souvenirs de grandeur et l'ambition de soutenir une conception de l'honneur que les bouleversements politiques et sociaux avaient rendue caduque, ingrédients d'une saga familiale fin de race que l'imagination littéraire de l'adulte déçu par les mesquineries de la vie quotidienne sut ultérieurement développer en mythe grandiose.

Les parents du jeune enfant regagnèrent Paris en pluviôse an VI (févr. 1799), pour s'installer au palais de l'Élysée-Bourbon, ancien hôtel d'Évreux, bâti en 1718, et aujourd'hui connu comme palais de l'Élysée. Ce domaine avait alors été réquisitionné, puis divisé en boutiques et appartements loués à des particuliers. La famille s'y établit jusqu'en mars 1804, date à laquelle elle se fixa rue du Marché d'Aguesseau, au voisinage d'amis fidèles. Entouré d'un père âgé, et d'une mère aussi exigeante qu'autoritaire, fortement influencée par le modèle éducatif des Idéologues, le jeune Vigny reçut de sa mère sa première éducation : mathématiques, musique, peinture, gymnastique — la poésie et la littérature étant considérées comme des valeurs secondaires, tout juste bonnes à former le sens du jugement, et accessibles comme à la dérobée sur les seuls rayons de la bibliothèque paternelle.

De 1807 à 1811, Vigny fut demi-pensionnaire à l'institution de M. Hix, dans laquelle il eut pour condisciples le futur compositeur Hérold et le futur graveur Achille Devéria. Il devint ensuite externe au lycée Bonaparte, où il eut à subir les moqueries et la haine de nombreux condisciples agacés par la supériorité intellectuelle du jeune garçon qui, à 12 ans, avait lu Eschyle, Corneille et Pascal, et, à 14, avait traduit Homère en anglais. Ayant dû quitter cet établissement pour achever son instruction sous le préceptorat de l'abbé Gaillard, il développa auprès de ce dernier sa connaissance des langues anciennes et modernes, de la littérature et des mathématiques, dans la perspective d'entrer à l'École polytechnique.

Du noble sans roi au soldat sans guerre

Mais les événements en décidèrent autrement. Le 6 juillet 1814, au cours de la première Restauration, Vigny, fortement incité par sa mère, fut nommé par le duc de Feltre, sur ordre du roi Louis XVIII, lieutenant de cavalerie des Gendarmes de la Garde, familièrement connus sous la dénomination de « *Compagnies Rouges* ». La mère de Vigny adressa à son fils, le 23 février 1815, des conseils qui durent marquer fortement le jeune homme : « *N'écouter que la vanité, l'amour du plaisir qui entraîne celui de la dépense et le désir des richesses, voilà la source de toutes les sottises, de la basse envie et d'un malheur véritable.* » Le 20 mars 1815, alors qu'il suivait à quelques heures de distance Louis XVIII en fuite vers Gand — épisode que, plus de deux siècles plus tard, transposa Aragon dans *La Semaine sainte* (1958) —, Vigny fit l'expérience de l'iniquité de la monarchie : licencié avec sa compagnie à Saint-Pol-sur-Ternoise, le jeune gendarme passa les Cent-Jours exilé à trente lieues de Paris — les « *Compagnies Rouges* » furent d'ailleurs définitivement dissoutes le 1er janvier 1816. Le 25 janvier, Vigny perdit son père. Une partie du passé glorieux de la famille disparut avec ce décès. Mme de Vigny, le 1er août 1816, émancipa son fils. Entre-temps, Vigny avait été nommé lieutenant de la légion départementale de Seine-et-Oise, et dut, ultérieurement, faire l'expérience de la vie de garnison : Paris, Vincennes, Nemours, Amiens, Saint-Denis, Versailles, Courbevoie, Rouen, Orléans et Strasbourg. De ces longues périodes d'inactivité surgirent les premières lueurs de la flamme littéraire et poétique qui embrasèrent désormais l'imagination du jeune homme et consumèrent toutes ses énergies, sublimant le matériel décevant de l'existence quotidienne.

Du soldat déçu au poète anonyme

À l'automne 1820, grâce à l'aide de ses amis de longue date, Émile et Antoni Deschamps, Vigny pénétra dans le cercle du *Conservateur littéraire*. Dès lors, un écrivain était né. Il confia rapidement au *Conservateur littéraire*, en décembre 1820, son premier poème officiel : ***Le Bal***, et un article consacré à la publication des *Œuvres complètes* de Byron dans la traduction de Pichot. C'est en mars 1822, enfin, que — sous le masque de l'anonymat — parut un recueil de ***Poèmes*** contenant : ***Héléna***, ***La Dryade***, ***Symétha***, ***Le Somnambule***, ***La Fille de Jephté***, ***Le Bain*** (fragment d'un poème de ***Suzanne***), ***La Femme adultère***, ***La Prison***, ***Le Bal***, ***Le Malheur***.
Malheureux dans sa carrière militaire — puisque ce n'est qu'à l'ancienneté que Vigny fut promu lieutenant titulaire —, l'écrivain reversa du côté de la poésie tout son idéal d'accomplissement personnel, ce dont témoignait ***Le Trapiste*** [sic], poème consacré à l'analyse d'une double personnalité de moine-soldat déjà confronté aux contradictions de l'Histoire, qui connut 3 éditions en six mois.
De Strasbourg à Oloron (auj. Oloron-Sainte-Marie, act. Pyrénées-Atlantiques), la vie militaire lui donna l'occasion, en mai 1823, de traverser la France en diagonale pour rejoindre l'Espagne. Chemin faisant, Vigny put enfin s'arrêter pour la première fois au Maine-Giraud, en Charentes, afin d'y retrouver sa tante maternelle, la supposée chanoinesse de Malte, Sophie de Baraudin, recluse parmi les brandes depuis la Révolution ; afin, également, d'essayer d'apparier la réalité des lieux et des faits aux rêves d'un adolescent prolongés par les récits de sa mère. De cette expérience naquirent ultérieurement les pages magnifiques de l'introduction des ***Mémoires***.
En septembre 1823, une halte à Bordeaux lui donna l'occasion de rencontrer Édouard Delprat et Edmond Géraud ; Vigny put y entreprendre la rédaction d'***Éloa ou la Sœur des anges***, alors que *La Muse française* publiait ***Dolorida***, et que les *Tablettes romantiques* faisaient paraître ***La Neige***.

Les succès littéraires d'un époux malheureux

Revenu à Paris entre février et mai 1824, pour un congé sans solde, Vigny composa un article nécrologique sur Byron pour *La Muse française*, et fit publier, en avril, ***Éloa***. À son retour dans les Pyrénées, Vigny, déçu dans les espérances amoureuses qu'il vouait à Delphine Gay — qui n'avait pas eu l'heur d'agréer à sa mère et qui préféra épouser Émile de Girardin, futur « empereur » de la presse populaire —, rencontra Miss Lydia Bunbury, fille d'un Anglais en cure dans les Pyrénées. Épris de la jeune fille, Vigny épousa Lydia à Pau, en février 1825, malgré les réticences du père de la jeune Anglaise — laquelle, d'ailleurs, n'apprit jamais le français.
De mars 1825 à mars 1827, s'éloignant progressivement d'une carrière militaire qui n'avait cessé de le décevoir au quotidien, Vigny fit prolonger de proche en proche un congé pour convenance personnelle qui lui donna la possibilité de se consacrer entièrement à la poésie. De cette période datent ***Le Cor*** (*J'aime le son du cor, le soir, au fond des bois, / [...] / Dieu, que le son du cor est triste au fond des bois !*), et la publication de ***Poèmes antiques et modernes*** (janv. 1826), puis celle du roman historique ***Cinq-Mars*** (avr. 1826), dans lequel — comme l'indiquèrent plusieurs des ***Notes et Documents historiques*** de la 2e édition (1826) et la célèbre ***Préface*** de la 3e édition (1829), intitulée ***Réflexions sur la vérité dans l'art*** — Vigny, s'écartant du modèle de Walter Scott, voulut tenter l'expérience française d'une histoire romanesque.
Parallèlement à ces succès littéraires, la vie n'offrait guère de motifs de satisfaction : la jeune épouse de Vigny fit déjà preuve à cette date d'une constitution fragile lui interdisant de mener à bien deux grossesses successives ; et tout désir de paternité officielle s'abolit ainsi dans les espérances du poète. Vigny fut aussi — sur sa demande — définitivement rayé des contrôles d'activité de l'armée le 28 avril 1827.

En vers, en prose, en scène : la décennie glorieuse

Publiant ***Le Bain d'une dame romaine*** dans les *Annales Romantiques* de janvier 1828, Vigny s'attacha en parallèle à la traduction de Shakespeare, en compagnie d'Émile Deschamps, et prépara entre septembre et décembre 1828 ses adaptations d'***Othello*** et du ***Marchand de Venise***. En mai et août 1829, parurent les 2e et 3e éditions des ***Poèmes***, qui consistaient en une savante redistribution-

élimination des divers poèmes ayant vu le jour les mois précédents. Les relations d'amitié et d'estime du premier Cénacle, qui liaient notamment Vigny et Hugo, s'affaiblirent à partir de 1829 et, plus particulièrement, lors des représentations, le 24 octobre, d'***Othello, le More de Venise***. La révolution de 1830 sépara définitivement les deux hommes. Vigny participa en effet à la répression des troubles populaires en qualité de chef de bataillon dans la garde nationale. Le poème ***Paris***, sous-titré ***Élévation***, publié chez Gosselin en avril 1831, portait la trace des réflexions du soldat, du poète et du philosophe impressionné par la doctrine saint-simonienne. La même année 1831 vit la création, à l'Odéon, de ***La Maréchale d'Ancre***, tandis que la *Revue des Deux Mondes*, en octobre et décembre, publiait les deux premiers récits de ***Stello***, et que *L'Émeraude* présentait ***Les Amans*** [sic] ***de Montmorency*** en décembre. Les soubresauts et chaos de l'Histoire suscitaient en Vigny une réelle dynamique de l'écriture.
Au cours de l'épidémie de choléra qui ravagea Paris en mars 1832, Vigny choisit de détruire des œuvres de jeunesse, notamment 3 « *tragédies manquées* » : ***Roland***, ***Julien l'Apostat*** et ***Antoine et Cléopâtre***. Mais, en avril, la *Revue des Deux Mondes* fit paraître le 3e épisode de ***Stello***, tandis que Vigny songeait déjà à une ***Seconde Consultation du Docteur Noir***, et qu'il commençait la première rédaction de ses ***Mémoires***. Le 1er mars 1833, la *Revue des Deux Mondes* publia ***Laurette***, qui constitua le récit initial de ***Servitude et Grandeur militaires***. Mais Vigny était alors accaparé par la santé dégradée de sa mère, victime d'une hémorragie cérébrale, qui nécessita de lui — dès lors — des soins constants. Le 30 mai, ***Quitte pour la peur*** fut représenté à l'Opéra dans une unique soirée à bénéfices. De cette époque date la passion dévorante et violente qui — contrairement aux prudes et anciens conseils de sa mère — lia pendant plusieurs années Vigny à Marie Dorval. Dès avril 1834, la *Revue des Deux Mondes* fit paraître ***La Veillée de Vincennes***, 2e récit de ***Servitude et Grandeur militaires***, qui donnait à l'écrivain la possibilité de justifier son attitude critique par déception au regard de l'armée.
Préoccupé par la question sociale du suicide et de la mort précoce des jeunes gens de l'époque, notamment chez les artistes, qui faisait la triste actualité du temps, Vigny reprit l'un des récits de ***Stello*** pour l'adapter sous forme dramatique dans ***Chatterton***. La pièce, créée le 12 février 1835, avec Marie Dorval en émouvante Kitty Bell, connut un brillant succès, et suscita de ce fait les acrimonieuses jalousies de Sainte-Beuve et de Hugo.
Dès octobre de la même année 1835, le récit de ***La Canne de jonc*** fut publié par la *Revue des Deux Mondes*, et, ayant rejoint les 2 textes qui l'avaient précédé, acheva la composition du recueil de ***Servitude et Grandeur militaires***, accueilli avec partage par un public que désorientait une présentation si critique des caractères de l'armée.
Appelé à Londres pour régler des questions de famille, Vigny eut l'occasion d'y subir les roueries et les hypocrisies d'une société pour laquelle son sentiment initialement positif se chargea vite de négativité caustique. Revenu en France après quelques semaines, il rédigea 2 longs fragments en prose qui eussent pu servir à la ***Seconde Consultation du Docteur Noir***, mais qui demeurèrent isolés jusqu'à ce que Fernand Gregh, en 1913, les publiât sous le titre de ***Daphné***.

Les tournants de la quarantaine

La mort de sa mère, le 21 décembre 1837, acheva de plonger Vigny dans une prostration résultant à la fois du sentiment diffus d'une culpabilité et de la certitude de la fatalité. Les relations de Vigny avec Marie Dorval souffrirent dès lors d'une irrémédiable dégradation, renforcée d'ailleurs par les infidélités réciproques et dissimulées des deux amants — notamment celle, fameuse, de Marie avec George Sand. Sous le signe de deux épées croisées et haut levées, amèrement dessinées dans un carnet quotidien, la rupture fut consommée le 17 août 1838.
Reparti le 20 septembre 1838 pour un second séjour au Maine-Giraud, Vigny s'efforça de relever les ruines d'une propriété qui lui revenait comme un fardeau, et dans laquelle il pensait cependant pouvoir découvrir les racines de son aristocratie, tout en retrouvant les joies de la poésie qu'il avait délaissées depuis près de sept ans. ***La Mort du loup***, dans l'élan scriptural de sa leçon sévère, portait la trace du bonheur de ces retrouvailles — notamment dans ses célèbres derniers vers, qui passent souvent pour contenir et résumer l'essentiel du testament poétique de Vigny :

Que j'ai honte de nous, débiles que nous sommes !
[...]
Seul le silence est grand, tout le reste est faiblesse.
[...]
Gémir, pleurer, prier, est également lâche.
Fais énergiquement ta longue et lourde tâche
Dans la voie où le Sort a voulu t'appeler,

Puis après, comme moi, souffre et meurs
sans parler.
(***La Mort du loup***, in ***Les Destinées***)

Toutefois, le séjour charentais fut bref, interrompu en novembre par la nécessité de rejoindre Londres une seconde fois afin d'y régler désormais la succession du père — récemment décédé — de Lydia Bunbury. La démarche de Vigny, dictée par la nécessité de préserver les intérêts de sa femme face aux prétentions des enfants du second mariage de sir Hugh Mill Bunbury, ne fut pas couronnée de succès. Mais, à son retour à Paris, influencé par les visites qu'il avait pu effectuer dans les musées londoniens, Vigny rédigea dès novembre 1839 ***Le Mont des Oliviers***, avec en arrière-plan de son imagination le célèbre tableau de Mantegna :

Il [Jésus] *se courbe à genoux, le frond contre*
la terre ;
Puis regarde le ciel en appelant « Mon
Père ! »
Mais le ciel reste noir et Dieu ne répond pas.
(***Le Mont des Oliviers***, I, *ibid.*)

Les relations — d'abord excellentes puis de plus en plus tendues — de Vigny avec Sainte-Beuve dégénérèrent en crise ouverte en octobre 1840 à la suite de l'article *Dix Ans après en littérature* commis par le critique. Vigny devint alors de plus en plus indifférent à la réception de ses œuvres, édifiant dès cette époque cette mythification compensatrice de la *« Postérité »*, seule susceptible de récompenser les sacrifices du poète et du penseur. Publiant alors dans la *Revue des Deux Mondes* les premiers textes poétiques qui furent ultérieurement réunis de manière posthume sous le titre des ***Destinées***, Vigny confia donc au public ***La Flûte*** (nov. 1842), puis ***La Sauvage*** (janv. 1843), alors que commençaient pour lui, au milieu du tumulte des apostasies contemporaines, les combats préliminaires de son investiture académique :

Tout homme a vu le mur qui borne son
esprit.
(***La Flûte***, III, in ***Les Destinées***)

La Loi d'Europe est lourde, impassible et
robuste,
Mais son cercle est divin, car au centre est le
Juste.
[...]
Vous m'appelez la Loi, je suis la Liberté.
(***La Sauvage***, IV, *ibid.*)

Plusieurs présentations, pour des raisons diverses, demeurèrent vaines — les Immortels lui ayant notamment préféré Sainte-Beuve (1843) et Mérimée (1844). Ce n'est effectivement qu'à sa 6e candidature que Vigny fut élu, le 8 mai 1845, en remplacement de Charles-Guillaume Étienne, au 32e fauteuil de l'Académie française — celui de Vaugelas puis de Scudéry. La cérémonie d'investiture, tout empreinte de la fielleuse hypocrisie du comte Molé, uniquement orientée vers la recherche d'intérêts courtisans et méprisants, blessa très profondément et durablement le comte de Vigny, lequel, soulignant d'un trait de crayon d'or tous les passages de son propre discours qui suscitaient l'approbation de l'auditoire, se drapa de plus belle dans un orgueil supérieur que beaucoup de contemporains, et de critiques ou historiens ultérieurs, prirent pour de la suffisance.

Élans et retraits de la cinquantaine

La Bouteille à la mer (sept. 1847) et ***Wanda*** (nov. 1847) constituèrent à cette date les marques de l'épanchement secret du poète qui instituait la littérature, et singulièrement la poésie, en énergie morale rédimante :

La France est pour chacun ce qu'y laissa son
cœur.
[...]
Le vrai Dieu, le Dieu fort est le Dieu des
idées !
[...]
Jetons l'œuvre à la mer, la mer des
multitudes :
Dieu la prendra du doigt pour la conduire
au port.
(***La Bouteille à la mer***, X et XXVI, *ibid.*)

Soucieux de ne pas perdre le contact avec la réalité de ses contemporains, Vigny s'intéressa à la révolution de 1848, en se présentant à la députation (avr. 1848), solitairement, et sans réellement faire campagne autrement que par une très abstraite ***Lettre aux électeurs de la Charente*** ! Sans succès, bien sûr, mais aussi sans avoir fait les efforts nécessaires de démagogie — qui, au reste, lui répugnaient — pour conquérir un électorat. L'attitude était significative de la manière dont Vigny entendait faire triompher ses idées de progrès social, sans souiller sa blanche hermine des boues du chemin.

Le troisième séjour au Maine-Giraud fut pour lui, et pour Lydia, l'occasion de remettre en valeur l'exploitation familialement léguée comme le conservatoire d'une philosophie de l'existence, et le dépôt de valeurs à protéger : de cette époque date la signature *« de Vigny, vigneron »*. Ayant achevé en août 1849 le poème ***Les Destinées***, Vigny fut obligé de revenir à Paris pour assumer la direction de l'Académie française au cours des trois derniers mois de l'année. Il ne revint en Charente qu'au mois de juin 1850, et s'établit alors dans la demeure ancestrale jusqu'à l'automne 1853.

Les dix dernières années de la vie du poète furent marquées par la dégradation sensible de son propre état de santé, et par l'affaiblissement continu de son épouse, qui transforma Vigny en perpétuel garde-malade, mais aussi par d'ultimes amours. Ayant entretenu, de mars 1854 à décembre 1857, une liaison passionnée avec Louise Colet — à qui il écrivait des lettres si enflammées qu'il les « ponctuait » de gouttes de sperme —, Vigny rompit définitivement avec celle qui avait été, entre 1846 et 1854, la maîtresse puis l'amie de Flaubert, pour succomber à l'amour à la fois « paternaliste » et sensuel qu'il vouait à Alexandrine-Augusta Froustey Bouvard, sa dernière passion, âgée de moins de 25 ans. La correspondance échangée avec la jeune femme montre un Vigny certes vieillissant, mais toujours attentif à offrir de lui-même le meilleur de son expérience et de ses réflexions, l'amoureux se doublant en lui d'un pédagogue soucieux de l'épanouissement personnel de l'aimée.

Les ultimes épreuves du poète-philosophe

Recevant le témoignage de plusieurs amitiés littéraires — Mistral, Baudelaire, Barbey d'Aurevilly et Leconte de Lisle —, Vigny vécut les dernières années de son existence en prodiguant conseils et aide matérielle aux innombrables jeunes écrivains qui faisaient appel à son jugement, à sa compréhension, ou à son soutien matériel. Très intéressé, à la suite des recherches d'Adolphe Franck, par les philosophies orientales, il se découvrit même une fibre religieuse renaissante à la lecture du *Baghavata Pourana*.

Ayant achevé le poème intitulé ***Les Oracles*** en février 1862 *(Toute Démocratie est un désert de sables)*, et la strophe terminale — ***Le Silence*** *(Muet, aveugle et sourd au cri des créatures, / Si le Ciel nous laissa comme un monde avorté, / Le juste opposera le dédain à l'absence / Et ne répondra plus que par un froid silence / Au silence éternel de la Divinité)* — du ***Mont des Oliviers***, en avril de la même année, Vigny vit mourir Lydia en décembre 1862, alors que lui-même, très affaibli par une gastralgie cancéreuse, ne pouvait presque plus s'alimenter. Le 10 mars 1863, il put néanmoins achever ***L'Esprit pur*** :

J'ai fait illustre un nom qu'on m'a transmis sans gloire.
Qu'il soit ancien, qu'importe ? Il n'aura de mémoire
Que du jour seulement où mon front l'a porté.
[...]
Ton règne est arrivé, PUR ESPRIT, roi du monde !
[...]
Déesse de nos mœurs, la guerre vagabonde
Régnait sur nos aïeux. Aujourd'hui, c'est l'ÉCRIT.

(***L'Esprit pur***, I et VIII, in ***Les Destinées***)

Le 6 juin 1863, Vigny rédigea son testament. Il mourut quelque trois mois plus tard, le 17 septembre, stipulant fièrement dans un codicille testamentaire : « *Laissez à l'Église le choix de ses paroles et de ses chants sacrés. L'ignorance universelle des hommes n'a le droit de parler que de ses doutes et de ses sciences incomplètes. La tombe ne veut entendre que la prière. Il n'y a que le silence ou l'adoration qui puissent atteindre aussi haut que la dignité de la mort et que la majesté de l'éternité.* »

Le 15 janvier 1864, la *Revue des Deux Mondes* publiait ***La Colère de Samson***, et Louis Ratisbonne, l'exécuteur testamentaire, éditait en recueil ***Les Destinées***.

La publication ultérieure de fragments triés et expurgés des carnets quotidiens, sous la férule éradiquante de Louis Ratisbonne, donna naissance à cet objet hybride intitulé ***Journal d'un poète***, célèbre pour ses derniers mots *(« Sainte Solitude »)* mais qu'il deviendrait urgent de rééditer aujourd'hui selon des normes strictes. Cette publication sonna aussi le début d'une représentation négative de la stature et de la nature du poète, qui figea ses traits, et dont la critique moderne commence à peine de se détacher.

THÉORIE LITTÉRAIRE

Avec les ***Réflexions sur la vérité dans l'art*** (1827), qui servirent de ***Préface*** à la 3e édition de ***Cinq-Mars*** (1829), Vigny tenta de préciser, dans sa conception du roman historique, les rapports de l'art et de l'Histoire : « *L'étude du destin général des sociétés n'est pas moins nécessaire aujourd'hui dans les écrits que l'analyse du cœur humain.* » Le roman — un genre qu'il s'excuse presque d'utiliser — lui semble propice à l'exposé des « *faits* » dans l'exactitude de leur « *réalité* », mais selon « *l'IDÉE que chacun d'eux doit représenter aux yeux de la postérité* ». Il postule ainsi le droit de faire passer la « *VÉRITÉ de l'Art* » avant le

« VRAI *du Fait* » : l'une correspond à « *un ensemble idéal* [des] *principales formes* » de l'autre, elle participe de cette « *œuvre de l'imagination et de ce grand* BON SENS *qui est le génie lui-même* ». Il s'agit d'offrir « *le spectacle philosophique de l'homme profondément travaillé par les passions de son caractère et de son temps* », et « *ce qu'il y a de* VRAI *n'est que secondaire* ». Vigny justifia ces hardiesses par la formule célèbre, à laquelle il ne put s'empêcher de donner la forme de l'alexandrin : « *L'histoire est un roman dont le peuple est l'auteur* » ; l'imagination populaire, qui donne à « *la chrysalide du* FAIT [...] *les ailes de la* FICTION », lui paraît meilleur juge que les « *consciences littérairement timorées* ».

Théoricien du roman historique, Vigny défendit des thèses tout aussi audacieuses à propos du drame romantique. Dans la ***Lettre à Lord sur la soirée du 24 octobre 1829 et sur un système dramatique***, au lendemain de la première d'***Othello, le More de Venise***, il s'en prend au « *vieux trépied des unités* » : « *Il fallait, dans des vestibules qui ne menaient à rien, des personnages n'allant nulle part, parlant de peu de choses, avec des idées indécises et des paroles vagues, un peu agités par des sentiments mitigés, des passions paisibles, et arrivant ainsi à une mort gracieuse ou à un soupir faux.* » La politesse de Cour, « *niveleuse,* [qui] *efface et aplanit tout* », lui est particulièrement odieuse : il faut appeler par leurs noms le « *mouchoir* » — c'est notamment parce que ce mot, tenu pour obscène, y avait été prononcé que sa version en vers d'***Othello*** (1829) avait scandalisé et échoué —, le « *chien* » ou l'« *éponge* » ; parler d'« *espions* » et non de « *Ces mortels dont l'État gage la vigilance.* » Vigny évoque le « *faux langage imité de l'Antique* » avec une verve qui annonce les critiques que l'on adressa, par la suite, aux restaurations excessives de Viollet-le-Duc ; à la différence du poème, le drame réclame, non la psalmodie, mais « *ce* récitatif *simple et franc dont Molière est le plus beau modèle dans notre langue* ».

La ***Préface*** à ***Chatterton*** oppose à « *l'homme de lettres* », qui peut « *tout ciseler avec agrément* », et au « *Grand Écrivain* », dont le langage est « *juste, net, franc, grand dans son allure et vigoureux dans ses coups* », le malheureux poète, dont « *l'imagination emporte ses facultés vers le ciel aussi irrésistiblement que le ballon enlève la nacelle* ». C'est la théorie de l'inspiration divine, qui suscita de nombreux vers des ***Destinées*** : *Poésie ! Ô trésor ! Perle de la pensée ! / Les tumultes du cœur, comme ceux de la mer, / Ne sauraient empêcher ta robe nuancée / D'amasser les couleurs qui doivent te former* (***La Maison du berger***, II). Le « *pur enthousiasme* » évoqué par le poète renvoie à la philosophie platonicienne : *L'Invisible est réel. Les âmes ont leur monde / Où sont accumulés d'impalpables trésors (ibid.)*. L'élu a donc pour mission de chercher « *aux étoiles quelle route nous montre le doigt du Seigneur* » ***(Stello)***, de contempler « *le vrai dieu, le dieu fort,* [...] *le dieu des Idées* » (***La Bouteille à la mer***, XXVI). Car Vigny, « *moraliste épique* » ***(Journal d'un poète)***, finalement confiant dans le progrès, veut hâter le règne de « *l'Esprit pur* », par amour d'une humanité qu'il préfère à la nature, cette « *décoration dont la durée est insolente, et sur laquelle est jetée cette passagère et sublime marionnette appelée l'homme* » *(ibid.)*.

Néanmoins, Vigny se défiait des positions théoriques : « *La vanité la plus vaine est peut-être celle des théories littéraires. Je ne cesse de m'étonner qu'il y ait eu des hommes qui aient pu croire de bonne foi, durant un jour entier, à la durée des règles qu'ils écrivaient.* [...] *Il n'y a ni maître ni école en poésie* [...] » (***Préface*** à ***Chatterton***).

THÉORIE LITTÉRAIRE

L'inspiration hautaine, empreinte de stoïcisme, du comte Alfred de Vigny a sculpté de lui l'image d'un « *poète philosophe* » ; il appartint pourtant, par sa sensibilité, au grand mouvement de la poésie romantique, et préfigure à certains égard la poésie symboliste. De même a-t-il joué un rôle de premier plan dans le développement du roman historique et du drame romantique.

Un amoureux « *du vrai dans le beau* »

Vigny fut un écrivain exigeant et un attentif théoricien du style. Il poursuivit la quête d'un genre où la pensée et son expression permissent « *la rencontre du vrai dans le beau* » (***Journal d'un poète***, 11 juin 1842). Le vocabulaire de l'écrivain est gouverné par cet objectif, qu'il s'agisse de faire valoir les ressources étymologiques ou archaïques d'un mot — « *les races consternées* [jetées à terre] » (***Les Destinées***, v. 62) —, de nommer sans détour l'accessoire essentiel du ***More de Venise***, non pas « *tissu* », comme l'aurait voulu une rhétorique momifiée, mais « *mouchoir* » — terme qui provoqua « *épouvante et évanouissement* » du beau public, un an avant *Hernani* ! —, d'user d'un vocabulaire à la fois concentré sur des mots courants, voire traditionnels, de la forme poétique, et très ouvert sur les mots de l'époque — intérêt du vocabulaire du chemin de fer dans ***La Maison du berger*** (« *taureau de fer* », v. 78), précision du vocabulaire politique des ***Oracles*** (« *tribune* », « *doctrine* », « *démocratie* » et « *Pouvoir* », déjà saisi avec suspicion in ***Servitude et Grandeur militaires*** et in ***Stello***).

Même mobilisation des sons et des rythmes, produisant un vers toujours fermement cadencé et charpenté. Entre nombre de vers admirables et admirés, le dernier de ***La Maison du berger*** :

Ton amour taciturne et toujours menacé

répartit les *t* pour produire le ralenti (1re, 4e, 6e et 8e syllabes), double l'effet par les deux sons [s] ([si] en 5e, et [se] en 12e syllabes), module la ligne vocalique [u]/[y]/[u], place « *toujours* » en écho à « *amour* » mais sans lien direct puisqu'il faut en passer par les deux adjectifs de fin d'hémistiche (« *taciturne* », « *menacé* »), enfin conclut le poème sur les rimes « *passé* », « *effacé* », « *menacé* » :

Nous marchons ainsi, ne laissant que notre ombre
Sur cette terre ingrate où les morts ont passé,
Nous nous parlerons d'eux à l'heure où tout est sombre,
Où tu te plais à suivre un chemin effacé,
À rêver, appuyée aux branches incertaines,
Pleurant, comme Diane au bord de ses fontaines,
Ton amour taciturne et toujours menacé.
(***La Maison du berger***, derniers vers, in ***Les Destinées***)

On ne peut dissocier le travail sur les mots du travail sur la syntaxe. L'étude des « *esquisses* » (André Jarry, *in* Vigny, ***Œuvres complètes***, t. I, 1986) montre comment l'idée cherche son expression. Ainsi, une phrase inspirée de Malebranche *(« Le verbe est le lieu des intelligences comme l'espace est le lieu des corps »)*, demandant mystérieusement une rime en *ors*, donne d'abord un alexandrin faux de 14 syllabes *(« le verbe du seigneur est le lieu des intelligences »)*, vers dont la partie de 8 syllabes est à peu près conservée, l'hémistiche correct étant finalement réparti sur 2 vers :

Le Seigneur contient tout dans ses deux bras immenses,
Son Verbe est le séjour de nos intelligences,
Comme ici-bas l'espace est celui de nos corps.
(***La Maison du berger***, vv. 222 à 224, *ibid.*)

Le style qu'exige cette tension entre l'idée et l'expression, l'imaginaire et la contrainte, empêche qu'on distingue l'homme et l'écrivain. Non pas bien sûr pour trouver dans le premier l'explication du second, mais pour apercevoir les combats que requiert l'approche « *d'une* Beauté idéale, *infiniment désirable mais toujours mystérieuse en son essence* » (Jacques-Philippe Saint-Gérand, *Vigny, vivre, écrire*, 1994).

Les qualités stylistiques de Vigny se révèlent mieux encore dans sa prose, « *beaucoup moins inégale*, selon Arland, *souple, fine, maniée, familière à l'occasion (et non sans humour), rarement guindée, parfois un peu trop charmeuse, mais précise et dure quand il faut* » (« Vigny », in *Tableau de la littérature française*, III, 1974). Même encombrée des prestiges rhétoriques les plus académiques — comme ici, où se mêlent prosopopée, interrogation oratoire et période ternaire —, elle s'impose par sa vigueur : « *Ô jeunesse, jeunesse toujours nommée imprévoyante et légère de siècle en siècle ! De quoi t'accuse-t-on aujourd'hui ?* [...] *Amis, qu'est-ce qu'une grande vie, sinon une pensée de la jeunesse exécutée par l'âge mûr ? La jeunesse regarde fixement l'avenir de son œil d'aigle, y trace un large plan, y jette une pierre fondamentale ; et tout ce que peut faire notre existence entière, c'est d'approcher de ce premier dessein* » (***Cinq-Mars***, XX). La volonté édifiante du poète-philosophe se traduit par une prose multipliant formules définitives et généralisations : « *Le suicide est un crime religieux et social* » (***Préface*** à ***Chatterton***) ; « *Quand on veut rester pur, il ne faut point se mêler d'agir sur les hommes* » (***Cinq-Mars***, XXV) ; « *Il y a quelque chose d'aussi beau qu'un grand homme, c'est un homme d'honneur* » (***Servitude [...]***, III, 2) ; « *Il n'y a au monde que deux classes d'hommes : ceux qui ont et ceux qui gagnent. Les premiers se couchent, les autres se remuent* » (*ibid.*, III, 5) ; « *La poésie est une maladie du cerveau* » (***Chatterton***, III, 5) ; « *Les femmes sont dupes de leur bonté* » (*ibid.*, III, 8). Parfois, poète et prosateur se retrouvent en la même phrase, à la faveur d'un vers blanc : « *J'ai le spleen, et un tel spleen, que tout ce que je vois* [...] *m'est en dégoût profond. J'ai le soleil en haine et la pluie en horreur* » (***Stello***, chap. II).

Une gloire parcimonieuse

Noble privé de roi, soldat privé de guerre, époux privé d'enfant, amant privé d'amour, Vigny avait tout d'un fin de race privé d'avenir. Mais toutes ces privations furent sa chance littéraire : poète, romancier, dramaturge, l'écrivain pallia manques et absences par une double maîtrise — les vers, où le meilleur côtoie le pire, mais aussi la prose, trop méconnue —, jointe à la constante exigence du philosophe. De son vivant, Vigny, sans atteindre la popularité de son aîné Lamartine ou de son cadet Hugo, fut ainsi un écrivain respecté, même lorsqu'aux éloges enthousiastes de Sainte-Beuve succédèrent les éreintements de « *Sainte-Bave* » : Balzac, Gautier, Flaubert, Baudelaire l'admiraient.

Au XXe siècle, Proust — qui le plaçait au même premier rang que Baudelaire parmi les poètes —, Desnos — qui célébra « *sa noblesse d'âme et d'attitude* » —, Char — qui reconnaissait un « *ascendant* » en ce poète ombrageux et sombre philosophe — contribuèrent à immortaliser Vigny. Néanmoins, comme l'a montré, en 1997, la commémoration du bicentenaire de sa naissance — bien moins célébré que le centenaire de celle d'Aragon ou de Bataille —, l'auteur des ***Destinées*** reste aujourd'hui connu surtout de quelques amateurs éclairés, qui s'emploient avec ferveur à mieux diffuser une œuvre diverse mais difficile, que Vigny voulut aussi rare qu'essentielle.

ŒUVRES

Chatterton

Drame en 3 actes — comportant respectivement 5, 5 et 9 scènes — et en prose, créé à la Comédie-Française, le 12 février 1835, et publié chez Hippolyte Souverain, la même année.

Acte I. Chatterton, jeune poète idéaliste et désargenté, a loué une chambre chez John Bell, arrogant et brutal industriel, et sa femme, la timide et modeste Kitty. Il offre une Bible à cette dernière : sur le conseil d'un vieil ami quaker — témoin bienveillant qui tient, dans toute la pièce, le rôle de confident des protagonistes —, elle accepte ce présent, mais se fait rabrouer par son époux, qui en outre renvoie l'un de ses ouvriers et gourmande son épouse à propos des comptes de la maison. Chatterton demande au lord-maire l'aide d'un emploi pour payer ses dettes et médite avec le quaker sur la distance qui le sépare de cette société matérialiste. **Acte II.** Arrivent chez les Bell d'anciens condisciples de Chatterton à Oxford. Celui-ci, craignant que ses sentiments pour la maîtresse de maison ne soient découverts par ses amis, refuse de prendre le thé avec les Bell. Son ami lord Talbot, qui soupçonne son amour pour Kitty Bell, ironise sur le sujet en présence du mari et met dans l'embarras la généreuse jeune femme, à qui le quaker révèle les sentiments de Chatterton. **Acte III.** Le poète, solitaire dans sa chambre, est au désespoir. Persuadé qu'il n'est pas aimé et mis face à son manuscrit inachevé, il songe au suicide. Le quaker lui révèle l'amour de Kitty, espérant ainsi le dissuader, et lord Talbot se propose d'intervenir auprès du lord-maire Beckford. Mais ce dernier, méprisant le travail du poète, accusé d'avoir plagié une œuvre médiévale, lui offre un emploi humiliant de valet, tandis qu'un créancier le menace d'arrestation. Après cette scène, Chatterton brûle ses manuscrits et avale le contenu d'une fiole d'opium. Avant de mourir, il déclare sa passion à Kitty. Lorsqu'elle le découvre, elle s'effondre et meurt, brisée, sur les marches de l'escalier qui sépare son appartement de la chambre du poète.

La pièce est une construction hyperbolique autour du personnage du poète romantique et de sa destinée. Dans une préface intitulée ***Dernière Nuit de travail***, Vigny défendait l'« *élévation* » du poète, sa « *fuite sublime vers des mondes inconnus* », hors de la société, et condamné au suicide comme un « *martyr* » sous le joug du « *bourreau* ». Chatterton est la figure annonciatrice du poète maudit du XIXe siècle, celle de « *l'homme spiritualiste étouffé par une société matérialiste* ». La femme, être soumis, est aliénée comme le poète, car l'« *esclave* » de son mari, mais son statut est incertain. Mère, épouse et amoureuse, elle répond à la question « *comment donc doit vivre une femme ?* » (II, 4) en prêtant de l'argent au poète et en montrant un cœur généreux (II, 5), enfin en prenant le risque de le rejoindre et de subir son sort (III, 9). Le quaker, sorte de double du docteur Noir de ***Stello***, mais moins ironique que lui, incarne la bonne âme chrétienne, attachée à sauver les « *cœurs jeunes, simples et primitifs* ». Mais il est ici réduit au rôle d'observateur impuissant, victime lui-même d'une société moderne froidement capitaliste, représentée par l'industriel John Bell.

Pièce à portée philosophique, ***Chatterton*** n'est pas seulement la transposition dramaturgique du 2e récit de ***Stello***, un drame d'idée qui contient les thèmes de la désillusion et de la solitude présents dans ***Servitude et Grandeur Militaires*** ou dans ***Les Destinées***. Vigny innove par sa mise en scène audacieuse, au centre de laquelle un grand escalier symbolisait la séparation des mondes, celui du réel et du désir, du monde ordinaire et des élus. Cette scénographie figure le point ultime du dénouement, où la mort du poète s'accompagne de celle de l'épouse sacrifiée. Autre ressource de la pièce qui lui donne son caractère dramatique et passionné : la mort de Kitty, qui sublime son personnage de femme à la psychologie subtile balançant entre les deux mondes opposés des hommes, celui de son mari et celui du poète. ***Chatterton***, respectant presque entièrement la règle des 3 unités, évite la tragédie par le refus de la violence dans le style ou les situations. Pièce sans action, toute en demi-teintes, elle illustre la théorie du drame romantique selon Vigny.

La pièce, à sa création, obtint un succès de scandale. Marie Dorval, créatrice du rôle et maîtresse de Vigny, modifia la mise en scène en se laissant glisser le long de l'escalier en une chute qui donnait au final une touche spectaculaire. Cet escalier, *« accessoire érigé au rang de personnage »*, selon la critique de Zola, fut conservé dans les premières reprises de la pièce, en 1877 et en 1926, comme un élément central de la dramaturgie. La critique, plus mitigée que le public, interpréta la pièce comme une apologie du suicide, ou au contraire vit en Vigny *« le Racine du romantisme »*. Le rôle de Chatterton attira encore de grands comédiens contemporains, Pierre Fresnay en 1926 et Michel Bouquet en 1956.

Les ***Destinées***

Recueil de poèmes d'Alfred de Vigny, paru chez Michel Lévy frères, le 23 novembre 1863, deux mois après la mort du poète.

Depuis la composition de ***Paris***, en 1831, et dès le début de sa liaison avec Marie Dorval, Vigny avait délaissé le genre poétique pour s'adonner aux formes variées de l'écriture dramatique et romanesque. Il ne retrouva la pratique des vers, en trois vagues consécutives, qu'au terme de sa rupture avec l'actrice. De l'été 1838 à l'hiver 1843-1844, Vigny rédigea successivement 6 poèmes : ***La Mort du loup***, ***La Colère de Samson***, ***Le Mont des Oliviers***, ***La Flûte***, ***La Sauvage***, ***La Maison du berger***. Ce sont ces textes qu'il est convenu de dénommer *« poèmes de la campagne académique »*, car Vigny les composa alors qu'il essayait de se faire élire à l'Académie française. De 1847 à 1849, il écrivit ***La Bouteille à la mer***, ***Wanda*** et — en *terza rima* — ***Les Destinées***, poème achevé le 27 août 1849. C'est ce texte qui donnera finalement son titre posthume au recueil. Enfin, dans les deux dernières années de son existence, Vigny composa ***Les Oracles***, la strophe du ***Silence*** — donnant son point d'orgue angoissé au ***Mont des Oliviers*** — et ***L'Esprit pur***, qui était alors ébauché depuis plus de vingt ans. Lorsque parut le recueil posthume, 5 poèmes étaient encore inconnus du public : ***La Colère de Samson***, ***Wanda***, ***Le Silence***, ***Les Oracles***, ***L'Esprit pur***.

Après avoir longtemps hésité, aux différentes étapes de sa gestation, en fonction de la constitution variable de l'ensemble, sur l'organisation générale d'un recueil homogène, Vigny choisit *in extremis* de doter ce dernier d'une architecture formellement très travaillée. Les poèmes à composition strophique forment les ailes de la structure. Au centre, figure un ensemble de poèmes à rimes plates, dans lequel ***La Mort du loup*** constitue comme le centre du centre, tandis que ***Le Mont des Oliviers*** y apparaît comme ressort secret de la dramaturgie de l'ensemble. Une mise en scène dramatique de la pensée constitue effectivement le scénario du recueil, et semble avoir accaparé toute l'énergie de la fin de la vie d'un poète rongé par la maladie. S'expliquent ainsi le pessimisme général et la tonalité si grave d'un recueil qui fait de l'espérance raisonnée — comme dans ***La Bouteille à la mer*** — une exception rare à la règle du doute, formulée dès le poème éponyme : *Notre mot éternel est-il : C'ÉTAIT ÉCRIT ? / SUR LE LIVRE DE DIEU, dit l'Orient esclave ; / Et l'Occident répond : — SUR LE LIVRE DU CHRIST* (***Les Destinées***). On mesurera ainsi le parcours qui va des élans lyriques de ***La Maison du berger*** aux constats empreints de sérénité de ***L'Esprit pur*** : *Que m'importe le jour ? que m'importe le monde ? / Je dirai qu'ils sont beaux quand tes yeux l'auront dit. //* [...] *// Poésie ! ô trésor ! perle de la pensée ! //* [...] *// L'Invisible est réel. Les âmes ont leur monde. //* [...] *// Ne me laisse jamais seul avec la Nature, / Car je la connais trop pour n'en avoir pas peur. // Elle me dit : Je suis l'impassible théâtre / Que ne peut remuer le pied de ses acteurs ; /* [...] */ Je sens passer sur moi la comédie humaine / Qui cherche en vain au ciel ses muets spectateurs. //* [...] *// Aimez ce que jamais on ne verra deux fois. //* [...] *// J'aime la majesté des souffrances humaines. //* [...] *// Les grands pays muets longuement s'étendront* (***La Maison du berger***, I, II et III) ; *Ton règne est arrivé, PUR ESPRIT, roi du monde !* (***L'Esprit pur***, VIII). Lent mais inéluctable acheminement vers un dépassement des contingences du monde qui présuppose une confiance définitive en la *« Jeune Postérité d'un vivant qui vous aime »* (***L'Esprit pur***, X), grâce à laquelle se révéleront le contenu et la justesse des signes prophétiques émis par le poète-philosophe.

La langue poétique de Vigny, oscillant constamment entre les raideurs d'une forme soucieuse de ne pas abandonner les hauteurs du lyrisme académique et la tentation de prosaïser son expression pour cerner au plus près la trivialité des circonstances quotidiennes, aussi éloignée des stéréotypes guindés des dictionnaires de poétique de Carpentier ou de Planche que des futures extraversions provocantes de Lautréamont ou de Rimbaud, manifeste une richesse et une cohérence qui font du recueil une réussite admirée et parfois même démarquée par certains poètes oubliés de la 2de moitié du XIXe siècle, tel Victor de Laprade.

Le style du recueil révélait toutefois, aux yeux des observateurs extérieurs, une disparate qui, pendant longtemps, a été tenue pour un défaut, mais qui, aujourd'hui, paraît être l'expression la mieux adaptée aux crispations de l'intelligence et de l'émotion d'un poète subissant les cruelles expériences d'une vie assumée sous la double égide de la responsabilité et de la culpabilité. Recueil à la fois posthume et testamentaire, ***Les Destinées*** rassemblent les meilleurs vers d'un auteur souvent moins inspiré, dont ils ont immortalisé le nom.

Poèmes antiques et modernes

Recueil de poèmes — dont le nombre varia, selon les éditions, d'une quinzaine à une vingtaine — répartis en un ***Livre mystique***, un ***Livre antique*** et un ***Livre moderne***, publié chez Urbain Canel, en 1826, puis réédité, avec une ***Préface***, en 1829 et en 1841.

Ce volume résulta d'une lente maturation de la conscience poétique de Vigny. En effet, de 1819 à 1821, Vigny avait composé 10 poèmes présentés par lui comme *« antiques »* (***Le Somnambule***, ***Symétha***, ***La Dryade***), *« judaïques »* (***La Femme adultère***, ***La Fille de Jephté***, ***Le Bain***, fragment d'un poème de ***Suzanne***), *« modernes »* (***Le Bal***, ***Le Malheur***, ***La Prison***, ***Héléna***). De ces 10 poèmes, seul ***Le Bal*** fut publié en édition préoriginale (déc. 1820). Les 10 poèmes furent, par ailleurs, publiés dans un recueil de ***Poèmes***, parus sans nom d'auteur en mars 1822. De mai 1822 à avril 1825, Vigny composa 7 autres poèmes : ***Dolorida***, ***La Neige***, ***Le Trapiste*** [sic], ***Moïse***, ***Éloa***, ***Le Déluge*** et ***Le Cor***, dont certains furent publiés en plaquette ou en préoriginales. Ce sont ces textes qui constituent la base de l'édition de 1826. En 1828, Vigny composa ***Madame de Soubise*** et ***La Frégate « La Sérieuse »***. L'édition des ***Poèmes antiques et modernes*** de 1829 exclut ***Héléna***, ***Le Malheur***, ***Éloa***, ***Le Bain d'une dame romaine***, ***La Frégate « La Sérieuse »***. En 1830 et 1831, Vigny rédigea enfin ***Les Amans*** [sic] ***de Montmorency*** et ***Paris*** ; l'édition de 1841, qui réintégrait ***Le Malheur*** dans cet ensemble, donna la composition définitive du recueil des ***Poèmes antiques et modernes***, lequel, comme on le voit, trahit les scrupules constants de Vigny, à la fois comme éditeur et comme auteur d'une poésie soucieuse de donner à réfléchir.

En effet, les textes retenus, derrière une apparente inféodation au talent d'André Chénier, donnent à lire des interrogations qui furent indéfiniment prolongées dans les œuvres en prose et en vers de Vigny, sous quelque genre qu'elles se présentent : la femme, séductrice ou victime, mais toujours source et objet de tourments ***(Éloa)*** ; l'existence problématique d'un Dieu, qui ne se manifeste que dans et par le silence (***Moïse***, ***La Prison***) ; le sentiment d'abandon des compagnons fidèles de la monarchie abandonnés par leur roi ***(Le Trapiste)*** ; l'alliance de la nature et des drames humains (***Le Cor***, ***La Neige***, ***Les Amans de Montmorency***). Ces premières productions poétiques de Vigny se ressentent encore d'une certaine raideur, et, si l'on perçoit parfois, dans ces vers — presque exclusivement des alexandrins, hormis les vers de 5 ou 10 syllabes de ***Madame de Soubise*** et ceux de 7 ou 8 syllabes de ***La Frégate « La Sérieuse »*** — des formulations pleines de sensualité, de couleurs, de parfums, de musiques, ces efflorescences de la manière trahissent néanmoins presque toujours une postulation philosophique qui hausse l'exotisme facile ou les trivialités de la description jusqu'à la question générale de la place de l'homme au sein de l'univers : *Et debout devant Dieu, Moïse ayant pris place, / Dans le nuage obscur lui parlait face à face. /* [...] */ « Hélas ! je suis, Seigneur, puissant et solitaire, / Laissez-moi m'endormir du sommeil de la terre ! »* ***(Moïse)*** ; *« Je suis* [Lucifer] *celui qu'on aime et qu'on ne connaît pas. /* [...] */ C'est moi qui fais parler l'épouse dans ses songes ; / La jeune fille heureuse apprend d'heureux mensonges ; / Je leur donne des nuits qui consolent des jours, / Je suis le Roi secret des secrètes amours »* ***(Éloa)*** ; *Je ne sais d'assurés, dans le chaos du sort, / Que deux points seulement,* LA SOUFFRANCE ET LA MORT. */ Tous les hommes y vont avec toutes les villes / Mais les cendres, je crois, ne sont jamais stériles* ***(Paris)***. On se rappellera, à cet égard, l'ambitieuse affirmation énoncée par Vigny dans la ***Préface*** du recueil de 1829 : *« Le seul mérite qu'on n'ait jamais disputé à ces compositions, c'est d'avoir devancé en France toutes celles de ce genre, dans lesquelles presque toujours une pensée phi-*

losophique est mise en scène sous une forme épique ou dramatique. »

C'est d'ailleurs ainsi qu'Émile Deschamps définissait en 1828 l'originalité d'Alfred de Vigny : *« Monsieur Alfred de Vigny, un des premiers, a senti que la vieille épopée était devenue presque impossible en vers, et principalement en vers français, avec l'attirance du merveilleux* [...], *à l'exemple de Lord Byron, il a su renfermer la poésie épique dans des compositions d'une moyenne étendue et toutes inventées ; il a su être grand sans être long » (Études françaises et étrangères).* Heureux augure d'une carrière littéraire soumise aux aléas du temps, mais particulièrement attentive au renouvellement en profondeur des valeurs de la poétique des textes.

Servitude et Grandeur militaires

Recueil de nouvelles regroupées en 2 parties et 3 livres, et publiées d'abord dans la *Revue des Deux Mondes* : la 1re partie, ***Souvenirs de servitude militaire***, comprend les livres I, ***Laurette ou le Cachet rouge*** (1833), et II, ***La Veillée de Vincennes*** (1834), et la 2de partie, ***Souvenirs de grandeur militaire***, se résume au livre III, ***La Vie et la Mort du capitaine Renaud ou la Canne de jonc*** (1835). L'édition définitive en un volume parut chez Bonnaire en 1835, complétée des chapitres d'introduction et de conclusion aux 3 nouvelles, rédigés par l'auteur dès 1834.

Souvenirs de servitude militaire*. Livre premier. *Laurette ou le Cachet rouge. Le narrateur présente son projet : faire le récit de ses années d'obéissance sans condition au service de Napoléon et le tableau de la vie simple d'un soldat, toute de servitude et d'abnégation. En 1815, durant ses années d'*« enfance militaire »* au service du roi, le narrateur rencontre sur la route des Flandres un vieux commandant, qui fut capitaine de la marine marchande sous le Directoire. Celui-ci raconte comment, malgré sa sympathie pour un jeune homme condamné à cause de quelques couplets écrits contre le régime, il avait dû l'exécuter. Alors qu'il était chef de bataillon dans les armées de Napoléon, il avait pris en charge la jeune femme que la mort de son mari avait rendue folle. **Livre deuxième. *La Veillée de Vincennes***. Le 1er chapitre s'inspire des réflexions tirées de cet épisode illustrant le devoir militaire. Alors que l'auteur est en garnison au château de Vincennes en 1816, il recueille les souvenirs d'un vieil adjudant chargé du dépôt de munitions, dont l'amie Pierrette avait été encouragée par Marie-Antoinette à devenir chanteuse, afin de gagner elle-même l'argent de sa dot, puis était morte en couches. À la fin de son histoire, l'adjudant, voulant surveiller les munitions, provoque une explosion qui le tue sur le coup, tandis que les soldats chargés d'éteindre le feu sont récompensés de quelques pièces d'or par Louis XVIII. ***Souvenirs de grandeur militaire*. Livre troisième. *La Vie et la Mort du capitaine Renaud ou la Canne de jonc***. Le narrateur témoigne ici de l'honneur tiré du dévouement. En 1830, durant les Trois Glorieuses, il rencontre le vieux Renaud, qui lui raconte comment il fut subjugué par Bonaparte dont il devint le page lorsque son père, qui l'avait entraîné au service du futur empereur, fut fait prisonnier en 1798. Renaud surprit involontairement une conversation entre Bonaparte et le pape Pie VII, à Fontainebleau — faute qui lui valut d'être embarqué à Dunkerque et de connaître les réalités de la guerre. Fait prisonnier par les Anglais, il tira gloire à ne pas s'évader. Plus tard, lors d'une *« honteuse »* attaque de soldats endormis, en 1814, il tua le fils d'un soldat russe, dont il conserva la canne de jonc. Peu après son récit, le capitaine, refusant de tirer l'épée, fut blessé à mort par un de ces *« Gamins »* de Paris. Le narrateur assiste aux derniers instants du soldat, qui lui inspirent une conclusion sur la *« grandeur passive »* au sein des armées.

Le recueil, fait de récits composés durant cinq années sans souci d'unité de la pensée, laissa insatisfait son auteur, conscient des disparités de styles, de tonalité entre les 3 nouvelles, et des ambiguïtés subsistant. ***La Veillée de Vincennes*** illustrait-elle les valeurs simples de la sagesse populaire ou la prouesse militaire des soldats ? Le ton martial de ***La Canne de jonc*** tranchait avec le pathétique de ***La Veillée de Vincennes***. Ces 3 récits-symboles enchâssés entre les discours sur l'armée du narrateur-poète, furent écrits par Vigny dans l'intention d'avertir le lecteur de la réalité du sort du soldat et de transmettre ses réflexions autobiographiques.

À travers les valeurs morales mises en avant dans ces 3 histoires, se dessine l'évolution du narrateur vers le sentiment que la carrière militaire fut une *« longue méprise »*. Les 1re et 2e nouvelles font le tableau de l'*« abnégation »* et de la *« résignation »* du simple soldat, tandis que, dans la 3e, la gloire permet seule de racheter en les sublimant les malheurs consentis par un dévouement aveugle. Vigny, en aristocrate respectueux des valeurs militaires de l'Ancien Régime, n'est pas, comme le personnage de Julien Sorel, fasciné par le mythe de Napoléon. Le poète rédige ses récits en spectateur désillusionné par la conduite des armées de l'Empire. L'homme d'honneur s'exalte en Vigny plus que le militaire et puise dans l'expérience du vieux soldat une ligne de conduite personnelle. Vigny est ainsi pris dans une dialectique qui infléchit la fiction romanesque, aboutissant à un éloge contradictoire de la servitude volontaire, de la grandeur tirée d'une *« obéissance passive »*. Le capitaine qui, dans ***Laurette ou le Cachet rouge***, fait exécuter un déporté, tire sa gloire non pas d'un acte que lui-même réprouve, mais d'avoir servi l'armée. Dans ***La Veillée de Vincennes***, l'adjudant qui agit en subalterne est victime de son scrupule. Dans ***La Canne de jonc***, Vigny magnifie l'humiliation et le renoncement du simple soldat, lorsqu'il campe un capitaine troquant son arme contre la canne de jonc d'un enfant et portant cet insigne comme une croix jusqu'à sa propre fin. Sur son lit de mort, Renaud conclut : *« C'est la guerre qui a tort et non pas nous. »* Le soldat est ainsi voué à un destin dont le sens lui reste caché par la loi de la guerre, celle-là même que défendit Joseph de Maistre, selon une théorie qu'évoqua Vigny dans ***Servitude*** et contre laquelle il s'insurgea dans ***Stello***. L'honneur devient un garde-fou contre le *« naufrage universel des croyances »*, même s'il s'agit d'une *« religion sans symboles et sans images » **(La Canne de jonc)***. En ce sens, le militaire cherchant à observer une morale, en temps de guerre comme de paix, symbolise l'homme des temps modernes prisonnier des vicissitudes de l'existence.

La méprise dont ce recueil fit l'objet de la part de la critique de l'époque vint du mélange de souci de la chronologie et d'invention narrative d'un témoin qui restait poète avant d'être historien et fut ressenti comme *« trop littéraire »*. En une époque de réformateurs d'un christianisme usé, la religion de l'honneur, qui donnait sa conclusion au livre, invitait à la méfiance et à l'incompréhension devant l'idéal du poète catholique et sa foi dans l'homme. L'article le plus célèbre fut celui de Sainte-Beuve à propos des invraisemblances narratives de ***La Canne de jonc***. L'harmonie et la délicatesse, le pathétique et les beautés philosophiques furent mises plus volontiers au crédit de l'auteur que ses intentions d'aller, sans s'attacher aux détails réalistes, à la recherche d'une vérité humaine. Cette source de méditation est cependant caractéristique de la production de Vigny, qui y puisa la matière de ses poèmes philosophiques comme ***Les Destinées***.

CITATIONS

Le suicide est un crime religieux et social.

Dernière Nuit de travail. Préface à *Chatterton.*

Il est atteint d'une maladie toute morale et presque incurable, et quelquefois contagieuse ; maladie terrible qui se saisit surtout des âmes jeunes, ardentes et toutes neuves à la vie, éprises de l'amour du juste et du beau, et venant dans le monde pour y rencontrer, à chaque pas, toutes les iniquités et toutes les laideurs d'une société mal construite. Ce mal, c'est la haine de la vie et l'amour de la mort ; c'est l'obstiné suicide.

Chatterton, II, 5.

La poésie est une maladie du cerveau.

Chatterton, III, 5.

La grande noblesse quittera et perdra ses terres, et, cessant d'être la grande propriété, cessera d'être une puissance [...]. Étrangère à ses foyers, la Noblesse ne sera plus rien [...].

Les Adieux, in *Cinq-Mars*, I.

On étouffe les clameurs, mais comment se venger du silence ?

La Fête, in *Cinq-Mars*, XXVI.

Dieu, que le son du cor est triste au fond des bois !

Le Cor, in *Poèmes antiques et modernes.*

Notre mot éternel est-il : C'ÉTAIT ÉCRIT ?
— SUR LE LIVRE DE DIEU, dit l'Orient esclave ;
Et l'Occident répond : — SUR LE LIVRE DU CHRIST.

Les Destinées, in *Poèmes philosophiques.*

L'existence du soldat est (après la peine de mort) la trace la plus douloureuse de barbarie qui subsiste parmi les hommes.

Servitude et Grandeur militaires, I, 2.

La neutralité du penseur solitaire est une NEUTRALITÉ ARMÉE, qui s'éveille au besoin.

Stello, 40.

JUGEMENTS

« Alfred de Vigny est un auteur sympathique, une pensée méditative, un talent souple et fort. Il a de l'élévation, de l'indépendance, du sérieux, de l'originalité, de l'audace et de la grâce : il a de tout. Il peint, il raconte bien et juge bien, il pense et il ose. Son défaut c'est l'excès dans le respect de lui-même ; c'est une réserve et une hauteur britanniques, qui ont horreur de la familiarité et peur de l'abandon. »

Henri-Frédéric AMIEL, *Fragments d'un journal intime*, 27 juin 1880.

« Cet homme, à qui ne manquent ni l'orgueil, ni le courage, ni les faiblesses, ce cœur chimérique et tendre, trouble, blessé d'un rien, déchiré dans l'amour comme dans la gloire et l'amitié, ce comte Alfred de Vigny, dernier du nom, a besoin de se raidir et de chercher une armature. Il ne peut, comme l'auteur des Fleurs du Mal, *adhérer à sa misère intime dans un chant où chacun de nous se retrouve. Il s'y refuse, il le jugerait indigne, il se contient, il transpose, il fait des* "élévations", *il* "pense". *Mais ce grave Penseur est un homme, et non des mieux armés ; cet Esprit n'est heureusement qu'à demi pur. Vienne la grâce : c'est l'aveu, fût-ce dans la transposition ; et c'est le chant, hautain, délicat, percé d'amour, de souvenirs et d'appels, qui nous émeut d'autant plus qu'il s'est longuement étouffé, et qu'il prend, quels que soient ses thèmes et ses modulations, un accent quasi religieux.*

C'est dans cette mesure que Vigny (dont on connaît l'influence — sur Baudelaire, par exemple, sur Hugo lui-même, sur Valéry, sur maints poètes étrangers) incarne l'une des plus belles heures de notre poésie et de notre sensibilité. »

Marcel ARLAND, « Vigny », in *Tableau de la littérature française*, III, Gallimard, 1974.

« Le temps n'est pas encore venu pour lui d'être compris, d'être goûté. Il est plus épique, et plus descriptif, que lyrique. Il est trop philosophique, et d'une philosophie pessimiste. »

Ferdinand BRUNETIÈRE, *Histoire de la littérature française*, Delagrave, t. IV, 1917.

« Si l'on peut reprocher quelque chose à Vigny c'est l'austérité. Promu par ses contemporains au rang des archanges insexués, il faut pour aimer Vigny songer qu'il fait pressentir Baudelaire et que sa noblesse d'âme et d'attitude ne fut pas aussi stupidement affectée que ses historiens veulent le faire croire. Du moins fut-il capable de passion et ce serait assez pour sauvegarder sa mémoire autrement que par les histoires de pasteurs protestants que l'on colporte sur son compte. N'assure-t-on pas en effet que par crainte de déchoir, il se cachait pour manger à la façon du Grand Lama dans son temple du Tibet. »

Robert DESNOS, *Nouvelles Hébrides (1922-1930)*, Gallimard, posthume, 1978.

« Il a des idées poétiques qui aboutissent mal ; il en a qui n'aboutissent pas. Il gagnera infiniment à passer dans ces odieux livres qu'on appelle morceaux choisis, *à être lu par fragments. »*

Émile FAGUET, *XIXe siècle*, Boivin et Cie, s.d.

« C'est du reste une des rares honnêtes plumes de l'époque : grand éloge ! [...] *c'est un talent plaisant et distingué, et puis il était de la bonne époque, il avait la Foi ! »*

Gustave FLAUBERT, *Correspondance*, 7 avril 1854.

« Il y a du charabia dans Vigny. Quand il se hisse au-dessus de lui-même en revanche, il est incomparable. Le sombre Vigny est un grand poète. Et La Maison du berger, *où il y a des vers ridicules —* "Le dragon rugissant qu'un savant a fait naître", *on dirait une blague, c'est le chemin de fer —, nous touche encore jusqu'aux larmes. »*

Jean d'ORMESSON, « Vigny. Le Beau Ténébreux », in *Une autre histoire de la littérature française*, I, NiL, 1997.

BIBLIOGRAPHIE

Éditions

Œuvres complètes, éd. P. VIALLANEIX, « L'Intégrale », Seuil, 1965 ; t. I *Poésie et Théâtre*, éd. F. GERMAIN et A. JARRY, t. II, *Prose*, éd. A. BOUVET, « Pléiade », Gallimard, 1986 et 1993.

Œuvres poétiques, éd. J.-Ph. SAINT-GÉRAND, « GF », Flammarion, 1978.

Un académicien sous le Second Empire : papiers inédits d'Alfred de Vigny, éd. L. SABOURIN, Champion, 1998.

Chatterton, éd. Fr. GERMAIN, « GF », Flammarion, 1968 ; éd. J. DELUME, « Univers des Lettres », Bordas, 1984.

Cinq-Mars, Horvath, 1994 ; éd. et illustr. R. GIFFREY, CNBDI, Angoulême, 1997 [BD].

Correspondance (1816-1843), PUF, 1989 à 1997, 4 vol.

Les Destinées, éd. P. VIALLANEIX, « Lettres françaises », Imprimerie Nationale, 1983.

Journal d'un poète, éd. L. RATISBONNE, L'Harmattan, 1993.

Moïse, éd. F. BARTFELD, « Archives des Lettres Modernes », Minard, 1967.

Poèmes antiques et modernes, « Poésie », Gallimard, 1973.

Servitude et Grandeur militaires, éd. P. BERTHIER, « Folio », Gallimard, 1992.

Études

Ch. ASSELINEAU, *Bibliographie romantique : catalogue anecdotique et pittoresque des éditions originales des œuvres de [...] Hugo, [...] Vigny, [...] Mérimée, [...]*

Dumas, [...], Janin [...], Gautier [...], rééd. Slatkine, Genève (CH), 1967.

M. Ambrière, *Au Soleil du romantisme,* PUF, 1998.

M. Arland, « Vigny », in *Tableau de la littérature française,* III, Gallimard, 1974, pp. 103 à 110.

F. Baldensperger, *Alfred de Vigny, Contribution à sa biographie intellectuelle,* Hachette, 1912.

P. Bénichou, *Le Sacre de l'écrivain (1750-1830). Essai sur l'avènement d'un pouvoir spirituel laïque dans la France moderne,* Corti, 1973, pp. 353 à 379 ; *Les Mages romantiques,* Gallimard, 1988, pp. 113 à 270.

G. Bonnefoy, *La Pensée religieuse et morale d'Alfred de Vigny,* Hachette, 1944.

N. Casanova, *Alfred de Vigny : sous le masque de fer,* Calmann-Lévy, 1990.

P.-G. Castex, *Vigny, l'homme et l'œuvre,* Boivin, 1952, rééd. Hatier, 1963.

L. Chotard, *Alfred de Vigny et les Arts* [exposition], Musée de la Vie romantique, Paris-Musées, 1997.

P. Flottes, *La Pensée politique et sociale d'Alfred de Vigny,* Belles Lettres, 1927 ; *Vigny et sa fortune littéraire,* Ducros, Saint-Médard-en-Jalles (Gironde), 1970.

F. Germain, *L'Imagination d'Alfred de Vigny,* Corti, 1961.

A. Jarry, *Alfred de Vigny, le manuscrit de travail de « La Sauvage »,* « Archives des Lettres Modernes », Minard, 1974 ; « Dossier Vigny », in *Romantisme,* n°s 25-26, 1979 ; *Alfred de Vigny. Étapes et Sens du geste littéraire. Lecture psychanalytique,* Droz, Genève (CH), 1997, 2 vol.

Ch. Lefranc, « La Frégate, le Malheur, la Prison », in *Bulletin de l'Association des Amis d'Alfred de Vigny,* 1982-1983, 12, pp. 19 à 46.

L. Petroni, *Poetica e Poesia d'Alfred de Vigny,* Annali delle Facoltà di lettere, Cagliari (IT), 1956.

L. Sabourin, *Alfred de Vigny et l'Académie française : vie de l'institution 1830-1870,* Champion, 1998.

G. Saint-Bris, *Alfred de Vigny ou la Volupté et l'Honneur,* Grasset, 1997.

J.-Ph. Saint-Gérand, *Les Destinées d'un style. Essai sur les* Poèmes philosophiques *d'Alfred de Vigny,* « Lettres Modernes », Minard, 1979 ; *L'Intelligence et l'Émotion. Fragments d'une esthétique vignyenne (théâtre et roman),* « Bibliothèque de l'Information grammaticale », Peeters, Louvain (BE), 1988 ; *Vigny, vivre, écrire,* P.U. Nancy, 1994.

J. Sungolowsky, *Alfred de Vigny et le XVIIIe siècle,* Nizet, 1968.

J. Thélot, *Vigny. Romantisme et Vérité* [avec 3 lettres inédites de Vigny], CERD de l'Université Paul-Valéry-Montpellier III, Éd. Interuniversitaires, Mont-de-Marsan, 1997.

P. Viallaneix, *Vigny par lui-même,* « Écrivains de toujours », Seuil, 1966.

J. Ygaunin, *Pindare et les Poètes de la célébration,* t. V, *Les Poètes romantiques français après 1830 : Lamartine, Vigny, Hugo,* Minard, 1998.

« Alfred de Vigny », in *Europe,* mai 1978.

Société des Études Romantiques, *Relire « Les Destinées » d'Alfred de Vigny,* SEDES, 1980.

« Vigny, connu, méconnu, inconnu », actes du colloque tenu en Sorbonne le 21 nov. 1997, in *RHLF,* n° 3, mai-juin 1998.

AUDIO & VIDÉO

CD-ROM

Autour du romantisme. Le Roman, 1792-1886, Bibliopolis, 1999.

Encyclopédie de la littérature française, Bibliopolis, 1998.

VILLIERS DE L'ISLE-ADAM

Auguste de VILLIERS de L'ISLE-ADAM [liladɑ̃]
Jean-Marie Mathias Philippe Auguste de VILLIERS de L'ISLE-ADAM
Saint-Brieuc 1838 – Paris 1889

« *Les phrases de Villiers de L'Isle-Adam : des hochets d'os où sonneraient des grelots d'or.* »
Jules RENARD, *Journal*, 22 avril 1890.

« [...] *un génie détraqué et incomplet.* »
Émile ZOLA, *Nouvelle Campagne*, 1897.

Un esthète aristocrate et misérable

Une vie matérielle très précaire

Le comte Jean-Marie Mathias Philippe Auguste de Villiers de L'Isle-Adam appartenait à la branche bretonne d'une très ancienne et illustre famille — qui compta le premier grand maître de l'ordre de Malte —, appauvrie par la Révolution, et réduite à une situation matérielle précaire par les spéculations inconsidérées du père de l'écrivain, le marquis Joseph-Toussaint. Malgré cette déchéance, Villiers garda toujours vivace l'orgueil de son nom et de sa caste, et cultiva jusqu'à la fin un rêve héroïque et aristocratique dont bon nombre de ses œuvres sont imprégnées.

Après des études chaotiques en Bretagne, grâce à des sacrifices financiers de ses parents, il séjourna à Paris, où il se fixa définitivement en 1859. Il fréquenta cafés et théâtres, écrivit des vers parnassiens, publia, à compte d'auteur, deux plaquettes restées inaperçues du public et de la critique : ***Deux Essais de poésie*** (1858) et ***Premières Poésies*** (1859). En 1860, il rencontra Baudelaire, dont l'influence fut déterminante sur sa pensée et sur son œuvre, et qu'il ne cessa d'idolâtrer — mettant même en musique plusieurs poèmes des *Fleurs du Mal*. De 1862 date son premier grand texte littéraire, un roman philosophique, ***Isis***, dont ne parut que le premier volume (à compte d'auteur et à 100 exemplaires). En 1864, il noua avec Mallarmé une « *amitié exemplaire* » (Jean-Aubry) jusqu'à sa mort. Il fréquenta les poètes parnassiens, Coppée, Heredia, Leconte de Lisle, mais s'orienta plutôt vers le théâtre. Deux pièces parurent hors commerce, qu'il ne put faire jouer : ***Elën*** (1865) et ***Morgane*** (1866). D'autres drames suivirent, plus réalistes, de tendance moralisatrice et sociale : ***La Révolte***, écrite après l'assassinat par le prince Pierre Bonaparte, de son ami Victor Noir, et jouée sans succès en 1870 au théâtre du Vaudeville, puis ***L'Évasion***, qui date sans doute aussi de 1870, mais ne fut jouée qu'en 1887, au Théâtre-Libre. Jusqu'à la fin de sa vie, malgré les échecs et les critiques, le théâtre resta le genre de prédilection de Villiers, celui qui correspondait sans doute le mieux à son tempérament extraverti, à son lyrisme, à son goût de la parole et de l'effet.

En octobre 1867, Villiers fonda la ***Revue des lettres et des arts*** qui publia, jusqu'en mars 1868, 25 numéros ; sa devise était ambitieuse : « *faire penser* » ; et la collaboration, prestigieuse : Verlaine, Mallarmé, Leconte de Lisle, les Goncourt. Villiers lui-même y publia, en 1867, l'un de ses meilleurs contes cruels, ***L'Intersigne***, et une longue nouvelle, ***Claire Lenoir***, dans laquelle apparaissait pour la première fois la figure grotesque et terrifiante du docteur Tribulat Bonhomet, incarnation de la bêtise bourgeoise et du positivisme borné que l'écrivain poursuivit de sa haine. À partir de 1869, il travailla à son grand drame, ***Axël***, qu'il ne cessa de remanier pendant vingt ans. En 1869 et 1870, en compagnie de Catulle Mendès et de la femme de celui-ci, Judith Gautier, il se rendit en Suisse, à Triebschen, auprès de Wagner, pour qui il éprouvait l'admiration la plus vive — sans toutefois avoir été payé de retour, si l'on en croit le journal de Cosima Wagner. Vers 1870, Villiers eut des sympathies d'extrême gauche : il participa aux manifestations qui accompagnèrent les funérailles de Victor Noir, et semble avoir été favorable à la Commune, au moins quelque temps. Mais, bien vite, il revint aux idées plus traditionnelles de sa famille : il fut même, en 1881, candidat légitimiste au conseil municipal de Paris — sans succès.

En 1871, la mort de la tante Kérinou, soutien financier de la famille, le priva de ses dernières ressources : sa situation, déjà peu brillante, devint de plus en plus précaire, et même parfois misérable ; il en fut réduit à former de chimériques projets de riches mariages (notamment, avec une décevante Anglaise — épisode transposé, plus tard, dans ***L'Ève future***), et à tenter de vivre de sa plume. En 1876, il obtint le deuxième prix au concours organisé par l'imprésario Michaëlis pour célébrer le centenaire de l'indépendance américaine, avec un drame en 5 actes, ***Le Nouveau Monde*** ; mais la pièce, reçue dans divers théâtres, ne fut jouée qu'en 1883 : le succès se dérobait toujours. À partir de 1878, s'inspirant des merveilles techniques aperçues à l'Exposition universelle, il commença à travailler à un roman, ***L'Ève future***, qu'il ne cessa de développer jusqu'à sa publication en volume, en 1886.

Des succès littéraires tardifs

Les dernières années furent pour Villiers tout aussi incertaines : depuis 1879, il s'était mis en ménage avec une veuve, servante presque illettrée, Marie Dantine, qui lui donna un fils, Victor, en 1881. Il vécut d'expédients, de quelques conférences, de contes placés dans les journaux. La publication, en 1883, de son premier recueil, ***Contes cruels***, lui apporta enfin le succès, qui lui ouvrit les colonnes des grands journaux (*Le Figaro*, *Gil Blas*).

C'est avec cette œuvre éclectique que Villiers connut enfin, à 45 ans, son premier succès littéraire d'envergure, recueil que le XXe siècle a érigé au rang de classique.

Cette reconnaissance tardive valut aux deux chefs-d'œuvre de Villiers de paraître enfin dans leur version complète : la pièce ***Axël***, dans la revue *La Jeune France*, en 1885 (l'édition de librairie fut posthume, en 1890), et le roman ***L'Ève future***, en volume, en 1886.

D'autres recueils suivirent bientôt : ***L'Amour suprême*** (1886), ***Tribulat Bonhomet*** (1887, avec une version remaniée de ***Claire Lenoir***), ***Histoires insolites*** (1888), ***Nouveaux Contes cruels*** (1888). La célébrité enfin venue fit de Villiers, sans qu'il le voulût ou s'en souciât, une sorte de chef d'école. Les jeunes symbolistes l'admirèrent et se réclamèrent de lui : Gourmont, Darzens, parmi bien d'autres. La renommée lui apporta aussi de nouvelles amitiés : Huysmans et Bloy.

THÉORIE LITTÉRAIRE

Les préoccupations théoriques de Villiers de L'Isle-Adam, qui s'exprimèrent dans des articles ou, le plus souvent, par la bouche de ses personnages, étaient d'ordre philosophique plutôt qu'esthétique. Initié à la pensée hégélienne par son cousin Hyacinthe du Pontavice de Heussey, et passionné d'occultisme, il ne dévia jamais de la conviction idéaliste que le monde est une vision fugace et relative de l'esprit, que toute certitude et tout absolu sont des leurres : « *Nul ne sait où commence l'Illusion, ni en quoi consiste la Réalité* » ***(L'Ève future)***. Dans ***Axël***, Maître Janus explique ainsi au jeune héros : « [...] *il n'est d'autre univers pour toi que la conception même qui s'en réfléchit au fond de tes pensées* [...] *l'univers change — comme tu changes toi-même — à chaque battement de tes veines* [...] *la Vérité n'est, elle-même, qu'une indécise conception de l'espèce où tu passes et qui prête à la Totalité les formes de son esprit. Si tu veux la posséder, crée-la ! comme tout le reste ! Tu n'emporteras, tu ne seras que ta création. Le monde n'aura jamais, pour toi, d'autre sens que celui que tu lui attribueras.* » Mais la « *loi de l'Espérable* » qui en découle n'est pas sans conséquence pour l'artiste : « *Puisque tu ne sortiras pas de l'illusion que tu te feras de l'univers, choisis la plus divine* [...]. *Tu es ton futur créateur* [...]. *Reconnais-toi ! Profère-toi dans l'Être !* [...] *Évade-toi du Devenir ! Ta "Vérité" sera ce que tu l'auras conçue* [...]. *Ose donc l'enfanter la plus radieuse, c'est-à-dire la choisir telle* » *(ibid.)*.

Ainsi s'explique la haine tenace de Villiers envers le positivisme (« *Illusion que le "scientifique" avenir !* », ***Tribulat Bonhomet***) et les écrivains réalistes, qui « *ont raison comme le fossoyeur a raison* » (***Reliques***, textes publiés seulement en 1956). Selon la formule de ***L'Intersigne*** (in ***Contes cruels***), « *nous devenons notre croyance* », et « *les seuls vivants méritant le nom d'Artistes sont les créateurs, ceux qui éveillent des impressions intenses, inconnues et sublimes* » ***(L'Ève future)***. C'est pourquoi Hadaly — anagramme presque parfaite d'« *idéal* » —, la créature féminine fabriquée de toutes pièces par Edison, représente une « *objectivation de l'imaginaire, dont le statut est en tout point semblable à celui de l'œuvre d'art* » (Bertrand Vibert).

Dans d'autres passages, Villiers précise encore ses conceptions, se rapprochant du platonisme et de la théorie des Idées : « *Le génie n'a point pour mission de créer, mais d'éclairer ce qui, sans lui, serait condamné aux ténèbres. C'est l'ordonnateur du Chaos ; il appelle, sépare et dispose les éléments aveugles ; et quand nous sommes enlevés par l'admiration devant une œuvre sublime, ce n'est pas qu'elle crée une idée en nous : c'est que, sous l'influence divine du génie, cette idée, qui était en nous, obscure à elle-même, s'est réveillée, comme la fille de Jaïre, au toucher de celui qui vient d'en haut* » (« Sur *Hamlet* », article paru in ***Revue des lettres et des arts***, recueilli in ***Chez les passants***).

Précurseur du symbolisme, Villiers fut aussi l'un des derniers romantiques, fasciné par la tragique fragilité du beau : « *Maintenant, la durée de la beauté la plus radieuse, ne fût-ce qu'un éclair, si je meurs en subissant cet éclair, en aura-t-il été moins éternel* pour moi ? *Peu importe ce que dure la beauté pourvu qu'elle soit apparue* »

(L'Ève future). Fondamentalement individualiste (« [...] *sous le voile de ce dont il parle, nul ne traduit, n'évoque et n'exprime jamais que lui-même* », ***Axël***), il se défie des rigidités du langage, qui fixe abusivement l'éphémère : « *Le mot qui ne semble pas juste, isolément, est souvent le plus exact, s'il vient ensemble : car il n'y a pas de mots, en réalité : le seul poète est celui qui ne peut qu'aboyer magnifiquement sa pensée... la rugir parfois, la tonner souvent... Mais on ne l'entend que dans les rafales...* » (***Les Filles de Milton***, nouvelle non recueillie de 1887). Bien plus, la parole, à ses yeux, vaut moins, finalement, que le silence : « [...] *au fond des choses, il n'y a ni mots ni phrases, ni rien autre chose que ce qui anime ces voiles ! La pensée seule apparaîtra... L'impression de l'œuvre seule restera !* » ***(Les Filles de Milton)*** ; « [...] *le Génie pur est, essentiellement, silencieux, et* [...] *sa révélation rayonne plutôt dans ce qu'il sous-entend que dans ce qu'il exprime* [...]. *Sa première déchéance consiste, d'abord, à se servir de la parole, la parole ne pouvant jamais être qu'un très faible écho de sa pensée* » (« Sur *Hamlet* », *op. cit.*). Villiers aboutit à une définition très paradoxale de la littérature, qui n'existe « *pas plus que l'Espace pur* » (***La Machine à Gloire***, in ***Contes cruels***) : « [...] *ce que l'on se rappelle d'un grand poète, c'est l'*Impression *dite de sublimité qu'il nous a laissée* [...] *plutôt que l'œuvre elle-même* » *(ibid.)*.

THÉORIE LITTÉRAIRE

Le succès vint enfin, avec la maturité, mais trop tard : usé par une vie de misère et de rêves inaccomplis, Villiers, atteint d'un cancer de l'estomac, mourut le 18 août 1889.
Héritier des romantiques, marqué par l'influence de Baudelaire et de Hegel, Villiers de L'Isle-Adam illustra à la fin du XIXe siècle, avec son ami Mallarmé, la réaction idéaliste contre les excès de la pensée positiviste et du naturalisme littéraire. Admiré par les symbolistes qui en firent un de leurs maîtres à penser, il fut aussi l'initiateur d'une forme d'esprit moderne, teinté d'humour noir et curieux d'insolite.

Un style dense et déroutant

Par son écriture, Villiers de l'Isle-Adam cherche toujours l'effet, que celui-ci procède de l'extraordinaire, de la démesure, ou de l'insolite. Il s'agit, sinon de bouleverser, du moins de troubler le lecteur par un lexique exotique ou ésotérique, par une concision violemment pathétique, ou, au contraire, par une amplitude lyrique et solennelle.
Ainsi, dans ***L'Annonciateur*** (in ***Contes cruels***), Villiers, sous l'influence de l'esthétique parnassienne, recherche-t-il systématiquement d'étranges sonorités, multipliant noms savants et mots rares, à partir d'une tradition talmudique : « *Sur un siège de cèdre, aux pieds des chroubïm lumineux du Trône et entouré de ses rudes guibborim, est assis, voûté, pâle et sans boire, et le glaive sur les genoux, le Sardes-gardes Ben-Jehu. C'est l'antique exécuteur du rebelle Adônia, ce frère du Maître, préféré d'Abischag la Sulamite* [...]. »
Le style de Villiers peut aussi se faire ample et complexe, en une rhétorique caractérisée par de longues périodes balancées, comme dans la dernière phrase de ***L'Ève future*** (décrivant Edison venant d'apprendre le naufrage du *Wonderful* et la perte de l'Andréide) : « *Et, songeur attristé, se perdant en des impressions inconnues, ses yeux s'étant reportés au-dehors, sur la nuit, par la croisée ouverte, il écouta, pendant quelque temps, l'indifférent vent de l'hiver qui entrechoquait les branches noires, — puis son regard s'étant levé, enfin, vers les vieilles sphères lumineuses qui brûlaient, impassibles, entre les lourds nuages et sillonnaient, à l'infini, l'inconcevable mystère des cieux, il frissonna, — de froid, sans doute, — en silence.* » Et il n'est pas rare que ce goût de la période se conjugue avec celui de la généralisation, en un commentaire volontiers sarcastique : « *L'intérêt de tous ! But généreux, dont, au cri des siècles, les princiers spoliateurs sanctionnèrent, par tous pays, les exactions de leur bon plaisir et qui permet encore d'extorquer la bénédiction des plèbes en les dépouillant froidement au nom même de leurs intérêts* » ***(Axël)***.
Dans la plupart de ses ***Contes cruels***, ce sont les phrases brèves, paratactiques (qui évitent les subordonnées), et la fragmentation typographique, qui confèrent aux dénouements une densité dramatique et une intensité pathétique. Ainsi pourra-t-on relever les dernières phrases de ***La Reine Ysabeau***, personnage historique auquel Villiers prête une cruauté telle qu'elle veut faire mourir son amant, le vidame de Maulle, avant de laisser cette sentence arbitraire s'abattre sur un autre que lui :

> « *Encore tout brisé et brûlé par la torture, le vidame de Maulle passa la frontière et mourut dans l'exil.*
> *Mais l'avocat fut gardé à sa place.*

La belle amie du vidame de Maulle, en apprenant l'évasion du jeune homme, en éprouva seulement une excessive contrariété.
Elle ne voulut pas reconnaître le défenseur de son ami.
Afin que le nom de M. de Maulle fût effacé de la liste des vivants, elle ordonna l'exécution quand même *de la sentence.*
De sorte que l'avocat fut roué en place de Grève aux lieu et place du sire de Maulle.
Priez pour eux. »

Dans cet extrait, le romain indique une citation du personnage en même temps qu'il souligne la cruelle absurdité de la mort de l'avocat. L'impératif achève d'impliquer émotionnellement le lecteur dans le drame de cette mort.
Enfin, la typographie même des textes de Villiers frappe par la fréquence des jeux entre italique, romain, tiret, grandes et petites capitales, comme autant de variations au service de l'expressivité.

Une œuvre aux accents modernes

Il ne faudrait pas cependant confondre l'écrivain avec sa légende. Ses contemporains, à commencer par Verlaine dans *Les Poètes maudits*, en 1883 « *Et quelle verve toujours inquiétante au possible !* », ont fait de Villiers de L'Isle-Adam le type du génie méconnu et maudit, soit pour l'admirer (Mallarmé, Gourmont), soit pour le critiquer (Goncourt, Zola). L'œuvre de Villiers n'a pourtant rien d'incomplet ni d'imparfait, et ce serait une erreur de la restreindre aux aspects les plus anecdotiques de sa vie et de sa personnalité. Il ne faudrait pas non plus la limiter à l'hégélianisme et à l'occultisme un peu confus qui s'expriment dans ***Claire Lenoir*** : la morale qui s'en dégage est bien plus personnelle et profonde, marquée par les épreuves de la vie, l'horreur du monde réel et le désir de lui échapper. On a aussi trop longtemps réduit l'écrivain à ses contes, et surtout à ses ***Contes cruels***, son recueil le plus connu et, jusqu'à une date récente, le seul réédité : il y a certes, parmi les contes de Villiers, de grandes réussites (dans les ***Contes cruels*** : ***Véra*** ; dans les ***Nouveaux Contes cruels*** : ***La Torture par l'espérance*** ; dans ***Tribulat Bonhomet*** : ***Le Tueur de cygnes***). Mais l'essentiel est ailleurs : dans ***Axël***, l'œuvre de toute une vie, un drame wagnérien, lyrique et sombre, dans lequel Villiers a exprimé ses angoisses, ses espoirs, tout un rêve d'idéal allié à une hautaine philosophie du renoncement ; dans son grand roman, ***L'Ève future***, où l'impossible quête du parfait amour s'accompagne de la célébration d'une technique au service du rêve et de l'idéal, qu'incarne, curieusement transfiguré, l'inventeur américain Edison. Si la reconnaissance de son génie fut tardive, Villiers put se consoler en étant directement et longuement mentionné parmi les lectures essentielles de Des Esseintes, le héros d'*À rebours* de Huysmans : « *Et cependant, lorsqu'il était dans ces dispositions d'esprit, toute littérature lui semblait fade après ces terribles philtres importés de l'Amérique* [les œuvres de Poe]. *Alors, il s'adressait à Villiers de l'Isle-Adam, dans l'œuvre éparse duquel il notait des observations encore séditieuses, des vibrations encore spasmodiques, mais qui ne dardaient plus, à l'exception de sa Claire Lenoir du moins, une si bouleversante horreur.* [...] *Mais, dans le tempérament de Villiers, un autre coin, bien autrement perçant, bien autrement net, existait, un coin de plaisanterie noire et de raillerie féroce ; ce n'étaient plus alors les paradoxales mystifications d'Edgar Poe, c'était un bafouage d'un comique lugubre, tel qu'en ragea Swift. Une série de pièces,* les Demoiselles de Bienfilâtre, l'Affichage céleste, la Machine à gloire, le Plus beau dîner du monde, *décelaient un esprit de goguenardise singulièrement inventif et âcre. Toute l'ordure des idées utilitaires contemporaines, toute l'ignominie mercantile du siècle, étaient glorifiées en des pièces dont la poignante ironie transportait Des Esseintes. Dans ce genre de la fumisterie grave et acerbe, aucun autre livre n'existait en France* [...] » (chap. XIV).
Il serait injuste et faux de ne voir en Villiers qu'un romantique attardé, empêtré dans les oripeaux d'un idéalisme parfois grandiloquent et confus. Par son ironie, son humour noir, son sens de la raillerie et de l'insolite, son attention au merveilleux contenu dans le réel, il est moderne. Jarry n'est pas loin, les surréalistes non plus, qui l'ont plusieurs fois salué.

ŒUVRES

Contes cruels

Recueil de 28 textes, publié à Paris en 1883 et composé de contes écrits, pour la plupart, entre 1867 et 1877.

On peut y distinguer plusieurs tendances fondamentales. Le fantastique d'abord, dans la lignée d'Edgar Poe, inspire deux des plus belles réussites du recueil, ***Véra*** et ***L'Intersigne***. Dans le premier de ces textes, le héros, le comte d'Athol, parvient, à force de volonté et d'illusionnisme, à faire revivre Véra, sa jeune femme morte, le temps d'une dernière nuit d'amour : *« La Mort n'est une circonstance définitive que pour ceux qui espèrent des cieux. »* Dans le second, le narrateur raconte l'expérience surnaturelle d'un *« intersigne »* (signe annonciateur de la mort d'un proche), qu'il a vécue en rêve dans un presbytère de Bretagne. D'autres contes expriment la solitude douloureuse de l'artiste incompris, et son mépris pour une époque dominée par l'esprit positiviste, tels ***Sentimentalisme*** ou ***L'Inconnue***, deux tragédies de l'amour impossible, où Villiers a mis beaucoup de lui-même : *« J'espère qu'il y aura bientôt quatre ou cinq cents théâtres par capitale, où les événements usuels de la vie étant joués sensiblement mieux que dans la réalité, personne ne se donnera plus beaucoup la peine de vivre soi-même »* ***(Sentimentalisme)***. Cette critique de la société bourgeoise et de ses valeurs (le « bon sens », l'argent, la science) est reprise, sur un mode plus railleur, dans ***Deux Augures***, satire du journalisme soumis à la toute-puissante bêtise du public : *« La seule devise qu'un homme de lettres sérieux doive adopter de nos jours est celle-ci : SOIS MÉDIOCRE ! »* Ou dans ***Les Demoiselles de Bienfilâtre***, éloge ironique de l'amour vénal. Dans la même veine, mais avec plus de modernité, quatre *« contes à appareils »*, ***L'Affichage céleste***, ***La Machine à Gloire*** *(« La Claque est à la Gloire dramatique ce que les Pleureuses étaient à la Douleur »)*, ***L'Appareil pour l'analyse chimique du dernier soupir*** et ***Le Traitement du docteur Tristan***, proposent une contestation grinçante et pessimiste du scientisme positiviste, non sans révéler un penchant secret pour les merveilles de la technique, dont ***L'Ève future*** fournit, un peu plus tard (1886), un autre témoignage.

L'ensemble paraît un peu disparate, mêlant les genres et les tons : on y trouve même une suite poétique en vers, ***Conte d'amour***. Mais cette diversité est très représentative des multiples facettes du génie de l'écrivain, et constitue une bonne introduction à son œuvre. Tous ces contes, malgré leur diversité, trouvent leur commun dénominateur dans la notion de *cruauté* que Villiers a inscrite dans le titre de son recueil, après avoir songé à des expressions plus énergiques, comme ***Contes au fer rouge***. Cette cruauté totale, à la fois physique, morale et intellectuelle, trouve dans l'ironie son énergie, et dans la subversion paradoxale des valeurs ou des idées reçues, son procédé de prédilection. Parfois proche du sadisme, avec ***La Reine Ysabeau*** ou ***Le Convive des dernières fêtes***, elle se teinte plus souvent d'un humour noir, notamment dans ***Les Brigands***, ***Sombre récit, conteur plus sombre***, ***À s'y méprendre !***, qui rapproche Villiers des humoristes de la fin du siècle.

L'Ève future

Roman publié en volume seulement en 1886, après une genèse longue et complexe. Issu d'un conte *« à appareils »* analogue à ceux que l'on peut lire dans les ***Contes cruels***, dont les premiers états connus sont contemporains de l'Exposition universelle de 1878, le texte, repris et amplifié par l'imagination toujours active de l'écrivain, est vite devenu une longue nouvelle, ***L'Andréide paradoxale d'Edison***, puis un roman complet publié, en plusieurs versions successives, dans divers journaux et revues entre 1880 et 1885.

Le roman raconte l'histoire extraordinaire d'un jeune lord anglais (lord Ewald), lassé de l'amour médiocre de la bourgeoise et stupide Alicia Clary, et à qui le génial inventeur Edison propose de fabriquer, grâce aux moyens de sa science miraculeuse, une exacte réplique artificielle de cette maîtresse insupportable (l'Andréide Hadaly), douée de la parfaite beauté de la femme réelle, mais soulagée de son âme repoussante. Ce rêve touchait de près à la vie de l'écrivain lui-même : Villiers s'est souvenu de sa propre mésaventure auprès de l'Anglaise Anna Eyre, qu'il avait failli épouser à Londres en janvier 1874 et dont il avait vite reconnu la décevante médiocrité. Mais le roman dépasse de beaucoup la simple transposition d'un épisode vécu : l'écrivain y ajoute ses rêves d'amour idéal, projetés dans la merveilleuse Andréide, qui n'est qu'une *forme vide* animée par la volonté et le désir de lord Ewald, avec l'aide d'un esprit venu d'*« outre-tombe »*, Sowana, qui s'installe dans la machine à l'insu de son créateur, pour en parfaire le fonctionnement. La tentative d'Edison et d'Ewald apparaît aussi comme un défi, une transgression de l'ordre divin, qui la vouent à l'échec : le navire qui ramène Hadaly en Angleterre brûle en pleine mer, détruisant à la fois l'Andréide admirable et la femme réelle qui lui avait servi de modèle, et lord Ewald, inconsolable, se réfugie dans la solitude.

Le pessimisme aristocratique et profond de Villiers, sa révolte devant un monde déchu, livré à la bêtise et au mal, un monde dégradé, déserté par un Dieu désormais silencieux car hostile à l'homme et sourd à son désir d'absolu, rapprochent ***L'Ève future*** de la métaphysique romantique. Il en va de même de l'ironie (le roman est dédié *« aux rêveurs, aux railleurs »*), qui prolonge celle de Baudelaire, notamment dans l'éloge paradoxal de la folie : *« Il y a toujours du bon dans la folie humaine. »* Mais l'intérêt de Villiers pour le progrès technique, son sens du merveilleux scientifique, confèrent à ***L'Ève future*** une modernité qui annonce Jarry et Roussel.

CITATIONS

Tout *s'efforce* autour de nous ! Le grain de blé qui pourrit dans la terre et dans la nuit, voit-il donc le soleil ? Non, mais il a la foi. C'est pourquoi il monte, par et à travers la mort, vers la lumière... Nous, nous sommes le blé de Dieu.

Axël, I, 4.

L'intérêt de tous ! But généreux, dont, au cri des siècles, les princiers spoliateurs sanctionnèrent, par tous pays, les exactions de leur bon plaisir et qui permet encore d'extorquer la bénédiction des plèbes en les dépouillant froidement au nom même de leurs intérêts.

Axël, II, 13.

Nul, jamais, n'eut d'autres droits que ceux qu'il prit — et sut garder.

Axël, II, 13.

Passant, — tu es passé.

Axël, II, 13.

Tu tombes au profond de la Mort comme une pierre dans le vide, — sans attirance et sans but. La vitesse d'une telle chute, multipliée par le seul poids idéal, est à ce point... sans mesure... que cette pierre, en réalité, *n'est plus nulle part*. — Disparais donc ! même d'entre mes deux sourcils.

Axël, II, 13.

Comprendre, c'est le reflet de créer.

Axël, III, 1.

La Science constate, mais n'explique pas : c'est la fille aînée des chimères.

Axël, III, 2.

Contempler des ossements, c'est se regarder au miroir.

Axël, IV, 3.

La qualité de notre espoir ne nous permet plus la terre.

Axël, IV, 5.

Vivre ? Les serviteurs feront cela pour nous.

Axël, IV, 5.

J'ai trop pensé pour daigner agir.

Axël, IV, 5.

L'homme n'emporte dans la mort que ce qu'il renonça de posséder dans la vie. En vérité — nous ne laissons ici qu'une écorce vide. Ce qui fait la valeur de ce trésor est en nous-mêmes.

Axël, IV, 5.

La Mort n'est une circonstance définitive que pour ceux qui espèrent des cieux.

Véra, in *Contes cruels*.

La seule devise qu'un homme de lettres sérieux doive adopter de nos jours est celle-ci : SOIS MÉDIOCRE !

Deux Augures, in *Contes cruels*.

La Claque est à la Gloire dramatique ce que les Pleureuses étaient à la Douleur.

La Machine à Gloire, in *Contes cruels*.

Les objets se transfigurent selon le magnétisme des personnes qui les approchent, toutes choses n'ayant d'autre signification, pour chacun, que celle que chacun *peut* leur prêter.

Le Convive des dernières fêtes, in *Contes cruels*.

Un fou ne saurait être égalé en *perfection* sur le point où il déraisonne.

Le Convive des dernières fêtes, in *Contes cruels*.

J'espère qu'il y aura bientôt quatre ou cinq cents théâtres par capitale, où les événements usuels de la vie étant joués sensiblement mieux que dans la réalité, personne ne se donnera plus beaucoup la peine de vivre soi-même.

Sentimentalisme, in *Contes cruels*.

Il y a toujours du bon dans la folie humaine.

L'Ève future, I, 3.

JUGEMENTS

« Très jeune, dit-on, il avait dissipé un petit héritage. Ce qui est certain, c'est que, depuis sa vingtième année, pas un jour de sa vie il n'eut une table et un foyer. Trente ans il erra dans les cafés, de nuit, s'effaçant comme une ombre aux premières lueurs du matin. Sa misère, l'affreuse misère des villes, l'avait si bien marqué, si bien façonné, qu'il ressemblait à ces vagabonds qui, vêtus de noir, se couchent sur les bancs des promenades publiques. Il avait le teint livide taché de rougeurs, le regard vitreux, le dos humble des pauvres. [...] Il ignorait absolument sa misère ; il en est mort, mais il ne l'a jamais senti. Il vivait dans un rêve perpétuel, et ce rêve était d'or. [...] C'était un voyant : ses yeux ternes contemplaient en dedans des spectacles éblouissants. Il traversa ce monde en somnambule, ne voyant rien de ce que nous voyons et voyant ce qu'il ne nous est pas permis de voir. »

Anatole FRANCE, *La Vie littéraire*, 1888.

« Villiers cumula pour nous ces deux fonctions : il fut l'exorciste du réel et le portier de l'idéal. [...] Villiers se réalisa à la fois par le rêve et par l'ironie, ironisant son rêve quand la vie le dégoûtait même du rêve. Nul ne fut plus subjectif. »

Remy de GOURMONT, *Le Livre des masques*, 1896 à 1898.

*« Il en était de même de l'*Intersigne *qui avait été plus tard réuni aux* Contes cruels, *un recueil d'un indiscutable talent, dans lequel se trouvait* Véra *une nouvelle, que Des Esseintes considérait ainsi qu'un petit chef-d'œuvre. »*

Joris-Karl HUYSMANS, *À rebours*, 1884.

« [...] un portrait de Villiers de L'Isle-Adam, une merveille. Quelle existence, celle de cet homme, et comment a-t-on pu le laisser dans une telle misère, et les relations qu'il avait ne rien faire pour lui ¿ J'en ai, — je n'en reviens pas —, une sorte de gêne, comme si j'avais ma part dans cette indifférence. »

Paul LÉAUTAUD, *Journal littéraire*, 21 juin 1947, Mercure de France, rééd. 1986.

« Figure très originale, yeux bleus clairs, cheveux châtains longs, rejetés en arrière, avec un certain désordre, sourire gracieux, mais rire bruyant et comme forcé. L'idée chez lui est tellement abondante qu'il lui est difficile d'exprimer clairement sa pensée, de là des phrases inachevées, des mots incohérents, des exclamations. [...] Il a toujours cherché l'étrange, l'incompréhensible, le mystique pour arriver à n'être compris que par lui... et encore ! C'était au reste un musicien, c'est-à-dire un rêveur. Que de fois, assis devant son piano, l'œil vague, s'est-il attardé à laisser courir ses doigts sur les touches, cristallisé pour ainsi dire par les mélodies ou plutôt les harmonies inconnues qu'il créait sans en avoir conscience. »

Louis LEMERCIER de NEUVILLE, *Souvenirs d'un montreur de marionnettes*, 1855.

« Perspicace sous la hâte parfois de sa mise, la diplomatique connaissance des hommes qu'il cachait ! au besoin, il eût, dans ce cas paré à la moindre gêne chez quelqu'un et insinué, pour en distraire le trouble, une diversion mélancolique dans le genre de "Vraiment je porte un nom qui rend tout difficile" complétée par cette boutade à voix basse en manière d'explication "et maudit, ma foi ! un de mes ancêtres ayant osé faire un doigt de cour à Jeanne d'Arc". »

Stéphane MALLARMÉ, « Villiers de L'Isle-Adam », 1889-1890, in *Quelques Médaillons et Portraits en pied*.

« Jean-Marie-Mathias-Philippe-Auguste de Villiers de L'Isle-Adam, ces belles sonorités qui ressemblent au bruit d'un palais qui s'écroule [...]. »

André PIEYRE de MANDIARGUES, *Troisième Belvédère*, Gallimard, 1971.

« Le plus remarquable de Villiers de L'Isle-Adam est peut-être d'avoir été le seul, avec Mallarmé, à ne pas prendre au sérieux les grandes idées du présymbolisme et du symbolisme [...]. »

Clément ROSSET, « Villiers de L'Isle-Adam », in *Tableau de la littérature française*, III, Gallimard, 1974.

BIBLIOGRAPHIE

Éditions

Œuvres complètes, éd. A.W. RAITT, P.-G. CASTEX et J.-M. BELLEFROID, « Pléiade », Gallimard, 1986, 2 vol.

Contes cruels, « GF », Flammarion, 1980 ; « Folio », Gallimard, 1983 ; « LdP », LGF, 1983.

L'Ève future, éd. N. SATIAT, « GF », Flammarion, 1992 ; « Folio », Gallimard, 1993.

Études

J.-H. BORNECQUE, *Villiers de L'Isle-Adam, créateur et visionnaire*, Nizet, 1974.

J.-L. DUFAYS, « *"À s'y méprendre"* ou le Second Coup d'œil », in *Poétique*, n° 96, nov. 1993.

A. LEBOIS, *Villiers de L'Isle-Adam, révélateur du verbe*, Meisseiller, Neuchâtel (CH), 1952.

A. NÉRY, *Les Idées politiques et sociales de Villiers de L'Isle-Adam*, Diffusion Université Culture, 1984.

J. NOIRAY, *Le Romancier et la Machine*, t. 2, Corti, 1982.

P. PELCKMANS, « *Le Convive des dernières fêtes*, ou la Violence banale », in *Littérature*, n° 47, oct. 1982.

A.W. Raitt, *Villiers de L'Isle-Adam et le mouvement symboliste*, Corti, 1965 ; *Villiers de L'Isle-Adam, exorciste du réel*, Corti, 1987.

Cl. Rosset, « Villiers de L'Isle-Adam », in *Tableau de la littérature française*, III, Gallimard, 1974.

B. Vibert, *Villiers l'inquiéteur*, P.U. du Mirail, Toulouse, 1995.

M.-A. Voisin-Fougère, *Marie-Ange Voisin-Fougère présente « Contes cruels » d'Auguste de Villiers de L'Isle-Adam*, « Foliothèque », Gallimard, 1996.

AUDIO & VIDÉO

CD-ROM

Encyclopédie de la littérature française, Bibliopolis, 1998.

VILLON

François VILLON [vijɔ̃]
De son vrai nom, François de MONTCORBIER,
dit François des LOGES
Paris 1431 – lieu indéterminé, apr. 1463

> *Villon sçeut le premier, dans ces siecles grossiers,*
> *Débroüiller l'art confus de nos vieux Romanciers.*
> Nicolas BOILEAU, *L'Art poétique*, I, vv. 117-118, 1674.

> « *Villon écrivait pour la police, c'était un indicateur.* »
> Louis-Ferdinand CÉLINE, entretien avec Georges CAZALL, in *Le Style contre les idées*, Complexe, posthume, 1987.

Un voyou de génie

Jusqu'en 1455 : un étudiant remuant

François de Montcorbier naquit dans une famille modeste, vraisemblablement en 1431 — année de la mort de Jeanne d'Arc —, à en croire plusieurs passages du ***Testament*** :

> [...] *l'an de mon trentïesme aage*
> [...]
> *J'ay ce testament très estable* [ferme]
> *Fait, de der*[re]*niere voulenté,*
> *Seul pour tout et inrevocable,*
> *Et escript l'an soixante et ung*
> [...]
> *Povre je suis de ma jeunesse,*
> *De povre et de peticte extrasse*
> [...]
> *Sur les tumbeaux de mes ancestres*
> *— Les ames desquelz Dieu embrasse ! —*
> *On n'y voit couronnes ne ceptres.*
> (***Testament***, vv. 1, 78 à 81, 273-274 et 278 à 280, éd. Thiry)

Orphelin de père très tôt, il fut pris en charge par Guillaume de Villon, son « *plus que pere* » (***Testament***, v. 849), chapelain de Saint-Benoît-le-Bestourné — communauté située près de la Sorbonne et dépendant du chapitre de Notre-Dame —, qui lui donna son nom et s'occupa de son éducation. En 1452, il obtint la licence et la maîtrise ès arts, ce qui l'autorisait à prétendre à une charge ecclésiastique.

Après 1455 : homicide et voleur

Il mena une vie agitée dans le milieu estudiantin, jusqu'au 5 juin 1455 où, au cours d'une rixe, il reçut un coup de dague au visage et blessa mortellement un prêtre, Philippe Sermoise ; il jugea bon de quitter Paris. En janvier 1456, « *maistre François des Loges* », obtint des lettres de rémission pour ce meurtre. Mais, le soir de Noël de la même année, avec quatre complices dont Colin de Cayeux — qui fit partie de la bande des Coquillards — et Gui Tabarie, il commit un vol par effraction au collège de Navarre. Le méfait ne fut découvert qu'en mars 1457 : Tabarie, arrêté et torturé en 1458, compromit Villon. Depuis le vol, ce dernier avait quitté Paris, séjournant peut-être à Angers, sans doute à Orléans, Moulins et Blois : vers 1458, il était à la cour de Charles d'Orléans, dont il tenta d'obtenir la protection — trois des poèmes consignés dans le manuscrit personnel du duc, dont la fameuse ballade *Je meurs de seuf* [soif] *auprès de la fontaine*, semblent bien écrits de la main de Villon. Dans son premier poème (320 vers ; on l'a parfois intitulé ***Petit Testament***), le ***Lais*** — le mot signifie « *legs* », genre emprunté au « congé », lui-même lié à la condition vagabonde du trouvère et consistant en une pièce poétique sans règles fixes par laquelle le poète, suivant librement sa verve et sa fantaisie, prend congé de son protecteur, de sa famille ou de sa ville —, Villon justifiait son départ pour Angers par un dépit amoureux et distribuait tout ce qui lui appartenait : dons imaginaires et cruels, adaptés aux légataires — représentants de la justice civile ou religieuse, hommes d'affaires, riches chanoines, personnages louches ou véreux —, minés de calembours sur les noms propres, dont l'insolence dut ravir les amis du poète. Les derniers couplets évoquaient la remise en marche des facultés du poète, décrite suivant la méthode scolastique :

> *Dont le sensitif s'esveilla*
> *Et esvertua Fantasie,*
> *Qui les organes resveilla*
> *Et tint la souv*[e]*raine partie*
> *En suspens et comme mortie*
> *Par oppressïon d'oubliance.*
> (***Lais***, vv. 297 à 302)

Pour les commentateurs, Villon voulait expliquer par cette « absence » sa participation au cambriolage du collège de Navarre. L'œuvre est difficile à lire, car elle est remplie d'allusions qui nous échappent ; toutefois, elle révèle déjà les intentions et l'art de Villon : charges contre la courtoisie décadente, la sottise, la finance et la justice, orchestrées par un étudiant cultivé aux fausses allures de chevalier ou de prince ; déconstruction du réel par la caricature, la parodie et le jeu de mots. La revue satirique est plus gaie et moins désespérée que celle du ***Testament***, moins lyrique aussi, dans les thèmes développés comme dans la forme, probablement parce que l'expérience de vie de l'auteur était encore courte, que la vraie souffrance — la privation de liberté et l'humiliation — ne l'avait pas encore atteint. De cette époque datent aussi les ***Ballades en jargon***, langage secret à plusieurs niveaux de signification, que Villon devait pratiquer avec ses amis de la bande des Coquillards, Colin de Cayeux et Régnier de Montigny. Pendant l'été 1461, il fut emprisonné à Meung-sur-Loire, sur ordre de Thibaut d'Aussigny, évêque d'Orléans, pour une faute mal connue : peut-être avait-il rejoint une troupe de saltimbanques, activité formellement interdite à un clerc ? Humilié et torturé, Villon fut profondément marqué par cette captivité, d'autant que l'évêque l'avait dégradé — ce qu'il n'avait pas le droit de faire, puisque Villon dépendait de l'évêché de Paris. Il y écrivit probablement l'***Epistre à ses amis*** :

Aiez pictié, aiez pictié de moy,
A tout le moins, s'i vous plaist, mes amis !
En fosse giz (non pas soubz houz ne may [houx ni mai]*)*
En cest exil ouquel je suis transmis
Par Fortune, comme Dieu l'a permis
[...]
Le lesserez là, le povre Villon ?
(***Epistre à ses amis***, vv. 1 à 5 et 10)

Le 2 octobre, cependant, le roi Louis XI passa par la ville et le fit libérer. Villon travailla alors à son ***Testament***.

La disparition d'un récidiviste

En 1462, il regagna Paris, où l'attendait la justice : au cours du même mois de novembre, il fut successivement inculpé pour le cambriolage du collège de Navarre, libéré rapidement contre la promesse de restituer sa part de butin, puis repris pour avoir participé à une bagarre où le notaire Ferrebouc — qui avait participé à l'interrogatoire de Tabarie — avait été blessé. Torturé et condamné à être étranglé et pendu, il semblait devoir connaître le sort évoqué dans son épitaphe :

Je suis François, dont il me poise [je le regrette]
Né de Paris emprès Pontoise,
Et de la corde d'une toise
Saura mon col que mon cul poise [pèse].

Mais le poète fit appel, et, le 5 janvier 1463, le Parlement cassa le jugement et bannit Villon de Paris pour dix ans — qui disparut définitivement après un dernier poème, dit ***Ballade de l'appel*** :

Que dictes vous de mon appel,
Garnier ? Fis je sens ou folie ?
Toute beste garde sa pel :
Qui la contraint, efforce ou lie,
S'elle peut, elle se deslie.
Quant dont, par plaisir voluntaire,
Chanté me fut ceste omelie,
Estoit il lors temps de [moy] *taire ?*
(***Ballade de l'appel***, vv. 1 à 8, in ***Poésies diverses***)

La fiction du ***Testament*** (2 023 vers) est encore plus ambitieuse. Comme le veut ce genre parodique et traditionnel, la mort est proche et

Qui meurt a ses loix de tout dire
(***Testament***, v. 728)

L'ensemble, parodie du modèle juridique, en reprend l'organisation bipartite : en une paraphrase du *Confiteor*, le testateur commence par se repentir de ses fautes ; après quoi s'ouvre le testament proprement dit, mêlant legs imaginaires et dispositions finales.
En dehors des deux grandes compositions que sont le ***Lais*** et le ***Testament***, quelques pièces composent ce que l'on nomme les ***Poésies diverses***, et l'on met souvent à part 11 ***Ballades en jargon*** : si ces dernières — dont des documents d'archives ont permis de voir qu'elles utilisaient l'argot des Coquillards — demeurent d'interprétation hasardeuse, les premières groupent des pièces qui sont aussi parmi les plus connues ; ainsi des ballades composées à la cour de Charles d'Orléans, et de celle dite ***Debat du cuer et du corps de Villon***, qui est signée d'un acrostiche et se termine encore sur une pirouette qui confirme l'idée que le « *bon follastre* » a voulu donner de lui-même :

– Veux-tu vivre ? – Dieu m'en donne la puissance !
– Il te faut... – Quoi ? – Remors de conscïence,
Lire sans fin... – Et quoi lire ? – En scïence ;
Laisser les fols ! – Bien je y aviseray.
– Or, le retiens ! – J'en ay bien souvenance.
N'attens pas trop, qu'il ne tiengne à plaisance [que ça ne tourne mal] *!*
Plus ne t'en dis. – Et je m'en passeray.

C'est également là que figure l'illustre ***Ballade des pendus***, qui commence ainsi :

Freres humains, qui après nous vivez,
N'ayez les cuers contre nous endurcis,
Car, se pitié de nous povres avez,

Dieu en aura plus tost de vous mercis.
Vous nous voiez cy attachez, cinq, six :
Quant de la chair, que trop avons nourrie,
El est pieçà devorée et pourrie,
Et nous, les os, devenons cendre et pouldre.
De nostre mal personne ne se rie,
Mais priez Dieu que tous nous vueille absouldre.
(***Ballade des pendus***, vv. 1 à 10, in ***Poésies diverses***)

Souvent lue comme une pièce composée en attendant la mort — alors que, non seulement le « *je* » du poète n'y figure pas, mais qu'elle s'adresse explicitement à « *vous* » —, cette célèbre ballade est l'une des clés de ce poète de la pauvreté, qui veut que

Mieulx vaut vivre soubz gros bureau [bure, étoffe grossière]
Pouvre, qu'avoir esté seigneur
Et pourrir soubz riche tumbeau.
(***Testament***, vv. 286 à 288)

Après sa « disparition », le destin de Villon se confondit avec la légende : l'image du mauvais garçon, « anarchiste » avant l'heure et jouisseur, se dessine dans des œuvres de la fin du XVe siècle, comme les *Repues franches* ou les farces et les testaments burlesques qui se réfèrent à lui. Même pour Clément Marot — qui édita ses œuvres mais qui ne se hasardait pas à décrypter le jargon —, Villon était surtout un mauvais garçon. En épigraphe de son édition, il inscrivit :

Peu de Villons en bon savoir
Trop de Villons en decevoir [tromper] *!*

Rabelais, bien que son témoignage fût fantaisiste, voyait sans doute plus juste quand il en faisait un homme de théâtre (*Quart Livre*, chap. 13).

Quoi qu'il en fût, le poète était sans doute mort lorsque Pierre Levet fit imprimer ses œuvres en 1489. C'est presque toujours à l'œuvre de Villon que nous devons ce que nous savons de sa vie ; or, tout au long de celle-ci, le poète se construisit un portrait qui se prêtait à l'affabulation : physique ingrat marqué par la pauvreté et la faim, goût de tous les plaisirs, tempérament rieur mais instable et influençable, « amant martyr », notamment. Le personnage de l'écrivain marginal n'était pas nouveau : on le trouve déjà au XIIIe siècle, dans les dits ou dans la poésie (Colin Muset, Rutebeuf), mais Villon lui donna une vigueur, une séduction et une authenticité jamais égalées.

Une éblouissante diversité

La langue de Villon n'est plus de l'ancien français — qu'il pastiche dans une ballade du ***Testament*** (vv. 385 à 412) — et présente les caractéristiques attendues d'un état linguistique intermédiaire pris entre des traits d'archaïsme et des indices de modernisme. Si les thèmes traités par Villon sont souvent traditionnels (la mort, l'amour, la femme, les ravages du temps, la misère, la déchéance), si certains procédés formels sont convenus — ainsi, le « *Mais où sont ?* » qui entraîne quelques célèbres ballades ne fait que reprendre le *Ubi sunt ?* des poètes latins —, si, enfin, le mélange des tons, du « *rire en pleurs* » (***Ballade des contradictions***, v. 6) est alors commun pour l'époque, leur expression ou leur exploitation est cependant d'une originalité audacieuse. Doué d'un instinct redoutable, et, quoique rarement novateur, artisan du vers conscient de son habileté — illustrée par l'utilisation de diverses formes versifiées, la puissance de certains rythmes appuyés sur des enjambements ou rejets hardis —, Villon ne se départ jamais de sa clairvoyance. Il possède un sens vif et pénétrant de la formule ou du trait terrible, et certaines de ses notations réalistes en acquièrent parfois un caractère fantastique, surréel : face au poète, « *sec et noir comme (ung) escouvillon* » [balai servant à nettoyer le four] (***Lais***, v. 316), se dressent les pendus, « *plus becquetez d'oyseaulx que dez à coudre* » (***Ballade des pendus***, v. 28). Son jeu de masques, levés le temps de rares acrostiches (***Testament***, vv. 895 à 908, 942 à 965), lui permet de se mouvoir dans l'entre-deux des choses et des mots :

Item, m'amour, ma chiere rose,
Ne luy laisse ne cueur ne foye.
(***Testament***, vv. 910-911)

Villon recherche partout l'ambiguïté et la polyvalence, jusqu'aux vertiges du non-sens comme dans les énigmes des ***Ballades en jargon***, cultivant, avec l'ellipse, l'antiphrase, l'antithèse ou l'oxymore, jusqu'au paradoxe essentiel de la ***Ballade des contradictions*** :

Je meurs de seuf auprès de la fontaine,
Chault comme feu, et tremble dent à dent ;
En mon pays suis en terre loingtaine
[...]
Riens ne m'est seur que la chose incertaine,
Obscur fors ce qui est tout évident
(***Ballade des contradictions***, vv. 1 à 3 et 11-12, in ***Poésies diverses***)

Cette philosophie de l'incertitude, qui est moins personnelle qu'elle nous semble l'être, peuple ainsi la page de fées et de fantômes, de traces que dérobe l'évanescence :

Mais où sont les neiges d'anten ?
(***Ballade des dames du temps jadis***,
in ***Testament***, v. 336)

Trois siècles d'oubli

La première édition des œuvres de Villon, donnée par Pierre Levet en 1489, eut du succès et connut plusieurs rééditions en un demi-siècle. On en trouve l'influence directe dans les *Lunettes des Princes* (v. 1465) du Breton Jean Meschinot — dont le succès égala celui des *Testaments* de Villon. Au début de son *Champ fleury* (1529), Geoffroy Tory reconnaissait le génie du poète, bien qu'il lui reprochât vigoureusement d'avoir *« gergonné »*. Par la suite, malgré la belle édition critique que fit Clément Marot en 1533, l'œuvre du poète « licencieux », très sévèrement jugé par Malherbe — mais pas pour autant par Boileau —, a sombré dans l'oubli jusqu'en 1832, où la nouvelle édition de l'abbé Prompsault en relança la lecture et les études. Gautier, Nerval, Désiré Nisard, Banville, Rimbaud, et, plus près de nous, Mac Orlan, Suarès, Brecht, Tzara, Cendrars, Brassens — entre autres — ont été particulièrement sensibles à l'œuvre ou à la légende. Schwob consacra des études à l'œuvre et à la « Coquille », et son ami et biographe Pierre Champion écrivit en 1913 un *Villon, sa vie et son temps* « positiviste », c'est-à-dire interprétant au maximum la vie à partir de l'œuvre. Carco publia aussi en 1926 un *Roman de François Villon* prenant plus naïvement encore au pied de la lettre les éléments « biographiques » de l'œuvre poétique. Dans la littérature critique, française ou étrangère, on compte plus de 2 000 titres (ouvrages ou articles) : c'est dire le plaisir et la puissance d'interrogation que suscite encore le *« povre escollier »* qui, de Dubout à Mœbius, n'a cessé d'inspirer aussi les illustrateurs de bandes dessinées.

ŒUVRE

Testament

Dit poétique de 2 023 vers, publié d'abord par Pierre Levet, à Paris, en 1489, sous le titre ***Le Grand Testament Villon et le Petit. Son Codicille. Le Jargon et ses Ballades*** — édition souvent appelée ***L'Imprimé*** —, puis dans l'édition de Marot intitulée ***Les Œuvres de François Villon de Paris, reveues et remises en leur entier par Clément Marot, valet de chambre du roy***, chez Galiot du Pré, en 1533. Il s'agit d'un dit versifié (en huitains d'octosyllabes), comportant des insertions lyriques.

Genre littéraire proche du « congé », le ***Testament*** est une parodie du modèle juridique, dont il suit l'organisation en 2 volets. À la paraphrase du *Confiteor*, où le testateur se repent de ses fautes, correspond la première partie de l'œuvre de Villon (vv. 1 à 792), habituellement appelée ***Regrets*** : le poète rappelle son passé tourmenté, alternant l'émotion et l'ironie (captivité, jeunesse et plaisirs évanouis, pauvreté obsédante, déceptions amoureuses, beauté flétrie par la vieillesse et le spectre de la mort universelle). S'ouvre ensuite le testament proprement dit, succession de legs imaginaires et dispositions finales (vv. 793 à 2023). La première partie dessine la silhouette terrifiante de l'évêque Thibaut d'Aussigny, dont le poète se défend d'être *« son serf ne sa biche »* (v. 12) ; la pauvreté de Villon s'est aggravée, l'emprisonnement a vieilli prématurément le personnage, et la détresse se conjugue avec l'ironie : *Cy gist et dort en ce sollier* [dans cette chambre], */ Qu'Amours occist de son raillon, / Ung povre petit escollier / Qui fut nommé Françoys Villon. / Oncques de terre n'eust sillon. / Il donna tout, chacun le scet, / Tables, tresteaux, pain, corbillon.* [...] // [...] // *Il fut rez* [rasé], *chief, barbe, sourcil, / Comme ung navet qu'on ret ou pelle.* [...] // *Rigueur le transmist en exil / Et lui frappa au cul la pelle, / Non obstant qu'il dit : « J'en appelle ! »* [Je fais appel !] (vv. 1884 à 1890, 1896-1897 et 1900 à 1902).

L'approfondissement des thèmes et le travail plus serré de l'écriture s'organisent dans une véritable composition d'ensemble, dont l'innovation majeure a consisté à rythmer les huitains d'octosyllabes qui constituent le dit en y insérant des pièces sans doute précédemment écrites, plus lyriques et où figurent les vers les plus connus. Le personnage est sensible au temps qui passe : *Je plains le temps de ma jeunesse / — Ouquel j'ay plus qu'autre gallé* [vaqué en toute insouciance] */ Jusqu'à l'entrée de viellesse —, / Qui son partement m'a cellé* [qui m'a caché le départ de la jeunesse] ; / [...] // *Alé s'en est, et je demeure, / Povre de sens et de savoir, /* [...] // *Bien sçay, se* *j'eusse estudié / Ou temps de ma jeunesse folle / Et à bonnes meurs dedié, / J'eusse maison et couche molle. / Mais quoy ! je fuyoië l'escolle / Comme fait le mauvaiz enffant. / En escripvant ceste parolle, / A peu que le cueur ne me fent !* (vv. 169 à 172, 177-178 et 201 à 208). Le temps n'épargne rien, pas même — voire surtout pas — la beauté, comme en témoignent les vers qu'on appelle les ***Regrets de la belle Heaulmière*** : *Tolue* [Prise] *m'a*[s] *la haulte franchise / Que Beauté m'avoit ordonné / Sur clers, marchans et gens d'Eglise, / Car lors il n'estoit homme né / Qui tout le scien ne m'eust donné* [qui m'aurait donné tout ce qu'il possédait] / [...] // *Quand je pense, lasse, au bon temps, / Que me regarde toute nue / — Quelle fuz, quelle devenue ! — / Et je me voy si treschangée, / Povre, seiche, maigre, menue, / Je suis presque toute enraigée* (***Testament***, vv. 461 à 465 et 487 à 492). Même constat désabusé dans la célèbre ballade intitulée par Marot ***Ballade des dames du temps jadis***, à l'*incipit* aussi fameux que le refrain : *Dictes moy où, n'en quel pays, / Est Flora, la belle Romaine, / Archipiadès ne Thaÿs, / Qui fut sa cousine germaine, / Echo parlant quand bruyt on maine / Dessus riviere ou sur estan, / Qui beaulté ot trop plus qu'umaine. / Mais où sont les neiges d'anten ?* (***Testament***, vv. 329 à 336). Après l'évocation des « *dames du temps jadis* » vient celle des seigneurs — dont le refrain est *Mais où est le preux Charlemaigne ?* (***Testament***, v. 364) et une ballade en ancien français approximatif : *Autant en emporte ly vens* (***Testament***, v. 392). Si le poète est toujours aussi dur envers ses légataires — à qui il souhaite parfois des maux biens réels —, et si les portraits de l'infidèle Catherine de Vausselles (citée au v. 661) ou de la grosse Margot (*En ce bordeau où tenons nostre estat*, v. 1600) sont cruels ou féroces, les accents sont touchants pour parler de la mère de Villon, à qui le poète dédie une **Ballade pour prier Notre-Dame** : *Femme je suis, povrecte et ancïenne, / Qui riens ne sçay : oncques lettres ne leuz. / Au moustier voy* [je vois, dans l'église], *dont suis paroissïenne, / Paradiz paint, où sont harpes et leuz* [luths], */ Et ung enffer où dampnez sont bouluz* [les damnés sont bouillis]. */ L'un me fait paour, l'aultre joye et liesse. / La joye avoir me fait, haulte Deesse, / A qui pecheurs doivent tous recourir, / Comblés de foy, sans faincte ne paresse : / En ceste foy je vueil vivre et mourir* (***Testament***, vv. 893 à 902).

Par l'utilisation systématique de l'ambiguïté, le poète transforme la réalité quotidienne et la thématique traditionnelle en une étrange parade festive, tragique et grotesque, polyphonique aussi puisque le dit est illustré de textes lyriques contemplatifs ou acerbes, voire triviaux. Il a enfin l'adresse d'un jongleur et l'inspiration d'un artiste quand il joue de ressources du français de son époque, savant ou populaire, archaïsant ou argotique, pour enrichir le mot ou la phrase de deux ou trois niveaux d'interprétation.

Commencé en octobre 1461, à la sortie de la prison de Meung, le ***Testament*** a dû être composé en quelques mois ; certaines insertions lyriques sont plus anciennes. Bien qu'elle n'eût été publiée que vingt-cinq ans après la condamnation de Villon à l'exil, l'œuvre, ancrée dans l'actualité de l'époque, circula nécessairement très vite dans les milieux lettrés ou non, et la figure multiple et attachante qu'avait construite le poète marqua profondément les esprits. Dès la fin du XVe siècle, Villon était un héros de légende.

CITATIONS

Je connais tout, fors que moi-même.

Ballade des menus propos.

Frères humains qui après nous vivez,
N'ayez les cœurs contre nous endurcis,
Car, si pitié de nous pauvres avez,
Dieu en aura plus tôt de vous merci.
Vous nous voyez ci attachés cinq, six :
Quant à la chair, que trop avons nourrie,
Elle est pieça [depuis longtemps] dévorée et pourrie,
Et nous, les os, devenons cendre et poudre.
De notre mal personne ne s'en rie ;
Mais priez Dieu que tous nous veuille absoudre.

Ballade des pendus.

En l'an trentième de mon âge,
Que toutes mes hontes j'eus bues,
Ni du tout [Ni tout à fait] fol ni du tout sage,
Nonobstant maintes peines eues...

Testament, I.

Nécessité fait gens méprendre [pécher]
Et faim saillir le loup du bois.

Testament, XXI.

Je plains le temps de ma jeunesse,
(Auquel j'ai plus qu'autre galé [fait la noce]
Jusqu'à l'entrée de vieillesse)
Qui son partement [départ] m'a celé
[...]
Allé s'en est et je demeure,

Pauvre de sens et de savoir,
Triste, failli [déchu], plus noir que meure [mûre]...
Testament, XXII-XXIII.

Hé ! Dieu, si j'eusse étudié
Au temps de ma jeunesse folle,
Et à bonnes mœurs dédié [sacrifié],
J'eusse maison et couche molle.
Mais quoi ? Je fuyais l'école,
Comme fait le mauvais enfant.
En écrivant cette parole,
A peu que le cœur ne me fend.
Testament, XXVI.

Où sont les gracieux galants
Que je suivais au temps jadis,
Si bien chantants, si bien parlants,
Si plaisants en faits et en dits ?
Les aucuns sont morts et roidis,
D'eux n'est-il plus rien maintenant :
Repos aient en paradis,
Et Dieu sauve le remenant [le reste] !
Testament, XXIX.

Pauvre je suis de ma jeunesse,
De pauvre et de petite extrace ;
Mon père n'eut onc grand richesse
Ni son aïeul, nommé Horace.
Testament, XXXV.

La mort le fait frémir, pâlir,
Le nez courber, les veines tendre,
Le col enfler, la chair mollir ;
Jointes [Les articulations] et nerfs croître et étendre.
Corps féminin, qui tant es tendre,
Poli, souef [doux], si précieux,
Te faudra-t il ces maux attendre ?
Oui, ou tout vif aller aux cieux.
Testament, XLI.

Dites-moi où, n' [et] en quel pays
Est Flora, la belle Romaine,
Archipiade ne Thaïs,
Qui fut sa cousine germaine ;
Écho, parlant quand bruit on mène
Dessus rivière ou sur étang,
Qui beauté eut trop plus qu'humaine.
Mais où sont les neiges d'antan ?
Ballade des dames du temps jadis, in *Testament*.

Autant en emporte le vent.
Ballade en vieux langage français, in *Testament*.

Ma vielle ai mis sous le banc ;
Amants je ne suivrai jamais :
Si jadis je fus de leur rang,
Je déclare que n'en suis mais [plus].
Testament, LXX.

Deux étions et n'avions qu'un cœur ;
S'il est mort, force est que dévie [je quitte la vie],
Voire, ou que je vive sans vie,
Comme les images [statues], par cœur,
Mort !
Lai, in *Testament*.

Lors je connus que, pour deuil apaiser,
Il n'est trésor que de vivre à son aise.
Ballade des contredits de Franc Gontier, in *Testament*.

Prince, aux dames parisiennes,
De beau parler donnez le prix ;
Quoi qu'on die [dise] d'Italiennes,
Il n'est bon bec que de Paris.
Ballade des femmes de Paris, in *Testament*.

Jamais mal acquis ne profite.
Testament, CLVIII.

Quand je considère ces têtes,
Entassées en ces charniers,
Tous furent maîtres des requêtes,
Au moins de la Chambre aux Deniers.
Testament, CLXII.

Ci-gît et dort en ce solier [grenier],
Qu'Amour occit de son rayon,
Un pauvre petit écolier [étudiant]
Qui fut nommé François Villon.
Épitaphe, in *Testament*.

Ici se clôt le testament
Et finit du pauvre Villon.
Venez à son enterrement,
Quand vous orrez le carillon,
Vêtus rouge com vermillon,
Car en amour mourut martyr ;
Ce jura-t-il sur son couillon
Quand de ce monde vout partir.
Ballade finale, in *Testament*.

JUGEMENTS

« François Villon ouvre le règne moderne de la poésie pour avoir vu dans son siècle ce qui n'avait aucunement passé chez ses devanciers. Ce Paris de Villon qui mène encore les esprits à la chasse. »

Louis ARAGON, *Écrits sur l'art moderne*, Flammarion, 1981.

« Villon est certainement le plus "gothique" de tous les poètes de son temps ; il accentue plus que tout autre la fermeté de son architecture strophique ; mais c'est un gothique flamboyant, comme le montrent déjà ces excroissances dans les rondeaux, dans les envois. C'est pour pouvoir mieux l'embraser qu'il consolide son échafaudage. »

Michel BUTOR, *Répertoire IV*, Minuit, 1981.

« François Villon n'est pas seulement le poète de la mort, il est celui de la faute, de la faiblesse humaine, du mal et du repentir qui les suit, en quoi il est bien du Moyen Âge et si profondément chrétien. »

Gustave COHEN, *La Grande Clarté du Moyen Âge*, Gallimard, 1945.

« Lu Villon, toujours avec le même plaisir. Même quand le texte est obscur jusqu'à en être indéchiffrable, il dit encore quelque chose qu'on goûte extrêmement. »

Julien GREEN, *Journal*, 22 août 1952, t. VI, Plon, 1957.

« On voit quel fut François Villon : voleur, assassin, et pis s'il se peut. Voilà pourtant l'homme à qui il faut demander tout ce que le XVe siècle a produit, ou peu s'en faut, de haute et profondément pénétrante poésie : il n'y a pas à en douter, ce malfaiteur fut un grand poète. »

Gustave LANSON, *Histoire de la littérature française*, Hachette, 1894.

« [...] *Villon, resté si vivant, si émouvant, si pénétrant.* [...] *il vivra encore, que Valéry sera mort complètement depuis longtemps. »*

Paul LÉAUTAUD, *Journal littéraire*, 21 avril 1926, Mercure de France, rééd. 1986.

« Si quelqu'un pouvait nous renseigner sur ce point : comment était fait le petit doigt de François Villon, cette donnée aurait plus de prix que toute la documentation qui a pu être rassemblée sur le poète mauvais enfant. [...] *Les poèmes de Villon, il va sans dire, n'ont besoin d'aucune aide pour chanter, mais si l'on savait exactement comment son petit doigt était fait, c'est son image même qui chanterait en nous, sous les espèces de ce détail physique dénué de tous sens autre que l'absolu de sa présence* [...], *son image alors vivante au lieu de rester perdue dans un brouillard érudit. »*

Michel LEIRIS, *À cor et à cri*, Gallimard, 1988.

« C'est dans la nuit, dans l'ombre de la littérature sentimentale qu'est né François Villon, le poète français dont l'influence fut la plus profonde et la plus sincèrement subie par ceux qui furent et sont encore ses disciples, c'est-à-dire par ceux qui ont adapté à leur propre personnalité la révélation d'un mystère bien autrement présent que le mystère divin : le mystère social de tous les temps.

[...]

La révolte de Villon n'est jamais sociale : elle est dressée contre sa propre personnalité. Lui seul compte dans le jeu, tout le reste n'est que décor et satellites plus ou moins amusants. La poésie est la forme la plus haute et, pour cette raison, la plus divine de l'égoïsme.

Villon n'appartient pas à la critique littéraire. Son cas est unique dans notre littérature. Verlaine et Rimbaud peuvent, toutefois, par leur manière de vivre permettre un rapprochement. »

Pierre MAC ORLAN, « Villon », in *Tableau de la littérature française*, I, Gallimard, 1962.

« Le reste des œuvres de nostre Villon est de tel artifice, tout plein de bonne doctrine et tellement peinct de mille couleurs que le temps qui tout efface, jusques ici ne l'a sceu effacer, et moins encore l'effacera ores et d'icy en avant que les bonnes écritures françaises sont et seront mieulx connues et recueillies que jamais. »

Clément MAROT, introduction à *Les Œuvres de François Villon de Paris, reveues et remises en leur entier par Clément Marot, valet de chambre du roy*, 1533.

« [...] *assurément, autant qu'aucun de ses contemporains, François Villon est resté scrupuleusement fidèle aux formes convenues et arrêtées de la poésie de son temps, dits, ballades, doubles ballades, rondeaux, testaments ; mais nul n'a jeté dans ces creusets vétustes plus d'ardente nouveauté, de sincérité émouvante ou facétieuse, de bouleversant lyrisme.*

[...]

Lyrisme narquois, réalisme fantaisiste, pessimisme joyeux, tout Villon est là, un poète prodigieusement doué, amoureux de la vie, conscient de sa vanité, tombé au fond de l'abjection, et toujours confiant comme un enfant dans l'infini de la miséricorde divine, un poète de la volupté, de la mort et de l'espérance. Incarnation éblouissante d'un temps de misère, de désordre et de foi, mais qui dépasse son siècle de toute la puissance du génie.

En dépit de quoi cette poésie, qui est immortelle, est une fin et non un commencement. [...] *Elle n'entraînera aucun renouvellement vrai. Le renouvellement poétique, il faudra l'attendre encore près d'un siècle, jusqu'à la grande Renaissance de la Pléiade. »*

Émile MIREAUX, « Un poète hors série : François Villon », *in* Émile HENRIOT (dir.), *Neuf Siècles de littérature française*, I, IV, 8, Delagrave, 1958.

« C'est un mauvais garçon, un marlou, un truand, un assassin. Il est, avec un talent qui touche parfois au génie, l'ancêtre de nos délinquants des quartiers difficiles. Il annonce de loin Jean Genet, déserteur et voleur.

[...]

Entre débauche et fraîcheur, entre ironie et tendresse, au coin de la rue d'où il épie ceux qu'il va dévaliser ou au pied des gibets où expirent les pendus, Villon le voyou est un très grand poète. Peut-être faudra-t-il attendre Henri Heine pour retrouver une voix aussi capable de passer de la gaieté à la tristesse et de la raillerie à l'émotion, aussi diverse et aussi libre. Au milieu des bateleurs, des pilleurs, des filles publiques, des maquereaux, sorti d'une de ces danses macabres que nous voyons sur les murs de nos vieilles églises, il chante la vie, le mal, le corps des femmes [...], et la mort. »

Jean d'Ormesson, « Villon. La Gloire du marlou », in *Une autre histoire de la littérature française*, II, NiL, 1998.

« Villon n'oublie jamais l'homme fascinant, et révoltant, qu'il est. Et il ne prend jamais, Dieu merci, quand il se chante lui-même, ce faux air de vertu qui fait que Whitman se glorifie d'être Whitman. Le chant de Villon est égocentrique en ce qu'il s'absorbe lui-même, mais, au contraire de Whitman, il ne prétend pas faire un don précieux à la race humaine en étalant sa fatuité. »

Ezra Pound, *Esprit des littératures romanes*, trad. franç. Pierre Alien, Bourgois, 1966, rééd. 1985.

BIBLIOGRAPHIE

Éditions

Poésies complètes, éd. et trad. Cl. Thiry, « LdP/Lettres gothiques », LGF, 1991.

Poésies, éd. J. Dufournet, « Poésie », Gallimard, 1973 ; *id.*, « Lettres françaises », Imprimerie nationale, 1984 [éd. bilingue] ; *id.*, « GF », Flammarion, 1993 [éd. bilingue].

Œuvres, éd. J. Dufournet, « Classiques Garnier », Garnier, 1970 ; éd. A. Lanly, Champion, 2e éd. 1991 [éd. bilingue] ; éd. et ill. A. Dubout, Éd. Trinckvel, 1993 ; « Fleuron », Slatkine, 1995.

Ballades en argot homosexuel [Ballades en jargon], éd. Th. Martin, Mille et Une Nuits, 1998.

Le « Lais » Villon et les Poèmes variés, éd. J. Rychner et A. Henry, « TLF », 239 et 240, Droz, Genève (CH), 1977, 2 vol.

Le Recueil des repues franches de maistre François Villon et de ses compagnons, « TLF », 455, Droz, Genève (CH), 1995.

Le « Testament » Villon, éd. J. Rychner et A. Henry, « TLF », 207 et 208, Droz, Genève (CH), 1974, 2 vol.

Études

E. Baumgartner, *Emmanuèle Baumgartner présente « Poésies » de François Villon*, « Foliothèque », Gallimard, 1998.

A. Burger, *Lexique complet de la langue de Villon*, Droz, Genève (CH), 1957.

F. Carco, *Le Roman de François Villon*, 1926, rééd. La Table ronde, 1996.

P. Champion, *François Villon, sa vie et son temps*, Champion, 1913, rééd. J. Dufournet, Champion, 1984.

P. Demarolle, *L'Esprit de Villon*, Nizet, 1968 ; *Villon, un testament ambigu*, Larousse, 1973.

J. Dufournet, *Villon et sa fortune littéraire*, Ducros, Saint-Médard-en-Jalles (Gironde), 1970 ; *Recherches sur le Testament de François Villon*, 2e éd. SEDES, 1971 et 1973, 2 vol. ; *Nouvelles Recherches sur Villon*, Champion, 1980 ; *Villon, ambiguïté et carnaval*, « Unichamp », Champion, 1992.

J. Favier, *François Villon*, Fayard, 1982.

D. Kuhn, *La Poétique de François Villon*, Colin, 1967, rééd. sous le nom de Mus, Champ Vallon, Seyssel (Ain), 1992.

P. Le Gentil, *Villon*, Hatier, 1967.

P. Mac Orlan, « Villon », in *Tableau de la littérature française*, I, Gallimard, 1962, pp. 164 à 172.

R. Peckham, *François Villon. A Bibliography*, Garland, New York (US)/Londres (GB), 1990.

G. Pinkernell, *François Villon et Charles d'Orléans (1457-1461)*, Carl Winter, Heidelberg (DE), 1992.

F.-V. Rudent, *Georges Brassens : sur les pas de François Villon*, Arthemus, Port-Scorff (Morbihan), 1998.

M. Schwob, *Villon François*, rééd. Allia, 1990 ; *id.* et A. Longnon, *Pièces relatives aux procès de François Villon*, éd. I.D. Lastelle, Sulliver, 1999.

I. Siciliano, *François Villon et les Thèmes poétiques du Moyen Âge*, Nizet, rééd. 1992.

Chr. Verdun, *François Villon : 1431-1463*, Éd. du Laquet, Martel (Lot), 1998 [BD].

Villon, hier et aujourd'hui, actes du colloque pour le 500e anniversaire de l'impression du *Testament* de Villon (15 au 17 déc. 1989), Bibliothèque historique de la ville de Paris, 1993.

AUDIO & VIDÉO

Vidéo

A. Zwovada, *François Villon*, 1945, René Chateau, s.d.

CD-ROM

Encyclopédie de la littérature française, Bibliopolis, 1998.

VOLTAIRE

VOLTAIRE

De son vrai nom, François Marie AROUET

Adopta son nom de plume, VOLTAIRE, en 1718, après le succès de sa tragédie *Œdipe*.

Paris 1694 - *ibid.* 1778

Académicien

> « *Un auteur d'autant de génie* [que Voltaire], *aussi varié que correct, n'échappa point à l'Académie française.* [...] *L'on peut dire, s'il m'est permis de m'exprimer ainsi, que M. de Voltaire valait seul toute une académie.* »
>
> FRÉDÉRIC II le Grand (roi de Prusse), *Éloge de Voltaire*, 26 novembre 1778.

> « *En refusant à Voltaire la profondeur, vous avez assurément mis le doigt sur l'une de ses lacunes capitales, mais j'aurais voulu que vous lui eussiez dénié également ce qui s'appelle la sensibilité, qui lui fait défaut à un si haut degré.* »
>
> Friedrich von SCHILLER, *Lettre à Goethe*, Weimar, 25 avril 1805.

Le XVIIIe siècle en personne

Les brillants débuts d'un remuant libertin

Né à Paris, 3e enfant d'un père notaire et sympathisant janséniste qu'il détesta, Arouet le jeune, se prétendant fils du chansonnier Roquebrune, effectua de brillantes études de rhétorique, de poésie et de philosophie chez les jésuites du collège Louis-le-Grand (1704 à 1711), où il eut pour condisciple, notamment, Argenson, fidèle ami et futur ministre. Très tôt introduit par son parrain, l'abbé de Châteauneuf, dans la libertine Société du Temple — qu'il eût ou non reçu un legs de Ninon de Lenclos —, ce jeune clerc de procureur guère enthousiasmé par son métier ne tarda pas à faire étalage de ses brillantes dispositions littéraires, de sa grande agilité intellectuelle, mais aussi de son esprit frondeur et de sa libertine désinvolture, qui s'épanouirent très tôt dans plusieurs épigrammes. Aussi se fit-il chasser, dès l'âge de 19 ans, de l'ambassade de France en Hollande, dont il était secrétaire ; puis il se fit menacer d'une déportation aux Îles et fut exilé de Paris (mai à oct. 1716) pour des vers sur les attachements incestueux du Régent, avant d'être embastillé une première fois pendant près d'un an (mai 1717 à avr. 1718) pour de nouveaux vers satiriques contre le Régent. Dès son premier séjour à la Bastille, il travailla à ***La Ligue***, épopée qui ne parut qu'en 1723 sous le titre ***La Henriade***, et dont le thème — la grandeur du roi Henri IV — avait un sens politique : le roi Henri IV y était décrit comme un souverain tolérant et conciliateur — or on était en pleine querelle autour de la bulle *Unigenitus* —, qui se montrait anti-espagnol — à l'heure où le Régent jouait l'alliance avec l'Angleterre. En 1718, le vif succès de sa tragédie ***Œdipe*** — à partir duquel Arouet, renonçant à son patronyme, se donna le nom de Voltaire, anagramme probable d'A-R-O-V-E-T Le Ieune — fit déjà reconnaître l'auteur pour un maître. S'illustrant ainsi d'emblée dans les deux genres majeurs en vers, l'épopée et la tragédie, bientôt pensionné par un Régent peu rancunier (1722), puis par la reine (1725), héritier en outre, à la mort de son père (1722), d'une belle fortune qu'il fit habilement fructifier, Voltaire connut donc des débuts littéraires et mondains si fulgurants qu'il fut bientôt chargé de représentations théâtrales pour les fêtes du mariage de Louis XV (1725) et put songer à l'Académie française. Mais ces brillants débuts, entachés du reste de polémiques et de brouilles diverses, furent interrompus en 1726 par une querelle avec le chevalier de Rohan, qui l'interrogea de façon offensante sur son nom et le fit rosser par ses gens. Outré, Voltaire, mésestimant les rapports de force entre le roturier qu'il était et son gentilhomme d'ennemi, exigea un duel de réparation ; en fait de quoi, il fut derechef, sur plainte de Rohan, embastillé pendant deux semaines (avr.-mai 1726), avant d'être autorisé à gagner l'Angleterre.

De l'exil anglais à la reconquête de Paris

Là, durant deux ans (1726 à 1728), il apprit, dit-il, à penser, fréquenta la haute société tout en apprenant l'anglais, rencontra Pope et Swift entre autres interlocuteurs prestigieux, fut présenté au roi George Ier, dédia à la reine d'Angleterre ***La Henriade*** — très appréciée des Anglais —, et découvrit surtout le pays de la tolérance religieuse, vertu déjà savourée lors d'un voyage en Hollande, en 1722. Il mit aussi en chantier plusieurs œuvres, notamment une ***Histoire de Charles XII***, la tragédie ***Brutus*** et les ***Lettres anglaises***. De retour en France en 1729, appauvri mais vite enrichi par un habile calcul sur les loteries municipales, Voltaire regagna progressivement la faveur des Parisiens en donnant de nouvelles tragédies : ***Brutus*** — publiée immédiatement avec un ***Discours sur la tragédie*** (1730) —, ***Zaïre***, tragédie « *sensible* » qui, répondant

bien au goût du public, fut un triomphe (1732), et ***Adélaïde du Guesclin*** (1734).
Dans le même temps (1731), Voltaire publia l'***Histoire de Charles XII*** qui, aussitôt saisie, circula clandestinement, puis fit paraître le poème ***Le Temple du goût***, qui irrita par la désinvolture et le caractère irrévérencieux des jugements esthétiques qu'il comportait (1733), enfin donna une première édition collective des ***Œuvres de M. de Voltaire*** (1732). Parurent aussi les ***Lettres anglaises*** — dites ensuite ***Lettres philosophiques*** avec l'ajout d'une 25e lettre contre Pascal (1734) : cet ouvrage, portant sur la secte des quakers, sur les fondements de l'ordre public, sur les grands penseurs anglais (Bacon, Locke, Newton), et sur les belles-lettres, annonçaient le programme des Lumières et contenait des traits subversifs dirigés contre le futur ancien régime. Publiées d'abord involontairement, ces lettres provoquèrent un immense scandale, furent condamnées au bûcher et entraînèrent la condamnation de leur auteur à quitter Paris : Voltaire prit la fuite à Cirey-en-Champagne, auprès d'Émilie du Châtelet.

À Cirey avec la « *divine Émilie* »

Ce fut le temps où, ébauchant ***Le Siècle de Louis XIV***, Voltaire s'appliqua à tourner en dérision l'héroïne nationale Jeanne d'Arc dans ***La Pucelle d'Orléans*** (1734, publication en 1755 seulement), poème en décasyllabes d'inspiration franchement libertine.
Ce fut aussi le temps du provocateur poème ***Le Mondain*** (1736), profession de foi d'un hédonisme sans nuances et apologie du luxe, qui créa, lui aussi, un scandale durable, notamment en raison des vers suivants :

Moi, je rends grâce à la nature sage
Qui, pour mon bien, m'a fait naître en cet âge
Tant décrié par nos tristes frondeurs :
Ce temps profane est tout fait pour mes mœurs.
J'aime le luxe, et même la mollesse,
Tous les plaisirs, les arts de toute espèce,
La propreté, le goût, les ornements :
Tout honnête homme a de tels sentiments.
Il est bien doux, pour mon cœur très immonde
De voir ici l'abondance à la ronde
[...]
Tout sert au luxe, aux plaisirs de ce monde.
Oh ! le bon temps que ce siècle de fer !
Le superflu, chose très nécessaire,
A réuni l'un et l'autre hémisphère.

(***Le Mondain***, vv. 5 à 14, et 20 à 23)

Mais surtout ce furent des années studieuses au cours desquelles Voltaire dut beaucoup à la compagne passionnée, intellectuelle de haut vol en quête de bonheur, qu'était Émilie du Châtelet. Dans le cadre de Cirey, isolé et donc propice au travail, Voltaire enrichit beaucoup sa culture encyclopédique et révéla une féconde inspiration, composant les tragédies ***La Mort de César*** (1735, publiée dès 1736, jouée à Paris en 1743), ***Alzire ou les Américains*** (1736), ***Mahomet*** (1741, interdite à partir de 1742), bel essai sur le drame du pouvoir et sous-titré ***Le Fanatisme***, dédié au pape, et très commenté en bien comme en mal, ***Mérope*** (créée en 1743, avec un immense succès), les comédies ***Le Comte de Boursoufle*** (1736) et ***L'Enfant prodigue*** (1736), des essais de formes et de sujets variés : un ***Traité de métaphysique*** (1735, mais publié posth., seulement en 1785), des ***Conseils à un journaliste*** (1737), les ***Éléments de la philosophie de Newton mis à la portée de tout le monde*** (1738), enrichis, dès 1741, de ***La Métaphysique de Newton***, des ***Discours en vers sur l'homme***, une ***Vie de Molière*** (1739). Productions très riches et très diverses donc, ne fût-ce que par les genres littéraires choisis, mais souvent reliées par le fil conducteur de l'apologie de la libre pensée et de la tolérance. À cet égard, les ouvrages les plus « littéraires » n'avaient pas nécessairement moins d'impact ni moins d'importance que les œuvres « à idées » : une tragédie comme ***Mahomet*** contribua tout autant, en raison de son vif retentissement, à propager les idées de Voltaire et à affermir sa réputation de libre penseur militant, que les ***Éléments de la philosophie de Newton***. Parallèlement à cette intense activité, Voltaire, tout en suscitant, par son aura, une querelle dite de la « *Voltairomanie* » (1738-1739), entama en août 1736, avec le futur Frédéric II, alors prince royal de Prusse, des relations épistolaires régulières qui débouchèrent sur un premier séjour à Berlin, en novembre 1741, à la cour de celui qui était devenu, un an auparavant, roi de Prusse.
Depuis 1739-1740, en effet, il s'éloignait périodiquement de Cirey et d'Émilie, voyageait, et, en 1743, se fit envoyer à Berlin comme diplomate amateur pour deviner les desseins du jeune souverain qui, dès 1741, avait rompu l'alliance de son pays avec la France et signé, en 1742, une paix séparée avec l'Autriche. Durant cette année 1743, il fit aussi la

connaissance de Vauvenargues, qu'il aida de ses encouragements, et essuya un échec à l'Académie française devant l'opposition du roi. Mais, bientôt, l'habileté diplomatique dont Voltaire avait su faire preuve à Berlin dans une circonstance délicate, ses attaches personnelles avec la nouvelle favorite du roi Mme de Pompadour, ainsi que la nomination de son ancien condisciple le marquis d'Argenson au ministère des Affaires étrangères, lui valurent un retour en faveur à la Cour, entre 1743 et 1747. Nommé historiographe du roi en 1745 — grâce, constata-t-il amèrement, à sa ***Princesse de Navarre***, ouvrage de commande, composé en 1744 pour le mariage du Dauphin —, devenu ainsi poète officiel — non sans quelque gêne peut-être, à l'heure où s'ébauchait l'*Encyclopédie* —, il célébra en vers la victoire de Fontenoy (1745), envoya sa tragédie ***Mahomet*** (1745) au pape, qui, en retour, lui fit envoyer des médailles bénites, et composa en l'honneur du roi l'opéra ***Le Temple de la gloire*** (1745). La même année, sa nièce, Mme Denis, devint sa durable maîtresse, et il fit la connaissance de Rousseau. L'année suivante, il fut nommé gentilhomme ordinaire de la chambre du roi, fut enfin élu à l'Académie française, et rencontra D'Alembert. Mais au total, ces trois années (1745 à 1747) de courtisanerie officielle se révélèrent amères : Voltaire ne parvint jamais à se faire réellement apprécier du couple royal, essuya les jalousies des cibles de son ironie, et sentit la vanité et les limites de la factice royauté mondaine et littéraire à laquelle il était parvenu. Amertume que traduisit son premier conte, ***Zadig ou la Destinée*** (1747-1748), où se dessinait le profil d'un philosophe naïf et errant, d'un sage ridicule et touchant devant l'épreuve des absurdités du monde, personnage proche de celui que l'écrivain courtisan, alors quinquagénaire, incarnait. Désabusé et aigri, Voltaire se retira un an (1748) à la cour du roi de Pologne Stanislas, à Lunéville, avec Mme du Châtelet, qu'il eut la douleur de surprendre, la même année, dans les bras de Saint-Lambert. Cherchant dans la rivalité littéraire un dérivatif à cette épreuve, il se remit à la tragédie en reprenant presque systématiquement les sujets traités par Crébillon père — ***Sémiramis*** (1748) et ***Catilina ou Rome sauvée*** (1749) —, mais, quelques mois plus tard (10 sept. 1749), la mort subite de Mme du Châtelet, qui venait d'accoucher, l'anéantit. Dans un premier temps, Voltaire réagit en redoublant d'ardeur au travail pour produire ***Oreste*** (1750) — dont le sujet, une fois encore, avait déjà été traité par Crébillon père. Mais, peu de temps après, l'accueil mitigé réservé à cette pièce et à sa comédie ***Nanine ou le Préjugé vaincu***, puis l'échec d'une dernière tentative pour rentrer en grâce à la cour de Louis XV, le décidèrent à s'installer à celle de Frédéric II de Prusse, où ce « *despote éclairé* » le conviait depuis longtemps : il ne revint à Paris qu'à la veille de sa mort, en février 1778. Dépouillé, contre les usages, de sa fonction d'historiographe de Louis XV, il arriva à Potsdam en juillet 1750.

De Potsdam aux *Délices*

« *Mon patron, mon disciple et mon précurseur* », dit l'écrivain — alors chambellan de Sa Majesté — à propos du roi, qu'il appelait encore le « *Salomon du Nord* ». En fait, ces propos emphatiques dissimulaient une relation complexe : tout en admirant le philosophe — qui était aussi et surtout son professeur de lettres et son correcteur littéraire, bien que le souverain fût parfaitement bilingue —, Frédéric méprisait quelque peu l'homme, tandis que Voltaire attendait du monarque plus de vertus qu'il n'en avait. À Berlin comme à Potsdam, au célèbre château de Sans-Souci — imitation rococo du château de Versailles —, Voltaire s'amusa et travailla beaucoup. Il acheva ***Le Siècle de Louis XIV*** (publié en 1751), et surtout, revint à la philosophie en composant ses premiers ***Dialogues philosophiques*** (1750-1751), en rédigeant le conte ***Micromégas*** (1752) et en jetant les premières esquisses de son futur ***Dictionnaire philosophique***, ouvrage destiné, par son maniement plus commode, à concurrencer l'*Encyclopédie* en cours d'élaboration. Il s'occupa également d'une nouvelle édition de ses ***Œuvres*** (1752). Mais sept mois à peine suffirent pour voir sa situation se gâter sérieusement : jalousie de Voltaire pour Baculard d'Arnaud qu'il fit chasser, tractations suspectes avec un banquier, désaccord avec l'athée La Mettrie, contre lequel Voltaire soutint la thèse déiste de son ***Poème sur la Loi naturelle*** (1752), cynique petite phrase de Frédéric assimilant l'écrivain à une écorce d'orange qu'on jette après usage, affaire Maupertuis enfin, au cours de laquelle Voltaire accusa ce mathématicien français, président de l'Académie de Berlin, de mauvaise conduite et d'abus de pouvoir envers un érudit, et ridiculisa son adversaire en lançant contre lui sa féroce ***Diatribe du docteur Akakia*** — dont Frédéric, furieux, ordonna la destruction publique par le feu à la fin de 1752. Demandant alors son congé (janv. 1753), Voltaire essuya d'abord un refus du roi, qui ne l'autorisa à partir qu'en mars. En riposte, Voltaire fit circuler dans Berlin, en mai, son ***Sermon des cinquante***, très véhément pamphlet antichrétien. Ripostant à son tour, Frédéric II infligea des épreuves humiliantes à Voltaire, qui, au cours de son voyage de retour, fut emprisonné plus d'un mois avec Mme Denis dans la prison de Francfort — pourtant ville libre d'Empire — et fut contraint à rendre les écrits du roi dont il s'apprêtait à faire gorge chaude. Une édition pirate de l'***Abrégé de l'Histoire universelle*** — futur ***Essai sur les mœurs*** — faisant scandale (déc. 1753), Voltaire fut interdit de séjour à Paris et resta près de deux ans à Colmar (1753 à 1755). Après cette retraite éprouvante — sorte de traversée du désert au cours de laquelle il rédigea quelques articles pour l'*Encyclopédie* —, il s'établit en compagnie de Mme Denis dans les environs de Genève, où il acheta une propriété qu'il appela *Les Délices* (1755).

Les Délices : le temps des œuvres majeures

Bien accueilli en Suisse — en tant que persécuté —, Voltaire s'interrogea sur le mal dans le ***Poème sur le désastre de Lisbonne*** (mars 1756), consacré au tremblement de terre de 1755 : cela lui valut un premier désaccord avec Rousseau sur la question de la Providence, au début de ces années noires qui virent la Guerre de Sept ans (1756 à 1763) ravager l'Europe et diminuer l'influence française. Parallèlement, il proposa en vain au ministère de la Guerre un modèle de char d'assaut qu'il avait conçu (1756). Surtout, il collabora au 7e tome de l'*Encyclopédie*, tout en gardant quelques distances envers un ouvrage dont il déplorait autant la diffusion limitée par son coût que la modération en matière religieuse, due au privilège officiel. Lors de la crise que connut l'*Encyclopédie* en 1757, Voltaire fut partisan de l'abandon. Cela ne l'empêcha pas d'inspirer assez largement l'article *Genève*, dans lequel D'Alembert confondait les pasteurs genevois avec les déistes et appuyait ainsi les efforts de Voltaire pour établir un théâtre à Genève. Mais ce projet, comme l'article qui le soutenait, fit scandale et fut repoussé par les pasteurs genevois, qui intriguèrent pour expulser Voltaire des *Délices* (1758-1759) ; et cet article entraîna, la même année, la fameuse *Lettre à D'Alembert* où Rousseau consommait sa rupture avec les philosophes. En 1757, puis 1759, Voltaire fut sollicité pour s'entremettre dans le cadre de négociations entre Frédéric II et la cour de Versailles, mais ses démarches n'aboutirent pas. Sur le plan littéraire, les principales réalisations de ces années-là furent l'ébauche de ses ***Mémoires*** (1758 à 1760 — mais qui ne parurent sous ce titre qu'en 1784), la rédaction de son ***Essai sur l'histoire générale et sur les mœurs et l'esprit des nations*** (1756), fruit de méditations étalées sur au moins onze ans, et la composition de ***Candide*** (1759), conte philosophique qui mettait en cause l'optimisme ambiant et qui, quoique jugé guère important par Voltaire lui-même au prix de ses tragédies, est aujourd'hui considéré comme son chef-d'œuvre. Désormais, l'auteur de ***Candide*** se fit un véritable militant de la tolérance, combattant aussi acharné dans sa « croisade » que ses ennemis dans leur intégrisme.

« *Il faut écraser l'Infâme* » : le croisé de la tolérance

« *Un pied en France, l'autre en Suisse* », Voltaire se lança alors plus résolument que jamais dans la lutte contre le fanatisme, l'intolérance et la superstition, en couvrant de ses sarcasmes les adversaires des philosophes : il ridiculisa ainsi le P. Berthier, rédacteur du *Journal de Trévoux*, très hostile à l'*Encyclopédie*, en composant la ***Relation de la maladie, de la confession, de la mort et de l'apparition du jésuite Berthier*** (1759). Il décocha de même plusieurs épigrammes contre l'académicien Lefranc de Pompignan, visé également dans le poème satirique ***La Vanité*** (1760), et s'attaqua au jésuite Élie Fréron — qu'il prénommait Jean, les initiales J... F... pouvant prendre un sens injurieux — dans maintes épigrammes :

> *L'autre jour, au fond d'un vallon,*
> *Un serpent mordit Jean Fréron.*
> *Devinez ce qu'il arriva :*
> *Ce fut le serpent qui creva.*

Voltaire attaqua aussi Fréron dans sa comédie ***Le Café ou l'Écossaise*** (1760) et dans ses ***Anecdotes sur Fréron*** (1760-1761), après l'avoir déjà égratigné dans le poème satirique ***Le Pauvre Diable*** (1758). Il s'en prit encore aux ennemis des philosophes dans une pièce allégorique intitulée ***Socrate*** (1759). C'est aussi dans ces années-là qu'une lettre agressive de Rousseau (juin 1760), puis de venimeuses ***Lettres sur « La Nouvelle Héloïse »*** de Voltaire caché sous un faux nom scellèrent la rupture entre les deux rivaux, désormais ennemis.

En 1760, Voltaire s'établit à Ferney, ville du pays de Gex voisine de la Suisse, dont il fit bien vite un haut lieu de l'Europe intellectuelle, en correspondant notamment avec plusieurs souverains — les rois de Pologne, du Danemark, de Suède, l'impératrice Catherine II de Russie, Frédéric II —, mais aussi avec des protecteurs très influents à Paris — Choiseul, vieil ami et ministre des Affaires étrangères, Turgot, Richelieu, Thiérot, son plus ancien et plus intime ami d'enfance, D'Argental, D'Alembert, Condorcet. Parallèlement, les nombreuses visites dont il fut alors l'objet firent de lui, à cette époque, « *l'aubergiste de l'Europe* », selon ses propres termes. Porté par cette aura, Voltaire se fit le défenseur des opprimés, tout en menant à bien ses ***Commentaires sur Corneille*** (1764) et une édition des œuvres du dramaturge, destinée à fournir une dot à l'arrière-petite-nièce de ce dernier, que Voltaire avait recueillie en 1760 alors qu'elle se trouvait dans un complet dénuement. Épargné dans la pièce satirique de Palissot *Les Philosophes*, Voltaire n'intervint que mollement en faveur de Diderot, ainsi que pour le pasteur Rochette, condamné à mort en 1762 pour avoir exercé un culte prohibé.

Mais, en mars de la même année, le récit du supplice de Jean Calas, faussement accusé d'avoir tué son fils pour l'empêcher d'abjurer le protestantisme, le bouleversa : il lança une campagne à l'échelle européenne, obtenant la réhabilitation de Calas, et sauva en même temps Sirven, autre protestant accusé à tort du meurtre de sa fille — pour d'identiques motifs. Plus militant que jamais, Voltaire était alors habité par l'idée d'« *écraser l'Infâme* », et le terme « *tolérance* » était son maître-mot. Ainsi furent coup sur coup publiés le ***Traité sur la tolérance*** (1763), le ***Dictionnaire philosophique*** — en chantier depuis plus de dix ans lorsqu'il parut en 1764 —, la ***Philosophie de l'Histoire*** (1765, placée plus tard en tête de l'***Essai sur les mœurs***), le roman philosophique ***Jeannot et Colin*** (1764), auxquels s'ajoutèrent quantité d'œuvres courtes : facéties, pamphlets, écrits antichrétiens, souvent anonymes — toute une littérature de combat à laquelle appartient aussi l'anthologie l'***Extrait des sentiments de Jean Meslier*** (1762). Parmi ces ouvrages, le ***Dictionnaire philosophique*** se détache, aux côtés du ***Traité sur la tolérance***, par son importance particulière.

À 70 ans, Voltaire, avec le ***Dictionnaire philosophique***, imposait sa version — libre et commode — de l'*Encyclopédie* et proposait la somme, à la fois la plus complète et la plus personnelle, de tous ses combats.

Le « *patriarche de Ferney* »

Reconnu donc comme le chef de file des philosophes, le « *patriarche de Ferney* », non content d'écrire à un rythme frénétique, se dépensa en outre sans compter pour son domaine : lors de leurs visites au grand homme — passage obligé de leur grand tour d'Europe —, les étrangers bien nés purent admirer la vitalité de ce seigneur de village pourtant âgé, et l'énergie avec laquelle il mettait en valeur son territoire d'adoption en y développant vigoureusement élevage, culture, artisanat et industrie locale. Tenu pour un bienfaiteur par les gens de la région, qu'il avait exemptés de la gabelle, Voltaire, toujours sur la brèche, se multiplia : il intervint dans le conflit entre le Conseil et les citoyens de Genève (déc. 1765) ; il continua la lutte contre les « *Arlequins anthropophages* » qui, en juillet 1766, avaient supplicié un jeune homme de 20 ans, le chevalier de La Barre, pour des impiétés, et brûlé sur son bûcher le ***Dictionnaire philosophique*** ; il élargit son propos en matière judiciaire par son ***Commentaire sur le livre « Des délits et des peines »*** [de Beccaria] (1766), et entama, en 1770, une campagne pour l'affranchissement des serfs du Mont-Jura — qui finalement n'aboutit qu'en 1789, plus de dix ans après sa mort.

Après une brouille passagère (1768-1769) avec sa nièce, Mme Denis, Voltaire, jusque vers 1772, fut possédé d'une telle fureur d'écrire et d'imprimer que l'on s'essouffle un peu à suivre le détail de cette production proliférante. Deux fils conducteurs, étroitement reliés, se détachent cependant. D'une part, un anticléricalisme militant, à l'œuvre dans toute une polygraphie antireligieuse en général et anticatholique en particulier, notamment dans les ***Questions sur les miracles*** (1766), l'***Examen important de Milord Bolingbroke*** (1767), les ***Homélies prononcées à Londres en 1765*** (1767), le ***Dîner du comte de Boulainvilliers*** (1767), ***Les Droits des hommes et les Usurpations des papes*** (1768), les ***Conseils raisonnables à M. Bergier pour la défense du christianisme*** (1768), la ***Collection d'anciens Évangiles*** (1769), ***Les Adorateurs*** (1769). D'autre part — second fil conducteur de cette période —, un déisme sincère dont témoignent la ***Profession de foi des théistes*** (1768), ***Tout en Dieu*** (1769) et ***Dieu et les Hommes*** (1769). Ces convictions déistes étaient même si profondes que Voltaire alla jusqu'à rompre des lances avec les philosophes matérialistes, dont l'athéisme lui semblait menacer l'ordre social. C'est ainsi qu'en 1770, alors que des hommes de lettres venaient lui offrir une statue le représentant, il réaffirma son déisme en attaquant le *Système de la nature* du baron d'Holbach dans ***Dieu. Réponse au « Système***

de la nature», texte qui consacra sa rupture avec le clan des philosophes.

Ces deux axes dominants ne résument cependant pas complètement la production voltairienne de ces années 1766 à 1772. Les ouvrages philosophiques, destinés sous des formes diverses à accélérer la « *révolution dans les esprits* » que Voltaire sentait fermenter et dont il appelait l'irruption de ses vœux, se succédèrent à un rythme vertigineux. Parurent ainsi le ***Dialogue du douteur et de l'adorateur*** (1766), les ***Dernières Paroles d'Épictète*** (1766), ***Les Idées de La Mothe Le Vayer*** (1766), ***Le Philosophe ignorant*** (1766), ***L'A.B.C ou Dialogues entre A, B, C*** (1768), ***Le Pyrrhonisme de l'Histoire*** (1768-1769), et surtout les ***Questions sur l'« Encyclopédie », par des amateurs*** (1770 à 1772, 9 vol.), vaste tour d'horizon, par ordre alphabétique, de ses connaissances et de ses idées, sans oublier les romans philosophiques ***L'Ingénu*** (1767) — qui marqua un tournant vers le roman sensible — et ***La Princesse de Babylone*** (1768).

Cette production massive n'empêcha pas Voltaire de versifier des tragédies à thèse, comme ***Les Guèbres*** (1769, mais non représentée), d'écrire des comédies, tel ***Le Dépositaire*** (1772), des épîtres, dont l'***Épître aux Romains*** (1768), l'***Épître à Boileau*** (1768), l'***Épître à Saint-Lambert*** (1768), l'***Épître à l'auteur du livre des Trois Imposteurs*** (1768), des lettres, telles la ***Lettre au docteur Pansophe*** (1766) et les ***Lettres de Memmius à Cicéron*** (1771-1772), ou encore des satires, telles que ***Les Systèmes*** (1772) ou ***Les Cabales*** (1772). Voilà pour l'essentiel ce que fut l'œuvre de Voltaire en cette période où il misait sur les progrès du despotisme éclairé et encensait Catherine II de Russie.

Les derniers feux de la rampe

En 1773, une crise de strangurie l'affaiblit sensiblement. En dépit de l'âge, il retrouva sa verve pour narrer les aventures du ***Taureau blanc*** (1773-1774), proposa une sorte de traité de paix aux athées dans le petit roman ***Histoire de Jenni ou le Sage et l'Athée*** (1775), et eut assez de force pour continuer à produire une série d'ouvrages polémiques, tels le réquisitoire contre la guerre intitulé ***La Tactique*** (1773), l'essai de réhabilitation posthume du chevalier de La Barre dans ***Le Cri du sang innocent*** (1775), les ***Lettres chinoises, indiennes et tartares*** (1776), la ***Lettre de M. de Voltaire à l'Académie française*** (1775), vive critique de l'engouement d'alors pour Shakespeare, ou encore ***Un chrétien contre six juifs*** (1776-1777). Surtout, il parvint à mener à bien l'édition Cramer et Bardin, dite « *encadrée* » de ses ***Œuvres complètes*** (1775, 40 vol.). Il lança également un manifeste pour l'humanisation du code criminel, avec ***Le Prix de la justice et de l'humanité*** (1777), ainsi qu'une somme de critique biblique, ***La Bible enfin expliquée*** (1776), fruit d'une très longue méditation. Dès son ***Épître à Horace*** (1772), il dressait ce bilan de sa vie : « *J'ai fait un peu de bien et c'est mon meilleur ouvrage.* » À 84 ans, attiré une dernière fois par les feux de la rampe et les lumières de la ville, il quitta son canton pour revenir mourir à Paris, où il assista, sous les acclamations, à la représentation triomphale de sa dernière tragédie, ***Irène*** (16 mars 1778), et au couronnement de son buste sur la scène. Épuisé par tant de combats et d'honneurs, il mourut le 30 mai 1778, non sans avoir subi les pressions du clergé qui voulait obtenir une rétractation de « *l'impie* ». Quatre mois avant sa mort, il avait déclaré, dans une ultime profession de foi remise à son secrétaire Wagnière : « *Je meurs en adorant Dieu, en aimant mes amis, en ne haïssant pas mes ennemis, en détestant la superstition* » (28 févr. 1778).

Les habiles duperies de son neveu, l'abbé Mignot, surent lui obtenir une sépulture chrétienne à l'abbaye de Scellières, en Champagne, mais défense fut faite à l'Académie de faire célébrer une messe de *requiem*. Le 26 novembre, un *Éloge de Voltaire*, composé par Frédéric II de Prusse, fut lu à l'Académie de Berlin. Mme Denis vendit la bibliothèque de son oncle à Catherine II de Russie. L'édition de Kehl en 70 volumes, préparée par Beaumarchais, Condorcet et Decroix, parut de 1785 à 1789. Le 11 juillet 1791, le transfert des cendres de Voltaire au Panthéon fut une fête révolutionnaire.

Un style percutant

Voltaire a pratiqué tous les genres, de l'épopée à l'épigramme, de la tragédie à la satire, du discours en vers au traité philosophique, du dialogue au pamphlet, de l'ouvrage historique à la fiction.

Grand maître de la prose limpide et percutante, il excelle dans les écrits brefs : articles des œuvres alphabétiques, lettres d'une ***Correspondance*** immense, contes en vers et en prose, « *fusées volantes* » au comique irrésistible ou à l'indignation passionnée.

Homme-style au plein sens étymologique du mot « *style* » (poinçon, pointe qui griffe la tablette à écrire), c'est surtout dans ces genres brefs que Voltaire manifeste les qualités d'une écriture au service d'une pensée toujours en éveil, d'une acuité toujours prête à dégonfler les baudruches de la suffisance, de l'intolérance ou des orthodoxies pesantes. Ce style, qui mêle légèreté, rapidité, exactitude, visibilité, multiplicité — caractéristiques qu'un Italo Calvino (*Leçon américaine*, 1984) considère comme les plus hautes de l'exercice littéraire —, est aux antipodes des écritures pathétiques, périodiques, affectives du préromantisme.

Métaphores et comparaisons sont rares, la langue est claire, la syntaxe mobilise des structures argumentatives simples. Selon Spitzer, « *la prose intellectuelle de Voltaire* [agit] *sur le discernement* » (*Études de style*). Cette « action » passe, très souvent, par les divers procédés de l'écriture oblique, et notamment de l'ironie : réticences, allusions, paradoxes, antithèses, euphémismes, pseudo-causalités, périphrases, ellipses. Les parallélismes renvoient dos à dos personnages et systèmes que Voltaire veut disqualifier ; les retournements (du type : voleur volé) du récit démontrent l'ironie de toute histoire qui se voudrait orientée, et les pastiches comme les parodies des divers discours de pouvoir (philosophique, religieux, juridique) ridiculisent les grandes phraséologies ampoulées. Voltaire joue admirablement des adverbes ou prépositions logiques (« *car* », « *même* », « *c'est pourquoi* », « *mais* »...), pour mieux disqualifier une vérité tout extérieure et inexacte, tout en économisant, par la parataxe, ces mêmes outils logiques, pour mieux laisser le lecteur rétablir par lui-même une causalité cachée mais réelle — notamment dans les nombreux portraits de personnages de ses contes. Ainsi du baron de Thunder-ten-tronckh au début de ***Candide*** : « *Monsieur le baron était un des plus puissants seigneurs de Vestphalie, car son château avait une porte et des fenêtres. Sa grande salle même était ornée d'une tapisserie. Tous les chiens de ses basses-cours composaient une meute dans le besoin ; ses palefreniers étaient des piqueurs ; le vicaire du village était son grand-aumônier. Ils l'appelaient tous Monseigneur, et ils riaient quand il faisait des contes* » (chap. I). De même à propos du prieur au début de ***L'Ingénu*** : « *Le prieur, déjà un peu sur l'âge, était un très bon ecclésiastique, aimé de ses voisins, après l'avoir été autrefois de ses voisines. Ce qui lui avait donné surtout une grande considération, c'est qu'il était le seul bénéficier du pays qu'on ne fût pas obligé de porter dans son lit quand il avait soupé avec ses confrères. Il savait assez honnêtement de théologie ; et quand il était las de lire saint Augustin, il s'amusait avec Rabelais ; aussi tout le monde disait du bien de lui* » (chap. I). Valéry, qui rangeait Voltaire parmi ces écrivains au style « *sec* » qui traversent les siècles, caractérisa ainsi cette écriture : « [Voltaire] *s'est créé une prose lucide, offensive et prompte aux dépens du grand style des écrivains compacts et sonores dont sa jeunesse avait été nourrie* [...]. *Voltaire substitue aux argumentations massives une tactique de vitesse, de pointes brèves, de feintes et d'ironie, de harcèlement. Il passe du logique au comique, du bon sens à la fantaisie pure, exploite tous les faibles de l'adversaire et l'abandonne ridicule, s'il ne l'a pas rendu tout à fait odieux* » (*Voltaire*, discours prononcé en Sorbonne en 1944, repris in *Variété V*).

En revanche, bien qu'il plaçât ses vers au premier rang de ses créations, Voltaine ne fut pas reconnu par la postérité comme poète. Tout juste quelques vers ont-ils échappé à l'oubli :

> *Aime la vérité, mais pardonne à l'erreur.*
>
> (***Discours en vers sur l'homme***, II)
>
> *Que suis-je, où suis-je, où vais-je, et d'où suis-je tiré ?*
>
> [...]
>
> *Nul ne voudrait mourir, nul ne voudrait renaître.*
>
> (***Poème sur le désastre de Lisbonne***)
>
> *Si Dieu n'existait pas, il faudrait l'inventer.*
>
> (***Stances***, CXI)
>
> *L'univers m'embarrasse, et je ne puis songer*
> *Que cette horloge existe, et n'ait point d'horloger.*
>
> (***Les Cabales***, in ***Satires***)

Si l'on a surtout retenu les maladresses du dramaturge :

> *Non, il n'est rien que Nanine n'honore*
>
> (***Nanine***, III, 8)

on a surtout célébré les rimes de l'implacable trousseur d'épigrammes.

Une gloire monumentale

Honni par les uns, adulé par les autres, Voltaire ne laissa pas indifférent. Au XIXe siècle, son nom est devenu un symbole. Il divisa les Français : républicains, anticléricaux répétèrent ses bons mots ; monarchistes, traditionalistes conspuèrent ce blasphémateur. Son « *rictus épouvantable* », selon Joseph de Maistre, qui voulait lui faire élever une statue

« *par la main du bourreau* », fut opposé à son « *rire terrible, auquel s'écroulent les bastilles des tyrans, les temples des pharisiens* », selon Michelet. Son nom reste une référence. Un Béranger put passer pour son successeur, et le Homais de *Madame Bovary* en constitua la caricature. En 1944, Valéry, qui lui savait gré d'avoir « *créé le public* », s'interrogeait : « *Mais que pourrait-il aujourd'hui ?* [...] *Où est le Voltaire qui incriminera le monde moderne ?* » La commémoration de 1978 a associé Voltaire et Rousseau. Celle du tricentenaire de sa naissance, en 1994, a mis l'accent sur ses combats et a brandi la notion de tolérance à laquelle la montée des nationalismes et des intégrismes rend toute son actualité. Aujourd'hui, deux faits marquants dominent la postérité de Voltaire. D'un côté, une certaine image de superficialité reste obstinément attachée à cette œuvre, peut-être trop copieuse, trop vaste, trop éparpillée à travers tant de genres et de styles ; d'où cette étiquette d'amateurisme touche-à-tout qui en affecte, aujourd'hui encore, la perception. L'idée était déjà présente dans le mot de Diderot : « *Voltaire aura beau faire, il ne sera toujours que le second dans tous les domaines.* » On la retrouve en substance chez les Goncourt, qui ne relevaient en Voltaire que de l'esprit mais aucune pensée. De même reste-t-on frappé par la spectaculaire divergence entre la hiérarchie que Voltaire établissait entre ses propres œuvres — au sommet, les tragédies ; à l'opposé, les contes — et celle, exactement inverse, que lui a substituée le XXe siècle, qui ignore souvent jusqu'aux titres de ses tragédies. Plus frappant encore peut-être : l'immense décalage entre la quantité astronomique d'écrits publiés et le nombre, comparativement dérisoire, de titres passés à la postérité. Mais, d'un autre côté, la dimension internationale de la recherche et des études voltairiennes — dont un pôle essentiel est constitué par la Voltaire Foundation d'Oxford, engagée dans l'édition critique des ***Œuvres complètes*** et qui mobilise de nombreux savants — témoigne d'une image mobilisatrice, celle du Voltaire défenseur de grandes causes humanitaires et des droits de l'homme, première incarnation « moderne » de l'intellectuel engagé, bien avant Hugo, Zola ou Sartre.

ŒUVRES

Candide *ou l'Optimisme, traduit de l'allemand de M. le Docteur Ralph*

Conte en 30 chapitres numérotés et titrés, publié chez Cramer à Genève et diffusé, vers le 25 février 1759, simultanément à Genève, Paris, Amsterdam. Une édition augmentée parut en 1761 (remaniement de l'épisode parisien).

Candide, en 30 brefs chapitres, associe l'itinéraire d'un héros naïf et un problème philosophique : l'optimisme. Persuadé que tout est au mieux par son maître Pangloss, l'oracle du château de Thunder-ten-tronckh, Candide, séparé de Cunégonde, est confronté aux horreurs du monde au cours d'un vaste périple. À l'exception d'une terre utopique, l'Eldorado, que le héros quittera pour retrouver sa belle, partout les discours optimistes sont démentis par les faits. Candide reste un témoin passif. Tiraillé entre le « *tout est bien* » de Pangloss et le « *tout est mal* » de Martin, il s'achemine vers le refus des systèmes. Après avoir retrouvé Cunégonde enlaidie et rassemblé ses compagnons d'infortune dans une métairie, Candide, dans une conclusion ambiguë, s'associe à l'exhortation collective : « *Il faut cultiver notre jardin.* »

La maîtrise et le bonheur d'une écriture dense, incisive caractérisent ce conte dont chaque phrase porte la marque de l'ironie, faite d'énumérations descriptives (« *un gueux tout couvert de pustules, les yeux morts, le bout du nez rongé, la bouche de travers, les dents noires, et parlant de la gorge, tourmenté d'une toux violente, et crachant une dent à chaque effort* »), de sous-entendus (« *Un jour Cunégonde* [...] *vit entre des broussailles le docteur Pangloss qui donnait une leçon de physique expérimentale à la femme de chambre de sa mère* »), de causalités dérisoires (« *Monsieur le baron était un des plus puissants seigneurs de la Westphalie, car son château avait une porte et des fenêtres* »), de périphrases ironiquement alambiquées (« *Tous deux furent menés séparément dans des appartements d'une extrême fraîcheur, dans lesquels on n'était jamais incommodé du soleil* » — cette emphatique périphrase désignant une réalité autrement prosaïque : la prison).

Lu dans une première version en juillet 1758 à Mannheim, ***Candide*** fut achevé en octobre. Tous les thèmes de ce conte sont présents dans la ***Correspondance*** entre 1755 et 1757 : les horreurs de la guerre, le tremblement de terre de Lisbonne, l'optimisme, le jardin.

Le succès de ***Candide*** fut considérable : 20 000 exemplaires furent diffusés dès 1759. Ce fut le conte le plus lu et le plus réédité. Au XVIIIe siècle, de nombreuses suites en furent écrites. Le conte fut adapté souvent pour la scène : opéras comiques, vaudevilles, comédies. Enfin et surtout, ***Candide*** aujourd'hui reste, de loin, la plus célèbre, la plus lue et la plus appréciée des œuvres de Voltaire — au point que ce dernier est d'abord considéré comme l'auteur de ***Candide***, gloire posthume que celui qui plaçait ses vers (poésie, théâtre) au premier rang de ses œuvres eût sans doute jugée dérisoire.

Dictionnaire philosophique *portatif*

Dictionnaire composé de 73 articles et publié clandestinement chez Cramer, à Genève, en 1764, puis augmenté en 1765 et de 18 en 1767 ; l'ouvrage atteignit 118 articles en 1769 et fut alors intitulé ***La Raison par alphabet.***

Pièce maîtresse de la lutte contre *« l'Infâme »*, ce **Dictionnaire philosophique**, destiné aux honnêtes gens et d'abord appelé *« le Portatif »*, veut *« instruire en amusant »*, tout en restant commode. Aussi est-il un condensé de philosophie voltairienne. Il attaque les horreurs et les absurdités de religions fondées sur un livre saint dont l'autorité est contestée : *« De quoi servent à la vertu des distinctions théologiques, des dogmes fondés sur ces distinctions, des persécutions fondées sur ces dogmes ? La nature, effrayée et soulevée avec horreur contre toutes ces inventions barbares, crie à tous les hommes : "Soyez justes, et non des sophistes persécuteurs" »* (art. ***Du juste et de l'injuste***). Il dénonce de même l'intolérance : *« Si un homme veut persuader sa religion à des étrangers, ou à des compatriotes, ne doit-on pas s'y prendre avec la plus insinuante douceur et la modération la plus encourageante ? S'il commence par dire que ce qu'il annonce est démontré, il trouvera une foule d'incrédules ; s'il ose leur dire qu'ils ne rejettent sa doctrine qu'autant qu'elle condamne leurs passions, et que leur cœur a corrompu leur esprit, qu'ils n'ont qu'une raison fausse et orgueilleuse, il les révolte, il les anime contre lui, il ruine lui-même ce qu'il veut établir. Si la religion qu'il annonce est vraie, l'emportement et l'insolence la rendront-ils plus vraie ? Vous mettez-vous en colère quand vous dites qu'il faut être doux, patient, bienfaisant, juste, remplir tous les devoirs de la société ? Non, car tout le monde est de votre avis. Pourquoi donc dites-vous des injures à votre frère quand vous lui prêchez une métaphysique mystérieuse ? C'est que son sens irrite votre amour-propre »* (art. ***Religion***). Voltaire lutte donc pour séparer le politique et le religieux, et prône un théisme débarrassé des superstitions et inaccessible au fanatisme : *« La morale n'est point dans la superstition, elle n'est point dans les cérémonies, elle n'a rien de commun avec les dogmes. On ne peut trop répéter que tous les dogmes sont différents, et que la morale est la même chez tous les hommes qui font usage de leur raison »* (art. ***Morale***). Il suggère même une solution radicale : « [...] *il serait plus sage de s'en tenir à l'autorité des apôtres, qui n'ont jamais parlé de la Trinité, et de bannir à jamais de la religion tous les termes qui ne sont pas dans l'Écriture, comme ceux de* Trinité, *de* personne, *de* procession, *et tant d'autres semblables qui, étant absolument vides de sens, puisqu'ils n'ont dans la nature aucun être réel représentatif, ne peuvent exciter dans l'entendement que des notions fausses, vagues, obscures et incomplètes »* (art. ***Antitrinitaires*** — tiré en grande partie de l'article *Unitaire* de l'*Encyclopédie*). Et d'avancer comme argument suprême : *« Jésus n'enseigna aucun dogme métaphysique ; il n'écrivit point de cahiers théologiques ; il ne dit point :* "Je suis consubstantiel ; j'ai deux volontés et deux natures avec une seule personne." *Il laissa aux cordeliers et aux jacobins, qui devaient venir douze cents ans après lui, le soin d'argumenter pour savoir si sa mère a été conçue dans le péché originel ;* [...] *il n'a institué ni moines ni inquisiteurs ; il n'a rien ordonné de ce que nous voyons aujourd'hui »* (art. ***Du juste et de l'injuste***). L'orientation antireligieuse — et surtout antichrétienne : les 3/5es des articles étant consacrés à la critique du judéo-christianisme — domine donc l'ouvrage. Le fanatisme religieux n'est pas pour autant la seule cible du **Dictionnaire philosophique**. D'une part, d'autres articles traitent de questions politiques (***Délits locaux***, ***Fraude***, ***Lois civiles et ecclésiastiques***), philosophiques (***Amour***, ***Bien***, ***Bornes de l'esprit humain***, ***Égalité***, ***Liberté***, ***Philosophie***, ***Vertu***), psychologiques (***Amour-propre***, ***Enthousiasme***, ***Fausseté des vertus humaines***, ***Folie***), esthétiques (***Beau***, ***Critique***, ***Lettres***) ou encore historiques (***Julien le philosophe, empereur romain***, par exemple). D'autre part, ce livre combat toutes les formes — même non spécifiquement ou officiellement « religieuses » — d'obscurantisme, et fait d'ailleurs preuve, dans cette dénonciation, d'une liberté de ton envers les figures sacrées de la philosophie qu'on n'a peut-être jamais retrouvée depuis lors. Ainsi Voltaire n'hésite-t-il pas à qualifier de *« romans »* les œuvres de Descartes (art. ***Sensation***) et à réduire les écrits de Platon à des *« fables »* (art. ***Chaîne des êtres créés***), sans oublier de s'en prendre irrévérencieusement à ce qu'il estime être l'absconse et creuse terminologie d'Aristote : « "Les âmes des bêtes sont des formes substantielles", *a dit Aristote ; et après Aristote, l'école arabe ; et après l'école arabe, l'école angélique ; et après l'école angélique, la Sorbonne ; et après la Sorbonne personne au monde* » (art. ***Bêtes***). Plus généralement, Voltaire ridiculise sans relâche toutes les spécieuses spéculations métaphysiques infectées à la racine de sophismes grossiers : « *Hélas ! de quoi servent toutes les subtilités de l'esprit depuis qu'on raisonne ? La géométrie nous a appris bien des vérités, la métaphysique bien peu* » (art. ***Matière***). À cet égard, l'article ***Sectes*** est sans doute celui qui résume le mieux la philosophie du ***Dictionnaire philosophique*** : « *Toute secte, en quelque genre que ce puisse être, est le ralliement du doute et de l'erreur.* [...] *Il n'y a point de secte en géométrie ; on ne dit point un euclidien, un archimédien. Quand la vérité est évidente, il est impossible qu'il s'élève des partis et des factions. Jamais on n'a disputé s'il fait jour à midi.* [...] *On ne dit pas en Angleterre :* "Je suis newtonien, je suis lockien, halleyen" *; pourquoi ? parce que quiconque a lu ne peut refuser son consentement aux vérités enseignées par ces trois grands hommes. Plus Newton est révéré, moins on s'intitule newtonien ; ce mot supposerait qu'il y a des antinewtoniens en Angleterre. Nous avons peut-être encore quelques cartésiens en France ; c'est uniquement parce que le système de Descartes est un tissu d'imaginations erronées.* »

Dans le ***Dictionnaire philosophique***, Voltaire pratique le plus souvent une écriture brève et nerveuse. Les articles prennent toutes les formes, accueillent des dialogues, des fictions, des anecdotes, privilégiant le point de vue personnel au détriment de l'information, comme le montre également l'usage de l'apostrophe directe : « *Ô Platon tant admiré ! vous n'avez conté que des fables* [...] » (art. ***Chaîne des êtres créés***). Dans leur étude statistique sur le ***Dictionnaire philosophique*** intitulée *Voltaire portatif* (1994), le groupe de professeurs, désigné par le pseudonyme Hubert de Phalèse, souligne les particularités lexicales de cet ouvrage de caractère encyclopédique : richesse du vocabulaire, importance des hapax, des noms propres et des titres d'ouvrages. Il note aussi la grande fréquence du pronom « *on* » et des pronoms des 1re et 2e personnes, qui indiquent le caractère discursif de ce texte. Les substantifs les plus fréquents relèvent du vocabulaire religieux (« *religion* », « *chrétiens* », « *dieux* », « *Jésus* », « *Ciel* », « *dieu* », « *foi* ») et politique (« *roi* », « *lois* », « *loi* », « *pays* », « *maître* », « *nations* », « *empire* »). Le relevé des « *segments répétés* » — c'est-à-dire des séquences de formes revenant à l'identique en plusieurs endroits du texte — fait apparaître un très grand nombre de groupes adjectivaux à valeur hypothétique : « *encore plus...* », « *rien n'est plus...* », « *cent/mille/un million de fois plus...* » Dans ces libres propos se déploient ainsi la force polémique, l'ironie mordante et la fantaisie qui sont la marque de la prose de Voltaire.

L'idée d'un ouvrage alphabétique contre le fanatisme s'imposa à Voltaire pendant son séjour à Berlin en 1752, mais elle fut d'abord ajournée. Puis le projet fut repris en 1760, mené à bien en moins de quatre ans, et complété de 1765 à 1769. Ce fut donc, avec l'***Essai sur les mœurs***, l'une des œuvres que l'écrivain médita et travailla le plus longuement, et, sans doute, l'une de celles auxquelles il attachait le plus de prix.

L'ouvrage fit scandale et suscita maintes réfutations dans la littérature apologétique du XVIIIe siècle (Chaudon, Bergier, Guénée, Nonnotte). Il fut même brûlé sur le bûcher du chevalier de La Barre, en 1766. Il n'en reste pas moins, aujourd'hui, l'un des écrits les plus caractéristiques et les plus vivants de Voltaire.

Essai *sur l'histoire générale et* ***sur les mœurs*** *et l'esprit des nations*

Ouvrage historique en 174, puis 197 chapitres, publié chez Cramer, à Genève, en 1756, puis réédité en 1761, en 1769 avec ***La Philosophie de l'Histoire*** (1765) devenue ***« Discours préliminaire » de l'Essai***, enfin en 1775 avec des ajouts.

Cette somme historique présente l'histoire universelle, depuis les temps les plus reculés jusqu'au siècle de Louis XIV. Si l'histoire de l'Europe reste centrale, Voltaire tente des incursions en Chine, dans l'Inde, dans le monde musulman. Il oriente son récit vers une histoire des civilisations, mais sans employer ce mot. Le grand effort de cet essai est donc de frayer la voie à une nouvelle approche historique, moins attentive au détail de la poussière superficielle des événements qu'aux faits culturels et aux grandes forces souterraines qui conditionnent et commandent l'apparition de ces événements. L'un des principaux fils conducteurs de cet ouvrage est l'idée qu'à travers les horreurs du passé, dans un monde où n'intervient aucune Providence, l'humanité peut survivre et améliorer son sort pour peu qu'elle ne cherche son salut qu'en elle seule, grâce à des créations utiles et à l'action de grands hommes.

La première allusion à cet ouvrage date du 1er juin 1741, dans une lettre à Frédéric II. La rédaction s'étala sur 34 ans, avec des interruptions. En 1753, le libraire Néaulme, de La Haye, avait publié un ***Abrégé de l'histoire universelle depuis Charlemagne jusques à Charlequint par M. de Voltaire***. Après avoir démenti en être l'auteur, Voltaire corrigea l'***Abrégé***, puis ajouta, en 1754, un 3e tome — ce qui aboutit à la publication de 1756, en 174 chapitres.

Aujourd'hui méconnu, voire oublié, l'***Essai sur les mœurs*** reste, avec l'*Encyclopédie*, un témoignage majeur des ambitions des Lumières.

*Le Huron ou L'****Ingénu***

Roman — qualifié de *« conte »* — en 20 chapitres numérotés et titrés, publié en 1767 avec pour seule indication *« à Utrecht »*, sans doute chez Cramer, à Genève. Voltaire le mentionna pour la 1re fois, le 21 juillet 1767.

L'Ingénu, sous-titré ***Histoire véritable tirée des manuscrits du P. Quesnel*** — un oratorien janséniste —, publié en France sous le titre ***Le Huron ou l'Ingénu***, est un roman d'apprentissage. Le Huron, homme de la nature, débarqué à Saint-Malo, dresse, par ses questions naïves, un réquisitoire contre les absurdités religieuses et les abus de la politique absolutiste de la France au temps de la révocation de l'édit de Nantes. Emprisonné à la Bastille, il est éduqué par le janséniste Gordon et changé *« de brute en homme »*. Il devra son salut au sacrifice de Mlle de Saint-Yves, sa marraine qu'il aime et dont il est aimé, qui mourra de son déshonneur, alors qu'elle a dû céder au tout-puissant ministre Saint-Pouange.

Le conte satirique s'achève en roman sensible. Voltaire reprend la technique du « naïf étranger », que Montesquieu avait exploitée dans ses *Lettres persanes* (1721), pour critiquer les préjugés aussi bien de la province — la *« Basse-Bretagne »* y est fortement égratignée — que de la cour de Versailles. Il reste que la richesse même du contenu de ce livre rend son interprétation d'ensemble délicate : on peut, en effet, voir dans ***L'Ingénu*** une critique de l'absolutisme de l'ancien régime, mais aussi une satire des thèses de Rousseau sur la nature, ou encore une charge contre les jésuites. Voltaire y déploie toutes les ressources de l'ironie : périphrases, euphémismes, retournement paradoxal, accumulations hétéroclites, causalités dérisoires.

Le texte fut écrit entre l'été 1766 et l'été 1767. Une ébauche, conservée à Saint-Pétersbourg, met en scène un bon sauvage aux prises avec la religion. Les différences portent sur le rôle de Mlle de Saint-Yves et sur le cadre historique.

L'œuvre eut un grand succès de librairie, et de nombreuses suites et adaptations en furent données. C'est, aujourd'hui encore, l'une des œuvres de Voltaire dont la réputation résiste le mieux, même si elle n'égale pas celle de ***Candide***.

Zaïre

Tragédie en 5 actes, créée le 13 août 1732 à la Comédie-Française, et publiée en 1733.

L'histoire se déroule à Jérusalem, dans le sérail du sultan Orosmane à l'époque de la 7e croisade (la guerre de saint Louis). Orosmane est épris de son esclave Zaïre. Il l'aime assez pour l'épouser. La jeune fille, née chrétienne mais élevée dans la religion musulmane, partage son amour. Elle n'attend plus la délivrance que lui promettait un jeune chevalier français : ce dernier, libéré sur parole, est parti en France négocier la libération des captifs chrétiens. Mais il revient, apportant la rançon de Zaïre, de Fatime sa confidente et de 10 chevaliers croisés. Le généreux sultan en libère 100. Il retient Zaïre, qui obtient aussi d'Orosmane la liberté du vieux Lusignan qu'il voulait retenir parce qu'il est du sang des rois chrétiens de Jérusalem. Lusignan reconnaît en Nerestan son fils et en Zaïre sa fille. Elle n'est hélas plus chrétienne ! Mais les démarches de celle-ci et son entente visible avec son frère éveillent les soupçons jaloux du sultan. Pressée par son père et son frère, Zaïre diffère son union avec un musulman. Une lettre ambiguë de Nérestan, surprise par Orosmane, sera sa perte. Le sultan la tue et, lorsqu'il connaît la vérité, se suicide après avoir libéré ses captifs.

Zaïre eut 3 éditions en 1733, la 3e comportant une épître dédicatoire et une épigraphe supprimée par la suite *(« Est etiam crudelis amor »)* [Cruel est aussi l'amour]. Deux éditions, en 1736 et 1738, comportent chacune des additions paratextuelles. L'édition de référence (dernière édition revue par l'auteur) est l'édition *« encadrée »* de 1775.

Zaïre est la plus célèbre et la plus lue des tragédies de Voltaire. L'auteur en avait trouvé le sujet dans *Othello* de Shakespeare. On ne joue plus ***Zaïre*** aujourd'hui, mais cette pièce s'est maintenue longtemps au répertoire de la Comédie-Française. C'est la pièce dans laquelle Voltaire a fait le plus de place au sentiment, au sentiment amoureux en particulier. C'est aussi celle dont la versification paraît la plus harmonieuse. Dans l'œuvre de Voltaire, comme dans l'histoire du genre, cette tragédie a marqué un effort de renouvellement et d'adaptation. Elle introduisait des allusions à l'histoire médiévale — une atmosphère plutôt qu'un véritable traitement historique — et correspondait aux débuts de la mode *« troubadour »* qu'on remarque dans ***Tancrède*** (1734) ou dans ***Adélaïde du Guesclin***, mais aussi dans les romans de Mme de Tencin et les drames de Baculard d'Arnaud. En même temps, ***Zaïre*** est une tragédie discrètement philosophique. L'héroïne est innocente, et son meurtrier, plein de noblesse. S'ils ne sont pas chrétiens, c'est simplement que les mœurs varient selon les régions du monde et l'on ne conçoit guère de sympathie — quoi qu'en dît Chateaubriand qui retrouvait là ses propres sentiments — pour l'enthousiasme religieux de Nérestan. Voltaire aimait à jouer lui-même le rôle de Lusignan, auquel il a donné beaucoup de noblesse.

CITATIONS

Et qui pardonne au crime en devient le complice.

Brutus, V, 1.

Les malheurs particuliers font le bien général ; de sorte que plus il y a de malheurs particuliers et plus tout est bien.

Dans quelle détresse Candide, Cunégonde et la vieille arrivent à Cadix, et leur embarquement, in *Candide ou l'Optimisme*, X.

Tout est bien, tout va bien, tout va le mieux qu'il soit possible.

Candide et Martin vont sur les côtes d'Angleterre ; ce qu'ils y voient, in *Candide ou l'Optimisme*, XXIII.

« *Travaillons sans raisonner*, dit Martin ; *c'est le seul moyen de rendre la vie supportable.* »

Conclusion, in *Candide ou l'Optimisme*, XXX.

Et voilà justement comme on écrit l'Histoire.

Charlot, I, 7.

Variété, c'est ma devise.

Lettre à Mme Denis, in *Correspondance*, 26 décembre 1750.

J'ai reçu, monsieur, votre nouveau livre contre le genre humain [...]. On n'a jamais employé tant d'esprit à vouloir nous rendre bêtes ; il prend envie de marcher à quatre pattes, quand on lit votre ouvrage.

Lettre à Jean-Jacques Rousseau, in *Correspondance*, 30 août 1755.

Les beaux esprits se rencontrent.

Lettre à M. Thiériot, in *Correspondance*, 30 juin 1760.

On dit que cet infortuné jeune homme [le chevalier de la Barre] est mort avec la fermeté de Socrate ; et Socrate a moins de mérite que lui : car ce n'est pas un grand effort, à soixante et dix ans, de boire tranquillement un gobelet de ciguë ; mais mourir dans les supplices horribles, à l'âge de vingt et un ans, cela demande assurément plus de courage. Cette barbarie m'occupe nuit et jour. Est-il possible que le peuple l'ait soufferte ? L'homme, en général, est un animal bien lâche ; il voit tranquillement dévorer son prochain, et semble content, pourvu qu'on ne le dévore pas : il regarde encore ces boucheries avec le plaisir de la curiosité.

Lettre à M. le comte d'Argental, in *Correspondance*, 23 juillet 1766.

J'approche tout doucement du moment où les philosophes et les imbéciles ont la même destinée.

Lettre à M. le marquis d'Argence de Dirac, in *Correspondance*, 3 septembre 1770.

« *Si Dieu n'existait pas, il faudrait l'inventer.* » Je suis rarement content de mes vers, mais j'avoue que j'ai une tendresse de père pour celui-là.

Lettre à M. Saurin, in *Correspondance*, 10 novembre 1770.

Aime la vérité, mais pardonne à l'erreur.

De la liberté, in *Discours en vers sur l'homme*, II.

Dans ta jeunesse fais l'amour,
Et ton salut dans ta vieillesse.

À une Dame un peu mondaine et trop dévote, in *Épîtres*, VII.

J'ai fait un peu de bien ; c'est mon meilleur ouvrage.

À Horace, in *Épîtres*, CXXI.

Trois choses influent sans cesse sur l'esprit des hommes, le climat, le gouvernement, et la religion : c'est la seule manière d'expliquer l'énigme de ce monde.

Conclusion, in *Essai sur les mœurs*.

« *Soyez sûre, ma fille, que quand un jésuite vous cite saint Augustin, il faut que ce saint ait pleinement raison.* »

Le Huron ou L'Ingénu, 16.

Toutes les grandeurs de ce monde ne valent pas un bon ami.

Jeannot et Colin.

Il me paraît qu'en général l'esprit dans lequel M. Pascal écrivit ces *Pensées* était de montrer l'homme dans un jour odieux. Il s'acharne à nous peindre tous méchants et malheureux. Il écrit contre la nature humaine à peu près comme il écrivait contre les jésuites.

Sur les « Pensées » de M. Pascal, in *Lettres philosophiques*, XXV.

J'ose prendre le parti de l'humanité contre ce misanthrope sublime [...].

Sur les « Pensées » de M. Pascal,
in *Lettres philosophiques*, XXV.

Quand on a tout perdu, quand on n'a plus d'espoir,
La vie est un opprobre, et la mort un devoir.

Mérope, II, 7.

Ce mage divisa en plusieurs parties ce qui n'avait pas besoin d'être divisé ; il prouva méthodiquement tout ce qui était clair ; il enseigna tout ce qu'on savait. Il se passionna froidement, et sortit suant et hors d'haleine. Toute l'assemblée alors se réveilla, et crut avoir assisté à une instruction.

Le Monde comme il va. Vision de Babouc, écrite par lui-même.

Nos prêtres ne sont point ce qu'un vain peuple pense,
Notre crédulité fait toute leur science.

Œdipe, IV, 1.

Quel crime, quelle faute ont commis ces enfants
Sur le sein maternel écrasés et sanglants ?
Lisbonne, qui n'est plus, eut-elle plus de vices
Que Londres, que Paris, plongés dans les délices ?

Poème sur le désastre de Lisbonne.

Oh ! le bon temps que ce siècle de fer !
Le superflu, chose très nécessaire,
A réuni l'un et l'autre hémisphère.

Le Mondain ou l'Apologie du luxe, in *Satires*.

La crainte suit le crime, et c'est son châtiment.

Sémiramis, V, 1.

Les titres ne servent de rien pour la postérité : le nom d'un homme qui a fait de grandes choses impose plus de respect que toutes les épithètes.

Le Siècle de Louis XIV, XIII.

Les rois sont avec leurs ministres comme les cocus avec leurs femmes : ils ne savent jamais ce qui se passe.

Faits singuliers de l'histoire de France, in *Le Sottisier*.

Si Dieu nous a faits à son image, nous le lui avons bien rendu.

Faits détachés, in *Le Sottisier*.

On a trouvé, en bonne politique, le secret de faire mourir de faim ceux qui, cultivant la terre, font vivre les autres.

Contradictions, in *Le Sottisier*.

Les femmes ressemblent aux girouettes : elles se fixent quand elles se rouillent.

Contradictions, in *Le Sottisier*.

Tout dogme est ridicule, funeste ; toute contrainte sur le dogme est abominable. Ordonner de croire est absurde. Bornez-vous à ordonner de bien vivre.

Remarque sur le « Contrat social » de Jean-Jacques Rousseau, in *Le Sottisier*.

Il se figurait alors les hommes tels qu'ils sont en effet, des insectes se dévorant les uns les autres sur un petit atome de boue.

La Femme battue, in *Zadig ou la Destinée, histoire orientale*, IX.

[...] il n'y a point de hasard : tout est épreuve, ou punition, ou récompense, ou prévoyance.

L'Ermite, in *Zadig ou la Destinée, histoire orientale*, XVIII.

On ne peut désirer ce qu'on ne connaît pas.

Zaïre, I, 1.

JUGEMENTS

« Excepté dans quelques-uns de ses chefs-d'œuvre, il n'aperçoit que le côté ridicule des choses et des temps, et montre sous un jour hideusement gai l'homme à l'homme. Il charme et fatigue par sa mobilité, il vous enchante et vous dégoûte ; on ne sait quelle est la forme qui lui est propre : il serait insensé s'il n'était si sage, et méchant si sa vie n'était remplie de traits de bienfaisance. »

François-René de CHATEAUBRIAND, *Génie du christianisme ou Beautés de la religion chrétienne*, 1802.

« J'aime le grand Voltaire, autant que je déteste le grand Rousseau. [...] Son Écrasons l'infâme *me fait l'effet d'un cri de croisade. Toute son intelligence était une machine de guerre. »*

Gustave FLAUBERT, *Correspondance*, 1859-1860.

« Voltaire n'a que l'esprit, tout l'esprit d'une vieille femme du XVIIIe siècle. Mais jamais de son esprit ne jaillit une pensée ayant la moindre parenté avec Pascal, avec Bacon, avec n'importe quelle grande cervelle philosophique. »

Edmond et Jules de GONCOURT, *Journal*, 12 mars 1881.

« Accepter de n'être que ce que l'on est, mais vouloir être tout ce que l'on est, et ainsi jouer tout le jeu de l'homme, en ces formules tient peut-être toute sa sagesse.

[...]

La limite de Rousseau, c'est Voltaire, et la limite de Voltaire, c'est Rousseau. »

Jean GUÉHENNO, « Voltaire », in *Tableau de la littérature française*, II, Gallimard, 1939.

« *Rien n'est plus difficile que de porter un jugement d'ensemble sur Voltaire. Il est tout pétri d'amour-propre ; il en a de toutes les sortes : entêtement de ses idées, vanité d'auteur, vanité de bourgeois enrichi et anobli.* [...] *Mais ce même homme a aimé ses amis, même ceux qui le trahissaient, qui le volaient, comme ce parasite de Thiériot.* [...] *Il se fit le défenseur de toutes les causes justes, de tous les innocents que les institutions ou les hommes opprimaient.* [...] *Au fond, il y eut toujours en Voltaire un terrible gamin ; il eut infiniment de légèreté, de malice. Il manqua de gravité, de décence, de respect d'autrui et de soi-même ; qui donc en ce siècle avait souci d'embellir son être intérieur ? qui donc n'était pas prêt à absoudre les actes* qui ne font de mal à personne, et font du bien à quelqu'un, *mensonges ou autres ? Rousseau peut-être, et nul autre* [...].
S'il fallait résumer d'un mot, je dirais que la marque voltairienne, c'est l'irrespect. D'autres ont été plus révolutionnaires que lui : ils n'ont pas autant enseigné le mépris de l'autorité, l'interprétation malveillante et sceptique des actes du pouvoir. Personne n'a plus contribué que Voltaire à mettre au cœur des particuliers l'incurable défiance du gouvernement, à leur donner l'esprit de critique et d'opposition quand même. Il n'a pas fait la démocratie révolutionnaire ; il a fait la bourgeoisie ingouvernable [...].
[...] *Par ses indécences, ses injures, ses calomnies, son inintelligence, Voltaire nous a donné notre liberté.* »

Gustave LANSON, *Histoire de la littérature française*, Hachette, 1894.

Dors-tu content, Voltaire, et ton hideux sourire
Voltige-t-il encore sur tes os décharnés ?
Ton siècle était, dit-on, trop jeune pour te lire ;
Le nôtre doit te plaire, et tes hommes sont nés.
Il est tombé sur nous, cet édifice immense
Que de tes larges mains tu sapais nuit et jour.
La Mort devait t'attendre avec impatience,
Pendant quatre-vingts ans que tu lui fis la cour ;
Vous devez vous aimer d'un infernal amour.
[...]
Crois-tu ta mission dignement accomplie,
Et comme l'Éternel, à la création,
Trouves-tu que c'est bien, et que ton œuvre est bon ?
Au festin de mon hôte alors je te convie.
Tu n'as qu'à te lever ; — quelqu'un soupe ce soir
Chez qui le Commandeur peut frapper et s'asseoir.

Alfred de MUSSET, *Rolla*, IV, vv. 426 à 434, et 446 à 451, 1833.

« *Naïf, il a envié ceux que la nature avait faits malins, et il a voulu paraître malin à tout prix, il y a certainement réussi, et ce masque est resté collé à son visage ; mais il suffit de le voir aux prises avec un roué authentique, avec Frédéric, pour mesurer sa simplicité* [...]. *Le sérieux, nous le savons, est son ambition et sa joie. Mais ce sérieux était celui d'un idéaliste, et non d'un psychologue ; aussi ses créations dramatiques seront-elles peu vraisemblables, et toujours conçues avec trop de larmoyant optimisme.* »

Raymond NAVES, *Le Goût de Voltaire*, Garnier, 1938.

« *C'était un bon historien du passé et de l'avenir, un philosophe aimable, un fameux financier, un conteur sans égal, un délicieux correspondant. Le génie poétique ne l'avait pas touché de son aile. C'était un journaliste de génie.* »

Jean d'ORMESSON, « Voltaire. Un journaliste de génie », in *Une autre histoire de la littérature française*, I, NiL, 1997.

« *Voltaire a fait plus de tort aux études historiques qu'une invasion de barbares ; avec sa spirituelle légèreté et sa facilité trompeuse, il a découragé les bénédictins, et si, pendant cinquante ans, la collection de Dom Bouquet s'est vendue chez les épiciers au poids du papier, si* L'Histoire littéraire de la France *s'est arrêtée faute de lecteurs, c'est bien sa faute. Or l'opposé de la direction de Voltaire, ce n'est pas le catholicisme (il y a entre les deux plus d'affinités qu'on ne pense) ; l'opposé de Voltaire, c'est le protestantisme libéral créant la critique au XVI*e *et au XVII*e *siècle et aboutissant à la fin du XVIII*e *à Schleiermacher, à Herder, à Fichte et à cette merveilleuse éclosion du christianisme allemand, le plus beau développement intellectuel et religieux que la conscience réfléchie ait produit jusqu'ici.* »

Ernest RENAN, *Nouvelles d'histoire religieuse*, 1884.

« [...] *on n'entendra plus jamais le français de Voltaire, langue sèche, élégante, vive et dense à la fois, parvenue à son degré extrême de perfection sous la plume d'un bateleur hors du commun à la veille de rentrer dans la peau de l'un de ses personnages les plus durables. Celui qui nous touche encore : le grand écrivain, journaliste à l'occasion, donnant des conseils au pays, et dont une simple phrase pèse plus lourd qu'un décret gouvernemental.* »

Angelo RINALDI, « Voltaire », in *L'Express*, 16 février 1976.

« *Je ris toujours de vos Parisiens, de ces esprits si subtils, de ces jolis faiseurs d'épigrammes, que leur Voltaire mène incessamment avec des contes de vieilles, qu'on ne ferait pas croire aux enfants.* »

Jean-Jacques ROUSSEAU, *Correspondance*, 8 février 1765.

« *Tous les autres semblent dormir ou rêvasser auprès de lui* [...]. *La vie même de Voltaire a l'air d'un conte d'entre ses contes. Il y a du vaudeville, de la féerie, des reflets de drame et des apothéoses dans son histoire.* »

Paul VALÉRY, « Voltaire », in *Variété V*, Gallimard, 1944.

BIBLIOGRAPHIE

Éditions

Œuvres complètes, éd. L. MOLAND, 1877 à 1882.

Œuvres complètes, Voltaire Foundation, Oxford (GB), en cours : 24 vol. d'*Œuvres diverses* et 50 vol. de la *Correspondance* ont paru.

Contes en vers et en prose, éd. S. MENANT, « Classiques Garnier », Bordas, 1992-1993.

Correspondance, éd. Th. BESTERMAN et Fr. DELOFFRE, « Pléiade », Gallimard, 1975 à 1993, 13 vol. ; *Correspondance choisie*, « LdP/Pochothèque », LGF, 1997.

Mélanges [œuvres poétiques et critiques], éd. J. VAN den HEUVEL, « Pléiade », Gallimard, 1961.

Œuvres historiques, éd. R. POMEAU, « Pléiade », Gallimard, 1957.

Romans et Contes, éd. R. POMEAU, « GF », Flammarion, 1966 ; *id.*, « Folio », Gallimard, 1976 ; éd. Fr. DELOFFRE et J. VAN den HEUVEL, « Pléiade », Gallimard, 1979.

L'Affaire Calas, éd. J. VAN den HEUVEL, « Folio », Gallimard, 1975.

Candide, éd. R. POMEAU, Nizet, 1980 ; éd. A. MAGNAN, « Univers des Lettres », Bordas, 1985, rééd. 1994 ; éd. X. DARCOS, « Classiques Hachette », Hachette, 1991.

Dictionnaire philosophique, éd. R. POMEAU, « GF », Flammarion, 1964 ; éd. J. BENDA et R. NAVES, préf. ÉTIEMBLE, « Classiques Garnier », Garnier, 1967 ; éd. M.-H. COTONI (dir.), Klincksieck, 1994.

Essai sur les mœurs, éd. R. POMEAU, « Classiques Garnier », Garnier, 1963.

Facéties, éd. J. MACARY, PUF, 1973.

L'Ingénu, Droz, Genève (CH), 1957 ; éd. J. VARLOOT, « Classiques du peuple », Scanéditions/Éd. sociales, 1974 ; éd. R. ROMEAU, « GF », Flammarion, 1995 ; éd. Éd. GUITTON, « LdP », LGF, 1996.

Lettres philosophiques, éd. LANSON et A.H. ROUSSEAU, STFM, 1964 ; éd. Fr. DELOFFRE, « Folio », Gallimard, 1986.

Mémoires, « LdP », LGF, 1998.

Micromégas, Zadig, Candide, éd. R. POMEAU, « GF », Flammarion, 1994.

Traité sur la tolérance, éd. R. POMEAU, « GF », Flammarion, 1989.

Zadig, éd. X. DARCOS, « Classiques Hachette », Hachette, 1993 ; *Zadig et autres contes orientaux*, éd. J. GOLDZINK, Pocket, 1990.

Études

Th. BESTERMAN, *Voltaire*, Longmans, Londres (GB), 1969.

Fr. BLUCHE et P. de BOISDEFFRE, *Voltaire*, « Génies et Réalités », Hachette, 1978.

J.H. BRUMFITT, *Voltaire Historian*, Oxford (GB), 1958.

CONDORCET, *Vie de Voltaire*, préf. É. BADINTER, Quai Voltaire, 1994.

É. FAGUET, *Voltaire*, 1895.

P. GAY, *Voltaire's Politics. The Poet as Realist*, Princeton U.P., Princeton (US), 1958.

J. GOLDZINK, *Voltaire, la Légende de Saint-Arouet*, « Découvertes », Gallimard, 1989 ; *Voltaire*, Hachette Supérieur, 1994.

H. GOUHIER, *Rousseau et Voltaire : portraits dans deux miroirs*, Vrin, 1983.

J. GUÉHENNO, « Voltaire », in *Tableau de la littérature française*, II, Gallimard, 1939, pp. 233 à 249.

J. GOULEMOT, A. MAGNAN, D. MASSEAU (dir.), *Inventaire Voltaire*, « Quarto », Gallimard, 1995.

G. LANSON, *Voltaire*, 1906, rééd. Hachette, 1960.

A. MAGNAN, « Dossier Voltaire en Prusse », in *SVEC*, 244, Voltaire Foundation, Oxford (GB), 1986.

H.T. MASON, *Voltaire*, Hutchison, Londres (GB), 1975.

A. MAUROIS, *Voltaire*, Gallimard, 1955.

Chr. MERVAUD, « Voltaire et Frédéric II », in *SVEC*, 234, Voltaire Foundation, Oxford (GB), 1985 ; *Voltaire*, « En toutes lettres », Bordas, 1991 ; *Le « Dictionnaire philosophique » de Voltaire*, Universitas, 1994 ; *Voltaire à table*, Desjonquères, 1998.

N. MITFORD, *Voltaire amoureux*, trad. franç. J. BROUSSE, Stock, 1959.

R. NAVES, *Le Goût de Voltaire*, Garnier, 1938 ; *Voltaire, l'homme et l'œuvre*, Boivin, 1942, rééd. Hatier, 1966.

J. ORIEUX, *Voltaire ou la Royauté de l'esprit*, Flammarion, 1977, rééd. « LdP », LGF, 1980.

G. PICOT, *La Vie de Voltaire, Voltaire devant la postérité*, SEDES, 1967.

R. POMEAU, *Voltaire par lui-même*, « Écrivains de toujours », Seuil, 1955, rééd. 1994 ; *Politique de Voltaire*, Colin, 1963 ; *La Religion de Voltaire*, Nizet, 1969 ; *id.* (dir.), *Voltaire en son temps*, Oxford (GB), 1988 à 1994, 5 vol. [R. POMEAU, *D'Arouet à Voltaire* ; R. VAILLOT, *Avec Mme du Châtelet* ; R. POMEAU et Chr. MERVAUD, *De la Cour au jardin* ; R. POMEAU, *Écraser l'Infâme* ; R. POMEAU, *On a voulu l'enterrer*], rééd. Fayard, 1995, 2 vol.

R. RIDGWAY, *Voltaire and Sensibility*, Montréal (CA), 1973.

A.M. ROUSSEAU, « L'Angleterre et Voltaire », in *SVEC*, 145-147, Voltaire Foundation, Oxford (GB), 1976.

J. SAREIL, *Essai sur « Candide »*, Droz, Genève (CH), 1967 ; *Voltaire et les Grands*, Droz/Minard, Genève (CH)/Paris, 1978.

J. STAROBINSKI, « Sur le style philosophique de *Candide* » et « *L'Ingénu* sur la plage », in *Le Remède dans le mal*, Gallimard, 1989, pp. 123 à 163.

N.L. TORREY, *The Spirit of Voltaire*, Columbia U.P., New York (US), 1938.

P. Valéry, *Voltaire : discours prononcé le 10 décembre 1944 en Sorbonne*, Montchrestien, 1945.

J. Van den Heuvel, *Voltaire dans ses contes, de « Micromégas » à « l'Ingénu »*, Colin, 1967 ; *Album Voltaire*, « Pléiade », Gallimard, 1983.

L. Vernier, *Étude sur Voltaire grammairien et la grammaire au XVIIIe siècle*, Hachette, 1888, rééd. Slatkine, Genève (CH), 1970.

I.O. Wade, *The Intellectual Development of Voltaire*, Princeton U.P., Princeton (US), 1969.

AUDIO & VIDÉO

Vidéo

N. Carbonnaux, *Candide*, 1960, René Chateau, s.d.

CD-ROM

A. Braun, *Panthéon : de Voltaire à Malraux. Aux grands hommes la patrie reconnaissante*, CNMHS/Monte Cristo Multimédia/Ubi soft, 1997.

Encyclopédie de la littérature française, Bibliopolis, 1998.

Voltaire électronique, Bibliopolis, 1995.

YOURCENAR

Marguerite YOURCENAR
De son vrai nom, Marguerite CLEENEWERCK de CRAYENCOUR
Le pseudonyme YOURCENAR, anagramme de CRAYENCOUR à une lettre près, fut utilisé dès les premières publications (1921) — avec pour prénom Marg.
De nationalité française, Marguerite YOURCENAR obtint la nationalité américaine en 1947.

Bruxelles (Belgique) 1903 - Mount Desert (Maine, États-Unis) 1987
Académicienne *(prix Femina)*

> *« Toute l'œuvre de Marguerite Yourcenar est imprégnée d'un bout à l'autre, d'*Alexis ou le Traité du vain combat *jusqu'à* En pèlerin et en étranger *et au* Tour de la prison, *en passant par* Feux *et par* Sous bénéfice d'inventaire, *d'une exigence morale qui tourne le dos aux facilités et au laisser-aller. Tous ses personnages savent* "se tenir", *comme on disait jadis, et ne s'abandonnent jamais. Marguerite Yourcenar ou la hauteur. Marguerite Yourcenar ou l'élévation. »*
>
> Jean d'ORMESSON, « Yourcenar. L'Élévation », in *Une autre histoire de la littérature française*, II, NiL, 1998.

> *« Il faut une ferveur qui confine à la piété pour voir là* [dans *Conte bleu*, recueil posthume de trois textes de jeunesse] *une œuvre. Ce n'en est pas une. Plutôt les contours vagues de la figure d'écrivain que s'inventait la jeune femme, qui pose pour elle-même. Poser, le mot est faible : elle se drape. On ne saurait laisser percevoir plus évidemment comment le goût de l'antique, qui va nourrir son œuvre, servait de tunique au penchant pour le faux. Du postiche au pastiche, il n'y a qu'une intonation de salon, et ce parler de bonne compagnie est celui de Yourcenar dès ses premières tentatives. »*
>
> Renaud MATIGNON, « À quoi rêvait la jeune Marguerite Yourcenar », in *Le Figaro littéraire*, 12 mars 1993.

Une vie d'errance et d'écriture

Une orpheline cosmopolite

La famille maternelle de Marguerite Yourcenar avait son origine en Flandre orientale (Liège), celle de son père était enracinée dans la région de Lille : cette ascendance septentrionale ne cessa d'être au cœur de l'œuvre, et fut interrogée avec acuité et tendresse dans sa partie proprement autobiographique. Le décès de sa mère étant survenu dix jours après sa naissance, l'enfance de cette orpheline élevée, dans une très grande aisance matérielle, par des professeurs particuliers, se partagea entre sa grand-mère paternelle, Noémie, dans la propriété du Mont-Noir — « *Je grimpe à travers les hautes herbes la pente abrupte qui mène à la terrasse du Mont-Noir. On n'a pas encore fauché. Des bluets, des marguerites, des coquelicots y foisonnent* [...] » ***(Quoi ? L'Éternité)*** — et son père, qui l'initia à la culture sous toutes ses formes, notamment à la culture gréco-latine, et à une vie cosmopolite. Déjà, avec lui, elle voyagea en effet beaucoup : Paris, où son père s'installa en 1912, après la vente de la propriété du Mont-Noir ; Londres, en 1916 ; la Côte-d'Azur, où elle obtint le baccalauréat latin-grec en 1919 ; l'Italie, en 1924-1925. Dès 1921, elle publia à compte d'auteur, sous le nom de Marg Yourcenar, ***Le Jardin des chimères***, puis conçut le projet d'un grand roman s'étendant sur plusieurs générations.

Des débuts sans cesse recommencés

C'est avec ***Alexis ou le Traité du vain combat*** (1929), long monologue d'un artiste homosexuel, Alexis, cherchant à justifier l'échec de son mariage — et le « *vain combat* » contre son homosexualité —, dans une lettre à son épouse, Monique, proche, à certains égards, du Gide de *L'Immoraliste*, qu'elle commença à être remarquée par les critiques — notamment Edmond Jaloux. Après la mort de son père (1929), Marguerite Yourcenar consacra sa vie à l'écriture, poursuivit ses voyages, en Italie, Autriche, Grèce, publia un essai, ***Pindare*** (1932), et entra en contact avec les intellectuels antifascistes (1932 à 1934) : ***Denier du rêve*** (1934), publié trois ans après ***La Nouvelle Eurydice*** (1931), raconte un attentat manqué contre Mussolini — elle s'engagea d'ailleurs plus tard, aux États-Unis, dans les mouvements antiracistes, écologistes et pacifistes (1957-1958). ***La mort conduit l'attelage*** (1934) était la reprise, sous forme de nouvelles, du roman amorcé au début des années vingt et se signalait par la première apparition du personnage de Zénon. Elle en retint 3 fragments, ***D'après Dürer***, ***D'après Greco***, ***D'après Rembrandt***. Ce recueil montre bien comment procède l'écriture de Marguerite Yourcenar : par regroupement, autour d'une période historique donnée, de thèmes et d'interrogations personnels, qu'elle put ensuite décider d'approfondir à nouveau. Ainsi, ***D'après Dürer*** fut l'amorce de ***L'Œuvre au noir***, et ***D'après Greco*** fut repris, en 1981, sous le titre de ***Anna, soror...***, récit d'un amour incestueux situé dans la Naples de la fin du XVIe siècle, avant de devenir l'une des nouvelles de ***Comme l'eau qui coule*** (1982). Une période d'errance commença en 1935, en Méditerranée et sur la mer Noire, avec le poète grec Embiricos : elle écrivit ***Feux*** (1936), nouvelles et poèmes en prose où alternent récit mythique et expression lyrique, traduisit du grec les poèmes de Constantin Cavafy — traduction publiée à la suite de sa ***Présentation critique de Constantin Cavafy*** (1958) —, de l'anglais *Les Vagues* de Virginia Woolf (1937), publia en 1938 ***Nouvelles orientales*** et l'essai *Les Songes et les Sorts*.

Une révélation tardive

La rencontre, à Paris, d'une universitaire américaine, Grace Frick, l'amena à séjourner aux États-Unis en 1937-1938, où elle devint professeur de français et d'italien. Elle repartit ensuite pour Capri et Sorrente, y écrivit en peu de temps — dans la chambre d'hôtel où Ibsen, en 1881, avait composé *Les Revenants* — ***Le Coup de grâce*** (1939), cruelle histoire d'amour triangulaire — inspirée par la propre déception amoureuse de la romancière avec l'écrivain André Fraigneau, rencontré au début des années 1930 —, entre Éric, Sophie et Conrad, sur fond de guerre civile dans les pays baltes en 1917 : Éric, à la fois solitaire et homosexuel, refuse l'amour de Sophie, sœur de son meilleur ami Conrad, sans toutefois parvenir à s'en détacher ; au terme de l'œuvre, Sophie, qui, contre son frère et son amant, est passée aux rangs des bolcheviks, est exécutée par Éric, juste après la mort de Conrad d'une balle dans le ventre, en une insoutenable agonie contrastant avec cette exécution froide qu'illustre le titre : « *Je tirai en détournant la tête, à peu près comme un enfant effrayé qui fait détoner un pétard pendant la nuit de Noël. Le premier coup ne fit qu'emporter une partie du visage, ce qui m'empêchera toujours de savoir quelle expression Sophie eût adoptée dans la mort. Au second coup, tout fut accompli. J'ai pensé d'abord qu'en me demandant de remplir cet office, elle avait cru me donner une nouvelle preuve d'amour, et la plus définitive de toutes. J'ai compris depuis qu'elle n'avait voulu que se venger, et me léguer des remords. Elle avait calculé juste : j'en ai quelquefois. On est toujours pris au piège avec ces femmes.* » Le récit, dédié à Grace Frick, fut porté à l'écran par Volker Schlöndorff en 1977. Au début de la guerre, Marguerite Yourcenar retourna aux États-Unis pour un hiver, et s'y installa en fait pour très longtemps, avec Grace Frick, à Hartford, dans le Connecticut. Durant cette période assez peu productive, elle écrivit un essai sur les mythes grecs et commença à traduire des *negro spirituals*, recueillis dans ***Fleuve profond, sombre rivière*** (1964). Ayant récupéré en janvier 1949, dans une malle qu'on lui renvoyait de Suisse, une quinzaine de pages, restes d'une ébauche de ***Mémoires d'Hadrien***, elle se mit au travail avec enthousiasme, écrivit le roman, qui parut en 1951 et connut immédiatement un grand succès, y compris aux États-Unis dans la traduction qu'en donna Grace Frick.

L'achat d'une maison en 1950, *Petite-Plaisance*, dans l'île de Mount Desert (Maine), donna à Marguerite Yourcenar le véritable ancrage qui lui manquait jusqu'alors aux États-Unis : elle garda cette maison jusqu'à sa mort. Dès lors, les séjours à *Petite-Plaisance* alternèrent avec les voyages en Europe : elle retrouva ses sources ancestrales, en Belgique, Hollande, Rhénanie, et envisagea de revenir sur les nouvelles de ***La mort conduit l'attelage***. Ses projets d'écriture se trouvèrent retardés par le cancer dont souffrait Grace Frick. Il fallut un séjour à Salzbourg, en 1964, au cours d'un voyage en Europe centrale, pour relancer vraiment l'écriture — reprise qui aboutit, quatre ans plus tard, à la publication de ***L'Œuvre au noir***.

Parmi les nombreux voyages de Marguerite Yourcenar en Europe du Nord et en Europe orientale, il faut noter un séjour en Belgique, où elle fut reçue à l'Académie royale, en 1969, comme membre à titre étranger. Les 1er et 2e volets du cycle autobiographique ***Le Labyrinthe du monde*** parurent en 1974 ***(Souvenirs pieux)*** et en 1977 ***(Archives du Nord)*** : il s'agissait d'une sorte d'enquête sur ses ascendants, maternels et paternels, remontant les siècles pour analyser la vie, ses ressorts et ses tragédies, dans la Flandre et le nord de la France, et aboutissant à sa propre histoire. Les trois textes qui constituaient le cycle — le dernier, ***Quoi ? L'Éternité*** (1988), l'occupa jusqu'à l'année même de sa mort, et resta inachevé — étaient travaillés par une vision mythique de l'histoire collective et de l'histoire individuelle, comme l'était aussi son théâtre : par exemple, ***Électre ou la Chute des masques*** (1954), ou ***Qui n'a pas son Minotaure ?*** (1963).

La première académicienne

Elle obtint en 1963 le prix Combat pour un recueil d'essais, ***Sous bénéfice d'inventaire*** (1962, nouv. éd. en 1978), puis plusieurs prix pour l'ensemble de son œuvre, parmi lesquels le Grand Prix national des Lettres en 1974, le prix de la Fondation Érasme (Pays-Bas) en 1982. Un voyage la mena au Canada et en Alaska avec Grace Frick, peu avant le décès de celle-ci en novembre 1979. Désorientée par la mort de sa compagne, elle poursuivit néanmoins ses voyages à travers le monde avec son secrétaire, à partir de 1980, aux Caraïbes, au Guatemala, en Afrique du Nord, en Europe, en Égypte, en Grèce...

Élue à l'Académie française en 1980, où elle succédait à son ami Roger Caillois, elle fut reçue sous la Coupole, au cours d'une séance très spectaculaire, le 22 janvier 1981 : elle fut la première femme académicienne, et son élection correspondait à la reconnaissance générale de sa stature d'écrivain — pour ne pas dire de sa statue : ses œuvres romanesques connurent, de son vivant, en 1982, les honneurs de la « Bibliothèque de la Pléiade », et elle en supervisa elle-même l'édition. Un voyage en Inde, en 1985, fut interrompu par la maladie de son secrétaire, qui l'accompagnait et qui mourut en février 1986. Elle-même dut subir une opération, mais alla pourtant à Bruxelles rencontrer le cinéaste André Delvaux, qui voulait tourner ***L'Œuvre au noir***. Elle publia encore ***La Voix des choses*** en 1987, et fit une dernière conférence à Harvard, sur Borges, qu'elle admirait beaucoup et qu'elle était allée voir en Argentine.

Après sa mort parurent ***Quoi ? L'Éternité*** (1988) — titre emprunté à un poème de Rimbaud —, dernier volet de la trilogie ***Le Labyrinthe du monde***, ***En pèlerin et en étranger*** (1989) et, sous le titre ***Le Tour de la prison*** (1991), des récits de voyage, ainsi que ***Conte bleu*** (1993), reprenant des fictions écrites entre 1927 et 1930, après un volume d'***Essais et Mémoires*** (1991) dans la « Bibliothèque de la Pléiade ».

THÉORIE LITTÉRAIRE

Marguerite Yourcenar, outre les carnets de notes de ***Mémoires d'Hadrien*** ou de ***L'Œuvre au noir***, publia de nombreux volumes d'essais — souvent inspirés par ses voyages — et de critique littéraire ou picturale. Peu soucieuse, pourtant, de théorie littéraire, elle y livre des explications très pragmatiques sur la genèse de ses propres œuvres, longtemps mûries et nourries d'une immense érudition, plutôt que des considérations générales. C'est qu'à ses yeux, « *il n'y a pas d'art sans individualité fortement accusée chez l'artiste* [...]. *Tout chef-d'œuvre contient un cri d'orgueil : l'affirmation d'un homme* » (***L'Improvisation sur Innsbruck***, in ***En pèlerin et en étranger***). Elle se montre indifférente aux écoles et aux chapelles : « *Les mouvements, les groupes littéraires ne peuvent jamais rien apporter que du vent, et encore ! Du vent chargé de scories et de poussières* » (***Les Yeux ouverts***, entretiens avec Matthieu Galley, 1980). Les concepts philosophiques ou esthétiques en vogue ne lui importent pas davantage : « *Que me parlez-vous d'actes gratuits, quand je puis à peine suffire aux actes indispensables, que me parlez-vous de l'absurde dans un monde où l'amour et la mort ont leur cours comme les saisons, leurs lois comme le lever des astres ? Et qu'ai-je à faire des squelettes du roman noir et des montres flasques de Dali, moi qui, comme tout le monde, porte en moi mon squelette et mon horloge ?* » (***Carnets de notes 1942-1948***, in ***En pèlerin et en étranger***).

Si elle accorde au lecteur un rôle essentiel — « *Dans la prose, le lecteur choisit* [...] *ses propres scansions* [...] » ***(Les Yeux ouverts)*** —, elle garde toute sa liberté d'écriture : « *Jusqu'à un certain point, tout écrivain joue avec le désir à la fois d'être lu et de n'être pas lu* » *(ibid.)*. Quant à son rôle social, l'auteur est « *nuisible s'il écrit du fatras, s'il déforme ou falsifie* [...] *pour obtenir un effet ou un scandale ; s'il se conforme sans conviction à des opinions auxquelles il ne croit pas. Il est utile s'il ajoute à la lucidité du lecteur, le débarrasse de timidités ou de préjugés* [...] » *(ibid.)*.

Marguerite Yourcenar a une méthode, qu'elle qualifie de « *contemplative* » et qui lui a été inspirée par son intérêt pour le bouddhisme zen : « [...] *s'imprégner complètement d'un sujet jusqu'à ce qu'il sorte de terre, comme une plante soigneusement arrosée* » *(ibid.)*. « *Il faut laisser les livres se faire lentement eux-mêmes* » *(ibid.)*. L'érudition cultivée pour elle-même ne sert donc à rien : « *Tant qu'on ne fait pas entrer toute sa propre intensité dans un document, il est mort, quel qu'il soit* » *(ibid.)*. En particulier, le roman historique lui paraît achopper sur une difficulté majeure, celle de reconstituer la parole réelle des siècles écoulés, les voix du passé, puisque nous n'en possédons évidemment aucun enregistrement, seulement des reproductions toujours stylisées par la comédie ou la satire : « *On peut même se demander si l'emploi à cette fin des moyens du roman tel qu'il s'est élaboré en Europe au XIX*e *siècle et au début du XX*e *siècle n'est pas un non-sens* » (***Ton et Langage dans le roman historique***, in ***Le Temps, ce grand sculpteur***, 1983). L'imagination n'étant pour elle qu'une forme de sympathie, il s'agit de « *se laisser investir par un personnage. Mais cela consiste aussi à faire un total silence des idées, à éliminer tout l'acquis, à faire table rase de tout* » ***(Les***

Yeux ouverts). Ainsi, « *on nourrit de sa substance le personnage qu'on crée : c'est un peu un phénomène de gestation. Il faut bien, pour lui donner ou lui rendre la vie, le fortifier d'un apport humain, mais il ne s'ensuit pas qu'il soit nous ou que nous soyons lui* » *(ibid.)*. Cette véritable résurrection qu'autorise la création romanesque obéit d'ailleurs, chez Marguerite Yourcenar, à un idéal qui dépasse de loin le champ littéraire ; il correspond presque à une mission : « *Il s'agit pour moi de donner une pensée à ces millions d'êtres qui vont se multipliant de génération en génération* [...], *à l'immense foule anonyme dont nous sommes faits, aux molécules humaines dont nous avons été bâtis depuis qu'a paru sur la terre ce qui s'est appelé l'homme* » *(ibid.)*.

La contradiction avec l'individualisme revendiqué du créateur n'est qu'apparente, car « *tout ce qui a été est fixé dans notre substance nerveuse, et peut revenir au jour : il suffit de laisser remonter les souvenirs* » *(ibid.)*. C'est pourquoi « *on obéit d'abord à un certain besoin d'exprimer, qui est très mystérieux* [...] *il est des situations, des réflexions qui demandent à être écrites, inexplicablement* » *(ibid.)*. Le poète « *est quelqu'un qui est "en contact". Quelqu'un à travers qui passe un courant* » *(ibid.)* : « [...] *en somme l'écrivain est le secrétaire de soi-même* » *(ibid.)*.

THÉORIE LITTÉRAIRE

Humaniste mais solitaire, Marguerite Yourcenar tient une place à part dans la littérature contemporaine — à l'image de son cheminement personnel de fille sans mère, de femme sans enfant, et d'amoureuse sans homme, qui du Mont-Noir au Mount Desert, ne cachait guère son allergie au bonheur : « *Je ne supporte pas bien le bonheur.* [...] *La seule horreur, c'est de ne pas servir* » ***(Feux)***. Son œuvre, érudite et variée, qui se situe en dehors des courants littéraires et où — paradoxalement ? — les figures essentielles sont exclusivement masculines — à l'opposé de l'autre Marguerite des lettres françaises du XXe siècle : Duras —, fait preuve d'une grande fermeté de pensée et d'une rare force d'imagination.

Une écriture alchimique de l'Histoire

La puissance de recréation d'une époque historique et un grand classicisme dans l'écriture caractérisent les textes de la romancière : la langue et la pensée de l'Antiquité romaine ***(Mémoires d'Hadrien)*** ou de la Flandre du XVIe siècle ***(L'Œuvre au noir)*** sont le matériau d'une réflexion sur l'être, menée d'après la connaissance précise d'une époque — toujours intermédiaire entre la décadence d'un monde finissant et les incertitudes d'un monde naissant, y compris dans ***Le Coup de grâce*** —, vécue de l'intérieur par le biais de personnages parlant à la 1re personne (Hadrien) ou la 3e (Zénon). Dans ***L'Œuvre au noir***, les réflexions sur la liberté ou sur la luxure trouvent un style souvent métaphorique, et toujours âprement concret : « *Depuis près d'un demi-siècle, il se servait de son esprit comme d'un coin pour élargir de son mieux les interstices du mur qui de toute part nous confine* » (2e partie, ***L'Abîme***). Ce mur qui obstinément sépare Zénon des autres hommes ne se contente pas de métaphoriser tous les emprisonnements, toutes les barrières, toutes les clôtures, il relève en outre de l'univers propre d'un personnage qui connaîtra la prison, et qui est comme emmuré dans une fondamentale solitude. De la même façon, c'est en alchimiste que Zénon traite de la sexualité, la romancière tirant constamment sa poétique romanesque des composantes socioculturelles et des particularités psychologiques de son personnage : « *Cet étrange magma que les prédicateurs désignent du mot, point mal choisi, de luxure (puisqu'il s'agit bien, semble-t-il, d'une luxuriance de la chair dépensant ses forces), défiait l'examen par la variété des substances qui le composent, et qui à leur tour se défont en d'autres components peu simples* » *(ibid.)*.

La précision du détail est essentielle à cette insertion du récit dans l'Histoire. Ainsi la pensée philosophique est-elle appuyée sur la matérialité des êtres et des objets : « *Ces chaussures qui bâillaient au bord du lit avaient bougé au souffle d'un bœuf étendu sur l'herbe, et un porc saigné à blanc piaillait dans la graisse dont le savetier les avait enduites. La mort violente était partout, comme dans une boucherie ou un enclos patibulaire* » ***(L'Œuvre au noir)***. En même temps, la grandeur de la pensée humaine est de savoir s'élever jusqu'à la lucidité pour dominer le néant, dans la croyance ou dans le doute : « *Nous ne sommes pas les seuls à regarder en face un inexorable avenir.* » (**Carnets de notes de « Mémoires d'Hadrien »**, 1952). C'est en ce sens que toute l'œuvre yourcenarienne est d'abord métaphysique.

Une reconnaissance unanime

D'abord lue seulement par un public restreint mais fervent, l'œuvre de celle qu'on appelle volontiers Yourcenar — en omettant son prénom — fut considérée, après la double révélation des ***Mémoires d'Hadrien*** et de ***L'Œuvre au noir***, et du vivant de l'écrivaine, comme classique et néanmoins — dans un contexte contemporain avant-gardiste et iconoclaste — de tout premier rayon. Elle-même se disait humaniste. Intéressée par la philosophie et l'histoire mais aussi par les courants de spiritualité religieuse et les grands mythes universels, Marguerite Yourcenar en a tenté une synthèse, saluée aussi bien par des critiques comme Jacques Brenner, Maurice Nadeau, Hubert Nyssen ou Béatrice Didier, que par des écrivains et essayistes tels Jean-Denis Bredin, Roger Caillois, Jean d'Ormesson ou Michel Tournier. Ce classicisme s'est traduit par une éclosion — en France comme aux États-Unis — de thèses, d'études, d'articles, accentuée depuis les années 1990 — non sans quelques excès, comme la thèse de Stillman (1985) soutenant que la mort de sa mère aboutit, chez Yourcenar, à une haine de la femme, ou celle de Marks (1990) prétendant à l'antisémitisme du ***Coup de grâce*** : en tout cas, c'est précisément le classicisme précoce de Yourcenar qui a permis, très tôt après sa mort, la féconde redécouverte de son œuvre, plus diverse que ne le laisse penser la commode classification « *classique et humaniste* ». Cette redécouverte a pris la forme d'une intense activité éditoriale posthume : dans le sillage des nombreuses publications yourcenariennes parues après 1988, Josyane Savigneau a donné une biographie remarquée (1990), et la réalisatrice Dominique Gros a signé, pour la chaîne télévisuelle Arte, un documentaire tout aussi remarquable (1998).

ŒUVRES

Mémoires d'Hadrien

Roman historique en 6 chapitres non numérotés et titrés en latin, paru chez Plon en 1951. Une première version du roman, rédigée entre 1924 et 1929, fut détruite par l'auteur. Des **Carnets de notes de « Mémoires d'Hadrien »** suivent le texte dans l'édition du Club du meilleur livre en 1952 et dans les éditions postérieures.

Cette autobiographie apocryphe se présente comme une lettre adressée à son fils adoptif, le futur Marc Aurèle, par l'empereur Hadrien, qui vient d'apprendre que sa maladie — l'hydropisie — progresse et qu'il va bientôt mourir. C'est le début d'un récit de vie à la première personne, qui se développe selon les temps forts de l'existence privée et publique, en une suite de chapitres — de ***Animula vagula blandula*** à ***Patientia***, en passant par ***Varius multiplex multiformis***, ***Tellus stabilita***, ***Saeculum aureum*** et ***Disciplina augusta*** —, qui s'achève par une méditation sur la mort. Empereur lettré et réformateur, Hadrien assure la paix dans son vaste royaume, qui s'étend de l'Angleterre à l'Asie, à force de sagesse : *« Notre grande erreur est d'essayer d'obtenir de chacun en particulier les vertus qu'il n'a pas, et de négliger de cultiver celles qu'il possède »* ***(Varius multiplex multiformis)***. L'attirance qu'il éprouve pour les cultes orientaux, et sa passion pour le jeune Antinoüs — *« ce dieu qu'est pour ceux qui l'ont aimé tout être mort à vingt ans »* ***(Tellus stabilita)*** — qui se suicide en se sacrifiant rituellement à Osiris, font de lui un être marqué par la souffrance et l'appel du mysticisme, en même temps qu'un homme d'État qui veut léguer à son successeur une morale politique : *« Il y a plus d'une sagesse, et toutes sont nécessaires au monde ; il n'est pas mauvais qu'elles alternent »* ***(Disciplina augusta)***.

L'intérêt du texte réside dans cet éclairage d'un grand homme par son action publique — empereur qui fait un usage honnête et équilibré de ses pleins pouvoirs — et sa pensée intime exprimée dans une langue parfaitement maîtrisée, majestueuse et imagée : *« Mon âme, si j'en possède une, est faite de la même substance que les spectres ; ce corps aux mains enflées, aux ongles livides, cette triste masse à demi dissoute, cette outre de maux, de désirs et de songes, n'est guère plus solide ou plus consistant qu'une ombre »* ***(Patientia)***. L'itinéraire d'Hadrien mêle étroitement l'histoire d'un règne exemplaire, où la recherche de la paix et d'une œuvre civilisatrice est essentielle, et l'histoire individuelle d'un être qui s'attache à dépasser les épreuves et le plaisir même, pour atteindre la sérénité : *« La passion comblée a son innocence, presque aussi fragile que toute autre.* [...] *Tout bonheur est un chef-d'œuvre : la moindre erreur le fausse, la moindre hésitation l'altère, la moindre lourdeur le dépare, la moindre sottise l'abêtit »* ***(Saeculum aureum)***.

Si la critique reçut ces ***Mémoires d'Hadrien*** — parus juste avant la naissance du Nouveau

Roman — avec un mélange de déférence et de réticence, jugeant le livre érudit et beau, mais guère émouvant, le public réserva un accueil aussi triomphal qu'inattendu à ce roman historique, d'une érudition et d'une ambition exigeantes, qui ne pouvait que combler les historiens professionnels et décevoir les amateurs de littérature à succès. Le roman obtint toutefois le prix Femina Vacaresco en 1952, mais il fallut attendre les années 1980 pour que la lecture critique vît dans ***Mémoires d'Hadrien*** autre chose que le reflet de l'Histoire et s'attachât aux rêves et aux mythes présents dans le livre. Née d'une longue maturation, cette œuvre, qui révéla au public un écrivain presque quinquagénaire, est aujourd'hui traduite en une quinzaine de langues.

L'Œuvre au noir

Roman en 3 parties — I. ***La Vie errante***, II. ***La Vie immobile***, III. ***La Prison*** —, paru chez Gallimard, en mai 1968. Les ***Carnets de notes de « L'Œuvre au noir »*** ont paru en 1990.

L'action du roman se situe entre 1480 et 1569. Il relate l'histoire d'un médecin-philosophe de la Renaissance, qui part de Bruges, sa ville natale, traverse l'Europe (Münster, l'Espagne...), va jusqu'en Asie (I. ***La Vie errante***), puis revient à Bruges, s'y cache sous un faux nom (II. ***La Vie immobile***) et y meurt en prison (III. ***La Prison***). Le héros, Zénon, représente à la fois la synthèse de figures historiques (Érasme, Servet, Ambroise Paré, Copernic, Giordano Bruno, entre autres) et la recherche d'un itinéraire spirituel. À travers le filtre de cette conscience éclairée, toute une époque est retracée, avec sa complexité et ses contradictions.

Marguerite Yourcenar a pris soin d'expliciter le titre de son œuvre : « *La formule "L'Œuvre au noir", donnée comme titre au présent livre, désigne dans les traités alchimiques la phase de séparation et de dissolution de la substance qui était, dit-on, la part la plus difficile du Grand Œuvre.* »

À travers le discours théorique et savant, le texte — adoptant le récit à la 3e personne, sans renoncer à l'ambivalence des monologues intérieurs — fait appel à l'imagination sensuelle du corps et à l'imaginaire de la souffrance et de la mort, dans un réseau d'images proches de la peinture de Bruegel ou de Dürer et renvoie à la vision d'une harmonie cosmique entre l'Homme et la Nature.

Dans ***D'après Dürer***, premier volet de ***La mort conduit l'attelage*** (commencé en 1921, publié en 1934), apparaissait déjà le personnage de Zénon. Ici, le héros, tout à la fois médecin, alchimiste, ingénieur, philosophe, annonce le dissident moderne qui, face aux forces de l'obscurantisme — repérable aussi sous le titre —, oppose et impose la vérité d'un intellectuel à l'esprit libre, car libéré des préjugés moraux et religieux, et maître de son corps, comme en témoigne son stoïcien suicide final : « *Le temps et les forces lui manquaient pour aller plus loin, à supposer qu'il y eût une route, et que par cette route un homme pût passer. Ou ce pourrissement des idées, cette mort des instincts, ce broiement des formes presque insupportables à la nature humaine seraient rapidement suivis par la mort véritable, et il serait curieux de voir par quelle voie, ou l'esprit revenu des domaines du vertige reprendrait ses routines habituelles, muni seulement de facultés plus libres et comme nettoyées. Il serait beau d'en voir les effets.* »

Si le roman, dès sa sortie — il est vrai, en pleine effervescence de mai 1968 —, fut bien reçu par le public, la critique fut plus partagée : l'écriture, qualifiée de « *classique* », était à contre-courant des modes littéraires des années soixante (Nouveau Roman) et le message de l'œuvre, d'un humanisme personnel, la situait en marge des idéologies courantes. ***L'Œuvre au noir*** obtint néanmoins le prix Femina (1968).

Le roman fut porté à l'écran par le cinéaste belge André Delvaux, mais Marguerite Yourcenar ne put voir le film, achevé seulement en 1988, un an après le décès de la romancière.

CITATIONS

Les historiens nous proposent du passé des systèmes trop complets, des séries de causes et d'effets trop exacts et trop clairs pour avoir jamais été entièrement vrais ; ils réarrangent cette docile matière morte, et je sais que même à Plutarque échappera toujours Alexandre.

Animula vagula blandula, in *Mémoires d'Hadrien*.

Presque tout ce que nous savons d'autrui est de seconde main. Si par hasard un homme se confesse, il plaide sa cause [...].

Animula vagula blandula, in *Mémoires d'Hadrien*.

Notre grande erreur est d'essayer d'obtenir de chacun en particulier les vertus qu'il n'a pas, et de négliger de cultiver celles qu'il possède.

Varius multiplex multiformis, in *Mémoires d'Hadrien*.

Un homme qui lit, ou qui pense, ou qui calcule, appartient à l'espèce et non au sexe ; dans ses meilleurs moments, il échappe même à l'humain.

Varius multiplex multiformis, in *Mémoires d'Hadrien*.

La philosophie épicurienne, ce lit étroit mais propre.

Varius multiplex multiformis, in *Mémoires d'Hadrien*.

Ce dieu qu'est pour ceux qui l'ont aimé tout être mort à vingt ans.

Tellus stabilita, in *Mémoires d'Hadrien*.

La passion comblée a son innocence, presque aussi fragile que toute autre.

Sæculum aureum, in *Mémoires d'Hadrien*.

Tout bonheur est un chef-d'œuvre : la moindre erreur le fausse, la moindre hésitation l'altère, la moindre lourdeur le dépare, la moindre sottise l'abêtit.

Sæculum aureum, in *Mémoires d'Hadrien*.

Il y a plus d'une sagesse, et toutes sont nécessaires au monde ; il n'est pas mauvais qu'elles alternent.

Disciplina augusta, in *Mémoires d'Hadrien*.

JUGEMENTS

« On a trop souvent rangé Marguerite Yourcenar parmi les romanciers de la tradition ; les choses sont moins simples, plus secrètes et multiformes. »

Tony CARTANO, « Marguerite Yourcenar », in *Dictionnaire de littérature française contemporaine*, Éd. Jean-Pierre Delarge, 1977.

« On souhaiterait que les admirateurs d'Hadrien lisent d'autres livres de Mme Yourcenar : ils ne sont pas sans qualités. »

Lucien GUISSARD, « Marguerite Yourcenar », in *Dictionnaire de littérature contemporaine 1900-1962*, Éd. Universitaires, 1962.

« Sans doute Marguerite Yourcenar prend-elle malaisément place dans le grand courant qui, après la guerre, porte les romanciers français vers de nouvelles terres, à l'aide de nouvelles méthodes d'approche. Elle n'innove pas davantage dans l'expression. Elle est une héritière qui rallie à elle bien des nostalgies et des regrets. À la façon de ses héros, elle est consciente de vivre elle aussi une époque en train de s'achever et dont la guerre a sonné le glas. L'éclat qu'elle donne au genre quelque peu périmé qui lui a valu le succès, la lucidité dont elle fait preuve et l'antique trésor de sagesse dont elle cherche à faciliter le passage vers des contemporains qui disent n'en avoir que faire, lui assurent néanmoins une place enviable parmi les romanciers d'une avant-guerre dont la voix commence à redevenir audible au cours des années cinquante. »

Maurice NADEAU, « Marguerite Yourcenar », in *Le Roman français depuis la guerre*, chap. IV, « Idées », Gallimard, 1970.

« L'essentiel de Yourcenar est [...] *dans une exigence qui va à contre-courant des tendances de l'époque. Pour dire les choses d'un mot, elle se méfie du bonheur. Elle méprise le bonheur et elle lui oppose le service, qui est peut-être le mot clé de sa personne et de son œuvre. »*

Jean d'ORMESSON, « Yourcenar. L'Élévation », in *Une autre histoire de la littérature française*, II, NiL, 1998.

BIBLIOGRAPHIE

Éditions

Essais et Mémoires, « Pléiade », Gallimard, 1991.

Œuvres romanesques, éd. Y. Bernier, « Pléiade », Gallimard, 1982.

Théâtre I et *II*, Gallimard, 1971, 2 vol.

Mémoires d'Hadrien, « Folio », Gallimard, 1977.

L'Œuvre au noir, « Folio », Gallimard, 1976.

La Voix des choses, Gallimard, 1987.

Études

J. Blot, *Marguerite Yourcenar*, « Écrivains d'hier et d'aujourd'hui », Seghers, 1971.

L. Borgomano, *André Delvaux : une œuvre, un film, « L'Œuvre au noir »*, Labor, Bruxelles (BE), 1988.

M. Boussugues, *Marguerite Yourcenar : sagesse et mystique*, Cahiers de l'Alpe, Grenoble, 1987.

J. Brenner, « Marguerite Yourcenar, historienne et romancière », in *Histoire de la littérature française de 1940 à nos jours*, Fayard, 1978, pp. 241 à 249.

M. Galey, *Les Yeux ouverts. Entretiens de Marguerite Yourcenar avec Matthieu Galey*, Le Centurion, 1980.

Ch. Hogsett, « Reading Between the Books : Discontinuity in the Œuvre of Marguerite Yourcenar », in *French Literature Series*, XXI, Rodopi, Amsterdam (NL), 1994.

R. Howard, « Yourcenar composed », in *Salmagundi*, Summer 1994, 103.

C. Papadopoulos, *L'Expression du temps dans l'œuvre romanesque et autobiographique de Marguerite Yourcenar*, P. Lang, Berne (CH), 1988.

J. Savigneau, *Marguerite Yourcenar, l'Invention d'une vie*, Gallimard, 1990.

AUDIO & VIDÉO

Vidéo

A. Delvaux, *L'Œuvre au noir*, Fil à film, s.d.

D. Gros, *Marguerite Yourcenar, une vie d'écriture, 1903-1987*, Arte, 1998.

ZOLA

Émile ZOLA

Paris 1840 – *ibid.* 1902

« *L'allure des romans de M. Zola est, je ne sais comment, celle des antiques épopées, par la lenteur puissante, le large courant, l'accumulation tranquille des détails, la belle franchise des procédés du conteur.* [...] *Il ne paraîtra pas trop absurde de définir les* Rougon-Macquart : *une épopée pessimiste de l'animalité humaine.* »

Jules LEMAÎTRE, *Les Contemporains. Première série*, 1886.

« *Ce gros garçon, plein de naïveté enfantine, d'exigences de putain gâtée, d'envie légèrement socialiste, continue à nous parler de son travail, de la ponte quotidienne des cent lignes, qu'il s'arrache tous les jours ; de son cénobitisme, de sa vie d'intérieur, qui n'a de distraction, le soir, que quelques parties de dominos avec sa femme ou la visite de compatriotes. Au milieu de cela, il s'échappe à nous avouer qu'au fond, sa grande satisfaction, sa grande jouissance est de sentir l'action, la domination qu'il exerce de son humble trou sur Paris de par sa prose ; et il le dit avec un accent mauvais, l'accent de la revanche d'un pauvre diable qui a longtemps mariné dans la misère.* »

Edmond et Jules de GONCOURT, *Journal*, 25 janvier 1875.

Une vie d'engagements

Des débuts difficiles et besogneux

D'origine vénitienne par son père, d'ascendance beauceronne par sa mère, Zola vécut ses premières années à Aix-en-Provence (où il se lia d'amitié avec Cézanne, son condisciple au collège Bourbon), avant d'arriver à Paris en 1858, à l'âge de 18 ans. Pour le jeune homme que la mort (dès 1847) de son père, l'ingénieur François Zola, avait durement touché, et qui rêvait de suivre la « Muse » de la poésie, l'expérience de la misère (après l'échec au baccalauréat, en 1859) et les années passées à la librairie Hachette comme chef de publicité (du 1er mars 1862 au 31 janv. 1866) furent déterminantes. Son métier le lia avec le monde des écrivains. Marquée d'abord par le lyrisme romantique, avec les ***Contes à Ninon*** (1864) et ***La Confession de Claude*** (1865), son œuvre évolua vers le réalisme, avec ***Thérèse Raquin*** (1867) et ***Madeleine Férat*** (1868), tout en parcourant l'éventail des possibilités esthétiques, du conte au roman — et même au roman-feuilleton, avec ***Les Mystères de Marseille*** (1867) —, comme du théâtre à la critique littéraire, dans ***Mes Haines*** (1866). Fréquentant le milieu des peintres qu'on appela plus tard « *impressionnistes* », Zola défendit l'œuvre de Manet, surtout par conviction, peut-être aussi par provocation et désir de se faire connaître à la faveur d'un « scandale », dans des articles retentissants (réunis in ***Mon Salon*** en 1866). Les premières caricatures de Zola datent de cette « *affaire Manet* », préfigurant en quelque sorte l'autre « *affaire* », l'affaire Dreyfus. Zola affirma alors sa position de chroniqueur au sein du journalisme parisien, par des collaborations à *L'Événement*, à *La Tribune*, au *Rappel*, à *L'Événement illustré*, au *Gaulois*, et des correspondances parlementaires à *La Cloche* et au *Sémaphore de Marseille*, en 1871.

Le « forçat » des *Rougon-Macquart*

Le projet du cycle des ***Rougon-Macquart***, projet comportant à l'origine 10 volumes, qu'il soumit d'abord à l'éditeur Lacroix (l'éditeur des *Misérables*) et qui fut repris ensuite par l'éditeur Charpentier, fut conçu en 1868-1869. Suivirent alors — pendant près d'un quart de siècle — de longues années d'un labeur constant (« *nulla dies sine linea* » [pas un jour sans une ligne]), marquées par la parution régulière des volumes de la série, tous « *ayant pour cadre* » (formule des plans préparatoires zoliens) un secteur bien défini de la réalité sociale du Second Empire.

Entre 1865 et 1880, l'œuvre romanesque de Zola s'accompagna d'une importante activité de critique littéraire et de critique d'art, exercée dans différents quotidiens ou revues, dont *Le Salut public de Lyon*, *L'Événement*, *Le Sémaphore de Marseille*, *Le Bien public*, *Le Voltaire*, *Le Figaro*, *Le Messager de l'Europe*... Le soutien de l'éditeur Charpentier, puis des ventes de plus en plus importantes à partir de ***L'Assommoir***, en 1877, apportèrent à Zola le prestige social et l'aisance matérielle symbolisée par l'achat de la maison de Médan en 1878.

L'amitié avec Flaubert, les relations de fraternité littéraire — parfois traversées de crises de jalousie dont témoigne le *Journal* des Goncourt — avec Alphonse Daudet ou Edmond de Goncourt, la rencontre des disciples dont certains (Céard, Huysmans, Hennique, Alexis et Maupassant — qui s'y révéla avec *Boule de suif*) se groupèrent autour de Zola pour la publication du volume collectif des ***Soirées de Médan*** (1880), la traduction de ses livres dans toute l'Europe, sa participation journalistique à des revues étrangères (comme *Le Messager de l'Europe*, à Saint-Pétersbourg) transformèrent le romancier, surtout après la mort de Flaubert (1880) et celle de Hugo (1885), en véritable « patron » des lettres françaises, en chef d'école assuré et en polémiste redouté. Zola mit un terme à son activité de journaliste littéraire, en 1881, et recueillit alors l'essentiel de son œuvre théorique dans une série de volumes : ***Le Roman expérimental***, en 1880, puis ***Le Naturalisme au théâtre***, ***Nos Auteurs dramatiques***, ***Les Romanciers naturalistes***, ***Documents littéraires***, en 1881, et enfin ***Une campagne***, en 1882, qui constituent l'essentiel et le socle de la doctrine esthétique du naturalisme.

À partir de la fin des années 1880, la gloire du naturalisme comme esthétique put sembler décliner, sous la montée et la poussée de nouvelles avant-gardes et influences (le wagnérisme, le roman « psychologique » à la Bourget, le symbolisme, l'influence du roman russe), ce dont témoigne aussi *L'Enquête sur l'évolution littéraire* du journaliste Jules Huret, en 1891. Néanmoins, la gloire de Zola ne faiblit pas : elle trouva, par exemple, une éclatante illustration dans le grand banquet donné en juin 1893 pour la célébration de l'achèvement des ***Rougon-Macquart***, et présidé par le ministre Raymond Poincaré. Une étape venait d'être franchie, dans la vie et dans l'œuvre de l'écrivain.

Le « sauveur » de Dreyfus

Décidé à faire *« autre chose »*, Zola se tourna alors vers des entreprises romanesques portant, cette fois, sur le monde contemporain, et également plus idéalistes, porteuses d'un message social direct, et tentées par l'utopie. Il mit en chantier la trilogie des ***Trois Villes***, comprenant ***Lourdes*** (1894), ***Rome*** (1896) et ***Paris*** (1898), histoire d'un prêtre qui se détache progressivement de sa foi, en un itinéraire marqué par la traversée de trois villes symboliques.

Par ailleurs, Zola chercha, avec l'aide du musicien Alfred Bruneau, à renouveler les formes du drame lyrique de son temps avec ***L'Attaque du moulin*** (1893), ***Messidor*** (1897) et ***L'Ouragan*** (1901). Élu en 1891 président de la Société des gens de lettres, il se montra très actif dans cette charge (notamment à l'occasion de la commande, à Rodin, de sa fameuse statue de Balzac), qu'il occupa pratiquement sans interruption jusqu'en 1896. En revanche, ses multiples candidatures à l'Académie française se soldèrent toujours par un échec. Marié depuis 1870 (après 5 ans de vie commune) avec Alexandrine Meley dont il n'eut aucune descendance, le romancier eut 2 enfants de sa maîtresse Jeanne Rozerot — Denise, née en 1889, et Jacques, né en 1891 —, qu'Alexandrine reconnut en 1908, leur permettant de porter le nom d'« *Émile-Zola* », et que l'heureux père photographia avec passion et talent.

En novembre 1897, il s'engagea dans le combat de l'affaire Dreyfus, auquel rien ne le préparait : il y retrouva la fougue de ses anciennes interventions polémiques. En publiant, dans *L'Aurore* du 13 janvier 1898, sa fameuse ***Lettre au Président de la République***, passée à la postérité sous le titre « ***J'Accuse... !*** », Zola provoqua l'un des rebondissements de l'affaire Dreyfus — qui fut aussi un tournant de sa propre existence.

Condamné à un an d'emprisonnement, Zola s'exila en Angleterre, où il s'adonna à sa nouvelle passion, la photographie. Revenu en France en juin 1899, il recueillit en volume ses articles écrits pendant l'affaire Dreyfus, sous le titre ***La Vérité en marche*** (1901), et il se consacra à la publication de son dernier cycle romanesque, ***Les Quatre Évangiles***, réduit à la trilogie ***Fécondité*** (1899), plaidoyer pour une expansion de la natalité et réquisitoire contre les causes de la mortalité infantile, ***Travail*** (1901), annonce d'une société nouvelle délivrée des tares du capitalisme et des violences révolutionnaires, portée par la science vers la fraternité et le bonheur, et ***Vérité*** (1902), transposition romanesque de l'affaire Dreyfus sur le terrain de la lutte des républicains laïcs contre les congrégations. Une mort par asphyxie à son domicile (mort accidentelle ou provoquée ? — les haines déchaînées par l'affaire Dreyfus étaient encore vivaces) laissa ***Justice***, le dernier des ***Quatre Évangiles***, à l'état de notes.

À la suite du vote de la loi réhabilitant le capitaine Dreyfus en 1906, les cendres de Zola furent transférées au Panthéon, le 4 juin 1908.

THÉORIE LITTÉRAIRE

Zola, contrairement à beaucoup de ses contemporains, a aimé la théorie. Cette théorie, qui s'est exprimée par des préfaces à ses œuvres — notamment la ***Préface*** à la 2e édition de ***Thérèse Raquin*** (1868) — comme à celles d'autres romanciers, dans sa correspondance, dans des chroniques littéraires, dans des essais comme ***Le Roman expérimental***, s'est aussi exprimée vis-à-vis d'autres arts, telle la peinture (à propos de Manet notamment, ou à travers des « Salons »), et a porté essentiellement sur les genres de la prose — malgré quelques tentatives de versification dans sa jeunesse, Zola est resté à peu près « sourd » au mouvement poétique de son temps — et sur le théâtre : selon lui, tous les arts doivent marcher du même pas, être « *naturalistes* ». Ses écrits théoriques et critiques devinrent moins fréquents après 1880 lorsqu'il fut accaparé par son œuvre romanesque puis par d'autres combats (politiques notamment, avec l'affaire Dreyfus).

En rupture rapide avec le romantisme, cette réflexion théorique s'inaugure, dans la correspondance de jeunesse, notamment avec la célèbre lettre du 18 août 1864 à son ami Valabrègue sur « *les écrans* » — le roman naturaliste doit être comme une vitre translucide, non colorée, que l'écrivain impose au réel. Elle se poursuit à travers une abondante activité de chroniqueur littéraire, qui culmine dans le volume des ***Romanciers naturalistes***, où l'écrivain recherche les « patrons », les modèles intercesseurs ou les précurseurs de sa propre esthétique : Balzac, Stendhal, les Goncourt, Flaubert, Daudet, dont il chante les louanges, avec une grande justesse, ou souligne les « *défauts* » — par exemple, la « *psychologie* », un peu trop fouillée à son gré, d'un Stendhal, ses intrigues un peu trop compliquées, sa cécité aux influences du milieu —, pour mieux réaffirmer ses propres vues sur le « *nouveau roman* » dont il rêve. Au passage, Zola fustige les romanciers (Sandeau, Feuillet, Cherbuliez, Theuriet, Claretie) « *qui tiennent de George Sand et de Lamartine, les doux, les élégants, les idéalistes et les moralistes* ». La théorie zolienne du naturalisme s'affirme également, de façon moins publique, dans les nombreuses notes, autoconsignes, réflexions des documents préparatoires, apartés d'***Ébauches***, qui accompagnent, à partir de 1868, le projet, puis la rédaction, des ***Rougon-Macquart***.

Quand il conçoit les ***Rougon-Macquart***, Zola commence par noter les « *différences* » qui le séparent de Balzac, dont il souhaite pourtant suivre l'exemple : « *Je ne veux pas comme Balzac avoir une décision sur les affaires des hommes, être politique, philosophe, moraliste. Je me contenterai d'être savant, de dire ce qui est en en cherchant les raisons intimes. Point de conclusion d'ailleurs. Un simple exposé des faits d'une famille, en montrant le mécanisme intérieur qui la fait agir.* » Dans ce refus de la conclusion, on retrouve la position d'un Flaubert pour qui « *l'ineptie consiste à vouloir conclure* ». Et, songeant à la « *marche générale* » de son œuvre, Zola ajoute : « *Pour résumer mon œuvre en une phrase : je veux peindre, au début d'un siècle de liberté et de vérité, une famille qui s'élance vers les biens prochains, et qui roule détraquée par son élan lui-même, justement à cause des lueurs troubles du moment, des convulsions fatales de l'enfantement d'un monde.* » C'est pourquoi son projet est à la fois encyclopédique — « *couvrir* » méthodiquement tous les aspects d'une époque et d'une société — et anthropologique — rendre compte des « *pulsions* », des « *appétits* », du « *dynamisme* », des antagonismes, des « *élans* » des classes et des individus, des détraquements et des déclassements invisibles d'une société. D'un côté, défricher le réel, roman après roman, cycle après cycle, de l'autre, déchiffrer ce même réel en démontant ses mécanismes secrets. Zola joua donc sur plusieurs déterminismes, en cherchant à articuler deux logiques et deux dynamiques, celles du corps et celles de la société : « *l'élément purement humain, l'élément physiologique, l'étude scientifique d'une famille avec les enchaînements et les fatalités de la descendance* » et l'« *effet du moment moderne sur cette famille, son détraquement par les fièvres de l'époque,* [l'action] *sociale et physique des milieux* » (documents préparatoires aux ***Rougon-Macquart***).

De telles exigences programmatiques — il faut à la fois *montrer* et *démontrer* — permettent de comprendre l'utilisation que Zola a faite de la science de son époque, et surtout son souci constant de trouver des formules (quelquefois excessives) qui rendent compte de sa tentative romanesque. Il a multiplié les sources d'inspiration, combiné les modèles théoriques : Taine, Darwin, Michelet, notamment. Taine, d'abord, qui écrit, dans l'introduction de son *Histoire de la littérature anglaise* : « *Le vice et la vertu sont des produits comme le vitriol et le sucre* » (1863) — phrase que Zola mit en exergue à la 1re édition de ***Thérèse Raquin*** —, et dont il reprit la théorie de l'influence des milieux. Darwin, qui lui indique que la société est, comme la nature, régie par la loi de la lutte pour la vie et de la sélection naturelle — *De l'origine des espèces* a été traduit en français en 1862. Michelet, lu avec passion, à qui il emprunta la très curieuse théorie de « *l'imprégnation* » héréditaire — que Michelet était allé chercher chez le Dr Lucas —, et une conception dynamique de l'Histoire. La médecine et la biologie, enfin, qui le fascinaient comme elles fascinèrent

Flaubert, aussi bien par le modèle d'analyse (une écriture simple, efficace et transparente, à la rhétorique non ostentatoire) qu'elles lui fournissaient — un peu comme le Code servait de modèle à Stendhal —, que par le « ton » qu'elles supposaient — le roman est écriture *« sérieuse »*, ne cessèrent de répéter les Goncourt et Zola avec eux —, et que par tout ce qu'elles révélaient d'inconnu chez l'être humain, et dans lesquelles il puisa constamment, de l'*Introduction à la médecine expérimentale* de Claude Bernard (1865) au *Traité philosophique et physiologique de l'hérédité naturelle* du Dr Lucas (1847 à 1850). L'ouvrage de Claude Bernard, lu tardivement, se trouve à l'origine de son texte théorique le plus fameux, ***Le Roman expérimental***, où l'écrivain affirme, avec fierté et non sans désir de provoquer la critique bourgeoise : « *Nous montrons le mécanisme de l'utile et du nuisible, nous dégageons le déterminisme des phénomènes humains et sociaux, pour qu'on puisse un jour dominer et diriger ces phénomènes. En un mot, nous travaillons avec tout le siècle à la grande œuvre qui est la conquête de la nature, la puissance de l'homme décuplée.* »

Faut-il se moquer d'une telle profession de foi, marquée par les illusions positivistes de la 2nde moitié du XIXe siècle ? On l'a longtemps fait, sans se donner toutefois la peine de chercher à comprendre les lois de la création zolienne... et sans voir que, en l'absence des disciplines des « sciences humaines » non encore constituées, le roman zolien en occupe comme la place vacante. Certes, ***Les Rougon-Macquart*** ne fournissent pas un ensemble de résultats mesurables et déductibles de ces postures *« scientifiques »*, mais ils offrent une vision, de l'homme et de la société, fidèle à ce que le XIXe siècle possédait de plus riche en matière de réflexion scientifique. Comme l'a montré Michel Serres dans *Feux et Signaux de brume* (1975), la structure même des romans de Zola se calque sur le modèle thermodynamique (production, transformation et déperdition de l'énergie). Le modèle scientifique, cependant, ne constitue qu'un adjuvant général dans le processus de l'écriture romanesque. La *« science »* — Zola l'exprime très clairement dès les premiers projets des ***Rougon-Macquart*** — n'est qu'une *« voix »* servant, dans l'œuvre, à la fois de caution à *« l'effet de réel »* et de succédané aux vieux ressorts mélodramatiques comme le *« sort »* ou la *« fatalité »* : ainsi, l'hérédité, pour lui, serait la version *« moderne »* de la fatalité. Vient ensuite la mise en forme de la *« voix »* de la science et de la documentation accumulée — le terme *« document »* est le grand terme que Zola et les Goncourt ont perpétuellement sous la plume dans leurs essais théoriques —, sa distribution à l'intérieur de la fiction. Une des grandes originalités de Zola est d'avoir codifié cette organisation créatrice et d'avoir su en transmettre la leçon à la postérité, insistant volontiers, dans ses essais critiques et théoriques (notamment dans ***Le Roman expérimental***), sur le fait que le naturalisme n'est ni une *« thématique »* (les basses classes, les anormalités physiologiques, les dépravations du corps social, *« une basfondmanie »*, comme l'en accusent les Barbey ou les Brunetière, ses adversaires acharnés) ni une *« rhétorique »* (une stylistique, une écriture rare et archaïsante à la Huysmans, ou « artiste » à la Goncourt), mais une *« méthode »* (un protocole d'invention, de composition et d'écriture). Dès 1870, il a mis en place cette méthode rigoureuse dont les dossiers préparatoires de ses romans (conservés à la Bibliothèque nationale) fournissent la précieuse trace. Pour chaque projet romanesque, plusieurs opérations se superposent ou se succèdent dans un ordre qui ne varie guère : la composition d'une *« ébauche »*, sorte de monologue intérieur dans lequel sont esquissées les grandes lignes de l'intrigue ; parallèlement, un travail d'information donnant lieu à de multiples dossiers documentaires (résumés d'ouvrages, coupures de presse, listes de termes techniques...) ; puis, après l'enquête sur le terrain — quand elle est nécessaire —, la confection de fiches des personnages, qui permettent l'élaboration de plusieurs plans successifs (un plan général, suivi de deux plans détaillés) ; enfin, l'étape ultime de la rédaction.

En matière de narration, la méfiance viscérale que Zola, comme Flaubert et les Goncourt, ressentait à l'égard des intrigues trop bien *« ficelées »* — le repoussoir majeur, c'est le roman-feuilleton — le conduisit à organiser ses romans par leitmotive, par reprise de scènes symétriques, « cassant » l'intrigue à coups d'entrelacements — comme dans ***Pot-Bouille***, extraordinaire roman de « montage », sans héros apparent, sans intrigue unique, et dont se souvint le Perec de *La Vie mode d'emploi* —, par une esthétique de la scène, du tableau, du contrepoint, où les grandes plages descriptives alternent à intervalles irréguliers avec des scènes paroxystiques, et où des moments d'anesthésie du personnage contrastent avec des scènes violentes (un crime, une explosion passionnelle, une catastrophe technique). Le modèle exemplaire, pour Zola, du roman « *moderne* » est *L'Éducation sentimentale* de Flaubert.

THÉORIE LITTÉRAIRE

L'œuvre de Zola s'inscrit dans la grande tradition du « roman de mœurs » réaliste du XIXe siècle, qui va de Balzac à Maupassant. Mais elle a trouvé, dans le savoir scientifique de son époque — dans les sciences biologiques comme dans les sciences physiques — un point d'appui original et essentiel.

L'écriture multiple d'un symphoniste visionnaire

Il y a plusieurs écritures de Zola, comme il y a plusieurs Zola. L'écriture simplifiée, « dégraissée », qui imite celle d'un Taine ou d'un Claude Bernard, dans ***Thérèse Raquin*** (1867), diffère de la grande prose messianique, presque tolstoïenne, des ***Évangiles***. De même, la prose « *nerveuse* » (adjectif d'époque que revendiquaient les Goncourt comme Zola) de la chronique d'humeur ou du pamphlet esthétique n'a-t-elle rien à voir avec les inventaires encyclopédiques et métaphoriques des grands romans descriptifs, tels ***Le Ventre de Paris***, ***La Faute de l'abbé Mouret***, ***Au bonheur des dames***. Cette multiplicité d'écritures se retrouve à l'intérieur des ***Rougon-Macquart*** : romans « noirs » et romans « roses » y alternent ; les formules les plus diverses y sont essayées, des hymnes lyriques de ***La Faute de l'abbé Mouret*** aux livrets d'opéras que Zola a tirés de certaines de ses œuvres, ou aux discours argotiques de ***L'Assommoir***, ou encore aux enluminures poétiques du ***Rêve***...

Mais, contrairement à la prose d'un Huysmans, ou au lexique et à la syntaxe « *artistes* » des Goncourt, ce n'est pas au niveau du vocabulaire (du « *mot* »), ni même de la phrase, que se situe l'originalité de l'écriture zolienne : celle-ci se caractérise moins par le détail du travail stylistique que par la logique des ensembles, la logique des distributions en « *tableaux* » et en « *voix* » à dimensions sociales, la construction architecturale et la permanence d'un projet anthropologique. D'emblée, Zola envisage des séries, des parallèles, des symétries ; spontanément, il assemble, compare, réfléchit par similitudes et différences, par neutralisation des points de vue et multiplication des évaluations. La métaphore, que Zola conduit souvent, de façon épique, jusqu'à l'allégorie, n'est jamais purement décorative, ou ponctuelle, mais tisse toujours un réseau explicatif à grande échelle : la « *fêlure* » qui scinde les êtres est redoublée par la marche d'un monde vers la « *débâcle* », la « *bête humaine* » relie l'atavisme « *préhistorique* » à l'hérédité d'une famille, la « *pourriture* » d'une classe a ses analogues dans une autre classe, etc.

Le projet « *scientifique* », si contraignant au dire du théoricien Zola, est donc complètement subverti et par les contraintes narratives et par les modèles littéraires — même les plus honnis par le théoricien et les plus stéréotypés (comme le roman-feuilleton). Il l'est aussi par l'idéologie, la satire, les lectures, et par les fantasmes de l'écrivain, dont on peut voir l'affleurement dans la fameuse *Enquête* du Dr Toulouse. Si la vision de la société de la 2de moitié du XIXe siècle, proposée par Zola, est globalement juste, l'écrivain impose, au moins autant, une vision mythique et poétique, à travers un réseau d'associations, de mythes et de symboles, dans un univers où tout est signe et a valeur de signe, où le « *tremplin* » du réel sert souvent au « *bond dans les étoiles* » de l'allégorie ou du symbole — les termes sont de Zola. « *Je regarde et j'observe pour créer et non pour copier* », écrivit-il à Strigele. Le mythe ou le fait divers lui servent autant de « *tremplins* » que la réalité brute, de même que certains écrivains : ***L'Assommoir*** est écrit « contre » Eugène Manuel ; ***La Bête humaine***, « contre » Dostoïevski ; *Phèdre* de Racine sert de canevas à ***La Curée*** ; les crimes de Jack l'Éventreur, à ***La Bête humaine*** ; la Genèse, à ***La Faute de l'abbé Mouret*** ; la *Légende dorée* de Jacques de Voragine, au ***Rêve*** ; un épisode de la Bible, au ***Docteur Pascal***. L'« hérédité » du personnage zolien, à l'évidence, est tout autant textuelle que génétique.

Comment le roman s'offre-t-il ensuite au lecteur ? Dans la lignée de l'objectivisme prôné par un Flaubert, sans la dimension sarcastique et nihiliste d'un Maupassant, le commentaire du narrateur s'efface devant le regard et la parole de personnages qui observent le monde en tentant de l'expliquer, d'où l'emploi récurrent de l'indéfini « *on* » oscillant entre narrateur et personnages et incluant le destinataire : « *Gervaise, dès qu'il se fut éloigné, se remit à la fenêtre. À la barrière, le piétinement de troupeau continuait dans le froid du matin. On reconnaissait les serruriers à leurs bourgerons bleus* [...] » (***L'Assommoir***, chap. I). Le discours indirect émaille l'œuvre, superposant la parole du personnage à celle du narrateur : « [...] *elle se permettrait de dire ce qu'elle pensait. D'abord, elle aimait beaucoup madame, elle avait quitté exprès madame Blanche, et Dieu sait si madame Blanche faisait des pieds et des mains pour la ravoir !* » (***Nana***, chap. II). La réalité est exposée à travers la variété des perceptions individuelles. Comme chez Flaubert et Maupassant, les opinions des personnages, renvoyés « *dos à dos* », se neutralisent tout en donnant, par leur entrelacement, par l'utilisation massive des « *rumeurs* » et des « *voix* » sociales qui traversent chaque roman, une extraordinaire représentation de l'épaisseur même de la société décrite — ***L'Assommoir***, dans sa *Préface*, est présenté comme un « *travail philologique* ». Accomplie avec une conscience intime de la puissance des énergies vitales, cette représentation, déléguée au personnel du roman, s'accompagne d'une libération des forces de l'inanimé et d'une amplification des dimensions de l'univers. Les objets, les machines, les vastes monuments qui enferment la vie humaine (les Halles, le puits de la mine, le grand magasin...) se chargent d'une signification propre et sont personnifiés, souvent sous les traits d'une bête inquiétante, comme le puits de la mine qui devient un « *monstre chtonien* » (Maarten van Buren) : « [...] *le Voreux, au fond de son trou, avec son tassement de bête méchante, s'écrasait davantage, respirait d'une haleine plus grosse et plus longue, l'air gêné par sa digestion pénible de chair humaine* » (***Germinal***, I, 1). La métaphore est liée à la vision subjective du personnage qui perçoit le monde extérieur : « [...] *et le zingueur, qui l'avait suivie, lui expliqua comment ça marchait, indiquant du doigt les différentes pièces de l'appareil, montrant l'énorme cornue d'où tombait un filet limpide d'alcool. L'alambic, avec ses récipients de forme étrange, gardait une mine sombre* [...]. *L'alambic, sans une flamme, sans une gaieté dans les reflets éteints de ses cuivres, continuait, laissait couler sa sueur d'alcool, pareil à une source lente et entêtée, qui à la longue devait envahir la salle, se répandre sur les boulevards extérieurs, inonder le trou immense de Paris* » (***L'Assommoir***, chap. II).

Les foules indifférenciées — grévistes de ***Germinal***, clients d'***Au bonheur des dames***, armées de ***La Débâcle***, ouvriers sur le boulevard de ***L'Assommoir*** — engloutissent et « effacent » l'individu. Le récit bascule alors, dépasse le cadre du réalisme, retrouve les grands thèmes de la littérature éternelle, voire les « grossissements » de l'écriture épique. Au niveau de l'individu se superposent les couches du rêve et de l'imaginaire, l'enchevêtrement dynamique et incontrôlé des pulsions et des répulsions : ***La Bête humaine***, en un premier temps, devait s'appeler ***L'Inconscient***. De cette double construction — de ces enchevêtrement et débordement réciproques d'un discours scientifique et des rumeurs du corps social, du « *savoir* » et du « *mythe* », comme l'a montré Henri Mitterand — les romans de Zola tirent toute leur complexité et toute leur richesse.

L'attention ethnographique n'exclut pas d'ailleurs, bien au contraire, l'intuition psychologique. En matière de vie intérieure, si l'on admet que cette notion recouvre, de nos jours, non seulement les traits de caractère et les grandes passions, mais aussi les pulsions qui viennent des zones les plus secrètes et les plus vitales des sens, les déguisements qu'elles prennent et les voies qu'elles s'ouvrent au mépris des censures, Zola en sait et en révèle plus et mieux que la plupart de ses prédécesseurs : il n'en est pas de meilleur exemple que l'histoire de l'héroïne d'***Une page d'amour***, magistrale clinique de la frustration, de ses symptômes et de ses détours.

Une œuvre longtemps controversée

Dans une lettre à Valabrègue du 8 janvier 1866, le jeune Zola écrit ces mots, qui possèdent une valeur prémonitoire quand on considère le destin futur de son œuvre : « *L'habileté consiste, l'œuvre une fois faite, à ne pas attendre le public, mais à aller vers lui et à le forcer à vous caresser ou à vous injurier.* » De l'affaire Manet à l'affaire Dreyfus, on voit bien que l'art de Zola est, toujours, inséparable d'une certaine provocation des ordres et systèmes établis. Les romans de Zola, de fait, laissèrent rarement la critique indifférente... Le ton fut donné, dès 1868, quand, au moment de la parution de ***Thérèse Raquin***, Louis Ulbach dénonçait, dans *Le Figaro*, l'invasion de la « *littérature putride* ». Lui emboîtant le pas, Barbey d'Aurevilly — qui fut son adversaire le plus tenace (Zola le lui rendant bien dans ses propres articles) —, tonnait, quelques années plus tard, contre les « *ordures* » qu'il découvrait dans ***Le Ventre de Paris*** et ***La Faute de l'abbé Mouret*** : ces accusations contre un Zola « *pornographe* » se répétèrent jusqu'à la mort de l'écrivain, et constituèrent le fondement de la polémique anti-naturaliste, qui s'étaya d'un extraordinaire flot de caricatures, pamphlets ou parodies dont la grossièreté étonne encore de nos jours. Plus subtil, Brunetière, à partir de 1875, attaqua l'esthétique du naturalisme français (grossièreté de la « *physiologie* » et de la « *psychologie* » des personnages, excès d'érudition et manque « *de goût et d'esprit,* [...] *de finesse psychologique,* [...] *de sens moral* » de Zola), en lui opposant l'exemple du roman anglais (ses articles furent recueillis, dès 1882, dans son volume *Le Roman naturaliste*). Avec le succès de ***L'Assommoir***, en 1877, puis celui de ***Nana***, en 1879, la polémique s'étendit à l'ensemble de la presse — l'année 1880 fut sacrée « *année pornographique* » et mise sous l'égide de Zola —, qui se délectait des audaces du « *nanaturalisme* » et donnait libre cours à tous les excès de la caricature ou de la parodie, pendant que se constituait un public fidèle et enthousiaste que les romans bien sages de Ohnet, Claretie, ou Feuillet ne satisfaisaient pas, public fidèle où se remarquaient certains admirateurs parfois paradoxaux comme Mallarmé. Les années 1879-1880 consacrèrent, cependant, le « *triomphe du naturalisme* », que symbolisèrent l'adaptation théâtrale de ***L'Assommoir***, la publication du ***Roman expérimental*** dans *Le Voltaire*, en 1879, ou celle des ***Soirées de Médan***, en avril 1880.

Quand parut ***Germinal***, en 1885, une modification apparut dans l'attitude de la critique. Plusieurs commentateurs entreprirent une lecture favorable de l'œuvre, en particulier Jules Lemaitre, dans la *Revue politique et littéraire* du 14 mars 1885, qui qualifiait ***Les Rougon-Macquart*** d'« *épopée pessimiste de l'animalité humaine* », la comparant à une épopée antique, écrite dans la tradition d'Homère. Certes, la polémique anti-naturaliste était encore loin d'être éteinte. Elle explosa avec une grande violence au moment de ***La Terre***, en 1887, comme en témoigna le *Manifeste des Cinq*, signé par Bonnetain, Rosny, Descaves, Margueritte et Guiches, ou avec *À rebours* de Huysmans (1884), modèle du « *roman célibataire* » décadent qui se sert de Zola comme repoussoir, plus explicitement encore dans la *Préface* que Huysmans donna, en 1903, à ce roman : « *Au moment où parut* À rebours, *c'est-à-dire en 1884, la situation était donc celle-ci : le naturalisme s'essoufflait à tourner la meule dans le même cercle. La somme d'observations que chacun avait emmagasinée, en les prenant sur soi-même et sur les autres, commençait à s'épuiser. Zola, qui était un beau décorateur de théâtre, s'en tirait en brossant des toiles plus ou moins précises ; il suggérait très bien l'illusion du mouvement et de la vie ; ses héros étaient dénués d'âme, régis tout bonnement par des impulsions et des instincts, ce qui simplifiait le travail de l'analyse. Ils remuaient, accomplissaient quelques actes sommaires, peuplaient d'assez franches silhouettes des décors qui devenaient les personnages principaux de ses drames. Il célébrait de la sorte les halles, les magasins de nouveautés, les chemins de fer, les mines, et les êtres humains égarés dans ces milieux n'y jouaient plus que le rôle d'utilités et de figurants ; mais Zola était Zola, c'est-à-dire un artiste un peu massif, mais doué de puissants poumons et de gros poings.* » Mais, peu à peu, les attaques s'atténuèrent. L'opinion de Maupassant, dans sa chronique du *Gaulois* du 14 janvier 1882, définissant un Zola « *poète* » et « *romantique malgré lui dans ses procédés* », et celle de Lemaitre évoquant un Zola « *épique* », furent admises de plus en plus largement, quels que fussent les débats que suscitèrent à nouveau ***La Débâcle***, roman « *défaitiste* » (1892), et ***Lourdes***, roman « *anticlérical* » (1894) — Zola, pour la duchesse de Guermantes de Proust, est « *l'Homère de la vidange* »... —, et même si Huysmans, cette fois-ci dans *Là-bas* (1891), renouvela ses attaques : « *Je ne reproche au naturalisme ni ses termes de pontons, ni son vocabulaire de latrines et d'hospices, car ce serait injuste et ce serait absurde ; d'abord, certains sujets les hèlent, puis avec des gravats d'expressions et du brai de mots, l'on peut exhausser d'énormes et de puissantes œuvres.* L'Assommoir *de Zola le prouve ; non, la question est autre ; ce que je reproche au naturalisme, ce n'est pas le lourd badigeon de son gros style ; c'est l'immondice de ses idées ; ce que je lui reproche, c'est d'avoir incarné le matérialisme dans la littérature, d'avoir glorifié la démocratie de l'art !* » Mais le grand bouleversement de l'affaire Dreyfus, dans laquelle Zola s'engagea dès novembre 1897, et dont il donna une « *réécriture* » romanesque dans ***Vérité***, remit en cause cette situation : les passions exacerbées empêchèrent toute réflexion lucide sur l'auteur de « ***J'Accuse... !*** »

Après 1908, celui que Bloy définissait comme « *l'intransigeant ennemi du* mystère » (*Les Funérailles du naturalisme*, in *Inédits*, 1891) entra dans une sorte de purgatoire. On n'oublia pas l'auteur de « ***J'Accuse... !*** », qui continua de susciter des haines, telle celle, inépuisable, de Léon Daudet dénigrant « *ce pauvre Zola, flaireur de choses immondes et fanatique du laid* » (*La Femme et l'Amour*, 1930), et à qui l'on rendit parfois hommage. Le romancier était toujours lu par le grand

public, comme le montrèrent les tirages atteints par ses romans, où *L'Assommoir*, *Germinal* et *Nana* dominent, et la ferveur des « *pèlerinages* » commémoratifs à Médan. Mais, pendant toute la période de l'entre-deux-guerres, il fut délaissé par la critique littéraire et par l'Université, qui le traitèrent avec une condescendance certaine — « *il est à* La Comédie humaine *ce que l'Empire du neveu est à l'Empire de l'oncle* » (Thibaudet) —, alors que son esthétique, monnayée chez les épigones en innombrables « *romans de mœurs parisiennes* », se diffusait très largement, et que le cinéma, dès sa naissance quasiment, puisait, dans les découpages « *pré-cinématographiques* » de ses romans, la matière de très nombreuses adaptations à l'écran (Renoir, Lang, L'Herbier, Clément, Berri, Duvivier, Cayatte, Antoine, Feyder, Carné).
Gide fut l'un des rares à dénoncer ce purgatoire : « *Je tiens le discrédit actuel de Zola pour une monstrueuse injustice, qui ne fait pas grand honneur aux critiques littéraires d'aujourd'hui. Il n'est pas de romancier français plus personnel ni plus représentatif* » (*Journal*, 17 juil. 1932). Sur le plan de la critique, il fallut le renouveau intellectuel des années 1950 et les travaux de Guy Robert pour que l'œuvre de Zola, dégagée des visions simplificatrices, soit perçue dans toute sa complexité : alors, la critique « moderne », dans ses diverses tendances — sociologiques, thématiques, génétiques, psychanalytiques ou narratologiques — put, en explorant *Les Rougon-Macquart*, découvrir leur dimension fantasmatique, ou se passionner pour le « système » de ses personnages, mieux étudier le tressage du mythe et du réel, du « tel quel » naturaliste et de l'allégorisation de ce même réel, et remettre en perspective les divers Zola.
L'un des auteurs aujourd'hui les plus diffusés et les plus lus en collections de poche, tant en France qu'à l'étranger (à défaut d'être souvent inscrit aux programmes des diverses agrégations), Zola est l'auteur populaire par excellence, l'un des très rares en qui la littérature conjugue quantité et qualité.

ŒUVRES

L'Assommoir

Roman en 13 chapitres — précédés d'une brève mais importante **Préface** —, publié chez Charpentier, le 24 janvier 1877, et constituant le 7e volume de la série des **Rougon-Macquart**. Il parut d'abord en feuilleton, dans *Le Bien public*, du 13 avril au 7 juin 1876 ; interrompue, la publication reprit dans *La République des lettres* (revue littéraire dirigée par Mendès), du 9 juillet 1876 au 7 janvier 1877.

Le roman raconte la grandeur puis la décadence de Gervaise Macquart, blanchisseuse dans le quartier de la Goutte-d'Or, à Paris. Après avoir été abandonnée avec ses 2 fils, Claude et Étienne, par son amant, Auguste Lantier, Gervaise épouse l'ouvrier zingueur Coupeau et parvient à conquérir bonheur et prospérité, concrétisés par la naissance de leur fille, Nana. Elle célèbre son succès (évoqué dans le chapitre central du récit) en organisant une grande fête à laquelle participe tout le quartier. Mais le destin la guette : victime d'un accident de travail, Coupeau s'est mis à boire, et le couple est entraîné progressivement vers la déchéance et la mort, sans la moindre compassion de leur voisinage : « [...] *ils se régalaient de potins* [...]. *La dégringolade de la Banban surtout les faisait ronronner la journée entière, comme des matous qu'on caresse. Quelle dèche, quel décatissage, mes amis !* » (chap. X).

L'Assommoir tire son originalité de la peinture sociologique qu'il fait du milieu populaire parisien, à travers l'étude médicale et sociale de l'alcoolisme et de ses ravages. Une série de grandes scènes — la bataille des femmes dans le lavoir, la fête chez Gervaise, la chute de Coupeau tombant d'un toit, la visite au Louvre, la forge de Goujet, la scène de *delirium tremens* de Coupeau à l'hôpital, la déchéance finale de Gervaise se prostituant dans la rue — rythme une existence de femme du peuple détruite par la « *promiscuité* » **(Préface)** et par l'alcoolisme. Pour préparer le roman, Zola visita le quartier de la Goutte-d'Or, prenant des notes et dressant des plans de rues. Il s'inspira en outre du livre de Denis Poulot, *Le Sublime*, qui traite de la condition ouvrière, ainsi que de certains dictionnaires d'argot (Larchey, Delvau). Selon le début de l'**Ébauche**, le roman devait s'appeler **La Simple Vie de Gervaise Macquart**.

L'Assommoir fut attaqué par les républicains qui reprochèrent à Zola d'avoir donné une vision dégradante de la classe ouvrière ; et l'usage du vocabulaire et de la syntaxe populaires, stylisés par la multiplication du discours indirect libre et par une écriture narrative faisant elle-même entendre la voix du peuple parisien (la **Préface**

parle de « *travail philologique* »), choqua la critique. Mais ce fut un grand succès public : près de 40 000 exemplaires en 1877, 127 000 exemplaires (cumulés) en 1893. Le roman fut adapté au théâtre en 1879 (drame en 5 actes et 9 tableaux, de Busnach et Gastineau, réalisé à l'initiative de Zola) et donna lieu à d'innombrables caricatures et parodies. L'écrivain américain Henry James célébrait ainsi le roman : « *Le ton de* L'Assommoir *est insurpassable ; du simple fait que l'auteur est capable de le maintenir, c'est une vaste et profonde marée qui porte triomphalement chaque objet décrit* » (*Du roman considéré comme l'un des beaux-arts*, 1903). Au cinéma, on compte une dizaine d'adaptations françaises, anglaises et américaines, dont *Gervaise* de René Clément (1956).

La ***Bête humaine***

Roman en 12 chapitres, publié chez Charpentier, le 4 mars 1890, et constituant le 17e volume de la série des ***Rougon-Macquart***. Il parut d'abord en feuilleton dans *La Vie populaire*, du 14 novembre 1889 au 2 mars 1890.

Le drame, qui a pour cadre le monde des chemins de fer, et plus particulièrement la ligne Paris/Le Havre, met en scène une série de meurtres commandés par la passion, la cupidité ou l'instinct aveugle. Le personnage principal en est le mécanicien Jacques Lantier qui, partagé entre « *deux femmes, une à chaque bout de la ligne, sa femme à Paris* [Victoire] *pour les nuits qu'il y couchait, et une autre au Havre* [sa maîtresse Séverine], *pour les heures d'attente qu'il y passait entre deux trains* » — l'une veillant d'ailleurs sur le linge de son mari, « *car il lui aurait été très sensible que l'autre l'accusât de ne pas tenir leur homme proprement* » (chap. III) —, ne peut posséder une femme sans le besoin instinctif de la tuer. Le sous-chef de gare du Havre, Roubaud, en proie à la jalousie, a assassiné dans le train un ancien amant de sa femme Séverine. Jacques a assisté par hasard à ce premier crime. Devenu l'amant de Séverine, il la tue dans un accès de folie héréditaire : « [...] *depuis qu'il la possédait, la pensée du meurtre ne l'avait plus troublé. Était-ce donc que la possession physique contentait ce besoin de mort ? Posséder, tuer, cela s'équivalait-il, dans le fond sombre de la bête humaine ?* » (chap. III). L'enquête menée par le juge Denizet, caricaturale, envoie un innocent au bagne et innocente les coupables. Jacques Lantier ayant noué une liaison avec la maîtresse de son chauffeur Pecqueux, celui-ci, ivre, l'attaque sur la machine de leur train lancé à pleine vitesse, et les deux hommes roulent sous la locomotive, tandis que le train fou emporte les soldats de 1870 vers la guerre.

Zola s'était soigneusement documenté, et avait même fait le voyage dans la locomotive entre Paris et Le Havre, sur cette ligne qui passait au fond de son jardin à Médan et dont il aimait photographier les trains. Les morceaux de bravoure du roman, dont l'action se passe en 1869, sont constitués d'une scène d'accident de locomotive sous la neige, d'une scène de déraillement — provoqué par une jeune fille jalouse qui aime Jacques —, des deux crimes, des intermittences de la pulsion de meurtre chez le héros — mais tous les personnages du roman sont également « *bêtes humaines* » — et des pages finales décrivant le train fou privé de son conducteur. Les évocations de la vitesse, de la machine dans sa relation à l'homme, des grands transits des foules modernes anonymes sur des « *réseaux* », du dédoublement de la personnalité, de la pulsion de mort dans ses liens avec le désir sexuel, font de ce roman « noir » un titre original dans la série des ***Rougon-Macquart***, un ouvrage moins « transparent », moins « documentaire » que d'autres, où l'hérédité familiale — ici renvoyée curieusement à un « *âge des cavernes* » primordial — est aussi moins présente. C'est à la fois, selon les termes de Zola lui-même dans son ***Ébauche***, le « *poème d'une grande ligne* » et un « *cauchemar* ».

La rédaction du roman s'étala entre mai 1889 et janvier 1890. Zola, qui commençait à être un peu las de sa grande série, qu'il avait située dans le cadre du Second Empire, amalgamait ici deux projets plus anciens datant de ses premiers projets de 1868-1869 : celui, d'une part, d'un roman sur les milieux de la magistrature, projet d'un roman « judiciaire » ou « criminaliste », et celui, d'autre part, d'un roman sur les chemins de fer. L'étude de l'***Ébauche*** manuscrite et des brouillons du roman éclaire l'œuvre : désir de rompre avec les thèmes un peu idéalistes du roman précédent ***(Le Rêve)***, de reprendre certains thèmes de ***Thérèse Raquin*** — la psychologie du criminel —, de s'inspirer de quelques affaires criminelles célèbres, de s'opposer aux théories criminalistes en vogue à l'époque — celle de Tarde ou de Lombroso —, de faire un roman du crime et de l'enquête policière différent de ceux des contemporains, notamment de *Crime et Châtiment* de Dostoïevski. Après avoir songé un instant à prendre pour héros Étienne Lantier, fils de Gervaise et héros de ***Germinal***, Zola inventa un nouveau fils à Gervaise et le nomma Jacques, peut-être en souvenir du célèbre tueur en série Jacques l'Éventreur qui avait sévi à Londres en septembre-octobre 1888. Après avoir essayé une centaine de titres et failli nommer son roman ***L'Inconscient***, Zola finit par retenir ***La Bête humaine***.

Zola commenta ainsi son œuvre : « *L'originalité est que l'histoire se passe d'un bout à l'autre sur la ligne du chemin de fer de l'Ouest, de Paris au Havre. On y entend un continuel grondement de trains : c'est le progrès qui passe, allant au* XX*e* *siècle, et cela au milieu d'un abominable drame, ignoré de tous. La bête humaine sous la civilisation* » (lettre à Van Santen Kolff, 6 juin 1889). L'accumulation de scènes de violence choqua une grande partie de la critique, laquelle reconnut cependant la force du livre : Jules Lemaitre, dans *Le Figaro* du 8 mars 1890, le qualifia d'« *épopée préhistorique* ». L'œuvre, très « plastique » dans ses découpages en « tableaux » spectaculaires, comme en certaines couleurs-leitmotive — le noir, le blanc, le rouge du sang —, très « hallucinée », appelle l'image ou la représentation. Le collaborateur attitré de Zola, Busnach, avait projeté de la porter au théâtre. Parmi quantité d'adaptations, le cinéma a révélé deux réalisations remarquables inspirées du roman : celle de Jean Renoir (sous le même titre) avec Jean Gabin dans le rôle de Lantier (1938) et celle de Fritz Lang (sous le titre de *Human Desire*, 1954). Traduite en de très nombreuses langues, l'œuvre est parue en « Livre de Poche » dès 1953 et occupe le 3e rang des ***Rougon-Macquart*** après ***Germinal*** et ***L'Assommoir***, pour les tirages.

La ***Débâcle***

Roman en 3 parties et 24 chapitres (8 + 8 + 8), publié chez Charpentier et Fasquelle, le 21 juin 1892, et constituant le 19e et avant-dernier volume de la série des ***Rougon-Macquart***. Il parut d'abord en feuilleton dans *La Vie populaire*, du 21 février au 21 juillet 1892. Une édition illustrée parut chez Marpon et Flammarion, en 1893.

Le roman, composé selon une structure régulière et équilibrée, décrit d'abord les marches et contremarches de l'armée française, mal équipée, mal commandée, son encerclement, puis la défaite de Sedan et la capitulation de l'armée de Napoléon III — « *Le major resta quelques secondes étourdi par cette idée du drapeau blanc, de la défaite, de la capitulation* » (chap. II) —, dont la figure hagarde traverse, à intervalles réguliers, le champ de bataille, tandis que la dernière partie évoque le drame de la Commune. Les deux personnages principaux en sont le paysan Jean Macquart — déjà protagoniste de ***La Terre*** — et le bourgeois Maurice Levasseur, que la dureté de la vie militaire a rapprochés, après un premier contact difficile : « *Entre le paysan et le lettré, l'inimitié d'instinct, la répugnance de classe et d'éducation étaient comme un malaise physique. Le premier pourtant en éprouvait une honte, une tristesse au fond, se faisant petit, tâchant d'échapper à ce mépris hostile qu'il devinait là* » (I, 1). Le paysan Jean, qui incarne « *la vieille raison française, le fond raisonnable de la race, l'épargne, le travail* » (**Ébauche** du roman), forme un couple antithétique avec son ami Maurice, fils de bourgeois, « *nerveux* », « *la mauvaise partie de la France* », qui devient communard à la fin du roman. Maurice a sauvé Jean de la mort, mais le destin veut que, pendant la répression versaillaise de la Commune, les deux amis se retrouvent dans les camps opposés : sans le reconnaître, Jean tue Maurice sur une barricade...

Rythmé par de grands mouvements de foules et de corps d'armée en marche ou en débandade, le roman n'épargne ni les militaires français ni le peuple de la Commune, et se clôt sur la description apocalyptique de l'incendie de Paris. Il se conclut sur ces lignes, qui rappellent la fin de ***Germinal*** : « [...] *le champ ravagé était en friche, la maison brûlée était par terre ; et Jean, le plus humble et le plus douloureux, s'en alla, marchant à l'avenir, à la grande et rude besogne de toute une France à refaire* ».

Roman de la chute de l'Empire, ***La Débâcle*** clôt le cadre historique que Zola s'était donné, comme le roman suivant, le dernier, ***Le Docteur Pascal***, constituera la clôture « théorique » de la série. La guerre de 1870 contre la Prusse, qui s'acheva, après le siège de Paris et la Commune, sur une amputation du territoire national, avait déjà fait l'objet d'innombrables romans et nouvelles — de Coppée, Bourget, Vallès, Margueritte, Daudet. Zola lui-même avait patronné, en 1880, le recueil des ***Soirées de Médan*** où toutes les nouvelles — dont la sienne, ***L'Attaque du moulin*** — traitaient de la guerre avec la Prusse, et les dernières lignes de ***Nana*** et de ***La Bête humaine*** se présentaient déjà comme les signes avant-coureurs de ***La Débâcle***. En outre, dans sa nouvelle ***Jacques Damour*** (1880), Zola avait déjà évoqué les milieux communards. Pour écrire son roman, il visita le champ de bataille de Sedan, lut les travaux de nombreux historiens et militaires sur la guerre de 1870, compulsa quantité de journaux, évoqua ses propres souvenirs, étudia en détail la marche du 7e corps d'armée, dans lequel évolue son héros. À sa parution, préparée par un article de Zola, ***Sedan***, dans *Le Figaro* du 1er septembre 1891, le roman suscita une intense polémique qui porta sur la façon dont étaient peintes l'incurie et la mauvaise préparation des militaires français. À un moment où la « revanche » contre la Prusse — devenue entre-temps l'Allemagne — hantait tous les esprits, Zola fut accusé de démoraliser la nation en attaquant son armée. De tels griefs resurgirent quelques années plus tard avec l'affaire Dreyfus. Le grand public fit néanmoins un très bon accueil au roman qui fut le plus lu de toute la série des ***Rougon-Macquart*** (176 000 exemplaires vendus dans la seule année 1892, chiffre considérable pour l'époque). Plusieurs pamphlets parurent en 1892-1893 : *L'Œuvre de Zola, à propos du roman « La Débâcle »* d'Auguste Sautour, *À refaire « La Débâcle » !* de Christian Franc. Et Zola dut répondre, notamment dans la presse, pour défendre son livre.

Germinal

Roman divisé en 7 parties et 40 chapitres, publié chez Charpentier, le 2 mars 1885, et constituant le 13e volume de la série des ***Rougon-Macquart***. Il parut d'abord en feuilleton dans *Le Gil Blas*, du 26 novembre 1884 au 25 février 1885.

Le récit a pour cadre la mine de Montsou — fictive, mais conçue sur le modèle des mines d'Anzin et de Denain —, dans le nord de la France, et pour héros Étienne Lantier, fils de la miséreuse Gervaise, personnage principal de ***L'Assommoir*** : il raconte la naissance d'une grève et sa répression sanglante. L'intrigue est construite autour d'une famille typique de mineurs, les Maheu, et du personnage d'Étienne Lantier, nouveau venu dans la région, ouvrier autodidacte et cultivé, frotté aux idées et aux doctrines socialistes, que les circonstances poussent à prendre la direction de la grève. Elle fait alterner des scènes collectives — montrant une fête au village, une émeute de la faim chez les ouvriers, les mineurs au travail ou la foule des grévistes révoltés — et des scènes plus intimes (autour des personnages d'Étienne et de Catherine Maheu, dont les amours se heurtent à la présence hostile de Chaval). Porté par un puissant souffle lyrique, le drame va *crescendo*, à mesure que gagnent colère et violence : *« Des hommes poussaient, une armée noire, vengeresse, qui germait lentement dans les sillons, grandissant pour les récoltes du siècle futur, et dont la germination allait faire bientôt éclater la terre »* (VII, 6). Jusqu'à un double dénouement : l'échec de la grève et l'éboulement de la mine, provoqué par le sabotage d'un ouvrier anarchiste et dans lequel s'engloutit le puits du Voreux.

Comme l'écrit Zola dans son ***Ébauche***, le roman représente *« le soulèvement des salariés, le coup d'épaule donné à la société, qui craque un instant : en un mot la lutte du capital et du travail »*. Témoignage social, c'est un plaidoyer en faveur des exploités, dans la tradition des *Misérables* de Hugo. Dans une interview donnée en mars 1885, le romancier déclarait : *« Aurai-je réussi à faire comprendre, dans mon roman, les aspirations des misérables vers la justice ? Je ne sais. Mais j'ai voulu aussi bien établir que le bourgeois lui-même n'est pas coupable, individuellement. C'est la collectivité qui a toute la responsabilité. »* Pour se documenter, Zola avait notamment lu *La Vie souterraine* (1867) de Simonin — ouvrage richement illustré — et *La Question ouvrière au* XIXe *siècle* (1872) de Leroy-Beaulieu. Il avait en outre visité la mine d'Anzin.

La critique de l'époque, après avoir accueilli avec un certain embarras cette représentation si dure de la *« question sociale »*, insista, à la suite de Jules Lemaitre, sur les qualités poétiques et *« épiques »* de l'œuvre. ***Germinal*** est aujourd'hui le roman de Zola le plus célèbre (plus de 3 millions d'exemplaires vendus en format de poche). Mais, au XIXe siècle, il ne se situait qu'à la 5e place, derrière ***La Débâcle***, ***L'Assommoir***, ***Nana*** et ***La Terre***. L'adaptation théâtrale réalisée par Zola et Busnach, en 1885, fut interdite par la censure et ne put être donnée qu'en 1888 — sans grand succès d'ailleurs. Camille Lemonnier s'inspira du roman pour *La Fin des bourgeois* (1892) et surtout *Happe-chair* (1896). Plus près de nous, le cinéma a proposé deux adaptations marquantes, celle d'Yves Allégret (1963), et celle de Claude Berri (1993).

J'Accuse... !

Le plus célèbre des articles de Zola, publié dans *L'Aurore* du 13 janvier 1898, en pleine affaire Dreyfus, et dont le titre exact était **Lettre à M. Félix Faure, Président de la République** — la formule *« J'accuse... ! »* (d'ailleurs sous la forme **« J'Accuse... ! »**), retenue comme titre de l'article par Clemenceau, directeur politique du quotidien, n'apparaissant qu'à la conclusion de l'article.

Dans le détail, la célèbre formule, sous forme d'anaphore, sert d'*incipit* à 8 paragraphes consécutifs (sur les 14 que compte la péroraison) où elle apparaît, au total, 9 fois : *« J'accuse le lieutenant-colonel du Paty de Clam* [...]. */ J'accuse le général Mercier* [...]. */ J'accuse le général Billot* [...]. */ J'accuse le général de Boisdeffre et le général Gonse* [...]. */ J'accuse le général de Pellieux et le commandant Ravary* [...]. */ J'accuse les trois experts en écriture, les sieurs Belhomme, Varinard, et Couard* [...]. */ J'accuse les bureaux de la guerre* [...]. */ J'accuse enfin le premier conseil de guerre* [...] *et j'accuse le second conseil de guerre* [...]. »

Ce pamphlet entraîna, de la part du gouvernement, un procès en diffamation (du 7 au 23 févr. 1898), qui aboutit à la condamnation du romancier. Le texte de **« J'Accuse... ! »** fut repris en volume dans ***La Vérité en marche***, en 1901.

Nana

Roman en 14 chapitres, publié chez Charpentier, le 14 février 1880, et constituant le 9e volume de la série des ***Rougon-Macquart***. Il parut d'abord en feuilleton dans *Le Voltaire*, du 16 octobre 1879 au 5 février 1880.

Fille de Gervaise Macquart (l'héroïne de ***L'Assommoir***) et de Coupeau, Nana est, au moment où commence l'intrigue, une « *cocotte* » dont le Tout-Paris applaudit les débuts comme actrice sur la scène du théâtre des Variétés. La suite du récit décrit, sur une période de trois années, son ascension fulgurante vers les sommets de la prostitution de luxe : créature faite pour le plaisir, Nana envoûte tous les hommes, du vieux banquier Steiner au comte Muffat, chambellan de l'empereur, ou au jeune Georges Hugon... « *Mouche d'or* », elle séduit mais corrompt en même temps, menant à leur perte ceux qui tombent sous son emprise : « *Elle faisait tomber jusqu'à sa chemise ; puis, toute nue, elle s'oubliait, elle se regardait longuement. C'était une passion de son corps, un ravissement de satin de sa peau et de la ligne souple de sa taille, qui la tenait sérieuse, attentive, absorbée dans un amour d'elle-même* » (chap. VII). Et elle meurt elle-même, atteinte par la variole, au moment de la déclaration de guerre à la Prusse, quelques semaines avant la chute d'un régime dont elle a incarné tous les vices — destinée personnelle qu'annonçait déjà ***L'Assommoir*** : « *Cette merdeuse de dix ans marchait comme une dame devant lui, se balançait, le regardait de côté, les yeux déjà pleins de vice* » (chap. VIII). En pourrissant la bourgeoisie, Nana « venge » ses parents, les prolétaires miséreux de ***L'Assommoir***.

« *Poème sinistre des amours du mâle* », comme l'écrit Zola dans ses notes préparatoires, le roman — qui est fondé sur un schéma dramatique comparable à celui de *La Cousine Bette* de Balzac — offre une peinture saisissante du monde des théâtres de boulevard et de la galanterie mondaine.

La critique contemporaine se déchaîna contre Zola, l'accusant d'avoir méconnu un milieu auquel il était étranger, et clamant son indignation devant le caractère immoral des scènes qui étaient présentées au lecteur. Le journaliste Eugène Mermet parla de l'année 1880 comme de « *l'année pornographique* » (*La Presse française*, 1881). Le roman connut cependant un immense succès (plus de 80 000 exemplaires vendus en 1880) : dans le total des tirages atteints par ***Les Rougon-Macquart*** au XIXe siècle, il occupe la 2e position, derrière ***La Débâcle***. Adapté au théâtre en 1881 par Busnach, transposé par Edmond de Goncourt dans *La Faustin* (1882) — parmi bien d'autres romans que Nana inspira —, il fut, au XXe siècle, porté de nombreuses fois à l'écran, notamment par Jean Renoir (1926), Christian-Jaque (1955), et Maurice Cazeneuve, pour la télévision (1981).

L'Œuvre

Roman en 12 chapitres, publié chez Charpentier, le 31 mars 1886, et constituant le 14e volume de la série des ***Rougon-Macquart***. Il parut d'abord en feuilleton dans *Le Gil Blas*, du 23 décembre 1885 au 26 mars 1886.

Tragédie de l'artiste incompris et impuissant, ***L'Œuvre*** raconte l'histoire du peintre Claude Lantier — l'un des fils de Gervaise, personnage déjà apparu dans ***Le Ventre de Paris*** —, qui poursuit un idéal esthétique exigeant et novateur mais se heurte à des échecs successifs : ni l'amour que lui voue Christine — qui lui sert de modèle et dont il a un enfant —, ni les relations amicales qui le lient au romancier Sandoz ne l'empêchent de se laisser progressivement emporter par le doute et par la folie. Impuissant à terminer les grandes compositions dont il rêve, Lantier finit par se suicider devant un grand tableau symbolique qu'il n'arrive pas à achever et qui représente l'île de la Cité, à Paris. Parmi les scènes clés du roman figurent la description du travail du peintre dans son atelier, une brève idylle à la campagne à Bennecourt, la préparation du Salon des Refusés, la mort de l'enfant, les progrès de la folie chez Claude. Le thème de l'artiste « nerveux », thème commun à Flaubert, Daudet et Goncourt, la question des relations de l'artiste avec la femme — la femme réelle est peu à peu supplantée par la femme peinte —, les relations de l'artiste avec les institutions — l'Académie, le Salon, les marchands, la critique —, sont au centre du roman, dont l'intrigue est rythmée par les tableaux de Claude (*Plein Air*, *Torse de Christine*, *L'Enfant mort*, le grand tableau final de la vue de l'île de la Cité).

L'idée d'écrire un roman sur les milieux de la peinture — peut-être en germe dès l'intervention de Zola, en 1866, en faveur de la peinture de Manet —, remonte aux premiers projets de 1868 pour les futurs ***Rougon-Macquart***. L'écrivain, à cette époque, prévoyait « *un roman qui aura*[it] *pour cadre le monde artistique et pour héros Claude Dulac, autre enfant du milieu ouvrier* [...]. *Tableau de la fièvre d'art de l'époque.* » Pour préparer son roman, Zola, conformément à son habitude, consulta ses amis — l'architecte Jourdain, le peintre Guillemet —, lut des ouvrages techniques, utilisa surtout ses souvenirs de critique d'art mêlé au scandale Manet de 1866 et à la naissance de l'impressionnisme. Zola s'est aussi bien distribué dans la figure du héros, Lantier, peintre génial mais qui sombre peu à peu dans la folie, que dans la figure du romancier Sandoz, ami de Claude, dont les théories sont bien proches des théories naturalistes. Les titres retenus un instant par Zola pour son roman, dans ses brouillons préparatoires, soulignent les thèmes principaux de ***L'Œuvre*** : ***Le Travail***, ***L'Ébauche***,

L'Œuvre d'art*, *Le Chef-d'œuvre*, *Les Couches du siècle*, *Créer*, *Le Vrai*, *Fin de siècle*, *L'Impossible*...** Écrit dans la lignée du *Chef-d'œuvre inconnu* de Balzac (1832) et de *Manette Salomon* des Goncourt (1867), et six ans après sa nouvelle ***Madame Sourdis (1880), dans laquelle Zola abordait déjà les mêmes thèmes, ***L'Œuvre*** constitue à la fois un roman à clés, un roman autobiographique et une réflexion sur les problèmes de la création.

Voyant dans ***L'Œuvre***, qui évoque, par le biais de la fiction, divers épisodes de la vie des peintres et des sculpteurs que Zola avait connus (Manet, Monet, Cézanne, Guillemet, Solari), le roman à clés d'un écrivain ne comprenant plus, en 1886, l'art de son époque — notamment le postimpressionnisme —, la critique littéraire et l'histoire de l'art ont beaucoup reproché à Zola d'avoir ainsi méconnu le génie de Cézanne, lequel, ayant cru se reconnaître dans le personnage et bien qu'il fût un ami d'enfance de l'écrivain, se brouilla avec Zola à l'occasion de ce roman. Mais ce procès d'intention paraît peu fondé : Claude Lantier est un être composite qui combine les traits de plusieurs peintres des années 1860 à 1870, et est finalement plutôt le double inquiet de Zola lui-même que le portrait ressemblant de Cézanne. Ignoré par le cinéma au XXe siècle, le roman a fait l'objet d'une adaptation télévisée réalisée par Pierre Cardinal (1967).

Les **Rougon-Macquart**. *Histoire naturelle et sociale d'une famille sous le Second Empire*

Cycle romanesque composé de 20 romans, élaborés entre 1869 et 1893. Parurent successivement, chez Charpentier à partir du ***Ventre de Paris***, et après avoir été publiés en feuilleton dans divers journaux : ***La Fortune des Rougon*** (1871), roman des « *origines* » de la famille, ***La Curée*** (1872), roman de la spéculation immobilière à Paris, ***Le Ventre de Paris*** (1873), roman sur les Halles de Paris, ***La Conquête de Plassans*** (1874), roman politique en province, ***La Faute de l'abbé Mouret*** (1875), ***Son Excellence Eugène Rougon*** (1876), roman sur le monde du pouvoir politique, ***L'Assommoir*** (1877), roman de l'alcoolisme et des milieux ouvriers à Paris, ***Une page d'amour*** (1878), roman intimiste et psychologique, ***Nana*** (1880), roman du théâtre et de la grande prostitution, ***Pot-Bouille*** (1882), roman sur l'adultère bourgeois, ***Au bonheur des dames*** (1883), roman sur la naissance des grands magasins, ***La Joie de vivre*** (1884), roman « schopenhauerien » du mal « fin de siècle », ***Germinal*** (1885), roman de la mine et de la grève, ***L'Œuvre*** (1886), roman des peintres, ***La Terre*** (1887), roman du monde paysan, ***Le Rêve*** (1888), roman « bleu » sur la psychologie de la jeune fille, ***La Bête humaine*** (1890), roman du chemin de fer et des pulsions de meurtre, ***L'Argent*** (1891), roman de la grande spéculation boursière, ***La Débâcle*** (1892), roman de Sedan, de la chute du règne de Napoléon III et de la Commune — qui clôt historiquement l'« *histoire naturelle et sociale d'une famille sous le Second Empire* » —, enfin ***Le Docteur Pascal*** (1893), roman d'un « *savant* » racontant l'histoire de sa propre famille, qui achève, en une mise en abyme largement autobiographique, l'écriture d'une œuvre.

Beaucoup de ces romans ont fait l'objet d'éditions illustrées du vivant de Zola et, après sa mort, de très nombreuses adaptations au cinéma.

Les ***Trois Villes***

Trilogie romanesque publiée chez Charpentier et Fasquelle et comprenant ***Lourdes*** (prépublication in *Gil Blas*, entre avr. et août 1894, en vol. en août 1894), ***Rome*** (prépublication in *Le Journal* entre déc. 1895 et mai 1896, en vol. en mai 1896) et ***Paris*** (prépublication in *Le Journal* entre oct. 1897 et févr. 1898, en vol. en mars 1898).

Ces 3 romans décrivent les 3 étapes — deux échecs suivis d'une libération — de l'itinéraire d'un prêtre, Pierre Froment, enfant écartelé d'un père scientifique athée et d'une mère très pieuse, qui se détache progressivement de la foi, revient à l'état laïque et fonde une famille.

Dans ***Lourdes***, divisé en 5 journées, Pierre accompagne des pèlerins, assiste à un miracle — la guérison d'une jeune paralytique dont il est amoureux —, et étudie la figure touchante de Bernadette, qui symbolise la pureté d'un catholicisme populaire originel perdu, dont l'histoire est rappelée en contrepoint de l'évolution mercantile de la Grotte.

Dans ***Rome***, roman des relations du catholicisme avec le monde moderne, Pierre, venu au Vatican défendre auprès du pape l'un de ses ouvrages, « *"La Rome nouvelle"* », menacé d'être mis à l'Index, repart sans avoir réussi à convaincre Léon XIII.

Dans ***Paris***, dont l'action se situe surtout à Montmartre, sur fond d'attentats anarchistes, et que Zola rédigea en pleine affaire Dreyfus — ***« J'Accuse... ! »*** date du 13 janvier 1898, et ***Paris*** sortit en mars —, Pierre, qui a perdu définitivement la foi et se consacre à la charité, traverse plusieurs milieux — celui des banquiers, des hommes de science, des ouvriers, des esthètes fin de siècle, des partis politiques et de leurs « systèmes », tous plus impuissants les uns que les autres — et trouve le bonheur en épousant Marie, une jeune fille orpheline élevée par son frère.

La trilogie évoque, de manière optimiste, dans un style plus lyrique et sentimental que celui des

Rougon-Macquart, une marche de l'humanité vers plus de progrès, de vérité, de bonheur. Elle reproduit, en quelque sorte, les 3 parties d'un autre itinéraire d'échec, celui de l'abbé Serge Mouret dans ***La Faute de l'abbé Mouret*** (1875). Cette trilogie forme le premier massif — le second fut constitué par une nouvelle et ultime série, celle des ***Quatre Évangiles*** — de ce que la critique a parfois appelé le *« troisième Zola »*. Contrairement aux 20 volumes des ***Rougon-Macquart***, dont l'action se situait sous le Second Empire, cette trilogie a pour cadre le monde contemporain de l'auteur. Contrairement aussi aux ***Rougon-Macquart***, pour lesquels Zola s'astreignait à l'objectivité d'un sociologue et d'un historien des mœurs évoquant à coups de documents et de témoignages une époque révolue, nous avons ici une œuvre résolument engagée, voire « à thèse », dans laquelle Zola évoque les problèmes du jour sous la IIIe République — la laïcité, la « question sociale », le mouvement anarchiste, les scandales —, et revient à la grande écriture pathétique et sentimentale de ses admirations de jeunesse, Hugo et Michelet. Le souci de la documentation est le même que dans ***Les Rougon-Macquart*** — les dossiers préparatoires conservent les notes de voyages effectués par Zola à Lourdes et à Rome, dont la matière passa dans les romans correspondants —, mais la cohérence des 3 romans est beaucoup plus accentuée.

Si ***Lourdes*** fut un énorme succès de librairie, la trilogie, par ses thèmes — un prêtre qui perd la foi, une vision globalement critique du catholicisme, un certain antiparlementarisme dans ***Paris*** —, par un style souvent messianique aux leitmotive parfois insistants, suscita des réactions mitigées, très hostiles sous la plume de Bloy dans le *Mercure de France*, comme de la part des milieux catholiques en général. Aujourd'hui encore, elle a beaucoup moins de lecteurs que ***Les Rougon-Macquart*** : entrée très tardivement (1995) dans les éditions « de poche », elle n'a guère intéressé les cinéastes, qui auraient pu pourtant être sensibles à certaines scènes fortes — le miracle dans ***Lourdes***, Pierre traversant le Vatican désert dans ***Rome***, la menace de dynamitage du Sacré-Cœur de Montmartre dans ***Paris*** — et à la plastique des grands paysages et des mouvements de foules qui l'animent.

CITATIONS

La science a-t-elle promis le bonheur ? Je ne le crois pas. Elle a promis la vérité, et la question est de savoir si l'on fera jamais du bonheur avec la vérité.

Discours aux étudiants de Paris, 18 mai 1893.

Je crois que l'avenir de l'humanité est dans le progrès de la raison par la science. Je crois que la poursuite de la vérité par la science est l'idéal divin que l'homme doit se proposer. Je crois que tout est illusion et vanité, en dehors du trésor des vérités lentement acquises et qui ne se perdront jamais plus. Je crois que la somme de ces vérités, augmentées toujours, finira par donner à l'homme un pouvoir incalculable, et la sérénité, sinon le bonheur...

Le Docteur Pascal, 2.

Des hommes poussaient, une armée noire, vengeresse, qui germait lentement dans les sillons, grandissant pour les récoltes du siècle futur, et dont la germination allait faire bientôt éclater la terre.

Germinal, VII, 6.

Si la poésie n'est pas susceptible de progrès, en ce sens qu'elle est la voix de l'âme ; si elle doit rester éternellement jeune et nouvelle, quoique toujours semblable, il n'en est pas moins vrai que, fille de l'humanité, elle doit en refléter les diverses phases, rétrécir ou élargir son horizon, selon que baisse ou grandit le savoir humain.

Livres d'aujourd'hui et de demain.

Je hais les gens bêtement graves et les gens bêtement gais, les artistes et les critiques qui veulent sottement faire de la vérité d'hier la vérité d'aujourd'hui. Ils ne comprennent pas que nous marchons et que les paysages changent.

Préface à *Mes Haines.*

Ma définition d'une œuvre d'art serait, si je la formulais : *« Une œuvre d'art est un coin de la création vu à travers un tempérament. »*

Proudhon et Courbet, I, in *Mes Haines.*

Le moindre progrès demande des années de gestation douloureuse, on met un siècle pour obtenir des hommes un peu plus d'équité et de vérité. Toujours l'animal humain reste au fond, sous la peau de l'homme civilisé, prêt à mordre, lorsque l'appétit l'emporte.

La Vertu de la République, in *Nouvelle Campagne.*

Pour moi, le solitaire est l'écrivain qui s'est enfermé dans son œuvre, dans sa volonté de la faire aussi haute, aussi puissante qu'il en aura le souffle, et qui la réalise, malgré tout. Il peut se mêler aux hommes, vivre de leur vie ordinaire, accepter les mœurs sociales, être d'apparence tel que les autres. Il n'en est pas moins le solitaire, s'il a réservé le champ de sa volonté, libre de toute influence, s'il ne fait littérairement que ce qu'il veut et comme il le veut, inébranlable sous les injures, seul et debout.

Le Solitaire, in *Nouvelle Campagne*.

J'ai la faiblesse de n'être pas pour les cités de brume et de songe, les peuples de fantômes errant par les brouillards, tout ce que le vent de l'imagination apporte et emporte. Je trouve nos démocraties d'un intérêt poignant, travaillées par le terrible problème de la loi du travail, si débordantes de souffrance et de courage, de pitié et de charité humaines, qu'un grand artiste ne saurait, à les peindre, épuiser son cerveau ni son cœur.

À la jeunesse, in *Nouvelle Campagne*.

La preuve est infaillible : on m'attaque toujours, donc je suis encore.

Le Crapaud, in *Nouvelle Campagne*.

L'antisémitisme, dans les pays où il a une réelle importance, n'est jamais que l'arme d'un parti politique ou le résultat d'une situation économique grave.

Pour les Juifs, in *Nouvelle Campagne*.

Pour mon compte, ma méthode n'a jamais varié depuis le premier roman que j'ai écrit. J'admets trois sources d'informations : les livres, qui me donnent le passé ; les témoins, qui me fournissent, soit par des œuvres écrites, soit par la conversation, des documents sur ce qu'ils ont vu ou sur ce qu'ils savent ; et enfin l'observation personnelle, directe, ce qu'on va voir, entendre ou sentir sur place.

Les Droits du romancier, in *Nouvelle Campagne*.

Le roman expérimental est une conséquence de l'évolution scientifique du siècle ; il continue et complète la physiologie, qui elle-même s'appuie sur la chimie et la physique ; il substitue à l'étude de l'homme abstrait, de l'homme métaphysique, l'étude de l'homme naturel, soumis aux lois physico-chimiques et déterminé par les influences du milieu ; il est en un mot la littérature de notre âge scientifique, comme la littérature classique et romantique a correspondu à un âge de scolastique et de théologie.

Le Roman expérimental, 2.

Le naturalisme, c'est le retour à la nature, c'est cette opération que les savants ont faite le jour où ils se sont avisés de partir de l'étude des corps et des phénomènes, de se baser sur l'expérience, de procéder par l'analyse. Le naturalisme, dans les lettres, c'est également le retour à la nature et à l'homme, l'observation directe, l'anatomie exacte, l'acceptation et la peinture de ce qui est.

Le Naturalisme au théâtre, I, in *Le Roman expérimental*.

À cette heure, l'idée la plus haute que nous nous faisons d'un écrivain est celle d'un homme libre de tout engagement, n'ayant à flatter personne, ne tenant sa vie, son talent, sa gloire, que de lui-même, se donnant à son pays et ne voulant rien en recevoir.

L'Argent dans la littérature, III,
in *Le Roman expérimental*.

Les gouvernements suspectent la littérature parce qu'elle est une force qui leur échappe.

La République et la Littérature, II,
in *Le Roman expérimental*.

Une langue est une logique. On écrit bien, lorsqu'on exprime une idée ou une sensation par le mot juste. Tout le reste n'est que pompons et falbalas.

Les Romanciers contemporains, III,
in *Le Roman expérimental*.

Puisqu'ils ont osé, j'oserai aussi, moi. La vérité, je la dirai ; car j'ai promis de la dire, si la justice, régulièrement saisie, ne la faisait pas, pleine et entière. Mon devoir est de parler, je ne veux pas être complice.

Lettre à M. Félix Faure président de la République,
in *La Vérité en marche*.

C'est un crime d'empoisonner les petits et les humbles, d'exaspérer les passions de réaction et d'intolérance, en s'abritant derrière l'odieux antisémitisme, dont la grande France libérale des droits de l'homme mourra, si elle n'en est pas guérie.

Lettre à M. Félix Faure président de la République,
in *La Vérité en marche*.

Je n'ai qu'une passion, celle de la lumière, au nom de l'humanité qui a tant souffert et qui a droit au bonheur.

Lettre à M. Félix Faure président de la République,
in *La Vérité en marche*.

Je n'ai pas voulu que mon pays restât dans le mensonge et l'injustice. On peut me frapper ici. Un jour, la France me remerciera d'avoir aidé à sauver son honneur.

Déclaration au jury, in *La Vérité en marche*.

JUGEMENTS

« *Même en France, au* XIXe *siècle, nous avons eu une très grande quantité de romanciers qui s'engageaient beaucoup plus qu'on ne le croit aujourd'hui* [...]. *Les romans actuels, même traditionnels, n'ont plus cette espèce d'énergie de témoignage, sur ce qu'on appelle les classes dominantes. De ce point de vue, Zola reste très en avance sur ce que nous faisons.* »

Roland BARTHES, *Sur la littérature*, Seuil, 1980.

« *M. Émile Zola est avant tout* [...] *un grand de la chair. Ce serait ne rien comprendre à son étonnante* fonction *d'historien et d'iconographe de la décadence, de lui demander, comme ont fait tant de juges aveugles, une métaphysique ailée, une transcendance contemplative, un embarquement de son esprit vers les golfes azurés des cieux.* [...] *Il tient au sol, comme un pachyderme très puissant, très soubassé, très entablé, très équilibré dans son aplomb formidable et le mot de* naturalisme *a beau manquer de précision, il n'en donne pas moins, dans son équivoque d'anarchie, l'aspect terrassant de cet oublieur des constellations.* »

Léon BLOY, *Antée*, in *Inédits*, janvier 1889.

« [...] *les personnages de M. Zola, logiquement gouvernés par l'espèce de mécanisme intérieur que M. Zola leur a donné, sont moins poétiques assurément, mais non pas moins faux que les héros du drame romantique.*

L'observation ne consiste pas seulement à savoir ouvrir les yeux, comme on le croit à Médan, sur le monde extérieur. C'est même peu de chose, quoi qu'on en pense et quelque mal que l'on s'y donne, que de rendre "vivant et palpable le perpétuel transit d'une grande ligne entre deux gares colossales, avec stations intermédiaires, voie montante et voie descendante". *Mais c'est l'intérieur qu'il faudrait atteindre.* [...] *L'intérieur, c'est justement ce qui échappe à M. Zola. S'il n'y a rien de si grossier que sa physiologie, il n'y a rien de si mince que sa psychologie. Cependant, de la conception naturaliste du roman, ôtez la psychologie, qu'en reste-t-il ¿ Rien.*

Cette impuissance d'observer a ses causes, et j'arrive au dernier reproche que l'on doive adresser à M. Zola, celui qui contient, en réalité, tous les autres, et dont nous n'avons fait jusqu'ici que signaler des conséquences.

Si M. Zola manque de goût et d'esprit, comme s'il manque de finesse psychologique, c'est que M. Zola manque de sens moral. »

Ferdinand BRUNETIÈRE, *Le Roman naturaliste*, 1883.

« *La vieille Adélaïde ne raconte pas l'histoire de sa famille ; ce rôle est dévolu à son petit-fils le docteur Pascal qui n'est héritier que de son regard, et dans la mort du jeune Charles, il voit lui aussi qu'il faut rendre, rendre aux hommes leur royauté. Sont noyés dans la tache de sang tous les rois dont l'enfant vient de découper les images. L'utilisation de l'hérédité comme technique d'expérimentation romanesque devrait aider à abolir à tout jamais le temps des rois. À travers le sang des Rougon-Macquart, c'est celui de toutes les lignées royales ou impériales qui devrait s'épuiser à former les caractères des livres ; c'est de cette encre qu'ils sont tracés.* »

Michel BUTOR, « Zola », in *Tableau de la littérature française*, III, Gallimard, 1974.

« *Zola* [...], *du fond de sa fosse d'aisances, a copié Hugo en tout, et dressé sa pyramide d'excréments selon les règles et canons romantiques.* »

Léon DAUDET, *Fantômes et Vivants*, Grasset, 1914.

« *Je viens de relire* Pot-Bouille *avec admiration. Oh ! parbleu, je reconnais bien les défauts de Zola ; mais, tout comme ceux de Balzac ou de tant d'autres, ils sont inséparables de ses qualités ; et la brutalité, la force de ses peintures est exclusive des délicatesses et des subtilités. C'est l'outrance même de* Pot-Bouille *qui me plaît, et la persévérance dans l'immonde. Le rendez-vous d'Octave et de Berthe dans la chambre de bonne et la salissure de leur misérable amour sous le flot ordurier des propos de la valetaille ; l'accouchement clandestin d'Adèle ; les scènes de famille et les explications de Madame Josserand et de ses filles (un peu trop répétées, comme à peu près tous les effets de ce livre) sont tracés de main magistrale et ne se peuvent oublier. Les personnages sont simplifiés à l'excès, mais ce ne sont pas des fantoches, et les pittoresques propos qu'ils tiennent sont d'une justesse de ton que l'on trouve bien rarement chez Balzac. Je tiens le discrédit actuel de Zola pour une monstrueuse injustice, qui ne fait pas grand honneur aux critiques littéraires d'aujourd'hui. Il n'est pas de romancier français plus personnel ni plus représentatif.* »

André GIDE, *Journal*, 17 juillet 1932, in *Journal*, Gallimard, 1939.

« *Vraiment, il est très curieux, Zola. C'est la plus immense personnalité que je connaisse, mais elle est toute dans le sous-entendu : l'homme ne parle pas de lui, mais toutes les théories, toutes les idées, toutes les logomachies qu'il émet combattent uniquement, à propos de tout et de n'importe quoi, en faveur de sa littérature et de son talent.* [...] *Un procédé qui revient trop chez Zola, c'est le personnage du livre qui* se parle, *se raconte tout haut.* »

Edmond et Jules de GONCOURT, *Journal*, 20 avril 1883 et 13 octobre 1883.

« *Ce que les Rougon-Macquart apportent de réellement neuf à la littérature, c'est l'annonce du roman-reportage.* »

Julien GRACQ, *Proust considéré comme terminus*, Complexe, 1986.

« *Au moment où parut* À Rebours, *c'est-à-dire en 1884, la situation était donc celle-ci : le naturalisme s'essoufflait à tourner la meule dans le même cercle.* [...]

Nous autres, moins râblés et préoccupés d'un art plus subtil et plus vrai, nous devions nous demander si le naturalisme n'aboutissait pas à une impasse et si nous n'allions pas bientôt nous heurter contre le mur du fond. »

Joris-Karl HUYSMANS, *Préface* à une réédition d'*À rebours*, 1903.

« [...] je ne sache pas que dans aucun roman on ait fait vivre ni remuer de pareilles masses. Cela tantôt grouille et fourmille, tantôt est emporté d'un mouvement vertigineux par une poussée d'instincts aveugles. Le poète déroule avec sa patience robuste, avec sa brutalité morne, avec sa largeur d'évocation, une série de vastes et lamentables tableaux composés de détails monochromes qui s'entassent, s'entassent, montent et s'étalent comme une marée : une journée dans la mine, une journée au coron, une réunion de révoltés la nuit dans une clairière, la promenade furieuse des trois mille misérables dans la campagne plate, le heurt de cette masse contre les soldats, une agonie de dix jours dans la fosse noyée... M. Zola a magnifiquement rendu ce qu'il y a de fatal, d'aveugle, d'impersonnel, d'irrésistible dans un drame de cette sorte, la contagion des colères rassemblées, l'âme collective des foules, violentes et aisément furieuses... N'avais-je pas raison d'appeler M. Zola un poète épique ¿ et les caractères dominants de ses longs récits ne sont-ce pas précisément ceux de l'épopée ¿ »

Jules LEMAITRE, *Les Contemporains*, 1re série, 1903.

« Zola est en littérature un révolutionnaire, c'est-à-dire un ennemi féroce de ce qui vient d'exister. [...] Son style large, plein d'images, n'est pas sobre et précis comme celui de Flaubert, ni ciselé et raffiné comme celui de Théophile Gautier, ni subtilement brisé, trouveur, compliqué, délicatement séduisant comme celui de Goncourt : il est surabondant et impétueux comme un fleuve débordé qui roule de tout. »

Guy de MAUPASSANT, *Chroniques*, 10 mars 1883.

« Dans l'ombre de ses principaux personnages apparaissent indéniablement des figures qui appartiennent à la réserve intertextuelle des grands mythes : Étienne Lantier fait songer à Thésée, mais aussi à Orphée, mais aussi à Jésus, et peut-être encore à Prométhée, selon les épisodes, mi-réels, mi-fantastiques qui constituent la trame de Germinal. *Octave Mouret est un nouvel Hermès. Mathieu Froment, dans* Fécondité, *est le fondateur néo-biblique des tribus qui porteront aux quatre coins du monde le verbe d'une nouvelle civilisation. Mais* Germinal *véhicule aussi le mythe, plus historiquement identifiable, de la Terreur ; et le finale de* La Débâcle, *en écho à l'effondrement du Voreux, fait entendre les accents d'un mythe d'Apocalypse. Ainsi Zola n'a pas écrit seulement une* "histoire naturelle et sociale" *du Second Empire. L'appel constant à la métaphore, au mythe, au lyrisme intérieur des correspondances et des rythmes transcende la* mimesis *réaliste* [...]. *Le mythe a aidé Zola à déchiffrer les mystères de la nature et de la société — ou à les chiffrer autrement. »*

Henri MITTERAND, *Zola, l'Histoire et la Fiction*, PUF, 1990.

« Ce que je reproche à Zola, c'est qu'il n'a pas de style : il n'y a rien que vous ne trouviez dans Zola depuis Chateaubriand jusqu'au reportage du Figaro. *»*

George MOORE, *Confessions d'un jeune Anglais*, 1888.

« Zola immoral ! Mais il pue la morale ! Coupeau est puni. Nana est punie, tous les méchants de Zola sont punis. »

Jules RENARD, *Journal*, 4 avril 1908.

« Par l'index thermodynamique, reconstruire l'histoire des philosophies récentes est un jeu d'enfant.
Il faut faire gloire à Zola, fils d'ingénieur, d'avoir vu clair parmi ces choses. Ou d'avoir écrit et produit une œuvre comme s'il voyait clair. Ou d'avoir été là, d'où la vue était bonne. Rien ne dit mieux que Les Rougon-Macquart *l'écrasement, le gaspillage, la dissémination, la perte, l'irréversible jusant vers la mort-désordre ; la déchéance, l'épuisement, la dégénérescence. Ils le disent : ça brûle trop vite. Épopée d'entropie. Et rien ne dit mieux, à l'inverse, le flot de vie, le courant générique, la confiance aveugle en ce que nous nommons désormais les forces de néguentropie, le vivant, le discours, l'arbre et la science, le sperme et la lettre. Ce qui redresse, inlassablement, la pile qui s'effondre.* [...] *Le naturalisme, contrairement à ce que disent les ignorants, est exactement à l'heure de sa science et précède la philosophie.*
[...] *Et Zola est savant sur les lieux mêmes où la catastrophe intimiste le dénommait poète. Le flux et la mare de sang. La vie, comme bonheur des dames, bâtie sur le sexe et la mort, sur le sang de Mme Hédouin. L'incendie des Quatre-Saisons, de l'immeuble sur le jardin, de Paris, l'autodafé des notes scientifiques, la mort par le feu du vieux Fouan ou de l'oncle Macquart, flux d'étincelles et de cendres. Deux cas particuliers du retour au multiple, au pullulement répandu coulant de la fêlure. La tribu à la tête fêlée. Ce qui est fêlé, c'est l'individu. Il se divise, il part en morceaux. Ce qui se casse, c'est simplement le vieux discours de l'individuel. L'ancien monde et l'ancienne logique. La science désuète, déterministe et rigide, la vieille histoire du vieil ordre. Le grand nombre s'épanche par la béance. Famille éparse comme taches de sang pour la nouvelle diaspora, volée de flammes et de cendres, taches d'encre du texte sur la page blanche, comme test de Rorschach sur l'espace social. Sang et feu. »*

Michel SERRES, *Feux et Signaux de brume. Zola*, Grasset, 1975.

« Un romancier peuple. Il faudrait enlever au mot primaire tout ce que les littérateurs qui en usent y mettent de malveillance et de pédantisme, le prendre dans son sens solide et sain, efficient et positif, et l'on pourrait dire alors que Zola fut un très grand primaire. Son matérialisme est celui du sens commun. Il ne faut pas voir dans son pessimisme un pessimisme radical, à la manière de Taine, mais un pessimisme relatif, qui s'achève en idéalisme social et en croyance au progrès. Il se distingue par là et des pseudo-réalistes, descriptifs sans philosophie, et des réalistes à la Flaubert-Goncourt, bourgeois bourgeoisants de bourgeoisie. La philosophie de Zola est extrêmement courte, mais elle est exacte, elle est populaire, elle tient toute dans le mot travail. Zola a eu la religion du travail comme Balzac celle de la volonté. »

Albert THIBAUDET, *Histoire de la littérature française de 1789 à nos jours*, Stock, 1936.

BIBLIOGRAPHIE

Éditions

Œuvres complètes, éd. H. MITTERAND, Tchou/Cercle du Livre Précieux, 1966 à 1970, 15 vol.

Carnets d'enquête. Une ethnographie inédite de la France, éd. H. MITTERAND, Plon, 1986.

Contes et Nouvelles, éd. R. RIPOLL, « Pléiade », Gallimard, 1976.

Correspondance, éd. B. BAKKER, H. MITTERAND, C. BECKER, O. MORGAN, A. PAGÈS, P.U. Montréal/CNRS, Montréal (CA)/Paris, 1978 à 1995, 10 vol.

Les Rougon-Macquart, éd. A. LANOUX et H. MITTERAND, « Pléiade », Gallimard, 1960 à 1967, 5 vol. ; éd. C. BECKER, « Bouquins », Laffont, 1991 à 1993, 6 vol.

La Vérité en marche, éd. J.-D. BREDIN, Imprimerie nationale, 1992.

Études

J. ALLARD, *Zola. Le Chiffre du texte. Lecture de « L'Assommoir »*, P.U. Grenoble/P.U. Québec (CA), 1978.

D. BAGULEY, *Zola et les Genres*, Université de Glasgow (GB), 1993.

C. BECKER, *Émile Zola. « Germinal »*, PUF, 1984 ; *La Fabrique de « Germinal ». Dossier de l'œuvre*, SEDES, 1986 ; *Les Apprentissages de Zola*, PUF, 1993 ; *id.* (dir.), *Dictionnaire d'Émile Zola*, « Bouquins », Laffont, 1993.

Ch. BERTRAND-JENNINGS, *L'Éros et la Femme chez Zola : de la chute au paradis retrouvé*, Klincksieck, 1977.

Ph. BONNEFIS, *L'Innommable. Essai sur l'œuvre d'Émile Zola*, SEDES, 1984.

J. BORIE, *Zola et les Mythes, ou De la nausée au salut*, Seuil, 1971.

P. BRADY, *« L'Œuvre » d'Émile Zola. Roman sur les arts, manifeste, autobiographie, roman à clef*, Droz, Genève (CH), 1967.

F. BROWN, *Zola : une vie*, Belfond, 1995.

A. BRUNEAU, *À l'ombre d'un grand cœur. Souvenirs d'une collaboration*, Charpentier, 1932.

F. BRUNETIÈRE, *Le Roman naturaliste*, Calmann-Lévy, 1883.

M. BUTOR, « Zola », in *Tableau de la littérature française*, III, Gallimard, 1974, pp. 360 à 367.

R.-P. COLIN, *Tranches de vie : Zola et le coup de force naturaliste*, Éd. du Lérot, Tusson (Charente), 1991.

A. DEZALAY, *L'Opéra des Rougon-Macquart*, Klincksieck, 1983.

J. DUBOIS, *« L'Assommoir » de Zola. Société, discours, idéologie*, Larousse, 1973.

H. GUILLEMIN, *Zola, Légende et Vérité*, Utovie, Bats (Landes), 1997.

Ph. HAMON, *Le Personnel du roman*, Droz, Genève (CH), 1983 ; *Philippe Hamon présente « La Bête humaine » de Zola*, « Foliothèque », Gallimard, 1994.

M. KANES, *Zola's « La Bête humaine » : A Study in Literary Creation*, University of California Press (US), 1962.

A. de LATTRE, *Le Réalisme selon Zola*, PUF, 1975.

D. LEBLOND-ZOLA, *Émile Zola raconté par sa fille*, Grasset, 2000.

J.-Cl. LEBLOND-ZOLA, *Zola à Médan*, Société littéraire des Amis d'Émile Zola, 1999.

H. MAREL, *« Germinal ». Une documentation intégrale*, Université de Glasgow (GB), 1989.

H. MITTERAND, *Le Discours du roman*, PUF, 1980 ; *Zola et le Naturalisme*, PUF, 1986 ; *Zola, l'Histoire et la Fiction*, PUF, 1990 ; *Émile Zola*, t. I, Fayard, 1998 [2 autres vol. à paraître].

J. NOIRAY, *Le Romancier et la Machine. L'Univers de Zola*, Corti, 1981.

A. PAGÈS, *Émile Zola, un intellectuel dans l'affaire Dreyfus. Histoire de « J'Accuse »*, Séguier, Biarritz (Pyrénées-Atlantiques), 1991 ; *La Bataille littéraire*, Séguier, Biarritz (Pyrénées-Atlantiques), 1989 ; *Émile Zola. Bilan critique*, Nathan, 1993.

R. RIPOLL, *La Réalité et le Mythe chez Émile Zola*, Champion, 1981.

G. ROBERT, *Émile Zola, principes et caractères d'une œuvre*, Belles Lettres, 1952.

M. SERRES, *Feux et Signaux de brume. Zola*, Grasset, 1975.

R. TERNOIS, *Zola et son temps. « Lourdes », « Rome », « Paris »*, Belles Lettres, 1961.

S. THOREL-CAILLETEAU (dir.), *Zola*, « Mémoire de la critique », P.U. Paris-Sorbonne, 1998.

B. TILLIER, *Cochon de Zola*, Séguier, 1998.

E. TOULOUSE, *Émile Zola : enquête médico-psychologique sur les rapports de la suprématie intellectuelle avec la névropathie*, Société d'Éditions scientifiques, 1896.

M. VAN BUREN, *« Les Rougon-Macquart » d'Émile Zola. De la métaphore au mythe*, Corti, 1986.

Pour le détail, *cf.* la *Bibliographie de la critique sur Émile Zola* établie par D. BAGULEY, University of Toronto Press (CA), 1976 et 1982, 2 vol., et, du même auteur, les bibliographies des numéros annuels des *Cahiers naturalistes* (édités par la Société littéraire des Amis d'Émile Zola).

Une **filmographie** pourra être trouvée dans le numéro spécial de la revue *Europe* (mai 1968) ; une **iconographie**, dans l'ouvrage de J. GRAND-CARTERET, *Zola en images*, Juven, 1908 ; enfin l'œuvre photographique de Zola, très importante, a été partiellement publiée *in* F. ÉMILE-ZOLA et MASSIN, *Zola photographe*, Denoël, 1979, rééd. Hoëbeke, 1990.

AUDIO & VIDÉO

Vidéo

Y. Allégret, *Germinal*, 1962, Gaumont, s.d.

Cl. Berri, *Germinal*, PFC, 1993.

A. Cayatte, *Au bonheur des dames*, 1943, Film Office, s.d.

R. Clément, *Gervaise*, 1956, Film Office, s.d.

A. Gance, *J'accuse*, 1918, Film Office, s.d.

J. Renoir, *Nana*, 1926, UGC, s.d. ; *id.* et M. Carné, *La Bête humaine*, 1938, CANAL+ Vidéo, s.d.

CD-ROM

La Critique littéraire de Laharpe à Proust, Bibliopolis, 1998.

Encyclopédie de la littérature française, Bibliopolis, 1998.

Les Romanciers réalistes et naturalistes 1820-1910, Bibliopolis, 1997.

Zola, « *Les Rougon-Macquart* », Le Catalogue des Lettres, 1997.

INDEX DES AUTEURS

Les numéros en gras désignent les pages de l'article consacré à l'auteur.

A

B

C

D

E

F

G

H

I

J

K

L

M

N

P

Q

R

S

T

V

Y

Z

INDEX DES TITRES CITÉS

Ne sont répertoriés dans cet index que les titres d'œuvres parues en volumes ou en recueils, ainsi que quelques inédits.

La plupart des titres sont mentionnés sous leur forme usuelle abrégée et ne concernent que les 150 écrivains du dictionnaire.

Les titres en italique gras désignent les œuvres faisant l'objet d'un article spécifique dans le dictionnaire, auquel renvoient les numéros de pages en gras.

B

C

D

E

F

G

H

I

J

K

L

M

N

O

P

Q

R

S

T

U

V

W

SOURCES BIBLIOGRAPHIQUES DES CITATIONS

Les ©, éditeurs et dates indiqués sont ceux des ouvrages utilisés, qui peuvent diverger des éditions originales comme des références désignant les actuels ayants droit.

ANOUILH, p. 12 : *Nouvelles Pièces noires* et *Pièces noires*, © La Table ronde, 1958 ; *Pièces roses*, © La Table ronde, 1960.

APOLLINAIRE, pp. 25-26 : *Alcools*, © Gallimard, 1920 ; *Le Bestiaire*, in *Œuvres poétiques*, « Pléiade », © Gallimard, 1956 ; *L'Esprit nouveau et les Poètes* et *Les Peintres cubistes*, © Gallimard, 1960 ; *Poèmes à Lou* et *Vitam impendere amori*, in *Œuvres poétiques*, « Pléiade, © Gallimard, 1956.

ARAGON, pp. 45-46 : *Les Beaux Quartiers*, © Gallimard, 1970 ; *Chroniques du Bel-Canto*, © Skira, 1947 ; *Les Cloches de Bâle*, © Gallimard, 1968 ; *Le Crève-Cœur*, © Gallimard, 1941 ; *Le Fou d'Elsa*, © Gallimard, 1963 ; *J'abats mon jeu*, © Lettres françaises, 1959 ; *Je n'ai jamais appris à écrire ou les Incipit*, © Flammarion, 1981 ; *Le Musée Grévin*, © Minuit, 1943 ; *Le Paysan de Paris*, © Gallimard, 1926 ; *Le Roman inachevé*, © Gallimard, 1956 ; *Traité du style*, © Gallimard, 1928 ; *Les Voyageurs de l'impériale*, © Gallimard, 1942 ; *Les Yeux d'Elsa*, © Seghers, 1942.

ARTAUD, p. 54 : *Les Cenci*, in *Œuvres complètes*, IV, © Gallimard, 1978 ; *Enquête : Le Suicide est-il une solution ?*, *ibid.*, III, © Gallimard, 1978 ; *Pour en finir avec le jugement de Dieu*, *ibid.*, XIII, © Gallimard, 1974 ; *Sorcellerie et Cinéma*, *ibid.*, III, © Gallimard, 1978 ; *Le Théâtre et son Double*, *ibid.*, IV, © Gallimard, 1978.

AUDIBERTI, p. 70 : *Des tonnes de semence*, © Gallimard, 1941 ; *Le Mal court*, in *Théâtre*, I, © Gallimard, 1948 ; *Race des hommes*, © Gallimard, 1937.

AYMÉ, pp. 78-79 : *Le Confort intellectuel*, © Flammarion, 1949 ; *Silhouette du scandale*, © Grasset, 1973 ; *Uranus*, © Gallimard, 1948 ; *La Vouivre*, © Gallimard, 1943.

BARRÈS, p. 115 : *Mes Cahiers*, © Plon, 1930 à 1956.

BATAILLE, p. 123 : *L'Abbé C.*, © Minuit, 1950 ; *L'Érotisme*, © Minuit, 1957 ; *L'Impossible*, © Minuit, 1962 ; *La Littérature et le Mal*, © Gallimard, 1957 ; *La Part maudite*, © Minuit, 1967 ; *Somme athéologique*, © Gallimard, 1954 ; *Sur Nietzsche*, © Gallimard, 1945.

BEAUVOIR, pp. 158-159 : *Le Deuxième Sexe*, © Gallimard, 1949 ; *La Femme rompue*, © Gallimard, 1967 ; *La Force de l'âge*, © Gallimard, 1960 ; *La Force des choses*, © Gallimard, 1963 ; *L'Invitée*, © Gallimard, 1943 ; *Mémoires d'une jeune fille rangée*, © Gallimard, 1958 ; *Pour une morale de l'ambiguïté*, © Gallimard, 1947 ; *Pyrrhus et Cinéas*, © Gallimard, 1944 ; *Une mort très douce*, © Gallimard, 1964.

BECKETT, p. 168 : *En attendant Godot*, © Minuit, 1952 ; *L'Innommable*, © Minuit, 1953 ; *Malone meurt* et *Molloy*, © Minuit, 1951 ; *Oh les beaux jours*, © Minuit, 1963.

BERNANOS, pp. 186-187 : *Dialogues des carmélites*, 1949, in *Œuvres romanesques*, « Pléiade », © Plon/Seuil/Gallimard, 1961 ; *La France contre les robots*, *La Grande Peur des bien-pensants* et *Les Grands Cimetières sous la lune*, in *Essais et écrits de combat*, « Pléiade », © Gallimard, 1972 ; *L'Imposture* et *Journal d'un curé de campagne*, in *Œuvres romanesques*, « Pléiade », © Plon/Seuil/Gallimard, 1961 ; *La Liberté pour quoi faire ?*, © Gallimard, 1953 ; *Monsieur Ouine* et *Sous le soleil de Satan*, in *Œuvres romanesques*, « Pléiade », © Plon/Seuil/Gallimard, 1961.

BRETON, p. 214 : *L'Amour fou*, © Gallimard, 1937 ; *Lettre aux voyantes* et *Manifeste du surréalisme*, in *Œuvres complètes*, « Pléiade », © Gallimard, 1988 ; *Nadja*, © Gallimard, 1928 ; *Position politique de l'art aujourd'hui* et *Second Manifeste du surréalisme*, in *Œuvres complètes*, « Pléiade », © Gallimard, 1988.

CAMUS, pp. 227-228 : *Actuelles I*, © Gallimard, 1950 ; *Actuelles II*, © Gallimard, 1953 ; *Carnets I*, © Gallimard, 1962 ; *Carnets II*, © Gallimard, 1964 ; *La Chute*, © Gallimard, 1956 ; *L'Envers et l'Endroit*, © Gallimard, 1958 ; *L'État de siège*, © Gallimard, 1948 ; *L'Été*, © Gallimard, 1954 ; *L'Homme révolté*, © Gallimard, 1951 ; *Les Justes*, © Gallimard, 1950 ; *Lettres à un ami allemand*, © Gallimard, 1945 ; *Le Mythe de Sisyphe*, © Gallimard, 1942 ; *Noces*, © Gallimard, 1950 ; *La Peste*, © Gallimard, 1947.

CÉLINE, p. 248 : *Semmelweis* et *Voyage au bout de la nuit*, © Gallimard, 1952.

CÉSAIRE, pp. 256-257 : *Cahier d'un retour au pays natal*, © Présence africaine, 1971 ; *Ferrements*, © Seuil, 1960 ; *Sur la Poésie*, in *La Poésie*, © Seuil, 1994.

CHAR, p. 265 : *Fureur et Mystère*, © Gallimard, 1948 ; *La Parole en archipel*, © Gallimard, 1962.

CLAUDEL, pp. 323-324 : *Accompagnements*, © Gallimard, 1949 ; *L'Annonce faite à Marie*, © Gallimard, 1948 ; *Art poétique*, in *Œuvres complètes*, V, © Gallimard, 1942 ; *Cinq Grandes Odes*, © Gallimard, 1913 ; *Connaissance de l'Est*, in *Œuvres complètes*, III, © Gallimard, 1952 ; *Conversation dans le Loir-et-Cher*, © Gallimard, 1935 ; *L'Échange*, in *Théâtre*, I, « Pléiade », © Gallimard, 1947 ; *La Messe là-bas* et *Ode jubilaire [...]*, in *Œuvres complètes*, II, © Gallimard, 1952 ; *L'Otage*, © Gallimard, 1911 ; *Partage de midi*, in *Théâtre*, I, « Pléiade », © Gallimard, 1947 ; *Le Père humilié*, © Gallimard, 1920 ; *Positions et Propositions*, © Gallimard, 1928 ; *Le Soulier de satin*, © Gallimard, 1929 ; *Tête d'Or*, in *Théâtre*, I, « Pléiade », © Gallimard, 1947.

COCTEAU, p. 338 : *Le Coq et l'Arlequin*, © Stock, 1979 ; *La Difficulté d'être*, © Rocher, 1989 ; *Les Enfants terribles*, © Grasset, 1929 ; *Journal d'un inconnu*, © Grasset, 1983 ; *Opium*, © Stock, 1983 ; *Plain-Chant*, in *Poésie (1916-1923)*, © Gallimard, 1925.

COHEN, p. 349 : *Belle du Seigneur*, © Gallimard, 1968.

COLETTE, p. 357 : *Claudine en ménage*, in *Œuvres complètes*, I, © Club de l'honnête homme, 1973 ; *En pays connu, ibid.*, XI, *Gigi, ibid.*, X, *La Naissance du jour, ibid.*, VI, *Prisons et Paradis, ibid.*, VII, et *La Retraite sentimentale, ibid.*, II, © Club de l'honnête homme, 1974.

DESNOS, p. 401 : *Chantefables et Chantefleurs*, © Gründ, 1970 ; *Corps et Biens*, © Gallimard, 1930.

DRIEU LA ROCHELLE, pp. 429-430 : *Beloukia*, © Gallimard, 1936 ; *Les Chiens de paille*, © Gallimard, 1964 ; *La Comédie de Charleroi*, © Gallimard, 1934 ; *État-civil*, © Gallimard, 1921 ; *Le Feu follet*, © Gallimard, 1964 ; *Genève ou Moscou*, © Gallimard, 1928 ; *Gilles*, © Gallimard, 1939 ; *L'Homme à cheval*, © Gallimard, 1943.

DURAS, p. 449 : *L'Amant*, © Minuit, 1984 ; *Hiroshima mon amour*, © Gallimard, 1960 ; *Les Petits Chevaux de Tarquinia*, © Gallimard, 1953.

ELUARD, p. 464 : *L'Amour la Poésie*, © Gallimard, 1929 ; *Donner à voir*, © Gallimard, 1939 ; *L'Immaculée Conception* [avec BRETON], © Seghers, 1980 ; *Poésie et Vérité*, in *Œuvres complètes*, I, « Pléiade », © Gallimard, 1968 ; *Les Sentiers et les Routes de la poésie*, © Gallimard, 1954.

GHELDERODE, pp. 519-520 : *Escurial, Fastes d'Enfer, Mademoiselle Jaïre, Magie rouge*, in *Théâtre*, I, © Gallimard, 1950.

GIDE, pp. 531-532 : *Les Caves du Vatican*, © Gallimard, 1914 ; *Dostoïevsky*, © Gallimard, 1981 ; *Les Faux-Monnayeurs*, © Gallimard, 1925 ; *L'Immoraliste*, © Mercure de France, 1963 ; *Incidences*, © Gallimard, 1924 ; *Journal*, « Pléiade », © Gallimard, 1939 et 1954, 2 vol. ; *Les Nourritures terrestres* et *Les Nouvelles Nourritures*, © Gallimard, 1942 ; *La Porte étroite*, © Mercure de France, 1972 ; *Le Prométhée mal enchaîné*, © Gallimard, 1920 ; *Si le grain ne meurt*, © Gallimard, 1924.

GIONO, pp. 541-542 : *Le Grand Troupeau*, © Gallimard, 1931 ; *Le Hussard sur le toit*, © Gallimard, 1951 ; *Noé*, © Gallimard, 1961 ; *Notes sur l'affaire Dominici*, © Gallimard, 1955 ; *Un roi sans divertissement*, © Gallimard, 1947.

GIRAUDOUX, p. 552 : *Électre*, © Grasset, 1965 ; *La Folle de Chaillot*, © Grasset, 1946 ; *Intermezzo*, © Grasset, 1933 ; *La guerre de Troie n'aura pas lieu*, © Grasset, 1965 ; *Siegfried*, © Grasset, 1959 ; *Siegfried et le Limousin*, © Grasset, 1982 ; *Sodome et Gomorrhe*, © Grasset, 1959.

GRACQ, pp. 573-574 : *Préférences*, © Corti, 1961 ; *Le Rivage des Syrtes*, © Corti, 1951 ; *Un beau ténébreux*, © Corti, 1945.

GREEN, p. 581 : *Journal*, in *Œuvres complètes*, IV et V, « Pléiade », © Gallimard, 1976 et 1977.

HÉBERT, pp. 592-593 : *Les Chambres de bois*, © Seuil, 1979 ; *Les Fous de Bassan*, © Seuil, 1982 ; *Kamouraska*, © Seuil, 1970 ; *Poèmes*, © Seuil, 1960 ; *Le Tombeau des Rois*, © Hurtebise HMH, Québec (CA), 1970 ; *Le Torrent*, © Seuil, 1965.

IONESCO, p. 632 : *La Cantatrice chauve*, in *Théâtre*, I, © Gallimard, 1954 ; *Les Chaises, ibid.*, II, © Gallimard, 1958 ; *Journal en miettes*, © Mercure de France, 1970 ; *La Leçon*, in *Théâtre*, I, © Gallimard, 1954 ; *Notes et Contre-Notes*, © Gallimard, 1962.

JACCOTTET, pp. 638-639 : *Airs*, © Gallimard, 1967 ; *À la lumière d'hiver*, © Gallimard, 1977 ; *L'Effraie*, © Gallimard, 1953 ; *L'Ignorant*, © Gallimard, 1958.

KATEB YACINE, p. 650 : *Nedjma*, © Seuil, 1975.

LARBAUD, pp. 716-717 : *A.O. Barnabooth. Ses Œuvres complètes* et *Jaune, Bleu, Blanc*, in *Œuvres*, « Pléiade », © Gallimard, 1957.

LE CLÉZIO, pp. 738-739 : *Angoli Mala*, © Gallimard, 1999 ; *Le Chercheur d'or*, © Gallimard, 1985 ; *Désert*, © Gallimard, 1980 ; *La Fièvre*, © Gallimard, 1965 ; *La Guerre*, © Gallimard, 1970 ; *Hasard*, © Gallimard, 1999 ; *Onitsha*, © Gallimard, 1991 ; *La Quarantaine*, © Gallimard, 1995.

MAETERLINCK, p. 755 : *La Grande Loi*, © Fasquelle, 1935 ; *Serres chaudes*, « Poésie », © Gallimard, 1983 ; *La Vie des termites*, © Grasset, 1970.

MALRAUX, pp. 784-785 : *Antimémoires*, © Gallimard, 1967 ; *La Condition humaine*, © Gallimard, 1933 ; *Les Conquérants*, in *Œuvres*, I, © Gallimard, 1970 ; *L'Espoir*, © Gallimard, 1937 ; *La Méta-*